CB140881

AlfaCon
Concursos Públicos

www.alfaconcursos.com.br

Autores

Língua Portuguesa	-	Pablo Jamilk
Redação	-	Pablo Jamilk
Matemática	-	Daniel Lustosa
		André Arruda
Informática	-	João Paulo Colet Orso
Noções de Direito e Legislação	-	Adriano Marcon
		Daniel Sena
		Thállius Moraes
		Wallace França
Anexos	-	AlfaCon

C35t

CASTRO, Wilza (Org.) - **TJ-PR Técnico Judiciário**. Cascavel: Editora AlfaCon, 2015.

734 p. 20.5 x 27.5 cm

ISBN: 978-85-8339-076-3

1. Língua Portuguesa. 2. Redação. 3. Matemática. 4. Informática. 5. Noções de Direito e Legislação. 6. Anexos.

CDU: 811.134.3

AlfaCon Concursos Públicos

Endereço: rua Jacarezinho, 800, Cascavel-PR.

www.alfaconcursos.com.br/apostilas

Apresentação

Atuar na carreira pública é o objetivo de muitas pessoas. A dificuldade para ingressar nessa área, porém, é grande, pois as provas exigem um alto grau de preparação. Essa exigência também existe para o concurso de **Técnico Judiciário do TJ-PR**. As provas são divididas em: Conhecimentos Gerais e Conhecimentos Específicos (por meio de provas objetivas) e Redação (por meio de uma prova discursiva – produção de texto).

Nesse sentido, percebe-se que a preparação antecipada não é uma opção, mas uma necessidade, visto que dominar esses conhecimentos demanda tempo. Por esse motivo, a **Editora AlfaCon**, com o intuito de facilitar a vida de quem se prepara para um concurso público, apresenta um material direcionado para esse cargo. Pretendemos dar orientações específicas e objetivas, além de dar condições de aprovação.

Neste material, há uma seleção de assuntos básicos e específicos cobrados em concursos públicos para esse cargo. Em relação aos conteúdos cobrados, temos os conhecimentos básicos: Língua Portuguesa, Redação, Matemática e Informática. Em Noções de Direito e Legislação, há a Constituição Federal, a Constituição Estadual do Paraná, o Estatuto da Criança e do Adolescente e o Código de Organização e Divisão Judiciária do Estado do PR. Ainda, estão disponíveis, como anexo, as seguintes leis e normas: Estatuto do Servidor do Poder Judiciário, Regimento Interno do TJ-PR, Regulamento da Secretaria do TJ-PR, Código de Normas da Corregedoria-Geral da Justiça do Estado do PR, Leis dos Fundos do Poder Judiciário do Estado do PR.

Nossa meta é dar uma orientação adequada ao concursando, para que ele possa compreender e fixar esses conteúdos. Assim, por meio desta obra, será possível ter acesso à linguagem de diversas bancas examinadoras, percebendo como elaboram as questões de concursos.

Bons estudos!

AlfaCon
Concursos Públicos

2015

Plano de Estudo

O plano de estudo é uma ferramenta indispensável para maximizar a aprendizagem do concursando. Quem nunca teve aquela sensação de não saber o que vai estudar no dia? Ou, ainda, quem nunca pegou um livro de qualquer matéria e começou a folhear sem critério algum? É nesse momento que o plano de estudo entra.

Temos o hábito de nos dedicarmos ao que sabemos mais, porque é mais simples relembrar o que já dominamos, e estudar menos o que sabemos menos. Por esse motivo, o plano de estudo é a salvação para o concursando.

Organização dos Conteúdos

Para auxiliá-lo e direcionar os seus estudos, organizamos uma tabela com base nas disciplinas que fazem parte do concurso para Técnico Judiciário - TJ PR.

A tabela disponível abaixo é uma sugestão de como você pode organizar seus estudos a partir do que está previsto em edital.

Fase 01	1º Dia - 2h por matéria		2º Dia - 2h por matéria		3º Dia - 2h por matéria	
	Língua Portuguesa	Noções de Direito e Legislação	Informática	Matemática	Noções de Direito e Legislação	Redação
Fase 02	4º Dia - 2h por matéria		5º Dia - 2h por matéria		6º Dia - 2h por matéria	
	Língua Portuguesa	Noções de Direito e Legislação	Informática	Matemática	Noções de Direito e Legislação	Língua Portuguesa
Fase 03	7º Dia - 2h por matéria		8º Dia - 2h por matéria		9º Dia - 2h por matéria	
	Língua Portuguesa	Noções de Direito e Legislação	Informática	Matemática	Noções de Direito e Legislação	Redação
Fase 04	10º Dia - 2h por matéria		11º Dia - 2h por matéria		12º Dia - 2h por matéria	
	Língua Portuguesa	Noções de Direito e Legislação	Matemática	Língua Portuguesa	Noções de Direito e Legislação	Matemática

A tabela funciona da seguinte forma: cada fase corresponde a três dias de estudo. Em cada uma, você tem a possibilidade de estudar todas as disciplinas do concurso para **Técnico Judiciário - TJ PR**. Você deve estudar da primeira até chegar à última. Separamos de forma que você tenha contato com, pelo menos, duas matérias por dia, porque, nessa sugestão de planejamento, há um ciclo equilibrado de estudo. Assim, o que foi estudado está sendo sempre relembrado. Nesse sistema, o que foi aprendido não é esquecido.

Outro fator positivo é que você estuda todas as matérias e coloca uma carga extra em matérias que têm um peso maior. Essa tabela tem como carga total 48 horas, distribuídas em 12 dias. Assim, você estuda e revisa os conteúdos até completar o edital.

Observe, na tabela abaixo, a quantidade de horas de estudo por ciclo.

Matérias Básicas	Quantitativo de Horas Estudadas por Ciclo
Língua Portuguesa	12h
Redação	4h
Matemática	10h
Informática	6h
Noções de Direito e Legislação	16h

Note que cada ciclo completo tem 48 horas de estudo. Veja que programamos uma quantidade de horas específica para cada matéria. No entanto, você pode aumentar a carga das matérias em que têm mais dificuldade e diminuir a carga das matérias que mais domina.

Passo a Passo

1) Imagine que você comece a estudar numa segunda-feira.
2) Respeite a carga horária.
3) Separe o material de estudo.
4) Inicie os estudos.
5) Quando derem as duas horas de estudo de Língua Portuguesa, pare imediatamente.
6) Passe para Matemática e Raciocínio Lógico-Matemático.
7) Marque onde parou. Assim, poderá começar de novo quando a tabela alcançar a disciplina de Língua Portuguesa novamente.
8) Faça isso com todas as matérias até chegar ao fim do ciclo.
9) Depois disso, analise se o plano está tendo resultado.
10) Se achar necessário, faça as alterações na carga horária e comece tudo de novo.

Lembre-se de que o ato de estudar é contínuo. Além disso, não podemos ser peritos em uma matéria e leigos em outras, ou seja, o concursando tem que ir bem em todas as disciplinas.

Não podemos esquecer que os exercícios são importantes. Desse modo, você pode reservar horários específicos somente para a resolução de questões da banca examinadora.

Se o concursando seguir esses passos, pode ter a certeza de que terá uma preparação completa. Agora, uma situação é certa: muita gente não pode seguir esse ritmo, pois as tarefas do dia simplesmente impedem. Assim, a palavra de ordem é adaptar-se à realidade.

Esse método é muito funcional e, ao contrário do que muita gente pensa, ele dá um rumo ao concursando. Precisamos ter em mente que um planejamento deve ser feito de médio a longo prazo e que, sem dúvida, demoramos um pouco a nos habituarmos a um ritmo de estudo. Porém, depois que conseguimos estruturar uma rotina, não paramos mais. Tanto é real que os verdadeiros concursandos e concurseiros passam em vários concursos públicos.

Ser organizado é chegar mais cedo à aprovação!

Prof. Evandro Guedes

SUMÁRIO

LÍNGUA PORTUGUESA

ÍNDICE

LÍNGUA PORTUGUESA

CAPÍTULO 01

Níveis de Análise da Língua

Vamos começar o nosso estudo fazendo uma distinção entre quatro níveis de análise da Língua Portuguesa, afinal, você não pode confundir-se na hora de estudar. Fique ligado nessa diferença:

I. **Nível Fonético / Fonológico:** estuda a produção e articulação dos sons da língua.

II. **Nível Morfológico:** estuda a estrutura e a classificação das palavras.

III. **Nível Sintático:** estuda a função das palavras dentro de uma sentença.

IV. **Nível Semântico:** estuda as relações de sentido construídas entre as palavras.

Fique Ligado

Na Semântica, estudaremos, entre outras coisas, a diferença entre linguagem de sentido denotativo (ou literal, do dicionário) e linguagem de sentido conotativo (ou figurado).

Ex: Rosa é uma flor.

01. Morfologia:

- *Rosa: substantivo;*
- *Uma: artigo;*
- *É: verbo ser;*
- *Flor: substantivo*

02. Sintaxe:

- *Rosa: sujeito;*
- *É uma flor: predicado;*
- *Uma flor: predicativo do sujeito.*

03. Semântica:

- ***Rosa pode ser entendida como uma pessoa ou como uma planta, depende do sentido.***

Vamos, a partir de agora, estudar as classes de palavras. Precisamos de uma base sólida para podermos progredir. Preste muita atenção à morfologia, pois, sem ela, não é possível progredir no estudo do Português!

Morfologia - 10 Classes de Palavras

Antes de mergulhar nas conceituações, vamos fazer uma lista para facilitar o nosso estudo: classe e exemplo.

01. **Artigo:**
- O, a, os, as, um, uma, uns, umas.

02. **Adjetivo:**
- Legal, interessante, capaz, brasileiro, francês.

03. **Advérbio:**
- Muito, pouco, bem, mal, ontem, certamente

04. **Conjunção:**
- Que, caso, embora.

05. **Interjeição:**
- Ai! Ui! Ufa! Eita.

06. **Numeral:**
- Sétimo, vigésimo, terço.

07. **Preposição:**
- A, ante, até, após, com, contra, de, desde, em, entre.

08. **Pronome:**
- Cujo, o qual, quem, eu, lhe.

09. **Substantivo:**
- Mesa, bicho, concursando, Pablo, José.

10. **Verbo:**
- Estudar, passar, ganhar, gastar.

Artigo

O artigo é a palavra variável que tem por função individualizar algo, ou seja, possui como função primordial indicar um elemento, por meio de definição ou indefinição[1] da palavra que, pela anteposição do artigo, passa a ser substantivada. Os artigos se subdividem em:

a) **Artigos definidos: o, a, os, as** - porque definem o substantivo a que se referem.

Veja os exemplos:

- Hoje à tarde, falaremos sobre **a** aula da semana passada.
- Na última aula, falamos **do** conteúdo programático.

b) **Artigos indefinidos: Um, uma, uns, umas -** porque indefinem o substantivo a que se referem.

Veja os exemplos:

- Assim que eu passar no concurso, eu irei comprar **um** carro.
- Pela manhã, papai, apareceu **um** homem da loja aqui.

É importante ressaltar que os artigos podem ser contraídos com algumas preposições essenciais, como demonstraremos na tabela a seguir:

Preposições	Artigo							
	Definido				Indefinido			
	o	a	os	as	um	uma	uns	umas
A	ao	à	aos	às	-	-	-	-
De	do	da	dos	das	dum	duma	duns	dumas
Em	no	na	nos	nas	num	numa	nuns	numas
Per	pelo	pela	pelos	pelas	-	-	-	-
Por	polo	pola	polos	polas	-	-	-	-

Fique Ligado

O artigo é utilizado para substantivar um termo. Ou seja, quer transformar algo em um substantivo? Coloque um artigo em sua frente.

- ***Ex.:** <u>Cantar</u> alivia a alma. (Verbo)*
- ***Ex.:** <u>O cantar</u> alivia a alma. (Substantivo)*

1 A noção aqui expressa por definição ou indefinição foi brilhantemente esclarecida por Napoleão Mendes de Almeida. O professor afirma que o artigo é um termo anteposto a um substantivo que possui com função dar precisão (no caso dos definidos) ou imprecisão (no caso dos indefinidos) ao termo com que estabelece relação.

Exercício Comentado

01. (CESGRANRIO) Entre os apresentados a seguir, qual o único exemplo em que o "a" NÃO pode ser classificado como artigo?

a) "... mostram como ponto em comum a capacidade de ..."

b) "de suportar a frustração."

c) "(sujeitos a condições subumanas, ...)"

d) "Venceram a voz que falava:"

e) "... sobre a atitude negativa."

RESPOSTA. "C" Uma questão de simples resolução. Basta observar que a palavra "a" na alternativa "C" não fez flexão, ou seja, ficou no singular. Como o artigo costuma flexionar de acordo com o substantivo (e não fez), o elemento em destaque é uma preposição. Também era possível identificar se buscássemos a regência da palavra "sujeitos". Quem está sujeito, está sujeito a alguma coisa. Assim, entende-se que a palavra em destaque é uma preposição.

Emprego do artigo com a palavra "todo":

Quando inserimos artigos ao lado do termo "todo", em geral, o sentido da expressão passa a designar totalidade. Como no exemplo abaixo:

> Pobreza é um problema que acomete **todo** país. (todos os países)

> Pobreza é um problema que acomete **todo o** país. (o país em sua totalidade).

Adjetivo

É a palavra variável que expressa uma qualidade, característica ou origem de algum substantivo ao qual se relaciona.

» **Ex.**: Meu terno é **azul**, **elegante** e **italiano**.

Analisando, entendemos assim:

> **Azul:** característica.

> **Elegante:** qualidade.

> **Italiano:** origem.

Vamos falar um pouquinho sobre a estrutura e a classificação dos adjetivos. Com relação à sua formação, eles podem ser:

→ **Explicativos:** quando a característica é comum ao substantivo referido.

» **Ex.**: Fogo **quente**, Homem **mortal.** (Todo fogo é quente, todo homem é mortal)

→ **Restritivos:** quando a característica não é comum ao substantivo, ou seja, nem todo substantivo é assim caracterizado.

» **Ex.**: Terno **azul**, Casa **grande**. (Nem todo terno é azul, nem toda casa é grande)

→ **Simples:** quando possui apenas uma raiz.

» **Ex.**: amarelo, brasileiro, competente, sagaz, loquaz, inteligente, grande, forte etc.

→ **Composto:** quando possui mais de uma raiz.

» **Ex.**: amarelo-canário, luso-brasileiro, verde-escuro, vermelho-sangue etc.

→ **Primitivo:** quando pode dar origem a outra palavra, não tendo sofrido derivação alguma.

» **Ex.**: bom, legal, grande, rápido, belo etc.

→ **Derivado:** quando resultado de um processo de derivação, ou seja, oriundo de outra palavra.

» **Ex.**: bondoso (de bom), grandioso (de grande), maléfico (de mal), esplendoroso (de esplendor) etc.

Os adjetivos que designam origem de algum termo são denominados adjetivos pátrios ou gentílicos.

Uma lista de adjetivos pátrios de estado:

Adjetivos Pátrios	
Acre	Acriano
Alagoas	Alagoano
Amapá	Amapaense
Aracaju	Aracajuano ou aracajuense
Amazonas	Amazonense ou baré
Belém(PA)	Belenense
Belo Horizonte	Belo-horizontino
Boa Vista	Boa-vistense
Brasília	Brasiliense
Cabo Frio	Cabo-friense
Campinas	Campineiro ou campinense
Curitiba	Curitibano
Espírito Santo	Espírito-santense ou capixaba
Fernando de Noronha	Noronhense
Florianópolis	Florianopolitano
Fortaleza	Fortalezense
Goiânia	Goianiense
João Pessoa	Pessoense
Macapá	Macapaense
Maceió	Maceioense
Manaus	Manauense
Maranhão	Maranhense
Marajó	Marajoara
Natal	Natalense ou papa-jerimum
Porto Alegre	Porto alegrense
Ribeirão Preto	Ribeiropretense
Rio de Janeiro(Estado)	Fluminense
Rio de Janeiro(Cidade)	Carioca
Rio Branco	Rio-branquense
Rio grande do Norte	Rio-grandense-do-norte, norte-riograndense ou potiguar
Rio grande do Sul	Rio-grandense-do-sul, sul-rio-grandense ou gaúcho
Rondônia	Rondoniano
Roraima	Roraimense
Salvador	Salvadorense ou soteropolitano
Santa Catarina	Catarinense. ou barriga-verde
Santarém	Santarense
São Paulo (Estado)	Paulista
São Paulo (Cidade)	Paulistano
Sergipe	Sergipano
Teresina	Teresinense
Tocantins	Tocantinense

Países	
Croácia	Croata
Costa rica	Costarriquense
Curdistão	Curdo
Estados Unidos	Estadunidense, norte-americano ou ianque
El Salvador	Salvadorenho
Guatemala	Guatemalteco
Índia	Indiano ou hindu (os que professam o hinduísmo)
Israel	Israelense ou israelita
Irã	Iraniano
Moçambique	Moçambicano
Mongólia	Mongol ou mongólico
Panamá	Panamenho
Porto Rico	Porto-riquenho
Somália	Somali

Adjetivos pátrios compostos

Na formação de adjetivos pátrios compostos, o primeiro elemento aparece na forma reduzida e, normalmente, erudita.

Observe alguns exemplos:

Adjetivos Pátrios Compostos	
África	Afro-/Cultura afro-americana
Alemanha	Germano- ou teuto-/Competições teutoinglesas
América	Américo-/Companhia américo-africana
Ásia	Ásio-/Encontros ásio-europeus
Áustria	Austro-/Peças austro-búlgaras
Bélgica	Belgo-/Acampamentos belgo-franceses
China	Sino-/Acordos sino-japoneses
Espanha	Hispano-/Mercado hispano-português
Europa	Euro-/Negociações euro-americanas
França	Franco- ou galo-/Reuniões franco-italianas
Grécia	Greco-/Filmes greco-romanos
Índia	Indo-/Guerras indo-paquistanesas
Inglaterra	Anglo-/Letras anglo-portuguesas
Itália	Ítalo-/Sociedade ítalo-portuguesa
Japão	Nipo-/Associações nipo-brasileiras
Portugal	Luso-/Acordos luso-brasileiros

Locução Adjetiva

Expressão que tem valor adjetival, mas que é formada por mais de uma palavra. Geralmente, concorrem para sua formação uma preposição e um substantivo. Veja alguns exemplos.

Locução Adjetiva	Adjetivo
De águia	Aquilino
De aluno	Discente
De anjo	Angelical
De ano	Anual
De aranha	Aracnídeo
De asno	Asinino
De baço	Esplênico
De bispo	Episcopal
De bode	Hircino
De boi	Bovino
De bronze	Brônzeo ou êneo
De cabelo	Capilar
De cabra	Caprino
De campo	Campestre ou rural
De cão	Canino
De carneiro	Arietino
De cavalo	Cavalar, equino, equídeo ou hípico
De chumbo	Plúmbeo
De chuva	Pluvial
De cinza	Cinéreo
De coelho	Cunicular
De cobre	Cúprico
De couro	Coriáceo
De criança	Pueril
De dedo	Digital
De diamante	Diamantino ou adamantino
De elefante	Elefantino
De enxofre	Sulfúrico
De estômago	Estomacal ou gástrico
De falcão	Falconídeos
De fera	Ferino
De ferro	Férreo
De fígado	Figadal ou hepático
De fogo	Ígneo
De gafanhoto	Acrídeo
De garganta	Gutural
De gelo	Glacial
De gesso	Gípseo
De guerra	Bélico
De homem	Viril ou humano
De ilha	Insular
De intestino	Celíaco ou entérico
De inverno	Hibernal ou invernal
De lago	Lacustre
De laringe	Laríngeo
De leão	Leonino
De lebre	Leporino
De lobo	Lupino
De lua	Lunar ou selênico
De macaco	Simiesco, símio ou macacal
De madeira	Lígneo
De marfim	Ebúrneo ou ebóreo
De Mestre	Magistral
De monge	Monacal
De neve	Níveo ou nival
De nuca	Occipital
De orelha	Auricular
De ouro	Áureo
De ovelha	Ovino
De paixão	Passional
De pâncreas	Pancreático
De pato	Anserino

De peixe	Písceo ou ictíaco
De pombo	Columbino
De porco	Suíno ou porcino
De prata	Argênteo ou argírico
De quadris	Ciático
De raposa	Vulpino
De rio	Fluvial
De serpente	Viperino
De sonho	Onírico
De terra	Telúrico, terrestre ou terreno
De trigo	Tritício
De urso	Ursino
De vaca	Vacum
De velho	Senil
De vento	Eólico
De verão	Estival
De vidro	Vítreo ou hialino
De virilha	Inguinal
De visão	Óptico ou ótico

Flexão do Adjetivo

O adjetivo pode ser flexionado em gênero, número e grau. Vejamos melhor como isso se dá.

1) Flexão de gênero (Masculino / Feminino)

Com relação ao gênero, os adjetivos podem ser classificados de duas formas:

Biformes: quando possuem uma forma para cada gênero.

» **Ex.**: Homem **belo** / mulher **bela**

» **Ex.**:Contexto **complicado** / questão **complicada**.

Uniformes: quando possuem apenas uma forma, como se fossem elementos neutros.

» **Ex.**: Homem **fiel** / mulher **fiel**.

» **Ex.**:Contexto **interessante** / questão **Interessante.**

2) Flexão de número (Singular / Plural)

Os adjetivos simples seguem a mesma regra de flexão que os substantivos simples, portanto essas regras serão descriminadas no quadro de número dos substantivos**.** Momentaneamente, abordemos a flexão dos adjetivos compostos. Serão, por regra, flexionados os adjetivos compostos que, em sua formação, possuírem dois adjetivos. A flexão ocorrerá apenas no segundo elemento da composição.

» **Ex.**: Guerra greco-**romana** - Guerras greco-**romanas.**

» **Ex.**: Conflito socioeconô**mico** - Análises **socioeconômicas.**

Por outro lado, se houver um substantivo como elemento da composição, o adjetivo fica invariável.

» **Ex.**: Blusa **amarelo-canário** - *Blusas* **amarelo-canário.**

» **Ex.**: Mesa **verde-musgo** - Mesas **verde-musgo.**

Fique Ligado

O caso em questão também pode ocorrer quando um substantivo passa a ser, por derivação imprópria, um adjetivo, ou seja, também serão invariáveis os "substantivos adjetivados".

» ***Ex.: Terno cinza -Ternos cinza***

» ***Ex.: Vestido rosa -Vestidos rosa***

E também : O plural de surdo-mudo é surdos-mudos, de pele-vermelha é peles-vermelhas. Azul-marinho e azul-celeste são invariáveis.

3) Flexão de grau (Comparativo e Superlativo)

Há duas maneiras de se estabelecer o grau do adjetivo: por meio do grau **Comparativo** e por meio do grau **Superlativo.**

Vejamos como isso ocorre.

Grau comparativo: Estabelece um tipo de comparação de características, sendo estabelecido de três maneiras:

> Inferioridade: O açúcar é **menos** doce (do) **que** os teus olhos.

> Igualdade: O meu primo é **tão** estudioso **quanto** o meu irmão.

> Superioridade: Gramática é **mais** legal (do) **que** Matemática.

Grau superlativo: Reforça determinada qualidade em relação a um referente. Pode-se estabelecer o grau superlativo de duas maneiras:

> **Relativo**: em relação a um grupo.

» De superioridade: José é o **mais** inteligente dos alunos.

» De inferioridade: O presidente foi o **menos** prestigiado da festa.

> **Absoluto**: sem relações, apenas reforçando as características

a) Analítico (com auxílio de algum termo)

» **Ex.**: Pedro é muito magro.

» **Ex.**: Pedro é magro, magro, magro.

b) Sintético (com o acréscimo de – íssimo ou –érrimo)

» **Ex.**: Pedro é macérrimo.

» **Ex.**: Somos todos estudiosíssimos.

Veja, agora, uma tabela de superlativos sintéticos.

Superlativos	
Grau normal	Superlativos
Ágil	Agilíssimo
Agradável	Agradabilíssimo
Agudo	Acutíssimo ou agudíssimo
Alto	Altíssimo, sumo ou supremo
Amargo	Amaríssimo ou marguíssimo
Amável	Amabilíssimo
Amigo	Amicíssimo
Antigo	Antiquíssimo
Atroz	Atrocíssimo
Baixo	Baixíssimo ou ínfimo
Bom	Ótimo ou boníssimo
Capaz	Capacíssimo
Célebre	Celebérrimo
Cheio	Cheíssimo
Comum	Comuníssimo
Cristão	Cristianíssimo
Cruel	Crudelíssimo
Doce	Dolcíssimo ou docíssimo
Difícil	Dificílimo
Eficaz	Eficacíssimo
Fácil	Facílimo
Feliz	Felicíssimo
Feroz	Ferocíssimo
Fiel	Fidelíssimo
Frágil	Fragílimo

Frio	Frigidíssimo ou friíssimo
Geral	Generalíssimo
Grande	Grandíssimo ou máximo
Horrível	Horribilíssimo
Honorifíco	Honorificentíssimo
Humilde	Humílimo ou humildíssimo
Inimigo	Inimicíssimo
Inconstitucional	Inconstitucionalíssimo
Jovem	Juveníssimo
Livre	Libérrimo e livríssimo
Louvável	Laudabilíssimo
Magnífico	Magnificentíssimo
Magro	Macérrimo ou magríssimo
Mau	Péssimo ou malíssimo
Miserável	Miserabilíssimo
Mísero	Misérrimo
Miúdo	Minutíssimo
Notável	Notabilíssimo
Pequeno	Mínimo ou pequeníssimo
Pessoal	Personalíssimo
Pobre	Paupérrimo ou pobríssimo
Precário	Precaríssimo ou precariíssimo
Próspero	Prospérrimo
Provável	Probabilíssimo
Sábio	Sapientíssimo
Sério	Seríssimo
Simpático	Simpaticíssimo
Simples	Simplíssimo ou simplicíssimo
Singular	Singularíssimo
Tenaz	Tenacíssimo
Terrível	Terribilíssimo
Vão	Vaníssimo
Voraz	Voracíssimo
Vulgar	Vulgaríssimo
Vulnerável	Vulnerabilíssimo

Fique Ligado

Atente à mudança de sentido provocada pela alteração de posição do adjetivo.

» ***Ex.: Homem <u>grande</u> (alto, corpulento)***

» ***Ex.: <u>Grande</u> homem (célebre)***

Mas isso nem sempre ocorre. Se você analisar a construção "giz azul" e "azul giz", perceberá que não há diferença semântica.

Exercício Comentado

01. (CESGRANRIO) As palavras em destaque em "... que, apesar do <u>olhar</u> profissional <u>crítico</u>, analítico," são classificadas, respectivamente, como:

a) Substantivo e adjetivo.

b) Substantivo e substantivo.

c) Adjetivo e substantivo.

d) Verbo e adjetivo.

e) Verbo e substantivo.

RESPOSTA. ***"A" A palavra "olhar" foi transformada em um substantivo, porque o artigo "o" lhe foi anteposto. A palavra "crítico" qualifica o substantivo anteriormente destacado.***

Advérbio

É a palavra invariável que se relaciona ao verbo, ao adjetivo ou a outro advérbio para atribuir-lhes uma circunstância.

» **Ex.**: Os alunos saíram **apressadamente.**

» **Ex.**: O caso era **muito** interessante.

» **Ex.**: Resolvemos **muito bem** o problema.

É importante decorar essa lista de advérbios para que você consiga reconhecê-los na sentença.

→ Classificação do Advérbio:

> **Afirmação:** Sim, certamente, efetivamente etc.

> **Negação:** Não, nunca, jamais.

> **Intensidade:** Muito, pouco, assaz, bastante, mais, menos, tão, tanto, quão etc.

> **Lugar:** Aqui, ali, aí, aquém, acima, abaixo, atrás, dentro, junto, defronte, perto, longe, algures, alhures, nenhures etc.

> **Tempo:** Agora, já, depois, anteontem, ontem, hoje, jamais, sempre, outrora, breve etc.

> **Modo:** Assim, adrede, bem, mal, depressa, devagar, melhor, pior e a maior parte das palavras formadas de um adjetivo, mais a terminação "mente" (leve + mente = levemente; calma + mente = calmamente).

> **Inclusão:** Também, inclusive.

> **Designação:** Eis.

> **Interrogação:** Onde, como, quando, por que.

Fique Ligado

Também existem as chamadas locuções adverbiais que vêm quase sempre introduzidas por uma preposição: à farta (= fartamente), às pressas (= apressadamente), à toa, às cegas, às escuras, às tontas, às vezes, de quando em quando, de vez em quando etc.

Existem casos em que utilizamos um adjetivo como forma de advérbio. É o que chamamos de adjetivo adverbializado.

» ***Ex.: Aquele orador fala belamente. (advérbio de modo).***

» ***Ex.:Aquele orador fala bonito. (adjetivo adverbializado que tenta designar modo).***

Conjunção

É a palavra invariável que conecta elementos em algum encadeamento frasal. A relação em questão pode ser de natureza lógico-semântica (relação de sentido) ou apenas indicar uma conexão exigida pela sintaxe da frase.

Coordenativas

São as conjunções que conectam elementos que não possuem dependência sintática, ou seja, as sentenças que são conectadas por meio desses elementos já estão com suas estruturas sintáticas (sujeito / predicado / complemento) completas. Eis a lista das coordenativas:

→ **Aditivas**

> E, nem (= e não), também, que, não só... mas também, não só... como, tanto ... como, assim... como etc.
   » **Ex.**: José não foi à aula **nem** fez os exercícios.
   » **Ex.**: Devemos estudar **e** apreender os conteúdos.

→ **Adversativas**

> Mas, porém, contudo, todavia, no entanto, entretanto, senão, não obstante, aliás, ainda assim.
   » **Ex.**: Os países assinaram o acordo, **mas** não o cumpriram.
   » **Ex.**: A menina cantou bem, **contudo** não agradou ao público.

→ **Alternativas**

> Ou... ou, já ... já, seja... seja, quer... quer, ora... ora, agora... agora.
   » **Ex.**: **Ora** diz sim, ora diz não.
   » **Ex.**: **Ou** está feliz, **ou** está nos ludibriando.

→ **Conclusivas**

> Logo, pois (depois do verbo), então, portanto, assim, enfim, por fim, por conseguinte, consequintemente, consequentemente, donde, por onde, por isso.
   » **Ex.**: O concursando estudou muito, **logo**, deverá conseguir seu cargo.
   » **Ex.**: É professor, **por conseguinte** deve saber explicar o conteúdo.

→ **Explicativas**

> Isto é, por exemplo, a saber, ou seja, *verbi gratia*, pois (antes do verbo), pois bem, ora, na verdade, depois, além disso, com efeito, que, porque, ademais, outrossim, porquanto etc.
   » **Ex.**: Deve ter chovido, **pois** o chão está molhado.
   » **Ex.**: O homem é um animal racional, **porque** é capaz de raciocinar.
   » **Ex.**: Não converse agora, **que** eu estou explicando.

Subordinativas

São as conjunções que denotam uma relação de subordinação entre orações, ou seja, a conjunção subordinativa evidencia que uma oração possui dependência sintática em relação a outra. O que se pretende dizer com isso é que uma das orações envolvidas nesse conjunto desempenha uma função sintática para com sua oração principal.

Assim dividiremos as conjunções subordinativas:

- **Integrantes**

> Conjunções : Que, se
   » **Ex.**: Sei <u>que</u> o dia do pagamento é hoje.
   » **Ex.**: *Vejamos <u>se</u> você consegue estudar sem interrupções.*

- **Adverbiais**

→ **Causais:** indicam a causa de algo.

> Conjunções: Já que, porque, que, pois que, uma vez que, sendo que, como, visto que, visto como, como etc.
   » **Ex.**: Não teve medo do perigo, <u>já que</u> estava protegido.
   » **Ex.**: Passou no concurso, <u>porque</u> estudou muito.

→ **Comparativas**: estabelecem relação de comparação:

> Conjunções: Como, tal como, mais...(do)que, menos...(do)que, tão como, assim como, tanto quanto etc.
   » **Ex.**: <u>Tal como</u> procederes, receberás o castigo.
   » **Ex.**: Alberto é aplicado <u>como</u> quem quer passar.

→ **Concessivas (concessão):** estabelecem relação de quebra de expectativa com respeito à sentença à qual se relacionam.

> Conjunções: Embora, ainda que, dado que, posto que, conquanto, em que, quando mesmo, mesmo que, por menos que, por pouco que, apesar de (que).
   » **Ex.**: <u>Embora</u> tivesse estudado pouco, conseguiu passar.
   » **Ex.**: <u>Conquanto</u> estudasse, não conseguiu aprender.

→ **Condicionais:** estabelecem relação de condição.

> Conjunções: Se, salvo se, caso, exceto se, contanto que, com tal que, caso, a não ser que, a menos que, sem que etc.
   » **Ex.**: <u>Se</u> tudo der certo, estaremos em Portugal amanhã.
   » **Ex.**: <u>Caso</u> você tenha dúvidas, pergunte a seu professor.

→ **Consecutivas:** estabelecem relação de consequência.

> Conjunções: Tanto que, de modo que, de sorte que, tão...que, sem que etc.
   » **Ex.**: O aluno estudou <u>tanto que</u> morreu.
   » **Ex.**: Timeto Amon era <u>tão</u> feio <u>que</u> não se olhava no espelho.

→ **Conformativas:** estabelecem relação de conformidade.

> Conjunções: Conforme, consoante, segundo, da mesma maneira que, assim como, como que etc.
   » **Ex.**: Faça a prova <u>conforme</u> teu pai disse.
   » **Ex.**: Todos agem <u>consoante</u> se vê na televisão.

→ **Finais:** estabelecem relação de finalidade.

> Conjunções: Para que, a fim de que, que, porque.
   » **Ex.**: Estudou muito <u>para que</u> pudesse ter uma vida confortável.
   » **Ex.**: Trabalhei <u>a fim de que</u> o resultado seja satisfatório.

→ **Proporcionais:** estabelecem relação de proporção.

> Conjunções: À proporção que, à media que, quanto mais... tanto mais, quanto menos... tanto menos, ao passo que etc.
   » **Ex.**: <u>À medida que</u> o momento de realizar a prova chegava, a ansiedade de todos aumentava.
   » **Ex.**: <u>Quanto mais</u> você estudar, <u>tanto mais</u> terá a chance de ser bem sucedido.

→ **Temporais:** estabelecem relação de tempo.

> Conjunções: Quando, enquanto, apenas, mal, desde que, logo que, até que, antes que, depois que, assim que, sempre que, senão quando, ao tempo que, apenas que, antes que, depois que, sempre que etc.
   » **Ex.**: <u>Quando</u> todos disserem para você parar, continue.
   » **Ex.**: <u>Depois que</u> terminar toda a lição, poderá descansar um pouco.
   » **Ex.**: <u>Mal</u> chegou, já quis sair.

Exercícios Comentados

01. (VUNESP) Em – No Brasil, talvez mais que em outros países,... – o advérbio em destaque expressa sentido de

a) Causa.

b) Afirmação.

c) Negação.

d) Modo.

e) Dúvida.

RESPOSTA. "E" A palavra talvez é classificada morfologicamente como um advérbio de dúvida. Isso significa que ela atribui uma ideia de dúvida ao segmento do texto.

02. (CESGRANRIO) "Porém aquele que fala, mal ou bem, sempre fala de si mesmo." Por qual conector a conjunção destacada acima pode ser substituída sem que haja alteração de sentido?

a) Logo.

b) Pois.

c) Entretanto.

d) Porquanto.

e) Quando.

RESPOSTA. "C" Uma vez que a palavra em destaque (porém) é uma conjunção coordenativa adversativa, ela pode ser substituída pela palavra entretanto que se classifica da mesma maneira.

Interjeição

É o termo que exprime, de modo enérgico, um estado súbito de alma. Sem muita importância para a análise a que nos propomos, vale apenas lembrar que elas possuem uma classificação semântica[2]:

> **Dor:** ai! ui!

> **Alegria:** ah! eh! oh!

> **Desejo:** oxalá[3]! tomara!

> **Admiração:** puxa! cáspite! safa! quê!

> **Animação:** eia! sus! coragem!

> **Aplauso:** bravo! apoiado!

> **Aversão:** ih! chi! irra! apre!

> **Apelo:** ó, olá! psit! pitsiu! alô! socorro!

> **Silêncio:** psit! psiu! caluda!

> **Interrogação, espanto:** hem!

→ Há, também, locuções interjeitivas: **Minha nossa! Meu Deus!**

A despeito da classificação acima, o que determina o sentido da interjeição é o seu uso.

Numeral

É a palavra que indica uma quantidade, multiplicação, fração ou um lugar numa série. Os numerais podem ser divididos em:

> **Cardinais** - quando indicam um número básico: um, dois, três, cem mil...

> **Ordinais** - quando indicam um lugar numa série: primeiro, segundo, terceiro, centésimo, milésimo...

> **Multiplicativos** - quando indicam uma quantidade multiplicativa: dobro, triplo, quádruplo...

> **Fracionários** - quando indicam parte de um inteiro: meio, metade, dois terços...

Algarismo		Cardiais	Ordinais
Romanos	Arábicos		
I	1	um	primeiro
II	2	dois	segundo
III	3	três	terceiro
IV	4	quatro	quarto
V	5	cinco	quinto
VI	6	seis	sexto
VII	7	sete	sétimo
VIII	8	oito	oitavo
IX	9	nove	nono
X	10	dez	décimo
XI	11	onze	undécimo ou décimo primeiro
XII	12	doze	duodécimo ou décimo segundo
XIII	13	treze	décimo terceiro
XIV	14	quatorze ou catorze	décimo quarto
XV	15	quinze	décimo quinto
XVI	16	dezesseis	décimo sexto
XVII	17	dezessete	décimo sétimo
XVIII	18	dezoito	décimo oitavo
XIX	19	dezenove	décimo nono
XX	20	vinte	vigésimo
XXI	21	vinte e um	vigésimo primeiro
XXX	30	trinta	trigésimo
XXXL	40	quarenta	quadragésimo
L	50	cinquenta	quinquagésimo
LX	60	sessenta	sexagésimo
LXX	70	setenta	septuagésimo ou setuagésimo
LXXX	80	oitenta	octogésimo
XC	90	noventa	nonagésimo
C	100	cem	centésimo
CC	200	duzentos	ducentésimo
CCC	300	trezentos	trecentésimo
CD	400	quatrocentos	quadringentésimo
D	500	quinhentos	quingentésimo
DC	600	seiscentos	seiscentésimo ou sexcentésimo
DCC	700	setecentos	septingentésimo
DCCC	800	oitocentos	octingentésimo
CM	900	novecentos	nongentésimo ou noningentésimo
M	1.000	mil	milésimo
X'	10.000	dez mil	dez milésimos
C'	100.000	cem mil	cem milésimos
M'	1.000.000	um milhão	milionésimo
M''	1.000.000.000	um bilhão	bilionésimo

Lista de numerais multiplicativos e fracionários:

Algarismos	Multiplicativos	Fracionários
2	duplo, dobro, dúplice	meio ou metade
3	triplo, tríplice	terço
4	quádruplo	quarto
5	quíntuplo	quinto

2 Segundo Napoleão Mendes de Almeida.

3 Curiosamente, esses elementos podem ser concebidos, em algumas situações, como advérbios de dúvida.

6	sêxtuplo	sexto
7	sétuplo	sétimo
8	óctuplo	oitavo
9	nônuplo	nono
10	décuplo	décimo
11	undécuplo	onze avos
12	duodécuplo	doze avos
100	cêntuplo	centésimo

Para realizar a leitura dos cardinais:

É necessário colocar a conjunção "e" entre as centenas e dezenas, assim como entre as dezenas e a unidade. Ex.: 3.068.724 = três milhões sessenta e oito mil setecentos e vinte e quatro. Quando à leitura do numeral ordinal, há duas possibilidades: Quando é inferior a 2.000, lê-se inteiramente segundo a forma ordinal. 1766º = milésimo septingentésimo sexagésimo sexto. Acima de 2.000, lê-se o primeiro algarismo como cardinal e os demais como ordinais. Hodiernamente, entretanto, tem-se observado a tendência a ler os números redondos segundo a forma ordinal.

» **Ex.**: 2.536º = dois milésimos quingentésimo trigésimo sexto.

» **Ex.**: 8 000º = oitavo milésimo.

Para realizar a leitura do fracionário:

O numerador de um numeral fracionário é sempre lido como cardinal. Quanto ao denominador, há dois casos:

→ Primeiro: se for inferior ou igual a 10, ou ainda for um número redondo, será lido como ordinal 2/6 = dois sextos; 9/10 = nove décimos; centésimos (se houver).

» **Ex.**: São exceções: 1/2 = meio; 1/3 = um terço.

→ Segundo: se for superior a 10 e não constituir número redondo, é lido como cardinal, seguido da palavra "avos".

» **Ex.**: 1/12 = um doze avos; 4/25 = quatro vinte e cinco avos.

Ao se fazer indicação de reis, papas, séculos, partes de uma obra, usam-se os numerais ordinais até décimo. A partir daí, devem-se empregar os cardinais. Século V (século quinto), século XX (vinte), João Paulo II (segundo), Bento XVI (dezesseis).

Preposição

É a palavra invariável que serve de ligação entre dois termos de uma oração ou, às vezes, entre duas orações. Costuma-se denominar "regente" o termo que exige a preposição e "regido" aquele que recebe a preposição:

» **Ex.**: Ele comprou um livro de poesia.

» **Ex.**: Ele tinha medo de ficar solitário.

Como se vê, a preposição "de", no primeiro caso, liga termos de uma mesma oração; no segundo, liga orações.

Preposições essenciais

São aquelas que têm como função primordial a conexão das palavras. Eis a lista de preposições essenciais.

→ a, ante, até, após, com contra, de, desde, em,entre, para, per, perante, por, sem, sob, sobre, trás.

Veja o emprego de algumas preposições:

» Os manifestantes lutaram contra a polícia.

» O aluno chegou ao salão rapidamente.

» Aguardo sua decisão desde ontem.

» Entre mim e ti, não há qualquer problema.

Preposições acidentais

São palavras que pertencem a outras classes, empregadas, porém, eventualmente como preposições.

→ conforme, consoante, durante, exceto, fora, agora, mediante, menos, salvante, salvo, segundo, tirante.

O emprego das preposições acidentais é mais comum do que parece:

» Todos saíram da sala, **exceto** eu.

» **Tirante** as mulheres, o grupo que estava na sala parou de falar.

» Escreveu o livro **conforme** o original.

Locuções Prepositivas

Além das preposições simples, existem também as chamadas locuções prepositivas, que terminam sempre por uma preposição simples: abaixo de, acerca de, acima de, a despeito de, adiante de, a fim de, além de, antes de, ao lado de, a par de, apesar de, a respeito de, atrás de, através de, de acordo com, debaixo de, de cima de, defronte de, dentro de, depois de, diante de, embaixo de, em cima de, em frente de(a), em lugar de, em redor de, em torno de, em vez de, graças a, junto a (de), para baixo de, para cima de, para com, perto de, por baixo de, por causa de, por cima de, por detrás de, por diante de, por entre, por trás de.

Vamos Praticar

"A questão maior é saber como colocar em prática essas belezas, num momento em que as lutas sociais sofrem o assédio cada vez mais **agressivo** da globalização e as próprias barreiras ideológicas caem por terra."

(Newton Carlos. Má hora das esquerdas. In: Correio Braziliense, 20/11/2007 (com adaptações).

01. (CESPE) A partir do texto acima, julgue os itens subsequentes. O adjetivo "agressivo" está empregado com valor de advérbio e corresponde, dessa forma, a ***agressivamente***.

Certo ( ) Errado ( )

02. (NCE) A alternativa em que ***NÃO*** ocorre qualquer forma de superlativo de um adjetivo é:

a) "...é o mais esperto do mundo";
b) "...que mesmo espécies mais longe na escala...";
c) "...teria evoluído a partir de organismos mais simples...";
d) "...para chegar a conclusões bem simples...";
e) "...os animais são, sim, algo inteligentes".

Leia o texto:

O **célebre** homem brasileiro cordial é cordial não porque seja polido, o que ele nunca foi, mas porque nada nunca passa pelo cérebro antes de chegar à vida — é só um coração batendo forte no meio da rua, que é o seu lugar.

(Cristovão Tezza. Um erro emocional. Rio de Janeiro: Record, 2010, p. 91 - com adaptações).

03. (CESPE) Em relação às ideias e a aspectos gramaticais do texto acima, julgue os itens a seguir. Se, em vez do adjetivo "célebre", o autor tivesse optado pela sua forma superlativa, teria de acrescentar-lhe o sufixo ***-érrimo***, da seguinte forma: celebérrimo.

Certo ( ) Errado ( )

04. (NCE) "...comuns a quase todos os animais..."; O trecho abaixo em que o emprego do artigo é ***EQUIVOCADO*** é:

a) Ambos os animais são dotados de alguma inteligência;
b) Todos os quatro animais de estimação sobreviveram;
c) Os biólogos trabalharam todo o dia;
d) Entre os animais há diversos graus de inteligência;
e) Toda a manhã eles chegavam sempre na hora.

05. (TJ). Assinale a alternativa em que o grupo de vocábulos, a seguir, admite, exclusivamente, o artigo masculino.

a) Conceito, poema, sentinela;
b) Atleta, eclipse, herpes;
c) Quadrilha, assalto, hangar;
d) Fonema, afã, champanha;
e) Epígrafe, introito, omoplata.

06. (TJ) Assinale a alternativa em que a classificação morfológica da palavra está ***INCORRETA***.

a) Ele jamais faria tal afirmação tão leviana e vil. Leviana é adjetivo.
b) Nunca se soube verdadeiramente quem era culpado naquela história. Quem é pronome adjetivo interrogativo.
c) Não sei se vocês estão conscientes da situação periclitante em que nos encontramos. Se é conjunção.
d) A essa hora, o delegado já terá feito a ocorrência. Ocorrência é substantivo.
e) Era mister considerar todas as particularidades daquele contrato. Mister é adjetivo.

07. (TJ) Assinale a alternativa em que o termo em negrito NÃO apresenta o valor circunstancial indicado entre parênteses.

a) O hábito, naquele país, era comer **com as mãos**. (instrumento)
b) **Naquele verão**, quantos teriam viajado? (tempo)
c) **Para vencer**, precisávamos de um esforço hercúleo. (fim)
d) Procurava, **desordenadamente**, as fichas no arquivo morto. (modo)
e) Só se retirarão do recinto **com a minha licença**. (companhia)

08. (TJ) Assinale a alternativa em que a palavra composta inclui um elemento que originalmente é um advérbio.

a) Maus-tratos
b) Pré-frontal
c) Bem-humorado
d) Peça-chave
e) Maria-vai-com-as-outras

09. (FGV) Em ***<u>Justiça justa</u>***, ocorre um substantivo ao lado de um adjetivo dele cognato. Assinale a alternativa em que substantivo e adjetivo, respectivamente, **NÃO** sejam cognatos.

a) Lentidão – lento
b) Inércia – inercial
c) Arma – inerme
d) Perfil – perfilhado
e) Obcecação – obcecado

"**Se** fosse ensinar a uma criança a beleza da música, **não** começaria **com** partituras, notas e pautas. Ouviríamos juntos **as** melodias mais gostosas e **lhe** contaria sobre os instrumentos que fazem a música. Aí,encantada com a beleza da música,ela mesma me pediria que lhe ensinasse o mistério daquelas bolinhas pretas escritas sobre cinco linhas. Porque as bolinhas pretas e as cinco linhas são apenas ferramentas para a produção da beleza musical. A experiência da beleza tem de vir antes."

(http://pensador.uol.com.br/alegria de ensinar de rubens alves/)

10. (TJ) Assinale a alternativa que apresenta, ***correta*** e ***respectivamente***, as classes gramaticais a que pertencem as palavras em ***negrito*** no trecho a cima.

a) Conjunção – pronome – artigo – conjunção – pronome;
b) Conjunção – advérbio – preposição – artigo – pronome;
c) Pronome – advérbio– artigo – pronome – conjunção;
d) Pronome – conjunção – preposição – conjunção – pronome;
e) Conjunção – pronome – preposição – pronome – conjunção.

11. (CEPERJ) O sentido estabelecido pelo conectivo está corretamente indicado em:

a) "engolidas <u>ou</u> colocadas no nariz" - oposição
b) "comunicado público <u>sobre</u> o perigo" – causa
c) "tem os produtos <u>em</u> casa" – modo
d) "brinquedo <u>a</u> ser recolhido" – adição
e) "<u>para</u> evitar acidentes" - finalidade

12. (CEPERJ) O fragmento abaixo que apresenta uma estrutura sintática comparativa é:

a) "quem lhe escreve sou eu"
b) "Porque tive de viajar para o distante país do recall."
c) "mas três meses era o mínimo."
d) "O homem não disse nada, mas seu sorriso sinistro falava por si."
e) "ninguém mais fraco do que nós."

13. (CEPERJ) "Sei que você sente muitas saudades, porque eu também sinto saudades de você." O conectivo "porque", no contexto acima, estabelece relação de:

a) Modo
b) Causa
c) Adversidade
d) Conformidade
e) Proporcionalidade

"É exatamente isso o ***<u>que</u>*** tem ocorrido, nos últimos tempos, no ***<u>que</u>*** diz respeito ao direito de maior importância em uma democracia, ***<u>que</u>*** é o direito de defesa, inexistente nos Estados totalitários."

14. (FGV) A respeito das ocorrências da palavra QUE no trecho acima, assinale a alternativa que apresente, respectivamente, sua correta classificação.

a) Conjunção subordinativa – conjunção integrante – conjunção integrante

b) Pronome relativo – pronome relativo – pronome relativo

c) Conjunção integrante – conjunção integrante – conjunção subordinativa

d) Pronome relativo – preposição – pronome relativo

e) Conjunção integrante – preposição – conjunção subordinativa

No futebol americano, há um momento em que o jogador tem de dar um chute naquilo que eles chamam de bola. E, no circuito universitário, havia um rapaz recordista de chute. Ninguém chutava tão forte quanto esse rapaz. O importante, nessa história, era que o pé que ele usava para tal façanha não tinha nenhum dos dedos e, além disso, era menor que o outro. Quando descobriram isso, fizeram entrevistas com ele, e a primeira pergunta era: "Como você, com tal deficiência, consegue fazer uma coisa que ninguém mais conseguiu?" Ele, orgulhosamente, respondia: "Porque cresci ouvindo meu pai dizer: 'Encare suas deficiências e seus problemas como desafios, nunca como desculpas'.". O que mais se encontra no dia a dia? Justamente a postura oposta. [As pessoas encaram tudo como desculpas e justificativas.] Há pessoas que vivem dizendo frases negativas que encerram verdadeiras filosofias desastrosas.

Não são raras [as vezes] em que já se ouviu alguém falando de seus problemas e dificuldades e da incapacidade de superá-los, traduzida nas seguintes frases conformistas: "Eu sou assim mesmo..."; "Sempre fui assim..."; "Não posso evitar isso..."; "Essa é a minha natureza..."; "Não adianta mesmo..."; ["**Deus me fez assim e pronto!**".] [O que tais pessoas talvez nunca percebam é] que desculpas e justificativas só levam ao conformismo e à acomodação. E isso não diz respeito à elevação de padrões e à melhoria da qualidade de vida. Desculpas e justificativas são coisas de perdedor! Enquanto os vencedores comemoram, os perdedores se justificam.

Roberto Shinyashiki. Internet: <http://tecessa.arteblog.com.br>(com adaptações). Acesso em 19/1/2011.

15. (FUNIVERSA) Assinale a alternativa correta a respeito de fatos gramaticais e estilísticos encontrados no texto .

a) As palavras "ninguém", "pé", "você" são acentuadas pela mesma razão.

b) Na frase "'Deus me fez assim e pronto!'", encontra-se uma interjeição característica da linguagem coloquial.

c) Na frase "As pessoas encaram tudo como desculpas e justificativas" (linhas 8 e 19), há exemplo de gíria e de uma figura da linguagem: a anáfora.

d) Na construção "O que tais pessoas talvez nunca percebam", o pronome "tais" está empregado de modo informal, com significado de **brilhantes, grandiosas**.

e) O "as" de "as vezes" deve receber o sinal indicativo de crase para ajustar-se à norma culta padrão.

16. (FGV) A palavra <u>centenário</u> corresponde a cem anos. Assinale a alternativa em que não tenha havido correta associação da noção temporal à palavra indicada.

a) 400 anos – quadringentenário

b) 400 anos – quadricentenário

c) 600 anos – sesquicentenário

d) 150 anos – tricinquentenário

e) 7 anos – septenário

Corações a mil

(Gilberto Gil)

Minhas ambições são <u>dez</u>.
Dez corações de uma vez
pra eu poder me apaixonar
dez vezes a cada dia,
setenta a cada semana,
trezentas a cada mês.

(Fonte: www.gilbertogil.com.br/sec_discografia_letra.php?id=182)

17. (FIP) Na primeira frase do texto, a palavra "dez", sublinhada, tem duplo sentido. São eles:

a) O sentido de serem dez ambições (no caso, "dez" seria um numeral) e o sentido de os corações serem apaixonados (no caso, "dez" seria um adjetivo).

b) O sentido de serem dez ambições e o sentido de serem dez corações (nos dois casos, "dez" seria um numeral).

c) O sentido de serem dez corações e o sentido de serem dez vezes a cada dia (nos dois casos, "dez" seria um numeral).

d) O sentido de serem dez ambições (no caso, "dez" seria um numeral) e o sentido de as ambições serem de extrema qualidade (no caso, "dez" seria um adjetivo).

e) O sentido de serem dez vontades boas (no caso, "dez" seria um substantivo) e o sentido de totalizarem dez as paixões ambiciosas (no caso, "dez" seria um adjetivo).

Considerando o texto, avalie:

O cenário econômico otimista levou os empresários brasileiros a aumentarem a formalização do mercado de trabalho nos últimos cinco anos. As contratações com carteira assinada cresceram 19,5% entre 2003 e 2007, enquanto a geração de emprego seguiu ritmo mais lento e aumentou 11,9%, segundo estudo comparativo divulgado pelo IBGE.

In: Correio Braziliense, 25/1/2008 (com adaptações).

18. (CESPE) No primeiro período do texto, a partícula "a" ocorre tanto como preposição quanto como artigo: a primeira ocorrência é uma preposição exigida pelo emprego do verbo "levou"; a segunda ocorrência é um artigo que determina "formalização".

Certo ( ) Errado ( )

Gabarito

01	ERRADO	10	B
02	B	11	E
03	CERTO	12	E
04	E	13	B
05	D	14	B
06	B	15	B
07	E	16	C
08	C	17	D
09	D	18	CERTO

CAPÍTULO 02

Pronomes

Em uma definição breve, podemos dizer que pronome é o termo que substitui um substantivo, desempenhando, na sentença em que aparece, uma função coesiva. Podemos dividir os pronomes em sete categorias, são elas:

> Pessoais;
> Tratamento;
> Demonstrativos;
> Relativos;
> Indefinidos;
> Interrogativos;
> Possessivos.

Antes de partir para o estudo pormenorizado dos pronomes, vamos fazer uma classificação funcional deles quando empregados em uma sentença:

a) **Pronomes substantivos:** são aqueles que ocupam o lugar do substantivo na sentença.
   - **Ex.:** **Alguém** apareceu na sala ontem.
   - **Ex.:** **Nós** faremos todo o trabalho.

b) **Pronomes adjetivos:** são aqueles que acompanham um substantivo na sentença.
   - **Ex.:** **Meus** alunos são os mais preparados.
   - **Ex.:** Pessoa **alguma** fará tal serviço por **esse** valor.

Fique Ligado

Devemos estudar cada categoria separadamente e com muita atenção.

Pessoais

Referem-se às **Pessoas do Discurso:**

- Quem fala (1ª pessoa);
- Com quem se fala (2ª pessoa);
- De quem se fala (3ª pessoa).

Classificação dos Pronomes Pessoais (caso **Reto** x caso **Oblíquo**)

Pessoa Gramatical	Retos	Oblíquos	
		Átonos	Tônicos
1ª Singular	eu	me	mim, comigo
2ª Singular	tu	te	ti, contigo
3ª Singular	ele, ela	o, a, lhe, se	si, consigo
1ª Plural	nós	nos	nós, conosco
2ª Plural	vós	vos	vós, convosco
3ª Plural	eles, elas	os, as, lhes, se	si, consigo
Função	Sujeito	Complemento/Adjunto	

Emprego de alguns pronomes (**Certo** X **Errado**)

Eu e tu x mim e ti

1ª regra: depois de preposição essencial, usa-se pronome oblíquo.

> **Entre** mim e ti, não há acordo.
> **Sobre** Manoel e ti, nada se pode falar.
> Devo **a** ti esta conquista.
> O presente é **para** mim.
> Não saia **sem** mim.
> Comprei um livro **para** ti.

Observe a preposição essencial destacada nas sentenças.

2ª regra: se o pronome utilizado na sentença for sujeito de um verbo, deve-se empregar os do caso RETO.

> Não saia sem **eu** deixar.
> Comprei um livro para **tu** leres.
> O presente é para **eu** desfrutar.

Observe que o pronome desempenha a função de sujeito do verbo destacado.

→ Ou seja: "mim" não faz nada!

Fique Ligado

Não vá o aluno se confundir com as sentenças em que a ordem frasal está alterada. Deve-se, nesses casos, tentar pôr a sentença na ordem direta.

- ***Ex.: Para mim, fazer exercícios é muito bom. - Fazer exercícios é muito bom para mim.***
- ***Ex.: Não é tarefa para mim realizar esta revisão. - Realizar esta revisão não é tarefa para mim.***

Com causativos e sensitivos:

Regra com verbos causativos (mandar, fazer, deixar) ou sensitivos (ver, ouvir, sentir).

Quando os pronomes oblíquos átonos são empregados com verbos causativos ou sensitivos, pode haver a possibilidade de desempenharem a função de sujeito de uma forma verbal próxima. Veja o exemplo:

- **Ex.:** Fiz **Juliana** chorar. (sentença original)
- **Ex.:** Fi-**la** chorar. (sentença reescrita com a substituição do termo Juliana pelo pronome oblíquo)

→ **Explicando**: em ambas as situações, a Juliana é a chorona. Isso quer dizer que o termo feminino que está na sentença é sujeito do verbo chorar. Pensando dessa maneira, entenderemos a primeira função da forma pronominal "la" que aparece na sentença reescrita.

Outro fator a ser considerado é que o verbo fazer necessita de um complemento, portanto, é um verbo transitivo. Bem, ocorre que o complemento do verbo "fazer" não pode ter outro referente senão "Juliana". Então, entendemos que, na reescrita da frase, a forma pronominal "la" funciona como complemento do verbo "fazer" e sujeito do verbo "chorar".

Si e consigo

Estes pronomes somente podem ser empregados se se referirem ao sujeito da oração, pois possuem função reflexiva:

- **Ex.**: Alberto só pensa em si. ("Si" refere-se a "Alberto": sujeito do verbo "pensar")
- **Ex.**: O aluno levou as apostilas consigo. ("consigo" refere-se ao termo "aluno")

Estão erradas, portanto, frases como estas:

- **Ex.**: Creio muito em si, meu amigo.
- **Ex.**: Quero falar consigo.

Corrigindo:

» **Ex.**: Creio muito em você, meu amigo.

» **Ex.**: Quero falar contigo.

Conosco e convosco

Se vierem seguidos de uma expressão complementar, geralmente a palavra "todos", desdobram-se em "com nós" e "com vós":

» **Ex.**: Este trabalho é com nós mesmos.

Ele(s), ela(s) x o(s), a(s)

É muito comum ouvirmos frases como: "Vi ***ela*** na esquina", "Não queremos ***eles*** aqui". Então, é errado falar ou escrever assim, pois o pronome em questão está sendo utilizado fora de seu emprego original, ou seja, como um complemento (ao passo que deveria ser apenas sujeito). O certo é: "Vi-***a*** na esquina", "Não ***os*** queremos aqui".

"o" e "a"

São complementos diretos, ou seja, são utilizados juntamente aos verbos transitivos diretos, ou nos bitransitivos, como no exemplo a seguir:

» **Ex.**: Comprei **um carro** para minha namorada = Comprei-**o** para ela. (Ocorreu a substituição do Objeto Direto)

Fique Ligado

É importante lembrar que há uma especificidade em relação à colocação dos pronomes "o" e "a" depois de algumas palavras, eis as considerações:

Se a palavra terminar em R, S ou Z: tais letras devem ser suprimidas e o pronome há de ser empregado como **lo, la, los, las.**

» **Ex.**: Fazer as tarefas = fazê-**las** / querer o dinheiro = querê-**lo.**

Se a palavra terminar com **ão, õe** ou **m**: tais letras devem ser mantidas e o pronome há de ser empregado como **no, na, nos, nas.**

» **Ex.**: Compraram a casa = compraram-**na** / compõe a canção = compõe-**na.**

"lhe"

É um complemento indireto, equivalente a "a ele ou a ela": ou seja, é empregado juntamente a um verbo transitivo indireto ou a um verbo bitransitivo, como no exemplo:

» **Ex.**: Comprei um carro **para minha namorada** = comprei-**lhe** um carro. (Ocorreu a substituição do objeto indireto)

Fique Ligado

Muitas bancas gostam de trocar as formas "o" e "a" por "lhe", o que não pode ser feito sem que a sentença seja totalmente reelaborada.

De Tratamento

São pronomes de tratamento você, senhor, senhora, senhorita, fulano, sicrano, beltrano e as expressões que integram o quadro seguinte:

Pronome	Abreviatura Singular	Abreviatura Plural
Vossa Excelência(s)	V.Ex.ª	V.Ex.as
Usa-se para:		
Presidente (Sem abreviatura), ministro, embaixador, governador, secretário de Estado, prefeito, senador, deputado federal e estadual, juiz, general, almirante, brigadeiro e presidente de câmara de vereadores;		

Pronome	Abreviatura Singular	Abreviatura Plural
Vossa(s) Magnificência(s)	V.Mag.ª	V.Mag.as
Usa-se para:		
Reitor de universidade para o qual também se pode usar V. Ex.ª;		

Pronome	Abreviatura Singular	Abreviatura Plural
Vossa(s) Senhoria(s)	V.Sª	V.S.as
Usa-se para:		
Qualquer autoridade ou pessoa civil não citada acima;		

Pronome	Abreviatura Singular	Abreviatura Plural
Vossa(s) Santidade(s)	V.S	VV.SS.
Usa-se para:		
Papa;		

Pronome	Abreviatura Singular	Abreviatura Plural
Vossa(s) Eminência(s)	V.Em.ª	V.Em.as
Usa-se para:		
Cardeal;		

Pronome	Abreviatura Singular	Abreviatura Plural
Vossa(s) Excelência(s) Reverendíssima(s)	V.Exª.Rev.ma	V.Ex.as.Rev.mas
Usa-se para:		
Arcebispo e bispo;		

Pronome	Abreviatura Singular	Abreviatura Plural
Vossa(s) Reverendíssima(s)	V.Rev.ma	V.Rev.mas
Usa-se para:		
Autoridade religiosa inferior às acima citadas;		

Pronome	Abreviatura Singular	Abreviatura Plural
Vossa(s) Reverência(s)	V.Rev.ª	V.Rev.mas
Usa-se para:		
Religioso sem graduação;		

Pronome	Abreviatura Singular	Abreviatura Plural
Vossa(s) Majestade(s)	V.M.	VV.MM.
Usa-se para:		
Rei e imperador;		

Pronome	Abreviatura Singular	Abreviatura Plural
Vossa(s) Alteza(s)	V.A.	VV.AA.
Usa-se para:		
Príncipe, arquiduque e duque.		

Fique Ligado

Todas essas expressões se apresentam também com SUA para cujas abreviaturas basta substituir o "V" por "S".

Emprego dos pronomes de tratamento

a) **Vossa Excelência** etc. x **Sua Excelência** etc.

Os pronomes de tratamento iniciados com "Vossa(s)" empregam-se em uma relação direta, ou seja, indicam o nosso interlocutor, pessoa com quem falamos:

» **Ex.:** Soube que V. Ex.ª, Senhor Ministro, falou que não estava interessado no assunto da reunião.

Empregaremos o pronome com a forma "Sua" quando a relação não é direta, ou seja, quando falamos SOBRE a pessoa:

» **Ex.**: A notícia divulgada é de que Sua Excelência, o Presidente da República, foi flagrado em uma boate.

b) Utilização da **3ª pessoa**

Os pronomes de tratamento são de 3ª pessoa; portanto, todos os elementos relacionados a eles devem ser empregados também na 3ª pessoa, para que se mantenha a uniformidade:

» **Ex.**: É preciso que V. Ex.ª **diga** qual será o **seu** procedimento no caso em questão, a fim de que seus assessores possam agir a tempo.

c) **Uniformidade de Tratamento**

No momento da escrita ou da fala, não é possível ficar fazendo "dança das pessoas" com os pronomes. Isso quer dizer que se deve manter a uniformidade de tratamento. Para tanto, se for utilizada 3ª pessoa no início de uma sentença, ela deve permanecer ao longo de todo o texto. Preste atenção para ver como ficou estranha a construção abaixo:

» **Ex.**: Quando **você** chegar, eu **te** darei o presente.

Fique Ligado

"Você" é de 3ª pessoa e "te" é de 2ª pessoa. Não há motivo para cometer tal engano. Tome cuidado, portanto. Podemos corrigir a sentença:

» ***Ex.: Quando tu chegares, eu te darei o presente.***

» ***Ex.: Quando você chegar, eu lhe darei o presente.***

Demonstrativos

São os que localizam ou identificam o substantivo ou uma expressão no espaço, no tempo ou no texto.

1ª Pessoa	
Masculino	Este(s)
Feminino	Esta(s)
Neutro	Isto
No Espaço	Com o falante
No tempo	Presente
No Texto	O que se pretende dizer ou o imediatamente retomado
2ª Pessoa	
Masculino	Esse(s)
Feminino	Essa(s)
Neutro	Isso
No Espaço	Pouco afastado
No tempo	Passado ou futuro próximos
No Texto	O que se disse anteriormente
3ª Pessoa	
Masculino	Aquele(s)
Feminino	Aquela(s)
Neutro	Aquilo
No Espaço	Muito afastado
No tempo	Passado ou futuro distantes
No Texto	O que se disse há muito ou o que se pretende dizer

Explicações e exemplos

Quando o pronome retoma algo já mencionado no texto, dizemos que ele possui função **Anafórica**. Quando aponta para algo que será dito, dizemos que possui função **Catafórica**. Essa nomenclatura começou a ser cobrada em algumas questões de concurso público, portanto, é importante ter esses conceitos na ponta da língua.

Exemplo de emprego dos demonstrativos:

» **Ex**.: Veja este livro que eu trouxe, é muito bom.

» **Ex**.: Você deve estudar mais! Isso é o que eu queria dizer.

» **Ex**.: Vê aquele mendigo lá na rua? Terrível futuro o aguarda.

Há outros pronomes demonstrativos:

> ***O, a, os,as,*** quando antecedem o relativo Que e podem ser permutados por: Aquele (s), Aquela (s), Aquilo:

» **Ex**.: Não entendi *o* que disseste. (Não entendi aquilo que disseste.)

» **Ex**.: Esta rua não é **a** que te indiquei. (Esta rua não é aquela que te indiquei.)

> **Tal** (quando puder ser permutado por qualquer demonstrativo)

» **Ex**.: Não acredito que você disse **tal** coisa. (aquela coisa)

> **Semelhante** (quando puder ser permutado por qualquer demonstrativo)

» **Ex**.: Jamais me prestarei a **semelhante** canalhice. (esta canalhice)

> **Mesmo** (quando modificar os pronomes eu, tu, nós e vós)

» **Ex.**: Eu **mesmo** investiguei o caso.

De modo análogo, classificamos o termo "**próprio**". (eu próprio, ela própria)

Mesmo pode ainda funcionar como pronome neutro em frases como: "é o mesmo", "vem a ser o mesmo".

Vejamos mais alguns exemplos para fixar o conteúdo:

1) **José** e **João** são alunos do ensino médio. **Este** gosta de matemática, **aquele** gosta de português.

Veja que a verdadeira relação estabelecida pelos pronomes demonstrativos focaliza, por meio do "este" o elemento mais próximo, por meio do "aquele" o elemento mais afastado.

2) **Esta** sala precisa de bons professores. / Gostaria de que **esse** órgão pudesse resolver meu problema.

Este(s), esta(s), isto indicam o local de onde escrevemos. **Esse(s), essa(s), isso** indicam o local em que se encontra o nosso interlocutor.

Exercício Comentado

Leia o texto:

O barulhão da sumaumeira rendeu uma das mais difundidas histórias da Amazônia. Segundo a crença, o Curupira é o responsável pelo estrondo na mata. Armado com um casco de jabuti, ele bate com força nas sapopemas, a fim de verificar se elas estão fortes para resistir às tempestades. Para os índios ticuna, a sumaúma nos remete à formação da Amazônia: "No princípio estava tudo escuro, sempre frio e sempre noite. Uma enorme sumaumeira fechava o mundo, e por isso não entrava claridade na terra. Quando a árvore caiu, a luz apareceu. Do tronco formou-se o rio Amazonas. De seus galhos surgiram outros rios e igarapés."

01. *(FCC)... e por <u>isso</u> não entrava claridade na terra. O pronome grifado refere-se ao fato de que:*

a) a sumaumeira fechava o mundo.

b) estava tudo escuro.

c) era sempre frio e sempre noite.

d) a luz apareceu.

e) se formou o rio Amazonas.

RESPOSTA. "A". O pronome "isso" é anafórico, ou seja, retoma o elemento antecedente. Se a leitura for realizada corretamente (com atenção), você verá que a palavra "isso" retoma o motivo pelo qual não entrava claridade na terra.

Relativos

São termos que relacionam palavras em um encadeamento. Os relativos da Língua Portuguesa são:

> **Que:**

Quando puder ser permutado por "o qual" ou um de seus termos derivados. Utiliza-se o pronome "que" para referências a pessoas ou coisas.

> **O Qual:**

Empregado para referência a coisas ou pessoas.

> **Quem:**

É equivalente, segundo o mestre Napoleão Mendes de Almeida, a dois pronomes – aquele e que.

> **Quanto:**

Será relativo quando seu antecedente for o termo "tudo".

> **Onde:**

É utilizado para estabelecer referência a lugares, sendo permutável por "em que" ou "no qual" e seus derivados.

> **Cujo:**

Possui um sentido possessivo. Não permite permuta por outro relativo. Também é preciso lembrar que o pronome cujo não admite artigo, pois já é variável (cujo / cuja, jamais cujo o, cuja a).

Fique Ligado

Grave estas dicas:

> *Não troque seu cujo por nada!*

> *Não enfie artigo no cujo!*

» **Ex.**: O peão <u>a</u> **que** <u>me refiro</u> é Jonas.

» **Ex.**: A casa <u>**na qual**</u> houve o tiroteio foi interditada.

» **Ex.**: O homem <u>para</u> **quem** se <u>enviou</u> a correspondência é Alberto.

» **Ex.**: Não gastes tudo **quanto** tens.

» **Ex.**: O estado <u>para</u> **onde** <u>vou</u> é Minas Gerais.

» **Ex.**: Cara, o pedreiro <u>em</u> **cujo** serviço podemos <u>confiar</u> é Marcelino.

Fique Ligado

A preposição que está relacionada ao pronome é, em grande parte dos casos, oriunda do verbo que aparece posteriormente na sentença. As bancas costumam cobrar isso!

Exercício Comentado

Leia o texto:

Compreende-se que a festa, representando tal paroxismo de vida e rompendo de um modo tão violento com as pequenas preocupações da existência cotidiana, surja ao indivíduo como outro mundo, <u>em que</u> ele se sente amparado e transformado por forças que o ultrapassam. A sua atividade diária, colheita, caça, pesca, ou criação de gado, limita-se a preencher o seu tempo e a prover as suas necessidades imediatas. É certo que ele lhe dedica atenção, paciência, habilidade, mas, mais profundamente, vive na recordação de uma festa e na expectativa de outra, pois a festa figura para ele, para a sua memória e para o seu desejo o tempo das emoções intensas e da metamorfose do seu ser.

01. *(CESPE) A expressão "em que" poderia ser corretamente substituída por onde ou por no qual, sem que houvesse prejuízo à correção gramatical do texto.*

CERTO. A expressão "em que" é composta por uma preposição somada a um pronome relativo. No caso em questão, a troca é possível, pois o elemento anterior é masculino – assim como a expressão "no qual". A palavra "onde" retoma a ideia de lugar, isso garante sua permuta sem maiores problemas.

Indefinidos

São os que determinam o substantivo de modo vago, de maneira imprecisa.

Variáveis				Invariáveis
Masculino		Feminino		
Singular	Plural	Singular	Plural	
Algum	Alguns	Alguma	Algumas	Alguém
Certo	Certos	Certa	Certas	Algo
Muito	Muitos	Muita	Muitas	Nada
Nenhum	Nenhuns	Nenhuma	Nenhumas	Ninguém
Outro	Outros	Outra	Outras	Outrem
Qualquer	Quaisquer	Qualquer	Quaisquer	Cada
Quando	Quantos	Quanta	Quantas	
Tanto	Tantos	Tanta	Tantas	
Todo	Todos	Toda	Todas	Tudo
Vário	Vários	Vária	Várias	
Pouco	Poucos	Pouca	Poucas	

Fique Ligado

Fique bem atento para as alterações de sentido relacionadas às mudanças de posição dos pronomes indefinidos.

» *Ex.: <u>Alguma pessoa</u> passou por aqui ontem.*

» *Ex.: <u>Pessoa alguma</u> passou por aqui ontem.*

<u>Alguma pessoa</u> = ao menos uma pessoa.

<u>Pessoa alguma</u> = ninguém.

Interrogativos

Chamam-se interrogativos os pronomes **que, quem, qual e quanto,** empregados para formular uma pergunta direta ou indireta:

» **Ex.**: **Que** conteúdo estão estudando?

» **Ex.**: Diga-me **que** conteúdo estão estudando.

» **Ex.**: **Quem** vai passar no concurso?

» **Ex.**: Gostaria de saber **quem** vai passar no concurso.

» **Ex.**: **Qual** dos livros preferes?

» **Ex.**: Não sei **qual** dos livros preferes.

» **Ex.**: **Quantos** de coragem você tem?

» **Ex.**: Pergunte **quanto** de coragem você tem.

Possessivos

Com eles relacionamos a coisa possuída à pessoa gramatical possuidora. No quadro abaixo, estão relacionados aos pronomes pessoais.

Pessoais	Possessivos
Eu	meu, minha, meus, minhas
Tu	teu, tua, teus, tuas
Ele, você, V.Ex.ª. Etc.	seu, sua, seus, suas
Nós	nosso, nossa, nossos, nossas
Vós	vosso, vossa, vossos, vossas
Eles	seu, sua, seus, suas

Emprego

→ **Ambiguidade** - "Seu", "sua", "seus" e "suas" são os reis da ambiguidade (duplicidade de sentido)

» **Ex.**: O policial prendeu o maconheiro em **sua** casa. (casa de quem?)

» **Ex.**: Meu pai levou meu tio para casa em seu carro. (no carro de quem?)

Corrigindo:

» **Ex.**: O policial prendeu o maconheiro na casa **deste**.

» **Ex.**: Meu pai, em seu carro, levou meu tio para casa.

→ **Emprego especial** - Não se usam os possessivos em relação às partes do corpo ou às faculdades do espírito. Devemos, pois, dizer:

> Machuquei a mão. (E não "a minha mão")

> Ele bateu a cabeça. (E não "a sua cabeça")

> Perdeste a razão? (E não "a tua razão")

Substantivo

É a palavra variável que designa qualidades, sentimentos, sensações, ações etc.

Quanto a sua classificação, o substantivo pode ser:

→ **Primitivo** (sem afixos): pedra.

→ **Derivado** (com afixos): pedreiro/ empedrado.

→ **Simples** (1 núcleo): guarda.

→ **Composto** (mais de 1 núcleo): guarda-roupas.

→ **Comum** *(designa ser genérico): copo, colher.*

→ **Próprio** *(designa ser específico): Maria, Portugal.*

→ **Concreto** *(existência própria): cadeira, lápis.*

→ **Abstrato** *(existência dependente): glória, amizade.*

Os substantivos concretos

Designam seres de existência própria, como: padre, político, carro e árvore. Os substantivos abstratos nomeiam qualidades ou conceitos de existência dependente, como: beleza, fricção, tristeza e amor.

Os substantivos próprios

São sempre concretos e devem ser grafados com iniciais maiúsculas. Porém, alguns substantivos próprios podem vir a se tornar comuns, pelo processo de derivação imprópria que, geralmente, ocorre pela anteposição de um artigo e a grafia do substantivo com letra minúscula. (um judas = traidor / um panamá = chapéu). As flexões dos substantivos podem se dar em gênero, número e grau.

Gênero dos substantivos

Quanto à distinção entre masculino e feminino, os substantivos podem ser:

→ **Biformes:** quando apresentam uma forma para o masculino e outra para o feminino - gato, gata, homem, mulher.

→ **Uniformes***:* quando apresentam uma única forma para ambos os gêneros. Nesse caso, eles estão divididos em:

> **Epicenos:** usados para animais de ambos os sexos (macho e fêmea) - besouro, jacaré, albatroz;

> **Comum de dois gêneros:** aqueles que designam pessoas. Nesse caso, a distinção é feita por um elemento ladeador (artigo, pronome) - terrícola, estudante, dentista, motorista;

> **Sobrecomuns:** apresentam um só gênero gramatical para designar seres de ambos os sexos - indivíduo, vítima, algoz.

Em algumas situações, a mudança de gênero altera também o sentido do substantivo:

» **Ex.**: O cabeça (líder) / A cabeça (parte do corpo).

O Número dos Substantivos

Tentemos resumir as principais regras de formação do plural nos substantivos.

Terminação	Variação	Exemplo
Vogal ou ditongo	Acréscimo do 's'	Barco - barcos
M	NS	Pudim - pudins
ÃO (primeiro caso)	ÕES	Ladrão - ladrões
ÃO (segundo caso)	ÃES	Pão - pães
ÃO (terceiro caso)	S	Cidadão - cidadãos
R	ES	Mulher - Mulheres
Z	ES	Cartaz - cartazes
N	ES	Abdômen - Abdômenes
S (oxítonos)	ES	Inglês - ingleses
AL, EL, OL, UL	IS	Tribunal - tribunais
IL (oxítonos)	S	Barril - barris
IL (paroxítonos)	EIS	Fóssil - fósseis
ZINHO, ZITO	S	Anelzinho - aneizinhos

Alguns substantivos são grafados apenas no plural:

> alvíssaras;

> anais;

> antolhos;

> arredores;

> belas-artes;

> calendas;
> cãs;
> condolências;
> esponsais;
> exéquias;
> fastos;
> férias;
> fezes;
> núpcias;
> óculos;
> pêsames.

O Grau do substantivo:

Aumentativo / Diminutivo[1]

→ **Analítico:** quando se associam os adjetivos ao substantivo.

» **Ex:** carro grande, pé pequeno;

→ **Sintético**: quando se adiciona ao substantivo sufixos indicadores de grau.

» **Ex:** carrão, pezinho.

> Sufixos:

Aumentativos: -ázio, -orra, -ola, -az, -ão, -eirão, -alhão, -arão, -arrão, -zarrão;

Diminutivos: -ito, -ulo-, -culo, -ote, -ola, -im, -elho, -inho, -zinho (o sufixo -zinho é obrigatório quando o substantivo terminar em vogal tônica ou ditongo: cafezinho, paizinho);

O aumentativo pode exprimir tamanho (casarão), desprezo (sabichão, ministraço, poetastro) ou intimidade (amigão); enquanto o diminutivo pode indicar carinho (filhinho) ou ter valor pejorativo (livreco, casebre), além das noções de tamanho (bolinha).

Verbo

É a palavra com que se expressa uma ação (cantar, vender), um estado (ser, estar), mudança de estado (tornar-se) ou fenômeno da natureza (chover).

Quanto à noção que expressam, os verbos podem ser classificados da seguinte maneira:

Verbos Relacionais*:* exprimem estado ou mudança de estado. São os chamados verbos de ligação.

Verbo de ligação
Ser
Estar
Continuar
Andar
Parecer
Permanecer
Ficar
Tornar-se

Verbos Nocionais: exprimem ação ou fenômeno da natureza. São os chamados verbos significativos.

Os Verbos Nocionais podem ser classificados da seguinte maneira:

a) **VI (Verbo Intransitivo):** Diz-se daquele que não necessita de um complemento para que se compreenda a ação verbal. Exemplos: morrer, cantar, sorrir, nascer, viver.

b) **VT (Verbo Transitivo):** Diz-se daquele que necessita de um complemento para expressar o afetado pela ação verbal. Divide-se em três tipos:

» **Diretos:** não possuem preposição para ligar o complemento verbal ao verbo. São exemplos os verbos querer, comprar, ler, falar etc.

» **Indiretos:** possuem preposição para ligar o complemento verbal ao verbo. São exemplos os verbos gostar, necessitar, precisar, acreditar etc.

» **Diretos e Indiretos, ou Bitransitivos:** possuem dois complementos, um não-preposicionado, outro com preposição. São exemplos os verbos pagar, perdoar, implicar etc.

Fique Ligado

Se você não compreendeu o que acabou de ler, preste atenção na dica que segue:

> ***Ex.: João morreu. (quem morre, morre. Não é preciso um complemento para entender o verbo).***

> ***Ex.: Eu quero um aumento. (quem quer, quer alguma coisa. É preciso um complemento para entender o sentido do verbo).***

> ***Ex.: Eu preciso de um emprego. (quem precisa, precisa "de" alguma coisa. Deve haver uma preposição para ligar o complemento ao seu verbo).***

> ***Ex.: Mário pagou a conta ao padeiro. (quem paga, paga algo a alguém. Há um complemento com preposição e um complemento sem preposição).***

Estrutura e conjugação dos verbos:

Antes da parte mais densa, vamos tentar clarear algumas coisas em relação aos verbos e a sua estrutura:

Os verbos possuem:

> ***Raiz:*** o que lhes guarda o sentido (**cant**ar, **corr**er, **sorr**ir)

> ***Vogal temática***: o que lhes garante a família conjugacional. (A**R**, **E**R, **I**R)

> ***Desinências***: o que ajuda a conjugar ou nominalizar o verbo. (canta**ndo**, cantá**vamos**)

Os verbos apresentam três conjugações, quer dizer, três famílias conjugacionais. Em função da vogal temática, podem-se criar três paradigmas[2] verbais. De acordo com a relação dos verbos com esses paradigmas, obtém-se a seguinte classificação:

> ***Regulares:*** seguem o paradigma verbal de sua conjugação sem alterar suas raízes (amar, vender, partir).

> ***Irregulares***: não seguem o paradigma verbal da conjugação a que pertencem. As irregularidades podem aparecer na raiz ou nas desinências (ouvir - ouço/ouve, estar - estou/estão).

> ***Anômalos***: apresentam profundas irregularidades. São classificados como anômalos em todas as gramáticas os verbos ser e ir.

> ***Defectivos***: não são conjugados em determinadas pessoas, tempo ou modo, portanto, apresentam algum tipo de "defeito" (falir - no presente do indicativo só apresenta a 1ª e a 2ª pessoa do plural). Os defectivos distribuem-se em grupos:

1 Quando não flexionamos o substantivo em algum grau, dizemos que ele está no grau normal.

2 Paradigma é o modo como se dá a conjugação.

a) impessoais;

b) unipessoais (vozes ou ruídos de animais, só conjugados nas 3as pessoas);

c) antieufônicos (a sonoridade permite confusão com outros verbos) - demolir; falir, abolir etc.

> **Abundantes:** apresentam mais de uma forma para uma mesma conjugação.

Existe abundância conjugacional e participial. A primeira ocorre na conjugação de algumas formas verbais, como, por exemplo, o verbo "haver", que admite "nós havemos/hemos", "vós haveis/heis". A segunda ocorre com as formas nominais de particípio. A seguir segue uma lista dos principais abundantes na forma participial.

Verbos	Particípio regular – empregado com os auxiliares TER e HAVER	Particípio irregular – empregado com os auxiliares SER, ESTAR e FICAR
Aceitar	Aceitado	Aceito
Acender	Acendido	Aceso
Benzer	Benzido	Bento
Eleger	Elegido	Eleito
Entregar	Entregado	Entregue
Enxugar	Enxugado	Enxuto
Expressar	Expressado	Expresso
Expulsar	Expulsado	Expulso
Extinguir	Extinguido	Extinto
Matar	Matado	Morto
Prender	Prendido	Preso
Romper	Rompido	Roto
Salvar	Salvado	Salvo
Soltar	Soltado	Solto
Suspender	Suspendido	Suspenso
Tingir	Tingido	Tinto

Flexão Verbal

Relativamente à flexão verbal, anotamos:

→ **Número:** singular ou plural;

→ **Pessoa gramatical:** 1ª, 2ª ou 3ª;

→ **Tempo:** referência ao momento em que se fala (pretérito, presente ou futuro). O modo imperativo só tem um tempo, o presente;

→ **Voz:** ativa, passiva, reflexiva e recíproca (que trabalharemos mais tarde);

→ **Modo:** indicativo (certeza de um fato ou estado), subjuntivo (possibilidade ou desejo de realização de um fato ou incerteza do estado) e imperativo (expressa ordem, advertência ou pedido).

Formas Nominais do Verbo

As três formas nominais do verbo (infinitivo, gerúndio e particípio) não possuem função exclusivamente verbal.

→ **Infinitivo:** assemelha-se ao substantivo, indica algo atemporal - o nome do verbo, sua desinência característica é a letra R: ama**r**, realça**r**, ungi**r** etc.

→ **Gerúndio:** equipara-se ao adjetivo ou advérbio pelas circunstâncias que exprime de ação em processo. Sua desinência característica é **-NDO**: ama**ndo**, realça**ndo**, ungi**ndo** etc.

→ ***Particípio:*** tem valor e forma de adjetivo - pode também indicar ação concluída, sua desinência característica é **-ADO** ou **-IDO** para as formas regulares: am**ado**, realç**ado**, ung**ido** etc.

Tempos Verbais

Dentro do **Modo Indicativo**, anotamos os seguintes tempos:

→ **Presente do indicativo:** indica um fato real situado no momento ou época em que se fala;

» **Ex.**: Eu amo, eu vendo, eu parto.

→ **Pretérito perfeito do indicativo:** indica um fato real cuja ação foi iniciada e concluída no passado;

» **Ex.**: Eu amei, eu vendi, eu parti.

→ **Pretérito imperfeito do indicativo:** indica um fato real cuja ação foi iniciada no passado, mas não foi concluída ou era uma ação costumeira no passado;

» **Ex.**: Eu amava, eu vendia, eu partia.

→ **Pretérito mais-que-perfeito do indicativo:** indica um fato real cuja ação é anterior a outra ação já passada;

» **Ex.**: Eu amara, eu vendera, eu partira.

→ **Futuro do presente do indicativo:** indica um fato real situado em momento ou época vindoura;

» **Ex.**: Eu amarei, eu venderei, eu partirei.

→ **Futuro do pretérito do indicativo:** indica um fato possível, hipotético, situado num momento futuro, mas ligado a um momento passado.

» **Ex.**: Eu amaria, eu venderia, eu partiria.

Dentro do **Modo Subjuntivo**, anotamos os seguintes tempos:

→ **Presente do subjuntivo:** indica um fato provável, duvidoso ou hipotético, situado no momento ou época em que se fala. Para facilitar a conjugação, utilize a conjunção "que";

» **Ex.**: Que eu ame, que eu venda, que eu parta.

→ **Pretérito imperfeito do subjuntivo:** indica um fato provável, duvidoso ou hipotético, cuja ação foi iniciada, mas não concluída no passado. Para facilitar a conjugação, utilize a conjunção "se";

» **Ex.**: Se eu amasse, se eu vendesse, se eu partisse.

→ **Futuro do subjuntivo:** indica um fato provável, duvidoso, hipotético, situado num momento ou época futura. Para facilitar a conjugação, utilize a conjunção "quando".

» **Ex.**: Quando eu amar, quando eu vender, quando eu partir.

Tempos compostos da voz ativa

Constituem-se pelos verbos auxiliares **ter** ou **haver** + particípio do verbo que se quer conjugar, dito principal.

No **modo Indicativo**, os tempos compostos são formados da seguinte maneira:

→ **Pretérito perfeito:** presente do indicativo do auxiliar + particípio do verbo principal (Tenho amado);

→ **Pretérito mais-que-perfeito:** pretérito imperfeito do indicativo do auxiliar + particípio do verbo principal (Tinha amado);

→ **Futuro do presente:** futuro do presente do indicativo do auxiliar + particípio do verbo principal (Terei amado);

→ **Futuro do pretérito:** futuro do pretérito indicativo do auxiliar + particípio do verbo principal (Teria amado).

No **modo Subjuntivo** a formação se dá da seguinte maneira:

→ **Pretérito perfeito***:* presente do subjuntivo do auxiliar + particípio do VP (Tenha amado);

→ **Pretérito mais-que-perfeito:** imperfeito do subjuntivo do auxiliar + particípio do VP (Tivesse amado);

→ **Futuro composto:** futuro do subjuntivo do auxiliar + particípio do VP (Tiver amado).

Quanto às **formas nominais**, elas são formadas da seguinte maneira:

→ **Infinitivo composto:** infinitivo pessoal ou impessoal do auxiliar + particípio do verbo principal (Ter vendido / Teres vendido);

→ **Gerúndio composto:** gerúndio do auxiliar + particípio do verbo principal (Tendo partido).

Vozes verbais

Cuidado com esse conteúdo, costuma ser muito cobrado em provas de concursos públicos.

Quanto às vozes, os verbos apresentam voz:

→ **Ativa:** sujeito é agente da ação verbal; (**O corretor** vende casas)

→ **Passiva:** sujeito é paciente da ação verbal; (Casas são vendidas **pelo corretor**)

→ **Reflexiva:** o sujeito é agente e paciente da ação verbal. (A garota feriu-**se** ao cair da escada)

→ **Recíproca:** há uma ação mútua descrita na sentença. (Os amigos entreolh**aram-se**)

A voz passiva: sua característica é possuir um sujeito paciente, ou seja, que é afetado pela ação do verbo.

Tipos de voz passiva

→ **Analítica:** verbo auxiliar + particípio do verbo principal. Isso significa que há uma locução verbal de voz passiva.

» **Ex.***:* Casas **são vendidas** pelo corretor

Veja mais alguns exemplos:

» **Ex.:** Ele fez o trabalho - O trabalho **foi feito** por ele (mantido o pretérito perfeito do indicativo)

» **Ex.:** O vento ia levando as folhas - As folhas iam **sendo levadas** pelo vento (mantido o gerúndio do verbo principal em um dos auxiliares).

» **Ex.:** Vereadores entregarão um prêmio ao gari - Um prêmio **será entregue** ao gari por vereadores (veja como a flexão do futuro se mantém na locução).

→ **Sintética:** verbo apassivado pelo termo "se" (partícula apassivadora) + sujeito paciente.

» **Ex.:** Roubou-se **o dinheiro do povo**.

» **Ex.:** Fez-se **o trabalho** com pressa.

É comum observar, em provas de concurso público, questões que mostram uma voz passiva sintética como aquela que é proveniente de uma ativa com sujeito indeterminado.

Alguns verbos da língua portuguesa apresentam **problemas de conjugação.** A seguir, **temos uma lista,** seguida de comentários sobre essas dificuldades de conjugação.

» **Ex.:** Compraram um carro novo (ativa);

» **Ex.:** Comprou-se um carro novo (passiva sintética).

Exercício Comentado

01. ***(FCC) A frase que NÃO admite transposição para a voz passiva está em:***

a) Quando Rodolfo surgiu...

b) ... adquiriu as impressoras...

c) ... e sustentar, às vezes, família numerosa.

d) ... acolheu-o como patrono.

e) ... que montou [...] a primeira grande folhetaria do Recife ...

RESPOSTA. ***"A". Não se pode transpor o verbo da frase "A" para a voz passiva, porque ele é um Verbo Intransitivo. Apenas os transitivos diretos e os bitransitivos admitem transposição para a voz passiva.***

Verbos com a conjugação irregular

Abolir

Defectivo - não possui a 1ª pessoa do singular do presente do indicativo, por isso não possui presente do subjuntivo e o imperativo negativo. (= banir, carpir, colorir, delinquir, demolir, descomedir-se, emergir, exaurir, fremir, fulgir, haurir, retorquir, urgir).

Acudir

Alternância vocálica o/u - presente do indicativo - acudo, acodes... e pretérito perfeito do indicativo - com u (= bulir, consumir, cuspir, engolir, fugir).

Adequar

Defectivo - só possui a 1ª e a 2ª pessoa do plural no presente do indicativo.

Aderir

Alternância vocálica e/i - presente do indicativo - adiro, adere... (= advertir, cerzir, despir, diferir, digerir, divergir, ferir, sugerir).

Agir

Acomodação gráfica g/j - presente do indicativo - ajo, ages... (= afligir, coagir, erigir, espargir, refulgir, restringir, transigir, urgir).

Agredir

Alternância vocálica e/i - presente do indicativo - agrido, agrides, agride, agredimos, agredis, agridem (= prevenir, progredir, regredir, transgredir).

Aguar

Regular - presente do indicativo - águo, águas..., - pretérito perfeito do indicativo - aguei, aguaste, aguou, aguamos, aguastes, aguaram (= desaguar, enxaguar, minguar).

Prazer

Irregular - presente do indicativo - aprazo, aprazes, apraz... / pretérito perfeito do indicativo - aprouve, aprouveste, aprouve, aprouvemos, aprouvestes, aprouveram.

Arguir

Irregular com alternância vocálica o/u - presente do indicativo - arguo (ú), arguis, argui, arguimos, arguis, arguem - pretérito perfeito - argui, arguiste...

Atrair

Irregular - presente do indicativo - atraio, atrais... / pretérito perfeito - atraí, atraíste... (= abstrair, cair, distrair, sair, subtrair).

Atribuir

Irregular - presente do indicativo - atribuo, atribuis, atribui, atribuímos, atribuís, atribuem - pretérito perfeito - atribuí, atribuíste, atribuiu... (= afluir, concluir, destituir, excluir, instruir, possuir, usufruir).

Averiguar

Alternância vocálica o/u - presente do indicativo - averiguo (ú), averiguas (ú), averigua (ú), averiguamos, averiguais, averiguam (ú) - pretérito perfeito - averiguei, averiguaste... - presente do subjuntivo - averigue, averigues, averigue... (= apaziguar).

Cear

Irregular - presente do indicativo - ceio, ceias, ceia, ceamos, ceais, ceiam - pretérito perfeito indicativo - ceei, ceaste, ceou, ceamos, ceastes, cearam (= verbos terminados em -ear: falsear, passear... - alguns apresentam pronúncia aberta: estreio, estreia...).

Coar

Irregular - presente do indicativo - coo, côas, côa, coamos, coais, coam - pretérito perfeito - coei, coaste, coou... (= abençoar, magoar, perdoar).

Comerciar

Regular - presente do indicativo - comercio, comercias... - pretérito perfeito - comerciei... (= verbos em -iar , exceto os seguintes verbos: mediar, ansiar, remediar, incendiar, odiar).

Compelir

Alternância vocálica e/i - presente do indicativo - compilo, compeles... - pretérito perfeito indicativo - compeli, compeliste...

Compilar

Regular - presente do indicativo - compilo, compilas, compila... - pretérito perfeito indicativo - compilei, compilaste...

Construir

Irregular e abundante - presente do indicativo - construo, constróis (ou constrúis), constrói (ou constrúi), construímos, construís, constroem (ou construem) - pretérito perfeito indicativo - construí, construíste...

Crer

Irregular - presente do indicativo - creio, crês, crê, cremos, credes, creem - pretérito perfeito indicativo - cri, creste, creu, cremos, crestes, creram - imperfeito indicativo - cria, crias, cria, críamos, críeis, criam.

Falir

Defectivo - presente do indicativo - falimos, falis - pretérito perfeito indicativo - fali, faliste... (= aguerrir, combalir, foragir-se, remir, renhir)

Frigir

Acomodação gráfica g/j e alternância vocálica e/i - presente do indicativo - frijo, freges, frege, frigimos, frigis, fregem - pretérito perfeito indicativo - frigi, frigiste...

Ir

Irregular - presente do indicativo - vou, vais, vai, vamos, ides, vão - pretérito perfeito indicativo - fui, foste... - presente subjuntivo - vá, vás, vá, vamos, vades, vão.

Jazer

Irregular - presente do indicativo - jazo, jazes... - pretérito perfeito indicativo - jazi, jazeste, jazeu...

Mobiliar

Irregular - presente do indicativo - mobílio, mobílias, mobília, mobiliamos, mobiliais, mobíliam - pretérito perfeito indicativo - mobiliei, mobiliaste...

Obstar

Regular - presente do indicativo - obsto, obstas... - pretérito perfeito indicativo - obstei, obstaste...

Pedir

Irregular - presente do indicativo - peço, pedes, pede, pedimos, pedis, pedem - pretérito perfeito indicativo - pedi, pediste... (= despedir, expedir, medir).

Polir

Alternância vocálica e/i - presente do indicativo - pulo, pules, pule, polimos, polis, pulem - pretérito perfeito indicativo - poli, poliste...

Precaver-se

Defectivo e pronominal - presente do indicativo - precavemo-nos, precaveis-vos - pretérito perfeito indicativo - precavi-me, precaveste-te...

Prover

Irregular - presente do indicativo - provejo, provês, provê, provemos, provedes, provêem - pretérito perfeito indicativo - provi, proveste, proveu...

Reaver

Defectivo - presente do indicativo - reavemos, reaveis - pretérito perfeito indicativo - reouve, reouveste, reouve... (verbo derivado do haver, mas só é conjugado nas formas verbais com a letra v).

Remir

Defectivo - presente do indicativo - remimos, remis - pretérito perfeito indicativo - remi, remiste...

Requerer

Irregular - presente do indicativo - requeiro, requeres... - pretérito perfeito indicativo - requeri, requereste, requereu... (derivado do querer, diferindo dele na 1ª pessoa do singular do presente do indicativo e no pretérito perfeito do indicativo e derivados, sendo regular)

Rir

Irregular - presente do indicativo - rio, rir, ri, rimos, rides, riem - pretérito perfeito indicativo - ri, riste... (= sorrir)

Saudar

Alternância vocálica - presente do indicativo - saúdo, saúdas... - pretérito perfeito indicativo - saudei, saudaste...

Suar

Regular - presente do indicativo - suo, suas, sua... - pretérito perfeito indicativo - suei, suaste, sou... (= atuar, continuar, habituar, individuar, recuar, situar)

Valer

Irregular - presente do indicativo - valho, vales, vale... - pretérito perfeito indicativo - vali, valeste, valeu...

Também merecem atenção os seguintes verbos irregulares:

→ **Pronominais:** Apiedar-se, dignar-se, persignar-se, precaver-se

Caber

- **Presente do indicativo:** Caibo, cabes, cabe, cabemos, cabeis, cabem;
- **Presente do subjuntivo:** Caiba, caibas, caiba, caibamos, caibais, caibam;
- **Pretérito perfeito do indicativo:** Coube, coubeste, coube, coubemos, coubestes, couberam;
- **Pretérito mais-que-perfeito do indicativo:** coubera, couberas, coubera, coubéramos, coubéreis, couberam;

> **Pretérito imperfeito do subjuntivo:** coubesse, coubesses, coubesse, coubéssemos, coubésseis, coubessem;

> **Futuro do subjuntivo:** Couber, couberes, couber, coubermos, couberdes, couberem.

Dar

> **Presente do indicativo:** Dou, dás, dá, damos, dais, dão;

> **Presente do subjuntivo:** Dê, dês, dê, demos, deis, deem;

> **Pretérito perfeito do indicativo:** Dei, deste, deu, demos, destes, deram;

> **Pretérito mais-que-perfeito do indicativo:** Dera, deras, dera, déramos, déreis, deram;

> **Pretérito imperfeito do subjuntivo:** Desse, desses, desse, déssemos, désseis, dessem;

> **Futuro do subjuntivo:** Der, deres, der, dermos, derdes, derem.

Dizer

> **Presente do indicativo:** Digo, dizes, diz, dizemos, dizeis, dizem;

> **Presente do subjuntivo:** Diga, digas, diga, digamos, digais, digam;

> **Pretérito perfeito do indicativo:** Disse, disseste, disse, dissemos, dissestes, disseram;

> **Pretérito mais-que-perfeito do indicativo:** Dissera, disseras, dissera, disséramos, disséreis, disseram;

> **Futuro do presente:** Direi, dirás, dirá etc.;

> **Futuro do pretérito:** Diria, dirias, diria etc.;

> **Pretérito imperfeito do subjuntivo:** Dissesse, dissesses, dissesse, disséssemos, dissésseis, dissessem;

> **Futuro do subjuntivo:** Disser, disseres, disser, dissermos, disserdes, disserem;

Estar

> **Presente do indicativo:** Estou, estás, está, estamos, estais, estão;

> **Presente do subjuntivo:** Esteja, estejas, esteja, estejamos, estejais, estejam;

> **Pretérito perfeito do indicativo:** Estive, estiveste, esteve, estivemos, estivestes, estiveram;

> **Pretérito mais-que-perfeito do indicativo:** Estivera, estiveras, estivera, estivéramos, estivéreis, estiveram;

> **Pretérito imperfeito do subjuntivo:** Estivesse, estivesses, estivesse, estivéssemos, estivésseis, estivessem;

> **Futuro do subjuntivo:** Estiver, estiveres, estiver, estivermos, estiverdes, estiverem;

Fazer

> **Presente do indicativo:** Faço, fazes, faz, fazemos, fazeis, fazem;

> **Presente do subjuntivo:** Faça, faças, faça, façamos, façais, façam;

> **Pretérito perfeito do indicativo:** Fiz, fizeste, fez, fizemos, fizestes, fizeram;

> **Pretérito mais-que-perfeito do indicativo:** Fizera, fizeras, fizera, fizéramos, fizéreis, fizeram;

> **Pretérito imperfeito do subjuntivo:** Fizesse, fizesses, fizesse, fizéssemos, fizésseis, fizessem;

> **Futuro do subjuntivo:** Fizer, fizeres, fizer, fizermos, fizerdes, fizerem.

Seguem esse modelo desfazer, liquefazer e satisfazer.

Os particípios desses verbos e seus derivados são irregulares: Feito, desfeito, liquefeito, satisfeito, etc.

Haver

> **Presente do indicativo:** Hei, hás, há, havemos, haveis, hão;

> **Presente do subjuntivo:** Haja, hajas, haja, hajamos, hajais, hajam;

> **Pretérito perfeito do indicativo:** Houve, houveste, houve, houvemos, houvestes, houveram;

> **Pretérito mais-que-perfeito do indicativo:** Houvera, houveras, houvera, houvéramos, houvéreis, houveram;

> **Pretérito imperfeito do subjuntivo:** Houvesse, houvesses, houvesse, houvéssemos, houvésseis, houvessem;

> **Futuro do subjuntivo:** Houver, houveres, houver, houvermos, houverdes, houverem.

Ir

> **Presente do indicativo:** Vou, vais, vai, vamos, ides, vão;

> **Presente do subjuntivo:** Vá, vás, vá, vamos, vades, vão;

> **Pretérito imperfeito do indicativo:** Ia, ias, ia, íamos, íeis, iam;

> **Pretérito perfeito do indicativo:** Fui, foste, foi, fomos, fostes, foram;

> **Pretérito mais-que-perfeito do indicativo:** Fora, foras, fora, fôramos, fôreis, foram;

> **Pretérito imperfeito do subjuntivo:** Fosse, fosses, fosse, fôssemos, fôsseis, fossem;

> **Futuro do subjuntivo:** For, fores, for, formos, fordes, forem.

Poder

> **Presente do indicativo:** Posso, podes, pode, podemos, podeis, podem;

> **Presente do subjuntivo:** Possa, possas, possa, possamos, possais, possam;

> **Pretérito perfeito do indicativo:** Pude, pudeste, pôde, pudemos, pudestes, puderam;

> **Pretérito mais-que-perfeito do indicativo:** Pudera, puderas, pudera, pudéramos, pudéreis, puderam;

> **Pretérito imperfeito do subjuntivo:** Pudesse, pudesses, pudesse, pudéssemos, pudésseis, pudessem;

> **Futuro do subjuntivo:** Puder, puderes, puder, pudermos, puderdes, puderem.

Pôr

> **Presente do indicativo:** Ponho, pões, põe, pomos, pondes, põem;

> **Presente do subjuntivo:** Ponha, ponhas, ponha, ponhamos, ponhais, ponham;

> **Pretérito imperfeito do indicativo:** Punha, punhas, punha, púnhamos, púnheis, punham;

> **Pretérito perfeito do indicativo:** Pus, puseste, pôs, pusemos, pusestes, puseram;
> **Pretérito mais-que-perfeito do indicativo:** Pusera, puseras, pusera, puséramos, puséreis, puseram;
> **Pretérito imperfeito do subjuntivo:** Pusesse, pusesses, pusesse, puséssemos, pusésseis, pusessem;
> **Futuro do subjuntivo:** Puser, puseres, puser, pusermos, puserdes, puserem.

Todos os derivados do verbo pôr seguem exatamente esse modelo: Antepor, compor, contrapor, decompor, depor, descompor, dispor, expor, impor, indispor, interpor, opor, pospor, predispor, pressupor, propor, recompor, repor, sobrepor, supor, transpor são alguns deles.

Querer

> **Presente do indicativo:** Quero, queres, quer, queremos, quereis, querem;
> **Presente do subjuntivo:** Queira, queiras, queira, queiramos, queirais, queiram;
> **Pretérito perfeito do indicativo:** Quis, quiseste, quis, quisemos, quisestes, quiseram;
> **Pretérito mais-que-perfeito do indicativo:** Quisera, quiseras, quisera, quiséramos, quiséreis, quiseram;
> **Pretérito imperfeito do subjuntivo:** Quisesse, quisesses, quisesse, quiséssemos, quisésseis, quisessem;
> **Futuro do subjuntivo:** Quiser, quiseres, quiser, quisermos, quiserdes, quiserem;

Saber

> **Presente do indicativo:** Sei, sabes, sabe, sabemos, sabeis, sabem;
> **Presente do subjuntivo:** Saiba, saibas, saiba, saibamos, saibais, saibam;
> **Pretérito perfeito do indicativo:** soube, soubeste, soube, soubemos, soubestes, souberam;
> **Pretérito mais-que-perfeito do indicativo:** Soubera, souberas, soubera, soubéramos, soubéreis, souberam;
> **Pretérito imperfeito do subjuntivo:** Soubesse, soubesses, soubesse, soubéssemos, soubésseis, soubessem;
> **Futuro do subjuntivo:** souber, souberes, souber, soubermos, souberdes, souberem.

Ser

> **Presente do indicativo:** Sou, és, é, somos, sois, são;
> **Presente do subjuntivo:** Seja, sejas, seja, sejamos, sejais, sejam;
> **Pretérito imperfeito do indicativo:** Era, eras, era, éramos, éreis, eram;
> **Pretérito perfeito do indicativo:** Fui, foste, foi, fomos, fostes, foram;
> **Pretérito mais-que-perfeito do indicativo:** Fora, foras, fora, fôramos, fôreis, foram;
> **Pretérito imperfeito do subjuntivo:** Fosse, fosses, fosse, fôssemos, fôsseis, fossem;
> **Futuro do subjuntivo:** For, fores, for, formos, fordes, forem.

As segundas pessoas do imperativo afirmativo são: Sê (tu) e sede (vós).

Ter

> **Presente do indicativo:** Tenho, tens, tem, temos, tendes, têm;
> **Presente do subjuntivo:** Tenha, tenhas, tenha, tenhamos, tenhais, tenham;
> **Pretérito imperfeito do indicativo:** Tinha, tinhas, tinha, tínhamos, tínheis, tinham;
> **Pretérito perfeito do indicativo:** Tive, tiveste, teve, tivemos, tivestes, tiveram;
> **Pretérito mais-que-perfeito do indicativo:** Tivera, tiveras, tivera, tivéramos, tivéreis, tiveram;
> **Pretérito imperfeito do subjuntivo:** Tivesse, tivesses, tivesse, tivéssemos, tivésseis, tivessem;
> **Futuro do subjuntivo:** Tiver, tiveres, tiver, tivermos, tiverdes, tiverem.

Seguem esse modelo os verbos: Ater, conter, deter, entreter, manter, reter.

Trazer

> **Presente do indicativo:** Trago, trazes, traz, trazemos, trazeis, trazem;
> **Presente do subjuntivo:** Traga, tragas, traga, tragamos, tragais, tragam;
> **Pretérito perfeito do indicativo:** Trouxe, trouxeste, trouxe, trouxemos, trouxestes, trouxeram;
> **Pretérito mais-que-perfeito do indicativo:** Trouxera, trouxeras, trouxera, trouxéramos, trouxéreis, trouxeram;
> **Futuro do presente:** Trarei, trarás, trará, etc.;
> **Futuro do pretérito:** Traria, trarias, traria, etc.;
> **Pretérito imperfeito do subjuntivo:** Trouxesse, trouxesses, trouxesse, trouxéssemos, trouxésseis, trouxessem;
> **Futuro do subjuntivo:** Trouxer, trouxeres, trouxer, trouxermos, trouxerdes, trouxerem.

Ver

> **Presente do indicativo:** Vejo, vês, vê, vemos, vedes, veem;
> **Presente do subjuntivo:** Veja, vejas, veja, vejamos, vejais, vejam;
> **Pretérito perfeito do indicativo:** Vi, viste, viu, vimos, vistes, viram;
> **Pretérito mais-que-perfeito do indicativo:** Vira, viras, vira, víramos, víreis, viram;
> **Pretérito imperfeito do subjuntivo:** Visse, visses, visse, víssemos, vísseis, vissem;
> **Futuro do subjuntivo:** Vir, vires, vir, virmos, virdes, virem.

Seguem esse modelo os derivados antever, entrever, prever, rever. **Prover** segue o modelo acima apenas no presente do indicativo e seus tempos derivados; nos demais tempos, comporta-se como um verbo regular da segunda conjugação.

Vir

> **Presente do indicativo:** Venho, vens, vem, vimos, vindes, vêm;
> **Presente do subjuntivo:** Venha, venhas, venha, venhamos, venhais, venham;

- **Pretérito imperfeito do indicativo:** Vinha, vinhas, vinha, vínhamos, vínheis, vinham;
- **Pretérito perfeito do indicativo:** Vim, vieste, veio, viemos, viestes, vieram;
- **Pretérito mais-que-perfeito do indicativo:** Viera, vieras, viera, viéramos, viéreis, vieram;
- **Pretérito imperfeito do subjuntivo:** Viesse, viesses, viesse, viéssemos, viésseis, viessem;
- **Futuro do subjuntivo:** Vier, vieres, vier, viermos, vierdes, vierem;
- **Particípio e gerúndio:** Vindo.

Emprego do infinitivo

Apesar de não haver regras bem definidas, podemos anotar as seguintes ocorrências:

1) Usa-se o impessoal:
   - Sem referência a nenhum sujeito: É proibido **estacionar** na calçada;
   - Nas locuções verbais: Devemos **pensar** sobre a sua situação;
   - Se o infinitivo exercer a função de complemento de adjetivos: É uma questão fácil de **resolver**;
   - Se o infinitivo possuir valor de imperativo – O comandante gritou: "**marchar**!"
2) Usa-se o pessoal:
   - Quando o sujeito do infinitivo é diferente do sujeito da oração principal: Eu não te culpo por **seres** um imbecil;
   - Quando, por meio de flexão, se quer realçar ou identificar a pessoa do sujeito: Não foi bom **agires** dessa forma;

Exercícios Comentados

Hoje se acredita que a família nuclear <u>tenha</u> se estabelecido por trazer vantagens evolutivas.

01. ***(FCC) O emprego da forma verbal grifada acima denota, considerando- se o contexto,***

a) ***condição de realização de um fato.***
b) ***ação terminada no passado.***
c) ***hipótese plausível.***
d) ***dúvida baseada em fatos.***
e) ***fato concreto.***

RESPOSTA. "C". O verbo em destaque está conjugado no Modo Subjuntivo. Isso quer dizer que a forma verbal expressa uma ideia de hipótese passível de realização.

Vamos Praticar

01. (FCC) Levando-se em conta as alterações necessárias, o termo grifado foi substituído corretamente por um pronome em:

a) A Inveja habita o <u>fundo de um vale</u> = habitá-lo
b) jamais se acende <u>o fogo</u> = lhe acende
c) serviu de modelo <u>a todos</u> = serviu-os
d) infectar <u>a jovem Aglauros</u> = infectá-la
e) ao dilacerar <u>os outros</u> = dilacerar-lhes

Leia o texto:

Na era das redes sociais, algumas formas de comunicação arcaicas ainda dão resultado. O canadense Harold Hackett que o diga. Morador da Ilha Príncipe Eduardo, uma das dez províncias do Canadá, ele enviou mais de 4.800 mensagens em uma garrafa e recebeu 3.100 respostas de pessoas de várias partes do mundo. De acordo com a BBC, o canadense envia as mensagens desde 1996. O seu método é simples. Harold utiliza **garrafas** de suco de laranja e se certifica de que as **mensagens** estão com data. Antes de **enviá-las,** checa o sentido dos ventos — que devem rumar de preferência para oeste ou sudoeste. Algumas cartas demoraram 13 anos para voltar para ele.

02. (CESPE) A forma pronominal "las", em "enviá-las", pode fazer referência tanto ao termo "garrafas" quanto ao termo "mensagens"

Certo ( )　　　Errado ( )

03. (CESGRANRIO) "***A gente se acostuma*** a morar em apartamentos de fundos."

Nós nos acostumamos a morar em apartamentos de fundos.

A troca de pronomes também respeita as regras de concordância estabelecidas na norma-padrão em:

a) Tu te acostuma / Você se acostuma.
b) Tu se acostuma / Você se acostumas.
c) Tu te acostumas / Você se acostuma.
d) Tu te acostumas / Você vos acostuma.
e) Tu te acostumas / Você vos acostumais.

Nossa espécie passou os últimos 150 mil anos melhorando o cérebro. Mas uma pesquisa recém-publicada por uma equipe da Universidade de Cambridge reforçou uma tese recorrente na neurociência: a de que nossa inteligência chegou a seu limite. Os estudos ainda devem prosseguir para confirmá-la, mas esse trabalho, **somado aos que vinham sendo realizados nos últimos anos**, não deixa margem para muitas dúvidas.

04. (CESPE) No trecho "somado aos que vinham sendo realizados nos últimos anos", o elemento "aos" poderia ser corretamente substituído por àqueles.

Certo ( )　　　Errado ( )

As bibliotecas virtuais têm, de certo modo, os predicados _____ o escritor argentino Jorge Luis Borges define a sua fantástica Biblioteca de Babel: são ilimitadas e periódicas. Desse modo, atualizam, no que oferecem e na forma _____ o oferecem, uma espécie de otimismo cético próprio do racionalismo.

A biblioteca está e vai com você onde você estiver, como uma Babel feita do paradoxo do conhecimento: quanto mais se sabe, mais há para saber, de modo que, o máximo sendo também o mínimo, nunca nos falte nem a pergunta ilimitada, nem a resposta periódica _____ os livros e revistas postos ao alcance de nosso cotidiano podem nos ajudar a formular, ou, ao menos, entrever.

05. (FAURGS) Assinale a alternativa que preenche, correta e respectivamente, as lacunas das linhas.

a) que – como – que
b) com que – que – a que
c) com que – como – que
d) que – como – a que
e) que – que – a que

06. (CESGRANRIO) Os substantivos grafados com **ç** são derivados de verbos: **produção, redução, desaceleração, projeção**. Quais os verbos a seguir que formam substantivos com a mesma grafia:

a) admitir, agredir, intuir
b) discutir, emitir, aferir
c) inquirir, imprimir, perseguir
d) obstruir, intervir, conduzir
e) reduzir, omitir, extinguir

07. (NUCEPE) **Adaptada**. Assinale a opção em que o substantivo apresentado é uma palavra de gênero feminino.

a) "sinal".
b) "palco".
c) "comunidade".
d) "lugares".
e) "jornais".

08. (CEPERJ) Os verbos considerados impessoais devem se manter invariáveis, no singular, segundo as normas de concordância verbal. Há um caso de verbo impessoal no seguinte exemplo do texto:

a) "você não vê há três meses"
b) "Para lá fui enviada."
c) "um gigantesco caminhão que andava"
d) "aquilo nos pareceu absurdo"
e) "E não precisará de recall para isso."

Ainda que os modernistas de 1922 não se _____ componentes de uma escola, nem ______ ter postulados rigorosos em comum, um grande desejo de expressão livre os unificava.

09. (FCC) Na frase acima, a correção será mantida caso a conjugação dos verbos originalmente empregados **consideraram** e **afirmaram** for modificada de modo que as formas verbais resultantes sejam, respectivamente:

a) considerarem e afirmarem.
b) considerassem e afirmassem.
c) consideravam e afirmavam.
d) considerariam e afirmariam.
e) considerar e afirmar.

10. (FUNCAB) Em "(...) A empregada já HAVIA CHEGADO e estava no portão, olhando o movimento.(...)", o tempo verbal mostra uma ação:

a) iniciada no passado, continuada no presente.
b) realizada em futuro próximo.
c) subordinada a uma ação futura.
d) repetida, independente da ação passada.
e) já terminada.

Leia o texto:

Eu sei morrer. Morri **desde pequena**. E dói, mas a gente finge que não dói. Estou com tanta saudade de Deus.

E agora vou morrer um pouquinho. Estou tão precisada.

Sim. Aceito, my Lord. Sob protesto.

Mas Brasília é esplendor. Estou assustadíssima.

São Paulo: Círculo do Livro, 1981, p. 106-7.

No que concerne a aspectos gramaticais do texto acima, julgue (C ou E) o item a seguir.

11. (CESPE) Da combinação inusitada do verbo morrer, flexionado no pretérito perfeito do indicativo, com a expressão adverbial "desde pequena" infere-se uma compreensão da morte diferente da que estaria implícita caso tivesse sido empregada a locução verbal Venho morrendo.

Certo ( ) Errado ( )

12. (FCC) Na Antiguidade, os egípcios <u>tinham</u> nas letras um objeto sagrado, inventado pelos deuses. O verbo flexionado nos mesmos tempo e modo em que se encontra o grifado acima está em:

a) Por meio da observação do cérebro de crianças e adultos, verificou-se de forma bastante clara ...
b) ... que o ato de escrever desencadeia ligações entre os neurônios ...
c) Com a digitação, essa área fica inativa.
d) .. a caligrafia constava entre as habilidades avaliadas nos exames de admissão do antigo ginásio até a década de 70 ...
e) ... entre as gerações que chegam aos bancos escolares.

13. (FCC) ... que já ***detestava*** a jovem... O verbo empregado nos mesmos tempo e modo que o grifado está em:

a) A Inveja habita o fundo de um vale...
b) ...todos os que falaram desse sentimento...
c) ...porque esta a espionara...
d) ...que interceda junto a Hersé...
e) Não admitia que a mortal...

14. (Vunesp) No contexto, a correlação expressa pelos verbos destacados na frase - Se o **fizesse** não **teria** coragem de me olhar no espelho. - indica:

a) hipótese sobre a consequência de mentir.
b) necessidade de comunicar-se sem enganar.
c) certeza acerca de ser desnecessária a mentira.
d) dúvida em relação àquilo que motiva a mentira.
e) negação de que a mentira seja viável.

Gabarito

01	*D*	*08*	*A*
02	*CERTO*	*09*	*B*
03	*C*	*10*	*E*
04	*CERTO*	*11*	*CERTO*
05	*C*	*12*	*D*
06	*D*	*13*	*E*
07	*C*	*14*	*A*

Anotações

CAPÍTULO 03

Sintaxe Básica da Oração e do Período

Sintaxe é a parte da Gramática que estuda a função das palavras ou das expressões em uma oração ou em um período.

Definições importantes:

Frase, oração e período (conceitos essenciais)

→ **Frase:** Qualquer sentença dotada de sentido.
  » **Ex.**: Eu adoro estudar Português!
  » **Ex.**: Fogo! Socorro!

→ **Oração:** Frase organizada em torno de uma forma verbal.
  » **Ex.**: Os alunos **farão** a prova amanhã!

→ **Período:** Conjunto de orações;
  > Período simples: 1 oração.
    » **Ex.**: **Estudarei** Português.
  > Período composto: mais de 1 oração.
    » **Ex.**: **Estudarei** Português e **farei** a prova.

Período Simples (Oração)

A oração é dividida em termos. Assim, o estudo fica organizado e impossibilita a confusão. São os termos da oração:

→ Essenciais;
→ Integrantes;
→ Acessórios.

Termos essenciais da oração

Sujeito e Predicado - são chamados de ***essenciais***, porque são os elementos que dão vida à oração. Quer dizer, sem um deles (o predicado, ao menos) não se pode formar oração.

» **Ex.**: O **Brasil (sujeito)** / caminha para uma profunda transformação social. (predicado)

Sujeito

Sujeito é o termo sintático sobre o qual se declara ou se constata algo. Deve-se observar que há uma profunda relação entre o verbo que comporá o predicado e o sujeito da oração. Usualmente, o sujeito é formado por um substantivo ou por uma expressão substantivada.

Classificação do Sujeito:

→ Simples;
→ Composto;
→ Oculto, elíptico ou desinencial;
→ Indeterminado;
→ Inexistente;
→ Oracional.

> **Sujeito simples:** Aquele que possui apenas um núcleo.
  » **Ex.**: **O país** deverá enfrentar difíceis rivais na competição.
  » **Ex.**: **A perda de fôlego de algumas das grandes economias** também já foi notada por outras gigantes do setor.

> **Sujeito composto:** É aquele que possui mais de um núcleo.
  » **Ex.**: **Rigoberto e Jacinto** são amigos inseparáveis.
  » **Ex.**: **Eu,** meus **amigos** e todo o **resto** dos alunos faremos a prova.

> **Sujeito oculto, elíptico ou desinencial:** Aquele que não se encontra expresso na oração, porém é facilmente subentendido pelo verbo apresentado.
  » **Ex.**: Acord**amos** cedo naquele dia. (Quem acordou? Nós)
  » **Ex.**: Abr**i** o blusão, tir**ei** o 38, e pergunt**ei** com tanta raiva que uma gota de meu cuspe bateu na cara dele.(R. Fonseca)
  » **Ex.**: Vanderlei caminhou pela manhã. À tarde pass**eou** pelo lago municipal, onde encont**rou** a Anaconda da cidade.

Fique Ligado

Perceba que o sujeito não está grafado na sentença, mas é facilmente recuperável por meio da terminação do verbo.

> **Sujeito indeterminado**: Ocorre quando o verbo não se refere a um núcleo determinado. São situações de indeterminação do sujeito:

I. Terceira pessoa do plural sem um referente:
  » **Ex.**: Nunca lhe **deram** nada.
  » **Ex.**: **Fizeram** comentários maldosos a seu respeito.

II. Com verbos transitivos indiretos, intransitivo e relacionais (de ligação) acompanhados da partícula "se" que, no caso, será classificada como índice de indeterminação de sujeito.
  » **Ex.**: **Vive-se** muito bem quando a verba abunda.
  » **Ex.**: **Precisa-se** de força e coragem na vida de estudante.
  » **Ex.**: Nem sempre **se está** feliz na riqueza.

> **Sujeito inexistente ou oração sem sujeito:** Ocorre em algumas situações específicas.

I. Com verbos impessoais (principalmente os que denotam fenômeno da natureza).
  » **Ex.**: Em setembro **chove** muito.
  » **Ex.**: **Nevava** em Palotina.

II. Com o verbo haver, desde que empregado nos sentidos de existir, acontecer ou ocorrer.
  » **Ex.**: **Há** poemas perfeitos, não **há** poetas perfeitos.
  » **Ex.**: **Deveria haver** soluções para tais problemas.

III. Com os verbos ir, haver e fazer, desde que empregado fazendo alusão a tempo transcorrido.
  » **Ex.**: **Faz** um ano que não viajo. (verbo "fazer" no sentido de "tempo transcorrido")
  » **Ex.**: **Há** muito tempo que você não aparece. (verbo "haver" no sentido de "tempo")
  » **Ex.**: **Vai** para dois meses que não recebo salário. (verbo "ir" no sentido de "tempo")

IV. Com os verbos **ser** ou **estar** indicando tempo.
  » **Ex.**: **Era** noite fechada.
  » **Ex.**: **É** tarde, eles não vêm!

V. Com os verbos **bastar** e **chegar** indicando cessamento.

» **Ex.**: **Basta** de tanta corrupção no Senado!

» **Ex.**: **Chega** de ficar calado quando a situação aperta!

VI. Com o verbo **ser** indicando data ou horas.

» **Ex.**: **São** dez horas no relógio da torre.

» **Ex.**: Amanhã **serão** dez de dezembro.

> **Sujeito oracional:** Ocorre nas análises do período composto, quando se verifica que o sujeito de um verbo é uma oração.

» **Ex.**: É preciso **que você estude Língua Portuguesa.**

Exercício Comentado

01. *(CESGRANRIO) Eu sei que a gente se acostuma. Mas não devia. A palavra que tem o mesmo valor sintático e morfológico do que se destaca em:*

a) Vamos ao Maranhão, que a passagem está barata.

b) Ainda que chova, irei ao encontro.

c) Há mais razões para sorrir que para chorar.

d) Ele espera que tudo dê certo.

e) A cidade em que nascemos só prospera.

RESPOSTA. "D". A palavra destacada no enunciado da questão introduz o complemento do verbo saber, portanto é uma conjunção subordinativa integrante. O mesmo processo ocorre com a alternativa "D". A conjunção introduz o complemento do verbo "esperar.

Predicado

É o termo que designa aquilo que se declara acerca do sujeito. É mais simples e mais prudente para o aluno buscar identificar o predicado antes do sujeito, pois, se assim o fizer, terá mais concretude na identificação do sujeito.

Natureza do predicado:

→ Nominal;

→ Verbal;

→ Verbo-nominal.

> **Predicado Nominal:** O predicado nominal é formado por **um verbo relacional (de ligação) + predicativo.**

Fique Ligado

Lembre os principais verbos de ligação: ser, estar, permanecer, continuar, ficar, parecer, andar e torna-se.

Exemplos:

» A economia da Ásia **parecia derrotada após a crise.**

» O deputado, de repente, **virou patriota.**

» Português **é legal.**

> **Predicado Verbal:** O predicado verbal tem como núcleo um verbo nocional.

» Empresários **investirão R$ 250 milhões em novo berço para Porto de Paranaguá.**

> **Predicado Verbo-nominal:** Ocorre quando há um verbo significativo (nocional) + um predicativo do sujeito.

» O trem chegou **atrasado**. ("atrasado" é uma qualidade do sujeito que aparece após o verbo, portanto, é um predicativo do sujeito).

» Pedro Paladino já nasceu **rico**.

» Acompanhei a indignação de meus alunos **preocupado**.

Predicativo

O predicativo é um termo componente do predicado. Qualifica sujeito ou objeto.

» **Ex.**: Josefina era **maldosa, ruim, sem valor.** (pred. do sujeito)

» **Ex.**: Leila deixou o garoto **louco**. (pred. do objeto)

» **Ex.**:O diretor nomeou João **chefe da repartição.** (pred. do objeto)

Termos Integrantes da Oração

→ Objeto Direto (complemento verbal);

→ Objeto Indireto (complemento verbal);

→ Complemento Nominal;

→ Agente da Passiva.

> **Objeto Direto**: É o complemento de um verbo transitivo direto.

» **Ex.**: Os bons cidadãos cumprem **as leis**. (quem cumpre, cumpre algo)

» **Ex.**: Em resumo: ele queria **uma mulher.** (quem quer, quer algo)

> **Objeto Indireto:** É o complemento de um verbo transitivo indireto.

» **Ex** .: Os bons cidadãos obedecem **às leis.** (quem obedece, obedece a algo)

» **Ex.**: Necessitamos **de manuais mais práticos** nos dias de hoje. (quem necessita, necessita de algo)

> **Complemento Nominal:** É o complemento, sempre preposicionado, de adjetivos, advérbios e substantivos que, em determinadas circunstâncias, pedem complemento, assim como os verbos transitivos indiretos.

» **Ex.**: O filme era impróprio **para crianças**.

» **Ex.**: Finalizou-se a construção **do prédio.**

» **Ex.**: Agiu favoravelmente **ao réu**.

> **Agente da Passiva**: É o complemento que, na voz passiva, designa o ser praticante da ação sofrida ou recebida pelo sujeito.

» **Ex.** de voz passiva: O zagueiro executou a jogada.

» **Ex.** de voz passiva: A jogada foi executada **pelo zagueiro**. (**Agente da passiva**)

» **Ex.**: Conversas foram interceptadas pela **Polícia Federal**. (Agente da passiva)

Termos Acessórios da Oração

→ Adjunto Adnominal;

→ Adjunto Adverbial ;

→ Aposto;

→ Vocativo.

> **Adjunto Adnominal:** A função do adjunto adnominal é desempenhada por qualquer palavra ou expressão que, junto de um substantivo ou de uma expressão substantivada, modifica o seu sentido. Vejamos algumas palavras que desempenham tal função.

Artigos:

» **As** alunas serão aprovadas.

Pronomes Adjetivos:

» **Aquela** aluna será aprovada.

Numerais Adjetivos:

» **Duas** alunas serão aprovadas.

Adjetivos:

» Aluno **estudioso** é aprovado.

Locuções Adjetivas:

» Aluno **de gramática** passa no concurso.

Exercício Comentado

Leia o texto:

"E deixo pra Zé Patife,
Que anda cagando goma,
Uma bainha pros chifre
E as cueca de Zé Maromba"

01. ***(CEV-URCA) Sintaticamente, o termo em destaque é núcleo de:***

a) Complemento nominal.
b) Objeto direto.
c) Adjunto adverbial.
d) Adjunto adnominal.
e) Objeto indireto.

RESPOSTA. ***"B". A expressão "bainha" serve de núcleo do complemento do verbo deixar. Como o verbo em questão é transitivo direto, o complemento se chama objeto direto.***

> **Adjunto Adverbial:** O Adjunto Adverbial é o termo acessório (que não é exigido por elemento algum da sentença) que exprime circunstância ao verbo e, às vezes, ao adjetivo ou mesmo ao advérbio.

Advérbios:

» Os povos antigos trabalhavam **mais**.

Locuções Adverbiais:

» Li vários livros **durante as férias.**

Alguns tipos de adjuntos adverbiais:

» Tempo: **Ontem**, choveu muito.

» Lugar: Gostaria de que me encontrasse **na esquina da padaria.**

» Modo: Alfredo executou a aria **fantasticamente**.

» Meio: Fui para a escola **a pé**.

» Causa: **Por amor**, cometem-se loucuras.

» Instrumento: Quebrou a **vidraça com uma pedra**.

» Condição: **Se estudar muito**, será aprovado.

» Companhia: Faremos sucesso **com essa banda**.

> **Aposto:** O Aposto é o termo sintático que, possuindo equivalência semântica, esclarece seu referente.

Tipos de Aposto:

» Explicativo: Alencar, **escritor romântico**, possui uma obra vastíssima.

» Resumitivo ou recapitulativo: Estudo, esporte, cinema, **tudo** o chateava.

» Enumerativo: Preciso de duas coisas: **saúde e dinheiro.**

» Especificativo: A notícia foi publicada na revista **Veja.**

» Distributivo: Havia grupos interessados: **o da direita e o da esquerda.**

» Oracional: Desejo só uma coisa: **que vocês passem no concurso.**

> **Vocativo:** O Vocativo é uma interpelação, é um chamamento. Normalmente, indica com quem se fala.

» **Ex.**: **Ó mar**, por que não me levas contigo?

» **Ex.**: Vem, **minha amiga**, abraçar um vitorioso.

Período Composto

Nesse tópico, você deverá realizar a análise de mais de uma oração, portanto, atenção! Há dois processos de composição de período em Língua Portuguesa. São eles: coordenação e subordinação.

Coordenação

Ocorre quando são unidas orações independentes sintaticamente. Ou seja, são autônomas do ponto de vista estrutural. Vamos a um exemplo.

» Altamiro pratica esportes **e** estuda muito.

Subordinação

Ocorre quando são unidas orações que possuem dependência sintática. Ou seja, não estão completas em sua estrutura. O processo de subordinação ocorre de três maneiras:

→ **Substantiva:**

Quando a oração desempenhar a função de um substantivo na sentença (**sujeito, predicativo, objeto direto, objeto indireto, complemento nominal ou aposto**).

→ **Adjetiva:**

Quando a oração desempenhar a função de **adjunto adnominal** na sentença.

→ **Adverbial:**

Quando a oração desempenhar a função de **adjunto adverbial** na sentença.

» **Ex.**: Eu quero **que vocês passem no concurso**. (oração subordinada substantiva objetiva direta – a função de objeto direto está sendo desempenhada pela oração)

» **Ex.**: O Brasil, **que é um belíssimo país**, possui vegetação exuberante. (oração subordinada adjetiva explicativa)

» **Ex.**: **Quando José entrou na sala**, Manoel saiu. (oração subordinada adverbial temporal)

Processo de Coordenação

Há dois tipos de orações coordenadas: **assindéticas** e **sindéticas**.

Assindéticas:

O nome vem da palavra grega *sýndetos*, que significa conjunção, união. Ou seja, oração que não possui conjunção quando está colocada ao lado de outra.

» Valdevino **correu (OCA), correu (OCA), correu (OCA)** o dia todo.

Perceba que não há conjunções para ligar os verbos, ou seja, as orações estão colocadas uma ao lado da outra sem síndeto, portanto, são **Orações Coordenadas Assindéticas.**

Sindéticas:

Contrariamente às assindéticas, as sindéticas possuem conjunção para exprimir uma relação lógico-semântica.

Cada oração recebe o nome da conjunção que a introduz. Por isso é necessário decorar as conjunções.

> **Aditivas**

São introduzidas pelas conjunções e, nem, mas também, também, como (após "não só"), como ou quanto (após "tanto"), mais etc., dando a ideia de adição à oração anterior.

» **Ex.**: A seleção brasileira venceu a Dinamarca/ **e empatou com a Inglaterra**. (Oração Coordenada Assindética / **Oração Coordenada Sindética Aditiva**)

> **Adversativas**

São introduzidas pelas conjunções mas, porém, todavia, contudo, entretanto, no entanto, não obstante, senão, apesar disso, embora etc., indicando uma relação de oposição à sentença anterior.

» **Ex.**: O time batalhou muito, / **mas não venceu o adversário.** (Oração Coordenada Assindética / **Oração Coordenada Sindética Adversativa**)

> **Alternativas**

São introduzidas pelas conjunções ou... ou, ora... ora, já... já, quer... quer, seja... seja, nem... nem etc., indicando uma relação de alternância entre as sentenças.

» **Ex.**: Ora estuda, / ora trabalha,: (Oração Coordenada Sindética Alternativa / Oração Coordenada Sindética Alternativa)

> **Conclusivas**

São introduzidas pelas conjunções pois (posposto ao verbo), logo, portanto, então, por conseguinte, por consequência, assim, desse modo, destarte, com isso, por isto, consequentemente, de modo que, indicando uma relação de conclusão do período anterior.

» **Ex.**: Comprei a carne e o carvão, / **portanto podemos fazer o churrasco.** (Oração Coordenada Assindética / **Oração Coordenada Sindética Conclusiva**)

» **Ex.**: Estou muito doente, / **não posso, pois, ir à aula**. (Oração Coordenada Assindética/ **Oração Coordenada Sindética Conclusiva**)

> **Explicativas**

São introduzidas pelas conjunções que, porque, porquanto, por, portanto, como, pois (anteposta ao verbo), ou seja, isto é, indicando uma relação de explicação para com a sentença anterior.

» **Ex.**: Não converse, / **pois estou estudando.** (OCA / **Oração Coordenada Sindética Explicativa**)

Processo de Subordinação

Orações Subordinadas Substantivas: dividem-se em 6 tipos, introduzidas, geralmente, pelas conjunções **"que"** e **"se"**.

> **Subjetiva (O.S.S.S.)**

Exerce função de sujeito do verbo da oração principal.

» **Ex.**: É interessante / **que todos joguem na loteria.** (Oração Principal / **Oração subordinada substantiva subjetiva**)

> **Objetiva Direta (O.S.S.O.D.)**

Exerce função de objeto direto.

» **Ex.**: Eu quero / **que você entenda a matéria.** - Quem quer, quer algo ou alguma coisa - (Oração Principal / **Oração subordinada substantiva Objetiva Direta**)

> **Objetiva Indireta (O.S.S.O.I.)**

Exerce função de objeto indireto.

» **Ex.**: Os alunos necessitam / **de que as explicações fiquem claras.** - Quem necessita, necessita de algo - (Oração Principal / **Oração subordinada substantiva Objetiva Indireta**)

> **Predicativa (O.S.S.P.)**

Exerce função de predicativo.

» **Ex.**: O bom é / **que você faça exercícios todos os dias.** (Oração Principal / **Oração subordinada substantiva Predicativa**)

> **Completiva Nominal (O.S.S.C.N.)**

Exerce função de complemento nominal de um nome da oração principal.

» **Ex.**: Jonas tem vontade / **de que alguém o mande calar a boca.** (Oração Principal / **Oração subordinada substantiva Completiva Nominal**)

> **Apositivas (O.S.S.A.)**

Possuem a função de aposto da sentença principal, geralmente são introduzidas por dois-pontos (:).

» **Ex.**: Eu quero apenas isto: / **que você passe no concurso**. (Oração Principal / **Oração subordinada substantiva Apositiva**)

Orações Subordinadas Adjetivas: dividem-se em dois tipos. Quando desenvolvidas, são introduzidas por um pronome relativo.

Fique Ligado

O nome Oração Subordinada Adjetiva se deve ao fato de ela desempenhar a mesma função de um adjetivo na oração, ou seja, a função de adjunto adnominal. Na Gramática de Portugal, são chamadas de Orações Relativas pelo fato de serem introduzidas por pronome relativo.

> **Restritivas**

Restringem a informação da oração principal. Não possuem vírgulas.

» **Ex.**: O homem / **que mora ao lado** / é mal-humorado. (Oração Principal / **Oração subordinada Adjetiva Restritiva** / Oração Principal)

Para entender basta perguntar: qualquer homem é mal-humorado? Não. Só o que mora ao lado.

> **Explicativas**

Explicam ou dão algum esclarecimento sobre a oração principal.

» **Ex.**: João, / **que é o ex-integrante da comissão,** / chegou para auxiliar os novos contratados. (Oração Principal / **Oração Subordinada Adjetiva Explicativa** /Oração Principal)

Orações Subordinadas Adverbiais: dividem-se em nove tipos. Recebem o nome da conjunção que as introduz. Nesse caso, teremos uma principal (que não está **negritada**) e uma subordinada adverbial (que está em **negrito**).

Fique Ligado

Essas orações desempenham a função de Adjunto Adverbial da oração principal.

> **Causais**

Exprimem a causa do fato que ocorreu na oração principal. Introduzidas, principalmente, pelas conjunções porque, visto que, já que, uma vez que, como que, como.

» **Ex.**: **Já que precisamos de dinheiro**, vamos trabalhar.

> **Comparativas**

Representam o segundo termo de uma comparação. Introduzidas, na maior parte dos casos, pelas conjunções que, do que, como, assim como, (tanto) quanto.

» **Ex.**: Tiburcina fala **como uma gralha** (fala - o verbo está elíptico).

> **Concessivas**

Indica uma concessão entre as orações. Introduzidas, principalmente, pelas conjunções embora, a menos que, ainda que, posto que, conquanto, mesmo que, se bem que, por mais que, apesar de que. Fique de olho na relação da conjunção com o verbo.

» **Ex.**: **Embora não tivesse tempo disponível**, consegui estudar.

> **Condicionais**

Expressa ideia de condição. Introduzidas, principalmente, pelas conjunções se, salvo se, desde que, exceto, caso, desde, contanto que, sem que, a menos que.

» **Ex.**: **Se ele não se defender**, acabará como "boi-de-piranha" no caso.

> **Conformativas**

Exprimem acordo, concordância entre fatos ou ideias. Introduzidas, principalmente, pelas conjunções como, consoante, segundo, conforme, de acordo com etc.

» **Ex.**: Realize as atividades **conforme eu expliquei.**

> **Consecutivas**

Indicam a consequência ou o efeito daquilo que se diz na oração principal. Introduzidas, principalmente, pelas conjunções que (precedida de tal, tão, tanto, tamanho), de sorte que, de modo que.

» **Ex.**: Estudei tanto, **que saiu sangue dos olhos.**

> **Finais**

Exprimem finalidade da ação primeira. Introduzidas, em grande parte dos casos, pelas conjunções para que, a fim de que, que e porque.

» **Ex.**: Estudei muito **para que pudesse fazer a prova**.

> **Proporcionais**

Expressa uma relação de proporção entre as orações. Introduzidas, principalmente, pelas conjunções (locuções conjuntivas) à medida que, quanto mais.... mais, à proporção que, ao passo que, quanto mais.

» **Ex.**: José piorava, **à medida que abandonava seu tratamento.**

> **Temporais**

Indicam circunstância de tempo. Introduzidas, principalmente, pelas conjunções quando, antes que, assim que, logo que, até que, depois que, mal, apenas, enquanto etc.

» **Ex.**: **Logo que iniciamos o trabalho** os alunos ficaram mais tranquilos.

Fique Ligado

Você viu que não é difícil. Na verdade, só é preciso estudar muito e decorar o sentido das conjunções.

Exercício Comentado

01. (CESPE) O segmento "..., que financia projetos de obras públicas na América Latina,..." constitui oração subordinada adjetiva restritiva.

ERRADO. Não se pode dizer que a oração é restritiva, pois há uma vírgula a antecedendo. Isso faz com que a oração se torne explicativa.

Vamos Praticar

Macunaíma

No fundo do mato-virgem nasceu Macunaíma, herói da nossa gente. Era preto retinto e filho do medo da noite. Houve um momento em que o silêncio foi tão grande escutando o murmurejo do Uraricoera, que a índia tapanhumas pariu uma criança feia. Essa criança é que chamaram de Macunaíma. Já na meninice fez coisas de sarapantar. De primeiro passou mais de seis anos não falando. Si o incitavam a falar exclamava:

— Ai! Que preguiça!... e não dizia mais nada. Ficava no canto da maloca, trepado no jirau de paxiúba, espiando o trabalho dos outros e principalmente os dois manos que tinha, Maanape já velhinho e Jiguê na força do homem.

01. (CESPE) Na linha 13 do fragmento I, a oração "que tinha", sintática e semanticamente dispensável para o texto, caracteriza-se por ter um pronome relativo como sujeito sintático.

Certo ( ) Errado ( )

Leia o texto:

Que Demócrito não risse, eu o provo. Demócrito ria sempre: logo não ria. A consequência parece difícil e evidente. O riso, como dizem todos os filósofos, nasce da novidade e da admiração, e cessando a novidade ou a admiração, cessa também o riso; o como Demócrito se ria dos ordinários desconcertos do mundo, o que é ordinário e se vê sempre, não pode causar admiração nem novidade; segue-se que nunca ria, rindo sempre, pois não havia matéria que motivasse o riso.

02. (CESPE) No período "Que Demócrito não risse, eu o provo" (linha 1), o verbo provar complementa-se com uma estrutura em forma de objeto direto pleonástico, com uma oração servindo de referente para um pronome.

Certo ( ) Errado ( )

03. (FCC) **Graças aos avanços na medicina e na agricultura,** as previsões funestas de Malthus não se confirmaram...

O segmento grifado exprime, em relação à afirmativa seguinte, noção de:

a) Condição.
b) Tempo.
c) Proporção.
d) Causa.
e) Finalidade.

04. (FCC) A frase em que **ambos** os elementos sublinhados são complementos verbais é:

a) Assim vos confesso que entendo de arquitetura, apesar das muitas opiniões em contrário.

b) Ninguém se impressiona tanto com um velho porão como este velho cronista, leitor amigo.

c) O porão deverá jazer sob os pés da família como jazem os cadáveres num cemitério.

d) Que atração exercem sobre o cronista as gravatas manchadas, quando desce a um porão...

e) Já não se fazem porões, hoje em dia, já não há qualquer mistério ou evocação mágica numa casa moderna.

05. (FCC) **Nascidas do povo mais humilde do Brasil**, as Escolas afirmam a vocação dos brasileiros, de todos os brasileiros, para a grandeza.

A oração grifada acima tem sentido ...... e, ao reescrevê-la com o emprego da conjunção adequada, a oração resultante deverá iniciar-se por ....

As lacunas estarão corretamente preenchidas, respectivamente, por:

a) final - Para que tivessem nascido

b) temporal - Enquanto tinham nascido

c) concessivo - Ainda que tenham nascido

d) consecutivo - Desde que tenham nascido

e) condicional - Caso tenham nascido

06. (FCC) Analisando-se aspectos sintáticos de frases de textos, é correto afirmar que em:

a) Muitos se lembravam da alegria voraz com que foram disputadas as toneladas da vítima - as formas verbais sublinhadas têm um mesmo sujeito.

b) Todos se empenhavam no lúcido objetivo comum - configura-se um caso de indeterminação do sujeito.

c) Uma tripulação de camelôs anunciava umas bugigangas - a voz verbal é ativa, sendo umas bugigangas o objeto direto.

d) Eu já podia recolher a minha aflição - não há a possibilidade de transposição para outra voz verbal.

e) Logo uma estatal, ó céus - o elemento sublinhado exerce a função de adjunto adverbial de tempo.

07. (FCC) "Fica calmo, meu caro jornalista, avião comigo não cai", procurava me tranquilizar **dr. Ulysses**...

O segmento em destaque exerce na frase acima a mesma função sintática que o elemento grifado exerce em:

a) Como a Folha era **o único veículo** ...

b) ... essas coisas não pegariam bem **para um repórter.**

c) ... **em que** tudo devia estar acertado...

d) Viajava **com os três líderes da campanha** em pequenos aviões fretados...

e) ... **quem** era o comandante.

08. (FCC) Mas, **embora ele não tivesse sido nomeado**, todos sabiam quem era o comandante.

Em relação à frase em que está inserido, o segmento grifado acima possui um sentido.

a) Condicional.

b) Causal.

c) Concessivo.

d) Comparativo.

e) Conclusivo.

09. (FCC) Este conceito **é relativo**, pois em arte não há originalidade absoluta.

... a sua contribuição maior foi **a liberdade de criação e expressão**.

Ambos os elementos acima grifados exercem nas respectivas frases a função de:

a) Adjunto adverbial.

b) Objeto direto.

c) Complemento nominal.

d) Predicativo.

e) Objeto indireto.

10. (FCC) ... o tema das mudanças climáticas **pressiona** os esforços mundiais para reduzir a queima de combustíveis.

A mesma relação entre o verbo grifado e o complemento se reproduz em:

a) ... a Idade da Pedra não acabou por falta de pedras ...

b) ... o estilo de vida e o modo da produção (...) são os principais responsáveis...

c) ... que ameaçam a nossa própria existência.

d) ... e a da China triplicou.

e) Mas o homem moderno estaria preparado.

Leia o texto:

A tradição teológica e filosófica nunca conseguiu explicar o "mistério da iniquidade", a existência do mal como potência do desejo e da ação humanas.

Ora, a corrupção é o mal do nosso tempo. Curiosamente, ela aparece como uma nova regra de conduta, uma contraditória "moral imoral". Da governalidade aos atos cotidianos, o mundo da vida no qual ética e moral se cindiram há muito tempo transformou-se na sempre saqueável terra de ninguém.

Como toda moral, a corrupção é rígida. Daí a impossibilidade do seu combate por meios comuns, seja o direito, seja a polícia. Do contrário, meio mundo estaria na prisão. A mesma polícia que combate o narcotráfico nas favelas das grandes cidades poderia ocupar o Congresso e outros espaços do governo onde a corrupção é **a regra**.

Mas o problema é que a força da corrupção é a do costume, é a da "moral", aquela mesma do malandro que age "na moral", que é "cheio de moral". Ela é muito mais forte do que a delicada reflexão ética que envolveria a autonomia de cada sujeito agente. E que só surgiria pela educação política que buscasse um pensamento reflexivo.

O sistema da corrupção é composto de um jogo de forças do qual uma das mais importantes é a "força do sentido". É ela que faz perguntar, por exemplo, "como é possível que um policial pobre se negue a aceitar dinheiro para agir ilegalmente?"

O simples fato de que essa pergunta seja colocada implica o pressuposto de que uma verdade ética tal como a honestidade foi transvalorada. Isso significa que foi também desvalorizada.

Se a conduta de praxe seria não apenas aceitar, mas exigir dinheiro em troca de uma ação qualquer na contramão do dever, é porque no sistema da corrupção o valor da honestidade, que garantiria ao sujeito a sua autonomia, foi substituído pela vantagem do dinheiro.

Mas não somente. Aquele que age na direção da lei como que age contra a moral caracterizada pelo "fazer como a grande maioria", levando em conta que no âmbito da corrupção se entende que o que a maioria quer é "dinheiro".

Verdade é que a ação em nome de um universal por si só caracteriza qualquer moral. É por meio dela que se faz o **cálculo** do "sentido" no qual, fora da vantagem que define a regra, o sujeito honesto se transfigura imediatamente em otário.

Se a moral é medida em dinheiro, não entregar-se a ele poderá parecer um luxo. Mas um contraditório luxo de pobre, já que a questão da honestidade não se coloca para os ricos, para quem tal valor parece de antemão assegurado.

Daí que jamais se louve nos noticiários a honestidade de alguém que não se enquadra no estereótipo do "pobre". **Honesto** é sempre o pobre elevado a cidadão exótico. Na verdade, por meio desse gesto o pobre é colocado à prova pelo sistema. Afinal ele teria tudo para ser corrupto, ou seja, teria todo o motivo para sê-lo. Mas teria também todo o perdão?

O cidadão exótico – pobre e honesto – que deixa de agir na direção de uma vantagem pessoal como que estaria perdoado por antecipação ao agir imoralmente sendo pobre, mas não está. A frase de Brecht seria sua jurisprudência mais básica: "O que é roubar um banco comparado a fundar um?"

Ora, sabemos que essa "moral imoral" tem sempre dois pesos e duas medidas, diferentes para ricos e pobres. No **vão** que as separa vem à tona a **incompreensibilidade** diante do mistério da honestidade. De categoria ética, ela desce ao posto de irrespondível problema metafísico.

Pois quem terá hoje a coragem de perguntar como alguém se torna o que é quando a subjetividade, a individualidade e a biografia já não valem nada e sentimos apenas o miasma que exala da vala comum das celebridades da qual o cidadão pode se salvar apenas alcançando o posto de um herói exótico, máscara do otário da vez?

(Marcia Tiburi. Cult, dezembro de 2011)

11. (CONSULPLAN) Assinale o termo que, no texto, desempenhe função sintática idêntica à de incompreensibilidade (L. 73).

a) a regra (L. 18)
b) vão (L. 72)
c) cálculo (L. 48)
d) honesto (L. 58)

12. (IPAD) Em que opção a expressão em negrito retoma a ideia de um termo para explicá-lo, desenvolvê-lo ou esclarecê-lo, assumindo a função sintática de aposto?

a) O conjunto de saltos de quedas d'água estava localizado ao oeste do Estado do Paraná, **no município de Guaíra...**
b) Calcula-se que a água do Rio Paraná levou cerca de 1 milhão de anos para cavar no basalto, **rocha vulcânica dura**, o caminho que percorria.
c) Era a cachoeira mais caudalosa do mundo, **nela** se escoando cerca de 75 mil metros cúbicos de água por segundo...
d) Capaz de gerar 15 milhões de kilowatts, Itaipu é **a usina** de maior potencial energético do mundo.
e) A barragem, **que represa o Rio Paraná**, tem a altura aproximada de um edifício de 62 andares.

13. (IPAD) Em que oração o sujeito **não** é posposto ao verbo?

a) "Sete quedas por mim passaram"
b) "Cessa o estrondo das cachoeiras"
c) "Aos mortos espanhóis, aos mortos bandeirantes, aos apagados fogos de Ciudad Real de Guaira vão juntar-se os sete fantasmas das águas assassinadas"
d) "Faz-se do movimento uma represa"
e) "da agitação faz-se um silêncio"

14. (CESGRANRIO) Em "e controlar a epidemia crescente **das doenças crônicas**," o termo destacado está ligado sintaticamente ao substantivo "epidemia". O termo que desempenha função sintática idêntica ao destacado acima está no trecho:

a) "enquanto cerca de 300 milhões de adultos são **obesos**,"
b) "...que ajude as autoridades **nacionais** a enfrentar os problemas."
c) "– Para alcançar as Metas do Milênio estabelecidas **pela ONU**,"
d) "Todos eles estão **mais** expostos..."
e) "entre outras doenças ligadas **ao excesso de peso**."

15. (FCC) ... mas nem todos **entendem** seu real significado.

O verbo que exige o mesmo tipo de complemento que o grifado acima está também **grifado** em:

a) Pesquisadores **revelaram** a existência de preconceitos enraizados contra a manifestação de emoções.
b) A pesquisa **tratava** da valorização de sentimentos até então vistos como negativos no ambiente de trabalho.
c) A manifestação de emoções positivas **é** geralmente bem aceita em qualquer ambiente.
d) Estudos recentes **aludem** à importância das emoções, sejam elas positivas ou negativas, na vida pessoal e profissional.
e) O local de trabalho nem sempre se **torna** propício à manifestação das próprias emoções.

16. (FUNCAB) A alternativa em que o termo destacado tem a função de adjunto adnominal e não a de predicativo do sujeito é:

a) "(...) ela estava muito mais **viva**(...)"
b) "(...) um peixe **sozinho** num tanque era algo muito solitário. (...)"
c) "(...) a mãe era **boa** para dar ideias. (...)"
d) "(...) Mas ele estava **sozinho**. (...)"
e) "(...) Só então notou como estava **cansado**."

17. (FCC) ... **embora** a maioria das pessoas consuma calorias suficientes ...

A conjunção grifada acima imprime ao contexto noção de:

a) Finalidade de uma ação.
b) Temporalidade relativa a um fato.
c) Concessão quanto à afirmativa que a segue.
d) Conjectura que não se realiza.
e) Incerteza quanto à comprovação de um fato.

18. (FCC) ... elas ainda **sofrem de imensas deficiências de nutrientes** ...

A relação entre verbo e complemento, grifada acima, se reproduz em:

a) ... embora a maioria das pessoas consuma calorias suficientes ...
b) ... e têm pontuação mais baixa nos testes de habilidade cognitiva.
c) ... a epidemia de obesidade nos países ricos representa exatamente o problema oposto.
d) ... e muitos não obtêm esses nutrientes.
e) ... menos da metade daqueles que mais precisam deles ...

19. (FCC) **Com o avançar da idade**, eles precisam de mais cálcio e vitaminas...

Iniciando o período por **Eles precisam de mais cálcio e vitaminas**, o segmento grifado poderá passar corretamente a:

a) À medida que a idade vai avançando.
b) Conquanto a idade avance.
c) Se a idade for avançando.
d) Ainda que a idade vá avançando.
e) Em comparação à idade que avança.

20. **Enquanto** o primeiro é regido por valores como amor e lealdade, o segundo tem como marca indexadores monetários e contratos. Assinale a alternativa que poderia substituir Enquanto no período anterior, sem modificação de sentido.

a) Como
b) Já que
c) Ao passo que
d) Quando

Gabarito

01	*ERRADO*	*11*	*C*
02	*CERTO*	*12*	*B*
03	*D*	*13*	*A*
04	*A*	*14*	*B*
05	*C*	*15*	*A*
06	*C*	*16*	*B*
07	*E*	*17*	*C*
08	*C*	*18*	*E*
09	*D*	*19*	*A*
10	*C*	*20*	*C*

Anotações

CAPÍTULO 04

Concordância Verbal e Nominal

Trata-se do processo de flexão dos termos a fim de se relacionarem harmoniosamente na frase. Quando se pensa sobre a relação do verbo com os demais termos da oração, o estudo focaliza a concordância verbal. Quando a análise se volta para a relação entre pronomes, substantivos, adjetivos e demais termos do grupo nominal, diz-se que o foco é concordância nominal.

Fique Ligado

Fique de olho aberto para a relação do sujeito com o verbo. Uma boa noção de Sintaxe é importantíssima para entender esse segmento do conteúdo.

Concordância Verbal

Regra geral

O verbo concorda com o sujeito em número e pessoa.

> O **primeiro-ministro** russo **acusou** seus inimigos.

> Dois **parlamentares rebateram** a acusação.

> **Contaram**-se **mentiras** no telejornal.

> **Vós sois** os responsáveis por vosso destino.

Regras para sujeito composto[1]

> Anteposto (colocado antes do verbo): o verbo vai para o plural:

» **Ex.**: Eu e meus irmãos **vamos** à praia.

> Posposto (colocado após o verbo): o verbo concorda com o mais próximo ou vai para o plural:

» Ex.: **Morreu (morreram)**, no acidente, **o prefeito e o vereador**.

Formado por pessoas (gramaticais) diferentes: plural da predominante.

» **Ex.**: Eu, você e os alunos **estudaremos** para o concurso. (a primeira pessoa é a predominante, por isso, o verbo fica na primeira pessoa do plural)

> Com núcleos em correlação: concorda com o mais próximo ou fica no plural:

» **Ex.**: O professor assim como o monitor auxilia(m) os estudantes.

Ligado por NEM: verbo concordará:

> No singular: se houver exclusão.

» **Ex.**: Nem Josias nem Josué **percebeu** o perigo iminente.

> No singular: quando se pretende individualizar a ação, aludindo a um termo em específico.

» **Ex.**: Nem os esportes nem a leitura **o entretém**.

> No plural: quando não houver exclusão, ou seja, quando a intenção for aludir ao sujeito em sua totalidade.

» **Ex.**: Nem a minha rainha nem o meu mentor **serão** tão convincentes a ponto de me fazerem mudar de ideia.

Ligado por COM: verbo concorda com o antecedente do COM ou vai para o plural:

» **Ex.**: O vocalista com os demais integrantes da banda **realizaram (realizou)** o show.

Ligado por OU: verbo no singular (se houver exclusão) ou no plural (se não houver exclusão):

» **Ex.**: Ou Pedro Amorim ou Jurandir Leitão **será** eleito vereador da cidade.

» **Ex.**: O aviso ou o ofício **deveriam** ser expedidos antes da data prevista.

Se o sujeito for construído com os termos:

I. Um e outro, nem um nem outro: verbo no singular ou plural, dependendo do sentido pretendido.

» **Ex.**: Um e outro **passou (passaram)** no concurso.

II. Um ou outro: verbo no singular.

» **Ex.**: Um ou outro fez a lição.

III. Expressões partitivas seguidas de nome plural: verbo no singular ou plural.

» **Ex.**: A maior parte das pessoas **fez (fizeram)** o exercício recomendado.

IV. Coletivo geral: verbo no singular.

» **Ex.**: O cardume **nadou** rio acima.

V. Expressões que indicam quantidade aproximada seguida de numeral: Verbo concorda com o substantivo.

» **Ex.**: Aproximadamente 20 % dos eleitores compareceram às urnas.

» **Ex.**: Aproximadamente 20% do eleitorado **compareceu** às urnas.

VI. Pronomes (indefinidos ou interrogativos) seguidos dos pronomes "nós" e/ou "vós": verbo no singular ou plural.

» **Ex.**: Quem de nós **fará (faremos)** a diferença?

VII. Palavra QUE (pronome relativo): verbo concorda com o antecedente do pronome "que".

» **Ex.**: Fui eu que **fiz** a diferença.

VIII. Palavra QUEM: verbo na 3ª pessoa do singular.

» **Ex.**: Fui eu quem **fez** a diferença.

Fique Ligado

Pela repetida utilização errônea, algumas gramáticas já toleram a concordância do verbo com a pessoa gramatical distinta da terceira, no caso de se utilizar um pronome pessoal como antecedente do "quem".

IX. Um dos que: verbo no singular ou plural.

» **Ex.**: Ele foi um dos que **fez (fizeram)** a diferença.

X. Palavras sinônimas: verbo concorda com o mais próximo ou fica no plural.

» **Ex.**: A ruindade, a maldade, a vileza **habita (habitam)** a alma do ser humano.

Quando os verbos estiverem acompanhados da palavra "SE":

Fique Ligado

Cuidado para não confundir aqui! Deve ficar atento à função da palavra "SE".

I. SE - na função de pronome apassivador: verbo concorda com o sujeito paciente.

» **Ex.**: **Vendem**-se casas e sobrados em Alta Vista.

1 As gramáticas registram um sem-número de regras de concordância. Selecionamos as mais relevantes para o universo do concurso público.

» **Ex.**: **Presenteou**-se o aluno aplicado com uma gramática.

II. SE - na função de índice de indeterminação do sujeito: verbo fica sempre na 3ª pessoa do singular.

» **Ex.**: **Precisa-se** de empregados com capacidade de aprender.

» **Ex.**: **Vive**-se muito bem na riqueza.

Fique Ligado

A dica é ficar de olho na transitividade do verbo. Se o verbo for VTI, VI ou VL, o termo "SE" será índice de indeterminação do sujeito.

Casos de concordância com o verbo "ser":

I. Quando indicar tempo ou distância: Concorda com o predicativo.

» **Ex.**: Amanhã **serão** 7 de fevereiro.

» **Ex.**: **São** 890 quilômetros daqui até Florianópolis.

II. Quando houver sujeito que indica quantidade e predicativo que indica suficiência ou excesso: Concorda com o predicativo.

» **Ex.**: Vinte milhões **era** muito por aquela casa.

» **Ex.**: Sessenta centavos **é** pouco por aquele lápis.

O verbo dar, no sentido de bater ou soar, acompanhado do termo hora(s): concorda com o sujeito.

» **Ex.**: **Deram** cinco horas no relógio do juiz.

» **Ex.**: **Deu** cinco horas o relógio juiz.

Verbo "parecer" – Concordância estranha.

Verbo "parecer" somado a infinitivo: Flexiona-se um dos dois.

» **Ex.**: Os alunos **pareciam** estudar novos conteúdos.

» **Ex.**: Os alunos **parecia estudarem** novos conteúdos.

Quando houver sujeito construído com nome no plural:

I. Com artigo no singular ou sem artigo: o verbo fica no singular.

» **Ex.**: <u>Memórias Póstumas de Brás Cubas</u> **continua** sendo lido por jovens estudantes.

» **Ex.**: <u>Minas Gerais</u> **é** um lindo lugar.

II. Com artigo plural: o verbo fica no plural.

» **Ex.**: <u>Os Estados Unidos</u> **aceitaram** os termos do acordo assinado.

Concordância Nominal

A concordância nominal está relacionada aos termos do grupo nominal. Ou seja, entram na dança o substantivo, o pronome, o artigo, o numeral e o adjetivo. Vamos à regra geral para a concordância.

Regra geral

O artigo, o numeral, o adjetivo e o pronome adjetivo devem concordar com o substantivo a que se referem em gênero e número.

» **Ex.**: **Meu belíssimo** e **antigo** carro **amarelo** quebrou, ontem, em **uma** rua **estreita.**

Fique Ligado

Veja que os termos destacados mantém uma relação harmoniosa com o núcleo de cada expressão. Relação tal que se estabelece em questões de gênero e de número.

A despeito de a regra geral dar conta de grande parte dos casos de concordância, devemos considerar a existência de casos particulares, que merecem atenção.

Casos que devem ser estudados

Dependendo da intencionalidade de quem escreve, pode-se realizar a concordância atrativa, primando por concordar com apenas um termo de uma sequência ou com toda a sequência. Vejamos:

» **Ex.**: Vi um carro e uma **moto** <u>vermelha</u>. (concordância apenas com o termo "moto")

» **Ex.**: Vi um carro e uma **moto** <u>vermelhos</u>. (concordância com ambos os elementos)

→ **Bastante ou bastantes?**

Se "bastante" é pronome adjetivo, será variável; se for advérbio (modificando o verbo), será invariável, ou seja, não vai para o plural.

» **Ex.**: Há <u>bastantes</u> **motivos** para sua ausência. (adjetivo)

» **Ex.**: Os alunos **falam** <u>bastante</u>. (advérbio)

Fique Ligado

Troque a palavra "bastante" por "muito". Se "muito" for para o plural, "bastante" também irá.

→ **Anexo, incluso, apenso, obrigado, mesmo, próprio. São adjetivos que devem concordar com o substantivo a que se referem.**

» **Ex.**: O <u>relatório</u> segue **anexo** ao documento.

» **Ex.**: Os <u>documentos</u> irão **apensos** ao relatório.

A expressão "em anexo" é invariável (não vai para plural nem para o feminino).

» **Ex.**: As planilhas irão **em anexo.**

→ **É bom, é necessário, é proibido, é permitido. Variam somente se o sujeito vier antecedido de um artigo ou outro termo determinante.**

» **Ex.**: <u>Maçã</u> **é bom** para a voz. / <u>A maçã</u> **é boa** para a voz.

» **Ex.**: <u>É necessário</u> **aparecer** na sala. / <u>É necessária</u> **sua aparição** na sala.

→ **Menos / alerta. São sempre invariáveis, contanto que respeitem sua classe de origem - advérbio. Se forem derivadas para substantivo, elas poderão variar.**

» **Ex.**: Encontramos **menos** alunos na escola. / Encontramos **menos** alunas na escola.

» **Ex.**: O policial ficou **alerta**. / Os policiais ficaram **alerta**.

→ **Só / sós. Variam apenas quando forem adjetivos. Quando forem advérbios, serão invariáveis.**

» **Ex.**: Pedro apareceu **só** (sozinho) na sala. / Os meninos apareceram **sós** (sozinhos) na sala. (adjetivo)

» **Ex.**: Estamos **só** (somente) esperando sua decisão. (advérbio)

A expressão "a sós" é invariável.

» **Ex.**: A menina ficou **a sós** com seus pensamentos.

Fique Ligado

Troque "só" por "sozinho" (vai para o plural) ou "somente" (fica no singular).

Exercício Comentado

Leia o trecho:

A França foi a pioneira na dominação do continente africano. A Inglaterra, no entanto, consagrada como grande potência marítima desde a queda de Napoleão, rapidamente assumiu a liderança da colonização.

01. *(CESPE) A palavra "consagrada" estabelece relação de concordância com a palavra "Inglaterra".*

CERTO. A palavra consagrada aparece em referência ao termo "Inglaterra", que é um substantivo feminino. Pela lógica da língua, o certo é flexionar o termo "consagrado" para o feminino, obtendo-se "consagrada".

Vamos Praticar

01. (FCC) O verbo indicado entre parênteses deverá ser obrigatoriamente flexionado numa forma do plural para preencher de modo correto a frase:

a) Quanto mais interesses ...... (haver) em jogo, mais contundentes serão as iniciativas da máquina neoliberal.

b) A não ...... (ser) pelas miragens que alimenta, muitas pessoas não conseguiriam sustentar o ânimo de viver.

c) O que não lhes ...... (dever) convir é abandonar todos esses sonhos que ajudam a viver.

d) Nunca me ...... (sobrevir), como agora, os sobressaltos que cada sonho traz consigo.

e) .....-se (dever) a essas miragens o esforço com que muitos conduzem seu trabalho.

Leia o trecho:

Dentro de um mês tinha comigo vinte aranhas; no mês seguinte cinquenta e cinco; em março de 1877 contava quatrocentas e noventa. Duas forças serviram principalmente à empresa de as congregar: o emprego da língua delas, desde que pude discerni-la um pouco, e o sentimento de terror que lhes infundi.

02. (CESPE) O verbo ter, na linha 1, está empregado no sentido de haver, existir, por isso mantém-se no singular, sem concordar com o sujeito da oração — "vinte aranhas".

Certo ( ) Errado ( )

03. (FCC) O verbo indicado entre parênteses deverá flexionar-se numa forma do singular para preencher corretamente a lacuna da frase:

a) Aquele a quem ...... (sensibilizar) os fatos do noticiário deve poupar-se de acompanhá-los todos os dias.

b) Não ...... (dever) mover a ninguém as esperanças ou a crença em que o mundo se torne mais discreto e silencioso.

c) Em qualquer notícia que provenha do nosso íntimo não mais ...... (haver) de se ocultar as verdades que fingimos desconhecer.

d) As pessoas a quem ...... (impor) a TV, diuturnamente, notícias de toda espécie perdem a capacidade de discriminar o que é ou não importante.

e) As novidades que dentro de mim se ...... (mascarar) só se revelarão mediante uma análise introspectiva.

04. (FCC) O verbo entre parênteses deverá flexionar-se em uma forma do plural para preencher de modo correto a lacuna da frase:

a) Aos sentimentos do menino ...... (corresponder) um gesto bonito, pelo qual se materializou o amor filial.

b) Não se ...... (atribuir) ao gesto do menino quaisquer intentos que não tivessem raiz em sua generosidade.

c) A nenhum dos parentes ...... (ocorrer) alimentar suspeitas acerca das preocupações do menino.

d) Não ...... (faltar) aos brinquedos antigos a magia que as engenhocas eletrônicas exercem hoje sobre os pequenos.

e) ...... (ter) ocorrido aos pais que os gestos do filho estariam ocultando algum segredo?

Leia o trecho:

Imagine que um poder absoluto ou um texto sagrado declarem que quem roubar ou assaltar será enforcado (ou terá a mão cortada). **Nesse caso, puxar a corda, afiar a faca ou assistir à execução seria simples, pois a responsabilidade moral do veredicto não estaria conosco.** Nas sociedades tradicionais, em que a punição é decidida por uma autoridade superior a todos, as execuções podem ser públicas: a coletividade festeja o soberano que se encarregou da justiça — que alívio!

05. (CESPE) No período "Nesse caso (...) estaria conosco", como o conector "ou" está empregado com sentido aditivo, e não, de exclusão, a forma verbal do predicado "seria simples" poderia, conforme faculta a prescrição gramatical, ter sido flexionada na terceira pessoa do plural: seriam.

Certo ( ) Errado ( )

Para cada uma dessas questões, assinale a alternativa que preenche corretamente, na ordem, as lacunas da frase apresentada.

06. (FCC) O cientista ......, com base em dados que lhe haviam sido ...... , que a pesquisa ...... resultados importantes para a fauna da região.

a) previu - entregues - traria

b) previu - entregados - trazeria

c) preveu - entregues - trazeria

d) preveu - entregados - traria

e) previu - entregues - trazeria

07. (FCC) ...... tomar medidas que ...... a sobrevivência de algumas espécies de aves na região.

a) Eram necessários - garantissem

b) Eram necessárias - garantissem

c) Era necessário - garantisse

d) Eram necessárias - garantisse

e) Era necessário - garantissem

08. (FCC) A frase em que as regras de concordância estão plenamente respeitadas é:

a) Contam-se que o poeta Manuel Bandeira ficou extasiado e impressionado ao ouvirem as novas batidas do violão de João Gilberto.

b) As canções de Caetano Veloso, cuja letra costumam despertar discussões acaloradas, são considerados por muitos grandes poemas da literatura nacional.

c) Já se passou vários anos do surgimento da bossa nova, mas Chega de saudade, de João Gilberto, continua a encantar os ouvidos ao redor do mundo.

d) Além de uma canção de João Gilberto, Chega de saudade é o título do livro de Ruy Castro em que o autor relembra os protagonistas da bossa nova.

e) Imagina-se que, embora pouco estudados, deve existir motivos sociais para a indiferença com que as camadas superiores durante muito tempo via o samba.

09. O verbo que se mantém corretamente ***no singular***, mesmo com as alterações propostas entre parênteses para o segmento grifado, está em:

a) Quando <u>a peste negra</u> varreu populações inteiras (**as epidemias**)

b) Quanto <u>mais gente</u> houvesse no mundo (**mais habitantes**)

c) <u>Tom alarmista</u> acerca do crescimento populacional arrefeceu (**As profecias**)

d) <u>A humanidade</u> terá de colocar toda sua inventividade à prova (**Os homens**)

e) Existe <u>um consenso</u> (**hipóteses diversas**)

10. (FCC) A frase em que ***ambos*** os elementos sublinhados são complementos verbais é:

a) Assim <u>vos</u> confesso que entendo <u>de arquitetura</u>, apesar das muitas opiniões em contrário.

b) <u>Ninguém</u> se impressiona <u>tanto</u> com um velho porão como este velho cronista, leitor amigo.

c) O porão deverá jazer <u>sob os pés da família</u> como jazem os <u>cadáveres</u> num cemitério.

d) Que atração exercem sobre o cronista as <u>gravatas manchadas</u>, quando desce <u>a um porão...</u>

e) Já não se fazem <u>porões</u>, hoje em dia, já não há qualquer mistério ou evocação mágica <u>numa casa moderna</u>.

11. (FCC) Substituindo-se o elemento grifado pelo segmento que está entre parênteses, o verbo que deverá flexionar-se no ***plural*** está em:

a) <u>Clarice</u> (**Juntamente com o marido, Clarice**) se encontrava no exterior...

b) <u>A voz nova e solitária</u> (**A voz que poucos conheciam**) em seguida iria encontrar obstáculos ...

c) <u>O nome de Clarice</u> (**A ficção de autoras intimistas**) [...] tinha aqui pequena repercussão.

d) ... como está dito <u>por toda parte</u> (**em todos os jornais**).

e) Ao contrário do que <u>se</u> (**os desavisados**) pensa ...

Em épocas passadas, alguns poetas se ...... atrelados a convenções literárias tão rígidas que, em alguns casos, os ...... de encontrar uma voz original e única

12. (FCC) Preenchem corretamente as lacunas da frase acima, na ordem dada:

a) Mantém - impedirão

b) Manteram - impediam

c) Mantiveram - impediram

d) Manteriam - impedira

e) Mantinham - impedia

Leia o trecho:

"O [fim] da Idade Média, no [século] XV, e o [ressurgimento] das cidades, no período renascentista,[representaram] profundas mudanças para a sociedade da época, mas, do ponto de vista político, assistiu-se a uma concentração ainda maior do poder nas mãos dos soberanos, reis absolutos, que, sob o peso de sua autoridade, unificaram os diversos feudos e formaram vários dos Estados modernos que hoje conhecemos."

13. (CESPE) A forma verbal "representaram" está no plural para concordar com o sujeito composto da oração, cujos núcleos são "fim", "século" e "ressurgimento".

Certo ( ) Errado ( )

Leia o trecho:

Trabalho demais, agenda cheia, Internet, celular [e carros que chegam a mais de 200 km/h] **transformam** o homem moderno numa espécie de Coelho Branco de Alice no País das Maravilhas.

14. (CESPE) Se o trecho "e carros que chegam a mais de 200 km/h" fosse retirado do texto, a forma verbal "transformam" deveria ser substituída por ***transforma.***

Certo ( ) Errado ( )

15. (FCC) Estão plenamente observadas as normas de concordância verbal em:

a) À noite, davam-se aos trabalhos de poucos e à diversão de muitos uma trégua oportuna, para tudo recomeçar na manhã seguinte.

b) Aos esforços brutais da jubarte não correspondiam qualquer efeito prático, nenhum avanço obtinha o gigante encalhado na areia.

c) Sempre haverá de aparecer aqueles que, diante de um espetáculo trágico, logram explorá-lo como oportunidade de comércio.

d) Como se vê, cabe aos bons princípios ecológicos estimular a salvação das baleias, seja no alto-mar, seja na areia da praia.

e) Da baleia encalhada em 1966 não restou, lembra-nos o autor, senão as postas em que a cruel voracidade dos presentes retalhou o animal

16. (CESGRANRIO) Em uma mensagem de e-mail bastante formal, enviada para alguém de cargo superior numa empresa, estaria mais adequada, por seguir a norma-padrão, a seguinte frase:

a) Anexo vão os documentos.

b) Anexas está a planilha e os documentos

c) Seguem anexos os documentos

d) Em anexas vão as planilhas.

e) Anexa vão os documentos e a planilha.

17. (CESGRANRIO) Em que sentença a concordância segue os parâmetros da norma-padrão?

a) Paguei a dívida e fiquei quites com minhas obrigações.

b) A secretária disse que ela mesmo ia escrever a ata.

c) Junto com o contrato, segue anexo a procuração.

d) A vizinha adotou uma atitude pouca amistosa.

e) Após a queda, a criança ficou meio chorosa.

18. A concordância verbal está de acordo com a norma-padrão em:

a) Cada um dos curadores foram responsáveis por um tema.

b) Muitos cartões vem decorados com guirlandas de flores.

c) A maior parte dos cartões expostos encantou os visitantes.

d) Está acontecendo diversos eventos sobre meios de comunicação na cidade.

e) Haviam poucos estudantes interessados em meios de comunicação do passado.

19. (CESGRANRIO) O plural, de acordo com a norma-padrão, do trecho "Foi um momento mágico, pois, apesar de bastante jovem, eu já vinha de uma experiência de vida cheia de mudanças e recomeços." é:

a) Foi momentos mágicos, pois, apesar de bastante jovens, nós já vínhamos de uma experiência de vida cheia de mudanças e recomeços.

b) Foi um momento mágico, pois, apesar de bastante jovem, eu já vinha de uma experiência de vidas cheias de mudanças e recomeços.

c) Foi um momento mágico, pois, apesar de bastante jovem, eu já vinha de experiências de vidas cheia de mudanças e recomeços.

d) Foram momentos mágicos, pois, apesar de bastante jovens, nós já vínhamos de experiências de vida cheias de mudanças e recomeços.

e) Foram dois momentos mágicos, pois, apesar de bastante jovem, eu já vinha de uma experiência de vida cheia de mudanças e recomeços.

O chefe de vários departamentos identifica a mudança no cenário da informática.

20. (CESGRANRIO) Considere a frase a cima. *A palavra* ***identifica*** *pode ser substituída, mantendo o sentido da sentença, pelo verbo ver, flexionado de acordo com a norma-padrão, por*

a) Vêm

b) Veem

c) Vem

d) Vê

e) Viram

Gabarito

01	D	11	E
02	ERRADO	12	C
03	D	13	ERRADO
04	B	14	ERRADO
05	ERRADO	15	D
06	A	16	C
07	E	17	E
08	D	18	C
09	B	19	D
10	A	20	D

Anotações

CAPÍTULO 05

Regência Verbal e Nominal

Regência é a parte da Gramática Normativa que estuda a relação entre dois termos, verificando se um termo serve de complemento a outro e se nessa complementação há uma preposição.

Dividimos a Regência em:

> Regência Verbal (ligada aos verbos).
> Regência Nominal (ligada aos substantivos, adjetivos ou advérbios).

Regência Verbal

Deve-se analisar, nesse caso, a necessidade de complementação, a presença ou ausência da preposição e a possibilidade de mudança de sentido do texto.

Vamos aos casos:

→ **Agradar e desagradar:** São transitivos indiretos (com preposição a) nos sentidos de satisfazer, contentar:

» **Ex.**: A biografia de Aníbal Machado **agradou/ desagradou** à maioria dos leitores.

» **Ex.**: A criança **agradava** ao pai por ser muito comportada.

→ **Agradar:** Pode ser transitivo direto (sem preposição) se significar acariciar, afagar:

» **Ex.: Agradar** a esposa.

» **Ex.**: Pedro passava o dia todo **agradando** os seus gatos.

→ **Agradecer:** Transitivo direto e indireto, com a preposição a, no sentido de demonstrar gratidão a alguém:

» **Ex.: Agradecemos** a Santo Antônio o milagre alcançado.

» **Ex.: Agradecemos**-lhes a benesse concedida.

O verbo em questão também pode ser transitivo direto no sentido de mostrar gratidão por alguma coisa:

» **Ex.**: **Agradeço** a dedicação de todos os estudantes.

» **Ex.**: Os pais **agradecem** a dedicação dos professores para com os alunos.

→ **Aspirar:** É transitivo indireto (preposição "a") nos sentidos de desejar, pretender ou almejar:

» **Ex.**: Sempre **aspirei** a um cargo público.

» **Ex.**: Manoel **aspirava** a ver novamente a família na Holanda.

→ **Aspirar:** É transitivo direto na acepção de inalar, sorver, tragar, ou seja, mandar para dentro:

» **Ex.**: **Aspiramos** o perfume das flores.

» **Ex.**: Vimos a empregada **aspirando** a poeira do sofá.

→ **Assistir:** É transitivo direto no sentido de ajudar, socorrer etc:

» **Ex.**: O professor **assistia** o aluno.

» **Ex.**: Devemos **assistir** os mais necessitados.

→ **Assistir:** É transitivo indireto (complemento regido pela preposição "a") no sentido de ver ou presenciar:

» **Ex.: Assisti** ao comentário da palestra anterior.

» **Ex.**: Você deve **assistir** às aulas do professor!

→ **Assistir:** É transitivo indireto (complemento regido pela preposição "a") no sentido de "ser próprio de", "pertencer a":

» **Ex.**: O direito à vida **assiste** ao ser humano.

» **Ex.**: Esse comportamento **assiste** às pessoas vitoriosas.

→ **Assistir:** É intransitivo no sentido de morar ou residir:

» **Ex.**: Maneco **assistira** em Salvador.

→ **Chegar:** É verbo intransitivo e possui os adjuntos adverbiais de lugar introduzidos pela preposição "a":

» **Ex.**: **Chegamos** a Cascavel pela manhã.

» **Ex.**: Este é o ponto a que pretendia **chegar.**

Caso a expressão indique posição em um deslocamento, admite-se a preposição em:

» **Ex.**: **Cheguei** no trem à estação.

Os verbos ir e vir têm a mesma regência de chegar:

» **Ex.**: Nós **iremos** à praia amanhã.

» **Ex.**: Eles **vieram** ao cursinho para estudar.

→ **Custar:** Ter valor ou preço: verbo transitivo direto:

» **Ex.**: O avião **custa** 100 mil reais.

Ter como resultado certa perda ou revés: verbo transitivo direto e indireto:

» **Ex.**: Essa atitude **custou**-lhe a vida.

Ser difícil ou trabalhoso: intransitivo:

» **Ex.**: **Custa** muito entender esse raciocínio.

Levar tempo ou demorar: intransitivo:

» **Ex.**: **Custa** a vida para aprender a viver.

→ **Esquecer / lembrar:** Possuem a seguinte regra - se forem pronominais, terão complemento regido pela preposição "de"; se não forem, não haverá preposição:

» **Ex.**: Lembrei-**me de** seu nome. / Esqueci-me de seu nome.

» **Ex.**: Lembrei seu nome. / Esqueci seu nome.

→ **Gostar:** É transitivo indireto no sentido de apreciar (complemento introduzido pela preposição "de"):

» **Ex.**: **Gosto** de estudar.

» **Ex.**: Gosto muito de minha mãe.

→ **Gostar:** Como sinônimo de experimentar ou provar é transitivo direto:

» **Ex.**: **Gostei** a sobremesa apenas uma vez e já adorei.

» **Ex.**: **Gostei** o chimarrão uma vez e não mais o abandonei.

→ **Implicar:** pode ser:

Transitivo direto (sentido de acarretar):

» **Ex.**: Cada escolha **implica** uma renúncia.

Transitivo direto e indireto (sentido de envolver alguém em algo):

» **Ex.**: **Implicou** a irmã no crime.

Transitivo indireto (sentido de rivalizar):

» **Ex.**: Joana estava **implicando** com o irmão menor.

→ O verbo ***informar*** é bitransitivo, ou seja, é transitivo direto e indireto. Quem informa, informa:

» Algo a alguém: **Informei** o acontecido para Jonas.

» Alguém de algo: **Informei**-o do acontecido.

» Alguém sobre algo: **Informei**-o sobre o acontecido.

→ **Morar / Residir:** Verbos intransitivos (ou, como preconizam alguns dicionários, transitivo adverbiado), cujos adjuntos adverbiais de lugar são introduzidos pela preposição "em":

» **Ex.**: José **mora** em Alagoas.

» **Ex.**: Há boas pessoas **residindo** em todos os estados do Brasil.

→ **Obedecer:** É um verbo transitivo indireto:

» **Ex.**: Os filhos **obedecem** aos pais.

» **Ex.**: **Obedeça** às leis de trânsito.

Fique Ligado

Embora transitivo indireto, admite forma passiva:

» ***Ex.: Os pais são obedecidos pelos filhos.***

O antônimo "desobedecer" também segue a mesma regra.

→ **Perdoar:** É transitivo direto e indireto, com objeto direto de coisa e indireto de pessoa:

» **Ex.**: Jesus **perdoou** os pecados aos pecadores.

» **Ex.**: **Perdoava**-lhe a desconsideração.

Fique Ligado

Perdoar admite a voz passiva:

» ***Ex.: Os pecadores foram perdoados por Deus.***

→ **Precisar:** É transitivo indireto (complemento regido pela preposição de) no sentido de "necessitar":

» **Ex.**: **Precisaremos** de uma nova Gramática.

→ **Precisar:** É transitivo direto no sentido de indicar com precisão:

» **Ex.**: Magali não soube **precisar** quando o marido voltaria da viagem.

→ **Preferir** É um verbo bitransitivo, ou seja, é transitivo direto e indireto, sempre exigindo a preposição a (preferir alguma coisa a outra):

» **Ex.**: Adelaide **preferiu** o filé ao risoto.

» **Ex.**: **Prefiro** estudar a ficar em casa descansando.

» **Ex.**: **Prefiro** o sacrifício à desistência.

Fique Ligado

É incorreto reforçar o verbo "preferir" ou utilizar a locução "do que".

→ **Proceder:** É intransitivo na acepção de "ter cabimento":

» **Ex.**: Suas críticas são vazias, não **procedem**.

→ **Proceder**: É também intransitivo na acepção de "portar-se":

» **Ex.**: Todas as crianças **procederam** bem ao lavarem as mãos antes do lanche.

→ **Proceder:** No sentido de "ter procedência" é utilizado com a preposição de:

» **Ex.**: Acredito que a dúvida **proceda** do coração dos curiosos.

→ **Proceder**: É transitivo indireto exigindo a preposição a no sentido de "dar início":

» **Ex.**: Os investigadores **procederam** ao inquérito rapidamente.

→ **Querer:** É transitivo direto no sentido de "desejar":

» **Ex.**: Eu **quero** um carro novo.

→ **Querer:** É transitivo indireto (com o complemento de pessoa) no sentido de "ter afeto":

» **Ex.**: **Quero** muito a meus alunos que são dedicados.

→ **Solicitar:** É utilizado, na maior parte dos casos, como transitivo direto e indireto. Nada impede, entretanto, que se construa como transitivo direto:

» **Ex.**: O juiz **solicitou** as provas ao advogado.

» **Ex.**: **Solicito** seus documentos para a investidura no cargo.

→ **Visar:** É transitivo direto na acepção de mirar:

» **Ex**: O atirador **visou** o alvo e disparou um tiro certeiro.

→ **Visar**: É transitivo direto também no sentido de "dar visto", "assinar":

» **Ex.**: O gerente havia **visado** o relatório do estagiário.

→ **Visar:** É transitivo indireto, exigindo a preposição a, na acepção de "ter em vista", "pretender", "almejar":

» **Ex.**: Pedro **visava** ao amor de Mariana.

» **Ex.**: As regras gramaticais **visam** à uniformidade da expressão linguística.

Regência Nominal

Alguns nomes (substantivos, adjetivos e advérbios) são comparáveis aos verbos transitivos indiretos: precisam de um complemento introduzido por uma preposição.

Acompanhemos os principais termos que exigem regência especial.

Substantivo		
Admiração a, por	Devoção a, para, com, por	Medo a, de
Aversão a, para, por	Doutor em	Obediência a
Atentado a, contra	Dúvida acerca de, em, sobre	Ojeriza a, por
Bacharel em	Horror a	Proeminência sobre
Capacidade de, para	Impaciência com	Respeito a, com, para com, por
Exceção a	Excelência em	Exatidão de, em
Dissonância entre	Divergência com, de, em, entre, sobre	Referencia a
Alusão a	Acesso a	Menção a

Adjetivos		
Acessível a	Diferente de	Necessário a
Acostumado a, com	Entendido em	Nocivo a
Afável com, para com	Equivalente a	Paralelo a
Agradável a	Escasso de	Parco em, de
Alheio a, de	Essencial a, para	Passível de
Análogo a	Fácil de	Preferível a
Ansioso de, para, por	Fanático por	Prejudicial a
Apto a, para	Favorável a	Prestes a

Ávido de	Generoso com	Propício a
Benéfico a	Grato a, por	Próximo a
Capaz de, para	Hábil em	Relacionado com
Compatível com	Habituado a	Relativo a
Contemporâneo a, de	Idêntico a	Satisfeito com, de, em, por
Contíguo a	Impróprio para	Semelhante a
Contrário a	Indeciso em	Sensível a
Curioso de, por	Insensível a	Sito em
Descontente com	Liberal com	Suspeito de
Desejoso de	Natural de	Vazio de
Distinto de, em, por	Dissonante a, de, entre	Distante de, para

Advérbios		
Longe de	Perto de	Relativamente a
Contemporaneamente a	Impropriamente a	Contrariamente a

Exercício Comentado

01. ***(CEPERJ)"É forçoso reconhecer que razão assiste ao magistrado."***

A frase acima exemplifica um uso mais formal da língua, escolhido pelo autor deste texto, que foi originalmente publicado em uma seção voltada para questões de Direito e Justiça de um jornal. No contexto da frase, o significado do verbo "assistir" é:

a) Comparecer

b) Acompanhar

c) Faltar

d) Caber

e) Permanecer

RESPOSTA. "D". Como visto no conteúdo deste material, o verbo assistir pode significar "pertencer" ou "ser cabível a", ou seja, aquilo que foi cobrado nesta questão.

É provável que você encontre um grande número de listas com palavras e suas regências, porém a maneira mais eficaz de se descobrir a regência de um termo é fazer uma pergunta para ele e verificar se, na pergunta, há uma preposição. Havendo, descobre-se a regência.

» **Ex.**: A descoberta era **acessível** a todos.

Faz-se a pergunta: algo que é acessível é acessível? (a algo ou a alguém). Descobre-se, assim, a regência de acessível.

Vamos Praticar

01. (FCC) A frase em que a regência está em conformidade com o padrão culto escrito é:

a) Em seu fingimento, só restou de que dissesse ao ex-sócio que sentia saudades dele.

b) Tudo isso considerado, é necessário fazer que ele sinta o peso da responsabilidade.

c) Em atenção por seu talento indiscutível, o pouparam as devidas multas.

d) Passou os documentos a mão do técnico e não os perdeu de vista até ao final da reunião.

e) Inconformado de que eles propalavam injúrias a seu respeito, decidiu denunciá-los.

02. (CESGRANRIO) A frase em que a presença ou ausência da preposição está de acordo com a norma-padrão é:

a) A certeza que a sorte chegará para mim é grande.

b) Preciso de que me arranjem um emprego.

c) Convidei à Maria para vir ao escritório.

d) A necessidade que ele viesse me ajudar me fez chamá-lo.

e) Às dez horas em ponto, estarei à sua casa.

... de modo que ele próprio o anunciou no orçamento de 1925.

03. (FCC) Considerando-se o contexto, o verbo grifado acima está empregado como

a) transitivo indireto pronominal.

b) transitivo indireto.

c) bitransitivo.

d) transitivo direto.

e) intransitivo.

... procurava incorporar à escrita o ritmo da fala...

04. (FCC) O verbo empregado no texto com a mesma regência do grifado acima está em:

a) ... consagrar literariamente o vocabulário usual.

b) ... dar estado de literatura aos fatos da civilização moderna.

c) No Brasil, ele significou principalmente libertação dos modelos acadêmicos...

d) ... que a sua contribuição maior foi a liberdade de criação e expressão.

e) ... os modernistas promoveram uma valorização diferente do léxico...

05. (CESPE) No trecho "essa propensão tenderá à aceleração" o uso do sinal indicativo de crase não é obrigatório, haja vista que o verbo tender, com o sentido empregado no texto, pode ter complementação direta ou indireta, isto é, com ou sem preposição.

Certo ( ) Errado ( )

06. (CESPE) Em "que ele chama ***metafísica dos costumes***", o trecho em itálico, que exerce, na oração, a função de complemento verbal, deveria estar precedido da preposição ***de***.

Certo ( ) Errado ( )

07. (CESPE) A retirada da preposição "de" em "A indicação inicial é a de que, sim, a rede (...)" não implicaria alteração do texto, quer do ponto de vista semântico, quer sintático.

Certo ( ) Errado ( )

Leia o texto:

Ainda que se soubessem todas as palavras de cada figura da Inconfidência, nem assim se poderia fazer com o seu simples registro uma composição da arte. A obra de arte não é feita de tudo — mas apenas de algumas coisas essenciais. A busca desse essencial expressivo é que constitui o trabalho do artista. Ele poderá dizer a mesma verdade do historiador, porém de outra maneira. Seus caminhos são outros, para atingir a comunicação. Há um problema de palavras. Um problema de ritmos. Um problema de composição. Grande parte de tudo isso se realiza, decerto, sem inteira consciência do artista. É a **decorrência** natural da sua constituição, da sua personalidade — por isso, tão difícil se torna quase sempre a um criador explicar a própria criação. No caso, porém, de um poema de mais objetividade, como o Romanceiro, muitas coisas podem ser explicadas, porque foram aprendidas, à proporção que ele se foi compondo.

Digo "que ele se foi compondo" e não "que foi sendo composto", pois, na verdade, uma das coisas que pude observar melhor que nunca, ao realizá-lo, foi a maneira por que um tema encontra sozinho ou sozinho impõe seu ritmo, sua sonoridade, seu desenvolvimento, sua medida. O Romanceiro foi construído tão sem normas preestabelecidas, tão à mercê de sua expressão natural que cada poema procurou a forma **condizente** com sua mensagem. A voz **irreprimível** dos fantasmas, que todos os artistas conhecem, vibra, porém, com certa docilidade, e submete-se à aprovação do poeta, como se realmente, a cada instante, lhe pedisse para ajustar seu timbre à audição do público. Porque há obras que existem apenas para o artista, desinteressadas de transmissão; outras que exigem essa transmissão e esperam que o artista se ponha a seu serviço, para alcançá-la. O Romanceiro é desta segunda espécie. Quatro anos de quase completa solidão — numa renúncia total às mais sedutoras solicitações, entre livros de toda espécie relativos ao especializadamente século ainda pareceram curtos demais para uma obra que se desejava o menos imperfeita possível, porque se impunha, acima de tudo, o respeito por essas vozes que falavam, que se confessavam, que exigiam, quase, o registro da sua história. E era uma história feita de coisas eternas e irredutíveis: de ouro, amor, liberdade, traições... Mas porque esses grandiosos acontecimentos já vinham preparados de tempos mais antigos e foram o desfecho de um passado minuciosamente construído — era preciso iluminar esses caminhos anteriores, seguir o rastro do ouro que vai, a princípio como o fio de um colar, ligando cenas e personagens, até transformar-se em pesada cadeia que prende e imobiliza num destino doloroso.

Cecília Meireles. Como escrevi o Romanceiro da Inconfidência. In: Romanceiro da Inconfidência. 3.ª ed., Rio de Janeiro: Nova Fronteira, 2005, p. XVI-XVII (com adaptações).

08. (CESPE) Os vocábulos "decorrência" (L.13), "condizente" (L.28) e "irreprimível" (L.29) regem termos que lhes complementam, necessariamente, o sentido.

Certo ( ) Errado ( )

09. (CESGRANRIO) Em qual das sentenças abaixo, a regência verbal está em ***DESACORDO*** com a norma-padrão:

a) Esqueci-me dos livros hoje.
b) Sempre devemos aspirar a coisas boas.
c) Sinto que o livro não agradou aos alunos.
d) Ele lembrou os filhos dos anos de tristeza.
e) Fomos no cinema ontem assistir o filme

10. Em relação à regência verbal e nominal, o emprego do pronome relativo, segundo o registro culto e formal da língua, está ***INCORRETO*** em:

a) A conclusão que chegamos é que o fracasso ensina ao homem como recomeçar
b) O barco a cujos tripulantes me referi pode voltar a navegar
c) O ideal por que lutamos norteia nossos projetos.
d) O infortúnio a que está sujeito o empreendedor motiva-o
e) Após o término da pesquisa, informei-lhe que tornasse cuidado para não errar.

Gabarito

01	B	06	ERRADO
02	B	07	ERRADO
03	D	08	ERRADO
04	B	09	E
05	ERRADO	10	A

Anotações

CAPÍTULO 06

Crase

O acento grave é solicitado nas palavras quando há a união da preposição "a" com o artigo (ou a vogal dependendo do caso) feminino "a" ou com os pronomes demonstrativos (aquele, aquela, aquilo e "a").

» **Ex.**: Mário foi **à** festa ontem.

> Tem-se o "a" preposição e o "a" artigo feminino.

Quem vai, vai a algum lugar / festa é palavra feminina, portanto, admite o artigo "a".

» **Ex.**: Chegamos **àquele** assunto (a + aquele).

» **Ex.**: A gravata que eu comprei é semelhante **à** que você comprou (a + a).

Decore os casos em que não ocorre crase, pois a tendência da prova é perguntar se há crase ou não. Sabendo os casos proibitivos, fica muito fácil.

Crase Proibitiva

Não se pode usar acento grave indicativo de crase:

> Antes de palavras masculinas;

» **Ex.**: Fez uma pergunta **a** Mário.

> Antes de palavras de sentido indefinido;

» **Ex.**: Não vai **a** festas, **a** reuniões, **a** lugar algum.

> Antes de verbos;

» **Ex.**: Todos estão dispostos **a** colaborar.

> De pronomes pessoais;

» **Ex.**: Darei um presente **a ela.**

> De nomes de cidade, estado ou país que não utilizam o artigo feminino;

» **Ex.**: Fui **a** Cascavel. / Vou **a** Pequim.

> Da palavra "casa" quando tem significado de próprio lar, ou seja, quando ela aparecer indeterminada na sentença;

» **Ex.**: Voltei a casa, pois precisava comer algo.

Fique Ligado

Quando houver determinação da palavra casa, ocorrerá crase.

» ***Ex.: Voltei à casa de meus pais***

> Da palavra "terra" quando tem sentido de solo;

» **Ex.**: Os tripulantes vieram a terra.

Fique Ligado

A mesma regra da palavra "casa" se aplica à palavra terra.

> De expressões com palavras repetidas;

» **Ex.**: Dia a dia, mano a mano, face a face, cara a cara etc.

> Diante de numerais cardinais referentes a substantivos que não estão determinados pelo artigo:

» **Ex.**: Irei assistir a duas aulas de Língua Portuguesa.

Fique Ligado

No caso de locuções adverbiais que exprimem hora determinada e nos casos em que o numeral estiver precedido de artigo, acentua-se:

» ***Ex.: Chegamos às oito horas da noite.***

» ***Ex.: Assisti às duas sessões de ontem.***

No caso dos numerais, há uma dica para facilitar o entendimento dos casos de crase. Se houver o "a" no singular e a palavra posterior no plural, não ocorrerá o acento grave. Do contrário, ocorrerá.

Crase Obrigatória

> Locução adverbial feminina:

» **Ex.**: À noite, à tarde, às pressas, às vezes, à farta, à vista, à hora certa, à esquerda, à direita, à toa, às sete horas, à custa de, à força de, à espera de, à vontade, à toa.

> Termos femininos ou masculinos com sentido da expressão "à moda de" ou "ao estilo de":

» **Ex.**: Filé à milanesa, servir à francesa, brigar à portuguesa, gol à Pelé, conto à Machado de Assis, discurso à Rui Barbosa etc.

> Locuções conjuntivas proporcionais:

» **Ex.**: À medida que, à proporção que.

> Locuções prepositivas:

» **Ex.**: À procura de, à vista de, à margem de, à beira de, à custa de, à razão de, à mercê de, à maneira de etc.

> Para evitar ambiguidade: receberá o acento o termo afetado pela ação do verbo (objeto direto preposicionado):

» **Ex.**: Derrubou a menina **à panela.**

» **Ex.**: Matou a vaca **à cobra.**

> Diante da palavra distância quando houver determinação da distância em questão:

» **Ex.**: Achava-se **à distância de cem** (ou de alguns) **metros.**

> Antes das formas de tratamento "senhora", "senhorita" e "madame" = não há consenso entre os gramáticos, no entanto, opta-se pelo uso:

» **Ex.**: Enviei lindas flores **à senhorita.**

» **Ex.**: Josias remeteu uma carta **à senhora.**

Crase Facultativa

> Após a preposição até:

» **Ex.**: As crianças foram até **à escola.**

> Antes de pronomes possessivos femininos:

» **Ex.**: Ele fez referência **à nossa causa!**

> Antes de nomes próprios femininos:

» **Ex.**: Mandei um SMS **à Joaquina.**

> Antes da palavra Dona.

» **Ex.**: Remeti uma carta **à Dona Benta.**

Fique Ligado

Não se usa crase antes de nomes históricos ou sagrados:

- *Ex.: O padre fez alusão a Nossa Senhora.*
- *Ex.: Quando o professor fez menção a Joana D'Arc, todos ficaram entusiasmados.*

Exercício Comentado

01. *(FCC) Considere:*

......angústia de imaginar que o homem pode estar só no universo soma-se a curiosidade humana, que se prende ...... tudo o que é desconhecido, para que não desapareça de todo o interesse por pistas que dariam embasamento...... teses de que haveria vida em outros planetas.

Preenchem corretamente as lacunas da frase acima, na ordem dada:

a) À - a - às
b) A - à - as
c) À - a - as
d) A - a - às
e) À - à - as

RESPOSTA. "A". O primeiro "a" recebe acento, pois há preposição proveniente do verbo "somar" e um artigo anteposto à palavra "angústia". O segundo "a" não recebe acento, porque está diante de um pronome indefinido (o que inviabiliza crase). O terceiro elemento "às" deve receber o acento, pois há a preposição "a" proveniente do verbo "dar" somada ao artigo "as" que define a palavra "teses".

Vamos Praticar

... assim [ele] se via transportado de volta "à glória que foi a Grécia e à grandeza que foi Roma".

01. Ambos os sinais indicativos de crase devem ser mantidos caso o segmento sublinhado seja substituído por:

a) Enaltecia.
b) Louvava.
c) Aludia.
d) Mencionava.
e) Evocava.

A vida urbana ofereceu ...... condições ideais para o surgimento do detetive particular, personagem dedicado ...... elucidação dos mais variados mistérios, propenso ...... investigar delitos de todos os tipos.

02. Preenchem corretamente as lacunas da frase acima, na ordem dada:

a) as - à - a
b) às - a - à
c) as - a - à
d) as - à - à
e) às - à - a

03. A pesquisa, feita em terras destinadas ...... agricultura, teve por objetivo estudar ...... áreas que permitissem condições favoráveis de sobrevivência ...... aves.

a) à - às - as
b) à - as - as
c) à - as - às
d) a - as - as
e) a - às - às

... e chegou à conclusão de que o funcionário passou o dia inteiro tomando café.

04. Do mesmo modo que se justifica o sinal indicativo de crase em destaque na frase acima, está correto o seu emprego em:

a) E chegou à uma conclusão totalmente inesperada.
b) E chegou então à tirar conclusões precipitadas.
c) E chegou à tempo de ouvir as conclusões finais.
d) E chegou finalmente à inevitável conclusão.
e) E chegou à conclusões as mais disparatadas.

Com relação a aspectos linguísticos do texto, julgue o item que se segue.

05. No trecho "Exceção a essa regra", é opcional o emprego do sinal indicativo de crase no "a".

Certo ( ) Errado ( )

...os modernistas promoveram uma valorização diferente do léxico, paralela à renovação dos assuntos.

06. O sinal indicativo de crase presente na frase acima deve ser mantido em caso de substituição do segmento grifado por:

a) Muita inovação no repertório.
b) Uma grande reformulação dos temas.
c) Toda sorte de revigoramento do repertório.
d) Profundas mudanças temáticas.
e) Inevitável transformação temática.

A fidelidade ...... música e ...... fala do povo permitiram ...... Adoniran exprimir a sua cidade de modo completo e perfeito.

Antonio Cândido. Op. cit.

07. Preenchem corretamente as lacunas da frase acima, na ordem dada:

a) a - a - à
b) a - à - à
c) à - à - a
d) à - a - a
e) a - à - a

Não deixa de ser paradoxal o fato de o crescimento da descrença, que parecia levar ...... uma ampliação da liberdade, ter dado lugar ...... escalada do fundamentalismo religioso, ... que se associam manifestações profundamente reacionárias.

08. Preenchem corretamente as lacunas da frase acima, na ordem dada:

a) a - à - a
b) à - a - a
c) a - a - à
d) à - à - a
e) a - à - à

09. Em "Bem-vindos à Feira de Caruaru", a crase é obrigatória. Em qual das alternativas abaixo, o uso da crase É FACULTATIVO?

a) A Feira de Caruaru é atração devido à grande diversidade lá existente.
b) Na Feira de Caruaru, tudo está à venda.
c) Em feiras, como a de Caruaru, vendem-se coisas às pessoas de diferentes classes sociais
d) Nas cidades de pequeno comércio, há mais pagamentos à vista.
e) Todos os dias, os comerciantes da Feira de Caruaru permanecem até às 18h.

A parcela da população mundial que ascendeu ...... classe média nos últimos vinte anos passou ...... consumir mais, ... um ritmo acelerado, o que põe em risco a sustentabilidade do planeta.

10. As lacunas da frase acima estarão corretamente preenchidas, respectivamente, por:

a) à - a - a
b) à - à - a
c) à - a - à
d) a - a - à
e) a - a - a

11. Assinale a opção em que o espaço deve ser preenchido com À (preposição e pronome), como destacado em "(...) uma média semelhante À de um casal de classe média (...)".

a) ___ medida que caminhava, recordava-se da terra natal
b) Esta cena corresponde ___ que presenciei ontem.
c) Aproveite ___ oferta e se contente com a cor do tecido.
d) Referia-se, com certeza, ____ terra de seus pais.
e) Obedeceu ____ ordem dada, sem reclamar.

12. Assinale a alternativa em que o uso do acento grave é obrigatório.

a) Ficou a olhar para os peixes sobre a pia.
b) Abriu a torneira para ver o que acontecia.
c) Ela está lá do jeitinho que a deixei.
d) Juro; pode ir a cozinha ver os peixes.
e) Podia dar alguma coisa a ele.

... levava à crença na contínua evolução da sociedade ...

13. O emprego do sinal de crase, exemplificado acima, estará correto, unicamente, em:

a) Aludir à felicidade geral.
b) Buscar à felicidade.
c) Propor à toda a população
d) Impor à esse grupo.
e) Discutir à obrigatoriedade da lei.

14. Em "direito à alimentação", o uso de sinal indicativo de crase é um recurso imprescindível para a compreensão do texto.

Certo ( )　　　Errado ( )

Leia o texto :

A preocupação com a herança que deixaremos as (1) gerações futuras está cada vez mais em voga. Ao longo da nossa história, crescemos em número e modificamos quase todo o planeta. Graças aos avanços científicos, tomamos consciência de que nossa sobrevivência na Terra está fortemente ligada a (2) sobrevivência das outras espécies e que nossos atos, relacionados a (3) alterações no planeta, podem colocar em risco nossa própria sobrevivência. Contudo, aliado ao desenvolvimento científico, temos o crescimento econômico que nem sempre esteve preocupado com questões ambientais. O que se almeja é o desenvolvimento sustentável, que é aquele viável economicamente, justo socialmente e correto ambientalmente, levando em consideração não só as (4) nossas necessidades atuais, mas também as (5) das gerações futuras, tanto nas comunidades em que vivemos quanto no planeta como um todo.

(Adaptado de A. P. FOLTZ, A Crise Ambiental e o Desenvolvimento Sustentável: o crescimento econômico e o meio ambiente. Disponível em http://www.iuspedia.com.br.22 jan. 2008)

15. Para que o texto acima respeite as regras gramaticais do padrão culto da Língua Portuguesa, é obrigatória a inserção do sinal indicativo de crase em:

a) 1, 2 e 3.
b) 1 e 2.
c) 1, 3 e 5.
d) 2 e 4.
e) 3, 4 e 5.

Institucionalizada ___ partir das lutas antiabsolutistas, no século 18, e da expansão dos movimentos constitucionalistas, no século 19, ___ democracia representativa foi consolidada ao longo de um processo histórico marcado pelo reconhecimento de três gerações de direitos humanos: os relativos ___ cidadania civil e política, os relativos ___ cidadania social e econômica e os relativos ___ cidadania "pós-material", que se caracterizam pelo direito ___ qualidade de vida, ___ um meio ambiente saudável, ___ tutela dos interesses difusos e ao reconhecimento da diferença e da subjetividade.

(Baseado em Mário Antônio Lobato de Paiva em www.ambitojurídico.com.br)

16. Marque o item que preenche de forma correta as lacunas do texto seguinte:

a) a, à, à, a, à, à, a, a.
b) a, a, à, à, à, à, a, à.
c) à, a, a, à, à, a, a, à.
d) à, a, a, à, à, à, a, à.
e) a, à, à, a, à, à, a, à.

"O movimento altermundialista deverá também responder à nova situação mundial nascida da crise escancarada da fase neoliberal da globalização capitalista."

17. No trecho acima, empregou-se corretamente o acento grave indicativo de crase. Assinale a alternativa em que isso não tenha ocorrido.

a) Eles visaram à premiação no concurso.
b) Sempre nos referimos à Florianópolis dos açorianos.
c) Nossos cursos vão de 8h às 18h.
d) A solução foi sair à francesa.
e) Fizemos uma longa visita à casa nova dos nossos amigos.

18. Os trechos abaixo compõem, sequencialmente, um texto adaptado do Editorial do jornal Zero Hora (RS) de 18/01/2010. Assinale a opção que está gramaticalmente correta quanto à ausência ou à presença do acento grave indicativo de crase.

a) O novo estímulo aos usineiros, também com pesado suporte de subsídios, levou à indústria automobilística a investir na produção não mais de carros movidos a álcool, mas de veículos flex, que permitem o uso dos dois combustíveis. No ano passado, as vendas de carros flex cresceram 14% em relação a 2008.
b) Apresentado nos anos 70 como opção à crise do petróleo, sob forte apoio governamental, o álcool perdeu relevância nas décadas de 80 e 90. A produção foi retomada e intensificada nos últimos anos, com a explosão nos preços internacionais dos derivados da energia fóssil.
c) As montadoras aplicaram recursos no desenvolvimento de tecnologias, e o consumidor se dispôs a pagar mais por veículos mais modernos. Ambos apostaram nas vantagens de um combustível que,

além de reduzir à dependência da gasolina e do diesel, apresentava ainda as virtudes do ecologicamente correto, por ser menos poluente e renovável.

d) A partir do ano passado, com a queda nos preços do petróleo, outros fatores de mercado conspiraram contra o álcool, como a quebra na produção da cana e o aumento dos preços do açúcar. Mesmo que o álcool se submeta à oscilações de cotações, como qualquer outro produto, o que não se pode admitir é que essas variações façam com que a oferta do produto seja imprevisível e instável.

e) A sazonalidade e outras questões envolvidas não são suficientes para explicar a ausência de uma política que assegure, à fabricantes e consumidores, a certeza de que investiram em uma opção de combustível tratada com a seriedade que merece.

19. Assinale a alternativa em que o acento indicativo de crase está corretamente empregado.

a) O memorando refere-se à documentos enviados na semana passada.

b) Dirijo-me à Vossa Senhoria para solicitar uma audiência urgente.

c) Prefiro montar uma equipe de novatos à trabalhar com pessoas já desestimuladas.

d) O antropólogo falará apenas àquele aluno cujo nome consta na lista.

e) Quanto à meus funcionários, afirmo que têm horário flexível e são responsáveis.

20. O acento indicativo de crase foi corretamente empregado apenas em:

a) O cidadão não atende à apelos sem fundamento.

b) No artigo, o autor citou à necessária reforma do Estado.

c) Convencemos à todos da necessidade de um pacto social.

d) O debatedor não se rendeu àqueles discursos demagógicos.

e) Os governantes dispuseram-se à colaborar.

Gabarito

01	C	11	B
02	A	12	D
03	C	13	A
04	D	14	ERRADO
05	ERRADO	15	B
06	E	16	B
07	C	17	C
08	A	18	B
09	E	19	D
10	A	20	D

Anotações

CAPÍTULO 07

Pontuação

A pontuação assinala a melodia de nossa fala, ou seja, as pausas, a ênfase etc.

Principais Sinais e Usos

Vírgula

É o sinal mais importante para concurso público.

Usa-se a vírgula para:

- → Separar termos que possuem mesma função sintática no período:
  - » **Ex.**: **José**, **Maria**, **Antônio** e **Joana** foram ao mercado. (função de núcleo do sujeito)
- → Isolar o vocativo:
  - » **Ex.**: Então, **minha cara**, não há mais o que se dizer!
- → Isolar um aposto explicativo (cuidado com essa regra, veja que não há verbo no aposto explicativo):
  - » **Ex.**: O João, **ex-integrante da comissão**, veio fazer parte da reunião.
- → Isolar termos antecipados, como: complemento, adjunto ou predicativo:
  - » **Ex.**: **Na semana passada**, comemos camarão no restaurante português. (antecipação de adjunto adverbial)
- → Separar expressões explicativas, conjunções e conectivos:
  - » **Ex.**: isto é, ou seja, por exemplo, além disso, pois, porém, mas, no entanto, assim etc.
- → Separar os nomes dos locais de datas:
  - » **Ex.**: **Cascavel**, 02 de maio de 2012.
- → Isolar orações adjetivas explicativas (pronome relativo + verbo + vírgula):
  - » **Ex.**: O Brasil, **que é um belíssimo país**, possui ótimas praias.
- → Separar termos de uma enumeração:
  - » **Ex.**: Vá ao mercado e traga **cebola**, **alho**, **sal**, **pimenta e coentro**.
- → Separar orações coordenadas:
  - » **Ex.**: Esforçou-se muito, **mas não venceu o desafio**. (oração coordenada sindética adversativa)
  - » **Ex.**: Roubou todo o dinheiro, **e ainda apareceu na casa.** (oração coordenada sindética aditiva).

Fique Ligado

A vírgula pode ser utilizada antes da conjunção aditiva "e" caso se queira enfatizar a oração por ela introduzida.

- → Omitir um termo, elipse (no caso da elipse verbal, chamaremos "zeugma"):
  - » **Ex.**: De dia era um anjo, de noite um **demônio**. (omissão do verbo "ser")
- → Separar termos de natureza adverbial deslocado dentro da sentença:
  - » **Ex.**: **Na semana passada**, trinta alunos foram aprovados no concurso. (locução adverbial temporal)
  - » **Ex.**: **Se estudar muito**, você será aprovado no concurso. (oração subordinada adverbial condicional)

Ponto final

Usa-se o ponto final:

- → Ao final de frases para indicar uma pausa total; é o que marca o fim de um período:
  - » **Ex.**: Depois de passar no concurso, comprarei um carro.
- → Em abreviaturas:
  - » **Ex.**: Sr., a. C., Ltda., num., adj., obs., máx., *bat., brit. etc.*

Ponto e vírgula

Usam-se ponto e vírgula para:

- → Separar itens que aparecem enumerados:
  - » **Ex.**: Uma boa dissertação apresenta:
  - » Coesão;
  - » Coerência;
  - » Progressão lógica;
  - » Riqueza lexical;
  - » Concisão;
  - » Objetividade;
  - » Aprofundamento.
- → Separar um período que já se encontra dividido por vírgulas:
  - » **Ex.**: Não gostava de trabalhar; queria, no entanto, muito dinheiro no bolso.

Exercício Comentado

01. ***(VUNESP) Assinale a frase correta quanto à pontuação.***

a) ***Serviço de Proteção ao Crédito reúne, empresas para aliviar dívidas dos consumidores.***

b) ***Corinthians enfrenta, desespero do Vitória para ampliar liderança.***

c) ***Recorde de passageiros brasileiros traz, trens europeus ao país.***

d) ***Novo "Harry Potter" arrecada, US$ 24 mi na sessão da meia-noite.***

e) ***Sotaque caipira saiu da capital paulista, diz estudo.***

RESPOSTA. ***"A". Há uma vírgula entre o verbo "reunir" e seu objeto "empresas".***

RESPOSTA. ***"B". Há uma vírgula entre o verbo "enfrentar" e o objeto "desespero".***

RESPOSTA. ***"C". Há uma vírgula entre o verbo "trazer" e o objeto "trens".***

RESPOSTA. ***"D". Há uma vírgula entre o verbo "arrecadar" e o objeto "US$ 24 mi".***

RESPOSTA. ***"E". A vírgula foi corretamente empregada para separar um comentário na frase.***

- → Separar partes do texto que se equilibram em importância:
  - » **Ex.**: Os pobres dão pelo pão o trabalho; os ricos dão pelo pão a fazenda; os de espíritos generosos dão pelo pão a vida; os de nenhum espírito dão pelo pão a alma.(Vieira).
  - » **Ex.**: O capitalismo é a exploração do homem pelo homem; o socialismo é exatamente o contrário.

Dois Pontos

São usados dois pontos quando:

- → Se vai fazer uma citação ou introduzir uma fala:

» **Ex.**: José respondeu:
- Não, muito obrigado!

→ Se quer indicar uma enumeração:

» **Ex.**: Quero apenas uma coisa: que vocês sejam aprovados no concurso!

Aspas

São usadas aspas para indicar:

→ Citação presente no texto:

» **Ex.**: "Há distinção entre categorias do pensamento" - disse o filósofo.

→ Expressões estrangeiras, neologismos, gírias:

» **Ex.**: Na parede, haviam pintado a palavra "love". (expressão estrangeira)

» **Ex.**: Ficava "bailarinando", como diria Guimarães. (neologismo)

» **Ex.**: "Velho", esconde o "cano" aí e "deixa baixo". (gíria)

Reticências

São usadas para indicar supressão de um trecho, interrupção na fala, ou dar ideia de continuidade ao que se estava falando:

» **Ex.**: (...) Profundissimamente hipocondríaco
Este ambiente me causa repugnância
Sobe-me à boca uma ânsia análoga à ânsia
Que se escapa pela boca de um cardíaco(...)

» **Ex.**: Eu estava andando pela rua quando...

» **Ex.**: Eu gostei da nova casa, mas da garagem...

Parênteses

São usados quando se quer explicar melhor algo que foi dito ou para fazer simples indicações:

» **Ex.**: Foi o homem que cometeu o crime (o assassinato do irmão).

Travessão

→ Indica a fala de um personagem:

» **Ex.**: Ademar falou:
- Amigo, preciso contar algo para você.

→ Isola um comentário no texto:

» **Ex.**: O estudo bem realizado - **diga-se de passagem, que quase ninguém faz** - é o primeiro passo para a aprovação.

→ Isola um aposto na sentença:

» **Ex.**: A Semântica – **estudo sobre as relações de sentido** - é importantíssima para o entendimento da Língua.

→ Reforçar a parte final de um enunciado:

» **Ex.**: Para passar no concurso, é preciso estudar muito — **muito mesmo.**

Fique Ligado

Trocas

A Banca, eventualmente, costuma perguntar sobre a possibilidade de troca de termos, portanto, atenção!

» ***Vírgulas, travessões e parênteses, quando isolarem um aposto, podem ser trocadas sem prejuízo para a sentença;***

» ***Travessões podem ser trocados por dois pontos, a fim de enfatizar um enunciado.***

Regra de ouro

Na ordem natural de uma sentença, é proibido:

→ ***Separar Sujeito e Predicado com vírgulas:***

» ***Ex.: Aqueles maravilhosos velhos ensinamentos de meu pai foram de grande utilidade. (certo)***
Aqueles maravilhosos velhos ensinamentos de meu pai, foram de grande utilidade. (errado)

→ ***Separar Verbo de Objeto:***

» ***Ex.: O presidente do maravilhoso país chamado Brasil assinou uma lei importante. (certo)***
O presidente do maravilhoso país chamado Brasil assinou, uma lei importante. (errado)

Vamos Praticar

Leia o trecho:

É uma pena que haja tamanha displicência em relação ao seu uso. Poucos se dão conta de que ela é a chave que abre as portas mais emperradas, que ela facilita negociações, encurta caminhos, cria laços, aproxima as pessoas. Tanta gente nasce e morre sem dialogar com a vida. Contam coisas, falam por falar, mas não conversam, não usam a palavra como elemento de troca. Encantam-se pelo som da própria voz e, nessa onda narcísica, qualquer palavra lhes serve.

Mas não. Não serve qualquer uma.

01. (CESGRANRIO) O trecho "Mas não. Não serve qualquer uma." pode ter sua pontuação alterada, sem modificar-lhe o sentido original, em:

a) Mas não: não serve qualquer uma.
b) Mas, não; não, serve qualquer uma.
c) Mas não; não serve, qualquer uma.
d) Mas: não, não. Serve qualquer uma.
e) Mas não - não; serve qualquer uma.

02. (CESGRANRIO) Atente para as afirmações abaixo sobre a pontuação empregada em segmentos transcritos do texto.

I. Eis aí duas culturas, a grega e a romana, que na Antiguidade se reuniram para criar uma civilização comum... **A substituição das vírgulas por travessões redundaria em prejuízo para a correção e a lógica.**

II. Se Grécia e Roma foram, para Poe, uma espécie de casa... **A retirada simultânea das vírgulas não implicaria prejuízo para a correção e a lógica.**

III. ... a primeira, em suma, a tornar-se letrada no pleno sentido deste termo, e a transmitir-nos o seu conhecimento letrado. **A vírgula colocada imediatamente depois de termo é facultativa.**

Está correto o que consta APENAS em:

a) I.
b) I e II.
c) I e III.
d) II e III.
e) III.

03. (CESGRANRIO) O uso de sinais (aspas e travessão) está adequado à norma-padrão, que deve ser observada em uma correspondência oficial, na seguinte frase:

a) O artigo sobre o "processo de desregulamentação" foi publicado na Folha de São Paulo.

b) As chuvas de verão — fenômenos que se repetem desde há muito tempo podem ser previstas.

c) "Mutatis mutandis", as novas diretrizes da direção em nada alteram as antigas.

d) O cuidado com a saúde — meta prioritária do governo, será ainda maior.

e) — O diretor disse: Demita-se o funcionário.

A pesquisa também chama a atenção para o novo Código Florestal, que prevê a redução de algumas áreas - ***hoje legalmente protegidas, como matas ciliares e topos de morros*** -, para serem utilizadas para a agropecuária. "Ficamos receosos de que as mudanças nas áreas protegidas possam ser terríveis para as aves e para outros animais, que vão perder ambientes naturais. E aquelas que não conseguem sobreviver nas plantações tendem a se tornar raras ou até mesmo a desaparecer", prevê o professor.

04. (FCC) O segmento isolado pelos travessões, constitui:

a) Repetição desnecessária de uma mesma informação.

b) Introdução de um novo assunto no texto

c) Transcrição exata das palavras do pesquisador.

d) Determinação de uma área a ser explorada.

e) Informação com exemplos esclarecedores.

Na escala de valores, popular, mais que um adjetivo, era um estigma. Daí o escândalo do sarau de d. Nair de Tefé. Primeira-dama, ela própria artista, afrontou a conspícua Velha República.

05. (FCC) Mantendo-se, em linhas gerais, o sentido original, uma redação alternativa para as frases acima, em que se respeitam as regras de pontuação, é:

a) Popular, era na escala de valores mais que um adjetivo, um estigma. Daí o escândalo do sarau da primeira-dama, d. Nair de Tefé, ela própria artista, que, afrontou a conspícua Velha República.

b) Popular era, na escala de valores, mais que um adjetivo, um estigma. Daí o escândalo do sarau da primeira-dama, d. Nair de Tefé, ela própria artista, que afrontou a conspícua Velha República.

c) Popular, era na escala de valores mais que um adjetivo: um estigma. Daí o escândalo do sarau da primeira-dama, d. Nair de Tefé ela própria artista, que afrontou a conspícua, Velha República.

d) Popular era, na escala de valores, mais que um adjetivo, um estigma, daí o escândalo do sarau da primeira-dama d. Nair de Tefé ela própria, artista que afrontou a conspícua Velha República.

e) Popular era, na escala de valores, mais que um adjetivo um estigma; daí o escândalo do sarau, da primeira-dama d. Nair de Tefé, ela própria, artista que afrontou, a conspícua Velha República.

06. (FCC) Está plenamente correta a pontuação do seguinte período:

a) Confessando não sem ironia, que entende de arquitetura, o cronista Rubem Braga, mestre do gênero propõe uma receita de casa, em que o porão, área frequentemente desprezada, ganha ares de profundidade e mistério.

b) Confessando, não sem ironia, que entende de arquitetura o cronista, Rubem Braga, mestre do gênero, propõe uma receita de casa, em que, o porão, área frequentemente desprezada, ganha ares de profundidade e mistério.

c) Confessando não sem ironia que entende de arquitetura, o cronista Rubem Braga, mestre do gênero, propõe: uma receita de casa em que, o porão área frequentemente desprezada, ganha ares de profundidade, e mistério.

d) Confessando, não sem ironia que, entende de arquitetura, o cronista Rubem Braga – mestre do gênero – propõe uma receita, de casa, em que o porão (área frequentemente desprezada), ganha ares de profundidade e mistério.

e) Confessando, não sem ironia, que entende de arquitetura, o cronista Rubem Braga, mestre do gênero, propõe uma receita de casa em que o porão, área frequentemente desprezada, ganha ares de profundidade e mistério.

Leia o Texto:

Por mais que tudo isso venha desaparecendo dos nossos olhos e se dissolvendo em passado, em antiguidade, em raridade de museu, continua a ser parte do espírito do Rio de Janeiro. Pois as cidades são como as pessoas, em cujo espírito nada do que se passou deixa inteiramente de ser. O Rio descaracterizado de hoje guarda no seu íntimo para os que, como Gastão Cruls, sabem vê-lo histórica e sentimentalmente, uma riqueza de característicos irredutíveis ou indestrutíveis, que as páginas de Aparência do Rio de Janeiro nos fazem ver ou sentir. E este é o maior encanto do guia da cidade que o autor de A Amazônia que eu vi acaba de **escrever: dar-nos**, através da aparência do Rio de Janeiro, traços essenciais do passado e do caráter da gente carioca. Comunicar-nos do Rio de Janeiro que Gastão Cruls conhece desde seus dias de menino de morro ilustre – menino nascido à sombra do Observatório – alguma coisa de essencial. Alguma coisa do que a cidade parece ter de eterno e que vem de certa harmonia misteriosa a que tendem o branco, o preto, o roxo e o moreno – principalmente o moreno – da cor da pele dos seus homens e das suas mulheres, com o azul e o verde quente de suas águas e de suas matas.

07. (FCC - adaptada) Os dois-pontos que aparecem no trecho destacado denotam:

a) Inclusão de segmento especificativo.

b) Interrupção intencional do fluxo expositivo.

c) Intercalação de ideia isolada no contexto.

d) Constatação de fatos pertinentes ao assunto.

e) Enumeração de elementos da cidade e do povo.

Leia o texto:

O levantamento concluído pelo Instituto Médico Legal (IML) aponta, após a implantação da Lei de Embriaguez ao Volante, uma redução de 63% nas mortes ocasionadas por acidente de trânsito em São Paulo. No levantamento realizado pelo IML, são comparadas as três primeiras semanas de junho, período que antecedeu a chamada Lei Seca, com as três semanas posteriores. Na primeira fase, a média é de 11,7 mortos na quinta, sexta, sábado e domingo de cada semana. Depois da implantação da Lei Seca, a média cai para 4,3 mortos em acidentes de trânsito. A pesquisa foi feita nesses quatro dias de cada semana, pois é o período em que é mais frequente a associação de álcool e direção com o aumento do número de acidentes registrados.

Internet: <www.detran.sp.gov.br>

08. (CESPE) O emprego de vírgulas após as palavras "aponta" (L. 2) e "Volante" (L. 3) indica que o adjunto adverbial de tempo está deslocado na oração.

Certo ( ) Errado ( )

09. (CESPE) Após a palavra "trânsito" (L. 4), não se emprega vírgula porque o adjunto adverbial de lugar está em sua posição lógica na oração.

Certo ( ) Errado ( )

10. (CESPE) O emprego de vírgula após "junho" (L. 7) e "Lei Seca"(L. 7) justifica-se porque isola oração subordinada adjetiva restritiva.

Certo ( ) Errado ( )

Gabarito

01	*A*	*06*	*E*
02	*D*	*07*	*A*
03	*C*	*08*	*CERTO*
04	*E*	*09*	*CERTO*
05	*B*	*10*	*ERRADO*

Anotações

CAPÍTULO 08

Ortografia

A ortografia é a parte da Gramática que estuda a escrita correta das palavras. O próprio nome da disciplina já designa tal função. É oriunda das palavras gregas ***ortho*** que significa "correto" e ***graphos*** que significa "escrita". Neste capítulo, vamos estudar alguns aspectos da correta grafia das palavras: o emprego de algumas letras que apresentam dificuldade para os falantes do Português.

Atualmente, há um confusão a respeito do sistema ortográfico vigente. O último sistema foi elaborado em 1990, com base em um sistema de 1986, e será implantado em todos os países de língua lusófona. No Brasil, a adesão ao acordo se deu em 2009 e, como leva 4 anos para ser implantado, teríamos dois sistemas oficiais até 31 de dezembro de 2013. Bem, seria isso, se não houvesse a prorrogação do prazo até o ano de 2016. A partir de então, vale apenas o Novo Acordo Ortográfico.

Por certo, dúvidas pairam pela cabeça do aluno: que sistema devo usar? Qual sistema devo aprender? O melhor é estudar o sistema antigo, aprendendo quais foram as atualizações, assim, garante-se que não errará pela novidade ou pela tradição. A banca deve avisar no edital do concurso ou no comando da questão qual sistema ortográfico está levando em consideração. Como as maiores alterações estão no terreno de acentuação e emprego do hífen (para o Português falado no Brasil, evidentemente), não teremos grandes surpresas neste capítulo. Vamos ao trabalho.

O Alfabeto

As letras K, W e Y foram inseridas no alfabeto devido a uma grande quantidade de palavras que são grafadas com tais letras e não podem mais figurar como termos exóticos em relação ao português. Eis alguns exemplos de seu emprego:

a) Em abreviaturas e em símbolos de uso internacional:
   » ***Ex.*: Kg** - quilograma / **w** - watt /
b) Em palavras estrangeiras de uso internacional, nomes próprios estrangeiros e seus derivados:
   » **Ex.**: Kremlin, Kepler, Darwin, Byron, byroniano.

O alfabeto, também conhecido como abecedário, é formado (a partir do novo acordo ortográfico) por 26 letras.

Forma Maiúscula		Forma Minúscula	
A	B	a	b
C	D	c	d
E	F	e	f
G	H	g	h
I	J	i	j
K	L	k	l
M	N	m	n
O	P	o	p
Q	R	q	r
S	T	s	t
U	V	u	v
W	X	w	x
Y	Z	y	z

O emprego da letra "H"

A letra H demanda um pouco de atenção. Apesar de não possui verdadeiramente sonoridade, utilizamo-la, ainda, por convenção histórica. Seu emprego, basicamente, está relacionado às seguintes regras:

No início de algumas palavras, por sua origem:
   » **Ex.**: Hoje, hodierno, haver, Helena, helênico.
a) No fim de algumas interjeições:
   » **Ex.**: Ah! Oh! Ih! Uh!
b) No interior de palavra compostas que preservam o hífen, nas quais o segundo elemento se liga ao primeiro:
   » **Ex.**: Super-homem, pré-história, sobre-humano.
c) Nos dígrafos NH, LH e CH:
   » **Ex.**: Tainha, lhama, chuveiro.

O emprego de "E" e "I"

Existe uma curiosidade a respeito do emprego dessas letras nas palavras que escrevemos: o fato de o "e", no final da palavra, ser pronunciado como uma semivogal faz com que muitos falantes sintam aquela vontade de grafar a palavra com "i". Bem, veremos quais são os principais aspectos do emprego dessas letras.

Escreveremos com "e"

a) Palavras formadas com o prefixo ante- (que significa antes, anterior):
   » **Ex.**: Antebraço, antevéspera, antecipar, antediluviano etc.
b) A sílaba final de formas conjugadas dos verbos terminados em –OAR e –UAR (quando estiverem no subjuntivo):
   » Abençoe (abençoar)
   » Continue (continuar)
   » Pontue (pontuar)
c) Algumas palavras, por sua origem: arrepiar, cadeado, creolina, desperdiçar, desperdício, destilar, disenteria, empecilho, indígena, irrequieto, mexerico, mimeógrafo, orquídea, quase, sequer, seringa, umedecer etc.

Escreveremos com "i"

a) Palavras formadas com o prefixo anti- (que significa contra):
   » **Ex.**: Antiaéreo, anticristo, antitetânico, anti-inflamatório.
b) A sílaba final de formas conjugadas dos verbos terminados em –AIR, -OER e –UIR:
   » Cai (cair)
   » Sai (sair)
   » Diminui (diminuir)
   » Dói (doer)
a) Os ditongos AI, OI, ÓI, UI:
   » Pai
   » Foi
   » Herói
   » Influi.
b) As seguintes palavras: aborígine, chefiar, crânio, criar, digladiar, displicência, escárnio, implicante, impertinente, impedimento, inigualável, lampião, pátio, penicilina, privilégio, requisito etc.

Vejamos alguns casos em que o emprego das letras "E" e "I" pode causar uma alteração semântica:

Escrito com "e"
Arrear = pôr arreios
Área = extensão de terra, local
Delatar = denunciar
Descrição = ação de descrever
Descriminação = absolver
Emergir = vir à tona
Emigrar = sair do país ou do local de origem
Eminente = importante

Escrito com "i"
Arriar = abaixar, desistir
Ária = peça musical
Dilatar = alargar, aumentar
Discrição = qualidade do discreto
Discriminar = separar, estabelecer diferença
Imergir = mergulhar
Imigrar = entrar em um país estrangeiro
Iminente = próximo, prestes e ocorre

Fique Ligado

O Novo Acordo Ortográfico explica que, agora, escreve-se com "i" antes de sílaba tônica. Veja alguns exemplos: acriano (admite-se, por ora, acreano), rosiano (de Guimarães Rosa), camoniano, nietzschiano (de Nietzsche) etc.

O emprego de O e U

Vejamos como empregar essas letras, a fim de que não mais possamos errar.

Apenas por exceção, palavras em Português com sílabas finais átonas (fracas) terminam por us; o comum é que se escreva com o ou os. Veja os exemplos: carro, aluno, abandono, abono, chimango etc.

» Exemplos das exceções a que aludimos: bônus, vírus, ônibus etc.

Em palavras proparoxítonas ou paroxítonas com terminação em ditongo, são comuns as terminações – **UA, -ULA, -ULO**:

» **Ex.**: Táb**ua**, ráb**ula**, cráp**ula**, coág**ulo**.

As terminações –**AO, -OLA, -OLO** só aparecem em algumas palavras: mág**oa**, név**oa**, nód**oa**, agríc**ola**[1], viníc**ola**, var**íola** etc.

Fique de olho na grafia destes termos:

a) Com a letra **O**: abolir, boate, botequim, bússola, costume, engolir, goela, moela, moleque, mosquito etc.

b) Com a letra **U**: bulício, buliçoso, bulir, camundongo, curtume, cutucar, jabuti, jabuticaba, rebuliço, urtiga, urticante etc.

O emprego de G e J

Essas letras, por apresentarem o mesmo som eventualmente, costumam causar problemas de ortografia. Vamos tentar facilitar o trabalho: a letra "g" só apresenta o som de "j" diante das letras "e" e "i": gesso, gelo, agitar, agitador, agir, gíria.

1 Em razão da construção íncola (quem vive, habitante), por isso, silvícola, terrícola etc.

Escreveremos com "G"

Palavras terminadas em - **AGEM**, -**IGEM**, -**UGEM**:

» **Ex.**: Garagem, vertigem, rabugem, ferrugem, fuligem etc.

Exceções: pajem, lambujem (doce ou gorjeta), lajem (pedra da sepultura).

As palavras terminadas em –**ÁGIO, ÉGIO, ÍGIO, ÓGIO, ÚGIO**:

» **Ex.**: Contágio, régio, prodígio, relógio, refúgio.

As palavras derivadas de outras que já possuem a letra "g".

» ***Viagem*** -> viageiro

» ***Ferrugem*** -> ferrugento

» ***Vertigem*** -> vertiginoso

» ***Regime*** -> regimental

» ***Selvagem*** -> selvageria

» ***Regional*** -> regionalismo

Em geral, após a letra "r"

» **Ex.**: Aspergir, divergir, submergir, imergir etc.

As palavras:

» De origem latina: agir, gente, proteger, surgir, gengiva, gesto etc.

» De origem árabe: álgebra, algema, ginete, girafa, giz etc.

» De origem francesa: estrangeiro, agiotagem, geleia, sargento etc.

» De origem italiana: gelosia, ágio etc.

» Do castelhano: gitano.

» Do inglês: gim.

Escreveremos com "J"

Os verbos terminados em –**JAR** ou –**JEAR** e suas formas conjugadas:

Gorjear: gorjeia (lembre-se das "aves"), gorjeiam, gorjearão.

Viajar: viajei, viaje, viajemos, viajante.

Fique Ligado

Cuidado para não confundir os termos viagem (substantivo) com viajem (verbo "viajar"). Vejamos o emprego.

» ***Ele fez uma bela viagem.***

» ***Tomara que eles viajem amanhã.***

Palavras derivadas de outras terminadas em –**JA**.

> ***Granja:*** granjeiro, granjear.

> ***Loja:*** lojista, lojinha.

> ***Laranja:*** laranjal, laranjeira.

> ***Lisonja:*** lisonjeiro, lisonjeador.

> ***Sarja:*** sarjeta.

Palavras cognatas (raiz em comum) ou derivadas de outras que possuem o "j".

> ***Laje:*** lajense, lajedo.

> ***Nojo:*** nojento, nojeira.

> ***Jeito:*** jeitoso, ajeitar, desajeitado.

Nas palavras: conjetura, ejetar, injeção, interjeição, objeção, objeto, objetivo, projeção, projeto, rejeição, sujeitar, sujeito, trajeto, trajetória, trejeito.

Palavras de origem ameríndia (geralmente tupi-guarani) ou africana: canjerê, canjica, jenipapo, jequitibá, jerimum, jia, jiboia, jiló, jirau, Moji, pajé, pajéu.

Nas palavras: berinjela, cafajeste, jeca, jegue, Jeremias, jerico, jérsei, majestade, manjedoura, ojeriza, pegajento, rijeza, sujeira, traje, ultraje, varejista.

Orientações sobre a grafia do fonema /s/

Podemos representar o fonema /s/ por:

a) S: ânsia, cansar, diversão, farsa.
b) SS: acesso, assar, carrossel, discussão.
c) C, Ç: acetinado, cimento, açoite, açúcar.
d) SC, SÇ: acréscimo, adolescente, ascensão, consciência, nasço, desça
e) X: aproximar, auxiliar, auxílio, sintaxe.
f) XC: exceção, exceder, excelência, excepcional.

Como se grafa, então?

Escreveremos com s:

→ A correlação nd - ns:
- ***Pretender*** -> pretensão, pretenso;
- ***Expandir*** -> expansão, expansivo.

→ A correlação rg - rs:
- ***Aspergir*** -> aspersão;
- ***Imergir*** -> imersão;
- ***Emergir*** -> emersão .

→ A correlação rt - rs:
- ***Divertir*** -> diversão;
- ***Inverter*** -> inversão.

→ O sufixo - ense:
- paranaense;
- cearense;
- londrinense.

Escreveremos com ss:

→ A correlação ced -> cess:
- ***Ceder*** -> cessão;
- ***Interceder*** -> intercessão;
- ***Retroceder*** -> retrocesso .

→ A correlação gred -> gress
- ***Agredir*** -> agressão, agressivo;
- ***Progredir*** -> progressão, progresso.

→ A correlação prim - press
- ***Imprimir*** -> impressão, impresso;
- ***Oprimir*** -> opressão, opressor;
- ***Reprimir*** -> repressão, repressivo.

→ A correlação meter - miss
- ***Submeter*** -> submissão;
- ***Intrometer*** -> intromissão.

Escreveremos com c ou com "Ç"

→ Palavras de origem tupi ou africana:
- Açaí, araçá, Iguaçu, Juçara, muçurana, Paraguaçu, caçula, cacimba

Fique Ligado

O "ç" só será usado antes das vogais a, o, u.

→ Com os sufixos:
- ***aça:*** barcaça;
- ***ação:*** armação;
- ***çar:*** aguçar;
- ***ecer:*** esmaecer;
- ***iça:*** carniça;
- ***nça:*** criança;
- ***uça:*** dentuça.

→ Palavras derivadas de verbos terminados em –ter (não confundir com a regra do –meter / s):
- ***Abster*** -> abstenção;
- ***Reter*** -> retenção;
- ***Deter*** -> detenção.

→ Depois de ditongos:
- Feição;
- louça;
- traição.

→ Palavras de origem árabe:
- açúcar;
- açucena;
- cetim;
- muçulmano.

Emprego do SC

→ Escreveremos com sc palavras que são termos emprestados do latim:
- adolescência;
- ascendente;
- consciente;
- crescer;
- descer;
- fascinar;
- fescenino.

Grafia da letra s com som de "Z"

Escreveremos com "S":

→ Terminações –ês, -esa, -isa, que indicam nacionalidade, título ou origem:
- ***Japonês*** -> japonesa;
- ***Marquês*** -> marquesa;
- ***Camponês*** -> camponesa.

→ Após ditongos:
- causa;
- coisa;
- lousa;
- Sousa.

→ As formas dos verbos pôr e querer e de seus compostos:
- Eu pus, nós pusemos, pusésseis etc.
- Eu quis, nós quisemos, quisésseis etc.

→ As terminações –oso e –osa, que indicam qualidade:
- gostoso;
- garboso;
- fervorosa;
- talentosa.

→ O prefixo trans-:
- transe;
- transação;
- transoceânico.

→ Em diminutivos cujo radical termine em "*S*":
- ***Rosa*** -> rosinha;
- ***Teresa*** -> Teresinha;
- ***Lápis*** -> lapisinho.

→ A correlação "*d*" - "*s*":
- ***Aludir*** -> alusão, alusivo;

> ***Decidir*** -> decisão, decisivo;
> ***Defender***->– defesa, defensivo.

→ Verbos derivados de palavras cujo radical termina em s:
> ***Análise*** -> analisar;
> ***Presa*** -> apresar;
> ***Êxtase*** -> extasiar.
> ***Português*** -> aportuguesar

→ Os substantivos com os sufixos gregos –esse, isa, -ose:
> catequese;
> diocese;
> poetisa;
> virose.

(obs.: "catequizar" com "z")

→ Os nomes próprios:
> Baltasar;
> Heloísa;
> Isabel;
> Isaura;
> Luísa;
> Sousa;
> Teresa.

→ As palavras:
> análise;
> cortesia;
> hesitar;
> reses;
> vaselina;
> avisar;
> defesa;
> obséquio;
> revés;
> vigésimo;
> besouro;
> fusível;
> pesquisa;
> tesoura;
> colisão;
> heresia;
> querosene;
> vasilha.

Emprego da letra "Z"

Escreveremos com "z"

→ As terminações - ez, -eza de substantivos abstratos derivados de adjetivos:
> ***Belo*** -> beleza;
> ***Rico*** -> riqueza;
> ***Altivo*** -> altivez;
> ***Sensato*** -> sensatez.

→ Os verbos formados com os sufixo - izar e palavras cognatas:
> balizar;
> inicializar;
> civilizar.

→ As palavras derivadas em:
> ***zal:*** cafezal, abacaxizal;
> ***zeiro:*** cajazeiro, açaizeiro;
> ***zito:*** avezita.
> ***zinho:*** cãozinho, pãozinho, pezinho

→ Os derivados de palavras cujo radical termina em z:
> Cruzeiro;
> Esvaziar.

→ As palavras:
> azar;
> aprazível;
> baliza;
> buzina;
> bazar;
> cicatriz;
> ojeriza;
> prezar;
> proeza;
> vazamento;
> vizinho;
> xadrez;
> xerez.

Emprego do X e do CH

→ A letra X pode representar os seguintes fonemas:
> ***/ch/:*** xarope;
> ***/cx/:*** sexo, tóxico;
> ***/z/:*** exame;
> ***/ss/:*** máximo;
> ***/s/:*** sexto.

Escreveremos com "X"

→ Em geral, após um ditongo:
> Caixa, peixe, ameixa, rouxinol, caixeiro **(exceções: recauchutar e guache)**

→ Geralmente, depois de sílaba iniciada por -**em**:
> enxada;
> enxerido;
> enxugar;
> enxurrada.

Fique Ligado

Encher (e seus derivados); palavras que iniciam por ch e recebem o prefixo en- "encharcar, enchumaçar, enchiqueirar, enchumbar". "Enchova" também é uma exceção.

→ Em palavras de origem indígena ou africana:
> abacaxi;
> xavante;
> xará;
> orixá;
> xinxim.

→ Após a sílaba me no início da palavra:
> mexerica;
> mexerico;
> mexer;
> mexida.

(exceção: mecha de cabelo)

→ Nas palavras:
> bexiga;
> bruxa;
> coaxar;
> faxina;
> graxa;
> lagartixa;

> lixa;
> praxe;
> vexame;
> xícara;
> xale;
> xingar;
> xampu.

Escreveremos com "CH"

→ As seguintes palavras, em razão de sua origem:

> chave;
> cheirar;
> chuva;
> chapéu;
> chalé;
> charlatão;
> salsicha;
> espadachim;
> chope;
> sanduíche;
> chuchu;
> cochilo;
> fachada;
> flecha;
> mecha;
> mochila;
> pechincha.

Atente para a divergência de sentido com os seguintes elementos

bucho - estômago	buxo - espécie de arbusto
cheque - ordem de pagamento	xeque - lance do jogo de xadrez
tacha - pequeno prego	taxa - imposto

Exercício Comentado

01. ***(FCC) A frase em que se encontram palavras escritas de modo INCORRETO é:***

a) ***Observou-se um repentino comportamento agressivo em um dos integrantes do grupo, sem que se soubesse por que ele agia de modo tão estranho.***

b) ***Na sociedade moderna, as regras são produzidas como em uma linha de montagem industrial e recheiam os manuais de autoajuda.***

c) ***A insegurança no relacionamento dentro de uma equipe em situação de trabalho pode gerar graves consequências na produtividade.***

d) ***A complexidade do mundo moderno exige sençatez diante dos dezafios do convívio social, que aumentam em proporção geométrica.***

e) ***Por que se tornou tão necessário haver regras de convivência harmoniosa, não só nas empresas, mas também nos relacionamentos pessoais?***

RESPOSTA. ***"D". "sensatez" é escrito com "s"; "desafios" é escrito com "s".***

Vamos Praticar

01. (ESAF) O texto abaixo foi transcrito com adaptações. Assinale a opção que corresponde a erro gramatical ou de grafia de palavra.

Em alguns países mais afetados pela crise global, como os Estados Unidos, a indústria buscou aumentar sua competitividade por meio da forçada redução dos custos de produção, **o que** (1) implicou demissões em massa. Mesmo com menos trabalhadores, a indústria manteve ou ampliou a produção, alcançando ganhos notáveis de produtividade. Mesmo que **aceitasse** (2) arcar com um custo social tão alto, dificilmente o Brasil **alcançaria**(3) resultados econômicos tão rápidos. O aumento da produtividade do trabalhador brasileiro é limitado, entre outros fatores, pela **defazagem** (4) nos investimentos em educação. Com **escassez** (5) de trabalhadores qualificados, exigidos cada vez mais pelo mercado de trabalho, os salários de determinadas funções tendem a subir bem mais do que a produtividade média do setor, que afeta o preço dos bens finais.

(Editorial, O Estado de S. Paulo, 24/3/2012)

a) 1
b) 2
c) 3
d) 4
e) 5

02. (ESAF) O texto abaixo foi transcrito com adaptações. Assinale a opção que corresponde a erro gramatical ou de grafia de palavra.

Poucos dias depois de **estender** (1) a cobrança de 6% do Imposto sobre Operações Financeiras – IOF para os empréstimos externos de cinco anos (antes eram taxados apenas os de três anos), como parte da guerrilha que **mantém** (2) para conter a valorização do real frente **ao** (3) dólar, o ministro da Fazenda não apenas reconheceu que sacrifica sua fé no câmbio flutuante, como admitiu haver efeitos colaterais da medida que terão de ser **mitigados** (4).De fato, o aumento do custo desse tipo de empréstimo ajuda o governo a rejeitar o capital oportunista, que aqui vem apenas para tirar vantagem de nossas taxas de juros elevadas, mas **ingeta** (5) problema na veia dos exportadores que precisam financiar suas operações no exterior. Ele fez questão de reforçar sua disposição de continuar atirando com todas as armas contra o excesso de liquidez mundial, provocado pelo tsunami cambial promovido pelos bancos centrais europeu e norte-americano.

(Editorial, Correio Braziliense,15/3/2012)

a) 1
b) 2
c) 3
d) 4
e) 5

03. Há alguns substantivos grafados com ç que são derivados de verbos, como produção, redução, desaceleração, projeção. Os verbos a seguir formam substantivos com a mesma grafia:

a) admitir, agredir, intuir
b) discutir, emitir, aferir
c) inquirir, imprimir, perseguir
d) obstruir, intervir, conduzir
e) reduzir, omitir, extinguir

04. Assinale a alternativa gramaticalmente correta de acordo com a ortografia.

a) A última paralização ocorreu há cerca de dois anos.
b) A última paralizassão ocorreu acerca de dois anos.
c) A última paralização ocorreu a cerca de dois anos.
d) A última paralisação ocorreu há cerca de dois anos.

e) A última paralisação ocorreu a cerca de dois anos.

05. (FCC) Os ...... para a conclusão da pesquisa estavam próximos e exigiam ...... na ...... dos dados já obtidos.

a) prazos – rapidês – análize
b) prazos – rapidez – análise
c) prazos – rapidez – análize
d) prasos – rapidez – análise
e) prasos – rapidês – análise

06. (FCC) É preciso corrigir deslizes relativos à ortografia oficial e à acentuação gráfica da frase:

a) As obras modernistas não se distinguem apenas pela temática inovadora, mas igualmente pela apreensão do ritmo alucinante da existência moderna.
b) Ainda que celebrassem as máquinas e os aparelhos da civilização moderna, a ficção e a poesia modernista também valorizavam as coisas mais quotidianas e prosaicas.
c) Longe de ser uma excessão, a pintura modernista foi responsável, antes mesmo da literatura, por intênsas polêmicas entre artistas e críticos concervadores.
d) No que se refere à poesia modernista, nada parece caracterizar melhor essa extraordinária produção poética do que a opção quase incondicional pelo verso livre.
e) O escândalo não era apenas uma consequência da produção modernista: parecia mesmo um dos objetivos precípuos de artistas dispostos a surpreender e a chocar.

07. (CESGRANRIO) Em qual das frases abaixo, todas as palavras são adequadas à ortografia oficial da língua portuguesa?

a) A discução sobre o português mais correto rerpercutiu bastante da mídia.
b) A discussão sobre o português mais correto repecutiu bastante na mídia.
c) A discussão sobre o português mais correto repercutiu bastante na mídia.
d) A discusão sobre o português mais correto respercutiu bastante na mídia.
e) A discursão sobre o português mais correto respercutiu bastante na mídia.

08. (ESAF) A frase correta do ponto de vista da grafia é:

a) Era grande a insidência de casos de enjoo quando era servido aquele alimento, por isso o episódio não foi tratado como exceção, atitude que garantiu o êxito das providências.
b) Em meio a tanta opulência da mansão leiloada, encontrou a geringonça que, tratada criativamente por ele, garantiu por anos seu apoio a entidades beneficientes.
c) Seus gestos desarmônicos às vezes eram mal compreendidos, mas seu jeito afável de falar, sem resquícios de mágoa, revelava sua intenção de restabelecer a paz entre os familiares.
d) Defendeu-se dizendo que nunca pretendeu axincalhar ninguém, mas as suas caçoadas realmente humilhavam e incitavam à malediscência.
e) Sempre ansiosos, desenrolaram no saguão apinhado a faixa com que brindavam os recém-formados, com os seguintes dizeres: "Viagem bastante e divirtam-se, nobres doutores".

09. A palavra corretamente grafada é

a) admissão
b) distenção
c) discusão
d) excessão
e) extenção

10. A frase que está em conformidade com a ortografia oficial é:

a) Não interessa recaptular a indesejável dissensão, mas sim aliviar as tensões agudizadas pelo desnecessário enxerto de questões polêmicas.
b) Sempre quis ser assessora de moda em lojas, mas eram tantos os empecilhos, que acabou por vencer a ojeriza de coser sob encomenda e, com isso, tornou-se grande costureira.
c) Endoidescia o marido com seus gastos extravagantes, pois acreditava que o tão desejado charme era questão de plumas e brilhos esplendorosos, de preferência, vindos do exterior.
d) Quando disse que não exitaria em abandonar o emprego de sopetão e ir relaxar numa praia distante, lhe disseram que seria sandice, mas não conseguiram vencer o fascínio da aventura.
e) Representava na peça um cafageste que tratava a todos com escárneo, mas sua atuação era sempre tão fascinante que diariamente angariava a simpatia de toda a platéia.

Gabarito

01	D	06	C
02	E	07	C
03	D	08	C
04	D	09	A
05	B	10	B

Anotações

CAPÍTULO 09

Interpretação de Textos

Ideias preliminares sobre o assunto

Independentemente de quem seja o professor de Língua Portuguesa, é muito comum ele ouvir alguns alunos falando que até gostam da matéria em questão, mas que possuem muita dificuldade com a interpretação dos textos. Isso é algo totalmente normal, principalmente porque costumamos fazer algo terrível chamado de "leitura dinâmica" que poderia ser traduzido da seguinte maneira: procedimento em que você olha as palavras mas não entende o significado do que está lá escrito.

Para interpretar um texto, o indivíduo precisa de muita atenção e de muito treino. Interpretar pode ser comparado com disparar uma arma: apenas temos chance de acertar o alvo se treinarmos muito e soubermos combinar todos os elementos externos ao disparo: velocidade do ar, direção, distância etc.

Quando o assunto é texto, o primordial é estabelecer uma relação contextual com aquilo que estamos lendo. Montar o contexto significa associar o que está escrito no texto base com o que está disposto nas questões. Lembre-se de que há uma questão montada com a intenção de testar você, ou seja, deve ficar atento para todas as palavras e para todas as possibilidades de mudança de sentido que possa haver nas questões.

É preciso, para entender as questões de interpretação de qualquer banca, buscar o raciocínio que o elaborador da questão emprega na redação da questão. Usualmente, objetiva-se a depreensão dos sentidos do texto. Para tanto, destaque os itens fundamentais (as ideias principais contidas nos parágrafos) para poder refletir sobre tais itens dentro das questões.

Semântica ou Pragmática?

Existe uma discussão acadêmica sobre o que possa ser considerado como semântica e como pragmática. Em que pese o fato de os universitários divergirem a respeito do assunto, vamos estabelecer uma distinção simples, apenas para clarear nossos estudos.

→ **Semântica**: disciplina que estuda o significado dos termos. Para as questões relacionadas a essa área, o comum é que se questione acerca da troca de algum termo e a manutenção do sentido original da sentença.

→ **Pragmática**: disciplina que estuda o sentido que um termo assume dentro de determinado contexto. Isso quer dizer que a identificação desse sentido depende do entorno linguístico e da intenção de quem exprime a sentença.

Para exemplificar essa situação, vejamos o exemplo abaixo:

Pedro está na geladeira.

Nesse caso, é possível que uma questão avalie a capacidade de o leitor compreender que há, no mínimo, dois sentidos possíveis para essa sentença: um deles diz respeito ao fato de a expressão "na geladeira" poder significar algo como "ele foi até a geladeira buscar algo", o que – coloquialmente – significaria uma expressão indicativa de lugar. O outro sentido diz respeito ao fato de "na geladeira" significar que "foi apartado de alguma coisa para receber algum tipo de punição".

A questão sobre semântica exigiria que o candidato percebesse a possibilidade de trocar a palavra "geladeira" por "refrigerador" – havendo, nesse caso, uma relação de sinonímia.

A questão de pragmática exigiria que o candidato percebesse a relação contextualmente estabelecida, ou seja, a criação de uma figura de linguagem (um tipo de metáfora) para veicular um sentido particular.

Questão de interpretação?

Como se faz para saber que uma questão de interpretação é uma questão de interpretação? É uma mera intuição que surge na hora da prova ou existe uma "pista" a ser seguida para a identificação da natureza da questão?

Respondendo a essa pergunta, entende-se que há pistas que identificam a questão como pertencente ao rol de questões para interpretação. Os indícios mais precisos que costumam aparecer nas questões são:

→ Reconhecimento da intenção do autor.

→ Ponto de vista defendido.

→ Argumentação do autor.

→ Sentido da sentença.

Apesar disso, não são apenas esses os indícios de que uma questão é de intepretação. Dependendo da banca, podemos ter a natureza interpretativa distinta, principalmente porque o critério de intepretação é mais subjetivo que objetivo. Algumas bancas podem restringir o entendimento do texto; outras podem extrapolá-lo.

Tipos de Texto - o Texto e Suas Partes

Um texto é um todo. Um todo é constituído de diversas partes. A interpretação é, sobremaneira, uma tentativa de reconhecer as intenções de quem comunica recompondo as partes para uma visão global do todo.

Para podermos interpretar, é necessário termos o conhecimento prévio a respeito dos tipos de texto que, fortuitamente, podemos encontrar em um concurso. Vejamos quais são as distinções fundamentais com relação aos tipos de texto.

Exercício Comentado

Ao longo do século XVII, a Holanda foi um dos dois motores de um fenômeno que transformaria para sempre a natureza das relações internacionais: a primeira onda da chamada globalização. O outro motor daquela era de florescimento extraordinário das trocas comerciais e culturais era um império do outro lado do planeta – a China. Só na década de 1650, 40 000 homens partiram dos portos holandeses rumo ao Oriente, em busca dos produtos cobiçados que se fabricavam por lá. Mas a derrota em uma guerra contra a França encerrou os dias da Holanda como força dominante no comércio mundial.

Se o século XVI havia sido marcado pelas grandes descobertas, o seguinte testemunhou a consequência maior delas: o estabelecimento de um poderoso cinturão de comércio que ia da Europa à Ásia. "O sonho de chegar à China é o fio imaginário que percorre a história da luta da Europa para fugir do isolamento", diz o escritor canadense Timothy Brook, no livro O chapéu de Vermeer.

Isso determinou mudanças de comportamento e de valores: "Mais gente aprendia novas línguas e se ajustava a costumes desconhecidos". O estímulo a esse movimento era o desejo irreprimível dos ocidentais de consumir as riquezas produzidas no Oriente. A princípio refratários ao comércio com o exterior, os governantes chineses acabaram rendendo-se à evidência de que o comércio significava a injeção de riqueza na economia local (em especial sob a forma de toneladas de prata).

Sob vários aspectos, a China e a Holanda do século XVII eram a tradução de um mesmo espírito de liberdade comercial. Mas deveu-se só à Holanda a invenção da pioneira engrenagem econômica transnacional. A Companhia das Índias Orientais - a primeira grande companhia de ações do mundo, criada em 1602 – foi a mãe das multinacionais contemporâneas. Beneficiando-se dos baixos impostos e da flexibilidade administrativa, ela tornou-se a grande potência empresarial do século XVII.

(Adaptado de: Marcelo Marthe. Veja, p. 136-137, 29 ago. 2012)

01. De acordo com o texto:

a) Durante os séculos XVI e XVII, os produtos orientais, especialmente aqueles que eram negociados na China, constituíram a base do comércio europeu, em que se destacou a Holanda.

b) A eficiência administrativa de uma empresa comercial criada na Holanda, durante o século XVII, favoreceu o surgimento desse país como um dos polos iniciais do fenômeno da globalização.

c) A atração por produtos exóticos, de origem oriental, determinou a criação de empresas transnacionais que, durante os séculos XVI e XVII, dominaram o comércio entre Europa e Ásia.

d) A China, beneficiada pelo comércio desde o século XVI, rivalizou com a Holanda no predomínio comercial, em razão da grande procura por seus produtos, bastante cobiçados na Europa.

e) Apesar do intenso fluxo de comércio com o Oriente no século XVII, as mudanças de valores por influência de costumes diferentes aceleraram o declínio da superioridade comercial holandesa.

RESPOSTA. "B". É preciso verificar que a chave para a interpretação dessa questão repousa na identificação da representação do século descrito no texto e a retomada por sinonímia que a o texto da questão apresenta.

Itens lexicais de ancoragem para compreender essa interpretação:

- → *1602 - Século XVII.*
- → *Mas deveu-se só à Holanda a invenção da pioneira engrenagem econômica transnacional. A Companhia das Índias Orientais - a primeira grande companhia de ações do mundo, criada em 1602 – foi a mãe das multinacionais contemporâneas.*

O Texto Dissertativo

Nas acepções mais comuns do dicionário, o verbo "dissertar" significa "discorrer ou opinar sobre algum tema". O texto dissertativo apresenta uma ideia básica que começa a ser desdobrada em subitens ou termos menores. Cabe ressaltar que não existe apenas um tipo de dissertação, há mais de uma maneira de o autor escrever um texto dessa natureza.

Conceituar, polemizar, questionar a lógica de algum tema, explicar ou mesmo comentar uma notícia são estratégias dissertativas. Vamos dividir essa tipologia textual em dois tipos essencialmente diferentes: o **dissertativo-expositivo** e o **dissertativo-argumentativo**.

Padrão Dissertativo-expositivo

A característica fundamental do padrão expositivo da dissertação é utilizar a estrutura da prosa não para convencer alguém de alguma coisa, e sim para apresentar uma ideia, apresentar um conceito. O princípio do texto expositivo não é a persuasão, é a informação e, justamente por tal fato, ficou conhecido como informativo. Para garantir uma boa interpretação desse padrão textual, é importante buscar a ideia principal (que deve estar presente na introdução do texto) e, depois, entender quais serão os aspectos que farão o texto progredir.

- → **Onde posso encontrar esse tipo de texto?** Jornais revistas, sites sobre o mundo de economia e finanças. Diz-se que esse tipo de texto focaliza a função referencial da linguagem.
- → **Como costuma ser o tipo de questão relacionada ao texto dissertativo-expositivo?** Geralmente, os elaboradores questionam sobre as informações veiculadas pelo texto. A tendência é que o elaborador inverta as informações contidas no texto.
- → **Como resolver mais facilmente?** Toda frase que mencionar o conceito ou a quantidade de alguma coisa deve ser destacada para facilitar a consulta.

Padrão Dissertativo-argumentativo

No texto do padrão dissertativo-argumentativo, existe uma opinião sendo defendida e existe uma posição ideológica por detrás de quem escreve o texto. Se analisarmos a divisão dos parágrafos de um texto com características argumentativas, perceberemos que a introdução apresenta sempre uma tese (ou hipótese) que é defendida ao longo dos parágrafos.

Uma vez feito isso, o candidato deve entender qual é a estratégia utilizada pelo produtor do texto para defender seu ponto de vista. Na verdade, agora é o momento de colocar "a mão na massa" para valer, uma vez que aqueles enunciados que iniciam com "infere-se da argumentação do texto", "depreende-se dos argumentos do autor" serão vencidos caso se observem os fatores de interpretação corretos.

Quais são esses fatores, então?

- > A conexão entre as ideias do texto (atenção para as conjunções).
- > Articulação entre as ideias do texto (atenção para a combinação de argumentos).
- > Progressão do texto.

→ **Os Recursos Argumentativos:**

Quando o leitor interage com uma fonte textual, deve observar - tratando-se de um texto com o padrão dissertativo-argumentativo - que o autor se vale de recursos argumentativos para construir seu raciocínio dentro do texto. Vejamos alguns recursos importantes:

- > **Argumento de autoridade**: baseado na exposição do pensamento de algum especialista ou alguma autoridade no assunto. Citações, paráfrases e menções ao indivíduo podem ser tomadas ao longo do texto. Tome cuidado para não cair na armadilha: saiba diferenciar se a opinião colocada em foco é a do autor ou se é a do indivíduo que ele cita ao longo do texto.

- **Argumento com base em consenso**: parte de uma ideia tomada como consensual, o que "carrega" o leitor a entender apenas aquilo que o elaborador mostra. Sentenças do tipo todo mundo sabe que, é de conhecimento geral que identificam esse tipo de argumentação.
- **Argumento com fundamentação concreta**: basear aquilo que se diz em algum tipo de pesquisa ou fato que ocorre com certa frequência.
- **Argumento silogístico (com base em um raciocínio lógico)**: do tipo hipotético - Se...então.
- **Argumento de competência linguística**: consiste em adequar o discurso ao panorama linguístico de quem é tido como possível leitor do texto.
- **Argumento de exemplificação**: utilizar casos, ou pequenos relatos para ilustrar a argumentação do texto.

Vamos Praticar

Costumamos olhar pouco para fora do Brasil quando tentamos compreender o que estamos vivendo. Faz muito que a distância entre os países desapareceu, no plano objetivo. Continuamos, porém, vivendo "isolados do mundo", como diz uma canção, ainda que apenas na subjetividade.

Se pensarmos no que está à nossa volta, na América do Sul, então, mais ainda. Mesmo quando é bem informado, o brasileiro típico se mostra mais capaz de dar notícia do que ocorre na Europa e nos Estados Unidos da América do que em qualquer de nossos vizinhos.

É pena, pois estar mais informados sobre o que acontece além das fronteiras pode ajudar muito a que nos entendamos como país.

Marcos Coimbra. Olhando à nossa volta. In: Correio Braziliense, 23/9/2007 (com adaptações).

01. (CESPE) O autor do texto, em sua argumentação, opõe o desaparecimento da distância entre os Estados Unidos da América e a Europa, no "plano objetivo", à preservação dessa distância entre os países da América do Sul, no plano subjetivo.

Certo ( ) Errado ( )

Celular Vira 'Fura-trânsito' em São Paulo

Em uma cidade com tantos problemas no trânsito como São Paulo, a indústria de apps - os aplicativos para celulares e tablets - encontrou terreno fértil para se desenvolver.

Aplicativos lançados recentemente ajudam o motorista a escapar de alagamentos, a desviar de congestionamentos e até a saber onde há vagas para estacionar.

Um dos mais famosos é o Waze. Criado em Israel, é uma mistura de rede social com GPS, em que motoristas compartilham as condições do trânsito e pontos críticos de congestionamento.

Uri Levine, fundador e presidente do Waze, diz que a ideia surgiu em suas férias de 2007, ao viajar com amigos. Ele foi o último a sair, ligou para saber como estava o trânsito e evitou engarrafamentos.

Situação semelhante ocorreu em São Paulo, na temporada de chuvas de 2010. Noel Rocha trabalhava no centro e precisava passar pelo túnel do Anhangabaú - famoso pelos alagamentos.

Preso no trânsito, ele queria saber se o túnel estava fechado. "Tentei, pelo celular, o site do CGE (Centro de Gerenciamento de Emergências), mas achei muito complicado." Foi aí que teve a ideia de criar o Alaga SP, aplicativo que mostra os alagamentos ativos em São Paulo a partir de informações da prefeitura.

Além do Waze e do Alaga SP, destacam-se o Moovit - que oferece informações sobre o transporte público (ônibus, trens etc.) -, o Maplink - que mostra rotas, condições de trânsito e exibe imagens dos principais corredores através de um sistema de coleta de informações próprio - e o Apontador Rodoviário, que traça rotas e mostra a localização de pedágios com seus preços.

(André Monteiro, Folha de S.Paulo, 10.03.2013. Adaptado)

02. (VUNESP) Os aplicativos mencionados no texto têm, em comum, a finalidade de:

a) Oferecer aos usuários opções para contornarem os problemas no trânsito.
b) Substituir os órgãos públicos na fiscalização do tráfego de veículos.
c) Auxiliar os pedestres e acabar com os atropelamentos nas grandes cidades.
d) Orientar os motoristas que desconhecem as principais leis de trânsito.
e) Reduzir o número de carros por habitante na cidade de São Paulo.

03. (VUNESP) Uri Levine e Noel Rocha idealizaram os aplicativos Waze e Alaga SP, respectivamente, a partir:

a) Da conversa com amigos que reclamavam do trânsito.
b) De suas experiências concretas como motoristas.
c) De situações em que se viram presos em engarrafamentos.
d) Da impossibilidade de viajar devido a alagamentos.
e) Da cópia de aplicativos idênticos que faziam sucesso no mercado.

"Quando paro com meu carro no semáforo, já olho se o caminho que vou fazer está congestionado. Se estiver, pego uma alternativa e, se também estiver travada, uso o aplicativo para avisar os outros motoristas."

04. (VUNESP) Considerando as descrições dos aplicativos apresentadas no texto, pode-se concluir que esse comentário se refere ao uso do:

a) Waze.
b) Alaga SP.
c) Moovit.
d) Maplink.
e) Apontador Rodoviário.

Leia o primeiro parágrafo:

Em uma cidade com tantos problemas no trânsito como São Paulo, a indústria de apps – os aplicativos para celulares e tablets - encontrou **terreno fértil** para se desenvolver.

05. (VUNESP) A expressão **terreno fértil** pode ser substituída, sem alteração da mensagem, por:

a) Necessidade restrita.
b) Cenário conturbado.
c) Condições propícias.
d) Ferramentas exóticas.
e) Momento contraditório.

Observe a passagem do terceiro parágrafo: Criado em Israel, é uma mistura de rede social com GPS, em que motoristas compartilham as condições do trânsito e pontos **críticos** de congestionamento.

06. (VUNESP) O termo **críticos**, em destaque, é empregado com o sentido de:

a) Distintos.
b) Provisórios.
c) Sugestivos.
d) Problemáticos.
e) Analíticos.

O novo milênio - designado como era do conhecimento, da informação - é marcado por mudanças de relevante importância e por impactos econômicos, políticos e sociais. Em épocas de transformações tão radicais e abrangentes como essa, caracterizada pela transição de uma era industrial para uma baseada no conhecimento, aumenta-se o grau de indefinições e incertezas. Há, portanto, que se fazer esforço redobrado para identificar e compreender esses novos processos - o que exige o desenvolvimento de um novo quadro conceitual e analítico que permita captar, mensurar e avaliar os elementos que determinam essas mudanças - e para distinguir, entre as características e tendências emergentes, as que são mais duradouras das que são transitórias, ou seja, lidar com a necessidade do que Milton Santos resumiu como distinguir o modo da moda.

No novo padrão técnico-econômico, notam-se a crescente inovação, intensidade e complexidade dos conhecimentos desenvolvidos e a acelerada incorporação desses nos bens e serviços produzidos e comercializados pelas organizações e pela sociedade. Destacam-se, sobretudo, a maior velocidade, a confiabilidade e o baixo custo de transmissão, armazenamento e processamento de enormes quantidades de conhecimentos codificados e de outros tipos de informação.

Helena Maria Martins Lastres et al. Desafios e oportunidades da era do conhecimento. In: São Paulo em Perspectiva, 16(3), 2002, p. 60-1 (com adaptações).

A partir das ideias e dos argumentos suscitados pelo texto, julgue os itens subsequentes.

07. (CESPE) Da leitura do texto infere-se que o novo milênio engloba a era do conhecimento, em que a vantagem competitiva decorrente da produção e comercialização de bens e serviços ocorrerá por meio da geração do conhecimento, que permitirá a manutenção do potencial inovador das organizações.

Certo ( ) Errado ( )

08. (CESPE) No texto, é abordada a necessidade de se lidar com as tendências e mudanças derivadas das novas formas de conhecimento, objeto do que se denomina, hoje, por era do conhecimento.

Certo ( ) Errado ( )

O setor de tecnologias da informação e comunicação (TICs) impulsiona um conjunto de inovações técnico-científicas, organizacionais, sociais e institucionais, gerando novas possibilidades de retorno econômico e social nas mais variadas atividades. Por contribuir para a elevação do valor agregado da produção, com reflexos positivos no emprego, na renda e na qualidade de vida da população, esse ramo vem obtendo status privilegiado em diversas políticas e programas nacionais para a ampliação do acesso às telecomunicações, aceleração da informatização e mitigação da exclusão digital. Como exemplo, podem ser destacadas as propostas de fortalecimento da competitividade inseridas no âmbito da Política de Desenvolvimento Produtivo do Ministério do Desenvolvimento, Indústria e Comércio, que são imprescindíveis em face do panorama da crise financeira internacional.

Cristiane Vianna Rauen et al. Relatório de acompanhamento setorial. In: Tecnologias de informação e comunicação, v. III. UNICAMP e Agência Brasileira de Desenvolvimento Industrial, ago./2009, p. 10-1 (com adaptações).

No que diz respeito aos argumentos e às estruturas linguísticas do texto acima, julgue o próximo item:

09. (CESPE) Da leitura do texto depreende-se que as TICs representam a nova base tecnoprodutiva em conhecimento e podem ser consideradas as principais difusoras de progresso técnico nos dias de hoje, além de constituírem elemento estratégico das organizações e instituições.

Certo ( ) Errado ( )

Crescimento da População é "Desafio do Século", Diz Consultor da ONU

O crescimento populacional é o "desafio do século" e não está sendo tratado de forma adequada na Rio+20, segundo o consultor do Fundo de População das Nações Unidas, Michael Herrmann.

"O desafio do século é promover bem-estar para uma população grande e em crescimento, ao mesmo tempo em que se assegura o uso sustentável dos recursos naturais" [...] "As questões relacionadas à população estão sendo tratadas de forma adequada nas negociações atuais? Eu acho que não. O assunto é muito sensível e muitos preferem evitá-lo. Mas nós estaremos enganando a nós mesmos se acharmos que é possível falar de desenvolvimento sustentável sem falar sobre quantas pessoas seremos no planeta, onde estaremos vivendo e que estilo de vida teremos", afirmou.

No fim do ano passado, a população mundial atingiu a marca de sete bilhões de pessoas. As projeções indicam que, em 2050, serão 9 bilhões. O crescimento é mais intenso nos países pobres, mas Herrmann defende que os esforços para o enfrentamento do problema precisam ser globais.

"Se todos quiserem ter os padrões de vida do cidadão americano médio, precisaremos ter cinco planetas para dar conta. Isso não é possível. Mas também não é aceitável falar para os países em desenvolvimento 'desculpa, vocês não podem ser ricos, nós não temos recursos suficientes'. É um desafio global, que exige soluções globais e assistência ao desenvolvimento", afirmou.

O consultor disse ainda que o Fundo de População da ONU é contrário a políticas de controle compulsório do crescimento da população. Segundo ele, as políticas mais adequadas são aquelas que permitem às mulheres fazerem escolhas sobre o número de filhos que querem e o momento certo para engravidar. Para isso, diz, é necessário ampliar o acesso à educação e aos serviços de saúde reprodutiva e planejamento familiar. [...]

MENCHEN, Denise. Crescimento da população é "desafio do século", diz consultor da ONU. Folha de São Paulo. São Paulo, 11 jun. 2012. Ambiente. Disponível em:<http://www1.folha.uol.com.br/ambiente.1103277-crescimento-da-populacao-e-desafio-do--seculo-diz-consultor-da-onu.shtml>. Acesso em: 22 jun. 2012. Adaptado.

10. (CESGRANRIO) No Texto I, Michael Herrmann, consultor do Fundo de População das Nações Unidas, afirma que tratar o crescimento populacional de forma adequada significa:

a) Enfrentar o problema de forma localizada e evitar soluções globalizantes.

b) Permitir a proliferação dos padrões de vida do cidadão americano e rechaçar a miséria.

c) Evitar o enriquecimento dos países emergentes e incentivar a preservação ambiental nos demais.

d) Implementar uma política de controle populacional compulsório e garantir acesso à educação e aos serviços de saúde reprodutiva.

e) Promover o bem-estar da população e assegurar o uso sustentável dos recursos naturais.

Gabarito

01	ERRADO	06	D
02	A	07	CERTO
03	B	08	CERTO
04	A	09	CERTO
05	C	10	E

Anotações

CAPÍTULO 10

Demais Tipologias Textuais

O Texto Narrativo

Em uma definição bem simplista, "narrar" significa "sequenciar ações". É um dos gêneros mais utilizados e mais conhecidos pelo ser humano, quer no momento de relatar algum evento para alguém – em um ambiente mais formal -, quer na conversa informal sobre o resumo de um dia de trabalho. O fato é que narramos, e o fazemos de maneira praticamente instintiva. É importante, porém, conhecer quais são seus principais elementos de estruturação.

→ Os operadores do texto narrativo são:

- **Narrador**: é a voz que conduz a narrativa.
- **Narrador-protagonista**: narra o texto em primeira pessoa.
- **Narrador-personagem (testemunha)**: nesse caso, quem conta a história não participou como protagonista, no máximo como um personagem adjuvante da história.
- **Narrador onisciente**: narrador que está distanciado dos eventos e conhece aquilo que se passa na cabeça dos personagens.

→ **Personagens**: são aqueles que efetivamente atuam na ordem da narração, ou seja, a trama está atrelada aos comportamentos que eles demonstram ao longo do texto.

→ **Tempo**: claramente, é o lapso em que transcorrem as ações narradas. Segundo a classificação tradicional, divide-se o tempo da narrativa em: Cronológico, Psicológico e Da narrativa.

→ **Espaço**: é o local físico em que as ações ocorrem.

→ **Trama**: é o encadeamento de ações propriamente dito.

Exercício Comentado

O fragmento transcrito abaixo faz parte do conto "Circuito fechado (3)", de Ricardo Ramos.

Muito prazer. Por favor, quer ver o meu saldo? Acho que sim. Que bom telefonar, foi ótimo, agora mesmo estava pensando em você. Puro, com gelo. Passe mais tarde, ainda não fiz, não está pronto. Amanhã eu ligo, e digo alguma coisa. Guarde o troco. Penso que sim. Este mês, não, fica para o outro. Desculpe, não me lembrei. Veja logo a conta, sim? É uma pena, mas hoje não posso, tenho um jantar. Vinte litros, da comum. Acho que não. Nas próximas férias, vou até lá, de carro. Gosto mais assim, com azul. Bem, obrigado, e você? [...] É um chato, um perigo público. Foi há muito tempo. Tudo bem, tudo legal? Gostei de ver. Acho que não, penso que não, creio que não. Acredito que sim. Claro, fechei a porta e botei o carro pra dentro. Vamos dormir? É, leia que é bom. Ainda agosto e esse calor. Me acorde cedo amanhã, viu?

LADEIRA, Julieta de Godoy (Org.). Contos brasileiros contemporâneos. 2. ed. São Paulo: Moderna, 2005. p.126-127.

01. (COMPERVE) Esse conto pode ser visto como uma representação literária do automatismo da vida cotidiana moderna. Os procedimentos dos quais o autor se vale para representar esse automatismo são:

a) Frases curtas, fragmentação de diálogo e estrutura narrativa circular.
b) Causalidade entre as ações, descrição exaustiva e estrutura narrativa circular.
c) Fragmentação de diálogo, omissão dos nomes das personagens e ritmo narrativo lento.
d) Frases curtas, densidade psicológica das personagens e causalidade entre as ações.

RESPOSTA. "A". é preciso perceber a fragmentação no recorte de orações – atente para a quantidade de pontos finais -, além disso, o modo como ele narra revela que age de maneira automática, em razão disso o chamado automatismo.

O Texto Descritivo

O texto descritivo é o que levanta características para montar algum tipo de panorama. Essas características, mormente, são físicas, entretanto, não é necessário ser sempre desse modo. Podemos dizer que há dois tipos de descrição:

→ **Objetiva**: em que surgem aspectos sensoriais diretos, ou seja, não há uma subjetividade por parte de quem escreve. Veja um exemplo:

- Nome científico: *Ginkgo biloba L.*
- Nome popular: nogueira-do-japão.
- Origem: Extremo Oriente.

Aspecto: as folhas dispõem-se em leque e são semelhantes ao trevo.

A altura da árvore pode chegar a 40 metros; o fruto lembra uma ameixa e contém uma noz que pode ser assada e comida.

→ **Subjetiva**: em que há impressões particulares do autor do texto. Há maior valorização dos sentimentos insurgentes daquilo que se contempla. Veja um exemplo:

Conotação X Denotação

É interessante, quando se estuda o conteúdo de interpretação de texto, ressaltar a distinção conceitual entre o sentido conotativo e o sentido denotativo da linguagem. Vejamos como se opera essa distinção:

→ **Sentido conotativo**: figurado, ou abstrato. Relaciona-se com as figuras de linguagem.

- Adalberto **entregou sua alma a Deus**.

A ideia de entregar a alma a Deus é figurada, ou seja, não ocorre literalmente, pois não há um serviço de entrega de almas. Essa é uma figura que convencionamos chamar de **metáfora**.

→ **Sentido denotativo**: literal, ou do dicionário. Relaciona-se com a função referencial da linguagem.

- Adalberto **morreu**.

Quando dizemos função referencial, entende-se que o falante está preocupado em transmitir precisamente o fato ocorrido, sem apelar para figuras de pensamento.

Figuras de Linguagem

Apenas para ilustrar algumas das mais importantes figuras de linguagem que podem ser cobradas em algumas provas, observe a lista:

→ **Metáfora**: uma figura de linguagem, que consiste na comparação de dois termos sem o uso de um conectivo.

» Seus olhos **são dois oceanos**. (Os olhos possuem a profundidade do oceano, a cor do oceano etc.)

→ **Comparação**: comparação direta com o elemento conectivo.

» O vento é como uma mulher.

→ **Metonímia**: figura de linguagem que consiste utilização de uma expressão por outra, dada a semelhança de sentido ou a possibilidade de associação lógica entre elas.

> **Vá ao mercado e traga um Nescau**. (achocolatado em pó).

→ **Antítese**: figura de linguagem que consiste na exposição de ideias opostas.

"**Nasce** o Sol e não dura mais que um **dia**
Depois da **Luz** se segue à **noite** escura
Em tristes **sombras morre** a formosura,
Em contínuas **tristezas** e **alegrias**."

(Gregório de Matos)

Os termos em negrito evidenciam relações semânticas de distinção (oposição). Nascer é o contrário de morrer, assim como sombra é o contrário de luz. Essa figura foi muito utilizada na poesia brasileira, em especial pelo autor dos versos acima: Gregório de Matos Guerra.

→ **Paradoxo**: expressão que contraria o senso comum. Ilógica.

"Amor é fogo que **arde sem se ver**;
É ferida que **dói e não se sente**;
É um **contentamento descontente**;
É **dor que desatina sem doer**."

(Luís de Camões)

A construção semântica acima é totalmente ilógica, pois é impossível uma ferida doer e não ser sentida, assim como não é possível o contentamento ser descontente.

→ **Perífrase**: expressão que tem por função substituir semanticamente um termo:

> **A última flor do Lácio** anda muito judiada. (Português é a última flor do Lácio)

→ **Eufemismo:** figura que consiste em atenuar uma expressão desagradável:

> José **pegou emprestado sem avisar**; (roubou).

→ **Disfemismo**: contrário ao Eufemismo, é a figura de linguagem que consiste em tornar uma expressão desagradável em algo ainda pior.

> O homem **abotoou o paletó de madeira**. (morreu).

→ **Prosopopeia**: atribuição de características animadas a seres inanimados.

> O vento sussurrou em meus ouvidos.

→ **Hipérbole**: exagero proposital de alguma característica.

> **Estou morrendo de rir.**

→ **Sinestesia**: confusão dos sentidos do corpo humano para produzir efeitos expressivos.

> Ouvi uma **voz suave** saindo do quarto.

Funções da Linguagem

Deve-se a Roman Jakobson a discriminação das seis funções da linguagem na expressão e na comunicação humanas, conforme o realce particular que cada um dos componentes do processo de comunicação recebe no enunciado. Por isso mesmo, é raro encontrar em uma única mensagem apenas uma dessas funções, ou todas reunidas em um mesmo texto. O mais frequente é elas se superporem, apresentando-se uma ou outra como predominante.

Em que pese tal fato, é preciso considerar que há particularidades com relação às funções da linguagem, ou seja, cada função descreve algo em particular. Com isso, pretendo dizer que, antes de o estudante se ater às funções em si, é preciso que ele conheça o sistema que é um pouco mais amplo, ou seja, o ato comunicativo. Afinal, a teoria de Roman Jakobson se volta à descrição do ato comunicativo em si.

Em um livro chamado Linguística e comunicação, o linguista Roman Jakobson, pensando sobre o ato comunicativo e seus elementos, identifica seis funções da linguagem.

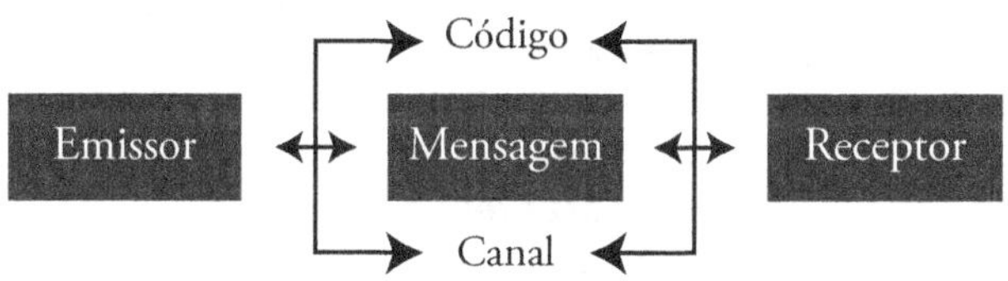

→ Nesse esquema, identificamos:

> **Emissor**: quem enuncia.

> **Mensagem**: aquilo que é transmitido pelo emissor.

> **Receptor**: quem recebe a mensagem.

> **Código**: o sistema em que a mensagem é codificada. O código deve ser comum aos polos da comunicação.

> **Canal**: meio físico por que ocorre a comunicação.

Pensando sobre esses elementos, Jakobson percebeu que cada função da linguagem está centrada em um elemento específico do ato comunicativo. É o que veremos agora.

→ **As Funções da Linguagem são:**

> **Referencial**: centrada na mensagem, ou seja, na transmissão do conteúdo. Como possui esse caráter, a objetividade é uma constante para a função referencial. É comum que se busque a imparcialidade quando dela se faz uso. É também conhecida como função denotativa. Como a terceira pessoa do singular é predominante, podem-se encontrar exemplos de tal função em textos científicos, livros didáticos, textos de cunho apenas informativo etc.

> **Emotiva**: centrada no emissor, ou seja, em quem enuncia a mensagem. Basicamente a primeira pessoa predomina quando o texto se apoia sobre a função emotiva. É muito comum a observarmos em depoimentos, discursos, em textos sentimentais, e mesmo em textos líricos.

> **Apelativa**: centrada no receptor, ou seja, em quem recebe a mensagem. As características comuns a manifestações dessa função da linguagem são os verbos no modo imperativo, a tentativa de persuadir o receptor, a utilização dos pronomes de tratamento que tangenciem o interlocutor. É comum observar a função apelativa em propaganda, em discursos motivacionais etc.

> **Poética**: centrada na transformação da mensagem, ou seja, em como modificar o conteúdo da mensagem a fim de torná-lo mais expressivo. As figuras de linguagem são abundantes nessa função e, por sua presença, convencionou-se chamar, também, função poética de função conotativa. Textos literários, poemas e brincadeiras com a mensagem são fontes em que se pode verificar a presença da função poética da linguagem.

> **Fática**: centrada no canal comunicativo. Basicamente, busca testar o canal para saber se a comunicação está ocorrendo. Expressões como "olá", "psiu" e "alô você" são exemplos dessa função.

> **Metalinguística**: centrada no código. Quando o emissor se vale do código para explicar o próprio código, ou seja, num tipo de comunicação autorreferente. Como exemplo, podemos citar um livro de gramática, que se vale da língua para explicar a própria língua; uma aula de didática (sobre como dar aula); ou mesmo um poema que se refere ao processo de escrita de um poema. O poema a seguir é um ótimo exemplo de função metalinguística.

Catar feijão

Catar feijão se limita com escrever:
jogam-se os grãos na água do alguidar
e as palavras na da folha de papel;
e depois, joga-se fora o que boiar.
Certo, toda palavra boiará no papel,
água congelada, por chumbo seu verbo:
pois para catar esse feijão, soprar nele,
e jogar fora o leve e oco, palha e eco.

Ora, nesse catar feijão entra um risco:
o de que entre os grãos pesados entre
um grão qualquer, pedra ou indigesto,
um grão imastigável, de quebrar dente.
Certo não, quando ao catar palavras:
a pedra dá à frase seu grão mais vivo:
obstrui a leitura fluviante, flutual,
açula a atenção, isca-a com risco.

MELO NETO, João Cabral de. Obra completa. Rio de Janeiro: Nova Aguilar, 1995.

Vamos Praticar

Logo à entrada paramos diante de uma lápide quadrada, incrustada nas lajes escuras, tão polida e reluzindo com um tão doce brilho de nácar, que parecia a água quieta de um tanque, onde se refletiam as luzes das lâmpadas. Pote puxou-me a manga, lembrou-me que era costume beijar aquele pedaço de rocha, santa entre todas, que outrora, no jardim de José de Arimateia... (A Relíquia – Eça de Queirós).

Uma pesquisa realizada em 16 países mostrou que os jovens brasileiros são os que colecionam o maior número de amigos virtuais. A média brasileira de contatos é mais do que o dobro da mundial, que tem como base países como Estados Unidos da América (EUA) e China. O levantamento avaliou a participação da tecnologia na vida de 18 mil jovens de 8 a 24 anos, com acesso fácil à Internet, telefones celulares e pelo menos dois outros aparelhos eletrônicos.

Os brasileiros com idade entre 14 e 24 anos têm em média 46 amigos virtuais, enquanto a média global é de 20. No mundo, os jovens costumam ter cerca de 94 contatos guardados no celular, 78 na lista de programas de mensagem instantânea e 86 em sítios de relacionamento como o Orkut.

Jornal do Brasil, 27/7/2007, p. A24 (com adaptações).

01. O texto entrelaça características de dissertação; de narração e de descrição.

Certo ( ) Errado ( )

Zygmunt Bauman põe o dedo na ferida ao denunciar o limite da liberdade na modernidade capitalista: pode-se tudo (embora a maioria não possa quase nada), exceto imaginar um mundo melhor que este em que vivemos. Quando muito, fica-se no conserto da casa, a reforma do telhado, a pintura das paredes, sem que se questionem a própria arquitetura da casa e, muito menos, o modo de convivência dos que a habitam.

02. A expressão "põe o dedo na ferida" tem sentido conotativo (figurado).

Certo ( ) Errado ( )

03. Há sentido conotativo na seguinte alternativa:

a) "Será que uma bola é mais valiosa que um livro?"
b) "... aposentados choram pelo minguado aumento."
c) "Por que se concedem altos aumentos na política?"
d) "... hospitais deixam de atender ao mais simples diagnóstico..."
e) "Por que os salários não são igualitários?"

04. Leia o seguinte trecho de Machado de Assis e marque a opção correta.

"O tempo é um tecido invisível em que se pode bordar tudo, uma flor, um pássaro, uma dama, um castelo, um túmulo. Também se pode bordar nada. Nada em cima de invisível é a mais sutil obra deste mundo..."

a) Em "O tempo é um tecido invisível", o autor empregou uma metáfora.
b) Depreende-se do sentido global do trecho uma censura aos que vivem sem fazer nada.
c) A sintaxe de "bordar nada" foi construída com a figura de estilo chamada paradoxo ou oxímoro, dado que o verbo "bordar" é transitivo direto, ou seja, quem borda sempre borda alguma coisa.
d) No contexto em que está empregado, o adjetivo "sutil" significa "inútil".
e) O trecho está construído sobre uma contradição: na primeira linha, afirma-se que sobre o tecido do tempo "se pode bordar tudo"; na segunda, afirma-se que "se pode bordar nada".

O Lixo

(Luís Fernando Veríssimo)

Encontram-se na área de serviço. Cada um com seu pacote de lixo. É a primeira vez que se falam.

- Bom dia...

- Bom dia.

- A senhora é do 610.

- E o senhor do 612.

- É.

- Eu ainda não lhe conhecia pessoalmente...

- Pois é...

- Desculpe a minha indiscrição, mas tenho visto o seu lixo...

- O meu quê?

- O seu lixo.

- Ah...

- Reparei que nunca é muito. Sua família deve ser pequena...

- Na verdade sou só eu.

- Mmmm. Notei também que o senhor usa muito comida em lata.

- É que eu tenho que fazer minha própria comida. E como não sei cozinhar...

- Entendo.

- A senhora também...

- Me chame de você.

- Você também perdoe a minha indiscrição, mas tenho visto alguns restos de comida em seu lixo. Champignons, coisas assim...

- É que eu gosto muito de cozinhar. Fazer pratos diferentes. Mas, como moro sozinha, às vezes sobra...

- A senhora... Você não tem família?

- Tenho, mas não aqui.

- No Espírito Santo.

- Como é que você sabe?

- Vejo uns envelopes no seu lixo. Do Espírito Santo.

- É. Mamãe escreve todas as semanas.

- Ela é professora?

- Isso é incrível! Como foi que você adivinhou?

- Pela letra no envelope. Achei que era letra de professora.

- O senhor não recebe muitas cartas. A julgar pelo seu lixo.

- Pois é...

- No outro dia tinha um envelope de telegrama amassado.

- É.

- Más notícias?

- Meu pai. Morreu.

- Sinto muito.

- Ele já estava bem velhinho. Lá no Sul. Há tempos não nos víamos.

- Foi por isso que você recomeçou a fumar?

- Como é que você sabe?

- De um dia para o outro começaram a aparecer carteiras de cigarro amassadas no seu lixo.

- É verdade. Mas consegui parar outra vez.

- Eu, graças a Deus, nunca fumei.

- Eu sei. Mas tenho visto uns vidrinhos de comprimido no seu lixo...

- Tranquilizantes. Foi uma fase. Já passou.

- Você brigou com o namorado, certo?

- Isso você também descobriu no lixo?

- Primeiro o buquê de flores, com o cartãozinho, jogado fora. Depois, muito lenço de papel.

- É, chorei bastante, mas já passou.

- Mas hoje ainda tem uns lencinhos...

- É que eu estou com um pouco de coriza.

- Ah.

- Vejo muita revista de palavras cruzadas no seu lixo.

- É. Sim. Bem. Eu fico muito em casa. Não saio muito. Sabe como é.

- Namorada?

- Não.

- Mas há uns dias tinha uma fotografia de mulher no seu lixo. Até bonitinha.

- Eu estava limpando umas gavetas. Coisa antiga.

- Você não rasgou a fotografia. Isso significa que, no fundo, você quer que ela volte.

- Você já está analisando o meu lixo!

- Não posso negar que o seu lixo me interessou.

- Engraçado. Quando examinei o seu lixo, decidi que gostaria de conhecê-la. Acho que foi a poesia.

- Não! Você viu meus poemas?

- Vi e gostei muito.

- Mas são muito ruins!

- Se você achasse eles ruins mesmo, teria rasgado. Eles só estavam dobrados.

- Se eu soubesse que você ia ler...

- Só não fiquei com eles porque, afinal, estaria roubando. Se bem que, não sei: o lixo da pessoa ainda é propriedade dela?

- Acho que não. Lixo é domínio público.

- Você tem razão. Através do lixo, o particular se torna público. O que sobra da nossa vida privada se integra com a sobra dos outros. O lixo é comunitário. É a nossa parte mais social. Será isso?

- Bom, aí você já está indo fundo demais no lixo. Acho que...

- Ontem, no seu lixo...

- O quê?

- Me enganei, ou eram cascas de camarão?

- Acertou. Comprei uns camarões graúdos e descasquei.

- Eu adoro camarão.

- Descasquei, mas ainda não comi. Quem sabe a gente pode...

- Jantar juntos?

- É.

- Não quero dar trabalho.

- Trabalho nenhum.

- Vai sujar a sua cozinha?

- Nada. Num instante se limpa tudo e põe os restos fora.

- No seu lixo ou no meu?

05. A função da linguagem predominante no texto de Luís Fernando Veríssimo é:

a) Fática.
b) Conativa.
c) Referencial.
d) Metalinguística.

Leia a seguir os trechos de -Consideração do poema , integrante do livro A Rosa do Povo, de Carlos Drummond de Andrade.

Uma pedra no meio do caminho
ou apenas um rastro, não importa.
Estes poetas são meus. De todo o orgulho,
de toda a precisão se incorporaram
ao fatal meu lado esquerdo. Furto a Vinicius
sua mais límpida elegia. Bebo em Murilo.
Que Neruda me dê sua gravata
chamejante. Me perco em Apollinaire. Adeus, Maiakovski.
São todos meus irmãos, não são jornais
nem deslizar de lancha entre camélias:
é toda a minha vida que joguei.
[...]
Saber que há tudo. E mover-se em meio
a milhões e milhões de formas raras,
secretas, duras. Eis aí meu canto.

ANDRADE, Carlos Drummond de. Nova reunião: 23 livros de poesia. Rio de Janeiro: Bestbolso, 2009. p. 139-140.

Nesses trechos, além da função poética, ocorre predominantemente a função:

06. Apelativa, percebida na persuasão do texto poético.

Certo ( ) Errado ( )

07. Expressiva, percebida na ausência da subjetividade do eu-lírico.

Certo ( ) Errado ( )

08. O texto "Grandes cidades nem sempre são as mais poluentes diz estudo, da France Press, publicado em http://www1.folha.uol.com.br/ambiente/866228 (com acesso em 29/12/2011)" foi adaptado para compor os fragmentos abaixo. Numere-os, de acordo com a ordem em que devem ser dispostos para formar um texto coeso e coerente.

( ) Nesse estudo, enquanto cidades do mundo todo foram apontadas como culpadas por cerca de 71% das emissões causadoras do efeito estufa, cidadãos urbanos que substituíram os carros por transporte público ajudaram a diminuir as emissões per capita em algumas cidades.

( ) Pesquisadores examinaram dados de cem cidades em 33 países, em busca de pistas sobre quais metrópoles seriam as maiores poluidoras e por que, de acordo com estudo publicado na revista especializada "Environment and Urbanization".

( ) "Isso reflete a grande dependência de combustíveis fósseis para a produção de eletricidade, uma base industrial significante em muitas cidades e uma população rural relativamente grande e pobre", informa o estudo.

( ) Por fim, quando os pesquisadores olharam as cidades asiáticas, latino-americanas e africanas, descobriram emissões menores por pessoa. A maior parte das cidades na África, Ásia e América Latina tem emissões inferiores por pessoa. O desafio para elas é manter essas emissões baixas, apesar do crescimento de suas economias.

( ) O estudo também aponta outras tendências, como as cidades de climas frios terem emissões maiores, e países pobres e de renda média terem emissões per capita inferiores aos países desenvolvidos.

A sequência correta é:

a) (1) (2) (5) (4) (3)
b) (2) (1) (3) (5) (4)
c) (2) (5) (1) (3) (4)
d) (4) (1) (2) (5) (3)
e) (4) (2) (1) (3) (5)

09. Assinale a opção que preenche de forma coesa, coerente e gramaticalmente correta a lacuna do trecho a seguir.

Brasil, Rússia, Índia, China e África do Sul são mais do que cinco economias emergentes em expansão num mundo em crise. Reunidas sob o acrônimo Brics, abrigam mais de 40% da população global e somam perto de US$ 14 trilhões de PIB, ou seja, quase um quinto das riquezas produzidas no planeta. É natural que busquem maior participação no cenário internacional – o que seria facilitado por uma atuação conjunta, em bloco.

____

A instituição permitiria aos países reduzir a dependência econômica em relação aos Estados Unidos e à União Europeia, em sérias dificuldades. Mais do que isso, a experiência poderia depois ser replicada para dar um pontapé inicial para mudanças políticas não apenas voltadas ao desenvolvimento sustentável, como também à segurança e à paz no universo, com um rearranjo das regras e dos organismos internacionais.

(Adaptado do Correio Braziliense, 27/3/2012)

a) Maior dos Brics, a China, segunda potência mundial, tem PIB de US$ 7,4 trilhões e reservas cambiais superiores a US$ 3 trilhões. Contudo, é uma ditadura que ganha mercados mundo afora com vantagens artificiais, como a desvalorização da moeda, o yuan, um calo inclusive para o Brasil, invadido por produtos chineses em condições desfavoráveis de competitividade.

b) Assim, reconhecer a necessidade de promover correções de rumo internas é desafio de primeira ordem para os cinco emergentes. Aproximações bilaterais, vale lembrar, também terminam por fortalecer o quinteto emergente.

c) A Rússia, por sua vez, apresenta desenvolvimento relativo e hoje consolida-se como economia de mercado ainda sob olhares desconfiados de parte dos governantes de outros países do globo.

d) Os demais países têm abismos sociais a superar, problemas de desigualdades evidentes, o que deixa o bloco, formalizado ou não, distante da pose de referência internacional na questão do desenvolvimento humano.

e) Avançar na criação de um banco de desenvolvimento, proposto pelo primeiro-ministro indiano, como alternativa ao Banco Mundial - Bird e ao Fundo Monetário Internacional - FMI, já seria grande passo.

10. Os trechos abaixo compõem um texto, mas estão desordenados. Ordene-os nos parênteses e assinale a opção que corresponde à ordem que assegura coesão e coerência ao texto.

a) ( ) Em seu Parecer, já enviado ao Tribunal Superior Eleitoral, em que responde à Consulta nº 1062, está expresso o entendimento de que o Parecer da AGU viola o artigo 73, VI, "a", da Lei 9.504/97.

b) ( ) O subprocurador-geral da República, com aprovação do vice-procurador-geral eleitoral, contesta a posição da Advocacia Geral da União (AGU) que permite a liberação de recursos para obras e serviços iniciados nos três meses que antecedem as eleições

c) ( ) O subprocurador-geral da República conclui, então, que "o tão-só posicionamento liberalizante de verbas em período vedado por lei está a merecer o conhecimento da presente consulta e sua resposta negativa para prevenir eventuais equívocos de interpretação, passíveis de quebra do princípio isonômico que deve presidir o embate eleitoral".

d) ( ) Tal dispositivo legal proíbe aos agentes públicos "realizar transferência voluntária de recursos da União aos Estados e Municípios, e dos Estados aos Municípios, sob pena de nulidade de pleno direito, ressalvados os recursos destinados a cumprir obrigação formal preexistente para execução de obra ou serviço em andamento e com cronograma pré-fixado, e os destinados a atender situações de emergência e de calamidade pública".

(Adaptado de www.mpu.gov.br/noticias/ - 05/07/2004)

a) B A D C.
b) C D B A.
c) D C A B.
d) A B D C.
e) B D C A.

Gabarito

01	CERTO	06	ERRADO
02	CERTO	07	ERRADO
03	B	08	B
04	A	09	E
05	A	10	A

Anotações

CAPÍTULO 11

Interpretação de Texto Poético

Cada vez mais comum em provas de concursos públicos, o texto poético possui suas particularidades. Nem todas as pessoas possuem a capacidade de ler um texto poético, quanto mais interpretá-lo. Justamente por esse fato, ele tem sido o predileto dos examinadores que querem dificultar a vida dos candidatos.

Antes de passar à interpretação propriamente dita, é preciso identificar a nomenclatura das partes de um poema. Cada "linha" do poema é chamada de "**verso**", o conjunto de versos é chamado de "**estrofe**". A primeira sugestão para quem pretende interpretar um poema é segmentar a interpretação por estrofe e anotar o sentido trazido ao lado e cada trecho.

Geralmente as bancas pecam ao diferenciar **autor** de **eu-lírico**. O primeiro é realmente a pessoa por detrás da pena, ou seja, é quem efetivamente escreve o texto; o segundo é a "voz" do poema, a "pessoa" fictícia, abstrata que figura como quem traz o poema para o leitor.

Outro problema muito comum na hora de fazer algo dessa natureza é a leitura do texto. Como o texto está em uma disposição que não é mais tão usual, as pessoas têm dificuldade para realizar a leitura. Eis uma dica fundamental: só interrompa a leitura quando chegar a um ponto ou a uma vírgula, porque é dessa maneira que se lê um texto poético. Além disso, é preciso que, mesmo mentalmente, o indivíduo tente dar ênfase na leitura, pois isso pode ajudar na intepretação.

Comumente, o vocabulário do texto poético não é acessível e, em razão disso, costuma haver notas explicativas com o significado das palavras, jamais ignore essa informação! Pode ser a salvação para a interpretação do texto lido.

Veja um exemplo:

Nel mezzo del camin (Olavo Bilac)

"Cheguei. Chegaste. Vinhas fatigada
E triste, e triste e fatigado eu vinha.
Tinhas a alma de sonhos povoada,
E a alma de sonhos povoada eu tinha...

E paramos de súbito na estrada
Da vida: longos anos, presa à minha
A tua mão, a vista deslumbrada
Tive da luz que teu olhar continha.

Hoje, segues de novo... Na partida
Nem o pranto os teus olhos umedece,
Nem te comove a dor da despedida.

E eu, solitário, volto a face, e tremo,
Vendo o teu vulto que desaparece
Na extrema curva do caminho extremo."

Existe outro fator extremamente importante na hora de tentar entender o conteúdo de um texto poético: o **título**! Nem todo poema possui um título, é claro, mas os que possuem ajudam, e muito, na compreensão do "assunto" do poema.

É claro que ter conhecimento do autor e do estilo de escrita por ele adotado é a ferramenta mais importante para que o candidato compreenda com profundidade o que está sendo veiculado pelo texto, porém, como grande parte das bancas ainda não chegou a esse nível de aprofundamento interpretativo, apenas o reconhecimento da superfície do texto já é suficiente para responder às questões.

Vejamos alguns textos para explanar melhor:

Bem no fundo (Paulo Leminski)

No fundo, no fundo,
Bem lá no fundo,
A gente gostaria
De ver nossos problemas
Resolvidos por decreto

A partir desta data,
Aquela mágoa sem remédio
É considerada nula
E sobre ela - silêncio perpétuo

Extinto por lei todo o remorso,
Maldito seja quem olhar pra trás,
Lá pra trás não há nada,
E nada mais

Mas problemas não se resolvem,
Problemas têm família grande,
E aos domingos saem todos passear
O problema, sua senhora
E outros pequenos probleminhas

→ **Interpretação**: por mais que trabalhemos para resolvermos nossos problemas, a única certeza é a de que eles continuarão, pois é isso que nos move.

Tradução de Sentido

As questões de tradução de sentido costumam ser o "calcanhar de Aquiles" dos candidatos. Nem sempre aparecem nas provas, mas quando surgem, é celeuma garantida. A maneira mais eficaz de resolvê-las é buscar relações de sinonímia em ambos os lados da sentença. Com isso, fica mais fácil acertar a questão.

Consideremos a relação de sinonímia presente entre "alegria" e "felicidade". Esses dois substantivos não significam, rigorosamente, a mesma coisa, mas são considerados sinônimos contextuais, se considerarmos um texto. Disso, entende-se que o sinônimo é identificado contextualmente e não depende, necessariamente, do conhecimento do sentido de todas as palavras.

Seria bom se fosse sempre dessa maneira. Ocorre que algumas bancas tentam selecionar de maneira não rigorosa os candidatos que acabam por cobrar o chamado "conhecimento que não é básico" dos candidatos. O melhor exemplo é pedir o significado da palavra "adrede", o qual pouquíssimas pessoas conhecem.

Organização de Texto (Texto Embaralhado)

Em algumas bancas, é comum haver questões que apresentam um texto desordenado, para que o candidato o reordene, garantido a coesão e a coerência. Além disso, não é raro haver trecho de texto com lacunas para preencher com alguns parágrafos. Para que isso ocorra, é mister saber o que significa coesão e coerência. Vamos a algumas definições simples.

→ **Coesão** é o conjunto de procedimentos e mecanismos que estabelecem conexão dentro do texto, o que busca garantir a progressão daquilo que se escreve nas sentenças. Pronomes, perífrases e sinônimos estão entre os mecanismos de coesão que podem ser empregados na sentença.

→ **Coerência** diz respeito à organização de significância do texto, ou seja, o sentido daquilo que se escreve. A sequência temporal e o princípio de não contradição são os dispostos mais emergentes da coerência.

Em questões dessa natureza, busque analisar as sequências de entrada e saída dos textos. Veja se há definições e conectivos que encerram ideias, ou se há pronomes que buscam sequenciar as sentenças. Desse modo, fica mais fácil acertar a questão.

Significação das Palavras

Compreensão, Interpretação, Intelecção

O candidato que é concurseiro de longa data sabe que, dentre as questões de interpretação de texto, é muito comum surgirem nomenclaturas distintas para fenômenos não tão distintos assim. Quer dizer que se no seu edital há elementos como leitura, compreensão, intelecção ou interpretação de texto, no fundo, o conceito é o mesmo. Ocorre que, dentro desse processo de interpretação, há elementos importantes para a resolução dos certames.

→ **O que se diz e o que se pode ter dito:**

Sempre que há um momento de enunciação, o material linguístico serve de base para que os interlocutores negociem o sentido daquilo que está na comunicação. Isso ocorre por meio de vários processos, sendo que é possível destacar alguns mais relevantes:

> **Dito**: consiste na superfície do enunciado. O próprio material linguístico que se enuncia.

> **Não-dito**: consiste naquilo que se identifica imediatamente, quando se trabalha com o que está posto (o dito).

> **Subentendido**: consiste nos sentidos ativados por um processo inferencial de análise e síntese do material linguístico somado ao não-dito.

» Vejamos isso em uma sentença para compreendermos a teoria.

» "A eleição de Barack Obama não é um evento apenas americano."

> Dito: é o próprio conteúdo da sentença – o fato de a eleição em questão não ser um evento apenas americano.

> Não-dito: alguém poderia pensar que a eleição teria importância apenas para os americanos.

> Subentendido: pode-se concluir que a eleição em questão terá grandes repercussões, a um nível global.

Inferência

Assunto muitíssimo delicado e ainda não resolvido na linguística. Não vou me dispor a teorizar sobre isso, pois seria necessário o espaço de um livro para tanto. Para a finalidade dos concursos públicos, vamos considerar que a inferência é o resultado do processamento na leitura, ou seja, é aquilo que se pode "concluir" ou "depreender" da leitura de um texto.

No momento de responder a uma questão dessa natureza, recomenda-se prudência. Existe um conceito que parece fundamental para facilitar a resolução dessas questões. Ele se chama **ancoragem lexical.** Basicamente, entende-se como A. L. a inserção de algum elemento que dispara pressuposições e fomenta inferências, ou seja, se alguma questão pedir se é possível inferir algo, o candidato só poderá responder afirmativamente, se houve uma palavra ou uma expressão (âncora lexical) que permita associar diretamente esses elementos.

Semântica (Sentido)

Evidentemente, o conteúdo relativo à significação das palavras deve muito a uma boa leitura do dicionário. Na verdade, o vocabulário faz parte do histórico de leitura de qualquer pessoa: quanto mais você lê, maior é o número de palavras que você vai possuir em seu "HD" mental. Como é impossível receitar a leitura de um dicionário, podemos arrolar uma lista com palavras que possuem peculiaridades na hora de seu emprego. Falo especificamente de **sinônimos, antônimos, homônimos e parônimos**. Mãos à obra!

→ **Sinônimos**:

Sentido aproximado: não existem sinônimos perfeitos:

> Feliz (Alegre / Contente).

> Palavra (Vocábulo).

> Professor (Docente).

Exemplo:

> **Professor** Mário chegou à escola. O **docente** leciona matemática.

→ **Antônimos:**

Oposição de sentido:

> Bem (Mal).

> Bom (Mau).

> Igual (Diferente).

→ **Homônimos**:

Homônimos são palavras com escrita ou pronúncia iguais (semelhantes), porém com significado (sentido) diferente:

> Adoro comer **manga** com sal.

> Derrubei vinho na **manga** da camisa.

Há três tipos de homônimos: homógrafos, homófonos e homônimos perfeitos.

Homógrafos - palavras que possuem a mesma grafia, mas o som é diferente.

> O meu **olho** está doendo.

> Quando eu **olho** para você, dói.

Homófonos - apresentam grafia diferente, mas o som é semelhante.

> A **cela** do presídio foi incendiada.

> A **sela** do cavalo é novinha.

Homônimos perfeitos - possuem a mesma grafia e o mesmo som.

> O **banco** foi assaltado.
> O **banco** da praça foi restaurado ontem.
> Ele não **para** de estudar.
> Ele olhou **para** a prova.

→ **Parônimos:**

Parônimos - são palavras que possuem escrita e pronúncia semelhantes, mas com significado distinto.

> O professor fez a **descrição** do conteúdo.
> Haja com muita **discrição**, Marivaldo.

Aqui vai uma lista para você se precaver quanto aos sentidos desses termos:

> Ascender (subir).
> Acender (pôr fogo, alumiar).

Exemplos:

» Quando Nero **ascendeu** em Roma, ele **acendeu** Roma.

> Acento (sinal gráfico).
> Assento (lugar de sentar-se).

Exemplos:

» O **acento** grave indica crase.
» O **assento** 43 está danificado.

> Acerca de (a respeito de).
> Cerca de (aproximadamente).
> Há cerca de (faz aproximadamente).

Exemplos:

» Falamos **acerca de** Português ontem.
» José mora **cerca de** mim.
» **Há cerca de** 10 anos, leciono Português.

> Afim (semelhante a).
> A fim de (com a finalidade de).

Exemplos:

» Nós possuímos ideias **afins**.
» Nós estamos estudando **a fim** de passar.

> Aprender (instruir-se).
> Apreender (assimilar).

Exemplos:

» Quando você **apreender** o conteúdo, saberá que **aprendeu** o conteúdo.

> Área (superfície).
> Ária (melodia, cantiga).

Exemplos:

» O tenor executou a ária.
» A polícia cercou a área.

> Arrear (pôr arreios).
> Arriar (abaixar, descer).

Exemplos:

» Precisamos **arrear** o cavalo.
» Joaquim **arriou** as calças.

> Caçar (apanhar animais).
> Cassar (anular).

Exemplos:

» O veado foi **caçado**.
» O deputado teve sua candidatura **cassada**.

> Censo (recenseamento).
> Senso (raciocínio).

Exemplos:

» Finalizou-se o **censo** no Brasil.
» Argumentou com bom-**senso**.

> Cerração (nevoeiro).
> Serração (ato de serrar).

Exemplos:

» Nos dias de chuva, pode haver **cerração**.
» Rolou a maior **serração** na madeireira ontem.

> Cerrar (fechar).
> Serrar (cortar).

Exemplos:

» **Cerrou** os olhos para a verdade.
» Marina **serrou**, acidentalmente, o nariz na serra.

> Cessão (ato de ceder).
> Seção (divisão).
> Secção (corte).
> Sessão (reunião).

Exemplos:

» O órgão pediu a **cessão** do espaço.
» Compareça à **seção** de materiais.
» Fez-se uma **secção** no azulejo.
» Assisti à **sessão** de cinema ontem. Passava "A Lagoa Azul".

> Concerto (sessão musical).
> Conserto (reparo).

Exemplos:

» Vamos ao **concerto** hoje.
» Fizeram o **conserto** do carro.

> Mal (antônimo de bem).
> Mau (antônimo de bom).

Exemplos:

» O homem **mau** vai para o inferno.
» O **mal** nunca prevalece sobre o bem.

> Ratificar (confirmar).
> Retificar (corrigir).

Exemplos:

» O documento **ratificou** a decisão.
» O documento **retificou** a decisão.

> Tacha (pequeno prego, mancha).
> Taxa (imposto, percentagem).

Exemplos:

» Comprei uma tacha.
» Paguei outra taxa.

Continuação da lista:

> **Bucho (estômago)**
> **Buxo (arbusto)**
> Calda (xarope)
> Cauda (rabo)
> **Cela (pequeno quarto)**
> **Sela (arreio)**
> Chá (bebida)
> Xá (Título do soberano da Pérsia, atual Irã, antes da revolução islâmica)

> **Cheque (ordem de pagamento)**
> **Xeque (lance do jogo de xadrez)**
> Comprimento (extensão)
> Cumprimento (saudação)
> **Conjetura (hipótese)**
> **Conjuntura (situação)**
> Coser (costurar)
> Cozer (cozinhar)
> **Deferir (costurar)**
> **Diferir (distinguir-se)**
> Degredado (desterrado, exilado)
> Degradado (rebaixado, estragado)
> **Descrição (ato de descrever)**
> **Discrição (reserva, qualidade de discreto)**
> Descriminar (inocentar)
> Discriminar (distinguir)
> **Despensa (lugar de guardar mantimentos)**
> **Dispensa (isenção, licença)**
> Despercebido (não notado)
> Desapercebido (desprovido, despreparado)
> **Emergir (vir à tona)**
> **Imergir (mergulhar)**
> Eminente (notável, célebre)
> Iminente (prestes a acontecer)
> **Esbaforido (ofegante, cansado)**
> **Espavorido (apavorado)**
> Esperto (inteligente)
> Experto (perito)
> **Espiar (observar)**
> **Expiar (sofrer castigo)**
> Estada (ato de estar, permanecer)
> Estadia (permanência, estada por tempo limitado)
> **Estático (imóvel)**
> **Extático (pasmo)**
> Estrato (tipo de nuvem)
> Extrato (resumo)
> **Flagrante (evidente)**
> **Fragrante (perfumado)**
> Fluir (correr)
> Fruir (gozar, desfrutar)
> **Incidente (episódio)**
> **Acidente (acontecimento grave)**
> Incipiente (principiante)
> Insipiente (ignorante)
> **Inflação (desvalorização do dinheiro)**
> **Infração (violação, transgressão)**
> Infligir (aplicar castigo)
> Infringir (transgredir)
> **Intercessão (ato de interceder)**
> **Interseção ou intersecção (ato de cortar)**
> Laço (nó)
> Lasso (frouxo)
> **Mandado (ordem judicial)**
> **Mandato (período político)**
> Ótico (relativo ao ouvido)
> Óptico (relativo à visão)
> **Paço (palácio)**
> **Passo (passada)**
> Peão (empregado / peça de xadrez)
> Pião (brinquedo)
> **Pequenez (pequeno)**
> **Pequinês (ração de cão, de Pequim)**
> Pleito (disputa)
> Preito (homenagem)
> **Proeminente (saliente)**
> **Preeminente (nobre, distinto)**
> Prescrição (ordem expressa)
> Proscrição (eliminação, expulsão)
> **Prostrar-se (humilhar-se)**
> **Postar-se (permanecer por muito tempo)**
> Ruço (grisalho, desbotado)
> Russo (da Rússia)
> **Sexta (numeral cardinal)**
> **Cesta (utensílio)**
> **Sesta (descanso depois do almoço)**
> Sortido (abastecido)
> Surtido (produzido, causado)
> **Sortir (abastecer)**
> **Surtir (efeito ou resultado)**
> Sustar (suspender)
> Suster (sustentar)
> Tilintar (soar)
> Tiritar (tremer)
> **Tráfego (trânsito)**
> **Tráfico (comércio ilícito)**
> Vadear (passa a pé ou a cavalo, atravessar o rio)
> Vadiar (vagabundear)
> **Viagem (substantivo)**
> **Viajem (verbo)**
> Vultoso (volumoso, grande vulto)
> Vultuoso (inchado)

Exercício Comentado

01. (TJSC) Indique a única palavra que não completa, com sentido, esta sentença: "Não havendo provas, tornou-se __________ que o malfeitor escapará das grades."

a) Hialino.
b) Claro.
c) Evidente.
d) Patente.
e) Adrede.

RESPOSTA. "E". Dentre as palavras da questão, o termo adrede é o mais "diferente". Responde-se com mais facilidade quando se percebe que hialino, claro, evidente e patente são sinônimos. O sentido da palavra "adrede" é de "intencionalmente". Eis a prova de que você (se fez tudo o que o professor do Ensino Médio mandou) deve ter visto essa palavra:

"Antes, no amanhecer daquele dia, a comissão adrede escolhida descobrira o cadáver de Antônio Conselheiro.

Jazia um dos casebres anexos à latada, e foi encontrado graças à indicação de um prisioneiro. (...)

Desenterraram-no cuidadosamente. Dádiva preciosa - único prêmio, únicos despojos opimos de tal guerra! — fazem-se mister os máximos resguardos para que se não desarticulasse ou deformasse, reduzindo-se a uma massa angulhenta de tecidos decompostos."' (Os Sertões - Euclides da Cunha).

Vamos Praticar

A Contribuição do Conhecimento Geológico para a Educação Ambiental

A observação do tempo geológico contrapõe-se à percepção histórica construída na sociedade moderna capitalista vinculada ao imediatismo. A concepção do tempo geológico pode contribuir para uma mudança cultural dessa percepção imediatista que tem se refletido em um consumismo exacerbado de produtos, produtos esses que se originaram a partir de bens minerais que se formaram ao longo do tempo geológico e que levarão anos até serem incorporados pela terra, quando passarão novamente a ser fonte de recurso. Os conhecimentos do Sistema Terra oferecem condições de se pensar a realidade de forma complexa e integrada, em diversas escalas de tempo e espaço, o que permite a construção do mundo físico em que vivemos. As discussões dos conteúdos das geociências transformam a visão de mundo, tornando-a significativa, não fragmentada, não linear, e estabelecem conexões, expressas por características criativas, sem mecanismos repetitivos e descontextualizados, propiciando o conhecimento em uma rede de relações com significado, transformando seus agentes, flexibilizando tarefas e saberes, formando cidadãos aptos a entender e atuar em um mundo em transformação de forma participativa.

Denise de La Corte Bacci. A contribuição do conhecimento geológico para a educação ambiental. In: Pesquisa em debate. Edição 11, V. 6, nº 2, jul. / dez. 2009, p. 17 e 19 (com adaptações).

01. (CESPE) Dados a organização das ideias no texto e o emprego de forma verbal flexionada na primeira pessoa do plural em "a construção do mundo físico em que vivemos", infere-se que os conhecimentos geológicos têm importância para toda a sociedade.

Certo ( )   Errado ( )

Vaidade - Florbela Espanca

Sonho que sou a Poetisa eleita,
Aquela que diz tudo e tudo sabe,
Que tem a inspiração pura e perfeita,
Que reúne num verso a imensidade!

Sonho que um verso meu tem claridade
Para encher todo o mundo! E que deleita
Mesmo aqueles que morrem de saudade!
Mesmo os de alma profunda e insatisfeita!

Sonho que sou Alguém cá neste mundo...
Aquela de saber vasto e profundo,
Aos pés de quem a terra anda curvada!

E quando mais no céu eu vou sonhando,
E quando mais no alto ando voando,
Acordo do meu sonho...

E não sou nada!...

02. (FUNRIO) No primeiro verso do poema, encontramos o eu poético feminino afirmando seu sonho de ser "a Poetisa eleita". Outro de seus sonhos é que:

a) Sua inspiração lhe diga tudo o que sabe.
b) Seus versos encham todo o mundo.
c) A terra ande curvada aos seus pés.
d) A imensidade lhe seja pura e perfeita.
e) A claridade de seus versos deleite os mortos.

03. (FUNRIO) Sobre as rimas que ocorrem nas duas primeiras estrofes do poema, é correto afirmar que elas são feitas

a) Entre verbos no gerúndio e substantivos concretos.
b) Em posição interna e externa nos oito versos.
c) Com palavras paroxítonas terminadas em vogal átona.
d) Sem simetria apenas na primeira estrofe.
e) De modo aleatório, com pouca regularidade.

Coisas da Terra

Todas as coisas de que falo estão na cidade entre o céu e a terra. São todas elas coisas perecíveis e eternas como o teu riso a palavra solidária minha mão aberta ou este esquecido cheiro de cabelo que volta e acende sua flama inesperada no coração de maio. Todas as coisas de que falo são de carne como o verão e o salário. Mortalmente inseridas no tempo, estão dispersas como o ar no mercado, nas oficinas, nas ruas, nos hotéis de viagem. São coisas, todas elas, cotidianas, como bocas e mãos, sonhos, greves, denúncias, acidentes do trabalho e do amor. Coisas, de que falam os jornais às vezes tão rudes às vezes tão escuras que mesmo a poesia as ilumina com dificuldade. Mas é nelas que te vejo pulsando, mundo novo, ainda em estado de soluços e esperança.

Identifique os itens verdadeiros.

04. (CEFET) A primeira estrofe do poema (Texto II) é marcada pela presença de:

I. Elementos antitéticos.
II. Imagens sensoriais.
III. Ideias hiperbólicas.
IV. Termos de valor metafórico.
V. Ambiguidade de signos linguísticos.

A alternativa em que todos os itens verdadeiros estão corretamente indicados é a:

a) I e III.
b) II e V.
c) III e IV.
d) I, II e IV.
e) II, III e V.

05. (FCC) Considerando-se o contexto, traduz-se adequadamente o sentido de um segmento em:

a) Trepidam as engrenagens = Ajustam-se as peças.
b) Luz imponderável = chama impetuosa.
c) Um híbrido estranho = um mestiço inolvidável.
d) Perturbam a frieza = abalam a impassibilidade.
e) Reflexos flamejantes = imagens enérgicas.

06. (FCC) Considerado o contexto, o segmento cujo sentido está adequadamente expresso em outras palavras é:

a) Manejar a lâmina da ironia = lidar com o cortante da blasfêmia.
b) Sem apelo ideológico = desprovido de ideias revolucionárias.
c) Se alimentava da matula = se nutria da provisão.
d) Pelo atalho do senso de humor = através de um muxoxo.
e) Tratam o forasteiro = referem-se ao salteador.

07. (FCC) Considerando-se o contexto, o segmento cujo sentido está adequadamente expresso em outras palavras é:

a) Partisse os laços com a tradição = quebrasse o condão sagrado.
b) Galgou ao comando de um continente = sobrelevou o ordenamento europeu.
c) Pela causa da liberdade contra a tirania = pelo motivo da insubmissão versus rigorismo.
d) Os próprios clichês o denunciam = os próprios lugares-comuns o evidenciam.
e) O mecanismo das instituições francesas = a articulação dos institutos galeses.

... estudou para ser monge beneditino no Colégio São Bento, em São Paulo, onde chegou a escrever um livro sobre a **ordem**. No entanto, acabou seguindo o caminho da poesia – em meio à **agitação** cultural e política dos anos 1960 e 1970. (1º parágrafo).

08. (FCC) Considerado o contexto, o sentido dos elementos grifados acima pode ser adequadamente reproduzido, na ordem dada, por:

a) Disposição - tumulto.
b) Escola - confronto.
c) Equilíbrio - burburinho.
d) Congregação - efervescência.
e) Prudência - radicalismo.

09. (FCC) Considerando-se o contexto, o segmento cujo sentido está adequadamente expresso em outras palavras é:

a) Semelhante à tensão típica = parecida com a inquietude disseminada.
b) Eletricidade que emanava da interpretação = impulso que transcendia a encenação.
c) Misto de respeito e estranhamento = mistura de reverência e espanto.
d) Energia que vibrava da vontade = força que celebrava o anseio.
e) Carga de emoção que era única = voltagem sentimental que era usual.

10. (FCC) Considere as definições abaixo:

I. **Senso** (estético): capacidade de apreciar a beleza pelo prazer que ela proporciona. **Censo** (demográfico): conjunto de dados característicos dos habitantes de uma localidade ou país.

II. **Cobre**: forma flexionada do verbo cobrir. **Cobre**: metal usado em condutores de eletricidade.

III. **Manto**: veste feminina, larga, comprida e sem mangas, usada por cima do vestido. **Manto**: por extensão, o que cobre, revestimento.

Constitui exemplo de homonímia o par que se encontra em:

a) III, apenas.
b) I e II, apenas.
c) I e III, apenas.
d) II e III, apenas.
e) I, II e III.

Gabarito

01	*CERTO*	*06*	*D*
02	*D*	*07*	*D*
03	*D*	*08*	*C*
04	*C*	*09*	*C*
05	*D*	*10*	*D*

Anotações

CAPÍTULO 12
Figuras de Linguagem

Para iniciar o estudo deste capítulo, é importante, retomar alguns conceitos: ao falar de figuras de linguagem, estamos, também, falando de **funções da linguagem** e de **semântica**.

As figuras de linguagem (também chamadas de figuras de pensamento) são construções que se relacionam com a função **poética da linguagem**, ou seja, estão articuladas em razão de modificar o código linguístico para dar ênfase no sentido de uma frase.

É comum vermos exemplos de figuras de linguagem em propagandas publicitárias, poemas, músicas etc. Essas figuras estão presentes em nossa fala cotidiana, principalmente na fala de registro **informal**.

Fique Ligado

O registro dito informal é aquele que não possui grande preocupação com a situação comunicativa, uma vez que não há tensão para a comunicação entre os falantes. Gírias, erros de concordância e subtração de termos da frase são comuns nesse baixo nível de formalidade comunicativa. Até grandes poetas já escreveram textos sobre esse assunto, veja o exemplo do escritor Oswald de Andrade, que discute a norma gramatical em relação à fala popular do brasileiro:

Pronominais

Dê-me um cigarro
Diz a gramática
Do professor e do aluno
E do mulato sabido
Mas o bom negro e o bom branco
Da Nação Brasileira
Dizem todos os dias
Deixa disso camarada
Me dá um cigarro

Oswald de Andrade
(1890-1954)

Os Cem Melhores Poemas Brasileiros do Século - Seleção e Organização de Ítalo Moriconi, Editora Objetiva, Rio de Janeiro, 2001 (In Pau-Brasil - Poesia - Oswald de Andrade, São Paulo, Globo)

Conotação X Denotação

É interessante, quando se estuda o conteúdo de figuras de linguagem, ressaltar a distinção conceitual entre o sentido conotativo e o sentido denotativo da linguagem. Vejamos como se opera essa distinção:

Sentido CONOTATIVO: figurado, ou abstrato. Relaciona-se com as figuras de linguagem.

> Adalberto **entregou sua alma a Deus**.

A ideia de entregar a alma a Deus é figurada, ou seja, não ocorre literalmente, pois não há um serviço de entrega de almas. Essa é uma figura que convencionamos chamar de **metáfora**.

Sentido DENOTATIVO: literal, ou do dicionário. Relaciona-se com a função **referencial** da linguagem.

> Adalberto **morreu**.

Quando dizemos função referencial, entende-se que o falante está preocupado em transmitir precisamente o fato ocorrido, sem apelar para figuras de pensamento. Essa frase do exemplo serviu para mostrar o sinônimo da figura de linguagem anterior.

Vejamos agora algumas das principais figuras de linguagem que costumam ser cobradas em provas de concursos públicos:

→ **Metáfora**: uma figura de linguagem, que consiste na comparação de dois termos sem o uso de um conectivo.

> Rosa **é uma flor**. (A pessoa é como uma flor: perfumada, delicada, bela etc.)

> Seus olhos **são dois oceanos**. (Os olhos possuem a profundidade do oceano, a cor do oceano etc.)

> João **é fera**. (João é perito em alguma coisa, desempenha determinada tarefa muito bem etc.)

→ **Metonímia**: figura de linguagem que consiste utilização de uma expressão por outra, dada a semelhança de sentido ou a possibilidade de associação lógica entre elas.

Há vários tipos de metonímia, vejamos alguns deles:

Efeito pela causa:

> O carrasco ergueu **a morte**. (O efeito é a morte, a causa é o machado).

Marca pelo produto:

> **Vá ao mercado e traga um Nescau**. (achocolatado em pó).

Autor pela obra:

> **Li Camões com entusiasmo.** (Quem leu, leu a obra, não o autor).

Continente pelo conteúdo:

> **Comi dois pratos de feijão**. (Comeu o feijão, ou seja, o conteúdo do prato)

Parte pelo todo:

> Peço sua **mão em casamento**. (Pede-se, na verdade, o corpo todo).

Possuidor pelo possuído:

> Mulher, vou **ao médico**. (Vai-se ao consultório que pertence ao médico, não ao médico em si).

→ **Antítese**: figura de linguagem que consiste na exposição de ideias opostas.

*"**Nasce** o Sol e não dura mais que um **dia***
*Depois da **Luz** se segue à **noite** escura*
Em tristes sombras morre a formosura,
*Em contínuas **tristezas** e **alegrias**."*

(Gregório de Matos)

Os termos em negrito evidenciam relações semânticas de distinção (oposição). Nascer é o contrário de morrer, assim como sombra é o contrário de luz. Essa figura foi muito utilizada na poesia brasileira, em especial pelo autor dos versos acima: Gregório de Matos Guerra.

→ **Paradoxo**: expressão que contraria o senso comum. Ilógica.

*"Amor é fogo que **arde sem se ver**;*
*É ferida que **dói e não se sente**;*
*É um **contentamento descontente**;*
*É **dor que desatina sem doer**."*

(Luís de Camões)

A construção semântica acima é totalmente ilógica, pois é impossível uma ferida doer e não ser sentida, assim como não é possível o contentamento ser descontente.

→ **Perífrase**: expressão que tem por função substituir semanticamente um termo:

> **A última flor do Lácio** anda muito judiada. (Português é a última flor do Lácio)

- **O país do futebol** é uma grande nação. (Brasil)
- **O Bruxo do Cosme Velho** foi um grande escritor. (Machado de Assis era conhecido como o Bruxo do Cosme Velho)
- **O anjo de pernas tortas** foi o melhor jogador do mundo. (Garrincha)

→ **Eufemismo**: figura que consiste em atenuar uma expressão desagradável:

- José **pegou emprestado sem avisar**; (roubou).
- Maurício **entregou a alma a Deus**; (morreu).
- Coitado, só porque **é desprovido de beleza**. (feio)

→ **Disfemismo**: contrário ao Eufemismo, é a figura de linguagem que consiste em tornar uma expressão desagradável em algo ainda pior.

- O homem **abotoou o paletó de madeira**. (morreu)
- **Está chupando cana pela raiz**. (morreu)
- **Sentou no colo do capeta**. (morreu)

→ **Prosopopeia**: atribuição de características animadas a seres inanimados.

- **O vento sussurrou em meus ouvidos**.
- Parecia que a **agulha odiava o homem**.

→ **Hipérbole**: exagero proposital de alguma característica.

- **Estou morrendo de rir.**
- **Chorou rios de lágrimas.**

→ **Hipérbato**: inversão sintática de efeito expressivo.

- **Ouviram do Ipiranga as margens plácidas**
- **De um povo heroico o brado e retumbante.**

Colocando na ordem direta:

As margens plácidas do Ipiranga ouviram o brado retumbante de um povo heroico.

- **Da minha família, ninguém fala!**

→ **Gradação**: figura que consiste na construção de uma escala de termo que fazem parte do mesmo campo semântico.

- <u>Plantou</u> **a semente**, <u>zelou</u> pelo **broto**, <u>regou</u> a **planta** e <u>colheu</u> o **fruto**. (A gradação pode ser do campo semântico da palavra semente – broto, planta e fruto – ou da palavra plantar – zelar, regar, colher)

→ **Ironia**: figura que consiste em dizer o contrário do que se pensa.

- **Lamento por ter sido eu o vencedor dessa prova.** (Evidentemente a pessoa não lamenta ser o vencedor de alguma coisa)

→ **Onomatopeia**: tentativa de representar um som da natureza. Figura muito comum em histórias em quadrinhos.

- Pof, tic-tac, click, bum, vrum!

→ **Sinestesia**: confusão dos sentidos do corpo humano para produzir efeitos expressivos.

- Ouvi uma **voz suave** saindo do quarto.
- O seu **perfume doce** é extremamente inebriante.

Vícios de Linguagem

Em um âmbito geral, vício de linguagem é toda expressão contrária à lógica da norma gramatical. Vejamos quais são os principais deslizes que se transformam em vícios.

→ **Pleonasmo vicioso**: consiste na repetição desnecessária de ideias.

- **Subir para cima.**
- **Descer para baixo.**
- **Entrar para dentro.**
- **Cardume de peixes.**
- **Enxame de abelhas.**
- **Elo de ligação.**
- **Fato real.**

Fique Ligado

Observação: pode existir o plágio expressivo em um texto poético. Na frase "ele penetrou na escura treva" há pleonasmo, mas não é vicioso.

→ **Ambiguidade**: ocorre quando a construção frasal permite que a sentença possua dois sentidos.

- Tenho que buscar **a cadela da sua irmã**.
- A empregada disse para o chefe que o cheque estava sobre **sua mesa**.
- **Como você**, também estou cansado. (conjunção "como" ou verbo "comer")

→ **Cacofonia**: ocorre quando a pronúncia de determinadas palavras permite a construção de outra palavra.

- Dei um beijo na bo**ca dela**.
- Nos**so hino** é belo.
- Na **vez passada**, esca**pei de** uma.

→ **Barbarismo**: é um desvio na forma de falar ou grafar determinada palavra.

- Mortandela (em vez de mortadela).
- Poblema (em vez de problema).
- Mindingo (em vez de mendigo).
- Salchicha (em vez de salsicha).

Esse conteúdo costuma ser simples para quem pratica a leitura de textos poéticos, portanto devemos sempre ler poesia. Passemos à resolução de algumas questões.

Exercício Comentado

XÓPIS

Não foram os americanos que inventaram o shopping center. Seus antecedentes diretos são as galerias de comércio de Leeds, na Inglaterra, e as passagens de Paris pelas quais flanava, encantado, o Walter Benjamin. Ou, se você quiser ir mais longe, os bazares do Oriente. Mas foram os americanos que aperfeiçoaram a ideia de cidades fechadas e controladas, à prova de poluição, pedintes, automóveis, variações climáticas e todos os outros inconvenientes da rua. Cidades só de calçadas, onde nunca chove, neva ou venta, dedicadas exclusivamente às compras e ao lazer - enfim, pequenos (ou enormes) templos de consumo e conforto. Os xópis são civilizações à parte, cuja existência e o sucesso dependem, acima de tudo, de não serem invadidas pelos males da rua.

Dentro dos xópis você pode lamentar a padronização de lojas e grifes, que são as mesmas em todos, e a sensação de estar num ambiente artificial, longe do mundo real, mas não pode deixar de reconhecer que, se a americanização do planeta teve seu lado bom, foi a criação desses bazares modernos, estes centros de conveniência com que o Primeiro Mundo - ou pelo menos uma ilusão de Primeiro Mundo - se espraia pelo mundo todo. Os xópis não são exclusivos, qualquer um pode entrar num xópi nem que seja só para fugir do calor ou flanar entre as suas vitrines, mas a apreensão causada por essas manifestações de massa nas suas calçadas protegidas, os rolezinhos, soa como

privilégio ameaçado. De um jeito ou de outro, a invasão planejada de xópis tem algo de dessacralização. É a rua se infiltrando no falso Primeiro Mundo. A perigosa rua, que vai acabar estragando a ilusão.

As invasões podem ser passageiras ou podem descambar para violência e saques. Você pode considerar que elas são contra tudo que os templos de consumo representam ou pode vê-las como o ataque de outra civilização à parte, a da irmandade da internet, à civilização dos xópis. No caso seria o choque de duas potências parecidas, na medida em que as duas pertencem a um primeiro mundo de mentira que não tem muito a ver com a nossa realidade. O difícil seria escolher para qual das duas torcer. Eu ficaria com a mentira dos xópis.

(Veríssimo, O Globo, 26-01-2014.)

01. **(FGV) Ao dizer que os shoppings são "cidades", o autor do texto faz uso de um tipo de linguagem figurada denominada:**

a) **Metonímia.**
b) **Eufemismo.**
c) **Hipérbole.**
d) **Metáfora.**
e) **Catacrese.**

RESPOSTA. **"D". Ao fazer a comparação entre um shopping e uma cidade – uma comparação direta – o autor utiliza uma figura de linguagem conhecida como metáfora.**

Vamos Praticar

01. (CESGRANRIO) As palavras podem assumir sentidos figurados, ou seja, significados diferentes das acepções e usos previstos pelos dicionários, embora facilmente compreensíveis no contexto específico em que se encontram. A passagem do texto em que uma palavra em sentido figurado está presente é:

a) "Daí esta avalanche, este tsunami de informações."
b) "O estado de nossas células cerebrais, as nossas emoções; tudo isso pode representar uma limitação para nossa capacidade de lembrar."
c) "Para quem, como eu, viaja bastante e tem de trabalhar em aviões ou em hotéis, é um recurso precioso."
d) "Mas não encontrei pen drive algum."
e) "Perguntei no aeroporto, entrei em contato com o táxi que me trouxera, liguei para casa: nada."

02. (UNICENTRO) O fragmento que ilustra a linguagem conotativa é o transcrito na alternativa:

a) "pelo uso dos aviões sequestrados como arma".
b) "A derrubada do Taleban, que governava o país centro-asiático, contribuiu de modo decisivo para debilitar aquele grupo terrorista."
c) "uma guerra injustificável contra o Iraque."
d) "como alegou então, por má-fé e paranoia, o governo americano."
e) "Produziu até agora apenas dois outros atentados de vulto".

03. (CEV-URCA) Em: "Chico passou por maus bocados, andou gastando mais de cinco litros de saliva para reconquistar a mulher" (linhas 40 e 41). A construção em destaque é própria da linguagem literária e caracteriza-se como:

a) Hipérbole.
b) Eufemismo.
c) Catacrese.
d) Anáfora.
e) Elipse.

Leia o texto:

Tomar uma decisão envolve uma disputa com três participantes – dois deles (instinto e experiência) cuidam de seu presente, o outro (razão) pensa no seu futuro. Por isso, diante de uma encruzilhada, o melhor é tentar organizar essa briga. Antes de decidir se quer mesmo encarar uma mudança radical na carreira, talvez você resolva usar a razão. Ou não – talvez você esteja cansado da profissão que escolheu e prefira tentar um caminho novo. Tanto faz: em qualquer decisão, o importante é pensar se aquele problema merece uma consideração mais racional ou emotiva. E só aí começar a julgar as informações e os argumentos. Assim, o cérebro começa a movimentar as engrenagens sabendo qual delas interessa mais. E evita erros.

04. (PaqTcPB) A utilização dos termos "participantes", "cuidam" e "pensa" (L. 2 e 3) contribui para estabelecer, no texto, uma relação de sentido denominada:

a) Ambiguidade.
b) Sinonímia.
c) Paráfrase.
d) Oposição.
e) Metáfora.

05. Pleonasmo é uma figura de linguagem que tem como marca a repetição de palavras ou expressões, aparentemente desnecessárias, para enfatizar uma ideia. No entanto, alguns pleonasmos são considerados "vícios de linguagem" por informarem uma obviedade e não desempenharem função expressiva no enunciado. Considerando esta afirmação, assinale a alternativa que possui exemplo de pleonasmo vicioso.

a) "(...) E então abriu a torneira: a água espalhou-se (...)"
b) "(...)O jeito era ir comprar um pão na padaria. (...)"
c) "(...)Matá-la, não ia; não, não faria isso. (...)"
d) "(...) Traíra é duro de morrer, nunca vi um peixe assim. (...)"
e) "(...) Tirou para fora os outros peixes: lambaris, chorões, piaus; (...)"

06. (FUNCAB) Assinale a figura de linguagem que predomina no trecho "Mas aquele pendão firme, vertical, beijado pelo vento do mar, veio enriquecer nosso canteirinho vulgar com uma força e uma alegria que me fazem bem."

a) hipérbole
b) eufemismo
c) prosopopeia
d) antítese
e) catacrese

07. (FUNRIO) Em um texto, as palavras e as expressões podem ser empregadas em sentido conotativo ou denotativo. No segmento "O segundo caminho, válido para profissionais liberais, é conquistar bons clientes e assumir a propriedade do próprio nariz.", a expressão "do próprio nariz" tem natureza conotativa. O termo ou expressão destacado(a) que está empregado(a) em sentido denotativo ocorre em:

a) Os jovens "lutam" aguerridamente para conseguir um bom emprego.

b) É educativo ensinar às pessoas a ganharem o dinheiro com o "suor do seu rosto".

c) Muitos jovens não conseguem ser "felizes" nas profissões que abraçaram.

d) Os profissionais financeiramente "mais bem sucedidos" são os médicos.

e) Os filhos podem ser "o braço direito" dos pais em empresas familiares.

08. (CESPE)

*"**Nasce** o Sol e não dura mais que um **dia***
*Depois da **Luz** se segue à **noite** escura*
*Em tristes **sombras morre** a formosura,*
*Em contínuas **tristezas** e **alegrias**."*

(Gregório de Matos)

Assinale a opção que apresenta a figura de linguagem predominante no trecho do poema acima.

a) sinestesia
b) comparação
c) antítese
d) eufemismo
e) hipérbole

09. (CONSUPLAN) Há sentido conotativo na seguinte alternativa:

a) "Será que uma bola é mais valiosa que um livro?"
b) "...aposentados choram pelo minguado aumento."
c) "Por que se concedem altos aumentos na política?"
d) "... hospitais deixam de atender ao mais simples diagnóstico..."
e) "Por que os salários não são igualitários?"

10. Constitui exemplo de uso de linguagem figurada o elemento sublinhado na frase:

I. Foi acusado de ser o cabeça do movimento.

II. Ele emprega sempre a palavra literalmente atribuindo- lhe um sentido inteiramente inadequado.

III. Ignoro o porquê de você se aborrecer comigo.

IV. Seus pensamentos são fantasmagorias que não o deixam em paz.

Atende ao enunciado APENAS o que está em:

a) I e II.
b) I e IV.
c) II e III.
d) III e IV.
e) I e III.

Gabarito

01	*A*	*06*	*C*
02	*B*	*07*	*C*
03	*A*	*08*	*C*
04	*E*	*09*	*B*
05	*E*	*10*	*B*

Anotações

ÍNDICE

CAPÍTULO 01

A Redação em Concurso Público

Seja em concurso público, seja no vestibular, sempre há alguém dizendo que possui dificuldades com a escrita.

A Ausência de Prática

É o principal motivo para o desconforto em relação à produção de textos. Não é preciso ser talentoso ou um grande literato para se redigir um texto digno de boa pontuação. Como qualquer outra coisa na vida, a escrita é uma simples soma de estudo e esforço. O bom escritor (para o mundo dos concursos) não é o mais criativo, nem o que detém o melhor vocabulário, mas sim o que mais pratica a ordenação das ideias no papel.

Há quem negligencie a importância da redação na prova de concurso público. Deve-se entender a prova de redação, não como um aliado, um instrumento a mais para se conseguir o cargo desejado. Entenda que a redação pode ser o fator decisivo para a aprovação, portanto é preciso ter confiança e trabalhar o texto!

Vamos estudar os elementos necessários para o estabelecimento de **coesão e coerência**, os operadores (elementos estruturais necessários) do texto dissertativo, bem como os princípios da argumentação e compreensão das propostas.

Palavras-Chave em Concurso Público - Coesão, Progressão e Coerência

Coesão

Basicamente, a coesão diz respeito aos elementos de amarração de um texto. Há uma necessidade muito grande de se conectar aquilo que escrevemos. Para isso, os elementos de coesão são imprescindíveis. Exemplo de texto que não está coeso.

> **Ex.**: 1 - O ser humano está no planeta há milênios e não aprende a cuidar do planeta. O problema do ser humano é que é muito ambicioso, só quer ficar rico e não pensa que o planeta pode sofrer com a ambição dele.

Exemplo de texto coeso.

> **Ex.**: 2 - Parece que o ser humano não aprendeu a cuidar do planeta, mesmo estando nele há muito tempo. A ambição do homem, que o dirige à busca de sempre maior satisfação pessoal, pode trazer prejuízos ao ambiente em que vive.

No exemplo 2 o texto ficou mais fluido para a leitura, mais agradável e, evidentemente, mais compreensível. Isso ocorreu porque foram utilizados os mecanismos de coesão para "amarrar" o que estava sendo escrito. Assim ficou fácil para ler e compreender o que se estava transmitindo.

Há, basicamente, três maneiras de se estabelecer conexão entre as ideias de um texto:

Por Anáfora: a mais simples. Consiste em fazer remissão a um termo ou ideia citada anteriormente no texto. Os pronomes desempenham muito bem essa função.

Por Catáfora: um recurso interessante. Consiste em apontar para algo que será dito posteriormente no texto. Também há pronomes próprios para isso (os demonstrativos "este", "esta" e "isto", por exemplo).

Por Exófora: o mais arriscado. Consiste em fazer menção a algo que não está no texto, pressupondo que o leitor/corretor partilhe do conhecimento em questão.

Algumas Dicas para Estabelecer Coesão Remissiva

→ **Pronomes**

Com esses termos, você consegue escapar da repetição de palavras e expressões. Ficou difícil conectar sentenças? Coloque um pronome que tudo se resolve.

> **Ex.:** A situação do pobre e do rico é bem diferente. Tem o pobre lutando para sobreviver e tem o rico que luta para não se matar por não ter nada o que fazer.

Reescrevendo:

> **Ex.:** O **pobre** e o **rico** possuem situações de vida bem diferentes: enquanto **aquele** luta para sobreviver, **este** luta para não se matar em virtude do ócio.

Os pronomes demonstrativos estabeleceram a relação de coesão.

> **Ex.:** A **violência** já se tornou uma característica da sociedade contemporânea. A violência influencia o comportamento das pessoas.

Reescrevendo:

> **Ex.:** A violência já se tornou uma característica da sociedade contemporânea. **Isso** influencia o comportamento das pessoas.

→ **Sinônimos / perífrases:**

Quando estiver difícil parar de repetir um termo, use um sinônimo, ou uma expressão que possa retomá-lo.

» **Ex.: Osama Bin Laden** foi capturado e acusado de inúmeros crimes. Tem-se certeza de que **o terrorista líder da Al-Qaeda** foi o responsável pela maioria dos eventos transgressores.

→ **Verbos vicários:**

São os verbos que retomam um segmento sem repeti-lo.

> **Ex.:** O governo brasileiro precisa providenciar uma reforma da previdência, só não providencia essa reforma porque é muito trabalhoso.

> **Reescrevendo:**

> **Ex.:** O governo brasileiro precisa providenciar uma reforma da previdência, **só não o faz** porque é muito trabalhoso.

Você teve uma ideia básica de como se pode estabelecer coesão no texto. Agora precisa treinar.

Progressão - Como Realizar

A maneira como um texto está encadeado permite compreender qual foi a estratégia de progressão utilizada pelo autor. Vamos demonstrar isso com um exemplo.

Imagine que, ao ler o tema da redação, você veja a seguinte temática.

> **Pena de morte no Brasil: uma solução ou apenas mais um problema administrativo**

Em primeiro lugar, posicione-se em relação ao tema, portanto não pode ficar "em cima do muro",

Em segundo lugar, em uma folha de rascunho escreva todos os argumentos que considera como cabíveis para a construção de seu texto. Assim , é possível a seleção daquilo que fará o texto progredir.

Vamos construir o raciocínio:

→ **Minha posição:**

> A pena de morte é um problema!

→ **Meus argumentos:**

Viola a Declaração dos Direitos Humanos;

A Constituição Federal não permite;

"Só Deus pode tirar a vida de alguém";

É um retrocesso na evolução do homem;

Não há sistema judicial preparado o suficiente para não cometer erros;

O Estado não pode ser um assassino;

O processo de aplicação da pena seria muito moroso e burocrático.

Há muitas ideias, mas nem todas estão em conexão. Não haveria tempo (linhas) para aprofundar todos esses conhecimentos, portanto o texto ficaria raso, além do fato de ser quase impossível encadear todos esses argumentos em apenas uma linha de raciocínio. Em virtude disso, é necessário escolher os argumentos que serão utilizados. Para tanto, basta ver quais possuem algum tipo de relação, depois escolher a ordem que será empregada no texto. Vejamos:

→ **Meus argumentos**

Viola a Declaração dos Direitos Humanos.

A Constituição Federal não permite.

"~~Só Deus pode tirar a vida de alguém~~".

É um retrocesso na evolução do homem.

Não há sistema judicial preparado o suficiente para não cometer erros.

~~O Estado não pode ser um assassino~~.

O processo de aplicação da pena seria muito moroso e burocrático.

→ **Ordem sugerida: Crescente (+ fraco para + forte)**

O processo de aplicação da pena seria muito moroso e burocrático.

Não há sistema judicial preparado o suficiente para não cometer erros.

A Constituição Federal não permite.

Viola a Declaração dos Direitos Humanos.

→ **Ordem sugerida: Decrescente (+ forte para + fraco)**

O processo de aplicação da pena seria muito moroso e burocrático.

Não há sistema judicial preparado o suficiente para não cometer erros.

A Constituição Federal não permite.

Viola a Declaração dos Direitos Humanos.

As ideias que ficariam "voando" ao longo do texto foram retiradas. Seria muito difícil ligar esses argumentos no corpo do texto; deixe-os, portanto, de lado. Com aquilo que sobrou, preencha o seu texto encadeando os argumentos do mais forte para o mais fraco (escala decrescente), ou do mais fraco para o mais forte (escala crescente). Assim, o texto progride e fica claro.

Alguns elementos (palavras/expressões-chave) que você pode utilizar para dar progressão e conectar o seu texto:

Para Começar o Desenvolvimento

Inicialmente.

Primeiramente.

Em primeiro lugar.

A priori.

Primariamente.

Em primeira análise.

Em primeiro plano.

Antes de tudo.

Desde já.

Para Amarrar o Parágrafo

Sequencialmente.

Posteriormente.

Em segundo lugar.

A posteriori.

Acresce que.

Em segunda análise.

Em segundo plano.

Do mesmo modo.

Ainda por cima.

Para Finalizar o Texto

Finalmente.

Em conclusão.

Assim.

Então.

Portanto.

Afinal.

Logo.

Em suma.

Use as ferramentas acima para garantir a progressão do seu texto.

→ **Coerência**

Em poucas palavras: coerência é fazer sentido. É o texto ter noção. Ao redigir um texto, a incoerência fica a cargo de se utilizar um argumento que contradiga suas ideias principais subjacentes ao texto. Ou seja, "desdizer o que você estava dizendo". Entre outros aspectos, avalia-se a coerência segundo estes elementos:

a) Adequação ao tema.

b) Pertinência do argumento.

c) Aprofundamento do texto.

d) Não-contradição.

e) Fuga do senso-comum.

Dissertação

O conceito de dissertação é simples: informar algo ou opinar sobre algo. Na verdade, quando alguém disserta sobre um assunto, busca expor conceitos ou argumentos com base em alguma fundamentação, isso quer dizer que é possível defender ou atacar pontos de vista sobre algum assunto. Essa é apenas uma das possibilidades da dissertação, dentre as várias facetas que esse tipo de texto (extremamente cobrado em concurso público) oferta a quem deseja escrever.

Seria descabido contar uma história ou fazer um relato se a proposta pede um texto que exige um "posicionamento", ou seja, um texto dissertativo. Aliás, não é interesse do corretor saber se o candidato é "criativo", mas sim saber se ele (candidato) tem condições de articular ideias em uma sequência lógica. Não há estratégias milagrosas para escrever uma dissertação, basta compreender a estrutura e exercitar. Abaixo, eis algumas especificações acerca dos tipos de dissertação.

Tipos de Texto Dissertativo

Expositivo.

Argumentativo.

Misto.

→ **O texto Expositivo**

Conceitual.

Informacional.

Aspectos descritivos.

Não exige posicionamento.

» **Ex.:** Texto expositivo (CESPE):

Nas farmácias brasileiras, os comprimidos de extrato de ginkgo vendidos só com receita médica competem com cápsulas de pó moído e folhas, em embalagens expostas nas prateleiras ao alcance do consumidor. Muita gente relata efeitos benéficos advindos dessas fórmulas alternativas. Mas seriam elas tão eficazes quanto os comprimidos vendidos com receita? A resposta é não.

Pesquisadores da UFSC fizeram testes para saber quanto há de componentes do extrato EGb 761 nessas cápsulas e nas folhas da planta. Conclusão: para obter a mesma quantidade de um único comprimido de 120 mg, seriam necessárias 20 cápsulas de 200 mg de pó moído. Quanto ao chá, a eficácia depende da qualidade da matéria-prima. "Mas seria preciso ingerir grande quantidade, já que os teores das substâncias ativas no chá caseiro são baixos", afirma a autora do trabalho e pesquisadora da UFSC. Segundo ela, a proporção ideal só é obtida com os extratos secos padronizados.

Internet: www.saude.abril.com.br (com adaptações)

» **Ex.:** Texto argumentativo (CESPE):

O voto, direito duramente conquistado, deve ser considerado um dever cívico, sem o exercício do qual o direito se descaracteriza ou se perde, afinal liberdade e democracia são fins e não apenas meios. Quem vive em uma comunidade política não pode estar desobrigado de opinar sobre os rumos dela. Nada contra a desobediência civil, recurso legítimo para o protesto cidadão, que, no caso eleitoral, se pode expressar no voto nulo (cuja tecla deveria constar na máquina utilizada para votação). Com o voto facultativo, o direito de votar e o de não votar ficam inscritos, em pé de igualdade, no corpo legal. Uma parte do eleitorado deixará voluntariamente de opinar sobre a constituição do poder político.

O desinteresse pela política e a descrença no voto são registrados como mera "escolha", sequer como desobediência civil ou protesto. A consagração da alienação política como um direito legal interessa aos conservadores, reduz o peso da soberania popular e desconstitui o sufrágio como universal.

Para o cidadão ativo, que, além de votar, se organiza para garantir os direitos civis, políticos e sociais, o enfoque é inteiramente outro. O tempo e o trabalho dedicados ao acompanhamento continuado da política não se apresentam como restritivos da liberdade individual. Pelo contrário, são obrigações auto-assumidas no esforço de construção e aprofundamento da democracia e de vigília na defesa das liberdades individuais e públicas.

A ideia de que a democracia se constrói nas lutas do dia a dia se contrapõe, na essência, ao modelo liberal. O cidadão escolado na disputa política sabe que a liberdade de não ir votar é uma armadilha. Para que o sufrágio continue universal, para que todo poder emane do povo e não, dos donos do poder econômico, o voto, além de ser um direito, deve conservar a sua condição de dever cívico.

Léo Lince. Em defesa do voto obrigatório. Internet: www.correiocidadania.com.br (com adaptações)

Estrutura do Texto Dissertativo

- **Introdução (tema + argumentos)**
- **Desenvolvimento (defesa dos argumentos)**
- **Conclusão (aquilo que se entende a partir dos argumentos)**

Introdução

» Tema (linhas inicias).

» Argumentos (apresentando a estratégia).

» Prévia da conclusão.

> **Proibições:**

» Iniciar com a mesma sentença do tema.

» Iniciar com pronome demonstrativo.

» Iniciar com a palavra "atualmente".

Seguem algumas dicas de como introduzir seu texto dissertativo. Vamos utilizar um tema simples para introduzir todos os textos: sistema prisional brasileiro.

Sentença Declarativa

Trata-se de utilizar uma afirmação para introduzir o texto. A partir da informação, desenvolvem-se as considerações.

Ex.: Não há como negar que o sistema prisional brasileiro precisa de uma séria revisão estrutural.

Interrogação

Nessa estratégia, basta introduzir o texto com uma pergunta que servirá de substrato para o desenvolvimento do texto. Lembre-se de que a pergunta DEVE ser respondida.

Ex.: Há uma questão que reverbera na sociedade brasileira com relação à segurança pública: deve haver uma revisão estrutural no sistema prisional do país?

Relação Adversativa

Nessa estratégia, é eficaz construir uma relação de oposição nas linhas iniciais para que sirva de motivação à construção do texto.

Ex.: Se, por um lado, verificam-se estabelecimentos prisionais com estrutura adequada em algumas regiões do país, por outro, é visível a situação de decadência e descaso com os presidiários. Esse fato aponta para uma necessidade de revisão estrutural do sistema prisional brasileiro.

Referência Histórica

Uma das técnicas mais eficazes está nesse item. Basta utilizar alguma alusão histórica para fundamentar o texto.

> **Ex.:** Não é de hoje que o sistema prisional brasileiro apresenta problemas. No ano de (colocar a data e o dado histórico).

Palavra - Chave

Partindo de um conceito simples, pode-se desenvolver todo o texto.

> **Ex.:** Revisão estrutural completa. Esse termo é cada vez mais merecedor de atenção e reflexão das autoridades brasileiras quando se fala sobre o sistema prisional brasileiro. Seja por isso... seja por aquilo.

Relação Causal - Consecutiva

Basta enunciar a relação de causa e consequência com a qual se trabalhará ao longo do texto.

> **Ex.:** A causa principal para a necessidade de uma revisão estrutural no sistema prisional brasileiro é o descaso com a pessoa humana que é verificado nos presídios pelo país.

Estratégias para o desenvolvimento do texto

Para desenvolver o seu texto com qualidade e solidez, é preciso que entenda o desenvolvimento do texto esteja intimamente atrelado à sua introdução, pois, quando se parte das sentenças introdutórias, encaminhar o desenvolvimento fica muito mais fácil. Para tanto, siga as estratégias abaixo.

Causa e Consequência

Na presente estratégia, a ideia central é selecionar a temática pensando nos argumentos a serem desenvolvidos. A partir disso, começa-se a identificar as causas do termo em questão, para que, ao longo dos parágrafos, sejam identificadas as consequências provenientes das informações iniciais. Isso tudo parece muito abstrato, por isso, vamos tentar simplificar com exemplos.

Para o exemplo em questão, vamos partir da introdução proposta anteriormente, feita na relação causal-consecutiva, só então partiremos ao desenvolvimento.

Tema: Sistema prisional brasileiro.

Argumentos: Precisa de uma reforma estrutural porque existe descaso com a pessoa humana.

Causas:

O descaso se mostra na falta de cuidado com a estrutura física de alguns presídios.

Há descaso também na ausência de políticas de reinserção social do apenado.

Consequências:

Humilhação, baixa condição de saúde e desenvolvimento intelectual.

Ausência de perspectiva de vida para o presidiário após sua saída da penitenciária, o que o impele a continuar com a criminalidade.

Introdução:

A causa principal para a necessidade de uma revisão estrutural no sistema prisional brasileiro é o descaso com a pessoa humana que é verificado nos presídios pelo país.

Desenvolvimento:

1º parágrafo: O descaso em questão pode ser evidenciado na falta de cuidado com a estrutura física de alguns presídios do Brasil que, sem capacidade para suportar o enorme contingente de presidiários, acaba sujeitando-os a um confinamento humilhante, com baixíssimas condições de saúde e desenvolvimento intelectual. Não é de se estranhar que a violência acabe por ser um atrativo para o indivíduo que se encontra nesse contexto.

2º parágrafo: Como não bastasse a impossibilidade de haver vida digna dentro do presídio, a perspectiva do lado de fora da carceragem não é muito boa. A ausência de políticas de reinserção do apenado faz com que ele seja, cada vez mais, impelido a voltar para a criminalidade, uma vez que ela parece ser a única forma de "atuação" que o sistema social brasileiro da contemporaneidade parece lhe oferecer.

Você percebe que não é necessário de muito para construir todo o parágrafo? Isso aconteceu porque, na composição de cada parágrafo, utilizamos as estruturas que já estavam separadas na seleção de argumentos, fato que facilitou extremamente a composição do texto. Se achar interessante, pode treinar essa tática.

Enumeração de Fatos

Na estratégia em questão, pode-se partir de uma constatação simples (o que faz par com a introdução por meio da sentença declarativa), para que, posteriormente, os fatos selecionados sirvam para corroborar com a sentença inicial.

Tema: Quais são as vantagens da utilização da tecnologia na educação em um contexto no qual é grande o número de analfabetos?

Argumento: há vantagens!

Fatos:

A tecnologia pode acelerar e facilitar o processo de alfabetização.

A capacitação dos profissionais pode ser ampliada por meio dos avanços tecnológicos.

→ **Desenvolvimento do texto:**

Introdução: Não há como negar que a tecnologia, quando bem empregada, propicia avanços tremendos. A situação é ainda mais interessante quando a união dos avanços tecnológicos se dá com a educação. Mesmo num contexto em que o analfabetismo ainda é uma realidade, como é o caso do Brasil, vislumbram-se perspectivas tangíveis de melhora.

1º parágrafo: A primeira vantagem do provável binômio tecnologia-educação é a possibilidade da redução do número de analfabetos efetivos em todo o território nacional. A utilização de softwares que otimizem o processo de aquisição da escrita e realização da leitura pode surtir resultados positivos. Quer dizer, essa contribuição está relacionada ao emprego dos computadores no contexto educativo, o que pode, ainda, ser melhorado, levando em consideração que o material audiovisual (retroprojetores, rádios, aparelhos de *blu-ray* etc.) propicia um contato mais lúdico do conteúdo para com os possíveis estudantes.

- **2º parágrafo:** Como se sabe, a capacitação do profissional da educação é primordial para que o desenvolvimento do trabalho docente seja eficiente. Logo, com o emprego dos recursos tecnológicos disponíveis, a exemplo de aulas online, cursos de pós-graduação a distância, "audiobooks" (livros narrados para reduzir o tempo de leitura de uma obra), acervos virtuais entre outras ferramentas, a prática do profissional da educação, além de ser facilitada, é aprimorada.

Foram escritos apenas dois parágrafos. Claramente, a intenção é mostrar que há possibilidade de se desenvolver um texto com tranquilidade. Você pode, como recurso metodológico que vise ao aprimoramento de sua redação, escrever mais parágrafos sequenciais, ou mesmo reescrever os parágrafos que aí estão. A ideia é nunca desanimar e testar todas as possibilidades.

Nos próximos itens, vamos lançar a ideia para você desenvolver.

Alusão Histórica

No desenvolvimento por alusão histórica, parte-se da introdução em que se utiliza a mesma estratégia, para estabelecer um tipo de "genealogia" da temática em questão. Não se esqueça de que os argumentos históricos servirão para comprovar o que se defende no texto, por isso, devem-se alinhavar muito bem os episódios selecionados.

Eis uma possibilidade de introdução para que você pesquise e desenvolva seu texto.

Tema: combate às drogas no território brasileiro.

- Sugestão de introdução para ser desenvolvida:

Em retrospecto à situação do combate às drogas no território brasileiro, alguns dados históricos revelam uma estatística importante.

- **Discurso autorizado (fala de especialista)**

Utilizando o discurso autorizado, transmite-se a impressão de maior consistência argumentativa. A dica aqui é a seguinte: não copie trechos da proposta, tampouco invente informações, pensando que vá dar certo. O corretor sabe que, quando você escreve "pesquisas mostram", "cientistas revelam", está, na realidade, tentando convencê-lo de algo que nem você tem certeza.

Agora, você pode resumir essas táticas em uma tabela e buscar a mais fácil de desenvolver em sua prática de escrita.

O Parágrafo Dissertativo

É o momento de analisarmos a estrutura do parágrafo dissertativo, ou seja, como compor um parágrafo claro e que possua qualidade. Primeiramente, é preciso entender que há limites impostos pela propriedade da estrutura dissertativa, quer dizer que não se pode simplesmente tentar inovar o que já tem sido um padrão de escrita há tantos anos. Ninguém vai reinventar o texto dissertativo, portanto fique atento às ideias principais relacionadas ao princípio de construção do parágrafo na dissertação.

O Tópico Frasal - um Conceito Importantíssimo

Cada texto possui uma temática específica, é claro, com suas estratégias de desenvolvimento, seus argumentos, suas posições "ideológicas" etc. Porém, nem sempre se dedica atenção suficiente à compreensão da estrutura interna de todos esses elementos que compõem a materialidade do texto, o que acaba por permitir que uma lacuna se forme na compreensão que o concursando possui de dissertação - quer seja argumentativa, quer seja meramente expositiva.

Avaliando a construção dos parágrafos de um texto com nuanças dissertativas, percebe-se que um elemento é primordial para o sucesso da argumentação ou da exposição: o tópico frasal, sólido e bem definido. O que significa dizer que se deve apresentar uma ideia ou conceito que será o alvo do parágrafo, sobre o que você irá escrever, expondo ou argumentando sobre.

O tópico frasal deve ser claro, curto e objetivo. Nunca deixe seu parágrafo ficar confuso, ou apresentar mais ideias do que o conveniente, entendendo que o conveniente é inserir **uma** ideia de cada vez em cada possibilidade de desenvolvimento. A exceção é feita ao parágrafo introdutório, no qual se pode fazer um pequeno "resumo" do propósito do texto. Desse modo, o texto fica organizado e fácil de ler.

Uma vez estabelecido o tópico frasal, além das possibilidades de quem já possui uma grande desenvoltura na escrita, há três básicas estratégias: indicar a causa do fato; dar uma explicação para o fato, ou realizar a defesa daquilo que se disse. Portanto, após escolher a sentença a ser trabalhada no parágrafo, adote um dos procedimentos mencionados anteriormente, assim, evita-se que o parágrafo fuja da temática proposta.

→ **Lembre-se de que o tópico frasal possui algumas exigências:**

Concisão;

Clareza;

Solidez;

Coerência;

Objetividade;

Bom espaço na margem;

Pontuação precisa.

Fique Ligado

Se quiser utilizar um exemplo comprobatório em seu parágrafo do desenvolvimento, fique à vontade, porém não se permita exagerar, inventar ou inserir itens que não estejam relacionados à temática ou à proposta.

A Justa Medida do Parágrafo

Há uma consideração importante a ser feita com relação à extensão do parágrafo num texto dissertativo. A justa medida, a medida "áurea" para os parágrafos de desenvolvimento é de sete linhas. Sim, se fizer o cálculo com relação ao número de linhas, perceberá que três parágrafos com essa numeração somados à introdução e conclusão fecham a distribuição perfeita das ideias no texto.

Isso significa que, se um parágrafo do seu texto extrapolar o limite, como ocorre em algumas situações, provavelmente, o peso de seus argumentos será afetado, ou seja, haverá um problema de distribuição das ideias do texto: algumas ficarão com menor aprofundamento; outras ficarão com aprofundamento demasiado. O velho mestre Aristóteles bem conhecia que a "justa medida" - o equilíbrio entre um atributo em excesso ou em falta - é o essencial para se atingir qualquer objetivo.

Entendendo a Temática

Quando o concursando lê a prova discursiva e se depara com a temática proposta, acaba, em algumas situações, por não conseguir entender como deve proceder à escritura do texto. Bem, para que isso não ocorra, vamos antecipar como costumam ser as temáticas apresentadas em concursos públicos.

> **Padrão 1**

Temática direta e objetiva:

Nesse padrão, deve-se observar a temática, sempre buscando conceitos-chave que façam remissão ao conteúdo proposto. Desse modo, é possível ficar preso ao tema.

> **Padrão 2**

Temática direta e objetiva com posicionamento:

Nesse padrão, além de focalizar diretamente a temática, quer dizer, possuir objetividade é necessário também deixar clara sua posição com relação ao tema. Lembrete: o posicionamento não deve ser feito por meio da 1ª pessoa do singular.

> **Padrão 3**

Temática direta e objetiva com posicionamento + subitens:

Nesse padrão, a posição clara com relação à temática deve ser acompanhada de uma focalização direta nos subitens. Separe um parágrafo para cada subitem pedido no texto, uma vez que, dessa forma, o corretor percebe que houve distribuição equivalente dos argumentos com relações aos subitens.

> **Padrão 4**

Temática direta e objetiva + subitens:

Nesse padrão, não é necessário mostrar posição, pois o texto é expositivo, então, não há com que se preocupar em relação à convencimento. Basta apostar em uma progressão clara do texto.

> **Padrão 5**

Temática indireta (subjetiva):

Nesse padrão, a preocupação do concursando é conseguir abstrair o assunto da temática, ou seja, o histórico de leituras permite que o candidato consiga interpretar a mensagem tratada e abordar com consistência o tema da redação.

Conclusão do Texto

A conclusão do texto possui, basicamente, três funções:

a) Retomar a ideia inicial, asseverando a posição defendida, para um fechamento coerente da estrutura do texto.

b) Se a proposta pedir, a conclusão serve para propor soluções para os problemas apresentados no texto.

c) Finalmente, criar um impacto no leitor. Um cuidado, porém: não pense que usar chavões, frases de efeito ou citações que não foram trabalhadas no texto anteriormente possa fazer o seu texto brilhar. O efeito será contrário!

Outras possibilidades de textos na redação

Dentre as inúmeras possibilidades relacionadas a gêneros textuais para as questões discursivas (prova de redação), destaco, agora, algumas que, a despeito da força da dissertação, costumam receber alguma atenção. São elas:

→ **Narrativo:**

a) Foco em sequenciar ações.

b) Carta argumentativa.

c) Foco em persuadir um interlocutor determinado.

d) Descrição.

e) Foco em apontar características.

f) Resumo.

Foco em extrair informações essenciais de um texto.

Vamos buscar compreender as necessidades e características especiais de cada item acima mencionado.

O Texto Narrativo

Sucintamente, narrar significa sequenciar ações, ou seja, encadeá-las de modo que progridam de forma coerente e inteligível para o leitor. É claro que o texto narrativo não é o mais simples de ser escrito, a despeito de utilizarmos estratégias narrativas em muitos momentos do nosso dia. "Contar" uma "estória" carece de uma série de aspectos e elementos, os quais, justamente por serem inerentes à narração, não podem ser esquecidos ou deixados de lado. Isto é, o texto narrativo possui elementos de progressão e operadores textuais que nos permitem compreender o princípio de encadeamento das situações narradas. É o que passaremos a estudar.

→ **Elementos de progressão narrativa**

Embora a teoria possa elencar outros elementos, eis os mais relevantes para o concursando:

a) Apresentação:

Também identificada como "situação inicial" é o momento em que ocorre a introdução de personagens, preparação para a ação que será abordada. Há, nesse momento, a possibilidade de se fazer a descrição do local da ação. Para uma redação de concurso, não é interessante fazer uma apresentação muito extensa.

b) Conflito:

É o "problema" da narrativa, ou seja, é aquilo que motiva a ação do texto.

c) Nó:

É a complicação do problema inicial da narrativa. Quer dizer, aquilo que motiva a tensão do texto a ficar ainda maior.

d) Clímax:

É o ponto alto da narrativa, o momento máximo da estória. Para ficar mais claro, o clímax é a ação final que há de gerar o desfecho do texto.

e) Desfecho:

Também chamado de conclusão ou resolução, consiste no encerramento da ação da narrativa, apresentando um final fechado (claro, sabe-se o que ocorre) ou aberto (obscuro, não se tem certeza do que ocorreu). Para o concurso público, o candidato deve preferir os finais fechados.

Operadores do Texto Narrativo

São operadores (termos que compõem) do texto narrativo:

a) Narrador: Quem conta.

c) Tempo: Quando ocorre.

e) Espaço: Onde ocorre.

g) Personagens: Quem pratica as ações.

Comentário Sobre cada Operador

→ **Narrador**:

> Para não nos delongarmos em um sem-número de classificações, vamos explicar o narrador partindo da ideia de foco narrativo.

a) Autodiegético:

É o foco em que o narrador conta algo de que participou como personagem principal, como protagonista. Conta a própria história.

b) Homodiegético:

É o foco em que o narrador conta algo de que participou, mas não como personagem principal, e sim como um tipo de elemento secundário à ação.

c) Heterodiegético:

É foco em que o narrador conta algo de que não participou, podendo conhecer todos os eventos ou mesmo uma parte deles (aquilo que conta).

→ **Tempo**:

> Esse é o "quando" da narrativa.

a) Cronológico:

É o tempo marcado por uma sequência lógica de datas (dias, meses, anos). O tempo cronológico também pode ser dado em uma sequência de horas ou minutos.

b) Psicológico:

É o tempo sem marcação lógica, ou seja, as fronteiras que são determinadas na cronologia, desaparecem nessa estratégia narrativa.

c) Da narrativa:

Apesar de não haver marcação temporal clara nessa estratégia de composição, o leitor conhece que a ação progride por meio da análise dos tempos verbais ou de palavras como: depois disso, de repente, então, posteriormente, etc.

O concursando deve, sempre, optar pelo tempo cronológico, pois é mais simples de ser inserido.

→ **Espaço:**

> Esse é o "onde" da narrativa.

a) Aberto:

Não ocorre a ação em apenas um lugar, os personagens podem circular em vários locais distintos. Isso é mais facilmente verificado em narrativas mais longas.

b) Fechado:

A ação é narrada em apenas um cenário, não há troca de cenários ou ambientes. Isso é comum em narrativas mais breves.

→ **Personagens**:

> São os envolvidos na ação do texto. Utilizando uma divisão simplista, temos:

a) Protagonista: o personagem principal da ação. O herói ou com quem se passa a maior parte dos eventos narrados.

b) Antagonista: não possui presença obrigatória. É definido como quem se opõe ao protagonista da ação.

c) Adjuvantes: também não possuem presença obrigatória. São definidos como os secundários, aqueles que figuram ação que não são, necessariamente, as principais.

É salutar, em uma prova de concurso, não utilizarmos personagens em demasia. Os diálogos serão indispensáveis apenas quando a banca solicitar.

Exemplo de Texto Narrativo

> **Tudo bem filho, todo mundo faz isso**

Johnny tinha seis anos de idade e estava em companhia do pai quando este foi flagrado ao dirigir em excesso de velocidade. O pai entregou ao guarda, junto à sua carteira de motorista, uma nota de vinte dólares. "Está tudo bem, filho", disse ele quando voltaram à estrada. "Todo mundo faz isso!"

Quando Johnny tinha oito anos, deixaram que assistisse a uma reunião de família, dirigida pelo tio George, a respeito das maneiras mais seguras de sonegar o imposto de renda. "Está tudo bem, garoto", disse o tio. "Todo mundo faz isso!"

Aos nove anos, a mãe levou-o, pela primeira vez, ao teatro. O bilheteiro não conseguia arranjar lugares até que a mãe de Johnny lhe deu, por fora, cinco dólares. "Tudo bem, filho", disse ela. "Todo mundo faz isso!"

Aos dezesseis anos, Johnny arranjou seu primeiro emprego. Nas férias de verão, trabalhou em um supermercado. Seu trabalho: pôr os morangos maduros demais no fundo das caixas e os bons em cima, para ludibriar o freguês. "Tudo bem, garoto", disse o gerente. "Todo mundo faz isso!"

Quando Johnny tinha 19 anos, um dos colegas mais adiantados lhe ofereceu, por cinquenta dólares, as questões que iam cair na prova. " Tudo bem garoto", disse ele. "Todo mundo faz isso!"

Flagrado colando, Johnny foi expulso da sala e voltou para casa com o rabo entre as pernas. "Como você pôde fazer isso com sua mãe e comigo?", disse o pai. "Você nunca aprendeu estas coisas em casa!". Se há uma coisa que o mundo adulto não pode tolerar é um garoto que cola nos exames...

http://pcdec.sites.uol.com.br/tudobemfilho.htm

A Carta Argumentativa

Vamos definir a carta como um texto que possui um direcionamento especial - o destinatário ou interlocutor -, sendo que o tratamento utilizado no texto pode ser impessoal ou pessoal, dependendo da finalidade da carta. É certo que há várias estratégias de desenvolvimento para a carta (dissertativa-argumentativa, dissertativa-expositiva, narrativa, descritiva etc.), porém, para a nossa finalidade - o concurso público - vamos estudar aquela que possui o princípio argumentativo.

→ **Estruturando a carta**

> Os elementos essenciais para o gênero que estamos estudando :

a) Local e Data: colocados na primeira linha do texto.

b) Vocativo: a interpelação do destinatário - seu nome.

c) Desenvolvimento: os parágrafos que compõem o desenvolvimento são utilizados para persuadir o interlocutor da ideia defendida pelo remetente.

d) Fecho: a saudação final que encerra a carta.

Fique Ligado

A menos que a Banca exija, você não deve assinar a carta;

Jamais utilize linguagem coloquial ou de baixo calão.

Jamais fazer abreviações nas datas ou vocativos.

Jamais utilize expressões cristalizadas como: "estou te escrevendo", "escrevo-te esta carta", "venho por meio desta", "rogo-lhe tal missiva" entre outras.

Busque um tratamento direto, ou seja, tente "conversar" com o seu interlocutor.

Basicamente, a carta argumentativa é uma dissertação direcionada a um destinatário específico.

Análise de uma carta argumentativa

Veja esse exemplo, muito bem redigido, é claro, por Moacyr Scliar:

Uns amigos me falaram que os senhores estão para destruir 45 mil pares de tênis falsificados com a marca Nike e que, para esse fim, uma máquina especial já teria até sido adquirida. A razão desta cartinha é um pedido. Um pedido muito urgente.

Antes de mais nada, devo dizer aos senhores que nada tenho contra a destruição de tênis, ou de bonecas Barbie, ou de qualquer coisa que tenha sido pirateada. Afinal, a marca é dos senhores, e quem usa essa marca indevidamente sabe que está correndo um risco. Destruam, portanto. Com a máquina, sem a máquina, destruam. Destruir é um direito dos senhores. Mas, por favor, reservem um par, um único par desses tênis que serão destruídos para este que vos escreve. Este pedido é motivado por duas razões: em primeiro lugar, sou um grande admirador da marca Nike, mesmo falsificada. Aliás, estive olhando os tênis pirateados e devo confessar que não vi grande diferença deles para os verdadeiros.

Em segundo lugar, e isto é o mais importante, sou pobre, pobre e ignorante. Quem está escrevendo esta carta para mim é um vizinho, homem bondoso. Ele vai inclusive colocá-la no correio, porque eu não tenho dinheiro para o selo. Nem dinheiro para selo, nem para qualquer outra coisa: sou pobre como um rato. Mas a pobreza não impede de sonhar, e eu sempre sonhei com um tênis Nike. Os senhores não têm ideia de como isso será importante para mim. Meus amigos, por exemplo, vão me olhar de outra maneira se eu aparecer de Nike. Eu direi, naturalmente, que foi presente (não quero que pensem que andei roubando), mas sei que a admiração deles não diminuirá: afinal, quem pode receber um Nike de presente pode receber muitas outras coisas. Verão que não sou o coitado que pareço.

Uma última ponderação: a mim não importa que o tênis seja falsificado, que ele leve a marca Nike sem ser Nike. Porque, vejam, tudo em minha vida é assim. Moro num barraco que não pode ser chamado de casa, mas, para todos os efeitos, chamo-o de casa. Uso a camiseta de uma universidade americana, com dizeres em inglês, que não entendo, mas nunca estive nem sequer perto da universidade - é uma camiseta que encontrei no lixo. E assim por diante.

Mandem-me, por favor, um tênis. Pode ser tamanho grande, embora eu tenha pé pequeno. Não me desagradaria nada fingir que tenho pé grande. Dá à pessoa uma certa importância. E depois, quanto maior o tênis, mais visível ele é. E, como diz o meu vizinho aqui, visibilidade é tudo na vida.

(Moacyr Scliar, cronista da Folha de S. Paulo, 14/8/2000)

Você notou a ausência de alguns elementos essenciais à carta no texto acima. Isso ocorre porque o texto em questão é muito mais uma crônica disfarçada de carta argumentativa. Ele foi utilizado, no entanto, para que você pudesse perceber como estabelecer a argumentação em um texto que se pretende para um leitor direto. Se você leu com atenção, concluiu que o escritor, por assim dizer, construiu uma argumentação visando a convencer seu interlocutor da necessidade de ele receber um tênis.

No processo argumentativo de Scliar, há três argumentos separados por introdução clara: "em primeiro lugar"; "em segundo lugar" e "uma última ponderação". Isso facilita a leitura. Dê atenção à estrutura e convencer o leitor de que seu ponto de vista é o correto. A interlocução - lembrar a todo instante que está falando diretamente com a pessoa - é muito importante nesse processo.

Resumo:

Resumir um texto nada mais é do que selecionar as principais ideias nele contidas e encadeá-las em uma ordem lógica, a fim de que se possa restabelecer o conceito original do texto resumido. Para que um resumo seja feito a contento, é importante que as informações originais sejam preservadas, quer seja por meio de paráfrase, quer seja por meio de cópia de alguns trechos.

Também não pode ser esquecido o nome do autor, bem como o título do texto presentes no corpo do resumo. Depois de realizada a introdução, evidenciando os itens mencionados, deve-se observar o tópico frasal de cada parágrafo, para que sejam resumidas as ideias presentes em CADA um deles.

Existem algumas técnicas interessantes na hora de se fazer um resumo, vejamos:

→ **Supressão de trecho:**

Na técnica em questão, objetiva-se localizar o tópico frasal (ideia mais relevante), mantê-lo e, posteriormente, retirar as demais sentenças que não compõem o principal elemento do parágrafo ou da frase.

» **Ex.:** Seu Luís era um caminhoneiro respeitável, sempre cumpria suas obrigações com objetividade e ética.

> **Resumindo:**

» **Ex.:** Seu Luís era um caminhoneiro respeitável~~, sempre cumpria suas obrigações com objetividade e ética~~.

Síntese do trecho por meio de generalização: consiste em utilizar um termo genérico para dispensar termos que não são essenciais.

» **Ex.:** Mariana comprou uma calça, um colete, meias, blusa de lã e um cachecol ontem.

> **Resumindo:**

» **Ex.:** Mariana comprou roupas ontem.

Transformação do trecho: por meio de uma construção que vise a abranger o significado de uma sequência textual, constrói-se um segmento que ocupa o lugar de uma expressão maior.

» **Ex.:** O homem comprou a maminha, temperou e reservou. Depois de cortar a lenha seca, amontoou-a em uma pilha. Acendeu o fósforo, queimou a madeira e colocou a carne temperada por sobre o fogo.

> **Resumindo:**

» **Ex.:** O homem fez um churrasco.

No resumo de texto narrativo, discurso direto e indireto.

→ **Discurso direto:**

José diz:

» **Ex.:** Penso em comprar um carro.

Tião fala:

» **Ex.:** Morri por amor.

→ **Discurso Indireto:**

» **Ex.:** José disse que pensava em comprar um carro.

» **Ex.:** Tião falou que morrera por amor.

Exercício de resumo de um texto dissertativo

O monstrengo do IPI tem pai: Guido Mantega

Há exatamente uma semana, economistas, empresários e consumidores têm tentado, sem sucesso, entender o decreto anunciado pelo governo que aumenta em 428% a cobrança do Imposto sobre Produtos Industrializados (IPI) dos automóveis importados. A decisão provém, oficialmente, de um grupo de estudo interministerial - composto pelas pastas do Desenvolvimento, da Fazenda e de Ciência e Tecnologia - que tentava, junto à Associação Nacional dos Fabricantes de Veículos Automotores (Anfavea), encontrar uma maneira de tornar os automóveis nacionais mais competitivos. No entanto, por trás de um trabalho que deveria ser técnico, está a mão protecionista do economista Guido Mantega, cujo ministério nada tem a ver com a política industrial do Brasil. Se seus sonhos de se tornar o homem-forte do governo - e interferir em todas as esferas - não foram realizados durante a gestão anterior, o ministro agora consegue avanços ao ser o principal autor do novo IPI.

O site de VEJA ouviu mais de uma dezena de fontes ministeriais e do setor automotivo que não quiseram ter seus nomes revelados devido à complexidade do assunto - e a um possível temor de retaliação. Todas proferiram uma informação em comum: o ministro Mantega - que deveria se ocupar inteiramente da função de cuidar do superávit fiscal e ajudar o Banco Central a combater a inflação - articulou praticamente sozinho com as montadoras ditas nacionais a descabida medida da última semana. Nem mesmo os ministros Aloizio Mercadante e Fernando Pimentel, da Ciência e Tecnologia e do Desenvolvimento, respectivamente, tinham total conhecimento do assunto. Eles foram intimados de última hora a participar do anúncio e nem imaginavam que a elevação do IPI chegaria a tanto. "O Fernando Pimentel havia dito que, se viesse, o aumento seria de um número razoável. E ele pareceu muito sincero quando disse isso. Já no momento do anúncio, ele estava "branco"", afirmou José Luiz Gandini, presidente da Associação Brasileira das Empresas Importadoras de Veículos Automotores (Abeiva), em coletiva à imprensa no dia seguinte ao anúncio.

Atropelo - O número que circulava nos corredores do governo nas semanas que antecederam o decreto era de que o acréscimo do IPI seria de 30% e não de 30 pontos porcentuais. A decisão de adotar uma saída ou outra traz consequências muito díspares. Elevar uma alíquota em 30% significa que o IPI de um carro popular *flex* passaria de 7% para 9,1%. Contudo, ao lançar mão do ajuste de 30 p.p., esse mesmo IPI vai a 37%. A alta absurda da carga tributária faz com que veículos que não cumprem as regras de nacionalização fixadas pelo governo fiquem até 28% mais caros para o consumidor final. "Chegaram a esse número na etapa final de negociação", afirmou uma fonte ligada à Anfavea. Os ministros Mercadante e Pimentel foram avisados em cima da hora, de acordo com uma fonte ligada ao ministério de Desenvolvimento. "Ele atropelou todo mundo. O que ele sempre quis é que a Fazenda fizesse política industrial", afirma.

Também na Anfavea, as discussões foram pouco transparentes - tanto que executivos de montadoras ligadas à associação afirmaram à VEJA que não foram sequer consultados. A associação nega, argumentando que, desde o início do ano, há discussões com o governo para tentar melhorar a competitividade da indústria automobilística nacional. Em coletiva, o presidente da Anfavea, Cledorvino Belini, que também preside a Fiat, negou que tenha havido lobby das grandes empresas do setor. Segundo ele, a decisão foi motivada pelo impacto negativo que a importação de veículos tem causado na balança comercial.

Fosse essa a razão, o aumento do IPI nem assim se justificaria. O déficit provocado pela importação de peças e veículos, que chegou a 20 bilhões de dólares no acumulado de janeiro a agosto, está bem próximo do saldo negativo da balança comercial da indústria química, que chegou a 18 bilhões de dólares no mesmo período. Já no caso dos eletroeletrônicos, esse número é de 14 bilhões de dólares até agosto, segundo dados do Ministério do Desenvolvimento. Neste último caso, inclusive, em vez de colocar barreiras aos importados, o governo dá até incentivos. Tanto que o Banco Nacional de Desenvolvimento Social e Econômico (BNDES) irá ajudar a financiar a nova fábrica da taiwanesa *Foxconn* no Brasil, a qual produzirá os *tablets* da Apple apenas com componentes importados. Por fim, a balança comercial - que é administrada pelo Ministério de Desenvolvimento - está fora da área de competência da Fazenda. Já a inflação que beira ao descontrole, apesar de ser da alçada do Banco Central, está bem mais próxima de Mantega. Passam ao largo de seus projetos, no entanto, medidas para baixar a elevada carga tributária, que penaliza o empresário que quer expandir oferta no país, ou mudar o perfil gastador do estado, que tanto pressiona os preços.

Plano interrompido - Desde que as montadoras asiáticas, como *Hyundai*, *Kia* e *JAC*, começaram a ganhar corpo no mercado nacional, o governo tem buscado saídas para melhorar a competitividade daquelas já instaladas no país. Os debates entre a indústria e o Planalto resultaram em um plano de estímulo à competitividade anunciado em 2010, que já previa, inclusive, um corte no redutor de 40% do imposto de importação de autopeças - beneficiando, assim, os fornecedores nacionais. Tal plano foi anunciado pelo então ministro, Miguel Jorge, e por Guido Mantega. Neste ano, veio a Medida Provisória nº 540, que previa a redução do IPI para montadoras nacionais. "É preciso entender que o país necessita de um aumento de competitividade. Medidas protecionistas geram resultados de curto prazo e não aumentam a eficiência do setor", afirma o consultor e ex-secretário de Comércio Exterior, Welber Barral.

Ocorre que o governo não quis abrir mão dos tributos e utilizou o decreto da semana passada para faturar em cima do contribuinte: limitou a concorrência; reduziu as opções do consumidor, sobretudo da classe média; e deteriorou a imagem do país junto a investidores estrangeiros, mostrando sinais de ingerência política e insegurança jurídica.

http://veja.abril.com.br/noticia/economia/o-monstrengo-do-ipi-tem-pai-guido-mantega (com adaptações).

Essa introdução serve para você perceber como fazer o início de um resumo.

Agora, após ver os trechos em negrito, os quais foram marcados como itens a serem resumidos no corpo do texto, você pode exercitar a técnica para resumi-lo.

→ **Introdução:**

O texto publicado na revista Veja (versão on-line), intitulado "o monstrengo do IPI tem pai: Guido Mantega" veicula uma matéria acerca do aumento do Imposto sobre Produtos Industrializados (IPI) dos automóveis importados, associando a figura de Guido Mantega à medida que encarece alguns itens de grande consumo no país.

01. Agora é com você! Leia e faça o seu resumo!

O monstrengo do IPI tem pai: Guido Mantega

Há exatamente uma semana, **economistas, empresários e consumidores têm tentado, sem sucesso, entender o decreto anunciado pelo governo que aumenta em 428% a cobrança do Imposto sobre Produtos Industrializados (IPI) dos automóveis importados.** A decisão provém, oficialmente, de um grupo de estudo interministerial - composto pelas pastas do Desenvolvimento, da Fazenda e de Ciência e Tecnologia - que tentava, junto à Associação Nacional dos Fabricantes de Veículos Automotores (Anfavea), encontrar uma maneira de tornar os automóveis nacionais mais competitivos. No entanto, **por trás de um trabalho que deveria ser técnico, está a mão protecionista do economista Guido Mantega,** cujo ministério nada tem a ver com a política industrial do Brasil. Se seus sonhos de se tornar o homem-forte do governo - e interferir em todas as esferas - não foram realizados durante a gestão anterior, o ministro agora consegue avanços ao ser o principal autor do novo IPI.

O site de VEJA ouviu mais de uma dezena de fontes ministeriais e do setor automotivo que não quiseram ter seus nomes revelados devido à complexidade do assunto - e a um possível temor de retaliação. **Todas proferiram uma informação em comum: o ministro Mantega - que deveria se ocupar inteiramente da função de cuidar do superávit fiscal e ajudar o Banco Central a combater a inflação** - articulou praticamente sozinho com as montadoras ditas nacionais a descabida medida da última semana. Nem mesmo os ministros Aloizio Mercadante e Fernando Pimentel, da Ciência e Tecnologia e do Desenvolvimento, respectivamente, tinham total conhecimento do assunto. Eles foram intimados de última hora a participar do anúncio e nem imaginavam que a elevação do IPI chegaria a tanto. **"O Fernando Pimentel havia dito que, se viesse, o aumento seria de um número razoável. E ele pareceu muito sincero quando disse isso. Já no momento do anúncio, ele estava "branco"", afirmou José Luiz Gandini**, presidente da Associação Brasileira das Empresas Importadoras de Veículos Automotores (Abeiva), em coletiva à imprensa no dia seguinte ao anúncio.

Atropelo - O número que circulava nos corredores do governo nas semanas que antecederam o decreto era de que o acréscimo do IPI seria de 30% e não de 30 pontos porcentuais. **A decisão de adotar uma saída ou outra traz consequências muito díspares. Elevar uma alíquota em 30% significa que o IPI de um carro popular *flex* passaria de 7% para 9,1%. Contudo, ao lançar mão do ajuste de 30 p.p., esse mesmo IPI vai a 37%. A alta absurda da carga tributária faz com que veículos que não cumprem as regras de nacionalização fixadas pelo governo fiquem até 28% mais caros para o consumidor final.** "Chegaram a esse número na etapa final de negociação", afirmou uma fonte ligada à Anfavea. Os ministros Mercadante e Pimentel foram avisados em cima da hora, de acordo com uma fonte ligada ao ministério de Desenvolvimento. "Ele atropelou todo mundo. O que ele sempre quis é que a Fazenda fizesse política industrial", afirma.

Também na Anfavea, as discussões foram pouco transparentes - tanto que executivos de montadoras ligadas à associação afirmaram à VEJA que não foram sequer consultados. A associação nega, argumentando que, desde o início do ano, há discussões com o governo para tentar melhorar a competitividade da indústria automobilística nacional. Em coletiva, o presidente da **Anfavea, Cledorvino Belini, que também preside a Fiat, negou que tenha havido lobby das grandes empresas do setor. Segundo ele, a decisão foi motivada pelo impacto negativo que a importação de veículos tem causado na balança comercial.**

Fosse essa a razão, o aumento do IPI nem assim se justificaria. **O déficit provocado pela importação de peças e veículos, que chegou a 20 bilhões de dólares no acumulado de janeiro a agosto, está bem próximo do saldo negativo da balança comercial da indústria química, que chegou a 18 bilhões de dólares no mesmo período. Já no caso dos eletroeletrônicos, esse número é de 14 bilhões de dólares até agosto, segundo dados do Ministério do Desenvolvimento.** Neste último caso, inclusive, em vez de colocar barreiras aos importados, o governo dá até incentivos. Tanto que o Banco Nacional de Desenvolvimento Social e Econômico (BNDES) irá ajudar a financiar a nova fábrica da taiwanesa *Foxconn* no Brasil, a qual produzirá os tablets da Apple apenas com componentes importados. Por fim, a balança comercial - que é administrada pelo Ministério de Desenvolvimento - está fora da área de competência da Fazenda. Já a inflação que beira ao descontrole, apesar de ser da alçada do Banco Central, está bem mais próxima de Mantega. Passam ao largo de seus projetos, no entanto, medidas para baixar a elevada carga tributária, que penaliza o empresário que quer expandir oferta no país, ou mudar o perfil gastador do estado, que tanto pressiona os preços.

Plano interrompido - Desde que as montadoras asiáticas, como *Hyundai*, *Kia* e *JAC*, começaram a ganhar corpo no mercado nacional, o governo tem buscado saídas para melhorar a competitividade daquelas já instaladas no país. Os debates entre a indústria e o Planalto resultaram em um plano de

estímulo à competitividade anunciado em 2010, que já previa, inclusive, um corte no redutor de 40% do imposto de importação de autopeças - beneficiando, assim, os fornecedores nacionais. Tal plano foi anunciado pelo então ministro, Miguel Jorge, e por Guido Mantega.** Neste ano, veio a Medida Provisória nº 540, que previa a redução do IPI para montadoras nacionais. "É preciso entender que o país necessita de um aumento de competitividade. Medidas protecionistas geram resultados de curto prazo e não aumentam a eficiência do setor", afirma o consultor e ex-secretário de Comércio Exterior, Welber Barral.

Ocorre que **o governo não quis abrir mão dos tributos e utilizou o decreto da semana passada para faturar em cima do contribuinte: limitou a concorrência; reduziu as opções do consumidor, sobretudo da classe média; e deteriorou a imagem do país junto a investidores estrangeiros, mostrando sinais de ingerência política e insegurança jurídica.**

http://veja.abril.com.br/noticia/economia/o-monstrengo-do-ipi--tem-pai-guido-mantega (com adaptações).

O Texto Descritivo

Por meio da focalização momentânea em algum ser ou objeto (ou ainda em um lapso temporal), é possível registrar características externas ou internas daquilo que se objetiva descrever. Se você precisa dizer como alguma coisa é, use o texto descritivo. Não vá pensando que não pode haver descrição em outras sequências textuais (narração, dissertação etc.), mas não podemos confundir os conceitos.

Ao passo que o texto narrativo busca sequenciar ações, o texto descritivo pode evidenciar particularidades de momentos, bem como particularidades de objetos seres etc., sem esquecer que o que vale para o julgamento do gênero textual é o critério da predominância, ou seja, o seu texto deve possuir, predominantemente, as características descritivas, para ser um texto descritivo.

→ **Tipos de descrição:**

a) Descrição de lugar, espaço ou ambiente;
  > Interna ou externa;
b) Descrição de pessoa;
  > Física ou psicológica
c) Descrição de objeto
  > Aspectos estruturais

01. Descrição objetiva (O que se vê)

A focalização, aqui, objetiva uma descrição impassível, ou seja, sem mencionar os sentidos que se podem despertar no autor quando observa aquilo que está escrevendo.

02. Descrição subjetiva (O que se sente)

A focalização, aqui, objetiva uma descrição repleta de sentimento, ou seja, quando o autor do texto observa o que está descrevendo, emoções surgem e passam a ser complemento dessa descrição.

Anotações

ÍNDICE

CAPÍTULO 01

Conjuntos Numéricos

Os números surgiram da necessidade de contar ou quantificar coisas ou objetos. Com o passar do tempo, foram adquirindo características próprias.

Números Naturais

É o primeiro dos conjuntos numéricos. Representado pelo símbolo $\mathbb{N}$, é formado pelos seguintes elementos:

$\mathbb{N} = \{0, 1, 2, 3, 4, 5, 6, 7, 8, 9, 10, 11, 12, 13, ... +\infty\}$

Fique Ligado

O símbolo ∞ significa infinito, o + quer dizer positivo, então +∞ quer dizer infinito positivo.

Números Inteiros

Esse conjunto surgiu da necessidade de que alguns cálculos não possuírem resultados, pois esses resultados eram negativos.

Representado pelo símbolo $\mathbb{Z}$, é formado pelos seguintes elementos:

$\mathbb{Z} = \{-\infty, ..., -3, -2, -1, 0, 1, 2, 3, ..., +\infty\}$

Operações e Propriedades dos Números Naturais e Inteiros

As principais operações com os números naturais e inteiros são: adição, subtração, multiplicação, divisão, potenciação e radiciação (as 4 primeiras são também chamadas operações fundamentais).

Adição

Na adição, a soma dos termos ou parcelas resulta naquilo que se chama **total**.

» **Ex.:** $2 + 2 = 4$

As propriedades da adição são:

I. Elemento Neutro: qualquer número somado ao zero tem como total o próprio número.

» **Ex.:** $2 + 0 = 2$

II. Comutativa: a ordem dos termos não altera o total.

» **Ex.:** $2 + 3 = 3 + 2 = 5$

III. Associativa: o ajuntamento de parcelas não altera o total.

» **Ex.:** $2 + 0 = 2$

Subtração

Operação contrária a adição, também conhecida como diferença.

Os termos ou parcelas da subtração assim como o total têm nomes próprios:

$M - N = P$; em que M = minuendo, N = subtraendo e P = diferença ou resto.

» **Ex.:** $7 - 2 = 5$

Quando o subtraendo for maior que o minuendo, a diferença será negativa.

Multiplicação

Nada mais é do que a soma de uma quantidade de parcelas fixas. Ao resultado da multiplicação chama-se produto. Os símbolos que indicam a multiplicação são o **"x"** (sinal de vezes) ou o **"·"** (ponto).

» **Ex.:** $4 \times 7 = 7 + 7 + 7 + 7 = 28$

» **Ex.:** $7 \cdot 4 = 4 + 4 + 4 + 4 + 4 + 4 + 4 = 28$

As propriedades da multiplicação são:

I. Elemento Neutro: qualquer número multiplicado por 1 terá como produto o próprio número.

» **Ex:** $5 \cdot 1 = 5$

II. Comutativa: ordem dos fatores não altera o produto.

» **Ex.:** $3 \cdot 4 = 4 \cdot 3 = 12$

III. Associativa: o ajuntamento dos fatores não altera o resultado.

» **Ex.:** $2 \cdot (3 \cdot 4) = (2 \cdot 3) \cdot 4 = 24$

IV. Distributiva: um fator em evidência multiplica todas as parcelas dentro dos parênteses.

» **Ex.:** $2 \cdot (3 + 4) = (2 \cdot 3) + (2 \cdot 4) = 6 + 8 = 14$

Fique Ligado

Na multiplicação existe "jogo de sinais", que fica assim:

Parcela	Parcela	Produto
+	+	+
+	-	-
-	+	-
-	-	+

» ***Ex.:*** $2 \cdot -3 = -6$

» ***Ex.:*** $-3 \cdot -7 = 21$

Divisão

É o inverso da multiplicação. Os sinais que a representam são: "÷", ":", "/" ou a fração.

Ex.:

$14 \div 7 = 2$

$25 : 5 = 5$

$36/12 = 3$

Fique Ligado

Por ser o inverso da multiplicação, a divisão também possui o "jogo de sinal".

Números Racionais

Com o passar do tempo alguns cálculos não possuíam resultados inteiros, a partir daí surgiram os números racionais, que são representados pela letra $\mathbb{Q}$ e são os números que podem ser escritos sob forma de frações.

$\mathbb{Q} = \frac{a}{b}$ (com "b" diferente de zero → $b \neq 0$); em que "a" é o numerador e "b" é o denominador.

Fazem parte desse conjunto também as dízimas periódicas (números que apresentam uma série infinita de algarismos decimais, após a vírgula) e os números decimais (aqueles que são escritos com a vírgula e cujo denominador são as potências de 10).

Fique Ligado

Toda fração cujo numerador é menor que o denominador é chamada de fração própria.

Operações com os Números Racionais

Adição e Subtração

Para somar frações deve-se estar atento se os denominadores das frações são os mesmos. Caso sejam iguais, basta repetir o denominador e somar (ou subtrair) os numeradores, porém se os denominadores forem diferentes é preciso fazer o M.M.C. (assunto que será visto adiante) dos denominadores, constituir novas frações equivalentes às frações originais e, assim, proceder com o cálculo.

Ex.:

$$\frac{2}{7}+\frac{4}{7}=\frac{6}{7}$$

$$\frac{2}{3}+\frac{4}{5}=\frac{10}{15}+\frac{12}{15}=\frac{22}{15}$$

Multiplicação

Para multiplicar frações basta multiplicar numerador com numerador e denominador com denominador.

Ex.:

$$\frac{3}{4}\cdot\frac{5}{7}=\frac{15}{28}$$

Divisão

Para dividir frações basta fazer uma multiplicação da primeira fração com o inverso da segunda fração.

Ex.:

$\frac{2}{3}\div\frac{4}{5}=\frac{2}{3}\cdot\frac{5}{4}=\frac{10}{12}=\frac{5}{6}$ (Simplificando tudo por 2)

Fique Ligado

Toda vez que for possível deve-se simplificar a fração até sua fração irredutível (aquela que não pode mais ser simplificada).

Potenciação

Se a multiplicação é soma de uma quantidade de parcelas fixas, a potenciação é a multiplicação de uma quantidade de fatores fixos, tal quantidade indicada no expoente que acompanha a base da potência.

A potenciação é expressa por: $\mathbf{a^n}$, cuja "a" é a base da potência e o "n" é o expoente.

» **Ex.:** $4^3 = 4\cdot4\cdot4 = 64$

As propriedades das potências são:

I. $a^0 = 1$

» **Ex.:** $3^0 = 1$

II. $a^1 = a$

» **Ex.:** $5^1 = 5$

III. $a^{-n} = 1/a^n$

» **Ex.:** $2^{-3} = \frac{1}{2^3} = 1/8$

IV. $a^m \cdot a^n = a^{(m+n)}$

» **Ex.:** $3^2\cdot3^3 = 3^{(2+3)} = 3^5 = 243$

V. $a^m : a^n = a^{(m-n)}$

» **Ex.:** $4^5 : 4^3 = 4^{(5-3)} = 4^2 = 16$

VI. $(a^m)^n = a^{m\cdot n}$

» **Ex.:** $(2^2)^4 = 2^{2\cdot4} = 2^8 = 256$

VII. $a^{m/n} = \sqrt[n]{a^m}$

» **Ex.:** $7^{2/3} = \sqrt[3]{7^2} = \sqrt[3]{49}$

Fique Ligado

Não confunda: "$(a^m)n \neq a^{m^n}$", tendo $(-a)^n$; se "n" for par, o resultado será positivo, mas se "n" for ímpar o resultado será negativo.

Não confunda também: $(-a)^n \neq -a^n$.

Radiciação

É a expressão da potenciação com expoente fracionário.

A representação genérica da radiciação é: $\sqrt[n]{a}$; cujo "n" é o índice da raiz, o "a" é o radicando e "$\sqrt{\ }$" é o radical.

Quando o índice da raiz for o 2 ele não precisa aparecer e essa raiz será uma raiz quadrada.

As propriedades das "raízes" são:

I. $\sqrt[n]{a^m} = (\sqrt[n]{a})^m = a^{m/n}$

II. $\sqrt[m]{\sqrt[n]{a}} = \sqrt[m\cdot n]{a}$

III. $\sqrt[m]{a^m} = a = a^{m/m} = a^1 = a$

VI. Racionalização: se uma fração tem em seu denominador um radical, faz-se o seguinte:

$$\frac{1}{\sqrt{a}}=\frac{1}{\sqrt{a}}\cdot\frac{\sqrt{a}}{\sqrt{a}}=\frac{\sqrt{a}}{\sqrt{a^2}}=\frac{\sqrt{a}}{a}$$

Transformando Dízima Periódica em Fração

Para transformar dízimas periódicas em fração é preciso tomar alguns cuidados:

→ **1º:** verifique se depois da vírgula só há a parte periódica, ou se há uma parte não periódica e uma periódica.

→ **2º:** observe quantas são as "casas" periódicas e, caso haja, as não periódicas. Lembrado sempre que essa observação, só será para os números que estão depois da vírgula.

→ **3º:** em relação à fração, o denominador será tantos "9" quantos forem as casas do período, seguido de tantos "0" quantos forem as casas não periódicas (caso haja e depois da vírgula). Já o numerador será o número sem a vírgula até o primeiro período "menos" toda a parte não periódica (caso haja).

Ex.:

» $0{,}6666... = \frac{6}{9}$

» $0{,}36363636... = \frac{36}{99}$

» $0{,}123333... = \frac{123-12}{900} = \frac{111}{900}$

» $2{,}8888... = \frac{28-2}{9} = \frac{26}{9}$

» $3{,}754545454... = \frac{3754-37}{990} = \frac{3717}{990}$

Transformando Número Decimal em Fração

Para transformar número decimal em fração, basta contar quantas "casas" existem depois da vírgula; então o denominador da fração será o número 1 acompanhado de tantos zeros quantos forem o número de "casas", já o numerador será o número sem a "vírgula".

Ex.:

» $0,3 = \frac{3}{10}$

» $2,45 = \frac{245}{100}$

» $49,586 = \frac{49586}{1000}$

Números Irracionais

São os números que não podem ser escritos na forma de fração.

O conjunto é representado pela letra $\mathbb{I}$ e tem como elementos as dízimas não periódicas e as raízes não exatas.

Números Reais

Simbolizado pela letra $\mathbb{R}$, é a união do conjunto dos números racionais com o conjunto dos números irracionais.

Representado, tem-se:

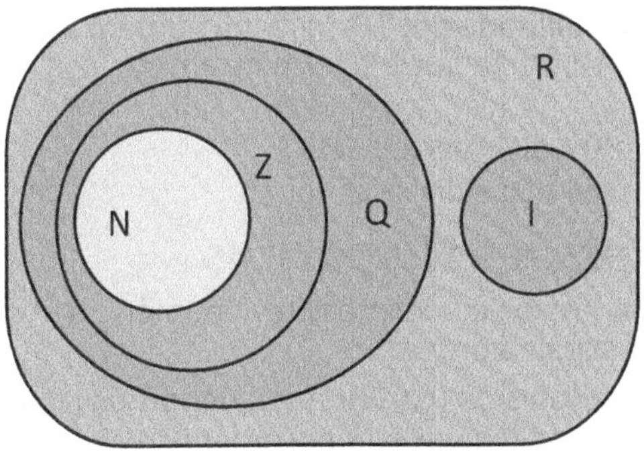

Colocando todos os números em uma reta, tem-se:

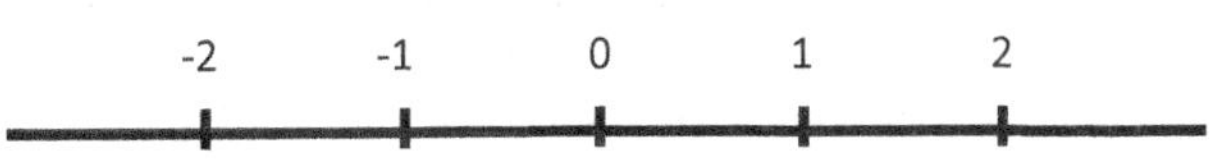

As desigualdades ocorrem em razão de os números serem maiores ou menores uns dos outros.

Os símbolos das desigualdades são:

$\geq$ = maior igual a;

$\leq$ = menor igual a;

$>$ = maior que;

$<$ = menor que.

Dessas desigualdades surgem os intervalos, que nada mais são do que um espaço dessa reta, entre dois números.

Os intervalos podem ser abertos ou fechados, depende dos símbolos de desigualdade utilizados.

Intervalo aberto ocorre quando os números não fazem parte do intervalo e os sinais de desigualdade são:

$>$ = maior que;

$<$ = menor que.

Intervalo fechado ocorre quando os números fazem parte do intervalo e os sinais de desigualdade são:

$\geq$ = maior igual a;

$\leq$ = menor igual a.

Intervalos

Os intervalos numéricos podem ser representados das seguintes formas:

→ **Com os símbolos $<, >, \leq, \geq$**

Quando forem usados os símbolos $<$ ou $>$, os números que os acompanham não fazem parte do intervalo real. Já quando forem usados os símbolos $\leq$ ou $\geq$ os números farão parte do intervalo real.

Ex.:

$2 < x < 5$ → o 2 e o 5 não fazem parte do intervalo.

$2 \leq x < 5$ → o 2 faz parte do intervalo, mas o 5 não faz parte do intervalo.

$2 \leq x \leq 5$ → o 2 e o 5 fazem parte do intervalo.

→ **Com os colchetes**

Quando os colchetes estiverem voltados para os números, significa que farão parte do intervalo. Porém, quando os colchetes estiverem invertidos, significa que os números não farão parte do intervalo.

Ex.:

]2;5[→ o 2 e o 5 não fazem parte do intervalo.

[2;5[→ o 2 faz parte do intervalo, mas o 5 não faz parte do intervalo.

[2;5]→ o 2 e o 5 fazem parte do intervalo.

→ **Sobre uma reta numérica:**

Intervalo aberto $2<x<5$:

Em que 2 e 5 não fazem parte do intervalo numérico, representado pela marcação aberta (sem preenchimento - O).

Intervalo fechado e aberto $2<x<5$:

Em que 2 faz parte do intervalo, representado pela marcação fechada (preenchida -●) em que 5 não faz parte do intervalo, representado pela marcação aberta (O).

Intervalo fechado $2<x<5$:

Em que 2 e 5 fazem parte do intervalo numérico, representado pela marcação fechada (●).

Múltiplos e Divisores

→ Os **múltiplos** são resultados de uma multiplicação de dois números naturais.

» **Ex.:** os múltiplos de 3 são: 0, 3, 6, 9, 12, 15, 18, 21, 24, 27, 30... (os múltiplos são infinitos).

Fique Ligado

Números quadrados perfeitos são aqueles que resultam da multiplicação de um número por ele mesmo.

» ***Ex.:*** $4 = 2 \cdot 2$

» ***Ex.:*** $25 = 5 \cdot 5$

→ Os **divisores** de um "número" são os números cuja divisão desse "número" por eles será exata.

Ex.: os divisores de 12 são: 1, 2, 3, 4, 6, 12.

Números Primos

São os números que têm apenas dois divisores, o 1 e ele mesmo (alguns autores consideram os números primos aqueles que tem 4 divisores, sendo o 1, o -1, ele mesmo e o seu oposto – simétrico).

Veja alguns números primos:

> 2 (único primo par), 3, 5, 7, 11, 13, 17, 19, 23, 29, 31, 37, 41, 43, 47, 53, 59, ...

Os números primos servem para decompor outros números.

A decomposição de um número em fatores primos serve para fazer o M.M.C. (mínimo múltiplo comum) e o M.D.C. (máximo divisor comum).

M.M.C. e M.D.C.

O M.M.C. de um, dois ou mais números é o menor número que, ao mesmo tempo, é múltiplo de todos esses números.

O M.D.C. de dois ou mais números é o maior número que pode dividir todos esses números ao mesmo tempo.

Para calcular, após decompor os números, o M.M.C. de dois ou mais números será o produto de todos os fatores primos, comuns e não comuns, elevados aos maiores expoentes. Já o M.D.C. será apenas os fatores comuns a todos os números elevados aos menores expoentes.

Ex.:

» $6 = 2 \cdot 3$
» $18 = 2 \cdot 3 \cdot 3 = 2 \cdot 3^2$
» $35 = 5 \cdot 7$
» $144 = 2 \cdot 2 \cdot 2 \cdot 2 \cdot 3 \cdot 3 = 2^4 \cdot 3^2$
» $225 = 3 \cdot 3 \cdot 5 \cdot 5 = 3^2 \cdot 5^2$
» $490 = 2 \cdot 5 \cdot 7 \cdot 7 = 2 \cdot 5 \cdot 7^2$
» $640 = 2 \cdot 2 \cdot 2 \cdot 2 \cdot 2 \cdot 2 \cdot 2 \cdot 5 = 2^7 \cdot 5$
» M.M.C. de 18 e 225 = $2 \cdot 3^2 \cdot 5^2 = 2 \cdot 9 \cdot 25 = 450$
» M.D.C. de 225 e 490 = 5

Para saber a quantidade de divisores de um número basta, depois da decomposição do número, pegar os expoentes dos fatores primos, somar "+1" e multiplicar os valores obtidos.

» **Ex.:** $225 = 3^2 \cdot 5^2 = 3^{2+1} \cdot 5^{2+1} = 3 \cdot 3 = 9$

Nº de divisores = $(2 + 1) \cdot (2 + 1) = 3 \cdot 3 = 9$ divisores. Que são: 1, 3, 5, 9, 15, 25, 45, 75, 225.

Divisibilidade

As regras de divisibilidade servem para facilitar a resolução de contas, para ajudar a descobrir se um número é ou não divisível por outro. Veja algumas dessas regras.

→ **Divisibilidade por 2:** para um número ser divisível por 2 basta que o mesmo seja par.

Ex.:

» 14 é divisível por 2.
» 17 não é divisível por 2.

→ **Divisibilidade por 3:** para um número ser divisível por 3, a soma dos seus algarismos tem que ser divisível por 3.

Ex.:

» 174 é divisível por 3, pois 1 + 7 + 4 = 12
» 188 não é divisível por 3, pois 1 + 8 + 8 = 17

→ **Divisibilidade por 4:** para um número ser divisível por 4, ele tem que terminar em 00 ou os seus dois últimos números devem ser múltiplos de 4.

Ex.:

» 300 é divisível por 4.
» 532 é divisível por 4.
» 766 não é divisível por 4.

→ **Divisibilidade por 5:** para um número ser divisível por 5, ele deve terminar em 0 ou em 5.

Ex.:

» 35 é divisível por 5.
» 370 é divisível por 5.
» 548 não é divisível por 5.

→ **Divisibilidade por 6:** para um número ser divisível por 6, ele deve ser divisível por 2 e por 3 ao mesmo tempo.

Ex.:

» 78 é divisível por 6.
» 576 é divisível por 6.
» 652 não é divisível por 6.

→ **Divisibilidade por 9:** para um número ser divisível por 9, a soma dos seus algarismos deve ser divisível por 9.

Ex.:

» 75 é não divisível por 9.
» 684 é divisível por 9.

→ **Divisibilidade por 10**: para um número ser divisível por 10, basta que ele termine em 0.

Ex.:

» 90 é divisível por 10.
» 364 não é divisível por 10.

Expressões Numéricas

Para resolver expressões numéricas, deve-se sempre seguir a ordem:

→ **1º:** resolva os (parênteses), depois os [colchetes], depois as {chaves}, nessa ordem;

→ **2º:** dentre as operações resolva primeiro as potenciações e raízes (o que vier primeiro), depois as multiplicações e divisões (o que vier primeiro) e por último as somas e subtrações (o que vier primeiro).

Ex.:

Calcule o valor da expressão:

$$8 - \{5 - [10 - (7 - 3 \cdot 2)] \div 3\}$$

Resolução:

$$8 - \{5 - [10 - (7 - \mathbf{6})] \div 3\}$$
$$8 - \{5 - [10 - (\mathbf{1})] \div 3\}$$
$$8 - \{5 - [\mathbf{9}] \div 3\}$$
$$8 - \{5 - \mathbf{3}\}$$
$$8 - \{\mathbf{2}\}$$
$$6$$

Exercício Comentado

01. Simplificando-se a expressão, (12,15 + 3/40) ÷ (102/50 – 0,0025) obtém-se um número:

a) Quadrado perfeito.
b) Divisível por 5.
c) Múltiplo de 6.
d) Primo.
e) Ímpar.

RESPOSTA. "C".

12,15 = 1.215/100

0,0025 = 25/10.000

Somando:

1.215/100 + 3/40 = 2.445/200

102/50 25/10.000 = 20.375/10.000

Então:

2.445/200 ÷ 20.375/10.000 = 2.445/200 · 10.000/20.375 = 24.450.000/4.075.000 = 6

Vamos Praticar

01. Considere x = 10 e y = 20. Calcule o valor de $(x + y)^2 - 2xy$.

a) 900
b) 600
c) 500
d) 300
e) 200

02. O conjunto A = {-4, -3, -2, -1, 0, 1} pode ser representado por:

a) $\{x \in Z \mid -4 < x < 1\}$
b) $\{x \in Z \mid -4 < x \leq 1\}$
c) $\{x \in Z \mid -4 \leq x \leq 1\}$
d) $\{x \in Z \mid -4 \leq x < 1\}$
e) $\{x \in Z \mid +4 < x < 1\}$

03. O valor da expressão $\frac{A^2 - B^{\,3}}{A^{B} + B^{A}}$, para A = 2 e B = -1 é um número compreendido entre:

a) -2 e 1.
b) 1 e 4.
c) 4 e 7.
d) 7 e 9.
e) 9 e 10.

04. Um historiador comentou em sala de aula: "Meu tataravô nasceu no século 18. O ano em que nasceu era um cubo perfeito. O ano em que morreu era um quadrado perfeito. O quanto viveu, também era um quadrado perfeito." Quantos anos viveu o tataravô do historiador?

a) 36
b) 30
c) 32
d) 34
e) 40

05. Os restos das divisões de 247 e 315 por x são 7 e 3, respectivamente. Os restos das divisões de 167 e 213 por y são 5 e 3, respectivamente. O maior valor possível para a soma x + y é:

a) 36
b) 34
c) 30
d) 25

Sejam x e y números naturais, e Δ e □ símbolos com os seguintes significados:

x Δ y é igual ao maior número dentre x e y, com x ≠ y;

x □ y é igual ao menor número dentre x e y, com x ≠ y;

se x = y, então x Δ y = x □ y = x = y.

06. De acordo com essas regras, o valor da expressão [64 □ (78 Δ 64) □ {92 Δ[(43 □21) Δ21]} é:

a) 92.
b) 78.
c) 64.
d) 43.
e) 21.

07. O valor exato de $\frac{0{,}2929\ldots - 0{,}222\ldots}{0{,}555\ldots + 0{,}333\ldots}$ é:

a) 3/25
b) 3/28
c) 4/34
d) 6/58
e) 7/88

Sejam x e y números reais dados por suas representações decimais:

$$\begin{cases} x = 0{,}111111\ldots \\ y = 0{,}999999\ldots \end{cases}$$

08. Pode-se afirmar que:

a) x + y = 1
b) x - y = 8 / 9
c) xy = 0,9
d) 1 / (x + y) = 0,9
e) xy = 1

09. Sejam as afirmações:

I. A soma entre dois números irracionais é sempre um número irracional.

II. Toda dízima periódica pode ser escrita com uma fração de denominador e numerador inteiros.

III. $7\pi/4 > 11/2$

Pode-se dizer que:

a) São corretas somente I e II.
b) Todas são corretas.
c) Somente uma delas é correta.
d) São corretas somente II e III.

10. Analise as afirmativas a seguir:

I. $\sqrt{6}$ é maior que $\frac{5}{2}$.

II. 0,555... é um número racional.

III. Todo número inteiro tem antecessor.

Assinale:

a) Se somente as afirmativas I e III estiverem corretas.
b) Se somente a afirmativa II estiver correta.
c) Se somente as afirmativas I e II estiverem corretas.
d) Se somente a afirmativa I estiver correta.
e) Se somente as afirmativas II e III estiverem corretas.

Gabarito

01	C	06	C
02	C	07	E
03	B	08	D
04	A	09	C
05	C	10	E

CAPÍTULO 02

Sistema Legal de Medidas

Medidas de Tempo

A unidade padrão do tempo é o segundo (seg.), mas devemos saber as seguintes relações:

> **1 min. = 60 seg.**
> **1hr. = 60 min. = 3600 seg.**
> **1 dia = 24 hrs = 1440 min. = 86400 seg.**
> 30 dias = 1 mês
> 2 meses = 1 bimestre
> 6 meses = 1 semestre
> 12 meses = 1ano
> 10 anos = 1 década
> 100 anos = 1 século

Fique Ligado

Cuidado com as transformações de tempo, pois elas não seguem o mesmo padrão das outras medidas.

Ex.:

» 15h47min18seg + 11h39min59seg = 26h86min-**77seg** = 26h**87min**17seg = **27h**27min17seg = 1dia3h27mim17seg;

» 8h23min – 3h49min51seg = **7h**83min – 3h49min51seg = 7h**82min**60seg – 3h49min-51seg = 4h33min9seg.

Sistema Métrico Decimal

Serve para medir comprimentos, distâncias, áreas e volumes. Tem como unidade padrão o metro (m). Veremos agora seus múltiplos, variações e algumas transformações.

→ **Metro (m):**

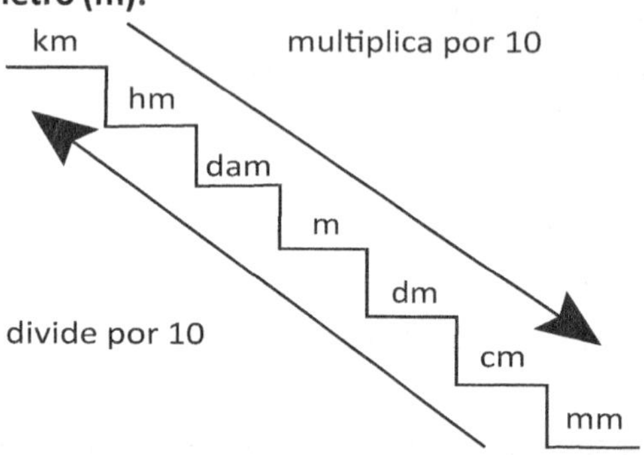

Para cada degrau descido da escada, multiplica-se por 10, e para cada degrau subido, divide-se por 10.

Ex.:

» Transformar 2,98km em cm = 2,98 · 100.000 = 298.000cm (na multiplicação por 10 ou suas potências, basta deslocar a "vírgula" para a direita);

» Transformar 74m em km = 74 ÷ 1000 = 0,074km (na divisão por 10 ou suas potências, basta deslocar a "vírgula" para a esquerda).

Fique Ligado

O grama (g) e o litro (l) seguem o mesmo padrão do metro (m).

→ **Metro quadrado (m^2):**

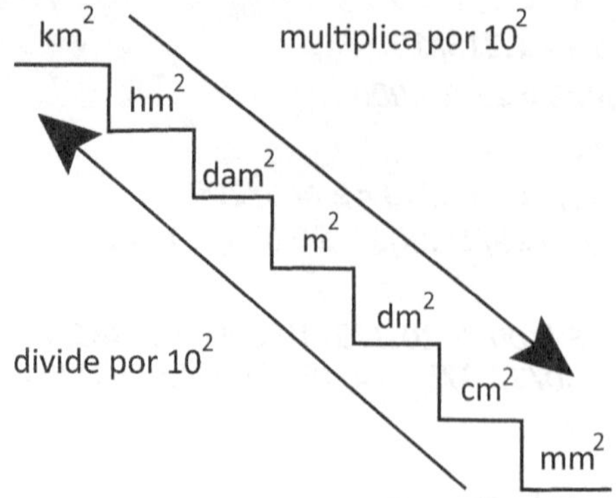

Para cada degrau descido da escada multiplica por 10^2 ou 100, e para cada degrau subido divide por 10^2 ou 100.

Ex.:

» Transformar $79{,}11m^2$ em cm^2 = 79,11 · 10.000 = $791.100cm^2$;

» Transformar $135m^2$ em km^2 = 135 ÷ 1.000.000 = $0{,}000135km^2$.

→ **Metro cúbico (m^3):**

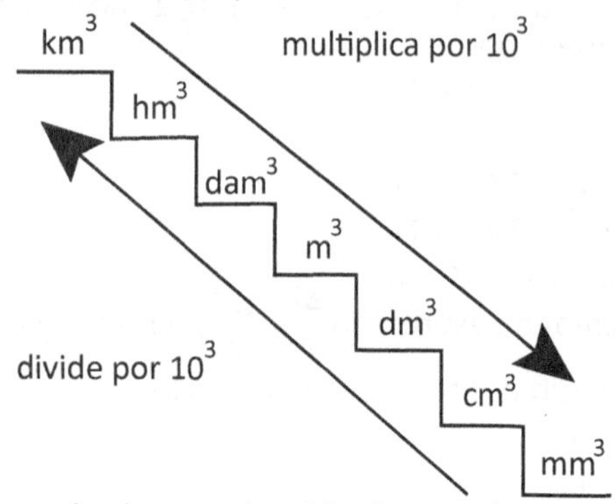

Para cada degrau descido da escada, multiplica-se por 10^3 ou 1000, e para cada degrau subido, divide-se por 10^3 ou 1000.

Ex.:

» Transformar $269dm^3$ em cm^3 = 269 · 1.000 = $269.000cm^3$

» Transformar $4.831cm^3$ em m^3 = 4.831 ÷ 1.000.000 = $0{,}004831m^3$

Fique Ligado

O metro cúbico, por ser uma medida de volume, tem relação com o litro (l), e essa relação é:

> ***$1m^3$ = 1000 litros***
> ***$1dm^3$ = 1 litro***
> ***$1cm^3$ = 1 mililitro***

Exercício Comentado

01. ***Determine o valor em decímetros de 0,375 dam.***

a) 3,75 dm
b) 0,0375 dm
c) 3750 dm
d) 37,5 dm
e) 375 dm

RESPOSTA. "D". De dam para dm (decímetros), vamos descer 2 degraus, então devemos multiplicar 0,375 por 100 (10 · 10 = 100) que é igual a 37,5 dm.

Vamos Praticar

01. José é funcionário de uma imobiliária e gosta muito de Matemática. Para fazer uma brincadeira com um colega, resolveu escrever as áreas de cinco apartamentos que estão à venda em unidades de medida diferentes, como mostra a tabela abaixo.

Apartamento	Área
I	0,000162 km^2
II	180 m^2
III	12.800 dm^2
IV	950.000 cm^2
V	100.000.000 mm^2

Em seguida, pediu ao colega que organizasse as áreas dos cinco apartamentos em ordem crescente.

O colega de José respondeu corretamente ao desafio proposto apresentando a ordem:

a) I < II < III < IV < V
b) II < I < IV < V < III
c) IV < V < III < I < II
d) V < II < I < III < IV
e) V < IV < III < II < I

02. No modelo abaixo, os pontos A, B, C e D pertencem à mesma reta. O ponto A dista 65,8 mm do ponto D; o ponto B dista 41,9 mm do ponto D, e o ponto C está a 48,7 mm do ponto A.

Qual é, em milímetros, a distância entre os pontos B e C?

a) 17,1
b) 23,1
c) 23,5
d) 23,9
e) 24,8

03. Uma pessoa levou 1 hora, 40 minutos e 20 segundos para realizar determinada tarefa. O tempo total de trabalho dessa pessoa, em segundos, vale:

a) 120
b) 1420
c) 3660
d) 4120
e) 6020

04. Sabe-se que, num dado instante, a velocidade de um veículo era v = 0,0125 km/s. Assim sendo, é correto afirmar que, em metros por hora, v seria igual a:

a) 45 000.
b) 25 000.
c) 7 500.
d) 4 500.
e) 2 500.

05. Considere que:

1 milissegundo (ms) = 10^{-3} segundo

1 microssegundo (μs) = 10^{-6} segundo

1 nanossegundo (ns) = 10^{-9} segundo

1 picossegundo (ps) = 10^{-12} segundo

Nessas condições, a soma 1 ms + 10 μs + 100 ns + 1 000 ps NÃO é igual a:

a) 1,010101 ms.
b) 0,001010101 s.
c) 1.010.101.000 ps.
d) 1.010.101 ns.
e) 10.101,01 μs.

06. Três alunos A, B e C participam de uma gincana e uma das tarefas é uma corrida em pista circular. Eles gastam para esta corrida, respectivamente, 1,2 minutos, 1,5 minutos e 2 minutos para completarem uma volta na pista. Eles partem do mesmo local e no mesmo instante. Após algum tempo, os três alunos se encontram pela primeira vez no local de partida. Considerando os dados acima, assinale a alternativa correta.

a) Na terceira vez que os três se encontrarem, o aluno menos veloz terá completado 12 voltas.
b) O tempo que o aluno B gastou até que os três se encontraram pela primeira vez foi de 4 minutos.
c) No momento em que os três alunos se encontraram pela segunda vez, o aluno mais veloz gastou 15 minutos.
d) A soma do número de voltas que os três alunos completaram quando se encontraram pela segunda vez foi 24.

07. Aos domingos, é possível fazer um passeio de 7 km pela antiga Estrada de Ferro Madeira-Mamoré, indo de Porto Velho até Cachoeira de Santo Antônio. Esse passeio acontece em quatro horários: 9h, 10h 30min, 15h e 16h 30min. Um turista pretendia fazer o passeio no segundo horário da manhã, mas chegou atrasado à estação e, assim, teve que esperar 3 horas e 35 minutos até o horário seguinte. A que horas esse turista chegou à estação?

a) 10h 55min.
b) 11h 15min.
c) 11h 25min.
d) 11h 45min.
e) 11h 55min.

08. A velocidade de 120 km/h equivale, aproximadamente, à velocidade de:

a) 33,33 m/s
b) 35 m/s
c) 42,5 m/s
d) 54,44 m/s
e) 60 m/s

09. Certo nadador levou 150 segundos para completar uma prova de natação. Esse tempo corresponde a:

a) Um minuto e meio.
b) Dois minutos.
c) Dois minutos e meio.
d) Três minutos.
e) Três minutos e meio.

10. Considere que 1 litro de óleo de soja pesa aproximadamente 960 gramas. Uma empresa exporta 6 contêineres contendo 32 toneladas de óleo de soja cada. Quantos metros cúbicos de óleo foram exportados por essa empresa?

a) 100
b) 200
c) 300
d) 400
e) 600

Gabarito

01	*C*	*06*	*D*
02	*E*	*07*	*C*
03	*E*	*08*	*A*
04	*A*	*09*	*C*
05	*E*	*10*	*B*

Anotações

CAPÍTULO 03

Razões e Proporções

Neste capítulo, estão presentes alguns assuntos muito incidentes em provas: razões e proporções. É preciso que haja atenção no estudo desse conteúdo.

Grandeza

É tudo aquilo que pode ser contado, medido ou enumerado.

» **Ex.:** comprimento (distância), tempo, quantidade de pessoas e/ou coisas etc.

Grandezas diretamente proporcionais: são aquelas em que o aumento de uma implica o aumento da outra.

» **Ex.:** quantidade e preço.

Grandezas inversamente proporcionais: são aquelas em que o aumento de uma implica a diminuição da outra.

» **Ex.:** velocidade e tempo.

Razão

É a comparação de duas grandezas. Essas grandezas podem ser de mesma espécie (com a mesma unidade) ou de espécies diferentes (unidades diferentes). Nada mais é do que uma fração do tipo $\frac{a}{b}$, com $b \neq 0$.

Nas razões, os numeradores são também chamados de antecedentes e os denominadores de consequentes.

Exemplos:

» **Escala**: comprimento no desenho comparado ao tamanho real.

» **Velocidade**: distância comparada ao tempo.

Proporção

Pode ser definida como a igualdade de razões.

$$\frac{a}{b} = \frac{c}{d}$$

Dessa igualdade, tiramos a propriedade fundamental das proporções: "o produto dos meios igual ao produto dos extremos" (a chamada "multiplicação cruzada").

$$b \cdot c = a \cdot d$$

É basicamente essa propriedade que ajuda resolver a maioria das questões desse assunto.

Fique Ligado

Dados três números racionais a, b e c, não nulos, denomina-se quarta proporcional desses números um número x tal que:

$$\frac{a}{b} = \frac{c}{x}$$

Proporção contínua é toda proporção que apresenta os meios iguais.

De um modo geral, uma proporção contínua pode ser representada por:

$$\frac{a}{b} = \frac{b}{c}$$

Dados dois números naturais a e b, não nulos, denomina-se terceira proporcional desses números o número x tal que:

$$\frac{a}{b} = \frac{b}{x}$$

As outras propriedades das proporções são:

Numa proporção, a soma dos dois primeiros termos está para o 2º (ou 1º) termo, assim como a soma dos dois últimos está para o 4º (ou 3º).

$$\frac{a+b}{b} = \frac{c+d}{d} \text{ ou } \frac{a+b}{a} = \frac{c+d}{c}$$

Numa proporção, a diferença dos dois primeiros termos está para o 2º (ou 1º) termo, assim como a diferença dos dois últimos está para o 4º (ou 3º).

$$\frac{a-b}{b} = \frac{c-d}{d} \text{ ou } \frac{a-b}{a} = \frac{c-d}{c}$$

Numa proporção, a soma dos antecedentes está para a soma dos consequentes, assim como cada antecedente está para o seu consequente.

$$\frac{a+c}{b+d} = \frac{c}{d} = \frac{a}{b}$$

Numa proporção, a diferença dos antecedentes está para a diferença dos consequentes, assim como cada antecedente está para o seu consequente.

$$\frac{a-c}{b-d} = \frac{c}{d} = \frac{a}{b}$$

Numa proporção, o produto dos antecedentes está para o produto dos consequentes, assim como o quadrado de cada antecedente está para quadrado do seu consequente.

$$\frac{a \cdot c}{b \cdot d} = \frac{a^2}{b^2} = \frac{c^2}{d^2}$$

Fique Ligado

A última propriedade pode ser estendida para qualquer número de razões.

Ex.:

$$\frac{a \cdot c \cdot e}{b \cdot d \cdot f} = \frac{a^3}{b^3} = \frac{c^3}{d^3} = \frac{e^3}{f^3}$$

Divisão em Partes Proporcionais

Para dividir um número em partes direta ou inversamente proporcionais, basta seguir algumas regras:

→ **Divisão em partes diretamente proporcionais.**

Ex.:

Divida o número 50 em partes diretamente proporcionais a 4 e a 6.

$4x + 6x = 50$

$10x = 50$

$X = \frac{50}{10}$

$X = 5$

X = constante proporcional

Então, $4x = 4 \cdot 5 = 20$ e $6x = 6 \cdot 5 = 30$

Logo, a parte proporcional a 4 é o 20 e a parte proporcional ao 6 é o 30.

→ **Divisão em partes inversamente proporcionais.**

Ex.:

Divida o número 60 em partes inversamente proporcionais a 2 e a 3.

$$\frac{x}{2}+\frac{x}{3}=60$$

$$\frac{3x}{6}+\frac{2x}{6}=60$$

$$5x = 60 \cdot 6$$

$$5x = 360$$

$$X=\frac{360}{5}$$

$$X = 72$$

X = constante proporcional

Então, $\frac{x}{2}=\frac{72}{2}=36$ e $\frac{x}{3}=\frac{72}{3}=24$

Logo, a parte proporcional a 2 é o 36 e a parte proporcional ao 3 é o 24.

Fique Ligado

Perceba que na divisão diretamente proporcional que quem tiver a maior parte ficará com o maior valor, já, na divisão inversamente proporcional, quem tiver a maior parte ficará com o menor valor.

Regra das Torneiras

Sempre que uma questão envolver uma "situação" que pode ser feita de um jeito em determinado tempo (ou por uma pessoa) e, em outro tempo, de outro jeito (ou por outra pessoa), e quiser saber em quanto tempo seria se fosse feito tudo ao mesmo tempo, usa-se a regra da torneira, que consiste na aplicação da seguinte fórmula:

$$t_T=\frac{t_1 \cdot t_2}{t_1+t_2}$$

> **Cujo** "t" é o tempo.

Quando houver mais de duas "situações", é melhor usar a fórmula:

$$\frac{1}{t_T}=\frac{1}{t_1}+\frac{1}{t_2}+\ldots+\frac{1}{t_n}$$

> **Cujo** "n" é a quantidade de situações.

Ex.:

Uma torneira enche um tanque em 6h. Uma segunda torneira enche o mesmo tanque em 8h. Se as duas torneiras forem abertas juntas quanto tempo vão levar para encher o mesmo tanque?

Aplicando a fórmula:

$$t_T=\frac{t_1 \cdot t_2}{t_1+t_2}$$

$$t_T=\frac{6 \cdot 8}{6+8}=\frac{48}{14}=3\text{h}25\text{min}43\text{seg}$$

Regra de Três

Mecanismo prático e/ou método utilizado para resolver questões que envolvem razão e proporção (grandezas).

Regra de Três Simples

Aquela que só envolve duas grandezas.

Ex.:

Durante uma viagem um carro consome 20 litros de combustível para percorrer 240km, quantos litros são necessários para percorrer 450km?

Primeiro, verifique se as grandezas envolvidas na questão são direta ou inversamente proporcionais, e monte uma estrutura para visualizar melhor a questão.

Distância	Litro
240	20
450	x

Ao aumentar a distância, a quantidade de litros de combustível necessária para percorrer essa distância também vai aumentar, então, as grandezas são diretamente proporcionais.

$$\frac{20}{x}=\frac{240}{450}$$

Aplicando a propriedade fundamental das proporções:

$$240x = 9000$$

$$X=\frac{9000}{240}=37{,}5 \text{ litros}$$

Regra de Três Composta

Aquela que envolve mais de duas grandezas.

Ex.:

Dois pedreiros levam 9 dias para construir um muro com 2m de altura. Trabalhando 3 pedreiros e aumentando a altura para 4m, qual será o tempo necessário para completar esse muro?

Neste caso, deve-se comparar uma grandeza de cada vez com a variável.

Dias	Pedreiros	Altura
9	2	2
x	3	4

Note que, ao aumentar a quantidade de pedreiros, o número de dias necessários para construir um muro diminui, então as grandezas *pedreiros e dias* são inversamente proporcionais. No entanto, se aumentar a altura do muro, será necessário mais dias para construí-lo dessa forma as grandezas *muro* e *dias* são diretamente proporcionais. Para finalizar, basta montar a proporção e resolver, lembrando que quando uma grandeza for inversamente proporcional à variável sua fração será invertida.

$$\frac{9}{x}=\frac{3}{2}\cdot\frac{2}{4}$$

$$\frac{9}{x}=\frac{6}{8}$$

Aplicando a propriedade fundamental das proporções:

$$6x = 72$$

$$X=\frac{72}{6}=12 \text{ dias}$$

Exercício Comentado

01. ***Em um quartel, 7/9 dos militares são praças e existem 10 oficiais. Como o efetivo do quartel é composto de oficiais e praças, qual o número total de militares no quartel?***

a) 45
b) 44
c) 36
d) 28
e) 21

RESPOSTA. "A". Se 7/9 dos militares são praças, então 2/9 (1 – 7/9 = 2/9) são oficiais. Como 2/9 corresponde à fração dos oficiais e esse valor é igual a 10 oficiais:

$$2x/9 = 10$$
$$2x = 90$$
$$X = 90/2$$
$$X = 45$$

Portanto o número de militares no quartel é igual a 45

Vamos Praticar

01. A proporção entre as medalhas de ouro, prata e bronze conquistadas por um atleta é 1:2:4, respectivamente. Se ele disputar 77 competições e ganhar medalhas em todas elas, quantas medalhas de bronze ele ganhará?

a) 55
b) 33
c) 44
d) 22
e) 11

02. Devido à diferença de gravidade entre a Terra e a Lua, um astronauta de 150 Kg pesa na Lua apenas 25 Kg. Quanto pesa na Lua um homem que na Terra pesa 90 Kg?

a) 10 Kg
b) 15 Kg
c) 20 Kg
d) 25 Kg
e) 28 Kg

03. Uma torneira enche um tanque, sozinha, em 2 horas enquanto outra torneira demora 4 horas. Em quanto tempo as duas torneiras juntas encherão esse mesmo tanque?

a) 1h 10 min.
b) 1h 20 min.
c) 1h 30 min.
d) 1h 50 min.
e) 2h.

04. Um site da internet que auxilia os usuários a calcularem a quantidade de carne que deve ser comprada para um churrasco considera que quatro homens consomem a mesma quantidade de carne que cinco mulheres. Se esse site aconselha que, para 11 homens, devem ser comprados 4.400 gramas de carnes, a quantidade de carne, em gramas, que ele deve indicar para um churrasco realizado para apenas sete mulheres é igual a:

a) 2.100.
b) 2.240.
c) 2.800.
d) 2.520.
e) 2.450.

05. Para a reforma do Ginásio de Esportes da EPCAR foram contratados 24 operários. Eles iniciaram a reforma no dia 19 de abril de 2010 (2ª feira) e executaram 40% do trabalho em 10 dias, trabalhando 7 horas por dia. No final do 10º dia, 4 operários foram dispensados. No dia seguinte, os operários restantes retomaram o trabalho, trabalhando 6 horas por dia e concluíram a reforma. Sabendo-se que o trabalho foi executado nos dois momentos sem folga em nenhum dia, o dia da semana correspondente ao último dia do término de todo o trabalho é:

a) Domingo.
b) Segunda-feira.
c) Terça-feira.
d) Quarta-feira.

06. Um reservatório possui 4 torneiras. A primeira torneira gasta 15 horas para encher todo o reservatório; a segunda, 20 horas; a terceira, 30 horas e a quarta, 60 horas. Abrem-se as 4 torneiras, simultaneamente, e elas ficam abertas despejando água por 5 horas. Após esse período fecham-se, ao mesmo tempo, a primeira e a segunda torneiras. Considerando que o fluxo de cada torneira permaneceu constante enquanto esteve aberta, é correto afirmar que o tempo gasto pelas demais torneiras, em minutos, para completarem com água o reservatório, é um número cuja soma dos algarismos é:

a) Par maior que 4 e menor que 10
b) Par menor ou igual a 4
c) Ímpar maior que 4 e menor que 12
d) Ímpar menor que 5

07. Trinta operários trabalhando 8 horas por dia, constroem 36 casas em 6 meses. O número de dias que deverão ser trabalhados no último mês para que 2/3 dos operários, trabalhando 2 horas a mais por dia, construam 0,75 das casas, considerando um mês igual a 30 dias, é:

a) 10
b) 12
c) 15
d) 16

08. A taxa cobrada por uma empresa de logística para entregar uma encomenda até determinado lugar é proporcional à raiz quadrada do peso da encomenda. Ana, que utiliza, em muito, os serviços dessa empresa, pagou para enviar uma encomenda de 25kg uma taxa de R$ 54,00. Desse modo, se Ana enviar a mesma encomenda de 25kg dividida em dois pacotes de 16kg e 9kg, ela pagará o valor total de:

a) 54,32.
b) 54,86.
c) 76,40.
d) 54.
e) 75,60.

09. Dois trabalhadores, fazendo a jornada de 8 horas por dia cada um, colhem juntos 60 sacos de arroz. Três outros trabalhadores, fazendo a jornada de 10 horas por dia cada um, colhem juntos 75 sacods de arroz em 10 dias. Quanto tempo um trabalhador do primeiro grupo é mais ou menos produtivo que um trabalhador do segundo grupo?

a) O trabalhador do primeiro grupo é 10% menos produtivo.
b) O trabalhador do primeiro grupo é 10% mais produtivo.
c) O trabalhador do primeiro grupo é 25% mais produtivo.
d) As produtividades dos trabalhadores dos dois grupos é a mesma.
e) O trabalhador do primeiro grupo é 25% menos produtivo.

10. Uma pesquisa realizada pelo Diretório Acadêmico de uma faculdade mostrou que 65% dos alunos são a favor da construção de uma nova quadra poliesportiva. Dentre os alunos homens, 11 em cada 16 manifestaram-se a favor da nova quadra e, dentre as mulheres, 3 em cada 5. Nessa faculdade, a razão entre o número de alunos homens e mulheres, nessa ordem, é igual a:
a) 4/3
b) 6/5
c) 7/4
d) 7/5
e) 9/7

11. Carlos recebeu 2/3 de uma barra de chocolate. Porém, Carlos deu 3/5 dos 2/3 que havia recebido para seu irmão. Considerando a informação acima é CORRETO afirmar que Carlos ficou com:
a) 1/5 da barra de chocolate.
b) 2/5 da barra de chocolate.
c) 4/15 da barra de chocolate.
d) 2/15 da barra de chocolate.

12. Uma herança no valor de R$ 168.000,00 foi dividida entre quatro irmãos em partes diretamente proporcionais às suas respectivas idades. Se as idades, em número de anos, são 32, 30, 27 e 23, a parte que coube ao mais novo dos irmãos é, em reais, igual a:
a) 23.000
b) 27.600
c) 28.750
d) 32.200
e) 34.500

13. Ao serem contabilizados os dias de certo mês, em que três Técnicos Judiciários de uma Unidade do Tribunal Regional do Trabalho prestaram atendimento ao público, constatou-se o seguinte:
> a razão entre os números de pessoas atendidas por Jasão e Moisés, nesta ordem, era 3/5;
> o número de pessoas atendidas por Tadeu era 120% do número das atendidas por Jasão;
> o total de pessoas atendidas pelos três era 348.

Nessas condições, é correto afirmar que, nesse mês:
a) Tadeu atendeu a menor quantidade de pessoas.
b) Moisés atendeu 50 pessoas a mais que Jasão.
c) Jasão atendeu 8 pessoas a mais que Tadeu.
d) Moisés atendeu 40 pessoas a menos que Tadeu.
e) Tadeu atendeu menos que 110 pessoas.

14. Suponha que certo medicamento seja obtido adicionando-se uma substância "A" a uma mistura homogênea Ω, composta de apenas duas substâncias X e Y. Sabe-se que:
> O teor de X em Ω é de 60%;
> Se pode obter tal medicamento retirando-se 15 de 50 litros de Ω e substituindo-os por 5 litros de A e 10 litros de Y, resultando em nova mistura homogênea.

Nessas condições, o teor de Y no medicamento assim obtido é de:
a) 52%
b) 48%
c) 45%
d) 44%
e) 42%

15. Do total de pessoas que visitaram uma Unidade do Tribunal Regional do Trabalho de segunda a sexta-feira de certa semana, sabe-se que: 1/5 o fizeram na terça-feira e 1/6 na sexta-feira. Considerando que o número de visitantes da segunda-feira correspondia a 3/4 do de terça-feira e que a quarta-feira e a quinta-feira receberam, cada uma, 58 pessoas, então o total de visitantes recebidos nessa Unidade ao longo de tal semana é um número:
a) menor que 150.
b) múltiplo de 7.
c) quadrado perfeito.
d) divisível por 48.
e) maior que 250.

16. Se dois números na razão 5:3 são representados por 5x e 3x, assinale a alternativa que apresenta o item que expressa o seguinte: "duas vezes o maior somado ao triplo do menor é 57".
a) 10x = 9x + 57; x = 57; números: 285 e 171
b) 10x - 57 = 9x; x = 3; números: 15 e 6
c) 57 - 9x = 10x; x = 5; números: 15 e 9
d) 5x + 3x = 57; x = 7,125; números: 35,62 e 21,375
e) 10x + 9x = 57; x = 3; números: 15 e 9

17. Sabe-se que 4 máquinas iguais, trabalhando o dia inteiro durante 4 dias, produzem 40 toneladas de fertilizante. Assim, a quantidade de fertilizante que 6 dessas máquinas, trabalhando o dia inteiro durante 6 dias, produzirão é de:
a) 60 toneladas
b) 75 toneladas
c) 90 toneladas
d) 120 toneladas
e) 150 toneladas

18. O encarregado dos varredores de rua de uma determinada cidade começou um dia de serviço com novidade: quem tem menos que 25 anos vai varrer uma certa quantidade de metros de rua hoje; quem tem de 25 até 45 anos varre três quartos do que varrem esses mais jovens; aqueles com mais de 45 anos varrem dois quintos do que varrem aqueles que têm de 25 a 45 anos; e, para terminar, os que têm de 25 até 45 anos varrerão hoje, cada um, 210 metros. O grupo dos varredores era formado por dois rapazes de 22 anos, 3 homens de 30 e um senhor de 48 anos. Todos trabalharam segundo o plano estabelecido pelo encarregado. E, dessa maneira, o total em metros varrido nesse dia, por esses varredores, foi:
a) 952.
b) 1.029.
c) 1.132.
d) 1.274.
e) 1.584.

19. Em fevereiro de 2012, quatro irmãos, todos nascidos em janeiro, respectivamente nos anos de 1999, 1995, 1993 e 1989, se reuniram para abrir o testamento do pai que havia morrido pouco antes. Estavam ansiosos para repartir a herança de R$ 85.215,00. O texto do testamento dizia que a herança seria destinada apenas para os filhos cuja idade, em anos completos e na data da leitura do testamento, fosse um número divisor do valor da herança. Os filhos que satisfizessem essa condição deveriam dividir igualmente o valor herdado. O que cada filho herdeiro recebeu foi:

a) R$ 85.215,00.
b) R$ 28.405,00.
c) R$ 42.607,50.
d) R$ 21.303,75.
e) R$ 0,00.

20. Um casal de idosos determinou, em testamento, que a quantia de R$ 4.950,00 fosse doada aos três filhos de seu sobrinho que os ajudara nos últimos anos. O casal determinou, também, que a quantia fosse distribuída em razão inversamente proporcional à idade de cada filho por ocasião da doação. Sabendo que as idades dos filhos eram 2, 5 e x anos respectivamente, e que o filho de x anos recebeu R$ 750,00, a idade desconhecida é, em anos:

a) 4
b) 6
c) 7
d) 9
e) 8

Gabarito

01	C	11	C
02	B	12	E
03	B	13	E
04	B	14	B
05	D	15	D
06	B	16	E
07	B	17	C
08	E	18	D
09	D	19	B
10	A	20	E

Anotações

CAPÍTULO 04

Funções, Função Afim e Função Quadrática

Neste capítulo será abordado um assunto de grande importância para a matemática.

Definições, Domínio, Contradomínio e Imagem

A função é uma relação estabelecida entre dois conjuntos A e B, em que exista uma associação entre cada elemento de A com um único de B por meio de uma lei de formação.

Matematicamente, podemos dizer que função é uma relação de dois valores, por exemplo: $f(x) = y$, sendo que x e y são valores, nos quais x é o domínio da função (a função está dependendo dele) e y é um valor que depende do valor de x, sendo a imagem da função.

As funções possuem um conjunto chamado domínio e outro chamado de imagem da função, além do contradomínio. No plano cartesiano, que o eixo x representa o domínio da função, enquanto no eixo y apresentam-se os valores obtidos em função de x, constituindo a imagem da função (o eixo y seria o contradomínio da função).

Demonstração:

Com os conjuntos A = {1, 4, 7} e B = {1, 4, 6, 7, 8, 9, 12} cria-se a função f: A → B definida por $f(x) = x + 5$, que também pode ser representada por $y = x + 5$. A representação, utilizando conjuntos, desta função é:

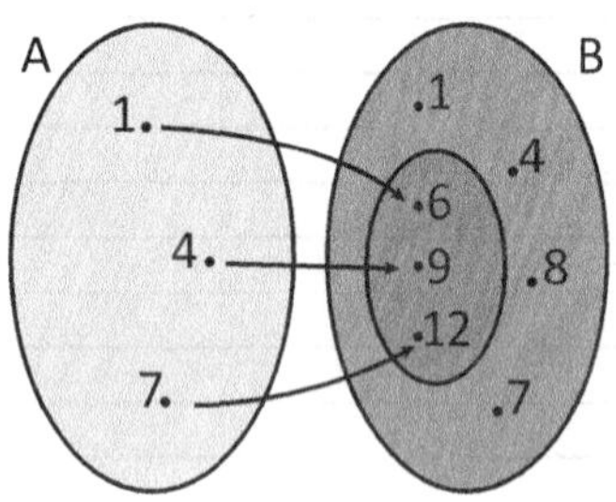

O conjunto A é o conjunto de saída e o B é o conjunto de chegada.

Domínio é um sinônimo para conjunto de saída, ou seja, para esta função o domínio é o próprio conjunto A = {1, 4, 7}.

Como, em uma função, o conjunto de saída (domínio) deve ter todos os seus elementos relacionados, não precisa ter subdivisões para o domínio.

O domínio de uma função também é chamado de campo de definição ou campo de existência da função, e é representado pela letra "D".

O conjunto de chegada "B", também possui um sinônimo, é chamado de contradomínio, representado por "CD".

Note que se pode fazer uma subdivisão dentro do contradomínio. Podemos ter elementos do contradomínio que não são relacionados com algum elemento do Domínio e outros que são. Por isso, deve-se levar em consideração esta subdivisão.

Este subconjunto é chamado de conjunto imagem, e é composto por todos os elementos em que as flechas de relacionamento chegam.

O conjunto Imagem é representado por "Im", e cada ponto que a flecha chega é chamado de imagem.

Plano cartesiano

Criado por René Descartes, o plano cartesiano consiste em dois eixos perpendiculares, sendo o horizontal chamado de eixo das abscissas e o vertical de eixo das ordenadas. O plano cartesiano foi desenvolvido por Descartes no intuito de localizar pontos num determinado espaço.

As disposições dos eixos no plano formam quatro quadrantes, mostrados na figura a seguir:

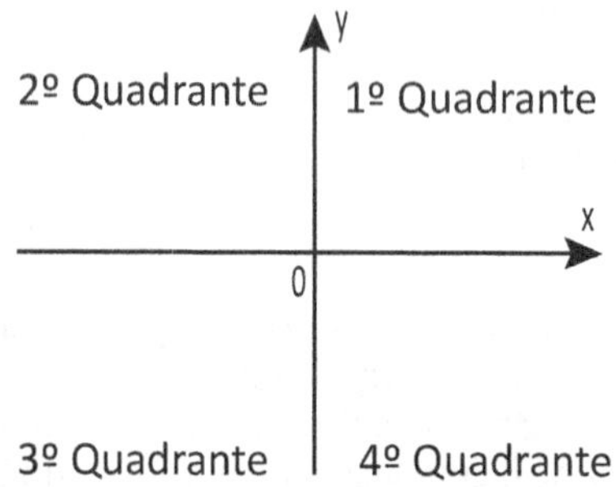

O encontro dos eixos é chamado de origem. Cada ponto do plano cartesiano é formado por um par ordenado (x, y), em que x: abscissa e y: ordenada.

Raízes

Em matemática, uma raiz ou "zero" da função consiste em determinar os pontos de interseção da função com o eixo das abscissas no plano cartesiano. A função f é um elemento no domínio de f tal que $f(x) = 0$.

Por exemplo, considere a função:

$$f(x) = x^2 - 6x + 9$$

3 é uma raiz de f, porque:

$$f(3) = 3^2 - 6 \cdot 3 + 9 = 0$$

Funções Injetoras, Sobrejetoras e Bijetoras; Crescentes, Decrescentes e Constantes; Inversas e Compostas

→ **Função Injetora**

É toda a função em que cada x encontra um único y, ou seja, os elementos distintos têm imagens distintas.

→ **Função Sobrejetora**

Toda a função em que o conjunto imagem é exatamente igual ao contradomínio (y).

→ **Função Bijetora**

Toda a função que for Injetora e Sobrejetora ao mesmo tempo.

→ **Função Crescente**

À medida que x "aumenta", as imagens vão "aumentando".

Com $x_1 > x_2$ a função é crescente para $f(x_1) > f(x_2)$, isto é, aumentando valor de x, aumenta o valor de y.

→ **Função Decrescente**

À medida que x "aumenta", as imagens vão "diminuindo" (decrescendo).

Com $x_1 > x_2$ a função é crescente para $f(x_1) < f(x_2)$, isto é, aumentando x, diminui o valor de y.

→ **Função Constante**

Em uma função constante qualquer que seja o elemento do domínio, eles sempre terão a mesma imagem, ao variar x encontra-se sempre o mesmo valor y.

→ **Função Inversa**

Dada uma função f: A → B, se f é bijetora, se define a função inversa f^{-1} como sendo a função de B em A, tal que $f^{-1}(y) = x$.

Ex.:

Determine a INVERSA da função definida por:

$$y = 2x + 3$$

Trocando as variáveis x e y:

$$x = 2y + 3$$

Colocando y em função de x:

$$2y = x - 3$$

$y = \frac{x-3}{2}$, que define a função inversa da função dada.

→ **Função Composta**

Chama-se função composta (ou função de função) a função obtida substituindo-se a variável independente x por uma função.

Simbolicamente fica: $f_og(x) = f(g(x))$ ou $g_of(x) = g(f(x))$.

Ex.:

Dadas as funções f(x) = 2x + 3 e g(x) = 5x, determine $g_of(x)$ e $f_og(x)$.

$g_of(x) = g[f(x)] = g(2x + 3) = 5(2x + 3) = 10x + 15$

$f_og(x) = f[g(x)] = f(5x) = 2(5x) + 3 = 10x + 3$

Função Afim

Chama-se função polinomial do 1º grau, ou função afim, a qualquer função f dada por uma lei da forma f(x) = ax + b, cujo a e b são números reais dados e a ≠ 0.

Na função f(x) = ax + b, o número a é chamado de coeficiente de x e o número b é chamado termo constante.

→ **Gráfico**

O gráfico de uma função polinomial do 1º grau, y = ax + b, com a ≠ 0, é uma reta oblíqua aos eixos x e y.

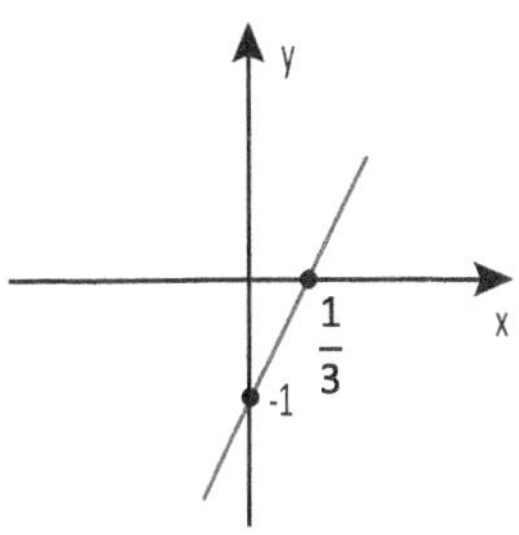

→ **Zero e Equação do 1º Grau**

Chama-se zero ou raiz da função polinomial do 1º grau f(x) = ax + b, a ≠ 0, o número real x tal que f(x) = 0.

Assim: $f(x) = 0 \Rightarrow ax + b = 0 \Rightarrow x = \frac{-b}{a}$

→ **Crescimento e decrescimento**

A função do 1º grau f(x) = ax + b é crescente quando o coeficiente de x é positivo (a > 0).

A função do 1º grau f(x) = ax + b é decrescente quando o coeficiente de x é negativo (a < 0).

→ **Sinal**

Estudar o sinal de qualquer y = f(x) é determinar os valor de x para os quais y é positivo, os valores de x para os quais y é zero e os valores de x para os quais y é negativo.

Considere uma função afim y = f(x) = ax + b, essa função se anula para a raiz $x = \frac{-b}{a}$. Há então, dois casos possíveis:

I. a > 0 (a função é crescente)

$$y > 0 \Rightarrow ax + b > 0 \Rightarrow x > \frac{-b}{a}$$

$$Y < 0 \Rightarrow ax + b < 0 \Rightarrow x < \frac{-b}{a}$$

Logo, y é positivo para valores de x maiores que a raiz; y é negativo para valores de x menores que a raiz.

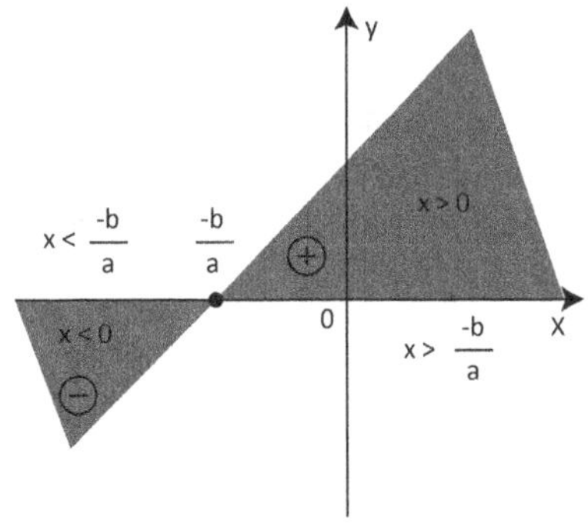

II. a < 0 (a função é decrescente)

$$y > 0 \Rightarrow ax + b > 0 \Rightarrow x < \frac{-b}{a}$$

$$y < 0 \Rightarrow ax + b < 0 \Rightarrow x > \frac{-b}{a}$$

Portanto, y é positivo para valores de x menores que a raiz; y é negativo para valores de x maiores que a raiz.

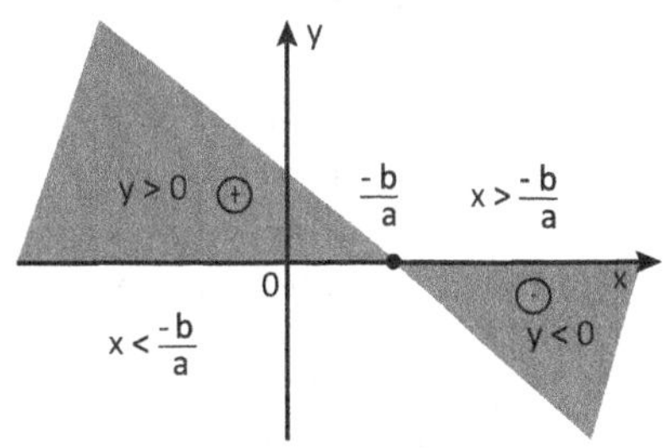

Equações e Inequações do 1º grau

→ **Equação**

Uma **equação do 1º grau** na incógnita x é qualquer expressão do 1º grau que pode ser escrita numa das seguintes formas:

$$ax + b = 0$$

Para resolver uma equação, basta achar o valor de "x".

→ **Sistema de Equação**

Um sistema de equação de 1º grau com duas incógnitas é formado por: duas equações de 1º grau com duas incógnitas diferentes em cada equação. Veja um exemplo:

$$\begin{cases} x + y = 20 \\ 3x + 4y = 72 \end{cases}$$

Para encontramos o par ordenado solução desse sistema, é preciso utilizar dois métodos para a sua solução. Esses dois métodos são: Substituição e Adição.

> **Método da substituição:**

Matemática

Esse método consiste em escolher uma das duas equações, isolar uma das incógnitas e substituir na outra equação, veja como:

Dado o sistema $\begin{cases} x + y = 20 \\ 3x + 4y = 72 \end{cases}$ enumeramos as equações.

$$\begin{cases} x + y = 20 & (1) \\ 3x + 4y = 72 & (2) \end{cases}$$

Escolhemos a equação 1 e isolamos o x:

$$x + y = 20$$
$$x = 20 - y$$

Equação 2 substituímos o valor de x = 20 - y.

$$3x + 4y = 72$$
$$3(20 - y) + 4y = 72$$
$$60 - 3y + 4y = 72$$
$$-3y + 4y = 72 - 60$$
$$y = 12$$

Para descobrir o valor de x, basta substituir y por 12 na equação:

$$x = 20 - y.$$
$$x = 20 - y$$
$$x = 20 - 12$$
$$x = 8$$

Portanto, a solução do sistema é S = (8, 12)

> **Método da adição:**

Este método consiste em adicionar as duas equações de tal forma que a soma de uma das incógnitas seja zero. Para que isso aconteça, será preciso que multipliquemos algumas vezes as duas equações ou apenas uma equação por números inteiros para que a soma de uma das incógnitas seja zero.

Dado o sistema:

$$\begin{cases} x + y = 20 \\ 3x + 4y = 72 \end{cases}$$

Para adicionarmos as duas equações e a soma de uma das incógnitas de zero, teremos que multiplicar a primeira equação por - 3.

$$\begin{cases} x + y = 20 \quad (-3) \\ 3x + 4y = 72 \end{cases}$$

Agora, o sistema fica assim:

$$\begin{cases} -3x - 3y = -60 \\ 3x + 4y = 72 \end{cases}$$

Adicionando as duas equações:

$$-3x - 3y = -60$$
$$+3x + 4y = 72$$
$$y = 12$$

Para descobrirmos o valor de x basta escolher uma das duas equações e substituir o valor de y encontrado:

$$x + y = 20$$
$$x + 12 = 20$$
$$x = 20 - 12$$
$$x = 8$$

Portanto, a solução desse sistema é: S = (8, 12)

→ **Inequação**

Uma **inequação do 1º grau** na incógnita x é qualquer expressão do 1º grau que pode ser escrita numa das seguintes formas:

$$ax + b > 0;$$
$$ax + b < 0;$$
$$ax + b \geq 0;$$
$$ax + b \leq 0.$$

Cujo a, b são números reais com $a \neq 0$.

Ex.:

» $-2x + 7 > 0$
» $x - 10 \leq 0$
» $2x + 5 \leq 0$
» $12 - x < 0$

> Resolvendo uma inequação de 1º grau

Uma maneira simples de resolver uma equação do 1º grau é isolarmos a incógnita x em um dos membros da igualdade. Observe dois exemplos:

Ex.:

» Resolva a inequação $-2x + 7 > 0$:

$$-2x > -7 \cdot (-1)$$
$$2x < 7$$
$$x < 7/2$$

Logo, a solução da inequação é $x < 7/2$.

» Resolva a inequação $2x - 6 < 0$.

$$2x < 6$$
$$x < 6/2$$
$$x < 3$$

Portanto, a solução da inequação é $x < 3$

Pode-se resolver qualquer inequação do 1º grau por meio do estudo do sinal de uma função do 1º grau, com o seguinte procedimento:

> Iguala-se a expressão ax + b a zero;

> Localiza-se a raiz no eixo x;

> Estuda-se o sinal conforme o caso.

Ex.:

$$-2x + 7 > 0$$
$$-2x + 7 = 0$$
$$x = 7/2$$

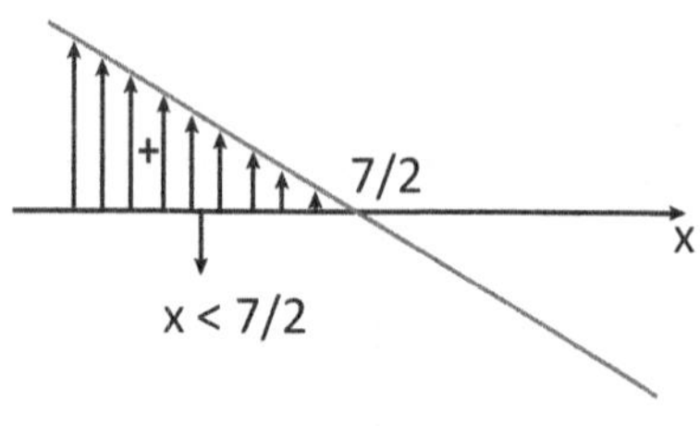

$$2x - 6 < 0$$
$$2x - 6 = 0$$
$$x = 3$$

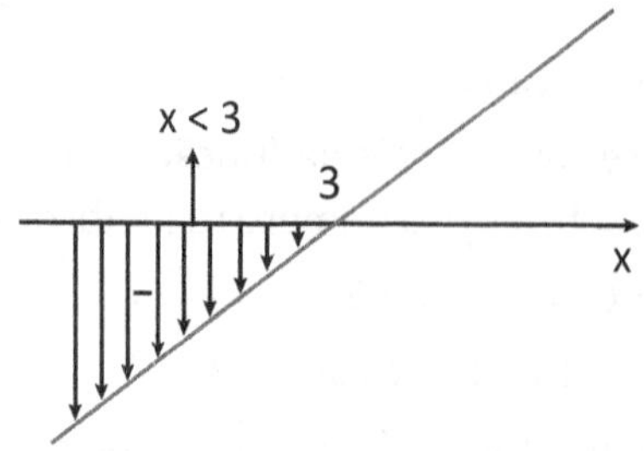

Função Quadrática

Chama-se função quadrática, ou função polinomial do 2º grau, qualquer função f de IR em IR dada por uma lei da forma $f(x) = ax^2 + bx + c$, em que a, b e c são números reais e $a \neq 0$.

→ **Gráfico**

O gráfico de uma função polinomial do 2º grau, $y = ax^2 + bx + c$, com $a \neq 0$, é uma curva chamada parábola.

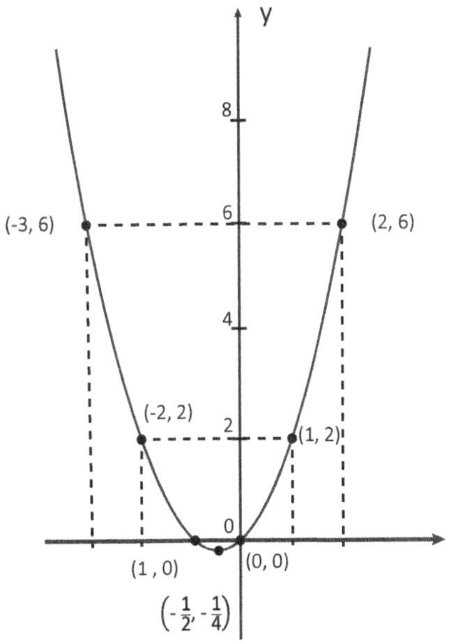

Fique Ligado

Ao construir o gráfico de uma função quadrática $y = ax^2 + bx + c$, note sempre que:

Se $a > 0$, a parábola tem a concavidade voltada para cima;

Se $a < 0$, a parábola tem a concavidade voltada para baixo;

→ **Zero e Equação do 2º Grau**

Chama-se zeros ou raízes da função polinomial do 2º grau $f(x) = ax^2 + bx + c$, $a \neq 0$ os números reais x tais que $f(x) = 0$.

As raízes da função $f(x) = ax^2 + bx + c$ são as soluções da equação do 2º grau $ax^2 + bx + c = 0$, as quais são dadas pela chamada fórmula de Bhaskara:

$$x = \frac{-b \pm \sqrt{b^2 - 4 \cdot a \cdot c}}{2 \cdot a}$$

Temos:

$$f(x) = 0 \Rightarrow ax^2 + bx + c = 0 \Rightarrow x = \frac{-b \pm \sqrt{b^2 - 4 \cdot a \cdot c}}{2 \cdot a}$$

Fique Ligado

A quantidade de raízes reais de uma função quadrática depende do valor obtido para o radicando $\Delta = b^2 - 4 \cdot a \cdot c$, chamado discriminante, a saber:

- **Quando Δ é positivo, há duas raízes reais e distintas;**
- **Quando Δ é zero, há só uma raiz real (para ser mais preciso, há duas raízes iguais);**
- **Quando Δ é negativo, não há raiz real.**

→ **Coordenadas do vértice da parábola**

Quando $a > 0$, a parábola tem concavidade voltada para cima e um ponto de mínimo V; quando $a < 0$, a parábola tem concavidade voltada para baixo e um ponto de máximo V.

Em qualquer caso, as coordenadas de V são: $(x_v, y_v) = \left(-\frac{b}{2a}, -\frac{\Delta}{4a}\right)$.

Veja os gráficos:

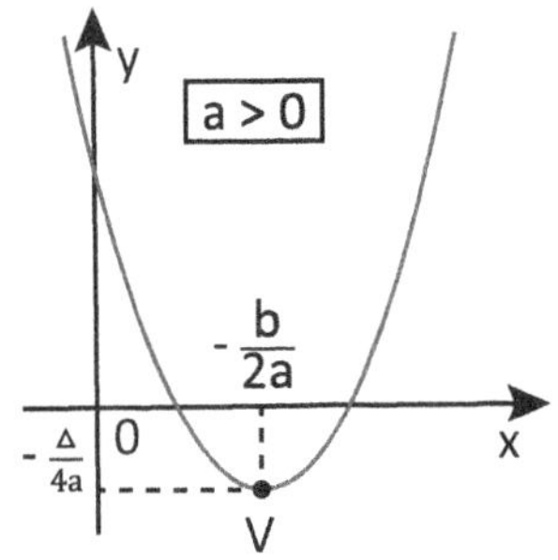

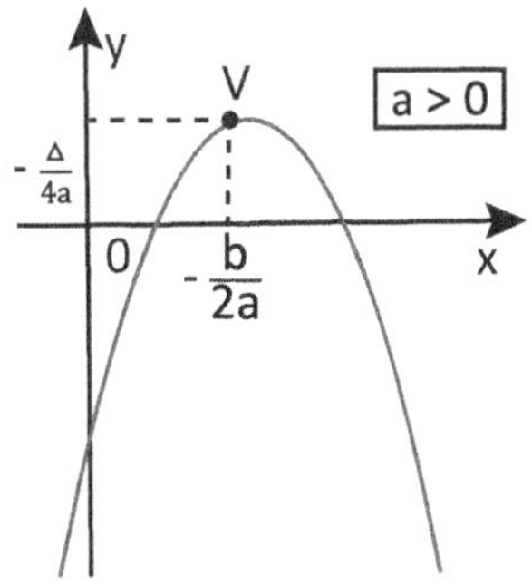

→ **Imagem**

O conjunto-imagem "Im" da função $y = ax^2 + bx + c$, $a \neq 0$, é o conjunto dos valores que y pode assumir. Há duas possibilidades:

- Quando $a > 0$

$$Im = \left\{y \in \mathbb{R} \mid y \geq y_v = -\frac{\Delta}{4a}\right\}$$

a > 0

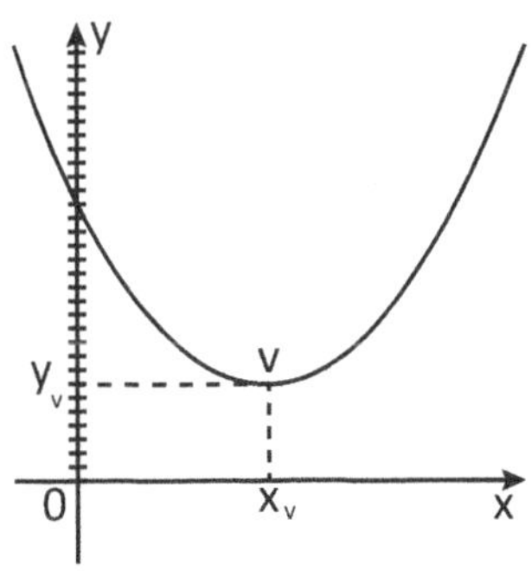

- Quando $a < 0$,

$$Im = \left\{y \in \mathbb{R} \mid y \leq y_v = -\frac{\Delta}{4a}\right\}$$

a < 0

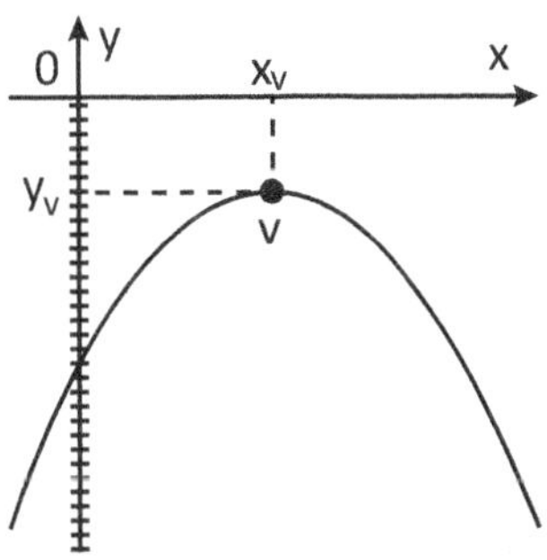

→ **Sinal**

Considerando uma função quadrática $y = f(x) = ax^2 + bx + c$ e determinando os valores de x para os quais y é negativo e os valores de x para os quais y é positivo.

Conforme o sinal do discriminante $\Delta = b^2 - 4ac$ podemos ocorrer os seguintes casos:

$\Delta > 0$

Nesse caso, a função quadrática admite dois zeros reais distintos ($x_1 \neq x_2$). A parábola intercepta o eixo x em dois pontos e o sinal da função é o indicado nos gráficos abaixo:

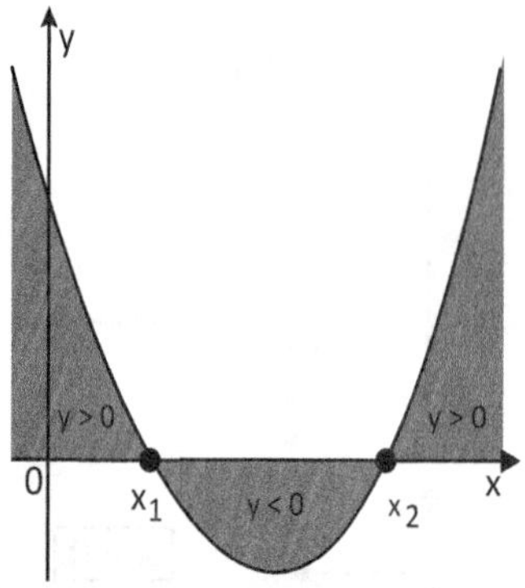

> Quando a > 0

$y > 0 \Leftrightarrow (x < x_1 \text{ ou } x > x_2)$; $y < 0 \Leftrightarrow x_1 < x < x_2)$

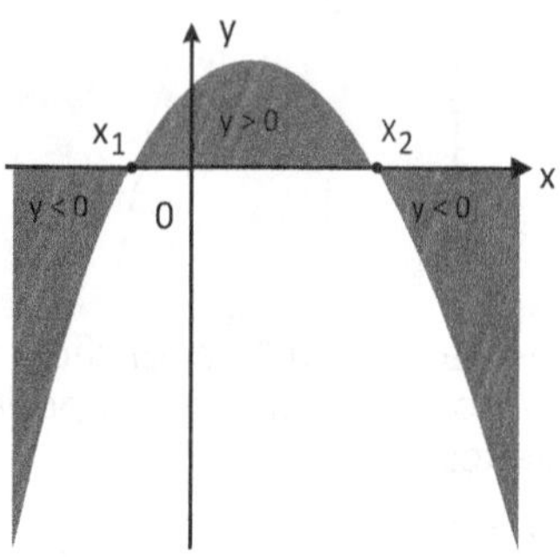

> Quando a < 0

$y > 0 \Leftrightarrow x_1 < x < x_2$; $y < 0 \Leftrightarrow (x < x_1 \text{ ou } x > x_2)$

$\Delta = 0$

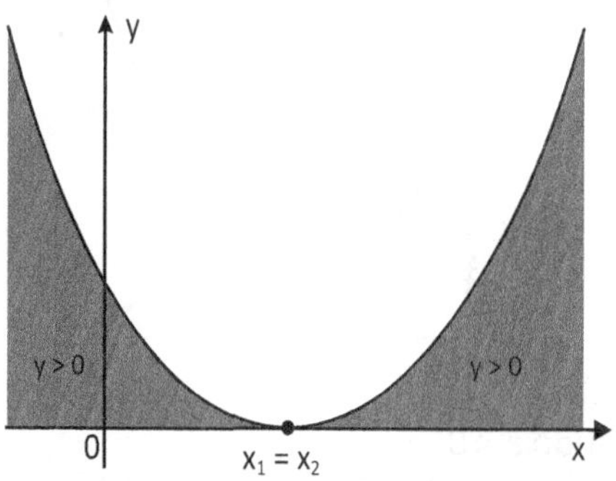

> Quando a > 0

$y > 0, \forall x \neq x_1$

$\nexists x$ tal que $y < 0$

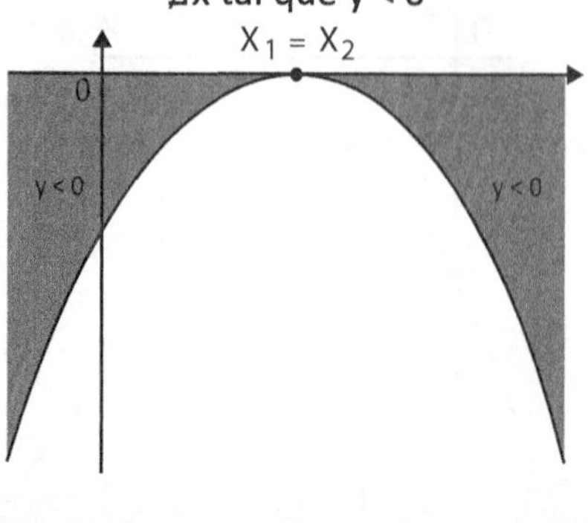

> Quando a < 0

$y < 0, \forall x \neq x_1$

$\nexists x$ tal que $y > 0$

$\Delta < 0$

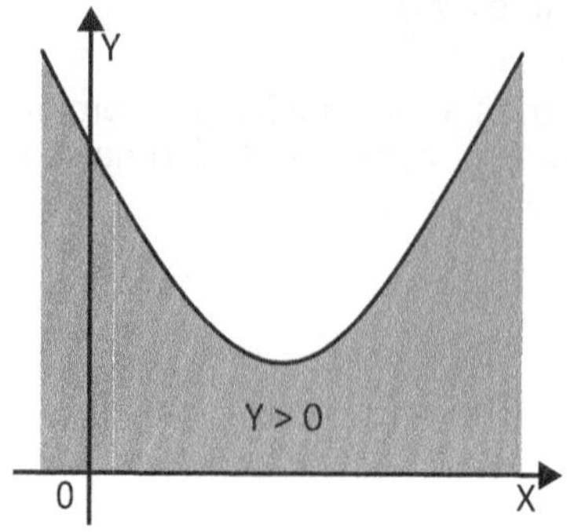

> Quando a > 0

$y > 0, \forall x$

$\nexists x$ tal que $y < 0$

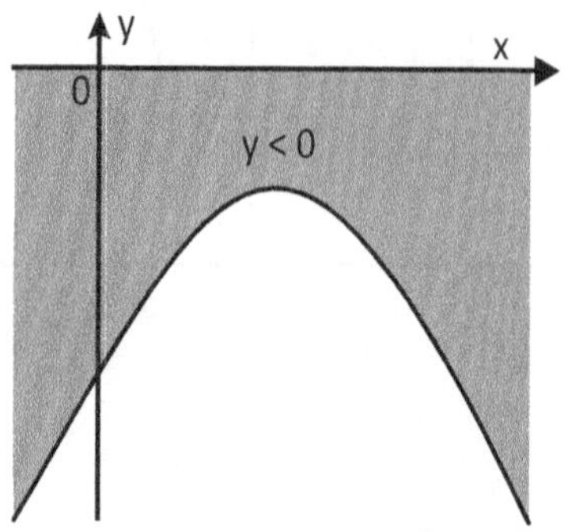

> Quando a < 0

$y < 0, \forall x$

$\nexists x$ tal que $y > 0$

Equações e Inequações do 2º grau

→ **Equação**

Uma **equação do 2º grau** na incógnita x é uma expressão do 2º grau que pode ser escrita numa das seguintes formas:

$$ax^2 + bx + c = 0$$

Para resolver uma equação basta achar os valores de "x".

→ **Inequação**

Uma **inequação do 2º grau** na incógnita x é uma expressão do 2º grau que pode ser escrita numa das seguintes formas:

$ax^2 + bx + c > 0;$

$ax^2 + bx + c < 0;$

$ax^2 + bx + c \geq 0;$

$ax^2 + bx + c \leq 0.$

Para resolver uma inequação do 2º grau deve-se estudar o sinal da função correspondente à equação.

> Igualar a sentença do 2º grau a zero;

> Localizar as raízes da equação no eixo x, se existir;

> Estudar o sinal da função correspondente, tendo-se como possibilidades:

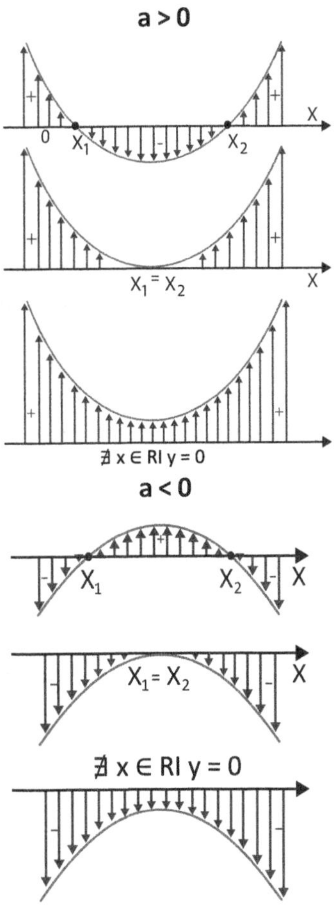

Ex.:

Resolva a inequação $-x^2 + 4 \geq 0$.

$-x^2 + 4 = 0$

$x^2 - 4 = 0$

$x_1 = 2$ e $x_2 = -2$

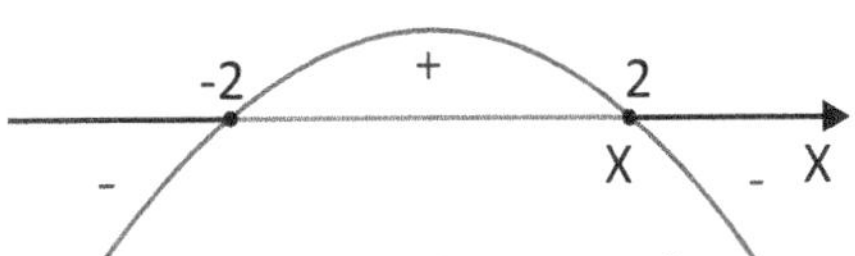

$S = \{x \in R \mid -2 \leq x \leq 2\}$

→ **Inequação Produto**

Resolver uma inequação produto consiste em encontrar os valores de x que satisfaçam a condição estabelecida pela inequação. Para isso, utilizamos o estudo do sinal de uma função. Observe a resolução da seguinte equação produto: $(2x + 6) \cdot (-3x + 12) > 0$.

Estabeleça as seguintes funções: $y_1 = 2x + 6$ e $y_2 = -3x + 12$

Determinando a raiz da função (y = 0) e a posição da reta (a > 0 crescente e a < 0 decrescente).

$y_1 = 2x + 6$

$2x + 6 = 0$

$2x = -6$

$x = -3$

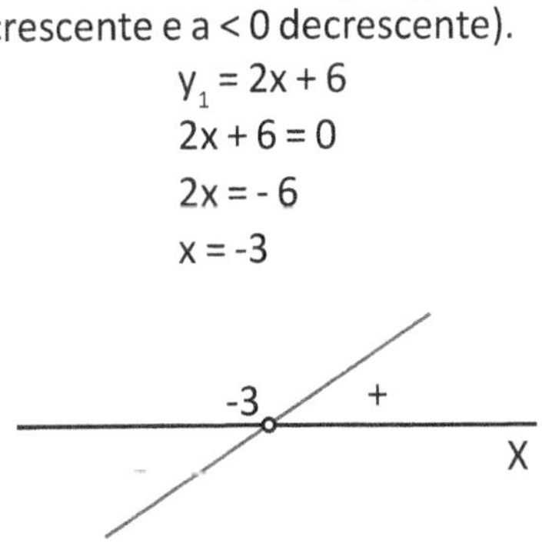

$y_2 = -3x + 12$

$-3x + 12 = 0$

$-3x = -12$

$x = 4$

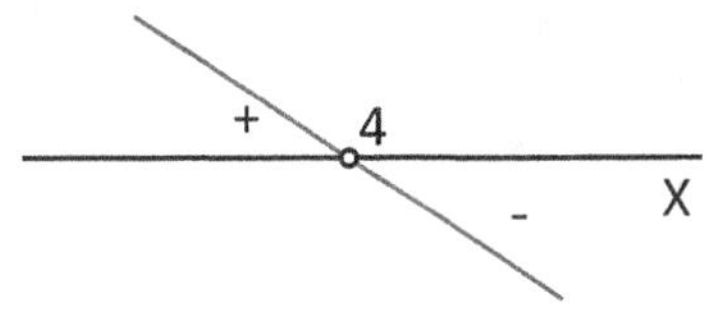

Verificando o sinal da inequação produto $(2x + 6) \cdot (-3x + 12) > 0$. Observe que a inequação produto exige a seguinte condição: os possíveis valores devem ser maiores que zero, isto é, positivos.

	-3		4	
y_1	-	+		+
y_2	+	+		-
$y_1 \cdot y_2$	-	+		-

Por meio do esquema que demonstra os sinais da inequação produto $y_1 \cdot y_2$, pode-se chegar à seguinte conclusão quanto aos valores de $x = x \in R / -3 < x < 4$

→ **Inequação quociente**

Na resolução da inequação quociente, utilizam-se os mesmos recursos da inequação produto, o que difere é que, ao calcularmos a função do denominador, precisamos adotar valores maiores ou menores que zero e nunca igual a zero. Observe a resolução da seguinte inequação quociente:

$$\frac{x + 1}{2x - 1} \leq 0$$

Resolver as funções $y_1 = x + 1$ e $y_2 = 2x - 1$, determinando a raiz da função (y = 0) e a posição da reta (a > 0 crescente e a < 0 decrescente).

$y_1 = x + 1$

$x + 1 = 0$

$x = -1$

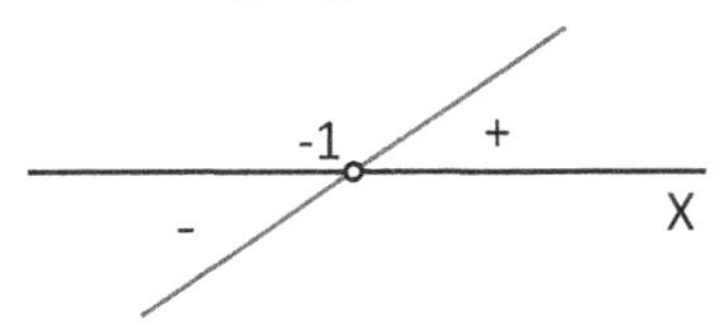

$y_2 = 2x - 1$

$2x - 1 = 0$

$2x = 1$

$x = 1/2$

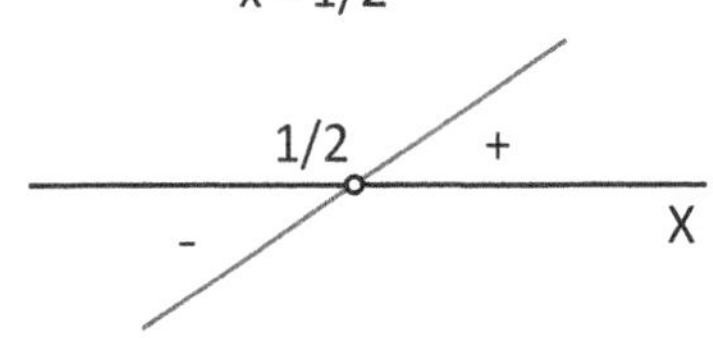

	-1		$\frac{1}{2}$	
y_1	-	+		+
y_2	-	-		+
y_1 / y_2	+	-		+

Com base no jogo de sinal, conclui-se que x assume os seguintes valores na inequação quociente: $x \in R / -1 \leq x < 1/2$.

Exercício Comentado

***01.** Em uma festa comunitária, uma barraca de tiro ao alvo dá ao cliente um prêmio de R$ 30,00, cada vez que o mesmo acerta a área central do alvo. Caso contrário, o cliente paga R$ 10,00. Um indivíduo deu 50 tiros e pagou R$ 100,00. Nessas condições, o número de vezes que ele ERROU o alvo foi:*

a) 10
b) 20
c) 25
d) 35
e) 40

RESPOSTA. "E". Questão de sistema. Montando o sistema conforme o enunciado, temos:

X = acertos

Y = erros

$$\begin{cases} x + y = 50 \\ 30x - 10y = -100 \end{cases}$$

Lembrando que o -10 e o -100 significa que eles tiveram que pagar.

$$\begin{cases} x + y = 50 \ (x10) \\ 30x - 10y = -100 \end{cases}$$

Aplicando o método da soma:

$$\begin{cases} 10x + 10y = 500 \\ 30x - 10y = -100 \end{cases}$$

40x = 400

X = 400/40

X = 10 acertos

x + y = 50

10 + y = 50

Y = 50 - 10

Y = 40 erros

Vamos Praticar

01. Dada a função f: N → R, onde N é o conjunto de números naturais e R é o conjunto de números reais, definida por $f(x) = 2x^2 - 7x + 5$, calcule o valor de x para f(x) = 0 e marque a opção correta.

a) 0
b) 1
c) 5/2
d) 5
e) 11

02. Se f é uma função real definida por f(x) = 2x - 3 e g é a inversa de f, o valor de g(1) é:

a) 0
b) 1
c) 2
d) 3

03. Dada a função f(x) = 3x + k, para que se tenha f(2) = 5, o valor de k deve ser:

a) 3
b) 0
c) -1
d) -2

04. A medição do consumo de energia elétrica é feita em Quilowatt-hora (kWh). Em uma determinada cidade, o valor da conta da energia elétrica é composto por três valores, a saber: o de kWh consumidos, o dos impostos sobre o valor dos kWh consumidos e o da taxa fixa de iluminação pública. Os valores dos kWh consumidos e dos impostos são obtidos, respectivamente, pelas funções E = 0,54 k e I = 0,17 E onde E é o valor consumo em Reais (R$), k a quantidade kWh consumidos no período e I o valor dos impostos. Sabendo-se que o valor da taxa fixa de iluminação pública é de R$ 2,50 , então a função que calcula o valor da conta da energia elétrica C nesta cidade pode ser representada por:

a) C = 0,54k - 0,17E + 2,50
b) C = 0,54k + 0,17 + 2,50
c) C = (0,54) · (0,17E) + 2,50
d) C = 0,0918k + 2,50
e) C = 0,6318k + 2,50

05. Considere o conjunto A = {0, 1, 2, 3} e a função f: A → A tal que f(3) = 1 e f(x) = x + 1, se x ≠ 3 A soma dos valores de x para os quais $(f_\circ f_\circ f)(x) = 3$ é:

a) 2
b) 3
c) 4
d) 5

06. Se $f(x) = \dfrac{2}{x - 1}$ a raiz da equação $f_\circ f = 10$ é:

a) 1/3
b) 4/3
c) 5/3
d) 7/3
e) 8/3

07. Para quais valores de x ∈ R a função $f(x) = \dfrac{3x - 4}{-x + 3}$ é menor que 2?

a) 2 < x < 3
b) x < 2 ou x > 3
c) x < -2 ou x > 3
d) x > - 3
e) -2 < x < 3

08. Sejam f(x) = 4x + 2 e g(x) = x - 5. Qual é o valor da soma m + n para que f(m) = n e g(n) = m?

a) 3
b) 8
c) 7
d) 4
e) 9

09. Sejam f(x) = 2x + 5 e g(x) = - x + 2. Qual é o valor de x para que $f^{-1}(x) = g^{-1}(x)$?

a) 3
b) 5
c) 4
d) 2
e) 1

10. A função geradora do gráfico abaixo é do tipo $y = mx + n$:

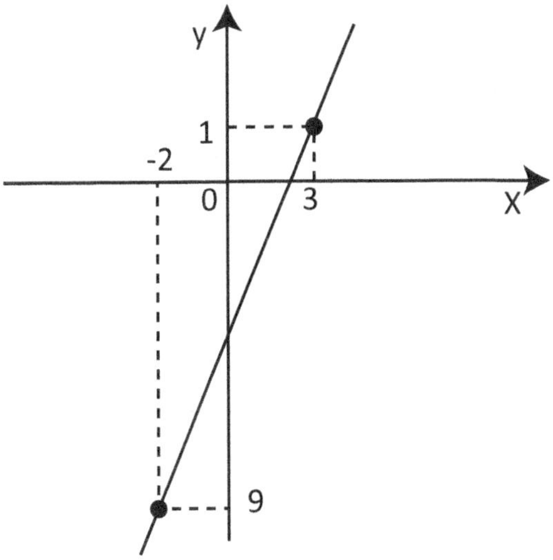

Então, o valor de $m^3 + n$ é:

a) 2
b) 3
c) 5
d) 8
e) 13

11. Seja $f: R_+ \to R$ dada por $f(x) = \sqrt{x}$ e $g: R \to R_+$ dada por $g(x) = x^2 + 1$. A função composta $(g \circ f)(x)$ é dada:

a) $\sqrt{x^2} + 1$
b) $x + 1$
c) $\sqrt{x^2 + 1}$
d) $\sqrt{x^2}$
e) $x^2 + 1$

12. Sendo x e y números reais, admita que o símbolo ♠ indique a seguinte operação entre x e y:

$$X \spadesuit Y = \frac{\frac{X}{Y} + \frac{Y}{X}}{X \cdot Y}$$

De acordo com a definição dada, $\sqrt{2} \spadesuit 2$ é igual a:

a) 0,9
b) 0,75
c) 0,6
d) 0,45
e) 0,3

13. Se $\frac{x^2 + 2x - 200}{y - 200} = 0$, então é necessariamente verdade que:

a) $x^2 + 2x \neq 200$ e $y = 200$
b) $x^2 + 2x = 200$ e $y = 200$
c) $x^2 + 2x = 200$ e $y \neq 200$
d) $x = 0$ e $y \neq 0$
e) $x \neq 0$ e $y = 200$

14. Sejam $f(x) = 2x + 5$ e $g(x) = -x + 2$. Qual é o valor de x para que $f^{-1}(x) = g^{-1}(x)$?

a) 3
b) 5
c) 4
d) 2
e) 1

15. Se $f(x) = \frac{2}{x - 1}$ a raiz da equação $f \circ f = 10$ é:

a) 1/3
b) 4/3
c) 5/3
d) 7/3
e) 8/3

16. A equipe de teste de uma revista automobilística avaliou o consumo de combustível de um determinado modelo de automóvel. O teste consistia em cada membro da equipe percorrer, com o automóvel, um mesmo trecho de estrada cinco vezes, em velocidade constante, porém, cada vez a uma velocidade diferente. A equipe chegou à conclusão de que a velocidade econômica era de 60 km/h e de que o gráfico correspondente ao consumo era parte de uma parábola. Nessas condições, pode-se afirmar que o consumo de combustível, em litros, no teste feito, à velocidade de 120 km/h, foi de:

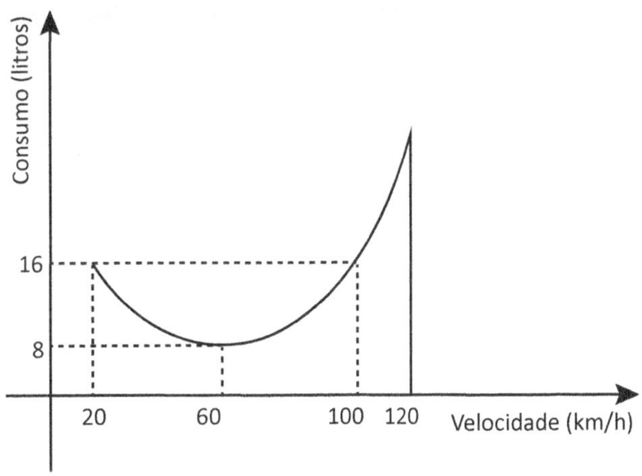

a) 27
b) 26
c) 25
d) 24
e) 22

17. Uma loja de eletrodomésticos possui 1.600 unidades de liquidificadores em estoque. Uma recente pesquisa de mercado apontou que seriam vendidas 800 unidades a um preço de R$ 300,00, e que cada diminuição de R$ 5,00, no valor do produto, resultaria em 20 novas vendas. Qual valor de venda, em reais, permite que a receita seja máxima?

a) 230,00
b) 240,00
c) 250,00
d) 270,00
e) 280,00

Matemática

18. Para repor o estoque de sua loja, Salma compra certo artigo ao preço de R$ 28,00 a unidade. Suponha que Salma estime que, se cada artigo for vendido ao preço unitário de X reais, ela conseguirá vender (84 - X) unidades. De acordo com essa estimativa, para que seja obtido o maior lucro possível, o número de artigos que deverão ser vendidos é:

a) 84
b) 70
c) 56
d) 42
e) 28

Gabarito

01	B	10	B
02	C	11	B
03	C	12	B
04	E	13	C
05	B	14	A
06	E	15	E
07	B	16	B
08	C	17	C
09	A	18	E

Anotações

CAPÍTULO 05

Função Exponencial e Função Logarítmica

Equação e Função Exponencial

Chama-se de equação exponencial toda equação na qual a incógnita aparece em expoente.

Para resolver equações exponenciais, devem-se realizar dois passos importantes:

1) Redução dos dois membros da equação a potências de mesma base;
2) Aplicação da propriedade:

$$a^m = a^n \Rightarrow m = n \ (a \neq 1 \text{ e } a >)$$

→ **Função Exponencial**

Chama-se de funções exponenciais aquelas nas quais temos a variável aparecendo em expoente.

A função $f : IR \rightarrow IR_+$, definida por $f(x) = a^x$, com $a \in IR_+$ e $a \neq 1$, é chamada função exponencial de base a. O domínio dessa função é o conjunto IR (reais) e o contradomínio é IR_+ (reais positivos, maiores que zero).

→ **Gráfico Cartesiano da Função Exponencial**

Há 2 casos a considerar:

Quando a>1;

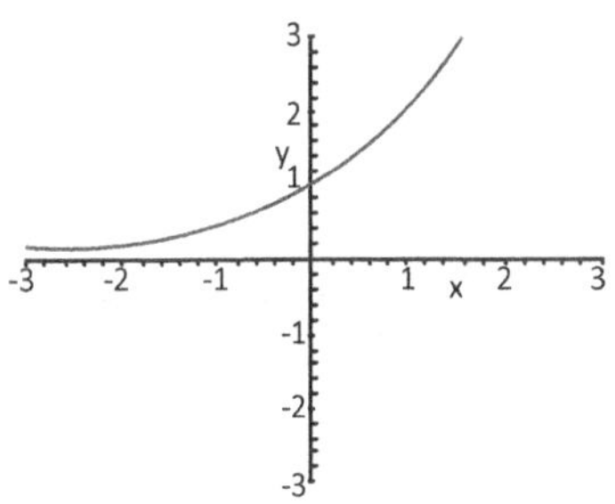

$f(x)$ é crescente e $Im = IR_+$

Para quaisquer x_1 e x_2 do domínio: $x_2 > x_1 \Rightarrow y_2 > y_1$ (as desigualdades têm mesmo sentido).

Quando 0 < a < 1.

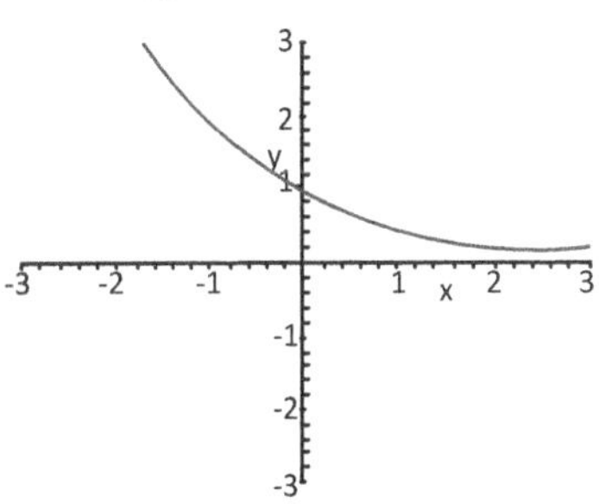

$f(x)$ é decrescente e $Im = IR_+$

Para quaisquer x_1 e x_2 do domínio: $x_2 > x_1 \Rightarrow y_2 < y_1$ (as desigualdades têm sentidos diferentes).

Fique Ligado

Nas duas situações, pode-se observar que:

O gráfico nunca intercepta o eixo horizontal; A função não tem raízes; O gráfico corta o eixo vertical no ponto (0,1); Os valores de y são sempre positivos (potência de base positiva é positiva), portanto, o conjunto imagem é Im =IR+.

→ **Inequações Exponenciais**

Chama-se de inequação exponencial toda inequação na qual a incógnita aparece em expoente.

Para resolver inequações exponenciais, devem-se realizar dois passos:

1) Redução dos dois membros da inequação a potências de mesma base;
2) Aplicação da propriedade:

$a > 1$

$a^m > a^n \Rightarrow m > n$

(as desigualdades têm mesmo sentido)

$0 < a < 1$

$a^m > a^n \Rightarrow m < n$

(as desigualdades têm sentidos diferentes)

Equação e Função Logarítmica

→ **Logaritmo**

$$a^x = b \Leftrightarrow \log_a b = x$$

Sendo $b > 0$, $a > 0$ e $a \neq 1$

Na igualdade $x = \log_a b$ tem :

a= base do logaritmo

b= logaritmando ou antilogaritmo

x= logaritmo

→ **Consequências da definição**

Sendo $b > 0$, $a > 0$ e $a \neq 1$ e m um número real qualquer, há, a seguir, algumas consequências da definição de logaritmo:

$\log_a 1 = 0$

$\log_a a = 1$

$\log_a a^m = m$

$a^{\log_a b} = b$

$\log_a b = \log_a c \Leftrightarrow b = c$

→ **Propriedades operatórias dos logaritmos**

$$\log_a (x.y) = \log_a x + \log_a y$$

$$\log_a \left(\frac{x}{y}\right) = \log_a x - \log_a y$$

$$\log_a x^m = m.\log_a x$$

$$\log_a \sqrt[n]{x^m} = \log_a x^{\frac{m}{n}} = \frac{m}{n}.\log_a x$$

→ **Cologaritmo**

$$\text{colog}_a\, b = \log_a \frac{1}{b}$$

$$\text{colog}_a\, b = -\log_a b$$

→ **Mudança de base**

$$\log_a x = \frac{\log_b x}{\log_b a}$$

→ **Função Logarítmica**

A função $f: IR_+ \rightarrow IR$, definida por $f(x) = \log_a x$, com $a \neq 1$ e $a > 0$, é chamada função logarítmica de base a. O domínio dessa função é o conjunto IR_+ (reais positivos, maiores que zero) e o contradomínio é IR (reais).

→ **Gráfico Cartesiano da Função Logarítmica**

Há 2 casos a se considerar:

Quando a>1;

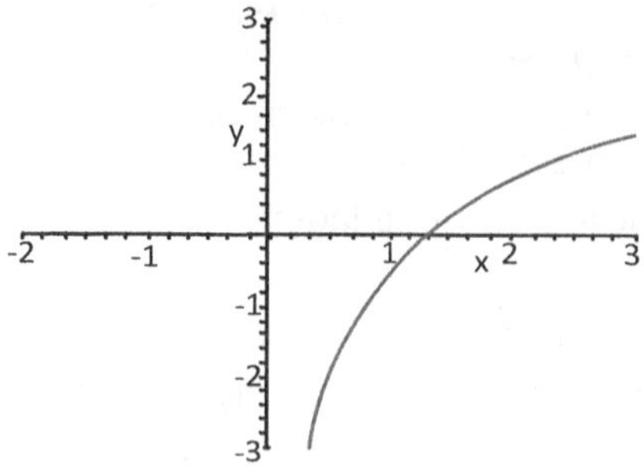

f (x) é crescente e Im = IR

Para quaisquer x_1 e x_2 do domínio: $x_2 > x_1 \Rightarrow y_2 > y_1$ (as desigualdades têm mesmo sentido)

Quando 0<a<1.

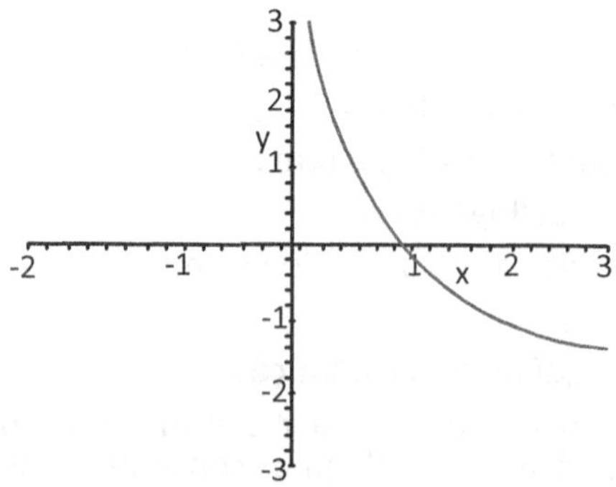

f (x) é decrescente e Im = IR

Para quaisquer x_1 e x_2 do domínio : $x_2 > x_1 \Rightarrow y_2 < y_1$ (as desigualdades têm sentidos diferentes)

Fique Ligado

Nas duas situações, pode-se observar que:

O gráfico nunca intercepta o eixo vertical;

O gráfico corta o eixo horizontal no ponto (1,0);

A raiz da função é x = 1;

Y assume todos os valores reais, portanto, o conjunto imagem é Im = IR.

→ **Equações Logarítmicas**

Chama-se de equações logarítmicas toda equação que envolve logaritmos com a incógnita aparecendo no logaritmando, na base ou em ambos.

→ **Inequações Logarítmicas**

Chama-se de inequações logarítmicas toda inequação que envolve logaritmos com a incógnita aparecendo no logaritmando, na base ou em ambos.

Para resolver inequações logarítmicas, deve-se realizar dois passos:

1) Redução dos dois membros da inequação a logaritmos de mesma base;
2) Aplicação da propriedade:

$a > 1$

$\log_a m > \log_a n \Rightarrow m > n > 0$

(as desigualdades têm mesmo sentido)

$0 < a < 1$

$\log_a m > \log_a n \Rightarrow 0 < m < n$

(as desigualdades têm sentidos diferentes)

Exercício Comentado

01. ***Simplificando-se*** $\log_8^{(\log_5^3 \log_2^{16} \log_9^5)}$ ***, obtém-se:***

a) *1/3*
b) *1/5*
c) *2/3*
d) *2/5*
e) *3/4*

*RESPOSTA. "A". **Questão de logaritmo, operações com logaritmo e potenciação. Basta aplicar as propriedades dos logaritmos e fazer a simplificação:***

$$\log_2^{16} = \log_2^{2^4} = 4\,\log_2^2 = 4$$

$$\log_9^5 = \frac{\log_5^5}{\log_5^9}\text{(fazendoamudancadebase)} = \frac{1}{\log_5^9}$$

$$\log_5^9 = \log_5^{3^2} = 2\,\log_5^3$$

Juntando: $\log_8^{\left(\log_5^3 \cdot 4 \cdot \frac{1}{2\,\log_5^3}\right)}$ **cortando** $\log_5^3$ ***do numerador com o do denominador, temos:*** $\log_8^2 = x$ ***(iguala-se o logaritmo a "x" para terminar a simplificação).***

$8^x = 2$

$2^{3x} = 2$

$3x = 1$

$x = 1/3.$

Vamos Praticar

01. Se $2^x + 2^{-x} = 10$, então, $4^x + 4^{-x}$ vale:

a) 40
b) 50
c) 75
d) 98
e) 100

02. Se $(0{,}4)^{4x+1} = \sqrt[3]{\frac{5}{2}}$, então, "x" vale:

a) $-\frac{1}{3}$
b) $-\frac{1}{2}$
c) $\frac{1}{2}$
d) $\frac{1}{5}$
e) $-\frac{1}{6}$

03. Qual é a soma dos valores de x que verifica a equação $3^{x^2-8x+12} = (9^{x+1})^{x-6}$?

a) 5
b) 2
c) 3
d) 8
e) 4

04. Na igualdade $2^{x-2} = 1.300$, x é um número real compreendido entre:

a) 8 e 9
b) 9 e 10
c) 10 e 11
d) 11 e 12
e) 12 e 13

Matemática

05. Quando os alunos perguntaram ao professor qual era a sua idade, ele respondeu: "Se considerarmos as funções $f(x) = 1 + \log_3 x$ e $g(x) = \log_2 x$, e a igualdade $g(i) = f(243)$, i corresponderá à minha idade, em anos." Quantos anos tem o professor?

a) 32
b) 48
c) 56
d) 60
e) 64

06. Sendo a função $f(x) = 2 \cdot \log_5 ({}^{3x}/_{4})$, em que x é um número real positivo, f(17) é um número real compreendido entre.

a) 1 e 2
b) 2 e 3
c) 3 e 4
d) 4 e 5
e) 5 e 6

07. A equação $n(t) = 20 + 15\log_{125}(t + 5)$ representa uma estimativa sobre o número de funcionários de uma Agência dos Correios de uma certa cidade, em função de seu tempo de vida, em que n(t) é o número de funcionários no tenésimo ano de existência dessa empresa(t = 0, 1, 2...). Quantos funcionários essa Agência possuía quando foi fundada?

a) 105
b) 11
c) 45
d) 65
e) 25

08. Considere uma aplicação financeira denominada UNI que rende juros mensais de $M = \log_{27}^{196}$ e outra aplicação financeira denominada DUNI que rende juros mensais de $N = -\log_{\frac{1}{9}}^{14}$. A razão entre os juros mensais M e N, nessa ordem, é:

a) 70%
b) 2/3
c) 4/3
d) 80%

09. Aumentando-se um número x em 75 unidades, seu logaritmo na base 4 aumenta em 2 unidades. Pode-se afirmar que x é um número:

a) Irracional
b) Divisor de 8
c) Múltiplo de 3
d) Menor que 1
e) Maior que 4

10. Uma das raízes da equação $2^{2x} - 8 \cdot 2^x + 12 = 0$ é x = 1. A outra raiz é:

a) $1 + \log_{10}(\frac{3}{2})$
b) $1 + \frac{\log_{10}^{3}}{\log_{10}^{2}}$
c) $\log_{10} 3$
d) $\frac{\log_{10}^{6}}{2}$
e) $\log_{10}(\frac{3}{2})$

Gabarito

01	D	06	C
02	A	07	E
03	B	08	C
04	E	09	E
05	E	10	B

Anotações

CAPÍTULO 06

Trigonometria

Neste capítulo estudaremos sobre os triângulos e as relações que os envolvem.

Triângulos

O triângulo é uma das figuras mais simples e também uma das mais importantes da Geometria. O triângulo possui propriedades e definições de acordo com o tamanho de seus lados e medida dos ângulos internos.

→ Quanto aos lados, o triângulo pode ser classificado da seguinte forma:
- > Equilátero: possui os lados com medidas iguais.
- > Isósceles: possui dois lados com medidas iguais.
- > Escaleno: possui todos os lados com medidas diferentes.

→ Quanto aos ângulos, os triângulos podem ser denominados:
- > Acutângulo: possui os ângulos internos com medidas menores que 90º.
- > Obtusângulo: possui um dos ângulos com medida maior que 90º.
- > Retângulo: possui um ângulo com medida de 90º, chamado ângulo reto.

No triângulo retângulo existem importantes relações, uma delas é o **Teorema de Pitágoras**, que diz o seguinte: "A soma dos quadrados dos catetos é igual ao quadrado da hipotenusa".

$$a^2 = b^2 + c^2$$

Fique Ligado

A condição de existência de um triângulo é: um lado do triângulo seja sempre menor do que a soma dos outros dois lados e seja sempre maior do que a diferença desses dois lados.

Trigonometria no Triângulo Retângulo

As razões trigonométricas básicas são relações entre as medidas dos lados do triângulo retângulo e seus ângulos. As três funções básicas mais importantes da trigonometria são: seno, cosseno e tangente. O ângulo é indicado pela letra x.

Função	Notação	Definição
seno	sen(x)	$\dfrac{\text{medida do cateto oposto a x}}{\text{medida da hipotenusa}}$
cosseno	cos(x)	$\dfrac{\text{medida do cateto adjacente a x}}{\text{medida da hipotenusa}}$
tangente	tan(x)	$\dfrac{\text{medida do cateto oposto a x}}{\text{medida do cateto adjacente a x}}$

Relação fundamental: para todo ângulo x (medido em radianos), vale a importante relação:

$$\cos^2(x) + \operatorname{sen}^2(x) = 1$$

Trigonometria num Triângulo Qualquer

Os problemas envolvendo trigonometria são resolvidos em sua maioria por meio da comparação com triângulos retângulos. Mas no cotidiano algumas situações envolvem triângulos acutângulos ou triângulos obtusângulos. Nesses casos, necessitamos do auxílio da lei dos senos ou dos cossenos.

Lei dos Senos

A lei dos senos estabelece relações entre as medidas dos lados com os senos dos ângulos opostos aos lados. Observe:

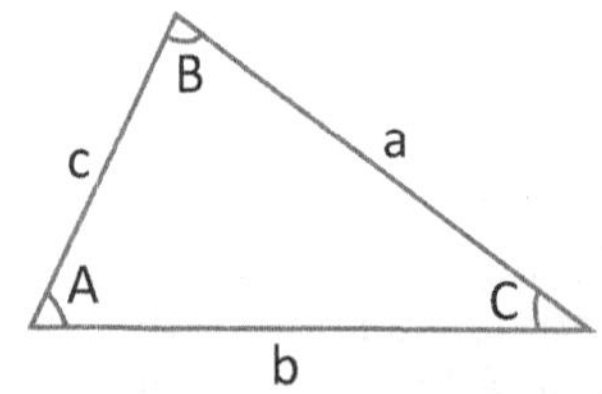

$$\frac{a}{\text{senA}} = \frac{b}{\text{senB}} = \frac{c}{\text{senC}}$$

Lei dos Cossenos

Nos casos em que não pode aplicar a lei dos senos, existe o recurso da lei dos cossenos. Ela permite trabalhar com a medida de dois segmentos e a medida de um ângulo. Dessa forma, se dado um triângulo ABC de lados medindo a, b e c, temos:

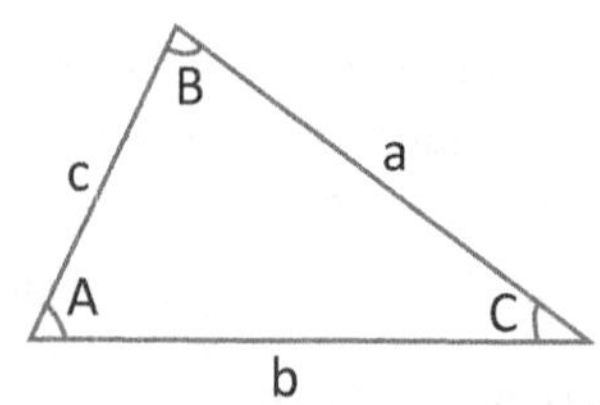

$$a^2 = b^2 + c^2 - 2 \cdot b \cdot c \cdot \cos A$$
$$b^2 = a^2 + c^2 - 2 \cdot a \cdot c \cdot \cos B$$
$$c^2 = a^2 + b^2 - 2 \cdot a \cdot b \cdot \cos C$$

Medidas dos Ângulos

→ **Medidas em Grau:**

Sabe-se que uma volta completa na circunferência corresponde a 360°; se dividir em 360 arcos, haverá arcos unitários medindo 1º grau. Dessa forma, diz-se que a circunferência é simplesmente um arco de 360° com o ângulo central medindo uma volta completa ou 360°.

Também se pode dividir o arco de 1° grau em 60 arcos de medidas unitárias iguais a 1' (arco de um minuto). Da mesma forma podemos dividir o arco de 1' em 60 arcos de medidas unitárias iguais a 1" (arco de um segundo).

→ **Medidas em Radianos:**

Dada uma circunferência de centro O e raio R, com um arco de comprimento s e α o ângulo central do arco, vamos determinar a medida do arco em radianos de acordo com a figura a seguir:

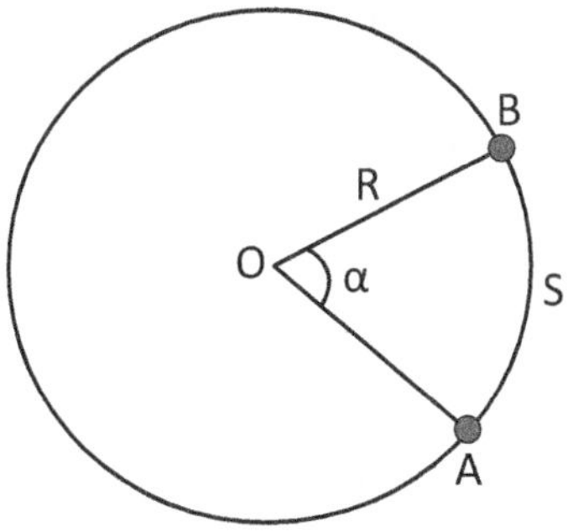

Diz-se que o arco mede um radiano se o comprimento do arco for igual à medida do raio da circunferência. Assim, para saber a medida de um arco em radianos, deve-se calcular quantos raios da circunferência são precisos para se ter o comprimento do arco. Portanto:

$$\alpha = \frac{S}{R}$$

Com base nessa fórmula, podemos expressar outra expressão para determinar o comprimento de um arco de circunferência:

$$s = \alpha \cdot R$$

De acordo com as relações entre as medidas em grau e radiano de arcos, vamos destacar uma regra de três capaz de converter as medidas dos arcos. Veja:

- 360º → 2π radianos (aproximadamente 6,28)
- 180º → π radiano (aproximadamente 3,14)
- 90º → π/2 radiano (aproximadamente 1,57)
- 45º → π/4 radiano (aproximadamente 0,785)

Medida em graus	Medida em radianos
180	π
x	a

Ciclo Trigonométrico

Considerando um plano cartesiano, representados nele um círculo com centro na origem dos eixos e raios.

Divide-se o ciclo trigonométrico em quatro arcos, obtendo quatro quadrantes.

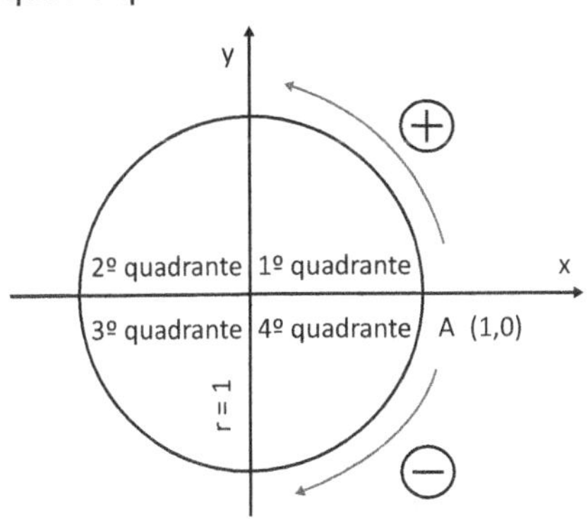

Dessa forma, obtêm-se as relações:

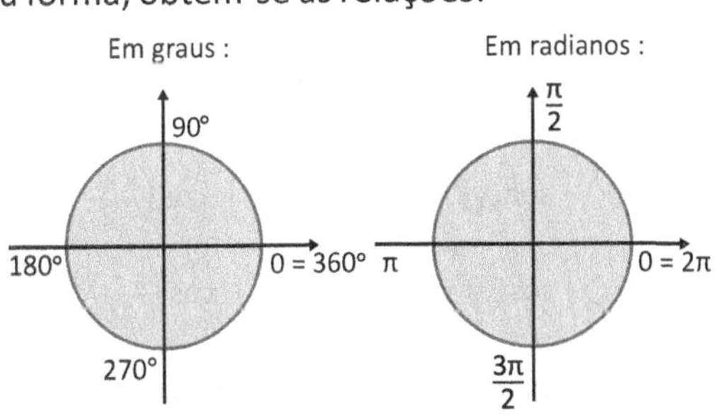

Razões Trigonométricas

→ **As principais razões trigonométricas são:**

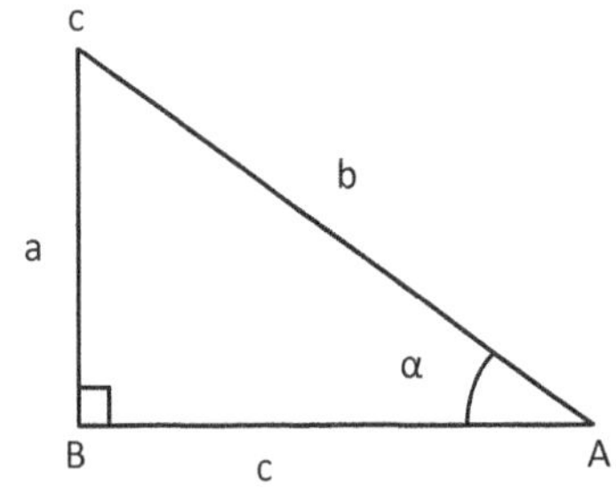

$$\text{sen}\ \alpha = \frac{\text{comprimento do cateto oposto}}{\text{comprimento da hipotenusa}} = \frac{a}{b}$$

$$\cos \alpha = \frac{\text{comprimento do cateto adjacente}}{\text{comprimento da hipotenusa}} = \frac{c}{b}$$

$$\text{tg}\ \alpha = \frac{\text{comprimento do cateto oposto}}{\text{comprimento do cateto adjacente}} = \frac{a}{c}$$

→ **Outras razões decorrentes dessas são:**

$$\text{tg}\ x = \frac{\text{sen}\ x}{\cos x}$$

$$\text{cotg}\ x = \frac{1}{\text{tg}\ x} = \frac{\cos x}{\text{sen}\ x}$$

$$\sec x = \frac{1}{\cos x}$$

$$\text{cossec}\ x = \frac{1}{\text{sen}\ x}$$

→ **A partir da relação fundamental, encontram-se ainda as seguintes relações:**

$(\text{sen}\ x)^2 + (\cos x)^2 = 1$ = [relação fundamental da trigonometria]

$1 + (\text{cotg}\ x)^2 = (\text{cossec}\ x)^2$

$1 + (\text{tg}\ x)^2 = (\sec x)^2$

Redução ao 1º Quadrante

sen(90º - α) = cos α
cos(90º - α) = sen α
sen(90º + α) = cos α
cos(90º + α) = -sen α
sen(180º - α) = sen α
cos(180º - α) = -cos α
tg(180º - α) = -tg α
sen(180º + α) = -sen α
cos(180º + α) = -cos α
sen(270º - α) = -cos α
cos(270º - α) = -sen α
sen(270º + α) = -cos α
cos(270º + α) = sen α
sen(-α) = -sen α
cos(-α) = cos α
tg(-α) = -tg α

Funções Trigonométricas

Função Seno

Chama-se função seno a função **f(x) = sen x**

O domínio dessa função é R e a imagem é Im [-1,1]; visto que, na circunferência trigonométrica, o raio é unitário.

Então:

- > Domínio de f(x) = sen x; D(sen x) = R.
- > Imagem de f(x) = sen x; Im(sen x) = [-1,1] .

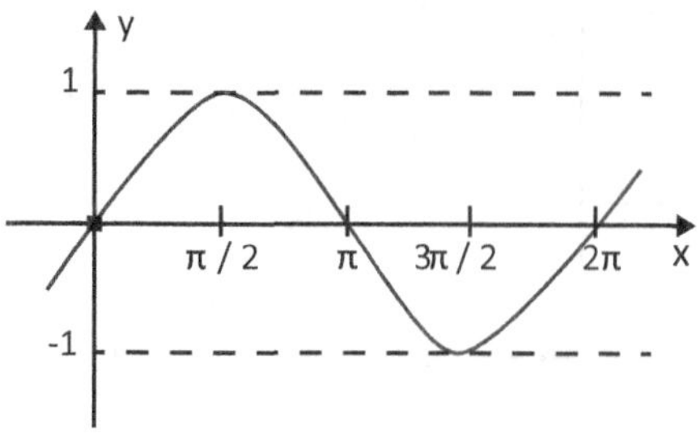

→ **Sinal da Função:**

- > f(x) = sen x é positiva no 1º e 2º quadrantes (ordenada positiva);
- > f(x) = sen x é negativa no 3º e 4º quadrantes (ordenada negativa).

Fique Ligado

Quando** $x \in \left[0, \frac{\pi}{2}\right]$, **1º quadrante, o valor de sen x cresce de 0 a 1.

Quando** $x \in \left[\frac{\pi}{2}, \pi\right]$, **2º quadrante, o valor de sen x decresce de 1 a 0.

Quando** $x \in \left[\pi, \frac{3\pi}{2}\right]$, **3º quadrante, o valor de sen x decresce de 0 a -1.

Quando** $x \in \left[\frac{3\pi}{2}, 2\pi\right]$, **4º quadrante, o valor de sen x cresce de -1 a 0.

Função cosseno

Chama-se função cosseno a função **f(x) = cos x.**

O domínio dessa função também é R e a imagem é Im [-1,1]; visto que, na circunferência trigonométrica, o raio é unitário.

Então:

- > Domínio de f(x) = cos x; D(cos x) = R.
- > Imagem de f(x) = cos x; Im(cos x) = [-1,1].

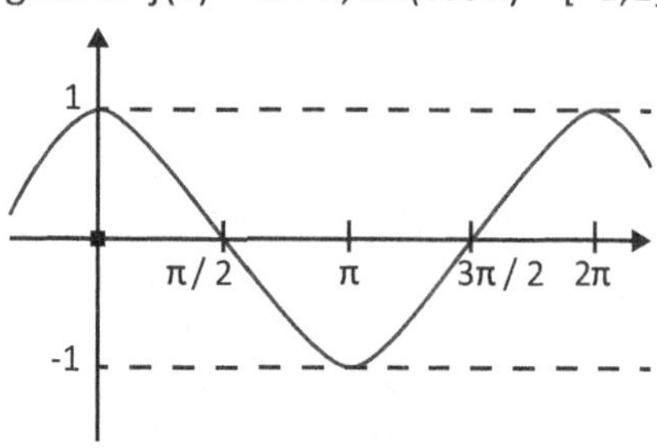

→ **Sinal da Função:**

- > f(x) = cos x é positiva no 1º e 4º quadrantes (abscissa positiva);
- > f(x) = cos x é negativa no 2º e 3º quadrantes (abscissa negativa).

Fique Ligado

Quando** $x \in \left[0, \frac{\pi}{2}\right]$, **1º quadrante, o valor do cos x decresce de 1 a 0.

Quando** $x \in \left[\frac{\pi}{2}, \pi\right]$, **2º quadrante, o valor do cos x decresce de 0 a -1.

Quando** $x \in \left[\pi, \frac{3\pi}{2}\right]$, **3º quadrante, o valor do cos x cresce de -1 a 0.

Quando,** $x \in \left[\frac{3\pi}{2}, 2\pi\right]$ **4º quadrante, o valor do cos x cresce de 0 a 1.

Função Tangente

Chama-se função tangente a função **f(x) = tg x.**

Então:

Domínio de f(x) = O domínio dessa função são todos os números reais, exceto os que zeram o cosseno, pois não existe cos x = 0

- > Imagem de f(x) = Im =] -∞, ∞[.

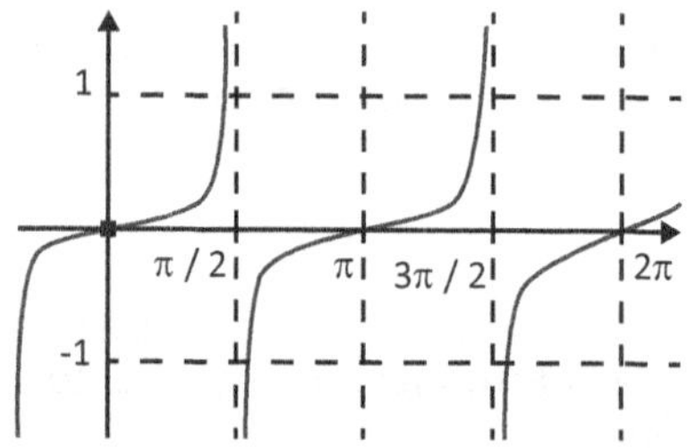

→ **Sinal da Função:**

- > f(x) = tg x é positiva no 1º e 3º quadrantes (produto da ordenada pela abscissa positiva);
- > f(x) = tg x é negativa no 2º e 4º quadrantes (produto da ordenada pela abscissa negativa).

Outras Funções

→ **Função secante:**

Denomina-se função secante a função $f(x) = \frac{1}{\cos x}$.

→ **Função cossecante:**

Denomina-se função cossecante a função $f(x) = \frac{1}{\text{sen } x}$.

→ **Função cotangente:**

Denomina-se função cossecante a função $f(x) = \frac{1}{\text{tg } x}$.

Identidades e Operações Trigonométricas

→ **As mais comuns são as seguintes:**

$$\text{sen}(a + b) = \text{sen } a \cdot \cos b + \text{sen } b \cdot \cos a$$

$$\text{sen}(a - b) = \text{sen } a \cdot \cos b - \text{sen } b \cdot \cos a$$

$$\cos(a + b) = \cos a \cdot \cos b - \text{sen } a \cdot \cos b$$

$$\cos(a - b) = \cos a \cdot \cos b + \text{sen } a \cdot \cos b$$

$$\text{tg } (a + b) = \frac{\text{tga} + \text{tgb}}{1 - \text{tga} \cdot \text{tgb}}$$

$$\text{tg } (a - b) = \frac{\text{tga} - \text{tgb}}{1 + \text{tga} \cdot \text{tgb}}$$

$$\text{sen}(2x) = 2 \cdot \text{sen}(x) \cdot \cos(x)$$

$$\cos(2x) = \cos^2(x) - \text{sen}^2(x)$$

$$\text{tg}(2x) = \left(\frac{2 \cdot \text{tg}(x)}{1 - \text{tg}^2(x)}\right)$$

$$\text{sen}(x) + \text{sen}(y) = 2 \cdot \text{sen}\left(\frac{x+y}{2}\right) \cdot \cos\left(\frac{x-y}{2}\right)$$

$$\text{sen}(x) - \text{sen}(y) = 2 \cdot \text{sen}\left(\frac{x-y}{2}\right) \cdot \cos\left(\frac{x+y}{2}\right)$$

$$\cos(x) + \cos(y) = 2 \cdot \cos\left(\frac{x+y}{2}\right) \cdot \cos\left(\frac{x-y}{2}\right)$$

$$\cos(x) - \cos(y) = -2 \cdot \text{sen}\left(\frac{x+y}{2}\right) \cdot \text{sen}\left(\frac{x-y}{2}\right)$$

Exercício Comentado

01. ***Sabendo-se que 3 cos x + sen x = -1, então um dos possíveis valores para a tangente de x é igual a:***

a) -4/3
b) 4/3
c) 5/3
d) -5/3
e) 1/7

RESPOSTA. "A".

$$3 \cos x + \operatorname{sen} x = -1$$

Elevando os dois membros ao quadrado:

$$(3 \cos x + \operatorname{sen} x)^2 = (-1)^2$$

$$9 \cos^2 x + 6 \operatorname{sen} x \cdot \cos x + \operatorname{sen}^2 x = 1$$

Reorganizando:

$$8 \cos^2 x + 6 \operatorname{sen} x \cdot \cos x + \cos^2 x + \operatorname{sen}^2 x = 1$$

Aplicando a propriedade fundamental da trigonometria ($\operatorname{sen}^2\alpha + \cos^2\alpha = 1$):

$8 \cos^2 x + 6 \operatorname{sen} x \cdot \cos x + 1 = 1$

$8 \cos^2 x = -6 \operatorname{sen} x \cdot \cos x$ ***(simplificando tudo por cosx)***

$8 \cos x = -6 \operatorname{sen} x$ ***(dividindo tudo por cosx)***

$8 = -6 \operatorname{tg} x$

$6 \operatorname{tg} x = -8$

$\operatorname{tg} x = -8/6$

$\operatorname{tg} x = -4/3$

Vamos Praticar

01. Em um triângulo retângulo, o seno de um de seus ângulos agudos é:

a) O inverso do cosseno desse ângulo.
b) O quadrado do cosseno desse ângulo.
c) A razão entre as medidas dos catetos do triângulo.
d) A razão entre a medida da hipotenusa e a medida do lado adjacente a esse ângulo.
e) A razão entre a medida do lado oposto a esse ângulo e a medida da hipotenusa.

02. Um triângulo possui as seguintes medidas de seus lados: 3, 12 e 14. Este triângulo possui:

a) Três ângulos obtusos.
b) Três ângulos agudos.
c) Um ângulo obtuso.
d) Um ângulo agudo.
e) Um ângulo reto.

03. Uma pessoa está na margem de um rio, onde existem duas árvores (B e C, na figura). Na outra margem, em frente a B, existe outra árvore, A, vista de C segundo um ângulo de 30º, com relação a B. Se a distância de B a C é 150m, qual é a largura do rio, aproximadamente, sendo $\sqrt{2} = 1{,}41$ e $\sqrt{3} = 1{,}73$?

	30º	45º	60º
sen	$1/2$	$\sqrt{2}/2$	$\sqrt{3}/2$
cos	$\sqrt{3}/2$	$\sqrt{2}/2$	$1/2$
tg	$\sqrt{3}/3$	1	$\sqrt{3}$

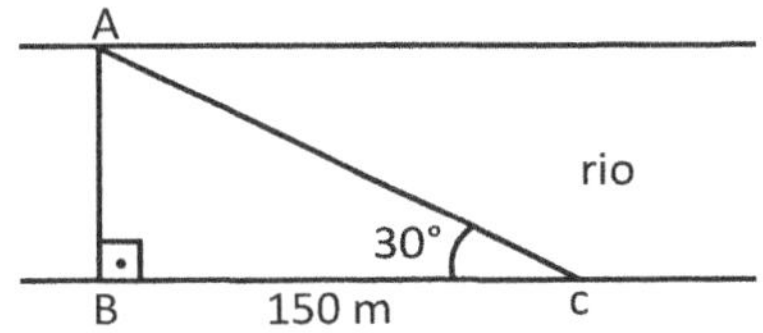

a) 129,75
b) 105,75
c) 100,25
d) 95,50
e) 86,50

04. Considerando tg 25º = 1/2, o valor de tg 20º será:

a) 1/6
b) 1/5
c) 1/4
d) 1/3

05. Investigações de um crime com arma de fogo indicam que um atirador atingiu diretamente dois pontos, B e C, a partir de um único ponto A. São conhecidas as distâncias: AC = 3m, AB = 2m e BC = 2,65m. A medida do ângulo formado pelas duas direções nas quais o atirador disparou os tiros é mais próxima de:

a) 30°
b) 45°
c) 60°
d) 75°
e) 90°

06. Para que o telhado de uma casa possa ser construído deve-se levar em consideração alguns fatores de dimensionamento, dentre os quais as especificações relacionadas com a largura e o ângulo de elevação do telhado. Conforme exemplo ilustrado na figura a seguir:

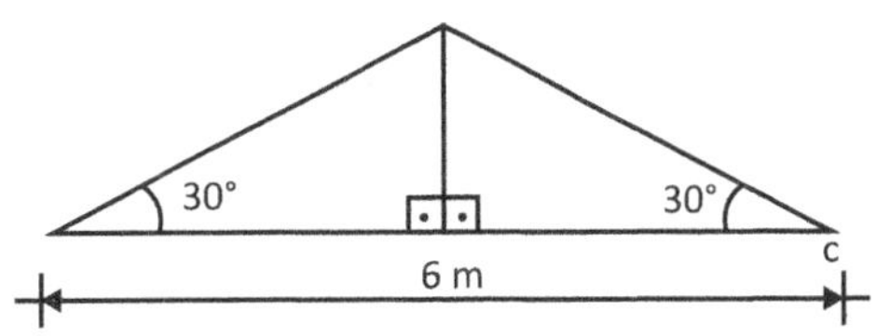

De acordo com as informações anteriormente indicadas no exemplo ilustrado, a medida da elevação do telhado é (considere duas casas decimais após a vírgula e tg 30º = 0,58)

a) 0,90m
b) 1,74m
c) 1,80m
d) 3,00m
e) 3,48m

07. Considerando-se que x é um arco com extremidade no segundo quadrante e que $\operatorname{sen} x = \frac{4}{5}$, então pode-se afirmar que o valor de $5\cos^2 x - 3\operatorname{tg} x$ é:

a) $-\frac{11}{5}$
b) $-\frac{29}{15}$
c) $\frac{11}{5}$
d) $\frac{45}{15}$
e) $\frac{29}{5}$

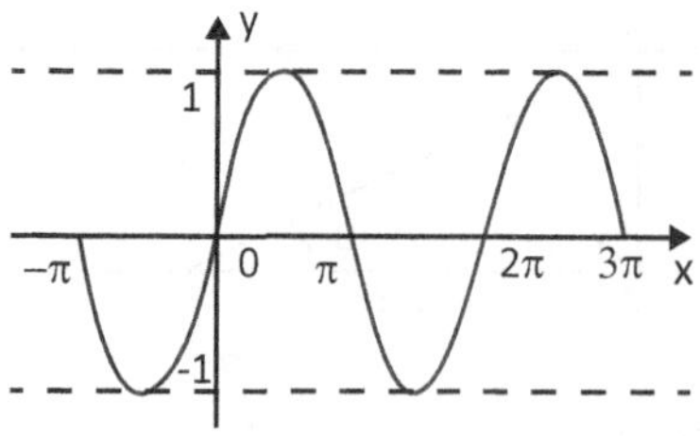

08. A figura representa parte do gráfico cartesiano da função f(x) igual a:

a) sen x
b) cos x
c) cotg x
d) tg x
e) $tg^2 x$

09. A expressão $y = \dfrac{1 - \cos x}{1 + \cos x}$ pode ser escrita como:

a) y = cos sec x - cot g x
b) y = sec x - cot g x
c) y = 1
d) $y = (\cos \sec x - \text{sen } x)^2$
e) $y = (\cos \sec x - \text{cotg } x)^2$

10. Se senx = 0,8 e $x \in = \left[0; \frac{\pi}{2}\right]$, então, quanto vale sen(2x)?

a) 0,65
b) 1,6
c) 0,55
d) 0,96
e) 0,72

Gabarito

01	E	06	B
02	C	07	E
03	E	08	A
04	D	09	E
05	C	10	D

Anotações

CAPÍTULO 07

Geometria Plana

Neste capítulo serão abordados os principais conceitos de geometria plana e suas aplicações.

Semelhanças de Figuras

Duas figuras (formas geométricas) são semelhantes quando satisfazem a duas condições: os seus ângulos têm o mesmo tamanho e os lados correspondentes são proporcionais.

Nos triângulos existem alguns casos de semelhanças bem conhecidos;

1º caso: LAL (lado, ângulo, lado): dois lados congruentes e o ângulo entre esses lados também congruentes.

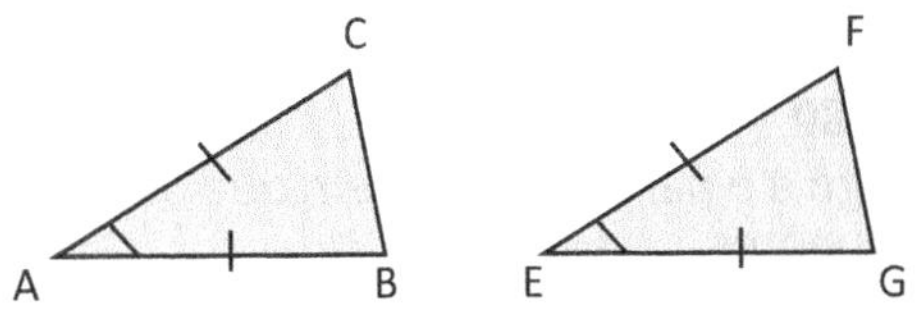

2º caso: LLL (lado, lado, lado): os três lados congruentes.

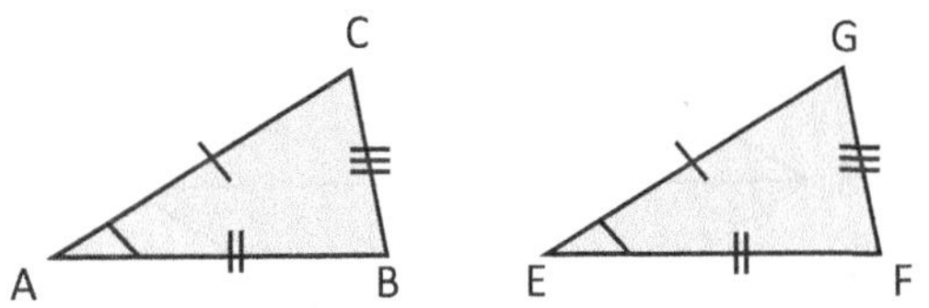

3º caso: ALA (ângulo, lado, ângulo): dois ângulos congruentes e o lado entre esses ângulos também congruente.

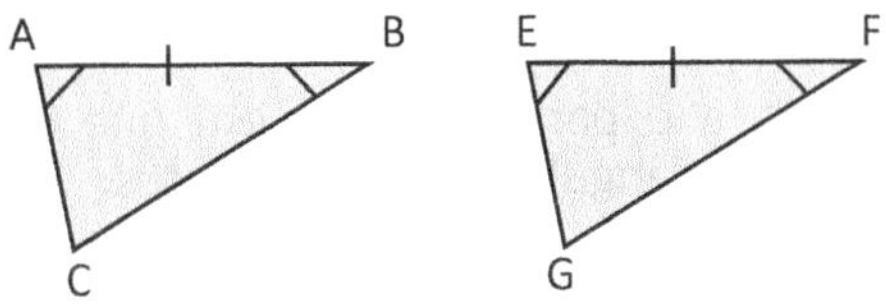

4º caso: LAA_o (lado, ângulo, ângulo oposto): congruência do ângulo adjacente ao lado, e congruência do ângulo oposto ao lado.

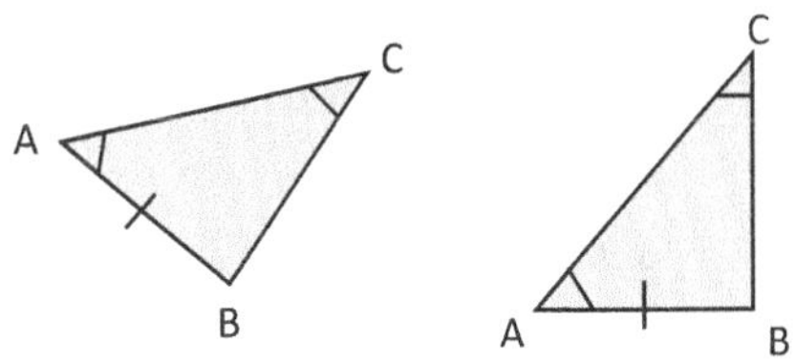

Relações Métricas nos Triângulos

As principais relações métricas nos triângulos são:

→ **Nos triângulos retângulos é o teorema de Pitágoras**

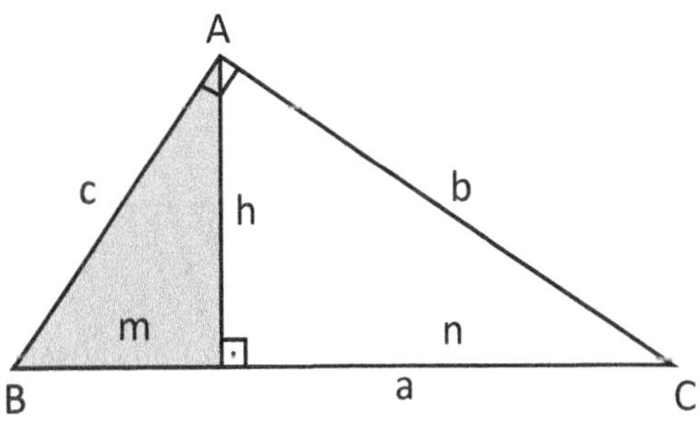

O quadrado da hipotenusa é igual a soma dos quadrados dos catetos.

$$a^2 = b^2 + c^2$$

Além das relações que decorrem do teorema de Pitágoras:

O quadrado de um cateto é igual ao produto da hipotenusa pela projeção desse cateto sobre a hipotenusa.

$$b^2 = a \cdot n$$
$$c^2 = a \cdot m$$

O produto dos catetos é igual ao produto da hipotenusa pela altura relativa à hipotenusa.

$$b \cdot c = a \cdot h$$

O quadrado da altura é igual ao produto das projeções dos catetos sobre a hipotenusa.

$$h^2 = m \cdot n$$

Outras relações que não estão nos triângulos retângulos são:

→ **Lei dos cossenos**

Para um triângulo qualquer demonstra-se que:

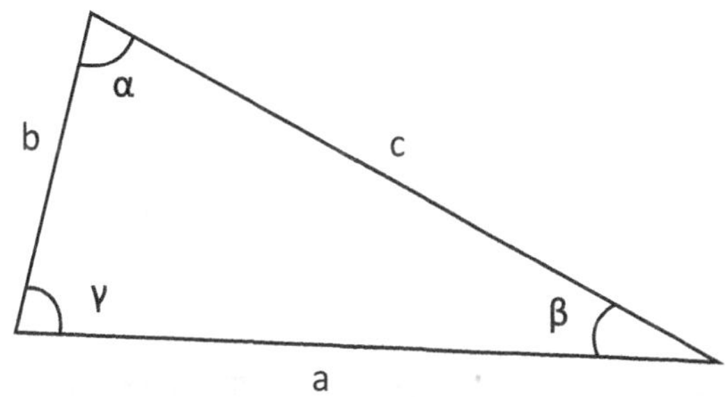

$$a^2 = b^2 + c^2 - 2 \cdot b \cdot c \cdot \cos\alpha$$

Fique Ligado

Note que o lado "a" do triângulo é oposto ao cosseno do ângulo α.

→ **Lei dos senos**

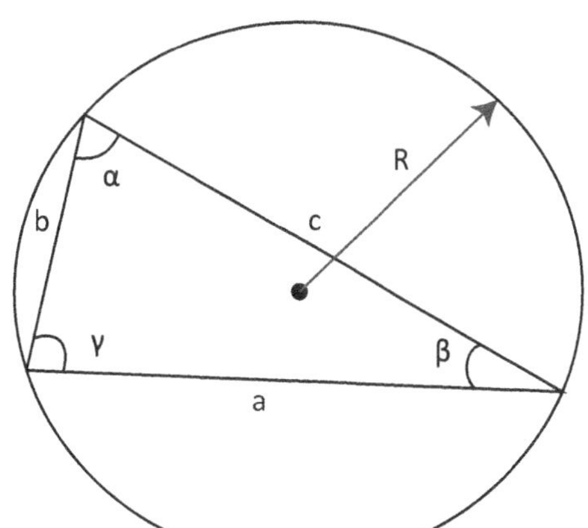

Fique Ligado

R é o raio da circunferência circunscrita a esse triângulo.

Neste caso, valem as seguintes relações, conforme a lei dos senos:

$$\frac{a}{\text{sen}\alpha} = \frac{b}{\text{sen}\beta} = \frac{c}{\text{sen}\gamma} = 2R$$

Quadriláteros

Quadrilátero é um polígono de quatro lados. Eles possuem os seguintes elementos:

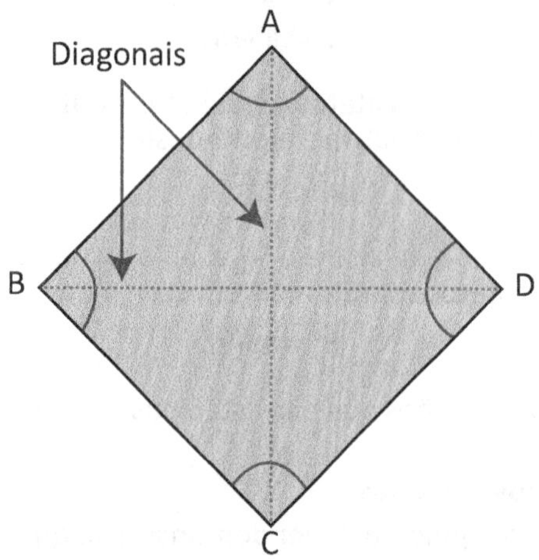

Vértices: A, B, C, e D.

Lados: $\overline{AB}$, $\overline{BC}$, $\overline{CD}$ e $\overline{DA}$.

Diagonais: $\overline{AC}$ e $\overline{BD}$.

Ângulos internos ou ângulos do quadrilátero ABCD: $\hat{A}$, $\hat{B}$, $\hat{C}$ e $\hat{D}$.

Fique Ligado

Todo quadrilátero tem duas diagonais.

O perímetro de um quadrilátero ABCD é a soma das medidas de seus lados, ou seja: AB + BC + CD + DA.

Quadriláteros Importantes

→ **Paralelogramo**

Paralelogramo é o quadrilátero que tem os lados opostos paralelos.

Ex.:

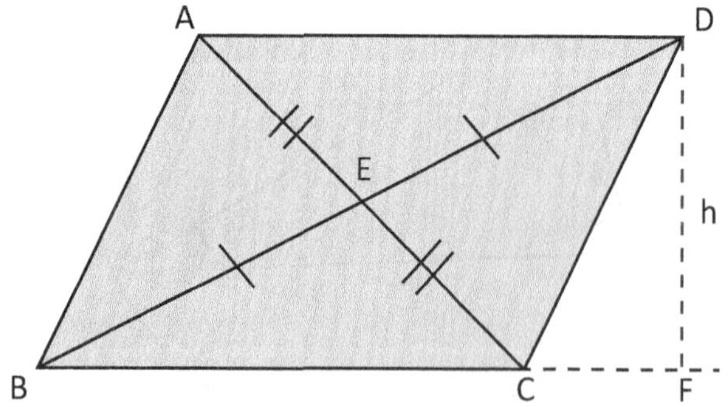

Fique Ligado

h é a altura do paralelogramo.

Num paralelogramo:

> ***os lados opostos são congruentes;***
> ***cada diagonal o divide em dois triângulos congruentes;***
> ***os ângulos opostos são congruentes;***
> ***as diagonais interceptam-se em seu ponto médio.***

→ **Retângulo**

Retângulo é o paralelogramo em que os quatro ângulos são congruentes (retos).

Ex.:

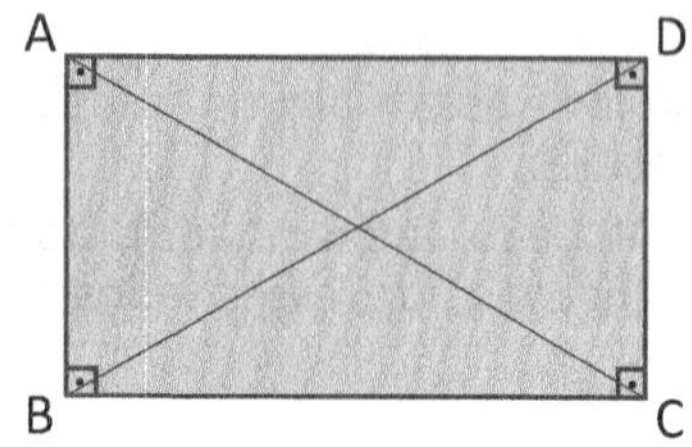

→ **Losango**

Losango é o paralelogramo em que os quatro lados são congruentes.

Ex.:

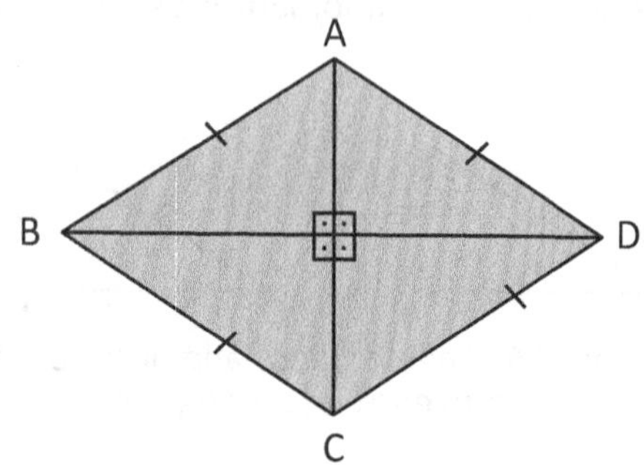

→ **Quadrado**

Quadrado é o paralelogramo em que os quatro lados e os quatro ângulos são congruentes.

Ex.:

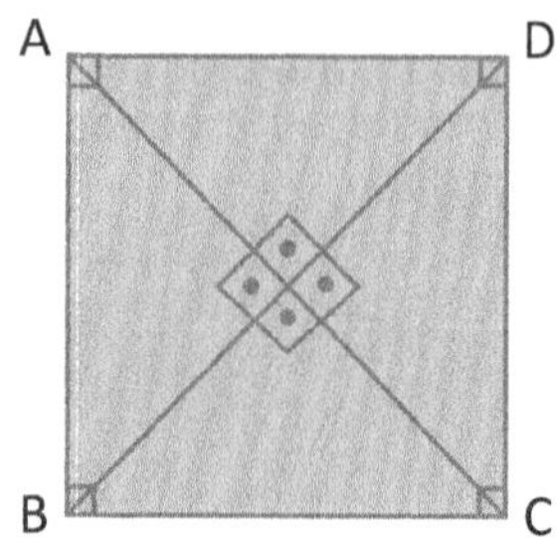

Trapézios

É o quadrilátero que apresenta somente dois lados paralelos chamados bases.

Ex.:

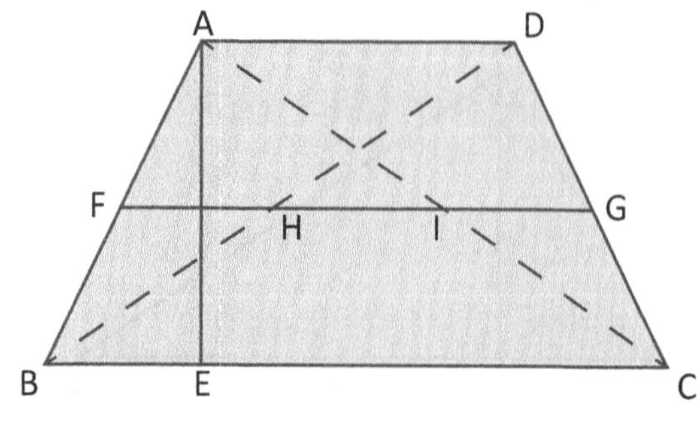

→ **Trapézio retângulo**

É aquele que apresenta dois ângulos retos.

Ex.:

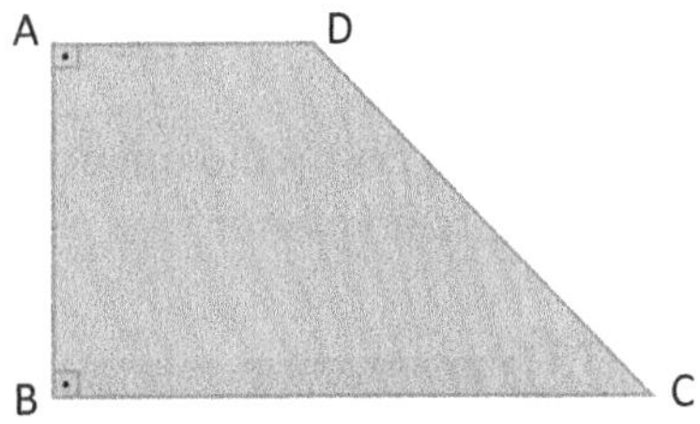

→ **Trapézio isósceles**

É aquele em que os lados não paralelos são congruentes.

Ex.:

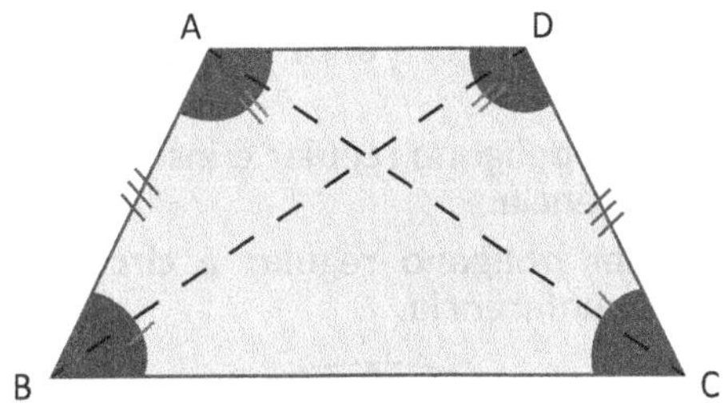

Polígonos Regulares

Um polígono é regular se todos os seus lados e todos os seus ângulos forem congruentes.

Os nomes dos polígonos dependem do critério que se utiliza para classificá-los. Usando **o número de ângulos** ou o **número de lados**, tem-se a seguinte nomenclatura:

Número de lados (ou ângulos)	Nome do Polígono	
	Em função do Número de ângulos	Em função do Número de lados
3	triângulo	trilátero
4	quadrângulo	quadrilátero
5	pentágono	pentalátero
6	hexágono	hexalátero
7	heptágono	heptalátero
8	octógono	octolátero
9	eneágono	enealátero
10	decágono	decalátero
11	undecágono	undecalátero
12	dodecágono	dodecalátero
15	pentadecágono	pentadecalátero
20	icoságono	icosalátero

Nos polígonos regulares cada ângulo externo é dado por:

$$e = \frac{360^\circ}{n}$$

A soma dos ângulos internos é dada por:

$$S_i = 180 \cdot (n - 2)$$

E cada ângulo interno é dado por:

$$i = \frac{180(n - 2)}{n}$$

→ **Diagonais de um Polígono**

O segmento que liga dois vértices não consecutivos de polígono é chamado de diagonal.

O número de diagonais de um polígono é dado pela fórmula:

$$d = \frac{n \cdot (n - 3)}{2}$$

Círculos e Circunferências

→ **Círculo**

É a área interna a uma circunferência.

→ **Circunferência**

É o contorno do círculo. Por definição, é o lugar geométrico dos pontos equidistantes ao centro.

A distância entre o centro e o lado é o raio.

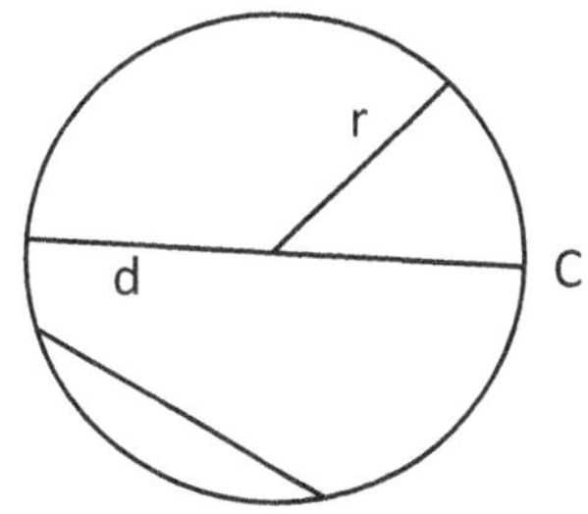

> **Corda:** é o seguimento que liga dois pontos da circunferência.

A maior corda, ou corda maior de uma circunferência, é o diâmetro. Também dizemos que a corda que passa pelo centro é o diâmetro.

→ **Posição relativa entre reta e circunferência.**

Uma reta é:

> **Secante**: distância entre a reta e o centro da circunferência é menor que o raio.

> **Tangente**: a distância entre a reta e o centro da circunferência é igual ao raio.

> **Externa**: a distância entre a reta e o centro da circunferência é maior que o raio.

→ **Posição Relativa entre Circunferência**

As posições relativas entre circunferência são basicamente 4.

> Circunferência Secante

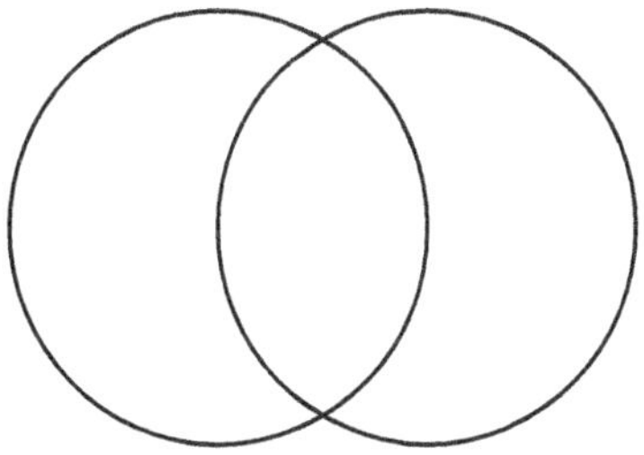

Característica: a distância entre os centros é menor que a soma dos raios das duas, porém, é maior que o raio de cada uma.

> Externo

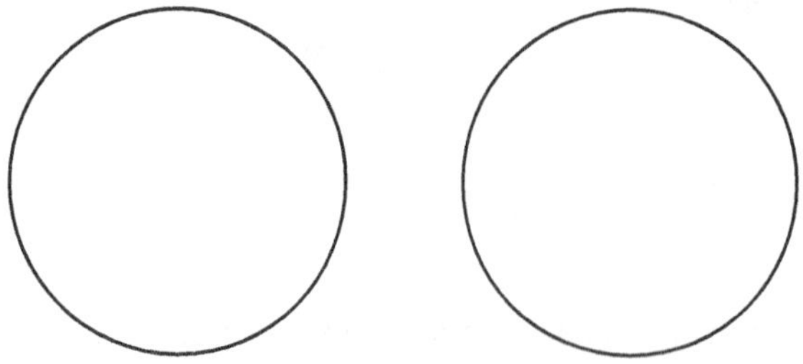

Característica: a distância entre os centros é maior que a soma do raio.

> Tangente

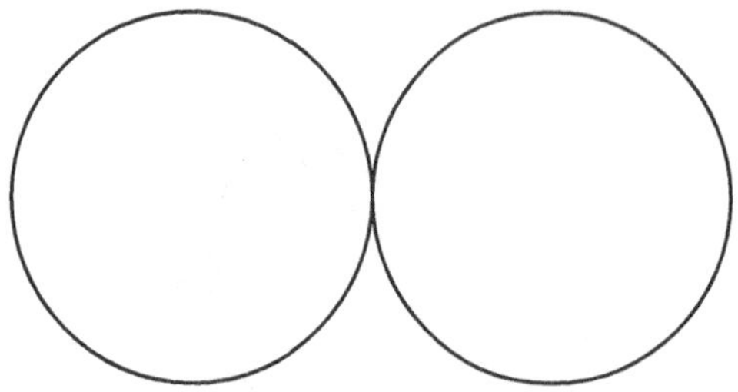

Característica: distância entre centro é igual à soma dos raios.

> Interna

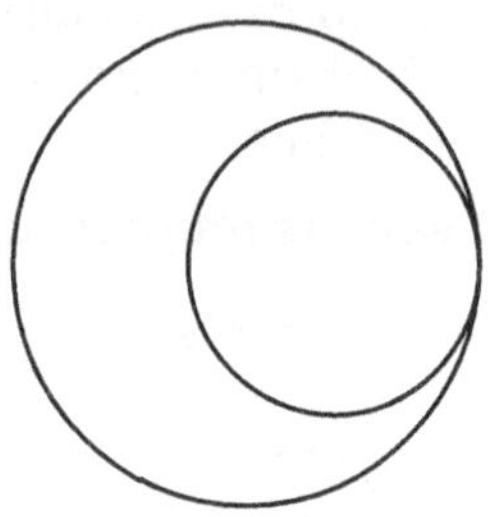

Característica: distância entre os centros mais o raio da menor é igual ao raio da maior.

> Interior

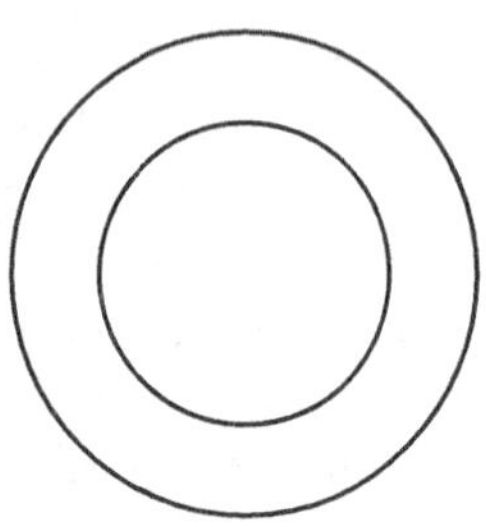

Característica: distância entre os centros menos o raio da menor é menor que o raio da maior.

→ **Ângulo Central e Ângulo Inscrito**

Central Inscrito

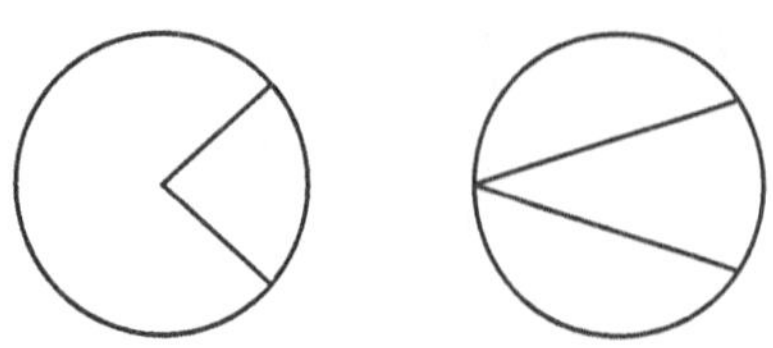

Um ângulo central sempre é o dobro do ângulo inscrito de um mesmo arco.

As áreas de círculos e partes do círculo são:

$$\text{Área do círculo} = \pi \cdot r^2 = \frac{1}{4} \cdot \pi \cdot D^2$$

$$\text{Área do setor circular} = \pi \cdot r^2 \cdot \frac{\alpha}{360^\circ} = \frac{1}{2} \cdot \alpha \cdot r^2$$

Área da coroa = área do círculo maior – área do círculo menor

Fique Ligado

Os ângulos podem ser expressos em graus (360° = 1 volta) ou em radianos (2π = 1 volta)

Polígonos Regulares Inscritos e Circunscritos

As principais relações entre a circunferência e os polígonos são:

> **Qualquer polígono regular é inscritível em uma circunferência.**

> **Qualquer polígono regular e circunscritível a uma circunferência.**

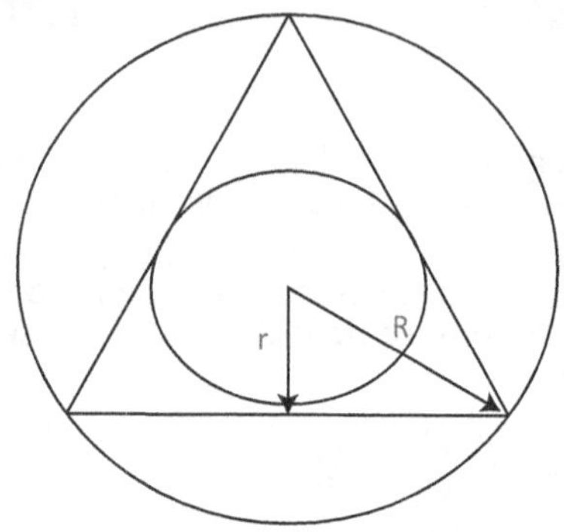

Fique Ligado

Polígono circunscrito a uma circunferência é o que possui seus lados tangentes à circunferência. Ao mesmo tempo, dizemos que esta circunferência está inscrita no polígono.

Já um polígono é inscrito em uma circunferência se cada vértice do polígono for um ponto da circunferência, e neste caso dizemos que a circunferência é circunscrita ao polígono.

Da inscrição e circunscrição dos polígonos nas circunferências podem-se ter as seguintes relações:

→ **Apótema** de um polígono regular é a distância do centro a qualquer lado.

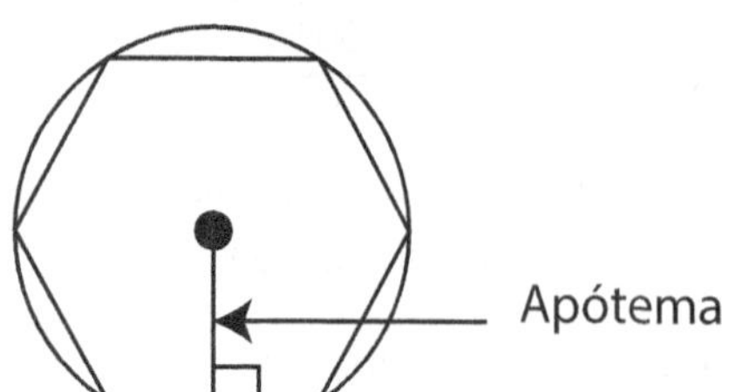

Fique Ligado

O apótema é sempre perpendicular ao lado.

Nos polígonos inscritos:

→ **No Quadrado:**

> Cálculo da medida do lado (L):

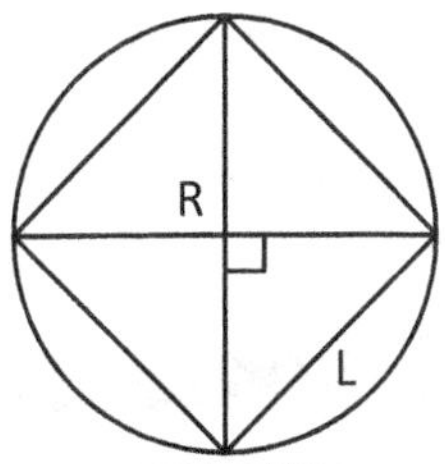

$L = R\sqrt{2}$

> Cálculo da medida do apótema (a):

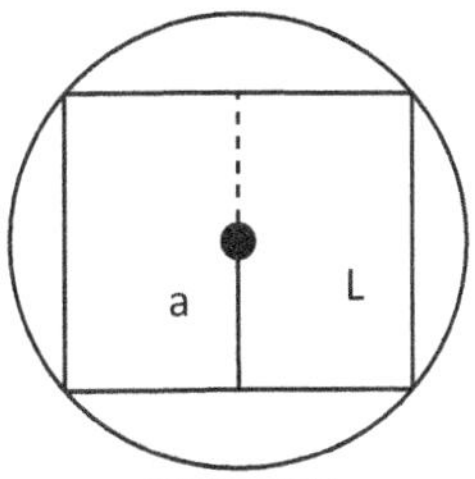

$a = \frac{R\sqrt{2}}{2}$

→ **No Hexágono:**

> Cálculo da medida do lado (L):

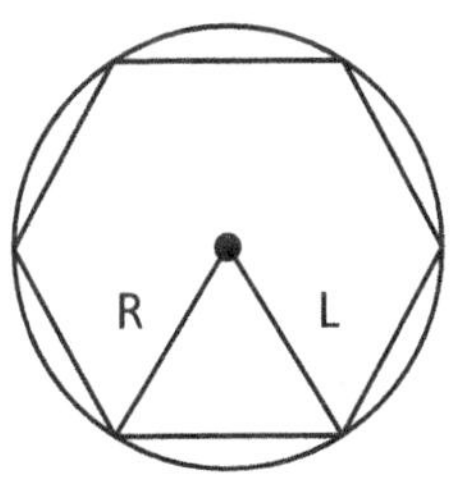

$\mathbf{L = R}$

> Cálculo da medida do apótema (a):

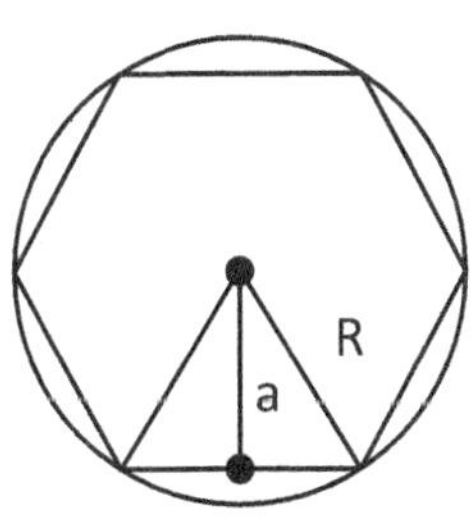

$a = \frac{R\sqrt{3}}{2}$

→ **No Triângulo Equilátero:**

> Cálculo da medida do lado (L):

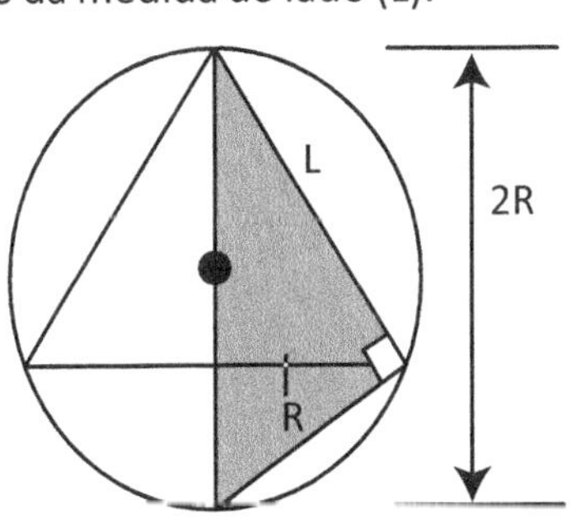

$L = R\sqrt{3}$

> Cálculo da medida do apótema (a):

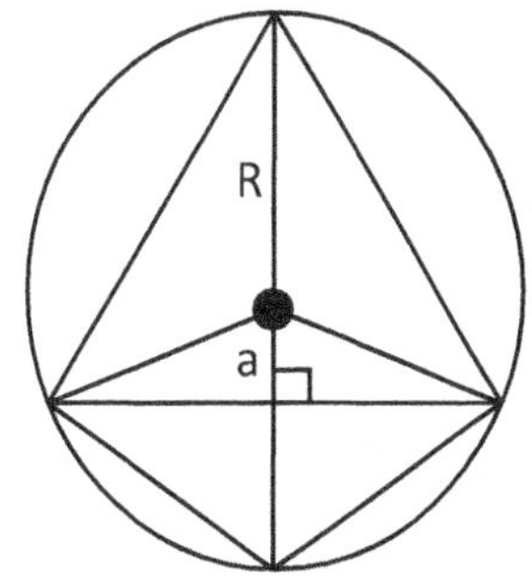

$a = \frac{R}{2}$

Nos polígonos circunscritos:

→ **No Quadrado:**

> Cálculo da medida do lado (L):

$L = 2R$

> Cálculo da medida do apótema (a):

$a = R$

→ **No Hexágono:**

> Cálculo da medida do lado (L):

$L = \frac{2R\sqrt{3}}{3}$

> Cálculo da medida do apótema (a):

$a = R$

→ **No Triângulo Equilátero:**

> Cálculo da medida do lado (L):

$L = 2R\sqrt{3}$

> Cálculo da medida do apótema (a):

$\mathbf{a = R}$

Perímetros e Áreas dos Polígonos e Círculos

Perímetro: é o contorno da figura, ou seja, a soma dos lados da figura.

Área: é o espaço interno, ou seja, a extensão que ela ocupa dentro do perímetro.

→ **As principais áreas (S) de polígonos são:**

> Retângulo

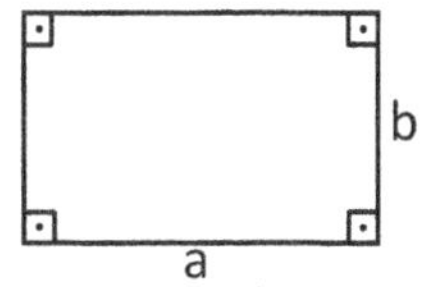

$S = a \cdot b$

> Quadrado

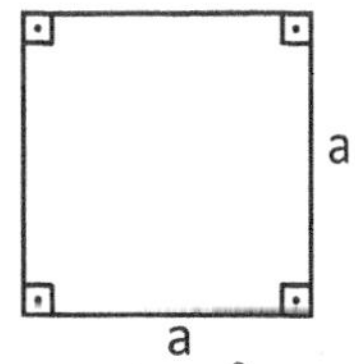

$S = a^2$

> Paralelogramo

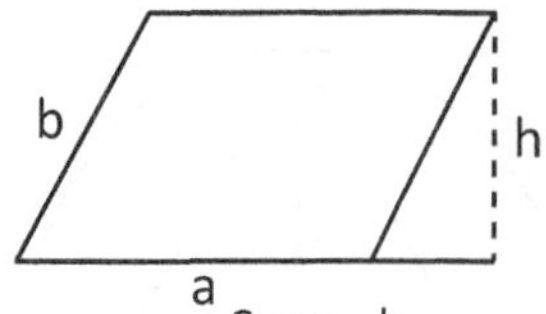

$$S = a \cdot h$$

> Losango

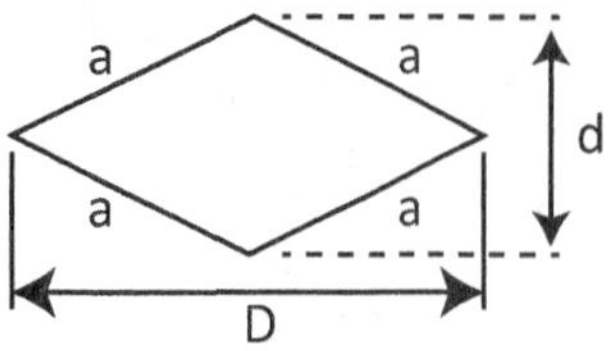

$$S = \frac{D \cdot d}{2}$$

> Trapézio

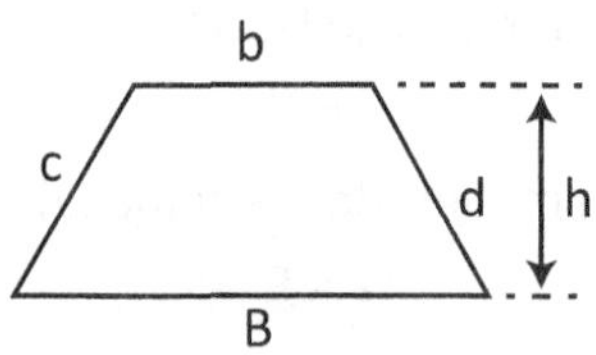

$$S = \frac{(B + b) \cdot h}{2}$$

> Triângulo

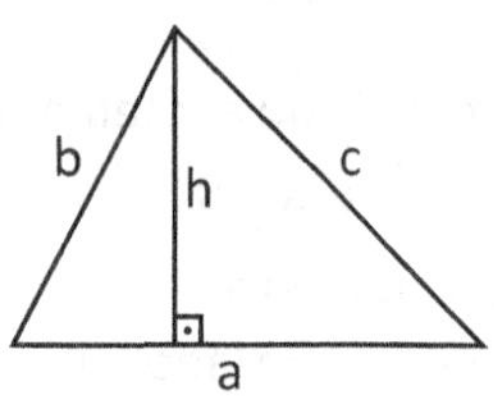

$$S = \frac{a \cdot h}{2}$$

> Triângulo equilátero

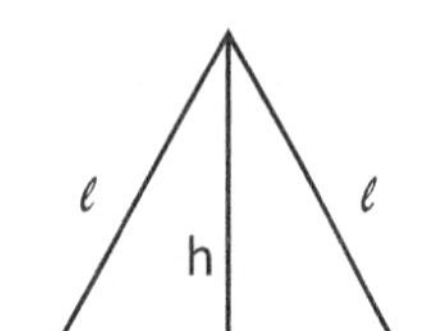

$$S = \frac{\ell^2 \sqrt{3}}{4}$$

Exercício Comentado

***01.** Para cercar um quartel, são necessários 5 voltas de arame farpado em seu perímetro. Quantos quilômetros de arame serão necessários para cercar um quartel que mede 500 metros de comprimento e 300 metros de largura?*

a) 16
b) 15,5
c) 12
d) 10,5
e) 8

RESPOSTA. ***"E". Se o quartel mede 500 metros de comprimento e 300 metros de largura, então seu perímetro será de 1600 metros (500 + 500 + 300 + 300 = 1600). Como são necessárias 5 voltas no terreno, então 1600 · 5 = 8000 metros. Transformando 8000 metros em km (basta dividir o valor por 1000), fica 8 km.***

Vamos Praticar

01. Um terreno de forma triangular tem frentes de 20 metros e 40 metros, em ruas que formam, entre si, um ângulo de 60°. Admitindo-se, a medida do perímetro do terreno, em metros, é:

a) 94
b) 93
c) 92
d) 91
e) 90

02. Um quadrado e um retângulo têm a mesma área. Os lados do retângulo são expressos por números naturais consecutivos, enquanto que o quadrado tem $2\sqrt{5}$ centímetros de lado. Assim, o perímetro, em centímetros, do retângulo é:

a) 12
b) 16
c) 18
d) 20
e) 24

03. As diagonais de um losango medem 48cm e 33cm. Se a medida da diagonal maior diminuir 4cm, então, para que a área permaneça a mesma, deve-se aumentar a medida da diagonal menor de:

a) 3cm
b) 5cm
c) 6cm
d) 8cm
e) 9cm

04. Qual o perímetro do polígono abaixo?

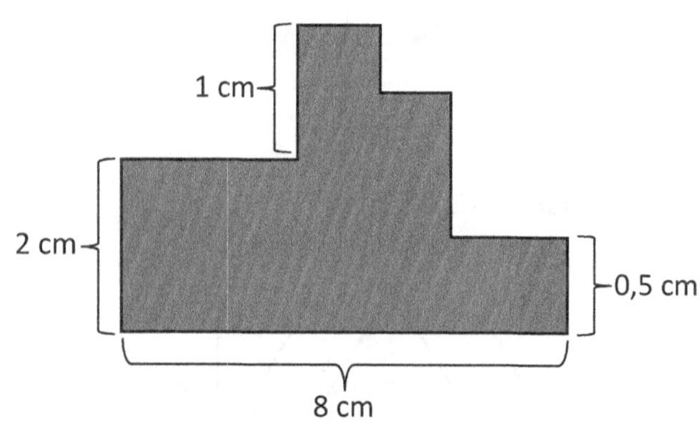

a) 15 cm
b) 18 cm
c) 20 cm
d) 22 cm
e) 23 cm

05. Na figura, cujas dimensões estão em metros, a linha pontilhada representa uma grade que foi colocada em dois lados de um canteiro. A extensão total dessa grade é:

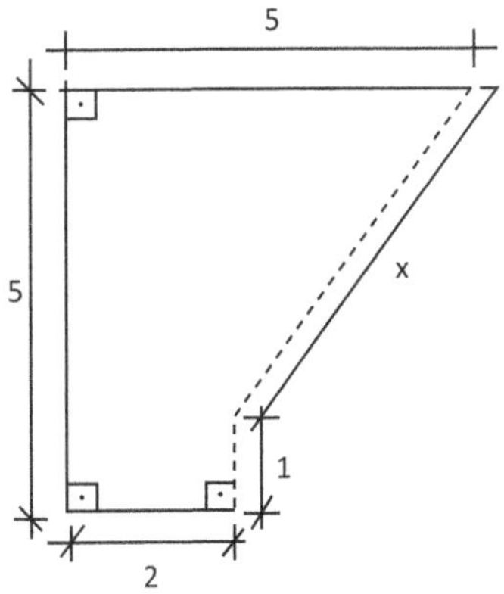

a) 6,00 m
b) 5,80 m
c) 5,75 m
d) 5,50 m
e) 5,00 m

06. Abaixo, temos a planta de um terreno retangular, de 810 m^2 de área cercado por um muro. Note que o terreno tem 36 m de comprimento, e que há um único portão de acesso com 2,5 m de largura.

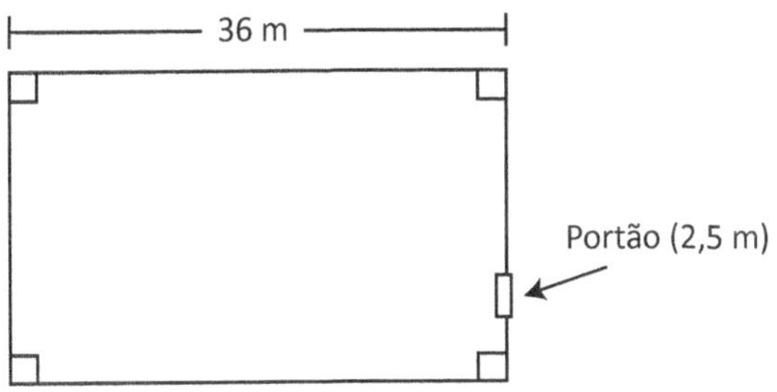

Qual é, em metros, o comprimento do muro que cerca esse terreno?

a) 113,0
b) 113,5
c) 114,5
d) 116,0
e) 117,0

07. Observe atentamente o retângulo abaixo, no interior do qual se encontra um polígono ABCD:

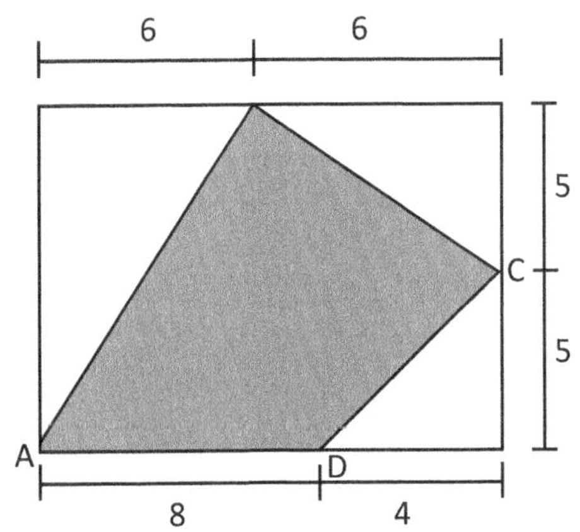

A área hachurada vale:

a) 55
b) 65
c) 90
d) 120
e) 150

08. A área de um triângulo isósceles cujos lados iguais medem 4, e dois de seus ângulos medem 45°, corresponde a:

a) 4 u.a.
b) 8 u.a.
c) 12 u.a.
d) 16 u.a.
e) 20 u.a.

09. A figura ilustra a planta, a vista superior, de um edifício. O quadrado CGHI corresponde ao corpo da edificação. O quadrado ABCD é uma área coberta cujo lado mede 8 m. A parte cinza da figura é um espelho d'água. DEFG é um quadrado tal que $EF^4 - GH^4 = 640$ m^4.

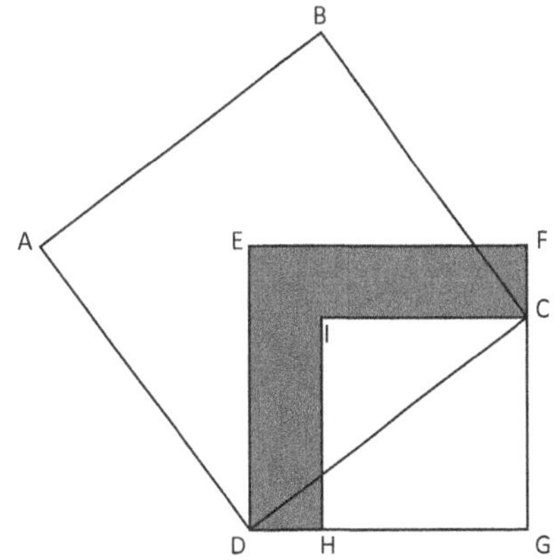

Qual é a medida da superfície do espelho d'água?

a) 80 m^2
b) 64 m^2
c) 18 m^2
d) 10 m^2
e) 8 m^2

10. Ultimamente tem havido muito interesse no aproveitamento da energia solar para suprir outras fontes de energia. Isso fez com que, após uma reforma, parte do teto de um salão de uma empresa fosse substituída por uma superfície retangular totalmente revestida por células solares, todas feitas de um mesmo material. Considere que:

Células solares podem converter a energia solar em energia elétrica e que para cada centímetro quadrado de célula solar que recebe diretamente a luz do sol é gerada 0,01 watt de potência elétrica;

A superfície revestida pelas células solares tem 3,5 m de largura por 8,4 m de comprimento.

Assim sendo, se a luz do sol incidir diretamente sobre tais células, a potência elétrica que elas serão capazes de gerar em conjunto, em watts, é:

a) 294.000
b) 38.200
c) 29.400
d) 3.820
e) 2.940

Gabarito

01	A	06	C
02	C	07	B
03	A	08	B
04	D	09	D
05	A	10	E

CAPÍTULO 08

Geometria Espacial

Neste capítulo, serão abordados os principais conceitos de geometria espacial e suas aplicações.

Retas e Planos

Veja alguns conceitos:

→ A reta é infinita, ou seja, contém infinitos pontos.

→ Por um ponto, podem ser traçadas infinitas retas.

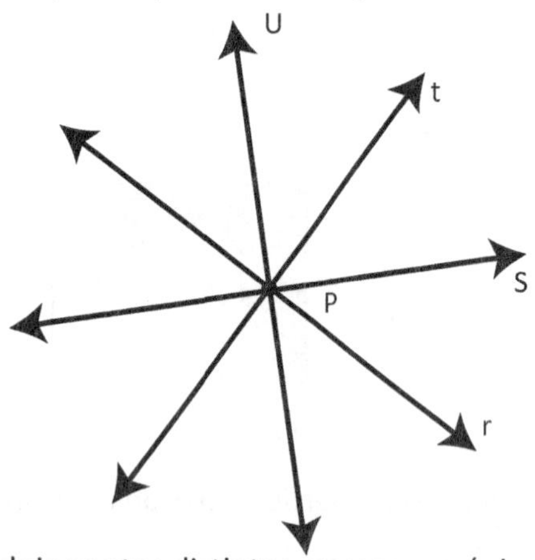

→ Por dois pontos distintos, passa uma única reta.

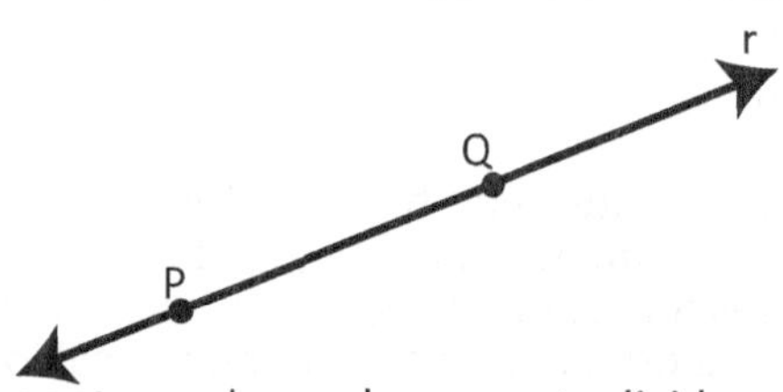

→ Um ponto qualquer de uma reta divide-a em duas semirretas.

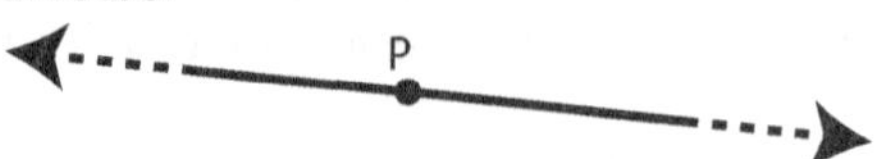

→ Por três pontos não colineares, passa um único plano.

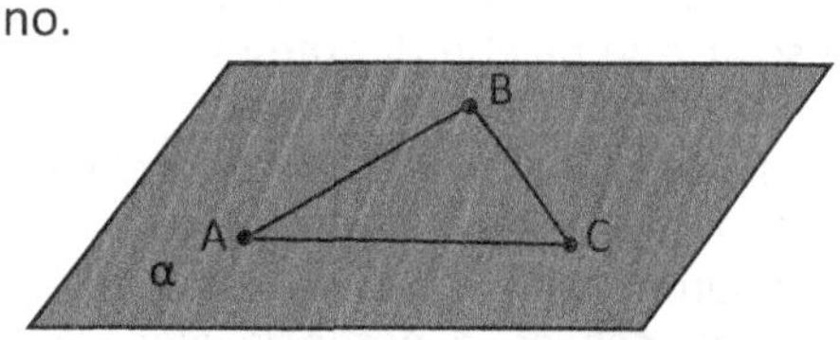

→ Por uma reta, pode ser traçada uma infinidade de planos.

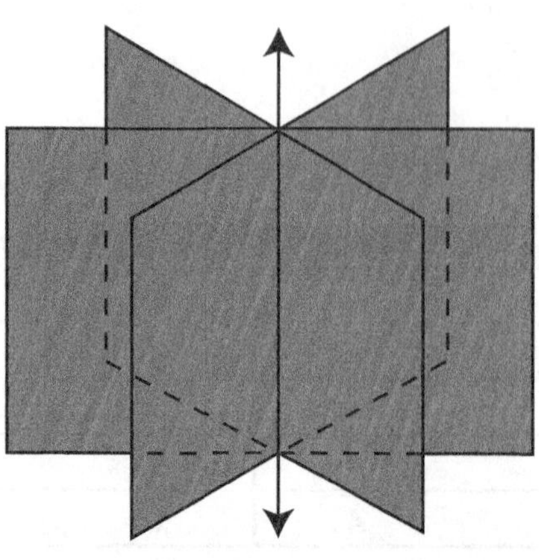

Posições Relativas de Duas Retas

No espaço, duas retas distintas podem ser concorrentes, paralelas ou reversas:

Concorrentes

$r \cap s = \{P\}$

$r \subset \alpha$

$s \subset \alpha$

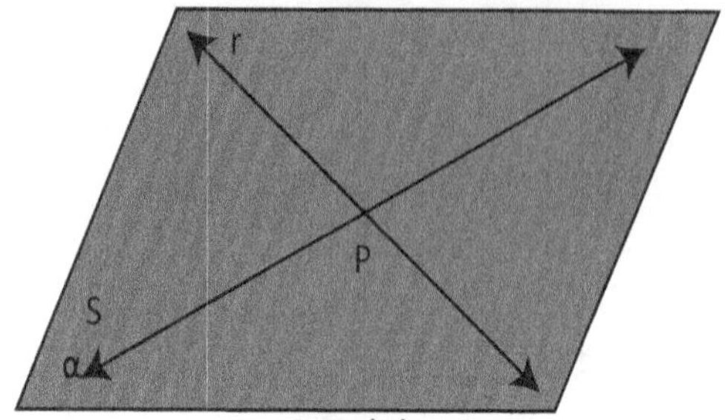

Paralelas

$r \cap s = \{\ \}$

$r \subset \alpha$

$s \subset \alpha$

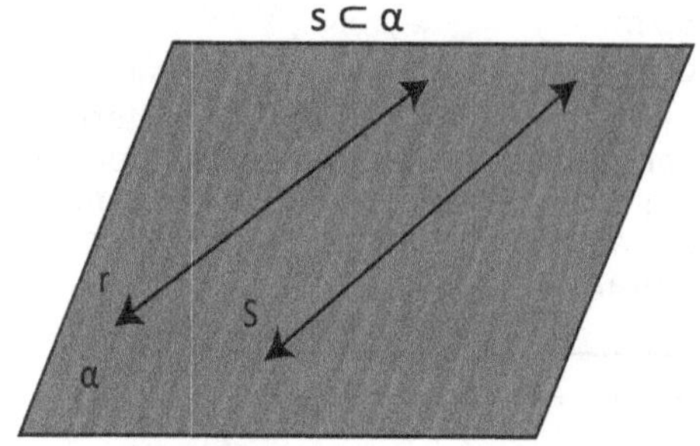

Concorrentes

$r \cap s = \{\ \}$

Não existe plano que contenha

r e s simultaneamente

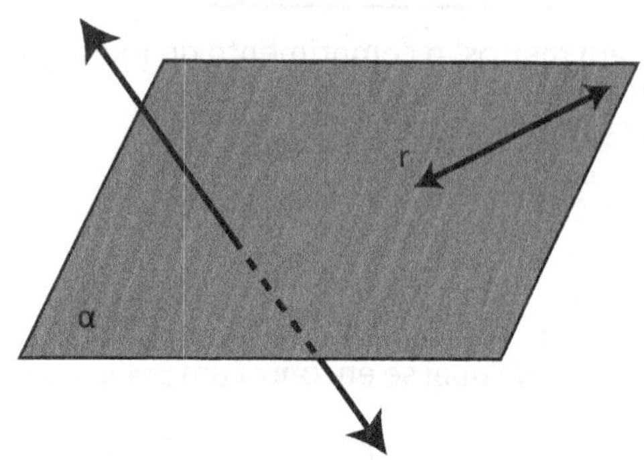

→ Em particular nas retas concorrentes, há aquelas que são perpendiculares.

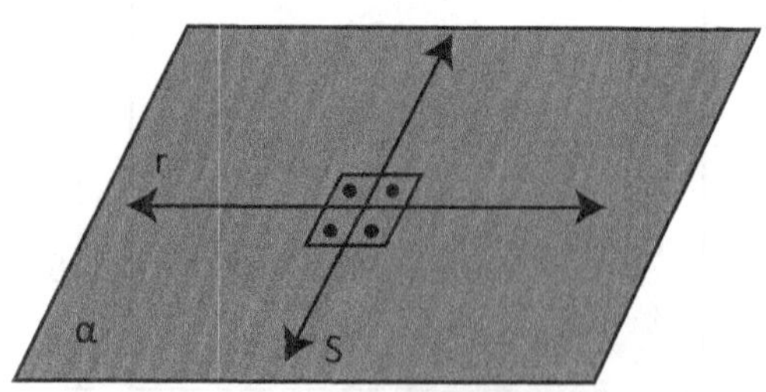

$r \perp s$

Posições Relativas entre Reta e Plano

→ Reta contida no plano

Se uma reta r tem dois pontos distintos num plano α, então, r está contida nesse plano:

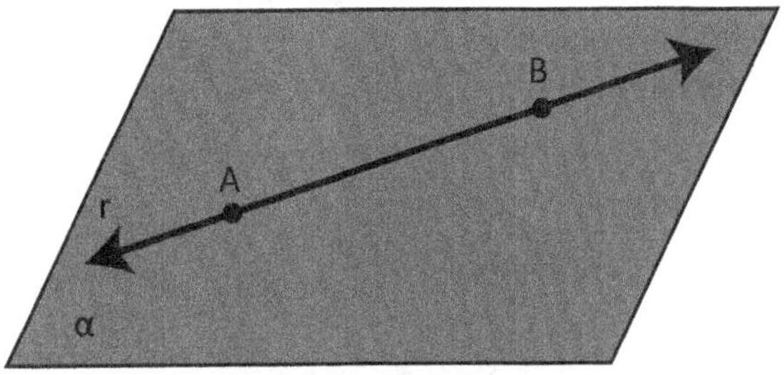

$$\left.\begin{array}{l} A \in \alpha \text{ e } B \in \alpha \\ A \in r \text{ e } B \in r \end{array}\right\} \Rightarrow r \subset \alpha$$

→ Reta concorrente ou incidente ao plano

Dizemos que a reta r "fura" o plano α ou que r e α são concorrentes em P quando $r \cap \alpha = \{P\}$.

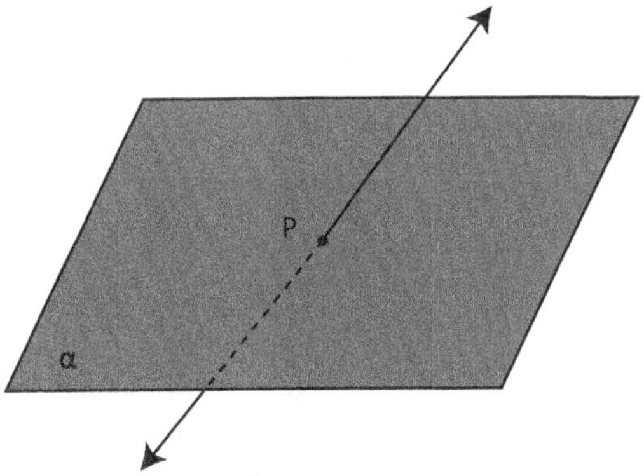

→ Reta paralela ao plano

Se uma reta r e um plano α não tem ponto em comum, então, a reta r é paralela a uma reta t contida no plano α; portanto, $r \parallel \alpha$, $r \parallel t$ e $t \subset \alpha \Rightarrow r \parallel \alpha$

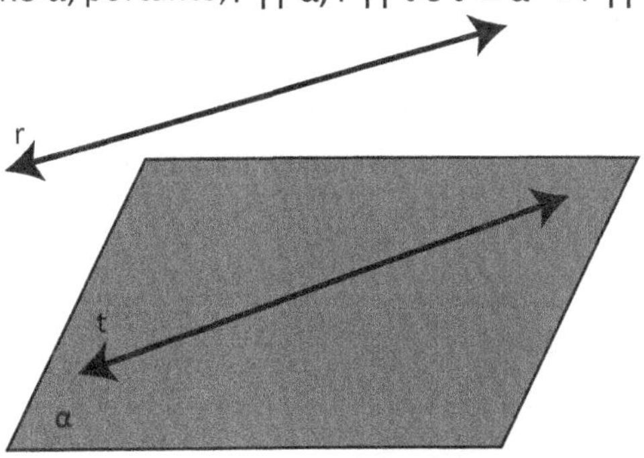

Fique Ligado

Se dois planos distintos têm um ponto em comum, então, a sua interseção é dada por uma única reta que passa por esse ponto.

Perpendicularismo entre Reta e Plano

Uma reta r é perpendicular a um plano α se, e somente se, r for perpendicular a todas as retas de α que passam pelo ponto de interseção de r e α .

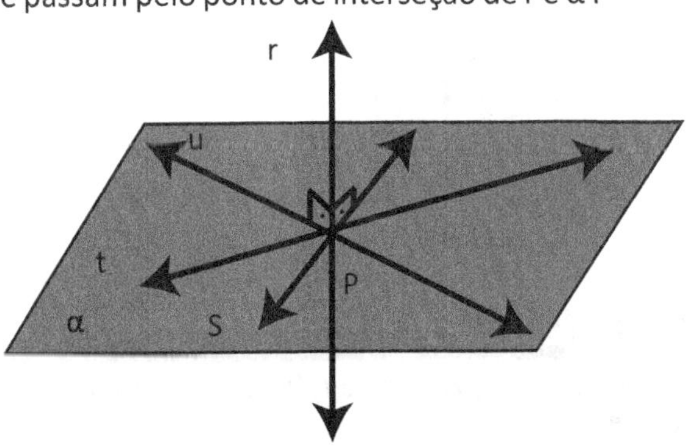

Posições Relativas de Dois Planos

→ Planos coincidentes ou iguais

→ Planos concorrentes ou secantes

Dois planos, α e β, são concorrentes quando sua interseção é uma única reta:

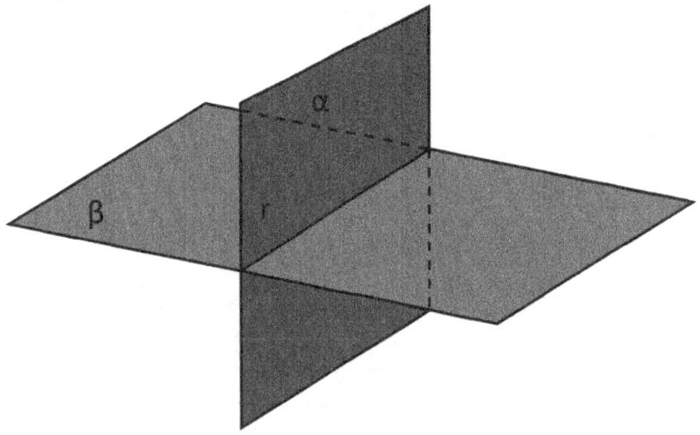

→ Planos paralelos

Dois planos, α e β, são paralelos quando sua interseção é vazia:

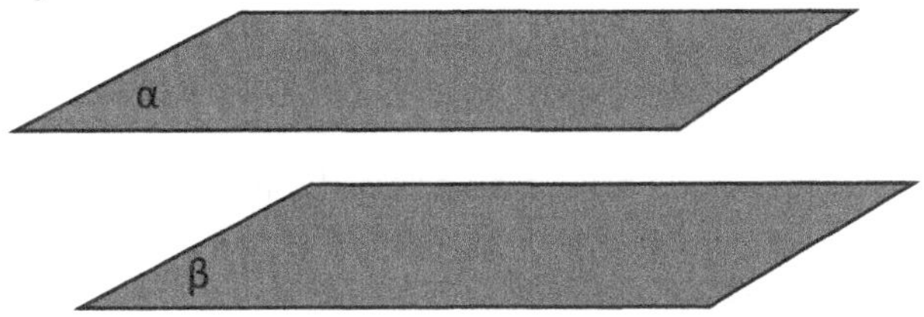

→ Perpendicularismo entre planos

Dois planos, α e β, são perpendiculares se, e somente se, exista uma reta de um deles que seja perpendicular ao outro:

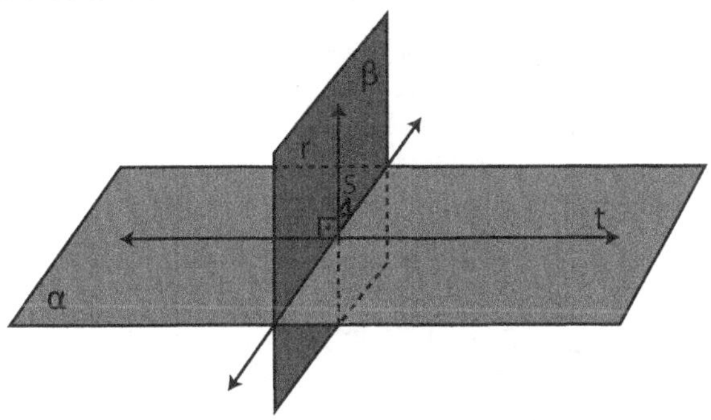

Prismas

Na figura abaixo, temos dois planos paralelos e distintos, α e β, um polígono convexo R contido em a e uma reta r que intercepta a e β, mas não R:

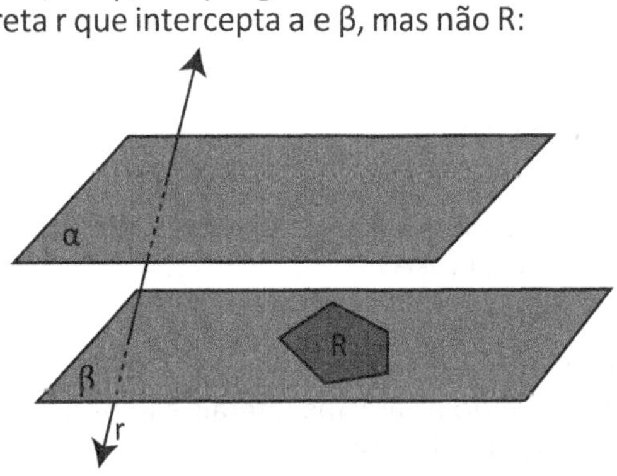

Para cada ponto P da região R, vamos considerar o segmento $\overline{pp}$, paralelo à reta r (P

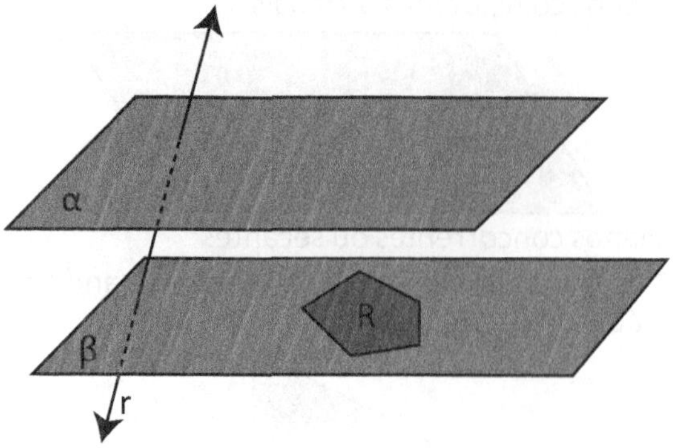

→ **Assim, temos:**

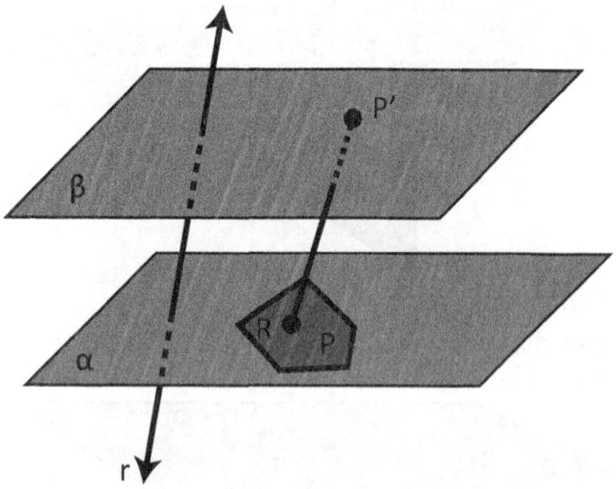

Chama-se de prisma ou prisma limitado o conjunto de todos os segmentos congruentes $\overline{pp}$ paralelos a r.

Elementos do Prisma

→ **Dado o prisma a seguir, considere os seguintes elementos:**

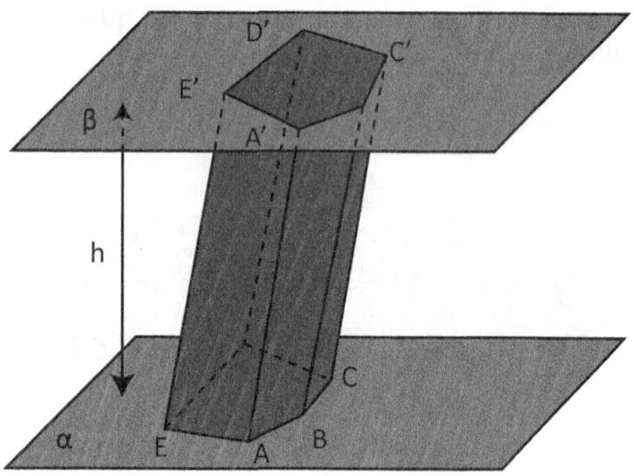

Bases: as regiões poligonais R e S

Altura: a distância h entre os planos α e β

→ **Arestas das bases:**

Lados $\overline{AB}$, $\overline{BC}$, $\overline{CD}$, $\overline{DE}$, $\overline{EA}$, $\overline{A'B'}$, $\overline{B'C'}$, $\overline{C'D'}$, $\overline{D'E'}$, $\overline{E'A'}$ (dos polígonos)

→ **Arestas laterais:**

Os segmentos $\overline{AA'}$, $\overline{BB'}$, $\overline{CC'}$, $\overline{DD'}$, $\overline{EE'}$

Faces laterais: os paralelogramos AA'BB', BB'C'C, CC'D'D, DD'E'E, EE'A'A

Classificação

Um prisma pode ser:

Reto: quando as arestas laterais são perpendiculares aos planos das bases;

Oblíquo: quando as arestas laterais são oblíquas aos planos das bases.

→ **Prisma reto**

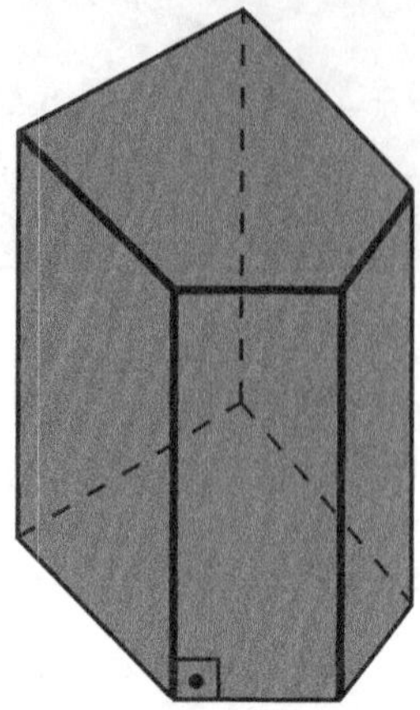

→ **Prisma oblíquo**

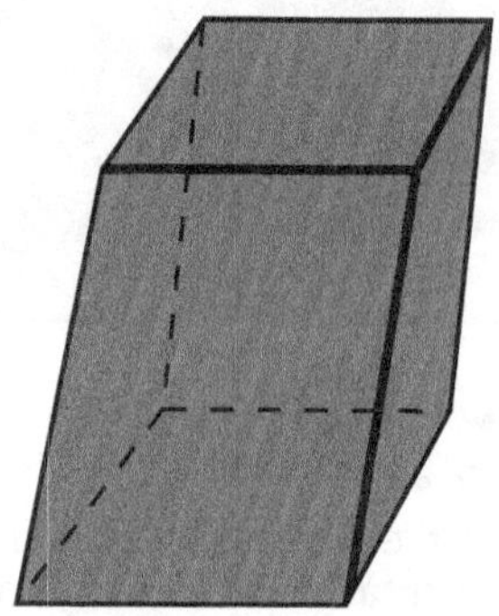

→ **Prisma regular triangular**

Chama-se de prisma regular todo prisma reto cujas bases são polígonos regulares:

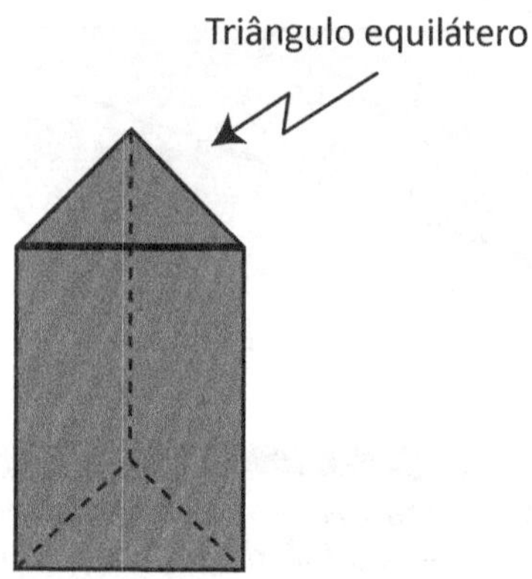

→ **Prisma regular hexagonal**

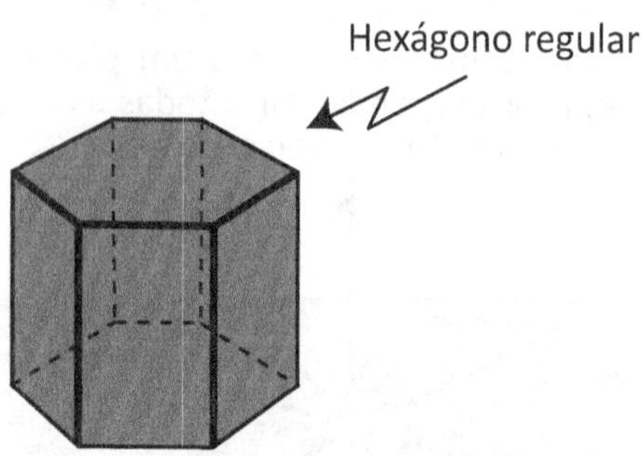

Fique Ligado

As faces de um prisma regular são retângulos congruentes.

Áreas

Num prisma, distinguimos dois tipos de superfície: as faces e as bases. Assim, temos de considerar as seguintes áreas:

a) Área de uma face (A_F): área de um dos paralelogramos que constituem as faces.

b) Área lateral (A_L): soma das áreas dos paralelogramos que formam as faces do prisma.

Fique Ligado

No prisma regular, temos:
$A_L = n \cdot A_F$ (n = número de lados do polígono da base).

c) Área da base (A_B): área de um dos polígonos das bases.

d) Área total (A_T): soma da área lateral com a área das bases:

$$A_T = A_L + 2A_B$$

Paralelepípedo

Todo prisma cujas bases são paralelogramos recebe o nome de paralelepípedo. Assim, podemos ter:

→ **Paralelepípedo oblíquo**

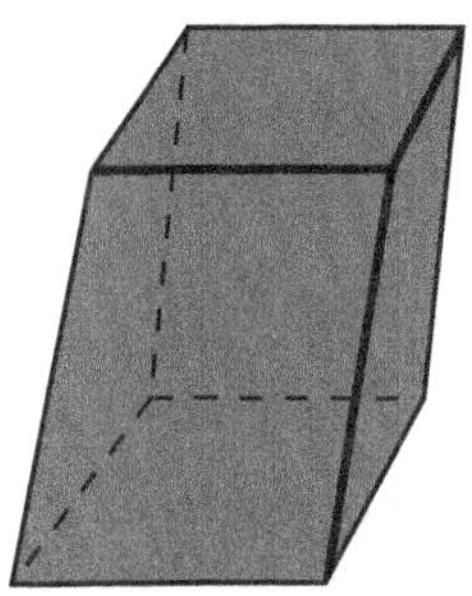

→ **Paralelepípedo reto**

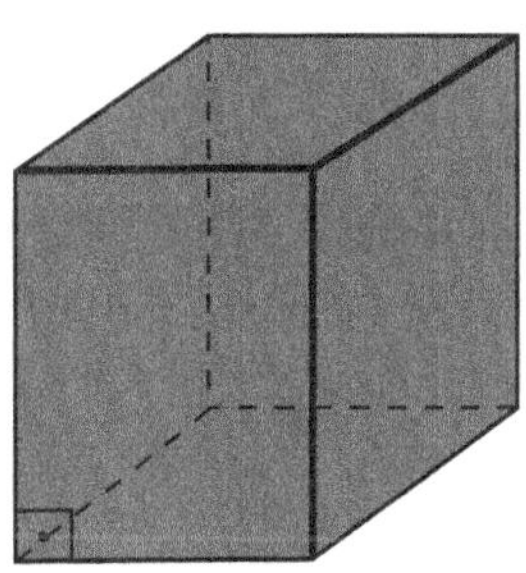

Fique Ligado

Se o paralelepípedo reto tem bases retangulares, ele é chamado de paralelepípedo reto-retângulo, ortoedro ou paralelepípedo retângulo.

→ **Paralelepípedo retângulo**

> Diagonais da base e do paralelepípedo

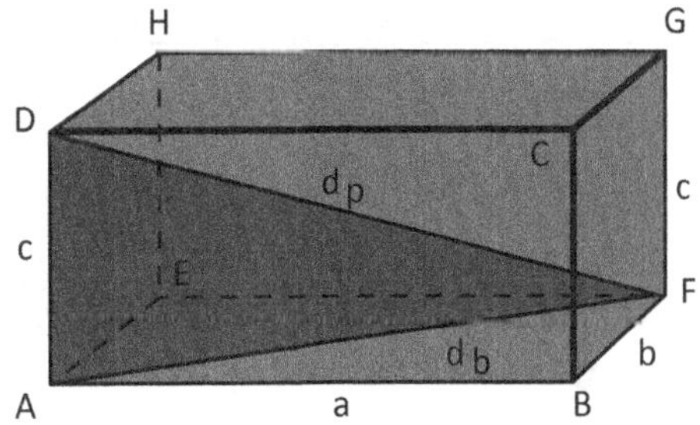

d_b = diagonal da base
d_p = diagonal do paralelepípedo

→ **Na base, ABFE, tem-se:**

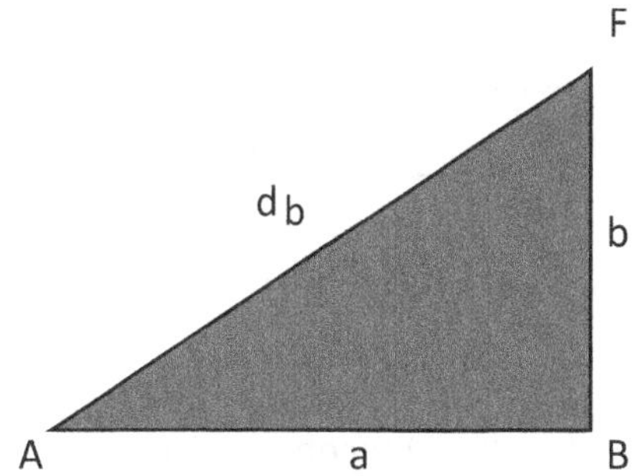

$$d_b^2 = a^2 + b^2 \Longrightarrow d_b = \sqrt{a^2 + b^2}$$

→ **No triângulo AFD, tem-se:**

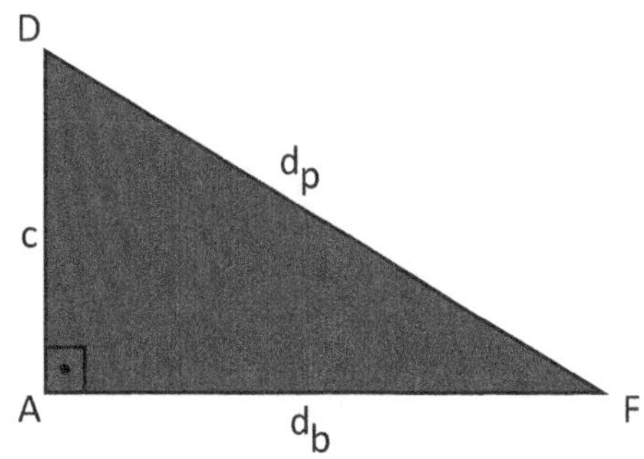

$$d_f^2 = d_b^2 + c^2 = a^2 + b^2 + c^2 \Rightarrow d_f = \sqrt{a^2 + b^2 + c^2}$$

→ **Área lateral**

Sendo A_L a área lateral de um paralelepípedo retângulo, tem-se:

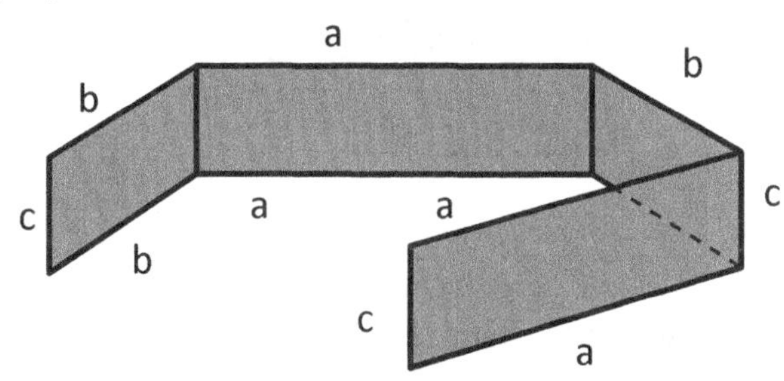

$$A_L = ac + bc + ac + bc = 2ac + 2bc = A_L = 2(ac + bc)$$

→ **Área total**

Planificando o paralelepípedo, verificamos que a área total é a soma das áreas de cada par de faces opostas:

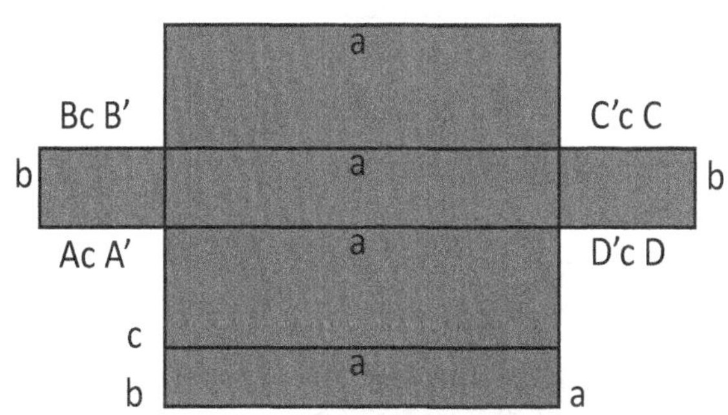

$$A_T = 2(ab + ac + bc)$$

→ **Volume**

O volume de um paralelepípedo retângulo de dimensões a, b e c é dado por:

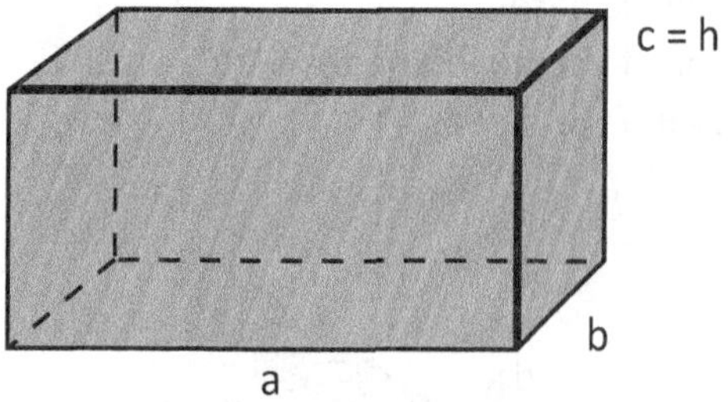

$V = A_B h$

$V = a \cdot b \cdot c$

Cubo

Um paralelepípedo retângulo com todas as arestas congruentes (a = b = c) recebe o nome de cubo. Dessa forma, cada face é um quadrado.

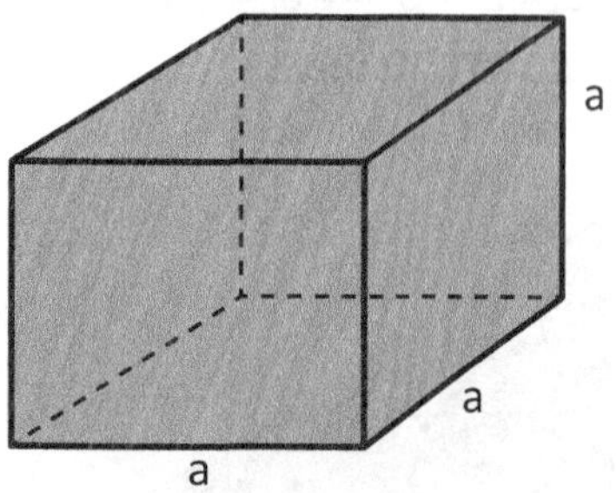

→ **Diagonais da base e do cubo**

Considere a figura a seguir:

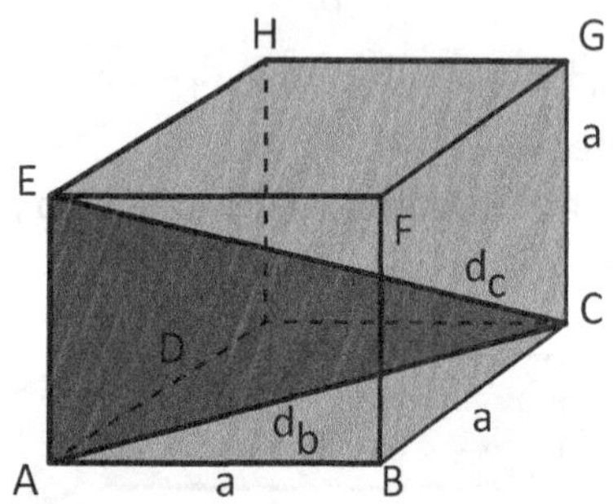

d_c = diagonal do cubo

d_b = diagonal da base

→ **Na base ABCD, tem-se:**

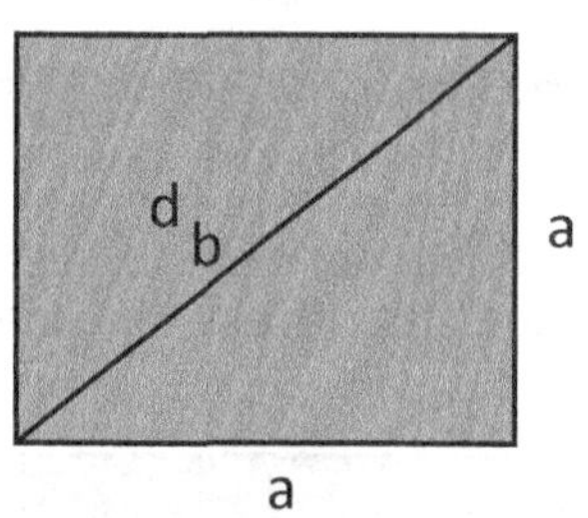

$$d_c^2 = a^2 + a^2 = 2a^2 \Longrightarrow d_b = a\sqrt{2}$$

→ **No triângulo ACE, tem-se:**

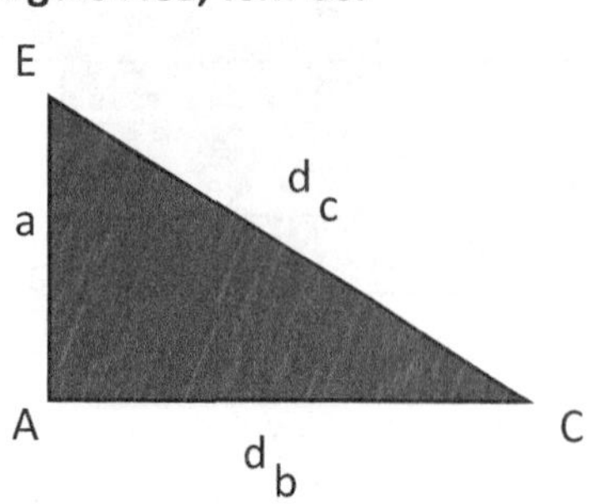

$$d_c^2 = a^2 + d_b^2 = a^2 + 2a^2 = 3a^2 \Longrightarrow d_c = a\sqrt{3}$$

→ **Área lateral**

A área lateral A_L é dada pela área dos quadrados de lado a:

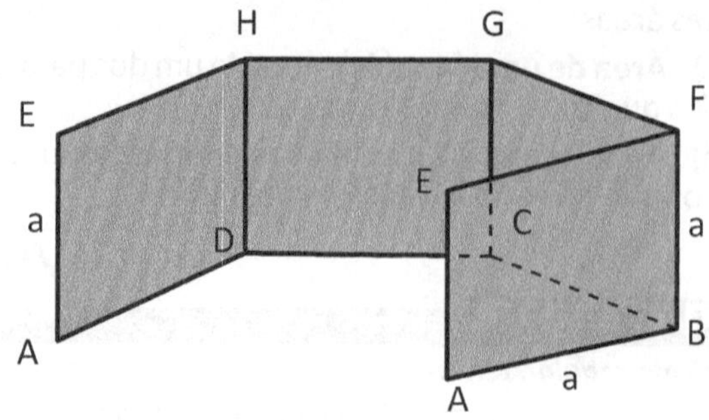

$A_L = 4a^2$

→ **Área total**

A área total A_T é dada pela área dos seis quadrados de lado a:

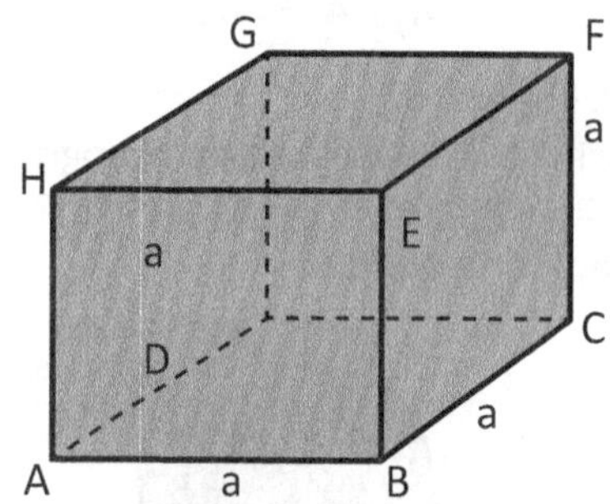

$A_T = 6a^2$

→ **Volume**

De forma semelhante ao paralelepípedo retângulo, o volume de um cubo de aresta a é dado por:

$V = a \cdot a \cdot a = a^3$

Fique Ligado

Generalização do volume de um prisma:

$V_{prisma} = A_B \cdot h$

Cilindro

Elementos do Cilindro

→ Dado o cilindro a seguir, considere os seguintes elementos:

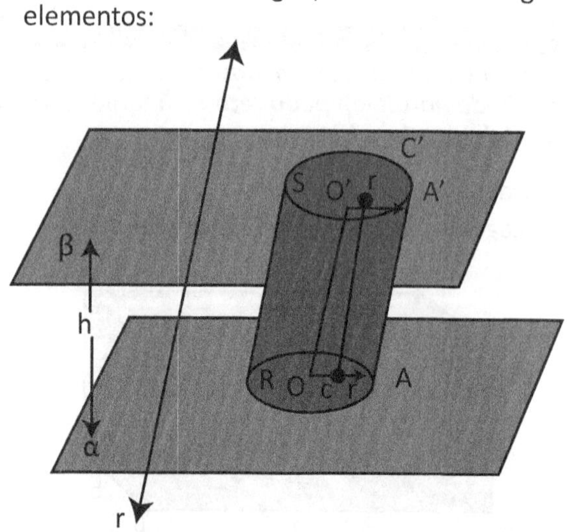

Bases: os círculos de centro O e O′ e raios r.

Altura: a distância h entre os planos α e β .

Geratriz: qualquer segmento de extremidades nos pontos das circunferências das bases (por exemplo, $\overline{AA'}$) e paralelo à reta r.

Classificação do Cilindro

→ **Um cilindro pode ser:**

> Circular oblíquo: quando as geratrizes são oblíquas às bases;

> Circular reto: quando as geratrizes são perpendiculares às bases.

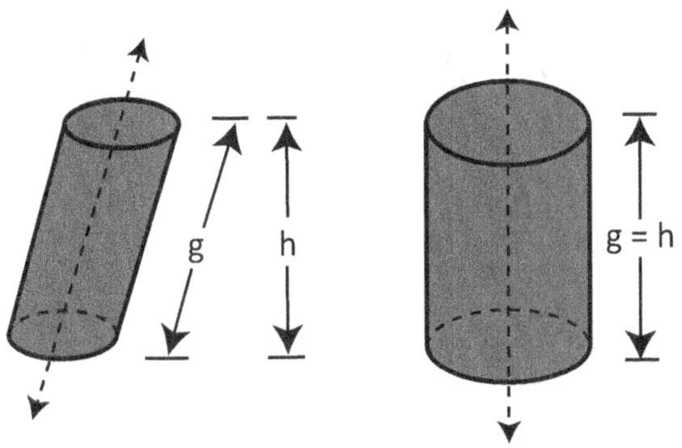

O cilindro circular reto é também chamado de cilindro de revolução, por ser gerado pela rotação completa de um retângulo por um de seus lados. Assim, a rotação do retângulo ABCD pelo lado $\overline{BC}$ gera o cilindro a seguir:

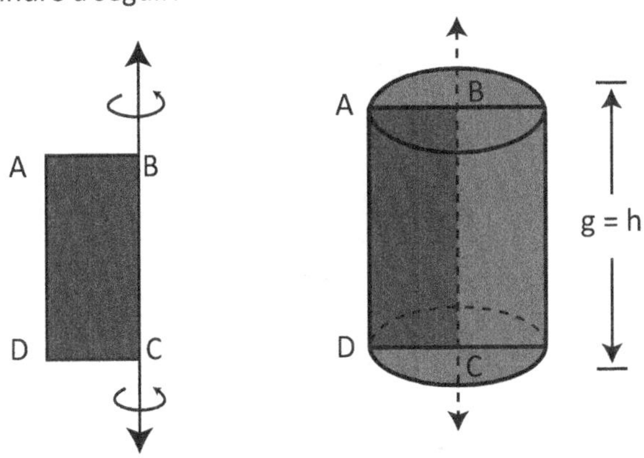

A reta $\overline{BC}$ contém os centros das bases e é o eixo do cilindro.

Seção

Seção transversal é a região determinada pela interseção do cilindro com um plano paralelo às bases. Todas as seções transversais são congruentes.

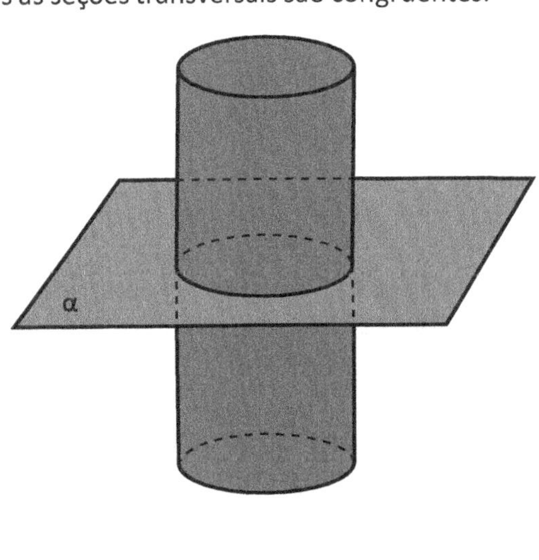

Seção meridiana é a região determinada pela interseção do cilindro com um plano que contém o eixo.

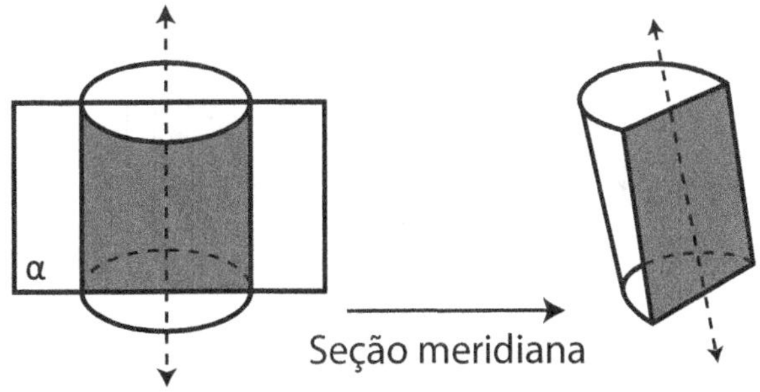

Áreas

Num cilindro, consideramos as seguintes áreas:

→ **Área lateral (A_L)**

Pode-se observar a área lateral de um cilindro fazendo a sua planificação:

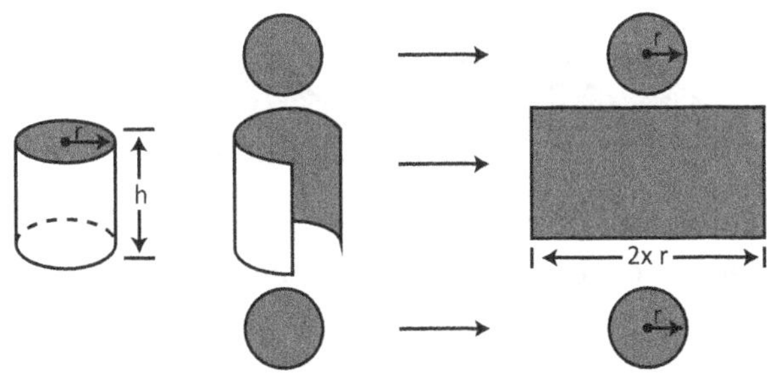

Assim, a área lateral do cilindro reto cuja altura é h e cujos raios dos círculos das bases são r é um retângulo de dimensões $2\pi r$ e h :

$$A_L = 2\pi r h$$

→ **Área da base (A_B):** área do círculo de raio r

$$A_B = 2\pi r^2$$

→ **Área total (A_T):** soma da área lateral com as áreas das bases

$$A_T = A_L + 2A_B = 2\pi r h + 2\pi r^2 = 2\pi r (h + r)$$

Volume

O volume de todo paralelepípedo retângulo e de todo cilindro é o produto da área da base pela medida de sua altura:

$$V_{cilindro} = A_B \cdot h$$

No caso do cilindro circular reto, a área da base é a área do círculo de raio r, $A_B = \pi r^1 h$; portanto, seu volume é:

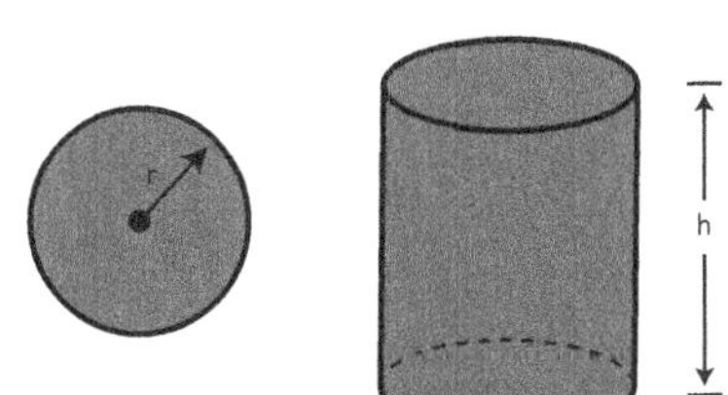

$$V = r^2 h$$

→ **Cilindro equilátero**

Todo cilindro cuja seção meridiana é um quadrado (altura igual ao diâmetro da base) é chamado cilindro equilátero.

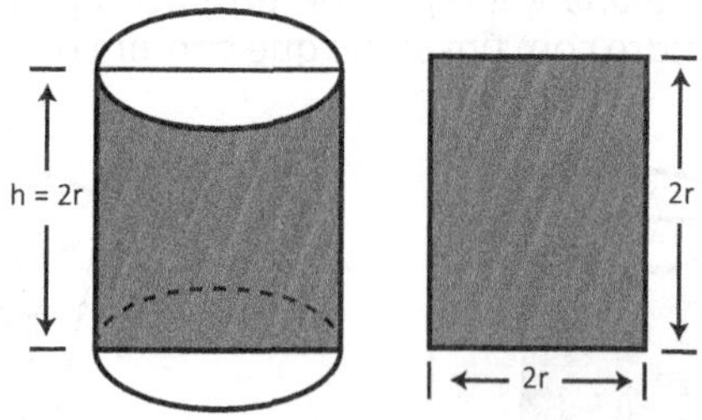

$$A_L = 2r \cdot 2\pi r = 4\pi r^2$$
$$A_T = A_L + A_B = 4\pi r^2 + 2\pi r^2 = 6\pi r^2$$

Cone Circular

Dado um círculo C, contido num plano α, e um ponto V (vértice) fora de α, chamamos de cone circular o conjunto de todos os segmentos $\overline{VP}$, $P \in C$.

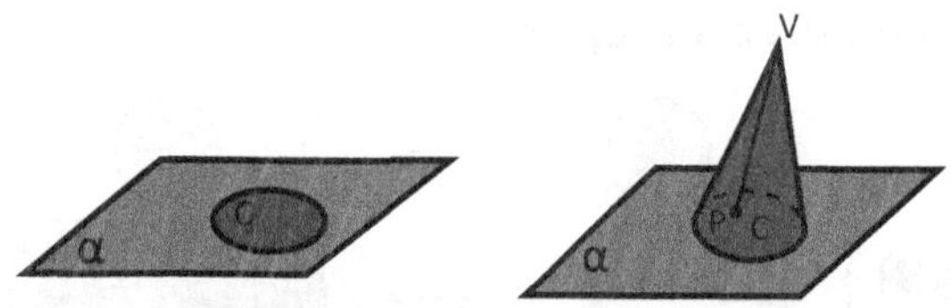

→ **Elementos do cone circular**

Dado o cone a seguir, consideramos os seguintes elementos:

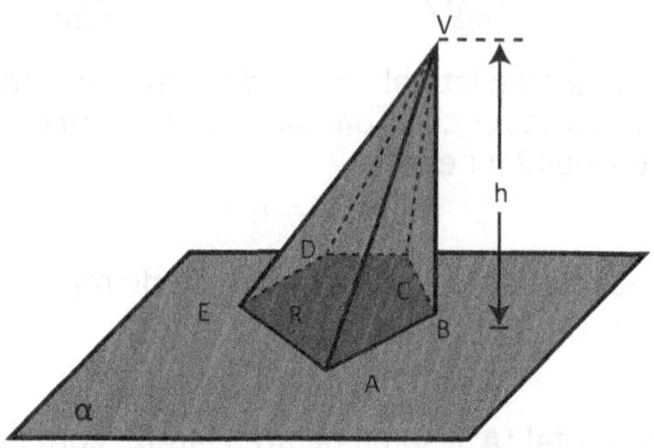

Altura: distância h do vértice V ao plano α.

Geratriz (g): segmento com uma extremidade no ponto V e outra num ponto da circunferência.

Raio da base: raio R do círculo.

Eixo de rotação: reta $\overline{VO}$ determinada pelo centro do círculo e pelo vértice do cone.

Cone reto

Todo cone cujo eixo de rotação é perpendicular à base é chamado cone reto, também denominado cone de revolução. Ele pode ser gerado pela rotação completa de um triângulo retângulo em torno de um de seus catetos.

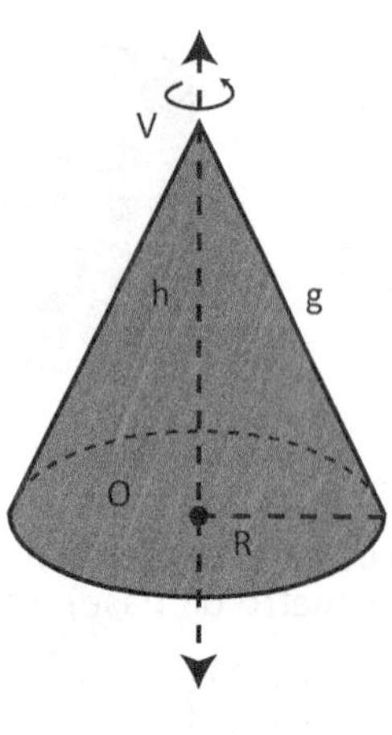

Da figura, e pelo Teorema de Pitágoras, temos a seguinte relação:

$$g2 = h2 + R2$$

→ **Seção meridiana**

A seção determinada, num cone de revolução, por um plano que contém o eixo de rotação é chamada seção meridiana.

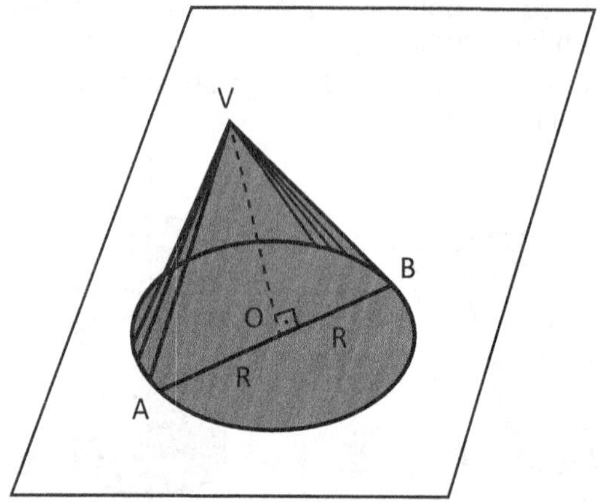

Se o triângulo AVB for equilátero, o cone também será equilátero:

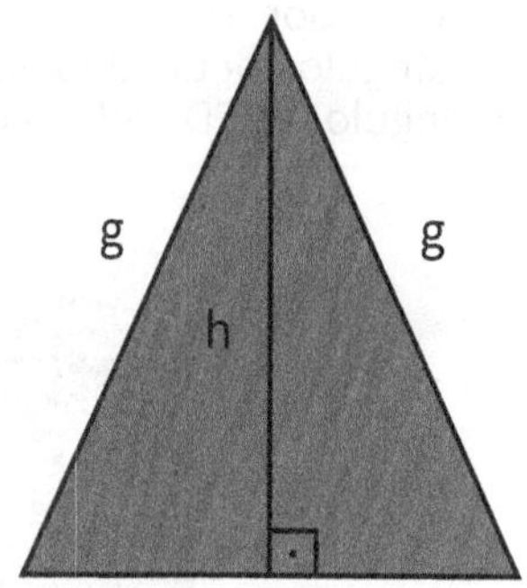

2R

$g = 2R$

$h = R\sqrt{3}$

Áreas

Desenvolvendo a superfície lateral de um cone circular reto, obtemos um setor circular de raio g e comprimento $L = 2\pi R$

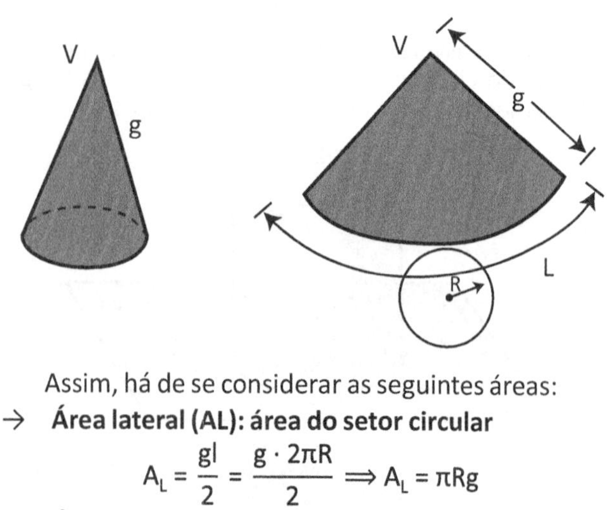

Assim, há de se considerar as seguintes áreas:

→ **Área lateral (AL): área do setor circular**

$$A_L = \frac{gl}{2} = \frac{g \cdot 2\pi R}{2} \Longrightarrow A_L = \pi R g$$

→ **Área da base (AB): área do círculo do raio R**

$$A_B = \pi R^2$$

→ **Área total (AT): soma da área lateral com a área da base**

$$A_T = A_L + A_B = \pi Rg + \pi R^2 \rightarrow A_T\ \pi R\ (g+R)$$

Volume

$$V_{cone} = 2\pi dS = 2\pi \cdot \frac{r}{3} \cdot \frac{rh}{2} \Rightarrow V_{cone} = \frac{1}{3} \cdot \pi r^2 h$$

Pirâmides

Dado um polígono convexo R, contido em um plano α, e um ponto V (vértice) fora de α, chamamos de pirâmide o conjunto de todos os segmentos $\overline{VP}$, $P \in R$.

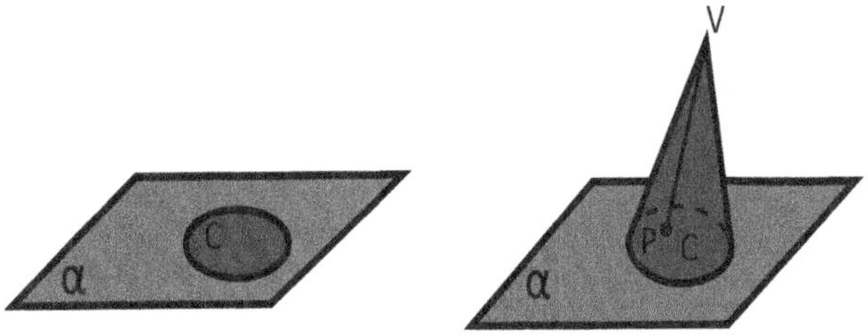

→ **Elementos da pirâmide**

Dada a pirâmide a seguir, tem-se os seguintes elementos:

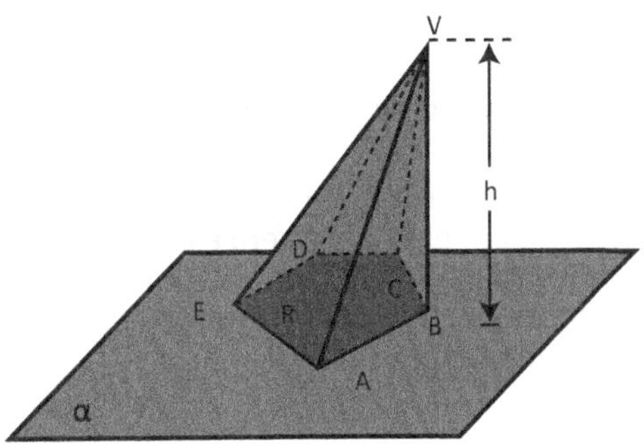

Base: o polígono convexo R.

Arestas da base: os lados $\overline{AB}$, $\overline{BC}$, $\overline{CD}$, $\overline{DE}$, $\overline{EA}$ do polígono.

Arestas laterais: os segmentos $\overline{VA}$, $\overline{VB}$, $\overline{VC}$, $\overline{VD}$, $\overline{VE}$.

Faces laterais: os triângulos VAB, VBC, VCD, VDE, VEA.

Altura: distância h do ponto V ao plano.

→ **Classificação**

Uma pirâmide é reta quando a projeção ortogonal do vértice coincide com o centro do polígono da base.

Toda pirâmide reta, cujo polígono da base é regular, recebe o nome de pirâmide regular. Ela pode ser triangular, quadrangular, pentagonal etc., conforme sua base, seja, respectivamente, um triângulo, um quadrilátero, um pentágono etc.

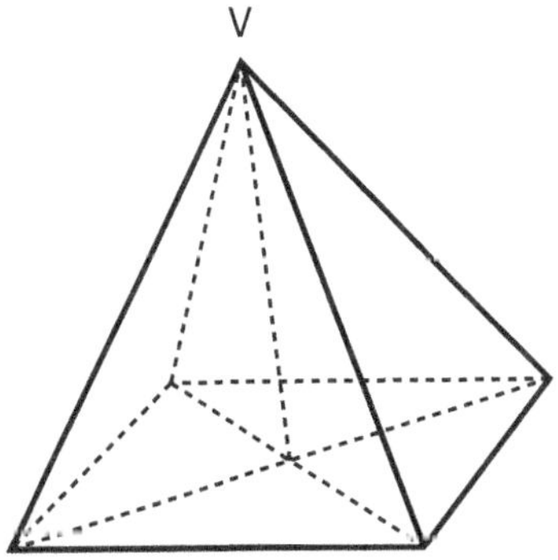

Pirâmide regular quadrangular

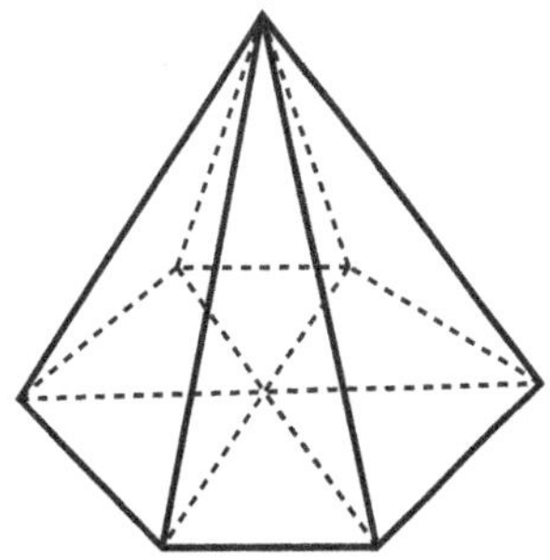

Pirâmide regular hexagonal

Áreas

→ **Numa pirâmide, temos as seguintes áreas:**

- **Área lateral (AL):** reunião das áreas das faces laterais.
- **Área da base (AB):** área do polígono convexo (base da pirâmide).
- **Área total (AT):** união da área lateral com a área da base.

$$A_T = A_L + A_B$$

→ **Para uma pirâmide regular, temos:**

$$A_L = n \cdot \frac{bg}{2} \qquad A_B = pa$$

→ **Em que:**

- b é a aresta;
- g é o apótema;
- n é o número de arestas laterais;
- p é o semiperímetro da base;
- a é o apótema do polígono da base.

Volume

$$V_{cone} = \frac{1}{3} \cdot \underbrace{\pi \cdot R^2}_{\text{Área da base}} h \rightarrow \boxed{V_{pirâmide} = \frac{1}{3} \cdot ABh}$$

Troncos

Se um plano interceptar todas as arestas de uma pirâmide ou de um cone, paralelamente às suas bases, o plano dividirá cada um desses sólidos em dois outros: uma nova pirâmide e um tronco de pirâmide; e um novo cone e um tronco de cone.

→ **Tronco da pirâmide**

Dado o tronco de pirâmide regular a seguir, tem-se:

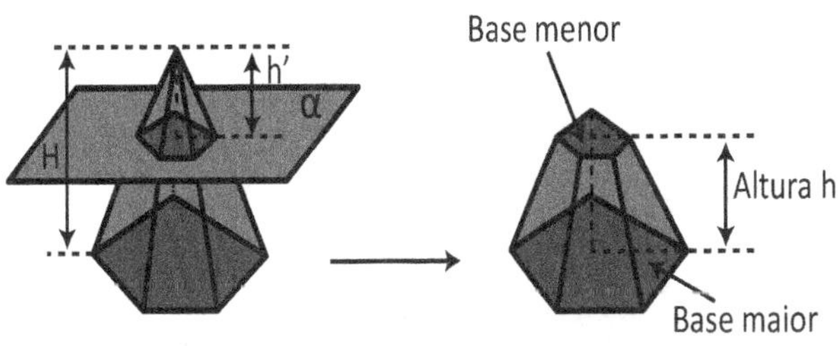

- As bases são polígonos regulares paralelos e semelhantes;
- As faces laterais são trapézios isósceles congruentes.

→ **Áreas**

> Área lateral (A_L): soma das áreas dos trapézios isósceles congruentes que formam as faces laterais.

> Área total (A_T): soma da área lateral com a soma das áreas da base menor (A_b) e maior (A_B).

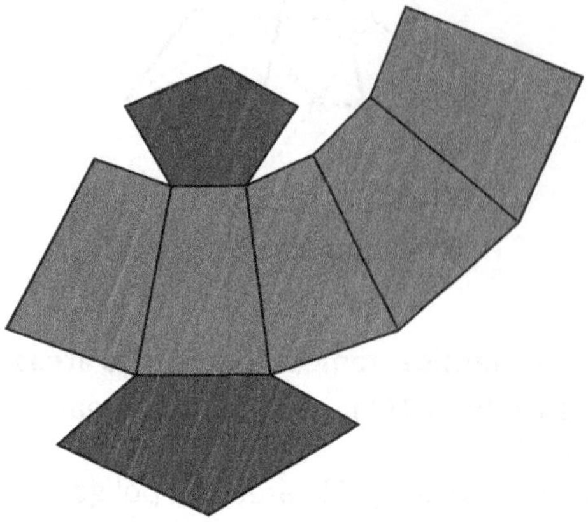

$$A_T = A_L + A_B + A_b$$

→ **Volume**

> O volume de um tronco de pirâmide regular é dado por:

$$V_r = \frac{h}{3}\left(A_B + A_b + \sqrt{A_B A_b}\right)$$

> Sendo V o volume da pirâmide e V' o volume da pirâmide obtido pela seção, é válida a relação:

$$\frac{V'}{V} = \left(\frac{h'}{H}\right)^3$$

→ **Tronco do cone**

> Sendo o tronco do cone circular regular a seguir, tem-se:

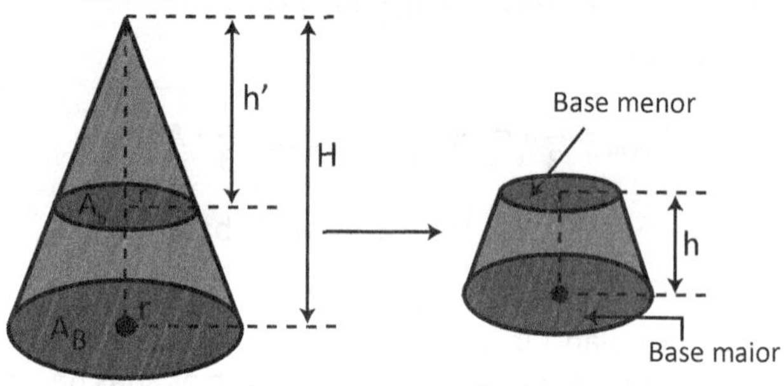

> As bases maior e menor são paralelas;

> A altura do tronco é dada pela distância entre os planos que contém as bases.

→ **Áreas**

Tem-se: área lateral

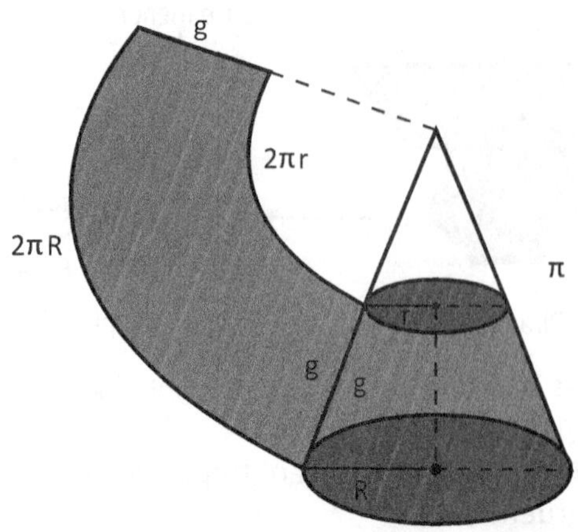

$$A_L = \pi(R + r)g$$

> Área total

$$A_T = A_L + A_b + A_b = \pi(R + r)\,g + \pi R^2 + \pi r^2$$

$$\Downarrow$$

$$A_T = \pi\left[(R + r)\,g + R^2 + r^2\right]$$

→ **Volume**

$$V = \frac{h}{3}\left(A_B + A_b + \sqrt{A_B A_b}\right) = \frac{h}{3}\left(\pi R^2 + \pi r^2 + \sqrt{\pi R^2 \cdot \pi r^2}\right)$$

$$\Downarrow$$

$$V = \frac{\pi h}{3}\left(R^2 + r^2 + Rr\right)$$

Sendo V o volume do cone e V' o volume do cone obtido pela seção, são válidas as relações:

$$\frac{r}{r'} = \frac{H}{h'}$$

$$\frac{A_B}{A_b} = \left(\frac{H}{h'}\right)^2$$

$$\frac{V}{V'} = \left(\frac{H}{h'}\right)^3$$

Esfera

Chama-se de esfera de centro O e raio R o conjunto de pontos do espaço cuja distância ao centro é menor ou igual ao raio R.

Considerando a rotação completa de um semicírculo em torno de um eixo e, a esfera é o sólido gerado por essa rotação. Assim, ela é limitada por uma superfície esférica e formada por todos os pontos pertencentes a essa superfície e ao seu interior.

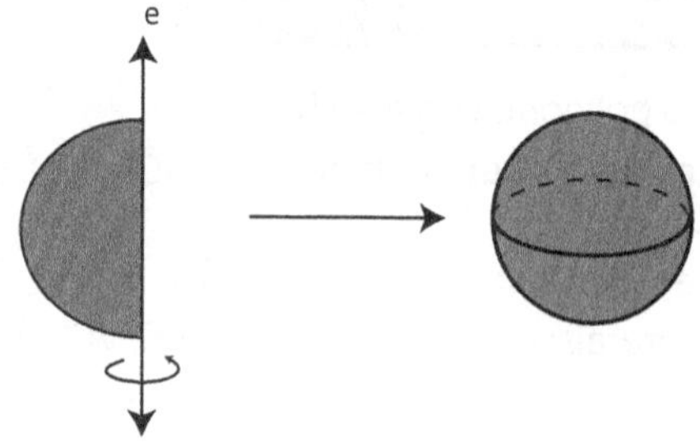

→ **Volume**

> O volume da esfera de raio R é dado por:

$$V_e = \frac{4}{3} \cdot \pi R^3$$

Partes da Esfera

→ **Superfície esférica**

A superfície esférica de centro O e raio R é o conjunto de pontos do espaço cuja distância ao ponto O é igual ao raio R.

Se considerar a rotação completa de uma semicircunferência em torno de seu diâmetro, a superfície esférica é o resultado dessa rotação.

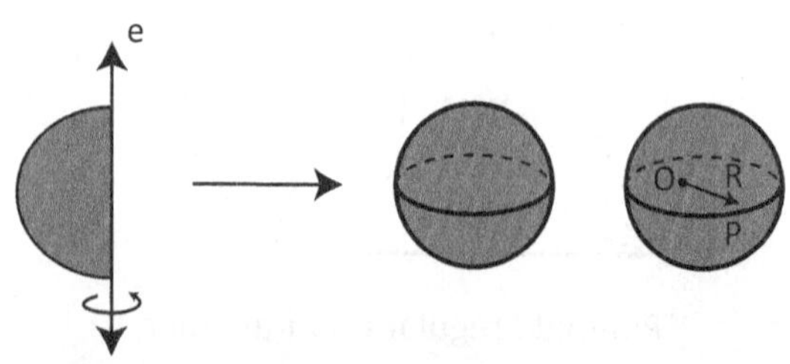

> A área da superfície esférica é dada por:

$$A_s = 4\pi R^2$$

→ **Zona esférica**

> É a parte da esfera gerada do seguinte modo:

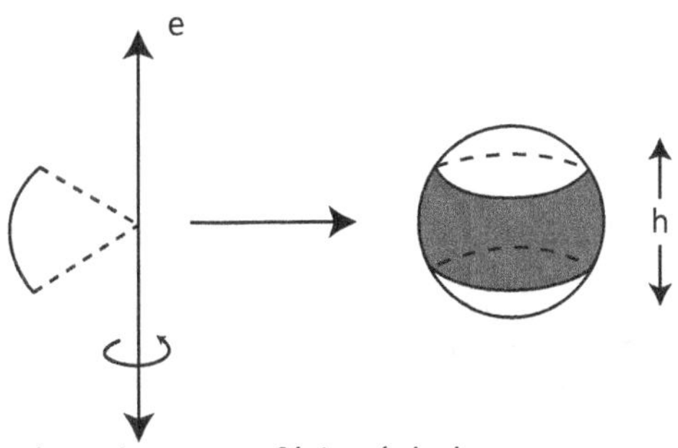

> A área da zona esférica é dada por:

$$S = 2\pi Rh$$

→ **Calota esférica**

> É a parte da esfera gerada do seguinte modo:

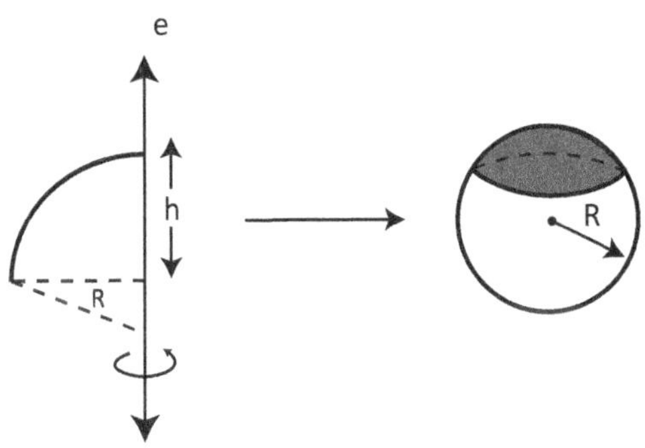

> A área da calota esférica é dada por:

$$S = 2\pi Rh$$

→ **Fuso esférico**

O fuso esférico é uma parte da superfície esférica que se obtém ao girar uma semicircunferência de um ângulo $\alpha(0< \alpha<2\pi)$ em torno de seu eixo:

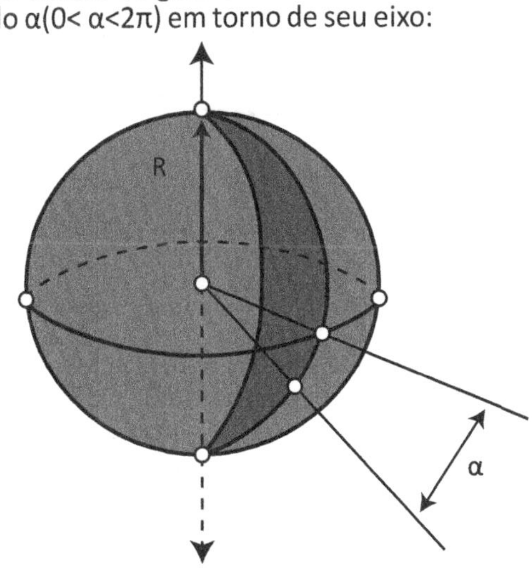

> A área do fuso esférico pode ser obtida por uma regra de três simples:

$$A_S - 2\pi \quad A_F = \frac{4\pi R^2\alpha}{2\pi} \Rightarrow A_F = 2R^2\alpha \text{ (α em radianos)}$$
$$A_F - \alpha$$

$$A_S = 360^o \quad A_F = \frac{4\pi R^2\alpha}{360^o} \rightarrow A_F = \frac{\pi R^2\alpha}{90^o} \text{ (α em graus)}$$
$$A_F - \alpha$$

→ **Cunha esférica**

> Parte da esfera que se obtém ao girar um semicírculo em torno de seu eixo de um ângulo $\alpha(0< \alpha< 2\pi)$:

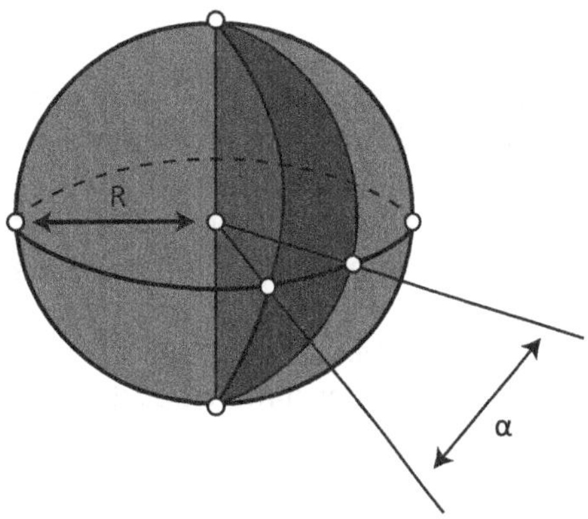

> O volume da cunha pode ser obtido por uma regra de três simples:

Exercício Comentado

01. ***Uma barra de madeira maciça, com a forma de um paralelepípedo reto retângulo, tem as seguintes dimensões: 48 cm, 18 cm e 12 cm. Para produzir calços para uma estrutura, essa barra deve ser cortada pelo carpinteiro em cubos idênticos, na menor quantidade possível, sem que reste qualquer pedaço da barra. Desse modo, o número de cubos cortados será igual a:***

a) 54
b) 52
c) 50
d) 48
e) 46

RESPOSTA. ***"D". Como o cubo tem todas as suas arestas iguais, devemos incialmente encontrar qual o valor da aresta do cubo, e esse valor será o MDC de 48, 18 e 12, ou seja, 6. Agora, dividindo cada uma das dimensões por 6, encontramos quantos cubos têm em cada lado, 48/6 = 8; 18/6 = 3; 12/6 = 2. Agora, é só multiplicar esses valores e encontrar quantos cubos há ao todo, ou seja, 8 x 2 x 3 = 48 cubos.***

Vamos Praticar

01. Flávio ingeriu uma certa quantidade do suco contido em um recipiente no formato de um prisma reto, mostrado na figura, e o nível do suco no recipiente baixou 5 cm. A quantidade de suco ingerida por Flávio foi, em mL, igual a:

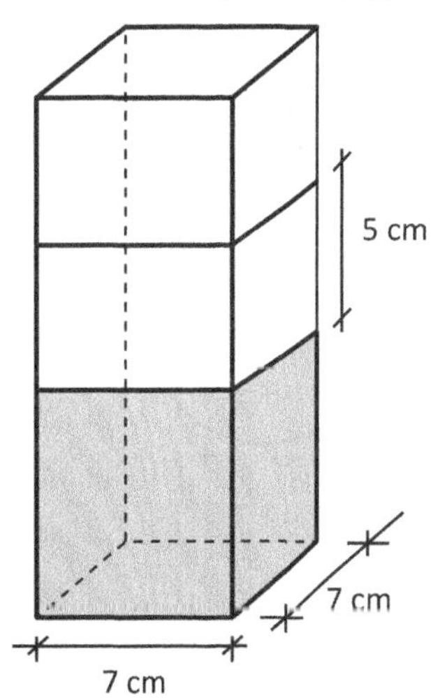

Matemática

a) 185
b) 200
c) 210
d) 225
e) 245

02. Ao aumentarmos a altura de um paralelepípedo retângulo em 2 unidades, em quanto aumenta a área total do paralelepípedo obtido?
a) Quatro vezes a soma das dimensões da base.
b) Três vezes a diferença das dimensões das arestas laterais.
c) Dobro das arestas.
d) Metade da soma das dimensões da base.
e) Um quinto da soma das arestas e das dimensões da base.

03. Considere que a peça mostrada na figura abaixo foi obtida secionando-se obliquamente um prisma reto de base quadrada, feito de aço maciço.

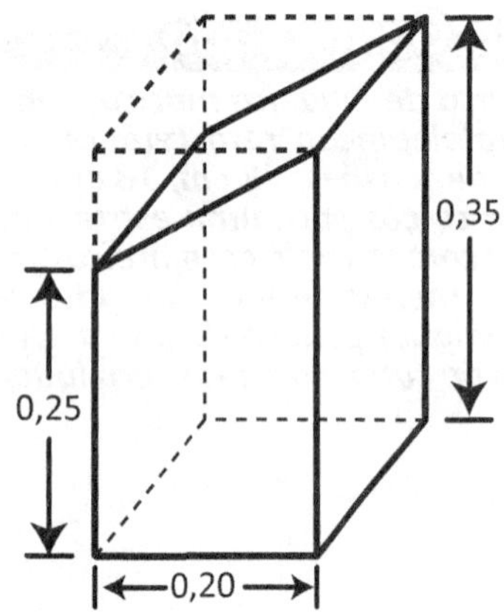

Se a unidade das medidas indicadas na figura é o metro e sabendo que a densidade do aço é 7,9 g/cm3, então, a massa da peça obtida, em quilogramas, é:
a) 8,76
b) 9,48
c) 87,6
d) 94,8
e) 125,6

04. A figura abaixo representa a planificação de um tronco de cone reto com a indicação das medidas dos raios das circunferências das bases e da geratriz. A medida da altura desse tronco de cone é:

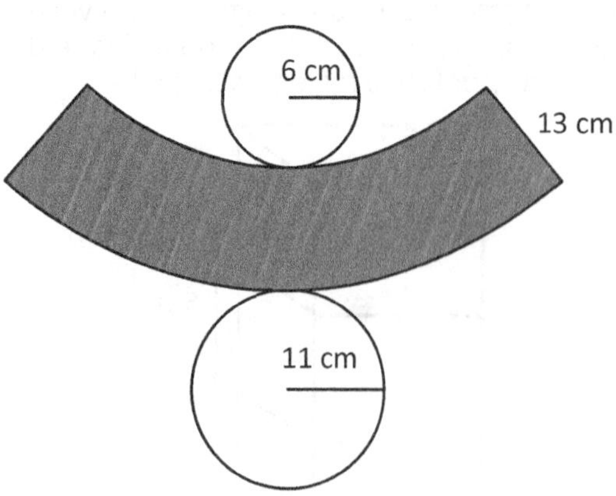

a) 13 cm
b) 12 cm
c) 11 cm
d) 10 cm
e) 9 cm

05. A pirâmide de Quéops, em Gizé, no Egito, tem aproximadamente $90\sqrt{2}$ metros de altura, possui uma base quadrada e suas faces laterais são triângulos equiláteros. Nessas condições, pode-se afirmar que, em metros, cada uma de suas arestas mede:
a) 90
b) 120
c) 160
d) 180
e) 200

06. Um tanque subterrâneo tem a forma de um cone invertido. Esse tanque está completamente cheio com $8dm^3$ de água e $56dm^3$ de petróleo. Petróleo e água não se misturam, ficando o petróleo na parte superior do tanque e a água na parte inferior. Sabendo que o tanque tem 12m de profundidade, a altura da camada de petróleo é:
a) 10m
b) 9m
c) 8m
d) 7m
e) 6m

07. Um recipiente cônico foi projetado de acordo com o desenho ao lado, no qual o tronco do cone foi obtido de um cone de altura igual a 18 cm.

O volume desse recipiente, em cm3, é igual a:

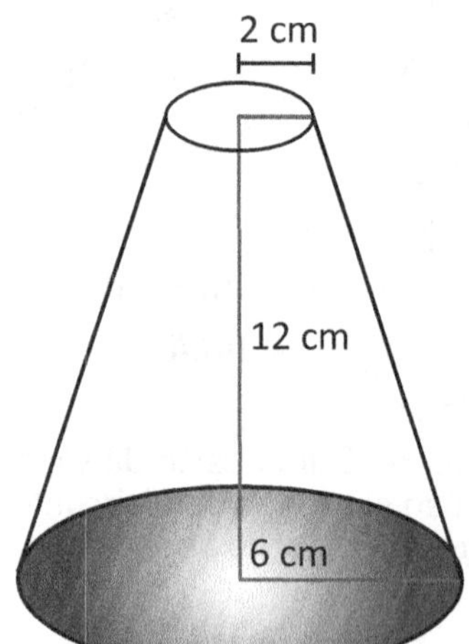

a) 216π
b) 208 π
c) 224 π
d) 200 π

08. A figura mostra os retângulos A e B, que representam, respectivamente, as planificações das superfícies laterais dos cilindros circulares retos A e B, ambos de mesma altura.

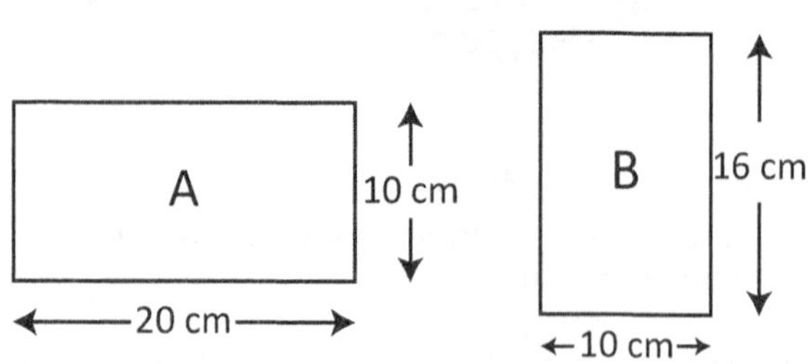

Em relação aos volumes dos dois cilindros, é correto afirmar que o volume do cilindro:
a) B supera em $\frac{390}{\pi}$ cm^3 o volume do cilindro A.
b) B supera em $\frac{156}{\pi}$ cm^3 o volume do cilindro A.

c) A supera em $\frac{144}{\pi}$ cm^3 o volume do cilindro B.

d) A supera em $\frac{250}{\pi}$ cm^3 o volume do cilindro B.

e) A supera em $\frac{360}{\pi}$ cm^3 o volume do cilindro B.

09. Em um cubo de aresta a, a distância entre um vértice e o centro da face oposta é igual a:

a) $\frac{a\sqrt{6}}{2}$

b) $\frac{a\sqrt{3}}{2}$

c) $\frac{a\sqrt{6}}{3}$

d) $\frac{a\sqrt{2}}{2}$

e) $\frac{a\sqrt{3}}{3}$

10. O volume de uma pirâmide regular de base quadrada é igual a 8 cm^3 e a aresta da base é igual a 2 cm. Aumentando a altura em 3 cm, qual é o valor da aresta lateral da pirâmide regular de base quadrada obtida?

a) $\sqrt{35}$ cm.

b) $\sqrt{51}$ cm.

c) $\sqrt{83}$ cm.

d) $\sqrt{91}$ cm.

e) $\sqrt{107}$ cm.

Gabarito

01	E	06	E
02	A	07	B
03	D	08	E
04	B	09	A
05	D	10	C

Anotações

CAPÍTULO 09

Porcentagem e Juros

O presente capítulo trata de uma pequena parte da matemática financeira, e também o uso das porcentagens, assuntos presentes no dia a dia de todos.

Porcentagem

É a aplicação da taxa percentual a determinado valor.

Taxa percentual: é o valor que vem acompanhado do símbolo %.

Para fins de cálculo, usa-se a taxa percentual em forma de fração ou em números decimais.

Ex.:

» 3% = 3/100 = 0,03

» 15% = 15/100 = 0,15

» 34% de 1200 = 34/100 · 1200 = 40800/100 = 408

» 65% de 140 = 0,65 · 140 = 91

Lucro e Prejuízo

Lucro e prejuízo são resultados de movimentações financeiras.

- **Custo** (C): "Gasto".
- **Venda** (V): "Ganho".
- **Lucro** (L): Quando se ganha mais do que se gasta.

$$L = V - C$$

- **Prejuízo** (P): Quando se gasta mais do que se ganha.

$$P = C - V$$

Fique Ligado

Basta substituir no lucro ou no prejuízo o valor da porcentagem, no custo ou na venda.

Ex.:

Um computador foi comprado por R$ 3.000,00 e revendido com lucro de 25% sobre a venda. Qual o preço de venda?

Como o lucro foi na venda, então L = 0,25V:

$$L = V - C$$
$$0{,}25V = V - 3.000$$
$$0{,}25V - V = -3.000$$
$$-0.75V = -3.000\ (-1)$$
$$0{,}75V = 3.000$$
$$V = \frac{3000}{0{,}75} = \frac{300000}{75} = 4.000$$

Logo, a venda se deu por 4.000,00 reais.

Juros Simples

Juros: atributos (ganhos) de uma operação financeira.

Juros Simples: os valores são somados ao capital apenas no final da aplicação. Somente o capital rende juros.

Para o cálculo de juros simples, usa-se a seguinte fórmula:

$$J = C \cdot i \cdot t$$

Cujo:

- **J** = juros;
- **C** = capital;
- **i** = taxa de juros;
- **t** = tempo da aplicação.

Fique Ligado

Nas questões de juros, as taxas de juros e os tempos devem estar expressos pela mesma unidade.

Ex.:

Um capital de R$ 2.500,00 foi aplicado a juros de 2% ao trimestre durante um ano. Quais os juros produzidos?

Em 1 ano há exatamente 4 trimestres, como a taxa está em trimestre, agora é só calcular:

$$J = C \cdot i \cdot t$$
$$J = 2.500 \cdot 0{,}02 \cdot 4$$
$$J = 200$$

Juros Compostos

Juros Compostos: os valores são somados ao capital no final de cada período de aplicação, formando um novo capital, para incidência dos juros novamente. É o famoso caso de juros sobre juros.

Para o cálculo de juros compostos, usa-se a seguinte fórmula:

$$M = C \cdot (1 + i)^t$$

Cujo:

- **M** = montante;
- **C** = capital;
- **i** = taxa de juros;
- **t** = tempo da aplicação.

Ex.:

Um investidor aplicou a quantia de R$ 10.000,00 à taxa de juros de 2% a.m. durante 4 meses. Qual o montante desse investimento?

Aplicando a fórmula, já que a taxa e o tempo estão na mesma unidade:

$$M = C \cdot (1 + i)^t$$
$$M = 10.000 \cdot (1 + 0{,}02)^4$$
$$M = 10.000 \cdot (1{,}02)^4$$
$$M = 10.000 \cdot 1{,}08243216$$
$$M = 10.824{,}32$$

Capitalização

Capitalização: acúmulo de capitais (capital + juros).

Nos **juros simples**, calcula-se por: M = C + J.

Nos **juros compostos**, calcula-se por: J = M – C.

Em algumas questões terão que ser calculados os montantes do juro simples ou os juros do juro composto.

Exercício Comentado

01. Calcule os juros simples, em R$, produzidos por um capital de R$ 5.000,00 empregado à taxa de 90% ao ano, durante 2 anos.

a) 900,00
b) 1.800,00
c) 9.000,00
d) 9.900,00
e) 18.000,00

RESPOSTA. "C" Aplicando a fórmula do juro simples (lembrando que taxa e tempo já estão na mesma unidade):

$$J = C \cdot i \cdot t$$
$$J = 5.000 \cdot 0,9 \cdot 2$$
$$J = 9.000,00$$

Vamos Praticar

01. Um par de coturnos custa na loja "Só Fardas" R$ 21,00 mais barato que na loja "Selva Brasil". O gerente da loja "Selva Brasil", observando essa diferença, oferece um desconto de 15% para que o seu preço se iguale ao de seu concorrente. O preço do par de coturnos, em reais, na loja "Só Fardas" é um número cuja soma dos algarismos é:

a) 9.
b) 11.
c) 10.
d) 13.
e) 12.

02. Um agricultor colheu dez mil sacas de soja durante uma safra. Naquele momento a soja era vendida a R$ 40,00 a saca. Como a expectativa do mercado era do aumento de preços, ele decidiu guardar a produção e tomar um empréstimo no mesmo valor que obteria se vendesse toda a sua produção, a juros compostos de 10% ao ano. Dois anos depois, ele vendeu a soja a R$ 50,00 a saca e quitou a dívida. Com essa operação ele obteve:

a) Prejuízo de R$ 20.000,00.
b) Lucro de R$ 20.000,00.
c) Prejuízo de R$ 16.000,00.
d) Lucro de R$ 16.000,00.
e) Lucro de R$ 60.000,00.

03. Um capital de R$ 1.000,00 foi aplicado a juros compostos a uma taxa de 44% a.a.. Se o prazo de capitalização foi de 180 dias, o montante gerado será de:

a) R$ 1.440,00.
b) R$ 1.240,00.
c) R$ 1.680,00.
d) R$ 1.200,00.
e) R$ 1.480,00.

04. O capital de R$ 360,00 foi dividido em duas partes, A e B. A quantia A rendeu em 6 meses o mesmo que a quantia B rendeu em 3 meses, ambos aplicados à mesma taxa no regime de juros simples. Nessas condições, pode-se afirmar que:

a) A = B
b) A = 2B
c) B = 2A
d) A = 3B
e) B = 3ª

05. Uma loja de eletrodomésticos paga, pela aquisição de certo produto, o correspondente ao preço x (em reais) de fabricação, mais 5 % de imposto e 3 % de frete, ambos os percentuais calculados sobre o preço x. Vende esse produto ao consumidor por R$ 54,00, com lucro de 25 %. Então, o valor de x é:

a) R$ 36,00
b) R$ 38,00
c) R$ 40,00
d) R$ 41,80
e) R$ 42,40

06. Em um grupo de 20 pessoas, 40% são homens e 75% das mulheres são solteiras. O número de mulheres casadas é:

a) 3
b) 6
c) 7
d) 8
e) 9

07. Uma liga é composta por 70% de cobre, 20% de alumínio e 10% de zinco. Qual a quantidade, respectivamente, de cobre, alumínio e zinco em 800 g dessa liga?

a) 100 g, 250 g, 450 g
b) 400 g, 260 g, 140 g
c) 450 g, 250 g, 100 g
d) 560 g, 160 g, 80 g
e) 650 g, 100 g, 50 g

08. Qual das afirmativas é verdadeira?

a) Dois descontos sucessivos de 10% correspondem a um desconto de 20%.
b) Dois aumentos sucessivos de 15% correspondem a um aumento de 30%.
c) Um desconto de 10% e depois um aumento de 20% correspondem a um aumento de 8%.
d) Um aumento de 20% e depois um desconto de 10% correspondem a um aumento de 10%.
e) Um aumento de 15% e depois um desconto de 25% correspondem a um desconto de 5%.

09. Lucas e Mateus ganharam de presente de aniversário as quantias x e y reais, respectivamente, e aplicaram, a juros simples, todo o dinheiro que ganharam, da seguinte forma:

> Mateus aplicou a quantia y durante um tempo que foi metade do que esteve aplicado a quantia x de Lucas.

> Mateus aplicou seu dinheiro a uma taxa igual ao triplo da taxa da quantia aplicada por Lucas.

> No resgate de cada quantia aplicada, Lucas e Mateus receberam o mesmo valor de juros.

Se juntos os dois ganharam de presente 516 reais, então x – y é igual a:

a) R$ 103,20
b) R$106,40
c) R$108,30
d) R$109,60

10. Um terreno que possui 2,5ha de área é totalmente aproveitado para o plantio de arroz. Cada m^2 produz 5 litros de arroz que será vendido por 75 reais o saco de 50 kg. Sabe-se que o agricultor teve um total de despesas de 60000 reais, que houve uma perda de 10% na colheita e que vendeu todo o arroz colhido. Se cada litro de arroz corresponde a 800 g de arroz, é correto afirmar que 20% do lucro, em milhares de reais, é um número compreendido entre:

a) 1 e 10
b) 10 e 16
c) 16 e 22
d) 22 e 30

Matemática

Gabarito

01	B	06	A
02	D	07	D
03	D	08	C
04	C	09	A
05	C	10	B

Anotações

CAPÍTULO 10

Descontos

Descontos Simples

O desconto pode ser definido como abatimento em operações financeiras.

O valor do desconto sempre será a diferença entre o valor nominal (valor inicial) e o valor atual.

$$D = N - A$$

Os descontos simples podem ser de dois tipos: por fora (comercial) ou por dentro (racional).

No **desconto simples por fora ou comercial,** o valor do desconto será calculado sobre o valor nominal do produto; já no **desconto simples por dentro ou racional,** o desconto é calculado sobre o valor atual do produto.

Para os cálculos usamos as seguintes fórmulas:

> Simples por Fora (Comercial → sobre o valor nominal):

$$D_c = N \cdot i \cdot t$$
$$A = N \cdot (1 - i \cdot t)$$

> Simples por Dentro (Racional → sobre o valor atual):

$$D_r = A \cdot i \cdot t$$
$$A = \frac{N}{(1 + i \cdot t)}$$

Cujo:

> **D** = desconto;
> **A** = valor atual;
> **N** = valor nominal;
> **i** = taxa de juros;
> **t** = tempo.

Exercício Comentado

01. Um título foi descontado em R$ 252,00, por ter sido pago com 180 dias de antecipação. Se a taxa mensal do desconto comercial simples foi de 3,5%, o valor nominal do título era:

a) ***R$ 1.100,00***
b) ***R$ 1.150,00***
c) ***R$ 1.200,00***
d) ***R$ 1.250,00***
e) ***R$ 1.300,00***

RESPOSTA. ***"C". O valor do desconto foi de R$ 252,00, o período de antecipação foi de 180 dias ou 6 meses, a taxa mensal de desconto foi de 3,5% COMERCIAL, aplicando na fórmula fica:***

$$D_c = N \cdot i \cdot t$$
$$252 = N \cdot 0{,}035 \cdot 6$$
$$0{,}21N = 252$$
$$N = \frac{252}{0{,}21}$$
$$N = 1.200{,}00$$

Descontos Compostos

Acontece semelhante aos juros compostos, porém na modalidade desconto.

Para os cálculos, usamos as seguintes fórmulas:

> **Comercial:**

$$A = N \cdot (1 - i)^n$$

> **Racional:**

$$A = \frac{N}{(1 + i)^t}$$

Cujo:

> **A** = valor atual;
> **N** = valor nominal;
> **i** = taxa de juros;
> **t** = tempo.

Exercício Comentado

01. O valor presente de um título descontado 2 (dois) anos antes de seu vencimento é igual a R$ 25.000,00. Utilizou-se o critério do desconto composto racional a uma taxa de 8% ao ano. O valor do desconto correspondente é de

a) ***R$ 3.120,00***
b) ***R$ 3.160,00***
c) ***R$ 3.200,00***
d) ***R$ 4.000,00***
e) ***R$ 4.160,00***

RESPOSTA. ***"E". O valor do título é R$ 25.000,00, o período de antecipação foi de 2 anos, a taxa de desconto de 8% ao ano na modalidade composta, agora calculando o que a questão está pedindo:***

$$A = \frac{N}{(1 + i)^t}$$
$$25.000 = \frac{N}{(1 + 0{,}08)^2}$$
$$25.000 = \frac{N}{(1{,}08)^2}$$
$$25.000 = \frac{N}{1{,}1664}$$
$$N = 25.000 \cdot 1{,}1664$$
$$N = 29.160$$

Como:

$$D = N - A$$
$$D = 29.160 - 25.000$$
$$D = 4.160{,}00$$

Taxas

Taxas de Juros

São índices utilizados para os cálculos de juros e descontos.

Em matemática financeira, temos taxas que efetivamente servem; como também temos taxas que não servem para calcular os juros, pois não estão na unidade da capitalização.

Taxa Nominal

É uma taxa que efetivamente não vale, só está na situação problema para dar valor. Esta taxa é proporcional à taxa efetiva.

No sistema de juros compostos, é costume indicar uma taxa para um período com capitalização em período distinto. Convencionou-se, então, que, quando o período mencionado na taxa não corresponde ao período de capitalização, prevalece este último, devendo-se tomar a taxa proporcional correspondente como taxa efetiva e considerar a taxa dada como nominal.

» **Ex.:** Um capital é aplicado à taxa de 24% ao ano com capitalização mensal.

O 24% é uma taxa nominal, pois a que efetivamente vale é de 2% ao mês, devido ao fato de a capitalização ser mensal.

Taxa Efetiva

É aquela que, como o próprio nome já diz, efetivamente é verificada uma operação financeira.

Taxas Equivalentes

Duas (ou mais) taxas de juros são ditas equivalentes quando, aplicadas a um mesmo capital, por tempos iguais, produzirem o mesmo montante. No sistema de capitalização composta, ao contrário do que acontece no sistema de capitalização simples, duas taxas equivalentes não são necessariamente proporcionais entre si.

Fique Ligado

> *ia - a taxa anual de juros compostos*
> *im - a taxa mensal de juros compostos*
> *id - a taxa diária*
> *it - a taxa trimestral*
> *is - a taxa semestral*

Vamos obter uma relação que nos permita calcular a taxa equivalente, num certo período de tempo, com uma taxa de juros composta.

As relações para a obtenção de taxas equivalentes são:

$$(1 + i_d)^{360} = (1 + i_m)^{12} = (1 + i_t)^4 = (1 + i_s)^2 = (1 + i_a)^1$$

Ex.:

1) A Caderneta de Poupança, além da atualização monetária, paga juros de 36% a.a. capitalizados mensalmente.

a) Qual a taxa nominal de juros pagos pela Caderneta de Poupança?

b) Qual a taxa efetiva mensal?

c) Qual a taxa efetiva trimestral?

Resolução:

a) Como a capitalização é mensal a taxa de 36% ao ano é a taxa nominal.

b) A taxa efetiva mensal é proporcional à taxa nominal, pois a capitalização é mensal logo:

$$i_m = \frac{36}{12}$$

$$i_m = 3\% \text{ ao mês}$$

c) A taxa efetiva trimestral é equivalente à taxa efetiva mensal logo:

$$(1 + i_m)^3 = (1 + i_t)$$
$$(1 + 0{,}03)^3 = (1 + i_t)$$
$$1{,}092727 = 1 + i_t$$
$$1{,}092727 - 1 = i_t$$
$$i_t = 0{,}0922727$$

Logo, a taxa efetiva trimestral é de 9,27%.

2) Qual a taxa efetiva semestral, no sistema de capitalização de juros compostos, equivalente a uma taxa nominal de 40% ao quadrimestre, capitalizados bimestralmente.

a) 75,00%

b) 67,50%

c) 60,00%

d) 72,80%

e) 64,40%

Resolução:

> 40% não é a taxa efetiva, é uma taxa nominal;

> $\frac{40\%}{2} = 20\%$ taxa real.

$$(1 + i_b)^3 = (1 + i_s)^1$$
$$(1 + 0{,}2)^3 = (1 + i_s)$$
$$(1{,}2)^3 = 1 + i_s$$
$$1{,}728 = 1 + i_s$$
$$1{,}728 - 1 = i_s$$
$$i_s = 0{,}728$$

Logo, a taxa efetiva semestral é de 72,8%.

3) Calcular o montante gerado por um capital de R$ 2.000,00, quando aplicado a taxa de 60% ao ano com capitalização mensal durante um ano. (Dado 1,0512 = 1,79586)

Resolução:

> Taxa nominal: 60% a.a.

> Taxa efetiva: 5% a.m.

$$M = C \cdot (1 + i)^t$$
$$M = 2000 \cdot (1 + 0{,}05)^{12}$$
$$M = 2000 \cdot (1{,}05)^{12}$$
$$M = 2000 \cdot 1{,}79586$$
$$M = 3591{,}72$$

Taxa Aparente e Taxa Real

Taxa aparente

Quando temos uma aplicação em que no período da mesma tivermos também taxa de inflação a taxa que está escrita nos contratos passa a ser uma taxa aparente, pois não corresponde a uma rentabilidade real.

Taxa real

Depende de haver ou não inflação.

Quando não haver inflação, a taxa real e a taxa aparente serão iguais.

Quando temos inflação, usamos a representação:

> Taxa real = r
> Taxa aparente = i
> Taxa de inflação = j

$$(1 + r) = \frac{(1 + i)}{(1 + j)}$$

Ex.:

1) Determine a taxa de rendimento real a partir de uma taxa aparente de 7% a.a. e uma inflação projetada de 3% a.a.

Resolução:

i = 7% = 0,07

j = 3% = 0,03

r = ?

$$(1 + r) = \frac{(1 + 0{,}07)}{(1 + 0{,}03)}$$

$$(1 + r) = \frac{1{,}07}{1{,}03} = 1{,}038835$$

$$r = 1{,}038835 - 1$$

$$r = 0{,}038835$$

$$r = 3{,}8835\%$$

A taxa real de juros é de 3,8835%.

2) Em um investimento é desejado um rendimento real de 12%. Sabe-se que a inflação projetada para o período é de 6%. Qual deve ser a taxa aparente desse investimento?

Resolução:

i = ?

j = 6% = 0,06

r = 12% = 0,12

$$(1 + r) = \frac{(1 + i)}{(1 + j)}$$

$$(1 + i) = (1 + r) \cdot (1 + j)$$

$$(1 + i) = (1{,}12) \cdot (1{,}06)$$

$$i = 0{,}1872$$

$$i = 18{,}72\%$$

Vamos Praticar

01. Para a compra de um imóvel avaliado em R$ 300.000,00, o comprador dispõe das seguintes opções de pagamento:

I. à vista com desconto;

II. em 2 prestações mensais, iguais e consecutivas; sem desconto; com a primeira prestação vencendo um mês após a compra;

III. em 3 prestações mensais, iguais e consecutivas; sem desconto; com a primeira prestação vencendo no ato da compra.

No ato da compra, o comprador possui R$ 500.000,00, que estão investidos em uma aplicação que lhe rende juros compostos mensais de 1%, e todo esse dinheiro pode ser utilizado para efetuar a compra.

Considerando as informações acima, e assumindo 0,99 e 0,98 como os valores aproximados para $1{,}01^{-1}$ e $1{,}01^{-2}$, respectivamente, julgue o item a seguir.

Se o desconto for superior a 1,5%, então a opção I será a mais vantajosa para o comprador.

Certo ( ) Errado ( )

02. Com relação aos diferentes tipos de desconto simples analise as afirmativas a seguir:

I. O desconto racional (por dentro), no regime de capitalização simples, é dado pela diferença entre o valor futuro e o valor presente.

II. O desconto comercial (por fora), no regime de capitalização simples, é dado pela relação D = VF · d · n, no qual VF é o valor futuro, d é a taxa de desconto por período e n é o número de períodos de desconto.

III. O desconto bancário é o contrato pelo qual o banco (descontador) antecipa ao cliente (descontário) o valor de um crédito.

Assinale:

a) se somente as afirmativas I e II estiverem corretas.
b) se somente as afirmativas I e III estiverem corretas.
c) se somente a afirmativa III estiver correta.
d) se somente as afirmativas II e III estiverem corretas.
e) se todas as afirmativas estiverem corretas.

03. Nas operações de empréstimo, uma financeira cobra taxa efetiva de juros, no regime de capitalização composta, de 10,25% ao ano. Isso equivale a cobrar juros com taxa anual e capitalização semestral de:

a) 5%
b) 5,51%
c) 10%
d) 10,25%
e) 10,51%

04. Um título de R$ 20.000,00 foi descontado 4 meses antes do seu vencimento, a uma taxa de desconto comercial simples de 5% ao mês. A taxa efetiva mensal de juros simples dessa operação é igual a:

a) 6,50%.
b) 5,50%.
c) 5,25%.
d) 6,00%.
e) 6,25%.

05. Certo capital foi aplicado por um ano à taxa de juros de 6,59% a.a. Se no mesmo período a inflação foi de 4,5%, a taxa real de juros ao ano dessa aplicação foi, em %, de:

a) 2,2.
b) 1,9.
c) 2,0.
d) 2,1.
e) 1,8.

06. Um título sofre um desconto racional composto dois meses antes do seu vencimento a uma taxa de 5% ao mês. Dado que o valor do desconto é R$ 10 000,00, qual o valor mais próximo do valor nominal do título?

a) R$ 100.000,00.
b) R$ 107.561,00.
c) R$ 102.564,00.
d) R$ 97.561,00.
e) R$ 110.000,00.

07. No sistema de juros compostos, o Banco X oferece uma linha de crédito ao custo de 80% ao ano com capitalização trimestral. Também no sistema de juros compostos, o Banco Y oferece a mesma linha de crédito ao custo dado pela taxa semestral equivalente à taxa cobrada pelo Banco X. Maria obteve 100 unidades monetárias junto ao Banco X, para serem pagas ao final de um ano. Mário, por sua vez, obteve 100 unidades monetárias junto ao Banco Y para serem pagas ao final de um semestre. Sabendo-se que Maria e Mário honraram seus compromissos nos respectivos períodos contratados, então os custos percentuais efetivos pagos por Maria e Mário, foram, respectivamente, iguais a:

a) 320 % ao ano e 160 % ao semestre.
b) 120 % ao ano e 60 % ao semestre.
c) 72,80 % ao ano e 145,60 % ao semestre.
d) 240 % ao ano e 88 % ao ano.
e) 107,36 % ao ano e 44 % ao semestre.

08. Um título sofre um desconto simples por dentro de R$ 10.000,00 cinco meses antes do seu vencimento a uma taxa de desconto de 4% ao mês. Qual o valor mais próximo do valor nominal do título?

a) R$ 60.000,00.
b) R$ 46.157,00.
c) R$ 56.157,00.
d) R$ 50.000,00.
e) R$ 55.000,00.

09. O batalhão de polícia militar de uma cidade constituída dos bairros B_1, B_2 e B_3 será dividido em três pelotões distintos de modo que cada um fique responsável pelo policiamento ostensivo de um desses bairros. As populações dos bairros B_1, B_2 e B_3 são, respectivamente, iguais a 60.000, 66.000 e 74.000 pessoas; o batalhão possui um efetivo de 4.000 militares dos quais 300 trabalham exclusivamente em uma central única de comunicação e inteligência, não caracterizando atividade policial ostensiva; e todos os militares do batalhão residem na cidade.

Com base nessa situação hipotética, julgue o item a seguir.

Considere que uma viatura policial adquirida por R$ 80.000,00 se desvalorize à taxa composta de 5% ao ano. Nesse caso, considerando-se 0,6 como valor aproximado para $0,95^{10}$, é correto afirmar que, 10 anos após a compra, a viatura valerá menos de R$ 45.000,00.

Certo ( ) Errado ( )

10. A Empresa Comercial Parton Ltda, obteve um empréstimo no Banco Novidade S/A com as seguintes condições:

> Valor do empréstimo = R$ 30.000,00
> Taxa de abertura de crédito = R$ 500,00
> Período do empréstimo = 3 meses
> Inflação do período = 3%
> Valor fixo para pagamento no final do contrato = R$ 35.000,00

Considerando-se exclusivamente os dados acima, as taxas efetiva e real da operação para a Comercial Parton, foram, respectivamente, de:

a) 16,67% e 14,65%
b) 16,33% e 13,65%
c) 15,35% e 12,15%
d) 14,75% e 11,41%
e) 14,25% e 11,35%

Gabarito

01	CERTO	06	B
02	E	07	E
03	C	08	A
04	E	09	ERRADO
05	C	10	D

Anotações

CAPÍTULO 11

Rendas

No cotidiano, é comum deparar-se com inúmeras situações com movimentação financeira, pois nem sempre se tem o valor à vista, como:

> Comprar um bem de consumo a crédito;
> Investir em poupanças programadas;
> Comprar um imóvel pelo Sistema Financeiro.

Para se aprender a calcular os juros, as parcelas e os montantes envolvidos nessas situações, será feito um estudo mais aprofundado sobre capitalização e amortização.

Capitalização: é o investimento, por um período, de uma quantia fixa, com taxa fixa de juros, com o propósito de compor um determinado capital final.

Amortização: é a ação de saldar uma dívida por meio de parcelas periódicas, constantes ou não.

Rendas: são os capitais dos quais se dispõe periodicamente para algum fim. Pagar uma prestação, aplicar numa poupança programada ou em um investimento são os exemplos mais comuns de rendas.

Rendas com Capitalização Composta

$$M = \frac{C \cdot [(1+i)^t - 1]}{i}$$

Fórmula originária da soma dos termos de uma P.G.

O montante dado pela fórmula acima é o valor que o investidor terá imediatamente após o último depósito ou aplicação.

Ex.:

1) Supondo que uma pessoa invista, numa poupança, cinco prestações mensais de R$ 100,00, sobre as quais incidirá um juro constante de 2% a.m, será calculado o montante ao final da aplicação. Dado: $(1{,}02)^5 = 1{,}104$

C = 100

i = 2% a.m. = 0,02

t = 5

M = ?

Resolução:

$M = 100 + 100 \cdot (1{,}02)^1 + 100 \cdot (1{,}02)^2 + 100 \cdot (1{,}02)^3 + 100 \cdot (1{,}02)^4 = 520{,}40$

$$M = \frac{C \cdot [(1+i)^t - 1]}{i}$$

$$M = \frac{100 \cdot [(1+0{,}02)^5 - 1]}{0{,}02}$$

$$M = \frac{100 \cdot [(1{,}02)^5 - 1]}{0{,}02}$$

$$M = \frac{100 \cdot [1{,}104 - 1]}{0{,}02}$$

$$M = \frac{10{,}4}{0{,}02} = 520$$

A pessoa tem, no dia do último depósito, o montante de R$ 520,00.

2) Calcular o valor do montante de uma aplicação de R$ 1.000,00, por 3 meses, a uma taxa mensal de 3%, um mês após o último depósito.

Resolução:

$$M = \frac{C \cdot [(1+i)^t - 1]}{i}$$

$$M = \frac{1000 \cdot [(1+0{,}03)^3 - 1]}{0{,}03}$$

$$M = \frac{1000 \cdot [(1{,}03)^3 - 1]}{0{,}03}$$

$$M = \frac{1000 \cdot [1{,}092727 - 1]}{0{,}03}$$

$$M = \frac{92{,}727}{0{,}03} = 3090{,}90$$

Como o exercício pediu o valor do montante um mês após o último depósito, é preciso calcular um mês de juros de 3%. Sendo assim, o montante será:

$M = C \cdot (1+i)^t$

$M = 3090{,}90 \cdot (1+0{,}03)^1$

$M = 3090{,}90 \cdot (1{,}03)$

$M = 3183{,}63$

Rendas com Capitalização Composta e Prestações Variáveis

Ex.:

1) Um investidor fez 2 depósitos mensais de R$ 2.500,00 e, depois, mais 3 depósitos mensais de R$ 3.000,00. Quanto terá no final dos 5 depósitos se a taxa de juros compostos é de 2% a.m.?

Resolução:

$$M = \frac{2500 \cdot [(1{,}02)^2 - 1]}{0{,}02} (1{,}02)^3 + \frac{3000 \cdot [(1{,}02)^3 - 1]}{0{,}02}$$

$$M = \frac{2500 \cdot [1{,}0404 - 1]}{0{,}02} 1{,}061208 + \frac{3000 \cdot [1{,}061208 - 1]}{0{,}02}$$

$$M = \frac{2500 \cdot 0{,}0404}{0{,}02} 1{,}061208 + \frac{3000 \cdot 0{,}061208}{0{,}02}$$

$$M = \frac{101}{0{,}02} 1{,}061208 + \frac{183{,}624}{0{,}02}$$

$M = 5359{,}1004 + 9181{,}2$

$M = 14540{,}30$

Quando há uma série grande de investimentos na resolução do exercício, necessita-se de uma calculadora, uma informação dada no problema ou o uso da tabela FAC.

2) Calcular o valor do montante de uma aplicação de R$ 1.000,00, por 18 meses, a uma taxa mensal de 3%, um mês após o último depósito.

Resolução:

C = 1.000

i = 3% a.m. = 0,03

t = 18

M = ?

$(1{,}03)^{18} = 1{,}702433$

$$M = \frac{C \cdot [(1+i)^t - 1]}{i}$$

$$M = \frac{1000 \cdot [(1+0{,}03)^{18} - 1]}{0{,}03}$$

$$M = \frac{1000 \cdot [(1{,}03)^{18} - 1]}{0{,}03}$$

$$M = \frac{1000 \cdot [1{,}702433 - 1]}{0{,}03}$$

$$M = \frac{702{,}433}{0{,}03} = 23414{,}43$$

Usando o valor da tabela FAC, tem-se $(1{,}03)^{18}$ = 1,702433, logo, o montante da aplicação é de R$ 23.414,43.

Sistemas de Amortização e Financiamento

PRICE

O Sistema Frânces de Amortização (PRICE) tem como característica parcelas fixas. Todas as prestações são iguais.

Uso comum: Financiamentos, em geral, de bens de consumo.

A fórmula de pagamento pelo sistema de prestações iguais é dada por:

$$P = K \cdot Vd$$

Cujo:

> **P** = valor da prestação;

> **K** = constante PRICE;

> **V** = valor financiado.

E, também:

$$K = \frac{i \cdot (1+i)^t}{(1+i)^t - 1}$$

Cujo:

> **i** = taxa de juros;

> **t** = tempo (quantidade de parcelas).

Fique Ligado

Os juros sempre são calculados sobre o saldo devedor, e o valor amortizado será a diferença da parcela pelo juro.

Ex.:

1) Um financiamento de R$ 20.000,00 que será pago ao final de 4 meses à taxa mensal de 4% a.m. com K = 0,2755 terá prestação de?

Resolução:

Considere: $K = \frac{i \cdot (1+i)^t}{(1+i)^t - 1}$

$$P = K \cdot Vd$$

$$P = 20.000 \cdot 0{,}2755$$

$$P = 5.510{,}00$$

Montando a tabela abaixo, compreende-se o que acontece com o financiamento:

Sistema de PRICE				
t	Juros	Amortização	Pagamento	Saldo devedor
0	0	0	0	20.000,00
1	800,00	4.710,00	5.510,00	15.280,00
2	611,20	4.898,80	5.510,00	10.381,20
3	415,25	5.094,75	5.510,00	5.286,25
4	211,46	5.286,25	5.510,00	0
T	2.037,91	20.000,00	22.040,00	

2) Uma dívida de 11.000,00 será paga com 3 prestações iguais em 30, 60 e 90 dias. Qual o valor de cada prestação se a taxa de juros compostos praticada é de 2% ao mês.

Resolução:

$$Vd = \frac{P \cdot [(1+i)^t - 1]}{(1+i)^t \cdot i}$$

$$P = \frac{Vd \cdot (1+i)^t \cdot i}{(1+i)^t - 1}$$

$$P = \frac{11000 \cdot (1{,}02)^3 \cdot 0{,}02}{(1{,}02)^3 - 1}$$

$$P = \frac{11000 \cdot 1{,}061208 \cdot 0{,}02}{1{,}061208 - 1}$$

$$P = \frac{233{,}46576}{0{,}061208}$$

$$P = 3814{,}30$$

Fique Ligado

Em concursos recentes, existem informações, nos problemas, que exigem do candidato conhecimento além das fórmulas, como por exemplo: a matemática de potências.

SAC

O Sistema de Amortização Constante (SAC) tem como principal característica as prestações decrescentes, ou seja, as parcelas vão diminuindo.

No sistema SAC, os juros são todos pagos a cada mês.

A prestação consiste na amortização mais os juros, sendo a amortização igual à dívida dividida pelo número de prestações:

» **Ex.:** Será utilizado um financiamento hipotético de R$ 20.000,00 que será pago ao final de 4 meses à taxa mensal de 4%.

Amortização = 20.000/4 = 5.000

O devedor paga o Principal em n = 4 pagamentos, sendo que as amortizações são sempre constantes e iguais.

Sistema de Amortização Constante (SAC)				
t	Juros	Amortização	Pagamento	Saldo devedor
0	0	0	0	20.000,00
1	800,00	5.000,00	5.800,00	15.000,00
2	600,00	5.000,00	5.600,00	10.000,00
3	400,00	5.000,00	5.400,00	5.000,00
4	200,00	5.000,00	5.200,00	0
T	2.000,00	20.000,00	22.000,00	

Ex.:

1) Um empréstimo de R$ 5.000,00 será pago em 4 prestações mensais, sendo a primeira delas paga 30 dias após o empréstimo, com juros de 2% ao mês sobre o saldo devedor, pelo Sistema de Amortização Constante (SAC). O valor, em reais de:

a) a terceira prestação;

b) todos os juros pagos.

Resolução: a)

$$\frac{5000}{4} = 1250$$

Cada prestação deve amortizar 1.250 da dívida;

Terceira prestação é igual 2% de 2.500 mais 1.250;

$$50 + 1200 = 1250$$

Resolução: b)

2% de 5.000 = 100

2% de 3.750 = 75

2% de 2.500 = 50

2% de 1.250 = 25

Total de juros 250.

SAM

O Sistema de Amortização Misto (SAM) é a média aritmética entre a prestação pelo sistema PRICE e o sistema SAC.

Exercício Comentado

01. (FCC) Um plano de pagamentos referente à aquisição de um imóvel foi elaborado com base no sistema de amortização misto (SAM) e corresponde a um empréstimo no valor de R$ 120.000,00, a uma taxa de 2% ao mês, a ser liquidado em 60 prestações mensais, vencendo a primeira um mês após a data do empréstimo.

Nº de períodos	FRC
10	0,111
20	0,061
30	0,045
40	0,037
50	0,032
60	0,029

O valor da 30ª (trigésima) prestação é igual a:

a) R$ 3.320,00

b) R$ 3.360,00

c) R$ 3.480,00

d) R$ 4.140,00

e) R$ 4.280,00

RESPOSTA. "B".

SAC

$$\frac{120000}{60} = 2000$$

$$29 \cdot 2000 = 58000$$

$$120000 - 58000 = 62000$$

2% de 62000 = 1240

$$P_{30} = 2000 + 1240$$

$$P_{30} = 3240$$

PRICE

$$P = 120000 \cdot 0{,}029$$

$$P = 3480$$

Prestação

$$\frac{3240 + 3480}{2} = \frac{6720}{2} = 3360$$

SAA

No Sistema Americano de Amortização (SAA), os juros são pagos no final de cada período e o valor financiado só será pago no final do prazo, em um único pagamento.

A tabela do exemplo abaixo mostra os pagamentos mensais e o valor da última prestação.

Ex.:

1) Um empréstimo de R$ 50.000,00 será pago por meio do sistema americano, no prazo de 5 meses, a juros mensais de 3% ao mês.

Resolução:

Mês	Saldo devedor	Amortização	Juros	Prestação
0	50.000,000	-	-	-
1	50.000,000	-	1.500,00	1.500,00
2	50.000,000	-	1.500,00	1.500,00
3	50.000,000	-	1.500,00	1.500,00
4	50.000,000	-	1.500,00	1.500,00
5	-	50.000,000	1.500,00	51.500,00
Total		50.000,000	7.500,00	57.500,00

2) Um empréstimo de R$ 12.800,00 será pago por meio do sistema americano no prazo de 4 meses, a juros de 1.5% ao mês. Qual o total de juros pagos na transação financeira?

Resolução:

Para calcular os juros pagos no sistema americano, basta calcular os juros como se fossem juros simples.

$$j = 12800 \cdot 0{,}015 \cdot 4$$

$$j = 192 \cdot 4$$

$$j = 768$$

No Sistema Americano de Amortização, os juros são pagos no final de cada período e o valor financiado é pago em um único pagamento no final do prazo.

3) Quanto se deve pagar, mensalmente, por um empréstimo de R$ 150.000,00 com liquidação após 3 meses contratado a juros de 2% ao mês? Além da taxa de juros, o banco cobra R$ 150,00 de taxa de administração de crédito mais 0,2% ao mês de IOF. Os valores dos juros e o IOF devem ser pagos mensalmente e a taxa de administração no ato do empréstimo.

Resolução:

> Como a taxa de administração deve ser paga no ato do empréstimo, o total do empréstimo é de R$ 150.150,00.

> Taxa de 2% ao mês mais 0,2% de IOF, logo, a taxa utilizada é de 2,2% a.m.

> Juros mensais a serem pagos serão de 2,2% de R$ 150.150,00

> Logo, deve-se pagar mensalmente R$ 3.303,30.

> Primeira prestação R$ 3.303,30.

> Segunda prestação R$ 3.303,30.

> Terceira prestação R$ 3.303,30 + R$ 150.150,00 = R$ 153.453,30

Fique Ligado

Características dos três principais sistemas de financiamento:

> *SAC - A prestação vai diminuindo com o tempo e são pagos os juros mais a amortização fixa todo mês, por exemplo;*

> *PRICE - A prestação é fixa, ou seja, prestações iguais durante todo o período do financiamento;*

> *SAA - A dívida é paga no final, e as prestações são só dos juros do período.*

Análise de Investimento

A análise de investimentos tem como objetivo permitir a comparação de investimentos financeiros para verificar qual a melhor opção, bem como estabelecer se um investimento é viável ou não.

TMA - Taxa mínima de atratividade

A TMA representa o mínimo que o investidor deseja ganhar para entrar em um determinado investimento.

Também é conhecida como taxa de baixo risco.

Fluxo de caixa

Contém as informações monetárias organizadas em diagrama ou tabela.

Método do valor presente líquido (VPL)

Tem por finalidade avaliar o investimento no momento presente, ou seja, avaliar hoje os eventos futuros do investimento.

Um projeto é considerado atrativo quando o VPL for positivo, logo, o projeto que apresenta o maior VPL é considerado mais atrativo.

$$VPL = -C + \sum_{t=1}^{n} \frac{FC}{(1+i)^t} \quad \text{ou} \quad VPL = -C + \sum_{t=1}^{n} FC \cdot (1+i)^t$$

Cujo:

> **C** = o capital investimento;

> **FC** = os retornos pelo fluxo de caixa.

Ex.:

1) Considerando um investimento de R$ 220.000,00 que proporciona uma geração de fluxo de caixa de R$ 75.000,00 por ano, durante 5 anos, qual o valor líquido presente, sendo a taxa mínima de retorno esperada de 15%.

Resolução:

$$VPL = -220000 + \frac{75000}{(1,15)} + \frac{75000}{(1,15)^2} + \frac{75000}{(1,15)^3} + \frac{75000}{(1,15)^4} + \frac{75000}{(1,15)^5} = 31412 > 0$$

ou

$$VPL = -220000 + 75000\,(1,15)^{-1} + 75000\,(1,15)^{-2} + \ldots + 75000\,(1,15)^{-5}$$

Como o VPL é positivo, o investimento é viável na taxa pretendida, tendo ainda um valor adicional ou margem de proteção de R$ 31.412,00.

Obs.: Em um exercício como este, pode ser informada a tabela com fator de valor presente de séries uniformes.

No exemplo, os retornos eram de igual valor, basta procurar, na tabela, 15% e tempo 5, multiplicando 75.000 pelo valor da tabela.

$$VPL = -220000 + 75000 \cdot 3{,}352155$$

Aproximadamente R$ 31.412,00.

2) Uma empresa tem taxa mínima de atratividade de 10% a.a. Essa empresa pretende efetuar um investimento de R$ 10.000,00 que tem retorno projetado da seguinte maneira:

> 1º ano R$ 2.000,00

> 2º ano R$ 3.000,00

> 3º ano R$ 4.000,00

> 4º ano R$ 4.000,00

Considerando para este exercício, $(1,1)^{-1}$, $(1,1)^{-2}$, $(1,1)^{-3}$ e $(1,1)^{-4}$, respectivamente 0,909; 0,826; 0,751 e 0,683, qual o valor presente líquido desse investimento?

Resolução:

> Diagrama de fluxo de caixa:

i = 10% ao ano

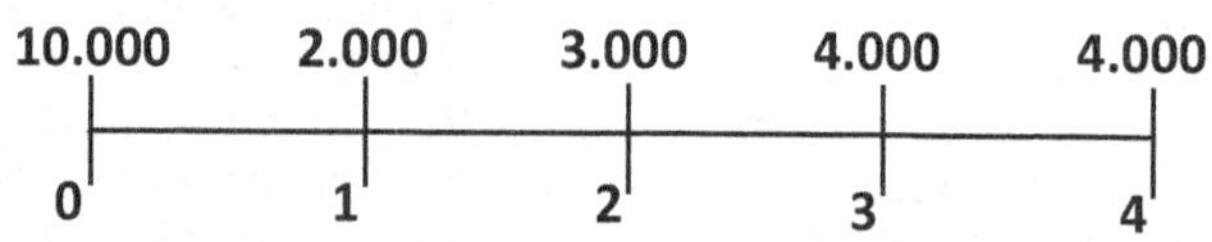

$VPL = -10000 + 2000 \cdot (1,1)^{-1} + 3000 \cdot (1,1)^{-2} + 4000 \cdot (1,1)^{-3} + 4000 \cdot (1,1)^{-4}$

$VPL = -10000 + 2000 \cdot 0,909 + 3000 \cdot 0,826 + 4000 \cdot 0,751 + 4000 \cdot 0,683$

$VPL = -10000 + 1818 + 2478 + 3004 + 2732$

$VPL = 32$

Taxa Interna de Retorno (TIR)

A Taxa Interna de Retorno é a taxa que torna nulo o valor líquido presente, ou seja, o valor VLP deve ser zero.

Isso quer dizer que a Taxa Interna de Retorno (TIR), é exatamente a rentabilidade que um investimento irá proporcionar.

VPL = 0

A TIR pode ser calculada de um projeto isolado ou de alternativas de investimento.

Para analisar se um projeto é vantajoso financeiramente, pode-se comparar a **TIR** com a **TMA**:

> **TIR > TMA:** o projeto é vantajoso

> **TIR < TMA:** o projeto não é vantajoso

Quando a TIR é dada, o cálculo torna-se relativamente simples.

Exercícios Comentados

01. (FCC) O gráfico abaixo representa o fluxo de caixa referente a um projeto de investimento com a escala horizontal em anos.

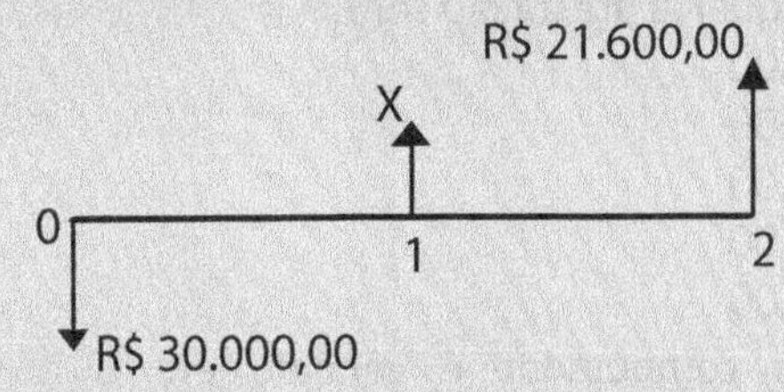

Se a taxa interna de retorno correspondente é igual a 20% ao ano, então, X é igual a:

a) R$ 21.600,00
b) R$ 20.000,00
c) R$ 18.000,00
d) R$ 15.000,00
e) R$ 14.400,00

RESPOSTA. "C".

$$VPL = -C + \frac{x}{(1+i)} + \frac{21600}{(1+i)^2}$$

$$VPL = 0$$

$$3000 = \frac{x}{1{,}2} + \frac{21600}{(1{,}2)^2}$$

$$3000 = \frac{1{,}2x + 21600}{(1{,}2)^2}$$

$$3000 = \frac{1{,}2x + 21600}{1{,}44}$$

$$43200 = 1{,}2x + 21600$$

$$1{,}2x = 21600$$

$$x = 18000$$

Calcular a TIR só é viável para exercícios com poucos retornos, ou se o cálculo sem a máquina ou sem tabela torna-se praticamente inviável.

02. (CESGRANRIO) A tabela abaixo apresenta o fluxo de caixa de certo projeto.

Valor (Milhares de reais)	-50	35	22
Períodos (anos)	0	1	2

A taxa interna de retorno anual é igual a:

a) 10%
b) 12%
c) 15%
d) 18%
e) 20%

RESPOSTA. "A".

$$VPL = -C + \frac{FC_1}{(1+i)} + \frac{FC_2}{(1+i)^2}$$

$$VPL = 0$$

$$0 = -50 + \frac{35}{(1+i)} + \frac{22}{(1+i)^2}$$

Substituindo-se 1 + i por x, tem-se:

$$50 = + \frac{35}{x} + \frac{22}{x^2}$$

$$\frac{50x^2 = 35x + 22}{x^2}$$

$$50x^2 - 35x - 22 = 0$$

Usando Bhaskara:

$$x = \frac{35 \pm \sqrt{(-35)^3 - 4 \cdot 50 \cdot (-22)}}{2 \cdot 50}$$

$$x = \frac{35 \pm \sqrt{5625}}{100}$$

$$x = \frac{35 \pm 75}{100}$$

$$x' = 1{,}1$$

$$x'' = -0{,}4$$

O valor negativo não serve, logo:

$$1 + i = 1{,}1$$

$$i = 0{,}1$$

$$i = 10\%$$

03. (CESGRANRIO) Com relação à taxa interna de retorno de um fluxo financeiro de recebimentos e pagamentos futuros, afirma-se que:

a) diminui quando a taxa de juros de mercado aumenta.
b) é sempre superior à taxa de juros de mercado.
c) é um critério para a comparação de fluxos financeiros alternativos.
d) é o único critério para a escolha entre fluxos financeiros alternativos.
e) é o custo de capital para o investimento correspondente àquele fluxo financeiro.

*RESPOSTA. "C". **É um critério para a comparação de investimentos.***

04. (FEPESE) Geralmente, utiliza-se a TIR (Taxa Interna de Retorno) para análise e avaliação de projetos simples. Quando um projeto apresenta mais de uma mudança de sinais no seu fluxo de caixa, esse projeto poderá ter mais de uma TIR.

Analise a figura abaixo:

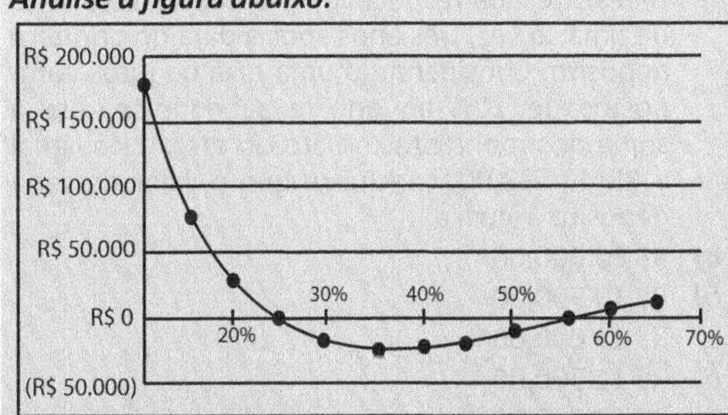

Assinale a alternativa que indica o número de TIR que o projeto representado nessa figura apresenta.

a) Uma TIR
b) Duas TIR
c) Três TIR
d) Quatro TIR
e) Cinco TIR

RESPOSTA. "B". O gráfico representa a variação do VPL com diferentes taxas. A TIR é a taxa que zera o VPL, logo, é só verificar quantas vezes o gráfico corta o eixo horizontal.

Fique Ligado

Quando se fala em Taxa Interna de Retorno, a intenção é ganhar exatamente essa taxa, pois o VPL deve zerar. Geralmente, quando se pede TIR, o valor mais utilizado é 10%.

Vamos Praticar

01. Um investidor deposita R$ 12.000,00 no início de cada ano em um banco que remunera os depósitos de seus clientes a uma taxa de juros compostos de 10% ao ano. Quando ele realizar o quarto depósito, tem-se que a soma dos montantes referentes aos depósitos realizados é igual a:

a) R$ 52.800,00
b) R$ 54.246,00
c) R$ 55.692,00
d) R$ 61.261,20
e) R$ 63.888,00

02. Uma pessoa deposita, no início de cada mês, R$ 10.000,00, durante 3 meses, em um banco que remunera os depósitos de seus clientes a uma taxa de juros nominal de 12% ao ano, com capitalização mensal. O valor que essa pessoa terá que complementar ao seu montante, imediatamente após a realização do último depósito, para comprar um carro à vista, no valor de R$ 35.000,00, é igual a:

a) R$ 4.699,00
b) R$ 4.090,97
c) R$ 3.781,88
d) R$ 4.495,98
e) R$ 4.292,96

03. Uma programação de investimento consiste na realização de três depósitos consecutivos de valores iguais efetuados no início de cada ano. O resgate dos respectivos montantes será feito de uma só vez, três anos após a data do primeiro depósito. Considerando uma taxa de juros compostos de 10% ao ano, e sabendo-se que a soma dos montantes no ato do resgate foi igual a R$ 43.692,00, conclui-se que o valor de cada depósito é igual a:

a) R$ 10.000,00
b) R$ 10.500,00
c) R$ 11.000,00
d) R$ 11.500,00
e) R$ 12.000,00

04. Um banco paga juros compostos de 30% ao ano, com capitalização semestral. Qual a taxa anual efetiva?

a) 27,75%
b) 29,50%
c) 30%
d) 32,25%
e) 35%

05. Um empréstimo de R$ 300,00 será pago em 6 prestações mensais, sendo a primeira delas paga 30 dias após o empréstimo, com juros de 4% ao mês sobre o saldo devedor, pelo Sistema de Amortização Constante (SAC). O valor, em reais, da quarta prestação será:

a) 50,00
b) 52,00
c) 54,00
d) 56,00
e) 58,00

06. Um computador é vendido em 8 prestações mensais, consecutivas e iguais a R$ 350,00. Os juros cobrados no financiamento desse computador correspondem a juros compostos mensais de 7% sobre o preço à vista. Nesse caso, considerando-se 0,582 como valor aproximado para $1,07^{-8}$, se a primeira prestação for paga um mês após a compra, o preço à vista do computador será igual a:

a) R$ 2.050,00
b) R$ 2.060,00
c) R$ 2.070,00
d) R$ 2.080,00
e) R$ 2.090,00

07. Uma dívida no valor de R$ 40.000,00 deverá ser liquidada em 20 prestações mensais, iguais e consecutivas, vencendo a primeira um mês após a data da contração da dívida. Utilizou-se o Sistema Francês de Amortização (Tabela Price), a uma taxa de juros compostos de 2,5% ao mês, considerando o valor do Fator de Recuperação de Capital (FRC) correspondente igual a 0,06415 (20 períodos). Pelo plano de amortização, o saldo devedor da dívida, imediatamente após o pagamento da 2ª prestação, apresenta um valor de:

a) R$ 37.473,15
b) R$ 36.828,85
c) R$ 35.223,70
d) R$ 35.045,85
e) R$ 34.868,15

08. Uma indústria está analisando a conveniência de adquirir uma caminhonete no valor de R$ 120.000,00. A utilização do veículo deverá trazer receitas líquidas, nos próximos 4 anos, de R$ 30.000,00, R$ 25.000,00, R$ 30.000,00, e R$ 30.000,00. No final do quarto ano, espera-se vender a caminhonete por R$ 15.000,00. A taxa de retorno esperada pela empresa é de 10% ao ano, e a empresa só deverá adquirir a caminhonete se tal aquisição propiciar ganho financeiro.

Considerando-se, exclusivamente, as informações acima, qual é, em reais, o Valor Presente Líquido dessa operação e, consequentemente, a recomendação da compra, ou não, da caminhonete pela empresa?

Dados:

$$\frac{5000}{1,1} = 4545;$$

$$\frac{5000}{(1,1)^2} = 4132;$$

$$\frac{5000}{(1,1)^3} = 3757;$$

$$\frac{5000}{(1,1)^4} = 3415.$$

a) 5.909 - a empresa deve comprar a caminhonete.
b) 4.199 - a empresa deve comprar a caminhonete.
c) 2.460 - a empresa deve comprar a caminhonete.
d) (29.038) - a empresa não deve comprar a caminhonete.
e) (18.793) - a empresa não deve comprar a caminhonete.

09. Um investimento obteve variação nominal de 15,5% ao ano. Nesse mesmo período, a taxa de inflação foi 5%. A taxa de juros real anual para esse investimento foi:

a) 0,5%
b) 5,0%
c) 5,5%
d) 10,0%
e) 10,5%

10. Considere que uma empresa tenha feito um investimento de R$ 20.000,00, para obter fluxos futuros de R$ 12.000,00 e R$ 11.000,00, respectivamente, ao final de cada um dos dois próximos anos. Nesse caso, se a taxa de juros de mercado for inferior a 9% ao ano, o investimento será rentável.

Certo ( )   Errado ( )

Gabarito

01	C	06	C
02	A	07	B
03	E	08	E
04	D	09	D
05	D	10	CERTO

Anotações

CAPÍTULO 12

Tabelas

Tabela FAC, na qual está representado o valor de $(1 + i)^t$:

t/i	1%	2%	3%	4%	5%	6%	7%	8%	9%	10%	11%	12%	15%	18%	20%
1	1,010000	1,020000	1,030000	1,040000	1,050000	1,060000	1,070000	1,080000	1,090000	1,100000	1,110000	1,120000	1,150000	1,180000	1,200000
2	1,020100	1,040400	1,060900	1,081600	1,102500	1,123600	1,144900	1,166400	1,188100	1,210000	1,232100	1,254400	1,322500	1,392400	1,440000
3	1,030301	1,061208	1,092727	1,124864	1,157625	1,191016	1,225043	1,259712	1,295029	1,331000	1,367631	1,404928	1,520875	1,643032	1,728000
4	1,040604	1,082432	1,125509	1,169859	1,215506	1,262477	1,310796	1,360489	1,411582	1,464100	1,518070	1,573519	1,749006	1,938778	2,073600
5	1,051010	1,104081	1,159274	1,216653	1,276282	1,338226	1,402552	1,469328	1,538624	1,610510	1,685058	1,762342	2,011357	2,287758	2,488320
6	1,061520	1,126162	1,194052	1,265319	1,340096	1,418519	1,500730	1,586874	1,677100	1,771561	1,870415	1,973823	2,313061	2,699554	2,985984
7	1,072135	1,148686	1,229874	1,315932	1,407100	1,503630	1,605781	1,713824	1,828039	1,948717	2,076160	2,210681	2,660020	3,185474	3,583181
8	1,082857	1,171659	1,266770	1,368569	1,477455	1,593848	1,718186	1,850930	1,992563	2,143589	2,304538	2,475963	3,059023	3,758859	4,299817
9	1,093685	1,195093	1,304773	1,423312	1,551328	1,689479	1,838459	1,999005	2,171893	2,357948	2,558037	2,773079	3,517876	4,435454	5,159780
10	1,104622	1,218994	1,343916	1,480244	1,628895	1,790848	1,967151	2,158925	2,580426	2,593742	2,839421	3,105848	4,045558	5,233836	6,191736
11	1,115668	1,243374	1,384234	1,539454	1,710339	1,898299	2,104852	2,331639	2,580426	2,853117	3,151757	3,478550	4,652391	6,175926	7,430084
12	1,126825	1,268242	1,425761	1,601032	1,795856	2,012196	2,252192	2,518170	2,812665	3,138428	3,498451	3,895976	5,350250	7,287593	8,916100
13	1,138093	1,293607	1,468534	1,665074	1,885649	2,132928	2,409845	2,719624	3,065805	3,452271	3,883280	4,363493	6,152788	8,599359	10,699321
14	1,149474	1,319479	1,512590	1,731676	1,979932	2,260904	2,578534	2,937194	3,341727	3,797498	4,310441	4,887112	7,075706	10,147244	12,839185
15	1,160969	1,345868	1,557967	1,800944	2,078928	2,396558	2,759032	3,172169	3,642482	4,177248	4,784589	5,473566	8,137062	11,973748	15,407022
16	1,172579	1,372786	1,604706	1,872981	2,182875	2,540352	2,952164	3,425943	3,970306	4,594973	5,310894	6,130394	9,357621	14,129023	18,488426
17	1,184304	1,400241	1,400241	1,947900	2,292018	2,692773	3,158815	3,700018	4,327633	5,054470	5,895093	6,866041	10,761264	16,672247	22,186111
18	1,196147	1,428246	1,702433	2,025817	2,406619	2,854339	3,379932	4,717120	4,717120	5,559917	6,543553	7,689966	12,375454	19,673251	26,623333
19	1,220190	1,456811	1,753506	2,106849	2,526950	3,025600	3,616528	5,141661	5,141661	6,115909	7,263344	8,612762	14,231772	23,214436	31,948000
20	1,220190	1,485947	1,806111	2,191123	2,653298	3,207135	3,869684	6,108808	5,604411	6,727500	8,062312	9,646293	16,366537	27,393035	38,337600
21	1,232920	1,515666	1,860295	2,278768	2,785963	3,399564	4,140562	6,108808	6,108808	7,400250	8,949166	10,803848	18,821518	32,323781	46,005120
22	1,244716	1,545980	1,916103	2,369919	2,925261	3,603537	4,430402	5,436540	6,658600	8,140275	9,933574	12,100310	21,644746	38,142061	55,206144
23	1,257163	1,576899	1,973587	2,464716	3,071524	3,819750	4,740530	5,871464	7,257874	8,954302	11,023267	13,552347	24,891458	45,007632	66,247373
24	1,269735	1,608437	1,032794	2,563304	3,225100	4,048935	5,072367	6,341181	7,911083	9,849733	12,239157	15,178629	28,625176	53,109006	79,496847
25	1,282432	1,640606	2,093778	2,665836	3,386355	4,291871	5,427433	6,848475	8,623081	10,834706	13,585464	17,000064	32,918953	62,668627	95,396217

Tabela II: fator de valor atual de uma série de pagamentos iguais.

$$a_{n \neg i} = \frac{(1 + i)^n - 1}{i \cdot (1 + i)^n}$$

t/i	1%	2%	3%	4%	5%	6%	7%	8%	9%	10%	12%	15%	18%
1	0,990099	0,980392	0,970874	0,961538	0,952381	0,943396	0,934579	0,925926	0,917431	0,909091	0,892857	0,869565	0,847457
2	1,970395	1,941561	1,913469	1,886094	1,859410	1,833393	1,808018	1,783265	1,759111	1,735537	1,690051	1,625709	1,565642
3	2,940985	2,883883	2,828611	2,775091	2,723248	2,673012	2,624316	2,577097	2,531295	2,486852	2,401831	2,283225	2,174273
4	3,091965	3,807728	3,717098	3,629895	3,545951	3,465105	3,387211	3,312127	3,239720	3,169865	3,037349	2,854978	2,690062
5	4,853431	4,713459	4,579707	4,451822	4,329476	4,212364	4,100197	3,992710	3,889651	3,790787	3,604776	3,352155	3,127171
6	5,795476	5,601431	5,417191	5,242137	5,075692	4,917324	4,766539	4,622879	4,485918	4,355261	4,111407	3,784482	3,497602
7	6,728194	6,471991	6,230283	6,002054	5,786373	5,582381	5,389289	5,206370	5,032953	4,868419	4,563756	4,160420	3,811527
8	7,651678	7,325481	7,019692	6,732745	6,463213	6,209794	5,971298	5,746639	5,534819	5,334926	4,967640	4,487321	4,077566
9	8,566017	8,162237	7,786109	7,435331	7,107821	6,801692	6,515232	6,246888	5,995247	5,759024	5,328250	4,771584	4,303022
10	9,471304	8,982585	8,530203	8,110896	7,721735	7,360087	7,023581	6,710081	6,417657	6,144567	5,650223	5,018768	4,494086
11	10,367628	9,786848	9,252624	8,760477	8,306414	7,886874	7,498674	7,138964	6,805190	6,495061	5,937699	5,233712	4,656005
12	11,255077	10,575341	9,954004	9,385074	8,863251	8,383844	7,942686	7,536078	7,160725	6,813692	6,194374	5,420619	4,793225
13	12,133740	11,348374	10,634955	9,985648	9,393573	8,852683	8,357650	7,903776	7,486904	7,103356	6,423548	5,583147	4,909513
14	13,003703	12,106249	11,296073	10,563123	9,898641	9,294984	8,745468	8,244237	7,786150	7,366687	6,628168	5,724475	5,008062
15	13,865052	12,849263	11,937935	11,118387	10,379658	9,712249	9,107914	8,559478	8,060688	7,606079	6,810864	5,847370	5,091578
16	14,717874	13,577709	12,561102	11,652295	10,837769	10,105895	9,446648	8,851369	8,312558	7,823708	6,973986	5,954235	5,162354
17	15,562251	14,291872	13,166118	12,165669	11,274066	10,477259	9,763223	9,121638	8,543631	8,021553	7,119630	6,047161	5,222334
18	16,398268	14,992031	13,753513	12,659297	11,689587	10,827604	10,059087	9,371887	8,755625	8,201412	7,249670	6,127966	5,273164

Anotações

CAPÍTULO 13

Proposições

A matéria é fácil e, com um pouco de concentração, consegue-se aprendê-la e principalmente dominar a matéria e garantir sua aprovação.

Definições

Proposição é uma **declaração** (sentença declarativa, com sujeito "definido", verbo e sentido completo) que pode ser **classificada** em valores como verdadeiro e falso.

São exemplos de proposições:

> **p:** Daniel é enfermeiro.
> **Q:** Leo foi à Argentina.
> **a:** Luiza adora brincar.
> **B:** Rosário comprou um carro.

Fique Ligado

Essas letras "p", "Q", "a", "B", servem para representar (simbolizar) as proposições.

Valores Lógicos das Proposições

Uma proposição só pode ser classificada em dois valores lógicos, que são o **Verdadeiro (V)** ou o **Falso (F)**, não admitindo outro valor.

As proposições têm três princípios básicos, sendo um deles o princípio fundamental que é:

→ **Princípio da não-contradição:** diz que uma proposição não pode ser verdadeira e falsa ao mesmo tempo.

Os outros dois são:

→ **Princípio da identidade:** diz que uma proposição verdadeira sempre será verdadeira e uma falsa sempre será falsa.

→ **Princípio do terceiro excluído:** diz que uma proposição só pode ter dois valores lógicos, ou o de verdadeiro ou o de falso, **não existindo** um terceiro valor.

Fique Ligado

Perguntas, exclamações e ordens não são proposições. Ex.:

> *Que dia é hoje?*
> *Que maravilha!*
> *Estudem muito.*

Sentenças Abertas e Quantificadores Lógicos

Existem algumas "sentenças abertas" que aparecem com incógnitas (termo desconhecido), como por exemplo: "x + 2 = 5", não sendo consideradas proposições, já que não se pode classificá-las sem saber o valor de "x", porém, com o uso dos **quantificadores lógicos,** elas tornam-se proposições, uma vez que esses quantificadores passam a dar valor ao "x".

Fique Ligado

Os quantificadores lógicos são:

> *$\forall$: para todo; qualquer que seja; todo;*
> *$\exists$: existe; existe pelo menos um; algum;*
> *$\nexists$: não existe; nenhum.*

Veja agora como fica no exemplo:

> x + 2 = 5 (sentença aberta - não é proposição)
> p: $\exists$ x, x + 2 = 5 (Lê-se: existe x tal que, x + 2 =5). Agora é proposição, uma vez que agora é possível classificar a proposição como verdadeira, já que sabemos que tem um valor de "x" que somado a dois é igual a cinco.

Exercício Comentado

01. Entre as frases apresentadas a seguir, identificadas por letras de A a E, apenas duas são proposições.

A. Pedro é marceneiro e Francisco, pedreiro.
B. Adriana, você vai para o exterior nessas férias?
C. Que jogador fenomenal!
D. Todos os presidentes foram homens honrados.
E. Não deixe de resolver a prova com a devida atenção.

CERTO. Nessa questão temos as frases B (pergunta), C (exclamação) e E (ordem) que não são proposições, já as frases A e D são, uma vez que tem sujeito, verbo e sentido e podem ser classificadas.

Negação de Proposição - Modificador Lógico

Negar uma proposição significa modificar o seu valor lógico, ou seja, se uma proposição é verdadeira, a sua negação será falsa, e se uma proposição for falsa, a sua negação será verdadeira.

Fique Ligado

Os símbolos da negação são (~) ou (¬) antes da letra que representa a proposição.

Ex.:

> **p:** 3 é ímpar;
> **~p:** 3 **não** é ímpar;
> **¬p:** 3 é **par** (outra forma de negar a proposição).

→ **Lei da dupla negação:**

~(~p) = p, negar uma proposição duas vezes significa voltar para própria proposição; vejamos:

> **q:** 2 é par;
> **~q:** 2 não é par;
> **~(~q):** 2 **não** é **ímpar**; portanto;
> **q:** 2 é par.

Tipos de Proposição

As proposições são de apenas dois tipos, **simples** ou **compostas**.

A principal diferença entre as proposições simples e as compostas é a presença do **conectivo lógico** nas proposições compostas; além disso, tem-se também que as proposições compostas podem ser divididas, enquanto as proposições simples não. Outro detalhe é que as proposições simples têm apenas 1 verbo enquanto as compostas têm mais de 1 verbo. Observe o quadro para diferenciar mais fácil os dois tipos de proposição.

Simples (atômicas)	Compostas (moleculares)
Não têm conectivo lógico	Têm conectivo lógico
Não podem ser divididas	Podem ser divididas
1 verbo	+ de 1 verbo

→ **Conectivo lógico:**

Serve para unir as proposições simples, formando proposições compostas. São eles:

> **e**: conjunção (^)
> **ou**: disjunção (v)
> **ou..., ou:** disjunção exclusiva ($\underline{v}$)
> **se..., então:** condicional (→)
> **se..., e somente se**: bicondicional (↔)

Fique Ligado

Alguns autores consideram a negação (~) como um conectivo, porém aqui não faremos isso, pois os conectivos servem para formar proposição composta, e a negação faz apenas a mudança do valor das proposições.

O "e" possui alguns sinônimos, que são: "mas", "porém", "nem" (nem = e não) e a própria vírgula. O condicional também tem alguns sinônimos que são: "portanto", "quando", "como" e "pois" (pois = condicional invertido. Ex.: A, pois B = B → A).

Vejamos alguns exemplos para melhor entender:

> **a:** Danilo foi à praia (simples).
> **b:** Giovanna está brincando (simples).
> **p:** Danilo foi a praia **se, e somente se** Giovanna estava brincando (composta).
> **q: se** 2 é par, **então** 3 é ímpar (composta).

Exercício Comentado

01. (CESPE) Se P e Q representam as proposições "Eu estudo bastante" e "Eu serei aprovado", respectivamente, então, a proposição P → Q representa a afirmação "Se eu estudar bastante, então serei aprovado".

CERTO. A questão está pedindo se a proposição representada está escrita corretamente. Simboliza "→" condicional (se, então).

Tabela Verdade e Conectivos Lógicos

A tabela verdade nada mais é do que um mecanismo usado para dar valor às proposições compostas (que também serão ou verdadeiras ou falsas), por meio de seus respectivos conectivos.

A primeira coisa que precisamos saber numa tabela verdade é o seu número de linhas, e que esse depende do número de proposições simples que compõem a proposição composta.

Número de linhas = 2^n, em que "**n**" é o número de proposições simples que compõem a proposição composta. Portanto se houver 3 proposições simples formando a proposição composta então a tabela dessa proposição terá 8 linhas ($2^3 = 8$). Esse número de linhas da tabela serve para que tenhamos todas as relações possíveis entre "V" e "F" das proposições simples. Veja:

P	Q	R
V	V	V
V	V	F
V	F	V
V	F	F
F	V	V
F	V	F
F	F	V
F	F	F

Observe que temos todas as relações entre os valores lógicos das proposições, que sejam: as 3 verdadeiras (1ª linha), as 3 falsas (última linha), duas verdadeiras e uma falsa (2ª, 3ª e 5ª linhas), e duas falsas e uma verdadeira (4ª, 6ª e 7ª linhas). Nessa demonstração, temos uma forma prática de como se pode organizar a tabela, sem se preocupar se foram feitas todas relações entres as proposições.

Para o correto preenchimento da tabela, devemos seguir algumas regras, que são:

I. Comece sempre pelas proposições simples e suas negações, se houver;
II. Resolva os parênteses, colchetes e chaves, respectivamente (igual à expressão numérica), se houver;
III. Faça primeiro as conjunções e disjunções, depois os condicionais e por último os bicondicionais;
IV. A última coluna da tabela deverá ser sempre a da proposição toda, conforme as demonstrações adiante.

Fique Ligado

O valor lógico de uma proposição composta depende dos valores lógicos das proposições simples que a compõem assim como do conectivo utilizado, e é o que veremos a partir de agora.

→ **Valor lógico de uma proposição composta por conjunção (e) = tabela verdade da conjunção (^).**

Uma proposição composta por conjunção só será verdadeira se todas as suas proposições simples que a compõem forem verdadeiras, caso contrário, a conjunção será falsa.

» **Ex.:** P ^ Q

P	Q	P ^ Q
V	V	V
V	F	F
F	V	F
F	F	F

Representando por meio de conjuntos, temos: P ^ Q

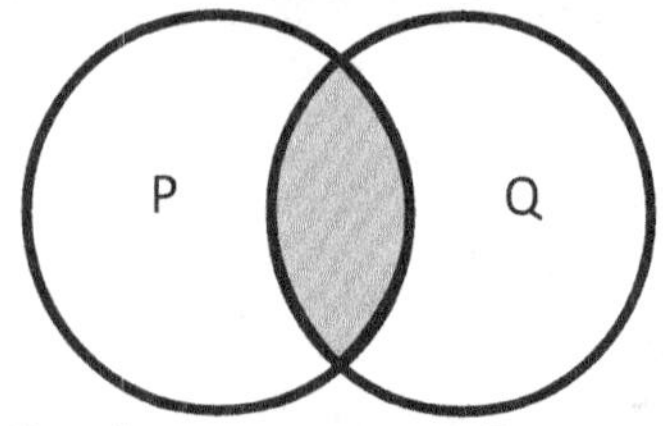

→ **Valor lógico de uma proposição composta por disjunção (ou) = tabela verdade da disjunção (v).**

Uma proposição composta por disjunção só será falsa se todas as suas proposições simples que a compõem forem falsas, caso contrário, a disjunção será verdadeira.

» **Ex.:** P v Q

P	Q	P v Q
V	V	V
V	F	V
F	V	V
F	F	F

Representando por meio de conjuntos, temos: P v Q

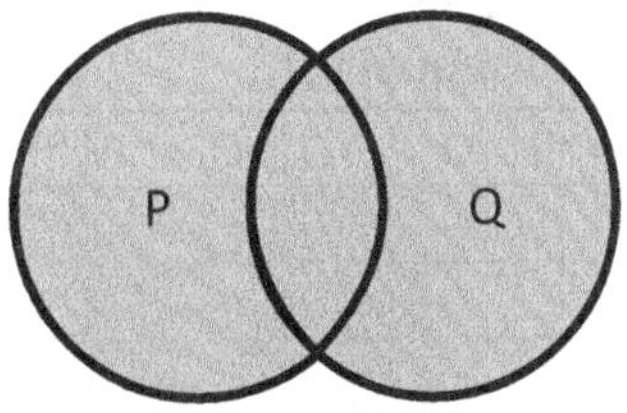

→ **Valor lógico de uma proposição composta por disjunção exclusiva (ou, ou) = tabela verdade da disjunção exclusiva (v̲).**

Uma proposição composta por disjunção exclusiva só será verdadeira se as suas proposições simples que a compõem tiverem valores diferentes, caso contrário, a disjunção exclusiva será falsa.

» **Ex.:** P v̲ Q

P	Q	P v̲ Q
V	V	F
V	F	V
F	V	V
F	F	F

Representando por meio de conjuntos, temos: P v̲ Q

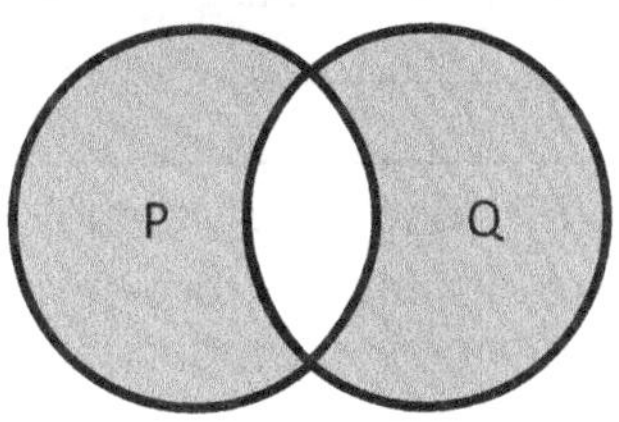

→ **Valor lógico de uma proposição composta por condicional (se, então) = tabela verdade do condicional (→).**

Uma proposição composta por condicional só será falsa se a primeira proposição (também conhecida como antecedente ou condição suficiente) for verdadeira e a segunda proposição (também conhecida como consequente ou condição necessária) for falsa; nos demais casos, o condicional será sempre verdadeiro.

Fique Ligado

Atente bem para esse tipo de proposição, pois é um dos mais cobrados em concursos.

Dicas:

> *P é antecedente e Q é consequente = P → Q*
> *P é consequente e Q é antecedente = Q →P*
> *P é suficiente e Q é necessário = P → Q*
> *P é necessário e Q é suficiente = Q → P*

» **Ex.:** P → Q

P	Q	P → Q
V	V	V
V	F	F
F	V	V
F	F	V

Representando por meio de conjuntos, temos: P → Q

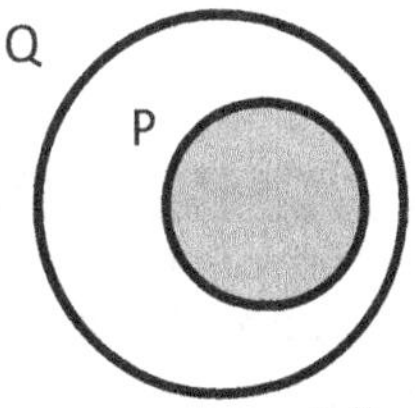

→ **Valor lógico de uma proposição composta por bicondicional (se e somente se) = tabela verdade do bicondicional (↔).**

Uma proposição composta por bicondicional é verdadeira sempre que suas proposições simples que a compõem têm valores iguais, caso contrário, ela será falsa.

No bicondicional, "P" e "Q" são ambos suficientes e necessários ao mesmo tempo.

» **Ex.:** P ↔ Q

P	Q	P ↔ Q
V	V	V
V	F	F
F	V	F
F	F	V

Representando por meio de conjuntos, temos: P ↔ Q

P = Q

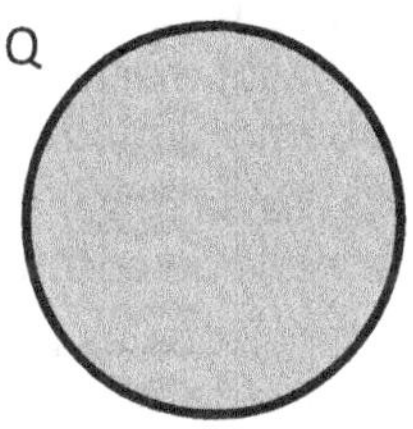

Em Resumo:

Proposição composta	Verdadeira quando...	Falsa quando...
P ^ Q	P e Q são verdadeiras	Pelo menos uma falsa
P v Q	Pelo menos uma verdadeira	P e Q são falsas
P v̲ Q	P e Q têm valores diferentes	P e Q têm valores iguais
P → Q	P = verdadeiro, q = verdadeiro ou P = falso	P = verdadeiro e Q = falso
P ↔ Q	P e Q têm valores iguais	P e Q têm valores diferentes

Exercício Comentado

Considerando que os símbolos "v, ~, →, ↔, ^" representem as operações lógicas "ou", "não", "condicional", "bicondicional" e "e", respectivamente, julgue o item a seguir:

01. (CESPE) Acerca da proposição composta P: (p v ~q)↔(~p ^ r), em que p, q e r são proposições distintas. O número de linhas da tabela verdade de P é igual a 16.

ERRADO. Para o cálculo do número de linhas de uma proposição composta, utilizamos a fórmula 2^n, em que "n" representa o número de proposições simples que compõem a proposição composta. Como na questão n = 3, então 2^3 = 8. Portanto, o número de linhas da tabela é 8.

Equivalências Lógicas

Duas ou mais proposições compostas são ditas equivalentes quando são formadas pelas mesmas proposições simples e suas tabelas verdades (resultado) são iguais.

Seguem algumas demonstrações das mais importantes:

Fique Ligado

Atente-se para o princípio da equivalência. A tabela verdade está aí só para demonstrar a igualdade.

I. **P ^ Q = Q ^ P** (Basta trocar as proposições simples de lugar - também chamada de **recíproca**).

P	Q	P ^ Q	Q ^ P
V	V	V	V
V	F	F	F
F	V	F	F
F	F	F	F

II. **P v Q = Q v P** (Basta trocar as proposições simples de lugar - também chamada de **recíproca**).

P	Q	P v Q	Q v P
V	V	V	V
V	F	V	V
F	V	V	V
F	F	F	F

III. **P $\underline{v}$ Q = Q $\underline{v}$ P** (Basta trocar as proposições simples de lugar - também chamada de **recíproca**).

IV. **P $\underline{v}$ Q = ~P $\underline{v}$ ~Q** (Basta negar as proposições simples - também chamada de **contrária**).

V. **P $\underline{v}$ Q = ~Q $\underline{v}$ ~P** (Troca as proposições simples de lugar e negam-se - também chamada de **contra – positiva**).

VI. **P $\underline{v}$ Q = (P ^ ~Q) v (~P ^ Q)** (observe aqui a exclusividade dessa disjunção).

P	Q	~P	~Q	P ^ ~Q	~P ^ Q	P $\underline{v}$ Q	Q $\underline{v}$ P	~P $\underline{v}$ ~Q	~Q $\underline{v}$ ~P	(P ^ ~Q) v (~P ^ Q)
V	V	F	F	F	F	F	F	F	F	F
V	F	F	V	V	F	V	V	V	V	V
F	V	V	F	F	V	V	V	V	V	V
F	F	V	V	F	F	F	F	F	F	F

VII. **P ↔ Q = Q ↔ P** (Basta trocar as proposições simples de lugar - também chamada de **recíproca**).

VIII. **P ↔ Q = ~P ↔ ~Q** (Basta negar as proposições simples - também chamada de **contrária**).

IX. **P ↔ Q = ~Q ↔ ~P** (Troca as proposições simples de lugar e negam-se - também chamada de **contra-positiva**).

X. **P ↔ Q = (P → Q) ^ (Q → P)** (observe que é condicional para os dois lados, por isso bicondicional).

P	Q	~P	~Q	P→Q	Q→P	P↔Q	Q↔P	~P↔~Q	~Q↔~P	(P→Q) ^ (Q→P)
V	V	F	F	V	V	V	V	V	V	V
V	F	F	V	F	V	F	F	F	F	F
F	V	V	F	V	F	F	F	F	F	F
F	F	V	V	V	V	V	V	V	V	V

Fique Ligado

A disjunção exclusiva e o bicondicional são as proposições com o maior número de equivalências.

XI. **P → Q = ~Q → ~P** (Troca as proposições simples de lugar e nega-se - também chamada de **contra-positiva**).

XII. **P → Q = ~P v Q** (Negam-se o antecedente ou mantém o consequente).

P	Q	~P	~Q	P→Q	~Q→~P	~P v Q
V	V	F	F	V	V	V
V	F	F	V	F	F	F
F	V	V	F	V	V	V
F	F	V	V	V	V	V

Fique Ligado

Equivalências mais importantes e mais cobradas em concursos.

Negação de Proposição Composta

São também equivalências lógicas; vejamos algumas delas:

1) **~(P ^ Q) = ~P v ~Q** (Leis de Morgan).

Para negar a conjunção, troca-se o conectivo **e (^)** por **ou (v)** e negam-se as proposições simples que a compõem.

P	Q	~P	~Q	P ^ Q	~ (P ^ Q)	~P v ~Q
V	V	F	F	V	F	F
V	F	F	V	F	V	V
F	V	V	F	F	V	V
F	F	V	V	F	V	V

2) **~(P v Q) = ~P ^ ~Q** (Leis de Morgan).

Para negar a disjunção, troca-se o conectivo **ou (v)** por **e (^)** e negam-se as proposições simples que a compõem.

P	Q	~P	~Q	P v Q	~ (P v Q)	~P ^ ~Q
V	V	F	F	V	F	F
V	F	F	V	V	F	F
F	V	V	F	V	F	F
F	F	V	V	F	V	V

3) **~(P → Q) = P ^ ~Q** (Leis de Morgan).

Para negar o condicional, mantém-se o antecedente e nega-se o consequente.

P	Q	~Q	P→Q	~(P→Q)	P ^ ~Q
V	V	F	V	F	F
V	F	V	F	V	V
F	V	F	V	F	F
F	F	V	V	F	F

4) **~(P $\underline{v}$ Q) = P ↔ Q.**

Para negar a disjunção exclusiva, faz-se o bicondicional.

P	Q	P $\underline{v}$ Q	~(P $\underline{v}$ Q)	P ↔ Q
V	V	F	V	V
V	F	V	F	F
F	V	V	F	F
F	F	F	V	V

5) **~(P ↔ Q) = (P $\underline{v}$ Q).**

Para negar a bicondicional, faz-se a disjunção exclusiva.

P	Q	$P \leftrightarrow Q$	$\sim(P \leftrightarrow Q)$	$P \underline{\vee} Q$
V	V	V	F	F
V	F	F	V	V
F	V	F	V	V
F	F	V	F	F

Exercício Comentado

***01.** (CESGRANRIO) A negação da proposição "Alberto é alto e Bruna é baixa" é:*

a) Alberto é baixo e Bruna é alta.
b) Alberto é baixo e Bruna não é alta.
c) Alberto é alto ou Bruna é baixa.
d) Alberto não é alto e Bruna não é baixa.
e) Alberto não é alto ou Bruna não é baixa.

***RESPOSTA.** "E". A negação de $(P \wedge Q)$ é $(\sim P \vee \sim Q)$. Considerando: P = Alberto é alto; e Q = Bruna é baixa; temos: $\sim P$ = Alberto não é alto, e $\sim Q$ = Bruna não é baixa.*

Tautologias, Contradições e Contingências

→ **Tautologia:** proposição composta que é sempre verdadeira independente dos valores lógicos das proposições simples que a compõem. Vejamos: $(P \wedge Q) \rightarrow (P \vee Q)$

P	Q	$P \wedge Q$	$P \vee Q$	$(P \wedge Q) \rightarrow (P \vee Q)$
V	V	V	V	V
V	F	F	V	V
F	V	F	V	V
F	F	F	F	V

→ **Contradição:** proposição composta que é sempre falsa, independente dos valores lógicos das proposições simples que a compõem. Vejamos: $\sim(P \vee Q) \wedge P$

P	Q	$P \vee Q$	$\sim(P \vee Q)$	$\sim(P \vee Q) \wedge P$
V	V	V	F	F
V	F	V	F	F
F	V	V	F	F
F	F	F	V	F

→ **Contingência:** ocorre quando não é tautologia nem contradição. Vejamos: $\sim(P \vee Q) \leftrightarrow P$

P	Q	$P \underline{\vee} Q$	$\sim(P \underline{\vee} Q)$	$\sim(P \underline{\vee} Q) \leftrightarrow P$
V	V	F	V	V
V	F	V	F	F
F	V	V	F	V
F	F	F	V	F

Exercício Comentado

***01.** (CESPE) A proposição $(A \vee B) \wedge [(\sim A) \wedge (\sim B)]$ é sempre falsa.*

***CERTO.** A questão está pedindo, em outras palavras, se a proposição é uma contradição. Para saber isso basta desenhar a tabela verdade dessa proposição e ver se isso acontece.*

A	B	~A	~B	$A \vee B$	$\sim A \wedge \sim B$	$(A \vee B) \wedge [(\sim A) \wedge (\sim B)]$
V	V	F	F	V	F	F
V	F	F	V	V	F	F
F	V	V	F	V	F	F
F	F	V	V	F	V	F

Observe que a proposição realmente é toda falsa (veja a última coluna da tabela).

Relação entre Todo, Algum e Nenhum

Também conhecidos como quantificadores universais (**quantificadores lógicos**), eles têm entre si algumas relações que devemos saber, são elas:

I. **"Todo A é B"** equivale a **"nenhum A não é B"**, e vice-versa.
   » **Ex.:** todo amigo é bom = nenhum amigo não é bom.

II. **"Nenhum A é B"** equivale a **"todo A não é B"**, e vice-versa.
   » **Ex.:** nenhum aluno é burro = todo aluno não é burro.

Fique Ligado

Essas são as duas relações de equivalência mais comuns, porém há uma em que utilizamos o ALGUM.

> "Todo A é B" equivale a "algum B é A".
*» **Ex.: todo professor é aluno = algum aluno é professor.***

III. **"Todo A é B"** tem como negação **"algum A não é B"** e vice-versa.
   » **Ex.**: ~(todo estudante tem insônia) = algum estudante não tem insônia.

IV. **"Algum A é B"** tem como negação **"nenhum A é B"** e vice-versa.
   » **Ex.**: ~(algum sonho é impossível) = nenhum sonho é impossível.

Temos também a representação em forma de conjuntos, que é:

> **TODO A é B:**

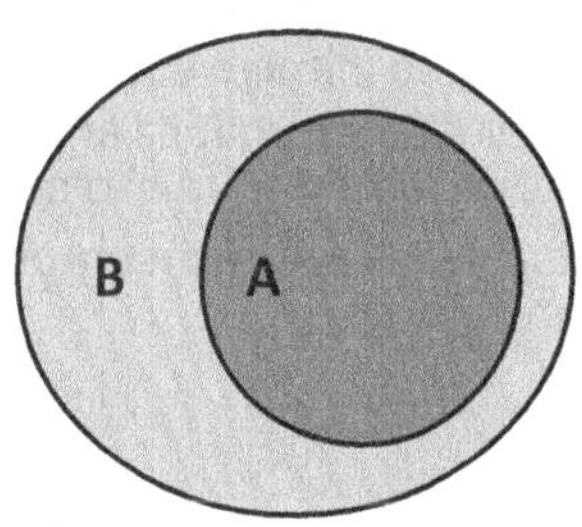

> **ALGUM A é B:**

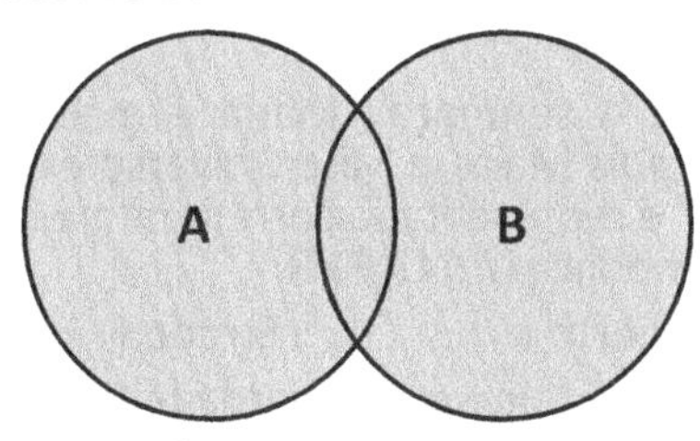

> **NENHUM A é B:**

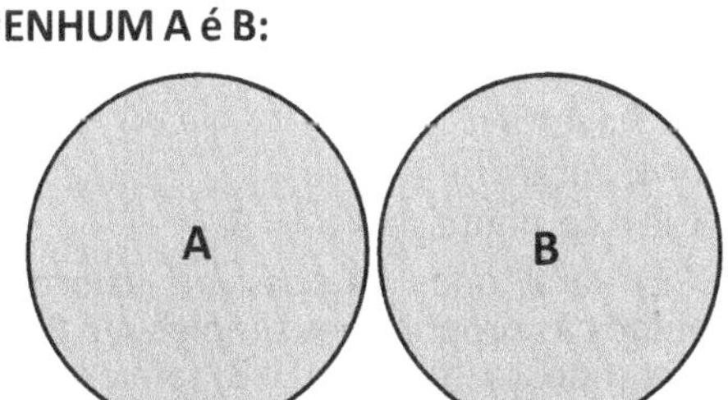

Por fim e de modo geral podemos representar (resumir) as relações da seguinte forma:

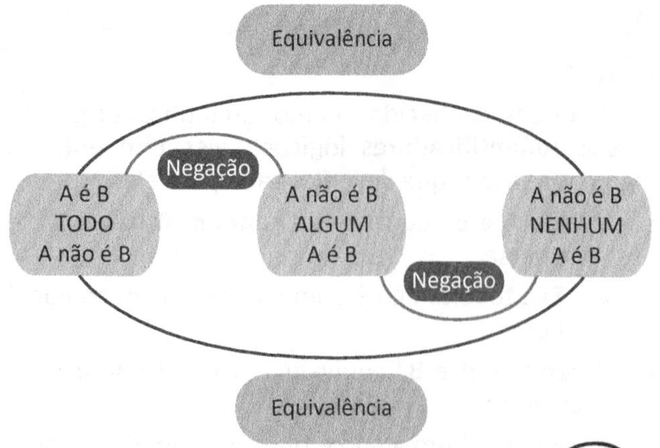

Exercício Comentado

01. ***(FUMARC) Considere a seguinte proposição: Todos os alunos assistiram ao filme. A negação da proposição é:***

a) ***Nenhum aluno assistiu ao filme.***
b) ***Algum aluno não assistiu ao filme.***
c) ***Alguns alunos assistiram ao filme.***
d) ***Todos os alunos não assistiram ao filme.***

RESPOSTA. ***"B". A negação de "todo A é B" é "algum A não é B".***

Vamos Praticar

01. (CONSULPLAN) Qual das proposições abaixo é verdadeira?

a) O ar é necessário à vida e a água do mar é doce.
b) O avião é um meio de transporte ou o aço é mole.
c) 6 é ímpar ou $2 + 3 \neq 5$.
d) O Brasil é um país e Sergipe é uma cidade.
e) O papagaio fala e o porco voa.

02. (CESGRANRIO) Analise as afirmativas abaixo.

I. A parte sempre cabe no todo;
II. O inimigo do meu inimigo é meu amigo;
III. Um professor de matemática afirma que todos os professores de matemática são mentirosos.

Do ponto de vista da lógica, é(são) sempre verdadeira(s) somente a(s) afirmativa(s):

a) I.
b) I e II.
c) I e III.
d) II.
e) III.

03. (CESPE) A sentença "Maria é mais bonita que Sílvia, pois Maria é Miss Universo e Sílvia é Miss Brasil" é representada corretamente pela expressão simbólica $(P \wedge Q) \rightarrow R$.

Certo ( ) Errado ( )

04. (ESAF) Assinale a opção verdadeira.

a) $3 = 4$ ou $3 + 4 = 9$
b) Se $3 = 3$, então $3 + 4 = 9$
c) $3 = 4$ e $3 + 4 = 9$
d) Se $3 = 4$, então $3 + 4 = 9$
e) $3 = 3$ se e somente se $3 + 4 = 9$

05. (CESPE) Para todos os possíveis valores lógicos atribuídos às proposições simples A e B, a proposição composta $\{[A \wedge (\sim B)] \vee B\}$ tem exatamente 3 valores lógicos V e um F.

Certo ( ) Errado ( )

06. (CESPE) A negação da proposição "O presidente é o membro mais antigo do tribunal e o corregedor é o vice-presidente" é "O presidente é o membro mais novo do tribunal e o corregedor não é o vice-presidente".

Certo ( ) Errado ( )

07. (CESPE) A negação da proposição "estes papéis são rascunhos ou não têm mais serventia para o desenvolvimento dos trabalhos" é equivalente a "estes papéis não são rascunhos e têm serventia para o desenvolvimento dos trabalhos".

Certo ( ) Errado ( )

08. (FEPESE) A afirmação condicional equivalente a "Todos os cangurus usam bolsa" é:

a) Se algo usa bolsa, então é um canguru.
b) Se algo não usa bolsa então não é um canguru.
c) Se algo é uma bolsa, então é usada por um canguru.
d) Se algo não é um canguru, então não usa bolsa.
e) Se algo não é um canguru, também não é uma bolsa.

09. (FGV) A negação da sentença "Se tenho dinheiro, então sou feliz" é:

a) Se não tenho dinheiro, então não sou feliz.
b) Se não sou feliz, então não tenho dinheiro.
c) Não tenho dinheiro e sou feliz.
d) Não tenho dinheiro ou sou feliz.
e) Tenho dinheiro, e não sou feliz.

10. (CESPE) A negação da proposição "se Paulo está entre os 40% dos homens com mais de 30 anos, então Luísa tem mais de 30 anos" é "se Paulo não está entre os 40% dos homens com mais de 30 anos, então Luísa não tem mais de 30 anos".

Certo ( ) Errado ( )

11. (FCC) Considere a seguinte proposição: "Se uma pessoa não faz cursos de aperfeiçoamento na sua área de trabalho, então ela não melhora o seu desempenho profissional." Uma proposição logicamente equivalente à proposição dada é:

a) É falso que, uma pessoa não melhora o seu desempenho profissional ou faz cursos de aperfeiçoamento na sua área de trabalho.
b) Não é verdade que, uma pessoa não faz cursos de aperfeiçoamento profissional e não melhora o seu desempenho profissional.
c) Se uma pessoa não melhora seu desempenho profissional, então ela não faz cursos de aperfeiçoamento na sua área de trabalho.
d) Uma pessoa melhora o seu desempenho profissional ou não faz cursos de aperfeiçoamento na sua área de trabalho.
e) Uma pessoa não melhora seu desempenho profissional ou faz cursos de aperfeiçoamento na sua área de trabalho.

12. (CESPE) Caso a proposição "Se a EMBASA promover ações de educação ambiental, então a população colaborará para a redução da poluição das águas" seja V, a proposição "Se a EMBASA não promover ações de educação ambiental, então a população não colaborará para a redução da poluição das águas" também será V.

Certo ( ) Errado ( )

13. (CESGRANRIO) Considere a proposição composta "Se o mês tem 31 dias, então não é setembro". A proposição composta equivalente é:

a) "O mês tem 31 dias e não é setembro".
b) "O mês tem 30 dias e é setembro".
c) "Se é setembro, então o mês não tem 31 dias".
d) "Se o mês não tem 31 dias, então é setembro".
e) "Se o mês não tem 31 dias, então não é setembro".

14. Considere como verdadeira a declaração: "Ontem, nas cidades litorâneas do Brasil, as temperaturas aumentaram em até 10º C". É correto concluir que ontem:

a) As temperaturas nas cidades do interior do Brasil não aumentaram.
b) As temperaturas nas cidades do interior do Brasil aumentaram mais do que 10º C.
c) Em alguma cidade litorânea brasileira, a temperatura aumentou atingindo a temperatura de 10º C.
d) Em alguma cidade litorânea brasileira, o aumento da temperatura não foi suficiente para atingir os 10º C.
e) Em algumas cidades litorâneas brasileiras, a variação da temperatura foi menor do que 10º C.

15. (CESPE) Proposições são sentenças que podem ser julgadas somente como verdadeiras ou falsas. A esse respeito, considere que p represente a proposição simples "É dever do servidor promover o atendimento cordial a clientes internos e externos", que q represente a proposição simples "O servidor deverá instruir procedimentos administrativos de suporte gerencial" e que r represente a proposição simples "É tarefa do servidor propor alternativas e promover ações para o alcance dos objetivos da organização". Acerca dessas proposições p, q e r e das regras inerentes ao raciocínio lógico, assinale a opção correta.

a) $\sim(p \vee q \vee r)$ é equivalente a $\sim p \wedge \sim q \wedge \sim r$.
b) $p \rightarrow q$ é equivalente a $\sim p \rightarrow \sim q$.
c) $p \wedge (q \vee r)$ é equivalente a $p \wedge q \wedge r$.
d) $\sim(\sim(\sim r)) \leftrightarrow r$.
e) A tabela verdade completa das proposições simples p, q e r tem 24 linhas.

16. (FCC) Uma empresa mantém a seguinte regra em relação a seus funcionários: Se um funcionário tem mais de 45 anos de idade, então ele deverá, todo ano, realizar pelo menos um exame médico e tomar a vacina contra a gripe.

Considerando que essa regra seja sempre cumprida, é correto concluir que, necessariamente, se um funcionário dessa empresa:

a) Anualmente realiza um exame médico e toma a vacina contra a gripe, então ele tem mais de 45 anos de idade.
b) Tem 40 anos de idade, então ele não realiza exames médicos anualmente ou não toma a vacina contra a gripe.
c) Não realizou nenhum exame médico nos últimos dois anos, então ele não tem 50 ou mais anos de idade.
d) Tem entre 55 e 60 anos de idade, então ele realiza um único exame médico por ano, além de tomar a vacina contra a gripe.
e) Tomou a vacina contra a gripe ou realizou exames médicos nos últimos dois anos, então ele tem pelo menos 47 anos de idade.

17. (FCC) Considere a afirmação: pelo menos um ministro participará da reunião ou nenhuma decisão será tomada. Para que essa afirmação seja FALSA:

a) É suficiente que nenhum ministro tenha participado da reunião e duas decisões tenham sido tomadas.
b) É suficiente que dois ministros tenham participado da reunião e alguma decisão tenha sido tomada.
c) É necessário e suficiente que alguma decisão tenha sido tomada, independentemente da participação de ministros na reunião.
d) É necessário que nenhum ministro tenha participado da reunião e duas decisões tenham sido tomadas.
e) É necessário que dois ministros tenham participado da reunião e nenhuma decisão tenha sido tomada.

18. (CESPE) A proposição Se x é um número par, então y é um número primo é equivalente à proposição Se y não é um número primo, então x não é um número par.

Certo ( ) Errado ( )

19. (CESPE) A negação da proposição "O juiz determinou a libertação de um estelionatário e de um ladrão" é expressa na forma "O juiz não determinou a libertação de um estelionatário nem de um ladrão".

Certo ( ) Errado ( )

20. (ESAF) X e Y são números tais que: Se $X \leq 4$, então $Y > 7$. Sendo assim:

a) Se $Y \leq 7$, então $X > 4$.
b) Se $Y > 7$, então $X \geq 4$.
c) Se $X \geq 4$, então $Y < 7$.
d) Se $Y < 7$, então $X \geq 4$.
e) Se $X < 4$, então $Y \geq 7$.

Gabarito

01	B	11	E
02	A	12	ERRADO
03	CERTO	13	C
04	D	14	E
05	CERTO	15	A
06	ERRADO	16	C
07	CERTO	17	A
08	B	18	CERTO
09	E	19	ERRADO
10	ERRADO	20	A

Anotações

CAPÍTULO 14

Argumentos

Os argumentos são uma extensão das proposições, mas com algumas características e regras próprias. Vejamos isso a partir de agora.

Definições

Argumento é um conjunto de proposições, divididas/separadas em premissas (proposições iniciais - hipóteses) e conclusões (proposições finais - teses).

São exemplos de argumento:

» **Ex.:**

p_1: Toda mulher é bonita.

p_2: Toda bonita é charmosa.

p_3: Maria é bonita.

c: Portanto, Maria é charmosa.

» **Ex.:**

p_1: Se é homem, então gosta de futebol.

p_2: Mano gosta de futebol.

c: Logo, Mano é homem.

Fique Ligado

p_1, p_2, p_3, p_n, correspondem às premissas, e "c" à conclusão.

Representação dos Argumentos

Os argumentos podem ser representados das seguintes formas:

$$\begin{array}{c} P_1 \\ P_2 \\ P_3 \\ \vdots \\ \underline{P_n} \\ C \end{array}$$

ou

$$P_1 \wedge P_2 \wedge P_3 \wedge \cdots \wedge P_n \rightarrow C$$

ou

$$P_1, P_2, P_3, \cdots, P_n \vdash C$$

Tipos de Argumentos

Existem vários tipos de argumento. Vejamos alguns:

→ **Dedução:**

O argumento dedutivo parte de situações gerais para chegar a conclusões particulares. Esta forma de argumento é válida quando suas premissas, sendo verdadeiras, fornecem uma conclusão também verdadeira.

» **Ex.:**

p_1: Todo professor é aluno.

p_2: Daniel é professor.

c: Logo, Daniel é aluno.

→ **Indução:**

O argumento indutivo é o contrário do argumento dedutivo, pois parte de informações particulares para chegar a uma conclusão geral. Quanto mais informações nas premissas, maiores as chances da conclusão estar correta.

» **Ex.:**

p_1: Cerveja embriaga.

p_2: Uísque embriaga.

p_3: Vodca embriaga.

c: Portanto, toda bebida alcoólica embriaga.

→ **Analogia:**

As analogias são comparações (nem sempre verdadeiras). Neste caso, partindo de uma situação já conhecida verificamos outras desconhecidas, mas semelhantes. Nas analogias, não temos certeza.

» **Ex.:**

p_1: No Piauí faz calor.

p_2: No Ceará faz calor.

p_3: No Paraná faz calor.

c: Sendo assim, no Brasil faz calor.

→ **Falácia:**

As falácias são falsos argumentos, logicamente inconsistentes, inválidos ou que não provam o que dizem.

» **Ex.:**

p_1: Eu passei num concurso público.

p_2: Você passou num concurso público.

c: Logo, todos vão passar num concurso público.

→ **Silogismos:**

Tipo de argumento formado por três proposições, sendo duas premissas e uma conclusão. São em sua maioria dedutivos.

» **Ex.:**

p_1: Todo estudioso passará no concurso.

p_2: Beatriz é estudiosa.

c: Portanto, Beatriz passará no concurso.

Classificação dos argumentos

Os argumentos só podem ser classificados em, ou válidos, ou inválidos, vejamos a diferença:

→ **Válidos ou bem construídos:**

Os argumentos são válidos sempre que as premissas garantirem a conclusão, ou seja, sempre que a conclusão for uma consequência obrigatória do seu conjunto de premissas.

» **Ex.:**

p_1: Toda mulher é bonita.

p_2: Toda bonita é charmosa.

p_3: Maria é mulher.

c: Portanto, Maria é bonita e charmosa.

Veja que, se Maria é mulher, e toda mulher é bonita, e toda bonita é charmosa, então Maria só pode ser bonita e charmosa.

→ **Inválidos ou mal construídos:**

Os argumentos são inválidos sempre que as premissas **não** garantirem a conclusão, ou seja, sempre que a conclusão **não** for uma consequência obrigatória do seu conjunto de premissas.

» **Ex.:**

p_1: Todo professor é aluno.

p_2: Daniel é aluno.

c: Logo, Daniel é professor.

Note que, se Daniel é aluno, nada garante que ele seja professor, pois o que sabemos é que todo professor é aluno, não o contrário.

Fique Ligado

Alguns argumentos serão classificados apenas por meio desse conceito. Fique atento para não perder tempo.

Exercício Comentado

O sustentáculo da democracia é que todos têm o direito de votar e de apresentar a sua candidatura. Mas, enganoso é o coração do homem. Falhas administrativas e maior tempo no poder andam de mãos dadas. Por isso, todos precisam ser fiscalizados. E a alternância no poder é imprescindível.

Considerando o argumento citado, julgue o item.

01. (CESPE) Esse é um argumento válido.

ERRADO. Observe que não existe nenhuma garantia de que essas conclusões decorrem dessas premissas. Sem garantias, não há como dizer que o argumento é valido.

Métodos para Classificar os Argumentos

Os argumentos nem sempre podem ser classificados da mesma forma, por isso existem os métodos para sua classificação, uma vez que dependendo do argumento, um método ou outro, sempre será mais fácil e principalmente mais rápido.

Falaremos dos métodos por ordem de facilidade:

→ **1º método**: diagramas lógicos (ou método dos conjuntos)

Utilizado sempre que no argumento houver as expressões: **todo**, **algum** ou **nenhum**, e seus respectivos sinônimos.

Representaremos o que for dito em forma de desenhos (conjuntos) e verificaremos se está correto ou não ou não.

Fique Ligado

Esse método é muito utilizado por diversas bancas de concursos e tende a confundir o concurseiro, principalmente nas questões em que temos mais de uma opção de desenho para o mesmo enunciado. Lembrando: quando isso ocorrer (mais de um desenho para o mesmo argumento), a questão só estará certa se todos os desenhos corresponderem à mesma condição.

As representações genéricas são:

> **TODO A é B:**

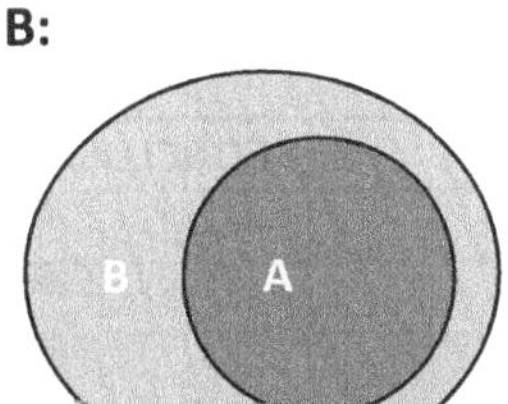

> **ALGUM A é B:**

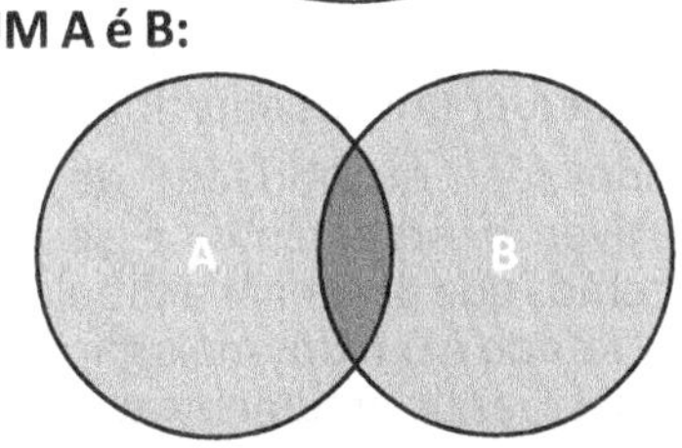

> **NENHUM A é B:**

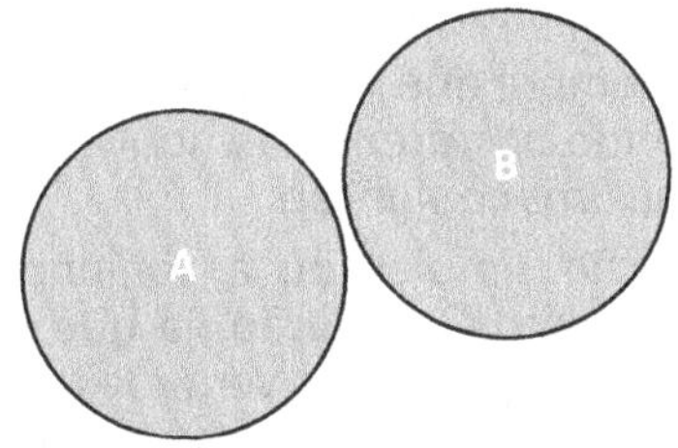

Exercício Comentado

01. (CESPE) Suponha que um argumento tenha como premissas as seguintes proposições.

> *Alguns participantes da PREVIC são servidores da União.*

> *Alguns professores universitários são servidores da União.*

Nesse caso, se a conclusão for "Alguns participantes da PREVIC são professores universitários", então essas três proposições constituirão um argumento válido.

ERRADO. Basta representar as premissas e verificar se a conclusão estará garantida por essas premissas.

Alguns participantes da PREVIC são servidores da União.

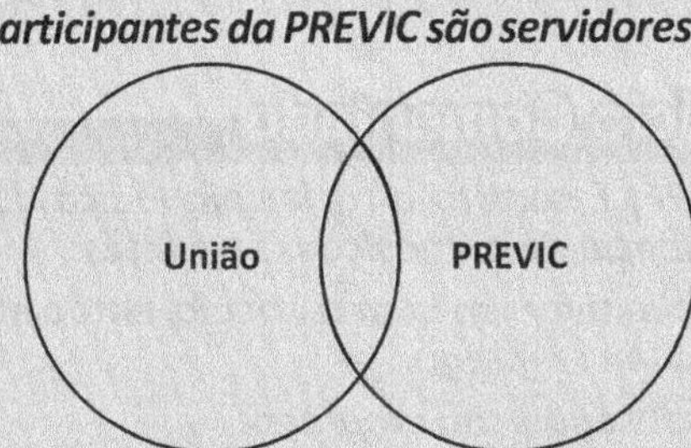

Alguns professores universitários são servidores da União.

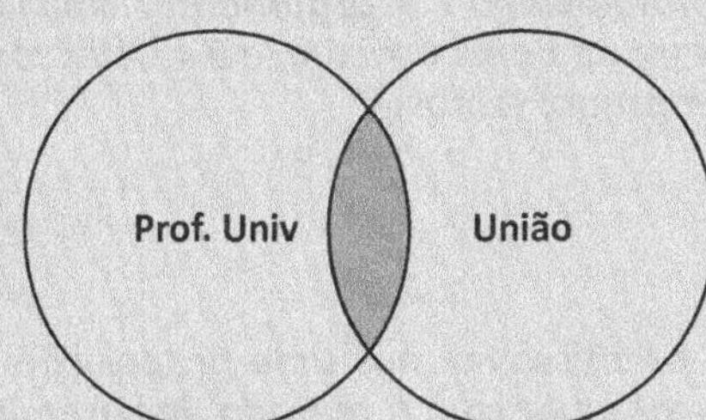

Conclusão: "alguns participantes da PREVIC são professores universitários"

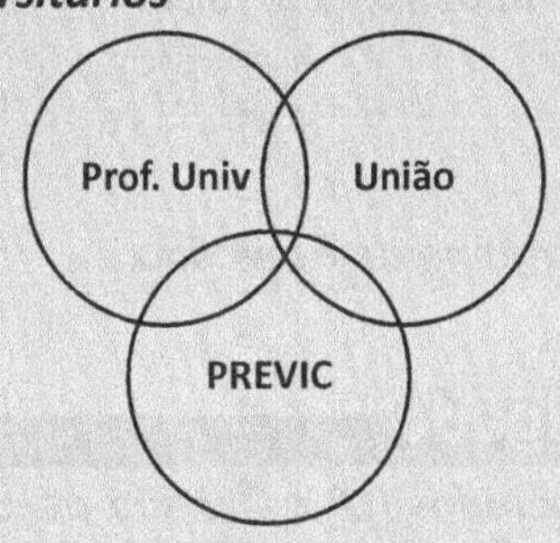

OU

Veja, pelos desenhos que representam a conclusão, que ela não está garantida, uma vez que podem ou não, os participantes da PREVIC serem professores universitários.

→ **2º método**: premissas verdadeiras (proposição simples ou conjunção).

Utilizado sempre que não for possível os diagramas lógicos e quando nas premissas houver uma proposição simples ou uma conjunção.

A proposição simples ou a conjunção serão os pontos de partida da resolução, já que teremos que considerar todas as premissas verdadeiras e elas – proposição simples ou conjunção – só admitem um jeito de serem verdadeiras.

O método consiste em, considerar todas as premissas como verdadeiras e , dar valores às proposições simples que a compõem e no final avaliar a conclusão; se a conclusão também for verdadeira o argumento é válido, porém se a conclusão for falsa o argumento é inválido.

Fique Ligado

Premissas verdadeiras e conclusão verdadeiras = argumento válido.

Premissas verdadeiras e conclusão falsa = argumento inválido.

Exercício Comentado

01. (CESPE) É correto o raciocínio lógico dado pela sequência de proposições seguintes:

> Se Célia tiver um bom currículo, então ela conseguirá um emprego.

> Ela conseguiu um emprego.

> Portanto, Célia tem um bom currículo.

ERRADO. Simbolizando o argumento, considerando: A = Célia tem um bom currículo, e B = Célia conseguirá um bom emprego; temos:

P_1: A → B

P_2: B

c: A

Como nas premissas temos uma proposição simples, podemos trabalhar com o método das premissas verdadeiras; e considerando B = V, não podemos garantir que A seja verdadeiro, nem falso.

P_1: $A^* \rightarrow B^v$

P_2: B = V

c: A*

Portanto, o argumento é inválido.

Fique Ligado

Esses dois métodos (1º e 2º) são os mais utilizados para a resolução das questões de argumento. Cerca de 70% a 80% das questões serão resolvidas por um desses dois métodos.

→ **3º método**: conclusão falsa (proposição simples, disjunção ou condicional).

Utilizado sempre que não for possível um dos "dois" métodos citados anteriormente e quando na conclusão houver uma proposição simples, uma disjunção ou um condicional.

Pelo mesmo motivo do método anterior, a proposição simples, a disjunção ou o condicional serão os pontos de partida da resolução, já que teremos que considerar a conclusão como sendo falsa e elas – proposição simples, disjunção e condicional – só admitem um jeito de serem falsas.

O método consiste em: considerar a conclusão como falsa, dar valores às proposições simples, que a compõem, e **supor** as premissas como verdadeiras, a partir dos valores das proposições simples da conclusão. No final, se assim ficar – a conclusão falsa e as premissas verdadeiras – o argumento será inválido; porém se uma das premissas mudar de valor, então o argumento passa a ser válido.

Fique Ligado

Conclusão falsa e premissas verdadeiras = argumento inválido.

Conclusão falsa e pelo menos 1 (uma) premissa falsa = argumento válido.

Exercício Comentado

01. (CESPE) Suponha que as proposições "Edu tem um laptop ou ele tem um celular" e "Edu ter um celular é condição necessária para Edu ter um laptop" sejam verdadeiras. Nesse caso, considerando essas proposições como premissas e a proposição "Edu tem um laptop" como conclusão de um argumento, então esse argumento é válido.

ERRADO. Simbolizando o argumento, considerando: P = Edu tem um laptop, e Q = Edu tem um celular; temos:

P_1: P v Q

P_2: P → Q

c: P

Veja que não dá para trabalhar com o método das premissas verdadeiras, pois não temos nas premissas nem proposição simples, nem conjunção. Na conclusão, porém, temos uma proposição simples, o que possibilita trabalhar como método da conclusão falsa. Partindo da conclusão falsa e supondo as premissas verdadeiras, temos P = F e Q = V (de P_1), então as premissas ficaram verdadeiras e a conclusão falsa. Quando isso acontece, temos um argumento inválido.

P_1: $P^f \vee Q^v$

P_2: $P^f \rightarrow Q^v$

c: P = F

Para esses dois métodos (2º método e 3º método), podemos definir a validade dos argumentos da seguinte forma:

PREMISSAS	CONCLUSÃO	ARGUMENTO
Verdadeiras	Verdadeira	Válido
Verdadeiras	Falsa	Inválido
Pelo menos 1 (uma) falsa	Falsa	Válido

→ **4º método:** tabela verdade.

Método utilizado em último caso, quando não for possível usar qualquer um dos anteriores.

Dependendo da quantidade de proposições simples que tiver o argumento, esse método fica inviável, pois temos que desenhar a tabela verdade. No entanto, esse método é um dos mais garantidos nas resoluções das questões de argumentos.

Consiste em desenhar a tabela verdade do argumento em questão e avaliar se as linhas em que as premissas forem todas verdadeiras – ao mesmo tempo – a conclusão também será toda verdadeira. Caso isso ocorra, o argumento será válido, porém se em uma das linhas em que as premissas forem todas verdadeiras e a conclusão for falsa, o argumento será inválido.

Fique Ligado

Linhas da tabela - verdade em que as premissas são todas verdadeiras e conclusão, nessas linhas, também todas verdadeiras = argumento válido.

Linhas da tabela - verdade em que as premissas são todas verdadeiras e pelo menos uma conclusão falsa, nessas linhas = argumento inválido.

Exercício Comentado

Um entrevistador obteve de um suspeito a seguinte declaração: "Ora, se eu fosse um espião, então eu não amaria o meu país, pois eu amo o meu país, ou sou um traidor da pátria, já que não é possível acontecer as duas coisas ao mesmo tempo. Agora, se eu não fosse um traidor da pátria, então eu amaria o meu país. Logo, eu não sou um espião e amo o meu país." Considerando a lógica sentencial apresentada, julgue o item subsequente.

01. ***(CESPE) O argumento do suspeito é um argumento válido.***

ERRADO. Simbolizando o argumento, considerando: P = Eu sou um espião, Q = Eu amo meu país, e R = Eu sou um traidor da pátria; temos:

P_1: (Q $\underline{v}$ R) → (P → ~Q)
P_2: ~R → Q
c: ~P ^ Q

Observe que não é possível trabalhar com as premissas verdadeiras nem com a conclusão falsa. Só nos resta fazer o método da tabela verdade. Desenhando a tabela:

P	Q	R	~P	~Q	~R	Q $\underline{v}$ R	P→~Q	(Q v R)→(P→~Q)	~R → Q	~P ^ Q
V	V	V	F	F	F	F	F	V	V	F
V	V	F	F	F	V	V	F	F	V	F
V	F	V	F	V	F	V	V	V	V	F
V	F	F	F	V	V	F	V	V	F	F
F	V	V	V	F	F	F	V	V	V	V
F	V	F	V	F	V	V	V	V	V	V
F	F	V	V	V	F	V	V	V	V	F
F	F	F	V	V	V	F	V	V	F	F

Na 1ª, 3ª, 5ª, 6ª e 7ª linha temos todas as premissas como verdadeiras, observando a conclusão nessas mesmas linhas vemos que nem todas são verdadeiras.

Algumas questões de argumento não poderão ser feitas por nenhum desses métodos apresentados anteriormente, porém a questão não ficará sem resposta uma vez que conhecemos os princípios das proposições. Atribuiremos valor para as proposições simples contidas nas premissas (considerando todas as premissas como verdadeiras). Veja o exemplo:

Exercício Comentado

01. ***(ESAF) X, Y e Z são números inteiros. Um deles é par, outro é ímpar, e o outro é negativo. Sabe-se que: ou X é par, ou Z é par; ou X é ímpar, ou Y é negativo; ou Z é negativo, ou Y é negativo; ou Y é ímpar, ou Z é ímpar. Assim:***

a) ***X é par, Y é ímpar e Z é negativo.***
b) ***X é par, Y é negativo e Z é ímpar.***
c) ***X é ímpar, Y é negativo e Z é par.***
d) ***X é negativo, Y é par e Z é ímpar.***
e) ***X é ímpar, Y é par e Z é negativo.***

RESPOSTA. ***"B". Simbolizando as afirmações (premissas), considerando: A = X é par, B = Z é par, C = Y é negativo, D = Z é negativo, e E = Y é ímpar; temos:***

P_1: A $\underline{v}$ B
P_2: ~A $\underline{v}$ C
P_3: D $\underline{v}$ C
P_4: E $\underline{v}$ ~B

Perceba que aqui não temos conclusão e a questão quer saber apenas quem é par, quem é ímpar e quem é negativo. Considerando todas as afirmações (premissas) como verdadeiras, vamos atribuir valores para as proposições simples a partir do nosso conhecimento dos conectivos.

Começando do que é mais comum podemos considerar C = verdadeiro, ~A = falso e D = falso, sendo assim A = verdadeiro e B = falso, logo ~B = verdadeiro e E = falso. Veja que todas as premissas são verdadeiras, todas as proposições têm valor e não existem contradições. Agora é só ver que Y é negativo, X é par e Z é ímpar.

Vamos Praticar

01. (FCC) Um argumento é composto pelas seguintes premissas:

> Se as metas de inflação não são reais, então a crise econômica não demorará a ser superada.
> Se as metas de inflação são reais, então os superávits primários não serão fantasiosos.
> Os superávits serão fantasiosos.

Para que o argumento seja válido, a conclusão deve ser:

a) A crise econômica não demorará a ser superada.
b) As metas de inflação são irreais ou os superávits são fantasiosos.
c) As metas de inflação são irreais e os superávits são fantasiosos.
d) Os superávits econômicos serão fantasiosos.
e) As metas de inflação não são irreais e a crise econômica não demorará a ser superada.

02. (FCC) No Japão, muitas empresas dispõem de lugares para que seus funcionários se exercitem durante os intervalos de sua jornada de trabalho. No Brasil, poucas empresas têm esse tipo de programa. Estudos têm revelado que os trabalhadores japoneses são mais produtivos que os brasileiros. Logo, deve-se concluir que a produtividade dos empregados brasileiros será menor que a dos japoneses enquanto as empresas brasileiras não aderirem a programas que obriguem seus funcionários à prática de exercícios. A conclusão dos argumentos é válida se assumirmos que:

a) A produtividade de todos os trabalhadores pode ser aumentada com exercícios.

b) A prática de exercícios é um fator essencial na maior produtividade dos trabalhadores japoneses.

c) As empresas brasileiras não dispõem de recursos para a construção de ginásios de esporte para seus funcionários.

d) Ainda que os programas de exercícios não aumentem a produtividade dos trabalhadores brasileiros, estes programas melhorarão a saúde deles.

e) Os trabalhadores brasileiros têm uma jornada de trabalho maior que a dos japoneses.

03. (CESPE) Considere verdadeiras as duas premissas abaixo:

> O raciocínio de Pedro está correto, ou o julgamento de Paulo foi injusto.

> O raciocínio de Pedro não está correto. Portanto, se a conclusão for a proposição.

O julgamento de Paulo foi injusto, tem-se uma dedução lógica correta.

Certo ( ) Errado ( )

04. (CESPE) Considere a seguinte sequência de proposições:

1. Se o crime foi perfeito, então o criminoso não foi preso.
2. O criminoso não foi preso.
3. Portanto, o crime foi perfeito.

Se (1) e (2) são premissas verdadeiras, então a proposição (3), a conclusão, é verdadeira, e a sequência é uma dedução lógica correta.

Certo ( ) Errado ( )

05. (FCC) Certo dia, cinco Agentes de um mesmo setor do Tribunal de Contas do Estado de São Paulo - Amarilis, Benivaldo, Corifeu, Divino e Esmeralda - foram convocados para uma reunião em que se discutiria a implantação de um novo serviço de telefonia. Após a realização dessa reunião, alguns funcionários do setor fizeram os seguintes comentários:

> "Se Divino participou da reunião, então Esmeralda também participou";

> "Se Divino não participou da reunião, então Corifeu participou";

> "Se Benivaldo ou Corifeu participaram, então Amarilis não participou";

> "Esmeralda não participou da reunião".

Considerando que as afirmações contidas nos quatro comentários eram verdadeiras, pode-se concluir com certeza que, além de Esmeralda, não participaram de tal reunião

a) Amarilis e Benivaldo.

b) Amarilis e Divino.

c) Benivaldo e Corifeu.

d) Benivaldo e Divino.

e) Corifeu e Divino.

06. (CESGRANRIO) Considere verdadeiras as proposições a seguir.

> Se Roberto casar, seu irmão Humberto será convidado.

> Humberto não fala com seu primo Gilberto. Por isso, se Gilberto for convidado para o casamento de Roberto, Humberto não irá.

> Gilberto é orgulhoso e, por isso, só comparece em casamentos quando é convidado.

Sabendo que Humberto compareceu ao casamento de Roberto, conclui-se que:

a) Gilberto foi convidado para o casamento. Por isso, compareceu.

b) Gilberto não foi convidado para o casamento. Por isso, não compareceu.

c) Gilberto não foi convidado para o casamento, mas, mesmo assim, compareceu.

d) Gilberto não compareceu, ainda que tenha sido convidado.

e) Humberto não foi convidado, ainda que tenha comparecido.

07. (IADES) Considere os argumentos a seguir.

I. Se nevar então vai congelar. Não está nevando. Logo, não vai congelar.

II. Se nevar então vai congelar. Não está congelando. Logo, não vai nevar.

Assim, é correto concluir que:

a) Ambos são falácias.

b) Ambos são tautologias .

c) O Argumento I é uma falácia e o Argumento II é uma tautologia.

d) O Argumento I é uma tautologia e o Argumento II é uma falácia.

08. (FCC) Considere as seguintes afirmações:

> Todo escriturário deve ter noções de Matemática.

> Alguns funcionários do Tribunal de Contas do Estado de São Paulo são escriturários.

Se as duas afirmações são verdadeiras, então é correto afirmar que:

a) Todo funcionário do Tribunal de Contas do Estado de São Paulo deve ter noções de Matemática.

b) Se Joaquim tem noções de Matemática, então ele é escriturário.

c) Se Joaquim é funcionário do Tribunal de Contas do Estado de São Paulo, então ele é escriturário.

d) Se Joaquim é escriturário, então ele é funcionário do Tribunal de Contas do Estado de São Paulo.

e) Alguns funcionários do Tribunal de Contas do Estado de São Paulo podem não ter noções de Matemática.

09. (CONSULPLAN) Num restaurante são servidos pratos diferentes diariamente respeitando-se as seguintes condições: "Somente nos finais de semana não é servido carne de porco com salpicão. Se é servido peixe com batata frita, então não é servido frango com palmito. Ou servem frango com palmito, ou macarrão com almôndegas. Se bife de boi não é servido com purê de batata, então peixe é servido com batata frita. Somente nas segundas-feiras é servido macarrão com almôndegas." Jean almoçou neste restaurante num sábado, logo ele pode ter comido:

a) Macarrão com almôndegas e peixe com batata frita.

b) Frango com palmito e carne de porco com salpicão.

c) Bife de boi com purê de batata e frango com palmito.

d) Peixe com batata frita e bife de boi com purê de batata.

e) Frango com palmito e peixe com batata frita.

10. (FCC) Partindo das premissas:

1. Todo advogado é sagaz.

2. Todo advogado é formado em Direito.

3. Roberval é sagaz.

4. Sulamita é juíza.

Pode-se concluir que:

a) Há pessoas formadas em Direito que são sagazes.

b) Roberval é advogado.

c) Sulamita é sagaz.

d) Roberval é promotor.

e) Sulamita e Roberval são casados.

11. (FCC) Todos os macerontes são torminodoros. Alguns macerontes são momorrengos. Logo:

a) Todos os momorrengos são torminodoros.

b) Alguns torminodoros são momorrengos.

c) Todos os torminodoros são macerontes.

d) Alguns momorrengos são pássaros.

e) Todos os momorrengos são macerontes.

12. (FCC) Em certo planeta, todos os Aleves são Bleves, todos os Cleves são Bleves, todos os Dleves são Aleves, e todos os Cleves são Dleves. Sobre os habitantes desse planeta, é correto afirmar que:

a) Todos os Dleves são Bleves e são Cleves.

b) Todos os Bleves são Cleves e são Dleves.

c) Todos os Aleves são Cleves e são Dleves.

d) Todos os Cleves são Aleves e são Bleves.

e) Todos os Aleves são Dleves e alguns Aleves podem não ser Cleves.

13. (CESPE) O sustentáculo da democracia é que todos têm o direito de votar e de apresentar a sua candidatura. Mas, enganoso é o coração do homem. Falhas administrativas e maior tempo no poder andam de mãos dadas. Por isso, todos precisam ser fiscalizados. E a alternância no poder é imprescindível. Considerando o argumento citado, julgue o item subsequente.

A afirmação "E a alternância no poder é imprescindível" é uma premissa desse argumento.

Certo ( )   Errado ( )

14. (FCC) Considere um argumento composto pelas seguintes premissas:

> Se a inflação não é controlada, então não há projetos de desenvolvimento.

> Se a inflação é controlada, então o povo vive melhor.

> O povo não vive melhor.

Considerando que todas as três premissas são verdadeiras, então, uma conclusão que tornaria o argumento válido é:

a) A inflação é controlada.

b) Não há projetos de desenvolvimento.

c) A inflação é controlada ou há projetos de desenvolvimento.

d) O povo vive melhor e a inflação não é controlada.

e) Se a inflação não é controlada e não há projetos de desenvolvimento, então o povo vive melhor.

15. (FUNCAB) Todos que dirigem o carro A e o carro B gostam do carro B. Alguns que dirigem o carro B não gostam dele. Logo:

a) Todos que dirigem o carro B gostam dele.

b) Ninguém gosta do carro B .

c) Alguns que dirigem B não dirigem A.

d) Quem dirige A gosta de B.

e) Só quem dirige A e B dirige B.

16. (FCC) Paloma fez as seguintes declarações:

> "Sou inteligente e não trabalho."

> "Se não tiro férias, então trabalho."

Supondo que as duas declarações sejam verdadeiras, é FALSO concluir que Paloma:

a) É inteligente.

b) Tira férias.

c) Trabalha.

d) Não trabalha e tira férias.

e) Trabalha ou é inteligente.

17. (FEPESE) Assinale a conclusão que torna válido o argumento: Todos os cronópios são ferozes. Todos os coelhos são cronópios. Logo:

a) Todos os coelhos são ferozes.

b) Todos os cronópios são coelhos.

c) Todos os animais ferozes são coelhos.

d) Existe um coelho que não é cronópio.

e) Nenhum cronópio é coelho e feroz.

18. (CESGRANRIO) Toda afirmação de que várias proposições p $(p_1,p_2,...,p_n)$ têm por consequência uma outra proposição q constitui um argumento. Um argumento é válido quando

a) Para todas as linhas da tabela verdade em que as premissas forem verdadeiras a conclusão também for verdadeira.

b) Para todas as premissas falsas existir uma negação que gere uma conclusão verdadeira.

c) Para todas as conclusões falsas da tabela as premissas forem consideradas como verdadeiras.

d) Existirem apenas conclusões falsas, se e somente se as premissas forem verdadeiras.

e) Existirem apenas conclusões verdadeiras, independente do valor atribuído às premissas.

19. (ESAF) Há três suspeitos para um crime e pelo menos um deles é culpado. Se o primeiro é culpado, então o segundo é inocente. Se o terceiro é inocente, então o segundo é culpado. Se o terceiro é inocente, então ele não é o único a sê-lo. Se o segundo é culpado, então ele não é o único a sê-lo. Assim, uma situação possível é:

a) Os três são culpados.

b) Apenas o primeiro e o segundo são culpados.

c) Apenas o primeiro e o terceiro são culpados.

d) Apenas o segundo é culpado.

e) Apenas o primeiro é culpado.

20. (CESPE) Considerando que uma argumentação é correta quando, partindo-se de proposições presumidamente verdadeiras, se chega a conclusões também verdadeiras, julgue o próximo item.

Suponha-se que as seguintes proposições sejam verdadeiras.

I. Todo brasileiro é artista.

II. Joaquim é um artista.

Nessa situação, se a conclusão for "Joaquim é brasileiro", então a argumentação é correta.

Certo ( )   Errado ( )

Gabarito

01	A	11	B
02	B	12	D
03	CERTO	13	ERRADO
04	ERRADO	14	B
05	B	15	C
06	B	16	C
07	C	17	A
08	E	18	A
09	C	19	C
10	A	20	ERRADO

Anotações

CAPÍTULO 15

Psicotécnicos

Questões psicotécnicas são todas as questões em que não precisamos de conhecimento adicional para resolvê-las. As questões podem ser de associações lógicas, verdades e mentiras, sequências lógicas, problemas com datas – calendários, sudoku, entre outras.

Neste capítulo, abordaremos inicialmente as questões mais simples do raciocínio lógico para uma melhor familiarização com a matéria.

Não existe teoria, somente prática e é com ela que vamos trabalhar e aprender.

Exercícios Comentados

01. ***(FCC) Considere que os dois primeiros pares de palavras foram escritos segundo determinado critério.***

Temperamento → totem

Traficante → tetra

Massificar → ?

De acordo com esse mesmo critério, uma palavra que substituiria o ponto de interrogação é:

a) ramas.
b) maras.
c) armas.
d) samar.
e) asmar.

RESPOSTA. ***"C". Analisando os dois primeiros pares de palavras, vemos que a segunda palavra de cada par é formada pela última sílaba + a primeira sílaba da primeira palavra do par, logo, seguindo esse raciocínio, teremos AR + MAS = armas.***

02. ***(FCC) Observe atentamente a disposição das cartas em cada linha do esquema seguinte. A carta que está oculta é:***

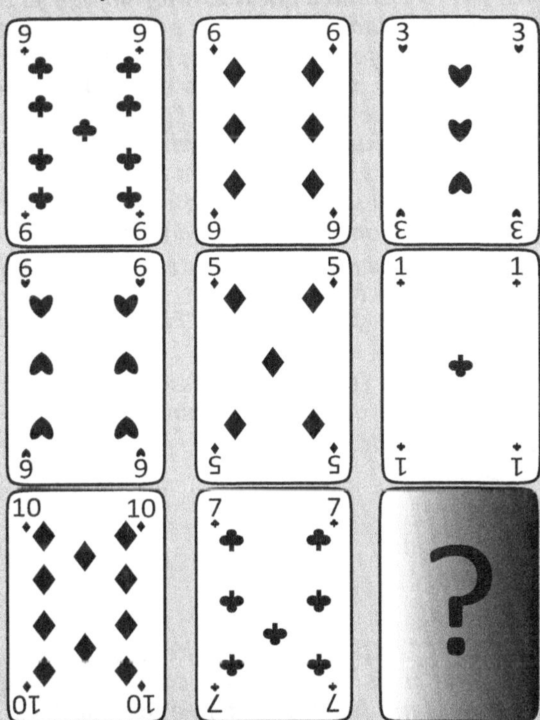

a)

b)

c)

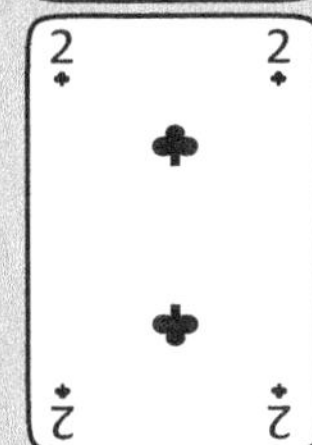

d)

e)

RESPOSTA. ***"A". Observando cada linha (horizontal), temos nas duas primeiras os três mesmos naipes (copas, paus e ouros, só mudando a ordem) e a terceira carta é o resultado da subtração da primeira pela segunda; portanto, a carta que está oculta tem que ser o "3 de copas", pois 10 – 7 = 3 e o naipe que não apareceu na terceira linha foi o de copas.***

03. ***(FCC) Considere a sequência de figuras abaixo. A figura que substitui corretamente a interrogação é:***

a) 

b) 

c) 

d) 

e) 

RESPOSTA. "A". Veja que em cada fila (linha ou coluna) temos sempre um círculo, um triângulo e um quadrado fazendo o contorno da careta; os olhos são círculos, quadrados ou tiras; o nariz é reto, para direita ou para esquerda; sendo assim, no ponto de interrogação o que está faltando é a careta redonda com o olhos em tiras e o nariz para a esquerda.

04. (ESAF) Mauro, José e Lauro são três irmãos. Cada um deles nasceu em um estado diferente: um é mineiro, outro é carioca, e outro é paulista (não necessariamente nessa ordem). Os três têm, também, profissões diferentes: um é engenheiro, outro é veterinário, e outro é psicólogo (não necessariamente nessa ordem). Sabendo que José é mineiro, que o engenheiro é paulista, e que Lauro é veterinário, conclui-se corretamente que:

a) Lauro é paulista e José é psicólogo.
b) Mauro é carioca e José é psicólogo.
c) Lauro é carioca e Mauro é psicólogo.
d) Mauro é paulista e José é psicólogo.
e) Lauro é carioca e Mauro não é engenheiro.

RESPOSTA. "D". É a única resposta possível após o preenchimento da tabela e análise das alternativas.

Vamos construir uma tabela para facilitar a resolução da questão:

Nome	*Estado*	*Profissão*
José	*Mineiro*	*Psicólogo*
Mauro	*Paulista*	*Engenheiro*
Lauro	*Carioca*	*Veterinário*

De acordo com as informações:

> *José é mineiro;*
> *O engenheiro é paulista;*
> *Lauro é veterinário, note que Lauro não pode ser paulista, pois o paulista é engenheiro.*

05. (FGV) Certo dia, três amigos fizeram, cada um deles, uma afirmação:

> *Aluísio: Hoje não é terça-feira.*
> *Benedito: Ontem foi domingo.*
> *Camilo: Amanhã será quarta-feira.*

Sabe-se que um deles mentiu e que os outros dois falaram a verdade. Assinale a alternativa que indique corretamente o dia em que eles fizeram essas afirmações.

a) Sábado.
b) Domingo.
c) Segunda-feira.
d) Terça-feira.
e) Quarta-feira.

RESPOSTA. "C". Baseado no que foi dito na questão, Benedito e Camilo não podem, os dois, estarem falando a verdade, pois teríamos dois dias diferentes. Então, conclui-se que Aluísio falou a verdade; com isso, o que Camilo esta dizendo é mentira e, portanto Benedito também está falando a verdade. Logo, o dia em que foi feita a afirmação é uma segunda-feira.

06. (FUMARC) Heloísa, Bernardo e Antônio são três crianças. Uma delas tem 12 anos a outra tem 10 anos e a outra 8 anos. Sabe-se que apenas uma das seguintes afirmações é verdadeira:

I. Bernardo tem 10 anos.
II. Heloísa não tem 10 anos.
III. Antônio não tem 12 anos.

Considerando estas informações é correto afirmar que:

a) Heloísa tem 12 anos, Bernardo tem 10 anos e Antônio tem 8 anos.
b) Heloísa tem 12 anos, Bernardo tem 8 anos e Antônio tem 10 anos.
c) Heloísa tem 10 anos, Bernardo tem 8 anos e Antônio tem 12 anos.
d) Heloísa tem 10 anos, Bernardo tem 12 anos e Antônio tem 8 anos.

RESPOSTA. "D". Como a questão informa que só uma afirmação é verdadeira, vejamos qual pode ser esta afirmação: se "I" for a verdadeira, teremos Bernardo e Heloísa, os dois, com 10 anos, o que pelo enunciado da questão não é possível; se "II" for a verdadeira, teremos, mais uma vez, Bernardo e Heloísa, agora ambos com 8 anos, o que também não é possível; se "III" for a verdadeira, teremos Heloísa com 10 anos, Bernardo com 12 anos e Antônio com 8 anos.

07. *(FCC) Na sentença seguinte falta a última palavra. Você deve escolher a alternativa que apresenta a palavra que MELHOR completa a sentença.*

Devemos saber empregar nosso tempo vago; podemos, assim, desenvolver hábitos agradáveis e evitar os perigos da...

a) Desdita.
b) Pobreza.
c) Ociosidade.
d) Bebida.
e) Doença.

RESPOSTA. "C". Qual dessas alternativas tem a palavra que mais se relaciona com tempo vago? Agora ficou claro! Assim a palavra é OCIOSIDADE.

08. ***(ESAF) Três meninos, Zezé, Zozó e Zuzu, todos vizinhos, moram na mesma rua em três casas contíguas. Todos os três meninos possuem animais de estimação de raças diferentes e de cores também diferentes. Sabe-se que o cão mora em uma casa contígua à casa de Zozó; a calopsita é amarela; Zezé tem um animal de duas cores - branco e laranja; a cobra vive na casa do meio. Assim, os animais de estimação de Zezé, Zozó e Zuzu são respectivamente:***

a) ***Cão, cobra, calopsita.***

b) ***Cão, calopsita, cobra.***

c) ***Calopsita, cão, cobra.***

d) ***Calopsita, cobra, cão.***

e) ***Cobra, cão, calopsita.***

RESPOSTA. "A". De acordo com as informações:

> ***A cobra vive na casa do meio;***

> ***O cão mora em uma casa contígua à casa de Zozó; contígua quer dizer vizinha, e para isso Zozó só pode morar na casa do meio;***

> ***A calopsita é amarela e Zezé tem um animal de duas cores - branco e laranja; com isso o cão só pode ser de Zezé;***

Vamos construir uma tabela para ficar melhor a resolução da questão:

	Casa	*Casa*	*Casa*
Nome	*Zezé*	*Zozó*	*Zuzu*
Animal	*Cão*	*Cobra*	*Calopsita*

No livro Alice no País dos Enigmas, o professor de matemática e lógica Raymond Smullyan apresenta vários desafios ao raciocínio lógico que têm como objetivo distinguir-se entre verdadeiro e falso. Considere o seguinte desafio inspirado nos enigmas de Smullyan.

Duas pessoas carregam fichas nas cores branca e preta. Quando a primeira pessoa carrega a ficha branca, ela fala somente a verdade, mas, quando carrega a ficha preta, ela fala somente mentiras. Por outro lado, quando a segunda pessoa carrega a ficha branca, ela fala somente mentira, mas, quando carrega a ficha preta, fala somente verdades.

Com base no texto acima, julgue o item a seguir.

09. ***(CESPE) Se a primeira pessoa diz "Nossas fichas não são da mesma cor" e a segunda pessoa diz "Nossas fichas são da mesma cor", então, pode-se concluir que a segunda pessoa está dizendo a verdade.***

CERTO. Analisando linha por linha da tabela, encontramos contradições nas três primeiras linhas, ficando somente a quarta linha como certa, o que garante que a segunda pessoa está falando a verdade.

1ª pessoa: "Nossas fichas não são da mesma cor"	*2ª pessoa: "Nossas fichas são da mesma cor"*
Ficha branca (verdade)	*Ficha branca (mentira)*
Ficha branca (verdade)	*Ficha preta (verdade)*
Ficha preta (mentira)	*Ficha branca (mentira)*
Ficha preta (mentira)	*Ficha preta (verdade)*

10. ***(CESPE) O quadro abaixo pode ser completamente preenchido com algarismos de 1 a 6, de modo que cada linha e cada coluna tenham sempre algarismos diferentes.***

1				3	2
		5	6		1
	1	6		5	
5	4			2	
	3	2	4		
4			2		3

CERTO. Vamos preencher o quadro, de acordo com o que foi pedido:

1	6	4	5	3	2
3	2	5	6	4	1
2	1	6	3	5	4
5	4	3	1	2	6
6	3	2	4	1	5
4	5	1	2	6	3

Vamos Praticar

01. (FCC) Certo mês, três Técnicos Judiciários - Ivanildo, Lindolfo e Otimar fizeram 10 viagens transportando equipamentos destinados a diferentes unidades do Tribunal Regional do Trabalho. Sabe-se que:

> Os três fizeram quantidades diferentes de viagens e cada um deles fez pelo menos duas;

> Ivanildo fez o maior número de viagens e Lindolfo o menor.

Sobre o número de viagens que Otimar fez a serviço do Tribunal nesse mês,

a) Nada se pode concluir.

b) Foram 4.

c) Foram 3.

d) Excedeu em 2 unidades a quantidade de viagens feitas por Lindolfo.

e) Era igual a 30% da quantidade de viagens feitas por Ivanildo.

02. (FGV) Em cada uma de cinco portas A, B, C , D e E, está escrita uma sentença, conforme a seguir:

Porta A: "Eu sou a porta de saída."

Porta B: "A porta de saída é a porta C."

Porta C: "A sentença escrita na porta A é verdadeira."

Porta D: "Se eu sou a porta de saída, então a porta de saída não é a porta E."

Porta E: "Eu não sou a porta de saída."

Sabe-se que dessas cinco sentenças há uma única verdadeira e que há somente uma porta de saída. A porta de saída é a porta:

a) D

b) A

c) B

d) C

e) E

03. (FGV) Abel, Gabriel e Daniel são amigos. Um deles mora em uma casa branca, o outro, em uma casa azul e o terceiro, em uma casa amarela. Entre eles, um é pintor, o outro, escultor e o terceiro, professor. Abel não mora na casa azul. Gabriel é escultor e não mora na casa branca. O professor mora na casa azul.

A esse respeito, é correto afirmar que:

a) Abel mora na casa amarela.

b) Abel é pintor.

c) Daniel não é professor.

d) Daniel mora na casa branca.

e) Gabriel mora na casa azul.

04. (FCC) Ricardo, Mateus e Lucas são três amigos que cursam faculdades de medicina, engenharia e direito. Cada um dos três usa um meio diferente de transporte para chegar à faculdade: ônibus, automóvel e bicicleta. Para descobrir o que cada um cursa e o meio de transporte que utilizam, temos o seguinte:

> Mateus anda de bicicleta;

> Quem anda de ônibus não faz medicina;

> Ricardo não cursa engenharia e Lucas estuda direito.

Considerando as conclusões:

I. Lucas vai de ônibus para a faculdade de direito.

II. Mateus estuda medicina.

III. Ricardo vai de automóvel para a faculdade.

Está correto o que consta em:

a) I, apenas.

b) III, apenas.

c) II e III, apenas.

d) I e III, apenas.

e) I, II e III.

05. (FCC) A sentença seguinte é seguida de um número entre parênteses, que corresponde ao número de letras de uma palavra que se aplica à definição dada.

"Tudo aquilo que não é cópia ou imitação." (8)

A alternativa onde se encontra a letra inicial de tal palavra é:

a) A

b) O

c) P

d) Q

e) R

06. (CESGRANRIO) Como o ano de 2009 não é bissexto, ou seja, tem 365 dias, houve um dia que caiu exatamente no "meio" do ano. Assim, as quantidades de dias do ano de 2009 antes e depois dessa data são iguais. Esse data foi:

a) 30 de junho.

b) 1 de julho.

c) 2 de julho.

d) 3 de julho.

e) 4 de julho.

07. (FGV) Daqui a 15 dias, Márcia fará aniversário. Paula fez aniversário há 8 dias. Júlia fará aniversário 6 dias antes de Márcia. Se Paula faz aniversário no dia 25 de abril, é correto concluir que:

a) Hoje é dia 02 de maio.

b) Hoje é dia 05 de maio.

c) Júlia fará aniversário no dia 09 de maio.

d) Júlia fará aniversário no dia 12 de maio.

e) Márcia fará aniversário no dia 15 de maio.

08. (FUNRIO) O próximo termo da sequência 0, 3, 8, 15, 24, 35, 48, ... é:

a) 60.

b) 68

c) 75.

d) 57.

e) 63.

09. (FCC) A seguinte sequência de palavras foi escrita obedecendo a um padrão lógico:

PATA - REALIDADE - TUCUPI - VOTO - ?

Considerando que o alfabeto é o oficial, a palavra que, de acordo com o padrão estabelecido, poderia substituir o ponto de interrogação é:

a) QUALIDADE

b) SADIA

c) WAFFLE

d) XAMPU

e) YESTERDAY

10. (FCC) Na sentença abaixo falta a última palavra. Procure nas alternativas a palavra que melhor completa essa sentença.

Estava no portão de entrada do quartel, em frente à guarita; se estivesse fardado, seria tomado por ...

a) Comandante.

b) Ordenança.

c) Guardião.

d) Porteiro.

e) Sentinela.

Para as questões 11 e 12

Em um tribunal, tramitam três diferentes processos, respectivamente, em nome de Clóvis, Sílvia e Laerte. Em dias distintos da semana, cada uma dessas pessoas procurou, no tribunal, informações acerca do andamento do processo que lhe diz respeito. Na tabela a seguir estão marcadas com V células cujas informações da linha e da coluna correspondentes e referentes a esses três processos sejam verdadeiras. Por exemplo, Sílvia foi procurar informação a respeito do processo de sua licença, e a informação sobre o processo de demissão foi solicitada na quinta-feira. Uma célula é marcada com F quando a informação da linha e da coluna correspondente é falsa, isto é, quando o fato correspondente não ocorreu. Observe que o processo em nome de Laerte não se refere a contratação e que Sílvia não procurou o tribunal na quarta-feira.

	Demissão	Contratação	Licença	Terça-feira	Quarta-feira	Quinta-Feira
Clóvis			F			
Silva	F	F	V		F	
Laerte		F	F			
Terça-feira	F					
Quarta-feira	F					
Quinta-Feira	V	F	F			

Com base nessas instruções e nas células já preenchidas, é possível preencher logicamente toda a tabela. Após esse procedimento, julgue os itens a seguir.

11. (CESPE) O processo em nome de Laerte refere-se a demissão e ele foi ao tribunal na quinta-feira.

Certo ( ) Errado ( )

12. (CESPE) É verdadeira a proposição “Se Sílvia não tem processo de contratação, então o processo de licença foi procurado na quarta-feira”.

Certo ( ) Errado ( )

13. (FUNIVERSA) Quatro músicos, ao término de uma apresentação, sentaram- se ao redor de uma mesa de bar. Alexandre é pianista. Os instrumentos que os outros três tocam são: flauta, violino e violoncelo. Breno está sentado à direita de Alexandre. Viana sentou-se à direita do flautista. Por sua vez, Hugo, que não é violinista, encontra-se à frente de Breno. Sabe-se que cada um desses músicos toca um único desses instrumentos. Assim, pode-se concluir corretamente que:

a) Breno é flautista, e Hugo é violoncelista.
b) Viana é violoncelista, e Hugo é flautista.
c) Viana é violinista, e Hugo é flautista.
d) Breno é violoncelista, e Hugo é flautista.
e) Breno é violinista, e Hugo é violoncelista.

14. (ESAF) Ana, Bia, Clô, Déa e Ema estão sentadas, nessa ordem e em sentido horário, em torno de uma mesa redonda. Elas estão reunidas para eleger aquela que, entre elas, passará a ser a representante do grupo. Feita a votação, verificou-se que nenhuma fôra eleita, pois cada uma delas havia recebido exatamente um voto. Após conversarem sobre tão inusitado resultado, concluíram que cada uma havia votado naquela que votou na sua vizinha da esquerda (isto é, Ana votou naquela que votou na vizinha da esquerda de Ana, Bia votou naquela que votou na vizinha da esquerda de Bia, e assim por diante). Os votos de Ana, Bia, Clô, Déa e Ema foram, respectivamente, para:

a) Ema, Ana, Bia, Clô, Déa.
b) Déa, Ema, Ana, Bia, Clô.
c) Clô, Bia, Ana, Ema, Déa.
d) Déa, Ana, Bia, Ema, Clô.
e) Clô, Déa, Ema, Ana, Bia.

15. (FCC) Trocando a ordem das letras OEMTSIO obtém-se um adjetivo que é um sinônimo da palavra OBSTINADO. A letra central desse adjetivo é:

a) E
b) O
c) M
d) I
e) S

Para as questões 16 a 20

Na última corrida do campeonato anual de motocicleta, participaram 8 pilotos, numerados de 1 a 8. As cores dos capacetes dos pilotos são todas diferentes. De acordo com a acumulação de pontos nas corridas anteriores, se o piloto 8 terminasse essa corrida em pelo menos duas posições à frente do piloto 3, o piloto 8 seria o campeão do ano. Encerrada a corrida, observou-se que:

I. O piloto 1 chegou imediatamente depois do piloto de capacete prata e a seguir chegou o de capacete vermelho;
II. O piloto 4 venceu a corrida;
III. O piloto 3 terminou a corrida duas posições atrás do piloto 1 e uma posição à frente do piloto de capacete azul;
IV. O piloto de capacete prata cruzou a linha de chegada imediatamente após o piloto 2;
V. O piloto de capacete preto terminou a corrida em segundo lugar;
VI. O piloto de capacete verde, penúltimo colocado na corrida, chegou imediatamente após o piloto 6;
VII. O piloto de capacete amarelo chegou imediatamente depois do piloto de capacete preto;
VIII. O último piloto a terminar a corrida foi o de número 5;
IX. O piloto 2 terminou a corrida duas posições à frente do piloto de capacete branco e duas depois do piloto de capacete laranja;
X. O piloto 7 terminou a corrida duas posições atrás do piloto 8.

Com base nessas informações é correto afirmar que:

16. (CESPE) O piloto 1 ficou em sétimo lugar nessa corrida.

Certo ( ) Errado ( )

17. (CESPE) O piloto de capacete laranja venceu a corrida.

Certo ( ) Errado ( )

18. (CESPE) O último colocado nessa corrida foi o piloto de capacete azul.

Certo ( ) Errado ( )

19. (CESPE) O piloto 7 é o de capacete preto.

Certo ( ) Errado ( )

20. (CESPE) O piloto 8 venceu o campeonato.

Certo ( ) Errado ( )

Gabarito

01	*C*	*11*	*CERTO*
02	*E*	*12*	*ERRADO*
03	*B*	*13*	*A*
04	*D*	*14*	*B*
05	*B*	*15*	*C*
06	*C*	*16*	*ERRADO*
07	*D*	*17*	*CERTO*
08	*E*	*18*	*CERTO*
09	*D*	*19*	*ERRADO*
10	*E*	*20*	*CERTO*

Anotações

CAPÍTULO 16

Teoria de Conjuntos

Nesta seção, estão os principais conceitos sobre conjuntos e suas operações. Um assunto importante e de fácil aprendizagem.

Definições

O conceito de conjunto é redundante visto que se trata de um agrupamento ou reunião de coisas, que serão chamadas de **elementos** do conjunto.

» **Ex.:** se quisermos montar o conjunto das vogais do alfabeto, os **elementos**: a, e, i, o, u.

Fique Ligado

A nomenclatura dos conjuntos é formada pelas letras maiúsculas do alfabeto.

» ***Ex.: conjunto dos estados da região sul do Brasil: A = {Paraná, Santa Catarina, Rio Grande do Sul}.***

Representação dos Conjuntos

Os conjuntos podem ser representados tanto em **chaves** como em **diagramas**.

→ Representação em chaves:

» **Ex.:** conjuntos dos estados brasileiros que fazem fronteira com o Paraguai: **B** = {Paraná, Mato Grosso do Sul}.

→ Representação em diagramas:

» **Ex.:** conjuntos das cores da bandeira do Brasil:

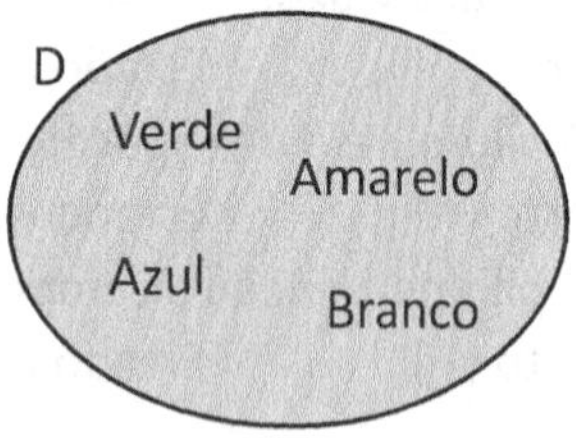

Elementos e Relação de Pertinência

Quando um elemento está em um conjunto, dizemos que ele pertence a esse conjunto. A relação de pertinência é representada pelo símbolo $\in$ (pertence).

» **Ex.:** conjunto dos algarismos pares: **G** = {2, 4, 6, 8, 0}.

Observe que:

$4 \in G$

$7 \notin G$

Conjunto Unitário e Conjunto Vazio

→ **Conjunto unitário**: possui um só elemento.

» **Ex.:** conjunto da capital do Brasil: **K** = {Brasília}

→ **Conjunto vazio:** simbolizado por $\emptyset$ ou {}, é o conjunto que não possui elemento.

» **Ex.:** conjunto dos estados brasileiros que fazem fronteira com o Chile: **M** = $\emptyset$.

Subconjuntos

Subconjuntos são partes de um conjunto.

» **Ex.:** conjunto dos algarismos: **F** = {1, 2, 3, 4, 5, 6, 7, 8, 9, 0}.

» **Ex.:** conjunto dos algarismos ímpares: **H** = {1, 3, 5, 7, 9}.

Observe que o conjunto H está dentro do conjunto F sendo, então, o conjunto H um subconjunto de F.

As relações entre subconjunto e conjunto são de: "está contido = $\subset$" e "contém = $\supset$".

Os subconjuntos "**estão contidos**" nos conjuntos e os conjuntos "**contém**" os subconjuntos. Veja:

$H \subset F$

$F \supset H$

Fique Ligado

> ***Todo conjunto é subconjunto de si próprio. ($D \subset D$);***

> ***O conjunto vazio é subconjunto de qualquer conjunto. ($\emptyset \subset D$);***

> ***Se um conjunto A possui "p" elementos, então ele possui 2^p subconjuntos;***

> ***O conjunto formado por todos os subconjuntos de um conjunto A, é denominado conjunto das partes de A. Assim, se A = {4, 7}, o conjunto das partes de A, é dado por {$\emptyset$, {4}, {7}, {4, 7}}.***

Operações com Conjuntos

→ **União de conjuntos:** a união de dois conjuntos quaisquer será representada por "A U B" e terá os elementos que pertencem a A "ou" a B, ou seja, todos os elementos.

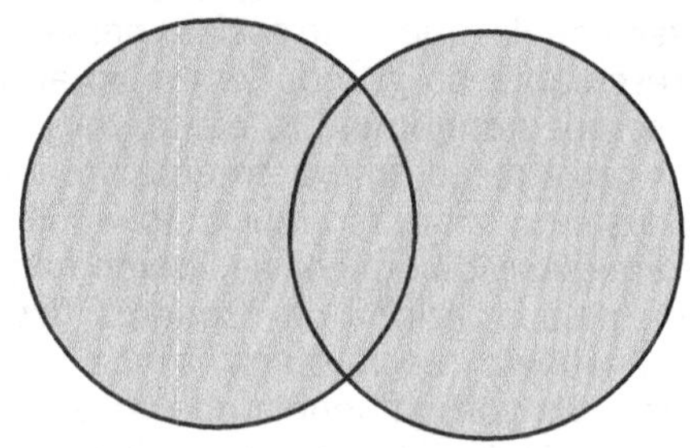

A U B

Fique Ligado

O número de elementos da união de dois conjuntos será dado por: $n(A \cup B) = n(A) + n(B) - n(A \cap B)$

Para resolver as questões que envolvem união de conjuntos, começaremos a resolução sempre pelo que for mais comum aos conjuntos.

→ **Interseção de conjuntos:** a interseção de dois conjuntos quaisquer será representada por "A ∩ B". Os elementos que fazem parte do conjunto interseção são os elementos comuns aos dois conjuntos.

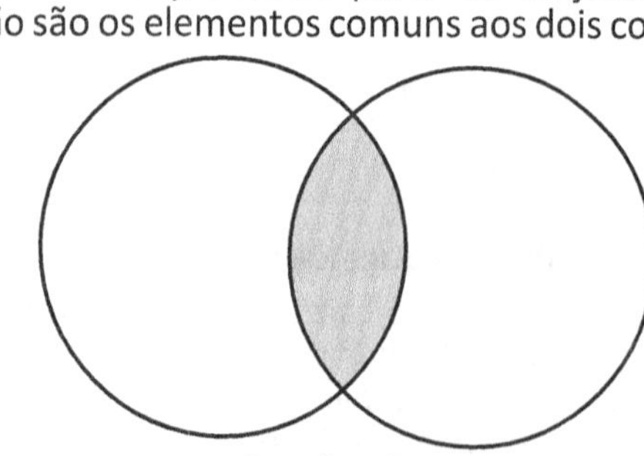

A ∩ B

Exercício Comentado

01. ***(FCC) Duas modalidades de esporte são oferecidas para os 200 alunos de um colégio: basquete e futebol. Sabe-se que 140 alunos praticam basquete, 100 praticam futebol e 20 não praticam nenhuma dessas modalidades. O número de alunos que praticam uma e somente uma dessas modalidades é:***

a) ***120***
b) ***100***
c) ***80***
d) ***60***
e) ***40***

RESPOSTA. ***"A". Representando o enunciado, temos:***

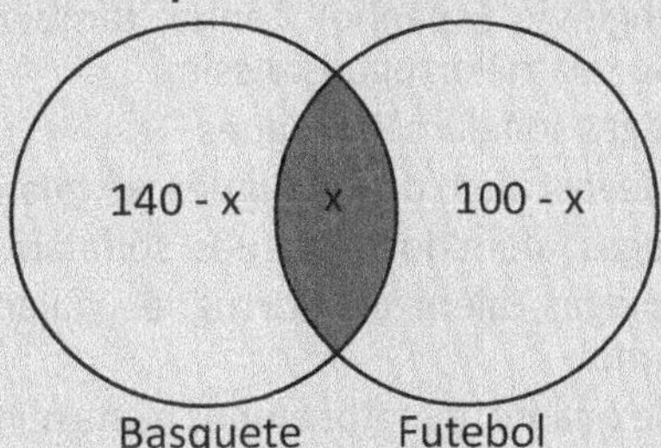

20 fazem nada

Calculando o valor de "x":

$$140 - x + x + 100 - x + 20 = 200$$
$$260 - x = 200$$
$$X = 260 - 200$$
$$X = 60$$

Se x = 60, então 80 praticam somente basquete e 40 praticam somente futebol. Como a questão está pedindo o número de alunos que praticam somente uma modalidade, essa será de:

$$80 + 40 = 120.$$

→ **Diferença de conjuntos**: a diferença de dois conjuntos quaisquer será representada por "A – B" e terá os elementos que pertencem somente a A, mas não pertencem a B, ou seja, que são exclusivos de A.

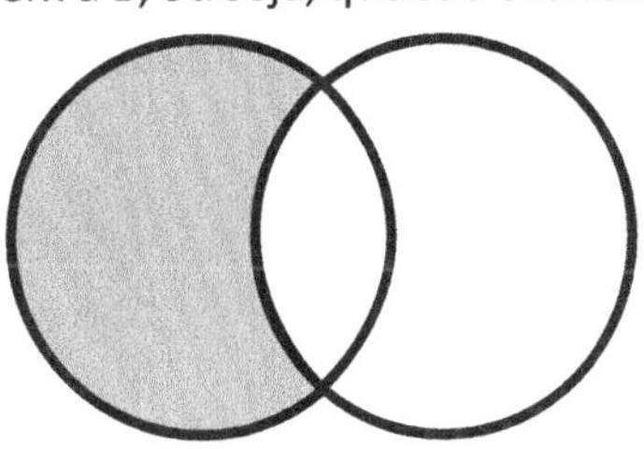

A - B

→ **Complementar de um conjunto:** se A está contido no conjunto universo U, o complementar de A é a diferença entre o conjunto universo e o conjunto A, será representado por "$C_U(A)$ = U – A" e terá todos os elementos que pertencem ao conjunto universo, menos os que pertencem ao conjunto A.

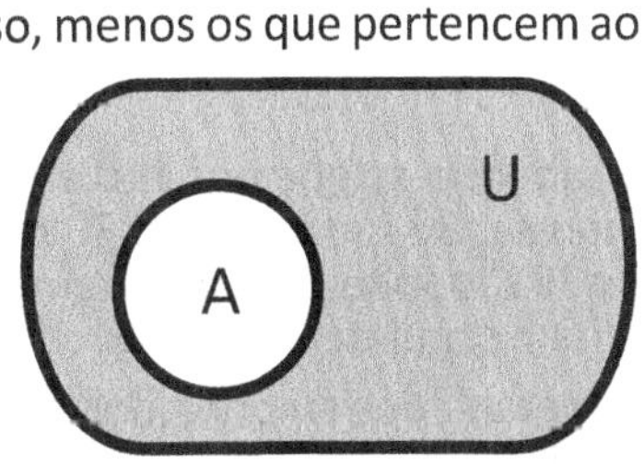

$C_p(A)$

Exercícios Comentados

01. ***Sejam os conjuntos A = {1, 3, 4}, B = {1, 2, 3} e X. Sabe-se que qualquer subconjunto de A∩B está contido em X, que por sua vez é subconjunto de AUB. Quantos são os possíveis conjuntos de X?***

a) ***3***
b) ***4***
c) ***5***
d) ***6***
e) ***7***

RESPOSTA. ***"B". O conjunto A∩B = {1, 3} tem como subconjuntos: {∅, {1}, {3}, {1,3}}. Como a questão fala que qualquer subconjunto de A∩B está contido em X e que o conjunto X é um subconjunto de AUB, então o conjunto X pode ser: X = {1, 3} ou X = {1, 2, 3} ou X = {1, 3, 4} ou X = {1, 2, 3, 4}. Portanto, a quantidade de conjuntos X pode ser igual a 4.***

02. ***(ESAF) X e Y são dois conjuntos não vazios. O conjunto X possui 64 subconjuntos. O conjunto Y, por sua vez, possui 256 subconjuntos. Sabe-se, também, que o conjunto Z = X ∩ Y possui 2 elementos. Desse modo, conclui-se que o número de elementos do conjunto P = Y - X é igual a:***

a) ***4***
b) ***6***
c) ***8***
d) ***vazio***
e) ***1***

RESPOSTA. ***"B". Calculando o número de elementos do conjunto "X", temos:***

$$2^n = 64$$
$$2^n = 2^6$$
n = 6 (elementos de "X")

Calculando o número de elementos de "Y", fica:

$2^n = 256$ (elementos de "Y")
$$2^n = 2^8$$
n = 8 (elementos de "Y")

Se Z = X ∩ Y = 2 elementos, então temos a seguinte representação dos conjuntos, com a quantidade dos seus elementos:

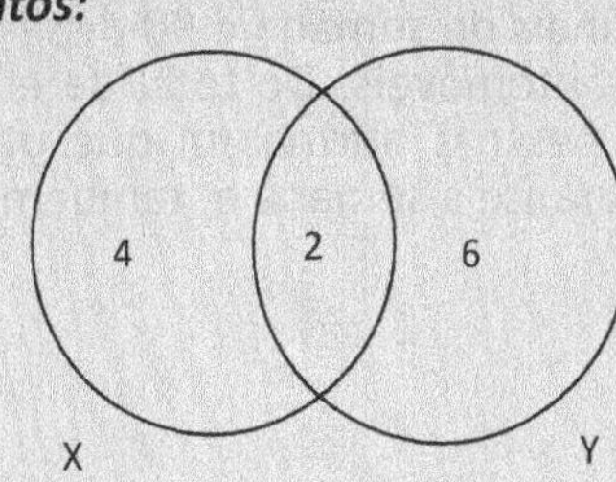

Então P (número de elementos) = Y - X = 6.

Vamos Praticar

01. Dados os conjuntos A = {1, 2, 3, 4, 6}, B = {1, 2, 3, 5, 7} e C = {3, 4, 5, 8, 9}, determine o conjunto X sabendo que X⊂C e C – X = B ∩ C.

a) X = {3, 5}
b) X = {1, 2, 7}
c) X = {2, 3, 4}
d) X = {3, 4, 7}
e) X = {4, 8, 9}

02. Para uma turma de 80 alunos do CPCAR, foi aplicada uma prova de Matemática valendo 9,0 pontos distribuídos igualmente em 3 questões sobre:

> 1ª) FUNÇÃO
> 2ª) GEOMETRIA
> 3ª) POLINÔMIOS

Sabe-se que:

> Apesar de 70% dos alunos terem acertado a questão sobre FUNÇÃO, apenas 1/10 da turma conseguiu nota 9,0;
> 20 alunos acertaram as questões sobre FUNÇÃO e GEOMETRIA;
> 22 acertaram as questões sobre GEOMETRIA e POLINÔMIOS;
> 18 acertaram as questões sobre FUNÇÃO e POLINÔMIOS.

A turma estava completa nessa avaliação, ninguém tirou nota zero, no critério de correção não houve questões com acertos parciais e o número de acertos apenas em GEOMETRIA é o mesmo que o número de acertos apenas em POLINÔMIOS. Nessas condições, é correto afirmar que:

a) O número de alunos que só acertaram a 2ª questão é o dobro do número de alunos que acertaram todas as questões.
b) Metade da turma só acertou uma questão.
c) Mais de 50% da turma errou a terceira questão.
d) Apenas 3/4 da turma atingiu a média maior ou igual a 5,0.

03. Se A, B e C são conjuntos não vazios, sendo N(X) = número de elementos do conjunto X, é CORRETO afirmar que das afirmativas abaixo:

I. $A \cap (B \cup C) = (A \cap B) \cup (A \cap C)$;
II. $N(A \cap B) = N(A \cup B) - N(A) + N(B)$;
III. Se $A \cap B = \emptyset$, então, obrigatoriamente, $A = B = \emptyset$.

a) I é verdadeira.
b) I e II são verdadeiras.
c) III é verdadeira.
d) I, II e III são verdadeiras.
e) II e III são verdadeiras.

04. 1000 pessoas responderam a uma pesquisa sobre a frequência do uso de automóvel. 810 pessoas disseram utilizar automóvel em dias de semana, 880 afirmaram que utilizam automóvel nos finais de semana e 90 disseram que não utilizam automóveis. Do total de entrevistados, quantas pessoas afirmaram que utilizam automóvel durante a semana e, também, nos fins de semana?

a) 580
b) 610
c) 690
d) 710
e) 780

05. Dos 36 funcionários de uma agência bancária, sabe-se que: apenas 7 são fumantes, 22 são do sexo masculino e 11 são mulheres que não fumam. Com base nessas afirmações, é correto afirmar que o:

a) Número de homens que não fumam é 18.
b) Número de homens fumantes é 5.
c) Número de mulheres fumantes é 4.
d) Total de funcionários do sexo feminino é 15.
e) Total de funcionários não fumantes é 28.

06. Considere os conjuntos A, B e C, seus respectivos complementares A^c, B^c e C^c e as seguintes declarações:

I. $A \cup (B \cap C) = (A \cap B) \cup (A \cap C)$;
II. $A \cap (B \cup C) = (A \cup B) \cap (A \cup C)$;
III. $(B \cap C)^c = B^c \cap C^c$.

Para esses conjuntos e seus respectivos complementares, está(ão) correta(s) a(s) declaração(ões):

a) II, somente.
b) III, somente.
c) I e II, somente.
d) I e III, somente.
e) I, II e III.

07. Em minha turma da Escola, tenho colegas que falam, além do Português, duas línguas estrangeiras: Inglês e Espanhol. Tenho, também, colegas que só falam Português. Assim:

> 4 colegas só falam Português;
> 25 colegas, além do Português, só falam Inglês;
> 6 colegas, além do Português, só falam Espanhol;
> 10 colegas, além do Português, falam Inglês e Espanhol.

Diante desse quadro, quantos alunos há na minha turma?

a) 46
b) 45
c) 44
d) 43
e) 42

08. Em um grupo de 48 pessoas, 9 não têm filhos. Dentre as pessoas que têm filhos, 32 têm menos de 4 filhos e 12, mais de 2 filhos. Nesse grupo, quantas pessoas têm 3 filhos?

a) 4
b) 5
c) 6
d) 7
e) 8

09. Se A e B são conjuntos quaisquer e $C(A, B) = A - (A \cap B)$ então C (A, B) é igual ao conjunto:

a) $\emptyset$
b) B
c) B - A
d) A - B
e) $(A \cup B) - A$

10. Dois conjuntos B e C são subconjuntos de um conjunto A, porém A também é subconjunto de B e contém os elementos de C. Desse modo, pode-se afirmar que:

a) $A = B$ e $C \subset B$
b) $A \supset B$ e $C \supset B$
c) $A \in B$ e $C \supset B$
d) $A \in B$ e $C = B$
e) $A = B$ e $B = C$

11. (CESPE) Sabendo-se que dos 110 empregados de uma empresa, 80 são casados, 70 possuem casa própria e 30 são solteiros e possuem casa própria, julgue o item seguinte.

Mais da metade dos empregados casados possui casa própria.

Certo ( ) Errado ( )

Texto para as questões 12 a 15

Considere que todos os 80 alunos de uma classe foram levados para um piquenique em que foram servidos salada, cachorro-quente e frutas. Entre esses alunos, 42 comeram salada e 50 comeram frutas. Além disso, 27 alunos comeram cachorro-quente e salada, 22 comeram salada e frutas, 38 comeram cachorro-quente e frutas e 15 comeram os três alimentos. Sabendo que cada um dos 80 alunos comeu pelo menos um dos três alimentos, julgue os próximos itens.

12. (CESPE) Quinze alunos comeram somente cachorro-quente.

Certo ( ) Errado ( )

13. (CESPE) Dez alunos comeram somente salada.

Certo ( ) Errado ( )

14. (CESPE) Cinco alunos comeram somente frutas.

Certo ( ) Errado ( )

15. (CESPE) Sessenta alunos comeram cachorro-quente.

Certo ( ) Errado ( )

16. (CESPE) Acerca de operações com conjuntos, julgue o item subsequente.

Considere que os conjuntos A, B e C tenham o mesmo número de elementos, que A e B sejam disjuntos, que a união dos três possuía 150 elementos e que a interseção entre B e C possuía o dobro de elementos da interseção entre A e C. Nesse caso, se a interseção entre B e C possui 20 elementos, então B tem menos de 60 elementos.

Certo ( ) Errado ( )

17. (FCC) Do total de Agentes que trabalham em um setor da Assembleia Legislativa de São Paulo, sabe-se que, se fossem excluídos os:

> Do sexo feminino, restariam 15 Agentes;
> Do sexo masculino, restariam 12 Agentes;
> Que usam óculos, restariam 16 Agentes;
> Que são do sexo feminino ou usam óculos, restariam 9 Agentes.

Com base nessas informações, o número de Agentes desse setor que são do sexo masculino e não usam óculos é:

a) 5
b) 6
c) 7
d) 8
e) 9

18. (ESAF) Um colégio oferece a seus alunos a prática de um ou mais dos seguintes esportes: futebol, basquete e vôlei. Sabe-se que, no atual semestre:

> 20 alunos praticam vôlei e basquete;
> 60 alunos praticam futebol e 65 praticam basquete;
> 21 alunos não praticam nem futebol nem vôlei;
> o número de alunos que praticam só futebol é idêntico ao número dos alunos que praticam só vôlei;
> 17 alunos praticam futebol e vôlei;
> 45 alunos praticam futebol e basquete; 30, entre os 45, não praticam vôlei.

O número total de alunos do colégio, no atual semestre, é igual a:

a) 93
b) 110
c) 103
d) 99
e) 114

19. (FGV) Dado um conjunto A, chamamos subconjunto próprio não vazio de A a qualquer conjunto que pode ser formado com parte dos elementos do conjunto A, desde que:

> Algum elemento de A seja escolhido;
> Não sejam escolhidos todos os elementos de A.

Sabemos que a quantidade de subconjuntos próprios não vazios de A é 14. A quantidade de elementos de A é igual a:

a) 4
b) 5
c) 6
d) 7
e) 8

20. (FCC) Em um grupo de 100 pessoas, sabe-se que:

> 15 nunca foram vacinadas;
> 32 só foram vacinadas contra a doença A;
> 44 já foram vacinadas contra a doença A;
> 20 só foram vacinadas contra a doença C;
> 2 foram vacinadas contra as doenças A, B e C;
> 22 foram vacinadas contra apenas duas doenças.

De acordo com as informações, o número de pessoas do grupo que só foi vacinado contra as doenças B e C é:

a) 10
b) 11
c) 12
d) 13
e) 14

Gabarito

01	E	11	ERRADO
02	C	12	ERRADO
03	A	13	ERRADO
04	E	14	CERTO
05	A	15	CERTO
06	B	16	ERRADO
07	A	17	E
08	B	18	D
09	D	19	A
10	A	20	A

Anotações

CAPÍTULO 17

Análise Combinatória

Neste capítulo você verá as técnicas dos Arranjos, das Combinações e saberá quando usar cada uma.

Definição

A análise combinatória é utilizada para descobrir o **número de maneiras possíveis** de realizar determinado evento, sem que seja necessário demonstrar todas essas maneiras.

» **Ex.:** quantos são os pares formados pelo lançamento de dois "**dados**" simultaneamente?

Resolução: no primeiro dado, temos 6 possibilidades – do 1 ao 6 – e, no segundo dado, também temos 6 possibilidades – do 1 ao 6. Juntando todos os pares formados, temos 36 pares $(6 \cdot 6 = 36)$. Observe:

(1,1), (1,2), (1,3), (1,4), (1,5), (1,6),
(2,1), (2,2), (2,3), (2,4), (2,5), (2,6),
(3,1), (3,2), (3,3), (3,4), (3,5), (3,6),
(4,1), (4,2), (4,3), (4,4), (4,5), (4,6),
(5,1), (5,2), (5,3), (5,4), (5,5), (5,6),
(6,1), (6,2), (6,3), (6,4), (6,5), (6,6);

Logo, temos **36 pares.**

Fique Ligado

Não há necessidade de expor todos os pares formados, basta que saibamos quantos pares são.

Imagine se fossem 4 dados e quiséssemos saber todas as quadras possíveis, o resultado seria 1296 quadras. Um número inviável de ser representado. Por isso utilizamos a Análise Combinatória.

Para resolver as questões de Análise Combinatória, utilizamos algumas técnicas, que veremos a partir de agora.

Fatorial

Fatorial de um número (natural e maior que 1) é a multiplicação desse número pelos seus antecessores em ordem decrescente (até o número 1).

Considerando um número "n" natural maior que 1, definimos o fatorial de "n" (indicado pelo símbolo **n!**) como sendo:

$$n! = n \cdot (n - 1) \cdot (n - 2) \cdot ... \cdot 4 \cdot 3 \cdot 2 \cdot 1; \text{ para } n \geq 2$$

Ex.:

> $4! = 4 \cdot 3 \cdot 2 \cdot 1 = 24$
> $6! = 6 \cdot 5 \cdot 4 \cdot 3 \cdot 2 \cdot 1 = 720$
> $8! = 8 \cdot 7 \cdot 6 \cdot 5 \cdot 4 \cdot 3 \cdot 2 \cdot 1 = 40320$

Observe que:

> $6! = 6 \cdot 5 \cdot 4!$
> $8! = 8 \cdot 7 \cdot 6!$

Fique Ligado

> *Para $n = 0$, teremos: $0! = 1$.*
> *Para $n = 1$, teremos: $1! = 1$.*

Princípio Fundamental da Contagem (P.F.C.)

É uma das técnicas mais importantes e uma das mais utilizadas nas questões de Análise Combinatória.

O P.F.C. é utilizado nas questões em que os elementos podem ser repetidos **ou** quando a ordem dos elementos fizer diferença no resultado.

Fique Ligado

Esses "elementos" são os dados das questões, os valores envolvidos.

Consiste de dois princípios: o **multiplicativo** e o **aditivo.** A diferença dos dois consiste nos termos utilizados durante a resolução das questões.

> **Multiplicativo:** usado sempre que na resolução das questões utilizarmos o termo "**e**". Como o próprio nome já diz, faremos multiplicações.
> **Aditivo:** usado quando utilizarmos o termo "**ou**". Aqui realizaremos somas.

» **Ex.:** Quantas senhas são possíveis com os algarismos 1, 3, 5 e 7?

Resolução:

Como nas senhas os algarismos podem ser repetidos, para formar senhas de 3 algarismos temos a seguinte possibilidade:

SENHA = Algarismo **E** Algarismo **E** Algarismo

Nº de SENHAS = $4 \cdot 4 \cdot 4$ (já que são 4 os algarismos que temos na questão, e observe o princípio multiplicativo no uso do "e"). Nº de SENHAS = 64.

Arranjo e Combinação

Duas outras técnicas usadas para resolução de problemas de análise combinatória, sendo importante saber quando usa cada uma delas.

→ **Arranjo:** usado quando os elementos (envolvidos no cálculo) não podem ser repetidos **e** quando a ordem dos elementos faz diferença no resultado

A fórmula do arranjo é:

$$A_{n,p} = \frac{n!}{(n - p)!}$$

Cujo:

> **n** = a todos os elementos do conjunto;
> **p** = os elementos utilizados.

» **Ex.:** pódio de competição.

→ **Combinação:** usado quando os elementos (envolvidos no cálculo) não podem ser repetidos **e** quando a ordem dos elementos **não** faz diferença no resultado.

A fórmula da combinação é:

$$C_{n,p} = \frac{n!}{p! \cdot (n - p)!}$$

Cujo:

> **n** = a todos os elementos do conjunto;
> **p** = os elementos utilizados.

» **Ex.:** salada de fruta.

Exercícios Comentados

Considerando uma corrida de Fórmula 1 com a participação de 22 carros e 22 pilotos igualmente competitivos, julgue o item a seguir:

01. (CESPE) Se sete carros quebrarem durante a corrida e seus pilotos forem obrigados a abandoná-la antes da bandeirada final, então a quantidade de maneiras diferentes de se formar a dupla dos primeiros classificados será inferior a 200.

ERRADO. Para 1º e 2º colocados a ordem faz diferença no resultado, assim como um mesmo piloto não pode ser 1º e 2º ao mesmo tempo, portanto, vamos trabalhar com arranjo. Na questão: n = 22 – 7 = 15, e p = 2; agora é só aplicar a fórmula.

$$A_{15,2} = \frac{15!}{(15-2)!}$$

$$A_{15,2} = \frac{15!}{13!}$$

$$A_{15,2} = \frac{15 \cdot 14 \cdot 13!}{13!} \text{ (simplificando 13!)}$$

$$A_{15,2} = 15 \cdot 14$$

$$A_{15,2} = 210$$

A questão fala em menos de 200.

02. (CESPE) Considere que seja possível chegar a uma pequena cidade por meio de carro, por um dos 5 ônibus ou por um dos 2 barcos disponíveis e que, dado o caráter sigiloso de uma operação a ser realizada nessa cidade, os agentes que participarão dessa operação devam chegar à referida cidade de maneira independente, em veículos distintos. Em face dessa situação, sabendo-se que o órgão de inteligência dispõe de apenas um carro e que os deslocamentos devem ocorrer no mesmo dia, é correto afirmar que o número de maneiras de o servidor responsável pela organização das viagens escolher os veículos para transporte de 3 agentes para essa missão é inferior a 50.

ERRADO. De acordo com a questão, temos 8 meios de transporte, dos quais queremos utilizar 3. A ordem com que esses meios de transporte serão utilizados não fazem a menor diferença; como um meio de transporte não poderá ser usado por 2 ou mais agentes, temos aqui uma questão de combinação.

$$C_{8,3} = \frac{8!}{3! \cdot (8-3)!}$$

$$C_{8,3} = \frac{8!}{3! \cdot (5)!}$$

$$C_{8,3} = \frac{8 \cdot 7 \cdot 6 \cdot 5!}{3 \cdot 2 \cdot 1 \cdot 5!} \text{ (simplificando 5!)}$$

$$C_{8,3} = \frac{336}{6}$$

$$C_{8,3} - 56$$

A questão traz um número inferior a 50 maneiras de organizar a missão.

Permutação

Permutação Simples

Usado quando os elementos (envolvidos no cálculo) não podem ser repetidos **e** quando a ordem dos elementos faz diferença no resultado **e** quando são utilizados todos os elementos do conjunto.

Nada mais é do que um caso particular de arranjo cujo p = n.

Logo:

$$A_{n,p} = \frac{n!}{(n-p)!}$$

$$A_{n,n} = \frac{n!}{(n-n)!}$$

$$A_{n,n} = \frac{n!}{(0)!}$$

$$A_{n,n} = \frac{n!}{1}$$

$$A_{n,n} = n!$$

Assim, a fórmula da permutação é:

$$P_n = n!$$

Fique Ligado

As permutações são usadas muito nas questões de anagramas.

Anagramas: todas as palavras formadas com todas as letras de uma palavra, quer essas novas palavras tenham sentido ou não na linguagem comum.

» **Ex.:** quantos anagramas têm a palavra prova?

Resolução: a palavra **prova** tem 5 letras, e nenhuma repetida, sendo assim **n = 5**, e:

$$P_5 = 5!$$

$$P_5 = 5 \cdot 4 \cdot 3 \cdot 2 \cdot 1$$

P_5 = 120 anagramas

Permutação com Elementos Repetidos

Na permutação com elementos repetidos, usa-se a seguinte fórmula:

$$P_n^{k,y,\cdots,w} = \frac{n!}{k! \cdot y! \cdot \ldots \cdot w!}$$

Cujo:

> **n** = o número total de elementos do conjunto;

> **k, y, w** = as quantidades de elementos repetidos.

» **Ex.:** quantos anagramas têm a palavra concurso?

Resolução: observe que na palavra **CONCURSO** existem duas letras repetidas, o "C" e o "O", e cada uma duas vezes, portanto n = 8, k = 2 e y = 2, agora:

$$P_8^{2,2} = \frac{8!}{2! \cdot 2!}$$

$$P_8^{2,2} = \frac{8 \cdot 7 \cdot 6 \cdot 5 \cdot 4 \cdot 3 \cdot 2!}{2 \cdot 1 \cdot 2!} \text{ (Simplificando o 2!)}$$

$$P_8^{2,2} = \frac{20.160}{2}$$

$P_8^{2,2}$ = 10.080 anagramas

Resumo:

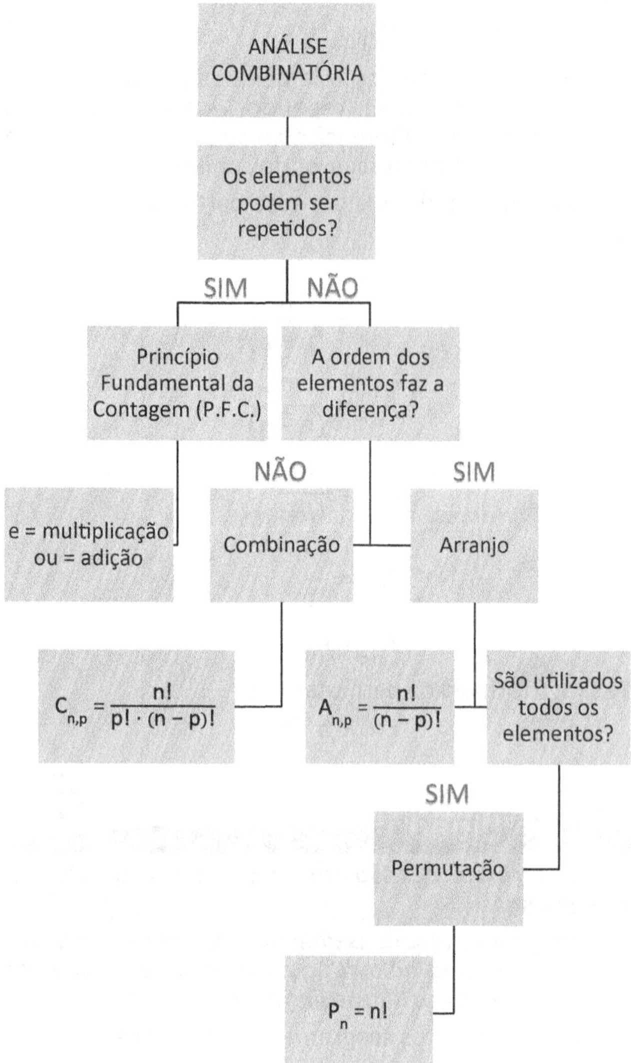

Fique Ligado

Para saber qual das técnicas utilizar basta fazer duas, no máximo, três perguntas para a questão, veja:

> ***1ª: os elementos podem ser repetidos?***

Se a resposta for sim, deve-se trabalhar com o P.F.C.; se a resposta for não, passe para a próxima pergunta;

> ***2ª: a ordem dos elementos faz diferença no resultado da questão?***

Se a resposta for sim, trabalha-se com arranjo; se a resposta for não, trabalha-se com as combinações. (Todas as questões de arranjo podem ser feitas por P.F.C.)

> ***3ª (opcional): vou utilizar todos os elementos para resolver a questão?***

Para fazer a 3ª pergunta, depende, se a resposta da 1ª for não e a 2ª for sim; se a resposta da 3ª for sim, trabalha-se com as permutações.

Permutações Circulares e Combinações com Repetição

Casos especiais dentro da Análise Combinatória.

→ **Permutação Circular**: usada quando houver giro horário ou anti-horário.

$$P_{c(n)} = (n-1)!$$

Cujo:

> **n** = o número total de elementos do conjunto;
> **P_c** = permutação circular.

→ **Combinação com Repetição:** usada quando p > n ou quando a questão informar que pode haver repetição.

$$C_{r(n,p)} = C_{(n+p-1,p)} = \frac{(n+p-1)!}{p! \cdot (n-1)!}$$

Cujo:

> **n** = o número total de elementos do conjunto;
> **p** = o número de elementos utilizados;
> **C_r** = combinação com repetição.

Exercícios Comentados

01. (CESGRANRIO) Uma loja vende barras de chocolate de diversos sabores. Em uma promoção, era possível comprar três barras de chocolate com desconto, desde que estas fossem dos sabores ao leite, amargo, branco ou com amêndoas, repetidos ou não. Assim, um cliente que comprar as três barras na promoção poderá escolher os sabores de n modos distintos, sendo n igual a:

a) 20
b) 16
c) 12
d) 10
e) 4

RESPOSTA. ***"A". Note nessa questão que n = 4 (quatro sabores de chocolate) e p = 3 (três barras de chocolate), e a questão informa que os sabores podem ser repetidos; então vamos trabalhar com a combinação com elementos repetidos, pois a ordem em que as barras de chocolate são escolhidas não faz diferença para o resultado. Basta aplicar a fórmula:***

$$C_{r(4,3)} = C_{r(4+3-1,3)} = \frac{(4+3-1)!}{3! \cdot (4-1)!}$$

$$C_{r(4,3)} = C_{(6,3)} = \frac{(6)!}{3! \cdot (3)!}$$

$$C_{(6,3)} = \frac{6 \cdot 5 \cdot 4 \cdot 3!}{3! \cdot 3 \cdot 2 \cdot 1} \text{ (simplificando 3!)}$$

$$C_{(6,3)} = \frac{120}{6}$$

$$C_{(6,3)} = 20$$

O jogo de dominó tradicional é jogado com 28 peças, igualmente divididas entre 4 jogadores sentados face a face em torno de uma mesa retangular. As peças são retangulares e possuem uma marcação que as divide em duas metades iguais; em cada metade: ou não há nada gravado, ou está gravado um determinado número de buracos que representam números. As metades representam 7 números: 1, 2, 3, 4, 5, 6 e 0, sendo este último representado por uma metade sem marcação. Cada número ocorre em 7 peças distintas. Em 7 peças, denominadas buchas, o número aparece nas duas metades. Existe também uma variação de dominó conhecida como "double nine", em que as metades representam os números 0, 1, 2, 3, 4, 5, 6, 7, 8 e 9, em um total de 55 peças.

(M. Lugo. How to play better dominoes. New York: Sterling Publishing Company, 2002 "com adaptações").

A partir dessas informações, julgue o item subsequente.

***02.** (CESPE) No dominó tradicional, os 4 jogadores podem se sentar à mesa de 6 maneiras distintas.*

CERTO. Aqui nós temos a ideia dos giros pois, a mudança de lugar só ocorre quando 2 ou mais jogadores mudam efetivamente de posição. Se houver só um giro dos competidores na mesa, sem que os jogadores, dos lados direito e esquerdo de um jogador, mudem de lugar não haverá mudança efetiva. Assim, usaremos a fórmula da Permutação Circular:

$$P_{c(4)} = (4 - 1)!$$
$$P_{c(4)} = (3)!$$
$$P_{c(4)} = 6$$

***03.** Uma pessoa foi ao dentista e constatou que estava com cinco cáries, cada uma em um dente. Ficou decidido que seria restaurado um dente cada vez que ela voltasse ao consultório. O dentista combinou que marcaria as datas em cinco semanas seguidas, um dia a cada semana. Considerando-se apenas os dias úteis e sabendo-se que, nesse período, ocorreriam, ao todo, dois feriados, em semanas diferentes, o número de maneiras distintas para se programar o tratamento do paciente seria:*

***a)** 3.125*
***b)** 1.875*
***c)** 1.600*
***d)** 2.000*

*RESPOSTA. **"D". Como cada semana tem 5 dias, porém 2 dessas semanas tem feriados, então temos a seguinte conta:***

- ***Semanas sem feriados = 5 dias disponíveis (3 semanas)***
- ***Semanas com feriados = 4 dias disponíveis (2 semanas)***

Multiplicando, já que será um dente por semana, fica:

$5 \cdot 5 \cdot 5 \cdot 4 \cdot 4 = 2.000$ (qualquer que seja a ordem dos números, o resultado sempre será 2.000).

Vamos Praticar

01. Com os algarismos 1, 2, 3, 4, 5 e 6 sem repeti-los, podemos escrever "x" números de 4 algarismos, maiores que 3.200. O valor de "x" é:

a) 210
b) 228
c) 240
d) 300
e) 320

02. Uma urna contém uma bola vermelha (V), uma preta (P) e uma amarela (A). Extrai-se uma bola, observa-se sua cor e repõe-se a bola na urna. Em seguida, outra bola é extraída e sua cor é observada. O número das possíveis sequências de cores observadas nestas duas etapas consecutivas é:

a) 9
b) 10
c) 11
d) 12

03. Os alunos de uma escola realizam experiências no laboratório de Química utilizando 8 substâncias diferentes. O experimento consiste em misturar quantidades iguais de duas dessas substâncias e observar o produto obtido. O professor recomenda, entretanto, que as substâncias S1, S2 e S3 não devem ser misturadas entre si, pois produzem como resultado o gás metano, de odor muito ruim. Assim, o número possível de misturas diferentes que se pode obter, sem produzir o gás metano é:

a) 16
b) 24
c) 25
d) 28
e) 56

04. Considere todos os anagramas que podem ser formados com as letras da palavra COLHER. O número dos que começam com a letra C é:

a) 2
b) 6
c) 24
d) 120

05. Certa empresa identifica as diferentes peças que produz, utilizando códigos numéricos compostos de 5 dígitos, mantendo, sempre, o seguinte padrão: os dois últimos dígitos de cada código são iguais entre si, mas diferentes dos demais. Por exemplo, o código "03344" é válido, já o código "34544", não. Quantos códigos diferentes podem ser criados?

a) 3.312
b) 4.608
c) 5.040
d) 7.000
e) 7.290

06. Quantos anagramas de 5 letras distintas podem ser formados com as letras T, R, A, N e S se o R não pode preceder o T?

a) 24
b) 48
c) 60
d) 84
e) 120

07. Em uma sala há "x" homens e 8 mulheres. Os homens cumprimentam-se entre si e cumprimentam todas as mulheres, mas as mulheres não se cumprimentam entre si. Houve 50 cumprimentos. Quantos homens havia na sala?

a) 6
b) 8
c) 4
d) 5
e) 7

08. Pedrinho precisava inventar uma bandeira para representar seu grupo em um trabalho escolar. Ele criou uma bandeira simples, de quatro listras verticais, representada abaixo.

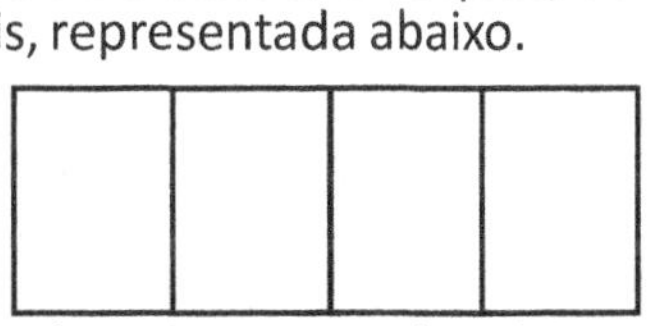

Pedrinho decidiu pintar sua bandeira utilizando as quatro cores da bandeira do Estado de Rondônia. De quantos modos essa bandeira poderá ser pintada, se duas listras seguidas devem, obrigatoriamente, ser de cores diferentes?

a) 24
b) 48
c) 72
d) 96
e) 108

09. Um treinador de futebol dispõe de 3 goleiros, 5 atacantes, 6 jogadores de meio de campo e 4 zagueiros para compor um time de 11 jogadores. Se o time será composto por 1 goleiro, 3 atacantes, 5 jogadores de meio de campo e 2 zagueiros, de quantos modos diferentes esse time poderá ser montado?

a) 25
b) 120
c) 360
d) 745
e) 1080

10. Uma permutação de um número natural é um outro número natural que possui exatamente os mesmos algarismos em outra ordem. Se todas as permutações do número 31452 foram escritas em ordem crescente, o número que ocupará a 80ª posição nessa lista será:

a) 32154
b) 34251
c) 35142
d) 41352
e) 42153

11. (CESPE) Se os números das matrículas dos empregados de uma fábrica têm 4 dígitos e o primeiro dígito não é zero e se todos os números de matrícula são números ímpares, então há, no máximo, 450 números de matrícula diferentes.

Certo ( ) Errado ( )

12. (CESPE) Considere que, em visita a uma discoteca, um indivíduo escolheu 10 CDs de cantores de sua preferência. Todos os CDs tinham o mesmo preço, mas esse indivíduo dispunha de dinheiro suficiente para comprar apenas 4 CDs. Nesse caso, a quantidade de maneiras diferentes que esse indivíduo dispõe para escolher os 4 CDs que irá comprar é inferior a 200.

Certo ( ) Errado ( )

13. (CESPE) Uma moeda é jogada para o alto 10 vezes. Em cada jogada, pode ocorrer 1 (cara) ou 0 (coroa) e as ocorrências são registradas em uma sequência de dez dígitos, como, por exemplo, 0110011010. Considerando essas informações, julgue o próximo item.

O número de sequências nas quais é obtida pelo menos uma cara é inferior a 512.

Certo ( ) Errado ( )

14. (CESPE) Considere que três alunos tenham camisetas azuis, três tenham camisetas brancas, dois tenham camisetas vermelhas, um tenha camiseta verde e um tenha camiseta preta. Nessas condições, existem $72 \cdot 5!$ maneiras diferentes de se colocarem os dez alunos em fila, de tal forma que alunos com camisetas de mesma cor fiquem sempre juntos.

Certo ( ) Errado ( )

15. (CESPE) Um correntista do BB deseja fazer um único investimento no mercado financeiro, que poderá ser em uma das 6 modalidades de caderneta de poupança ou em um dos 3 fundos de investimento que permitem aplicações iniciais de pelo menos R$ 200,00. Nessa situação, o número de opções de investimento desse correntista é inferior a 12.

Certo ( ) Errado ( )

16. (CESPE) O número de países representados nos Jogos Pan-Americanos realizados no Rio de Janeiro foi 42, sendo 8 países da América Central, 3 da América do Norte, 12 da América do Sul e 19 do Caribe. Com base nessas informações, julgue o item que se segue.
Considerando-se que, em determinada modalidade esportiva, havia exatamente 1 atleta de cada país da América do Sul participante dos Jogos Pan-Americanos, então o número de possibilidades distintas de dois atletas desse continente competirem entre si é igual a 66.

Certo ( ) Errado ( )

17. (CESPE) Sabe-se que no BB há 9 vice-presidências e 22 diretorias. Nessa situação, a quantidade de comissões que é possível formar, constituídas por 3 vice-presidentes e 3 diretores, é superior a 10^5.

Certo ( ) Errado ( )

18. (CESGRANRIO) Quantos números naturais de 5 algarismos apresentam dígitos repetidos?

a) 27.216
b) 59.760
c) 62.784
d) 69.760
e) 72.784

19. (CESGRANRIO) Uma mesa redonda apresenta lugares para 7 computadores. De quantos modos podemos arrumar os 7 computadores na mesa de modo que dois deles, previamente determinados, não fiquem juntos, considerando equivalentes disposições que possam coincidir por rotação?

a) 120
b) 240
c) 480
d) 720
e) 840

20. (CESGRANRIO) Um posto de combustível comprou 6 bombas (idênticas) de abastecimento, que serão pintadas, antes de sua instalação, com uma única cor, de acordo com o combustível a ser vendido em cada uma. O posto poderá vender etanol (cor verde), gasolina (cor amarela) e diesel (cor preta). De quantas maneiras as bombas podem ser pintadas, considerando a não obrigatoriedade de venda de qualquer tipo de combustível?

a) 20
b) 28
c) 56
d) 216
e) 729

Gabarito

01	B	11	ERRADO
02	A	12	ERRADO
03	C	13	ERRADO
04	D	14	CERTO
05	E	15	CERTO
06	C	16	CERTO
07	D	17	CERTO
08	E	18	C
09	E	19	C
10	E	20	B

CAPÍTULO 18

Probabilidade

Neste capítulo, veremos como é fácil e interessante calcular probabilidade.

Definições

Disciplina que serve para calcular as **chances** de determinado evento ocorrer.

Fique Ligado

Chance de determinado evento ocorrer (probabilidade).

≠ (diferente)

Maneiras possíveis de se realizar determinado evento (análise combinatória).

Para o cálculo das probabilidades, temos que saber primeiro 3 (três) conceitos básicos acerca do tema:

→ **Experimento Aleatório:** é o experimento em que não é possível **garantir** o resultado, mesmo que esse seja feito diversas vezes nas mesmas condições.

» **Ex.: lançamento de uma moeda:** você sabe que ao lançarmos uma moeda os resultados possíveis são o de cara e o de coroa, mas não tem como garantir qual será o resultado desse lançamento.

» **Ex.: lançamento de um "dado":** da mesma forma que a moeda, não temos como garantir qual o resultado (1, 2, 3, 4, 5 e 6) desse lançamento.

→ **Espaço Amostral - (Ω) ou (U):** é o conjunto de todos os resultados possíveis para um experimento aleatório.

» **Ex.: na moeda:** o espaço amostral na moeda é Ω = 2, pois só temos dois resultados possíveis para esse experimento, que é ou CARA ou COROA.

» **Ex.: no "dado":** o espaço amostral no "dado" é U = 6, pois temos do 1 (um) ao 6 (seis), como resultados possíveis para esse experimento.

→ **Evento:** é o acontecimento – dentro do experimento aleatório – que se quer determinar a **chance** de ocorrer. É uma parte do espaço amostral.

Fórmula da Probabilidade

A fórmula da probabilidade nada mais é do que uma razão entre o evento e o espaço amostral.

$$P = \frac{\text{evento}}{\text{espaço amostral}}$$

Exercício Comentado

01. *(CESPE) Considere que 9 rapazes e 6 moças, sendo 3 delas adolescentes, se envolvam em um tumulto e sejam detidos para interrogatório. Se a primeira pessoa chamada para ser interrogada for escolhida aleatoriamente, então a probabilidade de essa pessoa ser uma moça adolescente é igual a 0,2.*

CERTO. De acordo com o enunciado temos 15 pessoas ao todo, portanto esse é o espaço amostral. O evento é 3, pois queremos saber qual a probabilidade de a pessoa chamada ser uma das adolescentes.

$$P = \frac{\text{evento}}{\text{espaço amostral}}$$

$$P = \frac{3}{15}$$

$$P = 0{,}2$$

Fique Ligado

Os valores da probabilidade variam de 0 (0%) a 1 (100%).

> ***Quando a probabilidade é de 0 (0%), diz-se que o evento é impossível.***

» ***Ex.: chance de você não passar num concurso.***

> ***Quando a probabilidade é de 1 (100%), diz-se que o evento é certo.***

» ***Ex.: chance de você passar num concurso.***

> ***Qualquer outro valor entre 0 e 1, caracteriza-se como a probabilidade de um evento.***

Na probabilidade também se usa o P.F.C., ou seja sempre que houver duas ou mais probabilidades ligadas pelo conectivo "e" elas serão multiplicadas, e quando for pelo "ou", elas serão somadas.

Eventos Complementares

Dois eventos são ditos **complementares** quando a chance do evento ocorrer somado à chance de ele não ocorrer sempre dá 1 (um).

$$P(A) + P(\bar{A}) = 1$$

Cujo:

> **P(A)** = a probabilidade do evento ocorrer;

> **P($\bar{A}$)** = a probabilidade do evento **não** ocorrer.

Exercício Comentado

01. ***(FCC) Em um escritório trabalham 10 funcionários: 5 do sexo feminino e 5 do sexo masculino. Dispõe-se de 10 fichas numeradas de 1 a 10, que serão usadas para sortear dois prêmios entre esses funcionários e, para tal, cada mulher receberá uma ficha numerada de 1 a 5, enquanto que cada homem receberá uma numerada de 6 a 10. Se, para o sorteio, as fichas das mulheres forem colocadas em uma urna M e as dos homens em uma urna H, então, ao sortear-se uma ficha de cada urna, a probabilidade de que em pelo menos uma delas esteja marcado um número ímpar é de?***

a) 24%
b) 38%
c) 52%
d) 68%
e) 76%

RESPOSTA. ***"E". Nessa questão, conseguiremos ver o conceito de probabilidade complementar, pois basta que se calcule primeiro a probabilidade dos dois números serem pares e depois diminuir do todo (100%). Eliminando a possibilidade de os dois números serem par, o restante terá pelo menos um ímpar.***

Calculando:

> ***Probabilidade de M:*** $P = \frac{2}{5}$

> *Probabilidade de H:* $P = \frac{3}{5}$
> *Probabilidade das duas urnas (um número de cada = M e H):* $P = \frac{2}{5} \cdot \frac{3}{5} = \frac{6}{25}$
> *Probabilidade Complementar:*

$$P(A) + P(\bar{A}) = 1$$

$$\frac{19}{25} + P(\bar{A}) = 1$$

$$P(\bar{A}) = 1 - \frac{6}{25}$$

$$P(\bar{A}) = \frac{19}{25} = 76\%$$

Há 76% de chance de, ao menos, uma ficha ímpar ser sorteada.

Casos Especiais de Probabilidade

A partir de agora veremos algumas situações típicas da probabilidade, que servem para não perdermos tempo na resolução das questões.

Eventos Independentes

Dois ou mais eventos são independentes quando não dependem uns dos outros para acontecer, porém ocorrem simultaneamente. Para calcular a probabilidade de dois ou mais eventos independentes, basta multiplicar a probabilidade de cada um deles.

» **Ex.:** uma urna tem 30 bolas, sendo 10 vermelhas e 20 azuis. Se sortearmos 2 bolas, 1 de cada vez e repondo a sorteada na urna, qual será a probabilidade de a primeira ser vermelha e a segunda ser azul?

Resolução:

Sortear uma bola vermelha da urna não depende de uma bola azul ser sorteada e vice-versa, então a probabilidade da bola ser vermelha é $\frac{10}{30}$, e para a bola ser azul a probabilidade é $\frac{20}{30}$. Dessa forma, a probabilidade de a primeira bola ser vermelha e a segunda azul é:

$$P = \frac{10}{30} \cdot \frac{20}{30}$$

$$P = \frac{200}{900}$$

$$P = \frac{2}{9}$$

Probabilidade Condicional

É a probabilidade de um evento ocorrer sabendo que já ocorreu outro, relacionado a esse.

A fórmula para o cálculo dessa probabilidade é:

$$P_{\frac{A}{B}} = \frac{P_{(A \cap B)}}{P_B}$$

$$P = \frac{\text{probabilidade dos eventos simultâneos}}{\text{probabilidade do evento condicional}}$$

Exercício Comentado

01. (ESAF) Maria ganhou de João nove pulseiras, quatro delas de prata e cinco delas de ouro. Maria ganhou de Pedro onze pulseiras, oito delas de prata e três delas de ouro. Maria guarda todas essas pulseiras - e apenas essas - em sua pequena caixa de joias. Uma noite, arrumando-se apressadamente para ir ao cinema com João, Maria retira, ao acaso, uma pulseira de sua pequena caixa de joias. Ela vê, então, que retirou uma pulseira de prata. Levando em conta tais informações, a probabilidade de que a pulseira de prata que Maria retirou seja uma das pulseiras que ganhou de João é igual a:

a) 1/3
b) 1/5
c) 9/20
d) 4/5
e) 3/5

RESPOSTA. ***"A". Ao todo Maria tem 12 pulseiras de prata e dessas 4 foram dadas por João.***

$$P = \frac{\text{probabilidade dos eventos simultâneos}}{\text{probabilidade do evento condicional}}$$

$$P = \frac{4}{12}$$

$$P = \frac{1}{3}$$

Probabilidade da União de Dois Eventos

Assim como na teoria de conjuntos, faremos a relação com a fórmula do número de elementos da união de dois conjuntos. É importante lembrar que "ou" significa união..

A fórmula para o cálculo dessa probabilidade é:

$$P(A \cup B) = P(A) + P(B) - P(A \cap B)$$

» **Ex.:** ao lançarmos um dado, qual é a probabilidade de obtermos um número primo ou um número ímpar?

Resolução:

Os números primos no dado são 2, 3 e 5, já os números ímpares no dado são 1, 3 e 5, então os números primos e ímpares são 3 e 5. Aplicando a fórmula para o cálculo da probabilidade fica:

$$P_{(A \cup B)} = \frac{3}{6} + \frac{3}{6} - \frac{2}{6}$$

$$P_{(A \cup B)} = \frac{4}{6}$$

$$P_{(A \cup B)} = \frac{2}{3}$$

Exercício Comentado

01. (CESPE) Em uma urna há 100 bolas numeradas de 1 a 100. Nesse caso, a probabilidade de se retirar uma bola cuja numeração seja um múltiplo de 10 ou de 25 será inferior a 0,13: Inferior a 0,13.

CERTO. De 1 a 100 temos 10 (10, 20, 30, 40, 50, 60, 70, 80, 90, 100) múltiplos de 10, 4 (25, 50, 75, 100) múltiplos de 25 e 2 (50, 100) múltiplos simultâneos de 10 e 25. Veja aqui o uso do "ou", que quando acontece já sabemos que faremos a probabilidade da união de dois eventos. Calculando:

$$P_{10} = \frac{10}{100} = \frac{1}{10}$$

$$P_{25} = \frac{4}{100} = \frac{1}{25}$$

$$P_{50} = \frac{2}{100} = \frac{1}{50}$$

$$P(A \cup B) = P(A) + P(B) - P(A \cap B)$$

$$P(A \cup B) = P_{10} + P_{25} - P_{50}$$

$$P(A \cup B) = \frac{10}{100} + \frac{4}{100} - \frac{2}{100}$$

$$P(A \cup B) = \frac{12}{100} = 0,12$$

Como a questão está falando em inferior a 0,13, a resposta está correta.

Probabilidade Binomial

Essa probabilidade será tratada aqui de forma direta e com o uso da fórmula.

A fórmula para o cálculo dessa probabilidade é:

$$P = C_{n,s} \cdot P_{sucesso}^{s} \cdot P_{fracasso}^{f}$$

Cujo:

> **C** = o combinação;
> **n** = o número de repetições do evento;
> **s** = o números de "sucessos" desejados;
> **f** = o número de "fracassos".

Exercícios Comentados

01. ***Um torneio vai ser disputado por quatro tenistas A, B, C e D. Inicialmente, um sorteio dividirá os tenistas em dois pares, que se enfrentarão na primeira rodada do torneio. A probabilidade de que A e B se enfrentem na primeira rodada é:***

a) ***1/2***
b) ***1/3***
c) ***1/4***
d) ***1/6***
e) ***1/8***

RESPOSTA. ***"B". Os pares que podem ser formadas inicialmente são A e B, A e C ou A e D (a ordem não importa já que A e B ou B e A é a mesma coisa). Se são 3 possibilidades e A e B representa uma delas, a chance de ser A e B será de 1/3 (calculando pela fórmula: probabilidade = evento/espaço amostral).***

02. ***(CESPE) A probabilidade de serem encontrados defeitos em uma casa popular construída em certo local é igual a 0,1. Retirando-se amostra aleatória de 5 casas desse local, a probabilidade de que em exatamente duas dessas casas sejam encontrados defeitos na construção é:***

a) ***Inferior a 0,15.***
b) ***Superior a 0,16 e inferior a 0,30.***
c) ***Superior a 0,31 e inferior a 0,45.***
d) ***Superior a 0,46.***

RESPOSTA. ***"A"***

$$P = C_{n,s} \cdot P_{sucesso}^{s} \cdot P_{fracasso}^{f}$$

Onde:

> ***n = 5***
> ***s = 2***
> ***f = 3***
> ***$P_{sucesso}$ = 0,1 (casa com defeito)***
> ***$P_{fracasso}$ = 0,9 (casa sem defeito)***

$$P = C_{5,2} \cdot 0,1^{2} \cdot 0,9^{3}$$

$$P = 10 \cdot 0,01 \cdot 0,729$$

$$P = 0,0729$$

Vamos Praticar

01. Em uma escola com 500 alunos, foi realizada uma pesquisa para determinar a tipagem sanguínea destes. Observou-se que 115 tinham o antígeno A, 235 tinham o antígeno B e 225 não possuíam nenhum dos dois. Escolhendo ao acaso um destes alunos, a probabilidade de que ele seja do tipo AB, isto é, possua os dois antígenos são:

a) 15%
b) 23%
c) 30%
d) 45%
e) 47%

02. Na Agência dos Correios de uma certa cidade trabalham 20 funcionários. Sabe-se que 12 desses funcionários jogam futebol, 8 jogam vôlei e 5 jogam futebol e vôlei. Escolhendo ao acaso um dos funcionários, qual a probabilidade dele não praticar nenhum desses esportes?

a) 12%
b) 5%
c) 25%
d) 50%
e) 75%

03. Em uma prateleira há 16 pastas que contêm processos a serem arquivados e cada pasta tem uma etiqueta na qual está marcado um único número, de 1 a 16. Se as pastas não estão dispostas ordenadamente na prateleira e um Técnico Judiciário pegar aleatoriamente duas delas, a probabilidade de que nessa retirada os números marcados em suas respectivas etiquetas somem 13 unidades é de:

a) 4%
b) 4,2%
c) 4,5%
d) 4,8%
e) 5%

04. A figura abaixo mostra um trecho de uma malha rodoviária de mão única. Dos veículos que passam por A, 45% viram à esquerda, dos veículos que passam por B, 35% viram à esquerda. Daqueles que trafegam por C, 30% dobram à esquerda.

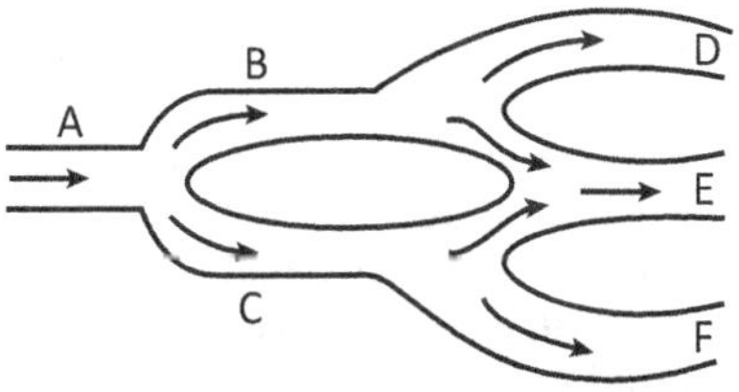

Qual é o percentual dos veículos que, passando por A, entram em E?

a) 57,50%
b) 45,75%
c) 38,60%
d) 29,85%

05. (CESPE) Um dado não viciado é lançado duas vezes. Nesse caso, a probabilidade de se ter um número par no primeiro lançamento e um número múltiplo de 3 no segundo lançamento é igual a 1/6.

Certo ( ) Errado ( )

06. (CESPE) De 100 processos guardados em um armário, verificou-se que 10 correspondiam a processos com sentenças anuladas, 20 estavam solucionados sem mérito e 30 estavam pendentes, aguardando a decisão de juiz, mas dentro do prazo vigente. Nessa situação, a probabilidade de se retirar desse armário um processo que esteja com sentença anulada, ou que seja um processo solucionado sem mérito, ou que seja um processo pendente, aguardando a decisão de juiz, mas dentro do prazo vigente, é igual a 3/5.

Certo ( ) Errado ( )

07. A diretoria da associação dos servidores de uma pequena empresa deve ser formada por 5 empregados escolhidos entre os 10 de nível médio e os 15 de nível superior.

A respeito dessa restrição, julgue o item seguinte.

(CESPE) Se a diretoria fosse escolhida ao acaso, a probabilidade de serem escolhidos 3 empregados de nível superior seria maior que a probabilidade de serem escolhidos 2 empregados de nível médio.

Certo ( ) Errado ( )

08. (CESPE) Considere-se que, das 82 varas do trabalho relacionadas no sítio do TRT da 9ª Região, 20 ficam em Curitiba, 6 em Londrina e 2 em Jacarezinho. Considere-se, ainda, que, para o presente concurso, haja vagas em todas as varas, e um candidato aprovado tenha igual chance de ser alocado em qualquer uma delas. Nessas condições, a probabilidade de um candidato aprovado no concurso ser alocado em uma das varas de Curitiba, ou de Londrina, ou de Jacarezinho é superior a 1/3.

Certo ( ) Errado ( )

09. (CESPE) Se, em um concurso público com o total de 145 vagas, 4.140 inscritos concorrerem a 46 vagas para o cargo de técnico e 7.920 inscritos concorrerem para o cargo de analista, com provas para esses cargos em horários distintos, de forma que um indivíduo possa se inscrever para os dois cargos, então a probabilidade de que um candidato inscrito para os dois cargos obtenha uma vaga de técnico ou de analista será inferior a 0,025.

Certo ( ) Errado ( )

10. (CESPE) Nas eleições majoritárias, em certo estado, as pesquisas de opinião mostram que a probabilidade de os eleitores votarem no candidato X à presidência da República ou no candidato Y a governador do estado é igual a 0,7; a probabilidade de votarem no candidato X é igual a 0,51 e a probabilidade de votarem no candidato Y é igual a 0,39. Nessa situação, a probabilidade de os eleitores desse estado votarem nos candidatos X e Y é igual a:

a) 0,19
b) 0,2
c) 0,31
d) 0,39
e) 0,5

11. (CESPE) Em uma pesquisa de opinião, foram entrevistados 2.400 eleitores de determinado estado da Federação, acerca dos candidatos A, ao Senado Federal, e B, à Câmara dos Deputados, nas próximas eleições. Das pessoas entrevistadas, 800 votariam no candidato A e não votariam em B, 600 votariam em B e não votariam em A e 600 não votariam em nenhum desses dois candidatos.

Com base nessa pesquisa, a probabilidade de um eleitor desse estado, escolhido ao acaso:

a) Votar em apenas um desses dois candidatos será igual a 0,5.
b) Não votar no candidato A será igual a 1/3.
c) Votar no candidato A ou no candidato B será igual a 0,75.
d) Votar nos candidatos A e B será igual a 0,2.
e) Votar no candidato B e não votar no candidato A será igual a 1/3.

12. (CESGRANRIO) Dois dados comuns, "honestos", são lançados simultaneamente. A probabilidade do evento "a soma dos valores dos dados é ímpar e menor que 10" é igual a:

a) 4/11
b) 17/36
c) 4/9
d) 12/36
e) 3/8

13. (CESGRANRIO) Pedro está jogando com seu irmão e vai lançar dois dados perfeitos. Qual a probabilidade de que Pedro obtenha pelo menos 9 pontos ao lançar esses dois dados?

a) 1/9
b) 1/4
c) 5/9
d) 5/18
e) 7/36

14. (CESGRANRIO) Três dados comuns e honestos serão lançados. A probabilidade de que o número 6 seja obtido mais de uma vez é:

a) 5/216
b) 6/216
c) 15/216
d) 16/216
e) 91/216

15. (ESAF) Uma urna contém 5 bolas pretas, 3 brancas e 2 vermelhas. Retirando-se, aleatoriamente, três bolas sem reposição, a probabilidade de se obter todas da mesma cor é igual a:

a) 1/10
b) 8/5
c) 11/120
d) 11/720
e) 41/360

16. (ESAF) Em uma urna existem 200 bolas misturadas, diferindo apenas na cor e na numeração. As bolas azuis estão numeradas de 1 a 50, as bolas amarelas estão numeradas de 51 a 150 e as bolas vermelhas estão numeradas de 151 a 200. Ao se retirar da urna três bolas escolhidas ao acaso, com reposição, qual a probabilidade de as três bolas serem da mesma cor e com os respectivos números pares?

a) 10/512
b) 3/512
c) 4/128
d) 3/64
e) 1/64

17. (ESAF) Uma urna contém bolas vermelhas, azuis, amarelas e pretas. O número de bolas pretas é duas vezes o número de bolas azuis, o número de bolas amarelas é cinco vezes o número de bolas vermelhas, e o número de bolas azuis é duas vezes o número de bolas amarelas. Se as bolas diferem apenas na cor, ao se retirar ao acaso três bolas da urna, com reposição, qual a probabilidade de exatamente duas bolas serem pretas?

a) 100/729
b) 100/243
c) 10/27
d) 115/243
e) 25/81

18. (ESAF) As apostas na Mega-Sena consistem na escolha de 6 a 15 números distintos, de 1 a 60, marcados em volante próprio. No caso da escolha de 6 números tem-se a aposta mínima e no caso da escolha de 15 números tem-se a aposta máxima. Como ganha na Mega-sena quem acerta todos os seis números sorteados, o valor mais próximo da probabilidade de um apostador ganhar na Mega-sena ao fazer a aposta máxima é o inverso de:

a) 20.000.000
b) 3.300.000
c) 330.000
d) 100.000
e) 10.000

19. (ESAF) Em um experimento binomial com três provas, a probabilidade de ocorrerem dois sucessos é doze vezes a probabilidade de ocorrerem três sucessos. Desse modo, as probabilidades de sucesso e fracasso são, em percentuais, respectivamente, iguais a:

a) 80% e 20%
b) 30% e 70%
c) 60% e 40%
d) 20% e 80%
e) 25% e 75%

20. (FCC) Para disputar a final de um torneio internacional de natação, classificaram-se 8 atletas: 3 norte-americanos, 1 australiano, 1 japonês, 1 francês e 2 brasileiros. Considerando que todos os atletas classificados são ótimos e têm iguais condições de receber uma medalha (de ouro, prata ou bronze), a probabilidade de que pelo menos um brasileiro esteja entre os três primeiros colocados é igual a:

a) 5/14
b) 3/7
c) 4/7
d) 9/14
e) 5/7

Gabarito

01	A	11	C
02	C	12	C
03	E	13	D
04	B	14	D
05	CERTO	15	C
06	CERTO	16	A
07	ERRADO	17	B
08	CERTO	18	E
09	CERTO	19	D
10	B	20	D

Anotações

CAPÍTULO 19

Sequências Numéricas

Neste capítulo, será possível ver como informada uma sequência e também do que trata a P.A. (Progressão Aritmética) e a P.G. (Progressão Geométrica).

Conceitos

→ **Sequências**: conjuntos de elementos organizados de acordo com certo padrão, ou seguindo determinada regra. O conhecimento das sequências é fundamental para a compreensão das progressões.

→ **Progressões**: as progressões são sequências numéricas com algumas características exclusivas.

Fique Ligado

Cada elemento das sequências e/ou progressões são denominados termos. Exemplos:

> *Sequência dos números quadrados perfeitos: (1, 4, 9, 16, 25, 36, 49, 64, 81, 100...);*

> *Sequência dos números primos: (2, 3, 5, 7, 11, 13, 17, 19, 23, 29, 31, 37, 41, 43, 47, 53...).*

Veja que na sequência dos números quadrados perfeitos a lei que determina sua formação é: $a_n = n^2$.

Lei de Formação de uma Sequência

Para determinarmos uma sequência numérica, precisamos de uma lei de formação. A lei que define a sequência pode ser a mais variada possível.

» **Ex.:** A sequência definida pela lei $a_n = n^2 + 1$, com "n" ∈ N, cujo a_n é o termo que ocupa a n-ésima posição na sequência é: 0, 2, 5, 10, 17, 26... Por esse motivo, a_n é chamado de termo geral da sequência.

Progressão Aritmética (P.A.)

Toda sequência na qual, a partir do segundo termo, a subtração de um termo por seu antecessor tem como resultado um valor fixo, que chamaremos de **razão** e representaremos pela letra "**r**", é chamada de progressão aritmética. Ex.:

> (2, 4, 6, 8, 10, 12, 14, ...); r = 2

> (5, 2, -1, -4, -7, -10, -13, ...); r = -3

Fique Ligado

Uma P.A. pode ser crescente, decrescente ou constante:

> *Crescente: é aquela que tem a razão positiva, r > 0;*

> *Decrescente: é aquela que tem a razão negativa, r < 0;*

> *Constante: é aquela que tem a razão nula, r = 0.*

Termo Geral da P.A.

Sabendo-se o primeiro termo de uma P.A. e sua razão, podemos determinar qualquer termo que quisermos, bastando para isso fazer uso da fórmula do termo geral, que é:

$$a_n = a_1 + (n - 1) \cdot r$$

Cujo:

> a_1 = o primeiro termo da P.A.;

> a_n = o termo que se quer determinar;

> **n** = o número do termo;

> **r** = a razão da P.A.

» **Ex.:** determine o 8º termo da P.A. (3, 7, 11, 15, ...)

Resolução:

Sendo $a_1 = 3$, e r = 4 (7 - 3 = 4), aplicando a fórmula do termo geral, temos:

$$a_n = a_1 + (n - 1) \cdot r$$
$$a_8 = 3 + (8 - 1) \cdot 4$$
$$a_8 = 3 + 7 \cdot 4$$
$$a_8 = 3 + 28$$
$$a_8 = 31$$

Portanto, o 8º termo da P.A. é 31.

Propriedades das P.A.

→ **1ª propriedade:** qualquer termo da P.A., a partir do segundo, é a média aritmética entre seu antecessor e seu sucessor.

$$a_p = \frac{a_{p-1} + a_{p+1}}{2}; p \geq 2$$

» **Ex.:** P.A. (3, 7, ?, 15, ...)

$a_1 = 3$; $a_2 = 7$; $a_3 = ?$; $a_4 = 15$

$$a_p = \frac{a_{p-1} + a_{p+1}}{2}$$
$$a_3 = \frac{a_2 + a_4}{2}$$
$$a_3 = \frac{7 + 15}{2}$$
$$a_3 = \frac{22}{2}$$
$$a_3 = 11$$

→ **2ª propriedade:** a soma dos termos equidistantes aos extremos é igual à soma dos extremos.

$$a_1 + a_n = a_2 + a_{n-1} = a_3 + a_{n-2} = a_{1+p} + a_{n-p}$$

» **Ex.:** P.A. (3, 7, 11, 15, 19, 23, 27, 31)

$a_1 = 3$; $a_2 = 7$; $a_3 = 11$; $a_4 = 15$; $a_5 = 19$; $a_6 = 23$; $a_7 = 27$; $a_8 = 31$

$$a_1 + a_n = a_2 + a_{n-1} = a_3 + a_{n-2} = a_{1+p} + a_{n-p}$$
$$a_1 + a_8 = a_2 + a_7 = a_3 + a_6 = a_4 + a_5$$
$$3 + 31 = 7 + 27 = 11 + 23 = 15 + 19$$
$$34 = 34 = 34 = 34$$

Fique Ligado

Dois termos são equidistantes quando a distância entre um deles para o primeiro termo da P.A. é igual a distância do outro para o último termo da P.A.

Interpolação Aritmética

Interpolar significa inserir termos, ou seja, interpolação aritmética é a colocação de termos entre os extremos de uma P.A. Consiste basicamente em descobrir o valor da razão da P.A. e, com, isso inserir esses termos.

Utiliza-se a fórmula do termo geral para a resolução das questões, em que "**n**" será igual a "**k + 2**", cujo "**k**" é a quantidade de termos que se quer interpolar.

» **Ex.:** insira 5 termos em uma P.A. que começa com 3 e termina com 15.

Resolução:

$a_1 = 3$; $a_n = 15$; $k = 5$ e $n = 5 + 2 = 7$

$$a_n = a_1 + (n - 1) \cdot r$$
$$15 = 3 + (7 - 1) \cdot r$$
$$15 = 3 + 6r$$
$$6r = 15 - 3$$
$$6r = 12$$
$$r = \frac{12}{6}$$
$$r = 2$$

Então, P.A (3, **5, 7, 9, 11, 13,** 15)

Soma dos Termos de uma P.A.

Para somar os termos de uma P.A. basta utilizar a seguinte fórmula.

$$S_n = \frac{(a_1 + a_n) \cdot n}{2}$$

Cujo:

> **a_1** = o primeiro termo da P.A.;

> **a_n** = o último termo da P.A.;

> **n** = o total de termos da P.A.

» **Ex.:** calcule a soma dos temos da P.A. (1, 4, 7, 10, 13, 16, 19, 22, 25).

Resolução:

$a_1 = 1$; $a_n = 25$; $n = 9$

$$S_n = \frac{(a_1 + a_n) \cdot n}{2}$$
$$S_n = \frac{(1 + 25) \cdot 9}{2}$$
$$S_n = \frac{(26) \cdot 9}{2}$$
$$S_n = \frac{234}{2}$$
$$S_n = 117$$

Exercício Comentado

01. (FGV) Em uma fila, denominamos extremos o primeiro e o último elemento e equidistantes os elementos que estão à mesma distância dos extremos. A distância entre dois elementos consecutivos dessa fila é sempre a mesma, quaisquer que sejam esses dois elementos. Sabendo que essa fila é formada por 52 elementos, o 8º elemento é equidistante ao:

a) 44º elemento.
b) 45º elemento.
c) 46º elemento.
d) 47º elemento.
e) 48º elemento.

RESPOSTA. *"B". Veja que se trata de uma questão bem simples, na qual trabalharemos com a propriedade dos termos equidistantes. O 8º elemento está a 7 termos distante do 1º (8 – 1 = 7), logo o termo equidistante ao 8º terá que estar 7 termos distante do último termo, que é o 52º termo, então 52 – 7 = 45. Portanto, o 8º termo é equidistante ao 45º termo.*

Progressão Geométrica (P.G.)

Toda sequência na qual, a partir do segundo termo, a divisão de um termo por seu antecessor tem como resultado um valor fixo, que chamaremos de **razão** e representaremos pela letra "**q**", é chamada de progressão geométrica.

Observe que os conceitos de P.A. e P.G. são muito parecidos, mas não iguais. Enquanto a P.A. usamos a adição na P.G. utilizamos a multiplicação. Ex.:

> (2, 4, 8, 16, 32, 64, ...); q = 2

> (5, -25, 125, -625, 3125, ...); q = -5

Fique Ligado

Uma P.G. pode ser crescente, decrescente, constante ou oscilante:

> ***Crescente (3, 9, 27, 81, 243, ...)***

> ***Decrescente (1296, 216, 36, 6, 1, ...)***

> ***Constante (7, 7, 7, 7, ...)***

> ***Oscilante (3, -12, 48, -192, ...)***

Termo Geral da P.G.

Sabendo o primeiro termo de uma P.G. e sua razão, podemos determinar qualquer termo que quisermos, bastando para isso fazer uso da fórmula do termo geral:

$$a_n = a_1 \cdot q^{(n-1)}$$

Cujo:

> **a_1** = o primeiro termo da P.G.;

> **a_n** = o termo que se quer determinar;

> **n** = o número do termo;

> **q** = a razão da P.G.

» **Ex.:** determine o 5º termo da P.G. (3, 15, 75, ...)

Resolução:

Sendo $a_1 = 3$, e q = 5 (15/3 = 5), aplicando a fórmula do termo geral, temos:

$$a_n = a_1 \cdot q^{(n-1)}$$
$$a_5 = 3 \cdot 5^{(5-1)}$$
$$a_5 = 3 \cdot 5^4$$
$$a_5 = 3 \cdot 625$$
$$a_5 = 1875$$

Propriedades das P.G.

→ **1ª propriedade:** qualquer termo da P.G., a partir do segundo, é a média geométrica entre seu antecessor e seu sucessor.

$$a_k^2 = a_{k-1} \cdot a_{k+1}; k \geq 2$$

→ **2ª propriedade:** o produto dos termos equidistantes aos extremos é igual ao produto dos extremos.

$$a_1 . a_n = a_2 . a_{n-1} = a_3 . a_{n-2} = a_{1+k} + a_{n-k}$$

Fique Ligado

Dois termos são equidistantes quando a distância de um deles para o primeiro termo P.G. é igual a distância do outro para o último termo da P.G.

Interpolação Geométrica

Interpolar significa inserir termos, ou seja, interpolação geométrica é a colocação de termos entre os extremos de uma P.G. Consiste basicamente em descobrir o valor da razão da P.G. e, com isso, inserir esses termos.

Utiliza-se a fórmula do termo geral para a resolução das questões, em que "**n**" será igual a "**p + 2**", cujo "**p**" é a quantidade de termos que se quer interpolar.

» **Ex.:** insira 4 termos em uma P.G que começa com 2 e termina com 2048.

Resolução:

$a_1 = 2$; $a_n = 2048$; $p = 4$ e $n = 4 + 2 = 6$

$$a_n = a_1 \cdot q^{(n-1)}$$
$$2048 = 2 \cdot q^{(6-1)}$$
$$2048 = 2 \cdot q^5$$
$$q^5 = \frac{2048}{2}$$
$$q^5 = 1024 \quad (1024 = 4^5)$$
$$q^5 = 4^5$$
$$q = 4$$

P.G. (2, **8, 32, 128, 512,** 2048).

Soma dos Termos de uma P.G

Aqui temos duas situações: P.G. **finita** e **infinita**. Devemos ficar atentos, pois para cada tipo de P.G.temos uma fórmula correspondente.

→ **P.G. finita:**

$$S_n = \frac{a_n \cdot q - a_1}{q - 1} \text{ ou } S_n = \frac{a_1 \cdot (q^n - 1)}{q - 1}$$

→ **P.G. infinita:**

$$S_n = \frac{a_1}{1 - q}$$

P.G. infinita é aquela que tem a razão: $-1 < q < 1$.

Cujo:

> **a_1** = o primeiro termo da P.G.;

> **a_n** = o último termo da P.G.;

> **q** = a razão da P.G.

» **Ex.:** calcule a soma da P.G.: $(1, -\frac{1}{3}, \frac{1}{9}, -\frac{1}{27}, \cdots)$

Resolução:

Como q = -1/3, ou seja, -1 < q < 1, então:

$S_n = \frac{a_1}{1 - q}$ e $a_1 = 1$

$$S_n = \frac{1}{1 - (-\frac{1}{3})}$$
$$S_n = \frac{1}{1 + \frac{1}{3}}$$
$$S_n = \frac{1}{\frac{3}{4}}$$
$$S_n = \frac{3}{4}$$

Produto dos Termos de uma P.G.

Para o cálculo do produto dos termos de uma P.G., basta usar a seguinte fórmula:

$$P_n = \sqrt{(a_1 \cdot a_n)^n}$$

» **Ex.:** qual o produto dos termos da P.G. (5, 10, 20, 40, 80, 160).

Resolução:

$a_1 = 5$; $a_n = 160$; $n = 6$

$$P_n = \sqrt{(a_1 \cdot a_n)^n}$$
$$P_n = \sqrt{(5 \cdot 160)^6}$$
$$P_n = (5 \cdot 160)^3$$
$$P_n = (800)^3$$
$$P_n = 512000000$$

Exercícios Comentados

01. (FMZ) Um fungo cresce de tal forma que dobra de tamanho a cada hora. Sabendo que em 30 horas o fungo atingiu 6m², quanto tempo o fungo levou para atingir 3m²?

a) 29 horas
b) 15 horas
c) 10 horas
d) 5 horas
e) 1 hora

RESPOSTA. "A". Sabemos que o fungo dobra de tamanho a cada hora, como em 30 horas o fungo tem 6m² de tamanho, 1 hora antes ele tinha a metade desse tamanho, logo em 29 horas o fungo tinha 3m².

02. O sexto termo de uma progressão geométrica é igual a 12.500. Se a razão é igual a 5, assinale a alternativa correspondente ao terceiro termo.

a) 100
b) 125
c) 150
d) 340
e) 300

RESPOSTA. "A". Se $a_6 = 12.500$ e $q = 5$, então a_1 será:

$$a_6 = a_1 \cdot q^{n-1}$$
$$12.500 = a_1 \cdot 5^5$$
$$12.500 = a_1 \cdot 3.125$$
$$a_1 = \frac{12.500}{3.125}$$
$$a_1 = 4$$

Por fim:

$$a_3 = a_1 \cdot q^2$$
$$a_3 = 4 \cdot 25$$
$$a_3 = 100$$

Vamos Praticar

01. O número mínimo de termos que deve ter a P.A (73, 69, 65, ...) para que a soma de seus termos seja negativa é:

a) 18
b) 19
c) 20
d) 37
e) 38

02. Sejam $(1, a_2, a_3, a_4)$ e $(1, b_2, b_3, b_4)$ uma progressão aritmética e uma progressão geométrica, respectivamente, ambas com a mesma soma dos termos e ambas crescentes. Se a razão r da progressão aritmética é o dobro da razão q da progressão geométrica, então, o produto $r \cdot q$ é igual a:

a) 15
b) 18
c) 21
d) 24
e) 26

03. Quantos múltiplos de 9 ou 15 há entre 100 e 1000?

a) 100
b) 120
c) 140
d) 160
e) 180

04. Um menino, de posse de uma porção de grãos de arroz, brincando com um tabuleiro de xadrez, colocou um grão na primeira casa, dois grãos na segunda casa, quatro grãos na terceira casa, oito grãos na quarta casa e continuou procedendo desta forma até que os grãos acabaram, em algum momento, enquanto ele preenchia a décima casa. A partir dessas informações, podemos afirmar que a quantidade mínima de grãos de arroz que o menino utilizou na brincadeira é:

a) 480
b) 511
c) 512
d) 1023
e) 1024

05. Numa P.A., o 2º termo é 1 e o 5º termo é 16. O termo igual a 31 é o:

a) 7º
b) 8º
c) 10º
d) 11º
e) 15º

06. Álvaro, Bento, Carlos e Danilo trabalham em uma mesma empresa, e os valores de seus salários mensais formam, nessa ordem, uma progressão aritmética. Danilo ganha mensalmente R$ 1.200,00 a mais que Álvaro, enquanto Bento e Carlos recebem, juntos, R$ 3.400,00 por mês. Qual é, em reais, o salário mensal de Carlos?

a) 1.500,00
b) 1.550,00
c) 1.700,00
d) 1.850,00
e) 1.900,00

07. Seja a progressão geométrica: $\sqrt{5}, \sqrt[3]{5}, \sqrt[6]{5}, ...$ O quarto termo dessa progressão é:

a) 0
b) $5^{-\frac{1}{6}}$
c) $5^{\frac{1}{9}}$
d) 1
e) 5

08. Em uma progressão geométrica, o segundo termo é 27^{-2}, o terceiro termo é 9^4, e o quarto termo é 3^n. O valor de n é:

a) 22
b) 20
c) 18
d) 16
e) 24

09. Qual é a soma dos termos da sequência (x - 2, 3x - 10, 10 + x, 5x + 2), para que a mesma seja uma progressão geométrica crescente?

a) 52
b) 60
c) 40
d) 48
e) 64

10. Os valores das parcelas mensais estabelecidas em contrato para pagamento do valor total de compra de um imóvel constituem uma P.A crescente de 5 termos. Sabendo que $a_1 + a_3 = 60$ mil reais, e que $a_1 + a_5 = 100$ mil reais, pode-se afirmar que o valor total de compra desse imóvel foi, em milhares de reais, igual a:

a) 200
b) 220
c) 230
d) 250
e) 280

11. (FGV) Considere a sequência numérica (1, 4, 5, 9, 14, 23, ...). O primeiro número dessa sequência a ter 3 algarismos é:

a) 157
b) 116
c) 135
d) 121
e) 149

12. (FCC) Considere que os números que compõem a sequência seguinte obedecem a uma lei de formação (120; 120; 113; 113; 105; 105; 96; 96; 86; 86; . . .). A soma do décimo quarto e décimo quinto termos dessa sequência é um número:

a) Múltiplo de 5
b) Ímpar
c) Menor do que 100
d) Divisível por 3
e) Maior do que 130

13. (FGV) Uma sequência numérica $(a_1, a_2, a_3, a_4,...)$ é construída de modo que, a partir do 3º termo, cada um dos termos corresponde à média aritmética dos termos anteriores. Sabendo-se que $a_1 = 2$ e que $a_9 = 10$, o valor do 2º termo é:

a) 18
b) 10
c) 6
d) 5
e) 3

14. (FCC) Às 10 horas do dia 18 de maio de 2007, um tanque continha 9 050 litros de água. Entretanto, um furo em sua base fez com que a água escoasse em vazão constante e, então, às 18 horas do mesmo dia restavam apenas 8.850 litros de água em seu interior. Considerando que o furo não foi consertado e não foi colocada água dentro do tanque, ele ficou totalmente vazio às:

a) 11 horas de 02/06/2007
b) 12 horas de 02/06/2007
c) 12 horas de 03/06/2007
d) 13 horas de 03/06/2007
e) 13 horas de 04/06/2007

15. (CESGRANRIO) Qual é a soma dos múltiplos de 11 formados por 4 algarismos?

a) 4.504.500
b) 4.505.000
c) 4.505.500
d) 4.506.000
e) 4.506.500

16. (FCC) Considere que em 1990 uma Seção Eleitoral de certa cidade tinha apenas 52 eleitores inscritos – 18 do sexo feminino e 34 do sexo masculino – e que, a partir de então, a cada ano subsequente o número de mulheres inscritas nessa Seção aumentou de 3 unidades, enquanto que o de homens inscritos aumentou de 2 unidades. Assim sendo, o número de eleitores do sexo feminino se tornou igual ao número dos eleitores do sexo masculino em:

a) 2004
b) 2005
c) 2006
d) 2007
e) 2008

17. (FCC) Considere as progressões aritméticas: P: (237, 231, 225, 219, ...) e Q: (4, 9, 14, 19, ...). O menor valor de n para o qual o elemento da sequência Q localizado na posição n é maior do que o elemento da sequência P também localizado na posição n é igual a:

a) 22
b) 23
c) 24
d) 25
e) 26

18. (CONSULPLAN) Qual é a soma dos termos da sequência (x - 2, 3x - 10, 10 + x, 5x + 2), para que a mesma seja uma progressão geométrica crescente?

a) 52
b) 60
c) 40
d) 48
e) 64

19. (CEPERJ) Em uma progressão geométrica, o segundo termo é 27^{-2}, o terceiro termo é 4^9, e o quarto termo é 3^n. O valor de n é:

a) 22
b) 20
c) 18
d) 16
e) 24

20. (CESGRANRIO) Qual é o número que deve ser somado aos números 1, 5 e 7 para que os resultados dessas somas, nessa ordem, formem três termos de uma progressão geométrica?

a) - 9
b) - 5
c) - 1
d) 1
e) 9

Gabarito

01	E	11	A
02	B	12	B
03	C	13	A
04	C	14	B
05	B	15	A
06	E	16	C
07	D	17	B
08	A	18	B
09	B	19	A
10	D	20	A

Anotações

ÍNDICE

CAPÍTULO 01

Software

Cerca de 90% das questões de Informática abordam conceitos relacionados aos softwares, na forma de definições e de modos de operação, tanto em provas de nível médio como de nível superior. Por esse motivo, ele será abordado em nosso primeiro tópico.

O software é a parte **abstrata** de um computador, também conhecido como a parte **Lógica**. É um programa instalado em um dispositivo, que pode ser um computador ou mesmo um celular.

Os Programas são a aplicação de regras de maneira digital, para que, dada uma situação, ocorra uma reação pré-programada. Assim, temos que um programa é uma representação de tarefas manuais; com eles podemos automatizar processos, o que torna as tarefas mais dinâmicas.

Licenças de Software

Uma licença de software define o que um usuário pode ou não fazer com ele, ela se baseia muito no direito autoral. Existem vários tipos de licenças de software, mas, no que tange ao concurso público, apenas duas são de valor significativo: a licença de software livre e a licença de software proprietário.

Software Proprietário

A licença de software proprietário procura reservar o direito de autor do programa.

Um software proprietário é também conhecido como software não livre, pois uma de suas principais características é manter o **Código Fonte[1] fechado.**

Há vários softwares proprietários gratuitos. Por outro lado, existem aqueles que, para o usuário adquirir o direito de uso, exigem a compra de uma licença de uso, a qual não lhe dá direito de propriedade sobre o programa, apenas concede a ele o direito de utilizá-lo, além de impor algumas regras quanto ao seu uso.

São exemplos de softwares proprietários: Windows, Microsoft Office, Mac OS, aplicativos da Adobe, Corel Draw, WinRar, WinZip, MSN entre outros tantos.

Software Livre

Em contrapartida ao software proprietário, um grupo criou o software livre. Como princípio atribuem-se às leis que o regem a definição de **liberdades** como forma de protesto em relação ao software proprietário.

O software livre tem como primordial característica o **Código Fonte Aberto.**

A principal organização que mantém e promove o software livre é a Free Software Foundation (FSF).

Para que um software seja classificado como Software Livre, ele deve obedecer a quatro **liberdades de software** do projeto **GNU** - *General Public License* (Licença Pública Geral) - idealizado por Richard M. Stallman:

- → **Liberdade 0:** a liberdade para executar o programa, para qualquer propósito;
- → **Liberdade 1:** a liberdade de estudar como o programa funciona e adaptá-lo às suas necessidades;
- → **Liberdade 2:** a liberdade de redistribuir cópias do programa de modo que você possa ajudar ao seu próximo;
- → **Liberdade 3:** a liberdade de modificar o programa e distribuir essas modificações, de modo que toda a comunidade se beneficie.

A GPL (*CopyLeft*) é um reforço a essas quatro liberdades, garantindo que o código fonte de um programa software livre não possa ser apropriado por outra pessoa ou empresa, principalmente para que não seja transformado em software proprietário.

A GPL só possui versão em inglês devido a possíveis erros de tradução que possam vir a ser inseridos em sua descrição.

O Linux é um dos principais projetos desenvolvidos sobre a licença de software livre, assim como o BrOffice, mas o principal responsável por alavancar o software livre, assim como o próprio Linux, foi o projeto Apache[2] que no início só rodava em servidores Linux e hoje é multiplataforma.

Fique Ligado

São exemplos de softwares livres: Apache, Linux, BrOffice, LibreOffice, Mozilla Firefox, Mozilla Thunderbird, entre outros.

Shareware

A Licença do tipo Shareware é comumente usada quando se deseja permitir ao usuário uma degustação do programa, é uma licença que oferece funcionalidades reduzidas ou mesmo em sua totalidade, porém, com um prazo para esse uso que, depois de encerrado, o programa limita as funcionalidades ou pode deixar de funcionar.

Um exemplo de software popular que utiliza essa licença é o Winrar, que, após os 40 dias, começa a exibir uma mensagem toda vez que é aberto, contudo, continua funcionando mesmo que o usuário não adquira a licença.

Esta permite a cópia e redistribuição do software, porém, não permite a alteração, pois o código fonte não é público.

Exercício Comentado

01. (CESPE) Com relação a softwares livres, suas licenças de uso, distribuição e modificação, assinale a opção correta, tendo como referência as definições e os conceitos atualmente empregados pela Free Software Foundation.

a) Todo software livre deve ser desenvolvido para uso por pessoa física em ambiente com sistema operacional da família Linux, devendo haver restrições de uso a serem impostas por fornecedor, no caso de outros sistemas operacionais.

1 Código Fonte: conjunto de instruções feitas em uma linguagem de programação, que definem o funcionamento e o comportamento do programa.

2 Apache: servidor responsável pelo processamento da maior parte das páginas disponibilizadas atualmente na Internet, cerca de 51%. (http://news.netcraft.com/archives/category/web-server-survey) acessado em 08/2013.

b) O código fonte de um software livre pode ser adaptado ou aperfeiçoado pelo usuário, para necessidades próprias, e o resultado de aperfeiçoamentos desse software pode ser liberado e redistribuído para outros usuários, sem necessidade de permissão do fornecedor do código original.

c) Toda licença de software livre deve estabelecer a liberdade de que esse software seja, a qualquer momento, convertido em software proprietário e, a partir desse momento, passem a ser respeitados os direitos de propriedade intelectual do código fonte do software convertido.

d) Quando a licença de um software livre contém cláusula denominada copyleft, significa que esse software, além de livre, é também de domínio público e, dessa forma, empresas interessadas em comercializar versões não gratuitas do referido software poderão fazê-lo, desde que não haja alterações nas funcionalidades originais do software.

e) Um software livre é considerado software de código aberto, quando o seu código fonte está disponível em sítio da Internet com designação .org, podendo, assim, ser continuamente atualizado, aperfeiçoado e estendido às necessidades dos usuários, que, para executá-lo, devem compilá-lo em seus computadores pessoais. Essa característica garante a superioridade do software livre em face dos seus concorrentes comerciais proprietários.

RESPOSTA. "A". Um software, por ser livre, não significa que tenha de ser para um tipo de pessoa apenas, pelo contrário, a ideia do software livre é a democratização, tanto que temos no Brasil um grande incentivo por parte do governo ao software livre, por isso, inclusive, é que ele aparece na sua prova do concurso. Como usuário doméstico (pessoa física), você também pode fazer uso desse ambiente mais seguro que é o Linux. O software livre também emprega as 4 liberdades, ou seja, o termo "restrição" não soa muito bem associado ao software livre.

ALTERNATIVA. "B". A alternativa descreve bem as 4 liberdades da licença livre bem como a característica "código fonte ser aberto", ou seja, disponível a todos.

ALTERNATIVA. "C". Um software Livre não pode ser convertido em software proprietário, contudo, existem licenças derivadas do software livre ditas licenças permissivas, que são utilizadas quando o desenvolvedor de um sistema apenas o cria sem intenção de mantê-lo ou melhorá-lo, deixando livre para que, caso alguém se interesse, possa tornar o fruto do seu trabalho em um produto e comercializar por conta.

ALTERNATIVA. "D". Software de Domínio Público pode ser transformado em software proprietário. A denominação CopyLeft faz uma alusão ao CopyRight (direitos autorais), dando ênfase à liberdade de software. Ela é um complemento ao conceito de software livre, pois o reforça, impondo a necessidade de que as atualizações, mudanças ou mesmo uso de partes de um deste sejam mantidas sob a licença de software livre, o qual é diferente de domínio público devido às condições citadas.

ALTERNATIVA. "E". O código fonte não precisa estar disponibilizado necessariamente em um site, porém, deve ser acessível a quem precisar; o código pode ser disponibilizado por meio de mídias como CDs e DVDs. Além disso, um software livre já possui versões compiladas disponíveis para usuários, ou seja, o usuário não precisa compilá-lo previamente para executar.

Tipos de Software

Existem diversos tipos de software, mas somente alguns nos interessam durante a prova. Dessa forma, iremos focar o estudo no que nos é pertinente.

Podemos classificar os softwares de acordo com os itens a seguir:

> **Firmwares;**
> **Sistemas Operacionais;**
> **Escritório;**
> **Utilitários;**
> **Entretenimento;**
> **Malwares.**

Firmwares

Um firmware é normalmente um software embarcado, ou seja, ele é um software desenvolvido para operar sobre um hardware específico. De forma geral, um firmware é incorporado ao hardware já no momento de sua fabricação, mas, dependendo do tipo de memória em que é armazenado, ele pode ser atualizado ou não. O software do tipo firmware que interessa ao nosso estudo é o BIOS.

BIOS (Basic Input/Output System)

O Sistema Básico de Entrada e Saída é um software embarcado em uma **memória do tipo ROM**, nos computadores atuais é mais comum em memórias do tipo **Flash ROM.**

O BIOS é o primeiro programa que roda quando ligamos o computador. Ele é composto pelo **SETUP,** que são suas configurações, e pelo **POST,** responsável por realizar os testes de hardware.

Durante o processo de boot[3], o BIOS aciona a memória CMOS[4], onde ficam armazenadas as últimas informações sobre o hardware do computador e sobre a posição de início do sistema operacional no disco. Em posse dessas informações, o BIOS executa o POST, a etapa que verifica se todos os dispositivos necessários estão conectados e operantes.

Após as verificações de compatibilidade, o BIOS inicia o processo de leitura do disco indicado como primário a partir do ponto onde se encontra o sistema operacional, que é carregado para a memória principal do computador.

Quando há apenas um sistema operacional instalado no computador, este é iniciado diretamente pelo BIOS, porém, se houver dois ou mais se faz necessário optar por qual dos sistemas se deseja utilizar.

Em uma situação em que existem dois sistemas operacionais atribui-se a caracterização de Dual boot.

Fique Ligado

Em um mesmo computador podem ser instalados dois ou mais sistemas operacionais diferentes, ou mesmo versões diferentes do mesmo sistema.

Um computador que possua uma distribuição Linux instalada e uma versão Windows, por exemplo, ao ser concluído o processo do BIOS, inicia um gerenciador de boot. Em geral é citado nas provas ou o **GRUB** ou o **LILO**, que são associados ao Linux.

3 boot: processo de inicialização do sistema operacional.

4 CMOS: uma pequena memória RAM alimentada por uma pilha de 9V.

Exercícios Comentados

01. (IF-SE) Um programa (software), quando armazenado na memória ROM, recebe o nome de firmware.

CERTO. Um exemplo disso é o Sistema Básico de Entrada/Saída (BIOS), que é um software do tipo Firmware que fica armazenado em uma memória do tipo ROM, nos computadores atuais do tipo Flash ROM (que é dita do tipo ROM, pela característica de manter uma informação mesmo sem alimentação de energia). Os chips de memória ROM são peças normalmente já acopladas ao hardware final.

02. Diferentemente dos computadores pessoais ou PCs tradicionais, que são operados por meio de teclado e mouse, os tablets e computadores pessoais portáteis dispõem de recurso touch-screen. Outra diferença entre esses dois tipos de computadores diz respeito ao fato de o tablet possuir firmwares, em vez de processadores, como o PC.

ERRADO. A questão compara um software do tipo firmware a um processador, uma peça de hardware. Tablets, assim como outros dispositivos (celulares, smartphones, etc.), também possuem processador; muitas vezes mais de um, como o primeiro Iphone, que portava 8 processadores, cada um com uma finalidade. Esses dispositivos, assim como o computador, também possuem firmwares.

Sistemas Operacionais (SO)

O conteúdo de sistemas operacionais é cobrado de duas formas nas provas: prática e conceitual. Questões de caráter conceitual são colocadas de forma comparativa entre os sistemas, enquanto que as práticas estão associadas às ferramentas e modos de operação de cada sistema. O conteúdo referente à parte prática é abordado em específico nos tópicos Windows e Linux.

O sistema operacional é o **principal programa do computador**. Ele é o responsável por facilitar a interação do usuário com a máquina, além de ter sido criado para realizar as tarefas de controle do hardware, livrando assim os aplicativos de conhecer o funcionamento de cada peça existente no mundo.

As tarefas de responsabilidade do SO são, principalmente, de níveis gerenciais. O sistema operacional é o responsável por administrar a Entrada e a Saída de dados de forma que, quando um usuário seleciona uma janela, ele está trazendo-a para o primeiro plano de execução. Assim, sempre que o usuário digita um texto, por exemplo, o SO tem de gerenciar qual a janela, ou seja, qual aplicativo irá receber as informações entradas pelo teclado, mas ao mesmo tempo o SO irá receber uma solicitação do aplicativo para que exiba na tela as informações recebidas.

É de responsabilidade do SO gerenciar o uso da memória RAM e do processador. O controle estabelecido pelo sistema operacional dita que programa será executado naquele instante e quais espaços de memória estão sendo usados por ele e pelos demais aplicativos em execução.

Para que o sistema operacional consiga se comunicar com cada dispositivo, aquele precisa saber antes como estes funcionam, para tanto, é necessário instalar o **driver**[5] do dispositivo. Atualmente, a maioria dos drivers são identificados automaticamente pelo SO, mas o sistema nem sempre possui as informações sobre hardwares recém-lançados. Nesse caso, o sistema, ao não conseguir o driver específico, solicita ao usuário que informe o local onde ele possa encontrar o driver necessário.

5 Driver: Conjunto de informações sobre como funciona um dispositivo de hardware.

Aplicativos	
Hardware	Gerenciamento de Entrada/Saída
	Gerenciamento de Drivers de dispositivos
	Gerenciamento de Memória
	Gerenciamento de CPU
Hardware	

Dentre os sistemas operacionais modernos, o Windows ainda é o que mais se destaca em termos de número de usuários em computadores pessoais. Por outro lado, quando se questiona em relação ao universo de servidores na Internet, nos deparamos com o Linux como mais utilizado; o principal motivo relaciona-se à segurança mais robusta oferecida pelo Linux.

Os exemplos de SO para computadores pessoais (PC) que podem ser citados em provas são:

> **Windows;**
> **Linux;**
> **Mac OS;**
> **Chrome OS;**
> **Solaris.**

Porém, esses sistemas derivaram de duas vertentes principais o **DOS** e o **UNIX**. É de interesse da prova saber que o DOS foi o precursor do Windows e que a plataforma UNIX foi a base do Linux e também do Mac OS.

Contudo, não encontramos SO apenas em PCs. Celulares, smartphones e tablets também utilizam sistemas operacionais. Atualmente, fala-se muito no sistema do Google para esses dispositivos, o Google Android, no entanto, a Microsoft lançou em 2012 o Windows 8, inclusive para o mercado de dispositivos móveis.

Os Sistemas Operacionais podem ser divididos em duas partes principais: Núcleo e Interface.

O **Núcleo de um Sistema Operacional** é chamado de **Kernel**. Ele é a parte responsável pelo gerenciamento do hardware, como já explanado, enquanto que a **interface** é parte de interação com o usuário, seja ela uma interface apenas textual ou uma interface com recursos gráficos.

Fique Ligado

O Kernel é a principal parte do Sistema Operacional.

A interface com recursos gráficos é comumente chamada de **GUI (Graphic User Interface)**, Interface Gráfica do Usuário, também citada como gerenciador de interface gráfica. O nome Windows foi baseado, justamente, nessa característica de trabalhar com janelas gráficas como forma de comunicação com o usuário.

Sistema Operacional	Kernel
Windows XP	NT 5.2
Windows Vista	NT 6.0
Windows 7	NT 6.1
Windows 8	NT 6.2
Linux	Linux 3.10

Em relação às **GUIs**, cada versão do Windows utiliza e trabalha com apenas uma única interface gráfica, que só passou a ter um nome específico a partir do Windows Vista.

Windows	GUI
XP	Sem nomenclatura
Vista	Aero
7	Aero
8	Metro

Fique Ligado

Ao contrário do Windows, o Linux tem suporte a várias Interfaces Gráficas.

Por outro lado, existem diversas GUIs para o Linux, algumas Distribuições Linux[6] trabalham com apenas um gerenciador de interface gráfica, enquanto que outras trabalham com múltiplas. As principais GUIs do Linux são:

> **Gnome;**
> **KDE;**
> **Unity;**
> **XFCE;**
> **FluxBox;**
> **BlackBox;**
> **Mate;**
> **Cinnamon.**

Características de um Sistema Operacional

Os sistemas operacionais podem ser classificados de acordo com suas características comportamentais.

→ **Multitarefa**

Um sistema operacional é dito multitarefa quando consegue executar mais de uma tarefa simultânea, como: tocar uma música enquanto o usuário navega na Internet e escreve um texto no Word.

Contudo, há duas formas de multitarefa empregadas pelos SO modernos: Multitarefa Preemptiva e Multitarefa Real.

» **Ex.:** Windows, Linux e Mac OS.

→ **Monotarefa**

Sistema Monotarefa é o sistema que, para executar uma tarefa, deve aguardar a que está em execução terminar ou mesmo forçar o seu término para que possa executar. Trabalha com um item de cada vez.

» **Ex.:** DOS e algumas versões UNIX.

→ **Multiusuário**

É quando o Sistema Operacional permite mais de uma **sessão** de usuário ativa simultaneamente.

Se dois ou mais usuários estiverem com sessões iniciadas, elas são de certa maneira tratadas independentemente, ou seja, um usuário não vê o que o outro estava fazendo, como também, em um uso normal, não interfere nas atividades que estavam sendo executadas pelo outro usuário.

O sistema multiusuário geralmente possui a opção trocar de usuário, que permite bloquear a sessão ativa e iniciar outra sessão simultânea.

6 Distribuição Linux: uma cópia do Linux desenvolvida, geralmente, com base em outra cópia, mas com algumas adaptações.

→ **Monousuário**

Em um sistema monousuário, para que outro usuário inicie sessão, é necessário finalizar a do usuário ativo, também conhecido como efetuar Logoff.

Softwares de Escritório

São aplicativos com utilização mais genérica, de forma a possibilitarem as diversas demandas de um escritório como também suprirem muitas necessidades acadêmicas em relação à criação de trabalhos.

Nesta seção apenas é apresentado um comparativo entre as suítes de escritório que são cobradas na prova.

Editor	Microsoft Office	BrOffice
Texto	Word	Writer
Planilha	Excel	Calc
Apresentação de Slides	PowerPoint	Impress
Desenho	Publisher	Draw
Banco de Dados	Access	Base
Fórmula	Equation	Math

Os editores de Texto, Planilha e Apresentação são os mais cobrados em provas de concursos. Sobre esses programas podem aparecer perguntas a respeito do seu funcionamento, ainda que sobre editores de apresentação sejam bem menos frequentes.

Outro ponto importante a se ressaltar é que o **Microsoft Outlook** é componente da suíte de aplicativos Microsoft Office. Não foi destacado na tabela acima por não existir programa equivalente no BrOffice.

Por vezes o concursando pode se deparar na prova com o nome **LibreOffice**, o que está correto, pois o BrOffice é utilizado no Brasil apenas, mas ele é baseado no Libre Office. Até a versão 3.2, o BrOffice era fundamentado no OpenOffice e, após a compra da Sun pela Oracle a comunidade decidiu mudar para o Libre por questões burocráticas.

Softwares Utilitários

Alguns programas ganharam tamanho espaço no dia a dia do usuário que, sem eles, podemos por vezes ficar sem acesso às informações contidas em arquivo, por exemplo.

São classificados como utilitários os programas compactadores de arquivos e leitores de PDF. Esses programas assumiram tal patamar por consolidarem seus formatos de arquivos. Entre os compactadores temos os responsáveis pelo formato de arquivos ZIP, apesar de que, desde sua versão XP, o Windows já dispunha de recurso nativo para compactar e descompactar arquivos nesse formato, muitos aplicativos se destacavam por oferecer o serviço de forma mais eficiente ou prática. Os compactadores mais conhecidos são: WinZip, BraZip e 7-Zip. Outro compactador que ganhou espaço no mercado foi o WinRar com o formato .RAR, que permite uma maior compactação do que o ZIP.

Softwares de Entretenimento

Nesta categoria, entram os aplicativos multimídias como players de áudio e vídeo, como o Windows Media Player, o Winamp, o iTunes, VLC player e BS player, dentre inúmeros outros, assim como também os jogos como Campo Minado, Paciência, Pinball e outros tantos de mais alto nível.

Malwares (Malicious Softwares)

Os malwares são programas que têm finalidade mal intencionada, na maioria das vezes ilícita. Grande parte das bancas cita-os como pragas cibernéticas que infectam o computador do usuário e trazem algum prejuízo; por outro lado, há bancas que especulam sobre os diferentes tipos de malwares. A seguir são destacados os principais tipos de malwares.

Fique Ligado

Para ser um malware tem que ser um software, do contrário pode ser uma prática maliciosa, mas não um malware.

Vírus

O vírus é apenas um dos tipos de malware, ou seja, ao contrário do que a maioria das pessoas fala, nem tudo que ataca o computador é um vírus. As questões que tangem ao que é um vírus, em geral, são cobradas em prova como forma de saber se o concursando conhece as diferenças entre os malwares.

Um vírus tem por características:

> **Infectar** os arquivos do computador do usuário, principalmente arquivos do sistema.

> **Depender de ação do usuário,** como executar o arquivo ou programa que está contaminado com o vírus.

> Ter finalidades diversas, dentre as quais **danificar** tanto arquivos e o sistema operacional, como também as peças.

Vírus mutante

É um vírus mais evoluído, que tem a capacidade de alterar algumas de suas características a fim de burlar o antivírus.

Vírus de Macro [7]

O Vírus de Macro explora falhas de segurança das suítes de escritório, principalmente da Microsoft. Uma macro, ao ser criada de certa forma, anexa ao documento uma programação (comandos geralmente em Visual Basic[8]), ele pode inserir seu código dentro deste código em VB.

O vírus de macro geralmente danifica a suíte de escritório, inutilizando-a, além de poder apagar documentos do computador.

Para que seja executado esse vírus, é necessário que o usuário execute o arquivo contaminado.

Worm

O Worm é por vezes citado nas provas em português, "verme", como forma de confundir o concursando. Ao contrário do vírus, ele **não depende de ação do usuário** para executar; ele executa automaticamente: no momento em que um pendrive é conectado a um computador, ele é contaminado ou contamina este.

Um Worm tem como finalidade se replicar, porém, não infecta outros arquivos, apenas **cria cópias de si** em vários locais, o que pode encher o HD do usuário. Outra forma utilizada de se replicar é através da exploração de falhas dos programas, principalmente os clientes de e-mail, enviando por correio eletrônico cópias de si para os contatos do usuário armazenados no cliente de e-mail.

Um Worm, muitas vezes, instala no computador do usuário um **bot**, transformando aquele em um robô controlado à distância. Os indivíduos que criam um Worm fazem-no com a finalidade de infectar o maior número possível de computadores, para que possam utilizá-los em um ataque de **DDoS**[9], ou como forma de elevar a estatística de acessos a determinados sites. Também pode ser utilizado para realizar um ataque a algum computador ou servidor na Internet a partir do computador infectado.

Trojan Horse (Cavalo de Troia)

O Cavalo de Troia foi batizado com esse nome, pois suas características se assemelham muito às da guerra da Grécia com Troia. Na História, os gregos deram aos troianos um grande cavalo feito de madeira e coberto de palha para disfarçar que era oco, dentro do cavalo foram colocados vários soldados gregos que deveriam abrir os gigantes e fortes portões da cidade de Troia para que o exército grego pudesse invadir a fortaleza.

Um Cavalo de Troia é recebido pelo usuário como um **presente**, "presente de grego", de forma a levar o usuário a abri-lo, ou seja, ele **depende de ação do usuário**. Os "presentes" geralmente podem parecer um cartão virtual, uma mensagem, álbuns de fotos, e-mails com indicações de prêmios, falsas respostas de orçamentos, folhas de pagamento, sempre alguma forma de chamar a atenção do usuário para que ele abra o Trojan.

Podemos tratá-lo em essência como um **meio** para que outro malware seja instalado no computador. Da mesma forma como o cavalo da história serviu como meio para infiltrar soldados e como os soldados abriram os portões da cidade, o malware também pode abrir as portas do computador para que outros malwares o infectem, o que acontece na maioria dos casos, portanto, pode trazer em seu interior qualquer tipo de malware.

Esse malware executa as ações para as quais, aparentemente, fora criado; como exibir uma mensagem, ou crackear[10] um programa. Essa tarefa é realizada com o intuito de distrair o usuário enquanto que os malwares são instalados.

Spyware

Também conhecido como **software espião,** o spyware tem por finalidade capturar dados do usuário e enviá-los para terceiros: nº de cartões de crédito, CPF, RG, nomes, data de nascimento e tudo mais que for pertinente para que transações eletrônicas possam ser feitas utilizando seus dados.

Existem dois tipos de spywares: os **KeyLoggers** e os **ScreenLoggers**.

→ **KeyLogger**

> Key = chave, Log = registro de ações.

O KeyLogger é um spyware cuja característica é capturar os dados digitados pelo usuário. Na maioria das situações o KeyLogger não captura o que é digitado a todo instante, mas o que é teclado após alguma ação prévia do usuário, como por exemplo abrir uma página de um banco ou de uma mídia social - alguns keyloggers são desenvolvidos para capturar conversas em programas de *messenger*.

7 Macro: é um conjunto de regras criadas para automatizar tarefas repetitivas

8 Visual Basic (VB): é uma linguagem de programação criada pela Microsoft.

9 DDoS: ataque de negação de serviço distribuído, veja mais no Capítulo Segurança segurança desse material.

10 Crackear: é uma quebra de licença de um software para que não seja necessário adquirir a licença de uso, caracterizando pirataria.

→ **ScreenLogger**

> Screen = Tela

O ScreenLogger é uma evolução do KeyLogger na tentativa de capturar, principalmente, as senhas de bancos, pois o ScreenLogger captura fotos avançadas da tela do computador a cada clique do mouse. Essa foto avançada, na verdade, é uma foto de uma pequena área que circunda o mouse, mas grande o suficiente para que seja possível ver em que número o usuário clicou.

Muitos serviços de Internet Banking[11] utilizam um **teclado virtual,** no qual o usuário clica nos dígitos de sua senha ao invés de digitar. Assim, ao forçar que o usuário não utilize o teclado, essa ferramenta de segurança ajuda a evitar roubos de senhas por KeyLoggers. Por outro lado, foi criado o ScreenLogger, que captura imagens; então, como forma de oferecer segurança maior, alguns bancos utilizam um dispositivo chamado de **Token**.

O Token é um dispositivo que gera uma chave de segurança aleatória, a qual uma vez utilizada para acessar a conta, se torna inválida para novos acessos. Assim, mesmo sendo capturada, ela se torna inútil ao invasor.

Fique Ligado

Cuidado para não confundir: Teclado Virtual em uma página de Internet Banking é um recurso de segurança, enquanto o teclado virtual que faz parte do Windows é um recurso de acessibilidade.

Hijacker

O Hijacker é um malware que tem por finalidade **capturar** o **navegador** do usuário, principalmente o Internet Explorer. Esse programa **fixa uma página inicial** no navegador, que pode ser uma página de propaganda ou um site de venda de produtos, ou mesmo um site de pornografia, como os mais perigosos que fixam páginas falsas de bancos (veja mais na seção Segurança no tópico ataques).

As alterações realizadas por ele no navegador dificilmente são reversíveis. Na maioria dos casos, é necessário reinstalar o navegador várias vezes até formatar o computador. Existem, no mercado, alguns programas que tentam restaurar as configurações padrões dos navegadores, são conhecidos por Hijacker This, porém, esses programas não são ferramentas de segurança, mas apenas uma tentativa de consertar o estrago feito.

Adware

Adware (Advertising Software) é um software especializado em apresentar propagandas.

O Adware é tratado como malware, quando apresenta algumas características de spywares, além de, na maioria dos casos, se instalar no computador explorando falhas do usuário, por exemplo, durante a instalação de um programa em que o indivíduo não nota que em uma das etapas estava instalando outro programa diferente do desejado.

Um exemplo clássico é o Nero gratuito, que é patrocinado pelo ASK[12]. Durante a instalação, uma das telas apresenta algumas opções: deseja instalar a barra de ferramenta do ASK; deseja tornar o motor de busca do ASK como seu buscador padrão; deseja tornar a página do ASK como sua página inicial, que, por padrão, aparecem marcadas esperando que o usuário clique indiscriminadamente na opção "avançar".

Muitos Adwares monitoram o comportamento do usuário durante a navegação na Internet e vendem essas informações para as empresas interessadas.

Backdoors

Backdoor, basicamente, é uma **porta dos fundos** para um ataque futuro ao computador do usuário.

Um Backdoor pode ser inserido no computador por meio de Trojan Horse, como também pode ser um programa adulterado recebido de fonte pouco confiável. Por exemplo, um usuário baixa em um site qualquer, diferente do oficial, o BrOffice, nada impede que o programa tenha sido ligeiramente alterado com a inserção de brechas para ataques futuros.

Rootkits

RootKit vem de Root = administrador do ambiente Linux. Kit = conjunto de ferramentas e ações.

Um Rootkit altera aplicativos do Sistema, como gerenciadores de arquivos, com o intuito de **esconder arquivos maliciosos** que estejam presentes no computador. Por meio dele também o invasor pode criar Backdoors no computador, para que possa voltar a atacar o micro sem se preocupar em ter de contaminá-lo novamente.

Vamos Praticar

01. Com relação à instalação, à configuração e ao suporte de aplicativos, julgue o item a seguir.

O BrOffice.org possui código fechado, assim como o Microsoft Office, embora seja considerado software livre.

Certo ( )   Errado ( )

02. (FCC) De acordo com a Free Software Foundation, um programa de computador que se qualifica como software livre NÃO fornece a liberdade para:

a) revogar ou adicionar restrições retroativas às regras de uso do programa.

b) executar o programa para qualquer propósito.

c) estudar como o programa funciona e adaptá-lo às suas necessidades.

d) redistribuir cópias do programa.

e) distribuir cópias de versões modificadas do programa.

03. (FCC) Para que um programa de computador seja considerado software livre, esse programa:

a) pode ser utilizado para fins lucrativos, mas não pode ser, ele próprio, comercializado.

b) deve ter seu código fonte colocado em domínio público.

c) não pode ser utilizado para fins lucrativos.

d) deve ter seu código fonte disponível para seus usuários.

e) não pode ter seu código fonte modificado.

04. (CONSULPLAN) Em relação ao Linux, pode-se afirmar que ele é um software livre:

I. Somente por ele ser um software gratuito.

II. Porque seu código fonte está disponível para qualquer usuário e pode-se alterá-lo para adequá-lo às suas necessidades específicas, sem ter de pagar.

11 Internet Banking: acesso à conta bancária pela Internet, para realizar algumas movimentações e consultas.

12 Ask: Motor de buscas na Internet.

III. Porque ele é freeware, embora seu código fonte não esteja disponível para alterações.

Assinale a alternativa correta:

a) Somente a afirmativa I está correta.

b) Somente a afirmativa II está correta.

c) Somente a afirmativa III está correta.

d) Todas as afirmativas estão incorretas.

e) Todas as afirmativas estão corretas.

05. (FGV) A respeito das características do software livre, analise as afirmativas a seguir.

I. É disponibilizado com a permissão para qualquer um usá-lo, copiá-lo e distribuí-lo, seja na sua forma original ou com modificações, seja gratuitamente ou com custo.

II. É gratuito com a permissão para qualquer um usá-lo ou copiá-lo, exclusivamente na sua forma original, não podendo ser modificado.

III. É freeware disponível com a permissão para qualquer pessoa usá-lo e modificá-lo, não podendo ser copiado ou distribuído.

Assinale:

a) se somente a afirmativa I estiver correta.

b) se somente as afirmativas I e II estiverem corretas.

c) se somente as afirmativas I e III estiverem corretas.

d) se somente as afirmativas II e III estiverem corretas.

e) se todas as afirmativas estiverem corretas.

06. (CESGRANRIO) Os sistemas operacionais Linux, com suas interfaces gráficas cada vez mais estáveis e amigáveis para os usuários, utilizam, entre outros, a suíte de aplicativos para escritório:

a) Borland Office.

b) SecurityOffice.

c) LibreOffice.

d) Avira Premium for Office.

e) Labo Solutions for Office.

07. (CESGRANRIO) O Math é um aplicativo que pode ser usado como um(a):

a) apresentador de objetos multimídia em 3D.

b) digital reader de textos e imagens gráficas.

c) editor de equações para documentos de texto.

d) manipulador de bancos de dados descomplicados.

e) ferramenta de comunicação por meio de gráficos e diagramas.

08. Considere que um computador já está em sua operação diária e que já tem instalados os programas e periféricos necessários à execução dessas tarefas. Julgue o item subsequente, a respeito do uso dos periféricos e dos programas necessários ao bom uso do computador.

(CESPE) O sistema operacional do computador estará em funcionamento mesmo quando se estiver editando uma planilha eletrônica.

Certo ( ) Errado ( )

09. (FCC) O Sistema Operacional:

a) é o software responsável pelo gerenciamento, funcionamento e execução de todos os programas.

b) é um software da categoria dos aplicativos, utilizado para a criação de textos, planilhas de cálculo, desenhos, etc.

c) apesar de gerenciar a leitura e a gravação de arquivos, delega a função de localização de programas nas unidades de discos a softwares utilitários de terceiros.

d) Linux é um software proprietário, já o Windows é o software livre mais utilizado nos computadores pessoais atualmente.

e) não está relacionado à evolução das CPUs, pois independem de componentes de hardware, já que são executados em um computador virtual (virtual machine).

10. (FCC) O sistema operacional de um computador consiste em um:

a) conjunto de procedimentos programados, armazenados na CMOS, que é ativado tão logo o computador seja ligado.

b) conjunto de procedimentos programados, armazenados na BIOS, que é ativado tão logo o computador seja ligado.

c) conjunto de dispositivos de hardware para prover gerenciamento e controle de uso dos componentes de hardware, software e firmware.

d) hardware de gerenciamento que serve de interface entre os recursos disponíveis para uso do computador e o usuário, sem que este tenha que se preocupar com aspectos técnicos do software.

e) software de gerenciamento, que serve de interface entre os recursos disponíveis para uso do computador e o usuário, sem que este tenha que se preocupar com aspectos técnicos do hardware.

11. (FCC) Sobre sistemas operacionais é INCORRETO afirmar:

a) O sistema operacional é uma camada de hardware que separa as aplicações do software que elas acessam e fornece serviços que permitem que cada aplicação seja executada com segurança e efetividade.

b) Na maioria dos sistemas operacionais, um usuário requisita ao computador que execute uma ação (por exemplo, imprimir um documento); o sistema operacional gerencia o software e o hardware para produzir o resultado esperado.

c) Um usuário interage com o sistema operacional via uma ou mais aplicações de usuário e, muitas vezes, por meio de uma aplicação especial denominada shell ou interpretador de comandos.

d) Primordialmente, são gerenciadores de recursos – gerenciam hardware como processadores, memória, dispositivos de entrada/saída e dispositivos de comunicação.

e) O software que contém os componentes centrais do sistema operacional chama-se núcleo (kernel).

12. (AOCP) O sistema operacional é uma interface entre a máquina e o usuário que proporciona uma forma amigável de comunicação entre eles. Assinale a alternativa INCORRETA sobre sistema operacional.

a) Uma das funções do sistema operacional é controlar os dispositivos de entrada e saída.

b) Fornece recursos de comunicação, conexão e controle a redes de computadores.

c) Monitora o estado de cada parte da memória.

d) Controla todos os recursos de hardware, porém, recursos de software, como o gerenciamento do processo de um programa, não é de sua responsabilidade.

e) O sistema operacional tem a função de manipulação de arquivos e também faz o gerenciamento do tempo gasto da CPU pelos usuários

13. Para proteger o computador conectado à Internet de ataques, invasões, intrusões infeções e mantê-lo automaticamente atualizado com as novas versões (Windows Update). Deve-se ativar todos os Dados Básicos de Segurança na Central de Segurança (Windows XP).

(FCC) A recomendação feita é para ativar:

a) firewall e Proteção contra vírus, apenas.
b) backup automático, Proteção contra vírus e Firewall, apenas.
c) atualizações automáticas, Proteção contra vírus e Firewall, apenas.
d) atualizações automáticas, Proteção contra vírus, Firewall e Backup automático, apenas.
e) proteção contra vírus, Firewall, Backup automático e Opções da Internet.

14. Com relação aos Vírus de computadores, é correto afirmar que:

a) é um programa ou parte de um programa de computador, normalmente malicioso, que se propaga infectando, isto é, inserindo cópias de si mesmo e se tornando parte de outros programas e arquivos de um computador.
b) é um tipo de software especificamente projetado para apresentar propagandas através do browser ou algum outro programa instalado em um computador.
c) é o termo utilizado para se referir a uma grande categoria de software que tem o objetivo de monitorar atividades de um sistema e enviar as informações coletadas para terceiros.
d) são programas que permitem o retorno de um invasor a um computador comprometido, utilizando serviços criados ou modificados para esse fim.
e) normalmente, consistem em um único arquivo que precisa ser explicitamente executado, não infectam outros arquivos, nem propagam cópias de si mesmo automaticamente.

15. (FCC) Existem vários tipos de vírus de computadores, dentre eles, um dos mais comuns são vírus de macros, que:

a) são programas binários executáveis que são baixados de sites infectados na Internet.
b) podem infectar qualquer programa executável do computador, permitindo que eles possam apagar arquivos e outras ações nocivas.
c) são programas interpretados embutidos em documentos do MS Office que podem infectar outros documentos, apagar arquivos e outras ações nocivas.
d) são propagados apenas pela Internet, normalmente em sites com software pirata.
e) podem ser evitados pelo uso exclusivo de software legal, em um computador com acesso apenas a sites da Internet com boa reputação.

16. (CESPE) A fim de se proteger do ataque de um spyware — um tipo de vírus (malware) que se multiplica de forma independente nos programas instalados em um computador infectado e recolhe informações pessoais dos usuários —, o usuário deve instalar softwares antivírus e antispywares mais eficientes que os firewalls no combate a esse tipo de ataque.

Certo ( ) Errado ( )

17. (UEG) Sobre fundamentos de segurança da informação e programas maliciosos, é CORRETO afirmar:

a) Deve-se dar preferência ao uso de programas de troca de mensagens como o MSN para substituir o e-mail, dado que o risco de contaminação nesses programas é praticamente nulo.
b) Mesmo um inocente e-mail de uma fonte conhecida e contendo apenas uma imagem ou uma proteção de tela pode se tornar fonte de contaminação.
c) Programas maliciosos denominados trojans não podem ser detectados por antivírus, necessitando, portanto, de programas específicos.
d) Spywares são programas que têm como finalidade vigiar o computador para evitar contaminação por adwares.

18. (FCC) Quando o cliente de um banco acessa sua conta corrente através da internet, é comum que tenha que digitar a senha em um teclado virtual, cujas teclas mudam de lugar a cada caractere fornecido. Esse procedimento de segurança visa evitar ataques de:

a) spywares e adwares.
b) keyloggers e adwares.
c) screenloggers e adwares.
d) phishing e pharming.
e) keyloggers e screenloggers.

19. (FUMARC) Analise as seguintes afirmativas sobre os tipos conhecidos de vírus.

I. Vírus de script: infectam documentos com macros instaladas. O pacote Office da Microsoft é uma das principais vítimas desse tipo de vírus.
II. Vírus de boot: infectam a área de boot dos discos rígidos dos computadores.
III. Vírus de arquivo: infectam arquivos executáveis

Assinale a alternativa CORRETA:

a) A afirmativa III está errada e as afirmativas I, II estão corretas.
b) A afirmativa II está errada e as afirmativas I, III estão corretas.
c) A afirmativa I está errada e as afirmativas II, III estão corretas.
d) As afirmativas I, II e III estão corretas.

20. No âmbito da segurança da informação, é um programa capaz de se propagar automaticamente enviando cópias de si mesmo para outros computadores da rede. Estamos falando de:

a) Hiperlink
b) Antivírus
c) Worm
d) Engenharia Social
e) Phishing scan

Gabarito

01	ERRADO	11	A
02	A	12	D
03	D	13	C
04	B	14	A
05	A	15	C
06	C	16	ERRADO
07	C	17	B
08	CERTO	18	E
09	A	19	C
10	E	20	C

Anotações

CAPÍTULO 02

Linux

Linux é um Sistema Operacional criado por Linus Torvald, com base na plataforma UNIX. Muitas bancas de concurso apenas o citam no edital de conteúdo programático. Uma parte dos conceitos cobrados relacionados ao Linux já foram vistos na seção Sistemas Operacionais, onde são apontadas características baseadas no seu funcionamento.

Conceitos Básicos

Nesta seção são abordados os demais conceitos relacionados diretamente a algumas funcionalidades e definições do Linux.

Dual Boot

É possível instalar em um mesmo computador múltiplos sistemas operacionais, de forma que, ao ligar o computador, o usuário escolhe qual sistema deseja utilizar. A etapa de escolha do sistema é controlada por gerenciadores de boot; quando se instala o Linux, ele instala automaticamente um gerenciador de boot. Os gerenciadores de boot mais populares são o GRUB e o LILO.

Distribuições

Uma distribuição é uma cópia modificada e compartilhada com a comunidade; o Linux possui várias distribuições diferentes. Isso se deve ao fato de ele ser um software livre e, assim, é permitido alterar uma distribuição e repassar a outras pessoas que, por sua vez, também podem efetuar as suas alterações.

No site da ***dristrowatch*** existem mais de 300 distribuições Linux registradas. As principais são:

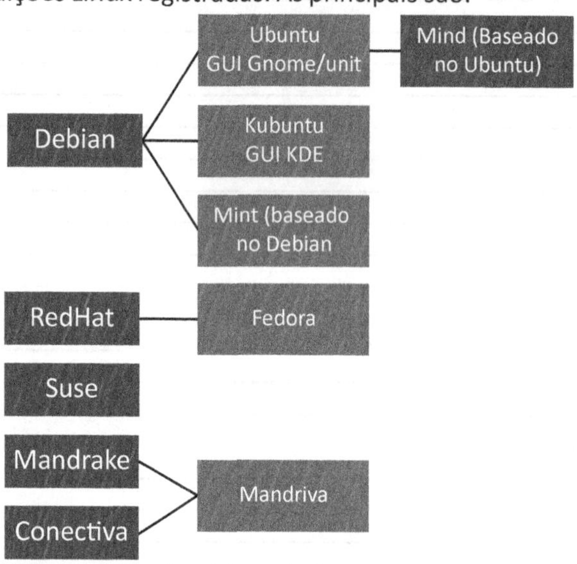

Estrutura de Diretórios

A estrutura de diretórios define quais são as pastas do Sistema e quais as suas finalidades perante os programas e o próprio sistema operacional.

As questões sobre a estrutura de diretórios do Linux assumem um formato relacional, cabendo ao concursando associar as pastas às suas finalidades.

A estrutura de diretório do Linux, assim como a do Windows, possui caráter hierárquico que toma como partida a raiz do Sistema - no caso do Linux, a raiz do SO é o diretório / (barra). O termo raiz é atribuído, pois a estrutura de diretórios observada de forma inversa apresenta características de uma árvore que, a partir da Raiz, possui seus galhos, as pastas e por fim, suas folhas, os arquivos.

Diretório	Descrição
/dev	• (devices): Armazena os drivers dos dispositivos.
/bin	•(binaries): Armazena os binários essenciais para o funcionamento do sistema. Como também comandos básicos do SO como: rm, pwd, su, tar entre outros.
/Sbin	•(binaries): Armazena os binários essenciais para o funcionamento do sistema que sejam vinculados ao Super Usuário (administrador).
/mnt	•(Mount): Conhecido como ponto de montagem padrão, é o local através do qual se tem acesso às unidades de armazenamento, CD-Roms e Pendrives conectados no computador.
/etc	•Armazena os arquivos de configuração do Sistema Operacional.
/boot	•Arquivos necessários para o boot do Sistema.
/tmp	•Arquivos Temporários
/home	•Armazena as pastas dos Usuários.
/root	•Diretório do Administrador

Gerenciadores de Arquivos

Gerenciador de arquivo é o programa que permite navegar entre as pastas do computador, como também realizar tarefas do tipo copiar, recortar, colar, renomear e mover arquivos e pastas.

O Nautilus é o gerenciador de arquivos utilizado nas distribuições Linux que trabalham com a interface gráfica Gnome, enquanto que as distribuições que utilizam o KDE têm como gerenciador de arquivos o Konqueror. O Konqueror também pode ser utilizado como navegador de Internet, já no Nautilus essa opção foi desabilitada por segurança.

Terminal Linux

O Shell é o aplicativo que permite operar com o Sistema Operacional Linux através de linhas de comandos, ou seja, é o responsável por ler e interpretar um comando do usuário. Ele é similar ao Prompt de comandos no Windows (DOS).

Comandos Linux

Embora o Linux possua várias interfaces gráficas que podem ser utilizadas, a boa e velha linha de comando ainda é o caminho mais prático e rápido para a execução de muitas tarefas.

Os comandos são cobrados no concurso justamente porque é a parte similar entre as diversas distribuições Linux. Mas você não precisa se desesperar, pois o que é pedido são apenas os comandos básicos e para que servem, ou seja, não é pedido a linha de comando e suas opções, mas apenas o comando. Assim, vejamos os principais comandos cobrados e suas ações:

Comando	Descrição
cd	•Permite navegar entre as pastas
ls	•Listar arquivos e pastas do diretório atual
clear	•Limpa a Tela
exit	•Sair do terminal
cp	•Copiar um arquivo ou pasta especificado
rm	•Remover um arquivo ou pasta especificado
init 0	•Desliga o Computador (é necessário ser administrador para executar este comando)
init 6	•Reinicia o Computador (é necessário ser administrador para executar este comando)
chmod	•Permite alterar as permissões de arquivos e pastas
mv	•Mover arquivos arquivos e pastas. Também pode ser utilizado para renomear um arquivo ou pasta
pwd	•Mostra o diretório em que você está
mkdir	•Criar um diretório
reboot	•Reinicia o Sistema Operacional
tar	•Empacota os arquivos e pastas em um único arquivo. (Não compacta)
gzip	•Compacta os arquivos e/ou pastas em um mesmo arquivo

Vamos Praticar

01. (CESPE) Tanto no sistema operacional Windows quanto no Linux, cada arquivo, diretório ou pasta encontra-se em um caminho, podendo cada pasta ou diretório conter diversos arquivos que são gravados nas unidades de disco nas quais permanecem até serem apagados. Em uma mesma rede é possível haver comunicação e escrita de pastas, diretórios e arquivos entre máquinas com Windows e máquinas com Linux.

Certo ( ) Errado ( )

02. (CETAP) Nos últimos anos, o sistema Linux tem sido cada vez mais adotado tanto para uso pessoal quanto para uso corporativo. Com relação ao sistema Linux, indique a alternativa CORRETA.

a) O Linux é um sistema operacional, portanto deve funcionar em conjunto com o sistema Microsoft Windows.

b) O acesso às funções do sistema Linux é feito somente através de linhas de comandos.

c) O Linux oferece funcionalidades para gerenciamento e acesso a arquivos, pastas e programas.

d) O Linux é um sistema utilitário para compactação de arquivos no formato ZIP.

e) O Linux é um software proprietário utilizado como alternativa ao Microsoft Word, Excel e Power Point.

03. (CESPE) Com relação ao sistema operacional Linux, assinale a opção correta.

a) Em uma distribuição do sistema Linux, é possível encontrar softwares destinados a diversas finalidades, como para prover serviço de acesso à Internet. No ambiente Linux, também se dispõe de uma área de trabalho (GUI) para uso do sistema operacional a partir de uma interface gráfica.

b) Pelo fato de ser um software proprietário, qualquer usuário pode fazer alterações no ambiente e colaborar para a melhoria do sistema Linux.

c) O código-fonte do sistema operacional Linux não pode ser alterado; por essa razão ele não é distribuído sob a licença GPL ou GNU, que é pública e permite modificações no código.

d) KDE Control Center é a área de trabalho do Linux pela qual se faz acesso a aplicativos instalados no computador, como o BrOffice e outros.

e) O Linux não permite que sejam instalados outros sistemas operacionais na mesma máquina, pois isso afetaria o desempenho do computador, tornando-o lento.

04. (FCC)O sistema operacional precisa apresentar a cada usuário uma interface que aceita, interpreta e então executa comandos ou programas do usuário. Essa interface é genericamente chamada de:

a) BATCH

b) SHELL

c) PROMPT

d) NÚCLEO

e) SCRIPT

05. Julgue o item seguinte, relativo aos sistemas operacionais Windows e Linux.

(CESPE) Na árvore de diretórios do Linux, o /lib contém os programas necessários à inicialização do sistema e o /home contém os arquivos e diretórios dos usuários.

Certo ( ) Errado ( )

06. Com relação a conceitos básicos de Informática e sistema operacional Linux, julgue os itens a seguir.

(CESPE) O Linux é um sistema operacional multitarefa que pode ser instalado em servidores ou em computadores pessoais.

Certo ( ) Errado ( )

07. (CESPE) No ambiente Linux, o comando ls permite listar todos os arquivos do diretório atual.

Certo ( ) Errado ( )

08. Com relação à instalação, à configuração e ao suporte de aplicativos, julgue o item a seguir.

(CESPE) Caso se deseje reduzir o tamanho de um arquivo no Linux, é suficiente utilizar o software de compactação TAR.

Certo ( ) Errado ( )

09. (CESPE) A respeito do sistema operacional Linux, assinale a opção correta:

a) Kernel é a interface gráfica do Linux, que tem visual muito similar à interface do sistema operacional Windows XP.

b) O Linux funciona em dezenas de plataformas, desde mainframes até relógios de pulso, passando por várias arquiteturas e dispositivos.

c) O KDE é o navegador nativo do Linux que permite acesso à Internet e envio de e-mail.

d) O Linux adota a GPL, uma licença que permite aos interessados usá-lo, mas sem a possibilidade de redistribuí-lo.

10. (FGV) Nas distribuições Linux, as principais bibliotecas de sistema e os arquivos de configuração e scripts de inicialização ficam armazenados nos seguintes diretórios:

a) /bib e /cfg
b) /bib e /etc
c) /lib e /scr
d) /lib e /etc
e) /lib e /cfg

11. (FCC) Ao clicar em uma pasta (duplo clique, comumente) do Windows, este apresenta o conteúdo da pasta que pode ser composto por outras pastas e/ou por arquivos. O comando Linux equivalente (lista arquivos) é:

a) in
b) rm
c) mv
d) ls
e) id

12. Nos últimos anos, o sistema Linux tem sido cada vez mais adotado tanto para uso pessoal quanto para uso corporativo. Com relação ao sistema Linux, julgue o item subsequente.

O Linux oferece funcionalidades para gerenciamento e acesso somente a arquivos.

Certo ( ) Errado ( )

13. (FCC) Remove arquivos no Linux o comando:

a) pwd
b) mkdir
c) cd
d) rm
e) tar

14. (CESGRANRIO) Com relação à estrutura de diretórios dos sistemas operacionais Linux, associe os diretórios da coluna da esquerda com o respectivo conteúdo da coluna da direita.

Diretórios	*Conteúdos*
I - /dev *II - /etc* *III - /home* *IV - /Sbin*	*O - Arquivos dos usuários do sistema* *P - Arquivos de configurações do sistema* *Q - Arquivos de dispositivos de sistema* *R - Binários essenciais do sistema* *S - Sistemas de arquivos de processos*

a) I - O, II - P, III - Q, IV - R.
b) I - P, II - O, III - Q, IV - S.
c) I - Q, II - P, III - O, IV - R.
d) I - R, II - S, III - P, IV - O.
e) I - R, II - Q, III - O, IV - S.

Gabarito

01	CERTO	08	ERRADO
02	C	09	B
03	A	10	D
04	B	11	D
05	ERRADO	12	ERRADO
06	CERTO	13	D
07	CERTO	14	C

CAPÍTULO 03

Windows

O Windows é o sistema operacional mais cobrado sobre ações e tarefas executadas pelo usuário. Nesta seção, serão abordadas algumas de suas ferramentas e características.

Componentes

Neste tópico, são apresentadas as principais opções do Windows que são cobradas nas provas dos concursos.

Área de Trabalho

A área de trabalho do Windows é composta pela Barra de Tarefas, Menu ou Botão Iniciar, ícones e papel de parede. A figura acima ilustra a área de trabalho do Windows 7.

Meu Computador

Na janela Computador são disponibilizadas informações sobre as unidades de disco e armazenamento que estão conectadas ao computador. Por meio dessa janela podemos obter a informação do tamanho das unidades e o quanto estão ocupadas.

A cada novo dispositivo que conectamos, observamos que uma nova letra é usada, por exemplo, a figura a seguir ilustrando a janela Computador do Windows 7. Ela indica a presença do HD primário C: e de uma unidade de CD no D:; se um pendrive for conectado a esse computador, então será atribuída a ele a letra E:.

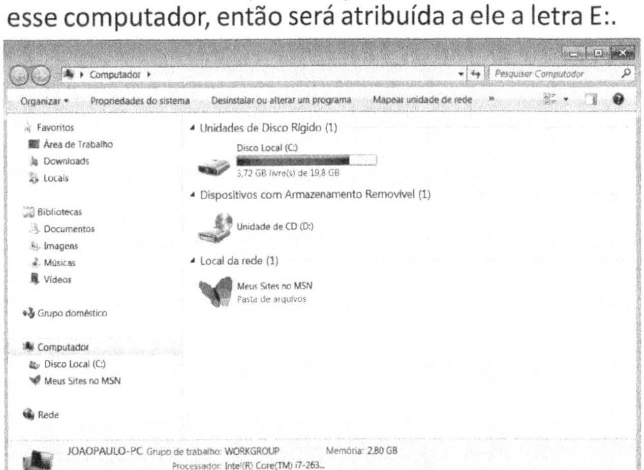

A opção Computador ou Meu Computador usa a janela do Windows Explorer.

Mapear unidade de Rede

O recurso mapear unidade de rede auxilia o acesso a uma pasta compartilhada na rede, criando uma espécie de atalho para ela na janela Computador, como se fosse mais uma unidade.

Para realizar esse procedimento, basta clicar com o botão direito do mouse sobre a opção Computador ou sobre a opção Rede e escolher a opção Mapear Unidade de Rede, como ilustra a figura a seguir:

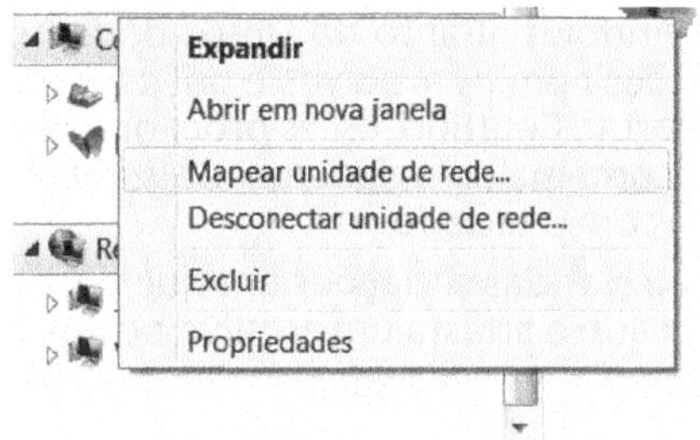

Após realizado esse passo, uma janela será aberta como a ilustrada a seguir, na qual o usuário pode navegar pela rede e escolher a pasta que deseja mapear e a letra que quer atribuir a esta unidade que será criada. Letras em uso não podem ser usadas, como o C:.

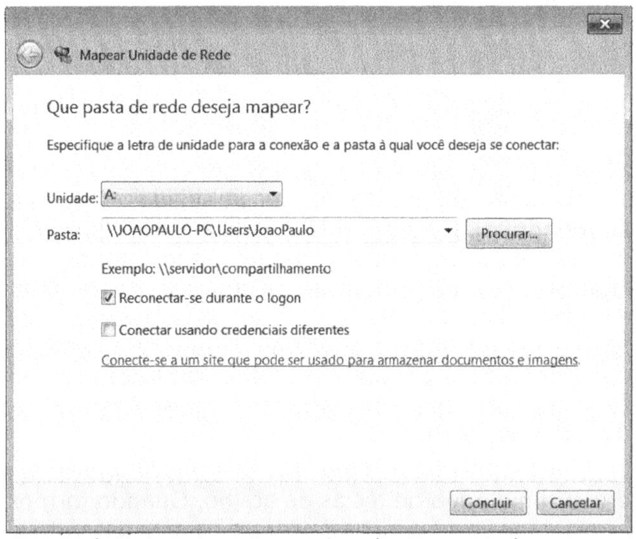

Findos esses passos, na janela Computador encontrar-se-á a pasta da rede mapeada para um acesso mais rápido a ela.

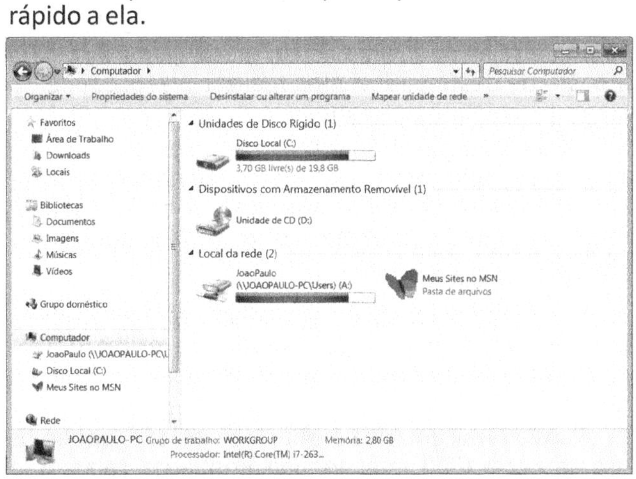

Windows Explorer

O Windows Explorer é um programa responsável por possibilitar a navegação entre as pastas e arquivos armazenados no computador. Por definição, ele é um Gerenciador de arquivos, mas por meio dele é possível acessar páginas na Internet, basta digitar o endereço desejado na barra de endereços do programa. Ao detectar que é o endereço de um site, ele abre o navegador com o site digitado.

Para abrir a janela Windows Explorer, podemos ir por meio do botão iniciar - Todos os Programas - Acessórios - e, por fim, Windows Explorer, ou podemos lançar mão do conjunto de teclas de atalho Windows + E.

Operação com Arquivos e Pastas

Quando estamos em um gerenciador de arquivos, tanto no Windows quanto no Linux, podemos realizar algumas ações com os arquivos e pastas, como Copiar, Colar e Recortar. Contudo, esses procedimentos podem ser feitos com maior agilidade, utilizando o mouse combinado com o teclado.

Vamos tratar das situações em que o usuário clica, mantém clicado e arrasta um arquivo ou pasta.

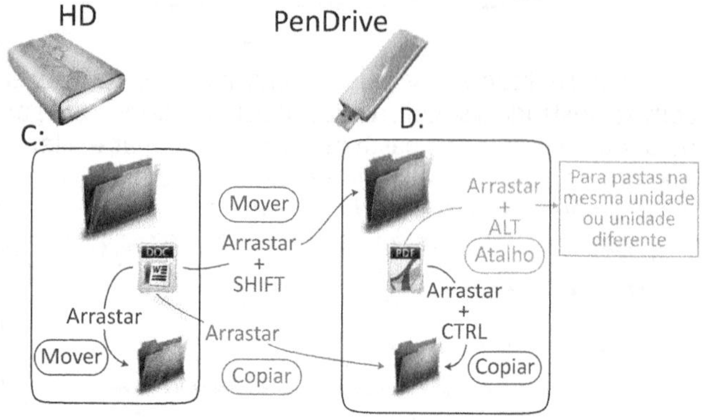

Na figura anterior temos duas unidades: **C: (HD) e D: (pendrive)**. Quando tratamos de clicar e arrastar, a regra é de acordo com as unidades. Se for clicado e arrastado um arquivo ou pasta de uma pasta para outra da mesma unidade, os arquivos ou pastas selecionados serão movidos. Porém, se a ação tivesse como destino outra unidade de armazenamento, então a ação padrão seria criar uma cópia dos arquivos ou pastas selecionados na pasta de destino.

Por outro lado, podemos inverter essas ações com o uso simultâneo de teclas de atalho. Quando formos arrastar um arquivo ou pasta dentro da mesma unidade com o intuito de criar apenas uma cópia, em vez de mover, devemos segurar pressionada a tecla CTRL. Já ao arrastarmos para uma pasta de unidade diferente sem que seja criada uma cópia, mas seja movido para a pasta de destino, devemos realizar o procedimento com a tecla SHIFT pressionada.

Outra situação é quando arrastamos com a tecla ALT pressionada. Neste caso, independentemente se for para uma pasta da mesma unidade ou de unidade diferente, o resultado será o mesmo: será criado um atalho.

Modos de Exibição

Por meio da janela do Windows Explorer também podemos optar entre alguns modos de exibição diferentes para visualizar os arquivos e pastas dispostos em uma pasta.

Para alterar entre os modos de exibição, podemos usar a tecla CTRL pressionada enquanto rolamos o Scrool do mouse (rodinha); e a barra à esquerda da figura abaixo é alterada de acordo com o zoom.

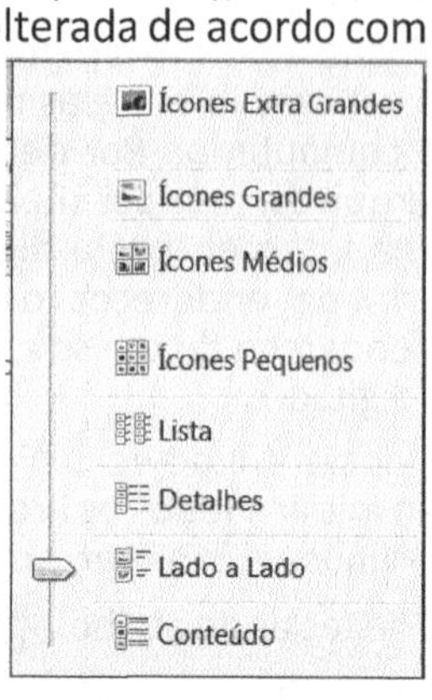

Ou podemos clicar no botão "modos de exibição", que pode assumir a forma de qualquer um dos botões ilustrados nesta seção de acordo com o modo que estiver em exibição.

No Windows 7, está disponível o modo de exibição Conteúdo, que não existia no Windows XP.

O modo de exibição mais importante é o modo Detalhes, pois, por meio dele, podemos visualizar diversas informações sobre um arquivo sem abri-lo, além de permitir a organização dos dados por diversos critérios.

Lixeira

Por padrão, a lixeira no Windows pode ocupar até 10% da capacidade da unidade, mas é possível alterar esse tamanho por meio das propriedades dela.

Nem todo arquivo que é deletado é enviado para a lixeira. Por exemplo, um arquivo apagado de um disquete ou pendrive não são enviados para a lixeira do computador, no caso dos pendrives é criado uma espécie de lixeira dentro do próprio pendrive, mas isto depende do driver do dispositivo.

Por outro lado, toda forma de remoção de um arquivo, quando combinada com a tecla SHIFT pressionada, remove o arquivo ou pasta sem enviar para a lixeira, ou seja, é uma remoção permanente.

Painel de Controle

O Painel de controle é o local onde são concentradas as opções de configuração do sistema Windows.

Acessórios

O Windows conta com um conjunto de acessórios que são programas de uso geral que auxiliam tarefas do usuário. São os acessórios do Windows:

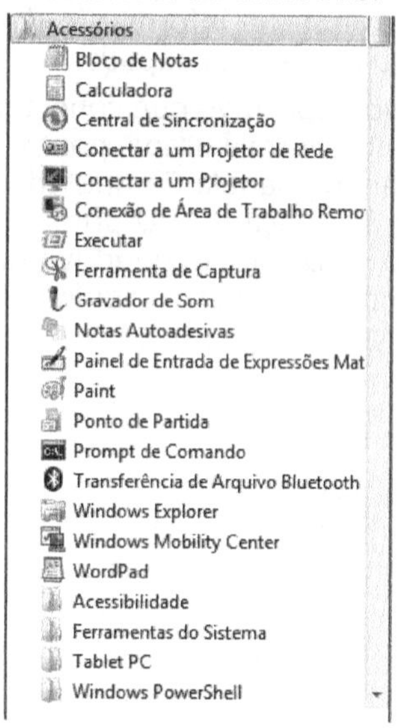

Ferramentas de Sistema

As ferramentas de Sistema do Windows 7 têm sido muito cobradas nas últimas provas de concursos, por fornecerem um conjunto de opções e conceitos diferentes.

Nesta seção, faremos breves comentários sobre essas ferramentas e suas finalidades.

Monitor de Recursos

O monitor de recursos é uma ferramenta que nos permite verificar o desempenho do computador, visualizando o uso da memória e do processador, a banda de rede e o espaço em disco. A figura a seguir ilustra a visão do consumo do processador do meu computador no momento em que estava escrevendo este material.

Na imagem são ilustrados até o CPU7, porque se trata de um processador i7 com 8 núcleos.

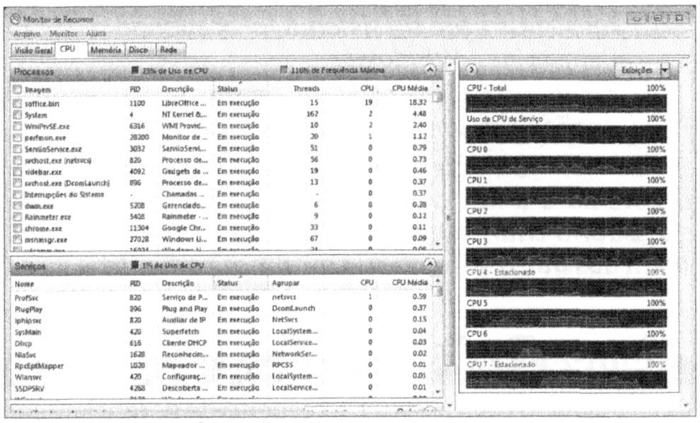

Limpeza de Disco

A Limpeza de disco é uma ferramenta que permite limpar (apagar) os arquivos temporários do computador como forma de obter mais espaço livre. A figura a seguir ilustra a janela da Limpeza de Disco.

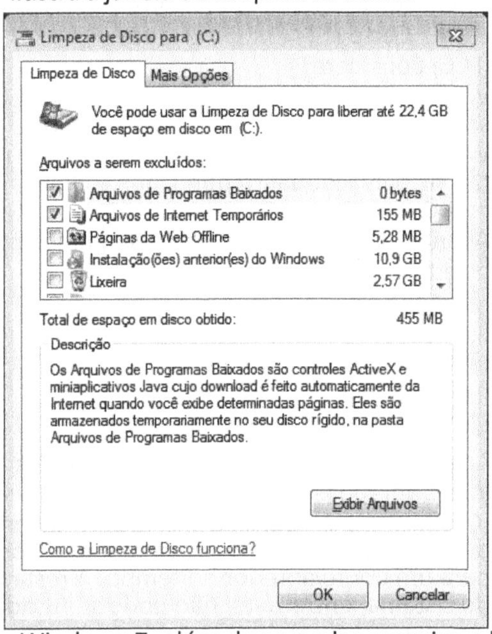

No Windows 7, além de se poder esvaziar a lixeira e apagar os arquivos temporários de navegação da Internet, existe a opção de apagar as miniaturas criadas quando arquivos de imagem são visualizados no Windows Explorer no modo de miniaturas (ícones grandes).

Desfragmentador

O Desfragmentador de Disco é a ferramenta de Sistema responsável por organizar os arquivos no disco, pois, com o tempo, usando o computador, copiamos, colamos, recortamos e movemos muitos arquivos criando fragmentos no HD. Um HD muito fragmentado se torna mais lento para ser lido.

O processo de Desfragmentação, por realizar uma leitura e escrita intensa no disco, torna-se um processo lento, portanto não se recomenda seu uso muito frequentemente. Deve-se obedecer a uma regularidade, mas nada exagerado.

Para que o desfragmentador seja executado, é necessário possuir espaço em disco. Caso não haja, será sugerido ao usuário que realize uma Limpeza de Disco a fim de liberar mais espaço.

Ao final do processo, os dados estarão organizados, a maioria, de maneira contígua para serem acessados mais rapidamente, bem como será organizado o espaço livre em disco de forma que fique contínuo também para minimizar futuras fragmentações.

Fique Ligado

O Desfragmentador não corrige falhas de disco muito menos a Limpeza de Disco, essa tarefa é responsabilidade do ScanDisk.

Informações do Sistema

O recurso Informações do Sistema também pode ser acessado por meio das teclas de atalho (Windows) + Pause.

A janela de Informações do Sistema exibe dados sobre o usuário e sobre a chave de ativação do Windows. No caso do Windows 7, também é exibida uma avaliação do hardware por parte do sistema, além de informação do tamanho da memória RAM e do nome do processador. A figura a seguir mostra a janela das Informações sobre o Sistema.

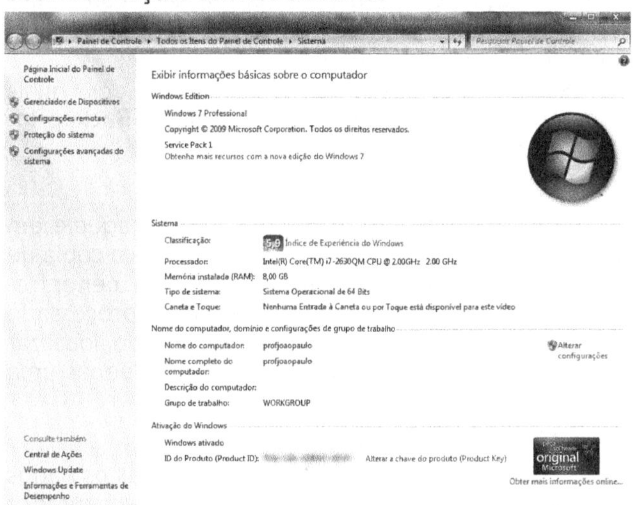

Agendador de Tarefas

O agendador de Tarefas permite que você agende tarefas automatizadas para que realizem ações em um horário específico ou quando um determinado evento ocorrer.

Transferência Fácil do Windows

O recurso de transferência fácil do Windows é uma ferramenta criada para copiar as configurações e preferências de um usuário em um computador e passá-las para outro, não necessitando ao usuário reconfigurar todas suas preferências novamente quando trocar de computador.

Restauração do Sistema

A restauração do Sistema permite retornar o estado do sistema a um ponto anterior no tempo, chamado de ponto de restauração, que é criado automaticamente pelo Windows quando um novo programa é instalado no sistema. Ele também pode ser criado manualmente pelo usuário.

A ferramenta restaura somente o sistema e a instalação dos programas. Os arquivos criados, alterados ou excluídos entre os pontos de restauração não são afetados, ou seja, a restauração do Sistema não recupera arquivos.

Tipos de Backup

Um backup, algumas vezes descrito como becape, nada mais é do que uma **cópia de segurança** dos dados. Essa cópia tem por finalidade manter os dados mais atuais salvos, de maneira que se porventura os dados originais sejam perdidos por falha ou exclusão, a perda não tenha um grande impacto, pois é possível restaurar a partir das versões salvas, minimizando assim a perda. Um backup não impede que os dados sejam acessados por terceiros.

Em um backup devem ser salvos os **dados do usuário**, ou seja, não é necessário, muito menos indicado, salvar os arquivos dos sistemas, como os que ficam na pasta Arquivos de Programas. Os dados devem ser salvos, preferencialmente, em outras unidades de armazenamento, diferentes de onde estão os dados originais como CD, DVD, BluRay, Pendrive, outro HD, disquetes e até mesmo fitas magnéticas.

A frequência de realização de uma cópia de segurança depende da importância dos dados, bem como da sua alteração, ou melhor, se os dados sofrem constante alteração, o backup deve ser realizado com maior regularidade. Já, se raramente sofrem alteração, a frequência de backup também cai.

Existem diversos tipos de backup, dos quais podemos destacar o **Backup Completo, o Backup Incremental e o Backup Diferencial.**

Backup Completo

Também chamado de Backup Total, é aquele em que todos os dados são salvos em uma única cópia de segurança. Ele é indicado para ser feito com menor frequência, pois é o mais demorado para ser processado como também para ser recuperado. Contudo, localizar um arquivo fica mais fácil, já que se tem apenas uma cópia dos dados.

Backup Incremental

Neste tipo de backup, são salvos apenas os dados que foram alterados após a última cópia de segurança realizada. Esse procedimento é mais rápido de ser processado, porém, leva mais tempo para ser restaurado, pois envolve restaurar todos os backups anteriores. Os arquivos criados são menores do que os gerados pelo backup diferencial.

Backup Diferencial

Este procedimento de backup grava os dados alterados desde o último backup completo; assim, no próximo backup diferencial, somente são salvos os dados modificados desde o último backup completo. No entanto, esse becape é mais lento de ser processado do que o incremental, porém é mais rápido de ser restaurado, pois é necessário apenas restaurar o último backup completo e o último backup diferencial.

Exercício Comentado

01. ***(FCC) Em caso de instalação de software duvidoso, devem ser adotados, no Windows XP, procedimentos para garantir a recuperação do sistema, se necessário. Para atender à recomendação, deve-se optar pelo modo de exibição do Painel de controle por categoria; escolher Desempenho e manutenção e, após:***

a) ***restauração do sistema, procedendo à opção Criar backup.***

b) ***restauração do sistema, procedendo à opção Criar um ponto de restauração.***

c) ***reestruturação do sistema, procedendo à opção Reparar o sistema.***

d) ***reestruturação do sistema, procedendo à opção Reinstalar o Windows.***

e) ***recuperação em caso de perda, procedendo à opção Criar um ponto de manutenção.***

RESPOSTA. ***"B". A ferramenta que permite recuperar o sistema é a Restauração do Sistema, que propicia ao usuário criar seus próprios pontos de restauração, além dos que o sistema cria automaticamente.***

Vamos Praticar

01. Julgue o item a seguir, a respeito de gerenciamento de informações, arquivos, pastas e programas.

(CESPE) A ferramenta Scandisk permite a formatação do disco rígido, por meio da leitura dos dados de setores defeituosos, transferindo-os para setores bons e marcando os defeituosos, de modo que o sistema operacional não os use mais.

Certo ( ) Errado ( )

02. (FCC) Considere:

I. Windows é software proprietário e Linux é software livre.

II. Windows é alvo de milhares de vírus e parasitas virtuais, enquanto que Linux é praticamente imune a vírus.

III. Apenas o Windows possui interface gráfica intuitiva.

Está correto o que consta em:

a) I, apenas.

b) II, apenas.

c) I e II, apenas.

d) II e III, apenas.

e) I, II e III.

03. Acerca dos conceitos do Windows 7 e das tecnologias aplicadas à Internet, julgue o item a seguir.

(CESPE) A restauração do sistema é uma forma de desfazer alterações do sistema do computador para um ponto anterior no tempo. A restauração do sistema, entretanto, não pode ser usada para recuperação de arquivos pessoais.

Certo ( ) Errado ( )

04. Acerca de conceitos básicos de Informática e sistemas operacionais, julgue o item a seguir.

(CESPE) No ambiente Windows, a opção de Mapear unidade de rede permite associar um atalho a uma unidade remota.

Certo ( ) Errado ( )

05. (CESPE) Acerca dos sistemas operacionais Windows e Linux, assinale a opção correta.

a) Arquivos criados no Linux podem ser lidos no Windows por meio da ferramenta Restauração do sistema, existente no menu Iniciar do Windows.

b) No Linux, o programa PlanCalc permite a elaboração de planilhas eletrônicas, de forma equivalente ao Excel no Windows.

c) No sistema Windows, o aplicativo Windows Explorer tem a função exclusiva de facilitar o gerenciamento das informações em um computador, permitindo criar, excluir e renomear arquivos e pastas; enquanto o Internet Explorer é um browser que permite a navegação na Internet.

d) Por ser software livre, o usuário tem a liberdade de copiar e modificar uma distribuição do Linux, sem solicitar qualquer tipo de permissão.

e) Por meio da opção Windows Update, é possível ajustar data, hora e fuso horário do computador.

A respeito dos ambientes Windows XP e Linux, julgue os itens a seguir.

06. (CESPE) O Windows 7 possui, por padrão, uma interface gráfica, enquanto o Linux tem disponíveis várias interfaces gráficas, que podem ser instaladas e customizadas segundo a necessidade do usuário.

Certo ( ) Errado ( )

07. (CESPE) Os sistemas Windows 7 e Linux têm kernel comum, aberto, que pode ser facilmente customizado pelo usuário.

Certo ( ) Errado ( )

08. (CESPE) Acerca de conceitos de informática e de segurança da informação, julgue o item a seguir.

Diferentemente do que ocorre no sistema Windows 7, no Linux, para se obter maior velocidade de acesso, os dados são armazenados diretamente em pastas, e não em subpastas.

Certo ( ) Errado ( )

09. (CESPE) Com relação aos ambientes Windows, Internet e Intranet, julgue o item a seguir.

O Windows Explorer é utilizado tanto para acesso aos diretórios e arquivos armazenados na máquina do usuário como para acesso a áreas de armazenamento na rede, caso o computador esteja conectado a um ambiente de rede ou à Internet.

Certo ( ) Errado ( )

10. (FCC) Em relação aos recursos comuns, tanto no Windows, quanto no Linux, é INCORRETO afirmar que possuem:

a) sistema operacional de código aberto.
b) sistema operacional multiusuário e multitarefa.
c) suporte a vários sistemas de arquivos.
d) restrição de acesso a usuários, arquivos e pastas (diretórios).
e) administração e assistência remotas.

Gabarito

01	*ERRADO*	*06*	*CERTO*
02	*C*	*07*	*ERRADO*
03	*CERTO*	*08*	*ERRADO*
04	*CERTO*	*09*	*CERTO*
05	*D*	*10*	*A*

Anotações

CAPÍTULO 04

Redes de Computadores

Dois computadores conectados entre si já caracterizam uma rede. Contudo, ela normalmente é composta por diversificados dispositivos como: celulares, smartphones, tablets, computadores, servidores, impressoras, roteadores, switches, hubs, modens, etc. Devido a essa grande variedade de dispositivos, o nome genérico HOST é atribuído aos dispositivos conectados na rede.

Todo Host possui um endereço que o identifica na rede, o qual é o endereço IP. Mas também cada peça possui um número único de fábrica que o identifica, o MAC Address.

Paradigma de Comunicação

Paradigma é um padrão a ser seguido e, no caso das redes, é o modelo Cliente/Servidor. Nesse modelo, o usuário é o cliente que envia uma solicitação ao servidor; ao receber a solicitação, o servidor a analisa e, se é de sua competência, provê a informação/dado solicitada.

Dispositivos de Rede

Os dispositivos de rede são citados até mesmo em provas cujo conteúdo programático não cita a matéria de Hardware. E na maioria das vezes em que aparecem questões sobre o assunto, se questiona em relação à finalidade de cada dispositivo na rede, portanto, nesta seção são descritos alguns dos principais dispositivos de rede:

Modem	Modulador/Demulador Responsável por converter o sinal analógico da linha telefônica em um sinal digital para o computador e vice-versa.
Hub	Conecta vários dispositivos em rede, mas não oferece muita segurança, pois envia as informações para todos na rede.
Switch	É um dispositivo que permite interligar vários dispositivos de forma mais inteligente que o Hub, pois no switch os dados são direcionados aos destinos corretos.
Roteador	Um roteador já trabalha no nível de rede; em um mesmo roteador podemos definir várias redes diferentes. Ele também cria uma rota para os dados.
Access Point	Um Ponto de Acesso opera de forma similar a um Switch, só que em redes sem fio.
Backbone	É a estrutura principal dentro de uma rede, na Internet é a espinha dorsal que a suporta, ou seja, as principais ligações internacionais.

Topologia de Rede

Topologia diz respeito à estrutura de organização dos dispositivos em uma rede.

Barramento

Na topologia de barramento, todos os dispositivos estão conectados no mesmo canal de comunicação, o que torna o tráfego de dados mais lento e, se o barramento se rompe, pode isolar parte da rede.

Anel

A estrutura em anel conecta um dispositivo no outro; para que todos os computadores estejam conectados, é necessário que estejam ligados. Se o anel for simples, ou seja, de única via de dados, um computador desligado já é suficiente para tornar a rede inoperante para algum outro computador; o problema pode ser resolvido em partes, utilizando o anel duplo, trafegando dados em duas direções da rede, porém, se dois pontos forem desconectados, pode-se chegar à situação de duas redes isoladas.

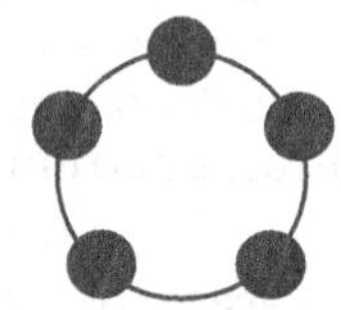

Estrela

Uma rede organizada em forma de estrela possui um nó centralizador. Esse modelo é um dos mais utilizados, pois um nó pode estar desconectado sem interferir no resto da rede, porém, o centro é o ponto crítico.

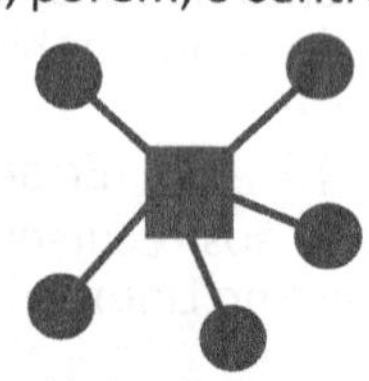

Estrela Estendida

A estrela estendida é utilizada em situações como, por exemplo, em uma universidade multicampi, em que um nó central é a conexão principal, a partir da qual se conecta com a internet, enquanto que os outros campi possuem centrais secundárias como conexão entre seus computadores. A estrutura entre o nó principal e as centrais secundárias é o que chamamos de Backbone dessa rede.

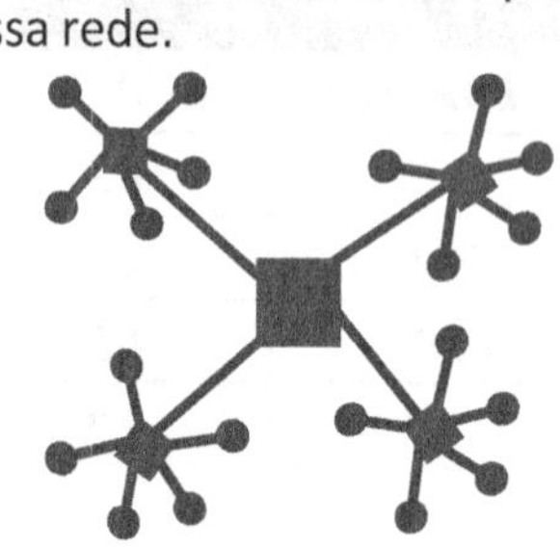

Malha

A conexão em malha é o modelo da Internet, onde encontramos vários nós principais, mas também várias ligações entre diversos nós.

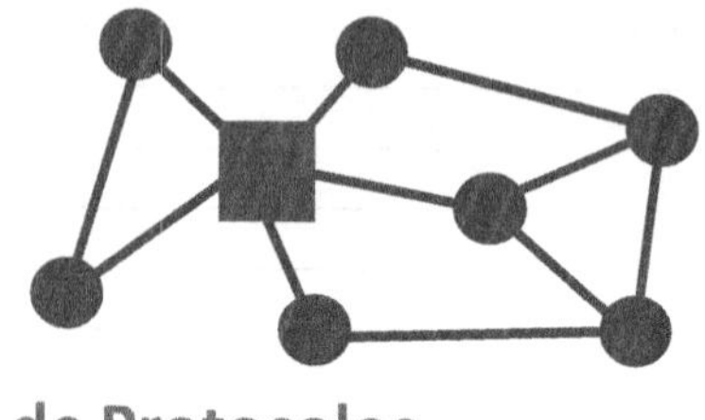

Pilhas de Protocolos

Também colocadas pelas bancas examinadoras como modelos, as pilhas de protocolos definem um conjunto de protocolos e em quais camadas de rede devem operar.

Neste tópico temos dois tipos de questões que podem ser associados na prova. Questões que fazem relação com os tipos de redes e questões que tratam da finalidade dos principais protocolos utilizados em uma navegação na Internet.

→ **As pilhas de protocolos são:**

TCP/IP	OSI

O modelo TCP/IP é o **padrão utilizado nas redes.** Mas, em redes privadas, mesmo o TCP/IP sendo padrão, pode ser implantado o modelo OSI.

Como o modelo TCP/IP é o padrão na seção seguinte são destacados os principais protocolos de navegação.

Principais Protocolos

Um protocolo é uma regra de comunicação em redes, portanto, a transferência de arquivos, mesmo entre computadores de uma mesma rede, utiliza um protocolo como forma de padronizar o entendimento entre os dois.

HTTP

HTTP: (Hyper Text Transport Protocol) é o protocolo de transferência de hipertexto. É o mais utilizado pelo usuário em uma navegação pela Internet. Hipertexto **consiste em um arquivo no formato HTML** - (HyperText Markup Language) Linguagem de Marcação de Hipertexto.

HTML é um arquivo que pode ser gerado por qualquer editor de texto, pois, quando é aberto no bloco de notas ou wordpad, ele apresenta apenas informações de texto. No entanto, quando é aberto pelo navegador, este interpreta o código em HTML e monta o conteúdo **Multimídia** na página. Entende-se por conteúdo multimídia: textos, áudio, vídeos e imagens.

HTTPS

HTTPS (Hyper Text Transport Protocol Secure), também conhecido como HTTP Seguro. Esse protocolo tem como diferença entre o HTTP apenas a segurança que oferece, pois, assim como o HTTP, serve para visualizar o conteúdo multimídia.

O que se questiona em relação a sua segurança é como ela é feita. O protocolo HTTPS utiliza o processo de **Criptografia** para manter sigilo sobre os dados transferidos entre o usuário e o servidor, para isso, são utilizados os protocolos **TLS** ou **SSL**.

Um detalhe muito importante é o de saber identificar se a navegação está sendo realizada por meio do protocolo HTTP ou pelo protocolo HTTPS. A forma mais confiável é observar a barra de endereços do navegador:

→ **Firefox 10.02**

→ **IE 9**

→ **Google Chrome**

Logo no início da barra, observamos a indicação do protocolo HTTPS, que, sempre que estiver em uso, deverá aparecer. Porém, devemos tomar muito cuidado, pois, quando é utilizado o HTTP, alguns navegadores atuais têm omitido a informação no começo da barra de endereços.

Outra informação que nos ajuda a verificar se o acesso é por meio de uma conexão segura é o símbolo do cadeado fechado.

FTP

FTP (File Transport Protocol), o protocolo de transferência de arquivos utilizado quando um usuário realiza download ou upload de um arquivo na rede.

O protocolo FTP tem como diferencial o fato de operar sobre duas portas: uma para tráfego dos dados e outra para autenticação e controle.

Firewall

O Firewall pode ser Software, Hardware, ou ambos. Ele é o responsável por **monitorar as portas da rede/ computador,** permitindo ou negando a passagem dos dados na rede, seja na entrada ou saída.

O Firewall é o monitor que fica na porta olhando para uma lista na qual contém as regras que um dado tem de cumprir para passar por ela. Essa lista são os protocolos, por exemplo, o Firewall monitorando a porta 80, relativa ao protocolo HTTP, o qual só trabalha com conteúdo multimídia. Então, se um arquivo .EXE tentar passar pela porta 80, ele deve ser barrado; essa é a função do Firewall.

Tipos de Redes

Podemos classificar as redes de acordo com sua finalidade; neste tópico expõe-se a diferença entre as redes: Internet vs Intranet vs Extranet.

Internet

É a rede das redes, também conhecida como rede mundial de computadores.

Muitas provas citam o sinônimo WWW (World Wide Web) para internet, ou por vezes apenas Web. Ela é definida como uma rede **Pública** a qual todos com computador e servidor de acesso podem acessar.

Intranet

É uma rede empresarial, também chamada de rede corporativa. Tem como principal característica ser uma rede **Privada**, portanto, possui controle de acesso, o qual é restrito somente a pessoas autorizadas.

Uma Intranet geralmente é constituída com o intuito de compartilhar recursos entre os funcionários de uma empresa, de maneira que pessoas externas não tenham acesso a eles. Os recursos compartilhados podem ser: impressoras, arquivos, sistemas, entre outros.

Extranet

É quando parte de uma Intranet é disponibilizada por meio da Internet.

Também dizemos que, quando duas empresas com suas distintas Intranets possuem um sistema comum que acessa apenas parte de cada uma das Intranets, é uma Extranet.

VPN

VPN é uma forma de criar uma Intranet entre localizações geograficamente distantes, com um custo mais baixo do que ligar cabos entre os pontos. Para isso, emprega-se o processo de criptografia nos dados antes de enviá-los por meio da Internet e, quando o dado chega na outra sede, passa pelo processo de descriptografia. Dessa maneira, quem está navegando na Internet não tem acesso às informações da empresa, que continuam restritas; esse processo também é chamado de tunelamento.

Padrões de Infraestrutura

São padrões que definem como deve ser organizada e quais critérios a serem seguidos para montar uma estrutura de rede de acordo com os padrões estabelecidos pelo IEEE (Instituto de Engenheiros Eletricistas e Eletrônicos).

O padrão Ethernet define as regras para uma infraestrutura cabeada, como tipos de cabos que devem ser utilizados, distância máxima, tipos e quantidade de dispositivos, entre outras. Já o padrão 802.11 define as regras para uma estrutura Wi-Fi, ou seja, para a rede sem fio.

Correio Eletrônico

O serviço de e-mail é outro ponto bastante cobrado nos concursos públicos. Em essência, o que se pede é se o concursando sabe sobre as diferentes formas de se trabalhar com ele.

O e-mail é uma forma de comunicação assíncrona, ou seja, no momento do envio apenas o emissor precisa estar conectado.

Formas de Acesso

Podemos ler e escrever e-mail utilizando duas formas diferentes. Na última década, o webmail ganhou mais espaço no mercado e se tornou majoritário no ramo de e-mails, mas muitas empresas utilizam ainda os clientes de e-mail:

Webmail

O webmail é uma interface de acesso para o e-mail via Browser (navegador de Internet), ou seja, uma forma de visualizar o e-mail via uma página web. Diante disso, é possível destacar que usamos os protocolos HTTP ou HTTPS para visualizar páginas da Internet, assim, ao acessar sites como Gmail.com, Hotmail.com, Yahoo.com.br e Outlook.com para usar o e-mail, fazemos uso dos protocolos HTTP ou HTTPS, sendo o segundo mais usado atualmente pelos grandes serviços de e-mail, pois confere ao usuário maior segurança no acesso.

Dizemos que o webmail é uma forma de ler e escrever e-mails, dificilmente é citado como forma de enviar e receber, uma vez que quem realmente envia é o servidor e não o computador do usuário.

Quando um e-mail é enviado, ele parte diretamente do servidor no qual o remetente possui conta para o servidor do serviço de e-mail do destinatário.

Cliente de e-mail

Um cliente de e-mail é um programa específico para enviar e receber mensagens de e-mail e que é, necessariamente, instalado no computador do usuário.

→ **Exemplos:**

- Outlook;
- Mozilla Thunderbird;
- Eudora;
- IncredMail;
- Outlook Express;
- Windows Live Mail.

Os programas clientes de e-mail usam protocolos específicos para envio e recebimento das mensagens de e-mail.

Protocolos utilizados pelos clientes de e-mail

Para o envio, um cliente de e-mail utiliza o protocolo SMTP (Simple Mail Transport Protocol – Protocolo de transporte de mensagens simples). Como todo protocolo, o SMTP também opera sobre uma porta específica, que pode ser citada como sendo a porta 25, correspondente ao padrão, mas atualmente ela foi bloqueada para uso dos usuários, vindo a ser substituída pela 587.

Com isso, em questões de Certo e Errado, apenas a 587 é a correta, quando abordado sobre o usuário, pois entre servidores a 25 ainda é utilizada. Já nas questões de múltipla escolha, vale o princípio da menos errada, ou seja, se não tiver a 587, a 25 responde a questão.

Mesmo que a mensagem de e-mail possua arquivos anexos à ela, envia-se por SMTP; assim o protocolo FTP não é utilizado.

Já para o recebimento, o usuário pode optar em utilizar o protocolo POP ou o protocolo IMAP, contudo, deve ser observada a diferença entre os dois, pois essa diferença é ponto para muitas questões.

O protocolo POP tem por característica baixar as mensagens de e-mail para o computador do usuário, mas por padrão, ao baixá-las, elas são apagadas do servidor. Portanto, as mensagens que um usuário está lendo estão, necessariamente, em seu computador.

Por outro lado, se o usuário desejar, ele pode configurar o protocolo de forma que sejam mantidas cópias das mensagens no servidor, no entanto, a que o usuário está lendo, efetivamente, está em seu computador. Sobre essa característica são citadas questões relacionando à configuração a uma espécie de backup das mensagens de e-mail.

Atualmente o protocolo POP encontra-se na versão 3; dessa forma ele pode aparecer nos textos de questão como POP3, não afetando a compreensão da mesma. Uma vez que o usuário necessita conectar na internet apenas para baixar as mensagens, é possível que ele desconecte-se da internet e mesmo assim leia seus e-mails. E, uma vez configurado o SMTP, também é possível redigir as respostas off-line, sendo necessário, no entanto, conectar-se novamente para que as mensagens possam ser enviadas.

Ao invés de utilizar o POP, o usuário pode optar em fazer uso do protocolo IMAP, que é para acesso a mensagens de e-mail, as quais, por sua vez, residem no servidor de e-mails. Portanto, se faz necessário estar conectado à internet para poder ler o e-mail por meio do protocolo IMAP.

Spam

Spam é uma prática que tem como finalidade divulgar propagandas por e-mail, ou mesmo utilizar-se de e-mails que chamem a atenção do usuário e o incentivem a encaminhar para inúmeros outros contatos, para que, com isso, levantem uma lista de contatos que pode ser vendida na Internet ou mesmo utilizada para encaminhar mais propagandas.

Geralmente um spammer utiliza-se de e-mail com temas como: filantropia, hoax (boatos), lendas urbanas, ou mesmo assuntos polêmicos.

Exercício Comentado

Julgue o próximo item, relativo aos modos de utilização de tecnologias, ferramentas, aplicativos e procedimentos associados à Internet.

01. (CESPE) O email, tal como o serviço de correio convencional, é uma forma de comunicação síncrona.

*ERRADO. **O serviço de e-mail, assim como os fóruns, é um serviço que funciona de maneira assíncrona, ou seja, não há a necessidade de ambos os interlocutores estarem on-line simultaneamente.***

URL (Uniform Resource Locator)

É um endereço que identifica um site, um serviço, ou mesmo um endereço de e-mail. Abaixo temos um exemplo de URL; observe que podemos dividi-la em várias partes.

http://www.site.com.br

Protocolo Pasta Domínio

Domínio

É o nome registrado de um site para que possa ser acessado por meio da Internet. Assim como a URL, um Domínio também pode ser dividido em três partes, como ilustra a figura abaixo.

site.com.br

O .br indica que esse site está registrado no conjunto de domínios do Brasil, que é administrado e regulamentado pelo Registro.Br, componente do CGI (Comitê Gestor de Internet no Brasil).

O Registro.Br define várias normas em relação à criação de um domínio, como por exemplo o tamanho máximo de 26 caracteres, a limitação para apenas letras e números e recentemente a opção de criar domínios com letras acentuadas e o caractere **ç**.

Também compete ao Registro.Br a normatização da segunda parte do domínio, representado na figura pelo **.com**. Essa informação diz respeito ao ramo de atividade a que se destina o domínio, mas não nos garante qual a real finalidade do site. A última parte, por fim, é o próprio nome do site que se deseja registrar.

Protocolo IP

Cada equipamento na rede ganha o nome genérico de Host, o qual deve possuir um endereço para que seja localizado na rede. Esse é o endereço IP.

O protocolo IP é o responsável por trabalhar com essa informação, para tanto, um endereço IP possui versões: IPv4 e IPv6.

Um IP também é um endereço, portanto, pode ser inserido diretamente na barra de endereços de um navegador.

O IPv4 é composto por até 4 grupos de 3 dígitos que atingem valor máximo de 255 cada grupo, suportando, no máximo, cerca de 4 mil milhões de endereços.

→ **Ex.:**

> 200.201.88.30 endereço IP da Unioeste[1].

O IPv6 é uma proposta que está gradativamente substituindo o IPv4, justamente pela pouca quantidade de endereço que ele oferece. O IPv6 é organizado em 8 grupos de 4 dígitos hexadecimais, suportando cerca de 3,4x1038 endereços IP.

→ **Ex.:**

> 0123:4567:89AB:CDEF:1011:1314:5B6C:88CC[2]

DNS (Domain Name System)

O Sistema de Nomes de Domínios é o responsável por traduzir (resolver por meio de consultas aos servidores Raiz da Internet) um Domínio para o endereço IP do servidor que hospeda (armazena) o site desejado. Esse processo ocorre em questão de segundos e obedece uma estrutura hierárquica.

Navegadores

Navegadores são programas que permitem acesso às páginas da Internet, são muitas vezes citados em provas pelo termo em inglês Browser.

→ **Exemplos de navegadores:**

> Internet Explorer
> Mozilla Firefox
> Opera
> Google Chrome
> Safari

Também são cobrados os conceitos dos tipos de dados de navegação que estão relacionados aos navegadores.

Cache

É um armazenamento temporário. No caso dos navegadores, trata-se de uma pasta onde são armazenados os conteúdos multimídias como imagens, vídeos, áudio e inclusive textos, para que, no segundo momento em que o mesmo conteúdo seja acessado, ele possa ser mostrado ao usuário mais rapidamente.

Cookies

São pequenas informações que alguns sites armazenam no computador do usuário. Exemplos de informações armazenadas nos Cookies: senhas, obviamente que são armazenadas criptografadas; também são muito utilizados em sites de compras, para armazenar o carrinho de compras.

Dados de Formulários

Quando preenchemos um formulário, os navegadores oferecem opção para armazenar os dados digitados em cada campo, assim, quando necessário preencher o mesmo formulário ou ainda outro formulário com campos de mesmo nome, o navegador sugere os dados já usados a fim de autocompletar o preenchimento do campo.

Conceitos Relacionados à Internet

Nesta seção são apresentados alguns conceitos, tecnologias e ferramentas relacionadas à Internet que são cobrados nas provas dos concursos.

Motores de Busca

Os motores de busca são normalmente conhecidos por buscadores e têm como representante maior o Google. Dentre os principais estão:

> Google;
> Yahoo;
> Cadê? - O primeiro buscador nacional (comprado pelo Yahoo), pode ser chamado de Yahoo! Cadê?;
> Aonde;
> Altavista;
> MSN transformado em Bing.

Fique Ligado

É importante observar que, nos navegadores atuais, os motores de busca são integrados, com isso podemos definir qual se deseja utilizar, por exemplo: o Google Chrome e o Mozilla Firefox utilizam como motor de busca padrão o Google, já o Internet Explorer utiliza o Bing. Essa informação é relevante, pois é possível nesses navegadores digitar os termos buscados diretamente na barra de endereços, ao invés de acessar previamente o site do motor de busca.

1 Universidade Estadual do Oeste do Paraná

2 IP fictício.

Busca Avançada

Os motores de busca oferecem alguns recursos para otimizar a busca, como operadores lógicos, também conhecidos como operadores booleanos[3]. Dentre eles podemos destacar a negação (-): ao realizar uma busca na qual se deseja encontrar resultados que sejam relacionados a determinado assunto, porém os termos usados são comuns a outro, podemos utilizar o sinal de menos precedendo o termo do assunto irrelevante, como o exemplo de uma questão que já caiu em prova: realizar a busca por leite e cão, contudo, se for inserido apenas estes termos na busca, muitos resultados serão relacionados a gatos e leite. Para que as páginas que contenham a palavra gato não sejam exibidas na lista de páginas encontradas, basta digitar o sinal de menos (-) antes da palavra gato (sem espaço entre o sinal e a palavra), assim a pesquisa a ser inserida no buscador fica **Cão Leite -Gato**.

Também é possível realizar a busca por uma frase exata, assim, somente serão listados os sites que contenham exatamente a mesma expressão. Para isso, basta digitar a frase desejada entre aspas duplas.

Busca por/em Domínio Específico: para buscar sites que possuam determinado termo em seu nome de domínio, basta inserir o texto: site: seguido da palavra desejada, lembrando que não deve haver espaço entre site: e o termo desejado. De forma similar, também pode-se utilizar: **inurl: termo** para buscar sites que possuam o termo na URL.

Quando o domínio já é conhecido, é possível realizar a busca por determinado termo apenas nas páginas do domínio. Para tanto, deve-se digitar **site: Dominiodosite termo.**

Calculadora: é possível, ainda, utilizar o Google como uma calculadora, bastando digitar a expressão algébrica que se deseja resolver como 2+2 e, como resultado da "pesquisa", é apresentado o resultado da operação.

Operador: quando não se sabe exatamente qual é a palavra para completar uma expressão, pode-se completar a lacuna com um asterisco, assim o motor de busca irá entender que naquele espaço pode ser qualquer palavra.

Busca por tipo de arquivo: podemos refinar as buscas a resultados que consistam apenas em determinado formato de arquivo. Para tanto, podemos utilizar o operador filetype: assim, para buscar determinado tema, mas que seja em PDF, por exemplo, pode-se digitar **filetype: pdf tema.**

Tipos de Busca

Os principais motores de busca permitem realizar as buscas de forma orientada a conteúdos gerais da web, como refinar a busca para exibir apenas imagens, vídeos ou mapas relacionados aos termos digitados.

Chat

Um chat é normalmente citado como um bate-papo em tempo real; é a forma de comunicação em que ambos os interlocutores estão conectados (on-line) simultaneamente. Muitos chats operam com salas de bate-papo. Um chat pode ser em um site específico como o chat do Uol. Conversas pelo MSN ou Facebook podem ser consideradas como chat, desde que ambos interlocutores estejam conectados.

3 Em referência à lógica de Boole, ou seja, a lógica que você estuda para o concurso.

Fórum

Também conhecidos como Listas de Discussão, os fóruns funcionam como debates sobre determinados assuntos. Em um fórum não é necessário que os envolvidos estejam conectados para receberem os comentários, pois estes ficam disponíveis para acesso futuro pelo usuário ou mesmo por pessoas que não estejam cadastradas no fórum, contudo, existem muitos fóruns fechados, nos quais só se entra por convite ou mediante aquisição. A maioria deles vincula o e-mail dos envolvidos a uma discussão, alertando-os assim, caso um novo comentário seja acrescentado.

Moodle

O Moodle é uma ferramenta fortemente utilizada pelo setor público, e também privado, para dar suporte ao Ensino à Distância (EAD).

Exercícios Comentados

Acerca das tecnologias e ferramentas utilizadas em ambientes de intranet e Internet, julgue.

01. ***(CESPE) O protocolo HTTP permite o acesso a páginas em uma intranet com o uso de um navegador.***

CERTO. ***Os protocolos são regras de comunicação usadas tanto na Internet como em Intranets. O protocolo HTTP é o responsável pelo tráfego do conteúdo multimídia, logo, a questão está correta.***

02. ***(FCC) Em relação à Internet, é INCORRETO afirmar:***

a) ***Download é o processo de transferência de arquivos de um computador remoto para o computador do usuário.***

b) ***URL é a página de abertura de um site, pela qual se chega às demais.***

c) ***Html é a linguagem padrão de criação das páginas da Web.***

d) ***Chat é um fórum eletrônico no qual os internautas conversam em tempo real.***

e) ***Upload é o processo de transferência de arquivos do computador do usuário para um computador remoto.***

RESPOSTA. ***"B". As operações de Download e Upload estão relacionadas à transferência de arquivos, normalmente utilizando, para isso, o protocolo FTP. HTML ou HTM são as linguagens de marcação de hipertexto, ou seja, formatos de arquivos padrões para páginas web. Chat é o serviço de bate-papo em tempo real. Uma URL é um endereço que pode ser um domínio, ou mesmo um IP dentre os demais conceitos vistos, assim, a alternativa incorreta é a B, pois aponta uma URL como sendo a página principal de um site, no entanto, uma URL é o caminho completo de algum arquivo ou serviço.***

Vamos Praticar

01. (CESPE) Existem diversos dispositivos que protegem tanto o acesso a um computador quanto a toda uma rede. Caso um usuário pretenda impedir que o tráfego com origem na Internet faça conexão com seu computador pessoal, a tecnologia adequada a ser utilizada nessa situação será o:

a) multicast.

b) instant message.

c) miniDim.

d) firewall.
e) IPv6.

02. (FCC) Uma barreira protetora que monitora e restringe as informações passadas entre o seu computador e uma rede ou a Internet, e fornece uma defesa por software contra pessoas que podem tentar acessar seu computador de fora sem a sua permissão é chamada de:

a) ActiveX.
b) roteador.
c) chaves públicas.
d) criptografia.
e) firewall.

03. (CESGRANRIO) O objetivo do firewall é:

a) possibilitar a conexão com a Internet.
b) configurar uma rede privada.
c) visualizar diversos tipos de arquivos.
d) permitir a edição de imagens.
e) realizar a segurança de redes privadas.

04. (CESPE) Um firewall pessoal instalado no computador do usuário impede que sua máquina seja infectada por qualquer tipo de vírus de computador.

Certo ( ) Errado ( )

05. (UNIRIO) Firewall é o nome dado ao dispositivo de uma rede de computadores que tem por objetivo:

a) atender requisições de outros computadores, obtendo recursos de servidores.
b) detectar programas maliciosos (malware) e oferecer alternativas de eliminação dos problemas causados por eles.
c) receber e distribuir as requisições provindas de fora da rede, encaminhando-as para os servidores da rede.
d) controlar e autorizar o tráfego de informações, estabelecendo filtros por meio de políticas de segurança.
e) gerenciar os recursos da rede, catalogando-os e disponibilizando-os para os usuários internos e externos autorizados.

Considerando o acesso a uma intranet por meio de uma estação Windows 7 para navegação e uso de correio eletrônico do tipo webmail, julgue os itens que seguem.

06. (CESPE) Na utilização de uma interface webmail para envio e recebimento de correio eletrônico, é boa prática de segurança por parte do usuário verificar o certificado digital para conexão https do webmail em questão.

Certo ( ) Errado ( )

07. (CESPE) Por meio do software Microsoft Outlook pode-se acessar o serviço de correio eletrônico, mediante o uso de certificado digital, para abrir a caixa postal do usuário de um servidor remoto.

Certo ( ) Errado ( )

08. (FCC) É oferecida a um usuário de correio eletrônico a opção de acessar as suas mensagens por meio de um servidor POP3 ou um servidor IMAP. Ele deve configurar o seu programa leitor de correio para usar o servidor:

a) POP3, se precisar buscar mensagens de acordo com um critério de busca.
b) IMAP, caso esse programa suporte apenas o post office protocol.
c) POP3, se quiser acessar suas mensagens em vários servidores sem risco de perder ou duplicar mensagens.
d) POP3, se precisar criar e manter pastas de mensagens no servidor.
e) IMAP, se precisar criar e manter pastas de mensagens no servidor.

09. (FMP-RS) Num programa de Correio eletrônico, como MS-Outlook e similares, pode-se escolher mandar mensagens para um ou mais destinatários. Para tanto, usam-se os campos conhecidos como "To" (Para), "Cc" e "Bcc". Com relação ao funcionamento do destino da mensagem, assinale a opção correta.

a) Destinatários do campo "Cc" veem todos os demais destinatários desse campo, mas não veem os do campo To.
b) Destinatários do campo "Cc" veem todos os demais destinatários desse campo, mas não veem os do campo "Bcc".
c) Destinatários do campo To veem todos os demais destinatários desse campo e também os do campo "Bcc".
d) Destinatários do campo "Bcc" veem todos os demais destinatários desse campo, mas não veem os do campo "To".
e) Destinatários do campo To veem todos os demais destinatários desse campo, mas não veem os do campo "Cc"

10. (CESPE) A respeito de navegadores de Internet e aplicativos de correio eletrônico, julgue o próximo item.

O programa Thunderbird não permite o envio de arquivos anexados às mensagens de e-mail.

Certo ( ) Errado ( )

11. (CESPE) Com relação a conceitos, tecnologias e serviços associados à Internet, assinale a opção correta.

a) O Mozilla Firefox é um navegador web que permite o acesso a conteúdo disponibilizado em páginas e sítios da Internet.
b) O Microsoft Office Access é um tipo de firewall que impede que redes de computadores que façam parte da Internet sejam invadidas.
c) Serviços de webmail consistem no uso compartilhado de software de grupo de discussão instalado em computador pertencente a uma rede local (LAN) para uso exclusivo, e em segurança, dos computadores pertencentes a essa LAN.
d) Na conexão denominada banda larga, para que usuários residenciais tenham acesso a recursos da Internet, exige-se o uso de cabos ópticos entre as residências dos usuários e seus provedores de Internet.
e) O protocolo TCP/IP é utilizado na Internet para operações de transferência de arquivos quando se deseja garantir segurança sem o uso de software antivírus.

12. (FCC) Em relação à Internet e correio eletrônico, é correto afirmar:

a) No Internet Explorer 7 é possível navegar entre sites, por meio de separadores conhecidos por abas, não necessitando, portanto, a abertura de várias janelas.
b) Redes wireless, embora permitam conexão à Internet, não são configuráveis no ambiente de Intranet.

c) Correios eletrônicos possuem recursos nativos que impedem a propagação de vírus enviados por e-mail.
d) Em Intranet não é permitido operações de download, dadas as facilidades oferecidas pela rede local.
e) Uma das vantagens do webmail é que as mensagens, ao chegarem, são imediatamente baixadas para o computador do usuário.

13. (FCC) A disponibilização de arquivos para a Intranet ou Internet é possível por meio de servidores especiais que implementam protocolos desenvolvidos para essa finalidade. Tais servidores possibilitam tanto o download (recebimento) quanto o upload (envio) de arquivos, que podem ser efetuados de forma anônima ou controlados por senha, que determinam, por exemplo, quais os diretórios o usuário pode acessar. Esses servidores, nomeados de forma homônima ao protocolo utilizado, são chamados de servidores:
a) DNS
b) TCP/IP
c) FTP
d) Web Service
e) Proxy

14. (FCC) Para a devida conexão à internet ou intranet, é necessário que o computador possua certos pré-requisitos que possibilitem tal acesso. São requisitos possivelmente necessários para que o computador se conecte à internet, EXCETO:
a) modem
b) firewall
c) provedor
d) placa de rede
e) protocolo TCP/IP

Julgue os itens subsequentes, a respeito de segurança para acesso à Internet e a intranets.

15. (CESPE) No acesso a uma página na Internet com o protocolo HTTP, esse protocolo protege o endereço IP de origem e de destino na comunicação, garantindo ao usuário privacidade no acesso.
Certo ( ) Errado ( )

16. (CESPE) Quando se usa o protocolo HTTPS para acessar página em uma intranet, o certificado apresentado é, normalmente, do tipo autoassinado com prazo de expiração ilimitado.
Certo ( ) Errado ( )

17. (CESGRANRIO) O envio e o recebimento de um arquivo de textos ou de imagens na internet, entre um servidor e um cliente, constituem, em relação ao cliente, respectivamente, um:
a) download e um upload.
b) downgrade e um upgrade.
c) downfile e um upfile.
d) upgrade e um downgrade.
e) upload e um download.

Julgue os itens seguintes, relativos a sistemas operacionais, redes sociais e organização de arquivos.

18. (CESPE) Twitter, Orkut, Google+ e Facebook são exemplos de redes sociais que utilizam o recurso scraps para propiciar o compartilhamento de arquivos entre seus usuários.
Certo ( ) Errado ( )

19. (FCC) A conexão entre computadores por meio de internet ou intranet é feita pela utilização de endereços conhecidos como endereços IP. Para que os usuários não precisem utilizar números e sim nomes, como por exemplo www.seuendereco.com.br, servidores especiais são estrategicamente distribuídos e convertem os nomes nos respectivos endereços IP cadastrados. Tais servidores são chamados de servidores:
a) FTP.
b) DDOS.
c) TCP/IP.
d) HTTP.
e) DNS.

20. (FCC) Em relação à tecnologia e aplicativos associados à internet, é correto afirmar.
a) Navegação por abas, find as you type (mecanismo de busca interna na página) e motor de busca são recursos existentes tanto no Mozilla Firefox, quanto no Internet Explorer 8.
b) A opção de bloqueio a pop-ups, um recurso presente no Mozilla Firefox, inexiste no Internet Explorer 8.
c) No ambiente Web, o uso de teclado virtual em aplicativos tem como objetivo facilitar a inserção dos dados das senhas apenas com o uso do mouse.
d) Em ambiente Wi-Fi, os elementos de rede que fazem a comunicação entre os computadores dos usuários utilizam fibras óticas conectadas a um hub.
e) No Thunderbird 2, o acionamento do botão Encaminhar exibirá uma janela de opções, entre as quais a Lixeira de mensagens.

Gabarito

01	D	11	A
02	E	12	A
03	E	13	C
04	ERRADO	14	B
05	D	15	ERRADO
06	CERTO	16	ERRADO
07	CERTO	17	E
08	E	18	ERRADO
09	B	19	E
10	ERRADO	20	A

Anotações

CAPÍTULO 05

Cloud Computing

Em português, Computação na Nuvem é o nome usual para identificar o paradigma de computação em que as infraestruturas, serviços e aplicações ficam nas redes, principalmente na Internet. No entanto, também pode ser empregado para distinguir serviços de processamento dos serviços de armazenamento.

Pode-se dizer que a computação na nuvem é uma forma de evolução do conceito de *Mainframes*.

Os *Mainframes* são supercomputadores normalmente usados em redes privadas (*intranets*), os quais são responsáveis pelo trabalho pesado de processamento de informações. De forma geral, quando se emprega o uso de *mainframes*, associa-se o uso de *thin clients* pelos usuários, ou seja, terminais burros, apenas pontas para iteração do usuário, pois os dados coletados e apresentados a ele são processados e armazenados nos *mainframes*.

A computação na nuvem é uma ideia similar a ser feito uso de computadores (servidores) localizados na Internet, otimizando assim seu uso, em vez de manter supercomputadores internamente na empresa.

A Figura 1 ilustra um serviço em que os dados são processados na nuvem e os resultados são exibidos no computador do usuário.

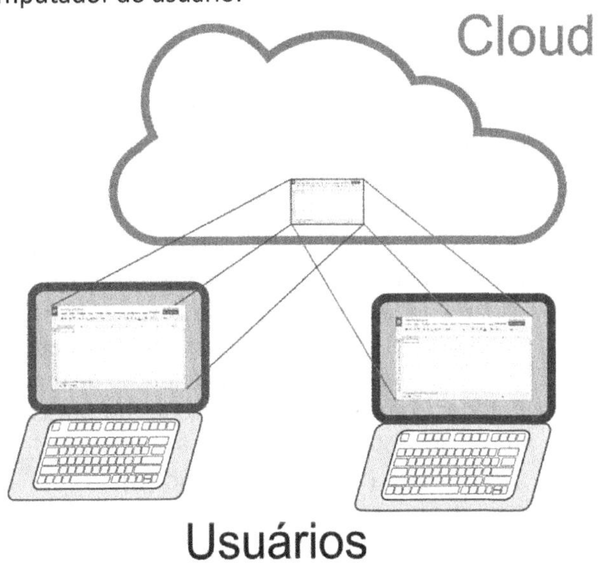

Figura 1: *Cloud Computing*

Características

Aqui vamos tomar as características comuns tanto ao armazenamento quanto ao processamento de dados em nuvem.

Ao utilizar os serviços da nuvem não é preciso instalar aplicativos, porém, é possível. Ou seja, a instalação de aplicações relacionadas aos serviços da nuvem é apenas de caráter opcional.

Com isso, os serviços da nuvem se tornam uma prática alternativa, pois o usuário precisa do básico em seu computador para acessar aos serviços. Assim, basta possuir um computador conectado à Internet e que seja dotado de um browser para utilizar os serviços da nuvem.

Contudo, uma característica negativa do serviço é a dependência frente aos servidores e provedores de serviço, pois, uma vez que não se tenha acesso à Internet ou o serviço esteja fora do ar, o usuário não tem condições de utilizar os serviços da nuvem, salvo exceção do modelo *on premise*.

É importante observar que, dentre os pré-requisitos básicos, o sistema operacional não foi citado, porque os serviços da nuvem independem do sistema instalado, pois normalmente são serviços que utilizam protocolos de navegação como HTTP e HTTPS, dentre outros.

Assim, como também não dependem de hardware específico para funcionar, podem inclusive ser citadas como multiplataforma, tanto no sentido de diferentes hardwares como no de diferentes sistemas operacionais. É comum usar serviços da nuvem também em *tablets* e *smartphones,* além dos computadores pessoais.

Outra característica dos serviços em nuvem diz respeito à segurança dos dados, em que o usuário não precisa se preocupar em fazer backups, controlar a segurança ou ter que realizar manutenção, pois essas são atribuições do fornecedor do serviço contratado.

A computação em nuvem também oferece praticidade no compartilhamento de informações, além de eximir o usuário de ter conhecimento sobre como funciona o serviço, possibilitando-lhe utilizar o serviço sem preocupações.

Com todos esses detalhes, pode-se ainda destacar que a nuvem possibilita iniciar um trabalho em um computador e dar continuidade a ele por meio de outro computador.

Processamento na Nuvem

O processamento realmente dito nos termos de *Cloud Computing*, em que os dados são processados na nuvem.

É bastante comum hoje nos aparelhos celulares, *smartphones* e *tablets,* em aplicações como o *talk to text* (fale para escrever). Lembre-se de que a instalação não é obrigatória, mas pode ser feita. Nos aparelhos em que o usuário pode simplesmente pronunciar próximo a eles o texto que deseja escrever, o recurso usado precisa que o aparelho esteja conectado à Internet para poder funcionar.

Isso ocorre porque os aparelhos atuais, por mais que possuam alta tecnologia e capacidade de processamento, ainda não são poderosos o suficiente para processar dados como identificação de texto em falas. Com isso, a alternativa é usar servidores localizados na Internet (nuvem) que recebem o áudio que os aparelhos gravam e processam a informação, oferecendo ao usuário o resultado na forma de texto.

Outro exemplo são os serviços do *Google* e da *Microsoft*, conhecidos respectivamente como *Google Docs* e *Microsoft WebApps*. Mas cuidado com os nomes, pois *Google Drive*/Disco ou *Skydrive/OneDrive* são serviços de outra natureza.

No *Google Docs WebApps,* o usuário encontra recursos como editores de texto, planilhas, apresentação, formulários e desenhos online, ou seja, usando a computação em nuvem. Ao usar esses serviços, o usuário não precisa possuir em seu computador editores similares, uma vez que basta executar o navegador de internet e nele acessar o site do serviço; ao logar, terá acesso aos recursos.

Armazenamento na Nuvem

Já o armazenamento na nuvem, em inglês ***Cloud Storage***, identifica os serviços que têm por característica armazenar os dados do usuário, de modo que, para acessá-los, seja necessário apenas um dispositivo (computador, *smartphone* ou *tablet*) conectado à Internet e que possua um browser. Com a ascensão desse tipo de serviço, pode-se apostar na queda na venda de dispositivos para transporte de dados como os *Pendrives*.

São exemplos citados nas provas o *Google Drive*/ Disco, o *Microsoft Skydrive,* atualmente chamado de *OneDrive*, o *Dropbox*, *Mega*, *Minus* e *Copy*. A maioria deles oferece contas gratuitas com limite de armazenamento, a fim de demonstrar seus serviços. Mas, caso o usuário deseje e/ou precise, ele pode adquirir mais espaço de armazenamento.

A grande maioria dos serviços de *Storage* possui uma aplicação (opcional) que o usuário pode instalar em vários dispositivos, com o intuito de manter seus dados sincronizados. Ao instalar o aplicativo, ele criará uma pasta no dispositivo que estará em sincronia com a pasta online do usuário. Desse modo, todo arquivo salvo na referida pasta no dispositivo automaticamente (quando conectado à Internet) será enviado para a pasta on-line.

Pode-se então afirmar que, possuir a pasta com os arquivos localmente (no dispositivo) e on-line simultaneamente é uma forma de backup dos dados.

O *Google Drive* oferece gratuitamente aos usuários 15GB de espaço, no entanto, ele é compartilhado com a caixa de entrada de e-mails.

O *One Drive* também oferece 15GB, mas inicialmente são 7GB; para ganhar mais, o usuário deve enviar convites.

O *Dropbox* inicialmente oferece 2GB gratuitos, mas, por meio de convites, o usuário pode ter até 18GB; recebendo um convite, o usuário ganha 500MB. Acesse este endereço para começar com 2,5GB: www.joaopaulo.pro.br/cloud.

Já o *Copy* oferece inicialmente 20GB gratuitos e, a cada convite enviado, o usuário ganha mais 5GB de espaço; ao receber um convite também.

Exercício Comentado

Com referência à segurança da informação, julgue os itens a seguir.

01. ***(CESPE) O cloudstorage é um serviço de aluguel de espaço em disco via Internet, no qual as empresas pagam pelo espaço utilizado, pela quantidade de dados trafegados, tanto para download como para upload, e pelo backup.***

CERTO. Os serviços da nuvem são criados para lucrar, não são iniciativas beneficentes. Na cloud computing o usuário paga pela transferência de dados, pelo volume de informações processadas e pelo suporte que deseja (capacidade de hardware), enquanto que, no armazenamento, o usuário paga pela quantidade de espaço necessário.

Vamos Praticar

Julgue os próximos itens, relativos a *cloud storage* e processos de informação.

01. (CESPE) O conceito de *cloud storage* está associado diretamente ao modelo de implantação de nuvem privada, na qual a infraestrutura é direcionada exclusivamente para uma empresa e são implantadas políticas de acesso aos serviços; já nas nuvens públicas isso não ocorre, visto que não há necessidade de autenticação nem autorização de acessos, sendo, portanto, impossível o armazenamento de arquivos em nuvens públicas.

Certo ( ) Errado ( )

02. (CESPE) O *Microsoft Office Sky Driver* é uma suíte de ferramentas de produtividade e colaboração fornecida e acessada por meio de computação em nuvem (*cloud computing*).

Certo ( ) Errado ( )

03. (CESPE) A respeito da Internet, julgue o item que se segue, relativo a ferramentas de acesso e serviços disponibilizados nessa rede.

Em *cloud computing*, cabe ao usuário do serviço se responsabilizar pelas tarefas de armazenamento, atualização e backup da aplicação disponibilizada na nuvem.

Certo ( ) Errado ( )

Acerca de Internet, julgue os próximos itens.

04. (CESPE) O *Cloud Storage*, um serviço pago como o *Google Drive* e o *Microsoft SkyDrive*, possibilita ao usuário armazenar seus arquivos em nuvens, tornando esses arquivos acessíveis em sistemas operacionais diferentes. Por meio desse serviço, o usuário pode fazer backups de seus arquivos salvos no *desktop*, transferindo-os para nuvens, podendo, ainda, acessá-los mediante a utilização de um computador com plataforma diferente ou um celular, desde que estejam conectados à Internet.

Certo ( ) Errado ( )

05. Determinado técnico instalou um pequeno servidor capaz de compartilhar arquivos e conexão ADSL, utilizando um proxy transparente, em um computador com processador Pentium 133 com 32 MB de memória RAM, sem *nobreak*. Para um segundo servidor, Linux, o mesmo técnico utilizou um computador com processador *Athlon* 64 com 1 GB de RAM, com *nobreak*, e nele instalou o sítio de determinada empresa, <www.empresa.com.br>. Após sua instalação, esse sítio passou a receber a média de 300.000 visitas diárias e cerca de 700.000 visualizações de página (*pageviews*). Além disso, tal sítio possui fórum com 1,7 milhão de mensagens e 55.000 usuários registrados e sistemas de *becape* e indexação de conteúdo e correio eletrônico (e-mail).

Com base na situação hipotética acima apresentada, julgue o item que segue.

(CESPE) Devido ao grande volume de tráfego no sítio do servidor Linux, seus administradores poderão optar por armazenar os dados em local do tipo nuvem (*cloud storage*). Esse recurso proporciona melhora no compartilhamento de arquivos entre sistemas operacionais diferentes e possibilita a recuperação de arquivos, caso ocorram problemas inesperados no equipamento físico onde estiver instalado o servidor.

Certo ( ) Errado ( )

Com relação aos sistemas operacionais Linux e Windows e aos programas de navegação na Internet, julgue os itens a seguir.

06. (CESPE) Uma página *web* inserida nativamente em Favoritos, no *Google Chrome* 21, será inserida automaticamente, e sem a necessidade de configurações adicionais, na nuvem do *Google (Google Cloud)*, o que possibilita que o usuário tenha acesso a essa página em outro computador.

Certo ( ) Errado ( )

07. (CESPE) A versão *Microsoft Office* 365, disponível na forma de serviço na nuvem (*cloud*), inclui o *Word*, o *PowerPoint*, o *Excel*, o *Outlook* e o *OneNote*, e permite criar, editar e compartilhar documentos e mensagens instantâneas online.

Certo ( ) Errado ( )

08. (CESPE) *Cloud computing* (computação em nuvem), um termo amplamente utilizado na área de tecnologia da informação, consiste em uma tecnologia de armazenamento e processamento de informações. A respeito dessa tecnologia, assinale a opção correta.

a) O armazenamento de dados em nuvem possibilita que um usuário acesse os dados armazenados de qualquer lugar, desde que seu computador esteja conectado à Internet, não havendo necessidade de os dados serem salvos no computador local.

b) Na computação em nuvem, a comunicação entre os pares é possível somente se os sistemas operacionais instalados e os softwares em uso em cada um dos computadores forem os mesmos.

c) Em virtude de a computação em nuvem não ser escalável, a administração do sistema, na perspectiva do usuário, é simples e eficiente.

d) Entre os exemplos de aplicações em nuvem, incluem-se os serviços de e-mail e compartilhamento de arquivos, que, mediante essa aplicação, são totalmente protegidos contra possíveis acessos indevidos.

e) Um arquivo armazenado em nuvem poderá ser acessado a partir de um único computador, previamente configurado para esse fim. Essa restrição deve-se à impossibilidade de se criar itens duplicados de usuários na nuvem.

09. (ESAF) É função da computação em nuvem:

a) cortar custos operacionais.

b) permitir que departamentos de TI se concentrem em projetos operacionais em vez de manter provedores funcionando.

c) cortar custos situacionais, associados a instabilidades.

d) desvincular a TI de esforços estratégicos de interesse da cúpula da organização.

e) otimizar acessos indexados.

10. (CESPE) É possível criar e editar documentos de texto e planilhas em uma nuvem (*cloudcomputing*) utilizando serviços oferecidos pelo *Google Docs*. Para isso, é obrigatório que tenham sido instalados, no computador em uso, um browser e o *Microsoft Office* ou o *BrOffice*, bem como que esse computador possua uma conexão à Internet ativa.

Certo ( ) Errado ( )

Gabarito

01	ERRADO	06	ERRADO
02	ERRADO	07	CERTO
03	ERRADO	08	A
04	ERRADO	09	A
05	CERTO	10	ERRADO

Anotações

CAPÍTULO 06

Segurança da Informação

A segurança da informação é um ponto crucial para o concurso público para muitas bancas examinadoras e também de interesse da instituição que irá receber os aprovados. Afinal, você, ao ser aprovado, estará compondo o quadro de uma instituição pública que possui uma Intranet e sistemas sobre os quais há necessidade de se manter uma boa política de segurança.

Segundo o CGI[1], para um sistema ser classificado como seguro, ele deve atentar a três requisitos básicos: confidencialidade, integridade e disponibilidade. Esses conceitos são abordados neste material no tópico de princípios básicos da segurança da informação.

Faz-se necessário que sejam atendidos alguns requisitos mínimos para uma segurança do microcomputador, que dependem tanto de recursos tecnológicos como de bom senso e discernimento por parte dos usuários.

Para manter um computador com o mínimo de segurança deve-se:

> Manter o **Sistema Operacional sempre atualizado**, pois a maioria dos malwares exploram as vulnerabilidades do SO.
> Possuir um sistema **Antivírus** e manter tanto o aplicativo quanto as assinaturas[2] de vírus atualizadas.
> Manter o Firewall sempre ativo.
> Para se proteger contra os spywares também é indicada a instalação de um antispyware. Atualmente a maioria dos antivírus já possuem esse recurso integrado a eles.

Princípios Básicos da Segurança da Informação

Os Princípios Básicos de Segurança em TI[3] incluem os processos que devem ser garantidos para manter um sistema de informações seguro. Podemos destacar quatro conceitos como principais:

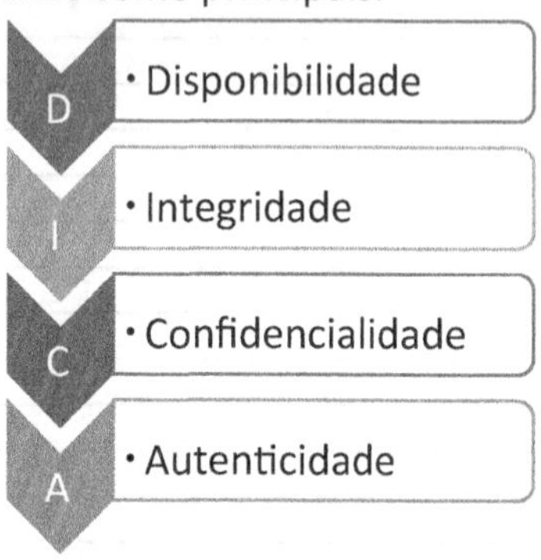

Disponibilidade

O princípio da disponibilidade deve garantir que os serviços ou recursos que forem necessários para uma tarefa, principalmente relacionados ao próprio processo de segurança, estejam sempre disponíveis.

Podemos estreitar esse princípio sobre a garantia de que as chaves públicas do processo de Certificação Digital (estes conceitos são abordados na seção sobre Certificados Digitais) estejam sempre disponíveis para quem precisar delas.

Também é aplicado, por exemplo, na situação de entrega da declaração de imposto de renda, em que o serviço deve suportar a alta demanda que possa surgir sem afetar o usuário.

Integridade

A Integridade garante a **não alteração** de uma informação/dado tanto no armazenamento quanto durante a troca dessas informações por algum meio. Por meio da integridade, verificamos se, durante o tráfego de uma informação, ela não foi alterada por alguém ou mesmo por falhas do processo de transmissão. No armazenamento ela garante que o dado não foi corrompido.

O processo que protege a integridade consiste na geração de um código de cerca de 20 caracteres, o **código HASH,** também conhecido como **resumo** de um dado; um exemplo é o MD5. O processo é realizado em uma via única, em que, a partir de um dado, gera-se o resumo dele. Porém, a partir do resumo, não é possível gerar o dado novamente. Para verificar se houve alteração em um arquivo, deve-se comparar dois códigos HASH, um gerado por quem disponibiliza o dado e outro por quem o recebe. Se uma vírgula for diferente, os códigos gerados ficam completamente diferentes, é possível que dois dados diferentes gerem o mesmo HASH, mas é uma possibilidade ínfima.

Confidencialidade

O princípio da confidencialidade é a garantia de que há sigilo sobre uma informação, de forma que o processo deve garantir que um dado não seja acessado por pessoas diferentes daquelas às quais ele se destina.

Para garantir a confidencialidade, utilizamos algum processo de criptografia de informações.

Autenticidade

A autenticidade garante o autor de uma informação, ou seja, por meio dela podemos confirmar se uma mensagem é de autoria de quem diz.

Assim como a confidencialidade, a autenticidade é garantida por meio de criptografia.

Criptografia

A criptografia é a arte ou ciência de escrever em códigos, quer dizer, transformar um texto em algo ilegível de forma que este possa ser armazenado ou enviado por um canal de comunicação; sendo assim, se alguém interceptá-lo, não conseguirá entender o que está escrito e o destinatário, ao receber a informação, deve fazer o processo inverso: decifrar o dado, para que consiga lê-lo.

Temos dois principais métodos de criptografia: a de chave simétrica e a de chaves assimétricas.

Criptografia de Chave Simétrica

Uma chave de criptografia é uma informação a partir da qual seja possível transcrever uma mensagem criptografada.

A de chave simétrica é também conhecida como criptografia de chave única, em que a mesma chave é usada tanto para codificar uma mensagem quanto para decifrá-la. Um bom exemplo desse modelo é a criptografia maçônica.

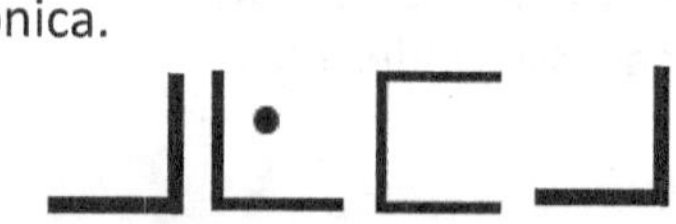

1 Comitê Gestor de Internet no Brasil.

2 Assinatura de vírus: é uma sequência de caracteres que identifica a presença do vírus em um arquivo.

3 TI: Tecnologia da Informação.

A informação acima está criptografada. Para decifrar o que ela diz, precisamos da chave de criptografia que, na simétrica, é a mesma usada para gerar a mensagem. A seguir temos a chave que abre a mensagem.

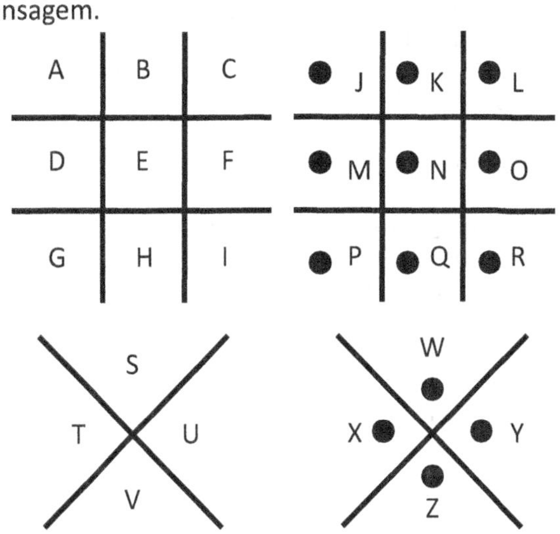

Ao substituirmos os símbolos pelas letras correspondentes, obtemos a palavra ALFA.

Criptografia de Chaves Assimétricas

Na criptografia de chaves assimétricas, ao invés de uma chave como na simétrica, são usadas duas chaves que são diferentes entre si. Elas são chamadas de **Chave Pública** e a outra de **Chave Privada,** por conta da característica de cada uma.

A Chave Pública é uma informação (código) que fica disponível em um servidor de Chaves Públicas na Internet, para quem precisar dela; enquanto que a Chave Privada é um código que somente o dono deve conhecer.

O par de Chaves é único e correspondente, ou seja, uma mensagem/dado cifrada pela chave pública de um usuário só pode ser aberta pela chave privada do mesmo usuário. E o inverso também, uma mensagem cifrada com a chave privada de um usuário só pode ser descriptografada pela chave pública dele próprio.

Certificado Digital

Um certificado digital é um documento eletrônico assinado digitalmente e cumpre o papel de associar um usuário a uma chave pública, pode ser comparado ao CPF ou CNPJ para empresas.

Ele também apresenta junto com a chave pública algumas informações essenciais como:

> Nome do dono da chave pública;
> Prazo de validade do certificado, que varia de 1 a 3 anos dependendo da classe contratada;
> Um número de série, critério de correspondência para identificar o usuário;
> E, juntamente, o certificado possui a assinatura da entidade de certificação, para comprovar sua validade.

Para adquirir um certificado digital, o usuário ou entidade deve procurar uma Autoridade Certificadora (AC) ou uma Autoridade de Registro (AR). Aquela é a responsável por criar o par de Chaves de um usuário, enquanto que esta é um intermediário entre o usuário e uma AC. Cabe a AR a responsabilidade de verificar os dados do usuário e encaminhar o pedido do certificado para a AC, entretanto, o usuário também pode se dirigir direto à AC. A Caixa Econômica Federal é a única instituição financeira que é uma AC.

Assinatura Digital

Uma assinatura digital é um procedimento similar a uma assinatura de um documento impresso. Quando assinamos um contrato, normalmente ele possui mais de uma página, rubricamos[4] todas elas exceto a última, pois nela assina-se com a assinatura completa. Mas qual o intuito da rubrica em todas as páginas? Ter rubricado não prova que você leu o documento, mas serve para que aquela folha não possa ser substituída, ou seja, alterada. E ainda você recorre a um cartório para reconhecer e certificar a sua assinatura na última página.

Esse procedimento realizado no papel, juntamente com as garantias, foi adaptado para o mundo digital, afinal, papel ocupa espaço.

Quando falamos sobre a rubrica garantir a não alteração de um documento, citamos o princípio da Integridade. Portando, uma assinatura digital deve garantir também esse princípio, enquanto que a certificação de quem assinou é o princípio da Autenticidade, que também deve ser garantido pela assinatura digital.

Assim temos que a assinatura digital garante os princípios da Autenticidade e da Integridade.

Fique Ligado

Na Assinatura Digital somente o resumo é criptografado; a mensagem enviada é a original, que não é cifrada.

Ataques

Nem todos os ataques são realizados por malwares, atualmente existem duas práticas muito comuns utilizadas pelos criminosos cibernéticos para obter dados do usuário e realizar invasões.

Phishing

Phishing é uma expressão derivada do termo "pescar" em inglês, pois o que esse tipo de ataque faz é induzir o usuário a informar seus dados pessoais por meio de páginas da Internet ou e-mails falsos.

Podemos identificar a página do tipo Phishing pelo endereço do site na barra de endereços do navegador, porque a página de phishing possui um endereço parecido, mas diferente do que o endereço desejado. Por exemplo, você certamente já deve ter visto ou ouvido falar de alguém que teve sua conta do facebook[5] hackeada[6]; esse ataque procede a partir de um recado que o usuário recebe em sua conta.

Imagine o seguinte cenário: um usuário está navegando no site www.facebook.com.br, conectado em sua conta e clica no recado que normalmente traz um anúncio chamativo como "veja as fotos/vídeos do fim de semana passado", "cara, olha o que vc aprontou no fds", entre outros tantos. Quando clicado, uma nova aba ou janela é carregada no navegador, apenas como uma distração para o usuário, pois, enquanto ele fica vendo a nova aba carregar, a anterior muda, ligeiramente, para um endereço do gênero www.facebooks.com.br ou www.facebooki.com.br e mostra uma página idêntica à página de login de usuário do Facebook. Sem perceber,

4 Rubrica: assinatura abreviada.

5 Facebook: Mídia Social, definida erroneamente como rede social, assim como as demais.

6 Hackear: termo utilizado como sinônimo para invasão ou roubo.

pensa que, ao clicar no recado, acabou saindo de sua conta e redigita seu usuário e senha novamente e é redirecionado novamente para sua conta, porém, o usuário em nenhum momento havia saído. A página de login que lhe foi mostrada era uma página falsa que capturou o seu usuário e senha; cerca de dois dias depois o perfil dele começa a enviar propagandas para os amigos e o mesmo recado e logo mais, em uma ou duas semanas, o usuário já não consegue mais entrar em sua conta.

Pharming

O Pharming é uma evolução do Phishing, uma forma de deixar este mais difícil de ser identificado. O Pharming, na maioria das questões, é cobrado com relação ao seus sinônimos: DNS Poisoning, Cache Poisoning, sequestro de DNS, sequestro de Cache, Envenenamento de DNS e Envenenamento de Cache.

Negação de Serviço (DoS e DDoS)

Um ataque de negação de serviço se dá quando um servidor ou serviço recebe mais solicitações do que é capaz de suprir.

DoS (Denial of Service) é um ataque individual, geralmente com o intuito de tornar um serviço inoperante para o usuário.

DDoS (Distributed Denial of Service) é um ataque realizado em massa; utiliza-se de vários computadores contaminados com um malware que dispara solicitações de acesso a determinados serviços ou sites, derrubando o serviço. Muitas vezes, enquanto o servidor tenta suprir a demanda, ele se torna vulnerável a inserções de códigos maliciosos. Um grupo intitulado Anonymous realizou vários ataques de DDoS em sites de governos em protesto às suas ações como, por exemplo, em retaliação à censura do portal WikiLeaks e também do WikiLeaks[7] e The Pirate Bay[8].

Exercício Comentado

01. ***(FCC)Uma assinatura digital é um recurso de segurança cujo objetivo é:***

a) ***identificar um usuário apenas por meio de uma senha.***

b) ***identificar um usuário por meio de uma senha, associada a um token.***

c) ***garantir a autenticidade de um documento.***

d) ***criptografar um documento assinado eletronicamente.***

e) ***ser a versão eletrônica de uma cédula de identidade.***

RESPOSTA. "C". Por princípio, a assinatura digital é utilizada para garantir a Autenticidade e a Integridade de um documento, vale lembrar que durante o processo de assinatura apenas o resumo é cifrado, ou seja, o documento em si não é cifrado. A alternativa E, que talvez o tenha levado à confusão, pode ser assimilada ao Certificado Digital em si. Embora a assinatura use o certificado, seu objetivo é verificar tal identidade.

7 WikiLeaks: portal com postagens de fontes anônimas com documentos, fotos e informações confidenciais, vazadas de governos ou empresas, sobre assuntos sensíveis.

8 The Pirate Bay: um dos maiores portais de compartilhamento Peer to peer.

Vamos Praticar

01. (FCC) O Mozilla Thunderbird 2 indica quando uma mensagem pode ser uma possível tentativa de golpe que tenta enganar o usuário para induzi-lo a fornecer dados pessoais por meio do recurso de segurança denominado proteção:

a) anti-cookies.
b) anti-spam inteligente.
c) anti-phishing.
d) de imagens remotas.
e) de privacidade.

02. (CESGRANRIO) Firewall é um software ou hardware que verifica informações vindas da Internet ou de uma outra rede. Dentre os ataques que NÃO são neutralizados por um firewall, inclui-se o ataque de:

a) golpe de phishing.
b) ping of death.
c) rootkits.
d) hackers.
e) worms.

Julgue os itens subsequentes, acerca de segurança da informação.

03. (CESPE) As senhas, para serem seguras ou fortes, devem ser compostas de, pelo menos, oito caracteres e conter letras maiúsculas, minúsculas, números e sinais de pontuação. Além disso, recomenda-se não utilizar como senha nomes, sobrenomes, números de documentos, placas de carros, números de telefones e datas especiais.

Certo ( ) Errado ( )

04. (FCC) Evitar a abertura de mensagens eletrônicas não solicitadas, provenientes de instituições bancárias ou empresas, que possam induzir o acesso a páginas fraudulentas na Internet, com vistas a roubar senhas e outras informações pessoais valiosas registradas no computador.

A recomendação acima é para evitar um tipo de fraude conhecida por:

a) chat.
b) cracker.
c) spam.
d) hacker.
e) phishing scan.

05. (FCC) Ao enviar informações sigilosas via mensagem eletrônica, deve-se utilizar um sistema que faça a codificação (chave, cifra), de modo que somente as máquinas que conhecem o código consigam decifrá-lo.

O cuidado solicitado aplica o conceito de:

a) criptografia.
b) assinatura digital.
c) digitalização.
d) desfragmentação.
e) modulação/demodulação.

06. (CESGRANRIO) Qual dos itens abaixo NÃO representa um mecanismo de segurança?

a) Assinatura digital.
b) Software anti-spyware.
c) Sistema biométrico.
d) Firewall.
e) Worm.

07. (FUNCAB) Para criar uma senha forte no seu aplicativo de correio eletrônico, algumas recomendações devem ser adotadas na composição da senha, EXCETO:

a) utilizar pelo menos oito caracteres.

b) não usar seu nome de usuário, nome verdadeiro ou o nome da sua empresa.

c) não usar palavras completas.

d) usar uma senha muito diferente das senhas anteriores e não usar a mesma senha para todas as suas contas.

e) evitar combinação de letras maiúsculas e minúsculas, números e símbolos como, por exemplo, !, #, *.

08. (FCC) Para evitar invasão aos sistemas de uma empresa, é recomendado que se use em cada máquina uma senha para o login, a qual para maior segurança, deve conter:

a) palavras estrangeiras e, de preferência, as que pertençam a algum dicionário.

b) variações do nome do usuário, como, por exemplo, a escrita do nome em ordem inversa.

c) sequência apenas de números ou formada apenas por letras repetidas.

d) letras, números e variações de letras maiúsculas e minúsculas.

e) palavras e números de fácil memorização, como placas de automóveis e datas de nascimento de familiares.

09. (CESGRANRIO) Entre os grandes problemas da atualidade relacionados à confidencialidade das informações, um refere-se à prevenção da invasão dos computadores por pessoas mal-intencionadas. A principal forma de evitar danos causados por softwares espiões dos quais essas pessoas se utilizam para alcançarem seus objetivos é:

a) utilizar apenas webmail para leitura das correspondências eletrônicas.

b) efetuar rotinas de backup semanais no disco rígido do computador.

c) compartilhar os principais documentos com pessoas idôneas.

d) possuir software antivírus e mantê-lo sempre atualizado.

e) navegar na internet sempre sob um pseudônimo.

10. (TJ-SC) Assinale a alternativa que contém somente recursos de segurança que são verificados pela Central de Segurança do Windows XP:

a) E-mail, internet e processadores de texto.

b) Planilhas eletrônicas, firewall e bloqueador de pop-ups.

c) Antivírus, internet e Google.

d) Firewall, antivírus e atualizações automáticas.

e) Phishing scan, cookies e backup.

11. (CESPE) A assinatura digital consiste na criação de um código, de modo que a pessoa ou entidade que receber uma mensagem contendo esse código possa verificar se o remetente é mesmo quem diz ser e identificar qualquer mensagem que possa ter sido modificada.

Certo ( ) Errado ( )

12. (FCC) Mensagem não solicitada e mascarada sob comunicação de alguma instituição conhecida e que pode induzir o internauta ao acesso a páginas fraudulentas, projetadas para o furto de dados pessoais ou financeiros do usuário. Trata-se especificamente de:

a) keylogger.

b) scanning.

c) botnet.

d) phishing.

e) rootkit.

13. (CESPE) A confidencialidade, a integridade e a disponibilidade da informação, conceitos básicos de segurança da informação, orientam a elaboração de políticas de segurança, determinando regras e tecnologias utilizadas para a salvaguarda da informação armazenada e acessada em ambientes de tecnologia da informação.

Certo ( ) Errado ( )

14. (CESPE) Julgue o item abaixo, a respeito de mecanismos de segurança da informação, considerando que uma mensagem tenha sido criptografada com a chave pública de determinado destino e enviada por meio de um canal de comunicação.

A mensagem criptografada com a chave pública do destinatário garante que somente quem gerou a informação criptografada e o destinatário sejam capazes de abri-la.

Certo ( ) Errado ( )

15. (CESPE) O conceito de confidencialidade refere-se a disponibilizar informações em ambientes digitais apenas a pessoas para as quais elas foram destinadas, garantindo-se, assim, o sigilo da comunicação ou a exclusividade de sua divulgação apenas aos usuários autorizados.

Certo ( ) Errado ( )

16. (CESPE) A confidencialidade, um dos princípios básicos da segurança da informação em ambiente eletrônico, está relacionada à necessidade de não alteração do conteúdo de uma mensagem ou arquivo, o qual deve ser garantido por meio de uma política de cópia de segurança e redundância de dados.

Certo ( ) Errado ( )

17. (CESPE) De acordo com o princípio da disponibilidade, a informação só pode estar disponível para os usuários aos quais ela é destinada, ou seja, não pode haver acesso ou alteração dos dados por parte de outros usuários que não sejam os destinatários da informação.

Certo ( ) Errado ( )

18. (CESPE) Por princípio, considera-se que qualquer documento assinado digitalmente está criptografado.

Certo ( ) Errado ( )

Gabarito Ⓐ Ⓑ Ⓒ

01	C	10	D
02	A	11	CERTO
03	CERTO	12	D
04	E	13	CERTO
05	A	14	ERRADO
06	E	15	CERTO
07	E	16	ERRADO
08	D	17	ERRADO
09	D	18	ERRADO

CAPÍTULO 07

Editores de Texto

Questões sobre os editores, principalmente o editor de textos Word, são a respeito de funcionalidades do programa, mais especificamente sobre os passos para executar determinadas tarefas.

Editores de Texto Contidos no Windows

Um equívoco muito comum entre os que iniciam o estudo da informática para concursos é confundir o Microsoft Office com o Windows. Devemos deixar claro que se trata de dois produtos diferentes: o Windows é um Sistema Operacional, enquanto o Microsoft Office é uma suíte de escritório.

Também é importante ressaltar que o Windows possui nativamente dois editores de texto mais simples: o Bloco de Notas (Notepad) e o Wordpad.

Formatos de Arquivos

Um ponto bastante relevante para resolver inúmeras questões é conhecer o formato padrão em que um arquivo do Word pode ser salvo. No Word 2010, o formato padrão para arquivos é o .DOCX, assim como no Word 2007. Entretanto, no Word 2003, o formato padrão é o .DOC.

Também devemos considerar os formatos de Modelo de arquivos, que, por sua vez, são arquivos para serem utilizados como base de formatação para criar documentos. Um modelo pode ser criado pelo usuário, para tanto, deve ser salvo no formato .DOTX no Word 2010 e 2007, ou .DOT no Word 2003.

Formatos Comuns

Existem ainda os formatos comuns aos editores de texto que são associados, por vezes, a eles.

TXT – formato de texto puro. Aceita formatações básicas de fonte como Tipo, Estilo de Fonte e Tamanho, porém, elas são aplicadas ao documento inteiro. Logo, não é possível atribuir configurações diferentes para diferentes parágrafos.

O formato TXT é o formato padrão do Bloco de notas, e o Wordpad também trabalha com esse formato.

RTF (Rich Text Format) – formato desenvolvido pela Microsoft com a finalidade de ser multiplataforma, ou seja, foi criado para poder ser utilizado pela maioria dos editores de texto.

O Wordpad trabalha, por padrão, com o RTF, mas vale lembrar que tanto o RTF quanto o TXT são formatos comuns aos outros editores já citados.

HTML (Hypertext Markup Language) – a Linguagem de Marcação de Hipertexto é bastante relacionada nas provas também aos editores de texto, pois, analisando pela propriedade da transitividade, podemos salvar arquivos nos editores no formato HTML e esse é o formato padrão de páginas da Internet; portanto, por meio do editor de texto Word podemos criar páginas para a Internet.

O formato HTM é o mesmo HTML, só tem o nome reduzido porque antigamente as regras de nomenclatura limitavam a apenas 3 caracteres para a extensão.

XML (Extensible Markup Language) – é um formato no qual normalmente são armazenadas informações extras como características de um sistema ou outro arquivo. É também chamado de MetaFile e arquivo de MetaDados.

Word 2010

Nesta seção é apresentado o editor de texto do Microsoft Office 2010 e suas ferramentas, pois são frequentes as questões de provas nas quais são cobrados tais assuntos.

A Janela do Word 2010

É muito importante que se conheçam as principais partes da janela do programa, pois elas são citadas nas provas para indicar o local de uma opção ou passos de uma ação.

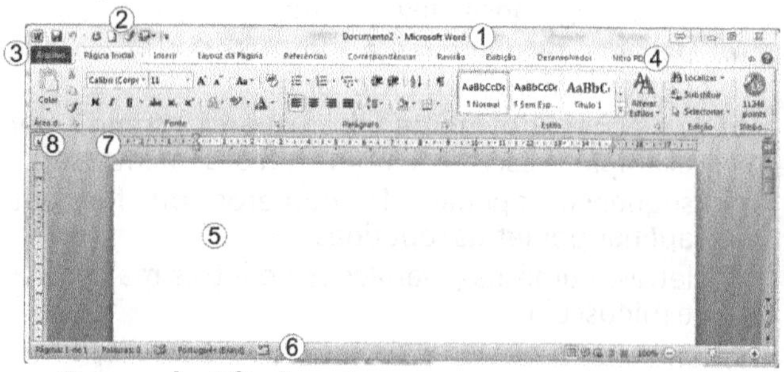

Barra de Título - 1

Nessa barra são apresentadas as informações sobre o nome do documento em edição e seu formato, bem como o nome do programa que, no caso da figura, indica Microsoft Word. Também se observa na imagem que não há a indicação do formato do arquivo, isso significa que o documento em questão ainda não foi salvo em disco.

Barra de Ferramentas de Acesso Rápido - 2

Apresenta as opções mais frequentemente usadas, principalmente por meio das teclas de atalho. Por padrão, mostra as opções Salvar, Desfazer e a opção que se alterna entre Repetir e Refazer. A opção ↺ Repetir repete a última ação executada, corresponde a utilizar a tecla de atalho: F4 e também **CTRL + R,** quando esta opção está exibida na barra. Cuidado, no Word 2007 a tecla de atalho é **CTRL+Y**. Já a opção Refazer ↷ é como um desfazer para a ação **desfazer**.

Menu Arquivo - 3

Diante do desastre da opção do botão office implantado na versão 2007, a Microsoft voltou a utilizar a opção Arquivo, na qual estão disponíveis opções relacionadas aos arquivos, como documentos a serem salvos, impressos, abertos, recentes, bem como acesso às opções do programa.

Faixa de Opções - 4

A faixa de opções foi outra inovação para substituir a barra de menus. Ofereceu-se maior produtividade ao usuário, dispondo as opções mais utilizadas de maneira mais direta e prática. É possível aumentar a área útil da tela, fazendo com que as opções só sejam exibidas quando clicado na opção na Faixa de opções; basta utilizar o clique duplo do mouse sobre uma das Guias. As opções da Faixa de opções são:

→ **Página Inicial**

Composta pelos blocos: Área de Transferência, Fonte, Parágrafo, Estilo e Edição.

→ **Inserir**

Constituída pelos blocos: Páginas, Tabelas, Ilustrações, Links, Cabeçalho e Rodapé, Texto e Símbolos.

→ **Layout de Página**

Contém os blocos: Temas, Configurar Página, Plano de Fundo da Página, Parágrafo e Organizar.

→ **Referências**

Composta pelos blocos: Sumário, Notas de Rodapé, Citações e Bibliografia, Legendas, Índice e Índice de Autoridades.

→ **Correspondências**

Organizada pelos blocos: Criar, Iniciar Mala Direta, Gravar e Inserir Campos, Visualizar Resultados e Concluir.

→ **Revisão**

Definida pelos blocos: Revisão de Texto, Idioma, Comentários, Controle, Alterações, Comparar e Proteger.

→ **Exibição**

Composta pelos blocos: Modos de Exibição de Documento, Mostrar, Zoom, Janela e Macros.

Obs.: Na figura, há mais alternativas na faixa de opção, contudo, não são cobradas em específico. Elas foram representadas para ilustrar a possibilidade de uso de complementos no programa. O símbolo à direita na guia Página Inicial, logo abaixo da opção ajuda, corresponde a um "jogo" disponibilizado pela Microsoft como forma de conhecer melhor as opções do programa.

Página do Documento em Edição - 5

Consiste no próprio documento que está em edição.

Barra de Status - 6

Nela são apresentadas algumas informações como número da página atual e total, total de palavras selecionadas e no documento inteiro, modos de exibição e controle de zoom.

Régua - 7

A Régua possui finalidade de orientação e também, por meio dela, podemos configurar diversas informações como as margens de um documento sem ter que necessariamente abrir a opção nas opções do programa.

Alinhamentos de Tabulação - 8

Uma tabulação ESQUERDA define a posição de início do texto, que correrá para a direita conforme você digita.

Uma tabulação CENTRALIZADA define a posição do meio do texto. O texto é centralizado nessa posição, conforme você digita.

Uma tabulação DIREITA define a extremidade do texto à direita. Conforme você digita, o texto é movido para a esquerda.

Uma tabulação DECIMAL alinha números com base em um ponto decimal. Independentemente do número de dígitos, o ponto decimal ficará na mesma posição.

Uma tabulação BARRA não posiciona o texto. Ela insere uma barra vertical na posição de tabulação.

Menu Arquivo

No menu arquivo encontram-se as opções que se relacionam à estrutura de um documento. No Word 2010, essa opção foi a que mais apresentou mudanças em relação à versão anterior.

Opção Informações

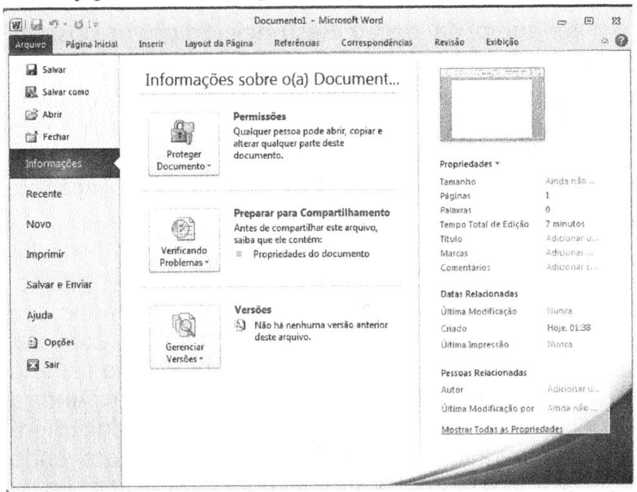

Quando acionado, ele ocupa toda a janela do programa, sendo que, por padrão, ele exibe a guia Informações aberta. Dentro do menu Arquivo agora existem guias. Observe na figura acima que, à direita da tela, são exibidas algumas propriedades do documento em edição.

Como pode ser observado, mais ao centro da figura existem três botões grandes: Proteger Documento, Verificando Problemas e Gerenciar Versões, dos quais destacam-se dois. Na figura a seguir é ilustrada a opção Proteger Documento com suas possíveis ações.

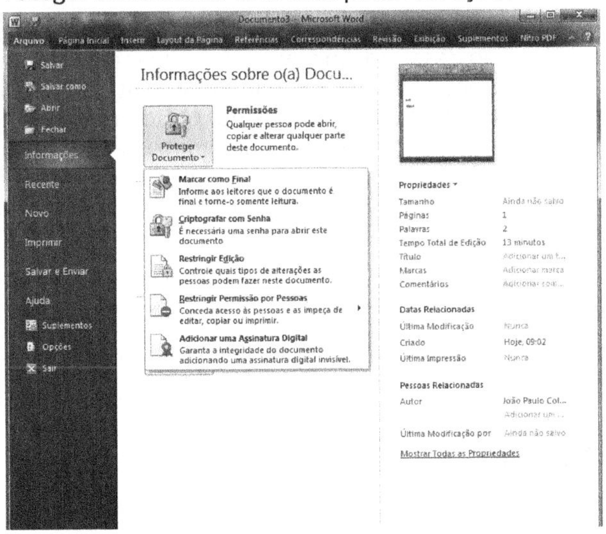

→ **Marcar como Final**

A opção serve para salvar o arquivo como somente leitura, assim ajuda a evitar que sejam feitas alterações no arquivo, ou seja, desabilita ou desativa a inserção de texto, a edição e as marcas de controle; além de definir o "Status" do documento como Final. Contudo, o comando Marcar como Final não é um recurso de segurança, pois basta que o usuário remova o Status Marcar como Final para que possa editar novamente o arquivo.

O Recurso Marcar como Final só tem efeito se o documento for aberto pela mesma versão do Ms Office; se for aberto por versões anteriores, como 2003, irá abrir normalmente, permitindo ao usuário alterar o arquivo.

→ **Criptografar com Senha**

Por meio dessa opção é possível definir uma senha para que o documento possa ser acessado. Contudo, vale ressaltar que a criptografia realizada pela opção Criptografar com Senha **não tem** relação com Certificação Digital.

→ **Restringir Edição**

Por meio da opção Restringir Edição é possível escolher dentre três opções de ação:

> **Restrições de formatação:** pela qual é possível limitar as opções de formatação, permitindo apenas que seja escolhido dentre um conjunto de estilos selecionados no momento da ativação do recurso.

> **Restrições de edição:** essa opção está relacionada às ferramentas de controle de edição, como controle de alterações e comentários, até mesmo preenchimento de formulários. Com ela, o usuário pode limitar que opções outro usuário que acessar o documento poderá realizar. Ainda é possível determinar apenas partes do documento para que possam ser editadas, protegendo assim o resto das alterações.

> **Aplicar proteção:** depois de configuradas as opções de um ou ambos os itens acima, a opção **Sim, Aplicar Proteção** fica habilitada. Com isso será aberta uma janela para determinar uma senha ou para que seja utilizado um ID (e-mail) de usuários.

→ **Restringir Permissão por Pessoas**

Essa opção permite limitar o acesso ao documento, utilizando como critério contas do Windows Live ID ou uma conta do Microsoft Windows.

→ **Adicionar uma Assinatura Digital**

Por meio dessa opção é possível assinar digitalmente o documento em edição, a fim de garantir a Integridade e a Autenticidade do mesmo, por consequência, também o Não Repúdio. Contudo é necessário possuir Certificado Digital para realizar esse procedimento.

Na sequência são ilustradas as opções relacionadas à opção Verificando Problemas.

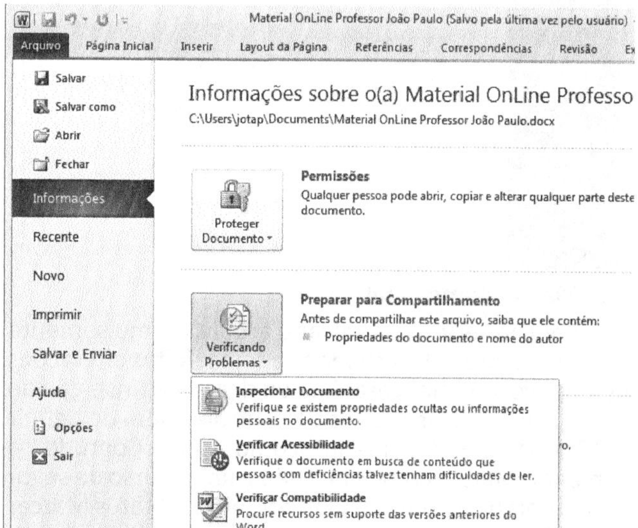

→ **Inspecionar Documento**

Essa opção também pode ser citada como Inspetor do documento e possibilita diversas opções, com a finalidade de buscar no documento dados pessoais, informações ocultas, marcas, comentários, estruturas de controle, dentre outras, para que possam ser facilmente removidas.

→ **Verificar Acessibilidade**

Permite verificar se a estrutura do elemento possui recursos ou formatações que dificultem a leitura por pessoas com deficiência, por exemplo, documentos que serão lidos por leitores de telas, utilizados por pessoas com baixa visão ou ausência de visão.

→ **Verificar Compatibilidade**

Essa opção permite verificar se o documento possui estruturas que não existem nas versões anteriores do Word, assim, quando o documento for salvo em .DOC, não apresentará problemas de compatibilidade.

Opção Recentes

No Word 2010, a forma de apresentação dos documentos recentes também mudou. Nessa versão, além dos documentos recentemente abertos no Word, também são listadas as pastas recentemente acessadas, ou seja, as que contêm os arquivos que foram abertos, conforme ilustra a figura a seguir.

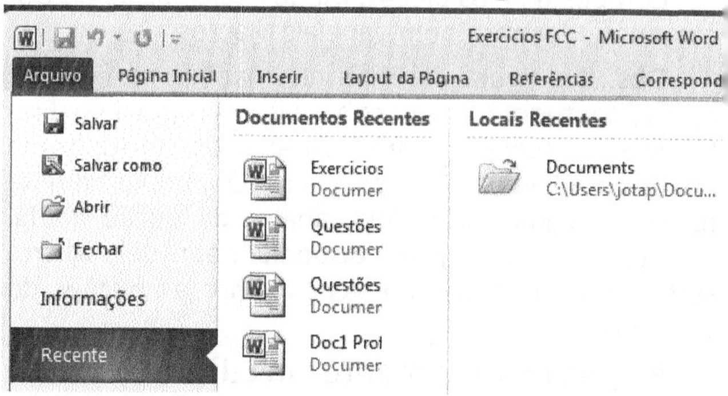

Opção Novo

A opção **Novo,** presente no menu Arquivo permite criar um novo documento com base em modelos, como também escolher o tipo de arquivo que se pretende salvar posteriormente, como o arquivo para postagem em blog.

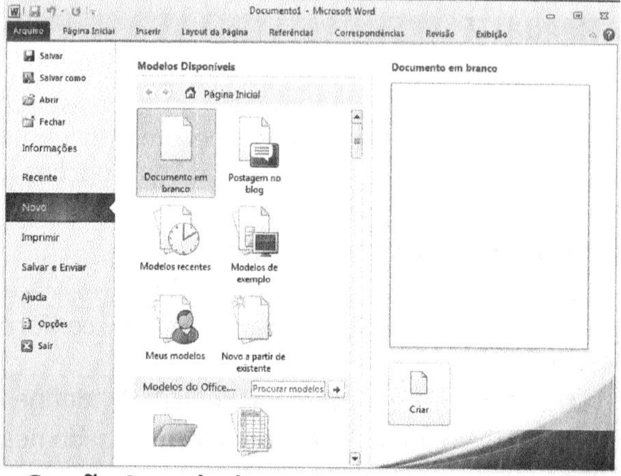

Opção Imprimir

Ao contrário das versões anteriores, nas quais era aberta uma janela à parte do programa para se configurar a impressão, na versão 2010 as opções de configuração de impressão foram agregadas ao menu Arquivo, a fim de se tornarem mais práticas e acessíveis ao usuário. Juntamente com as configurações, observa-se a pré-visualização do documento a ser impresso, ou seja, não há a outra opção Visualizar Impressão a não ser essa; a figura a seguir ilustra as características descritas.

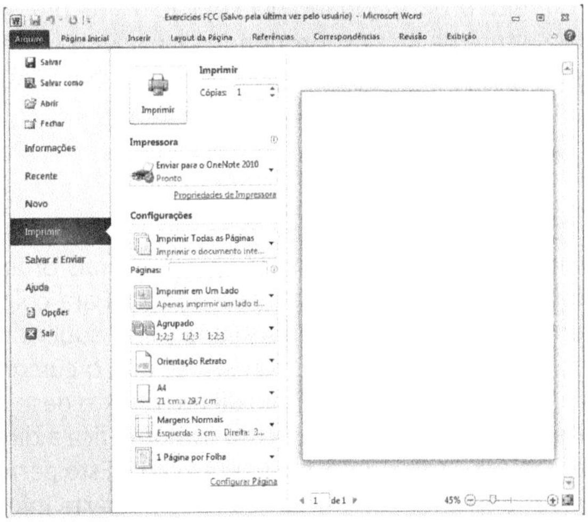

Opção Salvar e Enviar

Cuidado com essa opção, pois ela também é uma guia, conforme ilustra a figura a seguir. Por meio dela é possível visualizar várias opções de integração que o Office 2010 oferece, como enviar por e-mail o arquivo em edição ou publicar em um blog.

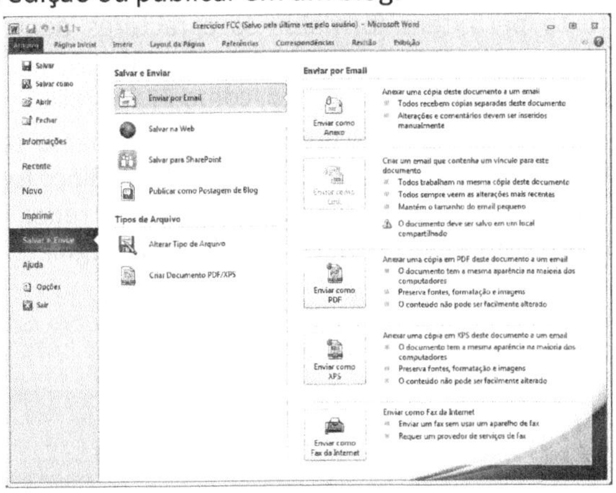

Aba Página Inicial

Na Aba Página Inicial do Word 2010, encontramos as opções divididas nos blocos: Área de Transferência; Fonte; Parágrafo; Estilo; Edição, conforme a figura a seguir.

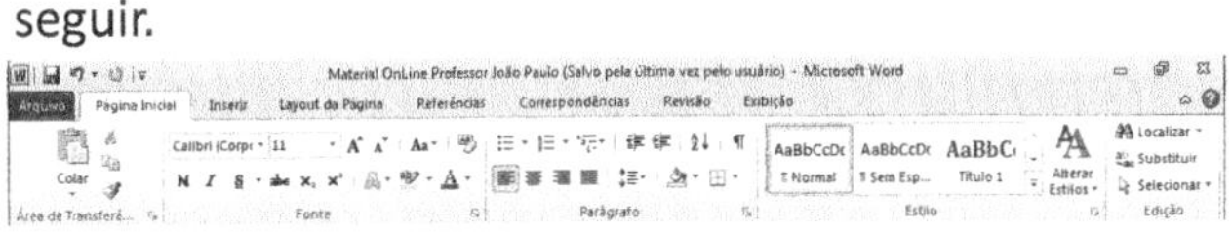

Bloco Área de Transferência

A Área de Transferência é uma área temporária, onde são colocadas as estruturas (textos, imagens, etc.) que são copiadas de algum lugar, seja um documento, página da Internet, ou mesmo do Sistema Operacional, para que possam ser coladas.

A Área de Transferência do Word possui 24 posições, conforme figura a seguir. Ela armazena não apenas a última informação copiada, mas as 24 últimas; com isso é possível colar trechos copiados ou recortados em momentos anteriores. Vale lembrar que a área de transferência fica em memória RAM, portanto, quando o computador é desligado, ela é perdida.

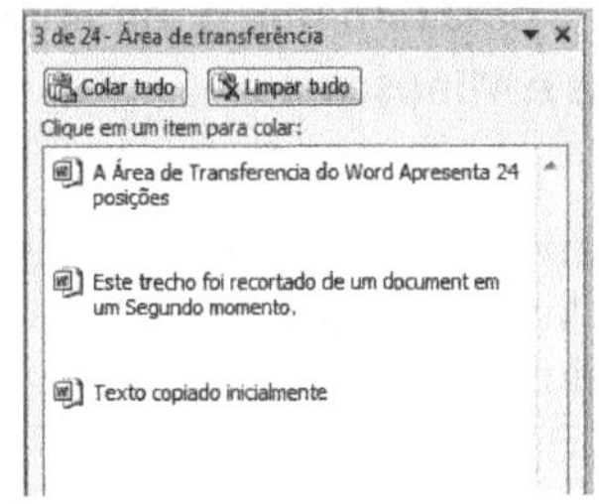

→ **Opção Colar**

No Bloco Transferência, encontra-se a opção Colar. Deve-se atentar ao detalhe do botão, que, quando sobreposto pelo mouse, apresenta uma divisão, ou seja, executa duas ações diferentes: clicar na parte superior, é colado o dado que foi colocado por último na área de transferência de forma equivalente a utilizar as teclas de atalho CTRL + V; clicar na parte inferior, o Word exibe uma lista de opções de colagem, bem como dá acesso à opção colar especial.

→ **Pincel de Formatação**

O Pincel de Formatação, aqui ilustrado, permite realizar a cópia de formatação de um trecho de texto previamente selecionado e aplicar em outro trecho de texto a ser selecionado em posterior clique no botão pincel.

Bloco Fonte

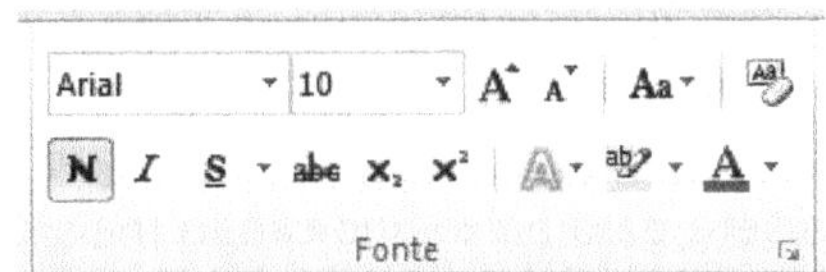

Nesse Bloco são encontradas as ferramentas mais usadas durante a edição de um documento e as opções relacionadas à formatação de Fonte. A figura acima ilustra as opções existentes no bloco que discutiremos na sequência.

→ **Tipo/Nome da Fonte**

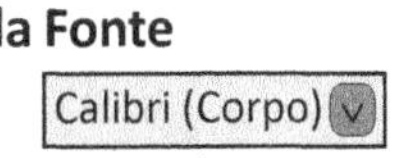

Essa opção permite alterar a grafia da fonte, ou seja, o seu traço. Ao modificar o tipo da fonte, ela pode sofrer alteração no seu tamanho, no entanto, mantendo o mesmo valor numérico de tamanho de fonte. A figura acima destaca o campo, por padrão, no estilo normal do Word 2010; a fonte pré-definida é a Calibri.

→ **Tamanho da Fonte**

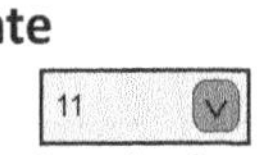

A opção de tamanho de fonte oferece um campo, ilustrado na sequência, para definir o tamanho das letras de um texto selecionado. É possível também selecionar o tamanho pela alça.

→ **Aumentar e Diminuir Fonte**

Também é possível controlar o tamanho das fontes pelos botões aumentar fonte, à esquerda da figura acima, e diminuir fonte, à direita da figura. Eles alteram o tamanho da fonte de um texto previamente selecionado, de acordo com os valores da lista disponibilizada na alça tamanho da fonte. Também se pode acionar essas opções por meio das teclas de atalho CTRL + SHIFT + >, para aumentar o tamanho da fonte;

CTRL + SHIFT + <, para diminuir o tamanho dela.

→ **Maiúsculas e Minúsculas**

A opção permite alterar o trecho selecionado entre letras maiúsculas e minúsculas, de acordo com as opções abaixo ilustradas.

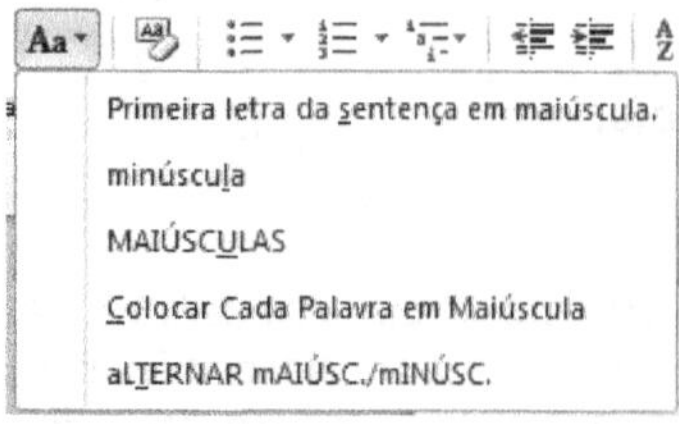

→ **Limpar Formatação**

A opção é útil quando se deseja limpar a formatação de um texto de forma rápida e prática, como um texto extraído da Internet que possui fontes grandes, fundo e letras coloridas. Basta que o usuário selecione o trecho do qual deseja limpar a formatação e em seguida clicar o botão.

→ **Estilos de Fonte**

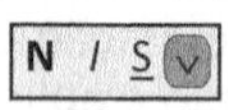

Cuidado para não confundir o efeito de texto com o estilo de fonte, ou ainda com os estilos de formatação. As opções de efeito de fonte são a opção **Negrito**, *Itálico* e Sublinhado, conforme ilustrado na figura acima. As teclas de atalho para tais funções são, respectivamente, CTRL + N, CTRL + I, CTRL + S.

Observe que o sublinhado, no, Word 2010, apresenta uma seta para baixo, indicando mais opções de formatação do traço do sublinhado. Permite escolher entre o traço simples (padrão) e outros como: duplo, espesso, pontilhado, tracejado, traço ponto, traço ponto ponto, dentre outros; a figura a seguir ilustra o resultado de se acionar a alça do sublinhado. Também é possível alterar a cor do traço do sublinhado.

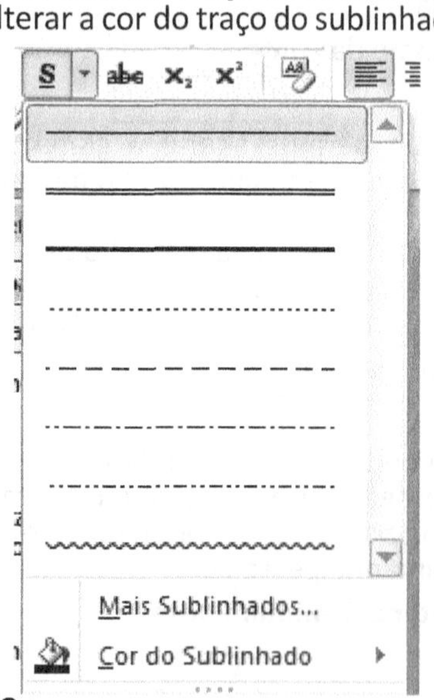

→ **Tachado**

A propriedade **tachado** é comumente utilizada em textos de lei e resoluções, cujos itens foram revogados, contudo, permanecem no corpo da lei. Para acionar essa opção, basta selecionar o texto desejado e clicar o botão tachado ilustrado acima.

O efeito proporcionado pela opção é a de um traço a meia altura da linha sobrepondo as palavras, como o ~~exemplo~~. Também é possível utilizar o tachado duplo por meio da janela Propriedades de Fonte.

→ **Subscrito e Sobrescrito**

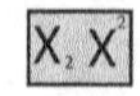

Por vezes, desejamos escrever texto com estruturas diferenciadas, ou mesmo indicar numerais ordinais de forma reduzida, como primeiros = 1os. Para colocar as letras "os" com fonte reduzida na parte superior da linha, basta clicar o botão sobrescrito, que o cursor de texto será posicionado no topo, digitar o texto desejado e clicar novamente no sobrescrito. O botão fica à direita do botão subscrito, conforme figura acima. Este permite escrever um texto com fonte reduzida na parte inferior da linha, como utilizado em algumas equações químicas, exemplo: texto normal $_{\text{texto subscrito}}$.

→ **Efeitos de Texto**

O Office 2007 inovou nos recursos de efeitos de texto; estas propriedades e ferramentas foram mantidas e melhoradas no Office 2010. Os efeitos de texto permitem formatar os caracteres de texto de maneira mais chamativa visualmente, a de fim empregar destaque a um texto, como **EXEMPLO**.

Para utilizar esse recurso, basta selecionar o texto desejado e clicar no botão efeitos de texto no Bloco fonte, indicado por um A com efeito de brilho azul ao redor, ilustrado no canto superior esquerdo da figura a seguir.

Esse recurso ainda permite trabalhar as características de formatação de maneira separada, como a sombra, o reflexo e o brilho do caractere dado à cor escolhida.

→ **Realce**

A ferramenta Realce é uma opção que aplica um resultado similar ao obtido por uma caneta marca textos. Inclusive, o conjunto de cores disponibilizado é bem limitado, apenas algumas cores estão disponíveis, como ilustra a figura acima.

→ **Cor da Fonte**

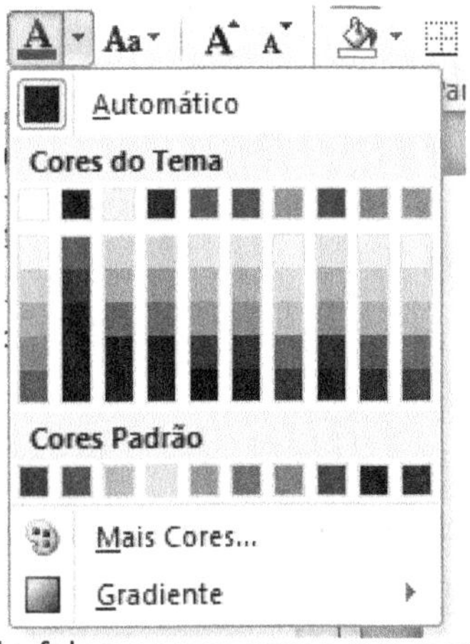

Já quando falamos nas cores que podem ser aplicadas ao caractere (fonte), por exemplo, abrange-se um conjunto maior, também citado nas provas como paleta de cores do MS Office.

O botão que corresponde à opção é a letra **A** com uma barra abaixo que indica a última cor utilizada, como ilustrado no canto superior esquerdo da figura.

Observe que o botão cor da fonte apresenta uma ligeira divisão da seta a sua direita; isso deve ser levado em conta na resolução das questões, pois, se apenas o A for indicado como clicado, significa que será aplicado diretamente sobre o texto selecionado a última cor utilizada. Se for indicada a seta para baixo também, significa que foi clicado sobre ela, assim a alça exibe mais opções de cores e gradientes.

Bloco Parágrafo

Na Aba Página Inicial encontram-se também as opções de formatação de parágrafo mais utilizadas, como ilustrado a seguir. Algumas opções menos frequentemente usadas estão no Bloco Parágrafo da Aba Layout de Página.

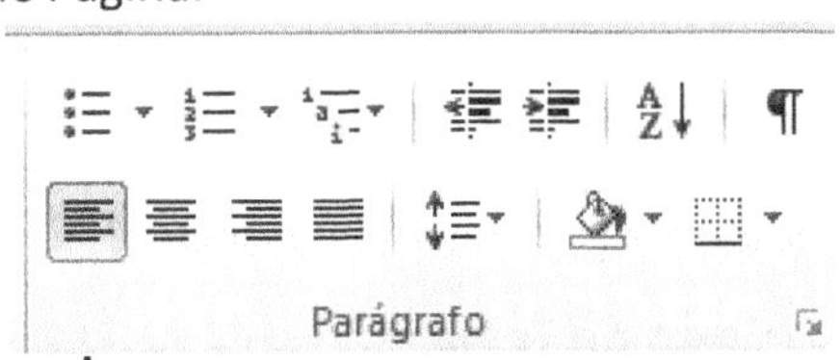

→ **Marcadores**

A opção marcadores permite acrescentar símbolos, caracteres ou mesmo imagens, como uma foto do usuário, como itens de marcação de tópicos para cada parágrafo.

A figura acima ilustra o botão marcadores, que, como pode ser observado, apresenta uma sutil divisão. Desse modo, se a imagem apresentada nas questões de prova for igual a ela, significa que o clique foi dado na seta à direta do botão, o que remete a mais opções, como escolher o símbolo que se deseja utilizar. Mas, caso seja apresentado sem a seta, o resultado é a inserção do último marcador utilizado.

→ **Numeração**

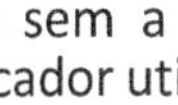

Cuidado com a diferença entre os marcadores e a numeração; a finalidade de ambos é similar, porém, a Numeração segue uma sequência que pode ser numérica, utilizando números romanos maiúsculos ou minúsculos; letras maiúsculas ou minúsculas; ou ainda números arábicos. A figura ilustra o botão Numeração que, de forma equivalente ao Marcadores, apresenta seta à direita apontando para baixo.

→ **Lista de Vários Níveis**

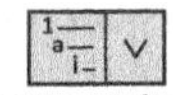

Uma novidade apresentada no Office 2007 e mantida no 2010 é a opção Lista de vários níveis, que permite gerenciar e atribuir marcadores diferentes para níveis diferentes, mas de forma a manter a relação entre eles como de título, subtítulo e tópico. A figura acima ilustra o botão Lista de Vários Níveis.

Quando clicado na seta à direita, um menu dropdown é aberto como ilustrado a seguir.

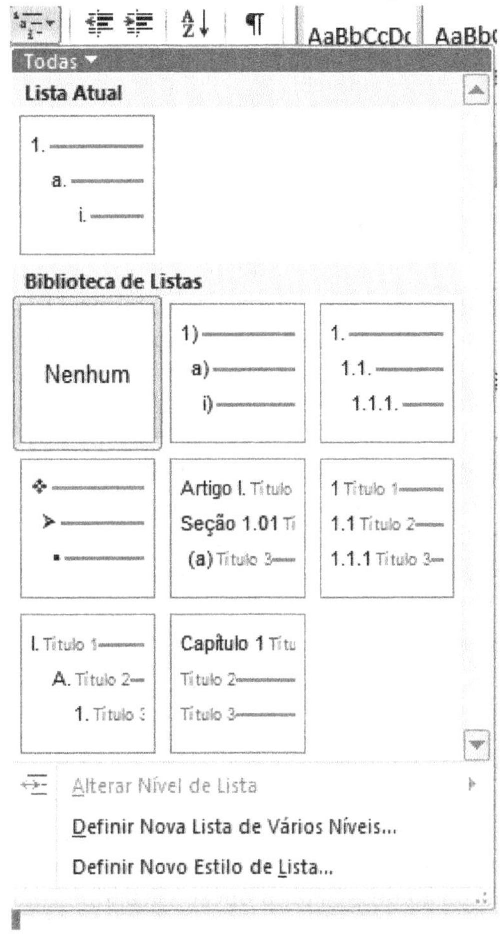

Além dos formatos de listas sugeridos pelo Word, é possível que o usuário crie a sua própria configuração de lista, que pode ser criada para utilizar apenas no documento em edição como também pode ser atribuída ao programa de forma que fique disponível para a criação e edição de outros documentos.

→ **Diminuir e Aumentar Recuo**

As opções de Diminuir e Aumentar o Recuo estão relacionadas ao recuo esquerdo do parágrafo selecionado. Ao aumentar o recuo, botão da direita na figura acima, é aumentado inclusive o recuo da primeira linha na mesma proporção. O espaço acrescido é o mesmo de uma tabulação, ou seja, o mesmo de quando pressionada a tecla TAB (1,25 cm por padrão).

→ **Classificar**

Essa opção pode parecer estranha ao se pensar nela no grupo de opções do Bloco Parágrafo, contudo, demonstra-se que é possível ordenar os textos de parágrafos e não apenas dados em tabelas.

Uma vez clicado o botão classificar ilustrado anteriormente, é aberta uma janela, ilustrada a seguir, pela qual é possível parametrizar as regras de classificação, que pode ser por colunas em caso de tabelas. Os tipos de dados que podem ser selecionados, de maneira que o programa possa classificá-los em ordem crescente ou decrescente, são: Texto, Número e Data.

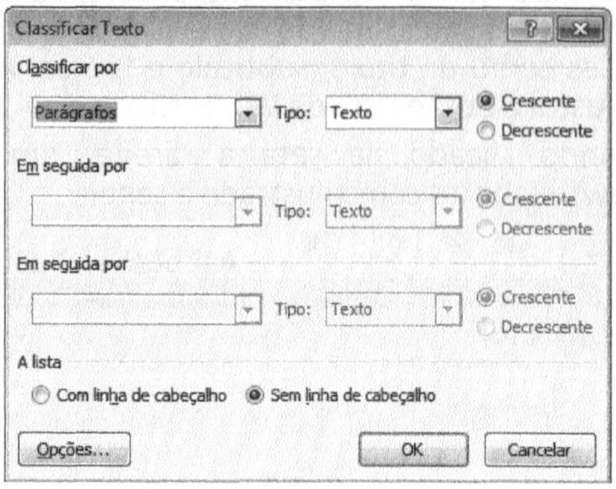

→ **Mostrar Tudo**

¶

A opção Mostrar Tudo, ilustrada acima, é responsável por exibir os caracteres não imprimíveis, que auxiliam na edição de um documento ao exibir marcas de edição, espaços e marcações de Parágrafos. Ela é muito importante para que se possa definir onde inicia e onde termina um parágrafo no texto.

O trecho a seguir ilustra o que é apresentado quando tal opção é selecionada.

Exemplo·de·texto·para·a·vídeo·aula·do·professor·João·Paulo·de·Informática·com·o·botão·Mostrar·Tudo·habilitado.¶

Segundo·parágrafo...¶

..........Quebra de página..........¶

Muitas pessoas entram em pânico quando, sem querer, ativam a opção e cometem o equívoco de utilizar o desfazer, com a esperança de remover tais símbolos e acabam perdendo informações ou formatações executadas. No entanto, para remover tais marcas, basta desabilitar a opção clicando novamente o botão.

→ **Alinhamentos de Parágrafo**

Muito cuidado com as opções de alinhamento, pois existe também o alinhamento de Tabulação que oferece opções diferentes das do alinhamento de parágrafo, porém, para fins similares.

A figura anterior apresenta os quatro únicos alinhamentos de parágrafo: Esquerdo, Centralizado, Direito e Justificado. Também é possível acionar tais opções por meio das respectivas teclas de atalho: CTRL+Q, CTRL+E, CTRL+G, CTRL+J.

→ **Espaçamento Entre Linhas**

A opção espaçamento entre Linhas, disponível no Bloco Parágrafo, apresenta alguns valores que não são ilustrados diretamente na janela propriedades de parágrafo, como 1,15. Contudo, é possível chegar a ela de maneira manual, como selecionar a opção "múltiplos" e em seguida digitar o valor 1,15.

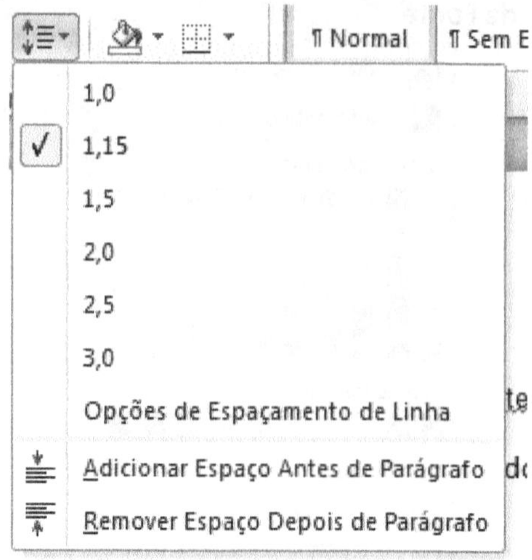

A figura anterior ilustra o botão Espaçamento entre linhas aberto; ele é apresentado no canto superior esquerdo da figura. Perceba que, por meio dele, é possível também se alterar o espaçamento antes e depois do parágrafo.

→ **Sombreamento**

A opção sombreamento permite atribuir uma cor ao plano de fundo de um parágrafo, como o exemplo.

Fique Ligado

Mesmo o parágrafo sendo menor que a linha toda, ela (espaço de margem a margem) é preenchida com a cor selecionada.

A imagem abaixo mostra o botão sombreamento, balde de tinta, selecionado pela alça, assim ilustrando a paleta de cores do Word para que seja determinada a cor desejada.

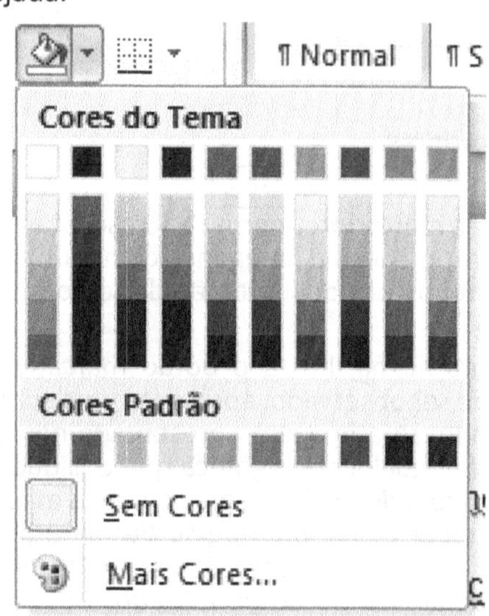

→ **Bordas**

Também é possível atribuir uma borda a um parágrafo, como também à página do documento. A opção bordas apresentada a seguir pode ser utilizada tanto para aplicar uma borda a um parágrafo como a uma tabela, caso esteja selecionada.

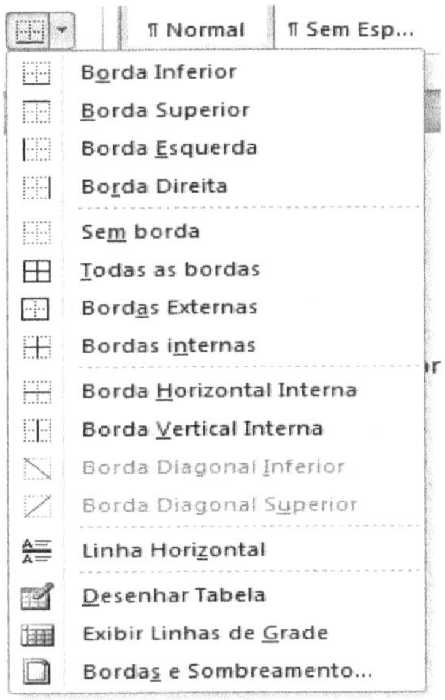

Bloco Estilos

Os estilos de formatação são uma importante ferramenta que auxiliam e otimizam o processo de edição de documentos que devam obedecer a padrões de formatação, além de serem necessários para a inserção de sumário automático.

O Office 2007 inovou muitos deles, como também melhorou alguns; estes foram mantidos no Office 2010. O estilo padrão apresentado é o estilo Normal, que define, por exemplo, a fonte como Calibri tamanho 11, espaçamento entre linhas múltiplo de 1,15 e espaço após o parágrafo de 10pt.

A figura a seguir ilustra o Bloco Estilo com vários dos estilos de formatação; para sumário deve-se utilizar os estilos de título.

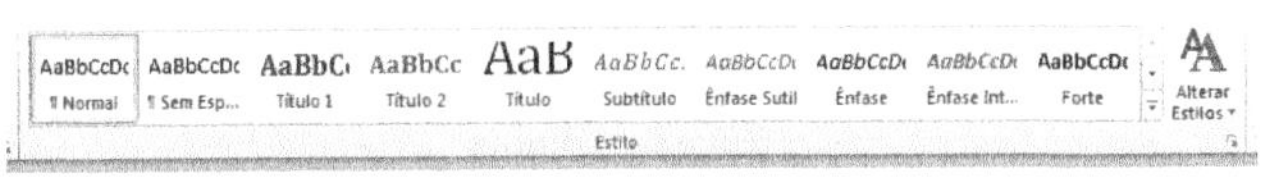

Bloco Edição

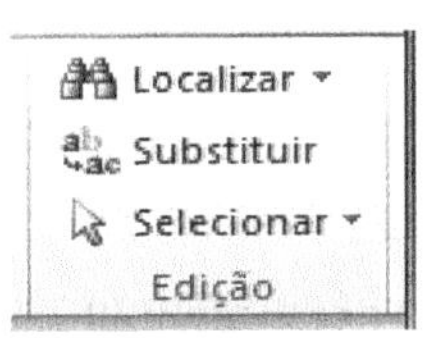

No Bloco Edição foram disponibilizadas as opções que estavam no menu editar do Office 2003 e ficaram perdidas, pode-se assim dizer. A figura acima ilustra o Bloco com suas opções.

→ **Localizar**

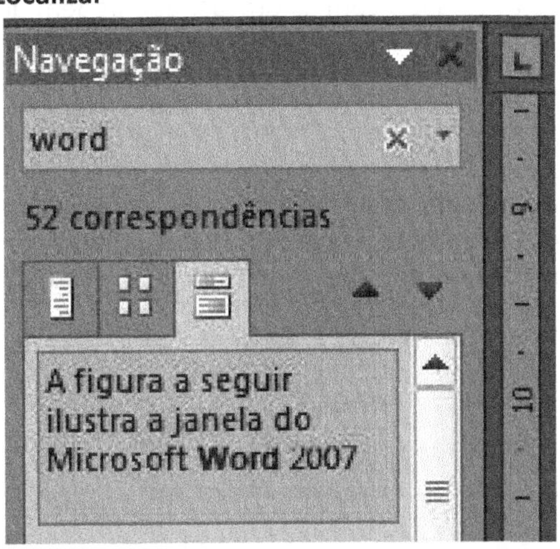

A opção Localizar oferece três opções quando clicada na seta: Localizar, Localização Avançada e Ir Para.

Clicar direto no botão Localizar é o mesmo que clicar na opção que ele oferece como Localizar; o Word abre um painel à esquerda da janela do programa, ilustrada na sequência. O mesmo painel pode ser acionado por opção encontrada na aba Exibir.

Por meio desse painel é possível realizar uma busca rápida de forma incremental, ou seja, à medida que o usuário insere o texto no campo de busca, o Word vai filtrando as ocorrências no texto.

As opções Localização Avançada, Ir Para e Substituir, ao serem acionadas, abrem a mesma janela, porém, com as respectivas abas selecionadas. Vale lembrar que a combinação de teclas de atalho CTRL + U no Word abre a opção Substituir.

Aba Inserir

A aba Inserir é alvo de várias questões de pegadinha, então, muito cuidado com as suas opções. A figura a seguir ilustra as opções da Guia.

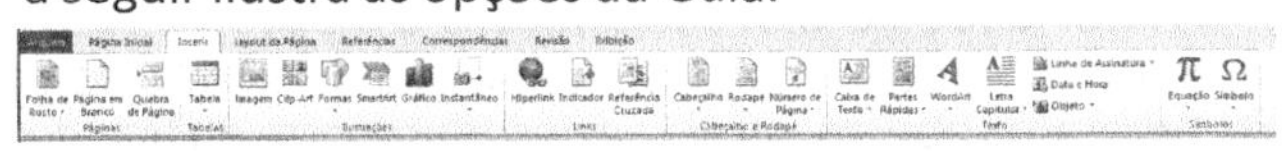

Bloco Páginas

No Bloco Páginas, apresentado abaixo, é onde se encontra uma das Quebras possíveis de se inserir em um documento e justamente a que pode ser alvo de pegadinhas, pois na Aba Inserir é encontrada apenas a opção Quebra de Página; as demais ficam na aba Layout de Página.

A opção Folha de Rosto é uma opção para inserir uma página no documento em edição com mais recursos gráficos, a fim de dar ênfase ao documento.

A opção Página em Branco permite inserir uma página em branco no documento a partir da posição do cursor de texto.

Bloco Tabelas

No Bloco Tabelas é disponibilizada apenas a opção Tabela, ilustrada a seguir, por meio da qual podemos tanto inserir uma Tabela no documento em edição como uma Planilha.

→ **Opção Tabela**

Ao clicar na opção Tabela, é aberto o menu Dropdown ilustrado a seguir, no qual se pode observar a opção Planilha, que permite inserir uma planilha no documento. Mas, cuidado, a estrutura de planilhas é diferente de uma tabela.

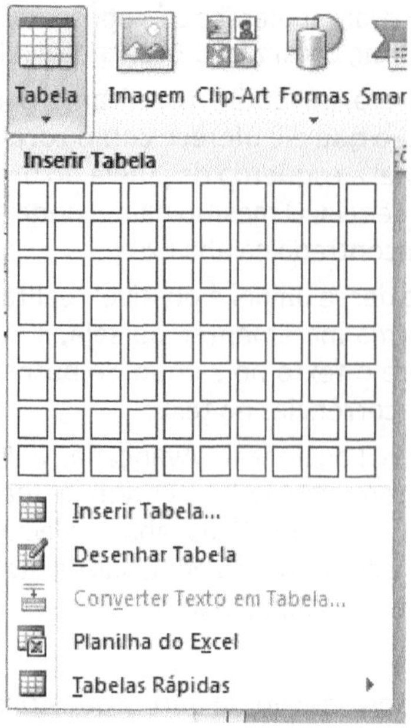

Bloco Ilustrações

A novidade do Bloco Ilustrações é a opção Instantâneo, que permite inserir uma imagem de uma janela de programa aberto, ou ainda, inserir recorte da tela do computador. A figura abaixo ilustra o Bloco Ilustrações e, como as demais deste material, foi obtida por meio da ferramenta Instantâneo.

Bloco Links

No Bloco Links são disponibilizadas três opções: Hiperlink, Indicador e Referência Cruzada. A opção hiperlink tem como tecla de atalho a combinação CTRL+K.

→ **Hiperlink**

A respeito da opção Hiperlink, é importante ressaltar que é possível linkar tanto um site da Internet, como arquivos, quanto arquivos do computador do usuário.

→ **Indicador**

A opção Indicador cria um link para um ponto do documento em edição, assim é possível fazer um link por meio da opção Hiperlink para esse ponto.

→ **Referência Cruzada**

Essa opção permite criar referências para citações como figuras, tabelas, quadros, entre outros.

Bloco Cabeçalho e Rodapé

A estrutura de cabeçalho e rodapé é utilizada principalmente quando se deseja inserir uma informação em várias páginas de um documento, como numeração de páginas ou uma figura. Mas, cuidado, em um mesmo documento é possível utilizar cabeçalhos e rodapés diferentes, pois essas estruturas são as mesmas para todas as páginas da mesma seção.

Bloco Texto

No Bloco Texto devemos destacar a opção WordArt e Linha de Assinatura.

A opção WordArt, desde o Office 2007, mudou sua forma de formatação e estrutura. Ela gera agora resultado similar ao obtido pela opção Efeitos de Texto da Aba Página Inicial.

Já a opção Linha de Assinatura permite inserir uma assinatura digital no documento em edição, contudo, é necessário possuir um Certificado Digital. Essa opção também pode ser utilizada para inserir as linhas normalmente usadas para posterior assinatura manual.

Bloco Símbolos

O Bloco Símbolos oferece as opções Equação e Símbolo, conforme figura a seguir. A opção Equação auxilia a escrever em um documento de texto funções complexas, entretanto, ela não resolve as equações apenas desenha. Por exemplo, inserir um somatório:

$$\sum_{i=0}^{5} i!$$

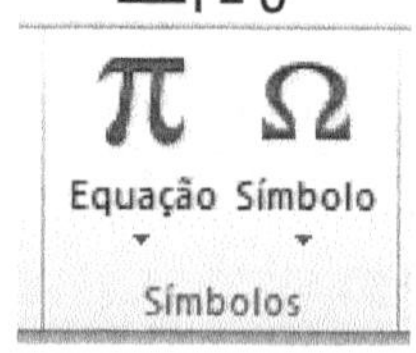

Já a opção Símbolo permite que sejam inseridos símbolos como caracteres especiais em meio ao texto.

Aba Layout de Página

A aba Layout de Página é muito importante durante a edição de um documento. Nela são disponibilizados os blocos: Temas, Configurar Página, Plano de Fundo da Página, Parágrafo e Organizar, conforme ilustrado na figura a seguir.

Muito cuidado com as provas, que podem descrever como Leiaute de Página, e isso não está errado.

Bloco Temas

Por meio dessa opção é possível alterar o conjunto de cores e fontes que serão utilizados durante a edição de um documento; a figura a seguir ilustra este bloco.

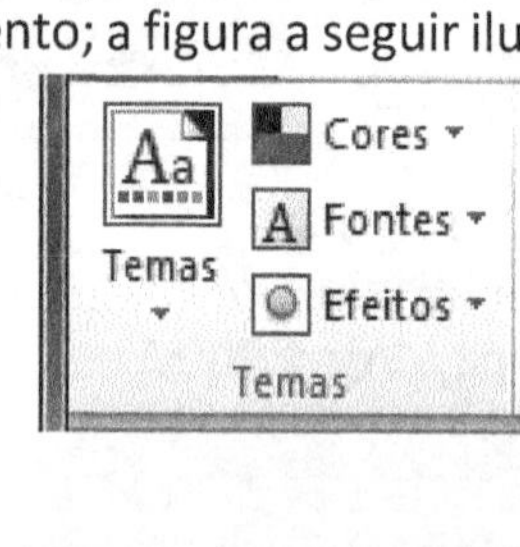

Bloco Configurar Página

O Bloco Configurar página é um dos principais da Aba Layout de Página, por meio dele podemos alterar as configurações de: Margens, Orientação, Tamanho, Colunas, Quebras, Números de Linhas e Hifenização. A figura a seguir ilustra essas opções.

Vale ressaltar que as configurações de página podem ser diferentes em um mesmo documento, pois a configuração é aplicada à seção, assim é possível em um mesmo documento trabalhar com páginas nas orientações retrato e paisagem intercaladas.

Bloco Plano de Fundo da Página

Bloco Parágrafo

O Bloco Parágrafo, presente na Aba Layout de Página, apresenta as opções de recuo, além de espaçamento antes e depois do parágrafo, como ilustra a figura a seguir.

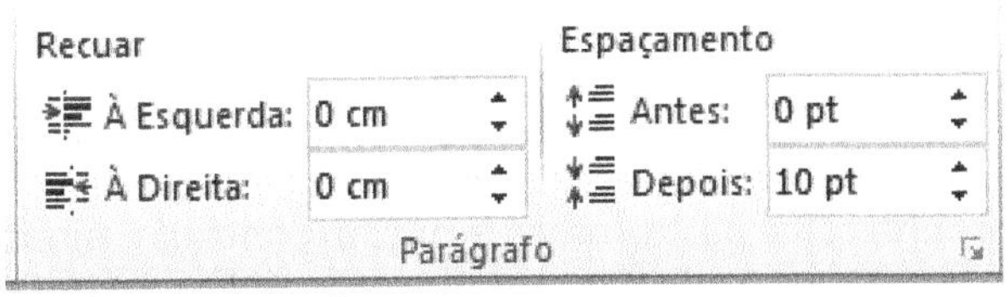

Bloco Organizar

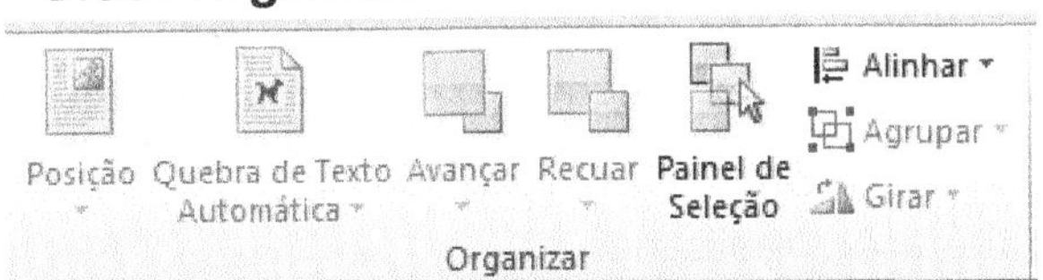

Por meio do Bloco Organizar é possível determinar a posição de elementos, como figuras, em relação ao texto em edição.

Aba Referências

A guia Referências dispõe os blocos: Sumário, Notas de Rodapé, Citações e Bibliografia, Legendas, Índice e Índice de Autoridades, conforme ilustrado a seguir.

Bloco Sumário

Por meio do Bloco Sumário, pode-se ter acesso à opção Sumário para a inserção do Sumário Automático no documento em edição. Lembrando que o sumário depende da utilização dos estilos de formatação de título ao longo do documento, para poder listar tais títulos e as referidas páginas em que aparecem.

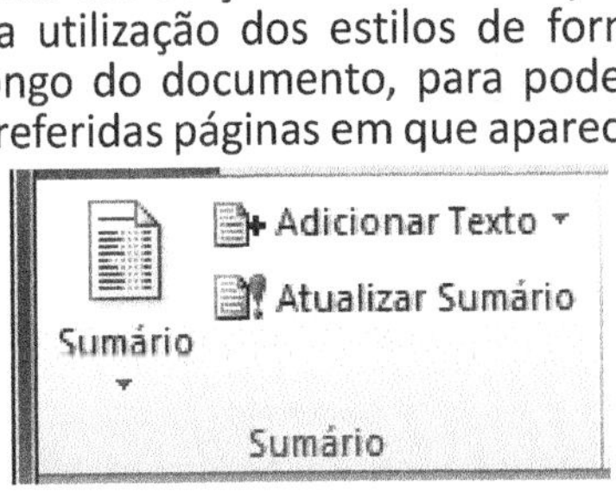

Se novos títulos forem adicionados no documento após a inserção do sumário, este deverá ser atualizado por inteiro. Caso apenas sejam mudadas as páginas em que os títulos estavam, pode-se atualizá-lo por meio da opção atualizar apenas números de páginas.

Bloco Notas de Rodapé

Por meio do Bloco Notas de Rodapé é possível inserir tanto notas de Rodapé como Notas de Fim. A diferença é que aquelas são exibidas no rodapé das páginas em que são citadas, já estas podem ser configuradas para aparecerem no fim da Seção ou no fim do documento.

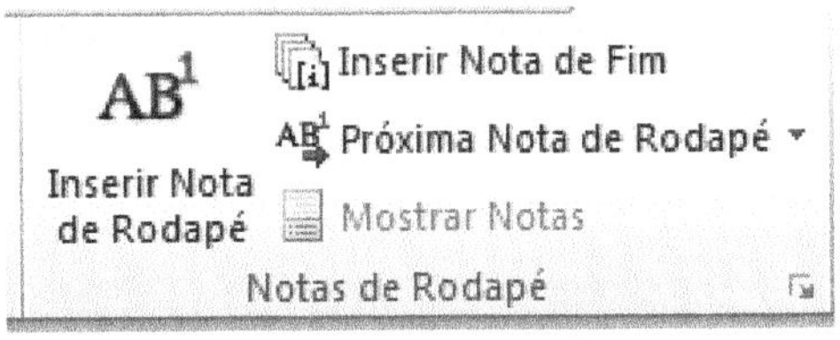

Bloco Citações e Bibliografia

O Word oferece opções de criar um cadastro de fontes bibliográficas para uso facilitado, assim, quando desejar citar alguma referência, basta utilizar a opção Inserir Citação disponível no Bloco Citações e Bibliografia ilustrado a seguir.

Bloco Legendas

O Bloco Legendas permite inserir legendas acima ou abaixo das figuras, tabelas, quadros e outras estruturas inseridas no documento em edição, de maneira que, quando necessário, é possível inserir um índice automático que indique cada figura e a página em que é citada.

Bloco Índice

O Bloco Índice oferece a opção Marcar Entrada e Inserir Índice, que funcionam de forma similar ao sumário, mas com a finalidade de criar um índice remissivo.

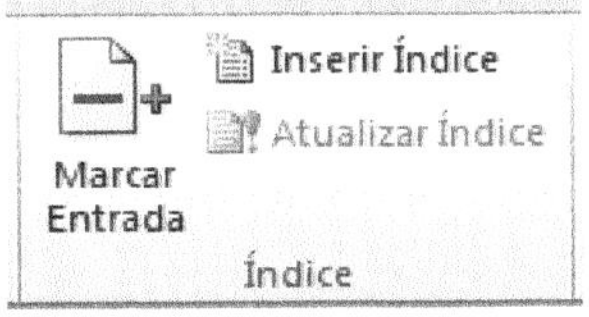

Bloco Índice de Autoridades

Os Índices de Autoridades são novidade no Word 2010. Por meio dessas opções podem-se criar listas de leis, artigos, resoluções, dentre outras estruturas da legislação que sejam citadas em meio ao documento.

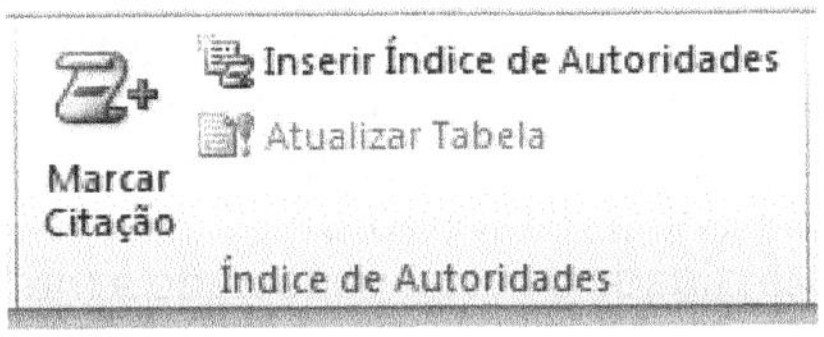

Aba Correspondências

A aba correspondências é bastante utilizada por escritórios, pois é nela que se encontram as opções de trabalhar com Mala Direta para a geração de envelopes e etiquetas, de forma facilitada e dinâmica. Mas, atenção, é comum se questionar sobre como montar a lista de "contatos" para se trabalhar com a mala direta; para isso, é possível criar a lista utilizando o Excel ou o Access.

Aba Revisão

A Aba revisão oferece opções de correção e controle do conteúdo do documento, por meio dos blocos: Revisão de Texto, Idioma, Comentários, Controle, Alterações, Comparar e Proteger, conforme ilustrado a seguir.

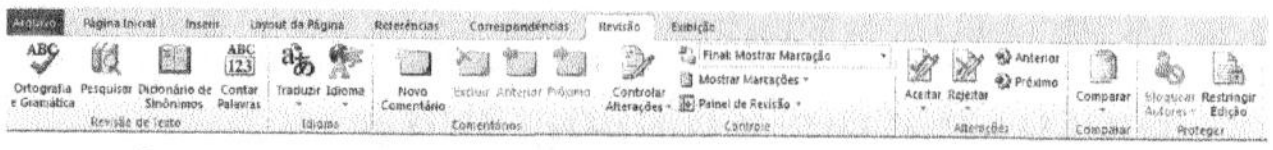

Bloco Revisão de Texto

Neste Bloco é que se encontra a ferramenta Ortografia e Gramática, que pode ser acionada por meio da tecla de atalho F7, bem como a ferramenta Pesquisar. Mas, cuidado, esta ferramenta é para pesquisar na Internet e não no documento em edição.

Outra opção interessante é o Dicionário de Sinônimos, que se torna muito útil quando é preciso encontrar aquela palavra diferente para se referir a algo de forma a fugir de ter de repetir algum termo.

A ferramenta Contar Palavras, ao ser acionada, abre a janela ilustrada a seguir, na qual é informada a quantidade de palavras em várias situações. O que conta mais para a prova é saber que, se um trecho do texto foi selecionado previamente à seleção da opção, os dados apresentados serão apenas referentes à seleção, porém, se nada estiver selecionado, os dados serão referentes ao documento inteiro.

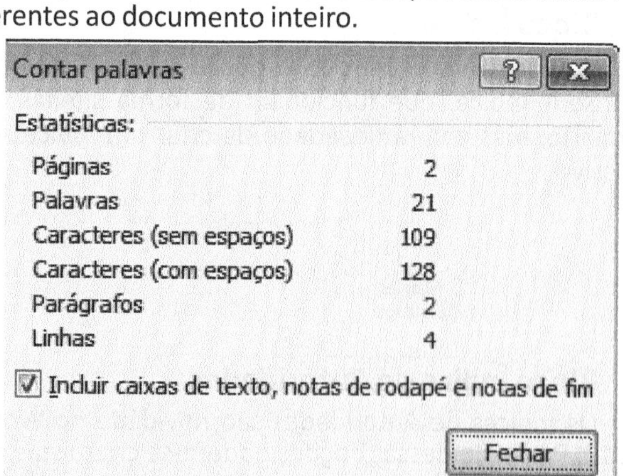

Bloco Idioma

Uma novidade também no Word 2010 é a opção Traduzir, disponível no Bloco Idioma, que permite traduzir um texto selecionado utilizando a ferramenta de tradução online da Microsoft. Obviamente, observa-se a necessidade de estar conectado à Internet.

Muitas vezes, precisamos digitar trecho ou textos inteiros em outro idioma e ficamos em dúvida se as palavras estão corretas, pois aparecem sublinhadas em vermelho indicando erro. Porém, o Word 2010 é mais inteligente, pois ele busca detectar o idioma automaticamente de forma a se auto ajustar. Contudo, às vezes, precisamos definir manualmente o idioma de algumas palavras, para isso podemos utilizar a opção Idioma do Bloco Idioma.

Bloco Comentários

É possível inserir comentários no documento em edição principalmente com a finalidade de explicar alguma alteração realizada.

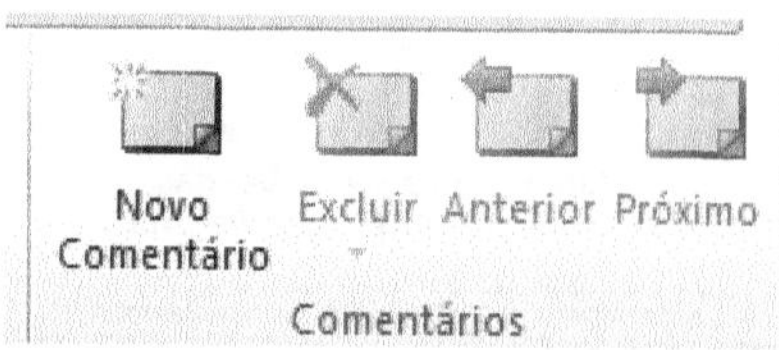

Bloco Controle

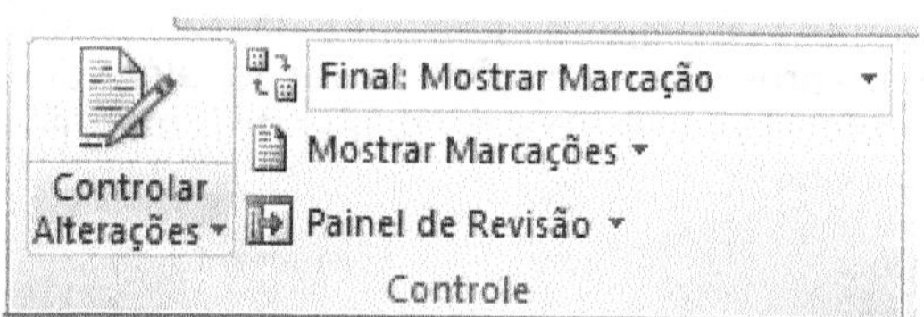

O Bloco Controle é uma excelente ferramenta para correção de documentos, de forma que o escritor, ao terminar sua parte, ativa a opção Controlar Alterações e salva o documento. Envia-o, então, para um corretor, que simplesmente apaga trechos do texto e insere novas estruturas, porém, essas ações apenas são marcadas no documento, como ilustrado na sequência. O corretor, ao terminar, salva novamente o documento e envia ao escritor para que aceite ou não as alterações realizadas.

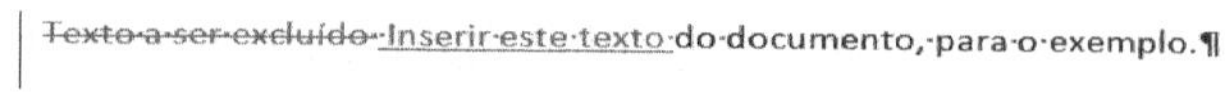

Bloco Alterações

Ao receber o documento com as sugestões de alteração, o escritor apenas tem o trabalho de aceitar ou rejeitar as sugestões realizadas.

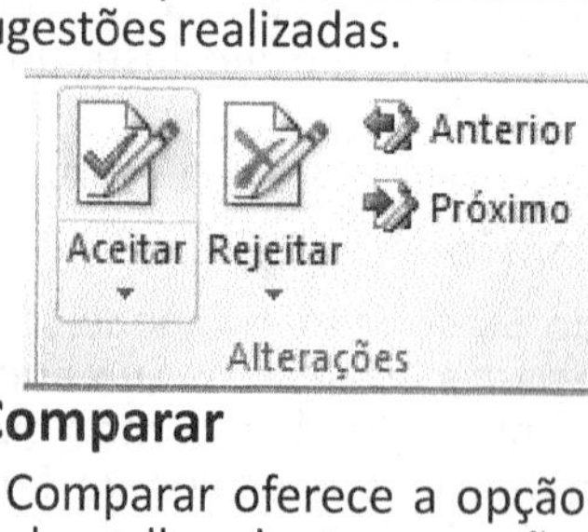

Bloco Comparar

O Bloco Comparar oferece a opção Comparar, na qual é possível escolher dentre as opções: Comparar ou Combinar.

A opção Comparar permite comparar versões diferentes de um mesmo documento, a fim de destacar as diferenças. Já a opção Combinar serve para combinar as diferentes sugestões de alteração que várias pessoas fizeram com base no mesmo documento.

Bloco Proteger

A opção Restringir Edição, disponível no Bloco Proteger, é a mesma apresentada no menu Arquivo.

Aba Exibição

As opções encontradas nesta guia estão relacionadas a itens que remetem à forma de apresentação da janela, do zoom, entre outas visões. A figura a seguir ilustra a aba que é composta pelos blocos: Modos de Exibição de Documento, Mostrar, Zoom, Janela e Macros.

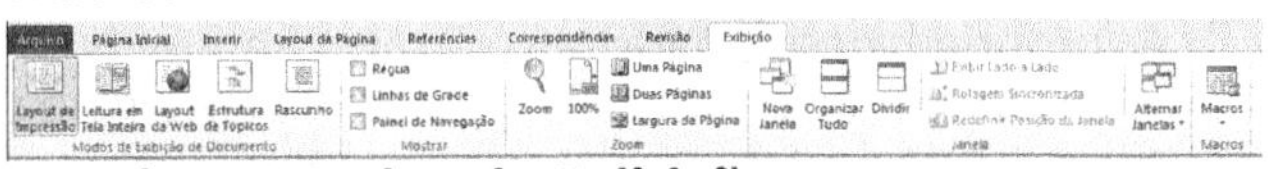

Bloco Modos de Exibição

Um dos principais da Aba Exibição em relação à cobrança nas provas, pois neste bloco são disponibilizados os cinco modos de exibição da janela do Word: Layout de Impressão, Leitura em Tela Inteira, Layout da Web, Estrutura de Tópicos e Rascunho, conforme ilustra a figura a seguir.

O modo Layout de impressão é o padrão; quando ele está ativado, é possível visualizar os limites das páginas e as réguas são exibidas tanto da horizontal como da vertical.

O modo Leitura em Tela Inteira oferece uma visualização na qual o tamanho da fonte e os espaçamentos são aumentados, proporcionando assim melhor visualização do texto.

No Layout da Web não há a divisão em páginas e apenas aparece a régua da horizontal.

Estrutura de Tópicos exibe o texto com um marcador para cada parágrafo, como ilustrado a seguir.

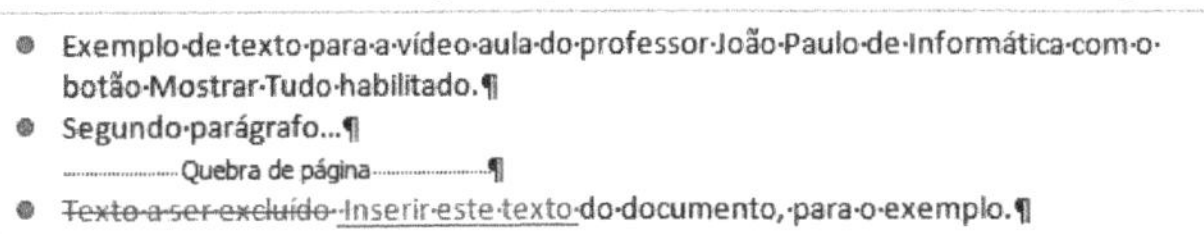

O modo Rascunho é o mais simples: as figuras são omitidas e apenas o texto é exibido.

Bloco Mostrar

Por meio deste bloco é possível exibir ou ocultar algumas estruturas do Word, como a Régua, as Linhas de Grade e o Painel de Navegação, conforme a figura a seguir.

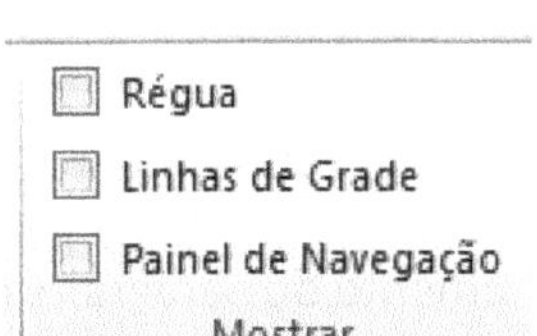

A opção régua, por padrão, é habilitada, mas ao desativá-la apenas são ocultadas as réguas da janela.

Já a opção Linhas de grade exibe o reticulado, a fim de auxiliar na edição do documento, como ilustrado a seguir.

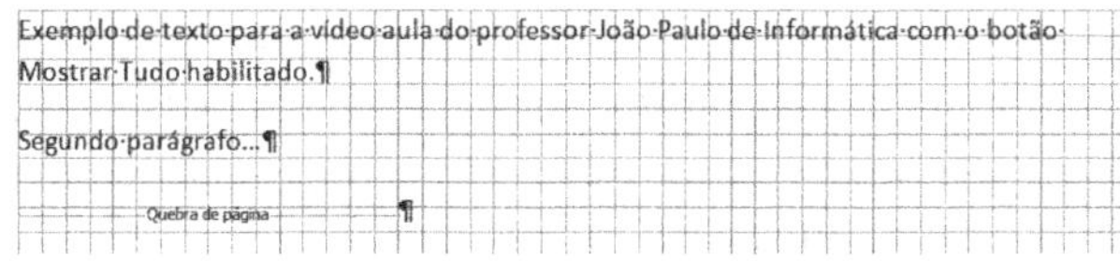

A opção Painel de Navegação habilita, do lado esquerdo da janela do Word, a exibição de um painel no qual são exibidos os títulos do documento, como representado a seguir. Ao clicar em um título, o cursor de texto é posicionado na posição do título clicado; também é possível reorganizar o documento clicando, e mantendo clicado, e arrastar o arquivo para o local desejado.

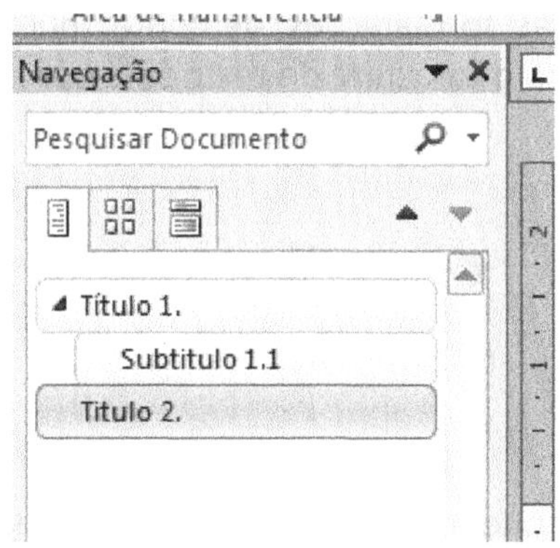

Bloco Zoom

Por meio deste bloco, ilustrado a seguir, é possível se alternar entre os diversos níveis de zoom do documento.

Bloco Janela

As opções deste bloco estão associadas à visualização da janela do programa.

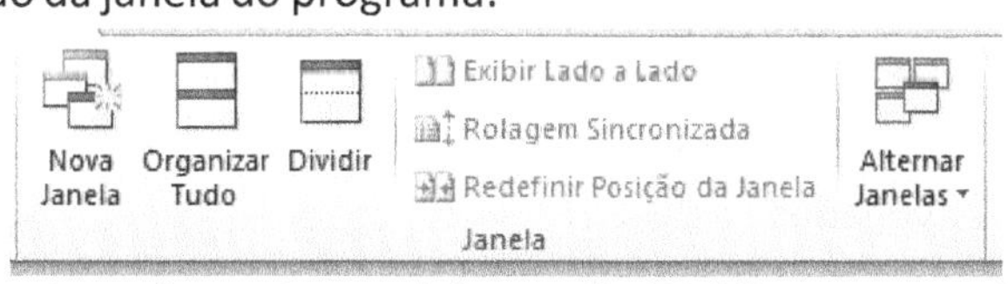

A opção mais usual é a opção Dividir, que permite dividir a tela em duas, de forma a possibilitar a visualização de partes distantes de um mesmo documento simultaneamente, como ver a primeira e a última página de um documento com várias folhas.

Tabela

Devemos tomar muito cuidado com a estrutura de tabela nas provas, pois uma tabela é diferente de uma planilha, tanto em termos organizacionais como em comportamentos.

Contudo, em uma tabela também é possível realizar cálculos por intermédio de fórmulas, porém, as fórmulas disponíveis para operar em tabelas são muito inferiores em número e opções do que as de um editor de planilha.

Operações com Tabelas

Em uma tabela, ao teclar Enter dentro de uma célula, é inserido nesta um novo parágrafo em uma nova linha de texto. Outro detalhe diferenciado é que, ao teclar TAB quando o cursor estiver em uma célula da tabela, a célula da direita é selecionada, à exceção da última célula da última linha da tabela, nesse caso, teclar TAB insere uma nova linha na tabela com o número de colunas da última linha.

É importante observar também que a opção para inserir uma planilha está disponível dentro da opção inserir Tabela; o motivo de estar ali é simples: foi o lugar que sobrou, que mais se aproximava da categoria.

Formatar Fonte

Uma das opções mais utilizadas em um editor de texto são as formatações de fonte, que permitem alterar como o caractere de texto será apresentado no documento.

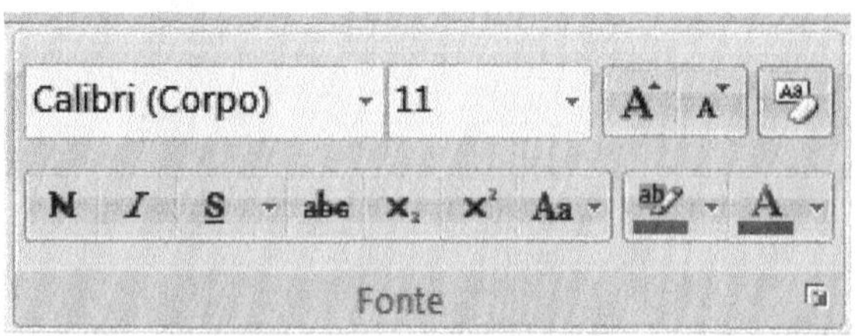

Repare que, no Word 2010, a opção Maiúsculas e Minúsculas Aa é disponibilizada junto ao Bloco Fonte.

E os botões A A servem respectivamente para aumentar e diminuir o tamanho do texto selecionado.

Dentre as propriedades de fonte, ilustradas na figura a cima temos na sequência:

- → Tipo/Nome da Fonte;
- → Estilo da Fonte;
- → Tamanho da Fonte;
- → Cor da Fonte;
- → Efeitos da Fonte: os efeitos da fonte são citados em várias provas, por isso é importante destacarmos suas características.
  - > Tachado: usado comumente em textos de leis revogados.
    - » ~~Exemplo de texto Tachado~~
  - > Tachado Duplo:
    - » ~~Exemplo de texto Tachado duplo~~
  - > Versalete:
    - » Exemplo de texto em VERSALETE
  - > Todas em Maiúsculas:
    - » EXEMPLO DE TEXTO TODAS EM MAIÚSCULAS
  - > Sobrescrito:
    - » Texto normal $^{\text{texto sobrescrito}}$
  - > Subscrito:
    - » Texto normal $_{\text{texto subscrito}}$

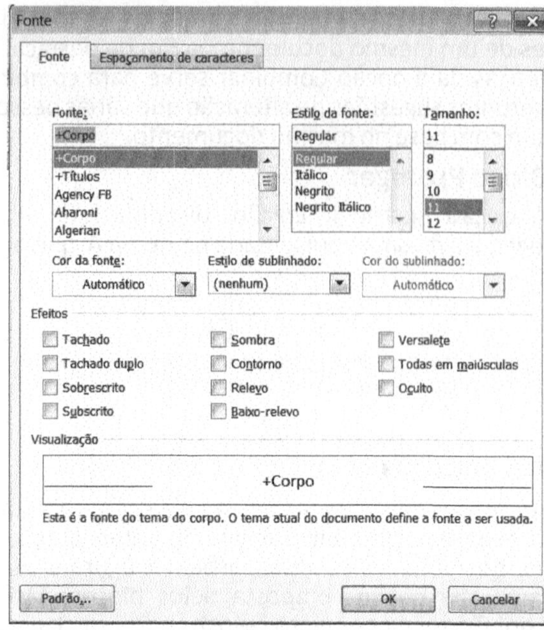

Formatar Parágrafo

As propriedades de parágrafo são alvo frequente de questões de concursos, que em geral envolvem alguma pegadinha, principalmente em relação aos alinhamentos de parágrafo e tabulação.

Podemos acessar as opões de propriedades de parágrafo por meio do Bloco Parágrafo da Guia Página Inicial, clicando sobre a opção presente no canto inferior direito do bloco, como mostra a figura a seguir, ou clicando com o botão direito do mouse sobre o parágrafo selecionado e escolhendo a opção parágrafo. Em ambos os casos, o resultado será a abertura da mesma janela.

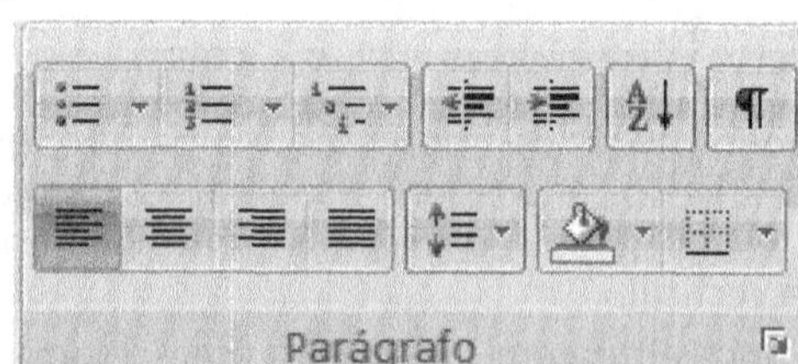

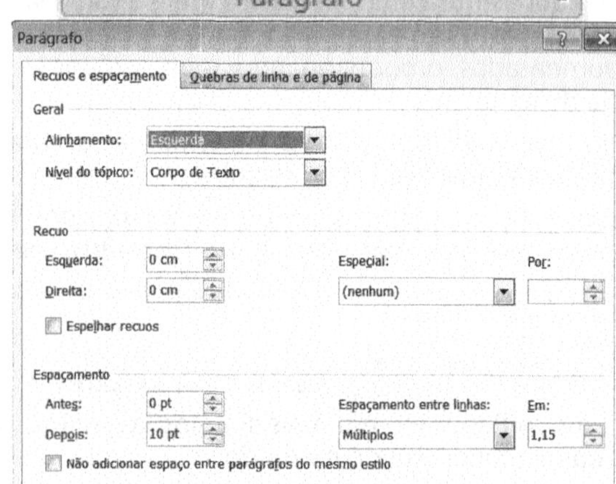

Na guia Recuos e Espaçamento, encontramos a opção Alinhamento na subseção geral, o qual diz respeito ao alinhamento do parágrafo, que pode ser do tipo: **esquerdo**, **centralizado**, **direito** ou **justificado**.

A subseção **Recuo** refere-se ao espaço entre o texto e a margem do documento; corresponde aos triângulos ilustrados na régua do programa. Podemos configurá-los tanto pela régua quanto pela janela parágrafo, definindo valores específicos para o **recuo Esquerdo** ou **Direito**.

O **recuo** do tipo **especial** diz respeito ao recuo da primeira linha, que pode estar mais ou menos recuada do que o texto. A tabela a seguir ilustra o resultado dos recuos especiais.

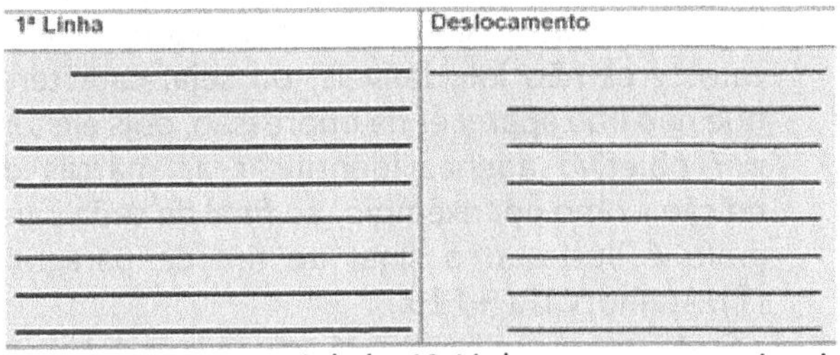

No recuo especial de 1ª Linha, apenas a primeira linha do parágrafo é recuada, enquanto que, no deslocamento, todas as linhas são recuadas, exceto a primeira.

A subseção Espaçamento refere-se ao espaçamento antes e depois do parágrafo. Por padrão no Word 2010, o espaçamento Depois é definido em 10pt.

O espaçamento entre Linhas é o espaço entre as linhas do parágrafo selecionado, que pode tomar a linha como base ou um valor exato em pontos (pt). Os espaçamentos entre linhas disponíveis são:

> Simples;
> Múltiplo;
> Exatamente;
> Pelo menos;
> Duplo;
> 1,5 Linha.

Um espaçamento Múltiplo em 2 é igual a um espaçamento duplo, assim como o múltiplo de 1,5 é igual ao 1,5 Linha; eles tomam a linha como referência. Portanto, se a fonte for aumentada, a altura da linha também o é, assim o espaço se mantém em escala.

A opção Tabulação presente no canto inferior direito da janela propriedades de parágrafo permite utilizar os alinhamentos de tabulação já citados no início da seção sobre Editores de Texto.

→ Seleção de Texto

Quando desejamos editar um texto, devemos previamente selecionar o trecho sobre o qual vamos aplicar alguma ação. Para esse procedimento, existem diversas formas diferentes, que podem ser por meio de teclas de atalho apenas, atalhos combinados com o mouse ou mesmo apenas o mouse. Na maioria dos editores de texto, inclusive os citados neste material, podemos utilizar as ações da tabela a seguir, a fim de selecionar um texto.

Atalho	Resultado
SHIFT + Seta para direita	Seleciona o caractere à direita do cursor de texto.
SHIFT + Seta para esquerda	Seleciona o caractere à esquerda do cursor de texto.
SHIFT + Home	Seleciona o trecho entre o cursor de texto até o primeiro caractere da linha.
SHIFT + End	Seleciona o trecho entre o cursor de texto até o último caractere da linha.
CTRL + SHIFT +Home	Seleciona o trecho entre o cursor de texto até o primeiro caractere do documento.
CTRL + SHIFT + End	Seleciona o trecho entre o cursor de texto até o último caractere do documento.
CTRL + SHIFT + Seta para a direita	Seleciona a palavra à direita do cursor de texto, caso o cursor esteja posicionado à esquerda da palavra sem espaço entre o cursor e a palavra.
CTRL + SHIFT + Seta para a esquerda	Seleciona a palavra à esquerda do cursor de texto, caso o cursor esteja posicionado à direita da palavra sem espeço entre o cursor e a palavra

No Word, para selecionar todo o documento em edição, podemos utilizar a tecla de atalho CTRL + T. ou utilizar as ações descritas na tabela a seguir.

Ação	Local	Para
Clique Simples	Sobre uma palavra	Posicionar o cursor de texto
Duplo Clique	Em qualquer lugar do texto	Selecionar a palavra
Triplo Clique	Em qualquer lugar do texto	Selecionar o parágrafo
Clique Simples	Na margem à esquerda da página	Selecionar a linha
Duplo Clique	Na margem esquerda da página	Selecionar o parágrafo
Triplo Clique	Na margem esquerda da página	Selecionar todo o texto

Writer

O Writer é o editor de texto do BrOffice. Nesta seção, são apresentadas as suas ferramentas e opções para a edição de documentos de texto.

A Janela do Programa

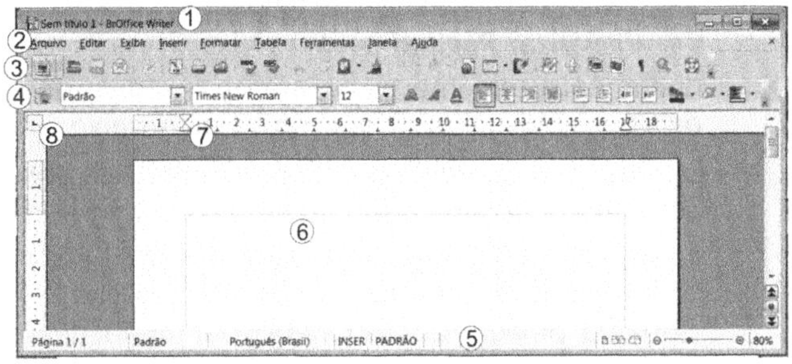

Barra de Título - 1

Nessa barra são apresentadas as informações sobre o nome do documento em edição e seu formato, bem como o nome do programa que, no caso da figura, indica BrOffice Writer. Também se observa na imagem que não há a indicação do formato do arquivo, isso significa que o documento em questão ainda não foi salvo em disco.

Barra de Menus - 2

Os Menus são estruturas com finalidade de organizar os recursos do programa que possuam certa similaridade. Podemos utilizar teclas de atalho para acessar as opções da barra de menus: teclar a tecla ALT, soltar e pressionar na sequência a letra que estiver sublinhada no menu desejado.

Barra de Ferramentas Padrão – 3

Nela estão disponíveis as opções mais comuns entre os programas de computador, como:

> **Novo Documento em Branco**: que cria um

novo documento direto, sem questionar ao usuário. Sua tecla de atalho correspondente é: CTRL + N. Clicando-se na seta, podemos escolher até mesmo para criar uma nova Planilha, contudo, ela será criada no Calc, ou seja, essa opção é apenas uma espécie de atalho, que expressa a integração do BrOffice.

> **Abrir**: permite abrir um arquivo salvo. Tecla de atalho: CTRL + O.

> **Salvar**: a opção Salvar permite salvar as últimas modificações realizadas em um documento já existente em disco, porém, há uma exceção para o seu comportamento, que ocorre quando o documento nunca foi salvo, ou seja, trata-se de um documento recém criado. Nessa circunstância a opção equivale à opção **Salvar Como**, encontrada no menu Arquivo. A tecla de atalho correspondente à opção Salvar, no Word 2003, é: CTRL + S. No BrOffice ainda esse botão também indica se um documento já foi salvo ou não; quando habilitado, indica que existem alterações para serem salvas, do contrário, significa que o documento em questão já foi salvo.

> **Exportar Diretamente como PDF**: opção existente apenas no BrOffice e que permite gerar um arquivo PDF.

> **Imprimir Arquivo Diretamente**: essa opção executa uma ação diferente da opção Imprimir, encontrada no Menu Arquivo. Ela manda diretamente o documento em edição para ser impresso na impressora definida como padrão, utilizando as configurações padrões da Impressora, não permitindo, portanto, que o usuário altere as configurações antes de realizar a impressão. Para definir qual é a impressora padrão no Windows, podemos configurar por meio da opção Impressoras e Aparelhos de Fax do Painel de Controle.

> **Visualizar Página**: permite Visualizar como o documento será impresso. Essa opção corresponde à opção Visualizar Página do Menu Arquivo.

> **Verificação de Ortografia e Gramática**: abre uma janela por meio da qual é possível verificar as palavras do documento que não constam no dicionário do programa; também é possível adicionar a palavra ao dicionário por meio dessa opção. Atalho: F7.

> **Autoverificação Ortográfica**: outra opção existente apenas no BrOffice que serve simplesmente para habilitar a exibição do sublinhado vermelho sobre as palavras não conhecidas pelo dicionário do programa.

> **Pincel**: muito cobrado nas provas, o pincel é a ferramenta utilizada para copiar o estilo de formatação de um texto selecionado para outro local do documento. Para usá-lo, basta selecionar o parágrafo que possui a formatação que se deseja copiar, clicar o botão pincel e selecionar o texto ao qual se deseja aplicar a formatação, mas, se é de interesse utilizar a mesma formatação do texto selecionado em mais de uma parte do documento, deve-se utilizar um clique duplo sobre o botão do pincel. Para finalizar o uso do pincel, caso usado o clique duplo, basta clicar novamente sobre a opção ou teclar ESC.

> **Inserir HiperLink**: opção que permite criar um Link para um Arquivo ou site da Internet, bem como um arquivo do próprio computador.

> **Inserir Tabela**: essa opção, quando acionada, permite inserir uma tabela de até 10 linhas por 15 colunas no documento em edição, além de oferecer a opção MAIS, que abre a janela inserir Tabela.

> ¶ **Caracteres Não Imprimíveis**: botão de caráter muito importante para o entendimento de algumas estruturas de um documento, como parágrafos e quebras. Ao ser pressionado, exibe os caracteres não imprimíveis, ou seja, caracteres que não irão aparecer na impressão, pois ele tem por objetivo apenas identificar as marcas de edição, como por exemplo: ao final de cada parágrafo é ilustrado o sinal de fim de parágrafo (¶). Atalho: CTRL + F10.

Barra de Ferramentas de Formatação - 4

A finalidade de um editor de texto é trabalhar com a estrutura de documentos que, por sua vez, devem ser editados com aparência diferente para títulos, subtítulos, parágrafos, citações, notas, dentre inúmeras outras opções. A maioria das opções necessárias para se formatar um documento com uma aparência aceitável são encontradas na barra de ferramentas de Formatação.

> Estilo Padrão **Estilos de Formatação**: essa opção torna a formatação de um documento extremamente simples, pois, por meio dela, é possível reutilizar uma formatação já utilizada em um documento de forma mais rápida. Também é muito útil quando desejamos trabalhar com sumário, pois basta atribuir o estilo de formatação de título a um texto que, quando o sumário for inserido no documento, os títulos e suas respectivas páginas serão preenchidos automaticamente.

> Times New Roman **Tipo/Nome da Fonte**: por meio dessa opção, podemos mudar a grafia de um texto. Os principais nomes usados nesse campo nas figuras das provas são: **Times New Roman, Arial, Tahoma, Calibri e Georgia**; como podemos observar, para um mesmo tamanho nominal de fonte, as diferentes caligrafias apresentam diferenças de tamanho.

> 12 **Tamanho da Fonte**: permite alterar o tamanho da fonte do texto selecionado.

> A A A **Estilos de Fonte**: negrito (CTRL + B), Itálico (CTRL + I), Sublinhado (CTRL + U).

> **Alinhamentos de Parágrafo**: Esquerdo, Centralizado, Direito e Justificado.

> **Numeração**: essa opção permite acrescentar um índice sequencial para cada parágrafo selecionado. Uma numeração pode ser um número arábico, um número romano maiúsculo ou minúsculo, ou mesmo uma letra maiúscula ou minúscula.

> **Marcadores**: os marcadores são estruturas utilizadas para criar tópicos para cada parágrafo selecionado. Um marcador pode ser um símbolo do mapa de caracteres ou mesmo uma imagem do computador do usuário.

> **Aumentar e Diminuir Recuo**: aumentam e diminuem o recuo esquerdo de um texto.

> **Realçar**: equivalente a uma caneta marcadora de texto e serve para preencher um "fundo" de um texto com o intuito de destacá-lo.

> **Cor da Fonte**: opção que permite alterar a cor de um texto selecionado de acordo com a paleta de cores do Windows.

Barra de Status - 5

Nela são apresentadas algumas informações como número da página atual, modo de edição (inserir ou sobrescrever), se existem alterações para serem salvas por meio do ícone ( ) e o controle de zoom.

Página do Documento em Edição – 6

Podemos observar que o Writer, ao contrário do Word, exibe uma linha cinza no interior da página, que é o limite do texto. Ela não é impressa, ou seja, serve apenas para orientação; indica exatamente as margens do documento.

Régua – 7

A Régua possui finalidade de orientação e, por meio dela, podemos configurar diversas informações, como as margens de um documento, sem ter que necessariamente abrir a opção nas opções do programa.

Alinhamentos de Tabulação:

> Uma tabulação ESQUERDA define a posição de início do texto, que correrá para a direita, conforme você digita.

> Uma tabulação CENTRALIZADA define a posição do meio do texto, que é centralizado nessa posição, conforme você digita.

> Uma tabulação DIREITA define a extremidade do texto à direita. Conforme você digita, o texto é movido para a esquerda.

> Uma tabulação DECIMAL alinha o texto centralizado com base em um caractere que pode ser definido. Independentemente do número de dígitos, o caractere escolhido ficará na mesma posição.

Opção Novo

Esta opção apresenta comportamentos diferentes de outros programas ou mesmo entre as versões do mesmo programa.

No Writer, a opção Novo está disponível no Menu Arquivo, contudo, mostra ao lado da opção uma seta para a direita. Todo programa que possuir uma opção com seta para direita indica que existem mais opções, que são mostradas em um Menu Suspenso.

Embora no menu suspenso apareça a opção Planilha, Base de Dados, Apresentação, entre outras, não significa que o Writer é capaz de criar esse tipo de arquivo, mas que a suíte de aplicativos do BrOffice é uma suíte integrada, em que é possível, por meio do Writer, criar uma nova Planilha em branco no Calc, por exemplo. Assim, observa-se que, quando executamos essa ação, o Calc abre mais rapidamente do que se o Writer não estivesse aberto.

Opção Configurar Página

Podemos dizer que, ao invés de configurar as páginas, nós as formatamos, tanto que a opção equivalente à configuração de páginas é encontrada no Menu Formatar opção **Páginas** por meio da qual é possível configurar:

> As margens da página: superior, esquerda, inferior e direita;

> O tamanho do papel: A4, ofício, Carta, etc.;

> A orientação: Retrato ou Paisagem;

> Posição do Cabeçalho;

> Posição do Rodapé.

No Writer, a opção **Numeração de Linhas** está disponível no Menu Ferramentas. A Numeração de Linhas tem por finalidade apresentar um número sequencial, que indica o número da linha em que aparece; o intervalo pode ser configurado pelo usuário, conforme ilustra a figura a seguir.

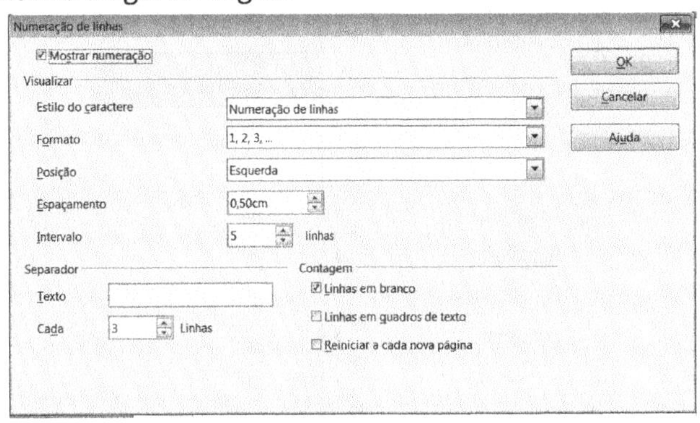

Modos de Exibição

Questões sobre modos de exibição podem ser de duas formas: pedindo sobre quais e quantos são em cada programa ou sobre a forma como é apresentada a janela para cada um deles.

O Writer 3.3 disponibiliza apenas dois modos de Exibição, conforme ilustra a figura a seguir.

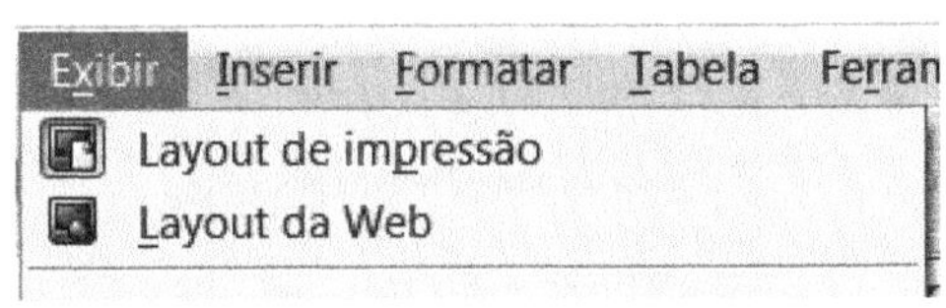

Layout de Impressão: é o Layout padrão utilizado pelo programa, cuja finalidade é criar documentos para serem impressos. Ele apresenta o documento separado em páginas, dando noção ao usuário de como está distribuído o conteúdo do documento.

Layout da Web: como já citado, os editores de texto podem ser utilizados para criar páginas da Internet, portanto, em uma página web não temos limites como os limites de uma folha; ao contrário do Word, no Writer é exibida tanto a régua da vertical como da horizontal.

Tabela

Devemos tomar muito cuidado com a estrutura de tabela nas provas, pois ela é diferente de uma planilha, tanto em termos organizacionais como em comportamentos.

Contudo, em uma tabela também é possível realizar cálculos por intermédio de fórmulas, porém, as fórmulas disponíveis para operar em tabelas são muito inferiores em número e opções do que as de um editor de planilha.

Operações com tabelas

Em uma tabela, ao teclar **Enter** dentro de uma célula, é inserido um novo parágrafo em uma nova linha de texto nesta. Outro detalhe diferenciado é que teclar TAB quando o cursor estiver em uma célula da tabela selecionará a célula da direita, a exceção da última célula da última linha da tabela. Nesse caso, teclar TAB insere uma nova linha na tabela com o número de colunas da última linha.

Ao contrário do Word, o Writer oferece mais recursos para trabalhar com fórmulas dentro de uma tabela, como utilizar endereços para as células, ao invés de realizar as operações apenas em um sentido.

O Writer possibilita dois caminhos diferentes para ação de inserir uma tabela no documento em edição: por meio do menu Inserir e por meio do menu Tabela, como ilustram as figuras a seguir.

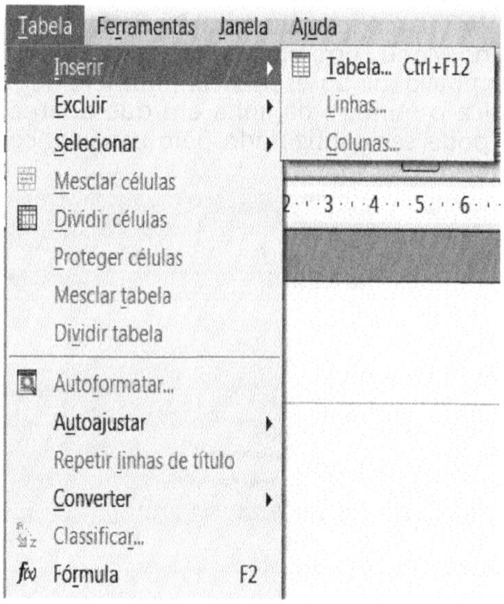

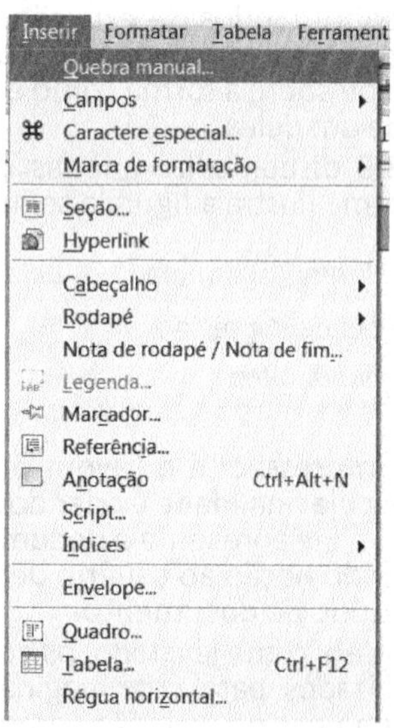

Para inserir uma fórmula na tabela em edição, utilizamos a opção Fórmula do Menu Tabela.

Formatar Fonte

Uma das opções mais utilizadas em um editor de texto são as formatações de fonte, que permitem alterar como o caractere de texto será apresentado no documento.

A opção no Writer equivalente à opção Formatar → Fonte, no Word 2003 e 2007 é a opção Formatar → Caractere.

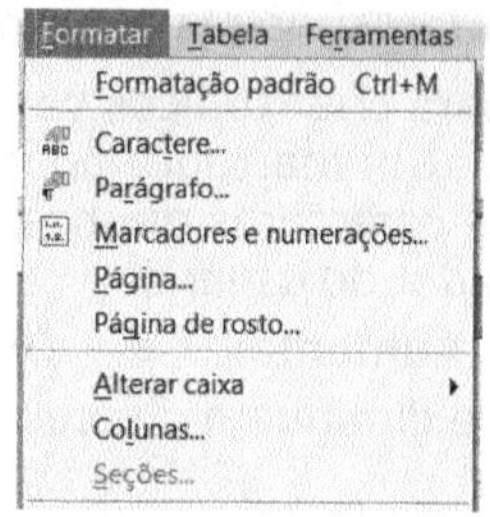

Dentre as propriedades de fonte, ilustradas na figura abaixo, temos:

> Tipo/Nome da Fonte;

> Tamanho da Fonte;

> Estilo da fonte (Negrito, Itálico e Sublinhado).

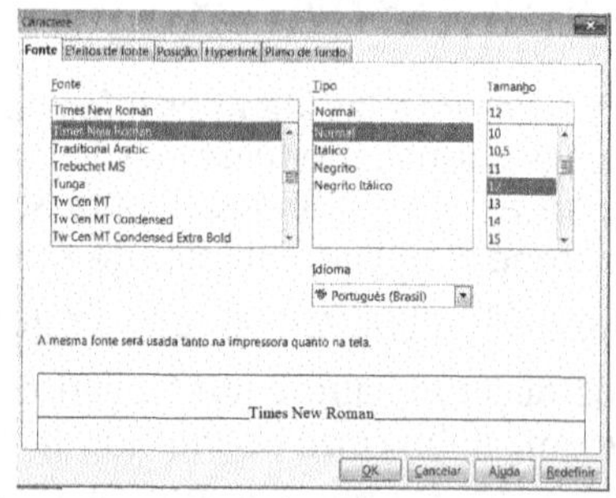

No Writer, as opções de Efeito de texto são disponibilizadas na Aba efeitos de Fonte da janela propriedades do caractere, conforme a figura a seguir.

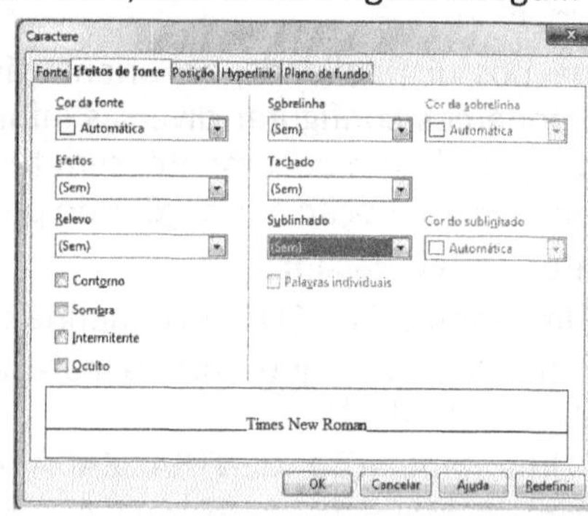

Formatar Parágrafo

As propriedades de parágrafo são alvo frequente de questões de concursos, que em geral envolvem alguma pegadinha, principalmente em relação aos alinhamentos de parágrafo e tabulação.

No Writer podemos acessar as opões de propriedades de parágrafo por meio da opção Parágrafo do menu Formatar, como mostra a figura a seguir, ou clicando com o botão direito do mouse sobre o parágrafo selecionado e escolhendo a opção parágrafo. Em ambos os casos, o resultado será a abertura da mesma janela.

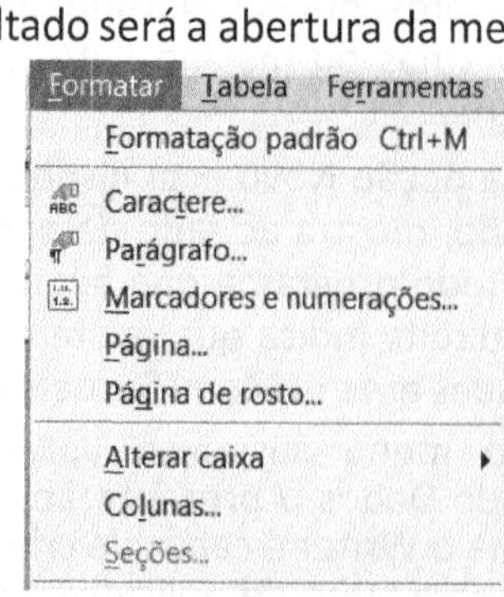

Na guia Alinhamento encontramos a opção Alinhamento na subseção geral, o qual diz respeito ao alinhamento do parágrafo, que pode ser do tipo: **esquerda**, **centralizada**, **direita** ou **justificado**, como ilustra a figura a seguir.

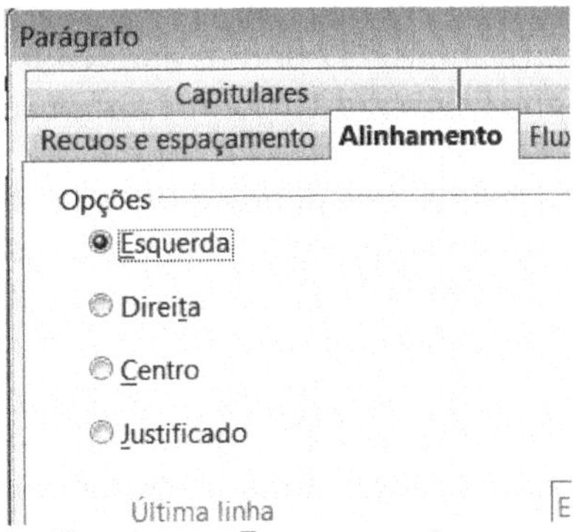

Na guia **Recuos e Espaçamento** encontramos a subseção Recuo, que se refere ao espaço entre o texto e a margem do documento; corresponde aos triângulos ilustrados na régua do programa. Podemos configurá-los tanto pela régua quanto pela janela parágrafo, definindo valores específicos para o recuo **Antes do texto** ou **Depois do Texto**.

O recuo do tipo **Primeira Linha** diz respeito ao recuo da primeira linha, que pode estar mais ou menos recuada do que o texto.

A subseção Espaçamento refere-se ao espaçamento Acima e Abaixo do parágrafo.

O espaçamento de Linhas é o espaço entre as linhas do parágrafo selecionado, que pode tomar a linha como base ou um valor exato em pontos (pt). Os espaçamentos entre linhas disponíveis são:

> Simples;
> Proporcional;
> Fixo;
> Pelo menos;
> Duplo;
> Entrelinha;
> 1,5 Linha.

Um espaçamento Proporcional em 200% é igual a um espaçamento duplo, assim como o Proporcional de 150% é igual ao 1,5 Linha; eles tomam a linha como referência. Portanto, se a fonte for aumentada, a altura da linha também o é, assim o espaço se mantém em escala.

A Aba Tabulações permite utilizar os alinhamentos de tabulação já citados no início da seção sobre Editores de Texto.

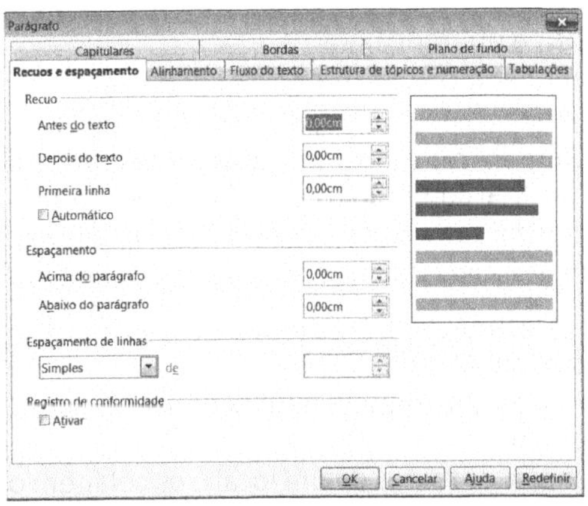

Seleção de Texto

Quando desejamos editar um texto, devemos previamente selecionar o trecho sobre o qual vamos aplicar alguma ação. Para esse procedimento, existem diversas formas diferentes, que podem ser por meio de teclas de atalho apenas, atalhos combinados com o mouse ou mesmo apenas o mouse. Na maioria dos editores de texto, inclusive os citados neste material, podemos utilizar as ações da tabela a seguir, a fim de selecionar um texto.

Atalho	Resultado
SHIFT + →	Seleciona o caractere à direita do cursor.
SHIFT + ←	Seleciona o caractere à esquerda do cursor.
SHIFT + Home	Seleciona o trecho entre o cursor de texto até o primeiro caractere da linha.
SHIFT + End	Seleciona o trecho entre o cursor de texto até o último caractere da linha.
CTRL + SHIFT + Home	Seleciona o trecho entre o cursor de texto até o primeiro caractere do documento.
CTRL + SHIFT + End	Seleciona o trecho entre o cursor de texto até o último caractere do documento.
CTRL + SHIFT + →	Seleciona a palavra à direita do cursor de texto, caso o cursor esteja posicionado à esquerda da palavra sem espaço entre o cursor e a palavra.
CTRL + SHIFT + ←	Seleciona a palavra à esquerda do cursor de texto, caso o cursor esteja posicionado à direita da palavra sem espaço entre o cursor e a palavra.

Exercício Comentado

***01.** (CESGRANRIO) Comparando-se as suítes Microsoft Office e BrOffice.org, conclui-se que apenas a suíte:*

a) Microsoft Office pode ser instalada em plataformas Linux.

b) Microsoft Office permite inserir hiperlinks em planilhas de cálculos.

c) Microsoft Office contém um aplicativo que auxilia na apresentação de palestras fornecendo recursos de imagens, sons, textos e vídeos.

d) BrOffice.org é baseada em padrões abertos, podendo ser obtida de forma gratuita.

e) BrOffice.org permite a criação de tabelas em seu editor de textos.

RESPOSTA. "D": Exato, apenas o BrOffice é software livre, enquanto o MSOffice é software proprietário. Letra "A": No contexto do comando de questão apenas o BrOffice pode ser instalado no Linux. Mas vale lembrar que o MS Office possui versões para Windows e Mac OS, enquanto o BrOffice possui versões para Windows, Linux e Mac OS, logo, está errada.

ALTERNATIVA. "B": Cuidado ao ler a alternativa esquecendo-se do comando, pois a alternativa em si está correta, é possível inserir hiperlinks em planilhas do Excel, no entanto, o comando da questão leva ao entendimento de que a opção hiperlink é possível apenas no MS Office, portanto, não existe no BrOffice.

ALTERNATIVA. "C": O mesmo caso da alternativa anterior, em que o comando da questão torna a alternativa errada, uma vez que no BrOffice existe o Impress, que realiza tal função.

ALTERNATIVA. "E": O BrOfice permite a edição de tabelas, mas o MS Office também possui tal recurso, logo, está errada.

Vamos Praticar

01. (FCC) No BrOffice Writer, para apagar de uma só vez a palavra à esquerda do cursor utiliza-se:

a) Shift + Seta para esquerda.
b) BackSpace.
c) Del
d) Ctrl + Del
e) Ctrl + BackSpace

02. (FUNCAB) No Microsoft Office Word 2003, o ícone exibido na imagem abaixo:

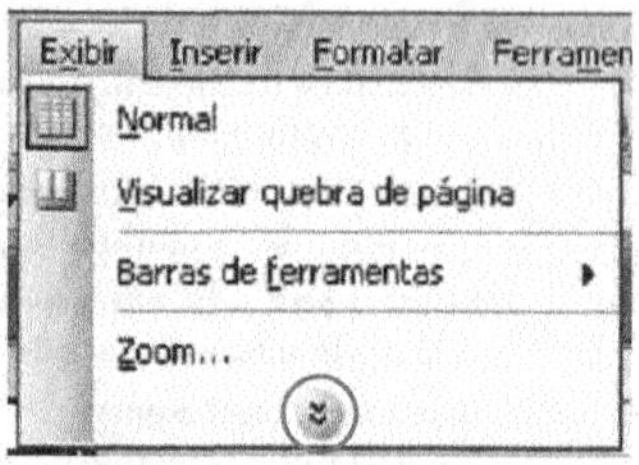

a) recolhe o menu, escondendo suas opções.
b) expande o menu, exibindo os comandos do menu utilizados com menor frequência.
c) exibe as opções de zoom da tela.
d) exibe tela de ajuda referente às opções do menu.
e) ativa as funções de acessibilidade.

03. (FUNCAB) No Microsoft Office Word 2003, o ícone que representa uma função de formatação de fonte é:

a) 
b) 
c) 
d) 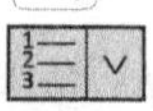
e) 

04. (FCC) Para que um arquivo criado pelo Writer, do pacote BrOffice, possa ser aberto em versões de Microsoft Word que não suportem o seu formato padrão, o usuário deverá selecionar a opção:

a) 'Salvar como' do menu Arquivo e, no diálogo para a gravação do arquivo, escolher o tipo de arquivo desejado.
b) exportar do menu Ferramentas e escolher o formato desejado para exportação.
c) propriedades do menu Editar e, na caixa de seleção de tipo de arquivo, escolher o tipo desejado.
d) compatibilidade do menu Formatar e, na aba de formatos, escolher o modelo desejado.
e) filtros do menu Ferramentas e criar um filtro para o formato desejado.

05. (TJ-SC) Considere os itens a seguir e assinale a alternativa correta:

I. Tabela
II. Imagem
III. Texto
IV. Hiperlink

Podem ser inseridos em um documento do Word:

a) Somente os itens I, II e III.
b) Somente os itens III e IV.
c) Somente os itens I, III e IV.
d) Somente os itens I e II.
e) Todos os itens.

06. (TJ-SC) No Word 2007, um documento utilizando apenas o estilo "normal" possui espaçamento padrão de:

a) 1,0 entre linhas e 12 pontos após cada parágrafo.
b) 1,15 entre linhas e 10 pontos após cada parágrafo.
c) 1,5 entre linhas e 1 ponto após cada parágrafo.
d) 2,0 entre linhas e 6 pontos após cada parágrafo.
e) 1,15 entre linhas e 12 pontos após cada parágrafo.

07. (TJ-SC) Com relação aos recursos do Word, assinale a alternativa correta:

a) Para abrir o Word, é obrigatório que exista uma impressora conectada ao computador.
b) O número de figuras que podem ser inseridas em um documento é limitado a 8.
c) É possível aplicar as formatações negrito, itálico e sublinhado a uma mesma palavra.
d) É possível inserir no máximo 1 hiperlink em cada página de um documento.
e) É permitido manter apenas 1 documento aberto de cada vez. Para abrir outro documento, é obrigatório fechar o atual.

08. (FCC) Considere a figura abaixo. A ferramenta do Word, disponível no pacote Microsoft Office 2007, que possibilita a criação de fluxogramas, esquemas, listas, entre outros elementos gráficos, pode ser utilizada a partir da seguinte ação:

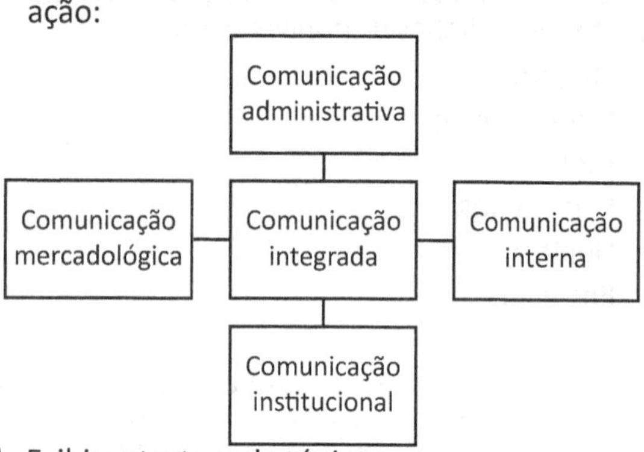

a) Exibir estrutura de tópicos.
b) Início alterar estilos.
c) Exibir imagem.
d) Inserir formas.
e) Inserir SmartArt.

09. (CESGRANRIO) O tipo de alinhamento, no Microsoft Office Word 2007, representado pelo ícone  é utilizado para:

a) alinhar o texto à direita da tabulação.
b) alinhar o texto à esquerda da tabulação.
c) alinhar números ao longo de uma posição decimal comum.
d) centralizar o texto em cada lado da tabulação.
e) inserir uma barra vertical na marca de tabulação.

10. (CESGRANRIO) O objetivo do pincel  no Microsoft Word é:

a) copiar a formatação de um local e aplicá-la em outro.
b) copiar os textos de um local e os colar em outro.

c) copiar a fonte e o tamanho dela no texto do WordArt.

d) modificar o layout da página.

e) ordenar alfabeticamente um conjunto de sentenças.

11. (CESPE) A figura abaixo mostra uma janela do Microsoft Word 2007 em execução, em um computador com sistema operacional Windows XP. Essa janela contém um documento em processo de edição, no qual o trecho "Serviço internacional" está selecionado.

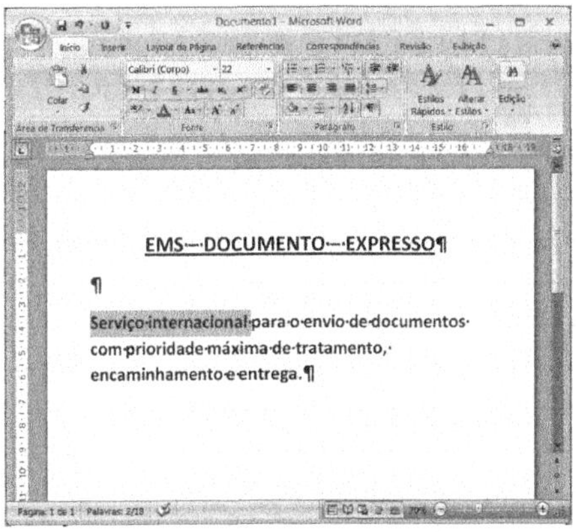

Com base na janela do Microsoft Word 2007 ilustrada no texto, assinale a opção correta.

a) Para numerar as linhas do parágrafo do documento em edição que contém o trecho selecionado, é suficiente pressionar simultaneamente e manter pressionadas as teclas Ctrl e A, clicar o botão e liberar finalmente as teclas pressionadas.

b) Na situação considerada, ao clicar o botão , o trecho selecionado ficará com a cor do texto alterada para vermelho.

c) Na situação considerada, ao clicar o botão **N**, o trecho selecionado será alterado e aparecerá em itálico e sublinhado, ou seja, ficará na seguinte forma: *<u>Serviço internacional.</u>*

d) Para mover o trecho selecionado de sua posição atual para uma nova posição no documento em edição, é correto realizar a seguinte sequência de ações: clicar o botão , para recortar o trecho selecionado; posicionar o ponto de inserção no local para onde se deseja mover o trecho selecionado; clicar o botão Colar, em sua parte superior - -, para colar o texto na nova posição.

e) Na situação mostrada, ao clicar o botão , o parágrafo do documento em edição que contém o trecho selecionado ficará alinhado tanto à direita quanto à esquerda.

12. Na janela do Microsoft Word 2007 ilustrada no texto, o campo 22 informa:

a) a intensidade da cor da fonte utilizada nas palavras que compõem o trecho selecionado.

b) o tamanho da fonte utilizada no trecho selecionado.

c) o espaçamento entre as linhas do parágrafo em que se encontra o trecho selecionado.

d) a largura da coluna do parágrafo em que se encontra o trecho selecionado.

e) o tamanho da margem direita do parágrafo em que se encontra o trecho selecionado.

13. Na situação da janela do Microsoft Word 2007 mostrada no texto, o uso do botão permite:

a) aplicar realce no trecho selecionado, utilizando a cor predefinida no conjunto de botões A˄ A˅.

b) aplicar realce no trecho selecionado, utilizando a cor predefinida no conjunto de botões .

c) colorir o plano de fundo do trecho selecionado com a cor previamente definida por meio do conjunto de botões .

d) aplicar aos caracteres do trecho selecionado a cor definida pelo conjunto de botões N I S.

e) copiar a formatação utilizada no local do documento onde o trecho selecionado se encontra e aplicá-la em outro local do documento.

14. Considere que, para imprimir o conteúdo do documento em edição na janela do Microsoft Word 2007 ilustrada no texto, pretenda-se utilizar recursos desse aplicativo disponibilizados por meio do conjunto de botões Imprimir. Nesse caso, para o acesso a esse conjunto de botões, visualizando-o na janela do Word, é suficiente, na referida janela do aplicativo, clicar:

a) o botão .

b) o botão .

c) o menu Exibição.

d) o campo Área de Transferência.

e) o menu Início.

15. (CEPERJ) Um funcionário está digitando um texto no Word 2003 BR e, em certo momento, pressionou simultaneamente as teclas CTRL + T, que no contexto do processador de textos possui o seguinte significado:

a) Salvar o texto digitado

b) Selecionar todo o texto

c) Mostrar barra de ferramentas para mala direta

d) Abrir uma janela de diálogo para procura de uma palavra no texto

16. (FCC) No Microsoft Word e no BrOffice Writer, alinhar, centralizar e justificar são opções de:

a) organização de desenhos.

b) ajustamento de células em planilhas.

c) formatação de texto.

d) ajustamento de slides para exibição.

e) aumento e diminuição de recuo.

17. (CESPE) A criação de tabelas no Word 2007 necessita que seja definida, inicialmente, a cor de fundo da tabela, caso contrário, elas serão criadas com fundo preto e linhas transparentes.

Certo ( ) Errado ( )

18. (CESPE) O Layout de Impressão, um dos modos de exibição de arquivos no Microsoft Word, permite que se visualize o documento aberto para posterior impressão em papel, sem que seja possível, no entanto, fazer qualquer alteração do processo de edição e impressão.

Certo ( ) Errado ( )

19. (FCC) Nos processadores de texto Word e BrOffice.org Writer, são comandos com funções e nomes idênticos:

a) Copiar, Controlar alterações e Mapa do documento.

b) Pesquisar arquivo, Salvar como e Visualizar página da Web.

c) Ir para, Recortar e Diminuir recuo.

d) Layout de impressão, Hyperlink e Copiar.

e) Centralizar, Colar e Limites da tabela.

20. (CESPE) Com os recursos do Microsoft Word 2003, é possível manipular estruturas em forma de tabelas, com linhas e colunas. Todavia, as linhas de grade não podem ser ocultadas.

Certo ( ) Errado ( )

Gabarito

01	E	11	D
02	B	12	B
03	A	13	E
04	A	14	B
05	E	15	B
06	B	16	C
07	C	17	ERRADO
08	E	18	ERRADO
09	D	19	D
10	A	20	ERRADO

Anotações

CAPÍTULO 08

Editores de Planilha

Os editores de planilha são poderosas ferramentas que auxiliam nas mais diversas tarefas do dia a dia, desde um simples controle financeiro pessoal a complexos controles de estoque e caixa, dentre inúmeros outros projetos que podem ser trabalhados.

De forma geral, nos concursos, os Editores de Texto referidos são genéricos, não citando versão. Nesse caso devemos analisar as diferenças entre as versões do Microsoft Office além do BrOffice.

Por outro lado, as questões relacionadas aos editores de planilha não têm como foco o programa, mas o processo de utilização e regras, que na maioria dos casos soam similares. Dessa maneira, adotando um caráter prático e objetivo, este capítulo aborda como trabalhar com planilhas e, quando houver, serão apontadas as diferenças em relação às versões.

Formato de Arquivo dos Editores de Planilha

Quando observamos a janela do Excel, independente de versão, podemos notar que na barra de títulos do programa consta o termo Pasta2, conforme ilustra a figura a seguir.

A indicação Pasta faz alusão ao formato de arquivo padrão do editor de planilhas Excel, que é chamado de Pasta de Trabalho. Esta pode ser composta por uma ou mais planilhas.

Estrutura de uma Planilha

Uma planilha é composta por linhas e colunas. Por padrão, em ambos os editores utilizam-se letras para representar as colunas e números para as linhas, mas é possível utilizar números para colunas também.

	Excel 2003	Excel 2007 e 2010	Calc
Linhas	65.536	1.048,576	1.048,576
Colunas	256	16384	1.024

O número de Linhas e colunas é fixo, ou seja, será sempre o mesmo.

Por padrão, uma pasta de trabalho é composta por 3 planilhas, mas, como citado antes, ela pode conter uma ou mais planilhas, sendo assim, os editores de planilha possuem as opções de Inserir e Excluir Planilhas.

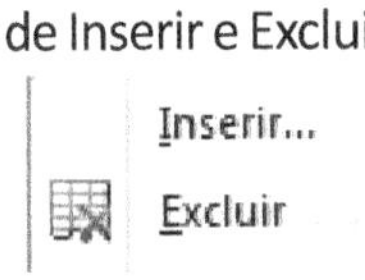

Também podemos renomear uma planilha, copiá la e movê-la para outra ordem; para isso, basta clicar com o botão direito do mouse sobre a guia da planilha e escolher a opção desejada no menu suspenso que se abre.

Célula

Uma célula é definida no encontro de uma linha com uma coluna; existem 3 modos de endereçamento que podem ser utilizados.

→ **Endereçamento de células**

Podemos endereçar uma célula de três maneiras diferentes, por meio dos modos de endereçamento: Relativo, Misto e Absoluto. Para efeitos de cálculos, os modos de endereçamento não influenciam, mas sim para encontrar a fórmula, resultado da ação de copiar e colar uma célula com fórmula, ou quando arrastamos pela alça de preenchimento.

Quando a célula de destino está à direita ou abaixo da célula de origem, o deslocamento é positivo; enquanto que, quando a célula de destino for à esquerda ou acima da célula de origem, o deslocamento é negativo.

> **Relativo**

No modo de endereçamento relativo, apenas precisamos indicar a coluna e a linha de uma célula, como o exemplo A3, ou seja, a célula que se encontra na junção da linha 3 com a coluna A.

A figura a seguir ilustra parte de uma planilha em que fora inserido na célula C1 a fórmula =A1+B1 e em seguida foi selecionada essa célula e copiada para a C2. Observe que o editor de planilha automaticamente reconheceu que a linha mudou, e alterou os endereços de linhas na fórmula colada.

Para obter a fórmula destino, o programa analisou qual foi o deslocamento, quer dizer, a diferença entre a célula em que estava até a célula destino e incrementou-a na fórmula em que indicava linha 1 + 1 linha = 2.

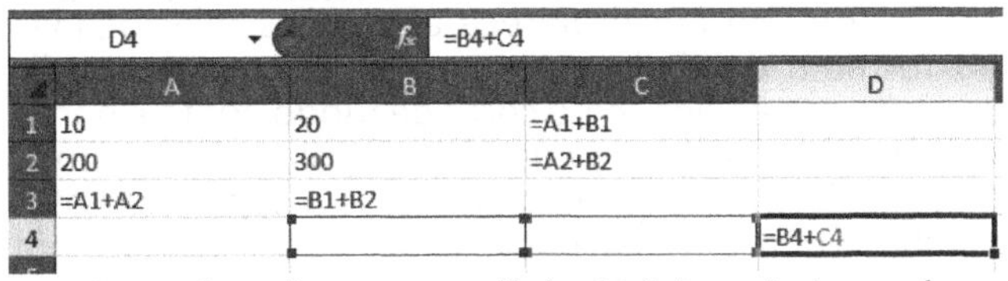

Agora imagine que a célula C1 foi copiada; após, a célula D4 foi selecionada e colada a fórmula nela. Para essa situação, temos que a célula destino está a uma coluna à direita e 3 linhas abaixo da original, portanto, devemos aplicar esse aumento na fórmula, obtendo assim =B4+C4.

> **Misto**

No modo de endereçamento misto é utilizado o símbolo **$** para indicar que o dado que estiver imediatamente a sua direita será sempre o mesmo, ou seja, não poderá ser alterado.

Existem duas formas de endereçamento misto: em uma bloqueamos a coluna, enquanto que na outra a linha é que é bloqueada.

Quando desejamos travar a coluna, escrevemos o endereço da célula, como exemplo a seguir: **=$A3**. Assim, a linha pode ser alterada quando houver deslocamento, porém, a coluna será sempre a coluna A.

Por outro lado, quando desejamos fixar uma linha, devemos escrever o $ antes da linha, exemplo **=A$3**. Dessa forma, a coluna pode ser alterada quando houver deslocamento em relação à coluna, contudo, a linha será sempre a linha 3.

Na figura a seguir foi inserida na célula C1 a fórmula: **=$A1+B$1**; após, foi selecionada a célula C1, copiada e colada na célula C2. Observe que na fórmula destino, a primeira parcela, o endereço da linha foi incrementado de acordo com o deslocamento, porém, a linha da segunda parcela continuou sendo a linha 1, pois ela foi fixada por intermédio do **$**.

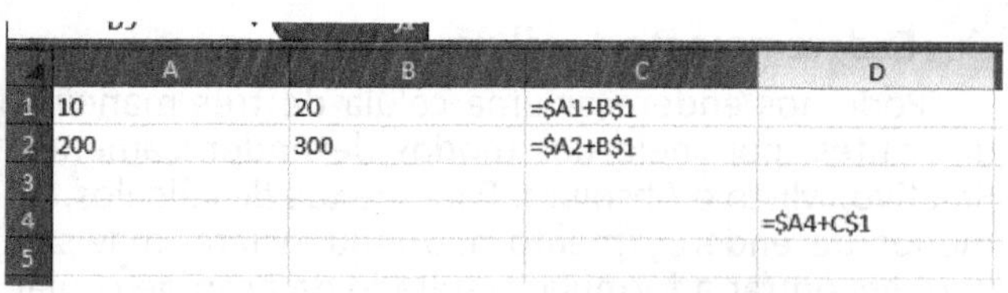

Outro exemplo que podemos observar é o de quando a célula C1 é copiada e colada na célula D4, novamente o deslocamento é de uma coluna e 3 linhas, porém, na primeira parcela a coluna se manteve mudando apenas a linha, enquanto que na segunda parcela a coluna foi alterada de acordo com o deslocamento e a linha manteve-se.

> **Absoluto**

No endereçamento absoluto, tanto a coluna quanto a linha são fixadas, assim podemos dizer que a célula será sempre a mesma.

→ **Formatações de células**

Podemos formatar as células de forma individual. Mas devemos tomar cuidado, pois as provas adoram colocar pegadinhas sobre essa parte; de forma geral, formatação de células não altera os valores, somente muda a forma como os vemos.

A figura a seguir ilustra algumas das opções do Excel relacionadas à formatação de células.

O primeiro Bloco oferece as opções relacionadas ao formato do dado em uma célula; o segundo diz respeito aos estilos como cores de fundo, fonte e borda da célula; enquanto que no Bloco Células encontramos a opção Formatar, que nos dá acesso à opção formatar células, a qual também pode ser acessada clicando com o botão direito do mouse sobre a célula selecionada.

Analisemos agora os botões do bloco número:

O primeiro botão a conhecermos é o Formato de Número de Contabilização, que formata a célula com o formato contábil, conforme ilustra a figura acima. O R$ fica alinhado à esquerda enquanto que o valor fica alinhado à direita.

Observe que formato Contábil é diferente do formato Moeda e também que no Excel possuímos ambos os formatos, enquanto que no Calc encontramos apenas o formato Moeda. Este pode ser obtido simplesmente digitando direto na célula com o R$ ou por meio da formatação de célula.

% O botão de formatação de percentagem é uma ótima pegadinha em provas. Acima de tudo, devemos reforçar que formatar não muda o valor, mas apenas como vemos, pois o símbolo de % equivale a uma divisão por 100. Dessa maneira, para manter o mesmo valor na célula, ele é multiplicado por 100 e acrescido o símbolo a sua direita, como o exemplo a seguir:

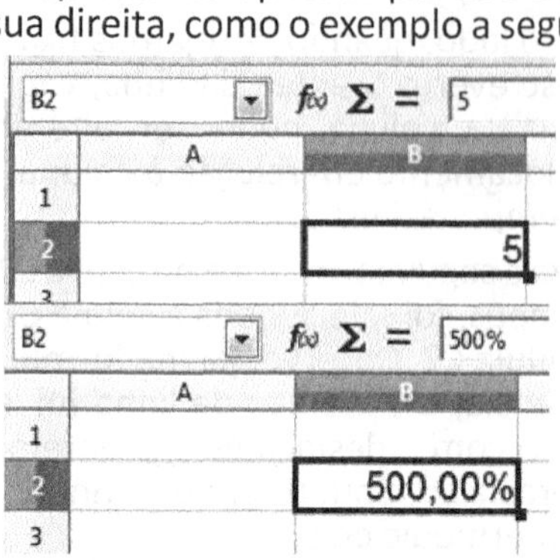

A figura representa uma célula no Calc preenchida com o número 5; em seguida essa célula foi selecionada e foi clicado no botão percentagem. Observe que o valor, ilustrado é 500,00, mas o símbolo de percentagem esta presente, ou seja, o valor é divido por 100, o que nos remete novamente ao número 5. A única diferença entre o Calc e o Excel é que no Calc são exibidas duas casas decimais, por padrão, já no Excel não.

000 O botão separador de milhares é uma opção disponível apenas no Excel e, ao contrário do que a maioria das pessoas imagina, ele não acrescenta 3 zeros, mas formata a célula com o formato de número, exibindo duas casas decimais e também os separadores de milhares. Veja o exemplo a seguir.

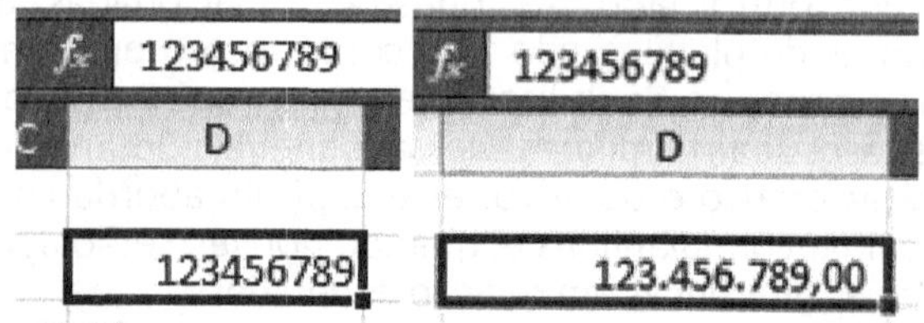

Botões Adicionar e Remover casas decimais, mais uma ótima pegadinha a se cobrar na prova, pois, ao adicionar casas em um número que esteja exibindo todas as casas decimais, apenas irá adicionar zeros à direita. Por outro lado, ao se usar o diminuir casas, devemos lembrar que ocorre o arredondamento dos valores, mas novamente o número não é alterado, apenas estamos formatando-o. Então, significa que o valor ainda será o número presente na célula sem arredondamento.

Fórmulas e Funções

As fórmulas e funções são a especialidade dos editores de planilhas, a diferença entre elas é que uma fórmula é uma estrutura que o usuário monta a fim de obter um resultado, enquanto que uma função já é uma estrutura pronta em que resta ao usuário apenas informar os parâmetros quando necessário.

Para obter o resultado de algum cálculo por fórmulas ou funções, devemos indicar ao programa que na célula foi inserido algo a ser calculado.

Células de Absorção

São as células em que inserimos fórmulas ou funções. Também podem ser chamadas de células de resultado, para tanto, utilizamos por padrão o símbolo = no inicio da expressão.

Mas esse não é o único e as provas perguntam, na maioria das vezes, de forma direta quais outros símbolos podem ser utilizados. Tanto no Calc como no Excel, pode ser utilizado, ao invés do igual, os símbolos + e – no início de uma célula; já o caractere @ só funciona como indicador de célula de absorção no Excel, o Calc interpreta esse símbolo como texto.

Operadores Aritméticos

Sobre operadores aritméticos assim como sobre células de absorção, a maioria das perguntas é direta, mas as pegadinhas são colocadas na matemática desses operadores, ou seja, as regras de prioridade de operadores devem ser observadas para que não seja realizado um cálculo errado.

Operador	Símbolo	Exemplo de uso	Resultado
Adição	+	= 5 + 5	10
Subtração	-	= 5 - 5	0

Multiplicação	·	=5·5	25
Divisão	/	=5/5	1
Potenciação	^	=5^2	25
Percentagem	%	=200·10%	20

Fique Ligado

O símbolo de % deve ser substituído por uma divisão por 100 na hora do cálculo, para não calcular errado.

→ **Operador de Texto**

Os editores também contam com um operador que permite operar com texto; o operador de concatenação **&** junta o conteúdo das células na célula resultado. Cuidado, nesse caso, a ordem dos operadores altera o resultado.

A figura a seguir ilustra as células com operações de concatenação.

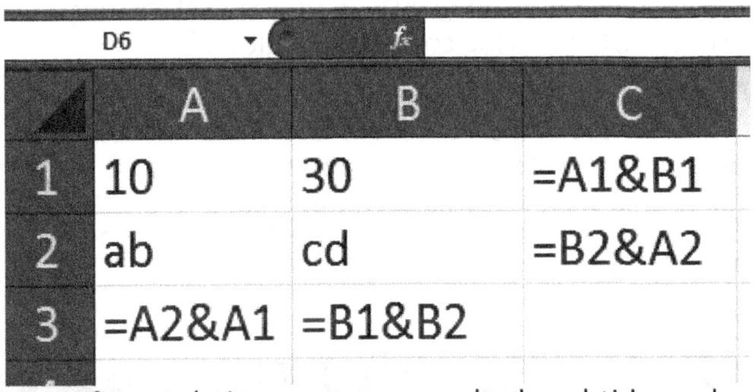

A figura abaixo mostra os resultados obtidos pelas fórmulas inseridas; atente aos resultados e perceba que a ordem dos fatores muda o resultado. Também observe que, por ter sido utilizado um operador de texto, o resultado, por padrão, fica alinhado à esquerda.

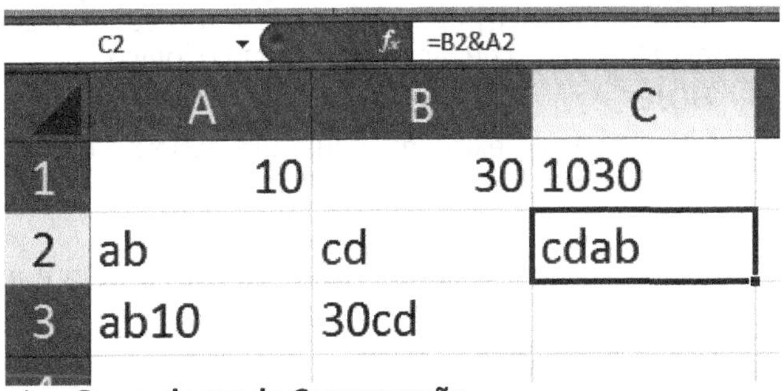

→ **Operadores de Comparação**

Os operadores de comparação retornam como resultado a expressão (valor lógico) VERDADEIRO ou FALSO.

Operador	Símbolo	Exemplo de uso	Resultado
Menor que	<	=7<10	VERDADEIRO
Maior que	>	=7>10	FALSO
Igual a	=	=7=10	FALSO
Maior ou igual a	>=	=7>=10	FALSO
Menor ou igual a	<=	=7<=10	VERDADEIRO
Diferente de	<>	=7<>10	VERDADEIRO

Quando for utilizá-los, lembre-se de que alguns operadores são complementares, como o "diferente de" é o complementar do "igual a", ou seja, contempla o conjunto de dados que o outro operador não comtempla.

→ **Operadores de Referência**

Os operadores de referência são aqueles utilizados para definir o intervalo de dados que uma função deve usar.

Por exemplo, na função soma, **=soma(A1:A4;B2);** os dois pontos indicam que devem ser somados os valores das células A1, A2, A3 e A4, enquanto que o ponto e vírgula indica que deve ser acrescido ainda o valor da célula B2. De forma equivalente, poderíamos ter escrito a função como se segue: **=soma(A1;A2;A3;A4;B2)**.

Principais Funções

As funções são organizadas em categorias, de acordo com suas finalidades de uso. As categorias se dividem em: Financeira, Lógica, Texto, Data e Hora, Pesquisa e Referência, Matemática e Trigonométrica, Estatística, Engenharia, Cubo, Informações e Compatibilidade.

Quando falamos em funções, elas devem ser escritas segundo uma estrutura definida, ao que vamos chamar de sintaxe, ou seja, cada função possui uma sintaxe de escrita; caso essa sintaxe esteja diferente da que define a função, então a célula irá apresentar um erro.

O Calc e o Excel possuem algumas pequenas diferenças, mas, de forma geral, consideramos os dois como utilizadores de mesma sintaxe para as fórmulas e funções; a única restrição é que as funções que possuem acento devem ser escritas com os acentos no Calc, senão ele acusará um erro. Já com relação a maiúsculas e minúsculas não há restrição, tanto Calc quanto Excel interpretam da mesma maneira. Na sequência estão descritas as sintaxes das principais funções.

→ **Soma**

A função soma apresenta como resultado a soma dos valores passados por parâmetro. Por exemplo: para obter a soma dos valores contidos nas células A1 até A5, podemos escrever a função soma da seguinte maneira **=SOMA(A1:A5)** ou poderíamos escrever de outra forma e obter o mesmo resultado: **=SOMA(A1;A2;A3;A4;A5)**. Também é possível que escrevamos usando uma mescla dos operadores de referência, **=SOMA(A1:A3;A4;A5)**.

Outro exemplo que pode ser usado como pegadinha é a soma de várias linhas e várias colunas: para obter a soma dos valores contidos nas células A1 até A5 e B1 até B5, podemos escrever a função soma, **=SOMA(A1:A5;B1:B5),** ou, de forma similar, fazer uma referência direta ao bloco contínuo de dados, **=SOMA(A1:B5)**. Observe que nesse exemplo são somados os valores de A1, A2, A3, A4, A5, B1, B2, B3, B4 e B5, ou seja, a menor coluna e menor linha até o valor da maior coluna e maior linha.

→ **Média**

A média é a soma de N elementos dividida pela quantidade de elementos (N).

A função média é muito cobrada em provas, pois é possível que obtenhamos o mesmo resultado por diversas formas, assim, as questões colocadas, na maioria das vezes, possuem caráter comparativo.

Uma observação muito importante é que a função média ignora células vazias, ou seja, elas não entram no computo da quantidade de números para divisão da soma.

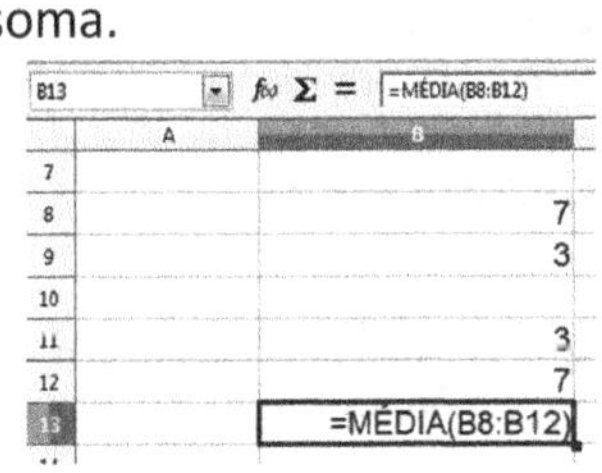

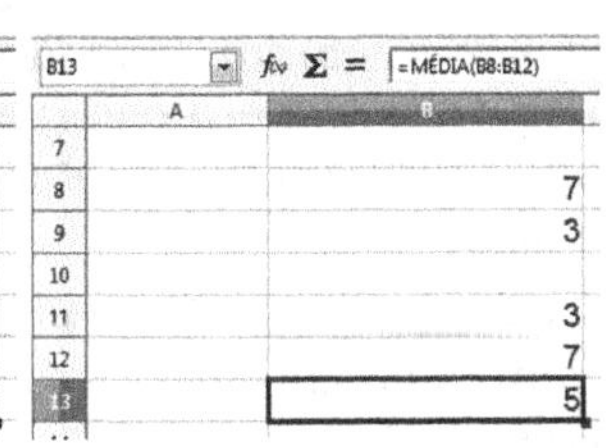

Observe na figura anterior que, à esquerda, é ilustrada a fórmula inserida e, à direita, o seu resultado. Podemos observar que a divisão foi por 4 mesmo havendo 5 células no intervalo.

→ **Modo**

A função modo calcula a Moda de um conjunto de elementos, ou seja, retorna o valor do elemento que mais se repete. Na matemática, quando em um conjunto existem números com a mesma frequência, então o programa exibirá somente o primeiro que ele encontrar na lista. Sintaxe da função =**MODO**(endereços).

C	D
3	7
7	3
3	5
7	3
5	2
2	7
=MODO(C1:C6)	=MODO(D1:D6)

C	D
3	7
7	3
3	5
7	3
5	2
2	7
3	7

A figura à esquerda ilustra as fórmulas inseridas, enquanto que a figura à direita ilustra os resultados obtidos.

→ **Med**

	A	B
1	7	7
2	6	6
3	3	3
4	2	2
5	5	5
6	=MED(A1:A5)	7
7		=MED(B1:B6)

	A	B
1	7	7
2	6	6
3	3	3
4	2	2
5	5	5
6	5	7
7		5,5

A função MED() calcula a mediana de um conjunto de elementos. Devemos atentar ao detalhe que, para o cálculo da mediana, os dados são considerados em ordem, porém, os valores nas células não são alterados, são apenas "pensados" em ordem pelo editor de planilha.

	A	B
1	7	7
2	6	6
3	3	3
4	2	2
5	5	5
6	=MED(A1:A5)	7
7		=MED(B1:B6)

	A	B
1	7	7
2	6	6
3	3	3
4	2	2
5	5	5
6	5	7
7		5,5

A figura apresenta o conjunto de dados em coluna e a função MED(), enquanto que a coluna da direita apresenta os resultados para essas fórmulas.

Fique Ligado

Vale lembrar que, para encontrar a mediana de um conjunto de elementos ímpar, basta encontrar o elemento que se encontra no meio do conjunto ordenado, porém, quando o grupo de elementos possuir um número par, a mediana é média dos dois elementos centrais do conjunto ordenado.

→ **Máx**

Retorna o maior valor de um conjunto de elementos, porém, sua sintaxe se escreve =**MÁXIMO**(endereços das células).

→ **Mín**

Essa função retorna o menor valor dado a um conjunto de números; sua sintaxe é =**MÍNIMO**(endereços das células).

→ **Arred**

A função =**ARRED**(número ; número_de_dígitos) apresenta como resultado o arredondamento de um número, de acordo com o número de dígitos especificados. Se no espaço para números de dígitos for inserido o valor 0, o número será arredondado para o valor inteiro mais próximo.

→ **E**

A função Lógica E() corresponde ao comportamento do raciocínio lógico, retornando VERDADEIRO ou FALSO. A sintaxe da função escreve-se =**E**(teste lógico 1; Teste lógico 2).

→ **OU**

A função Lógica =**OU()**, assim como a Função E, retorna resultado VERDADEIRO ou FALSO. A função é escrita =**OU**(teste logico 1 ; teste lógico 2).

→ **SE**

A função lógica SE é um das mais cobradas em provas, a sua estrutura é composta por três parâmetros que devem ser informados. Sua sintaxe é a seguinte: =**SE**(Teste Lógico ; Ação caso o teste seja verdadeiro ; Ação caso o teste obtenha resultado Falso)

Fique Ligado

A função SE escreve um resultado na célula, ou seja, ela não a formata, a opção responsável por isso é a opção formatação condicional.

→ **Não**

A função =**NÃO()** apenas inverte um resultado de um teste lógico, é a negação do raciocínio lógico.

→ **HOJE**

A função Hoje exibe na célula um carimbo com a Data do Sistema.

→ **AGORA**

A função agora exibe um carimbo com a Data e a Hora do Sistema naquele instante.

AutoSoma ∑

A ferramenta AutoSoma deve ser observada com atenção, pois ela apresenta resultados diferentes dependendo da situação em que for utilizada. Vejamos alguns casos principais:

A4

	A
1	10
2	20
3	30
4	
5	

Quando um conjunto de células na coluna apresenta dados numéricos e a célula em branco na sequência é selecionada, ao clicar no botão AutoSoma (∑) na célula selecionada, será exibida a função soma com os seguintes parâmetros: **=SOMA(A1:A3),** aguardando que o usuário confirme se era com esse conjunto de dados que ele desejava realizar a soma.

Outra situação é quando o usuário seleciona previamente as células apenas com dados e em seguida clica na opção autosoma. Após essa sequência de ações, o editor de planilhas apresentará o resultado da soma das células selecionadas na primeira célula vazia que encontrar após a sequência de dados selecionados.

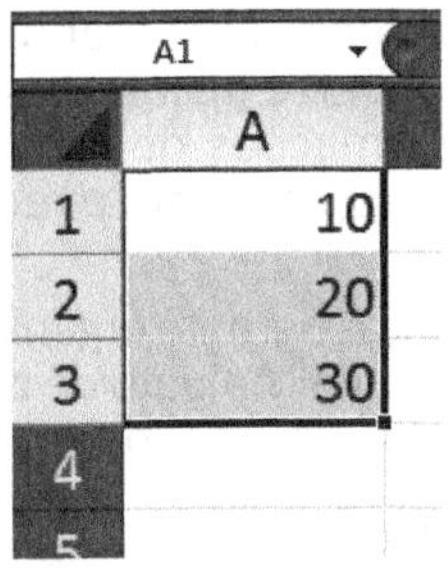

A situação ilustrada na figura tem resultado similar, quando a célula A4 também estiver selecionada.

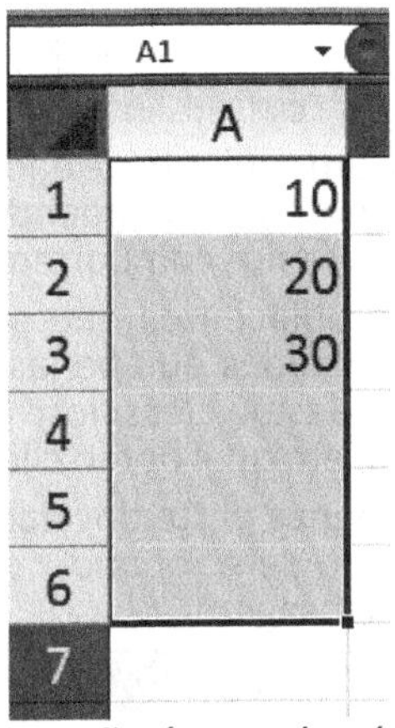

Ainda outra situação é quando várias células vazias são selecionadas. O programa apresentará o resultado da soma na última célula vazia selecionada, levando em consideração as demais vazias no meio do caminho, por exemplo: na situação da figura, já sabemos que o resultado que será apresentado é 60 na célula A6, mas ele foi obtido por meio da inserção da função **=SOMA(A1:A5)**.

Alinhamentos

Quando digitamos alguma informação em uma célula, ela fica apenas em uma única linha dentro da célula. Quando o texto inserido é maior do que a coluna, uma solução é aumentar a largura dela, porém, há situações em que isso não é possível; então, resta utilizar o recurso **quebrar texto automaticamente**. Para tanto, podemos encontrar essa opção na Aba Alinhamento da janela Formatar Células.

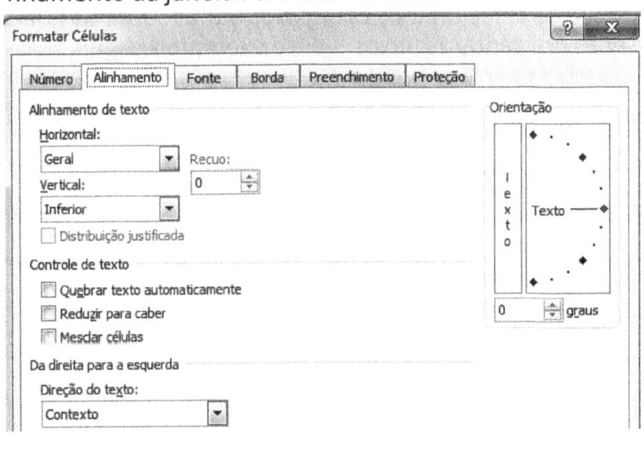

Ao selecionar a opção na janela ilustrada acima, o texto será autoajustado em várias linhas dentro da célula em que foi inserido de acordo com a largura da coluna.

Outra opção comum de ser cobrada em provas é a opção **mesclar células,** que pode ser aplicada por meio da janela ilustrada, mas tanto Calc como Excel também disponibilizam opção para mesclar e centralizar por meio da janela principal do programa.

A opção Mesclar e Centralizar (ícone), no Excel, ao ser utilizada em um conjunto de células selecionadas com conteúdo, mantém apenas o conteúdo da célula Superior Esquerda; enquanto que, no Calc, é fornecido ao usuário opção de mover o conteúdo das células ocultas para a célula superior esquerda ou não. Ao optar por não, no Calc, ele exibe apenas o conteúdo da célula superior esquerda.

Formatação Condicional

É possível criar uma formatação automática para as células, de acordo com o conteúdo que for inserido nelas. Para isso, utilizamos o recurso formatação condicional por meio da opção encontrada no Bloco Estilos de Formatação.

Alça de Preenchimento

A alça de preenchimento é um dos recursos que mais possui possibilidades de uso e, por consequência, respostas diferentes.

Antes de entendê-la, vamos ver quem é ela. Veja a figura a seguir.

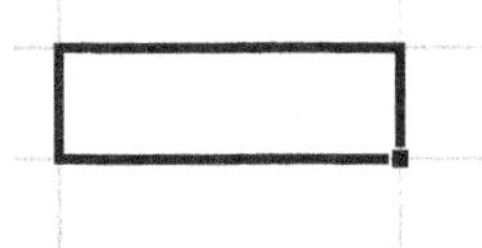

Observe que, quando uma (ou mais) células está selecionada, sempre no canto direito inferior é ilustrado um quadrado um pouco mais destacado, essa é a alça de preenchimento.

Ela possui esse nome porque é utilizada para facilitar o preenchimento de dados que obedeçam a uma regra ou padrão.

O Excel possui uma situação cujo comportamento é diferente do Calc, quando uma única célula está selecionada e o seu conteúdo é um valor numérico. Ao clicar sobre a alça de preenchimento e arrastar na horizontal ou vertical em qualquer sentido, exceto diagonal, no Excel, o valor presente na célula é copiado para as demais sobre as quais foi arrastada a alça. Já no Calc, ao arrastar para a direita ou para baixo, será preenchida com uma Progressão Aritmética (PA) de razão 1, caso seja arrastada para esquerda ou para cima, a razão é -1. A figura a seguir ilustra o comportamento no Excel.

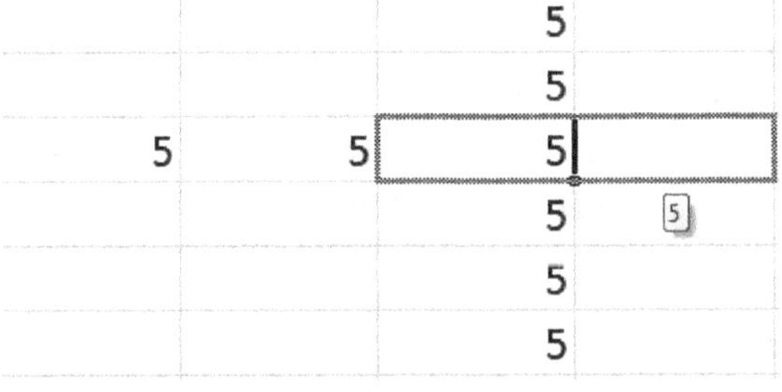

A imagem abaixo mostra o resultado no Calc.

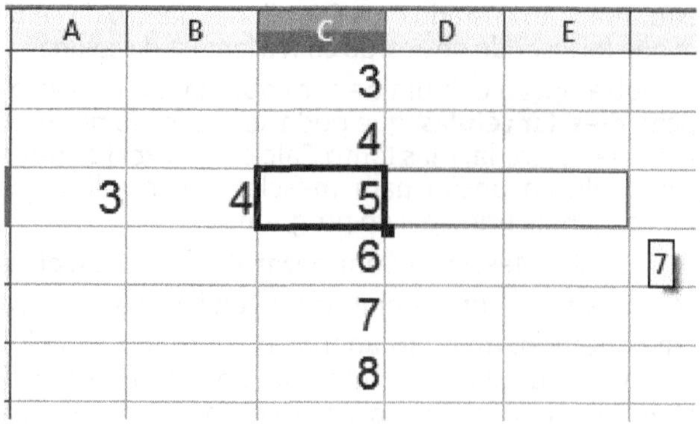

Em uma situação em que existem duas células adjacentes selecionadas contendo valores numéricos diferentes entre si, tanto no Calc quanto no Excel, ao arrastar pela alça de preenchimento, as células serão preenchidas com uma PA, cuja razão é a diferença entre os dois valores selecionados. A figura a seguir ilustra esse comportamento.

Podemos observar que o valor a ser exibido na célula B6 será o número 30, com isso, observamos que a célula B4 receberá o valor 20, enquanto que B5 receberá 25.

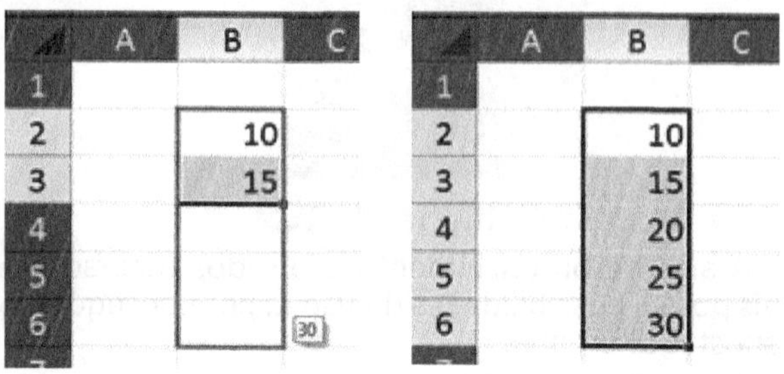

Mas devemos lembrar-nos da exceção do Excel, em que, se forem duas células selecionadas uma abaixo da outra, ao arrastar na horizontal, as células são preenchidas com o mesmo valor; caso sejam duas células uma ao lado da outra as selecionadas, ao arrastar na vertical também apenas será copiado o valor das células selecionadas. Veja a figura a seguir ilustrando esse comportamento.

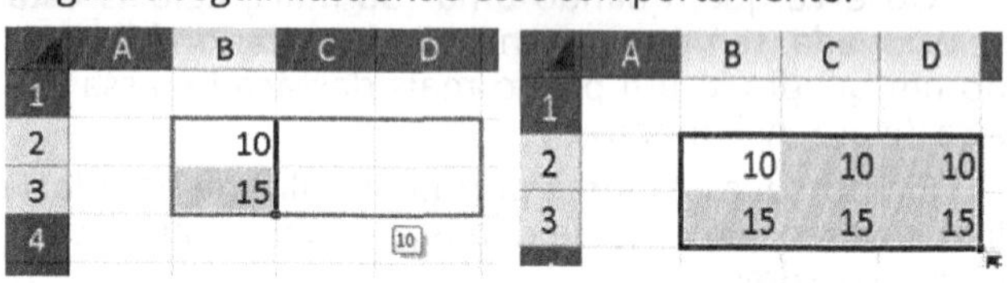

Quando o conteúdo de uma única célula selecionada for um texto, esse será copiado para as demais, tanto no Calc como no Excel. Mas se o conteúdo, mesmo sendo um texto, fizer parte de uma série conhecida pelo programa, as células serão preenchidas com o próximo valor da série. Por exemplo, se **Janeiro** for o conteúdo inserido na célula, então, ao arrastar pela alça de preenchimento para a direita ou para baixo, a célula adjacente será preenchida com **Fevereiro**. Por outro lado, se for arrastado para cima ou para a esquerda, a célula adjacente será preenchida com **Dezembro**.

O mesmo vale para as sequências **Jan**, **Seg** e **Segunda-feira**. Atenção: A, B, C não são conhecidos como série nos programas, mas o usuário pode criá-las.

Já na situação em que haja duas células selecionadas que contenham textos diferentes, ao arrastar será preenchido com o padrão encontrado. Veja o exemplo a seguir.

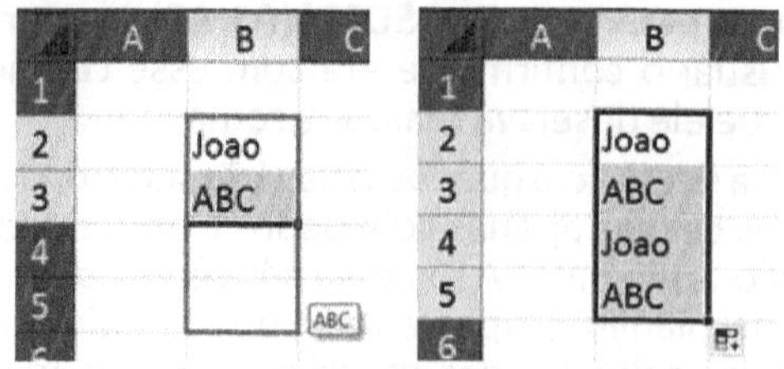

Classificar e Filtrar

Quando trabalhamos com grandes quantidades de dados em uma planilha, é de interesse poder organizar ou localizar as informações de forma mais facilitada. Para isso, podemos utilizar tanto o recurso filtro como o recurso Classificar.

O recurso Classificar permite organizar em ordem crescente ou decrescente um conjunto de dados selecionados, utilizando as colunas como critérios de organização.

Para classificar um conjunto de dados, devemos selecionar o conjunto, porém, dependendo de quais células sejam selecionadas, temos comportamentos diferentes.

Caso todas as adjacentes que serão organizadas tenham sido selecionadas ou apenas uma, resta clicar em qual ordem se deseja classificar (crescente ou decrescente), ou seja, em qual botão clicar:

Porém, caso apenas parte dos dados a serem organizados tenham sido selecionados, o programa apresenta a seguinte mensagem:

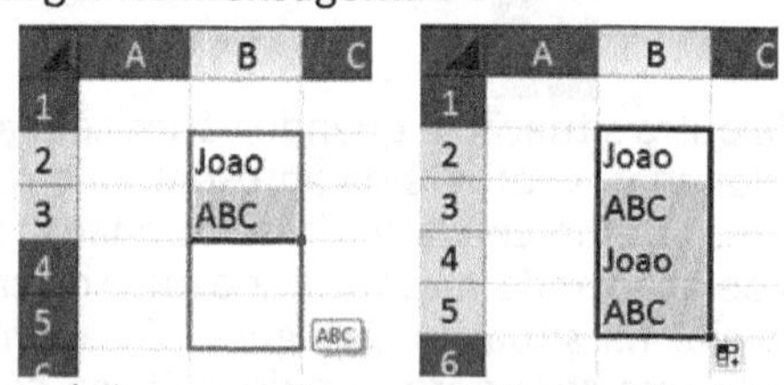

Por padrão, a opção expandir seleção é a ação recomendada, assim, ao clicar em classificar, o programa automaticamente selecionará as células adjacentes.

No entanto, caso seja escolhida a opção continuar com a seleção atual, somente os dados selecionados terão suas ordens alteradas, o que, na maioria das vezes, pode ocasionar um problema em relação à associação dos dados, os quais podem ser trocados por resultado da ação de classificar.

O recurso Filtro → AutoFiltro permite ocultar dados de uma planilha que não interessem no momento, simplificando a localização de uma informação. Para tanto devemos selecionar os títulos dos dados sobre os quais serão utilizados os filtros. Veja o exemplo a seguir.

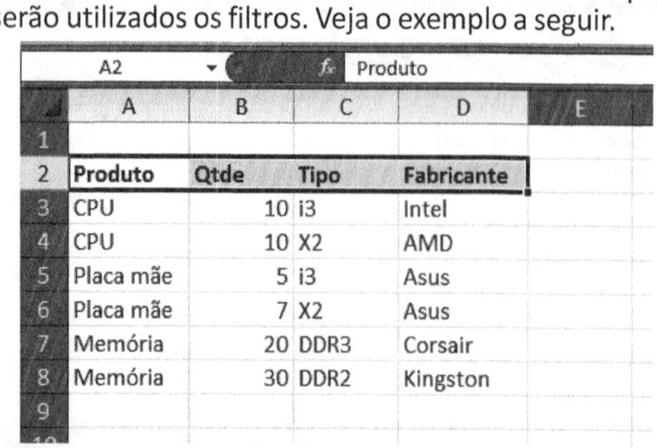

	A	B	C	D
1				
2	Produto	Qtde	Tipo	Fabricante
3	CPU	10	i3	Intel
4	CPU	10	X2	AMD
5	Placa mãe	5	i3	Asus
6	Placa mãe	7	X2	Asus
7	Memória	20	DDR3	Corsair
8	Memória	30	DDR2	Kingston
9				

Ao ativar a opção Filtro → AutoFiltro, obtemos o resultado ilustrado na figura a seguir.

	A	B	C	D	E
1					
2	Produto	Qtde	Tipo	Fabricante	
3	CPU	10	i3	Intel	
4	CPU	10	X2	AMD	
5	Placa mãe	5	i3	Asus	
6	Placa mãe	7	X2	Asus	
7	Memória	20	DDR3	Corsair	
8	Memória	30	DDR2	Kingston	
9					

Em seguida, selecionamos um filtro para exibir apenas as placas-mães. Para selecionar um determinado dado de determinada coluna, basta clicar sobre a seta que fica à direita do título da coluna desejada. A figura a seguir ilustra o resultado obtido, quando clicado na seta do título Produto.

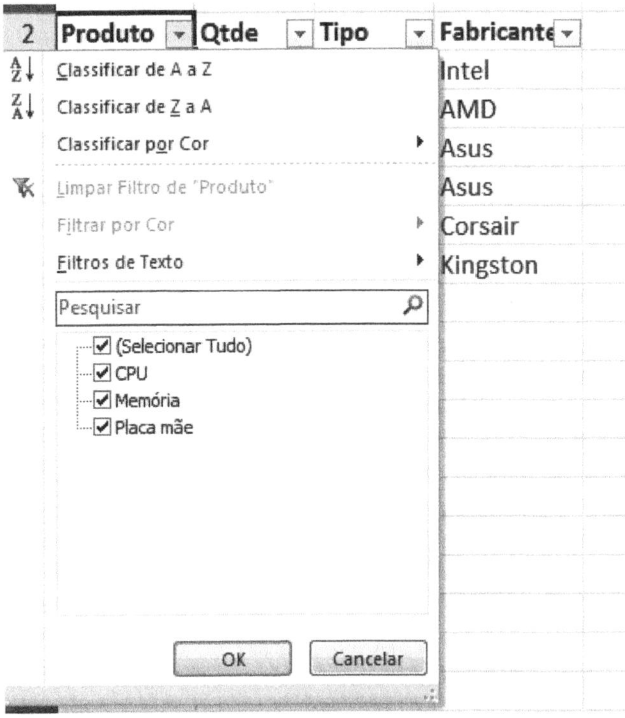

Por padrão, na opção Filtro, todos os dados estão marcados, mas, para que possamos visualizar apenas placas-mães, devemos desmarcar os outros tipos de componentes. Assim, obtemos o resultado ilustrado a seguir, após desmarcar o item CPU e o item memória.

	A	B	C	D	E
1					
2	Produto	Qtde	Tipo	Fabricante	
5	Placa mãe	5	i3	Asus	
6	Placa mãe	7	X2	Asus	
9					
10					

Em geral, as provas podem apresentar uma figura como a anterior e perguntar ao candidato se a planilha ilustrada no conjunto está ou não filtrada. Em primeiro momento, vemos que, na coluna Produto, justamente na que foram alterados os filtros, ilustra uma figura um pouco diferente, mas isso é relativo. A forma mais fácil de identificar é observando os cabeçalhos das linhas que constam como 1, 2, 5, 6, 9 e 10, ou seja, "faltam" as linhas 3, 4, 7 e 8, mas na verdade elas estão ocultas, pois continham texto na coluna A diferentes do selecionado no filtro.

Exercício Comentado

A planilha a seguir foi criada no Microsoft Excel 2007, em português.

	A	B
1	Valor do bem	Comissão
2	R$ 120.000,00	R$ 2.800,00
3	R$ 900.000,00	R$ 45.000,00
4	R$ 280.000,00	R$ 7.500,00
5	R$ 200.000,00	R$ 5.000,00
6	Total de Comissão	R$ 52.500,00

01. ***(FCC) A função digitada na célula B6 para somar as comissões para valores de bens acima de R$ 200.000,00 é:***

a) ***=SOMASE(A2:A5;">200000";B2:B5)***

b) ***=SE(A2:A5;">200000";B2:B5)***

c) ***=SE(A2:A5>200000;B2+B5)***

d) ***=SOMASE(A2>200000;B2=B2+)***

e) ***=SOMA(A2:A5;">200000";B2:B5)***

RESPOSTA. ***"A". Para calcular a soma de dados que atendam a uma determinada condição, devemos utilizar a função SOMASE, que possui, por padrão, três campos, mas que pode ser utilizada com apenas os dois primeiros, se o conjunto do primeiro campo for igual ao do último. O primeiro campo deve conter o intervalo das células que serão comparadas, enquanto o segundo deve ser preenchido com o critério que, na maioria dos casos, é descrito entre aspas duplas; já o terceiro campo possui o intervalo de dados que será somado, caso o critério seja atendido.***

Vamos Praticar

01. (FCC) Em relação ao BrOffice.org 3.1, considere:

I. Em um arquivo aberto no Writer, quando o cursor está em qualquer linha de qualquer parágrafo, ao se pressionar a tecla Home ele irá se posicionar no início do texto.

II. Em uma planilha do Calc, se a célula E8, que contém a fórmula =($D$2+SOMA(C3:C7))/$D$1, for copiada para a célula F9 por meio de Ctrl+C e Ctrl+V, a célula F9 conterá a fórmula =($D$2+SOMA(D4:D8))/$D$1.

III. No Writer as ações das teclas F7, Ctrl+F12 e Ctrl+F4 correspondem, respectivamente, a verificar ortografia, inserir tabela e fechar documento.

IV. No Calc, a fórmula =SOMA(A1:B2;B4) irá executar a soma de A1, B2 e B4.

Está correto o que se afirma, SOMENTE, em:

a) I e II

b) I, II e IV

c) I, III e IV

d) II e III

e) II, III e IV

02. (CESPE) No programa Calc, do BrOffice.org, as linhas selecionadas de uma planilha podem ser classificadas em ordem alfabética, numérica ou por data.

Certo ( ) Errado ( )

03. (CESGRANRIO) A geração de gráficos é uma funcionalidade muito utilizada dentro da ferramenta Microsoft Excel 2007, sobre o qual afirma-se que:

a) um gráfico, após gerado, pode ser editado em diversos aspectos de sua construção, exceto o seu tipo.
b) um tipo de gráfico disponibilizado é o de pizza, que permite a adição de linhas de grade.
c) o software não é o único capaz de incluir gráficos, o que pode ser feito tanto no Microsoft Word quanto no Microsoft PowerPoint.
d) o software só permite gerar gráficos em 2D.
e) a cor padrão utilizada no fundo de um gráfico é a cor cinza, que não pode ser alterada.

04. (CESPE) Em uma planilha eletrônica, preenchendo-se qualquer valor numérico nas células B3 e B4, o resultado da fórmula =SE(B3>SOMA(B3:B4), OK, NC) será sempre NC.

Certo ( ) Errado ( )

05. Indique a funcionalidade da figura  no **Microsoft Office Excel 2007**.

a) Remover duplicados.
b) Habilita a filtragem das células selecionadas.
c) Permite classificar os itens de uma coluna em ordem ascendente ou descendente.
d) Impede que dados inválidos sejam digitados em uma célula.
e) Torna todo o conteúdo visível em uma célula.

06. (FCC) Em relação ao Excel, considere:

	A	B	C	D	E
1	Nível	Qtde	Id	Valor	Total
2	Superior	8	A		
3	Superior	8	B		
4	Médio	5	B		

Se as células D2, D3, D4 e E2 contiverem as fórmulas conforme exibidas abaixo:

D2: =SE($A2="Superior";($B2*10);($B2*5))
D3: =SE($A3="Superior";($B3*10);($B3*5))
D4: =SE($A4="Superior";($B4*10);($B4*5))
E2: =(SOMASE($C2:$C4;"=B";$D2:$D4))

Os valores que serão exibidos em D2, D3, D4 e E2 são, respectivamente,

a) 60, 70, 80 e 150
b) 70, 75, 75 e 145
c) 75, 25, 50 e 150
d) 80, 80, 25 e 105
e) 60, 80, 20 e 100

07. (FCC) No Microsoft Excel 2007, o conteúdo de uma célula aparece, por padrão, com orientação horizontal. Para mudar o conteúdo dessa célula para orientação vertical, ou seja, para fazer com que o conteúdo da célula apareça no sentido vertical, pode-se clicar com o botão direito do mouse sobre ela e selecionar a opção:

a) alinhamento. Em seguida, clica-se na opção Definir Como e, na caixa de diálogo que aparece, seleciona-se a opção alinhamento vertical.
b) rotação. Em seguida, seleciona-se o sentido vertical ou digita-se o grau de rotação do texto.
c) formatar células. Em seguida clica-se na guia Alinhamento e, na divisão Orientação, seleciona-se o sentido vertical ou digita-se o grau de rotação do texto.
d) texto vertical. Em seguida, seleciona-se o grau de rotação do texto e clica-se no botão Aplicar ao texto selecionado.
e) formatar alinhamento. Em seguida, clica-se na opção Alinhamento do texto e, na janela que se abre, seleciona-se a opção Alinhamento Vertical.

08. (FCC) A planilha a seguir foi criada no Microsoft Excel 2007, em português.

	A	B	C	D
1	Nome	Usuário	Servidor	E-Mail
2	Ana	anapaula	ig.com.br	anapaula@ig.com.br
3	Pedro	pepiro	uol.com.br	pepiro@uol.com.br
4	João	jjunior	globo.com	jjunior@globo.com

Na célula D2 foi utilizada uma operação para agrupar o conteúdo da célula B2 com o caractere @ (arroba) e com o conteúdo da célula C2. Em seguida, a operação foi arrastada até a célula D4. A operação digitada foi:

a) =CONC(B2&"@"&C2)
b) =B2&"@"&C2
c) =B2$"@"$C2
d) =SOMA(B2+"@"+C2)
e) =B2+"@"+C2

09. (FCC) Uma planilha do MS Excel possui os seguintes valores:

	A	B	C
1	Vendedor	Vendas	
2	Ana	10000	
3	Roberto	20000	
4	Carlos	3000	Bônus
5			

Se for digitada na célula C5, a fórmula =SE(MÉDIA(B2:B4) > 10000; MÉDIA(B2:B4); 0) será exibido, nessa célula, o valor:

a) 0
b) 3000
c) 10000
d) 11000
e) 33000

10. (NCE-UFRJ) Considere o uso do aplicativo Microsoft Excel e que o conteúdo da célula A1 é 20, da célula A2 é 30 e da célula A3 é 40. Para criar, na célula A4, uma fórmula capaz de realizar o somatório desses valores, deve-se entrar com:

a) =+1+2+3
b) A1(20) + A2(30) + A3(40)
c) =CONT (A1+A2+A3)
d) A4=A1:3
e) =SOMA(A1;A2;A3)

11. (UPENET) Considere o seguinte trecho de uma planilha no Excel:

	A	B	C	D	E
1					
2		Semana			
3	Descrição	1	2	3	4
4	Diversão	R$ 100,00	R$ 32		
5	Feira	R$ 50,00	R$ 50,00	R$ 50,00	R$ 50,00
6	Transporte	R$ 40,00	R$ 40,00	R$ 40,00	R$ 40,00
7	Combustível	R$ 91,39	R$ 89,00	R$ 110,00	R$ 50,00
8					
9	TOTAL				

Se usarmos a fórmula =SOMA(B4:B8) na célula B9 e, usando o mouse, propagarmos a fórmula dessa célula até a célula E9, para, em seguida, usarmos os comandos Ctrl + X na célula B9 e Ctrl + V na célula C9, quais serão os valores resultantes nas células B9 a D9, respectivamente?

a) Vazia; R$ 281,39; R$ 200,00; R$ 140,00
b) R$ 0,00; R$ 211,00; R$ 200,00; R$ 140,00
c) R$ 211,39; R$ 281,00; R$ 200,00; R$ 140,00
d) R$ 0,00; R$ 281,00; R$ 200,00; R$ 140,00
e) Vazia; R$ 211,00; R$ 200,00; R$ 140,00

12. (FCC) Sobre as operações disponíveis no Microsoft Excel 2007, é correto afirmar:

a) A filtragem de informações em uma planilha possibilita encontrar valores rapidamente. Somente é possível filtrar uma coluna de dados em toda a planilha.
b) Para mudar o local onde o gráfico será posicionado, basta clicar com o botão direito na área do gráfico e selecionar a opção Formatar Eixo.
c) Dados que estejam organizados somente em uma coluna ou linha em uma planilha podem ser representados em um gráfico de pizza. Esses gráficos mostram o tamanho de itens em uma série de dados, proporcional à soma dos itens.
d) A fim de aplicar a formatação condicional que usa uma escala de cores para diferenciar valores altos, médios e baixos, na guia Página Inicial, no grupo Estilos, clica-se na seta abaixo de Formatar e, em seguida, em Realçar Regras das Células.
e) Para salvar uma planilha com senha, na caixa de diálogo Salvar Como, seleciona-se a opção Ferramentas e, em seguida, a opção Criptografia.

Gabarito

01	D	07	C
02	CERTO	08	B
03	C	09	D
04	ERRADO	10	E
05	B	11	A
06	D	12	C

Anotações

CAPÍTULO 09

Editores de Apresentação

Neste capítulo, fala-se sobre os editores de apresentação de slides, que são comumente citados como editores de apresentação nas provas dos concursos, no entanto, também são mencionados como editores de **eslaides**.

Por padrão, os editores de Apresentação, ao contrário dos outros editores (texto e planilha), exibem a barra de ferramentas de desenho, por meio da qual podemos inserir figuras em um slide, assim como autoformas, textos decorados, entre outros.

Formatos de Arquivos

O formato de arquivo salvo por padrão no BrOffice (LibreOffice) Impress é o ODP (Open Document Presentation), contudo, é possível salvar uma apresentação no formato PTT do PowerPoint (2003) ou PTTX do PowerPoint 2007 e 2010.

Existe também um formato de arquivo PPS (2003) e PPSX (2007 e 2010), é um formato de autoplay, ou seja, ao ser acionado o arquivo com esse formato, ele automaticamente é exibido no modo de exibição de slides.

PowerPoint

O PowerPoint é o editor de Apresentações de Slides da Microsoft.

Aba Página Inicial

Ao comparar a Página Inicial do Word com o PowerPoint, é possível notar algumas diferenças, como o Bloco Slides e o Bloco Desenho, como também algumas diferentes opções nos Blocos Fonte e Parágrafo. A figura a seguir ilustra essa aba.

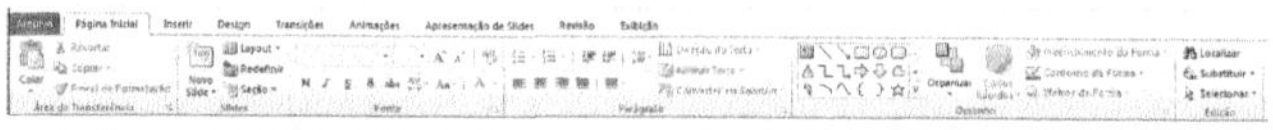

Bloco Slides

É um dos bloco mais utilizados. Atente à opção **novo slide,** na figura a seguir. Ela apresenta uma seta para baixo, o que significa que um menu Dropdown será aberto, conforme ilustra a figura da sequência, permitindo que seja selecionado o layout do slide a ser inserido.

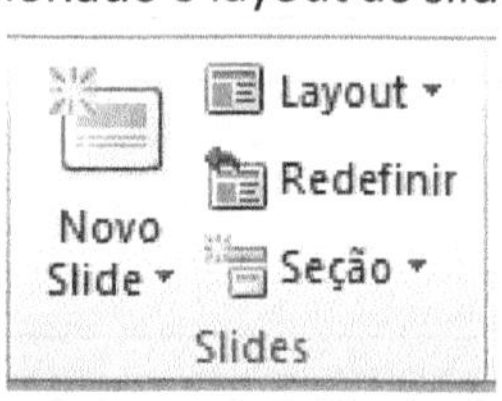

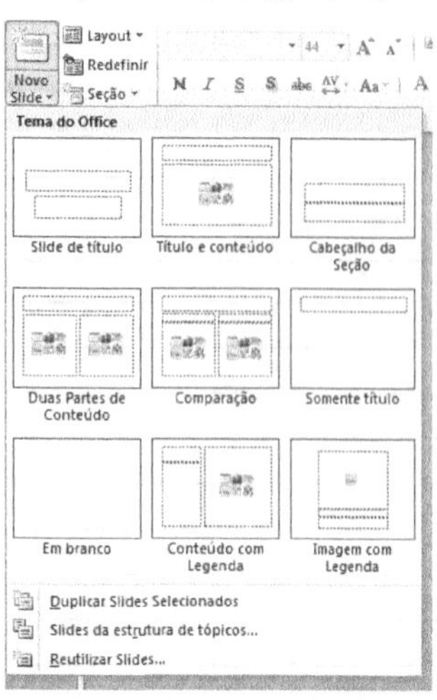

Contudo, é possível mudar o Layout (organização) de um slide mesmo após sua inserção, bastando, para tanto, selecionar o slide desejado e alterar seu layout pela opção Layout.

Já a opção **redefinir** possibilita reestabelecer as configurações padrões de posicionamento, tamanho e formatação dos espaços reservados de um slide.

Também se deve observar a opção Seção, pela qual é possível inserir novas seções em uma apresentação de slides.

Bloco Fonte

O Bloco Fonte apresenta a opção sombra de texto e espaçamento entre caracteres que não aparecem no Word, como ilustra a figura a seguir.

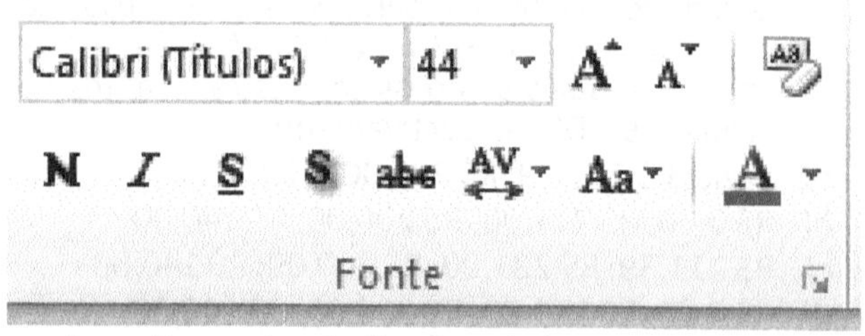

A opção sombra indicada pela letra S mais espessa, conforme ilustrado a seguir, permite aplicar um efeito de sombra que dá um destaque ao texto, passando a impressão de volume.

No PowerPoint também é possível alterar o espaço entre os caracteres, a fim de distribuir melhor um texto em um slide. Para isso, basta selecionar o texto e a opção desejada junto à alça da opção Espaçamento Entre Caracteres, ilustrada a seguir.

Bloco Parágrafo

Neste bloco, há novas funcionalidades, como: colunas, Direção do Texto, Alinhar Texto e Converter em SmartArt. Observe a figura a seguir.

A opção **Colunas** permite formatar uma caixa de texto selecionada para que exiba seu texto em diversas colunas; para isso pode-se utilizar a opção ilustrada a seguir.

A opção Direção do Texto permite alterar a forma como um texto é exibido no PowerPoint, a fim de causar um efeito mais chamativo. A opção direção do texto é apresentada abaixo.

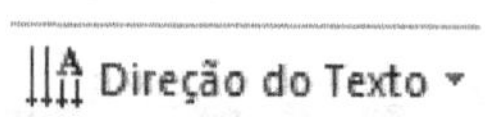

As opções encontradas ao clicar na opção Direção do Texto são Horizontal; girar em 90°; girar em 270°; e Empilhado, conforme ilustrado na sequência.

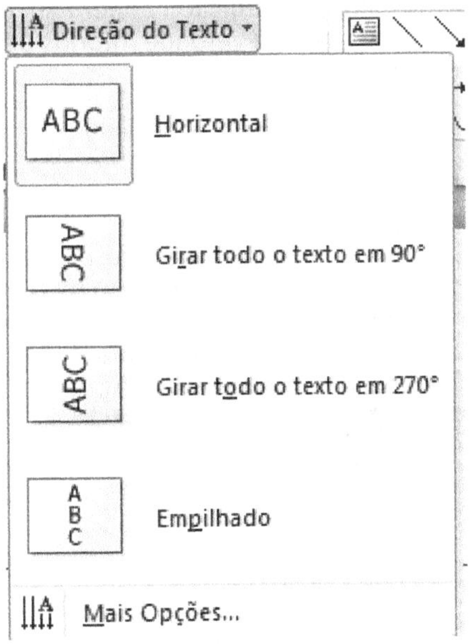

Também é possível alinhar o texto verticalmente na caixa de texto. Para isso, pode-se utilizar a opção Alinhar Texto representada pela figura que segue.

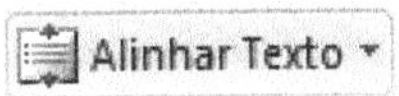

As opções são Em Cima, No Meio e Embaixo.

O recurso SmartArt existe no Word, contudo, no PowerPoint é possível converter uma estrutura de um texto em parágrafo ou tópicos em um esquema do SmartArt.

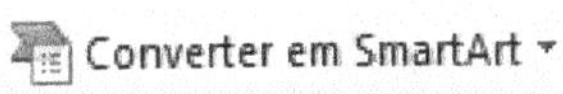

Algumas das opções possíveis são ilustradas na figura a seguir.

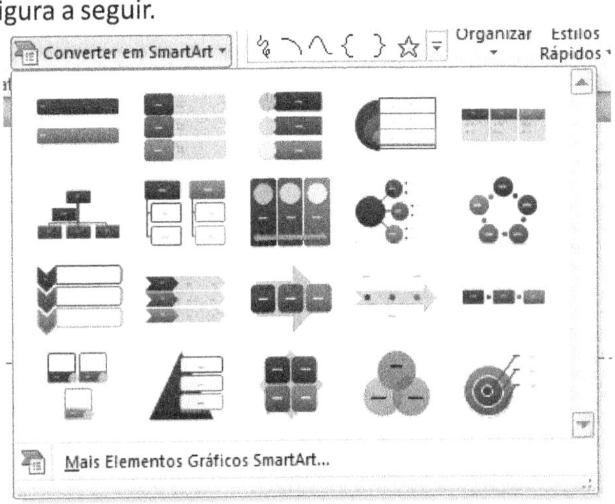

Aba Inserir

Na aba Inserir são disponibilizadas inúmeras opções de estruturas que podem ser inseridas na apresentação em edição, conforme ilustrado abaixo.

Pode-se enfatizar a opção Álbum de Fotografias, a qual permite criar rapidamente por meio da seleção de uma pasta contendo as imagens um álbum de fotos, colocando apenas uma foto por slide ou mais.

Aba Design

Por meio desta aba, é possível mudar a configuração de um slide, colocando-o com orientação diferente da padrão, paisagem, ou mesmo mudar suas dimensões. Também é possível alterar o conjunto de cores de fundo e fontes por meio dos temas.

Aba Transições

Na aba **Transições**, encontram-se as opções referentes à troca dos slides durante a apresentação; no Office 2010 existem diversos novos efeitos que proporcionam melhor qualidade visual à apresentação. Também é possível configurar tempos para cada slide e para o efeito de transição, por meio das opções disponibilizadas no Bloco Intervalo.

Aba Animações

Na aba **animações** são encontradas opções que podem ser aplicadas a elementos em um slide, como figuras e textos. Da mesma maneira que é possível configurar o tempo de uma troca de slides, é possível configurar a duração de uma animação.

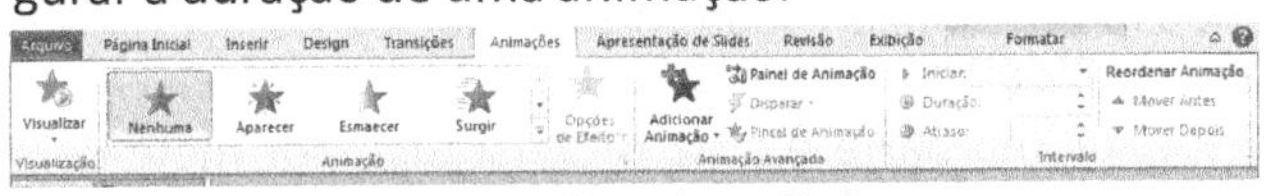

Aba Apresentação de Slides

Na aba **apresentação,** podemos configurar a apresentação como um todo.

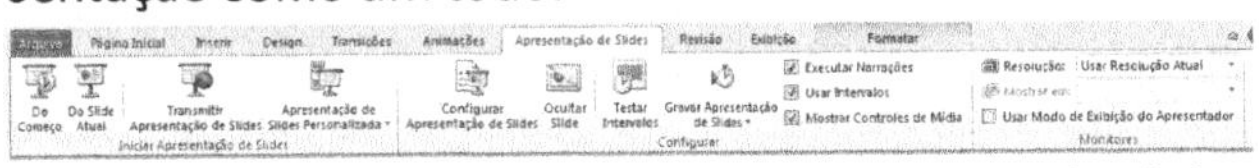

A opção do começo exibe a apresentação de slides a partir do primeiro Slide; a tecla de atalho correspondente é a tecla F5. Já a opção do Slide atual exibe a apresentação a partir do slide selecionado; sua tecla de atalho é SHIFT + F5.

Uma das novidades do Office 2010 é a sua integração com recursos Online, como a opção Transmitir Apresentação de Slides, que possibilita disponibilizar uma apresentação de slides para que possa ser visualizada via Internet enquanto é exibida. Para tanto, é necessário utilizar uma Windows Live ID.

Outra opção Interessante é a opção **modo de exibição de apresentador,** a qual permite, quando há um monitor e um projetor ou mesmo dois monitores conectados ao computador, exibir a apresentação em um (normalmente no projetor) e no outro monitor uma tela de acompanhamento que exibe as anotações de cada slide, a sua miniatura e o tempo decorrido do início da apresentação.

Editor de Apresentação Impress

É o editor de apresentação de slides do BrOffice.

Janela do Programa

Devemos compreender algumas partes da janela do editor para melhor entender seus recursos.

A primeira barra ao topo, onde encontramos os botões Fechar, Maximizar/Restaurar e Minimizar, é a chamada Barra de Título, pois expressa o nome do arquivo e o programa no qual está sendo trabalhado.

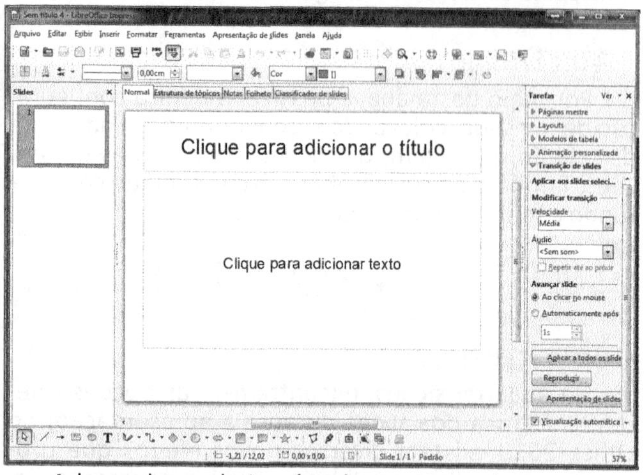

A barra logo abaixo é a de **menu**, onde se encontram as ferramentas do programa. Observe, à direita do menu Ferramentas, a existência de um menu diferente dos encontrados no Writer e Calc, o menu Apresentação de Slides; nele são encontradas as opções específicas das operações com slides, como Cronometrar, Transição e Apresentação de slides.

Na sequência são exibidas as duas barras de ferramentas (Padrão e de Formatação). Atente às divisões da janela: na lateral esquerda está o painel Slides; nele são exibidas as miniaturas dos slides, a fim de navegação na apresentação bem como de organização. Uma vez que, para trocar slides de lugar, basta clicar e, mantendo-se o mouse pressionado sobre o slide que se deseja mover, arrastá-lo; ele será disposto na posição desejada.

A última barra é a barra de status, por meio dela podemos visualizar em qual slide estamos, além de poder alterar o zoom do slide em edição.

Acima da barra de status está sendo exibida a barra de desenhos, ilustrada abaixo. Essa barra é comum aos demais editores (Calc e Writer), porém, ela só aparece, por padrão no Impress. Para ocultá-la ou exibi-la, basta selecioná-la no menu Exibir → Barras de Ferramentas → **Desenho**

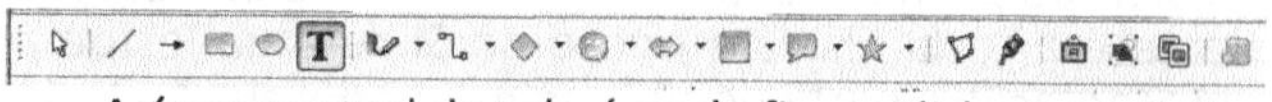

A área central da tela é onde fica o Slide em edição, também conhecida como Palco; quem sabe uma associação ao espaço onde o artista expõe a sua obra.

Já à direita, é exibido o Painel de tarefas; estrutura que oferece diversas opções, conforme ilustrado a seguir.

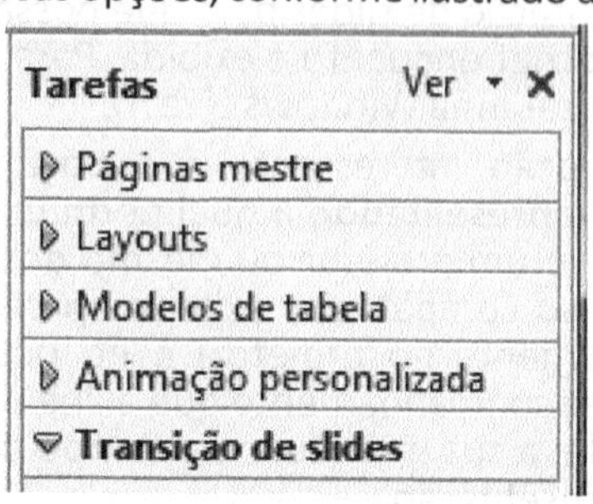

Acima do slide em edição, podem-se encontrar cinco opções, elas são, na verdade, modos de exibição que podem ser alternados.

Mestre

Um mestre é aquele que deve ser seguido, ou seja, uma estrutura base para a criação de um conjunto de slides. Por meio dele, podemos criar um modelo no qual se definem estilos de título, parágrafo, tópicos, planos de fundo e os campos de data/hora, rodapé e número do slide, conforme pode ser visualizado na imagem abaixo.

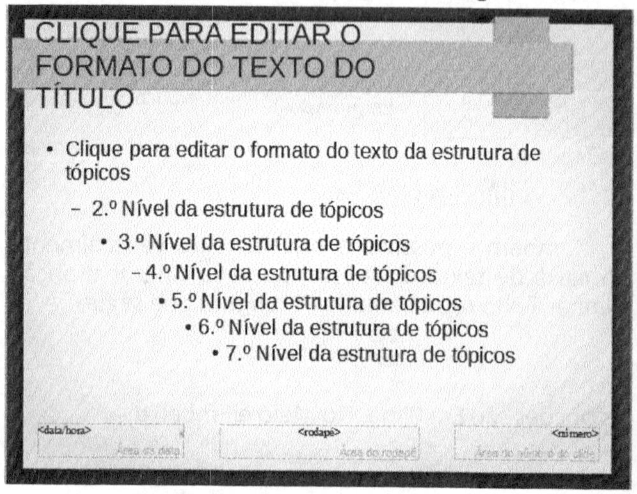

Para acionar o modo acima exibido, basta clicar no menu Exibir → Mestre → Slide Mestre.

Já a opção **Notas Mestre** serve para formatar as características das anotações (notas) que podem ser associadas a cada slide, conforme ilustrado a seguir.

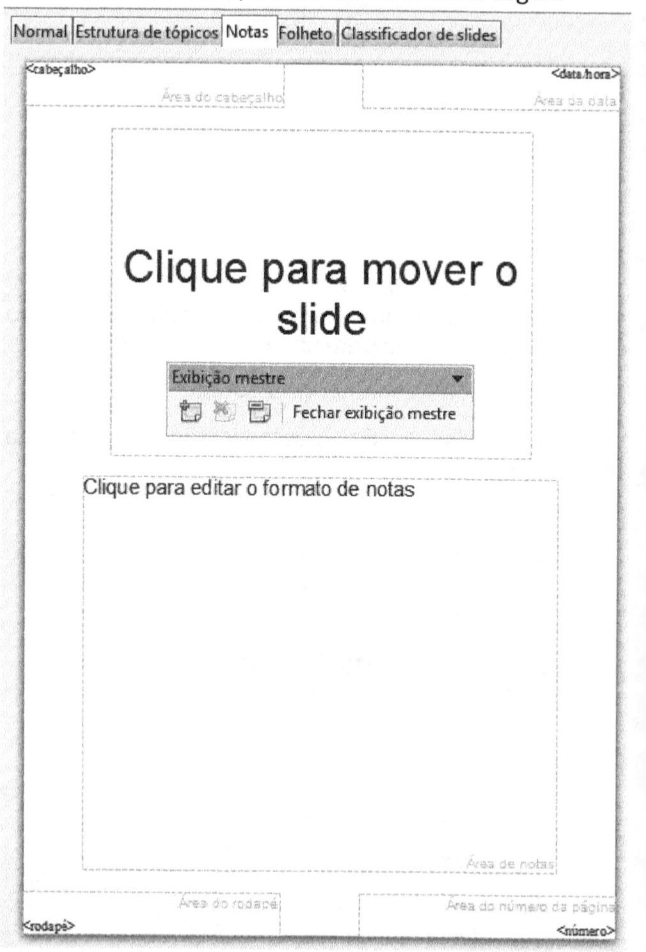

Já o item Elementos do Slide Mestre serve para indicar quais elementos deseja que apareça nos slide ou notas.

No painel de tarefas, a opção Páginas Mestre apresenta alguns modelos de Slides Mestres, que podem ser utilizados pelo usuário.

Layouts

Também podendo ser citado como **Leiaute**, são as estruturas que um slide pode possuir, como slides de título, título e subtítulo, slide em branco, entre outros.

A figura a seguir ilustra os diversos layouts disponíveis no Impress. Esses podem ser definidos a qualquer momento da edição; mesmo após o slide já ter sido inserido, é possível alterar seu layout.

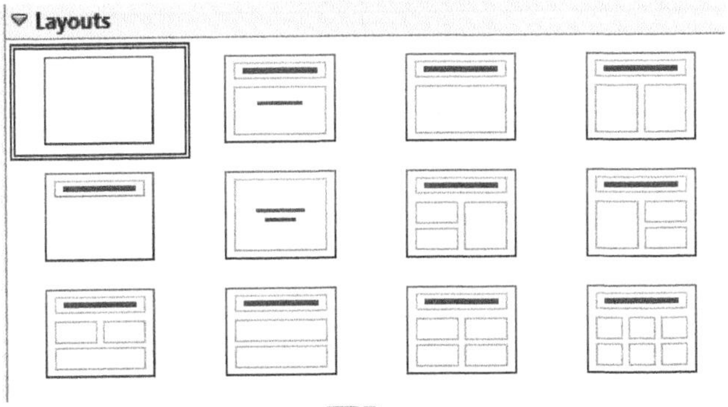

Por meio do botão inserir slide, presente na barra de ferramentas padrão, é possível escolher, no momento da inserção, o layout do slide. Após este já ter sido inserido, basta selecioná-lo no painel de slides, à esquerda, e escolher o novo layout desejado pelo botão de **Layout do Slide**, ou pelo painel de tarefas.

Exercício Comentado

01. ***Um recurso bastante útil nas apresentações de PowerPoint ou Impress é o slide mestre. O slide mestre serve para:***

a) ***exibir a apresentação sem a necessidade de ter o PowerPoint ou Impress instalado em seu computador.***

b) ***definir uma formatação padrão para todos os slides que forem criados com base nele.***

c) ***resumir os tópicos da apresentação.***

d) ***controlar a ordem de apresentação dos slides.***

e) ***controlar, por software, todas as funcionalidades do equipamento projetor.***

RESPOSTA. ***"B". O Slide mestre dos editores de apresentação é similar aos estilos de formatação dos editores de texto, por meio dele podemos alterar as características de um slide, como formatação de fonte, títulos, tópicos, cores, layout, entre outras.***

Vamos Praticar

01. Assinale a alternativa correta em relação à suíte de programas de escritório BrOffice.

a) O BrOffice Impress é utilizado para criar e gerenciar bancos de dados.

b) O aplicativo Presentation da suíte BrOffice cria e edita apresentações em slides para reuniões.

c) Arquivos com extensão .ppt não podem ser abertos diretamente do BrOffice. Para ler esse tipo de arquivo, deve-se usar um aplicativo específico de conversão de .ppt para .odp.

d) O BrOffice Impress pode, a partir de um documento, gerar arquivos no formato PDF.

e) Uma das diferenças entre o BrOffice Impress e outros aplicativos comerciais é que o impress ainda não possui a funcionalidade de criar e executar macros.

02. O eslaide mestre é um elemento do modelo de design que armazena informações sobre o modelo, inclusive estilos de fontes, tamanhos e posições de espaços reservados, design do plano de fundo e esquemas de cores.

Certo ( ) Errado ( )

03. No Microsoft PowerPoint, a inserção de fórmulas matemáticas pode ser realizada por meio do editor de equações, disponível por meio da opção Objeto, encontrada no menu Inserir.

Certo ( ) Errado ( )

04. O aplicativo PowerPoint 2003 pode ser utilizado para a preparação da referida apresentação, visto que esse software possui funcionalidades que auxiliam na preparação e na apresentação de palestras, além de ter funcionalidades que permitem a inclusão, na apresentação multimídia, de diversos efeitos visuais e sonoros.

Certo ( ) Errado ( )

05. Com relação ao PowerPoint, assinale a opção correta.

a) No PowerPoint, é possível alterar o esquema de cores do slide, mas não alterar o slide mestre.

b) A cada alteração feita em um slide no PowerPoint, deve-se imediatamente aplicar a opção Salvar, para que não sejam definitivamente perdidas as mudanças de edição das apresentações.

c) O assistente de apresentações permite que sejam editados diferentes modelos de design aos slides. Cada arquivo .ppt deve possuir apenas um modelo de design de slides.

d) A visualização dos slides em forma de tópicos permite a leitura dos títulos e tópicos, o que facilita a revisão do texto, sem características de edição de leiaute e design.

e) No PowerPoint, é possível incluir somente uma figura em cada slide.

06. O PowerPoint é um aplicativo utilizado para a criação de apresentações de slides para palestras, cursos, organização de conteúdos, entre outras finalidades. Uma vez aberto um arquivo, a inserção de novos slides em uma apresentação pode ser feita a partir da opção Novo slide, encontrada no menu Inserir, ou acionando-se as teclas Ctrl + M .

Certo ( ) Errado ( )

07. No Microsoft PowerPoint 2010, versão em português, o recurso que permite colocar efeitos especiais na passagem de um slide para outro é denominado:

a) transição de slides.

b) esquemas de animação.

c) personalizar animação.

d) esquemas multimídia.

e) autoformas.

08. O BrOffice Impress é um programa utilizado para a criação de apresentações em slides que, ao contrário de outros software da suíte BrOffice, não possui um assistente para auxiliar o usuário na criação do documento.

Certo ( ) Errado ( )

09. Ao clicar o botão , o PowerPoint passará a ser executado no modo de Apresentação de slides. A forma como as informações contidas nesses slides serão apresentadas dependerá, entre outros fatores, do esquema de animação selecionado. Cada um dos slides de uma apresentação PowerPoint pode ter um esquema de animação diferente.

Certo ( ) Errado ( )

10. Os aplicativos Impress da BROffice e PaintBrush da Microsoft são concebidos para se fazer impressão de imagens e textos. Uma das principais funcionalidades desses programas é a configuração de impressoras especiais, que permitem o ajuste das cores que se pretende utilizar.

Certo ( ) Errado ( )

Gabarito

01	D	06	CERTO
02	CERTO	07	A
03	CERTO	08	ERRADO
04	CERTO	09	CERTO
05	D	10	ERRADO

Anotações

CAPÍTULO 10

Hardware

O Hardware consiste da parte física de um computador, ou seja, são as peças que o compõem. As questões comumente cobradas nos concursos relacionam os tipos de periféricos e a sua classificação.

Classificação dos Dispositivos quanto à Finalidade

Os periféricos do computador são classificados de acordo com sua finalidade e uso. Assim, como classificações principais, temos as que se seguem.

Entrada

Dispositivos de Entrada são aqueles por meio dos quais o usuário entra com alguma informação para o computador. Muito cuidado: para ser classificado como de entrada, os dispositivos têm de ser apenas de entrada. A seguir os exemplos de dispositivos de entrada de dados.

> Teclado;
> Mouse;
> Webcam;
> Microfone;
> Scanner de mesa;
> Scanner de mão;
> Scanner Biométrico;
> Tablets[1];
> Kinect[2].

Saída

Classificamos como dispositivos de saída aqueles que têm por finalidade informar ao usuário o resultado de algum processamento. São exemplos de dispositivos de saída:

> Monitor;
> Impressora;
> Caixa de som.

Entrada/Saída

Os periféricos classificados nesta categoria são os que devemos tomar mais cuidado durante as provas, porque aqui se encaixam aqueles dispositivos que podemos chamar de dispositivos híbridos devido a sua capacidade de realizar tanto a tarefa de entrada como a de saída de dados. São exemplos desses dispositivos:

> Impressoras Multifuncionais;
> Telas sensíveis ao toque (TouchScreen);
> Kits multimídias[3].

Armazenamento

Os dispositivos de armazenamento são aqueles que nos permitem armazenar os dados e os mantêm armazenados mesmo quando não são alimentados por uma fonte de energia. A seguir temos exemplos de dispositivos de armazenamento:

> Disquete;
> CD-Rom;
> DVD-Rom;
> BD-Rom (BlueRay Disk);
> HD (Hard Disk – Disco Rígido);
> HD Externo;
> PenDrive;
> Fita Magnética;
> HD SSD;
> Cartão de Memória.

Classificação dos Dispositivos quanto ao Tipo de Tecnologia

Podemos ainda classificar os dispositivos de acordo com a tecnologia que eles utilizam para ler as informações ou escrevê-las.

Óticos

Um dispositivo ótico é aquele que se utiliza de sinais luminosos para, principalmente, ler informações, como por exemplo:

> Scanner;
> CD;
> DVD;
> BD;
> Webcam;
> Alguns mouses.

Magnéticos

Enquanto outros dispositivos utilizam o magnetismo como forma de operação, tomamos certos cuidados com os disquetes. Atualmente as pessoas se descuidam e esquecem que os computadores usam dispositivos magnéticos como principal forma de armazenamento e acabam passando por portas magnéticas com seus notebooks, o que pode vir a danificar partes do HD.

Assim, vemos que ainda hoje é muito comum, entre os servidores de backup, o uso de fitas magnéticas, como a fita cassete, para armazenar os dados.

Elétricos

Atualmente os dispositivos elétricos são os que mais vêm sendo utilizados, principalmente pela sua velocidade de operação e praticidade de uso, como, por exemplo, o pendrive e os cartões de memória. Ainda é uma tecnologia emergente entre os usuários o HD Sólido (HD SSD), devido ao alto valor aquisitivo, porém, é um dispositivo de altíssima velocidade que resolve o maior gargalo hoje dos computadores, ou seja, substitui os HDs convencionais, que são as peças mais lentas do computador.

Arquitetura

Podemos dividir as tecnologias de hardware em arquiteturas de x86 de 32bits e a arquitetura de 64bit. Essa divisão se baseia na forma como o sistema processa as informações, quer dizer, a quantidade de informações simultâneas que o processador opera.

Processador

O termo CPU significa Unidade Central de Processamento; muitas vezes as pessoas chamam o gabinete de CPU, o que está errado, pois o processador é apenas uma das peças que compõe o gabinete. Também

1 Tablets: aqueles utilizados para desejar ou digitalizar assinaturas.

2 Kinect: é o dispositivo usado no vídeo game Xbox para entrada de movimentos do usuário, a Microsoft também o disponibilizou para ser utilizado como entrada para o computador.

3 Kit multimídia: é composto em geral por dispositivos de entrada e de saída, por isso é classificado como de Entrada/Saída.

podemos comparar a CPU como sendo o cérebro do computador, porque ela é responsável por processar as informações e gerar um resultado.

Um processador é composto por vários registradores que possuem finalidades específicas; os principais são a ULA (Unidade Lógico-Aritmética), responsável pelos cálculos e comparações lógicas; e a UC (Unidade de Controle), que tem como responsabilidade controlar o que está sendo feito no processador.

Também faz parte do processador a memória Cache. Ela é uma pequena memória, em relação à principal, porém muito mais rápida, operando quase na mesma velocidade que o processador; alguns modelos operam na mesma velocidade que o processador.

Em um processador, podemos encontrar vários níveis de cache, nos atuais normalmente encontramos 2 níveis (level), sendo que os mais modernos já possuem 3 níveis. Em alguns modelos a cache de nível 3 é interna ao processador, junto às demais, enquanto que em outros ela fica externa a ele.

A finalidade da cache é fornecer informações mais rapidamente ao processador, a fim de minimizar o tempo em que ele fica ocioso.

Memórias

Existem diversos tipos de memórias, quando tratamos de um computador. Elas podem ser classificadas de diversas formas de acordo com suas características, o que ilustra a tabela a seguir.

Tipo de memória	Categoria	Mecanismo de apagamento	Mecanismo de escrita	Volatilidade
Memória de acesso aleatório (RAM)	Memória de leitura e escrita	Eletricamente, em nível de Bytes	Eletricamente	Volátil
Memória apenas de leitura (ROM)	Memória apenas de leitura	Não é possível	Máscaras	Não Volátil
ROM programável (PROM)			Elétrico	
PROM apagável (EPROM)	Memória principalmente de leitura	Luz UV, em nível de pastilha.		
Memória Flash		Eletricamente, em níveis de blocos.		
PROM eletricamente apagável (EEPROM)		Eletricamente, em nível de bytes.		

A memória RAM é a Principal do computador, também conhecida como memória de trabalho. É uma memória de leitura e escrita, porém possui natureza volátil, ou seja, quando desconectada da energia, perde todas as informações que estavam nela, por isso que, quando não salvamos um documento e o fornecimento de energia acaba, desligando o computador, perdemos parte desse trabalho. Já o HD pode ser chamado de memória secundária por ser uma memória de armazenamento não volátil.

A memória RAM é expansível, ao contrário da memória ROM.

Unidades de Medida

Na Informática, a menor unidade de medida é o bit, que consiste em um sinal verdadeiro ou falso para o computador, que, por questões de facilidade, transcreve-se na forma de 0 (zeros) e 1 (uns).

Porém, o bit apenas é uma informação pequena, então foi criado o conceito de "palavra", que passou a ser chamada de Byte. Um Byte é composto por 8 bits.

A partir disso temos as unidades K, M, G, T, P, e assim por diante, para designar tamanhos de arquivos e capacidades de armazenamentos. A cada letra multiplicamos por 1024 a quantidade da anterior. A tabela abaixo ilustra as equivalências de valores.

1 Peta (PB)	1 Tera (TB)	1 Giga (GB)	1 Mega (MB)	1 Kilo (KB)	1 Byte	bit
1024 (TB)	1024 GB	1024 MB	1024 KB	1024 Byte's	8 bit's	0 ou 1

Exercício Comentado

01. ***(FCC) Um tipo de elemento do microcomputador que permite apenas a leitura pelo usuário comum e vem com seu conteúdo gravado durante a fabricação. Trata-se de:***

a) ***disco rígido.***

b) ***memória USB.***

c) ***memória ROM.***

d) ***memória RAM.***

e) ***placa-mãe.***

RESPOSTA. ***"C". A memória ROM é a memória que não é volátil e tem por característica ser apenas leitura; já a memória RAM é volátil e é utilizada para leitura e escrita, contudo, ambas são memórias de acesso aleatório. O BIOS e o endereço MAC das placas de rede são armazenados nesse tipo de memória.***

Vamos Praticar

01. (FCC) Para que o computador de uma residência possa se conectar à Internet utilizando a rede telefônica fixa, é indispensável o uso de um hardware chamado:

a) Hub.

b) Modem.

c) Acess point.

d) Adaptador 3G.

e) Switch.

02. (IPAD) O texto abaixo se refere ao anúncio de venda de um microcomputador:

Intel® Core 2 Duo E7400 2.8GHz / 4GB / 750GB|

Nele estão descritas as principais características do equipamento. Assinale a alternativa que apresenta a sequência correta dos componentes cujas propriedades estão relacionadas no anúncio:

a) Gabinete, Memória ROM e Disco rígido.

b) Processador, Memória RAM e Disco rígido.

c) Processador, Memória RAM e Unidade de CD-ROM.

d) Memória RAM, Processador e Disco rígido.

e) Gabinete, Processador e Unidade de CD-ROM.

03. (CESGRANRIO) Qual dos hardwares abaixo permite conectar um microcomputador à Internet por meio da linha telefônica?

a) CPU

b) DVD

c) Modem

d) RAM

e) Winchester

04. (FCC) Adquirir um disco magnético (HD) externo de 1 TB (terabyte) significa dizer que a capacidade nominal de armazenamento aumentará em:

a) 10003 bytes ou 109 bytes.

b) 10004 bytes ou 1012 bytes.

c) 10243 bytes ou 230 bytes.

d) 10244 bytes ou 240 bytes.

e) 10243 bytes ou 168 bytes.

05. (UFPR) Sobre os componentes de um computador, considere as afirmativas abaixo:

I. O processador (ou CPU) é a parte principal do hardware do computador e é responsável pelos cálculos, execução de tarefas e processamento de dados. A velocidade com que o computador executa as tarefas ou processa dados está diretamente ligada à velocidade do processador.

II. A unidade lógica e aritmética (ULA) é a unidade central do processador, que realmente executa as operações aritméticas e lógicas entre dois números. Seus parâmetros incluem, além dos números operandos, um resultado, um comando da unidade de controle e o estado do comando após a operação.

III. A CPU contém um conjunto restrito de células de memória chamados registradores, que podem ser lidos e escritos muito mais rapidamente que em outros dispositivos de memória.

IV. A memória secundária ou memória de massa é usada para gravar grande quantidade de dados, que não são perdidos com o desligamento do computador, por um período longo de tempo. Exemplos de memória de massa incluem o disco rígido e mídias removíveis, como CD-ROM, DVD, disquete e pen-drive.

V. Os dispositivos de entrada e saída (E/S) são periféricos usados para a interação homem–máquina.

Assinale a alternativa correta.

a) Todas as afirmativas são verdadeiras.

b) Somente as afirmativas II e V são verdadeiras.

c) Somente as afirmativas I e V são verdadeiras.

d) Somente as afirmativas I, III e IV são verdadeiras.

e) Somente as afirmativas II, III e IV são verdadeiras.

06. (MS CONCURSOS) Em um computador, as partes físicas, que você pode ver e tocar, são denominados coletivamente de:

a) Software.

b) Hardware.

c) CPU (unidade de processamento central).

d) Memória RAM.

07. (FCC) Mantém o computador que não é provido de bateria funcionando mesmo com a ausência total e temporária de energia da rede elétrica. Trata-se de:

a) desfragmentador.

b) processador.

c) nobreak.

d) placa de rede.

e) placa-mãe.

Acerca dos conceitos básicos e modos de utilização da informática, julgue os itens a seguir:

08. (CESPE) Uma estação de trabalho (workstation) pode ter capacidade para a utilização de sistemas multiprocessados, com expansão de memória RAM superior a 10 gigabytes.

Certo ( ) Errado ( )

09. (CESPE) O disco rígido ou HD (hard disk) é o dispositivo de armazenamento de dados mais usado nos computadores. Nele, é possível guardar não só os arquivos como também todos os dados do sistema operacional, imprescindíveis para a utilização do computador.

Certo ( ) Errado ( )

10. (CESPE) É responsável pela realização de cálculos matemáticos em um computador o componente de hardware denominado:

a) barramento do sistema.

b) teclado.

c) processador.

d) byte.

e) disquete.

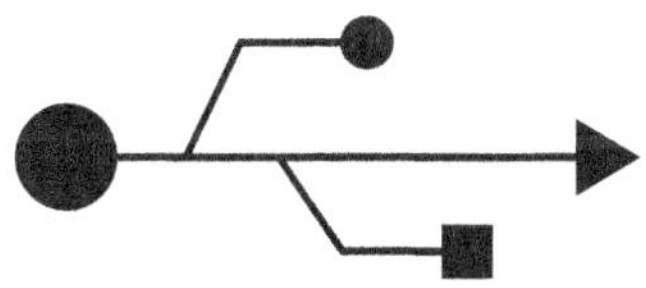

11. A porta padrão que corresponde ao símbolo representado na figura acima — utilizada para a conexão de pendrive em um computador — é denominada:

a) USB

b) PS2

c) DB9

d) DIMM

e) HDMI

12. (CESPE) Entre os componentes periféricos de um computador, constituem, respectivamente, exemplos de dispositivos de entrada e de saída de dados de um computador:

a) o mouse e o teclado.

b) a impressora e o microfone.

c) a impressora e o monitor LCD.

d) o teclado e o microfone.

e) o mouse e o monitor LCD.

13. (FCC) Observe a figura que se refere a um microcomputador da linha Intel/Cisc e a correspondente descrição de hardware.

Descrição: CPU Core 2 Duo E7300 4GB 500GB DVD Linuz Intel Core 2 Duo E7300 2,66GHz, barramento 1066MHz, 3MB L2, 4GB DDR2, placa Mão Gigabyte Pw-945GCX, 500GB SATA2 7200RPM, DVD-RW – lierot e gravador de CD e DVD + Leitor de Cartão (Card Reader), placa 56k v92 – homologado pela Anatel – Ship set MOTOROLA, 10/100Mbps, som Compartilhado 32MB (configurável até 64MB pela bios), 64MB vídeo teclado PS/2 padrão ABNT – português multimídia, mouse: óptico padrão 3 botões PS2, Linux Inside, voltagem 110/220V – Bivolt, monitor W1952T Wide 19' – LG.

Informática

As referências 500GB SATA2 7200RPM, 4GB DDR2 e 10/100Mbps dizem respeito, respectivamente, aos seguintes componentes:

a) DVD, PENDRIVE e PLACA DE FAXMODEM.
b) HD, ROM e PLACA DE FAXMODEM.
c) HD, PENDRIVE e PLACA DE REDE.
d) DVD, RAM e PLACA DE REDE.
e) HD, RAM e PLACA DE REDE.

14. (FCC) Nos computadores atuais existe um tipo de memória cuja função é atender as demandas de velocidade do processador. Trata-se da memória:

a) Principal.
b) ROM.
c) Cache.
d) RAM.
e) EEPROM.

15. (FCC) Em termos de componentes básicos do computador, é um elemento que, no final das contas, funciona como uma mesa de trabalho que a todo o momento tem seu conteúdo alterado e, até mesmo, descartado quando ela não está energizada:

a) Placa-mãe.
b) Processador.
c) HD.
d) Placa de vídeo.
e) Memória RAM.

16. (FUNRIO) São exemplos de dispositivos de entrada:

a) scanner e impressora.
b) teclado e mouse.
c) monitor e pen drive.
d) modem e placa de rede.
e) câmera e projetor.

Gabarito

01	B	09	CERTO
02	B	10	C
03	C	11	A
04	D	12	E
05	A	13	E
06	B	14	C
07	C	15	E
08	CERTO	16	B

Anotações

CAPÍTULO 11
Glossário

A

Adware

Adwares são programas feitos para mostrar anúncios e propagandas de vários produtos. Geralmente são instalados no computador de uma forma injusta.

Android

É o sistema operacional do google para celulares, smartphones e tablets.

B

Backdoor (porta dos fundos)

Qualquer malware que possua um backdoor permite que o computador infectado seja controlado totalmente ou parcialmente via conexão com uma porta.

Bluetooth

Bluetooth é uma forma de conexão que constitui uma rede do tipo PAN (rede pessoal), utilizado para conexões de dispositivos como mouses, teclados, celulares, smartphones, entre outros dispositivos.

Bug

O termo bug ("inseto") é usado para definir defeitos inexplicáveis em engenharia e também em informática. Softwares bugados costumam travar mais. Outros bugs podem fazer com que worms se propaguem pela Internet.

Existe uma história verídica que conta que, em 1947, o computador Mark II estava com problemas no funcionamento e era por causa de um inseto que estava dentro das placas do computador. É considerado um caso "real" de um "computador que não funcionava por um bug", mas não é o primeiro registro histórico do uso do termo.

BIOS

Sigla para "Basic Input/Output System", que pode ser traduzido para "Sistema Básico de Entrada/Saída". A BIOS é um pequeno software armazenado em um componente da placa-mãe que é responsável pelo boot do computador.

Boot

Chama-se boot o processo que seu computador executa quando você o liga.

C

Cache

É uma memória de armazenamento temporário, com finalidade de fornecer um acesso mais rápido às informações.

Atualmente encontramos a cache em navegadores de internet, nos processadores, bem como nos HDs.

Cracker

Pessoas que usam seus conhecimentos de informática para destruir computadores ou ganhar dinheiro, roubando e burlando sistemas bancários e de cartão de crédito.

A maioria das pessoas chama, erroneamente, os crackers de hackers.

Cookie

Um cookie é uma informação que pode ser armazenada pelo navegador se um website requisitar. A informação não pode ter um tamanho muito grande. Cookies possuem uma validade e, ao expirarem, são automaticamente deletados pelo navegador.

D

Domínio

Um domínio é um endereço na internet. Por exemplo, example.com, assim como superdownloads.com.br ou globo.com; todos são domínios. No Brasil, o Registro.br gerencia os domínios, qualquer fora dos definidos por essa organização é considerado inválido. Os nomes dos domínios são transformados para endereços IP através do DNS.

DNS

Domain Name System, ou Sistema de Nomes de Domínio. O DNS é o processo que resolve o domínio de um site, de forma que, quando você acessar www.site.com, o seu computador possa transformar isso no endereço IP do servidor de destino.

Driver

São informações sobre o funcionamento das peças de Hardware. Um driver é usado para que o sistema operacional se comunique com o hardware. Existem também drivers de software para software, por exemplo, sua placa de vídeo precisa de um driver, assim como a placa de som e alguns monitores.

F

Firewall

O Firewall monitora as conexões feitas pelo seu computador para garantir que nenhum recurso dele esteja sendo usado indevidamente. São úteis na prevenção de worms, trojans e outros malwares que tentem explorar comunicações de rede.

G

Gateway

É um ponto de junção, composto de hardware e software, que funciona como um "portão de entrada" ou acesso intermediário entre duas redes de formatos diferentes.

H

Hash

Um hash é uma sequência de letras/números gerada por um algoritmo de hashing, que busca identificar um arquivo ou informação unicamente. Hashs podem ser usados para saber se os arquivos que você baixa através da Internet são idênticos aos distribuídos pelo desenvolvedor.

A sequência do hash é limitada (dificilmente passa dos 512 bytes).

Hijack

Chama-se hijack (sequestro) quando o navegador web do computador tem sua página inicial alterada ou pop-ups aparecem enquanto navega um site que, normalmente, estaria limpo.

HTTP

O HyperText Transfer Protocol foi criado para que os navegadores e servidores web pudessem se comunicar de uma forma padronizada. É um dos protocolos mais comuns da web.

I

IRC

O Internet Relay Chat é um sistema para bate-papo muito conhecido na internet.

K

Kernel

O kernel é o coração do Sistema Operacional, pois faz a comunicação mais básica entre o software e o hardware.

Um erro no kernel pode causar uma falha grave no sistema operacional. Muitas vezes, erros diretos no boot do sistema são causados por falhas no kernel.

Keylogger

[Key = chave; log = registro de ações] Software que captura as teclas digitas no computador. Atualmente, o termo foi expandido para incluir vários softwares de monitoração completa do sistema, tais como o Perfect Keylogger (BPK).

L

Log

Um Log (to log - registrar) é um arquivo que guarda informações passadas (registros). Existem registros/logs de erros, páginas visitadas ("Histórico"), entre outros, que podem ajudar na identificação e solução de problemas.

M

Malware

Malware é software que tem objetivos maliciosos, nele, se incluem todos os trojans, vírus e spywares.

Na maioria das vezes, "malware" será apenas tratado como um grupo que engloba spywares e adware.

MS-DOS

Sistema operacional base do Windows. Atualmente ele não é mais usado como sistema operacional, mas é possível encontrá-lo no Windows; é o prompt de comando.

P

Phishing

É uma página ou mesmo um e-mail falso que tentam induzir o usuário a informar seus dados pessoais e confidenciais como senhas.

POP3

O Post Office Protocol é um protocolo que trabalha no ciclo das mensagens eletrônicas. Serve para que os usuários possam facilmente baixar as suas mensagens de e-mail do servidor.

Porta de Conexão

O protocolo TCP/IP define 65535 "portas" lógicas para a conexão. As portas são apenas um recurso criado pelo protocolo para facilitar a conexão entre dois computadores que ainda não possuem uma conexão ativa.

Várias portas possuem tarefas padrão. A porta 80, por exemplo, é responsável por conexões do HTTP, que é o protocolo utilizado pela maioria dos sites na web.

Protocolo

Protocolos são regras que definem o modo pelo qual diferentes sistemas se comunicam. Seu navegador e servidor web precisam entender um ao outro, por isso os dois se utilizam do HTTP para interpretar as informações que recebem e formular as mensagens que irão mandar.

S

Scam

Fraudes que buscam estritamente ganhos financeiros. Nas fraudes do tipo scam, diferente do phishing, o usuário contrata um serviço, mas nunca o recebe. Existem outros scams em que o usuário é induzido a realizar um pagamento para a transferência de valores, mas a transação nunca é efetuada, fazendo com que o usuário perca o dinheiro. Podemos assimilar esse tipo de ataque ao golpe do bilhete premiado.

Script

Scripts são "roteiros" utilizados principalmente para automatizar tarefas administrativas. São também conhecidos como arquivos de lotes.

Servidor

A Internet funciona com uma base de Servidor--Cliente.

Os servidores geralmente esperam para atender um cliente, como um caixa no banco (servidor) que atende as pessoas (clientes) que usam os serviços do banco. Invasões só ocorrem quando o computador da vítima tiver um servidor para que o cliente (o atacante) possa se conectar.

SMTP

O Simple Mail Transfer Protocol é um protocolo de envio de mensagens de correio eletrônico associado aos clientes de e-mail, é também para a troca de mensagens entre os servidores de e-mail.

Smartphone

São os telefones Inteligentes.

Software

Software é a parte lógica do computador, aquela que você não pode ver nem tocar, mas opera constantemente.

Spam

E-mail não solicitado. Geralmente contém propagandas absurdas com fórmulas mágicas para ganhar dinheiro e produtos farmacêuticos.

Spoofing

Referente ao que é forjado/falsificado. Um ataque de "IP Spoof" é aquele no qual o endereço IP do remetente é forjado. Um e-mail "spoofed" é um e-mail em que o cabeçalho da mensagem ("De:" ou "From:") foi falsificado.

Spyware

Spywares são programas que capturam os dados do usuário ao fazer uso de algum serviço específico, como acessar determinado site ou programa; eles podem vir acompanhados de hijackers. Cuidado, spywares são diferentes de Phishings.

Sistema Operacional

Um Sistema Operacional é um Software especial que faz um trabalho muito importante: gerencia o hardware. Ele também tem uma interface para que os programadores possam desenvolver programas que serão úteis, como editores de texto, calculadoras ou navegadores web. O sistema operacional não é útil por si só, mas os programas que rodam nele são.

T

TCP/IP

Sigla para Transmission Control Protocol/Internet Protocol, ou simplesmente Protocolo de Controle de Transmissão/Protocolo de Internet. O TCP/IP é uma suíte que inclui vários protocolos como o IP, TCP e UDP. Ele é apenas chamado de TCP/IP, pois o TCP e o IP são os dois protocolos mais importantes incluídos nessa suíte.

TI

TI é uma abreviação para Tecnologia da Informação. Refere-se a ela tudo que tenha um processador e consiga processar informação.

Trojan Horse (Cavalo-de-Troia)

É um meio utilizado para infiltrar outros malwares ao computador do usuário.

U

UDP

UDP (User Datagram Protocol) é um protocolo mais simples que o TCP e não possui muitos recursos. Ele também não tem a garantia de que os pacotes chegam ao destino. É utilizado por alguns serviços muito importantes como o DNS.

Por ser mais simples, ele pode algumas vezes ser mais rápido.

V

Vírus

Vírus (na definição clássica) é todo programa de computador que funciona como parasita, infectando os arquivos que existem em um computador.

Por esse motivo, Trojans não são vírus, mas apenas "malware". Worms também não são vírus, pois só usam a rede para se espalhar e não infectam arquivos no disco rígido.

W

Worms

Worm é um tipo de malware que usa a rede para se espalhar. São muito famosos por infectar um grande número de computadores em pouco tempo, usando anexos de e-mail e forjando e-mails aparentemente legítimos.

Outros worms usam a rede local para serem instalados em diferentes computadores.

Anotações

NOÇÕES DE DIREITO E LEGISLAÇÃO

ÍNDICE

Constituição Federal

Constituição Estadual do Paraná

Estatuto da Criança e do Adolescente

Código de Organização e Divisão Judiciárias do Estado do Paraná

CAPÍTULO 01

Introdução ao Direito Constitucional

Noções Gerais

Para iniciarmos o estudo do Direito Constitucional, alguns conceitos precisam ser esclarecidos, principalmente para aqueles que nunca tiveram contato com a matéria.

Primeiramente, faz-se necessário conhecer qual será o objeto de estudo desta disciplina jurídica: **Constituição Federal.**

A Constituição Federal é simplesmente a norma mais importante de todo o ordenamento jurídico brasileiro. Ela é a norma principal, a norma fundamental.

Se pudéssemos posicionar as espécies normativas na forma de uma pirâmide hierárquica, a Constituição Federal apareceria no topo desta pirâmide, ao passo que as outras espécies normativas estariam todas abaixo dela, como na ilustração:

Para que sua preparação seja adequada, é necessário que se tenha em vista uma Constituição atualizada. Isso por conta de que a Constituição Federal foi promulgada em 1988, mas já foi alterada várias vezes. Significa dizer, numa linguagem mais jurídica, que ela foi **emendada**.

As Emendas Constitucionais são a única forma de alteração do Texto Constitucional. Portanto, jamais uma lei, ou outra espécie normativa hierarquicamente inferior à Constituição, poderá alterar o seu texto.

Neste ponto caberia a pergunta: o que torna a Constituição Federal a norma mais importante do Direito Brasileiro? A resposta é muito simples: a Constituição possui alguns elementos que a distinguem das outras espécies normativas, por exemplo:

→ os Princípios Constitucionais;

→ os Direitos Fundamentais;

→ a Organização do Estado;

→ a Organização dos Poderes.

De nada adiantaria possuir uma Constituição Federal com tantos elementos essenciais ao Estado se não existisse alguém para protegê-la. O próprio texto constitucional previu um Guardião para a Constituição, o **Supremo Tribunal Federal (STF)**.

O STF é o órgão de cúpula do Poder Judiciário e possui como atribuição principal a guarda da Constituição. Ele é tão poderoso que se alguém editar uma norma que contrarie o disposto no texto constitucional, o Supremo a declarará inconstitucional. Uma norma declarada inconstitucional pelo STF não produzirá efeitos na sociedade.

Além de Guardião da Constituição, o STF possui outra atribuição Constitucional, qual seja, a de Intérprete do texto fundamental. É o Supremo quem define a melhor interpretação para esta ou aquela norma Constitucional. Quando um Tribunal manifesta sua interpretação, dizemos que ele revelou sua **Jurisprudência.** A Jurisprudência é o pensamento dos tribunais, sendo a jurisprudência do STF a que mais interessa para o estudo do Direito Constitucional. E é exatamente neste ponto que se encontra a maior importância do STF para o objetivo que aqui se tem em vista: é essencial conhecer sua jurisprudência, pois costuma cair em prova. Só para se ter ideia da importância dessa matéria, é possível que alguma jurisprudência do STF seja contrária ao próprio texto constitucional. Dessa forma, o aluno precisa ter uma dupla percepção: conhecer o texto da Constituição e conhecer a Jurisprudência do STF.

Contudo, ainda existe outra fonte de conhecimento essencial para o aprendizado em Direito Constitucional: a **Doutrina**.

A **Doutrina** é o pensamento produzido pelos estudiosos do Direito Constitucional. Conhecer a Doutrina também faz parte de sua preparação.

Em suma, para estudar Direito Constitucional é necessário estudar:

→ a Constituição Federal;

→ a Jurisprudência do STF;

→ doutrina de Direito Constitucional.

Neste trabalho, apresentar-se-á o conteúdo de Direito Constitucional atualizado, objetivo e necessário para prova de forma que se tenha à mão um material suficiente ao estudo para concurso público.

Metodologia de Estudo

Aproveitam-se essas considerações iniciais para passar uma dica de estudo que pode ser útil na preparação para concurso público. A preparação em Direito Constitucional precisa observar três passos:

→ leitura da Constituição Federal;

→ leitura da apostila (anotações de aula);

→ resolução de exercícios.

O aluno que seguir esses passos certamente chegará à aprovação em concurso público. Essa é a melhor orientação para quem está iniciando os estudos. Com a conjugação desses três passos, certamente você atingirá seu objetivo.

Classificações

A partir de algumas **características** que possuem as Constituições, é possível classificá-las, agrupá-las. As classificações abaixo não são as únicas possíveis, realçando apenas aqueles elementos mais comumente cobrados nos concursos públicos.

Quanto à **origem**, a Constituição pode ser Promulgada ou Outorgada. A **Constituição Promulgada** é aquela decorrente de um verdadeiro processo democrático para a sua elaboração, fruto de uma Assembleia Nacional Constituinte. A **Outorgada** é aquela imposta, unilateralmente, por um governante ou por um grupo de pessoas, ao povo.

Quanto à possibilidade de **alteração, mutação**, podem ser **Flexíveis, Rígidas** ou **Semirrígidas**. As Constituições Flexíveis não exigem, para a sua alteração, qualquer processo legislativo especial. As Rígidas, contudo, dependem de um processo legislativo de alteração mais difícil do que aquele utilizado para as normas ordinárias. As Constituições Semirrígidas são aquelas cuja parte de seu texto só pode ser alterada por um processo mais difícil, sendo que outra parte pode ser mudada sem qualquer processo especial.

Quanto **à forma** adotada, as Constituições podem ser: **Escritas ou Dogmáticas** e **Costumeiras**. A Constituição Dogmática é aquela que apresenta um único texto, no qual encontramos sistematizadas e organizadas todas as disposições essenciais do Estado. A Constituição Costumeira é aquela formada pela reunião de diversos textos esparsos, reconhecidos pelo povo como fundantes, essenciais.

Quanto à **extensão**, podem ser: **Sintéticas** ou **Analíticas**. A Constituição Sintética é aquela concisa, enxuta e que só traz as disposições políticas essenciais a respeito da forma, organização, fundamentos e objetivos do Estado. A Constituição Analítica é aquela que aborda diversos assuntos, não necessariamente relacionados com a organização do Estado e dos poderes. Ela desce a minúcias que poderiam figurar em uma lei ordinária, não precisando constar do texto constitucional.

A partir das classificações apresentadas acima, temos que a Constituição Federal de 1988 pode ser considerada por **Promulgada, Rígida, Escrita** e **Analítica**.

Anotações

CAPÍTULO 02

Princípios Fundamentais

Os princípios fundamentais, também chamados de princípios constitucionais, formam a base de toda a organização do Estado Brasileiro. Como bem citado pelo Professor José Afonso da Silva, "os princípios fundamentais visam essencialmente definir e caracterizar a coletividade política e o Estado e enumerar as principais opções político-constitucionais[1]".

Exatamente em razão de sua importância, a Constituição Federal os colocou logo no início, pois eles são a base de todo o texto. O que se segue a partir desses princípios é mero desdobramento de seu conteúdo.

Quem se prepara para concurso deve saber que, quando esse tema é abordado, costuma-se trabalhar questões com o conteúdo previsto nos Arts. 1º ao 4º do texto constitucional. Geralmente, aparece apenas texto constitucional puro, mas dependendo do concurso as bancas costumam cobrar questões doutrinárias mais pesadas.

Quais princípios serão abordados?

→ Princípio da Tripartição dos Poderes;
→ Princípio Federativo;
→ Princípio Republicano;
→ Presidencialismo;
→ Princípio Democrático;
→ Fundamentos da República Federativa do Brasil;
→ Objetivos fundamentais da República Federativa do Brasil;
→ Princípios que regem as relações internacionais do Brasil.

Princípio da Tripartição dos Poderes

Esse princípio, também chamado de Princípio da Separação dos Poderes, originou-se, historicamente, numa tentativa de limitar os poderes do Estado. Alguns filósofos perceberam que, se o Poder do Estado estivesse dividido entre três entidades diferentes, seria possível que a sociedade exercesse um maior controle de sua utilização.

Na verdade, a divisão não é do Poder Estatal, haja vista ser ele uno, indivisível e indelegável, mas apenas uma divisão das suas funções. Nos dizeres de José Afonso da Silva:

"O poder político, uno, indivisível e indelegável, se desdobra e se compõe de várias funções, fato que permite falar em distinções das funções, que fundamentalmente são três: a legislativa, a executiva e a jurisdicional"[2].

A previsão constitucional desse princípio encontra-se no Art. 2º, que diz:

> ***Art. 2º** São Poderes da União, independentes e harmônicos entre si, o Legislativo, o Executivo e o Judiciário.*

Esses são os três poderes, cada qual responsável pelo desenvolvimento de uma função principal do Estado:

Poder Executivo

Função principal (típica) de administrar o Estado;

Poder Legislativo

Função principal (típica) de legislar e fiscalizar as contas públicas;

Poder Judiciário

Função principal (típica) jurisdicional.

Além da sua própria função, a Constituição criou uma sistemática que permite a cada um dos poderes o exercício da função do outro poder. Essa função acessória chamamos de **função atípica:**

Poder Executivo

Função atípica de legislar e julgar;

Poder Legislativo

Função atípica de administrar e julgar;

Poder Judiciário

Função atípica de administrar e legislar.

Dessa forma, pode-se dizer que além da própria função, cada poder exerce de forma acessória a função do outro poder.

Uma pergunta sempre surge na cabeça dos estudantes: qual dos três poderes é mais importante?

A única resposta possível é a inexistência de poder mais importante. Cada poder possui sua própria função de forma que não se pode afirmar que exista hierarquia entre os poderes do Estado.

Fique Ligado

São três Poderes: Executivo, Legislativo e Judiciário. Não existe hierarquia entre eles.

Eles são independentes e harmônicos entre si, e para se garantir essa harmonia, a doutrina norte-americana desenvolveu um sistema que mantém a igualdade entre os poderes: **Sistema de Freios e Contrapesos *(checks and balances).***

O sistema de freios e contrapesos adotado pela nossa Constituição revela-se nas inúmeras medidas previstas no texto constitucional que condicionam a competência de um poder à apreciação de outro poder de forma a garantir o equilíbrio entre os três poderes. Abaixo estão alguns exemplos delas:

> A necessidade de sanção do Chefe do Poder Executivo para que um Projeto de Lei aprovado pelo Poder Legislativo possa entrar em vigor;
> O processo do Chefe do Poder Executivo por crime de responsabilidade a ser realizado no Senado Federal, cuja sessão de julgamento é presidida pelo Presidente do STF;
> A necessidade de apreciação pelo Poder Legislativo das Medidas Provisórias editadas pelo Chefe do Poder Executivo;
> A nomeação dos ministros do STF é feita pelo Presidente da República depois de aprovada pelo Senado Federal.

Em todas as hipóteses acima apresentadas, faz-se necessária a participação de mais de um Poder para a consecução de um ato administrativo. Isso cria uma verdadeira relação de interdependência entre os poderes, o que garante o equilíbrio entre eles.

---

1 CANOTILHO, J. J. Gomes, e MOREIRA, Vital. Fundamentos da Constituição. In: SILVA, José Afonso da. Curso de Direito Constitucional Positivo. 33ª Ed. São Paulo: Malheiros, 2010. p. 94.

2 SILVA, José Afonso da. Curso de Direito Constitucional Positivo. 33ª Ed. São Paulo: Malheiros, 2010. p. 108.

Exercício Comentado

01. ***(CESPE) A separação dos Poderes no Brasil adota o sistema norte-americano checks and balances, segundo o qual a separação das funções estatais é rígida, não se admitindo interferências ou controles recíprocos.***

ERRADO. ***O sistema norte-americano checks and balances de fato é adotado no Brasil, contudo não significa separação rígida, mas uma separação que permite a um Poder fiscalizar a atuação do outro Poder. Dessa forma, admite-se interferência e controle recíprocos.***

Por último, não se pode esquecer que a separação dos poderes é uma das cláusulas pétreas por força do Art. 60, § 4º, III da Constituição Federal.

Significa dizer que a separação dos poderes não pode ser abolida do texto constitucional por meio de emenda:

> ***Art. 60, § 4º*** *- Não será objeto de deliberação a proposta de emenda tendente a abolir:*
>
> ***III.*** *a separação dos Poderes.*

Princípio Federativo

Esse princípio apresenta a Forma de Estado adotada no Brasil: federação. A forma de Estado reflete o modo de exercício do poder político em função do território. É uma forma composta ou complexa[3], visto que prevalece a pluralidade de poderes políticos internos. Está baseada na descentralização política do Estado, cuja representação se dá por meio de quatro entes federativos:

- → União;
- → Estados;
- → Distrito Federal;
- → Municípios.

Cada ente federativo possui sua própria autonomia política, o que não pode ser confundido com o atributo da soberania, pertencente ao Estado Federal.

A autonomia de cada ente confere-lhe a capacidade política de, inclusive, criar sua própria Constituição. Apesar de cada ente federativo possuir essa independência, não se pode esquecer que a existência do pacto federativo pressupõe a existência de uma Constituição Federal e da impossibilidade de separação (Princípio da Indissolubilidade do vínculo federativo). Havendo quebra do pacto federativo, a Constituição Federal prevê como instrumento de manutenção da forma de Estado a chamada Intervenção Federal, a qual será estudada em momento oportuno.

Não existe hierarquia entre os entes federativos. O que os distingue é a competência que cada um recebeu da Constituição Federal. Deve-se ressaltar que os estados e o Distrito Federal possuem direito de participação na formação da vontade nacional ao possuírem representantes no Senado Federal. Os municípios não possuem representantes no Senado Federal. Caracteriza-se, ainda, pela existência de um guardião da Constituição Federal, o Supremo Tribunal Federal. A doutrina tem apontado para algumas características da forma federativa brasileira:

Tricotômica

Federação constituída em três níveis: federal, estadual e municipal. O Distrito Federal não é considerado nessa classificação, haja vista possuir competência híbrida, ou seja, ora age como estado ora como município.

Centrífuga

Essa característica reflete a formação da federação brasileira. É a formação "de dentro para fora". O movimento é de centrifugadora. A força de criação do estado federal brasileiro surgiu a partir de um Estado Unitário para a criação de um estado federado, ou seja, o poder centralizado que se torna descentralizado. O poder político era concentrado nas mãos de um só ente e, depois, passa a fazer parte de vários entes federativos.

Por desagregação

Ocorre quando um estado unitário resolve se descentralizar politicamente, desagregando o poder central em favor de vários entes titulares de poder político.

Exercício Comentado

01. ***(CESPE) Em face da descentralização administrativa e política que caracteriza o Estado brasileiro, a República Federativa do Brasil constitui um estado unitário descentralizado, dispondo os entes políticos estatais de autonomia para a tomada de decisão, no caso concreto, a respeito da execução das medidas adotadas pela esfera central de governo.***

ERRADO. ***O erro está em dizer que a República Federativa do Brasil é um estado unitário, pois sabemos que o Brasil é um estado Federal. Estado Unitário é uma forma oposta ao Estado Federal. Deve-se tomar muito cuidado com esse tema, que sempre aparece em prova.***

Como última observação, não menos importante, a **Forma Federativa de Estado** também é uma cláusula **pétrea.**

Depois de estudar os Princípios da Tripartição dos Poderes e o Federativo, passa-se a ver como eles estão estruturados dentro da República Federativa do Brasil. Uma informação importante antes disso: a autonomia política existente em cada ente federativo pode ser percebida por meio de existência dos poderes em cada um.

3 A doutrina classifica as formas de Estado em Compostas ou Unitárias. Os Estados Compostos ou Complexos possuem como base a descentralização política enquanto que os Estados Unitários ou simples possuem uma única entidade política a qual exerce de forma centralizada o poder político (CUNHA, 2011, p. 872). Estado Federal é espécie de Estado Composto, portanto, não se confunde com Estado Unitário.

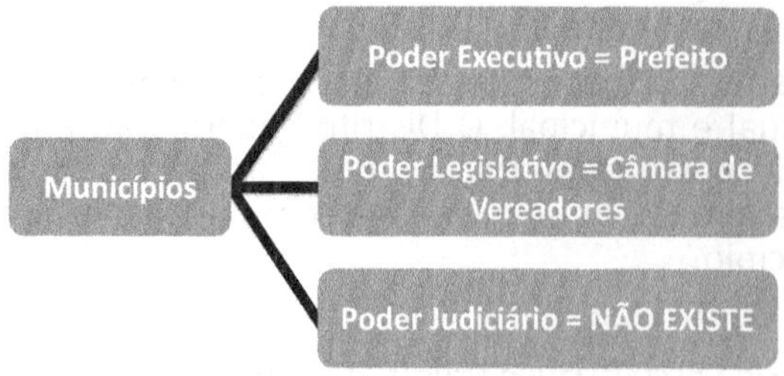

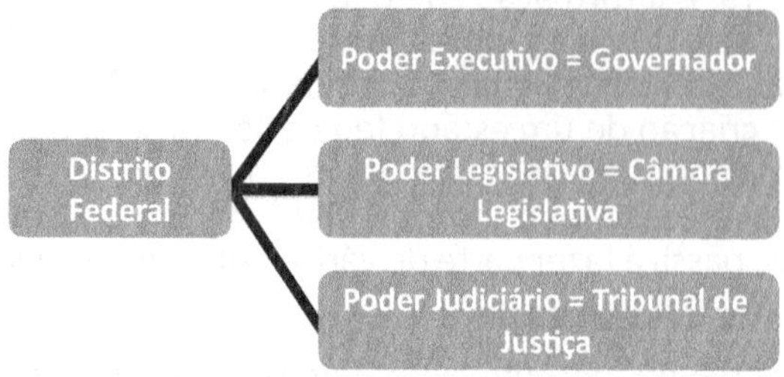

Fique Ligado

Os municípios não possuem Poder Judiciário.

Princípio Republicano

O princípio Republicano representa a Forma de governo adotada no Brasil. A forma de governo reflete o modo de aquisição e exercício do poder político, além de medir a relação existente entre o governante e o governado.

A melhor forma de entender esse instituto é conhecendo suas características. A primeira característica decorre da análise etimológica da expressão *res publica*. Essa expressão, que dá origem ao princípio ora estudado, significa coisa pública, ou seja, em um Estado Republicano o governante cuida da coisa pública, governa para o povo.

Outra característica importante é a Temporariedade. Esse atributo revela o caráter temporário do exercício do poder político. Por causa desse princípio, em nosso Estado, o governante permanece no poder por tempo determinado.

Em uma República, o governante é escolhido pelo povo. Essa é a chamada Eletividade. O poder político é adquirido pelas eleições, sendo que a vontade popular se concretiza nas urnas.

Por fim, em um Estado Republicano o governante pode ser responsabilizado por seus atos.

A forma de governo republicana se contrapõe à monarquia, cujas características são opostas às estudadas aqui.

Fique Ligado

As bancas costumam dizer que o princípio Republicano é uma cláusula pétrea, contudo, esse princípio não se encontra listado no rol das cláusulas pétreas do Art. 60, § 4º da Constituição Federal. Apesar disso, a Constituição o considerou como princípio sensível. Princípios sensíveis são aqueles que, se tocados, ensejarão a chamada Intervenção Federal, conforme previsto no Art. 34, VII, da Constituição:

> *Art. 34. A União não intervirá nos Estados nem no Distrito Federal, exceto para:*
>
> *VII. assegurar a observância dos seguintes princípios constitucionais:*
>
> *a) forma republicana, sistema representativo e regime democrático.*

Presidencialismo

O Presidencialismo é o sistema de governo adotado no Brasil. O sistema de governo rege a relação entre o Poder Executivo e o Legislativo medindo o grau de dependência entre eles. No Presidencialismo, prevalece a separação entre os Poderes Executivo e Legislativo, os quais são independentes e harmônicos entre si.

A Constituição declara que o Poder Executivo da União é exercido pelo Presidente da República auxiliado por seus Ministros de Estado:

> ***Art. 76.*** *O Poder Executivo é exercido pelo Presidente da República, auxiliado pelos Ministros de Estado.*

O Presidencialismo possui uma característica muito importante, que é a concentração das funções executivas em uma só pessoa, o Presidente, o qual é eleito pelo povo, e exerce ao mesmo tempo três funções: Chefe de Estado, Chefe de Governo, e Chefe da Administração Pública.

A função de Chefe de Estado diz respeito a todas as atribuições do Presidente nas relações externas do País. Como Chefe de Governo, o Presidente possui inúmeras atribuições internas no que tange à governabilidade do país. Já como Chefe da Administração Pública o Presidente exercerá as funções relacionadas com a chefia da Administração Pública Federal.

Democracia

Este princípio revela o Regime de Governo adotado no Brasil. Caracteriza-se pela existência do Estado Democrático de Direito e pela preservação da dignidade da pessoa humana.

A democracia significa o governo do povo, pelo povo e para o povo. É a chamada soberania popular. Sua fundamentação constitucional encontra-se no Art. 1º da CF:

> ***Art. 1º, § único.*** *Todo o poder emana do povo, que o exerce por meio de representantes eleitos ou diretamente, nos termos desta Constituição.*

Esse princípio também é conhecido como princípio sensível e, no Brasil, caracteriza-se por seu exercício se dar de forma direta e indireta. Por esse motivo, a democracia brasileira é conhecida como semidireta ou participativa. Esse tema, porém, será abordado na seção sobre **Direitos Políticos**.

Fundamentos da República Federativa do Brasil

Entre os Princípios Constitucionais mais importantes, destacam-se os Fundamentos da República Federativa do Brasil, os quais estão elencados no Art. 1º da Constituição Federal:

> ***Art. 1º** A República Federativa do Brasil, formada pela união indissolúvel dos Estados e Municípios e do Distrito Federal, constitui-se em Estado Democrático de Direito e tem como fundamentos:*
>
> *I. A soberania;*
>
> *II. A cidadania;*
>
> *III. A dignidade da pessoa humana;*
>
> *IV. Os valores sociais do trabalho e da livre iniciativa;*
>
> *V. O pluralismo político.*

Fazemos a seguir uma análise de cada um desses fundamentos para sua melhor compreensão.

A soberania é um fundamento que possui estreita relação com o Poder do Estado. É a capacidade que o Estado tem de impor sua vontade. Esse princípio possui uma dupla acepção: soberania interna e externa.

> **A soberania interna** é a capacidade de impor o poder estatal no âmbito interno, perante os administrados, sem se sujeitar a qualquer outro poder.

> **A soberania externa** é percebida pelo reconhecimento dos outros Estados soberanos de que o Estado Brasileiro possui sua própria autonomia no âmbito internacional.

A cidadania como princípio revela a condição jurídica de quem é titular de Direitos Políticos. Ela permite ao indivíduo que possui vínculo jurídico com o Estado participar de suas decisões e escolher seus representantes. O exercício da cidadania guarda estreita relação com a Democracia, pois essa autoriza a participação popular na formação da vontade estatal.

A dignidade da pessoa humana é considerada o princípio com maior hierarquia axiológica da Constituição. Sua importância se traduz na medida em que deve ser assegurada, primordialmente, pelo Estado, mas também deve ser observada nas relações particulares. Como fundamento, embasa toda a gama de direitos fundamentais, os quais estão ligados em sua origem a esse princípio. A dignidade da pessoa humana representa o núcleo mínimo de direitos e garantias que devem ser assegurados aos seres humanos.

O valor social do trabalho e da livre iniciativa revela a adoção de uma economia capitalista ao mesmo tempo em que elege o trabalho como elemento responsável pela valorização social. Ao mesmo tempo em que a Constituição garante uma liberdade econômica, protege o trabalho como elemento relacionado à dignidade do indivíduo como membro da sociedade.

O Pluralismo Político, ao contrário do que parece, não está relacionado apenas com a pluralidade de partidos políticos, devendo ser entendido sob um sentido mais amplo, pois revela uma sociedade em que pluralidade de ideias se torna um ideal a ser preservado. Liberdades, como de expressão, religiosa ou política estão entre as formas de manifestação desse princípio.

Geralmente, quando esse tema é cobrado em prova, costuma ser questionado apenas o texto constitucional.

Fique Ligado

Sugere-se a memorização desses fundamentos, o que poderá ser facilitado com a seguinte sequência de iniciais: SO CI DI VA PLU.

Objetivos Fundamentais da República Federativa do Brasil

Outro grupo de Princípios Constitucionais que costuma ser cobrado em prova é o dos Objetivos da República Federativa do Brasil, os quais estão previstos no Art. 3º da Constituição Federal:

> ***Art. 3º** Constituem objetivos fundamentais da República Federativa do Brasil:*
>
> *I. Construir uma sociedade livre, justa e solidária;*
>
> *II. Garantir o desenvolvimento nacional;*
>
> *III. Erradicar a pobreza e a marginalização e reduzir as desigualdades sociais e regionais;*
>
> *IV. Promover o bem de todos, sem preconceitos de origem, raça, sexo, cor, idade e quaisquer outras formas de discriminação.*

Os objetivos são verdadeiras metas a serem perseguidas pelo Estado com o fim de garantir os ditames constitucionais. Deve-se ter muito cuidado com esses dispositivos, pois eles costumam ser cobrados em prova fazendo-se alterações dos termos constitucionais.

Outra característica que distingue os fundamentos dos objetivos é o fato de os fundamentos serem nominados com substantivos ao passo que os objetivos se iniciam com verbos. Essa diferença pode ajudar a perceber qual a resposta correta na prova.

Fique Ligado

É interessante memorizar as iniciais das primeiras palavras como forma de facilitar a memorização do Art.: GA CON ER PRO.

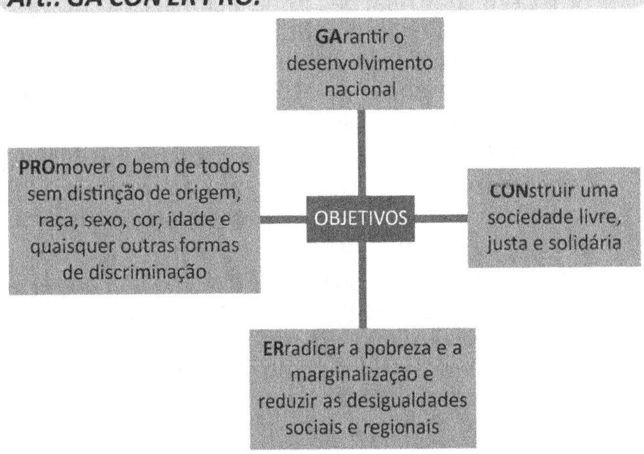

Princípios que Regem as Relações Internacionais do Brasil

E, por fim, têm-se os Princípios que regem as relações internacionais, os quais estão previstos no Art. 4º da CF:

Art. 4º - A República Federativa do Brasil rege-se nas suas relações internacionais pelos seguintes princípios:

I. Independência nacional;
II. Prevalência dos direitos humanos;
III. Autodeterminação dos povos;
IV. Não intervenção;
V. Igualdade entre os Estados;
VI. Defesa da paz;
VII. Solução pacífica dos conflitos;
VIII. Repúdio ao terrorismo e ao racismo;
IX. Cooperação entre os povos para o progresso da humanidade;
X. Concessão de asilo político.

§ único. A República Federativa do Brasil buscará a integração econômica, política, social e cultural dos povos da América Latina, visando à formação de uma comunidade latino-americana de nações.

Esses princípios revelam características muito interessantes do Brasil, ressaltando sua soberania e independência em relação aos outros Estados do mundo.

→ **A independência nacional** destaca, no âmbito da soberania externa, a relação do país com os demais estados, uma relação de igualdade, sem estar subjugado a outro Estado.

→ **A prevalência dos direitos humanos** vai ao encontro do fundamento da dignidade da pessoa humana, característica muito importante que se revela por meio do grande rol de direitos e garantias fundamentais previstos na Constituição Federal.

→ O Brasil **defende a autodeterminação dos povos.** Por esse princípio, respeitam-se as decisões e escolhas de cada povo. Entende-se que cada povo é capaz de escolher o seu próprio caminho político e de resolver suas crises internas sem necessidade de intervenção externa de outros países. Esse princípio se completa ao da **não intervenção** no mesmo sentido de preservação e respeito à soberania dos demais Estados.

→ Esses princípios se completam juntamente com o da **igualdade entre os Estados,** sendo que cada país é reconhecido como titular de soberania na mesma proporção que os demais, sem hierarquia entre eles.

→ Com uma ampla gama de garantias constitucionais, não poderia ficar de lado a **defesa da paz** como princípio fundamental, ao mesmo tempo que funciona como bandeira defendida pelo Brasil em suas relações internacionais. No mesmo sentido, **a solução pacífica dos conflitos** revela o lado conciliador do governo brasileiro, que por vezes intermedeia relações conturbadas entre outros chefes de estado.

→ **O repúdio ao terrorismo e ao racismo** é princípio decorrente da dignidade da pessoa humana; terrorismo e racismo são tomados como inaceitáveis em sociedades modernas.

→ O Estado Brasileiro tem-se destacado na **cooperação entre os povos para o progresso da humanidade**, envolvendo-se em pesquisas científicas para cura de doenças, bem como na defesa e preservação do meio-ambiente, entre outros.

→ **A concessão de asilo político** como princípio constitucional fundamenta a decisão brasileira de amparar estrangeiros que estejam sendo perseguidos em seus países por questões políticas ou de opinião.

Destaca-se, entre os princípios que regem as relações internacionais, um mandamento para que a República Federativa do Brasil busque a integração econômica, política, social e cultural dos povos da América Latina, visando à formação de uma comunidade latino-americana de nações. Repare-se que o texto constitucional mencionou América Latina, não América do Sul. Parece não haver muita diferença, mas esse tema já foi cobrado em prova e a troca dos termos é considerada errada.

Fique Ligado

Para facilitar a memorização desses princípios, também há um macete: A IN DE NÃO CON PRE I RE CO S.

Vamos Praticar

01. (FCC) Segundo a Constituição Federal, a República Federativa do Brasil é formada:

a) Pelos cidadãos dos quais emana o poder exercido por meio de representantes eleitos.
b) Pelo conjunto de cidadãos aos quais são garantidos os direitos fundamentais.
c) Pela união dos Poderes Executivo, Legislativo e Judiciário.
d) Pela integração econômica, política e social de todos os Estados.
e) Pela união indissolúvel dos Estados e Municípios e do Distrito Federal.

02. (FCC) A Constituição Federal, no capítulo reservado aos princípios fundamentais, estabelece que a República Federativa do Brasil rege-se nas suas relações internacionais, dentre outras hipóteses, pelo princípio da:

a) Não intervenção.
b) Dependência nacional condicionada.
c) Determinação dos povos quanto à dignidade da pessoa humana.
d) Solução bélica e não arbitral dos conflitos.
e) Vedação de asilo e de exílio político-partidário.

03. (FCC) No que concerne aos Princípios Fundamentais, considere:

I. A República Federativa do Brasil, formada pela união dissolúvel dos Estados e Municípios e do Distrito Federal, constitui-se em Estado Democrático de Direito.
II. Constitui objetivo fundamental da República Federativa do Brasil garantir o desenvolvimento nacional.
III. A República Federativa do Brasil rege-se, nas suas relações internacionais, além de outros, pelo princípio da concessão de asilo político.
IV. A República Federativa do Brasil buscará a integração econômica, política, social e cultural dos povos da América Latina, visando à formação de uma comunidade latino-americana de nações.

Está correto o que consta apenas em:

a) I, II e IV.

b) II, III e IV.

c) I, II e III.

d) II e III.

e) I e III.

04. (FCC) Não é considerada exceção ao princípio da separação de poderes no Estado brasileiro, entre outras, a:

a) Fiscalização contábil, financeira e orçamentária consistente no controle externo de natureza técnica ou numérico-legal exercido pelos Tribunais de Contas.

b) Permissão para que Deputados Federais e Senadores exerçam funções de Ministros de Estado.

c) Convocação de Ministros de Estado, perante o plenário das Casas do Congresso Nacional e de suas comissões.

d) Adoção pelo Presidente da República de medidas provisórias, com força de lei, em casos de relevância e urgência.

e) Autorização, na forma de resolução, de delegação de atribuições legislativas ao Presidente da República.

05. (OAB) Assinale a alternativa **incorreta**:

a) Por se apresentar como fundamento da República Federativa do Brasil, a dignidade da pessoa humana possui valor apenas simbólico, não podendo ser considerada princípio constitucional.

b) Nos termos da Constituição da República, todo o poder emana do povo, que o exerce diretamente ou por meio de representantes eleitos.

c) Embora haja menção a Deus no preâmbulo da Constituição da República, o Brasil é um Estado laico.

d) A autodeterminação dos povos e a não intervenção são princípios que regem as relações internacionais da República Federativa do Brasil.

06. (CESPE) O Brasil caracteriza-se por ser um Estado unitário, o qual possui governo único, conduzido por uma única entidade política, que exerce, de forma centralizada, o poder político.

Certo ( ) Errado ( )

07. (CESPE) De acordo com a Constituição Federal de 1988 (CF), todo o poder emana do povo, que o exerce exclusivamente por meio de representantes eleitos diretamente.

Certo ( ) Errado ( )

08. (CESPE) A livre iniciativa está entre os fundamentos da República Federativa do Brasil inseridos na CF, o que denota a opção do constituinte originário por uma economia de mercado capitalista.

Certo ( ) Errado ( )

09. (CESPE) A separação dos Poderes no Brasil adota o slstema norte-americano *checks and balances*, segundo o qual a separação das funções estatais é rígida, não se admitindo interferências ou controles recíprocos.

Certo ( ) Errado ( )

10. (CESPE) A Constituição Federal de 1988 apresenta os chamados princípios fundamentais da República Federativa do Brasil, que incluem referências a sua forma de Estado, forma de governo e regime político. Deduz-se do texto constitucional que a República Federativa do Brasil é um Estado de Direito, o que limita o próprio poder do Estado e garante os direitos fundamentais dos particulares.

Certo ( ) Errado ( )

11. (CESPE) A dignidade da pessoa humana, um dos fundamentos da República Federativa do Brasil, apresenta-se como direito de proteção individual em relação ao Estado e aos demais indivíduos e como dever fundamental de tratamento igualitário dos próprios semelhantes.

Certo ( ) Errado ( )

12. (FCC) Quanto aos Princípios Fundamentais, é correto afirmar que a República Federativa do Brasil rege-se nas suas relações internacionais, dentre outros, pelo princípio da:

a) Exclusiva proteção dos bens jurídicos.

b) Não cumulatividade.

c) Prevalência dos direitos humanos.

d) Uniformidade geográfica.

e) Reserva legal.

13. (FCC) Dentre as proposições abaixo, é **incorreto** afirmar que a República Federativa do Brasil, nas suas relações internacionais, rege-se pelo princípio da:

a) Independência nacional.

b) Vedação ao asilo político.

c) Não intervenção.

d) Prevalência dos direitos humanos.

e) Autodeterminação dos povos.

14. (FCC) Dentre as proposições abaixo, é **incorreto** afirmar que a República Federativa do Brasil tem como fundamentos, dentre outros:

a) A cidadania e o pluralismo político.

b) A soberania e a dignidade da pessoa humana.

c) O pluralismo político e a valorização social do trabalho.

d) A dignidade da pessoa humana e o valor da livre iniciativa.

e) A autonomia e a dependência nacional.

15. (FCC) Soberania, cidadania e pluralismo político, de acordo com a Constituição Federal, constituem:

a) Objetivos fundamentais da República Federativa do Brasil.

b) Direitos políticos coletivos.

c) Garantias fundamentais.

d) Fundamentos da República Federativa do Brasil.

e) Princípios que regem a República Federativa do Brasil nas suas relações internacionais.

16. (FCC) Em matéria de Princípios Constitucionais Fundamentais, considere:

I. Todo o poder emana do povo, que o exerce por meio de representantes eleitos ou diretamente, nos termos da Constituição.

II. O Brasil rege-se nas relações internacionais, dentre outros, pelos princípios da intervenção e negativa de asilo político.

III. O Brasil buscará a integração econômica, política, social e cultural dos povos da América Latina, visando à formação de uma comunidade latino-americana de nações.

IV. Constitui, dentre outros, objetivo fundamental da República Federativa do Brasil, erradicar a pobreza e a marginalização e reduzir as desigualdades sociais.

É correto apenas o que consta em:

a) I e II.
b) I, II e III.
c) I, III e IV.
d) II, III e IV.
e) II e IV.

17. (FCC) Nos termos da Constituição Federal de 1988, constitui um dos objetivos fundamentais da República Federativa do Brasil:

a) Construir uma sociedade igualitária.
b) Garantir o desenvolvimento econômico.
c) Reduzir as desigualdades sociais e regionais.
d) Promover a defesa da paz.
e) Garantir a dignidade da pessoa humana.

18. (FCC) Um dos princípios expressos na Constituição Federal de 1988 que regem as relações internacionais da República Federativa do Brasil é:

a) Zelar pela soberania.
b) Erradicação da pobreza.
c) Garantir o desenvolvimento internacional.
d) Prevalência dos direitos humanos.
e) Pluralismo político.

19. (FCC) Quanto aos Princípios Fundamentais, considere:

I. A República Federativa do Brasil, formada pela união dissolúvel dos Estados e dos Municípios, constitui-se em Estado Democrático de Direito.

II. São Poderes da União, dependentes entre si, o Legislativo, o Executivo e o Judiciário.

III. Todo o poder emana do povo, que o exerce por meio de representantes eleitos ou diretamente, nos termos da Constituição da República Federativa do Brasil.

IV. A República Federativa do Brasil rege-se nas suas relações internacionais pelo princípio da concessão de asilo político.

Está incorreto o que consta apenas em:

a) I e IV.
b) I e II.
c) III e IV.
d) II e III.
e) II e IV.

20. (FCC) Sobre os princípios fundamentais da República Federativa do Brasil, é correto afirmar que:

a) Foi acolhido, além de outros, o princípio da intervenção para os conscritos.
b) Dentre seus objetivos está o de reduzir as desigualdades regionais.
c) Um dos seus fundamentos é a vedação ao pluralismo político.
d) O Brasil rege-se nas suas relações internacionais, pela dependência nacional.
e) A política internacional brasileira veda a integração política que vise à formação de uma comunidade latino-americana de nações.

Gabarito

01	*E*	*11*	*CERTO*
02	*A*	*12*	*C*
03	*B*	*13*	*B*
04	*A*	*14*	*E*
05	*A*	*15*	*D*
06	*ERRADO*	*16*	*C*
07	*ERRADO*	*17*	*C*
08	*CERTO*	*18*	*D*
09	*ERRADO*	*19*	*B*
10	*CERTO*	*20*	*B*

Anotações

CAPÍTULO 03

Direitos Fundamentais I - Regras Gerais

Os direitos e garantias fundamentais estão entre os temas mais cobrados em prova. Além de questões envolvendo a literalidade do texto constitucional, encontramos aqui muitas discussões doutrinárias e jurisprudências que tornam essa matéria uma fonte inesgotável de questões de prova.

Procura-se nas próximas páginas apresentar as principais questões levantadas na doutrina e nos tribunais, sempre privilegiando as posições adotadas pelas bancas organizadoras de concurso público.

Inicia-se o estudo pelas Regras Gerais aplicáveis aos direitos fundamentais, tema que tem sido priorizado pelas maiores organizadoras de concursos do país.

Conceito

Os Direitos e garantias fundamentais são institutos jurídicos que foram criados no decorrer do desenvolvimento da humanidade e se constituem de normas protetivas que formam um núcleo mínimo de prerrogativas inerentes à condição humana.

Amplitude Horizontal e Vertical

Possuem como objetivo principal a proteção do indivíduo diante do poder do Estado. Mas não só do Estado. Os direitos e garantias fundamentais também constituem normas de proteção do indivíduo em relação aos outros indivíduos da sociedade.

E é exatamente nesse ponto que surgem os conceitos de **Amplitude Horizontal e Amplitude Vertical.** Amplitude vertical é o efeito protetor que as normas definidoras de direitos e garantias fundamentais produzem para um indivíduo diante do Estado. Já a amplitude horizontal é o efeito protetor que as normas definidoras de direitos e garantias fundamentais produzem para um indivíduo diante dos outros indivíduos.

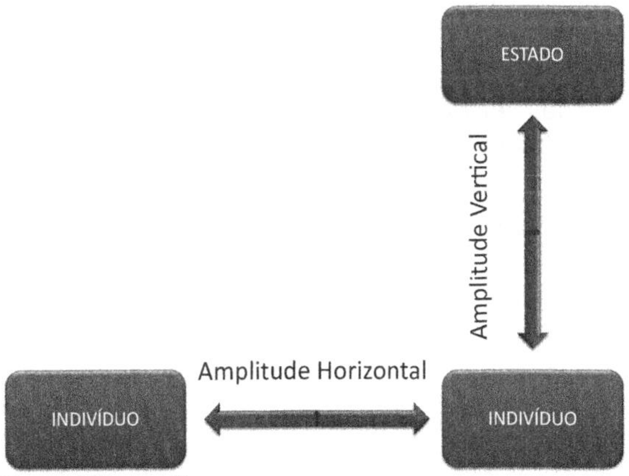

Classificação

A Constituição Federal, quando se refere aos direitos fundamentais, classifica-os em cinco grupos:

> Direitos e deveres individuais e coletivos;
> Direitos sociais;
> Direitos de nacionalidade;
> Direitos Políticos;
> Partidos Políticos.

Essa classificação encontra-se distribuída entre os Arts. 5º e 17 do texto constitucional e é normalmente chamada pela doutrina de Conceito Formal dos Direitos Fundamentais. O Conceito Formal é o que a Constituição Federal resolveu classificar como sendo Direito Fundamental. É o rol de direitos fundamentais previstos expressamente no texto constitucional.

Costuma-se perguntar nas provas: "O rol de direitos fundamentais é um rol exaustivo? Ou melhor, taxativo?" O que se quer saber é se o rol de direitos fundamentais é só aquele que está expresso na Constituição ou não.

Responde-se a essa questão com o § 2º do Art. 5º, que diz:

> ***§ 2º -*** *Os direitos e garantias expressos nesta Constituição não excluem outros decorrentes do regime e dos princípios por ela adotados, ou dos tratados internacionais em que a República Federativa do Brasil seja parte.*

Isso significa que o rol não é taxativo, mas exemplificativo. A doutrina costuma chamar esse § de Cláusula de Abertura Material, que é exatamente a possibilidade de existirem outros direitos fundamentais, ainda que fora do texto constitucional. Esse seria o Conceito Material dos direitos fundamentais, ou seja, todos os direitos fundamentais que possuem a essência fundamental, ainda que não estejam expressos no texto constitucional.

Características

O elemento jurídico acima abordado, além de explicar a possibilidade de se inserirem novos direitos fundamentais no rol dos que já existem expressamente na Constituição Federal, também constitui uma das características que serão abordadas a seguir:

Historicidade

Essa característica revela que os Direitos Fundamentais são frutos da evolução histórica da humanidade. Significa que eles evoluem com o passar do tempo.

Inalienabilidade

Os direitos fundamentais não podem ser alienados, não podem ser negociados, não podem ser transigidos.

Irrenunciabilidade

Os direitos fundamentais não podem ser renunciados.

Imprescritibilidade

Os direitos fundamentais não se sujeitam aos prazos prescricionais. Não se perde um direito fundamental pelo decorrer do tempo.

Universalidade

Os direitos fundamentais pertencem a todas as pessoas, independentemente da sua condição.

Máxima efetividade

Essa característica é mais uma imposição ao Estado, que está coagido a garantir a máxima efetividade dos direitos fundamentais. Esses direitos não podem ser ofertados de qualquer forma. É necessário que eles sejam garantidos da melhor forma possível.

Concorrência

Os direitos fundamentais podem ser utilizados em conjunto com outros direitos. Não é necessário abandonar um para usufruir outro direito.

Complementariedade

Um direito fundamental não pode ser interpretado sozinho. Cada direito deve ser analisado juntamente com outros direitos fundamentais, bem como com outros institutos jurídicos.

Proibição do retrocesso

Essa característica proíbe que os direitos já conquistados sejam perdidos.

Limitabilidade

Não existe direito fundamental absoluto. São direitos relativos.

Não taxatividade

Essa característica, já tratada anteriormente, diz que o rol de direitos fundamentais é apenas exemplificativo, tendo em vista a possibilidade de inserção de novos direitos.

Veja como esse tema costuma ser abordado em prova:

Exercício Comentado

01. ***(CESPE) Os direitos fundamentais, em que pese possuírem hierarquia constitucional, não são absolutos, podendo ser limitados por expressa disposição constitucional ou mediante lei promulgada com fundamento mediato na própria CF.***

CERTO. Os direitos fundamentais, apesar de serem previstos na Constituição, não gozam de caráter absoluto. É possível que a Constituição, ou mesmo uma norma primária, estabeleça restrições a esses direitos. Por exemplo: Direito à vida. Restrição constitucional: pena de morte, Art. 5º, XLVII, da CF. Restrição legal: legítima defesa ou estado de necessidade, Art. 23 – 25 do Código Penal.

Dimensões dos Direitos Fundamentais

As Dimensões, também conhecidas por Gerações de direitos fundamentais, são uma classificação adotada pela doutrina que leva em conta a ordem cronológica de reconhecimento desses direitos. São cinco as dimensões atualmente reconhecidas:

1ª Dimensão – foram os primeiros direitos conquistados pela humanidade. São direitos relacionados à liberdade, em todas as suas formas. Possuem um caráter negativo diante do Estado, tendo em vista ser utilizado como uma verdadeira limitação ao poder estatal, ou seja, o Estado, diante dos direitos de primeira dimensão, fica impedido de agir ou interferir na sociedade. São verdadeiros direitos de defesa com caráter individual. Estão entre estes direitos as liberdades públicas, civis e políticas.

2ª Dimensão – estes direitos surgem na tentativa de reduzirem as desigualdades sociais provocadas pela primeira dimensão. Por isso, são conhecidos como direitos de igualdade. Para reduzir as diferenças sociais, o Estado precisa interferir na sociedade: essa interferência reflete a conduta positiva adotada por meio de prestações sociais. São exemplos de direitos de segunda dimensão os direitos sociais, econômicos e culturais.

3ª Dimensão – aqui estão os conhecidos direitos de fraternidade. São direitos que refletem um sentimento de solidariedade entre os povos na tentativa de preservarem os direitos de toda a coletividade. São de terceira geração o direito ao meio ambiente saudável, o direito ao progresso da humanidade, ao patrimônio comum, entre outros.

4ª Dimensão – esses direitos ainda não possuem um posicionamento pacífico na doutrina, mas costuma-se dizer que nesta dimensão ocorre a chamada globalização dos direitos fundamentais. São direitos que rompem com as fronteiras entre os Estados. São direitos de todos os seres humanos, independentemente de sua condição, como o direito à democracia, ao pluralismo político. São também considerados direitos de 4ª geração os direitos mais novos, que estão em construção, como o direito genético ou espacial.

5ª Dimensão – essa é a mais nova dimensão defendida por alguns doutrinadores. É formado basicamente pelo direito à paz. Esse seria o direito mais almejado pelo homem e que consubstancia a reunião de todos os outros direitos.

Deve-se ressaltar que esses direitos, à medida que foram sendo conquistados, complementavam os direitos anteriores, de forma que não se pode falar em substituição ou superação de uma geração sobre a outra, mas em cumulação, de forma que hoje podemos usufruir de todos os direitos pertencentes a todas as dimensões.

Tópico Esquematizado

Para não se esquecer das três primeiras dimensões é só lembrar-se do lema da Revolução Francesa: liberdade, igualdade e fraternidade.

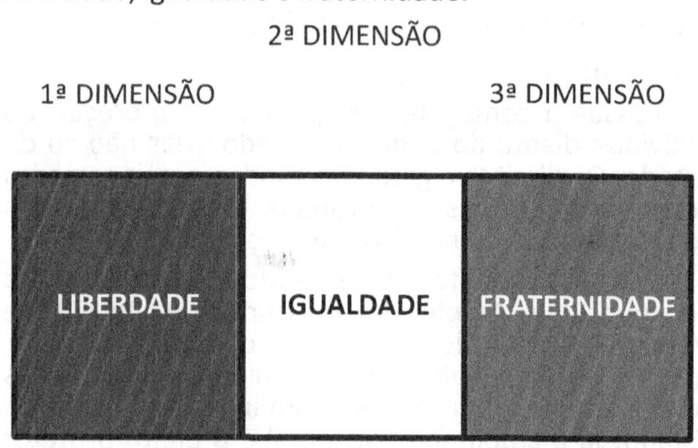

Titulares dos Direitos Fundamentais

Quem são os titulares dos direitos fundamentais?

A própria Constituição Federal responde a essa pergunta quando diz no *caput* do Art. 5º que são titulares "os brasileiros e estrangeiros residentes no país". Mas será que é necessário residir no país para que o estrangeiro tenha direitos fundamentais?

Imaginemos um avião cheio de alemães que está fazendo uma escala no Aeroporto Municipal de Cascavel-PR.

Nenhum dos alemães reside no país. Seria possível entrar no avião e matar todas aquelas pessoas, haja vista não serem titulares de direitos fundamentais por não residirem no país? É claro que não. Para melhor se compreender o termo "residente" o STF o tem interpretado de forma mais ampla no sentido de abarcar todos aqueles que estão no país. Ou seja, todos os que estão no território brasileiro, independentemente de residirem no país, são titulares de direitos fundamentais.

Mas será que, para ser titular de direitos fundamentais, é necessário ter a condição humana? Ao contrário do que parece, não é necessário. Tem-se reconhecido como titulares de direitos fundamentais as pessoas jurídicas. Ressalte-se que não só as pessoas jurídicas de direito privado, mas também as pessoas jurídicas de direito público.

Cláusulas Pétreas e os Direitos Fundamentais

O Art. 60, § 4º da Constituição Federal, traz o rol das chamadas **Cláusulas Pétreas:**

> ***§ 4º** - Não será objeto de deliberação a proposta de emenda tendente a abolir:*
>
> *I. A forma federativa de Estado;*
>
> *II. O voto direto, secreto, universal e periódico;*
>
> *III. A separação dos Poderes;*
>
> *IV. Os direitos e garantias individuais.*

As Cláusulas Pétreas são núcleos temáticos formados por institutos jurídicos de grande importância, os quais não podem ser retirados da Constituição. Observe-se que o texto proíbe a abolição desses princípios, mas não impede que os mesmos sejam modificados, no caso, para melhor. Isso já foi cobrado em prova. É importante notar que o texto constitucional prevê no inciso IV como sendo Cláusulas Pétreas apenas os direitos e garantias individuais. Pela literalidade da Constituição, não são todos os direitos fundamentais que são protegidos por esse instituto, mas apenas os de caráter individual. Parte da doutrina e da jurisprudência entende que essa proteção deve ser ampliada, abrangendo os demais direitos fundamentais. Deve-se ter atenção com esse tema em prova, pois já foram cobrados os dois posicionamentos.

Eficácia dos Direitos Fundamentais

O § 1º do Art. 5º da Constituição Federal prevê que:

> ***§ 1º** - As normas definidoras dos direitos e garantias fundamentais têm aplicação imediata.*

Quando a Constituição Federal se refere à aplicação de uma norma, na verdade está falando da sua eficácia.

Esse tema, sempre cobrado em provas de concurso, costuma ser o "calcanhar de Aquiles" dos concurseiros. Com o intuito de obter uma melhor compreensão, é necessário conceituar, classificar e diferenciar os vários níveis de eficácia das normas constitucionais.

Para que uma norma constitucional seja aplicada é indispensável que a mesma possua eficácia.

Fique Ligado

Eficácia é a capacidade que uma norma jurídica tem de produzir efeitos.

Se os efeitos produzidos se restringem ao âmbito normativo, tem-se a chamada **eficácia jurídica**, ao passo que, se os efeitos são concretos, reais, tem-se a chamada **eficácia social.** Eficácia jurídica, portanto, é a capacidade que uma norma constitucional tem de revogar todas as outras normas que com ela apresentem divergência. Já a eficácia social, também conhecida como efetividade, é a aplicabilidade na prática, concreta, da norma. Todas as normas constitucionais possuem eficácia jurídica, mas nem todas possuem eficácia social. Logo, é possível afirmar que todas as normas constitucionais possuem eficácia. O problema surge quando uma norma constitucional não pode ser aplicada na prática, ou seja, não possui eficácia social.

Para explicar esse fenômeno, foram desenvolvidas várias classificações acerca do grau de eficácia de uma norma constitucional. A classificação mais adotada pela doutrina e mais cobrada em prova é a adotada pelo autor José Afonso da Silva, em sua obra Curso de Direito Constitucional Positivo. Para esse estudioso, a eficácia social se classifica em:

- Eficácia Plena;
- Eficácia Contida;
- Eficácia Limitada.

As normas de **eficácia plena** são aquelas **autoaplicáveis.** São normas que possuem aplicabilidade direta, imediata e integral. Seus efeitos práticos são plenos. É uma norma que não depende de complementação legislativa para produzir efeitos.

» **Ex.:** Art. 1º; Art. 5º, caput e incisos XXXV e XXXVI; Art. 19; Art. 21; Art. 53; Art. 60, § 1º e 4º; Art. 69; Art. 128, § 5º, I e II; Art. 145, § 2º; entre outros.

As normas de **eficácia contida** também são **autoaplicáveis**. Assim como as normas de eficácia plena, elas possuem **aplicabilidade direta e imediata**. Contudo, sua aplicação não é integral. É neste ponto que a eficácia contida se diferencia da eficácia plena. A norma de eficácia contida nasce plena, mas pode ser restringida por outra norma.

Daí a doutrina chamá-la de norma contível, restringível ou redutível. Essas espécies permitem que outra norma reduza a sua aplicabilidade. São normas que produzem efeitos imediatos, mas esses efeitos podem ser restringidos.

» **Ex.:** Art. 5º, VII, XII, XIII, XV, XXVII, XXXIII; Art. 9º; Art. 37, I; Art. 170, § único; entre outros.

Já as normas de **eficácia limitada** são desprovidas de eficácia social. Diz-se que as normas de eficácia limitada não são autoaplicáveis, possuem aplicabilidade indireta, mediata e reduzida ou diferida. São normas que dependem de outra para produzirem efeitos. O que as difere das normas de eficácia contida é a dependência de outra norma para que produza efeitos sociais. Enquanto as de eficácia contida produzem efeitos imediatos, os quais poderão ser restringidos posteriormente, as de eficácia limitada dependem de outra norma para produzirem efeitos. Deve-se ter cuidado para não pensar que essas espécies normativas não possuem eficácia. Como se afirmou anteriormente, elas possuem eficácia jurídica, mas não possuem eficácia social. As normas de eficácia limitada são classificadas, ainda, em:

- Normas de eficácia limitada de princípio institutivo (organizativo ou organizatório);
- Normas de eficácia limitada de princípio programático.

As normas de eficácia limitada de **princípio institutivo** são aquelas que dependem de outra norma para organizar ou instituir estruturas, entidades ou órgãos.

» **Ex.:** Art. 18, § 2º; Art. 22, § único; Art. 25, § 3º; Art. 33; Art. 88; Art. 90, §2º; Art. 102, §1º; Art. 107, §1º; Art. 113; Art. 121; Art. 125, §3º; 128, §5º; Art. 131; entre outros.

As normas de eficácia limitada de **princípio programático** são aquelas que apresentam verdadeiros objetivos a serem perseguidos pelo Estado, programas a serem implementados. Em regra, possuem fins sociais.

» **Ex.:** Art. 7º, XI, XX, XXVII; Art. 173, §4º; Art. 196; Art. 205; Art. 215; Art. 218; Art. 227; entre outros.

O Supremo Tribunal Federal (STF) possui algumas decisões que conferiram o grau de eficácia limitada aos seguintes dispositivos:

» **Ex.:** Art. 5º, LI; Art. 37, I; Art. 37, VII; Art. 40, § 4º; Art. 18, §4º.

Feitas as considerações iniciais sobre esse tema, resta saber o que o § 1º do Art. 5º da CF quis dizer com "aplicação imediata". Para traduzir essa expressão, basta analisar a explicação apresentada acima. Segundo a doutrina, as normas que possuem aplicação imediata ou são de eficácia plena ou contida. Ao que parece, o texto constitucional quis restringir a eficácia dos direitos fundamentais em plena ou contida, não existindo, em regra, normas definidoras de direitos fundamentais com eficácia limitada. Entretanto, pelos próprios exemplos aqui apresentados, não é essa a realidade do texto constitucional. Certamente, existem normas de eficácia limitada entre os direitos fundamentais (7º, XI, XX, XXVII). A dúvida que surge então é: como responder na prova?

A doutrina e o STF têm entendido que, apesar do texto expresso na Constituição Federal, existem normas definidoras de direitos fundamentais que não possuem aplicabilidade imediata, as quais são de eficácia limitada. Diante dessa contradição, a doutrina tem orientado no sentido de se conferir a maior eficácia possível aos direitos fundamentais. Em prova, pode ser cobrada tanto uma questão abordando o texto puro da Constituição Federal quanto o posicionamento da doutrina. Deve-se responder conforme for perguntado.

A Constituição previu dois instrumentos para garantir a efetividade das normas de eficácia limitada: **Ação Direta de Inconstitucionalidade** por omissão e o **Mandado de Injunção.** Contudo, a análise desses institutos ficará para uma próxima oportunidade.

Fique Ligado

Todas as normas constitucionais possuem eficácia jurídica, mas nem todas possuem eficácia social.

Tópico Esquematizado:

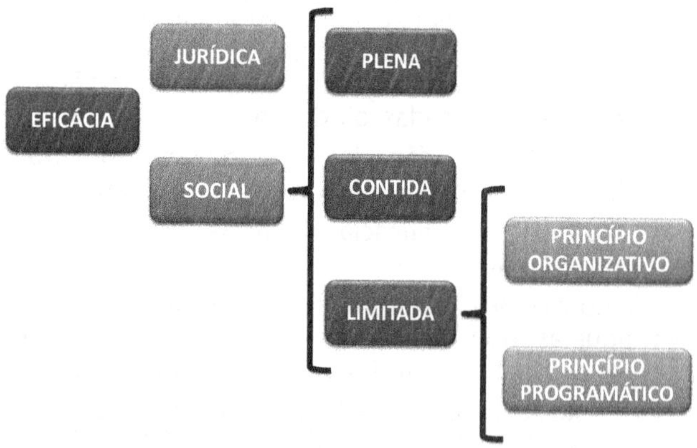

Força Normativa dos Tratados Internacionais

Uma regra muito importante para a prova é a que está prevista no § 3º do Art. 5º:

> ***§3º** - Os tratados e convenções internacionais sobre direitos humanos que forem aprovados, em cada Casa do Congresso Nacional, em dois turnos, por três quintos dos votos dos respectivos membros, serão equivalentes às emendas constitucionais.*

Esse dispositivo constitucional apresenta a chamada Força Normativa dos Tratados Internacionais.

Segundo o texto constitucional, é possível que um tratado internacional possua força normativa de emenda constitucional, desde que preencha os seguintes requisitos:

- tem que falar de direitos humanos;
- tem que ser aprovado nas duas casas legislativas do Congresso Nacional, ou seja, na Câmara dos Deputados e no Senado Federal;
- tem que ser aprovado em dois turnos em cada casa;
- tem que ser aprovado por 3/5 dos membros em cada turno de votação, em cada casa.

Preenchidos esses requisitos, o Tratado Internacional terá força normativa de **Emenda à Constituição.**

Mas surge a seguinte questão: e se o Tratado Internacional for de Direitos Humanos e não preencher os requisitos constitucionais previstos no § 3º do Art. 5º da Constituição? Qual será sua força normativa? Segundo o STF, caso o Tratado Internacional fale de direitos humanos, mas não preencha os requisitos do § 3º do Art. 5º da CF, ele terá força normativa de **Norma Supralegal.**

Ainda há os tratados internacionais que não falam de direitos humanos. São tratados que falam de outros temas, por exemplo, o comércio. Esses tratados possuem força normativa de **Lei Ordinária.**

Fique Ligado

Para o tratado ser equivalente à emenda constitucional, tem que ser aprovado nas duas casas do Congresso Nacional, em dois turnos, pelo voto de 3/5 dos membros.

Em suma, são três as forças normativas dos Tratados Internacionais:

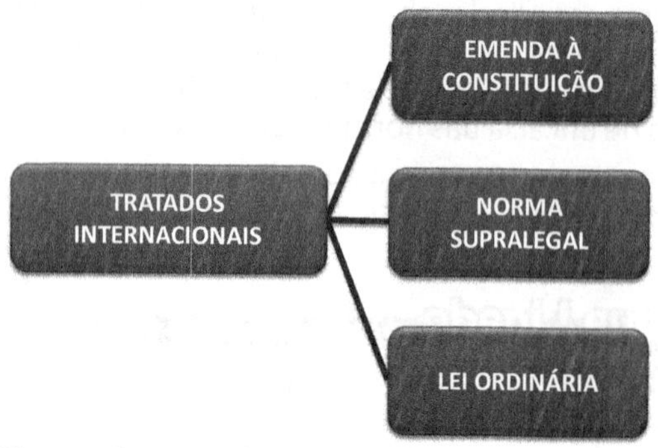

Tribunal Penal Internacional - TPI

Há outra regra muito interessante prevista no § 4º do Art. 5º da Constituição:

> ***§ 4º** O Brasil se submete à jurisdição de Tribunal Penal Internacional a cuja criação tenha manifestado adesão.*

É o chamado **Tribunal Penal Internacional.** Mas o que é o Tribunal Penal Internacional? É uma corte permanente, localizada em Haia, na Holanda, com competência de julgamento dos crimes contra a humanidade.

É um Tribunal, pois tem função jurisdicional; é Penal porque só julga crimes; é Internacional, haja vista sua competência não estar restrita à fronteira de um só Estado.

Mas uma coisa deve ser esclarecida. O TPI não julga qualquer tipo de crime. Só os crimes que tenham repercussão para toda a humanidade. Geralmente, são crimes de guerra, agressão estrangeira, genocídio, dentre outros.

uma tribuna com atribuições
não faz parte do Poder Judiciário
competência é complementar à
não ofendendo, portanto, a
brasileira. Isso significa que o TPI
ça brasileira se omitir ou é ineficaz.

Garantias

am se direitos e garantias são a
melhor doutrina tem diferenciado

Os direitos são os próprios direitos previstos na Constituição. São os bens jurídicos tutelados pela Constituição. Eles representam por si só esses bens.

As garantias são instrumentos de proteção dos direitos. São ferramentas disponibilizadas pela Constituição para a fruição dos direitos.

Apesar da diferença entre os dois institutos é possível afirmar que **toda garantia é um direito.**

Vamos Praticar

01. (FCC) São direitos fundamentais classificados como de segunda geração:

a) Os direitos econômicos e culturais.
b) Os direitos de solidariedade e os direitos difusos.
c) As liberdades públicas.
d) Os direitos e garantias individuais clássicos.
e) O direito do consumidor e o direito ao meio ambiente equilibrado.

02. (FCC) Em conformidade com o Art. 113 da Constituição Federal: A lei disporá sobre a constituição, investidura, jurisdição, competência, garantias e condições de exercício dos órgãos da Justiça do Trabalho. A presente hipótese trata de uma norma constitucional de eficácia

a) Limitada, definidora de princípio institutivo ou organizativo.
b) Limitada, definidora de princípios programáticos.
c) Plena, mas de natureza facultativa ou permissiva.
d) Contida, em razão de restrições impostas por outras normas constitucionais.
e) Plena, mas de natureza obrigatória, de programas ou diretrizes.

03. (FCC). Nos termos da Constituição Federal, serão equivalentes às emendas constitucionais, os tratados e convenções internacionais sobre direitos humanos que forem aprovados,

a) Pelo Senado Federal, em único turno, por três quartos dos votos dos respectivos membros.
b) Pelo Congresso Nacional, em dois turnos, por dois terços dos votos dos respectivos membros.
c) Em cada Casa do Congresso Nacional, em dois turnos, por três quintos dos votos dos respectivos membros.
d) Pela Câmara dos Deputados, em único turno, por dois terços dos votos dos presentes à sessão.
e) Pelo Congresso Nacional, em único turno, por maioria absoluta dos presentes à sessão.

04. (FCC) A inviolabilidade do direito à vida, à liberdade, à igualdade, à segurança e à propriedade são garantias previstas na Constituição Federal:

a) Aos brasileiros, não estendidas às pessoas jurídicas.
b) Aos brasileiros natos, apenas.
c) Aos brasileiros natos e aos estrangeiros com residência fixa no País.
d) Aos brasileiros natos ou naturalizados.
e) Aos brasileiros e aos estrangeiros residentes no País.

05. (CESGRANRIO) Juan, cidadão argentino residente no Brasil, dirigiu-se ao Banco Central a fim de encaminhar uma petição dirigida a determinada autoridade, reclamando sobre a conduta abusiva de um funcionário. Nesse caso, a Constituição:

a) Condiciona o exercício deste direito ao pagamento de taxa correspondente ao serviço.
b) Permite a Juan exercer tal direito.
c) Assegura esse direito apenas aos brasileiros (natos ou naturalizados).
d) Assegura esse direito apenas aos brasileiros no gozo dos direitos políticos.
e) Não assegura tal direito.

06. (CESPE) O Brasil se submeterá à jurisdição de Tribunal Penal Internacional a cuja criação manifestar adesão.

Certo ( ) Errado ( )

07. (CESPE) Os direitos e garantias fundamentais estão previstos de forma taxativa na CF.

Certo ( ) Errado ( )

08. (CESPE) As normas constitucionais de eficácia contida ou relativa restringível têm aplicabilidade plena e imediata, mas podem ter eficácia reduzida ou restringida nos casos e na forma que a lei estabelecer.

Certo ( ) Errado ( )

09. (CESPE) Os direitos fundamentais, em que pese possuírem hierarquia constitucional, não são absolutos, podendo ser limitados por expressa disposição constitucional ou mediante lei promulgada com fundamento mediato na própria CF.

Certo ( ) Errado ( )

10. (CESPE) As pessoas jurídicas são beneficiárias dos direitos e garantias individuais, desde que tais direitos sejam compatíveis com sua natureza.

Certo ( ) Errado ( )

11. (CESPE) As normas de eficácia contida permanecem inaplicáveis enquanto não advier normatividade para viabilizar o exercício do direito ou benefício que consagram; por isso, são normas de aplicação indireta, mediata ou diferida.

Certo ( ) Errado ( )

12. (CESPE) Embora se saliente, nas garantias fundamentais, o caráter instrumental de proteção a direitos, tais garantias também são direitos, pois se revelam na faculdade dos cidadãos de exigir dos poderes públicos a proteção de outros direitos, ou no reconhecimento dos meios processuais adequados a essa finalidade.

Certo ( ) Errado ( )

13. (ESAF) Os tratados e convenções internacionais sobre direitos fundamentais que forem aprovados, no Congresso Nacional, serão equivalentes às emendas constitucionais.

Certo ( ) Errado ( )

14. (ESAF) A Constituição enumera exaustivamente os direitos e garantias dos indivíduos, sendo inconstitucional o tratado que institua outros, não previstos pelo constituinte.

Certo ( ) Errado ( )

15. (ESAF) Os direitos e garantias individuais consagrados na Constituição Federal, como regra, somente geram direitos subjetivos aos indivíduos depois de regulados pelo legislador ordinário.

Certo ( ) Errado ( )

16. (ESAF) Sobre os direitos fundamentais, é correto dizer:

a) Somente os brasileiros e os estrangeiros residentes no Brasil são reconhecidos como titulares de direitos fundamentais entre nós.

b) Pessoas jurídicas podem ser titulares de direitos fundamentais.

c) Menores de 18 anos não podem ser titulares de direitos fundamentais.

d) Servidores públicos não podem alegar direitos fundamentais contra a Administração para a qual prestam serviço.

e) Somente por emenda à Constituição podem ser abolidos direitos e garantias individuais previstos na Carta da República.

17. (ESAF) Os direitos fundamentais assegurados pela Constituição vinculam diretamente não apenas os poderes públicos, estando direcionados também à proteção dos particulares em face dos poderes privados.

Certo ( ) Errado ( )

18. (CESPE) Sendo os direitos fundamentais válidos tanto para as pessoas físicas quanto para as jurídicas, não há, na Constituição Federal de 1988 (CF), exemplo de garantia desses direitos que se destine exclusivamente às pessoas físicas.

Certo ( ) Errado ( )

19. (CESPE) Segundo a tradicional classificação quanto ao grau de aplicabilidade das normas constitucionais, normas de eficácia limitada são aquelas que, de imediato, no momento em que a Constituição é promulgada, não têm o condão de produzir todos os seus efeitos, sendo necessária a edição de uma lei integrativa infraconstitucional. São, portanto, de aplicabilidade mediata e reduzida, também chamada de aplicabilidade indireta ou diferida.

Certo ( ) Errado ( )

20. (CESPE) A norma constitucional que proclama e assegura a liberdade de profissão, ao dispor ser "livre o exercício de qualquer trabalho, ofício ou profissão, atendidas as qualificações profissionais que a lei estabelecer", classifica-se como norma constitucional de eficácia contida ou restringível.

Certo ( ) Errado ( )

Gabarito

01	A	11	ERRADO
02	A	12	CERTO
03	C	13	ERRADO
04	E	14	ERRADO
05	B	15	ERRADO
06	CERTO	16	B
07	ERRADO	17	CERTO
08	CERTO	18	ERRADO
09	CERTO	19	CERTO
10	CERTO	20	CERTO

Anotações

CAPÍTULO 04

Direitos Fundamentais II - Direitos e Deveres Individuais e Coletivos

A Constituição Federal, ao disciplinar os direitos individuais, os coloca basicamente no Art. 5º. Logo no *caput* desse Art., já aparece uma classificação didática dos direitos ali previstos:

> ***Art. 5º*** *Todos são iguais perante a lei, sem distinção de qualquer natureza, garantindo-se aos brasileiros e aos estrangeiros residentes no País a inviolabilidade do direito à vida, à liberdade, à igualdade, à segurança e à propriedade, nos termos seguintes:*

Para estudarmos os direitos individuais, utilizaremos os cinco grupos de direitos previstos no *caput* do Art. 5º:

- → Direito à vida;
- → Direito à igualdade;
- → Direito à liberdade;
- → Direito à propriedade;
- → Direito à segurança.

Percebe-se que os 78 incisos do Art. 5º, de certa forma, decorrem de um desses direitos que podem ser chamados de **"direitos raízes"**. Utilizando essa divisão, que parece didática, a seguir serão abordados os incisos mais importantes desse Art., tendo em vista a preparação para a prova. Logicamente, não conseguiremos abordar todos os incisos, o que não tira a responsabilidade de lê-los.

Direito à Vida

Ao falar desse direito, que é considerado pela doutrina como o **direito mais fundamental de todos**, por ser um pressuposto para o exercício dos demais direitos, enfrenta-se um primeiro desafio: esse direito é absoluto?

Assim como os demais direitos, o direito à vida não é absoluto. São várias as justificativas existentes para considerá-lo um direito passível de flexibilização:

Pena de Morte

Uma pergunta que não quer calar e que já apareceu em prova: existe pena de morte no Brasil?

A sua resposta tem que ser "SIM". A alínea "a" do inciso XLVII do Art. 5º traz essa previsão expressamente:

> ***XLVII.*** *não haverá penas:*
>
> ***a)*** *de morte, salvo em caso de guerra declarada, nos termos do Art. 84, XIX;*

Todas as vezes que a Constituição traz uma negação acompanhada de uma exceção, estamos diante de uma possibilidade, e isso é uma maravilhosa oportunidade de questão de prova.

Aborto

A prática de aborto no Brasil é permitida? O Art. 128 do Código Penal Brasileiro apresenta duas possibilidades de prática de aborto que são verdadeiras excludentes de ilicitude:

> **Art. 128** - *Não se pune o aborto praticado por médico:*
>
> ***Aborto necessário***
>
> ***I.*** *Se não há outro meio de salvar a vida da gestante;*
>
> ***Aborto sentimental***
>
> ***II.*** *Se a gravidez resulta de estupro e o aborto é precedido de consentimento da gestante ou, quando incapaz, de seu representante legal.*

São os **abortos necessário** e **sentimenta**l. Aborto necessário é aquele praticado para salvar a vida da gestante e o aborto sentimental é utilizado nos casos de estupro. Essas duas exceções à prática do crime de aborto são hipóteses em que se permite a sua prática no direito brasileiro. Além dessas duas hipóteses previstas expressamente na legislação brasileira, o STF também reconhece a possibilidade da prática de aborto do feto anencéfalo (feto sem cérebro)[1]. Mais uma vez, o direito à vida encontra-se flexibilizado.

Legítima Defesa e Estado de Necessidade

Esses dois institutos, também excludentes de ilicitude do crime, são outras possibilidades de limitação do direito a vida, conforme disposto no Art. 23 do Código Penal Brasileiro:

> **Art. 23** - *Não há crime quando o agente pratica o fato:*
>
> ***I.*** *Em estado de necessidade;*
>
> ***II.*** *Em legítima defesa;*

Em linhas gerais e de forma exemplificativa, o estado de necessidade permite que, diante de uma situação de perigo, uma pessoa possa, para salvar uma vida, tirar a vida de outra pessoa. Na legítima defesa, caso sua vida seja ameaçada por alguém, existe legitimidade em retirar a vida de quem o ameaçou.

Fique Ligado

O direito à vida não é um direito absoluto.

Outro ponto que deve ser ressaltado é que o direito à vida não está adstrito apenas ao fato de se estar vivo. Quando a constituição protege o direito à vida, a faz em suas diversas acepções. Existem dispositivos constitucionais que protegem o direito à vida no que tange a sua preservação da integridade física e moral (Art. 5º III, V, XLVII, XLIX; Art. 199, §4º. A Constituição também protege o direito à vida no que tange à garantia de uma vida com qualidade (Arts. 6º; 7º, IV; 196; 205; 215).

Direito à Igualdade

Igualdade Formal X Igualdade Material

Possui como sinônimo o termo Isonomia. A doutrina classifica esse direito em:

Igualdade formal

Traduz-se no termo "todos são iguais perante a lei, sem distinção de qualquer natureza". É o previsto no *caput* do Art. 5º. É uma igualdade jurídica, que não se preocupa com a realidade, mas apenas evita que alguém seja tratado de forma discriminatória.

---

1 O Tribunal, por maioria e nos termos do voto do Relator, julgou procedente a ação para declarar a inconstitucionalidade da interpretação segundo a qual a interrupção da gravidez de feto anencéfalo é conduta tipificada nos Arts. 124, 126, 128, incisos I e II, todos do Código Penal, contra os votos dos Senhores Ministros Gilmar Mendes e Celso de Mello que, julgando-a procedente, acrescentavam condições de diagnóstico de anencefalia especificadas pelo Ministro Celso de Mello; e contra os votos dos Senhores Ministros Ricardo Lewandowski e Cezar Peluso (Presidente), que a julgavam improcedente. Impedido o Senhor Ministro Dias Toffoli. Plenário, 12.04.2012. ADPF 54 – Relator Minº Marco Aurélio.

Igualdade material

Também chamada de igualdade efetiva ou substancial. É a igualdade que se preocupa com a realidade. Traduz-se na seguinte expressão: "tratar os iguais com igualdade e os desiguais com desigualdade, na medida das suas desigualdades". Esse tipo de igualdade confere um tratamento com justiça para aqueles que não a possuem.

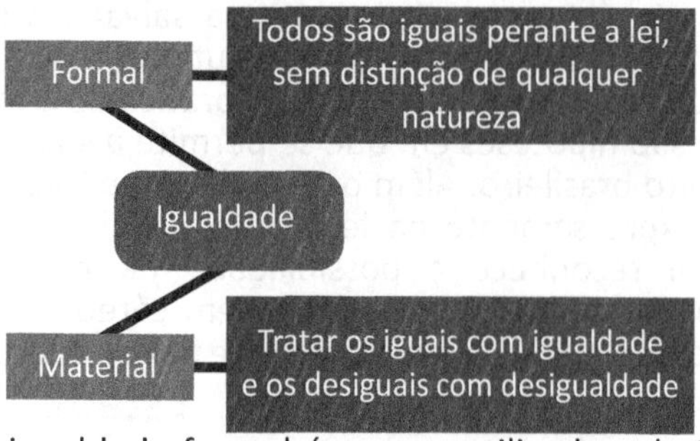

A igualdade formal é a regra utilizada pelo Estado para conferir um tratamento isonômico entre as pessoas. Contudo, por diversas vezes, um tratamento igualitário não consegue atender a todas as necessidades práticas. Faz-se necessária a utilização da igualdade em seu aspecto material para que se consiga produzir um verdadeiro tratamento isonômico.

Imaginemos as relações entre homens e mulheres. A regra é que homem e mulher são tratados da mesma forma conforme previsto no inciso I do Art. 5º:

> *I. Homens e mulheres são iguais em direitos e obrigações, nos termos desta Constituição;*

Contudo, em diversas situações, homens e mulheres serão tratados de forma diferente:

Licença maternidade

120 dias. Para o homem, apenas 5 dias de licença paternidade;

Aposentadoria

A mulher se aposenta 5 anos mais cedo que o homem;

Serviço Militar Obrigatório

Só o homem está obrigado.

Essas são algumas das situações em que são permitidos tratamentos desiguais entre as pessoas. As razões que justificam essa discriminação são as diferenças efetivas que existem entre os homens e as mulheres em cada uma das hipóteses. Exemplificando, a mulher tem mais tempo para se recuperar em razão da nítida distinção do desgaste feminino para o masculino no que tange ao parto. É indiscutível que, por mais desgastante que seja o nascimento de um filho para o pai, nada se compara ao sofrimento suportado pela mãe. Por essa razão, a licença maternidade é maior que a licença paternidade.

Igualdade nos Concursos Públicos

Tema muito interessante diz respeito à igualdade nos concursos públicos. Seria possível restringir o acesso a um cargo público em razão do sexo de uma pessoa? Ou por causa de sua altura? Ou ainda, pela idade que possui?

Essas questões encontram a mesma resposta: sim! É possível, desde que os critérios discriminatórios preencham alguns requisitos:

Deve ser fixado em lei.

Não basta que os critérios estejam previstos no edital, precisam estar previstos em lei, no seu sentido formal.

Deve ser necessário ao exercício do cargo.

O critério discriminatório deve ser necessário ao exercício do cargo. A título de exemplo: seria razoável exigir para um cargo de policial militar, altura mínima ou mesmo, idade máxima, que representam vigor físico, tendo em vista a natureza do cargo que exige tal condição. As mesmas condições não poderiam ser exigidas para um cargo de técnico judiciário, por não serem necessárias ao exercício do cargo.

Em suma, podem ser exigidos critérios discriminatórios desde que previstos em lei e que sejam necessários ao exercício do cargo, observados os critérios de proporcionalidade e razoabilidade.

Esse tema sempre tem sido alvo de questões em prova, principalmente sob o aspecto jurisprudencial. Veja-se este exemplo de questão:

Exercício Comentado

01. (CESPE) Em razão do caráter absoluto do princípio da isonomia, não se admite o estabelecimento de proibições relativas ao acesso em determinadas carreiras por critério de idade.

ERRADO. Não existe direito fundamental absoluto, logo, a primeira afirmação de que o princípio da isonomia tem caráter absoluto está errada.

Como consequência da primeira afirmação, também está errada a segunda, haja vista ser possível o estabelecimento de proibições relativas ao acesso em determinadas carreiras por critério de idade desde que esteja prevista na lei do cargo e seja necessária a restrição. Posição do STF.

Ações Afirmativas

Como formas de concretização da igualdade material foram desenvolvidas políticas públicas de compensação dirigidas às minorias sociais chamadas de **Ações Afirmativas ou Discriminações Positivas**. São verdadeiras ações de cunho social que visam a compensar possíveis perdas que determinados grupos sociais tiveram ao longo da história de suas vidas.

Mas por que reservar vagas para pessoas com deficiência em concursos públicos? A pessoa com deficiência, qualquer que seja sua deficiência, quando se prepara para um concurso público possui muito mais dificuldade que uma pessoa que tem a plenitude de seu vigor físico. Em razão dessa diferença, o Estado, na tentativa de reduzir a desigualdade existente entre os concorrentes, resolveu compensar a limitação de um portador de necessidades especiais reservando-lhe vagas especiais.

Perceba que, ao contrário do que parece, quando se reservam vagas num concurso público para deficientes estamos diante de um nítido tratamento discriminatório, que nesse caso é justificável pelas diferenças naturais entre o concorrente sadio e o concorrente deficiente. Lembre-se de que igualdade material é tratar iguais com igualdade e desiguais com desigualdade. O que se faz por meio dessas políticas de compensação é tratar os desiguais com desigualdade, na medida de suas desigualdades. Só dessa forma é possível alcançar um verdadeiro tratamento isonômico entre os candidatos.

Por fim, destaque-se o fato de o STF ter declarado constitucional a política de cotas étnico-raciais para seleção de estudantes em universidades públicas pacificando uma discussão antiga sobre esse tipo de ação afirmativa.

Direito à Liberdade

O direito à liberdade pertence à primeira geração de direitos fundamentais por expressarem os direitos mais ansiados pelos indivíduos como forma de defesa diante do Estado. O que se verá a seguir são algumas das acepções desse direito que podem ser cobradas em prova.

Liberdade de Ação

O inciso II do Art. 5º apresenta aquilo que a doutrina chama de liberdade de ação:

> ***II.*** *Ninguém será obrigado a fazer ou deixar de fazer alguma coisa senão em virtude de lei;*

Essa é a liberdade por excelência. Segundo o texto constitucional, a liberdade só pode ser restringida por lei. Por isso, dizemos que esse inciso também apresenta o **Princípio da Legalidade.**

A liberdade pode ser entendida de duas formas, a depender do destinatário da mensagem:

Para o particular

Para o particular, liberdade significa "fazer tudo que não for proibido".

Para o agente público

Para o agente público liberdade, significa "poder fazer tudo o que for determinado ou permitido pela lei".

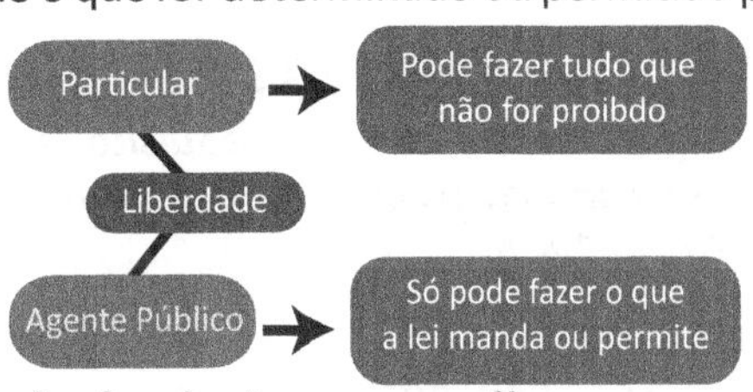

Liberdade de Locomoção

Uma das liberdades mais almejadas pelos indivíduos durante as lutas sociais é o grande carro chefe na limitação dos poderes do Estado. O inciso XV do Art. 5º já diz:

> ***XV.*** *é livre a locomoção no território nacional em tempo de paz, podendo qualquer pessoa, nos termos da lei, nele entrar, permanecer ou dele sair com seus bens;*

Perceba-se que o direito explanado nesse inciso não possui caráter absoluto, haja vista ter sido garantido em tempo de paz. Isso significa que em momentos sem paz seriam possíveis restrições às liberdades de locomoção. Destaca-se o Estado de Sítio que pode ser decretado nos casos previstos no Art. 137 da Constituição Federal. Nessas circunstâncias, seriam possíveis maiores restrições à chamada liberdade de locomoção por meio de medidas autorizadas pela própria Constituição Federal:

> **Art. 137.** *O Presidente da República pode, ouvidos o Conselho da República e o Conselho de Defesa Nacional, solicitar ao Congresso Nacional autorização para decretar o estado de sítio nos casos de:*
>
> ***I.*** *comoção grave de repercussão nacional ou ocorrência de fatos que comprovem a ineficácia de medida tomada durante o estado de defesa;*
>
> ***II.*** *declaração de estado de guerra ou resposta a agressão armada estrangeira.*
>
> **Art. 139.** *Na vigência do estado de sítio decretado com fundamento no Art. 137, I, só poderão ser tomadas contra as pessoas as seguintes medidas:*
>
> ***I.*** *obrigação de permanência em localidade determinada;*
>
> ***II.*** *detenção em edifício não destinado a acusados ou condenados por crimes comuns;*

Outro ponto interessante refere-se à possibilidade de qualquer pessoa entrar, permanecer ou sair do país com seus bens. Esse direito também não pode ser encarado de forma absoluta, haja vista a possibilidade de se exigir declaração de bens ou pagamento de imposto quando da entrada no país com bens. Nesse caso, liberdade de locomoção não se confunde com imunidade tributária.

Caso a liberdade de locomoção seja restringida por ilegalidade ou abuso de poder, a Constituição reservou um poderoso instrumento garantidor, o chamado ***Habeas Corpus.***

> **Art. 5º,** ***LXVIII*** *- conceder-se-á "habeas corpus" sempre que alguém sofrer ou se achar ameaçado de sofrer violência ou coação em sua liberdade de locomoção, por ilegalidade ou abuso de poder;*

Liberdade de Pensamento

Essa liberdade serve de amparo para uma série de possibilidades no que tange ao pensamento. Assim como os demais direitos fundamentais, a manifestação do pensamento não possui caráter absoluto, sendo restringido pela própria Constituição Federal, que proíbe seu exercício de forma anônima:

> **Art. 5º,** ***IV*** *- é livre a manifestação do pensamento, sendo vedado o anonimato;*

A vedação ao anonimato, além de ser uma garantia ao exercício da manifestação do pensamento, possibilita o exercício do direito de resposta caso alguém seja ofendido.

Questão interessante diz respeito à utilização da chamada Denúncia Anônima. Diante da vedação constitucional ao anonimato, poder-se-ia imaginar que essa ferramenta de combate ao crime fosse considerada inconstitucional. Contudo, não tem sido esse o entendimento do STF. A denúncia anônima pode até ser utilizada como ferramenta de comunicação do crime, mas não pode servir como amparo para a instauração do Inquérito Policial, muito menos como fundamento para condenação de quem quer que seja.

Fique Ligado

Deve-se ter cuidado com os incisos em que aparece o termo "vedado". As bancas costumam substituí-lo pelo termo "permitido".

Liberdade de Consciência e Crença Religiosa

Uma primeira pergunta deve ser feita acerca da liberdade religiosa em nosso país: qual a religião oficial do Brasil? A única resposta possível: é nenhuma. A liberdade religiosa do Estado brasileiro é incompatível com a existência de uma religião oficial. É o que apresenta o inciso VI do Art. 5º:

> ***VI.*** *é inviolável a liberdade de consciência e de crença, sendo assegurado o livre exercício dos cultos religiosos e garantida, na forma da lei, a proteção aos locais de culto e a suas liturgias;*

Esse inciso marca a liberdade religiosa existente no Brasil. Por esse motivo, dizemos que o Brasil é um Estado laico, leigo ou não confessional. Isso significa, basicamente, que no Brasil existe uma relação de separação entre Estado e Igreja. Essa relação entre o Estado e a Igreja encontra, inclusive, vedação expressa no texto constitucional:

Art. 19. É vedado à União, aos Estados, ao Distrito Federal e aos Municípios:

I. estabelecer cultos religiosos ou igrejas, subvencioná-los, embaraçar-lhes o funcionamento ou manter com eles ou seus representantes relações de dependência ou aliança, ressalvada, na forma da lei, a colaboração de interesse público;

Por causa da liberdade religiosa, é possível exercer qualquer tipo de crença no país. É possível ser católico, protestante, mulçumano, ateu ou satanista. Isso é liberdade de crença ou consciência. Liberdade de crer ou não crer. Perceba que o inciso IV, além de proteger as crenças e cultos, também protege as suas liturgias. Apesar do amparo constitucional, não se pode utilizar esse direito para praticar atos contrários às demais normas do direito brasileiro como, por exemplo, sacrificar seres humanos como forma de prestar culto a determinada divindade. Isso a liberdade religiosa não ampara.

Outro dispositivo interessante é o previsto no inciso VII:

VII. É assegurada, nos termos da lei, a prestação de assistência religiosa nas entidades civis e militares de internação coletiva;

Aqui a Constituição Federal garantiu a assistência religiosa nas entidades de internação coletivas, sejam elas civis ou militares. Entidades de internação coletivas são quartéis, hospitais ou hospícios. Em razão dessa garantia constitucional, é comum encontrarmos nesses estabelecimentos capelas para que o direito seja exercido.

Apesar da importância dos dispositivos analisados anteriormente, nenhum é mais cobrado em prova que o inciso VIII:

VIII. Ninguém será privado de direitos por motivo de crença religiosa ou de convicção filosófica ou política, salvo se as invocar para eximir-se de obrigação legal a todos imposta e recusar-se a cumprir prestação alternativa, fixada em lei;

Estamos diante do instituto da ***Escusa de Consciência.*** Esse direito permite a qualquer pessoa que, em razão de sua crença ou consciência, deixe de cumprir uma obrigação imposta sem que com isso sofra alguma consequência em seus direitos. Tal permissivo constitucional encontra uma limitação prevista expressamente no texto em análise. No caso de uma obrigação imposta a todos, se o indivíduo recusar-se ao seu cumprimento, ser-lhe-á oferecida uma prestação alternativa. Não a cumprindo também, a Constituição permite que direitos sejam restringidos. O Art. 15 prescreve que os direitos restringidos serão os direitos políticos:

Art. 15. *É vedada a cassação de direitos políticos, cuja perda ou suspensão só se dará nos casos de:*

IV. recusa de cumprir obrigação a todos imposta ou prestação alternativa, nos termos do Art. 5º, VIII;

Liberdade de Reunião

Acerca dessa liberdade, é importante ressaltar as condições estabelecidas pelo texto constitucional:

XVI. todos podem reunir-se pacificamente, sem armas, em locais abertos ao público, independentemente de autorização, desde que não frustrem outra reunião anteriormente convocada para o mesmo local, sendo apenas exigido prévio aviso à autoridade competente;

Enumerando-as, de forma a facilitar o estudo, tem-se que as condições estabelecidas para o exercício do direito à reunião são:

01. Reunião pacífica

Não se legitima uma reunião que tenha fins não pacíficos;

02. Sem armas

Para evitar a violência ou coação por meio de armas;

03. Locais abertos ao público

Encontra-se subentendida a reunião em local fechado;

04. Independente de autorização

Não precisa de autorização;

05. Necessidade de prévio aviso

Precisa de prévio aviso;

06. Não frustrar outra reunião convocada anteriormente para o mesmo local

Garantia de isonomia no exercício do direito prevalecendo o de quem exerceu primeiro.

Fique Ligado

As bancas geralmente omitem requisitos ou mesmo confundir os candidatos com a questão da Autorização e do Prévio Aviso.

Sobre o exercício da liberdade de reunião é importante saber que ele não depende de autorização, mas necessita de prévio aviso.

Outro ponto que já foi alvo de questão de prova é a possibilidade de restrição desse direito no Estado de Sítio e no Estado de Defesa. O problema está na distinção entre as limitações que podem ser adotadas em cada uma das medidas:

Art. 136, § 1º *- O decreto que instituir o estado de defesa determinará o tempo de sua duração, especificará as áreas a serem abrangidas e indicará, nos termos e limites da lei, as medidas coercitivas a vigorarem, dentre as seguintes:*

I. Restrições aos direitos de:

a) reunião, ainda que exercida no seio das associações;

Art. 139. *Na vigência do estado de sítio decretado com fundamento no Art. 137, I, só poderão ser tomadas contra as pessoas as seguintes medidas:*

IV. Suspensão da liberdade de reunião;

Ao passo que no Estado de Defesa ocorrerão restrições ao direito de reunião, no Estado de Sítio ocorrerá a suspensão desse direito.

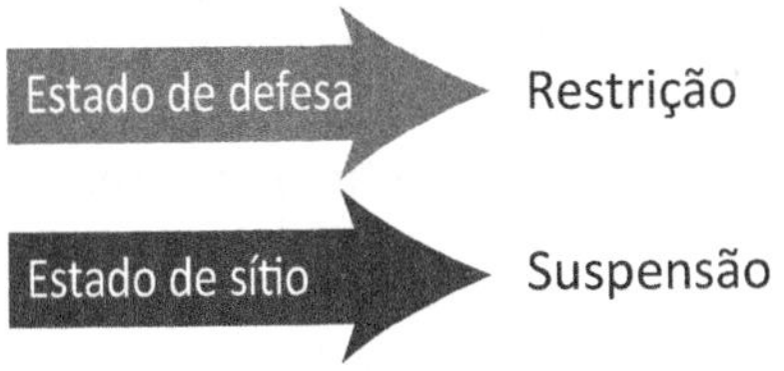

Liberdade de Associação

São vários os dispositivos constitucionais que regulam a liberdade de associação:

XVII. É plena a liberdade de associação para fins lícitos, vedada a de caráter paramilitar;

XVIII. A criação de associações e, na forma da lei, a de cooperativas independem de autorização, sendo vedada a interferência estatal em seu funcionamento;

XIX. As associações só poderão ser compulsoriamente dissolvidas ou ter suas atividades suspensas por decisão judicial, exigindo-se, no primeiro caso, o trânsito em julgado;

XX. Ninguém poderá ser compelido a associar-se ou a permanecer associado;

XXI. As entidades associativas, quando expressamente autorizadas, têm legitimidade para representar seus filiados judicial ou extrajudicialmente;

O primeiro ponto que dever ser lembrado é que a liberdade de associação só poderá ser usufruída para fins lícitos sendo proibida a criação de associação paramilitar.

Entende-se como associação de caráter paramilitar toda organização paralela ao Estado, sem legitimidade, com estrutura e organização tipicamente militar. São as facções criminosas, milícias ou qualquer outra organização que possua fins ilícitos e alheios aos do Estado.

Destaca-se, com a mesma importância para sua prova, a dispensa de autorização e interferência estatal no funcionamento e criação das associações.

Maior destaque deve ser dado ao inciso XIX, que condiciona qualquer limitação às atividades associativas a uma decisão judicial. As associações podem ter suas atividades suspensas ou dissolvidas. Em qualquer um dos casos deve haver decisão judicial. No caso da dissolução, por ser uma medida mais grave, não basta qualquer decisão judicial, tem que ser transitada em julgado. Isso significa uma decisão definitiva, à qual não caiba mais recurso.

O inciso XX tutela a chamada Liberdade Associativa, pela qual ninguém será obrigado a se associar ou mesmo a permanecer associado a qualquer entidade associativa.

Por fim, temos o inciso XXI, que permite às associações que representem seus associados tanto na esfera judicial quanto na administrativa desde que possuam expressa autorização. Expressa autorização significa por escrito, por meio de instrumento legal que comprove a autorização.

Fique Ligado

Para suspender as atividades de uma associação, basta qualquer decisão judicial; para dissolver, tem que haver decisão judicial transitada em julgado.

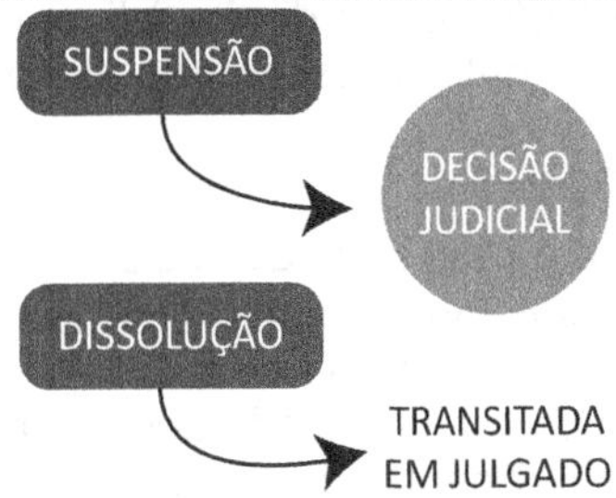

Vamos Praticar

01. (FCC) No tocante aos Direitos e Deveres Individuais e Coletivos, é correto afirmar que:

a) É livre a expressão da atividade intelectual, artística, científica e de comunicação, independentemente de censura ou licença.

b) Constitui crime afiançável e prescritível a ação de grupos armados, civis ou militares, contra a ordem constitucional e o Estado Democrático.

c) A prisão de qualquer pessoa e o local onde se encontre serão comunicados ao juiz competente após cinco dias de sua prisão.

d) É proibida a prestação de assistência religiosa nas entidades militares de internação coletiva.

e) Ninguém será privado de direitos por motivo de crença religiosa ou de convicção filosófica ou política, sendo lícito invocá-las para eximir-se de obrigação legal a todos imposta.

02. (FCC) Dentre outros, a Constituição Federal estabelece como direito e dever individual e coletivo que:

a) A prática do racismo constitui crime afiançável e prescritível, sujeito à pena de detenção, nos termos da lei.

b) A expressão da atividade intelectual, científica e de comunicação depende, em qualquer hipótese, de censura ou licença da autoridade competente.

c) A criação de cooperativas depende de lei específica e o seu funcionamento, de autorização do poder executivo estadual.

d) As entidades associativas, quando expressamente autorizadas, têm legitimidade para representar seus filiados judicial ou extrajudicialmente.

e) É plena a liberdade de associação, inclusive de caráter religioso e paramilitar de segurança.

03. (FCC) No tocante aos Direitos e Deveres Individuais e Coletivos, considere as seguintes assertivas:

I. É plena a liberdade de associação para fins lícitos, permitida a de caráter paramilitar.

II. A criação de associações e, na forma da lei, a de cooperativas dependem de autorização.

III. As associações só poderão ser compulsoriamente dissolvidas por decisão administrativa.

IV. No caso de iminente perigo público, a autoridade competente poderá usar de propriedade particular, assegurada ao proprietário indenização ulterior, se houver dano.

V. São assegurados, nos termos da lei, a proteção às participações individuais em obras coletivas e à reprodução da imagem e voz humanas, inclusive nas atividades desportivas.

Está correto o que se afirma apenas em:

a) I e II.
b) I, II e III.
c) I, IV e V.
d) II, III e IV.
e) IV e V.

04. (CESPE) A CF prevê o direito à livre manifestação de pensamento, preservando também o anonimato.

Certo ( ) Errado ( )

Texto para as questões 05 e 06

Um deputado federal subiu à tribuna da Câmara dos Deputados para defender um projeto de emenda constitucional com a finalidade de instituir a pena de morte no Brasil. O deputado, durante seu discurso em plenário, no momento em que informava aos colegas da proposta realizada, disse que discordava da vedação constitucional absoluta da pena de morte. Com referência à situação hipotética acima apresentada, aos direitos fundamentais, em especial ao direito à vida, julgue os itens que se seguem.

05. (CESPE) O projeto de emenda constitucional é de duvidosa constitucionalidade, já que não se admite emenda constitucional que tenha por fim abolir direitos e garantias individuais.

Certo ( ) Errado ( )

06. (CESPE) Equivocou-se o deputado ao dizer que a Constituição Federal de 1988 (CF) veda a pena de morte de forma absoluta, pois a CF admite a pena de morte em caso de guerra declarada, desde que atendidos os requisitos constitucionais.

Certo ( ) Errado ( )

07. (CESPE) Em razão do caráter absoluto do princípio da isonomia, não se admite o estabelecimento de proibições relativas ao acesso em determinadas carreiras por critério de idade.

Certo ( ) Errado ( )

08. (CESPE) A CF assegura a todos o direito de reunião pacífica em locais abertos ao público, desde que mediante autorização prévia da autoridade competente e que não se frustre outra reunião prevista para o mesmo local.

Certo ( ) Errado ( )

09. (CESPE) A construção doutrinária que prega a igualdade efetiva entre as pessoas, e não apenas a igualdade jurídica, é chamada de princípio da igualdade formal.

Certo ( ) Errado ( )

10. (ESAF) Todos podem reunir-se pacificamente, sem armas, em locais abertos ao público, entretanto, exige-se prévio aviso à autoridade competente.

Certo ( ) Errado ( )

11. (ESAF) Exige-se o trânsito em julgado da decisão judicial para que as associações tenham suas atividades suspensas.

Certo ( ) Errado ( )

12. (ESAF) A liberdade de manifestação de pensamento pode ser exercida de modo anônimo, se assim o preferir o indivíduo.

Certo ( ) Errado ( )

13. (ESAF) Pela ofensa à sua honra, a vítima pode receber indenização por dano moral, mas não por danos materiais.

Certo ( ) Errado ( )

14. (ESAF) Mesmo que a violação à intimidade de uma pessoa não lhe tenha causado nenhum prejuízo material, ainda assim, esta mesma pessoa tem o direito a indenização por danos morais.

Certo ( ) Errado ( )

15. (ESAF) Como regra, uma profissão somente pode ser exercida pelos indivíduos depois de a lei tê-la regulamentado, fixando qualificações profissionais que devem ser necessariamente atendidas.

Certo ( ) Errado ( )

16. (ESAF) O exercício legítimo do direito de reunião em locais abertos ao público depende de prévia autorização da autoridade pública competente em matéria de segurança pública.

Certo ( ) Errado ( )

17. (ESAF) Em face do princípio da legalidade, uma resolução ou um decreto legislativo provenientes de Casas do Congresso Nacional não podem criar direitos nem obrigações.

Certo ( ) Errado ( )

18. (ESAF) O indivíduo ofendido na sua honra por meio de órgão da imprensa, mas que tenha obtido o direito de resposta, não fará jus à indenização por danos morais.

Certo ( ) Errado ( )

19. (CESPE) Uma associação já constituída somente poderá ser compulsoriamente dissolvida mediante decisão judicial transitada em julgado, na hipótese de ter finalidade ilícita.

Certo ( ) Errado ( )

20. (CESPE) Com fundamento no dispositivo constitucional que assegura a liberdade de manifestação de pensamento e veda o anonimato, o Supremo Tribunal Federal (STF) entende que os escritos anônimos não podem justificar, por si só, desde que isoladamente considerados, a imediata instauração de procedimento investigatório.

Certo ( ) Errado ( )

Gabarito

01	A	11	ERRADO
02	D	12	ERRADO
03	E	13	ERRADO
04	ERRADO	14	CERTO
05	CERTO	15	ERRADO
06	CERTO	16	ERRADO
07	ERRADO	17	ERRADO
08	ERRADO	18	ERRADO
09	ERRADO	19	CERTO
10	CERTO	20	CERTO

Anotações

CAPÍTULO 05

Direitos Fundamentais III - Direitos e Deveres Individuais e Coletivos

Direito à Propriedade

Quando se fala em direito à propriedade, alguns atributos que lhe são inerentes aparecem imediatamente. Propriedade é a faculdade que uma pessoa tem de usar, gozar dispor de um bem. O texto constitucional garante esse direito de forma expressa:

> ***Art. 5º XXII.*** *É garantido o direito de propriedade.*

Apesar de esse direito aparentar possuir um caráter absoluto, quando se investiga mais a fundo esse tema, percebe-se que ele possui vários limitadores no próprio texto constitucional. E é isso que se passa a analisar agora.

Limitações

Dentre as limitações existentes na Constituição, estão:

Função social

A Constituição exige em seu Art. 5º que a propriedade atenda a sua função social:

> ***XXIII.*** *A propriedade atenderá a sua função social;*

Isso significa que a propriedade não é tão individual quanto pensamos. A necessidade de observância da função social demonstra que a propriedade é muito mais que uma titularidade privada. Esse direito possui reflexos em toda a sociedade. É só imaginar uma propriedade imóvel, um terreno urbano, que, apesar de possuir um proprietário, fica abandonado. Cresce o mato, as pessoas começam a jogar lixo naquele lugar, alguns criminosos começam a utilizar aquele ambiente para prática de atividades ilícitas. Veja quantas coisas podem acontecer numa propriedade e que importarão em consequências gravosas para o meio social mais próximo. É por isso que a propriedade tem que atender a sua função social.

Requisição administrativa

Consta no inciso XXV do Art. 5º:

> ***XXV.*** *No caso de iminente perigo público, a autoridade competente poderá usar de propriedade particular, assegurada ao proprietário indenização ulterior, se houver dano;*

Essa é a chamada Requisição Administrativa. Esse instituto permite que a propriedade seja limitada pela necessidade de se solucionar situação de perigo público. Não se trata de uma forma de desapropriação, pois o dono da propriedade requisitada não a perde, apenas a empresta para uso público, sendo garantido, posteriormente, havendo dano, direito a indenização. Esse instituto limita o caráter absoluto da propriedade.

Veja um exemplo de como esse tema pode ser cobrado em prova:

Exercício Comentado

01. ***(FCC) A autoridade competente poderá utilizar-se de propriedade particular, no caso de eminente perigo público, assegurada a indenização posterior ao proprietário, independentemente da ocorrência de dano.***

ERRADO. A assertiva está errada, pois a indenização a que o proprietário faz jus depende da ocorrência de dano, conforme dispõe o Art. 5º, XXV da CF.

Desapropriação

É a perda da propriedade. Esse é o limitador por excelência do direito, restringindo o caráter perpétuo da propriedade. A seguir, estão exemplificadas as três modalidades de desapropriação:

Desapropriação pelo mero interesse público

Essa modalidade é utilizada pelo Estado quando o interesse social ou a utilidade pública prevalecem sobre o direito individual. Nesse tipo de desapropriação, destaca-se que o proprietário nada fez para merecê-la, contudo, o interesse público exige que determinada área seja desapropriada. É o caso de construção de uma rodovia que exige a desapropriação de várias propriedades para o asfaltamento da via. Conforme o texto da Constituição:

> ***XXIV.*** *a lei estabelecerá o procedimento para desapropriação por necessidade ou utilidade pública, ou por interesse social, mediante justa e prévia indenização em dinheiro, ressalvados os casos previstos nesta Constituição;*

Deve ser destacado que essa modalidade de desapropriação gera direito à indenização, que deve ser paga em dinheiro, previamente e com valor justo.

Desapropriação-sanção

Nesta modalidade, o proprietário, por algum motivo, não observou a função social da propriedade. Por esse motivo, é chamada de Desapropriação-sanção, haja vista ser uma verdadeira punição. Segundo a CF, essa desapropriação gera direito à indenização, que deverá ser paga em títulos da dívida pública ou agrária. Segundo os Arts. 182, § 4º, III e 184 da Constituição:

> ***Art. 182, § 4º -*** *É facultado ao Poder Público municipal, mediante lei específica para área incluída no plano diretor, exigir, nos termos da lei federal, do proprietário do solo urbano não edificado, subutilizado ou não utilizado, que promova seu adequado aproveitamento, sob pena, sucessivamente, de:*
>
> *I.* *Parcelamento ou edificação compulsórios;*
>
> *II.* *Imposto sobre a propriedade predial e territorial urbana progressivo no tempo;*
>
> *III.* *Desapropriação com pagamento mediante títulos da dívida pública de emissão previamente aprovada pelo Senado Federal, com prazo de resgate de até dez anos, em parcelas anuais, iguais e sucessivas, assegurados o valor real da indenização e os juros legais.*
>
> ***Art. 184.*** *Compete à União desapropriar por interesse social, para fins de reforma agrária, o imóvel rural que não esteja cumprindo sua função social, mediante prévia e justa indenização em títulos da dívida agrária, com cláusula de preservação do valor real, resgatáveis no prazo de até vinte anos, a partir do segundo ano de sua emissão, e cuja utilização será definida em lei.*

Desapropriação confiscatória

Por último, tem-se essa modalidade prevista no Art. 243 da Constituição:

> ***Art. 243.*** *As glebas de qualquer região do País onde forem localizadas culturas ilegais de plantas psicotrópicas serão imediatamente expropriadas e especificamente destinadas ao assentamento de colonos, para o cultivo de produtos alimentícios e medicamentosos, sem qualquer indenização ao proprietário e sem prejuízo de outras sanções previstas em lei.*

É a desapropriação que ocorre com a propriedade utilizada para cultivo de plantas psicotrópicas. Nesse caso, não haverá indenização, mas o proprietário poderá ser processado pela prática de ilícito penal.

Fique Ligado

Em todas as formas de desapropriação, existe uma prevalência do interesse público sobre o privado.

Bem de Família

A Constituição consagra uma forma de proteção às pequenas propriedades rurais chamada de Bem de Família:

> ***XXVI.*** *A pequena propriedade rural, assim definida em lei, desde que trabalhada pela família, não será objeto de penhora para pagamento de débitos decorrentes de sua atividade produtiva, dispondo a lei sobre os meios de financiar o seu desenvolvimento;*

O mais importante para prova é atentar para os requisitos estabelecidos no inciso, quais sejam:

> Pequena propriedade rural

Não se trata de qualquer propriedade.

> Definida em lei

Não em outra espécie normativa.

> Trabalhada pela família

Não por qualquer pessoa.

> Débitos decorrentes da atividade produtiva

Não por qualquer débito.

Propriedade Imaterial

Além das propriedades sobre bens materiais, a Constituição também consagra normas de proteção sobre a propriedade de bens imateriais. São duas as propriedades consagradas: autoral e industrial.

A propriedade autoral encontra-se protegida nos incisos XXVII e XXVIII do Art. 5º:

> ***XXVII.*** *Aos autores pertence o direito exclusivo de utilização, publicação ou reprodução de suas obras, transmissível aos herdeiros pelo tempo que a lei fixar;*
>
> ***XXVIII.*** *São assegurados, nos termos da lei:*
>
> ***a)*** *a proteção às participações individuais em obras coletivas e à reprodução da imagem e voz humanas, inclusive nas atividades desportivas;*
>
> ***b)*** *o direito de fiscalização do aproveitamento econômico das obras que criarem ou de que participarem aos criadores, aos intérpretes e às respectivas representações sindicais e associativas;*

Já a propriedade industrial encontra-se protegida no inciso XXIX:

> ***XXIX.*** *A lei assegurará aos autores de inventos industriais privilégio temporário para sua utilização, bem como proteção às criações industriais, à propriedade das marcas, aos nomes de empresas e a outros signos distintivos, tendo em vista o interesse social e o desenvolvimento tecnológico e econômico do País;*

Uma relação muito interessante entre a propriedade autoral e a industrial está no tempo de proteção previsto na Constituição. Observe-se que na propriedade autoral o direito do autor é vitalício, tendo em vista a previsão de possibilidade de transmissão desses direitos aos herdeiros. Contudo, quando nas mãos dos sucessores, a proteção será pelo tempo que a lei fixar, ou seja, temporário.

Já na propriedade industrial, a proteção do próprio autor já possui caráter temporário.

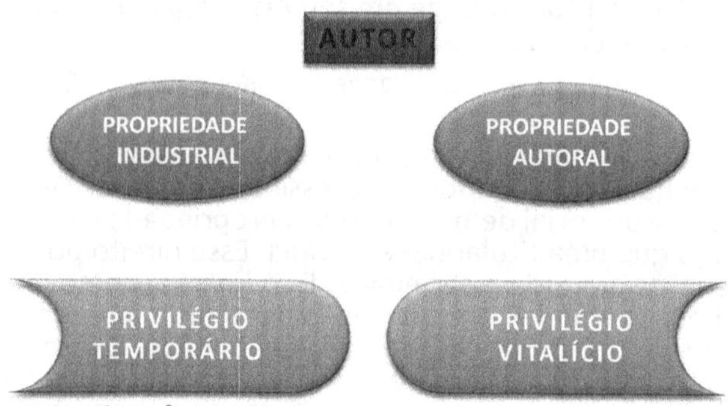

Direito à Herança

De nada adiantaria tanta proteção à propriedade se esse bem jurídico não pudesse ser transmitido por meio da sucessão de bens aos herdeiros após a morte. O direito à herança, consagrado expressamente na Constituição, traduz-se no coroamento do direito de propriedade. É a grande força motriz desse direito. Só faz sentido ter direito à propriedade se esse direito possa ser transferido aos herdeiros.

> ***XXX.*** *É garantido o direito de herança;*
>
> ***XXXI.*** *A sucessão de bens de estrangeiros situados no País será regulada pela lei brasileira em benefício do cônjuge ou dos filhos brasileiros, sempre que não lhes seja mais favorável a lei pessoal do "de cujus";*

Destaque especial deve ser dado ao inciso XXXI, que prevê a possibilidade de aplicação de lei estrangeira no país em casos de sucessão de bens de pessoa estrangeira desde que esses bens estejam situados no Brasil. A Constituição Federal permite que seja aplicada a legislação mais favorável aos herdeiros, quer seja a lei brasileira, quer seja a lei estrangeira.

Direito à Segurança

Ao se referir à segurança como direito individual, o Art. 5º pretende significar "segurança jurídica" que trata de normas de pacificação social e que produzem uma maior segurança nas relações sociais. Esse é o ponto alto dos direitos individuais. Sem dúvida, aqui está a maior quantidade de questões cobradas em prova.

Princípio da Segurança nas Relações Jurídicas

Este princípio tem como objetivo garantir a estabilidade das relações jurídicas. Veja o que diz a Constituição:

> ***XXXVI.*** *A lei não prejudicará o direito adquirido, o ato jurídico perfeito e a coisa julgada;*

Os três institutos aqui protegidos encontram seu conceito formalizado na ***Lei de Introdução às normas do Direito Brasileiro.***

> ***Art. 6º, § 1º*** *- Reputa-se ato jurídico perfeito o já consumado segundo a lei vigente ao tempo em que se efetuou.*
>
> *§ 2º Consideram-se adquiridos assim os direitos que o seu titular, ou alguém por ele, possa exercer, como aqueles cujo começo do exercício tenha termo pré-fixo, ou condição pré-estabelecida inalterável, a arbítrio de outrem.*
>
> *§ 3º Chama-se coisa julgada ou caso julgado a decisão judicial de que já não caiba recurso.*

Em linhas gerais, pode-se assim conceituá-los:

> Direito Adquirido

Direito já incorporado ao patrimônio do titular;

> Ato Jurídico Perfeito

Ato jurídico que já atingiu seu fim. Ato jurídico acabado, aperfeiçoado, consumado;

> Coisa Julgada

Sentença judicial transitada em julgado. Aquela sentença em relação à qual não cabe mais recurso.

De uma coisa não se pode esquecer: a proibição de retroatividade da lei nos casos aqui estudados não se aplica às leis mais benéficas, ou seja, uma lei mais benéfica poderá produzir efeitos em relação ao direito adquirido, ao ato jurídico perfeito e à coisa julgada.

Devido Processo Legal

O devido processo legal possui como objetivo principal limitar o poder do Estado. Esse princípio condiciona a restrição da liberdade ou dos bens de um indivíduo à existência de um procedimento estatal que respeite todos os direitos e garantias processuais previstos na lei. É o que diz o inciso LIV do Art. 5º:

> ***LIV.*** *Ninguém será privado da liberdade ou de seus bens sem o devido processo legal;*

A exigência constitucional de existência de processo aplica-se tanto aos processos judiciais quanto aos procedimentos administrativos.

Desse princípio, surge a garantia constitucional à **proporcionalidade** e **razoabilidade.** Da mesma forma, é durante o devido processo legal que poderão ser exercidos os direitos ao contraditório e à ampla defesa, que serão analisados a seguir.

Contraditório e Ampla Defesa

Essas garantias constitucionais, conforme já salientado, decorrem do Devido Processo Legal. São utilizadas como ferramenta de defesa diante das acusações impostas pelo Estado ou por um particular nos processos judiciais e administrativos:

> ***LV.*** *Aos litigantes, em processo judicial ou administrativo, e aos acusados em geral são assegurados o contraditório e ampla defesa, com os meios e recursos a ela inerentes;*

Mas o que significam o contraditório e a ampla defesa?

Contraditório é o direito de contradizer, contrariar, contraditar. Se alguém diz que você é ou fez alguma coisa, o contraditório lhe permite dizer que não é e que não fez o que lhe foi imputado. É simplesmente o direito de contrariar. Já a ampla defesa é a possibilidade de utilização de todos os meios admitidos em direito para se defender de uma acusação.

Em regra, o contraditório e a ampla defesa são garantidos em todos os processos judiciais ou administrativos, contudo, a legislação brasileira previu alguns procedimentos administrativos incompatíveis com o exercício desse direito:

> Inquérito policial.
>
> Sindicância investigativa.
>
> Inquérito civil.

Em suma, nos procedimentos investigatórios que não possuem o condão de punir o investigado não serão garantidos o contraditório e a ampla defesa.

Observem-se as Súmulas Vinculantes do Supremo Tribunal Federal que versam sobre esse tema:

> ***SV nº 3*** *- Nos processos perante o Tribunal de Contas da União asseguram-se o contraditório e a ampla defesa quando da decisão puder resultar anulação ou revogação de ato administrativo que beneficie o interessado, excetuada a apreciação da legalidade do ato de concessão inicial de aposentadoria, reforma e pensão.*
>
> ***SV nº 5*** *- A falta de defesa técnica por advogado no processo administrativo disciplinar não ofende a Constituição.*
>
> ***SV nº 14*** *- É direito do defensor, no interesse do representado, ter acesso amplo aos elementos de prova que, já documentados em procedimento investigatório realizado por órgão com competência de polícia judiciária, digam respeito ao exercício do direito de defesa.*
>
> ***SV nº 21*** *- É inconstitucional a exigência de depósito ou arrolamento prévios de dinheiro ou bens para admissibilidade de recurso administrativo.*

Proporcionalidade e Razoabilidade

Eis uma garantia fundamental que não está expressa no texto constitucional apesar de ser um dos institutos mais utilizados pelo Supremo em suas decisões atuais. Trata-se de um princípio implícito, cuja fonte é o Princípio do Devido Processo Legal. Esses dois institutos jurídicos são utilizados como parâmetro de ponderação quando adotadas medidas pelo Estado, principalmente no que tange à restrição de bens e direitos dos indivíduos. Duas palavras esclarecem o sentido dessas garantias: necessidade e adequação.

Para saber se um ato administrativo observou os critérios de proporcionalidade e razoabilidade, deve-se questionar se o ato foi necessário e se foi adequado à situação.

Para exemplificar, imaginemos que um determinado fiscal sanitário, ao inspecionar um supermercado, depara-se com um pote de iogurte com a data de validade vencida há um dia. Imediatamente, ele prende o dono do mercado, dá dois tiros para cima, realiza revista manual em todos os clientes e funcionários do mercado e aplica uma multa de dois bilhões de reais. Pergunta-se: será que a medida adotada pelo fiscal foi necessária? Foi adequada? Certamente que não. Logo, a medida não observou os princípios da razoabilidade e proporcionalidade.

Fique Ligado

Os princípios da proporcionalidade e da razoabilidade estão implícitos no texto constitucional, ou seja, não estão previstos expressamente.

Inadmissibilidade das Provas Ilícitas

Uma das garantias mais importantes do direito brasileiro é a inadmissibilidade das provas ilícitas. Encontra-se previsto expressamente no inciso LVI do Art. 5º:

> *LVI. São inadmissíveis, no processo, as provas obtidas por meios ilícitos.*

Em razão dessa garantia, é proibida a produção de provas ilícitas num processo sob pena de nulidade processual. Em regra, a prova ilícita produz nulidade de tudo o que a ela estiver relacionado. Esse efeito decorre da chamada Teoria dos Frutos da Árvore Envenenada. Segundo a teoria, se a árvore está envenenada, os frutos também o serão. Se uma prova foi produzida de forma ilícita, as demais provas dela decorrentes também serão ilícitas (ilicitude por derivação). Contudo, deve-se ressaltar que essa teoria é aplicada de forma restrita no direito brasileiro, ou seja, encontrada uma prova ilícita num processo, não significa que todo o processo será anulado, mas apenas os atos e demais provas que decorreram direta ou indiretamente daquela produzida de forma ilícita.

Caso existam provas autônomas produzidas em conformidade com a lei, o processo deve prosseguir ainda que tenham sido encontradas e retiradas as provas ilícitas. Logo, é possível afirmar que a existência de uma prova ilícita no processo não anula de pronto todo o processo.

Deve-se destacar, ainda, a única possibilidade já admitida de prova ilícita nos tribunais brasileiros: a produzida em legítima defesa.

Inviolabilidade Domiciliar

Essa garantia protege o indivíduo em seu recinto mais íntimo: a casa. A Constituição diz:

> *XI. a casa é asilo inviolável do indivíduo, ninguém nela podendo penetrar sem consentimento do morador, salvo em caso de flagrante delito ou desastre, ou para prestar socorro, ou, durante o dia, por determinação judicial.*

Como regra, só se pode entrar na casa de uma pessoa com o seu consentimento. Excepcionalmente, a Constituição Federal admite a entrada sem consentimento do morador nos casos de:

> Flagrante delito;
> Desastre;
> Prestar socorro ;
> Determinação judicial – **só durante o dia.**

Fique Ligado

No caso de determinação judicial, a entrada se dará apenas durante o dia. Nos demais casos, a entrada será permitida a qualquer hora.

Alguns conceitos importantes: o que é casa? O que pode ser entendido como casa para efeito de inviolabilidade? A jurisprudência tem interpretado o conceito de casa de forma ampla, em consonância com o disposto nos Arts. 245 e 246 do Código de Processo Penal:

> ***Art. 245.*** *As buscas domiciliares serão executadas de dia, salvo se o morador consentir que se realizem à noite, e, antes de penetrarem na casa, os executores mostrarão e lerão o mandado ao morador, ou a quem o represente, intimando-o, em seguida, a abrir a porta.*
> ***Art. 246.*** *Aplicar-se-á também o disposto no Art. anterior, quando se tiver de proceder a busca em compartimento habitado ou em aposento ocupado de habitação coletiva ou em compartimento não aberto ao público, onde alguém exercer profissão ou atividade.*

O STF já considerou como casa, para efeitos de inviolabilidade, oficina mecânica, quarto de hotel ou escritório profissional.

Outra questão relevante é saber o que é dia? Dois são os posicionamentos adotados na doutrina:

> Das 6h às 18h;
> Da aurora ao crepúsculo .

Segundo a jurisprudência, isso deve ser resolvido no caso concreto, tendo em vista variação de fusos horários existentes em nosso país, bem como a ocorrência do "Horário de Verão". Na prática, é possível entrar na casa independentemente do horário, desde que seja durante o dia.

Veja esta questão da FCC sobre o tema:

Exercício Comentado

01. ***(FCC) No que diz respeito ao direito à inviolabilidade de domicílio, é correto afirmar que:***
    a) ***Ninguém pode violar a casa, à noite, mesmo que munido de autorização judicial.***
    b) ***A casa é asilo inviolável e em nenhuma hipótese se pode nela ingressar sem o consentimento do morador.***
    c) ***O conceito de casa é restrito e abrange, apenas, a residência com ânimo definitivo.***
    d) ***A casa, à noite, torna-se violável nas hipóteses de flagrante, desastre e prestação de socorro, porém é necessária autorização judicial.***
    e) ***A casa é violável no caso de flagrante, desastre ou para prestar socorro.***

RESPOSTA. ***"E". Essa questão aborda o tema da inviolabilidade domiciliar prevista no inciso XI do Art. 5º da Constituição Federal. Analisando o texto constitucional, bem como a doutrina e a jurisprudência, percebe-se que a única assertiva compatível com o direito constitucional é a letra "E".***

A assertiva "A" está errada considerando ser possível violar a casa à noite sem ordem judicial nos casos de flagrante delito, desastre ou para prestar socorro.

A assertiva "B" está errada, pois o dispositivo constitucional mencionado acima permite que a casa tenha a sua inviolabilidade restringida.

A assertiva "C" está errada, pois o conceito de casa é mais abrangente que o de simples residência com ânimo definitivo. O STF já aplicou a inviolabilidade domiciliar em estabelecimentos comerciais, escritórios profissionais, quartos de hotel.

A assertiva "D" está errada, pois para a violação da casa no período noturno, nas hipóteses de flagrante delito, desastre ou para prestar socorro não é necessária autorização judicial.

CASA – ASILO INVIOLÁVEL

Princípio da Inafastabilidade da Jurisdição

Esse princípio, também conhecido como Princípio do Livre Acesso ao Poder Judiciário ou Direito de Ação, garante, nos casos de necessidade, o acesso direto ao poder judiciário. Também, decorre desse princípio a ideia de que não é necessário o esgotamento das vias administrativas para ingressar com uma demanda no Poder Judiciário. Assim prevê a Constituição Federal:

> ***XXXV.*** *A lei não excluirá da apreciação do Poder Judiciário lesão ou ameaça a direito;*

Perceba que a proteção possui sentido duplo: lesão ou ameaça à lesão. Significa dizer que a garantia pode ser utilizada tanto de forma preventiva como de forma repressiva. Tanto para prevenir a ofensa a direito como para reprimir a ofensa já cometida.

Quanto ao acesso ao Judiciário independentemente do esgotamento das vias administrativas, há algumas peculiaridades previstas na legislação brasileira:

Justiça Desportiva

A Constituição Federal prevê no Art. 217:

> ***Art. 217, § 1º*** *- O Poder Judiciário só admitirá ações relativas à disciplina e às competições desportivas após esgotarem-se as instâncias da justiça desportiva, regulada em lei.*

Ou seja, o acesso ao Poder Judiciário está condicionado ao esgotamento das vias administrativas.

Compromisso arbitral

A Lei 9.307/96 prevê que as partes, quando em discussão patrimonial, poderão optar pela arbitragem como forma de resolução de conflito.

Não se trata de uma instância administrativa de curso forçado, mas de uma opção facultada às partes.

Habeas data

O Art. 8º da Lei 9.507/97 exige, para impetração do habeas data, a comprovação da recusa ao acesso a informação. Parte da doutrina não considera isso como exigência de prévio esgotamento da via administrativa, mas condição da ação. Veja-se a súmula nº 2 do STJ:

> ***Súmula nº 2*** *- Não cabe habeas data se não houve recusa de informações por parte da autoridade administrativa.*

> Reclamação Constitucional

O Art. 7º, § 1º da Lei 11.417/2006, que regula a edição de Súmulas Vinculantes, prevê que só será possível a Reclamação Constitucional nos casos de omissão ou ato da administração pública que contrarie ou negue vigência à Súmula Vinculante, após o esgotamento das vias administrativas.

Gratuidade das Certidões de Nascimento e de Óbito

A Constituição traz expressamente que:

> ***LXXVI.*** *São gratuitos para os reconhecidamente pobres, na forma da lei:*
> ***a)*** *o registro civil de nascimento;*
> ***b)*** *a certidão de óbito;*

Observe-se que o texto Constitucional condiciona o benefício da gratuidade do registro de nascimento e da certidão de óbito apenas para os reconhecidamente pobres. Entretanto, a Lei 6.015/73 prevê que:

> ***Art. 30*** *- Não serão cobrados emolumentos pelo registro civil de nascimento e pelo assento de óbito, bem como pela primeira certidão respectiva.*
>
> *§ 1º Os reconhecidamente pobres estão isentos de pagamento de emolumentos pelas demais certidões extraídas pelo cartório de registro civil.*

Perceba que essa lei amplia o benefício garantido na Constituição para todas as pessoas no que tange ao registro e à aquisição da primeira certidão de nascimento e de óbito. Quanto às demais vias, só serão garantidas aos reconhecidamente pobres. Deve-se ter cuidado com essa questão em prova, pois deve ser levado em conta se a pergunta tem como referência a Constituição ou não.

Celeridade Processual

Traz o texto constitucional:

> ***LXXVIII.*** *A todos, no âmbito judicial e administrativo, são assegurados a razoável duração do processo e os meios que garantam a celeridade de sua tramitação.*

Essa é a garantia da celeridade processual. Decorre do princípio da Eficiência que obriga o Estado a prestar assistência em tempo razoável. Celeridade quer dizer rapidez, mas uma rapidez com qualidade. Esse princípio é aplicável nos processos judiciais e administrativos, visa dar maior efetividade a prestação estatal. Deve-se garantir o direito antes que o seu beneficiário deixe de precisar. Após a inclusão desse dispositivo entre os direitos fundamentais, várias medidas para acelerar a prestação jurisdicional foram adotadas, dentre as quais destacam-se:

- **Juizados especiais;**
- ***Súmula vinculante;***
- ***Realização de inventários e partilhas por vias administrativas;***
- ***Informatização do processo.***

Essas são algumas das medidas que foram adotadas para trazer mais celeridade ao processo.

Erro Judiciário

Dispositivo de grande utilidade social que funciona como limitador da arbitrariedade estatal. O Estado, no que tange à liberdade do indivíduo, não pode cometer erros sob pena de ter que indenizar o injustiçado. Isso é o que prevê o inciso LXXV do Art. 5º:

> ***LXXV.*** *O Estado indenizará o condenado por erro judiciário, assim como o que ficar preso além do tempo fixado na sentença;*

Publicidade dos Atos Processuais

Em regra, os atos processuais são públicos. Essa publicidade visa a garantir maior transparência aos atos administrativos bem como permite a fiscalização popular. Além disso, atos públicos possibilitam um exercício efetivo do contraditório e da ampla defesa. Entretanto, essa publicidade comporta algumas exceções:

LX. *A lei só poderá restringir a publicidade dos atos processuais quando a defesa da intimidade ou o interesse social o exigirem;*

Nos casos em que a intimidade ou o interesse social exigirem, a publicidade poderá ser restringida apenas aos interessados. Imaginemos uma audiência em que estejam envolvidas crianças; nesse caso, como forma de preservação da intimidade, o juiz poderá restringir a participação na audiência apenas aos membros da família e demais interessados.

Sigilo das Comunicações

Uma das normas mais importantes da Constituição Federal que versa sobre segurança jurídica é esta:

XII. *É inviolável o sigilo da correspondência e das comunicações telegráficas, de dados e das comunicações telefônicas, salvo, no último caso, por ordem judicial, nas hipóteses e na forma que a lei estabelecer para fins de investigação criminal ou instrução processual penal;*

Esse dispositivo prevê quatro formas de comunicação que possuem proteção constitucional:

- Sigilo da correspondência;
- Comunicação telegráfica;
- Comunicação de dados;
- Comunicações telefônicas.

Dessas quatro formas de comunicação, apenas uma obteve autorização de violação do sigilo pelo texto constitucional: as comunicações telefônicas. Deve-se tomar cuidado com esse tema em prova. Segundo o texto expresso, só as comunicações telefônicas poderão ter o seu sigilo violado. E mais, só o juiz poderá fazê-lo, com fins definidos também pela Constituição, os quais são para investigação criminal e instrução processual penal.

Entretanto, considerando a inexistência de direito fundamental absoluto, a jurisprudência tem considerado a possibilidade de quebra dos demais sigilos, desde que seja determinada por ordem judicial.

No que tange ao sigilo dos dados bancários, fiscais, informáticos e telefônicos, a jurisprudência tem permitido sua quebra por determinação judicial, determinação de Comissão Parlamentar de Inquérito, requisição do Ministério Público, solicitação da autoridade fazendária.

Tribunal do Júri

O Tribunal do Júri é uma instituição pertencente ao Poder Judiciário, que possui competência específica para julgar determinados tipos de crime. O Júri é formado pelo Conselho de Sentença, que é presidido por um Juiz Togado e por sete jurados que efetivamente farão o julgamento do acusado. A ideia do Tribunal do Júri é que o acusado seja julgado por seus pares.

A Constituição Federal apresenta alguns princípios que regem esse tribunal:

Art. 5º XXXVIII. *É reconhecida a instituição do júri, com a organização que lhe der a lei, assegurados:*

a) *a plenitude de defesa;*

b) *o sigilo das votações;*

c) *a soberania dos veredictos;*

d) *a competência para o julgamento dos crimes dolosos contra a vida.*

Segundo esse texto, o Tribunal do Júri é regido pelos seguintes princípios:

Plenitude de defesa

Esse princípio permite que no júri sejam utilizadas todas as provas permitidas em direito. Aqui, o momento probatório é bastante explorado haja vista a necessidade de se convencer os jurados que são pessoas comuns da sociedade, que às vezes não conhecem nada de direito;

Sigilo das votações

O voto é sigiloso. Durante o julgamento não é permitido que um jurado converse com o outro sobre o julgamento sob pena de nulidade;

Soberania dos veredictos

O que for decidido pelos jurados será considerado soberano. Nem o Juiz presidente poderá modificar o julgamento. Aqui quem decide são os jurados;

Competência para julgar os crimes dolosos contra a vida

O júri não julga qualquer tipo de crime, mas apenas os dolosos contra a vida. Crimes dolosos, em singelas palavras, são aqueles praticados com intenção, com vontade. São diferentes dos crimes culposos, os quais são praticados sem intenção.

Princípio da Anterioridade

O inciso XXXIX do Art. 5º da CF apresenta o chamado Princípio da Anterioridade Penal:

XXXIX. *Não há crime sem lei anterior que o defina, nem pena sem prévia cominação legal.*

Esse princípio decorre na necessidade de se prever antes da aplicação da pena, a conduta que é considerada como crime e a pena que deverá ser cominada. Mais uma regra de segurança jurídica.

Princípio da Irretroatividade

Esse princípio também possui sua importância ao prever que a lei penal não poderá se voltar para trás, salvo se for para beneficiar o réu.

Art. 5º XL. *A lei penal não retroagirá, salvo para beneficiar o réu.*

Crimes Imprescritíveis, Inafiançáveis e Insuscetíveis de Graça e Anistia

Os dispositivos a seguir estão entre os mais cobrados em prova. O ideal é que sejam memorizados na ordem proposta no quadro a seguir:

Art. 5º XLII. *A prática do racismo constitui crime inafiançável e imprescritível, sujeito à pena de reclusão, nos termos da lei;*

Art. 5º XLIII. *A lei considerará crimes inafiançáveis e insuscetíveis de graça ou anistia a prática da tortura, o tráfico ilícito de entorpecentes e drogas afins, o terrorismo e os definidos como crimes hediondos, por eles respondendo os mandantes, os executores e os que, podendo evitá-los, se omitirem;*

Art. 5º XLIV. *Constitui crime inafiançável e imprescritível a ação de grupos armados, civis ou militares, contra a ordem constitucional e o Estado Democrático.*

Crimes Imprescritíveis	Crimes Inafiançáveis	Crimes Insuscetíveis de Graça e Anistia
Racismo	Racismo	Tráfico
Ação de grupos armados	Ação de grupos armados	Terrorismo
	Tráfico	Tortura
	Terrorismo	Crimes Hediondos
	Tortura	
	Crimes Hediondos	

Fique Ligado

> ***Os crimes inafiançáveis englobam todos os crimes previstos nos incisos XLII, XLIII e XLIV.***

> ***Os crimes que são insuscetíveis de graça e anistia não são imprescritíveis, e vice e versa. Dessa forma, nunca pode existir na prova uma questão que trabalhe com as duas classificações ao mesmo tempo.***

> ***Nunca na prova pode haver uma questão em que se apresentem as três classificações ao mesmo tempo.***

Princípio da Personalidade da Pena

Assim diz o inciso XLV, do Art. 5º da CF:

XLV. *Nenhuma pena passará da pessoa do condenado, podendo a obrigação de reparar o dano e a decretação do perdimento de bens ser, nos termos da lei, estendidas aos sucessores e contra eles executadas, até o limite do valor do patrimônio transferido.*

Esse inciso diz que a pena é pessoal, quem comete o crime responde pelo crime, de forma que não é possível que uma pessoa cometa um crime e outra responda pelo crime em seu lugar; pode até ocorrer, mas seria algum erro, não como regra, porque a pena é pessoal.

É necessário prestar atenção ao tema, pois já apareceu em prova tanto na forma de um problema quanto com a modificação do próprio texto constitucional. Esse princípio da personalidade da pena diz que a pena é pessoal, isto é, a pena não pode passar para outra pessoa, mas permite que a responsabilidade pelos danos civis possa passar para seus herdeiros. Para exemplificar, imaginemos que uma determinada pessoa assalta uma padaria e consegue roubar uns R$ 50.000,00.

A polícia prende o ladrão por ter roubado a padaria. Em regra, todo crime cometido gera uma responsabilidade penal prevista no Código Penal brasileiro. Ainda, deve-se ressarcir os danos causados à vítima. Se ele roubou 50.000,00, tem que devolver no mínimo esse dinheiro à vítima.

É muito difícil conseguir esse dinheiro voluntariamente, por isso é necessário entrar com uma ação civil *ex delicto* para reaver o dinheiro referente ao crime cometido. O dono da padaria entra com a ação contra o bandido pedindo os 50.000,00 acrescidos juros e danos morais. Enquanto ele cumpre a pena a ação está tramitando. Ocorre que o preso se envolve numa confusão dentro da Penitenciária e acaba morrendo.

O preso possui alguns filhos, os quais são seus herdeiros. Quando os bens passam aos herdeiros, chamamos isso de sucessão. Quando foram contabilizar os bens que o bandido tinha, perceberam que sobraram apenas 30.000,00, valor que deve ser divido entre os herdeiros. Pergunta:

01. O homem que cometeu o crime estava cumprindo pena, mas ele morreu. Qual filho assume o lugar dele? O mais velho ou o mais novo?

    Nenhum dos dois, porque a pena é personalíssima. Só cumpre a pena quem praticou o crime.

02. É possível que a responsabilidade de reparar os danos materiais exigidos pelo dono da padaria recaia sobre seus herdeiros?

    É possível. A Constituição diz que os herdeiros respondem com o valor do montante recebido, até o limite da herança recebida.

03. O dono da padaria pediu 50.000,00, mas só sobraram 30.000,00. Os filhos terão que inteirar esse valor até completar os 50.000,00?

    Não, pois a Constituição diz que os sucessores respondem até o limite do patrimônio transferido. Ou seja, se só são transferidos 30.000,00, então os herdeiros só vão responder pela indenização com esses 30.000,00. E o os outros 20.000,00, quem vai pagar? Ninguém vai pagar. O dono da padaria vai ficar com esse prejuízo.

Penas Proibidas e Permitidas

Vejamos agora dois incisos do Art. 5º da CF, que sempre caem em prova juntos: incisos XLVI e XLVII. Há no inciso XLVI as penas permitidas e no XLVII as penas proibidas. Mas como isso cai em prova? O examinador pega uma pena permitida e diz que é proibida ou pega uma proibida e diz que é permitida. Conforme os incisos:

XLVI. *A lei regulará a individualização da pena e adotará, entre outras, as seguintes:*

a) *privação ou restrição da liberdade;*

b) *perda de bens;*

c) *multa;*

d) *prestação social alternativa;*

e) *suspensão ou interdição de direitos.*

Aqui há o rol de penas permitidas. Memorize essa lista, para lembrar quais são as penas permitidas. Atenção para uma pena que é pouco comum e que geralmente em prova é colocada como pena proibida, que é a pena de perda de bens.

Veja o próximo inciso com o rol de penas proibidas:

XLVII. *não haverá penas:*

a) *de morte, salvo em caso de guerra declarada, nos termos do Art. 84, XIX;*

b) *de caráter perpétuo;*

c) *de trabalhos forçados;*

d) *de banimento;*

e) *cruéis.*

Essas são as penas que não podem ser aplicadas no Brasil. E aí é cobrado na prova assim: existe pena de morte no Brasil? Deve-se ter muito cuidado com isso, pois apesar de a Constituição ter dito que é proibida, existe uma exceção no caso de guerra declarada. Essa exceção é uma verdadeira possibilidade, de forma que deve-se afirmar que existe pena de morte no Brasil. Apesar de a regra ser a proibição, existe a possibilidade de sua aplicação. Só como curiosidade, a pena de morte no Brasil é regulada pelo Código Penal Militar, a qual será executada por meio de fuzilamento.

A próxima pena proibida é a de caráter perpétuo. É a chamada "pena casamento", pois é aquela pena que é cumprida até que a morte os separe! Pena perpétua você cumpre a pena até morrer. Não existe esse tipo de pena no Brasil, pois as penas aqui são temporárias. Você só fica preso no Brasil até o máximo de 30 anos.

A outra pena é a de trabalhos forçados. É aquela pena em que o sujeito é obrigado a trabalhar de forma a denegrir a sua condição como ser humano. Muito comum em filmes americanos nos quais o indivíduo fica quebrando pedra ou vai girando moinho no lugar do boi. São exemplos de trabalhos forçados. Esse tipo de pena não é permitida no Brasil.

Há ainda a pena de banimento, que é a expulsão do brasileiro, tanto nato como naturalizado.

Por fim, a Constituição veda a aplicação de penas cruéis. Pena cruel é aquela que denigre a condição humana, expõe o indivíduo a situações desumanas, vexatórias, que provoquem intenso sofrimento.

Princípio da Individualização da Pena

Nos termos do Art. 5º, inciso XLVIII, da CF: A pena será cumprida em estabelecimentos distintos, de acordo com a natureza do delito, a idade e o sexo do apenado;

Esse dispositivo traz uma regra muito interessante, o princípio da individualização da pena. Significa que a pessoa quando cumprir sua pena deve cumpri-la em estabelecimento e condições compatíveis com a sua situação. Se mulher, deve cumprir com mulheres; se homem, cumprirá com homens; se reincidente, com reincidentes; se réu primário, com réus primários; e assim por diante. O ideal é que cada situação possua um cumprimento de pena adequado que propicie um melhor acompanhamento do poder público e melhores condições para a ressocialização.

Regras Sobre Prisões

São vários os dispositivos constitucionais que previstos no Art. 5º, da CF se referem às prisões:

LXI. *Ninguém será preso senão em flagrante delito ou por ordem escrita e fundamentada de autoridade judiciária competente, salvo nos casos de transgressão militar ou crime propriamente militar, definidos em lei;*

LXII. *A prisão de qualquer pessoa e o local onde se encontre serão comunicados imediatamente ao juiz competente e à família do preso ou à pessoa por ele indicada;*

LXIII. *o preso será informado de seus direitos, entre os quais o de permanecer calado, sendo-lhe assegurada a assistência da família e de advogado;*

LXIV. *O preso tem direito à identificação dos responsáveis por sua prisão ou por seu interrogatório policial;*

LXV. *a prisão ilegal será imediatamente relaxada pela autoridade judiciária;*

LXVI. *Ninguém será levado à prisão ou nela mantido, quando a lei admitir a liberdade provisória, com ou sem fiança;*

LXVII. *Não haverá prisão civil por dívida, salvo a do responsável pelo inadimplemento voluntário e inescusável de obrigação alimentícia e a do depositário infiel.*

Como destaque para prova, é importante enfatizar o disposto no inciso LXVII, o qual prevê duas formas de prisão civil por dívida:

» devedor de pensão alimentícia;

» depositário infiel.

Apesar de a Constituição Federal apresentar essas duas possibilidades de prisão civil por dívida, o STF tem entendido que só existe uma: a prisão do devedor de pensão alimentícia. Isso significa que o Depositário Infiel não poderá ser preso. Essa é a inteligência da Súmula Vinculante nº 25:

É ilícita a prisão civil de depositário infiel, qualquer que seja a modalidade do depósito.

Dessa forma, o candidato deve ter muito cuidado com essa questão em prova: se perguntarem conforme a Constituição Federal, responde-se segundo a Constituição Federal. Mas se perguntarem à luz da Jurisprudência, responda-se conforme o entendimento do STF. Vejamos como o CESPE abordou o tema utilizando o posicionamento jurisprudencial:

Exercício Comentado

01. ***(CESPE) Segundo posição atual do STF, as únicas hipóteses aceitas de prisão civil, no direito brasileiro, são a do devedor de alimentos e a do depositário infiel.***

ERRADO. Essa é a posição escrita na Constituição no Art. 5º, LXVII. A posição atual do STF é diferente da prevista expressamente no texto constitucional. Para o Supremo Tribunal Federal, só é permitida uma forma de prisão civil no direito brasileiro, a do devedor de alimentos. Depositário infiel não pode ser preso.

Extradição

Fruto de acordo internacional de cooperação, a extradição permite que determinada pessoa seja entregue a outro país para que seja responsabilizada pelo cometimento de algum crime. Existem duas formas de extradição:

Extradição Ativa

Quando o Brasil pede para outro país a extradição de alguém.

Extradição Passiva

Quando algum país pede para o Brasil a extradição de alguém.

A Constituição Federal preocupou-se em regular apenas a extradição passiva por meios dos incisos LI e LII do Art. 5º:

> ***LI.*** *Nenhum brasileiro será extraditado, salvo o naturalizado, em caso de crime comum, praticado antes da naturalização, ou de comprovado envolvimento em tráfico ilícito de entorpecentes e drogas afins, na forma da lei;*
>
> ***LII.*** *Não será concedida extradição de estrangeiro por crime político ou de opinião.*

De acordo com a inteligência desses dispositivos, três regras podem ser adotadas em relação à extradição passiva:

Brasileiro Nato

Nunca será extraditado.

Brasileiro Naturalizado

Será extraditado em duas hipóteses:

» crime comum cometido antes da naturalização;

» comprovado envolvimento com o tráfico ilícito de drogas, antes ou depois da naturalização.

Estrangeiro

Poderá ser extraditado salvo em dois casos:

» crime político;

» crime de opinião.

E na extradição ativa, quem poderá ser extraditado?

Qualquer pessoa pode ser extraditada na extradição ativa, inclusive o brasileiro nato. Deve-se ter muito cuidado com essa questão em prova. Lembre-se que a extradição ativa ocorre quando o Brasil pede a extradição de um criminoso para outro país. Isso pode ser feito pedindo a extradição de qualquer pessoa que o Brasil queira punir.

Princípios que Regem a Extradição no País

Princípio da reciprocidade

O Brasil só extradita ao país que extradita para o Brasil. Deve haver acordo ou tratado de extradição entre os país requerente e o Brasil.

Princípio da especialidade

O extraditando só poderá ser processado e julgado pelo crime informado no pedido de extradição.

Comutação da pena

O país requerente deverá firmar um compromisso de comutar a pena prevista em seu país quando a pena a ser aplicada for proibida no Brasil.

Dupla tipicidade ou dupla incriminação

Só se extradita se a conduta praticada for considerada crime no Brasil e no país requerente.

Fique Ligado

Deve-se ter muito cuidado para não confundir a extradição com entrega, deportação, expulsão ou banimento. A extradição, como se viu, é instituto de cooperação internacional entre países soberanos para a punição de criminosos.

Pela extradição, um país entrega o criminoso a outro país para que ele seja punido pelo crime praticado.

A entrega é o ato por meio do qual o país entrega uma pessoa para ser julgada no Tribunal Penal Internacional.

Deportação é a retirada do estrangeiro que tenha entrado de forma irregular no território nacional.

Expulsão é a retirada do estrangeiro que tenha praticado um ato ofensivo ao interesse nacional conforme as regras estabelecidas no Estatuto do Estrangeiro (Art. 65, Lei 6.815/80).

Banimento é uma das penas proibidas no direito brasileiro que consiste na expulsão de brasileiros para fora do território nacional.

Em prova, as questões sobre extradição costumam ser de extradição passiva. Só pense em extradição ativa se na questão ficar muito claro que se trata de extradição ativa. Caso contrário, sempre será extradição passiva.

Princípio da Presunção da Inocência

Também conhecido como princípio da não culpabilidade, essa regra de segurança jurídica garante que ninguém poderá ser condenado sem antes haver uma sentença penal condenatória transitada em julgado. Ou seja, uma sentença judicial condenatória definitiva:

> ***Art. 5º LVII.*** *Ninguém será considerado culpado até o trânsito em julgado de sentença penal condenatória.*

Identificação Criminal

> ***Art. 5º LVIII.*** *O civilmente identificado não será submetido a identificação criminal, salvo nas hipóteses previstas em lei.*

A Constituição garante que não será identificado criminalmente quem possuir identificação pública capaz de identificá-lo. Contudo, a Lei 12.037/2009 prevê hipóteses nas quais será possível a identificação criminal mesmo de quem apresentar outra identificação:

> ***Art. 3º*** *Embora apresentado documento de identificação, poderá ocorrer identificação criminal quando:*
>
> ***I.*** *O documento apresentar rasura ou tiver indício de falsificação;*
>
> ***II.*** *O documento apresentado for insuficiente para identificar cabalmente o indiciado;*
>
> ***III.*** *O indiciado portar documentos de identidade distintos, com informações conflitantes entre si;*
>
> ***IV.*** *A identificação criminal for essencial às investigações policiais, segundo despacho da autoridade judiciária competente, que decidirá de ofício ou mediante representação da autoridade policial, do Ministério Público ou da defesa;*

V. *Constar de registros policiais o uso de outros nomes ou diferentes qualificações;*

VI. *O estado de conservação ou a distância temporal ou da localidade da expedição do documento apresentado impossibilite a completa identificação dos caracteres essenciais.*

Ação Penal Privada Subsidiária da pública

> ***Art. 5º LIX.*** *Será admitida ação privada nos crimes de ação pública, se esta não for intentada no prazo legal.*

Em regra, nos crimes de ação penal pública, o titular da ação penal é o Ministério Público. Contudo, havendo omissão ou mesmo desídia por parte do órgão ministerial, o ofendido poderá promover a chamada Ação Penal Privada Subsidiária da Pública. Esse tema encontra-se disciplinado no Art. 29 do Código de Processo Penal:

> ***Art. 29.*** *Será admitida ação privada nos crimes de ação pública, se esta não for intentada no prazo legal, cabendo ao Ministério Público aditar a queixa, repudiá-la e oferecer denúncia substitutiva, intervir em todos os termos do processo, fornecer elementos de prova, interpor recurso e, a todo tempo, no caso de negligência do querelante, retomar a ação como parte principal.*

Remédios Constitucionais

Inicia-se agora o estudo dos chamados Remédios Constitucionais, matéria muito cobrada em prova de concurso. Os remédios constitucionais são espécies de garantias constitucionais que visam a proteger determinados direitos e até outras garantias fundamentais. São poderosas ações constitucionais que estão disciplinadas no texto da Constituição.

Habeas Corpus

Sem dúvida, esse remédio constitucional é o mais importante para prova, haja vista a sua utilização para proteger um dos direitos mais ameaçados do indivíduo: a liberdade de locomoção. Vejamos o que diz o texto constitucional:

> ***Art. 5º LXVIII.*** *Conceder-se-á "habeas corpus" sempre que alguém sofrer ou se achar ameaçado de sofrer violência ou coação em sua liberdade de locomoção, por ilegalidade ou abuso de poder.*

É essencial, conhecer os elementos necessários para a utilização dessa ferramenta.

Primeiro, deve-se compreender que o *habeas corpus* é utilizado para proteger a liberdade de locomoção. Deve-se ter cuidado com isso em prova, pois ele não tutela qualquer liberdade, mas apenas a liberdade de locomoção.

Outro ponto fundamental é que ele poderá ser utilizado tanto de forma preventiva quanto de forma repressiva. *habeas corpus* preventivo é aquele utilizado para prevenir a violência ou coação à liberdade de locomoção. *habeas corpus* repressivo é utilizado para reprimir a violência ou coação a liberdade de locomoção, ou seja, é utilizado quando a restrição da liberdade de locomoção já ocorreu.

Perceba-se que não é a qualquer tipo de restrição à liberdade de locomoção que caberá o remédio, mas apenas àquelas cometidas com ilegalidade ou abuso de poder.

Nas relações processuais que envolvem a utilização do *habeas corpus*, é possível identificar a participação de três figurantes:

Impetrante

O impetrante é a pessoa que impetra a ação. Quem entra com a ação. A titularidade dessa ferramenta é Universal, pois qualquer pessoa pode impetrar o HC. Não precisa sequer de advogado. Sua possibilidade é tão ampla que não precisa possuir capacidade civil ou mesmo qualquer formalidade. Esse remédio é desprovido de condições que impeçam sua utilização da forma mais ampla possível. Poderá impetrar essa ação tanto uma pessoa física quanto jurídica.

Paciente

É quem está doente, e a doença aqui é a restrição da liberdade de locomoção. O paciente é quem teve a liberdade de locomoção restringida. Ele será o beneficiário do *habeas corpus*. Pessoa jurídica não pode ser paciente de *habeas corpus*, pois a liberdade de locomoção é um direito incompatível com sua natureza jurídica.

Autoridade Coatora

É quem restringiu a liberdade de locomoção com ilegalidade ou abuso de poder. Poderá ser tanto uma autoridade privada quanto uma autoridade pública.

Outra questão interessante que está prevista na Constituição é a gratuidade dessa ação:

> ***Art. 5º LXXVII.*** *São gratuitas as ações de "habeas corpus" e "habeas data", e, na forma da lei, os atos necessários ao exercício da cidadania.*

A Constituição proíbe a utilização desse remédio constitucional em relação às punições disciplinares militares. É o que prevê o Art. 142, § 2º:

> *§ 2º - Não caberá "habeas corpus" em relação a punições disciplinares militares.*

Contudo, o STF tem admitido o remédio quando impetrado por razões de ilegalidade da prisão militar. Quanto ao mérito da prisão, deve-se aceitar a vedação Constitucional, mas em relação a legalidade da prisão, prevalece o entendimento de que o remédio seria possível.

Também não cabe *habeas corpus* em relação às penas pecuniárias, multas, advertências ou, ainda, nos processos administrativos disciplinares e no processo de *Impeachment*. Nesses casos, o não cabimento deve-se ao fato de que as medidas não visam restringir a liberdade de locomoção.

Por outro lado, a jurisprudência tem admitido o cabimento para impugnar inserção de provas ilícitas no processo ou quando houver excesso de prazo na instrução processual penal.

Por último, cabe ressaltar que o magistrado poderá concedê-lo de ofício.

Fique Ligado

Pessoa jurídica pode ser impetrante do habeas corpus, mas não pode ser paciente!

Habeas Data

O *habeas data* cuja previsão está no inciso LXXII do Art. 5º tem como objetivo proteger a liberdade de informação:

> ***LXXII.*** *conceder-se-á "habeas data":*
>
> ***a)*** *para assegurar o conhecimento de informações relativas à pessoa do impetrante, constantes de registros ou bancos de dados de entidades governamentais ou de caráter público;*
>
> ***b)*** *para a retificação de dados, quando não se prefira fazê-lo por processo sigiloso, judicial ou administrativo.*

Duas são as formas previstas na Constituição para utilização desse remédio:

> Para conhecer a informação.
> Para retificar a informação.

É importante ressaltar que só caberá o remédio em relação às informações do próprio impetrante.

As informações precisam estar em um banco de dados governamental ou de caráter público, o que significa que seria possível entrar com um ***habeas data*** contra um banco de dados privado desde que tenha caráter público.

Da mesma forma que o ***habeas corpus***, o ***habeas data*** também é gratuito:

> ***Art. 5º - LXXVII.*** *São gratuitas as ações de "habeas corpus" e "habeas data", e, na forma da lei, os atos necessários ao exercício da cidadania.*

Fique Ligado

Não cabe "habeas data" para conhecer informações de terceiros. Cabe apenas para conhecer informações do próprio impetrante.

Mandado de Segurança

O mandado de segurança é um remédio muito cobrado em prova em razão dos seus requisitos:

> ***Art. 5º LXIX.*** *Conceder-se-á mandado de segurança para proteger direito líquido e certo, não amparado por "habeas corpus" ou "habeas data", quando o responsável pela ilegalidade ou abuso de poder for autoridade pública ou agente de pessoa jurídica no exercício de atribuições do Poder Público.*

Como se pode ver, o mandado de segurança será cabível proteger direito líquido e certo desde que não amparado por *habeas corpus* ou *habeas data*. O que significa dizer que será cabível desde que não seja para proteger a liberdade de locomoção e a liberdade de informação. Esse é o chamado caráter subsidiário do mandado de segurança.

O texto constitucional exigiu também para a utilização dessa ferramenta a ilegalidade e o abuso de poder praticado por autoridade pública ou privada, desde que esteja no exercício de atribuições do poder público.

O mandado de segurança possui prazo decadencial para ser utilizado: 120 dias.

Existe também o mandado de segurança coletivo:

> ***Art. 5º LXX.*** *O mandado de segurança coletivo pode ser impetrado por:*
>
> ***a)*** *partido político com representação no Congresso Nacional;*
>
> ***b)*** *organização sindical, entidade de classe ou associação legalmente constituída e em funcionamento há pelo menos um ano, em defesa dos interesses de seus membros ou associados.*

Observadas as regras do mandado de segurança individual, o mandado de segurança coletivo possui alguns requisitos que lhe são peculiares: os legitimados para propositura.

São legitimados para propor o mandado de segurança coletivo:

> partidos políticos com representação no Congresso Nacional.

Para se ter representação no Congresso Nacional, basta um membro em qualquer uma das casas.

> Organização sindical.
> Entidade de classe.
> Associação.

Desde que legalmente constituída e em funcionamento há pelo menos um ano.

Fique Ligado

Segundo o STF, a necessidade de estar constituída e em funcionamento há pelo menos um ano só se aplica às associações. A FCC entende que esse requisito se aplica a todas as entidades.

Sobre o tema existe uma excelente questão de prova trabalhando com a diferença entre a aplicação do Mandado de Segurança e do *Habeas Data*:

Exercício Comentado

01. ***(CESGRANRIO) Caso uma determinada autoridade administrativa se recusasse (ilegalmente) a fornecer certidão de tempo de serviço, requerida por funcionário público que dela necessitasse, a fim de solicitar sua aposentadoria, seria cabível ajuizar***

a) Habeas Data.
b) Ação Civil Pública.
c) Ação Popular.
d) Mandado de Injunção.
e) Mandado de Segurança.

RESPOSTA. ***"E". Para proteger o direito em questão, utiliza-se o mandado de segurança (assertiva "e"). Percebe-se o seguinte: não está sendo restringido com ilegalidade o direito à informação, mas o direito à certidão. Se a autoridade administrativa fornecesse a certidão sem a informação, seria "habeas data". Entretanto, a autoridade recusou-se a fornecer a própria certidão. Nesse caso, o direito ofendido foi um direito líquido e certo não amparado por "habeas corpus" ou "habeas data", cujo remédio é o Mandado de Segurança. Deve-se sempre lembrar:***

Liberdade de informação = "habeas data".

Direito de certidão = mandado de segurança.

Mandado de Injunção

O mandado de injunção é uma ferramenta mais complexa para se entender. Vejamos o que diz a Constituição:

> ***Art. 5º LXXI.*** *Conceder-se-á mandado de injunção sempre que a falta de norma regulamentadora torne inviável o exercício dos direitos e liberdades constitucionais e das prerrogativas inerentes à nacionalidade, à soberania e à cidadania.*

O seu objetivo é suprir a omissão legislativa que impede o exercício de direitos fundamentais. Algumas normas constitucionais para que produzam efeitos dependem da edição de outras normas infraconstitucionais. Essas normas são conhecidas por sua eficácia como normas de eficácia limitada. Isso mesmo, o mandado de injunção visa a corrigir a ineficácia das normas com eficácia limitada.

Todas as vezes que um direito deixar de ser exercido pela ausência de norma regulamentadora, será cabível esse remédio.

No que tange à efetividade da decisão, deve-se esclarecer a possibilidade de adoção por parte do STF de duas correntes doutrinárias:

Teoria concretista geral

O Poder Judiciário concretiza o direito no caso concreto aplicando seu dispositivo com efeito *erga omnes*, para todos os casos iguais;

Teoria concretista individual

O Poder Judiciário concretiza o direito no caso concreto aplicando seu dispositivo com efeito inter partes, ou seja, apenas com efeito entre as partes.

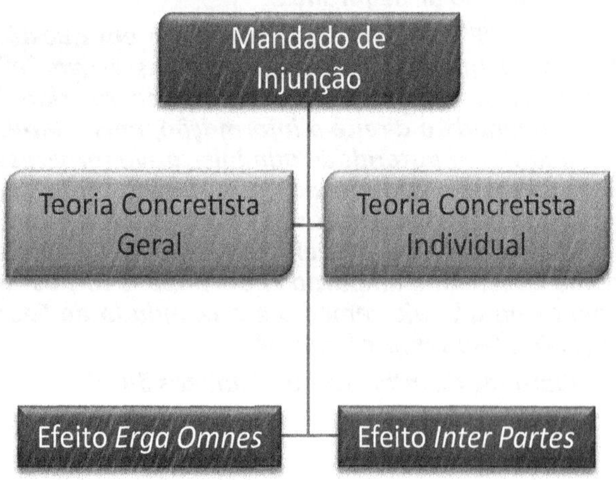

Ação Popular

A ação popular é uma ferramenta fiscalizadora utilizada como espécie de exercício direto dos direitos políticos. Por isso, só poderá ser utilizada por cidadãos. Segundo o inciso LXXIII do Art. 5º:

> ***LXXIII.*** *Qualquer cidadão é parte legítima para propor ação popular que vise a anular ato lesivo ao patrimônio público ou de entidade de que o Estado participe, à moralidade administrativa, ao meio ambiente e ao patrimônio histórico e cultural, ficando o autor, salvo comprovada má-fé, isento de custas judiciais e do ônus da sucumbência.*

Além da previsão constitucional, essa ação encontra-se regulamentada pela lei 4.717/65. Percebe-se que seu objetivo consiste em proteger o patrimônio público, a moralidade administrativa, o meio ambiente e o patrimônio histórico e cultural.

O autor não precisa pagar custas judiciais ou ônus da sucumbência, salvo se houver má-fé.

Vamos Praticar

01. (FCC) No que diz respeito ao direito à inviolabilidade de domicílio, é correto afirmar que:

a) Ninguém pode violar a casa, à noite, mesmo que munido de autorização judicial.

b) A casa é asilo inviolável e em nenhuma hipótese se pode nela ingressar sem o consentimento do morador.

c) O conceito de casa é restrito e abrange, apenas, a residência com ânimo definitivo.

d) A casa, à noite, torna-se violável nas hipóteses de flagrante, desastre e prestação de socorro, porém é necessária autorização judicial.

e) A casa é violável no caso de flagrante, desastre ou para prestar socorro.

02. (FCC) De acordo com a Constituição Federal, é assegurado, nos processos de competência do Tribunal do Júri:

a) O processamento dos crimes patrimoniais dolosos.

b) O sigilo das votações.

c) A divulgação das votações, para garantia da plenitude de defesa.

d) A soberania da sentença sobre as votações.

e) O processamento dos crimes dolosos e culposos contra a vida.

03. (FCC) No dia 27 de fevereiro de 2008 determinado cidadão foi multado em razão de conduzir veículo utilizando telefone móvel. No dia 03 de março de 2008 foi editada lei federal tipificando como crime a mesma conduta. Pretendeu-se, então, aditar o auto de infração lavrado para aplicar ao cidadão a pena prevista para o novo tipo penal. A conduta é, de acordo com a Constituição Federal:

a) Constitucional, uma vez que observado o princípio da legalidade.

b) Constitucional, uma vez que se presta a garantir a segurança da coletividade no trânsito.

c) Constitucional se a autuação da infração de trânsito for posterior à edição da lei, independentemente da data da prática do ato.

d) Inconstitucional, porque ofende o princípio da irretroatividade da lei penal.

e) Inconstitucional, pois, embora observado o princípio da legalidade, restou violado o princípio da ampla defesa.

04. (FCC) Os princípios da ampla defesa e do contraditório:

a) São garantidos por Lei Complementar especialmente editada para esse fim.

b) São inerentes aos processos judicial e administrativo.

c) Só se aplicam aos processos judiciais na área penal e na área civil.

d) Não se aplicam aos processos administrativos não punitivos.

e) Não se aplicam em nenhuma espécie de processo administrativo.

05. (FCC) É garantia específica do direito à integridade física e mental dos indivíduos a previsão constitucional segundo a qual:

a) Não há crime sem lei anterior que o defina, nem pena sem prévia cominação legal.

b) Não haverá penas de caráter perpétuo, salvo em caso de guerra declarada nos termos da Constituição.

c) Constitui crime inafiançável e imprescritível a ação de grupos armados contra a ordem constitucional e o Estado democrático.

d) A lei considerará crime inafiançável e insuscetível de graça ou anistia a prática de tortura.

e) Nenhuma pena passará da pessoa do condenado, extinguindo-se com sua morte a obrigação de reparar danos e a decretação do perdimento de bens.

06. (CONSUPLAN) Sobre os direitos e deveres individuais e coletivos previstos na Constituição da República Federativa do Brasil, marque a alternativa incorreta:

a) A lei estabelecerá o procedimento para desapropriação por necessidade ou utilidade pública, ou por interesse social, mediante justa e prévia indenização em dinheiro, ressalvados os casos previstos na Constituição da República.

b) No caso de iminente perigo público, a autoridade competente poderá usar de propriedade particular, assegurada ao proprietário indenização anterior, se houver dano.

c) Aos autores pertence o direito exclusivo de utilização, publicação ou reprodução de suas obras, transmissível aos herdeiros pelo tempo que a lei fixar.

d) É assegurado a todos o acesso à informação e resguardado o sigilo da fonte, quando necessário ao exercício profissional.

e) A propriedade atenderá a sua função social.

07. (CONSUPLAN) A Constituição da República Federativa do Brasil de 1988 estabelece como crime inafiançável, exceto:

a) Prática do racismo.

b) Prática de tortura.

c) Crime político.

d) Tráfico ilícito de entorpecentes.

e) Terrorismo.

08. (CESPE) Uma fazenda destinada à plantação de maconha pode ser objeto de desapropriação confiscatória, devendo a indenização ao proprietário, nesse caso, ser paga em títulos da dívida agrária.

Certo ( ) Errado ( )

09. (CESPE) O direito à duração razoável do processo, tanto no âmbito judicial quanto no âmbito administrativo, é um direito fundamental previsto expressamente na CF.

Certo ( ) Errado ( )

10. (FCC) No tocante aos Direitos e Deveres Individuais e Coletivos, é correto afirmar que:

a) A lei regulará a individualização da pena e adotará, entre outras, as penas de privação ou restrição da liberdade, perda de bens, multa, prestação social alternativa e suspensão ou interdição de direitos.

b) A prática do racismo constitui crime inafiançável e imprescritível, sujeito à pena de detenção, nos termos da lei.

c) A lei considerará crime inafiançável e suscetível de graça ou anistia a prática da tortura.

d) Constitui crime inafiançável e prescritível a ação de grupos armados, civis ou militares, contra a ordem constitucional e o Estado Democrático.

e) Nenhuma pena passará da pessoa do condenado, podendo a obrigação de reparar o dano e a decretação do perdimento de bens ser, nos termos da lei, estendidas aos sucessores e contra eles executadas, independentemente do valor do patrimônio transferido.

11. (FCC) Dentre as penas abaixo indicadas, assinale a que é expressamente vedada pela Constituição Federal Brasileira:

a) Trabalhos forçados.

b) Suspensão de direitos.

c) Interdição de direitos.

d) Perda de bens.

e) Prestação social alternativa.

12. (FCC) No Brasil não se admite, em regra, prisão civil, cabível, no entanto, para os casos de dívida oriunda de inadimplemento voluntário e inescusável de:

a) Tributos previdenciários.

b) Obrigação alimentícia.

c) Contrato de locação.

d) Multa ambiental.

e) Contrato de trabalho.

13. (ESAF) O mandado de segurança é ação voltada para fins cíveis, não constituindo instrumento adequado para defesa de direito líquido e certo no âmbito do processo penal.

Certo ( ) Errado ( )

14. (FCC) Conceder-se-á mandado de injunção:

a) Para assegurar o conhecimento de informações relativas à pessoa do impetrante, constantes de registros ou bancos de dados de entidades governamentais ou de caráter público.

b) Para a retificação de dados, quando não se prefira fazê-lo por processo sigiloso, judicial ou administrativo.

c) Sempre que alguém sofrer ou se achar ameaçado de sofrer violência ou coação em sua liberdade de locomoção, por ilegalidade ou abuso de poder.

d) Sempre que a falta de norma regulamentadora torne inviável o exercício dos direitos e liberdades constitucionais e das prerrogativas inerentes à nacionalidade, à soberania e à cidadania.

e) Para proteger direito líquido e certo, quando o responsável pela ilegalidade ou abuso de poder for autoridade pública ou agente de pessoa jurídica no exercício de atribuições do Poder Público.

15. (FCC) O cidadão que pretenda questionar ato considerado lesivo à moralidade administrativa, praticado pelo Prefeito do Município em que reside, pleiteando sua anulação:

a) Deverá representar ao Ministério Público para o ajuizamento de ação civil pública, por faltar-lhe legitimidade para agir diante da ausência de prejuízo pessoal.

b) Poderá valer-se de mandado de segurança coletivo, em defesa do interesse público subjacente à demanda, desde que munido de prova pré constituída da situação alegada em juízo.

c) Deverá valer-se da Defensoria Pública para a promoção de representação de inconstitucionalidade do ato perante o Tribunal de Justiça estadual.

d) Poderá ajuizar habeas data, assegurada a gratuidade da ação, por se tratar de ato considerado necessário ao exercício da cidadania.

e) Tem legitimidade para propor ação popular, ficando isento de custas judiciais e ônus da sucumbência, salvo comprovada má-fé.

16. (CESPE) O ordenamento constitucional veda o envio compulsório de brasileiros ao exterior, que caracterizaria a pena de banimento, assim como proíbe a retirada coativa de estrangeiros do território nacional, que caracterizaria a pena de expulsão.

Certo ( ) Errado ( )

17. (CESPE) Inexiste pena de morte, no Brasil, em qualquer hipótese.

Certo ( ) Errado ( )

18. (CESPE) Nenhum cidadão brasileiro pode ser extraditado.

Certo ( ) Errado ( )

19. (CESPE) Para serem resguardados os agentes policiais e os delegados de polícia contra eventuais retaliações por parte das pessoas que eles prendem, os presos não têm direito à identificação dos responsáveis pela sua prisão.

Certo ( ) Errado ( )

20. (CESPE) Qualquer partido político pode impetrar mandado de segurança coletivo para proteção de direito líquido e certo.

Certo ( ) Errado ( )

Gabarito

01	E	11	A
02	B	12	B
03	D	13	ERRADO
04	B	14	D
05	D	15	E
06	B	16	ERRADO
07	C	17	ERRADO
08	ERRADO	18	ERRADO
09	CERTO	19	ERRADO
10	A	20	ERRADO

Anotações

CAPÍTULO 06

Direitos Fundamentais IV - Direitos Sociais e Nacionalidade

Direitos Sociais

Prestações Positivas

Os direitos sociais encontram-se previstos a partir do Art. 6º até o Art. 11 da Constituição Federal. São normas que se concretizam por meio de prestações positivas por parte do Estado, haja vista objetivarem reduzir as desigualdades sociais.

Deve-se dar destaque para o Art. 6º, que foi alterado pela EC 64/2010 e que possivelmente será objeto de questionamento em concurso público:

> **Art. 6º** *São direitos sociais a educação, a saúde, a alimentação, o trabalho, a moradia, o lazer, a segurança, a previdência social, a proteção à maternidade e à infância, a assistência aos desamparados, na forma desta Constituição.*

Boa parte dos direitos aqui previstos necessita de recursos financeiros para serem implementados, o que acaba por dificultar sua plena eficácia.

Mas, antes de avançar nessa parte da matéria, faz-se necessário dizer que costumam ser cobradas questões de provas que abordam apenas o texto puro da Constituição Federal. A principal orientação, portanto, é que se dedique tempo à leitura da Constituição Federal, mais precisamente, do Art. 7º, que possui vários dispositivos que podem ser trabalhados em prova.

Reserva do Possível

Seria possível exigir do Estado a concessão de um direito social quando tal direito não fosse assegurado de forma condizente com sua previsão constitucional? A título de exemplo, veremos um dispositivo dos direitos sociais dos trabalhadores:

> *IV. Salário mínimo, fixado em lei, nacionalmente unificado, capaz de atender a suas necessidades vitais básicas e às de sua família com moradia, alimentação, educação, saúde, lazer, vestuário, higiene, transporte e previdência social, com reajustes periódicos que lhe preservem o poder aquisitivo, sendo vedada sua vinculação para qualquer fim.*

Observe-se que a Constituição garante que o salário mínimo deve atender às necessidades vitais básicas do trabalhador e de sua família com moradia, alimentação, educação, saúde, lazer, vestuário, higiene, transporte e previdência social. Você, que é trabalhador ou que já ganhou um salário mínimo no Brasil, deve perceber que o valor pago atualmente, nem de longe, garante o que prevê o texto constitucional. Entendendo que os direitos sociais são espécies de direitos fundamentais e, analisando-os sob o dispositivo previsto no § 1º do Art. 5º segundo o qual "as normas definidoras de direitos e garantias fundamentais têm aplicação imediata", pergunta-se: seria possível entrar com uma ação visando a garantir o disposto no inciso IV, que está sendo analisado?

Certamente não. Para se garantir tudo o que está previsto no referido inciso, seria necessário que o salário mínimo valesse, em média, por volta de R$ 3.000,00. Agora, imagine se algum trabalhador conseguisse esse benefício por meio de uma decisão judicial, o que não fariam todos os demais trabalhadores do país.

Se o Estado fosse obrigado a pagar esse valor para todos os trabalhadores, os cofres públicos rapidamente quebrariam. Para se garantir essa estabilidade, foi desenvolvida a teoria da **Reserva do Possível**, por meio da qual o Estado pode alegar essa impossibilidade financeira para atender algumas demandas, como o aumento do salário mínimo. Quando o poder público for demandado para garantir algum benefício de ordem social, poderá ser alegada, previamente, a impossibilidade financeira para concretização do direito sob o argumento da reserva do possível.

Mínimo Existencial

Por causa da reserva do possível, o Estado passou a se esconder atrás dessa teoria, eximindo-se da sua obrigação social de garantia dos direitos tutelados na Constituição Federal. Tudo o que era pedido para o Estado era negado sob o argumento de que "não era possível". Para trazer um pouco de equilíbrio a essa relação, foi desenvolvida outra teoria chamada de Mínimo Existencial. Essa teoria permite que os poderes públicos deixem de atender algumas demandas em razão da reserva do possível, mas exige que seja garantido o mínimo existencial.

Proibição de Retrocesso

Uma regra interessante que funciona com caráter de segurança jurídica é a Proibição do Retrocesso. Esse dispositivo proíbe que os direitos sociais já conquistados sejam esvaziados ou perdidos sob pena de desestruturação social do País.

Salário Mínimo

Feitas algumas considerações iniciais sobre a doutrina social, segue-se à análise de alguns dispositivos constitucionais que se encontram no Art. 7º:

> *IV. Salário mínimo , fixado em lei, nacionalmente unificado, capaz de atender a suas necessidades vitais básicas e às de sua família com moradia, alimentação, educação, saúde, lazer, vestuário, higiene, transporte e previdência social, com reajustes periódicos que lhe preservem o poder aquisitivo, sendo vedada sua vinculação para qualquer fim.*

Vários pontos são relevantes nesse inciso. Primeiramente, é importante comentar o trecho "fixado em lei". Segundo o texto constitucional, o salário mínimo só poderá ser fixado em lei; entretanto, no dia 25 de fevereiro de 2011 foi publicada a Lei 12.382, que prevê a possibilidade de fixação do salário mínimo por meio de Decreto do Poder Executivo. Questionado no STF[1], o guardião da Constituição considerou constitucional a fixação de salário mínimo por meio de Decreto Presidencial. Certamente esse tema cairá nos próximos concursos.

Outro ponto interessante diz respeito ao salário mínimo ser nacionalmente unificado. Muitos acham que alguns estados da federação fixam valores referentes ao salário mínimo maiores do que o fixado nacionalmente. O STF já afirmou que os Estados não podem fixar salário mínimo diferente do nacionalmente unificado. O que cada Estado pode fixar é o piso salarial da categoria de trabalhadores com valor maior que o salário mínimo.

1 Ver no STF, ADI 4.568, Rel. Minª Cármen Lúcia, julgamento em 3-11-2011, Plenário, Informativo 646.

Temos ainda a proibição de vinculação do salário mínimo para qualquer fim. Em fevereiro de 2011, esse tema foi enfrentado pelo STF, que determinou a desvinculação do salários dos técnicos em radiologia do salário mínimo, como estava previsto na Lei 7.394/85.

Algumas súmulas vinculantes do STF são importantes para prova, pois se referem ao salário mínimo:

01. **Súmula Vinculante 4**

Salvo nos casos previstos na Constituição, o salário mínimo não pode ser usado como indexador de base de cálculo de vantagem de servidor público ou de empregado, nem ser substituído por decisão judicial.

02. **Súmula Vinculante 6**

Não viola a Constituição o estabelecimento de remuneração inferior ao salário mínimo para as praças prestadoras de serviço militar inicial.

03. **Súmula Vinculante 15**

O cálculo de gratificações e outras vantagens do servidor público não incide sobre o abono utilizado para se atingir o salário mínimo.

04. **Súmula Vinculante 16**

Os Arts. 7º, IV, e 39, § 3º (redação da EC 19/98) da Constituição referem-se ao total da remuneração percebida pelo servidor público.

Prescrição Trabalhista

Um dos dispositivos previstos no Art. 7º mais cobrados em prova é o inciso XXIX:

> ***XXIX.*** *Ação, quanto aos créditos resultantes das relações de trabalho, com prazo prescricional de cinco anos para os trabalhadores urbanos e rurais, até o limite de dois anos após a extinção do contrato de trabalho.*

Exemplificando: imaginemos um trabalhador que trabalhou 20 anos em uma empresa. Sua função era exercida no período noturno, contudo, durante todos esses anos de trabalho, ele não recebeu nenhum dia de adicional noturno. Ora, ao ter seu contrato de trabalho rescindido, ele poderá ingressar em juízo pleiteando as verbas trabalhistas não pagas. Tendo em vista a existência de prazo prescricional para reaver seus direitos, o trabalhador terá o prazo de dois anos para entrar com a ação, e só terá direito aos últimos cinco anos de adicional noturno.

Se o trabalhador entra com a ação no dia da rescisão do contrato de trabalho

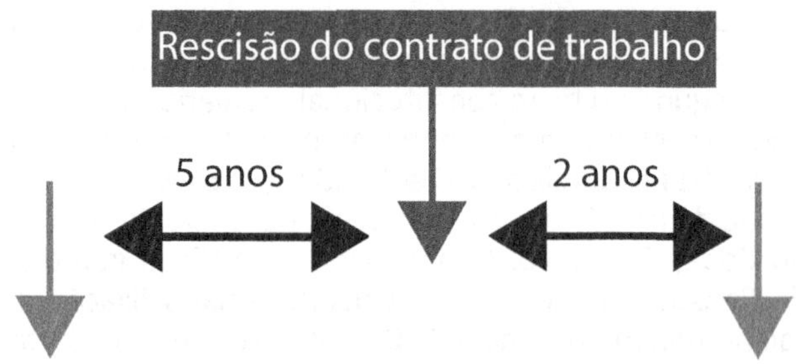

Ressalte-se que esses cinco anos contam-se a partir do dia em que entrou com a ação. Se ele entrar com a ação no último dia do prazo de dois anos, só terá direito a três anos de adicional noturno.

Nesse exemplo, se o trabalhador entrar com a ação no dia 01/01/2011, receberá os últimos cinco anos de adicional noturno, ou seja, até o dia 01/01/2006. Mas se o trabalhador entrar com a ação no dia 01/01/2013, último dia do prazo prescricional de dois anos, ele terá direito aos últimos cinco anos de adicional noturno a contar do dia em que entrou com a ação. Isso significa que se depare o adicional noturno até o dia 01/01/2008. Perceba que, se o trabalhador demorar a entrar com a ação, ele perde os direitos trabalhistas anteriores ao prazo dos últimos cinco anos.

Se o trabalhador entra com a ação no último dia do prazo prescricional de 2 anos

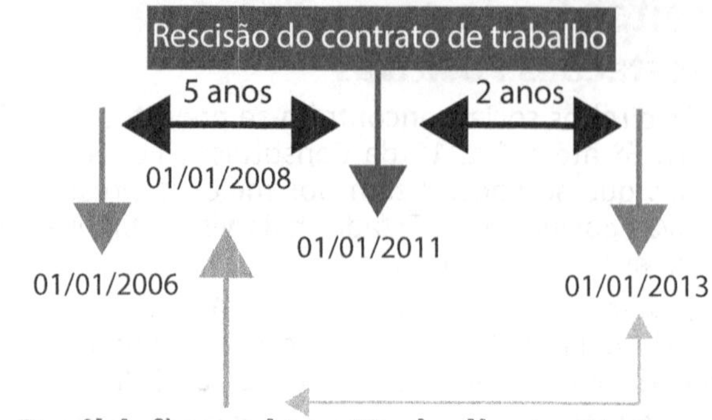

Proibição do Trabalho Noturno, Perigoso e Insalubre

Esse inciso também é muito cotado para ser cobrado em prova. É importante lê-lo para que, em seguida, se possa responder a uma pergunta que fará entender o motivo de ele ser tão abordado em testes:

> ***Art. 7º XXXIII.*** *Proibição de trabalho noturno, perigoso ou insalubre a menores de dezoito e de qualquer trabalho a menores de dezesseis anos, salvo na condição de aprendiz, a partir de quatorze anos.*

A pergunta é muito simples: a partir de qual idade pode se trabalhar no Brasil? Você deve estar em dúvida: entre 16 e 14 anos. Isso é o que acontece com a maioria dos candidatos. Mas se você quiser passar em um concurso, não pode ser igual aos demais. Você precisa fazer a diferença! Você precisa ser a diferença! Então, nunca mais esqueça: se temos uma regra e essa regra está acompanhada de uma exceção; temos, então, uma possibilidade.

Ora, se a Constituição diz que é proibido o trabalho para os menores de 16 e, em seguida, excepciona essa regra dizendo que é possível a partir dos 14, na condição de aprendiz: ela quis dizer que o trabalho no Brasil se inicia aos 14 anos. Esse entendimento se fortalece à luz do Art. 227, § 3º, I:

> **Art. 227, § 3º** - *O direito a proteção especial abrangerá os seguintes aspectos:*
>
> ***I.*** *Idade mínima de quatorze anos para admissão ao trabalho, observado o disposto no Art. 7º, XXXIII.*

Exercício Comentado

01. ***(CESPE) Um rapaz de 17 anos de idade foi contratado para trabalhar em um restaurante no período noturno, com uma jornada de seis horas. Ao tomar conhecimento do contrato, o advogado do dono do restaurante informou imediatamente ao seu cliente que a situação do rapaz recém-contratado era vedada pela Constituição Federal. Nessa situação, as informações do advogado não estão corretas, pois o que é vedado pela Constituição é o trabalho noturno aos menores de 16 anos.***

ERRADO. Temos um caso concreto em que o candidato precisa adequar a aplicação da norma à situação. A afirmação do advogado está correta, haja vista a Constituição Federal proibir o trabalho noturno aos menores de 18 anos. Essa é a inteligência do texto constitucional no Art. 7º, XXXIII.

Fique Ligado

Quando existe uma regra acompanhada de uma exceção, o que existe na verdade é uma possibilidade. Deve-se tomar cuidado com as palavras: ressalvado, salvo, exceto.

Direitos dos Empregados Domésticos

O § único, do Art. 7º, da CF assegurava ao trabalhador doméstico um número reduzido de direitos, se comparado com os demais empregados, urbanos ou rurais.

Nos termos daquele dispositivo, seriam garantidos à categoria dos trabalhadores domésticos apenas os direitos previstos nos incisos IV, VI, VIII, XV, XVII, XVIII, XIX, XXI e XXIV, do Art. 7º, bem como a sua integração à previdência social.

Com a promulgação da EC nº 72, de 2 de abril de 2013, aquele § foi alterado para estender aos empregados domésticos praticamente todos os demais direitos constantes nos incisos, do Art. 7º, da CF.

A nova redação do § único, do Art. 7º, da CF dispõe: "São assegurados à categoria dos trabalhadores domésticos os direitos previstos nos incisos IV, VI, VII, VIII, X, XIII, XV, XVI, XVII, XVIII, XIX, XXI, XXII, XXIV, XXVI, XXX, XXXI e XXXIII e, atendidas as condições estabelecidas em lei e observada a simplificação do cumprimento das obrigações tributárias, principais e acessórias, decorrentes da relação de trabalho e suas peculiaridades, os previstos nos incisos I, II, III, IX, XII, XXV e XXVIII, bem como a sua integração à previdência social".

Direitos Coletivos dos Trabalhadores

São basicamente os direitos relacionados à criação e organização das associações e sindicatos que estão previstos no Art. 8º.

Princípio da Unicidade Sindical

O primeiro direito coletivo refere-se ao princípio da unicidade sindical. Esse dispositivo proíbe a criação de mais de uma organização sindical, representativa de categoria profissional ou econômica, em uma mesma base territorial:

> *II. é vedada a criação de mais de uma organização sindical, em qualquer grau, representativa de categoria profissional ou econômica, na mesma base territorial, que será definida pelos trabalhadores ou empregadores interessados, não podendo ser inferior à área de um Município.*

Em cada base territorial (federal, estadual, municipal ou distrital) só pode existir um sindicato representante da mesma categoria, lembrando que a base territorial mínima refere-se à área de um município.

Exemplificando: só pode existir **um** sindicato municipal de pescadores no município de Cascavel. Só pode existir **um** sindicato estadual de pescadores no estado do Paraná. Só pode existir **um** sindicato federal de pescadores no Brasil. Contudo, é possível existirem vários sindicatos municipais de pescadores no Estado do Paraná.

Contribuição Confederativa e Sindical

Essa questão costuma enganar até mesmo os mais preparados. Vejamos o que diz a Constituição Federal no Art. 8º, IV:

> *IV. A assembleia geral fixará a contribuição que, em se tratando de categoria profissional, será descontada em folha, para custeio do sistema confederativo da representação sindical respectiva, independentemente da contribuição prevista em lei.*

A primeira coisa que se deve perceber é a existência de duas contribuições nesse inciso. Uma chamada de Contribuição Confederativa a outra de Contribuição Sindical.

A Contribuição Confederativa é a prevista nesse inciso, fixada pela assembleia geral, descontada em folha para custear o sistema confederativo. Essa contribuição é aquela paga às organizações sindicais e que só é obrigada aos filiados e aos sindicatos. Não possui natureza tributária, por isso obriga apenas as pessoas que voluntariamente se filiam a uma entidade sindical.

A Contribuição Sindical, que é a contribuição prevista em lei, mais precisamente na Consolidação das Leis trabalhistas (Decreto-Lei nº 5.452/43), deve ser paga por todos os trabalhadores ainda que profissionais liberais. Sua natureza é tributária, não possuindo caráter facultativo.

Contribuição	
Confederativa	**Sindical**
Fixada pela Assembleia	Fixada pela CLT
Natureza não tributária	Natureza tributária
Obrigada apenas aos filiados a sindicatos	Obrigada a todos os trabalhadores

Liberdade de associação

Esse inciso costuma ser cobrado em prova devido às inúmeras possibilidades de se modificar o seu texto:

> *V. Ninguém será obrigado a filiar-se ou a manter-se filiado a sindicato.*

É a liberdade de associação que permite aos trabalhadores escolherem se desejam ou não se filiar a um determinado sindicato. Ninguém será obrigado a filiar-se ou a manter-se filiado.

Participação do aposentado no sindicato

Esse inciso também possui aplicação semelhante ao anterior, portanto deve haver uma leitura atenta aos detalhes que podem ser modificados em prova:

> *VII. o aposentado filiado tem direito a votar e ser votado nas organizações sindicais.*

Estabilidade sindical

A estabilidade sindical constitui norma de proteção aos dirigentes sindicais que possui grande utilidade ao evitar o cometimento de arbitrariedades por partes das empresas em retaliação aos representantes dos empregados:

> *VIII. É vedada a dispensa do empregado sindicalizado a partir do registro da candidatura a cargo de direção ou representação sindical e, se eleito, ainda que suplente, até um ano após o final do mandato, salvo se cometer falta grave nos termos da lei.*

O importante aqui é entender o período de proteção que a Constituição garantiu aos dirigentes sindicais. A estabilidade se inicia com o registro da candidatura e permanece, com o candidato eleito, até um ano após o término do seu mandato. Ressalte-se que essa proteção contra despedida arbitrária não prospera diante do cometimento de falta grave.

Fique Ligado

A estabilidade sindical se inicia com o registro da candidatura e vai até um ano após o término do mandato.

Direitos de Nacionalidade

A nacionalidade é um vínculo jurídico existente entre um indivíduo e um Estado. Esse vínculo jurídico é a ligação existente capaz de gerar direitos e obrigações entre a pessoa e o Estado.

A aquisição da nacionalidade decorre do nascimento ou da manifestação de vontade. Quando a nacionalidade é adquirida pelo nascimento, estamos diante da chamada **Nacionalidade Originária.** Mas, se for adquirida por meio da manifestação de vontade, estamos diante de uma **Nacionalidade Secundária.**

A Nacionalidade Originária, também chamada de aquisição de nacionalidade primária, é aquela involuntária. Decorre do nascimento desde que preenchidos os requisitos previstos na legislação. Um brasileiro que adquire nacionalidade originária é chamado de nato.

Dois critérios foram utilizados em nossa Constituição para se conferir a nacionalidade originária:

Jus solis

Esse é critério do solo, critério territorial. Serão considerados brasileiros natos as pessoas que nascerem no território nacional. Esse é o critério adotado como regra no texto constitucional.

Jus sanguinis

Esse é o critério do sangue. Serão considerados brasileiros natos os descendentes de brasileiros, ou seja, aqueles que possuem o sangue brasileiro.

A nacionalidade secundária ou adquirida é a aquisição que depende de uma manifestação de vontade. É voluntária e, quem a adquire, possui a qualificação de naturalizado.

Conflito de Nacionalidade

Alguns países adotavam apenas o critério *jus sanguinis*, outros somente o critério *jus solis,* e isso gerou alguns problemas que a doutrina nominou de Conflito de Nacionalidade. O Conflito de Nacionalidade pode ser de duas formas:

Conflito Positivo

Ocorre quando o indivíduo adquire várias nacionalidades. Ele será chamado de polipátrida.

Conflito Negativo

Ocorre quando o indivíduo não adquire qualquer nacionalidade. Esse será chamado de apátrida (heimatlos).

Para evitar a ocorrência desses tipos de conflito, os países têm adotado critérios mistos de aquisição de nacionalidade originária, a exemplo do próprio Brasil.

A seguir, serão analisadas várias hipóteses previstas no Art. 12 da Constituição Federal de aquisição de nacionalidade tanto originária quanto secundária.

Nacionalidade Originária

As hipóteses de aquisição da nacionalidade originária estão previstas no Art. 12, I da Constituição Federal, e são:

> ***Art. 12.*** *São brasileiros:*
>
> ***I.*** *Natos:*
>
> ***a)*** *os nascidos na República Federativa do Brasil, ainda que de pais estrangeiros, desde que estes não estejam a serviço de seu país;*
>
> ***b)*** *os nascidos no estrangeiro, de pai brasileiro ou mãe brasileira, desde que qualquer deles esteja a serviço da República Federativa do Brasil;*
>
> ***c)*** *os nascidos no estrangeiro de pai brasileiro ou de mãe brasileira, desde que sejam registrados em repartição brasileira competente ou venham a residir na República Federativa do Brasil e optem, em qualquer tempo, depois de atingida a maioridade, pela nacionalidade brasileira.*

A primeira hipótese, prevista na alínea "a", adotou para aquisição o critério *jus solis,* ou seja, serão considerados brasileiros natos aqueles que nascerem no país ainda que de pais estrangeiros, desde que, os pais não estejam a serviço do seu país. Para que os filhos de pais estrangeiros fiquem impedidos de adquirirem a nacionalidade brasileira, é preciso que ambos os pais sejam estrangeiros, mas basta que apenas um deles esteja a serviço do seu país. Se os pais estrangeiros estiverem a serviço de outro país, a doutrina tem entendido que não se aplicará a vedação.

Já a segunda hipótese, adotada na alínea "b", utilizou o critério *jus sanguinis* para fixação da nacionalidade originária. Serão brasileiros natos os nascidos fora do país, filho de pai ou mãe brasileira, desde que qualquer deles esteja a serviço da República Federativa do Brasil. Estar a serviço do país significa estar a serviço de qualquer ente federativo (União, Estados, Distrito Federal ou Município) incluídos os órgãos e entidades da administração indireta (fundações, autarquias, empresas públicas e sociedades de economia mista).

A terceira hipótese, prevista na alínea "c", apresenta, na verdade, duas possibilidades: uma depende do registro a outra depende da opção confirmativa.

Primeiro, temos a regra aplicada aos nascidos no estrangeiro, filho de pai brasileiro ou mãe brasileira, condicionada à aquisição da nacionalidade ao registro em repartição brasileira competente. Nessa hipótese, adota-se o critério *jus sanguinis* acompanhado do registro em repartição brasileira.

Em seguida, temos a segunda possibilidade destinada aos nascidos no estrangeiro de pai brasileiro ou de mãe brasileira, que venham a residir na República Federativa do Brasil e optem (opção confirmativa), em qualquer tempo, depois de atingida a maioridade, pela nacionalidade brasileira.

Essa é a chamada nacionalidade protestativa, pois depende da manifestação de vontade por parte do interessado. Deve-se ter cuidado com a condição para a manifestação da vontade que só poder ser exercida depois de atingida a maioridade, apesar de não existir tempo limite para o exercício desse direito.

Fique Ligado

Nem todas as formas de aquisição de nacionalidade originária são involuntárias. Lembre-se da nacionalidade originária protestativa que depende de manifestação da vontade.

Nacionalidade Secundária

A seguir, serão apresentadas as hipóteses de aquisição de nacionalidade secundária:

> ***Art. 12 II.*** *Naturalizados:*
>
> ***a)*** *Os que, na forma da lei, adquiram a nacionalidade brasileira, exigidas aos originários de países de língua portuguesa apenas residência por um ano ininterrupto e idoneidade moral;*

b) *os estrangeiros de qualquer nacionalidade, residentes na República Federativa do Brasil há mais de quinze anos ininterruptos e sem condenação penal, desde que requeiram a nacionalidade brasileira.*

A primeira hipótese de naturalização, prevista na alínea "a" do inciso II, é a chamada naturalização ordinária. Essa naturalização apresenta uma forma de aquisição prevista na Lei 6.815/80, que traz algumas regras para aquisição de nacionalidade, as quais não serão estudadas neste momento. O que interessa agora para a prova é a segunda parte da alínea, que confere um tratamento diferenciado para os originários de países de língua portuguesa, para quem será exigida apenas residência por um ano ininterrupto e idoneidade moral. Entende-se país de língua portuguesa qualquer país que possua a língua portuguesa como língua oficial (Angola, Portugal, Timor Leste, entre outros). Essa forma de naturalização não gera direito subjetivo ao estrangeiro, o que significa que ele poderá pleitear sua naturalização e essa poderá ser indeferida pelo Chefe do Poder Executivo, haja vista se tratar de um ato discricionário.

A alínea "b" do inciso II apresenta a chamada naturalização extraordinária ou quinzenária. Essa hipótese é destinada a qualquer estrangeiro e será exigida residência ininterrupta pelo prazo de 15 anos e não existência de condenação penal. Nessa espécie, não há discricionariedade em conceder a naturalização, pois ela gera direito subjetivo ao estrangeiro que tenha preenchido os requisitos.

O melhor é não esquecer que a ausência temporária da residência não quebra o vínculo ininterrupto exigido para a naturalização no país. Também deve ser ressaltado que não existe naturalização tácita ou automática, sendo exigido requerimento de quem desejar se naturalizar no Brasil.

Português Equiparado

Art. 12. § 1º *Aos portugueses com residência permanente no País, se houver reciprocidade em favor de brasileiros, serão atribuídos os direitos inerentes ao brasileiro, salvo os casos previstos nesta Constituição.*

Trata-se do chamado português equiparado ou quase-nacional. Segundo o dispositivo, a Constituição assegura aos portugueses tratamento diferenciado, como se fossem brasileiros. Mas é aos portugueses mesmo, aqueles de Portugal. Não se trata de uma hipótese de naturalização, mas de tratamento como se fosse brasileiro.

Essa condição depende de reciprocidade por parte de Portugal. O Brasil possui um acordo internacional com Portugal por meio do Decreto nº 3.927/2001 que promulgou o Tratado de Cooperação, Amizade e Consulta Brasil/Portugal. Havendo o mesmo tratamento a um brasileiro quando estiver no país português, serão garantidos tratamentos diferenciados aos portugueses que aqui estiverem desde que manifestem interesse no recebimento desse tratamento diferenciado. Ressalte-se que para requerer esse tipo de tratamento será necessária, além do requerimento, a constituição de residência permanente no Brasil.

Por fim, não se pode esquecer de que o tratamento dado aos portugueses os equipara aos brasileiros naturalizados.

Fique Ligado

O português equiparado não é forma de naturalização; é apenas um tratamento diferenciado. Ele é tratado como se fosse brasileiro naturalizado.

Tratamento Diferenciado entre Brasileiros

O § 2º do Art. 12 proíbe o tratamento diferençado entre brasileiros natos e naturalizados:

§ 2º - *A lei não poderá estabelecer distinção entre brasileiros natos e naturalizados, salvo nos casos previstos nesta Constituição.*

O próprio dispositivo excepciona a regra permitindo que a Constituição Federal estabeleça tratamento diferenciado entre brasileiros natos e naturalizados. São quatro os tratamentos diferenciados estabelecidos pelo texto constitucional:

01. Cargos privativos de brasileiros natos;
02. Funções privativas de brasileiros natos;
03. Regras de extradição;
04. Propriedade de empresas de jornalística ou de radiodifusão.

O § 3º apresenta a primeira hipótese de distinção dentre brasileiros natos e naturalizados:

§ 3º - *São privativos de brasileiro nato os cargos:*

I. *De Presidente e Vice-Presidente da República;*
II. *De Presidente da Câmara dos Deputados;*
III. *De Presidente do Senado Federal;*
IV. *De Ministro do Supremo Tribunal Federal;*
V. *Da carreira diplomática;*
VI. *de oficial das Forças Armadas;*
VII. *De Ministro de Estado da Defesa.*

Os cargos privativos aos brasileiros natos são muito incidentes em provas. Por esse motivo, sugere-se que sejam memorizados. Dois critérios foram utilizados para escolha desses cargos. O primeiro está relacionado com os cargos que sucedem o Presidente da República (Presidente e Vice-Presidente da República, Presidente da Câmara dos Deputados, Presidente do Senado Federal e Ministro do Supremo Tribunal Federal). O segundo critério diz respeito à segurança nacional (carreira diplomática, oficial das forças armadas e Ministro do Estado da Defesa).

As funções privativas de brasileiros natos estão prevista no Art. 89, VII da Constituição:

Art. 89. *O Conselho da República é órgão superior de consulta do Presidente da República, e dele participam:*

I. *O Vice-Presidente da República;*
II. *O Presidente da Câmara dos Deputados;*
III. *O Presidente do Senado Federal;*
IV. *Os líderes da maioria e da minoria na Câmara dos Deputados;*
V. *Os líderes da maioria e da minoria no Senado Federal;*
VI. *O Ministro da Justiça;*
VII. *Seis cidadãos brasileiros natos, com mais de trinta e cinco anos de idade, sendo dois nomeados pelo Presidente da República, dois eleitos pelo Senado Federal e dois eleitos pela Câmara dos Deputados, todos com mandato de três anos, vedada a recondução.*

A terceira possibilidade de tratamento diferenciado diz respeito às regras de extradição previstas no inciso LI do Art. 5º:

> *LI.* *Nenhum brasileiro será extraditado, salvo o naturalizado, em caso de crime comum, praticado antes da naturalização, ou de comprovado envolvimento em tráfico ilícito de entorpecentes e drogas afins, na forma da lei.*

A quarta previsão está no Art. 222 da Constituição:

> **Art. 222.** *A propriedade de empresa jornalística e de radiodifusão sonora e de sons e imagens é privativa de brasileiros natos ou naturalizados há mais de dez anos, ou de pessoas jurídicas constituídas sob as leis brasileiras e que tenham sede no País.*

Perda da Nacionalidade

A seguir serão trabalhadas as hipóteses de perda da nacionalidade. Uma pergunta: brasileiro nato pode perder a nacionalidade?

Vejamos o que diz a Constituição Federal:

> **§ 4º** - *Será declarada a perda da nacionalidade do brasileiro que:*
>
> *I.* *Tiver cancelada sua naturalização, por sentença judicial, em virtude de atividade nociva ao interesse nacional;*
>
> *II.* *Adquirir outra nacionalidade, salvo no casos:*
>
> *a)* *de reconhecimento de nacionalidade originária pela lei estrangeira;*
>
> *b)* *de imposição de naturalização, pela norma estrangeira, ao brasileiro residente em estado estrangeiro, como condição para permanência em seu território ou para o exercício de direitos civis.*

Ao se analisar o dispositivo do *caput* desse §, é possível concluir que as regras são para os brasileiros natos ou naturalizados.

Mas vale a pena verificar cada hipótese:

01. O inciso I deixa claro que é uma hipótese aplicada apenas aos brasileiros naturalizados (cancelamento de naturalização). Se o indivíduo tem seu vínculo com o Estado cancelado por decisão judicial, não há que se falar em permanência da nacionalidade brasileira;
02. O inciso II já não permite a mesma conclusão, haja vista ter considerado qualquer brasileiro. Logo, ao brasileiro, seja ele nato ou naturalizado, que adquirir outra nacionalidade, será declarada a perda da nacionalidade, pelo menos em regra. Essa regra possui duas exceções: nos casos de reconhecimento de nacionalidade originária estrangeira ou de imposição de naturalização, não será declarada a perda da nacionalidade brasileira. É nestas hipóteses que se encontram permitidas as situações de dupla nacionalidade que conhecemos.

Para ilustrar como esse tema é cobrado em prova, veja-se esta questão:

Exercício Comentado

01. (ESAF) A Constituição em vigor admite que um brasileiro disponha de dupla nacionalidade:

CERTO. ***O § 4º do Art. 12 prevê como regra que, se um brasileiro adquirir outra nacionalidade, ele perde a brasileira. Contudo, essa regra possui duas exceções em que, mesmo adquirindo outra nacionalidade, o brasileiro não perde a sua no caso de imposição de naturalização ou de reconhecimento de nacionalidade brasileira. Logo, a Constituição permite que um brasileiro tenha dupla nacionalidade.***

Uma questão interessante surge: seria possível a reaquisição da nacionalidade brasileira?

Uma vez perdida a nacionalidade, tem-se entendido que é possível a sua reaquisição dependo da forma que foi perdida.

Se o indivíduo perde a nacionalidade com fundamento no inciso I, por cancelamento de naturalização, só seria possível a reaquisição por meio de ação rescisória.

Caso o indivíduo perca a nacionalidade por ter adquirido outra, que revela a hipótese do inciso II, também será possível a reaquisição por decreto presidencial (Art. 36, Lei 818/49).

Apesar da divergência doutrinária, prevalece o entendimento de que o brasileiro, após a reaquisição, volta à condição anterior, ou seja, se era brasileiro nato, volta a ser nato, se era naturalizado, volta como naturalizado.

Fique Ligado

O brasileiro nato pode perder a nacionalidade se adquirir outra nacionalidade.

Vamos Praticar

01. (CONSUPLAN) Não são brasileiros natos:

a) Os nascidos na República Federativa do Brasil, ainda que de pais estrangeiros, desde que estes não estejam a serviço de seu país.

b) Os nascidos no estrangeiro, de pai brasileiro ou mãe brasileira, desde que qualquer deles esteja a serviço da República Federativa do Brasil.

c) Os nascidos no estrangeiro de pai brasileiro ou de mãe brasileira,desde que sejam registrados em repartição competente.

d) Os nascidos no estrangeiro de pai brasileiro ou de mãe brasileira desde que venham a residir na República Federativa do Brasil e optem, em qualquer tempo, depois de atingida a maioridade, pela nacionalidade brasileira.

e) Os que, na forma da lei, adquiram a nacionalidade brasileira, exigidas aos originários de países de língua portuguesa apenas residência por um ano ininterrupto e idoneidade moral.

02. (CONSUPLAN) Sobre as disposições constitucionais acerca dos brasileiros naturalizados, é incoerente afirmar:

a) São considerados naturalizados os que, na forma da lei, adquiram a nacionalidade brasileira, exigida aos originários de países de língua portuguesa apenas residência por um ano ininterrupto e idoneidade moral.

b) A lei não poderá estabelecer distinção entre brasileiros natos e naturalizados, salvo nos casos previstos na Constituição Federal.

c) Será declarada a perda da nacionalidade do brasileiro que tiver cancelada sua naturalização, por sentença judicial, em virtude de atividade nociva ao interesse nacional.

d) Os estrangeiros de qualquer nacionalidade, residentes na República Federativa do Brasil há mais de dez anos ininterruptos e sem condenação penal, serão considerados naturalizados, caso requeiram esta condição.

e) Perderá a nacionalidade o brasileiro que adquirir outra, salvo nos casos previstos na Constituição Federal.

03. (FCC) É direito dos trabalhadores urbanos e rurais, além de outros que visem a melhoria de sua condição social:

a) Aviso prévio proporcional ao tempo do serviço, sendo no máximo de trinta dias, nos termos da lei.

b) Jornada de quatro horas para o trabalho realizado em turnos ininterruptos de revezamento, salvo negociação coletiva.

c) Gozo de férias anuais com, pelo menos, metade a mais do que o salário normal.

d) Garantia de salário, nunca inferior ao mínimo, para os que percebem remuneração variável.

e) Remuneração do serviço extraordinário inferior, no máximo, um terço à do normal.

04. (FCC) A Constituição Federal estabelece a proibição de trabalho noturno, perigoso ou insalubre a menores de:

a) Dezoito anos e de qualquer trabalho a menores de dezesseis anos, salvo na condição de aprendiz a partir de quatorze anos.

b) Vinte e um anos e de qualquer trabalho a menores de dezoito anos, salvo na condição de aprendiz a partir de dezesseis anos.

c) Dezessete anos e de qualquer trabalho a menores de quinze anos, salvo na condição de aprendiz a partir de treze anos.

d) Dezenove anos e de qualquer trabalho a menores de dezesseis anos, salvo na condição de aprendiz a partir de quinze anos.

e) Vinte anos e de qualquer trabalho a menores de dezenove anos, salvo na condição de aprendiz a partir de quinze anos.

05. (FCC) Nos termos da Constituição Federal, a ação, quanto aos créditos resultantes das relações de trabalho, prescrevem em:

a) Dois anos para os trabalhadores urbanos e rurais, até o limite de cinco anos após a extinção do contrato de trabalho.

b) Três anos para os trabalhadores urbanos e quatro anos para os rurais, até o limite de três anos, respectivamente, após a extinção do contrato de trabalho.

c) Cinco anos para os trabalhadores urbanos e rurais, até o limite de dois anos após a extinção do contrato de trabalho.

d) Três anos para os trabalhadores urbanos e rurais, até o limite de dezoito meses após a extinção do contrato de trabalho.

e) Cinco anos para os trabalhadores urbanos e três anos para os rurais, até o limite de cinco anos, respectivamente, após a extinção do contrato de trabalho.

06. (FCC) O filho nascido no Brasil de um casal de alemães que tenha vindo morar no Estado do Ceará em razão da aquisição de um estabelecimento hoteleiro (pousada), tem nacionalidade, nos termos da Constituição Federal Brasileira:

a) Alemã.

b) Brasileira.

c) Alemã, considerado naturalizado brasileiro.

d) Brasileira, considerado naturalizado.

e) Brasileira, considerado naturalizado alemão.

07. (FCC) É privativo de brasileiro nato o cargo de:

a) Presidente do Superior Tribunal de Justiça.

b) Presidente do Tribunal de Justiça.

c) Defensor Geral do Estado.

d) Presidente da Câmara dos Deputados.

e) Presidente do Tribunal de Contas da União.

08. (FCC) No tocante à nacionalidade, é correto afirmar:

a) São brasileiros natos os que, na forma da lei, adquiram a nacionalidade brasileira, exigidas aos originários de países de língua portuguesa apenas residência por um ano ininterrupto e idoneidade moral.

b) Será declarada a perda da nacionalidade do brasileiro que adquirir outra nacionalidade no caso de reconhecimento de nacionalidade originária pela lei estrangeira.

c) São privativos de brasileiro nato os cargos de Presidente da Câmara dos Deputados, de Presidente do Senado Federal, de Ministro do Supremo Tribunal Federal, da carreira diplomática e de oficial das Forças Armadas.

d) São brasileiros natos os estrangeiros de qualquer nacionalidade, residentes na República Federativa do Brasil há mais de quinze anos ininterruptos e sem condenação penal, desde que requeiram a nacionalidade brasileira.

e) Será declarada a perda da nacionalidade do brasileiro que adquirir outra nacionalidade no caso de imposição de naturalização, pela norma estrangeira, ao brasileiro residente em estado estrangeiro, como condição para permanência em seu território ou para o exercício de direitos civis.

09. (FCC) Joana é professora estadual em Brasília, onde residia com seu marido, Pedro. Quando ela estava grávida, Pedro, diplomata brasileiro, foi transferido para a cidade de Madri, na Espanha, a serviço do Brasil. Em Madri, nasceu João, filho do casal. Neste caso, João é:

a) estrangeiro, podendo se naturalizar, sendo exigida apenas residência em território nacional por um ano ininterrupto e idoneidade moral.

b) estrangeiro, podendo se naturalizar, se vier a residir no Brasil por quinze anos ininterruptos e opte pela nacionalidade brasileira.

c) estrangeiro, podendo se naturalizar, se optar pela nacionalidade brasileira a qualquer tempo, não havendo prazo mínimo de residência em território brasileiro.

d) brasileiro nato por expressa disposição Constitucional neste sentido.

e) brasileiro nato, desde que seus pais registrem o filho no Consulado Brasileiro e João, quando completar dezoito anos de idade, opte pela nacionalidade brasileira.

10. (CESPE) A CF assegura ao trabalhador assistência gratuita aos seus filhos e dependentes desde o nascimento até seis anos de idade em creches e pré-escolas.

Certo ( ) Errado ( )

11. (CESPE) Um rapaz de 17 anos de idade foi contratado para trabalhar em um restaurante no período noturno, com uma jornada de seis horas. Ao tomar conhecimento do contrato, o advogado do dono do restaurante informou imediatamente ao seu cliente que a situação do rapaz recém-contratado era vedada pela Constituição Federal. Nessa situação, as informações do advogado não estão corretas, pois o que é vedado pela Constituição é o trabalho noturno aos menores de 16 anos.

Certo ( ) Errado ( )

12. (CESPE) Os estrangeiros originários de países de língua portuguesa adquirirão a nacionalidade brasileira se mantiverem residência contínua no território nacional pelo prazo mínimo de quatro anos, imediatamente anteriores ao pedido de naturalização.

Certo ( ) Errado ( )

13. (CESPE) Um cidadão alemão que resida no Brasil há dez anos pode candidatar-se ao cargo de vereador do município onde reside.

Certo ( ) Errado ( )

14. (ESAF) Sobre direitos sociais, assinale a única opção correta.

a) A garantia constitucional de recebimento de salário nunca inferior ao mínimo não se aplica aos autônomos nem aos trabalhadores que percebem remuneração variável.

b) É assegurada ao trabalhador a participação nos lucros, ou resultados da empresa, desvinculada da remuneração.

c) É direito social do trabalhador duração do trabalho normal não superior a oito horas diárias e quarenta semanais, facultada a compensação de horários e a redução da jornada, mediante acordo ou convenção coletiva de trabalho.

d) A Constituição Federal reconhece a igualdade de direitos entre o trabalhador com vínculo empregatício permanente e o trabalhador avulso, ressalvado o direito ao décimo terceiro salário com base na remuneração integral.

e) A contribuição para custeio do sistema confederativo é descontada em folha e obrigatória para todos os integrantes da categoria profissional.

15. (ESAF) A nacionalidade pode ter repercussões na vida de brasileiros e estrangeiros. Nos termos da Constituição Brasileira, são brasileiro nato:

a) Os nascidos na República Federativa do Brasil, ainda que de pais estrangeiros e mesmo que estes não estejam a serviço de seu país.

b) Os nascidos no estrangeiro, de pai brasileiro ou mãe brasileira, ainda que nenhum deles esteja a serviço da República Federativa do Brasil.

c) Os nascidos no estrangeiro, de pai brasileiro ou de mãe brasileira, desde que sejam registrados em repartição brasileira competente, ou venham residir na República Federativa do Brasil antes da maioridade e, alcançada esta, opte, em qualquer tempo, pela nacionalidade brasileira.

d) Os nascidos no estrangeiro, de pai brasileiro ou mãe brasileira, desde que venham a residir na República Federativa do Brasil e optem, em qualquer tempo, pela nacionalidade brasileira.

e) Os nascidos no estrangeiro, de pai brasileiro ou de mãe brasileira, desde que sejam registrados em repartição brasileira competente ou venham a residir na República Federativa do Brasil e optem, em qualquer tempo, depois de atingida a maioridade, pela nacionalidade brasileira.

16. (ESAF) São cargos privativos de brasileiro nato:

a) Presidente da República, Senador, Deputado e Ministro do Supremo Tribunal Federal.

b) Vice-Presidente da República, Ministro de Estado da Defesa e Presidente da Câmara dos Deputados.

c) Presidente da República, Ministro do Supremo Tribunal Federal e Ministro da Justiça.

d) Residente do Senado Federal, Ministro do Superior Tribunal Militar e Ministro de Estado da Defesa.

e) Vice-Presidente da República, Governador de Estado e Diplomata.

17. (ESAF) Entre os direitos assegurados na Constituição, aos trabalhadores urbanos e rurais (Art. 7º), não se tornou aplicável, em norma constitucional, expressamente (Art. 39, § 3º), aos servidores ocupantes de cargos públicos, o relativo a:

a) seguro contra acidente de trabalho.

b) salário-mínimo.

c) décimo terceiro salário.

d) gozo de férias remuneradas.

e) licença-paternidade.

18. (ESAF) Sobre os direitos sociais, na Constituição de 1988, marque a única opção correta.

a) Para o trabalho realizado em turnos ininterruptos de revezamento, a jornada será sempre de seis horas.

b) A Constituição Federal fixa que a remuneração do serviço extraordinário será superior em cinquenta por cento à do normal.

c) O salário-família, pago em razão do dependente, é direito apenas do trabalhador considerado de baixa renda, nos termos da lei.

d) Nos termos da Constituição Federal, é assegurada ao empregado a participação nos lucros, ou resultados, vinculada à remuneração, e a participação na gestão da empresa.

e) A Constituição Federal assegura a eleição, nas empresas, de um representante dos empregados com a finalidade exclusiva de promover o entendimento direto com os empregadores.

19. (CESPE) Na condição de direitos fundamentais, os direitos sociais são autoaplicáveis e suscetíveis de defesa mediante ajuizamento de mandado de injunção sempre que a omissão do poder público inviabilize seu exercício.

Certo ( ) Errado ( )

20. (CESPE) O ato de aquisição de outra nacionalidade não acarreta a perda da nacionalidade do brasileiro nato ou naturalizado, residente em estado estrangeiro, quando a norma estrangeira, por motivos profissionais ou para o exercício de direitos civis, impor a sua naturalização como condição para a permanência naquele país.

Certo ( ) Errado ( )

Gabarito

01	E	11	ERRADO
02	D	12	ERRADO
03	D	13	ERRADO
04	A	14	B
05	C	15	E
06	B	16	B
07	D	17	A
08	C	18	C
09	D	19	CERTO
10	ERRADO	20	CERTO

CAPÍTULO 07

Direitos Fundamentais V - Direitos Políticos e Partidos Políticos

Direitos Políticos

Os direitos políticos são um conjunto de direitos fundamentais que permitem ao indivíduo participar da vontade política do Estado. Para se falar de direitos políticos, alguns conceitos são indispensáveis.

Cidadania, democracia e soberania popular

A **Cidadania** é a condição conferida ao indivíduo que possui direito político. É o exercício desse direito. Essa condição só é possível em nosso país por causa do regime de governo adotado, a **Democracia**. A democracia parte do pressuposto de que o poder do Estado decorre da vontade popular, da **Soberania Popular**. Conforme o § único do Art. 1º da Constituição:

> ***Art. 1º § único.*** *Todo o poder emana do povo, que o exerce por meio de representantes eleitos ou diretamente, nos termos desta Constituição.*

A democracia brasileira é classificada como **semidireta ou participativa,** haja vista poder ser exercida tanto de forma direta como de forma indireta. Como forma de exercício direto temos o previsto no Art. 14 da CF:

> ***Art. 14.*** *A soberania popular será exercida pelo sufrágio universal e pelo voto direto e secreto, com valor igual para todos, e, nos termos da lei, mediante:*
>
> ***I.*** *Plebiscito;*
>
> ***II.*** *Referendo;*
>
> ***III.*** *Iniciativa popular.*

Mas ainda há a ação popular que também é forma de exercício direto dos direitos políticos:

> ***Art. 5º, LXXIII.*** *qualquer cidadão é parte legítima para propor ação popular que vise a anular ato lesivo ao patrimônio público ou de entidade de que o Estado participe, à moralidade administrativa, ao meio ambiente e ao patrimônio histórico e cultural, ficando o autor, salvo comprovada má-fé, isento de custas judiciais e do ônus da sucumbência.*

Entendamos o que significa cada uma das formas de exercício direto dos direitos políticos:

Plebiscito

Consulta popular realizada antes da tomada de decisão. O representante do poder público quer tomar uma decisão, mas antes de tomá-la pergunta para os cidadãos quem concorda com a decisão. O que os cidadãos decidirem será feito.

Referendo

Consulta popular realizada depois da tomada de decisão. O representante do poder público toma uma decisão e depois pergunta o que os cidadãos acharam.

Iniciativa popular

Essa é uma das formas de se iniciar o processo legislativo no Brasil. A legitimidade para propor criação de lei pelo eleitorado encontra amparo no Art. 61, § 2º da CF:

> ***Art. 61, § 2º -*** *A iniciativa popular pode ser exercida pela apresentação à Câmara dos Deputados de projeto de lei subscrito por, no mínimo, um por cento do eleitorado nacional, distribuído pelo menos por cinco Estados, com não menos de três décimos por cento dos eleitores de cada um deles.*

Ação Popular

Remédio constitucional previsto no inciso LXXIII que funciona como instrumento de fiscalização dos poderes públicos nos termos do inciso citado.

Quando se fala em exercício indireto, significa exercício por meio dos representantes eleitos que representarão a vontade popular.

Todas essas ferramentas disponibilizadas acima constituem formas de exercício dos direitos políticos no Brasil.

A doutrina costuma classificar os direitos políticos em:

01. Direitos políticos positivos.
02. Direitos políticos negativos.

Direitos Políticos Positivos

Os direitos políticos positivos se mostram pela possibilidade de participação na vontade política do Estado. Esses direitos políticos se materializam por meio da **Capacidade Eleitoral Ativa** e da **Capacidade Eleitoral Passiva**. O primeiro é a possibilidade de votar. O segundo, de ser votado.

Para que se possa exercer a **capacidade eleitoral ativa,** faz-se necessário o chamado alistamento eleitoral. É, simplesmente, inscrever-se como eleitor, o que acontece quando obtemos o título de eleitor. A Constituição apresenta três regras para o alistamento e o voto:

01. Voto Obrigatório
    > Maiores de 18 anos;
02. Voto Facultativo
    > Maiores de 16 e menores de 18; analfabetos e maiores de 70 anos;
03. Voto Proibido
    > Estrangeiros e conscritos.

Vejamos estas regras previstas no texto constitucional:

> ***Art. 14, § 1º.*** *O alistamento eleitoral e o voto são:*
>
> ***I.*** *Obrigatórios para os maiores de dezoito anos;*
>
> ***II.*** *Facultativos para:*
>
> ***a)*** *os analfabetos;*
>
> ***b)*** *os maiores de setenta anos;*
>
> ***c)*** *os maiores de dezesseis e menores de dezoito anos.*
>
> ***§ 2º -*** *Não podem alistar-se como eleitores os estrangeiros e, durante o período do serviço militar obrigatório, os conscritos.*

A **capacidade eleitoral passiva** é a capacidade de ser eleito. É uma das formas de participação política em que o cidadão aceita a incumbência de representar os interesses dos seus eleitores. Para que alguém possa ser eleito se faz necessário o preenchimento das Condições de Elegibilidade. São condições de elegibilidade as previstas no Art. 14, § 3º da Constituição:

> ***Art. 14, § 3º** - São condições de elegibilidade, na forma da lei:*
>
> ***I.** a nacionalidade brasileira;*
> ***II.** o pleno exercício dos direitos políticos;*
> ***III.** o alistamento eleitoral;*
> ***IV.** o domicílio eleitoral na circunscrição;*
> ***V.** a filiação partidária;*
> ***VI.** a idade mínima de:*
> ***a)** trinta e cinco anos para Presidente e Vice-Presidente da República e Senador;*
> ***b)** trinta anos para Governador e Vice-Governador de Estado e do Distrito Federal;*
> ***c)** vinte e um anos para Deputado Federal, Deputado Estadual ou Distrital, Prefeito, Vice-Prefeito e juiz de paz;*
> ***d)** dezoito anos para Vereador.*

Fique Ligado

Todas as condições de elegibilidade são importantes, mas a idade sempre aparece em prova. Então, é necessário memorizá-las.

Direitos Políticos Negativos

Os direitos políticos negativos são verdadeiras vedações ao exercício da cidadania. São inelegibilidades, hipóteses de perda ou suspensão dos direitos políticos que se encontram previstos expressamente no texto constitucional. Só não se pode esquecer a possibilidade prevista no § 9º do Art. 14 da Constituição, que admite que sejam criadas outras inelegibilidades por Lei Complementar, desde possuam caráter relativo. Inelegibilidade absoluta, segundo a doutrina, só na Constituição Federal.

A primeira inelegibilidade está prevista no Art. 14, § 4º:

> ***Art. 14, § 4º** - São inelegíveis os inalistáveis e os analfabetos.*

Trata-se de uma inelegibilidade absoluta que impede os inalistáveis e analfabetos a concorrerem a qualquer cargo eletivo. Nota-se primeiramente que a Constituição se refere aos inalistáveis como "inelegíveis". Todas as vezes que se encontrar o termo inalistável, deve-se pensar automaticamente em estrangeiros e conscritos. Logo, são inelegíveis os estrangeiros, conscritos e analfabetos.

Fique Ligado

Quanto aos analfabetos, uma questão merece atenção: os analfabetos podem votar, mas não podem receber votos.

Em seguida, tem-se o § 5º, que traz a chamada regra da Reeleição. Trata-se de uma espécie de inelegibilidade relativa por meio do qual alguns titulares de cargos políticos ficam impedidos de se reelegerem por mais de duas eleições consecutivas, ou seja, é permitida apenas uma reeleição:

> ***Art. 14, § 5º** O Presidente da República, os Governadores de Estado e do Distrito Federal, os Prefeitos e quem os houver sucedido, ou substituído no curso dos mandatos poderão ser reeleitos para um único período subsequente.*

O primeiro ponto interessante desse § está na restrição que só ocorre para os membros do poder Executivo (presidente, governador e prefeito). Logo, um membro do Poder Legislativo poderá se reeleger quantas vezes ele quiser, enquanto o membro do Poder Executivo só poderá se reeleger uma única vez. Ressalte-se que o impedimento se aplica também a quem suceder ou substituir o titular dos cargos supracitados.

Mais uma regra de inelegibilidade relativa encontra-se no § 6º:

> ***Art. 14, § 6º** - Para concorrerem a outros cargos, o Presidente da República, os Governadores de Estado e do Distrito Federal e os Prefeitos devem renunciar aos respectivos mandatos até seis meses antes do pleito.*

Estamos diante da chamada regra de **Desincompatibilização**. Da mesma forma que o dispositivo anterior só se aplica aos membros do Poder Executivo, e essa norma exige que os representantes desse Poder, para que possam concorrer a outro cargo, devem renunciar os respectivos mandatos até seis meses antes do pleito.

Ainda há a chamada Inelegibilidade Reflexa, ou em razão do parentesco. Essa hipótese gera um impedimento, não ao titular do cargo político, mas aos seus parentes até segundo grau. Também se aplica apenas aos membros do Poder Executivo:

> ***Art. 14, § 7º** - São inelegíveis, no território de jurisdição do titular, o cônjuge e os parentes consanguíneos ou afins, até o segundo grau ou por adoção, do Presidente da República, de Governador de Estado ou Território, do Distrito Federal, de Prefeito ou de quem os haja substituído dentro dos seis meses anteriores ao pleito, salvo se já titular de mandato eletivo e candidato à reeleição.*

O impedimento gerado está relacionado ao território de jurisdição do titular da seguinte forma:

- → O prefeito gera inelegibilidade aos cargos de prefeito e vereador do mesmo município;
- → O governador gera inelegibilidade aos cargos de prefeito, vereador, deputado estadual, deputado federal, senador da república e governador do mesmo Estado Federativo;
- → O presidente gera inelegibilidade a todos os cargos eletivos do país.

São parentes de 1º grau: pai, mãe, filho, sogro. São parentes de 2º grau: avô, irmão, neto, cunhado.

O STF editou a súmula vinculante nº 18, que diz:

> ***Súmula Vinculante nº 18*** *- A dissolução da sociedade ou do vínculo conjugal, no curso do mandato, não afasta a inelegibilidade prevista no § 7º do Art. 14 da Constituição Federal.*

Exercício Comentado

01. (FCC) Átila, que não é titular de mandato eletivo e nem é candidato à reeleição, é filho adotivo de Eulália, Governadora do Estado de São Paulo em exercício, e deseja concorrer ao cargo de Prefeito do Município de São Paulo. Segundo a Constituição Federal, Átila, em regra, é :

a) Elegível, desde que esteja filiado ao mesmo partido político de Eulália.

b) Elegível, desde que esteja filiado a partido político distinto de Eulália.

c) Elegível, desde que autorizado previamente pelo Tribunal Regional Eleitoral.

d) Elegível, desde que sua candidatura seja previamente autorizada por Eulália.

e) Inelegível.

RESPOSTA. ***"E" Trata-se de uma situação em que a inelegibilidade reflexa prevista no Art. 14, § 7º da CF alcança o filho adotivo de Eulália, o qual não poderá se eleger a cargo eletivo dentro do território de jurisdição da sua mãe.***

Lei complementar pode estabelecer novas hipóteses de inelegibilidade relativa. É o que dispõe o § 9º do Art. 14:

> ***Art. 14, § 9º*** *- Lei complementar estabelecerá outros casos de inelegibilidade e os prazos de sua cessação, a fim de proteger a probidade administrativa, a moralidade para exercício de mandato considerada vida pregressa do candidato, e a normalidade e legitimidade das eleições contra a influência do poder econômico ou o abuso do exercício de função, cargo ou emprego na administração direta ou indireta.*

Com base no texto, é possível concluir que o rol de inelegibilidades relativas previstas na Constituição Federal é meramente exemplificativo. Há ainda a Lei Complementar nº 64/90 que traz várias hipóteses de inelegibilidade.

Condições para Eleição do Militar

O militar pode se candidatar a cargo político eletivo desde que observadas as regras estabelecidas no § 8º do Art. 14:

> ***Art. 14. § 8º*** *- O militar alistável é elegível, atendidas as seguintes condições:*
>
> *I. se contar menos de dez anos de serviço, deverá afastar-se da atividade;*
>
> *II. se contar mais de dez anos de serviço, será agregado pela autoridade superior e, se eleito, passará automaticamente, no ato da diplomação, para a inatividade.*

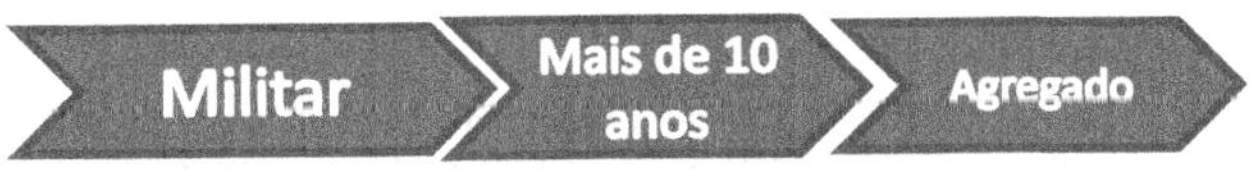

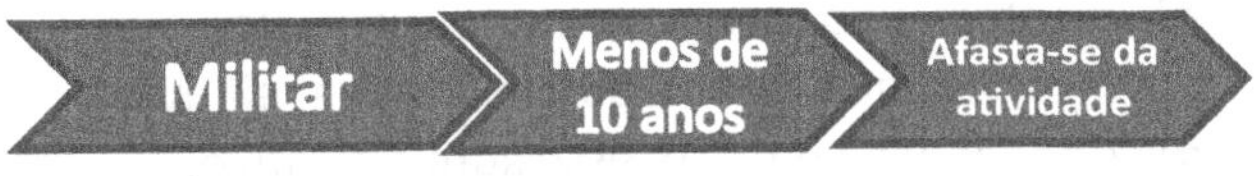

Primeiramente, deve-se ressaltar que a Constituição veda a filiação partidária aos militares:

> ***Art. 142, § 3º, V*** *- o militar, enquanto em serviço ativo, não pode estar filiado a partidos políticos.*

Recordando as condições de elegibilidade, tem-se que é necessária a filiação partidária para ser elegível, contudo, no caso do militar, o TSE tem entendido que o registro da candidatura supre a falta de prévia filiação partidária.

Um segundo ponto interessante decorre da própria interpretação do § 8º, que prevê duas regras para eleição dos militares em razão do tempo de serviço:

→ Militar com menos de dez anos: deve se afastar da atividade;

→ Militar com mais de dez anos: deve ficar agregado pela autoridade superior e se eleito, passado para inatividade.

Esse prazo de dez anos escolhido pela Constituição decorre da garantia de estabilidade para os militares.

Impugnação de Mandato Eletivo

Estes §s dispensam explicação e, quando aparecem em prova, costumam cobrar o próprio texto constitucional. Deve-se ter cuidado com o prazo de 15 dias para impugnação:

> ***Art. 14, § 10*** *- O mandato eletivo poderá ser impugnado ante a Justiça Eleitoral no prazo de quinze dias contados da diplomação, instruída a ação com provas de abuso do poder econômico, corrupção ou fraude.*
>
> ***§ 11*** *- A ação de impugnação de mandato tramitará em segredo de justiça, respondendo o autor, na forma da lei, se temerária ou de manifesta má-fé.*

Cassação, Suspensão e Perda dos Direitos Políticos

Uma coisa é certa: não existe cassação de direitos políticos no Brasil. Isso não pode ser esquecido, pois sempre é cobrado em prova. Apesar dessa norma protetiva, são permitidas a perda e a suspensão desses direitos, conforme disposto no Art. 15 da Constituição:

> ***Art. 15.*** *É vedada a cassação de direitos políticos, cuja perda ou suspensão só se dará nos casos de:*
>
> *I. Cancelamento da naturalização por sentença transitada em julgado;*
>
> *II. Incapacidade civil absoluta;*
>
> *III. Condenação criminal transitada em julgado, enquanto durarem seus efeitos;*
>
> *IV. Recusa de cumprir obrigação a todos imposta ou prestação alternativa, nos termos do Art. 5º, VIII;*
>
> *V. Improbidade administrativa, nos termos do Art. 37, § 4º.*

Observe-se que o texto constitucional não esclareceu muito bem quais são as hipóteses de perda ou suspensão, trabalho esse que ficou a cargo da doutrina fazer. Seguem abaixo as hipóteses de perda ou suspensão:

I. ***Cancelamento da naturalização por sentença transitada em julgado*** – trata-se de perda dos direitos políticos. Ora, se o indivíduo teve cancelado seu vínculo com o Estado Brasileiro, não há sentido em lhe garantir os direitos políticos;

II. ***Incapacidade civil absoluta*** – apesar de ser absoluta, essa incapacidade civil pode cessar dependendo da situação. Logo, é hipótese de suspensão dos direitos políticos;

III. ***Condenação criminal transitada em julgado, enquanto durarem seus efeitos*** – condenação criminal é suspensão, pois dura enquanto durar a pena. Deve-se ter cuidado com essa questão em prova. O efeito da suspensão sobre os direitos políticos independe do tipo de pena aplicada ao cidadão.

IV. ***Recusa de cumprir obrigação a todos imposta ou prestação alternativa, nos termos do Art. 5º, VIII*** - essa é a famosa hipótese da escusa de consciência. Em relação a esse tema, existe divergência na doutrina. Parte da doutrina Constitucional entende que é hipótese de perda, outra parte da doutrina, principalmente eleitoral, entende que seja hipótese de suspensão.

V. ***Improbidade administrativa, nos termos do Art. 37, § 4º*** - essa é mais uma hipótese de suspensão dos direitos políticos.

Princípio da Anterioridade Eleitoral

Este princípio exige o prazo de um ano para aplicação de lei que altere processo eleitoral. Isso visa a evitar que os candidatos sejam pegos de surpresa com as regras eleitorais. O Art. 16 diz:

> ***Art. 16.*** *A lei que alterar o processo eleitoral entrará em vigor na data de sua publicação, não se aplicando à eleição que ocorra até um ano da data de sua vigência.*

Esse tema é uma das apostas para as provas que se seguem, haja vista a discussão envolvendo sua aplicação para a Lei Complementar nº 135/2010, a famosa Lei da Ficha Limpa. O STF decidiu que essa lei não se aplica às eleições de 2010 por não ter respeitado esse princípio que requer o prazo de um ano para aplicação da lei que alterar o processo eleitoral.

A lei havia sido publicada em junho de 2010 e queriam que valesse para as eleições do mesmo ano. O STF disse que sua aplicação para 2010 era inconstitucional.

Partidos Políticos

Natureza Jurídica dos Partidos Políticos

Os partidos políticos, segundo previsão expressa da Constituição, possuem natureza jurídica de direito privado. Segundo o disposto no Art. 17, § 2º:

> ***§ 2º -*** *Os partidos políticos, após adquirirem personalidade jurídica, na forma da lei civil, registrarão seus estatutos no Tribunal Superior Eleitoral.*

Quando a Constituição determina que os partidos devem adquirir sua personalidade jurídica na forma da lei civil, praticamente, afirma que é uma pessoa jurídica de direito privado apesar de ser exigido seu registro no TSE.

Direitos dos Partidos

Os partidos possuem vários direitos previstos expressamente na Constituição, dentre os quais destacam-se:

→ Recursos do fundo partidário;

→ Acesso gratuito ao rádio e à televisão (Lei 9.096/95).

Limitações aos Partidos

Apesar da liberdade estampada no *caput* do Art. 17, é possível perceber que a criação dos partidos políticos possui algumas limitações:

> ***Art. 17.*** *É livre a criação, fusão, incorporação e extinção de partidos políticos, resguardados a soberania nacional, o regime democrático, o pluripartidarismo, os direitos fundamentais da pessoa humana e observados os seguintes preceitos:*
>
> *I. Caráter nacional;*
>
> *II. Proibição de recebimento de recursos financeiros de entidade ou governo estrangeiros ou de subordinação a estes;*
>
> *III. Prestação de contas à Justiça Eleitoral;*
>
> *IV. Funcionamento parlamentar de acordo com a lei.*
>
> ***§ 4º -*** *É vedada a utilização pelos partidos políticos de organização paramilitar.*

Verticalização

Antes da Emenda Constitucional nº 52/2006, era utilizada a chamada Verticalização, que significava a necessidade de vinculação das candidaturas do nível nacional, estadual, distrital ou municipal. Vejamos como está escrito agora:

> ***§ 1º*** *É assegurada aos partidos políticos autonomia para definir sua estrutura interna, organização e funcionamento e para adotar os critérios de escolha e o regime de suas coligações eleitorais, sem obrigatoriedade de vinculação entre as candidaturas em âmbito nacional, estadual, distrital ou municipal, devendo seus estatutos estabelecer normas de disciplina e fidelidade partidária.*

Significa dizer que não é mais preciso haver vinculação das candidaturas nos diversos níveis federativos (União, Estados, Distrito Federal e Municípios).

Vamos Praticar

01. (FCC) Um jovem com vinte anos completos que deseja concorrer a cargo eletivo junto ao Executivo ou ao Legislativo, poderá ser eleito:

a) Vice-prefeito.
b) Juiz de paz.
c) Vereador.
d) Prefeito.
e) Deputado distrital.

02. (FCC) Sobre os Direitos Políticos, considere as seguintes assertivas:

I. Se contar menos de dez anos de serviço, o militar alistável é elegível, mas deverá afastar-se da atividade.

II. Para concorrer a outro cargo o Prefeito deve renunciar ao respectivo mandato até sete meses antes do pleito.

III. O mandato eletivo poderá ser impugnado ante a Justiça Eleitoral no prazo de trinta dias contados da diplomação, instruída a ação com provas de abuso do poder econômico, corrupção ou fraude.

IV. A ação de impugnação de mandato tramitará em segredo de justiça, respondendo o autor, na forma da lei, se temerária ou de manifesta má-fé.

Está correto o que se afirma apenas em:

a) I e III.
b) I e IV.
c) II e III.
d) II e IV.

03. (FCC) A perda ou a suspensão dos direitos políticos, se dará, dentre outras hipóteses, no caso de:

a) Incapacidade civil absoluta.
b) Prestação do serviço militar obrigatório.
c) Incapacidade civil ou administrativa relativa.
d) Condenação em processo administrativo.
e) Cancelamento da naturalização por sentença passível de recurso.

04. (FCC) O partido político PAAEE só poderá registrar seus estatutos no Tribunal Superior Eleitoral após:

a) Adquirir personalidade jurídica, na forma da Lei civil.

b) Receber recursos do fundo partidário ou de qualquer origem.

c) Prestar contas à Justiça Eleitoral e aos demais partidos políticos.

d) Prestar contas à União e à respectiva unidade federal.

e) Demonstrar à Justiça Eleitoral que não é mantido por organização paramilitar ou não.

05. (FCC) Conforme previsão expressa contida na Constituição Federal, é livre a criação, fusão, incorporação e extinção de partidos políticos, resguardados a soberania nacional, o regime democrático, o pluripartidarismo e os direitos fundamentais da pessoa humana, sendo correto afirmar que:

a) Lhes é vedada a utilização de organização paramilitar, salvo no interesse pontual da comunidade ou da região que representa.

b) Após adquirirem personalidade jurídica, na forma da lei civil, registrarão seus estatutos na Junta Eleitoral mais próxima de sua sede.

c) Lhes é vedada autonomia para definir o regime de suas coligações eleitorais, com obrigatoriedade de vinculação entre as candidaturas em âmbito nacional, devendo seus estatutos estabelecer normas de disciplina e fidelidade partidária.

d) Após adquirirem personalidade jurídica, na forma da lei civil, registrarão seus estatutos no Tribunal Superior Eleitoral.

e) Lhes é assegurada autonomia para definir sua organização, com obrigatoriedade de vinculação entre as candidaturas em âmbito nacional, devendo seus estatutos estabelecer normas de disciplina e fidelidade partidária.

06. (FCC) No que concerne aos partidos políticos, nos termos da Constituição Federal de 1988, é correto afirmar que:

a) Os partidos políticos, após adquirirem personalidade jurídica, registrarão seus Estatutos no Tribunal Regional Eleitoral.

b) O funcionamento parlamentar de acordo com a lei é um dos preceitos a serem observados no caso de fusão de partidos políticos.

c) Os partidos políticos têm acesso gratuito e ilimitado ao rádio e à televisão.

d) A extinção de partidos políticos é livre, não estando subordinada à prestação de contas à Justiça Eleitoral.

e) Os partidos políticos poderão receber recursos financeiros de entidade estrangeira.

07. (FCC) Plínio, filiado à partido político e brasileiro, de reputação ilibada, que acabara de completar vinte anos de idade no mês de junho de 2008, efetuou o seu alistamento eleitoral na circunscrição eleitoral do Município de Caju, onde mantinha seu domicílio. A sua intenção era a de concorrer ao cargo de Prefeito no Município de Margarida, nas eleições daquele mesmo ano, posto que frequentava faculdade na referida Cidade, e era presidente do diretório acadêmico, sendo conhecido e amado pelos colegas de faculdade e pela maioria dos habitantes da região, com grandes chances de vencer as eleições. Porém, sua candidatura ao referido cargo foi barrada, porque não preenchia os requisitos de:

a) Idade mínima de vinte e cinco anos de idade e domicílio eleitoral referente a um período de dois anos.

b) Idade mínima de vinte e um anos de idade e de domicílio eleitoral na circunscrição do Município de Margarida.

c) Domicílio eleitoral na circunscrição do Município de Margarida e de idade mínima de trinta anos de idade.

d) Pleno exercício dos direitos políticos e de idade mínima de trinta anos de idade.

e) Pleno exercício dos direitos políticos e de idade mínima de vinte e cinco anos de idade.

08. (FCC) Pedro, governador em exercício do Estado X, pretende concorrer ao cargo de Presidente da República. Neste caso, Pedro:

a) Deverá renunciar ao respectivo mandato até três meses antes do pleito.

b) Deverá renunciar ao respectivo mandato até seis meses antes do pleito.

c) Deverá renunciar ao respectivo mandato até dois meses antes do pleito.

d) Deverá aguardar o final de seu mandato, sendo vedada a renúncia com este objetivo.

e) Poderá renunciar ao mandato a qualquer tempo, não havendo limite constitucional pré-estabelecido.

09. (CESPE) O alistamento eleitoral e a candidatura a cargos eletivos são vedados aos analfabetos.

Certo ( ) Errado ( )

10. (CESPE) A soberania popular é exercida, em regra, por meio da democracia representativa. A Constituição Federal brasileira consagra, também, a democracia participativa ao prever instrumentos de participação intensa e efetiva do cidadão nas decisões governamentais.

Certo ( ) Errado ( )

11. (CESPE) Apesar de a CF estabelecer que todo o poder emana do povo, não há previsão, no texto constitucional, de seu exercício diretamente pelo povo, mas por meio de representantes eleitos.

Certo ( ) Errado ( )

12. (CESPE) O cidadão com pouco mais de 70 anos de idade, alfabetizado e portador de título eleitoral, é obrigado a votar.

Certo ( ) Errado ( )

13. (CESPE) Um cidadão com dezoito anos de idade, boliviano naturalizado brasileiro, não pode candidatar-se a vereador em uma pequena cidade do interior de um estado brasileiro, por faltar-lhe capacidade eleitoral passiva.

Certo ( ) Errado ( )

14. (CESPE) Ao governador de determinado estado da Federação que pretenda candidatar-se a deputado federal nas próximas eleições não se exigirá a desincompatibilização do cargo, visto que se trata de eleição para outro cargo público.

Certo ( ) Errado ( )

15. (ESAF) Sobre direitos e garantias fundamentais, assinale a única opção correta (direitos da nacionalidade e políticos):

a) Serão brasileiros natos, independentemente de manifestação da vontade, todos os nascidos de pai ou mãe brasileiro.

b) O cargo de Ministro de Estado da Justiça é privativo de brasileiro nato.

c) O alistamento eleitoral e o voto são obrigatórios para todos os brasileiros maiores de dezoito anos.

d) Se já forem titulares de mandato eletivo, não são inelegíveis, no território de jurisdição do chefe do Poder Executivo, o cônjuge e os parentes consanguíneos ou afins, até o segundo grau ou por adoção, do Presidente da República, de Governador de Estado ou Território, do Distrito Federal e de Prefeito.

e) A ação de impugnação de mandato, proposta em face de prática de abuso do poder econômico, corrupção ou fraude pelo candidato diplomado, tramitará em segredo de justiça, respondendo o autor, na forma da lei, se temerária ou de manifesta má-fé.

16. (ESAF) A partir da promulgação da Constituição de 1988, o cidadão brasileiro conta com uma multiplicidade de formas de participação política sem precedentes na história do País. A seguir são relacionadas algumas formas de participação popular na esfera pública.

Aponte o único enunciado **falso**.

a) Possibilidade de qualquer cidadão propor individualmente Ação Direta de Inconstitucionalidade junto ao Supremo Tribunal Federal.,

b) Participação em plebiscitos e referendos.

c) Iniciativa popular na propositura de projetos de lei.

d) Participação nas deliberações sobre políticas públicas por meio de organizações representativas em colegiados.

e) Eleição direta para os integrantes de todas as casas legislativas e para o chefe do executivo em todos os níveis de governo.

17. (ESAF) Sobre os direitos políticos e da nacionalidade, na Constituição de 1988, marque a única opção correta:

a) Cumpridas as demais condições de elegibilidade, previstas na Constituição Federal, todos os que tiverem feito alistamento eleitoral são elegíveis.

b) O alistamento eleitoral facultativo não implica obrigatoriedade do voto.

c) Os nascidos no Brasil, ainda que de pais estrangeiros, serão sempre brasileiros natos, porque o Brasil adota, para fins de reconhecimento de nacionalidade nata, o critério do *jus solis*.

d) Nos termos da Constituição Federal, o cargo de Ministro de Estado da Justiça é privativo de brasileiro nato.

e) A condenação criminal, transitada em julgado, de brasileiro naturalizado implica a perda dos seus direitos políticos.

18. (ESAF) Um grupo de cidadãos brasileiros pretende criar um partido político com as seguintes características: a) programa voltado à defesa dos interesses de minorias étnicas; b) divulgação, junto às instituições de elaboração e aplicação das leis, inclusive as forças de segurança pública, de ideias e práticas relacionadas à preservação de costumes e tradições de minorias étnicas; c) atuação restrita ao território dos Estados da Região Norte do País; d) possibilidade de captação de recursos financeiros junto a entidades governamentais e não governamentais, nacionais ou estrangeiras; e) coligações eleitorais apenas com partidos de ideário programático compatível com o seu, não havendo obrigatoriedade, contudo, de vinculação entre as candidaturas em âmbito estadual e municipal.

Considerada a disciplina constitucional da matéria, não seria admissível a criação desse partido político, porque a:

a) Defesa de minorias por partidos políticos é contrária ao regime democrático e ao princípio da igualdade, o que é proibido pela Constituição.

b) Divulgação de ideias junto às forças de segurança pública é forma de atuação paramilitar, o que é expressamente vedado aos partidos políticos pela Constituição.

c) Constituição de partido político que tenha sua atividade restrita a uma Região do País é inadmissível, exigindo-se que possua caráter nacional.

d) Constituição não permite a obtenção de recursos financeiros junto a governos estrangeiros, embora o admita em relação a entidades estrangeiras, na forma da lei.

e) Vinculação entre as candidaturas em âmbito estadual e municipal é obrigatória, em matéria de coligações eleitorais.

19. (CESPE) Os recrutados pelas forças armadas não podem alistar-se como eleitores durante o período em que estiverem cumprindo o serviço militar obrigatório.

Certo ( ) Errado ( )

20. (CESPE) Cidadão brasileiro que tiver trinta anos de idade poderá ser candidato a senador, desde que possua pleno exercício dos direitos políticos, alistamento eleitoral, filiação partidária e domicílio eleitoral no estado pelo qual pretenda concorrer.

Certo ( ) Errado ( )

Gabarito

01	C	11	ERRADO
02	B	12	ERRADO
03	A	13	ERRADO
04	A	14	ERRADO
05	D	15	E
06	B	16	A
07	B	17	B
08	B	18	C
09	ERRADO	19	CERTO
10	CERTO	20	ERRADO

CAPÍTULO 08

Da Organização Político - Administrativa

Para que se possa compreender a Organização Político-Administrativa do Estado Brasileiro, faz-se necessário, primeiramente, entender como se deu essa formação. Para isso, será abordado o Princípio Federativo.

Princípio Federativo

A Forma de Estado adotada no Brasil é a Federativa. Quando se afirma que o nosso Estado é uma Federação, quer-se dizer como se dá o exercício do poder político em função do território. Em um Estado Federal, existe pluralidade de poderes políticos internos, os quais se organizam de forma descentralizada. No Brasil, são quatro poderes políticos, também chamados de entes federativos:

01. União;
02. Estados;
03. Distrito Federal;
04. Municípios.

Essa organização é baseada na autonomia política de cada ente federativo. Deve-se ter cuidado com esse tema em prova, pois as bancas gostam de trocar autonomia por soberania. Cada ente possui sua própria autonomia, enquanto que o Estado Federal possui a soberania. A autonomia de cada ente federativo se dá no âmbito político, financeiro, orçamentário, administrativo e em qualquer outra área permitida pela Constituição Federal:

> ***Art. 18.*** *A organização político-administrativa da República Federativa do Brasil compreende a União, os Estados, o Distrito Federal e os Municípios, todos autônomos, nos termos desta Constituição.*

Deve-se destacar, inclusive, que o pacto federativo sobrevive em torno da Constituição Federal, que impede sua dissolução sob pena de se decretar Intervenção Federal:

> ***Art. 34.*** *A União não intervirá nos Estados nem no Distrito Federal, exceto para:*
>
> *I. manter a integridade nacional.*

A proibição de secessão, que impede a separação de um ente federativo, também é conhecida como Princípio da Indissolubilidade.

Outro ponto muito cobrado em prova diz respeito à inexistência de hierarquia entre os entes federativos. O que distingue um ente federativo do outro não é a superioridade, mas a distribuição de competências feita pela própria Constituição Federal. Não se deve esquecer também que as Unidades da Federação possuem representação junto ao Poder Legislativo da União, mais precisamente, no Senado Federal.

Em razão dessa organização completamente diferenciada, a doutrina classifica a federação brasileira de várias formas:

Tricotômica

Federação constituída em três níveis: federal, estadual e municipal. O Distrito Federal não é considerado nessa classificação, haja vista possuir competência híbrida, agindo tanto como um Estado quanto como Município.

Centrífuga

Característica que reflete a formação da federação brasileira. É a formação "de dentro para fora". O movimento é de centrifugadora. A força de criação do estado federal brasileiro surgiu a partir de um Estado Unitário para a criação de um estado federado, ou seja, o poder centralizado que se torna descentralizado. O poder político era concentrado nas mãos de um só ente e depois passa a fazer parte de vários entes federativos;

Por desagregação

Ocorre quando um Estado Unitário resolve se descentralizar politicamente, desagregando o poder central em favor de vários entes titulares de poder político.

Mais uma característica que não pode ser ignorada em prova: a Forma Federativa de Estado é uma cláusula pétrea, conforme dispõe o Art. 60, § 4º, I:

> ***Art. 60, § 4º*** *- Não será objeto de deliberação a proposta de emenda tendente a abolir:*
>
> *I. a forma federativa de Estado.*

Cumpre lembrar de que a Capital do Brasil é Brasília. Deve-se ter cuidado: há questão de prova que diz que a Capital é o Distrito Federal. O Distrito Federal é um ente federativo, ao passo que Brasília é uma Região Administrativa dentro do Distrito Federal:

> ***Art. 18, § 1º*** *- Brasília é a Capital Federal.*

Outra coisa com a qual se deve ter cuidado diz respeito aos Territórios Federais:

> ***§ 2º*** *- Os Territórios Federais integram a União, e sua criação, transformação em Estado ou reintegração ao Estado de origem serão reguladas em lei complementar.*

Esses não são entes federativos, pois não possuem autonomia política. São pessoas jurídicas de direito público que possuem apenas capacidade administrativa. Sua natureza jurídica é de autarquia federal e só podem ser criados por lei federal. Para sua criação se faz necessária a aprovação das populações diretamente envolvidas, por meio de plebiscito, parecer da Assembleia Legislativa e lei complementar federal. Os territórios são administrados por governadores escolhidos pelo Presidente da República e podem ser divididos em municípios. Cada território elegerá quatro deputados federais, mas não poderá eleger Senador da República. Seguem abaixo vários dispositivos constitucionais que regulamentam os Territórios:

> ***Art. 18, § 3º*** *- Os Estados podem incorporar-se entre si, subdividir-se ou desmembrar-se para se anexarem a outros, ou formarem novos Estados ou Territórios Federais, mediante aprovação da população diretamente interessada, através de plebiscito, e do Congresso Nacional, por lei complementar.*
>
> ***Art. 45, § 2º*** *- Cada Território elegerá quatro Deputados.*
>
> ***Art. 48.*** *Cabe ao Congresso Nacional, com a sanção do Presidente da República, não exigida esta para o especificado nos arts. 49, 51 e 52, dispor sobre todas as matérias de competência da União, especialmente sobre:*
>
> *VI. Incorporação, subdivisão ou desmembramento de áreas de Territórios ou Estados, ouvidas as respectivas Assembleias Legislativas.*
>
> ***Art. 84.*** *Compete privativamente ao Presidente da República:*
>
> *XIV. Nomear, após aprovação pelo Senado Federal, os Ministros do Supremo Tribunal*

Federal e dos Tribunais Superiores, os Governadores de Territórios, o Procurador-Geral da República, o presidente e os diretores do banco central e outros servidores, quando determinado em lei.

A Constituição Federal autoriza a divisão dos Territórios em Municípios. Os Territórios com mais de 100.000 habitantes possuirão Poder Judiciário próprio, bem como membros do Ministério Público e Defensores Públicos Federais. Poderão ainda eleger membros para Câmara Territorial:

> ***Art. 33, § 1º*** *- Os Territórios poderão ser divididos em Municípios, aos quais se aplicará, no que couber, o disposto no Capítulo IV deste Título.*
>
> *§ 3º - Nos Territórios Federais com mais de cem mil habitantes, além do Governador nomeado na forma desta Constituição, haverá órgãos judiciários de primeira e segunda instância, membros do Ministério Público e defensores públicos federais; a lei disporá sobre as eleições para a Câmara Territorial e sua competência deliberativa.*

Fique Ligado

Os entes federativos são a União, os Estados, o Distrito Federal e os Municípios. Territórios não são entes federativos.

Vedações Constitucionais

A Constituição Federal fez questão de estabelecer algumas vedações expressas aos entes federativos, as quais estão previstas no Art. 19:

> ***Art. 19.*** *É vedado à União, aos Estados, ao Distrito Federal e aos Municípios:*
>
> *I. Estabelecer cultos religiosos ou igrejas, subvencioná-los, embaraçar-lhes o funcionamento ou manter com eles ou seus representantes relações de dependência ou aliança, ressalvada, na forma da lei, a colaboração de interesse público;*
>
> *II. Recusar fé aos documentos públicos;*
>
> *III. Criar distinções entre brasileiros ou preferências entre si.*

A primeira vedação decorre da laicidade do Estado brasileiro, ou seja, não possuímos religião oficial no Brasil, em razão da situação de separação entre Estado e Igreja. A segunda vedação decorre da presunção de veracidade dos documentos públicos. E, por último, contemplando o Princípio da Isonomia, o qual será tratado em momento oportuno, fica vedado estabelecer distinções entre brasileiros ou preferências entre si. Atente-se a esta questão:

Exercício Comentado

01. (FMP) A subvenção estatal de igrejas, em quaisquer dos níveis da Federação, somente será constitucionalmente válida se previamente autorizada por lei específica e desde que a subvenção seja estendível a todas as igrejas reconhecidas pelo ordenamento jurídico nacional.

ERRADO. ***O Art. 19 da Constituição veda a subvenção estatal de igrejas, haja vista ser o Estado Brasileiro um estado laico, cuja relação da Igreja com o estado político é de separação. A única exceção, vislumbrada pela Constituição Federal para a subvenção, é no caso de colaboração de interesse público.***

Características dos Entes Federativos

União

Muitos sentem dificuldade em visualizar a União, tendo em vista ser um ente meio abstrato. O que se precisa saber é que a União é uma pessoa jurídica de direito público interno ao mesmo tempo em que é pessoa jurídica de direito público externo. É o Poder Central responsável por assuntos de interesse geral do Estado e que representa os demais entes federativos. Apesar de não possuir o atributo Soberania, a União exerce essa soberania em nome do Estado Federal. É só pensar na representação internacional do Estado. Quem celebra tratados internacionais? É o Chefe do Executivo da União, o Presidente da República.

Um dos temas mais cobrados em prova são os Bens da União. Os Bens da União estão previstos no Art. 20 da Constituição Federal:

> ***Art. 20.*** *São bens da União:*
>
> *I. Os que atualmente lhe pertencem e os que lhe vierem a ser atribuídos;*
>
> *II. As terras devolutas indispensáveis à defesa das fronteiras, das fortificações e construções militares, das vias federais de comunicação e à preservação ambiental, definidas em lei;*
>
> *III. Os lagos, rios e quaisquer correntes de água em terrenos de seu domínio, ou que banhem mais de um Estado, sirvam de limites com outros países, ou se estendam a território estrangeiro ou dele provenham, bem como os terrenos marginais e as praias fluviais;*
>
> *IV. As ilhas fluviais e lacustres nas zonas limítrofes com outros países; as praias marítimas; as ilhas oceânicas e as costeiras, excluídas, destas, as que contenham a sede de Municípios, exceto aquelas áreas afetadas ao serviço público e a unidade ambiental federal, e as referidas no Art. 26, II;*
>
> *V. Os recursos naturais da plataforma continental e da zona econômica exclusiva;*
>
> *VI. O mar territorial;*
>
> *VII. Os terrenos de marinha e seus acrescidos;*
>
> *VIII. os potenciais de energia hidráulica;*
>
> *IX. Os recursos minerais, inclusive os do subsolo;*
>
> *X. As cavidades naturais subterrâneas e os sítios arqueológicos e pré-históricos;*
>
> *XI. As terras tradicionalmente ocupadas pelos índios.*
>
> ***§ 1º*** *- É assegurada, nos termos da lei, aos Estados, ao Distrito Federal e aos Municípios, bem como a órgãos da administração direta da União, participação no resultado da exploração de petróleo ou gás natural, de recursos hídricos para fins de geração de energia elétrica e de outros recursos minerais no respectivo território, plataforma continental, mar territorial ou zona econômica exclusiva, ou compensação financeira por essa exploração.*
>
> ***§ 2º*** *- A faixa de até cento e cinquenta quilômetros de largura, ao longo das fronteiras terrestres, designada como faixa de fronteira, é considerada fundamental para defesa do território nacional, e sua ocupação e utilização serão reguladas em lei.*

Esse Art., quando cobrado em prova, costuma ser trabalhado apenas com o texto literal da Constituição. A dica de estudo é a memorização dos bens que são considerados da União. Contudo, alguns bens necessitam de uma explicação maior para que sejam compreendidos.

Terras Devolutas

O inciso II fala das chamadas terras devolutas, mas o que significa terras devolutas? São terras que estão sob o domínio da União sem qualquer destinação, nem pública nem privada. Serão da União apenas as terras devolutas indispensáveis à defesa das fronteiras, das fortificações e construções militares, das vias federais de comunicação e à preservação ambiental, conforme definição em lei. As demais terras devolutas serão de propriedade dos Estados Membros nos termos do Art. 26, IV:

> ***Art. 26.*** *Incluem-se entre os bens dos Estados:*
>
> ***IV.*** *As terras devolutas não compreendidas entre as da União.*

Mar Territorial, Plataforma Continental e Zona Econômica Exclusiva

Os incisos IV e V apresentam três bens que são muito interessantes e que se confundem nas cabeças dos alunos: mar territorial, plataforma continental e Zona Econômica Exclusiva. A Lei 8.617/93 esclarece as diferenças entre esses institutos.

O mar territorial é formado por uma faixa de água marítima ao longo da costa brasileira, com uma dimensão de 12 milhas marítimas, contadas a partir da linha base. A plataforma continental é o prolongamento natural do território terrestre, compreendidos o leito e o subsolo do mar até a distância de 200 milhas marítimas ou até o bordo exterior da margem continental.

A zona econômica exclusiva é a extensão situada além do mar territorial até o limite das 200 milhas marítimas.

Acerca desse tema sempre há confusão. O mar territorial é extensão do território nacional sobre qual o Estado exerce sua soberania. Já a plataforma continental e a zona econômica exclusiva são águas internacionais onde o direito a soberania do Estado se limita à exploração e ao aproveitamento, à conservação e a gestão dos recursos naturais, vivos ou não-vivos, das águas sobrejacentes ao leito do mar, do leito do mar e seu subsolo, e no que se refere a outras atividades com vistas à exploração e ao aproveitamento da zona para fins econômicos.

Estados

Os Estados são pessoas jurídicas de direito público interno, entes federativos detentores de autonomia própria. Essa autonomia se percebe pela sua capacidade de auto-organização, autogoverno, autoadministração. Destaca-se, ainda, o seu poder de criação da própria Constituição Estadual, bem como das demais normas de sua competência:

> ***Art. 25.*** *Os Estados organizam-se e regem-se pelas Constituições e leis que adotarem, observados os princípios desta Constituição.*

Percebe-se, ainda, o seu autogoverno à medida que cada Estado organiza seus próprios Poderes: Poder Legislativo (Assembleia Legislativa), Poder Executivo (Governador) e Poder Judiciário (Tribunal de Justiça). Destacam-se também suas autonomias administrativa, tributária e financeira.

Um tema que não aparece muito em prova é a possibilidade de criação de novos Estados. Segundo o Art. 18, § 3º:

> ***Art. 18, § 3º*** *- Os Estados podem incorporar-se entre si, subdividir-se ou desmembrar-se para se anexarem a outros, ou formarem novos Estados ou Territórios Federais, mediante aprovação da população diretamente interessada, através de plebiscito, e do Congresso Nacional, por lei complementar.*

O que se precisa lembrar para a prova é que, para se criar outro Estado, faz-se necessária a aprovação da população diretamente interessada por meio de plebiscito e que essa criação depende de lei complementar federal. A Constituição prevê ainda a oitiva das Assembleias Legislativas envolvidas na modificação:

> ***Art. 48.*** *Cabe ao Congresso Nacional, com a sanção do Presidente da República, não exigida esta para o especificado nos arts. 49, 51 e 52, dispor sobre todas as matérias de competência da União, especialmente sobre:*
>
> ***IV.*** *Incorporação, subdivisão ou desmembramento de áreas de Territórios ou Estados, ouvidas as respectivas Assembleias Legislativas.*

Fique Ligado

A criação de novos estados ou territórios depende de: aprovação da população por meio de plebiscito, oitiva das assembleias legislativas e lei complementar federal.

Em razão de sua autonomia, a Constituição apresentou um rol de bens que pertencem aos Estados:

> ***Art. 26.*** *Incluem-se entre os bens dos Estados:*
>
> ***I.*** *As águas superficiais ou subterrâneas, fluentes, emergentes e em depósito, ressalvadas, neste caso, na forma da lei, as decorrentes de obras da União;*
>
> ***II.*** *As áreas, nas ilhas oceânicas e costeiras, que estiverem no seu domínio, excluídas aquelas sob domínio da União, Municípios ou terceiros;*
>
> ***III.*** *As ilhas fluviais e lacustres não pertencentes à União;*
>
> ***IV.*** *As terras devolutas não compreendidas entre as da União.*

Algumas regras em relação à Organização dos Poderes Legislativo e Executivo no âmbito dos Estados também aparecem na Constituição Federal. Quando cobradas em prova, a leitura e memorização dos Arts. abaixo se tornam essenciais:

> ***Art. 27.*** *O número de Deputados à Assembleia Legislativa corresponderá ao triplo da representação do Estado na Câmara dos Deputados e, atingido o número de trinta e seis, será acrescido de tantos quantos forem os Deputados Federais acima de doze.*
>
> ***§ 1º*** *- Será de quatro anos o mandato dos Deputados Estaduais, aplicando-se-lhes as regras desta Constituição sobre sistema eleitoral, inviolabilidade, imunidades, remuneração, perda de mandato, licença, impedimentos e incorporação às Forças Armadas.*
>
> ***§ 2º*** *- O subsídio dos Deputados Estaduais será fixado por lei de iniciativa da Assembleia Legislativa, na razão de, no máximo, setenta e cinco por cento daquele estabelecido, em espécie, para os Deputados Federais, observado o que dispõem os arts. 39, § 4º, 57, § 7º, 150, II, 153, III, e 153, § 2º, I.*
>
> ***§ 3º*** *- Compete às Assembleias Legislativas dispor sobre seu regimento interno, polícia e serviços administrativos de sua secretaria, e prover os respectivos cargos.*

§ 4º - A lei disporá sobre a iniciativa popular no processo legislativo estadual.

Art. 28. *A eleição do Governador e do Vice-Governador de Estado, para mandato de quatro anos, realizar-se-á no primeiro domingo de outubro, em primeiro turno, e no último domingo de outubro, em segundo turno, se houver, do ano anterior ao do término do mandato de seus antecessores, e a posse ocorrerá em primeiro de janeiro do ano subsequente, observado, quanto ao mais, o disposto no Art. 77.*

§ 1º - Perderá o mandato o Governador que assumir outro cargo ou função na administração pública direta ou indireta, ressalvada a posse em virtude de concurso público e observado o disposto no Art. 38, I, IV e V.

§ 2º - Os subsídios do Governador, do Vice-Governador e dos Secretários de Estado serão fixados por lei de iniciativa da Assembleia Legislativa, observado o que dispõem os arts. 37, XI, 39, § 4º, 150, II, 153, III, e 153, § 2º, I.

Municípios

Os municípios são elencados pela Constituição Federal como entes federativos dotados de autonomia, a qual se percebe pela sua capacidade de auto-organização, autogoverno e autoadministração. São regidos por Lei Orgânica e possui Executivo e Legislativo próprio, os quais são representados, respectivamente, pela Prefeitura e pela Câmara Municipal e que são regulamentados pelos Arts. 29 e 29A da Constituição. O examinador pode explorar, em prova de concurso público, questões que requeiram a memorização desses Arts.. Para entender por que ele faria isso, recomenda-se a leitura:

Art. 29. *O Município reger-se-á por lei orgânica, votada em dois turnos, com o interstício mínimo de dez dias, e aprovada por dois terços dos membros da Câmara Municipal, que a promulgará, atendidos os princípios estabelecidos nesta Constituição, na Constituição do respectivo Estado e os seguintes preceitos:*

I. Eleição do Prefeito, do Vice-Prefeito e dos Vereadores, para mandato de quatro anos, mediante pleito direto e simultâneo realizado em todo o País;

II. Eleição do Prefeito e do Vice-Prefeito realizada no primeiro domingo de outubro do ano anterior ao término do mandato dos que devam suceder, aplicadas as regras do Art. 77, no caso de Municípios com mais de duzentos mil eleitores;

III. Posse do Prefeito e do Vice-Prefeito no dia 1º de janeiro do ano subsequente ao da eleição;

IV. Para a composição das Câmaras Municipais, será observado o limite máximo de:

a) 9 (nove) Vereadores, nos Municípios de até 15.000 (quinze mil) habitantes;

b) 11 (onze) Vereadores, nos Municípios de mais de 15.000 (quinze mil) habitantes e de até 30.000 (trinta mil) habitantes;

c) 13 (treze) Vereadores, nos Municípios com mais de 30.000 (trinta mil) habitantes e de até 50.000 (cinquenta mil) habitantes;

d) 15 (quinze) Vereadores, nos Municípios de mais de 50.000 (cinquenta mil) habitantes e de até 80.000 (oitenta mil) habitantes;

e) 17 (dezessete) Vereadores, nos Municípios de mais de 80.000 (oitenta mil) habitantes e de até 120.000 (cento e vinte mil) habitantes;

f) 19 (dezenove) Vereadores, nos Municípios de mais de 120.000 (cento e vinte mil) habitantes e de até 160.000 (cento sessenta mil) habitantes;

g) 21 (vinte e um) Vereadores, nos Municípios de mais de 160.000 (cento e sessenta mil) habitantes e de até 300.000 (trezentos mil) habitantes;

h) 23 (vinte e três) Vereadores, nos Municípios de mais de 300.000 (trezentos mil) habitantes e de até 450.000 (quatrocentos e cinquenta mil) habitantes;

i) 25 (vinte e cinco) Vereadores, nos Municípios de mais de 450.000 (quatrocentos e cinquenta mil) habitantes e de até 600.000 (seiscentos mil) habitantes;

j) 27 (vinte e sete) Vereadores, nos Municípios de mais de 600.000 (seiscentos mil) habitantes e de até 750.000 (setecentos cinquenta mil) habitantes;

k) 29 (vinte e nove) Vereadores, nos Municípios de mais de 750.000 (setecentos e cinquenta mil) habitantes e de até 900.000 (novecentos mil) habitantes;

l) 31 (trinta e um) Vereadores, nos Municípios de mais de 900.000 (novecentos mil) habitantes e de até 1.050.000 (um milhão e cinquenta mil) habitantes;

m) 33 (trinta e três) Vereadores, nos Municípios de mais de 1.050.000 (um milhão e cinquenta mil) habitantes e de até 1.200.000 (um milhão e duzentos mil) habitantes;

n) 35 (trinta e cinco) Vereadores, nos Municípios de mais de 1.200.000 (um milhão e duzentos mil) habitantes e de até 1.350.000 (um milhão e trezentos e cinquenta mil) habitantes;

o) 37 (trinta e sete) Vereadores, nos Municípios de 1.350.000 (um milhão e trezentos e cinquenta mil) habitantes e de até 1.500.000 (um milhão e quinhentos mil) habitantes;

p) 39 (trinta e nove) Vereadores, nos Municípios de mais de 1.500.000 (um milhão e quinhentos mil) habitantes e de até 1.800.000 (um milhão e oitocentos mil) habitantes;

q) 41 (quarenta e um) Vereadores, nos Municípios de mais de 1.800.000 (um milhão e oitocentos mil) habitantes e de até 2.400.000 (dois milhões e quatrocentos mil) habitantes;

r) 43 (quarenta e três) Vereadores, nos Municípios de mais de 2.400.000 (dois milhões e quatrocentos mil) habitantes e de até 3.000.000 (três milhões) de habitantes;

s) 45 (quarenta e cinco) Vereadores, nos Municípios de mais de 3.000.000 (três milhões) de habitantes e de até 4.000.000 (quatro milhões) de habitantes;

t) 47 (quarenta e sete) Vereadores, nos Municípios de mais de 4.000.000 (quatro milhões) de habitantes e de até 5.000.000 (cinco milhões) de habitantes;

u) 49 (quarenta e nove) Vereadores, nos Municípios de mais de 5.000.000 (cinco milhões) de habitantes e de até 6.000.000 (seis milhões) de habitantes;

v) 51 (cinquenta e um) Vereadores, nos Municípios de mais de 6.000.000 (seis milhões) de habitantes e de até 7.000.000 (sete milhões) de habitantes;

w) 53 (cinquenta e três) Vereadores, nos Municípios de mais de 7.000.000 (sete milhões) de habitantes e de até 8.000.000 (oito milhões) de habitantes; e

x) 55 (cinquenta e cinco) Vereadores, nos Municípios de mais de 8.000.000 (oito milhões) de habitantes;

V. Subsídios do Prefeito, do Vice-Prefeito e dos Secretários Municipais fixados por lei de iniciativa da Câmara Municipal, observado o que dispõem os arts. 37, XI, 39, § 4º, 150, II, 153, III, e 153, § 2º, I;

VI. O subsídio dos Vereadores será fixado pelas respectivas Câmaras Municipais em cada legislatura para a subsequente, observado o que dispõe esta Constituição, observados os critérios estabelecidos na respectiva Lei Orgânica e os seguintes limites máximos:

a) em Municípios de até dez mil habitantes, o subsídio máximo dos Vereadores corresponderá a vinte por cento do subsídio dos Deputados Estaduais;

b) em Municípios de dez mil e um a cinquenta mil habitantes, o subsídio máximo dos Vereadores corresponderá a trinta por cento do subsídio dos Deputados Estaduais;

c) em Municípios de cinquenta mil e um a cem mil habitantes, o subsídio máximo dos Vereadores corresponderá a quarenta por cento do subsídio dos Deputados Estaduais;

d) em Municípios de cem mil e um a trezentos mil habitantes, o subsídio máximo dos Vereadores corresponderá a cinquenta por cento do subsídio dos Deputados Estaduais;

e) em Municípios de trezentos mil e um a quinhentos mil habitantes, o subsídio máximo dos Vereadores corresponderá a sessenta por cento do subsídio dos Deputados Estaduais;

f) em Municípios de mais de quinhentos mil habitantes, o subsídio máximo dos Vereadores corresponderá a setenta e cinco por cento do subsídio dos Deputados Estaduais;

VII. O total da despesa com a remuneração dos Vereadores não poderá ultrapassar o montante de cinco por cento da receita do Município;

VIII. Inviolabilidade dos Vereadores por suas opiniões, palavras e votos no exercício do mandato e na circunscrição do Município;

IX. Proibições e incompatibilidades, no exercício da vereança, similares, no que couber, ao disposto nesta Constituição para os membros do Congresso Nacional e na Constituição do respectivo Estado para os membros da Assembleia Legislativa;

X. Julgamento do Prefeito perante o Tribunal de Justiça;

XI. Organização das funções legislativas e fiscalizadoras da Câmara Municipal;

XII. Cooperação das associações representativas no planejamento municipal;

XIII. Iniciativa popular de projetos de lei de interesse específico do Município, da cidade ou de bairros, através de manifestação de, pelo menos, cinco por cento do eleitorado;

XIV. Perda do mandato do Prefeito, nos termos do Art. 28, § único.

Art. 29-A. *O total da despesa do Poder Legislativo Municipal, incluídos os subsídios dos Vereadores e excluídos os gastos com inativos, não poderá ultrapassar os seguintes percentuais, relativos ao somatório da receita tributária e das transferências previstas no § 5º do Art. 153 e nos arts. 158 e 159, efetivamente realizado no exercício anterior:*

IX. 7% (sete por cento) para Municípios com população de até 100.000 (cem mil) habitantes;

X. 6% (seis por cento) para Municípios com população entre 100.000 (cem mil) e 300.000 (trezentos mil) habitantes;

XI. 5% (cinco por cento) para Municípios com população entre 300.001 (trezentos mil e um) e 500.000 (quinhentos mil) habitantes;

XII. 4,5% (quatro inteiros e cinco décimos por cento) para Municípios com população entre 500.001 (quinhentos mil e um) e 3.000.000 (três milhões) de habitantes;

XIII. 4% (quatro por cento) para Municípios com população entre 3.000.001 (três milhões e um) e 8.000.000 (oito milhões) de habitantes;

XIV. 3,5% (três inteiros e cinco décimos por cento) para Municípios com população acima de 8.000.001 (oito milhões e um) habitantes.

§1º - *A Câmara Municipal não gastará mais de setenta por cento de sua receita com folha de pagamento, incluído o gasto com o subsídio de seus Vereadores.*

§2º - *Constitui crime de responsabilidade do Prefeito Municipal:*

I. Efetuar repasse que supere os limites definidos neste Art.;

II. Não enviar o repasse até o dia vinte de cada mês; ou

III. Enviá-lo a menor em relação à proporção fixada na Lei Orçamentária.

§3º - *Constitui crime de responsabilidade do Presidente da Câmara Municipal o desrespeito ao § 1º deste Art..*

Alguns alunos acham que a banca jamais questionaria isso em prova. Não é o que se tem visto. As questões de prova que abordam esses Arts. exigem do candidato uma grande capacidade de memorização, como no exemplo a seguir:

Exercício Comentado

01. (FCC) Para composição da Câmara Municipal de um determinado Município do Estado de Sergipe, com 20 mil habitantes, será observado o limite máximo de:

a) 09 Vereadores.
b) 11 Vereadores.
c) 13 Vereadores.
d) 15 Vereadores.
e) 17 Vereadores.

RESPOSTA. **"B". Expressa previsão constitucional no Art. 29, IV, b.**

Mesmo sendo dotada de autonomia federativa, sua organização possui algumas limitações impostas pela própria Constituição. Entre essas limitações, deve-se destacar a ausência de Poder Judiciário no âmbito municipal, cuja função jurisdicional é exercida pelos órgãos do Judiciário Federal e Estadual. Vamos lembrar que não existe representante municipal no Congresso Nacional.

A Constituição permite que sejam criados novos municípios, conforme as regras estabelecidas no Art. 18, § 4º:

> **Art. 18, § 4º.** *A criação, a incorporação, a fusão e o desmembramento de Municípios, far-se-ão por lei estadual, dentro do período determinado por Lei*

Complementar Federal, e dependerão de consulta prévia, mediante plebiscito, às populações dos Municípios envolvidos, após divulgação dos Estudos de Viabilidade Municipal, apresentados e publicados na forma da lei.

Perceba-se que as regras são um pouco diferentes das necessárias para a criação de Estados. A primeira coisa que deve ser lembrada é que a criação será por Lei Ordinária Estadual, desde que haja autorização emanada de Lei Complementar Federal. As populações diretamente envolvidas na modificação devem ser consultadas por meio de plebiscito. E, por último, não se pode esquecer a exigência de Estudo de Viabilidade Municipal. Para prova, memorizem-se essas condições.

Um fato curioso é que apesar de não existir ainda uma Lei Complementar Federal autorizando o período de criação de Municípios, vários Municípios foram criados na vigência de Constituição Federal, o que obrigou o Congresso Nacional a aprovar a Emenda Constitucional nº 57/2008, que acrescentou o Art. 96 ao Ato das Disposições Constitucionais Transitórias (ADCT), convalidando a criação dos Municípios até 31 de dezembro de 2006:

> **Art. 96.** *Ficam convalidados os atos de criação, fusão, incorporação e desmembramento de Municípios, cuja lei tenha sido publicada até 31 de dezembro de 2006, atendidos os requisitos estabelecidos na legislação do respectivo Estado à época de sua criação.*

Distrito Federal

Se questionarem se o Distrito Federal é um Estado ou é um Município, a resposta será: "O Distrito Federal não é Estado nem Município, é Distrito Federal."

Essa pergunta é comum na cabeça de muitos alunos, haja vista não conhecerem a natureza jurídica do DF. Ora, a Constituição Federal afirma que o Distrito Federal é ente federativo assim como a União, os Estados e os Municípios. Esse ente federativo é conhecido pela sua autonomia e por sua competência híbrida. Quando se fala em competência híbrida, quer-se dizer que o DF pode exercer competências tanto de Estado quanto de Município:

> **Art. 32, § 1º** - *Ao Distrito Federal são atribuídas as competências legislativas reservadas aos Estados e Municípios.*

Caracteriza a sua autonomia o fato de poder criar a sua própria Lei Orgânica, bem como a existência do Poder Executivo (Governador), Legislativo (Câmara Legislativa) e Judiciário (Tribunal de Justiça do Distrito Federal e Territórios):

> **Art. 32.** *O Distrito Federal, vedada sua divisão em Municípios, reger-se-á por lei orgânica, votada em dois turnos com interstício mínimo de dez dias, e aprovada por dois terços da Câmara Legislativa, que a promulgará, atendidos os princípios estabelecidos nesta Constituição.*
>
> *§ 2º - A eleição do Governador e do Vice-Governador, observadas as regras do Art. 77, e dos Deputados Distritais coincidirá com a dos Governadores e Deputados Estaduais, para mandato de igual duração.*
>
> *§ 3º - Aos Deputados Distritais e à Câmara Legislativa aplica-se o disposto no Art. 27.*

Como se pode depreender da leitura do Art., a autonomia do DF possui algumas limitações, por exemplo, a vedação da sua divisão em Municípios. Nesse mesmo sentido, deve-se lembrar que o DF não possui competência para organizar e manter as Polícias Civil e Militar, o Corpo de Bombeiros Militar, o Poder Judiciário, o Ministério Público e a Defensoria Pública. Nesses casos, a competência foi conferida à União:

> **Art. 32, § 4º** - *Lei federal disporá sobre a utilização, pelo Governo do Distrito Federal, das polícias civil e militar e do corpo de bombeiros militar.*
>
> **Art. 21.** *Compete à União:*
>
> *XIII. Organizar e manter o Poder Judiciário, o Ministério Público e a Defensoria Pública do Distrito Federal e dos Territórios;*
>
> *XIV. Organizar e manter a polícia civil, a polícia militar e o corpo de bombeiros militar do Distrito Federal, bem como prestar assistência financeira ao Distrito Federal para a execução de serviços públicos, por meio de fundo próprio.*

Por fim, é importante lembrar que o Distrito Federal não se confunde com Brasília. Isso é facilmente percebido pela leitura do Art. 18:

> **Art. 18.** *A organização político-administrativa da República Federativa do Brasil compreende a União, os Estados, o Distrito Federal e os Municípios, todos autônomos, nos termos desta Constituição.*
>
> *§ 1º - Brasília é a Capital Federal.*

O Distrito Federal é ente federativo, ao passo que Brasília é a Capital Federal. Sob a ótica da organização administrativa do DF, pode-se afirmar que Brasília é uma das Regiões Administrativas do Distrito Federal, haja vista não poder o DF ser dividido em municípios.

Competências dos Entes Federativos

Como já foi visto, entre os entes federativos não existe hierarquia. Mas o que diferencia um ente federativo do outro? A diferença está na distribuição das competências pela Constituição. Cada ente federativo possui sua parcela de responsabilidades estabelecidas dentro da Constituição Federal.

Para a fixação dessas competências, a Constituição fez uso do Princípio da Predominância de Interesse. Esse princípio define a abrangência das competências de cada ente com base na predominância de interesse. Para a União, em regra, foram previstas competências de interesse geral, de toda a coletividade. Para os Estados, a Constituição reservou competências de interesse regional. Aos Municípios, competências de interesse local. E, por fim, ao Distrito Federal, foram reservadas competências de interesse local e regional, razão pela qual a doutrina chama de competência híbrida.

As competências são classificadas em dois tipos:

- Competências Materiais ou Administrativas;
- Competências Legislativas.

As competências materiais ou administrativas são aquelas que preveem ações a serem desempenhadas pelos entes federativos.

As competências legislativas estão relacionadas com a capacidade que um ente federativo possui de criar leis, inovar o ordenamento jurídico. Primeiramente, serão analisadas as competências administrativas de todos os entes federativos. De início, será abordada a União.

Competências Administrativas

A União possui duas formas de competências materiais: Exclusiva e Comum. As competências exclusivas estão previstas no Art. 21 da Constituição Federal:

> **Art. 21.** *Compete à União:*
>
> *I. Manter relações com Estados estrangeiros e participar de organizações internacionais;*

II. *Declarar a guerra e celebrar a paz;*

III. *Assegurar a defesa nacional;*

IV. *Permitir, nos casos previstos em lei complementar, que forças estrangeiras transitem pelo território nacional ou nele permaneçam temporariamente;*

V. *Decretar o estado de sítio, o estado de defesa e a intervenção federal;*

VI. *Autorizar e fiscalizar a produção e o comércio de material bélico;*

VII. *Emitir moeda;*

VIII. *Administrar as reservas cambiais do País e fiscalizar as operações de natureza financeira, especialmente as de crédito, câmbio e capitalização, bem como as de seguros e de previdência privada;*

IX. *Elaborar e executar planos nacionais e regionais de ordenação do território e de desenvolvimento econômico e social;*

X. *Manter o serviço postal e o correio aéreo nacional;*

XI. *Explorar, diretamente ou mediante autorização, concessão ou permissão, os serviços de telecomunicações, nos termos da lei, que disporá sobre a organização dos serviços, a criação de um órgão regulador e outros aspectos institucionais;*

XII. *Explorar, diretamente ou mediante autorização, concessão ou permissão:*

a) *os serviços de radiodifusão sonora, e de sons e imagens;*

b) *os serviços e instalações de energia elétrica e o aproveitamento energético dos cursos de água, em articulação com os Estados onde se situam os potenciais hidroenergéticos;*

c) *a navegação aérea, aeroespacial e a infraestrutura aeroportuária;*

d) *os serviços de transporte ferroviário e aquaviário entre portos brasileiros e fronteiras nacionais, ou que transponham os limites de Estado ou Território;*

e) *os serviços de transporte rodoviário interestadual e internacional de passageiros;*

f) *os portos marítimos, fluviais e lacustres;*

XIII. *Organizar e manter o Poder Judiciário, o Ministério Público do Distrito Federal e dos Territórios e a Defensoria Pública dos Territórios.*

XIV. *Organizar e manter a polícia civil, a polícia militar e o corpo de bombeiros militar do Distrito Federal, bem como prestar assistência financeira ao Distrito Federal para a execução de serviços públicos, por meio de fundo próprio;*

XV. *Organizar e manter os serviços oficiais de estatística, geografia, geologia e cartografia de âmbito nacional;*

XVI. *Exercer a classificação, para efeito indicativo, de diversões públicas e de programas de rádio e televisão;*

XVII. *Conceder anistia;*

XVIII. *Planejar e promover a defesa permanente contra as calamidades públicas, especialmente as secas e as inundações;*

XIX. *Instituir sistema nacional de gerenciamento de recursos hídricos e definir critérios de outorga de direitos de seu uso;*

XX. *Instituir diretrizes para o desenvolvimento urbano, inclusive habitação, saneamento básico e transportes urbanos;*

XXI. *Estabelecer princípios e diretrizes para o sistema nacional de viação;*

XXII. *Executar os serviços de polícia marítima, aeroportuária e de fronteiras;*

XXIII. *Explorar os serviços e instalações nucleares de qualquer natureza e exercer monopólio estatal sobre a pesquisa, a lavra, o enriquecimento e reprocessamento, a industrialização e o comércio de minérios nucleares e seus derivados, atendidos os seguintes princípios e condições:*

Essas competências são exclusivas, pois a União exclui a possibilidade de outro ente federativo realizá-la. Por isso, diz-se que são indelegáveis. Só a União pode fazer.

A outra competência material da União é a comum. Ela é comum a todos os entes federativos, União, Estados, Distrito Federal e Municípios. Vejamos o que diz o Art. 23:

> ***Art. 23.*** *É competência comum da União, dos Estados, do Distrito Federal e dos Municípios:*
>
> *I.* *Zelar pela guarda da Constituição, das leis e das instituições democráticas e conservar o patrimônio público;*
>
> *II.* *Cuidar da saúde e assistência pública, da proteção e garantia das pessoas portadoras de deficiência;*
>
> *III.* *Proteger os documentos, as obras e outros bens de valor histórico, artístico e cultural, os monumentos, as paisagens naturais notáveis e os sítios arqueológicos;*
>
> *IV.* *Impedir a evasão, a destruição e a descaracterização de obras de arte e de outros bens de valor histórico, artístico ou cultural;*
>
> *V.* *Proporcionar os meios de acesso à cultura, à educação e à ciência;*
>
> *VI.* *Proteger o meio ambiente e combater a poluição em qualquer de suas formas;*
>
> *VII.* *Preservar as florestas, a fauna e a flora;*
>
> *VIII.* *Fomentar a produção agropecuária e organizar o abastecimento alimentar;*
>
> *IX.* *Promover programas de construção de moradias e a melhoria das condições habitacionais e de saneamento básico;*
>
> *X.* *Combater as causas da pobreza e os fatores de marginalização, promovendo a integração social dos setores desfavorecidos;*
>
> *XI.* *Registrar, acompanhar e fiscalizar as concessões de direitos de pesquisa e exploração de recursos hídricos e minerais em seus territórios;*
>
> *XII.* *Estabelecer e implantar política de educação para a segurança do trânsito.*
>
> ***§ único.*** *Leis complementares fixarão normas para a cooperação entre a União e os Estados, o Distrito Federal e os Municípios, tendo em vista o equilíbrio do desenvolvimento e do bem-estar em âmbito nacional.*

Agora vejamos as competências materiais dos Estados. A primeira de que já se falou, é a competência comum prevista no Art. 23, analisada anteriormente.

Os Estados também possuem a chamada competência residual, reservada ou remanescente. Está prevista no Art. 25, § 1º, o qual cita que estão reservadas aos Estados as competências que não lhe sejam vedadas pela Constituição. Significa dizer que os Estados poderão fazer tudo aquilo que não for competência da União ou do Município:

Art. 25, § 1º - São reservadas aos Estados as competências que não lhes sejam vedadas por esta Constituição.

Em relação às competências administrativas dos Municípios, a Constituição previu duas espécies: Comum e Exclusiva. A competência comum está prevista no Art. 23 e já foi vista anteriormente. A competência exclusiva está no Art. 30, III a IX da Constituição:

Art. 30. *Compete aos Municípios:*

III. *Instituir e arrecadar os tributos de sua competência, bem como aplicar suas rendas, sem prejuízo da obrigatoriedade de prestar contas e publicar balancetes nos prazos fixados em lei;*

IV. *Criar, organizar e suprimir distritos, observada a legislação estadual;*

V. *Organizar e prestar, diretamente ou sob regime de concessão ou permissão, os serviços públicos de interesse local, incluído o de transporte coletivo, que tem caráter essencial;*

VI. *Manter, com a cooperação técnica e financeira da União e do Estado, programas de educação infantil e de ensino fundamental;*

VII. *Prestar, com a cooperação técnica e financeira da União e do Estado, serviços de atendimento à saúde da população;*

VIII. *Promover, no que couber, adequado ordenamento territorial, mediante planejamento e controle do uso, do parcelamento e da ocupação do solo urbano;*

IX. *Promover a proteção do patrimônio histórico-cultural local, observada a legislação e a ação fiscalizadora federal e estadual.*

E, por fim, no âmbito das competências administrativas, temos as competências do Distrito Federal que são chamadas de híbridas. O DF pode fazer tudo o que for de competência dos Estados ou dos Municípios.

Competências Legislativas

Vejamos agora as competências legislativas de cada ente federativo. Primeiramente, no que diz respeito às competências legislativas da União, elas podem ser Privativas ou Concorrentes.

As competências privativas da União estão previstas no Art. 22 da Constituição Federal e possuem como característica principal a possibilidade de delegação mediante Lei Complementar aos Estados:

Art. 22. *Compete privativamente à União legislar sobre:*

I. *Direito civil, comercial, penal, processual, eleitoral, agrário, marítimo, aeronáutico, espacial e do trabalho;*

II. *Desapropriação;*

III. *Requisições civis e militares, em caso de iminente perigo e em tempo de guerra;*

IV. *Águas, energia, informática, telecomunicações e radiodifusão;*

V. *Serviço postal;*

VI. *Sistema monetário e de medidas, títulos e garantias dos metais;*

VII. *Política de crédito, câmbio, seguros e transferência de valores;*

VIII. *Comércio exterior e interestadual;*

IX. *Diretrizes da política nacional de transportes;*

X. *Regime dos portos, navegação lacustre, fluvial, marítima, aérea e aeroespacial;*

XI. *Trânsito e transporte;*

XII. *Jazidas, minas, outros recursos minerais e metalurgia;*

XIII. *Nacionalidade, cidadania e naturalização;*

XIV. *Populações indígenas;*

XV. *Emigração e imigração, entrada, extradição e expulsão de estrangeiros;*

XVI. *Organização do sistema nacional de emprego e condições para o exercício de profissões;*

XVII. *Organização judiciária, do Ministério Público do Distrito Federal e dos Territórios e da Defensoria Pública dos Territórios, bem como organização administrativa destes;*

XVIII. *Sistema estatístico, sistema cartográfico e de geologia nacionais;*

XIX. *Sistemas de poupança, captação e garantia da poupança popular;*

XX. *Sistemas de consórcios e sorteios;*

XXI. *Normas gerais de organização, efetivos, material bélico, garantias, convocação e mobilização das polícias militares e corpos de bombeiros militares;*

XXII. *Competência da polícia federal e das polícias rodoviária e ferroviária federais;*

XXIII. *Seguridade social;*

XXIV. *Diretrizes e bases da educação nacional;*

XXV. *Registros públicos;*

XXVI. *Atividades nucleares de qualquer natureza;*

XXVII. *Normas gerais de licitação e contratação, em todas as modalidades, para as administrações públicas diretas, autárquicas e fundacionais da União, Estados, Distrito Federal e Municípios, obedecido o disposto no Art. 37, XXI, e para as empresas públicas e sociedades de economia mista, nos termos do Art. 173, § 1º, III;*

XXVIII. *Defesa territorial, defesa aeroespacial, defesa marítima, defesa civil e mobilização nacional;*

XXIX. *Propaganda comercial.*

§ único. *Lei complementar poderá autorizar os Estados a legislar sobre questões específicas das matérias relacionadas neste Art..*

As competências concorrentes, previstas no Art. 24 da Constituição, podem ser exercidas de forma concorrentes pela União, pelos Estados e pelo Distrito Federal. Atenção: Município não possui competência concorrente! Vejamos o que diz o citado Art.:

Art. 24. *Compete à União, aos Estados e ao Distrito Federal legislar concorrentemente sobre:*

I. *Direito tributário, financeiro, penitenciário, econômico e urbanístico;*

II. *Orçamento;*

III. *Juntas comerciais;*

IV. *Custas dos serviços forenses;*

V. *Produção e consumo;*

VI. *Florestas, caça, pesca, fauna, conservação da natureza, defesa do solo e dos recursos naturais, proteção do meio ambiente e controle da poluição;*

VII. *Proteção ao patrimônio histórico, cultural, artístico, turístico e paisagístico;*

VIII. *Responsabilidade por dano ao meio ambiente, ao consumidor, a bens e direitos de valor artístico, estético, histórico, turístico e paisagístico;*

IX.	*Educação, cultura, ensino e desporto;*
X.	*Criação, funcionamento e processo do juizado de pequenas causas;*
XI.	*Procedimentos em matéria processual;*
XII.	*Previdência social, proteção e defesa da saúde;*
XIII.	*Assistência jurídica e Defensoria pública;*
XIV.	*Proteção e integração social das pessoas portadoras de deficiência;*
XV.	*Proteção à infância e à juventude;*
XVI.	*Organização, garantias, direitos e deveres das polícias civis.*

***§ 1º** - No âmbito da legislação concorrente, a competência da União limitar-se-á a estabelecer normas gerais.*

***§ 2º** - A competência da União para legislar sobre normas gerais não exclui a competência suplementar dos Estados.*

***§ 3º** - Inexistindo lei federal sobre normas gerais, os Estados exercerão a competência legislativa plena, para atender a suas peculiaridades.*

***§ 4º** - A superveniência de lei federal sobre normas gerais suspende a eficácia da lei estadual, no que lhe for contrário.*

No âmbito das competências concorrentes, algumas regras são fundamentais para a prova. Aqui, a participação da União é no sentido de fixar normas gerais, ficando os Estados com a competência de suplementar a legislação federal. Caso a União não legisle sobre determinada matéria de competência concorrente, nasce para o Estado o direito de legislar de forma plena sobre a matéria. Contudo, resolvendo a União legislar sobre matéria já regulada pelo Estado, a lei estadual ficará com sua eficácia suspensa pela lei federal nos pontos discordantes. Deve-se ter cuidado com esse último ponto. Não ocorre revogação da lei estadual pela lei federal, haja vista não existir hierarquia entre leis de entes federativos distintos. O que ocorre, como bem explicitou a Constituição Federal, é a suspensão da eficácia.

Fique Ligado

No âmbito das competências concorrentes, a superveniência de lei federal suspende a eficácia da lei estadual. Isso não é revogação. Lei federal não revoga lei estadual.

Quanto às competências dos Estados, há as seguintes espécies: residual, por delegação da União, concorrente suplementar e expressa.

A competência residual dos Estados é também chamada de competência remanescente ou reservada. Está prevista no Art. 25, § 1º, o qual prevê que aos Estados serão reservadas todas as competências que não sejam previstas a União ou aos Municípios. Deve-se lembrar que esse dispositivo fundamenta tanto as competências materiais quanto as legislativas:

***Art. 25, § 1º** - São reservadas aos Estados as competências que não lhes sejam vedadas por esta Constituição.*

Outra competência dos Estados é a por delegação da União, que decorre da possibilidade de serem delegadas as competências privativas da União mediante Lei Complementar. Encontra-se prevista no Art. 22, § único:

***Art. 22, § único.** Lei complementar poderá autorizar os Estados a legislar sobre questões específicas das matérias relacionadas neste Art..*

Temos ainda as competências concorrentes suplementares previstas no Art. 24, § 2º da CF. Essas suplementam a competência legislativa da União no âmbito das competências concorrentes permitindo, inclusive, que os Estados legislem de forma plena quando não existir lei federal sobre o assunto:

***Art. 24, § 2º** - A competência da União para legislar sobre normas gerais não exclui a competência suplementar dos Estados.*

***§ 3º** - Inexistindo lei federal sobre normas gerais, os Estados exercerão a competência legislativa plena, para atender a suas peculiaridades.*

E por último, há as competências expressas dos Estados, as quais podem ser encontradas nos Arts. 18, § 4º e 25, §§ 2º e 3º da Constituição Federal:

***Art. 18, § 4º** - A criação, a incorporação, a fusão e o desmembramento de Municípios, far-se-ão por lei estadual, dentro do período determinado por Lei Complementar Federal, e dependerão de consulta prévia, mediante plebiscito, às populações dos Municípios envolvidos, após divulgação dos Estudos de Viabilidade Municipal, apresentados e publicados na forma da lei.*

***Art. 25, § 2º** - Cabe aos Estados explorar diretamente, ou mediante concessão, os serviços locais de gás canalizado, na forma da lei, vedada a edição de medida provisória para a sua regulamentação.*

***§ 3º** - Os Estados poderão, mediante lei complementar, instituir regiões metropolitanas, aglomerações urbanas e microrregiões, constituídas por agrupamentos de municípios limítrofes, para integrar a organização, o planejamento e a execução de funções públicas de interesse comum.*

Para os Municípios, a Constituição previu dois tipos de competência legislativa: exclusiva e suplementar. A legislativa exclusiva dos Municípios está prevista no Art. 30, I, o qual menciona que os Municípios possuem competência para legislar sobre assuntos de interesse local:

***Art. 30.** Compete aos Municípios:*

I.	*Legislar sobre assuntos de interesse local.*

A competência legislativa suplementar está prevista no Art. 30, II, o qual permite aos Municípios legislar de forma suplementar a Legislação Federal e Estadual:

***Art. 30.** Compete aos Municípios:*

II.	*Suplementar a legislação federal e a estadual no que couber.*

Por fim, há a competência legislativa do Distrito Federal que, conforme já dito, é híbrida, permitindo ao DF legislar sobre as matérias de competência dos Estados e dos Municípios. Apesar dessa competência ampla, a Constituição resolveu estabelecer algumas limitações a sua autonomia legislativa excluindo algumas matérias de sua competência. Segundo o Art. 21, XIII e XIV da CF, o Distrito Federal não possui competência para organizar e legislar sobre alguns dos seus órgãos: Poder Judiciário, Polícia Militar, Corpo de Bombeiros Militar e Polícia Civil.

***Art. 21.** Compete à União:*

XIII.	*Organizar e manter o Poder Judiciário, o Ministério Público do Distrito Federal e dos Territórios e a Defensoria Pública dos Territórios.*
XIV.	*Organizar e manter a polícia civil, a polícia militar e o corpo de bombeiros militar do Distrito Federal, bem como prestar assistência financeira ao Distrito Federal para a execução de serviços públicos, por meio de fundo próprio;*

Diante deste estudo, algumas conclusões são muito úteis para a prova:

> Não se deve confundir as competências Exclusivas com as Privativas da União. Competência Exclusiva é administrativa e indelegável. Competência privativa é legislativa e delegável.

> Não se deve confundir as competências Comuns com as Concorrentes. Competência comum é comum a todos os entes e é administrativa. Competência concorrente é só para União, Estados e o DF além de ser legislativa. Município tem competência comum, mas não tem concorrente.

> Combinações que mais aparecem em prova: as bancas gostam de confundir as competências Concorrentes com as Privativas, bem como as Competências Exclusivas com as Comuns. Deve-se ter cuidado.

> As questões de prova acerca desse tema dependem de uma grande capacidade de memorização por parte do aluno. A sugestão é: estudar as competências dos entes federativos na semana da prova de forma que a informação fique na memória recente e possa ser resgatada com mais facilidade no momento da prova.

Competências Administrativas (Materiais)
União
Exclusiva (Art. 21) Comum (Art. 23)
Estados
Comum (Art. 23) Residual, reservada, remanescente (Art. 25 § 1º)
Municípios
Comum (Art. 23) Exclusiva (Art. 30, III-IX)
Distrito Federal
Competência híbrida
Competências Legislativas
União
Privativa (Art. 22) Concorrente (Art. 24)
Estados
Concorrente suplementar (Art. 24) Residual, reservada, remanescente (Art. 25, § 1º) Por delegação da União (Art. 22, § Único) Expressos (Art. 25, § 2º e 3º)
Municípios
Exclusiva (Art. 30, I) Suplementar ao Estado (Art. 30, II)
Distrito Federal
Competência híbrida (Estados e Municípios)

Intervenção

A Constituição Federal está assentada no princípio federativo como forma de Estado adotada no Brasil. O fato de sermos uma federação reflete inúmeras características, dentre as quais se destaca a autonomia de cada ente federativo. A autonomia é atributo inerente aos entes federativos que exclui a possibilidade de hierarquia entre os mesmos bem como a possibilidade de intervenção de um ente federativo no outro.

A regra constitucional é a da não intervenção. Contudo, excepcionalmente, a Constituição Federal previu hipóteses taxativas que permitem a um ente federativo intervir em outro ente em situações que visem à preservação da unidade do pacto federativo, a garantia da soberania nacional e de princípios fundamentais.

A União poderá intervir nos Estados e no Distrito Federal e os Estados poderão intervir em seus Municípios. A União não pode intervir em Município, salvo se for um município pertencente a Território Federal. Destaca-se, novamente, que a possibilidade de intervenção é uma exceção e só poderá ocorrer nas hipóteses taxativamente elencadas na Constituição Federal.

Outra regra comum às intervenções é que a competência para decretá-las é exclusiva do Chefe do Poder Executivo. Se a intervenção é federal, a competência para decretar é do Presidente da República. Se a intervenção é estadual, a competência é do Governador de Estado.

A seguir serão abordados as espécies de intervenção.

Intervenção Federal

A intervenção federal é a intervenção da União nos Estados ou nos Municípios pertencentes aos Territórios Federais e será decretada pelo Presidente da República.

Como dito anteriormente, a possibilidade de intervenção federal constitui exceção prevista em rol taxativo, conforme disposto no Art. 34:

> ***Art. 34.*** *A União não intervirá nos Estados nem no Distrito Federal, exceto para:*
>
> *I. manter a integridade nacional;*
>
> *II. repelir invasão estrangeira ou de uma unidade da Federação em outra;*
>
> *III. Pôr termo a grave comprometimento da ordem pública;*
>
> *IV. Garantir o livre exercício de qualquer dos Poderes nas unidades da Federação;*
>
> *V. Reorganizar as finanças da unidade da Federação que:*
>
> *a) suspender o pagamento da dívida fundada por mais de dois anos consecutivos, salvo motivo de força maior;*
>
> *b) deixar de entregar aos Municípios receitas tributárias fixadas nesta Constituição, dentro dos prazos estabelecidos em lei;*
>
> *VI. Prover a execução de lei federal, ordem ou decisão judicial;*
>
> *VII. Assegurar a observância dos seguintes princípios constitucionais:*
>
> *a) forma republicana, sistema representativo e regime democrático;*
>
> *b) direitos da pessoa humana;*
>
> *c) autonomia municipal;*
>
> *d) prestação de contas da administração pública, direta e indireta;*
>
> *e) aplicação do mínimo exigido da receita resultante de impostos estaduais, compreendida a proveniente de transferências, na manutenção e desenvolvimento do ensino e nas ações e serviços públicos de saúde.*

A partir desse Art., a doutrina classificou a intervenção federal em dois tipos:

> Intervenção Federal Espontânea;

> Intervenção Federal Provocada.

A intervenção Federal espontânea, ou de ofício, é aquela em que o Chefe do Poder Executivo, de forma discricionária, decreta a intervenção independentemente de provocação de outros órgãos. A decretação de ofício ocorrerá nas hipóteses previstas nos incisos I, II, III e do Art. 34:

> ***Art. 34.*** *A União não intervirá nos Estados nem no Distrito Federal, exceto para:*
>
> *I. Manter a integridade nacional;*
>
> *II. Repelir invasão estrangeira ou de uma unidade da Federação em outra;*
>
> *III. Pôr termo a grave comprometimento da ordem pública.*

A intervenção federal provocada é aquela que depende da provocação dos órgãos legitimados pela Constituição Federal, conforme o Art. 36:

> ***Art. 36.*** *A decretação da intervenção dependerá:*
>
> *I. No caso do Art. 34, IV, de solicitação do Poder Legislativo ou do Poder Executivo coacto ou impedido, ou de requisição do Supremo Tribunal Federal, se a coação for exercida contra o Poder Judiciário;*
>
> *II. No caso de desobediência a ordem ou decisão judiciária, de requisição do Supremo Tribunal Federal, do Superior Tribunal de Justiça ou do Tribunal Superior Eleitoral;*
>
> *III. De provimento, pelo Supremo Tribunal Federal, de representação do Procurador-Geral da República, na hipótese do Art. 34, VII, e no caso de recusa à execução de lei federal.*

A provocação se dá por meio de solicitação ou requisição. A solicitação não obriga o Presidente da República a decretar a medida, ao contrário da requisição, que está revestida de obrigatoriedade na qual caberá ao Presidente apenas executá-la.

A decretação de intervenção federal por solicitação ocorrerá na hipótese do Art. 34, IV, a qual compete ao Poder Executivo ou Legislativo das Unidades da Federação solicitar a execução da medida quando se acharem coagidos ou impedidos de executarem suas atribuições constitucionais.

A decretação de intervenção federal por requisição ocorrerá nas hipóteses previstas no Art. 34, IV, VI e VII. No inciso IV, a requisição caberá ao Supremo Tribunal Federal quando a coação for exercida contra o Poder Judiciário. No inciso VI, a requisição virá do STF, STJ ou do TSE quando houver desobediência de ordem judicial. E no inciso VI e VII a requisição será do Supremo quando houver representação interventiva feita pelo Procurador Geral da República nos casos de recusa de execução de lei federal ou ofensa aos princípios sensíveis.

O decreto interventivo especificará todas as condições em que ocorrerá a medida e terá eficácia imediata após a sua decretação pelo Presidente da República. Após sua decretação, a medida será submetida a apreciação do Congresso Nacional no prazo de 24 horas:

> ***Art. 36, § 1º -*** *O decreto de intervenção, que especificará a amplitude, o prazo e as condições de execução e que, se couber, nomeará o interventor, será submetido à apreciação do Congresso Nacional ou da Assembleia Legislativa do Estado, no prazo de vinte e quatro horas.*
>
> ***§ 2º -*** *Se não estiver funcionando o Congresso Nacional ou a Assembleia Legislativa, far-se-á convocação extraordinária, no mesmo prazo de vinte e quatro horas.*

Caberá ao Congresso Nacional aprovar ou suspender a execução da Intervenção:

> ***Art. 49.*** *É da competência exclusiva do Congresso Nacional:*
>
> *IV. Aprovar o estado de defesa e a intervenção federal, autorizar o estado de sítio, ou suspender qualquer uma dessas medidas.*

Nas hipóteses de intervenção decretada por requisição do Poder Judiciário previstas no Art. 34, VI e VII, a Constituição dispensou a necessidade e apreciação do Congresso Nacional, destacando que, nesses casos, o decreto limitar-se-á a suspensão do ato impugnado, caso essa medida seja suficiente para conter a crise. Se a mera suspensão do ato não restabelecer a normalidade, poderão ser adotadas outras medidas com o mesmo objetivo:

> ***Art. 36, § 3º -*** *Nos casos do Art. 34, VI e VII, ou do Art. 35, IV, dispensada a apreciação pelo Congresso Nacional ou pela Assembleia Legislativa, o decreto limitar-se-á a suspender a execução do ato impugnado, se essa medida bastar ao restabelecimento da normalidade.*

Não podemos esquecer que nos casos de intervenção espontânea ou provocada por solicitação, o Presidente deverá consultar, antes da decretação, o Conselho da República e o Conselho da Defesa Nacional que emitirão parecer opinativo sobre a situação:

> ***Art. 90.*** *Compete ao Conselho da República pronunciar-se sobre:*
>
> *V. Intervenção federal, estado de defesa e estado de sítio;*
>
> ***Art. 91, § 1º -*** *Compete ao Conselho de Defesa Nacional:*
>
> *II. Opinar sobre a decretação do estado de defesa, do estado de sítio e da intervenção federal.*

Cessando a crise, a ordem será restabelecida, inclusive com o retorno das autoridades públicas afastadas, caso não possuam outra incompatibilidade:

> ***§ 4º -*** *Cessados os motivos da intervenção, as autoridades afastadas de seus cargos a estes voltarão, salvo impedimento legal.*

Apesar de a Constituição Federal não mencionar sobre a possibilidade de controle judicial da Intervenção, seria possível que ocorresse este controle caso os limites constitucionais estabelecidos fossem desrespeitados. Ressalte-se que contra a Intervenção em si não cabe atuação do Poder Judiciário, considerando ser essa uma medida de natureza política.

Intervenção Estadual

A intervenção estadual poderá ocorrer nos Municípios localizados em seu território mediante decreto do Governador do Estado nas hipóteses previstas no Art. 35:

> ***Art. 35.*** *O Estado não intervirá em seus Municípios, nem a União nos Municípios localizados em Território Federal, exceto quando:*
>
> *I. Deixar de ser paga, sem motivo de força maior, por dois anos consecutivos, a dívida fundada;*
>
> *II. Não forem prestadas contas devidas, na forma da lei;*
>
> *III. Não tiver sido aplicado o mínimo exigido da receita municipal na manutenção e desenvolvimento do ensino e nas ações e serviços públicos de saúde;*
>
> *IV. O Tribunal de Justiça der provimento a representação para assegurar a observância de princípios indicados na Constituição Estadual, ou para prover a execução de lei, de ordem ou de decisão judicial.*

Devem ser atendidos os mesmos requisitos da Intervenção Federal: temporariedade, controle político pelo legislativo e decreto do Chefe do Executivo.

Na hipótese do inciso IV, a intervenção dependerá de representação interventiva do Procurador-Geral de Justiça, sendo dispensada a apreciação da Assembleia Legislativa. Segundo o STF, essa decisão do Tribunal de Justiça que autoriza a intervenção do Estado no Município possui natureza político-administrativa e tem caráter definitivo, sendo insuscetível de recurso extraordinário para o STF[1].

Fique Ligado

A União pode intervir nos Estados e os Estados podem intervir nos Municípios. A União só pode intervir nos Municípios que estejam localizados em Território Federal.

Vamos Praticar

01. (CESPE) As capacidades de auto-organização, autogoverno, autoadministração e autolegislação reconhecidas aos estados federados exemplificam a autonomia que lhes é conferida pela Carta Constitucional.

Certo ( ) Errado ( )

02. (CESPE) Na esfera da competência material comum, a Constituição Federal de 1988 prevê que leis complementares fixarão normas para a cooperação entre a União e os estados, o Distrito Federal e os municípios, com vistas ao equilíbrio do desenvolvimento e do bem-estar em âmbito nacional.

Certo ( ) Errado ( )

03. (CESPE) Considere que determinado estado da Federação tenha obtido aprovação tanto de sua população diretamente interessada, por meio de plebiscito, como do Congresso Nacional, por meio de lei complementar, para se desmembrar em dois estados distintos. Nesse caso, foi cumprida a exigência imposta pela Constituição para incorporação, subdivisão, desmembramento ou formação de novos estados ou territórios federais.

Certo ( ) Errado ( )

04. (FCC) Tendo em vista a organização do Estado, é certo que:

a) A União é pessoa jurídica de direito público interno e externo sendo o único ente formador do Estado Federal, uma vez que os demais entes são divisões administrativo-territoriais.

b) A República Federativa do Brasil representa o Estado Federal nos atos de Direito Internacional, porque quem pratica os atos desse Direito é a União Federal e os Estados federados.

c) A União, por ser soberana em todos os aspectos, pode ser considerada entidade federativa em relação aos Estados membros e Municípios.

d) Os entes integrantes da Federação, em determinadas situações, à exceção dos Territórios, têm competência para representar o Estado federal frente a outros Estados soberanos.

e) À União cabe exercer as prerrogativas de soberania do Estado brasileiro, quando representa a República Federativa do Brasil nas relações internacionais.

05. (CESGRANRIO) Determinado município aprovou uma lei estabelecendo horário de funcionamento do comércio local e das instituições bancárias instaladas naquele município. Essa lei é:

a) Constitucional, já que aos municípios compete legislar sobre matéria de interesse local.

b) Parcialmente inconstitucional, já que os Municípios têm competência para legislar sobre horário de funcionamento de instituições financeiras, mas não do comércio local.

c) Parcialmente inconstitucional, já que os Municípios têm competência para legislar sobre horário de funcionamento do comércio local, mas não de instituições financeiras.

d) Totalmente inconstitucional, já que essas matérias são de competência da União Federal.

e) Totalmente inconstitucional, já que essas matérias são de competência dos estados.

06. (FUNRIO) Com relação ao Distrito Federal, nos termos da Constituição da República, é correto afirmar que:

a) Ao Distrito Federal são atribuídas as competências legislativas reservadas exclusivamente aos Municípios.

b) O Distrito Federal, permitida sua divisão em Municípios, reger-se-á por lei orgânica, votada em dois turnos pelo Congresso Nacional e aprovada posteriormente em plebiscito.

c) A Lei Distrital disporá sobre a utilização, pelo Governo do Distrito Federal, das polícias civil e militar e do corpo de bombeiros militar.

d) A eleição do Governador e do Vice-Governador e dos Deputados Distritais coincidirá com a dos Prefeitos e Vereadores para mandato de igual duração.

e) O Distrito Federal reger-se-á por lei orgânica, votada em dois turnos com interstício mínimo de dez dias, e aprovada por dois terços da Câmara Legislativa.

07. (CESPE) Compete à União explorar diretamente, na forma da lei, ou mediante concessão, os serviços de gás canalizado.

Certo ( ) Errado ( )

08. (CESPE) Assinale a opção correta a respeito da competência da União, do Distrito Federal (DF) e dos estados-membros.

a) Ao legislar sobre normas gerais, a União, no que diz respeito à sua competência, não deixa margem de atuação legislativa para os estados-membros, caso o assunto tenha sido esgotado.

b) A União, por ser soberana, poderá editar normas específicas aplicáveis aos estados-membros e ao DF que não serão passíveis de controle de constitucionalidade.

c) Os estados-membros têm competência comum, não legislativa, e residual ou reservada. Neste último caso, aos estados-membros estarão reservadas todas as competências que não sejam vedadas a eles, ou seja, as que não forem de competência expressa dos outros entes. Uma das competências expressamente reservadas aos estados-membros pela CF é a de explorar os serviços locais de gás canalizado, mediante concessão, na forma da lei, vedada a regulamentação da referida matéria por medida provisória.

d) É competência exclusiva da União legislar sobre direito civil, comercial, penal, processual, eleitoral, agrário, marítimo, aeronáutico, espacial e do trabalho.

1 Súmula 637 do STF: não cabe recurso extraordinário contra acórdão de Tribunal de Justiça que defere pedido de intervenção estadual em Município.

e) Os estados, autônomos que são, têm competência legislativa própria, e a CF, assim como fez com os outros entes federados, dedicou Art. para enumerar, taxativamente, as matérias de sua competência.

09. (ESAF) Assinale a opção que contempla todos os entes da organização político-administrativa da República Federativa do Brasil, nos termos da Constituição.

a) União, Estados, Distrito Federal e Municípios, todos soberanos.

b) União, Estados, Distrito Federal, Territórios Federais e Municípios, todos soberanos.

c) União, Estados, Distrito Federal, Territórios Federais e Municípios, todos independentes.

d) União, Estados, Distrito Federal, Territórios Federais e Municípios, todos autônomos.

e) União, Estados, Distrito Federal e Municípios, todos autônomos.

10. (ESAF) Sobre a organização do Estado brasileiro, julgue os itens a seguir e assinale a opção correta.

a) As terras devolutas localizadas no território brasileiro, são, por força de disposição constitucional, bens da União.

b) Nos termos da Constituição Federal, a fixação dos subsídios dos vereadores dependerá, tão somente, do número de habitantes do município e do valor do subsídio do Deputado Estadual.

c) A divisão dos Territórios em municípios depende de lei e poderá ser feita, apenas, nos Territórios cuja população seja superior ao limite mínimo estabelecido no texto constitucional.

d) A intervenção da União em um Estado, em razão de impedimento do livre exercício do Poder Judiciário estadual, depende de solicitação, ao presidente da República, do Poder Judiciário impedido, feita pelo presidente do Tribunal.

e) A administração fazendária e seus servidores fiscais terão, na forma da lei, dentro das suas áreas de competência e jurisdição, precedência sobre os demais setores administrativos

11. (ESAF) Sobre a organização Político-Administrativa e a formação dos Estados, é correto afirmar que:

a) De acordo com as disposições constitucionais vigentes, é possível criar novos Estados, mesmo que não seja por intermédio de divisão de outro ou outros Estados.

b) Os Territórios Federais transformados em Estados não podem mais restabelecer a situação anterior.

c) Poderá ocorrer a fusão entre Estados. Nesse caso, nem todos perdem a primitiva personalidade, pois, ao surgir o Estado novo, este adquire a personalidade de um deles.

d) Nos processos de transformação dos Estados, o Senado não está obrigado a ouvir nem ao pronunciamento plebiscitário, nem ao das Assembleias, notando-se que estas não decidem, apenas opinam pela aprovação, pela rejeição, ou simplesmente se abstêm de tomar partido.

e) Qualquer processo de transformação do Estado deve passar por um pronunciamento plebiscitário favorável à alteração, devendo o processo ser remetido ao Senado, a quem cabe a aprovação das alterações, mediante lei.

12. (ESAF) Sobre as competências da União, Estados, Distrito Federal e Municípios, assinale a única opção correta.

a) Compete ao Município decretar o estado de sítio.

b) Compete privativamente à União legislar sobre direito econômico.

c) Compete à União, aos Estados e ao Distrito Federal legislar concorrentemente sobre trânsito e transporte.

d) Compete privativamente à União legislar sobre vencimentos dos membros das polícias civil e militar do Distrito Federal.

e) É constitucional a lei ou ato normativo estadual ou distrital que disponha sobre sistemas de consórcios e sorteios, inclusive bingos e loterias.

13. (ESAF) Assinale a opção correta relativa à organização política e administrativa do Estado brasileiro, de acordo com a previsão contida na Constituição Federal de 1988.

a) Os Estados podem instituir regiões metropolitanas, aglomerações urbanas e microrregiões, constituídas por agrupamentos de Municípios limítrofes, para integrar a organização, o planejamento e a execução de funções públicas de interesse comum.

b) Cabe aos Estados organizar e prestar, diretamente ou sob regime de concessão ou permissão, os serviços públicos de interesse local, incluído o de transporte coletivo, que tem caráter essencial.

c) Compete aos Municípios explorar diretamente, ou mediante concessão, os serviços locais de gás canalizado.

d) Compete à União, aos Estados e ao Distrito Federal legislar concorrentemente sobre desapropriação.

e) Cabe aos Estados planejar e promover a defesa permanente contra as calamidades públicas, especialmente as secas e as inundações.

14. (ESAF) Assinale a opção incorreta relativamente à organização do Estado político-administrativo na Constituição Federal de 1988.

a) A organização político-administrativa da União compreende os Estados, o Distrito Federal e os Municípios, todos autônomos na forma do disposto na própria Constituição Federal.

b) Brasília é a Capital Federal.

c) Os Territórios Federais integram a União, e sua criação, transformação em Estado ou reintegração ao Estado de origem serão reguladas em lei complementar.

d) Os Estados podem incorporar-se entre si, subdividir-se ou desmembrar-se para se anexarem a outros, ou formarem novos Estados ou Territórios Federais, mediante aprovação da população diretamente interessada, por meio de plebiscito, e do Congresso Nacional, por lei complementar.

e) A criação, a incorporação, a fusão e o desmembramento de Municípios, far-se-ão por lei estadual, dentro do período determinado por Lei Complementar Federal, e dependerão de consulta prévia, mediante plebiscito, às populações dos Municípios envolvidos, após divulgação dos Estudos de Viabilidade Municipal, apresentados e publicados na forma da lei.

15. (FCC) Compete privativamente à União legislar sobre:

a) Serviço postal.

b) Orçamento.

c) Produção.

d) Consumo.

e) Defesa do solo.

16. (FCC) Nos termos da Constituição Federal, a competência para legislar sobre registros públicos e desapropriação é

a) Privativa da União.

b) Comum da União, dos Estados e do Distrito federal.

c) Concorrente da União, dos Estados e dos Municípios.

d) Comum dos Estados, do Distrito Federal e dos Municípios.

e) Exclusiva dos Estados e do Distrito Federal.

17. (FCC) Compete à União, aos Estados e ao Distrito Federal legislar concorrentemente sobre:

a) Sistema estatístico.

b) Desapropriação.

c) Informática.

d) Educação.

e) Propaganda comercial.

18. (CESPE) De acordo com as regras constitucionais relativas à organização político-administrativa do Estado brasileiro, assinale a opção correta.

a) Compete à União e aos estados legislar concorrentemente sobre trânsito e transporte.

b) A CF veda a criação de tribunais, conselhos ou órgãos de contas municipais.

c) O chefe do Poder Executivo federal tem competência para decretar a intervenção em qualquer município situado em toda a extensão do território nacional, enquanto o chefe do Poder Executivo estadual tem competência para decretar a intervenção nos municípios instalados em sua área de atuação.

d) Compete privativamente à União legislar sobre direito econômico e penitenciário.

e) Cabe à União explorar, em regime de monopólio, em todo o território nacional, os serviços de gás canalizado.

19. (CESPE) Embora seja da competência da União legislar sobre defesa territorial, na hipótese de ocorrência de omissão legislativa acerca desse tema, aos estados-membros é concedida autorização constitucional para o exercício da competência legislativa suplementar.

Certo ( ) Errado ( )

20. (CESPE) A CF veda a criação de novos territórios.

Certo ( ) Errado ( )

Gabarito

01	*CERTO*	*11*	*D*
02	*CERTO*	*12*	*D*
03	*CERTO*	*13*	*A*
04	*E*	*14*	*A*
05	*C*	*15*	*A*
06	*E*	*16*	*A*
07	*ERRADO*	*17*	*D*
08	*C*	*18*	*B*
09	*E*	*19*	*ERRADO*
10	*E*	*20*	*ERRADO*

Anotações

CAPÍTULO 09

Administração Pública

Antes de iniciar este estudo sobre a Administração Pública, definida nos Arts. 37 ao 43 da Constituição Federal, é importante esclarecer que o tema analisado aqui é devidamente estudado de forma mais aprofundada na disciplina de Direito Administrativo. A missão deste estudo é apresentar os mais importantes temas acerca da Administração Pública, sob a ótica do texto constitucional.

Conceito

Primeiramente, faz-se necessário conceituar a Administração Pública, remetendo ao caput do Art. 37, CF.

> ***Art. 37.*** *A administração pública direta e indireta de qualquer dos Poderes da União, dos Estados, do Distrito Federal e dos Municípios obedecerá aos princípios de legalidade, impessoalidade, moralidade, publicidade e eficiência e, também, ao seguinte:*

Neste primeiro momento, deve-se entender que alguns termos que aparecem no Art. 37. O conceito da Administração Pública deve ser visto sob dois aspectos. Sob a perspectiva objetiva, a Administração Pública constitui a atividade desenvolvida pelo poder público, que tem como função a satisfação do interesse público. Sob a perspectiva subjetiva, Administração Pública é o conjunto de órgãos e pessoas jurídicas que desempenham a atividade administrativa. Interessa aqui conhecer a Administração Pública sob essa última perspectiva, a qual se classifica em Administração Direta e Indireta.

A Administração Pública Direta é formada por pessoas jurídicas de direito público, ou pessoas políticas, entes que possuem personalidade jurídica e autonomia própria. São entes da Administração Pública Direta a União, os Estados, o Distrito Federal e os Municípios. Esses entes são pessoas jurídicas de Direito Público que exercem as atividades administrativas por meio dos órgãos e agentes pertencentes aos Poderes Executivo, Legislativo e Judiciário. Os órgãos não são dotados de personalidade jurídica própria, pois agem em nome da pessoa jurídica a qual estão vinculados.

A Administração Pública Indireta é formada por pessoas jurídicas próprias, de direito público ou privado, que executam atividades do Estado por meio da descentralização administrativa. São os entes da Administração Indireta as Autarquias, Fundações Públicas, Sociedades de Economia Mista e Empresas Públicas.

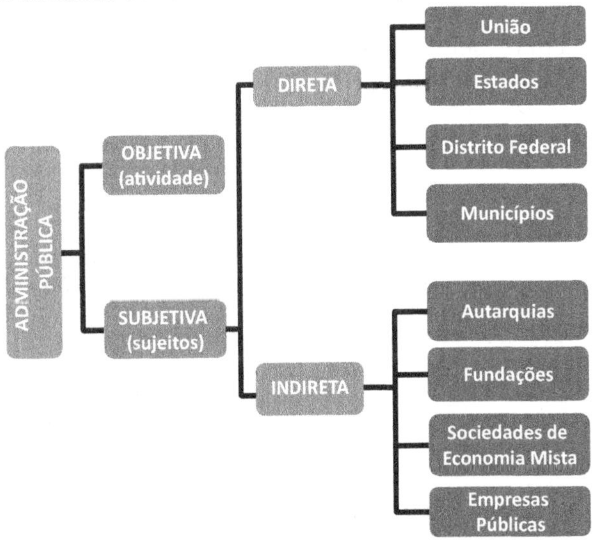

Segundo a Constituição Federal, a Administração Pública, seja ela direta ou indireta, pertencente qualquer dos Poderes, deverá obedecer aos princípios da Legalidade, Impessoalidade, Moralidade, Publicidade e Eficiência, os quais serão estudados agora.

Princípios Expressos da Administração Pública

Os princípios que regem a Administração Pública são verdadeiros parâmetros que orientam o desenvolvimento da atividade administrativa, os quais são de observância obrigatória. A Administração é regida por princípios expressos e princípios implícitos. Primeiramente vamos analisar os princípios expressos no texto constitucional, que são: Legalidade, Impessoalidade, Moralidade, Publicidade e Eficiência.

Legalidade

Esse é o primeiro princípio expresso na Constituição Federal para a Administração Pública. Para se entender o Princípio da Legalidade, é preciso analisar suas duas acepções: a legalidade em relação aos particulares e a legalidade em relação à Administração Pública.

Para os particulares, a legalidade remete ao Art. 5º da Constituição: significa que ele poderá fazer tudo o que não for proibido por lei, conforme já previa o Art. 5º, II da Constituição Federal:

> ***II.*** *ninguém será obrigado a fazer ou deixar de fazer alguma coisa senão em virtude de lei.*

Já em relação a Administração Pública, a legalidade impõe uma conduta mais rigorosa exigindo que se faça apenas o que estiver determinado por lei ou que seja permitido pela lei: quando se fala em lei, trata-se daquela em sentido estrito, ou em sentido formal, porque há exceções à aplicação do Princípio da Legalidade que já apareceram em prova, como a Medida Provisória, o Estado de Defesa e o Estado de Sítio; por isso, esse princípio não deve ser encarado de forma absoluta.

A Medida Provisória é exceção, pois é ato emitido pelo chefe do Poder Executivo, porque com sua publicação já produz efeitos na sociedade; em seguida, temos os sistemas constitucionais de crises, sendo exceções, porque o decreto que rege essas medidas prevê algumas situações excepcionais, com amparo constitucional, então são exceções à legalidade, mas com fundamento constitucional. O agente público, ao agir, deverá pautar sua conduta segundo a lei.

Impessoalidade

Esse princípio exige do administrador uma postura isenta de interesses pessoais. Ele não poderá agir com o fim de atender suas próprias vontades. Agir de forma impessoal é agir visando a atender o interesse público. A impessoalidade deve ser enxergada sob duas perspectivas: finalidade da atuação administrativa e proibição da promoção pessoal. A impessoalidade deve ser vista sob duas perspectivas: primeiro, a impessoalidade se confunde com o interesse público; segundo, a impessoalidade é a proibição da autopromoção, ou seja, vedação à promoção pessoal.

A título exemplificativo, para a finalidade da atuação administrativa, que será sempre a satisfação do interesse público em benefício da coletividade, é que se realizam os concursos públicos para contratação de pessoal e licitação para contratação dos serviços pela administração pública, são formas exigidas por lei que garantem o referido princípio. Isso impede que o administrador atue satisfazendo seus interesses pessoais.

Nesse sentido, fica proibida a vinculação da imagem do administrador a obras e propagandas não se permitindo também a vinculação da sigla do partido. Ressalte-se ainda o teor da súmula vinculante nº 13 do STF, que veda a prática de nepotismo:

> ***Súmula Vinculante nº 13*** *- A nomeação de cônjuge, companheiro ou parente em linha reta, colateral ou por afinidade, até o terceiro grau, inclusive, da autoridade nomeante ou de servidor da mesma pessoa jurídica, investido em cargo de direção, chefia ou assessoramento, para o exercício de cargo em comissão ou de confiança, ou, ainda, de função gratificada na Administração Pública direta e indireta, em qualquer dos Poderes da União, dos Estados, do Distrito Federal e dos municípios, compreendido o ajuste mediante designações recíprocas, viola a Constituição Federal.*

A impessoalidade também proíbe a promoção pessoal. O Administrador público não poderá se utilizar da máquina administrativa para promover sua própria imagem. Veja o que diz o Art. 37, § 1º diz:

> ***§1º.*** *A publicidade dos atos, programas, obras, serviços e campanhas dos órgãos públicos deverá ter caráter educativo, informativo ou de orientação social, dela não podendo constar nomes, símbolos ou imagens que caracterizem promoção pessoal de autoridades ou servidores públicos.*

Notemos que esse § tem como fim trazer de forma expressa a proibição da vinculação da imagem do agente público com as obras e serviços realizadas durante seu mandato, nesse sentido, já existe proibição da utilização inclusive da sigla do partido.

Moralidade

Não é possível se definir o que é, mas é possível compreender por meio da interpretação das normas. Esse princípio prevê que o administrador deve agir conforme os fins públicos. Por esse princípio, ao Administrador não basta fazer tudo conforme a lei. É importante o faça de boa-fé, respeitando os preceitos éticos, com probidade e justiça. E aqui não se fala em moral comum, mas em uma moral jurídica ou política.

A não observância do referido princípio poderá ser combatida por meio da Ação Popular, conforme prevê o Art. 5º, LXXIII da CF:

> ***LXXIII.*** *qualquer cidadão é parte legítima para propor ação popular que vise a anular ato lesivo ao patrimônio público ou de entidade de que o Estado participe, à moralidade administrativa, ao meio ambiente e ao patrimônio histórico e cultural, ficando o autor, salvo comprovada má-fé, isento de custas judiciais e do ônus da sucumbência.*

Ressalte-se também que, se o agente público agir em desconformidade com o princípio de moralidade, sua conduta poderá ensejar a ação de improbidade administrativa, a qual é punida nos termos do Art. 37, § 4º:

> ***§ 4º*** *- Os atos de improbidade administrativa importarão a suspensão dos direitos políticos, a perda da função pública, a indisponibilidade dos bens e o ressarcimento ao erário, na forma e gradação previstas em lei, sem prejuízo da ação penal cabível.*

Publicidade

A Publicidade como princípio também poderá ser analisada sob duas acepções: a primeira delas é a publicidade como condição de eficácia do ato administrativo; a segunda, como forma de se garantir a transparência destes mesmos atos.

Como condição de eficácia do ato administrativo, a publicidade muito aparece em prova; o examinador costuma dizer que a publicidade é requisito de validade do ato administrativo, mas isso é errado, porque validade e eficácia são diferentes. A publicidade é necessária, pois é a forma de tornar conhecido o conteúdo do ato, principalmente se esse ato for capaz de produzir efeitos externos ou que ensejem ônus para o patrimônio público. Em regra, a publicidade se dá pelos meios de comunicação oficiais, como o Diário Oficial da União.

Fique Ligado

A publicidade não é condição de validade do ato administrativo, mas de eficácia.

A Publicidade também tem a função de garantir a transparência do ato administrativo. É uma forma dos administrados fiscalizarem a atuação do poder público. Apesar de sua importância, nesse aspecto a publicidade encontra limitação na própria Constituição que prevê a possibilidade de sigilo dos atos administrativos todas as vezes que for necessário para preservar a segurança da sociedade e do Estado:

> ***XXXIII.*** *todos têm direito a receber dos órgãos públicos informações de seu interesse particular, ou de interesse coletivo ou geral, que serão prestadas no prazo da lei, sob pena de responsabilidade, ressalvadas aquelas cujo sigilo seja imprescindível à segurança da sociedade e do Estado.*

Eficiência

O princípio da eficiência foi o último incluído no rol dos princípios, em razão da reforma administrativa promovida pela Emenda Constitucional nº 19/98. A sua inserção como princípio expresso está relacionada a necessidade de produção de resultados satisfatórios a sociedade. A Administração Pública deve ter produtividade em suas atividades como se fosse iniciativa privada.

Como forma de garantir uma nova postura na prestação dos seus serviços, esse princípio exige que as ações sejam praticadas com celeridade, perfeição, visando a atingir ótimos resultados, sempre tendo como destinatário o bem estar do administrado. A celeridade dos processos encontra-se prevista no Art. 5º, LXXVIII da CF:

> ***LXXVIII.*** *a todos, no âmbito judicial e administrativo, são assegurados a razoável duração do processo e os meios que garantam a celeridade de sua tramitação.*

Em respeito ao princípio da eficiência, a Constituição Federal previu formas de participação do administrado como fiscal da administração pública:

> ***Art. 37, § 3º*** *A lei disciplinará as formas de participação do usuário na administração pública direta e indireta, regulando especialmente:*
>
> ***I.*** *as reclamações relativas à prestação dos serviços públicos em geral, asseguradas a manutenção de serviços de atendimento ao usuário e a avaliação periódica, externa e interna, da qualidade dos serviços;*
>
> ***II.*** *o acesso dos usuários a registros administrativos e a informações sobre atos de governo, observado o disposto no Art. 5º, X e XXXIII;*
>
> ***III.*** *a disciplina da representação contra o exercício negligente ou abusivo de cargo, emprego ou função na administração pública.*

Decorre desse princípio, ainda, a necessidade de avaliação de desempenho para concessão da estabilidade ao servidor público em estágio probatório, bem como a existência da avaliação periódica de desempenho como uma das condições para perda do cargo nos termos do Art. 41 da CF:

> ***Art. 41.*** *São estáveis após três anos de efetivo exercício os servidores nomeados para cargo de provimento efetivo em virtude de concurso público.*
>
> *§ 1º O servidor público estável só perderá o cargo:*
>
> *I. em virtude de sentença judicial transitada em julgado;*
>
> *II. mediante processo administrativo em que lhe seja assegurada ampla defesa;*
>
> *III. mediante procedimento de avaliação periódica de desempenho, na forma de lei complementar, assegurada ampla defesa.*
>
> *§ 2º Invalidada por sentença judicial a demissão do servidor estável, será ele reintegrado, e o eventual ocupante da vaga, se estável, reconduzido ao cargo de origem, sem direito a indenização, aproveitado em outro cargo ou posto em disponibilidade com remuneração proporcional ao tempo de serviço.*
>
> *§ 3º Extinto o cargo ou declarada a sua desnecessidade, o servidor estável ficará em disponibilidade, com remuneração proporcional ao tempo de serviço, até seu adequado aproveitamento em outro cargo.*
>
> *§ 4º Como condição para a aquisição da estabilidade, é obrigatória a avaliação especial de desempenho por comissão instituída para essa finalidade.*

Exercício Comentado

01. ***(FCC) A empresa KYJP, ente da administração pública indireta da União, no âmbito do território nacional, responsável pelo recadastramento de famílias carentes, não está sujeita ao princípio da:***

a) impessoalidade.
b) não-intervenção.
c) moralidade.
d) publicidade.
e) eficiência.

RESPOSTA. ***"B". Questão sem muita dificuldade, cobrando apenas o conhecimento literal do texto constitucional. Veja que se requer o princípio que não se aplica à empresa em questão. O único que não tem nada a ver com os princípios que regem a administração pública é o princípio da não intervenção. Esse é princípio fundamental que rege as relações internacionais.***

Princípios Implícitos da Administração Pública

Além dos princípios expressamente previstos no *caput* do Art. 37 da Constituição Federal (Legalidade, Impessoalidade, Moralidade, Publicidade e Eficiência), a doutrina elenca outros como princípios gerais de direito que decorrem da interpretação constitucional:

Supremacia do Interesse Público

Esse princípio é tido pela doutrina como um dos pilares do regime jurídico administrativo. Nesse sentido, o Estado representa o interesse público ou da coletividade, e a coletividade, em regra, deve prevalecer sobre o interesse privado. A Administração Pública, em sua relação com os administrados tem prevalência sobre o interesse privado.

O Regime Democrático adotado no Estado Brasileiro confere à Administração Pública o poder de representar os interesses da sociedade, é nessa relação que vamos desenvolver a supremacia do interesse público, que decorre da relação de verticalidade entre o Estado e os particulares.

Esse princípio não goza de caráter absoluto, pois o Estado também age como se fosse particular em suas relações jurídicas, geralmente econômicas, por exemplo, o Estado não pode abusar da autoridade estatal sobre os direitos e princípios fundamentais dos administrados, já que esses são os limites da supremacia do interesse público.

Decorre desse princípio o poder de império exercido pela Administração Pública, a qual poderá impor sua vontade ao particular de forma coercitiva, podendo inclusive restringir seus direitos e impor obrigações, como ocorre no caso da desapropriação e requisição administrativa. Logicamente, esse princípio não goza de caráter absoluto, não tendo aplicabilidade nos atos praticados de mera gestão administrativa ou quando o poder público atua como particular nas relações econômicas.

Indisponibilidade do Interesse Público

Juntamente com a Supremacia do Interesse Público, o princípio da Indisponibilidade do Interesse Público forma a base do regime jurídico-administrativo. Por esse princípio, a Administração Pública não pode ser vista como dona da coisa pública, mas apenas gestora. A coisa pública pertence ao povo, e o Estado é o responsável pelo cuidado ou gestão da coisa pública.

Como limitação a esse princípio, existe o princípio da legalidade, que determina os passos e em que condições a Administração Pública pode se utilizar dos bens públicos, sempre respeitando a indisponibilidade do interesse público. Destaca-se ainda o papel que esse princípio exerce como limitador do princípio da supremacia do interesse público.

Um ponto importante a respeito desse princípio é que os bens públicos são indisponíveis, não pertencendo aos seus administradores ou aos seus agentes os quais estão proibidos, inclusive de renunciar a qualquer direito ou prerrogativa inerente ao Poder Público.

Na desapropriação, a Administração Pública pode retirar o bem de uma pessoa pelo fundamento da Supremacia do interesse público, por outro lado, em razão da Indisponibilidade do interesse público, há vedação à Administração Pública no sentido de não se apropriar de tal bem sem que o particular seja indenizado.

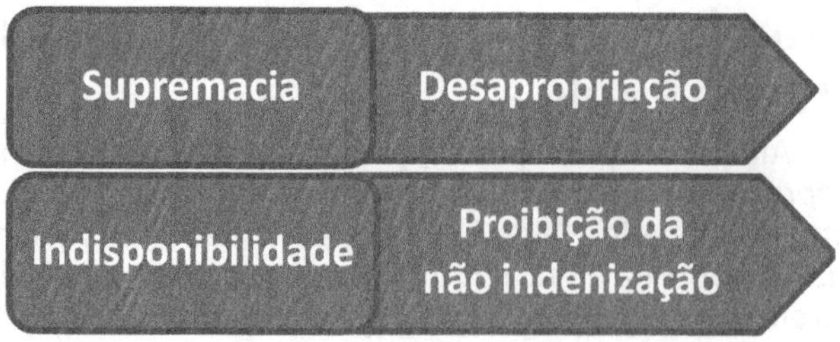

Razoabilidade e Proporcionalidade

Esses princípios são, por vezes, vistos em separado pela doutrina; eles servem para a limitação da atuação administrativa, e devem ser vistos em conjunto, como unidade. A Razoabilidade e a Proporcionalidade decorrem do princípio do devido processo legal e são utilizados, principalmente, como limitador da discricionariedade administrativa, ainda mais quando o ato limitado restringe os direitos do administrado. Trata-se, portanto, de uma ferramenta para controle de legalidade que pode gerar a nulidade do ato administrativo. Ao pensar em Razoabilidade e Proporcionalidade, deve-se pensar em dois elementos que os identificam: adequação e necessidade.

A melhor forma de verificar a sua utilização prática é no caso concreto. Imagine uma fiscalização sanitária realizada pelo poder público em que o administrado é flagrado cometendo um ilícito sanitário, ou seja, encontra um produto com o prazo de validade vencido. Dependendo da infração cometida, será aplicada uma penalidade administrativa maior ou não. Com a aplicação dos princípios em tela, a penalidade deve ser necessária, adequada e equivalente à infração cometida. Os princípios garantem que a sanção aplicada não seja maior que a necessária para atingir o fim proposto pelo poder público. O que se busca é uma adequação entre os meios e os fins necessários, proibindo o excesso na aplicação das medidas.

Sem dúvida, esses princípios gerais de direito estão entre os mais utilizados atualmente nas decisões do Supremo Tribunal Federal, pois esses princípios são utilizados nas decisões para se adequar a lei ao caso concreto.

Em suma, esses princípios são a adequação dos meios com a finalidade proposta pela Administração Pública, com o fim de evitar os excessos cometidos pelo agente público. Em razão disso, também são conhecidos como a proibição do excesso, por isso trabalhar a razoabilidade e a proporcionalidade como unidade.

Continuidade dos Serviços Públicos

Esse princípio se traduz pelo próprio nome. Ele exige que a atividade administrativa seja contínua, não sofra interrupções e seja adequada, com qualidade, para que não ocorram prejuízos tanto para a Administração quanto para os administrados. Apesar disso, há situações excepcionais, em que se permite a interrupção do serviço público. Existem limitações a esse princípio, tanto para a Administração, quanto para o particular que está incumbido de executar o serviço público, e sua atuação pode ser percebida no próprio direito de greve do servidor público que se encontra condicionado à observância da lei para ser exercido.

O poder de vinculação desse princípio é tão grande que o particular, ao prestar o serviço público por delegação, não poderá interrompê-lo ainda que a administração pública não cumpra sua parte no contrato. Significa dizer que o particular prejudicado no contrato administrativo **não poderá opor a exceção do contrato não cumprido,** ficando desobrigado apenas por decisão judicial transitada em julgado, ou seja, o particular não pode deixar de cumprir sua obrigação pelo não cumprimento por parte da administração, mas o particular pode deixar de prestar o serviço público quando determinado por decisão judicial.

O responsável pela prestação do serviço público só ficaria desobrigado da sua prestação em caso de emergência e desde que haja aviso prévio em situações de **segurança**, de **ordem técnica** ou mesmo por **inadimplência do usuário**.

Autotutela

Esse princípio permite que a Administração avalie e reveja seus próprios atos, tanto em relação à legalidade do ato, quanto ao aspecto do mérito. Essa possibilidade não impede o ato de ser apreciado pelo Poder Judiciário, limitando a verificação da legalidade, nunca o mérito. Quando o ato for revisto em razão de vício de legalidade, ocorre a anulação do ato, se a questão é de mérito (discricionariedade e oportunidade), a administração revoga seus atos.

Este princípio foi consagrado pelo Supremo por meio da Súmula 473:

> ***Súmula nº 473*** - *A administração pode anular seus próprios atos, quando eivados de vícios que os tornam ilegais, porque deles não se originam direitos; ou revogá-los, por motivo de conveniência ou oportunidade, respeitados os direitos adquiridos, e ressalvada, em todos os casos, a apreciação judicial.*

A autotutela dos atos administrativos não depende de provocação, podendo a administração analisar de ofício seus próprios atos. Essa é a ideia primordial da autotutela.

Segurança Jurídica

Esse princípio tem fundamento inicial já no Art. 5º da CF, que decorre da própria garantia fundamental à Segurança Jurídica; no que tange a sua aplicabilidade na Administração Pública, esse princípio evoca a impossibilidade da lei nova prejudicar o direito adquirido, o ato jurídico perfeito e a coisa julgada, ou seja, esse princípio veda a aplicação retroativa de nova interpretação da norma administrativa, para que o administrado não seja surpreendido com inovações jurídicas.

Por se tratar de um direito fundamental, a administração pública fica obrigada a assegurar o seu cumprimento sob pena de ser responsabilizada.

Regras Aplicáveis aos Servidores Públicos

Passamos agora a analisar as regras aplicáveis aos servidores públicos, as quais estão previstas nos Arts. 37 a 41 da Constituição Federal.

Cargos, Empregos e Funções

Os primeiros dispositivos relacionados aos servidores públicos e que foram apresentados pela Constituição Federal regulamentam o acesso a cargos, empregos e funções públicas. Vejamos o que diz o Art. 37, I e II da CF:

> *I.* *os cargos, empregos e funções públicas são acessíveis aos brasileiros que preencham os requisitos estabelecidos em lei, assim como aos estrangeiros, na forma da lei;*
>
> *II.* *a investidura em cargo ou emprego público depende de aprovação prévia em concurso público de provas ou de provas e títulos, de acordo com a natureza e a complexidade do cargo ou emprego, na forma prevista em lei, ressalvadas as nomeações para cargo em comissão declarado em lei de livre nomeação e exoneração.*

Ao iniciarmos este estudo, uma distinção se faz necessária antes de tudo: qual a diferença entre cargo, emprego e função pública?

Cargo público é a unidade de competência ofertada por uma pessoa jurídica de direito público e ocupada por um agente público que tenha sido criado por lei com denominação específica e quantidade certa. Quem ocupa um cargo público fez concurso público e é submetido a um regime estatutário e pode ser de provimento efetivo ou em comissão.

Emprego público, por sua vez, seria a unidade de competência desempenhada por agentes contratados sob regime celetista, ou seja, quem ocupa um emprego público possui uma relação trabalhista com a Administração Pública.

Função pública é a atribuição ocupada por quem não possui cargo ou emprego público. Ocorre em duas situações: nas contratações temporárias e nas atividades de confiança.

Os cargos, empregos e funções são acessíveis a todos os brasileiros e estrangeiros que preencherem os requisitos previstos em lei. Aos estrangeiros, o acesso é limitado, essa é norma de eficácia limitada, pois depende de regulamentação, como professores ou pesquisadores em universidades e instituições de pesquisa científica e tecnológica. Destaque-se ainda que existem cargos privativos de brasileiros natos, os quais estão previstos no Art. 12, § 3º da CF: Presidente e Vice-Presidente da República, Presidente da Câmara dos Deputados, Presidente do Senado Federal, Ministro do STF, oficial das forças armadas, carreira diplomática e Ministro do Estado da Defesa.

O acesso aos cargos e empregos públicos depende de aprovação em concurso público de provas ou de provas e títulos dependendo do cargo a ser ocupado. A realização do concurso não será necessária para o preenchimento de cargos em comissão, haja vista serem de livre nomeação e exoneração. Estão obrigados a contratar por meio de concurso toda a Administração Pública Direta e Indireta, seja do Poder Executivo, Legislativo, ou Judiciário, seja da União, Estados, Distrito Federal e Municípios.

É importante ressaltar, neste momento, que a função pública aqui tratada não pode ser confundida com a função que todo agente da Administração Pública detém, que é aquele conjunto de atribuições inerentes ao cargo ou emprego; neste momento a função pública foi tratada como diferenciação do cargo e do emprego públicos. Em seguida, é necessário ressaltar que os cargos em comissão dispensam o concurso público, que é meio exigido para que se ocupe um cargo ou emprego públicos.

Validade do Concurso Público

A Constituição Federal previu prazo de validade para os concursos públicos. Vejamos o que diz o Art. 37, III e IV:

> ***Art. 37, III*** *- o prazo de validade do concurso público será de até dois anos, prorrogável uma vez, por igual período;*
>
> ***IV*** *durante o prazo improrrogável previsto no edital de convocação, aquele aprovado em concurso público de provas ou de provas e títulos será convocado com prioridade sobre novos concursados para assumir cargo ou emprego, na carreira.*

O prazo de validade será de **até dois anos,** podendo ser prorrogado apenas uma vez, por igual período. O prazo de validade passa a ser contado a partir da homologação do resultado. Este é o prazo que a Administração Pública terá para contratar ou nomear os aprovados para o preenchimento do emprego ou do cargo público, respectivamente.

Segundo posicionamento do STF, quem é aprovado dentro do número de vagas previstas no edital possui direito subjetivo à nomeação durante o prazo de validade do concurso. Uma forma de burlar esse sistema encontrado pela Administração Pública tem sido a publicação de edital com cadastro de reserva, que gera apenas uma expectativa de direito para quem foi classificado no concurso público.

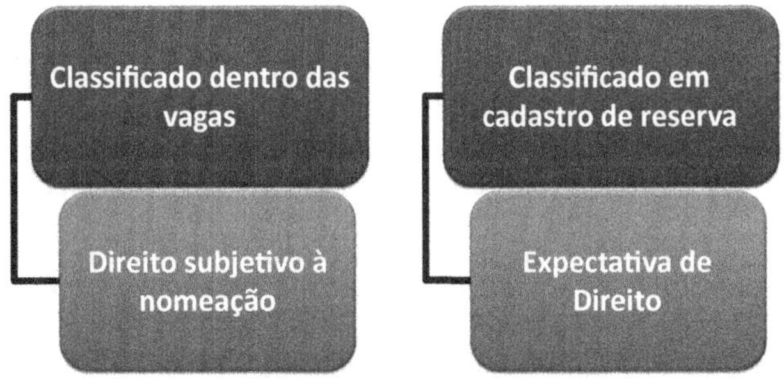

Segundo a Constituição, durante o prazo improrrogável do concurso, os aprovados terão prioridade na convocação diante dos novos concursados, o que não impede a abertura de novos certames apesar de a lei 8.112/90 proibir a abertura de novo concurso enquanto houver candidato aprovado no concurso anterior e desde que esteja dentro do prazo de validade. Para sua prova, você deverá responder conforme for perguntado. Se for segundo a Constituição Federal, não há proibição de realização de novo concurso enquanto existir outro com prazo de validade aberto. Se perguntarem segundo a Lei 8.112/90, não se abrirá novo concurso enquanto houver candidato aprovado em concurso anterior com prazo de validade não expirado.

Reserva de Vaga para Deficiente

Essa regra sobre concurso público é uma das mais importantes de inclusão social previstas no texto constitucional; é regra de ação afirmativa que visa à inserção social dos portadores de necessidades especiais, e compensar a perda social que alguns grupos têm. Possuindo valor social relevante, diz respeito à reserva de vagas para pessoas com necessidades especiais, que não podem ser tratados da mesma forma que as pessoas que estão em pleno vigor físico. Aqui, a isonomia deve ser material observando a nítida diferença entre os deficientes e os que não são. Vejamos o que dispõe a Constituição a respeito desse tema:

> ***Art. 37, VIII*** *- a lei reservará percentual dos cargos e empregos públicos para as pessoas portadoras de deficiência e definirá os critérios de sua admissão.*

Por se tratar de norma de eficácia limitada, a Constituição exigiu regulamentação para este dispositivo o que foi feito, no âmbito federal, pela Lei 8.112/90:

> ***Art. 5, § 2º*** *- Às pessoas portadoras de deficiência é assegurado o direito de se inscrever em concurso público para provimento de cargo cujas atribuições sejam compatíveis com a deficiência de que são portadoras; para tais pessoas serão reservadas até 20% (vinte por cento) das vagas oferecidas no concurso.*

Esse dispositivo garante a reserva de até 20% das vagas oferecidas no concurso para os deficientes.

Complementando esta norma, foi publicado o Decreto Federal 3298/99 que fixou o mínimo de 5% das vagas para deficientes, exigindo nos casos em que esse percentual gerasse número fracionado, que fosse arredondado para o próximo número inteiro. Essa proteção gerou um inconveniente nos concursos com poucas vagas, fazendo com que o STF interviesse e decidisse no sentido de que se a observância do mínimo de 5% ultrapassar o máximo de 20% não será necessário fazer a reserva da vaga. Isso é perfeitamente visível em concursos com duas vagas. Se fosse reservado o mínimo, ter-se-ia pelo menos uma vaga para deficiente, o que corresponderia a 50% das vagas, ultrapassando assim o limite de 20% estabelecido em lei.

Funções de Confiança e Cargos em Comissão

A Constituição prevê a existência das funções de confiança e os cargos em comissão:

> ***Art. 37, V*** *- as funções de confiança, exercidas exclusivamente por servidores ocupantes de cargo efetivo, e os cargos em comissão, a serem preenchidos por servidores de carreira nos casos, condições e percentuais mínimos previstos em lei, destinam-se apenas às atribuições de direção, chefia e assessoramento.*

Existem algumas peculiaridades entre esses dois institutos que sempre são cobrados em prova. As funções de confiança são privativas de ocupantes de cargo efetivo, ou seja, para aquele que fez concurso público; já os cargos em comissão podem ser ocupados por qualquer pessoa, apesar de a Constituição estabelecer que deve se reservar um percentual mínimo para os ocupantes de cargo efetivo. Tanto as funções de confiança como os cargos em comissão destinam-se às atribuições de **direção, chefia** e **assessoramento**.

As funções de confiança – livre designação e livre dispensa – são apenas para servidores públicos ocupantes de cargos efetivos, os quais serão designados para seu exercício podendo ser dispensados a critério da administração pública. Já os **cargos em comissão** são de livre nomeação e livre exoneração, podendo ser ocupados por qualquer pessoa, servidor público ou não. A ocupação de um cargo em comissão por pessoa não detentora de cargo de provimento efetivo não gera direito de ser efetivado, muito menos de adquirir a estabilidade.

Contratação por Tempo Determinado

Outra forma de ingresso no serviço público é por meio de contratação por tempo determinado. A Constituição prevê:

> ***Art. 37, IX*** *- a lei estabelecerá os casos de contratação por tempo determinado para atender a necessidade temporária de excepcional interesse público.*

Nesse caso, temos uma norma de eficácia limitada, pois a Constituição não regulamenta, apenas prevê que uma lei vai regulamentar. Na contratação por tempo determinado, o contratado não ocupa cargo público nem possui vínculo trabalhista. Ele exercerá função pública de caráter temporário. Essa contratação tem que ser embasada em excepcional interesse público, questão emergencial. Em regra, faz-se o Processo Seletivo Simplificado, podendo ser feito por meio de provas, entrevista ou até mesmo entrega de currículo; esse processo simplificado não pode ser confundido com o concurso público.

O seu contrato com a Administração Pública é regido por norma específica de regime especial que, no caso da esfera federal, será a Lei 8.745/93. A referida lei traz várias hipóteses de contratação temporária para atender a essa necessidade excepcional.

Direitos Sociais dos Servidores Públicos

Quando se fala em direitos sociais aplicáveis aos servidores públicos, significa dizer uma parcela dos direitos de natureza trabalhista prevista no Art. 7º da Constituição Federal. Vejamos quais direitos sociais trabalhistas foram destinados a esses trabalhadores ocupantes de cargos públicos.

Direitos Trabalhistas

A Constituição Federal não concedeu todos os direitos trabalhistas aos servidores públicos, mas apenas os previstos expressamente no texto constitucional no Art. 39, § 3º:

> ***Art. 39, § 3º*** *Aplica-se aos servidores ocupantes de cargo público o disposto no Art. 7º, IV, VII, VIII, IX, XII, XIII, XV, XVI, XVII, XVIII, XIX, XX, XXII e XXX, podendo a lei estabelecer requisitos diferenciados de admissão quando a natureza do cargo o exigir.*

Segundo esse dispositivo, foram garantidos os seguintes direitos sociais aos servidores públicos:

- ***VI.*** *salário mínimo , fixado em lei, nacionalmente unificado, capaz de atender a suas necessidades vitais básicas e às de sua família com moradia, alimentação, educação, saúde, lazer, vestuário, higiene, transporte e previdência social, com reajustes periódicos que lhe preservem o poder aquisitivo, sendo vedada sua vinculação para qualquer fim;*
- ***VII.*** *garantia de salário, nunca inferior ao mínimo, para os que percebem remuneração variável;*
- ***VIII.*** *décimo terceiro salário com base na remuneração integral ou no valor da aposentadoria;*
- ***IX.*** *remuneração do trabalho noturno superior à do diurno;*
- ***XII.*** *salário-família pago em razão do dependente do trabalhador de baixa renda nos termos da lei;*
- ***XIII.*** *duração do trabalho normal não superior a oito horas diárias e quarenta e quatro semanais, facultada a compensação de horários e a redução da jornada, mediante acordo ou convenção coletiva de trabalho;*
- ***XV.*** *repouso semanal remunerado, preferencialmente aos domingos;*
- ***XVI.*** *remuneração do serviço extraordinário superior, no mínimo, em cinquenta por cento à do normal;*
- ***XVII.*** *gozo de férias anuais remuneradas com, pelo menos, um terço a mais do que o salário normal;*
- ***XVIII.*** *licença à gestante, sem prejuízo do emprego e do salário, com a duração de cento e vinte dias;*
- ***XIX.*** *licença-paternidade, nos termos fixados em lei;*
- ***XX.*** *proteção do mercado de trabalho da mulher, mediante incentivos específicos, nos termos da lei;*
- ***XXII.*** *redução dos riscos inerentes ao trabalho, por meio de normas de saúde, higiene e segurança;*

XXX. proibição de diferença de salários, de exercício de funções e de critério de admissão por motivo de sexo, idade, cor ou estado civil.

A experiência de ler os incisos destinados aos servidores públicos é muito importante para que você acerte em prova. O fato de outros direitos trabalhistas do Art. 7º não terem sido previstos no Art. 39 não significa que tais direitos não sejam concedidos aos servidores públicos. Ocorre que alguns direitos trabalhistas conferidos aos servidores públicos estão disciplinados em outros lugares na própria Constituição ou em leis esparsas. A título de exemplo, pode-se citar o direito à aposentadoria, que apesar de não ter sido referido no Art. 39, § 3º, encontra-se previsto expressamente no Art. 40 da Constituição Federal.

O § 3º, que contém parte dos direitos do servidor público, é uma boa oportunidade de questão de prova como nesta questão comentada abaixo:

Exercício Comentado

01. ***(FCC) No tocante aos direitos sociais, estabelecidos na Constituição Federal de 1988, NÃO se aplica, dentre outros, aos servidores ocupantes de cargo público, o direito:***

a) À participação nos lucros, ou resultados, desvinculada da remuneração.

b) Ao salário-mínimo fixado em lei, nacionalmente unificado.

c) À remuneração do serviço extraordinário superior, no mínimo, em cinquenta por cento à do normal.

d) Ao salário-família pago em razão do dependente do trabalhador de baixa renda nos termos da lei.

e) À redução dos riscos inerentes ao trabalho, por meio de normas de saúde, higiene e segurança.

RESPOSTA. ***"A". Deve-se ter muito cuidado com o comando da questão. Deve-se encontrar qual das alternativas não possui um direito social garantido aos servidores públicos. O único que não consta na lista do §3º do Art. 39 é o da assertiva "A".***

Liberdade de Associação Sindical

A Constituição Federal garante aos servidores públicos o direito à associação sindical:

VI. é garantido ao servidor público civil o direito à livre associação sindical.

A Constituição concede ao servidor público civil o direito à associação sindical. Dessa forma, a livre associação profissional ou sindical não é garantida aos militares em razão da peculiaridade do seu regime jurídico, cuja vedação está prevista na própria Constituição Federal:

Art. 142, IV *- ao militar são proibidas a sindicalização e a greve.*

Segundo a doutrina, trata-se de uma norma autoaplicável, a qual não depende de regulamentação para ser exercida, pois o servidor pode prontamente usufruir desse direito.

Direito de Greve

Segundo o Art. 37, VII:

VII. o direito de greve será exercido nos termos e nos limites definidos em lei específica;

O direito de greve, previsto na Constituição Federal aos servidores públicos, condiciona o seu exercício a uma norma regulamentadora, por isso é uma norma de eficácia limitada.

Como até o presente momento a necessária lei não foi publicada, o Supremo Tribunal Federal adotou a Teoria Concretista Geral, a partir da análise do Mandado de Injunção, e fez com que o direito de greve tivesse efetividade e conferiu efeito *erga omnes* à decisão, ou seja, os seus efeitos atingem todos os servidores públicos, ainda que aquele não tenha ingressado com ação judicial para exercer seu direito de greve.

A partir disso, segundo o STF, os servidores públicos de todo o país poderão se utilizar do seu direito de greve nos termos da Lei 7.783/89, a qual regulamenta o direito de greve dos trabalhadores da iniciativa privada.

Ressalte-se que o direito de greve, juntamente com o de associação sindical, não se aplica aos militares pelos mesmos motivos já apresentados ao analisarmos o direito de liberdade de associação sindical.

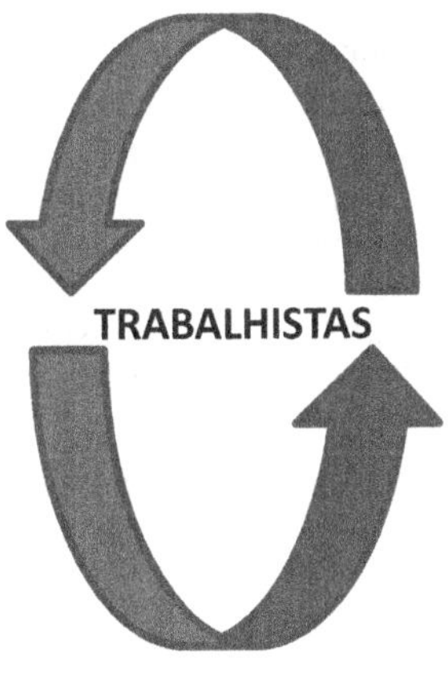

- Salário Mínimo
- Garantia do mínimo para os que têm remuneração variável
- 13º salário
- Duração de trabalho não superior a oito horas por dia e 44 por semana
- Repouso semanal remunerado
- Remuneração pelo serviço extraordinário (horas extras)
- Férias anuais
- Licença à gestante (120 dias)
- Licença paternidade
- Proteção ao mercado de trabalho da mulher
- Redução dos riscos inerentes ao trabalho
- Proibição de diferença de salários

Vedação à Acumulação de Cargos, Empregos e Funções Públicos

A Constituição achou por bem regular a acumulação de cargos públicos no Art. 37, XVI e XVII:

XVI. é vedada a acumulação remunerada de cargos públicos, exceto, quando houver compatibilidade de horários, observado em qualquer caso o disposto no inciso XI:

a) a de dois cargos de professor;

b) a de um cargo de professor com outro técnico ou científico;

c) a de dois cargos ou empregos privativos de profissionais de saúde, com profissões regulamentadas;

XVII. a proibição de acumular estende-se a empregos e funções e abrange autarquias, fundações, empresas públicas, sociedades de economia mista, suas subsidiárias, e sociedades controladas, direta ou indiretamente, pelo poder público;

Segundo o texto constitucional, em regra, é vedada a acumulação de cargos públicos, ressalvadas as hipóteses previstas na própria Constituição Federal e quando houver compatibilidade de horário.

Exercício Comentado

01. ***(CESPE) De acordo com as normas constitucionais, se houver compatibilidade de horários, é possível a acumulação de dois cargos técnicos de natureza administrativa. Em face dessa permissão constitucional, um servidor poderia, por exemplo, exercer o cargo de técnico administrativo na ANCINE e em outro órgão público federal.***

ERRADO. ***Os cargos acumuláveis estão previstos expressamente no texto constitucional:***

> ***Professor + professor***

> ***Professor + cargo técnico ou científico***

> ***Profissional da saúde + Profissional da saúde***

Não constam nessa lista dois cargos de técnicos. Por isso, a questão está errada.

Além dessas hipóteses, a Constituição Federal também previu a acumulação lícita em outros casos, observemos:

> Magistrado + Magistério – é permitida a acumulação de um cargo de juiz com um de professor:

Art. 95. § único. *Aos juízes é vedado:*

I. *exercer, ainda que em disponibilidade, outro cargo ou função, salvo uma de magistério.*

> Membro do Ministério Público + Magistério – é permitida a acumulação de um cargo de Membro do Ministério Público com um de professor:

Art. 128, § 5º *- Leis complementares da União e dos Estados, cuja iniciativa é facultada aos respectivos Procuradores-Gerais, estabelecerão a organização, as atribuições e o estatuto de cada Ministério Público, observadas, relativamente a seus membros:*

II. *as seguintes vedações:*

d) *exercer, ainda que em disponibilidade, qualquer outra função pública, salvo uma de magistério.*

> Cargo Eletivo + cargo, emprego ou função pública – é permitida a acumulação de um cargo eletivo com um cargo emprego ou função pública:

Art. 38. *Ao servidor público da administração direta, autárquica e fundacional, no exercício de mandato eletivo, aplicam-se as seguintes disposições:*

I. *tratando-se de mandato eletivo federal, estadual ou distrital, ficará afastado de seu cargo, emprego ou função;*

II. *investido no mandato de Prefeito, será afastado do cargo, emprego ou função, sendo-lhe facultado optar pela sua remuneração;*

III. *investido no mandato de Vereador, havendo compatibilidade de horários, perceberá as vantagens de seu cargo, emprego ou função, sem prejuízo da remuneração do cargo eletivo, e, não havendo compatibilidade, será aplicada a norma do inciso anterior;*

IV. *em qualquer caso que exija o afastamento para o exercício de mandato eletivo, seu tempo de serviço será contado para todos os efeitos legais, exceto para promoção por merecimento;*

V. *para efeito de benefício previdenciário, no caso de afastamento, os valores serão determinados como se no exercício estivesse.*

A proibição de acumular se estende à percepção de remuneração e aposentadoria. Vejamos o que diz o §10º do Art. 37:

§ 10 *- É vedada a percepção simultânea de proventos de aposentadoria decorrentes do Art. 40 ou dos arts. 42 e 142 com a remuneração de cargo, emprego ou função pública, ressalvados os cargos acumuláveis na forma desta Constituição, os cargos eletivos e os cargos em comissão declarados em lei de livre nomeação e exoneração.*

Aqui a acumulação dos proventos da aposentadoria com a remuneração será permitida nos casos em que são autorizadas a acumulação dos cargos, ou, ainda, quando acumular com cargo em comissão e cargo eletivo. Significa dizer ser possível a acumulação dos proventos da aposentadoria de um cargo, emprego ou função pública com a remuneração de cargo, emprego ou função pública.

A Constituição também vedou a percepção de mais de uma aposentadoria, ressalvados os casos de acumulação de cargos permitida, ou seja, o indivíduo pode acumular as aposentadorias dos cargos que podem ser acumulados:

Art. 40, § 6º *- Ressalvadas as aposentadorias decorrentes dos cargos acumuláveis na forma desta Constituição, é vedada a percepção de mais de uma aposentadoria à conta do regime de previdência previsto neste Art..*

Estabilidade

Um dos maiores desejos de quem faz concurso público é alcançar a Estabilidade. Essa é a garantia que se dá aos titulares de cargo público, ou seja, ao servidor público. Essa garantia faz que o servidor tenha certa tranquilidade para usufruir do seu cargo com maior tranquilidade; o servidor passa exercer suas atividades sem a preocupação de perder seu cargo por qualquer simples motivo. Vejamos o que diz a Constituição Federal:

Art. 41. *São estáveis após três anos de efetivo exercício os servidores nomeados para cargo de provimento efetivo em virtude de concurso público.*

§ 1º *O servidor público estável só perderá o cargo:*

I. *em virtude de sentença judicial transitada em julgado;*

II. *mediante processo administrativo em que lhe seja assegurada ampla defesa;*

III. mediante procedimento de avaliação periódica de desempenho, na forma de lei complementar, assegurada ampla defesa.

***§ 2º** Invalidada por sentença judicial a demissão do servidor estável, será ele reintegrado, e o eventual ocupante da vaga, se estável, reconduzido ao cargo de origem, sem direito a indenização, aproveitado em outro cargo ou posto em disponibilidade com remuneração proporcional ao tempo de serviço.*

***§ 3º** Extinto o cargo ou declarada a sua desnecessidade, o servidor estável ficará em disponibilidade, com remuneração proporcional ao tempo de serviço, até seu adequado aproveitamento em outro cargo.*

***§ 4º** Como condição para a aquisição da estabilidade, é obrigatória a avaliação especial de desempenho por comissão instituída para essa finalidade.*

O primeiro ponto relevante é que a estabilidade se adquire após três anos de efetivo exercício. Só adquire estabilidade quem ocupa um cargo público de provimento efetivo, após a aprovação em concurso público. Essa garantia não se estende aos titulares de emprego público nem aos que ocupam cargos em comissão de livre nomeação e exoneração.

Não confunda a estabilidade com estágio probatório. Esse é o período de avaliação inicial dentro do novo cargo a que o servidor concursado se sujeita antes de adquirir sua estabilidade. A Constituição não fala nada de estágio probatório, mas, para os servidores públicos federais, aplica-se o prazo previsto na Lei 8.112/90. Aqui temos um problema. O referido estatuto dos servidores públicos federais prevê o prazo de 24 meses para o estágio probatório.

Contudo, tem prevalecido na doutrina e na jurisprudência o entendimento de que não tem como se dissociar o prazo do estágio probatório da aquisição da estabilidade de forma que até o próprio STF e o STJ reconhecem que o prazo do estágio probatório foi revogado tacitamente pela EC 19/98 que alterou o prazo de aquisição da estabilidade para três anos. Reforça esse entendimento o fato de que a Advocacia Geral da União já emitiu parecer vinculante determinando a aplicação do prazo de **três anos para o estágio probatório** em todo o Poder Executivo Federal, o que de fato acontece. Dessa forma, para prova o prazo do estágio probatório é de três anos.

Segundo o texto constitucional é condição para a aquisição da estabilidade a avaliação especial de desempenhos aplicada por comissão instituída para essa finalidade.

O servidor estável só perderá o cargo nas hipóteses previstas na Constituição, as quais são:

> Sentença judicial transitada em julgado;
> Procedimento Administrativo Disciplinar;
> Insuficiência de desempenho comprovada na Avaliação Periódica;
> Excesso de despesas com pessoal nos termos do Art. 169, § 3º.

Servidores em Exercício de Mandato Eletivo

Para os servidores públicos que estão no exercício de mandato eletivo, aplicam-se as seguintes regras:

***Art. 38.** Ao servidor público da administração direta, autárquica e fundacional, no exercício de mandato eletivo, aplicam-se as seguintes disposições:*

I. tratando-se de mandato eletivo federal, estadual ou distrital, ficará afastado de seu cargo, emprego ou função;

II. investido no mandato de Prefeito, será afastado do cargo, emprego ou função, sendo-lhe facultado optar pela sua remuneração;

III. investido no mandato de Vereador, havendo compatibilidade de horários, perceberá as vantagens de seu cargo, emprego ou função, sem prejuízo da remuneração do cargo eletivo, e, não havendo compatibilidade, será aplicada a norma do inciso anterior;

IV. em qualquer caso que exija o afastamento para o exercício de mandato eletivo, seu tempo de serviço será contado para todos os efeitos legais, exceto para promoção por merecimento;

V. para efeito de benefício previdenciário, no caso de afastamento, os valores serão determinados como se no exercício estivesse.

Em suma:

→ Mandato Eletivo Federal, Estadual ou Distrital – afasta-se do cargo, emprego ou função;

→ Mandato Eletivo Municipal.

> **Prefeito:** Afasta-se do cargo, mas pode optar pela remuneração;
> **Vereador:** Havendo compatibilidade de horário, pode exercer os dois cargos e cumular as duas remunerações respeitando os limites legais. Não havendo compatibilidade de horário, deverá afastar-se do cargo podendo optar pela remuneração de um dos dois.

Havendo o afastamento, a Constituição determinou ainda que esse período seja contabilizado como tempo de serviço gerando todos seus efeitos legais, com exceção da promoção de merecimento, além de ser contabilizado para efeito de benefício previdenciário.

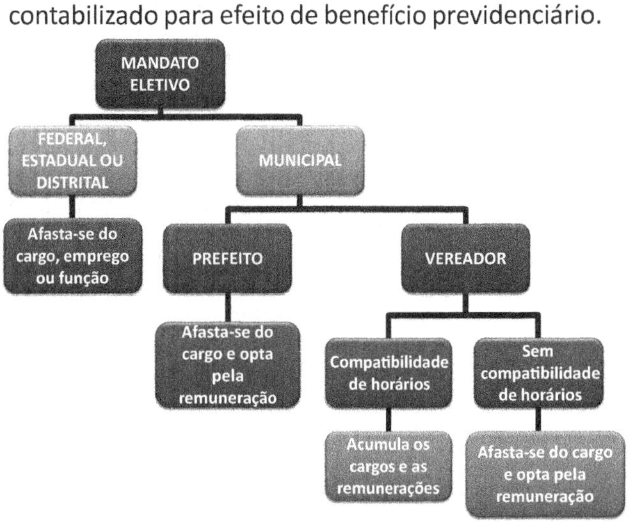

Regras de Remuneração dos Servidores Públicos

A Constituição Federal previu várias regras referentes a remuneração dos servidores públicos, que consta no Art. 37, da CF, as quais são bem interessantes para serem cobradas em sua prova:

X. a remuneração dos servidores públicos e o subsídio de que trata o § 4º do Art. 39 somente poderão ser fixados ou alterados por lei específica, observada a iniciativa privativa em cada caso, assegurada revisão geral anual, sempre na mesma data e sem distinção de índices;

O primeiro ponto importante sobre a remuneração dos servidores é que ela só pode ser fixada por meio de lei específica, se a Constituição não estabelece qualquer outro critério, essa lei é ordinária. Além disso, a iniciativa da lei também é específica, ou seja, cada poder tem competência para propor a lei que altere o quadro remuneratório dos seus servidores. Por exemplo, no âmbito do Poder Executivo Federal o Presidente da República é quem tem a iniciativa para propor o projeto de lei.

Ainda há que se fazer a revisão geral anual, sem distinção de índices e sempre na mesma data, que serve para suprir as perdas inflacionárias que ocorrem com a remuneração dos servidores. No que tange à revisão geral anual, o STF entende que a competência para a iniciativa é privativa do Presidente da República, com base no Art. 61, § 1º, II, a da CF:

§ 1º - São de iniciativa privativa do Presidente da República as leis que:

II. *disponham sobre:*

a) *criação de cargos, funções ou empregos públicos na administração direta e autárquica ou aumento de sua remuneração.*

Outro ponto importante é o teto constitucional, que é o limite imposto para fixação das tabelas remuneratórias dos servidores; conforme o inciso XI do Art. 37, CF:

XI. *a remuneração e o subsídio dos ocupantes de cargos, funções e empregos públicos da administração direta, autárquica e fundacional, dos membros de qualquer dos Poderes da União, dos Estados, do Distrito Federal e dos Municípios, dos detentores de mandato eletivo e dos demais agentes políticos e os proventos, pensões ou outra espécie remuneratória, percebidos cumulativamente ou não, incluídas as vantagens pessoais ou de qualquer outra natureza, não poderão exceder o subsídio mensal, em espécie, dos Ministros do Supremo Tribunal Federal, aplicando-se como limite, nos Municípios, o subsídio do Prefeito, e nos Estados e no Distrito Federal, o subsídio mensal do Governador no âmbito do Poder Executivo, o subsídio dos Deputados Estaduais e Distritais no âmbito do Poder Legislativo e o subsídio dos Desembargadores do Tribunal de Justiça, limitado a noventa inteiros e vinte e cinco centésimos por cento do subsídio mensal, em espécie, dos Ministros do Supremo Tribunal Federal, no âmbito do Poder Judiciário, aplicável este limite aos membros do Ministério Público, aos Procuradores e aos Defensores Públicos.*

Vamos entender essa regra, analisando os diversos tipos de limites previstos no texto constitucional.

O primeiro limite é o Teto Geral, que, segundo a Constituição, corresponde ao subsídio do Ministro do Supremo Tribunal Federal. Isso significa que nenhum servidor público no Brasil pode receber remuneração maior que o subsídio do Ministro do Supremo Tribunal Federal. Esse limite se aplica a todos os poderes em todos os entes federativos. Ressalte-se que a iniciativa de proposta legislativa para fixação da remuneração dos Ministros pertence aos próprios membros do STF.

Em seguida, nós temos os subtetos, que são limites aplicáveis a cada poder e em cada ente federativo. Vejamos de forma sistematizada as regras previstas na Constituição Federal:

Estados e DF

Poder Executivo: subsídio do Governador.

Poder Legislativo: subsídio do Deputado Estadual ou Distrital.

Poder Judiciário: subsídio do Desembargador do Tribunal de Justiça. Aplica-se este limite aos membros do Ministério Público e da Defensoria Pública dos Estados e Distrito Federal.

Municípios

Poder Executivo: subsídio do Prefeito.

A Constituição permite que os Estados e o Distrito Federal poderão, por iniciativa do governador, adotar limite único nos termos do Art. 37, § 12, mediante emenda a Constituição Estadual ou a Lei Orgânica do DF, o qual não poderá ultrapassar 90,25% do subsídio do ministro do STF. Ressalte-se que se porventura for criado este limite único ele não será aplicado a alguns membros do Poder Legislativo, como aos Deputados Distritais e Vereadores.

A seguir, são abordados alguns limites específicos que também estão previstos no texto constitucional, mas em outros Arts., pois são determinados a algumas autoridades:

Governador e Prefeito: subsídio do ministro do STF;

Deputado Estadual e Distrital[1]: 75% do subsídio do Deputado Federal;

1 Arts. 27, §2º e 32, §3º da Constituição Federal

Vereador: 75% do subsídio do Deputado Estadual para os municípios com mais de 500.000 habitantes. Nos municípios com menos habitantes, aplica-se a regra proporcional a população conforme o Art. 29, VI da Constituição Federal[2].

Magistrados dos Tribunais Superiores: 95% do subsídio dos ministros do STF. Dos demais magistrados, o subteto é 95% do subsídio dos ministros dos Tribunais Superiores.

> ***Art. 93, V*** *- o subsídio dos Ministros dos Tribunais Superiores corresponderá a noventa e cinco por cento do subsídio mensal fixado para os Ministros do Supremo Tribunal Federal e os subsídios dos demais magistrados serão fixados em lei e escalonados, em nível federal e estadual, conforme as respectivas categorias da estrutura judiciária nacional, não podendo a diferença entre uma e outra ser superior a dez por cento ou inferior a cinco por cento, nem exceder a noventa e cinco por cento do subsídio mensal dos Ministros dos Tribunais Superiores, obedecido, em qualquer caso, o disposto nos arts. 37, XI, e 39, § 4º.*

Lembre-se de que esses limites aplicam-se quando for possível a acumulação de cargos prevista no texto constitucional, ressalvados os seguintes casos:

- **Magistratura + Magistério:** a Resolução nº 14/2006 do Conselho Nacional de Justiça prevê que não se sujeita ao teto a remuneração oriunda no magistério exercido pelos juízes;
- Exercício cumulativo de funções no Supremo Tribunal Federal e Tribunal Superior Eleitoral.

Casos em que se pode ultrapassar o teto constitucional:

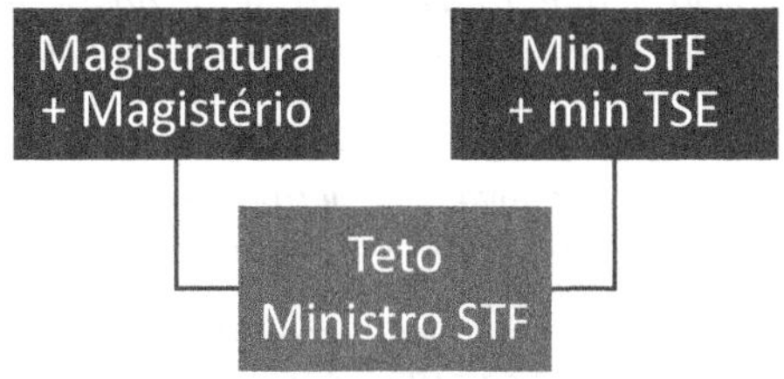

Os limites aplicam-se as empresas públicas e sociedades de economia mista desde que recebam recursos da União dos Estados e do Distrito Federal para pagamento do pessoal e custeio em geral:

> *§ 9º - O disposto no inciso XI aplica-se às empresas públicas e às sociedades de economia mista, e suas subsidiárias, que receberem recursos da União, dos Estados, do Distrito Federal ou dos Municípios para pagamento de despesas de pessoal ou de custeio em geral.*

A Constituição Federal também trouxe previsão expressa vedando qualquer equiparação ou vinculação de remuneração de servidor público:

> ***XIII*** *é vedada a vinculação ou equiparação de quaisquer espécies remuneratórias para o efeito de remuneração de pessoal do serviço público.*

Antes da EC 19/1998, muitos servidores incorporavam vantagens pecuniárias calculadas sobre outras vantagens, gerando aumento desproporcional da remuneração. Isso acabou com a alteração do texto constitucional:

> ***XIV*** *os acréscimos pecuniários percebidos por servidor público não serão computados nem acumulados para fins de concessão de acréscimos ulteriores.*

Destaque-se, ainda, a regra constitucional que prevê a irredutibilidade da remuneração dos servidores públicos:

> ***XV*** *o subsídio e os vencimentos dos ocupantes de cargos e empregos públicos são irredutíveis, ressalvado o disposto nos incisos XI e XIV deste Art. e nos arts. 39, § 4º, 150, II, 153, III, e 153, § 2º, I.*

A irredutibilidade aqui é meramente nominal, não existindo direito à preservação do valor real em proteção a perda do poder aquisitivo. A irredutibilidade também não impede a alteração da composição remuneratória; significa dizer que podem ser retiradas as gratificações, mantendo-se o valor nominal da remuneração, nem mesmo a supressão de parcelas ou gratificações; é preciso considerar que o STF entende não haver direito adquirido a regime jurídico.

Regras de Aposentadoria

Esse tema costuma ser trabalhado em Direito Previdenciário devido às inúmeras regras de transição que foram editadas, além das previstas no texto constitucional. Para as provas de Direito Constitucional, é importante a leitura atenta dos dispositivos abaixo:

> ***Art. 40.*** *Aos servidores titulares de cargos efetivos da União, dos Estados, do Distrito Federal e dos Municípios, incluídas suas autarquias e fundações, é assegurado regime de previdência de caráter contributivo e solidário, mediante contribuição do respectivo ente público, dos servidores ativos e inativos e dos pensionistas, observados critérios que preservem o equilíbrio financeiro e atuarial e o disposto neste Art. (Redação dada pela Emenda Constitucional nº 41, 19.12.2003).*

2 Art. 29, VI - O subsídio dos Vereadores será fixado pelas respectivas Câmaras Municipais em cada legislatura para a subsequente, observado o que dispõe esta Constituição, observados os critérios estabelecidos na respectiva Lei Orgânica e os seguintes limites máximos: a) em Municípios de até dez mil habitantes, o subsídio máximo dos Vereadores corresponderá a vinte por cento do subsídio dos Deputados Estaduais; b) em Municípios de dez mil e um a cinquenta mil habitantes, o subsídio máximo dos Vereadores corresponderá a trinta por cento do subsídio dos Deputados Estaduais; c) em Municípios de cinquenta mil e um a cem mil habitantes, o subsídio máximo dos Vereadores corresponderá a quarenta por cento do subsídio dos Deputados Estaduais; d) em Municípios de cem mil e um a trezentos mil habitantes, o subsídio máximo dos Vereadores corresponderá a cinquenta por cento do subsídio dos Deputados Estaduais; e) em Municípios de trezentos mil e um a quinhentos mil habitantes, o subsídio máximo dos Vereadores corresponderá a sessenta por cento do subsídio dos Deputados Estaduais; f) em Municípios de mais de quinhentos mil habitantes, o subsídio máximo dos Vereadores corresponderá a setenta e cinco por cento do subsídio dos Deputados Estaduais;

§ 1º Os servidores abrangidos pelo regime de previdência de que trata este Art. serão aposentados, calculados os seus proventos a partir dos valores fixados na forma dos §§ 3º e 17 (Redação dada pela Emenda Constitucional nº 41, 19.12.2003).

I. *por invalidez permanente, sendo os proventos proporcionais ao tempo de contribuição, exceto se decorrente de acidente em serviço, moléstia profissional ou doença grave, contagiosa ou incurável, na forma da lei (Redação dada pela Emenda Constitucional nº 41, 19.12.2003);*

II. *compulsoriamente, aos setenta anos de idade, com proventos proporcionais ao tempo de contribuição (Redação dada pela Emenda Constitucional nº 20, de 15/12/98);*

III. *voluntariamente, desde que cumprido tempo mínimo de dez anos de efetivo exercício no serviço público e cinco anos no cargo efetivo em que se dará a aposentadoria, observadas as seguintes condições (Redação dada pela Emenda Constitucional nº 20, de 15/12/98);*

a) *sessenta anos de idade e trinta e cinco de contribuição, se homem, e cinquenta e cinco anos de idade e trinta de contribuição, se mulher (Redação dada pela Emenda Constitucional nº 20, de 15/12/98);*

b) *sessenta e cinco anos de idade, se homem, e sessenta anos de idade, se mulher, com proventos proporcionais ao tempo de contribuição (Redação dada pela Emenda Constitucional nº 20, de 15/12/98).*

§ 2º - Os proventos de aposentadoria e as pensões, por ocasião de sua concessão, não poderão exceder a remuneração do respectivo servidor, no cargo efetivo em que se deu a aposentadoria ou que serviu de referência para a concessão da pensão (Redação dada pela Emenda Constitucional nº 20, de 15/12/98).

§ 3º Para o cálculo dos proventos de aposentadoria, por ocasião da sua concessão, serão consideradas as remunerações utilizadas como base para as contribuições do servidor aos regimes de previdência de que tratam este Art. e o Art. 201, na forma da lei (Redação dada pela Emenda Constitucional nº 41, 19.12.2003).

§ 4º É vedada a adoção de requisitos e critérios diferenciados para a concessão de aposentadoria aos abrangidos pelo regime de que trata este Art., ressalvados, nos termos definidos em leis complementares, os casos de servidores (Redação dada pela Emenda Constitucional nº 47, de 2005):

I. *portadores de deficiência; (Incluído pela Emenda Constitucional nº 47, de 2005);*

II. *que exerçam atividades de risco; (Incluído pela Emenda Constitucional nº 47, de 2005);*

III. *cujas atividades sejam exercidas sob condições especiais que prejudiquem a saúde ou a integridade física (Incluído pela Emenda Constitucional nº 47, de 2005).*

§ 5º - Os requisitos de idade e de tempo de contribuição serão reduzidos em cinco anos, em relação ao disposto no § 1º, III, "a", para o professor que comprove exclusivamente tempo de efetivo exercício das funções de magistério na educação infantil e no ensino fundamental e médio (Redação dada pela Emenda Constitucional nº 20, de 15/12/98).

§ 6º - Ressalvadas as aposentadorias decorrentes dos cargos acumuláveis na forma desta Constituição, é vedada a percepção de mais de uma aposentadoria à conta do regime de previdência previsto neste Art.. (Redação dada pela Emenda Constitucional nº 20, de 15/12/98).

§ 7º - Lei disporá sobre a concessão do benefício de pensão por morte, que será igual (Redação dada pela Emenda Constitucional nº 41, 19.12.2003).

I. *ao valor da totalidade dos proventos do servidor falecido, até o limite máximo estabelecido para os benefícios do regime geral de previdência social de que trata o Art. 201, acrescido de setenta por cento da parcela excedente a este limite, caso aposentado à data do óbito; ou (Incluído pela Emenda Constitucional nº 41, 19.12.2003);*

II. *ao valor da totalidade da remuneração do servidor no cargo efetivo em que se deu o falecimento, até o limite máximo estabelecido para os benefícios do regime geral de previdência social de que trata o Art. 201, acrescido de setenta por cento da parcela excedente a este limite, caso em atividade na data do óbito (Incluído pela Emenda Constitucional nº 41, 19.12.2003).*

§ 8º - É assegurado o reajustamento dos benefícios para preservar-lhes, em caráter permanente, o valor real, conforme critérios estabelecidos em lei (Redação dada pela Emenda Constitucional nº 41, 19.12.2003).

§ 9º - O tempo de contribuição federal, estadual ou municipal será contado para efeito de aposentadoria e o tempo de serviço correspondente para efeito de disponibilidade (Incluído pela Emenda Constitucional nº 20, de 15/12/98).

§ 10 - A lei não poderá estabelecer qualquer forma de contagem de tempo de contribuição fictício (Incluído pela Emenda Constitucional nº 20, de 15/12/98).

§ 11 - Aplica-se o limite fixado no Art. 37, XI, à soma total dos proventos de inatividade, inclusive quando decorrentes da acumulação de cargos ou empregos públicos, bem como de outras atividades sujeitas a contribuição para o regime geral de previdência social, e ao montante resultante da adição de proventos de inatividade com remuneração de cargo acumulável na forma desta Constituição, cargo em comissão declarado em lei de livre nomeação e exoneração, e de cargo eletivo (Incluído pela Emenda Constitucional nº 20, de 15/12/98).

§ 12 - Além do disposto neste Art., o regime de previdência dos servidores públicos titulares de cargo efetivo observará, no que couber, os requisitos e critérios fixados para o regime geral de previdência social (Incluído pela Emenda Constitucional nº 20, de 15/12/98).

§ 13 - Ao servidor ocupante, exclusivamente, de cargo em comissão declarado em lei de livre nomeação e exoneração bem como de outro cargo temporário ou de emprego público, aplica-se o regime geral de previdência social (Incluído pela Emenda Constitucional nº 20, de 15/12/98).

§ 14 - A União, os Estados, o Distrito Federal e os Municípios, desde que instituam regime de previdência complementar para os seus respectivos servidores titulares de cargo efetivo, poderão fixar, para o valor das aposentadorias e pensões a serem concedidas pelo regime de que trata este Art., o limite máximo estabelecido para os benefícios do regime geral de previdência social de que trata o Art. 201 (Incluído pela Emenda Constitucional nº 20, de 15/12/98).

§ 15 - O regime de previdência complementar de que trata o § 14 será instituído por lei de iniciativa do respectivo Poder Executivo, observado o disposto no Art. 202 e seus §s, no que couber, por intermédio de entidades fechadas de previdência complementar, de natureza pública, que oferecerão aos respectivos participantes planos de benefícios somente na modalidade de contribuição definida (Redação dada pela Emenda Constitucional nº 41, 19.12.2003).

§ 16 - Somente mediante sua prévia e expressa opção, o disposto nos §§ 14 e 15 poderá ser aplicado ao servidor que tiver ingressado no serviço público até a data da publicação do ato de instituição do correspondente regime de previdência complementar (Incluído pela Emenda Constitucional nº 20, de 15/12/98).

§ 17 - Todos os valores de remuneração considerados para o cálculo do benefício previsto no § 3º serão devidamente atualizados, na forma da lei (Incluído pela Emenda Constitucional nº 41, 19.12.2003).

§ 18 - Incidirá contribuição sobre os proventos de aposentadorias e pensões concedidas pelo regime de que trata este Art. que superem o limite máximo estabelecido para os benefícios do regime geral de previdência social de que trata o Art. 201, com percentual igual ao estabelecido para os servidores titulares de cargos efetivos (Incluído pela Emenda Constitucional nº 41, 19.12.2003).

§ 19 - O servidor de que trata este Art. que tenha completado as exigências para aposentadoria voluntária estabelecidas no § 1º, III, a, e que opte por permanecer em atividade fará jus a um abono de permanência equivalente ao valor da sua contribuição previdenciária até completar as exigências para aposentadoria compulsória contidas no § 1º, II (Incluído pela Emenda Constitucional nº 41, 19.12.2003).

§ 20 - Fica vedada a existência de mais de um regime próprio de previdência social para os servidores titulares de cargos efetivos, e de mais de uma unidade gestora do respectivo regime em cada ente estatal, ressalvado o disposto no Art. 142, § 3º, X (Incluído pela Emenda Constitucional nº 41, 19.12.2003).

§ 21 - A contribuição prevista no § 18 deste Art. incidirá apenas sobre as parcelas de proventos de aposentadoria e de pensão que superem o dobro do limite máximo estabelecido para os benefícios do regime geral de previdência social de que trata o Art. 201 desta Constituição, quando o beneficiário, na forma da lei, for portador de doença incapacitante (Incluído pela Emenda Constitucional nº 47, de 2005).

Dos Militares dos Estados, do Distrito Federal e dos Territórios

A Constituição Federal distingue duas espécies de servidores, os civis e os militares, sendo que a estes reserva um regime jurídico diferenciado, previsto especialmente no Art. 42 (Polícias Militares e Corpos de Bombeiros Militares) e no Art. 142, § 3º (Forças Armadas – Exército, Marinha e Aeronáutica).

As Polícias Militares, os Corpos de Bombeiros Militares e as Forças Armadas são instituições organizadas com base na **hierarquia** e na **disciplina**.

Tomando de empréstimo o conceito constante do Art. 14, §s 1º e 2º, da Lei nº 6.880, de 1980 (Estatuto dos Militares das Forças Armadas), temos que a **hierarquia** militar é a ordenação da autoridade, em níveis diferentes, dentro da estrutura militar e a **disciplina** é a rigorosa observância e o acatamento integral das leis, regulamentos, normas e disposições que fundamentam o organismo militar e coordenam seu funcionamento regular e harmônico, traduzindo-se pelo perfeito cumprimento do dever por parte de todos e de cada um dos componentes desses organismos.

É claro que a hierarquia e a disciplina estão presentes em todo o serviço público. No entanto, no seio militar, elas são muito mais rígidas, objetivando garantir pronta e irrestrita obediência de seus membros, o que é imprescindível para o exercício das suas atividades.

As Polícias Militares e os Corpos de Bombeiros Militares são **órgãos de Segurança Pública** (Art. 144, da CF), organizados e mantidos pelos Estados.

Às Polícias Militares cabem as atribuições de polícia administrativa, ostensiva e a preservação da ordem pública. Aos Corpos de Bombeiros Militares cabe, além das atribuições definidas em lei (atividades de combate a incêndio, busca e resgate de pessoas etc.), a execução de atividades de defesa civil (Art. 144, § 5º, da CF).

Segundo o § 6º, do Art. 144, da CF, as Polícias Militares e os Corpos de Bombeiros Militares são forças auxiliares e reserva do Exército e subordinam-se aos Governadores dos Estados, do Distrito Federal e dos Territórios.

Fique Ligado

Apesar de estarem subordinadas ao Governador do Distrito Federal, a organização e a manutenção da Polícia Militar e do Corpo de Bombeiros Militares do Distrito Federal são de competência da União (Art. 21, inciso XIV, da CF).

No Art. 42, a Constituição Federal estende aos policiais militares e aos bombeiros militares praticamente as mesmas **disposições** aplicáveis aos integrantes das Forças Armadas, militares da União, previstas no Art. 142, §s 2º e 3º, da CF. Assim, entre outros:

- o militar que seja alistável é elegível. No entanto, se contar menos de dez anos de serviço, deverá afastar-se da atividade; se contar mais de dez anos de serviço será agregado pela autoridade superior e, se eleito, passará automaticamente, no ato da diplomação, para a inatividade;
- não cabe *habeas corpus* em relação a punições disciplinares militares;
- ao militar são proibidas a sindicalização e a greve;
- o militar, enquanto em serviço ativo, não pode estar filiado a partidos políticos.

Vamos Praticar

01. (COPESE) Sobre a Administração Pública na Constituição Federal de 1988, marque a alternativa correta:

a) O princípio da impessoalidade está previsto de forma implícita na Constituição Federal de 1988.

b) As funções de confiança são exercidas exclusivamente por servidores ocupantes de cargos em comissão.

c) A moralidade, a legalidade e a parcialidade são princípios norteadores da Administração Pública direta e de qualquer dos Poderes da União, dos Estados, do Distrito Federal, dos Municípios e dos Territórios.

d) O prazo de validade do concurso público será de até dois anos, prorrogável uma vez, por igual período, sendo que, durante o prazo improrrogável previsto no edital de convocação, aquele que aprovado em concurso público de provas ou de provas e títulos será convocado com prioridade sobre novos concursados para assumir cargo ou emprego, na carreira.

02. (CESPE) Os servidores nomeados para cargo de provimento efetivo em virtude de aprovação em concurso público adquirem a estabilidade após três anos de efetivo exercício.

Certo ( ) Errado ( )

03. (FAURGS) Considere as afirmações a seguir, tendo em vista as disposições da Constituição Federal.

I. Os cargos, empregos e funções públicas são acessíveis aos brasileiros que preencham os requisitos estabelecidos em lei e vedados aos estrangeiros.

II. O prazo de validade do concurso público será de até dois anos, prorrogável uma vez, por igual período.

III. As funções de confiança, exercidas preferencialmente por servidores ocupantes de cargo efetivo, e os cargos em comissão, a serem preenchidos por servidores de carreira nos casos, condições e percentuais mínimos previstos em lei, destinam-se apenas às atribuições de direção, chefia e assessoramento.

Quais estão corretas?

a) Apenas I.
b) Apenas II.
c) Apenas III.
d) Apenas II e III.
e) I, II e III.

04. (FCC) A Constituição Federal estabelece regras para a concessão de aposentadoria aos servidores públicos, dentre as quais está aquela segundo a qual:

a) A adoção de requisitos e critérios diferenciados para a concessão de aposentadoria é vedada, inclusive aos servidores que exerçam atividade de risco.
b) Os proventos de aposentadoria não se sujeitam ao limite máximo remuneratório estabelecido pela Constituição Federal.
c) Os proventos de aposentadoria serão sempre proporcionais ao tempo de contribuição do servidor.
d) A aposentadoria compulsória aos setenta anos de idade não se aplica aos servidores que exerçam o magistério no ensino superior.
e) A percepção de mais de uma aposentadoria à conta do regime de previdência dos servidores públicos é vedada, ressalvadas as aposentadorias decorrentes dos cargos acumuláveis.

05. (NUCEPE) Conforme o Art. 37º, § 4º, da Constituição Federal, os atos de improbidade administrativa importarão, para o servidor público, as seguintes consequências, exceto:

a) Perda dos direitos políticos.
b) Responder à ação penal cabível.
c) Indisponibilidade dos bens.
d) Perda da função pública.
e) Ressarcimento do erário.

06. (FCC/TST) No tocante aos direitos sociais, estabelecidos na Constituição Federal de 1988, aplica-se, dentre outros, aos servidores ocupantes de cargo público, o direito:

a) À assistência gratuita aos filhos e dependentes, desde o nascimento até 5 anos de idade em creches e pré-escolas.
b) Ao fundo de garantia do tempo de serviço.
c) À jornada de seis horas para o trabalho realizado em turnos ininterruptos de revezamento, salvo negociação coletiva.
d) Ao aviso prévio proporcional ao tempo de serviço, sendo no mínimo de trinta dias, nos termos da lei.
e) À remuneração do trabalho noturno superior à do diurno.

07. (FCC) Dentre as regras da Constituição Federal a respeito da investidura em cargos públicos está aquela segundo a qual:

a) Os cargos, empregos e funções públicas são acessíveis apenas aos brasileiros natos, não podendo ser exercidos por brasileiros naturalizados, nem por estrangeiros.
b) A investidura em cargo, mas não a investidura em emprego, depende de aprovação prévia em concurso público de provas ou de provas e títulos.
c) O prazo de validade do concurso público será de até dois anos, prorrogável uma vez, pela metade do período, caso expressamente autorizado no edital de abertura do concurso.
d) Durante o prazo improrrogável previsto no edital de convocação, aquele aprovado em concurso público de provas ou de provas e títulos será convocado com prioridade sobre novos concursados para assumir cargo ou emprego, na carreira.
e) Os cargos em comissão, exercidos exclusivamente por servidores de carreira, destinam-se apenas às atribuições de direção, chefia e assessoramento.

08. (FCC) Ana, regularmente aprovada em concurso público, foi nomeada para cargo efetivo. Neste caso, de acordo com a Constituição Federal brasileira, Ana adquirirá a estabilidade, dentre outros requisitos, somente após o efetivo exercício por:

a) Dois anos.
b) Um ano.
c) Seis meses.
d) Três anos.
e) Dezoito meses.

No que concerne ao direito constitucional e à Constituição Federal de 1988 (CF), julgue o item a seguir:

09. (CESPE) Alguns dos princípios que regem a administração pública direta e indireta de qualquer dos poderes da União, dos estados, do Distrito Federal e dos municípios, como, por exemplo, o da legalidade e o da impessoalidade, estão expressamente previstos na CF, ao passo que outros, como o da moralidade, constituem princípios implícitos.

Certo ( ) Errado ( )

10. (ESAF) Sobre as bases constitucionais da Administração Pública, é correto afirmar que:

a) Os cargos, empregos e funções públicas em geral são acessíveis apenas aos brasileiros que preencham os requisitos estabelecidos em lei.
b) Durante o prazo improrrogável previsto no edital de convocação, aquele aprovado em concurso público de provas ou de provas e títulos será convocado com prioridade sobre novos concursados.
c) A investidura em cargo ou emprego público depende da aprovação prévia em concurso público de provas ou de provas e títulos.
d) É permitida, mediante lei específica, a vinculação ou equiparação de quaisquer espécies remuneratórias para o efeito de remuneração de pessoal do serviço público.
e) É vedada a acumulação remunerada de cargos, empregos ou funções públicas exceto, quando houver compatibilidade de horários, a de dois cargos de direção escolar.

11. (CEPERJ) Em relação aos subsídios ou vencimentos do servidor público, a Constituição Federal assegura a:

a) Inamovibilidade.

b) Irredutibilidade.

c) Majoração.

d) Proporção.

e) Voluntariedade.

12. (TRT) Com base nas disposições do texto constitucional a respeito da Administração Pública analise as proposições abaixo e indique a alternativa correta.

I. As funções de confiança e os cargos em comissão serão preenchidos por servidores de carreira nos casos, condições e percentuais mínimos previstos em lei, e destinam-se apenas às atribuições de direção, chefia e assessoramento.

II. É garantido ao servidor público, civil e militar, o direito à livre associação sindical e o direito de greve, que será exercido nos termos e nos limites definidos em lei específica.

III. A regra de proibição de acumular cargos públicos remunerados estende-se a empregos e funções e abrange autarquias e fundações públicas, não se aplicando, contudo, a empresas públicas e sociedades de economia mista, visto que dotadas de personalidade de pessoa jurídica de direito privado.

IV. A remuneração dos servidores públicos somente poderá ser fixada ou alterada por lei específica, observada a iniciativa privativa em cada caso, assegurada revisão geral anual, sempre na mesma data e com equidade na distinção de índice de acordo com a natureza do cargo ou função desempenhada.

V. A acumulação remunerada de cargos públicos é admitida, excepcionalmente, quando houver compatibilidade de horários, e se der entre: dois cargos de professor; um cargo de professor com outro técnico ou científico; e dois cargos privativos de médico.

a) Apenas a proposição II está correta e as demais estão incorretas.

b) Apenas a proposição III está correta o as demais estão incorretas.

c) Apenas as proposições IV e V estão corretas e as demais estão incorretas.

d) Apenas a proposição V está correta e as demais estão incorretas.

e) Todas as proposições estão incorretas.

13. (FUMARC) Observada a Constituição da República, é INCORRETO afirmar sobre a remuneração e o subsídio dos ocupantes de cargos, funções e empregos públicos da administração pública:

a) Remuneração dos servidores públicos e o subsídio de que trata o § 4º do Art. 39 somente poderão ser fixados ou alterados por lei específica.

b) O subsídio dos Ministros dos Tribunais Superiores corresponderá a noventa e cinco por cento do subsídio mensal fixado para os Ministros do Supremo Tribunal Federal.

c) Os subsídios dos demais magistrados não poderão exceder a noventa e cinco por cento do subsídio mensal dos Ministros dos Tribunais Superiores.

d) O limite estabelecido para a remuneração e os subsídios dos membros dos Poderes não se aplica aos detentores de mandato eletivo e aos demais agentes políticos.

À luz das disposições constitucionais relativas à administração pública bem como da jurisprudência pertinente, julgue o item que segue.

14. (CESPE) É inconstitucional a edição de lei criadora de cargos em comissão que não estejam relacionados a atribuições de direção, chefia e assessoramento superior, em virtude de violar o princípio do concurso público para a investidura em cargo público.

Certo ( ) Errado ( )

15. (CESPE) Considere que a companheira de um servidor investido em cargo de direção de uma empresa pública foi nomeada para exercer função gratificada na mesma entidade. Nessa situação, a nomeação realizada é caracterizada como prática de nepotismo, sendo passível de anulação, visto que fere os princípios constitucionais da impessoalidade e da moralidade.

Certo ( ) Errado ( )

Ainda com base no que determina a CF, julgue o item a seguir:

16. (CESPE) Servidor público efetivo investido no mandato de prefeito deve ser afastado do cargo, podendo, no entanto, optar por receber a respectiva remuneração.

Certo ( ) Errado ( )

17. (PUC-SP) Na aposentadoria dos servidores públicos, os requisitos de idade e de tempo de contribuição serão reduzidos em cinco anos para:

a) Quem exercer atividades insalubres e perigosas.

b) Aquele que contrair doenças e/ou deficiências físicas em razão das atividades laborais exercidas.

c) Todos os trabalhadores que comprovarem exercer atividades de risco

d) O professor que comprovar o exercício de magistério exclusivo na educação infantil e no ensino fundamental e médio.

e) A mulher que comprovar o exercício cumulativo de dois cargos ou funções.

18. (MPE) A administração pública direta e indireta de qualquer dos Poderes da União, dos Estados, do Distrito Federal e dos Municípios obedecerá aos princípios de legalidade, impessoalidade, moralidade, publicidade e eficiência e, também, ao seguinte:

a) O prazo de validade do concurso público será de dois anos, prorrogável uma vez, por igual período.

b) É vedada a vinculação ou equiparação de vencimentos, para o efeito de remuneração de pessoal do serviço público, com a ressalva de que a lei assegurará, aos servidores da administração direta, isonomia de vencimentos para cargos de atribuições iguais ou assemelhados do mesmo Poder ou entre servidores dos Poderes Executivo, Legislativo e Judiciário.

c) A investidura em cargo ou emprego público depende de aprovação prévia em concurso público de provas ou de provas e títulos, ressalvadas as nomeações para cargo em comissão declarado em lei de livre nomeação e exoneração.

d) É vedada a acumulação remunerada de cargos públicos, exceto, quando houver compatibilidade de horários, a de dois cargos de professor, a de um cargo de professor com outro técnico ou científico e a de dois cargos privativos de médicos.

19. (FMP) O concurso público é pressuposto constitucional de acesso aos cargos públicos, presente no Art. 37 da Carta Republicana de 1988. Sendo assim, realizado o concurso público para o ingresso em carreira do funcionalismo estadual fica a Administração Pública vinculada à nomeação dos candidatos aprovados até o limite das vagas previstas no edital que regula o certame.

I. Mesmo assim, poderá a Administração Pública escolher o momento no qual se realizará a nomeação.

II. Surge, então, um dever de nomeação para a Administração e um direito à nomeação titularizado por todos os candidatos aprovados.

a) Apenas a afirmativa I está correta.

b) Apenas a afirmativa II está correta.

c) Nenhuma das afirmativas está correta.

d) Ambas as afirmativas estão corretas.

20. (FCC) Servidora pública titular de cargo efetivo na administração direta estadual, com sessenta e dois anos de idade, vinte anos de efetivo exercício no serviço público, sendo os dez últimos no mesmo cargo, e vinte anos de contribuição, pretende aposentar-se voluntariamente.

Nessa situação, de acordo com as regras da Constituição da República aplicáveis à matéria, a servidora:

a) Não preenche os requisitos de idade e tempo de contribuição para aposentadoria voluntária.

b) Não possui tempo mínimo de efetivo exercício no serviço público, requerido para aposentadoria voluntária.

c) Não possui tempo mínimo de exercício efetivo no cargo em que se dará a aposentadoria, requerido para aposentadoria voluntária.

d) Preenche os requisitos necessários à aposentadoria voluntária com proventos proporcionais ao tempo de contribuição.

e) Preenche os requisitos necessários à aposentadoria voluntária com proventos integrais, desde que comprove exclusivamente tempo de efetivo exercício das funções de magistério na educação infantil e no ensino fundamental e médio.

Gabarito

01	D	11	B
02	CERTO	12	E
03	B	13	D
04	E	14	CERTO
05	A	15	CERTO
06	E	16	CERTO
07	D	17	D
08	D	18	C
09	ERRADO	19	A
10	B	20	D

Anotações

CAPÍTULO 10

Organização dos Poderes I - Poder Legislativo

Com o objetivo de limitar o poder do Estado, alguns filósofos desenvolveram a tese de que, se o poder estivesse nas mãos de várias pessoas, seria possível controlá-lo de uma forma melhor. Essa necessidade se deu em razão dos grandes abusos cometidos pelos imperadores que agiam arbitrariamente com seus súditos. A partir de então, surgiu a teoria da **Separação dos Poderes**, também chamada de Tripartição dos poderes. Antes de analisar cada um dos Poderes do Estado, são explorados a seguir dois princípios constitucionais essenciais para entender essa organização: Tripartição dos Poderes e Federativo.

Princípios

Princípio da Tripartição dos Poderes

O primeiro princípio constitucional importante para o estudo da Organização dos Poderes é o Princípio da Tripartição dos Poderes, também chamado de Princípio da Separação dos Poderes. Sua origem histórica tem como fundamento a necessidade de se limitar os poderes do Estado. Alguns filósofos perceberam que se o Poder do Estado estivesse dividido entre três entidades diferentes, seria possível que a sociedade exercesse um maior controle sobre sua utilização.

Foi aí que surgiu a ideia de se dividir o Poder do Estado em três poderes, cada qual responsável pelo desenvolvimento de uma função principal do Estado:

Poder Executivo

Função principal (típica) de administrar o Estado;

Poder Legislativo

Função principal (típica) de legislar e fiscalizar as contas públicas;

Poder Judiciário

Função principal (típica) jurisdicional.

Além da sua própria função, a Constituição criou uma sistemática que permite a cada um dos poderes o exercício da função do outro poder. É a função atípica:

Poder Executivo

Função atípica de legislar e julgar;

Poder Legislativo

Função atípica de administrar e julgar;

Poder Judiciário

Função atípica de administrar e legislar.

Dessa forma, pode-se dizer que além da própria função, cada poder exercerá de forma acessória a função do outro poder.

Uma pergunta sempre surge na cabeça dos estudantes e poderá aparecer em prova: qual dos três poderes é mais importante?

A única resposta possível é a inexistência de poder mais importante. Cada poder possui sua própria função de forma que não se pode afirmar que exista hierarquia entre os poderes do Estado. Como diz a Constituição no Art. 2º:

> ***Art. 2º** São Poderes da União, independentes e harmônicos entre si, o Legislativo, o Executivo e o Judiciário.*

A seguir, será tratado de outro princípio que, juntamente com a Separação dos Poderes, é responsável pela organização do Estado: Princípio Federativo.

Princípio Federativo

Quando se fala em Federação, está-se falando da Forma de Estado adotada no Brasil. A forma de Estado reflete o modo de exercício do poder político em função do território, ou seja, como o poder político está distribuído dentro do território. Para compreender esta forma de Estado precisa-se ter em mente sua principal característica: descentralização política. Dizemos então que, numa federação, o poder político está distribuído entre os vários entes federativos, ou melhor, entre quatro entes federativos:

→ União;

→ Estados;

→ Distrito Federal;

→ Municípios.

Cada um dos entes federativos possui sua própria **autonomia** política, a qual pode ser percebida pela capacidade de auto-organização, de criação de leis e, inclusive, de criação da sua própria Constituição. Apesar de cada ente federativo possuir essa independência, não se pode esquecer que a existência do pacto federativo pressupõe a existência de uma Constituição Federal e da impossibilidade de separação.

Uma coisa deve ficar bem clara: não existe hierarquia entre os entes federativos. O que os diferencia é a competência que cada um recebeu da Constituição Federal.

Após analisar estes dois princípios constitucionais, será feita a junção entre eles para se ver como se estruturam dentro da República Federativa do Brasil. Dessa forma, foi visto na imagem anterior.

Agora que ficou esclarecido como o Estado Brasileiro está organizado, serão estudados os três Poderes em espécie. Começaremos pelo Poder Legislativo, sempre muito cobrado em prova.

Poder Legislativo

Funções Típicas e Atípicas

Esse Poder possui como função típica duas atribuições: legislar e fiscalizar.

Legislar significa criar leis, inovar o ordenamento jurídico. A função fiscalizatória diz respeito ao controle externo das contas públicas. É a fiscalização financeira, contábil e orçamentária.

Informações Gerais

O Poder Legislativo da União é representado pelo Congresso Nacional, cuja estrutura é bicameral, ou seja, é formado pela Câmara dos Deputados e pelo Senado Federal. Essa previsão encontra-se na Constituição Federal:

> ***Art. 44.*** *O Poder Legislativo é exercido pelo Congresso Nacional, que se compõe da Câmara dos Deputados e do Senado Federal.*

A **Câmara dos Deputados** é composta pelos Deputados Federais que são **representantes do povo** eleitos segundo o **sistema proporcional,** devendo cada ente (Estado e Distrito Federal) eleger no mínimo oito e no máximo 70 Deputados Federais. A proporcionalidade está relacionada com a quantidade da população dos entes federativos. Quanto maior for a população, mais deputados serão eleitos. Os territórios podem eleger quatro deputados. O mandato do Deputado é de quatro anos. Atualmente, existem na Câmara 513 membros. Sua organização é assim expressa na Constituição:

> ***Art. 45.*** *A Câmara dos Deputados compõe-se de representantes do povo, eleitos, pelo sistema proporcional, em cada Estado, em cada Território e no Distrito Federal.*
>
> ***§ 1º*** *- O número total de Deputados, bem como a representação por Estado e pelo Distrito Federal, será estabelecido por lei complementar, proporcionalmente à população, procedendo-se aos ajustes necessários, no ano anterior às eleições, para que nenhuma daquelas unidades da Federação tenha menos de oito ou mais de setenta Deputados.*
>
> ***§ 2º*** *- Cada Território elegerá quatro Deputados.*

O **Senado Federal** é composto por Senadores da República que são **representantes dos Estados e do Distrito Federal** eleitos segundo o **sistema majoritário simples ou puro,** devendo cada ente eleger três senadores. Aqui o sistema é majoritário, haja vista serem eleitos os candidatos mais votados.

O mandato do Senador é de 8 anos cuja eleição de 4 em 4 anos ocorre de forma alternada. Numa eleição, elegem-se 2 e na outra 1. Cada Senador será eleito com dois suplentes. Atualmente, existem 81 Senadores. Conforme o Art. 46 do texto constitucional:

> ***Art. 46.*** *O Senado Federal compõe-se de representantes dos Estados e do Distrito Federal, eleitos segundo o princípio majoritário.*
>
> ***§ 1º*** *- Cada Estado e o Distrito Federal elegerão três Senadores, com mandato de oito anos.*
>
> ***§ 2º*** *- A representação de cada Estado e do Distrito Federal será renovada de quatro em quatro anos, alternadamente, por um e dois terços.*
>
> ***§ 3º*** *- Cada Senador será eleito com dois suplentes.*

Fique Ligado

A Câmara é formada por representantes do povo escolhidos segundo o sistema proporcional. O Senado é formado por representantes dos Estados e do DF escolhidos segundo o sistema majoritário.

Competências

Este é um dos temas mais cobrados em prova, razão pela qual precisa ser estudado com estratégia para que no momento em que o candidato enfrentar a questão, consiga resolvê-la. A melhor forma de acertar essas questões é memorizando os Arts. sobre as competências, pois é dessa forma que será cobrado em prova. Uma sugestão para facilitar a memorização é fazer muitos exercícios sobre o tema.

A seguir apresentam-se as competências de cada órgão.

Competência do Congresso Nacional

Uma coisa que se deve entender é que o Congresso Nacional, apesar de ser formado pela Câmara e pelo Senado, possui suas próprias competências, as quais estão previstas nos Arts. 48 e 49. Um detalhe que sempre cai em prova diz respeito à diferença entre as competências desses dois Arts..

No Art. 48, encontram-se as competências do Congresso que dependem de sanção presidencial, as quais serão desempenhadas mediante lei (lei ordinária ou complementar) que disponham sobre matérias de competência da União. Segue abaixo o rol dessas competências:

> **Art. 48.** *Cabe ao Congresso Nacional, com a sanção do Presidente da República, não exigida esta para o especificado nos arts. 49, 51 e 52, dispor sobre todas as matérias de competência da União, especialmente sobre:*
>
> ***I.*** *Sistema tributário, arrecadação e distribuição de rendas;*
>
> ***II.*** *Plano plurianual, diretrizes orçamentárias, orçamento anual, operações de crédito, dívida pública e emissões de curso forçado;*
>
> ***III.*** *Fixação e modificação do efetivo das Forças Armadas;*
>
> ***IV.*** *Planos e programas nacionais, regionais e setoriais de desenvolvimento;*
>
> ***V.*** *Limites do território nacional, espaço aéreo e marítimo e bens do domínio da União;*
>
> ***VI.*** *Incorporação, subdivisão ou desmembramento de áreas de Territórios ou Estados, ouvidas as respectivas Assembleias Legislativas;*
>
> ***VII.*** *Transferência temporária da sede do Governo Federal;*
>
> ***VIII.*** *Concessão de anistia;*
>
> ***IX.*** *organização administrativa, judiciária, do Ministério Público e da Defensoria Pública da União e dos Territórios e organização judiciária e do Ministério Público do Distrito Federal;*
>
> ***X.*** *Criação, transformação e extinção de cargos, empregos e funções públicas, observado o que estabelece o Art. 84, VI, b;*
>
> ***XI.*** *Criação e extinção de Ministérios e órgãos da administração pública;*
>
> ***XII.*** *Telecomunicações e radiodifusão;*
>
> ***XIII.*** *Matéria financeira, cambial e monetária, instituições financeiras e suas operações;*
>
> ***XIV.*** *Moeda, seus limites de emissão, e montante da dívida mobiliária federal;*
>
> ***XV.*** *Fixação do subsídio dos Ministros do Supremo Tribunal Federal, observado o que dispõem os arts. 39, § 4º; 150, II; 153, III; e 153, § 2º, I.*

No Art. 49, têm-se as Competências Exclusivas do Congresso Nacional. Essas não dependem de sanção presidencial e serão formalizadas por meio de Decreto Legislativo:

> **Art. 49.** *É da competência exclusiva do Congresso Nacional:*
>
> ***I.*** *Resolver definitivamente sobre tratados, acordos ou atos internacionais que acarretem encargos ou compromissos gravosos ao patrimônio nacional;*
>
> ***II.*** *Autorizar o Presidente da República a declarar guerra, a celebrar a paz, a permitir que forças estrangeiras transitem pelo território nacional ou nele permaneçam temporariamente, ressalvados os casos previstos em lei complementar;*
>
> ***III.*** *Autorizar o Presidente e o Vice-Presidente da República a se ausentarem do País, quando a ausência exceder a quinze dias;*
>
> ***IV.*** *Aprovar o estado de defesa e a intervenção federal, autorizar o estado de sítio, ou suspender qualquer uma dessas medidas;*
>
> ***V.*** *Sustar os atos normativos do Poder Executivo que exorbitem do poder regulamentar ou dos limites de delegação legislativa;*
>
> ***VI.*** *Mudar temporariamente sua sede;*
>
> ***VII.*** *Fixar idêntico subsídio para os Deputados Federais e os Senadores, observado o que dispõem os arts. 37, XI, 39, § 4º, 150, II, 153, III, e 153, § 2º, I;*
>
> ***VIII.*** *Fixar os subsídios do Presidente e do Vice-Presidente da República e dos Ministros de Estado, observado o que dispõem os arts. 37, XI, 39, § 4º, 150, II, 153, III, e 153, § 2º, I;*
>
> ***IX.*** *Julgar anualmente as contas prestadas pelo Presidente da República e apreciar os relatórios sobre a execução dos planos de governo;*
>
> ***X.*** *Fiscalizar e controlar, diretamente, ou por qualquer de suas Casas, os atos do Poder Executivo, incluídos os da administração indireta;*
>
> ***XI.*** *Zelar pela preservação de sua competência legislativa em face da atribuição normativa dos outros Poderes;*
>
> ***XII.*** *Apreciar os atos de concessão e renovação de concessão de emissoras de rádio e televisão;*
>
> ***XIII.*** *Escolher dois terços dos membros do Tribunal de Contas da União;*
>
> ***XIV.*** *Aprovar iniciativas do Poder Executivo referentes a atividades nucleares;*
>
> ***XV.*** *Autorizar referendo e convocar plebiscito;*
>
> ***XVI.*** *Autorizar, em terras indígenas, a exploração e o aproveitamento de recursos hídricos e a pesquisa e lavra de riquezas minerais;*
>
> ***XVII.*** *Aprovar, previamente, a alienação ou concessão de terras públicas com área superior a dois mil e quinhentos hectares.*

Competência da Câmara dos Deputados

As competências da Câmara dos Deputados estão previstas no Art. 51, as quais serão exercidas, em regra, por meio de Resolução da Câmara. Apesar de o texto constitucional prever essas competências como privativas, elas não podem ser delegadas:

> **Art. 51.** *Compete privativamente à Câmara dos Deputados:*
>
> ***I.*** *Autorizar, por dois terços de seus membros, a instauração de processo contra o Presidente e o Vice-Presidente da República e os Ministros de Estado;*
>
> ***II.*** *Proceder à tomada de contas do Presidente da República, quando não apresentadas ao Congresso Nacional dentro de sessenta dias após a abertura da sessão legislativa;*
>
> ***III.*** *Elaborar seu regimento interno;*
>
> ***IV.*** *Dispor sobre sua organização, funcionamento, polícia, criação, transformação ou extinção dos cargos, empregos e funções de seus serviços, e a iniciativa de lei para fixação da respectiva remuneração, observados os parâmetros estabelecidos na lei de diretrizes orçamentárias;*
>
> ***V.*** *Eleger membros do Conselho da República, nos termos do Art. 89, VII.*

Competência do Senado Federal

As competências do Senado Federal estão previstas no Art. 52, as quais serão exercidas, em regra, por meio de Resolução do Senado. Apesar de o texto constitucional prever essas competências como privativas, elas não podem ser delegadas:

__Art. 52.__ Compete privativamente ao Senado Federal:

I. Processar e julgar o Presidente e o Vice-Presidente da República nos crimes de responsabilidade, bem como os Ministros de Estado e os Comandantes da Marinha, do Exército e da Aeronáutica nos crimes da mesma natureza conexos com aqueles;

II. Processar e julgar os Ministros do Supremo Tribunal Federal, os membros do Conselho Nacional de Justiça e do Conselho Nacional do Ministério Público, o Procurador-Geral da República e o Advogado-Geral da União nos crimes de responsabilidade;

III. Aprovar previamente, por voto secreto, após arguição pública, a escolha de:

a) Magistrados, nos casos estabelecidos nesta Constituição;

b) Ministros do Tribunal de Contas da União indicados pelo Presidente da República;

c) Governador de Território;

d) Presidente e diretores do banco central;

e) Procurador-Geral da República;

f) Titulares de outros cargos que a lei determinar;

IV. Aprovar previamente, por voto secreto, após arguição em sessão secreta, a escolha dos chefes de missão diplomática de caráter permanente;

V. Autorizar operações externas de natureza financeira, de interesse da União, dos Estados, do Distrito Federal, dos Territórios e dos Municípios;

VI. Fixar, por proposta do Presidente da República, limites globais para o montante da dívida consolidada da União, dos Estados, do Distrito Federal e dos Municípios;

VII. Dispor sobre limites globais e condições para as operações de crédito externo e interno da União, dos Estados, do Distrito Federal e dos Municípios, de suas autarquias e demais entidades controladas pelo Poder Público federal;

VIII. Dispor sobre limites e condições para a concessão de garantia da União em operações de crédito externo e interno;

IX. Estabelecer limites globais e condições para o montante da dívida mobiliária dos Estados, do Distrito Federal e dos Municípios;

X. Suspender a execução, no todo ou em parte, de lei declarada inconstitucional por decisão definitiva do Supremo Tribunal Federal;

XI. Aprovar, por maioria absoluta e por voto secreto, a exoneração, de ofício, do Procurador-Geral da República antes do término de seu mandato;

XII. Elaborar seu regimento interno;

XIII. Dispor sobre sua organização, funcionamento, polícia, criação, transformação ou extinção dos cargos, empregos e funções de seus serviços, e a iniciativa de lei para fixação da respectiva remuneração, observados os parâmetros estabelecidos na lei de diretrizes orçamentárias;

XIV. Eleger membros do Conselho da República, nos termos do Art. 89, VII;

XV. Avaliar periodicamente a funcionalidade do Sistema Tributário Nacional, em sua estrutura e seus componentes, e o desempenho das administrações tributárias da União, dos Estados e do Distrito Federal e dos Municípios.

§ único. *Nos casos previstos nos incisos I e II, funcionará como Presidente o do Supremo Tribunal Federal, limitando-se a condenação, que somente será proferida por dois terços dos votos do Senado Federal, à perda do cargo, com inabilitação, por oito anos, para o exercício de função pública, sem prejuízo das demais sanções judiciais cabíveis.*

As questões sobre as competências dos órgãos parlamentares são muito cobradas em prova e exigem do candidato uma nítida capacidade de memorização. Às vezes, é possível encontrar uma questão que trabalhe a competência associada com questões doutrinárias ou mesmo jurisprudencial. Vejamos o exemplo:

Exercício Comentado

01. ***(CESPE) O Senado Federal, ao julgar o processo de impeachment de presidente da República, exercerá uma função jurisdicional.***

CERTO. ***Trata-se de uma função atípica desempenhada pelo Senado Federal. Em regra, o Senado legisla e fiscaliza, podendo eventualmente exercer competência do outro poder de forma atípica. Previsão constitucional no Art. 52, I.***

Imunidade Parlamentar

Os parlamentares, por ocuparem uma função essencial na organização política do Estado, possuem Imunidades. As imunidades são prerrogativas inerentes à sua função que têm como objetivo garantir a sua independência durante o exercício do seu mandato. Um ponto que deve ser lembrado é que a imunidade não pertence à pessoa, e sim ao cargo, motivo pelo qual é irrenunciável. Isso significa que o parlamentar só a detém enquanto estiver no exercício de sua função.

São dois os tipos de imunidade:

→ Imunidade material;

→ Imunidade formal.

A imunidade material é uma verdadeira irresponsabilidade absoluta. Também conhecida como inviolabilidade parlamentar, ela isenta o seu titular de qualquer responsabilidade civil, penal, administrativa ou mesmo política, no que tange às suas opiniões, palavras e votos. Vejamos o que diz o caput do Art. 53:

> ***Art. 53.*** *Os Deputados e Senadores são invioláveis, civil e penalmente, por quaisquer de suas opiniões, palavras e votos.*

Mas deve-se ter atenção: essa prerrogativa diz respeito apenas às opiniões, palavras e votos proferidos no exercício da função parlamentar durante o seu mandato, ainda que a busca pela responsabilização ocorra após o término do seu mandato. Não importa se está dentro do recinto parlamentar ou fora dele. O que importa é que seja praticado na função ou em razão da função parlamentar.

As imunidades formais são prerrogativas de ordem processual e ocorrem em relação:

> ao foro de julgamento;

> à prisão;

> ao processo.

A **prerrogativa de foro** decorre do previsto no Art. 53, § 1º da CF, que prevê:

> ***§ 1º*** *- Os Deputados e Senadores, desde a expedição do diploma, serão submetidos a julgamento perante o Supremo Tribunal Federal.*

Como pode se depreender do texto constitucional, a partir da expedição do diploma o parlamentar será julgado perante o STF nas ações de natureza penal sem necessidade de autorização da Casa legislativa à qual pertence. Ressalte-se que o parlamentar será julgado no STF por infrações cometidas antes ou depois da diplomação, contudo, finalizado o seu mandato, perde-se com ele a imunidade, fazendo com que os seus processos saiam da competência do STF e passem para os demais órgãos do Judiciário, a depender da matéria em questão. Não estão incluídas nessa prerrogativa as ações de natureza cível.

Em relação **à prisão**, o parlamentar só poderá ser preso em flagrante delito de crime inafiançável conforme previsão do § 2º do Art. 53:

> *§ 2º - Desde a expedição do diploma, os membros do Congresso Nacional não poderão ser presos, salvo em flagrante de crime inafiançável. Nesse caso, os autos serão remetidos dentro de vinte e quatro horas à Casa respectiva, para que, pelo voto da maioria de seus membros, resolva sobre a prisão.*

Essa prerrogativa inicia sua abrangência a partir da diplomação e alcança qualquer forma de prisão, seja de natureza penal ou civil. A manutenção dessa prisão depende de manifestação da maioria absoluta dos membros da Casa.

Apesar de o texto constitucional não prever, interpreta-se de forma lógica que o Parlamentar será preso no caso de uma sentença penal condenatória transitada em julgado.

Há também a imunidade em relação ao **processo** prevista no Art. 53, §§ 3º ao 5º:

> *§ 3º - Recebida a denúncia contra o Senador ou Deputado, por crime ocorrido após a diplomação, o Supremo Tribunal Federal dará ciência à Casa respectiva, que, por iniciativa de partido político nela representado e pelo voto da maioria de seus membros, poderá, até a decisão final, sustar o andamento da ação.*
>
> *§ 4º - O pedido de sustação será apreciado pela Casa respectiva no prazo improrrogável de quarenta e cinco dias do seu recebimento pela Mesa Diretora.*
>
> *§ 5º - A sustação do processo suspende a prescrição, enquanto durar o mandato.*

A imunidade em relação ao processo prevista na Constituição possibilita a Casa a qual pertence o parlamentar, pelo voto da maioria absoluta, sustar o andamento da ação penal desde que a faça antes da decisão definitiva e desde que seja em relação aos crimes cometidos após a diplomação. Não é necessária autorização da respectiva casa para processar o parlamentar.

A Casa Legislativa possui 45 dias para apreciar o pedido que, se aprovado, suspenderá o prazo prescricional da infração até o final do mandato.

Fique Ligado

As imunidades pertencem ao cargo que a pessoa ocupa e não à pessoa que ocupa o cargo.

Função Fiscalizadora

Essa é a segunda função típica do Poder Legislativo. Além de criar normas, o Congresso Nacional também possui como função principal a fiscalização contábil, financeira e orçamentária da União e de suas Entidades da Administração direta e Indireta. Vejamos o Art. 70 da Constituição:

> ***Art. 70.*** *A fiscalização contábil, financeira, orçamentária, operacional e patrimonial da União e das entidades da administração direta e indireta, quanto à legalidade, legitimidade, economicidade, aplicação das subvenções e renúncia de receitas, será exercida pelo Congresso Nacional, mediante controle externo, e pelo sistema de controle interno de cada Poder.*
>
> **§ único.** *Prestará contas qualquer pessoa física ou jurídica, pública ou privada, que utilize, arrecade, guarde, gerencie ou administre dinheiros, bens e valores públicos ou pelos quais a União responda, ou que, em nome desta, assuma obrigações de natureza pecuniária.*

Veja que o Art. 70 fala em Controle Externo e Controle Interno. São as duas formas de fiscalização vislumbrada pelo texto constitucional. O Controle Interno é aquele realizado por cada Poder. Cada um fiscaliza suas próprias contas. Já o Controle Externo é o realizado pelo Congresso Nacional, com apoio do Tribunal de Contas da União.

O Art. 71 ainda apresenta as atribuições do Tribunal de Contas da União no que tange à fiscalização exercida:

> ***Art. 71.*** *O controle externo, a cargo do Congresso Nacional, será exercido com o auxílio do Tribunal de Contas da União, ao qual compete:*
>
> *I. Apreciar as contas prestadas anualmente pelo Presidente da República, mediante parecer prévio que deverá ser elaborado em sessenta dias a contar de seu recebimento;*
>
> *II. Julgar as contas dos administradores e demais responsáveis por dinheiros, bens e valores públicos da administração direta e indireta, incluídas as fundações e sociedades instituídas e mantidas pelo Poder Público federal, e as contas daqueles que derem causa a perda, extravio ou outra irregularidade de que resulte prejuízo ao erário público;*
>
> *III. Apreciar, para fins de registro, a legalidade dos atos de admissão de pessoal, a qualquer título, na administração direta e indireta, incluídas as fundações instituídas e mantidas pelo Poder Público, excetuadas as nomeações para cargo de provimento em comissão, bem como a das concessões de aposentadorias, reformas e pensões, ressalvadas as melhorias posteriores que não alterem o fundamento legal do ato concessório;*
>
> *IV. Realizar, por iniciativa própria, da Câmara dos Deputados, do Senado Federal, de Comissão técnica ou de inquérito, inspeções e auditorias de natureza contábil, financeira, orçamentária, operacional e patrimonial, nas unidades administrativas dos Poderes Legislativo, Executivo e Judiciário, e demais entidades referidas no inciso II;*
>
> *V. Fiscalizar as contas nacionais das empresas supranacionais de cujo capital social a União participe, de forma direta ou indireta, nos termos do tratado constitutivo;*
>
> *VI. Fiscalizar a aplicação de quaisquer recursos repassados pela União mediante convênio, acordo, ajuste ou outros instrumentos congêneres, a Estado, ao Distrito Federal ou a Município;*
>
> *VII. Prestar as informações solicitadas pelo Congresso Nacional, por qualquer de suas Casas, ou por qualquer das respectivas Comissões, sobre a fiscalização contábil, financeira, orçamentária, operacional e patrimonial e sobre resultados de auditorias e inspeções realizadas;*

> *VIII.* *Aplicar aos responsáveis, em caso de ilegalidade de despesa ou irregularidade de contas, as sanções previstas em lei, que estabelecerá, entre outras cominações, multa proporcional ao dano causado ao erário;*
>
> *IX.* *Assinar prazo para que o órgão ou entidade adote as providências necessárias ao exato cumprimento da lei, se verificada ilegalidade;*
>
> *X.* *Sustar, se não atendido, a execução do ato impugnado, comunicando a decisão à Câmara dos Deputados e ao Senado Federal;*
>
> *XI.* *Representar ao Poder competente sobre irregularidades ou abusos apurados.*

Uma questão sempre cobrada em prova diz respeito às regras do Tribunal de Contas da União. A primeira coisa a ser estabelecida é a situação jurídica do TCU. A qual dos três poderes pertence o TCU?

A única reposta possível: o TCU não está subordinado a nenhum Poder. Ele é um órgão autônomo que está vinculado funcionalmente ao Poder Legislativo. Não se trata de subordinação, mas de ligação funcional. Apesar da previsão de função jurisdicional, o TCU também não pertence ao Poder Judiciário. O termo utilizado no Art. 73 é equivocado quando comparado à natureza do órgão:

> ***Art. 73.*** *O Tribunal de Contas da União, integrado por nove Ministros, tem sede no Distrito Federal, quadro próprio de pessoal e jurisdição em todo o território nacional, exercendo, no que couber, as atribuições previstas no Art. 96.*

Apesar de ser chamado de "tribunal" e de a Constituição Federal ter dito que possuía "jurisdição", o TCU não é órgão do Poder Judiciário. As suas ações possuem natureza meramente administrativa.

Vencido esse tema, passa-se à análise da composição do TCU:

> ***§ 1º*** *- Os Ministros do Tribunal de Contas da União serão nomeados dentre brasileiros que satisfaçam os seguintes requisitos:*
>
> *I.* *Mais de trinta e cinco e menos de sessenta e cinco anos de idade;*
>
> *II.* *Idoneidade moral e reputação ilibada;*
>
> *III.* *Notórios conhecimentos jurídicos, contábeis, econômicos e financeiros ou de administração pública;*
>
> *IV.* *Mais de dez anos de exercício de função ou de efetiva atividade profissional que exija os conhecimentos mencionados no inciso anterior.*
>
> ***§ 2º*** *- Os Ministros do Tribunal de Contas da União serão escolhidos:*
>
> *I.* *Um terço pelo Presidente da República, com aprovação do Senado Federal, sendo dois alternadamente dentre auditores e membros do Ministério Público junto ao Tribunal, indicados em lista tríplice pelo Tribunal, segundo os critérios de antiguidade e merecimento;*
>
> *II.* *Dois terços pelo Congresso Nacional.*

Como se pode perceber, ser Ministro do TCU não é para qualquer pessoa. Faz-se necessário o preenchimento dos seguintes requisitos:

→ ser brasileiro;

→ possuir mais de trinta e cinco e menos de sessenta e cinco anos de idade;

→ possuir idoneidade moral e reputação ilibada;

→ possuir notórios conhecimentos jurídicos, contábeis, econômicos e financeiros ou de administração pública;

→ ter mais de dez anos de exercício de função ou de efetiva atividade profissional que exija os conhecimentos mencionados no inciso anterior.

A Constituição também regulou a forma de escolha desses membros por meio das seguintes regras:

→ um terço será escolhido pelo Presidente da República, com aprovação do Senado Federal, sendo dois alternadamente dentre auditores e membros do Ministério Público junto ao Tribunal, indicados em lista tríplice pelo Tribunal, segundo os critérios de antiguidade e merecimento;

→ dois terços pelo Congresso Nacional.

Quanto à escolha feita pelo Presidente uma observação é pertinente. Dos três membros que poderão ser escolhidos pelo Presidente dois serão, obrigatoriamente, auditores e membros do Ministério Público junto ao Tribunal de Contas da União. Já o terceiro membro escolhido pelo Presidente, será de sua livre escolha desde que preenchidos os demais requisitos já mencionados.

Outra observação importantíssima e sempre cobrada em prova: a Constituição equipara os Ministros do TCU aos Ministros do STJ ao passo que os auditores estão equiparados aos Juízes do TRF. Logicamente, se o auditor estiver substituindo o Ministro, a ele serão asseguradas as garantias próprias dos Ministros. Esta é a leitura dos §s 3º e 4º:

> ***§ 3º*** *- Os Ministros do Tribunal de Contas da União terão as mesmas garantias, prerrogativas, impedimentos, vencimentos e vantagens dos Ministros do Superior Tribunal de Justiça, aplicando-se-lhes, quanto à aposentadoria e pensão, as normas constantes do Art. 40.*
>
> ***§ 4º*** *- O auditor, quando em substituição a Ministro, terá as mesmas garantias e impedimentos do titular e, quando no exercício das demais atribuições da judicatura, as de juiz de Tribunal Regional Federal.*

Processo Legislativo

Agora será estudada outra função típica do Poder Legislativo: o Processo Legislativo. O Processo Legislativo é um conjunto de procedimentos necessários para criação das normas. A Constituição, no Art. 59, apresenta algumas normas que podem ser criadas segundo essas regras:

> ***Art. 59.*** *O processo legislativo compreende a elaboração de:*
>
> *I.* *Emendas à Constituição;*
>
> *II.* *Leis complementares;*
>
> *III.* *Leis ordinárias;*
>
> *IV.* *Leis delegadas;*
>
> *V.* *Medidas provisórias;*
>
> *VI.* *Decretos legislativos;*
>
> *VII.* *Resoluções.*
>
> **§ único.** *Lei complementar disporá sobre a elaboração, redação, alteração e consolidação das leis.*

Essas são as chamadas normas primárias, pois a sua fonte de validade é a própria constituição. Nem de longe são as únicas normas existentes no direito brasileiro. O candidato deve ter ouvido falar em uma portaria ou instrução normativa. Essas outras normas que não estão no Art. 59, mas que também regulam nossas vidas, são chamadas de normas secundárias as quais, retiram a validade das normas primárias.

Uma pergunta que sempre é feita em prova: existe hierarquia entre as normas primárias previstas no Art. 59?

Em um primeiro momento, é possível verificar hierarquia entre essas normas, haja vista as emendas constitucionais possuírem o mesmo *status* da Constituição Federal. Fora as emendas que são hierarquicamente superiores às demais, pode-se afirmar, com amparo no próprio STF, que não existe hierarquia entre demais normas primárias. Isso significa dizer que as leis complementares, leis ordinárias, leis delegadas, medidas provisórias, decretos legislativos e resoluções estão na mesma posição jurídica. O que as distingue é a competência para edição e para a utilização. Cada uma dessas normas possui uma utilização específica prevista na própria Constituição e é isso que será estudado a partir de agora. Inicia-se com o chamado Processo Legislativo Ordinário.

Fique Ligado

Não existe hierarquia entre lei complementar e lei ordinária.

Processo Legislativo Ordinário

Esse é o processo legislativo destinado a elaboração das leis ordinárias e complementares. É composto por três fases: **introdutória**, **constitutiva** e **complementar.**

- **Fase introdutória**

A fase introdutória é composta basicamente pela iniciativa, ou seja, pela deflagração do processo de criação de uma lei.

Mas quem pode iniciar esse processo legislativo?

Qualquer membro ou comissão do Congresso Nacional, da Câmara ou do Senado; o Presidente da República; o Supremo Tribunal Federal; os Tribunais Superiores; o Procurador-geral da República; e os cidadãos. Isso está previsto no caput do Art. 61:

> **Art. 61**. *A iniciativa das leis complementares e ordinárias cabe a qualquer membro ou Comissão da Câmara dos Deputados, do Senado Federal ou do Congresso Nacional, ao Presidente da República, ao Supremo Tribunal Federal, aos Tribunais Superiores, ao Procurador-Geral da República e aos cidadãos, na forma e nos casos previstos nesta Constituição.*

Algumas considerações precisam ser feitas acerca da iniciativa. Primeiramente, no que tange à iniciativa do Presidente da República: existem algumas matérias em que a iniciativa da lei é privativa do Presidente, as quais estão previstas no § 1º do Art. 61:

> ***§ 1º*** *- São de iniciativa privativa do Presidente da República as leis que:*
>
> ***I.*** *Fixem ou modifiquem os efetivos das Forças Armadas;*
>
> ***II.*** *Disponham sobre:*
>
> ***a)*** *criação de cargos, funções ou empregos públicos na administração direta e autárquica ou aumento de sua remuneração;*
>
> ***b)*** *organização administrativa e judiciária, matéria tributária e orçamentária, serviços públicos e pessoal da administração dos Territórios;*
>
> ***c)*** *servidores públicos da União e Territórios, seu regime jurídico, provimento de cargos, estabilidade e aposentadoria;*
>
> ***d)*** *organização do Ministério Público e da Defensoria Pública da União, bem como normas gerais para a organização do Ministério Público e da Defensoria Pública dos Estados, do Distrito Federal e dos Territórios;*
>
> ***e)*** *criação e extinção de Ministérios e órgãos da administração pública, observado o disposto no Art. 84, VI;*
>
> ***f)*** *militares das Forças Armadas, seu regime jurídico, provimento de cargos, promoções, estabilidade, remuneração, reforma e transferência para a reserva.*

Quer dizer que só o Presidente da República tem iniciativa para propor projetos de lei sobre esses temas.

Outra consideração importante se refere à iniciativa popular, ou seja, os projetos de lei propostos por cidadãos. A Constituição no § 2º do Art. 61 condiciona o exercício desta iniciativa ao preenchimento de alguns requisitos:

> ***§ 2º*** *- A iniciativa popular pode ser exercida pela apresentação à Câmara dos Deputados de projeto de lei subscrito por, no mínimo, um por cento do eleitorado nacional, distribuído pelo menos por cinco Estados, com não menos de três décimos por cento dos eleitores de cada um deles.*

Também é relevante anotar a competência do STF e dos Tribunais Superiores que estão previstos no Art. 93 e 96, II:

> ***Art. 93.*** *Lei complementar, de iniciativa do Supremo Tribunal Federal, disporá sobre o Estatuto da Magistratura, observados os seguintes princípios.*
>
> ***Art. 96.*** *Compete privativamente:*
>
> ***II.*** *Ao Supremo Tribunal Federal, aos Tribunais Superiores e aos Tribunais de Justiça propor ao Poder Legislativo respectivo, observado o disposto no Art. 169.*

E ainda há a iniciativa do Procurador Geral da República, chefe do Ministério Público da União, e que está prevista no Art. 127, § 2º:

> ***Art. 127, § 2º*** *Ao Ministério Público é assegurada autonomia funcional e administrativa, podendo, observado o disposto no Art. 169, propor ao Poder Legislativo a criação e extinção de seus cargos e serviços auxiliares, provendo-os por concurso público de provas ou de provas e títulos, a política remuneratória e os planos de carreira; a lei disporá sobre sua organização e funcionamento.*

Todo Processo Legislativo precisa ser iniciado em uma das Casas do Poder Legislativo da União, as quais possuem atribuição principal para legislar. A Casa Legislativa onde o projeto de lei é apresentado inicialmente é chamada de **Casa Iniciadora**. Sempre o projeto se inicia em uma Casa, enquanto a outra fica responsável pela revisão. Quem revisa é chamada de **Casa Revisora**. Se o projeto se iniciar na Câmara dos Deputados, essa será a Casa Iniciadora, enquanto o Senado Federal será a Casa Revisora. Se ao contrário, o projeto se inicia no Senado, a Câmara será a Casa Revisora.

Em regra, a Casa Iniciadora será a Câmara dos Deputados, ou seja, é nessa casa que os processos legislativos costumam ser iniciados. Excepcionalmente, o Processo Legislativo se iniciará no Senado Federal. O Senado só será Casa Iniciadora quando a iniciativa for de um membro ou de uma comissão do Senado bem como nos casos em que for proposta por comissão mista do Congresso Nacional. No último caso, o processo iniciar-se-á alternadamente em cada casa, iniciando-se uma vez na Câmara outra vez no Senado[1].

1 Regimento Comum: Resolução nº 1, de 1970-CN, (texto consolidado até 2010) e normas conexas. Brasília: Congresso Nacional, 2011, Art. 142: Os projetos elaborados por Comissão Mista serão encaminhados, alternadamente, ao Senado e à Câmara dos Deputados.

Fase Constitutiva

Apresentado o projeto de lei à Casa Iniciadora, iniciar-se-á a Fase Constitutiva. Essa fase é formada por três momentos: discussão, votação e sanção.

- **Discussão**

A discussão, também chamada de debate, é o momento destinado à discussão dos projetos de lei. A discussão ocorre em três locais: na Comissão de Constituição e Justiça (CCJ), nas Comissões Temáticas (CT) e no Plenário.

A CCJ realiza uma análise formal do projeto e emite um parecer terminativo quanto à constitucionalidade. Isso significa dizer aquilo que for decidido por essa comissão definirá o rumo do projeto de lei analisado.

Já as Comissões Temáticas realizam um exame material e emitem pareceres meramente opinativos, ou seja, essas comissões emitem apenas uma opinião que poderá ser seguida ou não.

Após o debate nas comissões, o projeto de lei é enviado ao plenário, onde ocorre a votação.

- **Votação**

Neste momento se faz necessário compreender os quóruns necessários para votação. Existem 3 tipos de quórum:

01. Quórum para deliberação:

Para a deliberação em plenário de qualquer projeto de lei é necessária a presença da maioria absoluta dos membros, conforme disposto no Art. 47:

> ***Art. 47.*** *Salvo disposição constitucional em contrário, as deliberações de cada Casa e de suas Comissões serão tomadas por maioria dos votos, presente a maioria absoluta de seus membros.*

02. Quórum para aprovação de lei ordinária:

Para aprovação de lei ordinária, é necessário o voto de maioria simples ou relativa dos presentes com fundamento no Art. 47 acima apresentado.

03. Quórum para aprovação de lei complementar:

Para aprovação de lei complementar é necessário o voto da maioria absoluta dos membros. Vejamos o Art. 69 da Constituição:

> ***Art. 69.*** *As leis complementares serão aprovadas por maioria absoluta.*

Mas o que é **maioria absoluta?** Calcula-se a maioria absoluta de forma muito simples. É o primeiro número inteiro após a metade.

» **Ex.**: no caso do Senado Federal, que possui 81 membros, para se calcular a maioria absoluta primeiramente se busca a metade, que é 40,5. O primeiro número inteiro após a metade é 41. Logo, esse número representa a maioria absoluta do Senado. Esse raciocínio deve ser feito também com a Câmara para se chegar a sua maioria absoluta, que é 257. Lembre-se de que a maioria absoluta é um número fixo. Sempre será a mesma quantidade. Lembre-se também de que esse quórum serve tanto para iniciar as deliberações nas Casas quanto para aprovar a lei complementar.

A **maioria relativa** é a maioria dos presentes. Sua lógica é parecida com a utilizada para descobrir a maioria absoluta, com apenas uma distinção: o parâmetro aqui é a quantidade de presentes. Logo, para se calcular a maioria relativa, deve-se contar os presentes, descobrir quanto é a metade e chegar ao primeiro número inteiro após a metade. Supondo que estejam presentes 41 Senadores, o que já bastaria para se iniciar qualquer deliberação, a maioria relativa dos presentes estaria representada por 21 membros. Essa quantidade já seria suficiente para aprovar uma lei ordinária.

Fique Ligado

Para iniciar as deliberações e aprovar lei complementar, é necessário maioria absoluta. Para aprovar lei ordinária, basta a maioria simples ou relativa.

Entendidos esses quóruns, podemos votar o projeto de lei. Duas são as consequências possíveis de um projeto de lei na Casa Iniciadora:

→ Rejeição

Projeto de lei rejeitado deve ser arquivado;

→ Aprovação

Projeto de lei aprovado segue para Casa Revisora.

Após a aprovação do projeto de lei na Casa Iniciadora, o projeto será encaminhado para a Casa Revisora conforme disposição do Art. 65:

> ***Art. 65.*** *O projeto de lei aprovado por uma Casa será revisto pela outra, em um só turno de discussão e votação, e enviado à sanção ou promulgação, se a Casa revisora o aprovar, ou arquivado, se o rejeitar.*
>
> ***§ único.*** *Sendo o projeto emendado, voltará à Casa iniciadora.*

Na Casa Revisora o projeto também precisa passar pelas mesmas comissões que passou na Casa Iniciadora até chegar ao plenário. A partir da votação, o projeto pode ter 3 destinos:

a) Rejeição

Caso o projeto seja rejeitado, o mesmo será arquivado;

b) Aprovação sem emenda

Se aprovado sem emendas, o projeto segue para o Presidente da República sancionar ou vetar;

c) Aprovação com emendas

Se aprovado com emendas, o projeto retorna à Casa Iniciadora, que analisará as emendas. Caso aprove as emendas, encaminhará o projeto para sanção do Presidente. Se as emendas não forem aprovadas, a Casa Iniciadora retira as emendas e, do mesmo jeito, encaminha o Projeto de Lei para sanção. Essa situação revela uma nítida prevalência da Casa Iniciadora sobre a Casa Revisora.

Uma observação deve ser feita nos casos dos Projetos de Lei rejeitados: segundo o Art. 67, projeto de lei rejeitado só poderá ser apresentado novamente na mesma sessão legislativa se for apresentado pelo voto de maioria absoluta dos membros de qualquer das casas **(Princípio da Irrepetibilidade Relativa):**

> ***Art. 67.*** *A matéria constante de projeto de lei rejeitado somente poderá constituir objeto de novo projeto, na mesma sessão legislativa, mediante proposta da maioria absoluta dos membros de qualquer das Casas do Congresso Nacional.*

Esse tema sempre é cobrado em prova, bem como os aspectos relacionados aos *quóruns* exigidos para as deliberações no parlamento. Memorize as regras e tenha cuidado para não confundi-las.

Exercício Comentado

01. (FUNCAB) A matéria constante de projeto de lei rejeitado somente poderá constituir objeto de novo projeto, na mesma sessão legislativa, mediante proposta de dois terços dos parlamentares.

ERRADO. A matéria constante de projeto de lei rejeitado poderá constituir proposta de novo projeto na mesma sessão legislativa se for proposta pela maioria absoluta de qualquer uma das casas. Leitura do Art. 67 da Constituição Federal.

- **Sanção ou veto**

Inicia-se agora a tratar do terceiro momento da fase constitutiva: a sanção ou veto. A sanção é a concordância do Presidente com o projeto de lei, enquanto o veto é a sua discordância. Tanto a sanção quanto o veto estão regulados no Art. 66:

> ***Art. 66.*** *A Casa na qual tenha sido concluída a votação enviará o projeto de lei ao Presidente da República, que, aquiescendo, o sancionará.*
>
> ***§ 1º*** *- Se o Presidente da República considerar o projeto, no todo ou em parte, inconstitucional ou contrário ao interesse público, vetá-lo-á total ou parcialmente, no prazo de quinze dias úteis, contados da data do recebimento, e comunicará, dentro de quarenta e oito horas, ao Presidente do Senado Federal os motivos do veto.*

Primeiramente,serão analisados alguns aspectos importantes da sanção. O § 1º do Art. 66 afirma que o Presidente possui 15 dias úteis para manifestar-se sobre o projeto de lei. Esse § apresenta a modalidade de **Sanção Expressa**. Sanção Expressa é aquela em que o Presidente expressamente manifesta sua concordância com o projeto de lei. Ele deixa clara sua opinião a favor do projeto de lei.

Outra forma de sanção é a chamada Sanção Tácita. Vejamos o § 3º do mesmo Art.:

> ***Art. 66, § 3º*** *- Decorrido o prazo de quinze dias, o silêncio do Presidente da República importará sanção.*

A **Sanção Tácita** ocorre quando o Presidente, durante o prazo que possui de 15 dias, não manifesta sua vontade quanto ao projeto de lei. Simplesmente fica em silêncio.

O silêncio do Presidente significa concordância com o projeto de lei. Note que **com a sanção o projeto de lei se transforma em lei**.

Quanto ao veto, algumas considerações também precisam ser feitas. Utilizando a mesma fundamentação do Art. 66, pode-se afirmar que o Presidente possui o prazo de 15 dias úteis para concordar ou discordar do projeto de lei. Agora, havendo discordância de forma expressa tem-se o chamado **Veto Expresso**. Uma pergunta surge diante dessa afirmação: será que existe veto tácito?

Ora, se durante o prazo de 15 dias úteis, o Presidente não falar nada, tem-se a Sanção Tácita. Seria possível o silêncio do Presidente provocar duas consequências jurídicas diferentes? É claro que não. Logo, pode-se afirmar que não existe Veto Tácito. **O veto será sempre expresso.**

O veto pode ser jurídico ou político. O **Veto Jurídico** ocorre quando o Presidente considera o projeto de lei inconstitucional. É uma espécie de controle de constitucionalidade prévio, pois ocorre antes da criação da lei. Já o **Veto Político** ocorre quando o Presidente veta o projeto de lei por considerá-lo contrário ao interesse público.

A doutrina afirma ainda que o veto poderá ser total ou parcial. O **Veto Total** ocorre quando o Presidente veta todo o projeto de lei. O **Veto Parcial** é aquele em que o Presidente vete parte do projeto de lei. No que tange ao veto parcial, a Constituição estabeleceu alguns limites no § 2º:

> ***Art. 66, § 2º*** *- O veto parcial somente abrangerá texto integral de Art., de §, de inciso ou de alínea.*

Ou seja, não existe veto de palavras ou letras isoladas. O veto só pode abranger o texto integral de um Art., §, inciso ou de alínea.

O veto tem que ser **motivado**, pois, conforme prevê o § 1º do Art. 61 o Presidente deverá informar a sua justificativa ao Presidente do Senado Federal em 48 horas. Isso se faz necessário em razão do veto ser superável, ou seja, o Congresso, em 30 dias, analisará o veto e poderá, pelo voto de maioria absoluta dos Deputados e Senadores, rejeitá-lo. É o que dispõe o § 4º do Art. 66:

> ***§ 4º*** *- O veto será apreciado em sessão conjunta, dentro de trinta dias a contar de seu recebimento, só podendo ser rejeitado pelo voto da maioria absoluta dos Deputados e Senadores, em escrutínio secreto.*

Derrubado o veto, o projeto será enviado ao Presidente da República para que o promulgue:

> ***§ 5º*** *- Se o veto não for mantido, será o projeto enviado, para promulgação, ao Presidente da República.*

Finalizado o terceiro momento da fase constitutiva, inicia-se agora a fase complementar.

Fique Ligado

A sanção poderá ser tácita ou expressa, mas o veto será sempre expresso.

Fase Complementar

A fase complementar consiste em dois momentos: a promulgação e a publicação.

A **promulgação** é um atestado de que a lei existe. Em regra, é feita pelo Presidente da República; contudo, nos casos de sanção tácita ou rejeição do veto, em que o Presidente não promulgue a lei em 48 horas, a competência para fazê-la será do Presidente do Senado Federal e, se esse não a fizer, será competente o Vice-Presidente do Senado. A publicação marca o início da exigência da lei.

> ***§ 7º*** *- Se a lei não for promulgada dentro de quarenta e oito horas pelo Presidente da República, nos casos dos § 3º e § 5º, o Presidente do Senado a promulgará, e, se este não o fizer em igual prazo, caberá ao Vice-Presidente do Senado fazê-lo.*

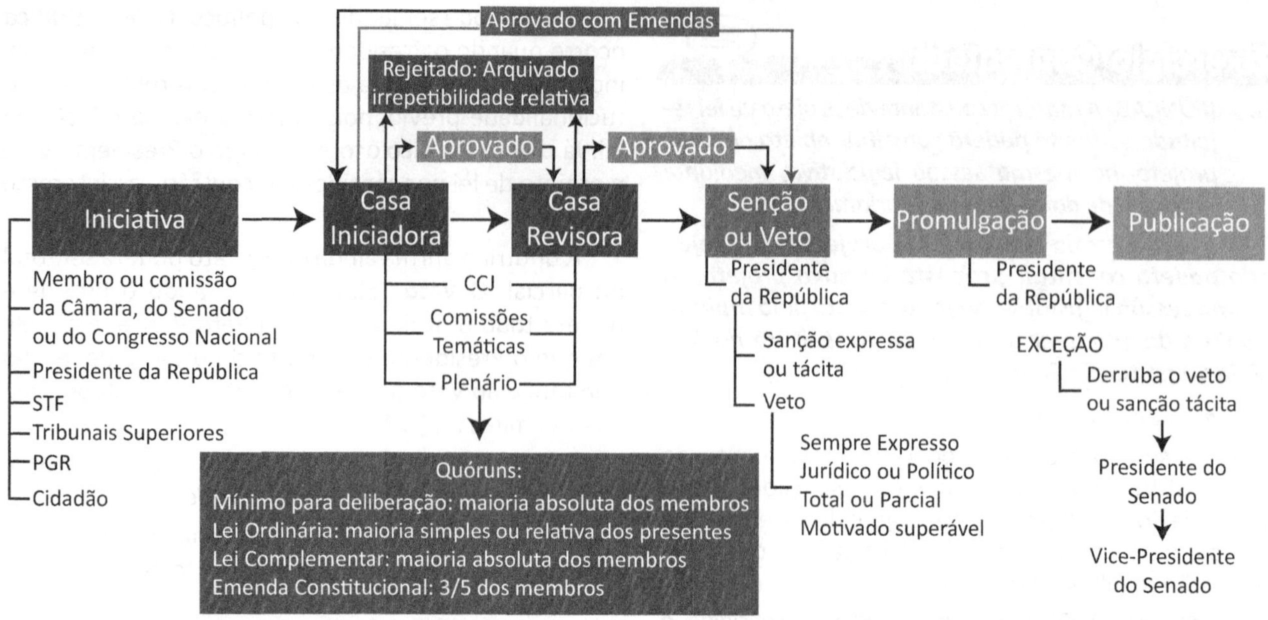

Após a promulgação, há a **publicação**. A publicação marca o momento em que a norma se torna conhecida da sociedade, pois passa a ser pública. Essa publicidade é feita em jornais oficiais como o Diário Oficial da União. A partir da publicação, se não houver outro prazo para o início da vigência, a lei poderá ser exigida.

Esse é o Processo Legislativo das leis ordinárias e complementares. A diferença entre o Processo Legislativo das leis ordinárias e o das leis complementares está no quórum de aprovação. Além dessa diferença, a doutrina tem salientado que, para uma matéria ser regulada por lei complementar, deve haver exigência expressa do texto constitucional.

Passa-se para outra espécie de processo legislativo: o Processo Legislativo Sumário.

Processo Legislativo Sumário

O Processo Legislativo Sumário é o Processo Legislativo Ordinário com prazo. Regulado no Art. 64, o Processo Legislativo Sumário é caracterizado pelo pedido de urgência solicitado pelo Presidente da República nos projetos de Lei de sua iniciativa, ainda que não seja de iniciativa privativa.

> ***Art. 64, § 1º*** *- O Presidente da República poderá solicitar urgência para apreciação de projetos de sua iniciativa.*

Pedida a urgência, o Congresso Nacional deverá analisar o projeto de lei no prazo de 100 dias os quais são destinados:

a) 45 dias para análise da Câmara dos Deputados (Casa Iniciadora);
b) 45 dias para análise do Senado (Casa Revisora);
c) 10 dias para a Casa Iniciadora analisar as emendas se existirem.

Esta é a leitura dos §s 2º e 3º do Art. 64:

> ***§ 2º*** *Se, no caso do § 1º, a Câmara dos Deputados e o Senado Federal não se manifestarem sobre a proposição, cada qual sucessivamente, em até quarenta e cinco dias, sobrestar-se-ão todas as demais deliberações legislativas da respectiva Casa, com exceção das que tenham prazo constitucional determinado, até que se ultime a votação.*
>
> ***§ 3º*** *- A apreciação das emendas do Senado Federal pela Câmara dos Deputados far-se-á no prazo de dez dias, observado quanto ao mais o disposto no § anterior.*

O § 2º apresentado também prevê que se qualquer uma das Casas Legislativas não votar o Projeto de Lei no prazo de 45 dias, a votação das demais proposituras ficará sobrestada até que se realize a votação. É o chamado **sobrestamento ou trancamento de pauta.**

A Constituição também deixou clara sua vedação de pedido de urgência para projetos de códigos bem como a suspensão do prazo nos recessos parlamentares:

> ***§ 4º*** *- Os prazos do § 2º não correm nos períodos de recesso do Congresso Nacional, nem se aplicam aos projetos de código.*

Uma questão muito interessante para sua prova: é possível afirmar que todos os processos legislativos em regime de urgência se iniciam na Câmara dos Deputados,

Certamente que sim, visto que só pode ser pedido pelo Presidente da República e este, quando inicia o processo legislativo, o faz na Câmara dos Deputados conforme disposição expressa no *caput* do Art. 64:

> ***Art. 64.*** *A discussão e votação dos projetos de lei de iniciativa do Presidente da República, do Supremo Tribunal Federal e dos Tribunais Superiores terão início na Câmara dos Deputados.*

Processo Legislativo Especial

O Processo Legislativo Especial é o processo de criação das demais espécies normativas previstas no Art. 59: emendas constitucionais, medidas provisórias, leis delegadas, decretos legislativos e resoluções. As leis ordinárias e complementares são criadas segundo o Processo Legislativo Ordinário. Nesta apostila não serão estudados todos os processos legislativos especiais. Focalizam-se as duas principais, mais cobradas em prova: emendas constitucionais e medidas provisórias.

Emendas à Constituição

A aprovação de Emendas à Constituição decorre do Poder Constituinte Derivado Reformador, que é o único legitimado para alterar o texto constitucional. As emendas são as únicas espécies normativas responsáveis pela alteração da Constituição Federal.

O Processo Legislativo das Emendas é diferenciado, tendo em vista seu poder normativo ser muito grande, pois é o da própria Constituição. Logo, é um processo mais dificultado, mais rigoroso. A Constituição Federal regula esse processo no seu Art. 60.

Primeiramente, será analisada a iniciativa, que é o rol de legitimados para propor a alteração do Texto Constitucional. Vejamos o *caput* do Art. 60, que possui um rol de legitimados para propor emendas, o qual é diferente do rol de legitimados para propor projetos de lei:

> ***Art. 60.*** *A Constituição poderá ser emendada mediante proposta:*
> ***I.*** *De um terço, no mínimo, dos membros da Câmara dos Deputados ou do Senado Federal;*
> ***II.*** *Do Presidente da República;*
> ***III.*** *De mais da metade das Assembleias Legislativas das unidades da Federação, manifestando-se, cada uma delas, pela maioria relativa de seus membros.*

Atente-se para alguns detalhes que são muito importantes. Um deputado ou senador não pode propor emenda à Constituição, só se estiverem representados por 1/3, no mínimo, dos membros. Outro ponto relevante é saber que o Presidente da República é legitimado para propor tanto lei quanto emenda. E, por último, deve-se ter cuidado com o último legitimado, que é um pouco diferente: **mais da metade das Assembleias legislativas das unidades da federação, manifestando-se, cada uma delas, pela maioria relativa de seus membros.** Deve-se ter muito cuidado, principalmente, com o *quórum* exigido aqui, que é a maioria relativa dos membros, e não maioria absoluta.

A aprovação de Emendas depende de um *quórum* bem qualificado: aprovação nas duas Casas, em dois turnos em cada Casa, por três quintos dos membros em cada votação. É o que prevê o § 2º do Art. 60:

> *§ 2º - A proposta será discutida e votada em cada Casa do Congresso Nacional, em dois turnos, considerando-se aprovada se obtiver, em ambos, três quintos dos votos dos respectivos membros.*

Não depende de sanção presidencial que, após aprovada, vai direto para promulgação, que fica a cargo das Mesas da Câmara e do Senado. Caso a proposta seja rejeitada por qualquer uma das Casas, deverá ser arquivada aplicando-se o **Princípio da Irrepetibilidade Absoluta**, o qual significa que a mesma proposta, uma vez rejeitada, não pode ser reapresentada na mesma sessão legislativa, conforme estabelecido no Art. 60:

> *§ 3º - A emenda à Constituição será promulgada pelas Mesas da Câmara dos Deputados e do Senado Federal, com o respectivo número de ordem.*
>
> *§ 5º - A matéria constante de proposta de emenda rejeitada ou havida por prejudicada não pode ser objeto de nova proposta na mesma sessão legislativa.*

A edição de Emendas Constitucionais obedece a alguns limites constitucionais chamados de limites circunstanciais e limites materiais.

Os **limites circunstanciais** são momentos em que não se podem apresentar propostas de emendas constitucionais. São três os momentos: intervenção federal, estado de defesa e estado de sítio. Assim, dispõe o § 1º do Art. 60:

> *§ 1º - A Constituição não poderá ser emendada na vigência de intervenção federal, de estado de defesa ou de estado de sítio.*

Os **limites materiais** são temas que não podem ser retirados da Constituição Federal, pois compõem seu núcleo imutável. São as chamadas cláusulas pétreas previstas no § 4º do Art. 60:

> *§ 4º - Não será objeto de deliberação a proposta de emenda tendente a abolir:*
> ***I.*** *A forma federativa de Estado;*
> ***II.*** *O voto direto, secreto, universal e periódico;*
> ***III.*** *A separação dos Poderes;*
> ***IV.*** *Os direitos e garantias individuais.*

Fique Ligado

Devem-se memorizar os limites circunstanciais e os limites materiais.

Medidas Provisórias

O Art. 62 é destinado a regulação das Medidas Provisórias. A edição dessa espécie normativa é de competência privativa do Presidente da República e só pode ser elaborada em situação de relevância e urgência. É uma função atípica desempenhada pelo Chefe do Executivo. Veja o *caput* do Art. 62:

> ***Art. 62.*** *Em caso de relevância e urgência, o Presidente da República poderá adotar medidas provisórias, com força de lei, devendo submetê-las de imediato ao Congresso Nacional.*

A Medida Provisória não é uma lei, mas tem força de lei. Depois de editada, produz efeitos imediatos, mas precisa ser submetida à apreciação do Congresso Nacional.

Primeiramente, passa por uma comissão mista do Congresso para verificação dos requisitos constitucionais, seguindo posteriormente para o plenário de cada Casa Legislativa. A Casa Iniciadora obrigatória é a Câmara dos Deputados, tendo em vista a competência ser do Presidente da República:

> *§ 5º A deliberação de cada uma das Casas do Congresso Nacional sobre o mérito das medidas provisórias dependerá de juízo prévio sobre o atendimento de seus pressupostos constitucionais.*
>
> *§ 8º As medidas provisórias terão sua votação iniciada na Câmara dos Deputados.*
>
> *§ 9º Caberá à comissão mista de Deputados e Senadores examinar as medidas provisórias e sobre elas emitir parecer, antes de serem apreciadas, em sessão separada, pelo plenário de cada uma das Casas do Congresso Nacional.*

O Congresso tem um prazo de 60 dias para manifestar-se sobre a Medida Provisória, o qual poderá ser prorrogado por mais 60 dias se necessário. Esse prazo ficará suspenso durante os recessos parlamentares. Se, por ventura, nos primeiros 45 dias a MP não for analisada, a pauta da Casa onde se encontrar entrará em regime de urgência sobrestando as demais deliberações. O sobrestamento da pauta, também conhecido como trancamento de pauta, impede a Casa Legislativa de votar outra proposição que não possua prazo enquanto a Medida Provisória não for votada:

> *§ 3º As medidas provisórias, ressalvado o disposto nos §§ 11 e 12 perderão eficácia, desde a edição, se não forem convertidas em lei no prazo de sessenta dias, prorrogável, nos termos do § 7º, uma vez por igual período, devendo o Congresso Nacional disciplinar, por decreto legislativo, as relações jurídicas delas decorrentes.*
>
> *§ 4º O prazo a que se refere o § 3º contar-se-á da publicação da medida provisória, suspendendo-se durante os períodos de recesso do Congresso Nacional.*
>
> *§ 6º Se a medida provisória não for apreciada em até quarenta e cinco dias contados de sua publicação, entrará em regime de urgência, subsequentemente, em cada uma das Casas do Congresso Nacional, ficando sobrestadas, até que se ultime a votação, todas as demais deliberações legislativas da Casa em que estiver tramitando.*

§ 7º Prorrogar-se-á uma única vez por igual período a vigência de medida provisória que, no prazo de sessenta dias, contado de sua publicação, não tiver a sua votação encerrada nas duas Casas do Congresso Nacional.

A apreciação da Medida Provisória pelo Congresso Nacional pode gerar três consequências:

a) Conversão em lei sem emendas:

Havendo conversão integral da MP em lei, ela seguirá para promulgação pelo Presidente da Mesa do Congresso Nacional.

b) Conversão em lei com emendas:

Havendo conversão parcial a MP se transformará em Projeto de Lei, seguindo todos os trâmites normais, inclusive em relação a sanção presidencial:

§ 12. Aprovado projeto de lei de conversão alterando o texto original da medida provisória, esta manter-se-á integralmente em vigor até que seja sancionado ou vetado o projeto.

c) Rejeição:

A rejeição pode ser tácita ou expressa. Em ambos os casos, se rejeitada, a MP perde sua eficácia desde a origem (ex tunc). Nesse caso o Congresso Nacional terá 60 dias para disciplinar as relações jurídicas decorrentes do período em que estava em vigor mediante Decreto Legislativo. Caso não o faça, os atos praticados durante a vigência da MP permanecerão regulados pela própria Medida Provisória:

§ 11. Não editado o decreto legislativo a que se refere o § 3º até sessenta dias após a rejeição ou perda de eficácia de medida provisória, as relações jurídicas constituídas e decorrentes de atos praticados durante sua vigência conservar-se-ão por ela regidas.

A Medida Provisória rejeitada ou que tenha perdido a eficácia não poderá ser reeditada na mesma Sessão Legislativa aplicando-se nesse caso o Princípio da Irrepetibilidade Absoluta:

§ 10. É vedada a reedição, na mesma sessão legislativa, de medida provisória que tenha sido rejeitada ou que tenha perdido sua eficácia por decurso de prazo.

Não poderão ser editadas Medidas Provisórias que versem sobre os limites materiais estabelecidos no Art. 62, § 1º e no Art. 25, § 2º da Constituição Federal:

§ 1º É vedada a edição de medidas provisórias sobre matéria:

I. Relativa a:

a) nacionalidade, cidadania, direitos políticos, partidos políticos e direito eleitoral;

b) direito penal, processual penal e processual civil;

c) organização do Poder Judiciário e do Ministério Público, a carreira e a garantia de seus membros;

d) planos plurianuais, diretrizes orçamentárias, orçamento e créditos adicionais e suplementares, ressalvado o previsto no Art. 167, § 3º;

I. Que vise a detenção ou sequestro de bens, de poupança popular ou qualquer outro ativo financeiro;

II. Reservada a lei complementar;

III. Já disciplinada em projeto de lei aprovado pelo Congresso Nacional e pendente de sanção ou veto do Presidente da República.

***Art. 25.** Os Estados organizam-se e regem-se pelas Constituições e leis que adotarem, observados os princípios desta Constituição.*

§ 2º - Cabe aos Estados explorar diretamente, ou mediante concessão, os serviços locais de gás canalizado, na forma da lei, vedada a edição de medida provisória para a sua regulamentação.

Fique Ligado

Projeto de lei rejeitado pode ser reapresentado na mesma sessão legislativa pelo voto da maioria absoluta dos membros de qualquer uma das casas. Projetos de Emenda e Medidas Provisórias rejeitadas não podem ser reapresentadas na mesma sessão legislativa.

Vamos Praticar

01. (CESPE) O Poder Legislativo opera por meio do Congresso Nacional, instituição bicameral composta pela Câmara dos Deputados e pelo Senado Federal. Salvo disposição constitucional em contrário, as deliberações de cada Casa e de suas comissões serão tomadas por maioria dos votos, presente a maioria absoluta de seus membros.

Certo ( ) Errado ( )

02. (CESPE) A Câmara dos Deputados compõe-se de representantes do povo, eleitos pelo sistema majoritário, em cada estado, em cada território e no Distrito Federal.

Certo ( ) Errado ( )

03. (CESPE) A respeito do processo legislativo, assinale a opção correta.

a) A discussão e a votação dos projetos de lei de iniciativa do chefe do Poder Executivo, do STF, dos tribunais superiores e de senadores terão início na Câmara dos Deputados.

b) O presidente da República tem competência privativa para propor projetos de lei que extingam funções ou cargos públicos; todavia, para isso, segundo a Emenda Constitucional nº 32/2001, é necessário que eles estejam vagos.

c) Segundo a CF, os temas a respeito do regime jurídico de servidores públicos, civis e militares são de iniciativa de lei reservada ao presidente da República, assim como as disposições normativas referentes à organização e ao funcionamento da administração federal que não impliquem aumento de despesa nem criação ou extinção de órgãos públicos.

d) O veto presidencial poderá ser rejeitado pelo Congresso Nacional, em sessão conjunta, com o quorum de maioria simples de deputados, e pelo Senado Federal, com o mesmo quorum.

e) Se o veto presidencial for mantido, poderá ser objeto de novo projeto, na mesma sessão legislativa, desde que mediante proposta dos membros de qualquer das Casas do Congresso Nacional.

04. (CESPE) As funções exercidas pelo TCU situam-se no âmbito do controle externo, como um dos aspectos da fiscalização da administração pública, prerrogativa constitucional do Poder Legislativo.

Certo ( ) Errado ( )

05. (CESPE) Do terço dos ministros do TCU cuja escolha incumbe ao presidente da República, apenas um é de sua livre escolha, pois os demais são indicados entre os auditores e os membros do Ministério Público junto ao tribunal.

Certo ( ) Errado ( )

06. (CESPE) Pelo voto da maioria absoluta dos deputados e senadores, o veto presidencial a projeto de lei poderá ser rejeitado. Em tal hipótese não haverá mais a participação do presidente da República no processo legislativo, já que a subsequente promulgação ficará a cargo do presidente do Senado Federal.

Certo ( ) Errado ( )

07. (CESPE) Matéria referente a nacionalidade e a cidadania pode ser objeto de lei delegada.

Certo ( ) Errado ( )

08. (CESPE) O Tribunal de Contas da União é órgão auxiliar e de orientação do Poder Legislativo, e a este Poder se subordinando, ao qual incumbe a prática de atos de natureza administrativa concernentes à fiscalização contábil, financeira, orçamentária, operacional e patrimonial da União.

Certo ( ) Errado ( )

09. (CESPE) As medidas provisórias perdem a eficácia, desde a edição, se não forem convertidas em lei no prazo de trinta dias, prorrogável uma vez, por igual período.

Certo ( ) Errado ( )

10. (CESPE) As matérias de competência exclusiva do Congresso Nacional são reguladas por decretos legislativos.

Certo ( ) Errado ( )

11. (CESPE) É da competência exclusiva do Senado Federal julgar anualmente as contas prestadas pelo presidente da República e apreciar os relatórios acerca da execução dos planos de governo.

Certo ( ) Errado ( )

12. (CESPE) Compete ao Congresso Nacional exercer a fiscalização contábil, financeira, orçamentária, patrimonial e operacional da União e das entidades da administração direta e indireta.

Certo ( ) Errado ( )

13. (FCC) Quanto ao Congresso Nacional, considere:

I. O número total de Deputados, bem como a representação por Estado e pelo Distrito Federal, será estabelecido por lei complementar, proporcionalmente à população, procedendo-se aos ajustes necessários, no ano anterior às eleições, para que nenhuma daquelas unidades da Federação tenha menos de oito ou mais de setenta Deputados.

II. O Senado Federal compõe-se de representantes dos Estados e do Distrito Federal, eleitos segundo o princípio majoritário.

III. Cada Estado e o Distrito Federal elegerão quatro Senadores, com mandato de oito anos.

IV. Cada Senador será eleito com três suplentes.

É correto o que consta apenas em:

a) I, II e III.

b) II e III.

c) I e II.

d) I, III e IV.

e) III e IV.

14. (FCC) A Câmara dos Deputados compõe-se de representantes do povo eleitos, pelo sistema proporcional, em cada Estado, em cada Território e no Distrito Federal, sendo certo que o número total de Deputados, bem como a representação por Estado e pelo Distrito Federal, será estabelecido por:

a) Lei complementar, proporcionalmente à população, procedendo-se aos ajustes necessários, no ano anterior às eleições, para que nenhuma daquelas unidades da Federação tenha menos de oito ou mais de setenta Deputados.

b) Lei delegada, proporcionalmente à população, procedendo-se aos ajustes necessários, até seis meses das eleições, para que nenhuma daquelas unidades da Federação tenha menos de cinco ou mais de sessenta Deputados.

c) Emenda constitucional, proporcionalmente à população, procedendo-se aos ajustes necessários, até três meses das eleições, para que nenhuma daquelas unidades da Federação tenha menos de três ou mais de oitenta e oito Deputados.

d) Lei ordinária, proporcionalmente à população, procedendo-se aos ajustes necessários, no ano anterior às eleições, para que nenhuma daquelas unidades da Federação tenha menos de sete ou mais de setenta e cinco Deputados.

e) Decreto legislativo, proporcionalmente à população, procedendo-se aos ajustes necessários, no ano anterior às eleições, para que nenhuma daquelas unidades da Federação tenha menos de seis ou mais de sessenta e cinco Deputados.

15. Em relação ao Poder Legislativo, é INCORRETO afirmar:

a) A Câmara dos Deputados compõe-se de representantes do povo, eleitos, pelo sistema proporcional, em cada Estado, em cada Território e no Distrito Federal.

b) A representação de cada Estado e do Distrito Federal no Senado será renovada de quatro em quatro anos, alternadamente, por um e dois terços.

c) O Senado Federal compõe-se de representantes dos Estados e Territórios, eleitos segundo o princípio proporcional.

d) Cada Senador será eleito com dois suplentes.

e) No Congresso Nacional, cada legislatura terá a duração de quatro anos.

16. (FCC) Considere as assertivas, relacionadas ao Poder Legislativo.

I. Cada legislatura terá a duração de dois anos, permitida uma reeleição.

II. A Câmara dos Deputados compõe-se de representantes do povo, eleitos pelo sistema majoritário em cada Estado, em cada Município e no Distrito Federal.

III. Cada senador será eleito com dois suplentes.

IV. O Senado Federal compõe-se de representantes dos Estados, Territórios e do Distrito Federal, eleitos pelo sistema proporcional.

V. No Senado Federal, a representação de cada Estado e do Distrito Federal será renovada de quatro em quatro anos, alternadamente, por um e dois terços.

É correto o que consta apenas em:

a) I e II.

b) III e IV.

c) III e V.

d) I, II e IV.

e) II, III e V.

17. (FCC) A prerrogativa constitucional que protege o Deputado Federal em todas as suas manifestações que guardem relação com o exercício do mandato, exteriorizadas no âmbito do Congresso Nacional, é classificada como imunidade

a) Relativa.

b) Formal.

c) Residual.

d) Material.

e) Obstativa.

18. (ESAF) Sobre o Poder Legislativo, marque a única opção correta.

a) Compete privativamente ao Senado Federal avaliar periodicamente a funcionalidade do Sistema Tributário Nacional, em sua estrutura e seus componentes.

b) A concessão de anistia é da competência exclusiva do Congresso Nacional.

c) A fixação da remuneração dos servidores da Câmara dos Deputados é da sua competência privativa, sendo essa competência exercida por meio de resolução.

d) Os deputados federais são eleitos pelo sistema majoritário, obedecendo-se às vagas estabelecidas, por meio de lei complementar, para cada Estado e para o Distrito Federal.

e) O exercício da competência do Senado Federal quanto à aprovação prévia da escolha do Procurador- Geral da República é feito por meio de voto secreto, após a arguição, em sessão secreta, do candidato indicado pelo presidente da República.

19. (ESAF) As atribuições do Tribunal de Contas da União têm assento constitucional e é possível constatar alguns tipos de fiscalização a serem desempenhadas por aquela Corte de Contas. É correto afirmar que não é tipo de fiscalização:

a) O controle da legitimidade.

b) O controle da legalidade.

c) O controle de conveniência política e oportunidade administrativa.

d) O controle de resultados, de cumprimento de programa de trabalho e de metas.

e) O controle de fidelidade funcional dos agentes da Administração responsável por bens e valores públicos.

20. (ESAF) Marque a opção correta, nos termos do disposto na Constituição Federal de 1988.

a) Constitui objetivo fundamental da República Federativa do Brasil, segundo preceitua o Art. 3 o da Constituição Federal da República/88, o respeito aos valores sociais do trabalho e da livre iniciativa.

b) Compete privativamente ao Senado Federal resolver definitivamente sobre tratados, acordos ou atos internacionais que acarretem encargos ou compromissos gravosos ao patrimônio nacional.

c) A matéria constante de projeto de lei rejeitado não poderá constituir objeto de novo projeto, na mesma sessão legislativa, mediante proposta da maioria absoluta dos membros de qualquer das Casas do Congresso Nacional.

d) Vagando os cargos de Presidente e Vice-Presidente da República, far-se-á eleição noventa dias depois de aberta a última vaga.

e) São órgãos do Poder Judiciário os Tribunais e Juízes Militares, os Tribunais Arbitrais e o Conselho Nacional de Justiça.

Gabarito

01	*CERTO*	*11*	*ERRADO*
02	*ERRADO*	*12*	*CERTO*
03	*B*	*13*	*C*
04	*CERTO*	*14*	*A*
05	*CERTO*	*15*	*C*
06	*ERRADO*	*16*	*C*
07	*ERRADO*	*17*	*D*
08	*ERRADO*	*18*	*A*
09	*ERRADO*	*19*	*C*
10	*CERTO*	*20*	*D*

Anotações

CAPÍTULO 11

Organização dos Poderes II - Poder Executivo

O Poder Executivo, como foi visto, tem como função principal administrar o Estado. Para entender como o Poder Executivo Brasileiro está organizado, a seguir serão analisados alguns princípios constitucionais que o influenciam.

Princípios

Princípio Republicano

O primeiro princípio que será estudo é o Republicano que representa a Forma de Governo adotada no Brasil. A forma de governo reflete o modo de aquisição e exercício do poder político, além de medir a relação existente entre o governante e o governado.

A melhor forma de entender esse instituto é conhecendo suas características. A primeira característica decorre da análise etimológica da expressão *res publica*. Essa expressão, que dá origem ao princípio ora, estudado significa coisa pública, ou seja, em um Estado republicano o governante governa a coisa pública, governa para o povo.

Na república, o governante é escolhido pelo povo. Essa é a chamada eletividade. O poder político é adquirido pelas eleições, cuja vontade popular se concretiza nas urnas.

Outra característica importante é a Temporariedade. Esse atributo revela o caráter temporário do exercício do poder político. Por causa desse princípio, em nosso Estado, o governante permanece por quatro anos no poder, sendo permitida apenas uma reeleição.

Por fim, num Estado Republicano o governante pode ser responsabilizado por seus atos.

Quando se fala dessas características da forma de governo republicana, remete-se imediatamente ao regime político adotado no Brasil, que permite a participação popular nas decisões estatais: **democracia.**

Princípio Democrático

Esse princípio revela o **Regime de Governo** adotado no Brasil, também chamado de **Regime Político**. Caracteriza-se por um governo do povo, pelo povo e para o povo.

Presidencialismo

O Presidencialismo é o **Sistema de Governo** adotado no Brasil. O sistema de governo rege a relação entre o Poder Executivo e o Legislativo, medindo o grau de dependência entre eles. No Presidencialismo, prevalece a separação entre os Poderes Executivo e Legislativo os quais são independentes e harmônicos entre si.

A Constituição declara que o Poder Executivo da União é exercido pelo Presidente da República, auxiliado por seus Ministros de Estado:

> **Art. 76** - *O Poder Executivo é exercido pelo Presidente da República, auxiliado pelos Ministros de Estado.*

O Presidencialismo possui uma característica muito importante para prova: o presidente, que é eleito pelo povo, exerce ao mesmo tempo três funções: Chefe de Estado, Chefe de Governo e Chefe da Administração Pública.

A função de Chefe de Estado diz respeito a todas as atribuições do Presidente nas relações externas do País. Como Chefe de Governo, o Presidente possui inúmeras atribuições internas, no que tange à governabilidade do país. Já como Chefe da Administração Pública, o Presidente exercerá as funções relacionadas com a chefia da Administração Pública Federal, ou seja, apenas da União.

Esses princípios que regem o Poder Executivo costumam ser cobrados em prova. Vejamos esta questão sobre o princípio republicano:

Exercício Comentado

01. ***(CESPE) A forma republicana de governo não está gravada expressamente como cláusula pétrea na CF, visto que pode ser modificada por plebiscito.***

CERTO. O princípio republicano não se encontra entre as cláusulas pétreas expressamente previstas no Art. 60, § 4º, da CF. Considerando que já foi alvo de plebiscito anteriormente, entende-se que a forma de governo poderia ser modificada.

Sistema de Governo

Partindo de discussões sobre o presidencialismo, que caracteriza as funções exercidas pelo Presidente da República, a seguir serão estudados suas atribuições, que aparecem praticamente em todos os editais que contêm Poder Executivo.

Atribuições do Presidente

As atribuições do Presidente da República encontram-se arroladas no Art. 84 da Constituição Federal:

> **Art. 84** - *Compete privativamente ao Presidente da República:*
>
> *I. Nomear e exonerar os Ministros de Estado;*
>
> *II. Exercer, com o auxílio dos Ministros de Estado, a direção superior da administração federal;*
>
> *III. Iniciar o processo legislativo, na forma e nos casos previstos nesta Constituição;*
>
> *IV. Sancionar, promulgar e fazer publicar as leis, bem como expedir decretos e regulamentos para sua fiel execução;*
>
> *V. Vetar projetos de lei, total ou parcialmente;*
>
> *VI. Dispor, mediante decreto, sobre:*
>
> *a) Organização e funcionamento da administração federal, quando não implicar aumento de despesa nem criação ou extinção de órgãos públicos;*
>
> *b) Extinção de funções ou cargos públicos, quando vagos;*
>
> *VII. Manter relações com Estados estrangeiros e acreditar seus representantes diplomáticos;*
>
> *VIII. Celebrar tratados, convenções e atos internacionais, sujeitos a referendo do Congresso Nacional;*

IX. *Decretar o estado de defesa e o estado de sítio;*

X. *Decretar e executar a intervenção federal;*

XI. *Remeter mensagem e plano de governo ao Congresso Nacional por ocasião da abertura da sessão legislativa, expondo a situação do País e solicitando as providências que julgar necessárias;*

XII. *Conceder indulto e comutar penas, com audiência, se necessário, dos órgãos instituídos em lei;*

XIII. *Exercer o comando supremo das Forças Armadas, nomear os Comandantes da Marinha, do Exército e da Aeronáutica, promover seus oficiais-generais e nomeá-los para os cargos que lhes são privativos;*

XIV. *Nomear, após aprovação pelo Senado Federal, os Ministros do Supremo Tribunal Federal e dos Tribunais Superiores, os Governadores de Territórios, o Procurador-Geral da República, o presidente e os diretores do banco central e outros servidores, quando determinado em lei;*

XV. *Nomear, observado o disposto no Art. 73, os Ministros do Tribunal de Contas da União;*

XVI. *Nomear os magistrados, nos casos previstos nesta Constituição, e o Advogado-Geral da União;*

XVII. *Nomear membros do Conselho da República, nos termos do Art. 89, VII;*

XVIII. *Convocar e presidir o Conselho da República e o Conselho de Defesa Nacional;*

XIX. *Declarar guerra, no caso de agressão estrangeira, autorizado pelo Congresso Nacional ou referendado por ele, quando ocorrida no intervalo das sessões legislativas, e, nas mesmas condições, decretar, total ou parcialmente, a mobilização nacional;*

XX. *Celebrar a paz, autorizado ou com o referendo do Congresso Nacional;*

XXI. *Conferir condecorações e distinções honoríficas;*

XXII. *Permitir, nos casos previstos em lei complementar, que forças estrangeiras transitem pelo território nacional ou nele permaneçam temporariamente;*

XXIII. *Enviar ao Congresso Nacional o plano plurianual, o projeto de lei de diretrizes orçamentárias e as propostas de orçamento previstos nesta Constituição;*

XXIV. *Prestar, anualmente, ao Congresso Nacional, dentro de sessenta dias após a abertura da sessão legislativa, as contas referentes ao exercício anterior;*

XXV. *Prover e extinguir os cargos públicos federais, na forma da lei;*

XXVI. *Editar medidas provisórias com força de lei, nos termos do Art. 62;*

XXVII. *Exercer outras atribuições previstas nesta Constituição.*

§ único: *O Presidente da República poderá delegar as atribuições mencionadas nos incisos VI, XII e XXV, primeira parte, aos Ministros de Estado, ao Procurador-Geral da República ou ao Advogado-Geral da União, que observarão os limites traçados nas respectivas delegações.*

Esse tema, quando cobrado em prova, costuma trabalhar com a memorização do texto constitucional. A dica é memorizar o Art. 84 da Constituição. Ele sempre está contemplado em prova.

Como já se falou na análise do Presidencialismo, as atribuições do Presidente são de Chefe de Estado, Chefe de Governo ou Chefe da Administração Pública. Procurou-se, abaixo, adequar, conforme a melhor doutrina, as atribuições do Art. 84 às funções desenvolvidas pelo Presidente no exercício de seu mandato:

Como Chefe de Estado:

O Presidente representa o Estado nas suas relações internacionais. São funções de Chefe de Estado as previstas nos incisos VII, VIII, XIX, XX, XXII e XXVII do Art. 84;

Como Chefe de Governo:

O Presidente exerce sua liderança política representando e gerindo os negócios internos nacionais. São funções de Chefe de Governo as previstas nos incisos I, III, IV, V, IX, X, XI, XII, XIII, XIV, XV, XVI, XVII, XVIII, XXI, XXIII, XXIV, XXVI e XXVII;

Como Chefe da Administração Pública:

O Presidente gerencia os negócios internos administrativos da administração pública federal. São funções de Chefe da Administração Pública as previstas nos incisos II, VI, XXV e XXVII.

Uma característica interessante é que esse rol de competências é meramente exemplificativo, por força do inciso XXVII, que abre a possibilidade de o Presidente exercer outras atribuições além das previstas expressamente no texto constitucional.

Outra questão amplamente trabalhada em prova é a possibilidade de delegação de algumas de suas atribuições, conforme prescrição do § único do Art. 84. Nem todas as atribuições do Presidente são delegáveis, apenas as previstas nos incisos **VI, XII e XXV, primeira parte:**

> *VI.* *Dispor, mediante decreto, sobre:*
>
> *a)* *Organização e funcionamento da administração federal, quando não implicar aumento de despesa nem criação ou extinção de órgãos públicos;*
>
> *b)* *Extinção de funções ou cargos públicos, quando vagos;*
>
> *XII.* *Conceder indulto e comutar penas, com audiência, se necessário, dos órgãos instituídos em lei;*
>
> *XXV.* *Prover os cargos públicos federais, na forma da lei.*

São três competências que podem ser delegadas para três pessoas: Ministro de Estado, Procurador-Geral da República e Advogado-Geral da União.

Fique Ligado

Ministro de Estado é qualquer ministro que auxilie o Presidente da República na administração do Estado. São exemplos: Ministro da Justiça, Ministro da Fazenda e Ministro da Agricultura.

Processo Eleitoral

O processo de eleição do Presidente da República também encontra regulação expressa no texto constitucional:

> ***Art. 77*** *- A eleição do Presidente e do Vice-Presidente da República realizar-se-á, simultaneamente, no primeiro domingo de outubro, em primeiro turno, e no último domingo de outubro, em segundo turno, se houver, do ano anterior ao do término do mandato presidencial vigente.*

§ 1º - A eleição do Presidente da República importará a do Vice-Presidente com ele registrado.

§ 2º - Será considerado eleito Presidente o candidato que, registrado por partido político, obtiver a maioria absoluta de votos, não computados os em branco e os nulos.

§ 3º - Se nenhum candidato alcançar maioria absoluta na primeira votação, far-se-á nova eleição em até vinte dias após a proclamação do resultado, concorrendo os dois candidatos mais votados e considerando-se eleito aquele que obtiver a maioria dos votos válidos.

§ 4º - Se, antes de realizado o segundo turno, ocorrer morte, desistência ou impedimento legal de candidato, convocar-se-á, dentre os remanescentes, o de maior votação.

§ 5º - Se, na hipótese dos §s anteriores, remanescer, em segundo lugar, mais de um candidato com a mesma votação, qualificar-se-á o mais idoso.

Algumas considerações são importantes acerca desse tema. Primeiramente, deve-se registrar que a Constituição regulou até o dia em que deve ocorrer a eleição:

→ Primeiro Turno:

Primeiro Domingo de Outubro;

→ Segundo Turno:

Último Domingo de Outubro.

Fique Ligado

O segundo turno é no último domingo e não no segundo domingo de outubro, como já foi cobrado em prova.

Uma coisa chama a atenção no *caput* do Art. 77. É que a Constituição diz que as eleições ocorrem no ano anterior ao do término do mandato presidencial vigente. Pergunta-se: será que essa regra é aplicável no direito brasileiro?

É claro que esse dispositivo é aplicado nos dias de hoje. A eleição ocorre no ano anterior ao do término do mandato presidencial vigente, pois o mandato acaba no dia 1º de janeiro, conforme dispõe o Art. 82:

Art. 82 *- O mandato do Presidente da República é de quatro anos e terá início em primeiro de janeiro do ano seguinte ao da sua eleição.*

Ora, se o novo mandato tem início em primeiro de janeiro, significa que o mandato antigo acaba no dia primeiro de janeiro. Logo, está corretíssimo afirmar que as eleições ocorrem no ano anterior ao do término do mandato presidencial vigente.

Quando votamos para Presidente, só votamos no Presidente. O Vice é eleito como consequência da eleição do Presidente. Esse será eleito se tiver a maioria absoluta dos votos, não computados os votos brancos e nulos, ou seja, será eleito aquele que possuir a maioria absoluta dos votos válidos. Maioria absoluta dos votos significa dizer que o eleito obteve o primeiro número inteiro após a metade dos votos válidos. Se ninguém obtiver maioria absoluta, deve-se convocar nova eleição – segundo turno. Para o segundo turno, são chamados os dois candidatos mais votados. Se, porventura, ocorrer empate no segundo lugar, a Constituição determina que seja convocado o mais idoso.

Fique Ligado

O critério de idade é para a situação de desempate. Ocorrendo morte, desistência ou impedimento de algum candidato do segundo turno, deverá ser convocado o próximo mais votado.

Finalizada a eleição, o Presidente e o vice terão prazo de dez dias a contar da posse, para assumir o cargo. Caso não seja assumido, o cargo será declarado vago. Se o Presidente assume e o Vice não, o cargo do Vice é declarado vago, ficando o Presidente sem Vice até o fim do mandato. Caso o Vice assuma e o Presidente não, o cargo de Presidente será declarado vago, assumindo o Vice a função de Presidente e permanecendo durante o seu mandato sem Vice.

Art. 78 *- O Presidente e o Vice-Presidente da República tomarão posse em sessão do Congresso Nacional, prestando o compromisso de manter, defender e cumprir a Constituição, observar as leis, promover o bem geral do povo brasileiro, sustentar a união, a integridade e a independência do Brasil.*

§ único *- Se, decorridos dez dias da data fixada para a posse, o Presidente ou o Vice-Presidente, salvo motivo de força maior, não tiver assumido o cargo, este será declarado vago.*

Impedimento e Vacância

O Impedimento e a Vacância são espécies de ausência do Presidente da República. São circunstâncias em que o Presidente não está no exercício de sua função. A diferença entre os dois institutos está no fato de que, na vacância a ausência é definitiva, enquanto no impedimento a ausência é temporária. São exemplos de vacância: morte, perda do cargo, renúncia. São exemplos de impedimento: doença, viagem, férias. Na vacância, ocorre sucessão; no impedimento, ocorre substituição. Tanto no caso de impedimento como no de vacância, a Constituição Federal determina que o Vice-Presidente ficará no lugar do Presidente, pois essa é a sua função precípua:

Art. 79 *- Substituirá o Presidente, no caso de impedimento, e suceder-lhe-á, no de vaga, o Vice-Presidente.*

§ único. *O Vice-Presidente da República, além de outras atribuições que lhe forem conferidas por lei complementar, auxiliará o Presidente, sempre que por ele convocado para missões especiais.*

O problema maior surge quando o Presidente e o Vice se ausentam ao mesmo tempo. Nesse caso, a Constituição determina que se convoquem outros sucessores: Presidente da Câmara dos Deputados, Presidente do Senado Federal e Presidente do Supremo Tribunal Federal. Esses são os legitimados a sucederem o Presidente da República e o Vice-Presidente de forma sucessiva e temporária quando ocorrer a ausência dos dois ao mesmo tempo:

Art. 80 *- Em caso de impedimento do Presidente e do Vice-Presidente, ou vacância dos respectivos cargos, serão sucessivamente chamados ao exercício da Presidência o Presidente da Câmara dos Deputados, o do Senado Federal e o do Supremo Tribunal Federal.*

Fique Ligado

Uma coisa deve ser observada: o Vice-Presidente é o único legitimado a suceder o Presidente de forma definitiva. O Presidente da Câmara, do Senado e do STF só substituem o Presidente em caráter temporário. Isso significa que, se o Presidente morrer, quem assume o cargo é o Vice.

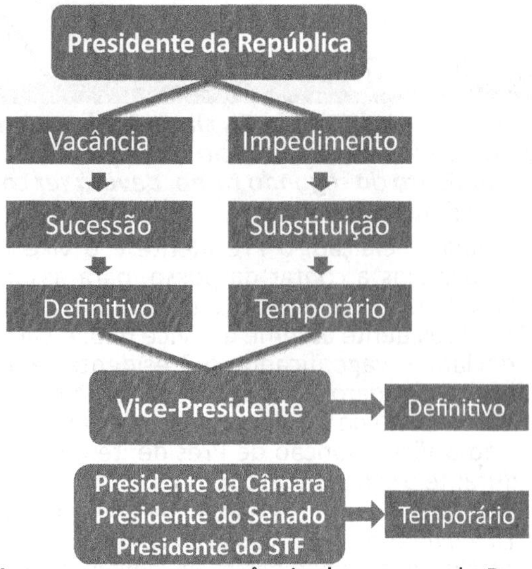

Agora, se ocorrer vacância dos cargos de Presidente de Vice ao mesmo tempo, a Constituição determina que sejam realizadas novas eleições:

> ***Art. 81*** *- Vagando os cargos de Presidente e Vice-Presidente da República, far-se-á eleição noventa dias depois de aberta a última vaga.*
>
> *§ 1º - Ocorrendo a vacância nos últimos dois anos do período presidencial, a eleição para ambos os cargos será feita trinta dias depois da última vaga, pelo Congresso Nacional, na forma da lei.*
>
> *§ 2º - Em qualquer dos casos, os eleitos deverão completar o período de seus antecessores.*

Caso a vacância se dê nos dois primeiros anos de mandato, a eleição será direta, ou seja, com a participação do povo e deverá ocorrer no prazo de 90 dias a contar da última vacância. Mas, se a vacância se der nos dois últimos anos do mandato, a eleição será indireta (realizada pelo Congresso Nacional) no prazo de 30 dias a contar da última vacância. Quem for eleito permanecerá no cargo até o fim do mandato de quem ele sucedeu. Não se inicia um novo mandato. Esse mandato é chamado pela doutrina de Mandato-Tampão.

Em qualquer uma das duas situações, enquanto não forem eleitos os novos Presidente e Vice-Presidente, quem permanece no cargo é um dos sucessores temporários: Presidente da Câmara, do Senado ou do STF.

Perda do Cargo no Caso de Saída do País sem Autorização do Congresso Nacional

Esse Art. prevê a possibilidade de perda do cargo do Presidente e Vice-Presidente nos casos de ausência do País por período superior a 15 dias sem licença do Congresso Nacional:

> ***Art. 83*** *- O Presidente e o Vice-Presidente da República não poderão, sem licença do Congresso Nacional, ausentar-se do País por período superior a quinze dias, sob pena de perda do cargo.*

Vejamos que a Constituição não proíbe que o Presidente ou o Vice se ausentem do país sem licença do Congresso Nacional. Mas se a ausência se der por mais de 15 dias, nesse caso será indispensável a autorização da Casa Legislativa.

Órgãos Auxiliares do Presidente da República

A Constituição nos apresenta 3 órgãos auxiliares do Presidente da República: Ministros de Estado, Conselho da República e Conselho de Defesa Nacional. Os Ministros de Estados são os auxiliares diretos do Presidente da República. Os Arts. 87 e 88 trazem várias regras que podem ser trabalhadas em prova:

> ***Art. 87*** *- Os Ministros de Estado serão escolhidos dentre brasileiros maiores de vinte e um anos e no exercício dos direitos políticos.*
>
> ***§ único.*** *Compete ao Ministro de Estado, além de outras atribuições estabelecidas nesta Constituição e na lei:*
>
> *I. Exercer a orientação, coordenação e supervisão dos órgãos e entidades da administração federal na área de sua competência e referendar os atos e decretos assinados pelo Presidente da República;*
>
> *II. Expedir instruções para a execução das leis, decretos e regulamentos;*
>
> *III. Apresentar ao Presidente da República relatório anual de sua gestão no Ministério;*
>
> *IV. Praticar os atos pertinentes às atribuições que lhe forem outorgadas ou delegadas pelo Presidente da República.*
>
> ***Art. 88*** *- A lei disporá sobre a criação e extinção de Ministérios e órgãos da administração pública.*

O Conselho da República e o Conselho de Defesa Nacional também são órgãos auxiliares do Presidente da República, mas que possuem atribuição consultiva. Em situações determinadas pela Constituição, o Presidente, antes de tomar alguma decisão, precisa consultar esses dois órgãos.

Abaixo, seguem os Arts. 89, 90 e 91, cujas regras também podem ser cobradas em prova. Destacam-se as composições e as competências desses órgãos:

> ***Art. 89*** *- O Conselho da República é órgão superior de consulta do Presidente da República, e dele participam:*
>
> *I. O Vice-Presidente da República;*
>
> *II. O Presidente da Câmara dos Deputados;*
>
> *III. O Presidente do Senado Federal;*
>
> *IV. Os líderes da maioria e da minoria na Câmara dos Deputados;*
>
> *V. Os líderes da maioria e da minoria no Senado Federal;*
>
> *VI. O Ministro da Justiça;*
>
> *VII. Seis cidadãos brasileiros natos, com mais de trinta e cinco anos de idade, sendo dois nomeados pelo Presidente da República, dois eleitos pelo Senado Federal e dois eleitos pela Câmara dos Deputados, todos com mandato de três anos, vedada a recondução.*
>
> ***Art. 90*** *- Compete ao Conselho da República pronunciar-se sobre:*

I. Intervenção federal, estado de defesa e estado de sítio;

II. As questões relevantes para a estabilidade das instituições democráticas.

§ 1º - O Presidente da República poderá convocar Ministro de Estado para participar da reunião do Conselho, quando constar da pauta questão relacionada com o respectivo Ministério.

§ 2º - A lei regulará a organização e o funcionamento do Conselho da República.

Art. 91 - O Conselho de Defesa Nacional é órgão de consulta do Presidente da República nos assuntos relacionados com a soberania nacional e a defesa do Estado democrático, e dele participam como membros natos:

I. O Vice-Presidente da República;

II. O Presidente da Câmara dos Deputados;

III. O Presidente do Senado Federal;

IV. Ministro da Justiça;

V. O Ministro de Estado da Defesa;

VI. O Ministro das Relações Exteriores;

VII. O Ministro do Planejamento;

VIII. Os Comandantes da Marinha, do Exército e da Aeronáutica.

§ 1º - Compete ao Conselho de Defesa Nacional:

I. Opinar nas hipóteses de declaração de guerra e de celebração da paz, nos termos desta Constituição;

II. Opinar sobre a decretação do estado de defesa, do estado de sítio e da intervenção federal;

III. Propor os critérios e condições de utilização de áreas indispensáveis à segurança do território nacional e opinar sobre seu efetivo uso, especialmente na faixa de fronteira e nas relacionadas com a preservação e a exploração dos recursos naturais de qualquer tipo;

IV. Estudar, propor e acompanhar o desenvolvimento de iniciativas necessárias a garantir a independência nacional e a defesa do Estado democrático.

§ 2º - A lei regulará a organização e o funcionamento do Conselho de Defesa Nacional.

Fique Ligado

Dos seis cidadãos brasileiros natos que compõem o Conselho da República, dois são nomeados pelo Presidente da República, dois são eleitos pela Câmara e dois são eleitos pelo Senado.

Responsabilidades

A forma de governo adotada no País é a República e, por essa razão, é possível responsabilizar o Presidente da República por seus atos. A Constituição tratou de regular a responsabilização por Crime de Responsabilidade e por Infrações Penais Comuns.

Antes de trabalhar com cada uma das responsabilidades, serão analisadas as chamadas Imunidades.

Imunidades são prerrogativas inerentes aos cargos mais importantes do Estado. Cargos que são estratégicos e essenciais à manutenção da ordem constitucional. Entre vários, se destaca o de Presidente da República.

A imunidade pode ser:

> ***Material***

É a conhecida irresponsabilidade penal absoluta. Essa imunidade protege o titular contra a responsabilização penal.

> ***Formal***

São prerrogativas de cunho processual.

Um primeiro ponto essencial que precisa ser estabelecido: o Presidente não possui imunidade material, contudo, em razão da importância do seu cargo, possui imunidades formais. Apesar de o Presidente não possuir imunidade material, outros cargos a possuem, por exemplo, os Parlamentares.

Ao todo, pode-se elencar **4 prerrogativas processuais** garantidas pela Constituição Federal ao Chefe do Executivo da União:

→ **Processo**

A Constituição exige juízo de admissibilidade emitido pela Câmara para que o Presidente possa ser processado durante o seu mandato. Isso significa que o Presidente da República só poderá ser processado se a Câmara dos Deputados autorizar pelo voto de 2/3 dos membros:

> **Art. 86** - *Admitida a acusação contra o Presidente da República, por dois terços da Câmara dos Deputados, será ele submetido a julgamento perante o Supremo Tribunal Federal, nas infrações penais comuns, ou perante o Senado Federal, nos crimes de responsabilidade.*

→ ***Prerrogativa de foro***

O Presidente não pode ser julgado por qualquer juiz, haja vista a importância da função que exerce no Estado.

Diante disso, a Constituição estabeleceu dois foros competentes para julgar o Presidente:

> Supremo Tribunal Federal

Será julgado pelas infrações penais comuns;

> Senado Federal

Será julgado pelos Crimes de Responsabilidade.

Analisando essas duas primeiras prerrogativas, não se pode esquecer o previsto no Art. 86, § 1º:

> *§ 1º - O Presidente ficará suspenso de suas funções:*
>
> *I. Nas infrações penais comuns, se recebida a denúncia ou queixa-crime pelo Supremo Tribunal Federal;*
>
> *II. Nos crimes de responsabilidade, após a instauração do processo pelo Senado Federal.*
>
> *§ 2º - Se, decorrido o prazo de cento e oitenta dias, o julgamento não estiver concluído, cessará o afastamento do Presidente, sem prejuízo do regular prosseguimento do processo.*

A Constituição determina que, após iniciado o processo, tanto por infração penal comum quanto por crime de responsabilidade, o Presidente fique suspenso de suas funções pelo prazo de 180 dias, tempo necessário para que se finalize o processo. Caso o Presidente não seja julgado nesse período, ele poderá retornar ao exercício de suas funções sem prejuízo de continuidade do processo. Deve-se ter muito cuidado em prova com o início do prazo de suspensão:

> Infração Penal Comum

O prazo de suspensão inicia-se **a partir do recebimento da denúncia ou queixa**;

> Crime de responsabilidade

O prazo de suspensão inicia-se **a partir da instauração do processo**.

Caso a Câmara autorize o processo do Presidente por crime de responsabilidade, o Senado deverá processá-lo, pois não assiste discricionariedade ao Senado em processar ou não. Sua decisão é vinculada à decisão da Câmara, pelo fato de as duas Casas serem políticas. Contudo, nos casos de infração penal comum, o STF não está obrigado a processar o Presidente em respeito à Separação dos Poderes.

Vamos aproveitar o momento para entender o que são infração penal comum e crime de responsabilidade.

> Infração Penal Comum:

É qualquer crime ou contravenção penal cometida pelo Presidente da República na função ou em razão da sua função de Presidente. Seu processamento se dará no Supremo Tribunal Federal.

> Crime de Responsabilidade:

A primeira coisa que se precisa saber sobre o crime de responsabilidade é que ele não é um crime. O crime de responsabilidade é uma infração de natureza **político-administrativa.** O nome crime é impróprio para esse instituto. O processo que visa a esse tipo de responsabilização é o ***Impeachment.***

O Presidente responderá por esse tipo de infração caso sua conduta se amolde ao previsto no Art. 85 da Constituição Federal:

> ***Art. 85*** *- São crimes de responsabilidade os atos do Presidente da República que atentem contra a Constituição Federal e, especialmente, contra:*
>
> ***I.*** *A existência da União;*
>
> ***II.*** *O livre exercício do Poder Legislativo, do Poder Judiciário, do Ministério Público e dos Poderes constitucionais das unidades da Federação;*
>
> ***III.*** *O exercício dos direitos políticos, individuais e sociais;*
>
> ***IV.*** *A segurança interna do País;*
>
> ***V.*** *A probidade na administração;*
>
> ***VI.*** *A lei orçamentária;*
>
> ***VII.*** *O cumprimento das leis e das decisões judiciais.*
>
> ***§ único.*** *Esses crimes serão definidos em lei especial, que estabelecerá as normas de processo e julgamento.*

Esse rol de condutas, consideradas como Crime de Responsabilidade estabelecido na Constituição, é meramente exemplificativo, já que é a Lei 1.079/50 o dispositivo regulador do Crime de Resposabilidade. Deve-se destacar sua relevância na fixação de outras autoridades que respondem por esse crime, novos crimes além dos procedimentos adotados nesse processo, principalmente na competência exclusiva do cidadão para denunciar o Presidente. Destaca-se ainda que, para haver condenação, o Senado deve proferi-la pelo voto de 2/3 dos seus membros.

Considerando que não se trata de um crime, essa infração não pode resultar numa pena privativa de liberdade. Quem pratica crime de responsabilidade não pode ser preso. A consequência estabelecida no Art. 52, § único é a perda do cargo e a inabilitação para o exercício de qualquer função pública pelo prazo de 8 anos:

> ***Art. 52 - § único.*** *Nos casos previstos nos incisos I e II, funcionará como Presidente o do Supremo Tribunal Federal, limitando-se a condenação, que somente será proferida por dois terços dos votos do Senado Federal, à perda do cargo, com inabilitação, por oito anos, para o exercício de função pública, sem prejuízo das demais sanções judiciais cabíveis.*

Fique Ligado

Dois terços da Câmara autorizam o processamento do Presidente e dois terços do Senado processam o Presidente.

→ **Prisão**

O Presidente só pode ser preso pela prática de infração penal comum e somente se sobrevier sentença condenatória:

> ***Art. 86, § 3º*** *- Enquanto não sobrevier sentença condenatória, nas infrações comuns, o Presidente da República não estará sujeito a prisão.*

→ **Irresponsabilidade Penal Relativa**

Também conhecida na doutrina como Imunidade Formal Temporária, essa prerrogativa afirma que o Presidente não poderá ser responsabilizado por atos alheios aos exercícios de suas funções:

> ***§ 4º*** *- O Presidente da República, na vigência de seu mandato, não pode ser responsabilizado por atos estranhos ao exercício de suas funções.*

Para melhor compreender essas imunidades conferidas ao Presidente da República, será exemplificada a situação:

> **1º Ex.:** Imaginemos que um Presidente, antes de ir para casa encontrar com sua esposa, liga e informa que irá se atrasar devido a uma reunião muito importante com seus Ministros de Estado. Por um motivo que se saberá daqui a pouco, o Presidente acaba saindo da reunião mais cedo e resolve fazer uma surpresa para sua esposa. Ao chegar de mansinho em casa, enquanto ele sobe as escadas, começa a ouvir ruídos estranhos, como se duas pessoas estivessem se amando. Ao abrir a porta de seu quarto, depara-se com a sua esposa e outro homem em sua cama. Enfurecido, o Presidente saca uma arma e atira nos dois, matando sua esposa e o amante. Ao ouvir os sons dos tiros, imediatamente vários seguranças sobem e flagram o Presidente com uma arma na mão e dois corpos ensanguentados no chão. Tendo como base esse exemplo, pergunta-se o seguinte:

→ No momento em que é flagrado, o Presidente pode ser preso pelo crime cometido?

É claro que não. O Presidente só pode ser preso se tiver uma sentença condenatória!

→ O Presidente pode ser processado por esse crime durante o seu mandato?

O Presidente não pode ser responsabilizado por atos alheios aos exercícios de suas funções. Ora, ao matar sua esposa e o amante, ele não comete o crime na condição de Presidente; ele os mata como marido traído. Esse crime não possui relação com sua função de Presidente. Por esse motivo, ele não pode ser processado durante o seu mandato. Não significa que ficará impune pelo crime cometido, apenas não poderá ser processado enquanto estiver no mandato. Ele será responsabilizado normalmente após o mandato, nesse caso, sem nenhuma prerrogativa. Apesar de não haver previsão legal, a jurisprudência entende que o prazo prescricional, nesse caso ficará suspenso, não prejudicando a responsabilização do Presidente.

» **2º Ex.:** Lembre-se de que o Presidente estava no meio de uma reunião com seus Ministros de Estado, mas precisou sair mais cedo. Isso aconteceu porque durante a reunião o Presidente teve um problema. Enquanto conversava com seus Ministros, um deles se levantou exaltado e começou a dizer que era contra o Presidente, que durante todo o mandato ele mandava informações para os partidos de oposição. Disse também que todo o dinheiro que tinha em seu Ministério iria ser gasto até os cofres públicos ficarem vazios. Afirmou ser um espião dos partidos de oposição e que faria de tudo para que o Presidente perdesse o controle do Governo. No calor da discussão, o Presidente dá uma cadeirada na cabeça do Ministro e o mata. Passa-se às perguntas:

→ O Presidente poderá ser preso por esse crime?

O Presidente não pode ser preso enquanto não sobrevier sentença condenatória. É a imunidade em relação às prisões.

→ O Presidente poderá ser processado por esse crime enquanto estiver no seu mandato?

Nesse caso sim. Perceba-se que o crime cometido foi em razão da função de Presidente, visto que não estaria na reunião com Ministros se não fosse o Presidente da República. O Presidente será processado por essa infração penal comum no Supremo Tribunal Federal, caso a Câmara dos Deputados autorize o processo. Havendo sentença condenatória, ele poderá ser preso. A possibilidade de responsabilização do Presidente da República por infração penal comum só ocorre se o crime cometido estiver ligado a sua função de Presidente.

3º Ex.: Depois que ele cometeu todos esses crimes, resolveu dar uma volta de carro, considerando o fato de não ter sido preso em razão da sua prerrogativa. Como ele estava pensando na vida, acabou batendo em outro carro. O cidadão desse outro veículo olha para ele e diz: "Vou te processar com uma ação de indenização pelos danos causados ao meu carro!!!"

→ O Presidente pode responder um processo na esfera cível enquanto estiver no mandato?

4º Ex.: Antes de responder à questão acima, apresenta-se outra situação. Imagine-se que depois de matar três pessoas e bater o seu carro, ele resolva fazer uma viagem para realizar compras com o intuito de dar uma espairecida em sua mente. Ele resolve ir ao Paraguai. Depois de adquirir vários produtos ele tenta ingressar no Brasil sem pagar o imposto devido. Imediatamente é autuado pelo Fiscal da Receita, que instaura um Procedimento Administrativo Fiscal para apurar sua infração administrativa. Pergunta: enquanto ele está em seu mandato, ele pode responder a um processo administrativo?

5º Ex.: Antes de responder às duas questões anteriore,s apresenta-se uma última situação: Depois de tudo que ocorreu como Presidente, ele volta para casa todo chateado e se depara com sua empregada doméstica na porta de casa dizendo que não aguenta trabalhar mais naquele local. Ela o informa que quer a demissão. No dia seguinte, ela se dirige à Justiça Trabalhista e ingressa com uma ação judicial contra o Presidente, pleiteando vários direitos trabalhistas. Pergunta: o Presidente, enquanto estiver no mandato, pode responder a uma ação trabalhista?

Essas três últimas situações, apesar de serem diferentes, dizem respeito à mesma coisa. O que se quer saber é se o Presidente possui alguma prerrogativa em relação a processos cíveis, administrativos, trabalhistas ou qualquer outra área do direito. E a resposta é não! Ele não possui prerrogativas em relação a outras áreas do direito. Isso significa que o Presidente responderá normalmente, sem nenhuma prerrogativa, nas outras esferas do Direito. O tema das Responsabilidades do Presidente tem sido alvo de inúmeras questões de prova. As questões podem ser trabalhadas em cima da literalidade do texto constitucional ou mesmo invocando caso concreto para verificação das regras e prerrogativas do Presidente. Eis um excelente exemplo de questão de prova sobre o tema:

Exercício Comentado

01. ***(FCC) Se o Presidente da República atira contra seu próprio primo e comete um crime de homicídio, na vigência de seu mandato, motivado, apenas, por violento ciúme em relação à esposa:***

a) ***Não poderá ser responsabilizado pelo ato enquanto durar seu mandato.***

b) ***Será processado e julgado, na vigência de seu mandato, pelo Supremo Tribunal Federal.***

c) ***Será processado e julgado, na vigência de seu mandato, pelo Senado Federal, e, caso seja considerado culpado, sofrerá a pena de impeachment.***

d) ***Será submetido a um primeiro julgamento perante o Congresso Nacional, o qual decidirá sobre a manutenção da decretação da prisão preventiva.***

e) ***Poderá ficar afastado do cargo, por decisão do Senado Federal, até que se ultime o julgamento no Supremo Tribunal Federal.***

RESPOSTA. ***"A". Nesse caso, aplica-se a chamada Irresponsabilidade Penal Relativa prevista no Art. 86, § 4º, da Constituição. O Presidente não será responsabilizado na vigência do seu mandato por crimes que não possuam relação com sua função. Obviamente, finalizado o seu mandato, encerra-se por consequência a sua prerrogativa, ficando o Presidente sujeito à responsabilização pela Justiça Comum.***

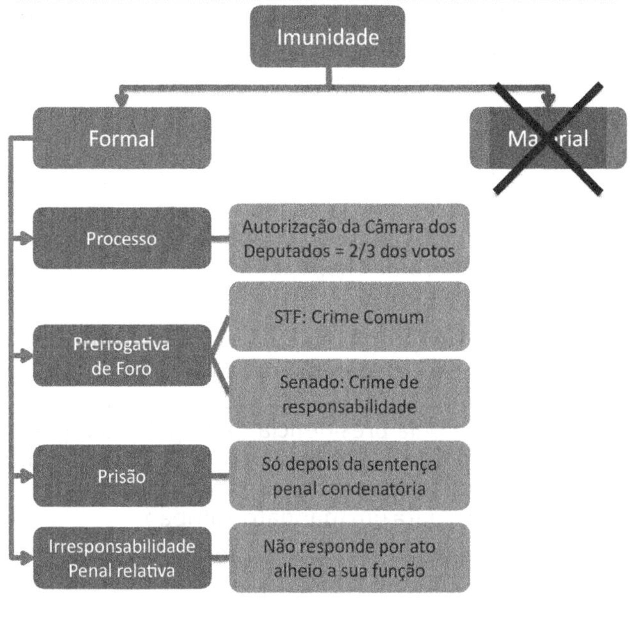

Vamos Praticar

01. (CESPE) O presidente da República pode dispor, mediante decreto, sobre a organização e o funcionamento da administração federal, promovendo a extinção de funções ou cargos públicos que julgar desnecessários e inconvenientes para o serviço público.

Certo ( ) Errado ( )

02. (CESPE) Os crimes de responsabilidade relativos ao presidente da República devem ser processados e julgados no Senado Federal, após autorização de pelo menos 2/3 da Câmara dos Deputados.

Certo ( ) Errado ( )

03. (CESPE) O presidente da República pode delegar a atribuição de concessão de indultos ao ministro da Justiça.

Certo ( ) Errado ( )

04. (CESPE) Nos crimes de responsabilidade, o presidente da República é suspenso de suas funções após a instauração do processo pela Câmara dos Deputados.

Certo ( ) Errado ( )

05. (CESPE) O julgamento do presidente da República por crime de responsabilidade será feito pelo Senado Federal, em sessão presidida pelo presidente do Supremo Tribunal Federal, e a condenação dependerá da aprovação de dois terços dos votos de todos os membros do Senado.

Certo ( ) Errado ( )

06. (CESPE) A CF autoriza o presidente da República a delegar ao advogado-geral da União o envio de mensagem e de plano de governo ao Congresso Nacional por ocasião da abertura da sessão legislativa.

Certo ( ) Errado ( )

07. (CESPE) Os ministros de Estado são escolhidos pelo presidente da República sem a necessidade de aprovação da escolha pelo Senado Federal. Não se exige que eles sejam brasileiros natos, mas que sejam maiores de 35 anos de idade e estejam no exercício de seus direitos políticos.

Certo ( ) Errado ( )

08. (CESPE)Constituem competências privativas do presidente da República decretar e executar intervenção federal e exercer o comando supremo das Forças Armadas.

Certo ( ) Errado ( )

09. (CESPE) O vice-presidente é eleito juntamente com o presidente da República, pois os votos por ele recebidos se somam aos recebidos por seu companheiro de chapa, definindo-se assim o resultado da eleição.

Certo ( ) Errado ( )

10. (CESPE) Se os cargos de presidente e vice-presidente da República vierem a ficar vagos, responde pela presidência da República o presidente do Congresso Nacional, e deve ser feita a eleição de novos presidente e vice-presidente da República para um mandato-tampão.

Certo ( ) Errado ( )

11. (CESPE) Em qualquer hipótese, deve ser convocada nova eleição presidencial, seja pela via direta, seja pela indireta, assumindo o presidente do Senado Federal provisoriamente a Presidência da República, e, nas ausências deste, a chefia do Poder Executivo deve ser ocupada pelo presidente da Câmara dos Deputados.

Certo ( ) Errado ( )

12. (ESAF) Acerca do Poder Executivo, marque a única opção correta.

a) Celebrar tratados, convenções e atos internacionais e conceder indulto e comutar penas são atribuições indelegáveis do presidente da República.

b) O presidente da República ficará suspenso de suas funções se, no caso de acusação de prática de infrações penais comuns, for admitida a acusação, pela Câmara dos Deputados, por quorum qualificado.

c) O presidente da República, na vigência do seu mandato, não pode ser responsabilizado por atos estranhos ao exercício de suas funções.

d) Os seis cidadãos brasileiros natos que integram o Conselho da República são eleitos para um mandato de três anos, vedada a recondução.

e) São membros natos do Conselho de Defesa Nacional os líderes da maioria e da minoria, no Senado Federal e na Câmara dos Deputados.

13. (ESAF) Sobre o Poder Executivo, marque a única opção correta.

a) O presidente da República pode delegar a Ministro de Estado sua competência para dispor, mediante decreto, sobre a extinção de funções ou cargos públicos vagos.

b) Se, por qualquer motivo, o presidente da República não tomar posse na data fixada no texto constitucional, o cargo será declarado vago, após dez dias, contados dessa data.

c) O vice-presidente da República substituirá o presidente da República no caso de vacância do cargo e, nessa hipótese, responderá pela presidência da República nos afastamentos do titular, sucessivamente, o presidente da Câmara dos Deputados, o presidente do Senado Federal e o presidente do Supremo Tribunal Federal.

d) Será considerado eleito presidente da República, em primeiro turno, o candidato que atingir uma votação que seja igual ou superior à maioria absoluta dos votos apurados na eleição.

e) Para a constitucionalidade da declaração de guerra, pelo presidente da República, no caso de agressão estrangeira, ela terá que ser, sempre, submetida ao referendo do Congresso Nacional.

14. (ESAF) A partir da Emenda Constitucional nº 32, de 2001, parte significativa dos administrativistas passou a aceitar a possibilidade de edição, pelo Chefe do Poder Executivo, de espécie de decreto autônomo. Nesse contexto, é matéria a ser disciplinada por meio de tal modalidade de decreto:

a) Criação de órgãos públicos, desde que sem aumento imediato de despesas.

b) Extinção de órgãos públicos, mas apenas do Poder Executivo.

c) Extinção de entidades vinculadas aos Ministérios.

d) Criação de funções ou cargos públicos, desde que sem aumento imediato de despesas.

e) Extinção de funções ou cargos públicos, quando vagos.

15. (FCC) No que diz respeito à eleição do Presidente e do Vice-Presidente da República, é correto afirmar:

a) Se, antes de realizado o segundo turno, ocorrer morte, desistência ou impedimento legal do candidato, convocar-se-á, dentre os remanescentes, o de maior votação.

b) Será considerado eleito Presidente o candidato que, registrado por partido político, obtiver a maioria absoluta de votos, computados os em branco e os nulos.

c) Se, decorridos trinta dias da data fixada para a posse, o Presidente ou o Vice-Presidente, salvo força maior, não tiver assumido o cargo, esse será declarado vago.

d) Ocorrendo a vacância nos últimos dois anos do período presidencial, a eleição para ambos os cargos será feita dez dias depois da última vaga, pelo Congresso Nacional, nos termos da lei.

e) Em caso de impedimento ou vacância do Presidente e de seu Vice, serão chamados sucessivamente o Presidente do Senado, da Câmara dos Deputados e do Supremo Tribunal Federal.

16. (FCC) O Conselho da República é órgão superior de consulta do Presidente da República, e dele NÃO participa o:

a) Vice-Presidente da República.

b) Presidente da Câmara dos Deputados.

c) Presidente do Senado Federal.

d) Presidente do Supremo Tribunal Federal.

e) Ministro da Justiça.

17. (FCC) No que tange ao Poder Executivo, é correto afirmar que compete ao Ministro de Estado:

a) Decretar e executar a intervenção federal.

b) Decretar o estado de defesa e o estado de sítio.

c) Expedir instruções para a execução das leis, decretos e regulamentos.

d) Conferir condecorações e distinções honoríficas.

e) Nomear o Advogado-Geral da União.

18. (FCC) Sobre o Presidente da República, é correto afirmar que:

a) No caso de impedimento, será substituído pelo Procurador Geral da República.

b) Exerce o Poder Executivo, auxiliado pelos Ministros de Estado.

c) O mandato é de cinco anos, vedada a reeleição para o período subsequente.

d) Não poderá, sem licença do Congresso Nacional, ausentar-se do País por período superior a dez dias, sob pena de perda do cargo.

e) Lhe compete, privativamente, nomear e exonerar o Vice-Presidente da República.

19. (FCC) Nos crimes de responsabilidade, após ser admitida a acusação por dois terços da Câmara dos Deputados, o Presidente da República será submetido a julgamento perante:

a) A Câmara dos Deputados.

b) O Senado Federal.

c) O Supremo Tribunal Federal.

d) O Superior Tribunal de Justiça.

e) O Tribunal Superior Eleitoral.

20. (FCC) O Presidente da República poderá delegar a atribuição de conceder indulto e comutar penas, com audiência, se necessário, dos órgãos instituídos em lei, ao:

a) Presidente da Câmara dos Deputados.

b) Presidente do Tribunal de Justiça.

c) Presidente do Senado Federal.

d) Advogado-Geral da União.

e) Presidente do Supremo Tribunal Federal.

Gabarito

01	ERRADO	11	ERRADO
02	CERTO	12	C
03	CERTO	13	A
04	ERRADO	14	E
05	CERTO	15	A
06	ERRADO	16	D
07	ERRADO	17	C
08	CERTO	18	B
09	ERRADO	19	B
10	ERRADO	20	D

Anotações

CAPÍTULO 12

Organização dos Poderes III - Poder Judiciário

Disposições Gerais

Organograma

O Poder Judiciário é o titular da chamada função jurisdicional. Ele possui a atribuição principal de "dizer o direito", "aplicar o direito ao caso concreto". Além de desempenhar esta função típica, o Judiciário também exerce de forma atípica a função dos demais poderes. Quando realiza concursos públicos ou contrata uma empresa prestadora de serviços, ele o faz no exercício da função administrativa (Poder Executivo). O Judiciário também exerce de forma atípica a função do Poder Legislativo quando edita instrumentos normativos que regulam as atividades dos tribunais.

Para desempenhar suas funções, o Poder Judiciário se utiliza de diversos órgãos os quais estão previstos no Art. 92:

> ***Art. 92.*** *São órgãos do Poder Judiciário:*
>
> *I.* *O Supremo Tribunal Federal;*
>
> *I-A.* *O Conselho Nacional de Justiça;*
>
> *II.* *O Superior Tribunal de Justiça;*
>
> *III.* *Os Tribunais Regionais Federais e Juízes Federais;*
>
> *IV.* *Os Tribunais e Juízes do Trabalho;*
>
> *V.* *Os Tribunais e Juízes Eleitorais;*
>
> *VI.* *Os Tribunais e Juízes Militares;*
>
> *VII.* *Os Tribunais e Juízes dos Estados e do Distrito Federal e Territórios.*
>
> *§ 1º O Supremo Tribunal Federal, o Conselho Nacional de Justiça e os Tribunais Superiores têm sede na Capital Federal.*
>
> *§ 2º O Supremo Tribunal Federal e os Tribunais Superiores têm jurisdição em todo o território nacional.*

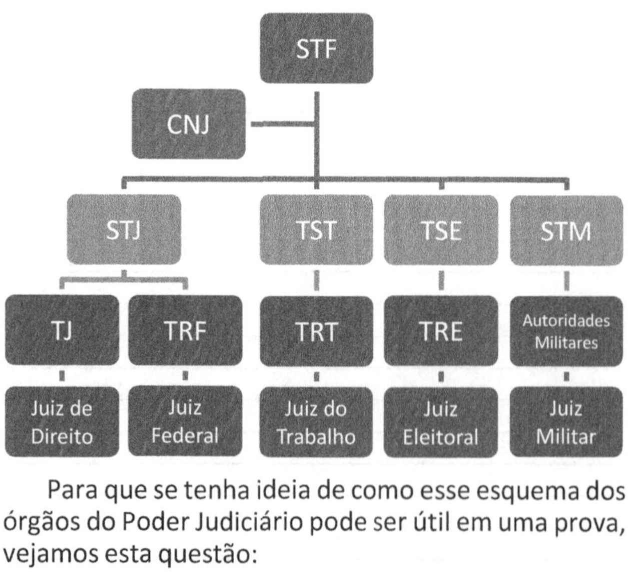

Para que se tenha ideia de como esse esquema dos órgãos do Poder Judiciário pode ser útil em uma prova, vejamos esta questão:

Exercício Comentado

01. ***(ESAF) O Tribunal de Contas da União faz parte do Poder Judiciário.***

ERRADO. O Tribunal de Contas da União, apesar de ser um tribunal, não possui função jurisdicional. Segundo a jurisprudência do STF, o TCU é órgão autônomo e independente dos demais poderes. Exerce suas atribuições fiscalizatórias junto ao Congresso Nacional, mas não possui subordinação a nenhum poder. Por essa razão, o TCU não faz parte do Poder Judiciário.

Critérios para Ingresso na Carreira

Conforme o que diz o Art. 93, I da Constituição Federal:

> ***Art. 93*** *- Lei complementar, de iniciativa do Supremo Tribunal Federal, disporá sobre o Estatuto da Magistratura, observados os seguintes princípios:*
>
> *I.* *Ingresso na carreira, cujo cargo inicial será o de juiz substituto, mediante concurso público de provas e títulos, com a participação da Ordem dos Advogados do Brasil em todas as fases, exigindo-se do bacharel em direito, no mínimo, três anos de atividade jurídica e obedecendo-se, nas nomeações, à ordem de classificação.*

Esse inciso apresenta regras para o ingresso na carreira da Magistratura. O ingresso dar-se-á no cargo de juiz substituto e depende de aprovação em concurso público de provas e títulos.

Como foi possível perceber, é um tipo de concurso que, é bem seletivo, sendo que aprovação depende de intensa dedicação do candidato. Além de a prova ser dificílima, o candidato precisa comprovar no mínimo três anos de atividade jurídica, que só pode ser realizada após a conclusão do curso. Deve-se ter muito cuidado com esse prazo de atividade jurídica exigido, as bancas constumam trocar o 3 por outro númeral.

O conceito de atividade jurídica é definido na Resolução nº 75/2009 do Conselho Nacional de Justiça que prevê, entre outros, o exercício da advocacia ou de cargo público privativo de bacharel em direito como forma de se comprovar o tempo exigido.

Quinto Constitucional

O quinto permite que uma pessoa se torne magistrado sem necessidade de realização de concurso público para a magistratura. É uma porta de entrada destinada a quem não é membro do Poder Judiciário. A regra do quinto decorre do fato de que 1/5 das vagas em alguns tribunais são destinadas aos membros do Ministério Público ou da Advocacia. Vejamos o que dispõe o Art. 94 da Constituição Federal:

> ***Art. 94*** *- Um quinto dos lugares dos Tribunais Regionais Federais, dos Tribunais dos Estados, e do Distrito Federal e Territórios será composto de membros, do Ministério Público, com mais de dez anos de carreira, e de advogados de notório saber jurídico e de reputação ilibada, com mais de dez anos de efetiva atividade profissional, indicados em lista sêxtupla pelos órgãos de representação das respectivas classes.*
>
> ***§ único.*** *Recebidas as indicações, o tribunal formará lista tríplice, enviando-a ao Poder Executivo, que, nos vinte dias subsequentes, escolherá um de seus integrantes para nomeação.*

Um detalhe que não pode ser esquecido é: para concorrer às vagas pelo quinto constitucional, faz-se necessário que os membros do Ministério Público e da Advocacia possuam mais de 10 anos de experiência.

Outra questão muito importante é saber quais são os tribunais que permitem o ingresso pelo quinto. Segundo o Art. 94, podem ingressar pelo quinto os membros dos Tribunais Regionais Federais, dos Tribunais dos Estados, e do Distrito Federal e Territórios.

Ainda possuem um quinto das vagas para os Membros do MP e da Advocacia os Tribunais Regionais do Trabalho e o Tribunal Superior do Trabalho. Assim preveem os Arts. 111-A e 115 da Constituição:

> ***Art. 111-A*** *- O Tribunal Superior do Trabalho compor-se-á de vinte e sete Ministros, escolhidos dentre brasileiros com mais de trinta e cinco e menos de sessenta e cinco anos, nomeados pelo Presidente da República após aprovação pela maioria absoluta do Senado Federal, sendo:*
>
> *I. Um quinto dentre advogados com mais de dez anos de efetiva atividade profissional e membros do Ministério Público do Trabalho com mais de dez anos de efetivo exercício, observado o disposto no Art. 94.*
>
> ***Art. 115*** *- Os Tribunais Regionais do Trabalho compõem-se de, no mínimo, sete juízes, recrutados, quando possível, na respectiva região, e nomeados pelo Presidente da República dentre brasileiros com mais de trinta e menos de sessenta e cinco anos, sendo:*
>
> *I. Um quinto dentre advogados com mais de dez anos de efetiva atividade profissional e membros do Ministério Público do Trabalho com mais de dez anos de efetivo exercício, observado o disposto no Art. 94.*

Fique Ligado

Deve-ser ter muito cuidado com uma "pegadinha" que costuma prejudicar muitos candidatos em concurso. O Superior Tribunal de Justiça também permite que membros do Ministério Público ou da Advocacia nele ingressem, contudo, não são destinadas 1/5 das vagas, mas 1/3 das vagas:

> ***Art. 104. O Superior Tribunal de Justiça compõe-se de, no mínimo, trinta e três Ministros.***
>
> ***§ único. Os Ministros do Superior Tribunal de Justiça serão nomeados pelo Presidente da República, dentre brasileiros com mais de trinta e cinco e menos de sessenta e cinco anos, de notável saber jurídico e reputação ilibada, depois de aprovada a escolha pela maioria absoluta do Senado Federal, sendo:***
>
> ***I. Um terço dentre juízes dos Tribunais Regionais Federais e um terço dentre desembargadores dos Tribunais de Justiça, indicados em lista tríplice elaborada pelo próprio Tribunal;***
>
> ***II. Um terço, em partes iguais, dentre advogados e membros do Ministério Público Federal, Estadual, do Distrito Federal e Territórios, alternadamente, indicados na forma do Art. 94.***

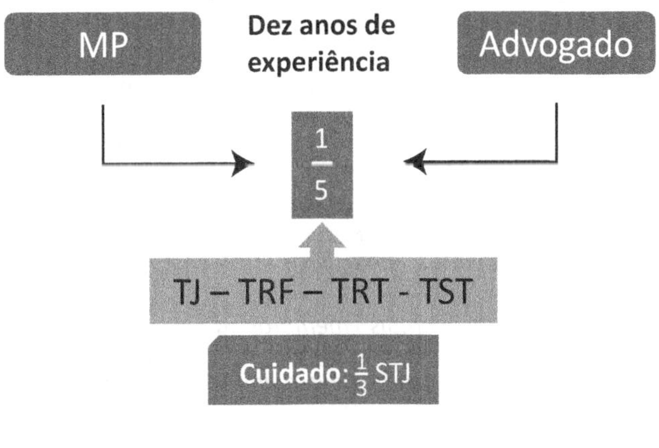

Garantias dos Membros

As garantias são um conjunto de proteções que os membros do Poder Judiciário possuem e que são inerentes ao exercício de suas funções. Uma observação se faz necessária: quando se fala "membro do poder judiciário", refere-se ao titular da Função Jurisdicional, ou seja, ao magistrado, ao juiz. Os demais servidores auxiliares do Poder Judiciário não possuem as mesmas garantias dos juízes.

A doutrina classifica as garantias dos magistrados em duas espécies:

> **Garantias de Independência;**
> **Garantias de Imparcialidade.**

As Garantias de Independência são proteções que garantem ao magistrado uma maior tranquilidade para desempenhar suas funções. O objetivo é permitir ao Juiz segurança no desempenhar de suas funções. Elas estão previstas no Art. 95, as quais são:

> ***Art. 95.*** *Os juízes gozam das seguintes garantias:*
>
> *I. Vitaliciedade, que, no primeiro grau, só será adquirida após dois anos de exercício, dependendo a perda do cargo, nesse período, de deliberação do tribunal a que o juiz estiver vinculado, e, nos demais casos, de sentença judicial transitada em julgado;*
>
> *II. Inamovibilidade, salvo por motivo de interesse público, na forma do Art. 93, VIII;*
>
> *III. Irredutibilidade de subsídio, ressalvado o disposto nos arts. 37, X e XI, 39, § 4º, 150, II, 153, III, e 153, § 2º, I.*

A **vitaliciedade** é como se fosse a estabilidade do servidor público, com uma diferença: ela é bem mais vantajosa que a simples estabilidade. A vitaliciedade garante ao magistrado perder o seu cargo apenas por sentença judicial transitada em julgado. Como se pode ver, é bem mais vantajosa que a estabilidade. Atente-se para alguns detalhes: a vitaliciedade só será adquirida após dois anos de exercício no cargo; durante o estágio probatório do juiz, que dura dois anos, ele poderá perder o cargo por deliberação do próprio tribunal do qual faz parte.

Um detalhe quase nunca percebido é que a exigência dos dois anos de exercício para se adquirir a vitaliciedade só se aplica aos juízes do primeiro grau, ou seja, aos juízes que ingressaram na carreira por meio de concurso público. Os Juízes que ingressam diretamente no Tribunal, por meio do Quinto Constitucional, ou mesmo no STJ pelo 1/3 das vagas, não precisam esperar os dois anos para adquirir a garantia. Para estes, a vitaliciedade é imediata, sendo adquirida no momento em que ele pisa no Tribunal.

A **inamovibilidade** prevê que o magistrado não poderá ser removido do local onde exerce a sua função sem sua vontade. Ele poderá julgar qualquer pessoa, conforme sua convicção, sem medo de ser obrigado a deixar o local onde exerce sua jurisdição. Essa garantia não é absoluta, pois poderá ser removido de ofício por interesse público conforme preleciona o Art. 93, VIII:

> ***Art. 93, VIII*** *- O ato de remoção, disponibilidade e aposentadoria do magistrado, por interesse público, fundar-se-á em decisão por voto da maioria absoluta do respectivo tribunal ou do Conselho Nacional de Justiça, assegurada ampla defesa.*

A **irredutibilidade dos subsídios** representa a garantia de que o magistrado não poderá ter redução em sua remuneração. A forma de retribuição pecuniária do magistrado é por meio de subsídio, que equivale a uma parcela única. Por isso, fala-se em irredutibilidade dos subsídios.

O § único do mesmo Art. apresenta o rol de **garantias de imparcialidade.** Essas normas são verdadeiras vedações aplicadas aos magistrados. São impedimentos que visam a garantir um julgamento imparcial, sem vícios ou privilégios. Por isso, são chamadas de garantias de imparcialidade. São elas:

> ***Art. 95. § único.*** *Aos juízes é vedado:*
>
> *I. Exercer, ainda que em disponibilidade, outro cargo ou função, salvo uma de magistério;*
>
> *II. Receber, a qualquer título ou pretexto, custas ou participação em processo;*
>
> *III. Dedicar-se à atividade político-partidária.*
>
> *IV. Receber, a qualquer título ou pretexto, auxílios ou contribuições de pessoas físicas, entidades públicas ou privadas, ressalvadas as exceções previstas em lei;*
>
> *V. Exercer a advocacia no juízo ou tribunal do qual se afastou, antes de decorridos três anos do afastamento do cargo por aposentadoria ou exoneração.*

Geralmente as bancas cobram a memorização dessas vedações. O inciso I é bem cobrado em razão da exceção prevista na Constituição para a acumulação de cargos ou funções. Segundo esse inciso, o magistrado, além de exercer sua função de juiz, também pode exercer uma função no magistério.

O inciso II proíbe o magistrado de receber custas ou participação em processos. O juiz já recebe sua remuneração para desempenhar sua função independente dos valores que estão em jogo nos processos.

O inciso III proíbe o juiz de se dedicar à atividade político-partidária exatamente para evitar que seus julgamentos sejam influenciados por correntes políticas ou convicções partidárias. O juiz precisa ficar alheio a tais situações.

O inciso IV proíbe o magistrado de receber ajudas financeiras de terceiros ressalvados os casos previstos em lei. Por exemplo, um juiz não pode receber um carro como agradecimento por um julgamento favorável, mas poderia receber os valores decorrentes da venda de livros que tenha escrito ou mesmo, receber valores pela ministração de palestras.

Fique Ligado

Atenção com estes prazos: 3 anos de atividade jurídica, 3 anos de quarentena e 2 anos para vitaliciedade.

Composição dos Órgãos do Poder Judiciário

A composição dos tribunais é tema recorrente em prova e que requer um alto poder de memorização do candidato, principalmente pela composição diferenciada entre um e outro tribunal. A seguir descreve-se, então, a composição de cada um dos órgãos do Poder Judiciário.

Supremo Tribunal Federal

> ***Art. 101.*** *O Supremo Tribunal Federal compõe-se de onze Ministros, escolhidos dentre cidadãos com mais de trinta e cinco e menos de sessenta e cinco anos de idade, de notável saber jurídico e reputação.*
>
> ***§ único.*** *Os Ministros do Supremo Tribunal Federal serão nomeados pelo Presidente da República, depois de aprovada a escolha pela maioria absoluta do Senado Federal.*

O Supremo Tribunal Federal é o órgão de cúpula do Poder Judiciário e é formado por 11 ministros escolhidos pelo Presidente da República depois de aprovada a escolha pela maioria absoluta do Senado Federal, dentre os cidadãos com mais de trinta e cinco e menos de sessenta e cinco anos de idade, de notável saber jurídico e reputação ilibada.

Existe mais um requisito que não está escrito nesse Art., mas está previsto no Art. 12, § 3º, IV da Constituição. Para ser Ministro do STF deve ser brasileiro nato:

> ***Art. 12, § 3º*** *- São privativos de brasileiro nato os cargos:*
>
> *IV. De Ministro do Supremo Tribunal Federal.*

Uma coisa interessante é que a Constituição não exige do candidato a Ministro do STF que tenha formação superior em Direito, apesar de exigir notório saber jurídico.

Conselho Nacional de Justiça

Vejamos agora a composição do Conselho Nacional de Justiça:

> ***Art. 103-B.*** *O Conselho Nacional de Justiça compõe-se de 15 (quinze) membros com mandato de 2 (dois) anos, admitida 1 (uma) recondução, sendo:*
>
> *I. O Presidente do Supremo Tribunal Federal;*
>
> *II. Um Ministro do Superior Tribunal de Justiça, indicado pelo respectivo tribunal;*
>
> *III. Um Ministro do Tribunal Superior do Trabalho, indicado pelo respectivo tribunal;*
>
> *IV. Um desembargador de Tribunal de Justiça, indicado pelo Supremo Tribunal Federal;*
>
> *V. Um juiz estadual, indicado pelo Supremo Tribunal Federal;*
>
> *VI. Um juiz de Tribunal Regional Federal, indicado pelo Superior Tribunal de Justiça;*
>
> *VII. Um juiz federal, indicado pelo Superior Tribunal de Justiça;*
>
> *VIII. Um juiz de Tribunal Regional do Trabalho, indicado pelo Tribunal Superior do Trabalho;*
>
> *IX. Um juiz do trabalho, indicado pelo Tribunal Superior do Trabalho;*
>
> *X. Um membro do Ministério Público da União, indicado pelo Procurador-Geral da República;*
>
> *XI. Um membro do Ministério Público estadual, escolhido pelo Procurador-Geral da República dentre os nomes indicados pelo órgão competente de cada instituição estadual;*
>
> *XII. Dois advogados, indicados pelo Conselho Federal da Ordem dos Advogados do Brasil;*
>
> *XIII. Dois cidadãos, de notável saber jurídico e reputação ilibada, indicados um pela Câmara dos Deputados e outro pelo Senado Federal.*
>
> *§ 1º O Conselho será presidido pelo Presidente do Supremo Tribunal Federal e, nas suas ausências e impedimentos, pelo Vice-Presidente do Supremo Tribunal Federal.*
>
> *§ 2º Os demais membros do Conselho serão nomeados pelo Presidente da República, depois de aprovada a escolha pela maioria absoluta do Senado Federal.*

§ 3º Não efetuadas, no prazo legal, as indicações previstas neste Art., caberá a escolha ao Supremo Tribunal Federal.

Aqui há uma composição interessante para ser cobrada em prova. A composição do CNJ possui uma dificuldade peculiar para a memorização. Perceba-se na leitura do Art., que os membros do Conselho são indicados por algum órgão. Além de memorizar os membros, o candidato tem de memorizar o órgão que indicou o membro. Para isso, deve-se fazer uma análise lógica na construção dessa composição:

A primeira coisa que se tem que fazer é identificar os órgãos que escolhem:

> **STF;**
> **STJ;**
> **TST;**
> **PGR;**
> **CFOAB;**
> **Câmara dos Deputados;**
> **Senado Federal.**

A partir dessa primeira análise, parte-se para a identificação dos membros que são indicados por cada um dos órgãos, que deve ser construída de forma lógica.

Entre os membros do CNJ existem dois advogados: quem poderia indicar dois advogados? O STF, o STJ, o TST ou o **Conselho Federal dos Advogados do Brasil**? É óbvio que quem indica os dois advogados é o CFOAB. Entre os membros do CNJ, existe um membro do Ministério Público da União e um membro do Ministério Público estadual. Quem indica esses dois membros do Ministério Público? Será o STF? Ou seria o STJ? Não é mais lógico que a escolha dos membros do Ministério Público seja do **Procurador Geral da República,** que é o chefe do Ministério Público da União? Certamente.

Com base nessa lógica, fica fácil identificar os membros do CNJ. Continuemos a análise. Agora existem membros da justiça trabalhista: 1 Ministro do TST, 1 Juiz do TRT e um Juiz do Trabalho. Quem escolhe esses juízes? STF, STJ ou TST? Mais uma resposta bem lógica. Só pode ser o **Tribunal Superior do Trabalho** o responsável pela escolha desses três membros pertencentes à justiça trabalhista.

Ainda há alguns membros a serem escolhidos. Quem escolhe os membros da Justiça Federal (Juiz do TRF e Juiz Federal)? Tem de ser o Tribunal guardião da Legislação Federal: **Superior Tribunal de Justiça**. Ele também escolherá um membro do seu próprio tribunal para fazer parte do CNJ.

Ao **Supremo Tribunal Federal** fica a responsabilidade pela escolha dos membros da Justiça Estadual, ou seja, um Juiz Estadual e um Desembargador de Tribunal de Justiça. Aqui cabe uma observação importantíssima. O STF não escolhe um de seus ministros para fazer parte do CNJ, pois o Presidente do STF é membro nato. Ele não é escolhido, ele faz parte do CNJ desde sua nomeação como Presidente do STF. Ao mesmo tempo em que é indicado como Presidente do STF, ele também cumulará a função de Presidente do CNJ.

Por último, resta saber quem o **Senado Federal** e a **Câmara dos Deputados** indicará para ser membro do CNJ. Cada um deles indicará um cidadão de notável saber jurídico e reputação ilibada.

Como se pode perceber, nem todos os membros do Conselho Nacional de Justiça são membros do Poder Judiciário. Essa é uma característica já cobrada em prova, com exceção do Presidente do STF, que é membro nato do CNJ; os demais serão nomeados pelo Presidente da República depois de aprovada a escolha pela maioria do Senado Federal. Caso as indicações acima listadas não sejam efetuadas, caberá ao Supremo Tribunal Federal fazê-las. Lembre-se de que os membros do CNJ exercem um mandato de dois anos, sendo admitida uma recondução.

Abaixo, segue um esquema de memorização para a composição desse órgão do poder judiciário.

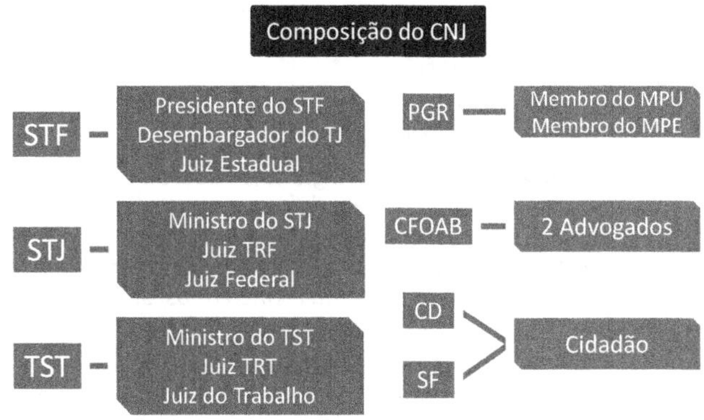

Superior Tribunal de Justiça

O texto constitucional prevê no Art. 104:

> ***Art. 104.** O Superior Tribunal de Justiça compõe-se de, no mínimo, trinta e três Ministros.*
>
> ***§ único.** Os Ministros do Superior Tribunal de Justiça serão nomeados pelo Presidente da República, dentre brasileiros com mais de trinta e cinco e menos de sessenta e cinco anos, de notável saber jurídico e reputação ilibada, depois de aprovada a escolha pela maioria absoluta do Senado Federal, sendo:*
>
> ***I.** Um terço dentre juízes dos Tribunais Regionais Federais e um terço dentre desembargadores dos Tribunais de Justiça, indicados em lista tríplice elaborada pelo próprio Tribunal;*
>
> ***II.** Um terço, em partes iguais, dentre advogados e membros do Ministério Público Federal, Estadual, do Distrito Federal e Territórios, alternadamente, indicados na forma do Art. 94.*

O Superior Tribunal de Justiça é composto por, no mínimo, 33 ministros. Deve-se ter cuidado com isso em prova: não são 33, mas, no mínimo 33. Esse dispositivo permite que o Tribunal possua mais de 33 membros.

Seus membros serão nomeados pelo Presidente da República depois de aprovada a escolha pelo Senado Federal. Aqui se aplica uma regra comum nos tribunais superiores: nomeação pelo Presidente mediante aprovação do Senado. Outro requisito é a idade: no mínimo 35 e no máximo 65 anos.

Questão sempre cobrada em prova é a composição. A escolha dos Ministros não é livre, estando vinculada ao texto constitucional que prevê:

> 1/3 das vagas para os membros dos Tribunais Regionais Federais;
> 1/3 das vagas para os Desembargadores dos Tribunais de Justiça;
> 1/3 das vagas, divididas em partes iguais, para membros do Ministério Público Federal, Estadual e do Distrito Federal e advogados com mais de 10 anos de experiência.

No que tange às vagas para os membros do Ministério Público e advogados, uma coisa chama a atenção: a divisão em partes iguais. Se houver isso em uma prova, é muito provável que o candidato marque essa afirmação como sendo incorreta, tendo em vista 1/3 de 33 ser igual a 11, valor esse impossível de se dividir em partes iguais, quando a divisão se trata de pessoas. Contudo, essa é a previsão expressa da Constituição, que não é de toda absurda. Considerando que o STJ pode ser composto por mais de 33 membros, havendo, por exemplo, 36, seria possível efetivar essa divisão em partes iguais. Enquanto o órgão for formado por 33 membros, a vaga remanescente é alternada entre membros do MPF e MPDFT e da advocacia.

Tribunal Regional Federal

O Art. 107 apresenta as regras de composição dos Tribunais Regionais Federais:

> ***Art. 107.*** *Os Tribunais Regionais Federais compõem-se de, no mínimo, sete juízes, recrutados, quando possível, na respectiva região e nomeados pelo Presidente da República dentre brasileiros com mais de trinta e menos de sessenta e cinco anos, sendo:*
>
> *I. Um quinto dentre advogados com mais de dez anos de efetiva atividade profissional e membros do Ministério Público Federal com mais de dez anos de carreira;*
>
> *II. Os demais, mediante promoção de juízes federais com mais de cinco anos de exercício, por antiguidade e merecimento, alternadamente.*

Os TRFs possuem a mesma peculiaridade do STJ no que diz respeito à composição baseada em um mínimo, sendo, nesse caso, no mínimo sete juízes, recrutados, quando possível, na respectiva região. Atualmente, são cinco regiões jurisdicionais, cada uma sob a responsabilidade de um TRF.

Para fazer parte dos TRFs o juiz precisa ter no mínimo 30 e no máximo 65 anos de idade. Quando comparada aos Tribunais Superiores, a idade mínima sofre uma atenuação de 35 para 30 anos; deve-se ter cuidado com isso.

Os membros dos TRFs são nomeados pelo Presidente da República sem necessidade de aprovação do Senado Federal. Essa é outra distinção importante.

Nos TRFs adota-se a regra do Quinto Constitucional, por meio do qual, 1/5 das vagas são destinadas a advogados e membros do Ministério Público Federal com mais de 10 anos de experiência. As demais vagas são destinadas a promoção de juízes federais com mais de 5 anos de exercício, que pode ocorrer ou por merecimento ou por antiguidade, de forma alternada.

Justiça do Trabalho

A Justiça do Trabalho encontra-se prevista no Art. 111 da Constituição, sendo competente para julgar as causas cuja matéria possua natureza trabalhista. São órgãos da Justiça do Trabalho:

> ***Art. 111.*** *São órgãos da Justiça do Trabalho:*
>
> *I. O Tribunal Superior do Trabalho;*
>
> *II. Os Tribunais Regionais do Trabalho;*
>
> *III. Juízes do Trabalho.*

§ 1º a 3º - Vejamos a composição dos órgãos da Justiça trabalhista.

Tribunal Superior de Trabalho

O Tribunal Superior do Trabalho é o órgão de cúpula da Justiça do Trabalho. Segundo a Constituição Federal, o TST é composto por 27 membros, conforme previsão do Art. 111-A:

> ***Art. 111-A.*** *O Tribunal Superior do Trabalho compor-se-á de vinte e sete Ministros, escolhidos dentre brasileiros com mais de trinta e cinco e menos de sessenta e cinco anos, nomeados pelo Presidente da República após aprovação pela maioria absoluta do Senado Federal, sendo:*
>
> *I. Um quinto dentre advogados com mais de dez anos de efetiva atividade profissional e membros do Ministério Público do Trabalho com mais de dez anos de efetivo exercício, observado o disposto no Art. 94;*
>
> *II. Os demais dentre juízes dos Tribunais Regionais do Trabalho, oriundos da magistratura da carreira, indicados pelo próprio Tribunal Superior.*

O Texto Constitucional exige para ser Ministro do TST a condição de brasileiro, maior de 35 anos e menor de 65 anos. A nomeação dos Ministros se dá por ato do Presidente da República após a aprovação do Senado Federal pelo voto da maioria absoluta dos seus membros. Os 27 ministros são divididos da seguinte forma:

- 1/5 – advogados com mais de 10 anos de efetiva atividade profissional e membros do Ministério Público do Trabalho com mais de 10 anos de efetivo exercício;
- 4/5 – juízes dos TRTs, oriundos da magistratura de carreira, indicados pelo próprio tribunal.

Como se pode perceber, no TST adota-se o critério de ingresso pela regra do Quinto Constitucional. Além disso, é importante ressaltar a exigência de que juiz do TRT que deseje concorrer a uma vaga no TST seja membro do Poder Judiciário de carreira, isto é, que tenha ingressado nos quadros do tribunal por meio de concurso público nos termos do Art. 93, I da CF. Essa última regra exclui a possibilidade daqueles que são oriundos do quinto constitucional nos TRTs de ingressarem no TST na vaga destinada aos membros da magistratura trabalhista (4/5 das vagas).

A Constituição prevê, ainda, o funcionamento junto ao TST da Escola Nacional de Formação e Aperfeiçoamento de Magistrados do Trabalho e o Conselho Superior da Justiça do Trabalho, conforme o Art. 111-A, § 2º:

> ***Art. 111-A, § 2º*** *- Funcionarão junto ao Tribunal Superior do Trabalho:*
>
> *I. A Escola Nacional de Formação e Aperfeiçoamento de Magistrados do Trabalho, cabendo-lhe, dentre outras funções, regulamentar os cursos oficiais para o ingresso e promoção na carreira;*
>
> *II. O Conselho Superior da Justiça do Trabalho, cabendo-lhe exercer, na forma da lei, a supervisão administrativa, orçamentária, financeira e patrimonial da Justiça do Trabalho de primeiro e segundo graus, como órgão central do sistema, cujas decisões terão efeito vinculante.*

Tribunal Regional do Trabalho

O ingresso no Tribunal Regional do Trabalho se dá conforme as regras previstas no Art. 115 da CF:

Art. 115. Os Tribunais Regionais do Trabalho compõem-se de, no mínimo, sete juízes, recrutados, quando possível, na respectiva região, e nomeados pelo Presidente da República dentre brasileiros com mais de trinta e menos de sessenta e cinco anos, sendo:

I. *Um quinto dentre advogados com mais de dez anos de efetiva atividade profissional e membros do Ministério Público do Trabalho com mais de dez anos de efetivo exercício, observado o disposto no Art. 94;*

II. *Os demais, mediante promoção de juízes do trabalho por antiguidade e merecimento, alternadamente.*

§ 1º - Os Tribunais Regionais do Trabalho instalarão a justiça itinerante, com a realização de audiências e demais funções de atividade jurisdicional, nos limites territoriais da respectiva jurisdição, servindo-se de equipamentos públicos e comunitários.

§ 2º - Os Tribunais Regionais do Trabalho poderão funcionar descentralizadamente, constituindo Câmaras regionais, a fim de assegurar o pleno acesso do jurisdicionado à justiça em todas as fases do processo.

Art. 116. *Nas Varas do Trabalho, a jurisdição será exercida por um juiz singular.*

§ único: *(Revogado pela Emenda Constitucional nº 24, de 1999).*

Art. 117. e **§ único**: *(Revogados pela Emenda Constitucional nº 24, de 1999).*

São no mínimo 7 juízes recrutados, quando possível, na respectiva região os quais serão nomeados pelo Presidente da República entre brasileiros com mais de 30 e menos de 65 anos de idade. Para ser um juiz do TRT, é necessária a observação dos seguintes critérios:

> 1/5 – advogados com mais de 10 anos de efetiva atividade profissional e membros do Ministério Público do Trabalho com mais de 10 anos de efetivo exercício;

> 4/5 – juízes do trabalho promovidos por antiguidade e merecimento, alternadamente.

A Constituição prevê, dentro da estrutura dos TRTs, como forma de democratizar o acesso a Justiça do Trabalho, a possibilidade de instalação da justiça itinerante, com a realização de audiências e demais funções de atividade jurisdicional, nos limites territoriais da respectiva jurisdição, servindo-se de equipamentos públicos e comunitários. Não se deve esquecer de que os TRTs poderão funcionar descentralizadamente, constituindo Câmaras regionais, a fim de assegurar o pleno acesso do jurisdicionado à justiça em todas as fases do processo, garantindo-se, dessa forma, uma maior celeridade processual. Ainda dentro da estrutura da Justiça do trabalho, a Constituição prevê a possibilidade de juízes de direito exercerem as atribuições da jurisdição trabalhista nas comarcas não abrangidas pela Justiça do Trabalho, garantindo-se, nesse caso, recurso para o TRT:

Art. 112. *A lei criará varas da Justiça do Trabalho, podendo, nas comarcas não abrangidas por sua jurisdição, atribuí-la aos juízes de direito, com recurso para o respectivo Tribunal Regional do Trabalho.*

Por fim, a Constituição determinou que a jurisdição nas Varas do Trabalho seja exercida por um juiz singular:

Art. 116. *Nas Varas do Trabalho, a jurisdição será exercida por um juiz singular.*

Competências

Quanto às competências da Justiça do Trabalho, a Constituição encarregou-se de defini-las expressamente no Art. 114:

Art. 114. *Compete à Justiça do Trabalho processar e julgar:*

I. *As ações oriundas da relação de trabalho, abrangidos os entes de direito público externo e da administração pública direta e indireta da União, dos Estados, do Distrito Federal e dos Municípios;*

II. *As ações que envolvam exercício do direito de greve;*

III. *As ações sobre representação sindical, entre sindicatos, entre sindicatos e trabalhadores, e entre sindicatos e empregadores;*

IV. *Os mandados de segurança, habeas corpus e habeas data , quando o ato questionado envolver matéria sujeita à sua jurisdição;*

V. *Os conflitos de competência entre órgãos com jurisdição trabalhista, ressalvado o disposto no Art. 102, I, o;*

VI. *As ações de indenização por dano moral ou patrimonial, decorrentes da relação de trabalho;*

VII. *As ações relativas às penalidades administrativas impostas aos empregadores pelos órgãos de fiscalização das relações de trabalho;*

VIII. *A execução, de ofício, das contribuições sociais previstas no Art. 195, I, a , e II, e seus acréscimos legais, decorrentes das sentenças que proferir;*

IX. *Outras controvérsias decorrentes da relação de trabalho, na forma da lei.*

§ 1º - *Frustrada a negociação coletiva, as partes poderão eleger árbitros.*

§ 2º *Recusando-se qualquer das partes à negociação coletiva ou à arbitragem, é facultado às mesmas, de comum acordo, ajuizar dissídio coletivo de natureza econômica, podendo a Justiça do Trabalho decidir o conflito, respeitadas as disposições mínimas legais de proteção ao trabalho, bem como as convencionadas anteriormente.*

§ 3º *Em caso de greve em atividade essencial, com possibilidade de lesão do interesse público, o Ministério Público do Trabalho poderá ajuizar dissídio coletivo, competindo à Justiça do Trabalho decidir o conflito.*

Justiça Eleitoral

A justiça eleitoral é a justiça especializada em questões de natureza eleitoral. Seus órgãos estão previstos no Art. 118 da Constituição:

Art. 118. *São órgãos da Justiça Eleitoral:*

I. *O Tribunal Superior Eleitoral;*

II. *Os Tribunais Regionais Eleitorais;*

III. *Os Juízes Eleitorais;*

IV. *As Juntas Eleitorais.*

Uma peculiaridade distingue os órgãos da Justiça Eleitoral dos demais órgãos do Poder Judiciário. Apesar de seus membros possuírem as mesmas garantias dos demais membros do Poder Judiciário, eles não possuem a vitaliciedade, haja vista serem eleitos para um mandato de dois anos, no mínimo, não podendo exercê-lo por mais de dois biênios consecutivos:

Art. 121. *Lei complementar disporá sobre a organização e competência dos tribunais, dos juízes de direito e das juntas eleitorais.*

§ 1º - Os membros dos tribunais, os juízes de direito e os integrantes das juntas eleitorais, no exercício de suas funções, e no que lhes for aplicável, gozarão de plenas garantias e serão inamovíveis.

§ 2º - Os juízes dos tribunais eleitorais, salvo motivo justificado, servirão por dois anos, no mínimo, e nunca por mais de dois biênios consecutivos, sendo os substitutos escolhidos na mesma ocasião e pelo mesmo processo, em número igual para cada categoria.

Analisa-se, a seguir, a composição de cada um dos órgãos da Justiça Eleitoral:

Tribunal Superior Eleitoral

O Tribunal Superior Eleitoral é o tribunal superior da Justiça Eleitoral. Sua composição está prevista no Art. 119 da Constituição Federal:

> ***Art. 119.*** *O Tribunal Superior Eleitoral compor-se-á, no mínimo, de sete membros, escolhidos:*
>
> *I. Mediante eleição, pelo voto secreto:*
>
> *a) Três juízes dentre os Ministros do Supremo Tribunal Federal;*
>
> *b) Dois juízes dentre os Ministros do Superior Tribunal de Justiça;*
>
> *II. Por nomeação do Presidente da República, dois juízes dentre seis advogados de notável saber jurídico e idoneidade moral, indicados pelo Supremo Tribunal Federal.*
>
> ***§ único.*** *O Tribunal Superior Eleitoral elegerá seu Presidente e o Vice-Presidente dentre os Ministros do Supremo Tribunal Federal, e o Corregedor Eleitoral dentre os Ministros do Superior Tribunal de Justiça.*

Como se pode depreender do texto constitucional, o TSE é composto de no mínimo sete membros os quais serão eleitos ou nomeados segundo as seguintes regras:

> Escolhidos mediante eleição: TRÊS juízes dentre os Ministros STF e DOIS juízes dentre os Ministros do STJ;

> Por nomeação do Presidente da República: DOIS juízes dentre seis ADVOGADOS de notável saber jurídico e idoneidade moral, indicados pelo Supremo Tribunal Federal.

O Presidente e o Vice-Presidente do TSE serão escolhidos dentre os Ministros do STF e o Corregedor Eleitoral será escolhido dentre os Ministros do STJ.

Tribunal Regional Eleitoral

Os Tribunais Regionais Eleitorais serão distribuídos em todo território nacional sendo um em cada Capital de cada Estado e no Distrito Federal os quais se comporão de SETE MEMBROS, conforme dispõe o Art. 120 da Constituição Federal:

> ***Art. 120.*** *Haverá um Tribunal Regional Eleitoral na Capital de cada Estado e no Distrito Federal.*
>
> *§ 1º - Os Tribunais Regionais Eleitorais compor-se-ão:*
>
> *I. Mediante eleição, pelo voto secreto:*
>
> *a) De dois juízes dentre os desembargadores do Tribunal de Justiça;*
>
> *b) De dois juízes, dentre juízes de direito, escolhidos pelo Tribunal de Justiça;*
>
> *II. De um juiz do Tribunal Regional Federal com sede na Capital do Estado ou no Distrito Federal, ou, não havendo, de juiz federal, escolhido, em qualquer caso, pelo Tribunal Regional Federal respectivo;*
>
> *III. Por nomeação, pelo Presidente da República, de dois juízes dentre seis advogados de notável saber jurídico e idoneidade moral, indicados pelo Tribunal de Justiça.*
>
> *§ 2º - O Tribunal Regional Eleitoral elegerá seu Presidente e o Vice-Presidente dentre os desembargadores.*

Os membros do TRE serão escolhidos conforme os seguintes critérios:

> Mediante eleição: DOIS juízes dentre os desembargadores do Tribunal de Justiça e DOIS juízes, dentre juízes de direito, escolhidos pelo Tribunal de Justiça.

> Por nomeação do Presidente da República: de DOIS juízes dentre seis advogados de notável saber jurídico e idoneidade moral, indicados pelo Tribunal de Justiça.

Cada TRE elegerá seu Presidente e o Vice-Presidente entre os seus desembargadores.

Fique Ligado

I. TSE - mínimo 7 membros:

- ***> 3 STF***
- ***> 2 STJ***
- ***> 2 Advogados***

II. TRE - 7 membros :

- ***> 2 Desembargadores TJ***
- ***> 2 Juízes TJ***
- ***> 1 Juiz TRF***
- ***> 2 Advogados***

Juízes e Juntas Eleitorais

No que tange aos juízes e juntas eleitorais previstos no Art. 121 da Constituição, sua regulação está prevista no Código Eleitoral entre os Arts. 32 e 41, a qual deve ser analisada em disciplina oportuna. Isto é o que prevê o texto constitucional:

> ***Art. 121.*** *Lei complementar disporá sobre a organização e competência dos tribunais, dos juízes de direito e das juntas eleitorais.*
>
> *§ 1º - Os membros dos tribunais, os juízes de direito e os integrantes das juntas eleitorais, no exercício de suas funções, e no que lhes for aplicável, gozarão de plenas garantias e serão inamovíveis.*

Competência

Quanto às atribuições da Justiça Eleitoral, não existe dúvida sobre a sua competência especializada em matéria eleitoral. O Art. 121, em seu § 3º, estabelece algumas regras que podem ser cobradas em prova:

> ***Art. 121, § 3º*** *- São irrecorríveis as decisões do Tribunal Superior Eleitoral, salvo as que contrariarem esta Constituição e as denegatórias de "habeas-corpus" ou mandado de segurança.*
>
> *§ 4º - Das decisões dos Tribunais Regionais Eleitorais somente caberá recurso quando:*
>
> *I. Forem proferidas contra disposição expressa desta Constituição ou de lei;*
>
> *II. Ocorrer divergência na interpretação de lei entre dois ou mais tribunais eleitorais;*
>
> *III. Versarem sobre inelegibilidade ou expedição de diplomas nas eleições federais ou estaduais;*
>
> *IV. Anularem diplomas ou decretarem a perda de mandatos eletivos federais ou estaduais;*

> *V.* *Denegarem "habeas-corpus", mandado de segurança, "habeas-data" ou mandado de injunção.*

Justiça Militar

A Justiça Militar compõe a chamada justiça especializada, nesse caso, em direito militar. A sua existência se deve à subordinação dos militares a um regime especial com direitos e deveres distintos quando comparados aos servidores civis.

A Constituição Federal definiu como órgãos da Justiça Militar os seguintes:

> ***Art. 122.*** *São órgãos da Justiça Militar:*
>
> *I.* *O Superior Tribunal Militar;*
>
> *II.* *Os Tribunais e Juízes Militares instituídos por lei.*

Na sequência, pode-se ver a composição de cada um dos órgãos:

Superior Tribunal Militar

O Superior Tribunal Militar é o órgão de cúpula da Justiça Militar, o qual é composto segundo as regras estabelecidas no Art. 123 da CF:

> ***Art. 123.*** *O Superior Tribunal Militar compor-se-á de quinze Ministros vitalícios, nomeados pelo Presidente da República, depois de aprovada a indicação pelo Senado Federal, sendo três dentre oficiais-generais da Marinha, quatro dentre oficiais-generais do Exército, três dentre oficiais-generais da Aeronáutica, todos da ativa e do posto mais elevado da carreira, e cinco dentre civis.*
>
> ***§ único.*** *Os Ministros civis serão escolhidos pelo Presidente da República dentre brasileiros maiores de trinta e cinco anos, sendo:*
>
> *I.* *Três dentre advogados de notório saber jurídico e conduta ilibada, com mais de dez anos de efetiva atividade profissional;*
>
> *II.* *Dois, por escolha paritária, dentre juízes auditores e membros do Ministério Público da Justiça Militar.*

O STM é composto por **quinze** ministros nomeados pelo Presidente da República, depois de aprovada a indicação pelo Senado Federal. Esses ministros ocuparão os cargos de forma vitalícia e serão escolhidos entre militares da ativa e do posto mais elevado da carreira, bem como entre civis escolhidos pelo Presidente da República com mais de 35 anos de idade, observadas as seguintes regras:

- ***10 Militares***
  - **Três** – oficiais-generais da Marinha;
  - **Quatro** – oficiais-generais do Exército;
  - **Três** – oficiais-generais da Aeronáutica;
- ***5 Civis***
  - **Três** – civis entre advogados de notório saber jurídico e conduta ilibada, com mais de dez anos de efetiva atividade profissional;
  - **Dois** – civis escolhidos de forma paritária, entre juízes auditores e membros do Ministério Público da Justiça Militar.

Competências

Segundo a Constituição Federal, a Justiça Militar é competente para processar e julgar os crimes militares definidos em lei:

> **Art. 124.** *À Justiça Militar compete processar e julgar os crimes militares definidos em lei.*
>
> ***§ único.*** *A lei disporá sobre a organização, o funcionamento e a competência da Justiça Militar.*

É importante lembrar que essa competência é da Justiça Militar da União, a qual só julgará crimes militares praticados por militares das Forças Armadas. A Constituição também previu a criação da Justiça Militar nos Estados com competência para julgar os militares dos estados (policiais e bombeiros militares) em seu Art. 125, § 3º ao 5º:

> ***Art. 125.*** *Os Estados organizarão sua Justiça, observados os princípios estabelecidos nesta Constituição.*
>
> ***§ 3º*** *A lei estadual poderá criar, mediante proposta do Tribunal de Justiça, a Justiça Militar estadual, constituída, em primeiro grau, pelos juízes de direito e pelos Conselhos de Justiça e, em segundo grau, pelo próprio Tribunal de Justiça, ou por Tribunal de Justiça Militar nos Estados em que o efetivo militar seja superior a vinte mil integrantes.*
>
> ***§ 4º*** *Compete à Justiça Militar estadual processar e julgar os militares dos Estados, nos crimes militares definidos em lei e as ações judiciais contra atos disciplinares militares, ressalvada a competência do júri quando a vítima for civil, cabendo ao tribunal competente decidir sobre a perda do posto e da patente dos oficiais e da graduação das praças.*
>
> ***§ 5º*** *Compete aos juízes de direito do juízo militar processar e julgar, singularmente, os crimes militares cometidos contra civis e as ações judiciais contra atos disciplinares militares, cabendo ao Conselho de Justiça, sob a presidência de juiz de direito, processar e julgar os demais crimes militares.*

Tribunais e Juízes Estaduais

Em relação aos Tribunais e Juízes estaduais, a Constituição Federal fixou regras gerais e deixou a cargo de cada Estado organizar a sua justiça, observados os princípios estabelecidos na Constituição Federal:

> ***Art. 125.*** *Os Estados organizarão sua Justiça, observados os princípios estabelecidos nesta Constituição.*
>
> ***§ 1º -*** *A competência dos tribunais será definida na Constituição do Estado, sendo a lei de organização judiciária de iniciativa do Tribunal de Justiça.*
>
> ***§ 2º -*** *Cabe aos Estados a instituição de representação de inconstitucionalidade de leis ou atos normativos estaduais ou municipais em face da Constituição Estadual, vedada a atribuição da legitimação para agir a um único órgão.*
>
> ***§ 3º*** *A lei estadual poderá criar, mediante proposta do Tribunal de Justiça, a Justiça Militar estadual, constituída, em primeiro grau, pelos juízes de direito e pelos Conselhos de Justiça e, em segundo grau, pelo próprio Tribunal de Justiça, ou por Tribunal de Justiça Militar nos Estados em que o efetivo militar seja superior a vinte mil integrantes.*
>
> ***§ 4º*** *Compete à Justiça Militar estadual processar e julgar os militares dos Estados, nos crimes militares definidos em lei e as ações judiciais contra atos disciplinares militares, ressalvada a competência do júri quando a vítima for civil, cabendo ao tribunal competente decidir sobre a perda do posto e da patente dos oficiais e da graduação das praças.*
>
> ***§ 5º*** *Compete aos juízes de direito do juízo militar processar e julgar, singularmente, os crimes militares cometidos contra civis e as ações judiciais contra atos disciplinares militares, cabendo ao Conselho de Justiça, sob a presidência de juiz de direito, processar e julgar os demais crimes militares.*
>
> ***§ 6º*** *O Tribunal de Justiça poderá funcionar descentralizadamente, constituindo Câmaras regionais, a fim de assegurar o pleno acesso do jurisdicionado à justiça em todas as fases do processo.*

§ 7º O Tribunal de Justiça instalará a justiça itinerante, com a realização de audiências e demais funções da atividade jurisdicional, nos limites territoriais da respectiva jurisdição, servindo-se de equipamentos públicos e comunitários.

Art. 126. *Para dirimir conflitos fundiários, o Tribunal de Justiça proporá a criação de varas especializadas, com competência exclusiva para questões agrárias.*

§ único. *Sempre que necessário à eficiente prestação jurisdicional, o juiz far-se-á presente no local do litígio.*

ÓRGÃO	MEMBROS	IDADE
STF	11	35 - 65
COMPOSIÇÃO		
Brasileiros natos. Notável saber jurídico e reputação ilibada. Nomeado pelo Presidente da República mediante aprovação do Senado pela maioria absoluta.		

ÓRGÃO	MEMBROS	IDADE
CNJ	15	
COMPOSIÇÃO		
Presidente do STF. Indicados pelo STF: 1 Desembargador do TJ, 1 juiz estadual. Indicados pelo STJ: 1 ministro do STJ, 1 juiz do TRF, 1 juiz federal. Indicados pelo TST: 1 ministro do TST, 1 juiz do TRT, 1 juiz do trabalho. Indicados pelo PGR: 1 membro do MPE, 1 membro do MPU. Indicados pelo CFOAB: 2 advogados. Indicado pela Câmara: 1 cidadão. Indicado pelo Senado: 1 cidadão.		

ÓRGÃO	MEMBROS	IDADE
STJ	Mínimo de 33	35-65
COMPOSIÇÃO		
Brasileiro. Notável saber jurídico e reputação ilibada. Nomeado pelo Presidente da República mediante aprovação do Senado. 1/3 juízes do TRF. 1/3 desembargadores do TJ. 1/3 advogados e membros do MPF, MPE e MPDFT.		

ÓRGÃO	MEMBROS	IDADE
TRF	Mínimo de 7	30-65
COMPOSIÇÃO		
Nomeados pelo Presidente da República. 1/5 advogados e membros do MPF (Os advogados e Membros do Ministério Público quando são nomeados para algum cargo do Poder Judiciário pelo Quinto Constitucional precisam comprovar 10 anos de experiência). 4/5 juízes federais.		

ÓRGÃO	MEMBROS	IDADE
TST	27	35-65
COMPOSIÇÃO		
Nomeado pelo Presidente da República mediante aprovação do Senado. 1/5 advogados e membros do MPT. 4/5 juízes do TRT da magistratura de carreira.		

ÓRGÃO	MEMBROS	IDADE
TRT	Mínimo de 7	30-65
COMPOSIÇÃO		
Nomeados pelo Presidente da República. 1/5 advogados e membros do MPT. 4/5 juízes do trabalho.		

ÓRGÃO	MEMBROS	IDADE
TSE	Mínimo de 7	
COMPOSIÇÃO		
Eleição: 3 ministros do STF; 2 ministros do STJ. Nomeação pelo Presidente da República: 2 advogados de notável saber jurídico e idoneidade moral indicados pelo STF.		

ÓRGÃO	MEMBROS	IDADE
TRE	7	
COMPOSIÇÃO		
Eleição: 2 desembargadores do TJ, 2 juízes de direito do TJ. 1 juiz do TRF ou juiz federal. Nomeação pelo Presidente da República: 2 advogados de notável saber jurídico e idoneidade moral indicados pelo TJ.		

ÓRGÃO	MEMBROS	IDADE
STM	15	
COMPOSIÇÃO		
Ministros vitalícios. Nomeados pelo Presidente da República mediante aprovação do Senado. 3 oficiais-generais da Marinha. 4 oficiais-generais do Exército. 3 oficiais-generais da Aeronáutica. 5 civis escolhidos pelo Presidente entre brasileiros com mais de trinta e cinco anos sendo três dentre advogados com mais de dez anos de efetiva atividade profissional e dois entre juízes auditores e membros do MPJM.		

Análise das Competências dos Órgãos do Poder Judiciário

O sucesso nesta parte da matéria depende de intensa leitura e memorização das competências que serão cobradas em prova. As mais cobradas são, sem dúvida, as do STF e do STJ. Também, há grande ocorrência de questões sobre o CNJ. Passa-se à análise de cada um dos órgãos do Poder Judiciário.

Supremo Tribunal Federal

O Supremo Tribunal Federal é o órgão de cúpula do Poder Judiciário. Também é conhecido como Tribunal Constitucional, pois possui como atribuição precípua a guarda da Constituição Federal. Como protetor do texto constitucional, ele realiza o chamado Controle de Constitucionalidade Concentrado. Mas isso será tratado em outro momento. Nota-se que as competências do STF compõem um rol taxativo e estão distribuídas em três espécies: originária, recursal ordinária e recursal extraordinária.

Originárias – as causas previstas no inciso I do Art. 102 têm início no próprio STF, a quem compete julgar originariamente.

Art. 102. *Compete ao Supremo Tribunal Federal, precipuamente, a guarda da Constituição, cabendo-lhe:*

I. *Processar e julgar, originariamente:*

a) *A ação direta de inconstitucionalidade de lei ou ato normativo federal ou estadual e a ação declaratória de constitucionalidade de lei ou ato normativo federal;*

b) *Nas infrações penais comuns, o Presidente da República, o Vice-Presidente, os membros do Congresso Nacional, seus próprios Ministros e o Procurador-Geral da República;*

c) *Nas infrações penais comuns e nos crimes de responsabilidade, os Ministros de Estado e os Comandantes da Marinha, do Exército e da Aeronáutica, ressalvado o disposto no Art. 52, I, os membros dos Tribunais Superiores, os do Tribunal de Contas da União e os chefes de missão diplomática de caráter permanente;*

d) *O "habeas-corpus", sendo paciente qualquer das pessoas referidas nas alíneas anteriores; o mandado de segurança e o "habeas-data" contra atos do Presidente da República, das Mesas da Câmara dos Deputados e do Senado Federal, do Tribunal de Contas da União, do Procurador-Geral da República e do próprio Supremo Tribunal Federal;*

e) *O litígio entre Estado estrangeiro ou organismo internacional e a União, o Estado, o Distrito Federal ou o Território;*

f) *As causas e os conflitos entre a União e os Estados, a União e o Distrito Federal, ou entre uns e outros, inclusive as respectivas entidades da administração indireta;*

g) *A extradição solicitada por Estado estrangeiro;*

h) *(Revogado Emenda Constitucional nº 45, de 2004);*

i) *O habeas corpus, quando o coator for Tribunal Superior ou quando o coator ou o paciente for autoridade ou funcionário cujos atos estejam sujeitos diretamente à jurisdição do Supremo Tribunal Federal, ou se trate de crime sujeito à mesma jurisdição em uma única instância;*

j) *A revisão criminal e a ação rescisória de seus julgados;*

l) *A reclamação para a preservação de sua competência e garantia da autoridade de suas decisões;*

m) *A execução de sentença nas causas de sua competência originária, facultada a delegação de atribuições para a prática de atos processuais;*

n) *A ação em que todos os membros da magistratura sejam direta ou indiretamente interessados, e aquela em que mais da metade dos membros do tribunal de origem estejam impedidos ou sejam direta ou indiretamente interessados;*

o) *Os conflitos de competência entre o Superior Tribunal de Justiça e quaisquer tribunais, entre Tribunais Superiores, ou entre estes e qualquer outro tribunal;*

p) *O pedido de medida cautelar das ações diretas de inconstitucionalidade;*

q) *O mandado de injunção, quando a elaboração da norma regulamentadora for atribuição do Presidente da República, do Congresso Nacional, da Câmara dos Deputados, do Senado Federal, das Mesas de uma dessas Casas Legislativas, do Tribunal de Contas da União, de um dos Tribunais Superiores, ou do próprio Supremo Tribunal Federal;*

r) *As ações contra o Conselho Nacional de Justiça e contra o Conselho Nacional do Ministério Público.*

→ Recurso Ordinário

Analisa matéria já debatida em instância anterior atuando como tribunal de 2º grau de jurisdição. O Art. 102, II prevê como competência em sede de recurso ordinário:

II. *Julgar, em recurso ordinário:*

a) *O "habeas-corpus", o mandado de segurança, o "habeas-data" e o mandado de injunção decididos em única instância pelos Tribunais Superiores, se denegatória a decisão;*

b) *O crime político.*

→ Recurso Extraordinário

Atua na defesa da norma constitucional. O Art. 102, III prevê que compete ao STF o julgamento das causas decididas em única ou última instância quando a decisão recorrida:

III. *Julgar, mediante recurso extraordinário, as causas decididas em única ou última instância, quando a decisão recorrida:*

a) *Contrariar dispositivo desta Constituição;*

b) *Declarar a inconstitucionalidade de tratado ou lei federal;*

c) *Julgar válida lei ou ato de governo local contestado em face desta Constituição.*

d) *Julgar válida lei local contestada em face de lei federal.*

As questões sobre competências costumam ser bem complicadas, pois exigem do candidato a memorização de vários dispositivos, sem contar que se costuma complicar colocando a competência de um tribunal como se fosse de outro tribunal. Vejamos este exemplo:

Exercício Comentado

01. *(FCC) O litígio entre a França e o Estado de Sergipe deverá ser processado e julgado, originariamente, pelo:*

a) Tribunal de Justiça do Estado de Sergipe.

b) Supremo Tribunal Federal.

c) Superior Tribunal de Justiça.

d) Tribunal Regional Federal.

e) Congresso Nacional.

RESPOSTA. ***"B". Previsão expressa no Art. 102, I, e, da CF.***

Controle de Constitucionalidade

O STF, em sede de controle de constitucionalidade concentrado, tem competência para apreciar originariamente a Ação Direta de Inconstitucionalidade e a Ação Declaratória de Constitucionalidade. Essas ações têm como objetivo questionar a constitucionalidade de uma lei ou ato normativo diante da Constituição. Quando esse questionamento se dá diretamente no STF, é necessário que seja apresentado por um dos legitimados que estão previstos no Art. 103:

> ***Art. 103.*** *Podem propor a ação direta de inconstitucionalidade e a ação declaratória de constitucionalidade:*
>
> I. *O Presidente da República;*
>
> II. *A Mesa do Senado Federal;*
>
> III. *A Mesa da Câmara dos Deputados;*
>
> IV. *A Mesa de Assembleia Legislativa ou da Câmara Legislativa do Distrito Federal;*
>
> V. *O Governador de Estado ou do Distrito Federal;*
>
> VI. *O Procurador-Geral da República;*
>
> VII. *O Conselho Federal da Ordem dos Advogados do Brasil;*
>
> VIII. *Partido político com representação no Congresso Nacional;*

IX. Confederação sindical ou entidade de classe de âmbito nacional.

§1º - O Procurador-Geral da República deverá ser previamente ouvido nas ações de inconstitucionalidade e em todos os processos de competência do Supremo Tribunal Federal.

§2º - Declarada a inconstitucionalidade por omissão de medida para tornar efetiva norma constitucional, será dada ciência ao Poder competente para a adoção das providências necessárias e, em se tratando de órgão administrativo, para fazê-lo em trinta dias.

§ 3º - Quando o Supremo Tribunal Federal apreciar a inconstitucionalidade, em tese, de norma legal ou ato normativo, citará, previamente, o Advogado-Geral da União, que defenderá o ato ou texto impugnado.

Fique Ligado

Deve-se memorizar o rol de legitimados. Observe que os membros do Poder Executivo e Legislativo da União, dos Estados e do Distrito Federal possuem legitimidade para ingressar com essas ações de Controle de Constitucionalidade, contudo as mesmas autoridades no âmbito dos Municípios não possuem tal poder, e isso aparece muito em prova. Prefeito e Mesa da Câmara de Vereadores não possuem legitimidade para propor as ações de controle de constitucionalidade citadas acima.

Observem-se também outros detalhes. No que tange às Casas Legislativas, a competência é da Mesa e não do membro. Mesa da Câmara ou da Assembleia é órgão de direção em que se encontram o Presidente da Casa, os Secretários e demais membros de direção.

Quanto aos partidos políticos, não é qualquer partido político que tem legitimidade; tem de ser partido com representação no Congresso Nacional. E representação no Congresso Nacional significa pelo menos um membro em qualquer uma das Casas.

Em relação à confederação sindical ou entidade de classe, não será qualquer uma que possui legitimidade. Deve ser de âmbito nacional.

Súmulas Vinculantes

As súmulas vinculantes são ferramentas jurídicas criadas para garantir maior efetividade ao inciso LXXVIII do Art. 5º da Constituição Federal de 1988 (celeridade processual). Introduzida no direito brasileiro por meio da Emenda Constitucional nº 45/2004, essas súmulas refletem o pensamento do Supremo Tribunal Federal acerca da validade, interpretação e eficácia de algumas normas que já foram analisadas em reiteradas decisões.

A competência para edição dessas súmulas é exclusiva do STF. Após a edição da súmula, ela produz efeitos vinculantes para todos os órgãos do Poder Judiciário e para a Administração Pública direta e indireta, nas esferas federal, estadual e municipal. É importante ressaltar que os efeitos das Súmulas Vinculantes não atingem o STF nem o Poder Legislativo: o STF, por poder rever ou cancelar a súmula conforme a evolução jurisprudencial; e o Legislativo, por ser o Poder responsável pela inovação legislativa no Brasil.

O seu principal objetivo é diminuir a quantidade de processos com temas idênticos que se acumulam nas diversas instâncias do Judiciário. Ao editar uma súmula vinculante, o STF produz segurança jurídica e evita a multiplicação de processos sobre as questões sumuladas. Esse tema está regulado pelo Art. 103-A da Constituição Federal e a Lei 11.417/2006.

***Art. 103-A.** O Supremo Tribunal Federal poderá, de ofício ou por provocação, mediante decisão de dois terços dos seus membros, após reiteradas decisões sobre matéria constitucional, aprovar súmula que, a partir de sua publicação na imprensa oficial, terá efeito vinculante em relação aos demais órgãos do Poder Judiciário e à administração pública direta e indireta, nas esferas federal, estadual e municipal, bem como proceder à sua revisão ou cancelamento, na forma estabelecida em lei.*

§ 1º A súmula terá por objetivo a validade, a interpretação e a eficácia de normas determinadas, acerca das quais haja controvérsia atual entre órgãos judiciários ou entre esses e a administração pública que acarrete grave insegurança jurídica e relevante multiplicação de processos sobre questão idêntica.

§ 2º Sem prejuízo do que vier a ser estabelecido em lei, a aprovação, revisão ou cancelamento de súmula poderá ser provocada por aqueles que podem propor a ação direta de inconstitucionalidade.

§ 3º Do ato administrativo ou decisão judicial que contrariar a súmula aplicável ou que indevidamente a aplicar, caberá reclamação ao Supremo Tribunal Federal que, julgando-a procedente, anulará o ato administrativo ou cassará a decisão judicial reclamada, e determinará que outra seja proferida com ou sem a aplicação da súmula, conforme o caso.

Fique Ligado

As súmulas vinculantes não vinculam o Supremo Tribunal Federal nem o Poder Legislativo.

Superior Tribunal de Justiça

O Superior Tribunal de Justiça é o conhecido protetor da legislação federal. Suas competências estão arroladas no Art. 105 da Constituição e estão divididas em: originária, recursal ordinária e recursal especial.

→ Originária

As causas previstas no inciso I do Art. 105 têm início no próprio STJ, a quem compete julgar originariamente:

a) Nos crimes comuns, os Governadores dos Estados e do Distrito Federal, e, nestes e nos de responsabilidade, os desembargadores dos Tribunais de Justiça dos Estados e do Distrito Federal, os membros dos Tribunais de Contas dos Estados e do Distrito Federal, os dos Tribunais Regionais Federais, dos Tribunais Regionais Eleitorais e do Trabalho, os membros dos Conselhos ou Tribunais de Contas dos Municípios e os do Ministério Público da União que oficiem perante tribunais;

b) Os mandados de segurança e os habeas data contra ato de Ministro de Estado, dos Comandantes da Marinha, do Exército e da Aeronáutica ou do próprio Tribunal;

c) Os habeas corpus, quando o coator ou paciente for qualquer das pessoas mencionadas na alínea "a", ou quando o coator for tribunal sujeito à sua jurisdição, Ministro de Estado ou Comandante da Marinha, do Exército ou da Aeronáutica, ressalvada a competência da Justiça Eleitoral;

d) Os conflitos de competência entre quaisquer tribunais, ressalvado o disposto no Art. 102, I, "o", bem como entre tribunal e juízes a ele não vinculados e entre juízes vinculados a tribunais diversos;

e) *As revisões criminais e as ações rescisórias de seus julgados;*

f) *A reclamação para a preservação de sua competência e garantia da autoridade de suas decisões;*

g) *Os conflitos de atribuições entre autoridades administrativas e judiciárias da União, ou entre autoridades judiciárias de um Estado e administrativas de outro ou do Distrito Federal, ou entre as deste e da União;*

h) *O mandado de injunção, quando a elaboração da norma regulamentadora for atribuição de órgão, entidade ou autoridade federal, da administração direta ou indireta, excetuados os casos de competência do Supremo Tribunal Federal e dos órgãos da Justiça Militar, da Justiça Eleitoral, da Justiça do Trabalho e da Justiça Federal;*

i) *A homologação de sentenças estrangeiras e a concessão de exequatur às cartas rogatórias.*

Recurso Ordinário

Analisa matéria já debatida em instância anterior atuando como tribunal de 2º grau de jurisdição. O Art. 105, II prevê como competência em sede de recurso ordinário:

a) *Os "habeas-corpus" decididos em única ou última instância pelos Tribunais Regionais Federais ou pelos tribunais dos Estados, do Distrito Federal e Territórios, quando a decisão for denegatória;*

b) *Os mandados de segurança decididos em única instância pelos Tribunais Regionais Federais ou pelos tribunais dos Estados, do Distrito Federal e Territórios, quando denegatória a decisão;*

c) *As causas em que forem partes Estado estrangeiro ou organismo internacional, de um lado, e, do outro, Município ou pessoa residente ou domiciliada no País.*

Recurso Especial

Atua na defesa das normas infraconstitucionais federais. O Art. 105, III prevê que compete ao STJ o julgamento das causas decididas em única ou última instância pelos TRFs e TJs que:

a) *Contrariar tratado ou lei federal, ou negar-lhe vigência;*

b) *Julgar válido ato de governo local contestado em face de lei federal;*

c) *Der a lei federal interpretação divergente da que lhe haja atribuído outro tribunal.*

Conselho Nacional de Justiça

O Conselho Nacional de Justiça é órgão do poder judiciário, mas não possui função jurisdicional. Sua função é de caráter administrativo.

O CNJ é responsável pela fiscalização administrativa e financeira do Poder Judiciário. Possui também atribuição para fiscalizar os seus membros quanto a observância dos deveres funcionais.

Por fim, deve-se lembrar que o CNJ não possui competência sobre o STF, haja vista este ser o órgão de cúpula de todo o poder judiciário.

§ 4º *Compete ao Conselho o controle da atuação administrativa e financeira do Poder Judiciário e do cumprimento dos deveres funcionais dos juízes, cabendo-lhe, além de outras atribuições que lhe forem conferidas pelo Estatuto da Magistratura:*

I. *Zelar pela autonomia do Poder Judiciário e pelo cumprimento do Estatuto da Magistratura, podendo expedir atos regulamentares, no âmbito de sua competência, ou recomendar providências;*

II. *Zelar pela observância do Art. 37 e apreciar, de ofício ou mediante provocação, a legalidade dos atos administrativos praticados por membros ou órgãos do Poder Judiciário, podendo desconstituí-los, revê-los ou fixar prazo para que se adotem as providências necessárias ao exato cumprimento da lei, sem prejuízo da competência do Tribunal de Contas da União;*

III. *Receber e conhecer das reclamações contra membros ou órgãos do Poder Judiciário, inclusive contra seus serviços auxiliares, serventias e órgãos prestadores de serviços notariais e de registro que atuem por delegação do poder público ou oficializados, sem prejuízo da competência disciplinar e correicional dos tribunais, podendo avocar processos disciplinares em curso e determinar a remoção, a disponibilidade ou a aposentadoria com subsídios ou proventos proporcionais ao tempo de serviço e aplicar outras sanções administrativas, assegurada ampla defesa;*

IV. *Representar ao Ministério Público, no caso de crime contra a administração pública ou de abuso de autoridade;*

V. *Rever, de ofício ou mediante provocação, os processos disciplinares de juízes e membros de tribunais julgados há menos de um ano;*

VI. *Elaborar semestralmente relatório estatístico sobre processos e sentenças prolatadas, por unidade da Federação, nos diferentes órgãos do Poder Judiciário;*

VII. *Elaborar relatório anual, propondo as providências que julgar necessárias, sobre a situação do Poder Judiciário no País e as atividades do Conselho, o qual deve integrar mensagem do Presidente do Supremo Tribunal Federal a ser remetida ao Congresso Nacional, por ocasião da abertura da sessão legislativa.*

§ 5º *O Ministro do Superior Tribunal de Justiça exercerá a função de Ministro-Corregedor e ficará excluído da distribuição de processos no Tribunal, competindo-lhe, além das atribuições que lhe forem conferidas pelo Estatuto da Magistratura, as seguintes:*

I. *Receber as reclamações e denúncias, de qualquer interessado, relativas aos magistrados e aos serviços judiciários;*

II. *Exercer funções executivas do Conselho, de inspeção e de correição geral;*

III. *Requisitar e designar magistrados, delegando-lhes atribuições, e requisitar servidores de juízos ou tribunais, inclusive nos Estados, Distrito Federal e Territórios.*

§ 6º *Junto ao Conselho oficiarão o Procurador-Geral da República e o Presidente do Conselho Federal da Ordem dos Advogados do Brasil.*

§ 7º *A União, inclusive no Distrito Federal e nos Territórios, criará ouvidorias de justiça, competentes para receber reclamações e denúncias de qualquer interessado contra membros ou órgãos do Poder Judiciário, ou contra seus serviços auxiliares, representando diretamente ao Conselho Nacional de Justiça.*

Justiça Federal

Estes são os órgãos da chamada Justiça Federal:

Art. 106. *São órgãos da Justiça Federal:*

I. *Os Tribunais Regionais Federais;*

II. *Os Juízes Federais.*

Tribunal Regional Federal e Juízes Federais

As competências da Justiça Federal, em regra, estão relacionadas com causas de interesse da União. Deve-se ter muito cuidado com esse tema, pois há competências que são dos Tribunais Regionais Federais e outras que são dos Juízes Federais. As provas costumam trocar essas competências umas pelas outras. As primeiras encontram-se definidas no Art. 108 e as dos Juízes Federais estão previstas no Art. 109:

Art. 108. *Compete aos Tribunais Regionais Federais:*

I. Processar e julgar, originariamente:

a) Os juízes federais da área de sua jurisdição, incluídos os da Justiça Militar e da Justiça do Trabalho, nos crimes comuns e de responsabilidade, e os membros do Ministério Público da União, ressalvada a competência da Justiça Eleitoral;

b) As revisões criminais e as ações rescisórias de julgados seus ou dos juízes federais da região;

c) Os mandados de segurança e os "habeas-data" contra ato do próprio Tribunal ou de juiz federal;

d) Os "habeas-corpus", quando a autoridade coatora for juiz federal;

e) Os conflitos de competência entre juízes federais vinculados ao Tribunal;

II. Julgar, em grau de recurso, as causas decididas pelos juízes federais e pelos juízes estaduais no exercício da competência federal da área de sua jurisdição.

Art. 109. *Aos juízes federais compete processar e julgar:*

I. As causas em que a União, entidade autárquica ou empresa pública federal forem interessadas na condição de autoras, rés, assistentes ou oponentes, exceto as de falência, as de acidentes de trabalho e as sujeitas à Justiça Eleitoral e à Justiça do Trabalho;

II. As causas entre Estado estrangeiro ou organismo internacional e Município ou pessoa domiciliada ou residente no País;

III. As causas fundadas em tratado ou contrato da União com Estado estrangeiro ou organismo internacional;

IV. Os crimes políticos e as infrações penais praticadas em detrimento de bens, serviços ou interesse da União ou de suas entidades autárquicas ou empresas públicas, excluídas as contravenções e ressalvada a competência da Justiça Militar e da Justiça Eleitoral;

V. Os crimes previstos em tratado ou convenção internacional, quando, iniciada a execução no País, o resultado tenha ou devesse ter ocorrido no estrangeiro, ou reciprocamente;

V-A. As causas relativas a direitos humanos a que se refere o § 5º deste Art.;

VI. Os crimes contra a organização do trabalho e, nos casos determinados por lei, contra o sistema financeiro e a ordem econômico-financeira;

VII. Os "habeas-corpus", em matéria criminal de sua competência ou quando o constrangimento provier de autoridade cujos atos não estejam diretamente sujeitos a outra jurisdição;

VIII. Os mandados de segurança e os "habeas-data" contra ato de autoridade federal, excetuados os casos de competência dos tribunais federais;

IX. Os crimes cometidos a bordo de navios ou aeronaves, ressalvada a competência da Justiça Militar;

X. Os crimes de ingresso ou permanência irregular de estrangeiro, a execução de carta rogatória, após o "exequatur", e de sentença estrangeira, após a homologação, as causas referentes à nacionalidade, inclusive a respectiva opção, e à naturalização;

XI. A disputa sobre direitos indígenas.

Vamos Praticar

01. (CESPE) É da competência do Superior Tribunal de Justiça (STJ) julgar, em recurso ordinário, o habeas corpus e o mandado de segurança decididos em única instância pelo Tribunal Superior do Trabalho (TST), se denegatória a decisão.

Certo ( ) Errado ( )

02. (CESPE) Os tribunais regionais federais podem funcionar de forma descentralizada, constituindo Câmaras regionais, como forma de assegurar a plenitude do acesso à justiça.

Certo ( ) Errado ( )

03. (CESPE) A CF assegura aos magistrados de primeiro grau a prerrogativa da vitaliciedade, adquirida após três anos de exercício no cargo, e, nesse período de três anos, a perda do cargo pelo magistrado depende de sentença judicial transitada em julgado.

Certo ( ) Errado ( )

04. (CESPE) Compete ao Supremo Tribunal Federal julgar, mediante recurso extraordinário, causas decididas, em única ou última instância, pelos tribunais regionais federais ou pelos tribunais dos estados, do Distrito Federal e territórios, quando, por exemplo, a decisão recorrida contrariar tratado ou lei federal ou negar-lhes vigência.

Certo ( ) Errado ( )

05. (CESPE) De acordo com a CF, compete aos juízes federais processar e julgar os crimes políticos e as infrações penais praticadas em detrimento de bens, serviços ou interesse da União ou de suas entidades autárquicas ou empresas públicas, excluídas as contravenções e ressalvadas as competências da justiça militar e da justiça eleitoral.

Certo ( ) Errado ( )

06. (CESPE) O Supremo Tribunal Federal (STF) cumpre, entre outras, a função de órgão de cúpula do Poder Judiciário, e a ele cabe a iniciativa de, por meio de lei ordinária, dispor sobre o Estatuto da Magistratura.

Certo ( ) Errado ( )

07. (CESPE) A CF assegura aos magistrados a prerrogativa da vitaliciedade. Assim, no caso de um juiz de primeiro grau, a vitaliciedade é adquirida após três anos de exercício.

Certo ( ) Errado ( )

08. (CESPE) Compete ao Superior Tribunal de Justiça processar e julgar, originariamente, as revisões criminais e ações rescisórias de julgados dos tribunais regionais federais.

Certo ( ) Errado ( )

09. (CESPE) O Supremo Tribunal Federal compõe-se de, no mínimo, trinta e três ministros, escolhidos entre cidadãos com mais de trinta e cinco e menos de sessenta e cinco anos de idade, de notável saber jurídico e reputação ilibada.

Certo ( ) Errado ( )

10. (CESPE) No tocante à organização do Estado brasileiro, a CF determinou que compete ao Supremo Tribunal Federal processar e julgar originariamente o presidente da República e os governadores dos estados e do Distrito Federal nos crimes comuns.

Certo ( ) Errado ( )

11. (FCC) Nos termos da Constituição Federal, o Tribunal Superior do Trabalho compor-se-á de:

a) Vinte e um Ministros, escolhidos dentre brasileiros com mais de trinta e cinco e menos de sessenta anos, nomeados pelo Presidente do Senado Federal após aprovação pela maioria simples do Congresso Nacional.

b) Vinte e cinco Ministros, escolhidos dentre brasileiros com mais de trinta e menos de sessenta e cinco anos, nomeados pelo Presidente do Congresso Nacional, após aprovação pela maioria absoluta da Câmara dos Deputados.

c) Vinte e sete Ministros, escolhidos dentre brasileiros com mais de trinta e cinco e menos de sessenta e cinco anos, nomeados pelo Presidente da República após aprovação pela maioria absoluta do Senado Federal.

d) Dezenove Ministros, escolhidos dentre brasileiros com mais de trinta e menos de sessenta e cinco nos, nomeados pelo Presidente da Câmara dos Deputados após aprovação pela maioria simples dos seus membros.

e) Dezessete Ministros, escolhidos dentre brasileiros com mais de trinta e cinco e menos de sessenta anos, nomeados pelo Presidente do Senado Federal após aprovação pela maioria absoluta dos seus membros.

12. (FCC) Os Juízes dos Tribunais Regionais do Trabalho, nomeados pelo Presidente da República, dentre brasileiros, deverão contar com mais de:

a) Trinta e menos de sessenta anos de idade.

b) Trinta e menos de sessenta e cinco anos de idade.

c) Trinta e menos de setenta anos de idade.

d) Trinta e cinco e menos de sessenta e cinco anos de idade.

e) Trinta e cinco e menos de setenta e cinco anos de idade.

13. (FCC) Compete ao Supremo Tribunal Federal, precipuamente, a guarda da Constituição, cabendo-lhe processar e julgar, originariamente:

a) Os mandados de segurança e os habeas data contra ato de Ministro de Estado, dos Comandantes da Marinha, do Exército e da Aeronáutica ou do próprio Tribunal.

b) Os causas e os conflitos entre a União e os Estados, a União e o Distrito Federal, ou entre uns e outros, inclusive as respectivas entidades da administração indireta.

c) Os habeas corpus, quando o coator ou paciente for Governador de Estado, ou quando o coator for tribunal sujeito à sua jurisdição, Ministro de Estado ou Comandante da Marinha, do Exército ou da Aeronáutica, ressalvada a competência da Justiça Eleitoral.

d) Os habeas corpus decididos em única ou última instância pelos Tribunais Regionais Federais ou pelos Tribunais dos Estados, do Distrito Federal e Territórios, quando a decisão for denegatória.

e) Os mandados de segurança decididos em única instância pelos Tribunais Regionais Federais ou pelos Tribunais dos Estados, do Distrito Federal e Territórios, quando denegatória a decisão.

14. (FCC) Quanto ao Poder Judiciário, o Conselho Nacional de Justiça é composto por quinze membros com mais de trinta e cinco e menos de sessenta e seis anos de idade, sendo:

a) Dois cidadãos, de notável saber jurídico e reputação ilibada, indicados um pela Câmara dos Deputados e outro pelo Senado Federal.

b) Três juízes do trabalho, indicados pelo Tribunal Superior do Trabalho.

c) Dois membros do Ministério Público da União, indicados pelo Procurador-Geral da República.

d) Dois membros do Ministério Público estadual, escolhidos pelo Procurador-Geral da República dentre os nomes indicados pelo órgão competente de cada instituição estadual.

e) Três juízes federais, indicados pelo Superior Tribunal de Justiça.

15. (FCC) Dentre as principais inovações trazidas pela Emenda Constitucional nº 45 pode-se afirmar que:

a) Se criou o Conselho Nacional de Justiça, composto de treze membros com mais de trinta e cinco e menos de sessenta e seis anos de idade, com mandato de dois anos, admitida uma recondução.

b) A competência para apreciar os pedidos de homologação de sentenças estrangeiras e a concessão de exequatur às cartas rogatórias passou do Superior Tribunal de Justiça para o Supremo Tribunal Federal.

c) Nas hipóteses de grave violação de direitos humanos, o Procurador-Geral da República, com a finalidade de assegurar o cumprimento de obrigações decorrentes de tratados internacionais de direitos humanos dos quais o Brasil seja parte, poderá suscitar, perante o Supremo Tribunal Federal, em qualquer fase do inquérito ou processo, incidente de deslocamento de competência para a Justiça Federal.

d) Os Tribunais Regionais do Trabalho passaram a ser compostos de, no mínimo, nove juízes, recrutados, quando possível, na respectiva região, e nomeados pelo Presidente da República dentre brasileiros com mais de trinta e menos de sessenta e cinco anos.

e) As decisões definitivas de mérito, proferidas pelo Supremo Tribunal Federal, nas ações diretas de inconstitucionalidade e nas ações declaratórias de constitucionalidade produzirão eficácia contra todos e efeito vinculante, relativamente aos demais órgãos do Poder Judiciário e à administração pública direta e indireta, nas esferas federal, estadual e municipal.

16. (ESAF) Pertinente ao Poder Judiciário, marque a única opção correta.

a) A inamovibilidade, como garantia do juiz, não admite exceções.

b) A declaração de inconstitucionalidade de lei ou ato normativo somente se dará pelo voto da maioria dos membros dos Tribunais.

c) O presidente do Tribunal, que por ato omissivo retardar a liquidação regular de precatório, incorrerá em crime de responsabilidade.

d) Compete ao Supremo Tribunal Federal processar e julgar originariamente os mandados de segurança contra ato de ministro de Estado.

e) É competência dos Tribunais Regionais Federais processar e julgar originariamente a disputa sobre direitos indígenas.

17. (ESAF) Assinale a opção correta relativa ao Poder Judiciário.

a) Um quinto dos lugares do Superior Tribunal de Justiça será composto de membros do Ministério Público, com mais de dez anos de carreira, e de advogados de notório saber jurídico e de reputação ilibada, com mais de dez anos de efetiva atividade profissional, indicados em lista sêxtupla pelos órgãos de representação das respectivas classes.

b) Cabe ao Conselho da Justiça Federal exercer a supervisão administrativa e orçamentária da Justiça Federal de primeiro e segundo graus, como órgão central do sistema e com poderes para determinar aos Tribunais Regionais Federais que funcionem descentralizadamente, constituindo Câmaras regionais, a fim de assegurar o pleno acesso do jurisdicionado à justiça em todas as fases do processo.

c) O Supremo Tribunal Federal pode aprovar súmula que terá efeito vinculante em relação aos demais órgãos do Poder Judiciário, do Poder Legislativo e à administração pública direta e indireta, nas esferas federal, estadual e municipal.

d) Compete privativamente aos Tribunais de Justiça propor ao Poder Legislativo respectivo a alteração da organização e da divisão judiciárias.

e) Nas hipóteses de grave violação de direitos humanos, o Procurador-Geral da República, com a finalidade de assegurar o cumprimento de obrigações decorrentes de tratados internacionais de direitos humanos dos quais o Brasil seja parte, em qualquer fase do inquérito ou processo, poderá determinar o deslocamento da competência para a Justiça Federal.

18. (ESAF) Sobre o Poder Judiciário, marque a única opção correta.

a) É do Supremo Tribunal Federal a competência exclusiva para julgar os comandantes da Marinha, do Exército e da Aeronáutica nas infrações penais comuns e nos crimes de responsabilidade.

b) No âmbito da União, o encaminhamento, para o Executivo, da proposta orçamentária dos órgãos do poder judiciário é da competência do presidente do Supremo Tribunal Federal.

c) Para concorrer à vaga de juiz em Tribunal Regional Federal, no quinto constitucional, o membro do Ministério Público deverá ter mais de dez anos de carreira e ser indicado, pelo seu órgão, em lista sêxtupla, a ser encaminhada ao respectivo tribunal.

d) Caberá ao Superior Tribunal de Justiça o julgamento de recurso ordinário contra a decisão que concedeu a segurança em mandado de segurança julgado em única instância pelo Tribunal de Justiça do Distrito Federal.

e) A promoção de juiz federal para Tribunal Regional Federal far-se-á, alternadamente, por antiguidade e merecimento, exigindo-se do juiz a ser promovido mais de dez anos de efetivo exercício da magistratura federal.

19. (ESAF) Assinale a opção correta.

a) O Presidente do Supremo Tribunal Federal é a autoridade hierárquica máxima do Judiciário e do Ministério Público da União.

b) A ação penal pública pode ser proposta, hoje, pelo Ministério Público e pela autoridade policial.

c) Somente o Ministério Público pode promover a ação civil pública.

d) Incumbe à Justiça do Trabalho processar e julgar toda ação movida por servidor público contra a União, em que se postulem verbas de índole remuneratória.

e) Entre as competências do Conselho Nacional de Justiça não se inclui a de rever decisões judiciais do Supremo Tribunal Federal.

20. (ESAF) Sobre o Poder Judiciário, assinale a única opção correta.

a) Só poderá ser promovido por merecimento o juiz que demonstrar dois anos de exercício na respectiva entrância e que integrar a primeira quinta parte da lista de antiguidade para a promoção.

b) Se o recorrente, no recurso extraordinário, não demonstrar, nos termos da lei, a repercussão geral das questões constitucionais discutidas no caso, o recurso poderá não ser admitido, liminarmente, pelo Relator designado para o processo.

c) Só é possível a criação de Tribunal de Justiça Militar nos Estados em que o efetivo da polícia militar seja superior a vinte mil integrantes.

d) Em razão de alteração do texto constitucional, recusando-se qualquer das partes à negociação coletiva ou à arbitragem, é facultado às mesmas, de comum acordo, ajuizar dissídio coletivo de natureza econômica, podendo a Justiça do Trabalho decidir o conflito sem vinculação com as disposições convencionadas anteriormente.

e) Compete ao Conselho Nacional de Justiça o controle do cumprimento dos deveres funcionais dos juízes, cabendo-lhe representar ao Ministério Público, no caso de crime contra a administração pública ou de abuso de autoridade.

Gabarito Ⓐ Ⓑ Ⓒ

01	ERRADO	11	C
02	CERTO	12	B
03	ERRADO	13	B
04	ERRADO	14	A
05	CERTO	15	E
06	ERRADO	16	C
07	ERRADO	17	D
08	ERRADO	18	C
09	ERRADO	19	E
10	ERRADO	20	E

CAPÍTULO 13

Funções Essenciais à Justiça

As funções essenciais à justiça estão previstas expressamente do Art. 127 ao 135 da Constituição Federal, elas são representadas pelas seguintes instituições:

→ Ministério Público;

→ Advocacia Pública;

→ Defensoria Pública;

→ Advocacia.

Ao contrário do que muitos pensam, essas instituições não fazem parte do Poder Judiciário, mas desempenham suas funções junto a esse poder. Sua atuação é essencial ao exercício jurisdicional, razão pela qual foram classificadas como funções essenciais. Essa necessidade se justifica em razão da impossibilidade de o Judiciário agir de ofício, ou seja, toda a atuação jurisdicional demanda provocação, a qual será titularizada por uma dessas instituições.

Esses organismos são representados por agentes públicos ou privados cuja função principal é provocar a atuação do Poder Judiciário, o qual se mantém inerte e imparcial, aguardando o momento certo para agir. São em sua essência "advogados".

O Ministério Público é o advogado da Sociedade, pois, conforme prevê o *caput* do Art. 127, incumbe-lhe a tarefa de defender a ordem jurídica, o regime democrático e os interesses sociais e individuais indisponíveis:

> ***Art. 127.*** *O Ministério Público é instituição permanente, essencial à função jurisdicional do Estado, incumbindo-lhe a defesa da ordem jurídica, do regime democrático e dos interesses sociais e individuais indisponíveis.*

A Advocacia Pública advoga para o Estado representando os entes públicos judicial e extrajudicialmente ou mesmo desempenhando atividades de assessoria e consultoria jurídica.

A Defensoria Pública tem como atribuição principal advogar para os necessitados. São os defensores públicos responsáveis pela defesa dos hipossuficientes, aqueles que não possuem recursos financeiros para contratarem advogados privados.

E, por último, há a Advocacia, que, pela lógica, é privada, formada por advogados particulares, os quais são inscritos na Ordem dos Advogados do Brasil e atuam de forma autônoma e independente dentro dos limites estabelecidos em lei.

O objetivo desta breve introdução é apresentar a diferença funcional básica entre as instituições de forma a facilitar o estudo que, a partir de agora, será mais aprofundado, visando a possíveis questões em provas de concursos públicos. Então, passa-se à análise das Funções Essenciais à Justiça.

Ministério Público

A compreensão dessa instituição inicia-se pela leitura do próprio texto constitucional, que prevê:

O Ministério Público é uma instituição permanente, de natureza política, cujas atribuições possuem natureza administrativa, sem que com isso esteja subordinada ao Poder Executivo.

Fala-se em uma instituição independente e autônoma aos demais Poderes, motivo pelo qual está posicionada constitucionalmente em capítulo à parte na organização dos poderes como uma função essencial à justiça. Como função essencial à justiça, o Ministério Público é responsável pela provocação do Poder Judiciário em defesa da sociedade, quando se tratar de direitos sociais e individuais indisponíveis.

Exercício Comentado

01. ***(CESPE) Ao Ministério Público (MP), órgão integrante do Poder Executivo, compete a defesa dos direitos individuais e coletivos.***

ERRADO. A questão está errada, haja vista não ser o Ministério Público órgão integrante do Poder Executivo. O Ministério Público não possui subordinação a nenhum dos três poderes, constituindo uma instituição autônoma.

O Ministério Público no Brasil, além de obedecer às regras constitucionais, também é regido por duas normas: Lei Complementar nº 75/93 e a Lei nº 8.625/93 Essa regula o Ministério Público Nacional e é aplicável aos Ministérios Públicos dos Estados. Aquela é específica para o Ministério Público da União. Cada Estado da Federação poderá organizar o seu órgão ministerial editando sua própria Lei orgânica Estadual.

A seguir, será feita uma leitura da instituição sob a ótica constitucional sem aprofundar nas estruturas lançadas nas referidas leis orgânicas, o que será feito em momento oportuno.

Fique Ligado

O Ministério Público não é um Poder nem está subordinado a nenhum dos três poderes. É uma instituição autônoma e essencial à função jurisdicional.

Estrutura Orgânica

Para viabilizar o exercício de suas funções, a Constituição Federal organizou o Ministério Público no Art. 128:

> ***Art. 128.*** *O Ministério Público abrange:*
>
> ***I.*** *o Ministério Público da União, que compreende:*
>
> ***a)*** *o Ministério Público Federal;*
>
> ***b)*** *o Ministério Público do Trabalho;*
>
> ***c)*** *o Ministério Público Militar;*
>
> ***d)*** *o Ministério Público do Distrito Federal e Territórios;*
>
> ***II.*** *os Ministérios Públicos dos Estados.*

Fique Ligado

Muito cuidado com essa classificação, pois o rol é taxativo e em prova os examinadores costumam mencionar a existência de um tal de "Ministério Público Eleitoral" ao se fazer comparativo com a estrutura do Poder Judiciário. Na organização do MPU, não foi prevista a existência de Ministério Público com atribuição Eleitoral, função essa de competência do Ministério Público Federal e do Ministério Público Estadual, conforme prevê a Lei Complementar nº 75/93 (Art. 72 a 80 da LC nº 75/93).

Como se pode perceber, o Ministério Público está dividido em Ministério Público da União e Ministério Público dos Estados, cada um com sua própria autonomia organizacional e chefia própria. O Ministério Público da União, por sua vez, abrange:

a) Ministério Público Federal;

b) Ministério Público do Trabalho;

c) Ministério Público Militar;

d) Ministério Público do Distrito Federal e Territórios.

Existe ainda o Ministério Público junto ao Tribunal de Contas, o qual possui natureza diversa do Ministério Público aqui estudado. Sua organização está atrelada ao Tribunal de Contas do qual faz parte, mas aos seus membros são estendidas as disposições aplicáveis aos Membros do Ministério Público:

> ***Art. 130.*** *Aos membros do Ministério Público junto aos Tribunais de Contas aplicam-se as disposições desta seção pertinentes a direitos, vedações e forma de investidura.*

Fique Ligado

Não existe Ministério Público Eleitoral.

Atribuições

Suas atribuições se apoiam na defesa da ordem jurídica, do regime democrático e dos interesses sociais e individuais indisponíveis. É um verdadeiro defensor da sociedade e fiscal dos poderes públicos. Em rol meramente exemplificativo, a Constituição previu como funções institucionais o Art. 129:

> ***Art. 129.*** *São funções institucionais do Ministério Público:*
>
> *I. promover, privativamente, a ação penal pública, na forma da lei;*
>
> *II. zelar pelo efetivo respeito dos Poderes Públicos e dos serviços de relevância pública aos direitos assegurados nesta Constituição, promovendo as medidas necessárias a sua garantia;*
>
> *III. promover o inquérito civil e a ação civil pública, para a proteção do patrimônio público e social, do meio ambiente e de outros interesses difusos e coletivos;*
>
> *IV. promover a ação de inconstitucionalidade ou representação para fins de intervenção da União e dos Estados, nos casos previstos nesta Constituição;*
>
> *V. defender judicialmente os direitos e interesses das populações indígenas;*
>
> *VI. expedir notificações nos procedimentos administrativos de sua competência, requisitando informações e documentos para instruí-los, na forma da lei complementar respectiva;*
>
> *VII. exercer o controle externo da atividade policial, na forma da lei complementar mencionada no Art. anterior;*
>
> *VIII. requisitar diligências investigatórias e a instauração de inquérito policial, indicados os fundamentos jurídicos de suas manifestações processuais;*
>
> *IX. exercer outras funções que lhe forem conferidas, desde que compatíveis com sua finalidade, sendo-lhe vedada a representação judicial e a consultoria jurídica de entidades públicas.*
>
> ***§ 1º*** *- A legitimação do Ministério Público para as ações civis previstas neste Art. não impede a de terceiros, nas mesmas hipóteses, segundo o disposto nesta Constituição e na lei.*
>
> ***§ 2º*** *- As funções do Ministério Público só podem ser exercidas por integrantes da carreira, que deverão residir na comarca da respectiva lotação, salvo autorização do chefe da instituição (Redação dada pela Emenda Constitucional nº 45, de 2004).*
>
> ***§ 3º*** *- O ingresso na carreira do Ministério Público far-se-á mediante concurso público de provas e títulos, assegurada a participação da Ordem dos Advogados do Brasil em sua realização, exigindo-se do bacharel em direito, no mínimo, três anos de atividade jurídica e observando-se, nas nomeações, a ordem de classificação (Redação dada pela Emenda Constitucional nº 45, de 2004).*
>
> ***§ 4º*** *- Aplica-se ao Ministério Público, no que couber, o disposto no Art. 93 (Redação dada pela Emenda Constitucional nº 45, de 2004).*
>
> ***§ 5º*** *- A distribuição de processos no Ministério Público será imediata (Incluído pela Emenda Constitucional nº 45, de 2004).*

No desempenho das suas funções institucionais, algumas características foram previstas pela Constituição, as quais são muito importantes para a prova.

Os §s 2º e 3º afirmam que as funções do Ministério Púbico só podem ser exercidas por integrantes da carreira, ou seja, por Membros aprovados em concurso público de provas e títulos, assegurada a participação da OAB durante a sua realização, entre os quais são exigidos os seguintes requisitos:

→ ser bacharel em direito;

→ possuir, no mínimo, três anos de atividade jurídica.

Em relação à atividade jurídica, deve-se salientar a regulamentação feita pela Resolução nº 40 do Conselho Nacional do Ministério Público, a qual prevê, entre outras atividades, o exercício da advocacia ou de cargo, função e emprego que exija a utilização preponderante de conhecimentos jurídicos, ou até mesmo a realização de cursos de pós-graduação dentro dos parâmetros estabelecidos pela referida Resolução. É importante lembrar que esse requisito deverá ser comprovado no momento da investidura no cargo, ou seja, na posse[1], depois de finalizadas todas as fases do concurso.

A Constituição exige ainda que o Membro do Ministério Público resida na comarca de lotação, salvo quando houver autorização do chefe da Instituição. Em razão da semelhança e importância com a carreira da magistratura, a Constituição previu expressamente a aplicação do Art. 93 aos membros do Ministério Público, no que for compatível com a carreira. E, por fim, determina que a distribuição dos processos aos órgãos ministeriais seja feita de forma imediata.

No âmbito de suas atribuições, algumas funções merecem destaque:

Titular da Ação Penal Pública

Segundo o inciso I do Art. 129, compete ao Ministério Público promover, privativamente, a ação penal pública, na forma da lei. A doutrina classifica esse dispositivo como espécie de norma de eficácia contida possuindo aplicabilidade direta e imediata, permitida a regulamentação por lei.

Essa competência é corroborada pela possibilidade de requisição de diligências investigatórias e da instauração de inquérito policial, para que o órgão ministerial formule sua convicção sobre o ilícito penal, o que está previsto no inciso VIII do Art. 129.

1 Resolução do CNMP nº 87, de 27 de junho de 2012.

Essa exclusividade conferida pela Constituição Federal encontra limitação no próprio texto constitucional, ao permitir o cabimento de ação penal privada subsidiária da pública nos casos em que o Ministério Público fique inerte e não cumpra com sua obrigação[2].

Dessa competência decorre o poder de investigação do Ministério Público, o qual tem sido alvo de muita discussão nos tribunais. Quem não concorda com esse poder sustenta ser a atividade de investigação criminal uma atividade exclusiva da autoridade policial nos termos do Art. 144 da CF.

O posicionamento que tem prevalecido na doutrina e na jurisprudência é no sentido de que o Ministério Público tem legitimidade para promover a investigação criminal, haja vista ser ele o destinatário das informações sobre o fato delituoso produzido no inquérito policial. Ademais, por ter caráter administrativo, o inquérito policial é dispensável, não dependendo o MP da sua existência para promover a persecução penal.

Para a solução desse caso, tem-se aplicado a Teoria dos Poderes Implícitos. Segundo a teoria, as competências expressamente previstas no texto constitucional carregam consigo os meios necessários para sua execução, ou seja, a existência de uma competência explícita implica existência de competências implicitamente previstas e necessárias para execução da atribuição principal. Em suma, se ao Ministério Público compete o oferecimento exclusivo da Ação Penal Pública, por consequência da aplicação dessa teoria, compete também a execução das atividades necessárias a formação da sua opinião sobre o delito. Significa dizer que o poder de investigação criminal está implicitamente previsto no poder de oferecimento da ação penal pública.

Legitimidade para promover o Inquérito Civil e a Ação Civil Pública

O Ministério Público também é competente para promover o inquérito civil e a ação civil pública nos termos do inciso III do Art. 129. Essas ferramentas são utilizadas para a proteção do patrimônio público e social, do meio ambiente e de outros interesses difusos e coletivos.

Entendem-se como interesses difusos aqueles de natureza indivisível, cujos titulares não se podem determinar apesar de estarem ligados uns aos outros pelas circunstâncias fáticas. Interesses coletivos se diferenciam dos difusos na medida em que é possível determinar quem são os titulares do direito.

Segundo a Constituição Federal, a ação civil pública não é medida exclusiva a ser adotada pelo Ministério Público:

> ***Art.129, § 1º*** *- A legitimação do Ministério Público para as ações civis previstas neste Art. não impede a de terceiros, nas mesmas hipóteses, segundo o disposto nesta Constituição e na lei.*

A lei de Ação Civil Pública (Lei 7.347/85) prevê que são legitimados para propor tal ação, além do MP:

a) a Defensoria Pública;
b) a União, os Estados, o Distrito Federal e os Municípios;
c) a autarquia, empresa pública, fundação ou sociedade de economia mista;
d) a associação que concomitantemente esteja constituída há pelo menos 1 (um) ano nos termos da lei civil e inclua entre suas finalidades institucionais a proteção ao meio ambiente, ao consumidor, à ordem econômica, à livre concorrência ou ao patrimônio artístico, estético, histórico, turístico e paisagístico.

Já o inquérito civil é procedimento investigatório de caráter administrativo, que poderá ser instaurado pelo Ministério Público com o fim de colher os elementos de prova necessários para a sua convicção sobre o ilícito e, posteriormente, instrução da Ação Civil Pública.

Controle de constitucionalidade

Função das mais relevantes desempenhada pelos órgãos ministeriais ocorre no Controle da Constitucionalidade das leis e atos normativos. Essa atribuição é inerente a sua função de guardião da ordem jurídica. Como protetor da ordem jurídica, compete ao Ministério Público oferecer as ações de controle abstrato de constitucionalidade[3], bem como a Representação Interventiva para fins de intervenção da União e dos Estados nas hipóteses previstas na Constituição Federal.

Em momento oportuno, será feito o estudo mais aprofundado do tema de Controle de Constitucionalidade que requer ampla abordagem.

Controle externo da atividade policial

A Constituição Federal determina que o Ministério Público realize o controle externo da atividade policial. Fala-se em controle externo haja vista o Ministério Público não pertencer à mesma estrutura das forças policiais. É uma instituição totalmente autônoma a qualquer órgão policial, razão pela qual não se pode falar em subordinação dos organismos policiais ao Parquet. A justificativa para essa atribuição decorre do fato de ser ele o destinatário final da atividade policial.

Se, por um lado, o controle externo objetiva a fiscalização das atividades policiais para que elas não sejam desenvolvidas além dos limites legais, preservando os direitos e garantias fundamentais dos investigados, por outro, garante o seu perfeito desenvolvimento, prevenindo e corrigindo a produção probatória, visando ao adequado oferecimento da ação penal.

O controle externo da atividade policial desenvolvido pelo Ministério Público, além de regulamentado nas respectivas leis orgânicas, está normatizado na Resolução nº 20 do CNMP. Ressalte-se que o controle externo não exime a instituição policial de realizar o seu próprio controle interno por meio das corregedorias e órgãos de fiscalização.

Sujeitam-se ao citado controle externo todas as instituições previstas no Art. 144 da Constituição Federal[4], bem como as demais instituições que possuam parcela do poder de polícia desde que estejam relacionadas com a segurança pública e a persecução criminal.

Conselho Nacional do Ministério Público

O Conselho Nacional do Ministério Público, a exemplo do Conselho Nacional de Justiça, foi criado pela Emenda Constitucional nº 45/2004 com o objetivo de efetuar a fiscalização administrativa e financeira

2 Ações Diretas de Inconstitucionalidade, Ações Declaratórias de Constitucionalidade, Arguição de Descumprimento de Preceito Fundamental.

3 Art. 5º, LIX, da CF. "Será admitida ação privada nos crimes de ação pública, se esta não for intentada no prazo legal".

4 Art. 144. A segurança pública, dever do Estado, direito e responsabilidade de todos, é exercida para a preservação da ordem pública e da incolumidade das pessoas e do patrimônio, através dos seguintes órgãos: I - polícia federal; II - polícia rodoviária federal; III - polícia ferroviária federal; IV - polícias civis; V - polícias militares e corpos de bombeiros militares.

do Ministério Público, bem como o cumprimento dos deveres funcionais de seus membros.

Composição

Segundo o texto constitucional, o CNMP é composto de 14 (quatorze) membros, nomeados pelo Presidente da República, depois de aprovada a escolha pela maioria absoluta do Senado Federal, para um mandato de 2 (dois) anos, sendo permitida apenas uma recondução. Veja-se a composição prevista pela Constituição Federal no Art. 130-A:

> ***Art. 130-A.*** *O Conselho Nacional do Ministério Público compõe-se de quatorze membros nomeados pelo Presidente da República, depois de aprovada a escolha pela maioria absoluta do Senado Federal, para um mandato de dois anos, admitida uma recondução, sendo:*
>
> *I.* *o Procurador-Geral da República, que o preside;*
>
> *II.* *quatro membros do Ministério Público da União, assegurada a representação de cada uma de suas carreiras;*
>
> *III.* *três membros do Ministério Público dos Estados;*
>
> *IV.* *dois juízes, indicados um pelo Supremo Tribunal Federal e outro pelo Superior Tribunal de Justiça;*
>
> *V.* *dois advogados, indicados pelo Conselho Federal da Ordem dos Advogados do Brasil;*
>
> *VI.* *dois cidadãos de notável saber jurídico e reputação ilibada, indicados um pela Câmara dos Deputados e outro pelo Senado Federal.*
>
> *§ 1º Os membros do Conselho oriundos do Ministério Público serão indicados pelos respectivos Ministérios Públicos, na forma da lei.*

Atribuições

Vejamos as atribuições previstas constitucionalmente para o CNMP:

> *§ 2º Compete ao Conselho Nacional do Ministério Público o controle da atuação administrativa e financeira do Ministério Público e do cumprimento dos deveres funcionais de seus membros, cabendo-lhe:*
>
> *I.* *zelar pela autonomia funcional e administrativa do Ministério Público, podendo expedir atos regulamentares, no âmbito de sua competência, ou recomendar providências;*
>
> *II.* *zelar pela observância do Art. 37 e apreciar, de ofício ou mediante provocação, a legalidade dos atos administrativos praticados por membros ou órgãos do Ministério Público da União e dos Estados, podendo desconstituí-los, revê-los ou fixar prazo para que se adotem as providências necessárias ao exato cumprimento da lei, sem prejuízo da competência dos Tribunais de Contas;*
>
> *III.* *receber e conhecer das reclamações contra membros ou órgãos do Ministério Público da União ou dos Estados, inclusive contra seus serviços auxiliares, sem prejuízo da competência disciplinar e correicional da instituição, podendo avocar processos disciplinares em curso, determinar a remoção, a disponibilidade ou a aposentadoria com subsídios ou proventos proporcionais ao tempo de serviço e aplicar outras sanções administrativas, assegurada ampla defesa;*
>
> *IV.* *rever, de ofício ou mediante provocação, os processos disciplinares de membros do Ministério Público da União ou dos Estados julgados há menos de um ano;*
>
> *V.* *elaborar relatório anual, propondo as providências que julgar necessárias sobre a situação do Ministério Público no País e as atividades do Conselho, o qual deve integrar a mensagem prevista no Art. 84, XI.*
>
> *§ 3º O Conselho escolherá, em votação secreta, um Corregedor nacional, dentre os membros do Ministério Público que o integram, vedada a recondução, competindo-lhe, além das atribuições que lhe forem conferidas pela lei, as seguintes:*
>
> *I.* *receber reclamações e denúncias, de qualquer interessado, relativas aos membros do Ministério Público e dos seus serviços auxiliares;*
>
> *II.* *exercer funções executivas do Conselho, de inspeção e correição geral;*
>
> *III.* *requisitar e designar membros do Ministério Público, delegando-lhes atribuições, e requisitar servidores de órgãos do Ministério Público.*
>
> *§ 4º O Presidente do Conselho Federal da Ordem dos Advogados do Brasil oficiará junto ao Conselho.*
>
> *§ 5º Leis da União e dos Estados criarão ouvidorias do Ministério Público, competentes para receber reclamações e denúncias de qualquer interessado contra membros ou órgãos do Ministério Público, inclusive contra seus serviços auxiliares, representando diretamente ao Conselho Nacional do Ministério Público.*

Exercício Comentado

01. ***(CESPE) O Conselho Nacional do Ministério Público, presidido pelo procurador-geral da República, é o órgão máximo do Ministério Público da União e atua junto ao Supremo Tribunal Federal.***

ERRADO. A questão está errada, pois o CNMP não é o órgão máximo do Ministério Público da União nem atua junto ao STF. A função do CNMP é fiscalizar a atuação do Ministério Público e de seus membros.

Princípios Institucionais

A Constituição Federal prevê expressamente no § 1º do Art. 127 os chamados Princípios Institucionais, os quais norteiam o desenvolvimento das atividades dos Órgãos Ministeriais:

> *§ 1º - São princípios institucionais do Ministério Público a unidade, a indivisibilidade e a independência funcional.*

O **Princípio da Unidade** revela que os membros do Ministério Público integram um órgão único chefiado por um Procurador-Geral. Essa unidade é percebida dentro de cada ramo do Ministério Público, não existindo unidade entre o Ministério Público estadual e da União, ou entre os diversos Ministérios Públicos estaduais, ou ainda entre os ramos do Ministério Público da União. Qualquer divisão que exista dentro de um dos Órgãos Ministeriais possui caráter meramente funcional.

Já o **Princípio da Indivisibilidade**, que decorre do Princípio da Unidade, revela a possibilidade de os membros se substituírem sem qualquer prejuízo ao processo, pois o Ministério Público é uno e indivisível. Os membros agem em nome da instituição e nunca em nome próprio, pois pertencem a um só corpo. Esse princípio veda a vinculação de um membro a um processo permitindo, inclusive, a delegação da denúncia a outro membro. Ressalte-se que, como no Princípio da Unidade, a Indivisibilidade só ocorre dentro de um mesmo ramo do Ministério Público.

E, por fim, há o **Princípio da Independência Funcional,** com uma dupla acepção: em relação aos membros e em relação à instituição. No que tange aos membros, o referido Princípio garante uma atuação independente no exercício das suas atribuições sujeitando-se apenas às determinações constitucionais, legais e de sua consciência jurídica, não havendo qualquer hierarquia ou subordinação intelectual entre os membros. Sob a perspectiva da instituição, o Princípio da Independência Funcional elimina qualquer subordinação do Ministério Público a outro Poder. Apesar da Independência Funcional, verifica-se a existência de uma mera hierarquia administrativa.

Além desses princípios expressos na Constituição Federal, a doutrina e a Jurisprudência reconhecem a existência de um princípio implícito no texto constitucional: **Princípio do Promotor Natural**. Esse princípio decorre da interpretação do Art. 129, § 2º da Constituição, que afirma:

> ***§ 2º*** *As funções do Ministério Público só podem ser exercidas por integrantes da carreira, que deverão residir na comarca da respectiva lotação, salvo autorização do chefe da instituição.*

O Princípio do Promotor Natural veda a designação de membros do Ministério Público fora das hipóteses constitucionais e legais, exigindo que sua atuação seja predeterminada por critérios objetivos aplicáveis a todos os membros da carreira, evitando, assim, que haja designações arbitrárias. O princípio também impede a nomeação de promotor *ad hoc* ou de exceção considerando que as funções do Ministério Público só podem ser desempenhadas por membros da carreira.

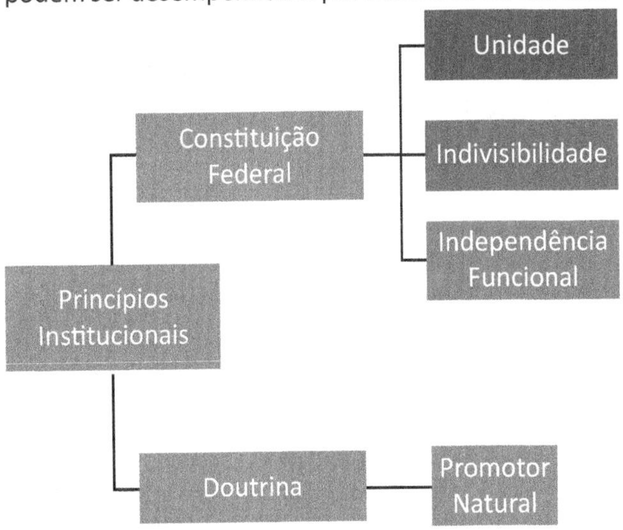

Garantias

O Ministério Público, em razão da importância de sua função, recebeu da Constituição Federal algumas garantias que lhe asseguram a independência necessária para bem desempenhar suas atribuições. E não é só a instituição que possui garantias, mas os membros também. Vejamos o que diz a Constituição sobre as garantias institucionais e dos membros:

> ***Art. 127, § 2º*** *- Ao Ministério Público é assegurada autonomia funcional e administrativa, podendo, observado o disposto no Art. 169, propor ao Poder Legislativo a criação e extinção de seus cargos e serviços auxiliares, provendo-os por concurso público de provas ou de provas e títulos, a política remuneratória e os planos de carreira; a lei disporá sobre sua organização e funcionamento.*
>
> ***§ 3º*** *- O Ministério Público elaborará sua proposta orçamentária dentro dos limites estabelecidos na lei de diretrizes orçamentárias.*
>
> ***§ 4º*** *Se o Ministério Público não encaminhar a respectiva proposta orçamentária dentro do prazo estabelecido na lei de diretrizes orçamentárias, o Poder Executivo considerará, para fins de consolidação da proposta orçamentária anual, os valores aprovados na lei orçamentária vigente, ajustados de acordo com os limites estipulados na forma do § 3º.*
>
> ***§ 5º*** *Se a proposta orçamentária de que trata este Art. for encaminhada em desacordo com os limites estipulados na forma do § 3º, o Poder Executivo procederá aos ajustes necessários para fins de consolidação da proposta orçamentária anual.*
>
> ***§ 6º*** *Durante a execução orçamentária do exercício, não poderá haver a realização de despesas ou a assunção de obrigações que extrapolem os limites estabelecidos na lei de diretrizes orçamentárias, exceto se previamente autorizadas, mediante a abertura de créditos suplementares ou especiais.*

O Art. 127, §§ 2º a 6º, trata das chamadas **Garantias Institucionais.** Essas garantias visam a conceder maior autonomia à instituição, além de proteger sua independência no exercício de suas atribuições constitucionais. As Garantias Institucionais são de três espécies:

- → **Autonomia funcional** – ao desempenhar sua função, o Ministério Público não se subordina a qualquer outra autoridade ou poder, sujeitando-se apenas às determinações constitucionais, legais e de sua consciência jurídica;
- → **Autonomia administrativa** – é a capacidade de autogestão, autoadministração e autogoverno. O Ministério Público tem competência para propor ao Legislativo a criação, extinção e organização de seus cargos e carreiras bem como demais atos de gestão;
- → **Autonomia financeira** – o Ministério Público pode elaborar sua proposta orçamentária dentro dos limites estabelecidos na Lei de Diretrizes Orçamentárias, tendo liberdade para administrar esses recursos.

Um dos temas mais importantes e que revelam a autonomia administrativa do Ministério Público é a possibilidade que a instituição tem de escolher os seus próprios chefes. Vejamos a literalidade do texto constitucional:

> ***Art. 128, § 1º*** *- O Ministério Público da União tem por chefe o Procurador-Geral da República, nomeado pelo Presidente da República dentre integrantes da carreira, maiores de trinta e cinco anos, após a aprovação de seu nome pela maioria absoluta dos membros do Senado Federal, para mandato de dois anos, permitida a recondução.*
>
> ***§ 2º*** *- A destituição do Procurador-Geral da República, por iniciativa do Presidente da República, deverá ser precedida de autorização da maioria absoluta do Senado Federal.*

No âmbito dessa autonomia, a Constituição previu expressamente que o Procurador-Geral será escolhido pela própria instituição dentre os membros da carreira. No caso do Ministério Público da União, a chefia ficará a cargo do Procurador-Geral da República, o qual será nomeado pelo Presidente da República dentre os membros da carreira com mais de 35 anos de idade, desde que sua escolha seja aprovada pelo voto da maioria absoluta do Senado Federal. O Procurador-Geral da República exercerá seu mandato por dois anos, permitida a recondução. Ao permitir a recondução, a Constituição não estabeleceu limites, de forma que o Procurador-Geral da República poderá ser reconduzido por quantas vezes o Presidente considerar conveniente. Se o Presidente pode nomear o Chefe do MPU, ele também poderá destituí-lo do cargo, desde que autorizado pelo Senado pela mesma quantidade de votos, qual seja, maioria absoluta.

Já em relação à Chefia dos Ministérios Públicos dos Estados e do Distrito Federal e Territórios a regra é um pouco diferente:

> ***Art. 128, § 3º** - Os Ministérios Públicos dos Estados e o do Distrito Federal e Territórios formarão lista tríplice dentre integrantes da carreira, na forma da lei respectiva, para escolha de seu Procurador-Geral, que será nomeado pelo Chefe do Poder Executivo, para mandato de dois anos, permitida uma recondução.*
>
> ***§ 4º** - Os Procuradores-Gerais nos Estados e no Distrito Federal e Territórios poderão ser destituídos por deliberação da maioria absoluta do Poder Legislativo, na forma da lei complementar respectiva.*

A escolha dos Procuradores-Gerais de Justiça dependerá de nomeação pelo Chefe do Poder Executivo[5], com base em lista tríplice formada dentre os integrantes da carreira, sendo permitida uma recondução. Diferentemente do Procurador-Geral da República, que poderá ser reconduzido várias vezes, o Procurador-Geral de Justiça só poderá ser reconduzido uma única vez. A destituição desses Procuradores-Gerais dependerá da deliberação da maioria absoluta do Poder Legislativo.

Já o Art. 128, §5º, apresenta as **Garantias dos Membros.**

> ***Art. 128, § 5º** - Leis complementares da União e dos Estados, cuja iniciativa é facultada aos respectivos Procuradores-Gerais, estabelecerão a organização, as atribuições e o estatuto de cada Ministério Público, observadas, relativamente a seus membros:*
>
> ***I.** as seguintes garantias:*
>
> ***a)** vitaliciedade, após dois anos de exercício, não podendo perder o cargo senão por sentença judicial transitada em julgado;*
>
> ***b)** inamovibilidade, salvo por motivo de interesse público, mediante decisão do órgão colegiado competente do Ministério Público, pelo voto da maioria absoluta de seus membros, assegurada ampla defesa;*
>
> ***c)** irredutibilidade de subsídio, fixado na forma do Art. 39, § 4º, e ressalvado o disposto nos arts. 37, X e XI, 150, II, 153, III, 153, § 2º, I;*

São duas espécies de garantias dos membros: **Garantias de Independência** e **Garantias de Imparcialidade.**

As **Garantias de Independência** são prerrogativas inerentes ao cargo e estão previstas no inciso I do referido Art., as quais visam a garantir aos membros maior liberdade, independência e autonomia no exercício de sua função ministerial. Tais garantias são indisponíveis, proibindo o titular do cargo de dispensar qualquer das prerrogativas. São as garantias da vitaliciedade, inamovibilidade e irredutibilidade dos subsídios.

A **Vitaliciedade** é como se fosse uma estabilidade só que muito mais vantajosa. O membro, ao ingressar na carreira mediante concurso público, torna-se vitalício após o efetivo exercício no cargo pelo prazo de dois anos. Uma vez vitalício só perderá o cargo por sentença judicial transitada em julgado. Após passar pelo estágio probatório de dois anos, um Membro do Ministério Público só perderá o cargo por sentença judicial transitada em julgado.

A **Inamovibilidade** impede a movimentação do membro *ex-ofício* contra a sua vontade. Em regra, o Membro do Ministério Público só poderá ser removido ou promovido por sua própria iniciativa, ressalvados os casos em que houver interesse público. E mesmo quando o interesse público exigir, a remoção dependerá de decisão do órgão colegiado competente pelo voto da maioria absoluta de seus membros, assegurando-se o direito à ampla defesa.

A **Irredutibilidade dos Subsídios** diz respeito à proteção da remuneração do membro ministerial. Subsídio é a forma de retribuição pecuniária paga ao membro do Ministério Público a qual se caracteriza por ser uma parcela única. Com essa garantia, o Membro do Ministério Público poderá trabalhar sem medo de perder sua remuneração.

Ressalte-se que o Supremo Tribunal Federal já entendeu tratar-se esta irredutibilidade como meramente nominal, não protegendo o subsídio da desvalorização provocada por perdas inflacionárias. Lembre-se também de que essa garantia não é absoluta, pois comporta exceções previstas nos Arts. 37, X e XI, 150, II, 153, III e 153, § 2º, I da Constituição Federal. Em suma, a irredutibilidade não impedirá a redução do subsídio quando ultrapassar o teto constitucional ou em razão da cobrança do imposto de renda.

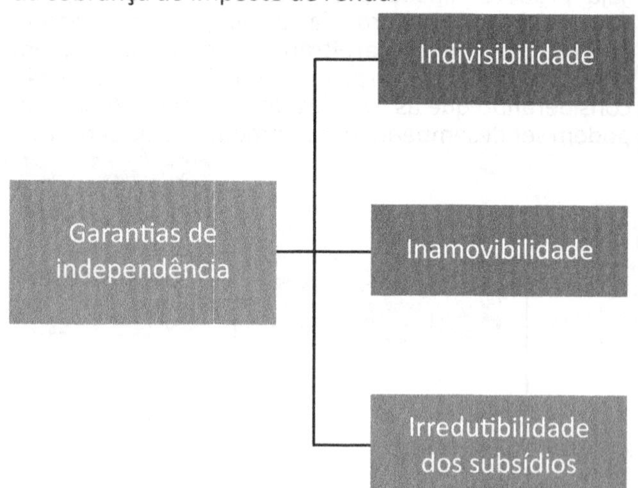

As **Garantias de Imparcialidade** são verdadeiras vedações e visam a garantir uma atuação isenta de qualquer interferência política ou pessoal.

> ***Art. 128, §5º, II** - as seguintes vedações:*
>
> ***a)** receber, a qualquer título e sob qualquer pretexto, honorários, percentagens ou custas processuais;*
>
> ***b)** exercer a advocacia;*
>
> ***c)** participar de sociedade comercial, na forma da lei;*
>
> ***d)** exercer, ainda que em disponibilidade, qualquer outra função pública, salvo uma de magistério;*
>
> ***e)** exercer atividade político-partidária (Redação dada pela Emenda Constitucional nº 45, de 2004);*
>
> ***f)** receber, a qualquer título ou pretexto, auxílios ou contribuições de pessoas físicas, entidades públicas ou privadas, ressalvadas as exceções previstas em lei (Incluída pela Emenda Constitucional nº 45, de 2004).*

5 No caso do Ministério Público do Distrito Federal e Territórios, a nomeação do seu chefe será feita pelo Presidente da República e sua destituição dependerá do voto da maioria absoluta do Senado Federal mediante provocação do Presidente da República.

§ 6º Aplica-se aos membros do Ministério Público o disposto no Art. 95, § único, V (Incluído pela Emenda Constitucional nº 45, de 2004).

Antes de explorar essas regras, faz-se necessária a menção ao Art. 29, § 3º da ADCT:

§ 3º - Poderá optar pelo regime anterior, no que respeita às garantias e vantagens, o membro do Ministério Público admitido antes da promulgação da Constituição, observando-se, quanto às vedações, a situação jurídica na data desta.

Esse dispositivo retrata uma peculiaridade interessante a respeito dos Membros do Ministério Público. Antes da promulgação da Constituição Federal de 1988, o regime jurídico a que estavam sujeitos era diferente. A ADCT permitiu aos membros que ingressaram antes de 1988 a escolha do regime jurídico a que estariam sujeitos a partir de então. Os Membros que ingressaram na carreira antes de 1988 e que possuíam inscrição na OAB podem advogar desde que tenham optado pelo regime jurídico anterior a 1988. Para os Membros que ingressaram na carreira depois da promulgação da Constituição Federal, essa escolha não é permitida, pois estão sujeitos apenas ao regime constitucional atual. Feita essa consideração, passa-se à análise das garantias vigentes.

Deve-se compreender a abrangência das vedações do inciso II do §5º do Art. 128 da Constituição Federal.

É vedado aos membros do Ministério Público receber, a qualquer título e sob qualquer pretexto, honorários, percentagens ou custas processuais, bem como receber auxílios ou contribuições de pessoas físicas, entidades públicas ou privadas, ressalvadas as exceções previstas em lei. Tais vedações visam a impedir que membros sejam motivados indevidamente a exercer suas funções sob a expectativa de receberem maiores valores pela sua atuação. Percebe-se que a vedação encontra exceção quando a contribuição está prevista em lei. Dessa forma, não ofende a Constituição Federal o recebimento de valores em razão da venda de livros, do exercício do magistério ou mesmo da ministração de palestra.

Outra vedação aplicável aos membros do Parquet é em relação ao exercício da advocacia. Acerca desse impedimento, deve-se ressaltar a situação dos Membros do Ministério Público da União que ingressaram na carreira antes de 1988 e que tenham optado pelo regime jurídico anterior, nos termos do § 3º do Art. 29 da ADCT, os quais poderão exercer a advocacia nos termos da Resolução nº 8 do CNMP, com a nova redação dada pela Resolução nº 16. Ademais, o texto constitucional estendeu aos Membros do Ministério Público a mesma vedação aplicável aos Magistrados no Art. 95, § único, V, qual seja, a de exercer a advocacia no juízo ou tribunal do qual se afastou, antes de decorridos três anos do afastamento do cargo por aposentadoria ou exoneração. A doutrina tem chamado essa vedação de quarentena.

Os membros do Ministério Público não podem participar de sociedade comercial, na forma da lei. Essa vedação encontra regulamentação na Lei 8.625/93, a qual prevê a possibilidade de participação como cotista ou acionista[6].

Também não podem exercer, ainda que em disponibilidade, qualquer outra função pública, salvo uma de magistério. Ressalte-se que o CNMP regulamentou o exercício do magistério, que poderá ser público ou privado, por no máximo 20 horas aula por semana, desde que o horário seja compatível com as atribuições ministeriais e o seu exercício se dê inteiramente em sala de aula[7].

Para evitar que sua atuação seja influenciada por pressões políticas, a Constituição vedou o exercício de atividade político-partidária aos Membros do Ministério Público. Isso significa que, se um membro quiser se filiar ou mesmo exercer um cargo político, deverá se afastar do cargo no Ministério Público. Essa vedação tem caráter absoluto desde a Emenda Constitucional nº 45/2004, a qual foi regulamentada pelo Conselho Nacional do Ministério Público, que determinou a aplicação da vedação apenas aos membros que tenham ingressado na carreira após a promulgação da emenda[8].

Advocacia Pública

A Advocacia Pública é a função essencial à justiça responsável pela defesa dos interesses dos entes estatais, tanto judicialmente quanto extrajudicialmente, bem como as atividades de consultoria e assessoramento jurídico do Poder Executivo.

No âmbito da União, essa atividade é exercida pela Advocacia-Geral da União, enquanto nos Estados, Distrito Federal e nos Municípios, a Advocacia Pública será exercida pelas Procuradorias.

Apesar de não haver previsão constitucional para as Procuradorias Municipais, elas são perfeitamente possíveis desde que previstas na Lei Orgânica do Município ou permitidas sua criação pela Constituição Estadual.

São vistas, a seguir, quais instituições compõem a Advocacia Pública no Brasil.

Advocacia Geral da União - AGU

Como já foi comentado, a AGU é responsável pela assistência jurídica da União. Conforme prevê o texto constitucional:

Art. 131. *A Advocacia-Geral da União é a instituição que, diretamente ou através de órgão vinculado, representa a União, judicial e extrajudicialmente, cabendo-lhe, nos termos da lei complementar que dispuser sobre sua organização e funcionamento, as atividades de consultoria e assessoramento jurídico do Poder Executivo.*

§ 1º - A Advocacia-Geral da União tem por chefe o Advogado-Geral da União, de livre nomeação pelo Presidente da República dentre cidadãos maiores de trinta e cinco anos, de notável saber jurídico e reputação ilibada.

A chefia desse órgão fica a cargo do Advogado Geral da União, o qual é nomeado livremente pelo Presidente da República, entre os cidadãos maiores de trinta e cinco anos, com notável saber jurídico e reputação ilibada. Segundo a Lei 10.683/03, em seu Art. 25, o Advogado Geral da União é considerado Ministro de Estado, sendo-lhe aplicadas todas as prerrogativas inerentes ao *status*. Muito cuidado com isso em prova, visto que, para ser o Chefe dessa Instituição, não é necessário ser membro da carreira nem depende de aprovação do Senado Federal. É um cargo de livre nomeação e exoneração cuja confiança do Presidente da República se torna o principal critério para a escolha do seu titular.

6 Lei Orgânica Nacional do Ministério Público, Lei 8.625/93, Art. 44, III.

7 Resolução nº 3/2005 – CNMP.

8 Resolução nº 5/2006 – CNMP.

Um detalhe muito interessante e que pode ser cobrado em prova é que a Constituição Federal, ao apontar as competências dessa instituição, afirmou que a AGU representa judicial e extrajudicialmente a União e em relação a consultoria e assessoramento jurídico apenas ao Poder Executivo. Essas competências foram confirmadas na Lei Orgânica da Advocacia Geral da União (Lei Complementar nº 73/93):

> ***Art. 1º*** *- A Advocacia-Geral da União é a instituição que representa a União judicial e extrajudicialmente.*
>
> **§ único.** *À Advocacia-Geral da União cabem as atividades de consultoria e assessoramento jurídicos ao Poder Executivo, nos termos desta Lei Complementar.*

Enquanto a atividade de consultoria e assessoramento jurídico restringe-se apenas ao Poder Executivo, a representação judicial e extrajudicial abrangerá todos os Poderes da União (Executivo, Legislativo e Judiciário), bem como suas autarquias e fundações públicas, conforme esclarece a Lei 9.028/95:

> ***Art. 22.*** *A Advocacia-Geral da União e os seus órgãos vinculados, nas respectivas áreas de atuação, ficam autorizados a representar judicialmente os titulares e os membros dos Poderes da República, das Instituições Federais referidas no* ***Título IV, Capítulo IV, da Constituição****, bem como os titulares dos Ministérios e demais órgãos da Presidência da República, de autarquias e fundações públicas federais, e de cargos de natureza especial, de direção e assessoramento superiores e daqueles efetivos, inclusive promovendo ação penal privada ou representando perante o Ministério Público, quando vítimas de crime, quanto a atos praticados no exercício de suas atribuições constitucionais, legais ou regulamentares, no interesse público, especialmente da União, suas respectivas autarquias e fundações, ou das Instituições mencionadas, podendo, ainda, quanto aos mesmos atos, impetrar habeas corpus e mandado de segurança em defesa dos agentes públicos de que trata este Art..*

Fique Ligado

A AGU representa judicialmente e extrajudicialmente a União, mas presta consultoria e assessora juridicamente apenas o Poder Executivo.

É importante lembrar também que o ingresso na carreira da AGU depende de aprovação em concurso público de provas e títulos nos termos do Art. 131, § 2º:

> *§ 2º - O ingresso nas classes iniciais das carreiras da instituição de que trata este Art. far-se-á mediante concurso público de provas e títulos.*

Destaca-se ainda a atuação da AGU na defesa da República Federativa do Brasil em demandas instauradas perante Cortes Internacionais.

Além das diversas carreiras que serão vistas, não se pode esquecer dos Advogados da União, os quais são responsáveis pela defesa da União quando esta se encontra e juízo.

Procuradoria-Geral da Fazenda Nacional - PGFN

A PGFN é órgão vinculado a AGU responsável pelas ações de natureza tributária, cujo objetivo principal é garantir o recebimento de recursos de origem fiscal. A Constituição assim define sua competência no Art. 131:

> ***Art. 131, § 3º*** *- Na execução da dívida ativa de natureza tributária, a representação da União cabe à Procuradoria-Geral da Fazenda Nacional, observado o disposto em lei.*

Procuradoria-Geral Federal

A Procuradoria-Geral Federal, órgão vinculado a AGU, é responsável pela representação judicial e extrajudicial das autarquias e fundações públicas da União por meio dos Procuradores Federais. Sua previsão não é constitucional, mas está descrita na Lei 10.480/02:

> ***Art. 10.*** *À Procuradoria-Geral Federal compete a representação judicial e extrajudicial das autarquias e fundações públicas federais, as respectivas atividades de consultoria e assessoramento jurídicos, a apuração da liquidez e certeza dos créditos, de qualquer natureza, inerentes às suas atividades, inscrevendo-os em dívida ativa, para fins de cobrança amigável ou judicial.*

Em relação ao Banco Central, autarquia vinculada a União, foi prevista carreira própria regulamentada na Lei 9.650/98, a qual localizou o Procurador do Banco Central como membro de carreira da própria instituição. Apesar disso, o Procurador do Banco Central está vinculado à AGU.

Procuradoria-Geral dos Estados e do Distrito Federal

No âmbito dos Estados e do Distrito Federal, a consultoria jurídica e a representação judicial serão realizadas pelos Procuradores dos Estados e do Distrito Federal, conforme preleciona o Art. 132 da Constituição Federal:

> ***Art. 132.*** *Os Procuradores dos Estados e do Distrito Federal, organizados em carreira, na qual o ingresso dependerá de concurso público de provas e títulos, com a participação da Ordem dos Advogados do Brasil em todas as suas fases, exercerão a representação judicial e a consultoria jurídica das respectivas unidades federadas.*
>
> **§ único.** *Aos procuradores referidos neste Art. é assegurada estabilidade após três anos de efetivo exercício, mediante avaliação de desempenho perante os órgãos próprios, após relatório circunstanciado das corregedorias.*

Segundo a Constituição, o ingresso na carreira depende de concurso público de provas e títulos, cuja participação da OAB é obrigatória em todas as suas fases, não sendo admitido, portanto, que as atividades de representação judicial e de consultoria jurídica sejam realizadas por ocupantes de cargos em comissão.

Apesar de não haver previsão constitucional, o STF já decidiu que devem ser aplicadas simetricamente as mesmas regras da União para a nomeação do Procurador-Geral das Unidades Federadas. Dessa forma, o Governador detém a competência de nomear e exonerar livremente o chefe da Instituição, não se exigindo que o titular do referido cargo seja membro da carreira.

Por fim, a Constituição Federal garantiu aos procuradores estaduais e do Distrito Federal, estabilidade após três anos de efetivo exercício mediante avaliação de desempenho perante os órgãos próprios, após relatório circunstanciado das corregedorias.

Procuradoria dos Municípios

Conforme já estudado, não existe previsão constitucional para a criação das procuradorias municipais, não havendo da mesma forma qualquer impedimento para sua criação. Logo, cada município poderá criar sua própria procuradoria, desde que prevista essa possibilidade na Constituição Estadual ou na Lei Orgânica do Município.

Defensoria Pública

Como instituição essencial ao funcionamento da Justiça, a Defensoria Pública é responsável, em primeiro plano, pela assistência jurídica e gratuita dos hipossuficientes, os quais não possuem recursos financeiros para contratar um advogado. Essa função tipicamente realizada pela Defensoria concretiza o direito fundamental expresso no Art. 5º, LXXIV da Constituição:

> ***Art. 5º, LXXIV*** *- o Estado prestará assistência jurídica integral e gratuita aos que comprovarem insuficiência de recursos.*

Complementando esse dispositivo, a Constituição previu no Art. 134 algumas regras sobre a Defensoria:

> ***Art. 134****. A Defensoria Pública é instituição essencial à função jurisdicional do Estado, incumbindo-lhe a orientação jurídica e a defesa, em todos os graus, dos necessitados, na forma do Art. 5º, LXXIV.)*
>
> *§ 1º Lei complementar organizará a Defensoria Pública da União e do Distrito Federal e dos Territórios e prescreverá normas gerais para sua organização nos Estados, em cargos de carreira, providos, na classe inicial, mediante concurso público de provas e títulos, assegurada a seus integrantes a garantia da inamovibilidade e vedado o exercício da advocacia fora das atribuições institucionais.*
>
> *§ 2º Às Defensorias Públicas Estaduais são asseguradas autonomia funcional e administrativa e a iniciativa de sua proposta orçamentária dentro dos limites estabelecidos na lei de diretrizes orçamentárias e subordinação ao disposto no Art. 99, § 2º.*

Atualmente, cada Unidade Federativa é responsável pela organização da sua Defensoria Pública, havendo ainda uma Defensoria no âmbito da União e no Distrito Federal.

As Defensorias Estaduais possuem autonomia funcional e administrativa não se admitindo sua subordinação a nenhum dos poderes. Sua autonomia avança ainda nas questões orçamentárias permitindo que tenha iniciativa própria para apresentação de proposta orçamentária dentro dos limites estabelecidos na lei de diretrizes orçamentárias.

A Emenda Constitucional nº 74, de 06 de agosto de 2013 introduziu o § 3º ao Art. 134, da CF para conferir autonomia funcional e administrativa e a iniciativa de proposta orçamentária também às Defensorias Públicas da União e do Distrito Federal.

Segundo a Lei Complementar 80/94 que organiza a Defensoria Pública:

> ***Art. 2º*** *A Defensoria Pública abrange:*
>
> ***I.*** *a Defensoria Pública da União;*
>
> ***II.*** *a Defensoria Pública do Distrito Federal e dos Territórios;*
>
> ***III.*** *as Defensorias Públicas dos Estados.*

Cabe aos Defensores Públicos a assistência jurídica integral dos hipossuficientes, não se limitando apenas à defesa judicial. A Lei Complementar nº 80/94 traz extenso rol de atribuições:

> ***Art. 4º*** *São funções institucionais da Defensoria Pública, dentre outras:*
>
> ***I.*** *prestar orientação jurídica e exercer a defesa dos necessitados, em todos os graus (Redação dada pela Lei Complementar nº 132, de 2009);*
>
> ***II.*** *promover, prioritariamente, a solução extrajudicial dos litígios, visando à composição entre as pessoas em conflito de interesses, por meio de mediação, conciliação, arbitragem e demais técnicas de composição e administração de conflitos ;*
>
> ***III.*** *promover a difusão e a conscientização dos direitos humanos, da cidadania e do ordenamento jurídico ;*
>
> ***IV.*** *prestar atendimento interdisciplinar, por meio de órgãos ou de servidores de suas Carreiras de apoio para o exercício de suas atribuições;*
>
> ***V.*** *exercer, mediante o recebimento dos autos com vista, a ampla defesa e o contraditório em favor de pessoas naturais e jurídicas, em processos administrativos e judiciais, perante todos os órgãos e em todas as instâncias, ordinárias ou extraordinárias, utilizando todas as medidas capazes de propiciar a adequada e efetiva defesa de seus interesses ;*
>
> ***VI.*** *representar aos sistemas internacionais de proteção dos direitos humanos, postulando perante seus órgãos ;*
>
> ***VII.*** *promover ação civil pública e todas as espécies de ações capazes de propiciar a adequada tutela dos direitos difusos, coletivos ou individuais homogêneos quando o resultado da demanda puder beneficiar grupo de pessoas hipossuficientes ;*
>
> ***VIII.*** *exercer a defesa dos direitos e interesses individuais, difusos, coletivos e individuais homogêneos e dos direitos do consumidor, na forma do inciso LXXIV do Art. 5º da Constituição Federal ;*
>
> ***IX.*** *impetrar habeas corpus, mandado de injunção, habeas data e mandado de segurança ou qualquer outra ação em defesa das funções institucionais e prerrogativas de seus órgãos de execução ;*
>
> ***X.*** *promover a mais ampla defesa dos direitos fundamentais dos necessitados, abrangendo seus direitos individuais, coletivos, sociais, econômicos, culturais e ambientais, sendo admissíveis todas as espécies de ações capazes de propiciar sua adequada e efetiva tutela ;*
>
> ***XI.*** *exercer a defesa dos interesses individuais e coletivos da criança e do adolescente, do idoso, da pessoa portadora de necessidades especiais, da mulher vítima de violência doméstica e familiar e de outros grupos sociais vulneráveis que mereçam proteção especial do Estado ;*
>
> ***XII.*** *(VETADO);*
>
> ***XIII.*** *(VETADO);*
>
> ***XIV.*** *acompanhar inquérito policial, inclusive com a comunicação imediata da prisão em flagrante pela autoridade policial, quando o preso não constituir advogado (Incluído pela Lei Complementar nº 132, de 2009);*
>
> ***XV.*** *patrocinar ação penal privada e a subsidiária da pública (Incluído pela Lei Complementar nº 132, de 2009);*
>
> ***XVI.*** *exercer a curadoria especial nos casos previstos em lei (Incluído pela Lei Complementar nº 132, de 2009);*
>
> ***XVII.*** *atuar nos estabelecimentos policiais, penitenciários e de internação de adolescentes, visando a assegurar às pessoas, sob quaisquer circunstâncias, o exercício pleno de seus direitos e garantias fundamentais (Incluído pela Lei Complementar nº 132, de 2009);*
>
> ***XVIII.*** *atuar na preservação e reparação dos direitos de pessoas vítimas de tortura,*

abusos sexuais, discriminação ou qualquer outra forma de opressão ou violência, propiciando o acompanhamento e o atendimento interdisciplinar das vítimas (Incluído pela Lei Complementar nº 132, de 2009);

XIX. *atuar nos Juizados Especiais (Incluído pela Lei Complementar nº 132, de 2009);*

XX. *participar, quando tiver assento, dos conselhos federais, estaduais e municipais afetos às funções institucionais da Defensoria Pública, respeitadas as atribuições de seus ramos (Incluído pela Lei Complementar nº 132, de 2009);*

XXI. *executar e receber as verbas sucumbenciais decorrentes de sua atuação, inclusive quando devidas por quaisquer entes públicos, destinando-as a fundos geridos pela Defensoria Pública e destinados, exclusivamente, ao aparelhamento da Defensoria Pública e à capacitação profissional de seus membros e servidores(Incluído pela Lei Complementar nº 132, de 2009);*

XXII. *convocar audiências públicas para discutir matérias relacionadas às suas funções institucionais(Incluído pela Lei Complementar nº 132, de 2009).*

Em relação às suas atribuições, vejamos esta questão de prova:

Exercício Comentado

01. ***(CESPE) A missão da defensoria pública restringe-se à defesa dos hipossuficientes em todos os graus de jurisdição.***

ERRADO. ***A missão da defensoria pública não se restringe à defesa dos hipossuficientes em todos os graus de jurisdição, competindo-lhe prestar uma assistência jurídica integral em todas as áreas.***

Por fim, cabe destacar que, assim como os Advogados Públicos, os Defensores Públicos são remunerados por meio de subsídio:

> ***Art. 135.*** *Os servidores integrantes das carreiras disciplinadas nas Seções II e III deste Capítulo serão remunerados na forma do Art. 39, § 4º.*

Advocacia

Quando a Constituição Federal se refere à Advocacia, fala-se do advogado privado, profissional autônomo, indispensável à função jurisdicional. Os advogados estão vinculados à Ordem dos Advogados do Brasil, entidade de classe de natureza especial, não vinculada aos Poderes do Estado e que tem como atribuições controlar, fiscalizar e selecionar novos profissionais para o exercício da Carreira.

Segundo a Constituição Federal:

> ***Art. 133.*** *O advogado é indispensável à administração da justiça, sendo inviolável por seus atos e manifestações no exercício da profissão, nos limites da lei.*

Esse dispositivo revela dois princípios que regem a advocacia no Brasil: o princípio da indispensabilidade e o da inviolabilidade.

Segundo o princípio da indispensabilidade, o advogado é indispensável à administração da Justiça, pois só ele possui a chamada capacidade postulatória. Logicamente, esse princípio não goza de caráter absoluto, sendo permitida a capacidade de postular ao próprio interessado em situações expressamente previstas na Constituição Federal como no *habeas corpus* e nos juizados especiais.

Destaca-se ainda que nos processos administrativos disciplinares a ausência de defesa técnica por meio de advogado não gera nulidade ao procedimento[9].

Já o princípio da inviolabilidade constitui norma que visa a garantir ao advogado o exercício das suas atribuições de forma independente e autônoma às demais instituições do Estado. Da mesma forma, esse princípio não goza de caráter absoluto, sendo possível a limitação quando seus atos e atribuições não estiverem ligados ao exercício da profissão nos termos do Estatuto da Advocacia[10].

Como condição para o exercício dessa profissão, o STF já declarou que é constitucional a necessidade de aprovação do Exame de Ordem aplicado pela OAB aos bacharéis em direito.

A amplitude desse tema requer análise aprofundada, a qual é feita em disciplina própria. Aqui foi feita uma breve análise constitucional do instituto.

Ministério Público	→	Defende a sociedade
Advocacia pública	→	Defende o Estado
Advocacia privada	→	Defende os particulares
Defensoria Pública	→	Defende os pobres

Vamos Praticar

01. (FUMARC) É incorreto afirmar que se inclui entre as funções essenciais à Justiça previstas na Constituição da República:

a) Servidor Público;
b) Ministério Público;
c) Advocacia Pública;
d) Defensoria Pública.

02. (FCC) Uma das funções institucionais atribuídas pela Constituição da República ao Ministério Público consiste em exercer funções que forem compatíveis com sua finalidade de defesa da ordem jurídica e do regime democrático, tais como a representação judicial e a consultoria jurídica de entidades públicas, quando necessárias.

Certo ( ) Errado ( )

03. (FCC) Sobre a organização institucional do Ministério Público, é correto afirmar que não abrange o Ministério Público junto ao Tribunal de Contas, que não dispõe de fisionomia institucional própria e - não obstante as expressivas garantias de ordem subjetiva concedidas aos seus membros - se encontra consolidado na "intimidade estrutural" da Corte de Contas.

Certo ( ) Errado ( )

9 Súmula Vinculante nº 5: a falta de defesa técnica por advogado no processo administrativo disciplinar não ofende a Constituição.

10 Lei 8.906/94.

04. (CESGRANRIO) O Ministério Público da União NÃO abrange o Ministério Público:

a) Federal.
b) Eleitoral.
c) Militar.
d) Do Trabalho.
e) Do Distrito Federal.

05. (CESPE) Ao MP cabe a defesa da ordem jurídica, do regime democrático e dos interesses sociais e coletivos; para isso, ele possui, por exemplo, legitimidade para ajuizar ACP em defesa do patrimônio público e do meio ambiente.

Certo ( ) Errado ( )

06. (FCC) O Ministério Público é essencial à função jurisdicional do Estado, sendo que o ingresso em sua carreira far-se-á mediante concurso público de provas e títulos, exigindo-se do bacharel em direito, no mínimo, cinco anos de atividade jurídica.

Certo ( ) Errado ( )

07. (FCC) De acordo com a Constituição da República Federativa do Brasil, NÃO se inclui dentre as funções institucionais do Ministério Público:

a) Defender judicialmente os direitos e interesses da população indígena.
b) Promover, privativamente, ação penal pública, na forma da lei.
c) Requisitar diligências investigatórias e instauração de inquérito policial, indicados os fundamentos jurídicos de suas manifestações processuais.
d) Promover ação de inconstitucionalidade ou representação para fins de intervenção da União e dos Estados, nos casos previstos na Constituição.
e) Promover ação popular para a proteção do meio ambiente e de outros interesses difusos e coletivos.

08. (CESPE) Compete privativamente ao MP promover o inquérito civil e a ação civil pública para a proteção do patrimônio público e social, do meio ambiente e de outros interesses difusos e coletivos.

Certo ( ) Errado ( )

09. (FCC) Considere:

I. Três membros do Ministério Público dos Estados, indicados pelos respectivos Ministérios Públicos.
II. Três juízes, indicados dois pelo Supremo Tribunal Federal e um pelo Superior Tribunal de Justiça.
III. Dois advogados, indicados pelo Conselho Federal da Ordem dos Advogados do Brasil.
IV. Dois cidadãos de notável saber jurídico e reputação ilibada, indicados um pela Câmara dos Deputados e outro pelo Senado Federal.

O Conselho Nacional do Ministério Público será composto, dentre outros, pelos membros indicados apenas em:

a) I, III e IV.
b) I, II e III.
c) II, III e IV.
d) II e III.
e) I e IV.

10. (FCC) Ao discorrer sobre os princípios constitucionais que devem informar a atuação do Ministério Público, Pedro Lenza afirma que o acusado "tem o direito e a garantia constitucional de somente ser processado por um órgão independente do Estado, vedando-se, por consequência, a designação arbitrária, inclusive, de promotores *ad hoc* ou por encomenda". Trata-se do princípio:

a) Da inamovibilidade do membro do Ministério Público.
b) Da independência funcional do membro do Ministério Público.
c) Da indivisibilidade do Ministério Público.
d) Da unidade do Ministério Público.
e) Do promotor natural.

11. (FCC) O Ministério Público possui, dentre seus princípios institucionais, a unidade, a indivisibilidade e a dependência funcional.

Certo ( ) Errado ( )

12. (CESPE) Os membros do MP gozam de vitaliciedade, após dois anos de exercício, e só perderão o cargo por sentença judicial transitada em julgado.

Certo ( ) Errado ( )

13. (FCC) Mário, Márcio, Marcos, Marcelo e Mateus, respectivamente, exercem os cargos de Senador da República, Deputado Federal, Presidente da República, Presidente do Supremo Tribunal Federal e Presidente do Superior Tribunal de Justiça. Segundo o Art. 128, § 1º da Constituição Federal, o Ministério Público da União tem por chefe o Procurador-Geral da República, que deve ser nomeado por:

a) Mateus.
b) Márcio.
c) Mário.
d) Marcos.
e) Marcelo.

14. (FCC) A respeito do Ministério Público, considere:

I. A proposta orçamentária do Ministério Público será elaborada pela Secretaria de Estado dos Negócios da Justiça, com base nas sugestões por este apresentadas.
II. As funções do Ministério Público deverão, em regra, ser exercidas por integrantes da carreira, podendo, porém, o juiz, nos casos urgentes, nomear advogado para exercê-las.
III. Aos membros do Ministério Público é vedado exercer, ainda que em disponibilidade, qualquer outra função pública, salvo uma de magistério.

De acordo com a Constituição da República Federativa do Brasil, está correto o que consta somente em:

a) I e III.
b) I e II.
c) III.
d) II e III.
e) II.

15. (MPE) Ministério Público da União tem por chefe o Procurador-Geral da República, nomeado pelo Presidente da República dentre integrantes da carreira, maiores de trinta e cinco anos, após a aprovação de seu nome pela maioria do Congresso Nacional, para mandato de dois anos, permitida a recondução.

Certo ( ) Errado ( )

16. (FGV) A respeito dos Procuradores-Gerais de Justiça nos Estados e no Distrito Federal, é incorreto afirmar que:

a) Podem ser destituídos pela Assembleia Legislativa (nos Estados) e pela Câmara Legislativa (no Distrito Federal).
b) Podem ser reconduzidos somente uma vez.

c) Devem ser integrantes da carreira e exercem o cargo por mandato de dois anos.

d) São nomeados pelo Governador (nos Estados) e pelo Presidente da República (no Distrito Federal).

17. (CESPE) Incumbe à AGU, diretamente ou mediante órgão vinculado, exercer a representação judicial e extrajudicial da União, assim como as atividades de consultoria e assessoramento jurídico dos Poderes Executivo, Legislativo e Judiciário, no âmbito federal.

Certo ( ) Errado ( )

18. (CESPE) A CF estabelece expressamente que a representação da União, na execução da dívida ativa de natureza tributária, cabe à Procuradoria-Geral da Fazenda Nacional, observado o disposto em lei.

Certo ( ) Errado ( )

19. (CESPE) Na defesa dos hipossuficientes, a defensoria pública tem legitimidade para ajuizar ação coletiva.

Certo ( ) Errado ( )

O Supremo Tribunal Federal reconheceu, em sede de ação direta de inconstitucionalidade, a impossibilidade de lei complementar estadual estabelecer a vinculação da Defensoria Pública a uma Secretaria de Estado.

(ADI no 3569, Rel. Minº Sepúlveda Pertence, Plenário, publ. DJ de 11-5-2007).

20. (FCC) A impossibilidade em questão decorre de norma da Constituição da República segundo a qual as Defensorias Públicas Estaduais

a) Vinculam-se institucionalmente ao Poder Judiciário, em virtude de serem essenciais à função jurisdicional do Estado.

b) Atrelam-se ao Ministério Público do Estado respectivo, na medida em que lhe incumbe a orientação jurídica e a defesa, em todos os graus, dos necessitados.

c) Não integram a estrutura do Estado, vinculando-se os membros da carreira à Ordem dos Advogados do Brasil.

d) Possuem autonomia funcional e administrativa.

e) Vinculam-se administrativamente ao Poder Judiciário, cabendo aos Presidentes dos Tribunais de Justiça, com a aprovação dos respectivos tribunais, a iniciativa de sua proposta orçamentária.

Gabarito

01	A	11	ERRADO
02	ERRADO	12	CERTO
03	CERTO	13	D
04	B	14	C
05	CERTO	15	ERRADO
06	ERRADO	16	A
07	E	17	ERRADO
08	ERRADO	18	CERTO
09	A	19	CERTO
10	E	20	D

Anotações

CAPÍTULO 14

Defesa do Estado e das Instituições Democráticas

No título V, Art. 136 a 144, a Constituição Federal apresenta instrumentos eficazes na proteção do Estado e de toda estrutura democrática. Os instrumentos disponibilizados são o Sistema Constitucional de Crises que compreende o Estado de Defesa e o Estado de Sítio, Forças Armadas e Segurança Pública, os quais serão analisados a partir de agora.

Sistema Constitucional de Crises

O Sistema Constitucional de Crises é um conjunto de medidas criadas pela Constituição Federal para restabelecer a ordem constitucional em momentos de crises político-institucionais. Antes de tratar das espécies em si, deve-se ressaltar algumas características essenciais desses institutos.

É necessário partir do pressuposto de que o **Estado de sítio é mais grave que o estado de defesa.** Essa compreensão permite entender que as medidas adotadas no Estado de Sítio serão mais gravosas que no Estado de Defesa.

Outro ponto interessante são os princípios que regem o Sistema Constitucional de Crises. As duas medidas devem observar os seguintes princípios:

→ **Necessidade**

Só podem ser decretadas em último caso.

→ **Proporcionalidade**

As medidas adotadas devem ser proporcionais aos problemas existentes.

→ **Temporariedade**

As medidas do Sistema Constitucional de Crises devem ser temporárias. Devem durar apenas o tempo necessário para resolver a crise;

→ **Legalidade**

As medidas devem guardar respeito à lei. E aqui é possível vislumbrar duas perspectivas acerca da legalidade:

> ***Stricto sensu*** - As medidas devem respeitar os limites estabelecidos no Decretos Presidenciais que autorizam a execução. É uma perspectiva mais restrita da legalidade;

> ***Lato sensu*** - As medidas precisam respeitar a lei em sentido amplo, ou seja, toda a legislação brasileira, incluindo a Constituição Federal.

Trabalhados esses conceitos iniciais, agora será abordado cada um dos institutos do Sistema Constitucional de Crises em espécie. Inicia-se pelo Estado de Defesa.

Estado de Defesa

O Estado de Defesa está regulamentado no Art. 136 da Constituição e o seu *caput* apresenta algumas informações importantíssimas:

__Art. 136.__ O Presidente da República pode, ouvidos o Conselho da República e o Conselho de Defesa Nacional, decretar estado de defesa para preservar ou prontamente restabelecer, em locais restritos e determinados, a ordem pública ou a paz social ameaçadas por grave e iminente instabilidade institucional ou atingidas por calamidades de grandes proporções na natureza.

Esse dispositivo enumera as **hipóteses de cabimento da medida ou quais são os seus objetivos**: preservar ou prontamente restabelecer a ordem pública ou a paz social ameaçadas por grave e iminente instabilidade institucional ou atingidas por calamidades de grandes proporções na natureza. Qualquer circunstância dessas autoriza a decretação de Estado de Defesa. Lembre-se de que esse rol é taxativo. Só essas situações podem autorizar a medida.

Um detalhe interessante e que pode funcionar como ponto de distinção entre o Estado de Sítio e de Defesa é a área abrangida. O texto constitucional apresentado determina que as áreas abrangidas pela medida sejam locais restritos e determinados.

Outro ponto importante e que é frequente em prova diz respeito ao tempo de duração do Estado de Defesa. Segundo Art. 136, § 2º, essa medida de contenção de crises poderá durar 30 dias, podendo prorrogar mais uma vez por igual período:

__§ 2º -__ O tempo de duração do estado de defesa não será superior a trinta dias, podendo ser prorrogado uma vez, por igual período, se persistirem as razões que justificaram a sua decretação.

Não se esqueça de que o prazo só poderá ser prorrogado uma única vez.

Como característica principal da execução do Estado de Defesa está a possibilidade de se restringirem alguns direitos, os quais estão previamente definidos nos §§ 1º a 3º do Art. 136:

__§ 1º -__ O decreto que instituir o estado de defesa determinará o tempo de sua duração, especificará as áreas a serem abrangidas e indicará, nos termos e limites da lei, as medidas coercitivas a vigorarem, dentre as seguintes:

I. restrições aos direitos de:

a) reunião, ainda que exercida no seio das associações;

b) sigilo de correspondência;

c) sigilo de comunicação telegráfica e telefônica;

II. ocupação e uso temporário de bens e serviços públicos, na hipótese de calamidade pública, respondendo a União pelos danos e custos decorrentes.

__§ 3º -__ Na vigência do estado de defesa:

I. a prisão por crime contra o Estado, determinada pelo executor da medida, será por este comunicada imediatamente ao juiz competente, que a relaxará, se não for legal, facultado ao preso requerer exame de corpo de delito à autoridade policial;

II. a comunicação será acompanhada de declaração, pela autoridade, do estado físico e mental do detido no momento de sua autuação;

III. a prisão ou detenção de qualquer pessoa não poderá ser superior a dez dias, salvo quando autorizada pelo Poder Judiciário;

IV. é vedada a incomunicabilidade do preso.

Alguns pontos merecem um destaque especial. Devido à gravidade da situação e à excepcionalidade das medidas, a Constituição autoriza a restrição de vários direitos fundamentais, por exemplo, o direito de reunião, o sigilo das correspondências, das comunicações telegráficas e telefônicas.

Essas medidas restritivas dispensam autorização judicial, inclusive a decretação de prisão que será determinada pela própria autoridade executora do Estado de

Defesa e poderá durar até 10 dias. A prisão deverá ser comunicada imediatamente ao Juiz o qual poderá prorrogá-la por período superior.

Não se deve esquecer que, mesmo em um momento de crise, como esse em que muitos direitos constitucionais são flexibilizados, é vedada pela Constituição Federal a incomunicabilidade do preso. A ele deverá ser garantido o direito de falar com seu familiar ou advogado, além do direito de ter preservada sua integridade.

Para que seja decretado o Estado de Defesa, a Constituição previu alguns procedimentos. Primeiramente, deve-se lembrar que a decretação é competência do Presidente da República. Antes de executar a medida, ele deverá consultar o Conselho de Defesa Nacional e o Conselho da República os quais emitirão um parecer acerca da situação. Apesar da obrigatoriedade em ouvir os Conselhos, o Presidente não está vinculado ao seus pareceres. Significa dizer que os pareceres emitidos pelos conselhos são meramente opinativos.

Ouvidos os Conselhos, o Presidente decreta a medida e imediatamente submete o decreto ao Congresso Nacional para aprovação. A decisão do Congresso Nacional é definitiva. Caso o decreto seja rejeitado, o Estado de Defesa cessa imediatamente.

> *§ 4º - Decretado o estado de defesa ou sua prorrogação, o Presidente da República, dentro de vinte e quatro horas, submeterá o ato com a respectiva justificação ao Congresso Nacional, que decidirá por maioria absoluta.*
>
> *§ 5º - Se o Congresso Nacional estiver em recesso, será convocado, extraordinariamente, no prazo de cinco dias.*
>
> *§ 6º - O Congresso Nacional apreciará o decreto dentro de dez dias contados de seu recebimento, devendo continuar funcionando enquanto vigorar o estado de defesa.*
>
> *§ 7º - Rejeitado o decreto, cessa imediatamente o estado de defesa.*

Apesar de ser caracterizado por medidas excepcionais, que restringem sobremaneira os direitos e garantias fundamentais, o Controle Constitucional de Crises não está imune à fiscalização por parte dos poderes públicos. Havendo excessos nas medidas adotadas, a Constituição prevê a possibilidade de responsabilização dos agentes por seus atos. A doutrina constitucional prevê duas formas de controle: Controle Político e Controle Jurisdicional.

O Controle Político é realizado basicamente pelo Congresso Nacional, que o efetuará de três formas:

→ **Imediato**: ocorre logo após a decretação da medida conforme o § 4º do Art. 136.

→ **Concomitante**: ocorre durante a execução do Estado de Defesa conforme § 6º do Art. 136 e Art. 140.

> ***Art. 140.*** *A Mesa do Congresso Nacional, ouvidos os líderes partidários, designará Comissão composta de cinco de seus membros para acompanhar e fiscalizar a execução das medidas referentes ao estado de defesa e ao estado de sítio.*

→ **Sucessivo (posterior)**: ocorre após a execução da medida nos termos do Art. 141:

> ***Art. 141.*** *Cessado o estado de defesa ou o estado de sítio, cessarão também seus efeitos, sem prejuízo da responsabilidade pelos ilícitos cometidos por seus executores ou agentes.*
>
> ***§ único.*** *Logo que cesse o estado de defesa ou o estado de sítio, as medidas aplicadas em sua vigência serão relatadas pelo Presidente da República, em mensagem ao Congresso Nacional, com especificação e justificação das providências adotadas, com relação nominal dos atingidos e indicação das restrições aplicadas.*

O Controle Jurisdicional é o realizado pelo Poder Judiciário, e ocorrerá de duas formas:

→ Concomitante - durante a execução da medida. Veja-se o disposto no Art. 136, § 3º;

→ Sucessivo (Posterior) - após a execução da medida nos termos do Art. 141.

Estado de Sítio

O Estado de Sítio é mais gravoso que o Estado de Defesa. Por consequência, as medidas adotadas nesse caso terão maior efeito restritivo aos direitos fundamentais.

Primeiramente são abordadas às hipóteses de cabimento do Estado de Sítio, que estão previstas no Art. 137, I e II:

> *I. comoção grave de repercussão nacional ou ocorrência de fatos que comprovem a ineficácia de medida tomada durante o estado de defesa;*
>
> *II. declaração de estado de guerra ou resposta a agressão armada estrangeira.*

A doutrina faz uma distinção interessante entre os dois incisos, classificando-os em Repressivo e Defensivo. O Estado de Sítio Repressivo está previsto no inciso I, haja vista ser necessária a atuação dos poderes públicos para conter a situação de crise. Já o inciso II, é chamado de Estado de Sítio Defensivo, pois o poder público utiliza a medida como forma de se defender de agressões externas.

Um ponto distintivo entre o Estado de Defesa e o Estado de Sítio, muito cobrado em prova, refere-se à área abrangida. Segundo o inciso I do Art. 137, será decretada a medida quando a crise tiver repercussão nacional. Quando o candidato encontrar na prova o termo "repercussão nacional", deve associar com o Estado de Sítio. Diferentemente, se estiver escrito "local restrito e determinado", relacionar o dispositivo com Estado de Defesa.

Um tema muito cobrado em prova é o tempo de duração do Estado de Sítio. Vejamos o que diz o §1º do Art. 137:

> *§ 1º - O estado de sítio, no caso do Art. 137, I, não poderá ser decretado por mais de trinta dias, nem prorrogado, de cada vez, por prazo superior; no do inciso II, poderá ser decretado por todo o tempo que perdurar a guerra ou a agressão armada estrangeira.*

» **Ex.:** Qual o prazo de duração do Estado de Sítio? A melhor resposta seria: depende! Depende da hipótese de cabimento.

Segundo o § 1º, se a hipótese for a do inciso I do Art. 137, o prazo será de 30 dias prorrogáveis por mais 30 dias enquanto for necessário para conter a situação. Cuidado com este prazo, pois a Constituição deixou transparecer que ele não pode ser prorrogado, contudo, o que ela quis dizer é que não pode ser prorrogado por mais de 30 dias todas as vezes que for prorrogado. Dessa forma, ele poderá ser prorrogado indefinidamente, enquanto for necessário.

Já no caso do inciso II, a Constituição regula o Estado de Sítio em caso de guerra ou agressão estrangeira e prevê que a medida durará enquanto for necessária para repelir a agressão estrangeira ou acabar com a guerra. Logo, o Estado de Sítio nestes casos não possuem prazo certo para terminar.

No que tange às medidas coercitivas que podem ser adotadas no Estado de Sítio, a Constituição prevê no Art. 139:

> ***Art. 139.*** *Na vigência do estado de sítio decretado com fundamento no Art. 137, I, só poderão ser tomadas contra as pessoas as seguintes medidas:*
>
> ***I.*** *obrigação de permanência em localidade determinada;*
>
> ***II.*** *detenção em edifício não destinado a acusados ou condenados por crimes comuns;*
>
> ***III.*** *restrições relativas à inviolabilidade da correspondência, ao sigilo das comunicações, à prestação de informações e à liberdade de imprensa, radiodifusão e televisão, na forma da lei;*
>
> ***IV.*** *suspensão da liberdade de reunião;*
>
> ***V.*** *busca e apreensão em domicílio;*
>
> ***VI.*** *intervenção nas empresas de serviços públicos;*
>
> ***VII.*** *requisição de bens.*
>
> ***§ único.*** *Não se inclui nas restrições do inciso III a difusão de pronunciamentos de parlamentares efetuados em suas Casas Legislativas, desde que liberada pela respectiva Mesa.*

Fique Ligado

No Estado de Defesa, ocorre restrição à liberdade de reunião, ao passo que no Estado de Sítio ocorre suspensão da liberdade de reunião.

O dispositivo só regulamentou as restrições adotadas na hipótese do inciso I do Art. 137, qual seja: comoção grave de repercussão nacional ou ocorrência de fatos que comprovem a ineficácia de medida tomada durante o Estado de Defesa. Esse rol de medidas é taxativo, restringindo a atuação do poder público durante sua aplicação. No caso do Art. 137, II, a Constituição nada disse, o que levou a doutrina a concluir a possibilidade de adoção de qualquer medida necessária para conter a situação, desde que compatíveis com a Ordem Constitucional e com as leis brasileiras.

Como se pode perceber, as medidas aqui são mais gravosas que as adotadas no Estado dc Dcfesa, e isso pode ser muito bem notado pela distinção feita entre o Estado de Defesa e de Sítio no que se refere à liberdade de reunião. Enquanto no Estado de Defesa a liberdade de reunião sofre restrições, aqui ela será suspensa.

Outro dispositivo muito interessante é o previsto no § único, que isenta os pronunciamentos dos parlamentares efetuados em suas Casas das restrições impostas no inciso III do Art. em análise, desde que liberadas pelas respectivas Mesas. As demais restrições devem ser lidas e memorizadas, pois podem ser cobradas em prova.

Vejamos agora como é o procedimento de decretação do Estado de Sítio:

> ***Art. 137.*** *O Presidente da República pode, ouvidos o Conselho da República e o Conselho de Defesa Nacional, solicitar ao Congresso Nacional autorização para decretar o estado de sítio nos casos de:*
>
> ***§ único.*** *O Presidente da República, ao solicitar autorização para decretar o estado de sítio ou sua prorrogação, relatará os motivos determinantes do pedido, devendo o Congresso Nacional decidir por maioria absoluta.*
>
> ***Art. 138.*** *O decreto do estado de sítio indicará sua duração, as normas necessárias a sua execução e as garantias constitucionais que ficarão suspensas, e, depois de publicado, o Presidente da República designará o executor das medidas específicas e as áreas abrangidas.*
>
> ***§ 2º -*** *Solicitada autorização para decretar o estado de sítio durante o recesso parlamentar, o Presidente do Senado Federal, de imediato, convocará extraordinariamente o Congresso Nacional para se reunir dentro de cinco dias, a fim de apreciar o ato.*
>
> ***§ 3º -*** *O Congresso Nacional permanecerá em funcionamento até o término das medidas coercitivas.*

Conforme estudado no Estado de Defesa, a decretação do Estado de Sítio fica a cargo do Presidente da República após ouvir o Conselho da República e o Conselho de Defesa Nacional. A consulta é obrigatória, mas os pareceres dos Conselhos não vinculam o Presidente. Apesar da similaridade de procedimentos, aqui o Presidente tem que solicitar autorização do Congresso Nacional antes de decretar o Estado de Sítio. Essa diferença é bastante cobrada em prova.

Ao passo que no Estado de Defesa o Presidente Decreta a medida e depois apresenta para o Congresso avaliar, no Estado de Sítio, antes de decretar, o Presidente deve sujeitar a medida à apreciação do Congresso Nacional.

Essa característica demonstra que, assim como no Estado de Defesa, a medida está sujeita a controle dos outros Poderes. Sendo assim, verifica-se que a fiscalização será feita tanto pelos órgãos políticos quanto pelos órgãos jurisdicionais.

Tem-se controle político quando realizado pelo Congresso Nacional, o qual se dará de forma:

→ **Prévio** - ocorre quando o Congresso Nacional autoriza a execução da medida;

→ **Concomitante** - ocorre durante a execução da medida;

> ***Art. 140.*** *A Mesa do Congresso Nacional, ouvidos os líderes partidários, designará Comissão composta de cinco de seus membros para acompanhar e fiscalizar a execução das medidas referentes ao estado de defesa e ao estado de sítio.*

→ **Sucessivo (posterior):** ocorre após a execução da medida;

> ***Art. 141.*** *Cessado o estado de defesa ou o estado de sítio, cessarão também seus efeitos, sem prejuízo da responsabilidade pelos ilícitos cometidos por seus executores ou agentes.*
>
> ***§ único.*** *Logo que cesse o estado de defesa ou o estado de sítio, as medidas aplicadas em sua vigência serão relatadas pelo Presidente da República, em mensagem ao Congresso Nacional, com especificação e justificação das providências adotadas, com relação nominal dos atingidos e indicação das restrições aplicadas.*

Também existe o controle Jurisdicional executado pelos órgãos do Poder Judiciário, o qual se dará de forma:

→ **Concomitante** - durante a execução da medida. Apesar de não haver previsão constitucional expressa, qualquer lesão ou ameaça a direito poderá ser apreciada pelo Poder Judiciário;

→ **Sucessivo (Posterior)** - após a execução da medida nos termos do Art. 141.

Forças Armadas

Instituições

As Forças Armadas são formadas por instituições que compõem a estrutura de defesa do Estado, a Marinha, o Exército e a Aeronáutica. Possuem como funções principais a defesa da pátria, a garantia dos poderes constitucionais, da lei e da ordem. Apesar de sua vinculação à União, suas atribuições têm caráter nacional e podem ser exercidas em todo o território brasileiro:

> ***Art. 142.*** *As Forças Armadas, constituídas pela Marinha, pelo Exército e pela Aeronáutica, são instituições nacionais permanentes e regulares, organizadas com base na hierarquia e na disciplina, sob a autoridade suprema do Presidente da República, e destinam-se à defesa da Pátria, à garantia dos poderes constitucionais e, por iniciativa de qualquer destes, da lei e da ordem.*

Segundo o *caput* do Art. 142, são classificadas como instituições permanentes e regulares. Estão sempre prontas para agir. São regulares, pois desempenham funções sistemáticas e dependem de um efetivo de servidores para realizá-las.

Ainda, destaca-se a base de sua organização na hierarquia e na disciplina. Esses atributos típicos da Administração Pública são ressaltados nessas instituições devido ao caráter militar que possuem. As Forças Armadas valorizam demasiadamente essa estrutura hierárquica, com regulamentos que garantem uma distribuição do efetivo em diversos níveis de escalonamento, cujo comando supremo está nas mãos do Presidente da República.

Em linhas gerais, a Constituição previu algumas regras para o funcionamento das instituições militares:

> *§ 1º - Lei complementar estabelecerá as normas gerais a serem adotadas na organização, no preparo e no emprego das Forças Armadas.*
>
> *§ 3º Os membros das Forças Armadas são denominados militares, aplicando-se-lhes, além das que vierem a ser fixadas em lei, as seguintes disposições:*
>
> *I. as patentes, com prerrogativas, direitos e deveres a elas inerentes, são conferidas pelo Presidente da República e asseguradas em plenitude aos oficiais da ativa, da reserva ou reformados, sendo-lhes privativos os títulos e postos militares e, juntamente com os demais membros, o uso dos uniformes das Forças Armadas;*
>
> *II. o militar em atividade que tomar posse em cargo ou emprego público civil permanente será transferido para a reserva, nos termos da lei;*
>
> *III. o militar da ativa que, de acordo com a lei, tomar posse em cargo, emprego ou função pública civil temporária, não eletiva, ainda que da administração indireta, ficará agregado ao respectivo quadro e somente poderá, enquanto permanecer nessa situação, ser promovido por antiguidade, contando-se-lhe o tempo de serviço apenas para aquela promoção e transferência para a reserva, sendo depois de dois anos de afastamento, contínuos ou não, transferido para a reserva, nos termos da lei;*
>
> *IV. ao militar são proibidas a sindicalização e a greve;*
>
> *V. o militar, enquanto em serviço ativo, não pode estar filiado a partidos políticos;*
>
> *VI. o oficial só perderá o posto e a patente se for julgado indigno do oficialato ou com ele incompatível, por decisão de tribunal militar de caráter permanente, em tempo de paz, ou de tribunal especial, em tempo de guerra;*
>
> *VII. o oficial condenado na justiça comum ou militar a pena privativa de liberdade superior a dois anos, por sentença transitada em julgado, será submetido ao julgamento previsto no inciso anterior;*
>
> *VIII. aplica-se aos militares o disposto no Art. 7º, incisos VIII, XII, XVII, XVIII, XIX e XXV e no Art. 37, incisos XI, XIII, XIV e XV;*
>
> *IX. (Revogado pela Emenda Constitucional nº 41, de 19.12.2003).*
>
> *X. a lei disporá sobre o ingresso nas Forças Armadas, os limites de idade, a estabilidade e outras condições de transferência do militar para a inatividade, os direitos, os deveres, a remuneração, as prerrogativas e outras situações especiais dos militares, consideradas as peculiaridades de suas atividades, inclusive aquelas cumpridas por força de compromissos internacionais e de guerra.*

Habeas Corpus

A Constituição declarou expressamente o não cabimento de *habeas corpus* nas punições disciplinares militares:

> *§ 2º - Não caberá "habeas-corpus" em relação a punições disciplinares militares.*

Essa vedação decorre do regime constritivo rigoroso existente nas instituições castrenses, o qual permite como sanção administrativa a prisão. Deve-se ter muito cuidado com isso em prova. Segundo o STF, se o *habeas corpus* versar sobre a ilegalidade da prisão, ele será admitido, ficando a vedação adstrita apenas ao seu mérito.

Exercício Comentado

01. *(CESPE) Segundo entendimento do Supremo Tribunal Federal, os aspectos relativos à legalidade da imposição de punição constritiva da liberdade, em procedimento administrativo castrense, podem ser discutidos por meio de habeas corpus.*

CERTO. Essa questão é ótima, pois exige do candidato a compreensão de algumas palavras como "constritiva" (restritiva) e "castrense" (militar). Uma vez compreendidas as palavras, é possível identificar que a questão está falando da posição do STF, que aceita o habeas corpus em punições disciplinares militares desde que se refira à ilegalidade da prisão.

Vedações

Como foi dito anteriormente, o regime militar é bem rigoroso e a Constituição apresentou algumas vedações que sempre caem em prova:

> *IV. ao militar são proibidas a sindicalização e a greve;*
>
> *V. o militar, enquanto em serviço ativo, não pode estar filiado a partidos políticos;*

A sindicalização e a greve são medidas que dificultam o trabalho do militar, pois o influencia a questionar as ordens recebidas de seus superiores. As atribuições dos militares dependem de uma obediência irrestrita, por essa razão a Constituição os impediu de se organizarem em sindicatos e de realizarem movimentos paredistas.

Quanto à vedação de filiação a partido político, deve-se destacar que o militar, para que desenvolva suas atividades com eficiência, não pode se sujeitar às correntes político-partidárias. O militar deve obedecer apenas à Constituição Federal e executar suas atividades com determinação. Essa vedação não o impede de se candidatar a cargo eletivo, desde que não seja conscrito. Aqui cabe a lembrança do Art. 14, § 8º da CF:

> *§ 8º - O militar alistável é elegível, atendidas as seguintes condições:*
>
> *I. se contar menos de dez anos de serviço, deverá afastar-se da atividade;*
>
> *II. se contar mais de dez anos de serviço, será agregado pela autoridade superior e, se eleito, passará automaticamente, no ato da diplomação, para a inatividade.*

Serviço Militar Obrigatório

Outro tema importante acerca das Forças Armadas é a existência do serviço militar obrigatório, previsto no Art. 143:

> ***Art. 143.** O serviço militar é obrigatório nos termos da lei.*
>
> *§ 1º - às Forças Armadas compete, na forma da lei, atribuir serviço alternativo aos que, em tempo de paz, após alistados, alegarem imperativo de consciência, entendendo-se como tal o decorrente de crença religiosa e de convicção filosófica ou política, para se eximirem de atividades de caráter essencialmente militar.*
>
> *§ 2º - As mulheres e os eclesiásticos ficam isentos do serviço militar obrigatório em tempo de paz, sujeitos, porém, a outros encargos que a lei lhes atribuir.*

A lei que regula o serviço militar obrigatório é a 4.375/64, a qual obriga todos os brasileiros a se alistarem. Destaca-se que essa obrigatoriedade não se aplica aos eclesiásticos (líderes religiosos) e às mulheres, em tempos de paz, o que nos conduz à conclusão de que eles poderiam ser convocados em momentos de guerra ou mobilização nacional.

O § 1º apresenta um tema muito interessante que já foi cobrado em prova: a dispensa do serviço obrigatório pela escusa de consciência. Isso ocorre quando o indivíduo se recusa a cumprir a obrigação essencialmente militar que é imposta pela Constituição Federal em razão da sua convicção filosófica, religiosa ou política. O referido §, em consonância com o inciso VIII do Art. 5º, permite que nesses casos o interessado tenha respeitado o seu direito de escolha e de livre consciência desde que cumpra a prestação alternativa regulamentada na lei 8.239/91, a qual consiste no desempenho de atribuições de caráter administrativo, assistencial, filantrópico ou produtivo, em substituição às atividades de caráter essencialmente militar. Não havendo o cumprimento da atividade obrigatória ou da prestação alternativa fixada em lei, o Art. 15 prevê como consequência a restrição dos direitos políticos:

> ***Art. 15.** É vedada a cassação de direitos políticos, cuja perda ou suspensão só se dará nos casos de:*
>
> *IV. recusa de cumprir obrigação a todos imposta ou prestação alternativa, nos termos do Art. 5º, VIII.*

Acerca desse tema, um problema surge na doutrina. A Constituição não estabelece de forma clara qual consequência deverá ser aplicada ao indivíduo que se recusa a cumprir a obrigação ou a prestação alternativa. A lei 8.239/91, que regula a prestação alternativa ao serviço militar obrigatório, prevê que será declarada a suspensão dos direitos políticos de quem se recusar a cumprir a obrigação e a prestação alternativa. A doutrina tem se dividido entre as duas possibilidades: perda ou suspensão dos direitos políticos. Em tese, esse tema não deveria ser cobrado em prova de concurso, considerando sua divergência doutrinária; entretanto, recentemente houve uma prova para o Concurso de Juiz do TRF da 5ª região, o CESPE trouxe essa questão e sustentou em seu gabarito definitivo a posição de perda dos direitos políticos. Diante desse último posicionamento do CESPE, caso o candidato faça alguma prova desta banca, em que seja cobrada essa matéria, deve responder perda. O mesmo se aplica para FCC, que também entende que ocorre perda dos direitos políticos.

Segurança Pública

Órgãos

Conforme prescrito no *caput* do Art. 144, a Segurança Pública é dever do Estado e tem como objetivo a preservação da ordem pública e da incolumidade das pessoas e do patrimônio. Esse tema é certo em concursos públicos da área de Segurança Pública e deve ser estudado com o foco na memorização de todo o Art.. Um dos pontos mais importantes está na definição de quais órgãos compõem a chamada segurança pública, os quais estão listados de forma taxativa no Art. 144:

> ***Art. 144.** A segurança pública, dever do Estado, direito e responsabilidade de todos, é exercida para a preservação da ordem pública e da incolumidade das pessoas e do patrimônio, através dos seguintes órgãos:*
>
> *I. polícia federal;*
>
> *II. polícia rodoviária federal;*
>
> *III. polícia ferroviária federal;*
>
> *IV. polícias civis;*
>
> *V. polícias militares e corpos de bombeiros militares.*

O STF já decidiu que esse rol é taxativo e que os demais entes federativos estão vinculados à classificação proposta pela Constituição. Diante disso, conclui-se que os Estados, Distrito Federal e Municípios estão proibidos de criar outros órgãos de segurança pública diferentes dos estabelecidos na Constituição Federal. Vejamos esta questão de prova:

Exercício Comentado

01. ***(CESPE) Os estados devem seguir o modelo federal de organização da segurança pública, atendo-se aos órgãos que, segundo a CF, são incumbidos da preservação da ordem pública, das pessoas e do patrimônio.***

CERTO. Segundo o posicionamento do STF, os estados devem seguir o modelo federal de organização da segurança pública previsto na Constituição Federal. Por isso, diz-se que o rol de órgãos é taxativo!

Ainda, como fruto dessa taxatividade, deve-se afirmar que nenhum outro órgão além dos estabelecidos nesse Art. poderá ser considerado como sendo de Segurança Pública. Isso se aplica às Guardas Municipais, aos Agentes Penitenciários, aos Agentes de Trânsito e aos Seguranças Privados.

Há ainda a chamada Força Nacional de Segurança, instituição criada como fruto de um acordo de cooperação entre os Estados e o Distrito Federal que possui o objetivo de apoiar ações de segurança pública nesses locais. Apesar de ser formado por membros dos órgãos de segurança pública de todo o país, não se pode afirmar, principalmente numa prova de concurso, que essa instituição faça parte dos Órgãos de Segurança Pública.

Não se pode esquecer das Polícias Legislativas criadas no âmbito da Câmara dos Deputados e do Senado Federal, previstas nos Arts. 51, IV e 52, XIII. Também não entram na classificação de Órgãos de Segurança Pública para a prova, pois não estão no rol do Art. 144:

> ***Art. 51.*** *Compete privativamente à Câmara dos Deputados:*
>
> ***IV.*** *dispor sobre sua organização, funcionamento, polícia, criação, transformação ou extinção dos cargos, empregos e funções de seus serviços, e a iniciativa de lei para fixação da respectiva remuneração, observados os parâmetros estabelecidos na lei de diretrizes orçamentárias.*
>
> ***Art. 52.*** *Compete privativamente ao Senado Federal:*
>
> ***XIII.*** *dispor sobre sua organização, funcionamento, polícia, criação, transformação ou extinção dos cargos, empregos e funções de seus serviços, e a iniciativa de lei para fixação da respectiva remuneração, observados os parâmetros estabelecidos na lei de diretrizes orçamentárias.*

Cada um dos órgãos será organizado em estatuto próprio, conforme preleciona o § 7º do Art. 144:

> ***§ 7º*** *- A lei disciplinará a organização e o funcionamento dos órgãos responsáveis pela segurança pública, de maneira a garantir a eficiência de suas atividades.*

Fique Ligado

O rol de órgãos de segurança pública previsto na Constituição é taxativo. Guarda Municipal não faz parte desse rol.

Polícia Administrativa X Polícia Judiciária

Antes de iniciar uma análise mais detida do Art. em questão, uma importante distinção doutrinária deve ser feita em relação às polícias de segurança pública: Polícia Administrativa e Polícia Judiciária.

Polícia Administrativa é a polícia preventiva. Sua atividade ocorre antes do cometimento da infração penal com o intuito de impedir a sua ocorrência. Sua atuação é ostensiva, ou seja, visível pelos membros da sociedade. É aquela polícia a que recorremos quando temos um problema. Uma característica marcante das polícias ostensivas é o seu uniforme. É a vestimenta que identifica um policial ostensivo. O maior exemplo de polícia administrativa é a Polícia Militar. Também são consideradas como polícia preventiva: Polícia Federal (em situações específicas), Polícia Rodoviária Federal, Polícia Ferroviária Federal e Corpo de Bombeiros Militar.

Polícia Judiciária é a polícia repressiva. Sua atividade ocorre após o cometimento da infração penal, quando a atuação da polícia preventiva não surtiu efeito. Sua atividade é investigativa com o fim de encontrar os elementos comprobatórios do ilícito penal cometido. O resultado do trabalho das polícias judiciárias é utilizado posteriormente pelo Ministério Público para subsidiar sua atuação junto ao Poder Judiciário. Daí a razão do nome ser Polícia Judiciária. O resultado de seu trabalho é utilizado pelo Poder Judiciário em seus julgamentos. Cuidado com uma questão que já foi cobrada em prova: a Polícia Judiciária não faz parte do Poder Judiciário, mas do Poder Executivo. São consideradas como Polícia Judiciária a Polícia Civil e a Polícia Federal. A Polícia Militar também possui atribuições repressivas quando atua na investigação de crimes cometidos por policiais militares.

Além dessa classificação, pode-se distinguir os órgãos do Art. 144 em federais e estaduais, a depender da sua vinculação federativa:

→ **Federais**
- Polícia Federal, Polícia Rodoviária Federal e Polícia Ferroviária Federal;

→ **Estaduais**
- Polícia Civil, Polícia Militar e Corpo de Bombeiro Militar.

Feitas essas considerações iniciais, prossegue-se agora com a análise de cada um dos órgãos de segurança pública do Art. 144.

Polícia Federal

A Polícia Federal é o órgão de segurança pública com maior quantidade de atribuições previstas na Constituição Federal, razão pela qual é a mais cobrada em prova:

> ***§ 1º*** *A polícia federal, instituída por lei como órgão permanente, organizado e mantido pela União e estruturado em carreira, destina-se a:*
>
> ***I.*** *apurar infrações penais contra a ordem política e social ou em detrimento de bens, serviços e interesses da União ou de suas entidades autárquicas e empresas públicas, assim como outras infrações cuja prática tenha repercussão interestadual ou internacional e exija repressão uniforme, segundo se dispuser em lei;*
>
> ***II.*** *prevenir e reprimir o tráfico ilícito de entorpecentes e drogas afins, o contrabando e o descaminho, sem prejuízo da ação fazendária e de outros órgãos públicos nas respectivas áreas de competência;*
>
> ***III.*** *exercer as funções de polícia marítima, aeroportuária e de fronteiras;*
>
> ***IV.*** *exercer, com exclusividade, as funções de polícia judiciária da União.*

Deve-se destacar como característica principal a sua atuação como Polícia Judiciária exclusiva da União. É ela quem atuará na repressão dos crimes cometidos contra a União e suas entidades autárquicas e empresas públicas. Apesar de mencionar algumas entidades da administração indireta, não se mencionou as Sociedades de Economia Mista. Isso força uma conclusão de que a Polícia Federal não tem atribuição nos crimes que envolvam interesses de Sociedades de Economia Mista.

As demais atribuições serão exercidas concomitantemente com outros órgãos, limitando a exclusividade de sua atuação apenas à função investigativa no âmbito da União.

Polícia Rodoviária Federal

A Polícia Rodoviária Federal é órgão da União responsável pelo patrulhamento das rodovias federais:

> ***§ 2º*** *A polícia rodoviária federal, órgão permanente, organizado e mantido pela União e estruturado em carreira, destina-se, na forma da lei, ao patrulhamento ostensivo das rodovias federais.*

Eventualmente, sua atuação se estenderá às rodovias estaduais ou distritais mediante convênio firmado entre os entes federativos. Não havendo esse convênio, o patrulhamento das rodovias estaduais e distritais fica a cargo das Polícias Militares. É comum no âmbito das Polícias Militares a criação de batalhões ou companhias com essa atribuição específica, as chamadas Polícias Rodoviárias.

Polícia Ferroviária Federal

A Polícia Ferroviária Federal é o órgão da União responsável pelo patrulhamento das ferrovias federais:

> *§ 3º A polícia ferroviária federal, órgão permanente, organizado e mantido pela União e estruturado em carreira, destina-se, na forma da lei, ao patrulhamento ostensivo das ferrovias federais.*

Diante da pouca relevância das ferrovias no Brasil, esse órgão ficou no esquecimento durante vários anos. No dia 5 agosto de 2011, a Presidenta Dilma sancionou a lei 12.462, que cria no âmbito do Ministério da Justiça a Polícia Ferroviária Federal. O efetivo que comporá essa nova estrutura se originará das instituições que anteriormente cuidavam das ferrovias:

> ***Art. 48.*** *A Lei no 10.683, de 28 de maio de 2003, passa a vigorar com as seguintes alterações:*
>
> ***Art. 29. XIV.*** *Do Ministério da Justiça: o Conselho Nacional de Política Criminal e Penitenciária, o Conselho Nacional de Segurança Pública, o Conselho Federal Gestor do Fundo de Defesa dos Direitos Difusos, o Conselho Nacional de Combate à Pirataria e Delitos contra a Propriedade Intelectual, o Conselho Nacional de Arquivos, o Conselho Nacional de Políticas sobre Drogas, o Departamento de Polícia Federal, o Departamento de Polícia Rodoviária Federal, o Departamento de Polícia Ferroviária Federal, a Defensoria Pública da União, o Arquivo Nacional e até 6 (seis) Secretarias;*
>
> ***§ 8º*** *Os profissionais da Segurança Pública Ferroviária oriundos do grupo Rede, Rede Ferroviária Federal (RFFSA), da Companhia Brasileira de Trens Urbanos (CBTU) e da Empresa de Trens Urbanos de Porto Alegre (Trensurb) que estavam em exercício em 11 de dezembro de 1990, passam a integrar o Departamento de Polícia Ferroviária Federal do Ministério da Justiça (NR).*

Polícia Civil

Essa é a Polícia Judiciária no âmbito dos Estados e do Distrito Federal. É dirigida por delegados de polícia de carreira e possui atribuição subsidiária à da Polícia Federal e a da Polícia Militar. Significa dizer que o que não for atribuição da Polícia Federal ou da Polícia Militar será da Polícia Civil:

> *§ 4º às polícias civis, dirigidas por delegados de polícia de carreira, incumbem, ressalvada a competência da União, as funções de polícia judiciária e a apuração de infrações penais, exceto as militares.*

Polícia Militar e Corpo de Bombeiros Militar

Essas duas instituições possuem caráter essencialmente ostensivo dentro das atribuições próprias. A Polícia Militar é responsável pelo policiamento ostensivo e preservação da ordem pública.

É a PM quem exerce a função principal de prevenção do crime. Quando se pensa em polícia, certamente é a primeira que vem à mente, pois é vista pela sociedade. Já o Corpo de Bombeiros Militar, apesar de não ser órgão policial, possui atribuição de segurança pública à medida que executa atividades de defesa civil. São responsáveis por uma atuação voltada para a proteção da sociedade, prestação de socorro, atuação em incêndios e acidentes. Destaca-se pela agilidade no atendimento, o que muitas vezes acaba por coibir maiores tragédias:

> ***§ 5º*** *- às polícias militares cabem a polícia ostensiva e a preservação da ordem pública; aos corpos de bombeiros militares, além das atribuições definidas em lei, incumbe a execução de atividades de defesa civil.*
>
> ***§ 6º*** *- As polícias militares e corpos de bombeiros militares, forças auxiliares e reserva do Exército, subordinam-se, juntamente com as polícias civis, aos Governadores dos Estados, do Distrito Federal e dos Territórios.*

Por serem corporações militares, a eles se aplicam as mesmas regras que são aplicadas às Forças Armadas, como a proibição de greve, filiação partidária e sindicalização.

São ainda consideradas forças auxiliares e reserva do Exército. Significa que num momento de necessidade de efetivo seria possível a convocação de Policiais e Bombeiros Militares como força reserva e de apoio.

Estão subordinados aos Governadores dos Estados, do Distrito Federal e dos Territórios a quem compete a gestão da Segurança Pública em cada ente federativo. Ressalte-se um detalhe muito interessante para prova. No que tange à Polícia Militar, do Corpo de Bombeiros Militares e à Polícia Civil ao Distrito Federal, há um detalhe que não pode ser esquecido, pois já foi cobrado em prova. Apesar da subordinação destas forças ao Governador do Distrito Federal, a competência para legislar e manter estas corporações é da União.

Aqui há uma exceção na autonomia federativa do Distrito Federal, que está prevista expressamente na Constituição no Art. 21, XIV:

> ***Art. 21.*** *Compete à União:*
>
> **XIV.** *organizar e manter a polícia civil, a polícia militar e o corpo de bombeiros militar do Distrito Federal, bem como prestar assistência financeira ao Distrito Federal para a execução de serviços públicos, por meio de fundo próprio.*

Fique Ligado

Só a Polícia Militar e o Corpo de Bombeiros Militar são forças auxiliares e reserva do Exército.

Guarda Municipal

Apesar de desempenharem atividades semelhantes aos dos órgãos do Art. 144, as Guardas Municipais não são consideradas órgãos de Segurança Pública. Suas atribuições funcionais estão relacionadas a preservação patrimonial dos Municípios onde forem criadas:

> ***§ 8º*** *- Os Municípios poderão constituir guardas municipais destinadas à proteção de seus bens, serviços e instalações, conforme dispuser a lei.*

Destaca-se ainda a possibilidade de utilização de armas quando em serviço por Guardas Municipais em municípios com mais de 50.000 habitantes e em municípios que fazem parte de regiões metropolitanas. Nas capitais e nos municípios com mais de 500.000 habitantes, o porte de arma poderá ser concedido ainda que fora do serviço.

Remuneração

A remuneração dos servidores das carreiras de segurança pública será em forma de subsídio. O subsídio é uma das formas de retribuição pecuniária paga a alguns servidores públicos, composto por uma parcela única sem acréscimos, como gratificações, adicionais, abonos, prêmios, verbas de representação ou qualquer outro tipo de verba remuneratória:

***Art. 144, § 9º** A remuneração dos servidores policiais integrantes dos órgãos relacionados neste Art. será fixada na forma do § 4º do Art. 39.*

***Art. 39, § 4º.** O membro de Poder, o detentor de mandato eletivo, os Ministros de Estado e os Secretários Estaduais e Municipais serão remunerados exclusivamente por subsídio fixado em parcela única, vedado o acréscimo de qualquer gratificação, adicional, abono, prêmio, verba de representação ou outra espécie remuneratória, obedecido, em qualquer caso, o disposto no Art. 37, X e XI.*

Vamos Praticar

01. (CESPE) Segundo o STF, não há subordinação dos organismos policiais civis, que integram a estrutura do Estado, ao chefe do Poder Executivo, razão pela qual considera constitucional lei estadual que estabeleça autonomia administrativa, funcional e financeira à polícia civil.

Certo ( ) Errado ( )

02. (CESPE) Sendo a segurança um dever estatal, direito e responsabilidade de todos, os municípios, em momentos de instabilidade social podem constituir guardas municipais destinadas a policiamento ostensivo e à preservação da ordem pública.

Certo ( ) Errado ( )

03. (PCDF) Quanto à defesa do Estado e das instituições democráticas, assinale a alternativa correta.

a) Aos policiais civis e militares são vedadas a sindicalização e a greve.

b) Compõem a Polícia da União a Polícia Federal e a Polícia Rodoviária Federal.

c) Os policiais civis, militares e do corpo de bombeiros do Distrito Federal têm sua remuneração sob a forma de subsídio, e é da União a competência para editá-la.

d) O porte de arma é vedado, sem exceções, às guardas municipais.

e) Para a decretação do estado de defesa, faz-se necessário que o presidente da República realize prévia solicitação ao Congresso Nacional, que se manifestará por maioria absoluta de seus membros.

04. (CESPE) As corporações consideradas forças auxiliares e reserva do Exército subordinam-se aos governadores dos estados, do Distrito Federal e dos territórios.

Certo ( ) Errado ( )

05. (CESPE) Segundo entendimento do Supremo Tribunal Federal, os aspectos relativos à legalidade da imposição de punição constritiva da liberdade, em procedimento administrativo castrense, podem ser discutidos por meio de habeas corpus.

Certo ( ) Errado ( )

06. (CESPE) É permitido a um estado da Federação criar instituto geral de perícias estadual e inseri-lo no rol constitucional dos órgãos encarregados do exercício da segurança pública.

Certo ( ) Errado ( )

07. (CESPE) O oficial condenado, na justiça comum ou militar, por sentença transitada em julgado, a pena privativa de liberdade superior a dois anos deve ser submetido a julgamento para que seja decidido se é indigno do oficialato ou com ele incompatível, podendo perder o posto e a patente.

Certo ( ) Errado ( )

08. (CESPE) A ABIN destina-se a exercer as funções de polícia judiciária da União.

Certo ( ) Errado ( )

09. (CESPE) Em caso de roubo a agência do Banco do Brasil, o inquérito policial deve ser aberto por delegado da Polícia Civil, e não, da Polícia Federal.

Certo ( ) Errado ( )

10. (ACAFE) Sobre Segurança Pública é correto afirmar, exceto:

a) Aos corpos de bombeiros militares incumbe a execução de atividades de defesa civil.

b) As polícias militares cabem a polícia ostensiva e a preservação da ordem pública.

c) A polícia incumbe a função de polícia judiciária e a apuração de infrações penais.

d) A polícia rodoviária federal destina-se, na forma da lei, ao patrulhamento ostensivo das rodovias federais.

11. (CESPE) O decreto que instituir o estado de defesa pode estabelecer restrições ao direito de reunião, ainda que exercida no seio das associações.

Certo ( ) Errado ( )

12. (CESPE) A Polícia Federal tem competência constitucional para prevenir e reprimir, com exclusividade, o tráfico ilícito de entorpecentes e drogas afins, o contrabando e o descaminho.

Certo ( ) Errado ( )

13. (NCUFPR) - De acordo com o disposto no Art. 144 da Constituição da República Federativa do Brasil de 1988, a segurança pública, dever do Estado, direito e responsabilidade de todos, é exercida para a preservação da ordem pública e da incolumidade das pessoas e do patrimônio, através dos seguintes órgãos:

a) Secretaria de Estado da Segurança Pública, Polícia Federal, Polícia Civil, Polícia Militar e Guarda Municipal.

b) Polícias Federais, Polícias Civis, Corpo de Bombeiros, Guarda Municipal, Polícia de Trânsito e Exército.

c) Secretaria de Estado da Segurança Pública, Ministério Público Estadual e Federal, Polícia Federal e Polícia Civil.

d) Polícia Federal, Polícia Rodoviária Federal, Polícia Ferroviária Federal, Polícias Civis, Polícias Militares e Corpos de Bombeiros Militares.

e) Secretaria de Estado da Segurança Pública, Ministério Público Estadual e Federal, Polícia Federal, Polícia Militar e Polícia Civil.

14. (FUNRIO) Com relação ao estado de defesa, no que se refere às medidas coercitivas, pode-se afirmar:

I. Restrições aos direitos de reunião, ainda que exercida no seio das associações;

II. O tempo de duração do estado de defesa não será superior a trinta dias, podendo ser prorrogado duas vezes, por igual período;

III. Na vigência do estado de defesa a prisão ou detenção de qualquer pessoa não poderá ser superior a vinte dias, salvo quando autorizada pelo Poder Judiciário;

IV. Na vigência do estado de defesa a prisão por crime contra o Estado, determinada pelo executor da medida, será por este comunicada imediatamente ao juiz competente, que a relaxará, se não for legal, facultado ao preso requerer exame de corpo de delito à autoridade policial;

V. Na vigência do estado de defesa poderá ser o preso mantido sob incomunicabilidade por um período de 180 (cento e oitenta) dias.

Estão corretas apenas as opções:

a) II e V.

b) III e IV.

c) I e IV.

d) I e II.

e) III e V.

15. (UEG) São atribuições da Polícia Federal:

a) Apurar infrações penais contra a ordem pública e social ou em detrimento de bens, serviços e interesses da União ou de suas entidades autárquicas e empresas públicas, assim como outras infrações cuja prática tenha repercussão regional ou interestadual e exija repressão uniforme, segundo se dispuser em lei.

b) Prevenir e reprimir o tráfico ilícito de entorpecentes e drogas afins, o contrabando e o descaminho, sem prejuízo da ação fazendária e de outros órgãos públicos nas respectivas áreas de competência.

c) Exercer, concorrentemente com as polícias civis e militares, as funções de polícia judiciária da União.

d) Exercer as funções de polícia marítima, fluvial, aeroportuária e de fronteiras.

16. (UEG) Sobre a vigência do estado de defesa, é correto afirmar:

a) É permitida a incomunicabilidade do preso.

b) A prisão ou detenção de qualquer pessoa não poderá ser superior a quinze dias, salvo quando autorizada pelo Poder Judiciário.

c) A comunicação da prisão será acompanhada de declaração, pela autoridade, do estado físico e mental do detido no momento de sua autuação.

d) A prisão por crime contra o Estado, determinada pelo executor da medida, será por este comunicada imediatamente ao juiz competente, que a relaxará, se não for legal, facultado ao preso requerer exame de corpo de delito à autoridade judiciária.

17. (FCC) Face a comoção grave de repercussão nacional, sendo decretado o estado de sítio, Alberto, brasileiro maior e capaz e domiciliado no Estado de Roraima, resolveu se mudar para o Estado do Rio Grande do Sul, porém ao chegar no aeroporto, Otávio, agente da Polícia Federal, legalmente e no exercício de atribuições do Poder Público, proibiu a sua locomoção para outro Estado, mantendo-o contra sua vontade no Estado de Roraima. Segundo a Constituição Federal, Alberto, na vigência do estado de sítio:

a) Poderá viajar desde que impetre habeas corpus ao Superior Tribunal de Justiça, cuja competência é originária.

b) Tem direito líquido e certo e, assim, impetrará habeas corpus ao Presidente do Tribunal de Justiça do Estado de Roraima, que permitirá sua viagem.

c) Não terá que se sujeitar a ordem da autoridade desde que impetre habeas corpus ao Supremo Tribunal Federal, cuja competência é originária.

d) Não terá que se sujeitar a ordem da autoridade desde que impetre habeas corpus ao Juiz do Tribunal Militar, que requisitará informações à Policia Federal.

e) Em regra, terá que se sujeitar a ordem da autoridade e deverá permanecer no Estado de Roraima.

18. (FCC) Gustavo, Presidente da República, após ouvidos o Conselho da República e o Conselho de Defesa Nacional, decretou estado de defesa para preservar, em local restrito e determinado, a ordem pública ameaçada por grave e iminente instabilidade institucional, indicando no decreto, segundo a Constituição Federal, nos termos e limites da lei, as medidas coercitivas a vigorarem, podendo restringir os direitos de:

a) Ir e vir, sujeito à pena de banimento, apenas.

b) Ir e vir, sujeito à prisão perpetua e multa.

c) Imagem e de propriedade intelectual.

d) Reunião, ainda que exercida no seio das associações, sigilo de correspondência e sigilo de comunicação telegráfica e telefônica.

e) Livre manifestação do pensamento e de propriedade imóvel.

19. (FCC) No caso de pedido de autorização para a decretação de estado de sítio, a convocação extraordinária do Congresso Nacional far-se-á pelo:

a) Ministro das Forças Armadas.

b) Presidente da Câmara dos Deputados.

c) Presidente do Senado Federal.

d) Ministro Chefe da Casa Civil.

e) Ministro da Justiça.

20. (CESPE) Assinale a opção correta quanto à defesa do Estado e das instituições democráticas.

a) A natureza discricionária do ato do presidente da República que decreta o estado de sítio não viabiliza o controle judicial, razão pela qual há, sobre tal ato, a incidência do controle exclusivamente político, exercido pelo Congresso Nacional.

b) Não se admite, no estado de defesa e no estado de sítio, a suspensão das denominadas imunidades parlamentares.

c) Os estados-membros podem, a seu critério, inserir os seus respectivos departamentos de trânsito entre os órgãos incumbidos do exercício da segurança pública.

d) A punição disciplinar militar imposta sem que haja previsão legal é passível de impugnação via habeas corpus.

e) Para a prorrogação do prazo de duração do estado de defesa é dispensável a aprovação do Congresso Nacional.

Gabarito

01	ERRADO	11	CERTO
02	ERRADO	12	ERRADO
03	C	13	D
04	CERTO	14	C
05	CERTO	15	B
06	ERRADO	16	C
07	CERTO	17	E
08	ERRADO	18	D
09	CERTO	19	C
10	C	20	D

CAPÍTULO 15
Ordem Social

A Ordem Social é um conjunto de ações desencadeadas por meio de prestações positivas do Estado que visam a reduzir as desigualdades sociais e a garantir um tratamento mínimo, com o fim de tornar efetivo o fundamento constitucional da dignidade da pessoa humana. Perceba este sentimento expresso no Art. 193 da Constituição Federal:

> ***Art. 193.*** *A ordem social tem como base o primado do trabalho, e como objetivo o bem-estar e a justiça sociais.*

O trabalho é considerado como a base de toda a teia social. É ele que garante a dignidade para as pessoas. Além disso, o citado Art. deixa claro o objetivo da Ordem Social, qual seja, garantir o bem-estar e a justiça sociais.

Esses direitos decorrem dos direitos sociais trabalhados anteriormente no Art. 6º da Constituição. São direitos implementados por meio de políticas públicas.

A Constituição Federal estabeleceu alguns grupos de direitos que serão trabalhados na Ordem Social:

- Seguridade Social;
- Educação, Cultura e desporto;
- Ciência e tecnologia;
- Comunicação Social;
- Meio Ambiente;
- Família, criança, adolescente, jovem e idoso; e
- Índios.

Esse tema, quando cobrado em prova, costuma ter uma abordagem próxima da literalidade da Constituição. Significa dizer que para o candidato acertar questões sobre Ordem Social será necessária a leitura repetida dos Arts. que compõem essa parte da Constituição Federal. Apesar de o mais cobrado ser o próprio texto, tratar-se-á de cada um desses temas sob uma abordagem doutrinária e jurisprudencial.

Seguridade Social

A Seguridade Social está prevista no Art. 194 e constitui um conjunto de ações que visam a garantir o mínimo existencial para a população, objetivando melhores condições de vida. É composta de três ações: a saúde, a Previdência Social e a Assistência Social.

A implementação dessas ações são obrigação não só do Estado, mas também da sociedade, conforme estabelece o Art. 194:

> ***Art. 194.*** *A seguridade social compreende um conjunto integrado de ações de iniciativa dos Poderes Públicos e da sociedade, destinadas a assegurar os direitos relativos à saúde, à previdência e à assistência social.*

Apesar da ação conjunta, a obrigação de organizar a Seguridade Social é do Estado, que deve fazer amparada nos seguintes objetivos:

I. Universalidade da cobertura e do atendimento;
II. Uniformidade e equivalência dos benefícios e serviços às populações urbanas e rurais;
III. Seletividade e distributividade na prestação dos benefícios e serviços;
IV. Irredutibilidade do valor dos benefícios;
V. Equidade na forma de participação no custeio;
VI. Diversidade da base de financiamento;
VII. Caráter democrático e descentralizado da administração, mediante gestão quadripartite, com participação dos trabalhadores, dos empregadores, dos aposentados e do Governo nos órgãos colegiados.

A universalidade de cobertura representa a cobertura sobre qualquer situação de risco social enquanto que a universalidade de atendimento está relacionada com a cobertura para todos os que necessitarem.

A uniformidade e equivalência de benefícios e serviços às populações urbanas e rurais deixa claro que não existe tratamento diferenciado entre os trabalhadores urbanos e rurais. Ambos são tratados da mesma forma.

A seletividade e a distributividade visa a redistribuir os benefícios sociais na tentativa de atender a quem mais dele necessitar. Em tese, esses princípios permitem um tratamento desigual sob o enfoque da igualdade material.

A Irredutibilidade do valor dos benefícios garante ao beneficiário a manutenção do valor nominal dos benefícios.

A equidade na forma de participação no custeio apresenta a ideia de distribuição justa levando em consideração a capacidade de contribuição e a isonomia entre os contribuintes. A ideia aqui para a manutenção da Seguridade é que o custeio seja distribuído de forma justa entre os vários agentes contributivos. Esse princípio nos conduz ao seguinte, que é a **diversidade da base de financiamento,** o qual conta com a participação de vários agentes responsáveis pela manutenção financeira da Seguridade Social, especialmente, os trabalhadores, as empresas e os entes estatais.

Por fim, há o último objetivo, que é o **caráter democrático e descentralizado da administração, mediante gestão quadripartite,** com participação dos trabalhadores, dos empregadores, dos aposentados e do Governo nos órgãos colegiados. Aqui, há uma questão que já apareceu várias vezes em prova, principalmente por causa da palavra quadripartite, que significa a participação na gestão de forma democrática, envolvendo quatro atores sociais: trabalhadores, empregadores, aposentados e o Governo.

Agora serão analisados os três serviços que compõem a Seguridade Social: Saúde, Previdência Social e Assistência Social. Aqui se propõe analisar apenas os pontos mais importantes, o que não tira do aluno o dever de ler todos os Arts. envolvendo esses temas. Como já sinalizado anteriormente, na Ordem Social o mais cobrado em prova é o próprio texto constitucional.

Saúde

Acerca desse tema várias questões costumam ser cobradas em prova. Segue a análise de algumas delas:

Caráter não Contributivo

O direito à saúde é uma norma de proteção do direito à vida destinada a todas as pessoas, independentemente de contribuição à Previdência Social. Por isso dizemos que não possui caráter contributivo, ou seja, quem quiser ser beneficiado pela saúde pública poderá utilizar dos seus serviços independentemente de filiação ou contribuição à Previdência Social. Observando a leitura do *caput* do Art. 196 se pode perceber que esse direito de caráter social é garantido a todos:

> **Art. 196.** *A saúde é direito de todos e dever do Estado, garantido mediante políticas sociais e econômicas que visem à redução do risco de doença e de outros agravos e ao acesso universal e igualitário às ações e serviços para sua promoção, proteção e recuperação.*

Vinculação ao Direito à Vida

O direito à saúde decorre do próprio direito à vida, como forma de garantir qualidade à vida em sua modalidade de existência humana. De nada adianta garantir ao indivíduo o direito de viver se essa vida não possuir o mínimo de dignidade. Garantir saúde é cumprir os ditames constitucionais que protegem o indivíduo em sua existência, em perfeita consonância com o princípio da dignidade da pessoa humana.

Remoção de Órgãos, Tecidos e Substâncias Humanas

Outra norma muito interessante e que pode cair em prova é a proteção constitucional à remoção de órgãos, tecidos e substâncias humanas. A Constituição Federal, em seu Art. 199, § 4º, traz expressamente a vedação para a comercialização de órgãos, apesar de não regulamentar as formas de remoção, pesquisa, coleta e processamento de sangue. A falta de regulamentação ocorre porque a Constituição deixou para a legislação infraconstitucional o dever de fazê-la.

O dispositivo em questão é um exemplo de norma de eficácia limitada, o qual foi regulamentado pelas leis 10.205/01, 9.434/97 e 11.105/05:

> **Art. 199, § 4º** - *A lei disporá sobre as condições e os requisitos que facilitem a remoção de órgãos, tecidos e substâncias humanas para fins de transplante, pesquisa e tratamento, bem como a coleta, processamento e transfusão de sangue e seus derivados, sendo vedado todo tipo de comercialização.*

Previdência Social

Caráter Contributivo e Filiação Obrigatória

Sem dúvida, uma das questões mais cobradas em prova está no próprio *caput* do Art. 201, que afirma ser a Previdência Social de caráter contributivo e filiação obrigatória:

> **Art. 201.** *A previdência social será organizada sob a forma de regime geral, de caráter contributivo e de filiação obrigatória, observados critérios que preservem o equilíbrio financeiro e atuarial, e atenderá, nos termos da lei, a:*
>
> *I. cobertura dos eventos de doença, invalidez, morte e idade avançada;*
>
> *II. proteção à maternidade, especialmente à gestante;*
>
> *III. proteção ao trabalhador em situação de desemprego involuntário;*
>
> *IV. salário-família e auxílio-reclusão para os dependentes dos segurados de baixa renda;*
>
> *V. pensão por morte do segurado, homem ou mulher, ao cônjuge ou companheiro e dependentes, observado o disposto no § 2º.*

Ter caráter contributivo significa dizer que só poderá ser beneficiado pela Previdência Social quem contribuir previamente com o sistema de previdência público. Além da contribuição, a Constituição exige a filiação ao Sistema, na qualidade de segurado. Esse tema está regulamentado na lei 8.213/91 e será melhor estudado na disciplina de Direito Previdenciário.

Regras para Aposentadoria

As regras de aposentadoria são o ponto forte desse tema; serão tratadas junto à disciplina de Direito Previdenciário.

> **Art. 201, §7º** *É assegurada aposentadoria no regime geral de previdência social, nos termos da lei, obedecidas as seguintes condições:*
>
> *I. trinta e cinco anos de contribuição, se homem, e trinta anos de contribuição, se mulher;*
>
> *II. sessenta e cinco anos de idade, se homem, e sessenta anos de idade, se mulher, reduzido em cinco anos o limite para os trabalhadores rurais de ambos os sexos e para os que exerçam suas atividades em regime de economia familiar, nestes incluídos o produtor rural, o garimpeiro e o pescador artesanal.*
>
> **Art. 201 §8º** *Os requisitos a que se refere o inciso I do § anterior serão reduzidos em cinco anos, para o professor que comprove exclusivamente tempo de efetivo exercício das funções de magistério na educação infantil e no ensino fundamental e médio.*

O destaque fica para a redução do período de contribuição para quem exerce a função de magistério. Observe-se que a Constituição Federal reduziu em cinco anos a o tempo de contribuição necessário para aposentadoria para o professor que comprove exclusivamente tempo de efetivo exercício das funções de magistério na educação infantil e no ensino fundamental e médio.

Com relação a esse tema, algumas observações se fazem necessárias. Primeiramente, deve-se destacar que exclusividade do tempo de efetivo exercício das funções de magistério compreende não apenas as funções exercidas em sala de aula, mas também as exercidas nos cargos de direção, coordenação e assessoramento pedagógico, desde que exercidos por professores. Em segundo lugar, deve-se atentar para os professores que possuem esses benefícios, os quais estão expressamente previstos na Constituição.

Só terão direito à aposentadoria especial os professores da educação infantil, do ensino fundamental e do ensino médio.

Previdência Privada

Outra regra interessante que já foi cobrada em prova diz respeito à possibilidade de o regime de previdência ser organizado pela iniciativa privada. Algumas palavras-chave definem essa relação de previdência privada: complementar, autonomia e facultativo. Vejamos o que diz o Art. 202 da CF:

> **Art. 202.** *O regime de previdência privada, de caráter complementar e organizado de forma autônoma em relação ao regime geral de previdência social, será facultativo, baseado na constituição de reservas que garantam o benefício contratado, e regulado por lei complementar.*
>
> **§ 1°** *A lei complementar de que trata este Art. assegurará ao participante de planos de benefícios de entidades de previdência privada o pleno acesso às informações relativas à gestão de seus respectivos planos.*
>
> **§ 2º** *As contribuições do empregador, os benefícios e as condições contratuais previstas nos estatutos, regulamentos e planos de benefícios das entidades de previdência privada não integram o contrato de trabalho dos participantes, assim como, à exceção dos benefícios concedidos, não integram a remuneração dos participantes, nos termos da lei.*
>
> **§ 3º** *É vedado o aporte de recursos a entidade de previdência privada pela União, Estados, Distrito Federal e Municípios, suas autarquias, fundações, empresas públicas, sociedades de economia mista e outras entidades públicas, salvo na qualidade de patrocinador, situação na qual, em hipótese alguma, sua contribuição normal poderá exceder a do segurado.*

§ 4º Lei complementar disciplinará a relação entre a União, Estados, Distrito Federal ou Municípios, inclusive suas autarquias, fundações, sociedades de economia mista e empresas controladas direta ou indiretamente, enquanto patrocinadoras de entidades fechadas de previdência privada, e suas respectivas entidades fechadas de previdência privada.

§ 5º A lei complementar de que trata o § anterior aplicar-se-á, no que couber, às empresas privadas permissionárias ou concessionárias de prestação de serviços públicos, quando patrocinadoras de entidades fechadas de previdência privada.

§ 6º A lei complementar a que se refere o § 4° deste Art. estabelecerá os requisitos para a designação dos membros das diretorias das entidades fechadas de previdência privada e disciplinará a inserção dos participantes nos colegiados e instâncias de decisão em que seus interesses sejam objeto de discussão e deliberação.

Quando se diz complementar, quer se dizer que complementa o regime geral de previdência. A autonomia representa a não-vinculação do regime privado ao público. E, por fim, a faculdade de se aderir, haja vista não constituir obrigação a nenhum trabalhador.

Assistência Social

O Art. 203 prevê os benefícios e serviços da Assistência Social. São várias as prestações oferecidas a quem precisa de assistência, geralmente aos hipossuficientes. A Assistência Social não depende de contribuição à previdência social:

Art. 203. *A assistência social será prestada a quem dela necessitar, independentemente de contribuição à seguridade social, e tem por objetivos:*

I. a proteção à família, à maternidade, à infância, à adolescência e à velhice;

II. o amparo às crianças e adolescentes carentes;

III. a promoção da integração ao mercado de trabalho;

IV. a habilitação e reabilitação das pessoas portadoras de deficiência e a promoção de sua integração à vida comunitária;

V. a garantia de um salário mínimo de benefício mensal à pessoa portadora de deficiência e ao idoso que comprovem não possuir meios de prover à própria manutenção ou de tê-la provida por sua família, conforme dispuser a lei.

Da Educação da Cultura e do Desporto

Educação

O acesso à educação é um dos grandes serviços de ordem social e deverá ser garantido segundo os princípios previstos no Art. 206, que costuma ser muito cobrado em prova:

Art. 206. *O ensino será ministrado com base nos seguintes princípios:*

I. igualdade de condições para o acesso e permanência na escola;

II. liberdade de aprender, ensinar, pesquisar e divulgar o pensamento, a arte e o saber;

III. pluralismo de ideias e de concepções pedagógicas, e coexistência de instituições públicas e privadas de ensino;

IV. gratuidade do ensino público em estabelecimentos oficiais;

V. valorização dos profissionais da educação escolar, garantidos, na forma da lei, planos de carreira, com ingresso exclusivamente por concurso público de provas e títulos, aos das redes públicas;

VI. gestão democrática do ensino público, na forma da lei;

VII. garantia de padrão de qualidade;

VIII. piso salarial profissional nacional para os profissionais da educação escolar pública, nos termos de lei federal.

Gratuidade do Ensino Público

Como consequência da regra constitucional que prevê gratuidade do ensino público, o STF editou a Súmula Vinculante nº 12, proibindo a cobrança de taxa de matrícula nas Universidades Públicas:

Sumula Vinculante nº 12 *- A cobrança de taxa de matrícula nas universidades públicas viola o disposto no Art. 206, IV, da Constituição Federal.*

Igualdade de Condições e Acesso Meritocrático

Outros dois princípios que se destacam nos Arts. 206 e 208, da CF, são a igualdade de condições de acesso e permanência na escola e o acesso meritocrático aos níveis mais elevados de ensino:

Art. 206, Inciso I. *igualdade de condições para o acesso e permanência na escola;*

Art. 208, Inciso V. *acesso aos níveis mais elevados do ensino, da pesquisa e da criação artística, segundo a capacidade de cada um;*

Entende-se por acesso meritocrático aquele que privilegia o mérito de cada estudante na obtenção da vaga para universidades e demais cursos de pós-graduação, o que justifica a utilização de vestibulares para seleção dos candidatos.

O STF entende que quando o servidor é removido *ex-ofício* de uma localidade de trabalho, o direito a transferências de uma universidade para outra só vale se a transferência for para universidade congênere. Ou seja, de privada para privada e de pública para pública. Segundo esse entendimento, o direito à matrícula na universidade não contempla a transferência de um aluno de universidade privada para a pública.

Direito Público Subjetivo à Educação

Quando a Constituição prevê que o acesso ao ensino obrigatório é gratuito como Direito Público Subjetivo, ela quer dizer que se você precisar, poderá exigir na Justiça o fornecimento desse direito social sob pena de responsabilização do Poder Público pelo descaso, se houver. Vejamos os §s 1º e 2º do Art. 208:

Art. 208, § 1º *- O acesso ao ensino obrigatório e gratuito é direito público subjetivo.*

§ 2º *- O não-oferecimento do ensino obrigatório pelo Poder Público, ou sua oferta irregular, importa responsabilidade da autoridade competente.*

Estrangeiro

Um tema bastante cobrado em prova é a possibilidade de contratação de servidores estrangeiros por universidades e instituições de pesquisa científica e tecnológica em decorrência da sua autonomia:

Art. 207. *As universidades gozam de autonomia didático-científica, administrativa e de gestão financeira e patrimonial, e obedecerão ao princípio de indissociabilidade entre ensino, pesquisa e extensão.*

§ 1º É facultado às universidades admitir professores, técnicos e cientistas estrangeiros, na forma da lei.

§ 2º O disposto neste Art. aplica-se às instituições de pesquisa científica e tecnológica.

Ensino Religioso

Questão muito interessante que invoca a laicidade do Estado, isto é, a relação de separação entre Estado e Igreja. Diante dessa separação, a Constituição considerou a matrícula na matéria de Ensino Religioso como sendo facultativa:

***Art. 210, § 1º** - O ensino religioso, de matrícula facultativa, constituirá disciplina dos horários normais das escolas públicas de ensino fundamental.*

Quando se quer complicar, basta colocar uma questão com as porcentagens de investimento em educação dos Entes Federativos. Vejamos esta questão:

Exercício Comentado

01. *(CESPE) Cabe aos municípios atuar prioritariamente no ensino fundamental e médio, devendo aplicar, anualmente, pelo menos 18% de sua receita na manutenção e desenvolvimento da educação.*

ERRADO. Dois erros podem ser encontrados nessa questão quando a comparamos com os Arts. 211 e 212. O primeiro é que os municípios atuarão prioritariamente no ensino fundamental e infantil. O outro erro é que a aplicação do município deve ser de 25%.

Cultura

Um dos direitos de Ordem Social com maior impacto sobre a sociedade é o direito cultural. Historicamente, o acesso à cultura sempre se mostrou uma grande ferramenta de satisfação social e a garantia do seu acesso a todos os grupos sociais é um dos grandes desafios do Estado:

***Art. 215.** O Estado garantirá a todos o pleno exercício dos direitos culturais e acesso às fontes da cultura nacional, e apoiará e incentivará a valorização e a difusão das manifestações culturais.*

Direito à Manifestação Popular

Um dos princípios constitucionais que protegem esse direito social é a pluralidade política. Pluralidade política é pluralidade de ideias, multiplicidade de percepções. Esse princípio garante à sociedade o acesso a diversas manifestações culturais de todos os grupos participantes da formação cultural nacional:

***Art. 215. § 1º** - O Estado protegerá as manifestações das culturas populares, indígenas e afro-brasileiras, e das de outros grupos participantes do processo civilizatório nacional.*

Datas Comemorativas

Esse dispositivo é interessante, pois constitui uma justificativa para a existência de feriados religiosos no Brasil. Apesar de o Estado viver uma relação de separação com a Religião, tem-se permitido a criação por meio de lei dos feriados religiosos sob o argumento de garantia das manifestações culturais:

***Art. 215, § 2º** - A lei disporá sobre a fixação de datas comemorativas de alta significação para os diferentes segmentos étnicos nacionais.*

Patrimônio Cultural Brasileiro

Questão para prova é o rol de elementos culturais que constituem o patrimônio cultural brasileiro, o qual abrange a manifestação cultural sob várias perspectivas:

***Art. 216.** Constituem patrimônio cultural brasileiro os bens de natureza material e imaterial, tomados individualmente ou em conjunto, portadores de referência à identidade, à ação, à memória dos diferentes grupos formadores da sociedade brasileira, nos quais se incluem:*

I. as formas de expressão;

II. os modos de criar, fazer e viver;

III. as criações científicas, artísticas e tecnológicas;

IV. as obras, objetos, documentos, edificações e demais espaços destinados às manifestações artístico-culturais;

V. os conjuntos urbanos e sítios de valor histórico, paisagístico, artístico, arqueológico, paleontológico, ecológico e científico.

Desportos

Aqui também existem algumas questões que podem ser trabalhadas em prova. Por exemplo, a diferença entre práticas desportivas formais e não-formais. Práticas desportivas formais são aqueles esportes clássicos, olímpicos, como o futebol, vôlei, basquete, atletismo, entre outros. Já os esportes não-formais são aqueles que crianças praticam, como pique-esconde, pique-bandeirinha, queimada, entre outros que, na prática, possuem o mesmo fim dos esportes formais: o desenvolvimento físico e mental do indivíduo. Ambas as atividades desportivas são amparadas pela Constituição:

***Art. 217.** É dever do Estado fomentar práticas desportivas formais e não-formais, como direito de cada um, observados:*

Outra questão importantíssima está no regramento da chamada Justiça Desportiva. Apesar do nome "justiça", trata-se de uma instância de natureza jurídico-administrativa. A Constituição Federal exige o esgotamento dessa instância quando houver questões desportivas a serem resolvidas. Aqui temos uma exceção ao princípio da Inafastabilidade da Jurisdição, sendo que o esgotamento das vias administrativas é de curso forçado:

***Art. 217, § 1º** - O Poder Judiciário só admitirá ações relativas à disciplina e às competições desportivas após esgotarem-se as instâncias da justiça desportiva, regulada em lei.*

É preciso ressaltar ainda que, segundo o STF, os membros do Poder Judiciário não podem exercer suas funções na Justiça Desportiva. E, ainda, segundo o Tribunal Superior do Trabalho, a Justiça Desportiva não tem competência para processar e julgar questões trabalhistas envolvendo os atletas e suas entidades profissionais desportivas.

Ciência e Tecnologia

Acerca desse tema é importante ressaltar, para prova, a diferença apresentada pela Constituição para Pesquisa Científica Básica e a Pesquisa Tecnológica, conforme se depreende dos §1º e §2º do Art. 218:

***Art. 218.** O Estado promoverá e incentivará o desenvolvimento científico, a pesquisa e a capacitação tecnológicas.*

***§ 1º** - A pesquisa científica básica receberá tratamento prioritário do Estado, tendo em vista o bem público e o progresso das ciências.*

***§ 2º** - A pesquisa tecnológica voltar-se-á preponderantemente para a solução dos problemas brasileiros e para o desenvolvimento do sistema produtivo nacional e regional.*

Destaca-se no Art. 218, da CF, também, o apoio que deve ser fornecido pelo Estado na formação e capacitação de recursos humanos nas áreas de ciência, pesquisa e tecnologia, bem como no estímulo às empresas para que invistam nessas áreas:

> *§ 3º - O Estado apoiará a formação de recursos humanos nas áreas de ciência, pesquisa e tecnologia, e concederá aos que delas se ocupem meios e condições especiais de trabalho.*
>
> *§ 4º - A lei apoiará e estimulará as empresas que invistam em pesquisa, criação de tecnologia adequada ao País, formação e aperfeiçoamento de seus recursos humanos e que pratiquem sistemas de remuneração que assegurem ao empregado, desvinculada do salário, participação nos ganhos econômicos resultantes da produtividade de seu trabalho.*

Vinculação da Receita dos Estados e DF

Há aqui uma questão boa para prova: o previsto no § 5º do Art. 218, da CF, que faculta aos Estados e ao Distrito Federal a possibilidade de vinculação de parte de sua receita orçamentária a entidades públicas de pesquisa científica e tecnológica. Não estão incluídos nessa possibilidade a União e os municípios:

> *§ 5º - É facultado aos Estados e ao Distrito Federal vincular parcela de sua receita orçamentária a entidades públicas de fomento ao ensino e à pesquisa científica e tecnológica.*

Patrimônio Nacional

E, ainda, não se deve esquecer que o Mercado Interno integra o chamado patrimônio nacional:

> ***Art. 219.** O mercado interno integra o patrimônio nacional e será incentivado de modo a viabilizar o desenvolvimento cultural e sócio-econômico, o bem-estar da população e a autonomia tecnológica do País, nos termos de lei federal.*

Comunicação Social

A Comunicação Social decorre do direito fundamental à liberdade e acaba por concretizar o princípio da pluralidade, ao prever a manifestação do pensamento como um direito não sujeito a restrições abusivas por parte do Estado. O Art. 220 trata desse direito, aparentemente, de forma absoluta, entretanto, não é demais relembrar que não existe direito fundamental absoluto. Caso a manifestação ao pensamento ofenda outro direito fundamental, é possível a sua restrição diante de um conflito de interesses. Não se pode esquecer também que a Constituição foi promulgada em 1988, momento histórico de transição da ditadura para o regime democrático. Era de se esperar que a Constituição Federal se preocupasse demasiadamente com a garantia da manifestação do pensamento:

> ***Art. 220.** A manifestação do pensamento, a criação, a expressão e a informação, sob qualquer forma, processo ou veículo não sofrerão qualquer restrição, observado o disposto nesta Constituição.*
>
> *§ 1º - Nenhuma lei conterá dispositivo que possa constituir embaraço à plena liberdade de informação jornalística em qualquer veículo de comunicação social, observado o disposto no Art. 5º, IV, V, X, XIII e XIV.*
>
> *§ 2º - É vedada toda e qualquer censura de natureza política, ideológica e artística.*

Com base nessa liberdade de informação, o STF entendeu que para a profissão de jornalista não seria necessária a obtenção de grau superior de Jornalismo, sob pena de limitar-se esse direito que, como dito, não é absoluto, mas goza de ampla proteção constitucional.

Competência Legislativa

Segundo o § 3º e o Art. 21, XVI, a competência para legislar sobre esta matéria é da União, questão essa já cobrada em prova:

> *§ 3º - Compete à lei federal:*
>
> *I. regular as diversões e espetáculos públicos, cabendo ao Poder Público informar sobre a natureza deles, as faixas etárias a que não se recomendem, locais e horários em que sua apresentação se mostre inadequada;*
>
> *II. estabelecer os meios legais que garantam à pessoa e à família a possibilidade de se defenderem de programas ou programações de rádio e televisão que contrariem o disposto no Art. 221, bem como da propaganda de produtos, práticas e serviços que possam ser nocivos à saúde e ao meio ambiente.*
>
> ***Art. 21.** Compete à União:*
>
> **XVI** *exercer a classificação, para efeito indicativo, de diversões públicas e de programas de rádio e televisão.*

Propriedade de Empresa Jornalística, Radiodifusão Sonora e de Sons e Imagens

Aqui tem-se uma questão que eventualmente aparece em provas.

> ***Art. 222.** A propriedade de empresa jornalística e de radiodifusão sonora e de sons e imagens é privativa de brasileiros natos ou naturalizados há mais de dez anos, ou de pessoas jurídicas constituídas sob as leis brasileiras e que tenham sede no País.*
>
> *§ 1º Em qualquer caso, pelo menos setenta por cento do capital total e do capital votante das empresas jornalísticas e de radiodifusão sonora e de sons e imagens deverá pertencer, direta ou indiretamente, a brasileiros natos ou naturalizados há mais de dez anos, que exercerão obrigatoriamente a gestão das atividades e estabelecerão o conteúdo da programação.*
>
> *§ 2º A responsabilidade editorial e as atividades de seleção e direção da programação veiculada são privativas de brasileiros natos ou naturalizados há mais de dez anos, em qualquer meio de comunicação social.*
>
> *§ 3º Os meios de comunicação social eletrônica, independentemente da tecnologia utilizada para a prestação do serviço, deverão observar os princípios enunciados no Art. 221, na forma de lei específica, que também garantirá a prioridade de profissionais brasileiros na execução de produções nacionais.*
>
> *§ 4º Lei disciplinará a participação de capital estrangeiro nas empresas de que trata o § 1º.*
>
> *§ 5º As alterações de controle societário das empresas de que trata o § 1º serão comunicadas ao Congresso Nacional.*

O Art. 222 exige, para ser proprietário de empresa jornalística, que o titular seja brasileiro nato ou naturalizado há mais de 10 anos. Essa regra não impede que estrangeiros sejam proprietários de empresas de comunicação no Brasil, haja vista a possibilidade desses estrangeiros integrarem uma pessoa jurídica desde que a administração seja feita por brasileiros natos ou naturalizados há mais de dez anos e a pessoa jurídica seja constituída sobre as leis brasileiras.

A Constituição limita em 30 % a possibilidade de capital votante estrangeiro.

Seguem abaixo alguns outros Arts. que já foram alvos de questões de prova:

> ***Art. 223.** Compete ao Poder Executivo outorgar e renovar concessão, permissão e autorização para o*

serviço de radiodifusão sonora e de sons e imagens, observado o princípio da complementaridade dos sistemas privado, público e estatal.

*§ **1º** - O Congresso Nacional apreciará o ato no prazo do Art. 64, § 2º e § 4º, a contar do recebimento da mensagem.*

*§ **2º** - A não renovação da concessão ou permissão dependerá de aprovação de, no mínimo, dois quintos do Congresso Nacional, em votação nominal.*

*§ **3º** - O ato de outorga ou renovação somente produzirá efeitos legais após deliberação do Congresso Nacional, na forma dos §s anteriores.*

*§ **4º** - O cancelamento da concessão ou permissão, antes de vencido o prazo, depende de decisão judicial.*

*§ **5º** - O prazo da concessão ou permissão será de dez anos para as emissoras de rádio e de quinze para as de televisão.*

***Art. 224.** Para os efeitos do disposto neste capítulo, o Congresso Nacional instituirá, como seu órgão auxiliar, o Conselho de Comunicação Social, na forma da lei.*

Meio Ambiente

Nossa Constituição é uma das normas mais garantistas do Meio Ambiente. Essa postura tem colocado o país à frente de muitos outros nas questões de preservação ambiental. É muito interessante a forma como esse direito social é apresentado sendo bem de uso comum do povo cuja preservação visa a garantir um meio ambiente sadio para as presentes e futuras gerações:

***Art. 225.** Todos têm direito ao meio ambiente ecologicamente equilibrado, bem de uso comum do povo e essencial à sadia qualidade de vida, impondo-se ao Poder Público e à coletividade o dever de defendê-lo e preservá-lo para as presentes e futuras gerações.*

Atribuições do Poder Público

Para que esse ideal de preservação seja garantido, a Constituição exigiu uma serie de condutas dos Poderes Públicos, as quais estão previstas no § 1º; do Art. 225 da CF:

*§ **1º** - Para assegurar a efetividade desse direito, incumbe ao Poder Público:*

I. preservar e restaurar os processos ecológicos essenciais e prover o manejo ecológico das espécies e ecossistemas;

II. preservar a diversidade e a integridade do patrimônio genético do País e fiscalizar as entidades dedicadas à pesquisa e manipulação de material genético;

III. definir, em todas as unidades da Federação, espaços territoriais e seus componentes a serem especialmente protegidos, sendo a alteração e a supressão permitidas somente através de lei, vedada qualquer utilização que comprometa a integridade dos atributos que justifiquem sua proteção;

IV. exigir, na forma da lei, para instalação de obra ou atividade potencialmente causadora de significativa degradação do meio ambiente, estudo prévio de impacto ambiental, a que se dará publicidade;

V. controlar a produção, a comercialização e o emprego de técnicas, métodos e substâncias que comportem risco para a vida, a qualidade de vida e o meio ambiente;

VI. promover a educação ambiental em todos os níveis de ensino e a conscientização pública para a preservação do meio ambiente;

VII. proteger a fauna e a flora, vedadas, na forma da lei, as práticas que coloquem em risco sua função ecológica, provoquem a extinção de espécies ou submetam os animais a crueldade.

Responsabilização pela Atividade Lesiva ao Meio Ambiente

Os dois §s que se seguem ambos do Art. 225 da CF, são muito importantes, pois trazem a possibilidade de responsabilização pelo dano ambiental tanto na esfera administrativa quanto na esfera penal. Ou seja, quem polui o meio ambiente pode ser responsabilizado penalmente, incluindo a Pessoa Jurídica. Aqui fica claro que Pessoa Jurídica pode praticar crime:

*§ **2º** - Aquele que explorar recursos minerais fica obrigado a recuperar o meio ambiente degradado, de acordo com solução técnica exigida pelo órgão público competente, na forma da lei.*

*§ **3º** - As condutas e atividades consideradas lesivas ao meio ambiente sujeitarão os infratores, pessoas físicas ou jurídicas, a sanções penais e administrativas, independentemente da obrigação de reparar os danos causados.*

Fique Ligado

Se uma Pessoa Jurídica praticar crime ambiental ela será punida com uma sanção compatível com sua natureza jurídica.

Patrimônio Nacional

Esse § já foi abordado várias vezes em prova e requer a memorização do candidato dos ecossistemas que são considerados patrimônio nacional. Os examinadores costumam incluir outro tipo de ecossistema não previsto nesse §. Por exemplo, em 2010 afirmou-se numa prova do CESPE que os "pampas gaúchos" também integravam o patrimônio nacional. Estes elementos devem ser memorizados:

***Art. 225 § 4º** - A Floresta Amazônica brasileira, a Mata Atlântica, a Serra do Mar, o Pantanal Mato-Grossense e a Zona Costeira são patrimônio nacional, e sua utilização far-se-á, na forma da lei, dentro de condições que assegurem a preservação do meio ambiente, inclusive quanto ao uso dos recursos naturais.*

Fique Ligado

Patrimônio Nacional: Floresta Amazônica brasileira, Mata Atlântica, Serra do Mar, Pantanal Mato-Grossense e Zona Costeira. E não se deve esquecer do Mercado Interno.

Limitação para Utilização do Meio Ambiente

Como forma de limitar a utilização do Meio Ambiente, a Constituição instituiu algumas restrições à utilização das terras devolutas ou arrecadadas. Essas terras são consideradas bens dos Estados e, por esse motivo, indisponíveis:

***Art. 225 § 5º** - São indisponíveis as terras devolutas ou arrecadadas pelos Estados, por ações discriminatórias, necessárias à proteção dos ecossistemas naturais.*

Outro dispositivo limitador é o § 6º, que restringe a instalação de reatores nucleares, os quais, antes de serem instalados, terão sua localização definida em legislação federal:

***Art. 225 § 6º** - As usinas que operem com reator nuclear deverão ter sua localização definida em lei federal, sem o que não poderão ser instaladas.*

Família, Criança, Adolescente, Jovem e Idoso

Família

Esse é um dos temas sobre a Ordem Social que aparecem em abundância em provas, em razão das recentes mudanças promovidas pelas Emendas Constitucionais nº 65 e 66 de 2010, bem como o atual posicionamento jurisprudencial do STF:

> ***Art. 226.*** *A família, base da sociedade, tem especial proteção do Estado.*
>
> *§ 1º - O casamento é civil e gratuita a celebração.*
>
> *§ 2º - O casamento religioso tem efeito civil, nos termos da lei.*
>
> *§ 3º - Para efeito da proteção do Estado, é reconhecida a união estável entre o homem e a mulher como entidade familiar, devendo a lei facilitar sua conversão em casamento.*
>
> *§ 4º - Entende-se, também, como entidade familiar a comunidade formada por qualquer dos pais e seus descendentes.*
>
> *§ 5º - Os direitos e deveres referentes à sociedade conjugal são exercidos igualmente pelo homem e pela mulher.*
>
> *§ 6º - O casamento civil pode ser dissolvido pelo divórcio.*
>
> *§ 7º - Fundado nos princípios da dignidade da pessoa humana e da paternidade responsável, o planejamento familiar é livre decisão do casal, competindo ao Estado propiciar recursos educacionais e científicos para o exercício desse direito, vedada qualquer forma coercitiva por parte de instituições oficiais ou privadas.*
>
> *§ 8º - O Estado assegurará a assistência à família na pessoa de cada um dos que a integram, criando mecanismos para coibir a violência no âmbito de suas relações.*

O primeiro destaque é o fim da separação judicial. De acordo com a nova redação do § 6º, a partir de agora o casamento se dissolve com o divórcio, sem a necessidade de efetivar-se primeiro a separação judicial.

Outro destaque é a recente decisão do STF[1] que reconheceu a possibilidade de União Estável entre casais homoafetivos, ampliando a compreensão do § 3º. Sobre esse tema deve-se ter muito cuidado. A Constituição Federal entende que União Estável ocorre entre homem e mulher, enquanto o STF entende que pode ocorrer entre casais do mesmo sexo. Diante dessa pluralidade de entendimentos, caso em prova haja uma pergunta que tenha como base a Constituição Federal, deve-se responder que é só entre homem e mulher. Mas se a questão perguntar segundo o STF, nesse caso a União Estável poderá ocorrer entre pessoas do mesmo sexo. É bom lembrar também das entidades familiares reconhecidas pela Constituição Federal:

→ **Casamento civil ou religioso** - quando ocorre a formalização da união entre um homem e mulher segundo as leis civis ou religiosas;

→ **União Estável** - união informal entre pessoas (do mesmo sexo ou não) com efeitos jurídicos iguais aos do casamento;

→ **Monoparental** - quando a família é formada por qualquer um dos pais e seus descendentes.

Fique Ligado

O STF não liberou o casamento entre casais homoafetivos, apenas reconheceu a União Estável entre eles. Não se deve confundir casamento com união estável.

Criança, Adolescente e Jovem

O Art. 227 possui várias normas de proteção para a criança, o adolescente e jovem, que podem ser cobradas em prova. A Constituição também sofreu alterações nesse Art. por meio da Emenda Constitucional nº 65, que inseriu o Jovem entre os indivíduos que possuem proteção especial da Constituição Federal. Merece destaque especial no § 3º, I, que prevê como idade mínima para o trabalho da criança 14 anos:

> ***Art. 227.*** *É dever da família, da sociedade e do Estado assegurar à criança, ao adolescente e ao jovem, com absoluta prioridade, o direito à vida, à saúde, à alimentação, à educação, ao lazer, à profissionalização, à cultura, à dignidade, ao respeito, à liberdade e à convivência familiar e comunitária, além de colocá-los a salvo de toda forma de negligência, discriminação, exploração, violência, crueldade e opressão.*
>
> *§ 1º O Estado promoverá programas de assistência integral à saúde da criança, do adolescente e do jovem, admitida a participação de entidades não governamentais, mediante políticas específicas e obedecendo aos seguintes preceitos:*
>
> *I. aplicação de percentual dos recursos públicos destinados à saúde na assistência materno-infantil;*
>
> *II. criação de programas de prevenção e atendimento especializado para as pessoas portadoras de deficiência física, sensorial ou mental, bem como de integração social do adolescente e do jovem portador de deficiência, mediante o treinamento para o trabalho e a convivência, e a facilitação do acesso aos bens e serviços coletivos, com a eliminação de obstáculos arquitetônicos e de todas as formas de discriminação.*
>
> *§ 2º - A lei disporá sobre normas de construção dos logradouros e dos edifícios de uso público e de fabricação de veículos de transporte coletivo, a fim de garantir acesso adequado às pessoas portadoras de deficiência.*
>
> *§ 3º - O direito a proteção especial abrangerá os seguintes aspectos:*
>
> *I. idade mínima de quatorze anos para admissão ao trabalho, observado o disposto no Art. 7º, XXXIII;*
>
> *II. garantia de direitos previdenciários e trabalhistas;*
>
> *III. garantia de acesso do trabalhador adolescente e jovem à escola;*
>
> *IV. garantia de pleno e formal conhecimento da atribuição de ato infracional, igualdade*

1 Vide ADI 4.277 e ADPF 132, Rel. Minº Ayres Britto, julgamento em 5-5-2011, Plenário, DJE de 14-10-2011.

na relação processual e defesa técnica por profissional habilitado, segundo dispuser a legislação tutelar específica;

V. *obediência aos princípios de brevidade, excepcionalidade e respeito à condição peculiar de pessoa em desenvolvimento, quando da aplicação de qualquer medida privativa da liberdade;*

VI. *estímulo do Poder Público, através de assistência jurídica, incentivos fiscais e subsídios, nos termos da lei, ao acolhimento, sob a forma de guarda, de criança ou adolescente órfão ou abandonado;*

VII. *programas de prevenção e atendimento especializado à criança, ao adolescente e ao jovem dependente de entorpecentes e drogas afins.*

§ 4º - A lei punirá severamente o abuso, a violência e a exploração sexual da criança e do adolescente.

§ 5º - A adoção será assistida pelo Poder Público, na forma da lei, que estabelecerá casos e condições de sua efetivação por parte de estrangeiros.

§ 6º - Os filhos, havidos ou não da relação do casamento, ou por adoção, terão os mesmos direitos e qualificações, proibidas quaisquer designações discriminatórias relativas à filiação.

§ 7º - No atendimento dos direitos da criança e do adolescente levar-se- á em consideração o disposto no Art. 204.

§ 8º A lei estabelecerá:

I. *o estatuto da juventude, destinado a regular os direitos dos jovens;*

II. *o plano nacional de juventude, de duração decenal, visando à articulação das várias esferas do poder público para a execução de políticas públicas. Art. 227.*

Imputabilidade Penal

Art. 228. *São penalmente inimputáveis os menores de dezoito anos, sujeitos às normas da legislação especial.*

Dizer que são inimputáveis os menores de 18 anos significa dizer que a eles não podem ser imputada a prática de crime e nem podem ser punidos segundo o Código Penal. Por isso, o próprio dispositivo determina que a conduta ilícita dos menores de 18 anos seja regulada por legislação especial, a qual já existe: lei 8.069/90, Estatuto da Criança e do Adolescente.

Responsabilidade dos Pais para com os Filhos e dos Filhos para com os Pais

Art. 229. *Os pais têm o dever de assistir, criar e educar os filhos menores, e os filhos maiores têm o dever de ajudar e amparar os pais na velhice, carência ou enfermidade.*

Atente-se nesse dispositivo para o dever recíproco de cuidado que a Constituição impõe tanto aos pais quanto aos filhos. Uma verdadeira lição de moral que não necessitaria sequer estar prevista na Constituição Federal. Contudo, as práticas abusivas de violência e desrespeito registradas em nosso país são tantas que o Legislador Originário não se excedeu em prever tais normas de proteção.

Idoso

Quanto à proteção constitucional ao Idoso, veja-se o disposto no Art. 230, o qual contém várias informações que podem se tornar questões de prova:

Art. 230. *A família, a sociedade e o Estado têm o dever de amparar as pessoas idosas, assegurando sua participação na comunidade, defendendo sua dignidade e bem-estar e garantindo-lhes o direito à vida.*

§ 1º *- Os programas de amparo aos idosos serão executados preferencialmente em seus lares.*

§ 2º *- Aos maiores de sessenta e cinco anos é garantida a gratuidade dos transportes coletivos urbanos.*

Acompanhe-me

Chama-se a atenção para a realização de programas de amparo aos idosos que se realizarão preferencialmente em seus lares. Preferencialmente, não é obrigatoriamente!

Outra questão que sempre aparece em prova é acerca da idade para a concessão de transporte gratuito: maior de 65 anos de idade. É muito comum as bancas tentarem confundir o candidato colocando a idade de 60 ou 70 anos. Apesar de todas as idades se referirem ao idoso, cada uma tem uma consequência jurídica diferente.

Exercício Comentado

01. ***(CESPE) Os programas de amparo aos idosos serão executados preferencialmente pelo Estado, em espaços públicos e coletivos, garantida, entre outros benefícios, a gratuidade do transporte público aos maiores de sessenta anos.***

ERRADO. Segundo o Art. 230 da CF, os programas de amparo ao idoso devem ser realizados preferencialmente em seus lares e a gratuidade do transporte público garantida aos maiores de 65 anos.

Índios

Os Arts. que falam sobre os índios estão entre os mais cobrados da Ordem Social. Primeiramente, serão abordadas as Terras tradicionalmente ocupadas. É importante que memorize os elementos que caracterizam as terras tradicionalmente ocupadas, que estão previstas no § 1º do Art. 231:

Art. 231. *São reconhecidos aos índios sua organização social, costumes, línguas, crenças e tradições, e os direitos originários sobre as terras que tradicionalmente ocupam, competindo à União demarcá-las, proteger e fazer respeitar todos os seus bens.*

§ 1º *- São terras tradicionalmente ocupadas pelos índios as por eles habitadas em caráter permanente, as utilizadas para suas atividades produtivas, as imprescindíveis à preservação dos recursos ambientais necessários a seu bem-estar e as necessárias a sua reprodução física e cultural, segundo seus usos, costumes e tradições.*

Não se deve esquecer de que os índios não possuem a propriedade das terras tradicionalmente por eles habitadas, mas apenas a posse, conforme o § 2º do Art. 231. Não se confunde a propriedade com a posse. A propriedade dessas terras é da União, conforme previsto no Art. 20, XI:

§ 2º *- As terras tradicionalmente ocupadas pelos índios destinam-se a sua posse permanente, cabendo-lhes o usufruto exclusivo das riquezas do solo, dos rios e dos lagos nelas existentes.*

Art. 20. *São bens da União:*

XI. *as terras tradicionalmente ocupadas pelos índios.*

Várias regras constitucionais objetivam a proteção dessas terras:

§ 3º - O aproveitamento dos recursos hídricos, incluídos os potenciais energéticos, a pesquisa e a lavra das riquezas minerais em terras indígenas só podem ser efetivados com autorização do Congresso Nacional, ouvidas as comunidades afetadas, ficando-lhes assegurada participação nos resultados da lavra, na forma da lei.

§ 4º - As terras de que trata este Art. são inalienáveis e indisponíveis, e os direitos sobre elas, imprescritíveis.

§ 6º - São nulos e extintos, não produzindo efeitos jurídicos, os atos que tenham por objeto a ocupação, o domínio e a posse das terras a que se refere este Art., ou a exploração das riquezas naturais do solo, dos rios e dos lagos nelas existentes, ressalvado relevante interesse público da União, segundo o que dispuser lei complementar, não gerando a nulidade e a extinção direito a indenização ou a ações contra a União, salvo, na forma da lei, quanto às benfeitorias derivadas da ocupação de boa fé.

§ 7º - Não se aplica às terras indígenas o disposto no Art. 174, § 3º e § 4º.

Remoção dos índios

Uma norma de proteção muito interessante e que demonstra a preocupação do Constituinte Originário com a preservação da cultura indígena é a que proíbe a remoção obrigatória dos índios sem que seja referendada pelo Congresso Nacional. O STF[2], em uma interpretação ampliativa desse instituto, entende que o índio não pode ser intimado por Comissão Parlamentar de Inquérito na condição de testemunha para prestar depoimento fora do seu habitat:

§ 5º - É vedada a remoção dos grupos indígenas de suas terras, salvo, "ad referendum" do Congresso Nacional, em caso de catástrofe ou epidemia que ponha em risco sua população, ou no interesse da soberania do País, após deliberação do Congresso Nacional, garantido, em qualquer hipótese, o retorno imediato logo que cesse o risco.

Defesa dos Direitos Indígenas

O Art. 232 delega ao Ministério Público como função institucional o dever de acompanhar os processos que tenham como partes os índios, suas comunidades e organização, os quais possuem legitimidade para ingressar em juízo em defesa dos seus direitos e interesses. A atribuição Ministerial encontra reforço no Art. 129, V da CF:

***Art. 232.** Os índios, suas comunidades e organizações são partes legítimas para ingressar em juízo em defesa de seus direitos e interesses, intervindo o Ministério Público em todos os atos do processo.*

***Art. 129.** São funções institucionais do Ministério Público:*

V. defender judicialmente os direitos e interesses das populações indígenas.

Vamos Praticar

01. Ao disciplinar os papeis de Estado e sociedade na garantia do direito à educação, a Constituição da República estabelece que:

a) A educação é direito de todos, dever exclusivo do Estado e será promovida e incentivada com a colaboração da família do educando.

b) A coexistência de instituições públicas e privadas é princípio do ensino, cuja gratuidade é assegurada em estabelecimentos oficiais e particulares, observadas neste caso as condições estabelecidas em lei.

c) O ensino é livre à iniciativa privada, atendidas as condições de cumprimento das normas gerais da educação nacional e autorização e avaliação de qualidade pelo Poder Público.

d) Os recursos públicos serão destinados às escolas públicas, cabendo à lei definir as hipóteses em que poderão ser dirigidos à iniciativa privada. os recursos públicos poderão ser destinados a bolsas de estudo para o ensino médio e superior, quando houver falta de vagas e cursos regulares da rede pública na localidade da residência do educando.

02. Conforme estatuído na Constituição Federal no que se refere aos direitos sociais e à ordem social, é incorreto afirmar:

a) É direito público subjetivo o acesso ao ensino obrigatório e gratuito, tanto que o não oferecimento do ensino obrigatório pelo Poder Público, ou sua oferta irregular, importa responsabilidade da autoridade competente.

b) É dever do Estado proteger as manifestações das culturas populares, indígenas e afro-brasileiras, e das de outros grupos participantes do processo civilizatório nacional.

c) Todos têm direito ao meio ambiente ecologicamente equilibrado e, para tanto, incumbe ao Poder Público, em todas as suas esferas de competência, promover a educação ambiental.

d) A família, a sociedade e o Estado têm o dever de amparar as pessoas idosas, desenvolvendo, para tanto, programas de amparo, que deverão ser executados, preferencialmente, em estabelecimentos públicos.

e) A assistência social será prestada a todos que dela necessitarem, independentemente de contribuição para o seu custeio, por se tratar de direito subjetivo.

03. Todos têm direito ao meio ambiente ecologicamente equilibrado, impondo-se ao Poder Público e à coletividade o dever de defendê-lo e preservá-lo para as presentes e futuras gerações. Com relação ao meio ambiente é correta a afirmação:

a) As usinas que operem com reatores nucleares deverão ter sua localização definida em lei estadual ou municipal, podendo ocorrer uma pré-instalação.

b) A Mata Atlântica e o Pantanal Mato-Grossense não são considerados patrimônio nacional pela Constituição Federal brasileira.

c) As condutas consideradas lesivas ao meio ambiente sujeitarão os infratores à sanção penal, que será dependente da obrigação de reparar os danos causados.

d) São indisponíveis as terras devolutas ou arrecadadas pelos Estados, por ações discriminatórias, necessárias à proteção dos ecossistemas naturais.

e) A Serra do Mar e a Zona Costeira não são consideradas patrimônio nacional pela Constituição Federal brasileira.

Analise:

I. Equidade na forma de participação no custeio;

II. Singularidade da cobertura e do atendimento;

2 Vide HC 80.240, Rel. Minº Sepúlveda Pertence, julgamento em 20-6-2001, Primeira Turma, DJ de 14-10-2005.

III. Igualdade da base de financiamento;

IV. Seletividade e distributividade na prestação dos benefícios e serviços.

04. De acordo com a Constituição da República Federativa do Brasil, são objetivos da seguridade social apenas os indicados em:

a) I e II.

b) I e IV.

c) II e III.

d) II e IV.

e) III e IV.

05. De acordo com a Constituição Federal, a assistência social deve ser prestada:

a) Com os recursos provenientes do orçamento da seguridade social, vedadas outras fontes.

b) Integrada ao sistema contributivo previdenciário.

c) Independentemente de contribuição à seguridade social.

d) Aos idosos com base no sistema de contribuição social e aos deficientes independentemente de contribuição.

e) Ao deficiente e menor que provarem necessitar, excluídos os idosos que devem ser atendidos pela Previdência Social.

06. O dever do Poder Público com a educação está representado na garantia de vinculação de:

a) 30% da receita de impostos e contribuições no caso da União.

b) 30% da receita resultante da arrecadação com impostos e contribuições no caso dos Estados e Municípios.

c) 25% da receita de impostos e taxas no caso da União.

d) 25% da receita de impostos no caso dos Estados.

e) 18% da receita de impostos no caso dos Municípios.

07. A seguridade social, além de outros, tem como objetivos a:

a) Iniquidade na forma de participação no custeio.

b) Distributividade na prestação dos benefícios e serviços.

c) Redutibilidade do valor dos benefícios.

d) Centralização da administração mediante gestão única.

e) Unidade da base de financiamento estatal.

08. (CESPE) A Constituição Federal de 1988 (CF) não reconhece aos índios a propriedade sobre as terras por eles tradicionalmente ocupadas.

Certo ( ) Errado ( )

09. (CESPE) Constituem patrimônio nacional a floresta amazônica, a mata atlântica, o pantanal mato-grossense, o cerrado e os pampas gaúchos, devendo sua utilização ocorrer segundo condições que assegurem a preservação do meio ambiente, inclusive quanto ao uso dos recursos naturais. 225, § 4.

Certo ( ) Errado ( )

10. (CESPE) As condutas e atividades consideradas lesivas ao meio ambiente sujeitarão os infratores a sanções penais e administrativas. As pessoas jurídicas, pela sua natureza, não estão submetidas a tais sanções, devendo a responsabilidade recair, então, sobre seus dirigentes, pessoas físicas. 225, § 3.

Certo ( ) Errado ( )

11. (CESPE) O direito à proteção especial da criança e do adolescente abrange, entre outros aspectos, a idade mínima de dezoito anos para a admissão ao trabalho. 227, §3.

Certo ( ) Errado ( )

12. (CESPE) A adoção de crianças é garantia constitucional da família, que estabelecerá de modo autônomo os casos e meios para sua efetivação, não podendo o poder público nela interferir ou estabelecer condições. 227, § 5.

Certo ( ) Errado ( )

13. (CESPE) A CF estabelece textualmente que os menores de dezoito anos são inimputáveis, sujeitos às normas da legislação especial. 228.

Certo ( ) Errado ( )

14. (CESPE) Ao poder público, nos termos da lei, compete organizar a seguridade social, considerando diferentes objetivos, entre os quais, está o caráter democrático e descentralizado da administração, mediante gestão quadripartite, com participação, nos órgãos colegiados, dos trabalhadores, dos empregadores, dos aposentados e do governo. 194, VII.

Certo ( ) Errado ( )

15. (CESPE) Cabe aos municípios atuar prioritariamente no ensino fundamental e médio, devendo aplicar, anualmente, pelo menos 18% de sua receita na manutenção e desenvolvimento da educação. 212, caput.

Certo ( ) Errado ( )

16. (CESPE) Insere-se no rol de competências privativas dos estados e municípios legislar sobre a matéria concernente à disciplina de diversões e espetáculos públicos. Art. 220 § 3º e 21, XII E XVI.

Certo ( ) Errado ( )

17. (CESPE) Compete ao Poder Executivo, em caráter exclusivo, outorgar e renovar concessão, permissão e autorização para o serviço de radiodifusão sonora e de sons e imagens. Art. 223.

Certo ( ) Errado ( )

18. (CESPE) Os programas de amparo aos idosos serão executados preferencialmente pelo Estado, em espaços públicos e coletivos, garantida, entre outros benefícios, a gratuidade do transporte público aos maiores de sessenta anos. Art. 230.

Certo ( ) Errado ( )

19. (CESPE) Qualquer medida privativa de liberdade imposta a adolescentes deve ter como pressuposto a brevidade e excepcionalidade da medida. 227, § 3º V.

Certo ( ) Errado ( )

20. (CESPE) Estado, sociedade e família são os pilares da política da proteção especial à criança e ao adolescente instituída pela CF, nela estando abrangidos os programas de prevenção e de atendimento às crianças e aos adolescentes dependentes de substâncias entorpecentes e drogas afins. 227, § 3º V.

Certo ( ) Errado ( )

Gabarito

01	C	11	ERRADO
02	D	12	ERRADO
03	D	13	CERTO
04	B	14	CERTO
05	C	15	ERRADO
06	D	16	ERRADO
07	B	17	ERRADO
08	CERTO	18	ERRADO
09	ERRADO	19	ERRADO
10	ERRADO	20	CERTO

Anotações

CAPÍTULO 16

Controle de Constitucionalidade

Aspectos Gerais do Controle de Constitucionalidade

O tema do controle de constitucionalidade diz respeito à análise de conformidade das demais espécies normativas em face da Constituição Federal (CF) e das constituições estaduais, visando a assegurar a sua supremacia.

Os Estados e o Distrito Federal vão disciplinar o controle de constitucionalidade das leis estaduais e municipais em face da **Constituição do Estado e da Lei Orgânica**, podendo, inclusive, instituir ações para o controle concentrado, o que deve se dar perante o respectivo Tribunal de Justiça (TJ).

Interessam, neste estudo, notadamente, as hipóteses de controle de constitucionalidade que têm como objetivo assegurar a supremacia da **Constituição Federal**.

O controle de constitucionalidade somente tem sentido diante da supremacia da Constituição Federal em nosso sistema jurídico e da previsão de um processo legislativo mais rígido para a sua alteração do que aquele existente para a elaboração das leis.

O controle de constitucionalidade, de conformidade das leis e atos normativos com a **Constituição Federal** pode ser realizado preventiva ou repressivamente.

O **controle de constitucionalidade preventivo** ocorre durante o processo legislativo de criação da norma, antes de sua promulgação e publicação.

→ Ele é realizado, basicamente:

> pelo **Poder Legislativo**, por meio das Comissões de Constituição e Justiça (CCJs), cujos pareceres são terminativos e durante a votação no plenário da Casa legislativa;

> pelo **Poder Executivo**, haja vista que o Presidente da República pode vetar o projeto de lei (veto jurídico).

O **Poder Judiciário** também pode atuar no controle preventivo, admitindo o Supremo Tribunal Federal (STF) que um parlamentar possa impetrar mandado de segurança diante do desrespeito às normas constitucionais que disciplinam o processo legislativo.

O **controle de constitucionalidade repressivo** será realizado em relação à norma já criada e, primordialmente, pelos órgãos do Poder Judiciário, podendo ser difuso ou concentrado.

O **controle difuso** é aquele realizado por todo e qualquer órgão do Poder Judiciário, em face de um caso concreto, de forma incidental, quando a inconstitucionalidade não é questão principal, mas um pressuposto arguido por uma das partes – autor ou réu – para o julgamento da lide.

O **controle concentrado** em face da Constituição Federal é aquele realizado apenas pelo STF, de forma abstrata, ou seja, sem relação com qualquer direito subjetivo, por meio de ações específicas, em que a constitucionalidade é o objeto principal.

→ No intuito de defesa da Constituição Federal, podem ser propostas as seguintes ações:

> **Ação Direta de Inconstitucionalidade** (ADI), prevista no Art. 102, inciso I, alínea "a", da CF, tem por finalidade declarar a inconstitucionalidade de lei ou ato normativo federal ou estadual que contrarie a Constituição Federal;

> **Ação Direta de Inconstitucionalidade por Omissão** (ADO), prevista no Art. 103, § 2º, da CF, destina-se a tornar efetiva disposição da Constituição Federal que dependa de complementação;

> **Ação Declaratória de Constitucionalidade** (ADC), prevista no Art. 102, inciso I, alínea "a", da CF, tem como objetivo confirmar a constitucionalidade de uma lei federal;

> **Arguição de Descumprimento de Preceito Fundamental** (ADPF), prevista no Art. 102, § 1º, da CF, visa declarar nulo ato que viole preceito fundamental;

> **Ação Direta de Inconstitucionalidade Interventiva** (ADI Interventiva), promovida pelo Procurador-Geral da República (PGR) junto ao STF, no caso de violação de um dos "princípios sensíveis", previstos no Art. 34, inciso VII, da Constituição Federal e que, se julgada procedente, culminará na intervenção federal da União nos Estados ou no Distrito Federal.

No controle concentrado de constitucionalidade, o **processo é objetivo**, ou seja, busca-se unicamente proteger a supremacia da CF, não se discutindo um direito subjetivo, não havendo que se falar nele, por isso, em partes, autor e réu, mas em **legitimados** (Art. 103, da CF). No entanto, uma vez proposta a ação, os legitimados **não podem desistir dela**, conforme podemos ver dos Arts. 5, 12-D e 16, da Lei nº 9.868, de 1999.

Ainda, em tais processos, não se admite **intervenção de terceiros** (Art. 7º e 18º, da Lei nº 9.868, de 1999). É permitida, contudo, a participação do ***amicus curiae*** ("amigo da corte") (Art. 7º, § 2º, da Lei nº 9.868, de 1999), na ADI (por ação ou omissão), ADC e ADPF, o qual pode apenas oferecer memoriais ou fazer sustentação oral.

A inconstitucionalidade de uma lei ou ato normativo em face da Constituição Federal pode ser **material ou formal**, havendo normas que incidem em uma ou mesmo nas duas hipóteses de inconstitucionalidade.

A **inconstitucionalidade material** é a contrariedade entre o conteúdo de uma norma e a Constituição Federal.

A **inconstitucionalidade formal** ou **orgânica** verifica-se quando a norma é elaborada em desconformidade com o processo legislativo correspondente, estabelecido na Constituição Federal.

Serve como **parâmetro ou "bloco de constitucionalidade"**, para fins de controle, qualquer norma constitucional vigente no momento da propositura da ação, uma vez que todas possuem **eficácia jurídica**. Ou seja, os Arts. da parte permanente da CF, aqueles Arts. referentes aos Atos das Disposições Constitucionais Transitórias (ADCT/CF), as Emendas Constitucionais e os tratados ou convenções de direitos humanos aprovados segundo o rito do § 3º, do Art. 5º, da Constituição Federal.

Fique Ligado

O Preâmbulo da Constituição Federal não tem força normativa e não serve como parâmetro para o controle de constitucionalidade.

Ainda, atente-se ao fato de que, no caso da Arguição de Descumprimento de Preceito Fundamental (ADPF), o parâmetro não é toda norma constitucional, mas apenas um preceito fundamental.

Podem ser **objeto do controle de constitucionalidade**, em regra, as leis e atos normativos, **dotados de generalidade e abstração** e que possuem, na Constituição Federal, o seu fundamento direto de validade.

Assim, as Emendas Constitucionais, as leis ordinárias, as leis complementares, as leis delegadas, as medidas provisórias, os decretos legislativos, as resoluções (Art. 59, da CF), os regimentos internos dos Tribunais do Poder Judiciário e dos órgãos legislativos, os decretos que aprovam tratados e convenções internacionais e os atos normativos do Poder Executivo.

Fique Ligado

O Supremo Tribunal Federal (STF) possui entendimento de que não é possível o controle de constitucionalidade das súmulas, tendo em vista que estas não possuem a generalidade e abstração própria das leis. Especificadamente em relação às súmulas vinculantes, existe um procedimento distinto para a sua revisão ou cancelamento, previsto no Art. 103-A, § 2º, da CF, e que não se confunde com o controle de constitucionalidade.

Ainda, não é possível realizar o controle de constitucionalidade de **norma infraconstitucional anterior ao atual texto constitucional** (revogada). Neste caso, a norma infraconstitucional anterior é **recepcionada ou não recepcionada**, não havendo que se falar em inconstitucionalidade passível de controle.

Segundo dispõe o Art. 125º, § 2º, da Constituição Federal, cabe aos Estados a instituição de **representação de inconstitucionalidade de leis ou atos normativos estaduais ou municipais em face da respectiva Constituição Estadual**, vedada a atribuição da legitimação para agir a um único órgão.

Neste caso, o **parâmetro** de controle serão as normas constitucionais estaduais em vigor, ainda que elas sejam normas de reprodução obrigatória, previstas originalmente na Constituição Federal.

São **objeto** de controle apenas as leis ou atos normativos estaduais e municipais.

O controle concentrado fica a cargo do respectivo **Tribunal de Justiça (TJ).** Da decisão tomada pelo TJ somente cabe recurso extraordinário ao STF quando a norma constitucional analisada é de reprodução obrigatória da Constituição Federal.

Segundo a Carta Magna, os Estados ficam livres para definir os **legitimados** à propositura da ação para o controle concentrado, apenas não podendo atribuir a um único órgão a legitimação para agir.

Controle de Constitucionalidade Difuso

O Brasil adotou, em parte, os modelos existentes no direito comparado, relativos ao controle de constitucionalidade, mesclando a possibilidade de controle no caso concreto (**norte-americano**) com os mecanismos de controle concentrado (**europeus**).

Apesar de poder haver controle de constitucionalidade pelos demais Poderes, tal função, no Brasil, é realizada preponderantemente pelo **Poder Judiciário**.

O nosso sistema de **controle de constitucionalidade judicial repressivo** de leis e atos normativos em face da Constituição Federal (CF) é misto, podendo ser realizado de forma difusa ou concentrada.

O **controle concentrado** é aquele realizado pelo Supremo Tribunal Federal (STF) a partir do julgamento de ações próprias, em que a questão da constitucionalidade é o objeto da demanda.

Já o **controle difuso** ocorre quando qualquer uma das partes – autor ou réu –, em um processo judicial, pede pela declaração de inconstitucionalidade de uma norma como questão acessória, que deve ser decidida antes de se julgar a questão principal.

No controle difuso, a norma que se afirma contrária à Constituição Federal (CF) pode ser **federal, estadual, distrital ou municipal**.

A inconstitucionalidade levantada deve ser resolvida pelo juiz antes de julgar o mérito da demanda. É um **pressuposto para o julgamento do caso concreto** levado ao juízo.

Declarada incidentalmente a inconstitucionalidade, o juiz deixará de aplicar a lei ao julgar o caso concreto, na solução da controvérsia.

O controle difuso de constitucionalidade pode dar-se, assim, por **qualquer juiz**, dentro de **qualquer espécie de processo**, seja ação ordinária, mandado de segurança, ação civil pública, etc.

Dessa forma, é um controle realizado em face do **caso concreto** (diante de um direito subjetivo em disputa), de forma **difusa** (por mais de um órgão do Poder Judiciário), e **indireto** (a questão constitucional não é principal).

Os **efeitos** desse controle de constitucionalidade são interpartes, mas ***ex tunc***, fulminando, desde o nascimento, a relação jurídica fundada na lei inconstitucional.

Excepcionalmente, contudo, tem-se admitida a **modulação temporal** dos efeitos da decisão, assim como ocorre no controle concentrado, nos termos do Art. 27º, Lei nº 9.868, de 1999.

Fique Ligado

A lei inconstitucional é um ato nulo e a decisão judicial que a reconhece, meramente declaratória. Assim, em regra, a decisão declaratória da inconstitucionalidade produz efeitos retroativos, atingindo a norma no seu nascedouro (ex tunc). No entanto, por razões de segurança jurídica ou interesse social, a decisão poderá produzir, em alguns casos, efeitos apenas a partir do seu trânsito em julgado (ex nunc).

A discussão sobre a inconstitucionalidade realizada em cada processo pode ser levada até o STF, o que normalmente ocorre pela via **recursal extraordinária** (Art. 102º, inciso III, da CF).

Se reconhecer a inconstitucionalidade da norma, o STF comunica a sua decisão ao **Senado Federal (SF)**, que tem a faculdade de, por meio de Resolução, suspender a execução da referida norma, conforme prevê o Art. 52º, inciso X, da CF.

Não se trata de revogação, mas de suspensão da norma inconstitucional. Ou seja, a lei continua vigente, mas não pode produzir efeitos.

Comunicado pelo STF, o Senado Federal não está, contudo, obrigado a suspender a execução da norma, exercendo, desta forma, um poder discricionário.

A decisão do Senado Federal, por suspender a eficácia da norma, estende-se para todas as demais pessoas – ***erga omnes*** – a inconstitucionalidade, a partir da edição da Resolução – ***ex nunc***.

Fique Ligado

Apesar de a suspensão da norma pelo Senado Federal beneficiar a todos, a decisão tomada pelo Poder Judiciário, no caso concreto, continua valendo apenas entre as partes no processo.

Quando os Tribunais do Poder Judiciário julgarem eventual recurso em que haja a declaração incidental de inconstitucionalidade, devem observar a chamada **reserva de plenário**, prevista no Art. 97º, da CF: *"Somente pelo voto da maioria absoluta de seus membros ou dos membros do respectivo órgão especial poderão os tribunais declarar a inconstitucionalidade de lei ou ato normativo do Poder Público"*.

Ainda, dispõe o STF, em sua **Súmula Vinculante nº 10**, que viola a cláusula de reserva de plenário a decisão de órgão fracionário de Tribunal que, embora não declare expressamente a inconstitucionalidade de lei ou ato normativo do poder público, afasta sua incidência, no todo ou em parte.

O **procedimento** de declaração de inconstitucionalidade incidental perante os Tribunais está previsto nos Arts. 480 a 482, do Código de Processo Civil (CPC).

O § único, do Art. 481, dispõe que os órgãos fracionários dos Tribunais não submeterão ao Plenário ou ao Órgão Especial, a arguição de inconstitucionalidade, quando já houver pronunciamento destes ou do plenário do STF sobre a questão. Ou seja, não é necessário observar a reserva de plenário nestes casos.

Exercício Comentado

01. Na hipótese de uma Turma do Tribunal Regional do Trabalho deparar-se com questão ainda não examinada pelo Supremo Tribunal Federal, atinente à constitucionalidade de lei, prejudicial à decisão de um caso concreto submetido a seu julgamento, o órgão julgador, em virtude do quanto dispõe a Constituição da República:

a) estará impedido de pronunciar-se, até que sobrevenha decisão sobre a constitucionalidade da lei proferida pelo Supremo Tribunal Federal, ao qual compete a guarda da Constituição.

b) estará impedido de pronunciar-se, até que sobrevenha decisão sobre a constitucionalidade da lei proferida pelo Tribunal Superior do Trabalho, instância jurisdicional final em matéria trabalhista.

c) poderá afastar a incidência da lei, desde logo, mas não declarar sua inconstitucionalidade expressamente, sem que haja decisão anterior proferida a esse respeito pela maioria absoluta dos membros do Tribunal Regional do Trabalho ou de seu Órgão Especial.

d) não poderá declarar a inconstitucionalidade da lei, tampouco afastar sua incidência, sem que haja decisão anterior proferida a esse respeito pela maioria absoluta dos membros do Tribunal Regional do Trabalho ou de seu Órgão Especial.

e) poderá declarar a inconstitucionalidade da lei, bem como afastar sua incidência, independentemente da existência de decisão anterior proferida a esse respeito por outras instâncias da Justiça do Trabalho ou pelo Supremo Tribunal Federal, por se tratar de decisão a ser tomada em sede de controle difuso de constitucionalidade.

RESPOSTA. ***"A" Errada. O controle da constitucionalidade pode ser difuso, mas deve ser tomado, no Tribunal, pelo voto da maioria absoluta de seus membros ou dos membros do respectivo órgão especial (Art. 97, da CF).***

RESPOSTA. ***"B" Errada. O controle da constitucionalidade pode ser difuso, mas deve ser tomado, no Tribunal, pelo voto da maioria absoluta de seus membros ou dos membros do respectivo órgão especial (Art. 97, da CF).***

RESPOSTA. ***"C" Errada. Não poderá afastar a incidência da lei, o que equivale a reconhecer a sua inconstitucionalidade, e que somente pode ser feito, no Tribunal, pelo voto da maioria absoluta de seus membros ou dos membros do respectivo órgão especial (Art. 97, da CF).***

RESPOSTA. ***"D" Certa. Conforme dispõe o Art. 97, da CF, e a Súmula Vinculante nº 10, do STF.***

RESPOSTA. ***"E" Errada. O controle da constitucionalidade pode ser difuso, mas deve ser tomado, no Tribunal, pelo voto da maioria absoluta de seus membros ou dos membros do respectivo órgão especial (Art. 97, da CF).***

Controle de Constitucionalidade Concentrado

O nosso sistema jurisdicional de controle de constitucionalidade em face da Constituição Federal (CF) contempla o **controle concentrado**, que é aquele realizado apenas pelo Supremo Tribunal Federal (STF), por meio de ações específicas, em que a constitucionalidade é o objeto principal. Assim, temos as ações declaratórias de inconstitucionalidade por ação (ADI) e omissão (ADO), a Ação Declaratória de Constitucionalidade (ADC) e a Arguição de Descumprimento de Preceito Fundamental (ADPF).

Ação Direta de Inconstitucionalidade

A **Ação Direta de Inconstitucionalidade (ADI),** prevista no Art. 102, inciso I, alínea "a", da Constituição Federal (CF), e regulamentada pela Lei nº 9.868, de 1999, destina-se a declarar a inconstitucionalidade de **lei ou ato normativo federal, estadual ou distrital** – este, quando no exercício da competência estadual (Súmula 642, do STF) –, mesmo que em *vacacio legis* (período entre a publicação da lei e a data em que ela entra em vigor).

Não cabe ADI em face de leis ou atos normativos municipais.

Exercício Comentado

01. Não se admite ação direta de inconstitucionalidade, perante o STF, cujo objeto seja ato normativo editado pelo DF no exercício de competência que a CF reserve aos municípios, tal como a disciplina e polícia do parcelamento do solo.

CERTO. É o entendimento constante da Súmula 642, do Supremo Tribunal Federal.

Diferentemente do que ocorre no controle difuso, nos processos que se destinam ao controle concentrado de constitucionalidade, não há que se falar em partes – mas apenas em legitimados -, já que o seu objetivo é, apenas, o de defesa da Constituição Federal.

Assim, são **legitimados** para a propositura da ADI, nos termos do Art. 103, incisos I a IX, da CF: o Presidente da República, a Mesa do Senado Federal, a Mesa da Câmara dos Deputados, a Mesa de Assembleia

Legislativa ou da Câmara Legislativa do Distrito Federal, o Governador de Estado ou do Distrito Federal, o Procurador-Geral da República, o Conselho Federal da Ordem dos Advogados do Brasil, partido político com representação no Congresso Nacional, confederação sindical ou entidade de classe de âmbito nacional.

O STF entende, contudo, que os legitimados Mesa de Assembleia Legislativa, Mesa da Câmara Legislativa do Distrito Federal, Governador de Estado ou do Distrito Federal, confederação sindical (Art. 535, da CLT) e entidade de classe de âmbito nacional **precisam demonstrar interesse**, ou seja, uma relação de pertinência entre o pedido de inconstitucionalidade e as suas finalidades institucionais, chamada de "**pertinência temática**".

No entanto, ainda segundo o STF, **não precisam demonstrar interesse** o Presidente da República, Mesa do Senado Federal, Mesa da Câmara dos Deputados, Procurador-Geral da República, Conselho Federal da Ordem dos Advogados do Brasil e partido político com representação no Congresso Nacional. Esses são os chamados "**legitimados universais**".

Admitida a petição de ADI, o Ministro relator do processo pedirá **informações** aos órgãos ou às autoridades das quais emanou a lei ou o ato normativo impugnado, as quais deverão ser prestadas no prazo de 30 (trinta) dias, contado do recebimento do pedido (Art. 7º, da Lei nº 9.868, de 1999).

Uma vez decorrido o prazo para as informações, serão ouvidos, sucessivamente, o Advogado-Geral da União (AGU) e o Procurador-Geral da República (PGR), que deverão manifestar-se, cada qual, no prazo de 15 (quinze) dias.

O **Advogado-Geral da União (AGU)** atua como "fiscal" da presunção de constitucionalidade dos atos e normas, federais e, inclusive, estaduais (Art. 103, § 3º, da CF).

O **Procurador-Geral da República (PGR)** deverá ser previamente ouvido na ADI e nas demais ações de controle de constitucionalidade (Art. 103, § 1º, da CF). Neste caso, o PGR está agindo como ***custus constitutionis***, podendo, inclusive, manifestar-se contrariamente à inconstitucionalidade arguida na inicial.

Nos termos dos Arts. 10 a 12, da Lei nº 9.868, de 1999, o STF pode conceder a **tutela cautelar** na ADI.

Assim, salvo no período de recesso, a medida cautelar na ação direta será concedida por **decisão da maioria absoluta dos membros do STF**, após a audiência dos órgãos ou autoridades dos quais emanou a lei ou ato normativo impugnado, que deverão pronunciar-se no prazo de cinco dias (Art. 10, da Lei nº 9.868, de 1999).

A tutela cautelar terá **eficácia contra todos** e, salvo disposição em sentido contrário, **efeitos *ex nunc*** (Art. 11, § 1º, da Lei nº 9.868, de 1999).

A concessão da medida cautelar **torna aplicável a legislação anterior acaso existente**, salvo expressa manifestação em sentido contrário (Art. 11, § 2º, da Lei nº 9.868, de 1999).

Conforme dispõe o Art. 12, da Lei nº 9.868, havendo pedido de medida cautelar, o relator, em face da relevância da matéria e de seu especial significado para a ordem social e a segurança jurídica, poderá, após a prestação das informações, no prazo de dez dias, e a manifestação do Advogado-Geral da União e do Procurador-Geral da República, sucessivamente, no prazo de cinco dias, **submeter o processo diretamente ao Tribunal**, que terá a faculdade de **julgar definitivamente a ação**.

A **decisão** deve ser tomada pelo STF com a presença (quórum) de, no mínimo, 8 (oito) Ministros (2/3). Será declarada a inconstitucionalidade da norma impugnada se, neste sentido, votarem pelo menos 6 (seis) Ministros (maioria absoluta).

A decisão, então, declara a inconstitucionalidade do ato, ou seja, o ato é reconhecido como nulo.

A decisão tomada na ADI, assim como aquela na Ação Declaratória de Constitucionalidade (ADC), possuem o que se chama de **caráter dúplice**, ou seja, proclamada a constitucionalidade de lei ou ato normativo, será julgada improcedente a ADI e procedente a ADC; mas, proclamada a inconstitucionalidade de lei ou ato normativo, será julgada procedente a ADI e improcedente a ADC, conforme podemos verificar do Art. 24, da Lei nº 9.868, de 1999.

Nos termos do § 2º, do Art. 102, da CF e do Art. 28, da Lei nº 9.868, de 1999, as decisões definitivas de mérito, proferidas nas ações diretas de inconstitucionalidade produzirão **eficácia contra todos** (*erga omnes*) e **efeito vinculante**, relativamente aos demais órgãos do Poder Judiciário e à Administração Pública direta e indireta, nas esferas federal, estadual e municipal.

Ainda, como regra, a decisão tem efeitos ***ex tunc***, ou seja, desde a data da produção do ato tido por inconstitucional.

Contudo, nos termos do Art. 27, da Lei nº 9.868, de 1999, em vista razões de segurança jurídica ou de excepcional interesse social, poderá o STF, por maioria de 2/3 (dois terços) de seus membros, restringir os efeitos daquela declaração ou decidir que ela só tenha eficácia a partir de seu trânsito em julgado ou de outro momento que venha a ser fixado. É o que se chama de "**modulação dos efeitos**" da declaração de inconstitucionalidade.

Apesar de se tratar de um processo objeto – em que não se discutem direitos subjetivos –, o STF não pode ampliar o objetivo da ação (**princípio da correlação**), mas não fica preso a sua fundamentação, a sua causa de pedir. Ou seja, aqui, o pedido é fechado e a causa de pedir é aberta.

Ainda, ao julgar a ação, o STF vai declarar, normalmente, a constitucionalidade ou a inconstitucionalidade do dispositivo normativo. Segundo o Art. 28, § único, da Lei nº 9.868, de 1999, o STF poderá, no entanto, promover uma **interpretação conforme a Constituição** (quando se elimina uma ou algumas possibilidades de interpretação do texto da lei) ou declarar parcialmente a inconstitucionalidade, **sem redução do texto normativo** (o que equivale à restrição à incidência da lei a um grupo de pessoas ou situações).

Exercício Comentado

01. A ação direta de inconstitucionalidade,

a) contra ato normativo municipal não pode ser julgada pelo Supremo Tribunal Federal, sequer em sede de recurso extraordinário.

b) não é cabível para impugnar atos normativos primários emanados do Poder Executivo, ainda que dotados de generalidade e abstração.

c) proposta por qualquer dos legitimados não admite desistência.

d) admite a intervenção de terceiros na modalidade de assistência simples.

e) sujeita-se a prazo decadencial, previsto na legislação ordinária.

RESPOSTA. "A" Errada. Lei municipal não pode ser objeto de controle concentrado, apenas, difuso, quando, então, pode chegar até o Supremo Tribunal Federal por meio do Recurso Extraordinário.

RESPOSTA. "B" Errada. É cabível também para o controle dos atos normativos do Poder Executivo.

RESPOSTA. "C" Certa. É o que encontramos no Art. 5º, da Lei nº 9.868, de 1999.

RESPOSTA. "D" Errada. Nos termos do Art. 7º, da Lei 9.868, de 1999, não se admitirá intervenção de terceiros no processo de ação direta de inconstitucionalidade.

RESPOSTA. "E" Errada. Nos termos da Súmula 360, do Supremo Tribunal Federal, não há prazo de decadência no controle de constitucionalidade por meio da ADI.

Ação Direta de Inconstitucionalidade por Omissão

A **Ação Direta de Inconstitucionalidade por Omissão (ADO),** reconhecendo a omissão inconstitucional do legislador ou do administrador, destina-se a **tornar efetiva disposição constitucional que dependa de complementação**, ou seja, as normas constitucionais de eficácia social limitada. Ela está prevista no Art. 103, § 2º, da CF, e também regulamentada pela Lei nº 9.868, de 1999.

Os **legitimados ativos** são os mesmos da ADI e da ADC, previstos no Art. 103, incisos I a IX, da CF, valendo, ainda, a distinção feita entre legitimados interessados e universais.

Também é possível, nessa situação, a concessão de **medida cautelar**, nos termos dos Arts. 12-F e 12-G, da Lei nº 9.868, de 1999.

Conforme dispõe expressamente a Lei nº 9.868, de 1999, em seu Art. 12-E, aplicam-se ao procedimento da Ação Direta de Inconstitucionalidade por Omissão (ADO), no que couber, as disposições relativas ao procedimento da ADI por ação.

Assim, o **Procurador-Geral da República (PGR),** nas ações em que não for autor, terá vista do processo por 15 (quinze) dias, após o decurso do prazo para informações (Art. 12-E, § 3º, da Lei nº 9.868, de 1999).

No entanto, e normalmente, o **Advogado-Geral da União (AGU)** não é intimado nesta ação. Contudo, nos termos do Art. 12-E, da Lei nº 9.868, de 1999, o relator do processo no STF "*poderá solicitar a manifestação do Advogado-Geral da União, que deverá ser encaminhada no prazo de 15 (quinze) dias*".

A **decisão** deve ser tomada pelo STF com a presença (quórum) de, no mínimo, 8 (oito) Ministros (2/3). Será declarada a inconstitucionalidade da omissão se neste sentido votarem, pelo menos, 6 (seis) Ministros (maioria absoluta).

Declarada a inconstitucionalidade por omissão, será dada ciência ao **Poder competente** para a adoção das providências necessárias.

No entanto, em caso de omissão imputável a **órgão administrativo**, as providências necessárias deverão ser adotadas no prazo de 30 (trinta) dias, ou em prazo razoável a ser estipulado excepcionalmente pelo STF, tendo em vista as circunstâncias específicas do caso e o interesse público envolvido (Art. 12-H, da Lei nº 9.868, de 1999).

Apesar de a decisão em ADO produzir **eficácia contra todos** – *erga omnes* – e ser **vinculante** (Art. 102, § 2º, da CF), o Poder responsável pela omissão não se encontra obrigado a dar início ao processo legislativo para a criação da norma faltante.

Ainda, a sentença tem **caráter meramente mandamental**, não suprindo o STF a omissão, como ocorre com o mandado de injunção (Art. 5º, inciso LXXI, da CF).

Fique Ligado

O mandado de injunção é ação constitucional (Art. 5º, inciso LXXI, da CF) proposta sempre que a falta de norma regulamentadora torne inviável o exercício dos direitos e liberdades constitucionais e das prerrogativas inerentes à nacionalidade, à soberania e à cidadania. Julgado procedente, o STF autoriza a fruição do direito. Produzem-se, dessa forma, efeitos concretos, viabilizando o exercício do direito pela parte, diferentemente do que ocorre com a ADO.

Ação Declaratória De Constitucionalidade

A **Ação Declaratória de Constitucionalidade (ADC),** introduzida na Constituição Federal pela Emenda Constitucional nº 3, de 1993, somente cabe em face de **lei nacional ou federal** e se **provada divergência jurisprudencial relevante** quanto à constitucionalidade delas nos juízos inferiores.

A ADC está prevista no Art. 102, inciso I, alínea "a", da CF e regulamentada na Lei nº 9.868, de 1999.

Essa ação tem como objetivo **confirmar a constitucionalidade** de uma lei federal ou nacional, e não declarar a sua inconstitucionalidade.

Nas discussões em torno da própria constitucionalidade da ADC, ficou assentado no Supremo Tribunal Federal (STF) que toda lei ou ato normativo goza, em princípio, de presunção de constitucionalidade. Essa presunção seria, contudo, "relativa", podendo ser questionada em controle difuso e concentrado, o que poderia gerar grande incerteza e insegurança jurídica.

Assim, para garantir a dita segurança jurídica, a ADC, se julgada procedente, cria uma presunção "absoluta" de constitucionalidade em favor das normas questionadas.

Os **legitimados ativos** são os mesmos da ADI, previstos no Art. 103, incisos I a IX, da CF, valendo, ainda, neste caso, a distinção feita entre legitimados interessados e universais.

Também é possível, aqui, a concessão de **medida cautelar**, nos termos do Art. 21, da Lei nº 9.868, de 1999.

Após o pedido de **informações** aos órgãos elaboradores da norma, o **Procurador-Geral da República (PGR)** deverá pronunciar-se, no processo, dentro do prazo de 15 (quinze) dias (Art. 18, da Lei nº 9.868, de 1999).

O **Advogado-Geral da União** não é intimado para se manifestar nesta ação, já que não existe lei ou ato normativo que esteja sendo impugnado.

Assim como ocorre com a ADI, a decisão sobre a ADC será tomada pelo voto da maioria absoluta (6 ministros), desde que presentes na sessão, pelo menos, 2/3 (dois terços) dos Ministros do STF (8 ministros).

Julgada procedente a ADC, promove-se a **sustação da eficácia** – a desconstituição – **de toda e qualquer decisão contrária**, tomada pelos demais órgãos jurisdicionais ou administrativos.

A decisão possui efeitos retroativos - ***ex tunc*** -, tem **eficácia contra todos** (*erga omnes*) e **efeito vinculante** em relação aos órgãos do **Poder Judiciário** e da **Administração Pública** federal, estadual e municipal (Art. 102, § 2º, da CF).

Exercício Comentado

01. O Procurador-Geral da República ajuíza ação declaratória de constitucionalidade perante o Supremo Tribunal Federal (STF) em face de emenda constitucional, a qual é julgada procedente, com efeito ex nunc. Neste caso,

a) há vício de propositura, pois o Procurador-Geral da República não é legitimado para propor ação declaratória de constitucionalidade.

b) a sentença poderá adquirir abrangência erga omnes caso o STF comunique o Senado Federal e este amplie os efeitos da aplicação da lei declarada constitucional.

c) o efeito da decisão está incorreto, pois, no caso de julgamento procedente de ação declaratória de constitucionalidade, será ex tunc.

d) há vício quanto ao objeto da ação, pois a ação declaratória de constitucionalidade não pode abarcar o exame de emenda constitucional.

e) para que a decisão tenha eficácia erga omnes, o STF deverá editar súmula vinculante mediante decisão de dois terços de seus membros.

RESPOSTA. "A" Errada. É um dos legitimados, nos termos do Art. 103, da Constituição Federal.

RESPOSTA. "B" Errada. Por expressa previsão constitucional (Art. 102, § 2º, da CF), a sentença possui eficácia erga omnes.

RESPOSTA. "C" Certa. Esta é a regra.

RESPOSTA. "D" Errada. Dentro da expressão "lei", para fins de controle de constitucionalidade, está contida a Emenda Constitucional.

RESPOSTA. "E" Errada. Por expressa previsão constitucional (Art. 102, § 2º, da CF), a sentença possui eficácia erga omnes.

Arguição de Descumprimento de Preceito Fundamental

A **Arguição de Descumprimento de Preceito Fundamental (ADPF)** é uma forma de evitar ou, ainda, reparar lesão a preceito fundamental, resultante de ato – **normativo ou não** – do Poder Público federal, estadual, distrital ou municipal, incluídos aqueles anteriores à Carta Magna de 1988 (Art. 1º, da Lei nº 9.882, de 1999).

Essa ação está prevista no Art. 102, § 1º, da Constituição Federal, e regulamentada pela Lei nº 9.882, de 1999.

O **parâmetro** para a ADPF não é, assim, toda a norma constitucional, mas **apenas um preceito fundamental**.

Na ausência de uma previsão constitucional e legal, o STF entende que são preceitos fundamentais as **cláusulas pétreas** (Art. 60, § 4º, da CF), os **fundamentos da República Federativa do Brasil** (Art. 1º, da CF), os **direitos e garantias fundamentais** e os **princípios constitucionais sensíveis** (Art. 34, inciso VII, da CF).

A ADPF é uma **ação subsidiária**, ou seja, somente poderá ser usada quando não houver outro meio de proteger o preceito fundamental (Art. 4º, § 1º, da Lei nº 9.882, de 1999). Esta sua característica acarreta a possibilidade de que uma ação ajuizada perante o STF venha a ser conhecida pela Corte não como ADPF, mas como alguma outra ação integrante do sistema de controle concentrado (ADI ou ADC).

Podem propor a ADPF os **legitimados** para a Ação Direta de Inconstitucionalidade (ADI), previstos no Art. 103, da Constituição Federal, valendo, também, a distinção feita entre legitimados interessados e universais.

O Art. 2º, § 1º, da Lei nº 9.882, de 1999, ainda faculta a um **particular**, ou seja, qualquer pessoa lesada ou ameaçada por ato do Poder Público, a possibilidade de, somente mediante representação, solicitar a propositura da ADPF ao Procurador-Geral da República (PGR), o qual não estará, no entanto, obrigado a propor a ação sugerida.

Exercício Comentado

01. Prefeito municipal é parte legítima para ingressar com arguição de descumprimento de preceito fundamental.

ERRADO. Conforme o Art. 2º, da Lei nº 9.882, de 1999, podem propor a ADPF os legitimados para a Ação Direta de Inconstitucionalidade (ADI), previstos no Art. 103, da Constituição Federal, entre os quais não encontramos o Prefeito.

Uma vez admitida a petição inicial, o Ministro relator do processo solicitará as **informações** às autoridades responsáveis pela prática do ato questionado, as quais deverão ser prestadas no prazo de 10 (dez) dias.

O **Procurador-Geral da República (PGR),** nas arguições que não houver formulado, terá vista do processo **por 5 (cinco) dias**, após o decurso do prazo para informações.

O **Advogado-Geral da União** não é intimado para se manifestar nesta ação. No entanto, **poderá** ser ouvido, a critério do relator do processo (Art. 5º, § 2º, Lei 9.882, de 1999).

Assim como ocorre com a ADI, a decisão sobre a ADPF será tomada pelo voto da maioria absoluta (6 ministros), desde que presentes na sessão, pelo menos, 2/3 (dois terços) dos Ministros do STF (Art. 8º, da Lei 9.882, de 1999).

O conteúdo da decisão em ADPF deverá conter a **fixação das condições e o modo de interpretação e aplicação do preceito fundamental** a ser comunicado às autoridades ou órgãos responsáveis pela prática dos atos questionados (Art. 10, da Lei nº 9.882, de 1999).

A decisão possui efeitos retroativos – ***ex tunc*** –, terá eficácia contra todos – ***erga omnes*** – e efeito **vinculante** relativamente aos demais órgãos do Poder Público (Art. 10, § 3º, da Lei nº 9.882, de 1999).

Assim como ocorre na ADI, aqui também é possível a **modulação dos efeitos da decisão**. Segundo o Art. 11, da Lei nº 9.882, de 1999, ao declarar a inconstitucionalidade de lei ou ato normativo, tendo em vista razões de segurança jurídica ou de excepcional interesse social, poderá o STF, por maioria de 2/3 (dois terços) de seus membros, restringir os efeitos daquela declaração ou decidir que ela só tenha eficácia a partir de seu trânsito em julgado (***ex nunc***) ou de outro momento que venha a ser fixado (**efeito prospectivo** ou ***pro futuro***).

Vamos Praticar

01. Renato ajuizou ação de indenização contra Pedro, julgada procedente em primeiro grau e confirmada pelo Tribunal de Justiça. Interposto Recurso Especial pelo demandado, cujo processamento é admitido, o Superior Tribunal de Justiça declarou a inconstitucionalidade da lei que fundamenta a demanda, que é assim julgada improcedente. Tem-se, no caso, exercício de controle da constitucionalidade:

a) Abstrato.
b) Difuso.
c) Concentrado.
d) Transverso.
e) Coletivo.

02. Constitucionalidade é a relação estabelecida entre a Constituição e um dado comportamento que lhe seja conforme, compatível ou de acordo com seu sentido, não se manifestando tão somente por um caráter lógico-racional, mas por um caráter valorativo. O controle dessa relação se faz, no Brasil, pela atribuição:

a) A órgãos jurisdicionais ordinários, em um modelo difuso de controle de constitucionalidade das leis combinado com um modelo concentrado de corte constitucional, sistema a que se tem denominado misto.
b) Do julgamento das questões constitucionais a um órgão jurisdicional superior ou a uma corte constitucional, modelo a que se tem denominado controle difuso.
c) A órgãos ordinários do poder judiciário, da prerrogativa de afastar a aplicação da lei, nos processos judiciais, mantendo-se também uma corte constitucional, modelos a que se tem denominado controle concentrado.
d) A qualquer órgão judicial incumbido de aplicar a lei a um caso sub judice, do dever da não aplicação da lei quando considerá-la incompatível com a ordem constitucional, modelo a que se tem denominado controle concentrado.

03. Por meio de ação direta de inconstitucionalidade e de ação declaratória de constitucionalidade, processadas junto ao Supremo Tribunal Federal, poderão ser questionadas:

a) As Emendas à Constituição Federal e as leis federais, estaduais e municipais.
b) As leis federais, estaduais e municipais.
c) As leis federais e estaduais.
d) As leis federais.

04. Considera-se mecanismo de controle de constitucionalidade jurisdicional repressivo, previsto na Constituição da República:

a) O veto parcial ou total do Presidente da República a projeto de lei por motivo de inconstitucionalidade ou contrariedade ao interesse público.
b) A suspensão, no todo ou em parte, da execução de lei declarada inconstitucional por decisão definitiva do Supremo Tribunal Federal.
c) O mandado de injunção, de competência originária do Superior Tribunal de Justiça, em face de ausência de norma regulamentadora de direito fundamental cuja elaboração seja atribuição de Assembleia Legislativa estadual.
d) A ação declaratória de constitucionalidade de lei ou ato normativo federal ou estadual, em face da Constituição da República.
e) A ação direta de inconstitucionalidade de lei ou ato normativo federal ou estadual, de competência originária do Supremo Tribunal Federal.

05. Um juiz de primeiro grau, ao declarar a inconstitucionalidade de lei em sentença:

a) Pode, tendo em vista razões de segurança jurídica ou de excepcional interesse social, determinar que a declaração de inconstitucionalidade tenha eficácia *erga omnes* ou decidir que ela só tenha eficácia a partir de seu trânsito em julgado.
b) Realiza controle de constitucionalidade difuso, no qual o exame da compatibilidade de uma lei com a Constituição é incidental e relacionado a um determinado caso concreto.
c) Deve demonstrar a repercussão geral das questões constitucionais discutidas no caso como condição preliminar de mérito da decisão.
d) Deve submeter sua decisão ao duplo grau de jurisdição para que o exame da constitucionalidade da lei seja realizado por um Tribunal, em respeito à cláusula constitucional de reserva de plenário.
e) Deve comunicar ao Supremo Tribunal Federal o teor de sua decisão para fins de uniformização jurisprudencial, evitando-se, futuramente, decisões contraditórias em matéria de controle de constitucionalidade.

06. De acordo com o texto da Constituição da República e com a jurisprudência do Supremo Tribunal Federal, em matéria de controle de constitucionalidade é correto afirmar:

a) Viola a cláusula de reserva de plenário a decisão de órgão fracionário de tribunal que, embora não declare expressamente a inconstitucionalidade de lei ou ato normativo do poder público, afasta sua incidência, no todo ou em parte.
b) A cláusula de reserva de plenário não se aplica aos processos de competência da Justiça do Trabalho e da Justiça Eleitoral.
c) Aos magistrados dos juizados especiais é vedado o exercício do controle incidental de constitucionalidade de leis e atos normativos.
d) As decisões definitivas de mérito, proferidas pelo Supremo Tribunal Federal, nas ações diretas de inconstitucionalidade e nas ações declaratórias de constitucionalidade, produzem eficácia contra todos e efeito vinculante, relativamente aos demais órgãos do Poder Judiciário, mas não vinculam a atuação da administração pública.
e) Compete ao Supremo Tribunal Federal julgar as ações declaratórias de constitucionalidade de lei ou ato normativo federal ou estadual.

07. Jorge, Olavo, Pedro, Paulo e Tito ocupam, respectivamente, os cargos de Presidente da República, Governador de Estado, Governador do Distrito Federal, Prefeito Municipal e Vereador. Segundo o Art. 103, da Constituição Federal brasileira, as ações direta de inconstitucionalidade e declaratória de constitucionalidade poderão ser propostas por:

a) Paulo e Tito, apenas.
b) Pedro e Paulo, no caso de ação declaratória, e Tito, no caso de ação direta de inconstitucionalidade, apenas.
c) Olavo, no caso de ação direta de inconstitucionalidade, e Tito, no caso de ação declaratória, apenas.
d) Jorge, Olavo e Pedro, apenas.

e) Jorge e Paulo, no caso de ação declaratória, e Olavo, no caso de ação direta de inconstitucionalidade, apenas.

08. O Supremo Tribunal Federal julgou inconstitucional, em sede de ação direta de inconstitucionalidade, norma federal que estendeu a incidência de tributo para determinado segmento produtivo. A decisão, nos termos da Constituição Federal,

a) Aplica-se apenas aos contribuintes que aderiram ao polo ativo da ação.

b) Produz eficácia somente em relação aos contribuintes que aderiram ao polo ativo da ação, mas possui efeito vinculante no que concerne aos demais órgãos do Poder Judiciário.

c) Produz eficácia contra todos, alcançando, assim, todos os contribuintes do tributo cujo lançamento foi julgado inconstitucional.

d) Aplica-se a todos os contribuintes do tributo, que poderão requerer a devolução somente dos valores pagos após o trânsito em julgado da ação.

e) Produz eficácia parcial, na medida em que não produz efeito vinculante no que concerne aos demais órgãos do Poder Judiciário.

Considerando, por mera hipótese, que um deputado federal apresentasse projeto de lei ordinária dispondo sobre a organização da Defensoria Pública da União (DPU), e que tal proposição, depois de aprovada na Câmara dos Deputados e no Senado Federal, fosse encaminhada à sanção do presidente da República, julgue o item que se segue.

09. Se considerasse o projeto em apreço inconstitucional, o presidente da República poderia vetá-lo, exercendo, nesse caso, controle preventivo de constitucionalidade.

Certo ( ) Errado ( )

10. Consoante à jurisprudência do STF, admite-se o controle judicial preventivo de constitucionalidade nos casos de mandado de segurança impetrado por parlamentar, com a finalidade de impedir a tramitação de proposta de emenda constitucional tendente a abolir cláusula pétrea.

Certo ( ) Errado ( )

Gabarito

01	B	06	A
02	A	07	D
03	D	08	C
04	E	09	CERTO
05	B	10	CERTO

Anotações

CAPÍTULO 17

Constituição do Estado do Paraná- Da Organização do Estado e dos Municípios

Organização Político-Administrativa da República Federativa do Brasil

→ Antes de nos debruçarmos sobre a organização do Estado e dos Municípios, na Constituição do Estado do Paraná, precisamos compreender um pouco da organização político-administrativa de toda a República.

Nos termos do que dispõe o Art. 1º, da Constituição Federal (CF) a nossa **forma de Estado** é a **Federal**. A adoção do princípio federativo significa a existência, no Estado, de mais de um ente com poder, havendo, assim, descentralização política.

A República Federativa do Brasil é composta, então, pela União, Estados, Distrito Federal e os Municípios, todos dotados de **autonomia política** (Art. 18, da CF).

A autonomia que possuem os entes federativos lhes confere a possibilidade de auto-organização, autogoverno, autolegislação e autoadministração.

No exercício de sua capacidade de **auto-organização** os Estados membros vão adotar suas próprias Constituições por meio do exercício do poder constituinte derivado decorrente (Art. 25, da CF).

→ A elaboração da Constituição Federal é obra do chamado **poder constituinte originário**, também conhecido como de primeiro grau.

Esse poder possui as características de ser inicial, autônomo, ilimitado e incondicionado.

Em vista da forma de Estado adotada por nós – a Federal - é possível falar, ainda, em poder constituinte derivado decorrente.

O poder constituinte derivado decorrente – ou secundário, de segundo grau -, porque é uma criação do originário, possui as características de ser limitado e condicionado.

É este poder que está encarregado de organizar os entes federativos regionais. Por ser um poder constituído, criado pelo poder constituinte originário, também encontra limites impostos por este.

O poder constituinte derivado decorrente é exercido pelas Assembleias Legislativas nos Estados e pela Câmara Legislativa no Distrito Federal, e deve observar os princípios estabelecidos pela Constituição Federal, conforme determinam os Arts. 11, do ADCT/CF, 25 e 32, da Constituição Federal.

O chamado **princípio da simetria** impõe, assim, limites ao exercício do poder constituinte derivado decorrente pelos Estados e Distrito Federal, os quais devem respeitar disposições essenciais relativas à estruturação do estado brasileiro, previstas na Constituição Federal, tais como a forma **Federal**, a forma de governo **republicana**, o regime de governo **democrático** (Art. 1º, da CF), os fundamentos (Art. 1º, Incisos I a V, da CF) e objetivos (Art. 3º, da CF) da República, os direitos e garantias fundamentais.

Fique Ligado

Os Municípios não possuem um verdadeiro poder constituinte, mas apenas a competência de se organizarem por lei orgânica, respeitados os princípios estabelecidos na Constituição Federal e na Constituição do respectivo Estado (Art. 11, § único, do ADCT/CF; Art. 29, da CF). Os Municípios exercem um poder de "terceiro grau", que não deriva diretamente do originário, não podendo ser chamado, por isso, de decorrente.

A Constituição do Estado do Paraná (CEPR) vai, por isso, reproduzir, em grande parte, as disposições constantes da Constituição Federal de 1988.

Exercício Comentado

01. A Constituição do Estado do Paraná não é dotada de preâmbulo, visto que apenas a Constituição Federal, por ser fruto de um Poder Constituinte Originário, pode conter um dispositivo para a abertura da ordem constitucional.

ERRADO. A CEPR, elaborada por um poder constituinte derivado decorrente, possui sim um preâmbulo. Segundo o Supremo Tribunal Federal (STF), a existência de um preâmbulo nas Constituições Estaduais não é, contudo, obrigatória e os mesmos não possuem força normativa.

A CEPR possui 259 (duzentos e cinquenta e nove) Arts. na parte permanente, divididos em 7 (sete) Títulos e mais 60 (sessenta) Arts. no Ato das Disposições Constitucionais Transitórias (ADCT).

No Título I, nos Arts. 1º a 26, a CEPR dispõe, inicialmente, dos elementos essenciais para a **organização do Estado e dos Municípios**.

Da Organização do Estado

→ No **Capítulo I, Arts. 1º a 14, a Constituição do Estado do Paraná (CEPR)** tratará de **organizar o próprio Estado**, tratando de disposições preliminares e das suas competências.

No Art. 1º, da CEPR está posto que o Estado do Paraná, integrado de forma indissolúvel à República Federativa do Brasil, proclama e assegura o Estado democrático, a cidadania, a dignidade da pessoa humana, os valores sociais do trabalho e da livre iniciativa e o pluralismo político.

Como podemos ver, nesse ponto a CEPR reproduz alguns dos princípios fundamentais da República Federativa do Brasil, previstos no Art. 1º, da Constituição Federal.

Ainda no Art. 1º, da CEPR estão previstos os **princípios e objetivos fundamentais** do Estado, ou seja:

a) O respeito à unidade da Federação, à CEPR, à Constituição Federal e à inviolabilidade dos direitos e garantias fundamentais por ela estabelecidos;
b) A defesa dos direitos humanos;
c) A defesa da igualdade e o consequente combate a qualquer forma de discriminação;
d) A garantia da aplicação da justiça, devendo prover diretamente o custeio da gratuidade processual aos reconhecidamente pobres, nos termos da lei;
e) A busca permanente do desenvolvimento e da justiça social;

f) A prestação eficiente dos serviços públicos, garantida a modicidade das tarifas;

g) O respeito incondicional à moralidade e à probidade administrativas;

h) A colaboração e a cooperação com os demais entes que integram a Federação;

i) A defesa do meio ambiente e da qualidade de vida.

Exercício Comentado

01. Segundo prevê a Constituição Federal, os Estados organizam-se e regem-se pelas Constituições e lei que adotarem, observados os princípios estabelecidos por aquela. Neste sentido é correto afirmar que:

a) O poder constituinte encarregado da criação da Carta estadual é ilimitado.

b) O poder constituinte nos Estados é exercido por uma Assembleia Estadual Constituinte especialmente convocada para esse fim.

c) São normas de reprodução obrigatória na Constituição Estadual a forma federal, a forma de governo republicana, o regime de governo democrático.

d) São normas de reprodução obrigatória na Constituição Estadual, os fundamentos e objetivos da República, mas não os direitos e garantias fundamentais.

RESPOSTA. ***A alternativa "C" está certa. Como imposição do princípio da simetria. "A" está errada. Por ser um poder constituído, criado pelo poder constituinte originário, também encontra limites impostos por este. A alternativa"B"Está errada. O poder constituinte derivado decorrente é exercido pelas Assembleias Legislativas nos Estados e pela Câmara Legislativa no Distrito Federal. A alternativa "D" esta errada. Todas aquelas são disposições de reprodução obrigatória.***

→ Sabe-se que o **regime político ou de governo** adotado no Brasil é o democrático.

Em um regime democrático a fonte de todo o poder político é o povo.

Nossa democracia é, segundo podemos ver do Art. 1º, § único, da Constituição Federal, do tipo semidireta ou participativa.

Em uma democracia participativa o poder popular se manifesta de forma indireta – por meio de representantes eleitos – e, por vezes, de forma direta (plebiscito, referendo, iniciativa popular etc.). Art. 2º, da CEPR, como não poderia deixar de ser, reafirma o princípio democrático ao estabelecer que a soberania popular será exercida pelo sufrágio universal e pelo voto direto e secreto e mediante plebiscito, referendo e iniciativa popular.

→ Tratando da organização político-administrativa do Estado brasileiro, a Constituição Federal dispõe, em seu Art. 18, § 3º, que os Estados podem incorporar-se entre si, subdividir-se ou desmembrar-se para se anexarem a outros, ou formarem novos Estados ou Territórios Federais, desde que, mediante aprovação da população diretamente interessada, através de plebiscito, e do Congresso Nacional, por lei complementar.

Neste sentido, dispõe o Art. 3º, da CEPR que é mantida a **integridade territorial** do Estado do Paraná, que só poderá ser alterada mediante aprovação de sua população, por meio de plebiscito, e por lei complementar federal.

→ Na sequência, a CEPR informa que a cidade de Curitiba é a **Capital do Estado** e nela os Poderes têm sua sede.

A Capital do Estado somente poderá ser mudada mediante lei complementar estadual e após consulta plebiscitária (Art. 5º, da CEPR).

→ O Art. 13, da Constituição Federal prevê que são **símbolos** da República Federativa do Brasil a bandeira, o hino, as armas e o selo nacionais, mas que os Estados, o Distrito Federal e os Municípios poderão ter símbolos próprios.

Assim, conforme dispõe o Art. 6º, da CEPR, o Estado do Paraná adota como símbolos, além dos nacionais, a Bandeira, o Hino, o Brasão de Armas e o Sinete:

Bandeira

Brasão de Armas

Sinete

→ O Art. 8º da CEPR relaciona os **bens do Estado**, repetindo o quanto disposto no Art. 26, da Constituição Federal, acrescentando, apenas, (a) os rendimentos decorrentes das atividades e serviços de sua competência e da exploração dos bens imóveis de seu domínio.

Ainda, são bens do Estado, segundo o referido Art., (b) as áreas, nas ilhas oceânicas e costeiras, que estiverem em seu domínio, excluídas aquelas sob o domínio da União, dos Municípios ou de terceiros, (c) as ilhas fluviais e lacustres e as terras devolutas situadas em seu território, não pertencentes à União e, (d) as águas superficiais ou subterrâneas, fluentes, emergentes e em depósitos, ressalvadas, neste caso, na forma da lei, as decorrentes de obras da União.

Segundo o Art. 10, da CEPR, os bens imóveis do Estado não podem ser objeto de doação ou de utilização gratuita, salvo, e mediante lei, se o beneficiário for pessoa jurídica de direito público interno, órgão ou fundação de sua administração indireta ou entidade de assistência social sem fins lucrativos, declarada de utilidade pública, ou para fins de assentamentos de caráter social.

Dispõe, ainda, o § único, daquele Art. que a alienação, a título oneroso, de bens imóveis do Estado dependerá de autorização prévia da Assembleia Legislativa e será precedida de concorrência pública, a qual será dispensada quando o adquirente for uma das pessoas jurídicas de direito público interno, referidas neste Art., ou para fins de assentamentos de caráter social.

→ Ao tratar das **competências legislativas e materiais** do Estado, a CEPR vai reproduzir em parte aquilo que já vem estabelecido na Constituição Federal.

Assim, em princípio, o Estado do Paraná exercerá toda a competência legislativa e material que não esteja prevista expressamente à União e aos Municípios, pela Constituição Federal (Art. 11, da CEPR). Esta é a competência residual ou remanescente.

A **competência material comum** (ou paralela) do Estado, com a União e os Municípios, está relacionada no Art. 12, da CEPR:

a) Zelar pela guarda da Constituição, das leis e das instituições democráticas e conservar o patrimônio público;
b) Cuidar da saúde e assistência pública, da proteção e garantia das pessoas portadoras de deficiência;
c) Proteger os documentos, as obras e outros bens de valor histórico, artístico e cultural, os monumentos, as paisagens naturais notáveis e os sítios arqueológicos;
d) Impedir a evasão, a destruição e a descaracterização de obras de arte e de outros bens de valor histórico, artístico ou cultural;
e) Proporcionar os meios de acesso à cultura, à educação e à ciência;
f) Proteger o meio ambiente e combater a poluição em qualquer de suas formas;
g) Preservar as florestas, a fauna e a flora;
h) Fomentar a produção agropecuária e organizar o abastecimento alimentar;
i) Promover programas de construção de moradias e a melhoria das condições habitacionais e de saneamento básico;
j) Combater as causas da pobreza e os fatores de marginalização, promovendo a integração social dos setores desfavorecidos;
k) Registrar, acompanhar e fiscalizar as concessões de direitos de pesquisa e exploração de recursos hídricos e minerais em seu território;
l) Estabelecer e implantar política de educação para a segurança do trânsito.

Ainda, cabe **exclusivamente** ao Estado:

a) Explorar, diretamente ou mediante concessão, a ser outorgada após licitação pública, os serviços locais de gás canalizado na forma da Lei (Art. 9º, da CEPR);
b) A criação, a incorporação, a fusão e o desmembramento de Municípios por meio de lei complementar estadual (Art. 19, da CEPR);
c) A instituição de regiões metropolitanas, aglomerações urbanas e microrregiões, mediante lei complementar (Art. 21, da CEPR).

No Art. 13, da CEPR encontramos as matérias de **competência legislativa concorrente** entre o Estado e a União:

a) Direito tributário, financeiro, penitenciário, econômico e urbanístico;
b) Orçamento;
c) Juntas comerciais;
d) Custas dos serviços forenses;
e) Produção e consumo;
f) Florestas, caça, pesca, fauna, conservação da natureza, defesa do solo e dos recursos naturais, proteção do meio ambiente e controle da poluição;
g) Proteção ao patrimônio histórico, cultural, artístico, turístico e paisagístico;
h) Responsabilidade por dano ao meio ambiente, ao consumidor, a bens e direitos de valor artístico, estético, histórico, turístico e paisagístico;
i) Educação, cultura, ensino e desporto;
j) Criação, funcionamento e processo do juizado de pequenas causas. Atualmente estes órgãos judiciais se chamam Juizados Especiais, Cíveis e Criminais. Atualmente estes órgãos judiciais se chamam Juizados Especiais, Cíveis e Criminais.
k) Procedimentos em matéria processual;
l) Previdêcia social, proteção e defesa da saúde. Não confundir previdência social com seguridade social. A competência para legislar sobre esta última matéria é privativa da União, conforme vemos do Art. 22, inciso XXIII, da Constituição Federal; Não confunda previdência social com seguridade social. A competência para legislar sobre esta última matéria é privativa da União, conforme vemos do Art. 22, inciso XXIII, da Constituição Federal.
m) Assistência jurídica e Defensoria pública;
n) Proteção e integração social das pessoas portadoras de deficiência;
o) Proteção à infância e à juventude;
p) Organização, garantias, direitos e deveres das polícias civis.

No âmbito desta competência, o Estado se encarrega de editar as normas suplementares às gerais, estabelecidas pela União.

Inexistindo lei federal sobre normas gerais, o Estado poderá exercer competência legislativa plena para atender às suas peculiaridades, ou seja, poderá editar inclusive aquelas – as normas gerais.

Contudo, a superveniência de lei federal sobre normas gerais suspende a eficácia da lei estadual, no que lhe for contrário.

Fique Ligado

A eventual superveniência de lei federal dispondo sobre normas gerais apenas suspende a eficácia da lei estadual, nessa parte, mas não lhe revoga.

O Estado do Paraná ainda vai exercer aquela competência delegada pela União, dentre suas competências privativas.

Segundo dispõe o Art. 22, § único, da Constituição Federal, lei complementar federal poderá autorizar os Estados a legislar sobre questões específicas das matérias relacionadas naquele Art..

Da Organização Municipal

→ Segundo dispõe o Art. 4º, da CEPR, a **organização político-administrativa** do Estado do Paraná compreende os Municípios, regidos por leis orgânicas próprias, observados os princípios da Constituição Federal e da CEPR.

Ao tratar da **Organização Municipal**, no Capítulo II, do Título I, Arts. 15 a 20, a CEPR reforça que os Municípios são entes federativos que gozam de autonomia, nos limites estabelecidos na Constituição Federal e na CEPR.

Conforme o Art. 16, da CEPR, o município reger-se-á por **lei orgânica**, votada em dois turnos, com interstício mínimo de dez dias, e aprovada por dois terços dos membros da Câmara Municipal, que a promulgará, atendidos os princípios estabelecidos na Constituição Federal e na própria CEPR.

Lembremos que os municípios não possuem um verdadeiro poder constituinte derivado decorrente, mas apenas a competência de se organizarem por lei orgânica.

Os municípios exercem um poder de "terceiro grau", que não deriva diretamente do originário, não podendo ser chamado, por isso, de decorrente.

Fique Ligado

Na Ação Direta de Inconstitucionalidade (ADI) nº 3.042, o Procurador-Geral da República busca a declaração de inconstitucionalidade das alíneas "a" a "l", do Art. 16, da CEPR, por alegada ofensa ao Art. 29, inciso IV, da Constituição Federal. A ADI ainda aguarda julgamento pelo Supremo Tribunal Federal (STF).

→ Diferentemente dos Estados, os Municípios possuem, na Constituição Federal, as suas competências materiais e legislativas bem definidas.

No Art. 17, incisos I e III (primeira parte), da CEPR estão fixadas as **competências legislativas exclusivas** dos municípios paranaenses: (a) legislar sobre assuntos de interesse local e (b) instituir os tributos de sua competência.

No exercícios de sua competência para legislar sobre assuntos de interesse local, o Supremo Tribunal Federal (STF) entende, em sua Súmula 645, que é competente o município para fixar o horário de funcionamento de estabelecimento comercial.

Também, possui o município competência para **suplementar** a legislação federal e a estadual no que couber (Art. 17, inciso II, da CEPR).

Já no que diz com as atribuições materiais, dispõe o Art. 17, da CEPR que compete exclusivamente aos municípios:

a) Arrecadar os tributos de sua competência, bem como aplicar suas rendas, sem prejuízo da obrigatoriedade de prestar contas e publicar balancetes nos prazos fixados em lei;
b) Criar, organizar e suprimir distritos, observada a lei estadual;
c) Organizar e prestar, diretamente ou sob o regime de concessão ou permissão, os serviços públicos de interesse local, incluído o de transporte coletivo, que tem caráter essencial;
d) Manter, com a cooperação técnica e financeira da União e do Estado, programas de educação pré-escolar, de educação especial e de ensino fundamental;
e) Prestar, com a cooperação técnica e financeira da União e do Estado, serviços de atendimento à saúde da população;
f) Promover, no que couber, adequado ordenamento territorial, mediante planejamento e controle do uso, do parcelamento e da ocupação do solo urbano;
g) Promover a proteção do patrimônio histórico-cultural local, observada a legislação e a ação fiscalizadora federal e estadual;
h) Garantir a defesa do meio ambiente e da qualidade de vida;
i) Instituir guardas municipais incumbidas da proteção de seus bens, serviços e instalações, na forma da lei.

Os municípios também possuem **competência material comum** (ou paralela), juntamente com o Estado e a União, e que se encontra relacionada no Art. 12, da CEPR.

Exercício Comentado

01. Pertence à competência dos Municípios, segundo define a CEPR,

a) Suplementar a legislação federal e a estadual no que couber.

b) Criar, organizar e suprimir regiões metropolitanas, observada a lei estadual.

c) Organizar e prestar, diretamente ou sob o regime de concessão ou permissão, os serviços públicos de interesse regional, incluído o de transporte coletivo, que tem caráter essencial.

d) Manter, com a cooperação técnica e financeira da União e do Estado, programas de educação pré-escolar, de educação especial, de ensino fundamental e superior.

RESPOSTA. ***"A". Está certa. Conforme dispõe o Art. 17, inciso II, da CEPR. A alternativa "B". está errada. Tal competência pertence ao Estado (Art. 17, da CEPR). A alternativa "C". está errada. Conforme o Art. 17, inciso V, da CEPR, compete ao Município organizar e prestar, diretamente ou sob o regime de concessão ou permissão, os serviços públicos de interesse local. A alternativa "D". está errada. Conforme o Art. 17, inciso VI, da CEPR, compete ao Município apenas, manter, com a cooperação técnica e financeira da União e do Estado, programas de educação pré-escolar, de educação especial e de ensino fundamental.***

→ Ao tratar da criação, incorporação, fusão e o desmembramento de municípios, a Constituição Federal, no Art. 18, § 4º, diz que serão promovidos por lei estadual, dentro do período determinado por Lei Complementar Federal, e dependerão de consulta prévia, mediante plebiscito, às populações dos Municípios envolvidos, após divulgação dos Estudos de Viabilidade Municipal, apresentados e publicados na forma da lei.

No Art. 19, da CEPR há, no entanto, regras mais claras e precisas do que aquelas constantes na Constituição Federal, sobre a criação, a incorporação, a fusão e o desmembramento de Municípios.

Além do que prevê a Constituição Federal, a CEPR ainda impõe que, na criação de municípios, deverão ser observados (a) a preservação da continuidade e da unidade histórico-cultural do ambiente urbano e (b) a não constituição de área encravada no Município de origem (Art. 19, § 1º, da CEPR).

Ainda, segundo encontramos nos § 2º a 5º, do Art. 19, da CEPR, o procedimento de criação, incorporação, fusão e desmembramento de municípios terá início mediante representação dirigida à Assembleia Legislativa do Estado, subscrita por 100 (cem) eleitores das áreas interessadas, devidamente identificados.

O projeto de criação, incorporação, fusão e desmembramento de Municípios apresentará a área da unidade proposta em divisas claras, precisas e contínuas.

A aprovação do eleitorado, no plebiscito a ser realizado, dar-se-á pelo voto da maioria simples, exigindo-se o comparecimento da maioria absoluta do eleitorado.

Se, contudo, o comparecimento do eleitorado não tiver sido suficiente ou o resultado do plebiscito for desfavorável à proposição, esta não poderá ser renovada na mesma sessão legislativa.

Fique Ligado

A lei complementar federal exigida pelo Art. 18, § 4º, da Constituição Federal e que vai estabelecer o período em que podem ser criados novos municípios, ainda não foi aprovada. No entanto, diversos municípios foram criados no País, desde 1988. A Emenda Constitucional nº 57, de 2008, introduziu o Art. 96, no ADCT/CF para, então, convalidar os atos de criação, fusão, incorporação e desmembramento de municípios, cuja lei tenha sido publicada até 31 de dezembro de 2006, atendidos os requisitos estabelecidos na legislação do respectivo Estado à época de sua criação.

→ Enquanto entes federativos, os municípios gozam, como vimos, de autonomia, não podendo sofrer a **intervenção** da União ou do Estado.

No entanto, em situações excepcionais, previstas na CEPR, Art. 20, é possível que o Estado do Paraná intervenha nos municípios situados em seu território.

A decretação e a execução da intervenção são sempre promovidas pelo Governador do Estado.

Existem situações em que a intervenção dar-se-á de "ofício" por parte do Governador do Estado; em outras situações esta será provocada por outras autoridades, como, por exemplo, por solicitação de Câmara Municipal ou do Tribunal de Contas do Estado (TCE).

O decreto de intervenção, que especificará a amplitude, o prazo e as condições de execução e que, se couber, nomeará o interventor, será submetido à apreciação da Assembleia Legislativa no prazo de 24 (vinte e quatro) horas. No entanto, no caso de provimento de representação interventiva pelo Tribunal de Justiça do Estado do Paraná (TJPR), não há a necessidade de apreciação pelo Poder Legislativo.

Cessados os motivos da intervenção, as autoridades afastadas de seus cargos a estes voltarão, salvo impedimento legal.

As hipóteses de intervenção do Estado nos Municípios, previstas no Art. 20, da CEPR devem ser compatibilizadas com o previsto na Constituição Federal, Art. 35.

Assim, a intervenção ocorrerá quando:

a) Deixar de ser paga, sem motivo de força maior, por dois anos consecutivos, a dívida fundada. {*"A dívida fundada ou consolidada compreende os compromissos de exigibilidade superior a 12 (doze) meses contraídos mediante emissão de títulos ou celebração de contratos para atender a desequilíbrio orçamentário, ou a financiamento de obras e serviços públicos, e que dependam de autorização legislativa para amortização ou resgate." Art. 115, § 2º, do Decreto nº 93.872, de 1986*}.
b) Não forem prestadas contas devidas, na forma da lei.
c) Não tiver sido aplicado o mínimo exigido da receita municipal na manutenção e desenvolvimento do ensino;

Fique Ligado

O Art. 35, inciso III, da CEPR, alterado pela Emenda Constitucional nº 29, de 2000 prevê a possibilidade de intervenção quando não tiver sido aplicado o mínimo exigido da receita municipal na manutenção e desenvolvimento do ensino e, agora, também, nas ações e serviços públicos de saúde.

d) O Tribunal de Justiça der provimento a representação para assegurar a observância de princípios indicados na Constituição do Estado, ou para prover a execução de lei, de ordem ou de decisão judicial.

Relacionado ao tema vejamos o conteúdo da Súmula 637, do Supremo Tribunal Federal (STF), que diz: *"Não cabe recurso extraordinário contra acórdão de Tribunal de Justiça que defere pedido de intervenção estadual em Município"*.

Vamos Praticar

01. São símbolos do Estado do Paraná, expressos na Constituição:

a) Além dos símbolos nacionais, somente a Bandeira, o Hino e o Brasão de Armas;
b) A Bandeira, o Hino, o Brasão de Armas, o Sinete e a Araucária;
c) A Bandeira, o Hino, a Araucária e o Sinete;
d) Além dos símbolos nacionais, a Bandeira, o Hino, o Brasão de Armas e a Araucária;
e) Além dos símbolos nacionais, a Bandeira, o Hino, o Brasão de Armas e o Sinete.

02. O Estado do Paraná, integrado de forma indissoúvel à República Federativa do Brasil, proclama e assegura diversos valores e princípios, exceto:

a) O Estado democrático.
b) A cidadania e a dignidade da pessoa humana.

c) Os valores sociais do trabalho e da livre iniciativa.

d) O pluralismo partidário.

03. São princípios e objetivos do Estado do Paraná, exceto:

a) A defesa dos direitos humanos.

b) A garantia da aplicação da justiça, devendo prover diretamente o custeio da gratuidade processual a todas as pessoas, nos termos da lei.

c) A defesa do meio ambiente e da qualidade de vida.

d) A colaboração e a cooperação com os demais entes que integram a Federação.

04. Conforme dispõe a CEPR são bens do Estado:

a) As áreas, nas ilhas oceânicas, costeiras, que estiverem em seu domínio, excluídas apenas aquelas sob o domínio da União.

b) Todas as ilhas fluviais e lacustres e as terras devolutas situadas em seu território.

c) As águas superficiais ou subterrâneas, fluentes, emergentes e em depósitos, ressalvadas, neste caso, na forma da lei, as decorrentes de obras da União.

d) Os rendimentos decorrentes das atividades e serviços de sua competência e da exploração dos bens imóveis de seu domínio e os da União situados em seu território.

05. No âmbito da competência legislativa concorrente:

a) O Estado, no exercício de sua competência suplementar, elaborará as normas gerais para atender a suas necessidades.

b) Inexistindo lei federal sobre as normas gerais, o Estado poderá exercer competência legislativa plena para atender às suas peculiaridades.

c) A superveniência de lei federal sobre normas gerais revoga a lei estadual, no que lhe for contrário.

d) Inexistindo lei federal sobre as normas gerais, o Estado não poderá exercer a sua competência legislativa suplementar.

06. Acerca da competência do Estado é incorreto afirmar:

a) Cabe ao Estado explorar, diretamente ou mediante concessão, a ser outorgada após licitação pública, os serviços locais de gás canalizado na forma da Lei.

b) Compete ao Estado, privativamente, cuidar da saúde e assistência pública, da proteção e garantia das pessoas portadoras de deficiência.

c) É competência do Estado, em comum com a União e os Municípios zelar pela guarda da Constituição, das leis e das instituições democráticas e conservar o patrimônio público.

d) É competência do Estado, em comum com a União e os Municípios, proteger os documentos, as obras e outros bens de valor histórico, artístico e cultural, os monumentos, as paisagens naturais notáveis e os sítios arqueológicos.

07. Com relação às competências comuns entre a União Federal e o Estado do Paraná, previstas constitucionalmente, considere as afirmativas a seguir.

I. Estabelecer e implantar política de educação para a segurança do trânsito.

II. Fomentar a produção agropecuária e organizar o abastecimento alimentar.

III. Proporcionar os meios de acesso à cultura, à educação e à ciência.

IV. Explorar, mediante concessão, os serviços locais de gás canalizado.

Assinale a alternativa correta.

a) Somente as afirmativas I e II são corretas.

b) Somente as afirmativas I e IV são corretas.

c) Somente as afirmativas III e IV são corretas.

d) Somente as afirmativas I, II e III são corretas.

e) Somente as afirmativas II, III e IV são corretas.

08. Sobre a organização municipal na CEPR é incorreto afirmar que:

a) Os municípios gozam de autonomia, nos termos previstos pela Constituição Federal e pela Constituição Estadual.

b) A eleição do Prefeito e Vice-Prefeito, entre eleitores inscritos maiores de vinte e um anos, e dos Vereadores, entre maiores de dezoito anos, para mandato de quatro anos, mediante pleito direto e simultâneo, em todo País.

c) Posse do Prefeito e do Vice-Prefeito no dia 1° de janeiro do ano da eleição.

d) O total da despesa com a remuneração dos Vereadores não poderá ultrapassar o montante de 5%, cinco por cento, da receita do município.

09. Conforme disciplinado na Constituição do Estado do Paraná, a intervenção do Estado no Município, quando decretada pelo Governador, terá sua execução dependente de prévia apreciação e aprovação:

a) Da Assembleia Legislativa.

b) Da Câmara Municipal.

c) Do Senado Federal.

d) Do Tribunal de Contas.

e) Do Tribunal de Justiça.

10. A Capital do Estado do Paraná é a cidade de Curitiba, onde os Poderes têm sua sede. A capital do Estado somente poderá ser mudada mediante lei complementar e após consulta plebiscitária.

Certo ( ) Errado ( )

Gabarito

01	E	06	B
02	ERRADO	07	D
03	D	08	C
04	B	09	A
05	B	10	CERTO

Anotações

CAPÍTULO 18

Constituição do Estado do Paraná - Da Administração Pública

Disposições Gerais

→ **No Título II**, da Constituição do Estado do Paraná (CEPR) vamos encontrar as disposições gerais aplicáveis à administração pública estadual e dos municípios, a disciplina dos servidores públicos civis e dos militares estaduais, além da organização da segurança pública no Estado.

→ No **Capítulo I, do Título II, Arts. 27 a 32, da CEPR** estão dispostos os princípios e as regras gerais para todo o conjunto da **Administração Pública**, direta e indireta, de quaisquer dos Poderes do Estado e dos municípios.

Logo no caput, do Art. 27, a CEPR dispõe que a administração pública direta, indireta e fundacional, de qualquer dos Poderes do Estado e dos Municípios obedecerá aos seguintes **princípios**:

a) **Legalidade**: informa que o administrador público somente pode fazer aquilo que esteja determinado em lei, autorizado por ela e nos seus estritos parâmetros. O seu campo de atuação é, assim, mais limitado do que o do particular, que pode fazer tudo o que a lei não o proíba (Art. 5º, inciso II, da CF);

b) **Impessoalidade**: impõe ao administrador uma postura isenta de interesses pessoais. Ele deve buscar atingir, em sua atuação, apenas fins de interesse público e, também, evitar a promoção pessoal, a autopromoção;

c) **Moralidade**: significa mais do que o respeito às leis, exigindo que o administrador deva agir conforme padrões éticos aceitos pela sociedade;

d) **Publicidade**: impõe a ampla divulgação das medidas adotadas pelo administrador, visando garantir a transparência das ações estatais, possibilitando a sua fiscalização popular. Em algumas situações a publicidade se coloca, ainda, como condição de eficácia de certos atos administrativos;

e) **Razoabilidade**: o meio escolhido pela administração deve se prestar para alcançar o fim estabelecido;

f) **Eficiência**: determina que os serviços públicos sejam prestados, sempre, com celeridade e qualidade;

g) **Motivação**: a administração deve indicar os fundamentos de fato e de direito de suas decisões;

h) **Economicidade**: a administração deve buscar a melhor relação custo/benefício no desempenho de sua atividade.

Na sequência, nos incisos e §s do Art. 27, da CEPR encontraremos diversas disposições relacionadas à atuação administrativa, sendo que grande parte delas apenas repete o que já havia disposto a Constituição Federal.

De tudo, ressaltamos apenas os tópicos seguintes.

O inciso I, do Art. 27, da CEPR informa que os cargos, empregos e funções públicas são acessíveis aos brasileiros que preencham os requisitos estabelecidos em lei, assim como aos estrangeiros, na forma da lei. O acesso do estrangeiro depende, assim, de norma infraconstitucional regulamentadora.

No inciso II, o Art. 27, da CEPR impõe que a investidura em cargo ou emprego público depende de aprovação prévia em concurso público de provas ou de provas e títulos, de acordo com a natureza e a complexidade do cargo ou emprego, na forma prevista em lei, ressalvadas as nomeações para cargo em comissão declarado em lei de livre nomeação e exoneração.

Como se vê, apenas os cargos em comissão podem ser ocupados independentemente de concurso. No entanto, conforme dispõe o inciso V, do Art. 27, da CEPR, eles deverão ser preenchidos por servidores de carreira nos casos, condições e percentuais mínimos previstos em lei. Juntamente com as funções de confiança – exercidas exclusivamente por servidores ocupante de cargo efetivo -, os cargos em comissão somente se destinam às atribuições de direção, chefia e assessoramento.

Lembremos, nesse momento, do conteúdo da Súmula Vinculante nº 13, do STF, que veda a prática de nepotismo: "A nomeação de cônjuge, companheiro, ou parente, em linha reta, colateral ou por afinidade, até o 3º grau, inclusive, da autoridade nomeante ou de servidor da mesma pessoa jurídica, investido em cargo de direção, chefia ou assessoramento, para o exercício de cargo em comissão ou de confiança, ou, ainda, de função gratificada na administração pública direta e indireta, em qualquer dos Poderes da União, dos Estados, do Distrito Federal e dos Municípios, compreendido o ajuste mediante designações recíprocas, viola a CF".

Ainda, devemos conhecer o conteúdo das Súmulas 683 e 686, também do STF. A primeira dispõe que "O limite de idade para a inscrição em concurso público só se legitima em face do Art. 7º, XXX, da Constituição, quando possa ser justificado pela natureza das atribuições do cargo a ser preenchido". Já a Súmula 686 prevê que "Só por lei se pode sujeitar a exame psicotécnico a habilitação de candidato a cargo público".

Nos termos do inciso III, do Art. 27, da CEPR, o prazo de validade do concurso público será de até dois anos, prorrogável apenas uma vez e por igual período.

Conforme dispõe o § 3º, do Art. 27, da CEPR, a não realização do concurso público – quando exigido – ou a inobservância do prazo de validade fixado no edital importam em nulidade do ato e punição da autoridade responsável, nos termos da lei.

E, durante o prazo previsto no edital de convocação, aquele aprovado em concurso público de provas ou de provas e títulos será convocado com prioridade sobre novos concursados para assumir cargo ou emprego (Art. 27, inciso IV, da CEPR).

A CEPR não está, assim, proibindo a abertura de novo concurso enquanto houver candidato aprovado em certame anterior, mas apenas obrigando que, durante o prazo do primeiro, os aprovados terão prioridade na convocação diante dos novos concursados.

No Art. 27, incisos VI e VII, a CEPR garante ao servidor público civil, estadual e municipal, o direito à livre associação sindical e à greve, sendo que esta será exercida nos termos e nos limites definidos em lei específica.

Segundo decidiu o Supremo Tribunal Federal (STF), a partir do julgamento de alguns mandados de injunção, até que seja editada referida lei específica, também exigida pela Constituição Federal, no Art. 37, inciso VII, e para garantir aos servidores a fruição daquele direito fundamental social, a greve pode ser exercida, respeitados, no que couberem, os parâmetros da Lei nº 7.783, de 1989.

No inciso VIII, do Art. 27, a CEPR determina que a lei reservará percentual dos cargos e empregos públicos para as pessoas portadoras de deficiência e definirá os critérios de sua admissão.

Os percentuais estão estabelecidos nas leis de cada ente federativo.

> No Estado do Paraná, a Lei Estadual nº 13.456, de 2002 estabelece um percentual mínimo, apenas:

Art. 12. O provimento de cargos e empregos públicos, nos órgãos e entidades da administração direta, indireta e fundacional, obedecido o princípio do concurso público de provas ou de provas e títulos, far-se-á com reserva do percentual mínimo de 5%(cinco por cento) para pessoa portadora de deficiência.

No inciso IX, do Art. 27, da CEPR está previsto que lei complementar estadual estabelecerá os casos de contratação, por tempo determinado, para atender à necessidade temporária de excepcional interesse público.

O acesso a tais funções públicas temporárias depende da realização de teste seletivo, ressalvados os casos de calamidade pública. O contrato firmado dever ter prazo máximo de 2 (dois) anos.

A Lei Estadual nº 8.956, de 1989 ainda regulamenta a contratação temporária.

Dispõe o inciso X, do Art. 27, da CEPR, que a remuneração dos servidores públicos e o subsídio de que trata o §4°, do Art. 39, da Constituição Federal, somente poderão ser fixados ou alterados por lei específica, observada a iniciativa privativa em cada caso, assegurada revisão anual, sempre na mesma data e sem distinção de índices.

O dispositivo assegura, em primeiro lugar, a chamada irredutibilidade real dos subsídios e das remunerações, com reajustes anuais para recompor as perdas inflacionárias e garantir o poder de compra dos mesmos.

Ainda, segundo o dispositivo, tanto a fixação quanto a alteração das remunerações e subsídios dos servidores públicos – que possuem regime estatutário – somente pode ser feita por meio de lei, jamais por acordo ou convenção coletiva.

Neste sentido, a Súmula nº 679, do Supremo Tribunal Federal (STF): "A fixação de vencimentos dos servidores públicos não pode ser objeto de convenção coletiva".

No inciso XI, do Art. 27, da CEPR, está fixada uma das mais importantes regras a respeito dos vencimentos dos servidores públicos. Conforme aquele dispositivo, "a remuneração e o subsídio dos ocupantes de cargos, funções e empregos públicos da administração direta, autárquica e fundacional, dos membros de qualquer dos Poderes dos Estados e dos Municípios, dos detentores de mandato eletivo e dos demais agentes políticos e os proventos, pensões ou outras espécies remuneratórias, percebidos cumulativamente ou não, incluídas as vantagens pessoais de qualquer natureza, não poderão exceder o subsídio mensal, em espécie, dos Ministros do Supremo Tribunal Federal".

A Constituição Federal, em seu Art. 37, § 12, prevê, ainda, que fica facultado aos Estados e ao Distrito Federal fixar, em seu âmbito, mediante emenda às respectivas Constituições e Lei Orgânica, como limite único, o subsídio mensal dos Desembargadores do respectivo Tribunal de Justiça, limitado a 90,25% (noventa inteiros e vinte e cinco centésimos por cento) do subsídio mensal dos Ministros do Supremo Tribunal Federal (STF), não se aplicando o disposto neste § aos subsídios dos Deputados Estaduais e Distritais e dos Vereadores.

No que diz com a **acumulação de cargos públicos** a regra adotada pela Constituição Federal é a sua vedação.

Existem, no entanto, exceções, sendo que as três primeiras podem ser encontradas no inciso XVI, do Art. 27, da CEPR.

Segundo aquele dispositivo, havendo compatibilidade de horários e respeitado o teto remuneratório do inciso XI, do mesmo Art. é possível acumular (a) dois cargos de professor, (b) um cargo de professor com outro técnico ou científico e (c) dois cargos privativos de médico.

Fique Ligado

O Art. 37, inciso XVI, da Constituição Federal, alterado pela Emenda Constitucional nº 19, de 1998 permite a acumulação remunerada de dois cargos ou empregos privativos de profissionais de saúde, com profissões regulamentadas e não mais apenas dois cargos de médico.

Nos termos do inciso XVII, do Art. 27, da CEPR a proibição de acumular estende-se a empregos e funções e abrange autarquias, fundações, empresas públicas, sociedades de economia mista, suas subsidiárias, e sociedades controladas, direta ou indiretamente, pelo poder público.

Outra hipótese de acumulação permitida de cargos públicos está prevista no Art. 28, da CEPR em que, também, se regulamenta a posse dos cargos eletivos por pessoas que já detém outro cargo, emprego ou função públicas.

Assim, somente se investido no mandato de Vereador e havendo compatibilidade de horários, é que o servidor público da administração direta, autárquica e fundacional do Estado e dos municípios, perceberá as vantagens de seu cargo, emprego ou função, sem prejuízo da remuneração do cargo eletivo, e, não havendo compatibilidade, ser-lhe-á facultado optar pela sua remuneração.

Tratando-se, no entanto, de mandato eletivo federal ou estadual, o servidor ficará afastado de seu cargo, emprego ou função.

E, investido no mandato de Prefeito, o servidor será afastado do cargo, emprego ou função, sendo-lhe facultado, no entanto, optar pela sua remuneração.

Ainda, em qualquer caso que exija o afastamento para o exercício de mandato eletivo, o tempo de serviço do servidor será contado para todos os efeitos legais, exceto para promoção por merecimento.

No entanto, para efeito de benefícios previdenciários, no caso de afastamento, os valores serão determinados como se no exercício estivesse.

Ao final do Capítulo, nos Arts. 29 a 32, a CEPR ainda traz disposições específicas que não encontram equivalente na Constituição Federal.

Conforme dispõe o Art. 29, da CEPR, **nenhum servidor poderá ser diretor ou integrar conselho de empresa fornecedora**, ou que realize qualquer modalidade de contrato com o Estado, sob pena de demissão do serviço público.

As empresas, sob controle do Estado, as autarquias e as fundações por ele constituídas terão, no mínimo, um **representante dos seus servidores na diretoria**, na forma que a lei estabelecer (Art. 30, da CEPR).

Ao Estado é **vedado celebrar contrato** com empresas que comprovadamente desrespeitarem normas de segurança, de medicina do trabalho e de preservação do meio ambiente (Art. 31, da CEPR).

A lei instituirá o **registro obrigatório de bens e valores** pertencentes ao patrimônio das pessoas que assumirem cargo, função ou emprego na administração direta, indireta e fundacional (Art. 32, da CEPR).

Exercício Comentado

01. Sobre a administração pública na Constituição Estadual paranaense é incorreto afirmar que:

a) É garantido ao servidor público civil, estadual e municipal, o direito à livre associação sindical.

b) O direito de greve será exercido nos termos e nos limites definidos em lei complementar.

c) A lei reservará percentual dos cargos e empregos públicos para as pessoas portadoras de deficiência e definirá os critérios de sua admissão.

d) Lei complementar estabelecerá os casos de contratação, por tempo determinado, para atender à necessidade temporária de excepcional interesse público, atendidos os seguintes princípios: realização de teste seletivo, ressalvados os casos de calamidade pública e contrato com prazo máximo de dois anos.

RESPOSTA. ***"B". Nos termos do Art. 27, inciso VII, da CEPR, o direito de greve será exercido nos termos e nos limites definidos em lei específica. A alternativa "A". está correta conforme Art. 27, inciso VI, da CEPR. A alternativa "C" está certa nos termos do Art. 27, inciso VIII, da CEPR. E por fim a letra "D" está correta conforme dispõe o Art. 27, inciso IX, da CEPR.***

Servidores Públicos Civis

→ No Título II, Capítulo II, Arts. 33 a 44, a Constituição do Estado do Paraná (CEPR) vai dispor sobre os **servidores públicos estaduais e municipais**.

Dentre outras disposições, o Art. 33, § 4º, da CEPR estende aos servidores públicos estatutários alguns direitos sociais dos empregados, previstos no Art. 7º, da Constituição Federal.

No Art. 34, da CEPR além daqueles, outros direitos são expressamente previstos aos servidores públicos civis:

a) Vencimentos ou proventos não inferiores ao salário mínimo. Neste ponto precisamos conhecer a Súmula Vinculante nº 4, do Supremo Tribunal Federal (STF), a qual dispõe que "Salvo nos casos previstos na Constituição, o salário mínimo não pode ser usado como indexador de base de cálculo de vantagem de servidor público ou de empregado, nem ser substituído por decisão judicial";

b) Irredutibilidade do subsídio e dos vencimentos dos ocupantes de cargo e emprego público, ressalvado o que dispõe o Art. 37, inciso XV, da Constituição Federal;

c) Garantia de vencimento nunca inferior ao salário mínimo para os que percebem remuneração variável;

d) Décimo terceiro vencimento com base na remuneração integral ou no valor da aposentadoria;

e) Remuneração do trabalho noturno superior à do diurno;

f) Salário-família pago em razão do dependente do trabalhador de baixa renda nos termos da lei;

g) Duração da jornada normal do trabalho não superior a 8 (oito) horas diárias e 40 (quarenta) horas semanais, facultada a compensação de horário e redução de jornada, nos termos da lei.

Observe que a carga horária semanal do servidor público estatutário é, segundo a CEPR, de apenas 40 (quarenta) horas, enquanto a dos trabalhadores com vínculo de emprego, nos termos do Art. 7º, inciso XIII, da Constituição Federal é de 44 (quarenta e quatro) horas;

h) Repouso semanal remunerado;

i) Remuneração do serviço extraordinário superior, no mínimo, em 50% (cinquenta por cento) à do normal;

j) Gozo de férias anuais remuneradas com, pelo menos, um terço a mais do que a remuneração normal, vedada a transformação do período de férias em tempo de serviço;

k) Licença à gestante, sem prejuízo do cargo ou emprego e dos vencimentos ou subsídios, com a duração de cento e vinte dias;

l) Licença-paternidade, nos termos fixados em lei;

m) Proteção do mercado de trabalho da mulher, mediante incentivos específicos, nos termos da lei;

n) Redução dos riscos inerentes ao trabalho por meio de normas de saúde, higiene e segurança;

o) Adicional de remuneração para as atividades penosas, insalubres ou perigosas, na forma da lei;

p) Proibição de diferença de vencimentos, de exercício de funções e de critérios de admissão por motivo de sexo, idade, cor ou estado civil;

q) Adicionais por tempo de serviço, na forma que a lei estabelecer;

r) Gratificação pelo exercício de função de chefia e assessoramento;

s) Promoção, observando-se rigorosamente os critérios de antiguidade e merecimento.

→ No Art. 35, a CEPR vai tratar de disciplinar as regras do **regime de previdência** dos servidores públicos estaduais e municipais, as quais seguem a disciplina uniforme da Constituição Federal, no Art. 40.

No Art. 35 da CEPR, está assegurado apenas aos servidores titulares de cargos efetivos do Estado e dos municípios, incluídas suas autarquias e fundações, regime de previdência de caráter contributivo, observados critérios que preservem o equilíbrio financeiro e atuarial.

Aqui estão normatizados os Regimes Próprios de Previdência Social (RPPS's), os quais se destinam unicamente aos servidores públicos que ocupam cargo de provimento efetivo ou estatutários.

Tais regimes são contributivos e de filiação obrigatória. Ainda, diferentemente do que ocorre no RGPS, nestes regimes há contribuição dos servidores inativos e dos pensionistas.

Todos os demais trabalhadores - e, inclusive, os servidores estatutários que não tenham um RPPS organizado - vão se filiar, compulsoriamente, ao Regime Geral de Previdência Social (RPPS), também de caráter contributivo e administrado, hoje, pelo Instituto Nacional do Seguro Social (INSS).

> Os servidores abrangidos pelo RPPS serão aposentados, segundo dispõe aquele Art. 35, da CEPR:

a) Por invalidez permanente, sendo os proventos proporcionais ao tempo de contribuição, exceto se decorrente de acidente em serviço, moléstia profissional ou doença grave, contagiosa ou incurável, na forma da lei;

b) Compulsoriamente, aos 70 (setenta) anos de idade, com proventos proporcionais ao tempo de contribuição;

c) Voluntariamente, desde que cumprido tempo mínimo de 10 (dez) anos de efetivo exercício no serviço público e 5 (cinco) anos no cargo efetivo em que se dará a aposentadoria, observadas as seguintes condições:

» 60 (sessenta) anos de idade e 35 (trinta e cinco) de contribuição, se homem, e 55 (cinquenta e cinco) anos de idade e 30 (trinta) de contribuição, se mulher. Esta é a aposentadoria voluntária por tempo de contribuição;

» 65 (sessenta e cinco) anos de idade, se homem, e 60 (sessenta) anos de idade, se mulher, com proventos proporcionais ao tempo de contribuição. Esta é a aposentadoria voluntária por idade.

O § 4º, do Art. 35, da CEPR ainda garante aos servidores uma aposentadoria especial para aqueles casos de atividades exercidas exclusivamente sob condições especiais que prejudiquem a saúde ou a integridade física definidos em lei complementar.

O RPPS dos servidores do Estado do Paraná está regulamentado pela Lei Estadual nº 12.398, de 1998, a qual cria o Sistema de Seguridade Funcional do Estado do Paraná.

A criação de RPPS´s nos municípios depende de lei específica de cada um dos entes federativos.

→ A CEPR, no Art. 36, também assegura a **estabilidade**, após 3 (três) anos de efetivo exercício aos servidores nomeados para cargo de provimento efetivo em virtude de concurso público.

Assim, não possuem a garantia da estabilidade os empregados públicos, os ocupantes de cargo em comissão e de função pública temporária.

Como condição para a aquisição da estabilidade é obrigatória a avaliação especial de desempenho por comissão instituída para essa finalidade.

→ Adquirida a estabilidade o servidor público somente perde o cargo:

a) Em virtude de sentença judicial transitada em julgado;

b) Mediante processo administrativo em que lhe seja assegurada ampla defesa;

c) Mediante procedimento de avaliação periódica de desempenho, na forma de lei complementar, assegurada ampla defesa.

Ainda, não confunda a estabilidade com a vitaliciedade, a qual é adquirida após 2 (dois) anos de exercício e apenas é deferida aos membros da magistratura de do ministério público.

→ A CEPR assegura, expressamente, no Art. 37, ao **servidor público eleito para cargo de direção sindical**, todos os direitos inerentes ao cargo, a partir do registro da candidatura e até um ano após o término do mandato, ainda que na condição de suplente, salvo se ocorrer exoneração nos termos da lei.

Ainda, são assegurados os mesmos direitos, até um ano após a eleição, aos candidatos não eleitos.

Também é facultado ao servidor público, eleito para a direção de sindicato ou associação de classe, o afastamento do seu cargo, sem prejuízo dos vencimentos, vantagens e ascensão funcional, na forma que a lei estabelecer.

Dos Militares Estaduais

A CEPR distingue duas espécies de servidores do Estado, os civis e os militares, sendo que a estes reserva um regime jurídico diferenciado, previsto especialmente no Art. 45.

Atentar ao fato de que, após a Emenda Constitucional nº 7, de 2000, a CEPR não se refere mais aos militares estaduais como servidores.

Os militares do Estado são os integrantes da Polícia Militar e do Corpo de Bombeiros Militar.

As Polícias Militares e os Corpos de Bombeiros são instituições organizadas com base na hierarquia e na disciplina.

É claro que a hierarquia e a disciplina estão presentes em todo o serviço público, não se constituindo em novidade. No entanto, no seio militar elas são muito mais rígidas, objetivando garantir pronta e irrestrita obediência de seus membros, o que é imprescindível para o exercício das suas atividades.

As Polícias Militares e os Corpos de Bombeiros Militares são órgãos de Segurança Pública (Art. 46, da CEPR), organizados e mantidos pelo Estado.

> No Art. 45, a CEPR estende aos policiais militares e aos bombeiros militares praticamente as mesmas disposições aplicáveis aos integrantes das Forças Armadas, militares da União, previstas no Art. 142, §s 2º e 3º, da Constituição Federal. Assim, dentre outros:

a) O militar que seja alistável é elegível. No entanto, se contar menos de 10 (dez) anos de serviço, deverá afastar-se da atividade; se contar mais de 10 (dez) anos de serviço será agregado pela autoridade superior e, se eleito, passará automaticamente, no ato da diplomação, para a inatividade;

b) Não cabe habeas corpus em relação a punições disciplinares militares;

c) São proibidas a sindicalização e a greve;

d) O militar, enquanto em serviço ativo, não pode estar filiado a partidos políticos.

Da Segurança Pública

Conforme prescrito no caput, do Art. 144, da Constituição Federal, a segurança pública é um dever do Estado, direito e responsabilidade de todos e tem como objetivos a preservação da ordem pública e da incolumidade das pessoas e do patrimônio.

São órgãos da segurança pública, conforme dispõe aquele Art., a Polícia Federal, a Polícia Rodoviária Federal, a Polícia Ferroviária Federal, as Polícias Civis, as Polícias Militares e os Corpos de Bombeiros Militares.

As polícias civis, as polícias militares e os corpos de bombeiros militares são instituições organizadas e mantidas pelos Estados.

O Art. 46, da CEPR prevê, como órgãos de segurança pública do Estado a Polícia Civil, a Polícia Militar, o Corpo de Bombeiros Militar e a Polícia Científica.

O Supremo Tribunal Federal (STF) entende, no entanto, que o rol dos órgãos de segurança pública, previsto no Art. 144, da Constituição Federal é taxativo.

Na Ação Direta de Inconstitucionalidade nº 2575, o STF irá manifestar-se sobre a constitucionalidade da inclusão, pelo CEPR, da Polícia Científica, como órgão de segurança pública.

A Polícia Civil é dirigida por delegados de polícia de carreira e possui atribuições de polícia judiciária e as apurações das infrações penais, exceto as militares (Art. 47, da CEPR).

A Polícia Militar e o Corpo de Bombeiros Militar são instituições de caráter essencialmente ostensivo (arts. 48 e 49, da CEPR).

A Polícia Militar é responsável pelo policiamento ostensivo e preservação da ordem pública.

Já o Corpo de Bombeiros Militar realiza, além das atribuições definidas em lei, as atividades de defesa civil.

A Polícia Militar e o Corpo de Bombeiros Militar são consideradas, ainda, forças auxiliares e reserva do Exército (Art. 49, da CEPR).

Vamos Praticar

01. Acerca das disposições contidas na Constituição do Estado a respeito da Administração Pública é correto afirmar:

a) Os cargos, empregos e funções públicas são acessíveis, indistintamente, aos brasileiros e aos estrangeiros que preencham os requisitos estabelecidos em lei.

b) A administração pública direta, indireta e fundacional, de qualquer dos Poderes do Estado e dos Municípios obedecerá aos princípios da legalidade, impessoalidade, moralidade, pluralidade, razoabilidade, eficiência, motivação, economicidade.

c) A investidura em cargo ou emprego público depende de aprovação prévia em concurso público de provas ou de provas e títulos, de acordo com a natureza e complexidade do cargo ou emprego, na forma prevista em lei, respeitada a ordem de classificação, ressalvadas as nomeações para cargo em comissão e função de confiança.

d) Durante o prazo previsto no edital de convocação, respeitado o disposto no item anterior, os aprovados em concurso público de provas ou de provas e títulos serão convocados, com prioridade sobre novos concursados para assumir cargo ou emprego.

02. Assinale a alternativa correta.

a) Ao servidor é assegurada remoção para o domicílio da família, se o cônjuge também for servidor público, ou se a natureza do seu emprego assim o exigir.

b) Ao servidor público é assegurada, nos termos da lei, a participação no produto da arrecadação de tributos e multas, inclusive da dívida ativa.

c) É vedada a participação de servidores na gerência de fundos e entidades para as quais contribuem.

d) Pode o Estado do Paraná contratar serviços de terceiros para a realização de atividades que possam ser regularmente exercidas por servidores públicos, desde que em caráter temporário, mediante procedimento licitatório.

03. Conforme dispõe a Constituição do Estado do Paraná é incorreto afirmar que:

a) Nenhum servidor poderá ser diretor ou integrar conselho de empresa fornecedora, ou que realize qualquer modalidade de contrato com o Estado, sob pena de demissão do serviço público.

b) Ao Estado é vedado celebrar contrato com empresas que comprovadamente desrespeitarem normas de segurança, de medicina do trabalho e de preservação do meio ambiente.

c) É direito dos servidores públicos, dentre outros, gozo de férias anuais remuneradas com, pelo menos, um terço a mais do que a remuneração normal, vedada a transformação do período de férias em tempo de serviço.

d) São estáveis, após três anos de efetivo exercício os servidores nomeados para cargo de provimento efetivo ou em comissão, em virtude de concurso público.

04. A respeito da Administração Pública, nos termos da Constituição Estadual Paranaense é correto afirmar:

a) Obedecerá aos princípios da legalidade, pessoalidade, moralidade, publicidade, razoabilidade, eficiência, motivação, economicidade.

b) Os cargos, empregos e funções públicas são acessíveis apenas aos brasileiros que preencham os requisitos estabelecidos em lei.

c) Os vencimentos dos cargos do Poder Legislativo e do Poder Judiciário não poderão ser superiores aos pagos pelo Poder Executivo.

d) A admissão nas empresas públicas - mas não nas sociedades de economia mista - nas fundações e nas autarquias da administração indireta estadual depende de aprovação prévia em concurso público de provas ou de provas e títulos.

05. Ao servidor público da administração direta, autárquica e fundacional do Estado do Paraná, no exercício de mandato eletivo, aplica-se a seguinte disposição:

a) Tratando-se de mandato eletivo federal, estadual ou municipal ficará afastado de seu cargo, emprego ou função.

b) Investido no mandato de Prefeito será afastado do cargo, emprego ou função, sendo-lhe facultado optar pela sua remuneração.

c) Em qualquer caso que exija o afastamento para o exercício de mandato eletivo, seu tempo de serviço será contado para todos os efeitos legais, exceto para promoção por antiguidade.

d) Para efeito de benefícios previdenciários, no caso de afastamento, os valores serão determinados de acordo com a remuneração do cargo eletivo.

06. Assinale a opção incorreta segundo a Constituição do Estado do Paraná.

a) A lei disporá sobre os requisitos e as restrições ao ocupante de cargo ou emprego da Administração direta e indireta que possibilite o acesso a informações privilegiadas.

b) Servidor público da administração direta, autárquica e fundacional, no exercício de mandato eletivo federal ou estadual, ficará afastado de seu cargo, emprego ou função.

c) Servidor público da administração direta, autárquica e fundacional no exercício de mandato eletivo de Prefeito será afastado do cargo, emprego ou função, sendo-lhe facultado optar pela sua remuneração.

d) Servidor público da administração direta, autárquica e fundacional, no exercício de mandato eletivo de Vereador e havendo compatibilidade de horários, perceberá as vantagens de seu cargo, emprego ou função, sem prejuízo da remuneração do cargo eletivo e, não havendo compatibilidade, perceberá somente a remuneração do cargo eletivo.

07. Dispõe a Constituição do Estado do Paraná que:

a) Nenhum servidor poderá ser diretor ou integrar conselho de empresa fornecedora, ou que realize qualquer modalidade de contrato com o Estado, sob pena de suspensão do serviço público.

b) As empresas, sob controle do Estado, as autarquias e as fundações por ele constituídas terão, no mínimo, dois representantes dos seus servidores na diretoria, na forma que a lei estabelecer.

c) A lei instituirá o registro obrigatório de bens e valores pertencentes ao patrimônio das pessoas que assumirem cargo, função ou emprego na administração direta, indireta e fundacional.

d) O Estado e os Municípios instituirão conselho de política de administração e remuneração de pessoal, integrado por cidadãos escolhidos pelo Poder Legislativo.

08. Conforme dispõe a Constituição Estadual Paranaense, a fixação dos padrões de vencimento e dos demais componentes do sistema remuneratório dos servidores observará:

a) Apenas o grau de responsabilidade de cada cargo.

b) A dignificação da função.

c) Tratamento uniforme aos servidores públicos, no que se refere à concessão de índices de reajuste ou outros tratamentos remuneratórios ou desenvolvimento nas carreiras.

d) Sistema de méritos subjetivamente apurados para ingresso no serviço e desenvolvimento na carreira.

09. Acerca da disciplina constitucional dos servidores públicos do Estado do Paraná é incorreto afirmar:

a) O Estado manterá escola de governo para a formação e o aperfeiçoamento dos servidores públicos, constituindo-se a participação nos cursos um dos requisitos para a promoção na carreira, facultada, para isso, a celebração de convênios ou contratos entre os entes federados.

b) O membro de Poder, o detentor de mandato eletivo e os Secretários Estaduais e Municipais serão remunerados exclusivamente por subsídio fixado em parcela única, vedado o acréscimo de qualquer gratificação, adicional, abono, prêmio, verba de representação ou outra espécie remuneratória.

c) Os Poderes Executivo, Legislativo e Judiciário publicarão anualmente os valores do subsídio e da remuneração dos cargos e empregos públicos.

d) Lei complementar estadual disciplinará a aplicação de recursos orçamentários provenientes de economia com despesas correntes em cada órgão, autarquia e fundações, para aplicação no desenvolvimento de programas de qualidade e produtividade, treinamento e desenvolvimento, modernização, reaparelhamento e racionalização do serviço público, inclusive sob a forma de adicional ou prêmio de produtividade.

10. São direitos dos servidores públicos:

a) Vencimentos ou proventos não inferiores ao salário mínimo.

b) Garantia de vencimento nunca inferior a meio salário mínimo para os que percebem remuneração variável.

c) Salário-maternidade pago em razão do dependente do trabalhador de baixa renda nos termos da lei.

d) Duração da jornada normal do trabalho não superior a oito horas diárias e quarenta e quatro semanais, facultada a compensação de horário e redução de jornada, nos termos da lei.

Gabarito

01	D	06	D
02	A	07	C
03	D	08	C
04	C	09	D
05	B	10	A

Anotações

CAPÍTULO 19

Constituição do Estado do Paraná - Da Organização Dos Poderes

Da Divisão Orgânica Do Poder

A adoção do princípio federativo pela Constituição Federal (Art. 1º, caput) implica o reconhecimento de uma forma de Estado em que há descentralização política, uma pluralidade de entes federativos autônomos. Parei aqui!

A forma de Estado nos aponta para como o poder político é dividido espacialmente; diz com a divisão do poder político em função do território.

Nós adotamos, também, no Art. 2º, da Constituição Federal o **princípio da separação ou tripartição dos poderes**, para dividir as funções estatais entre três órgãos, independentes e harmônicos entre si, ou seja, o Executivo, o Legislativo e o Judiciário.

Cada Poder vai exercer funções típicas e atípicas, nos termos estabelecidos pela Constituição Federal.

Assim, quando estudamos a organização dos Poderes, estamos verificando os princípios e as regras pelas quais se faz a **divisão orgânica do poder**. Ou seja, vamos saber como se estruturam, dentro dos entes federativos, os órgãos incumbidos do exercício do poder e quais suas funções, típicas e atípicas.

Em uma junção dos princípios federativo e da tripartição dos poderes, podemos formular os seguinte esquema:

A Constituição do Estado do Paraná (CEPR), em seu Art. 7º, prevê que "São Poderes do Estado, independentes e harmônicos entre si, o Legislativo, o Executivo e o Judiciário".

No § único daquele Art. está dito, ainda, que, salvo as exceções previstas na CEPR, é vedado a qualquer dos Poderes delegar atribuições, sendo que quem for investido na função de um deles não poderá exercer a de outro.

Os Poderes do Estado serão organizados no Título III, Arts. 52 a 113.

Do Poder Legislativo

→ Diferentemente do que ocorre na União, o Poder Legislativo do Estado é **unicameral** e é exercido pela Assembleia Legislativa, constituída de representantes do povo, eleitos pelo sistema proporcional, por voto direto e secreto (Art. 52, da CEPR).

O Poder Legislativo possui, como **funções** típicas, legislar e fiscalizar as contas públicas. Legislar significa criar leis, inovar no ordenamento jurídico. A função fiscalizadora diz respeito ao controle externo das contas públicas. É a fiscalização financeira, contábil e orçamentária.

Como funções atípicas, desempenha o Poder Legislativo Estadual, atribuições jurisdicionais e administrativas.

→ Nos termos do Art. 53, da CEPR cabe à Assembleia Legislativa do Estado do Paraná, com a sanção do Governador do Estado legislar sobre as seguintes matérias:

a) Plano plurianual e orçamentos anuais;
b) Diretrizes orçamentárias;
c) Tributos, arrecadação e distribuição de rendas;
d) Dívida pública, abertura e operações de crédito;
e) Planos e programas estaduais, regionais e setoriais de desenvolvimento;
f) Normas suplementares de direito urbanístico, bem como de planejamento e execução de políticas urbanas;
g) Fixação e modificação dos efetivos da Polícia Militar;
h) Criação, transformação e extinção de cargos, empregos e funções públicas na administração direta, autárquica e fundacional e fixação de remuneração, observados os parâmetros estabelecidos na lei de diretrizes orçamentárias;
i) Servidores públicos da administração
j) Servidores públicos da administração direta, autárquica e fundacional, seu regime jurídico único, provimento de cargos, estabilidade e aposentadoria de civis, reforma e transferência de militares para a inatividade;
k) Criação, estruturação e definição de atribuições das Secretarias de Estado;
l) Organização do Ministério Público, da Procuradoria-Geral do Estado, da Defensoria Pública, do Tribunal de Contas, da Polícia Militar, da Polícia Civil e demais órgãos da administração pública;
m) Organização e divisão judiciárias;
n) Bens do domínio público;
o) Aquisição onerosa e alienação de bens imóveis do Estado;
p) Transferência temporária da sede do Governo Estadual;

q) Matéria decorrente da competência comum prevista no Art. 23, da Constituição Federal;
r) Matéria da legislação concorrente da Constituição Federal.

O exercício dessas competências vai se dar por meio da adoção de leis ordinárias ou leis complementares.

→ No Art. 54, da CEPR estão dispostas as matérias de competência da Assembleia Legislativa que não dependem de sanção do Governador do Estado. São matérias de sua **competência exclusiva**:

a) Eleger a Mesa e constituir as Comissões;
b) Elaborar o Regimento Interno;
c) Dispor sobre sua organização, funcionamento, polícia, criação, transformação ou extinção dos cargos, empregos e funções de seus serviços, e a iniciativa de lei para fixação da respectiva remuneração, observados os parâmetros estabelecidos na lei de diretrizes orçamentárias;
d) Aprovar créditos suplementares à sua Secretaria, nos termos da CEPR;
e) Conceder licença para processar deputado;
f) Fixar, por meio de lei, o subsídio dos Deputados Estaduais, à razão de, no máximo 75% (setenta e cinco por cento) daquele estabelecido, em espécie, para os Deputados Federais, observado o que dispõe os Arts. 37, XI, 39, §4º, 57, § 7º, 150, II, 153, III e 153, §2º, I, da Constituição Federal;
g) Fixar os subsídios do Governador e do Vice-Governador do Estado e dos Secretários de Estado, observado o que dispõem os Art. 37, XI, 39, § 4º, 150, II, 153, III, e 153 § 2º, I, da Constituição Federal;
h) Dar posse ao Governador e ao Vice-Governador;
i) Conhecer da renúncia do Governador e do Vice-Governador;
j) Conceder licença, bem como autorizar o Governador e o Vice-Governador a se ausentarem do País por qualquer tempo, e do Estado, quando a ausência exceder a quinze dias;

Fique Ligado

Na Ação Direta de Inconstitucionalidade nº 2453, discute-se a constitucionalidade da expressão "por qualquer tempo" contida no inciso, sob a alegação de ela viola o direito à liberdade de locomoção dos ocupantes daqueles cargos, o princípio da separação dos poderes e o princípio da simetria em relação aos Arts. 49, inciso III e 83, da Constituição Federal. A ação ainda pende de julgamento.

k) Processar e julgar o Governador e o Vice-Governador, nos crimes de responsabilidade, e os Secretários de Estado, nos crimes da mesma natureza conexos com aqueles;
l) Processar e julgar o Procurador-Geral de Justiça, o Procurador-Geral do Estado e o Defensor-Geral da Defensoria Pública nos crimes de responsabilidade;
m) Aprovar, por maioria absoluta, a exoneração de ofício do Procurador-Geral de Justiça, antes do término de seu mandato, na forma da lei complementar respectiva;
n) Destituir do cargo o Governador e o Vice-Governador, após condenação irrecorrível por crime comum cometido dolosamente, ou de responsabilidade;
o) Proceder à tomada de contas do Governador do Estado, quando não apresentadas dentro de sessenta dias após a abertura da sessão legislativa;
p) Julgar, anualmente, as contas prestadas pelo Governador do Estado e apreciar os relatórios sobre a execução dos planos de governo;
q) Escolher cinco dos sete conselheiros e auditores do Tribunal de Contas do Estado;

Fique Ligado

O dispositivo em questão, constante do inciso XVII, do Art. 54, da CEPR foi declarado inconstitucional na ADI nº 2208, em julgamento realizado na data de 19 de maio de 2004.

r) Apreciar, anualmente, as contas do Tribunal de Contas;
s) Aprovar, previamente, após arguição pública, a escolha: de conselheiros e auditores do Tribunal de Contas do Estado, indicados pelo Governador; de interventor em Município; dos titulares de cargos que a lei determinar;
t) Apreciar a legalidade dos convênios a serem celebrados pelo Governo do Estado;
u) Autorizar plebiscito e referendo, na forma da lei;
v) Aprovar convênios intermunicipais para modificação de limites;
w) Solicitar intervenção federal;
x) Aprovar ou suspender intervenção em Município;
y) Suspender, no todo ou em parte, a execução de lei ou ato normativo declarado inconstitucional por decisão irrecorrível do Tribunal competente;
z) Sustar os atos normativos do Poder Executivo que exorbitem do poder regulamentar ou dos limites de delegação legislativa;
   » Fiscalizar e controlar os atos do Poder Executivo, incluídos os da administração indireta;
   » Dispor sobre limites e condições para a concessão de garantia do Estado em operações de crédito;
   » Zelar pela preservação de sua competência legislativa em face da atribuição normativa dos outros Poderes;
   » Aprovar, previamente, a alienação ou concessão de terras públicas, com área superior a cem hectares, ressalvado o disposto no Art. 49, inciso XVII, da Constituição Federal;
   » Mudar temporariamente sua sede;
   » Manifestar-se, mediante resolução aprovada pela maioria de seus membros, perante o Congresso Nacional, na hipótese de incorporação, subdivisão ou desmembramento de área do território do Estado, nos termos do Art. 48, inciso VI, da Constituição Federal;
   » Convocar, por si ou qualquer de suas comissões, Secretários de Estado ou quaisquer titulares de órgãos diretamente subordinados ao Governo do Estado para prestarem, pessoalmente, informações sobre assunto previamente determinado, importando em crime de responsabilidade a ausência sem justificação adequada;

» Autorizar operações de natureza financeira externa ou interna;
» Sustar as despesas não autorizadas na forma do Art. 76, da CEPR.

Dentre as atribuições mencionadas no Art. 54, da CEPR e supra citadas, devemos destacar aquelas relacionadas à função atípica jurisdicional da Assembleia Legislativa.

Segundo os incisos XI e XII, do Art. 54, da CEPR, compete à Assembleia Legislativa (a) processar e julgar o Governador e o Vice-Governador, nos crimes de responsabilidade, e os Secretários de Estado, nos crimes da mesma natureza conexos com aqueles e (b) processar e julgar o Procurador-Geral de Justiça, o Procurador-Geral do Estado e o Defensor-Geral da Defensoria Pública nos crimes de responsabilidade.

Quando a Assembleia Legislativa estiver processando e julgando o Governador e o Vice-Governador, nos crimes de responsabilidade e os Secretários de Estado nos crimes de mesma natureza conexos com aqueles, funcionará, como Presidente, o do Tribunal de Justiça, limitando-se a condenação, que somente será proferida por 2/3 (dois terços) dos votos da Assembleia Legislativa, à perda do cargo, com inabilitação, por oito anos, para o exercício de função pública, sem prejuízo das demais sanções judiciais cabíveis (Art. 54, § único, da CEPR).

→ O processo legislativo em âmbito estadual compreende, segundo o Art. 63, da CEPR, a elaboração de (a) emendas à Constituição Estadual, (b) leis complementares, (c) leis ordinárias, (d) decretos legislativos, (e) resoluções e (f) leis delegadas.

Fique Ligado

Não há previsão para a adoção de Medidas Provisórias pelo Governador do Estado.

Nos termos do Art.. 64, da CEPR, a proposta de Emenda será formulada (a) por um terço, no mínimo, dos membros da Assembleia Legislativa, (b) pelo Governador do Estado ou (c) por um terço das Câmaras Municipais do Estado, manifestando-se cada uma delas pela maioria relativa de seus membros.

A proposta de Emenda à Constituição Estadual será discutida e votada em dois turnos, considerando-se a mesma aprovada quando obtiver, em ambas as votações, o voto favorável de três quintos dos membros da Assembleia Legislativa.

Se aprovada, a Emenda será promulgada pela Mesa da Assembleia Legislativa, com o respectivo número de ordem.

Fique Ligado

Atente para uma diferença em relação ao procedimento de aprovação das Emendas à Constituição Federal. Aqui, será nominal a votação da proposta de emenda à Constituição Estadual.

Assim como previsto na CF, a CEPR também não pode ser emendada na vigência de intervenção federal no Estado, estado de defesa ou estado de sítio (limites circunstanciais).

No que tange às leis ordinárias e complementares, a iniciativa cabe a qualquer membro ou comissão da Assembleia Legislativa, ao Governador do Estado, ao Presidente do Tribunal de Justiça, ao Procurador-Geral de Justiça e aos cidadãos (Art. 65, da CEPR).

A iniciativa popular pode ser exercida pela apresentação à Assembleia Legislativa do projeto de lei, subscrito por, no mínimo, um por cento do eleitorado estadual, distribuído em pelo menos cinquenta Municípios, com um por cento de eleitores inscritos em cada um deles (Art. 67, da CEPR).

Exercício Comentado

01. Relativamente às emendas à Constituição do Estado do Paraná, é incorreto afirmar:

a) A proposta pode ser de iniciativa do Governador do Estado.

b) A emenda à Constituição será promulgada pela Mesa da Assembleia Legislativa.

c) A proposta pode ser de iniciativa de um terço das Câmaras Municipais do Estado, manifestando-se cada uma delas pela maioria relativa de seus membros.

d) Será secreta a votação de emenda à Constituição.

e) A proposta será discutida e votada em dois turnos, considerando-se aprovada quando obtiver, em ambas as votações, o voto favorável de três quintos dos membros da Assembleia Legislativa.

RESPOSTA. ***"D". Nos termos do Art. 64, § 5º, da CEPR, "Será nominal a votação de emenda à Constituição". A alternativa "A" está correta conforme estabelece o Art. 64, inciso II, da CEPR. A alternativa "B" está correta conforme previsto no Art. 64, § 3º, da CEPR. A alternativa "C", está correta pois é o que encontramos no Art. 64, inciso I, da CEPR. Por fim a alternativa "E" está correta conforme o Art. 64, § 2º, da CEPR.***

→ É exercício de função típica do Poder Legislativo a **fiscalização contábil, financeira, orçamentária, operacional e patrimonial do Estado** e das entidades da administração direta e indireta, quanto à legalidade, legitimidade, economicidade, aplicação das subvenções e renúncia de receitas (Art. 74, da CEPR).

Esse controle externo, a cargo da Assembleia Legislativa, não exclui o sistema de controle interno de cada poder e, ainda, será exercido com o auxílio do Tribunal de Constas do Estado (Art. 75, da CEPR).

Do Poder Executivo

→ O Poder Executivo tem como função típica administrar, ou seja, aplicar a lei de forma não contenciosa.

O Poder Executivo Estadual é exercido pelo Governador do Estado, com o auxílio dos Secretários de Estado (Art. 79, da CEPR).

A eleição do Governador e do Vice-Governador do Estado, para mandato de 4 (quatro) anos, realizar-se-á no primeiro domingo de outubro, e no último domingo de outubro em segundo turno, se houver, do ano anterior ao término do mandato de seus antecessores e a posse ocorrerá em primeiro de janeiro de ano subsequente.

Observa-se, aqui, as disposições constantes do Art. 77, da Constituição Federal, em relação à eleição do Presidente da República e do Vice-Presidente da República.

Segundo dispõe o Art. 85, da CEPR, substituirá o Governador, em caso de impedimento, e suceder-lhe-á, no de vaga, o Vice-Governador do Estado.

No entanto, em caso de impedimento do Vice-Governador, ou vacância do seu cargo, serão sucessivamente chamados ao exercício da Governadoria o Presidente da Assembleia Legislativa e o Presidente do Tribunal de Justiça.

Vagando os cargos de Governador e Vice-Governador do Estado nos primeiros dois anos do período governamental, far-se-á nova eleição direta 90 (noventa) dias depois de aberta a última vaga.

No entanto, ocorrendo a vacância nos últimos dois anos do período governamental, a eleição para ambos os cargos será feita trinta dias depois da última vaga, de forma indireta, pela Assembleia Legislativa, na forma da lei.

Em qualquer dos casos supra, os eleitos deverão completar o período de seus antecessores ("mandato tampão").

→ O Governador do Estado possui um rol de competências privativas elencadas no Art. 87, da CEPR, dentre as quais citamos:

a) Representar o Estado nas suas relações jurídicas, políticas e administrativas;
b) Nomear e exonerar os Secretários de Estado;
c) Exercer, com o auxílio dos Secretários de Estado, a direção superior da administração estadual;
d) Iniciar o processo legislativo, na forma e nos casos previstos na Constituição Estadual;
e) Sancionar, promulgar e fazer publicar as leis e expedir decretos e regulamentos para a sua fiel execução;
f) Dispor sobre a organização e o funcionamento da administração estadual, na forma da lei;
g) Vetar projeto de lei, total ou parcialmente.

Dentre todas elas, o Governador pode delegar aos Secretários de Estado, ao Procurador-Geral de Justiça e ao Procurador-Geral do Estado as atribuições para (a) dispor sobre a organização e o funcionamento da administração estadual, na forma da lei (Art. 87, inciso VI, da CEPR) e (b) prover os cargos públicos estaduais, na forma da lei e com as restrições previstas na CEPR (Art. 87, inciso XVI, primeira parte, da CEPR).

Exercício Comentado

01. Nos termos da Constituição do Estado do Paraná, o Governador poderá delegar ao Procurador-Geral de Justiça a atribuição de vetar projeto de lei, total ou parcialmente.

ERRADO. Comentário: A atribuição referida, prevista no inciso VII, do Art. 87, da CEPR, não pode ser delegada pelo Governador do Estado, conforme vemos no § único do mesmo Art..

→ No curso do mandato o Governador do Estado pode ser responsabilizado pelos crimes comuns e de responsabilidade que eventualmente cometa.

Nos termos do Art. 88, da CEPR, são considerados crimes de responsabilidade os atos do Governador que atentem contra:

a) A Constituição Federal e a Constituição do Estado;
b) A existência da União;
c) O livre exercício do Poder Legislativo, do Poder Judiciário, do Ministério Público e dos poderes constitucionais;
d) O exercício dos direitos políticos, individuais e sociais;
e) A lei orçamentária;
f) A segurança interna do País;
g) A probidade na administração e,
h) O cumprimento das leis e das decisões judiciais.

Para que o Governador do Estado possa ser processado é necessário juízo de admissibilidade da Assembleia Legislativa, pelo voto de 2/3 (dois terços) de seus membros.

Admitida a acusação contra o Governador do Estado, pela Assembleia Legislativa, será ele submetido a julgamento perante o Superior Tribunal de Justiça (STJ), nas infrações penais comuns, ou perante a própria Assembleia Legislativa, nos crimes de responsabilidade (foro privilegiado) (Art. 89, da CEPR).

Fique Ligado

É entendimento pacífico no âmbito do Supremo Tribunal Federal (STF) que, as prerrogativas processuais do Presidente da República, constantes do Art. 86, § 3º (prisão somente após sentença penal condenatória) e § 4º (imunidade temporária à persecução penal), da Constituição Federal, não se estendem aos Governadores dos Estados.

Exercício Comentado

01. Sobre o Poder Executivo paranaense e nos termos do que dispõe a CEPR, assinale a opção incorreta.

a) É exercido pelo Governador do Estado, com o auxílio dos Secretários de Estado.
b) Governador e o Vice-Governador do Estado exercerão o cargo por quatro anos, não podendo ser reeleitos para o mesmo cargo no período imediato.
c) Cessada a investidura no cargo de Governador do Estado, quem o tiver exercido em caráter permanente fará jus, a título de representação, desde que não tenha sofrido suspensão dos direitos políticos, a um subsídio mensal e vitalício, igual ao vencimento do cargo de desembargador do Tribunal de Justiça do Estado.
d) Compete privativamente ao Governador do Estado prover e extinguir os cargos públicos estaduais por meio de decreto.

RESPOSTA. ***"D". Conforme o Art. 87, inciso XVI, da CEPR, compete ao Governador do Estado, privativamente, prover e extinguir os cargos públicos estaduais, na forma da lei e com as restrições previstas na CEPR.***

Do Poder Judiciário

→ O Poder Judiciário possui como função típica o exercício da jurisdição, ou seja, dizer o direito ao caso concreto, diante de um conflito de interesses.

O Poder Judiciário do Estado do Paraná é composto dos seguintes órgãos, conforme o Art. 93, da Constituição do Estado do Paraná (CEPR): o Tribunal de Justiça, os Tribunais do Júri, os Juízes de Direito, os Juízes Substitutos, os Juizados Especiais e os Juízes de Paz.

A CEPR, em seu Art. 108 ainda prevê a criação da Justiça Militar Estadual, constituída, em primeiro grau, pelos Conselhos de Justiça e, em segundo, pelo Tribunal de Justiça ou por Tribunal de Justiça Militar, sendo que este poderá ser criado mediante proposta daquele – o que ainda não ocorreu.

Compete à Justiça Militar Estadual processar e julgar os militares do Estado, nos crimes militares definidos em lei e as ações judiciais contra atos disciplinares militares, ressalvada a competência do Tribunal do Júri quando a vítima for civil.

Exercício Comentado

01. Assinale a alternativa que indica, corretamente, órgão do Poder Judiciário no Estado do Paraná.

a) Câmara Arbitral de Justiça.

b) Conselho da Polícia Judiciária.

c) Conselho do Ministério Público.

d) Tribunal do Júri

e) Tribunal de Alçada.

RESPOSTA. "D". Conforme estabelece o Art. 93, da CEPR.

→ O Tribunal de Justiça tem sede na Capital e jurisdição em todo o território do Estado.

Compõe-se de desembargadores, em número fixado em lei – hoje, são 145 (cento e quarenta e cinco), conforme a Lei Estadual nº 14.277, de 2003 (CODJ) -, sendo que 4/5 (quatro quintos) são nomeados entre os juízes de última entrância, promovidos por antiguidade e merecimento, alternadamente (Art. 96, inciso V, da CEPR).

O 1/5 (um quinto) restante será composto de membros do Ministério Público Estadual, com mais de 10 (dez) anos de carreira, e de advogados inscritos na Ordem dos Advogados do Brasil, Seção do Paraná, de notório saber jurídico e de reputação ilibada, com mais de 10 (dez) anos de efetiva atividade profissional (Art. 95, da CEPR).

No Tribunal de Justiça haverá um Órgão Especial, integrado por 25 (vinte e cinco) desembargadores, para o exercício de atribuições administrativas e jurisdicionais, delegadas da competência do Tribunal Pleno, provendo-se a metade das vagas por antiguidade e a outra metade por eleição pelo Tribunal Pleno (Art. 94, § único, da CEPR).

> É de competência do TJPR a iniciativa da Lei de Organização e Divisão Judiciárias, a qual disporá sobre a estrutura e funcionamento do Poder Judiciário do Estado do Paraná e a carreira da magistratura, devendo observar os seguintes princípios, dentre outros (Art. 96, da CEPR):

a) O ingresso na carreira da magistratura estadual, cujo cargo inicial será o de juiz substituto, mediante concurso público de provas e títulos, com a participação da Ordem dos Advogados do Brasil em todas as fases, exigindo-se do bacharel em Direito, no mínimo, três anos de atividade jurídica e obedecendo-se, nas nomeações, à ordem de classificação;

b) Promoção de entrância para entrância, alternadamente, por antiguidade e merecimento;

c) O juiz titular residirá na respectiva comarca, salvo autorização do TJPR;

d) Todos os julgamentos dos órgãos do Poder Judiciário do Estado do Paraná serão públicos, e fundamentadas todas as decisões, sob pena de nulidade, podendo a lei limitar a presença, em determinados atos, às próprias partes e a seus advogados, ou somente a estes, em casos em que a preservação do direito à intimidade do interessado no sigilo não prejudique o interesse à informação;

e) As decisões administrativas do TJPR serão motivadas e em sessão pública, sendo as disciplinares tomadas pelo voto da maioria absoluta de seus membros;

f) A atividade jurisdicional será ininterrupta, sendo vedadas as férias coletivas nos juízos e no Tribunal de Justiça, funcionando, nos dias em que não houver expediente forense normal, juízes em plantão permanente;

g) Os servidores receberão delegação para prática de atos de administração e de atos de mero expediente sem caráter decisório;

h) O TJPR poderá funcionar descentralizadamente, constituindo Câmaras regionais, a fim de assegurar o pleno acesso do jurisdicionado à Justiça em todas as fases do processo;

i) O TJPR instalará a justiça itinerante, com a realização de audiências e demais funções da atividade jurisdicional, nos limites territoriais da respectiva jurisdição, servindo-se de equipamentos públicos e comunitários.

→ Ao Tribunal de Justiça cabe, dentre outras atribuições, processar e julgar, originariamente:

a) Nos crimes comuns e de responsabilidade, os deputados estaduais, os juízes de direito e juízes substitutos, os secretários de Estado, os membros do Ministério Público e os prefeitos municipais, ressalvada a competência da Justiça Eleitoral, e, nos crimes comuns, o vice-governador do Estado (Art. 101, inciso VII, alínea "a", da CEPR);

b) As ações diretas de inconstitucionalidade e de constitucionalidade de leis ou atos normativos estaduais e municipais contestados em face da Constituição Estadual e a inconstitucionalidade por omissão de medida para tornar efetiva norma constitucional (Art. 101, inciso VII, alínea "f", da CEPR).

Ainda, compete ao Tribunal de Justiça julgar, em grau de recurso, os feitos de competência da justiça estadual, salvo os atribuídos, por lei, aos órgãos recursais dos juizados especiais (Art. 101, inciso VIII, da CEPR).

> No exercício de funções atípicas, legislativas e administrativas, CEPR atribui ao TJPR, em seu Art. 99, a competência para:

a) Eleger seus órgãos diretivos na forma da lei complementar que dispõe sobre o Estatuto da Magistratura;

b) Elaborar seu regimento interno, com observância das normas de processo e das garantias processuais das partes, dispondo sobre a competência e o funcionamento dos órgãos jurisdicionais e administrativos;

c) Organizar sua Secretaria e serviços auxiliares;

d) Prover, por concursos públicos de provas, ou de provas e títulos, vedado concurso interno, os cargos necessários à administração da Justiça, exceto os de confiança, assim definidos em lei, que poderão ser providos sem concurso;

e) Conceder férias, que não poderão ser coletivas, licenças e outros afastamentos a seus membros e servidores.

A Ação Direta de Inconstitucionalidade de lei ou ato normativo estadual ou municipal, em face da CEPR pode ser intentada (a) pelo Governador do Estado e (b) pela Mesa da Assembleia Legislativa, (b) pelo Procurador-Geral de Justiça e (c) pelo Procurador Geral do Estado, (d) pelo Prefeito e (e) pela Mesa da Câmara do respectivo Município, quando se tratar de lei ou ato normativo local, (f) pelo Conselho Seccional da Ordem dos Advogados do Brasil, (g) pelos partidos políticos com representação na Assembleia Legislativa, (h) pelas federações sindicais e (i) pelas entidades de classe de âmbito estadual e, (j) por Deputado Estadual (Art. 111, da CEPR).

Fique Ligado

Quando se trata de controle de constitucionalidade em face da Constituição Federal, o seu Art. 103 não autoriza a propositura das ações respectivas pelos membros das Casas do Congresso Nacional, como ocorre no controle de constitucionalidade em face da CEPR, onde esta atribui tal competência aos Deputados Estaduais.

Em todas as Ações Diretas de Inconstitucionalidade o Procurador-Geral de Justiça será ouvido. Nela, também, incumbirá à Procuradoria Geral do Estado atuar na curadoria de presunção de legitimidade do ato impugnado, estadual ou municipal.

Uma vez declarada a inconstitucionalidade, a decisão será comunicada à Assembleia Legislativa ou à Câmara Municipal para suspensão da execução da lei ou ato impugnado (Art. 113, da CEPR).

> Os Juízes de Direito e Juízes Substitutos atuam no primeiro grau de jurisdição da Justiça Estadual, nas diversas entrâncias (Art. 105, da CEPR).

As entrâncias representam os níveis na carreira da magistratura de primeiro grau, servindo, também, para classificar as comarcas de acordo, principalmente, com seu movimento. Assim, teremos a entrância inicial, intermediária e final (Art. 25, da Lei nº 14.277, de 2003-CODJ).

Especificadamente para dirimir conflitos fundiários, o Tribunal de Justiça proporá a criação de varas especializadas, com competência exclusiva para questões agrárias (Art. 107, da CEPR).

> 3.4.5 Os Juizados Especiais Cíveis e Criminais possuem competência para o julgamento de causas cíveis de menor complexidade e de infrações penais de menor potencial ofensivo.

A competência, a composição e o funcionamento dos Juizados Especiais será determinada pela Lei de Organização e Divisão Judiciárias (Art. 109, da CEPR).

Lembremos que o órgão recursal das decisões proferidas pelos juizados especiais não é o Tribunal de Justiça, mas turmas compostas de juízes de primeiro grau de entrância final, as chamadas Turmas Recursais.

Já a Justiça de Paz será composta de cidadãos eleitos pelo voto direto, universal e secreto, com mandato de 4 (quatro) anos e competência para celebrar casamentos, verificar, de ofício ou em face de impugnação apresentada, o processo de habilitação, exercer atribuições conciliatórias e outras, sem caráter jurisdicional, conforme dispuser a Lei de Organização e Divisão Judiciárias (Art. 110, da CEPR).

> Aos Tribunais do Júri, segundo dispõe a Constituição Federal, em seu Art. 5º, inciso XXXVIII, é atribuída a competência para o julgamento dos crimes dolosos contra a vida. Nele são assegurados a plenitude de defesa, o sigilo das votações e a soberania dos veredictos.

O Tribunal do Júri será instalado nas sedes das comarcas e obedecerá, em sua composição e funcionamento, às normas do Código de Processo Penal (CPP).

> Aos magistrados estaduais são asseguradas as mesmas garantias de independência e de imparcialidade constantes da CF.

» Assim, são garantias de sua independência, segundo o Art. 97, da CEPR:

a) A vitaliciedade, que, no primeiro grau, só será adquirida após dois anos de exercício, dependendo a perda do cargo, nesse período, de deliberação do Tribunal de Justiça e, nos demais casos, de sentença judicial transitada em julgado, assegurado, em qualquer hipótese, o direito a ampla defesa;

b) A inamovibilidade, salvo por motivo de interesse público, na forma estabelecida na Constituição Federal;

c) A irredutibilidade de subsídios, ressalvado o disposto nos Arts. 37, incisos X e XI, 38, § 4º, 150, inciso II, 153, inciso III e 153, § 2º e inciso I, da Constituição Federal.

» Por sua vez, as garantias de imparcialidade são verdadeiras proibições. Assim, aos magistrados estaduais é vedado (Art. 97, § único, da CEPR):

a) Exercer, ainda que em disponibilidade, outro cargo ou função, salvo uma de magistério;

b) Receber, a qualquer título ou pretexto, custas ou participação em processo;

c) Dedicar-se à atividade político-partidária.

d) Receber, a qualquer título ou pretexto, auxílios ou contribuições de pessoas físicas, entidades públicas ou privadas, ressalvadas as exceções previstas em lei;

e) Exercer a advocacia no juízo ou tribunal do qual se afastou, antes de decorridos três anos do afastamento do cargo por aposentadoria ou exoneração. Esta é a conhecida "quarentena".

Das Funções Essenciais à Justiça

→ O tema das Funções Essenciais à Justiça consta dos Arts. 127 a 135, do Capitulo IV, do Título IV – Da Organização dos Poderes, da Constituição Federal e compreende o Ministério Público (arts. 127 a 130-A), a Advocacia Pública (arts. 131 e 132) e Advocacia e Defensoria Pública (arts. 133 a 135).

Na CEPR, o tema encontra-se disciplinado no Título III, Capítulo IV, Arts. 114 a 128.

Para entender o que significa ser uma "função essencial à Justiça" precisamos saber que o Poder Judiciário – a Justiça – possui como princípio básico a "inércia da jurisdição", o qual pode ser visto claramente no Art. 2º, do Código de Processo Civil (CPC): "Nenhum juiz prestará a tutela jurisdicional senão quando a parte ou o interessado a requerer, nos casos e forma legais".

Visando garantir a imparcialidade, o Poder Judiciário somente realizará a sua função típica, que é prestar a tutela jurisdicional, quando for provocado pelas pessoas interessadas na solução de um conflito.

Assim, para que o Poder Judiciário possa atuar é imprescindível o impulso promovido pelo Ministério Público, pela a Advocacia Pública, pela Advocacia privada e pela Defensoria Pública.

→ Conforme dispõe o Art. 128, da Constituição Federal, o Ministério Público abrange:

a) O Ministério Público da União (MPU), que compreende o Ministério Público Federal (MPF), o Ministério Público do Trabalho (MPT), o Ministério

Público Militar (MPM) e o Ministério Público do Distrito Federal e Territórios (MPDFT);

b) Os Ministérios Públicos dos Estados (MPE´s).

O Art. 130, da Constituição Federal prevê que, aos membros do Ministério Público junto aos Tribunais de Contas, da União e dos Estados, aplicam-se as disposições pertinentes a direitos, vedações e forma de investidura previstas ao MPU e ao MPE.

Apesar disso, aquela instituição não integra o Ministério Público "comum", nos termos do Art. 128, da Constituição Federal, possuindo lei orgânica própria de iniciativa do respectivo Tribunal de Contas, a quem está atrelado estruturalmente.

Fique Ligado

Não existe uma carreira específica do Ministério Público Eleitoral. As funções do Ministério Público junto à Justiça Eleitoral são de competência do Ministério Público Federal (MPF), nos termos do Art. 72, da Lei Complementar nº 75, de 1993. Perante os Juízes e Juntas Eleitorais as funções eleitorais do MPF serão exercidas pelo Promotor Eleitoral, membro do Ministério Público Estadual (Art. 78, da Lei Complementar nº 75, de 1993).

→ O Ministério Público é instituição permanente, essencial à função jurisdicional do Estado, incumbindo-lhe a defesa da ordem jurídica, do regime democrático e dos interesses sociais e individuais indisponíveis (Art. 114, caput, da CEPR).

O Ministério Público é, assim, uma instituição constitucional independente, não se inserindo na estrutura de nenhum dos Poderes.

Ele é, como se diz na doutrina, uma instituição "extrapoderes", sendo-lhe assegurada a autonomia funcional, administrativa e financeira, além da possibilidade da iniciativa legislativa em determinadas situações.

A independência funcional do Ministério Público estadual (Art. 114, §2º, da CEPR) está relacionada à liberdade no desempenho de suas atribuições constitucionais próprias.

Sob o aspecto da instituição revela, justamente, a não vinculação do Ministério Público a nenhum outro poder ou órgão do Estado.

Em relação a seus membros significa a ausência de hierarquia funcional. No desempenho de seus deveres, os membros do Ministério Público subordinam-se apenas aos limites estabelecidos na Constituição e nas leis.

Cabe ao Ministério Público estadual dar início ao processo legislativo para a criação e extinção de seus cargos e serviços auxiliares, provendo-os por concurso público de provas e títulos, a política remuneratória e os planos de carreira (Art. 114, § 2º, da CEPR).

A autonomia financeira possibilita ao Ministério Público em geral elaborar sua proposta orçamentária, dentro dos limites estabelecidos na lei de diretrizes orçamentárias (Art. 115, da CEPR).

Exercício Comentado

01. O Ministério Público deve elaborar sua proposta orçamentária dentro dos limites estabelecidos em sua lei orgânica nacional.

ERRADO. Segundo o Art. 115, da CEPR, o Ministério Público elaborará sua proposta orçamentária dentro dos limites estabelecidos na lei de diretrizes orçamentárias e não de sua lei orgânica.

> São princípios institucionais que orientam todo o Ministério Público estadual (Art. 114, § 1º, da CEPR):

a) A unidade, que existe apenas em relação a cada um dos seus ramos e implica em reconhecer que os seus membros integram um único órgão, com chefia também única;

b) A indivisibilidade, como decorrência do princípio anterior, aponta para a possibilidade de, dentro de um mesmo ramo, um membro poder substituir outro no desempenho das funções institucionais, sejam estas judiciais ou extrajudiciais, sem qualquer prejuízo;

c) A independência funcional, informa que entre os seus membros não existe subordinação no desempenho das funções institucionais, havendo, desta forma, autonomia de convicção. A hierarquia existente diz respeito, unicamente, ao aspecto administrativo. Assim, há hierarquia administrativa, mas não funcional.

> O Ministério Público estadual possui como chefe o Procurador-Geral de Justiça (PGJ).

Nos termos da Constituição Federal, para a escolha do Procurador-Geral de Justiça (PGJ), o Ministério Público do Estado formará lista tríplice, dentre integrantes da carreira, na forma da lei orgânica respectiva, sendo o mesmo nomeado pelo Governador, para mandato de 2 (dois) anos, permitida 1 (uma) recondução, observado o mesmo procedimento (Art. 128, §s 3º e 4º, da CF).

A CEPR, no Art. 116, prevê, contudo, que o Procurador-Geral de Justiça será nomeado pelo Governador do Estado, após a aprovação da Assembleia Legislativa.

A constitucionalidade da submissão da escolha do PGJ à Assembleia Legislativa do Estado está sendo questionada na ADI nº 2.319, por violação ao Art. 128, § 3º, da Constituição Federal. A ação ainda pende de julgamento.

A destituição do PGJ dar-se-á por deliberação da maioria absoluta da Assembleia Legislativa, na forma da lei complementar respectiva (Art. 116, § 1º, da CEPR).

> Para bem desempenhar suas funções, com autonomia e independência, aos membros do Ministério Público são previstas as seguintes garantias (individuais) (Art. 118, da CEPR):

a) Vitaliciedade, após 2 (dois) anos de exercício, não podendo perder o cargo senão por sentença judicial transitada em julgado;

Fique Ligado

Não confunda a vitaliciedade com a estabilidade, a qual é alcançada após 3 (três) anos de efetivo exercício por servidores nomeados para cargo de provimento efetivo.

b) Inamovibilidade, salvo por motivo de interesse público, mediante decisão do órgão colegiado competente do Ministério Público, pelo voto da maioria absoluta de seus membros, assegurada ampla defesa;

c) Irredutibilidade de vencimentos, observado o que dispõe o Art. 27, inciso XI, da CEPR e os Arts. 150, inciso II, 153, inciso III e 153, § 2º, inciso I, da Constituição Federal. A irredutibilidade garantida aqui é a nominal, não a real;

d) Revisão de vencimentos e vantagens, em igual percentual, sempre que revistos os da magistratura;

Fique Ligado

Esta garantia encontra-se suspensa por força de decisão tomada na Ação Direta de Inconstitucionalidade nº 1.163, a qual ainda aguarda julgamento definitivo pelo Supremo Tribunal Federal.

e) Promoção voluntária, por antiguidade e merecimento, alternadamente, de uma para outra entrância e da entrância mais elevada para o cargo de procurador de justiça, aplicando-se, por assemelhação, o disposto no Art. 93, inciso II, da Constituição Federal;

f) Subsídios fixados com diferença de cinco por cento de uma para outra entrância;

g) Aposentadoria nos termos do Art. 35 desta Constituição.

Como se pode perceber, o rol das garantias dos membros do Ministério Público estadual, na CEPR, é bem mais extenso do que aquele previsto pela Constituição Federal, em seu Art. 128, § 5º.

> Com o objetivo de manter a imparcialidade dos membros do Ministério Público estadual, a CEPR, no Art. 118, inciso II, veda possam os seus membros:

a) Receber, a qualquer título e sob qualquer pretexto, honorários, percentagens ou custas processuais, sendo a verba honorária decorrente da sucumbência recolhida ao Estado, como renda eventual, à conta da Procuradoria-Geral de Justiça, para seu aperfeiçoamento, o de seus integrantes e o de seus equipamentos;

b) Exercer a advocacia;

c) Participar de sociedades comerciais, na forma da lei;

d) Exercer, ainda que em disponibilidade, qualquer outra função pública, salvo uma de magistério;

e) Exercer atividade político-partidária, salvo exceções previstas em lei;

O §6º, do Art. 128, da Constituição Federal diz que ainda se aplica a todos os membros do Ministério Público o quanto contido no inciso V, do § único, do Art. 95, do texto Magno, o qual veda aos juízes o exercício da advocacia no juízo ou tribunal do qual tenha se afastado, antes de decorridos 3 (três) anos do afastamento do cargo por aposentadoria ou exoneração. É a chamada "quarentena".

> A representação judicial e extrajudicial dos Entes Federativos, na defesa de seus interesses, é realizada pela Advocacia Pública.

Nos termos do Art. 131, da Constituição Federal, a Advocacia-Geral da União é a instituição que, diretamente ou através de órgão vinculado, representa a União (Poderes Executivo, Legislativo e Judiciário, e órgãos públicos que exercem Função Essencial à Justiça), judicial e extrajudicialmente, cabendo-lhe também, nos termos da lei complementar que dispuser sobre sua organização e funcionamento, as atividades de consultoria e assessoramento jurídico do Poder Executivo.

Já a representação judicial e a consultoria jurídica dos Estados e do Distrito Federal é realizada pelos respectivos Procuradores, os quais também serão organizados em carreira, na qual o ingresso dependerá de concurso público de provas e títulos, com a participação da Ordem dos Advogados do Brasil (OAB) em todas as suas fases (Art. 131, da CF).

Nos termos do Art. 123, da CEPR, a advocacia do Estado, como função institucionalizada e organizada por lei complementar, terá como órgão único de execução a Procuradoria-Geral do Estado, diretamente vinculada ao Governador e integrante de seu gabinete.

Conforme dispõe o Art. 124, da CEPR, compete à Procuradoria-Geral do Estado, além de outras atribuições que lhe forem conferidas por lei:

a) A representação judicial e extrajudicial do Estado e a consultoria jurídica do Poder Executivo;

b) A unificação da jurisprudência administrativa do Estado;

c) A cobrança judicial da dívida ativa do Estado;

d) A realização dos processos administrativo-disciplinares, nos casos previstos em lei;

e) A orientação jurídica aos Municípios, em caráter complementar ou supletivo.

O chefe da instituição é o Procurador-Geral do Estado, o qual é de livre nomeação do Governador do Estado, preferencialmente – não obrigatoriamente - dentre os integrantes da carreira e gozará de tratamento e prerrogativas de Secretário de Estado (Art. 126, da CEPR).

> À Defensoria Pública, instituição essencial à função jurisdicional do Estado, incumbe a orientação jurídica integral e gratuita, a postulação e a defesa, em todas as instâncias, judicial e extrajudicial, dos direitos e dos interesses individuais e coletivos dos necessitados (Art. 127, da CEPR), cumprindo com o dever que incumbe ao Estado de prestar assistência jurídica integral e gratuita aos que comprovarem insuficiência de recursos, nos termos do Art. 5º, inciso LXXIV, da Constituição Federal.

Por força do Art. 134, § 1º, da Constituição Federal, a Lei Complementar nº 80, de 1994 organiza a Defensoria Pública da União, do Distrito Federal e dos Territórios e prescreve normas gerais para sua organização nos Estados.

Segundo o Art. 2º, da Lei Complementar nº 80, de 1994, a Defensoria Pública abrange (a) a Defensoria Pública da União, (b) a Defensoria Pública do Distrito Federal e dos Territórios e (c) as Defensorias Públicas dos Estados.

Nos termos do Art. 134, §2º, da Constituição Federal, às Defensorias Públicas Estaduais são asseguradas autonomia funcional e administrativa e a iniciativa de sua proposta orçamentária dentro dos limites estabelecidos na lei de diretrizes orçamentárias e subordinação ao disposto no Art. 99, § 2º, da Constituição Federal.

Vamos Praticar

01. O Poder Legislativo estadual é exercido pela Assembleia Legislativa, constituída de representantes do povo, eleitos pelo sistema proporcional, por voto direto e secreto, observadas as seguintes condições de elegibilidade, salvo:

a) Nacionalidade brasileira;

b) Pleno exercício dos direitos políticos e alistamento eleitoral;

c) Domicílio eleitoral na circunscrição do Estado e filiação partidária;

d) Idade mínima de 30 anos.

02. Cabe à Assembleia Legislativa do Paraná, com a sanção do Governador do Estado, dispor sobre todas as matérias de competência do Estado, especificamente:

a) Serviço postal;

b) Política de crédito, câmbio, seguros e transferência de valores;

c) Normas suplementares de direito urbanístico, bem como de planejamento e execução de políticas urbanas;

d) Trânsito e transporte.

03. Assinale, dentre as hipóteses abaixo, aquela atribuição que não é de competência privativa da AL do Estado do Paraná.

a) Dispor sobre a organização e divisão judiciárias.

b) Elaborar o Regimento Interno

c) Conceder licença para processar deputado.

d) Fixar os subsídios do Governador e do Vice-Governador do Estado e dos Secretários de Estado.

04. A respeito dos deputados estaduais assinale a alternativa incorreta.

a) Os Deputados são invioláveis por suas opiniões, palavras e votos.

b) Desde, a expedição do diploma, os Deputados não poderão ser presos, salvo em flagrante de crime hediondo, nem processados criminalmente, sem prévia licença da Assembleia Legislativa.

c) Os Deputados serão submetidos a julgamento perante o Tribunal de Justiça do Estado.

d) Os Deputados não serão obrigados a testemunhar sobre informações recebidas ou prestadas em razão do exercício do mandato, nem sobre as pessoas que lhes confiaram ou deles receberam informações.

05. Com o auxílio do Tribunal de Contas do Estado, o controle externo relativo à fiscalização contábil, financeira, orçamentária, operacional e patrimonial do Estado do Paraná, é exercido:

a) Pelo Tribunal de Justiça do Estado.

b) Pela Assembleia Legislativa do Estado.

c) Pelo Governador do Estado.

d) Pelo Superior Tribunal de Justiça.

e) Pelo Congresso Nacional.

06. É considerada atribuição privativa do Governador do Estado do Paraná, segundo a Constituição Estadual:

a) Celebrar ou autorizar convênios ou acordos com entidades públicas ou particulares.

b) Nomear e exonerar os Secretários de Estado, após aprovação da Assembleia Legislativa.

c) Prestar contas, anualmente, à Assembleia Legislativa, dentro de trinta dias após a abertura da sessão legislativa, relativamente ao ano anterior.

d) Realizar as operações de crédito previamente autorizadas pelo Congresso Nacional.

07. A Constituição do Estado do Paraná:

a) Dispõe que o Governador perderá o mandato ao assumir outro cargo ou função na administração pública direta ou indireta, ressalvada a posse em virtude de concurso público e observado o disposto no Art. 38, I, IV, e V, da Constituição Federal.

b) Prevê a possibilidade de o governador do Estado editar medidas provisórias, em respeito ao princípio da simetria relacionado às regras do processo legislativo estadual.

c) Determina que as leis complementares estaduais são aprovadas por maioria simples dos integrantes da Assembleia Legislativa.

d) Estabelece que o controle externo das contas públicas estaduais, a cargo do Poder Executivo, será exercido com o auxílio do Tribunal de Contas do Estado.

08. Acerca do Poder Judiciário do Estado do Paraná, nos termos da Constituição Estadual, não está correto afirmar que:

a) No Tribunal de Justiça haverá um órgão especial, integrado por vinte e cinco desembargadores, para o exercício de atribuições administrativas e jurisdicionais, delegadas da competência do tribunal pleno, provendo-se a metade das vagas por antiguidade e a outra metade por eleição pelo tribunal pleno.

b) Um quinto dos lugares do Tribunal de Justiça será composto de membros do Ministério Público, com mais de dez anos de carreira, e de advogados inscritos na Ordem dos Advogados do Brasil, Seção do Paraná, de notório saber jurídico e de reputação ilibada, com mais de dez anos de efetiva atividade profissional.

c) Lei de Organização e Divisão Judiciárias, de iniciativa do Tribunal de Justiça, disporá sobre a estrutura e funcionamento do Poder Judiciário do Estado e a carreira de magistratura, observados, dentre outros que, a atividade jurisdicional será ininterrupta, sendo vedadas as férias coletivas nos juízos de primeiro grau apenas, funcionando, nos dias em que não houver expediente forense normal, juízes em plantão permanente.

d) Os juízes gozam da garantia da vitaliciedade que, no primeiro grau, só será adquirida após dois anos de exercício, dependendo a perda do cargo, nesse período, de deliberação do Tribunal de Justiça; e, nos demais casos, de sentença judicial transitada em julgado, assegurado, em qualquer hipótese, o direito a ampla defesa.

09. Compete privativamente ao Tribunal de Justiça do Estado do Paraná, segundo a Constituição Estadual, exceto:

a) Aposentar os magistrados e os servidores da justiça.

b) Decretar e executar, quando cabível, a intervenção federal no Estado.

c) Processar e julgar, originariamente, nos crimes comuns e de responsabilidade, os deputados estaduais, os juízes de direito e juízes substitutos, os secretários de Estado, os membros do Ministério Público e os prefeitos municipais, ressalvada a competência da Justiça Eleitoral, e, nos crimes comuns, o vice-governador do Estado.

d) Processar e julgar, originariamente, a execução de sentença nas causas de sua competência originária, facultada a delegação de atribuições para a prática de atos processuais.

10. Relativamente ao Poder Judiciário paranaense é correto afirmar que:

a) Em primeiro e segundo grau de jurisdição, a carreira da magistratura compreende as entrâncias, definidas na Lei de Organização e Divisão Judiciárias.

b) A Justiça Militar é constituída, em primeiro grau, pelos Conselhos de Justiça e, em segundo, pelo Tribunal de Justiça ou por Tribunal de Justiça Militar.

c) A Justiça de Paz, remunerada, será composta de cidadãos eleitos pelo voto direto, universal e secreto, com mandato de quatro anos e competência para celebrar casamentos, verificar, de ofício ou em face de impugnação apresentada, o processo de habilitação, exercer atribuições conciliatórias e outras, caráter jurisdicional, conforme dispuser a Lei de Organização e Divisão Judiciárias.

d) Haverá três Tribunais de Alçada, com sede em Curitiba, Londrina e Cascavel, com jurisdição territorial definida pela Lei de Organização e Divisão Judiciárias, sendo que o da Capital será composto por um mínimo de vinte e cinco Juízes e os de Londrina e Cascavel por um mínimo de dezessete Juízes.

11. No Estado do Paraná, o Procurador Geral do Estado e o Deputado Estadual são partes ilegítimas para propor a ação direta de inconstitucionalidade de lei ou ato normativo estadual ou municipal.

Certo ( ) Errado ( )

12. Lei de Organização e Divisão Judiciárias, de iniciativa do Tribunal de Justiça, disporá sobre a estrutura e funcionamento do Poder Judiciário do Estado do Paraná e a carreira de magistratura, observadas, dentre outras, a regra de que o ingresso na carreira, cujo cargo inicial será o de juiz substituto, dar-se-á através de concurso público de provas e títulos, com a participação da Ordem dos Advogados do Brasil em todas as fases, exigindo-se do bacharel em direito, no mínimo, dois anos de atividade jurídica e obedecendo-se, nas nomeações, à ordem de classificação.

Certo ( ) Errado ( )

13. O Ministério Público é instituição permanente, essencial ao exercício de todas as funções do Estado Democrático de Direito.

Certo ( ) Errado ( )

14. Pelo princípio da indivisibilidade, há possibilidade de um procurador substituir outro no exercício de suas funções.

Certo ( ) Errado ( )

15. Os membros do Ministério Público junto ao Tribunal de Contas de um determinado Estado da federação compõem o Ministério Público do respectivo Estado.

Certo ( ) Errado ( )

16. Os membros do MP gozam de vitaliciedade, após dois anos de exercício, e só perderão o cargo por sentença judicial transitada em julgado.

Certo ( ) Errado ( )

Gabarito

01	D	09	B
02	C	10	B
03	A	11	ERRADO
04	B	12	ERRADO
05	B	13	ERRADO
06	A	14	CERTO
07	A	15	ERRADO
08	C	16	CERTO

Anotações

CAPÍTULO 20

Constituição do Estado do Paraná - Dos Tributos e do Orçamento

O Título IV, Arts. 129 a 138, da Constituição do Estado do Paraná (CEPR) vai tratar das disposições relativas à tributação, à repartição das receitas tributárias e aos orçamentos,

Dos Tributos do Estado

→ Os tributos constituem uma fonte permanente de receita, de ingresso de recursos nos cofres do Estado, visando cobrir as despesas decorrentes do cumprimento de suas finalidades, de suas obrigações.

Conforme podemos observar dos Arts. 145 a 149-A, da Constituição Federal (CF), "tributo" é um gênero, do qual são espécies os impostos, as taxas, as contribuições de melhoria, os empréstimos compulsórios e as contribuições especiais.

O exercício do poder de tributar pelo Estado do Paraná deve seguir, em primeiro lugar, as disposições constantes da Constituição Federal, em especial as dos Arts. 145 a 162 – onde está delineado o nosso "Sistema Tributário Nacional" - e, é claro, as normas constantes da sua Constituição Estadual.

→ Nos termos do Art. 129, da CEPR, compete ao Estado do Paraná instituir os seguintes **tributos**:

a) Impostos previstos na Constituição Federal;

b) Taxas, em razão do exercício do poder de polícia ou pela utilização, efetiva ou potencial, de serviços públicos específicos e divisíveis, prestados ao contribuinte ou postos à sua disposição;

c) Contribuição de melhoria, decorrente de obras públicas;

d) Contribuição social, cobrada de seus servidores, para o custeio, em benefício destes, de sistemas de previdência e assistência social.

Ao Estado do Paraná caberá a criação das **taxas** pelo exercício do poder de polícia que promover e pelos serviços públicos específicos e divisíveis que realizar.

Da mesma forma poderá o Estado exigir a **contribuição de melhoria** quando for o responsável pela realização da obra da qual tenha decorrido a valorização do imóvel do contribuinte.

A **contribuição social**, espécie de contribuição especial, instituída pelo Estado e cobrada de seus servidores visa o custeio do Regime Próprio de Previdência Social (RPPS) destes. Segundo a Constituição Federal (Art. 149, § 1º) a alíquota a ser instituída não poderá ser inferior à da contribuição dos servidores titulares de cargos efetivos da União.

Segundo dispõe a Constituição Federal, em seu Art. 155, aos Estados compete a criação de três **impostos**, apenas.

O **imposto que incide sobre a "transmissão 'causa mortis' e doação, de quaisquer bens ou direitos" (ITCMD)** (Art. 155, inciso I, da CF) possui como fato gerador a transmissão, a título gratuito, de quaisquer bens - móveis ou imóveis - ou direitos, em virtude da morte (causa mortis) ou de doação.

Se os bens transmitidos são imóveis, o imposto compete ao Estado ou ao Distrito Federal, onde aqueles estiverem situados (Art. 155, § 1º, inciso I, da CF). Se bens móveis, títulos e créditos, o mesmo compete ao Estado (ou Distrito Federal) onde se processar o inventário ou arrolamento, ou naquele onde tiver domicílio o doador (Art. 155, § 1º, inciso II, da CF).

As alíquotas máximas do ITCMD serão fixadas pelo Senado Federal, conforme dispõe o Art. 155, § 1º, inciso IV, da Constituição Federal. A Resolução do Senado Federal nº 09, de 1992 estabelece a alíquota máxima do imposto em 8% (oito por cento).

O **imposto sobre "operações relativas à circulação de mercadorias e sobre prestações de serviços de transporte interestadual e intermunicipal e de comunicação" (ICMS)** (Art. 155, inciso II, da CF) tem como fato gerador (a) a realização das operações relativas à circulação de mercadorias, (b) a prestação de serviços de transporte interestadual e intermunicipal e, (ci) a prestação onerosa de serviços de comunicação (Art. 2º, da Lei Complementar nº 87, de 1996 – "Lei Kandir"), ainda que as operações e prestações se iniciem no exterior (Art. 155, inciso II, da CF).

Segundo estabelece a Constituição Federal, o ICMS, (a) será não-cumulativo, compensando-se o que for devido em cada operação relativa à circulação de mercadorias ou prestação de serviços com o montante cobrado nas anteriores pelo mesmo ou outro Estado ou pelo Distrito Federal (Art. 155, § 2º, inciso I, da CF); (b) poderá ser seletivo, em função da essencialidade das mercadorias e dos serviços (Art. 155, § 2º, inciso III, da CF).

Para evitar a chamada "guerra fiscal" entre os Estados e o Distrito Federal, a Constituição Federal estabeleceu - dentre outras inúmeras regras - que resolução do Senado Federal, de iniciativa do Presidente da República ou de um terço dos Senadores, aprovada pela maioria absoluta de seus membros, estabelecerá as alíquotas aplicáveis às operações e prestações, interestaduais e de exportação (Art. 155, § 2º, inciso IV).

No Art. 155, § 2º, inciso XII, alínea "e", da Constituição Federal está prevista a possibilidade de a União instituir a chamada "isenção heterônoma" do ICMS em relação às exportações.

Ainda, nos termos do Art. 155, § 4º, inciso IV, da Constituição Federal, as alíquotas do ICMS Monofásico ou Unifásico sobre as operações com combustíveis e lubrificantes podem ser definidas por meio de convênio entre os Estados e o Distrito Federal, o que configura uma exceção ao princípio da legalidade (Art. 150, inciso I, da CF).

O **imposto sobre a "propriedade de veículos automotores" (IPVA)** (Art. 155, inciso III, da CF) tem como fato gerador a propriedade de veículos automotores.

Nos termos do entendimento fixado pelo Supremo Tribunal Federal (STF), o IPVA incide apenas sobre a propriedade de veículos terrestres, excluídas as embarcações e as aeronaves (STF. RExt nº 134.509. DJ de 13 de setembro de 2002).

Neste caso e segundo dispõe a Constituição Federal, o Senado Federal deverá fixar as alíquotas mínimas. Ainda, o imposto pode ter alíquotas diferenciadas em função do tipo e da utilização dos veículos (Art. 155, § 6º, incisos I e II, da CF).

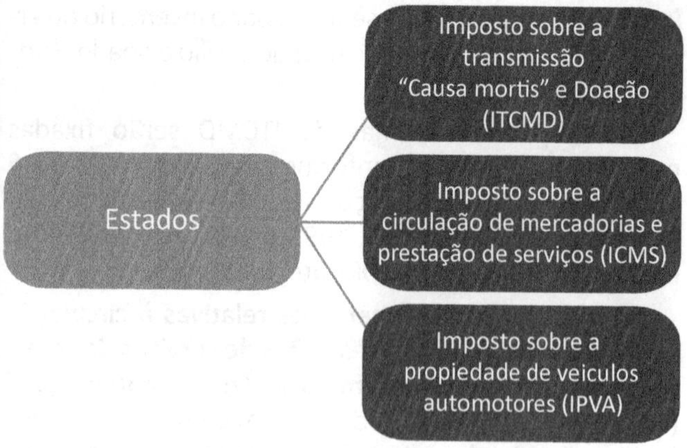

Da Repartição das Receitas Tributárias

→ A nossa Constituição Federal (CF) adota um modelo federativo chamado de cooperativo.

Como consequência, além das receitas decorrentes dos tributos próprios que arrecadar, os Estados, o Distrito Federal e os Municípios ainda receberão parcela da receita de alguns tributos arrecadados pela União; os Municípios, por sua vez, ainda participarão da receita de alguns tributos arrecadados pelos Estados.

Isso é o que se chama de repartição das receitas tributárias.

Dispõe o Art. 132, da CEPR que a repartição das receitas tributárias do Estado obedece ao que, a respeito, determina a Constituição Federal.

→ Sobre o tema da repartição das receitas, determina o Art. 157, da Constituição Federal que pertencem ao **Estado**:

a) 100% (cem por cento) do produto da arrecadação do Imposto de Renda (IR), incidente na fonte, sobre rendimentos pagos, a qualquer título, pelo Estado, suas autarquias e pelas fundações que instituírem e mantiverem;

b) 20% (vinte por cento) do produto da arrecadação do imposto que a União instituir no exercício da competência tributária residual que lhe é atribuída pelo Art. 154, inciso I, da Constituição Federal.

Ainda, segundo o Art. 159, da Constituição Federal, é direito do Estado:

a) Parcela destinada ao Fundo de Participação dos Estados e do Distrito Federal (FPE), o qual é constituído por 21,5% (vinte e um inteiros e cinco décimos por cento) do produto da arrecadação do Imposto de Renda (IR) e do Imposto sobre Produtos Industrializados (IPI);

b) Do produto da arrecadação do Imposto sobre Produtos Industrializados (IPI), 10% (dez por cento) aos Estados e ao Distrito Federal, proporcionalmente ao valor das respectivas exportações de produtos industrializados;

c) Do produto da arrecadação da Contribuição de Intervenção no Domínio Econômico relativa às atividades de importação ou comercialização de petróleo e seus derivados, gás natural e seus derivados e álcool combustível (CIDE-Combustíveis), o total de 29% (vinte e nove por cento).

Por fim, conforme dispõe o Art. 153, § 5º, inciso I, da Constituição Federal é direito do Estado, 30% (trinta por cento) do montante arrecadado pela União a título de Imposto sobre Operações Financeiras (IOF) que incida sobe o ouro, quando o mesmo for tomado como ativo financeiro ou instrumento cambial.

→ Por sua vez, pertencem aos **Municípios**, segundo o Art. 158, da Constituição Federal:

a) 100% (cem por cento) do produto da arrecadação do Imposto de Renda (IR), incidente na fonte, sobre rendimentos pagos, a qualquer título, pelos Municípios, suas autarquias e pelas fundações que instituírem e mantiverem;

b) 50% (cinquenta por cento) do produto da arrecadação do Imposto Territorial Rural (ITR), relativamente aos imóveis neles situados, cabendo a totalidade do imposto na hipótese da opção a que se refere o Art. 153, § 4º, inciso III, da Constituição Federal;

c) 50% (cinquenta por cento) do produto da arrecadação, pelo Estado, do Imposto sobre a Propriedade de Veículos Automotores (IPVA) licenciados em seus territórios;

d) 25% (vinte e cinco por cento) do produto da arrecadação, pelo Estado, do Imposto sobre a Circulação de Mercadorias e prestação de Serviços de transporte interestadual e intermunicipal e de comunicação (ICMS).

Ainda, nos termos do Art. 159, da Constituição Federal é direito dos Municípios:

a) Parcela destinada ao Fundo de Participação dos Municípios (FPM), o qual é constituído por 22,5% (vinte e dois inteiros e cinco décimos por cento) do produto da arrecadação do Imposto de Renda (IR) e do Imposto sobre Produtos Industrializados (IPI);

b) 1% (um por cento) ao Fundo de Participação dos Municípios (FPM), oriundo do produto da arrecadação do Imposto de Renda (IR) e do Imposto sobre Produtos Industrializados (IPI), que será entregue no primeiro decêndio do mês de dezembro de cada ano;

c) 25% (vinte e cinco por cento) do que o Estado receber a título de participação no Imposto sobre Produtos Industrializados (IPI), relativamente ao valor das respectivas exportações de produtos industrializados;

d) 25% (vinte e cinco por cento) do que o Estado receber a título de participação na Contribuição de Intervenção no Domínio Econômico relativa às atividades de importação ou comercialização de petróleo e seus derivados, gás natural e seus derivados e álcool combustível (CIDE-Combustíveis).

Também, nos termos, do Art. 153, § 5º, inciso II, da Constituição Federal é direito dos Municípios, 70% (setenta por cento) do montante arrecadado pela União a título de Imposto sobre Operações Financeiras (IOF) que incida sobe o ouro, quando o mesmo for tomado como ativo financeiro ou instrumento cambial.

Dos Orçamentos

→ Nos Arts. 133 a 138, a CEPR vai dispor de diversas regras de direito financeiro.

A atividade financeira compreende o conjunto de ações desenvolvidas pelo Estado voltadas a obtenção, gerenciamento e aplicação de recursos financeiros destinados a custear os meios necessários para cumprir com todos os seus fins, que, hodiernamente, vão desde a prestação de serviços públicos essenciais até a intervenção no domínio econômico.

Uma das principais fontes de receita são os tributos (impostos, taxas, contribuições de melhoria, empréstimos compulsórios e contribuições especiais) que a Constituição Federal prevê e defere à competência dos entes federativos, nos termos dos Arts. 145 a 162, do Capítulo I, do Título VI.

Os instrumentos de planejamento e execução das finanças públicas são as leis orçamentárias.

→ Nos termos do Art. 133, da CEPR, são três as leis orçamentárias, ou seja, a que institui o Plano Plurianual (PPA), a de Diretrizes Orçamentárias (LDO) e do Orçamento Anual (LOA).

A iniciativa legal das mesmas compete ao chefe do Executivo em cada ente federativo.

→ O Plano Plurianual (PPA) é instrumento voltado ao estabelecimento de programas, metas governamentais gerais para um período de quatro anos; ou seja, o PPA estabelece um planejamento estratégico governamental de médio prazo. As diretrizes ali fixadas orientam a elaboração da Lei de Diretrizes Orçamentárias (LDO) e da Lei Orçamentária Anual (LOA).

A lei do plano plurianual estabelecerá, conforme prevê o Art. 133, § 1º, da CEPR, "de forma regionalizada, as diretrizes, objetivos e metas da Administração Pública estadual, direta e indireta, abrangendo os programas de manutenção e expansão das ações do governo, observando políticas sociais que garantirá a dignidade da pessoa humana, inclusive com o pagamento pelo estado, da tarifa do consumo de água e esgoto e de energia elétrica e dos encargos decorrentes para as famílias carentes, na forma da lei".

O projeto de lei do Plano Plurianual (PPA) será elaborado, no âmbito do Estado, pelo Governador e encaminhado à Assembleia Legislativa até quatro meses antes do encerramento do primeiro exercício financeiro do mandato do Governador (até 31 de agosto).

Fique Ligado

Nos termos do Art. 34, da Lei nº 4.320, de 1964, o exercício financeiro coincide com o ano civil, ou seja, de 1º de janeiro a 31 de dezembro.

O projeto deve ser devolvido pelo Poder Legislativo para sanção, até o encerramento da sessão legislativa, ou seja, até 22 de dezembro.

→ A Lei de Diretrizes Orçamentárias (LDO) é de vigência anual e compreenderá (Art. 133, § 3º, da CEPR):

a) As metas e prioridades da administração pública estadual direta e indireta;

b) As projeções das receitas e despesas para o exercício financeiro subsequente;

c) Os critérios para a distribuição setorial e regional dos recursos para os órgãos dos poderes do Estado;

d) As diretrizes relativas à política de pessoal do Estado;

e) As orientações para a elaboração da lei orçamentária anual;

f) Os ajustamentos do plano plurianual decorrentes de uma reavaliação da realidade econômica e social do Estado;

g) As disposições sobre as alterações na legislação tributária;

h) As políticas de aplicação dos agentes financeiros oficiais de fomento, apresentando o plano de prioridades das aplicações financeiras e destacando os projetos de maior relevância;

i) Os demonstrativos dos efeitos sobre as receitas e despesas públicas decorrentes da concessão de quaisquer benefícios de natureza financeira, tributária e creditícia pela administração pública estadual.

A LDO estabelece um elo entre o PPA e a LOA, elencando, dentre as metas estabelecidas naquele, as prioridades que constarão desta a fim de serem executadas.

O projeto da Lei de Diretrizes Orçamentárias (LDO) do Estado será encaminhado pelo Governador à Assembleia Legislativa até oito meses e meio antes do encerramento do exercício financeiro (até 15 de abril) e devolvido para sanção até o encerramento do primeiro período da sessão legislativa, ou seja, até 17 de julho.

→ Por sua vez, a Lei Orçamentária Anual (LOA), de vigência anual, é o instrumento de efetiva execução orçamentária, das receitas e das despesas públicas, dentro daquilo que já havia sido estabelecido no Plano Plurianual (PPA) e na Lei de Diretrizes Orçamentárias (LDO).

O projeto da Lei Orçamentária Anual (LOA) em âmbito estadual é, também, de iniciativa do Governador e deverá ser encaminhado ao Poder Legislativo até quatro meses antes do encerramento do exercício financeiro (até 31 de agosto) e devolvido para sanção até o encerramento da sessão legislativa (até 22 de dezembro).

Segundo dispõe o Art. 133, § 6º, da CEPR, a LOA compreenderá:

a) "O orçamento fiscal, fixando as despesas referentes aos poderes estaduais, seus fundos, órgãos e entidades da administração direta e indireta, estimando as receitas do Estado, efetivas e potenciais, aqui incluídas as renúncias fiscais a qualquer título";

b) "O orçamento próprio da administração indireta, compreendendo as receitas próprias e as receitas de transferências do Estado e suas aplicações relativas às autarquias e às fundações";

c) "O orçamento de investimento das empresas públicas e daquelas em que o Estado, direta ou indiretamente, detenha a maioria do capital social com direito a voto".

→ A Constituição Federal, a CEPR e a legislação de regência preveem diversos **princípios** orientadores da elaboração e execução das Leis Orçamentárias, dentre os quais mencionamos os seguintes:

a) Princípio da legalidade: impõe que o Plano Plurianual, as Diretrizes Orçamentárias e os Orçamentos Anuais devem ser veiculados por meio de lei (lei ordinária). O projeto de lei correspondente é, nos três casos, de iniciativa do Poder Executivo (Art. 133, da CEPR). Nos termos do Art. 134, da CEPR, "Os projetos de lei relativos ao plano plurianual, às diretrizes orçamentárias, ao orçamento anual e aos créditos adicionais serão apreciados pela Assembleia Legislativa";

b) Princípio da anualidade ou periodicidade: informa que as leis orçamentárias – como é de sua natureza - vigoram por um prazo determinado, ao final do qual há necessidade de nova manifestação do Poder Legislativo. Assim, a lei do Plano Plurianual (PPA) tem vigência por quatro anos e as leis de Diretrizes Orçamentárias (LDO) e Orçamentária Anual (LOA) devem ser aprovadas anualmente;

c) Princípio da publicidade orçamentária: aprovada a lei orçamentária, a mesma deve ser divulgada, respeitando-se, assim, o princípio geral insculpido no Art. 37, *caput*, da Constituição Federal;

d) Princípio da exclusividade: é extraído da previsão constante do Art. 165, § 8º, da Constituição Federal e do Art. 133, § 9º, da CEPR, segundo a qual, a Lei Orçamentária Anual (LOA) não conterá dispositivo – matéria - estranho à previsão da receita e à fixação da despesa;

e) Princípio da universalidade: significa que o orçamento deve prever todas as receitas e despesas - de maneira pormenorizada e sem quaisquer deduções -, de todos os Poderes, órgãos e entidades, seja da administração direta ou indireta;

f) Princípio da programação: além da previsão de receitas e da realização de despesas, as leis orçamentárias devem refletir todo o planejamento econômico-financeiro estatal, seus objetivos, metas. Neste sentido, dispõe o Art. 133, § 5º, da CEPR que, "os planos de programas estaduais, regionais e setoriais previstos nesta Constituição serão elaborados em consonância com o plano plurianual apreciado pela Assembleia Legislativa".

g) Princípio da não vinculação ou não afetação: como regra, é vedada a vinculação de receita de impostos a órgão, fundo ou despesa. Assim, o produto da arrecadação dos impostos não deve possuir uma destinação particular, a um fundo ou despesa específicos;

h) Princípio da unidade: informa a necessidade de que cada ente federativo possua um único orçamento, uma única lei orçamentária. Tal princípio significa a existência de uma unidade de objetivos, dentro do programa estatal e não uma unidade formal ou documental.

Exercício Comentado

01. ***Sobre os princípios orçamentários, assinale a alternativa correta.***

a) ***O princípio da unidade é o que preconiza a existência de um único documento orçamentário, consolidando as receitas e despesas dos municípios no orçamento dos estados, e dos estados no orçamento da União.***

b) ***O princípio da anualidade determina a periodicidade da lei orçamentária.***

c) ***O princípio da universalidade recomenda a inclusão de todas as receitas e despesas governamentais no orçamento, independentemente de especificação das mesmas.***

d) ***O princípio da exclusividade determina que o orçamento poderá conter dispositivo estranho à fixação da despesa e à previsão da receita.***

RESPOSTA. ***"B".CORRETA. É o que identificamos no Art. 133, § 6º, da CEPR. Alternativa "A". Incorreta. O princípio informa a necessidade de que cada ente federativo possua um único orçamento, uma única lei orçamentária. Tal princípio significa a existência de uma unidade de objetivos, dentro do programa estatal e não uma unidade formal ou documental. A alternativa "C". Incorreta. Significa que o orçamento deve prever todas as receitas e despesas - de maneira pormenorizada e sem quaisquer deduções -, de todos os Poderes, órgãos e entidades, seja da administração direta ou indireta. A alternativa "D". Está incorreta. É justamente o contrário. Segundo dispõe o Art. 133, § 9º, da CEPR, a lei orçamentária anual não conterá dispositivo estranho à previsão da receita e à fixação de despesa.***

Vamos Praticar

01. Não se inclui na competência tributária dos Estados e do Distrito Federal a instituição de impostos sobre:

a) Operações relativas à circulação de mercadorias.

b) Prestações de serviços de transporte interestadual e intermunicipal e de comunicação, ainda que as operações e as prestações se iniciem no exterior.

c) A propriedade de veículos automotores.

d) Transmissão "causa mortis" e doação, de quaisquer bens ou direitos.

e) Produtos industrializados.

02. Sobre o ICMS - Imposto sobre a Circulação de Mercadorias e Prestação de Serviços de Transporte e Comunicação, é incorreto afirmar-se que:

a) Será sempre não-cumulativo, compensando-se o que for devido em cada operação relativa à circulação de mercadorias ou serviços com o montante cobrado nas anteriores pelo mesmo ou outro Estado ou pelo Distrito Federal.

b) Não incidirá sobre o ouro como ativo financeiro.

c) Será sempre seletivo, cobrando-se alíquotas maiores ou menores em função da essencialidade das mercadorias ou serviços (alíquotas mais gravosas para mercadorias e serviços menos essenciais).

d) Não incidirá nas prestações de serviços de comunicação nas modalidades de radiodifusão sonora e de sons e imagens de recepção livre e gratuita.

e) Terá suas alíquotas aplicáveis às operações e prestações interestaduais fixadas por meio de resolução do Senado Federal.

03. Ao dispor sobre repartição das receitas tributárias entre os entes da Federação, a Constituição da República prevê que pertence aos Estados

a) O produto da arrecadação do imposto da União sobre renda e proventos de qualquer natureza, incidente na fonte, sobre rendimentos pagos, a qualquer título, pelas autarquias e fundações municipais localizadas em seus territórios.

b) Vinte por cento do produto da arrecadação do imposto que a União instituir, mediante lei complementar, no exercício da competência que lhe é atribuída constitucionalmente para instituir impostos não discriminados na Constituição.

c) Cinquenta por cento do produto da arrecadação do imposto da União sobre a propriedade territorial rural, relativamente aos imóveis neles situados.

d) Trinta por cento do produto da arrecadação do imposto sobre a propriedade predial e territorial urbana de imóveis situados em seus territórios.

e) Vinte e cinco por cento do produto da arrecadação do imposto sobre operações relativas à circulação de mercadorias e sobre prestações de serviços de transporte interestadual e intermunicipal e de comunicação.

04. Com base na repartição das receitas tributárias, NÃO pertencem aos:

a) Municípios 100% do produto da arrecadação do imposto da União sobre a renda e proventos de qualquer natureza, incidente na fonte, sobre os rendimentos pagos, a qualquer título, por eles, suas autarquias e fundações que instituírem e mantiverem.

b) Municípios 50% do produto da arrecadação do imposto do Estado sobre a propriedade de veículos automotores licenciados em seus territórios.

c) Municípios 50% do produto da arrecadação do imposto da União sobre a propriedade territorial rural, relativamente aos imóveis neles situados, cabendo a totalidade para os municípios que optarem, na forma da Lei, por atividades de fiscalização e cobrança do respectivo imposto, desde que não implique redução do mesmo ou qualquer outra forma de renúncia fiscal.

d) Estados e Distrito Federal 50% do produto da arrecadação de novo imposto que a União vier a instituir, com base na utilização de sua competência residual.

e) Estados e Distrito Federal 100% do produto da arrecadação do imposto da União sobre a renda e proventos de qualquer natureza, incidente na fonte, sobre os rendimentos pagos, a qualquer título, por eles, suas autarquias e fundações que instituírem e mantiverem.

05. Compete ao município instituir o imposto sobre a propriedade de veículos automotores licenciados em seu território, cabendo ao Senado Federal fixar as alíquotas mínimas desse imposto.

Certo ( ) Errado ( )

06. Não incide ICMS (Imposto Sobre Operações Relativas à Circulação de Mercadorias e Sobre Prestações de Serviços de Transporte Interestadual, Intermunicipal e de Comunicação), imposto de competência dos Estados e do Distrito Federal, quanto a operações com livros, jornais e periódicos, inclusive sobre o papel destinado exclusivamente à impressão de tais produtos.

Certo ( ) Errado ( )

07. Caso o Senado Federal, por meio de resolução, fixe as alíquotas máximas para o imposto sobre transmissão causa mortis e doação, de quaisquer bens ou direitos, caso, a aludida resolução será inconstitucional, pois o referido tributo é de competência dos estados e do Distrito Federal (DF).

Certo ( ) Errado ( )

08. Do produto da arrecadação do Imposto sobre a Renda e Proventos de Qualquer Natureza e do Imposto sobre Produtos Industrializados 60% (sessenta por cento) constitui a receita da União e o restante deve ser distribuído à razão de 20% (vinte por cento) ao Fundo de Participação dos Estados e do Distrito Federal e 20% (vinte por cento) ao Fundo de Participação dos Municípios.

Certo ( ) Errado ( )

09. A CF assegura aos municípios 25% do ICMS arrecadado pelo estado onde eles se situem, tendo adotado, para fins de distribuição desse percentual entre os municípios, o critério da territorialidade do valor adicionado, ou seja, a cada município compete o valor adicionado produzido em seu próprio território, relativamente a três quartos do valor a ser distribuído.

Certo ( ) Errado ( )

10. A Lei de Diretrizes Orçamentárias e a Lei do Orçamento Anual são normas diferentes.

Certo ( ) Errado ( )

Gabarito

01	*E*	*06*	*CERTO*
02	*C*	*07*	*ERRADO*
03	*B*	*08*	*ERRADO*
04	*D*	*09*	*ERRADO*
05	*ERRADO*	*10*	*CERTO*

Anotações

CAPÍTULO 21

Constituição do Estado do Paraná - Da Ordem Econômica

Princípios Gerais da Ordem Econômica

→ Um sistema econômico é formado pelo conjunto de elementos que regem as atividades de produção, circulação e distribuição de riquezas de um país e que pode assumir, hoje, basicamente, dois formatos, o capitalista e o socialista.

No **Título V, Arts. 139 a 164, a Constituição do Estado do Paraná (CEPR)** aborda o tema, dispondo já em seu Art. 139 que a organização da atividade econômica no Estado, fundada na valorização do trabalho, na livre iniciativa e na proteção do meio ambiente, tem por objetivo assegurar existência digna a todos, conforme os mandamentos da justiça social e com base nos princípios, estabelecidos na Constituição Federal (CF).

No Título VII, Arts. 170 a 192, da Constituição Federal encontramos a disciplina dos elementos relacionados à ordem econômica e financeira brasileira e que são, necessariamente, repetidos na CEPR.

→ Como se pode perceber do *caput* do Art. 139, da CEPR, nossa **ordem econômica** funda-se na valorização do trabalho humano, na livre iniciativa e na proteção do meio ambiente e tem por fim assegurar a todos a existência digna, conforme os mandamentos da justiça social e com base nos princípios estabelecidos na Constituição Federal.

O fim da ordem econômica é, assim, promover a dignidade da pessoa humana – fundamento da República (Art. 1º, III, da CF) - a partir da justa distribuição das riquezas produzidas no País.

O fundamento da livre iniciativa diz com a possibilidade de se criar e de explorar uma atividade econômica com liberdade e é bastante amplo, importando no reconhecimento da iniciativa privada e, também, da possibilidade de iniciativa pública.

Adotamos, assim, um sistema econômico capitalista, mas não "puro", ou seja, assegura-se a livre iniciativa dentro de certos limites traçados pelo Estado.

O valor social do trabalho impõe que o desenvolvimento da atividade econômica deve valorizar o trabalho humano, como seu principal elemento.

A proteção do meio ambiente implica no dever de exploração racional dos recursos naturais e a preservação dos ecossistemas necessários à sadia qualidade de vida às presentes e futuras gerações.

→ Os princípios que disciplinam toda a Ordem Econômica, na Constituição Federal estão listados no Art. 170:

a) A soberania nacional é, antes de tudo, fundamento da República, conforme o Art. 1º, inciso I, da Constituição Federal. Aqui colocada, ela impõe que a atividade econômica será exercida tendo em vista, em primeiro lugar, o interesse nacional e a consequente independência do País que é, também, princípio fundamental, conforme o Art. 4º, inciso I, da Constituição Federal.

Neste sentido, dispõe a Constituição Federal, no Art. 172, que "a lei disciplinará, com base no interesse nacional, os investimentos de capital estrangeiro, incentivará os reinvestimentos e regulará a remessa de lucros".

Assim, não se proíbe a participação estrangeira em nossa economia, privilegiando, contudo, os nossos interesses nacionais;

b) O direito de propriedade aparece na Constituição Federal como um direito fundamental (Art. 5º, inciso XXII). No Art. 170, inciso II, a Constituição Federal vai assegurar a propriedade privada dos meios de produção, característica própria de um sistema capitalista;

c) Apesar de assegurar o direito de propriedade e, consequentemente, a propriedade privada dos meios de produção, a Constituição Federal condiciona esse direito à sua função social. O cumprimento da função social da propriedade dos meios de produção se dá quando assegurado a todos existência digna, conforme os ditames da justiça social (Art. 170, *caput*, da CF);

d) A livre concorrência é uma consequência do fundamento da livre iniciativa, e importa em estabelecer um mercado em que as empresas competem de igual para igual, sem quaisquer privilégios ilegais ou uso abusivo do poder econômico de umas sobre as outras.

Para garanti-la prevê o Art. 173, § 4º, da Constituição Federal que a lei vai estabelecer mecanismos visando reprimir o "abuso do poder econômico que vise à dominação dos mercados, à eliminação da concorrência e ao aumento arbitrário dos lucros".

Ainda, deverá a lei estabelecer, nos termos do Art. 173, § 5º, da Constituição Federal, a responsabilidade da pessoa jurídica – sem prejuízo da responsabilidade individual de seus dirigentes - sujeitando-a às punições compatíveis com sua natureza, nos atos praticados contra a ordem econômica e financeira e contra a economia popular;

e) A defesa do consumidor é, também, direito fundamental assegurado no Art. 5º, inciso XXXII, da CF e decorre do reconhecimento de que, na relação de consumo, o consumidor é a parte mais vulnerável e deve receber maior tutela da lei. Este princípio encontra regulamentação, basicamente, na Lei nº. 8.078, de 1990 – Código de Defesa do Consumidor (CDC);

f) A defesa do meio ambiente, entendido este como o espaço para o adequado desenvolvimento da vida humana.

A Constituição Federal, no Art. 225 assegura a todos o direito ao meio ambiente ecologicamente equilibrado – direito de terceira dimensão -, bem de uso comum do povo e essencial à sadia qualidade de vida, impondo ao Poder Público e à coletividade o dever de defendê-lo e preservá-lo para as presentes e futuras gerações.

Ao dispor sobre a proteção do meio ambiente como princípio da ordem econômica, a Constituição Federal prevê tratamento diferenciado – certamente por meio de incentivos governamentais – àqueles produtos e serviços que causem menor impacto ambiental, garantindo-se, assim, o chamado "desenvolvimento sustentável";

g) A redução das desigualdades regionais e sociais coloca-se, antes de tudo, como um dos objetivos da República, expresso no Art. 3º, inciso III, da Constituição Federal;

h) A busca do pleno emprego consagra o valor social do trabalho, previsto no *caput* do Art. 170, da Constituição Federal e significa a criação de condições econômicas que garantam a oferta de empregos a todos os que estejam aptos a exercer uma atividade produtiva;

i) O tratamento favorecido para as empresas de pequeno porte constituídas sob as leis brasileiras e que tenham sua sede e administração no País, visa assegurar a igualdade material no âmbito da livre concorrência econômica, a partir da instituição de vantagens legais às empresas de menor porte.

Esta previsão não será apenas cumprida pela União, mas também pelos Estados, Distrito Federal e Municípios, os quais deverão dispensar, segundo o Art. 179, da Constituição Federal, às microempresas e às empresas de pequeno porte, assim definidas em lei, tratamento jurídico diferenciado, visando a incentivá-las pela simplificação de suas obrigações administrativas, tributárias, previdenciárias e creditícias, ou pela eliminação ou redução destas por meio de lei.

Nesse sentido, a CEPR, em seu Art. 143 assegura que as microempresas e as empresas de pequeno porte, assim definidas em lei, receberão do Estado tratamento jurídico diferenciado, visando ao incentivo de sua criação, preservação e desenvolvimento, através da eliminação, redução ou simplificação de suas obrigações administrativas, tributárias e creditícias, por meio da lei.

Exercício Comentado

01. São princípios gerais da atividade econômica, exceto:

a) A livre concorrência;
b) A defesa do consumidor;
c) A função social da propriedade;
d) A busca do pleno emprego;
e) A liberdade de associação.

ERRADO. Conforme podemos ver do Art. 170, da Constituição Federal, de todas as opções dadas pela questão, a liberdade de associação é a única que não se constitui em princípio geral da atividade econômica.

→ Como sabemos, o fundamento da livre iniciativa, previsto no caput, do Art. 170, da Constituição Federal e repetido no Art. 139, da CEPR, diz com a possibilidade de se criar e explorar uma atividade econômica e é bastante amplo, importando no reconhecimento da iniciativa privada e, também, da iniciativa pública.

Assim, o Estado vai atuar na economia de duas formas, como agente econômico e como agente normativo e regulador.

É o que dispõe o Art. 140, da CEPR: "Como agente normativo e regulador das atividades econômicas, o Estado exercerá, na forma da lei, as funções de orientação, fiscalização, incentivo e planejamento, sendo este determinante para o setor público e indicativo para o setor privado".

A participação do Estado como agente econômico, atuando diretamente, pode se dar, por sua vez, de forma competitiva ou na forma de monopólio.

→ A atuação do Estado como **agente econômico**, em regime de competição com as empresas privadas é restrita.

Segundo dispõe o Art. 173, da Constituição Federal, ressalvados os casos previstos na própria Carta Magna, a exploração direta de atividade econômica pelo Estado – pela União, Estados, Distrito Federal e Municípios - só será permitida quando necessária aos imperativos da segurança nacional ou à relevante interesse coletivo, conforme definidos em lei.

Ainda, em respeito ao princípio da livre concorrência, a CEPR impõe, no Art. 147, a sujeição das empresas públicas (EP), das sociedades de economia mista (SEM) e de outras empresas estatais que explorem atividade econômica, ao regime jurídico próprio das empresas privadas, inclusive quanto às obrigações trabalhistas e tributárias.

Também, nos termos do § único, do Art. 147, da CEPR, "As empresas públicas e as sociedades de economia mista não poderão gozar de privilégios fiscais não-extensivos às do setor privado".

→ A atuação direta do Estado na economia pode se dar, ainda, na forma de **monopólio**.

O monopólio resulta no desempenho exclusivo de uma determinada atividade pelo Estado com a exclusão – neste caso, constitucional – dos demais agentes econômicos.

As hipóteses de monopólio são bastante restritas e constam, basicamente, do Art. 177, da Constituição Federal, onde estão relacionadas diversas atividades que cabem exclusivamente à União, não tendo sido mencionados os demais entes federativos.

→ Questão distinta da atuação direta do Estado na economia é a da prestação serviços públicos.

Serviço público pode ser conceituado como a atividade administrativa voltada a realização de prestações concretas visando satisfazer necessidades coletivas, da população. Os serviços públicos são prestados pelo Estado - podendo ser delegados a particulares em determinados casos - sob regime jurídico total ou parcialmente público.

Neste sentido dispõe o Art. 146, da CEPR, informando que "incumbe ao poder público, na forma da lei, diretamente ou sob regime de concessão ou permissão, sempre através de licitação, a prestação de serviços públicos".

Atendendo àquele comando, Lei Complementar estadual disporá sobre: (a) o regime das empresas concessionárias e permissionárias de serviços públicos, o caráter especial de seu contrato, de sua renovação e prorrogação, bem como sobre as condições de caducidade, fiscalização e rescisão da concessão ou permissão, (b) os direitos dos usuários, (c) a política tarifária e (d) a obrigação de manter serviço adequado.

Das Políticas Urbana, Agrícola e Agrária

→ Sabemos que a Constituição Federal (CF) assegura a propriedade privada como um direito fundamental (Art. 5º, XXII), vinculando-a, contudo, ao cumprimento de sua função social (Art. 5º, XXIII).

No Art. 170, inciso II, a Constituição Federal vai assegurar, notadamente, a propriedade privada dos meios de produção, condicionando esse direito aqui, também, à sua função social.

Por sua vez, o cumprimento da função social da propriedade dos meios de produção se dá quando assegurado a todos existência digna, conforme os ditames da justiça social (Art. 170, *caput*, da CF).

O que vamos encontrar nos Capítulos II e III, do Título V – "Da Ordem Econômica", da CEPR é, justamente, a disciplina constitucional da propriedade urbana e rural, considerada, principalmente, como bem de produção e que deve estar voltada a consecução daquele objetivo, previsto na Constituição Federal.

→ Capítulo II, do Título V, Arts. 150 a 153, da CEPR dispõe sobre a "Política Urbana".

Segundo o Art. 150, da CEPR, a "A política de desenvolvimento urbano será executada pelo Poder Público municipal, conforme diretrizes gerais fixadas em lei, tendo por objetivo ordenar o desenvolvimento das funções da cidade e garantir o bem-estar dos seus habitantes".

As diretrizes gerais de que fala o Art. foram fixadas pela União, na Lei nº 10.257, de 2001, chamada de "Estatuto da Cidade".

O principal instrumento da política de desenvolvimento urbano é o plano diretor, o qual é obrigatório para cidades com mais de 20 (vinte) mil habitantes (Art. 152, da CEPR).

Para garantir o cumprimento da função social e o consequente adequado aproveitamento do solo urbano não edificado, subutilizado ou não utilizado, a CEPR (Art. 152, § 2º) autoriza o Poder Público Municipal a se utilizar dos mecanismos previstos no Art. 182, § 4º, da Constituição Federal, ou seja:

a) Parcelamento ou edificação compulsórios;
b) Imposto sobre a propriedade predial e territorial urbana progressivo no tempo;
c) Desapropriação com pagamento mediante títulos da dívida pública de emissão previamente aprovada pelo Senado Federal, com prazo de resgate de até 10 (dez) anos, em parcelas anuais, iguais e sucessivas, assegurados o valor real da indenização e os juros legais.

Visando auxiliar os Municípios, a CEPR prevê no Art. 153, que as cidades com população inferior a 20.000 (vinte mil) habitantes receberão assistência de órgão estadual de desenvolvimento urbano na elaboração das normas gerais de ocupação do território, que garantam a função social do solo urbano.

→ No Capítulo III, do Título V, Arts. 154 a 160, a CEPR vai tratar de dispor das Políticas Agrícola e Agrária do Estado.

A Política Agrícola, nos termos do Art. 1º, § 2º, da Lei nº. 4.504, de 1964 (Estatuto da Terra), compreende "o conjunto de providências de amparo à propriedade da terra, que se destinem a orientar, no interesse da economia rural, as atividades agropecuárias, seja no sentido de garantir-lhes o pleno emprego, seja no de harmonizá-las com o processo de industrialização do país".

Nos termos do Art. 154, da CEPR, a política agrícola estadual será planejada e executada, na forma da lei, com a participação paritária e efetiva dos produtores e trabalhadores rurais, objetivando o desenvolvimento rural nos seus aspectos econômicos e sociais com racionalização de uso e preservação dos recursos naturais e ambientais.

No contexto da política agrícola, cabe ao Estado:

a) A orientação, assistência técnica e extensão rural;
b) A geração contínua e evolutiva de tecnologia de produção;
c) A inspeção e fiscalização da produção, comercialização e utilização de insumos agropecuários;
d) O estabelecimento de mecanismos de apoio a programas que atendam às áreas da agropecuária do Estado, a sistemas de seguro agrícola, à complementação dos serviços voltados para a comercialização agrícola, armazenagem, transporte e abastecimento, à organização dos produtores em cooperativas, associações de classe e demais formas associativas, à agroindustrialização de forma regionalizada e, preferencialmente, no meio rural ou em pequenas comunidades e ao setor pesqueiro;
e) A instituição de um sistema de planejamento agrícola integrado;
f) O investimento em benefícios sociais para rurícolas e comunidades rurais;
g) A irrigação, drenagem, eletrificação e telefonia rural;
h) As ações de conhecimento da realidade e o encaminhamento de soluções ao trabalhador rural, especialmente ao volante;
i) A manutenção de controle estatístico de produção com estimativas de safras.

Vamos Praticar

01. Com relação aos princípios gerais da atividade econômica, assinale a alternativa correta.

a) A soberania nacional não constitui princípio essencial, tendo em vista a participação ativa do Brasil no MERCOSUL.
b) Deve haver tratamento favorecido para as empresas brasileiras de capital nacional de pequeno porte.
c) A defesa do meio ambiente deve ser prática comum, em especial com tratamento diferenciado conforme o impacto ambiental de produtos e serviços e de seus processos de elaboração e prestação.
d) Deve ser frequente a busca da extinção das desigualdades regionais e sociais.
e) A defesa do consumidor deve ser mitigada.

I. A Constituição do Estado do Paraná veda a exploração de atividade econômica diretamente pelo Estado,

PORQUE:

II. A nossa ordem econômica é fundada, dentre outros, na livre iniciativa.

02. Analisando-se as afirmações acima, à luz da Constituição Estadual, conclui-se que

a) As duas afirmações são verdadeiras, e a segunda justifica a primeira.
b) As duas afirmações são verdadeiras, e a segunda não justifica a primeira.
c) A primeira afirmação é verdadeira, e a segunda é falsa.
d) A primeira afirmação é falsa, e a segunda é verdadeira.
e) As duas afirmações são falsas.

03. A Constituição Federal optou por um sistema capitalista, no qual desempenha papel primordial a livre iniciativa.

Certo ( ) Errado ( )

04. O livre exercício de qualquer atividade econômica, direito a todos assegurado, independe de autorização da administração pública, ressalvados os casos previstos em lei.

Certo ( ) Errado ( )

05. Como agente normativo e regulador da atividade econômica, o Estado exercerá, na forma da lei, as funções de fiscalização, incentivo e planejamento, sendo este determinante para o setor público e indicativo para o setor privado.

Certo ( ) Errado ( )

06. As empresas públicas estaduais poderão gozar de privilégios fiscais não extensivos às do setor privado.

Certo ( ) Errado ( )

07. A administração pública das cidades paranaenses com mais de 20.000 habitantes está obrigada a elaborar o plano diretor do município a ser submetido e aprovado pela Câmara Municipal. A exigência ampara-se em preceito constitucional e visa orientar a política de desenvolvimento e de expansão urbana.

Certo ( ) Errado ( )

08. O proprietário do solo urbano não edificado, subutilizado ou não utilizado poderá ser coagido a promover seu adequado aproveitamento, por meio da imposição de penalidades, entre as quais o parcelamento ou edificação compulsórios e a desapropriação do imóvel.

Certo ( ) Errado ( )

09. A desapropriação de imóveis urbanos que estejam descumprindo sua função social será feita com pagamento mediante títulos da dívida pública de emissão previamente aprovada pelo Senado Federal, com prazo de resgate de até vinte anos, em parcelas anuais, iguais e sucessivas, assegurados o valor real da indenização e os juros legais.

Certo ( ) Errado ( )

10. No contexto da política agrícola do Estado do Paraná constitui incumbência deste, dentre outras ações, a irrigação, drenagem, eletrificação e telefonia rural.

Certo ( ) Errado ( )

Gabarito

01	*C*	*06*	*ERRADO*
02	*D*	*07*	*CERTO*
03	*CERTO*	*08*	*CERTO*
04	*CERTO*	*09*	*ERRADO*
05	*CERTO*	*10*	*CERTO*

Anotações

CAPÍTULO 22

Constituição do Estado do Paraná - Da Ordem Social

Disposições Gerais

→ No **Título VI, "Da Ordem Social", Arts. 165 a 226, da Constituição do Estado do Paraná (CEPR)** vamos encontrar um conjunto de direitos a serem implementados precipuamente por meio de ações positivas do Estado e que visam assegurar a todos uma existência digna.

Naquele Título, a CEPR vai abordar as questões relacionadas à Seguridade Social; à Educação, Cultura e Desporto; à Ciência e Tecnologia; à Comunicação Social; ao Meio Ambiente; ao Saneamento; à Habitação; à Família, Mulher, Criança, Adolescente e Idoso; ao Índio.

No Capítulo I, do Título VI, nos Arts. 165 a 166, a CEPR traz "Disposições Gerais" que, apesar de estarem incluídas dentro do contexto da Seguridade Social, dizem respeito a toda a Ordem Social.

Assim, conforme dispõe o Art. 165, da CEPR, o Estado, em ação conjunta e integrada com a União, Municípios e a sociedade, tem o dever de assegurar os direitos relativos à saúde, à alimentação, à educação, ao lazer, à profissionalização, à capacitação para o trabalho, à cultura e de cuidar da proteção especial da família, da mulher, da criança, do adolescente, do idoso e do índio.

Ainda, no Art. 166, da CEPR estão colocados três **objetivos gerais** da Ordem Social no Estado. Segundo o dispositivo, cabe ao Estado garantir a coordenação e execução de uma política social de que assegure:

a) A universalidade da cobertura e do atendimento, e que significa que prestações sociais devem cobrir o maior número possível de riscos sociais existentes e ser acessíveis, atender a todas as pessoas que delas necessitem;

b) A uniformidade e equivalência dos benefícios e serviços às populações urbanas e rurais, impõe que as prestações sociais devem ser iguais (uniformes) e de mesma qualidade (equivalentes), tanto para as populações urbanas, quanto para as rurais. Não pode haver discriminação fundada no local onde vivem ou trabalham as pessoas;

c) A participação organizada da sociedade civil na definição e execução dos objetivos, permitindo que os segmentos interessados tenham participação nos programas sociais.

→ A **Seguridade Social**, na Constituição Federal (CF), compreende, nos termos do Art. 194, um conjunto integrado de ações de iniciativa dos Poderes Públicos e da sociedade, destinadas a assegurar os direitos relativos à saúde, à previdência e à assistência social.

Na CEPR, a Seguridade Social compreende apenas as políticas de Saúde e de Assistência Social.

Isto se dá porque é da União a competência para organizar e gerir o Regime Geral de Previdência Social (RGPS), ficando a cargo dos demais entes federativos apenas a disciplina dos respectivos Regimes Próprios de Previdência Social (RPPS´s), para os seus servidores ocupantes de cargos públicos de provimento efetivo.

→ A **saúde** (arts. 167 a 172, da CEPR) é, assim como está prevista na CEPR, em seu Art. 167, um "direito de todos e dever do Estado".

É um direito que se constitui de medidas, ações e serviços voltados (a) à prevenção, redução e eliminação de doenças e de outros agravos e, (b) à promoção, à proteção e à recuperação da saúde.

Toda a população tem direito de acesso irrestrito às políticas de Saúde e independentemente de contribuição. As suas características são, portanto, a gratuidade, a universalidade e a igualdade de acesso.

Ao Estado do Paraná, como integrante do sistema único de saúde, compete implementar ações destinadas a cumprir as atribuições referidas no Art. 200, da Constituição Federal.

As ações e serviços públicos de saúde integram, segundo o Art. 169, da CEPR, uma rede regionalizada e hierarquizada e constituem um sistema estadual de saúde, organizado de acordo com as seguintes diretrizes:

a) Municipalização dos recursos, serviços e ações, com posterior regionalização dos mesmos, de forma a apoiar os Municípios;

b) Integralidade na prestação das ações, preventivas e curativas, adequadas às realidades epidemiológicas;

c) Integração da comunidade, através da constituição do Conselho Estadual de Saúde, com caráter deliberativo, garantida a participação dos usuários, prestadores de serviços e gestores, na forma da lei.

Apesar de a saúde ser um dever do Estado, a CEPR não veda a participação da iniciativa privada (Art. 171, da CEPR).

Ainda, nos termos do Art. 171, § único, da CEPR, as instituições privadas poderão participar, de forma complementar, do sistema único de saúde, segundo diretrizes deste, mediante contrato de direito público ou convênio, tendo preferência as entidades filantrópicas e as sem fins lucrativos

→ A **assistência social** (arts. 173 a 176, da CEPR) é uma política voltada para o atendimento aos necessitados, a partir da prestação de certos benefícios e serviços visando à garantia de condições mínimas de subsistência.

O direito às prestações assistenciais também independe de contribuição dos beneficiários. Neste caso e assim como acontece na saúde, o acesso também é gratuito.

As ações governamentais de assistência social, observada a competência da União, serão descentralizadas e integradas, cabendo ao Estado e Municípios a coordenação e execução, com participação das entidades beneficentes de assistência social e das comunidades (Art. 174, da CEPR).

Constitui objeto de proteção da assistência social o amparo à família, especialmente à maternidade, à infância, à adolescência, e à velhice, bem como a educação do excepcional, na forma da Constituição Federal (Art. 173, da CEPR).

No âmbito da assistência social, a CEPR, no Art. 176, ainda assegura que o Estado garantirá, na rede pública hospitalar, o atendimento para interrupção da gravidez, nos casos previstos em lei.

→ As demais políticas sociais previstas na CEPR acabam reproduzindo o quanto disposto na Constituição Federal, naquilo que é de competência do Estado e dos Municípios.

Contudo, na CEPR fizeram-se constar dois temas que não aparecem na Ordem Social organizada pela Constituição Federal: o saneamento e a habitação.

→ Segundo dispõe o Art. 210, da CEPR, o Estado, juntamente com os municípios, instituirá, com a participação popular, programa de **saneamento urbano e rural**, com o objetivo de promover a defesa preventiva da saúde pública, respeitada a capacidade de suporte do meio ambiente aos impactos causados.

A política de saneamento compreende, dentre outras, as ações que visam a garantia de água potável, a limpeza pública, a coleta e tratamento de esgoto e de resíduos sólidos, visando a promoção da saúde pública e a preservação do meio ambiente.

O acesso à água potável e ao saneamento constitui um direito humano fundamental, segundo o Art. 210-A, da CEPR.

Nos termos do § único, do Art. 210, da CEPR, o programa de saneamento do Estado será regulamentado mediante lei e orientado no sentido de garantir à população:

a) Abastecimento domiciliar prioritário de água tratada;
b) Coleta, tratamento e disposição final de esgotos sanitários e resíduos sólidos;
c) Drenagem e canalização de águas pluviais;
d) Proteção de mananciais potáveis.

O Art. 211, da CEPR estabelece como sendo de competência comum do Estado e dos Municípios implantar o programa de saneamento, cujas premissas básicas serão respeitadas quando da elaboração dos planos diretores municipais.

Exercício Comentado

01. ***A assistência social será prestada a quem dela necessitar, mediante contribuição, pois apresenta natureza de seguro social, sendo ainda realizada mediante recursos do orçamento da seguridade social, além de outras fontes.***

ERRADO. Apesar de a CEPR nada mencionar, a Constituição Federal assegura, no Art. 203, que a assistência social será prestada a quem dela necessitar, independentemente de contribuição à Seguridade Social.

→ O direito à moradia, colocado como um direito social fundamental, no Art. 7º, *caput*, da Constituição Federal, visa assegurar o **direito à habitação** digna e adequada.

Segundo dispõe o Art. 212, da CEPR, a política habitacional do Estado, integrada à da União e Municípios, objetivará a solução de carência habitacional de acordo com os seguintes princípios e critérios:

a) Ofertas de lotes urbanizados;
b) Estímulo e incentivo à formação de cooperativas populares de habitação;
c) Atendimento prioritário à família carente;
d) Formação de programas habitacionais pelo sistema de mutirão e autoconstrução.

Vamos Praticar

01. Constituem objetivos da Ordem Social prevista na Constituição Estadual Paranaense, a uniformidade e equivalência dos benefícios e serviços às populações urbanas e rurais e a seletividade e distributividade na prestação dos benefícios e serviços.

Certo ( ) Errado ( )

02. De acordo com o princípio da universalidade da cobertura, todas as situações que configuram riscos sociais deveriam estar compreendidas no âmbito de proteção do sistema de seguridade social.

Certo ( ) Errado ( )

03. A Constituição Paranaense estabelece expressamente que um dos objetivos do sistema de seguridade social é a uniformidade e equivalência dos benefícios e serviços às populações urbanas e rurais. Entretanto, o legislador ordinário poderá estabelecer benefícios diferenciados para essas populações, em determinadas hipóteses.

Certo ( ) Errado ( )

04. A integralidade na prestação das ações, preventivas e curativas, adequadas às realidades epidemiológicas constitui uma diretriz do sistema estadual de saúde do Paraná.

Certo ( ) Errado ( )

05. As instituições privadas poderão participar, de forma complementar, do sistema único de saúde, segundo diretrizes deste, mediante contrato de direito privado, tendo preferência as entidades filantrópicas e as sem fins lucrativos.

Certo ( ) Errado ( )

06. A assistência social será prestada a quem dela necessitar, independentemente de contribuição à Seguridade Social.

Certo ( ) Errado ( )

07. São ações da assistência social, dentre outras, a proteção à família, à maternidade, à infância, à adolescência e à velhice, bem como a educação do excepcional.

Certo ( ) Errado ( )

08. O saneamento básico se constitui como direito fundamental, pois está voltado a proteção e promoção da saúde das pessoas.

Certo ( ) Errado ( )

09. Os programas de saneamento, segundo a Constituição do Estado do Paraná são de incumbência exclusiva do Estado.

Certo ( ) Errado ( )

10. No contexto da política habitacional do Estado do Paraná, constituem princípios o estímulo e incentivo à formação de cooperativas populares de habitação e o atendimento prioritário à família carente.

Certo ( ) Errado ( )

Gabarito

01	*ERRADO*	*06*	*CERTO*
02	*CERTO*	*07*	*CERTO*
03	*ERRADO*	*08*	*CERTO*
04	*CERTO*	*09*	*ERRADO*
05	*ERRADO*	*10*	*CERTO*

Anotações

CAPÍTULO 23

Estatuto da Criança e do Adolescente

(Lei nº 8.069/90)

O Estatuto da Criança e do Adolescente trata de toda a proteção dirigida à criança e ao adolescente, bem como da aplicação de medidas no caso da prática de ato infracional. A lei também trata dos crimes que, em regra, são praticados contra os menores, diferenciando-os dos demais crimes pelo princípio da especialidade. Em se tratando de direito comparado, o nosso estatuto é um dos mais evoluídos do mundo, pois protege a criança e o adolescente de uma forma ampla e específica.

Disposições Preliminares

Quando se fala em Estatuto da Criança e do Adolescente, a primeira diferenciação a se fazer é entre criança e adolescente. Pois bem, criança é aquele que tem menos de 12 anos (12 anos incompletos) e adolescente é aquele que tem entre 12 anos e 18 anos (maior que 12 anos e menor que 18 anos). No entanto, a lei poderá ser aplicada, excepcionalmente, ao jovem até 21 anos de idade, principalmente nos casos de ato infracional praticado antes de atingir a maioridade.

Além do estatuto, o menor também é objeto de proteção da Constituição Federal e, por isso, goza de todos os direitos fundamentais inerentes à pessoa humana, sem prejuízo da proteção integral de que trata esta Lei, assegurando-se-lhes, por lei ou por outros meios, todas as oportunidades e facilidades, a fim de lhes facultar o desenvolvimento físico, mental, moral, espiritual e social, em condições de liberdade e de dignidade.

A efetivação dos direitos referentes à vida, à saúde, à alimentação, à educação, ao esporte, ao lazer, à profissionalização, à cultura, à dignidade, ao respeito, à liberdade e à convivência familiar e comunitária devem ser assegurados pela família, comunidade, sociedade em geral e pelo poder público, pois constituem seus deveres.

→ **Além disso, essa garantia de prioridade compreende:**

- Primazia de receber proteção e socorro em quaisquer circunstâncias.
- Precedência de atendimento nos serviços públicos ou de relevância pública.
- Preferência na formulação e na execução das políticas sociais públicas.
- Destinação privilegiada de recursos públicos nas áreas relacionadas com a proteção à infância e à juventude.

Exercício Comentado

01. Considera-se criança, para os efeitos das normas contidas no Estatuto da Criança e do Adolescente, a pessoa até:

a) doze anos de idade incompletos.
b) doze anos de idade completos.
c) treze anos de idade incompletos.
d) treze anos de idade completos.
e) quatorze anos de idade incompletos

RESPOSTA. "A". ***Para uma pessoa ser considerada criança, ela tem de ter menos de 12 anos, por isso, 12 anos de idade incompletos. No primeiro segundo do dia de seu aniversário de 12 anos, ela já é considerada adolescente.***

Direitos Fundamentais

Do direito à Vida e à Saúde

A criança e o adolescente têm direito à proteção à vida e à saúde, mediante a efetivação de políticas sociais públicas que permitam o nascimento.

Por isso, será assegurado à gestante, por meio do Sistema Único de Saúde (SUS), o atendimento pré e perinatal e esta será atendida, preferencialmente, pelo mesmo médico que acompanhou a fase pré-natal e também terá direito ao apoio alimentar e à nutriz que necessitar, além de apoio psicológico, tanto no período de gestação, quanto na fase pós natal para prevenção do estado puerperal, sendo a efetivação desses direitos, incumbência do poder público.

Fique Ligado

O apoio psicológico também será prestado às gestantes ou mães que desejam entregar o filho à adoção.

É preciso que haja o desenvolvimento sadio e harmonioso, em condições dignas de existência, por isso, o poder público, as instituições e os empregadores propiciarão condições adequadas ao aleitamento materno, inclusive aos filhos de mães submetidas à medida privativa de liberdade.

Fique Ligado

É obrigatória a vacinação das crianças nos casos recomendados pelas autoridades sanitárias.

Para efetivação desses direitos, os hospitais e demais estabelecimentos de atenção à saúde de gestantes, públicos e particulares, são obrigados a:

- Manter registro das atividades desenvolvidas, por meio de prontuários individuais, pelo prazo de dezoito anos, caso o responsável por essa obrigação a descumpra, poderá responder pelo delito do Art. 228, do ECA.
- Identificar o recém-nascido, mediante o registro de sua impressão plantar, digital e da impressão digital da mãe, sem prejuízo de outras formas normatizadas pela autoridade administrativa competente. Caso o responsável descumpra com essa obrigação, poderá responder pelo delito previsto no Art. 229 do ECA.
- Proceder a exames visando ao diagnóstico e terapêutica de anormalidades no metabolismo do recém-nascido, bem como prestar orientação aos pais. Caso o responsável descumpra com essa obrigação, poderá responder pelo delito previsto no Art. 229 do ECA.
- Fornecer declaração de nascimento em que constem, necessariamente, as intercorrências do parto e do desenvolvimento do neonato. Caso o responsável descumpra com essa obrigação, poderá responder pelo delito previsto no Art. 228 do ECA.

> Manter alojamento conjunto, possibilitando ao neonato a permanência junto à mãe.

Em caso de internação do menor (criança ou adolescente), os estabelecimentos de atendimento à saúde deverão proporcionar condições para a permanência em tempo integral de um dos pais ou responsável.

A criança e o adolescente portadores de deficiência receberão atendimento especializado.

Incumbe ao poder público fornecer gratuitamente, àqueles que necessitarem, os medicamentos, próteses e outros recursos relativos ao tratamento, habilitação ou reabilitação.

Fique Ligado

Já as gestantes ou mães que manifestem interesse em entregar seus filhos para adoção serão obrigatoriamente encaminhadas à Justiça da Infância e da Juventude.

Do Direito à Liberdade, ao Respeito e à Dignidade

→ **A criança e o adolescente têm direito:**

> **À liberdade:** compreende os seguintes aspectos:

» Ir, vir e estar nos logradouros públicos e espaços comunitários, ressalvadas as restrições legais.

» Opinião e expressão.

» Crença e culto religioso.

» Brincar, praticar esportes e divertir-se.

» Participar da vida familiar e comunitária, sem discriminação.

» Participar da vida política, na forma da lei.

» Buscar refúgio, auxílio e orientação.

→ **Ao respeito**: consiste na inviolabilidade da integridade física, psíquica e moral da criança e do adolescente, abrangendo a preservação da imagem, da identidade, da autonomia, dos valores, ideias e crenças, dos espaços e objetos pessoais.

→ **À dignidade:** como pessoas humanas em processo de desenvolvimento e como sujeitos de direitos civis, humanos e sociais, garantidos na Constitui ção e nas leis, é dever de todos velar pela dignidade da criança e do adolescente, pondo-os a salvo de qualquer tratamento desumano, violento, aterrorizante, vexatório ou constrangedor.

A Lei 13.010 de 26 de junho de 2014, conhecida como a Lei da Palmada, acrescentou os Arts. 18-A e 18-B ao capítulo do Direito a Liberdade, ao Respeito e à Dignidade, coibindo os castigos cruéis às crianças e adolescentes e prevendo sanções, vejamos:

"Art. 18-A. A criança e o adolescente têm o direito de ser educados e cuidados sem o uso de castigo físico ou de tratamento cruel ou degradante, como formas de correção, disciplina, educação ou qualquer outro pretexto, pelos pais, pelos integrantes da família ampliada, pelos responsáveis, pelos agentes públicos executores de medidas socioeducativas ou por qualquer pessoa encarregada de cuidar deles, tratá-los, educá-los ou protegê-los.

§ único. Para os fins desta Lei, considera-se:

I. castigo físico: ação de natureza disciplinar ou punitiva aplicada com o uso da força física sobre a criança ou o adolescente que resulte em:

a) sofrimento físico; ou

b) lesão;

II. tratamento cruel ou degradante: conduta ou forma cruel de tratamento em relação à criança ou ao adolescente que:

a) humilhe; ou

b) ameace gravemente; ou

c) ridicularize."

"Art. 18-B. Os pais, os integrantes da família ampliada, os responsáveis, os agentes públicos executores de medidas socioeducativas ou qualquer pessoa encarregada de cuidar de crianças e de adolescentes, tratá-los, educá-los ou protegê-los que utilizarem castigo físico ou tratamento cruel ou degradante como formas de correção, disciplina, educação ou qualquer outro pretexto estarão sujeitos, sem prejuízo de outras sanções cabíveis, às seguintes medidas, que serão aplicadas de acordo com a gravidade do caso:

I. encaminhamento a programa oficial ou comunitário de proteção à família;

II. encaminhamento a tratamento psicológico ou psiquiátrico;

III. encaminhamento a cursos ou programas de orientação;

IV. obrigação de encaminhar a criança a tratamento especializado;

V. advertência.

VI. § único. As medidas previstas neste Art. serão aplicadas pelo Conselho Tutelar, sem prejuízo de outras providências legais."

Do Direito à Convivência Familiar e Comunitária

Disposições Gerais

Toda criança ou adolescente tem direito a ser criado e educado no seio da sua família e, excepcionalmente, em família substituta, assegurada a convivência familiar e comunitária, em ambiente livre da presença de pessoas dependentes de substâncias entorpecentes.

Se o menor estiver inserido em programa de acolhimento familiar ou institucional, a sua situação será reavaliada, no máximo a cada seis meses, devendo a autoridade judiciária fundamentar pela reintegração familiar ou colocação em família substituta.

Fique Ligado

O menor permanecerá acolhido institucionalmente por, no máximo, 02 anos, salvo situação que atenda ao próprio interesse.

É importante ressaltar que não haverá diferenciação entre os filhos havidos no casamento e os fora dele, como também não haverá diferenciação em relação aos filhos adotados. Cabe, aos pais (pai e mãe), de forma igualitária, exercer o poder familiar (expressão que antes era pátrio poder), que poderá ser perdido, caso não cumpram seu dever de sustento, guarda e educação dos filhos menores, e as determinações judiciais.

Fique Ligado

A falta ou a carência de recursos materiais não constitui motivo suficiente para a perda ou a suspensão do poder familiar.

Da Família Natural

A família natural é a comunidade formada pelos pais (ou qualquer deles) e seus descendentes. A família extensa ou ampliada é aquela formada por parentes próximos com os quais o menor convive e mantém vínculos de afetividade e afinidade, que vai além da unidade de pais e filhos ou da unidade do casal.

O reconhecimento de paternidade, para os filhos havidos fora do casamento, poderá ser feito, conjunta ou separadamente, no próprio termo do nascimento, por testamento, mediante escritura ou outro documento público, qualquer que seja a origem da filiação. O reconhecimento pode preceder o nascimento do filho ou suceder-lhe ao falecimento, se deixar descendentes.

O reconhecimento do estado de filiação é direito personalíssimo, indisponível e imprescritível, podendo ser exercitado contra os pais ou seus herdeiros, sem qualquer restrição.

Fique Ligado

A ação de reconhecimento do estado de filiação poderá ser feita em segredo de justiça.

Da Família Substituta

Considerações Iniciais

- A colocação em família substituta será feita mediante guarda, tutela ou adoção.
- A colocação do adolescente em família substituta dependerá de seu consentimento.
- Os irmãos serão colocados sob guarda, tutela ou adoção da mesma família substituta, ressalvada a existência de risco de abuso ou outra excepcionalidade, evitando-se o rompimento do vínculo familiar.
- Em se tratando de criança ou adolescente indígena ou proveniente de comunidade remanescente de quilombo, é ainda obrigatório:
  - Que sejam consideradas e respeitadas sua identidade social e cultural, os seus costumes e tradições, bem como suas instituições, desde que não sejam incompatíveis com os direitos fundamentais reconhecidos por esta Lei e pela Constituição Federal.
  - Que a colocação familiar ocorra, prioritariamente, no seio de sua comunidade ou junto a membros da mesma etnia.
  - A intervenção e oitiva de representantes do órgão federal responsável pela política indigenista, no caso de crianças e adolescentes indígenas, e de antropólogos, perante a equipe interprofissional ou multidisciplinar que irá acompanhar o caso.
- Se for revelado, por qualquer modo, incompatibilidade com a natureza da medida ou não oferecimento de ambiente familiar adequado, não será deferida a colocação em família substituta.
- Não será admitida a transferência da criança ou adolescente, a terceiros ou a entidades governamentais ou não-governamentais, que foi colocada em família substituta, sem autorização judicial.
- A colocação em família substituta estrangeira constitui medida excepcional, somente admissível na modalidade de adoção.

Da Guarda

A guarda destina-se a regularizar a posse de fato, podendo ser deferida, liminar ou incidentalmente, nos procedimentos de tutela e adoção, exceto no de adoção por estrangeiros e, bem como, a guarda obriga a prestação de assistência material, moral e educacional à criança ou adolescente, conferindo a seu detentor o direito de opor-se a terceiros, inclusive aos pais.

Fique Ligado

Excepcionalmente, poderá ser concedida a guarda fora dos casos de tutela e adoção, para atender a situações peculiares ou suprir a falta eventual dos pais ou responsável.

A guarda confere à criança ou adolescente a condição de dependente, para todos os fins e efeitos de direito, inclusive previdenciários.

Já a guarda conferida a terceiros não retira dos pais o direito de visitas e o dever de prestar alimentos, salvo expressa e fundamentada determinação em contrário, da autoridade judiciária.

O poder público estimulará, por meio de assistência jurídica, incentivos fiscais e subsídios, o acolhimento, sob a forma de guarda, da criança ou adolescente afastado do convívio familiar.

A guarda poderá ser revogada a qualquer tempo, mediante ato judicial fundamentado, ouvido o Ministério Público.

Da Tutela

A tutela será deferida a pessoa de até 18 (dezoito) anos incompletos e seu deferimento pressupõe a prévia decretação da perda ou suspensão do poder familiar e implica, necessariamente, o dever de guarda.

O tutor, nomeado por testamento ou qualquer documento autêntico, conforme previsto na lei civil, deverá, no prazo de 30 (trinta) dias após a abertura da sucessão, ingressar com pedido destinado ao controle judicial do ato.

Da Adoção

A adoção é medida excepcional e irrevogável, não podendo ser feita por procuração.

A adoção atribui a condição de filho ao adotado, com os mesmos direitos e deveres dos filhos legítimos, inclusive sucessórios, desligando-o de qualquer vínculo com pais e parentes, salvo impedimentos matrimoniais.

O adotando (quem é adotado) deve contar com, no máximo, dezoito anos à data do pedido, salvo se já estiver sob a guarda ou tutela dos adotantes (quem adota).

Se um dos cônjuges ou concubinos adota o filho do outro, mantêm-se os vínculos de filiação entre o adotado e o cônjuge ou concubino do adotante e os respectivos parentes.

Os maiores de 18 anos podem adotar exceto se forem ascendentes ou irmãos do adotando e o adotante precisa ser, pelo menos, dezesseis anos mais velho do que o adotando.

É possível a adoção conjunta, desde que os adotantes sejam casados civilmente ou mantenham união estável, comprovada a estabilidade da família.

Os divorciados, os judicialmente separados e os ex-companheiros podem adotar conjuntamente, contanto que acordem sobre a guarda (que poderá ser compartilhada) e o regime de visitas e desde que o estágio de convivência tenha sido iniciado na constância do período de convivência, restando comprovada a existência de vínculos de afinidade e afetividade com aquele não detentor da guarda, que justifiquem a excepcionalidade da concessão.

A adoção poderá ser deferida ao adotante que, após inequívoca manifestação de vontade, vier a falecer no curso do procedimento, antes de prolatada a sentença.

Fique Ligado

A morte dos adotantes não restabelece o poder familiar dos pais naturais.

O tutor ou o curador somente pode adotar o pupilo ou curatelado depois que der conta de sua administração e saldar o seu alcance. O Código Civil, em seu Art. 1.620, conservou o mesmo princípio: *"Enquanto não der contas de sua administração e não saldar o débito, não poderá o tutor ou curador adotar o pupilo ou o curatelado"*.

A adoção depende do consentimento dos pais ou do representante legal do adotando e, em sendo o caso, do adolescente. Esse consentimento será dispensado no caso de crianças com pais desconhecidos ou sem o poder familiar.

Exercício Comentado

01. O consentimento dos pais ou do representante legal é dispensado em casos de adoção de criança e de adolescente, quando o adotando tiver mais de 12 anos de idade.

ERRADO. ***Caso os pais não tenham perdido o poder familiar, o seu consentimento será necessário, mesmo que o adotando seja adolescente, ou seja, tenha mais de 12 anos e, neste caso, seu consentimento também será necessário.***

A adoção será precedida de estágio de convivência com a criança ou adolescente, pelo tempo que o juiz fixar, podendo ser dispensada caso o adotando já estiver sob a tutela ou guarda legal do adotante, durante tempo suficiente para que seja possível avaliar a conveniência da constituição do vínculo, não dispensando, por si só, a guarda de fato.

Fique Ligado

Em caso de adoção por pessoa ou casal residente ou domiciliado fora do País, o estágio de convivência, cumprido no território nacional, será de, no mínimo, 30 (trinta) dias.

O vínculo de adoção constitui-se por sentença judicial, que será inscrita no registro civil mediante mandado do qual não se fornecerá certidão. A inscrição consignará o nome dos adotantes como pais, bem como o nome de seus ascendentes e o mandado judicial cancelará o registro original do adotado. Caso deseje o adotante, poderá pedir para que o novo registro seja lavrado no Cartório de Registro Civil, do município de sua residência.

A sentença conferirá ao adotado o nome (patronímico) do adotante e poderá ser modificado também o prenome a pedido do adotante ou do adotado, se for do adotante, o adotado deverá ser ouvido e ser for maior de 12 anos, dependerá de seu consentimento.

A adoção produz efeitos a partir do trânsito em julgado da sentença constitutiva, salvo na hipótese de deferimento de adoção à pessoa falecida, que produzirão efeitos a partir do óbito.

Ao adotado, após completar dezoito anos, é assegurado o direito de conhecer sua origem biológica, bem como de obter acesso irrestrito ao processo no qual a medida foi aplicada. Esse acesso também pode ser deferido ao menor de dezoito anos, assegurada orientação e assistência jurídica e psicológica.

A autoridade judiciária manterá, em cada comarca ou foro regional, um registro de crianças e adolescentes em condições de serem adotados e outro de pessoas interessadas na adoção. Para isso, serão criados e implementados cadastros estaduais e o nacional de crianças e adolescentes em condições de serem adotados e de pessoas ou casais habilitados à adoção.

Fique Ligado

A alimentação do cadastro e a convocação criteriosa dos postulantes à adoção serão fiscalizadas pelo Ministério Público.

Adoção Internacional

Adoção internacional é aquela na qual a pessoa ou casal postulante é residente ou domiciliado fora do Brasil.

A adoção internacional de criança ou adolescente brasileiro ou domiciliado no Brasil somente terá lugar quando restar comprovado:

- → Que a colocação em família substituta é a solução adequada ao caso concreto.
- → Que foram esgotadas todas as possibilidades de colocação da criança ou adolescente em família substituta brasileira, após consulta aos cadastros anteriormente mencionados.
- → Que, em se tratando de adoção de adolescente, este foi consultado, por meios adequados ao seu estágio de desenvolvimento, e que se encontra preparado para a medida, mediante parecer elaborado por equipe interprofissional.

Os brasileiros residentes no exterior terão preferência aos estrangeiros, nos casos de adoção internacional de criança ou adolescente brasileiro.

Vamos Praticar

01. As crianças ou adolescentes inseridos em programa de acolhimento familiar ou institucional:

a) Devem, na forma da lei, receber a designação discriminatória apropriada, relativamente à filiação.

b) Devem submeter-se mensalmente a acompanhamento psicológico para verificar a existência de condições mínimas de adaptação e de integração ao convívio familiar.

c) São, obrigatoriamente, encaminhadas para o núcleo de custódia do conselho tutelar do local onde residem.

d) Têm sua situação reavaliada, no máximo, a cada seis meses.

e) Devem permanecer no programa por, no mínimo, dois anos.

02. O acolhimento institucional, segundo dispõe o Estatuto da Criança e do Adolescente,

a) É medida aplicável como forma de evitar a adoção internacional.

b) É medida provisória e excepcional que não implica privação de liberdade.

c) Tem prazo máximo de duração de três anos, ao fim do qual, o acolhido pode ser encaminhado para liberdade assistida ou semiliberdade.

d) Deve observar rigorosa separação dos acolhidos por critérios de gênero, idade e motivo de acolhimento.

e) É o serviço de recepção, triagem e encaminhamento das situações de violação de direito da criança e do adolescente.

03. Assinale a alternativa INCORRETA:

a) O Estatuto da Criança e do Adolescente considera criança a pessoa com até doze anos de idade incompletos, e adolescente aquela entre doze e dezoito anos de idade.

b) É dever do poder público assegurar, com prioridade, a efetivação dos direitos fundamentais referentes à criança e ao adolescente. A garantia de prioridade compreende a destinação privilegiada de recursos públicos nas áreas relacionadas com a proteção à infância e à juventude.

c) Os hospitais e demais estabelecimentos de atenção à saúde de gestantes, públicos e particulares, são obrigados a manter registro das atividades desenvolvidas, por meio de prontuários individuais, pelo prazo de dezoito anos.

d) A identificação do recém-nascido mediante o registro de sua impressão plantar e digital e da impressão digital da mãe fica condicionada a manifestação dos pais.

04. No que se refere ao direito à convivência familiar e comunitária, assinale a opção correta com base no ECA.

a) Toda criança ou adolescente tem direito à educação no seio da sua família e, excepcionalmente, em família substituta, assegurada a participação efetiva da mãe biológica no convívio diário com o educando, em ambiente livre da presença de pessoas discriminadas.

b) Os filhos, havidos, ou não, da relação do casamento, ou por adoção, terão os mesmos direitos e qualificações, proibidas quaisquer designações discriminatórias relativas à filiação.

c) O poder familiar não poderá ser exercido, simultaneamente, pelo pai e pela mãe. Em caso de discordância quanto a quem caberá titularizá-lo, a ambos será facultado o direito de recorrer à autoridade judiciária competente para a solução da divergência.

d) Na ausência dos pais, o poder familiar poderá ser delegado, nessa ordem: ao irmão mais velho, desde que já tenha alcançado a maioridade, ao tio paterno ou ao avô paterno. Na ausência de qualquer um desses, o poder familiar, excepcionalmente, será delegado à avó materna.

05. Dentre os direitos de toda criança ou todo adolescente, o ECA assegura o de ser criado e educado no seio de sua família e, excepcionalmente, a colocação em família substituta, assegurando- lhe a convivência familiar e comunitária. Fundando-se em tal preceito, acerca da colocação em família substituta, é correto afirmar que:

a) A colocação em família substituta far-se-á, exclusivamente, por meio da tutela ou da adoção.

b) A guarda somente obriga seu detentor à assistência material a criança ou adolescente.

c) O adotando não deve ter mais que 18 anos à data do pedido, salvo se já estiver sob a guarda ou tutela dos adotantes.

d) Desde que comprovem seu estado civil de casados, somente os maiores de 21 anos podem adotar.

06. Conforme disposto, expressamente, na Lei 8.069, de 13/07/1990 (Estatuto da Criança e do Adolescente), em relação à colocação da criança ou do adolescente em família substituta, é CORRETO afirmar que:

a) Sempre que possível, a criança ou adolescente deverá ser previamente ouvido e a sua opinião devidamente considerada.

b) A colocação em família substituta admitirá transferência da criança ou adolescente a terceiros ou a entidades governamentais ou não governamentais, mesmo sem autorização judicial.

c) A colocação em família substituta estrangeira constitui medida normal e regular, admissível em qualquer modalidade.

d) A colocação em família substituta far-se-á somente na modalidade de adoção.

07. Sobre os direitos da criança, previstos no Estatuto da Criança e do Adolescente, avalie as afirmativas que seguem:

I. Na interpretação do Estatuto da Criança e do Adolescente serão levados em conta os fins sociais a que ele se dirige, as exigências do bem comum, os direitos e deveres individuais e coletivos e a condição peculiar da criança e do adolescente, como pessoas em desenvolvimento.

II. É assegurado atendimento integral à saúde da criança e do adolescente, por intermédio do Sistema Único de Saúde, garantido o acesso universal e igualitário às ações e serviços para promoção, proteção e recuperação da saúde. A criança e o adolescente portadores de deficiência receberão atendimento especializado. Incumbe ao poder público fornecer gratuitamente àqueles que necessitarem os medicamentos, próteses e outros recursos relativos ao tratamento, habilitação ou reabilitação.

III. A criança e o adolescente têm direito à proteção à vida e à saúde, mediante a efetivação de políticas sociais públicas que permitam o nascimento e o desenvolvimento sadio e harmonioso, em condições dignas de existência.

IV. Os estabelecimentos de atendimento à saúde deverão proporcionar condições para a permanência em tempo integral de um dos pais ou responsável, nos casos de internação de criança ou adolescente; e, nos casos de suspeita ou confirmação de maus-tratos contra criança ou adolescente, serão obrigatoriamente comunicados ao Conselho Tutelar da respectiva localidade, sem prejuízo de outras providências legais.

V. O poder público, as instituições e os empregadores propiciarão condições adequadas ao aleitamento materno, inclusive aos filhos de mães submetidas à medida privativa de liberdade.

Está(ão) CORRETA(S):

a) Apenas as afirmativas I e II.
b) Apenas as afirmativas I e III.
c) Apenas as afirmativas III e V.
d) Apenas a afirmativa IV.
e) Todas as afirmativas.

08. Visando à proteção infantil, os hospitais e demais estabelecimentos de atenção à saúde de gestantes, públicos e particulares, são obrigados a:

a) Manter registro das atividades desenvolvidas, por meio de prontuários individuais, pelo prazo de dez anos.
b) Identificar o recém-nascido, mediante o registro de sua impressão plantar e digital e da impressão digital da mãe, sem prejuízo de outras formas normatizadas pela autoridade administrativa competente.
c) Proceder a exames visando ao diagnóstico e à terapêutica de anormalidades no metabolismo do recém-nascido, bem como prestar orientação aos pais, fornecendo ajuda financeira para esclarecimento de eventual enfermidade.
d) Fornecer declaração de nascimento, em que constem, necessariamente, as intercorrências do parto e do desenvolvimento do neonato, apenas com requerimento judicial.
e) Manter o neonato em berçário, possibilitando ao neonato a permanência junto à mãe, apenas se não houver internação em enfermaria.

09. Analisando as seguintes assertivas:

I. A garantia da prioridade, da qual gozam crianças e adolescentes, compreende a primazia de receber proteção e socorro em quaisquer circunstâncias, a precedência de atendimento nos serviços públicos, destinação privilegiada de recursos públicos, e a preferência na formulação e na execução de políticas sociais públicas.

II. É obrigação do poder público e das instituições de saúde particulares, ainda que não conveniadas ao Sistema Único de Saúde (SUS), fornecer assistência psicológica à gestante e à mãe, no período pré e pós natal, até mesmo para prevenir ou minorar as consequências do estado puerperal.

III. Os hospitais públicos e particulares são obrigados a proporcionar condições para a permanência integral de ambos os pais ou do responsável, durante a internação de criança ou adolescente.

IV. O lapso temporal máximo para a permanência de criança ou adolescente em programa de acolhimento institucional é de 01 (um) ano, salvo comprovada necessidade que atenda ao seu superior interesse, devidamente fundamentada pela autoridade judiciária.

V. Os hospitais, tanto públicos como particulares, são obrigados a manter alojamento conjunto, possibilitando ao neonato a permanência junto à mãe.

É possível afirmar:

a) Somente a assertiva I está correta.
b) Somente as assertivas I, IV e V estão corretas.
c) Somente as assertivas I, III e V estão corretas.
d) Somente as assertivas I e V estão corretas.
e) Todas as assertivas estão corretas.

10. O direito à proteção à vida e à saúde, permitindo o crescimento e o desenvolvimento sadio e harmonioso da criança, compreende:

a) A prestação de condições adequadas ao aleitamento materno, salvo se a mãe estiver submetida a medida privativa de liberdade, devendo a criança, nesse caso, ser encaminhada, necessariamente, a uma família substituta.
b) Seu atendimento em qualquer hospital da rede pública ou particular, às expensas do Estado.
c) O atendimento pré e perinatal da gestante pelo Poder Público, apenas se não tiver condições de arcar com as despesas em clínicas ou hospitais particulares.
d) O encaminhamento da gestante aos diferentes níveis de atendimento médico, independentemente de qualquer critério de regionalização estabelecido pelo Sistema Único de Saúde.
e) O encaminhamento da gestante aos diferentes níveis de atendimento, segundo critérios médicos específicos, obedecendo-se aos princípios da regionalização e hierarquização do Sistema Único de Saúde.

11. A adoção será precedida de estágio de convivência com a criança ou adolescente, pelo prazo que a autoridade judiciária fixar, não podendo tal estágio ser dispensado.

12. Assinale a alternativa correta a respeito da adoção:

I. É vedada a adoção por procuração.

II. O adotando deve contar com, no máximo, 16 anos à data do pedido, salvo se já estiver sob a guarda ou tutela dos adotantes.

III. A adoção atribui condição de filho ao adotado, com os mesmos direitos e deveres, inclusive sucessórios, desligando-o de quaisquer vínculos ou impedimentos com os pais e parentes.

IV. A adoção não poderá ser deferida ao adotante que, após inequívoca manifestação de vontade, vier a falecer no curso do procedimento, antes de prolatada a sentença.

a) Somente a proposição III está incorreta.
b) Todas as proposições estão incorretas.
c) Somente a proposição I está correta.
d) Somente as proposições I e II estão corretas.

13. Tendo em vista o instituto da adoção, observa-se que, dentre outras situações

a) O adotante há de ser, no mínimo, 10 anos e, no máximo, 15 anos mais velho que o adotado.
b) Extinguem-se os vínculos de filiação entre o adotado e o cônjuge do adotante e os respectivos parentes, se um dos cônjuges adota o filho do outro.
c) Será admitida a adoção de um menor por duas pessoas, ainda que não sejam marido e mulher ou não vivam em união estável, se isso implicar em efetivo benefício para o adotante.
d) As relações de parentesco se estabelecem não só entre o adotante e o adotado, como também entre aquele e os descendentes deste e entre o adotado e todos os parentes do adotante.
e) A adoção atribui a situação de filho ao adotado, desligando-o de qualquer vínculo com os pais e parentes consanguíneos, inclusive quanto aos impedimentos para o casamento.

14. A colocação em família substituta, segundo o Estatuto da Criança e do Adolescente:

a) Pode dar-se na forma de guarda, tutela, adoção simples ou adoção plena.
b) Viabiliza o exercício do direito à convivência familiar por crianças que estejam cumprindo internação em estabelecimento educacional.
c) Exceto na modalidade de adoção, trata-se de medida de proteção cuja aplicação cabe ao conselho tutelar.
d) Não pode ser deferida a família estrangeira, exceto na modalidade de adoção.
e) Admite transferência da criança ou adolescente a terceiros, desde que com autorização dos pais.

15. Um homem e sua esposa, ambos com vinte e quatro anos de idade, procuraram a DP para requererem a adoção de uma criança inserida no cadastro de adoção da comarca de Maceió. O casal estava devidamente inscrito no cadastro da comarca.

Se o casal em questão adotar uma criança, o processo de adoção atribuirá a condição de filho ao adotado, conferindo-lhe todos os direitos e deveres, com exceção dos direitos sucessórios.

Certo ( ) Errado ( )

16. Caso seja iniciado o estágio de convivência com a criança durante a constância da sociedade conjugal, e sobrevindo a separação judicial do casal, este não pode mais adotar conjuntamente essa criança.

Certo ( ) Errado ( )

17. Só é permitido ao casal em questão adotar criança que tenha, no máximo, oito anos idade.

Certo ( ) Errado ( )

18. A adoção deve ser precedida de estágio de convivência entre adotando e adotante, não podendo o estágio ser dispensado.

Certo ( ) Errado ( )

19. Gabriel, 6 anos, tem o pai falecido. Sua genitora mantém união estável com Marcos, 20 anos, estudante, que é tio paterno da criança. Marcos quer adotar Gabriel, sem romper os vínculos de Gabriel com a mãe. Isso não é possível porque

a) Marcos não tem idade mínima legal para adotar.
b) Falta a diferença mínima de idade exigida por lei entre Marcos e Gabriel
c) Marcos é irmão do pai da criança.
d) A adoção implica desligamento dos vínculos do adotado com pais e parentes.
e) Marcos não tem renda fixa e não é casado.

20. A adoção, de criança e de adolescente, prevista no Estatuto da Criança e do Adolescente, exige que:

a) O adotando tenha no máximo 21 anos e que o adotante seja casado.
b) O adotando, em regra, tenha no máximo 18 anos de idade na data do pedido e que o adotante seja 16 anos mais velho que o adotado.
c) O adotante seja 16 anos mais velho que o adotado e que seja casado.
d) Haja o consentimento do adotando, se maior de 12 anos de idade, e que o adotante seja maior de 21 anos.
e) O adotado seja maior de 18 anos e o adotante seja 16 anos mais velho.

Gabarito

01	D	11	E
02	B	12	C
03	D	13	D
04	D	14	D
05	C	15	ERRADO
06	A	16	ERRADO
07	E	17	CERTO
08	B	18	ERRADO
09	D	19	B
10	E	20	B

Anotações

CAPÍTULO 24

Estatuto da Criança e do Adolescente

Introdução

O Estatuto da Criança e do Adolescente, nesta segunda parte, vem trazer alguns direitos fundamentais específicos para a criança e para o adolescente, de forma que exista uma amplitude maior de direitos protetores dos menores.

Do Direito à Educação, à Cultura, ao Esporte e ao Lazer

A criança e o adolescente têm direito à educação, visando ao pleno desenvolvimento de sua pessoa, preparo para o exercício da cidadania e qualificação para o trabalho, assegurando-se-lhes:

> Igualdade de condições para o acesso e permanência na escola.

> Direito de ser respeitado por seus educadores.

> Direito de contestar critérios avaliativos, podendo recorrer às instâncias escolares superiores.

> Direito de organização e participação em entidades estudantis.

> Acesso à escola pública e gratuita próxima de sua residência.

→ **É dever do Estado assegurar à criança e ao adolescente:**

> Ensino fundamental, obrigatório e gratuito, inclusive para os que a ele não tiveram acesso na idade própria.

> Progressiva extensão da obrigatoriedade e gratuidade ao ensino médio.

> Atendimento educacional especializado aos portadores de deficiência, preferencialmente na rede regular de ensino (no caso de atendimento médico, este será especializado).

> Atendimento em creche e pré-escola às crianças de zero a seis anos de idade.

> Acesso aos níveis mais elevados do ensino, da pesquisa e da criação artística, segundo a capacidade de cada um.

> Oferta de ensino noturno regular, adequado às condições do adolescente trabalhador.

> Atendimento no ensino fundamental, por meio de programas suplementares de material didático-escolar, transporte, alimentação e assistência à saúde.

O acesso ao ensino obrigatório e gratuito é direito público subjetivo e o seu não oferecimento pelo poder público importa em responsabilidade da autoridade competente.

Fique Ligado

Apesar de o ensino obrigatório e gratuito ser um dever do Estado, os pais ou responsável têm a obrigação de matricular seus filhos ou pupilos na rede regular de ensino.

→ Os dirigentes de estabelecimentos de ensino fundamental comunicarão ao Conselho Tutelar os casos de:

> Maus-tratos envolvendo seus alunos.

> Reiteração de faltas injustificadas e de evasão escolar, esgotados os recursos escolares.

> Elevados níveis de repetência.

O poder público estimulará pesquisas, experiências e novas propostas relativas a calendário, seriação, currículo, metodologia, didática e avaliação, com vistas à inserção de crianças e de adolescentes excluídos do ensino fundamental obrigatório.

No processo educacional, respeitar-se-ão os valores culturais, artísticos e históricos próprios do contexto social da criança e do adolescente, garantindo-se a estes a liberdade da criação e o acesso às fontes de cultura.

Os municípios, com apoio dos Estados e da União, estimularão e facilitarão a destinação de recursos e espaços para programações culturais, esportivas e de lazer voltadas para a infância e para a juventude.

Do Direito à Profissionalização e à Proteção no Trabalho

> ***Art. 60.*** *É proibido qualquer trabalho a menores de quatorze anos de idade, salvo na condição de aprendiz.*

Esse Art. era compatível com o texto constitucional. No entanto, com a Emenda Constitucional 20/98, ele passou a dispor em contrário do texto constitucional, previsto no Art. 5°, XXXIII:

> ***Art. 5º XXXIII*** *- Proibição de trabalho noturno, perigoso ou insalubre a menores de dezoito e de qualquer trabalho a menores de dezesseis anos, salvo na condição de aprendiz, a partir de quatorze anos.*

Com isso, perde sentido também o Art. 64, a saber:

> ***Art. 64****. Ao adolescente até quatorze anos de idade é assegurada bolsa de aprendizagem.*

Aprendizagem é a formação técnico-profissional ministrada segundo as diretrizes e bases da legislação de educação em vigor.

A formação técnico-profissional obedecerá aos seguintes princípios:

> Garantia de acesso e frequência obrigatória ao ensino regular.

> Atividade compatível com o desenvolvimento do adolescente.

> Especial para o exercício das atividades.

> Ao adolescente portador de deficiência é assegurado trabalho protegido.

Fique Ligado

Ao adolescente aprendiz, maior de quatorze anos, são assegurados os direitos trabalhistas e previdenciários.

Vedações

Ao adolescente empregado, aprendiz, em regime familiar de trabalho, aluno de escola técnica, assistido em entidade governamental ou não governamental, é vedado trabalho:

- → Noturno, realizado entre as vinte e duas horas de um dia e as cinco horas do dia seguinte.
- → Perigoso, insalubre ou penoso.
- → Realizado em locais prejudiciais à sua formação e ao seu desenvolvimento físico, psíquico, moral e social.
- → Realizado em horários e locais que não permitam a frequência à escola.

Trabalho Educativo

Trabalho educativo é a atividade laboral em que as exigências pedagógicas relativas ao desenvolvimento pessoal e social do educando prevalecem sobre o aspecto produtivo.

O programa social que tenha por base o trabalho educativo, sob responsabilidade de entidade governamental ou não governamental, sem fins lucrativos, deverá assegurar ao adolescente, que dele participe, condições de capacitação para o exercício de atividade regular remunerada.

A remuneração que o adolescente recebe pelo trabalho efetuado ou a participação na venda dos produtos de seu trabalho não desfigura o caráter educativo.

- → O adolescente tem direito à profissionalização e à proteção no trabalho, observados os seguintes aspectos, entre outros:
  - > Respeito à condição peculiar de pessoa em desenvolvimento.
  - > Capacitação profissional adequada ao mercado de trabalho.

Da Prevenção

Todos devem prevenir a ocorrência de ameaça ou violação dos direitos da criança e do adolescente. Tendo estes, direito à informação, cultura, lazer, esportes, diversões, espetáculos e produtos e serviços que respeitem sua condição peculiar de pessoa em desenvolvimento.

A inobservância das normas de prevenção importará em responsabilidade da pessoa física ou jurídica, nos termos desta Lei.

A Lei 13010/14 acrescentou o Art. 70-A, prevendo ações por parte do governo na elaboração de políticas públicas e na execução de ações destinadas a coibir o uso de castigo físico ou de tratamento cruel ou degradante e difundir formas não violentas de educação de crianças e de adolescentes, vejamos:

> *"**Art. 70-A.** A União, os Estados, o Distrito Federal e os Municípios deverão atuar de forma articulada na elaboração de políticas públicas e na execução de ações destinadas a coibir o uso de castigo físico ou de tratamento cruel ou degradante e difundir formas não violentas de educação de crianças e de adolescentes, tendo como principais ações:*
>
> *I. a promoção de campanhas educativas permanentes para a divulgação do direito da criança e do adolescente de serem educados e cuidados sem o uso de castigo físico ou de tratamento cruel ou degradante e dos instrumentos de proteção aos direitos humanos;*
>
> *II. a integração com os órgãos do Poder Judiciário, do Ministério Público e da Defensoria Pública, com o Conselho Tutelar, com os Conselhos de Direitos da Criança e do Adolescente e com as entidades não governamentais que atuam na promoção, proteção e defesa dos direitos da criança e do adolescente;*
>
> *III. a formação continuada e a capacitação dos profissionais de saúde, educação e assistência social e dos demais agentes que atuam na promoção, proteção e defesa dos direitos da criança e do adolescente para o desenvolvimento das competências necessárias à prevenção, à identificação de evidências, ao diagnóstico e ao enfrentamento de todas as formas de violência contra a criança e o adolescente;*
>
> *IV. o apoio e o incentivo às práticas de resolução pacífica de conflitos que envolvam violência contra a criança e o adolescente;*
>
> *V. a inclusão, nas políticas públicas, de ações que visem a garantir os direitos da criança e do adolescente, desde a atenção pré-natal, e de atividades junto aos pais e responsáveis com o objetivo de promover a informação, a reflexão, o debate e a orientação sobre alternativas ao uso de castigo físico ou de tratamento cruel ou degradante no processo educativo;*
>
> *VI. a promoção de espaços intersetoriais locais para a articulação de ações e a elaboração de planos de atuação conjunta focados nas famílias em situação de violência, com participação de profissionais de saúde, de assistência social e de educação e de órgãos de promoção, proteção e defesa dos direitos da criança e do adolescente.*
>
> ***§ único.** As famílias com crianças e adolescentes com deficiência terão prioridade de atendimento nas ações e políticas públicas de prevenção e proteção."*

Da Prevenção Especial

Toda criança ou adolescente terá acesso às diversões e espetáculos públicos classificados como adequados à sua faixa etária.

Fique Ligado

As crianças menores de dez anos somente poderão ingressar e permanecer nos locais de apresentação ou exibição, quando acompanhadas dos pais ou responsável.

O poder público, por meio do órgão competente, regulará as diversões e espetáculos públicos, informando sobre a natureza deles, as faixas etárias a que não se recomendem, locais e horários em que sua apresentação se mostre inadequada e os responsáveis pelas diversões e espetáculos públicos deverão afixar, em lugar visível e de fácil acesso, à entrada do local de exibição, informação destacada sobre a natureza do espetáculo e a faixa etária especificada no certificado de classificação.

As emissoras de rádio e de televisão somente exibirão, no horário recomendado para o público infanto-juvenil, programas com finalidades educativas, artísticas, culturais e informativas.

Nenhum espetáculo será apresentado ou anunciado sem aviso de sua classificação, antes de sua transmissão, apresentação ou exibição.

Os proprietários, diretores, gerentes e funcionários

de empresas que explorem a venda ou aluguel de fitas de programação em vídeo cuidarão para que não haja venda ou locação em desacordo com a classificação atribuída pelo órgão competente, devendo ainda as fitas exibir, no invólucro, informação sobre a natureza da obra e a faixa etária a que se destinam.

As revistas e publicações contendo material impróprio ou inadequado a crianças e adolescentes deverão ser comercializadas em embalagem lacrada, com a advertência de seu conteúdo.

As editoras cuidarão para que as capas que contenham mensagens pornográficas ou obscenas sejam protegidas com embalagem opaca.

As revistas e publicações destinadas ao público infanto-juvenil não poderão conter ilustrações, fotografias, legendas, crônicas ou anúncios de bebidas alcoólicas, tabaco, armas e munições, e deverão respeitar os valores éticos e sociais da pessoa e da família.

Os responsáveis por estabelecimentos que explorem comercialmente bilhar, sinuca ou congênere ou por casas de jogos, assim entendidas as que realizem apostas, ainda que eventualmente, cuidarão para que não seja permitida a entrada e a permanência de crianças e adolescentes no local, afixando aviso para orientação do público.

Dos Produtos e Serviços

Este tópico trata de alguns produtos e serviços que são proibidos a menores, a saber:

- É proibida a venda à criança ou ao adolescente de:
  - Armas, munições e explosivos.
  - Bebidas alcoólicas.
  - Produtos cujos componentes possam causar dependência física ou psíquica ainda que por utilização indevida.
  - Fogos de estampido e de artifício, exceto aqueles que, pelo seu reduzido potencial, sejam incapazes de provocar qualquer dano físico em caso de utilização indevida.
  - Revistas e publicações com materiais impróprios.
  - Bilhetes lotéricos e equivalentes.

Fique Ligado

É proibida a hospedagem de criança ou adolescente em hotel, motel, pensão ou estabelecimento congênere, salvo se autorizado ou acompanhado pelos pais ou responsável.

Da Autorização para Viajar

Viagens Nacionais

Em regra, nenhuma criança poderá viajar para fora de sua comarca (normalmente compreendida como a área de um município), desacompanhada dos pais ou responsável, sem expressa autorização judicial.

A autoridade judiciária poderá, a pedido dos pais ou responsável, conceder autorização válida por dois anos.

No entanto, existem alguns casos em que a criança poderá sair da comarca onde reside, são eles:

- Se for viajar para comarca contígua à de sua residência, sendo que permaneça no mesmo Estado da federação, ou para comarca incluída em região metropolitana.
- Se estiver acompanhada:
  - De ascendente (avós) ou colateral maior, até o terceiro grau (tios e irmãos), comprovado documentalmente o parentesco.
  - De pessoa maior, expressamente autorizada pelo pai, mãe ou responsável.

Viagens Internacionais

Quando falamos em viagens internacionais, a regra é mais rígida, primeiro porque as restrições são extensíveis às crianças e aos adolescentes e também porque diminui as hipóteses de exceções.

O primeiro ponto sensível escondido na norma é que a viagem ao exterior também pode se dar por autorização judicial e essa autorização é dispensável se:

- A criança ou adolescente estiver acompanhada de ambos os pais ou responsável.
- Se a criança ou adolescente viajar na companhia de um dos pais, autorizado expressamente pelo outro por meio de documento com firma reconhecida.

Sem prévia e expressa autorização judicial, nenhuma criança ou adolescente nascido em território nacional poderá sair do País em companhia de estrangeiro residente ou domiciliado no exterior.

Das Medidas de Proteção

Considerações Iniciais

As medidas de proteção à criança e ao adolescente são aplicáveis sempre que os direitos reconhecidos nesta Lei forem ameaçados ou violados:

- Por ação ou omissão da sociedade ou do Estado.
- Por falta, omissão ou abuso dos pais ou responsável.
- Em razão de sua conduta.

Das Medidas Específicas de Proteção

Na aplicação das medidas, levar-se-ão em conta as necessidades pedagógicas, preferindo-se aquelas que visem ao fortalecimento dos vínculos familiares e comunitários e também serão levados em conta os seguintes princípios:

- **Condição da criança e do adolescente como sujeitos de direitos**: crianças e adolescentes são os titulares dos direitos previstos nesta e em outras Leis, bem como na Constituição Federal.
- **Proteção integral e prioritária**: a interpretação e aplicação de toda e qualquer norma contida no estatuto da criança e do adolescente deve ser voltada à proteção integral e prioritária dos direitos de que crianças e adolescentes são titulares.
- **Responsabilidade primária e solidária do poder público**: a plena efetivação dos direitos assegurados às crianças e aos adolescentes por esta Lei e pela Constituição Federal, salvo nos casos por esta expressamente ressalvados, é de responsabilidade primária e solidária das 3 (três) esferas de governo, sem prejuízo da municipalização do atendimento e da possibilidade da execução de programas por entidades não governamentais.
- **Interesse superior da criança e do adolescente**: a intervenção deve atender, prioritariamente, aos interesses e direitos da criança e do adolescente, sem prejuízo da consideração que for devida a outros interesses legítimos, no âmbito

da pluralidade dos interesses presentes no caso concreto.

→ **Privacidade**: a promoção dos direitos e proteção da criança e do adolescente deve ser efetuada no respeito pela intimidade, direito à imagem e reserva da sua vida privada.

→ **Intervenção precoce**: a intervenção das autoridades competentes deve ser efetuada logo que a situação de perigo seja conhecida.

→ **Intervenção mínima**: a intervenção deve ser exercida, exclusivamente, pelas autoridades e instituições cuja ação seja indispensável à efetiva promoção dos direitos e à proteção da criança e do adolescente.

→ **Proporcionalidade e atualidade**: a intervenção deve ser a necessária e adequada à situação de perigo em que a criança ou o adolescente se encontram no momento em que a decisão é tomada.

→ **Responsabilidade parental**: a intervenção deve ser efetuada de modo que os pais assumam os seus deveres para com a criança e com o adolescente.

→ **Prevalência da família**: na promoção de direitos e na proteção da criança e do adolescente, deve ser dada prevalência às medidas que os mantenham ou reintegrem na sua família natural ou extensa ou, se isto não for possível, que promovam a sua integração em família substituta.

→ **Obrigatoriedade da informação**: a criança e o adolescente, respeitado seu estágio de desenvolvimento e capacidade de compreensão, seus pais ou responsável devem ser informados dos seus direitos, dos motivos que determinaram a intervenção e da forma como esta se processa.

→ **Oitiva obrigatória e participação**: a criança e o adolescente, em separado ou na companhia dos pais, de responsável ou de pessoa por si indicada, bem como os seus pais ou responsável, têm direito a ser ouvidos e a participar nos atos e na definição da medida de promoção dos direitos e de proteção, sendo sua opinião devidamente considerada pela autoridade judiciária competente.

Exercício Comentado

***01.** O ECA, em seu Art. 100, recomenda que o Conselho Tutelar ou o Juizado da Infância e da Juventude, ao escolher a medida de proteção adequada a uma criança ou a um adolescente, deve dar preferência àquela que atender aos seguintes objetivos fundamentais:*

***a)** Atenuar a carência econômica da família natural da criança ou adolescente e promover a sua preparação para ingresso no mercado de trabalho.*

***b)** Promover a participação da criança ou adolescente em atividades remuneradas e oferecer atendimento psicológico especializado.*

***c)** Atender às necessidades pedagógicas da criança ou adolescente e fortalecer os seus vínculos familiares e comunitários.*

***d)** Prevenir a possibilidade de maus-tratos na família natural da criança ou adolescente e atender à sua necessidade de acompanhamento médico.*

***e)** Promover o progressivo enfraquecimento dos laços familiares da criança ou adolescente e procurar encaminhar a sua colocação em família substituta.*

*RESPOSTA. **"C". Na letra C, está escrito exatamente o que prevê o Art. 100, deste modo, fica fácil observar que as medidas de proteção têm como finalidade proteger a criança, mantendo-a na escola e procurando manter o vínculo familiar.***

As medidas de proteção serão aplicadas sempre que os direitos reconhecidos nesta Lei forem ameaçados ou violados:

→ Por ação ou omissão da sociedade ou do Estado.

→ Por falta, omissão ou abuso dos pais ou responsável.

→ Em razão de sua conduta.

Se ocorrer qualquer dessas hipóteses, a autoridade competente poderá determinar as seguintes medidas de proteção:

→ Encaminhamento aos pais ou responsável, mediante termo de responsabilidade.

→ Orientação, apoio e acompanhamento temporários.

→ Matrícula e frequência obrigatórias em estabelecimento oficial de ensino fundamental.

→ Inclusão em programa comunitário ou oficial de auxílio à família, à criança e ao adolescente.

→ Requisição de tratamento médico, psicológico ou psiquiátrico, em regime hospitalar ou ambulatorial.

→ Inclusão em programa oficial ou comunitário de auxílio, orientação e tratamento a alcoólatras e toxicômanos.

→ Acolhimento institucional.

→ Inclusão em programa de acolhimento familiar.

→ Colocação em família substituta.

Exercício Comentado

***01.** São previstas, no Estatuto da Criança e do Adolescente, diversas medidas de proteção quando o menor estiver em situação de risco, EXCETO:*

***a)** Orientação, apoio e acompanhamento temporários.*

***b)** Prestação de serviço à comunidade.*

***c)** Requisição de tratamento médico, psicológico ou psiquiátrico em regime hospitalar ou ambulatorial.*

***d)** Colocação em família substituta.*

***e)** Matrícula e frequência obrigatória em estabelecimento oficial de ensino fundamental.*

*RESPOSTA. **"B". A prestação de serviços à comunidade não é medida de proteção e sim uma medida socioeducativa, as demais são medidas de proteção.***

→ **Observações:**

> O acolhimento institucional e o acolhimento familiar são medidas provisórias e excepcionais, utilizáveis como forma de transição para reintegração familiar ou, não sendo esta possível, para colocação em família substituta, não implicando privação de liberdade.

> O afastamento da criança ou do adolescente do convívio familiar é de competência exclusiva da autoridade judiciária e importará na deflagração,

a pedido do Ministério Público ou de quem tenha legítimo interesse, de procedimento judicial contencioso, no qual se garanta aos pais ou ao responsável legal o exercício do contraditório e da ampla defesa.

> Crianças e adolescentes somente poderão ser encaminhados às instituições que executam programas de acolhimento institucional, governamentais ou não, por meio de uma Guia de Acolhimento, expedida pela autoridade judiciária, na qual, obrigatoriamente, constará, dentre outros:
   » Sua identificação e a qualificação completa de seus pais ou de seu responsável, se conhecidos.
   » O endereço de residência dos pais ou do responsável, com pontos de referência.
   » Os nomes de parentes ou de terceiros interessados em tê-los sob sua guarda.
   » Os motivos da retirada ou da não reintegração ao convívio familiar.

> Imediatamente após o acolhimento da criança ou do adolescente, a entidade responsável pelo programa de acolhimento institucional ou familiar elaborará um plano individual de atendimento, visando à reintegração familiar, ressalvada a existência de ordem escrita e fundamentada por autoridade judiciária competente, caso em que também deverá contemplar sua colocação em família substituta, observadas as regras e princípios do ECA.

> O plano individual será elaborado sob a responsabilidade da equipe técnica do respectivo programa de atendimento e levará em consideração a opinião da criança ou do adolescente e a oitiva dos pais ou do responsável.

> Constarão do plano individual, dentre outros:
   » Os resultados da avaliação interdisciplinar.
   » Os compromissos assumidos pelos pais ou responsável.
   » A previsão das atividades a serem desenvolvidas com a criança ou com o adolescente acolhido e seus pais ou responsável, com vista na reintegração familiar ou, caso seja esta vedada por expressa e fundamentada determinação judicial, as providências a serem tomadas para sua colocação em família substituta, sob direta supervisão da autoridade judiciária.

> O acolhimento familiar ou institucional ocorrerá no local mais próximo à residência dos pais ou do responsável e, como parte do processo de reintegração familiar, sempre que identificada a necessidade, a família de origem será incluída em programas oficiais de orientação, de apoio e de promoção social, sendo facilitado e estimulado o contato com a criança ou com o adolescente acolhido.

> Verificada a possibilidade de reintegração familiar, o responsável pelo programa de acolhimento familiar ou institucional fará imediata comunicação à autoridade judiciária, que dará vista ao Ministério Público, pelo prazo de 5 (cinco) dias, decidindo em igual prazo.

> Em sendo constatada a impossibilidade de reintegração da criança ou do adolescente à família de origem, após seu encaminhamento a programas oficiais ou comunitários de orientação, apoio e promoção social, será enviado relatório fundamentado ao Ministério Público, no qual conste a descrição pormenorizada das providências tomadas e a expressa recomendação, subscrita pelos técnicos da entidade ou responsáveis pela execução da política municipal de garantia do direito à convivência familiar, para a destituição do poder familiar, ou destituição de tutela ou de guarda.

> Recebido o relatório, o Ministério Público terá o prazo de 30 (trinta) dias para o ingresso com a ação de destituição do poder familiar, salvo se entender necessária a realização de estudos complementares ou outras providências que entender indispensáveis ao ajuizamento da demanda.

> A autoridade judiciária manterá, em cada comarca ou foro regional, um cadastro contendo informações atualizadas sobre as crianças e adolescentes em regime de acolhimento familiar e institucional sob sua responsabilidade, com informações pormenorizadas sobre a situação jurídica de cada um, bem como as providências tomadas para sua reintegração familiar ou colocação em família substituta, mediante guarda, tutela ou adoção.

> Terão acesso ao cadastro o Ministério Público, o Conselho Tutelar, o órgão gestor da Assistência Social e os Conselhos Municipais dos Direitos da Criança e do Adolescente e da Assistência Social, aos quais incumbe deliberar sobre a implementação de políticas públicas que permitam reduzir o número de crianças e de adolescentes afastados do convívio familiar e abreviar o período de permanência em programa de acolhimento.

As medidas de proteção serão acompanhadas de registro civil. Se inexistente o assento de nascimento da criança ou adolescente, será feito à vista dos elementos disponíveis, mediante requisição da autoridade judiciária.

Fique Ligado

As certidões e registros necessários à regularização para aplicação da medida de proteção são isentos de multas, custas e emolumentos, gozando de absoluta prioridade.

Se a paternidade do menor for indefinida, o MP intentará a ação de investigação de paternidade, sendo este dispensável se, após o não comparecimento ou a recusa do suposto pai em assumir a paternidade a ele atribuída, a criança for encaminhada para adoção.

Vamos Praticar

01. Considere as seguintes afirmações:

I. O Estado assegurará ensino fundamental, obrigatório e gratuito, desde que a criança se encontre na idade própria.

II. Será oferecido o ensino fundamental pelo Poder Público, cuja omissão ou oferta irregular importa responsabilidade da autoridade competente.

III. Os dirigentes de estabelecimento de ensino fundamental comunicarão ao Conselho Tutelar os casos de maus-tratos envolvendo seus alunos e os de elevados níveis de repetência.

IV. O atendimento educacional especializado aos portadores de deficiência dar-se-á, preferencialmente, em estabelecimentos também especializados, fora da rede regular de ensino.

V. No processo educacional, respeitar-se-ão os valores culturais, artísticos e históricos próprios do contexto social da criança.

Para assegurar o direito à educação da criança, são corretas as afirmações:

a) I, II e III.
b) I, III e V.
c) II, III e IV.
d) II, III e V.
e) III, IV e V.

02. Analise as premissas a seguir elencadas.

I. Os pais ou responsável têm a obrigação de matricular seus filhos ou pupilos na rede regular de ensino.

II. É dever do Estado assegurar a oferta de ensino noturno regular, adequado às condições do adolescente trabalhador.

III. Os dirigentes de estabelecimento de ensino fundamental têm a incumbência de comunicar ao conselho tutelar casos de reiteração de faltas injustificadas e de evasão escolar de crianças e de adolescentes nas hipóteses em que se esgotaram os recursos escolares.

Assinale a alternativa correta.

a) Somente o item III está incorreto.
b) Apenas os itens II e III estão incorretos.
c) Todas as afirmações são falsas.
d) Todas as afirmações são verdadeiras.
e) Somente os itens I e III contemplam ideias falsas.

03. Washington, adolescente com 14 (quatorze) anos, movido pelo desejo de ajudar seus genitores no sustento do núcleo familiar pobre, pretende iniciar atividade laborativa como ensacador de compras na pequena mercearia Tudo Tem, que funciona 24h, localizada em sua comunidade. Recentemente, esta foi pacificada pelas Forças de Segurança Nacional. Tendo como substrato a tutela do Estatuto da Criança e do Adolescente no tocante ao Direito à Profissionalização e à Proteção no Trabalho, assinale a alternativa correta.

a) Washington poderá ser contratado como ensacador de compras, mesmo não sendo tal atividade de aprendizagem, pois, como já possui 14 (quatorze) anos, tem discernimento suficiente para firmar o contrato de trabalho e, assim, prestar auxílio material aos seus pais, adotando a louvável atitude de preferir o trabalho às ruas.

b) Como a comunidade onde reside Washington foi pacificada pelas forças de paz, não há como falar em local perigoso ou insalubre para o menor; assim, poderá o adolescente exercer a carga horária laborativa no período das 22h às 24h, sem qualquer restrição legal, desde que procure outra atividade laborativa que seja de formação técnico-profissional.

c) Washington não poderá trabalhar na mercearia como ensacador de compras, pois tal atividade não é enquadrada como de formação técnico-profissional; portanto, não se pode afirmar que o menor exercerá atividade laborativa na condição de aprendiz.

d) Na condição de aprendiz, não é necessário que o adolescente goze de horário especial compatível com a garantia de acesso e de frequência obrigatórios ao ensino regular.

04. Conforme estabelece o Estatuto da Criança e do Adolescente, ao adolescente empregado em regime familiar de trabalho é VEDADO trabalhar:

a) No meio urbano externo sem prévia autorização judicial.
b) Com jornada superior a 30 horas semanais.
c) Em atividade cujos aspectos produtivos prevaleçam sobre as exigências pedagógicas.
d) Em jornada que não permita descanso aos domingos.
e) Entre as vinte e duas horas de um dia e as cinco horas do dia seguinte.

Com base na legislação que diz respeito à criança e ao adolescente, julgue os itens subsequentes.

05. O Estatuto da Criança e do Adolescente assegura os direitos trabalhistas e previdenciários aos adolescentes maiores de catorze anos de idade que exerçam atividade laboral na condição de aprendiz.

Certo ( ) Errado ( )

06. O produto do trabalho efetuado pelo adolescente, na condição de aprendiz, não deve ser vendido, para não descaracterizar a natureza pedagógica da atividade laboral.

Certo ( ) Errado ( )

07. O trabalho educativo descrito no ECA é:

a) Atividade laboral em que as exigências pedagógicas referentes ao desenvolvimento pessoal e social das crianças e dos adolescentes prevalecem sobre o aspecto produtivo.

b) Atividade laboral desenvolvida, em parceria com as instituições de ensino superior, que propiciam acesso ao ensino superior aos adolescentes entre dezesseis e dezoito anos de idade, com renda familiar inferior a três salários mínimos.

c) Trabalho de monitoria de crianças carentes, realizado por adolescentes já formados nos cursos de capacitação das escolas técnicas federais.

d) Trabalho executado pelos licenciados em pedagogia ou ciência da educação na capacitação de professores da rede pública de ensino.

e) O trabalho prestado por bolsistas do PROUNI nas comunidades carentes, destinado a capacitar crianças e adolescentes em atividades extracurriculares e profissionalizantes.

08. Assinale a alternativa INCORRETA:

a) Ao adolescente empregado, aprendiz, em regime familiar de trabalho, aluno de escola técnica, assistido em entidade governamental ou não governamental, é permitido o trabalho realizado em horários e locais incompatíveis com a frequência à escola.

b) O adotando deve contar com, no máximo, dezoito anos à data do pedido, salvo se já estiver sob a guarda ou tutela dos adotantes.

c) São penalmente inimputáveis os menores de dezoito anos, sujeitos às medidas previstas no Estatuto da Criança e do Adolescente.

d) Ao adolescente aprendiz, maior de quatorze anos, são assegurados os direitos trabalhistas e previdenciários.

09. Nos termos do ECA (Lei nº 8.069/90), NÃO é proibida a venda à criança ou ao adolescente de:

a) Bilhetes lotéricos.

b) Revistas de material impróprio ou inadequado.

c) Explosivos.

d) Fogos de artifício de reduzido potencial, incapazes de causar danos físicos em caso de utilização indevida.

10. Leia as assertivas a seguir:

I. É imprescindível autorização judicial específica para a participação de crianças e/ou adolescentes em programa de televisão e nas respectivas gravações, mesmo que estejam acompanhados pelos pais ou responsável.

II. É dispensável autorização judicial específica para a entrada e permanência de criança ou adolescente, desacompanhados dos pais ou responsável, em estúdio de televisão, desde que disciplinadas por meio de portaria ou autorizadas, mediante alvará, pelo juízo da infância.

III. É vedada a entrada e permanência de crianças e adolescentes em estabelecimentos que explorem comercialmente jogos de azar, mas tal vedação não alcança as casas de diversões eletrônicas, reguladas por portaria ou alvará do juízo da infância.

Pode-se afirmar que:

a) É correta somente a I.

b) É correta somente a II.

c) São corretas somente a I e a II.

d) São corretas somente a II e a III.

e) Todas são corretas.

11. Segundo o que prevê o Estatuto da Criança e do Adolescente, há necessidade de autorização judicial para viajar se:

a) A criança estiver acompanhada de um tio e se o destino da viagem for outro Estado da federação.

b) O adolescente viajar de avião e estiver desacompanhado de adulto autorizado pelos pais.

c) Uma criança de até dois anos de idade viajar para outro município e não estiver na companhia do pai e da mãe.

d) O adolescente viajar na companhia da mãe para outro país, sem que o pai tenha fornecido autorização por escrito.

e) A criança estiver na companhia do pai, mas quem detém sua guarda judicial é a mãe e ela não forneceu autorização escrita para a viagem.

12. Tendo como base as seguintes assertivas:

I. É proibido qualquer trabalho a menores de 14 (quatorze) anos de idade, salvo na condição de aprendiz.

II. Aos responsáveis por estabelecimentos que explorem comercialmente bilhar, sinuca ou congênere ou por casas de jogos, é vedado permitir a entrada e a permanência de crianças e de adolescentes, salvo se acompanhados dos pais ou responsável legal.

III. Em se tratando de viagem ao exterior, nos termos da Lei nº 8.069/90, a autorização judicial é dispensável, se o adolescente viajar na companhia de um dos pais, autorizado expressamente pelo outro por meio de documento com firma reconhecida.

É possível afirmar que:

a) todas as assertivas estão corretas;

b) todas as assertivas estão incorretas;

c) somente a assertiva I está incorreta;

d) as assertivas I e III estão corretas;

e) as assertivas I e II estão incorretas.

13. Em se tratando de autorização para viagem ao exterior, não pode a vara da infância suprir o consentimento do genitor, visto que tal situação não está expressamente prevista no dispositivo legal que trata da matéria.

Certo ( ) Errado ( )

14. Mário tem 5 anos e é filho de Joana e de André. Gilberto, irmão de Joana, pretende viajar para Gramado/RS, com seu sobrinho sem a companhia de sua irmã e de seu marido André. Considerando que Gilberto possui 30 anos de idade e que todos residem em Porto Alegre, para essa viagem Gilberto:

a) Não precisará de expressa autorização judicial, não havendo, também necessidade de comprovação documental do parentesco.

b) Precisará de expressa autorização judicial, havendo dispositivo legal neste sentido.

c) Não precisará de expressa autorização judicial, desde que comprove documentalmente o parentesco.

d) Precisará de expressa autorização judicial ou de autorização dos pais, mediante escritura pública.

e) Precisará de expressa autorização judicial ou de autorização de Joana mediante escritura pública.

15. Considerando as normas aplicáveis à autorização para viagem previstas na Lei nº 8.069/90, é INCORRETO afirmar que:

a) A autorização para viajar não será exigida quando a criança estiver acompanhada dos avós.

b) A autorização para viajar não será exigida quando a criança estiver acompanhada de babá, expressamente autorizada pela mãe.

c) A autorização é dispensável se a criança estiver na companhia de um dos pais, autorizado expressamente pelo outro, quando se tratar de viagem para o exterior.

d) A autoridade judiciária poderá, de ofício, conceder autorização válida por até 5 anos.

16. De acordo com o Direito da Infância e da Juventude:

a) Sem prévia e expressa autorização judicial, nenhuma criança ou adolescente nascido em território nacional poderá sair do País em companhia de estrangeiro residente ou domiciliado no exterior.

b) Considera-se criança, para os efeitos desta Lei, a pessoa até doze anos de idade completos, e adolescente aquela entre treze e dezoito anos de idade.

c) O reconhecimento do estado de filiação é direito personalíssimo, indisponível e imprescritível, podendo ser exercitado contra os pais ou seus herdeiros, sem qualquer restrição, em procedimento dotado de ampla publicidade, com vistas à preservação de interesses de terceiros.

d) A colocação em família substituta estrangeira constitui medida excepcional, somente admissível na modalidade de adoção ou de tutela.

e) É proibido qualquer trabalho a menores de dezesseis anos de idade, salvo na condição de aprendiz, a partir de doze anos de idade.

17. No que se refere às medidas de proteção aplicadas a crianças e a adolescentes, assinale a opção correta.

a) As medidas de proteção são aplicadas às crianças; as socioeducativas, aos adolescentes.

b) As medidas de proteção poderão ser aplicadas isoladas ou cumulativamente, mas não podem ser substituídas a qualquer tempo.

c) O acolhimento, seja institucional ou familiar, equipara-se à internação, visto que afasta o menor do seio familiar.

d) Deve-se verificar sempre a possibilidade de reintegração familiar do menor e, caso esta se mostre inviável, caberá ao conselho tutelar propor, no prazo de quarenta e cinco dias, ação de destituição do poder familiar.

e) Somente a autoridade judiciária poderá determinar o afastamento do menor do lar e dos pais ou responsáveis, garantindo-lhes ampla defesa; a guia de acolhimento do menor deve ser expedida com todos os dados necessários sobre a família e os motivos do afastamento do convívio familiar.

18. Sobre as medidas de proteção, é correto afirmar:

a) O acolhimento institucional e o acolhimento familiar são medidas provisórias e excepcionais, utilizáveis como forma de transição para a reintegração familiar ou, não sendo esta possível, para colocação em família substituta, implicando em privação de liberdade.

b) As medidas de proteção à criança e ao adolescente são aplicáveis sempre que os direitos reconhecidos no Estatuto da Criança e do Adolescente forem ameaçados ou violados por ação ou omissão da sociedade ou do Estado.

c) É indispensável o ajuizamento de ação de investigação de paternidade pelo Ministério Público após o não comparecimento do suposto pai ou a recusa em assumir a paternidade a ele atribuída e a criança ser encaminhada para adoção.

d) Crianças e adolescentes não poderão ser encaminhados às instituições não governamentais que executem programas de acolhimento institucional.

19. No que concerne às medidas de proteção e às socioeducativas dispostas no Estatuto da Criança e do Adolescente (Lei nº 8.069/90), pode-se afirmar:

I. As medidas de proteção à criança e ao adolescente são aplicáveis sempre que os direitos reconhecidos nesta Lei forem ameaçados ou violados: por ação ou omissão da sociedade ou do Estado; por falta, omissão ou abuso dos pais ou responsável; em razão de sua conduta.

II. São exemplos de medidas socioeducativas: advertência; obrigação de reparar o dano; prestação de serviços à comunidade; inclusão em programa comunitário ou oficial de auxílio à família, à criança e ao adolescente; requisição de tratamento médico, psicológico ou psiquiátrico, em regime hospitalar ou ambulatorial; inclusão em programa oficial ou comunitário de auxílio, orientação e tratamento a alcoólatras e a toxicômanos.

III. As medidas socioeducativas deverão ser aplicadas pela autoridade competente quando o adolescente praticar ato infracional.

IV. As medidas de proteção poderão ser aplicadas isolada ou cumulativamente, bem como substituídas a qualquer tempo.

a) Somente as proposições II e III estão corretas.

b) Somente as proposições I e III estão corretas.

c) Somente as proposições I e IV estão corretas.

d) Somente as proposições II e IV estão corretas.

e) Somente a proposição I está correta.

20. As medidas específicas de proteção, listadas no Art. 101 do ECA, com exceção da colocação em família substituta, podem ser aplicadas:

a) Somente pelo Juizado da Infância e da Juventude, em caso de ato infracional atribuído à criança ou ao adolescente.

b) Pelos Conselhos de Direitos, destinadas somente a adolescentes em situação de risco social e de grave ameaça.

c) Pelo Ministério Público, destinadas somente a adolescentes que tenham comprovadamente praticado ato infracional.

d) Por qualquer autoridade pública municipal, em sua jurisdição, sempre que houver uma solicitação de pais ou responsável por criança ou adolescente.

e) Pelos Conselhos Tutelares, sempre que os direitos de crianças e adolescentes forem ameaçados ou violados.

Gabarito

01	D	11	D
02	D	12	E
03	C	13	ERRADO
04	E	14	C
05	CERTO	15	D
06	ERRADO	16	A
07	A	17	E
08	A	18	B
09	D	19	C
10	E	20	E

Anotações

CAPÍTULO 25

Estatuto da Criança e do Adolescente

O Estatuto da Criança e do adolescente, nesta terceira parte, trata, precipuamente, do ato infracional e das medidas que o Estado dispõe para proteger o menor de sua própria conduta. São essas as medidas socioeducativas e também a que se referem aos direitos assegurados aos adolescentes privados de liberdade, bem como as medidas pertinentes aos pais e aos responsáveis e sobre o conselho tutelar.

Prática de Ato Infracional

Considerações Iniciais

Ato infracional é a conduta descrita como infração penal: crime ou contravenção penal.

São penalmente inimputáveis os menores de dezoito anos, sujeitos às medidas previstas no ECA.

Teoria da atividade: para os efeitos do ECA, deve ser considerada a idade do adolescente à data do fato.

Se um ato infracional for cometido por criança, ela será submetida às medidas de proteção anteriormente citadas e não sofrerá processo de investigação de ato infracional.

Exercício Comentado

01. De acordo com a Lei nº 8.069/90, a respeito da prática de ato infracional, assinale a afirmativa INCORRETA.

a) A conduta descrita como crime considera-se ato infracional.

b) A conduta descrita como contravenção penal considera-se ato infracional.

c) Considera-se a idade do adolescente à data da sentença.

d) São penalmente inimputáveis os menores de 18 anos.

e) Ao ato infracional praticado por criança corresponderão as medidas de proteção.

RESPOSTA. "C". Ato infracional é a conduta descrita como crime ou contravenção penal praticada pelo menor de 18 anos, por isso, são penalmente inimputáveis os menores de 18 anos (não comentem crime) e será considerada a idade do adolescente à data do fato.

Dos Direitos Individuais

As crianças não podem ter sua liberdade privada e para os adolescentes terem sua liberdade privada, deverá ser ou em flagrante de ato infracional ou por ordem escrita e fundamentada da autoridade judiciária competente. O adolescente terá direito à identificação dos responsáveis pela sua apreensão, devendo ser informado acerca de seus direitos.

A apreensão de qualquer adolescente e o local onde se encontra recolhido serão *incontinenti* comunicados à autoridade judiciária competente e à família do apreendido ou à pessoa por ele indicada, sob pena de cometer crime do ECA.

Fique Ligado

Examinar-se-á, desde logo e sob pena de responsabilidade, a possibilidade de liberação imediata.

A internação, antes da sentença de aplicação de medida sócio-educativa, pode ser determinada pelo prazo máximo de quarenta e cinco dias.

O adolescente civilmente identificado não será submetido à identificação compulsória pelos órgãos policiais, de proteção e judiciais, salvo para efeito de confrontação, havendo dúvida fundada.

Das Garantias Processuais

Nenhum adolescente será privado de sua liberdade sem o devido processo legal e será assegurada ao adolescente, entre outras, as seguintes garantias:

→ Pleno e formal conhecimento da atribuição de ato infracional, mediante citação ou meio equivalente.

→ Igualdade na relação processual, podendo confrontar-se com vítimas e testemunhas e produzir todas as provas necessárias à sua defesa.

→ Defesa técnica por advogado.

→ Assistência judiciária gratuita e integral aos necessitados, na forma da lei.

→ Direito de ser ouvido, pessoalmente, pela autoridade competente.

→ Direito de solicitar a presença de seus pais ou responsável em qualquer fase do procedimento.

Das Medidas Sócio-Educativas

Se uma criança comete ato infracional, será ela submetida a uma medida de proteção. Se um adolescente comete ato infracional, será ele submetido a uma medida sócio-educativa ou uma medida de proteção.

→ **São medidas sócio-educativas:**

01. Advertência, consiste em uma admoestação verbal, reduzida a termo e assinada.

02. Obrigação de reparar o dano, sempre que o ato infracional tiver reflexos patrimoniais.

03. Prestação de serviços à comunidade, consiste na realização de tarefas gratuitas de interesse geral, **por período não excedente a 6 meses,** junto a entidades assistenciais, hospitais, escolas e outros estabelecimentos congêneres, bem como em programas comunitários ou governamentais.

Fique Ligado

As tarefas serão atribuídas conforme as aptidões do adolescente, devendo ser cumpridas durante jornada máxima de oito horas semanais, aos sábados, domingos e feriados ou em dias úteis, de modo a não prejudicar a frequência à escola ou à jornada normal de trabalho.

04. Liberdade assistida, consiste na designação de pessoa capacitada (orientador) para acompanhar o caso, a qual poderá ser recomendada por entidade ou programa de atendimento e será fixada pelo prazo mínimo de seis meses, podendo a qualquer tempo ser prorrogada, revogada ou substituída por outra medida, ouvido o orientador, o Ministério Público e o defensor.

Fique Ligado

São incumbências do orientador, com o apoio e a supervisão da autoridade competente, a realização dos seguintes encargos, entre outros:

> ***Promover socialmente o adolescente e sua família, fornecendo-lhes orientação e inserindo--os, se necessário, em programa oficial ou comunitário de auxílio e de assistência social.***

> ***Supervisionar a frequência e o aproveitamento escolar do adolescente, promovendo, inclusive, sua matrícula.***

> ***Diligenciar, no sentido da profissionalização do adolescente e de sua inserção no mercado de trabalho.***

> ***Apresentar relatório do caso.***

05. Inserção em regime de semi-liberdade, que pode ser determinado desde o início, ou como forma de transição para o meio aberto, possibilitada a realização de atividades externas, independente de autorização judicial.

Fique Ligado

No regime de semiliberdade, são obrigatórias a escolarização e a profissionalização, devendo, sempre que possível, serem utilizados os recursos existentes na comunidade. A medida não comporta prazo determinado, aplicando-se, no que couber, às disposições relativas à internação.

06. Internação em estabelecimento educacional.
07. Uma das medidas de proteção, salvo acolhimento institucional ou familiar e colocação em família substituta.

As medidas previstas de 2 a 6 serão impostas desde que existam provas suficientes da autoria e materialidade da infração e a medida aplicada ao adolescente levará em conta a sua capacidade de cumpri-la, as circunstâncias e a gravidade da infração.

Para aplicação da advertência, basta a prova da materialidade e os indícios suficientes de autoria.

Em hipótese alguma e sob pretexto algum, será admitida a prestação de trabalho forçado.

Os adolescentes portadores de doença ou deficiência mental receberão tratamento individual e especializado, em local adequado às suas condições.

Internação

A internação é uma medida privativa da liberdade aplicada ao adolescente que comete ato infracional e possui as seguintes características:

→ Brevidade.

→ Excepcionalidade.

→ Respeito à condição peculiar do adolescente.

A medida será declarada judicialmente e não comporta prazo determinado, devendo sua manutenção ser avaliada, no máximo, a cada seis meses e a internação não excederá a três anos, devendo após esse prazo, o adolescente ser liberado, colocado em regime de semiliberdade ou de liberdade assistida, sempre precedido de autorização judicial, ouvido o Ministério Público.

Fique Ligado

A liberação será compulsória aos vinte e um anos de idade.

O adolescente internado será autorizado a realização de atividades externas, a critério da equipe técnica, salvo expressa determinação judicial em contrário, podendo a determinação judicial de internação ser revista a qualquer tempo.

→ **Hipóteses de aplicação da medida de internação**

Hipótese	Hipótese Prazo de internação
Trata-se de ato infracional cometido mediante grave ameaça ou violência a pessoa	*03 anos*
Por reiteração no cometimento de outras infrações graves	*03 anos*
Por descumprimento reiterado e injustificável da medida anteriormente imposta	*03 meses*

Fique Ligado

Em nenhuma hipótese será aplicada a internação, havendo outra medida adequada.

A internação deverá ser cumprida em entidade exclusiva para adolescentes, em local distinto daquele destinado ao abrigo, obedecida rigorosa separação por critérios de idade, compleição física e gravidade da infração.

Durante o período de internação, inclusive provisória, serão obrigatórias atividades pedagógicas.

Exercício Comentado

01. A José, 14 anos, autor de ato infracional equiparado a furto contra estabelecimento comercial, foi aplicada medida de prestação de serviços à comunidade. Segundo o Estatuto da Criança e do Adolescente:

a) Se José conseguir um emprego estará dispensado do cumprimento da medida.

b) A critério do juiz da execução e havendo necessidades pedagógicas, a medida aplicada a José pode ser prorrogada por até um ano.

c) Se José descumprir de forma reiterada e injustificável a medida, pode ficar internado por até três meses.

d) A medida aplicada deve ser cumprida, preferencialmente, no estabelecimento comercial vitimado pelo furto praticado por José.

e) Se José não tem antecedentes, a prestação de serviços à comunidade não poderia ser aplicada.

RESPOSTA. ***"C". A questão traz uma medida socioeducativa já aplicada, que é a prestação de serviços à comunidade, cujo prazo máximo de duração não poderá ser superior a 6 meses e conjuga com uma regra de aplicação da medida socioeducativa da internação, que é o descumprimento reiterado e injustificado de medida anteriormente imposta, no caso, a prestação de serviços à comunidade.***

Direitos do Adolescente Privado da Liberdade

→ **São direitos do adolescente privado de liberdade, entre outros, os seguintes:**

> Entrevistar-se, pessoalmente, com o representante do Ministério Público.
> Peticionar diretamente a qualquer autoridade.
> Avistar-se, reservadamente, com seu defensor.
> Ser informado de sua situação processual, sempre que solicitada.
> Ser tratado com respeito e dignidade.
> Permanecer internado na mesma localidade ou naquela mais próxima ao domicílio de seus pais ou responsável.
> Receber visitas, ao menos, semanalmente.
> Corresponder-se com seus familiares e amigos.
> Ter acesso aos objetos necessários à higiene e ao asseio pessoal.
> Habitar alojamento em condições adequadas de higiene e salubridade.
> Receber escolarização e profissionalização.
> Realizar atividades culturais, esportivas e de lazer.
> Ter acesso aos meios de comunicação social.
> Receber assistência religiosa, segundo a sua crença, e desde que assim o deseje.
> Manter a posse de seus objetos pessoais e dispor de local seguro para guardá-los, recebendo comprovante daqueles porventura depositados em poder da entidade.
> Receber, quando de sua desinternação, os documentos pessoais indispensáveis à vida em sociedade.

Fique Ligado

Em nenhum caso haverá incomunicabilidade.

Das Medidas Pertinentes aos Pais ou Responsável

→ **São medidas aplicáveis aos pais ou responsável:**

> Encaminhamento a programa oficial ou comunitário de proteção à família.
> Inclusão em programa oficial ou comunitário de auxílio, orientação e tratamento a alcoólatras e toxicômanos.
> Encaminhamento a tratamento psicológico ou psiquiátrico.
> Encaminhamento a cursos ou programas de orientação.
> Obrigação de matricular o filho ou pupilo e acompanhar sua frequência e aproveitamento escolar.
> Obrigação de encaminhar a criança ou adolescente a tratamento especializado.
> Advertência.
> Perda da guarda.
> Destituição da tutela.
> Suspensão ou destituição do poder familiar.

Fique Ligado

Não serão aplicadas as medidas de destituição da tutela e suspensão do poder familiar se os pais deixarem de cumprir o dever de sustento por falta ou carência de recursos materiais e caso sejam aplicadas, serão decretadas judicialmente.

Se for verificado que os pais ou responsáveis estão agindo em relação aos menores com maus-tratos, abuso sexual ou opressão, o juiz poderá determinar, como medida cautelar, o afastamento do agressor da moradia comum e fixação provisória dos alimentos de que necessitam a criança ou adolescente dependentes do agressor.

Do Conselho Tutelar

Disposições Gerais

O Conselho Tutelar é um órgão permanente e autônomo, encarregado pela sociedade de zelar pelo cumprimento dos direitos da criança e do adolescente.

Ele é um órgão não jurisdicional, e será composto de cinco membros, escolhidos pela comunidade local para mandato de três anos, permitida uma recondução.

Em cada município, haverá, no mínimo, um conselho tutelar.

→ **Para a candidatura a membro do Conselho Tutelar, serão exigidos os seguintes requisitos:**

> Reconhecida idoneidade moral.
> Idade superior a vinte e um anos.
> Residir no município.

O local, dia e horário de funcionamento do Conselho Tutelar e a remuneração de seus membros serão previstos em lei municipal e quanto aos recursos necessários ao funcionamento do Conselho, estarão previstos na lei orçamentária municipal.

O exercício efetivo da função de conselheiro constituirá serviço público relevante, estabelecerá presunção de idoneidade moral e assegurará prisão especial, em caso de crime comum, até o julgamento definitivo.

Das Atribuições do Conselho

→ **São atribuições do Conselho Tutelar:**

> Atender as crianças e adolescentes nas hipóteses em que deva ser aplicada medida de proteção, salvo inclusão em programa de acolhimento familiar e colocação em família substituta.
> Atender e aconselhar os pais ou responsável, aplicando as medidas aplicáveis aos pais e responsáveis, salvo medidas aplicáveis somente judicialmente (perda da guarda, destituição da tutela, suspensão ou destituição do poder familiar).
> Promover a execução de suas decisões, podendo para tanto:
» Requisitar serviços públicos nas áreas de saúde, educação, serviço social, previdência, trabalho e segurança.
» Representar, junto à autoridade judiciária, nos casos de descumprimento injustificado de suas deliberações.
> Encaminhar ao Ministério Público notícia de fato que constitua infração administrativa ou penal contra os direitos da criança ou adolescente.

- Encaminhar à autoridade judiciária os casos de sua competência.
- Providenciar a medida estabelecida pela autoridade judiciária, dentre as previstas como medida de proteção (exceto acolhimento institucional, inclusão em programa de acolhimento familiar e colocação em família substituta), para o adolescente autor de ato infracional.
- Expedir notificações.
- Requisitar certidões de nascimento e de óbito de criança ou de adolescente, quando necessário.
- Assessorar o Poder Executivo local na elaboração da proposta orçamentária para planos e programas de atendimento dos direitos da criança e do adolescente.
- Representar, em nome da pessoa e da família, contra a violação dos direitos previstos no Art. 220, § 3º, inciso II, da Constituição Federal.

Fique Ligado

Art. 220, § 3°, inciso II - Estabelecer os meios legais que garantam à pessoa e à família a possibilidade de se defenderem de programas ou programações de rádio e televisão que contrariem o disposto no Art. 221, bem como da propaganda de produtos, práticas e serviços que possam ser nocivos à saúde e ao meio ambiente.

- Representar ao Ministério Público, para efeito das ações de perda ou suspensão do poder familiar, após esgotadas as possibilidades de manutenção da criança ou do adolescente junto à família natural.

Disposições finais

Se, no exercício de suas atribuições, o Conselho Tutelar entender necessário o afastamento do convívio familiar, comunicará *incontinenti* o fato ao Ministério Público, prestando-lhe informações sobre os motivos de tal entendimento e as providências tomadas para a orientação, o apoio e a promoção social da família.

As decisões do Conselho Tutelar somente poderão ser revistas pela autoridade judiciária a pedido de quem tenha legítimo interesse.

Dos Crimes

No capítulo referente a crimes no Estatuto da Criança e Adolescente, estão tipificados crimes que são praticados contra a criança e o adolescente, por ação ou omissão, sem prejuízo do disposto na legislação penal, aplicando-se as normas pertinentes a parte geral do Código Penal e ao processo Código de Processo Penal. Aqui a criança e adolescente é a vítima.

Ainda, os crimes previstos no Estatuto a ação é pública incondicionada.

A maneira que é cobrada a matéria em concursos é conceituando, cobrando o texto de lei, vamos abordar os crimes em espécie.

Crimes ligados a hospitais, médicos, centros médicos entre outros.

Art. 228. *Deixar o encarregado de serviço ou o dirigente de estabelecimento de atenção à saúde de gestante de manter registro das atividades desenvolvidas, na forma e prazo referidos no Art. 10 desta Lei, bem como de fornecer à parturiente ou a seu responsável, por ocasião da alta médica, declaração de nascimento, onde constem as intercorrências do parto e do desenvolvimento do neonato:*

Pena *- detenção de seis meses a dois anos.*

§ único. *Se o crime é culposo:*

Pena *- detenção de dois a seis meses, ou multa.*

Art. 229. *Deixar o médico, enfermeiro ou dirigente de estabelecimento de atenção à saúde de gestante de identificar corretamente o neonato e a parturiente, por ocasião do parto, bem como deixar de proceder aos exames referidos no Art. 10 desta Lei:*

Pena *- detenção de seis meses a dois anos.*

§ único. *Se o crime é culposo:*

Pena *- detenção de dois a seis meses, ou multa.*

Crimes ligados aos procedimentos apuração do ato infracional

Art. 230. *Privar a criança ou o adolescente de sua liberdade, procedendo à sua apreensão sem estar em flagrante de ato infracional ou inexistindo ordem escrita da autoridade judiciária competente:*

Pena *- detenção de seis meses a dois anos.*

§ único. *Incide na mesma pena aquele que procede à apreensão sem observância das formalidades legais.*

Art. 231. *Deixar a autoridade policial responsável pela apreensão de criança ou adolescente de fazer imediata comunicação à autoridade judiciária competente e à família do apreendido ou à pessoa por ele indicada:*

Pena *- detenção de seis meses a dois anos.*

Art. 232. *Submeter criança ou adolescente sob sua autoridade, guarda ou vigilância a vexame ou a constrangimento:*

Pena *- detenção de seis meses a dois anos.*

Art. 234. *Deixar a autoridade competente, sem justa causa, de ordenar a imediata liberação de criança ou adolescente, tão logo tenha conhecimento da ilegalidade da apreensão:*

Pena *- detenção de seis meses a dois anos.*

Art. 235. *Descumprir, injustificadamente, prazo fixado nesta Lei em benefício de adolescente privado de liberdade:*

Pena *- detenção de seis meses a dois anos.*

Crime que dificulta ação judiciária, do Conselho Tutelar e Ministério Público

Art. 236. *Impedir ou embaraçar a ação de autoridade judiciária, membro do Conselho Tutelar ou representante do Ministério Público no exercício de função prevista nesta Lei:*

Pena *- detenção de seis meses a dois anos.*

Vinculados a colocação irregular em família substituta

Art. 237. *Subtrair criança ou adolescente ao poder de quem o tem sob sua guarda em virtude de lei ou ordem judicial, com o fim de colocação em lar substituto:*

Pena - reclusão de dois a seis anos, e multa.

Art. 238. *Prometer ou efetivar a entrega de filho ou pupilo a terceiro, mediante paga ou recompensa:*

Pena - reclusão de um a quatro anos, e multa.

§ único. Incide nas mesmas penas quem oferece ou efetiva a paga ou recompensa.

Art. 239. *Promover ou auxiliar a efetivação de ato destinado ao envio de criança ou adolescente para o exterior com inobservância das formalidades legais* *ou com o fito de obter lucro:*

***Pena** - reclusão de quatro a seis anos, e multa.*

§ único. Se há emprego de violência, grave ameaça ou fraude:

***Pena** - reclusão, de 6 (seis) a 8 (oito) anos, além da pena correspondente à violência.*

Crimes diversos

***Art. 240.** Produzir, reproduzir, dirigir, fotografar, filmar ou registrar, por qualquer meio, cena de sexo explícito ou pornográfica, envolvendo criança ou adolescente:*

***Pena** – reclusão, de 4 (quatro) a 8 (oito) anos, e multa.*

***§ 1º** Incorre nas mesmas penas quem agencia, facilita, recruta, coage, ou de qualquer modo intermedeia a participação de criança ou adolescente nas cenas referidas no caput deste Art., ou ainda quem com esses contracena.*

***§ 2º** Aumenta-se a pena de 1/3 (um terço) se o agente comete o crime*

I. *no exercício de cargo ou função pública ou a pretexto de exercê-la;*

II. *prevalecendo-se de relações domésticas, de coabitação ou de hospitalidade; ou*

III. *prevalecendo-se de relações de parentesco consangüíneo ou afim até o terceiro grau, ou por adoção, de tutor, curador, preceptor, empregador da vítima ou de quem, a qualquer outro título, tenha autoridade sobre ela, ou com seu consentimento.*

***Art. 241.** Vender ou expor à venda fotografia, vídeo ou outro registro que contenha cena de sexo explícito ou pornográfica envolvendo criança ou adolescente:*

***Pena** – reclusão, de 4 (quatro) a 8 (oito) anos, e multa.*

***Art. 241-A.** Oferecer, trocar, disponibilizar, transmitir, distribuir, publicar ou divulgar por qualquer meio, inclusive por meio de sistema de informática ou telemático, fotografia, vídeo ou outro registro que contenha cena de sexo explícito ou pornográfica envolvendo criança ou adolescente:*

***Pena** – reclusão, de 3 (três) a 6 (seis) anos, e multa.*

***§ 1º** Nas mesmas penas incorre quem:*

IV. *assegura os meios ou serviços para o armazenamento das fotografias, cenas ou imagens de que trata o caput deste Art.;*

V. *assegura, por qualquer meio, o acesso por rede de computadores às fotografias, cenas ou imagens de que trata o caput deste Art..*

***§ 2º** As condutas tipificadas nos incisos I e II do § 1º deste Art. são puníveis quando o responsável legal pela prestação do serviço, oficialmente notificado, deixa de desabilitar o acesso ao conteúdo ilícito de que trata o caput deste Art..*

***Art. 241-B.** Adquirir, possuir ou armazenar, por qualquer meio, fotografia, vídeo ou outra forma de registro que contenha cena de sexo explícito ou pornográfica envolvendo criança ou adolescente:*

***Pena** – reclusão, de 1 (um) a 4 (quatro) anos, e multa.*

§ 1o A pena é diminuída de 1 (um) a 2/3 (dois terços) se de pequena quantidade o material a que se refere o caput deste Art..

***§ 2º** Não há crime se a posse ou o armazenamento tem a finalidade de comunicar às autoridades competentes a ocorrência das condutas descritas nos Arts. 240, 241, 241-A e 241-C desta Lei, quando a comunicação for feita por:*

VI. *agente público no exercício de suas funções;*

VII. *membro de entidade, legalmente constituída, que inclua, entre suas finalidades institucionais, o recebimento, o processamento e o encaminhamento de notícia dos crimes referidos neste §;*

VIII. *representante legal e funcionários responsáveis de provedor de acesso ou serviço prestado por meio de rede de computadores, até o recebimento do material relativo à notícia feita à autoridade policial, ao Ministério Público ou ao Poder Judiciário.*

***§ 3º** As pessoas referidas no § 2º deste Art. deverão manter sob sigilo o material ilícito referido.*

***Art. 241-C.** Simular a participação de criança ou adolescente em cena de sexo explícito ou pornográfica por meio de adulteração, montagem ou modificação de fotografia, vídeo ou qualquer outra forma de representação visual:*

***Pena** – reclusão, de 1 (um) a 3 (três) anos, e multa.*

***§ único.** Incorre nas mesmas penas quem vende, expõe à venda, disponibiliza, distribui, publica ou divulga por qualquer meio, adquire, possui ou armazena o material produzido na forma do caput deste Art..*

***Art. 241-D.** Aliciar, assediar, instigar ou constranger, por qualquer meio de comunicação, criança, com o fim de com ela praticar ato libidinoso:*

***Pena** – reclusão, de 1 (um) a 3 (três) anos, e multa.*

***§ único.** Nas mesmas penas incorre quem:*

IX. *facilita ou induz o acesso à criança de material contendo cena de sexo explícito ou pornográfica com o fim de com ela praticar ato libidinoso;*

X. *pratica as condutas descritas no caput deste Art. com o fim de induzir criança a se exibir de forma pornográfica ou sexualmente explícita.*

***Art. 241-E.** Para efeito dos crimes previstos nesta Lei, a expressão "cena de sexo explícito ou pornográfica" compreende qualquer situação que envolva criança ou adolescente em atividades sexuais explícitas, reais ou simuladas, ou exibição dos órgãos genitais de uma criança ou adolescente para fins primordialmente sexuais.*

***Art. 242.** Vender, fornecer ainda que gratuitamente ou entregar, de qualquer forma, a criança ou adolescente arma, munição ou explosivo:*

***Pena** - reclusão, de 3 (três) a 6 (seis) anos. Art. 243. Vender, fornecer ainda que gratuitamente, ministrar ou entregar, de qualquer forma, a criança ou adolescente, sem justa causa, produtos cujos componentes possam causar dependência física ou psíquica, ainda que por utilização indevida:*

***Pena** - detenção de 2 (dois) a 4 (quatro) anos, e multa, se o fato não constitui crime mais grave.*

***Art. 244.** Vender, fornecer ainda que gratuitamente ou entregar, de qualquer forma, a criança ou adolescente fogos de estampido ou de artifício, exceto aqueles que, pelo seu reduzido potencial, sejam incapazes de provocar qualquer dano físico em caso de utilização indevida:*

***Pena** - detenção de seis meses a dois anos, e multa.*

***Art. 244-A.** Submeter criança ou adolescente, como tais definidos no caput do Art. 2o desta Lei, à prostituição ou à exploração sexual:*

Pena - reclusão de quatro a dez anos, e multa.

***§ 1º** Incorrem nas mesmas penas o proprietário, o*

gerente ou o responsável pelo local em que se verifique a submissão de criança ou adolescente às práticas referidas no caput deste Art..

§ 2º Constitui efeito obrigatório da condenação a cassação da licença de localização e de funcionamento do estabelecimento.

***Art. 244-B.** Corromper ou facilitar a corrupção de menor de 18 (dezoito) anos, com ele praticando infração penal ou induzindo-o a praticá-la:*

Pena - reclusão, de 1 (um) a 4 (quatro) anos.

§ 1º Incorre nas penas previstas no caput deste Art. quem pratica as condutas ali tipificadas utilizando-se de quaisquer meios eletrônicos, inclusive salas de bate-papo da internet.

§ 2º As penas previstas no caput deste Art. são aumentadas de um terço no caso de a infração cometida ou induzida estar incluída no rol do Art. 1º da Lei nº 8.072, de 25 de julho de 1990.

Das Infrações Administrativas

As infrações tem natureza administrativa como consequência de violação dos direitos da criança e adolescente, punível com multa.

São as infrações:

***Art. 245.** Deixar o médico, professor ou responsável por estabelecimento de atenção à saúde e de ensino fundamental, pré-escola ou creche, de comunicar à autoridade competente os casos de que tenha conhecimento, envolvendo suspeita ou confirmação de maus-tratos contra criança ou adolescente:*

Pena - multa de três a vinte salários de referência, aplicando-se o dobro em caso de reincidência.

***Art. 246.** Impedir o responsável ou funcionário de entidade de atendimento o exercício dos direitos constantes nos incisos II, III, VII, VIII e XI do Art. 124 desta Lei:*

***Pena** - multa de três a vinte salários de referência, aplicando-se o dobro em caso de reincidência.*

***Art. 247.** Divulgar, total ou parcialmente, sem autorização devida, por qualquer meio de comunicação, nome, ato ou documento de procedimento policial, administrativo ou judicial relativo a criança ou adolescente a que se atribua ato infracional:*

***Pena** - multa de três a vinte salários de referência, aplicando-se o dobro em caso de reincidência.*

§ 1º Incorre na mesma pena quem exibe, total ou parcialmente, fotografia de criança ou adolescente envolvido em ato infracional, ou qualquer ilustração que lhe diga respeito ou se refira a atos que lhe sejam atribuídos, de forma a permitir sua identificação, direta ou indiretamente.

§ 2º Se o fato for praticado por órgão de imprensa ou emissora de rádio ou televisão, além da pena prevista neste Art., a autoridade judiciária poderá determinar a apreensão da publicação ou a suspensão da programação da emissora até por dois dias, bem como da publicação do periódico até por dois números. (Expressão declara inconstitucional pela ADIN 869-2).

***Art. 248.** Deixar de apresentar à autoridade judiciária de seu domicílio, no prazo de cinco dias, com o fim de regularizar a guarda, adolescente trazido de outra comarca para a prestação de serviço doméstico, mesmo que autorizado pelos pais ou responsável:*

***Pena** - multa de três a vinte salários de referência, aplicando-se o dobro em caso de reincidência, independentemente das despesas de retorno do adolescente, se for o caso.*

***Art. 249.** Descumprir, dolosa ou culposamente, os deveres inerentes ao poder familiar ou decorrente de tutela ou guarda, bem assim determinação da autoridade judiciária ou Conselho Tutelar:*

***Pena** - multa de três a vinte salários de referência, aplicando-se o dobro em caso de reincidência.*

***Art. 250.** Hospedar criança ou adolescente desacompanhado dos pais ou responsável, ou sem autorização escrita desses ou da autoridade judiciária, em hotel, pensão, motel ou congênere:*

***Pena** – multa.*

§ 1º Em caso de reincidência, sem prejuízo da pena de multa, a autoridade judiciária poderá determinar o fechamento do estabelecimento por até 15 (quinze) dias.

§ 2º Se comprovada a reincidência em período inferior a 30 (trinta) dias, o estabelecimento será definitivamente fechado e terá sua licença cassada.

***Art. 251.** Transportar criança ou adolescente, por qualquer meio, com inobservância do disposto nos Arts. 83, 84 e 85 desta Lei:*

***Pena** - multa de três a vinte salários de referência, aplicando-se o dobro em caso de reincidência.*

***Art. 252.** Deixar o responsável por diversão ou espetáculo público de afixar, em lugar visível e de fácil acesso, à entrada do local de exibição, informação destacada sobre a natureza da diversão ou espetáculo e a faixa etária especificada no certificado de classificação:*

***Pena** - multa de três a vinte salários de referência, aplicando-se o dobro em caso de reincidência.*

***Art. 253.** Anunciar peças teatrais, filmes ou quaisquer representações ou espetáculos, sem indicar os limites de idade a que não se recomendem:*

***Pena** - multa de três a vinte salários de referência, duplicada em caso de reincidência, aplicável, separadamente, à casa de espetáculo e aos órgãos de divulgação ou publicidade.*

***Art. 254.** Transmitir, através de rádio ou televisão, espetáculo em horário diverso do autorizado ou sem aviso de sua classificação:*

***Pena** - multa de vinte a cem salários de referência; duplicada em caso de reincidência a autoridade judiciária poderá determinar a suspensão da programação da emissora por até dois dias.*

***Art. 255.** Exibir filme, trailer, peça, amostra ou congênere classificado pelo órgão competente como inadequado às crianças ou adolescentes admitidos ao espetáculo:*

***Pena** - multa de vinte a cem salários de referência; na reincidência, a autoridade poderá determinar a suspensão do espetáculo ou o fechamento do estabelecimento por até quinze dias.*

***Art. 256.** Vender ou locar a criança ou adolescente fita de programação em vídeo, em desacordo com a classificação atribuída pelo órgão competente:*

***Pena** - multa de três a vinte salários de referência; em caso de reincidência, a autoridade judiciária poderá determinar o fechamento do estabelecimento por até quinze dias.*

***Art. 257.** Descumprir obrigação constante dos Arts. 78 e 79 desta Lei:*

***Pena** - multa de três a vinte salários de referência, duplicando-se a pena em caso de reincidência, sem prejuízo de apreensão da revista ou publicação.*

***Art. 258.** Deixar o responsável pelo estabelecimento ou o empresário de observar o que dispõe esta Lei sobre o acesso de criança ou adolescente aos locais de diversão, ou sobre sua participação no espetáculo:*

__Pena__ - multa de três a vinte salários de referência; em caso de reincidência, a autoridade judiciária poderá determinar o fechamento do estabelecimento por até quinze dias.

Art. 258-A. *Deixar a autoridade competente de providenciar a instalação e operacionalização dos cadastros previstos no Art. 50 e no § 11 do Art. 101 desta Lei:*

__Pena__ - multa de R$ 1.000,00 (mil reais) a R$ 3.000,00 (três mil reais).

§ único. *Incorre nas mesmas penas a autoridade que deixa de efetuar o cadastramento de crianças e de adolescentes em condições de serem adotadas, de pessoas ou casais habilitados à adoção e de crianças e adolescentes em regime de acolhimento institucional ou familiar.*

Art. 258-B. *Deixar o médico, enfermeiro ou dirigente de estabelecimento de atenção à saúde de gestante de efetuar imediato encaminhamento à autoridade judiciária de caso de que tenha conhecimento de mãe ou gestante interessada em entregar seu filho para adoção:*

__Pena__ - multa de R$ 1.000,00 (mil reais) a R$ 3.000,00 (três mil reais).

§ único. *Incorre na mesma pena o funcionário de programa oficial ou comunitário destinado à garantia do direito à convivência familiar que deixa de efetuar a comunicação referida no caput deste Art..*

Vamos Praticar

01. A prestação de serviços comunitários como medida socioeducativa consiste na realização de tarefas gratuitas de interesse geral, não podendo exceder, em nenhuma hipótese, a seis meses.

Certo ( ) Errado ( )

02. Considerando os princípios norteadores do Estatuto da Criança e do Adolescente, a prática de atos infracionais fica sujeita a medidas que têm objetivos socioeducativos. Nesse sentido, é correto afirmar que:

a) Se Aroldo, que tem 11 anos, subtrair para si coisa alheia pertencente a uma creche, deverá cumprir medida socioeducativa de prestação de serviços comunitários, por período não superior a um ano.

b) A obrigação de reparar o dano causado pelo ato infracional não é considerada medida socioeducativa, tendo em vista que o adolescente não pode ser responsabilizado civilmente.

c) O acolhimento institucional e a colocação em família substituta podem ser aplicados como medidas protetivas ou socioeducativas, a depender das características dos atos infracionais praticados.

d) A internação, como uma das medidas socioeducativas previstas pelo ECA, não poderá exceder o período máximo de três anos, e a liberação será compulsória aos 21 anos de idade.

03. Sobre as medidas socioeducativas aplicáveis em casos de atos infracionais, é correto afirmar que:

a) A prestação de serviços comunitários consiste na realização de tarefas gratuitas de interesse geral, por período não inferior a seis meses, devendo ser cumpridas durante jornada mínima de oito horas semanais.

b) A liberdade assistida será fixada pelo prazo máximo de seis meses e não poderá ser prorrogada.

c) O regime de semiliberdade pode ser determinado desde o início, ou como forma de transição para o meio aberto, possibilitada a realização de atividades externas, dependendo de autorização judicial.

d) A internação constitui medida privativa de liberdade, sujeita aos princípios de brevidade, excepcionalidade e respeito à condição peculiar de pessoa em desenvolvimento.

04. Alice iniciou o cumprimento de medida socioeducativa de semiliberdade com 17 anos e 6 meses. Ao completar 18 anos, Alice pleiteou, por via da defensoria pública, sua colocação em liberdade, em virtude do atingimento da maioridade penal.

Com relação a essa situação hipotética e às normas constitucionais e estatutárias acerca da criança e do adolescente, assinale a opção correta.

a) A liberação de Alice só será compulsória aos 21 anos.

b) Está correto o pleito de Alice, pois, por ter atingido a maioridade penal, ela deve ser liberada do cumprimento da medida.

c) A medida aplicada a Alice deve ter a sua manutenção reavaliada, mediante decisão fundamentada, no máximo a cada 6 meses.

d) Alice continuará cumprindo a medida, porém em estabelecimento prisional comum, destinado aos maiores de 18 anos, para onde deverá ser transferida.

e) Alice deve ser liberada em razão da analogia que o ECA determina que deve ser feita entre a semi-liberdade e a liberdade assistida.

05. No tocante às normas contidas no Estatuto da Criança e do Adolescente, é correto afirmar que:

a) A medida socioeducativa de internação aplicada, em razão do descumprimento reiterado e injustificável da medida anteriormente imposta ao adolescente infrator, não poderá ser superior a três meses.

b) O adolescente apreendido em flagrante de ato infracional será imediatamente encaminhado ao Juiz de Direito em exercício na Vara da Infância e da Juventude, que decidirá sobre a necessidade ou não de seu acautelamento provisório.

c) A concessão da remissão, que prescinde da homologação da Autoridade Judiciária, é medida que o membro do Ministério Público atribuído poderá adotar no processamento de ato infracional.

d) Ao ato infracional praticado por crianças corresponderão as seguintes medidas socioeducativas: advertência, obrigação de reparar o dano, prestação de serviços à comunidade, liberdade assistida e inserção em regime de semiliberdade.

06. A doutrina especializada tem apregoado "que há um equívoco muito grande quando se depara com a mentalidade popular de que a solução do problema do adolescente infrator é a internação", que, assim, somente deverá ser aplicada de forma excepcional. Dito isso, considere as preposições abaixo formuladas e assinale a incorreta:

a) A autoridade judicial em procedimento próprio poderá aplicar a medida socioeducativa de internação quando se tratar de ato infracional cometido mediante grave ameaça ou violência à pessoa.

b) Terá também lugar para sua aplicação na hipótese de haver reiteração no cometimento de outras infrações graves.

c) Igualmente poderá ser aplicada a medida socioeducativa de internação por descumprimento reiterado e injustificado da medida que tiver sido anteriormente imposta.

d) O elenco das condições constantes das alíneas anteriores, não é taxativo e exaustivo, havendo, portanto, possibilidade de aplicação da referida medida fora das hipóteses apresentadas, a critério do Juiz da Vara da Infância e do Adolescente, após colhido parecer do representante do Ministério Público.

07. O adolescente, pela prática de ato infracional, segundo o Estatuto da Criança do Adolescente, pode receber medida socioeducativa de:

a) Semiliberdade cujo prazo, fixado na sentença, não seja nem inferior a seis meses e nem superior a três anos.

b) Internação em estabelecimento terapêutico ou hospitalar, desde que seja portador de doença ou deficiência mental e o ato infracional tiver sido praticado mediante violência ou grave ameaça à pessoa.

c) Internação provisória por até noventa dias, desde que presentes os requisitos da necessidade imperiosa da medida e indícios suficientes de autoria e materialidade.

d) Liberdade assistida cumulada com medidas de orientação, apoio e acompanhamento temporário e de inclusão em programa comunitário ou oficial de auxílio à família.

e) Acolhimento sociofamiliar sempre que identificada a incapacidade dos genitores de prevenir a reiteração infracional.

08. À luz da jurisprudência do Supremo Tribunal Federal, julgue os itens a seguir acerca do ato infracional e das medidas socioeducativas.

I. As medidas socioeducativas previstas no ECA não se submetem à mesma lógica das sanções cominadas aos crimes do Código Penal e das leis penais especiais. Por isso, os prazos prescricionais da parte geral do Código Penal não podem ser aplicados às medidas socioeducativas.

II. Sendo a interpretação do ECA informada pela condição peculiar do adolescente como pessoa em desenvolvimento, o princípio da insignificância resta inaplicável aos atos infracionais, eis que a imposição de medida socioeducativa revela-se necessária para a formação da personalidade do adolescente infrator.

III. Mesmo com a redução da maioridade civil, de 21 para 18 anos, operada pelo Código Civil de 2002, permanece sendo possível a aplicação de medida socioeducativa a maior de 18 anos, desde que tenha praticado o fato antes de completar essa idade.

a) Apenas a assertiva I está correta.

b) Apenas a assertiva II está correta

c) Apenas a assertiva III está correta.

d) Estão corretas apenas as assertivas I e III.

e) Todas as assertivas estão erradas.

09. Está correto afirmar que a medida socioeducativa consistente na obrigação de reparar o dano:

a) Pode ser aplicada ao adolescente que tiver praticado qualquer modalidade de ato infracional.

b) Não pode ser aplicada aos adolescentes que registrarem antecedentes.

c) Pode ser aplicada ao adolescente apenas quando for possível a restituição da coisa.

d) Não pode ser substituída por outra medida, ainda que a reparação do dano ou a restituição da coisa se revele impossível.

e) Pode ser aplicada ao adolescente que tiver praticado ato infracional com reflexos patrimoniais.

10. Com relação à medida de semiliberdade, prevista no Estatuto da Criança e do Adolescente, é correto afirmar que:

a) Será sempre fixada com prazo determinado a critério do Juiz, tendo em conta a gravidade do ato infracional.

b) Somente pode ser determinada como forma de transição para o meio aberto.

c) Admite a realização de atividades externas, mas sempre com autorização judicial.

d) Admite, no que couber, as disposições relativas à internação.

e) Não exige escolarização e profissionalização durante o seu cumprimento.

11. Disciplina o ECA que "verificada a hipótese de maus tratos, opressão ou abuso sexual impostos pelos pais ou responsável, a autoridade judiciária poderá determinar, como medida cautelar, o afastamento do agressor da moradia comum". Dentro desse contexto, considere as proposições formuladas abaixo e assinale a correta:

a) É cediço que a crueldade dos pais destrói o destino do filho, ou obsta a sua inserção na vida familiar, escolar ou social, mas tal postura, por si só, não rende ensejo à intervenção imediata do Estado para identificação precoce das relações entre pais e filhos.

b) A constatação de crianças e adolescentes em situação de risco revela a carência, a falta de assistência e o enfraquecimento moral e financeiro da sociedade familiar, circunstância que recomenda aplicação aos pais ou responsável recolhimento em unidade especializada para tratamento psicológico ou psiquiátrico.

c) Pode ser aplicada em casos que tais, também, a obrigação de comparecimento a cursos ou programas de orientação, com controle de frequência.

d) No caso de afastamento do agressor da moradia comum, da medida cautelar constará, ainda, a fixação provisória dos alimentos de que necessitem a criança ou o adolescente dependentes do agressor.

12. Entre as medidas aplicáveis aos pais ou responsável está:

a) O encaminhamento a programa do Ministério Público, para propositura de ação penal.

b) A inclusão em programa oficial ou comunitário de auxílio, orientação e tratamento a alcoólatras e toxicômanos.

c) O encaminhamento a programa profissionalizante, para possibilitar obtenção de emprego.

d) O encaminhamento a programa de moradia, na hipótese de sua precariedade ou falta.

e) A expedição de carteira de trabalho e o encaminhamento a programas de emprego.

13. É medida aplicável aos pais ou responsáveis do menor infrator prevista no Estatuto da Criança e do Adolescente, dentre outras:

a) Inclusão em programa comunitário ou oficial de auxílio à família, à criança e ao adolescente.

b) Orientação, apoio e acompanhamento temporários.

c) Obrigação de reparar o dano.

d) Prestação de serviços à comunidade.

e) O encaminhamento a programa oficial ou comunitário de proteção à família.

14. É medida aplicável aos pais ou responsável, expressamente prevista pela Lei nº 8.069/90:

a) Prestação de serviços à comunidade.

b) Multa.

c) Realização de matrícula na rede pública de ensino, com obrigação de comparecer a todas as reuniões escolares.

d) Interdição para a prática dos atos da vida civil.

e) Encaminhamento a tratamento psicológico ou psiquiátrico.

15. Sobre as assertivas a seguir, avalie se são falsas (F) ou verdadeiras (V) e assinale a opção CORRETA:

( ) É considerada medida socioeducativa, prevista no Estatuto da Criança e do Adolescente, a matrícula e frequência obrigatórias em estabelecimento oficial de ensino.

( ) Uma das medidas de proteção passíveis de aplicação pelo Conselho Tutelar à criança ou ao adolescente vítima de maus-tratos é a colocação em família substituta.

( ) O acolhimento institucional ou o familiar são medidas de proteção provisórias e excepcionais, utilizáveis como forma de transição à reintegração familiar ou colocação em família substituta, não implicando em privação de liberdade.

( ) A inserção em regime de semiliberdade é medida protetiva aplicável a crianças e a adolescentes em situação de risco pessoal e social.

a) F, F, V, V

b) V, F, V, F

c) F, F, V, F

d) F, F, F, F

16. Analise as seguintes afirmativas.

I. As medidas de proteção deverão ser aplicadas cumulativamente e substituídas a qualquer tempo.

II. Na aplicação das medidas de proteção, levar-se-ão em conta as necessidades físicas e psicológicas da criança e do adolescente.

III. O acolhimento institucional e o acolhimento familiar são medidas de proteção provisórias e excepcionais, não implicando privação de liberdade.

IV. As medidas de proteção serão acompanhadas da regularização do registro civil, isento de custas, multas e emolumentos.

Estão corretas apenas as afirmativas

a) I e II.

b) II e III.

c) II e IV.

d) III e IV.

e) II, III e IV.

17. Considere as premissas a seguir elencadas.

I. O abrigo para menores é medida provisória e excepcional, utilizável como forma de transição para colocação em família substituta, não implicando privação de liberdade.

II. Considera-se ato infracional a conduta descrita como crime ou contravenção penal.

III. Em se tratando de ato infracional com reflexos patrimoniais, a autoridade poderá determinar, se for o caso, que o adolescente restitua a coisa, promova o ressarcimento do dano ou, por outra forma, compense o prejuízo da vítima.

IV. A prestação de serviços à comunidade consiste na realização de tarefas gratuitas de interesse geral, por período não excedente a 06 meses, junto a entidades assistenciais, hospitais, escolas e outros estabelecimentos congêneres, salvo a participação em programas governamentais.

Assinale a alternativa correta.

a) Os itens I e III estão incorretos.

b) Somente o item IV contempla uma ideia falsa.

c) Apenas os itens II e III estão corretos.

d) Todas as afirmações são verdadeiras.

e) Os itens I e III e IV contemplam ideias verdadeiras.

18. Em relação ao Estatuto da Criança e do Adolescente, considere:

I. Considera-se ato infracional a conduta descrita como crime ou contravenção penal.

II. São penal e civilmente imputáveis os menores de dezoito anos.

III. A criança que vier a praticar ato infracional, estará sujeita, dentre outras medidas, à advertência e à liberdade assistida.

IV. O Conselho Tutelar é órgão permanente e autônomo, não jurisdicional, encarregado de zelar pelo cumprimento dos direitos da criança e do adolescente.

Está correto SOMENTE o que se afirma em:

a) I e IV.

b) II e III.

c) I, II e III.

d) II e IV.

e) III e IV.

Um adolescente foi apreendido no dia 5/8/2008 e tem contra si representação por ato infracional equiparado aos delitos de roubo e extorsão. Desde aquela data, aguarda sentença na unidade de internação.

19. Acerca dessa situação hipotética, assinale a opção correta, segundo o Estatuto da Criança e do Adolescente.

a) O prazo para internação provisória de adolescente é de sessenta dias.

b) São princípios fundamentais do referido diploma legal a excepcionalidade, a brevidade e a observância da condição peculiar do menor, que é pessoa em desenvolvimento.

c) Segundo a jurisprudência do Superior Tribunal de Justiça (STJ), não se aplica às medidas socioeducativas o instituto da prescrição.

d) Segundo a jurisprudência do STJ, a periculosidade abstrata do agente, assim como a probabilidade de prática de novos crimes, sem fundamento concreto, servem como embasamento para manutenção da internação provisória do menor, por tempo indeterminado.

e) Nos atos infracionais, cometidos sem violência ou grave ameaça, também é possível a segregação provisória.

20. O ato infracional:

a) Somente será punível se for praticado por adolescente, dada a sua semi-imputabilidade.

b) Consiste na conduta descrita como crime ou contravenção penal e somente pode ser praticado por adolescente.

c) Consiste na conduta descrita como crime ou contravenção penal, podendo ser praticado por criança ou adolescente.

d) Praticado por criança ou adolescente importará a aplicação de medida socioeducativa.

e) Praticada por pessoa menor de 12 anos, importará a aplicação de medida específica de proteção, como, por exemplo, a liberdade assistida.

Gabarito

01	CERTO	11	D
02	D	12	B
03	D	13	E
04	C	14	E
05	A	15	C
06	D	16	D
07	D	17	B
08	C	18	A
09	E	19	B
10	D	20	C

Anotações

CAPÍTULO 26

Código de Organização e Divisão Judiciárias do Estado do Paraná

Disposição Preliminar

Art. 1º. *Este Código dispõe sobre a Organização e Divisão Judiciárias do Estado do Paraná e disciplina a constituição, a estrutura, as atribuições e a competência do Tribunal de Justiça, de Juízes e dos Serviços Auxiliares, observados os princípios constitucionais que os regem:*

§ 1º. *São regentes do presente código, dentre outros os seguintes princípios constitucionais:*

I. legalidade:

II. impessoalidade;

III. moralidade

IV. publicidade;

V. eficiência.

§ 2º. *Além dos princípios referidos no § anterior, também se aplicam à presente lei, os seguintes:*

I. probidade;

II. motivação;

III. finalidade;

IV. razoabilidade;

V. proporcionalidade;

VI. ...Vetado...;

VII. interesse público;

VIII. modicidade das custas e emolumentos.

§ 3º. *Na constituição e alteração das atribuições e competência dos Tribunal de Justiça, de Juízes e dos Serviços Auxiliares, deverão ser observados, além dos princípios previstos nos §s anteriores, os critérios de democratização da gestão e do acesso à Justiça, qualificação permanente, efetividade e celeridade.*

§ 4º. *Os aludidos princípios e critérios são condições de aplicação e hermenêutica, vedada a sua afastabilidade, sob pena de nulidade absoluta, decretável de ofício.*

§ 5º . *Ficam estatizadas as serventias do foro judicial, inclusive as criadas por esta lei, respeitados os direitos dos atuais titulares.*

§ 6º. *O Poder Judiciário, observadas as suas disponibilidades financeiras e orçamentárias, encaminhará mensagem à Assembleia Legislativa dispondo sobre o Quadro de Servidores e respectivos vencimentos, para cumprimento do disposto no § anterior.*

§ 7º. *A administração da Justiça é exercida pelo Poder Judiciário.*

Órgãos do Poder Judiciário

Art. 2º. *São órgãos do Poder Judiciário do Estado:*

I. o Tribunal de Justiça;

II. ...

III. os Tribunais do Júri;

IV. os Juízes de Direito;

V. os Juízes de Direito Substitutos de entrância final;

VI. os Juízes Substitutos;

VII. os Juizados Especiais;

VIII. os Juízes de Paz.

§ único. *Para executar decisões ou diligências que ordenarem, poderão os tribunais e Juízes requisitar o auxílio da força pública.*

Art. 3º. *É vedada a convocação ou a designação de Juiz de primeiro grau para exercer cargo ou função no Tribunal de Justiça, ressalvada a substituição de seus integrantes e o auxílio direto do Presidente do Tribunal de Justiça, dos Vice-Presidentes, do Corregedor-Geral da Justiça e do Corregedor, em matéria administrativa, jurisdicional e correicional.*

§ 1º. *O Presidente do Tribunal de Justiça poderá designar Juízes de Direito da Comarca da Região Metropolitana de Curitiba para atuarem junto aos órgãos superiores do Tribunal de Justiça, nos termos do caput deste Art..*

§ 2º. *As designações a que se refere o § anterior não implicarão vantagem pecuniária aos Juízes designados, salvo o ressarcimento de despesas de transporte e o pagamento de diárias, sempre que estes tiverem que se deslocar da sede.*

Tribunal de Justiça

Composição

Art. 4º. *O Tribunal de Justiça, órgão máximo do Poder Judiciário estadual, composto por cento e quarenta e cinco (145) Desembargadores, tem sede na Capital e jurisdição em todo o território do Estado.*

Art. 5º. *Os Juízes de última entrância serão promovido ao cargo de Desembargador pelo Presidente do Tribunal de Justiça nas vagas correspondentes à respectiva classe, por antiguidade e merecimento, alternadamente, observado o disposto no Art. 6º deste Código.*

§ 1º. *No caso de antiguidade, apurada na última entrância, o Tribunal de Justiça somente poderá recusar o Juiz mais antigo pelo voto fundamentado de dois terços (2/3) de seus membros, conforme procedimento próprio e assegurada ampla defesa, repetindo-se a votação até fixar-se a indicação.*

§ 2º. *Tratando-se de vaga a ser provida pelo critério de merecimento, a promoção recairá no Juiz que for incluído na lista tríplice organizada pelo Tribunal de Justiça e com o maior número de votos, sem prejuízo dos remanescentes mantidos em lista e observado o disposto no Art. 93, II, letras "a" e "b", da Constituição Federal.*

§ 3º. *Não será promovido o Juiz que, injustificadamente, retiver autos em seu poder além do prazo legal, não podendo devolvê-lo ao cartório sem o devido despacho ou decisão.*

Art. 6º. *Um quinto (1/5) dos lugares do Tribunal de Justiça será composto de membros do Ministério Público, com mais de dez (10) anos de carreira, e de advogados de notório saber jurídico e de reputação ilibada, com mais de dez anos de efetiva atividade profissional, indicados em lista sêxtupla pelos órgãos de representação das respectivas classes.*

§ 1º. *Sendo ímpar o número de vagas destinadas ao quinto constitucional, uma delas será alternada e sucessivamente preenchida por membro do Ministério Público e por advogados, de tal forma que, também sucessiva e alternadamente, os representantes de uma dessas classes superem os da outra em uma unidade.*

§ 2º. *Quando resultar em fração o número de vagas destinadas ao quinto constitucional, corresponderá ela ao número inteiro seguinte.*

§ 3º. *Recebidas as indicações, o Tribunal de Justiça formará lista tríplice, enviando-a ao Poder Executivo, que, nos vinte (20) dias subsequentes, escolherá um de seus integrantes para nomeação.*

Art. 7º. *Verificada vaga de Desembargador, a ser preenchida por magistrado de carreira, o Presidente do Tribunal de Justiça convocará o órgão competente para o preenchimento do respectivo cargo.*

§ único. Se a vaga de Desembargador destinar-se ao quinto constitucional, o Presidente do Tribunal de Justiça oficiará ao órgão de classe a que couber a vaga para os fins do Art. 6º.

Funcionamento

***Art. 8º.** O Tribunal de Justiça é dirigido pelo Presidente, pelos Vice-Presidentes, Corregedor-Geral da Justiça e Corregedor.*

***§ 1º.** Vetado*

***§ 2º.** Não figurará mais entre os elegíveis quem tiver exercido o cargo de Presidente ou quaisquer outros cargos de direção, pelo período de quatro (4) anos, até que se esgotem todos os nomes na ordem de antiguidade, salvo quando houver recusa manifestada por um elegível e aceita antes da eleição.*

***§ 3º.** O disposto no § anterior não se aplica aos Desembargadores eleitos para qualquer dos cargos da cúpula diretiva, com a finalidade de completar período de mandato inferior a um (1) ano.*

***Art. 9º.** Vagando a Presidência, o 1º Vice-Presidente a exercerá pelo período restante, se inferior a seis (6) meses.*

***§ 1º.** Caracterizada a hipótese supra, tratando-se da 1ª Vice-Presidência ou da Corregedoria-Geral da Justiça, o cargo será exercido, respectivamente, pelo 2º Vice-Presidente e pelo Corregedor, para período restante, quando inferior a seis (6) meses.*

***§ 2º.** Se, entretanto, a vacância de quaisquer cargos descritos se der em razão de o eleito não ter assumido o correspondente cargo diretivo na oportunidade prevista pelo Regimento Interno do Tribunal de Justiça, nova eleição deverá ser realizada, para o preenchimento daquela função, observando-se o que dispuserem as normas regimentais.*

***Art. 10.** O Tribunal de Justiça funcionará em Tribunal Pleno, Órgão Especial, Conselho da Magistratura e em órgãos fracionários, na forma que dispuserem a lei e o Regimento Interno.*

***§ único.** O Presidente, os Vice-Presidentes, o Corregedor-Geral da Justiça e o Corregedor não integrarão Câmaras ou Grupos de Câmaras.*

***Art. 11.** O Tribunal de Justiça constituirá comissões internas, permanentes ou não, cuja composição, atribuições e funcionamento serão disciplinados no Regimento Interno.*

Tribunal Pleno e Órgão Especial

***Art. 12.** O Tribunal Pleno e o Órgão Especial terão sua competência estabelecida no Regimento Interno.*

Conselho da Magistratura

***Art. 13.** O Conselho da Magistratura, do qual são membros natos o Presidente do Tribunal de Justiça, o 1º Vice-Presidente e o Corregedor-Geral da Justiça, compõe-se de mais quatro (4) Desembargadores eleitos.*

***§ 1º.** A eleição será realizada na mesma sessão em que for eleito o corpo diretivo do Tribunal de Justiça, com mandato coincidente com o deste.*

***§ 2º.** O Conselho da Magistratura terá suas atribuições estabelecidas no Regimento Interno.*

Corregedoria-geral da Justiça

***Art. 14.** A Corregedoria-Geral da Justiça, que tem como incumbência a inspeção permanente dos Magistrados, das serventias do foro judicial e dos serviços do foro extrajudicial, terá sua competência e atribuições estabelecidas no Regimento Interno.*

Atribuições e Competência dos Dirigentes do Tribunal de Justiça

Presidente, 1º e 2º Vice-presidentes do Tribunal, Lei Estadual nº 14.277, de 30 de Dezembro de 2003, Código de Organização e Divisão Judiciárias do Estado Do Paraná

***Art. 15.** O Presidente, o 1º e o 2º Vice-Presidentes do Tribunal terão sua competência e atribuições estabelecidas no Regimento Interno.*

Corregedor-geral da Justiça e Corregedor

***Art. 16.** O Corregedor-Geral da Justiça, além de realizar inspeções e correições permanentes nos serviços judiciários, terá sua competência e atribuições estabelecidas no Regimento Interno.*

***§ único.** O Corregedor terá sua competência e atribuições estabelecidas no Regimento Interno.*

Magistrados

Magistrados de Primeiro Grau

Constituição

***Art. 25.** A magistratura de primeiro grau de jurisdição é constituída de:*

I. Juiz Substituto;

II. Juiz de Direito de entrância inicial;

III. Juiz de Direito de entrância intermediária;

IV. Juiz de Direito de entrância final, titular da vara, titular de turma recursal ou substituto em primeiro e segundo graus.

***§ 1º.** São Juízes Substitutos os de início de carreira, para substituição nas entrâncias inicial e intermediária com sede na comarca que encabeçar a respectiva seção, nomeados mediante concurso, nos termos dos arts. 28 a 32, e com competência definida no Art. 33 deste Código.*

***§ 2º.** São Juízes de Direito Substitutos de primeiro grau os de entrância final, quando não titulares de varas, para substituição nas comarcas dessa categoria sediadas na Região Metropolitana de Curitiba, na Região Metropolitana de Londrina, na Região Metropolitana de Maringá, em Ponta Grossa, Foz do Iguaçu, Cascavel, Guarapuava e Umuarama, promovidos entre os de entrância intermediária ou removidos de uma para outra das comarcas de entrância final.*

***§ 3º.** São Juízes de Direito Substitutos em Segundo Grau os classificados na entrância final, com preenchimento do cargo mediante remoção, observados, alternadamente, os critérios de antiguidade e de merecimento.*

***§ 4º.** Os Juízes de Direito Substitutos em Segundo Grau, durante a substituição, terão a mesma competência dos membros do Tribunal de Justiça, exceto em matéria administrativa, ficando vinculados aos feitos em que tenham lançado visto como relator ou revisor, e, ainda, se tiverem solicitado vista ou proferido voto, hipótese em que continuarão o julgamento.*

***§ 5º.** Caberá ao Presidente do Tribunal de Justiça a designação dos Juízes de Direito Substituto em Segundo Grau.*

***§ 6º.** Em regime de exceção, decorrente do acúmulo de processos, os Juízes de Direito Substituto em Segundo Grau poderão ser designados para auxiliar no Tribunal de Justiça, caso em que atuarão exclusivamente nos processos acumulados, constantes de relação específica.*

Art. 26. *Vago o cargo de Desembargador ou encontrando-se o titular afastado por trinta (30) dias ou mais, far-se-á a convocação de Juiz de Direito Substituto de Segundo Grau.*

Art. 27. *Antes de decorrido o biênio do estágio probatório e desde que indicada pelo Conselho da Magistratura a aplicação da pena de demissão, o Juiz Substituto e o Juiz de Direito, quando for o caso, ficarão automaticamente afastados das respectivas funções, com perda do direito à vitaliciedade, ainda que a aplicação da pena ocorra após o decurso daquele prazo.*

Juízes Substitutos

Nomeação

Art. 28. *O ingresso na carreira da magistratura, cujo cargo inicial será o de Juiz Substituto, dar-se-á mediante concurso público de provas e títulos, este com prazo de validade de até dois (2) anos, prorrogável uma única vez e, no máximo, por igual período.*

Art. 29. *O concurso, salvo outra forma de realização estabelecida pelo Órgão Especial, será prestado perante comissão examinadora integrada pelo Presidente do Tribunal de Justiça, pelo Corregedor-Geral da Justiça, por um representante da Ordem dos Advogados do Brasil e por Desembargadores indicados pelo Órgão Especial.*

§ único. *Para inscrever-se no concurso, o interessado deverá preencher, na data da inscrição, os seguintes requisitos:*

I. *ser brasileiro;*

II. *estar em pleno exercício dos direitos civis e políticos e quite com as obrigações eleitoral e militar;*

III. *ser bacharel em Direito;*

IV. *gozar de boa saúde física e mental e não apresentar deficiência que o incapacite ao exercício da magistratura;*

V. *não possuir antecedentes criminais, nem ter sofrido penalidade no exercício de cargo público ou de atividade profissional.*

VI. *comprovar, por documento, o exercício de, no mínimo, três (03) anos de atividade jurídica, na forma da lei.*

Art. 30. *No pedido de inscrição, deverá o candidato indicar todos os cargos ou atividades que tiver exercido profissionalmente.*

Art. 31. *O Tribunal de Justiça, mediante convênio com a Associação dos Magistrados do Paraná e com a Escola da Magistratura, às quais repassará os necessários recursos financeiros, organizará cursos permanentes voltados tanto à preparação para ingresso na magistratura quanto ao aperfeiçoamento de magistrados.*

§ único. *No concurso público referido no Art. 28, será atribuído valor relevante à conclusão do curso de preparação ministrado pela Escola da Magistratura do Paraná.*

Art. 32. *O Regimento Interno do Tribunal de Justiça disciplinará a forma e as condições do concurso, cabendo ao Conselho da Magistratura elaborar o seu regulamento.*

§ único. *Serão indicados para nomeação os candidatos correspondentes ao número de vagas, respeitados a ordem de classificação e o prazo de validade do concurso.*

Competência

Art. 33. *O Juiz Substituto, quando no exercício de substituição, ou designado para auxiliar os Juízes de Direito das comarcas que integram as correspondentes seções judiciárias, terá a mesma competência destes.*

§ único. *Caberá ao substituto, na ausência, mesmo eventual, do Juiz titular, decidir os pedidos cíveis e criminais de natureza urgente e comunicar, incontinenti, o fato ao Corregedor-Geral da Justiça.*

Juízes de Direito - Competência

Art. 34. *Salvo disposições em contrário, compete ao Juiz de Direito, em primeiro grau de jurisdição, o exercício de toda a jurisdição*

§ 1º. *O Tribunal de Justiça, por ato de seu Presidente, poderá designar Juízes de Direito de entrância final para conhecer e julgar conflitos fundiários, no âmbito de todo o Estado, atribuindo-lhes competência exclusiva.*

§ 2º. *Cumpre ao Juiz defender, pelas vias regulares de direito, a sua competência.*

Art. 35. *Nas comarcas onde houver mais de um Juízo, proceder-se-á à distribuição dos feitos.*

Art. 36. *O Presidente do Tribunal de Justiça, ouvido o Corregedor-Geral da Justiça, se este não for o proponente da medida, poderá designar Juízes de Direito de primeiro grau de jurisdição para, cumulativamente com suas funções, proferirem sentença ou, nos limites das respectivas comarcas, responderem por matéria da competência de outros Juízos.*

Art. 37. *Nas Comarcas de entrância final, a Direção do Fórum será exercida por um dos Juízes Titulares pelo prazo máximo de dois (2) anos, sob indicação do Órgão Especial e designação do Presidente do Tribunal de Justiça.*

§ 1º. *Nas Comarcas do Interior do Estado, a Direção do Fórum será exercida por um dos Juízes Titulares, pelo prazo máximo de 2 (dois) anos, mediante sucessão automática e obedecendo-se à ordem de antiguidade na Comarca.*

§ 2º. *...Vetado...*

Art. 38. *Nas comarcas de entrância inicial ou naquelas de Juízo único a direção de Fórum será exercida pelo Juiz Titular.*

Art. 39. *A substituição eventual do Juiz de Direito Diretor de Fórum será exercida pelo Juiz de Direito mais antigo na comarca, independentemente de designação.*

Art. 40. *O Juiz Substituto responderá pela direção de Fórum sempre que na comarca não se encontrar em exercício nenhum dos Juízes titulares de varas, observado o disposto na parte final do Art. anterior.*

Art. 41. *As atribuições do Juiz de Direito Diretor de Fórum serão definidas pelo Conselho da Magistratura.*

Da Justiça Militar

Composição e Funcionamento

Art. 42. *A Justiça Militar Estadual será exercida:*

I. *pelo Juiz de Direito da Vara da Justiça Militar e pelos Conselhos de Justiça previstos na legislação militar, com jurisdição em primeiro grau em todo o Estado;*

II. *pelo Tribunal de Justiça, em segundo grau de jurisdição.*

Art. 43. *A titularidade da Vara da Justiça Militar será exercida por Juiz de Direito de entrância final.*

Art. 44. *A Justiça Militar Estadual, em primeiro grau de jurisdição, terá uma secretaria cível e uma secretaria criminal.*

I. *a Secretaria Cível compor-se-á de um Diretor de Secretaria e Técnicos Judiciários em número suficiente para o bom desempenho dos trabalhos da serventia.*

II. *a Secretaria Criminal compor-se-á de um Diretor de Secretaria e Auxiliares em número suficiente para o bom desempenho dos trabalhos da serventia.*

§ único. *O Juiz de Direito titular da Vara da Justiça Militar requisitará da corporação um Oficial Subalterno ou intermediário para a função de Diretor da Secretaria Criminal e praças para atuarem como seus auxiliares, excepcionando-se a regra contida no § 1º do Art. 5º da Lei 16.023/2008.*

Art. 45. *Na composição do Conselho de Justiça, observar-se-á, no que for aplicável, o disposto na legislação da Justiça Militar.*

Art. 46. *Em seus eventuais impedimentos ou ausências, o Juiz da Justiça Militar será substituído por Juiz de Direito Substituto designado pelo Presidente do Tribunal de Justiça.*

Competência

Art. 47. *Compete à Justiça Militar processar e julgar os militares do Estado, nos crimes militares definidos em lei e as ações judiciais contra atos disciplinares militares, ressalvada a competência do Tribunal do Júri quando a vítima for civil.*

Tribunal Do Júri

Composição e Funcionamento

Art. 48. *O Tribunal do Júri, instalado nas sedes das comarcas, obedecerá, em sua composição e funcionamento, às normas do Código de Processo Penal.*

Art. 49. *As reuniões do Tribunal do Júri serão mensais, devendo instalar-se mediante convocação do Juiz Presidente.*

§ 1º. *Será dispensada a convocação das reuniões quando não houver processo preparado para julgamento.*

§ 2º. O Presidente do Tribunal de Justiça poderá determinar, sempre que o exigir o interesse da Justiça, reunião extraordinária do Tribunal do Júri em qualquer comarca.

Atribuições e Competência

Art. 50. *Compete ao Tribunal do Júri o julgamento dos crimes dolosos contra a vida e dos que lhe forem conexos, consumados ou tentados.*

§ 1º. Aos Juízos das Varas do Tribunal do Júri compete a organização e presidência deste e a instrução e julgamento de todos os processos de sua competência.

§ 2º. No Foro Central da Comarca da Região Metropolitana de Curitiba, a competência será definida por distribuição entre as varas privativas dos Tribunais do Júri.

Art. 51. *Nas comarcas que não contarem com vara privativa do júri, mas que tenham mais de uma vara criminal, os processos relativos a crimes dolosos contra a vida a que se refere o caput do Art. anterior serão distribuídos entre essas varas e ali processados até a fase dos arts. 408 a 411 do Código de Processo Penal. § 1º. O réu será submetido a julgamento pelo Tribunal do Júri, presidido pelo Juiz da 1º. Vara Criminal, para onde serão remetidos os autos.*

§ 2º. A cada julgamento realizado pelo Tribunal do Júri, a respectiva vara receberá um processo a menos na distribuição.

Art. 52. *No Foro Central da Comarca da Região Metropolitana de Curitiba, cada Tribunal do Júri contará com dois magistrados, sendo um deles Juiz Sumariante, e o outro, Juiz Presidente.*

Art. 53. *Competirá ao Juiz Sumariante:*

I. *receber ou rejeitar a denúncia;*

II. *presidir a instrução, proferir sentença e processar o eventual recurso que for interposto.*

§ único. *Ficará preventa a competência do Juiz Sumariante na hipótese de desclassificação, salvo se operada pelo Tribunal do Júri.*

Art. 54. *Ao Juiz Presidente competirá:*

I. *receber o libelo;*

II. *preparar o processo para julgamento;*

III. *presidir a sessão de julgamento e proferir sentença;*

IV. *processar os recursos interpostos contra decisões que proferir;*

V. *organizar a lista geral de jurados anualmente;*

VI. *fazer o sorteio e a convocação dos vinte e um (21) jurados componentes do júri para a sessão.*

Art. 55. *Ao Juiz Sumariante e ao Juiz Presidente, nas respectivas fases do processo em que exercerem a competência funcional, caberá decretar, relaxar ou regular a prisão do réu, bem como conceder-lhe liberdade provisória.*

§ único. *Nos impedimentos e ausências justificadas, os Juízes Sumariante e Presidente substituir-se-ão reciprocamente sempre que não houver incompatibilidade ao desenvolvimento de suas específicas funções, independentemente de designação.*

Juizados Especiais Cíveis E Criminais

Estrutura do Sistema

Art. 56. *Integram o Sistema dos Juizados Especiais:*

I. *o Conselho de Supervisão;*

II. *as Turmas Recursais;*

III. *os Juizados Especiais Cíveis;*

IV. *os Juizados Especiais Criminais.*

Conselho de Supervisão dos Juizados Especiais

Art. 57. *Compõem o Conselho de Supervisão dos Juizados Especiais:*

I. *o Presidente do Tribunal de Justiça;*

II. *o Vice-Presidente do Tribunal de Justiça;*

III. *o Corregedor-Geral da Justiça;*

IV. *um Juiz Diretor dos Juizados Especiais da Capital;*

V. *um Juiz Supervisor dos Juizados Especiais de uma das comarcas de entrância final do interior;*

VI. *um Juiz Presidente de Turma Recursal.*

§ único. *Os Juízes a que se referem os incisos IV, V e VI serão indicados pelo Conselho da Magistratura.*

Art. 58. *Ao Conselho de Supervisão dos Juizados Especiais compete:*

I. *elaborar o seu Regimento Interno;*

II. *propor ao Presidente do Tribunal de Justiça a designação de Juízes leigos e de conciliadores;*

III. *expedir editais de concurso e homologar concurso para provimento de cargos para a estrutura administrativa e de apoio dos Juizados Especiais;*

IV. *referendar portarias de designação de Juízes togados para compor as Turmas Recursais;*

V. *processar e julgar os recursos e as reclamações contra o resultado de concursos levados a efeito no âmbito dos Juizados Especiais;*

VI. *aprovar, anualmente, o relatório de atividades elaborado pela Supervisão-Geral dos Juizados Especiais no âmbito do Estado;*

VII. *referendar ou alterar, por proposta da Supervisão-Geral, a designação de substituto aos servidores da Justiça no âmbito dos Juizados Especiais, no caso de vacância, licença ou férias;*

VIII. *regulamentar procedimentos;*

IX. *receber reclamações e sugestões;*

X. *decretar regime de exceção nos Juizados Especiais, mediante proposição do Supervisor do Sistema;*

XI. *organizar cursos de preparação e aperfeiçoamento para juízes togados e leigos, conciliadores e servidores;*

XII. *promover encontros para acompanhamento, orientação e avaliação das atividades dos Juizados Especiais;*

XIII. *planejar e supervisionar, no plano administrativo, a instalação e funcionamento dos Juizados Especiais, sem prejuízo da competência da Corregedoria-Geral da Justiça;*

XIV. *exercer outras atribuições definidas em lei.*

Art. 59. *A Supervisão-Geral do Sistema dos Juizados Especiais no Estado competirá ao Presidente do Tribunal de Justiça, que poderá delegá-la a um dos Vice-Presidentes.*

Turmas Recursais

Art. 60. *A Turmas Recursais serão compostas por Juízes de Direito de entrância final.*

§ 1º. O Presidente do Tribunal de Justiça, após parecer do Conselho de Supervisão, poderá criar tantas Turmas Recursais quantas forem necessárias e dispor a respeito da sua composição, sede e competência territorial, bem como designar Juízes para exercerem as funções de suplentes em número suficiente para atender eventual aumento da quantidade de recursos para julgamento.

§ 2º. Compete à Turma Recursal processar e julgar os recursos interpostos contra decisões dos Juizados Especiais, bem como os embargos de declaração de suas próprias decisões.

§ 3º. A Turma Recursal é igualmente competente para processar e julgar os mandados de segurança e os habeas corpus impetrados contra atos dos Juízes de Direito dos Juizados Especiais.

§ 4º. A Turma Recursal será presidida pelo Juiz mais antigo entre os seus componentes.

§ 5º. Nos impedimentos e ausências, o Presidente será automaticamente substituído pelo membro mais antigo.

§ 6º. Em caso de afastamento temporário de qualquer dos membros integrantes da turma, não haverá redistribuição de processos.

§ 7º. As funções administrativas e de chefia serão exercidas por Secretário.

§ 8º. As demais normas de organização e funcionamento das Turmas Recursais serão objeto de resolução do Conselho de Supervisão.

Juizados Especiais e suas Unidades Jurisdicionais

Art. 61. *Os Juizados Especiais, divididos por secretarias, constituem unidades jurisdicionais compostas por Juízes de primeiro grau.*

Art. 62. *Em cada unidade jurisdicional, o Juiz de Direito poderá contar com o auxilio de juízes leigos e conciliadores, cujas atividades são consideradas como de serviço público relevante, podendo a estes ser atribuído valor pecuniário referente a prestação de serviços, o que, em nenhuma hipótese, importará em vínculo empregatício com o Poder Judiciário.*

§ 1º. O Presidente do Tribunal de Justiça, depois de ouvido o Conselho de Supervisão, poderá, conforme as disponibilidades orçamentárias, limitar o número de conciliadores e juízes leigos, bem como corrigir os valores pelos serviços por eles prestados.

§ 2º. Os pagamentos dos valores pecuniários por serviços prestados pelos juízes leigos e conciliadores não terão efeito retroativo e serão regulamentados por resolução do Conselho de Supervisão, ao que se dará ampla publicidade.

§ 3º. As despesas decorrentes dos valores pecuniários pagos pelos serviços prestados pelos juízes leigos e conciliadores correrão à conta da dotação orçamentária própria do Poder Judiciário, suplementada, se necessário, observado o limite financeiro imposto pela Lei Complementar nº 101, de 4 de maio de 2000.

Art. 63. *As unidades dos Juizados Especiais Cíveis e Criminais, que funcionarão em todas as comarcas, contarão com a estrutura prevista no anexo VII.*

§ 1º. Nas comarcas onde não existirem cargos próprios dos Juizados Especiais, o Presidente do Tribunal de Justiça, mediante proposta do Juiz de Direito, poderá designar servidores para cumprirem as funções nas respectivas unidades jurisdicionais.

§ 2º. O cargo de Secretário é privativo de bacharel em Direito.

§ 3º. ...Vetado...

§ 4º. Aos Oficiais de Justiça que funcionarem nos Juizados Especiais poderá ser atribuída ajuda de custo para transporte, a ser regulamentada por resolução do Conselho de Supervisão.

Art. 64. *Às unidades dos Juizados Especiais Cíveis compete, por distribuição, a conciliação, processamento, julgamento e a execução de causas cíveis de menor complexidade, assim definidas nos termos da lei. Às unidades dos Juizados Especiais Criminais compete, por distribuição, a conciliação, processo, julgamento e a execução de seus julgados, proferidos em processos relativos a infrações penais de menor potencial ofensivo, nos termos da lei, ressalvados o disposto no Art. 74 da Lei Federal 9.099/95 e os casos de competência exclusiva da Vara de Execuções Penais e da Vara de Execução de Penas e Medidas Alternativas, respectivamente.*

Art. 65. *Nas comarcas de entrância intermediária com mais de uma vara, a competência prevista neste título será fixada por resolução do Conselho de Supervisão.*

§ 1º. Nas comarcas de entrância intermediária de Juízo único e nas de entrância inicial, a competência do Juízo será plena e concomitante.

§ 2º. Em casos excepcionais, o Conselho de Supervisão poderá dispor de maneira diversa.

Funcionamento dos Juizados Especiais

Art. 66. *Os Juizados Especiais poderão funcionar descentralizadamente, em unidades a serem instaladas em Distritos Judiciários que compõem as comarcas, bem como nos bairros do município-sede, inclusive de forma itinerante em áreas de elevada densidade populacional, para maior comodidade e presteza no atendimento ao jurisdicionado.*

§ 1º. A instalação de unidades fixas descentralizadas dependerá de prévia aprovação do Presidente do Tribunal de Justiça, mediante requerimento fundamentado do Supervisor do Sistema dos Juizados Especiais Cíveis e Criminais.

§ 2º. As unidades centrais já instaladas poderão ser objeto de descentralização, cuja iniciativa caberá ao Supervisor do Sistema.

§ 3º. Aos Juízes de Direito e servidores do quadro de pessoal do Tribunal de Justiça que funcionarem perante as unidades avançadas poderá ser atribuída ajuda de custo para transporte, a ser regulamentada por resolução do Conselho de Supervisão, observado o limite financeiro imposto pela Lei Complementar nº 101, de 4 de maio de 2000.

***Art. 67.** Sem prejuízo do cumprimento do horário de expediente para os ofícios de justiça do foro judicial, as unidades jurisdicionais cíveis e criminais dos Juizados Especiais poderão funcionar em horário noturno, atendidas as necessidades do serviço e as peculiaridades de cada comarca.*

§ 1º. Aos servidores efetivos do Poder Judiciário poderá ser atribuída gratificação pela prestação de serviços noturnos junto aos Juizados Especiais.

§ 2º. Considera-se serviço noturno, para efeitos de gratificação, aquele realizado fora do horário normal do expediente forense.

§ 3º. Os critérios para concessão e implantação da gratificação serão regulamentados por resolução do Conselho de Supervisão.

§ 4º. A gratificação a que se refere o § primeiro não poderá, a qualquer título, ser cumulada com os valores recebidos pelos Juízes leigos e conciliadores.

***Art. 68.** Os processos e atos relativos aos Juizados Especiais Cíveis e Criminais estão sujeitos à distribuição, observando-se para tanto o contido nos arts. 4º, 6º, 16, 76 e §§ e 84, § único, da Lei Federal 9.099/95, além das disposições do Código de Normas da Corregedoria-Geral da Justiça, no que for pertinente.*

***§ único.** O Conselho de Supervisão baixará instruções relativamente à forma de distribuição dos feitos cíveis e criminais, no prazo de até noventa (90) dias, contados da vigência desta Lei, observando-se que:*

- *a) No Foro Central da Comarca da Região Metropolitana de Curitiba, a distribuição dos feitos cíveis e criminais será feita pelo 5º Ofício Distribuidor, e no Foro Central da Comarca da Região Metropolitana de Londrina, a distribuição será feita pelo 2º Ofício Distribuidor, Contador, Partidor e Depositário Público, sem antecipação de custas;*
- *b) nas demais comarcas do Estado, a distribuição ou o registro, conforme o caso, serão feitos pelos Distribuidores, sem antecipação de custas.*

***Art. 69.** O acesso ao Juizado Especial Cível, no primeiro grau de jurisdição, não dependerá do pagamento de custas, taxas ou de outras despesas.*

§ 1º. O preparo de recurso, na forma do Art. 42, § 1º, da Lei Federal 9.099/95, compreenderá todas as despesas processuais, inclusive aquelas dispensadas em primeiro grau de jurisdição, bem como as taxas recursais, ressalvada a hipótese de assistência judiciária.

§ 2º. Para efeito do disposto no § anterior, bem assim do contido no Art. 55, primeira parte, da Lei Federal 9.099/95, deverão ser cotadas, no curso do processo, as custas, taxas e outras despesas previstas em lei ou resolução.

§ 3º. A isenção de custas, taxas e despesas previstas no caput deste Art. não se aplica a terceiros não-envolvidos na relação processual, para efeito de expedição de certidões.

§ 4º. As custas, taxas e despesas pagas pelas partes reverterão, na forma da lei, em favor do Fundo de Reequipamento do Poder Judiciário - FUNREJUS, excetuadas aquelas devidas aos ofícios não-integrantes do Sistema de Juizados Especiais.

***Art. 70.** Os atos dos Depositários Públicos, Contadores, Partidores e Avaliadores serão praticados pelos respectivos ofícios das comarcas do Estado, sem antecipação de custas.*

Nomeação, Remoção, Opção, Promoção e Permuta Dos Juízes

Nomeação

***Art. 71.** A nomeação do Juiz Substituto para o cargo de Juiz de Direito será feita com observância da ordem de classificação no respectivo concurso.*

Opção e Permuta

***Art. 72.** A opção e a permuta far-se-ão no interesse da Justiça por deliberação do Órgão Especial.*

Promoção e Remoção

***Art. 73.** A promoção e a remoção serão feitas com observância da Constituição Federal, da Lei Orgânica da Magistratura Nacional e da Constituição Estadual.*

***Art. 74.** A antiguidade será apurada na entrância, e o merecimento será aferido mediante critérios objetivos, levando-se em conta:*

- *a) a colocação do juiz, observando-se inicialmente, o primeiro quinto da lista de antiguidade e, vencida esta etapa, o do segundo, do terceiro e assim sucessivamente;*
- *b) a dedicação e o esmero com que desempenha a função;*
- *c) a produtividade e a qualidade dos serviços prestados;*
- *d) o número de vezes que tenha figurado em listas;*
- *e) a frequência a cursos oficiais de aperfeiçoamento; e*
- *f) a publicação de trabalhos jurídicos.*

Compromisso, Posse, Exercício e Antiguidade

Compromisso, Posse e Exercício

***Art. 75.** Nenhuma autoridade judiciária poderá entrar em exercício do cargo sem apresentar o título de nomeação ao órgão ou à autoridade competente para dar-lhe a posse; esta se efetivará mediante compromisso solene de honrar o cargo e de desempenhar com retidão suas funções.*

§ 1º. O compromisso será reduzido a termo, e a posse somente se completará pela entrada em exercício.

§ 2º. No ato de posse, o Juiz deverá apresentar declaração pública de seus bens, sob pena de não se consumar o ato, ou de anulá-lo, caso já investido.

***Art. 76.** O prazo para o Juiz entrar em exercício é de trinta (30) dias, contados da publicação do ato oficial de nomeação, prorrogável por idêntico período mediante solicitação do interessado.*

§ 1º. O pedido de prorrogação será dirigido ao Presidente do Tribunal de Justiça e deverá ser justificado.

§ 2º. Nos casos de promoção, remoção ou permuta, o prazo de entrada em exercício é de quinze (15) dias, prorrogável, justificadamente, por igual prazo, exceto se não houver mudança de comarca, caso em que a assunção deverá ocorrer imediatamente após a publicação do ato.

***Art. 77.** Perderá o direito ao cargo, que será havido como vago, o Juiz que não prestar compromisso ou não entrar em exercício nos prazos do Art. anterior.*

§ único. O órgão ou a autoridade competente para empossar o Juiz verificará se foram satisfeitas, no ato da investidura, as condições estabelecidas em lei.

Art. 78. Os Desembargadores tomarão posse perante o Tribunal, em sessão plenária, salvo manifestação em contrário do empossando.

§ 1º. Quando do ingresso na magistratura, os Juízes Substitutos tomarão posse perante o Presidente do Tribunal de Justiça.

§ 2º. Os atos em referência poderão ocorrer em período de férias.

§ 3º. O termo de compromisso será lavrado em livro próprio, anotando-se a data da posse no verso do título de nomeação.

§ 4º. O Departamento da Magistratura manterá registro atualizado das atividades dos Desembargadores, dos Juízes de Direito e dos Juízes Substitutos.

§ 5º. As anotações aludidas no § anterior, que serão iniciadas após o nomeado prestar o compromisso legal e entrar em exercício, referir-se-ão a remoções, promoções, licenças, interrupções de exercício e quaisquer ocorrências que possam interessar ao cômputo do tempo de serviço.

Antiguidade

Art. 79. O quadro de antiguidade dos Desembargadores, dos Juízes de Direito e dos Juízes Substitutos, composto das listas correspondentes a cada categoria de magistrado, será atualizado anualmente pelo Presidente do Tribunal de Justiça e publicado no Diário de Justiça.

§ 1º. O quadro será publicado até o dia quinze (15) de fevereiro seguinte, e os que se considerarem prejudicados poderão reclamar, no prazo de dez (10) dias, contados da publicação.

§ 2º. Se a reclamação não for rejeitada liminarmente por manifesta improcedência serão ouvidos os interessados cuja antiguidade possa ser prejudicada pela decisão no prazo de dez (10) dias, findo o qual será apreciada pelo Órgão Especial.

§ 3º. Julgada procedente a reclamação, a lista de antiguidade será republicada, com as pertinentes correções.

Art. 80. A antiguidade será apurada na data do efetivo exercício na entrância, prevalecendo, no caso de empate, a colocação na imediatamente inferior, e assim por diante, até se fixar a indicação, considerando-se para esse efeito, sucessivamente, o tempo exercido como Juiz Substituto e a ordem de classificação no respectivo concurso.

§ único. Se persistir a igualdade, a antiguidade será determinada pelo tempo de serviço público prestado ao Estado do Paraná.

Subsídio, Representações, Gratificações, Ajudas de Custo

Diárias e Auxílio Funeral

- **Subsídio, Representações e Gratificações**

Art. 81. O subsídio mensal do Desembargador do Tribunal de Justiça do Estado do Paraná corresponde a 90,25% (noventa inteiros e vinte e cinco centésimos por cento) do subsídio mensal de Ministro do Supremo Tribunal Federal.

§ 1º É irredutível o subsídio dos magistrados, sujeitando-se esse, entretanto, aos impostos gerais, inclusive ao de renda e aos extraordinários, bem como aos descontos fixados em lei.

§ 2º As alterações do subsídio de Ministro do Supremo Tribunal Federal serão estendidas ao subsídio de Desembargador do Tribunal de Justiça do Estado do Paraná, não podendo constituir paradigma para a remuneração de qualquer outro servidor público do Estado.

§ 3º O subsídio dos demais Magistrados serão escalonados, na forma de sua estrutura e com a diferença estabelecida em lei.

§ 4º Os Juízes de entrância final receberão 95% (noventa e cinco por cento) do subsídio do Desembargador e a diferença de uma entrância para outra será de 5% (cinco por cento).

§ 5º Para efeito do § anterior, os Juízes Substitutos serão considerados de categoria imediatamente inferior aos de entrância inicial.

§ 6º O Juiz de Direito que, por ato do Presidente do Tribunal de Justiça, for convocado para substituir em Comarca de entrância imediatamente superior perceberá, durante o período de designação, a diferença de subsídio correspondente ao cargo que passa a exercer.

§ 7º O Juiz de Direito Substituto em Segundo Grau que for designado para substituir no Tribunal perceberá, durante o período da designação, o subsídio devido ao substituto, salvo as vantagens de caráter pessoal.

Art. 82. Além do subsídio mensal, poderão ser outorgadas aos magistrados, nos termos da lei, as seguintes vantagens:

I. ajuda de custo para despesas com transporte e mudança, cursos e seminários de aperfeiçoamento e estudos;

II. diárias;

III. representação;

IV. gratificação por tempo de serviço;

V. décimo terceiro salário;

VI. gratificação de férias; e

VII. gratificação de direção de Fórum.

Art. 83. Aos magistrados será concedida a gratificação adicional de que trata o inciso IV do Art. anterior, no limite de cinco por cento (5%) sobre seu subsídio, por quinquênio de serviço, até o máximo de sete (7).

§ único. É vedada a percepção, a qualquer título, de gratificação adicional por tempo de serviço de forma diversa da disposta neste Art..

Art. 84 O Presidente do Tribunal de Justiça perceberá, mensalmente, pelo exercício do cargo, gratificação correspondente a vinte e cinco por cento (25%) sobre o subsídio. O 1º Vice-Presidente do Tribunal de Justiça e o Corregedor-Geral da Justiça perceberão vinte por cento (20%). O 2º Vice-Presidente do Tribunal de Justiça e o Corregedor perceberão quinze por cento (15%) e os Juízes Diretores do Fórum, farão jus a cinco por cento (5%).

§ 1º Pela substituição transitória, o substituto terá direito à percepção da gratificação de direção de Fórum, proporcionalmente aos dias em que exercer a substituição.

§ 2º Quando o substituto tiver que responder cumulativamente por duas ou mais comarcas, ser-lhe-á devida apenas uma gratificação de direção de fórum, quando a tenha exercido nas condições previstas no § anterior.

Ajudas de Custo e Diárias

Art. 85. A ajuda de custo prevista no inciso I do Art. 82, em importância de até uma (1) remuneração mensal do cargo que exercia, será devida apenas uma vez a cada período de dois anos e desde que o magistrado tenha que transferir residência para outra comarca em decorrência de promoção ou remoção.

§ 1º Em caso de permuta, não será devida ajuda de custo.

§ 2º A critério do Presidente do Tribunal de Justiça, a ajuda de custo poderá ser adiantada.

***Art. 86**. A diária, correspondente a um trinta avos (1/30) do subsídio do magistrado, será paga até o limite de quinze (15) por mês, sempre que este, devidamente autorizado pelo Presidente do Tribunal de Justiça, deslocar-se da respectiva sede a serviço do Poder Judiciário.*

§ 1º O valor da diária será reduzido à metade quando, no âmbito interno, não houver necessidade de pernoite.

§ 2º Ao Juiz Substituto que, autorizado pelo Presidente do Tribunal de Justiça, deslocar-se da seção judiciária para atender outra comarca, serão pagas diárias até o limite de dez (10) por mês. Em seus deslocamentos no âmbito da seção judiciária, ao Juiz Substituto serão atribuídas diárias em casos excepcionais mediante decisão do Presidente do Tribunal de Justiça.

***Art. 87**. A atribuição de diárias aos magistrados é prerrogativa do Presidente do Tribunal de Justiça.*

***§ único**. O afastamento do Presidente do Tribunal de Justiça, dos Vice-Presidentes, do Corregedor-Geral da Justiça e do Corregedor, quando no desempenho de suas correspondentes funções, não depende de autorização.*

Auxílio Funeral

***Art. 88**. Ao cônjuge sobrevivente, ao companheiro pela união estável ou aos herdeiros necessários do magistrado, em caso de falecimento deste, pagar-se-á importância correspondente a um subsídio para atender às despesas de funeral.*

***§ único**. Na falta das pessoas apontadas, quem houver custeado o funeral será indenizado pelas despesas comprovadas até o montante referido neste Art..*

Licenças, Concessões e Férias

Licenças

***Art. 89**. O magistrado poderá afastar-se do cargo em razão de:*

I. licença para tratamento de saúde;

II. licença por motivo de doença em pessoa da família;

III. licença para repouso à gestante;

IV. licença-paternidade;

V. licença para frequentar cursos, congressos, seminários ou reuniões de interesse do Poder Judiciário;

VI. licença especial;

VII. licença para tratar de assuntos particulares por um período de até oito (8) dias, conforme disposto em resolução.

***Art. 90**. A licença para tratamento de saúde será concedida por até trinta (30) dias, mediante apresentação de atestado médico oficial ou do médico assistente do requerente, tendo esse atestado que indicar a classificação internacional da doença (CID).*

§ 1º A concessão de licença, por prazo superior a trinta (30) dias, assim entendida a prorrogação, dependerá de laudo expedido por junta médica oficial, nomeada pelo Presidente do Tribunal de Justiça, quando se tratar de Desembargador ou de Juiz de primeiro grau.

§ 2º Se não houver junta médica oficial na Comarca de exercício do magistrado, a licença poderá ser concedida à vista de atestado assinado por mais de um médico e visado pela junta médica do Tribunal de Justiça, que poderá exigir o exame pessoal do paciente sempre que assim o entender.

***Art. 91**. A licença para tratamento de saúde terá o prazo máximo de dois (2) anos, cuja contagem não se interromperá quando da reassunção do exercício por período de até trinta (30) dias.*

§ 1º Após vinte e quatro (24) meses de afastamento consecutivo, nos termos do caput deste Art., o magistrado será submetido à inspeção de saúde, perante junta médica oficial nomeada pelo Presidente do Tribunal de Justiça.

§ 2º Se a junta médica concluir pelo restabelecimento do magistrado, deverá este reassumir o cargo dentro de dez (10) dias, contados da data do laudo.

§ 3º Se o laudo concluir pela continuação da enfermidade, deverá ser iniciado o processo de aposentadoria do magistrado.

***Art. 92**. O magistrado que houver gozado licença--enfermidade pelo período máximo não poderá ser novamente licenciado, senão depois de um (1) ano de efetivo exercício do cargo, contado da reassunção.*

***§ único**. Antes de decorrido o prazo de que trata este Art., só excepcionalmente poderá ser-lhe concedida outra licença para tratamento de saúde por deliberação do Órgão Especial.*

***Art. 93**. O magistrado licenciado não poderá exercer nenhuma de suas funções jurisdicionais ou administrativas, nem outra função pública ou privada, ressalvado o disposto no § seguinte.*

***§ único**. Salvo contra-indicação médica, o magistrado licenciado poderá proferir decisões em processos que, antes da licença, foram-lhe conclusos para julgamento ou tenham recebido seu visto como relator ou revisor.*

***Art. 94**. O requerimento de licença para tratamento de saúde em pessoa da família do magistrado, além de instruído na forma estabelecida no Art. 90 deste Código, deverá conter a expressa declaração acerca da indispensabilidade da assistência pessoal do magistrado ao paciente e sobre a incompatibilidade da prestação com o exercício do cargo.*

***§ único**. A licença por motivo de doença em pessoa da família será concedida ao magistrado que perceberá seu subsídio integral pelo prazo máximo de trinta (30) dias; além desse tempo, a licença será sem a percepção dos subsídio, salvo situações excepcionais, a critério do Órgão Especial do Tribunal de Justiça.*

***Art. 95**. O direito ao gozo de licença maternidade, com duração de cento e vinte (120) dias, é assegurado à magistrada, sem prejuízo do subsídio e de outras vantagens.*

***Art. 96**. A licença-paternidade de que trata o Art. 89, IV, deste Código será concedida pelo prazo de cinco (5) dias, necessariamente contados a partir do dia do nascimento, ainda que a apresentação da correspondente certidão de nascimento ocorra posteriormente.*

Concessões

***Art. 97**. Sem prejuízo da percepção do subsídio e das vantagens legais, o magistrado poderá afastar-se de suas funções por até oito (8) dias consecutivos, sempre contados a partir do evento, por motivo de:*

I. casamento;

II. falecimento do cônjuge, ascendente, descendente, sogro, sogra ou irmão.

***§ único**. No caso do inciso I deste Art., o magistrado comunicará, com antecedência, o seu afastamento, inclusive a seu substituto legal e, na hipótese do inciso II, as comunicações deverão ser feitas logo que possível.*

Art. 98. *Conceder-se-á afastamento ao magistrado, sem prejuízo da percepção dos subsídio e vantagens:*

I. para frequentar cursos ou seminários de aperfeiçoamento e estudos, a critério do Órgão Especial do Tribunal de Justiça;

II. para prestação de serviços exclusivamente à Justiça Eleitoral;

III. para exercer a presidência da Associação dos Magistrados do Paraná e Associação dos Magistrados Brasileiros;

IV. para exercer o cargo de Diretor-Geral da Escola da Magistratura do Paraná.

Férias

Art. 99. *Os magistrados gozarão de férias anuais consoante disposto no Estatuto da Magistratura e nos períodos fixados por resolução.*

Substituição no Tribunal de Justiça e nas Comarcas

Substituição no Tribunal de Justiça

Art. 100. *A substituição no Tribunal de Justiça será efetuada em conformidade com o Regimento Interno.*

Substituições nas Comarcas

Art. 101. *Os Juízes de Direito, titulares de varas das comarcas de entrância final, serão substituídos por Juízes de Direito Substitutos em primeiro grau, da seção judiciária respectiva, quando for o caso, ou por designação do Presidente do Tribunal de Justiça, que excepcionalmente poderá valer-se de Juízes Substitutos ou de titulares de outras varas.*

Art. 102. *O Presidente do Tribunal de Justiça, sempre que as circunstâncias exigirem, poderá designar Juiz de Direito Substituto em primeiro grau para, cumulativamente, substituir o titular em duas ou mais varas da mesma ou de diversa seção judiciária da mesma comarca de entrância final.*

Art. 103. *As substituições decorrentes de férias, licença, afastamento, impedimento e vacância de cargo pelos Juízes Substitutos no âmbito das comarcas que integram a respectiva seção judiciária, serão incontinenti e automaticamente comunicadas ao Presidente do Tribunal de Justiça e à Corregedoria-Geral da Justiça.*

§ único. *As substituições a serem feitas pelos Juízes de Direito Substitutos em primeiro e segundo graus, conforme seja o caso, processar-se-ão em consonância com as determinações da Presidência do Tribunal de Justiça.*

Art. 104. *Os Juízes Substitutos substituirão, ordinariamente, os Juízes de Direito das comarcas de entrância intermediária e inicial que compuserem a respectiva seção judiciária.*

§ único. *Nos casos de impedimento, de suspeição e de encontrar-se vago o cargo de Juiz Substituto, ou conforme as exigências do serviço, as substituições poderão ser excepcionalmente feitas por Juiz de Direito, mediante designação do Presidente do Tribunal de Justiça.*

Art. 105. *Sempre que conveniente à administração da Justiça, o Presidente do Tribunal poderá deslocar temporariamente Juízes Substitutos de uma para outra seção judiciária, ou designá-los para atender cumulativamente a mais de uma seção ou comarca.*

Aposentadoria, Reversão e Aproveitamento

Aposentadoria

Art. 106. *A aposentadoria dos magistrados será concedida nos termos da Constituição Federal.*

Art. 107. *Reajustar-se-ão os proventos de aposentadoria com a mesma periodicidade e proporção do aumento do subsídio concedido, a qualquer título, aos magistrados em atividade.*

Art. 108. *Computar-se-á em favor dos magistrados, para efeito de aposentadoria e disponibilidade, o tempo de efetivo exercício da advocacia, até o máximo de quinze (15) anos, comprovada a correspondente contribuição previdenciária.*

Art. 109. *O Regimento Interno disciplinará o processo de verificação de invalidez do magistrado, para efeito de sua aposentadoria, com observância dos seguintes requisitos:*

I. o processo terá início a requerimento do magistrado, por ordem do Presidente do Tribunal, de ofício, em cumprimento de deliberação do Órgão Especial, ou por provocação da Corregedoria-Geral da Justiça;

II. tratando-se de incapacidade mental, o Presidente do Tribunal nomeará curador ao paciente, sem prejuízo da defesa que este queira oferecer pessoalmente ou por procurador que constituir;

III. o paciente deverá ser afastado, desde logo, do exercício do cargo até final decisão, devendo o processo ser concluído no prazo de sessenta (60) dias;

IV. a recusa do paciente de submeter-se à perícia médica permitirá o julgamento, este baseado em quaisquer outras provas;

V. o magistrado que, por dois (2) anos consecutivos, afastar-se ao todo por seis (6) meses ou mais para tratamento de saúde, deverá sujeitar-se, ao requerer nova licença para igual fim, dentro de dois (2) anos, a exame para verificação de invalidez;

VI. se o Órgão Especial concluir pela incapacidade do magistrado, os autos serão encaminhados ao Presidente do Tribunal de Justiça.

Reversão e Aproveitamento

Art. 110. *A reversão de magistrado, aposentado por invalidez, bem como o aproveitamento daquele em disponibilidade, dependerá de requerimento do interessado, podendo o Órgão Especial do Tribunal de Justiça deixar de acolher o pedido, se assim for do interesse da Justiça.*

§ 1º. *Em qualquer caso, será necessária a existência de vaga a ser preenchida pelo critério de merecimento, em comarca de categoria igual à que ocupara o requerente, que deverá provar idade não superior a sessenta e cinco (65) anos e aptidão física e mental, mediante laudo de inspeção de saúde expedido por junta médica nomeada pelo Presidente do Tribunal, ouvido o Conselho da Magistratura e tendo como relator o Corregedor-Geral da Justiça.*

§ 2º. *A reversão e o aproveitamento não excluem o cumprimento dos interstícios de trinta (30) anos de serviço público e de cinco (5) anos de efetiva atuação na magistratura, este contado a partir do novo exercício.*

Tratamento, Vestes Talares e Expediente

Art. 111. *Ao Tribunal de Justiça, suas Câmaras e Grupos, cabe o tratamento de egrégio, e a todos os magistrados o de excelência.*

Art. 112. *Os membros do Tribunal de Justiça têm o título de Desembargador e os Magistrados de primeiro grau, o de Juiz de Direito e Juiz Substituto.*

§ único. O magistrado aposentado perderá o tratamento correspondente ao cargo se:

I. inscrever-se nos quadros da Ordem dos Advogados do Brasil;

II. dedicar-se a atividades político-partidárias.

***Art. 113.** Nos Juízos colegiados e nos atos solenes da Justiça é obrigatório o uso de vestes talares, conforme modelo aprovado pelo Órgão Especial do Tribunal de Justiça.*

***Art. 114.** Os magistrados de primeiro grau de jurisdição deverão comparecer diariamente à sede do Juízo, salvo quando em diligência externa, conforme estabelecer o Regimento Interno do Tribunal de Justiça.*

***§ 1º.** As disposições deste Art. não se aplicam aos Juízes de varas de atendimento permanente, que terão seu funcionamento disciplinado por ato do Presidente do Tribunal de Justiça, ouvido o Corregedor-Geral da Justiça.*

***§ 2º.** Serão instituídos, conforme definição do Órgão Especial do Tribunal de Justiça e por ato de seu Presidente, sistemas de plantões permanentes no Tribunal, nas comarcas de entrância final e naquelas que forem sede de seções judiciárias, para atendimento nos dias em que não houver expediente forense normal.*

Juízes de Paz

Nomeação, Atribuições, Competência e Substituição

***Art. 115.** A justiça de paz será composta de cidadãos com competência para celebrar casamentos; verificar, de ofício ou em face de impugnação apresentada, o processo de habilitação; exercer atribuições conciliatórias e outras sem caráter jurisdicional.*

***§ único.** O Juiz de Paz, na celebração de casamento, usará faixa verde e amarela de 10 (dez) centímetros de largura, posta a tiracolo, do lado direito para o esquerdo.*

***Art. 116.** Em cada distrito das comarcas de entrância inicial e intermediária e em cada circunscrição do registro civil das comarcas de entrância final, haverá um (1) Juiz de Paz e dois (2) suplentes, que reúnam os seguintes requisitos:*

I. cidadania brasileira e maioridade civil;

II. gozo dos direitos civis, políticos e quitação com o serviço militar;

III. ter domicílio e residência na sede do distrito ou da comarca, conforme seja o caso;

IV. ter escolaridade correspondente ao segundo grau;

V. ter bons antecedentes e não ser filiado a partido político.

***Art. 117.** O Juiz de Paz tomará posse e entrará no exercício da função perante o Juiz de Direito Diretor de Fórum da circunscrição onde deva servir.*

***§ 1º.** Nos impedimentos, nas ausências ou no abandono do cargo, a substituição do Juiz de Paz será feita, sucessivamente, pelo primeiro e pelo segundo suplentes.*

***§ 2º.** Não havendo suplente para substituição, o Juiz de Direito Diretor de Fórum designará Juiz de Paz ad hoc para intervir nos processos de habilitação de casamento.*

Auxiliares da Justiça

Serventuários e funcionários da justiça e agentes delegados do foro extrajudicial

Composição e Funcionamento

***Art. 118.** Os serviços auxiliares do Poder Judiciário são desempenhados por servidores com a denominação específica de:*

I. funcionários da justiça;

II. serventuários da justiça do foro judicial;

III. agentes delegados do foro extrajudicial.

***Art. 119.** Denominam-se serventuários da justiça do foro judicial os titulares de ofícios da justiça a seguir relacionados:*

I. Escrivanias do Cível;

II. Escrivanias do Crime;

III. Escrivanias da Fazenda Pública, Falências e Concordatas;

IV. Escrivanias de Família;

V. Escrivanias da Infância e da Juventude;

VI. Escrivanias de Execuções Penais;

VII. Escrivania de Inquéritos Policiais;

VIII. Escrivania de Execução de Penas e Medidas Alternativas;

IX. Escrivania de Delitos de Trânsito;

X. Escrivania de Adolescentes Infratores;

XI. Escrivania de Registros Públicos, Acidentes do Trabalho e Precatórias Cíveis;

XII. Escrivania de Precatórias Criminais;

XIII. Escrivania da Corregedoria dos Presídios;

XIV. Escrivanias dos Tribunais do Júri;

XV. Secretarias dos Juizados Especiais, das Turmas Recursais e do Conselho de Supervisão;

XVI. Ofício do Distribuidor;

XVII. Ofício do Contador e Partidor;

XVIII. Ofício do Avaliador;

XIX. Ofício do Depositário Público.

***§ único.** Os ofícios poderão funcionar acumulados, no interesse da Justiça.*

***Art. 120.** Denominam-se agentes delegados do foro extrajudicial os ocupantes da atividade notarial e de registro, a saber:*

I. Tabeliães de Notas;

II. Tabeliães de Protesto de Títulos;

III. Oficiais de Registro de Imóveis;

IV. Oficiais de Registro de Títulos de Documentos e Civis das Pessoas Jurídicas;

V. Oficiais de Registro Civis das Pessoas Naturais;

VI. Oficiais de Registro de Distribuição Extrajudicial;

VII. Oficiais Distritais.

***§ 1º.** Os serviços notariais e de registro poderão funcionar acumulados precariamente, no interesse da Justiça ou em razão do volume da receita e dos serviços.*

***§ 2º.** Os Oficiais Distritais poderão acumular as funções de registrador civil de pessoas naturais e as de tabelião de notas.*

***§ 3º.** Compete ao Presidente do Tribunal de Justiça outorgar a delegação para a atividade notarial e de registro.*

***Art. 121.** Os titulares de ofícios de justiça do foro judicial não remunerados pelos cofres públicos poderão admitir, sob sua responsabilidade e às expensas próprias, tantos empregados quantos forem necessários ao serviço, ficando as relações empregatícias respectivas subordinadas à legislação trabalhista.*

§ 1º. Sob proposta do titular do ofício ao Juiz Diretor de Fórum, este poderá juramentar um ou mais empregados para subscrever atos da serventia, sem alteração da correspondente relação empregatícia.

§ 2º. Para os fins do § anterior, os empregados indicados deverão ter o segundo grau completo e preencher os requisitos enumerados no art .126, incisos I a III, deste Código.

§ 3º. Caberá ao Juiz Diretor de Fórum encaminhar cópia da portaria de juramentação, no prazo de três (3) dias, à Corregedoria-Geral da Justiça, para verificação da regularidade do ato e anotações.

***Art. 122.** Os agentes delegados da justiça do foro extrajudicial poderão admitir, sob sua responsabilidade e às expensas próprias, tantos empregados quantos forem necessários ao serviço, ficando as relações empregatícias respectivas subordinadas à legislação trabalhista.*

§ 1º. Os agentes delegados indicarão, por escrito, seus substitutos e escreventes, para praticar atos, observadas as condições previstas no Art. 121, § 2º, deste Código e as normas fixadas pela Corregedoria--Geral da Justiça, sem alteração da correspondente relação empregatícia, que continuará subordinada à legislação laboral.

§ 2º. Para os fins do § anterior, as indicações serão feitas ao Juiz Corregedor do foro extrajudicial, que, após verificar quanto ao cumprimento das formalidades indispensáveis, submeterá as respectivas propostas ao Juiz Diretor de Fórum, a quem caberá lavrar portaria de juramentação com encaminhamento de cópia à Corregedoria-Geral da Justiça.

***Art. 123.** Denominam-se funcionários da justiça os servidores que constituem o quadro do Tribunal de Justiça, distinguindo-se em:*

I. os integrantes dos cargos da Secretaria do Tribunal;

II. os Auxiliares de Cartório;

III. os Auxiliares Administrativos;

IV. os Oficiais de Justiça;

V. os Comissários de Vigilância;

VI. os Assistentes Sociais;

VII. os Psicólogos;

VIII. os Porteiros de Auditório;

IX. os Agentes de Limpeza;

X. os Secretários do Conselho de Supervisão do Juizado Especial;

XI. os Secretários de Turma Recursal do Juizado Especial;

XII. os Secretários do Juizado Especial;

XIII. os Oficiais de Justiça do Juizado Especial;

XIV. os Auxiliares de Cartório do Juizado Especial;

XV. os Auxiliares Administrativos do Juizado Especial;

XVI. os Contadores e Avaliadores do Juizado Especial.

***§ único.** Os funcionários da justiça subordinam-se às normas do Estatuto dos Funcionários Públicos Civis do Estado do Paraná no que lhes for aplicável.*

***Art. 124.** Consideram-se auxiliares da justiça, entre outros, enquanto estiverem participando de atos judiciais, os administradores, os depositários, os intérpretes, os peritos, os tradutores e os leiloeiros, eventualmente nomeados para fins específicos.*

Concurso, Nomeação e Posse

Serventuários da Justiça do Foro Judicial

***Art. 125.** Os serventuários da justiça serão nomeados mediante concurso de provas e títulos, por ato do Presidente do Tribunal de Justiça.*

***§ único.** A realização do concurso será determinada pelo Presidente do Tribunal de Justiça, após vacância do cargo.*

***Art. 126.** Para ser admitido ao concurso, o candidato deverá preencher os seguintes requisitos no momento da inscrição:*

I. ser brasileiro, estar no exercício dos direitos civis e políticos e quite com o serviço militar, quando for a hipótese;

II. ter idade mínima de dezoito (18) anos;

III. apresentar cédula de identidade fornecida pela repartição estadual;

IV. fazer prova do recolhimento da taxa de inscrição que for fixada pelo Conselho Diretor do FUNREJUS.

***§ único.** Os candidatos classificados deverão comprovar sanidade física e mental, por meio de laudo fornecido por órgão oficial do Estado, apresentar prova de bons antecedentes e indicar fontes de informações pessoais, na forma do regulamento do concurso.*

***Art. 127.** O Regimento Interno do Tribunal de Justiça disporá sobre as formalidades administrativas do concurso, cabendo ao Conselho da Magistratura elaborar seu Regulamento.*

Funcionários da Secretaria do Tribunal de Justiça

***Art. 128.** O Tribunal de Justiça, constituído de quadro próprio, somente admitirá funcionários mediante concurso público de provas, ou de provas e de títulos, excetuados os cargos em comissão.*

***§ único.** O concurso obedecerá ao que dispuser o regimento interno e as normas do regulamento que for elaborado pela Comissão de Concursos e de Promoções do Tribunal de Justiça.*

***Art. 129.** Para ser admitido ao concurso, o candidato, com idade mínima de dezoito (18) anos completos quando da inscrição, deverá preencher os requisitos estabelecidos no Art. 126, incisos I e III, deste Código, além de outras condições que vierem a ser impostas pelo regulamento, inclusive quanto ao grau de escolaridade e de habilitação profissional ou técnica exigidos, conforme a natureza do cargo a ser ocupado.*

***Art. 130.** A nomeação dos candidatos aprovados será efetivada por ato do Presidente do Tribunal de Justiça.*

Oficiais de Justiça, Porteiros de Auditório, Auxiliares de Cartório e Administrativos, Comissários de Vigilância e Agentes de Limpeza

***Art. 131.** O concurso para provimento desses cargos obedecerá ao que dispuserem o Regimento Interno do Tribunal de Justiça e o regulamento baixado para tal fim, observadas as disposições legais aplicáveis à espécie.*

***Art. 132.** Para ser admitido ao concurso, o candidato deverá preencher os requisitos do Art. 126 deste Código.*

§ 1º. Para o cargo de agente de limpeza, exigir-se-á escolaridade equivalente ao Ensino Fundamental e para o de auxiliar de cartório, escolaridade

correspondente ao segundo grau completo.

§ 2º. ...Vetado...

§ 3º. Será concedido a critério da administração do Poder Judiciário, o pagamento do tempo integral e de dedicação exclusiva – TIDE, ao Oficial de Justiça em face do horário previsto para o cumprimento dos mandatos judiciais, estipulados no Código de Processo Civil, assim como no Código de Normas da Corregedoria-Geral do Tribunal de Justiça do Estado do Paraná.

Art. 133. Os Agentes de Limpeza serão admitidos mediante teste seletivo, sob o regime da Consolidação das Leis do Trabalho, ficando os atuais cargos extintos à medida que vagarem.

Art. 134. Os candidatos aprovados serão nomeados na forma prevista no Art. 130 deste Código.

Posse

Art. 135. Os funcionários da Secretaria do Tribunal tomarão posse perante o Secretário.

§ único. Os serventuários da justiça tomarão posse perante o Juiz Diretor de Fórum da comarca onde exercerão suas funções.

Art. 136. A Secretaria do Tribunal manterá registro apropriado referente a seus serviços, devendo nele ser anotada toda e qualquer alteração ocorrida na carreira funcional de seus quadros.

Disposições Especiais

Art. 137. O regulamento próprio da Secretaria do Tribunal de Justiça disciplinará as atribuições do quadro funcional, levando em conta:

I. a descentralização e racionalização dos serviços;

II. o exercício em comissão de funções de chefia, observados os parâmetros técnicos recomendáveis, inclusive no que tange à indispensável relação de proporcionalidade numérica entre chefes e subordinados diretos.

Remoções, Permutas e Promoções

Art. 138. A remoção ou promoção dos Titulares de Ofício, correrá por ato do Presidente do Tribunal de Justiça, entre o serventuário que esteja respondendo pela designação da serventia, se assim o requerer e os demais candidatos indicados pelo Conselho da Magistratura de acordo com as regras por este aprovadas.

§ 1º. A permuta dar-se-á por requerimento das partes, por ato do Presidente do Tribunal de Justiça.

§ 2º. A promoção e remoção observarão os critérios de antiguidade e merecimento, alternadamente.

Art. 139. No caso de vacância de ofício, o Juiz Diretor de Fórum fará imediata comunicação ao Presidente do Tribunal de Justiça, que autorizará a expedição de edital, convocando os interessados à remoção, à promoção ou ao provimento, mediante concurso público, se não houver interessado em remoção.

Art. 140. Decorrido o prazo legal, os pedidos serão reunidos em uma só autuação e encaminhados à Corregedoria-Geral de Justiça, que, após parecer, submetê-los-á à prévia deliberação do Conselho da Magistratura.

§ único. Será excluído o pretendente que tenha sofrido pena disciplinar, salvo se, não-reincidente, já decorridos mais de dois (2) anos da última punição.

Art. 141. Vencidas as fases de que trata o Art. anterior, o Corregedor-Geral da Justiça relatará o processo perante o Conselho da Magistratura, que deliberará quanto à indicação ou não de pretendentes.

§ único. Publicado o decreto de remoção, o serventuário da justiça do foro judicial terá o prazo de dez (10) dias para assumir as novas funções, salvo em caso de remoção no âmbito da mesma comarca, quando a assunção será imediata.

Art. 142. Não havendo candidatos à remoção ou à promoção, quando for o caso, ou tendo sido indeferidos pedidos eventualmente feitos, será expedido edital de chamamento a concurso público para provimento do cargo vago por nomeação.

Art. 143. Aplicam-se aos Oficiais de Justiça, assim como aos Auxiliares de Cartório, aos Auxiliares Administrativos e Comissários de Vigilância, no que couberem, as disposições contidas neste Capítulo.

Art. 144. Ao concurso de remoção somente poderão ser admitidos titulares que exerçam a atividade por mais de dois (2) anos, salvo se não houver candidato que atenda este requisito.

Serventuários da Justiça do Foro Judicial

Atribuições

Art. 145. Aos servidores do foro judicial em geral incumbe:

I. aos Escrivães, a prática de todos os atos privativos previstos em lei, observados as formas, usos, estilos e costumes seguidos no foro.

II. aos Distribuidores, a distribuição de todos os processos e atos entre Juízes, Escrivães, titulares de ofícios de justiça e agentes delegados do foro extrajudicial, observadas as seguintes regras:

a) estão sujeitos à distribuição, unicamente, os processos e atos pertencentes à competência de dois ou mais Juízes ou de dois ou mais serventuários ou ainda de dois ou mais agentes delegados;

b) é vedado ao Distribuidor reter quaisquer processos e atos destinados à distribuição, a qual deve ser feita imediatamente e em ordem rigorosamente sucessiva, à proporção que lhe forem apresentados;

c) no caso de incompatibilidade ou suspeição daquele a quem for distribuído algum processo ou ato, em tempo oportuno se lhe fará a compensação;

d) distribuir-se-ão, por dependência, os feitos de qualquer natureza que se relacionarem com outros já distribuídos e ajuizados;

e) os atos e processos que não estiverem sujeitos à distribuição por não pertencerem à competência de dois ou mais Juízes ou de dois ou mais serventuários ou ainda de dois ou mais agentes delegados, serão, não obstante, prévia e obrigatoriamente registrados pelo Distribuidor em livro próprio;

f) cumprir as normas editadas pela Corregedoria-Geral da Justiça e pelo Juiz Diretor de Fórum.

III. aos Contadores:

a) contar, em todos os feitos, antes da sentença ou de qualquer despacho definitivo, mediante ordem do Juiz, os emolumentos e as custas, conforme previsto no regimento respectivo;

b) proceder à contagem do principal e dos juros nas ações referentes a dívidas em quantia certa e nos cálculos aritméticos que se fizerem necessários relativamente a direitos e obrigações;

c) fazer o cálculo para pagamento de impostos;

d) cumprir, sob pena de responsabilidade, as disposições legais sobre recolhimento de importâncias devidas a instituições ou fundos.

IV. aos Partidores, organizar as partilhas judiciais.

V. aos Depositários Públicos, ter sob sua guarda e segurança, com obrigação legal de os restituir na oportunidade própria, os bens corpóreos apreendidos judicialmente, salvo os que forem confiados a depositários particulares.

VI. aos Avaliadores Judiciais, por distribuição nas comarcas em que houver mais de um, expedir laudo de avaliação de bens, rendimentos, direitos e ações, segundo o que for determinado no mandado.

Outros Auxiliares da Justiça

Atribuições

Art. 146. *Aos Oficiais de Justiça incumbe:*

I. fazer citações, arrestos, penhoras e demais diligências que lhe forem cometidas;

II. lavrar autos e certidões referentes aos atos que praticarem;

III. convocar pessoas idôneas para que testemunhem atos de sua função, quando a lei assim o exigir;

IV. exercer, onde não houver, as funções de porteiro de auditório, mediante designação do Juiz;

V. exercer cumulativamente quaisquer outras funções previstas neste Código e dar cumprimento às ordens emanadas da Corregedoria-Geral da Justiça e do Juízo pertinentes aos serviços judiciários.

Art. 147. *Incumbe aos Porteiros de Auditórios:*

I. apregoar e fazer a chamada das partes e testemunhas;

II. apregoar os bens, nas praças e leilões judiciais;

III. passar certidões de pregões, editais, praças, arrematações ou de quaisquer outros atos que praticarem no exercício da função.

Art. 148. *Aos Comissários de Vigilância incumbe:*

I. exercer vigilância sobre as crianças e adolescentes e fiscalizar a execução das leis de assistência e proteção que lhes digam respeito;

II. proceder mediante determinação judicial às investigações relativas a crianças e adolescentes, seus pais, tutores ou encarregados de sua guarda, com o fim de esclarecer a ocorrência de fatos ou circunstâncias que possam comprometer sua segurança física e moral;

III. apreender e conduzir, por determinação judicial, crianças e adolescentes abandonados ou infratores e proceder, a respeito deles, às investigações referidas no inciso anterior;

IV. manter o serviço de fiscalização de crianças e adolescentes sujeitos à liberdade assistida ou entregues mediante termo de responsabilidade e guarda;

V. auxiliar no preparo de processos relativos a crianças e adolescentes, promover medidas preliminares de instrução determinadas pelo Juiz, incluindo a tomada de declarações de pais, tutores ou responsáveis e de demais pessoas que possam oferecer esclarecimentos;

VI. exercer vigilância sobre crianças e adolescentes em ambientes públicos, em cinemas, teatros e casas de diversão públicas em geral, mediante ordem de serviço específica para a diligência;

VII. proceder a todas as investigações concernentes a crianças e adolescentes junto ao meio em que vivem e às pessoas que os cercam e efetivar o encaminhamento necessário dessa pesquisa aos órgãos e entidades competentes;

VIII. investigar os antecedentes de crianças e adolescentes e de seus familiares;

IX. colaborar junto aos programas oficiais de voluntariado do Poder Judiciário ou sob a fiscalização deste.

Art. 149. *Revogado;*

Art. 150. *Aos Auxiliares de Cartório e Administrativos incumbe desempenhar serviços compatíveis com as funções, sob a responsabilidade do titular respectivo.*

Vencimentos, Ajudas de Custo, Licenças e Férias

Vencimentos

Art. 151. *Os vencimentos dos titulares de ofícios da justiça remunerados, exclusivamente, pelos cofres públicos e os dos funcionários da justiça serão fixados em lei, observados os princípios constitucionais.*

§ 1º. *Nenhum dos auxiliares da justiça referidos no caput deste Art. poderá perceber, mensalmente, remuneração bruta superior à percebida pelos Juízes de Direito de entrância final, salvo a acumulação de proventos com vencimentos de cargo em comissão.*

§ 2º. *O Presidente do Tribunal de Justiça baixará, no prazo de noventa (90) dias, contados da vigência deste Código, ato dispondo sobre a forma de aplicação da norma contida no § anterior.*

Ajudas de Custo

Art. 152. *Aos auxiliares da justiça do foro judicial é devida a ajuda de custo no valor de até uma (1) remuneração mensal, para cobrir despesas de transporte, quando tiverem que transferir residência para outra comarca, em virtude de promoção ou de remoção.*

§ único. *Na fixação do valor da ajuda de custo, que não será concedida em intervalo inferior a dois (2) anos, tomar-se-á em conta a distância a ser percorrida com a mudança.*

Licenças

Art. 153. *A licença para tratamento de saúde será concedida à vista de atestado médico, com indicação da classificação internacional da doença (CID). Se superior a trinta (30) dias, mediante a apresentação de laudo expedido por junta médica nomeada pelo Presidente do Tribunal.*

§ único. *Aplicam-se no que couber as disposições do Estatuto dos Funcionários Públicos Civis do Estado do Paraná.*

Férias

Art. 154. *Os titulares de ofício das escrivanias remuneradas pelos cofres públicos e os funcionários* *da justiça gozarão férias previstas no Estatuto dos Funcionários Públicos Civis do Estado do Paraná, mediante escala organizada no princípio de cada ano pelo Juiz Diretor de Fórum ou pelo chefe de serviço a que estiverem subordinados, com comunicação ao Presidente do Tribunal de Justiça e ao Corregedor-Geral da Justiça.*

***§ 1º.** As férias deverão ser gozadas nos doze (12) meses seguintes, a contar da data em que se completou o período aquisitivo, salvo imperiosa necessidade da administração da justiça, quando as férias poderão ser cassadas, assegurada sua oportuna fruição.*

***§ 2º.** Havendo comprovada necessidade do serviço, a critério da autoridade a que estiver imediatamente subordinado o servidor, as férias poderão ser interrompidas, assegurado o direito de gozo dos dias remanescentes oportunamente.*

Substituições

***Art. 155.** O titular de ofício do foro judicial será substituído por qualquer dos funcionários da justiça indicados no Art. 123, incisos II, III, XIV e XV, lotados na Secretaria ou Vara, por empregado juramentado ou por titular de outro ofício da mesma Comarca, designado pelo Juiz Diretor de Fórum.*

***§ 1º.** O Presidente do Tribunal de Justiça, em situações especiais, poderá designar para o exercício de substituição transitória, titular de ofício de outra comarca, ouvidas as respectivas autoridades.*

***§ 2º.** O substituto do titular de ofício remunerado pelos cofres públicos, durante o período de substituição, perceberá proporcionalmente o vencimento ou diferença dos vencimentos do substituído.*

***Art. 156.** A substituição dos servidores do Tribunal de Justiça far-se-á de acordo com o regulamento próprio.*

Incompatibilidades, Impedimentos e Suspeições

***Art. 157.** As incompatibilidades dos serventuários da justiça do foro judicial e dos funcionários da justiça regulam-se pelo Estatuto dos Funcionários Públicos Civis do Estado do Paraná, e os impedimentos e suspeições, pelas normas contidas no Código de Processo Civil, no que forem pertinentes.*

Aposentadoria

***Art. 158.** A aposentadoria dos serventuários do foro judicial sujeitar-se-á à legislação específica.*

***§ único.** O pedido de aposentadoria dos serventuários da Justiça do foro judicial tramitará junto à secretaria do Tribunal de Justiça, levando-se a efeito mediante decreto do Presidente.*

***Art. 159.** O processo de aposentadoria dos funcionários da Justiça tramitará perante a Secretaria do Tribunal de Justiça, e será efetivada por decreto do Presidente.*

Direitos e Garantias

***Art. 160.** Os direitos e garantias dos auxiliares da justiça do foro judicial são os estabelecidos em lei e neste Código.*

Foro Judicial

Deveres

***Art. 161.** Os auxiliares da justiça deverão exercer suas funções com dignidade e compostura, obedecendo às determinações de seus superiores e cumprindo as disposições a que estiverem sujeitos.*

***Art. 162.** Os auxiliares da justiça terão domicílio e residência na sede da comarca em que exercerem suas funções e, sendo titulares de ofício do foro judicial, deverão permanecer à frente das respectivas serventias.*

Penalidades

***Art. 163.** Os auxiliares da justiça do foro judicial, pelas faltas cometidas no exercício de suas funções, ficarão sujeitos às seguintes penas disciplinares:*

I. *de advertência, aplicada por escrito em caso de mera negligência;*

II. *de censura, aplicada por escrito em caso de falta de cumprimento dos deveres previstos neste Código, e também de reincidência de que tenha resultado aplicação de pena de advertência;*

III. *de devolução de custas em dobro, aplicada em casos de cobrança de custas que excedam os valores fixados na respectiva tabela, a qual ainda poderá ser cumulada com outra pena disciplinar;*

IV. *de suspensão, aplicada em caso de reincidência em falta de que tenha resultado na aplicação de pena de censura, ou em caso de infringência às seguintes proibições:*

- *a)* *exercer cumulativamente dois ou mais cargos ou funções públicas, salvo as exceções permitidas em lei;*
- *b)* *retirar, modificar ou substituir, sem prévia autorização da autoridade competente, qualquer documento de órgão estatal, com o fim de criar direito ou obrigação ou de alterar a verdade dos fatos;*
- *c)* *valer-se do cargo ou função para obter proveito pessoal em detrimento da dignidade do cargo ou função;*
- *d)* *praticar usura;*
- *e)* *receber propinas e comissões de qualquer natureza em razão do cargo ou função;*
- *f)* *revelar fato ou informação de natureza sigilosa de que tenha ciência em razão do cargo ou função;*
- *g)* *delegar, salvo nos casos previstos em lei, o desempenho de encargo que a si competir ou a seus subordinados;*
- *h)* *deixar de comparecer ao trabalho sem causa justificada;*
- *i)* *retirar ou utilizar materiais e bens do Estado indevidamente;*
- *j)* *deixar de cumprir atribuições inerentes ao cargo no prazo estipulado;*

V. *de demissão, aplicada nos casos de:*

- *a)* *crimes contra a administração pública;*
- *b)* *abandono de cargo;*
- *c)* *falta ao serviço, sem justa causa, por sessenta (60) dias alternados durante o ano;*
- *d)* *ofensa grave, física ou moral, em serviço, contra servidor ou particular, salvo escusa legal;*
- *e)* *reincidência, em caso de insubordinação;*
- *f)* *aplicação irregular de dinheiro público;*
- *g)* *transgressão dolosa a proibição legal de natureza grave;*
- *h)* *reincidência na prática de infração disciplinar pelo funcionário que, nos quatro (4) anos imediatamente anteriores, tenha sido punido com pena de suspensão igual*

ou superior a cento e oitenta (180) dias, aplicada isoladamente ou resultante da soma de várias penas de suspensão.

§ 1º. A pena de suspensão poderá ser convertida em multa quando houver conveniência para o serviço, à razão de cinquenta por cento (50%) do valor do salário a que no período imposto fizer jus o servidor, que fica obrigado neste caso a permanecer em atividade.

§ 2º. Para os fins do inciso V, alínea "b", deste Art., considera-se abandono de cargo a ausência ao serviço, sem justa causa, por mais de trinta (30) dias.

§ 3º. Durante o período de suspensão, o auxiliar da justiça perderá todas as vantagens decorrentes do exercício do cargo.

§ 4º. Na aplicação das penalidades, considerar-se-ão a natureza e a gravidade da infração, os meios empregados, os danos que dela provierem para o serviço público e os antecedentes funcionais do servidor.

***Art. 164**. Será cassada a aposentadoria se ficar provado que o inativo:*

I. praticou falta grave no exercício do cargo ou função;

II. aceitou ilegalmente cargo ou função pública;

III. aceitou representação de Estado estrangeiro sem prévia autorização do Presidente da República;

IV. praticou usura em qualquer de suas formas;

V. perdeu a nacionalidade brasileira.

***Art. 165**. São competentes para aplicação das penalidades disciplinares o Conselho da Magistratura, Corregedor-Geral da Justiça e os Juízes perante os quais servirem ou a quem estiverem subordinados os servidores, observado o seguinte:*

I. o Conselho da Magistratura poderá aplicar quaisquer das penalidades previstas nos Arts. 163 e 164

II. o Corregedor-Geral da Justiça e os Juízes poderão aplicar as penas de advertência, censura, devolução de custas em dobro e suspensão até trinta (30) dias.

***Art. 166**. As penas de advertência, censura e devolução de custas em dobro poderão ser aplicadas em sindicância, respeitados o contraditório e a ampla defesa.*

***Art. 167**. Qualquer penalidade imposta ao auxiliar da justiça será comunicada à Corregedoria-Geral da Justiça para as devidas anotações.*

***Art. 168**. Se a pena imposta for a de demissão ou de cassação de aposentadoria, a decisão será remetida ao Presidente do Tribunal de Justiça, que expedirá o respectivo decreto, comunicando o fato, na segunda hipótese, ao Tribunal de Contas.*

***Art. 169**. Sempre que houver comprovação de prática de crime de ação penal pública, remeter-se-ão peças ao Ministério Público.*

***Art. 170**. As penalidades de advertência, censura e devolução de custas em dobro terão seus registros cancelados após o decurso de três (3) anos, e a de suspensão após cinco (5) anos, respectivamente, contados da aplicação ou do cumprimento da pena, se o servidor não houver, nesse período, praticado nova infração disciplinar.*

***Art. 171**. Mediante decisão do Corregedor-Geral da Justiça, os auxiliares da justiça de que trata este capítulo poderão ser afastados do exercício do cargo quando criminalmente processados ou condenados enquanto estiver tramitando o processo ou pendente de execução a pena aplicada.*

***§ único**. Recebida a denúncia ou transitada em julgado a sentença, o Juiz do processo remeterá ao Corregedor-Geral da Justiça cópias das respectivas peças.*

***Art. 172**. O Corregedor-Geral da Justiça, por decisão fundamentada, poderá afastar os auxiliares da justiça do exercício do cargo, pelo prazo de sessenta (60) dias, prorrogável por igual período, se houver necessidade de acautelamento a fim de evitar a continuidade dos ilícitos administrativos praticados, para garantia da normalidade do serviço público ou por conveniência da instrução do processo administrativo.*

***Art. 173**. Fica assegurado ao serventuário titular da serventia, desde que não perceba remuneração dos cofres públicos, quando do afastamento ocorrido pela aplicação das normas contidas nos Arts. 171 e 172 deste Código, o direito à percepção mensal de metade da renda líquida da serventia; a outra metade será depositada em conta bancária remunerada à disposição do Juízo.*

***Art. 174**. Afastado o titular, o Corregedor-Geral da Justiça designará interventor para responder pela serventia, fixando-lhe a remuneração.*

***Art. 175**. A pena de demissão ou de cassação de aposentadoria será aplicada ao auxiliar da justiça do foro judicial:*

I. em virtude de sentença que declare a perda de cargo ou de função pública;

II. mediante processo administrativo em que lhe seja assegurada ampla defesa.

***Art. 176**. A punição dos funcionários da Secretaria do Tribunal será efetivada por ato do Presidente.*

Prescrição

***Art. 177**. Prescreverá o direito de punir:*

I. em três (3) anos, para as infrações sujeitas às penalidades de advertência, censura, devolução de custas em dobro e suspensão.

II. em cinco (5) anos, para as infrações sujeitas à pena de demissão e de cassação de aposentadoria.

***§ único**. A punibilidade da infração, também prevista na lei penal como crime, prescreve juntamente com este.*

***Art. 178**. O prazo de prescrição começa a correr da data em que o fato se tornou conhecido pela autoridade competente para aplicar a penalidade.*

§ 1º. Interrompe-se a contagem do prazo de prescrição com:

I. a abertura da sindicância;

II. a instauração do processo administrativo;

III. a decisão de mérito proferida em sindicância ou no processo administrativo; IV – o acórdão proferido no julgamento do recurso interposto em face da decisão a que se refere o inciso III deste §;

§ 2º. A abertura da sindicância meramente preparatória do processo administrativo, desprovida de contraditório e da ampla defesa, não interrompe a prescrição.

§ 3º. Suspende-se o prazo prescricional quando a autoridade reputar conveniente o sobrestamento do processo administrativo até a decisão final do inquérito policial, da ação penal ou da ação civil pública, desde que originadas no mesmo fato do processo administrativo.

§ 4º. Interrompida a prescrição, todo o prazo começa a correr novamente do dia da interrupção.

Processo Administrativo

Art. 179. *O processo administrativo terá início após a certeza dos fatos, por portaria baixada por Juiz ou pelo Corregedor-Geral da Justiça, na qual se imputarão os fatos ao servidor, delimitando-se o teor da acusação.*

§ único. *Os atos instrutórios do processo poderão ser delegados pelo Corregedor-Geral da Justiça a Juiz ou a assessor lotado na Corregedoria-Geral da Justiça.*

Art. 180. *Ao servidor acusado será dada a notícia dos termos da acusação, devendo ele ser citado para, no prazo de dez (10) dias, apresentar defesa e requerer a produção de provas.*

§ 1º. A citação far-se-á:

I. por mandado ou pelo correio, por meio de ofício sob registro e com aviso de recebimento;

II. por carta precatória ou de ordem;

III. por edital, com prazo de quinze (15) dias.

§ 2º. O edital será publicado três (3) vezes no Diário da Justiça e afixado no átrio do Fórum ou no da Corregedoria-Geral da Justiça.

Art. 181. *Em caso de revelia, será designado pela autoridade competente defensor dativo ao servidor.*

Art. 182. *Apresentada defesa, seguir-se-á a instrução com a produção das provas deferidas, podendo a autoridade instrutora determinar a produção de outras necessárias à apuração dos fatos.*

§ 1º. A autoridade que presidir a instrução deverá interrogar o servidor acusado acerca da imputação, designando dia, hora e local e determinando sua intimação bem como a de seu advogado.

§ 2º. Em todas as cartas precatórias e de ordem, a autoridade processante declarará o prazo dentro do qual elas deverão ser cumpridas. Vencido esse prazo, o feito será levado a julgamento independentemente de seu cumprimento.

§ 3º. Encerrada a instrução, será concedido um prazo de cinco (5) dias para as alegações finais do acusado.

§ 4º. Apresentadas as alegações finais, a autoridade competente proferirá decisão.

§ 5º. Instaurado o processo administrativo por determinação do Corregedor-Geral da Justiça, este, após receber os autos com o relatório elaborado pela autoridade instrutora, decidi-lo-á ou o relatará, conforme o caso, perante o Conselho da Magistratura.

§ 6º. A instrução deverá ser ultimada no prazo de cento e vinte (120) dias, prorrogáveis por mais sessenta (60) dias.

Abandono do Cargo

Art. 183. *Caracterizada a ausência do servidor na forma do Art. 163, § 2º, deste Código, fará o Juiz a respectiva comunicação à Corregedoria-Geral da Justiça.*

Art. 184. *Diante da comunicação da ausência do servidor, e havendo indícios de abandono de cargo, o Corregedor-Geral da Justiça baixará portaria instaurando processo administrativo, com expedição de edital de chamamento e citação, que será publicado no Diário da Justiça por três (3) dias consecutivos, convocando o servidor a justificar sua ausência ao serviço no prazo de dez (10) dias, contados da última publicação.*

Art. 185. *Se procedente a justificativa apresentada pelo servidor, deverá ele reassumir imediatamente suas funções.*

§ único. *Não ocorrendo o retorno do servidor à atividade, segue-se o procedimento estabelecido nos Arts. 180 e 181 deste Código.*

Art. 186. *Declarado o abandono do cargo pelo Conselho da Magistratura, os autos serão encaminhados ao Presidente do Tribunal de Justiça, que expedirá o decreto de demissão do servidor.*

Recursos

Art. 187. *Das decisões do Juiz ou do Corregedor-Geral da Justiça caberá recurso em último grau ao Conselho da Magistratura no prazo de quinze (15) dias.*

Art. 188. *Das decisões originárias do Conselho da Magistratura cabe recurso ao Órgão Especial no prazo de quinze (15) dias.*

Art. 189. *O recurso será interposto perante a autoridade que houver proferido a decisão recorrida, a qual, se o receber, encaminhá-lo-á no prazo de dois (2) dias ao órgão competente para julgamento.*

§ 1º. Só não será recebido o recurso em caso de intempestividade.

§ 2º. O recurso será sempre recebido nos efeitos devolutivo e suspensivo.

Foro Extrajudicial

Disposições Preliminares

Art. 190. *Aplica-se o regime deste título aos Notários e Registradores.*

§ único. *Aos oficiais de registro de pessoas naturais, aos de registro de imóveis, aos de registro de títulos e documentos, aos tabeliães de protestos e aos tabeliães de notas, incumbem as atribuições inerentes aos seus ofícios, segundo as disposições legais e observados os limites circunscricionais, quanto aos dois primeiros.*

Art. 191. *Além do contido no Art. 13 da Lei Federal 8935/94, observar-se-á o seguinte:*

I. quanto às escrituras, será permitido às partes indicar o tabelião de sua preferência, que encaminhará ao ofício de registro e distribuição, para fins de registro, relação contendo todas as escrituras lavradas em prazo não superior a dez (10) dias, contados da lavratura;

II. nos distritos, esses registros serão feitos pelo próprio oficial distrital, em livro próprio, com encaminhamento no prazo de dez (10) dias da correspondente relação das escrituras lavradas ao Ofício de Registro de Distribuição para os devidos fins.

III. nas comarcas onde haja dois ou mais ofícios de títulos e documentos e de pessoas jurídicas, o ofício de registro de distribuição procederá, antes da realização de seu registro, à distribuição eqüitativa dos títulos e documentos em número e valores. Serão também registrados, previamente, no Distribuidor os aditivos, alterações, averbações e anexos. As notificações e interpelações são de livre escolha do interessado, não ensejando compensação entre os ofícios, os quais deverão comunicar o Distribuidor para fins de registro, no prazo máximo de quarenta e oito (48) horas, a contar do protocolo;

IV. da relação a que alude os itens anteriores deverá constar o valor recolhido, quando devido, em favor do Fundo de Reequipamento do Poder Judiciário - FUNREJUS, sob pena de responsabilidade;

V. em caso de inobservância do disposto no item anterior, o oficial titular do ofício de registro de distribuição comunicará ao Juiz competente, sob pena de responsabilidade.

Deveres

Art. 192. *São deveres dos Notários e Registradores:*

I. *manter em ordem os livros, papéis e documentos de sua serventia, guardando-os em local seguro;*

II. *atender as partes com eficiência, urbanidade e presteza;*

III. *atender prioritariamente as requisições de papéis, documentos, informações ou providências que lhes forem feitas pelas autoridades judiciárias ou administrativas para defesa das pessoas jurídicas de direito público em Juízo;*

IV. *manter em arquivo as leis, regulamentos, resoluções, provimentos, regimentos, ordens de serviço e quaisquer outros atos que digam respeito a sua atividade;*

V. *proceder de forma a dignificar a função exercida, tanto nas atividades profissionais como na vida privada;*

VI. *guardar sigilo sobre a documentação e os assuntos de natureza reservada de que tenham conhecimento em razão do exercício de sua profissão;*

VII. *afixar em local visível, de fácil leitura e acesso ao público, as tabelas de emolumentos em vigor;*

VIII. *observar os emolumentos fixados para a prática dos atos do seu ofício;*

IX. *dar recibo discriminado dos emolumentos percebidos;*

X. *observar os prazos legais fixados para a prática dos atos do seu ofício;*

XI. *fiscalizar o recolhimento dos valores devidos incidentes sobre os atos que devam praticar;*

XII. *facilitar por todos os meios o acesso à documentação existente às pessoas legalmente habilitadas;*

XIII. *encaminhar ao Juízo competente as dúvidas suscitadas, obedecida a sistemática processual fixada pela legislação respectiva;*

XIV. *observar as normas técnicas estabelecidas pela autoridade competente e as prescrições legais e normativas;*

XV. *residir na sede da comarca ou no distrito em que exerçam suas funções;*

XVI. *comparecer pontualmente à hora de iniciar seu expediente e não se ausentar injustificadamente antes do término das atividades;*

XVII. *cumprir as instruções da Corregedoria-Geral da Justiça.*

Proibições

Art. 193. *Aos Notários e Registradores, além de outras previstas em lei, são estabelecidas as seguintes proibições:*

I. *o exercício da advocacia, da intermediação de seus serviços ou o exercício de qualquer cargo, emprego ou função pública, ainda que em comissão, salvo cargo eletivo nos termos da lei;*

II. *no serviço de que é titular, praticar pessoalmente qualquer ato de seu interesse ou de seu cônjuge ou de parentes, na linha reta ou na colateral, consanguíneos ou afins até o terceiro grau;*

III. *a conduta atentatória às instituições notariais e de registro;*

IV. *a cobrança indevida ou excessiva de custas, ainda que sob a alegação de urgência ou a qualquer outro título;*

V. *valer-se do cargo para obter proveito indevido para si ou para outrem.*

Penalidades

Art. 194. *São penas disciplinares:*

I. *repreensão;*

II. *multa;*

III. *suspensão por noventa (90) dias, prorrogáveis por mais trinta (30);*

IV. *perda da delegação.*

Art. 195. *Na aplicação da pena, levar-se-ão em conta as disposições do Art. 163, § 4º, deste Código.*

Art. 196. *São cabíveis penas disciplinares de:*

I. *repreensão, aplicada no caso de falta leve;*

II. *multa, em caso de reincidência ou de infração que não configure falta mais grave;*

III. *suspensão, aplicada em caso de reiterado descumprimento dos deveres ou de falta grave;*

IV. *perda da delegação nos casos de:*

a) *crimes contra a administração pública;*

b) *abandono da serventia por mais de trinta (30) dias;*

c) *transgressão dolosa a proibição legal de natureza grave.*

§ único. *As penas serão impostas pelo órgão competente, independentemente da ordem de gradação, conforme a gravidade do fato.*

Art. 197. *O valor da pena de multa será fixado, considerados os rendimentos da delegação, em dias-multa, observados os critérios previstos no Código Penal.*

§ 1º. *O recolhimento da multa a que se refere o caput deste Art. deverá ser efetuado nos termos do Art. 3º, inciso XXIII, da Lei Estadual 12.216/98.*

§ 2º. *A comprovação do pagamento a que se refere este Art. far-se-á com a juntada ao respectivo procedimento de guia de recolhimento, devidamente autenticada pelo banco oficial, que encaminhará as demais guias ao seu destino.*

Art. 198. *As penalidades de repreensão e de multa terão seus registros cancelados após o decurso de dois (2) anos e a de suspensão após o decurso de três (3) anos, se o servidor não houver nesse período praticado nova infração disciplinar.*

Art. 199. *São competentes para aplicação das penalidades disciplinares o Conselho da Magistratura e o Corregedor-Geral da Justiça e os Juizes perante os quais servirem ou a quem estiverem subordinados os servidores, observado o seguinte:*

I. *O Conselho da Magistratura poderá aplicar quaisquer das penalidades previstas no Art. 194 deste Código;*

II. *Os Juízes e o Corregedor-Geral da Justiça poderão aplicar as penas de repreensão e de multa.*

Art. 200. *As penas de repreensão e de multa poderão ser aplicadas em sindicância, assegurados o contraditório e a ampla defesa.*

Art. 201. *Da imposição de penalidade dar-se-á ciência à Corregedoria-Geral da Justiça.*

Art. 202. *Se a pena imposta pelo Conselho da Magistratura for a de perda da delegação, a decisão será remetida ao Presidente do Tribunal de Justiça, que expedirá o respectivo decreto.*

Art. 203. Sempre que houver comprovação da prática de crime de ação penal pública, remeter-se-ão peças ao Ministério Público.

Art. 204. No caso de afastamento do agente delegado para a apuração de faltas imputadas, proceder-se-á na forma do Art. 173 deste Código.

Art. 205. Fica assegurado ao agente delegado, quando do afastamento ocorrido pela aplicação do Art. anterior, o direito à percepção mensal de metade da renda líquida da delegação; a outra metade será depositada em conta bancária remunerada à disposição do Juízo.

Art. 206. Afastado o agente delegado, aplicar-se-á o disposto no Art. 174 deste Código.

Art. 207. A perda da delegação dependerá de:

I. decisão definitiva em processo administrativo;

II. sentença transitada em julgado.

Prescrição

Art. 208. Prescreverá o direito de punir:

I. em três (3) anos, para as infrações sujeitas às penalidades de repreensão, multa e suspensão; (redação dada pela Lei nº 17.201 de 26/06/2012 – DOE nº 8741 de 26/06/2012)

II. em cinco (5) anos, para as infrações sujeitas à pena de perda da delegação(redação dada pela Lei nº 17.201 de 26/06/2012 – DOE nº 8741 de 26/06/2012).

§ único. A punibilidade da infração também prevista na lei penal como crime prescreve juntamente com este.

Art. 209. O prazo de prescrição começa a correr da data em que o fato tornou-se conhecido pela autoridade competente para aplicar a penalidade(redação dada pela Lei nº 17.201 de 26/06/2012 – DOE nº 8741 de 26/06/2012).

§ 1º. Interrompe-se a contagem do prazo de prescrição com: (redação dada pela Lei nº 17.201 de 26/06/2012 – DOE nº 8741 de 26/06/2012).

I. a abertura da sindicância;(redação dada pela Lei nº 17.201 de 26/06/2012 – DOE nº 8741 de 26/06/2012);

II. a instauração do processo administrativo;(redação dada pela Lei nº 17.201 de 26/06/2012 – DOE nº 8741 de 26/06/2012);

III. a decisão de mérito proferida em sindicância ou no processo administrativo; (redação dada pela Lei nº 17.201 de 26/06/2012 – DOE nº 8741 de 26/06/2012);

IV. o acórdão proferido no julgamento do recurso interposto em face da decisão a que se refere o inciso III deste §;(redação dada pela Lei nº 17.201 de 26/06/2012 – DOE nº 8741 de 26/06/2012)

§ 2º. A abertura da sindicância meramente preparatória do processo administrativo, desprovida de contraditório e da ampla defesa, não interrompe a prescrição.

§ 3º. Interrompida a prescrição, o prazo começa a correr novamente do dia da interrupção.

Processo Administrativo

Art. 210. O processo administrativo reger-se-á pelos Arts. 179 a 186 deste Código.

Recursos

Art. 211. Aplicam-se aos recursos os Arts. 187 a 189 deste Código.

Vestes Talares, Expediente e Horário

Art. 212. Nos atos solenes da justiça é obrigatório o uso de vestes talares, conforme modelo aprovado.

Art. 213. O expediente dos ofícios de justiça será fixado pelo Órgão Especial.

Divisão Judiciária

Divisão Judiciária

Art. 214. O território do Estado constitui circunscrição única, dividindo-se, para efeito da administração da Justiça, em seções judiciárias, comarcas, foros regionais, municípios e distritos.

§ 1º. As seções judiciárias serão integradas por grupos de comarcas, conforme anexo II.

§ 2º. Cada comarca, constituída de um ou mais municípios e distritos, terá a denominação do município que a ela servir de sede.

Art. 215. Em caso de necessidade ou de relevante interesse público, mediante aprovação do Órgão Especial, poderá ser transferida provisoriamente a sede da comarca ou da seção judiciária, bem como ser determinada a sua agregação.

Criação e Instalação de Comarcas, Varas e Distritos

Art. 216. São requisitos para a criação e instalação de comarcas:

I. Para criação:

a) cidade-sede de município;

b) população não inferior a trinta mil (30.000) habitantes, com um mínimo de dez mil (10.000) eleitores;

c) existência de renda tributária significativa do desenvolvimento econômico do município ou da microrregião, que não poderá ser inferior ao dobro da exigida para a criação de municípios no Estado;

d) movimento forense anual, nos municípios que comporão a comarca, equivalente, no mínimo, à distribuição de quatrocentos (400) feitos, observando-se o que for estabelecido pelo Órgão Especial quanto à natureza dos processos.

II. Para instalação:

a) existência de edifícios públicos apropriados ao Fórum, à Delegacia de Polícia e à Cadeia Pública, esta dotada da indispensável segurança e em condições de abrigar presos;

b) existência de prédios públicos apropriados para residência do Juiz de Direito e do Promotor de Justiça;

c) preenchimento de todos os cargos judiciais, por designação, até o provimento efetivo, este no prazo de seis (6) meses.

§ 1º. As condições referidas no inciso I deste Art. poderão ser excepcionalmente dispensadas pelo Órgão Especial do Tribunal de Justiça se a distância e a dificuldade de acesso à sede da comarca de origem aconselharem a criação de nova unidade judiciária.

§ 2º. A comarca poderá ser extinta por proposta do Órgão Especial do Tribunal de Justiça, quando deixarem de existir quaisquer dos requisitos que justificaram sua criação, ressalvando-se o disposto no § anterior.

Art. 217. *Para a criação de vara, observar-se-ão, além dos requisitos enumerados no Art. anterior, no que couber, a ocorrência das seguintes condições:*

a) *se vara cível, um mínimo de quatrocentos (400) feitos contenciosos por ano, não computadas as execuções não-embargadas;*

b) *se criminal, um mínimo de duzentos (200) processos por ano.*

Art. 218. *A instalação de comarca será feita em audiência pública.*

§ 1º. *Presidirá a audiência de instalação o Presidente do Tribunal de Justiça ou o magistrado designado.*

§ 2º. *Do termo lavrado, remeter-se-ão cópias autenticadas aos Presidentes dos Tribunais de Justiça e Regional Eleitoral, ao Governador do Estado, ao Presidente da Assembleia Legislativa, ao Procurador-Geral de Justiça e às Justiças Federal e do Trabalho no Estado.*

Art. 219. *Distribuídos, no ano imediatamente anterior, mais de oitocentos (800) feitos cíveis, não computados nesse número as execuções fiscais e execuções não--embargadas, os pedidos de alvarás, as ações consensuais e as precatórias, ou quatrocentos (400) processos criminais, o Juiz da comarca ou da vara dará conta do ocorrido à Corregedoria-Geral da Justiça, para as providências necessárias à criação de nova unidade judicial, observado o disposto neste Capítulo.*

§ único. *No caso de comarca de Juízo único, computar-se-á a soma das ações penais com as cíveis para os fins da comunicação de que trata este Art..*

Art. 220. *Para a criação de Distrito Judiciário, ressalvado o previsto no § 1º do Art. 216, exige-se a preexistência de Distrito Administrativo, de população não inferior a quatro mil (4.000) habitantes e de colégio eleitoral de, no mínimo, mil e quinhentos (1.500) eleitores.*

§ único. *Os Distritos Judiciários serão instalados mediante prévia autorização do Presidente do Tribunal de Justiça.*

Prestação Jurisdicional

Art. 221. *A prestação jurisdicional no Estado é exercida por Desembargadores, Juízes de Direito de entrância final, intermediária e inicial e por Juízes Substitutos nos termos do anexo V.*

Classificação das Comarcas, Seções Judiciárias e Distritos Judiciários

Classificação das Comarcas

Art. 222. *As comarcas, segundo a importância do movimento forense, a densidade demográfica, a situação geográfica e a condição de sede de seção judiciária, são classificadas em:*

I. *de entrância inicial;*

II. *de entrância intermediária; e*

III. *de entrância final;*

§ único. *Para os fins constantes deste Art., as comarcas obedecem ao elenco previsto no anexo I.*

Seções Judiciárias

Art. 223. *As seções judiciárias constituem agrupamento de comarcas ou foros regionais ou varas, assim organizadas para facilitar o exercício da prestação jurisdicional por Juízes Substitutos e por Juízes de Direito Substitutos, com a definição dos limites de competência atribuídos a cada um.*

§ 1º. *A composição das seções judiciárias é estabelecida conforme o contido no anexo II.*

§ 2º. *Na Comarca da Região Metropolitana de Curitiba e nas Comarcas de entrância final de Londrina, Maringá, Cascavel, Ponta Grossa, Foz do Iguaçu e Guarapuava, a competência do Juiz de Direito Substituto será definida por resolução.*

Art. 224. *Distritos são seções territoriais em que se divide a circunscrição judiciária de cada uma das comarcas.*

§ único. *Os Distritos Judiciários agrupam-se em torno de comarcas-sede ou foro central ou foros regionais, conforme estabelece o anexo III.*

Comarcas, Juízos e Serviços Auxiliares

Composição das Comarcas e Competência dos Juízos

Art. 225. *As comarcas compõem-se de Juízo único ou de duas ou mais varas judiciais, cuja denominação e competência serão fixadas e alteradas por Resolução do Órgão Especial do Tribunal de Justiça.*

§ único. *Os Juizados Especiais com unidade administrativa própria e cargo de Juiz são considerados, para fins deste Art., varas judiciais.*

Art. 226. *REVOGADO*

Art. 227. *As comarcas e varas poderão ser declaradas em regime de exceção, em casos especiais, por ato do Conselho da Magistratura, ouvido o Corregedor-Geral da Justiça quando este não for o proponente da medida.*

§ único. *Configurada a hipótese de que trata este Art., o Presidente do Tribunal de Justiça designará Juiz para exercer, cumulativamente com o titular, a jurisdição na comarca ou na vara, fixando-lhe a competência, definindo a forma de distribuição dos processos e estabelecendo o limite temporal da medida em até seis (6) meses prorrogáveis.*

Serviços Auxiliares

Art. 228. *Os serviços do foro judicial e extrajudicial, nas comarcas, serão executados por serventuários, funcionários da justiça e agentes delegados com as atribuições previstas para cada um dos correspondentes ofícios, observadas as disposições deste Código e na forma dos anexos I, IV e VI, tabelas 1, 2, 3 e 4.*

Art. 229. *É mantida a atual constituição dos ofícios da justiça, com as alterações, supressões e acréscimos previstos neste Código.*

Art. 230. *Nas varas e nos ofícios criados por esta Lei, a constituição das serventias do foro judicial e dos ofícios do foro extrajudicial obedecerá aos critérios estabelecidos para as demais comarcas de igual entrância, ressalvadas as peculiaridades de cada caso.*

Art. 231. *Em cada Juízo único ou vara servirão, no mínimo, dois (2) Oficiais de Justiça.*

Art. 232. *Os Oficiais de Justiça, os Auxiliares de Cartório e Administrativos, e os Serventes da Comarca da Região Metropolitana de Curitiba serão lotados pelo Presidente do Tribunal de Justiça, enquanto os de idênticos cargos nas demais comarcas, pelo Juiz de Direito Diretor de Fórum, de acordo com a necessidade do serviço.*

§ único. *Aos Oficiais de Justiça serão distribuídos, para cumprimento, mandados cíveis e criminais, indistinta e eqüitativamente.*

Art. 233. *No Foro Central da Comarca da Região Metropolitana de Curitiba, os ofícios distribuidores, contadores e partidores, de 1º a 5º, terão as seguintes atribuições:*

a) *1º Ofício de Distribuidor, Contador e Partidor, em matéria das Varas Criminais de 1ª a 13ª; das Varas do Tribunal do Júri de 1ª e 2ª; das Varas da Fazenda Pública de Falências e Concordatas de 1ª a 8ª; das Varas de Família de 1ª a 8ª; das Varas de*

Delitos de Trânsito de 1ª a 3ª, nas notas que se destinem aos Tabelionatos de Notas de 8º a 12º, Contador e Partidor nos créditos que se destinam aos Tabelionatos de Protestos de Títulos do 1º ao 6º.

b) 2º Ofício de Distribuidor, em matéria das Varas Cíveis de 1ª a 46ª; da Vara da Auditoria da Justiça Militar; da Vara de Precatórias Criminais, nas notas que se destinem aos Tabelionatos de Notas de 1º a 7º, nos títulos que se destinem aos Ofícios de Registro de Títulos e Documentos e Civil das Pessoas Jurídicas de 1º a 4º.

c) 3º Ofício de Distribuidor, em matéria da Vara da Infância e da Juventude; da Vara da Infância e da Juventude e Adoção; da Vara de Adolescentes Infratores; da Vara de Execução de Penas e Medidas Alternativas, nos créditos que se destinem aos Tabelionatos de Protesto de Títulos de 1º a 6º.

d) 4º Ofício de Contador e Partidor, das matérias que não se refiram ao 1º Ofício.

e) 5º Ofício de Distribuidor, em matéria das Varas de Execuções Penais da 1ª e 2ª; da Vara da Corregedoria dos Presídios; dos Juizados Especiais Cíveis e dos Juizados Especiais Criminais; da Vara de Registros Públicos e Acidentes do Trabalho e Precatórias Cíveis, e da Vara de Inquéritos Policiais, no registro dos atos lavrados nos Serviços Distritais do Bacacheri, Barreirinha, Boqueirão, Cajuru, Campo Comprido, Portão, Santa Felicidade, Santa Quitéria, Mercês, Novo Mundo, Pinheirinho, São Casemiro Taboão, Tatuquara, Uberaba e Umbará, e nas notas que se destinem aos Tabelionatos de Notas de 13º a 16º.

Art. 234. No Foro Central da Comarca da Região Metropolitana de Londrina, os 1º e 2º Ofícios Distribuidores terão as seguintes atribuições:

a) 1º Ofício de Distribuidor, Contador, Partidor e Depositário Público, em matéria das Varas Cíveis de 1ª a 12ª; e da Vara da Infância e da Juventude, nos créditos que se destinem aos Tabelionatos de Protestos de Títulos de 1º a 3º, e nos títulos que se destinem aos Ofícios de Registro de Títulos e Documentos e Civil das Pessoas Jurídicas de 1º e 2º.

b) 2º Ofício de Distribuidor, Contador, Partidor e Depositário Público, em matéria das Varas Criminais de 1ª a 8ª; da Vara de Execuções Penais e Corregedoria dos Presídios; da Vara de Família; da Vara de Família, Registros Públicos e Corregedoria do Foro Extrajudicial; da Vara de Família e Acidentes do Trabalho; dos Juizados Especiais Cíveis e dos Juizados Especiais Criminais, nas notas que se destinem aos Tabelionato de Notas de 1º a 7º, no registro dos atos lavrados no Serviço Distrital de Tamarana, Warta, Guaravera, Irerê, Lerro Ville, Paiquerê, São Luis e Maravilha.

Distritos Judiciários

Art. 235. Em cada Distrito Judiciário, excetuado o da sede da Comarca, haverá um oficial distrital com as atribuições definidas neste Código.

Comarca da Região Metropolitana de Curitiba

Composição, Competência e Distribuição

Art. 236. A Comarca da Região Metropolitana de Curitiba é composta pelo Município de Curitiba, em que se situarão o Foro Central e ainda, pelos seguintes Foros Regionais:

I. Foro Regional de Almirante Tamandaré, compreendendo a sede e os Distritos Judiciários de Tranqueira (Município de Almirante Tamandaré), Campo Magro (Município do mesmo nome);

II. Foro Regional de Araucária, compreendendo o Distrito da sede;

III. Foro Regional de Campo Largo, compreendendo a sede e os Distritos Judiciários de Três Córregos, Bateias (Município de Campo Largo), Balsa Nova (Município do mesmo nome) e São Luiz do Purunã (Município de Balsa Nova);

IV. Foro Regional de Bocaiúva do Sul, compreendendo a sede e os Distritos Judiciários de Adrianópolis e Tunas do Paraná (Municípios do mesmo nome) e Marquês de Abrantes (Município de Tunas do Paraná), reclassificado em comarca de entrância inicial.

V. Foro Regional de Campina Grande do Sul, compreendendo a sede e os Distritos Judiciários de Paiol de Baixo (Município de Campina Grande do Sul), Quatro Barras (Município do mesmo nome), Jardim Paulista e Borda do Campo (Município de Quatro Barras);

VI. Foro Regional de Colombo, compreendendo a sede e os Distritos Judiciários de Guaraituba e Roça Grande (Município de Colombo);

VII. Foro Regional de Fazenda Rio Grande, compreendendo a sede e os Distritos Judiciários de Mandirituba (Município do mesmo nome), Areia Branca dos Assis (Município de Mandirituba), Agudos do Sul (Município do mesmo nome) e Quintandinha (Município do mesmo nome);

VIII. ...Vetado...

IX. Foro Regional de Pinhais, compreendendo o Distrito da sede;

X. Foro Regional de Piraquara, compreendendo o Distrito da sede;

XI. Foro Regional de Rio Branco do Sul, compreendendo a sede e o Distrito Judiciário de Itaperuçu (Município do mesmo nome), reclassificado em comarca de entrância intermediária.

XII. Foro Regional de São José dos Pinhais, compreendendo a sede e os Distritos Judiciários de Cachoeira de São José, Campo Largo da Roseira, Colônia Murici, Borda do Campo de São Sebastião, São Marcos (Município de São José dos Pinhais), e Tijucas do Sul (Município do mesmo nome).

§ 1º. REVOGADO.

§ 2º. REVOGADO.

Art. 236-A. Fica criada a Comarca da Região Metropolitana de Londrina, compreendendo o Foro Central de Londrina, sede da Comarca, no mesmo incluído o Distrito Judiciário de Tamarana, e os seguintes Foros Regionais:

I. Foro Regional de Cambé, compreendendo o Distrito da sede;

II. *Foro Regional de Ibiporã, compreendendo o Distrito da sede e os Distritos Judiciários de Frei Timóteo e de Antônio Brandão de Oliveira, ambos do Município de Ibiporã;*

III. *Foro Regional de Rolândia, compreendendo o Distrito da sede e os Distritos Judiciários de São Martinho e de Nossa Senhora Aparecida, ambos do Município de Rolândia, e de Pitangueiras (Município de mesmo nome)*

***§ 1º** A Comarca da Região Metropolitana de Londrina passa a ser composta por Seção Judiciária única, de número 5 (cinco), cuja competência será fixada por Resolução do Órgão Especial do Tribunal de Justiça.*

***§ 2º** A 22ª Seção Judiciária fica composta pelas Comarcas de São Jerônimo da Serra e Assaí, que passa a ser sede da Seção.*

***§ 3º** A 32ª Seção Judiciária fica composta pelas Comarcas de Primeiro de Maio, Sertanópolis e Bela Vista do Paraíso, que passa a ser Sede da Seção.*

***Art. 236-B.** Fica criada a Comarca da Região Metropolitana de Maringá, compreendendo o Foro Central de Maringá, sede da Comarca, e os Distritos Judiciários de Iguatemi e de Floriano (Município de Maringá), Doutor Camargo (Município de mesmo nome), Ivatuba (Município de mesmo nome), Floresta (Município de mesmo nome), Paiçandu (Município de mesmo nome) e Água Boa (Município de Paiçandu), e os seguintes Foros Regionais:*

I. *Foro Regional de Mandaguaçu, compreendendo a sede e os Distritos Judiciários de Pulinópolis (Município de Mandaguaçu), Ourizona (Município do mesmo nome), São Jorge do Ivaí (Município do mesmo nome) e Copacabana do Norte (Município de São Jorge do Ivaí);*

II. *Foro Regional de Sarandi, compreendendo o Distrito da sede;*

III. *Foro Regional de Marialva, compreendendo a sede e os Distritos Judiciários de Aquidabã (Município de Marialva) e de Itambé (Município de mesmo nome);*

IV. *Foro Regional de Mandaguari.*

***§ 1º** A Comarca da Região Metropolitana de Maringá passa a ser composta por Seção Judiciária Única, de número 6 (seis), cuja competência será fixada por Resolução do Órgão Especial do Tribunal de Justiça.*

***§ 2º** A 39ª Seção Judiciária fica composta pelas Comarcas de Colorado, Paranacity e Nova Esperança, esta sede da Seção.*

***§ 3º** O cargo de Juiz Substituto da então 47ª Seção Judiciária, cuja Sede era a Comarca de Sarandi, fica transformado em um Cargo de Juiz de Direito Substituto e transferido para a Seção Judiciária Única da Comarca da Região Metropolitana de Maringá. (redação do Art. e incisos dados pela Lei nº 17.210 de 02/07/2012 – DOE nº 8745 de 02/07/2012)*

***Art. 236-C.** REVOGADO (redação do Art. dada pela Lei nº 17.585 de 04/06/2013 – DOE nº 8970 de 04/06/2013)*

***Art. 237.** Nos Foros Centrais, a distribuição entre varas de igual competência será feita sob a presidência de um dos Juízes de Direito Substitutos dos respectivos Foros Centrais, designados pelo Corregedor-Geral da Justiça, que baixará ato disciplinando a matéria. Nos Foros Regionais, sob a presidência do Juiz Diretor do Fórum. (redação do Art. dada pela Lei nº 17.210 de 02/07/2012 – DOE nº 8745 de 02/07/2012)*

***Art. 238.** REVOGADO (redação do Art. dada pela Lei nº 17.210 de 02/07/2012 – DOE nº 8745 de 02/07/2012).*

***Art. 239.** A Comarca da Região Metropolitana de Curitiba terá sua composição conforme o contido no anexo III, tabela 1.*

Disposições Finais

***Art. 240.** A expedição de certidões não poderá exceder o prazo de vinte e quatro (24) horas, sob pena de responsabilidade do serventuário, do funcionário da justiça ou do agente delegado, ressalvado o caso de comprovado acúmulo de serviço, hipótese em que o Presidente do Tribunal de Justiça, o Corregedor-Geral da Justiça ou Juiz competente, conforme a situação, marcarão prazo de até quarenta e oito horas (48) horas excedentes para efetivo atendimento.*

***Art. 241.** Os atos processuais devem ser praticados de ordinário na sede do Juízo, salvo razões de interesse da Justiça ou de obstáculos argüidos pelas partes e acolhidos pelo Juiz.*

***Art. 242.** A delimitação territorial das delegações será fixada e alterada por lei de iniciativa do Poder Judiciário.*

***Art. 243.** Os Desembargadores que integram a cúpula diretiva do Tribunal de Justiça não participarão do Tribunal Regional Eleitoral.*

***Art. 244.** Aos oficiais maiores e aos escreventes juramentados ainda remanescentes quando da entrada em vigor deste Código e com direitos assegurados pelo Art. 200 da Resolução nº 01/70, aplicam-se as disposições previstas no Livro IV, Título XI, Capítulo II.*

***Art. 245.** O Estatuto dos Funcionários Públicos Civis do Estado do Paraná aplicar-se-á supletivamente, no que couber, aos servidores do Poder Judiciário e à magistratura, exceto nos procedimentos disciplinares.*

***Art. 246.** Nas comarcas de entrância inicial, as escrivanias cível e criminal poderão ser anexadas, a título precário, à medida que qualquer delas venha a vagar, mediante deliberação do Conselho da Magistratura.*

***Art. 247.** Os cargos de oficial maior e escrevente juramentado serão extintos à medida que vagarem, ressalvados a seus ocupantes os direitos assegurados nas leis anteriores.*

***Art. 248.** Os serviços do foro extrajudicial precariamente acumulados aos ofícios do foro judicial serão desacumulados quando da vacância da titularidade destes, por decisão do Conselho da Magistratura.*

***Art. 249.** Ficam mantidos os efeitos do Art. 2º do Decreto Judiciário nº. 320/2000, até a realização de concurso público e a conseqüente outorga de delegação.*

***Art. 250.** Os serviços do foro extrajudicial precariamente acumulados serão desacumulados quando da vacância da titularidade, excetuando-se os desmembrados no disposto do Art. 262 da presente lei.*

***Art. 251.** Fica criada a Comissão Estadual Judiciária de Adoção (CEJA), vinculada à Corregedoria-Geral da Justiça, presidida pelo Corregedor-Geral da Justiça, com atribuições e competência fixadas em resolução do Tribunal de Justiça.*

***Art. 252.** Ficam criados e extintos os cargos de magistrados conforme o contido no anexo IX, tabela 1.*

***Art. 253.** Os cargos do foro judicial ficam criados, extintos e transformados conforme o contido no anexo IX, tabelas 2, 3, 4, 5, 7 e 8.*

***Art. 254.** Fica criado no Foro Central da Comarca da Região Metropolitana de Curitiba o seguinte:*

a) *o 2º Tribunal do Júri, a ele se agregando a atual 2ª Vara;*

b) *a Vara de Adolescentes Infratores;*

c) *a Vara de Execução de Penas e Medidas Alternativas;*

d) *a Vara de Inquéritos Policiais;*

e) *24 Varas Cíveis, de 23ª a 46ª;*

f) *4 Varas de Família, de 5ª a 8ª;*

g) *4 Varas da Fazenda Pública, Falências e Concordatas de 5ª a 8ª;*

h) *a Vara da Corregedoria dos Presídios;*

i) *a 12ª e 13ª Varas Criminais.*

j) *08 (oito) cargos de Juiz de Direito Substituto*

k) *a 2ª Vara de Inquéritos Policiais. (redação da alínea "k" (erro: na Lei consta "j"), dada pela Lei nº 17.473 de 02/01/2013 – DOE nº 8868 de 02/01/2013).*

Art. 255*. Fica criado nos Foros Regionais que integram a Comarca da Região Metropolitana de Curitiba, o seguinte:*

I. *no Foro Regional de Almirante Tamandaré:*

a) *a Vara Cível;*

b) *a 1ª Vara Criminal;*

c) *a 2ª Vara Criminal;*

d) *a Vara da Infância e da Juventude, Família, Registros Públicos, Acidentes do Trabalho e Corregedoria do Foro Extrajudicial. (redação dada pela Lei nº 16.887 de 26/07/2011 – DOE nº 8515 de 26/07/2011)*

II. *no Foro Regional de Araucária:*

a) *a Vara da Infância e da Juventude, Família, Registros Públicos, Acidentes do Trabalho e Corregedoria do Foro Extrajudicial;*

b) *a 2ª Vara Cível. (redação da alínea „b", dada pela Lei nº 17.252, de 31/07/2012 – DOE nº 8766 de 31/07/2012).*

III. *no Foro Regional de Campo Largo:*

a) *a Vara da Infância e da Juventude, Família, Registros Públicos, Acidentes do Trabalho e Corregedoria do Foro Extrajudicial;*

b) *a 2ª Vara Cível. (redação da alínea „b", dada pela Lei nº 17.222, de 09/07/2012 – DOE nº 8750 de 09/07/2012).*

IV. *no Foro Regional de Colombo*

a) *a 2ª Vara Cível; e*

b) *a Vara da Infância e da Juventude, Registros Públicos, Acidentes do Trabalho e Corregedoria do Foro Extrajudicial; (redação da alínea "b", dada pela Lei nº 17.256 de 31/07/2012 – DOE nº 8766 de 31/07/2012)*

c) *a 2ª Vara Criminal; (redação da alínea "c", dada pela Lei nº 16.743 de 29/12/2010 – DOE nº 8373 de 29/12/2010).*

d) *a Vara de Família; (redação da alínea "d", dada pela Lei nº 17.256 de 31/07/2012 – DOE nº 8766 de 31/07/2012).*

e) *a Vara da Fazenda Pública. (redação da alínea "e" (erro: na Lei consta "d"), dada pela Lei nº 17.436 de 21/12/2012 – DOE nº 8865 de 26/12/2012).*

V. *no Foro Regional de Fazenda Rio Grande:*

a) *a Vara Cível;*

b) *a Vara Criminal; e*

c) *a Vara da Infância e da Juventude, Família, Registros Públicos, Acidentes do Trabalho e Corregedoria do Foro Extrajudicial.*

VI. *no Foro Regional de Pinhais:*

a) *a Vara Cível;*

b) *a Vara Criminal; e*

c) *a Vara da Infância e da Juventude, Família, Registros Públicos, Acidentes do Trabalho e Corregedoria do Foro Extrajudicial;*

VII. *no Foro Regional de Rio Branco do Sul: reclassificado em comarca de entrância intermediária.*

a) *a Vara Cível, Registros Públicos, Acidentes do Trabalho e Corregedoria do Foro Extrajudicial; e*

b) *a Vara Criminal, da Infância e da Juventude e Família.*

VIII. *no Foro Regional de São José dos Pinhais:*

a) *a 3ª Vara Cível; e*

b) *a Vara de Família, Registros Públicos, Acidentes do Trabalho e Corregedoria do Foro Extrajudicial;*

c) *a Vara de Fazenda Pública; (redação da alínea "c", dada pela Lei nº 17.056 de 23/01/2012 – DOE nº 8636 de 23/01/2012).*

d) *a 3ª Vara Criminal. (redação da alínea "d" (erro: na Lei consta "e"), dada pela Lei nº 17.324 de 08/10/2012 – DOE nº 8814 de 08/10/2012).*

IX. *no Foro Regional de Piraquara:*

a) *a Vara de Execuções Penais. (redação do inciso dada pela Lei nº 17.136 de 02/05/2012 – DOE nº 8704 de 02/05/2012).*

b) *a Vara da Infância e da Juventude, Família, Registros Públicos, Acidentes do Trabalho e Corregedoria do Foro Extrajudicial (erro na redação do inciso, na Lei consta XI, a redação da alínea "b" dada pela Lei nº 17.325 de 08/10/2012 – DOE nº 8814 de 08/10/2012).*

Art. 255-A*. Fica criado nos Foros Regionais que integram a Comarca da Região Metropolitana de Maringá, o seguinte:*

I. *no Foro Regional de Sarandi:*

a) *a 2ª Vara Criminal;*

b) *a Vara da Infância e da Juventude, Família, Registros Públicos, Acidentes do Trabalho e Corregedoria do Foro Extrajudicial. (redação do Art. e inciso I dada pela Lei nº 17.221 de 09/07/2012 - DOE nº 8750 de 09/07/2012)*

II. *no Foro Regional de Mandaguari:*

a) *Vara Cível, Registros Públicos, Acidentes do Trabalho e Corregedoria do Foro Extrajudicial;*

b) *Vara Criminal, da Infância e da Juventude e Família. (redação do inciso II, dada pela Lei nº 17.255 de 31/07/2012 – DOE nº 8766 de 31/07/2012)*

Art. 255-B*. Fica criado nos Foros Regionais que integram a Comarca da Região Metropolitana de Londrina o seguinte:*

I. *no Foro Regional de Ibiporã:*

a) *a Vara da Infância e da Juventude, Família, Registros Públicos, Acidentes do Trabalho e Corregedoria do Foro Extrajudicial;*

b) *Unidade Administrativa Própria do Juizado Especial Cível, Criminal e da Fazenda Pública com cargo de Juiz. (redação do Art. e inciso I, alíneas "a" e "b", dada pela Lei nº 17.467 de 02/01/2013 – DOE nº 8868 de 02/01/2013)*

Art. 256*. Fica criado nas comarcas de entrância final o seguinte:*

I. *na Comarca de Cascavel:*

a) *a 4ª e 5ª Varas Cíveis; e*

b) a 3ª Vara Criminal;

c) a 2ª Vara de Família e Acidentes do Trabalho; (redação da alínea "c", dada pela Lei nº 16.963 de 05/12/2011 – DOE nº 8603 de 06/12/2011)

d) a 4ª Vara Criminal; (redação da alínea "d",(erro: na Lei consta "c"), dada pela Lei nº 17.186 de 12/06/2012 – DOE nº 8731 de 12/06/2012).

e) a Vara da Fazenda Pública. (redação da alínea "e", dada pela Lei nº 17.436 de 21/12/2012 – DOE nº 8865 de 26/12/2012).

II. na Comarca de Foz do Iguaçu:

a) a 4ª Vara Criminal; e

b) a 2ª Vara de Família e Acidentes do Trabalho;

c) a 1ª Vara de Fazenda Pública; (redação da alínea dada pela Lei nº 17.258 de 31/07/2012 – DOE nº 8766 de 31/07/2012)

d) a 2ª Vara de Fazenda Pública. (redação da alínea dada pela Lei nº 17.258 de 31/07/2012 – DOE nº 8766 de 31/07/2012)

III. na Comarca de Guarapuava:

a) a 3ª Vara Cível; e

b) a Vara da Família, Registros Públicos, Acidentes do Trabalho e Corregedoria do Foro Extrajudicial;

IV. na Comarca da Região Metropolitana de Londrina, Foro Central: (redação do inciso dado pela Lei nº 17.210 de 02/07/2012 – DOE nº 8745 de 02/07/2012)

a) a 11ª e 12ª Varas Cíveis;

b) a 6ª, 7ª e 8ª Varas Criminais;

c) a 3ª Vara de Família;

d) a 2ª Vara da Infância e da Juventude; (redação da alínea "d", dada pela Lei nº 17.436 de 21/12/2012 – DOE nº 8865 de 26/12/2012)

e) a Vara de Execução de Penas e Medidas Alternativas(redação da alínea "e", dada pela Lei nº 17.436 de 21/12/2012 – DOE nº 8865 de 26/12/2012).

V. na Comarca da Região Metropolitana de Maringá, Foro Central: (redação do inciso dado pela Lei nº 17.210 de 02/07/2012 – DOE nº 8745 de 02/07/2012).

a) a 7ª Vara Cível;

b) a 5ª Vara Criminal. (redação da alínea "b" (erro: na Lei consta "c"), dada pela Lei nº 17.324 de 08/10/2012 – DOE nº 8814 de 08/10/2012).

c) a 1ª Vara da Fazenda Pública; (redação da alínea "c", (erro: na Lei consta "b"), dada pela Lei nº 17.436 de 21/12/2012 – DOE nº 8865 de 26/12/2012)

d) a 2ª Vara da Fazenda Pública; (redação da alínea "d", (erro: na Lei consta "c"), dada pela Lei nº 17.436 de 21/12/2012 – DOE nº 8865 de 26/12/2012)

e) a Vara de Execução de Penas e Medidas Alternativas(redação da alínea "e", (erro: na Lei consta "d"), dada pela Lei nº 17.436 de 21/12/2012 – DOE nº 8865 de 26/12/2012).

VI. na Comarca de Ponta Grossa:

a) a 3ª Vara Criminal;

b) a 4ª Vara Criminal. (redação da alínea "b" (erro: na Lei consta "c"), dada pela Lei nº 17.324 de 08/10/2012 – DOE nº 8814 de 08/10/2012).

c) a 1ª Vara da Fazenda Pública; (redação da alínea "c", (erro: na Lei consta "b"), dada pela Lei nº 17.436 de 21/12/2012 – DOE nº 8865 de 26/12/2012)

d) a 2ª Vara da Fazenda Pública; (redação da alínea "d", (erro: na Lei consta "c"), dada pela Lei nº 17.436 de 21/12/2012 – DOE nº 8865 de 26/12/2012)

VII. na Comarca de Umuarama:

a) a 3ª Vara Cível. (redação do inciso VII, dada pela Lei nº 17.254 de 31/07/2012 – DOE nº 8766 de 31/07/2012)

VIII. na Comarca de Arapongas:

a) a 2ª Vara Criminal. (redação do inciso VIII, (erro: na Lei consta VII), alínea "a", dada pela Lei nº 17.383 de 06/12/2012 – DOE nº 8853 de 06/12/2012)

Art. 257. Fica transformado no Foro Central da Comarca da Região Metropolitana de Curitiba o seguinte:

a) a Vara de Precatórias Cíveis na 22ª Vara Cível;

b) a Vara de Registros Públicos e Acidentes do Trabalho na Vara de Registros Públicos, Acidentes do Trabalho e Precatórias Cíveis; e

c) a 2ª Vara da Infância e da Juventude na Vara da Infância e da Juventude e Adoção.

d) a Vara de Corregedoria dos Presídios na 3ª Vara de Execuções Penais; (redação da alínea "d" dada pela Lei nº 17.136 de 02/05/2012 – DOE nº 8704 de 02/05/2012).

e) 08 (oito) cargos de Juiz de Direito Substituto; (redação da alínea "e" (erro: na Lei consta "d"), dada pela Lei nº 17.395 de 10/12/2012 – DOE nº 8859 de 14/12/2012).

Art. 258. Fica transformado na Comarca de Foz do Iguaçu o seguinte:

a) a Vara de Família, Registros Públicos, Acidentes do Trabalho e Corregedoria do Foro Extrajudicial na 1ª Vara de Família, Registros Públicos e Corregedoria do Foro Extrajudicial;

Art. 259. Fica transformado na Comarca de Guarapuava o seguinte:

a) a Vara da Infância e da Juventude, Família, Registros Públicos, Acidentes do Trabalho e Corregedoria do Foro Extrajudicial na Vara da Infância e da Juventude;

Art. 260. Fica transformado na Comarca de Cornélio Procópio:

a) Ofício de Registro de Títulos e Documentos e Civis das Pessoas Jurídicas e Tabelionato de Protesto de Títulos, acumulando, precariamente, o 1º Tabelionato de Notas em Ofício de Registro de Títulos e Documentos e Civis das Pessoas Jurídicas e Tabelionato de Protesto de Títulos; e

b) 1º Tabelionato de Notas. (redação dada pela Lei nº 16.352/2009, de 22/12/2009 – DOE nº 8124 de 22/12/2009)

Art. 261. Ficam transformadas as Serventias Distritais de Warta, Maravilha, Lerroville, Paiquerê, Guaravera, São Luiz e Irerê e seus respectivos titulares em

8ª, 9ª, 10ª, 11ª, 12ª, 13ª e 14ª Serventias Notariais da Sede da Comarca de Londrina, com a extinção daqueles Distritos Judiciários, devendo seus respectivos titulares manter os livros atinentes aos Ofícios de Registro Civil das Pessoas Naturais dos extintos Distritos Judiciários. (Obs.: redação dada pela Lei nº 14.351 de 10/03/2004 – DOE nº 6687 de 15/03/2004 – sub-judice ADI 3517)

Art. 262*. Ficam desanexadas as serventias de Tabelionato de protesto de títulos precariamente acumuladas aos Tabelionatos de Notas das Comarcas de Campo Largo, Araucária, Paranaguá e Sarandi e na Comarca de Guarapuava fica desanexado o 1º Tabelionato de protesto de títulos do Tabelionato de Títulos e Documentos e Civil de Pessoas Jurídicas. Na Comarca de Pato Branco fica desanexado o Tabelionato de Protesto de Títulos do Serviço de Registro de títulos e documentos e civil de pessoas jurídicas e do Serviço de registro civil das pessoas naturais. Na Comarca de Cambé fica desanexado o Tabelionato de protesto de títulos do Tabelionato de Notas.*

Art. 263*. Fica criado nas comarcas de entrância intermediária o seguinte:*

I. *na Comarca de Andirá:*
- *a)* *a Vara Cível, Registros Públicos, Acidentes do Trabalho e Corregedoria do Foro Extrajudicial; e*
- *b)* *a Vara Criminal, da Infância e da Juventude e Família.*

II. *na Comarca de Arapongas:*
- *a)* *a Vara da Infância e da Juventude, Família, Registros Públicos, Acidentes do Trabalho e Corregedoria do Foro Extrajudicial;*
- *b)* *a 2ª. Vara Cível. (redação da alínea "b", dada pela Lei nº 17.065/2012, de 23/01/2012 – DOE nº 8636 de 23/01/2012).*

III. *na Comarca de Bandeirantes:*
- *a)* *a Vara Cível, Registros Públicos, Acidentes do Trabalho e Corregedoria do Foro Extrajudicial; e*
- *b)* *a Vara Criminal, da Infância e da Juventude e Família.*
- *c)* *a 2ª Vara Cível. . (redação da alínea "c", dada pela Lei nº 17.323/2012, de 08/10/2012 – DOE nº 8814 de 08/10/2012).*

IV. *na Comarca de Cambé:*
- *a)* *a Vara da Infância e da Juventude, Família, Registros Públicos, Acidentes do Trabalho e Corregedoria do Foro Extrajudicial;*

V. *na Comarca de Castro:*
- *a)* *a Vara da Infância e da Juventude, Família, Registros Públicos, Acidentes do Trabalho e Corregedoria do Foro Extrajudicial.*

VI. *na Comarca de Cornélio Procópio:*
- *a)* *a Vara da Infância e da Juventude, Família, Registros Públicos, Acidentes do Trabalho e Corregedoria do Foro Extrajudicial;*
- *b)* *a 2ª. Vara Cível. (redação do inciso dada pela Lei nº 17.220/2012, de 09/07/2012 – DOE nº 8750 de 09/07/2012).*

VII. *na Comarca de Francisco Beltrão:*
- *a)* *a Vara da Infância e da Juventude, Família, Registros Públicos, Acidentes do Trabalho e Corregedoria do Foro Extrajudicial.*

VIII. *na Comarca de Guaratuba:*
- *a)* *a Vara Cível, Registros Públicos, Acidentes do Trabalho e Corregedoria do Foro Extrajudicial; e*
- *b)* *a Vara Criminal, da Infância e da Juventude e Família.*

IX. *na Comarca de Jacarezinho:*
- *a)* *a Vara da Infância e da Juventude, Família, Registros Públicos, Acidentes do Trabalho e Corregedoria do Foro Extrajudicial.*

X. *na Comarca da Loanda:*
- *a)* *a Vara Cível, Registros Públicos, Acidentes do Trabalho e Corregedoria do Foro Extrajudicial; e*
- *b)* *a Vara Criminal, da Infância e da Juventude e Família.*

XI. *na Comarca de Matinhos:*
- *a)* *a Vara Cível, Registros Públicos, Acidentes do Trabalho e Corregedoria do Foro Extrajudicial; e*
- *b)* *a Vara Criminal, da Infância e da Juventude e Família.*

XII. *na Comarca de Rolândia:*
- *a)* *a Vara da Infância e da Juventude, Família, Registros Públicos, Acidentes do Trabalho e Corregedoria do Foro Extrajudicial.*

XIII. *na Comarca de São Mateus do Sul:*
- *a)* *a Vara Cível, Registros Públicos, Acidentes do Trabalho e Corregedoria do Foro Extrajudicial; e*
- *b)* *Vara Criminal, da Infância e da Juventude e Família.*

XIV. *na Comarca de Sarandi:*
- *a)* *a Vara Cível, Registros Públicos, Acidentes do Trabalho e Corregedoria do Foro Extrajudicial; e*
- *b)* *vara Criminal, da Infância e da Juventude e Família.*

XV. *na Comarca de Telêmaco Borba:*
- *a)* *a Vara da Infância e da Juventude, Família, Registros Públicos, Acidentes do Trabalho e Corregedoria do Foro Extrajudicial.*

XVI. *na Comarca de Toledo:*
- *a)* *a 2ª. Vara Criminal.*
- *b)* *a 3ª. Vara Cível. (redação da alínea „b", dada pela Lei nº 17.067/2012, de 23/01/2012 – DOE nº 8636 de 23/01/2012).*

XVII. *na Comarca de Astorga:*
- *a)* *Vara Cível, Registros Públicos, Acidentes do Trabalho e Corregedoria do Foro Extrajudicial;*
- *b)* *Vara Criminal, da Infância e da Juventude e Família. (redação do inciso dada pela Lei nº 14.548/2004, de 30/11/2004 – DOE nº 6864 de 01/12/2004)*

XVIII. *na Comarca de Chopinzinho:*
- *a)* *Vara Cível, Registros Públicos, Acidentes do Trabalho e Corregedoria do Foro Extrajudicial; e*
- *b)* *Vara Criminal, da Infância e da Juventude e Família. (redação do inciso dada pela Lei nº 14.548/2004, de 30/11/2004 – DOE nº 6864 de 01/12/2004)*

XIX. *na Comarca de Santo Antonio do Sudoeste:*
- *a)* *Vara Cível, Registros Públicos, Acidentes do Trabalho e Corregedoria do Foro Extrajudicial;*
- *b)* *Vara Criminal, da Infância e da Juventude e Família. (redação do inciso dada pela Lei nº 14.548/2004, de 30/11/2004 – DOE nº 6864 de 01/12/2004)*

XX. na Comarca da Lapa:

a) Vara Cível, Registros Públicos, Acidentes do Trabalho e Corregedoria do Foro Extrajudicial; e

b) Vara Criminal, da Infância e da Juventude e Família. (redação do inciso dada pela Lei nº 14.548/2004, de 30/11/2004 – DOE nº 6864 de 01/12/2004)

XXI. na Comarca de Irati:

a) Vara Cível, Registros Públicos, Acidentes do Trabalho e Corregedoria do Foro Extrajudicial; e

b) Vara Criminal, da Infância e da Juventude e Família. (redação do inciso dada pela Lei nº 15.520/2007, de 04/06/2007 – DOE nº 7486 de 05/06/2007)

c) a 2ª. Vara Cível. (redação da alínea „c", dada pela Lei nº 17.253/2012, de 31/07/2012 – DOE nº 8766 de 31/07/2012).

XXII. na Comarca de Francisco Beltrão:

a) a Vara de Execuções Penais e Corregedoria dos Presídios. (redação do inciso dada pela Lei nº 15.544/2007, de 26/06/2007 – Republicada DOE nº 7508 de 06/07/2007)

XXIII. na Comarca de Matelândia:

a) Vara Cível, Registros Públicos, Acidentes do Trabalho e Corregedoria do Foro Extrajudicial; e

b) Vara Criminal, da Infância e da Juventude e Família. (redação do inciso dada pela Lei nº 15.846/2008, de 30/05/2008 – DOE nº 7731 de 30/05/2008)

XXIV. na Comarca de Rio Negro:

a) Vara Cível, Registros Públicos, Acidentes do Trabalho e Corregedoria do Foro Extrajudicial; e

b) Vara Criminal, da Infância e da Juventude e Família. (redação do inciso dada pela Lei nº 15.847/2008, de 30/05/2008 – DOE nº 7731 de 30/05/2008)

XXV. na Comarca de Quedas do Iguaçu:

a) Vara Cível, Registros Públicos, Acidentes do Trabalho e Corregedoria do Foro Extrajudicial; e

b) Vara Criminal, da Infância e da Juventude e Família. (redação do inciso dada pela Lei nº 16.029/2008, de 19/12/2008 – – Republicada DOE nº 7890 de 15/01/2009).

XXVI. na Comarca de Apucarana:

a) a 2ª. Vara Criminal. (redação do inciso dada pela Lei nº 16.834/2011, de 28/06/2011 - DOE nº 8495 de 28/06/2011).

XXVII. na Comarca de União da Vitória:

a) a 2ª. Vara Cível.

b) a 2ª. Vara Criminal. (redação do inciso dada pela Lei nº 16.833/2011, de 28/06/2011 - DOE nº 8495 de 28/06/2011).

XXVIII. na Comarca de Cianorte:

a) a 2ª. Vara Cível. (redação do inciso dada pela Lei nº 16.962 /2011, de 05/12/2011 - DOE nº 8603 de 06/12/2011).

XXIX. na Comarca de Antonina:

a) Vara Cível e de Direito Ambiental, Registros Públicos, Acidentes do Trabalho e Corregedoria do Foro Extrajudicial; e

b) Vara Criminal, da Infância e da Juventude e Família. (redação do inciso dada pela Lei nº 17.003/2011, de 14/12/2011 –DOE nº 8609 de 14/12/2011).

XXX. na Comarca de Cruzeiro do Oeste:

a) a Vara de Execuções Penais e Corregedoria dos Presídios. (redação do inciso dada pela Lei nº 16.964/2011, de 05/12/2011 – DOE nº 8603 de 06/12/2011)

XXXI. na Comarca de Marechal Cândido Rondon:

a) a Vara da Infância e da Juventude, Família, Registros Públicos, Acidentes do Trabalho e Corregedoria do Foro Extrajudicial. (redação dada pela Lei nº 17.066/2012, de 23/01/2012 – DOE nº 8636 de 23/01/2012).

XXXII. na Comarca de Paranaguá:

a) a 3ª Vara Cível;

b) a Vara da Fazenda Pública. (redação do inciso dada pela Lei nº 17.223/2012, de 09/07/2012 – DOE nº 8750 de 09/07/2012).

XXXIII. na Comarca de Jandaia do Sul:

a) Vara Cível, Registros Públicos, Acidentes do Trabalho e Corregedoria do Foro Extrajudicial; e

b) Vara Criminal, da Infância e da Juventude e Família.

XXXIV. na Comarca de Corbélia:

a) vara Cível, Registros Públicos, Acidentes do Trabalho e Corregedoria do Foro Extrajudicial; e

b) Vara Criminal, da Infância e da Juventude e Família. (redação do inciso dada pela Lei nº 17.249/2012, de 31/07/2012 –DOE nº 8766 de 31/07/2012).

XXXV. na Comarca de Ibaiti:

a) Vara Cível, Registros Públicos, Acidentes do Trabalho e Corregedoria do Foro Extrajudicial; e

b) Vara Criminal, da Infância e da Juventude e Família. (redação do inciso dada pela Lei nº 17.249/2012, de 31/07/2012 –DOE nº 8766 de 31/07/2012).

XXXVI. na Comarca de Prudentópolis:

a) Vara Cível, Registros Públicos, Acidentes do Trabalho e Corregedoria do Foro Extrajudicial; e

b) Vara Criminal, da Infância e da Juventude e Família. (redação do inciso dada pela Lei nº 17.249/2012, de 31/07/2012 –DOE nº 8766 de 31/07/2012).

XXXVII. na Comarca de Jaguariaíva:

a) Vara Cível, Registros Públicos, Acidentes do Trabalho e Corregedoria do Foro Extrajudicial; e

b) Vara Criminal, da Infância e da Juventude e Família. (redação do inciso dada pela Lei nº 17.249/2012, de 31/07/2012 –DOE nº 8766 de 31/07/2012).

XXXVIII. na Comarca de São Miguel do Iguaçu:

a) Vara Cível, Registros Públicos, Acidentes do Trabalho e Corregedoria do Foro Extrajudicial; e

b) Vara Criminal, da Infância e da Juventude e Família. (redação do inciso dada pela Lei nº 17.472/2013, de 02/01/2013 –DOE nº 8868 de 02/01/2013).

Art. 264*. Ficam elevadas de entrância as seguintes Comarcas: (redação do inciso I e alíneas "a" até "l"dada pela Lei nº 17.249/2012, de 31/07/2012 – DOE nº 8766 de 31/07/2012).*

I. *à entrância final as Comarcas de:*

- ***a)*** *Guarapuava;*
- ***b)*** *Umuarama;*
- ***c)*** *Apucarana;*
- ***d)*** *Arapongas;*
- ***e)*** *Campo Mourão;*
- ***f)*** *Cianorte;*
- ***g)*** *Francisco Beltrão;*
- ***h)*** *Paranaguá;*
- ***i)*** *Paranavaí;*
- ***j)*** *Pato Branco;*
- ***k)*** *Toledo;*
- ***l)*** *União da Vitória.*

II. *à entrância intermediária as Comarcas de:*

- ***a)*** *Guaratuba;*
- ***b)*** *Matinhos;*
- ***c)*** *São Mateus do Sul;*
- ***d)*** *Sarandi;*
- ***e)*** *Andirá;*
- ***f)*** *Chopinzinho;*
- ***g)*** *Matelândia;*
- ***h)*** *Quedas do Iguaçu;*
- ***i)*** *Antonina;*
- ***j)*** *Jandaia do Sul;*
- ***k)*** *Corbélia;*
- ***l)*** *Jaguariaíva;*
- ***m)*** *Prudentópolis. (redação do inciso II e alíneas de "a" até "m", dada pela Lei nº 17.249/2012, de 31/07/2012 –DOE nº 8766 de 31/07/2012).*
- ***n)*** *São Miguel do Iguaçu. (redação da alínea "n" dada pela Lei nº 17.472/2013, de 02/01/2013–DOE nº 8868 de 02/01/2013).*

Art. 265*. A categoria do Juiz não será alterada por efeito de nova classificação dada à comarca, continuando nela a ter exercício.*

§ 1º *Em caso de mudança da sede da comarca, ao Juiz é facultado remover-se para a nova sede ou para comarca de igual entrância ou ainda obter disponibilidade sem prejuízo de seus direitos.*

§ 2º *O Juiz que permanecer na Comarca elevada de entrância poderá, se promovido, nela continuar, desde que o requeira antes de findo o prazo para assumir o exercício na Comarca para o qual tenha sido promovido.*

§ 3º *A disposição acima somente se aplica quando a elevação se der para Comarca de entrância imediatamente superior.*

Art. 266*. Havendo desdobramento ou criação de vara ou comarca, o Juiz Titular e o serventuário da vara ou comarca desdobrada ou da qual saírem as atribuições, terão o direito de optar pela de sua preferência, respeitados os seus direitos, nos dez dias seguintes à publicação do ato respectivo e, não o fazendo, entender-se-á que preferiu aquela de que é titular, ficando, ainda, assegurado somente aos serventuários investidos na função até 05 de outubro de 1988, o direito de remoção na mesma entrância e sob o mesmo regime privado, para as serventias vagas ou mesmo criadas por esta lei.*

Art. 267*. Por ato do Presidente do Tribunal de Justiça, mediante proposta do Corregedor-Geral da Justiça, poderá ser instituída como serviço auxiliar uma central de mandados.*

Art. 268*. Nas Comarcas das Regiões Metropolitanas de Curitiba, Londrina e Maringá, poderá o tribunal de Justiça distribuir as varas ou Juízos em Foros Regionais, estabelecendo a respectiva competência.*

Art. 269*. Os cargos de Oficial de Justiça criados pelo Art. 70 da Lei Estadual 10.219, de 21 de dezembro de 1992, e transformados pela Lei Estadual 11.719, de 12 de maio de 1997, passam a integrar o Foro Judicial das seguintes comarcas:*

I. *na Comarca da Região Metropolitana de Curitiba:*

- ***a)*** *no Foro Central - quarenta e um (41) cargos;*
- ***b)*** *no Foro Regional de Pinhais - um (1) cargo;*
- ***c)*** *no Foro Regional de Rio Branco do Sul - três (3) cargos;*

II. *na Comarca da Região Metropolitana de Maringá - um (1) cargo; (redação do inciso dado pela Lei nº 17.210 de 02/07/2012 – DOE nº 8745 de 02/07/2012)*

III. *na Comarca de Arapongas - um (1) cargo;*

IV. *na Comarca de Goioerê - um (1) cargo;*

V. *na Comarca de Laranjeiras do Sul - um (1) cargo;*

VI. *na Comarca de Paranaguá - um (1) cargo;*

VII. *na Comarca de Toledo - um (1) cargo*

VIII. *na Comarca de Campo Mourão - um (1) cargo;*

IX. *na Comarca de Corbélia - um (1) cargo;*

X. *na Comarca de Guaratuba - um (1) cargo;*

XI. *na Comarca de Morretes - dois (2) cargos;*

XII. *na Comarca de São João do Triunfo - um (1) cargo;*

XIII. *na Comarca de Mandaguari - um (1) cargo*

XIV. *na Comarca de Sertanópolis - um (1) cargo;*

XV. *na Comarca de Grandes Rios - um (1) cargo; e*

XVI. *na Comarca de Jaguariaíva - um (1) cargo.*

Art. 270*. Ficam extintos, à medida que vagarem, os cargos de Oficial de Justiça criados pelo Art. 70 da Lei Estadual 10219, de 21 de dezembro de 1992, e transformados pela Lei Estadual 11719, de 12 de maio de 1997, nas Comarcas a seguir discriminadas: Goioerê - um (01) cargo; Laranjeiras do Sul - um (01) cargo; Paranaguá - um (01) cargo; Corbélia - um (01) cargo; Morretes - dois (02) cargos; São João do Triunfo - um (01) cargo, e Mandaguari - um (01) cargo.*

Art. 271*. Ficam extintos os cargos de Oficial de Justiça criados pelo Art. 70 da Lei Estadual 10.219, de 21 de dezembro de 1992, e transformados pela Lei Estadual 11.719, de 12 de maio de 1997, nas Comarcas a seguir discriminadas: Rio Branco do Sul - um (1) cargo; Campo Mourão - um (1) cargo; Sertanópolis - um (1) cargo; Grandes Rios – um (1) cargo e Jaguariaíva - um (1) cargo.*

Art. 272. *Dos dez (10) cargos de Secretário de Turmas Recursais, de entrância final, criados pela Lei Estadual 11.468, de 16 de julho de 1996, oito (8) ficam transformados nos cargos de Secretário de Juizado Especial, assim distribuídos:*

- ***a)*** *dois (2) cargos de Secretário de Juizado Especial Cível e um (1) cargo de Secretário de Juizado Especial Criminal no Foro Central da Comarca da Região Metropolitana de Curitiba;*

b) um (1) cargo de Secretário de Juizado Especial Cível na Comarca na Região Metropolitana de Londrina;

c) um (1) cargo de Secretário de Juizado Especial Cível na Comarca na Região Metropolitana de Maringá; (redação do Art. dada pela Lei nº 17.210 de 02/07/2012 – DOE nº 8745 de 02/07/2012).

d) um (1) cargo de Secretário de Juizado Especial Cível na Comarca de Cascavel;

e) um (1) cargo de Secretário de Juizado Especial Cível na Comarca de Ponta Grossa;

f) um (1) cargo de Secretário de Juizado Especial Cível na Comarca de Foz do Iguaçu.

§ único. Dois (2) dos cargos de Secretário de Turma Recursal, de entrância final, um da Comarca da Região Metropolitana de Londrina e outro da Comarca da Região Metropolitana de Maringá, criados pela Lei 11.468, de 16 de julho de 1996, permanecem inalterados, e seus ocupantes exercerão suas funções na Turma Recursal com sede no Foro Central da Comarca da Região Metropolitana de Curitiba, para os fins dispostos nesta lei.

Art. 273. Os catorze (14) cargos de Secretário de Turmas Recursais, de entrância intermediária, criados pela lei 11.468, de 16 de julho de 1996, ficam transformados nos cargos de Secretário de Juizado Especial, assim distribuídos:

a) um (1) cargo de Secretário de Juizado Especial Cível na Comarca de Apucarana;

b) um (1) cargo de Secretário de Juizado Especial Cível na Comarca de Arapongas;

c) um (1) cargo de Secretário de Juizado Especial Cível na Comarca de Campo Mourão;

d) um (1) cargo de Secretário de Juizado Especial Cível no Foro Regional de Colombo;

e) um (1) cargo de Secretário de Juizado Especial Cível na Comarca de Cornélio Procópio;

f) um (1) cargo de Secretário de Juizado Especial Cível na Comarca de Francisco Beltrão;

g) um (1) cargo de Secretário de Juizado Especial Cível na Comarca de Guarapuava;

h) um (1) cargo de Secretário de Juizado Especial Cível na Comarca de Irati;

i) um (1) cargo de Secretário de Juizado Especial Cível na Comarca de Paranavaí;

j) um (1) cargo de Secretário de Juizado Especial Cível na Comarca de Pato Branco;

k) um (1) cargo de Secretário de Juizado Especial Cível no Foro Regional de São José dos Pinhais;

l) um (1) cargo de Secretário de Juizado Especial Cível na Comarca de Telêmaco Borba;

m) um (1) cargo de Secretário de Juizado Especial Cível na Comarca de Toledo; e

n) um (1) cargo de Secretário de Juizado Especial Cível na Comarca de Umuarama.

Art. 274. Os servidores dos Juizados Especiais integrarão quadro próprio nos termos do anexo VII.

§ único. Os servidores que ocuparem os cargos das unidades administrativas e jurisdicionais, bem assim os das Turmas Recursais, não poderão, a qualquer título, obter remoção ou designação para qualquer unidade administrativa ou jurisdicional, exceto para aquelas do próprio Sistema de Juizados Especiais, cuja regulamentação será objeto de resolução.

Art. 275. Na Comarca da Região Metropolitana de Curitiba, ficam criadas oito (8) Unidades Administrativas de Juizado Especial, sendo duas (2) Unidades Criminais e seis (6) Unidades Cíveis, todas com um (1) cargo de Juiz de Direito.

Art. 276. Nos Foros Centrais das Comarcas das Regiões Metropolitanas de Curitiba, Londrina e Maringá, e nas Comarcas de entrância final fica criado um cargo de Contador/Avaliador de Juizado Especial, conforme os anexos VII e IX, tabela 8. (redação do Art. dada pela Lei nº 17.210 de 02/07/2012 – DOE nº 8745 de 02/07/2012).

Art. 277. No Foro Regional de Almirante Tamandaré, Araucária, Bocaiúva do Sul, Campina Grande do Sul, Campo Largo, Colombo, Fazenda Rio Grande, Pinhais, Piraquara e Rio Branco do Sul; e nas Comarcas de entrância intermediária de Apucarana, Arapongas, Cambé, Campo Mourão, Castro, Cianorte, Francisco Beltrão, Lapa, Paranaguá, Paranavaí, Pato Branco, Sarandi, Telêmaco Borba, Toledo, Umuarama e União da Vitória, fica criada uma (1) Unidade Administrativa de Juizado Especial Cível e Criminal, com um (1) cargo de Juiz de Direito. (redação dada pela Lei nº 14.548/2004, de 30/11/2004 – DOE nº 6864 de 01/12/2004)

Art. 278. Na Comarca de entrância final de Guarapuava e no Foro Regional de São José dos Pinhais ficam criadas três (3) Unidades Administrativas de Juizado Especial, duas Cíveis e uma Criminal, todas com um (1) cargo de Juiz de Direito.

Art. 279. Nas Comarcas de entrância final de Cascavel, Foz do Iguaçu, Região Metropolitana de Londrina, Região Metropolitana de Maringá e Ponta Grossa, fica criada mais uma (1) Unidade Administrativa de Juizado Especial Cível, todas com um (1) cargo de Juiz de Direito.

Art. 280. Nas Comarcas de entrância intermediária de Cornélio Procópio, Guaíra, Irati, Ivaiporã, Jacarezinho, Marechal Cândido Rondon e Rolândia, fica criada uma (1) Unidade Administrativa de Juizado Especial Cível e Criminal.

Art. 281. Nas comarcas de entrância final, intermediária e inicial, ficam criados cargos de Auxiliar Administrativo dos Juizados Especiais Cíveis e Criminais, conforme os anexos VII e IX, tabela 8.

Art. 282. Ficam criadas as Seções Judiciárias, com sede nas Comarcas de Goioerê, Palmas, Pitanga e Sarandi.

Art. 283. REVOGADO.

Art. 284. Nas Seções Judiciárias com sede nas Comarcas de Arapongas, Campo Mourão e Paranaguá haverá dois (2) Juízes Substitutos, cuja competência será fixada por resolução.

Art. 285. A Comarca de entrância final de Cascavel contará com três (3) seções judiciárias e a Comarca de Guarapuava contará com duas (2) seções judiciárias, com a competência estabelecida no anexo II.

Art. 286. Ficam criados serviços de Registros e Tabelionatos do Foro Extrajudicial, conforme o contido no anexo IV.

Art. 287. Fica criado o Distrito Judiciário de Ferraria, no Foro Regional de Campo Largo, com delimitação territorial a ser estabelecida por lei de iniciativa do Poder Judiciário.

Art. 288. Ficam transferidos os seguintes Distritos Judiciários:

I. Antonio Olinto - da Comarca da Lapa para a Comarca de São Mateus do Sul;

II. Vila Alta (Obs.: Pela Lei nº 14.349/04 o município de Vila Alta passa a denominar-se Alto Paraíso), Ivaté e Herculândia - da Comarca de Umuarama para a Comarca de Icaraíma;

III. Nova Santa Rosa e Alto Santa Fé - da Comarca de Toledo para a Comarca de Marechal Cândido Rondon;

IV. Guairaçá - da Comarca de Paranavaí para a Comarca de Terra Rica;.

V. Rondon – da Comarca de Cidade Gaúcha para a Comarca de Paraíso do Norte; (Obs.: redação dada pela Lei nº 14.351 de 10/03/2004 – DOE nº 6687 de 15/03/2004 – sub-judice ADI 3517)

VI. Nova Esperança do Sudoeste - da Comarca de Francisco Beltrão para a Comarca de Salto do Lontra;

VII. Alvorada do Sul – da Comarca de Bela Vista do Paraíso para a Comarca de Primeiro de Maio; (Obs.: redação dada pela Lei nº 14.351 de 10/03/2004 – DOE nº 6687 de 15/03/2004 – sub-judice ADI 3517)

VIII. Quitandinha – da Comarca de Rio Negro para a Comarca da Fazenda Rio Grande; (Obs.: redação dada pela Lei nº 14.351 de 10/03/2004 – DOE nº 6687 de 15/03/2004 – sub-judice ADI 3517)

IX. Diamante do Oeste – da Comarca de Matelândia para a Comarca de Santa Helena; (Obs. de 2004: redação dada pela Lei nº 14.351 de 10/03/2004 – DOE nº 6687 de 15/03/2004 – sub-judice ADI 3517); (Obs. de 2011: redação dada pela Lei nº 16.706 de 22/12/2010 – DOE nº 8386 de 18/01/2011).

X. Manfrinópolis – da Comarca de Barracão para a Comarca de Francisco Beltrão; (Obs.: redação dada pela Lei nº 17.111 de 17/04/2012 – DOE nº 8694 de 17/04/2012)

XI. Jataizinho, juntamente com seu Distrito Judiciário de Frei Timóteo, da Comarca de Uraí, de entrância inicial, para o Foro Regional de Ibiporã, da Comarca da Região Metropolitana de Londrina, de entrância final; (Obs.: redação dada pela Lei nº 17.248 de 31/07/2012 – DOE nº 8766 de 31/07/2012)

XII. Bela Vista da Caroba, da Comarca de Capanema e Pinhal de São Bento, da Comarca de Santo Antônio do Sudoeste para a Comarca de Ampére; (Obs.: redação dada pela Lei nº 17.434 de 20/12/2012 – DOE nº 8864 de 21/12/2012)

Art. 289. Os Distritos Judiciários de Flor da Serra e Jardinópolis, ambos da Comarca de Medianeira, serão mantidos até a vacância. O que vagar primeiro será extinto, ficando o serviço remanescente transformado no Distrito Judiciário de Serranópolis do Iguaçu.

Art. 290. Ficam extintos os Distritos Judiciários constantes do anexo IX, tabela 6.

Art. 291. Permanecem até a vacância, quando serão extintos, os Distritos Judiciários constantes do anexo IX, tabela 7.

Art. 292. Os limites territoriais dos novos serviços de registro de imóveis serão fixados e alterados por lei de iniciativa do Poder Judiciário.

Art. 293. A competência da execução penal e corregedoria dos presídios será fixada por resolução.

Art. 294. No Foro Central da Comarca da Região Metropolitana de Curitiba, a Escrivania do 2º Ofício da 1ª Vara da Infância e da Juventude fica transformada em Escrivania de Adolescentes Infratores, e a Escrivania do 2º Ofício da 1ª Vara de Execuções Penais e Corregedoria dos Presídios em Escrivania da Vara da Corregedoria dos Presídios.

Art. 295. Revogado pela Lei Estadual Nº 17.473, de 02 de janeiro de 2013 (DOE 8868).

Art. 296. Os ocupantes do cargo de Psicólogo da Vara de Execuções e de Penas e Medidas Alternativas, criado por esta Lei, terão seus vencimentos fixados ao nível E3.

Art. 297. Os ocupantes do cargo de Auxiliar Administrativo do Foro Judicial, criados por esta Lei, terão seus vencimentos fixados da seguinte forma: entrância final - nível A3; na entrância intermediária - nível A2 e na entrância inicial – nível A1.

Art. 298. Aos atuais Juízes Substitutos da Seção Judiciária de Guarapuava é assegurado o direito de opção pelas Seções Judiciárias criadas nos dez (10) dias seguintes à vigência deste Código.

Art. 299. O agente delegado, ingressado no concurso na forma do disposto pelo § 3º do Art. 236, da Constituição Federal, que esteja respondendo por diferente delegação, poderá ser para esta última removido com a aprovação do Conselho da Magistratura, assim o requerendo, comprovada: (Obs.: redação dada pela Lei nº 14.351 de 10/03/2004 – DOE nº 6687 de 15/03/2004 – sub-judice ADI 3517)

a) a baixa rentabilidade da serventia para a qual recebeu a delegação; (Obs.: redação dada pela Lei nº 14.351 de 10/03/2004 – DOE nº 6687 de 15/03/2004 – sub-judice ADI 3517)

b) que a designação perdure por dois anos ou mais; (Obs.: redação dada pela Lei nº 14.351 de 10/03/2004 – DOE nº 6687 de 15/03/2004 – sub-judice ADI 3517)

c) a vacância da serventia a ser preenchida(Obs.: redação dada pela Lei nº 14.351 de 10/03/2004 – DOE nº 6687 de 15/03/2004 – sub-judice ADI 3517)

Art. 301. As despesas com a criação de cargos e com a execução do presente Código correrão à conta das dotações orçamentárias do Poder Judiciário.

Art. 302. A instalação das varas e o preenchimento dos cargos criados por esta Lei, assim como qualquer alteração que aumente a despesa, ficam condicionados aos limites constantes da Lei Complementar nº 101, de 5 de maio de 2000 (LRF), e ao interesse da justiça, bem como a autorização específica do Órgão Especial, por maioria absoluta de seus membros.

Art. 303. Este Código entrará em vigor na data de sua publicação, revogadas as disposições em contrário.

PALÁCIO DO GOVERNO EM CURITIBA, em 30 de dezembro de 2003.

Roberto Requião

Governador do Estado

Aldo José Parzianello

Secretário de Estado da Justiça e da Cidadania

Caíto Quintana

Chefe da Casa Civil

Exercício Comentado

01. ***Conforme disposto no Código de Organização e Divisão Judiciárias do Estado do Paraná, é incorreto afirmar que:***

a) ***A penalidade de censura, pode ser aplicada por escrito em caso de falta de cumprimento dos deveres previstos neste Código, e também de reincidência de que tenha resultado aplicação de pena de advertência***

b) ***A penalidade de devolução de custas em dobro poderá ser cumulada com outra penalidade administrativa.***

c) ***A penalidade de suspensão poderá ser aplicada, dentre outros, nos seguintes casos: reincidência em penalidade de censura; receber propinas e comissões de qualquer natureza em razão do cargo ou função e valer-se do cargo ou função para obter proveito pessoal em detrimento da dignidade do cargo ou função.***

d) ***A penalidade de demissão poderá ser aplicada, dentre outras, nas seguintes hipóteses: crimes contra a administração pública; abandono de cargo e praticar usura.***

RESPOSTA. ***"D".***

RESPOSTA. ***"A". Art. 163, inciso II.***

RESPOSTA. ***"B". Art. 163, inciso III.***

RESPOSTA. ***"C". Art. 164, inciso IV e alíneas "c" e "e".***

RESPOSTA. ***"D". Errado, no caso de usura a penalidade a ser aplicada é de suspensão (Art. 163, inciso IV, alínea "d". Nos demais casos está realmente caracterizada infração punível com demissão (Art. 163, inciso V, alíneas "a" e "b".***

Vamos Praticar

01. De acordo com o Código de Organização e Divisão Judiciárias do Estado do Paraná é correto afirmar que:

a) Os Juízes de Direito Substitutos de entrância final não são considerados órgãos do Poder Judiciário do Estado do Paraná.

b) Os Juízes de entrância final e intermediária poderão ser promovidos ao cargo de Desembargador pelo Presidente da República.

c) O Tribunal de Justiça é dirigido pelo Presidente pelos Vice-Presidentes, Corregedor Geral de Justiça e Corregedor.

d) O Tribunal de Justiça funcionará apenas dividido em Tribunal Pleno e Órgão Especial.

02. Segundo o CÓDIGO DE ORGANIZAÇÃO E DIVISÃO JUDICIÁRIAS DO ESTADO DO PARANÁ, assinale qual das alternativas abaixo NÃO corresponde a um órgão do Poder Judiciário do Estado:

a) O Conselho de Justiça Militar.

b) O Tribunal de Justiça.

c) Os Tribunais do Júri.

d) Os Juízes de Direito.

e) Os Juízes de Paz.

03. De acordo com o Código de Organização e Divisão Judiciárias do Estado do Paraná, considere:

I. A administração da Justiça é exercida pelo Poder Judiciário.

II. O Juiz de Paz e o Juiz Eleitoral Substituto de entrância final são considerados órgãos do Poder Judiciário do Estado do Paraná.

III. Para executar decisões ou diligências que ordenarem, poderão os tribunais e Juízes requisitar o auxílio da força pública.

IV. O Presidente do Tribunal de Justiça poderá designar Juízes de Direito da Comarca da Região Metropolitana de Curitiba para atuarem junto aos órgãos superiores do Tribunal de Justiça para substituição de seus integrantes.

Está correto apenas o que se afirma em:

a) I, II, III e IV

b) I, II e III.

c) I e III.

d) I, III e IV

04. De acordo com o Código de Organização e Divisão Judiciária do Estado do Paraná, assinale a alternativa correta:

a) São órgãos do Poder Judiciário do Estado: o Tribunal de Justiça; os juízes de direito substitutos de entrância final; os juízes de paz e a Corregedoria de Justiça.

b) É vedada a convocação ou a designação de juiz de primeiro grau para exercer cargo ou função no Tribunal de Justiça, ressalvada a substituição de seus integrantes e o auxílio direto ao Presidente do Tribunal de Justiça, dos Vice-presidentes, do Corregedor-geral da Justiça e do Corregedor, em matéria administrativa, jurisdicional e correcional.

c) Quando da promoção para o cargo de desembargador, no caso de antiguidade, apurada na última entrância, o Tribunal de Justiça somente poderá recusar o Juiz mais antigo pelo voto fundamentado de um terço (1/3) de seus membros, conforme procedimento próprio e assegurada ampla defesa, repetindo-se a votação até fixar-se a indicação.

d) Um quinto (1/5) dos lugares do Tribunal de Justiça será composto de membros do Ministério Público, com mais de quinze (15) anos de carreira, e de advogados de notório saber jurídico e de reputação ilibada, com mais de dez anos de efetiva atividade profissional, indicados em lista sêxtupla pelos órgãos de representação das respectivas classes.

05. São órgãos do Poder Judiciário do Estado, EXCETO:

a) Tribunal de Justiça.

b) Os Juízes de Direito.

c) Os Juízes de Direito Substitutos de entrância final.

d) Os Juízes Eleitorais.

06. De acordo com o de Organização e Divisão Judiciárias do Estado do Paraná, assinale a alternativa incorreta.

a) O Tribunal de Justiça, órgão máximo do Poder Judiciário estadual, composto por cento e quarenta e cinco (145) Desembargadores, tem sede na Capital e jurisdição em todo o território do Estado.

b) Não será promovido o Juiz que, injustificadamente, retiver autos em seu poder além do prazo legal, não podendo devolvê-lo ao cartório sem o devido despacho ou decisão.

c) O Juiz de Direito Substituto de entrância final e os Juizados Especiais são considerados órgãos do Poder Judiciário do Estado do Paraná.

d) É vedada, em qualquer caso, a convocação ou a designação de Juiz de primeiro grau para exercer cargo ou função no Tribunal de Justiça.

07. De acordo com o de Organização e Divisão Judiciárias do Estado do Paraná, podemos afirmar que:

a) Os Juízes de serão promovidos ao cargo de Desembargador pelo Presidente do Tribunal de Justiça nas vagas correspondentes à respectiva classe, por antiguidade e merecimento, alternadamente.

b) Um quinto dos lugares do Tribunal de Justiça será composto de membros do Ministério Público, com mais de dez anos de carreira, e de advogados de notório saber jurídico e de reputação ilibada, com mais de dez anos de efetiva atividade profissional, indicados em lista tríplice pelos órgãos de representação das respectivas classes.

c) No caso de antiguidade, apurada na última entrância, o Tribunal de Justiça somente poderá recusar o Juiz mais antigo pelo voto fundamentado de dois terços de seus membros, conforme procedimento próprio e assegurada ampla defesa, repetindo-se a votação até fixar-se a indicação.

d) Recebidas as indicações do quinto constitucional, o Tribunal de Justiça escolherá um nome, enviando-o ao Poder Executivo, que, nos vinte (20) dias subsequentes, nomeará o Desembargador.

08. Quanto às penalidades previstas aos auxiliares de justiça, é correto afirmar, de acordo com o Código de Organização e Divisão Judiciária do Estado do Paraná, que:

a) A pena de devolução de custas em dobro será aplicada em casos de cobrança de custas que excedam os valores fixados na respectiva tabela, sendo que não poderá ser cumulada com outra pena disciplinar.

b) A pena de suspensão será aplicada em caso de reincidência em falta de que tenha resultado na aplicação de pena de censura, ou em caso de infringência às seguintes proibições, entre outras: crimes contra a administração pública; abandono de cargo; aplicação irregular de dinheiro público.

c) Durante o período de suspensão, o auxiliar da justiça perderá todas as vantagens decorrentes do exercício do cargo.

d) São competentes para aplicação das penalidades disciplinares o Conselho da Magistratura, Corregedor-geral da Justiça e os Juízes perante os quais servirem ou a quem estiverem subordinados os servidores, sendo que o corregedor-geral de justiça poderá aplicar quaisquer das penalidades.

09. Assinale a alternativa INCORRETA.

a) Será cassada a aposentadoria, se ficar provado que o inativo praticou falta grave no exercício do cargo ou função.

b) São competentes para aplicação das penalidades disciplinares o Conselho da Magistratura, Corregedor-Geral da Justiça e os Juízes perante os quais servirem ou a quem estiverem subordinados os servidores.

c) As penas de advertência, censura e devolução de custas em dobro poderão ser aplicadas em sindicância, respeitados o contraditório e a ampla defesa.

d) Se a pena imposta for a de demissão ou de cassação de aposentadoria, a decisão será remetida ao Presidente do Tribunal de Justiça, que expedirá o respectivo decreto, comunicando o fato, na segunda hipótese, ao Tribunal de Contas.

e) Quando houver a comprovação de prática de crime de ação penal pública, as peças não serão remetidas ao Ministério Público.

10. Com relação aos funcionários da Secretaria do Tribunal de Justiça, o candidato aprovado em concurso público será nomeado por ato do:

a) Chefe do Poder Executivo.

b) Presidente do Tribunal de Justiça.

c) Chefe do Poder Legislativo.

d) Chefe do Tribunal de Contas.

Gabarito

01	C	06	D
02	A	07	C
03	D	08	C
04	B	09	E
05	D	10	B

Anotações

ÍNDICE

CAPÍTULO 01

Estatuto dos Funcionários do Poder Judiciário do PR

Lei Estadual nº 16.024, de 19 de Dezembro de 2008

Capítulo Único - Disposições Preliminares

Art. 1°. *O presente Estatuto estabelece o regime jurídico dos funcionários do Poder Judiciário do Estado do Paraná.*

Parágrafo único. *São considerados funcionários para os fins deste Estatuto os ocupantes dos cargos da Secretaria do Tribunal de Justiça e do Quadro de Pessoal de 1° Grau de Jurisdição, os Secretários do Conselho de Supervisão do Juizado Especial, os Secretários de Turma Recursal do Juizado Especial, os Secretários do Juizado Especial, os Oficiais de Justiça do Juizado Especial, os Auxiliares de Cartório do Juizado Especial, os Auxiliares Administrativos do Juizado Especial, e os Contadores e Avaliadores do Juizado Especial.*

Art. 2°. *Funcionário é a pessoa investida em cargo público com vencimentos ou remunerações percebidos dos cofres públicos estaduais.*

Art. 3°. *Cargo é o conjunto de atribuições e responsabilidades previstas na estrutura organizacional cometidas a funcionário, identificado pelas características de criação por lei, denominação própria, número certo e pagamento pelos cofres públicos.*

§ 1°. *Função é conjunto de atribuições vinculadas a determinadas habilitações para o desempenho de tarefas distintas em grau de responsabilidade e de complexidade e será atribuída por ato do Presidente do Tribunal de Justiça.*

§ 2°. *Caberá ao Presidente do Tribunal de Justiça a designação e a dispensa da função gratificada.*

§ 3°. *A designação para função gratificada vigorará a partir da publicação do ato, competindo à autoridade a que se subordinará o funcionário designado dar-lhe exercício imediato.*

§ 4°. *Os vencimentos e as gratificações de função têm valores fixados em lei.*

Art. 4° *A estrutura organizacional deverá atender por lei própria o seguinte:*

I. *Classe é o agrupamento de cargos da mesma denominação, com iguais atribuições, responsabilidades e variação de vencimentos de acordo com os níveis que compreende;*

II. *Grupo ocupacional é o conjunto de classes que diz respeito a atividades profissionais correlatas ou afins, quanto à natureza do respectivo trabalho ou ao ramo de conhecimento aplicado em seu desempenho;*

III. *Nível é a subdivisão interna das classes ao qual se atribui vencimentos próprios fixados em lei.*

§ 1°. *A progressão se dá dentro da mesma classe de um nível para outro imediatamente superior.*

§ 2°. *Haverá no máximo 09 (nove) níveis em cada classe.*

Art. 5°. *Os Quadros do Pessoal da Secretaria do Tribunal de Justiça e de 1° Grau de Jurisdição são organizados em grupos, escalonados de acordo com a hierarquia, a natureza, a complexidade do serviço e o nível de escolaridade exigido em lei ou regulamento.*

§ 1°. *Os Quadros compreendem:*

I. *Parte permanente que é integrada pelos cargos de provimento efetivo e em comissão;*

II. *Parte suplementar que é integrada pelos cargos extintos na forma estabelecida em lei.*

§ 2°. *A lotação do pessoal integrante do Quadro da Secretaria do Tribunal de Justiça é regulada por decreto judiciário.*

§ 3°. *A distribuição dos cargos dos funcionários afetos ao 1° Grau de Jurisdição referidos no parágrafo único do Art. 1° do presente Estatuto é a definida lei.*

§ 4°. *A lotação no caso do § 3º deste artigo é a determinada por ato do Presidente do Tribunal de Justiça, salvo afetação em lei à determinada secretaria ou repartição.*

Art. 6°. *Os cargos públicos são de provimento efetivo ou de provimento em comissão.*

§ 1°. *Os cargos de provimento efetivo serão organizados em classes, ou de forma isolada, e serão providos por concurso público.*

§ 2°. *Os cargos de provimento em comissão envolvem atribuições de direção, de assessoramento e de assistência superior e são de livre nomeação e exoneração, satisfeitos os requisitos fixados em lei ou regulamento.*

Art. 7°. *As atribuições e as responsabilidades inerentes aos cargos serão definidas em lei.*

Provimento, da Vacância, da Lotação, da Relotação e da Substituição

Capítulo I - do Provimento

Seção I - Disposições Gerais

Art. 8°. A investidura em cargo público de provimento efetivo depende de aprovação prévia em concurso público de provas ou de provas e títulos, de acordo com a natureza e a complexidade do cargo na forma prevista em lei, ressalvadas as nomeações para cargo em comissão que são de livre nomeação e exoneração.

Art. 9°. São requisitos básicos para investidura em cargo público:

I. *a nacionalidade brasileira;*

II. *o gozo dos direitos políticos;*

III. *a quitação com as obrigações militares e eleitorais;*

IV. *o nível de escolaridade exigido para o exercício do cargo;*

V. *a idade mínima de 18 (dezoito) anos;*

VI. *aptidão física e mental.*

Art. 10. *Provimento é o ato do Presidente do Tribunal de Justiça que preenche o cargo e se dá com a nomeação, a posse e o exercício.*

Art. 11. *São formas de provimento de cargo público:*

I. *nomeação;*

II. *readaptação;*

III. *reversão;*

IV. *aproveitamento;*

V. *reintegração;*

VI. *recondução;*

VII. *remoção;*

VIII. *promoção.*

Parágrafo único. *A remoção e a promoção implicam na vacância do cargo e somente se aplicam aos ocupantes do Quadro de Pessoal de 1º Grau de Jurisdição, aos Secretários do Conselho de Supervisão do Juizado Especial, aos Secretários de Turma Recursal do Juizado Especial, aos Secretários do Juizado Especial, aos Oficiais de Justiça do Juizado Especial, aos Auxiliares de Cartório do Juizado Especial, aos Auxiliares Administrativos do Juizado Especial, e aos Contadores e Avaliadores do Juizado Especial.*

Seção II - da Nomeação

Art. 12. A nomeação é o chamamento para a posse e para a entrada no exercício das atribuições do cargo público.

Art. 13. *O ato de nomeação deverá indicar o cargo de provimento efetivo ou o cargo de provimento em comissão a ser preenchido.*

Art. 14. *A nomeação para cargo público de provimento efetivo ocorrerá de acordo com a ordem de classificação e se dará durante o prazo de validade do concurso.*

§ 1°. *A nomeação para cargo de provimento em comissão é livre, observados os requisitos mencionados no Art. 9º.*

§ 2°. *É vedada a nomeação para cargo de provimento em comissão, bem como a lotação no âmbito da Secretaria do Tribunal de Justiça, dos ocupantes de cargos do Quadro de Pessoal de 1º Grau de Jurisdição, de cargos do foro judicial de Escrivão e de Oficial Contador, Avaliador, Partidor, Depositário e de Distribuição, de Auxiliar de Cartório, de Auxiliar Administrativo, de Oficial de Justiça, de Comissário de Vigilância, de Assistente Social, de Psicólogo, de Porteiro de Auditório, de Agente de Limpeza, de Secretário do Conselho de Supervisão do Juizado Especial, de Secretário de Turma Recursal do Juizado Especial, de Secretário do Juizado Especial, de Oficial de Justiça do Juizado Especial, de Auxiliar de Cartório do Juizado Especial, de Auxiliar Administrativo do Juizado Especial e de Contador e Avaliador do Juizado Especial.*

Subseção I - do Concurso

Art. 15. *O concurso obedecerá ao que dispuser o Regimento Interno, as normas do regulamento que for elaborado por Comissão designada pelo Presidente do Tribunal de Justiça e o respectivo edital.*

Art. 16. *O concurso público é de provas ou de provas e títulos e terá validade de até 02 (dois) anos, podendo ser prorrogado uma vez, por igual período.*

§ 1°. *O edital de abertura do concurso público conterá as regras que regem o seu funcionamento e será publicado no Diário da Justiça do Estado do Paraná, com divulgação pelos meios de comunicações disponíveis.*

§ 2°. *Durante o prazo referido no caput deste artigo, o aprovado em concurso público de provas ou de provas e títulos será convocado para assumir o cargo com prioridade sobre os aprovados em novos concursos.*

§ 3°. *Às pessoas portadoras de deficiência é assegurado o direito de se inscrever em concurso público para provimento de cargo cujas atribuições sejam compatíveis com a deficiência de que são portadoras, sendo-lhes reservadas 5% (cinco por cento) das vagas oferecidas no concurso.*

§ 4°. *Aos afro-descendentes serão reservadas 10% (dez por cento) das vagas oferecidas no concurso.*

Art. 17. *Para ser admitido no concurso, o candidato deverá preencher os requisitos do Art. 9º, apresentar documento de identidade indicado no edital e recolher a taxa de inscrição que for fixada pela Comissão.*

Subseção II - da Posse

Art. 18. *Posse é o ato expresso de aceitação das atribuições, dos deveres e das responsabilidades do cargo formalizado com a assinatura do termo pelo empossado e pela autoridade competente.*

§ 1°. *A posse ocorrerá no prazo de 30 (trinta) dias contados da publicação da nomeação, prorrogável por até 30 (trinta) dias, a requerimento do interessado ou de seu representante legal e a juízo da Administração.*

§ 2°. *O prazo previsto no § 1º será contado, quando o aprovado for funcionário público, do término da licença:*

I. *por motivo de doença em pessoa da família;*

II. *para a prestação de serviço militar;*

III. *para capacitação, conforme dispuser o regulamento;*

IV. *em razão de férias;*

V. *para participação em programa de treinamento regularmente instituído, conforme dispuser o regulamento;*

VI. *para integrar júri e outros serviços obrigatórios por lei;*

VII. *à gestante, à adotante e à paternidade;*

VIII. *para tratamento da saúde, até o limite de 24 (vinte e quatro) meses, cumulativo ao longo do tempo de serviço público prestado ao Estado do Paraná, em cargo de provimento efetivo;*

IX. *por motivo de acidente em serviço ou de doença profissional;*

X. *para deslocamento à nova sede;*

XI. *para missão ou estudo no exterior.*

§ 3°. *Admite-se o ato de posse por procuração com poderes específicos.*

§ 4°. *Somente haverá posse nos casos de provimento por nomeação.*

§ 5°. *No ato da posse o funcionário apresentará declaração de seus bens, de exercício ou não de outro cargo, emprego ou função pública.*

§ 6°. *É ineficaz o provimento se a posse não ocorrer dentro do prazo estabelecido nesta lei.*

§ 7°. *Somente se dará posse àquele que for julgado apto física e mentalmente para o exercício do cargo.*

§ 8°. *O Presidente do Tribunal de Justiça designará os funcionários competentes a dar posse.*

Subseção III - do Estágio Probatório

Art. 19. *Ao entrar em exercício, o funcionário nomeado para cargo de provimento efetivo ficará sujeito a estágio probatório por período de 36 (trinta e seis) meses, durante o qual a sua aptidão e capacidade serão objetos de avaliação para o desempenho do cargo, observados os seguintes fatores:*

I. *assiduidade;*

II. *disciplina;*

III. *capacidade;*

IV. *produtividade;*

V. *responsabilidade.*

§ 1°. *Seis meses antes de findo o período do estágio probatório, será submetida à homologação da autoridade competente a avaliação de desempenho do funcionário, realizada de acordo com o que dispuser a lei ou o regulamento, sem prejuízo da continuidade de apuração dos fatores enumerados nos incisos I a V deste artigo.*

§ 2°. O funcionário em estágio probatório poderá exercer quaisquer cargos de provimento em comissão ou funções gratificadas.

§ 3°. O estágio probatório e respectivo prazo ficarão suspensos durante as licenças e os afastamentos sendo retomados a partir do término de tais impedimentos.

§ 4°. O funcionário em estágio probatório não poderá ser cedido a qualquer outro órgão da administração pública direta ou indireta e a ele somente poderão ser concedidas as seguintes licenças:

I. para tratamento de saúde;

II. por motivo de doença em pessoa da família;

III. para acompanhamento do cônjuge ou companheiro funcionário público;

IV. para prestar serviço militar ou outro serviço obrigatório por lei;

V. para participar de curso de formação decorrente de aprovação em concurso para outro cargo na administração pública;

VI. para o exercício de mandato político;

VII. pelo período que mediar a sua escolha como candidato a cargo eletivo e a véspera do registro de sua candidatura perante a Justiça Eleitoral;

VIII. pelo período do registro de sua candidatura perante a Justiça Eleitoral até o décimo dia seguinte ao pleito.

Art. 20. A avaliação de desempenho constitui condição para aquisição da estabilidade e tem como finalidade avaliar a capacidade e a aptidão do funcionário para o exercício do cargo.

Art. 21. O estágio probatório será sempre relacionado com o cargo ocupado.

Parágrafo único. Na hipótese de nomeação para outro cargo de provimento efetivo, o prazo de estágio probatório e da avaliação especial reiniciará com a respectiva assunção.

Art. 22. Na hipótese da autoridade competente não homologar a avaliação de desempenho indicando a exoneração, será aberto procedimento que é regido pelas normas do processo administrativo disciplinar conforme o Quadro ao qual pertencer o funcionário.

Parágrafo único. Durante o trâmite do processo referido no caput deste artigo, o prazo para aquisição da estabilidade ficará suspenso até o julgamento final.

Art. 23. O Presidente do Tribunal de Justiça regulamentará o procedimento da avaliação de desempenho.

Subseção IV - Da Estabilidade

Art. 24. O funcionário habilitado em concurso público e empossado em cargo de provimento efetivo adquirirá estabilidade no serviço público ao completar 03 (três) anos de efetivo exercício.

Art. 25. O funcionário estável somente perderá o cargo em virtude de:

I. sentença judicial transitada em julgado;

II. decisão em processo administrativo disciplinar;

III. decisão derivada de processo de avaliação periódica de desempenho, na forma da lei complementar federal, assegurada a ampla defesa;

IV. para corte de despesas com pessoal conforme disposto na Constituição e legislação federal.

Seção III - da Readaptação

Art. 26. A readaptação é o provimento de funcionário efetivo em cargo de atribuições compatíveis com a sua capacidade física ou mental, derivada de alteração posterior à nomeação e verificada em inspeção médica oficial.

Art. 27. O procedimento de readaptação terá o prazo de 06 (seis) meses, podendo ser prorrogado no caso de o funcionário estar participando de programa de reabilitação profissional.

§ 1°. Ao final do referido procedimento, se julgado incapaz, o funcionário será aposentado.

§ 2°. Declarado reabilitado para a função pública:

I. a readaptação será realizada em cargo com atribuições afins, respeitada a habilitação exigida para o cargo de origem, bem como o nível de escolaridade e os vencimentos inerentes a este;

II. na hipótese de inexistência de cargo vago, o funcionário exercerá suas atribuições como excedente, até a ocorrência de vaga.

§ 3°. A readaptação será sempre para cargo de vencimento igual ou inferior ao de origem, preservado o direito à remuneração paga ao funcionário neste último.

Seção IV - da Reversão

Art. 28. Reversão é o retorno de funcionário aposentado ao exercício das atribuições:

I. no caso de aposentadoria por invalidez, quando junta médica oficial declarar insubsistentes os motivos da aposentadoria;

II. no interesse da administração e a partir de requerimento do funcionário aposentado, observadas as seguintes condições:

a) que a aposentadoria tenha sido voluntária;

b) ocorrência da aposentadoria nos 05 (cinco) anos anteriores ao requerimento;

c) estabilidade adquirida quando em atividade;

d) haja cargo vago.

§ 1°. A reversão far-se-á no mesmo cargo ou no cargo resultante de sua transformação.

§ 2°. Após o retorno, o tempo de exercício será considerado para concessão de nova aposentadoria.

§ 3°. No caso do inciso I do caput deste artigo, encontrando-se provido o cargo, o funcionário exercerá suas atribuições como excedente, até a ocorrência de vaga.

§ 4°. O funcionário que retornar à atividade por interesse da administração perceberá, em substituição aos proventos da aposentadoria, a remuneração do cargo que voltar a exercer, inclusive com a vantagem de natureza pessoal incorporada e que percebia anteriormente à aposentadoria.

§ 5°. O funcionário de que trata o inciso II do caput deste artigo somente terá os proventos calculados com base nas regras atuais se permanecer pelo menos 05 (cinco) anos no cargo.

§ 6°. Não poderá reverter o aposentado que já tiver completado 70 (setenta) anos de idade.

Seção V - da Disponibilidade e do Aproveitamento

- **Subseção I - da Disponibilidade**

Art. 29. O funcionário será posto em disponibilidade quando extinto o seu cargo ou declarada sua desnecessidade, com remuneração proporcional ao tempo de serviço.

Parágrafo único. *A remuneração mensal para o cálculo da proporcionalidade corresponderá ao vencimento, acrescido das vantagens pessoais, permanentes e relativas ao exercício do cargo de provimento efetivo.*

Art. 30. *A disponibilidade do funcionário se dará conforme os seguintes critérios e ordem:*

I. *menor pontuação na avaliação de desempenho no ano anterior;*

II. *maior número de faltas ao serviço;*

III. *menor idade;*

IV. *maior remuneração.*

Art. 31. *O período de disponibilidade é considerado como de efetivo exercício para efeito de aposentadoria, observadas as normas próprias a esta.*

Subseção II - do Aproveitamento

Art. 32. *Aproveitamento é o retorno obrigatório do funcionário em disponibilidade ao exercício de cargo de atribuições e vencimentos compatíveis com o anteriormente ocupado.*

Parágrafo único. *O aproveitamento se dará na primeira vaga que ocorrer com precedência sobre as demais formas de provimento, observada a seguinte ordem de preferência dentre os funcionários em disponibilidade:*

I. *maior tempo de disponibilidade;*

II. *maior tempo de serviço público estadual;*

III. *maior tempo de serviço público;*

IV. *maior idade.*

Art. 33. Não haverá aproveitamento para cargo de natureza superior ao anteriormente ocupado.

Parágrafo único. *O funcionário aproveitado em cargo de natureza inferior ao anteriormente ocupado perceberá a diferença de remuneração correspondente.*

Art. 34. *O aproveitamento se dará somente àquele que for julgado apto física e mentalmente para o exercício do novo cargo.*

Parágrafo único. *Declarada a incapacidade para o novo cargo em inspeção médica, o funcionário será aposentado por invalidez, considerando-se, para tanto, o tempo de disponibilidade.*

Seção VI - da Reintegração

Art. 35. *Reintegração é o retorno do funcionário ao exercício das atribuições de seu cargo, ou de cargo resultante de sua transformação, quando invalidada a demissão por decisão administrativa ou judicial.*

§ 1°. *Na hipótese de extinção do cargo ou declarada sua desnecessidade, o funcionário ficará em disponibilidade e será aproveitado na forma dos arts. 32 a 34 deste Estatuto.*

§ 2°. *Encontrando-se provido o cargo, o seu eventual ocupante será reconduzido ao cargo de origem, sem direito à indenização, ou aproveitado em outro cargo, ou, ainda, posto em disponibilidade.*

§ 3°. *O funcionário reintegrado por decisão definitiva será ressarcido financeiramente pelo que deixou de perceber como vencimento ou remuneração durante o período de afastamento.*

§ 4°. *Transitada em julgado a decisão definitiva, será expedido o decreto de reintegração no prazo máximo de 30 (trinta) dias.*

Seção VII - da Recondução

Art. 36. *Recondução é o retorno do funcionário ao cargo anteriormente ocupado e decorrerá de:*

I. *inabilitação em estágio probatório relativo a outro cargo;*

II. *reintegração do anterior ocupante.*

§ 1°. Encontrando-se provido o cargo de origem, o funcionário será aproveitado em outro, observado o disposto nos arts. 32 a 34 deste Estatuto.

§ 2°. Na impossibilidade do aproveitamento o funcionário será posto em disponibilidade conforme os arts. 29 a 31 deste diploma legal.

Seção VIII - do Exercício

Art. 37. *Exercício é o desempenho das atribuições do cargo público ou da função gratificada.*

Parágrafo único. *O início, a suspensão, a interrupção e o reinício do exercício serão notados na ficha funcional.*

Art. 38. *É de 30 (trinta) dias o prazo para entrar no exercício das atribuições do cargo ou da função, contado da data:*

I. da posse;

II. da publicação no Diário da Justiça dos atos relativos às demais formas de provimento previstas nos incisos II a VI do Art.11.

§ 1°. *Os prazos previstos neste artigo poderão ser prorrogados por 30 (trinta) dias, a requerimento do interessado e a juízo da autoridade competente para dar posse.*

§ 2°. *O exercício em função de confiança dar-se-á no prazo máximo de 30 (trinta) dias, contados da publicação do ato de designação.*

§ 3°. *O funcionário removido, promovido, relotado, requisitado, cedido ou posto em exercício provisório terá 08 (oito) dias de prazo, contados da publicação do ato, para o retorno ao efetivo desempenho das atribuições do cargo na mesma comarca.*

§ 4°. *Na hipótese do § 3º, sendo a lotação de destino em outra comarca, o prazo da entrada em exercício será de 15 (quinze) dias.*

§ 5°. *O funcionário licenciado nos termos deste Estatuto retornará às efetivas atribuições a partir do término da licença.*

§ 6°. *O exercício em cargo efetivo nos casos de reintegração, aproveitamento, reversão, recondução e readaptação dependerá de prévia satisfação dos requisitos atinentes a tais formas de provimento e aptidão física e mental comprovada em inspeção médica oficial.*

§ 7°. *O funcionário que, após a posse, não entrar em exercício dentro do prazo fixado, será exonerado.*

§ 8°. *A posse e o exercício poderão ser reunidos em um só ato.*

Art. 39. *O exercício é condicionado à vedação de conferir ao funcionário atribuições diversas das do seu respectivo cargo.*

Seção IX - da Frequência e do Horário de Expediente

Art. 40. *A jornada de trabalho dos servidores do Poder Judiciário é de 8 (oito) horas diárias e de 40 (quarenta) horas semanais, facultada a fixação de 7 (sete) horas ininterruptas. (Redação dada pala Lei 16571 de 15/09/2010)*

I. *das 08h30min (oito horas e trinta minutos) às 11h00min (onze horas) e das 13h00min (treze horas) às 17h00min (dezessete horas) para os lotados em 1º Grau de Jurisdição;*

II. das 09h00min (nove horas) às 11h00min (onze horas) e das 13h00min (treze horas) às 18h00min (dezoito horas) para os lotados na Secretaria do Tribunal de Justiça.

§ 1º. Em razão do exercício de atividade externa incompatível com a fixação de horários de expediente, os funcionários com atribuições de Oficiais de Justiça e de Avaliadores terão somente a sua frequência diária registrada nos boletins das Secretarias para as quais estiverem designados. (Redação dada pela Lei 16571 de 15/09/2010)

§ 2º. A jornada de trabalho dos servidores e os expedientes dos Ofícios de Justiça do Foro Judicial e da Secretaria serão fixados e regulamentados por Resolução do Órgão Especial do Tribunal de Justiça do Estado do Paraná, observado o disposto na Lei Complementar nº 101, de 04 de maio de 2000. (Redação dada pela Lei 16571 de 15/09/2010)

§ 3º Fica autorizada a compensação da jornada de trabalho do servidor mediante a utilização do Banco de Horas, no qual serão registradas de forma individualizada as horas trabalhadas no exclusivo interesse do serviço, sendo regulamentada por ato do Presidente do Tribunal de Justiça".(Redação dada pela Lei 17250 de 31/06/2012).

Art. 41. Em todos os Juízos, Gabinetes, Departamentos e Centros do Tribunal de Justiça haverá controle de frequência dos funcionários por meio de livro-ponto ou de outro meio de controle regulamentado pelo Presidente do Tribunal de Justiça.

Parágrafo único. É vedado dispensar o funcionário do registro de frequência, salvo disposição legal em contrário ou autorização do Presidente do Tribunal de Justiça.

Art. 42. Os funcionários ocupantes de cargo de provimento efetivo vinculados a gabinete de magistrado que se aposentarem devem se apresentar na Divisão de Recursos Humanos do Departamento Administrativo na data em que for publicado o decreto de aposentadoria do Desembargador ou do Juiz de Direito Substituto em Segundo Grau, para que seja iniciado o processo de nova lotação e controle de frequência.

Art. 43. Em caso de óbito do magistrado, o setor competente do Departamento Administrativo fará lavrar e publicar, no trigésimo dia da data do falecimento, o ato de exoneração dos funcionários ocupantes de cargo de provimento em comissão vinculados ao gabinete.

Parágrafo único. Os funcionários efetivos devem se apresentar na Divisão de Recursos Humanos no terceiro dia após o falecimento, sendo exonerados do cargo em comissão eventualmente exercido a partir daquela data.

Art. 44. Nos dias úteis, somente por determinação do Presidente do Tribunal de Justiça poderão deixar de funcionar os serviços do Judiciário ou ser suspensos, no todo ou em parte, seus trabalhos.

Art. 45. Os funcionários regidos por este Estatuto, ocupantes de cargo de provimento efetivo ou em comissão, poderão ser convocados fora do horário do expediente sempre que houver interesse da Administração.

Parágrafo único. Na hipótese do caput deste Art. e para os funcionários comissionados deverá ser observada a vedação do Art. 78, parágrafo único, deste Estatuto.

Capítulo II - da Vacância

Seção I - Disposições Gerais

Art. 46. A vacância do cargo público decorrerá de:

I. remoção;

II. promoção;

III. exoneração;

IV. demissão;

V. readaptação;

VI. aposentadoria;

VII. falecimento.

Art. 47. Vagará o cargo na data:

I. da publicação do ato de aposentadoria, exoneração, remoção, promoção, demissão ou readaptação;

II. do falecimento do ocupante do cargo.

Seção II - Da Remoção e da Promoção

Art. 48. A remoção ou promoção se dá por ato do Presidente do Tribunal de Justiça de acordo com indicação do Conselho da Magistratura e com base nas regras por ele aprovadas, observados os princípios dispostos nos Arts. 57 a 61 do presente Estatuto.

§ 1°. A remoção ou promoção somente se aplica aos ocupantes de cargos do Quadro de Pessoal de 1º Grau de Jurisdição, aos Secretários do Conselho de Supervisão do Juizado Especial, aos Secretários de Turma Recursal do Juizado Especial, aos Secretários do Juizado Especial, aos Oficiais de Justiça do Juizado Especial, aos Auxiliares de Cartório do Juizado Especial, aos Auxiliares Administrativos do Juizado Especial, e aos Contadores e Avaliadores do Juizado Especial.

§ 2°. A remoção é transferência do funcionário de um cargo para outro de mesma natureza em outra comarca ou foro de igual entrância e dar-se-á alternadamente por antiguidade e merecimento.

§ 3°. A promoção é a passagem do funcionário de um cargo para outro de mesma natureza e classe imediatamente superior e dar-se-á alternadamente por antiguidade e merecimento.

§ 4°. A abertura dos editais à remoção e à promoção se dará alternadamente e não concorrendo interessados ou habilitados a uma ou outra será autorizado concurso de provimento por ingresso.

§ 5°. Os critérios para aferição do merecimento serão estabelecidos com base nos princípios dispostos nos Arts. 57 a 61 do presente Estatuto.

Art. 49. Vagando cargo, o Presidente do Tribunal autorizará a expedição de edital com prazo de 05 (cinco) dias convocando os interessados à remoção ou à promoção.

§ 1°. Decorrido o prazo legal, os pedidos serão reunidos em uma só autuação e encaminhados à Corregedoria-Geral da Justiça para informação sobre os antecedentes funcionais.

§2°. Não será deferido a inscrição a quem tenha sofrido pena disciplinar nos últimos 02 (dois) anos.

§ 3°. À remoção ou à promoção somente serão admitidos funcionários com mais de 02 (dois) anos em exercício no cargo e que estejam ao menos no penúltimo nível de sua classe.

§ 4°. Vencidas as etapas anteriores, o procedimento será relatado pelo Corregedor-Geral da Justiça perante o Conselho da Magistratura, que deliberará sobre a indicação ou não dos pretendentes.

§ 5°. Não se aplica remoção ou promoção aos cargos cuja extinção é prevista em lei à medida que vagarem e nem aos cargos que, de livre remanejamento, forem redistribuídos pela Administração Pública.

Seção III - da Exoneração

Art. 50. A exoneração dar-se-á a pedido do funcionário ou de ofício.

Parágrafo único. *A exoneração de ofício ocorrerá:*

I. *quando não satisfeitas as condições do estágio probatório;*

II. *quando, após a posse, o funcionário não entrar em exercício no prazo estabelecido;*

III. *para corte de despesas com pessoal nos termos da lei federal.*

Art. 51. *A exoneração de cargo em comissão ou a dispensa da função de confiança dar-se-á:*

IV. a juízo do Presidente do Tribunal de Justiça;

V. a pedido do próprio funcionário.

Capítulo III - da Lotação e da Relotação

Art. 52. *Lotação é o ato de definição da secretaria, do setor ou da repartição em que o funcionário exercerá as suas atribuições.*

Parágrafo único. *A lotação sempre se dará de ofício, respeitados os casos em que seja previamente definida em lei a secretaria, o foro ou a comarca ao qual o cargo é afetado.*

Art. 53. *Relotação é o deslocamento do funcionário, a pedido ou de ofício, de uma repartição ou setor para outro, inclusive entre foros, comarcas, ou secretarias, respeitados os casos em que seja previamente definida em lei a secretaria ou a comarca ao qual o cargo é afetado.*

Capítulo IV - da Substituição

Art. 54. *Nos casos de impedimentos superiores a 10 (dez) dias, o funcionário ocupante do cargo de provimento em comissão ou de função gratificada será substituído.*

§ 1°. *A substituição depende de ato da administração e recairá em funcionário ocupante de cargo de provimento efetivo e será por prazo determinado não superior a 120 (cento e vinte) dias.*

§ 2°. *O Presidente do Tribunal de Justiça definirá em regulamento os cargos em comissão que poderão ser preenchidos temporariamente por substituição.*

Art. 55. *O substituto perceberá, além de sua remuneração, a diferença proporcional ao tempo de substituição, calculada como se fosse titular do cargo em comissão ou da função gratificada.*

Capítulo Único - da Progressão Funcional

Art. 56. *Progressão funcional é a passagem do funcionário de um nível para outro imediatamente superior dentro da mesma classe.*

Art. 57. *A progressão dar-se-á, alternadamente, por antiguidade e por merecimento.*

§ 1°. *A progressão por antiguidade é a passagem do funcionário mais antigo de um nível para o imediatamente subsequente, dentro da mesma classe, desde que:*

I. *tenha cumprido o interstício de 03 (três) anos de efetivo exercício no nível em que se encontrava;*

II. *não tenha sido apenado nos últimos 02 (dois) anos;*

III. *não esteja em licença para o trato de interesses particulares;*

IV. *não esteja cumprindo pena privativa de liberdade.*

§ 2°. *Progressão por merecimento é a passagem do funcionário de um nível para o imediatamente subsequente, dentro da mesma classe, desde que preenchidos os pressupostos definidos no regulamento da avaliação periódica de desempenho individual e cumprido o interstício de 02 (dois) anos de efetivo exercício no nível em que se encontrava.*

Art. 58. *Não poderá concorrer à progressão por merecimento o funcionário que:*

I. tenha sofrido qualquer tipo de penalidade nos últimos 02 (dois) anos;

II. esteja em disponibilidade.

Art. 59. *O funcionário, para obter a progressão por merecimento, será submetido à avaliação de desempenho bienal.*

§ 1º. *A avaliação de desempenho bienal será executada com base em regulamento a ser editado pelo Presidente do Tribunal de Justiça.*

§ 2º. *O regulamento da avaliação de desempenho bienal, dentre outros critérios, deverá estabelecer requisitos mínimos de frequência e desempenho em cursos oficiais de aperfeiçoamento.*

§ 3º. *Será conferida a progressão por merecimento ao funcionário com maior desempenho na avaliação bienal imediatamente anterior à abertura de vaga no nível imediatamente superior.*

Art. 60. *A execução do procedimento e aferição da progressão funcional fica a cargo de Departamento específico da Secretaria do Tribunal de Justiça, nos termos a ser definido pelo Regulamento a ser editado pelo Presidente do Tribunal de Justiça.*

Art. 61. *Será conferida progressão funcional para fins de aposentadoria ou pensão caso o funcionário preencha os requisitos legais por ocasião da perda do vínculo com a administração.*

Dos Direitos e das Vantagens

Capítulo I - do Vencimento e da Remuneração

Art. 62. *Vencimento é a retribuição pecuniária pelo efetivo exercício do cargo com valor fixado em lei e correspondente ao nível de enquadramento do funcionário.*

Art. 63. *Remuneração é o vencimento do cargo efetivo, acrescido das vantagens pecuniárias estabelecidas em lei.*

Art. 64. *Os funcionários ocupantes de cargo de provimento efetivo e de provimento em comissão perceberão seus vencimentos ou suas remunerações nos termos da lei que define o Plano de Cargos e Progressão do Poder Judiciário.*

Parágrafo único. Nenhum funcionário do Poder Judiciário terá remuneração superior ao subsídio percebido por Desembargador.

Art. 65. *O funcionário perderá:*

I. a remuneração do(s) dia(s) em que faltar ao serviço;

II. a remuneração correspondente ao turno da falta (manhã ou tarde);

III. 1/3 (um terço) da remuneração do dia, se comparecer ao serviço com atraso ou sair antecipadamente.

§ 1º. *Considera-se atraso o comparecimento ao serviço após o início do expediente até o máximo de uma hora, após o que será lançada falta do respectivo turno.*

§ 2º. *Considera-se saída antecipada aquela que ocorrer antes do término do turno ou do período de trabalho.*

§ 3º. As faltas justificadas decorrentes de caso *fortuito ou força maior poderão ser compensadas a critério da chefia imediata, sendo assim consideradas como efetivo exercício.*

§ 4º. O funcionário poderá perder 50% (cinquenta por cento) do valor do vencimento ou da remuneração, no caso de aplicação de pena de suspensão convertida em multa, ficando obrigado a permanecer no serviço.

***Art. 66.** As faltas ao serviço, decorrentes de ordens judiciais dirigidas contra o funcionário, implicarão em:*

I. redução da remuneração a 2/3 (dois terços) durante o afastamento por motivo de prisão cautelar;

II. redução da remuneração a metade durante o afastamento em virtude de decisão condenatória penal transitada em julgado, que não determine a perda do cargo.

§ 1º. No caso do inciso I do caput deste artigo, o funcionário terá direito à integralização da remuneração se for absolvido em decisão definitiva.

§ 2º. As reduções cessarão no dia em que o funcionário for posto em liberdade.

§ 3º. O funcionário que for posto em liberdade nos termos deste artigo deverá retornar ao exercício de suas atribuições no dia seguinte à soltura.

***Art. 67.** O funcionário nomeado para cargo de provimento em comissão optará entre o vencimento de tal cargo e a remuneração que recebe em razão de seu cargo efetivo, acrescida em 20% (vinte por cento) do valor símbolo do cargo comissionado.*

§ 1º. Em nenhuma hipótese a diferença remuneratória percebida pelo funcionário efetivo em razão do exercício de cargo em comissão será incorporada aos seus vencimentos.

§ 2º. Aplica-se ao funcionário em disponibilidade nomeado para cargo de provimento em comissão o disposto no caput deste artigo como se na ativa estivesse.

***Art. 68.** Não incidirá desconto sobre o vencimento ou a remuneração, salvo por imposição legal, ordem judicial ou autorização escrita do funcionário, observando-se que, nesta última hipótese, a consignação do desconto fica a critério da administração pública.*

***Art. 69.** As reposições e indenizações ao Erário Estadual serão descontadas em parcelas mensais, não excedentes a 10% (dez por cento) da remuneração.*

§ 1º. As reposições e indenizações serão previamente comunicadas ao funcionário e corrigidas pela média do INPC (IBGE) e IGP-DI (Fundação Getúlio Vargas) ou pela média dos índices que vierem a substituí-los e acrescidas de juros nos termos da lei civil.

§ 2º. A reposição será integral e em parcela única quando o pagamento indevido tiver ocorrido no mês anterior ao do processamento da folha.

§ 3º. Quando o funcionário for exonerado, dispensado ou demitido terá o prazo de 60 (sessenta) dias, a contar da data da perda do vínculo com a administração pública, para pagar o débito, sendo que o não pagamento implicará em inscrição em dívida ativa.

§ 4º. As reposições derivadas de revogações de ordens judiciais que majoraram vencimentos ou remunerações deverão ser feitas em 30 (trinta) dias, a contar da data da notificação administrativa, sob pena de inscrição em dívida ativa.

§ 5º. No caso de recebimento de valores indevidos a título de remuneração ou vencimento o funcionário comunicará, no prazo de 10 (dez) dias, à Secretaria do Tribunal de Justiça, sob pena de caracterização de comportamento desleal para com a administração pública.

Capítulo II - das Vantagens

Seção I - Disposições Preliminares

***Art. 70.** Poderão ser pagas ao funcionário as seguintes vantagens:*

I. indenizações;

II. adicionais;

III. gratificações.

§ 3º. Os adicionais incorporam-se ao vencimento ou aos proventos, nos casos e condições indicados em lei.

§ 4º. As vantagens não serão computadas nem acumuladas para efeito de concessão de quaisquer outros acréscimos pecuniários ulteriores, sob o mesmo título ou idêntico fundamento.

Seção II - Das Indenizações

***Art. 71.** Constituem indenizações:*

I. ajuda de custo;

II. diárias;

III. transporte.

Subseção - Da Ajuda de Custo

***Art. 72.** Ajuda de custo é a compensação das despesas do funcionário que em virtude de promoção, remoção ou relotação muda de domicílio para exercer as suas atribuições em caráter permanente em outra comarca.*

§ 1º. A ajuda de custo compreende as despesas do funcionário e de sua família com combustível ou passagem e do transporte de bagagens e de bens pessoais até o valor de uma remuneração mensal.

§ 2º. A compensação será feita mediante comprovação documental das despesas nos termos do § 1º deste artigo.

§ 3º. A ajuda de custo somente será realizada uma vez a cada intervalo mínimo de 02 (dois) anos, no caso de remoções ou promoções, conforme dispuser regulamento a ser editado pelo Presidente do Tribunal de Justiça.

§ 4º. A ajuda de custo em razão de relotação de ofício pela administração pública não possui o limite de tempo previsto no § 3º deste artigo e será regulamentada pelo Presidente do Tribunal de Justiça.

§ 5º. Não será devida ajuda de custo na hipótese de relotação a pedido do funcionário.

§ 6º. O funcionário ficará obrigado a restituir integralmente a ajuda de custo recebida, no prazo de 10 (dez) dias, quando, injustificadamente, não se apresentar na nova sede, no prazo 30 (trinta) dias, ou ainda, pedir exoneração antes de completar 90 (noventa) dias de exercício na nova sede.

- **Subseção II - Das Diárias**

***Art. 73.** O funcionário em serviço que se afastar por ordem da Administração Pública da sede de sua lotação, em caráter eventual ou transitório para outro ponto do território nacional ou para o exterior, terá direito ao pagamento das passagens e de diárias destinadas a indenizar as despesas realizadas em razão do deslocamento.*

§ 1º. A diária é devida por dia de afastamento e terá valor arbitrado conforme regulamento a ser editado pelo Presidente do Tribunal de justiça, observado o seguinte:

I. valores fixos para alimentação e pernoite; e

II. a base de cálculo dos valores de alimentação e pernoite será estabelecida segundo o cargo, função e nível na carreira do funcionário.

§ 2º. Quando o deslocamento da sede constituir exigência permanente do cargo, o funcionário não terá direito a diárias.

Art. 74. *O funcionário que receber diária e não se afastar da sede por qualquer motivo, fica obrigado a restituí-la integralmente, no prazo de 02 (dois) dias.*

Parágrafo único. *Na hipótese de o funcionário retornar à sede em prazo menor do que o previsto para o seu afastamento restituirá as diárias recebidas em excesso, no prazo previsto no caput deste artigo.*

- **Subseção III - Da Indenização de Transporte**

Art. 75. Conceder-se-á indenização de transporte ao funcionário que realizar despesas com a utilização de meio próprio de locomoção para a execução de serviços externos, por força das atribuições próprias do cargo, conforme dispuser regulamento a ser editado pelo Presidente do Tribunal de Justiça.

Parágrafo único. A compensação será feita nos termos a serem fixados em regulamento.

Seção III - Dos Adicionais

Art. 76. *O funcionário ocupante de cargo de provimento efetivo terá acrescido aos vencimentos, a cada 05 (cinco) anos de efetivo exercício, 5% (cinco por cento) do valor do vencimento previsto para o nível do cargo que ocupa até completar 25% (vinte e cinco por cento), contados de forma linear.*

Parágrafo único. *O acréscimo será imediato, inclusive para efeito de aposentadoria, pensão ou disponibilidade.*

Art. 77. *Ao completar 30 (trinta) anos de efetivo exercício, o funcionário terá direito ao acréscimo aos vencimentos do nível de seu cargo de 5% (cinco por cento) por ano excedente, até o máximo de 25% (vinte e cinco por cento), contados de forma linear.*

§ 1º. A incorporação desses acréscimos será imediata, inclusive para efeito de aposentadoria, pensão ou disponibilidade.

§ 2º. No cálculo e para efeito de pagamento do adicional referido nesta Seção, não será considerada a soma ao vencimento de qualquer acréscimo de adicional anteriormente deferido.

Capítulo III - das Férias

Art. 95. *Após cada período de 12 (doze) meses de efetivo exercício, o funcionário terá direito a férias, que podem ser cumuladas por até 02 (dois) períodos, por comprovada necessidade de serviço, observada a seguinte proporção:*

I. 30 (trinta) dias corridos, quando não houver faltado ao serviço por mais de 05 (cinco) vezes no período aquisitivo;

II. 24 (vinte e quatro) dias corridos, quando houver tido de 06 (seis) a 14 (quatorze) faltas no período aquisitivo;

III. 18 (dezoito) dias corridos, quando houver tido de 15 (quinze) a 23 (vinte e três) faltas no período aquisitivo;

IV. 12 (doze) dias corridos, quando houver tido de 24 (vinte e quatro) a 32 (trinta e duas) faltas no período aquisitivo.

§ 1º. Para o primeiro período aquisitivo de férias serão exigidos 12 (doze) meses de efetivo exercício.

§ 2º. A escala de férias dos funcionários lotados na Secretaria do Tribunal de Justiça será organizada pelo chefe de cada Divisão ou Departamento, e pelo Juiz de Direito Diretor do Fórum para os demais casos.

§ 3º. É vedado compensar dias de faltas com os de férias.

§ 4º. As férias poderão ser parceladas, desde que assim requeridas pelo funcionário, e no interesse da administração pública.

Art. 96. *Não terá direito a férias o funcionário que, no curso do período aquisitivo, deixar de trabalhar, com percepção do vencimento ou da remuneração, por mais de 30 (trinta) dias, em virtude de paralisação parcial ou total do serviço público.*

Parágrafo único. *Na hipótese de cessação do vínculo com a administração pública será devida ao funcionário indenização de férias não-gozadas, integrais ou proporcionais, calculadas com base no vencimento anterior ao ato do desligamento.*

Capítulo IV - do Salário-Família

Art. 97. *O salário-família é devido no valor fixado na legislação federal, mensalmente, ao funcionário ativo ou inativo que receba vencimento igual ou inferior a 01 (um) salário-mínimo nacional, na proporção do número de dependentes econômicos.*

Parágrafo único. *Consideram-se dependentes econômicos para efeito de percepção* do salário-família:

I. o cônjuge ou companheiro e os filhos, inclusive os enteados até 18 (dezoito) anos de idade ou, se estudante, até 24 (vinte e quatro) anos ou, se inválido, de qualquer idade;

II. o menor de 18 (dezoito) anos que, mediante autorização judicial, viver na companhia e às expensas do funcionário, ou do inativo;

III. a mãe e o pai sem economia própria.

Art. 98. *Não se configura a dependência econômica quando o beneficiário do salário-família perceber rendimento de trabalho ou de qualquer outra fonte, inclusive pensão ou provento da aposentadoria, em valor igual ou superior ao salário-mínimo.*

Art. 99. *Quando o pai e a mãe forem funcionários públicos e viverem em comum, o salário-família será pago a um deles; quando separados, será pago a um e outro, de acordo com a distribuição dos dependentes.*

Parágrafo único. *Equiparam-se ao pai e à mãe o padrasto, a madrasta e, na falta destes, os representantes legais dos incapazes.*

Art. 100. *O salário-família não está sujeito a qualquer tributo estadual, nem servirá de base para qualquer contribuição estadual, inclusive para o sistema previdenciário.*

Art. 101. As licenças concedidas ao funcionário não acarretam a suspensão do pagamento do saláriofamília, excepcionada a hipótese para tratamento de interesses particulares.

Capítulo V - do Auxílio Funeral

Art. 102. *À pessoa que provar ter feito despesas com o funeral do funcionário será paga a importância correspondente até 01 (um) mês de remuneração do falecido para o respectivo ressarcimento.*

§ 1º. O pagamento correrá pela dotação própria à remuneração do funcionário falecido, não podendo, por esse motivo, novo ocupante entrar em exercício antes do transcurso de 30 (trinta) dias da data do óbito.

Art. 103. *Em caso de acumulação legal de cargos do Estado do Paraná, o auxílio funeral corresponderá ao pagamento do cargo de maior vencimento do funcionário falecido.*

Art. 104. Com base na mesma dotação, forma e prazo referidos nos parágrafos 1º e 2º do Art. 102 será concedido transporte ou meios para mudança à família do funcionário, quando este falecer fora do Estado do Paraná, no desempenho do cargo ou de serviço.

Capítulo VI - das Licenças

Seção - Disposições Gerais

Art. 105. *Ao (a) funcionário(a) conceder-se-á licença:*

I. *para tratamento de saúde;*

II. *por motivo de doença em pessoa da família;*

III. *à gestante, à paternidade e à adotante;*

IV. *para acompanhar o cônjuge ou o companheiro;*

V. *para o serviço militar;*

VI. *para atividade política e para exercício de mandato eletivo;*

VII. *para capacitação, frequência de cursos e horário especial;*

VIII. *para tratar de interesses particulares;*

IX. *para o desempenho de mandato classista;*

X. *especial;*

XI. *para missão ou estudo no exterior.*

Parágrafo único. *Os pedidos de licença devem ser instruídos com os documentos que comprovem os respectivos fundamentos, sob pena de indeferimento liminar, salvo nas hipóteses em que seja necessária inspeção médica para constatação do respectivo motivo.*

Art. 106. *A competência para o exame e a deliberação sobre os pedidos de licenças previstas no Art. 105 é do Presidente do Tribunal de Justiça, que poderá delegar tal atribuição às autoridades e aos funcionários que lhes sejam subordinados.*

§ 1º. *O funcionário em gozo de licença comunicará ao seu chefe imediato o local em que poderá ser encontrado.*

§ 2º. *O tempo necessário à inspeção médica será sempre considerado como período de licença.*

Seção II - Da Licença para Tratamento de Saúde

Art. 107. *Será concedida ao funcionário licença para tratamento de saúde, a pedido ou de ofício, com base em perícia médica.*

Art. 108. *Para licença de até 30 (trinta) dias, a inspeção será feita por médico do Tribunal de Justiça e, por prazo superior, será efetivada por junta médica oficial.*

§ 1º. *Sempre que necessário, a inspeção médica será realizada na residência do funcionário ou no estabelecimento hospitalar em que se encontrar internado.*

§ 2º. *Inexistindo médico do Quadro no local em que se encontra lotado o funcionário será aceito atestado firmado por médico particular.*

§ 3º. *No caso do parágrafo 2º deste artigo, o atestado somente produzirá efeitos depois de homologado pelo setor médico do Tribunal de Justiça, pelas autoridades ou pelos funcionários nos termos do Art. 106 deste Estatuto.*

§ 4º. *Não homologado o atestado ou indeferido o pedido de licença, o funcionário reassumirá imediatamente o exercício de suas atribuições, sendo considerados os dias que deixou de comparecer ao serviço como faltas ao trabalho, por haver alegado doença.*

§ 5º. *O funcionário que no período de 12 (doze) meses atingir o limite de 30 (trinta) dias de licença para tratamento de saúde, consecutivos ou não, para a concessão de nova licença, independentemente do prazo de sua duração, será submetido à inspeção por junta médica oficial.*

Art. 109. *O funcionário não permanecerá em licença para tratamento de saúde por prazo superior a 24 (vinte e quatro) meses, contados ainda que interpoladamente, exceto nos casos considerados recuperáveis pela junta médica, que poderá prorrogá-lo motivadamente e por período certo.*

Parágrafo único. *Decorrido o prazo do caput deste artigo, o funcionário será submetido à nova inspeção, sendo aposentado se julgado definitivamente inválido para o serviço público em geral e não puder ser readaptado.*

Art. 110. *Em casos de doenças graves, contagiosas ou não, que imponham cuidados permanentes, poderá a junta médica, se considerar o doente irrecuperável, recomendar como resultado da inspeção a imediata aposentadoria.*

Parágrafo único. *Na hipótese de que trata o caput deste artigo e o parágrafo único do Art. 109, a inspeção será feita por uma junta médica de pelo menos 03 (três) médicos.*

Art. 111. *No processamento das licenças para tratamento de saúde, será observado o devido sigilo sobre os laudos e os atestados médicos.*

Art. 112. *No curso de licença para tratamento de saúde, o funcionário abster-se-á de atividades remuneradas, sob pena de interrupção da licença com perda total do vencimento ou da remuneração, até que reassuma o cargo, e de responder a processo administrativo disciplinar.*

Art. 113. *Licenciado para tratamento de saúde, por acidente no exercício de suas atribuições ou por doença profissional, o funcionário recebe integralmente o vencimento ou a remuneração com as vantagens inerentes ao cargo.*

Art. 114. *O funcionário acidentado no exercício de suas atribuições, ou acometido de doença profissional, será posto em licença a requerimento ou de ofício para o respectivo tratamento.*

§ 1º. *Entende-se por doença profissional a que se deva atribuir, com relação de causa e efeito, às condições inerentes ao serviço e aos fatos ocorridos em razão do seu desempenho.*

§ 2º. *Acidente é o evento danoso que tenha como causa, mediata ou imediata, o exercício de atribuições inerentes ao cargo.*

§ 3º. *Considera-se também acidente a agressão sofrida e não provocada pelo funcionário no exercício de suas atribuições ou em razão delas.*

§ 4º. *A comprovação do acidente, indispensável para a concessão da licença, deve ser feita em procedimento próprio, no prazo de 08 (oito) dias, prorrogáveis por igual período.*

Art. 115. *O funcionário que apresentar indícios de lesões orgânicas ou funcionais será submetido à inspeção médica e não poderá recusá-la sob pena de suspensão de pagamento dos vencimentos ou da remuneração, até que ela seja realizada, e de responder a processo administrativo disciplinar.*

Parágrafo único. *Consideram-se doenças determinantes do licenciamento compulsório para tratamento de saúde do funcionário a tuberculose ativa, a hanseníase, a alienação mental, a neoplasia maligna, a cegueira posterior ao ingresso no serviço público, a paralisia irreversível e incapacitante, a cardiopatia grave, a doença de Parkinson, a espondiloartrose anquilosante, a nefropatia grave, o estado avançado* *do mal de Paget (osteíte deformante), a síndrome da deficiência imunológica adquirida (Aids), a esclerose múltipla, a contaminação de radiação e outras que forem indicadas em lei, de acordo com os critérios de estigma, deformação, mutilação, deficiência, ou outro fator que lhe confira especificidade e gravidade, com base na medicina especializada.*

Art. 116. *No curso da licença, poderá o funcionário requerer inspeção médica, caso se julgue em condições de reassumir o exercício de suas atribuições ou com direito à aposentadoria.*

Art. 117. *Considerado apto em inspeção médica, o funcionário reassumirá o exercício, sob pena de serem computados os dias de ausência como faltas.*

Seção III *- Da Licença por Motivo de Doença em Pessoa da Família*

Art. 118. *Será concedida licença ao funcionário por motivo de doença do cônjuge ou de companheiro, dos pais, dos filhos, do padrasto ou da madrasta e de enteado, ou de dependente que viva às suas expensas e conste na sua ficha funcional, mediante comprovação por junta médica oficial.*

§ 1º. *A licença somente será deferida se a assistência direta do funcionário for indispensável e não puder ser prestada simultaneamente com o exercício do cargo ou mediante compensação de horário.*

§ 2º. *A licença será concedida sem prejuízo da remuneração, por até 30 (trinta) dias, podendo ser prorrogada por até 30 (trinta) dias, mediante laudo de junta médica oficial e, excedendo estes prazos, sem remuneração, por até 90 (noventa) dias consecutivos ou não, compreendidos no período de 24 (vinte e quatro) meses, contados ainda que interpoladamente.*

§ 3º. *Durante a fruição da licença por motivo de doença em pessoa da família o funcionário não exercerá nenhuma atividade remunerada, sob pena de interrupção da licença e de responder a processo administrativo disciplinar.*

Seção IV - Da Licença à Gestante, à Paternidade e à Adotante

Art. 119. *À funcionária gestante será concedida, mediante atestado médico, licença por 180 (cento e oitenta) dias, com percepção de vencimento ou remuneração com demais vantagens legais.*

§ 1°. *A funcionária gestante, quando em serviço de natureza braçal, será aproveitada em função compatível com o seu estado, a contar do primeiro dia do quinto mês de gestação, salvo antecipação por prescrição médica, sem prejuízo do direito à licença de que trata esta Seção.*

§ 2°. *A licença poderá, a pedido da funcionária gestante, ter início no primeiro dia do nono mês de gestação, salvo antecipação por prescrição médica.*

§ 3°. *Na hipótese de nascimento prematuro, a licença terá início a partir do parto.*

§ 4°. *No caso de natimorto, a funcionária ficará licenciada por 30 (trinta) dias a contar do evento, decorridos os quais, será submetida a exame médico, e se julgada apta, reassumirá o exercício de suas atribuições.*

§ 5°. *No caso de aborto atestado por médico, a funcionária terá direito a 30 (trinta) dias de repouso remunerado.*

Art. 120. *Para amamentar o próprio filho até a idade de 06 (seis) meses, a funcionária lactante terá, durante a jornada de trabalho, duas horas de descanso, que poderá ser parcelada em 02 (dois) períodos de uma hora.*

Art. 121. *À funcionária que adotar ou tiver concedida guarda judicial para fins de adoção será concedida licença nos seguintes prazos:*

I. *I - de 120 (cento e vinte) dias, se a criança tiver de 0 (zero) a 30 (trinta) dias;*

II. *II - de 90 (noventa) dias, se a criança tiver de 02 (dois) meses incompletos a 06 (seis) meses;*

III. *III - de 60 (sessenta) dias, se a criança tiver de 07 (sete) meses incompletos a 02 (dois) anos;*

IV. *IV - de 30 (trinta) dias, se a criança tiver de 03 (três) anos incompletos a 06 (seis) anos.*

§ 1°. *Considera-se a idade da criança à época de sua entrega à mãe adotiva.*

§ 2°. *Findo o prazo de licença, a mãe adotante deverá retornar ao trabalho, sendo improrrogável a licença.*

Art. 122. *Pelo nascimento ou adoção de filhos, o funcionário terá direito à licença-paternidade de 05 (cinco) dias consecutivos.*

Seção V - Da Licença para Acompanhar o Cônjuge ou o Companheiro

Art. 123. *Será concedida licença ao funcionário (a) para acompanhar cônjuge ou companheiro (a) que for deslocado (a) de ofício pela administração pública para outro ponto do território nacional ou exterior ou para o exercício de mandato eletivo dos Poderes Executivo e Legislativo.*

§ 1°. *A licença será por prazo indeterminado e sem vencimento ou remuneração.*

§ 2°. *No deslocamento do(a) funcionário(a) poderá haver exercício provisório em órgão ou entidade da administração do Estado do Paraná, inclusive autárquica ou fundacional, desde que para o exercício de atividade compatível com o seu cargo.*

§ 3°. *Independentemente do regresso do(a) cônjuge ou do(a) companheiro(a), o(a) funcionário(a) poderá requerer, a qualquer tempo, o retorno ao exercício de suas atribuições, o que lhe será deferido observados os requisitos dos arts. 29 a 34 deste Estatuto.*

§ 4°. *Para acompanhar o (a) cônjuge ou o (a) companheiro(a) poderá ser aplicado o disposto no Art. 140 deste Estatuto ao invés da licença de que trata esta Seção.*

Seção VI - Da Licença para o Serviço Militar

Art. 124. *Ao funcionário convocado para o serviço militar será concedida licença sem vencimento ou remuneração na forma e nas condições previstas na legislação específica e mediante documento comprovante da incorporação.*

Parágrafo único. *Concluído o serviço militar, o funcionário terá até 30 (trinta) dias sem remuneração para reassumir o exercício do cargo.*

Art. 125. *Será concedida licença sem remuneração ou vencimento ao funcionário que tiver feito curso para oficial da reserva das forças armadas durante os estágios prescritos nos regulamentos militares.*

Seção VII - Da Licença para Atividade Política e para o Exercício de Mandato Eletivo

Art. 126. *O funcionário poderá ser licenciado, sem remuneração, durante o período que mediar entre a sua escolha em convenção partidária, como candidato a cargo eletivo do Poder Legislativo ou do Poder Executivo, e a véspera do registro de sua candidatura perante a Justiça Eleitoral.*

§ 1°. O funcionário candidato a cargo eletivo que exerça cargo de direção, chefia, assessoramento, arrecadação ou fiscalização, dele será licenciado, a partir do dia imediato ao do registro de sua candidatura perante a Justiça Eleitoral, até o décimo dia seguinte ao do pleito.

§ 2°. A partir do registro da candidatura e até o décimo dia seguinte ao da eleição o funcionário será licenciado, assegurada percepção dos vencimentos do cargo efetivo.

Art. 127. *O funcionário ficará licenciado do cargo em decorrência do exercício de mandato eletivo:*

I. federal, estadual ou distrital;

II. de Prefeito, sendo-lhe facultado optar pela remuneração do cargo que ocupa;

III. de Vereador, e havendo compatibilidade de horários, perceberá as vantagens de seu cargo, emprego ou função, sem prejuízo da remuneração do cargo eletivo, e, não havendo compatibilidade, será aplicada a norma do inciso II deste artigo.

§ 1°. Em qualquer caso que exija o licenciamento para o exercício do cargo eletivo, o tempo de serviço será contado para todos os efeitos legais, exceto para promoção ou progressão funcional por merecimento.

§ 2°. Para efeito de benefício previdenciário, no caso do licenciamento, os valores serão determinados como se no exercício estivessem.

§ 3°. Será computado integralmente o tempo de exercício de mandato eletivo federal, estadual, distrital e municipal, prestado sob a égide de qualquer regime jurídico, bem como as contribuições feitas para instituições oficiais de previdência social brasileira.

§ 4°. A contagem recíproca estabelecida no §3º deste artigo atenderá ao disposto na Lei Estadual nº 12.398 de 30.12.1998 e na Lei Federal nº 9.717 de 27.11.1998.

§ 5°. O funcionário investido em mandato eletivo não poderá ser relotado de ofício para localidade diversa daquela em que exerce o mandato.

§ 6°. O funcionário deverá reassumir o exercício de seu cargo no Poder Judiciário no primeiro dia útil subsequente:

I. ao trânsito em julgado da decisão da Justiça Eleitoral que indeferiu o registro de sua candidatura ou homologou a sua desistência;

II. após o decurso do prazo de que trata o §2º do Art. 126, caso seja confirmado o registro de sua candidatura;

III. ao da apresentação de sua desistência à candidatura.

§ 7°. A inobservância do disposto no §6º deste artigo implicará em falta ao serviço.

§ 8°. A licença e o retorno do funcionário ao exercício de suas atribuições deverão ser comunicados à Presidência do Tribunal de Justiça no prazo de 15 (quinze) dias, contados, respectivamente, de seu início e das datas previstas no parágrafo 6º deste artigo.

Seção VIII - Da Licença para Capacitação e Frequência de Cursos e do Horário Especial

Art. 128. *Após cada qüinqüênio de efetivo exercício, o funcionário ocupante de cargo efetivo poderá, no interesse e a critério da administração, licenciar-se com a respectiva remuneração, por até 03 (três) meses, para participar ou completar requisitos de curso de capacitação profissional correlatos às responsabilidades e às atribuições do cargo que ocupa.*

Parágrafo único. *Os períodos de licença de que trata o caput deste artigo não são acumuláveis.*

Art. 129. *O funcionário que usufruir da licença prevista no Art. 128 será obrigado a restituir os valores percebidos como remuneração durante o respectivo período, no caso de ocorrer sua exoneração no prazo de 02 (dois) anos, a contar do término do tal benefício.*

Art. 130. *O funcionário que for estudante em cursos de formação até o grau universitário, incluídos os de pós-graduações, desde que ministrados na localidade da lotação, terá horários especiais de trabalho que possibilitem a frequência ao curso, condicionados à possibilidade e à realização das necessárias compensações a perfazerem a carga horária normal de trabalho.*

§ 1°. Será deferido horário especial somente por uma vez para a realização de 01 (um) curso técnico, 01 (um) de graduação, 01 (um) de especialização, 01 (um) de mestrado e 01 (um) de doutorado, observado o período de regular duração de cada um deles.

§ 2°. O funcionário beneficiário de horário especial não terá direito a qualquer gratificação ou aumento de vencimentos ou remuneração por trabalho fora do horário normal de expediente.

§ 3°. Será concedido horário especial ao funcionário portador de necessidades especiais quando atestado por junta médica, independentemente de compensação de horário, observado o disposto no §2º deste artigo.

§ 4°. O Presidente do Tribunal de Justiça definirá os funcionários competentes a deliberar sobre os pedidos de horários especiais.

Seção IX - Da Licença para Tratar de Interesses Particulares

Art. 131. *A critério da administração poderão ser concedidas ao funcionário ocupante de cargo efetivo, desde que não esteja em estágio probatório, licenças para o trato de assuntos particulares pelo prazo de até 02 (dois) anos consecutivos.*

§ 1°. A licença poderá ser interrompida, a qualquer tempo, a pedido do funcionário ou no interesse do serviço, devendo o funcionário, nesta última hipótese, reassumir suas atribuições no prazo de 30 (trinta) dias depois de notificado, sob pena de responder administrativamente por abandono de cargo.

§ 2º. O tempo de afastamento em razão da fruição da licença que se trata esta Seção não será computado para qualquer efeito legal.

(Redação dada conforme Republicação em 17/03/2009)

Art. 132. *Não será concedida a licença de que trata esta Seção ao funcionário que esteja respondendo a processo administrativo disciplinar.*

Seção X - Da Licença para Desempenho de Mandato Classista

Art. 133. É assegurado ao funcionário efetivo licença com remuneração para o desempenho de mandato em associação de classe ou sindicato representativo da categoria de funcionários:

I. para entidades com até 500 (quinhentos) associados, 01 (um) funcionário;

II. para entidades com 501 (quinhentos e um) a 1000 (mil) associados, 02 (dois) funcionários;

III. para entidades com 1001 (mil e um) a 1500 (mil e quinhentos) associados, 03 (três) funcionários;

IV. para entidades com mais de 1501 (mil e quinhentos e um) associados, será liberado mais um dirigente, a cada quinhentos associados excedentes a tal número, até o limite de oito.

§ 1°. Somente poderão ser licenciados funcionários eleitos para cargos de direção ou representação nas referidas entidades, desde que cadastradas em Ministério da administração pública federal nos termos da legislação federal.

§ 2º. A licença terá duração igual à do mandato, podendo ser prorrogada no caso de reeleição, e será computado o tempo de afastamento para todos os efeitos legais, exceto para promoção por merecimento.

(Redação dada conforme Republicação em 17/03/2009)

§ 3°. O funcionário investido em mandato classista não poderá ser relotado de ofício para localidade diversa daquela em que exerce o mandato.

Seção XI - Da Licença Especial

Art. 134. O funcionário estável que durante 10 (dez) anos não se afastar do exercício de suas funções terá direito à licença especial de 06 (seis) meses, por decênio, com percepção de vencimento ou remuneração.

Parágrafo único. Após cada quinquênio de efetivo exercício, ao funcionário estável que requerer conceder-se-á licença especial de 03 (três) meses com vencimento ou remuneração.

Art. 135. Não podem gozar de licença especial, simultaneamente, o funcionário e o seu substituto legal; se requeridas para períodos coincidentes, ainda que parcialmente, a preferência para a fruição é daquele que tenha mais tempo de serviço público estadual.

Parágrafo único. Na mesma repartição não poderão usufruir de licença especial, simultaneamente, funcionários em número superior à sexta parte do total do respectivo Quadro de lotação e, quando o número de funcionários for inferior a 06 (seis), somente 01 (um) deles poderá entrar em licença especial. Em ambos os casos, a preferência será estabelecida na forma prevista no caput deste artigo.

Art. 136. É vedada a conversão da licença de que trata esta Subseção em pecúnia.

Seção XII - Da Licença para Estudo ou Missão no Exterior

Art. 137. Somente o funcionário estável e efetivo poderá ausentar-se do País para estudo ou missão oficial desde que autorizado pelo Presidente do Tribunal de Justiça.

§ 1°. A ausência não excederá a 02 (dois) anos, e finda a missão ou o estudo, somente decorrido igual período, será permitida nova ausência.

§ 2°. Ao funcionário beneficiado pelo disposto neste artigo não será concedida exoneração, bem como as licenças para tratar de interesses particulares, para capacitação ou especial, antes de decorrido período igual ao da licença.

§ 3°. As hipóteses, condições e formas para a concessão da licença de que trata esta Seção, inclusive no que se refere à percepção de vencimentos ou de remuneração do funcionário estável e efetivo serão disciplinadas em regulamento a ser editado pelo Presidente do Tribunal de Justiça.

Art. 138. O licenciamento de funcionário estável e efetivo para servir em organismo internacional de que o Brasil participe ou com o qual coopere dar-se-á com perda total da remuneração.

Capítulo VII - dos Afastamentos

Art. 139. Serão concedidos os seguintes afastamentos do exercício das atribuições aos funcionários, sem prejuízo dos vencimentos ou das remunerações, para:

I. trânsito, conforme prazos estabelecidos nos §§ 3º e 4º do Art. 38 deste Estatuto;

II. casamento, por 08 (oito) dias;

III. luto por falecimento de cônjuge ou companheiro, filho ou enteado, pai ou padrasto, mãe ou madrasta, irmão, por 08 (oito) dias;

IV. júri e outros serviços obrigatórios por lei;

V. doar sangue, por 01 (um) dia a cada 12 (doze) meses de trabalho;

VI. alistamento como eleitor, por 02 (dois) dias.

Parágrafo único. Para efeito do disposto no caput deste artigo haverá compensação de horários respeitada a duração máxima semanal do trabalho de 40 (quarenta) horas.

Capítulo VIII - da Cessão para servir a outro Órgão ou Entidade Pública

Art. 140. O funcionário efetivo e estável poderá ser cedido para outro órgão ou outra entidade da administração direta ou indireta dos Poderes da União, dos Estados, do Distrito Federal ou dos Municípios, nas seguintes hipóteses:

I. para exercício de cargo em comissão ou função de confiança;

II. em casos previstos em leis específicas.

§ 1°. Na hipótese do inciso I do caput deste artigo, sendo a cessão para órgãos ou entidades de outros Estados, da União, do Distrito Federal ou dos Municípios, o ônus da remuneração será do órgão ou da entidade cessionária, inclusive no que se referem às contribuições previdenciárias.

§ 2°. O funcionário cedido ao órgão, à empresa pública ou à sociedade de economia mista do Estado do Paraná, nos termos das respectivas normas, poderá optar pela remuneração do cargo efetivo ou pela remuneração do cargo efetivo acrescida de percentual da retribuição do cargo em comissão.

§ 3°. A entidade cessionária efetuará o reembolso das despesas realizadas pelo cedente a qualquer título, inclusive no que toca à diferença derivada da opção referida no § 2º deste artigo.

§ 4°. A cessão far-se-á a critério do Presidente do Tribunal de Justiça por prazo certo, não superior a 01 (um) ano, e mediante Portaria publicada no Diário da Justiça.

§ 5°. A contagem de tempo de serviço do funcionário cedido para fins previdenciários obedecerá às normas contidas na Lei Estadual nº 12.398 de 30.12.1998.

Capítulo IX - da Aposentadoria, do Tempo de Serviço e da Contribuição Previdenciária

Art. 141. A aposentadoria sob qualquer modalidade se dará nos prazos e nas formas previstas na Constituição Federal, na Constituição Estadual, na Lei Federal nº 9.717 de 27 de novembro 1998 e na Lei Estadual nº 12.398 de 30 de dezembro de 1998 e suas alterações subsequentes.

§ 1°. Os valores a serem pagos em razão das aposentadorias são os definidos nas mencionadas normas e têm por base as remunerações com forma de fixação e incorporações de vantagens previstas neste Estatuto.

§ 2°. O sistema de seguridade dos dependentes e dos funcionários inativos do Poder Judiciário é o previsto na Lei Estadual nº 12.398 de 30.12.1998 e nas suas alterações subsequentes.

Capítulo X - do Direito de Petição

Art. 142. *É assegurado ao funcionário o direito de petição em defesa de direito ou contra ilegalidade ou abuso de poder contra si praticado.*

Art. 143. *A petição será dirigida à autoridade da qual emanou o ato impugnado ou a que for competente para deliberar sobre o pleito concessivo de direito.*

Art. 144. *Cabe pedido de reconsideração dirigido à autoridade que houver proferido a primeira decisão, não podendo ser renovado.*

Parágrafo único. *A impugnação, o requerimento e o pedido de reconsideração de que trata o caput deste Art. e os Arts. 142 e 143 deste Estatuto deverão ser despachados no prazo de 05 (cinco) dias e decididos dentro de 30 (trinta) dias.*

Art. 145. *Caberá recurso com efeito devolutivo do indeferimento do pedido de reconsideração e da decisão do primeiro recurso.*

§ 1°. *O recurso será dirigido à autoridade imediatamente superior que tiver expedido o ato ou proferido a decisão, e, sucessivamente, ao Presidente do Tribunal de Justiça.*

§ 2°. *O Presidente do Tribunal de Justiça poderá delegar poderes aos funcionários imediatamente subordinados para a apreciação dos recursos de sua competência.*

§ 3°. *O prazo para deliberar sobre os recursos é de 30 (trinta) dias.*

Art. 146. *O prazo para interposição de pedido de reconsideração ou de recurso é de 15 (quinze) dias, a contar da publicação ou da ciência da decisão pelo interessado.*

Art. 147. *O recurso será recebido com efeito suspensivo pelo Presidente do Tribunal de Justiça, ou pela autoridade a quem cabe a atribuição do respectivo julgamento, no caso de risco de lesão grave e de difícil reparação.*

Parágrafo único. *Em caso de provimento do pedido de reconsideração ou do recurso, os efeitos da decisão retroagirão à data do ato impugnado.*

Art. 148. *O direito de peticionar prescreve:*

I. *em 05 (cinco) anos, a contar dos atos que afetem interesse patrimonial e créditos resultantes das relações com a administração do Poder Judiciário;*

II. *em 02 (dois) anos, a contar da demissão, da cassação de aposentadoria ou da cassação de disponibilidade;*

III. *em 120 (cento e vinte) dias, nos demais casos, salvo quando outro prazo for fixado em lei.*

Parágrafo único. *O prazo de prescrição será contado da data da publicação do ato impugnado ou da data da ciência pelo interessado quando se der antes da publicação.*

Art. 149. *O pedido de reconsideração e o recurso, quando cabíveis, interrompem a prescrição.*

Art. 150. *A prescrição é de ordem pública, não podendo ser relevada pela administração.*

Art. 151. *Para o exercício do direito de petição, é assegurada vista de autos e de documento, na repartição, ao funcionário ou ao procurador por ele constituído.*

Do Regime Disciplinar

Capítulo I - Disposições Gerais

Seção I - da Cumulação de Cargos

Art. 152. *Ressalvados os casos previstos na Constituição Federal, é vedada a acumulação remunerada de cargos públicos.*

§ 1°. *A proibição de acumular estende-se a cargos, empregos e funções e abrange autarquias, fundações públicas, empresas públicas, sociedades de economia mista, suas subsidiárias, e sociedades controladas direta ou indiretamente pelo poder público.*

§ 2°. *A acumulação de cargos, ainda que lícita, fica condicionada à comprovação da compatibilidade de horários.*

§ 3°. *Considera-se acumulação proibida a percepção de vencimento de cargo ou emprego público efetivo com proventos da inatividade ou pensão paga a partir de valores de órgão ou entidade previdenciária pública, salvo quando os cargos ou empregos de que decorram essas remunerações forem acumuláveis na atividade.*

Art. 153. *O funcionário não poderá exercer mais de um cargo em comissão ou mais de uma função gratificada prevista no caput do Art. 79 deste Estatuto.*

Art. 154. *O funcionário vinculado ao regime deste Estatuto, que acumular licitamente 02 (dois) cargos efetivos, quando investido em cargo de provimento em comissão, ficará afastado de ambos os cargos efetivos, salvo na hipótese em que houver compatibilidade de horário e de local com o exercício de um deles, declarada pelas autoridades máximas dos órgãos ou das entidades envolvidas.*

Art. 155. *É vedado o exercício gratuito de função ou cargo remunerado.*

Parágrafo único. *A vedação contida no caput deste artigo não abrange os funcionários aposentados no desempenho de serviço voluntário como conciliador ou para cumprir tarefas especiais, desde que devidamente autorizados pelo Presidente do Tribunal de Justiça ou por quem ele de*signar para tal atribuição.

Seção II - Dos Deveres

Art. 156. *São deveres do funcionário:*

I. *assiduidade;*

II. *pontualidade;*

III. *urbanidade;*

IV. *manter conduta compatível com a moralidade administrativa;*

V. *exercer com zelo e dedicação as atribuições do cargo;*

VI. *lealdade e respeito às instituições a que servir;*

VII. *observar as normas legais e regulamentares;*

VIII. *cumprir as ordens superiores, exceto quando manifestamente ilegais;*

IX. *atender com presteza:*

a) ao público em geral, prestando as informações requeridas, ressalvadas às protegidas por sigilo;

b) à expedição de certidões requeridas para defesa de direito ou esclarecimento de situações de interesse pessoal;

c) às requisições para a defesa da Fazenda Pública;

X. *levar ao conhecimento da autoridade superior as irregularidades de que tiver ciência em razão do cargo;*

XI. *zelar pela economia do material e conservação do patrimônio público;*

XII. *guardar sigilo sobre assunto da repartição;*

XIII. *representar contra ilegalidade, omissão ou abuso de poder;*

XIV. *atender prontamente às convocações para serviços extraordinários;*

XV. *zelar pela manutenção atualizada dos seus dados cadastrais perante a administração pública;*

XVI. *apresentar-se convenientemente trajado em serviço ou com uniforme determinado;*

XVII. *proceder na vida pública e na vida privada de forma a dignificar o cargo ou a função que exerce;*

XVIII. *cumprir os prazos previstos para a prática dos atos que lhe são afetos ou que forem determinados pela autoridade administrativa ou judiciária a que estiver vinculado;*

XIX. *comunicar à Secretaria do Tribunal de Justiça e restituir imediatamente os valores que perceber indevidamente como remuneração;*

XX. *frequentar os cursos instituídos pela administração do Tribunal de Justiça para aperfeiçoamento ou especialização;*

XXI. *submeter-se à inspeção médica quando determinada pela autoridade competente.*

§ 1°. A representação de que trata o inciso XIII será encaminhada pela via hierárquica e apreciada por autoridade superior àquela contra a qual é formulada.

§ 2°. Será dispensado da frequência a cursos de aperfeiçoamento ou especialização o funcionário que comprovar relevante motivo que o impeça.

§ 3°. A frequência e o aproveitamento a cursos de aperfeiçoamento ou especialização será considerada para a progressão e a promoção funcional.

Seção III - das Proibições

Art. 157. *Ao funcionário é proibido:*

I. *ausentar-se do serviço durante o expediente, sem prévia autorização do chefe imediato;*

II. *retirar qualquer documento ou objeto da repartição sem prévia anuência da autoridade competente;*

III. *recusar fé a documentos públicos;*

IV. *opor resistência injustificada ao encaminhamento de documento, ao andamento de processo ou à execução de serviço;*

V. *promover manifestação de apreço ou desapreço no recinto da repartição;*

VI. *cometer a pessoa estranha ao Quadro da repartição, fora dos casos previstos em lei, o desempenho de atribuição que seja de sua responsabilidade ou de seu subordinado;*

VII. *coagir ou aliciar subordinados no sentido de se filiarem à associação profissional ou sindical, ou a partido político;*

VIII. *manter sob sua chefia imediata, em cargo ou função de confiança, cônjuge, companheiro ou parente até o terceiro grau;*

IX. *valer-se do cargo para lograr proveito pessoal ou para outrem, em detrimento da dignidade da função pública;*

X. *participar de gerência ou administração de sociedade privada, personificada ou não personificada, salvo a participação em sociedade cooperativa constituída para prestar serviços a seus membros, e exercer o comércio, exceto na qualidade de acionista ou cotista;*

XI. *atuar como procurador ou intermediário junto a repartições públicas;*

XII. *receber propina, comissão, presente ou vantagem de qualquer para o desempenho de suas atribuições;*

XIII. *aceitar comissão, emprego ou pensão de estado estrangeiro;*

XIV. *praticar usura sob qualquer de suas formas;*

XV. *proceder de forma desidiosa;*

XVI. *utilizar pessoal ou recursos materiais do Poder Público em serviços ou atividades particulares;*

XVII. *cometer a outro funcionário atribuições estranhas ao cargo que ocupa, exceto em situações de emergência e transitórias;*

XVIII. *exercer quaisquer atividades que sejam incompatíveis com o exercício do cargo ou da função e com o horário de trabalho;*

XIX. *recusar-se a atualizar seus dados cadastrais quando solicitado;*

XX. *referir-se de modo depreciativo em qualquer escrito ou por palavras às autoridades constituídas e aos atos administrativos por ela praticados, ressalvada a análise técnica e doutrinária em trabalho de natureza acadêmica;*

XXI. *deixar de comparecer ao serviço sem justificativa aceita pela administração;*

XXII. *tratar de assuntos particulares na repartição durante o horário de expediente;*

XXIII. *empregar materiais e bens do Poder Judiciário ou à disposição deste em serviço ou atividade estranha às funções públicas;*

XXIV. *manter domicílio ou residência fora da localidade de sua lotação;*

XXV. *acumular cargos ou funções, observados os permissivos constitucionais e legais.*

Seção IV - Das Responsabilidades

Art. 158. *O funcionário responde civil, penal e administrativamente pelo exercício irregular de suas atribuições.*

Art. 159. *As responsabilidades e sanções civis, penais e administrativas poderão cumular-se, sendo independentes entre si.*

Art. 160. *A responsabilidade civil decorre de ato omissivo ou comissivo, doloso ou culposo, que resulte em prejuízo ao erário público ou a terceiros.*

§ 1°. *A indenização de prejuízo dolosamente causado ao erário será liquidada na forma prevista no Art. 69, sem prejuízo da execução do débito pela via judicial.*

§ 2°. *Tratando-se de dano causado a terceiros, responderá o funcionário perante a Fazenda Pública, em ação regressiva.*

§ 3°. *A obrigação de reparar o dano estende-se aos sucessores e contra eles será executada até o limite do valor da herança recebida.*

Art. 161. *A responsabilidade penal abrange os crimes e as contravenções imputadas ao funcionário, nessa qualidade.*

Art. 162. *A responsabilidade administrativa resulta de ato omissivo ou comissivo praticado no desempenho do cargo ou da função.*

Art. 163. *A responsabilidade administrativa do funcionário será afastada no caso de absolvição criminal que negue a existência do fato ou de sua autoria.*

Capítulo II - do Sistema Disciplinar dos Funcionários de 1º Grau de Jurisdição

Seção I - Das Disposições Gerais

Art. 164. *Aos funcionários do Quadro de Pessoal de 1º Grau de Jurisdição do Estado do Paraná, aos Secretários do Conselho de Supervisão do Juizado Especial, aos Secretários de Turma Recursal do Juizado Especial, aos Secretários do Juizado Especial, aos Oficiais de Justiça do Juizado Especial, aos Auxiliares de Cartório do Juizado Especial, aos Auxiliares Administrativos do Juizado Especial e aos Contadores e Avaliadores do Juizado Especial se aplica o sistema previsto neste Capítulo.*

Parágrafo único. *Aos funcionários do Quadro da Secretaria do Tribunal de Justiça que estiverem lotados ou atuando no foro judicial, em 1º Grau de jurisdição, ainda que subordinados a juízes, não se aplicam as disposições referidas no caput deste artigo e sim as que seguem no Capítulo III deste Título.*

Art. 165. *Os funcionários do Quadro de Pessoal de 1º Grau de Jurisdição do Estado do Paraná deverão exercer suas funções com dignidade e compostura, obedecendo às determinações de seus superiores e cumprindo as disposições legais a que estiverem sujeitos.*

Art. 166. *Os funcionários do Quadro de Pessoal de 1º Grau de Jurisdição do Estado do Paraná terão domicílio e residência na sede da comarca em que exercerem suas funções.*

Art. 167. *Os funcionários do Quadro de Pessoal de 1º Grau de Jurisdição do Estado do Paraná ficarão sujeitos às seguintes penas disciplinares pelas faltas cometidas no exercício de suas funções:*

I. *de advertência, aplicada por escrito em caso de mera negligência;*

II. *de censura, aplicada por escrito em caso de falta de cumprimento dos deveres revistos nesta lei, e também de reincidência de que tenha resultado aplicação de pena de advertência;*

III. *de devolução de custas em dobro, aplicada em casos de cobrança de custas que excedam os valores fixados na respectiva tabela, a qual ainda poderá ser cumulada com outra pena disciplinar;*

IV. *de suspensão, aplicada em caso de reincidência em falta de que tenha resultado na aplicação de pena de censura, ou em caso de infringência às seguintes proibições:*

- ***a)*** *exercer cumulativamente 02 (dois) ou mais cargos ou funções públicas, salvo as exceções permitidas em lei;*
- ***b)*** *retirar, modificar ou substituir, sem prévia autorização da autoridade competente, qualquer documento de órgão estatal, com o fim de criar direito ou obrigação ou de alterar a verdade dos fatos;*
- ***c)*** *valer-se do cargo ou função para obter proveito pessoal em detrimento da dignidade do cargo ou função;*
- ***d)*** *praticar usura;*
- ***e)*** *receber propinas e comissões de qualquer natureza em razão do cargo ou função;*
- ***f)*** *revelar fato ou informação de natureza sigilosa de que tenha ciência em razão do cargo ou função;*
- ***g)*** *delegar, salvo nos casos previstos em lei, o desempenho de encargo que a si competir ou a seus subordinados;*
- ***h)*** *deixar de comparecer ao trabalho sem causa justificada;*
- ***i)*** *retirar ou utilizar materiais e bens do Estado indevidamente;*
- ***j)*** *deixar de cumprir atribuições inerentes ao cargo no prazo estipulado;*

I. *de demissão, aplicada nos casos de:*

- ***a)*** *crime contra a administração pública;*
- ***b)*** *abandono de cargo;*
- ***c)*** *falta ao serviço, sem justa causa, por 60 (sessenta) dias alternados no período de 12 (doze) meses;*
- ***d)*** *improbidade administrativa;*
- ***e)*** *incontinência pública ou conduta escandalosa na repartição;*
- ***f)*** *reincidência em caso de insubordinação;*
- ***g)*** *ofensa física, em serviço, a funcionário ou a particular, salvo escusa legal;*
- ***h)*** *aplicação irregular de dinheiro público;*
- ***i)*** *revelação de segredo que conheça em razão do cargo ou da função;*
- ***j)*** *lesão aos cofres públicos e dilapidação do patrimônio do Estado;*
- ***k)*** *corrupção;*
- ***l)*** *acumulação ilegal de cargos, empregos ou funções públicas;*
- ***m)*** *transgressão dos incisos IX a XV, XXIII e XXV do Art. 157;*
- ***n)*** *condenação por crime comum à pena privativa de liberdade superior a 04 (quatro) anos;*
- ***o)*** *reiterada desídia no cumprimento das atribuições do cargo ou da função.*

§ 1°. *A pena de suspensão poderá ser convertida em multa quando houver conveniência para o serviço, à razão de 50% (cinqüenta por cento) do valor da remuneração a que no período imposto fizer jus o funcionário, que fica obrigado neste caso a permanecer em atividade.*

§ 2°. *Para os fins do inciso V, alínea "b", deste artigo, considera-se abandono de cargo a ausência ao serviço, sem justa causa, por mais de 30 (trinta) dias.*

§ 3°. *Durante o período de suspensão, o funcionário perderá todas as vantagens decorrentes do exercício do cargo.*

§ 4°. *Na aplicação das penalidades, considerar-se-ão a natureza e a gravidade da infração, os meios empregados, os danos que dela provierem para o serviço público e os antecedentes disciplinares do funcionário.*

Art. 168. *Será cassada a aposentadoria ou disponibilidade se ficar provado que o inativo:*

I. praticou falta grave no exercício do cargo ou função;

II. aceitou ilegalmente cargo ou função pública;

III. aceitou representação de Estado estrangeiro sem prévia autorização do Presidente da República;

IV. praticou usura em qualquer de suas formas;

V. perdeu a nacionalidade brasileira.

§ 1°. Cassada a aposentadoria ou a disponibilidade, o funcionário, para todos os efeitos legais, será considerado como demitido do serviço público.

§ 2°. Independentemente de qualquer tipo de exoneração, permanece a necessidade de processamento e julgamento das condutas passíveis de punição com suspensão, demissão ou cassação de aposentadoria e de disponibilidade.

***Art. 169.** São competentes para aplicação das penalidades disciplinares o Conselho da Magistratura, o Corregedor-Geral da Justiça e os Juízes perante os quais servirem ou a quem estiverem subordinados os funcionários, observado o seguinte:*

I. o Conselho da Magistratura poderá aplicar quaisquer das penalidades previstas no artigo anterior;

II. o Corregedor-Geral da Justiça e os Juízes poderão aplicar as penas de advertência, censura, devolução de custas em dobro e suspensão de até 30 (trinta) dias.

***Art. 170.** As penas de advertência, censura e devolução de custas em dobro poderão ser aplicadas em sindicância, respeitados o contraditório e a ampla defesa.*

***Art. 171.** Qualquer penalidade imposta ao funcionário será comunicada à Corregedoria-Geral da Justiça para as devidas anotações.*

***Art. 172.** Se a pena imposta for a de demissão ou de cassação de aposentadoria, a decisão será remetida ao Presidente do Tribunal de Justiça, que expedirá o respectivo decreto, comunicando o fato, na segunda hipótese, ao Tribunal de Contas.*

***Art. 173.** Sempre que houver comprovação de prática de crime de ação penal pública, remeter-se-ão peças ao Ministério Público.*

***Art. 174.** As penalidades de advertência, censura e devolução de custas em dobro terão seus registros cancelados após o decurso de 03 (três) anos, e a de suspensão após 05 (cinco) anos, respectivamente, contados da aplicação ou do cumprimento da pena, se o funcionário não houver, nesse período, praticado nova infração disciplinar.*

***Art. 175.** Mediante decisão do Corregedor-Geral da Justiça, o funcionário poderá ser afastado do exercício do cargo quando criminalmente processado ou condenado enquanto estiver tramitando o processo ou pendente de execução a pena aplicada.*

***Parágrafo único.** Recebida a denúncia ou transitada em julgado a sentença, o Juiz do processo remeterá ao Corregedor-Geral da Justiça cópias das respectivas peças.*

***Art. 176.** O Corregedor-Geral da Justiça, por decisão fundamentada, poderá afastar o funcionário do exercício do cargo, pelo prazo de 60 (sessenta) dias, prorrogável por igual período, se houver necessidade de acautelamento a fim de evitar a continuidade dos ilícitos administrativos praticados, para garantia da normalidade do serviço público ou por conveniência da instrução do processo administrativo.*

***Art. 177.** Fica assegurado ao funcionário, quando do afastamento ocorrido pela aplicação das normas contidas nos arts. 175 e 176 deste Estatuto, o direito à percepção de sua remuneração.*

***Art. 178.** Afastado o funcionário, o Corregedor-Geral da Justiça designará substituto se assim a necessidade do serviço o exigir.*

***Art. 179.** Apena de demissão ou de cassação de aposentadoria será aplicada ao funcionário do Quadro de Pessoal de 1º Grau de Jurisdição do Estado do Paraná:*

I. em virtude de sentença que declare a perda de cargo ou de função pública;

II. mediante processo administrativo em que lhe seja assegurada ampla defesa.

Seção II - Da Prescrição

***Art. 180.** Prescreverá o direito de punir:*

I. em 03 (três) anos, para as infrações sujeitas às penalidades de advertência, censura, devolução de custas em dobro e suspensão; (Redação dada pela Lei 17201 de 26/06/2012)

II. em 05 (cinco) anos, para as infrações sujeitas à pena de demissão e de cassação de aposentadoria. (Redação dada pela Lei 17201 de 26/06/2012)

***Parágrafo único.** A punibilidade da infração, também prevista na lei penal como crime, prescreve juntamente com este.*

***Art. 181.** O prazo de prescrição começa a correr da data em que o fato se tornou conhecido pela autoridade competente para aplicar a penalidade.*

§ 1º. Interrompe-se a contagem do prazo de prescrição com:

I. a abertura de sindicância;

II. a instauração do processo administrativo;

III. a decisão de mérito proferida em sindicância ou no processo administrativo;

IV. o acórdão proferido no julgamento do recurso interposto em face da decisão a que se refere o inciso III deste parágrafo." (Redação dada pela Lei 17201 de 26/06/2012)

§ 2°. A abertura da sindicância meramente preparatória do processo administrativo, desprovida de contraditório e da ampla defesa, não interrompe a prescrição.

§ 3°. Suspende-se o prazo prescricional quando a autoridade reputar conveniente o sobrestamento do processo administrativo até a decisão final do inquérito policial, da ação penal ou da ação civil pública, desde que originadas no mesmo fato do processo administrativo.

§ 4°. Interrompida a prescrição, todo o prazo começa a correr novamente do dia da interrupção.

Seção III - Do Processo Administrativo

***Art. 182.** O processo administrativo terá início após a certeza dos fatos, por portaria baixada por Juiz ou pelo Corregedor-Geral da Justiça, na qual se imputarão os fatos ao funcionário, delimitando-se o teor da acusação.*

***Parágrafo único.** Os atos instrutórios do processo poderão ser delegados pelo Corregedor-Geral da Justiça a Juiz ou a assessor lotado na Corregedoria-Geral da Justiça.*

***Art. 183.** Ao funcionário acusado será dada a notícia dos termos da acusação, devendo ser ele citado para, no prazo de dez dias, apresentar defesa e requerer a produção de provas.*

§ 1º A citação far-se-á:

I. por ofício, expedido pela autoridade instrutora do processo, a ser entregue diretamente ao indiciado mediante recibo em cópia do original, ou pela via postal, sob registro e com aviso de recebimento;

II. pelo meio eletrônico, através do Sistema Mensageiro, acompanhado da íntegra dos autos, sob a forma de arquivo anexo;

III. por mandado;

IV. por carta precatória ou de ordem;

V. por edital, com prazo de quinze dias.

§ 2º No caso de recusa do indiciado em opor o ciente na cópia da citação, que lhe é entregue em mãos, o prazo para defesa contar-se-á da data declarada, em termo próprio, pelo servidor designado a fazer a citação pela autoridade instrutora do processo, com a assinatura de duas testemunhas.

§ 3º A citação eletrônica, feita pelo Sistema Mensageiro, considerar-se-á realizada quando a mensagem for lida pelo destinatário, cuja data e horário ficarão registrados no sistema, salvo no período de afastamento do usuário, quando não serão computados os prazos em relação às mensagens de cunho pessoal.

§ 4º Far-se-á citação por meio de mandado, por oficial de justiça, quando frustrada a citação mediante ofício ou por meio eletrônico;

§ 5º Na citação por mandado, verificando que o funcionário se oc ulta para não ser citado, o oficial de justiça certificará a ocorrência e proce derá a citação com hora certa, na forma estabelecida nos arts. 227 a 229 do Código de Processo Civil.

§ 6º Achando-se o indiciado em lugar incerto e não sabido, será citado por edital, publicado três vezes no Diário da Justiça Eletrônico e afixado no átrio do Fórum. (Redação dada pela Lei nº 17842 de 19/12/2014).

***Art. 184.** Em caso de revelia, inclusive na hipótese de o funcionário não comparecer após ser citado por hora certa, será designado pela autoridade competente bacharel para funcionar como defensor dativo ao funcionário. (Redação dada pela Lei nº 17842 de 19/12/2014).*

***Art. 185.** Apresentada defesa, seguir-se-á a instrução com a produção das provas deferidas, podendo a autoridade instrutora determinar a produção de outras necessárias à apuração dos fatos.*

***§ 1°.** A autoridade que presidir a instrução deverá in terrogar o funcionário acusado acerca da imputação, designando dia, hora e local e determinando sua intimação bem como a de seu defensor.*

***§ 2°.** Em todas as cartas precatórias e de ordem, a autoridade processante declarará o prazo dentro do qual elas deverão ser cumpridas. Vencido esse prazo, o feito será levado a julgamento independentemente de seu cumprimento.*

***§ 3°.** Encerrada a instrução, será concedido um prazo de 05 (cinco) dias para as alegações finais do acusado.*

***§ 4°.** Apresentadas as alegações finais, a autoridade competente proferirá decisão.*

***§ 5°.** Instaurado o processo administrativo por determinação do Corregedor-Geral da Justiça, este, após receber os autos com o relatório elaborado pela autoridade instrutora, decidi-lo-á ou o relatará, conforme o caso, perante o Conselho da Magistratura.*

***§ 6°.** A instrução deverá ser ultimada no prazo de 120 (cento e vinte) dias, prorrogáveis por mais 60 (sessenta) dias.*

Seção IV - Do Abandono do Cargo

***Art. 186.** Caracterizada a ausência do funcionário na forma do Art. 167, § 2º, deste Código, fará o Juiz a respectiva comunicação à Corregedoria-Geral da Justiça.*

***Art. 187.** Diante da comunicação da ausência do funcionário, e havendo indícios de abandono de cargo, o Corregedor-Geral da Justiça baixará portaria instaurando processo administrativo, com expedição de edital de chamamento e citação, que será publicado no Diário da Justiça por 03 (três) dias consecutivos, convocando o funcionário a justificar sua ausência ao serviço no prazo de 10 (dez) dias, contados da última publicação.*

***Art. 188.** Se procedente a justificativa apresentada pelo funcionário, deverá ele reassumir imediatamente suas funções.*

***Parágrafo único.** Não ocorrendo o retorno do funcionário à atividade, segue-se o procedimento estabelecido nos arts. 183 e 184 deste Código.*

***Art. 189.** Declarado o abandono do cargo pelo Conselho da Magistratura, os autos serão encaminhados ao Presidente do Tribunal de Justiça, que expedirá o decreto de demissão do funcionário.*

Seção V - Dos Recursos

***Art. 190.** Das decisões do Juiz ou do Corregedor-Geral da Justiça caberá recurso em último grau ao Conselho da Magistratura no prazo de 15 (quinze) dias.*

***Art. 191.** Das decisões originárias do Conselho da Magistratura cabe recurso ao Órgão Especial no prazo de 15 (quinze) dias.*

***Art. 192.** O recurso será interposto perante a autoridade que houver proferido a decisão recorrida, a qual, se o receber, encaminhá-lo-á no prazo de 02 (dois) dias ao órgão competente para julgamento.*

***§ 1°.** Só não será recebido o recurso em caso de intempestividade.*

***§ 2°.** O recurso será sempre recebido nos efeitos devolutivo e suspensivo.*

Capítulo III - do Sistema Disciplinar dos Funcionários do Quadro da Secretaria do Tribunal de Justiça

Seção I - Das Penalidades Disciplinares

Art. 193. São penalidades disciplinares:

I. advertência;

II. suspensão;

III. demissão;

IV. cassação de aposentadoria ou de disponibilidade;

V. destituição de cargo em comissão.

***§ 1°.** Cassada a aposentadoria ou a disponibilidade, o funcionário, para todos os efeitos legais, será considerado como demitido do serviço público.*

***§ 2°.** Independentemente de qualquer tipo de exoneração, permanece a necessidade de processamento e julgamento das condutas passíveis de punição com suspensão, demissão ou cassação de aposentadoria e de disponibilidade.*

***Art. 194.** Na aplicação das penalidades serão consideradas a natureza e a gravidade da infração cometida, os danos que dela provierem para o serviço público e os antecedentes funcionais.*

- **Subseção I - Da Advertência**

***Art. 195.** A advertência será aplicada por escrito, nos casos de violação de proibição constante do Art. 157,* incisos I a VIII, XIX e XXII, e de inobservância de dever funcional previsto em lei, regulamentação ou norma interna, que não justifique imposição de penalidade mais grave.

§ 1°. A penalidade de advertência terá seu registro cancelado após o decurso de 03 (três) anos, contados de sua anotação, e se o funcionário não houver, nesse período, praticado nova infração disciplinar.

§ 2°. O cancelamento da penalidade não surtirá efeitos retroativos.

- **Subseção II - Da Suspensão**

Art. 196. A suspensão será aplicada em caso de reincidência das faltas punidas com advertência e de violação das demais proibições que não tipifiquem infração sujeita a penalidade de demissão, não podendo exceder a 90 (noventa) dias.

§ 1°. Será punido com suspensão de até 30 (trinta) dias o funcionário que, injustificadamente, recusar-se a ser submetido à inspeção médica determinada pela autoridade competente, cessando os efeitos da penalidade uma vez cumprida a determinação.

§ 2°. Caracteriza falta punível com suspensão de até 90 (noventa) dias o não atendimento à convocação para sessões do Tribunal do Júri e a outros serviços obrigatórios.

§ 3°. Quando houver conveniência para o serviço, a penalidade de suspensão poderá ser convertida em multa, na base de 50% (cinquenta por cento) por dia de vencimento ou remuneração, ficando o funcionário obrigado a permanecer em serviço.

Art. 197. Durante o cumprimento da pena de suspensão o funcionário perderá todas as vantagens decorrentes do exercício do cargo.

Art. 198. Apenalidade de suspensão terá seu registro cancelado após o decurso de 05 (cinco) anos, contados do cumprimento integral da pena, e se o funcionário não houver, nesse período, praticado nova infração disciplinar.

Parágrafo único. O cancelamento da penalidade não surtirá efeitos retroativos.

- **Subseção III - Da Demissão**

Art. 199. A demissão será aplicada nos seguintes casos:

I. crime contra a administração pública;

II. abandono de cargo;

III. falta ao serviço, sem justa causa, por 60 (sessenta) dias alternados no período de 12 (doze) meses;

IV. improbidade administrativa;

V. incontinência pública ou conduta escandalosa na repartição;

VI. reincidência em caso de insubordinação;

VII. ofensa física, em serviço, a funcionário ou a particular, salvo escusa legal;

VIII. aplicação irregular de dinheiro público;

IX. revelação de segredo que conheça em razão do cargo ou da função;

X. lesão aos cofres públicos e dilapidação do patrimônio do Estado;

XI. corrupção;

XII. acumulação ilegal de cargos, empregos ou funções públicas;

XIII. transgressão dos incisos IX a XV, XXIII e XXV do Art. 157;

XIV. condenação por crime comum à pena privativa de liberdade superior a 04 (quatro) anos;

XV. reiterada desídia no cumprimento das atribuições do cargo ou da função.

XVI. Parágrafo único. Considera-se abandono de cargo a ausência ao serviço, sem justa causa, por 30 (trinta) dias consecutivos.

- **Subseção IV - Da Cassação de Aposentadoria ou de Disponibilidade**

Art. 200. Será cassada a aposentadoria ou a disponibilidade do inativo que houver praticado, na atividade, falta punível com demissão.

Parágrafo único. A aplicação definitiva de uma das penas referidas no caput deste artigo será anotada na ficha funcional.

- **Subseção V - Da Destituição de Cargo em Comissão**

Art. 201. Adestituição de funcionário não efetivo de cargo de provimento em comissão se dará nos casos de infração punível com as penas de suspensão ou de demissão para os funcionários efetivos e o inabilitará à nomeação para outro cargo em comissão e para participar de concurso público para cargo no Poder Judiciário estadual por 05 (cinco) anos.

§ 1º. Em tal hipótese, a exoneração do funcionário comissionado, a qualquer título, não elidirá a necessidade de processamento e julgamento das condutas que se lhe imputam.

§ 2º. O julgamento procedente da imputação, no caso do §1º deste artigo, será anotado na ficha funcional para fim de caracterização dos impedimentos constantes docaput deste artigo.

§ 3º. Ao funcionário efetivo que for demitido também se aplicam os impedimentos referidos no caput deste artigo.

§ 4º. Independentemente do contido neste artigo ou da prática de qualquer infração por ocupante de cargo de provimento em comissão a administração pública conserva o poder de livremente exonerá-lo a qualquer tempo.

Art. 202. Não poderá retornar ao Poder Judiciário estadual o funcionário que tiver contra si julgada procedente definitivamente, no âmbito administrativo ou judicial, imputação de improbidade administrativa, aplicação irregular de dinheiro público, lesão aos cofres públicos, dilapidação do patrimônio público ou corrupção.

Seção II - Da Prescrição da Pretensão Punitiva

Art. 203. Apretensão punitiva disciplinar prescreverá:

I. em 05 (cinco) anos para as infrações puníveis com demissão, cassação de aposentadoria ou de disponibilidade e destituição de cargo em comissão;

II. em 02 (dois) anos para as infrações puníveis com advertência ou suspensão.

§ 1º. O prazo de prescrição começa a correr da data em que o fato se tornou conhecido da autoridade competente para ordenar a instauração do procedimento administrativo disciplinar.

§ 2º. Os prazos e os termos de interrupção de prescrição previstos na lei penal aplicam-se às infrações disciplinares tipificadas como crime.

§ 3º. Interrompe-se a contagem do prazo de prescrição:

I. com a instauração de sindicância ou do procedimento administrativo disciplinar;

II. com a instauração de processo administrativo;

III. com a decisão de mérito proferida no processo administrativo;

IV. com a interposição de recurso ou de pedido de revisão da decisão de mérito proferida em processo administrativo;

V. com a decisão de recurso ou de pedido de revisão da decisão de mérito proferida em processo administrativo;

VI. com a propositura de ação judicial que tenha por pretensão a anulação ou revisão de decisão punitiva ou de processo administrativo disciplinar.

§ 4º. Na hipótese do inciso VI a contagem do prazo prescricional somente se reiniciará após o trânsito em julgado da decisão judicial da ação anulatória ou de revisão.

§ 5º. Interrompida a prescrição, todo o prazo começa a correr novamente do dia da interrupção.

Seção III - Da Competência para Aplicação das Penalidades e da Instauração dos Procedimentos Administrativos

***Art. 204.** O Secretário do Tribunal de Justiça é competente para ordenar a instauração de procedimentos disciplinares, nomear e designar integrantes para Comissão Disciplinar e aplicar as penalidades disciplinares.*

***§ 1º.** As competências em matéria disciplinar do Secretário do Tribunal de Justiça poderão ser delegadas a funcionários a ele diretamente subordinados.*

***§ 2º.** Ao designar os integrantes da Comissão e os respectivos suplentes, o Secretário do Tribunal de Justiça indicará o funcionário que irá presidi-la.*

§ 3º. O Presidente da Comissão Disciplinar designará, dentre os membros, aquele que irá secretariá-lo.

***§ 4º.** A Comissão Disciplinar será composta de 03 (três) funcionários ocupantes de cargos efetivos, estáveis e bacharéis em Direito, pelo prazo de 02 (dois) anos, prorrogável por até mais (02) dois anos.*

***§ 5º.** Os integrantes da comissão justificarão previamente e por escrito ao superior e hierárquico o afastamento do serviço de suas repartições por ocasião dos trabalhos relativos aos procedimentos administrativos disciplinares.*

***Art. 205. Detectada a qualquer tempo a acumulação ilegal de** cargos, empregos ou funções públicas, abandono de cargo ou falta ao serviço, sem justa causa, por 60 (sessenta) dias, alternados no período de 12 (doze) meses, a autoridade competente determinará à Comissão Disciplinar a abertura de processo administrativo de rito sumário.*

Seção IV - Da Competência para Apreciação dos Recursos

***Art. 206.** Das decisões disciplinares do Secretário do Tribunal de Justiça caberá recurso, com efeitos suspensivo e devolutivo, no prazo de 15 (quinze) dias, ao Presidente do Tribunal de Justiça.*

***§ 1º.** As penas de demissão, de cassação de aposentadoria, de cassação de disponibilidade e de destituição de cargo de provimento em comissão aplicadas pelo Secretário do Tribunal de Justiça serão necessariamente reexaminadas pelo Presidente do Tribunal de Justiça a quem serão remetidos os autos de processo disciplinar no prazo de 30 (trinta) dias, independentemente de recurso do apenado.*

***§ 2º.** Na hipótese do §1º deste artigo, a penalidade só produzirá efeitos após o reexame, que se dará no prazo de 30 (trinta) dias, pelo Presidente do Tribunal de Justiça a quem caberá, caso decida pela manutenção da pena, determinar as providências para a efetiva aplicação.*

***§ 3º.** Na hipótese do §2º deste artigo, a decisão do Presidente do Tribunal substitui sempre a decisão do Secretário para todos os efeitos legais.*

***§ 4º.** O Presidente do Tribunal de Justiça poderá delegar sua competência disciplinar a um ou mais integrantes da cúpula diretiva do Tribunal de Justiça.*

Seção V - Do Procedimento Administrativo Disciplinar e da Sindicância

***Art. 207.** Aautoridade que tiver ciência de irregularidade no serviço público do Poder Judiciário deverá comunicar ao Secretário do Tribunal de Justiça, a quem cabe ordenar apuração.*

***§ 1º.** A competência para apuração prévia por sindicância ou por procedimento de que trata o caput deste artigo é da Comissão Disciplinar.*

***§ 2º.** A sindicância é o procedimento disciplinar que antecede o processo administrativo disciplinar e serve para a apuração da extensão dos fatos apontados como irregulares e da extensão da responsabilidade de cada autor.*

***§ 3º.** O procedimento disciplinar prévio de caráter genérico é o que antecede o processo administrativo e serve para a apuração da extensão dos fatos apontados como irregulares cuja autoria ainda é desconhecida.*

***Art. 208.** As denúncias sobre irregularidades serão objeto de apuração desde que contenham a identificação, a qualificação e o endereço do denunciante e sejam formuladas por escrito, confirmada a autenticidade.*

***Parágrafo único.** Caso o fato narrado não configure infração disciplinar ou ilícito penal, a denúncia será arquivada de plano.*

***Art. 209.** Da sindicância e do procedimento prévio poderão resultar:*

I. o arquivamento;

II. a instauração de processo disciplinar ou a aplicação de pena nos termos deste Estatuto.

***§ 1º.** O prazo para conclusão da sindicância e do procedimento prévio não excederá 60 (sessenta) dias, podendo ser prorrogado por até igual período, a critério da autoridade que ordenou a respectiva instauração.*

***§ 2º.** As penas de advertência e de suspensão de até 30 (trinta) dias poderão ser aplicadas em sindicância, assegurados o contraditório e a ampla defesa.*

***Art. 210.** A sindicância e o procedimento prévio terão início no prazo de 03 (três) dias a contar da data que for comunicada à Comissão Disciplinar a ordem de apuração dos fatos.*

§ 1º. Obtida a autoria, ou sendo ela conhecida pela Comissão Disciplinar, e delimitados os fatos, o sindicado será intimado para se manifestar por escrito, no prazo de cinco (05) dias, podendo indicar provas.

***§ 2º.** Havendo 02 (dois) ou mais indiciados, o prazo será comum e de 10 (dez) dias.*

***§ 3º.** A Comissão Disciplinar procederá a todas as diligências que julgar necessárias para a elucidação dos fatos.*

***§ 4º.** Concluindo pela inexistência de falta funcional, a Comissão Disciplinar elaborará relatório final e encaminhará os autos à autoridade competente.*

***§ 5º.** Sendo possível a aplicação de pena no caso de conclusão no sentido de existir ilícito administrativo, em tese, será feito relatório com a delimitação dos* *fatos, a indicação das normas violadas e eventuais sanções cabíveis e os autos serão encaminhados à autoridade competente.*

Art. 211. *Na hipótese de ser necessário o processo administrativo para a aplicação de penalidade, em razão da sua natureza, a Comissão Disciplinar tomará de ofício as providências para a respectiva instauração através de portaria acusatória.*

§ 1º. *Em tais hipóteses a sindicância ou o procedimento prévio terão natureza inquisitorial, sendo garantidos a ampla defesa e o contraditório para o processo administrativo propriamente dito.*

§ 2º. *A portaria acusatória conterá a delimitação dos fatos e das condutas e indicará as normas violadas e as sanções cabíveis.*

Seção VI - Do Afastamento Preventivo

Art. 212. *Para garantia da instrução tanto no âmbito da sindicância, como do processo administrativo disciplinar, a autoridade julgadora poderá determinar o afastamento cautelar do funcionário do exercício de suas atribuições, pelo prazo de até 60 (sessenta) dias, sem prejuízo da remuneração.*

§ 1º. *O afastamento poderá ser prorrogado por igual prazo, findo o qual cessarão os seus efeitos, ainda que não concluída a sindicância ou o processo administrativo.*

§ 2º. *A providência deste artigo poderá ser adotada de ofício pela autoridade competente para julgamento ou a requerimento do Presidente da Comissão Disciplinar.*

Seção VII - Do Processo Administrativo Disciplinar

- **Subseção I - Disposições Gerais**

Art. 213. *O processo disciplinar é destinado a apurar a responsabilidade de funcionário por infração praticada no exercício de suas atribuições ou que com elas tenha relação.*

Art. 214. *O processo disciplinar será conduzido pela Comissão Disciplinar e antecederá necessariamente à aplicação das penas de suspensão por mais de 30 (trinta) dias, demissão, cassação de aposentadoria, cassação de disponibilidade ou destituição de cargo em comissão.*

§ 1º. *Não poderá participar de Comissão Disciplinar cônjuge, companheiro ou parente do acusado, consangüíneo ou afim, em linha reta ou colateral, até o terceiro grau.*

§ 2º. *O processo administrativo poderá ser utilizado nas hipóteses de aplicação de pena de advertência e de suspensão de até 30 (trinta) dias, respeitada a possibilidade prevista no § 2º do Art. 209 deste Estatuto.*

Art. 215. *O processo administrativo possui 02 (dois) ritos:*

I. *o sumário para as hipóteses do Art. 217 deste Estatuto; e*

II. *o ordinário para as demais hipóteses.*

Art. 216. *A Comissão Disciplinar exercerá suas atividades com independência e imparcialidade, assegurado o sigilo necessário à elucidação dos fatos ou conforme exigido pelo interesse da administração.*

§ 1º. *Sempre que necessário, a Comissão Disciplinar dedicará tempo integral aos seus trabalhos, e seus membros justificarão previamente e por escrito ao superior e hierárquico o afastamento do serviço de suas repartições por ocasião dos trabalhos relativos aos procedimentos administrativos disciplinares.*

§ 2º. *As reuniões e as audiências da Comissão Disciplinar terão caráter reservado e serão registradas em atas que deverão detalhar as deliberações adotadas.*

§ 3º. *Em razão da natureza do fato que se apura, nos casos em que a preservação do direito à intimidade do interessado não prejudique o interesse público à informação, poderá a Comissão Disciplinar ou a autoridade julgadora limitar a publicidade dos atos ao acusado e a seus defensores.*

Subseção II - Do Processo Administrativo Disciplinar de Rito Sumário

Art. 217. *O processo administrativo de rito sumário é de responsabilidade da Comissão Disciplinar e se aplica às infrações:*

I. *de falta ao serviço, sem justa causa, por 60 (sessenta) dias alternados no período de 12 (doze) meses;*

II. *de abandono de cargo;*

III. *de acumulação ilegal de cargos, empregos ou funções públicas.*

Art. 218. O processo administrativo disciplinar sumário obedecerá:

I. *encaminhamento de ordem de apuração à Comissão Disciplinar com a indicação do funcionário e da materialidade da transgressão objeto da apuração;*

II. *instrução sumária, que compreende acusação com delimitação dos fatos e indicação dos dispositivos violados e das sanções cabíveis, citação, defesa e relatório;*

III. *julgamento.*

§ 1º. *A indicação da autoria de que trata o inciso I deste artigo, dar-se-á pelo nome e pela matrícula do funcionário, e da materialidade, pela descrição dos cargos, empregos ou funções públicas em situação de acumulação ilegal, dos órgãos ou das entidades de vinculação, das datas de ingresso, do horário de trabalho e do correspondente regime jurídico.*

§ 2º. *A Comissão Disciplinar lavrará portaria em até 03 (três) dias após a ciência do ato que determinou a apuração, em que serão transcritas as informações, as normas violadas, os fatos delimitados, indicadas as sanções cabíveis, bem como promoverá a citação pessoal do funcionário para que, no prazo de 05 (cinco) dias, apresente defesa escrita.*

§ 3º. *Apresentada defesa, a Comissão Disciplinar elaborará relatório conclusivo quanto à existência ou não de acumulação ilegal, em que resumirá as peças principais dos autos, indicará os dispositivos legais e sanções eventualmente aplicáveis e remeterá o processo à autoridade competente para julgamento.*

§ 4º. *No prazo de 05 (cinco) dias, contados do recebimento do processo, a autoridade julgadora proferirá a sua decisão e remeterá os autos para reexame necessário ao Presidente do Tribunal de Justiça no caso de aplicar pena de demissão.*

§ 5º. *Efetivada opção pelo funcionário até o último dia de prazo para defesa configurará sua boa-fé, hipótese em que a pena se converterá automaticamente em pedido de exoneração do outro cargo, devendo tal circunstância constar no mandado de citação.*

§ 6º. *Caracterizada acumulação ilegal e má-fé, aplicar-se-á a pena de demissão, destituição, cassação de aposentadoria ou de cassação de disponibilidade em relação aos cargos, empregos ou funções públicas em regime de cumulação ilegal, hipótese em que os órgãos ou as entidades de vinculação serão comunicados.*

§ 7º. O prazo para a conclusão do processo administrativo disciplinar submetido ao rito sumário não excederá 60 (sessenta) dias, contados da data de ciência, por parte da Comissão Disciplinar, do ato que ordenou a apuração, admitida a sua prorrogação por até 30 (trinta) dias, quando as circunstâncias o exigirem.

§ 8º. O procedimento sumário rege-se pelas disposições deste artigo, observando-se, no que lhe for aplicável, subsidiariamente as disposições gerais do processo administrativo regido pelo rito ordinário.

***Art. 219.** Na apuração de abandono de cargo ou de inassiduidade habitual, também será adotado o procedimento sumário a que se refere o Art. 217, observando-se:*

I. *a indicação da materialidade que se dará:*

a) na hipótese de abandono de cargo, com indicação precisa do período de ausência intencional do funcionário ao serviço superior a 30 (trinta) dias;

b) no caso de inassiduidade habitual, com indicação dos dias de falta ao serviço sem causa justificada, por período igual ou superior a 60 (sessenta) dias interpoladamente, no período de 12 (doze) meses;

II. *após a apresentação da defesa escrita, a Comissão Disciplinar elaborará relatório conclusivo quanto à inocência ou à responsabilidade do funcionário, em que resumirá as peças principais dos autos, indicará o respectivo dispositivo legal, opinará sobre a intencionalidade da ausência e remeterá o processo à autoridade competente para julgamento.*

Subseção III - Do Processo Administrativo Disciplinar de Rito Ordinário

***Art. 220.** O processo disciplinar se desenvolve nas seguintes fases:*

I. *instauração, com a lavratura da portaria de acusação que indicará as provas que serão produzidas, inclusive com o rol das testemunhas;*

II. *citação pessoal para apresentar defesa escrita, no prazo de 10 (dez) dias, com a indicação das provas que pretende produzir, inclusive com o rol das testemunhas;*

III. *interrogatório do acusado;*

IV. *definição das provas a serem produzidas e sua produção;*

V. *apresentação de alegações finais pela defesa no prazo de dez (10) dias;*

VI. *relatório e remessa dos autos para a autoridade julgadora;*

VII. *julgamento.*

***Parágrafo único.** Havendo 02 (dois) ou mais acusados, o prazo será comum e de 20 (vinte) dias.*

***Art. 221.** Em caso de revelia, será designado pelo Presidente da Comissão Disciplinar bacharel como defensor dativo que acompanhará o processo, inclusive na fase de reexame necessário ou de recurso voluntário.*

§ 1º. O acusado ou indiciado que mudar de residência fica obrigado a comunicar à Comissão Disciplinar o lugar em que poderá ser encontrado, sob pena de ser considerado revel.

§ 2º. Achando-se o indiciado em lugar incerto e não sabido, será citado por edital, publicado no Diário da Justiça e em jornal de grande circulação da localidade do último domicílio conhecido, para apresentar defesa escrita.

§ 3º. Na hipótese deste artigo, o prazo para defesa será de 10 (dez) dias a partir da última publicação do edital.

***Art. 222.** Apresentada defesa, seguir-se-á a instrução com a produção das provas deferidas.*

§ 1º. A Comissão Disciplinar determinará a produção de outras provas não requeridas pela defesa ou não indicadas na peça de acusação e que sejam necessárias à elucidação dos fatos.

§ 2º. A Comissão Disciplinar deverá intimar o acusado e defensor para o interrogatório sobre os fatos imputados, designando dia, hora e local.

§ 3º. Em todas as cartas precatórias e de ordem, a Comissão Disciplinar processante declarará o prazo em que deverão ser cumpridas pelas autoridades administrativas destinatárias, sejam elas funcionários ou magistrados.

§ 4º. Cabe à Comissão Disciplinar intimar o defensor da expedição da carta precatória, sendo responsabilidade deste acompanhar o respectivo andamento na repartição ou comarca de destino, inclusive no que concerne às publicações de intimações para os atos deprecados.

§ 5º. A Comissão Disciplinar denegará pedidos impertinentes, protelatórios ou de nenhum interesse para esclarecimento dos fatos, inclusive com relação à produção de prova pericial quando a elucidação puder ser alcançada por outros meios ou não depender de conhecimentos técnicos.

§ 6º. Os órgãos estaduais, sob pena de responsabilidade de seus titulares, atenderão com a máxima presteza às solicitações da Comissão Disciplinar, inclusive requisição de técnicos e peritos, devendo comunicar prontamente a impossibilidade de atendimento, em caso de força maior.

§ 7º. A prova técnica no interesse da acusação será produzida, sem ônus para o Poder Judiciário, pelos órgãos competentes da administração direta e indireta do Estado do Paraná, e no interesse da defesa, os ônus financeiros serão suportados pelo acusado.

§ 8º. Serão ouvidas as testemunhas de acusação e na seqüência as de defesa.

§ 9º. Encerrada a instrução, será concedido um prazo de 10 (dez) dias para as alegações finais pela defesa.

§ 10. Apresentadas alegações finais, a Comissão Disciplinar elaborará relatório conclusivo no prazo de 30 (trinta) dias e remeterá os autos à autoridade competente que proferirá decisão em igual prazo.

§ 11. A instrução deverá ser ultimada no prazo de 120 (cento e vinte) dias, prorrogáveis por mais 60 (sessenta) dias, contados da data da lavratura da portaria de acusação.

§ 12. Para a realização dos atos de instrução aplicam-se subsidiariamente as normas do Código de Processo Penal, da legislação processual penal extravagante e as do Código de Processo Civil, nessa ordem.

***Art. 223.** Os autos da sindicância ou do procedimento prévio integrarão os do processo disciplinar, como peça informativa da instrução.*

§ 1º. Na hipótese da Comissão Disciplinar concluir que a infração está capitulada como ilícito penal, a autoridade competente para julgamento encaminhará cópia dos autos ao Ministério Público.

§ 2º. A providência do §1º deste artigo será tomada no âmbito da sindicância ou do processo administrativo independentemente da finalização de um ou de outro.

Art. 224. *As testemunhas serão intimadas a depor mediante mandado expedido pelo Presidente da Comissão Disciplinar ou pela autoridade deprecada.*

Parágrafo único. *Se a testemunha for funcionário público, a expedição do mandado será imediatamente comunicada ao chefe da repartição em que serve, com a indicação do dia e da hora marcados para inquirição.*

Art. 225. *Quando houver dúvida sobre a sanidade mental do acusado, a Comissão Disciplinar proporá à autoridade competente que ele seja submetido a exame por junta médica oficial, da qual participe ao menos um médico psiquiatra.*

§ 1º. *O incidente de sanidade mental será processado em autos apartados que serão apensados, e a sua instauração suspenderá o curso do processo principal até a juntada do laudo pericial conclusivo, ressalvada a produção de provas consideradas urgentes.*

§ 2º. *Durante o processamento do incidente fica suspenso o curso da prescrição, cujo prazo volta a ser contado após a juntada do laudo pericial.*

Art. 226. *Finda a instrução e apresentadas as alegações finais, a Comissão Disciplinar elaborará relatório em que indicará as peças principais dos autos e mencionará as provas em que se baseou para formar a sua convicção.*

Parágrafo único. *O relatório concluirá sobre a responsabilidade ou não do funcionário, e reconhecida esta, a Comissão Disciplinar indicará os dispositivos legais ou regulamentares violados e as sanções cabíveis.*

Art. 227. *Aautoridade julgadora não está vinculada à motivação e à conclusão do relatório apresentado pela Comissão Disciplinar e poderá julgar diversamente da proposta seja para agravar, abrandar ou afastar a responsabilização do funcionário.*

Art. 228. *Verificada a ocorrência de vício insanável, a autoridade julgadora declarará a nulidade do ato, ordenando a respectiva repetição.*

Parágrafo único. *A autoridade de instrução ou julgamento que der causa à prescrição da pretensão punitiva por ato comissivo ou omissivo, doloso ou culposo, será responsabilizada na forma da lei.*

Art. 229. *Extinta a punibilidade pela prescrição, a autoridade julgadora determinará o registro do fato na ficha funcional do funcionário.*

Art. 230. *O funcionário efetivo que responder a processo disciplinar só poderá ser exonerado a pedido ou aposentado voluntariamente, após a conclusão do processo e do cumprimento da sanção, se for aplicada.*

Parágrafo único. *Ocorrida exoneração porque não satisfeitas as condições do estágio probatório e, posteriormente julgado processo administrativo disciplinar conclusivo pela demissão, o ato de exoneração será convertido nesta.*

Art. 231. *São asseguradas indenizações em razão do trânsito e das diárias:*

I. *ao funcionário convocado para prestar depoimento fora da sede de sua repartição, na condição de testemunha, acusado ou indiciado;*

II. *aos membros de Comissão e ao Secretário, quando obrigados a se deslocarem da sede dos trabalhos para a realização de missão essencial ao esclarecimento dos fatos.*

Subseção I - Da Execução das Penas Disciplinares

Art. 232. *O cumprimento da pena de suspensão terá início após a publicação no Diário da Justiça, cabendo ao superior hierárquico a fiscalização da sua efetivação.*

§ 1º. *Se o funcionário estiver afastado na data de publicação, o início do cumprimento dar-se-á a partir da reassunção.*

§ 2º. *Os dias não trabalhados em virtude da aplicação da pena de suspensão serão excluídos da folha de pagamento, salvo se não houver tempo hábil, quando será feito o desconto no mês imediatamente posterior ao do início do cumprimento da penalidade.*

Art. 233. *Aordem de ressarcimento e a pena em valor certo terão a expressão nominal corrigida, respectivamente, desde o evento danoso e da aplicação, até a data da quitação do débito pelo funcionário.*

Art. 234. *As penas de destituição de cargo, de demissão, de cassação de aposentadoria ou de cassação de disponibilidade serão executadas após o trânsito em julgado da decisão.*

Parágrafo único. *A aplicação das penas de demissão, de cassação de aposentadoria ou de cassação de disponibilidade ao funcionário não impedirá o processamento e o julgamento de outras faltas que possam implicar na aplicação das mesmas penalidades ou na de suspensão.*

Art. 235. *As penas definitivamente impostas ao funcionário serão anotadas em sua ficha funcional.*

Capítulo IV - Da Revisão do Processo Administrativo

Art. 236. *O procedimento de revisão do processo administrativo aplica-se ao sistema disciplinar dos funcionários do Quadro de Pessoal de 1º grau de jurisdição e do Quadro da Secretaria do Tribunal de Justiça.*

Art. 237. *O processo administrativo disciplinar poderá ser revisto no prazo de 02 (dois) anos do trânsito em julgado da decisão que aplicou a pena, a pedido do apenado que argumentar a existência de novas provas que impliquem na diminuição da penalidade ou na exclusão de responsabilidade funcional.*

§ 1º. *Em caso de falecimento, ausência ou desaparecimento do funcionário, qualquer pessoa indicada como dependente na legislação previdenciária do Estado do Paraná poderá requerer a revisão do processo no caso de ter sido aplicada pena de cassação da aposentadoria, cassação da disponibilidade ou demissão.*

§ 2º. *Preenchidos os requisitos do § 1º deste artigo, e no caso de incapacidade mental do funcionário, a revisão será requerida por uma das pessoas indicadas na referida legislação ou pelo respectivo curador.*

§ 3º. *No caso de procedência da revisão do processo administrativo, restabelecendo-se o vínculo do apenado com a administração pública, o reconhecimento da qualidade de dependente do funcionário para tal fim não vincula os órgãos previdenciários para exame de requerimento de pensão ou de proventos de aposentadoria.*

§ 4º. *Na hipótese do § 3º deste artigo ou para fins de aposentadoria, a análise da condição de dependente perante o órgão de previdência se dará de forma autônoma e desvinculada da realizada no âmbito da revisão do processo administrativo disciplinar.*

Art. 238. *O apenado com destituição de cargo em comissão poderá, no prazo de 02 (dois) anos do trânsito em julgado da respectiva decisão, pedir revisão do seu processo, desde que alegue existência de novas provas que impliquem na impossibilidade de aplicação da referida penalidade.*

Art. 239. *Asimples alegação de injustiça ou desproporção da penalidade aplicada não constitui fundamento para o conhecimento e o processamento de qualquer pedido de revisão.*

Parágrafo único. *O pedido de revisão exige indicação de novos elementos de prova e de fato certo e determinado, ainda não apreciados no processo disciplinar originário.*

Art. 240. *O requerimento de revisão será dirigido ao Secretario do Tribunal que, na hipótese de deferir o seu processamento:*

I. *remeterá o pedido à autoridade de 1º grau competente para instrução e julgamento, se o pedido for formulado por funcionário integrante do Quadro de Pessoal de 1º Grau de jurisdição;*

II. *designará Comissão para o respectivo fim nos termos do Art. 204 deste Estatuto, se o pedido for formulado por funcionário integrante do Quadro de Pessoal da Secretaria do Tribunal de Justiça.*

§ 1º. *Aos integrantes da Comissão de Revisão ou à autoridade julgadora se aplicam os mesmos impedimentos previstos para a Comissão Disciplinar.*

§ 2º. *O funcionário não integrará a Comissão de Revisão se tiver integrado a Comissão Disciplinar que concluiu pela responsabilidade do funcionário apenado no processo que irá se revisar.*

Art. 241. *O pedido de revisão será autuado em apenso aos autos do processo originário.*

Parágrafo único. *A petição inicial conterá a indicação das provas e a exposição dos fatos que se pretendem provar, inclusive, no caso de requerimento de prova oral, trará o rol de testemunhas.*

Art. 242. *Ao procedimento de revisão aplicam-se, no que couberem, as normas do procedimento originário disciplinar e o seu julgamento caberá à autoridade que aplicou a penalidade.*

Art. 243. *Julgado procedente o pedido de revisão, será declarada sem efeito a penalidade aplicada e substituída por mais branda no caso de ficar provada circunstância atenuante, ou serão restabelecidos todos os direitos do funcionário, no caso de ser afastada a sua responsabilidade administrativa.*

§ 1º. *Em caso de procedência do pedido de revisão de destituição do cargo em comissão serão afastados os impedimentos decorrentes de tal pena e haverá a conversão para exoneração.*

§ 2º. *A penalidade não poderá ser agravada quando da revisão do processo administrativo ou da interposição de recurso administrativo.*

Capítulo Único - Disposições Finais e Transitórias

Art. 244. *O Dia do Funcionário Público do Poder Judiciário será comemorado em 28 (vinte e oito) de outubro.*

Art. 245. *Os prazos previstos neste Estatuto serão contados em dias corridos, excluindo-se o dia do começo e incluindo-se o do vencimento, ficando prorrogado para o primeiro dia útil seguinte o prazo vencido em sábado, domingo, feriado ou ponto facultativo.*

Art. 246. *Por motivo de crença religiosa, convicção filosófica ou política, o funcionário não poderá ser privado de quaisquer dos seus direitos, sofrer discriminação em sua vida funcional, nem se eximir do cumprimento de seus deveres.*

Art. 247. *Ao funcionário público do Poder Judiciário do Estado do Paraná é assegurado o direito à livre associação sindical, nos termos da Constituição Federal.*

Art. 248. *O direito de greve será exercido na forma prevista em lei federal.*

Art. 249. *Enquanto não sobrevier lei que defina os valores, forma de pagamento e hipóteses de incidência das gratificações de qualquer natureza previstas neste Estatuto, o pagamento das remunerações continuará a ser feito com base na legislação em vigor ao tempo da edição da presente lei e nos termos definidos pela Administração Pública.*

§ 1º. *As remunerações pagas pelo Poder Judiciário aos seus funcionários não serão majoradas por ato administrativo com base no presente Estatuto enquanto não sobrevier lei especial que fixe os valores, as formas e as hipóteses de incidência das gratificações de qualquer natureza previstas nesta lei.*

§ 2º. *Não haverá redução do valor da remuneração paga aos atuais funcionários do Poder Judiciário em razão do estabelecido na presente lei.*

Art. 250. *Até a promulgação de nova lei que regulamentará o Quadro do Tribunal de Justiça do Estado do Paraná e sua estrutura administrativa e hierárquica, permanece em vigor a Lei Estadual nº 11.719 de 12.05.1997.*

Art. 251. *Esta lei entrará em vigor na data de sua publicação.*

Anotações

CAPÍTULO 02

Regimento Interno do TJ-PR

LIVRO I

Título I - Das Disposições Iniciais

__Art. 1°.__ Este Regimento dispõe sobre o funcionamento do Tribunal de Justiça, estabelece a competência de seus órgãos, regula a instrução e julgamento das ações originárias e dos recursos que lhe são atribuídos e institui a disciplina de seus serviços.

__Art. 2°.__ Ao Tribunal compete o tratamento de "Egrégio", seus integrantes têm o título de "Desembargador", recebem o tratamento de "Excelência" e usarão, nas sessões públicas, vestes talares, conforme o modelo especificado no Anexo I.

Capítulo I - Da Organização

__Art. 3°.__ O Tribunal de Justiça do Estado do Paraná, composto de cento e vinte Desembargadores, tem sua sede na Capital e competência em todo o seu território.

__Art. 4°.__ São órgãos do Tribunal:

I. o Tribunal Pleno, constituído pela totalidade dos Desembargadores;

II. o Órgão Especial, composto de vinte e cinco Desembargadores;

III. a Seção Cível, integrada por dezoito Desembargadores;

IV. a Seção Criminal, composta de dez Desembargadores;

V. as Câmaras Cíveis, compostas por cinco Desembargadores, observado, quanto ao quórum, o disposto no Art. 70, incisos V e VI, deste Regimento;

VI. as Câmaras Criminais, também compostas de cinco Desembargadores, observado, quanto ao quórum, o disposto no Art. 70, incisos V e VI, deste Regimento;

VII. o Conselho da Magistratura, constituído por sete Desembargadores.

__Art. 5°.__ A cúpula diretiva do Tribunal de Justiça é composta pelo Presidente, 1º e 2º Vice-Presidentes, Corregedor-Geral da Justiça e Corregedor.

__Art. 6°.__ O Presidente do Tribunal terá, nas sessões, assento especial ao centro da mesa; à direita, assentar-se-á o Procurador-Geral de Justiça, e, à esquerda, o Corregedor-Geral da Justiça.

__§1º__ O Desembargador mais antigo ocupará, na bancada, a primeira cadeira à direita; seu imediato, à esquerda, seguindo-se assim, alternada e sucessivamente, na ordem decrescente de antiguidade.

__§2º__ O Desembargador convocado para substituir no Órgão Especial terá assento no lugar do mais moderno se for suplente de eleito, ou conforme a sua antiguidade se convocado com base nesta.

__§3º__ No Conselho da Magistratura, o Desembargador convocado para substituir os membros eleitos terá assento na forma do § 2º deste artigo.

__§4º__ Nas sessões dos demais órgãos julgadores, em que houver a participação de Juiz de Direito Substituto em Segundo Grau, este tomará o lugar do Desembargador mais moderno; se houver mais de um Substituto, a antiguidade será regulada na seguinte ordem:

I. pela data da posse no cargo de Juiz de Direito Substituto em Segundo Grau;

II. pela data da posse na entrância final.

__Art. 7°.__ Nas sessões solenes os lugares da mesa serão ocupados conforme o estabelecido no protocolo especificamente organizado.

__Art. 8°.__ O Presidente do Tribunal presidirá as sessões de que participar.

__Art. 9°.__ O Presidente, o 1º e o 2º Vice-Presidente, o Corregedor-Geral e o Corregedor não integrarão as Seções ou Câmaras e, ao deixarem o cargo, ocuparão os lugares deixados pelos novos eleitos, respectivamente.

__Parágrafo único.__ O Presidente, o 1º Vice-Presidente, o 2º Vice-Presidente, o Corregedor-Geral e o Corregedor não integrarão a distribuição de processos de competência do Órgão Especial. (Redação dada pela Res. 2/2010, publicado no e-DJ 493, de 19/10/2010).

Capítulo II - Das Eleições

__Art. 10.__ A eleição para os cargos de direção do Tribunal realizar-se-á em sessão do Tribunal Pleno, especialmente convocado para tal fim, com início às 13h30min, na segunda segunda-feira do mês de novembro antecedente ao término do mandato, ou no dia útil imediato se não houver expediente. (Redação dada pela Res. Nº 10/2012, publicada no e.DJ nº 957 de 26/09/2012)

__§1º__ A eleição será regida pelas normas estabelecidas na lei complementar que trata da carreira da Magistratura e no Código de Organização e Divisão Judiciárias do Estado.

__§2º__ A intenção de concorrer será manifestada ao Tribunal a partir do início do segundo semestre do ano eleitoral, ocasião em que o candidato deverá apresentar certidão fornecida pela Secretaria de que está com o serviço em dia, encerrando-se o prazo trinta dias antes da data da eleição; a manifestação de concorrer será publicada no Diário da Justiça Eletrônico do Tribunal.

__§3º__ Qualquer Desembargador poderá impugnar a candidatura, no prazo de quarenta e oito horas, a contar da data da publicação prevista no § 2º deste artigo.

__§4º__ Ouvido o impugnado em igual prazo, o Presidente relatará o feito perante o Tribunal Pleno, especialmente convocado para tal fim, também no mesmo prazo.

__§5º__ Presente a maioria dos membros do Tribunal Pleno, a eleição e a apuração serão realizadas, em sessão pública, para cada um dos cargos, observada a seguinte ordem: Presidente,1º Vice-Presidente, Corregedor-Geral da Justiça, 2º Vice-Presidente e Corregedor. (Redação dada pela Res. Nº 11/2013, publicada no e.DJ nº 1070 de 02/04/2013)

__§6º__ A votação, em escrutínio secreto, observará a antiguidade dos membros eleitores.

__§7º__ Considerar-se-á eleito o Desembargador que, no respectivo escrutínio, obtiver a maioria absoluta dos votos dos membros do Tribunal.

__§8º__ Não alcançada essa maioria, proceder-se-á ao segundo escrutínio entre os dois mais votados.

__§9º__ Caso concorram somente dois candidatos, considerar-se-á eleito o que obtiver a maioria de votos dos presentes.

__§10º__ No caso de empate, considerar-se-á eleito o candidato mais antigo.

§11º Eleito o Desembargador do quinto constitucional, que não integre por antiguidade o Órgão Especial, para um dos cargos da cúpula diretiva cujo ocupante tenha assento nato no colegiado, os demais Desembargadores da mesma classe do quinto eleito, desde que não integrem por antiguidade o Órgão Especial, tornar-se-ão inelegíveis para os outros cargos da cúpula cujos ocupantes também tenham assento no colegiado. (Redação dada pela Res. Nº 11/2013, publicada no e.DJ nº 1070 de 02/04/2013)

§12º Ao final da apuração dos votos, o Presidente proclamará o resultado da eleição, anunciando os Desembargadores eleitos para cada um dos cinco cargos de direção do Tribunal, os quais ficarão afastados da função jurisdicional sessenta dias antes da posse, sem prejuízo dos processos que lhe foram conclusos. (Redação dada pela Res. Nº 11/2013, publicada no e.DJ nº 1070 de 02/04/2013)

***Art. 11.** A posse dos eleitos ocorrerá no primeiro dia útil do mês de fevereiro seguinte perante o Tribunal Pleno, reunido em sessão especial.*

§1° O Presidente eleito prestará o compromisso solene de desempenhar com honra e retidão os deveres do cargo e, em seguida, tomará o dos demais eleitos.

§2° Se, decorridos dez dias da data fixada para a posse, qualquer dos eleitos, salvo por comprovado motivo de força maior, não tiver assumido o cargo, este será considerado vago.

§3° O Tribunal Pleno resolverá sobre os motivos alegados; se procedentes, concederá prazo improrrogável de trinta dias; não havendo posse nesse prazo, nova eleição será realizada.

***Art. 12.** Com a vacância, no prazo inferior a seis meses do término do mandato, do cargo de Presidente, completá-lo-á o 1º Vice-Presidente; com a vacância do cargo de 1º Vice-Presidente ou de Corregedor-Geral da Justiça, em igual prazo, completá-lo-á, respectivamente, o 2º Vice-Presidente e o Corregedor.*

§1º Com a vacância dos cargos de Presidente, 1º Vice-Presidente e Corregedor-Geral da Justiça, no prazo igual ou superior a seis meses do término do mandato, haverá eleição para completá-lo, no prazo de dez dias, a contar do fato que lhe deu causa, observadas as regras previstas na lei complementar que trata da carreira da Magistratura e no Código de Organização e Divisão Judiciárias do Estado.

§2º Com a vacância dos cargos de 2º Vice-Presidente e de Corregedor, independentemente do prazo do término do mandato, realizar-se-á eleição na forma do § 1º deste artigo.

§3º A eleição ocorrerá em sessão do Tribunal Pleno, especialmente convocada para tal fim.

§4º A posse do eleito dar-se-á imediatamente após a respectiva apuração e proclamação do resultado.

Capítulo III - Da Presidência e das Vice-Presidências

***Art. 13.** O Presidente do Tribunal de Justiça é o chefe do Poder Judiciário, e nos seus impedimentos será substituído pelo 1º Vice-Presidente.*

***Parágrafo único.** No caso de impedimento do Presidente e do 1º Vice-Presidente, será chamado ao exercício da Presidência o 2º Vice-Presidente, e, no caso de impedimento deste, sucessivamente o Desembargador mais antigo que não exerça os cargos de Corregedor-Geral ou de Corregedor.*

***Art. 14.** São atribuições do Presidente:*

I. a representação e a direção em geral da administração do Poder Judiciário;

II. velar pelas prerrogativas do Tribunal, cumprindo e fazendo cumprir seu Regimento Interno;

III. superintender os serviços judiciais, expedindo os atos normativos e as ordens para o seu regular funcionamento;

IV. ordenar despesas em geral, inclusive o pagamento daquelas relativas às decisões proferidas contra a Fazenda Pública;

V. homologar licitações, firmar contratos administrativos e convênios;

VI. praticar os atos relativos à proposta orçamentária e às suplementações de créditos, às requisições de verbas e à execução do orçamento, bem como à respectiva prestação de contas;

VII. atribuir gratificações, conceder férias e licenças, determinar contagens de tempo e fazer editar lista de antiguidade, arbitrar e mandar pagar verbas de caráter indenizatório em razão do desempenho das funções de magistrado, de serventuário e de funcionário nos termos da lei;

VIII. presidir as sessões do Tribunal Pleno, do Órgão Especial e do Conselho da Magistratura, convocá-las e dirigir os trabalhos para manter a ordem, regular as discussões e debates, encaminhar votações, apurar votos e proclamar resultados;

IX. submeter questões de ordem ao Tribunal;

X. intervir e votar nos julgamentos de matérias administrativas dos colegiados de que participar, inclusive proferindo voto de qualidade no caso de empate;

XI. fazer expedir editais e efetivar os atos:

a) próprios à movimentação ou à nomeação na carreira da Magistratura, dos funcionários do Poder Judiciário, bem como de movimentação e outorga de delegação aos agentes do foro extrajudicial;

b) relativos aos concursos do Poder Judiciário, com indicação das suas normas de funcionamento e dos integrantes das bancas examinadoras; (Redação dada pela Res. 2/2010, publicado no e-DJ 493, de 19/10/2010).

c) de vacância e de exercício das atribuições do cargo dos integrantes da Magistratura, dos funcionários do Poder Judiciário e dos agentes delegados do foro extrajudicial;

d) referentes a dados estatísticos do Poder Judiciário e de seus órgãos julgadores;

XII. participar dos julgamentos de matérias constitucionais no âmbito do Órgão Especial;

XIII. funcionar como Relator em:

a) exceções de suspeição ou impedimento de Desembargadores, de Juízes de Direito Substitutos em Segundo Grau, do Procurador-Geral de Justiça, dos Procuradores de Justiça e dos Promotores de Justiça Substitutos em Segundo Grau;

b) pedidos de aposentadoria, reversão ou aproveitamento de magistrados e reclamação sobre a lista de antiguidade da respectiva carreira;

c) procedimentos disciplinares contra Desembargadores;

d) agravos contra suas decisões monocráticas;

e) reclamação contra cobrança de custas e de taxas no âmbito da Secretaria do Tribunal de Justiça;

XIV. decidir:

a) os pedidos de suspensão da execução de medida liminar ou de sentença, sendo ele o Relator das reclamações, para preservar a sua competência ou garantir a autoridade das suas decisões nesses feitos;

b) sobre a expedição de ordens de pagamento devido pela Fazenda Pública e movimentação dos precatórios;

c) sobre o sequestro, na forma do Art. 97, § 10, inciso I, do Ato das Disposições Constitucionais Transitórias e nos termos do Art. 731 do Código de Processo Civil;

d) durante o recesso forense do Tribunal, os pedidos de liminar em processos de competência do Órgão Especial e das Seções;

XV. proferir os despachos de expediente;

XVI. criar comissões temporárias e designar os seus membros e ainda os das comissões permanentes;

XVII. designar:

a) Juízes para as Comarcas ou Varas em regime de exceção, ou para atenderem mutirões ou substituições, com delimitação das respectivas competências, bem como nos casos de impedimento ou suspeição onde não estiver preenchido o cargo de substituto ou se este também se declarar suspeito ou impedido;

b) Juízes auxiliares da cúpula diretiva do Tribunal de Justiça;

Parágrafo único. A designação de Juiz de Direito da Comarca da região Metropolitana de Curitiba, para auxiliar os trabalhos da cúpula diretiva do Tribunal, de que trata o inciso XVII, alínea b, deste artigo dar-se-á mediante indicação do dirigente, pelo prazo do respectivo mandato, permitida uma prorrogação com a seguinte limitação:

I. Quatro Juízes para auxílio à Presidência; (Renumerado pela Res. Nº 12/2013, publicada no e.DJ nº 1135 de 05/07/2013)

a) Juiz de Direito Substituto em Segundo Grau para substituir Desembargador;

b) Desembargador para substituir membro titular do Órgão Especial em férias ou em licença;

c) Juiz de Direito para exercer a Direção do Fórum das Comarcas de entrância final;

XVIII. nomear juízes de paz;

XIX. exercer:

a) correição permanente na Secretaria do Tribunal de Justiça e impor penalidades disciplinares aos seus integrantes;

b) o poder de polícia no âmbito do Tribunal de Justiça, determinando a efetivação dos atos necessários à manutenção da ordem;

XX. delegar aos Vice-Presidentes o desempenho de funções administrativas e as previstas neste Regimento;

XXI. deliberar sobre prisão em flagrante de autoridade judiciária e tê-la sob sua custódia;

XXII. autorizar magistrados a celebrar casamentos;

XXIII. editar normas sobre a organização e funcionamento dos cursos de formação para ingresso na Magistratura e de aperfeiçoamento de magistrados;

XXIV. elaborar o regimento interno da Escola de Servidores da Justiça Estadual do Paraná (ESEJE);

XXV. dar posse aos magistrados.

Parágrafo único. A designação de Juiz de Direito da Comarca da Região Metropolitana de Curitiba, para auxiliar os trabalhos da cúpula diretiva do Tribunal, de que trata o inciso XVII, alínea b, deste artigo, dar-se-á mediante indicação do dirigente, pelo prazo do respectivo mandato, permitida uma prorrogação, com a seguinte limitação:

I. dois Juízes para auxílio à Presidência;

II. um Juiz para auxílio a cada Vice-Presidência;

III. oito Juízes para auxílio à Corregedoria-Geral da Justiça e à Corregedoria (Redação dada pela Res. 8/2012, publicada no e.DJ 863, de 14/05/2012)

IV. convocar um juiz para atuar na conciliação de precatórios. ; § 3º O Desembargador ou o Juiz de Direito Substituto em Segundo Grau em férias não poderá funcionar como vogal em hipótese diversa daquela prevista no § 1º deste artigo.

V. decretar regime de exceção de ofício ou a pedido de qualquer Desembargador Integrante das Câmaras nas quais exista distribuição superior à media das demais dispondo sobre o prazo, designação e forma de atuação dos Magistrados. (Acrescido pela Res. Nº 14/2013, publicada no e.DJ nº 1224 de 07/11/2013)

Art. 15. Ao 1º Vice-Presidente incumbe substituir o Presidente nas férias, licenças, ausências e impedimentos eventuais.

§1º O 1º Vice-Presidente integra o Tribunal Pleno, o Órgão Especial e o Conselho da Magistratura.

§2º O 1º Vice-Presidente colaborará com o Presidente nos atos de representação do Tribunal de Justiça.

§3º Ao 1º Vice-Presidente incumbe, ainda, por delegação do Presidente:

I. presidir, em audiência pública, a distribuição dos processos cíveis e criminais e realizar as urgentes quando o sistema automatizado estiver eventualmente inoperante;

II. homologar pedido de desistência de recurso formulado antes da distribuição;

III. processar e exercer juízo de admissibilidade de recursos para as instâncias superiores e decidir questões sobre eles incidentes, inclusive suspensão do trâmite de recursos repetitivos e medidas cautelares;

IV. determinar a baixa de autos;

V. processar e julgar o pedido de concessão de justiça gratuita quando o feito não estiver distribuído ou depois de cessadas as atribuições do Relator;

VI. exercer as demais atribuições previstas em lei ou neste Regimento.

Art. 16. Ao 2º Vice-Presidente compete:

I. substituir o Presidente e o 1º Vice-Presidente nas férias, licenças, ausências e impedimentos eventuais;

II. colaborar com o Presidente e o 1º Vice-Presidente nos atos de representação do Tribunal;

Parágrafo único. *Ao 2º Vice-Presidente incumbe, ainda, por delegação do Presidente:*

I. a Supervisão-Geral do Sistema dos Juizados Especiais;

II. abrir, rubricar e encerrar os livros destinados aos serviços do Tribunal;

III. III - determinar o início do processo de restauração de autos eventualmente extraviados na Secretaria do Tribunal;

IV. exercer as demais atribuições previstas em lei ou neste Regimento.

Capítulo IV - Da Corregedoria-Geral da Justiça

Art. 17. *A Corregedoria-Geral da Justiça, cuja competência abrange todo o Estado, é exercida pelo Corregedor-Geral, que conta com o auxílio de Juízes de Direito da Comarca da Região Metropolitana de Curitiba.*

Art. 18. *Anualmente, o Corregedor-Geral da Justiça visitará, obrigatoriamente, pelo menos sessenta Comarcas ou Varas em correição geral ordinária, sem prejuízo das correições extraordinárias gerais ou parciais e das inspeções correicionais que entenda fazer, ou haja de realizar por determinação do Órgão Especial ou do Conselho da Magistratura.*

Parágrafo único. *Serão feitas anualmente em Varas das Comarcas de entrância final, inclusive na da Região Metropolitana de Curitiba, pelo menos dez inspeções correicionais.*

Art. 19. *A Corregedoria-Geral da Justiça receberá e registrará queixas, de qualquer cidadão, por abusos, erros ou omissões das autoridades judiciárias, seus auxiliares, servidores do foro judicial, agentes delegados do foro extrajudicial e funcionários da Justiça.*

§1º *O organismo encarregado dessas atribuições terá a denominação de Ouvidoria-Geral do Poder Judiciário e o respectivo regulamento será editado por ato do Corregedor-Geral, ouvido o Conselho da Magistratura e aprovado pelo Órgão Especial.*

§2º *Se a reclamação for contra Desembargador, esta será encaminhada ao Presidente para as necessárias providências.*

Art. 20. *O Corregedor-Geral da Justiça e o Corregedor ficarão dispensados das funções normais nos julgamentos judiciais, salvo nas questões constitucionais, administrativas e relativas à organização da Justiça.*

Art. 21. *Compete ao Corregedor-Geral da Justiça:*

I. participar do Tribunal Pleno, do Órgão Especial e do Conselho da Magistratura;

II. coligir provas para apurar a responsabilidade dos magistrados de primeiro grau;

III. realizar correições gerais periódicas;

IV. proceder a correições gerais ou parciais extraordinárias, bem como à inspeção correicional em Comarcas, Varas e Distritos;

V. realizar, de ofício ou por determinação de órgão fracionário do Tribunal, correições extraordinárias em prisões, sempre que, em processo de habeas corpus, houver indícios veementes de ocultação ou remoção de presos com intuito de ser burlada a ordem ou dificultada sua execução;

VI. receber e processar as reclamações contra Juízes, funcionando como Relator perante o Órgão Especial nos julgamentos de admissibilidade da acusação ou de arquivamento de procedimentos preliminares, sem prejuízo de igual providência por decisão monocrática quando manifesta sua improcedência;

VII. receber, processar e decidir as reclamações contra os servidores do foro judicial, agentes delegados do foro extrajudicial e funcionários da Justiça que atuem em primeiro grau de jurisdição;

VIII. delegar a Juiz Auxiliar da Corregedoria poderes para proceder a inspeções;

IX. delegar poderes a Juízes e assessores lotados na Corregedoria para procederem a diligências instrutórias de processos a seu cargo;

X. instaurar, de ofício ou mediante representação, procedimento administrativo para apuração de falta funcional ou invalidez de servidores do foro judicial, de agentes delegados do foro extrajudicial e de funcionários da Justiça que atuem em primeiro grau de jurisdição, exceto, quanto a estes, os integrantes do Quadro de Pessoal da Secretaria;

XI. verificar, determinando as providências que julgar convenientes, para a imediata cessação das irregularidades que encontrar:

a) se os títulos de nomeação dos Juízes, dos servidores do foro judicial e dos funcionários da Justiça que atuem em primeiro grau de jurisdição e se a outorga de delegação aos agentes do foro extrajudicial se revestem das formalidades legais;

b) se os Juízes praticam faltas relativas ao exercício do cargo;

c) se os servidores do foro judicial, agentes delegados do foro extrajudicial e funcionários da Justiça que atuam em primeiro grau de jurisdição observam o Regimento de Custas, se servem com presteza e urbanidade às partes ou retardam, indevidamente, atos de ofício e se têm todos os livros ordenados e cumprem seus deveres funcionais com exação;

d) se consta a prática de erros ou abusos que devam ser emendados, evitados ou punidos, no interesse e na defesa do prestígio da Justiça;

e) se os atos relativos à posse, concessão de férias, licenças e consequente substituição dos servidores do foro judicial, agentes delegados do foro extrajudicial e funcionários da Justiça que atuam em primeiro grau de jurisdição se revestem dos requisitos legais;

f) em autos cíveis e criminais, apontando erros, irregularidades e omissões havidas em processos findos ou pendentes;

g) se as contas estão lançadas nos autos, ordenando, se for o caso, a restituição das custas cobradas de forma indevida ou excessivamente, observado o devido processo legal;

XII. instaurar, de ofício ou a requerimento de interessado, procedimento de verificação de eventual excesso de prazo em processos em geral; (Redação dada pela Res. nº 16, publicada no e.DJ nº 1487 de 15/01/2015)

XIII. *apreciar, nas serventias do foro judicial e extrajudicial, a disposição do arquivo, as condições de higiene e a ordem dos trabalhos, dando aos servidores do foro judicial, aos agentes delegados e aos funcionários da Justiça que atuam em primeiro grau de jurisdição as instruções que forem convenientes;*

XIV. *verificar se os servidores do foro judicial, os agentes delegados do foro extrajudicial e os funcionários da Justiça que atuam em primeiro grau de jurisdição criam dificuldades às partes, impondo-lhes exigências ilegais;*

XV. *impor penas disciplinares, no âmbito da sua competência, aos servidores do foro judicial, aos agentes delegados do foro extrajudicial e aos funcionários da Justiça que atuam em primeiro grau de jurisdição, exceto, quanto a estes, os integrantes do Quadro de Pessoal da Secretaria, observado o devido processo legal;*

XVI. *designar para o plantão judiciário, os Juízes de Direito Substitutos em primeiro grau do Foro Central da Região Metropolitana de Curitiba e em segundo grau, por escala semanal, que deverá ser publicada no Diário da Justiça Eletrônico;*

XVII. *relatar, perante o Conselho da Magistratura, Órgão Especial ou Tribunal Pleno, conforme o caso:*

a) *o procedimento de promoção, inclusive para o cargo de Desembargador, de remoção e de permuta de Juízes;*

b) *os procedimentos de movimentação dos servidores do foro judicial e funcionários da Justiça que atuam em primeiro grau de jurisdição, exceto, quanto a estes, os integrantes do Quadro de Pessoal da Secretaria;*

c) *relatar os processos relativos à vacância e designação de servidores do foro judicial, agentes delegados do foro extrajudicial e funcionários da Justiça que atuem em primeiro grau de jurisdição;*

XVIII. *delegar poderes a Juízes de Direito para a realização de diligências e de atos instrutórios em procedimentos administrativos;*

XIX. *instaurar processos de abandono de cargo;*

XX. *marcar prazo, em prorrogação, para serem expedidas certidões a cargo da Corregedoria e das Serventias de Justiça;*

XXI. *instaurar sindicância e processos administrativos e deliberar sobre os afastamentos preventivos dos servidores do foro judicial, agentes delegados do foro extrajudicial e funcionários da Justiça que atuam em primeiro grau de jurisdição;*

XXII. *executar diligências complementares no âmbito administrativo, no caso de prisão em flagrante de magistrado, servidores do foro judicial, agente delegado do foro extrajudicial e funcionários da Justiça que atuam em primeiro grau de jurisdição;*

XXIII. *propor ao Conselho da Magistratura a decretação de regime de exceção de qualquer Comarca ou Vara, indicando a distribuição da competência entre os Juízes que venham a atuar durante o respectivo período;*

XXIV. *elaborar as "Normas Gerais da Corregedoria da Justiça", dispondo a respeito da organização e funcionamento dos serviços do foro judicial e extrajudicial, a serem submetidas à aprovação do Conselho da Magistratura;*

XXV. *propor ao Conselho da Magistratura a delegação de poderes a Desembargador para realizar correição em determinada Comarca ou Vara;*

XXVI. *requerer diárias e passagens;*

XXVII. *realizar sindicância a respeito da conduta de magistrado não vitalício, decorridos dezoito meses da investidura deste, devendo concluí-la e relatá-la perante o Conselho da Magistratura no prazo de trinta dias;*

XXVIII. *indicar Juízes à Presidência do Tribunal de Justiça para atuar, em regime de exceção, nas Comarcas ou Varas, ou para proferir decisões em regime de mutirão;*

XXIX. *manter cadastro funcional na Corregedoria-Geral dos Juízes de primeiro grau, dos servidores do foro judicial, dos agentes delegados do foro extrajudicial e de funcionários que atuam em primeiro grau de jurisdição;*

XXX. *expedir provimentos, instruções, portarias, circulares e ordens de serviço no âmbito de sua competência.*

Art. 22. *Compete ao Corregedor:*

I. *substituir o Corregedor-Geral nas férias, licenças, ausências e impedimentos;*

II. *colaborar com o Corregedor-Geral nos atos de representação da Corregedoria da Justiça;*

III. *exercer a fiscalização disciplinar, controle e orientação dos organismos judiciais e extrajudiciais, assim como realizar inspeções e correições que lhe forem delegadas;*

IV. *atuar, por delegação, nos procedimentos de movimentação dos servidores do foro judicial e funcionários da Justiça que atuam em primeiro grau de jurisdição.*

Capítulo V - Do Poder de Polícia do Tribunal

Art. 23. *O Presidente responde pelo poder de polícia do Tribunal, podendo requisitar o auxílio de outras autoridades, quando necessário.*

Parágrafo único. *O poder de polícia nas sessões e nas audiências compete a quem presidi-las.*

Art. 24. *Sempre que tiver conhecimento de desacato ou desobediência à ordem emanada do Tribunal, de Desembargador, ou de substituto deste, no exercício da função, o Presidente comunicará o fato ao Procurador-Geral de Justiça, provendo-o dos elementos de que dispuser para as providências penais cabíveis.*

Parágrafo único. *Nos demais casos, o Presidente requisitará a instauração de inquérito à autoridade competente.*

Art. 25. *Decorrido o prazo de trinta dias sem que tenha sido instaurado o processo-crime, o Presidente dará ciência ao Órgão Especial, em sessão, para as providências que julgar necessárias.*

Título II - Dos Desembargadores

Capítulo I - Do Compromisso, da Posse e do Exercício

Art. 26. *Os Desembargadores tomarão posse perante o Tribunal Pleno, em sessão especial, salvo manifestação em contrário do interessado.*

Art. 27. *A posse dar-se-á até trinta dias após a publicação oficial do ato de nomeação, podendo esse prazo ser prorrogado por período idêntico, mediante solicitação do interessado, desde que provado motivo justo.*

Parágrafo único. *Em caso de doença o prazo poderá ser dilatado.*

Art. 28. *Se o nomeado estiver em gozo de férias ou licença, o prazo para a posse será contado da data do término ou da interrupção das férias ou licença.*

Art. 29. *Nomeado e compromissado, o Desembargador tomará assento na Câmara em que houver vaga.*

§ 1º *Se houver mais de um Desembargador empossado na mesma data, a escolha da vaga referida no caput caberá ao mais antigo.*

§ 2º *A antiguidade, na hipótese do § 1º deste artigo, é aferida na entrância final, e, havendo nomeado pelo quinto constitucional, a este caberá a vaga remanescente da escolha efetivada pelos demais.*

§3º *Ao tomar posse, caso o Desembargador receba um acervo superior a cem processos, o Presidente, sem prejuízo das medidas administrativas cabíveis, designará Juízes de Direito Substitutos em Segundo Grau para promover o julgamento dos feitos que excederem ao referido número.*

Capítulo II - Da Remoção

Art. 30. *Na ocorrência de vaga, o Presidente oficiará, imediatamente, mediante publicação no Diário da Justiça Eletrônico, a todos os Desembargadores para que, se houver interesse, requeiram remoção para o lugar vago, no prazo de dois dias, devendo ser removido o mais antigo entre os requerentes; o prazo deverá ser contado na forma do § 1º do Art. 177 deste Regimento. (Redação dada pela Res.4/2011, publicada no e.DJ 702, de 24/08/2011)*

Art. 31. *O Desembargador que deixar a Câmara continuará vinculado aos feitos que lhe foram distribuídos nos órgãos fracionários que integrava, exceto quanto aos de competência originária, em relação aos quais somente haverá vinculação quando ultrapassados os prazos previstos no Art. 205 deste Regimento.*

Capítulo III - Da Antiguidade

Art. 32. *O Desembargador, após haver assumido o exercício do cargo, será incluído na respectiva lista de antiguidade.*

Art. 33. *A antiguidade será estabelecida, para os efeitos de precedência, pela data da posse no cargo; em igualdade de condições, prevalecerá a da entrância final.*

Capítulo IV - Das Suspeições e dos Impedimentos

Art. 34. *O Desembargador dar-se-á por suspeito ou impedido nos casos previstos em lei e, se não o fizer, poderá ser oposta a respectiva exceção.*

Parágrafo único. *Em caso de suspeição ou impedimento, declarado por membro vogal no curso de julgamento no Órgão Especial, Seção Cível, Seção Criminal ou no Conselho da Magistratura não haverá necessidade de convocação de substituto, ainda que o julgamento se prolongue devido aos pedidos de vista, a menos que tal circunstância importe em falta de quórum. (Redação dada pela Res. 8/2012, publicada no e.DJ 863, de 14/05/2012)*

Art. 35. *Os Desembargadores que forem parentes entre si, por consanguinidade ou afinidade, até o terceiro grau, inclusive, em linha reta ou colateral, não poderão funcionar no mesmo feito, nem exercer a função na mesma Câmara.*

Art. 36. *Nas sessões contenciosas do Órgão Especial e das Seções, existindo, entre os membros, vínculo que suscite impedimento, o voto de um excluirá a participação dos outros.*

Art. 37. *A exceção de suspeição ou impedimento será feita mediante petição assinada por procurador habilitado, com poderes especiais no caso de procedimento penal, em que serão apresentadas as razões, que virão acompanhadas de prova documental e do rol de testemunhas, seguindo-se o processo competente regulado neste Regimento.*

Art. 38. *Não estarão impedidos os Desembargadores que tenham participado:*

I. *de julgamento no Conselho da Magistratura para conhecer e julgar o respectivo recurso no Órgão Especial;*

II. *de ato administrativo de qualquer Órgão do Tribunal, para conhecer e julgar o respectivo mandado de segurança.*

§1º *Não se aplica a norma do inciso II deste artigo se o Desembargador figurar como autoridade coatora, hipótese em que estará impedido e não deverá participar da sessão.*

Título III - Das Licenças, das Férias, do Afastamento, das Substituições e das Convocações

Capítulo I - Das Licenças

Art. 39. *Conceder-se-á licença:*

I. *para tratamento de saúde;*

II. *por motivo de doença em pessoa da família;*

III. *para repouso à gestante;*

IV. *em razão da paternidade.*

Art. 40. *A licença é requerida com indicação do período e começa a correr do dia em que passou a ser utilizada.*

Art. 41. *Salvo contraindicação médica, o Desembargador ou o Juiz de Direito Substituto em Segundo Grau licenciado poderá reassumir o cargo a qualquer tempo, entendendo-se que desistiu do restante do prazo.*

§1º *Observada a hipótese do caput deste artigo e sem prejuízo à fruição da licença, o Desembargador ou o Juiz de Direito Substituto em Segundo Grau poderá proferir decisões em processos que, antes da licença, hajam-lhe sido conclusos para julgamento, ou tenham recebido seu visto como Relator ou Revisor, ou ainda tenham sido objeto de pedido de vista como vogal.*

§2º *O Desembargador ou o Juiz de Direito Substituto em Segundo Grau em licença não poderá funcionar como vogal em hipótese diversa daquela prevista no § 1º deste artigo.*

Capítulo II - Das Férias

Art. 42. *Os Desembargadores e Juízes de Direito Substitutos em Segundo Grau terão direito a férias anuais de sessenta dias, divididas em dois períodos de trinta, a serem estabelecidos conforme escala da Presidência do Tribunal, que terá por base a escolha feita pelo mais antigo em cada Câmara, excluído este no período seguinte, que passa a ocupar a última posição, e assim sucessivamente, até que todos tenham exercido a preferência.*

§1º *Os magistrados referidos no caput deste artigo que tiverem filhos em idade escolar poderão receber tratamento especial na escala de férias, sem prejuízo aos demais colegas, desde que haja a possibilidade de designar mais um Juiz de Direito Substituto em Segundo Grau.*

§2º O Desembargador ou o Juiz de Direito Substituto em Segundo Grau em férias poderá proferir decisões em processos que, antes das férias, hajam-lhe sido conclusos para julgamento, ou tenham recebido seu visto como Relator ou Revisor, ou ainda tenham sido objeto de pedido de vista como vogal.

§3º O Desembargador ou o Juiz de Direito Substituto em Segundo Grau em férias não poderá funcionar como vogal em hipótese diversa daquela prevista no Art. 41, § 1º deste Regimento. (Redação dada pela Res. 2/2010, publicado no e-DJ 493, de 19/10/2010).

***Art. 43.** As férias individuais não poderão fracionar-se em períodos inferiores a trinta dias, e somente podem acumular-se por imperiosa necessidade do serviço e pelo período máximo de dois meses.*

***Parágrafo único.** É vedado o afastamento do Tribunal ou de qualquer de seus órgãos judicantes, em gozo de férias individuais, no mesmo período, de Desembargadores em número que possa comprometer o quórum de julgamento.*

Capítulo III - Do Afastamento

***Art. 44.** Sem prejuízo dos vencimentos, ou qualquer vantagem legal, o Desembargador poderá afastar-se de suas funções, por motivo de:*

I. casamento, por até oito dias consecutivos;

II. falecimento do cônjuge, ascendente, descendente ou irmão, por até oito dias consecutivos;

III. prestação de serviços exclusivamente à Justiça Eleitoral;

IV. exercício da presidência de associação de classe;

V. exercício de atividades de relevante interesse da Justiça;

VI. exercício do cargo de Diretor-Geral da Escola da Magistratura.

Capítulo IV - Das Substituições

***Art. 45.** Nas ausências e impedimentos ocasionais ou temporários, são substituídos, observados os impedimentos legais:*

I. o Presidente do Tribunal pelo 1º Vice-Presidente, este pelo 2º Vice-Presidente, e este pelos demais Desembargadores, na ordem decrescente de antiguidade, observado o Art. 13, parágrafo único, deste Regimento;

II. o Corregedor-Geral da Justiça pelo Corregedor, e este pelos demais Desembargadores, na ordem decrescente de antiguidade;

III. o Presidente da Câmara ou da Seção pelo Desembargador mais antigo entre seus membros;

IV. o Presidente da Comissão pelo mais antigo entre os seus integrantes;

V. qualquer dos membros das Comissões pelo Suplente.

***Art. 46.** Mediante ato do Presidente do Tribunal de Justiça, a substituição no Órgão Especial e no Conselho da Magistratura far-se-á por Desembargador que não o integre, observado o disposto no Art. 49 deste Regimento.*

***Parágrafo único.** Na ausência de suplentes à metade eleita, será observado o segundo critério referido no Art. 49 deste Regimento e, em qualquer hipótese, será respeitada a representação do quinto constitucional de acordo com a classe de origem.*

***Art. 47.** O Relator é substituído:*

I. pelo Revisor, se houver, ou pelo Desembargador imediato em antiguidade, conforme a competência, em caso de ausência ou impedimento eventual, quando se tratar de deliberação de medida urgente;

II. pelo Desembargador designado para lavrar o acórdão, quando vencido no julgamento;

III. em caso de aposentadoria, renúncia ou morte:

a) pelo Desembargador nomeado para sucedê-lo;

b) após ter votado, pelo Desembargador que tiver proferido o primeiro voto vencedor, acompanhando o Relator, para lavrar os acórdãos dos julgamentos anteriores à abertura da vaga;

c) pela mesma forma da alínea b deste inciso, enquanto não empossado o novo Desembargador, para admitir ou julgar eventual recurso.

d) Parágrafo único. O Revisor será substituído, em caso de impedimento, pelo Desembargador que o seguir em ordem decrescente de antiguidade.

***Art. 48.** Nos afastamentos por prazo superior a sessenta dias, caso as circunstâncias que o determinaram indiquem potencial prejuízo à prestação jurisdicional, a partir de provocação de qualquer interessado e por deliberação do Órgão Especial, os processos em que o Relator ou o Revisor substituído tenha lançado visto poderão ser encaminhados ao magistrado substituto para a respectiva finalidade.*

Capítulo V - Das Convocações

***Art. 49.** Para completar quórum no Órgão Especial ou no Conselho da Magistratura, serão convocados Desembargadores que dele não fazem parte, respeitada a ordem de suplência para os eleitos e a decrescente de antiguidade para os membros natos e, no caso do Órgão Especial, a classe de origem.*

§1º Os Desembargadores poderão recusar convocação para substituir na classe de antiguidade no Órgão Especial

§2º Caso todos os Desembargadores não aceitem a substituição, na forma do parágrafo anterior, a convocação recairá, então, no mais antigo, inadmitida nova recusa.

***Art. 50.** Nas Câmaras, não havendo número legal para o julgamento, a substituição será feita por Desembargador de outra Câmara ou por Juiz de Direito Substituto em Segundo Grau, de preferência da mesma especialização, mediante convocação do Presidente da Câmara, o que constará, para efeito de publicidade, da ata da sessão de julgamento.*

Capítulo VI - Das Disposições Gerais

***Art. 51.** O Desembargador afastado não poderá devolver nenhum processo em seu poder, salvo se compensado com a distribuição feita ao Desembargador Convocado, no Órgão Especial, nas Seções Cível e Criminal ou no Conselho da Magistratura, ou ao Juiz de Direito Substituto em Segundo Grau, nos demais órgãos julgadores, ou se o afastamento for por motivo de saúde e tratar-se de medida urgente.*

§1º Nas substituições e nas convocações em geral será observado:

I. Nos casos de afastamento ou de vacância, os feitos serão encaminhados, mediante simples conclusão, ao Desembargador ou ao Juiz de Direito Substituto em Segundo Grau convocado, que exercerá a respectiva atividade jurisdicional, ficando vinculado ao número de processos distribuídos no período, excetuadas as ações rescisórias, revisões criminais, ação penal originária e procedimentos pré-processuais, assegurada a compensação com aqueles que tiverem julgado ou encaminhado os autos, com relatório, ao Revisor;

II. *Terminado o período de convocação:*

a) *serão devolvidos os feitos não julgados, salvo aqueles aos quais o convocado tenha se vinculado, observado o disposto no inciso I deste artigo;*

b) *se houver solicitado vista ou proferido o voto, o convocado continuará no julgamento.*

§2º *Na compensação de que trata o §1º, inciso I, deste artigo, ficam excluídas as decisões proferidas em embargos de declaração, agravos regimentais e agravos internos.*

Art. 52. *O Juiz de Direito Substituto em Segundo Grau, ao substituir o Desembargador, terá para auxiliá-lo, além da sua própria estrutura, no mínimo mais dois funcionários, com prática jurídica, do gabinete do substituído.*

Parágrafo único. *A indicação dos respectivos nomes será efetuada até o dia anterior ao início da substituição, mediante ofício dirigido ao Presidente do Tribunal; se não houver indicação pelo Desembargador substituído, o Juiz de Direito Substituto em Segundo Grau ficará vinculado somente à metade do número de feitos que lhe foram distribuídos no período da substituição.*

Art. 53. *O Presidente do Tribunal de Justiça designará, desde que possível, dois Juízes Substitutos em Segundo Grau para cada Câmara, os quais, salvo motivo justificado, substituirão exclusivamente os respectivos integrantes.*

Título IV - Da Procuradoria-Geral de Justiça

Capítulo Único

Art. 54. *O Procurador-Geral de Justiça toma assento à mesa, à direita do Presidente, exceto nas sessões administrativas.*

§1° *Os Procuradores de Justiça oficiarão, nas sessões, mediante delegação do Procurador-Geral de Justiça.*

§2° *Ao Procurador-Geral e aos Procuradores de Justiça aplica-se o disposto no Art. 64, § 1°, deste Regimento.*

Art. 55. *Sempre que o Procurador de Justiça tiver que se manifestar, o Relator mandará abrir-lhe vista, antes de pedir dia para julgamento ou de passar os autos ao Revisor.*

Parágrafo único. *Excedido o prazo, o Relator poderá requisitar os autos.*

Art. 56. *Nas sessões de julgamento, o Procurador poderá usar da palavra sempre que houver interesse do Ministério Público.*

Art. 57. *O Procurador poderá pedir preferência para julgamento de processo em pauta.*

Título V - Das Sessões e das Audiências

Capítulo I - Das Sessões

Art. 58. *As sessões serão ordinárias, extraordinárias e especiais.*

Art. 59. *As sessões ordinárias terão início às 13h30min, havendo uma tolerância de quinze minutos para a abertura dos trabalhos, e encerrar-se-ão às 19 horas, podendo ser prorrogadas quando o serviço o exigir. (Redação dada pela Res. 2/2011, publicada no e.DJ 607, de 07/04/2011)*

§1° *Às 15h30min, a sessão poderá ser suspensa, por tempo não excedente a trinta minutos.*

§2° *Enquanto estiver sendo realizada qualquer sessão no Tribunal, o expediente do pessoal, inclusive dos gabinetes, ficará automaticamente prorrogado.*

Art. 60. *O Tribunal Pleno e a Seção Criminal funcionarão por convocação dos respectivos Presidentes. (Redação dada pela Res. 2/2010, publicado no e-DJ 493, de 19/10/2010).*

§1° *O Órgão Especial funcionará, em matéria contenciosa, na primeira e na terceira segunda-feira e, em matéria administrativa, na segunda e na quarta segunda-feira do mês; (Redação dada pela Res. 8/2012, publicada no e.DJ 863, de 14/05/2012)*

§2° *O Conselho da Magistratura se reunirá nas sextas-feiras que antecederem a realização das sessões administrativas do Órgão Especial. (Redação dada pela Res. 8/2012, publicada no e.DJ 863, de 14/05/2012)*

§3° *A Seção Cível funcionará na terceira sexta-feira do mês; (Redação dada pela Res. 8/2012, publicada no e.DJ 863, de 14/05/2012)*

§ 4° *A Primeira, Segunda, Terceira, Quarta, Quinta, Sexta e Sétima Câmaras Cíveis Isoladas e em Composição Integral funcionarão às terças-feiras; a Décima Primeira, Décima Segunda, Décima Terceira, Décima Quarta, Décima Quinta, Décima Sexta, Décima Sétima e Décima Oitava Câmaras Cíveis Isoladas e em Composição Integral, às quartas-feiras; a Oitava, Nona e Décima Câmaras Cíveis Isoladas e em Composição Integral, bem como as Câmaras Criminais Isoladas e em Composição Integral, às quintas-feiras. (Redação dada pela Res. 2/2010, publicado no e-DJ 493, de 19/10/2010).*

§ 5° *O Tribunal Pleno, o Órgão Especial, as Seções, as Câmaras Isoladas e em Composição Integral e o Conselho da Magistratura funcionarão nas salas designadas pelo Presidente do Tribunal. (Redação dada pela Res. 2/2010, publicado no e-DJ 493, de 19/10/2010).*

Art. 61. *As sessões extraordinárias do Tribunal, ou de qualquer de seus órgãos judicantes, serão convocadas pelo secretário correspondente, mediante ordem do respectivo Presidente, consignando-se a data e o objeto da sessão no ato da convocação, que deverá ser publicado no Diário da Justiça Eletrônico, com antecipação de pelo menos vinte e quatro horas.*

§1° *A sessão extraordinária poderá ser convocada:*

I. *no caso de acúmulo de feitos para julgamento;*

II. *por solicitação de qualquer Desembargador que deva entrar em férias ou licença, ou se afastar;*

III. *nos casos de perigo iminente de perecimento de direito da parte legitimada no processo, ou no interesse de advogado que, por motivo razoável e de ordem pessoal, possa temer não estar presente à próxima sessão ordinária.*

§2° *Nas hipóteses dos incisos II e III do § 1º deste artigo, os motivos do pedido deverão ser comprovados.*

§3° *Sempre que, pelo encerramento do expediente, restarem em pauta ou em mesa feitos sem julgamento, a sessão poderá prosseguir, mediante deliberação do próprio órgão julgador, em dia, hora e local anunciados pelo Presidente, independentemente de publicação ou de nova pauta.*

Art. 62. As sessões especiais destinam-se às solenidades de posse, comemorações festivas e homenagens a pessoas mortas ou vivas que tenham efetivamente prestado relevantes serviços à causa da Justiça e do Direito; no último caso, a resolução respectiva do Tribunal Pleno só será considerada como aprovada se houver unanimidade dos Desembargadores presentes, com limitação de presença.

Art. 63. As sessões serão públicas, exceto quando:

I. a lei ou este Regimento determinar em contrário;

II. houver necessidade de preservar direito à intimidade do interessado, caso em que a sessão será presenciada unicamente pelos litigantes, procuradores e pessoas judicialmente convocadas, além dos funcionários em serviço.

Art. 64. Na hora designada, o Presidente, assumindo sua cadeira e assegurando-se da existência de quórum, declarará aberta a sessão.

§1° Os Desembargadores ingressarão nas salas de sessões e delas se retirarão com as vestes talares.

§2° O secretário usará beca, e os auxiliares, capa, conforme a tradição forense.

§3º Não se exigirá do público presente às sessões do Tribunal, inclusive do Órgão Especial e do Tribunal Pleno, qualquer traje especial, podendo a presidência determinar a retirada do ambiente, com discrição, de pessoas que estiverem inadequadamente vestidas.

Art. 65. Do que ocorrer nas sessões, o secretário lavrará ata circunstanciada, que será lida, discutida, emendada, se for o caso, e votada na sessão imediata, assinando-a com o Presidente.

§1° A ata mencionará:

I. a data da sessão e a hora de abertura;

II. quem presidiu aos trabalhos;

III. o nome dos magistrados presentes, pela ordem de antiguidade, e do representante do Ministério Público, quando for o caso;

IV. os processos julgados, sua natureza e número de ordem, o nome do Relator e os nomes dos demais integrantes do quórum e das partes, bem como suas qualificações no feito, se houver sustentação oral pelo Procurador de Justiça ou pelo advogado das partes, o resultado da votação com a consignação dos nomes dos magistrados vencidos, a designação do Relator que lavrará o acórdão e o que mais ocorrer;

V. o teor do que for requerido pelos presentes para que dela conste conforme deferido pelo Presidente da sessão.

§2° Nas sessões especiais, será dispensada a leitura da ata.

Art. 66. Lida e aprovada a ata da sessão anterior, passará o órgão a deliberar segundo a pauta.

Art. 67. Os advogados poderão fazer uso da palavra para sustentação oral da tribuna, quando cabível, mediante solicitação, depois da leitura do relatório, os quais deverão usar vestes talares, observado o disposto no Art. 64, § 1°, deste Regimento.

Art. 68. Nas sessões, se houver solicitação, o Presidente poderá conceder aos profissionais da imprensa, entre a aprovação da ata e o início do primeiro julgamento, o tempo necessário para fotografar ou gravar imagens para televisão.

Art. 69. As homenagens e registro em sessões reservadas, destinadas apenas a membros da Magistratura e pessoas ou fatos relacionados com a vida jurídica do País, só serão permitidas após o julgamento de todos os feitos.

Art. 70. O quórum para o funcionamento dos órgãos do Tribunal é de:

I. no Tribunal Pleno: sessenta e um Desembargadores, incluído o Presidente, salvo na convocação para exame de eventual recusa na promoção ao cargo de Desembargador pelo critério de antiguidade, caso em que serão exigidos dois terços de seus membros;

II. no Órgão Especial: treze Desembargadores, incluído o Presidente, salvo na convocação para exame de eventual recusa na promoção de Juiz pelo critério de antiguidade, cujo quórum é de dezessete Desembargadores;

III. na Seção Cível: dez Desembargadores, incluído o Presidente;

IV. na Seção Criminal: seis Desembargadores, incluído o Presidente;

V. nas Câmaras em Composição Integral: todos os seus julgadores, incluído o Presidente;

VI. VI - nas Câmaras Isoladas: três julgadores, incluído o Presidente;

VII. VII - no Conselho da Magistratura: quatro Desembargadores, incluído o Presidente.

VIII. Parágrafo único. O julgamento nas Câmaras Isoladas será tomado pelo voto de três julgadores, observada a ordem decrescente de antiguidade, a partir do Relator ou do Revisor, se for o caso.

Capítulo II - Da Presidência das Sessões

Art. 71. A presidência das sessões:

I. Ido Tribunal Pleno, do Órgão Especial e do Conselho da Magistratura é exercida pelo Presidente do Tribunal;

II. das Seções, das Câmaras Isoladas e das em Composição Integral, salvo se houver recusa, é exercida pelo Desembargador mais antigo no mesmo colegiado, pelo período de um ano, em caráter de rodízio.

Art. 72. Compete aos Presidentes das sessões:

I. dirigir os trabalhos, sem permitir interrupções nem o uso da palavra a quem não a houver obtido;

II. organizar a pauta de julgamento;

III. determinar a convocação de sessão extraordinária nos casos do Art. 61, § 1º, deste Regimento.

IV. convocar Desembargador ou Juiz de Direito Substituto em Segundo Grau, quando necessário;

V. exigir dos funcionários do Tribunal o cumprimento dos atos necessários ao regular funcionamento das sessões e execução de suas determinações;

VI. apreciar os pedidos de preferência;

VII. encaminhar, mensalmente, ao Procurador-Geral de Justiça relação dos feitos que se encontram com o Ministério Público.

Capítulo III - Do Erro de Ata

Art. 73. O erro contido em ata poderá ser corrigido de ofício, ou mediante reclamação do interessado, no prazo de quarenta e oito horas, em petição dirigida ao Presidente do Tribunal ou do órgão julgador, conforme o caso, a partir da sua aprovação.

§1° Não se admitirá a reclamação a pretexto de modificação do julgado.

§2°A reclamação não suspenderá o prazo para recurso, salvo o disposto no Art.75 deste Regimento.

Art. 74. *A petição será entregue ao protocolo, que a encaminhará ao encarregado da ata, o qual a levará a despacho, no mesmo dia, com sua informação.*

Art. 75. *Se o pedido for julgado procedente, far-se-á a retificação da ata e nova publicação.*

Art. 76. *O despacho que julgar a reclamação será irrecorrível.*

Capítulo IV - Das Audiências

Art. 77. *As audiências serão realizadas em dia, hora e lugar determinados pelo Desembargador a quem couber a presidência, intimadas as partes.*

Art. 78. *As audiências serão públicas, exceto nas hipóteses previstas no Art. 63, incisos I e II, deste Regimento, e realizar-se-ão nos dias úteis, entre as 9 e as 18 horas.*

Art. 79. *A abertura e o encerramento da audiência serão anunciados, a toque de sineta, pelo porteiro, que apregoará as partes cujo comparecimento for obrigatório.*

Art. *80. De tudo quanto ocorrer na audiência, o funcionário encarregado fará menção, mediante termo, que será rubricado pelo Desembargador e assinado pelos presentes.*

LIVRO II

Título I - Das Atribuições

Capítulo I - Do Tribunal Pleno

Art. 81. *Ao Tribunal Pleno, constituído por todos os membros do Tribunal de Justiça, compete privativamente:*

I. *Eleger Em Sessão Pública, Mediante Votação Secreta, Seus Dirigentes, Quatro Integrantes Do Conselho Da Magistratura E Doze Do Órgão Especial;*

II. *Eleger Em Sessão Pública, Mediante Votação Secreta, Os Desembargadores E Juízes De Direito, Na Condição De Membros Efetivos E Substitutos, Para Compor O Tribunal Regional Eleitoral, Os Quais, No Ato Da Inscrição, Deverão Apresentar Certidão, Obtida Perante A Secretaria, De Que Se Encontram Com Os Serviços Em Dia;*

III. *Indicar Em Sessão Pública, Mediante Votação Secreta, Os Advogados Para Compor O Tribunal Regional Eleitoral;*

IV. *Organizar Em Sessão Pública, Mediante Votação Aberta, A Lista Para Provimento De Cargo De Desembargador;*

V. *Dar Posse Aos Membros Do Tribunal, Observado O Disposto Na Parte Final Do Art. 26 Deste Regimento;*

VI. *Celebrar Acontecimento Especial, Bem Como Prestar Homenagem A Desembargador Que Deixar De Integrá-Lo;*

VII. *Aprovar E Emendar O Regimento Interno.*

Capítulo II - Do Órgao Especial

Art. 82. *O Órgão Especial será composto do Presidente do Tribunal de Justiça, do 1.º Vice-Presidente e do Corregedor-Geral da Justiça, que nele exercerão iguais funções, e de mais vinte e dois Desembargadores.*

§1º A representação de um quinto dos integrantes do Órgão Especial, originários da classe dos advogados e do Ministério Público, tem por base os seus vinte e cinco integrantes, sendo três vagas providas por antiguidade e duas por eleição; (Redação dada pela Res. 2/2010, publicado no e-DJ 493, de 19/10/2010).

§2º Das vagas de antiguidade destinadas aos quinto constitucional uma delas será, alternada e sucessivamente, preenchida por Desembargadores oriundos do Ministério Público ou da classe dos advogados, de tal forma, também sucessiva e alternadamente os representantes de uma dessas classes superem os da outra em uma unidade.(Redação dada pela Res. Nº 11/2013, publicada no e.DJ nº 1070 de 02/04/2013)

§3º Das vinte e cinco vagas de Desembargadores, treze serão providas por antiguidade e as outras doze por eleição do Tribunal Pleno, respeitados numa e noutra hipótese os limites estabelecidos nos §§ 1º e 2º deste artigo.

§4º Não poderá haver recusa por parte do Desembargador que preencherá a vaga por antiguidade. (Redação dada pela Res. 7/2011, publicada no e.DJ 762, de 25/11/2011)

§5º A eleição para as doze vagas será realizada na mesma sessão de eleição da cúpula diretiva do Tribunal de Justiça, com mandato coincidente com o desta, admitida uma recondução, não devendo figurar entre os elegíveis aquele que tiver exercido por quatro anos a função, até que se esgotem todos os nomes. (Redação dada pela Res. Nº 11/2013, publicada no e.DJ nº 1070 de 02/04/2013)

§6º O número de cargos da cúpula diretiva com assento nato no Órgão Especial, preenchidos por Desembargador não integrante da metade mais antiga, será descontado das doze vagas a serem preenchidas por eleição. (Redação dada pela Res. 7/2011, publicada no e.DJ 762, de 25/11/2011)

§7º O Desembargador elegível que pretender se candidatar deverá manifestar seu interesse, no prazo de cinco dias, a contar da data de publicação, para tanto, no Diário da Justiça Eletrônico; o prazo deverá ser contado na forma do § 1º do Art. 177 deste Regimento. (Redação dada pela Res. 7/2011, publicada no e.DJ 762, de 25/11/2011)

§8º Para concorrer à vaga pelo critério de eleição, o candidato deverá apresentar no ato de sua inscrição certidão obtida perante a Secretaria do Tribunal de que se encontra com os serviços em dia. (Redação dada pela Res. 7/2011, publicada no e.DJ 762, de 25/11/2011)

(Renumerado pela Res. Nº 11/2013, publicada no e.DJ nº 1070 de 02/04/2013)

§9º Cada eleitor poderá votar em tantos candidatos quantas forem as vagas a ser providas, sendo que:

I. *os Desembargadores de carreira poderão se candidatar simultaneamente, às dez automaticamente excluídos das listas subsequentes;*

II. *todos os votos de uma cédula serão nulos quando houver mais votos do que o número de vagas a serem providas;*

III. *será considerado eleito o candidato que obtiver a maioria dos votos dos eleitores presentes na sessão;*

IV. *em caso de empate, será considerado eleito o candidato mais antigo no Tribunal;*

V. *os candidatos não eleitos serão considerados suplentes pelo prazo do mandato, na ordem decrescente de votação; na ausência de suplentes, será obedecida a ordem decrescente de antiguidade dos desembargadores na convocação para substituir no Órgão Especial. (Redação dada pela Res. 7/2011, publicada no e.DJ 762, de 25/11/2011)*

(Renumerado pela Res. Nº 11/2013, publicada no e.DJ nº 1070 de 02/04/2013)

§10º A convocação de suplente para substituição no Órgão Especial e a eleição de Desembargador para completar mandato inferior a um ano não serão consideradas para os efeitos do § 5º deste artigo. (Redação dada pela Res. 7/2011, publicada no e.DJ 762, de 25/11/2011)

(Renumerado pela Res. Nº 11/2013, publicada no e.DJ nº 1070 de 02/04/2013)

§11º Ocorrida a vacância, por qualquer motivo, de vaga decorrente da metade eleita do Órgão Especial, o suplente completará o mandato se o prazo restante for igual ou inferior a seis meses; se superior a seis meses, será convocada nova eleição para completar o mandato. (Redação dada pela Res. 7/2011, publicada no e.DJ 762, de 25/11/2011)

(Renumerado pela Res. Nº 11/2013, publicada no e.DJ nº 1070 de 02/04/2013)

§12º Concluído o mandato, o Desembargador ficará vinculado aos processos que estejam conclusos em seu poder por prazo superior a trinta dias. (Redação dada pela Res. 7/2011, publicada no e.DJ 762, de 25/11/2011)

(Renumerado pela Res. Nº 11/2013, publicada no e.DJ nº 1070 de 02/04/2013)

Art. 83. *São atribuições do Órgão Especial, por delegação do Tribunal Pleno, além de outras previstas em lei e neste Regimento:*

I. *aprovar a proposta do orçamento da despesa do Poder Judiciário, a ser encaminhada, em época oportuna, ao Governador do Estado;*

II. *aprovar as propostas de abertura de créditos adicionais;*

III. *conhecer da prestação de contas a ser encaminhada anualmente ao Tribunal de Contas;*

IV. *deliberar sobre pedido de informação de comissão parlamentar de inquérito;*

V. *propor ao Poder Legislativo a criação ou extinção de cargos e a fixação dos respectivos vencimentos;*

VI. *aprovar modelos de vestes talares para os magistrados e servidores da Justiça;*

VII. *autorizar a instalação de Câmaras, Comarcas, Varas e Ofícios de Justiça;*

VIII. *determinar a instauração de processo administrativo disciplinar contra magistrado, aplicando as penalidades cabíveis;*

IX. *deliberar acerca da aposentadoria de magistrado;*

X. *homologar o resultado de concurso para o ingresso na Magistratura;*

XI. *solicitar a intervenção federal nos casos previstos na Constituição Federal;*

XII. *conhecer das sugestões contidas nos relatórios anuais da Presidência, da Corregedoria-Geral da Justiça e dos Juízes, podendo organizar comissões para estudo de matéria de interesse da Justiça;*

XIII. *organizar listas e fazer indicações uni nominais relativas ao preenchimento de vagas de Juízes;*

XIV. *declarar a vacância, por abandono de cargo, na Magistratura, observado o devido processo legal administrativo;*

XV. *processar e dirimir as dúvidas de atribuições administrativas dos dirigentes do Tribunal, valendo as decisões tomadas como normativas;*

XVI. *referendar, ou não, as decisões do Presidente do Tribunal relativas a férias, afastamentos, substituições, convocações e licenças concedidas aos Desembargadores;*

XVII. *denominar os Fóruns com nomes de pessoas falecidas ligadas ao meio jurídico do Estado, ouvido o Conselho da Magistratura;*

XVIII. *decretar regime de exceção em órgão do Tribunal de Justiça;*

XIX. *deliberar acerca das representações, por excesso de prazo, contra membros do Tribunal;*

XX. *propor, privativamente, ao Poder Legislativo, pela maioria absoluta de seus membros, projeto de lei de interesse do Poder Judiciário, bem como para alteração do Código de Organização e Divisão Judiciárias e introdução de emenda à Constituição Estadual;*

XXI. *indicar os magistrados para efeito de remoção, opção e promoção em primeiro grau de jurisdição;*

XXII. *recusar, pela maioria de dois terços dos seus membros, magistrado a promoção por antiguidade, observada a ampla defesa;*

XXIII. *decidir os conflitos de atribuições entre autoridades administrativas e judiciárias do Estado, ou entre estas;*

XXIV. *deliberar sobre:*

a) *assuntos de ordem interna, quando especialmente convocado para esse fim pelo Presidente, por ato próprio ou a requerimento de um ou mais Desembargadores;*

b) *quaisquer propostas ou sugestões do Conselho da Magistratura, notadamente as concernentes à organização da Secretaria do Tribunal de Justiça e dos serviços auxiliares;*

XXV. *solicitar ao Supremo Tribunal Federal, pela maioria absoluta de seus membros, a intervenção da União no Estado, quando o regular exercício das funções do Poder Judiciário for impedido por falta de recursos decorrentes de injustificada redução de sua proposta orçamentária, ou pela não satisfação oportuna das dotações orçamentárias;*

XXVI. *definir, privativamente, as competências das Turmas Recursais dos Juizados Especiais;*

XVII. *expedir Resolução estabelecendo a competência dos Juízos e das Varas das Comarcas de entrância final;*

XXVIII. *julgar os recursos administrativos das decisões originárias do Conselho da Magistratura;*

XXIX. *proceder à investigação de crime, em tese, praticado por Juiz.*

§1º Compete, ainda, ao Órgão Especial encaminhar ao Superior Tribunal de Justiça peças informativas para averiguação de crime comum praticado, em tese, pelo Governador do Estado e, neste e no de responsabilidade, por Desembargador ou membro do Tribunal de Contas.

§2º Poderá o Órgão Especial, mediante deliberação da maioria dos Desembargadores presentes à sessão, facultar o uso da palavra, por quinze minutos, ao Presidente da Associação dos Magistrados do Paraná quando estiver em apreciação matéria administrativa de interesse geral da Magistratura.

***Art. 84.** Compete privativamente ao Órgão Especial, por delegação do Tribunal Pleno:*

I. *processar e julgar originariamente os mandados de segurança, os mandados de injunção e os habeas data contra:*

a) *a) seus atos, do Tribunal Pleno, do Presidente do Tribunal, dos Vice-Presidentes do Tribunal, do Corregedor-Geral da Justiça, do Corregedor, do Conselho da Magistratura, da Seção Cível, da Seção Criminal e da Comissão de Concurso para provimento de cargo de Juiz Substituto;*

b) *b) atos do Governador do Estado;*

c) *c) atos do Presidente, dos Vice-Presidentes, dos Secretários, da Mesa Executiva e das Comissões permanentes e temporárias da Assembleia Legislativa, bem como do Conselho de Ética e Decoro Parlamentar, da Procuradoria Parlamentar e da Corregedoria Parlamentar;*

d) *d) atos do Procurador-Geral de Justiça, dos Subprocuradores-Gerais de Justiça, do Colégio de Procuradores de Justiça, do Órgão Especial do Colégio de Procuradores de Justiça, do Conselho Superior do Ministério Público, do Corregedor-Geral do Ministério Público e da Comissão de Concurso para provimento de cargo de Promotor de Justiça Substituto;*

e) *e) atos do Presidente, do Vice-Presidente, do Corregedor-Geral, do Pleno e das Câmaras do Tribunal de Contas, do Procurador-Geral do Ministério Público junto ao Tribunal de Contas, do Colégio de Procuradores do Ministério Público de Contas, da Comissão de Concurso para provimento de cargo de Procurador do Ministério Público junto ao Tribunal de Contas e da Comissão de Concurso para provimento de cargo de Auditor do Tribunal de Contas;*

II. *processar e julgar originariamente:*

a) *nos crimes comuns e de responsabilidade, os Deputados Estaduais, os Juízes de Direito e Juízes Substitutos, os Secretários de Estado e os membros do Ministério Público, ressalvada a competência da Justiça Eleitoral, e, nos crimes comuns, o Vice-Governador do Estado;*

b) *a exceção da verdade, quando oposta e admitida, nos processos por crimes contra a honra, em que forem querelantes as pessoas sujeitas à sua jurisdição;*

c) *os habeas corpus quando o paciente for autoridade diretamente sujeita à sua jurisdição; (Redação dada pela Res. 2/2010, publicado no e-DJ 493, de 19/10/2010).*

d) *as habilitações e outros incidentes, nos processos de sua competência originária ou recursal;*

e) *as ações rescisórias e as revisões criminais de seus acórdãos;*

f) *os impedimentos e as suspeições opostas a Desembargadores, a Juízes de Direito Substitutos em Segundo Grau, ao Procurador-Geral de Justiça, a Procuradores de Justiça e a Promotores de Justiça Substitutos em Segundo Grau;*

g) *a execução do julgado em causas de sua competência originária, facultada a delegação de competência para a prática de atos processuais não decisórios;*

h) *os pedidos de intervenção federal no Estado;*

i) *as ações diretas de inconstitucionalidade e declaratórias de constitucionalidade de leis ou de atos normativos estaduais e municipais contestados em face da Constituição Estadual e a inconstitucionalidade por omissão de medida para tornar efetiva norma constitucional;*

j) *as reclamações para preservar a sua competência ou garantir a autoridade das suas decisões;*

k) *as causas e os conflitos entre o Estado e os Municípios, inclusive entre as respectivas entidades da administração indireta;*

III. *julgar:*

a) *os embargos infringentes interpostos aos seus acórdãos, bem como o agravo contra a decisão interlocutória que não os admitirem;*

b) *os embargos infringentes interpostos aos acórdãos não unânimes da Seção Cível oriundos das ações rescisórias julgadas procedentes;*

c) *o agravo manejado contra a decisão interlocutória que não admitir os embargos infringentes interpostos a acórdão da Seção Cível; nesse caso, o agravo somente será distribuído a um Relator no Órgão Especial se o do acórdão embargado, em prévio juízo de retratação, mantiver a decisão agravada;*

d) *o agravo contra decisão do Presidente que conceder ou negar a suspensão de liminar ou de sentença, prolatadas no primeiro grau de jurisdição, em mandado de segurança, em habeas data, em mandado de injunção, em ação cautelar inominada, em ação popular ou em ação civil pública, movidas contra o Poder Público;*

e) *os agravos ou outros recursos de decisões proferidas nos feitos de sua competência pelo Presidente, Vice-Presidentes e Relatores;*

f) *os embargos de declaração interpostos aos seus acórdãos;*

g) *os incidentes de declaração de inconstitucionalidade suscitados pelos demais órgãos julgadores.*

Capítulo III - Da Seção Cível

***Art. 85.** Compete à Seção Cível, integrada pelos primeiros Desembargadores que imediatamente, na ordem de composição das Câmaras Cíveis, seguirem-se aos seus Presidentes, processar e julgar:*

I. *os incidentes de uniformização de jurisprudência;*

II. *os recursos de apelação ou de agravo de instrumento a ela encaminhados, na forma prevista no § 1º do Art. 331 deste Regimento;*

III. *os embargos infringentes interpostos aos acórdãos das Câmaras Cíveis em Composição Integral oriundos das ações rescisórias julgadas procedentes;*

IV. *o agravo manejado contra a decisão interlocutória que não admitir os embargos infringentes interpostos a acórdão da Câmara Cível em Composição Integral; nesse caso, o agravo somente será distribuído a um Relator na Seção Cível se o do acórdão embargado, em prévio juízo de retratação, mantiver a decisão agravada;*

V. *as ações rescisórias de acórdãos das Câmaras Cíveis em Composição Integral;*

VI. *os mandados de segurança contra atos, monocráticos ou colegiados, das Câmaras Cíveis em Composição Integral;*

VII. *os embargos de declaração interpostos aos seus acórdãos;*

VIII. *os agravos de decisões proferidas, nos feitos de sua competência, pelo Presidente e Relatores;*

X. *as execuções de seus acórdãos, nas causas de sua competência originária, podendo delegar ao Juízo de primeiro grau a prática de atos não decisórios;*

XI. *as reclamações para preservar a sua competência ou garantir a autoridade das suas decisões.*

§1º O Desembargador afastado, impedido ou suspeito será substituído pelo Desembargador subsequente na ordem decrescente de antiguidade na respectiva Câmara, independentemente de qualquer formalidade.

Capítulo IV - Da Seção Criminal

Art. 86. *Compete à Seção Criminal, integrada pelos primeiros e segundos Desembargadores que imediatamente, na ordem de composição das Câmaras Criminais, seguirem-se aos seus Presidentes, processar e julgar:*

I. *os incidentes de uniformização de jurisprudência;*

II. *os mandados de segurança contra atos, monocráticos e colegiados, das Câmaras Criminais em Composição Integral;*

III. *as revisões criminais de acórdãos das Câmaras Criminais em Composição Integral;*

IV. *os embargos de declaração interpostos aos seus acórdãos;*

V. *os agravos de decisões proferidas, nos feitos de sua competência, pelo Presidente e Relatores;*

VI. *as reclamações para preservar a sua competência ou garantir a autoridade das suas decisões;*

VII. *os embargos infringentes e de nulidade interpostos aos acórdãos das Câmaras Criminais em Composição Integral.*

§1º O Desembargador afastado, impedido ou suspeito será substituído pelo Desembargador subsequente na ordem decrescente de antiguidade na respectiva Câmara, independentemente de qualquer formalidade.

Capítulo V - Das Câmaras em Composição Integral

Art. 87. *Às Câmaras Cíveis em Composição Integral compete processar e julgar:*

I. *os embargos infringentes interpostos aos acórdãos das Câmaras Cíveis isoladas;*

II. *o agravo manejado contra a decisão interlocutória que não admitir os embargos infringentes interpostos a acórdão da Câmara Cível isolada; nesse caso, o agravo somente será distribuído a um Relator na Câmara Cível em Composição Integral, competente para eventual julgamento dos embargos infringentes, se o do acórdão embargado, em prévio juízo de retratação, mantiver a decisão agravada;*

III. *os conflitos de competência entre os Juízes em exercício em primeiro grau de jurisdição;*

IV. *os mandados de segurança contra atos, monocráticos ou colegiados, da Câmara Cível Isolada;*

V. *os mandados de segurança, mandados de injunção e habeas data contra atos:*

a) *das Comissões Internas de Concurso, exceto a de acesso à Magistratura;*

b) *dos Deputados Estaduais, dos Conselheiros e Auditores do Tribunal de Contas, dos Secretários de Estado, dos Procuradores de Justiça e dos Procuradores do Ministério Público junto ao Tribunal de Contas;*

c) *do Procurador-Geral do Estado, do Conselho Superior da Procuradoria-Geral do Estado e da Comissão de Concurso para provimento de cargo de Procurador do Estado;*

VI. *as exceções de impedimento e de suspeição opostas aos Juízes em exercício em primeiro grau de jurisdição;*

VII. *os agravos das decisões proferidas, nos feitos de sua competência, pelo Presidente e Relatores;*

VIII. *os embargos de declaração interpostos aos seus acórdãos;*

IX. *as execuções de seus acórdãos, nas causas de sua competência originária, podendo delegar ao Juízo de primeiro grau a prática de atos não decisórios;*

X. *os pedidos de intervenção estadual nos municípios;*

XI. *as reclamações para preservar a sua competência ou garantir a autoridade das suas decisões;*

XII. *as ações rescisórias dos acórdãos das Câmaras Cíveis Isoladas.*

Parágrafo único. *Os mandados de segurança contra atos, monocráticos ou colegiados, das Câmaras Cíveis Isoladas, bem como as ações rescisórias e os embargos infringentes interpostos a seus acórdãos serão distribuídos a outra Câmara em Composição Integral de mesma especialização.*

Art. 88. *Às Câmaras Criminais em Composição Integral compete processar e julgar:*

I. *os embargos infringentes e de nulidade interpostos aos acórdãos das Câmaras Criminais Isoladas;*

II. *os conflitos de competência entre Juízes em exercício em primeiro grau de jurisdição;*

III. os mandados de segurança contra atos, monocráticos ou colegiados, das Câmaras Criminais Isoladas;

IV. as exceções de impedimento e de suspeição opostas aos Juízes em exercício em primeiro grau de jurisdição;

V. os agravos das decisões proferidas, nos feitos de sua competência, pelo Presidente e Relatores;

VI. os embargos de declaração interpostos aos seus acórdãos;

VII. as reclamações para preservar a sua competência ou garantir a autoridade das suas decisões;

VIII. as revisões criminais dos Acórdãos das Câmaras Criminais Isoladas e das sentenças de primeiro grau de jurisdição;

IX. as infrações penais atribuídas a Prefeitos Municipais;

X. os habeas corpus quando o paciente for autoridade diretamente sujeita à sua jurisdição; (Redação dada pela Res. 2/2010, publicado no e-DJ 493, de 19/10/2010).

Parágrafo único. Os mandados de segurança contra atos, monocráticos ou colegiados, das Câmaras Criminais Isoladas, as revisões criminais e os embargos infringentes e de nulidade interpostos a seus acórdãos serão distribuídos a outra Câmara em Composição Integral de mesma especialização, exceto se impugnarem decisão da Primeira ou da Segunda Câmara Criminal Isolada, hipótese em que serão distribuídos entre estas.

Capítulo VI - Das Câmaras Isoladas e da Competência em Razão da Matéria

Art. 89. Às Câmaras Cíveis isoladas compete processar e julgar:

I. os habeas corpus, no caso de prisão civil;

II. os recursos de decisões dos Juízes de primeiro grau;

III. as correições parciais;

IV. as habilitações incidentes;

V. os embargos de declaração interpostos aos seus acórdãos;

VI. os agravos de decisões do Presidente e Relatores;

VII. os mandados de segurança, mandados de injunção e habeas data contra atos do Secretário do Tribunal de Justiça, do Secretário da Procuradoria-Geral de Justiça, do Diretor-Geral da Assembleia Legislativa, dos Juízes de primeiro grau e dos Promotores de Justiça;

VIII. as reclamações para preservar a sua competência ou garantir a autoridade das suas decisões;

IX. as ações rescisórias das sentenças dos juízes de primeiro grau, nas causas de sua competência.

Art. 90. Às Câmaras Cíveis serão distribuídos os feitos atinentes a matéria de sua especialização, assim classificada:

I. à Primeira, à Segunda e à Terceira Câmara Cível:

a) quaisquer ações e execuções relativas a matéria tributária;

b) ações relativas a responsabilidade civil em que for parte pessoa jurídica de direito público ou respectivas autarquias, fundações de direito público e entidades paraestatais;

c) ações relativas exclusivamente a remuneração de servidores públicos em geral, exceto as concernentes a matéria previdenciária.

II. à Quarta e à Quinta Câmara Cível:

a) ação popular, exceto as concernentes a matéria tributária, a previdência pública e privada e a ensino público e particular;

b) ação decorrente de ato de improbidade administrativa;

c) ação civil pública, exceto as concernentes a matéria tributária, a previdência pública e privada e a ensino público e particular, observando-se, quanto às coletivas, o disposto no §1º deste artigo;

d) ações e execuções relativas a penalidades administrativas que não possuam natureza tributária;

e) ações relativas a licitação e contratos administrativos;

f) ações de desapropriação, inclusive a indireta;

g) ações relativas a concursos públicos;

h) mandados de segurança e de injunção contra atos ou omissões de agentes ou órgãos públicos, ressalvada outra especialização;

i) pedidos de intervenção estadual nos municípios;

j) ações relativas a proteção do meio ambiente, exceto as que digam respeito a responsabilidade civil;

k) salvo se previstas nos incisos I, III, IV, V, VI e VII deste artigo, as demais ações e recursos em que figure como parte pessoa jurídica de direito público ou respectivas autarquias, fundações de direito público e entidades paraestatais;

III. à Sexta e à Sétima Câmara Cível:

a) ações relativas a previdência pública e privada;

b) ações concernentes a ensino público e particular;

c) ações e recursos alheios às áreas de especialização. (Redação dada pela Res. nº 15, publicada no e.DJ nº 1484 de 12/01/2015)

IV. à Oitava, à Nona e à Décima Câmara Cível:

a) ações relativas a responsabilidade civil, inclusive as decorrentes de acidente de veículo e de acidente de trabalho, excetuada a competência prevista na alínea b do inciso I deste artigo;

b) ações relativas a condomínio em edifício;

c) ações relativas a contrato de seguro de qualquer natureza, inclusive as execuções dele derivadas e as ações decorrentes de plano de saúde;

V. à Décima Primeira e à Décima Segunda Câmara Cível:

a) ações relativas a Direito de Família, união estável e homoafetiva;

b) ações relativas ao Estatuto da Criança e do Adolescente, ressalvada a matéria infracional;

c) ações relativas ao Direito das Sucessões;

d) ações relativas a Registros Públicos;

e) ações relativas a arrendamento rural, a parceria agrícola e a empreitada;

f) ações relativas a locação em geral, inclusive as execuções dela derivadas;

g) ações relativas a prestação de serviços, exceto quando concernente exclusivamente a responsabilidade civil;

h) ações e recursos alheios à área de espcialização. (Redação dada pela Res. nº 15, publicada no e.DJ nº 1484 de 12/01/2015)

VI. à Décima Terceira, à Décima Quarta, à Décima Quinta e à Décima Sexta Câmara Cível:

a) execuções fundadas em título extrajudicial e as ações a ele relativas, inclusive quando cumuladas com pedido de indenização;

b) ações relativas a negócios jurídicos bancários e cartões de crédito, inclusive quando cumuladas com pedido de indenização, excetuada a competência prevista na alínea d do inciso VII deste artigo;

VII. à Décima Sétima e à Décima Oitava Câmara Cível;

a) ações relativas ao domínio e à posse pura, excetuadas quanto a estas as decorrentes de resolução e nulidade de negócios jurídicos;

b) ações relativas ao Direito Falimentar, exceto a matéria penal;

c) ações decorrentes de dissolução e liquidação de sociedade;

d) ações relativas a arrendamento mercantil (Redação dada pela Res. nº 15, publicada no e.DJ nº 1484 de 12/01/2015)

e) ações relativas a contratos de consórcio de bem móvel ou imóvel; (Redação dada pela Res. nº 15, publicada no e.DJ nº 1484 de 12/01/2015)

f) ações e recursos alheios às áreas de especialização. (Redação dada pela Res. nº 15, publicada no e.DJ nº 1484 de 12/01/2015)

§1º *Os recursos relativos às ações civis públicas coletivas e às execuções individuais delas decorrentes serão distribuídos às Câmaras Cíveis de acordo com a matéria de sua especialização.*

§2º *Na distribuição dos recursos interpostos de decisões proferidas em embargos de terceiro, observar-se-á a competência em razão da matéria versada na demanda principal da qual se originou a constrição. (Redação dada pela Res. nº 15, publicada no e.DJ nº 1484 de 12/01/2015)*

Art. 91. *A distribuição equânime entre todas as Câmaras Cíveis Isoladas e em Composição Integral será assegurada mediante a distribuição de ações e recursos referentes a matéria de alienação fiduciária, inclusive as execuções extrajudiciais propostas pelo credor fiduciário, cumulada ou não com pedido de indenização. (Redação dada pela Res. nº 15, publicada no e.DJ nº 1484 de 12/01/2015)*

Art. 92. *Às Câmaras Criminais Isoladas compete processar e julgar:*

I. habeas corpus e recursos de habeas corpus;

II. recursos criminais;

III. ações penais e procedimentos pré-processuais de sua competência originária;

IV. pedidos de desaforamento;

V. correições parciais;

VI. embargos de declaração interpostos aos seus acórdãos;

VII. agravos de decisões do Presidente e Relatores;

VIII. reclamações para preservar a sua competência ou garantir a autoridade das suas decisões;

IX. execução de suas decisões originárias, facultada a delegação de competência para a prática de atos processuais não decisórios;

X. os mandados de segurança contra atos dos Juízes de primeiro grau e dos Promotores de Justiça.

Art. 93. *Às Câmaras Criminais serão distribuídos os feitos atinentes à matéria de sua especialização, assim classificada:*

I. à Primeira Câmara Criminal:

a) crimes contra a pessoa, exceto os contra a honra;

b) crimes militares definidos em lei;

c) processos oriundos do Conselho de Justificação da Polícia Militar;

II. à Segunda Câmara Criminal:

a) infrações penais atribuídas a Prefeitos Municipais;

b) crimes contra a administração pública;

c) crimes contra a fé pública;

d) crimes contra a honra;

e) crimes contra a incolumidade pública, incluídos os definidos no Estatuto do Desarmamento;

f) crimes contra a ordem tributária e econômica, contra as relações de consumo e falimentares;

g) crimes ambientais;

h) demais infrações penais, na proporção de metade do que delas for distribuído, isoladamente, à Terceira, à Quarta e à Quinta Câmara Criminal;

i) atos infracionais previstos no Estatuto da Criança e do Adolescente, por estes praticados;

III. à Terceira, à Quarta e à Quinta Câmara Criminal:

a) crimes contra o patrimônio;

b) crimes contra a dignidade sexual;

c) crimes contra a paz pública;

d) infrações penais relativas a tóxicos e entorpecentes;

e) demais infrações penais.

§1º *Na hipótese de conexão ou continência de crimes, a distribuição caberá ao órgão cuja matéria de especialização abranger a infração a que for cominada a pena mais grave; se iguais as penas, ao órgão a que competir o maior número de crimes; se igual o número de crimes, ao órgão sorteado entre os de competência concorrente. A distribuição, porém, caberá sempre à Primeira Câmara Criminal se o feito for de competência do Tribunal do Júri.*

§2º *Excetuada a hipótese do Art. 419 do Código de Processo Penal, quando houver desclassificação e a acusação não interpuse r recurso, a distribuição será feita ao órgão cuja matéria de especialização abranger* a infração definida pela decisão recorrida. Igual regra deverá ser observada quando houver absolvição de crimes julgados por conexão ou continência.

Art. 94. O Relator, havendo risco de perecimento do direito, deverá apreciar o pedido de tutela de urgência ainda que venha a declinar da competência; redistribuído o feito, caberá ao novo Relator sorteado manter ou modificar, total ou parcialmente, essa decisão.

Capítulo VII - Do Núcleo de Conciliação

Art. 95. Ao Núcleo de Conciliação, vinculado à Presidência, com funcionamento nas dependências deste Tribunal no horário de expediente forense, compete buscar a conciliação em segundo grau de jurisdição nos processos que lhe forem encaminhados para essa finalidade, inclusive entre os oriundos das Turmas Recursais, observado o que segue:

I. o Núcleo de Conciliação terá funcionários e estagiários em número adequado às suas necessidades, aos quais incumbirão o recebimento dos autos, a organização da pauta de audiências de conciliação, o chamamento das partes e seus advogados e o encaminhamento dos feitos conciliados, ou não, aos locais de origem;

II. o encaminhamento dos feitos ao Núcleo dar-se-á por solicitação das partes ou da Coordenadoria aos Relatores, bem como por estes, de ofício, no prazo de trinta dias, a contar da conclusão, quando lhes pareça possível a conciliação;

III. o chamamento das partes e de seus advogados para a conciliação deverá ser feito de forma célere, por telefone, fax, correio eletrônico, carta, ou publicação no Diário da Justiça Eletrônico;

IV. as audiências de conciliação deverão ser realizadas no prazo de noventa dias, contados do recebimento dos autos pelo Núcleo de Conciliação;

V. frustrada a conciliação, o fato será certificado nos autos, que serão restituídos de imediato ao Relator para o processamento e julgamento do recurso ou da ação;

VI. obtida a conciliação, esta será reduzida a termo, assinado pelas partes, por seus advogados e pelo Conciliador;

VII. a conciliação será homologada pelo Desembargador Coordenador-Geral ou, na sua falta, por magistrado Coordenador Auxiliar da ativa, que extinguirá o processo, com resolução de mérito, na forma do Art. 269, inciso III, do Código de Processo Civil;

Art. 96. A Coordenadoria de Supervisão de Conciliação será composta de:

I. um Desembargador, como Coordenador-Geral, um Juiz de Direito Substituto em Segundo Grau e um Juiz de Direito de Turma Recursal, designados pelo Presidente, que atuarão sem prejuízo de suas funções jurisdicionais;

II. conciliadores voluntários, que serão nomeados pelo Presidente do Tribunal, preferencialmente entre magistrados, membros do Ministério Público e Procuradores Públicos aposentados;

III. assessoria composta por dois funcionários do Tribunal com formação jurídica;

IV. um dos funcionários desempenhará ainda as funções de Chefe do Núcleo de Conciliação, cabendo-lhe ordenar e supervisionar os serviços dos demais funcionários e dos estagiários.

Art. 97. Compete à Coordenadoria:

I. orientar e supervisionar os trabalhos do Núcleo de Conciliação;

II. identificar e indicar as áreas de conflitos mais propícias à conciliação;

III. estabelecer diretrizes e programas de atuação que promovam a cultura da conciliação, inclusive com a participação de outras instituições jurídicas e de ensino jurídico;

IV. baixar normas procedimentais complementares e ordens de serviço necessárias ao funcionamento do Núcleo de Conciliação;

V. propor aos órgãos diretivos do Tribunal medidas para estimular e implementar a prática da conciliação pelos magistrados;

VI. organizar e executar mutirões de conciliação nas Semanas de Conciliação promovidas pelo Conselho Nacional de Justiça e em outras oportunidades consideradas convenientes;

§1º Ao Coordenador-Geral da Conciliação compete:

a) coordenar e dirigir os trabalhos do Núcleo de Conciliação e da própria Coordenadoria;

b) prestar informações acerca do desenvolvimento das atividades conciliatórias;

c) homologar as conciliações realizadas no Núcleo, extinguindo o processo, com resolução de mérito, na forma do Art. 269, inciso III, do Código de Processo Civil;

§2° Na ausência do Coordenador-Geral da Conciliação, o homologação das conciliações e a consequente extinção do processo, na forma da alínea c do § 1° deste artigo, será efetuada por um dos magistrados Coordenadores Auxiliares da Ativa; (Redação dada pela Res. 2/2010, publicado no e-DJ 493, de 19/10/2010).

§3° O Coordenador-Geral da Conciliação poderá, a critério do Presidente do Tribunal e ad referendum do Órgão Especial, ficar afastado de suas funções jurisdicionais, por prazo determinado, para atendimento exclusivo ao Núcleo de Conciliação; (Redação dada pela Res. 2/2010, publicado no e-DJ 493, de 19/10/2010).

§4° A Coordenadoria funcionará juntamente com o Núcleo de Conciliação. (Redação dada pela Res. 2/2010, publicado no e-DJ 493, de 19/10/2010).

Art. 98. As audiências de conciliação poderão ser designadas e realizadas também pelos Relatores, em seus gabinetes, competindo-lhes homologar os acordos firmados e extinguir o processo, com resolução de mérito, na forma do Art. 269, inciso III, do Código de Processo Civil.

Parágrafo único. O Relator poderá valer-se do pessoal de seu gabinete para auxiliá-lo nas audiências de conciliação.

Art. 99. A Escola da Magistratura e a Escola de Servidores do Poder Judiciário incluirão, em sua programação anual, módulos de técnicas de conciliação nos seus cursos.

Art. 100. O Tribunal, por seu Presidente, poderá firmar convênios com outras instituições para atingir os objetivos do Movimento Nacional pela Conciliação.

Art. 101. É proibido o pagamento de qualquer valor aos conciliadores a título de remuneração em razão do serviço voluntário.

Capítulo VIII - Dos Recursos Repetitivos e da Repercussão Geral

Art. 102. *Serão processados na forma deste capítulo os recursos especiais que tenham por fundamento idêntica questão de direito e os recursos extraordinários múltiplos que tenham sido submetidos à apreciação da repercussão geral.*

Parágrafo único. *O disposto neste capítulo não se aplica aos recursos que não preencherem os pressupostos objetivos e formais de admissibilidade recursal, os quais receberão, de pronto, juízo negativo de admissibilidade.*

Art. 103. *Se houver multiplicidade de recursos extraordinários e especiais com fundamento na mesma questão de direito, serão admitidos um ou mais recursos representativos da controvérsia para submissão ao Supremo Tribunal Federal e ao Superior Tribunal de Justiça, respectivamente.*

Art. 104. *Os recursos serão selecionados levando-se em consideração, preferencialmente:*

I. *a existência de outras questões de direito;*

II. *a maior diversidade de fundamentos no acórdão e de argumentos nos recursos especial ou extraordinário;*

III. *a divergência, se existente, entre os órgãos julgadores deste Tribunal, caso em que deverá ser observada a paridade no número de feitos selecionados;*

IV. *a questão central de mérito, sempre que o seu exame puder tornar prejudicada a análise de outras questões periféricas arguidas no mesmo recurso.*

Art. 105. *Os demais recursos que tratem de idêntica questão de direito ficarão sobrestados, devendo aguardar, no Departamento Judiciário, após certificado o ocorrido pelo setor competente, o pronunciamento definitivo dos Tribunais Superiores.*

Art. 106. *O recorrente, não concordando com a seleção ou com o sobrestamento de seu recurso, poderá requerer, fundamentadamente, a reconsideração da referida deliberação; em caso de deferimento, proceder-se-á, desde logo, ao juízo de admissibilidade recursal.*

Art. 107. *O sobrestamento dos recursos especiais e extraordinários não implica suspensão dos efeitos da decisão recorrida, que poderá, na forma da lei, ser executada provisoriamente.*

Art. 108. *Negada a existência de repercussão geral, os recursos extraordinários sobrestados serão conclusos ao 1º Vice-Presidente, que automaticamente negar-lhes-á seguimento.*

Art. 109. *Publicado o acórdão dos Tribunais Superiores, com o julgamento de mérito da questão controvertida, os recursos sobrestados serão conclusos ao 1º Vice-Presidente para:*

I. *declarar prejudicados e negar seguimento aos recursos extraordinários e especiais quando os acórdãos recorridos coincidirem com a orientação do respectivo Tribunal Superior;*

II. *submeter os autos ao órgão julgador competente para juízo de retratação quando constatada a divergência entre o acórdão recorrido e a orientação do respectivo Tribunal Superior.*

Art. 110. *Na hipótese do inciso II do Art. 109, o juízo de retratação não será efetuado mediante decisão monocrática, devendo ser exercido em sessão colegiada de julgamento, com prévia inclusão do feito em pauta.*

§1º Em caso de retratação pelo órgão julgador, será lavrado o respectivo acórdão, casos em que:

I. *se mantida a decisão recorrida, em divergência com a orientação do respectivo Tribunal Superior, sem quaisquer acréscimos ou fundamentos, os autos serão conclusos ao 1º Vice-Presidente para juízo de admissibilidade do recurso interposto;*

II. *se o órgão julgador mantiver a decisão recorrida, em divergência com a orientação do respectivo Tribunal Superior, com acréscimos de novos fundamentos, poderá o recorrente ratificar ou aditar o recurso interposto, facultando-se ao recorrido, em seguida, o aditamento das contrarrazões, abrindo-se posteriormente vista dos autos ao Ministério Público quando houver de oficiar no feito; ato contínuo, os autos serão conclusos ao 1º Vice-Presidente para juízo de admissibilidade do recurso interposto;*

III. *se o órgão julgador reformar a decisão recorrida, adotando a orientação do respectivo Tribunal Superior, os autos serão conclusos ao 1º-Vice Presidente, que, declarando prejudicado o recurso interposto, negar-lhe-á seguimento.*

§2º Ainda que não haja retratação, será lavrado o respectivo acórdão, devidamente fundamentado.

Art. 111. *Os autos encaminhados para retratação serão conclusos, pelo setor competente do Departamento Judiciário, por prevenção, ao mesmo Relator, se este ainda integrar o órgão julgador que exarou a decisão objeto do recurso interposto.*

Parágrafo único. *Nos demais casos, o feito será distribuído ao sucessor do Relator originário, ficando afastada, nesse caso, a vinculação a que alude a parte final do §3º do Art. 331 deste Regimento.*

Art. 112. *Descabe revisão e sustentação oral no procedimento de retratação.*

Art. 113. *Se houver no recurso questões periféricas não abrangidas pelo julgamento da questão central de mérito, proceder-se-á ao juízo de admissibilidade.*

Capítulo IX - Do Plantão Judiciário - em segundo grau de Jurisdição

Art. 114. *O Plantão Judiciário, em segundo grau de jurisdição, destina-se exclusivamente ao exame das seguintes matérias:*

I. *pedidos de habeas-corpus e mandados de segurança em que figurar como coator autoridade submetida à competência jurisdicional do magistrado plantonista;*

II. *medida liminar em dissídio coletivo de greve;*

III. *comunicações de prisão em flagrante e apreciação dos pedidos de concessão de liberdade provisória;*

IV. *em caso de justificada urgência, de representação da autoridade policial ou do Ministério Público visando à decretação de prisão preventiva ou temporária;*

V. *pedidos de busca e apreensão de pessoas, bens ou valores, desde que objetivamente comprovada a urgência;*

VI. *medida cautelar, de natureza cível ou criminal, que não possa ser realizada no horário normal de expediente ou de caso em que da demora possa resultar risco de grave prejuízo ou de difícil reparação;*

VII. *medidas urgentes, cíveis ou criminais, da competência dos Juizados Especiais a que se referem as Leis nos 9.099, de 26 de setembro de 1995, e 10.259, de 12 de julho de 2001, limitadas às hipóteses acima enumeradas.*

***§1º** O Plantão Judiciário não se destina à reiteração de pedido já apreciado no órgão judicial de origem ou em plantão anterior, nem à sua reconsideração ou reexame ou à apreciação de solicitação de prorrogação de autorização judicial para escuta telefônica.*

***§2º** As medidas de comprovada urgência que tenham por objeto o depósito de importância em dinheiro ou valores só poderão ser ordenadas por escrito pela autoridade judiciária competente e somente serão executadas ou efetivadas durante o expediente bancário normal por intermédio de servidor credenciado do juízo ou de outra autoridade por expressa e justificada delegação do Juiz.*

***§3º** Durante o Plantão não serão apreciados pedidos de levantamento de importância em dinheiro ou valores, nem liberação de bens apreendidos.*

***Art. 115.** O Plantão Judiciário em segundo grau de jurisdição será mantido nos dias em que não houver expediente forense, e, nos dias úteis, antes ou após o expediente normal, nos termos disciplinados pela Corregedoria-Geral da Justiça.*

***Parágrafo único.** A divulgação dos endereços e dos telefones do serviço de plantão será realizada com antecedência razoável pelo site deste Tribunal e pelo Diário da Justiça Eletrônico, devendo os nomes dos Juízes de Direito Substitutos em segundo grau serão divulgados apenas 5 (cinco) dias antes do plantão. (Redação dada pela Res. Nº 13/2013, publicada no e.DJ nº 1224 de 07/11/2013)*

***Art. 116.** Nos dias em que não houver expediente normal, o plantão será realizado em horário acessível ao público e terá pelo menos três horas contínuas de atendimento ou dois períodos de três horas.*

***Art. 117.** O Juiz de Direito Substituto em Segundo Grau que se encontrar em plantão permanece nessa condição mesmo fora dos períodos previstos nos artigos anteriores, podendo atender excepcionalmente em domicílio, caso haja necessidade e se comprove a urgência.*

***Art. 118.** O atendimento do serviço de plantão em segundo grau será prestado mediante escala de Juízes de Direito Substitutos em Segundo Grau, a ser elaborada pela Corregedoria-Geral da Justiça, com observância do disposto no parágrafo único do Art. 115 deste Regimento.*

***Parágrafo único.** Poderá a Corregedoria-Geral da Justiça estabelecer escalas e plantões especiais para períodos em que existam peculiaridades locais ou regionais ou para período de festas tradicionais, feriados, recesso ou prolongada ausência de expediente normal.*

***Art. 119.** Durante todo o período de plantão ficarão à disposição do Juiz de Direito Substituto em Segundo Grau, conforme dispuser a Corregedoria-Geral da Justiça, pelo menos um servidor e um oficial de justiça.*

***Art. 120.** O serviço de plantão manterá registro próprio de todas as ocorrências e diligências havidas com relação aos feitos apreciados, arquivando cópia das decisões, ofícios, mandados, alvarás, determinações e providências adotadas.*

***§1º** Os pedidos, requerimentos e documentos que devam ser apreciados pelo magistrado de plantão serão apresentados em duas vias, ou com cópia, e recebidos pelo servidor plantonista designado para a formalização e conclusão ao Juiz plantonista.*

***§2º** Os pedidos, requerimentos, comunicações, autos, processos e quaisquer papéis recebidos ou processados durante o período de plantão serão recebidos mediante protocolo que consigne a data e a hora da entrada e o nome do recebedor, e serão impreterivelmente encaminhados à distribuição no início do expediente do primeiro dia útil imediato ao do encerramento do plantão.*

***Art. 121.** A Corregedoria-Geral da Justiça poderá editar ato normativo complementar regulamentando as disposições contidas no artigo anterior e seus parágrafos.*

***Art. 122.** Os feitos urgentes de competência do Órgão Especial, da Seção Cível e da Seção Criminal serão apreciados pelo Presidente do Tribunal; na sua ausência ou impedimento eventual, pelo 1º Vice-Presidente; na ausência ou impedimento eventual deste, pelo 2º Vice-Presidente; e assim sucessivamente, pelo Desembargador imediato em antiguidade.*

Capítulo X - Do Conselho da Magistratura

***Art.123.** O Conselho da Magistratura, do qual são membros natos o Presidente do Tribunal de Justiça, o 1º Vice-Presidente e o Corregedor-Geral da Justiça, compõe-se de mais quatro Desembargadores eleitos.*

***§1°** A eleição para as quatro vagas será realizada na mesma sessão de eleição da cúpula diretiva do Tribunal, com mandato coincidente com o desta, admitida uma recondução, não devendo figurar entre os elegíveis aquele que tiver exercido por quatro anos a função, até que se esgotem todos os nomes.*

***§2º** O Desembargador elegível que pretender se candidatar deverá manifestar seu interesse, no prazo estabelecido no Art. 10, §2º deste Regimento, anexando certidão da Secretaria do Tribunal de que se encontra com os serviços em dia.*

***§3º** Cada eleitor poderá votar em tantos candidatos quantas forem as vagas a serem providas, observando que:*

I. *todos os votos de uma cédula serão nulos quando houver mais votos do que o número de vagas a serem preenchidas;*

II. *será considerado eleito o candidato que obtiver maioria dos votos dos membros efetivos do Tribunal Pleno;*

III. *em caso de empate será considerado eleito o candidato mais antigo no Tribunal;*

IV. *os candidatos não eleitos serão considerados suplentes na ordem decrescente de votação.*

***Art. 124.** O Conselho da Magistratura reunir-se-á ordinária ou extraordinariamente.*

***§1°** As sessões serão públicas, podendo, quando a lei ou este Regimento o determinarem ou o interesse público o exigir, ser limitada a presença às próprias partes e a seus advogados;*

***§2°** As decisões serão tomadas por maioria de votos, inclusive o do Presidente.*

***§3°** Nos julgamentos com limitação de presença, da resenha enviada à publicação constarão os nomes das partes abreviados por suas iniciais.*

***Art. 125.** O Conselho da Magistratura possui função regulamentadora e disciplinar e tem o Órgão Especial como superior, competindo-lhe:*

I. *discutir e aprovar a proposta do orçamento da despesa do Poder Judiciário e as propostas de abertura de créditos especiais, encaminhando-as ao Órgão Especial;*

II. *aprovar a prestação de contas do Fundo de Reequipamento do Poder Judiciário (FUNREJUS) e do Fundo da Justiça (FUNJUS);*

III. *exercer controle sobre a execução do orçamento da despesa do Poder Judiciário;*

IV. *elaborar o regulamento de concurso para Juiz Substituto;*

V. *não permitir aos Juízes de Direito e Substitutos que:*

a) *residam fora da sede da Comarca sem a devida autorização (Res. nº 18/2007-OE);*

b) *venham a ausentar-se de sua sede sem licença ou autorização do Presidente do Tribunal;*

c) *deixem de atender às partes, a qualquer momento, quando se tratar de assunto urgente;*

d) *excedam prazos processuais;*

e) *não prestem informações ou demorem na execução de atos e diligências judiciais;*

f) *maltratem as partes, testemunhas, servidores, agentes delegados e demais auxiliares da Justiça;*

g) *deixem de presidir, pessoalmente, as audiências e aos atos nos quais a lei exige sua presença;*

h) *deixem de exercer assídua fiscalização sobre seus subordinados, especialmente no que se refere à cobrança de taxas, custas e emolumentos, sempre verificando de ofício a respectiva pertinência;*

i) *i) frequentem lugares onde sua presença possa diminuir a confiança pública na Justiça;*

j) *cometam repetidos erros de ofício, denotando incapacidade, desídia ou pouca dedicação ao estudo;*

k) *pratiquem, no exercício de suas funções ou fora delas, faltas que prejudiquem a dignidade do cargo;*

VI. *mandar proceder a correições e sindicâncias quando constar a prática de qualquer dos abusos mencionados nas alíneas do inciso VI deste artigo ou outras infrações disciplinares em algum Juízo;*

VII. *delegar poderes a Desembargadores para realizarem correições nas Comarcas, mediante proposta do Corregedor-Geral da Justiça;*

VIII. *regulamentar em geral todo e qualquer concurso de servidor do foro judicial, dos agentes delegados do foro extrajudicial e do quadro funcional da Secretaria do Tribunal de Justiça;*

IX. *processar e julgar, na forma do Art. 165 do Código de Organização e Divisão Judiciárias, os servidores do foro judicial e os relacionados nos incisos II a XVI do Art. 123 do mesmo Código, agentes delegados e servidores do foro extrajudicial, e impor-lhes penas disciplinares, no âmbito de sua competência;*

X. *julgar os procedimentos administrativos de invalidez de servidor do foro judicial e extrajudicial, bem como de agente delegado do foro extrajudicial;*

XI. *autorizar os servidores do foro judicial a exercerem cargos em comissão, observado o disposto no Art. 14, § 2º, da Lei Estadual nº 16.024, de 19 de dezembro de 2008, a prestarem serviços em outros órgãos públicos e ordenar anotação dos afastamentos destes e dos agentes delegados para o exercício de mandatos políticos;*

XII. *decidir os pedidos de remanejamento, remoção, relotação e permuta de servidores do foro judicial;*

XIII. *julgar os recursos interpostos contra as decisões administrativas do Corregedor-Geral da Justiça, do Corregedor e dos Juízes de Direito e Substitutos;*

XIV. *julgar os recursos interpostos contra as decisões da Comissão de Concursos para Juízes, Servidores em geral de primeiro grau de jurisdição e agentes delegados do foro extrajudicial, nos termos do respectivo regulamento, bem como homologá-los e indicar os candidatos para nomeação;*

XV. *referendar, ou alterar, por proposta do Corregedor-Geral da Justiça, a designação de substituto aos servidores do foro judicial e agentes delegados do foro extrajudicial, em caso de vacância;*

XVI. *regulamentar, processar e julgar os afastamentos em geral de servidores do foro judicial, inclusive nos casos de invalidez para função ou aposentadoria compulsória;*

XVII. *regulamentar, processar e julgar os afastamentos em geral de agente delegado do foro extrajudicial, inclusive nos casos de invalidez para a delegação;*

XVIII. *determinar, em geral, todas as providências que forem necessárias para garantir o regular funcionamento dos órgãos da Justiça, manter-lhes o prestígio e assegurar a disciplina forense;*

XIX. *declarar em regime de exceção qualquer Comarca ou Vara, pelo tempo necessário à regularização dos serviços, encaminhando expediente ao Presidente do Tribunal para a designação dos Juízes necessários;*

XX. *apreciar o procedimento de vitaliciamento ou sindicância realizada pelo Corregedor-Geral da Justiça acerca da conduta de magistrado, propondo, se for o caso, ao Órgão Especial a abertura de processo administrativo para demissão;*

XXI. *autorizar magistrados a residirem fora da Comarca, em casos excepcionais, desde que não cause prejuízo à efetiva prestação jurisdicional e diante da plausibilidade dos fundamentos invocados pelo requerente;*

XXII. *aprovar as "Normas Gerais da Corregedoria da Justiça" (Código de Normas), dispondo a respeito da organização e funcionamento dos serviços do foro judicial e extrajudicial;*

XXIII. *decidir recursos que indeferirem inscrição ou classificarem candidatos a concursos públicos para a atividade Notarial e de Registro, que deverá ser interposto, no prazo de cinco dias, da publicação do respectivo ato no Diário de Justiça Eletrônico. (Redação dada pela Res. 2/2010, publicado no e-DJ 493, de 19/10/2010).*

Parágrafo único. *O prazo a que se refere o inciso XXV deste artigo deverá ser contado na forma do §1º do Art. 177 deste Regimento. (Redação dada pela Res. 2/2010, publicado no e-DJ 493, de 19/10/2010).*

Capítulo XI Dos Recursos de decisões do Conselho da Magistratura

Art. 126. *Das decisões originárias do Conselho da Magistratura cabe recurso ao Órgão Especial, no prazo de quinze dias.*

Art. 127. *Interposto o recurso perante o Relator, este, se o receber, encaminhá-lo-á, no prazo de dois dias ao Órgão Especial para julgamento.*

Art. 128. *O recurso será sempre recebido nos efeitos devolutivo e suspensivo.*

Art. 129. *Distribuído o processo, o Relator o apresentará em mesa para julgamento, na sessão seguinte, ordenará a intimação do recorrente e o encaminhamento aos demais Desembargadores de cópias do respectivo acórdão recorrido. (Redação dada pela Res. 2/2010, publicado no e-DJ 493, de 19/10/2010).*

Título II - Das Comissões

Capítulo I - Das Comissões Permanentes

Art. 130. *No início de cada biênio, o Presidente do Tribunal de Justiça designará os membros das Comissões, a serem presididas pelo mais antigo, sendo permanentes:*

I. *a de Organização e Divisão Judiciárias;*

II. *a de Regimento Interno e Procedimento;*

III. *a de Jurisprudência, Revista, Documentação e Biblioteca;*

IV. *a de Informática;*

V. *a de Obras.*

VI. *a de Segurança. (Redação dada pela Res. 8/2012, publicada no e.DJ 863, de 14/05/2012)*

§1° *A Comissão de Organização e Divisão Judiciárias será constituída de sete membros, e de seis membros as demais.*

§2º *As matérias que devam ser examinadas pelo Órgão Especial e afetas a qualquer Comissão serão relatadas, na forma do Art. 457 deste Regimento, pelo Relator indicado, sem direito a voto, salvo se integrar o referido órgão julgador.*

§3° *Os integrantes do Tribunal Eleitoral e do Conselho da Magistratura, exceto os suplentes, não participarão das Comissões Permanentes.*

Capítulo II - Da Competência

Art. 131. *Compete às Comissões:*

I. *de Organização e Divisão Judiciárias:*

a) *elaborar anteprojeto de organização e divisão judiciárias, bem como as respectivas alterações;*

b) *expedir normas de serviço e sugerir ao Presidente do Tribunal de Justiça as que envolvam matéria de sua competência;*

II. *de Regimento e Procedimento:*

a) *emitir parecer sobre emendas ao Regimento e, se aprovadas, dar-lhes redação final e incorporá-las ao texto;*

b) *sugerir emendas e elaborar anteprojeto de reforma total ou parcial do Regimento;*

c) *manifestar-se sobre proposta de alteração normativa de matérias de sua competência;*

III. *de Jurisprudência, Revista, Documentação e Biblioteca:*

a) *superintender os serviços de sistematização e divulgação da jurisprudência do Tribunal de Justiça;*

b) *requisitar da Seção de Jurisprudência a assistência necessária ao exercício de suas competências; (Redação dada pela Res. 2/2010, publicado no e-DJ 493, de 19/10/2010).*

c) *organizar, manter e publicar revista de jurisprudência;*

d) *manter um serviço de documentação que sirva de subsídio à história do Tribunal de Justiça e superintender o Museu da Justiça;*

e) *orientar e inspecionar os serviços da Biblioteca, sugerindo as providências necessárias ao seu funcionamento;*

IV. *de Informática:*

a) *sugerir ao Presidente alteração dos programas de informática utilizados em primeiro e segundo graus de jurisdição;*

b) *superintender as alterações e modificações ordenadas pelo Conselho Nacional de Justiça nos sistemas informatizados do Tribunal e sob sua fiscalização.*

V. *de Obras:*

a) *emitir parecer nos projetos e nos processos de licitação de construção, reformas e manutenção de prédios destinados aos serviços do Poder Judiciário;*

b) *acompanhar e dar parecer, se necessário, na etapa de entrega das obras.*

§1º *Incumbe às respectivas comissões elaborar os seus regulamentos.*

***§2º As Comissões terão o prazo de sessenta dias** para oferecer seu parecer sobre os expedientes que lhes forem encaminhados.*

VI. *de Segurança:*

a) *Elaborar o plano de proteção e assistência dos juízes em situação de risco em virtude de atividade funcional;(Redação dada pela Res. 8/2012, publicada no e.DJ 863, de 14/05/2012)*

b) *b) Conhecer e decidir sobre pedidos de proteção especial formulados por magistrados; (Redação dada pela Res. 8/2012, publicada no e.DJ 863, de 14/05/2012)*

c) *Sugerir aos órgãos administrativos do Tribunal a aplicação de medidas que forcem a segurança de locais onde estejam instaladas Varas ou Câmaras com competência criminal; (Redação dada pela Res. 8/2012, publicada no e.DJ 863, de 14/05/2012)*

d) *Sugerir aos órgãos administrativos do Tribunal a aquisição de materiais e contratação de serviços necessários à proteção dos magistrados em situação de risco; (Redação dada pela Res. 8/2012, publicada no e.DJ 863, de 14/05/2012)*

e) *Propor medidas de segurança a serem adotadas em projetos arquitetônicos no âmbito do Poder Judiciário.(Redação dada pela Res. 8/2012, publicada no e.DJ 863, de 14/05/2012)*

Capítulo III - Das Comissões não Permanentes

Art. 132. *As Comissões não permanentes poderão ser organizadas para desempenho de outros encargos, a critério do Presidente do Tribunal, seja no início do biênio ou no seu curso.*

Parágrafo único. *Compete ao Presidente do Tribunal de Justiça designar comissões de concurso para admissão de funcionários da Secretaria do Tribunal.*

Art. 133. *A Comissão de Concurso para ingresso na Magistratura é composta na forma do Regulamento próprio.*

LIVRO III

Título I - A Administração do Tribunal

Capítulo I - Do Expediente

Art. 134. *O Presidente, o 1º e o 2º Vice-Presidente, o Corregedor-Geral da Justiça, o Corregedor e os demais Desembargadores terão, nos edifícios do Tribunal, gabinetes de despacho de uso privativo.*

Parágrafo único. ***Terão igualmente salas próprias, ai****nda que possam ser comuns, as Comissões Permanentes.*

Art. 135. *O horário de expediente da cúpula do Tribunal é o mesmo fixado para o respectivo pessoal.*

Art. 136. *Durante o expediente, os dirigentes do Tribunal darão audiências, observada, no respectivo atendimento, a ordem cronológica de comparecimento dos interessados.*

Capítulo II - Dos Atos e dos Termos

Art. 137. *Os atos são expressos:*

I. *os do Tribunal Pleno e os do Órgão Especial, em acórdãos, resoluções e assentos;*

II. *os das Seções, em acórdãos e súmulas;*

III. *os das Câmaras, em acórdãos e enunciados;*

IV. *os do Conselho da Magistratura, em acórdãos e assentos;*

V. *os do Presidente do Tribunal, em decretos judiciários, portarias, decisões, despachos, instruções, circulares, ordens de serviços, avisos e memorandos;*

VI. *os dos Vice-Presidentes, em portarias, decisões, despachos e avisos;*

VII. *os do Corregedor-Geral da Justiça em provimentos, portarias, decisões, despachos, instruções, circulares, ordens de serviço, avisos e memorandos;*

VIII. *os dos Presidentes de Seções e de Câmaras, em portarias, despachos e decisões;*

IX. *os dos Relatores e Revisores, em decisões e despachos.*

Art. 138. *Constarão sempre de acórdãos as decisões tomadas, na função jurisdicional, pelos órgãos colegiados, e, na função administrativa do Tribunal Pleno, do Órgão Especial e do Conselho da Magistratura, aquelas que imponham sanções disciplinares, aprovem ou desaprovem relatórios e propostas de natureza orçamentária ou financeira, decidam sobre aposentadoria, reversão ou aproveitamento, ou julguem processos de natureza administrativa e sindicâncias.*

Art. 139. *Serão consignadas em forma de resoluções as decisões do Órgão Especial sobre propostas de lei de sua iniciativa, alterações ou reformas do Regimento Interno, mudanças substantivas nas disposições das salas e repartições do Tribunal, além de outros assuntos de ordem interna que, por sua relevância, tornem necessária a audiência do plenário.*

Art. 140. *O provimento é ato de caráter normativo, a expedir-se como regulamentação geral da Corregedoria da Justiça, tendo a finalidade de esclarecer e orientar quanto à aplicação de dispositivos de lei.*

Art. 141. *Constarão de decretos judiciários os atos da competência do Presidente relativos à movimentação de magistrados, investiduras e exercício funcional dos servidores do Poder Judiciário, bem como os de administração financeira que, por sua natureza e importância, devam, a seu juízo, ser expressos daquela forma.*

Parágrafo único. *Poderá o Presidente submeter a minuta do decreto à aprovação do Órgão Especial.*

Art. 142. *As decisões serão proferidas nos casos previstos nas leis processuais e nos processos administrativos de natureza disciplinar.*

Art. 143. *Serão expressos em despachos os atos ordinatórios.*

Art. 144. *As normas e os preceitos que devam ser observados, de modo geral, no desempenho da função pública, serão consignados em instruções.*

Parágrafo único. *Quando a instrução visar a pessoas determinadas, será por meio de avisos ou de simples memorandos, ou verbalmente.*

Art. 145. *Os prazos para despachos de andamento de expediente administrativos serão, no máximo, de dez dias úteis, e os destinados a decisão final, de trinta dias úteis.*

§1° *Os autos e os expedientes administrativos devidamente protocolados serão encaminhados, tão logo despachados, às repartições internas a que se destinam.*

§2° *A prestação de informações e o cumprimento de diligência externa ficarão subordinados a prazo razoável, marcado no respectivo despacho.*

Art. 146. *Todo expediente administrativo deverá ser concluído no prazo de sessenta dias úteis, a contar da data da respectiva entrada no Tribunal, considerada a demora injustificada como omissão funcional.*

Art. 147. *A publicidade e a forma dos atos e termos serão regidas pelas leis aplicáveis.*

Art. 148. *A todos é assegurada certidão destinada à defesa de direitos e esclarecimento de situações de ordem pessoal.*

Art. 149. *Todos os atos oficiais emanados do Tribunal, ou de qualquer de seus órgãos, serão publicados no Diário da Justiça Eletrônico.*

§1º *Dispensa-se a juntada, aos autos do processo, de cópia impressa dos atos veiculados pelo Diário da Justiça Eletrônico.*

§2º *Obrigatoriamente a Secretaria ou o Órgão deverá exarar nos autos certidão contendo:*

I. *a data da veiculação da matéria no Diário da Justiça Eletrônico;*

II. *a data considerada como sendo da publicação;*

III. *a data do início do prazo para a prática de ato processual;*

IV. *o local, a data em que a certidão é expedida, a assinatura, o nome e o cargo do responsável por sua elaboração.*

§3º *Considera-se como data da publicação o primeiro dia útil seguinte ao da veiculação da informação no Diário da Justiça Eletrônico, ainda que tenha ocorrido em dia de feriado municipal.*

§4º Os prazos processuais terão início no primeiro dia útil subsequente àquele considerado como data da publicação.

Art. 150. *O Tribunal de Justiça do Estado do Paraná utiliza o Sistema Mensageiro e de Malote Digital como meios eletrônicos de comunicação oficial e entre seus usuários e unidades organizacionais. (Redação dada pela Res. 9/2012, publicada no e.DJ 933, de 22/08/2012)*

§1º Os magistrados, servidores e serventuários da Justiça autorizados, deverão, obrigatoriamente, abrir os sistemas Mensageiro e de Malote Digital e ler as mensagens recebidas, todos os dias em que houver expediente.(Redação dada pela Res. 9/2012, publicada no e.DJ 933, de 22/08/2012)

§2º O Mensageiro é um sistema informatizado que tem por objetivo a comunicação direta e a remessa de documentos entre usuários. (Redação dada pela Res. 9/2012, publicada no e.DJ 933, de 22/08/2012)

§3º O Malote Digital é um sistema informatizado responsável pela organização, autenticação e armazenamento de comunicações oficiais recíprocas, entre unidades organizacionais do Poder Judiciário. (Redação dada pela Res. 9/2012, publicada no e.DJ 933, de 22/08/2012)

§ 4º Considera-se:

I. usuário: todo indivíduo, incluindo magistrados, servidores e serventuários, que mantenham vínculo formal com o Poder Judiciário, devidamente credenciado para acesso aos ativos de informática de cada órgão; (Redação dada pela Res. 9/2012, publicada no e.DJ 933, de 22/08/2012)

II. unidade organizacional: qualquer unidade administrativa ou judicial do Poder judiciário; (Redação dada pela Res. 9/2012, publicada no e.DJ 933, de 22/08/2012)

§ 5º A impossibilidade de conexão com os sistemas deverá ser imediatamente comunicada ao departamento de Tecnologia da informação e Comunicação, mediante chamado técnico, com a consequente solicitação de manutenção. (Redação dada pela Res. 9/2012, publicada no e.DJ 933, de 22/08/2012)

Art. 151. *Salvo no caso de vedação legal, todas as comunicações deverão ser realizadas por meio eletrônico.*

(Redação dada pela Res. 9/2012, publicada no e.DJ 933, de 22/08/2012)

§1º Poderá ser ainda dispensada a utilização dos sistemas de mensageiro e de malote digital, realizando-se a comunicação pela via tradicional mais expedida: (Redação dada pela Res. 9/2012, publicada no e.DJ 933, de 22/08/2012)

I. quando houver necessidade de cumprimento célere, como nos casos de medidas urgentes; (Redação dada pela Res. 9/2012, publicada no e.DJ 933, de 22/08/2012)

II. na hipótese de inviabilidade de digitação de documentos por ordem técnica ou em virtude de grande volume.(Redação dada pela Res. 9/2012, publicada no e.DJ 933, de 22/08/2012)

§2º Os documentos produzidos eletronicamente, com garantia de origem e de seu signatário, serão considerados originais para todos os efeitos legais.

§3º Os usuários e as unidades poderão utilizar o documento extraído pelo meio eletrônico, certificando que se trata de cópia fiel que consta em seu banco de dados ou documento digitalizado. (Redação dada pela Res. 9/2012, publicada no e.DJ 933, de 22/08/2012)

§4º Quem fizer uso do sistema de transmissão fica responsável pelo conteúdo, qualidade e fidelidade dos documentos. (Redação dada pela Res. 9/2012, publicada no e.DJ 933, de 22/08/2012)

Art. 152. *Considera-se realizada a comunicação quando a mensagem for lida pelo destinatário, cuja data e horário ficarão registradas no sistema. (Redação dada pela Res. 9/2012, publicada no e.DJ 933, de 22/08/2012)*

§1º Os atos sujeitos a prazo começarão a fluir no dia seguinte ao da leitura da mensagem. (Redação dada pela Res. 9/2012, publicada no e.DJ 933, de 22/08/2012)

§2º No caso de a leitura ser feita um dia não útil, será considerado como realizado no primeiro dia útil, iniciando a contagem no dia seguinte. (Redação dada pela Res. 9/2012, publicada no e.DJ 933, de 22/08/2012)

§3º Quando a comunicação for enviada para atender a prazo procedimental, serão consideradas tempestivas as transmitidas até as vinte e quatro horas do seu último dia. (Redação dada pela Res. 9/2012, publicada no e.DJ 933, de 22/08/2012)

§4º Ocorrendo falha na transmissão da resposta, a mensagem deverá ser enviada ao destinatário por meio, não havendo prorrogação de prazo. (Redação dada pela Res. 9/2012, publicada no e.DJ 933, de 22/08/2012)

§5º Nos requerimentos funcionais e administrativos considera-se realizado o ato no dia e horário do seu envio.(Redação dada pela Res. 9/2012, publicada no e.DJ 933, de 22/08/2012)

§6º No período de afastamento do usuário, não serão computados os prazos em relação as mensagens de cunho pessoal, inclusive intimações. (Redação dada pela Res. 9/2012, publicada no e.DJ 933, de 22/08/2012)

Art. 153. *As comunicações de cunho intimatório dirigidas a magistrados e servidores serão realizadas exclusivamente pelo sistema Mensageiro. (Redação dada pela Res. 9/2012, publicada no e.DJ 933, de 22/08/2012)*

§1º As intimações feitas por meio eletrônico serão consideradas pessoais para todos os efeitos legais, observando-se, quanto a sua efetivação o disposto no Art. 152 deste Regimento. (Redação dada pela Res. 9/2012, publicada no e.DJ 933, de 22/08/2012)

§20 *Ressalvada a hipótese Art. 152, § 6º, deste Regimento, a consulta e comunicação referida neste artigo, pelo usuário, deverá ser feita em até dez dias corridos, contados da data do envio da intimação sob pena de considerar-se a intimação automaticamente realizada no término deste prazo. (Redação dada pela Res. 9/2012, publicada no e.DJ 933, de 22/08/2012)*

Capítulo III - Do Protocolo

Art. 154. *O protocolo no Tribunal de Justiça se faz de forma integrada, descentralizada ou postal integrada.*

§1º O protocolo integrado far-se-á junto aos Distribuidores das Comarcas de entrância inicial e intermediária do Estado do Paraná, que receberão as petições endereçadas ao Tribunal de Justiça, exceto as relativas aos feitos administrativos e aos recursos aos Tribunais Superiores.

§2º O serviço de protocolo descentralizado funcionará nas Comarcas de entrância final, que poderá receber petições endereçadas ao Tribunal de Justiça, ao Supremo Tribunal Federal e ao Superior Tribunal de Justiça.

§3º O serviço de protocolo postal integrado dar-se-á mediante convênio com a Empresa Brasileira de Correios e Telégrafos (EBCT), por meio do qual poderão ser enviadas petições e recursos endereçados ao Tribunal de Justiça, exceto as de matéria urgente e recursos dirigidos aos Tribunais Superiores.

Capítulo IV - Do Uso Do Fac-Simile (Fax)

***Art. 155.** Fica autorizado o uso de fac-símile (fax) para o encaminhamento de petições e recursos ao Tribunal de Justiça.*

***Parágrafo único.** Somente terão validade as petições e recursos recebidos pela máquina instalada na Seção do Protocolo-Geral deste Tribunal.*

***Art. 156.** As petições transmitidas deverão atender as exigências das leis processuais, contendo o nome, a assinatura e o número da inscrição do advogado na Ordem dos Advogados do Brasil, além da procuração, se ainda não juntada aos autos.*

***Art. 157.** Quando houver prazo para a prática do ato processual, o usuário deverá protocolar os originais até cinco dias da data do seu término, sem qualquer interrupção por feriados ou dias sem expediente, sob pena de serem considerados inexistentes.*

§1º Nos atos não sujeitos a prazo, os originais deverão ser entregues, necessariamente, até cinco dias da data da recepção do material, sob pena de serem considerados inexistentes.

§2º Não se aplicam ao prazo de cinco dias para a entrega dos originais as regras dos arts. 188 e 191 do Código de Processo Civil.

***Art. 158.** Quem fizer uso do sistema de transmissão fica responsável pela qualidade e fidelidade do material transmitido e por sua entrega ao órgão judiciário.*

***Parágrafo único.** Sem prejuízo de outras sanções, o usuário do sistema será considerado litigante de má-fé se não houver perfeita concordância entre o original remetido pelo fac-símile (fax) e o original entregue em Juízo.*

Capítulo V - Do Peticionamento Eletrônico

***Art. 159.** Fica autorizada, em segundo grau de jurisdição, a utilização do Sistema de Peticionamento Eletrônico (SPE) para a prática de atos processuais que dependam de petição escrita, pela Internet (e-mail), nos termos da Lei Federal nº 9.800, de 26 de maio de 1999, e deste Regimento.*

§1º Não serão aceitas pelo Sistema de Peticionamento Eletrônico (SPE):

a) petições iniciais ou recursais que dependam de preparo, inclusive aquelas sujeitas à isenção do benefício da assistência judiciária gratuita, bem como as requeridas pela Fazenda Pública;

b) petições que venham instruídas com documentos;

c) pedidos de liminares em tutela cautelar ou antecipatória, em mandado de segurança, mandado de injunção, habeas data, habeas corpus, ação direta de inconstitucionalidade, medida cautelar em ação direta de inconstitucionalidade e ação direta de constitucionalidade;

d) pedidos de efeito suspensivo ou antecipação de tutela recursal em agravos de instrumento, homologação de acordos, desistência de ação ou de recurso e pedidos de preferência e de adiamento.

§2º Ficam também excluídas deste sistema as petições, inclusive recursais, dirigidas aos Tribunais Superiores (STJ e STF), aos Tribunais das demais Unidades da Federação, as de competência da Justiça Federal, do Trabalho, Eleitoral e Militar Federal, bem como as relativas a feitos administrativos.

§3º Não será autorizada a impressão de petição encaminhada por e-mail que contiver mais de dez laudas.

***Art. 160.** O Sistema de Peticionamento Eletrônico (SPE) poderá ser utilizado por advogados previamente credenciados pelo Centro de Protocolo Judiciário Estadual.*

***Art. 161.** A petição será encaminhada em forma de anexo (attachment) à correspondência eletrônica (e-mail), em formato Word 6.0 ou em versões posteriores.*

***Parágrafo único.** No início das mensagens eletrônicas, deverão constar as seguintes expressões identificadoras: "transmissão por e-mail, nome completo do advogado, número da inscrição na OAB e assunto", bem como informações completas sobre o número dos autos, tipo ou espécie de ação ou recurso, Tribunal, órgão julgador ou Relator.*

***Art. 162.** A remessa dos originais será efetuada na forma do Art. 157 deste Regimento, devendo ser destacado, na primeira folha do referido documento, que se trata de "documento original já enviado por e-mail", indicando a data do envio da mensagem eletrônica e o número do protocolo recebido.*

***Parágrafo único.** A falta de remessa dos originais tornará ineficaz e inválido o ato processual praticado, sem prejuízo das sanções cominadas nos arts. 16 a 18 do Código de Processo Civil.*

***Art. 163.** O Centro de Protocolo Judiciário promoverá a conferência e a impressão do material recebido e fará o imediato encaminhamento ao setor competente.*

§1º O advogado receberá por e-mail, em até oito horas úteis após a protocolização da petição, a confirmação do número do protocolo, data e hora do registro, o que servirá de comprovante para efeito de prazo.

§2º As petições serão recebidas exclusivamente pelo site do Tribunal de Justiça (www.tjpr.jus.br).

§3º As petições transmitidas depois das 18 horas serão recebidas e protocoladas no primeiro dia útil imediato ao seu envio. (Redação dada pela Res. 2/2011, publicada no e.DJ 607, de 07/04/2011)

***Art. 164.** Além das sanções processuais acima enumeradas, o uso inadequado do Sistema de Peticionamento Eletrônico (SPE), que venha causar prejuízo ou ameaça de lesão ao direito das partes e ao serviço judiciário, implicará responsabilidade civil e criminal e imediato descredenciamento do advogado.*

***Art. 165.** A responsabilidade pela adequada remessa das mensagens e sua tempestividade será inteiramente do remetente, não podendo ser atribuída ao serviço judiciário eventual demora ou erros decorrentes da incorreta utilização da informática, ou provenientes das contingências e vicissitudes operacionais do sistema, nem servindo de escusa para o descumprimento dos prazos legais ou de sua adequação regulamentar.*

Capítulo VI - Da Constituição de Procuradores perante o Tribunal

***Art. 166.** As petições de juntada de procurações, para atuar nos processos em tramitação no Tribunal, depois de protocoladas, serão encaminhadas imediatamente ao órgão competente.*

§1° As divisões, seções e setores, após verificação do andamento do processo a que se referir a procuração, no âmbito de sua competência, adotarão o seguinte procedimento:

a) *se os autos estiverem com vista à Procuradoria-Geral de Justiça, reterão a petição para juntada na oportunidade da devolução;*

b) *se os autos estiverem conclusos ao Relator, a petição aguardará na seção, para oportuna juntada;*

c) *se os autos estiverem em mesa para julgamento, com pauta publicada em data anterior à sua protocolização, o requerimento será remetido ao Relator e se providenciará a alteração da pauta interna;*

d) *se em mesa para julgamento, com pauta publicada em data posterior à protocolização, a petição será remetida ao relator para retificação e republicação da pauta, se for o caso;*

e) *se julgado o feito, o pedido será encaminhado à seção do órgão julgador, para juntada antes da publicação do acórdão.*

§2° Em relação aos processos que independem de inclusão em pauta para julgamento, observar-se-á, conforme a fase em que se encontrem, o disposto nas alíneas a, b e e do § 1º deste artigo.

***Art. 167.** Se o requerimento for apresentado na sessão de julgamento, o secretário, após certificar a data do recebimento, encaminhá-lo-á ao Protocolo, adotando-se o procedimento previsto na alínea e do § 1° do Art.166 deste Regimento.*

***Art. 168.** Quando o advogado, na sessão de julgamento, protestar pela apresentação oportuna de procuração, e a medida for deferida, o secretário fará o registro na ata.*

***Parágrafo único.** Oferecida a procuração no prazo legal, será encaminhada, depois de protocolizada, ao Departamento Judiciário, que observará o disposto na alínea e do § 1° do Art. 166 deste Regimento.*

***Art. 169.** A juntada de nova procuração implicará a retificação da autuação e da pauta de julgamento, se for o caso, para efeito de intimação das partes e publicação de acórdão.*

***Art. 170.** Quando se tratar de pedido de desistência ou de petição que verse matéria a exigir pronta solução, o Departamento Judiciário, após despacho do Presidente ou do Relator, requisitará os autos respectivos, para imediata juntada e providências cabíveis.*

***Parágrafo único.** As demais petições somente poderão ser juntadas aos autos, desde logo, quando decorrentes do cumprimento de despacho ou constituírem recursos previstos no Regimento Interno e nas leis processuais.*

***Art. 171.** A retificação de publicações no Diário da Justiça Eletrônico, com efeito de intimação, decorrente de incorreções ou omissões, será providenciada:*

I. *de ofício, pela respectiva seção, quando ocorrer:*

a) *omissão total do nome ou supressão parcial do prenome ou sobrenome usual do advogado constituído perante o Tribunal de Justiça;*

b) *omissão total do nome ou supressão parcial do prenome ou sobrenome usual da parte ou do advogado constituído na origem;*

c) *erro grosseiro na grafia do nome da parte ou do advogado, de forma a tornar impossível a sua identificação;*

d) *omissão ou erro no número do processo;*

e) *omissão, inversão ou truncamento no texto de despacho ou ementa de acórdão, de maneira a tornar o sentido ininteligível ou diverso daquilo que foi decidido;*

II. *por decisão do Presidente do órgão julgador ou do Relator, mediante petição do interessado ou dúvida suscitada pela seção, no prazo de cinco dias, contados da publicação, nos casos não cogitados nas alíneas do inciso I deste artigo.*

***Art. 172.** A retirada dos autos da seção, por advogado ou pessoa credenciada, somente será permitida nos casos em que assim a lei dispuser e mediante recibo, em livro de carga, com a discriminação da data para devolução.*

***Parágrafo único.** Decorrido o prazo e não ocorrendo a restituição, diligenciará a seção dentro de três dias para sua devolução, e o fato será comunicado, imediatamente, ao Presidente do órgão julgador e ao Relator para as providências cabíveis.*

Capítulo VII - O Registro e da Classificação dos Feitos

***Art. 173.** As petições e os processos serão registrados no protocolo da Secretaria do Tribunal, no mesmo dia do recebimento.*

§1° O registro dos processos, no Departamento Judiciário, far-se-á, após verificação de competência, em numeração sequencial contínua, independentemente de classe, observada a ordem de apresentação.

§2°Quando o setor competente verificar tratar-se de feito da competência de outro Tribunal ou Juízo, providenciará seu encaminhamento ao 1º Vice-Presidente para decisão.

§3° Deverão integrar o registro, entre outros, os dados referentes ao número do protocolo, origem, tipo e número da ação originária, nomes das partes, de seus advogados e classe do processo, conforme o disposto no Art. 195 deste Regimento, e ainda:

I. *anotação de prioridade na tramitação dos processos e procedimentos e na execução dos atos e diligências judiciais em que figure como parte ou interveniente pessoa com idade igual ou superior a sessenta anos ou portadora de doença grave;*

II. *o interessado, para obtenção da prioridade a que alude o inciso I, fará prova de sua condição e requererá o benefício ao Relator; antes da distribuição do feito ou na fase de recursos aos Tribunais Superiores, o requerimento será dirigido ao 1º Vice-Presidente; se já deferido o benefício em primeiro grau de jurisdição, será dispensável renová-lo, cabendo ao respectivo serviço providenciar a anotação no registro e autuação.*

§4° Se o órgão julgador decidir conhecer de um recurso por outro, far-se-á a alteração do registro existente e, na hipótese de modificação da competência, a redistribuição do feito.

§5° Terão a mesma numeração das ações e dos recursos a que se referem, conforme o caso:

I. *os embargos de declaração, os embargos infringentes, os agravos regimentais e recursos similares, os recursos aos Tribunais Superiores e os recursos que não os admitirem;*

II. *os pedidos incidentes ou acessórios, inclusive as exceções de impedimento e de suspeição;*

III. *a arguição de inconstitucionalidade e os pedidos de uniformização de jurisprudência formulados incidentemente;*

IV. *os pedidos de execução;*

V. *as ações rescisórias e revisões criminais relativas a acórdãos de órgãos do Tribunal;*

§6° Far-se-á, na autuação e no registro, nota distintiva do recurso ou incidente, quando este não alterar o número do processo.

§7° O processo de restauração de autos será distribuído na classe do feito extraviado ou destruído.

Capítulo VIII - Do Diário da Justiça Eletrônico

Art. 174. *O Diário da Justiça Eletrônico destina-se à comunicação oficial, publicação e divulgação dos atos judiciais e administrativos do Poder Judiciário do Estado do Paraná.*

§1º Fica dispensada a juntada, aos autos do processo, de cópia impressa dos atos veiculados pelo Diário da Justiça Eletrônico.

§2º Obrigatoriamente deverá ser exarada nos autos certidão contendo:

I. *a data da veiculação da matéria no Diário da Justiça Eletrônico;*

II. *a data considerada como sendo da publicação;*

III. *a data do início do prazo para a prática de ato processual;*

IV. *o local, a data em que a certidão é expedida, a assinatura, o nome e o cargo do responsável pela sua elaboração.*

§3º Para os fins deste capítulo, entende-se por:

I. *"redator": o responsável pela digitação da matéria a ser publicada, podendo ser qualquer servidor, bem como funcionários e estagiários regularmente contratados;*

II. *"aprovador": o escrivão, secretário, chefe de serviço ou responsável pela "unidade produtora", os quais atuarão na aprovação da matéria digitada pelo redator, a qual será automaticamente enviada ao "publicador";*

III. *"unidade produtora": a Escrivania, Secretaria ou órgão responsável pela produção da matéria e envio ao "publicador";*

IV. *"publicador": o servidor, ou seu substituto, responsável pela assinatura digital do Diário da Justiça Eletrônico, os quais serão designados por ato do Presidente do Tribunal.*

Art. 175. *O Diário da Justiça Eletrônico será veiculado na rede mundial de computadores, no site do Tribunal de Justiça (http://www.tjpr.jus.br), e poderá ser acessado gratuitamente pelo interessado, independentemente de cadastramento.*

Parágrafo único. *A veiculação será diária, de segunda a sexta-feira, a partir das 8 horas, exceto nos feriados nacionais, estaduais e do Município de Curitiba, bem como nos dias em que, mediante divulgação, não houver expediente.*

Art. 176. *As edições serão assinadas digitalmente, com certificação por Autoridade de Certificação credenciada, atendendo aos requisitos de autenticidade, integridade, validade jurídica e interoperabilidade da Infra-Estrutura de Chaves Públicas Brasileira (ICP-Brasil).*

Art. 177. *Considera-se como data da publicação o primeiro dia útil seguinte ao da veiculação da informação no Diário da Justiça Eletrônico.*

§1º Os prazos processuais, para o Tribunal de Justiça e para todas as Comarcas, terão início no primeiro dia útil subsequente ao considerado como data da publicação.

§2º Aplica-se o disposto no caput deste artigo ainda que a veiculação da informação no Diário da Justiça Eletrônico tenha ocorrido em dia de feriado municipal.

Art. 178. *Os editais serão veiculados gratuitamente, sem prejuízo da publicação pela imprensa local, quando exigida pela legislação processual.*

Parágrafo único. *Quando houver necessidade de publicação pela imprensa local, o prazo será contado com base na publicação impressa, obedecendo-se às respectivas normas processuais.*

Art. 179. *Serão aceitas para publicação apenas as matérias encaminhadas por intermédio do sistema informatizado para o Diário da Justiça Eletrônico (E-DJ), desenvolvido pelo Departamento de Informática do Tribunal e com a utilização dos padrões de formatação contidos no respectivo sistema.*

Art. 180. *Para cada nível de acesso (redator, aprovador e publicador) será realizado cadastro de login (nome de usuário e senha).*

§1º O nome de usuário e a senha são pessoais e intransferíveis, ficando o usuário responsável pela sua não divulgação a terceiros.

§2º O usuário que divulgar indevidamente a terceiros o seu nome de usuário e senha será responsabilizado pelo conteúdo da matéria que venha a ser publicada.

Art. 181. *Nos dias em que houver expediente no Tribunal de Justiça, às 16 horas, o Sistema Informatizado selecionará todas as matérias que se encontrarem aprovadas e consolidará o documento que originará a nova edição do Diário da Justiça Eletrônico. (Redação dada pela Res. 2/2011, publicada no e.DJ 607, de 07/04/2011)*

§1º Até às 15h59min, os aprovadores poderão desaprovar as matérias já aprovadas, as quais não serão incluídas no documento que originará a nova edição do Diário da Justiça Eletrônico. (Redação dada pela Res. 2/2011, publicada no e.DJ 607, de 07/04/2011)

§2º Entre às 17 e às 19 horas, o publicador ou seu substituto deverá examinar o documento consolidado e providenciar a sua assinatura digital. (Redação dada pela Res. 2/2011, publicada no e.DJ 607, de 07/04/2011)

§3º O Diário da Justiça Eletrônico, depois de assinado digitalmente, será veiculado na rede mundial de computadores, na forma do Art. 175 e seu parágrafo único deste Regimento.

Art. 182. *Após a assinatura digital do Diário da Justiça Eletrônico pelo publicador ou por seu substituto, o documento não poderá sofrer modificações ou supressões.*

§1º Eventuais retificações de documentos deverão constar de nova publicação.

§2º Ao Departamento de Informática do Tribunal incumbe zelar pelo pleno funcionamento do Sistema Informatizado e pela manutenção permanente de cópia de segurança, para arquivamento de todos os Diários da Justiça Eletrônicos que forem veiculados na rede mundial de computadores.

Art. 183. *O aprovador é responsável pela veracidade do conteúdo da matéria que tenha sido aprovada e veiculada no Diário da Justiça Eletrônico, ficando sujeito, em caso de falha intencional ou falsidade, às sanções de natureza administrativo-disciplinar aplicáveis, sem prejuízo da responsabilização civil e criminal.*

§1º A função do aprovador consiste na elaboração de matérias, revisão e conferência de conteúdo e aprovação dos documentos.

§2º As matérias não serão revisadas pelo Centro de Documentação, e seu conteúdo ficará sob responsabilidade exclusiva da unidade produtora.

Art. 184. *O Poder Judiciário do Estado do Paraná se reserva os direitos autorais e de publicação do Diário da Justiça Eletrônico, sendo permitida a respectiva impressão, mas vedada sua comercialização, salvo expressa autorização específica da Presidência do Tribunal de Justiça.*

Art. 185. *Os casos omissos serão resolvidos pela Presidência do Tribunal, sem prejuízo de que a Corregedoria-Geral da Justiça baixe atos administrativos que se afigurem necessários ao funcionamento, controle e fiscalização do disposto neste capítulo.*

Título II - do Preparo, da Deserção E da distribuição

Capítulo I - Do Preparo

Art. 186. *Sem o respectivo preparo, exceto em caso de dispensa ou isenção legais, nenhum feito será distribuído, nem se praticarão nele atos processuais, salvo os que forem ordenados pelo 1º Vice-Presidente, pelo Relator ou por qualquer dos órgãos julgadores do Tribunal.*

Art. 187. *O preparo, que será realizado para cada recurso e compreende todos os atos do processo, inclusive porte de remessa e de retorno, far-se-á:*

I. *dos recursos de primeiro grau de jurisdição, no Juízo de origem, nos termos da legislação processual;*

II. *dos processos de competência originária, do agravo de instrumento e dos recursos aos Tribunais Superiores, no Tribunal de Justiça, na forma prevista na legislação processual e nas leis especiais.*

Art. 188. *No mandado de segurança, quando indicados os litisconsortes passivos, o preparo incluirá as cartas de ordem e as precatórias a serem expedidas.*

Art. 189. *O preparo será efetuado por meio de guia à unidade arrecadadora competente, a qual deverá ser juntada aos autos.*

Art. 190. *A assistência judiciária perante o Tribunal será requerida ao 1º Vice- Presidente, antes da distribuição; nos demais casos, ao Relator; e, quando já concedida em primeiro grau de jurisdição, será anotada na autuação.*

Art. 191. *Independem de preparo:*

I. *os reexames de sentença e os recursos interpostos pelo Ministério Público, pela Defensoria Pública, pela União, pelo Estado e pelos Municípios e respectivas autarquias, assim como as ações por estes intentadas; (Redação dada pela Res. 2/2010, publicado no e-DJ 493, de 19/10/2010).*

II. *os processos e recursos previstos no Estatuto da Criança e do Adolescente;*

III. *os conflitos e reclamações de competência e as exceções de impedimento, de suspeição e de incompetência;(Redação dada pela Res. nº 18, publicada no e.DJ nº 1487 de 15/01/2015)*

IV. *os habeas corpus, os habeas data e os processos criminais, salvo os iniciados mediante queixa;*

V. *as ações diretas de inconstitucionalidade e declaratórias de constitucionalidade, as reclamações e os pedidos de intervenção;*

VI. *os embargos de declaração, os agravos previstos nos arts. 532, 544 e 557, § 1º, do Código de Processo Civil e os agravos regimentais;*

VII. *os processos em que o autor ou o recorrente gozem do benefício da assistência judiciária;*

VIII. *os recursos interpostos por testamenteiro e inventariante dativos, inventariante judicial e curador especial;*

IX. *os processos e requerimentos administrativos.*

Art. 192. *Verificados o preparo, sua isenção ou dispensa, os autos serão encaminhados à distribuição.*

Capítulo II - Da Deserção

Art. 193. *Considerar-se-á deserto o recurso quando não preparado na forma legal.*

§1º A deserção será declarada:

I. *pelo 1º Vice-Presidente, antes da distribuição e nos recursos aos Tribunais Superiores;*

II. *pelo Relator;*

III. *pelos órgãos julgadores, ao conhecerem do feito.*

§2º Da decisão que declarar a deserção do recurso dirigido a este Tribunal, na forma dos incisos I e II do § 1º deste artigo, caberá agravo (Art. 557, § 1º, CPC); (Redação dada pela Res. 2/2010, publicado no e-DJ 493, de 19/10/2010).

§3º Se a decisão agravada for proferida pelo 1º Vice--Presidente e não houver retratação, o recurso será relatado na sessão seguinte pelo Desembargador a quem for distribuído. (Redação dada pela Res. 2/2010, publicado no e-DJ 493, de 19/10/2010).

Capítulo III - Da Distribuição

Art. 194. *A distribuição será efetuada por processamento eletrônico, mediante sorteio aleatório e uniforme em cada classe, no decorrer de todo o expediente do Tribunal.*

§1° Serão distribuídos imediatamente os mandados de segurança e de injunção, os habeas corpus e os habeas data, as correições parciais e demais processos de natureza urgente.

§2º Se o Sistema Informatizado estiver momentaneamente inoperante, os processos referidos no § 1º deste artigo serão distribuídos mediante registro em livro próprio, do qual constarão o número e a classe do processo, Relator sorteado, data, visto do 1º Vice-Presidente e as observações que se fizerem necessárias.

§3° Se o Relator sorteado encontrar-se eventualmente ausente, os autos que contiverem matérias urgentes serão conclusos ao Revisor ou ao Desembargador mais antigo na forma do Art. 47, inciso I, deste Regimento.

§4° A resenha de distribuição será, semanalmente, encaminhada para publicação no Diário da Justiça Eletrônico, e quando se tratar de processos que tramitam em segredo de justiça, os nomes das partes serão publicados pelas iniciais.

§5º A distribuição estará automaticamente homologada se, no prazo de cinco dias, a contar da publicação referida no §4º deste artigo, não houver impugnação por interessados.

§6° As distribuições serão automaticamente registradas pelo Sistema Informatizado, do qual se extraem os termos respectivos, que conterão o número e o tipo do processo, os nomes das partes, o órgão julgador, o nome do Relator e do Revisor, quando houver, a data do sorteio, além das observações relativas à distribuição por prevenção, dependência, sucessão ou outra causa.

***Art. 195.** Os feitos, numerados segundo a ordem em que forem apresentados, serão distribuídos por classe, com designação distinta, a saber:*

***I.** no Cível:*

- ***a)** habeas corpus;*
- ***b)** mandado de segurança;*
- ***c)** habeas data;*
- ***d)** mandado de injunção;*
- ***e)** conflito de competência;*
- ***f)** agravo de instrumento;*
- ***g)** ação rescisória;*
- ***h)** embargos à execução;*
- ***i)** correição parcial;*
- ***j)** apelação;*
- ***k)** reexame necessário;*
- ***l)** medida cautelar preparatória;*
- ***m)** embargos infringentes;*
- ***n)** exceção de impedimento;*
- ***o)** pedido de intervenção;*
- ***p)** ação direta de inconstitucionalidade;*
- ***q)** ação declaratória de constitucionalidade.*

***II.** no Crime:*

- ***a)** habeas corpus;*
- ***b)** mandado de segurança;*
- ***c)** habeas data;*
- ***d)** ação penal;*
- ***e)** queixa-crime;*
- ***f)** representação;*
- ***g)** inquérito policial;*
- ***h)** apelação;*
- ***i)** recurso de ofício;*
- ***j)** recurso em sentido estrito;*
- ***k)** conflito de competência;*
- ***l)** carta testemunhável;*
- ***m)** revisão criminal;*
- ***n)** embargos infringentes;*
- ***o)** desaforamento;*
- ***p)** dúvida de competência;*
- ***q)** recurso de agravo;*
- ***r)** exceção de suspeição;*
- ***s)** exceção de impedimento;*
- ***t)** exceção da verdade;*
- ***u)** correição parcial;*
- ***v)** interpelação criminal;*
- ***w)** w) autos de conselho de justificação;*
- ***x)** autos de investigação criminal.*

***III.** Especiais:*

- ***a)** processo administrativo;*
- ***b)** recurso contra decisão do Conselho da Magistratura;*
- ***c)** notificação judicial;*
- ***d)** procedimento especial de reexame de súmula;*
- ***e)** representação;*
- ***f)** reclamação.*

***Art. 196.** A distribuição será obrigatória e alternada em cada classe.*

§1° Em caso de impedimento ou suspeição do Relator, o sorteio será renovado ao mesmo órgão julgador, mediante a devida compensação.

***§2°** Haverá, também, compensação quando a distribuição couber, por prevenção, a determinado Relator.*

***§3°** O Desembargador em exercício que se deva aposentar por implemento de idade ficará excluído da distribuição durante os trinta dias que antecederem o afastamento.*

***§4º** No caso de aposentadoria voluntária, será suspensa a distribuição a partir da apresentação do requerimento de Desembargador em exercício no protocolo e pelo prazo máximo de trinta dias; ultrapassado este prazo, ou se ocorrer desistência do pedido, efetuar-se-á a compensação.*

***Art. 197.** Observada a competência dos órgãos colegiados, a distribuição de mandado de segurança, de mandado de injunção, de habeas corpus, de habeas data e de recurso torna preventa a competência do Relator para todos os demais recursos e incidentes posteriores, tanto na ação quanto na execução referentes ao mesmo processo.*

***§1º** Serão distribuídos também ao mesmo Relator os recursos interpostos contra decisões prolatadas em ações conexas, acessórias e reunidas por continência.*

***§2º**A distribuição de representação criminal, de pedido de providência, de inquérito, de notícia crime, de queixa e de ação penal, bem como a realizada para efeito de concessão de fiança ou de decretação de prisão preventiva ou de qualquer diligência anterior à denúncia ou queixa, prevenirá a da ação penal.*

***§3°** Alterada a competência do órgão fracionário pela classificação realizada na denúncia, observar-se-á a competência da matéria de sua especialização prevista neste Regimento.*

***§4°** No afastamento do Relator, far-se-á a distribuição ao Juiz de Direito Substituto em Segundo Grau convocado para substituí-lo; cessada a convocação, ao titular.*

***§5°** Se o Relator deixar o Tribunal ou transferir-se de Câmara, a prevenção será ainda do órgão julgador e o feito será distribuído ao seu sucessor.*

***§6°** Serão também distribuídas ao mesmo órgão julgador as ações oriundas de outra, julgada ou em curso, as conexas, as acessórias e as que tenham de ser reunidas por continência quando houver desistência e o pedido for reiterado, mesmo que em litisconsórcio com outros autores, bem como as acessórias de outras em andamento.*

***§7°** Vencido o Relator, a prevenção recairá no Desembargador designado para lavrar o acórdão, salvo quando se tratar de agravo inominado ou regimental.*

***§8°** O Relator dos recursos oriundos de decisões proferidas no processo de conhecimento da ação civil pública coletiva não ficará prevento para os recursos interpostos contra as decisões prolatadas nas execuções individuais da sentença condenatória genérica, devendo igual procedimento ser adotado em relação à recuperação de empresa e as posteriores habilitações de crédito; a prevenção somente ocorrerá se os recursos forem interpostos contra decisões prolatadas no mesmo processo.*

§9° Em caso de dúvida, por ocasião da distribuição, os autos serão remetidos, com as informações necessárias, à decisão do 1.º Vice Presidente, à qual não estará vinculado o Relator e o órgão julgador. (Redação dada pela Res. nº 18, publicada no e.DJ nº 1487 de 15/01/2015)

§10º Nas hipóteses, se o relator segundo a sua interpretação, não concordar com a distribuição, apresentará as respectivas razões e encaminhará os autos ao exame do 1º Vice-Presidente a cuja decisão estarão vinculados tanto o desembargador que encaminhou quanto aquele que receber o processo, assim como o órgão julgador. (Redação dada pela Res. nº 18, publicada no e.DJ nº 1487 de 15/01/2015)

§11º A prevenção, se não for reconhecida de ofício, poderá ser arguida por qualquer das partes ou pelo Órgão do Ministério Público, até o início do julgamento.

§12º A distribuição de processos que independam de sorteio será efetuada na forma prevista no § 3° deste artigo.

***Art. 198.** Nos embargos infringentes, nas ações rescisórias, nas revisões criminais e nos recursos de decisões administrativas de competência do Órgão Especial, não se fará a distribuição, como Relator e Revisor, sempre que possível, a Desembargador que tenha participado de julgamento anterior. (Redação dada pela Res. nº 18, publicada no e.DJ nº 1487 de 15/01/2015)*

***Art. 199.** Vago o cargo de Desembargador, serão distribuídos a quem preenchê-lo, independentemente de sorteio e do órgão fracionário que vier a ocupar, os feitos pendentes de julgamento distribuídos ao Desembargador que deixou o Tribunal e ao Juiz de Direito Substituto em Segundo Grau designado para responder pelo cargo vago, preservada, nessa última hipótese, a vinculação prevista no Capítulo III do Título III deste Regimento.*

§1º Se o cargo vago for provido por Juiz que exercia a substituição em segundo grau, ficará ele vinculado ao número de feitos que lhe foram distribuídos no período de substituição ou designação para responder por cargo vago, observado o disposto no Capítulo III do Título III deste Regimento.

§2º Na ocorrência de vaga, o Presidente do Tribunal designará imediatamente Juiz de Direito Substituto em Segundo Grau para responder pelo cargo.

Título III - Do Relator, do Revisor, da Vinculação e Restituição de Processos

Capítulo I - Do Relator

***Art. 200.** Compete ao Relator:*

I. relatar os processos que lhe forem distribuídos;

II. decidir os incidentes que não dependem de acórdão e executar as diligências necessárias ao julgamento;

III. presidir todos os atos do processo, inclusive os da execução de acórdãos proferidos em feitos de competência originária, salvo os que se realizarem em sessão;

IV. admitir, ou não, os embargos infringentes;

V. V - ordenar a suspensão do ato impugnado, ao despachar petição de habeas corpus ou mandado de segurança;

VI. processar habilitação incidente, restauração de autos e incidentes de falsidade;

VII. conceder assistência judiciária, requerida depois da distribuição, e requisitar, quando necessário, à Defensoria Pública ou ao Presidente da Ordem dos Advogados do Brasil, Seção Estadual, a nomeação de patrono;

VIII. ordenar à autoridade competente a soltura do réu, quando verificar que este já sofreu prisão por tempo igual ao da pena a que foi condenado, sem prejuízo do julgamento do recurso que interpôs;

IX. pedir preferência para julgamento dos feitos, quando lhe parecer conveniente;

X. ordenar o apensamento ou desapensamento de autos e o suprimento de formalidades sanáveis;

XI. requisitar, à autoridade coatora, informações ou avocar autos;

XII. indeferir petições iniciais de ações da competência originária do Tribunal;

XIII. relatar os agravos interpostos de suas decisões, inclusive as proferidas na forma do Art. 122 deste Regimento, salvo nos casos em que for manejado contra decisão interlocutória que não admitir embargos infringentes;

XIV. funcionar como Juiz instrutor da causa nos processos da competência originária do Tribunal, podendo delegar sua competência para colher as provas ao Juiz da Comarca onde devam ser aquelas produzidas;

XV. lançar nos autos a nota de vista e o relatório, quando exigido, passando-os ao Revisor, ou pedir dia para julgamento, se não houver revisão;

XVI. homologar desistências e transações e decidir, nos casos de impugnação, o valor da causa;

XVII. expedir ordem de prisão ou de remoção;

XVIII. expedir ordem de soltura;

XIX. converter o agravo de instrumento em agravo retido, salvo quando se tratar de ato jurisdicional de urgência em que haja perigo de lesão grave e de difícil reparação, remetendo os respectivos autos ao Juízo da causa, onde serão apensados aos principais;

XX. negar seguimento a recurso nas hipóteses do caput do Art. 557 do Código de Processo Civil;

XXI. dar provimento a recurso nos termos do § 1° do Art. 557 do Código de Processo Civil;

XXII. atribuir efeito suspensivo ao recurso (Art. 558 do Código de Processo Civil), ou deferir, em antecipação de tutela, total ou parcialmente, a pretensão recursal;

XXIII. decidir conflito de competência nos termos do parágrafo único do Art. 120 do Código de Processo Civil;

XXIV. extinguir o procedimento recursal, bem como a ação originária, sem resolução do mérito;

XXV. declarar a deserção de recursos;

XXVI. deferir liminar em correição parcial ou rejeitá-la de plano;

XXVII. processar a execução do julgado, na ação originária, podendo delegar atos não decisórios a Juiz de primeiro grau;

XXVIII. *tentar, a qualquer tempo, conciliar as partes;*

XXIX. *deferir, ou não, liminar em habeas corpus;*

XXX. *propor seja o recurso de apelação ou de agravo julgado pela seção cível, quando ocorrer relevante questão de direito que faça conveniente prevenir ou compor divergência entre câmaras do Tribunal.*

Art. 201. *Terminada a instrução, o Relator, a quem os autos serão conclusos, mandará preencher as lacunas porventura existentes no processo e, em seguida, se for o caso de:*

I. *habeas corpus e recurso de habeas corpus, havendo requerimento do advogado do impetrante para a sua intimação da data do julgamento, agravo de instrumento, agravo de execução, mandado de segurança, recurso crime e outros processos que não dependem do visto do Revisor, lançará seu visto e pedirá dia para julgamento;*

II. *habeas corpus e recurso de habeas corpus, não incluídos no inciso anterior, correição parcial, agravo regimental, conflito de jurisdição, embargos de declaração, exceções de suspeições ou de impedimento, carta testemunhável, habilitação e outros assemelhados, lançará seu visto e ordenará a colocação em mesa para julgamento, sem nenhuma formalidade; (Redação dada pela Res. nº 18, publicada no e.DJ nº 1487 de 15/01/2015)*

III. *apelação criminal interposta em processo a que a lei comine pena de reclusão, revisão criminal, apelação cível, embargos infringentes e de nulidade, ação rescisória, embargos à execução e reexame necessário, fará relatório escrito do processo e passará os autos ao Revisor.*

Capítulo II - Do Revisor

Art. 202. *Será Revisor o Desembargador de antiguidade imediata à do Relator; se o Relator for o mais moderno, seu Revisor será o mais antigo.*

Art. 203. *Compete ao Revisor:*

I. *sugerir ao Relator medidas ordinatórias do processo que tenham sido omitidas ou surgidas após o relatório;*

II. *confirmar, completar ou retificar o relatório;*

III. *pedir dia para julgamento.*

Art. 204. *Há revisão nos seguintes processos:*

I. *apelação cível, salvo nos recursos interpostos em mandado de segurança, nas causas de procedimento sumário, de despejo, execuções fiscais e respectivos embargos e nos casos de indeferimento liminar da petição inicial; (Redação dada pela Res.6/2011, publicada no e.DJ 762, de 25/11/2011)*

II. *apelação criminal em que a lei comine pena de reclusão;*

III. *ação rescisória e revisão criminal;*

IV. *embargos infringentes e de nulidade.*

Art. 205. *O prazo para o exame do feito é de trinta dias para o Relator e de vinte dias para o Revisor, e de dez dias para os feitos criminais e para os atos administrativos e despachos em geral. O Procurador de Justiça terá o mesmo prazo do Relator.*

§1° *Nos embargos infringentes cíveis, o prazo é de quinze dias para o Relator e também de quinze para o Revisor.*

§2° *Nos recursos em sentido estrito, com exceção do habeas corpus, e nas apelações interpostas das sentenças em processo de contravenção ou de crime a que a lei comine pena de detenção, os autos irão imediatamente com vista ao Procurador-Geral de Justiça pelo prazo de cinco dias, e, em seguida, por igual prazo, ao Relator, que pedirá a designação de dia para julgamento.*

Art. 206. *Salvo disposição em contrário, os servidores do Tribunal terão o prazo de quarenta e oito horas para os atos do processo.*

Capítulo III - Da Vinculação e da Restituição de Processos

Art. 207. *Os autos, após o sorteio, serão encaminhados ao Gabinete do Relator, dentro de dois dias, mediante termo de conclusão datado e assinado pelo servidor responsável.*

§1° *O julgamento que tiver sido iniciado prosseguirá, computando-se os votos já proferidos, ainda que o Desembargador eventualmente afastado seja o Relator.*

§2° *Somente quando indispensável para decidir nova questão, surgida na continuação do julgamento, será dado substituto ao ausente, cujo voto se computará exclusivamente em relação a essa questão.*

Art. 208. *O Desembargador, ou o Juiz de Direito Substituto em Segundo Grau convocado, que tiver lançado visto no processo ou proferido voto, como Relator ou Revisor, fica vinculado ao respectivo julgamento, dentro dos prazos legais.*

§1º *Ao Juiz de Direito Substituto em Segundo Grau aplica-se, quanto ao número de feitos vinculados, o disposto nos arts. 51 e 52 deste Regimento.*

§2º *Respeitado o número de feitos previsto no § 1º deste artigo, o Juiz de Direito Substituto em Segundo Grau convocado não ficará vinculado às ações rescisórias, revisões criminais, ação penal originária e procedimentos pré-processuais que lhe forem distribuídos no período da substituição.*

Art. 209. *O Presidente, os Vice-Presidentes, o Corregedor-Geral da Justiça e o Corregedor deixarão de intervir no julgamento dos feitos em que figuram como Relator ou Revisor, mesmo quando apuserem seu visto antes da assunção do cargo respectivo.*

Título IV - O Julgamento

Capítulo I - Da Publicação e da Pauta de Julgamento

Art. 210. *Salvo as exceções previstas no Art. 201, II, deste Regimento, os feitos serão julgados mediante inclusão em pauta, cuja publicação deverá ser efetivada pelo menos quarenta e oito horas antes da data da sessão de julgamento.*

Parágrafo único. *A pauta relativa a matéria de natureza administrativa interna independe de publicação pelo Diário da Justiça Eletrônico.*

Art. 211. *A pauta interna conterá todos os processos em condições de julgamento na sessão, iniciando-se com os adiados anteriormente.*

Art. 212. *Para cada sessão será elaborada uma pauta de julgamento, observada a antiguidade dos feitos dentro da mesma classe.*

Parágrafo único. *A antiguidade do feito será contada da data do recebimento do processo no Tribunal.*

Art. 213. *O julgamento interrompido em decorrência de pedido de vista terá, na sessão imediata, preferência sobre os demais.*

Art. 214. *Os feitos sem julgamento, pela superveniência de férias ou nos trinta dias subsequentes à publicação da pauta, somente serão julgados mediante nova publicação.*

Art. 215. *As pautas de julgamento serão afixadas no lugar de costume e encaminhadas aos Desembargadores com antecedência mínima de vinte e quatro horas.*

Art. 216. *Far-se-á nova publicação quando houver substituição do Relator ou do Revisor.*

Art. 217. *A pauta de julgamento identificará o feito a ser julgado, mencionará o nome das partes, sua posição no processo e os respectivos advogados, o Relator e, quando for o caso, o Revisor.*

Art. 218. *Os processos incluídos na pauta obedecerão à seguinte ordem de preferência:*

I. *Cíveis:*

a) *habeas corpus;*

b) *mandado de segurança;*

c) *mandado de injunção;*

d) *habeas data;*

e) *ação direta de inconstitucionalidade;*

f) *ação declaratória de constitucionalidade;*

g) *arguição de inconstitucionalidade;*

h) *pedido de intervenção;*

i) *exceção de suspeição ou de impedimento;*

j) *embargos de declaração;*

k) *agravo regimental;*

l) *agravo interno;*

m) *conflito de competência;*

n) *medida cautelar;*

o) *embargos à execução de acórdão;*

p) *agravo de instrumento;*

q) *apelação;*

r) *reexame necessário;*

s) *correição parcial;*

t) *ação rescisória;*

u) *embargos infringentes;*

v) *uniformização de jurisprudência;*

w) *demais feitos.*

II. *Criminais:*

a) *habeas corpus;*

b) *recurso de habeas corpus;*

c) *mandado de segurança;*

d) *habeas data;*

e) *embargos de declaração;*

f) *desaforamento;*

g) *exceção de suspeição ou de impedimento;*

h) *recurso de ofício e recurso em sentido estrito;*

i) *recurso de agravo;*

j) *agravo regimental;*

k) *apelação;*

l) *revisão criminal;*

m) *conflito de competência; (Redação dada pela Res. nº 18, publicada no e.DJ nº 1487 de 15/01/2015)*

n) *medida cautelar;*

o) *carta testemunhável;*

p) *embargos infringentes e de nulidade;*

q) *correição parcial;*

r) *denúncia ou queixa;*

s) *inquérito policial;*

t) *ação penal;*

u) *representação criminal;*

v) *notícia-crime;*

w) *pedido de providência;*

x) *exceção da verdade;*

y) *autos de conselho de justificação;*

z) *demais feitos.*

Art. 219. *Nos processos de uniformização de jurisprudência, declaração de constitucionalidade e direta de inconstitucionalidade, embargos infringentes, ação rescisória, mandado de segurança originário e ação penal originária, o serviço próprio, ao incluí-los em pauta, remeterá aos Desembargadores vogais cópia do relatório e do parecer da Procuradoria-Geral de Justiça.*

§1° *Além das peças indicadas, serão extraídas e remetidas aos vogais as seguintes cópias:*

I. *na uniformização de jurisprudência suscitada com base nos arts. 476 e seguintes do Código de Processo Civil, do voto que solicitar o pronunciamento prévio e dos acórdãos indicados como divergentes;*

II. *na apelação e no agravo de instrumento, encaminhados à Seção Cível, na forma do Art. 331, § 1º, deste Regimento, do acórdão que determinou a remessa do recurso àquele órgão, para o seu julgamento;*

III. *nos embargos infringentes, do acórdão embargado;*

IV. *na ação rescisória e na revisão criminal, da sentença ou acórdão rescindendo.*

§2° *Em qualquer processo, as partes poderão fornecer cópias de suas razões para distribuição aos vogais.*

Capítulo II - Da Ordem dos Julgamentos

Art. 220. *Os julgamentos obedecerão à seguinte ordem:*

I. *os habeas corpus levados em mesa;*

II. *processos constantes da pauta;*

III. *processos que independem de publicação.*

Art. 221. *A ordem da pauta de julgamento poderá ser alterada nos seguintes casos:*

I. *quando o Relator ou Revisor deva se retirar ou se afastar da sessão, ou quando tenha comparecido Desembargador de outra Câmara, vinculada ao julgamento;*

II. *quando se tratar de feitos em que a extinção do direito ou a prescrição forem iminentes, consoante indicação do Relator;*

III. *quando couber sustentação oral, estejam presentes todos os advogados e o requererem;*

IV. *quando julgado o feito, haja outros em idêntica situação.*

Parágrafo único. *Atendidas as preferências já deferidas, serão julgados os feitos cujos advogados ou interessados estiverem presentes, observada a ordem da pauta.*

Art. 222. *O julgamento poderá ser adiado mediante declaração do Presidente da sessão:*

I. *se o Relator manifestar-se, pela ordem e logo após a leitura da ata, para apontar dúvidas que lhe surgirem quanto ao voto proferido no feito que indicar;*

II. *se o pedir, pela primeira vez, o advogado de qualquer das partes;*

III. *se o pedirem, em petição conjunta, os advogados das partes interessadas em realizar composição amigável que ponha fim ao litígio;*

IV. *quando sobrevier pedido de desistência.*

***§1°** O pedido de preferência deverá ser entregue ao secretário do órgão julgador.*

***§2°** O processo cujo julgamento tenha sido adiado figurará em primeiro lugar na pauta de julgamento da sessão imediata, observadas as demais preferências legais.*

***Art. 223.** Serão retirados de pauta, por determinação do Presidente, os processos que não estiverem em condições de julgamento.*

***Art. 224.** A ata da sessão mencionará a circunstância que tenha determinado o adiamento, a retirada de pauta ou a interrupção do julgamento.*

Capítulo III - Do Relatório E Da Sustentação Oral

***Art. 225.** Aberta a sessão a toque de campainha, havendo quórum, o Presidente, lida e aprovada a ata, anunciará a pauta de julgamento, os pedidos de preferência e de adiamento apresentados à mesa.*

***§1°** O advogado que pela primeira vez tiver de produzir sustentação oral, encaminhará à mesa, por intermédio do secretário da sessão, sua carteira de habilitação profissional para a respectiva identificação, sob pena de não lhe ser deferida a palavra.*

***§2°** Anunciado o feito a ser julgado, o Relator fará a exposição dos pontos controvertidos, após o que o relatório será declarado em discussão.*

***Art. 226.** Obedecida a ordem processual, as partes, por seus advogados, poderão sustentar oralmente suas conclusões, nos seguintes prazos, improrrogáveis:*

I. *de quinze minutos, a cada uma das partes, nos processos cíveis e medidas cautelares; se houver litisconsortes ou terceiros intervenientes que não estiverem representados pelo mesmo advogado, o prazo será concedido em dobro e dividido, igualmente, entre os do mesmo grupo, salvo convenção em contrário;*

II. *de quinze minutos, nas apelações criminais interpostas em processos a que a lei comine pena de reclusão, nos habeas corpus e nas revisões criminais; cada corréu, apelante e apelado, terá o prazo por inteiro, salvo se o advogado for comum, caso em que o prazo será concedido em dobro; o assistente terá, ainda, o restante do prazo, eventualmente deixado pelo órgão assistido;*

III. *de dez minutos, em feitos criminais não compreendidos no inciso anterior e nos recursos em matéria falimentar.*

***§1°** Não haverá sustentação oral no julgamento de agravos, embargos declaratórios, conflitos, correições parciais, arguições de suspeição e impedimento e cartas testemunháveis.*

***§2°** O advogado, em seguida à sustentação oral, poderá pedir a juntada aos autos do esquema do resumo da defesa, bem como pedir a palavra pela ordem, durante o julgamento, para, mediante intervenção sumária, esclarecer equívoco ou dúvida surgida em relação a fatos, documentos ou afirmações que possam influir no julgamento.*

***§3°** No caso da última parte do § 2º deste artigo, o pedido de palavra pela ordem será dirigido ao Presidente, e o advogado só ficará autorizado a falar depois de consultado o Relator e se este, expressamente, concordar em ouvir a observação.*

***Art. 227.** Sempre que houver interesse público, o Procurador-Geral e os Procuradores de Justiça poderão intervir no julgamento e participar dos debates, manifestando-se após a sustentação das partes e nos mesmos prazos estabelecidos para estas.*

***Parágrafo único.** Em se tratando de recurso interposto ou de causa proposta pelo Ministério Público, em qualquer instância, o Procurador-Geral e os Procuradores de Justiça falarão antes do advogado do recorrido ou do réu.*

***Art. 228.** Os representantes do Ministério Público e os advogados, quando no uso da palavra, não poderão ser aparteados.*

***Art. 229.** Ao faltarem dois minutos para a expiração do prazo da sustentação oral, o Presidente comunicará o fato ao orador.*

***Parágrafo único.** Se houver desobediência, o Presidente fará soar a campainha e interromperá o discurso; se a desobediência aliar-se a qualquer palavra ou gesto desrespeitoso do ocupante da tribuna, o Presidente determinará sua imediata retirada da sala de sessão, sem prejuízo de outras sanções legais.*

***Art. 230.** O Presidente chamará à ordem o representante do Ministério Público ou o advogado quando qualquer deles se utilizar do tema destinado à sustentação oral da causa para discorrer sobre assuntos impertinentes ou constrangedores para o Tribunal, ou quando fizer uso de linguagem inconveniente ou insultuosa.*

***§1°** Se houver desobediência, o Presidente cassará a palavra do orador e terá a faculdade, conforme o caso, de tomar as providências referidas no parágrafo único do Art. 229 deste Regimento.*

***§2°** Não se reputa impertinente a crítica elevada à lei ou ao sistema da organização judiciária vigente, nem injuriosa a simples denúncia, em linguagem comedida, de fatos que, no entendimento do orador, possam ter prejudicado o reconhecimento do direito ou influído ruinosamente no desenvolvimento normal do processo.*

Capítulo IV - Da Discussão e da Votação da Causa

***Art. 231.** Em qualquer fase do julgamento, seja questão jurisdicional ou administrativa, posterior ao relatório ou à sustentação oral, poderão os Desembargadores pedir esclarecimentos sobre fatos e circunstâncias pertinentes à matéria em debate.*

***§1º** O integrante do colegiado julgador poderá pedir vista dos autos, que serão apresentados, para julgamento, na sessão seguinte ao término do prazo de dez dias, contados da data em que os recebeu, ainda que tenha deixado de integrá-lo ou que dele esteja afastado, nas hipóteses autorizadas neste Regimento. (Redação dada pela Res. nº 17, publicada no e.DJ nº 1487 de 15/01/2015)*

***§2º** O pedido de vista não impede os que se sintam aptos a votar de adiantarem seus votos.*

***§3º** No caso de nova questão abordada ou se o julgamento assumir aspecto imprevisto, o Relator ou o Revisor poderá pedir vista dos autos, que serão apresentados na sessão seguinte para julgamento.*

***§4º** Na hipótese do §1º deste artigo, não devolvidos os autos no prazo, nem solicitada expressamente sua prorrogação pelo Desembargador, o Presidente do* *órgão julgador requisitará o processo e reabrirá o julgamento na sessão ordinária subsequente.*

Art. 232. *O órgão julgador poderá converter o julgamento em diligência para esclarecimentos ou produção de provas.*

Art. 233. *Presentes todos os advogados das partes, não obstará ao julgamento nenhum defeito, omissão ou intempestividade na publicação da pauta.*

Art. 234. *O Presidente, em seguida, concederá a palavra ao Relator para proferir seu voto e, logo após, ao Revisor, se houver, para a mesma finalidade, os quais não poderão ser interrompidos ou aparteados.*

§1° *Pronunciados os votos do Relator e do Revisor, ou somente daquele, se for o caso, ficará aberta a discussão para os Desembargadores.*

§2° *Na discussão dos votos do Relator e do Revisor, os vogais, pela ordem decrescente de antiguidade, poderão proferir, uma primeira vez, desde logo, o respectivo voto. Se o voto do Revisor for contrário ao do Relator, a preferência para iniciar a discussão será do Relator.*

§3° *Depois do pronunciamento do último Desembargador a intervir na discussão, o Relator e o Revisor poderão usar da palavra para sustentar ou modificar suas conclusões.*

§4° *Em seguida, observada a mesma ordem do § 2° deste artigo, poderão os demais Desembargadores voltar a se manifestar para, igualmente, sustentar ou modificar suas conclusões.*

§5° *Os Desembargadores usarão da palavra sempre sem limitação de tempo, e nenhum se pronunciará sem que o Presidente lhe conceda a palavra, nem aparteará o que dela estiver usando, salvo expresso consentimento deste.*

§6º *Na hipótese de diálogo generalizado na discussão, o Presidente apelará pela ordem e, em caso de tumulto, terá a faculdade de suspender temporariamente a sessão.*

Art. 235. *Encerrada a discussão, o Presidente tomará os votos na ordem decrescente de antiguidade em relação ao Relator, até o mais moderno; o voto de cada um será consignado, de modo resumido, na papeleta de julgamento constante dos autos.*

§1º *O julgamento que tiver sido iniciado prosseguirá, computando-se os votos já proferidos pelos Desembargadores, mesmo que não compareçam ou hajam deixado o exercício do cargo, ainda que o afastado seja o Relator.*

§2º *Não participará do julgamento o Desembargador que não tenha assistido ao relatório, salvo se manifestar que está habilitado a votar.*

§3º *Se, para o efeito do quórum ou desempate na votação, for necessário o voto de Desembargador nas condições do § 2º deste artigo, serão renovados o relatório e a sustentação oral, computando-se os votos anteriormente proferidos.*

§4º *O cargo vago de Desembargador será considerado o mais moderno da Câmara para fins de quórum, salvo em relação aos recursos já distribuídos e pendentes até a vacância, em cujos julgamentos será preservada a ordem de antiguidade do Desembargador que deixou o Tribunal.*

(Redação dada pela Res. 8/2012, publicada no e.DJ 863, de 14/05/2012)

Capítulo V - Da Apuração dos Votos e da Proclamação do Julgamento

Art. 236. *As decisões serão, salvo disposição em contrário, tomadas por maioria de votos dos Desembargadores presentes.*

Art. 237. *Nas sessões do Tribunal Pleno ou do Órgão Especial, o Presidente, ou seu substituto legal, não proferirá voto, exceto nas questões constitucionais, administrativas, regimentais e, nos demais casos, quando ocorrer empate.*

Art. 238. *No julgamento de agravo regimental, terá voto necessário o Presidente ou o seu substituto.*

Art. 239. *Nas Câmaras em Composição Integral, o quórum de julgamento será sempre de cinco magistrados.*

Art. 240. *No julgamento de feitos de natureza cível, da competência do Órgão Especial, no caso de empate, o Presidente, ou seu substituto, proferirá voto de desempate.*

Parágrafo único. *Nas Seções Cível e Criminal, seu Presidente terá somente voto de qualidade, exceto nos casos em que for Relator ou Revisor, hipóteses em que passará a presidência ao Desembargador mais antigo na sessão.*

Art. 241. *Quando o objeto do julgamento puder ser decomposto em questões distintas, cada uma delas será votada separadamente.*

Art. 242. *Se na votação da questão global, insuscetível de decomposição, ou das questões distintas, três ou mais opiniões se formarem, serão as soluções votadas duas a duas, de tal forma que a vencedora será posta em votação com as restantes, até se fixar, das duas últimas, a que constituirá a decisão.*

§1° *A ordem dos confrontos constará de esquema previamente anunciado pelo Presidente, salvo nas Câmaras, em que o confronto será feito, em primeiro lugar, entre as soluções dadas pelo Revisor e pelo vogal, ou entre as dos vogais, se não houver Revisor.*

§2° *No caso em que a maioria divergir quanto a detalhes da questão em julgamento, reputar-se-á decidido aquilo que obtiver apoio comum, desprezados os pontos de divergência dos votos vencedores.*

Art. 243. *Concluída a votação, o Presidente proclamará a decisão, não podendo ser retirados ou modificados os votos já anunciados.*

Art. 244. *O julgamento, uma vez iniciado, ultimar-se-á e não será interrompido pela hora regimental de encerramento do expediente do Tribunal, podendo, no entanto, ser suspenso para descanso dos participantes.*

Capítulo VI - Das Questões Preliminares ou Prejudiciais

Art. 245. *Qualquer questão de ordem, preliminar ou prejudicial, suscitada no julgamento, será decidida antes do mérito, salvo se com este for incompatível, hipótese em que não será conhecida.*

§1° *Se a preliminar versar sobre nulidade suprível, o Tribunal converterá o julgamento em diligência.*

§2° *Rejeitada a preliminar ou prejudicial, ou se com esta não for incompatível a apreciação do mérito, será discutida e julgada a matéria principal, e sobre esta deverão pronunciar-se os vencidos na preliminar.*

§3° *Se houver agravo retido, este será preliminarmente julgado.*

Capítulo VII - Dos Acórdãos

Art. 246. *Os julgamentos do Tribunal, salvo as questões administrativas de caráter geral, serão redigidos em forma de acórdãos.*

Art. 247. *O acórdão será redigido pelo Relator e dele constarão a data da sessão, a espécie, o número do feito, a Comarca de procedência, o nome dos litigantes e dos magistrados que participaram do julgamento.*

Parágrafo único. *Constitui parte integrante do acórdão a respectiva ementa, na qual será indicado o princípio jurídico que houver orientado a decisão.*

Art. 248. *A fundamentação do acórdão será exclusivamente a que resultar vencedora, podendo o Relator consignar, entretanto, os fundamentos não acolhidos pela maioria.*

Parágrafo único. *Vencido o Relator, será designado para redigir o acórdão aquele que primeiro proferiu voto vencedor.*

§1º *Vencido o relator, será designado para redigir o acórdão. (Redação dada pela Res.4/2011, publicada no e.DJ 702, de 24/08/2011)*

§2º *O acórdão será redigido, porém, pelo relator se este for vencido somente na preliminar ou em parte do mérito, de menor extensão, caso em que o Desembargador vencedor em tal parte o assinará e lançará seu voto com os respectivos fundamentos. (Redação dada pela Res.4/2011, publicada no e.DJ 702, de 24/08/2011)*

Art. 249. *Será facultada a declaração de votos vencedores.*

Art. 250. *Na impossibilidade de ser o acórdão redigido pelo Desembargador Relator, observar-se-á a norma do Art. 47, inciso III, alínea b,deste Regimento, no que for aplicável.*

Art. 251. *Se não houver votos a declarar, o acórdão será assinado apenas pelo Relator, que rubricará as folhas em que não conste sua assinatura.*

§1° *Vencido mais de um Desembargador, o primeiro a proferir o voto em tal sentido assinará o acórdãos e declarará os respectivos fundamentos, a menos que os demais manifestem o desejo de também faze-lo. (Redação dada pela Res.4/2011, publicada no e.DJ 702, de 24/08/2011)*

§2° *Se algum Desembargador estiver impossibilitado de declarar o voto vencido, o Relator registrará a ocorrência, suprindo a falta tanto quanto possível.*

Art. 252. *O acórdão será conferido e assinado até a sessão ordinária seguinte à do julgamento ou, em caso justificado, no prazo de duas sessões ordinárias.*

Art. 253. *Lavrado e registrado o acórdão, serão as suas conclusões publicadas no Diário da Justiça Eletrônico dentro do prazo de dez dias, certificando-se nos autos a respectiva data.*

Parágrafo único. *O registro do acórdão poderá ser feito mediante processo mecânico, inclusive microfilmagem, com extração de cópias destinadas à divulgação, formação de volumes de jurisprudência e arquivo particular do Relator.*

Art. 254. *Publicado o acórdão, os autos somente sairão da Secretaria durante o prazo para interposição do recurso cabível, nos casos previstos em lei.*

§1° *Nas causas em que houver intervenção do Ministério Público, os autos ser-lhe-ão encaminhados, para fins de intimação pessoal, certificando-se a data de sua remessa.*

§2° *A intimação do Ministério Público, do Procurador do INSS e do defensor nomeado será pessoal.*

§3º *Quaisquer questões posteriormente suscitadas serão resolvidas pelo Presidente do órgão julgador, salvo aquelas relativas à execução.*

Art. 255. *O padrão de formatação para lavratura de acórdão será definido por Resolução do Órgão Especial.*

Capítulo VIII - Do Acórdão Digital

Art. 256. *O sistema de acórdão digital tem por objetivo a assinatura digital de acórdãos, decisões e despachos proferidos pelos magistrados de segundo grau.*

§1º *A prática da assinatura digital em acórdãos, decisões e despachos ocorrerá nos atos gerados digitalmente, em arquivos no padrão PDF (Portable Document Format), por meio do sistema de assinatura de documentos digitais desenvolvido pelo Departamento de Informática do Tribunal de Justiça.*

§2º *Depois de assinado e certificado digitalmente o documento, proceder-se-á sua juntada no sistema de controle de processos de segundo grau, de acordo com a sistemática utilizada.*

Art. 257. *Todos os atos processuais assinados digitalmente serão públicos e estarão disponíveis no site do Tribunal de Justiça, mediante consulta processual de segundo grau e consulta à jurisprudência, ressalvados os elementos que assegurem o sigilo dos feitos que tramitarem em segredo de justiça.*

Parágrafo único. *Para assegurar o segredo de justiça, nos atos processuais lavrados e assinados digitalmente, os nomes das partes serão indicados pelas respectivas iniciais, ficando este procedimento sob a inteira responsabilidade dos gabinetes dos magistrados de segundo grau.*

Art. 258. *Se for necessária mais de uma assinatura em um documento, os magistrados envolvidos lançarão as suas em sequência, cabendo ao primeiro permitir outras assinaturas, e ao último não obstar a continuidade do procedimento.*

Art. 259. *Os acórdãos, decisões e despachos assinados digitalmente serão impressos e juntados aos respectivos autos físicos.*

LIVRO IV

Título I - Do Processo no Tribunal

Capítulo I - Da Uniformização de Jurisprudência

Art. 260. *Solicitado pelas Câmaras Isoladas e em Composição Integral o pronunciamento prévio do Tribunal sobre a interpretação do direito, o julgamento ficará sobrestado, sendo remetidos os autos ao órgão competente para o processamento do incidente.*

Art. 261. *Atuará como Relator do incidente o do feito em que foi suscitado.*

Parágrafo único. *Quando o Relator da causa não integrar a Seção, o incidente será relatado por um dos participantes do julgamento, segundo a ordem decrescente de antiguidade na Câmara; quando não, será distribuído entre os seus integrantes.*

Art. 262. *Ouvido o Procurador-Geral de Justiça, no prazo de dez dias, irão os autos ao Relator, que pedirá dia para julgamento.*

Art. 263. *Convocada a sessão, a Secretaria observará o disposto no Art.219 deste Regimento.*

Art. 264. *No julgamento, lançado o relatório, será concedida a palavra, pelo prazo de quinze minutos, a cada uma das partes e ao Ministério Público.*

Parágrafo único. *Depois do Relator, votarão os Relatores dos feitos indicados como determinantes da divergência existente. Em seguida, serão colhidos os votos dos demais Desembargadores, a começar por aquele subsequente ao Relator do processo, cabendo a cada um emitir seu voto em exposição fundamentada.*

Art. 265. *O julgamento, tomado pelo voto da maioria absoluta dos Desembargadores que integram o colegiado, será objeto de súmula e constituirá precedente na uniformização da jurisprudência.*

Art. 266. *As súmulas dos julgamentos de uniformização da jurisprudência serão encaminhadas para publicação no Diário da Justiça Eletrônico.*

Art. 267. Devolvidos os autos ao órgão suscitante, prosseguirá neste o julgamento.

Art. 268. Observar-se-á a súmula, enquanto não alterada.

Art. 269. Poderá, por qualquer Desembargador, ser suscitado reexame da decisão sumulada:

I. se houver modificação na jurisprudência do Supremo Tribunal Federal ou do Superior Tribunal de Justiça;

II. quando alguma Câmara ou Seção dispuser novos argumentos a respeito do mesmo tema.

Capítulo II - Da Declaração de Inconstitucionalidade - de Lei ou Ato Normativo

Art. 270. As Seções e as Câmaras, sempre que se inclinarem pela inconstitucionalidade de lei ou de ato normativo, determinarão a remessa do processo ao Órgão Especial.

Parágrafo único. Igual procedimento será adotado quando as Seções ou Câmaras, embora não declarando expressamente a inconstitucionalidade de lei ou ato normativo do poder público, afastam sua incidência, no todo ou em parte.

Art. 271. O Relator, que será o mesmo da causa ou do recurso, mandará ouvir o Procurador-Geral de Justiça, no prazo de dez dias, após o que lançará relatório nos autos, determinando a distribuição de cópias deste, do acórdão e do parecer do Ministério Público aos demais componentes do Órgão Especial.

Parágrafo único. Se o Relator não integrar o Órgão Especial, o incidente será distribuído, se possível, a outro membro do órgão fracionário que o suscitou.

Art. 272. A decisão declaratória ou denegatória da inconstitucionalidade, se proferida por maioria absoluta, constituirá, para o futuro, decisão de aplicação obrigatória em casos análogos, salvo se algum órgão fracionário, por motivo relevante, entender necessário provocar novo pronunciamento do Órgão Especial sobre a matéria.

Capítulo III - Da Ação Direta de Inconstitucionalidade

Art. 273. Podem propor ação direta de inconstitucionalidade de lei ou ato normativo estadual ou municipal, perante a Constituição Estadual, ou por omissão de medida necessária para tornar efetiva norma ou princípio da mesma Constituição, no âmbito de seu interesse:

I. O Governador do Estado e a Mesa da Assembleia Legislativa;

II. o Procurador-Geral de Justiça e o Procurador-Geral do Estado;

III. o Prefeito e a Mesa da Câmara do respectivo Município, quando se tratar de lei ou ato normativo local ou estadual que afete a autonomia local;

IV. o Conselho Secional da Ordem dos Advogados do Brasil;

V. os partidos políticos com representação na Assembleia Legislativa;

VI. as federações sindicais e as entidades de classe de âmbito estadual;

VII. VII - o Deputado Estadual.

VIII. Art. 274. A petição inicial indicará:

IX. o dispositivo da lei ou do ato normativo impugnado e os fundamentos jurídicos do pedido em relação a cada uma das impugnações;

X. o pedido, com suas especificações.

Parágrafo único. A petição inicial, acompanhada de instrumento de mandato, será apresentada em duas vias, devendo conter cópias da lei ou do ato normativo impugnado e dos documentos necessários para comprovar a impugnação.

Art. 275. A petição inicial inepta, a não fundamentada e a manifestamente improcedente serão liminarmente indeferidas pelo Relator.

Parágrafo único. Cabe agravo da decisão que indeferir a petição inicial.

Art. 276. Proposta a ação direta de inconstitucionalidade, não se admitirá desistência.

Art. 277. O Relator pedirá informações aos órgãos ou à autoridades das quais emanou a lei ou o ato normativo impugnado. (Redação dada pela Res. 2/2010, publicado no e-DJ 493, de 19/10/2010).

Parágrafo único. **As informações serão prestadas no** prazo de trinta dias, contados do recebimento do pedido.(Redação dada pela Res. 2/2010, publicado no e-DJ 493, de 19/10/2010).

Art. 278. O Relator, considerando a relevância da matéria e a representatividade dos postulantes, poderá, por despacho irrecorrível, admitir, no prazo de trinta dias, a manifestação de outros órgãos ou entidades. (Redação dada pela Res. 2/2010, publicado no e-DJ 493, de 19/10/2010).

§1º Em caso de necessidade de esclarecimento de matéria ou circunstância de fato, ou de notória insuficiência das informações existentes nos autos, poderá o Relator requisitar informações adicionais, designar perito ou comissão de peritos para que emita parecer sobre a questão, ou fixar data para em audiência pública, ouvir depoimentos de pessoas com experiência e autoridade na matéria; (Redação dada pela Res. 2/2010, publicado no e-DJ 493, de 19/10/2010).

§2º As informações, pericias e audiências a que se refereo § 1º deste artigo serão realizadas no prazo de trinta dias, contados da solicitação do relator. (Redação dada pela Res. 2/2010, publicado no e-DJ 493, de 19/10/2010).

Art. 279 A Procuradoria-Geral do Estado funcionará como curadora, em razão da presunção de legitimidade do ato impugnado. (Redação dada pela Res. 2/2010, publicado no e-DJ 493, de 19/10/2010).

Parágrafo único. O Procurador Geral do Estado será notificado pessoalmente para intervir no processo no prazo de quinze dias. (Redação dada pela Res. 2/2010, publicado no e-DJ 493, de 19/10/2010).

Art. 280. Decorrido o prazo das informações, com ou sem elas, será ouvido o Procurador-Geral de Justiça, que se manifestará no prazo de quinze dias. (Redação dada pela Res. 2/2010, publicado no e-DJ 493, de 19/10/2010).

Art. 281. Vencidos os prazos previstos no parágrafo único do Art. 279 e no Art. 280 deste Regimento, o Relator lançara o relatório com cópia a todos os Desembargadores e pedirá dia para julgamento. (Redação dada pela Res. 2/2010, publicado no e-DJ 493, de 19/10/2010).

Art. 282. Somente pelo voto da maioria absoluta dos membros do Órgão especial poderpa o Tribunal de Justiça declarar a inconstitucionalidade de lei ou de ato normativo do Poder Público. (Redação dada pela Res. 2/2010, publicado no e-DJ 493, de 19/10/2010)

§1º O julgamento somente ocorrerá se presentes na sessão pelo menos dezessete Desembargadores; (Redação dada pela Res. 2/2010, publicado no e-DJ 493, de 19/10/2010)

§2º Se não for alcançada a maioria in dispensável à declaração de inconstitucionalidade, estando ausentes Desembargadores em número que possam influir no julgamento, este será suspenso, para que sejam colhidos oportunamente os votos faltantes, até ser atingido o número necessário para prolação de decisão em um ou em outro sentido. (Redação dada pela Res. 2/2010, publicado no e-DJ 493, de 19/10/2010)

Art. 283. *Declarada a inconstitucionalidade, a decisão será comunicada à Assembleia Legislativa ou à Câmara Municipal para suspensão da execução da lei ou do ato impugnado. (Redação dada pela Res. 2/2010, publicado no e-DJ 493, de 19/10/2010).*

Art. 284. *Reconhecida a inconstitucionalidade por omissão de medida para tornar efetiva norma da Constituição do Estado do Paraná, a decisão será comunicada ao Poder competente para adoção das providências necessárias à prática do ato ou início do processo legislativo, no prazo de cento e oitenta dias, e, em se tratando de entidade administrativa, para emiti-lo em trinta dias, sob pena de responsabilidade. (Redação dada pela Res. 2/2010, publicado no e-DJ 493, de 19/10/2010).*

Art. 285. *Salvo no período de recesso, a medida cautelar na ação direta de inconstitucionalidade será concedida por decisão da maioria absoluta dos membros do Órgão Especial, observado o disposto no § 1º do Art. 282 deste Regimento, após a audiência dos órgãos ou autoridades dos quais emanou a lei ou o ato normativo impugnado, que deverão se pronunciar no prazo de cinco dias. (Redação dada pela Res. 2/2010, publicado no e-DJ 493, de 19/10/2010)*

§1º *O Relator, julgando indispensável, ouvirá o Procurador-Geral do Estado e o Procurador-Geral de Justiça, no prazo de três dias (Redação dada pela Res. 2/2010, publicado no e-DJ 493, de 19/10/2010)*

§2º *No julgamento do pedido de medida cautelar, será facultada sustentação oral aos representantes judiciais do requerente e das autoridades ou órgãos responsáveis pela expedição do ato; dias (Redação dada pela Res. 2/2010, publicado no e-DJ 493, de 19/10/2010)*

§3º *Em caso de excepcional urgência, o Tribunal poderá deferir a medida cautelar sem audiência dos órgãos ou das autoridades das quais emanou a lei ou ato normativo impugnado. (Redação dada pela Res. 2/2010, publicado no e-DJ 493, de 19/10/2010)*

Art. 286. *A medida cautelar, com pedido liminar, poderá ser deferida nos próprios autos da ação principal, observado o disposto no § 1º do Art. 285 deste Regimento. dias (Redação dada pela Res. 2/2010, publicado no e-DJ 493, de 19/10/2010)*

Art. 287. *Concedida a medida cautelar liminarmente, o Tribunal de Justiça fará publicar, em seção especial do Diário Oficial do Estado e do Diário da Justiça eletrônico, a parte dispositiva da decisão, no prazo de dez dias, devendo solicitar as informações à autoridade da qual tiver emanando o ato, desde que esta não tenha sido ouvida previamente. (Redação dada pela Res. 2/2010, publicado no e-DJ 493, de 19/10/2010)*

Parágrafo único. *A liminar, dotada de eficácia contra todos será concedida com efeitos ex nunc, salvo se o Órgão Especial entender que deva conceder-lhe eficácia retroativa, aplicando-se no caso a legislação anterior, se existente, exceto expressa manifestação em sentido contrário. (Redação dada pela Res. 2/2010, publicado no e-DJ 493, de 19/10/2010)*

Art. 288. Havendo pedido de medida cautelar, o *Relator, em face da relevância da matéria e de seu especial significado para a ordem social e a segurança jurídica, poderá, após a prestação das informações, no prazo de dez dias, e a manifestação do Procurador-Geral do Estado e do Procurador-Geral de Justiça, sucessivamente, no prazo de cinco dias submeter o prazo diretamente ao Órgão Especial, que terá a faculdade de julgar definitivamente a ação. (Redação dada pela Res. 2/2010, publicado no e-DJ 493, de 19/10/2010)*

Capítulo IV - Da Ação Declaratória de Constitucionalidade

Art. 289. *Podem propor ação declaratória de constitucionalidade:*

I. *o Governador do Estado e a Mesa da Assembleia Legislativa;*

II. *o Procurador-Geral de Justiça e o Procurador-Geral do Estado;*

III. *o Prefeito e a Mesa da Câmara do respectivo Município, quando se tratar de lei ou de ato normativo local ou estadual que afete a autonomia municipal;*

IV. *o Conselho Secional da Ordem dos Advogados do Brasil;*

V. *os partidos políticos com representação na Assembleia Legislativa;*

VI. *as federações sindicais e as entidades de classe de âmbito estadual;*

VII. *o Deputado Estadual.*

Art. 290. *A petição inicial indicará:*

I. *o dispositivo da lei ou do ato normativo questionado e os fundamentos jurídicos do pedido;*

II. *o pedido, com suas especificações;*

III. *a existência de controvérsia judicial relevante sobre a aplicação da disposição objeto da ação declaratória.*

Parágrafo único. *A petição inicial, acompanhada do instrumento de mandato, será apresentada em duas vias, devendo conter cópias do ato normativo questionado e dos documentos necessários para comprovar a procedência do pedido de declaração de constitucionalidade.*

Art. 291. *A petição inicial inepta, a não fundamentada e a manifestamente improcedente serão indeferidas pelo relator.*

Parágrafo único. *Cabe agravo da decisão que indeferir a petição inicial.*

Art. 292. *Proposta a ação declaratória, não se admitirá desistência.*

Art. 293. *Aplicam-se, no que couberem, as regras previstas no Capítulo III deste Título.*

Capítulo V - Da Disposição Comum às Ações Direta de Inconstitucionalidade e Declaratória De Constitucionalidade

Art. 294. *Efetuado o julgamento, observado o quórum necessário, proclamar-se-á a inconstitucionalidade ou a constitucionalidade, exigindo-se o voto de pelo menos treze Desembargadores, em um ou em outro sentido.*

Capítulo VI - Do Pedido de Intervenção Federal

Art. 295. *O pedido de intervenção federal no Estado (Constituição Federal, arts. 34, incisos IV e VI, e 36, incisos I e II, e Constituição Estadual, Art. 101, inciso VI), será encaminhado, pelo Presidente, para o*

Supremo Tribunal Federal, no caso do Art. 34, inciso IV, da Constituição Federal; e, no caso do Art. 34, inciso VI, da mesma Carta, ao Supremo Tribunal Federal ou ao Superior Tribunal de Justiça, em razão da matéria:

I. para assegurar o livre exercício do Poder Judiciário, quando houver violação declarada pelo Órgão Especial;

II. após acolhida pelo Órgão Especial, de representação de qualquer de seus membros ou de Juízes de primeiro grau, quando se tratar de assegurar garantias ao Poder Judiciário, o livre exercício deste ou prover execução de ordem ou decisão judicial;

III. quando se tratar de requerimento do Ministério Público, ou de parte interessada, visando a prover execução de ordem ou decisão judicial.

Art. 296. O exame do cabimento do pedido de intervenção federal no Estado compete ao Órgão Especial, em processo de iniciativa do Presidente ou decorrente de representação.

(Redação dada pela Res. 2/2010, publicado no e-DJ 493, de 19/10/2010).

Parágrafo único. No caso de representação compete ao Presidente: (Redação dada pela Res. 2/2010, publicado no e-DJ 493, de 19/10/2010).

I. mandar arquivá-la, se a considerar manifestamente infundada, cabendo agravo regimental de sua decisão;

II. se manifesta sua procedência, providenciar administrativamente para remover a respectiva causa;

III. frustrada a solução administrativa, determinar a remessa do pedido à distribuição.

Art. 297. O Relator dirigirá a instrução, solicitando informações à autoridade ou às autoridades apontadas na inicial.

§1° Oferecido parecer pelo Procurador-Geral de Justiça, no prazo de dez dias, em igual prazo o Relator determinará a inclusão do feito em pauta de julgamento.

§2° A decisão do Órgão Especial será tomada pela maioria absoluta de seus membros, votando, inclusive, o Presidente do Tribunal e o Corregedor-Geral da Justiça.

§3° Será permitida sustentação oral, observado o prazo de quinze minutos para cada parte.

Capítulo VII - Da Ação Penal

Art. 298. Nos crimes de ação penal pública, o Ministério Público terá o prazo de quinze dias para oferecer denúncia ou pedir arquivamento do inquérito ou das peças informativas.

§1º Diligências complementares poderão ser deferidas pelo Relator, com interrupção do prazo deste artigo.

§2º Se o indiciado estiver preso:

I. o prazo para oferecimento da denúncia será de cinco dias;

II. as diligências complementares não interromperão o prazo, salvo se o Relator, ao deferi-las, determinar o relaxamento da prisão.

§3º O Relator será o Juiz da instrução, que se realizará segundo o disposto neste Regimento e no Código de Processo Penal, no que for aplicável, e terá as atribuições que a legislação penal confere aos Juízes singulares, podendo submeter diretamente à decisão do órgão colegiado competente as questões surgidas durante a instrução.

§4º Competirá ao Relator:

I. determinar o arquivamento do inquérito ou das peças informativas, quando o requerer o Ministério Público, ou submeter o requerimento à decisão do colegiado;

II. decretar a extinção da punibilidade nos casos previstos em lei.

§5º Apresentada a denúncia ou a queixa ao Tribunal, far-se-á a notificação do acusado para oferecer resposta no prazo de quinze dias.

§6º Com a notificação, serão entregues ao acusado cópia da denúncia ou da queixa, do despacho do Relator e dos documentos indicados por este.

§7º Se desconhecido o paradeiro do acusado, ou se este criar dificuldades para que o oficial cumpra a diligência, proceder-se-á a sua notificação por edital, que conterá o teor resumido da acusação, para que compareça ao Tribunal, em cinco dias, onde terá vista dos autos pelo prazo de quinze dias, a fim de apresentar a resposta prevista neste artigo.

§8º Com a resposta, caso apresentados novos documentos, será intimada a parte contrária para sobre estes se manifestar no prazo de cinco dias, e na ação penal de iniciativa privada, será ouvido, em igual prazo, o Ministério Público.

§9º A seguir, o Relator pedirá dia para que o colegiado delibere sobre o recebimento ou a rejeição da denúncia ou da queixa, ou sobre a improcedência da acusação, se a decisão não depender de outras provas.

§10º No julgamento de que trata este artigo, será facultada sustentação oral pelo prazo de quinze minutos, primeiro à acusação, depois à defesa.

§11º Encerrados os debates, o colegiado passará a deliberar, podendo o Presidente limitar a presença no recinto às partes e aos seus advogados, ou somente a estes, se o interesse público o exigir.

Art. 299. Recebida a denúncia ou a queixa, o Relator designará dia e hora para o interrogatório, mandando citar o acusado ou o querelado e intimar o órgão do Ministério Público, bem como o querelante ou o assistente, se for o caso.

§1º Se o acusado, citado por edital, não comparecer, nem constituir advogado, ficarão suspensos o processo e o curso do prazo prescricional, podendo o Relator determinar a produção antecipada das provas consideradas urgentes e, se for o caso, decretar prisão preventiva, nos termos do disposto no Art. 312 do Código de Processo Penal.

§2º O prazo para defesa prévia será de cinco dias, contados do interrogatório ou da intimação do defensor dativo.

§3º A instrução obedecerá, no que couber, ao procedimento comum do Código de Processo Penal.

§4º O Relator poderá delegar a realização do interrogatório ou de outro ato da instrução a Juiz ou membro de Tribunal do local de cumprimento da carta de ordem.

§5º Por expressa determinação do Relator, as intimações poderão ser feitas por carta registrada com aviso de recebimento.

§6º Concluída a inquirição de testemunhas, serão intimadas a acusação e a defesa, para requerimento de diligências no prazo de cinco dias.

§7º Realizadas as diligências ou não sendo estas requeridas nem determinadas pelo Relator, serão intimadas a acusação e a defesa para, sucessivamente, apresentar, no prazo de quinze dias, alegações escritas.

§8º Será comum o prazo do acusador e do assistente, bem como o dos corréus.

§9º Na ação penal de iniciativa privada, o Ministério Público terá vista, por igual prazo, após as alegações das partes.

§10º O Relator poderá, após as alegações escritas, determinar, de ofício, a realização de provas reputadas imprescindíveis para o julgamento da causa.

§11º Cumpridas as providências determinadas na forma do §10º deste artigo, o Relator pedirá dia para julgamento.

§12º O réu será intimado pessoalmente para comparecer à sessão de julgamento.

§13º A Secretaria expedirá cópias do relatório e fará sua distribuição aos Desembargadores.

***Art. 300.** Na sessão de julgamento, observar-se-á o seguinte:*

I. aberta a sessão, o Presidente poderá limitar a presença no recinto às partes e aos seus advogados, ou somente a estes, se o interesse público o exigir;

II. apresentado o relatório, a acusação e a defesa terão, sucessivamente, nessa ordem, prazo de uma hora para sustentação oral, assegurado ao assistente um quarto do tempo da acusação;

III. encerrados os debates, o colegiado passará a proferir o julgamento.

§1º Nomear-se-á defensor ad hoc se, regularmente intimado, o advogado constituído pelo acusado ou anteriormente nomeado não comparecer à sessão de julgamento, adiando-se esta em caso de requerimento do novo defensor.

§2º Nos casos em que somente se procede mediante queixa, considerar-se-á perempta a ação penal quando o querelante deixar de comparecer, sem motivo justificado, a qualquer ato a que deva estar presente, ou deixar de formular o pedido de condenação nas alegações finais, tudo na forma da lei processual penal.

Capítulo VIII - Da Exceção da Verdade

***Art. 301.** Recebida no Tribunal a exceção da verdade, em processo por crime contra a honra, quando forem querelantes as pessoas que a Constituição sujeita à jurisdição do Tribunal de Justiça, será adotado o seguinte procedimento:*

I. os autos serão distribuídos independentemente de despacho;

II. será facultado ao querelante contestar a exceção no prazo de dois dias, podendo ser inquiridas as testemunhas arroladas na queixa, ou outras indicadas naquele prazo, em substituição às primeiras, ou para completar o máximo legal.

***Art. 302.** Não sendo admitida a exceção da verdade, serão os autos devolvidos ao Juízo de origem.*

***Parágrafo único.** Na instrução e julgamento, observar-se-á, no que lhe for aplicável, o disposto no Capítulo VII deste Título.*

Capítulo IX - Do Habeas Corpus

***Art. 303.** O habeas corpus poderá ser impetrado por qualquer pessoa, em seu favor ou de outrem, bem como pelo Ministério Público.*

***Art. 304.** O pedido, quando subscrito por advogado do paciente, não será conhecido se não vier instruído com os documentos necessários ao convencimento preliminar da existência do motivo legal invocado na impetração, salvo alegação razoável da impossibilidade de juntá-los desde logo.*

§1° A juntada de documentos poderá ser feita até o momento da sustentação oral. Neste caso, não sendo possível o julgamento na mesma sessão, o Relator pedirá adiamento para a sessão seguinte.

§2° Se o recurso de habeas corpus não puder ser conhecido e o caso comportar a concessão da ordem, o feito será julgado como pedido originário, ainda que a competência, em princípio, seja do Juízo a quo.

***Art. 305.** Os órgãos julgadores do Tribunal têm competência para expedir, de ofício, ordem de habeas corpus, quando no curso do processo verificarem que alguém sofre ou está na iminência de sofrer coação ilegal.*

***Art. 306.** A distribuição será feita logo em seguida à apresentação do pedido, e os respectivos autos serão imediatamente conclusos ao Relator, inclusive para o exame de eventual pedido liminar.*

***Art. 307.** O Relator, se necessário, requisitará informações da autoridade indicada como coatora, podendo avocar o processo original quando julgar indispensável à instrução do feito.*

***Art. 308.** Instruído o processo e ouvido o Ministério Público, em dois dias, o relator o colocará em mesa para julgamento, na primeira sessão do órgão fracionário.*

***Art. 309.** O Relator poderá determinar a apresentação do paciente no ato do julgamento, para interrogatório, se não preferir que lhe seja feita pessoalmente, em local, dia e hora que designar. Neste caso, as declarações do paciente serão reduzidas a termo nos autos. As partes poderão formular as perguntas que entenderem necessárias.*

***Art. 310.** A concessão ou denegação de habeas corpus será, pelo Relator, imediatamente comunicada à autoridade apontada como coatora.*

***Art. 311.** A pauta de habeas corpus será organizada para orientação dos trabalhos da sessão e informação dos interessados, sem prejuízo dos que forem levados em mesa.*

Capítulo X - Da Revisão Criminal

***Art. 312.** O pedido de revisão criminal será distribuído, com a prova do trânsito em julgado, a um Relator e a um Revisor, devendo funcionar como Relator um Desembargador que não tenha pronunciado decisão em qualquer fase do processo.*

***Art. 313.** Conclusos os autos, o Relator, se for o caso, determinará diligências, assim como o apensamento dos autos originais, se não advier dificuldade à normal execução da sentença.*

***Art. 314.** Os pedidos de revisão de mais de um processo pelo mesmo réu devem ser autuados separadamente, a fim de que as revisões sejam apreciadas uma a uma, salvo no caso de conexão decorrente do objeto do pedido, ou de vir este fundado em provas comuns aos diversos feitos.*

***Art. 315.** Requerida por dois ou mais corréus, em separado, a revisão da sentença que em um só processo os tenha condenado pelo mesmo crime, deverão as petições ser processadas e julgadas conjuntamente. Para isso, as apresentadas em último lugar serão distribuídas ao Relator da primeira, o qual ordenará o apensamento.*

***Art. 316.** Se o pedido de revisão objetivar a anulação de processo de competência do Tribunal do Júri e, consequentemente, da decisão deste, deverá vir instruído com procuração, com poderes especiais, ou com declaração expressa do condenado de que se sujeita a novo julgamento por aquele Tribunal, ou sem procuração, se o pedido for formulado pessoalmente pelo condenado, com defensor público designado nos autos.*

Art. 317. Verificando-se que, no processo em revisão, não foram guardadas as formalidades substanciais, limitar-se-á o julgamento à declaração da respectiva nulidade, com a determinação de sua renovação, salvo se já estiver a ação penal prescrita, ou de outro modo extinta a punibilidade.

Capítulo XI - Dos Conflitos de Jurisdição, de Competência e Atribuições

(Redação dada pela Res. nº 18, publicada no e.DJ nº 1487 de 15/01/2015)

Art. 318. Suscitado o conflito de jurisdição, de competência ou de atribuições, o Relator requisitará informações às autoridades em conflito, no prazo que assinar.

Parágrafo único. No conflito positivo, poderá o Relator determinar que se suspenda o andamento do processo. Nesse caso e no de conflito negativo, designará um dos Juízes para resolver, em caráter provisório, as medidas urgentes.

Art. 319. Decorrido o prazo, com informações ou sem elas, será ouvido, em cinco dias, o Ministério Público. Em seguida, se o Relator entender desnecessárias diligências, apresentará o conflito a julgamento.

Art. 320. Com o trânsito em julgado da decisão, será esta imediatamente comunicada às autoridades em conflito.

Art. 321. Não se conhecerá de conflito suscitado pela parte que, em causa cível, houver oposto exceção de incompetência do Juízo.

Capítulo XII - Da Ação Rescisória

Art. 323. A petição da ação rescisória, dirigida ao Presidente do Tribunal, será imediatamente distribuída independentemente de despacho.

Art. 324. Processada a ação, oferecidas razões finais e ouvida a Procuradoria- Geral de Justiça, no prazo de dez dias, o Relator lançará nos autos seu relatório, passando-os em seguida ao Revisor, que pedirá dia para julgamento.

Art. 325. Caberá ao Relator resolver quaisquer questões incidentes, inclusive a de impugnação ao valor da causa.

Capítulo XIII - Do Mandado De Segurança

Art. 326. O mandado de segurança de competência originária do Tribunal será iniciado por petição, que deverá preencher os requisitos dos arts. 282 e 283 do Código de Processo Civil, acompanhada de tantas vias quantas forem as autoridades apontadas como coatoras e os litisconsortes.

Art. 327. A segunda via da inicial e, se for o caso, as demais a serem encaminhadas aos impetrados, deverão estar instruídas com cópias autenticadas de todos os documentos.

Art. 328. O Relator indeferirá a inicial se:

I. não for caso de mandado de segurança;

II. faltar-lhe algum dos requisitos legais;

III. decorrido o prazo para a impetração.

Art. 329. O Relator ordenará que o impetrante promova, em dez dias, a citação de litisconsorte necessário, assinando o prazo de dez dias para resposta.

Art. 330. A concessão da segurança será, pelo Relator, imediatamente comunicada à autoridade apontada como coatora, assim como a denegação na vigência de medida liminar.

Capítulo XIV - Dos Recursos

Art. 331. Os recursos serão processados segundo as normas da legislação aplicável e as disposições deste Regimento.

§1° No julgamento de apelação ou de agravo de instrumento, ocorrendo relevante questão de direito que faça conveniente prevenir ou compor divergência entre Câmaras, poderá o Relator propor seja o recurso julgado pela Seção Cível; reconhecendo esse órgão o interesse público na assunção de competência, julgará o recurso.

§2º No caso do §1º deste artigo, funcionará como Relator o Desembargador a quem foi distribuído originalmente o recurso e, se não compuser a Seção Cível, o feito será relatado por um dos participantes do julgamento, segundo a ordem decrescente de antiguidade; em outras hipóteses, será distribuído entre os seus integrantes.

§3º Os agravos previstos no Art. 557, § 1º, do Código de Processo Civil, o agravo regimental e os embargos de declaração serão, após o registro, encaminhados ao Relator subscritor do acórdão ou da decisão singular impugnados, ainda que tenha sido removido de Câmara ou Seção ou cessada a convocação, mas, se afastado, a quem o estiver substituindo.

§4° A intimação do agravado, a que se refere o inciso V, parte final, do Art. 527 do Código de Processo Civil, far-se-á mediante publicação no Diário da Justiça Eletrônico.

§5° As determinações decorrentes da decisão que atribuir efeito suspensivo ao recurso ou deferir, em antecipação de tutela, total ou parcialmente, a pretensão recursal, serão cumpridas no Juízo de origem, mediante comunicação do Relator.

§6º Para a instrução dos recursos é facultado ao advogado autenticar as cópias dos autos do processo, mediante declaração formulada na própria petição ou em separado.

Capítulo XV - Do Agravo Regimental

Art. 332. Caberá agravo regimental, no prazo de cinco dias, contra decisão do Presidente, dos Vice--Presidentes ou do Relator, nas causas pertinentes à competência originária e recursal, salvo quando se tratar de decisão concessiva, ou não, de efeito suspensivo a qualquer recurso, de antecipação da tutela recursal ou de conversão de agravo de instrumento em agravo retido.

§1º Os autos serão levados em mesa para julgamento, sem audiência da parte contrária.

§2° Se não houver retratação, o recurso será relatado na primeira sessão pelo Desembargador subscritor da decisão agravada, que tomará parte na votação; se a decisão agravada for proferida em regime de plantão, na hipótese do Art. 122 deste Regimento ou durante o recesso forense, bem como pelo 1º Vice--Presidente nos casos de cancelamento da distribuição e na hipótese do Art. 190 deste Regimento, se não houver retratação, o recurso será relatado na sessão seguinte por aquele a quem lhe foi distribuído. (Redação dada pela Res. 2/2010, publicado no e-DJ 493, de 19/10/2010).

§3° Em caso de empate, ter-se-á por confirmada a decisão agravada.

§4° Não se admitirá o agravo regimental contra a decisão liminar do Relator no agravo de instrumento e na apelação, a que se referem os arts. 527, incisos II e III, e 558 e seu parágrafo único do Código de Processo Civil.

Art. 333. O agravo regimental não terá efeito suspensivo.

Art. 334. *Se o agravo regimental for apresentado em processo com dia para julgamento e já incluído em pauta, será apreciado preliminarmente.*

Capítulo XVI - Da Correição Parcial

Art. 335. *A correição parcial visa à emenda de erros ou abusos que importem na inversão tumultuária de atos e fórmulas legais, na paralisação injustificada dos feitos ou na dilação abusiva de prazos, quando, para o caso, não haja recurso previsto em lei.*

§1° *O pedido de correição parcial poderá ser formulado pelos interessados ou pelo órgão do Ministério Público.*

§2° *É de dez dias o prazo para pedir correição parcial, contados da data em que o interessado teve ciência do ato judicial que lhe deu causa.*

§3° *A petição será instruída com documentos e certidões, inclusive a que comprove a tempestividade do pedido.*

§4° *A correição parcial será apresentada em duas vias, e os documentos que a instruírem deverão ser reproduzidos por cópias autenticadas.*

Art. 336. *Distribuída a petição, poderá o Relator:*

I. *deferir liminarmente a medida acautelatória do interesse da parte ou da exata administração da Justiça se relevantes os fundamentos do pedido e houver probabilidade de prejuízo em caso de retardamento;*

II. *rejeitá-la de plano, se:*

a) *intempestiva ou deficientemente instruída;*

b) *inepta a petição inicial;*

c) *do ato impugnado couber recurso;*

d) *por outro motivo, for manifestamente incabível.*

III. *requisitar as informações ao Juiz, assinando-lhe o prazo de dez dias para prestá-las.*

Parágrafo único. *Nos casos urgentes e se o pedido estiver suficientemente instruído, poderão ser dispensadas as informações.*

Art. 337. *Julgada a correição, far-se-á imediata comunicação ao Juiz, com posterior remessa de cópia do acórdão.*

Título II - Dos Processos Incidentes

Capítulo I - Das Ações e Medidas Cautelares

Art. 338. *A medida cautelar incidental será requerida ao Relator do processo e, se preparatória, distribuída.*

Art. 339. *O procedimento cautelar é o estabelecido na lei processual, competindo os atos de instrução ao Relator, que poderá delegá-la a Juiz de primeiro grau.*

Capítulo II - Dos Incidentes de Suspeição e de Impedimento

Art. 340. *O Desembargador ou o Juiz de Direito Substituto em Segundo Grau que se considerar suspeito ou impedido fará a declaração por despacho nos autos, devolvendo-os à Seção competente. §1º A suspeição ou o impedimento do magistrado que funcionar como vogal serão declarados verbalmente no julgamento e registrados em ata.*

§2º *Suspeito ou impedido:*

I. *o Desembargador Relator, o feito será redistribuído na forma do Art. 196, § 1º, deste Regimento;*

II. *o Desembargador Revisor, o processo será encaminhado ao subsequente na antiguidade, que assumirá a revisão;*

III. *o Desembargador vogal, o Presidente da sessão de julgamento convocará Desembargador subsequente na antiguidade, e, na falta deste, Juiz de Direito Substituto em Segundo Grau.*

§3º *Suspeito ou impedido Juiz de Direito Substituto em Segundo Grau:*

I. *que funcione como Relator ou Revisor, o Presidente do Tribunal de Justiça designará outro para substituí-lo;*

II. *que deva integrar quórum como vogal, o presidente da sessão de julgamento convocará o Desembargador subsequente ao Desembargador substituído na antiguidade, e, na falta deste, outro Juiz de Direito Substituto em Segundo Grau.*

Art. 341. *As partes poderão opor exceção de suspeição ou impedimento, nos quinze dias seguintes à distribuição, contra magistrado que tiver de participar do julgamento, salvo por motivo superveniente ou posteriormente conhecido; nesta hipótese, o prazo será contado a partir do conhecimento do fato que a ocasionou.*

Art. 342. *A petição será juntada aos autos, independentemente de despacho, e encaminhada ao magistrado, que, se aceitar a exceção, mandá-la-á à Seção competente, em quarenta e oito horas, para os fins previstos nos §§ 2º e 3º do Art. 340 deste Regimento; caso contrário, dentro de dez dias, dará as suas razões, acompanhadas de documentos e de rol de testemunhas, se houver, determinando o desentranhamento e autuação em apartado das peças do incidente, e ordenará a remessa dos autos que se formarem ao Presidente do Tribunal.*

Parágrafo único. *A afirmação de suspeição ou de impedimento, ainda que por outro fundamento, põe fim ao incidente.*

Art. 343. *Se, em razão da exceção o feito por suspenso, e enquanto não for o incidente julgado, as medidas urgentes que eventualmente forem requeridas serão apreciadas pelo desembargador do mesmo órgão fracionário, subsequente ao magistrado excepto observada a ordem de antiguidade.*

(Redação dada pela Res.4/2011, publicada no e.DJ 702, de 24/08/2011)

Art. 344. *O Presidente do Tribunal poderá rejeitar liminarmente a exceção; caso contrário, declinará os efeitos em que a recebe (Art. 265, inciso III, do CPC), seguindo-se dilação probatória, se necessária, com o prazo de dez dias, e julgamento perante o Órgão Especial.*

Art. 345. *No julgamento, a presença será limitada às partes e aos seus advogados, independentemente de revisão e inscrição na pauta, sem a presença do magistrado excepcionado.*

Art. 346. *Na decisão que reconhecer a procedência da exceção de suspeição ou impedimento serão especificados os atos atingidos por nulidade.*

Art. 347. *Quando se tratar de suspeição ou impedimento de Juiz em exercício em primeiro grau de jurisdição, o julgamento será realizado na primeira sessão, sem dependência de revisão ou de inscrição em pauta, mediante exposição verbal do Relator.*

Parágrafo único. *Quando o processo ficar suspenso em razão da exceção, as medidas urgentes requeridas durante o processamento da exceção serão apreciadas e resolvidas por magistrado designado pelo*

Presidente do Tribunal de Justiça. (Redação dada pela Res. 2/2011, publicada no e.DJ 607, de 07/04/2011)

Art. 348. *À suspeição ou impedimento do Procurador-Geral de Justiça, dos Procuradores de Justiça e dos Promotores de Justiça Substitutos em Segundo Grau, aplicam-se as normas deste Capítulo, no que couberem.*

Capítulo III - Da Reclamação

Art. 349. *Para preservar a competência do Tribunal ou garantir a autoridade de suas decisões, caberá reclamação da parte interessada ou do Ministério Público.*

§1º A reclamação, dirigida ao Presidente do Tribunal, instruída com prova documental, será autuada e distribuída ao Relator da causa principal, sempre que possível.

§2º Ao despachar a reclamação, o Relator:

I. requisitará informações da autoridade a quem for imputada a prática do ato impugnado, que as prestará no prazo de dez dias;

II. ordenará, se necessário, para evitar dano irreparável, a suspensão do processo ou do ato impugnado.

§3º Qualquer interessado poderá impugnar o pedido do reclamante.

§4º O Ministério Público, nas reclamações que não houver formulado, terá vista dos autos, por cinco dias, após o decurso do prazo para informações.

§5º Ao julgar procedente a reclamação, o Tribunal cassará a decisão restritiva ou exorbitante de seu julgado ou determinará medida adequada à preservação de sua competência.

§6º O Presidente determinará o imediato cumprimento da decisão, lavrando-se o acórdão posteriormente.

Capítulo IV - Do Incidente de Falsidade

Art. 350. *O incidente de falsidade, regulado pelos arts. 390 a 395 do Código de Processo Civil e 145 a 148 do Código de Processo Penal, será processado pelo Relator do feito em que se o arguiu.*

Art. 351. *Nas ações cíveis originárias, incumbirá à parte contra a qual foi produzido o documento suscitar o incidente na contestação; se, nessas demandas, a juntada do documento ocorrer depois da defesa, e, nos recursos, o documento for oferecido em segunda instância, o interessado deverá suscitar o incidente até dez dias depois da juntada do documento aos autos.*

§1º Logo que for suscitado o incidente, o Relator, quando necessário, suspenderá o processo.

§2ºAtendidas as normas dos arts. 391 a 393 do Código de Processo Civil, o Relator lançará nos autos o relatório do incidente e o levará a julgamento perante o órgão colegiado competente para o conhecimento do feito principal.

Art. 352. *No âmbito criminal, a arguição poderá ser feita enquanto o processo tiver curso no Tribunal, até o pedido de dia para julgamento.*

§1º A arguição será suscitada em requerimento assinado pela parte ou por procurador com poderes especiais.

§2º O incidente poderá ser instaurado de ofício, a requerimento do Ministério Público, do querelante, do acusado e, ainda, tenha ou não se habilitado como assistente de acusação, do ofendido.

§3º A parte que juntou o documento pode suscitar o incidente de falsidade, cumprindo-lhe provar, no entanto, que tinha razões para ignorar a falsidade.

§4º Mesmo que reconhecida a falsidade pela parte que exibiu o documento, o Relator poderá determinar diligências para comprová-la.

§5º Adotadas as providências mencionadas no Art. 145, incisos I, II e III, do Código de Processo Penal, o Relator, depois do relatório escrito, submeterá o feito a julgamento pelo órgão colegiado competente para a apreciação do feito principal.

Art. 353. *Tanto no processo cível quanto no criminal, reconhecida a falsidade por decisão irrecorrível, o Relator, no acórdão ou em deliberação posterior, mandará desentranhar o documento e remetê-lo, com os autos do processo incidente, ao Ministério Público.*

Art. 354. *A decisão proferida tem eficácia limitada ao processo incidental, não fazendo coisa julgada em prejuízo de ulterior processo civil ou penal.*

Capítulo V - Da Habilitação Incidente

Art. 355. *Caso o feito esteja pendente de julgamento, a habilitação será requerida ao Relator e perante ele processada, observadas as regras do Art. 1055 e seguintes do Código de Processo Civil.*

Capítulo VI - Da Restauração de Autos

Art. 356. *A restauração dos autos far-se-á de ofício pelo 2º Vice-Presidente do Tribunal, e, quando requerida pela parte interessada, será distribuída, sempre que possível, ao Relator do feito extraviado, seguindo o processo a forma estabelecida na legislação processual.*

Art. 357. *Os processos criminais que não forem da competência originária do Tribunal serão restaurados na primeira instância, e, no tocante aos processos cíveis, observar-se-á o disposto no Art. 1068 do Código de Processo Civil.*

Capítulo VII - Da Suspensão de Liminares e de Sentenças - em mandados de segurança

Art. 358. *Nas causas de competência recursal do Tribunal, para evitar grave lesão à ordem, à saúde, à segurança e à economia públicas, a requerimento de pessoa jurídica de direito público interessada ou do Ministério Público, o Presidente poderá suspender, em decisão fundamentada, a execução de liminar ou de sentença concessiva de segurança, enquanto não transitada em julgado, proferida por Juiz em exercício em primeiro grau de jurisdição.*

§1° Da decisão que conceder ou negar a suspensão caberá agravo para o Órgão Especial, no prazo de cinco dias, que será levado a julgamento na sessão seguinte à sua interposição.

§2° A suspensão, salvo determinação em contrário, vigorará até o trânsito em julgado da decisão de mérito na ação principal.

Capítulo VIII - Da Suspensão de Liminares e de Sentenças nas Ações movidas contra o Poder Público ou seus agentes

Art. 359. *Poderá o Presidente do Tribunal, nos feitos de sua competência recursal, a requerimento do Ministério Público Estadual ou de pessoa jurídica de direito público interessada, nas hipóteses previstas nas legislações de regência, suspender, em decisão fundamentada, a execução de liminar nas ações movidas contra o Poder Público ou seus agentes, proferida por Juiz em exercício em primeiro grau de jurisdição.*

§1° Aplica-se o disposto neste artigo à sentença proferida em processo de ação cautelar inominada, de ação popular, de ação civil pública, de habeas data e de mandado de injunção, enquanto não transitada em julgado.

§2° Da decisão que conceder ou negar a suspensão caberá agravo para o Órgão Especial, no prazo de cinco dias, contados da publicação do ato.

§3° A suspensão, salvo determinação em contrário, vigorará até o trânsito em julgado da decisão de mérito na ação principal.

Capítulo IX - Do Sobrestamento

Art. 360. *O Relator poderá determinar o sobrestamento do processo quando o julgamento depender, em outra causa, de questão prejudicial externa.*

Capítulo X - Do Desaforamento

Art. 361. *Poderá ser desaforado para outra Comarca o julgamento pelo Júri quando:*

I. *o foro do delito não oferecer condições garantidoras de decisão imparcial;*

II. *a segurança pessoal do réu estiver em risco ou o interesse da ordem pública o reclamar;*

III. *sem culpa do réu ou da defesa, o julgamento não se realizar no período de seis meses, contado do trânsito em julgado da decisão de pronúncia.*

§1° Nos casos dos incisos I e II deste artigo, o desaforamento poderá ser requerido por qualquer das partes, em pedido instruído, dirigido ao Presidente do Tribunal, ou solicitado pelo Juiz, mediante representação, ouvido, sempre, o Procurador-Geral de Justiça.

§2° No caso do inciso III deste artigo, o desaforamento poderá ser requerido pelo réu ou pelo Ministério Público.

Art. 362. *Os efeitos do desaforamento, uma vez concedido, são definitivos.*

Parágrafo único. *Se, em relação à Comarca para a qual o julgamento for desaforado, comprovarem-se os pressupostos do Art. 361 deste Regimento, poderá ser pedido novo desaforamento.*

Art. 363. *O Tribunal não fica adstrito à escolha da Comarca mais próxima ou de uma das mais próximas, mas fundamentará, sempre, a escolha que fizer.*

Título III - Das Requisições de Pagamento

Capítulo Único - Dos Precatórios

Art. 364. *O juízo da execução requisitará ao Presidente do Tribunal, mediante precatório, o pagamento das importâncias devidas pelas Fazendas Públicas Estadual e Municipal e pelo INSS, quanto às ações acidentárias, em virtude de decisões judiciais, excetuadas as correspondentes a obrigações de pequeno valor definidas em lei.*

Art. 365. *O ofício requisitório indicará o valor total da requisição e sua natureza (comum ou alimentar), os valores dos créditos que a compõe e o rol dos credores com valores individualizados, devendo ser instruído com as seguintes peças, por cópias autenticadas, além de outras reputadas convenientes à sua instrução:*

I. *sentença condenatória e acórdão, no caso de reexame necessário ou interposição de recurso;*

II. *certidão de citação do ente devedor para opor embargos e de intimação para manifestação, no caso de haver despesas acrescidas posteriormente à liquidação;*

III. *certidão do decurso de prazo sem oposição de embargos ou rejeição destes;*

IV. *sentença dos embargos oferecidos e acórdão, no caso de reexame necessário ou interposição de recurso;*

V. *cálculo do valor executado, acompanhado da respectiva planilha;*

VI. *decisão sobre o cálculo e acórdão, no caso de ter havido recurso;*

VII. *certidão de que as decisões mencionadas nos incisos I, IV e VI deste artigo transitaram em julgado;*

VIII. *cópia da cédula de identidade (RG) e do cartão de identificação do contribuinte (CIC/CPF) dos credores;*

IX. *petição inicial da execução;*

X. *decisão que determinou a expedição do precatório e certidão de preclusão;*

XI. *certidão de intimação do representante do Ministério Público acerca dos cálculos apresentados;*

XII. *procuração e substabelecimento.*

XIII. *decisão que tenha reconhecido a existência de doença grave, na forma da lei, quando for o caso.*

§1º Serão reputados credores, para os fins deste artigo:

I. *os exequentes, quanto aos créditos a eles referidos por sentença ou acórdão;*

II. *os advogados, quanto aos honorários advocatícios;*

III. *os auxiliares do Juízo, quanto às custas e despesas dos atos por eles praticados.*

§2º O Presidente do Tribunal de Justiça poderá instituir, mediante Decreto, procedimento virtual de expedição e deferimento de precatórios requisitórios que terá pelo menos os dados previstos no caput e incisos deste artigo.

§3º O cumprimento do disposto no Art. 22, §4º, da Lei nº 8.906/94 dependerá de requerimento ao Juízo de execução, que o apreciará previamente à expedição do precatório.

§4º A Escrivania/Secretaria deverá certificar nos autos de origem o trânsito em julgado das decisões mencionadas nos incisos I, IV, VI e X deste artigo. (Redação dada pela Res. 2/2010, publicado no e-DJ 493, de 19/10/2010).

Art. 366. *Protocolizado, o precatório será encaminhado ao Departamento Econômico e Financeiro, que o autuará e o registrará em sistema próprio, e, depois de informado, remetê-lo-á ao Gabinete da Presidência do Tribunal para julgamento.*

§1º O precatório será deferido após o atendimento dos requisitos do Art. 365 deste Regimento, podendo ser determinada a adoção de outras providências pelo Presidente do Tribunal para sua regularização.

§2º Em seguida, os autos irão com vista ao Procurador-Geral de Justiça.

Art. 367. *Deferido o precatório, o Presidente expedirá requisição da quantia necessária ao pagamento do débito judicial, endereçada ao ordenador de despesa da entidade de direito público devedora, comunicando o fato ao Juízo requisitante.*

Parágrafo único. *Dessa decisão caberá agravo regimental ao Órgão Especial.*

Art. 368. *Será obrigatória a inclusão, no orçamento da entidade de direito público devedora, relativamente a precatório deferido e requisitado no Tribunal de Justiça, quando apresentada a requisição no ente devedor até 1º de julho, da verba necessária ao pagamento do débito até o final do exercício seguinte, quando os valores serão atualizados monetariamente.*

Art. 369. *Feito o depósito requisitado, será este transferido para conta de poupança judicial, ocasião em que o Presidente do Tribunal determinará o repasse da respectiva verba ao Juízo da execução, que calculará as contribuições previdenciárias e o imposto de renda retido na fonte, efetuará os respectivos recolhimentos e o pagamento do saldo ao credor.*

Art. 370. *No precatório decorrente de mandado de segurança proposto originariamente neste Tribunal de Justiça será observado, quanto ao pagamento e cálculos, igual procedimento ao previsto no Art. 369 deste Regimento, perante o Departamento Econômico e Financeiro.*

Art. 371. *Feito o pagamento, o Juízo encaminhará ao Departamento Econômico e Financeiro cópia da sentença de extinção do feito com a respectiva certidão do trânsito em julgado e de quitação, para baixa do precatório.*

Art. 372. *Caberá ao Presidente do Tribunal, a requerimento do credor preterido em seu direito de precedência, ou de não alocação orçamentária do valor necessário ao pagamento do precatório, ouvido, em dez dias, o Procurador-*

Geral de Justiça, autorizar o sequestro de quantia necessária à satisfação do débito.

§1º *No caso de não liberação tempestiva dos recursos, durante a vigência do regime especial de pagamento dos precatórios requisitórios previsto no Art. 97 do ADCT:*

I. *haverá o sequestro da quantia nas contas de Estado e Municípios devedores, quanto a sua administração direta ou indireta, por ordem do Presidente do Tribunal requerido, até o limite do valor não liberado;*

II. *constituir-se-á, alternativamente, por ordem do Presidente do Tribunal requerido, em favor dos credores de precatórios, contra Estados e Municípios devedores, direito líquido e certo, autoaplicável e independentemente de regulamentação, à compensação automática com débitos líquidos lançados por esta contra aqueles, e, havendo saldo em favor do credor, o valor terá automaticamente poder liberatório do pagamento de tributos de Estados e Municípios devedores, até onde se compensarem.*

§ 2º *Dessa decisão caberá agravo regimental ao Órgão Especial.*

Título IV - Da Carreira da Magistratura

Capítulo I - Da Parte Geral

Art. 373. *A carreira da Magistratura de primeira instância far-se-á por meio de promoções, remoções, opções e permutas.*

§1° *As promoções, remoções e opções serão feitas alternadamente, por antiguidade e merecimento, esta em lista tríplice, entre os integrantes do primeiro quinto da lista de antiguidade, observada a exigência de interstício de dois anos, salvo a inexistência de Juízes com esse requisito.*

§2º *Não havendo candidatos que figurem na primeira quinta parte da lista de antiguidade, deve-se apurar a segunda quinta parte considerando os magistrados remanescentes da mesma entrância, excluindo-se os integrantes da primeira, e assim sucessivamente.*

§3º *Para efeito de remoção por merecimento ao cargo de Juiz de Direito Substituto em Segundo grau, será considerado o primeiro quinto da lista dos Juízes de entrância final, excluindo-se dela os que já exercem o respectivo cargo, e somando-se o número que resultar dessa exclusão, e assim sucessivamente.*

§4º *Se houver mais de uma vaga a ser preenchida na mesma sessão, a quinta parte da lista de antiguidade, de que trata os §§ 1º, 2º e 3º deste artigo, será apurada a cada votação. (Redação dada pela Res. 2/2010, publicado no e-DJ 493, de 19/10/2010).*

§5° *A quinta parte da lista de antiguidade deve sofrer arredondamento para o número inteiro superior, caso seja fracionário o resultado da aplicação do percentual.*

§6° *Se algum integrante da quinta parte não manifestar interesse, apenas participam os demais integrantes dela, não sendo admissível sua recomposição.*

§7° *As remoções, por opção, ocorrerão somente nas Comarcas de mais de uma Vara, internamente.*

§8° *No caso de desdobramento ou criação de Vara ou Comarca, o Juiz titular da que foi desdobrada ou da qual saíram as atribuições, tem direito a optar pela de sua preferência, nos dez dias seguintes à publicação do ato que determinar a respectiva instalação, não o fazendo, entender-se-á que preferiu aquela da qual é titular. (Redação dada pela Res.6/2011, publicada no e.DJ 762, de 25/11/2011)*

§9° *As permutas poderão ser deferidas entre Juízes de Comarcas da mesma entrância ou de Seções Judiciárias.*

Art. 374. *A movimentação na carreira será feita em sessão pública, mediante votação aberta e fundamentada, iniciando-se pelo voto do relator; na sequência, proferirá voto o Desembargador mais antigo no Tribunal, seguindo-se, sucessivamente, na ordem decrescente, sendo obrigatória a promoção por merecimento do juiz que figure na lista por três vezes consecutivas ou cinco alternadas.*

(Redação dada pela Res. 8/2012, publicada no e.DJ 863, de 14/05/2012)

§1º *A promoção deverá ser realizada até quarenta dias da abertura da vaga, cuja declaração se fará nos dez dias subseqüentes ao seu fato gerador.*

§2º *O prazo para abertura da vaga poderá ser prorrogado uma única vez, por igual prazo, mediante justificativa fundamentada da Presidência do Tribunal.*

§3º *Para acesso ao Tribunal, aplicam-se, no que couberem, as regras previstas no Art. 373 deste Regimento. (Redação dada pela Res. 2/2010, publicado no e-DJ 493, de 19/10/2010).*

Art. 375. *O magistrado interessado na promoção dirigirá requerimento ao Presidente do Tribunal de Justiça no prazo de inscrição previsto no edital de abertura do respectivo procedimento.*

Parágrafo único. *Salvo em relação ao Art. 382 deste Regimento, as demais condições e elementos de avaliação serão levadas em consideração até à data de inscrição para concorrência à vaga.*

Art. 376. *São condições para concorrer à promoção e ao acesso ao Tribunal, por merecimento, além daquelas previstas no Art. 373 deste Regimento:*

I. *não existir retenção injustificada de autos além do prazo legal;*

II. *não ter o Juiz sido punido, nos últimos doze meses, em processo disciplinar com pena igual ou superior à de censura.*

Art. 377. *Na votação, os membros votantes do Tribunal deverão declarar os fundamentos de sua convicção, com menção individualizada aos critérios utilizados na escolha relativos a:*

I. *desempenho (aspecto qualitativo da prestação jurisdicional);*

II. *produtividade (aspecto quantitativo da prestação jurisdicional);*

III. *presteza no exercício das funções;*

IV. *aperfeiçoamento técnico;*

V. *adequação da conduta ao Código de Ética da Magistratura Nacional.*

§1º A avaliação desses critérios deverá abranger a totalidade da carreira do magistrado requerente.

§2º No caso de afastamento ou de licença legais do magistrado nesse período, será considerado o tempo de exercício jurisdicional imediatamente anterior, exceto no caso do inciso V deste artigo, em que também se levará em consideração o período de afastamento ou licença.

§3º Os Juízes em exercício ou convocados na Presidência, Corregedoria-Geral, Corregedoria e Vice-Presidências do Tribunal, ou licenciados para exercício de atividade associativa da Magistratura, deverão ter a média de sua produtividade aferida no período anterior às suas designações, deles não se exigindo a participação em ações específicas de aperfeiçoamento técnico durante o período em que se dê a convocação ou afastamento.

Art. 378. *Na avaliação da qualidade das decisões proferidas serão levados em consideração:*

I. *a redação;*

II. *a clareza;*

III. *a objetividade;*

IV. *a pertinência de doutrina e jurisprudência, quando citadas;*

V. *o respeito às súmulas do Supremo Tribunal Federal e dos Tribunais Superiores*

Art. 379. *Na avaliação da produtividade serão considerados os atos praticados pelo magistrado no exercício profissional, levando-se em conta os seguintes parâmetros:*

I. *estrutura de trabalho, tais como:*

a) *compartilhamento das atividades na unidade jurisdicional com outro magistrado (titular, substituto ou auxiliar);*

b) *acervo e fluxo processual existente na unidade jurisdicional;*

c) *cumulação de atividades;*

d) *competência e tipo do Juízo;*

e) *estrutura de funcionamento da vara (recursos humanos, tecnologia, instalações físicas, recursos materiais);*

II. *volume de produção, mensurado pelo:*

a) *número de audiências realizadas;*

b) *número de conciliações realizadas;*

c) *número de decisões interlocutórias proferidas;*

d) *número de sentenças proferidas, por classe processual e com priorização dos processos mais antigos;*

e) *número de acórdãos e decisões proferidas em substituição ou auxílio no Segundo Grau, bem como em Turmas Recursais dos Juizados Especiais Cíveis e Criminais;*

f) *o tempo médio do processo na Vara.*

§1º Na avaliação da produtividade deverá ser considerada a média do número de sentenças e audiências em comparação com a produtividade média de Juízes de unidades similares, utilizando-se, para tanto, dos institutos da mediana e do desvio padrão oriundos da ciência da estatística, privilegiando-se, em todos os casos, os magistrados cujo índice de conciliação seja proporcionalmente superior ao índice de sentenças proferidas dentro da mesma média.

§2º Não serão consideradas sentenças de mérito, para fins de produtividade, as sentenças homologatórias de transação e as de extinção do processo sem resolução de mérito, salvo, quanto a estas, se exigirem maior fundamentação.

Art. 380. *A presteza será avaliada quanto aos seguintes aspectos:*

I. *dedicação, definida a partir de ações como:*

a) *assiduidade ao expediente forense;*

b) *pontualidade nas audiências e sessões;*

c) *gerência administrativa;*

d) *atuação em unidade jurisdicional definida previamente pelo Tribunal como de difícil provimento;*

e) *participação efetiva em mutirões, em justiça itinerante e em outras iniciativas institucionais;*

f) *residência e permanência na Comarca;*

g) *inspeção em serventias judiciais e extrajudiciais e em estabelecimentos prisionais e de internamento de proteção de menores sob sua jurisdição;*

h) *medidas efetivas de incentivo à conciliação em qualquer fase do processo;*

i) *inovações procedimentais e tecnológicas para incremento da prestação jurisdicional;*

j) *publicações, projetos, estudos e procedimentos que tenham contribuído para a organização e a melhoria dos serviços do Poder Judiciário;*

k) *alinhamento com as metas do Poder Judiciário, traçadas sob a coordenação do Conselho Nacional de Justiça.*

II. *celeridade na prestação jurisdicional, considerando-se:*

a) *a observância dos prazos processuais, computando-se o número de processos com prazo vencido e os atrasos injustificáveis;*

b) *o tempo médio para a prática de atos;*

c) *o tempo médio de duração do processo na Vara, desde a distribuição até a sentença;*

d) *o tempo médio de duração do processo na Vara, desde a sentença até o arquivamento definitivo, desconsiderando-se, nesse caso, o tempo que o processo esteve em grau de recurso ou suspenso;*

e) *número de sentenças líquidas prolatadas em processos submetidos ao rito sumário e sumaríssimo e de sentenças prolatadas em audiências.*

§1º Não serão computados na apuração dos prazos médios os períodos de licenças, afastamentos ou férias.

§2º Os prazos médios serão analisados à luz da sistemática prevista no § 1º do Art. 379 deste Regimento.

(Redação dada pela Res. 2/2010, publicado no e-DJ 493, de 19/10/2010).

Art. 381. *Na avaliação do aperfeiçoamento técnico serão considerados:*

I. *a frequência e o aproveitamento em cursos oficiais ou reconhecidos pela Escola Nacional da Magistratura, considerados os cursos e eventos oferecidos em igualdade a todos os magistrados pelo Tribunal e Conselhos do Poder Judiciário, pela Escola da Magistratura, diretamente ou mediante convênio.*

II. *os diplomas, títulos ou certificados de conclusão de cursos jurídicos ou de áreas afins e relacionados com as competências profissionais da Magistratura, realizados após o ingresso na carreira.*

III. *ministração de aulas em palestras e cursos promovidos pelo Tribunal ou Conselhos do Poder Judiciário, pela Escola da Magistratura ou pelas instituições de ensino conveniadas com o Poder Judiciário.*

§1º Os critérios de frequência e aproveitamento dos cursos oferecidos deverão ser avaliados de forma individualizada e seguirão os parâmetros definidos pela Escola Nacional de Formação e Aperfeiçoamento de Magistrados (ENFAM).

§2º O Tribunal e os Conselhos do Poder Judiciário deverão custear as despesas para que todos os magistrados participem dos cursos e palestras oferecidos, respeitada a disponibilidade orçamentária.

§3º As atividades exercidas por magistrados na direção, coordenação, assessoria e docência em cursos de formação de magistrados na Escola Nacional ou do Tribunal são consideradas serviço público relevante e, para o efeito deste artigo, computadas como tempo de formação pelo total de horas efetivamente comprovadas.

Art. 382. *Na avaliação da adequação da conduta ao Código de Ética da Magistratura Nacional serão considerados:*

I. *a independência, imparcialidade, transparência, integridade pessoal e profissional, diligência e dedicação, cortesia, prudência, sigilo profissional, conhecimento e capacitação, dignidade, honra e decoro;*

II. *de forma negativa eventual processo administrativo disciplinar aberto contra o magistrado concorrente, bem como as sanções aplicadas no período da avaliação, não sendo consideradas eventuais representações em tramitação e sem decisão definitiva, salvo com determinação de afastamento prévio do magistrado e as que, definitivas, datem de mais de dois anos, na data da abertura do edital.*

Art. 383. *Na avaliação do merecimento não serão utilizados critérios que venham atentar contra a independência funcional e a liberdade de convencimento do magistrado, tais como índices de reforma de decisões.*

Parágrafo único. *A disciplina judiciária do magistrado, aplicando a jurisprudência sumulada do Supremo Tribunal Federal e dos Tribunais Superiores, com registro de eventual ressalva de entendimento, constitui elemento a ser valorizado para efeito de merecimento, nos termos do princípio da responsabilidade institucional, insculpido no Código Ibero-Americano de Ética Judicial (2006).*

Art. 384. *Na avaliação do merecimento será utilizado o sistema de pontuação para cada um dos cinco critérios estabelecidos no Art. 377 deste Regimento, com a livre e fundamentada convicção do membro votante do Tribunal, observada a seguinte pontuação máxima:*

I. *desempenho: 20 pontos;*

II. *produtividade: 30 pontos;*

III. *presteza: 25 pontos;*

IV. *aperfeiçoamento técnico: 10 pontos;*

V. *adequação da conduta ao CEMN: 15 pontos.*

Parágrafo único. *Cada um dos cinco itens deverá ser valorado de zero até a pontuação máxima estipulada, com especificação da pontuação atribuída a cada um dos respectivos subitens constantes dos Arts. 378 a 382 deste Regimento.*

Art. 385. *A Corregedoria-Geral da Justiça centralizará a coleta de dados para avaliação de desempenho, fornecendo os mapas estatísticos para os magistrados avaliadores e disponibilizando as informações para os concorrentes às vagas a serem providas por promoção ou acesso.*

§1º A Escola da Magistratura fornecerá os dados relativos aos cursos de que participaram os magistrados que concorrem à promoção.

§2º Será Relator nato da matéria o Corregedor-Geral da Justiça, que fará distribuir aos Desembargadores os dados informativos de avaliação dos concorrentes, com antecedência mínima de cinco dias.

§3º Toda movimentação de Juízes na carreira será examinada previamente pelo Corregedor-Geral da Justiça, que será o Relator nato da matéria, no Órgão Especial ou no Tribunal Pleno, incumbindo-lhe praticar as diligências e prestar as informações necessárias.

Art. 386. *Finalizado o processo de levantamento de dados dos magistrados inscritos, serão eles notificados para tomar ciência das informações relativas a todos os concorrentes, facultando-lhes a impugnação em prazo não inferior a cinco dias, com direito de revisão pelo mesmo órgão que examinar a promoção e na mesma sessão.*

Parágrafo único. *Findo o prazo para impugnação aos registros, a informação será participada aos integrantes do órgão do Tribunal ao qual seja afeta a matéria relativa às promoções, para que, decorridos dez dias, possam os autos ser levados à primeira sessão ordinária do respectivo Colegiado.*

Art. 387. *No caso de antiguidade, o Órgão Especial ou o Tribunal Pleno poderá recusar o Juiz mais antigo, pelo voto de dois terços de seus membros, assegurada a ampla defesa, observado o disposto no Art. 389 deste Regimento, repetindo-se a votação até se fixar a indicação. (Redação dada pela Res. 2/2010, publicado no e-DJ 493, de 19/10/2010).*

Art. 388. *Na organização da lista tríplice serão considerados indicados os candidatos que obtiverem a maioria de votos dos Desembargadores presentes.*

§1° Se nenhum dos candidatos obtiver a indicação na primeira votação, adotar-se-á o seguinte procedimento:

I. *outro escrutínio será realizado e concorrerão os dois mais votados;*

II. *para o segundo lugar na lista, será realizado outro escrutínio, concorrendo os dois mais votados e não indicados no anterior;*

III. *para o terceiro lugar na lista, será realizado outro escrutínio, concorrendo os dois mais votados e não indicados no anterior.*

§2° Se ocorrer empate na votação, será considerado indicado, ou integrante do próximo escrutínio, o candidato mais antigo na entrância.

§3º O magistrado que constar de lista de merecimento para promoção, ou remoção ao cargo de Juiz de Direito Substituto em Segundo Grau, nela será mantido, só podendo ser excluído motivadamente pelo voto de dois terços dos membros do Órgão Especial ou do Tribunal Pleno. (Redação dada pela Res. 2/2010, publicado no e-DJ 493, de 19/10/2010).

Art. 389. *Nas promoções pelo critério de antiguidade, ou quando for um só o aspirante à indicação, se a proposta de recusa, manejada por qualquer integrante do colegiado, for aceita como plausível pela maioria dos presentes à sessão, será suspenso o provimento da vaga e observado o seguinte: (Redação dada pela Res. 2/2010, publicado no e-DJ 493, de 19/10/2010).*

I. *o voto que propõe a recusa delimitará os fatos e as provas que a justificam;*

II. *o interessado será notificado, com cópia do voto, para, no prazo de cinco dias, apresentar defesa;*

III. *o procedimento terá por Relator o Corregedor-Geral da Justiça, que, caso necessário, ordenará a produção das provas que entender indispensáveis;*

IV. *após as providências do inciso III deste artigo, o procedimento será relatado perante o Órgão Especial ou o Tribunal Pleno, conforme o caso, com inclusão em pauta.*

Art. 390. *Todos os debates e fundamentos da votação serão registrados e disponibilizados preferencialmente no sistema eletrônico.*

Capítulo II - Da Parte Especial

Art. 391. *A nomeação de Juiz Substituto à entrância inicial decorrerá de vaga que resultar da inexistência de requerimento de remoção por Juízes de Direito de entrância inicial.*

Art. 392. *Os pedidos de remoção de Seções Judiciárias formuladas por Juízes Substitutos somente serão aceitos quando, segundo o entendimento do Tribunal, a solicitação atender, exclusivamente, aos interesses da Justiça, observados ainda, os seguintes critérios:*

I. *antiguidade na carreira;*

II. *permissão de uma única remoção;*

III. *não atribuição de ajuda de custo a qualquer título;*

IV. *assunção imediata na sede da Seção Judiciária;*

V. *protocolização do requerimento no dia da publicação do decreto que deu causa à vaga.*

Art. 393. *Aberta a vaga e verificado o critério pelo qual deverá ser preenchida, o Presidente do Tribunal fará publicar edital, com o prazo de cinco dias, chamando os interessados à remoção ou à promoção.*

§1° A movimentação na carreira far-se-á na Comarca, tomando-se por base o último critério adotado em cada uma delas para remoção e promoção.

§2° Na ocorrência de duas ou mais vagas, será publicado edital para cada vaga, simultaneamente, assegurada a alternância dos critérios de merecimento e antiguidade.

§3° No caso de Comarca de mais de uma Vara, independentemente de edital, no prazo de cinco dias a partir da publicação do decreto que deu causa à vaga, os Juízes que o quiserem poderão requerer a opção, observada a alternância de critério na Comarca.

Art. 394. *Ao provimento do Juiz Substituto na entrância inicial e à promoção por merecimento, precederá a remoção, alternadamente, por antiguidade e merecimento.*

Art. 395. *Na promoção, definida a vaga resultante da opção e não sendo ela por antiguidade, será publicado edital de promoção por merecimento, precedida de remoção, pelo critério que couber, indicando a Comarca ou a vaga a ser provida.*

§1° Se a vaga não for preenchida por meio de promoção por merecimento, porque o foi por remoção, novo edital será publicado para promoção novamente por merecimento, precedida de remoção, pelo critério que couber, com indicação da Comarca ou da vaga a ser provida.

§2° Se mais uma vez a vaga for preenchida por remoção, a seguinte será provida, obrigatoriamente, por promoção pelo critério de merecimento.

Art. 396. *A formação de lista tríplice a ser encaminhada ao Poder Executivo para a escolha de membro do Tribunal a ser nomeado na vaga destinada ao quinto constitucional será feita em sessão pública, mediante votos abertos, nominais e fundamentados.*

Capítulo III - Do Procedimento Administrativo de Vitaliciamento

Art. 397. *O procedimento de vitaliciamento compreende a avaliação contínua do desempenho jurisdicional do magistrado durante o biênio de estágio probatório, acompanhada de orientações referentes à atividade judicante e à carreira da Magistratura.*

Art. 398. *O Corregedor-Geral da Justiça presidirá o procedimento de vitaliciamento, no que será coadjuvado pelos Juízes Auxiliares da Corregedoria e por Juízes Formadores.*

Art. 399. *Consideram-se Juízes Formadores os magistrados vitalícios que poderão ser designados pelo Corregedor-Geral da Justiça, sem ônus para o Poder Judiciário, salvo os casos previstos no Art. 86 do Código de Organização e Divisão Judiciárias do Estado do Paraná, para acompanhar o desempenho dos vitaliciandos, ministrando-lhes as orientações necessárias à carreira da Magistratura.*

Parágrafo único. *A Corregedoria-Geral da Justiça poderá firmar convênio com a Escola da Magistratura objetivando a preparação e indicação dos Juízes Formadores.*

Art. 400. *A Corregedoria-Geral da Justiça, sob a supervisão dos Juízes Auxiliares, formará prontuários individuais dos juízes vitaliciandos, em que serão reunidos todos os documentos, peças processuais e informações referentes ao seu desempenho no período compreendido entre a investidura e o décimo oitavo mês de exercício da função, bem assim cópias dos autos dos respectivos procedimentos de concurso para ingresso na carreira.*

Art. 401. *Na avaliação do desempenho jurisdicional do magistrado não vitalício, levar-se-ão em consideração:*

I. *a exação no cumprimento dos deveres do cargo consoante arts. 35, 36 e 39 da LOMAN e arts. 73 e 74 do CODJPR;*

II. *a compatibilidade de sua conduta com a dignidade, a honra e o decoro de suas funções;*

III. *a capacidade de trabalho na perspectiva qualitativa e quantitativa e da presteza e da segurança no exercício da função;*

IV. *a adaptação ao cargo e à função.*

Art. 402. *A compatibilidade da conduta do magistrado com a dignidade, a honra e o decoro de suas funções será avaliada com base nas observações e informações colhidas pela Corregedoria-Geral da Justiça em visitas à Seção Judiciária ou à Comarca em que estiver atuando o vitaliciando, bem assim por meio de comunicações reservadas dos Juízes Formadores e dos demais magistrados vitalícios, sempre que necessárias.*

Parágrafo único. *Decorridos doze meses de exercício da função pelo vitaliciando, informações sobre sua conduta funcional e social serão solicitadas à Ordem dos Advogados do Brasil - Seção do Estado do Paraná, à Procuradoria- Geral de Justiça do Estado e aos magistrados junto aos quais atuou.*

Art. 403. *O vitaliciando deverá encaminhar, mensalmente, à Corregedoria ou ao Juiz Formador designado, cópias das sentenças e das decisões proferidas, estas a seu critério, as quais embasarão a avaliação qualitativa de seu trabalho.*

Art. 404. *Na avaliação qualitativa, levar-se-ão em conta, principalmente:*

I. *a estrutura do ato sentencial e das decisões em geral;*

II. *presteza e a segurança no exercício da função, inclusive na condução de audiências.*

§1º *O avaliador elaborará, trimestralmente, relatório sobre os trabalhos analisados, no qual se especificarão os aspectos a serem aperfeiçoados pelo vitaliciando;*

§2º *Os Juízes Auxiliares da Corregedoria-Geral da Justiça, por ocasião das visitas correcionais ordinárias, ou Juiz Formador, a qualquer tempo, assistirão às audiências presididas pelo vitaliciando, com posterior preenchimento de planilha a qual embasará as orientações que lhe serão encaminhadas em trinta dias. (Redação dada pela Res. 2/2010, publicado no e-DJ 493, de 19/10/2010).*

Art. 405. *Na avaliação quantitativa, além dos relatórios mensais que deverão ser encaminhados pelo vitaliciando à Corregedoria, serão analisados:*

I. *a conjugação produtividade/qualidade de trabalho;*

II. *a concentração ao trabalho e eficiência no exercício da função;*

III. *a desenvoltura nas audiências realizadas;*

IV. *outras atividades eventualmente exercidas (Juizados Especiais, Eleitoral e Direção do Fórum);*

V. *o método de trabalho.*

§1º *O Juiz Auxiliar ou o Juiz Formador, trimestralmente, efetuará análise do trabalho do magistrado não vitalício sob o prisma quantitativo, elaborando relatório em que se consignarão as orientações indispensáveis, dando prioridade à metodologia de trabalho, com anotações atinentes às evoluções constatadas.*

§2º *Além das avaliações quantitativa e qualitativa, o Juiz Formador poderá encaminhar à Corregedoria-Geral da Justiça informações sobre a conduta pessoal do Juiz ou sobre o seu perfil vocacional, a que poderá atribuir caráter sigiloso.*

Art. 406. *Cópias dos relatórios mencionados no § 1º do Art. 404 e § 1º do Art. 405 deste Regimento serão encaminhadas ao vitaliciando pelo Corregedor-Geral da Justiça.*

Parágrafo único. *Todos os relatórios e comunicações referentes ao procedimento de vitaliciamento serão assinados pelo Corregedor-Geral da Justiça e por um Juiz Auxiliar ou Juiz Formador.*

Art. 407. *A avaliação concernente à adaptação ao cargo e à função será levada a efeito na observação contínua sob todos os outros aspectos mencionados no Arts. 405 deste Regimento.*

Parágrafo único. *Decorridos quatorze meses da investidura, os Juízes em fase de vitaliciamento serão submetidos à reavaliação psicossocial, segundo procedimento sigiloso a cargo da Corregedoria. Os fatos relevantes relacionados a esses exames serão comunicados, reservadamente, pelo psicólogo ou pelo psiquiatra ao Corregedor-Geral da Justiça, para fins de acompanhamento e orientação, quando possível.*

Art. 408. *Na data de sua investidura, ao novo magistrado será informado o nome do Juiz Auxiliar ou do Juiz Formador que acompanhará seu desempenho jurisdicional, a quem deverá dirigir-se para obter informações e orientações relativas à carreira. (Redação dada pela Res. 2/2010, publicado no e-DJ 493, de 19/10/2010).*

Parágrafo único. *Por iniciativa da Corregedoria-Geral da Justiça, ou do próprio Juiz Formador que estiver com dificuldades para dar cumprimento ao encargo, poderá haver mudança de indicação do Juiz Formador durante o estágio probatório, tantas vezes quantas necessárias.*

Art. 409. *Após a investidura, a Corregedoria-Geral da Justiça poderá organizar, com a participação da Escola da Magistratura, curso de orientações básicas ao exercício da Magistratura, eminentemente prático no que tange a matérias jurídicas, dando-se ênfase à metodologia do trabalho forense e ao relacionamento do Juiz com as partes, com os servidores do Judiciário, com o Ministério Público, com os advogados, com os Departamentos do Tribunal de Justiça, com as autoridades policiais e demais instituições.*

Parágrafo único. *Os candidatos, aprovados no concurso, que aguardam a nomeação, serão convidados a participar do curso referido no caput.*

Art. 410. *Durante o estágio probatório, a Corregedoria-Geral da Justiça poderá promover encontro regional ou geral com os vitaliciandos, com a participação da Escola da Magistratura, para avaliação das atividades por eles desenvolvidas até então, propiciando-lhes trocas de experiências e projetando a orientação a ser seguida no período restante do estágio probatório.*

Parágrafo único. *Sempre que possível, esses encontros abordarão também, entre outros, temas como economia, sociologia, psicologia, antropologia, informática, gestão de tribunais, modernização da justiça, técnicas de comunicação.*

Art. 411. *Os Juízes Formadores reunir-se-ão periodicamente com o Corregedor-Geral da Justiça e com os Juízes Auxiliares da Corregedoria, para a análise e uniformização dos métodos de avaliação dos vitaliciandos, podendo receber treinamento da Escola da Magistratura.*

Art. 412. *Decorridos dezoito meses da investidura, o Juiz Auxiliar ou o Juiz Formador, com base no prontuário do vitaliciando, apresentará relatório geral sobre seu desempenho jurisdicional ao Corregedor-Geral da Justiça, instruindo-o com os documentos e peças necessárias.*

Art. 413. *O relatório geral será juntado ao procedimento de vitaliciamento e receberá a análise do Corregedor-Geral da Justiça, que poderá determinar diligências complementares.*

Parágrafo único. *Quando o relatório contiver conclusões negativas referentes ao seu desempenho funcional, o juiz vitaliciando será intimado para, querendo, apresentar informações no prazo de cinco dias.*

Art. 414. *No prazo de trinta dias, perante o Conselho da Magistratura, o procedimento de vitaliciamento será relatado pelo Corregedor-Geral da Justiça, que apresentará suas conclusões relativamente à capacidade, aptidão e adequação ao cargo demonstradas pelo magistrado não vitalício.*

Art. 415. *O relatório e a conclusão do Corregedor-Geral da Justiça serão apreciados pelo Conselho da Magistratura.*

§1º *Na hipótese de não haver restrições à confirmação do vitaliciando na carreira, o Conselho declarará estar este apto à aquisição da vitaliciedade ao término do biênio.*

§2º *A declaração de aptidão a que se refere o § 1º deste artigo não impede que seja proposta pelo Conselho a demissão do magistrado não vitalício que, até o término do biênio, venha a cometer falta grave.*

§3º *Se a decisão for pela não confirmação do magistrado na carreira, o Conselho proporá a sua demissão, com afastamento de suas funções até decisão final, obedecido o devido processo legal.*

§4º *A proposta de demissão do vitaliciando implica suspensão automática do prazo de vitaliciamento.*

Capítulo IV - Da Organização da Lista de Antiguidade

Art. 416. *A lista de antiguidade dos Desembargadores, dos Juízes de Direito e Substitutos, correspondente a cada categoria, será atualizada anualmente pelo Presidente do Tribunal e publicada no Diário da Justiça Eletrônico até o último dia útil do mês de fevereiro.*

Art. 417. *Os que se considerarem prejudicados poderão reclamar, no prazo de quinze dias, contados da publicação da lista.*

Art. 418. *Apresentada a reclamação, se manifestamente infundada, o Presidente do Tribunal a indeferirá de plano.*

§1° *Se, porém, parecer-lhe ponderáveis os motivos alegados, mandará ouvir os interessados, cuja antiguidade possa ser prejudicada, marcando-lhes prazo razoável;*

§2° *Findo o prazo, com ou sem a resposta dos interessados, a reclamação será apresentada em mesa para julgamento do Órgão Especial, com prévia distribuição de cópias aos seus membros.*

Art. 419. *A lista que sofrer alteração será republicada, não ensejando nova reclamação.*

Art. 420. *No caso de reversão e de aproveitamento de magistrados aposentados ou postos em disponibilidade, respectivamente, passarão eles a figurar na lista de antiguidade no lugar correspondente ao tempo de efetivo exercício na entrância.*

Capítulo V - Do Afastamento de Magistrados para fins de Aperfeiçoamento Profissional

Art. 421. *Sempre que o magistrado, tanto em primeiro quanto em segundo grau, pretender frequentar curso ou seminário de aperfeiçoamento jurídico ou outros de interesse público, fora do território de sua jurisdição, dirigirá requerimento ao Corregedor-Geral da Justiça, com a antecedência mínima de noventa dias, que instruirá o processo e submeterá a matéria ao órgão Especial, para deliberação, ouvida previamente a Escola da Magistratura.*

Parágrafo único. *O requerimento emanado de membro do Tribunal será dirigido ao Órgão Especial.*

Art. 422. *São considerados:*

I. de curta duração os eventos que não ultrapassem trinta dias;

II. de média duração os eventos que durem de trinta a noventa dias;

III. de longa duração os eventos que ultrapassem noventa dias.

Art. 423. *O pedido de afastamento deverá conter, obrigatoriamente:*

I. o nome e o local de funcionamento da instituição de ensino promotora do curso ou atividade de aperfeiçoamento profissional;

II. a data de início e término do curso ou evento, o calendário acadêmico, os horários das aulas, a carga horária total e eventual previsão de férias durante o curso;

III. prova da inscrição, aprovação em processo seletivo ou aceitação do requerente, a ser fornecida pela instituição promotora do curso ou evento de aperfeiçoamento profissional;

IV. a natureza do curso ou evento e a sua pertinência e compatibilidade com a prestação jurisdicional;

V. prova de domínio da língua em que será ministrado o curso, se no exterior;

VI. o compromisso de:

a) permanência na Instituição a que está vinculado, pelo menos, por prazo idêntico ao do afastamento, após o retorno às atividades;

b) apresentação de certificado de participação, se o evento for de curta duração, e de conclusão, com aproveitamento, na hipótese de eventos de média e longa duração;

c) disponibilização do trabalho de conclusão do evento, permitida a publicação gratuita em revista do Tribunal, a inserção do respectivo texto no site da Escola da Magistratura ou do Tribunal na rede mundial de computadores e arquivamento na Biblioteca para consulta pelos interessados;

d) disseminar, mediante aulas e palestras, os conhecimentos adquiridos durante o evento, quando solicitado pelo Tribunal ou pela Escola da Magistratura;

e) restituir ao Erário o valor correspondente aos subsídios e vantagens percebidos durante o afastamento, na hipótese de não conclusão do curso por fato atribuível ao magistrado, bem como indenizar o Erário pelo subsídio a que faria jus no período remanescente em caso de descumprimento da exigência de permanência mínima, após o retorno às atividades, conforme exigência prevista na alínea a deste artigo.

Parágrafo único. *Quando se tratar de evento de curta duração poderá ser exigida do magistrado a apresentação de resumo dos estudos ou relatório sobre os temas discutidos.*

Art. 424. *O total de afastamentos para evento de longa duração não poderá exceder a cinco por cento do número de magistrados em atividade em primeira e segunda instâncias, limitado, contudo, a vinte afastamentos simultâneos.*

Parágrafo único. Considera-se em efetivo exercício o número total de Juízes em atividade, excluídos os que se encontram em gozo de:

I. licença para tratamento de saúde;

II. licença por motivo de doença em pessoa da família;

III. licença para repouso à gestante;

IV. afastamento para exercer a presidência de associação de classe;

V. afastamento em razão da instauração de processo disciplinar;

VI. afastamento para exercer o cargo de Diretor-Geral da Escola da Magistratura.

Art. 425. No exame do pedido, o Tribunal, mediante decisão objetivamente fundamentada e tomada em sessão aberta, deverá levar em conta os seguintes requisitos:

I. para habilitação do candidato:

a) a observância do limite de afastamentos a que se refere o Art. 424 deste Regimento;

b) a instrução do pedido com os documentos, declarações e informações indicados no Art. 423 deste Regimento;

I. para deferimento do pedido, observado o Art. 426 deste Regimento:

a) a pertinência e compatibilidade do curso ou atividade com a prestação jurisdicional;

b) a conveniência e oportunidade para a Administração Pública;

c) a ausência de prejuízo para os serviços judiciários.

§1º A Corregedoria-Geral da Justiça instruirá o procedimento administrativo com a informação atualizada indicativa do total de magistrados em atividade a que se refere o Art. 424 deste Regimento.

§2º A ausência de qualquer dos requisitos de habilitação implicará o não conhecimento do pedido de afastamento, sem prejuízo de sua renovação com o suprimento dos dados faltantes ou com a redução do número de magistrados afastados.

§3º Não se deferirá afastamento para aperfeiçoamento profissional por período superior a dois anos.

Art. 426. No caso de empate na votação para escolha dos candidatos inscritos para o mesmo curso, ou havendo mais candidatos do que o limite estabelecido, dar-se-á preferência, na seguinte ordem, ao magistrado que:

I. ainda não usufruiu do benefício;

II. conte com maior tempo de serviço na carreira, a partir da posse;

III. seja mais idoso em relação aos concorrentes.

Art. 427. Não será autorizado o afastamento de magistrado quando:

I. não haja cumprido o período de vitaliciamento, ressalvadas as hipóteses de eventos de curta duração ou, a critério do Tribunal ou da respectiva escola nacional ou local, de frequência obrigatória;

II. estiver respondendo a processo administrativo disciplinar, ou houver recebido qualquer punição dessa natureza nos últimos dois anos;

III. tenha despachos ou sentenças pendentes além do prazo legal, injustificadamente;

IV. haja usufruído de idêntico benefício nos últimos cinco anos;

V. apresentar baixa produtividade no exercício da função.

Art. 428. Não terá direito à percepção de diárias o magistrado que se afastar para realização de curso de longa duração, salvo se a sua participação for obrigatória ou de iniciativa da Administração do Tribunal.

Parágrafo único. Nos demais casos, o Tribunal poderá deferir o pagamento de diárias, na forma da lei.

Art. 429. Poderá ser autorizado, ainda, e pelo prazo estabelecido pelo Tribunal, o afastamento:

I. de magistrado que não se licenciou durante a participação no curso, para elaboração do trabalho de conclusão;

II. quando necessário para a apresentação ou defesa do trabalho de conclusão.

Art. 430. O gozo de férias pelo magistrado, sempre acrescidas de um terço, deverá coincidir com as férias na instituição de ensino promotora do curso.

Parágrafo único. Se o período das férias escolares for inferior a sessenta dias, o remanescente será usufruído posteriormente à conclusão do curso.

Título V - Do Processo Administrativo disciplinar de Magistrados

Capítulo I - Das Penas Aplicáveis e do Procedimento

Art. 431. São penas disciplinares:

I. advertência;

II. censura;

III. remoção compulsória;

IV. disponibilidade;

V. aposentadoria compulsória;

VI. demissão.

§1º Os deveres do magistrado são aqueles previstos na Constituição Federal, na Lei Complementar nº 35, de 1979, no Art. 125 do Código de Processo Civil e no Art. 251 do Código de Processo Penal.

§2º Na instrução do processo serão inquiridas no máximo oito testemunhas de acusação e até oito de defesa.

Art. 432. O magistrado negligente no cumprimento dos deveres do cargo está sujeito à pena de advertência; na reiteração e nos casos de procedimento incorreto, a pena será de censura, se a infração não justificar punição mais grave.

Art. 433. O magistrado será removido compulsoriamente, por interesse público, quando incompatibilizado para o exercício funcional em qualquer órgão fracionário do Tribunal, na Vara ou na Comarca em que atue; não havendo vaga, ficará em disponibilidade até ser aproveitado na primeira que ocorrer.

Art. 434. O magistrado será posto em disponibilidade, com vencimentos proporcionais ao tempo de serviço, quando a gravidade das faltas não justificar a decretação da aposentadoria compulsória.

§1º O magistrado posto em disponibilidade por determinação do Órgão Especial somente poderá pleitear o seu aproveitamento após dois anos do afastamento;

§2º Na hipótese deste artigo, o tempo de disponibilidade não será computado, senão para efeito de aposentadoria.

Art. 435. O magistrado será aposentado compulsoriamente, por interesse público, com proventos proporcionais ao tempo de serviço, quando:

I. manifestamente negligente no cumprimento de seus deveres;

II. seu procedimento for incompatível com a dignidade, a honra e o decoro de suas funções;

III. demonstrar escassa ou insuficiente capacidade de trabalho, ou cujo proceder funcional seja incompatível com o bom desempenho das atividades do Poder Judiciário.

Art. 436. *Compete ao Órgão Especial o processo administrativo disciplinar contra o magistrado para a aplicação de qualquer das penalidades previstas no Art. 431 deste Regimento.*

Art. 437. *O processo será iniciado pelo Órgão Especial, por proposta do Corregedor-Geral da Justiça, após prévia sindicância, se necessária; o Corregedor-Geral da Justiça baixará Portaria que conterá a imputação dos fatos e a delimitação do teor da acusação, com remessa dos respectivos autos à Presidência do Tribunal de Justiça.*

§1° O Presidente do Tribunal, mediante ofício, nas quarenta e oito horas seguintes, determinará a entrega, ao magistrado, de cópia do teor da acusação e das provas existentes, para que ofereça defesa preliminar, no prazo de quinze dias, a contar do efetivo recebimento.

§2º Findo o prazo da defesa preliminar, haja ou não sido apresentada, o Presidente convocará o Órgão Especial para que decida sobre a instauração do processo administrativo, sendo Relator o Corregedor-Geral da Justiça.

§3º Determinada a instauração do processo administrativo, o respectivo acórdão conterá, de acordo com a deliberação do Órgão Especial, a imputação dos fatos e a delimitação do teor da acusação; na mesma sessão, será sorteado o Relator, não havendo Revisor.

§4º Por maioria absoluta de seus membros, o Órgão Especial poderá, motivadamente, determinar a instauração de processo administrativo disciplinar e, se for o caso, afastar preventivamente o magistrado, pelo prazo de noventa dias, prorrogável até o dobro, assegurados os vencimentos e as vantagens até a decisão final; o prazo de afastamento poderá, ainda, ser prorrogado em razão de delonga decorrente do exercício do direito de defesa.

§5º O afastamento do magistrado poderá também ser determinado na fase de sindicância se o fato assim o recomendar, observando-se, no que couber, o disposto no §4º deste artigo.

§6º O Relator determinará a citação do magistrado para apresentar defesa em quinze dias, encaminhando-lhe cópia do acórdão do Órgão Especial; em seguida decidirá sobre a produção de provas que se fizerem necessárias, podendo delegar poderes, para colhê-las, a Juiz de Direito de entrância superior à do acusado.

§7º O magistrado e seu procurador serão intimados de todos os atos, e o Relator poderá interrogar o magistrado sobre os fatos imputados, designando dia, hora e local, bem como determinando a intimação do acusado e de seu procurador.

§8º Finda a instrução, o magistrado ou seu procurador terá vista dos autos, por dez dias, para razões.

§9º Após o visto do Relator, serão remetidas, aos Desembargadores do Órgão Especial, cópias da Portaria do Corregedor-Geral da Justiça, do acórdão do Órgão Especial, da defesa prévia e das razões do magistrado, além de outras peças determinadas pelo Relator.

§10º Depois do relatório e da sustentação oral, serão colhidos os votos. A punição do magistrado somente será imposta pelo voto da maioria absoluta do Órgão Especial.

§11º Da decisão somente será publicada a conclusão.

§12º Se o Órgão Especial concluir pela existência de indícios bastantes de crime de ação pública, o Presidente do Tribunal remeterá ao Ministério Público cópia dos autos.

§13º Em se tratando de falta disciplinar cometida por Desembargador, a sindicância, o início do processo administrativo e a relatoria caberão ao Presidente do Tribunal, observadas as regras deste artigo.

Art. 438. *No caso de a defesa suscitar invalidez parcial ou total, temporária ou permanente, para o exercício do cargo, o magistrado será afastado das suas funções sem prejuízo de seus vencimentos, e será instaurado incidente próprio em autos apartados, sendo observado que:*

I. o processo administrativo e o prazo prescricional da pretensão punitiva ficarão suspensos até o julgamento final do incidente;

II. o incidente seguirá o procedimento para aposentadoria por incapacidade previsto no capítulo III deste Título, no que couber.

Art. 439. *O Corregedor-Geral da Justiça, no caso de magistrados de primeiro grau, ou o Presidente do Tribunal, nos demais casos, que tiver ciência de irregularidade é obrigado a promover a apuração imediata dos fatos.*

Capítulo II - Da Demissão de Magistrado não vitalício

Art. 440. *O magistrado não vitalício perderá o cargo por proposta do Conselho da Magistratura, acolhida pelo voto da maioria absoluta dos integrantes do Órgão Especial do Tribunal de Justiça.*

§1° A pena de demissão será aplicada em caso de falta grave cometida pelo Juiz não vitalício e nas hipóteses de manifesta negligência no cumprimento dos deveres do cargo, de procedimento incompatível com a dignidade, a honra e o decoro de suas funções, de escassa ou insuficiente capacidade de trabalho, ou se o proceder funcional for incompatível com o bom andamento das atividades do Poder Judiciário.

§2° O procedimento será, a qualquer tempo, instaurado dentro do biênio inicial previsto na Constituição Federal, mediante provocação do Conselho da Magistratura ao Órgão Especial do Tribunal de Justiça.

§3° Poderá o Órgão Especial, se concluir não ser o caso de pena de demissão, aplicar as de remoção compulsória, censura ou advertência, vedada a disponibilidade.

§4° No caso de aplicação de alguma das penas do § 3º deste artigo, o Juiz não vitalício ficará impedido de ser promovido ou removido enquanto não decorrer um ano da punição imposta.

§5° Na hipótese de haver restrições à confirmação do magistrado vitaliciando na carreira, o Conselho da Magistratura encaminhará ao Órgão Especial proposta de sua demissão, que suspenderá o curso do prazo de vitaliciamento.

§6° O procedimento será o previsto no Art. 437 e seus parágrafos deste Regimento, assegurados o contraditório e a ampla defesa.

§7° Somente pelo voto da maioria absoluta dos integrantes do Órgão Especial será negada a confirmação do magistrado na carreira.

§8° Negada a vitaliciedade, o Presidente do Tribunal de Justiça expedirá o ato de exoneração.

Capítulo III - Da Aposentadoria por Incapacidade

Art. 441. *O processo para verificação da incapacidade física de magistrado será instaurado após dois anos de licença reiterada para tratamento de saúde, em períodos contínuos ou não, a requerimento do interessado ou mediante portaria baixada pelo Presidente do Tribunal.*

§1º A portaria pode ser lavrada de ofício ou em atendimento a deliberação do Órgão Especial, ou por provocação da Corregedoria-Geral da Justiça.

§2º No caso de doença grave e irreversível, incompatível com o exercício da judicatura, o procedimento será instaurado, quando requerida nova licença para tratamento de saúde, se o magistrado, no biênio, houver se afastado, ao todo, por seis meses ou mais.

Art. 442. *Distribuída a portaria ou o requerimento, o Relator sorteado mandará notificar o magistrado, com cópia da ordem inicial, para que, no prazo de quinze dias, prorrogável por mais dez, ofereça razões para defesa de seus direitos, podendo juntar documentos.*

§1º Quando a invalidez resultar de doença mental, será nomeado curador ao magistrado, sem prejuízo da defesa que ele próprio queira oferecer ou tenha oferecido.

§2º Decorrido o prazo de defesa, com ou sem resposta, o Relator nomeará junta de três médicos, de reconhecida competência, sempre que possível especialistas, para proceder ao exame do magistrado, no prazo de dez dias, ordenando as diligências pertinentes.

§3° O magistrado, antes do exame ou no decurso do prazo de dez dias, poderá arguir motivo legítimo contra a nomeação dos peritos, cabendo ao Relator julgar a arguição, irrecorrivelmente.

Art. 443. *Na hipótese do § 1º do Art. 442 deste Regimento, o magistrado será afastado, desde logo, do exercício do cargo, até decisão final a ser proferida no prazo de sessenta dias.*

§1° Se o examinado se encontrar fora do Estado, a nomeação da comissão de médicos e a realização do exame serão deprecadas.

§2° No caso de incapacidade mental, o curador poderá assistir ao exame e requerer o que for de direito.

Art. 444. *Se o magistrado recusar-se a se submeter ao exame médico, o julgamento far-se-á com apoio em qualquer outra espécie de prova.*

Art. 445. *Efetuado ou não o exame, será aberto o prazo de dez dias para as alegações finais.*

Art. 446. *Recebidos os autos, pedirá o Relator a designação de sessão do Órgão Especial, com limitação de presença, para o julgamento do feito.*

§1° No julgamento, depois do relatório, poderá o procurador ou o curador do magistrado oferecer sustentação oral.

§2° A aprovação da proposta de aposentadoria por invalidez será por maioria absoluta dos membros do Órgão Especial.

§3º Na hipótese do § 2º deste artigo, o Órgão Especial deliberará, motivadamente, acerca da necessidade, ou não, de o aposentado ser submetido à reavaliação médica periódica, estabelecendo prazo para tanto; nesse caso, deverá ser observada a regra do § 2º do Art. 442 deste Regimento.

Art. 447. *Concluído o julgamento pela incapacidade, o Presidente do Tribunal fará expedir o ato de aposentadoria.*

Art. 448. *Todos os atos do processo deverão ser completados em prazo que não exceda a sessenta dias, a contar do afastamento do magistrado do exercício de seu cargo.*

Capítulo IV - Da Reversão e do Aproveitamento

Art. 449. *A reversão ou aproveitamento do magistrado dependerá de pedido do interessado e de existência de vaga a ser preenchida pelo critério de merecimento, podendo o Órgão Especial deixar de fazer a indicação, no interesse da Justiça.*

§1° O requerente será aproveitado em Seção Judiciária, em Comarca de igual entrância ou no cargo que ocupava anteriormente.

§2° O magistrado que desejar reverter à atividade deverá provar sua aptidão física e mental, mediante laudo de inspeção de saúde, passado pelo Centro de Assistência Médica e Social do Tribunal de Justiça, na forma do § 2° do Art. 442deste Regimento.

Art. 450. *A decisão, ouvido o Conselho da Magistratura, será tomada pelo voto da maioria absoluta dos membros do Órgão Especial, em sessão com limitação de presença.*

Art. 451. *Se a decisão concluir pela reversão, o Presidente do Tribunal expedirá ato preenchendo a vaga, se houver; caso contrário, ficará o magistrado em disponibilidade até a abertura de vaga.*

Capítulo V - Do Procedimento por Excesso de Prazo

Art. 452. *A representação contra Desembargador, por exceder prazo legal ou regimental, será feita mediante petição em duas vias, instruída com os documentos necessários e dirigida ao Presidente do Tribunal.*

§1° Autuada e numerada a representação, o Presidente, se a considerar em termos de ser processada, ordenará a remessa da segunda via ao representado, a fim de que apresente defesa no prazo de cinco dias.

§2° Recebida a defesa, ou decorrido o prazo sem sua apresentação, o Presidente, no prazo de dez dias, apresentará o processo em mesa, para julgamento na primeira sessão do Órgão Especial.

§3° O Presidente poderá avocar os autos em que ocorrer o excesso de prazo, a fim de instruir o julgamento.

§4° Se a representação for julgada procedente, o Órgão Especial determinará a redistribuição do feito, adotando as providências que entender cabíveis em face da responsabilidade funcional apurada.

Art. 453. *Igual procedimento será adotado pelo Presidente do Tribunal, de ofício, quando constatado significativo volume de feitos com excesso de prazo.*

Capítulo VI - Dos Recursos e das Disposições Gerais

Art. 454. *Das decisões proferidas pelo Relator, nos procedimentos estabelecidos neste título, caberá agravo regimental.*

Art. 455. *O Presidente do Tribunal ou o Corregedor-Geral da Justiça poderão arquivar, de plano, qualquer reclamação ou representação que se mostrar manifestamente infundada ou que envolver, exclusivamente, matéria jurisdicional, passível de impugnação pelos recursos ordinários ou mediante correição parcial.*

§1° Da decisão do Presidente ou do Corregedor-Geral da Justiça caberá agravo regimental ao Órgão Especial ou ao Conselho da Magistratura, respectivamente.

§2° Após a preclusão administrativa, as penalidades definitivamente impostas e as alterações decorrentes de recursos julgados pelo Órgão Especial serão anotadas em ficha funcional.

LIVRO V

Título Único - Da Alteração e Interpretação do Regimento e das Disposições Finais e Transitórias

Capítulo I - Da Alteração e da Interpretação do Regimento

Art. 456. *As alterações deste Regimento serão feitas mediante emendas regimentais.*

Parágrafo único. *Qualquer Desembargador poderá propor a alteração deste Regimento, mediante proposta escrita e articulada, que será previamente examinada pela Comissão de Regimento Interno e Procedimento.*

Art. 457. *A Comissão, dentro do prazo de sessenta dias, apresentará parecer por escrito, redigido por um de seus membros, o qual funcionará como Relator no Tribunal Pleno.*

Art. 458. *Apresentada emenda no curso da discussão, poderá ser suspensa a votação, para que sobre ela se manifeste a Comissão de Regimento Interno e Procedimento.*

Art. 459. *Considerar-se-ão aprovadas as disposições que tiverem a maioria dos votos dos presentes na sessão.*

Art. 460. *Cabe ao Órgão Especial interpretar este Regimento, mediante provocação de qualquer membro do Tribunal, ouvida previamente a Comissão de Regimento Interno e Procedimento, que emitirá parecer escrito no prazo de quinze dias.*

Parágrafo único. *O Órgão Especial, se necessária a interpretação, editará ato interpretativo sob a forma de assento, com caráter vinculante.*

Art. 461. *As alterações a este Regimento entrarão em vigor na data de sua publicação.*

Capítulo II - Das Disposições Finais e Transitórias

Art. 462. *Na primeira sessão de cada ano, o Presidente do Tribunal fará a leitura do resumo de seu relatório de prestação de contas do ano anterior.*

Art. 463. *O Tribunal fará publicar, mensalmente, no Diário da Justiça Eletrônico, dados estatísticos sobre seus trabalhos no mês anterior, entre os quais:*

VII. *o número de votos proferidos pelos seus membros, como Relator ou Revisor, nominalmente indicado;*

VIII. *o número de feitos distribuídos no mesmo período a cada um dos magistrados;*

IX. *o número de processos individualmente recebidos, em consequência de pedido de vista ou como Revisor;*

X. *a relação dos feitos conclusos aos magistrados para voto, lavratura de acórdão, decisão e despacho, ainda não devolvidos, embora decorridos os prazos regulamentares.*

Art. 464. *Nenhum Juiz de Direito ou Juiz Substituto, em atividade ou em disponibilidade, poderá ser preso senão por ordem do Órgão Especial do Tribunal de Justiça, salvo em flagrante por crime inafiançável.*

§1º No caso de prisão em flagrante por crime inafiançável, o preso será conduzido e apresentado ao Presidente do Tribunal, que ordenará as providências para a lavratura do flagrante.

§2º Lavrado o auto de prisão em flagrante, o Presidente mandará recolher o magistrado em sala especial do Estado-Maior da Polícia Militar e convocará o Órgão Especial, no prazo máximo de quarenta e oito horas, remetendo a cada Desembargador cópia do auto de prisão em flagrante.

§3º O Órgão Especial deliberará, mediante relatório oral do Presidente do Tribunal e com limitação de presença, sobre a subsistência da prisão e o local onde deverá permanecer.

Art. 465. *Quando, no curso de qualquer investigação, houver indício da prática de crime por parte de Juiz, a autoridade policial remeterá os autos ao Tribunal de Justiça para prosseguimento da investigação, que será presidida por Relator sorteado, dando-se ciência ao Procurador-Geral de Justiça.*

§1º Entre os poderes investigatórios do Relator sorteado estão compreendidos os de requisitar diligências e perícias às autoridades policiais, bem como o de determinar a quebra de sigilo postal, telegráfico, telefônico, fiscal, de dados e bancário.

§2º Encerrada a investigação e elaborado o relatório, os autos serão encaminhados ao Procurador-Geral de Justiça.

Art. 466. *Decretada a prisão civil de magistrado, o Presidente do Tribunal requisitará da autoridade que decretou a prisão cópia do inteiro teor da decisão e das peças necessárias do processo, para conhecimento do Órgão Especial.*

Art. 467. *Nos casos omissos, será subsidiário deste Regimento o do Supremo Tribunal Federal, e sucessivamente, o do Superior Tribunal de Justiça.*

Art. 468. *A mudança de competência determinada por este Regimento não autorizará a redistribuição de feitos, e aqueles distribuídos anteriormente não firmarão prevenção.*

§1º A alteração da competência das Câmaras Cíveis determinada pelo Tribunal Pleno e retratada na Resolução 15/2014 terá vigência a partir de 01/02/2015. (Redação dada pela Res. nº 15, publicada no e.DJ nº 1484 de 12/01/2015)

§2º Em 01/02/2016 será realizado estudo pela Comissão de Regimento Interno referente à necessidade de modificação de competência recursal das Câmaras Cíveis, objetivando evitar acentuado desequilíbrio de trabalho entre esses órgãos julgadores. (Redação dada pela Res. nº 15, publicada no e.DJ nº 1484 de 12/01/2015)

Art. 469. *Os atuais presidentes das Seções e das Câmaras Isoladas e em Composição Integral que contem, na data da publicação deste Regimento, mais de um ano na respectiva direção, promoverão, desde logo, o rodízio de que trata o Art. 71, II, deste Regimento.*

Art. 470. *Este Regimento entrará em vigor na data da sua publicação, revogadas as disposições em contrário.*

CAPÍTULO 03

Código de Normas da Corregedoria-Geral da Justiça do PR

Lei nº 14.277 de 30/12/2003

DOE nº 6636 de 30/12/2003

Art. 1º. *Este Código dispõe sobre a Organização e Divisão Judiciárias do Estado do Paraná e disciplina a constituição, a estrutura, as atribuições e a competência do Tribunal de Justiça, de Juízes e dos Serviços Auxiliares, observados os princípios constitucionais que os regem (redação dada pela Lei nº 14.925 de 24/11/2005 – DOE nº 7109 de 25/11/2005).*

§ 1º. *São regentes do presente código, dentre outros os seguintes princípios constitucionais:*

I. legalidade:

II. impessoalidade;

III. moralidade;

IV. publicidade

V. eficiência.

§ 2º. *Além dos princípios referidos no parágrafo anterior, também se aplicam à presente lei, os seguintes:*

I. probidade;

II. motivação;

III. finalidade;

IV. razoabilidade;

V. proporcionalidade;

VI. interesse público;

VII. modicidade das custas e emolumentos.

§ 3º. *Na constituição e alteração das atribuições e competência dos Tribunal de Justiça, de Juízes e dos Serviços Auxiliares, deverão ser observados, além dos princípios previstos nos parágrafos anteriores, os critérios de democratização da gestão e do acesso à Justiça, qualificação permanente, efetividade e celeridade (redação dada pela Lei nº 14.925 de 24/11/2005 – DOE nº 7109 de 25/11/2005).*

§ 4º. *Os aludidos princípios e critérios são condições de aplicação e hermenêutica, vedada a sua afastabilidade, sob pena de nulidade absoluta, decretável de ofício.*

§ 5º. *Ficam estatizadas as serventias do foro judicial, inclusive as criadas por esta lei, respeitados os direitos dos atuais titulares.*

§ 6º. *O Poder Judiciário, observadas as suas disponibilidades financeiras e orçamentárias, encaminhará mensagem à Assembleia Legislativa dispondo sobre o Quadro de Servidores e respectivos vencimentos, para cumprimento do disposto no parágrafo anterior.*

§ 7º. *A administração da Justiça é exercida pelo Poder Judiciário.*

LIVRO I - Organização Judiciária

Título I - Organização Judiciária

Capítulo Único - Órgãos do Poder Judiciário

Art. 2º. *São órgãos do Poder Judiciário do Estado:*

I. o Tribunal de Justiça;

II. Revogado; (redação dada pela Lei nº 14.925 de 24/11/2005 – DOE nº 7109 de 25/11/2005).

III. os Tribunais do Júri;

IV. os Juízes de Direito;

V. os Juízes de Direito Substitutos de entrância final;

VI. os Juízes Substitutos;

VII. os Juizados Especiais;

VIII. os Juízes de Paz.

Parágrafo único. *Para executar decisões ou diligências que ordenarem, poderão os tribunais e Juízes requisitar o auxílio da força pública.*

Art. 3º. *É vedada a convocação ou a designação de Juiz de primeiro grau para exercer cargo ou função no Tribunal de Justiça, ressalvada a substituição de seus integrantes e o auxílio direto do Presidente do Tribunal de Justiça, dos Vice-Presidentes, do Corregedor- Geral da Justiça e do Corregedor, em matéria administrativa, jurisdicional e correicional (redação dada pela Lei nº 16.181 de 17/07/2009 – DOE nº 8015 de 17/07/2009).*

§ 1º. *O Presidente do Tribunal de Justiça poderá designar Juízes de Direito da Comarca da Região Metropolitana de Curitiba para atuarem junto aos órgãos superiores do Tribunal de Justiça, nos termos do caput deste artigo.*

§ 2º. *As designações a que se refere o parágrafo anterior não implicarão vantagem pecuniária aos Juízes designados, salvo o ressarcimento de despesas de transporte e o pagamento de diárias, sempre que estes tiverem que se deslocar da sede.*

Título II -Tribunal de Justiça

Capítulo I - Composição

Art. 4º. *O Tribunal de Justiça, órgão máximo do Poder Judiciário estadual, composto por cento e quarenta e cinco (145) Desembargadores, tem sede na Capital e jurisdição em todo o território do Estado (redação dada pela Lei nº 17.550 de 24/04/2013 – DOE nº 8944 de*

24/04/2013).

Art. 5º. *Os Juízes de última entrância serão promovido ao cargo de Desembargador pelo Presidente do Tribunal de Justiça nas vagas correspondentes à respectiva classe, por antiguidade e merecimento, alternadamente, observado o disposto no artigo 6º deste Código (redação dada pela Lei nº 14.925 de 24/11/2005 – DOE nº 7109 de 25/11/2005).*

§ 1º. *No caso de antiguidade, apurada na última entrância, o Tribunal de Justiça somente poderá recusar o Juiz mais antigo pelo voto fundamentado de dois terços (2/3) de seus membros, conforme procedimento próprio e assegurada ampla defesa, repetindo-se a votação até fixar-se a indicação (redação dada pela Lei nº 14.925 de 24/11/2005 – DOE nº 7109 de 25/11/2005).*

§ 2º. *Tratando-se de vaga a ser provida pelo critério de merecimento, a promoção recairá no Juiz que for incluído na lista tríplice organizada pelo Tribunal de Justiça e com o maior número de votos, sem prejuízo dos remanescentes mantidos em lista e observado o disposto no Art. 93, II, letras "a" e "b", da Constituição Federal.*

§ 3º. *Não será promovido o Juiz que, injustificadamente, retiver autos em seu poder além do prazo legal, não podendo devolvê-lo ao cartório sem o devido despacho ou decisão (redação dada pela Lei nº 14.925 de 24/11/2005 – DOE nº 7109 de 25/11/2005).*

Art. 6º. Um quinto (1/5) dos lugares do Tribunal de Justiça será composto de membros do Ministério Público, com mais de dez (10) anos de carreira, e de advogados de notório saber jurídico e de reputação ilibada, com mais de dez anos de efetiva atividade profissional, indicados em lista sêxtupla pelos órgãos de representação das respectivas classes (redação dada pela Lei nº 14.925 de 24/11/2005 – DOE nº 7109 de 25/11/2005).

§ 1º. Sendo ímpar o número de vagas destinadas ao quinto constitucional, uma delas será alternada e sucessivamente preenchida por membro do Ministério Público e por advogados, de tal forma que, também sucessiva e alternadamente, os representantes de uma dessas classes superem os da outra em uma unidade (redação dada pela Lei nº 14.925 de 24/11/2005 – DOE nº 7109 de 25/11/2005).

§ 2º. Quando resultar em fração o número de vagas destinadas ao quinto constitucional, corresponderá ela ao número inteiro seguinte (redação dada pela Lei nº 14.925 de 24/11/2005 – DOE nº 7109 de 25/11/2005).

§ 3º. Recebidas as indicações, o Tribunal de Justiça formará lista tríplice, enviando-a ao Poder Executivo, que, nos vinte (20) dias subseqüentes, escolherá um de seus integrantes para nomeação (redação dada pela Lei nº 14.925 de 24/11/2005 – DOE nº 7109 de 25/11/2005).

Art. 7º. Verificada vaga de Desembargador, a ser preenchida por magistrado de carreira, o Presidente do Tribunal de Justiça convocará o órgão competente para o preenchimento do respectivo cargo (redação dada pela Lei nº 14.925 de 24/11/2005 – DOE nº 7109 de 25/11/2005).

Parágrafo único. Se a vaga de Desembargador destinar-se ao quinto constitucional, o Presidente do Tribunal de Justiça oficiará ao órgão de classe a que couber a vaga para os fins do artigo 6º (redação dada pela Lei nº 14.925 de 24/11/2005 – DOE nº 7109 de 25/11/2005).

Capítulo II - Funcionamento

Art. 8º. O Tribunal de Justiça é dirigido pelo Presidente, pelos Vice-Presidentes, Corregedor-Geral da Justiça e Corregedor (redação dada pela Lei nº 16.181 de 17/07/2009 – DOE nº 8015 de 17/07/2009).

§ 1º. Vetado (redação dada pela Lei nº 14.925 de 24/11/2005 – DOE nº 7109 de 25/11/2005).

§ 2º. Não figurará mais entre os elegíveis quem tiver exercido o cargo de Presidente ou quaisquer outros cargos de direção, pelo período de quatro (4) anos, até que se esgotem todos os nomes na ordem de antiguidade, salvo quando houver recusa manifestada por um elegível e aceita antes da eleição.

§ 3º. O disposto no parágrafo anterior não se aplica aos Desembargadores eleitos para qualquer dos cargos da cúpula diretiva, com a finalidade de completar período de mandato inferior a um (1) ano.

Art. 9º. Vagando a Presidência, o 1º Vice-Presidente a exercerá pelo período restante, se inferior a seis (6) meses.

§ 1º. Caracterizada a hipótese supra, tratando-se da 1ª Vice-Presidência ou da Corregedoria-Geral da Justiça, o cargo será exercido, respectivamente, pelo 2º Vice- Presidente e pelo Corregedor, para período restante, quando inferior a seis (6) meses (redação dada pela Lei nº 16.181 de 17/07/2009 – DOE nº 8015 de 17/07/2009).

§ 2º. Se, entretanto, a vacância de quaisquer cargos descritos se der em razão de o eleito não ter assumido o correspondente cargo diretivo na oportunidade prevista pelo Regimento Interno do Tribunal de Justiça, nova eleição deverá ser realizada, para o preenchimento daquela função, observando-se o que dispuserem as normas regimentais.

Art. 10. O Tribunal de Justiça funcionará em Tribunal Pleno, Órgão Especial, Conselho da Magistratura e em órgãos fracionários, na forma que dispuserem a lei e o Regimento Interno (redação dada pela Lei nº 14.925 de 24/11/2005 – DOE nº 7109 de 25/11/2005).

Parágrafo único. O Presidente, os Vice-Presidentes, o Corregedor-Geral da Justiça e o Corregedor não integrarão Câmaras ou Grupos de Câmaras (redação dada pela Lei nº 16.181 de 17/07/2009 – DOE nº 8015 de 17/07/2009).

Art. 11. O Tribunal de Justiça constituirá comissões internas, permanentes ou não, cuja composição, atribuições e funcionamento serão disciplinados no Regimento Interno.

Capítulo III - Tribunal Pleno E Órgão Especial

Art. 12. O Tribunal Pleno e o Órgão Especial terão sua competência estabelecida no Regimento Interno.

Capítulo IV - Conselho Da Magistratura

Art. 13. O Conselho da Magistratura, do qual são membros natos o Presidente do Tribunal de Justiça, o 1º Vice-Presidente e o Corregedor-Geral da Justiça, compõe-se de mais quatro (4) Desembargadores eleitos (redação dada pela Lei nº 14.925 de 24/11/2005 – DOE nº 7109 de 25/11/2005).

§ 1º. A eleição será realizada na mesma sessão em que for eleito o corpo diretivo do Tribunal de Justiça, com mandato coincidente com o deste.

§ 2º. O Conselho da Magistratura terá suas atribuições estabelecidas no Regimento Interno.

Capítulo V - Corregedoria-Geral da Justiça

Art. 14. A Corregedoria-Geral da Justiça, que tem como incumbência a inspeção permanente dos Magistrados, das serventias do foro judicial e dos serviços do foro extrajudicial, terá sua competência e atribuições estabelecidas no Regimento Interno.

Título III - Atribuições e Competência dos Dirigentes do Tribunal de Justiça

Capítulo I - Presidente, 1º E 2º Vice--Presidentes do Tribunal

Art. 15. O Presidente, o 1º e o 2º Vice-Presidentes do Tribunal terão sua competência e atribuições estabelecidas no Regimento Interno.

Capítulo II - Corregedor-Geral da Justiça e Corregedor (Redação Dada Pela Lei Nº 16.181 De 17/07/2009 – Doe Nº 8015 De 17/07/2009).

Art. 16. O Corregedor-Geral da Justiça, além de realizar inspeções e correições permanentes nos serviços judiciários, terá sua competência e atribuições estabelecidas no Regimento Interno.

Parágrafo único. *O Corregedor terá sua competência e atribuições estabelecidas no Regimento Interno (redação dada pela Lei nº 16.181 de 17/07/2009 – DOE nº 8015 de 17/07/2009).*

LIVRO II - Magistrados

Título I - Magistrados de Primeiro Grau

Capítulo Único - Constituição

Art. 25. *A magistratura de primeiro grau de jurisdição é constituída de:*

I. *Juiz Substituto;*

II. *Juiz de Direito de entrância inicial;*

III. *Juiz de Direito de entrância intermediária;*

IV. *Juiz de Direito de entrância final, titular da vara, titular de turma recursal ou substituto em primeiro e segundo graus. (redação do inciso dada pela Lei nº 17.395 de 10/12/2012 – DOE nº 8859 de 14/12/2012).*

§ 1º. *São Juízes Substitutos os de início de carreira, para substituição nas entrâncias inicial e intermediária com sede na comarca que encabeçar a respectiva seção, nomeados mediante concurso, nos termos dos arts. 28 a 32, e com competência definida no Art. 33 deste Código.*

§ 2º. *São Juízes de Direito Substitutos de primeiro grau os de entrância final, quando não titulares de varas, para substituição nas comarcas dessa categoria sediadas na Região Metropolitana de Curitiba, na Região Metropolitana de Londrina, na Região Metropolitana de Maringá, em Ponta Grossa, Foz do Iguaçu, Cascavel, Guarapuava e Umuarama, promovidos entre os de entrância intermediária ou removidos de uma para outra das comarcas de entrância final.(redação do parágrafo dada pela Lei nº 17.210 de 02/07/2012 – DOE nº 8745 de 02/07/2012)*

§ 3º. *São Juízes de Direito Substitutos em Segundo Grau os classificados na entrância final, com preenchimento do cargo mediante remoção, observados, alternadamente, os critérios de antiguidade e de merecimento (redação dada pela Lei nº 14.925 de 24/11/2005 – DOE nº 7109 de 25/11/2005).*

§ 4º. *Os Juízes de Direito Substitutos em Segundo Grau, durante a substituição, terão a mesma competência dos membros do Tribunal de Justiça, exceto em matéria administrativa, ficando vinculados aos feitos em que tenham lançado visto como relator ou revisor, e, ainda, se tiverem solicitado vista ou proferido voto, hipótese em que continuarão o julgamento (redação dada pela Lei nº 14.925 de 24/11/2005 – DOE nº 7109 de 25/11/2005).*

§ 5º. *Caberá ao Presidente do Tribunal de Justiça a designação dos Juízes de Direito Substituto em Segundo Grau (redação dada pela Lei nº 14.925 de 24/11/2005 – DOE nº 7109 de 25/11/2005).*

§ 6º. *Em regime de exceção, decorrente do acúmulo de processos, os Juízes de Direito Substituto em Segundo Grau poderão ser designados para auxiliar no Tribunal de Justiça, caso em que atuarão exclusivamente nos processos acumulados, constantes de relação específica (redação dada pela Lei nº 14.925 de 24/11/2005 – DOE nº 7109 de 25/11/2005).*

Art. 26. *Vago o cargo de Desembargador ou encontrando-se o titular afastado por trinta (30) dias ou mais, far-se-á a convocação de Juiz de Direito Substituto de Segundo Grau (redação dada pela Lei nº 14.925 de 24/11/2005 – DOE nº 7109 de 25/11/2005).*

Art. 27. *Antes de decorrido o biênio do estágio probatório e desde que indicada pelo Conselho da Magistratura a aplicação da pena de demissão, o Juiz Substituto e o Juiz de Direito, quando for o caso, ficarão automaticamente afastados das respectivas funções, com perda do direito à vitaliciedade, ainda que a aplicação da pena ocorra após o decurso daquele prazo.*

Título II - Juízes Substitutos

Capítulo I - Nomeação

Art. 28. *O ingresso na carreira da magistratura, cujo cargo inicial será o de Juiz Substituto, dar-se-á mediante concurso público de provas e títulos, este com prazo de validade de até dois (2) anos, prorrogável uma única vez e, no máximo, por igual período.*

Art. 29. *O concurso, salvo outra forma de realização estabelecida pelo Órgão Especial, será prestado perante comissão examinadora integrada pelo Presidente do Tribunal de Justiça, pelo Corregedor-Geral da Justiça, por um representante da Ordem dos Advogados do Brasil e por Desembargadores indicados pelo Órgão Especial.*

Parágrafo único. *Para inscrever-se no concurso, o interessado deverá preencher, na data da inscrição, os seguintes requisitos:*

I. *ser brasileiro;*

II. *estar em pleno exercício dos direitos civis e políticos e quite com as obrigações eleitoral e militar;*

III. *ser bacharel em Direito;*

IV. *gozar de boa saúde física e mental e não apresentar deficiência que o incapacite ao exercício da magistratura;*

V. *não possuir antecedentes criminais, nem ter sofrido penalidade no exercício de cargo*

VI. *público ou de atividade profissional.*

VII. *comprovar, por documento, o exercício de, no mínimo, três (03) anos de atividade jurídica, na forma da lei (redação dada pela Lei nº 14.925 de 24/11/2005 – DOE nº 7109 de 25/11/2005).*

Art. 30. *No pedido de inscrição, deverá o candidato indicar todos os cargos ou atividades que tiver exercido profissionalmente.*

Art. 31. *O Tribunal de Justiça, mediante convênio com a Associação dos Magistrados do Paraná e com a Escola da Magistratura, às quais repassará os necessários recursos financeiros, organizará cursos permanentes voltados tanto à preparação para ingresso na magistratura quanto ao aperfeiçoamento de magistrados.*

Parágrafo único. *No concurso público referido no Art. 28, será atribuído valor relevante à conclusão do curso de preparação ministrado pela Escola da Magistratura do Paraná.*

Art. 32. *O Regimento Interno do Tribunal de Justiça disciplinará a forma e as condições do concurso, cabendo ao Conselho da Magistratura elaborar o seu regulamento. Parágrafo único. Serão indicados para nomeação os candidatos correspondentes ao número de vagas, respeitados a ordem de classificação e o prazo de validade do concurso.*

Capítulo II- Competência

Art. 33. *O Juiz Substituto, quando no exercício de substituição, ou designado para auxiliar os Juízes de Direito das comarcas que integram as correspondentes seções judiciárias, terá a mesma competência destes.*

Parágrafo único. *Caberá ao substituto, na ausência, mesmo eventual, do Juiz titular, decidir os pedidos cíveis e criminais de natureza urgente e comunicar, incontinenti, o fato ao Corregedor-Geral da Justiça (redação dada pela Lei nº 14.925 de 24/11/2005 – DOE nº 7109 de 25/11/2005).*

Título III - Juízes De Direito

Capítulo Único - Competência

Art. 34. *Salvo disposições em contrário, compete ao Juiz de Direito, em primeiro grau de jurisdição, o exercício de toda a jurisdição*

§ 1º. *O Tribunal de Justiça, por ato de seu Presidente, poderá designar Juízes de Direito de entrância final para conhecer e julgar conflitos fundiários, no âmbito de todo o Estado, atribuindo-lhes competência exclusiva.*

§ 2º. *Cumpre ao Juiz defender, pelas vias regulares de direito, a sua competência.*

Art. 35. *Nas comarcas onde houver mais de um Juízo, proceder-se-á à distribuição dos feitos.*

Art. 36. *O Presidente do Tribunal de Justiça, ouvido o Corregedor-Geral da Justiça, se este não for o proponente da medida, poderá designar Juízes de Direito de primeiro grau de jurisdição para, cumulativamente com suas funções, proferirem sentença ou, nos limites das respectivas comarcas, responderem por matéria da competência de outros Juízos (redação dada pela Lei nº 16.220 de 26/08/2009 – DOE nº 8043 de 26/08/2009).*

Art. 37. *Nas Comarcas de entrância final, a Direção do Fórum será exercida por um dos Juízes Titulares pelo prazo máximo de dois (2) anos, sob indicação do Órgão Especial e designação do Presidente do Tribunal de Justiça.*

§ 1º. *Nas Comarcas do Interior do Estado, a Direção do Fórum será exercida por um dos Juízes Titulares, pelo prazo máximo de 2 (dois) anos, mediante sucessão automática e obedecendo-se à ordem de antiguidade na Comarca.*

§ 2º. ...Vetado...

Art. 38. *Nas comarcas de entrância inicial ou naquelas de Juízo único a direção de Fórum será exercida pelo Juiz Titular.*

Art. 39. *A substituição eventual do Juiz de Direito Diretor de Fórum será exercida pelo Juiz de Direito mais antigo na comarca, independentemente de designação.*

Art. 40. *O Juiz Substituto responderá pela direção de Fórum sempre que na comarca não se encontrar em exercício nenhum dos Juízes titulares de varas, observado o disposto na parte final do artigo anterior.*

Art. 41. *As atribuições do Juiz de Direito Diretor de Fórum serão definidas pelo Conselho da Magistratura.*

Título IV - Da Justiça Militar

Obs:(redação do TÍTULO, dada pela Lei nº 17.257 de 31/07/2012 – DOE nº 8766 de 31/07/2012)

Capítulo I - Composição E Funcionamento

Obs:(redação dos arts. 42 ao 47, dada pela Lei nº 17.257 de 31/07/2012 – DOE nº 8766 de 31/07/2012)

Art. 42. *A Justiça Militar Estadual será exercida:*

I. pelo Juiz de Direito da Vara da Justiça Militar e pelos Conselhos de Justiça previstos na legislação militar, com jurisdição em primeiro grau em todo o Estado;

II. pelo Tribunal de Justiça, em segundo grau de jurisdição.

Art. 43. *A titularidade da Vara da Justiça Militar será exercida por Juiz de Direito de entrância final.*

Art. 44. *A Justiça Militar Estadual, em primeiro grau de jurisdição, terá uma secretaria cível e uma secretaria criminal.*

I. a Secretaria Cível compor-se-á de um Diretor de Secretaria e Técnicos Judiciários em número suficiente para o bom desempenho dos trabalhos da serventia.

II. a Secretaria Criminal compor-se-á de um Diretor de Secretaria e Auxiliares em número suficiente para o bom desempenho dos trabalhos da serventia.

Parágrafo único. *O Juiz de Direito titular da Vara da Justiça Militar requisitará da corporação um Oficial Subalterno ou intermediário para a função de Diretor da Secretaria Criminal e praças para atuarem como seus auxiliares, excepcionando-se a regra contida no § 1º do Art. 5º da Lei 16.023/2008.*

Art. 45. *Na composição do Conselho de Justiça, observar-se-á, no que for aplicável, o disposto na legislação da Justiça Militar.*

Art. 46. *Em seus eventuais impedimentos ou ausências, o Juiz da Justiça Militar será substituído por Juiz de Direito Substituto designado pelo Presidente do Tribunal de Justiça.*

Capítulo II - Competência

Art. 47. *Compete à Justiça Militar processar e julgar os militares do Estado, nos crimes militares definidos em lei e as ações judiciais contra atos disciplinares militares, ressalvada a competência do Tribunal do Júri quando a vítima for civil.*

Obs:(redação dos arts. 42 ao 47, dada pela Lei nº 17.257 de 31/07/2012 – DOE nº 8766 de 31/07/2012)

Título V -Tribunal do Júri

Capítulo I -Composição e Funcionamento

Art. 48. *O Tribunal do Júri, instalado nas sedes das comarcas, obedecerá, em sua composição e funcionamento, às normas do Código de Processo Penal.*

Art. 49. *As reuniões do Tribunal do Júri serão mensais, devendo instalar-se mediante convocação do Juiz Presidente.*

§ 1º. *Será dispensada a convocação das reuniões quando não houver processo preparado para julgamento.*

§ 2º. *O Presidente do Tribunal de Justiça poderá determinar, sempre que o exigir o interesse da Justiça, reunião extraordinária do Tribunal do Júri em qualquer comarca.*

Capítulo II - Atribuições e Competência

Art. 50. *Compete ao Tribunal do Júri o julgamento dos crimes dolosos contra a vida e dos que lhe forem conexos, consumados ou tentados.*

§ 1º. *Aos Juízos das Varas do Tribunal do Júri compete a organização e presidência deste e a instrução e julgamento de todos os processos de sua competência.*

§ 2º. *No Foro Central da Comarca da Região Metropolitana de Curitiba, a competência será definida por distribuição entre as varas privativas dos Tribunais do Júri.*

Art. 51. *Nas comarcas que não contarem com vara privativa do júri, mas que tenham mais de uma vara criminal, os processos relativos a crimes dolosos contra a vida a que se refere o caput do artigo anterior serão distribuídos entre essas varas e ali processados até a fase dos arts. 408 a 411 do Código de Processo Penal.*

§ 1º. *O réu será submetido a julgamento pelo Tribunal do Júri, presidido pelo Juiz da 1ª. Vara Criminal, para onde serão remetidos os autos.*

§ 2º. *A cada julgamento realizado pelo Tribunal do Júri, a respectiva vara receberá um processo a menos na distribuição.*

Art. 52. *No Foro Central da Comarca da Região Metropolitana de Curitiba, cada Tribunal do Júri contará com dois magistrados, sendo um deles Juiz Sumariante, e o outro, Juiz Presidente.*

Art. 53. *Competirá ao Juiz Sumariante:*

- **I.** *receber ou rejeitar a denúncia;*
- **II.** *presidir a instrução, proferir sentença e processar o eventual recurso que for interposto.*

Parágrafo único. *Ficará preventa a competência do Juiz Sumariante na hipótese de desclassificação, salvo se operada pelo Tribunal do Júri.*

Art. 54. Ao Juiz Presidente competirá:

- **I.** *receber o libelo;*
- **II.** *preparar o processo para julgamento;*
- **III.** *presidir a sessão de julgamento e proferir sentença;*
- **IV.** *processar os recursos interpostos contra decisões que proferir;*
- **V.** *organizar a lista geral de jurados anualmente;*
- **VI.** *fazer o sorteio e a convocação dos vinte e um (21) jurados componentes do Júri para a sessão.*

Art. 55. *Ao Juiz Sumariante e ao Juiz Presidente, nas respectivas fases do processo em que exercerem a competência funcional, caberá decretar, relaxar ou regular a prisão do réu, bem como conceder-lhe liberdade provisória.*

Parágrafo único. *Nos impedimentos e ausências justificadas, os Juízes Sumariante e Presidente substituir-se-ão reciprocamente sempre que não houver incompatibilidade ao desenvolvimento de suas específicas funções, independentemente de designação.*

Título VI- Juizados Especiais Cíveis e Criminais

Capítulo I- Estrutura do Sistema

Art. 56. *Integram o Sistema dos Juizados Especiais:*

- **I.** *o Conselho de Supervisão;*
- **II.** *as Turmas Recursais;*
- **III.** *os Juizados Especiais Cíveis;*
- **IV.** *os Juizados Especiais Criminais.*

Capítulo II - Conselho de Supervisão dos Juizados Especiais

Art. 57. *Compõem o Conselho de Supervisão dos Juizados Especiais:*

- **I.** *o Presidente do Tribunal de Justiça;*
- **II.** *o Vice-Presidente do Tribunal de Justiça;*
- **III.** *o Corregedor-Geral da Justiça;*
- **IV.** *um Juiz Diretor dos Juizados Especiais da Capital;*
- **V.** *um Juiz Supervisor dos Juizados Especiais de uma das comarcas de entrância final do interior;*
- **VI.** *um Juiz Presidente de Turma Recursal.*

Parágrafo único. *Os Juízes a que se referem os incisos IV, V e VI serão indicados pelo Conselho da Magistratura.*

Art. 58. *Ao Conselho de Supervisão dos Juizados Especiais compete:*

- **I.** *elaborar o seu Regimento Interno;*
- **II.** *propor ao Presidente do Tribunal de Justiça a designação de Juízes leigos e de conciliadores;*
- **III.** *expedir editais de concurso e homologar concurso para provimento de cargos para a estrutura administrativa e de apoio dos Juizados Especiais;*
- **IV.** *referendar portarias de designação de Juízes togados para compor as Turmas Recursais;*
- **V.** *processar e julgar os recursos e as reclamações contra o resultado de concursos levados a efeito no âmbito dos Juizados Especiais;*
- **VI.** *aprovar, anualmente, o relatório de atividades elaborado pela Supervisão-Geral dos Juizados Especiais no âmbito do Estado;*
- **VII.** *referendar ou alterar, por proposta da Supervisão-Geral, a designação de substituto aos servidores da Justiça no âmbito dos Juizados Especiais, no caso de vacância, licença ou férias;*
- **VIII.** *regulamentar procedimentos;*
- **IX.** *receber reclamações e sugestões;*
- **X.** *decretar regime de exceção nos Juizados Especiais, mediante proposição do Supervisor do Sistema;*
- **XI.** *organizar cursos de preparação e aperfeiçoamento para juízes togados e leigos, conciliadores e servidores;*
- **XII.** *promover encontros para acompanhamento, orientação e avaliação das atividades dos Juizados Especiais;*
- **XIII.** *planejar e supervisionar, no plano administrativo, a instalação e funcionamento dos Juizados Especiais, sem prejuízo da competência da Corregedoria-Geral da Justiça;*
- **XIV.** *exercer outras atribuições definidas em lei.*

Art. 59. *A Supervisão-Geral do Sistema dos Juizados Especiais no Estado competirá ao Presidente do Tribunal de Justiça, que poderá delegá-la a um dos Vice-Presidentes.*

Capítulo III - Turmas Recursais

Art. 60. *A Turmas Recursais serão compostas por Juízes de Direito de entrância final. (redação dada pela Lei nº 17.395 de 10/12/2012 – DOE nº 8859 de 14/12/2012).*

§ 1º. *O Presidente do Tribunal de Justiça, após parecer do Conselho de Supervisão, poderá criar tantas Turmas Recursais quantas forem necessárias e dispor a respeito da sua composição, sede e competência territorial, bem como designar Juízes para exercerem as funções de suplentes em número suficiente para atender eventual aumento da quantidade de recursos para julgamento (redação dada pela Lei nº 16.030 de 19/12/2008 – DOE nº 7875 de 19/12/2008).*

§ 2º. *Compete à Turma Recursal processar e julgar os recursos interpostos contra decisões dos Juizados Especiais, bem como os embargos de declaração de suas próprias decisões.*

§ 3º. *A Turma Recursal é igualmente competente para processar e julgar os mandados de segurança e os habeas corpus impetrados contra atos dos Juízes de Direito dos Juizados Especiais.*

§ 4º. *A Turma Recursal será presidida pelo Juiz mais antigo entre os seus componentes.*

§ 5º. *Nos impedimentos e ausências, o Presidente será automaticamente substituído pelo membro mais antigo.*

§ 6º. *Em caso de afastamento temporário de qualquer dos membros integrantes da turma, não haverá redistribuição de processos.*

§ 7º. *As funções administrativas e de chefia serão exercidas por Secretário.*

§ 8º. *As demais normas de organização e funcionamento das Turmas Recursais serão objeto de resolução do Conselho de Supervisão.*

Capítulo IV- Juizados Especiais e Suas Unidades Jurisdicionais

Art. 61. *Os Juizados Especiais, divididos por secretarias, constituem unidades jurisdicionais compostas por Juízes de primeiro grau.*

Art. 62. *Em cada unidade jurisdicional, o Juiz de Direito poderá contar com o auxilio de juízes leigos e conciliadores, cujas atividades são consideradas como de serviço público relevante, podendo a estes ser atribuído valor pecuniário referente a prestação de serviços, o que, em nenhuma hipótese, importará em vínculo empregatício com o Poder Judiciário.*

§ 1º. *O Presidente do Tribunal de Justiça, depois de ouvido o Conselho de Supervisão, poderá, conforme as disponibilidades orçamentárias, limitar o número de conciliadores e juízes leigos, bem como corrigir os valores pelos serviços por eles prestados.*

§ 2º. *Os pagamentos dos valores pecuniários por serviços prestados pelos juízes leigos e conciliadores não terão efeito retroativo e serão regulamentados por resolução do Conselho de Supervisão, ao que se dará ampla publicidade.*

§ 3º. *As despesas decorrentes dos valores pecuniários pagos pelos serviços prestados pelos juízes leigos e conciliadores correrão à conta da dotação orçamentária própria do Poder Judiciário, suplementada, se necessário, observado o limite financeiro imposto pela Lei Complementar nº 101, de 4 de maio de 2000.*

Art. 63. *As unidades dos Juizados Especiais Cíveis e Criminais, que funcionarão em todas as comarcas, contarão com a estrutura prevista no anexo VII.*

§ 1º. *Nas comarcas onde não existirem cargos próprios dos Juizados Especiais, o Presidente do Tribunal de Justiça, mediante proposta do Juiz de Direito, poderá designar servidores para cumprirem as funções nas respectivas unidades jurisdicionais.*

§ 2º. *O cargo de Secretário é privativo de bacharel em Direito (redação dada pela Lei nº 16.008 de 05/12/2008 – DOE nº 7865 de 05/12/2008).*

§ 4º. *Aos Oficiais de Justiça que funcionarem nos Juizados Especiais poderá ser atribuída ajuda de custo para transporte, a ser regulamentada por resolução do Conselho de Supervisão.*

Art. 64. *Às unidades dos Juizados Especiais Cíveis compete, por distribuição, a conciliação, processamento, julgamento e a execução de causas cíveis de menor complexidade, assim definidas nos termos da lei. Às unidades dos Juizados Especiais Criminais compete, por distribuição, a conciliação, processo, julgamento e a execução de seus julgados, proferidos em processos relativos a infrações penais de menor potencial ofensivo, nos termos da lei, ressalvados o disposto no Art. 74 da Lei Federal 9.099/95 e os casos de competência exclusiva da Vara de Execuções Penais e da Vara de Execução de Penas e Medidas Alternativas, respectivamente.*

Art. 65. *Nas comarcas de entrância intermediária com mais de uma vara, a competência prevista neste título será fixada por resolução do Conselho de Supervisão.*

§ 1º. *Nas comarcas de entrância intermediária de Juízo único e nas de entrância inicial, a competência do Juízo será plena e concomitante.*

§ 2º. *Em casos excepcionais, o Conselho de Supervisão poderá dispor de maneira diversa.*

Capítulo V - Funcionamento Dos Juizados Especiais

Art. 66. *Os Juizados Especiais poderão funcionar descentralizadamente, em unidades a serem instaladas em Distritos Judiciários que compõem as comarcas, bem como nos bairros do município-sede, inclusive de forma itinerante em áreas de elevada densidade populacional, para maior comodidade e presteza no atendimento ao jurisdicionado.*

§ 1º. *A instalação de unidades fixas descentralizadas dependerá de prévia aprovação do Presidente do Tribunal de Justiça, mediante requerimento fundamentado do Supervisor do Sistema dos Juizados Especiais Cíveis e Criminais.*

§ 2º. *As unidades centrais já instaladas poderão ser objeto de descentralização, cuja iniciativa caberá ao Supervisor do Sistema.*

§ 3º. *Aos Juízes de Direito e servidores do quadro de pessoal do Tribunal de Justiça que funcionarem perante as unidades avançadas poderá ser atribuída ajuda de custo para transporte, a ser regulamentada por resolução do Conselho de Supervisão, observado o limite financeiro imposto pela Lei Complementar nº 101, de 4 de maio de 2000.*

Art. 67. *Sem prejuízo do cumprimento do horário de expediente para os ofícios de justiça do foro judicial, as unidades jurisdicionais cíveis e criminais dos Juizados Especiais poderão funcionar fora do expediente normal de trabalho, atendidas as necessidades do serviço e as peculiaridades de cada comarca. (redação dada pela Lei nº 17.250 de 31/07/2012 – DOE nº 8766 de 31/07/2012).*

Art. 68. Os processos e atos relativos aos Juizados Especiais Cíveis e Criminais estão sujeitos à distribuição, observando-se para tanto o contido nos arts. 4º, 6º, 16, 76 e §§ e 84, parágrafo único, da Lei Federal 9.099/95, além das disposições do Código de Normas da Corregedoria-Geral da Justiça, no que for pertinente.

Parágrafo único. O Conselho de Supervisão baixará instruções relativamente à forma de distribuição dos feitos cíveis e criminais, no prazo de até noventa (90) dias, contados da vigência desta Lei, observando-se que:

a) No Foro Central da Comarca da Região Metropolitana de Curitiba, a distribuição dos feitos cíveis e criminais será feita pelo 5º Ofício Distribuidor, e no Foro Central da Comarca da Região Metropolitana de Londrina, a distribuição será feita pelo 2º Ofício Distribuidor, Contador, Partidor e Depositário Público, sem antecipação de custas; (redação da alínea 'a' dada pela Lei nº 17.210 de 02/07/2012 – DOE nº 8745 de 02/07/2012).

b) nas demais comarcas do Estado, a distribuição ou o registro, conforme o caso, serão feitos pelos Distribuidores, sem antecipação de custas.

Art. 69. O acesso ao Juizado Especial Cível, no primeiro grau de jurisdição, não dependerá do pagamento de custas, taxas ou de outras despesas.

§ 1º. O preparo de recurso, na forma do Art. 42, § 1º, da Lei Federal 9.099/95, compreenderá todas as despesas processuais, inclusive aquelas dispensadas em primeiro grau de jurisdição, bem como as taxas recursais, ressalvada a hipótese de assistência judiciária.

§ 2º. Para efeito do disposto no parágrafo anterior, bem assim do contido no Art. 55, primeira parte, da Lei Federal 9.099/95, deverão ser cotadas, no curso do processo, as custas, taxas e outras despesas previstas em lei ou resolução.

§ 3º. A isenção de custas, taxas e despesas previstas no caput deste artigo não se aplica a terceiros não-envolvidos na relação processual, para efeito de expedição de certidões.

§ 4º. As custas, taxas e despesas pagas pelas partes reverterão, na forma da lei, em favor do Fundo de Reequipamento do Poder Judiciário - FUNREJUS, excetuadas aquelas devidas aos ofícios não-integrantes do Sistema de Juizados Especiais.

Art. 70. Os atos dos Depositários Públicos, Contadores, Partidores e Avaliadores serão praticados pelos respectivos ofícios das comarcas do Estado, sem antecipação de custas.

Título VII - Nomeação, Remoção, Opção, Promoção e Permuta dos Juízes

Capítulo I - Nomeação

Art. 71. A nomeação do Juiz Substituto para o cargo de Juiz de Direito será feita com observância da ordem de classificação no respectivo concurso.

Capítulo II - Opção e Permuta

Art. 72. A opção e a permuta far-se-ão no interesse da Justiça por deliberação do Órgão Especial.

Capítulo III - Promoção e Remoção

Art. 73. A promoção e a remoção serão feitas com observância da Constituição Federal, da Lei Orgânica da Magistratura Nacional e da Constituição Estadual.

Art. 74. A antiguidade será apurada na entrância, e o merecimento será aferido mediante critérios objetivos, levando-se em conta:

a) a colocação do juiz, observando-se inicialmente, o primeiro quinto da lista de antiguidade e, vencida esta etapa, o do segundo, do terceiro e assim sucessivamente; b) a dedicação e o esmero com que desempenha a função;

b) a produtividade e a qualidade dos serviços prestados;

c) o número de vezes que tenha figurado em listas;

d) a frequência a cursos oficiais de aperfeiçoamento; e

e) a publicação de trabalhos jurídicos.

Título VIII - Compromisso, Posse, Exercício e Antiguidade

Capítulo I - Compromisso, Posse e Exercício

Art. 75. Nenhuma autoridade judiciária poderá entrar em exercício do cargo sem apresentar o título de nomeação ao órgão ou à autoridade competente para dar-lhe a posse; esta se efetivará mediante compromisso solene de honrar o cargo e de desempenhar com retidão suas funções.

§ 1º. O compromisso será reduzido a termo, e a posse somente se completará pela entrada em exercício.

§ 2º. No ato de posse, o Juiz deverá apresentar declaração pública de seus bens, sob pena de não se consumar o ato, ou de anulá-lo, caso já investido

Art. 76. O prazo para o Juiz entrar em exercício é de trinta (30) dias, contados da publicação do ato oficial de nomeação, prorrogável por idêntico período mediante solicitação do interessado.

§ 1º. O pedido de prorrogação será dirigido ao Presidente do Tribunal de Justiça e deverá ser justificado.

§ 2º. Nos casos de promoção, remoção ou permuta, o prazo de entrada em exercício é de quinze (15) dias, prorrogável, justificadamente, por igual prazo, exceto se não houver mudança de comarca, caso em que a assunção deverá ocorrer imediatamente após a publicação do ato.

Art. 77. Perderá o direito ao cargo, que será havido como vago, o Juiz que não prestar compromisso ou não entrar em exercício nos prazos do artigo anterior.

Parágrafo único. O órgão ou a autoridade competente para empossar o Juiz verificará se foram satisfeitas, no ato da investidura, as condições estabelecidas em lei.

Art. 78. Os Desembargadores tomarão posse perante o Tribunal, em sessão plenária, salvo manifestação em contrário do empossando (redação dada pela Lei nº 14.925 de 24/11/2005 – DOE nº 7109 de 25/11/2005).

§ 1º. Quando do ingresso na magistratura, os Juízes Substitutos tomarão posse perante o Presidente do Tribunal de Justiça.

§ 2º. Os atos em referência poderão ocorrer em período de férias.

§ 3º. O termo de compromisso será lavrado em livro próprio, anotando-se a data da posse no verso do título de nomeação.

§ 4º. O Departamento da Magistratura manterá registro atualizado das atividades dos Desembargadores, dos Juízes de Direito e dos Juízes Substitutos (redação dada pela Lei nº 14.925 de 24/11/2005 – DOE nº 7109 de 25/11/2005).

§ 5º. As anotações aludidas no parágrafo anterior, que serão iniciadas após o nomeado prestar o compromisso legal e entrar em exercício, referir-se-ão a remoções, promoções, licenças, interrupções de exercício e quaisquer ocorrências que possam interessar ao cômputo do tempo de serviço.

Capítulo II - Antiguidade

***Art. 79.** O quadro de antiguidade dos Desembargadores, dos Juízes de Direito e dos Juízes Substitutos, composto das listas correspondentes a cada categoria de magistrado, será atualizado anualmente pelo Presidente do Tribunal de Justiça e publicado no Diário de Justiça (redação dada pela Lei nº 14.925 de 24/11/2005 – DOE nº 7109 de 25/11/2005).*

§ 1º. O quadro será publicado até o dia quinze (15) de fevereiro seguinte, e os que se considerarem prejudicados poderão reclamar, no prazo de dez (10) dias, contados da publicação.

§ 2º. Se a reclamação não for rejeitada liminarmente por manifesta improcedência serão ouvidos os interessados cuja antiguidade possa ser prejudicada pela decisão no prazo de dez (10) dias, findo o qual será apreciada pelo Órgão Especial.

§ 3º. Julgada procedente a reclamação, a lista de antiguidade será republicada, com as pertinentes correções.

***Art. 80.** A antiguidade será apurada na data do efetivo exercício na entrância, prevalecendo, no caso de empate, a colocação na imediatamente inferior, e assim por diante, até se fixar a indicação, considerando-se para esse efeito, sucessivamente, o tempo exercido como Juiz Substituto e a ordem de classificação no respectivo concurso. Parágrafo único. Se persistir a igualdade, a antiguidade será determinada pelo tempo de serviço público prestado ao Estado do Paraná.*

Título IX - Subsídio, Representações, Gratificações, Ajudas de Custo, Diárias e Auxílio Funeral

(redação do Artigo 81 AO 98, dada pela Lei nº 16.747 de 29/12/2010 – DOE nº 8373 de 29/12/2010).

Capítulo I- Subsídio, Representações e Gratificações

(redação do Artigo 81 ao 98, dada pela Lei nº 16.747 de 29/12/2010 – DOE nº 8373 de 29/12/2010).

***Art. 81.** O subsídio mensal do Desembargador do Tribunal de Justiça do Estado do Paraná corresponde a 90,25% (noventa inteiros e vinte e cinco centésimos por cento) do subsídio mensal de Ministro do Supremo Tribunal Federal. (redação do Artigo 81 AO 98, dada pela Lei nº 16.747 de 29/12/2010 – DOE nº 8373 de 29/12/2010).*

§ 1° É irredutível o subsídio dos magistrados, sujeitando-se esse, entretanto, aos impostos gerais, inclusive ao de renda e aos extraordinários, bem como aos descontos fixados em lei.

§ 2º As alterações do subsídio de Ministro do Supremo Tribunal Federal serão estendidas ao subsídio de Desembargador do Tribunal de Justiça do Estado do Paraná, não podendo constituir paradigma para a remuneração de qualquer outro servidor público do Estado.

§ 3° O subsídio dos demais Magistrados serão escalonados, na forma de sua estrutura e com a diferença estabelecida em lei.

§ 4º Os Juízes de entrância final receberão 95% (noventa e cinco por cento) do subsídio do Desembargador e a diferença de uma entrância para outra será de 5% (cinco por cento).

§ 5º Para efeito do parágrafo anterior, os Juízes Substitutos serão considerados de categoria imediatamente inferior aos de entrância inicial.

§ 6 O Juiz de Direito que, por ato do Presidente do Tribunal de Justiça, for convocado para substituir em Comarca de entrância imediatamente superior perceberá, durante o período de designação, a diferença de subsídio correspondente ao cargo que passa a exercer.

§ 7º O Juiz de Direito Substituto em Segundo Grau que for designado para substituir no Tribunal perceberá, durante o período da designação, o subsídio devido ao substituto, salvo as vantagens de caráter pessoal.

***Art. 82.** Além do subsídio mensal, poderão ser outorgadas aos magistrados, nos termos da lei, as seguintes vantagens: (redação DO ARTIGO 81 AO 98, dada pela Lei nº 16.747 de 29/12/2010 – DOE nº 8373 de 29/12/2010, e, nova redação DOS INCISOS DO ARTIGO 82, dada pela Lei nº 17.961 de 11/03/2014 – DOE nº 9162 de 11/03/2014).*

I. ajuda de custo para despesas com transporte e mudança, cursos e seminários de aperfeiçoamento e estudos;
II. diárias;
III. representação;
IV. auxílio-moradia;
V. décimo terceiro salário;
VI. gratificação de férias;
VII. gratificação de direção de Fórum; e
VIII. gratificação por tempo de serviço.

***Art. 83.** Aos magistrados será concedida a gratificação adicional de que trata o inciso IV do artigo anterior, no limite de cinco por cento (5%) sobre seu subsídio, por qüinqüênio de serviço, até o máximo de sete (7).*

***Parágrafo único.** É vedada a percepção, a qualquer título, de gratificação adicional por tempo de serviço de forma diversa da disposta neste artigo. (redação DO ARTIGO 81 AO 98, dada pela Lei nº 16.747 de 29/12/2010 – DOE nº 8373 de 29/12/2010).*

***Art. 84** O Presidente do Tribunal de Justiça perceberá, mensalmente, pelo exercício do cargo, gratificação correspondente a vinte e cinco por cento (25%) sobre o subsídio. O 1º Vice-Presidente do Tribunal de Justiça e o Corregedor-Geral da Justiça perceberão vinte por cento (20%). O 2º Vice-Presidente do Tribunal de Justiça e o Corregedor perceberão quinze por cento (15%) e os Juízes Diretores do Fórum, farão jus a cinco por cento (5%).(redação DO ARTIGO 81 AO 98, dada pela Lei nº 16.747 de 29/12/2010 – DOE nº 8373 de 29/12/2010).*

§ 1º Pela substituição transitória, o substituto terá direito à percepção da gratificação de direção de Fórum, proporcionalmente aos dias em que exercer a substituição.

§ 2º Quando o substituto tiver que responder cumulativamente por duas ou mais comarcas, ser-lhe-á devida apenas uma gratificação de direção de fórum, quando a tenha exercido nas condições previstas no parágrafo anterior.

Capítulo II - Ajudas de Custo e Diárias

Art. 85. A ajuda de custo prevista no inciso I do Art. 82, em importância de até uma (1) remuneração mensal do cargo que exercia, será devida apenas uma vez a cada período de dois anos e desde que o magistrado tenha que transferir residência para outra comarca em decorrência de promoção ou remoção. (redação DO ARTIGO 81 AO 98, dada pela Lei nº 16.747 de 29/12/2010 – DOE nº 8373 de 29/12/2010).

§ 1º Em caso de permuta, não será devida ajuda de custo.

§ 2º A critério do Presidente do Tribunal de Justiça, a ajuda de custo poderá ser adiantada.

Art. 86. A diária, correspondente a um trinta avos (1/30) do subsídio do magistrado, será paga até o limite de quinze (15) por mês, sempre que este, devidamente autorizado pelo Presidente do Tribunal de Justiça, deslocar-se da respectiva sede a serviço do Poder Judiciário. (redação DO ARTIGO 81 AO 98, dada pela Lei nº 16.747 de 29/12/2010 – DOE nº 8373 de 29/12/2010).

§ 1º O valor da diária será reduzido à metade quando, no âmbito interno, não houver necessidade de pernoite.

§ 2º Ao Juiz Substituto que, autorizado pelo Presidente do Tribunal de Justiça, deslocar- se da seção judiciária para atender outra comarca, serão pagas diárias até o limite de dez (10) por mês. Em seus deslocamentos no âmbito da seção judiciária, ao Juiz Substituto serão atribuídas diárias em casos excepcionais mediante decisão do Presidente do Tribunal de Justiça.

Art. 87. A atribuição de diárias aos magistrados é prerrogativa do Presidente do Tribunal de Justiça. (redação DO ARTIGO 81 AO 98, dada pela Lei nº 16.747 de 29/12/2010 – DOE nº 8373 de 29/12/2010).

Parágrafo único. O afastamento do Presidente do Tribunal de Justiça, dos Vice- Presidentes, do Corregedor-Geral da Justiça e do Corregedor, quando no desempenho de suas correspondentes funções, não depende de autorização.

Capítulo III - Auxílio Funeral

Art. 88. Ao cônjuge sobrevivente, ao companheiro pela união estável ou aos herdeiros necessários do magistrado, em caso de falecimento deste, pagar-se-á importância correspondente a um subsídio para atender às despesas de funeral.

***Parágrafo único.** Na falta das pessoas apontadas, quem houver custeado o funeral será indenizado pelas despesas comprovadas até o montante referido neste artigo. (redação DO ARTIGO 81 AO 98, dada pela Lei nº 16.747 de 29/12/2010 – DOE nº 8373 de 29/12/2010).*

Título X - Licenças, Concessões e Férias

Capítulo I - Licenças

Art. 89. O magistrado poderá afastar-se do cargo em razão de: (redação DO ARTIGO 81 AO 98, dada pela Lei nº 16.747 de 29/12/2010 – DOE nº 8373 de 29/12/2010).

I. licença para tratamento de saúde;

II. licença por motivo de doença em pessoa da família;

III. licença para repouso à gestante;

IV. licença-paternidade;

V. licença para freqüentar cursos, congressos, seminários ou reuniões de interesse do Poder Judiciário;

VI. licença especial;

VII. licença para tratar de assuntos particulares por um período de até oito (8) dias, conforme disposto em resolução.

Art. 90. A licença para tratamento de saúde será concedida por até trinta (30) dias, mediante apresentação de atestado médico oficial ou do médico assistente do requerente, tendo esse atestado que indicar a classificação internacional da doença (CID). (redação DO ARTIGO 81 AO 98, dada pela Lei nº 16.747 de 29/12/2010 – DOE nº 8373 de29/12/2010).

§ 1º A concessão de licença, por prazo superior a trinta (30) dias, assim entendida a prorrogação, dependerá de laudo expedido por junta médica oficial, nomeada pelo Presidente do Tribunal de Justiça, quando se tratar de Desembargador ou de Juiz de primeiro grau.

§ 2º Se não houver junta médica oficial na Comarca de exercício do magistrado, a licença poderá ser concedida à vista de atestado assinado por mais de um médico e visado pela junta médica do Tribunal de Justiça, que poderá exigir o exame pessoal do paciente sempre que assim o entender.

Art. 91. A licença para tratamento de saúde terá o prazo máximo de dois (2) anos, cuja contagem não se interromperá quando da reassunção do exercício por período de até trinta (30) dias. (redação DO ARTIGO 81 AO 98, dada pela Lei nº 16.747 de 29/12/2010 – DOE nº 8373 de 29/12/2010).

§ 1º Após vinte e quatro (24) meses de afastamento consecutivo, nos termos do caput deste artigo, o magistrado será submetido à inspeção de saúde, perante junta médica oficial nomeada pelo Presidente do Tribunal de Justiça.

§ 2º Se a junta médica concluir pelo restabelecimento do magistrado, deverá este reassumir o cargo dentro de dez (10) dias, contados da data do laudo.

§ 3º Se o laudo concluir pela continuação da enfermidade, deverá ser iniciado o processo de aposentadoria do magistrado.

Art. 92. O magistrado que houver gozado licença-enfermidade pelo período máximo não poderá ser novamente licenciado, senão depois de um (1) ano de efetivo exercício do cargo, contado da reassunção. (redação DO ARTIGO 81 AO 98, dada pela Lei nº 16.747 de 29/12/2010 – DOE nº 8373 de 29/12/2010).

***Parágrafo único.** Antes de decorrido o prazo de que trata este artigo, só excepcionalmente poderá ser-lhe concedida outra licença para tratamento de saúde por deliberação do Órgão Especial.*

Art. 93. O magistrado licenciado não poderá exercer nenhuma de suas funções jurisdicionais ou administrativas, nem outra função pública ou privada, ressalvado o disposto no parágrafo seguinte. (redação DO ARTIGO 81 AO 98, dada pela Lei nº 16.747 de 29/12/2010 – DOE nº 8373 de 29/12/2010).

***Parágrafo único.** Salvo contra-indicação médica, o magistrado licenciado poderá proferir decisões em processos que, antes da licença, foram-lhe conclusos para julgamento ou tenham recebido seu visto como relator ou revisor.*

Art. 94. O requerimento de licença para tratamento de saúde em pessoa da família do magistrado, além de instruído na forma estabelecida no Art. 90 deste Código, deverá conter a expressa declaração acerca da indispensabilidade da assistência pessoal do magistrado ao paciente e sobre a incompatibilidade da prestação com o exercício do cargo. (redação DO ARTIGO 81 AO 98, dada pela Lei nº 16.747 de 29/12/2010 - DOE nº 8373 de 29/12/2010).

Parágrafo único. A licença por motivo de doença em pessoa da família será concedida ao magistrado que perceberá seu subsídio integral pelo prazo máximo de trinta (30) dias; além desse tempo, a licença será sem a percepção dos subsídio, salvo situações excepcionais, a critério do Órgão Especial do Tribunal de Justiça.

Art. 95. O direito ao gozo de licença maternidade, com duração de cento e vinte (120) dias, é assegurado à magistrada, sem prejuízo do subsídio e de outras vantagens. (redação DO ARTIGO 81 AO 98, dada pela Lei nº 16.747 de 29/12/2010 – DOE nº 8373 de 29/12/2010).

Art. 96. A licença-paternidade de que trata o Art. 89, IV, deste Código será concedida pelo prazo de cinco (5) dias, necessariamente contados a partir do dia do nascimento, ainda que a apresentação da correspondente certidão de nascimento ocorra posteriormente. (redação DO ARTIGO 81 AO 98, dada pela Lei nº 16.747 de 29/12/2010 – DOE nº 8373 de 29/12/2010).

Capítulo II - Concessões

Art. 97. Sem prejuízo da percepção do subsídio e das vantagens legais, o magistrado poderá afastar-se de suas funções por até oito (8) dias consecutivos, sempre contados a partir do evento, por motivo de: (redação DO ARTIGO 81 AO 98, dada pela Lei nº 16.747 de 29/12/2010 – DOE nº 8373 de 29/12/2010).

I. casamento;

II. falecimento do cônjuge, ascendente, descendente, sogro, sogra ou irmão.

Parágrafo único. No caso do inciso I deste artigo, o magistrado comunicará, com antecedência, o seu afastamento, inclusive a seu substituto legal e, na hipótese do inciso II, as comunicações deverão ser feitas logo que possível.

Art. 98. Conceder-se-á afastamento ao magistrado, sem prejuízo da percepção dos subsídio e vantagens: (redação DO ARTIGO 81 AO 98, dada pela Lei nº 16.747 de 29/12/2010 – DOE nº 8373 de 29/12/2010).

I. para freqüentar cursos ou seminários de aperfeiçoamento e estudos, a critério do Órgão Especial do Tribunal de Justiça;

II. para prestação de serviços exclusivamente à Justiça Eleitoral;

III. para exercer a presidência da Associação dos Magistrados do Paraná e Associação dos Magistrados Brasileiros;

IV. para exercer o cargo de Diretor-Geral da Escola da Magistratura do Paraná. (redação DO ARTIGO 81 AO 98, dada pela Lei nº 16.747 de 29/12/2010 – DOE nº 8373 de 29/12/2010).

Capítulo III - Férias

Art. 99. Os magistrados gozarão de férias anuais consoante disposto no Estatuto da Magistratura e nos períodos fixados por resolução.

Título XI - Substituição No Tribunal de Justiça e nas Comarcas

Capítulo I - Substituição no Tribunal de Justiça

Art. 100. A substituição no Tribunal de Justiça será efetuada em conformidade com o Regimento Interno *(redação dada pela Lei nº 14.925 de 24/11/2005 – DOE nº 7109 de 25/11/2005).*

Capítulo II - Substituições nas Comarcas

Art. 101. Os Juízes de Direito, titulares de varas das comarcas de entrância final, serão substituídos por Juízes de Direito Substitutos em primeiro grau, da seção judiciária respectiva, quando for o caso, ou por designação do Presidente do Tribunal de Justiça, que excepcionalmente poderá valer-se de Juízes Substitutos ou de titulares de outras varas.

Art. 102. O Presidente do Tribunal de Justiça, sempre que as circunstâncias exigirem, poderá designar Juiz de Direito Substituto em primeiro grau para, cumulativamente, substituir o titular em duas ou mais varas da mesma ou de diversa seção judiciária da mesma comarca de entrância final.

Art. 103. As substituições decorrentes de férias, licença, afastamento, impedimento e vacância de cargo pelos Juízes Substitutos no âmbito das comarcas que integram a respectiva seção judiciária, serão incontinenti e automaticamente comunicadas ao Presidente do Tribunal de Justiça e à Corregedoria-Geral da Justiça.

Parágrafo único. As substituições a serem feitas pelos Juízes de Direito Substitutos em primeiro e segundo graus, conforme seja o caso, processar-se-ão em consonância com as determinações da Presidência do Tribunal de Justiça.

Art. 104. Os Juízes Substitutos substituirão, ordinariamente, os Juízes de Direito das comarcas de entrância intermediária e inicial que compuserem a respectiva seção judiciária.

Parágrafo único. Nos casos de impedimento, de suspeição e de encontrar-se vago o cargo de Juiz Substituto, ou conforme as exigências do serviço, as substituições poderão ser excepcionalmente feitas por Juiz de Direito, mediante designação do Presidente do Tribunal de Justiça.

Art. 105. Sempre que conveniente à administração da Justiça, o Presidente do Tribunal poderá deslocar temporariamente Juízes Substitutos de uma para outra seção judiciária, ou designá-los para atender cumulativamente a mais de uma seção ou comarca.

Título XII - Aposentadoria, Reversão e Aproveitamento

Capítulo I - Aposentadoria

Art. 106. A aposentadoria dos magistrados será concedida nos termos da Constituição Federal.

Art. 107. Reajustar-se-ão os proventos de aposentadoria com a mesma periodicidade e proporção do aumento do subsídio concedido, a qualquer título, aos magistrados em atividade. (redação dada pela Lei nº 16.747 de 29/12/2010 – DOE nº 8373 de 29/12/2010).

Art. 108. Computar-se-á em favor dos magistrados, para efeito de aposentadoria e disponibilidade, o tempo de efetivo exercício da advocacia, até o máximo de quinze (15) anos, comprovada a correspondente contribuição previdenciária.

Art. 109. *O Regimento Interno disciplinará o processo de verificação de invalidez do magistrado, para efeito de sua aposentadoria, com observância dos seguintes requisitos:*

I. *o processo terá início a requerimento do magistrado, por ordem do Presidente do Tribunal, de ofício, em cumprimento de deliberação do Órgão Especial, ou por provocação da Corregedoria-Geral da Justiça;*

II. *tratando-se de incapacidade mental, o Presidente do Tribunal nomeará curador ao paciente, sem prejuízo da defesa que este queira oferecer pessoalmente ou por procurador que constituir;*

III. *o paciente deverá ser afastado, desde logo, do exercício do cargo até final decisão, devendo o processo ser concluído no prazo de sessenta (60) dias;*

IV. *a recusa do paciente de submeter-se à perícia médica permitirá o julgamento, este baseado em quaisquer outras provas;*

V. *o magistrado que, por dois (2) anos consecutivos, afastar-se ao todo por seis (6) meses ou mais para tratamento de saúde, deverá sujeitar-se, ao requerer nova licença para igual fim, dentro de dois (2) anos, a exame para verificação de invalidez;*

VI. *se o Órgão Especial concluir pela incapacidade do magistrado, os autos serão encaminhados ao Presidente do Tribunal de Justiça.*

Capítulo II - Reversão e Aproveitamento

Art. 110. *A reversão de magistrado, aposentado por invalidez, bem como o aproveitamento daquele em disponibilidade, dependerá de requerimento do interessado, podendo o Órgão Especial do Tribunal de Justiça deixar de acolher o pedido, se assim for do interesse da Justiça.*

§ 1º. *Em qualquer caso, será necessária a existência de vaga a ser preenchida pelo critério de merecimento, em comarca de categoria igual à que ocupara o requerente, que deverá provar idade não superior a sessenta e cinco (65) anos e aptidão física e mental, mediante laudo de inspeção de saúde expedido por junta médica nomeada pelo Presidente do Tribunal, ouvido o Conselho da Magistratura e tendo como relator o Corregedor-Geral da Justiça.*

§ 2º. *A reversão e o aproveitamento não excluem o cumprimento dos interstícios de trinta (30) anos de serviço público e de cinco (5) anos de efetiva atuação na magistratura, este contado a partir do novo exercício.*

Título XIII - Tratamento, Vestes Talares E Expediente

Capítulo Único - Tratamento, Vestes Talares E Expediente

Art. 111. *Ao Tribunal de Justiça, suas Câmaras e Grupos, cabe o tratamento de egrégio, e a todos os magistrados o de excelência (redação dada pela Lei nº 14.925 de 24/11/2005 – DOE nº 7109 de 25/11/2005).*

Art. 112. *Os membros do Tribunal de Justiça têm o título de Desembargador e os Magistrados de primeiro grau, o de Juiz de Direito e Juiz Substituto (redação dada pela Lei nº 14.925 de 24/11/2005 – DOE nº 7109 de 25/11/2005).*

Parágrafo único. *O magistrado aposentado perderá o tratamento correspondente ao cargo se:*

I. *inscrever-se nos quadros da Ordem dos Advogados do Brasil;*

II. *dedicar-se a atividades político-partidárias.*

Art. 113. *Nos Juízos colegiados e nos atos solenes da Justiça é obrigatório o uso de vestes talares, conforme modelo aprovado pelo Órgão Especial do Tribunal de Justiça.*

Art. 114. *Os magistrados de primeiro grau de jurisdição deverão comparecer diariamente à sede do Juízo, salvo quando em diligência externa, conforme estabelecer o Regimento Interno do Tribunal de Justiça.*

§ 1º. *As disposições deste artigo não se aplicam aos Juízes de varas de atendimento permanente, que terão seu funcionamento disciplinado por ato do Presidente do Tribunal de Justiça, ouvido o Corregedor--Geral da Justiça.*

§ 2º. *Serão instituídos, conforme definição do Órgão Especial do Tribunal de Justiça e por ato de seu Presidente, sistemas de plantões permanentes no Tribunal, nas comarcas de entrância final e naquelas que forem sede de seções judiciárias, para atendimento nos dias em que não houver expediente forense normal (redação dada pela Lei nº 14.925 de 24/11/2005 – DOE nº 7109 de 25/11/2005).*

LIVRO III - Juízes De Paz

Título I - Juízes De Paz

Capítulo Único - Nomeação, Atribuições, Competência e Substituição

Art. 115. *A justiça de paz será composta de cidadãos com competência para celebrar casamentos; verificar, de ofício ou em face de impugnação apresentada, o processo de habilitação; exercer atribuições conciliatórias e outras sem caráter jurisdicional. Parágrafo único. O Juiz de Paz, na celebração de casamento, usará faixa verde e amarela de 10 (dez) centímetros de largura, posta a tiracolo, do lado direito para o esquerdo.*

Art. 116. *Em cada distrito das comarcas de entrância inicial e intermediária e em cada circunscrição do registro civil das comarcas de entrância final, haverá um (1) Juiz de Paz e dois (2) suplentes, que reúnam os seguintes requisitos:*

I. *cidadania brasileira e maioridade civil;*

II. *gozo dos direitos civis, políticos e quitação com o serviço militar;*

III. *ter domicílio e residência na sede do distrito ou da comarca, conforme seja o caso;*

IV. *ter escolaridade correspondente ao segundo grau;*

V. *ter bons antecedentes e não ser filiado a partido político.*

Art. 117. *O Juiz de Paz tomará posse e entrará no exercício da função perante o Juiz de Direito Diretor de Fórum da circunscrição onde deva servir.*

§ 1º. *Nos impedimentos, nas ausências ou no abandono do cargo, a substituição do Juiz de Paz será feita, sucessivamente, pelo primeiro e pelo segundo suplentes.*

§ 2º. *Não havendo suplente para substituição, o Juiz de Direito Diretor de Fórum designará Juiz de Paz ad hoc para intervir nos processos de habilitação de casamento.*

LIVRO IV - Auxiliares da Justiça

Título I - Serventuários e Funcionários da Justiça e Agentes Delegados do Foro Extrajudicial

Capítulo Único - Composição e Funcionamento

Art. 118. *Os serviços auxiliares do Poder Judiciário são desempenhados por servidores com a denominação específica de:*

I. funcionários da justiça;

II. serventuários da justiça do foro judicial;

III. agentes delegados do foro extrajudicial.

Art. 119. *Denominam-se serventuários da justiça do foro judicial os titulares de ofícios da justiça a seguir relacionados:*

I. Escrivanias do Cível;

II. Escrivanias do Crime;

III. Escrivanias da Fazenda Pública, Falências e Concordatas;

IV. Escrivanias de Família;

V. Escrivanias da Infância e da Juventude;

VI. Escrivanias de Execuções Penais;

VII. Escrivania de Inquéritos Policiais;

VIII. Escrivania de Execução de Penas e Medidas Alternativas;

IX. Escrivania de Delitos de Trânsito;

X. Escrivania de Adolescentes Infratores;

XI. Escrivania de Registros Públicos, Acidentes do Trabalho e Precatórias Cíveis;

XII. Escrivania de Precatórias Criminais;

XIII. Escrivania da Corregedoria dos Presídios;

XIV. Escrivanias dos Tribunais do Júri;

XV. Secretarias dos Juizados Especiais, das Turmas Recursais e do Conselho de Supervisão;

XVI. Ofício do Distribuidor;

XVII. Ofício do Contador e Partidor;

XVIII. Ofício do Avaliador;

XIX. Ofício do Depositário Público.

Parágrafo único. *Os ofícios poderão funcionar acumulados, no interesse da Justiça.*

Art. 120. *Denominam-se agentes delegados do foro extrajudicial os ocupantes da atividade notarial e de registro, a saber:*

I. Tabeliães de Notas;

II. Tabeliães de Protesto de Títulos;

III. Oficiais de Registro de Imóveis;

IV. Oficiais de Registro de Títulos de Documentos e Civis das Pessoas Jurídicas;

V. Oficiais de Registro Civis das Pessoas Naturais; VI - Oficiais de Registro de Distribuição Extrajudicial; VII - Oficiais Distritais.

§ 1º. *Os serviços notariais e de registro poderão funcionar acumulados precariamente, no interesse da Justiça ou em razão do volume da receita e dos serviços.*

§ 2º. *Os Oficiais Distritais poderão acumular as funções de registrador civil de pessoas naturais e as de tabelião de notas.*

§ 3º. *Compete ao Presidente do Tribunal de Justiça outorgar a delegação para a atividade notarial e de registro.*

Art. 121. *Os titulares de ofícios de justiça do foro judicial não remunerados pelos cofres públicos poderão admitir, sob sua responsabilidade e às expensas próprias, tantos empregados quantos forem necessários ao serviço, ficando as relações empregatícias respectivas subordinadas à legislação trabalhista.*

§ 1º. *Sob proposta do titular do ofício ao Juiz Diretor de Fórum, este poderá juramentar um ou mais empregados para subscrever atos da serventia, sem alteração da correspondente relação empregatícia.*

§ 2º. *Para os fins do parágrafo anterior, os empregados indicados deverão ter o segundo grau completo e preencher os requisitos enumerados no Art. 126, incisos I a III, deste Código.*

§ 3º. *Caberá ao Juiz Diretor de Fórum encaminhar cópia da portaria de juramentação, no prazo de três (3) dias, à Corregedoria-Geral da Justiça, para verificação da regularidade do ato e anotações.*

Art. 122. *Os agentes delegados da justiça do foro extrajudicial poderão admitir, sob sua responsabilidade e às expensas próprias, tantos empregados quantos forem necessários ao serviço, ficando as relações empregatícias respectivas subordinadas à legislação trabalhista.*

§ 1º. *Os agentes delegados indicarão, por escrito, seus substitutos e escreventes, para praticar atos, observadas as condições previstas no Art. 121, § 2º, deste Código e as normas fixadas pela Corregedoria-Geral da Justiça, sem alteração da correspondente relação empregatícia, que continuará subordinada à legislação laboral.*

§ 2º. *Para os fins do parágrafo anterior, as indicações serão feitas ao Juiz Corregedor do foro extrajudicial, que, após verificar quanto ao cumprimento das formalidades indispensáveis, submeterá as respectivas propostas ao Juiz Diretor de Fórum, a quem caberá lavrar portaria de juramentação com encaminhamento de cópia à Corregedoria- Geral da Justiça.*

Art. 123. *Denominam-se funcionários da justiça os servidores que constituem o quadro do Tribunal de Justiça, distinguindo-se em: (redação dada pela Lei nº 14.925 de 24/11/2005 – DOE nº 7109 de 25/11/2005).*

I. os integrantes dos cargos da Secretaria do Tribunal; (redação dada pela Lei nº 14.925 de 24/11/2005 – DOE nº 7109 de 25/11/2005).

II. os Auxiliares de Cartório;

III. os Auxiliares Administrativos;

IV. os Oficiais de Justiça;

V. os Comissários de Vigilância;

VI. os Assistentes Sociais;

VII. os Psicólogos;

VIII. os Porteiros de Auditório;

IX. os Agentes de Limpeza;

X. os Secretários do Conselho de Supervisão do Juizado Especial;

XI. os Secretários de Turma Recursal do Juizado Especial;

XII. os Secretários do Juizado Especial;

XIII. os Oficiais de Justiça do Juizado Especial;

XIV. os Auxiliares de Cartório do Juizado Especial;

XV. os Auxiliares Administrativos do Juizado Especial;

XVI. os Contadores e Avaliadores do Juizado Especial.

Parágrafo único. *Os funcionários da justiça subordinam-se às normas do Estatuto dos Funcionários Públicos Civis do Estado do Paraná no que lhes for aplicável.*

Art. 124. *Consideram-se auxiliares da justiça, entre outros, enquanto estiverem participando de atos judiciais, os administradores, os depositários, os intérpretes, os peritos, os tradutores e os leiloeiros, eventualmente nomeados para fins específicos.*

Título II - Concurso, Nomeação e Posse

Capítulo I - Serventuários da Justiça do Foro Judicial

Art. 125. *Os serventuários da justiça serão nomeados mediante concurso de provas e títulos, por ato do Presidente do Tribunal de Justiça.*

Parágrafo único. *A realização do concurso será determinada pelo Presidente do Tribunal de Justiça, após vacância do cargo.*

Art. 126. *Para ser admitido ao concurso, o candidato deverá preencher os seguintes requisitos no momento da inscrição:*

I. ser brasileiro, estar no exercício dos direitos civis e políticos e quite com o serviço militar, quando for a hipótese;

II. ter idade mínima de dezoito (18) anos;

III. apresentar cédula de identidade fornecida pela repartição estadual;

IV. fazer prova do recolhimento da taxa de inscrição que for fixada pelo Conselho Diretor do FUNREJUS.

Parágrafo único. *Os candidatos classificados deverão comprovar sanidade física e mental, por meio de laudo fornecido por órgão oficial do Estado, apresentar prova de bons antecedentes e indicar fontes de informações pessoais, na forma do regulamento do concurso.*

Art. 127. *O Regimento Interno do Tribunal de Justiça disporá sobre as formalidades administrativas do concurso, cabendo ao Conselho da Magistratura elaborar seu Regulamento.*

Capítulo II - Funcionários da Secretaria do Tribunal de Justiça (Redação Dada Pela Lei Nº 14.925 de 24/11/2005 - Doe Nº 7109 De 25/11/2005).

Art. 128. *O Tribunal de Justiça, constituído de quadro próprio, somente admitirá funcionários mediante concurso público de provas, ou de provas e de títulos, excetuados os cargos em comissão (redação dada pela Lei nº 14.925 de 24/11/2005 – DOE nº 7109 de 25/11/2005).*

Parágrafo único. *O concurso obedecerá ao que dispuser o regimento interno e as normas do regulamento que for elaborado pela Comissão de Concursos e de Promoções do Tribunal de Justiça (redação dada pela Lei nº 14.925 de 24/11/2005 – DOE nº 7109 de25/11/2005).*

Art. 129. *Para ser admitido ao concurso, o candidato, com idade mínima de dezoito (18) anos completos quando da inscrição, deverá preencher os requisitos estabelecidos no Art. 126, incisos I e III, deste Código, além de outras condições que vierem a ser impostas pelo regulamento, inclusive quanto ao grau de escolaridade e de habilitação profissional ou técnica exigidos, conforme a natureza do cargo a ser ocupado.*

Art. 130. *A nomeação dos candidatos aprovados será efetivada por ato do Presidente do* Tribunal de Justiça (redação dada pela Lei nº 14.925 de 24/11/2005 – DOE nº 7109 de 25/11/2005).

Capítulo III - Oficiais de Justiça, Porteiros de Auditório, Auxiliares de Cartório e Administrativos, Comissários de Vigilância e Agentes de Limpeza

Art. 131. *O concurso para provimento desses cargos obedecerá ao que dispuserem o Regimento Interno do Tribunal de Justiça e o regulamento baixado para tal fim, observadas as disposições legais aplicáveis à espécie.*

Art. 132. *Para ser admitido ao concurso, o candidato deverá preencher os requisitos do Art. 126 deste Código.*

§ 1º . *Para o cargo de agente de limpeza, exigir-se-á escolaridade equivalente ao Ensino Fundamental e para o de auxiliar de cartório, escolaridade correspondente ao segundo grau completo.*

§ 2º. *...Vetado...*

§ 3º. *Será concedido a critério da administração do Poder Judiciário, o pagamento do tempo integral e de dedicação exclusiva – TIDE, ao Oficial de Justiça em face do horário previsto para o cumprimento dos mandatos judiciais, estipulados no Código de Processo Civil, assim como no Código de Normas da Corregedoria-Geral do Tribunal de Justiça do Estado do Paraná.*

Art. 133. *Os Agentes de Limpeza serão admitidos mediante teste seletivo, sob o regime da Consolidação das Leis do Trabalho, ficando os atuais cargos extintos à medida que vagarem.*

Art. 134. *Os candidatos aprovados serão nomeados na forma prevista no Art. 130 deste Código.*

Capítulo IV - Posse

Art. 135. *Os funcionários da Secretaria do Tribunal tomarão posse perante o Secretário*

(redação dada pela Lei nº 14.925 de 24/11/2005 – DOE nº 7109 de 25/11/2005).

Parágrafo único. *Os serventuários da justiça tomarão posse perante o Juiz Diretor de Fórum da comarca onde exercerão suas funções.*

Art. 136. *A Secretaria do Tribunal manterá registro apropriado referente a seus serviços, devendo nele ser anotada toda e qualquer alteração ocorrida na carreira funcional de seus quadros. (redação dada pela Lei nº 14.925 de 24/11/2005 – DOE nº 7109 de 25/11/2005).*

Capítulo V - Disposições Especiais

Art. 137. *O regulamento próprio da Secretaria do Tribunal de Justiça disciplinará as atribuições do quadro funcional, levando em conta: (redação dada pela Lei nº 14.925 de 24/11/2005 – DOE nº 7109 de 25/11/2005).*

I. *a descentralização e racionalização dos serviços;*

II. *o exercício em comissão de funções de chefia, observados os parâmetros técnicos recomendáveis, inclusive no que tange à indispensável relação de proporcionalidade numérica entre chefes e subordinados diretos.*

Título III - Remoções, Permutas e Promoções

Capítulo Único - Remoções, Permutas e Promoções

Art. 138. *A remoção ou promoção dos Titulares de Ofício, correrá por ato do Presidente do Tribunal de Justiça, entre o serventuário que esteja respondendo pela designação da serventia, se assim o requerer e os demais candidatos indicados pelo Conselho da Magistratura de acordo com as regras por este aprovadas.*

§ 1º. *A permuta dar-se-á por requerimento das partes, por ato do Presidente do Tribunal de Justiça.*

§ 2º. *A promoção e remoção observarão os critérios de antiguidade e merecimento, alternadamente.*

Art. 139. *No caso de vacância de ofício, o Juiz Diretor de Fórum fará imediata comunicação ao Presidente do Tribunal de Justiça, que autorizará a expedição de edital, convocando os interessados à remoção, à promoção ou ao provimento, mediante concurso público, se não houver interessado em remoção.*

Art. 140. *Decorrido o prazo legal, os pedidos serão reunidos em uma só autuação e encaminhados à Corregedoria-Geral de Justiça, que, após parecer, submetê-los-á à prévia deliberação do Conselho da Magistratura.*

Parágrafo único. *Será excluído o pretendente que tenha sofrido pena disciplinar, salvo se, não-reincidente, já decorridos mais de dois (2) anos da última punição.*

Art. 141. *Vencidas as fases de que trata o artigo anterior, o Corregedor-Geral da Justiça relatará o processo perante o Conselho da Magistratura, que deliberará quanto à indicação ou não de pretendentes.*

Parágrafo único. *Publicado o decreto de remoção, o serventuário da justiça do foro judicial terá o prazo de dez (10) dias para assumir as novas funções, salvo em caso de remoção no âmbito da mesma comarca, quando a assunção será imediata.*

Art. 142. *Não havendo candidatos à remoção ou à promoção, quando for o caso, ou tendo sido indeferidos pedidos eventualmente feitos, será expedido edital de chamamento a concurso público para provimento do cargo vago por nomeação*

Art. 143. *Aplicam-se aos Oficiais de Justiça, assim como aos Auxiliares de Cartório, aos Auxiliares Administrativos e Comissários de Vigilância, no que couberem, as disposições contidas neste Capítulo.*

Art. 144. *Ao concurso de remoção somente poderão ser admitidos titulares que exerçam a atividade por mais de dois (2) anos, salvo se não houver candidato que atenda este requisito.*

Título Iv- Serventuários Da Justiça Do Foro Judicial

Capítulo Único - Atribuições

Art. 145. *Aos servidores do foro judicial em geral incumbe:*

I. *aos Escrivães, a prática de todos os atos privativos previstos em lei, observados as formas, usos, estilos e costumes seguidos no foro.*

II. *aos Distribuidores, a distribuição de todos os processos e atos entre Juízes, Escrivães, titulares de ofícios de justiça e agentes delegados do foro extrajudicial, observadas as seguintes regras:*

a) *estão sujeitos à distribuição, unicamente, os processos e atos pertencentes à competência de dois ou mais Juízes ou de dois ou mais serventuários ou ainda de dois ou mais agentes delegados;*

b) *é vedado ao Distribuidor reter quaisquer processos e atos destinados à distribuição, a qual deve ser feita imediatamente e em ordem rigorosamente sucessiva, à proporção que lhe forem apresentados;*

c) *no caso de incompatibilidade ou suspeição daquele a quem for distribuído algum processo ou ato, em tempo oportuno se lhe fará a compensação;*

d) *distribuir-se-ão, por dependência, os feitos de qualquer natureza que se relacionarem com outros já distribuídos e ajuizados;*

e) *os atos e processos que não estiverem sujeitos à distribuição por não pertencerem à competência de dois ou mais Juízes ou de dois ou mais serventuários ou ainda de dois ou mais agentes delegados, serão, não obstante, prévia e obrigatoriamente registrados pelo Distribuidor em livro próprio;*

f) *cumprir as normas editadas pela Corregedoria-Geral da Justiça e pelo Juiz Diretor de Fórum.*

III. *aos Contadores:*

a) *contar, em todos os feitos, antes da sentença ou de qualquer despacho definitivo, mediante ordem do Juiz, os emolumentos e as custas, conforme previsto no regimento respectivo;*

b) *proceder à contagem do principal e dos juros nas ações referentes a dívidas em*

c) *quantia certa e nos cálculos aritméticos que se fizerem necessários relativamente a direitos e obrigações;*

d) *fazer o cálculo para pagamento de impostos;*

e) *cumprir, sob pena de responsabilidade, as disposições legais sobre recolhimento de importâncias devidas a instituições ou fundos.*

IV. *aos Partidores, organizar as partilhas judiciais.*

V. *aos Depositários Públicos, ter sob sua guarda e segurança, com obrigação legal de os restituir na oportunidade própria, os bens corpóreos apreendidos judicialmente, salvo os que forem confiados a depositários particulares.*

V. *aos Avaliadores Judiciais, por distribuição nas comarcas em que houver mais de um, expedir laudo de avaliação de bens, rendimentos, direitos e ações, segundo o que for determinado no mandado.*

Título V - Outros Auxiliares da Justiça

Capítulo Único - Atribuições

Art. 146. *Aos Oficiais de Justiça incumbe:*

I. fazer citações, arrestos, penhoras e demais diligências que lhe forem cometidas;

II. lavrar autos e certidões referentes aos atos que praticarem;

III. convocar pessoas idôneas para que testemunhem atos de sua função, quando a lei assim o exigir;

IV. exercer, onde não houver, as funções de porteiro de auditório, mediante designação do Juiz;

V. exercer cumulativamente quaisquer outras funções previstas neste Código e dar cumprimento às ordens emanadas da Corregedoria-Geral da Justiça e do Juízopertinentes aos serviços judiciários.

Art. 147. *Incumbe aos Porteiros de Auditórios:*

I. apregoar e fazer a chamada das partes e testemunhas;

II. apregoar os bens, nas praças e leilões judiciais;

III. passar certidões de pregões, editais, praças, arrematações ou de quaisquer outros atos que praticarem no exercício da função.

Art. 148. *Aos Comissários de Vigilância incumbe:*

I. exercer vigilância sobre as crianças e adolescentes e fiscalizar a execução das leis de assistência e proteção que lhes digam respeito;

II. proceder mediante determinação judicial às investigações relativas a crianças e adolescentes, seus pais, tutores ou encarregados de sua guarda, com o fim de esclarecer a ocorrência de fatos ou circunstâncias que possam comprometer sua segurança física e moral;

III. apreender e conduzir, por determinação judicial, crianças e adolescentes abandonados ou infratores e proceder, a respeito deles, às investigações referidas no inciso anterior;

IV. manter o serviço de fiscalização de crianças e adolescentes sujeitos à liberdade assistida ou entregues mediante termo de responsabilidade e guarda;

V. auxiliar no preparo de processos relativos a crianças e adolescentes, promover medidas preliminares de instrução determinadas pelo Juiz, incluindo a tomada de declarações de pais, tutores ou responsáveis e de demais pessoas que possam oferecer esclarecimentos;

VI. exercer vigilância sobre crianças e adolescentes em ambientes públicos, em cinemas, teatros e casas de diversão públicas em geral, mediante ordem de serviço específica para a diligência;

VII. proceder a todas as investigações concernentes a crianças e adolescentes junto ao meio em que vivem e às pessoas que os cercam e efetivar o encaminhamento necessário dessa pesquisa aos órgãos e entidades competentes;

VIII. investigar os antecedentes de crianças e adolescentes e de seus familiares;

IX. colaborar junto aos programas oficiais de voluntariado do Poder Judiciário ou sob a fiscalização deste.

Art. 149. *Revogado; (redação dada pela Lei nº 15.950, de 24/09/2008 – DOE nº 7813 de* 24/09/2008).

Art. 150. *Aos Auxiliares de Cartório e Administrativos incumbe desempenhar serviços compatíveis com as funções, sob a responsabilidade do titular respectivo.*

Título VI - Vencimentos, Ajudas de Custo, Licenças e Férias

Capítulo I - Vencimentos

Art. 151. *Os vencimentos dos titulares de ofícios da justiça remunerados, exclusivamente, pelos cofres públicos e os dos funcionários da justiça serão fixados em lei, observados os princípios constitucionais.*

§ 1º. *Nenhum dos auxiliares da justiça referidos no caput deste artigo poderá perceber, mensalmente, remuneração bruta superior à percebida pelos Juízes de Direito de entrância final, salvo a acumulação de proventos com vencimentos de cargo em comissão.*

§ 2º. *O Presidente do Tribunal de Justiça baixará, no prazo de noventa (90) dias, contados da vigência deste Código, ato dispondo sobre a forma de aplicação da norma contida no parágrafo anterior.*

Capítulo II - Ajudas de Custo

Art. 152. *Aos auxiliares da justiça do foro judicial é devida a ajuda de custo no valor de até uma (1) remuneração mensal, para cobrir despesas de transporte, quando tiverem que transferir residência para outra comarca, em virtude de promoção ou de remoção.*

Parágrafo único. *Na fixação do valor da ajuda de custo, que não será concedida em intervalo inferior a dois (2) anos, tomar-se-á em conta a distância a ser percorrida com a mudança.*

Capítulo III - Licenças

Art. 153. *A licença para tratamento de saúde será concedida à vista de atestado médico, com indicação da classificação internacional da doença (CID). Se superior a trinta (30) dias, mediante a apresentação de laudo expedido por junta médica nomeada pelo Presidente do Tribunal.*

Parágrafo único. *Aplicam-se no que couber as disposições do Estatuto dos Funcionários Públicos Civis do Estado do Paraná.*

Capítulo IV - Férias

Art. 154. *Os titulares de ofício das escrivanias remuneradas pelos cofres públicos e os funcionários da justiça gozarão férias previstas no Estatuto dos Funcionários Públicos Civis do Estado do Paraná, mediante escala organizada no princípio de cada ano pelo Juiz Diretor de Fórum ou pelo chefe de serviço a que estiverem subordinados, com comunicação ao Presidente do Tribunal de Justiça e ao Corregedor--Geral da Justiça.*

§ 1º. *As férias deverão ser gozadas nos doze (12) meses seguintes, a contar da data em que se completou o período aquisitivo, salvo imperiosa necessidade da administração da justiça, quando as férias poderão ser cassadas, assegurada sua oportuna fruição.*

§ 2º. Havendo comprovada necessidade do serviço, a critério da autoridade a que estiver imediatamente subordinado o servidor, as férias poderão ser interrompidas, assegurado o direito de gozo dos dias remanescentes oportunamente.

Título VII - Substituições

Capítulo Único - Substituições

Art. 155. *Em caso de afastamento do servidor ocupante do cargo de Escrivão remunerado pelos cofres públicos ou Secretário dos Juizados Especiais, o Juiz de Direito da respectiva unidade indicará servidor ocupante de cargo efetivo de Analista Judiciário, da área jurídica, ou Técnico Judiciário ou Técnico de Secretaria, desde que bacharel em Direito, para o exercício precário das funções, cuja designação dar-se-á por ato do Presidente do Tribunal de Justiça (redação dada pela Lei nº 17.532 de 09/04/2013 – DOE nº 8933 de 09/04/2013).*

§ 1º. Poderá ser excepcionado, para efeito de substituição, o critério de escolaridade, na hipótese de inexistir, na unidade, servidor que preencha tal requisito (redação dada pela Lei nº 17.532 de 09/04/2013 – DOE nº 8933 de 09/04/2013).

§ 2º. O servidor designado para o exercício precário das funções do titular da Escrivania ou Secretaria dos Juizados Especiais, durante o período de substituição, perceberá proporcionalmente o valor correspondente à gratificação de função de Chefe de Secretaria (redação dada pela Lei nº 17.532 de 09/04/2013 – DOE nº 8933 de 09/04/2013).

Art. 156. *A substituição dos servidores do Tribunal de Justiça far-se-á de acordo com o regulamento próprio (redação dada pela Lei nº 14.925 de 24/11/2005 – DOE nº 7109 de 25/11/2005).*

Título VIII - Incompatibilidades, Impedimentos e Suspeições

Capítulo Único - Incompatibilidades, Impedimentos e Suspeições

Art. 157. *As incompatibilidades dos serventuários da justiça do foro judicial e dos funcionários da justiça regulam-se pelo Estatuto dos Funcionários Públicos Civis do Estado do Paraná, e os impedimentos e suspeições, pelas normas contidas no Código de Processo Civil, no que forem pertinentes.*

Título IX - Aposentadoria

Capítulo Único - Aposentadoria

Art. 158. *A aposentadoria dos serventuários do foro judicial sujeitar-se-á à legislação específica.*

Parágrafo único. *O pedido de aposentadoria dos serventuários da Justiça do foro judicial tramitará junto à secretaria do Tribunal de Justiça, levando-se a efeito mediante decreto do Presidente.*

Art. 159. *O processo de aposentadoria dos funcionários da Justiça tramitará perante a Secretaria do Tribunal de Justiça, e será efetivada por decreto do Presidente (redação dada pela Lei nº 14.925 de 24/11/2005 – DOE nº 7109 de 25/11/2005).*

Título X - Direitos e Garantias

Capítulo Único - Direitos E Garantias

Art. 160. *Os direitos e garantias dos auxiliares da justiça do foro judicial são os estabelecidos em lei e neste Código.*

TÍTULO XI - FORO JUDICIAL

Capítulo I - Deveres

Art. 161. *Os auxiliares da justiça deverão exercer suas funções com dignidade e compostura, obedecendo às determinações de seus superiores e cumprindo as disposições a que estiverem sujeitos. (Obs.: redação dada pela Lei nº 14.351 de 10/03/2004 – DOE nº 6687 de 15/03/2004– sub-judice ADI 3517)*

Art. 162. *Os auxiliares da justiça terão domicílio e residência na sede da comarca em que exercerem suas funções e, sendo titulares de ofício do foro judicial, deverão permanecer à frente das respectivas serventias.*

Capítulo II - Penalidades

Art. 163. *Os auxiliares da justiça do foro judicial, pelas faltas cometidas no exercício de suas funções, ficarão sujeitos às seguintes penas disciplinares:*

I. de advertência, aplicada por escrito em caso de mera negligência;

II. de censura, aplicada por escrito em caso de falta de cumprimento dos deveres previstos neste Código, e também de reincidência de que tenha resultado aplicação de pena de advertência;

III. de devolução de custas em dobro, aplicada em casos de cobrança de custas que excedam os valores fixados na respectiva tabela, a qual ainda poderá ser cumulada com outra pena disciplinar;

IV. de suspensão, aplicada em caso de reincidência em falta de que tenha resultado na aplicação de pena de censura, ou em caso de infringência às seguintes proibições:

a) exercer cumulativamente dois ou mais cargos ou funções públicas, salvo as exceções permitidas em lei;

b) retirar, modificar ou substituir, sem prévia autorização da autoridade competente, qualquer documento de órgão estatal, com o fim de criar direito ou obrigação ou de alterar a verdade dos fatos;

c) valer-se do cargo ou função para obter proveito pessoal em detrimento da dignidade do cargo ou função; (redação dada pela Lei nº 14.925 de 24/11/2005 – DOE nº 7109 de 25/11/2005).

d) praticar usura;

e) receber propinas e comissões de qualquer natureza em razão do cargo ou função;

f) revelar fato ou informação de natureza sigilosa de que tenha ciência em razão do cargo ou função;

g) delegar, salvo nos casos previstos em lei, o desempenho de encargo que a si competir ou a seus subordinados;

h) deixar de comparecer ao trabalho sem causa justificada;

i) retirar ou utilizar materiais e bens do Estado indevidamente;

j) deixar de cumprir atribuições inerentes ao cargo no prazo estipulado;

V. de demissão, aplicada nos casos de: a) crimes contra a administração pública; b) abandono de cargo;

c) falta ao serviço, sem justa causa, por sessenta (60) dias alternados durante o ano;

d) ofensa grave, física ou moral, em serviço, contra servidor ou particular, salvo escusa legal;

e) reincidência, em caso de insubordinação;

f) aplicação irregular de dinheiro público;

g) transgressão dolosa a proibição legal de natureza grave;

h) reincidência na prática de infração disciplinar pelo funcionário que, nos quatro (4) anos imediatamente anteriores, tenha sido punido com pena de suspensão igual ou superior a cento e oitenta (180) dias, aplicada isoladamente ou resultante da soma de várias penas de suspensão.

§ 1º. A pena de suspensão poderá ser convertida em multa quando houver conveniência para o serviço, à razão de cinqüenta por cento (50%) do valor do salário a que no período imposto fizer jus o servidor, que fica obrigado neste caso a permanecer em atividade.

§ 2º. Para os fins do inciso V, alínea "b", deste artigo, considera-se abandono de cargo a ausência ao serviço, sem justa causa, por mais de trinta (30) dias.

§ 3º. Durante o período de suspensão, o auxiliar da justiça perderá todas as vantagens decorrentes do exercício do cargo.

§ 4º. Na aplicação das penalidades, considerar-se-ão a natureza e a gravidade da infração, os meios empregados, os danos que dela provierem para o serviço público e os antecedentes funcionais do servidor.

Art. 164. Será cassada a aposentadoria se ficar provado que o inativo:

I. praticou falta grave no exercício do cargo ou função;

II. aceitou ilegalmente cargo ou função pública;

III. aceitou representação de Estado estrangeiro sem prévia autorização do Presidente da República;

IV. praticou usura em qualquer de suas formas;

V. perdeu a nacionalidade brasileira.

Art. 165. São competentes para aplicação das penalidades disciplinares o Conselho da Magistratura, Corregedor-Geral da Justiça e os Juízes perante os quais servirem ou a quem estiverem subordinados os servidores, observado o seguinte:

I. o Conselho da Magistratura poderá aplicar quaisquer das penalidades previstas nos Arts. 163 e 164 (redação dada pela Lei nº 16.010/2008, de 05/12/2008 – DOE nº 7865 de 05/12/2008);

II. o Corregedor-Geral da Justiça e os Juízes poderão aplicar as penas de advertência, censura, devolução de custas em dobro e suspensão até trinta (30) dias (redação dada pela Lei nº 16.010/2008, de 05/12/2008 – DOE nº 7865 de 05/12/2008).

Art. 166. As penas de advertência, censura e devolução de custas em dobro poderão ser aplicadas em sindicância, respeitados o contraditório e a ampla defesa.

Art. 167. Qualquer penalidade imposta ao auxiliar da justiça será comunicada à Corregedoria-Geral da Justiça para as devidas anotações.

Art. 168. Se a pena imposta for a de demissão ou de cassação de aposentadoria, a decisão será remetida ao Presidente do Tribunal de Justiça, que expedirá o respectivo decreto, comunicando o fato, na segunda hipótese, ao Tribunal de Contas.

Art. 169. Sempre que houver comprovação de prática de crime de ação penal pública, remeter-se-ão peças ao Ministério Público (redação dada pela Lei nº 14.925 de 24/11/2005 – DOE nº 7109 de 25/11/2005).

Art. 170. As penalidades de advertência, censura e devolução de custas em dobro terão seus registros cancelados após o decurso de três (3) anos, e a de suspensão após cinco (5) anos, respectivamente, contados da aplicação ou do cumprimento da pena, se o servidor não houver, nesse período, praticado nova infração disciplinar.

Art. 171. Mediante decisão do Corregedor-Geral da Justiça, os auxiliares da justiça de que trata este capítulo poderão ser afastados do exercício do cargo quando criminalmente processados ou condenados enquanto estiver tramitando o processo ou pendente de execução a pena aplicada.

Parágrafo único. Recebida a denúncia ou transitada em julgado a sentença, o Juiz do processo remeterá ao Corregedor-Geral da Justiça cópias das respectivas peças.

Art. 172. O Corregedor-Geral da Justiça, por decisão fundamentada, poderá afastar os auxiliares da justiça do exercício do cargo, pelo prazo de sessenta (60) dias, prorrogável por igual período, se houver necessidade de acautelamento a fim de evitar a continuidade dos ilícitos administrativos praticados, para garantia da normalidade do serviço público ou por conveniência da instrução do processo administrativo.

Art. 173. Fica assegurado ao serventuário titular da serventia, desde que não perceba remuneração dos cofres públicos, quando do afastamento ocorrido pela aplicação das normas contidas nos arts. 171 e 172 deste Código, o direito à percepção mensal de metade da renda líquida da serventia; a outra metade será depositada em conta bancária remunerada à disposição do Juízo.

Art. 174. Afastado o titular, o Corregedor-Geral da Justiça designará interventor para responder pela serventia, fixando-lhe a remuneração.

Art. 175. A pena de demissão ou de cassação de aposentadoria será aplicada ao auxiliar da justiça do foro judicial:

I. em virtude de sentença que declare a perda de cargo ou de função pública;

II. mediante processo administrativo em que lhe seja assegurada ampla defesa.

Art. 176. A punição dos funcionários da Secretaria do Tribunal será efetivada por ato do Presidente (redação dada pela Lei nº 14.925 de 24/11/2005 – DOE nº 7109 de 25/11/2005).

CAPÍTULO III - PRESCRIÇÃO

Art. 177. *Prescreverá o direito de punir:*

I. em três (3) anos, para as infrações sujeitas às penalidades de advertência, censura, devolução de custas em dobro e suspensão(redação dada pela Lei nº 17.201 de 26/06/2012 – DOE nº 8741 de 26/06/2012);

II. em cinco (5) anos, para as infrações sujeitas à pena de demissão e de cassação de aposentadoria(redação dada pela Lei nº 17.201 de 26/06/2012 – DOE nº 8741 de 26/06/2012);

Parágrafo único. *A punibilidade da infração, também prevista na lei penal como crime, prescreve juntamente com este.*

Art. 178. *O prazo de prescrição começa a correr da data em que o fato se tornou conhecido pela autoridade competente para aplicar a penalidade.*

§ 1º. *Interrompe-se a contagem do prazo de prescrição com: (redação dada pela Lei nº 17.201 de 26/06/2012 – DOE nº 8741 de 26/06/2012).*

I. a abertura da sindicância;(redação dada pela Lei nº 17.201 de 26/06/2012 – DOE nº 8741 de 26/06/2012);

II. a instauração do processo administrativo;(redação dada pela Lei nº 17.201 de

III. 26/06/2012 – DOE nº 8741 de 26/06/2012);

IV. a decisão de mérito proferida em sindicância ou no processo administrativo; (redação dada pela Lei nº 17.201 de 26/06/2012 – DOE nº 8741 de 26/06/2012);

V. o acórdão proferido no julgamento do recurso interposto em face da decisão a que se refere o inciso III deste parágrafo;(redação dada pela Lei nº 17.201 de 26/06/2012 – DOE nº 8741 de 26/06/2012)

§ 2º. *A abertura da sindicância meramente preparatória do processo administrativo, desprovida de contraditório e da ampla defesa, não interrompe a prescrição.*

§ 3º. *Suspende-se o prazo prescricional quando a autoridade reputar conveniente o sobrestamento do processo administrativo até a decisão final do inquérito policial, da ação penal ou da ação civil pública, desde que originadas no mesmo fato do processo administrativo.*

§ 4º. *Interrompida a prescrição, todo o prazo começa a correr novamente do dia da interrupção.*

Capítulo IV - Processo Administrativo

Art. 179. *O processo administrativo terá início após a certeza dos fatos, por portaria baixada por Juiz ou pelo Corregedor-Geral da Justiça, na qual se imputarão os fatos ao servidor, delimitando-se o teor da acusação.*

Parágrafo único. *Os atos instrutórios do processo poderão ser delegados pelo Corregedor-Geral da Justiça a Juiz ou a assessor lotado na Corregedoria-Geral da Justiça.*

Art. 180. *Ao servidor acusado será dada a notícia dos termos da acusação, devendo ele ser citado para, no prazo de dez (10) dias, apresentar defesa e requerer a produção de provas.*

§ 1º. *A citação far-se-á:*

I. por mandado ou pelo correio, por meio de ofício sob registro e com aviso de recebimento;

II. por carta precatória ou de ordem;

III. por edital, com prazo de quinze (15) dias.

§ 2º. *O edital será publicado três (3) vezes no Diário da Justiça e afixado no átrio do Fórum ou no da Corregedoria-Geral da Justiça.*

Art. 181. *Em caso de revelia, será designado pela autoridade competente defensor dativo ao servidor.*

Art. 182. *Apresentada defesa, seguir-se-á a instrução com a produção das provas deferidas, podendo a autoridade instrutora determinar a produção de outras necessárias à apuração dos fatos.*

§ 1º. *A autoridade que presidir a instrução deverá interrogar o servidor acusado acerca da imputação, designando dia, hora e local e determinando sua intimação bem como a de seu advogado.*

§ 2º. *Em todas as cartas precatórias e de ordem, a autoridade processante declarará o prazo dentro do qual elas deverão ser cumpridas. Vencido esse prazo, o feito será levado a julgamento independentemente de seu cumprimento.*

§ 3º. *Encerrada a instrução, será concedido um prazo de cinco (5) dias para as alegações finais do acusado.*

§ 4º. *Apresentadas as alegações finais, a autoridade competente proferirá decisão.*

§ 5º. *Instaurado o processo administrativo por determinação do Corregedor-Geral da Justiça, este, após receber os autos com o relatório elaborado pela autoridade instrutora, decidi-lo-á ou o relatará, conforme o caso, perante o Conselho da Magistratura.*

§ 6º. *A instrução deverá ser ultimada no prazo de cento e vinte (120) dias, prorrogáveis por mais sessenta (60) dias.*

Capítulo V - Abandono do Cargo

Art. 183. *Caracterizada a ausência do servidor na forma do Art. 163, § 2º, deste Código, fará o Juiz a respectiva comunicação à Corregedoria-Geral da Justiça.*

Art. 184. *Diante da comunicação da ausência do servidor, e havendo indícios de abandono de cargo, o Corregedor-Geral da Justiça baixará portaria instaurando processo administrativo, com expedição de edital de chamamento e citação, que será publicado no Diário da Justiça por três (3) dias consecutivos, convocando o servidor a justificar sua ausência ao serviço no prazo de dez (10) dias, contados da última publicação.*

Art. 185. *Se procedente a justificativa apresentada pelo servidor, deverá ele reassumir imediatamente suas funções.*

Parágrafo único. *Não ocorrendo o retorno do servidor à atividade, segue-se o procedimento estabelecido nos arts. 180 e 181 deste Código.*

Art. 186. *Declarado o abandono do cargo pelo Conselho da Magistratura, os autos serão encaminhados ao Presidente do Tribunal de Justiça, que expedirá o decreto de demissão do servidor.*

Capítulo VI - Recursos

Art. 187. *Das decisões do Juiz ou do Corregedor-Geral da Justiça caberá recurso em último grau ao Conselho da Magistratura no prazo de quinze (15) dias.*

Art. 188. *Das decisões originárias do Conselho da Magistratura cabe recurso ao Órgão Especial no prazo de quinze (15) dias.*

Art. 189. *O recurso será interposto perante a autoridade que houver proferido a decisão recorrida, a qual, se o receber, encaminhá-lo-á no prazo de dois (2) dias ao órgão competente para julgamento.*

§ 1º. *Só não será recebido o recurso em caso de intempestividade.*

§ 2º. *O recurso será sempre recebido nos efeitos devolutivo e suspensivo.*

Título XI - Foro Extrajudicial

Capítulo I - Disposições Preliminares

Art. 190. *Aplica-se o regime deste título aos Notários e Registradores.*

Parágrafo único. *Aos oficiais de registro de pessoas naturais, aos de registro de imóveis, aos de registro de títulos e documentos, aos tabeliães de protestos e aos tabeliães de notas, incumbem as atribuições inerentes aos seus ofícios, segundo as disposições legais e observados os limites circunscricionais, quanto aos dois primeiros.*

Art. 191. *Além do contido no Art. 13 da Lei Federal 8935/94, observar-se-á o seguinte:*

I. *quanto às escrituras, será permitido às partes indicar o tabelião de sua preferência, que encaminhará ao ofício de registro e distribuição, para fins de registro, relação contendo todas as escrituras lavradas em prazo não superior a dez (10) dias, contados da lavratura;*

II. *nos distritos, esses registros serão feitos pelo próprio oficial distrital, em livro próprio, com encaminhamento no prazo de dez (10) dias da correspondente relação das escrituras lavradas ao Ofício de Registro de Distribuição para os devidos fins.*

III. *nas comarcas onde haja dois ou mais ofícios de títulos e documentos e de pessoas jurídicas, o ofício de registro de distribuição procederá, antes da realização de seu registro, à distribuição eqüitativa dos títulos e documentos em número e valores. Serão também registrados, previamente, no Distribuidor os aditivos, alterações, averbações e anexos. As notificações e interpelações são de livre escolha do interessado, não ensejando compensação entre os ofícios, os quais deverão comunicar o Distribuidor para fins de registro, no prazo máximo de quarenta e oito (48) horas, a contar do protocolo;*

IV. *da relação a que alude os itens anteriores deverá constar o valor recolhido, quando devido, em favor do Fundo de Reequipamento do Poder Judiciário - FUNREJUS, sob pena de responsabilidade;*

V. *em caso de inobservância do disposto no item anterior, o oficial titular do ofício de registro de distribuição comunicará ao Juiz competente, sob pena de responsabilidade.*

Capítulo II - Deveres

Art. 192. *São deveres dos Notários e Registradores:*

I. *manter em ordem os livros, papéis e documentos de sua serventia, guardando-os em local seguro;*

II. *atender as partes com eficiência, urbanidade e presteza;*

III. *atender prioritariamente as requisições de papéis, documentos, informações ou providências que lhes forem feitas pelas autoridades judiciárias ou administrativas para defesa das pessoas jurídicas de direito público em Juízo;*

IV. *manter em arquivo as leis, regulamentos, resoluções, provimentos, regimentos, ordens de serviço e quaisquer outros atos que digam respeito a sua atividade;*

V. *proceder de forma a dignificar a função exercida, tanto nas atividades profissionais como na vida privada;*

VI. *guardar sigilo sobre a documentação e os assuntos de natureza reservada de que tenham conhecimento em razão do exercício de sua profissão;*

VII. *afixar em local visível, de fácil leitura e acesso ao público, as tabelas de emolumentos em vigor;*

VIII. *observar os emolumentos fixados para a prática dos atos do seu ofício;*

IX. *dar recibo discriminado dos emolumentos percebidos;*

X. *observar os prazos legais fixados para a prática dos atos do seu ofício;*

XI. *fiscalizar o recolhimento dos valores devidos incidentes sobre os atos que devam praticar;*

XII. *facilitar por todos os meios o acesso à documentação existente às pessoas legalmente habilitadas;*

XIII. *encaminhar ao Juízo competente as dúvidas suscitadas, obedecida a sistemática processual fixada pela legislação respectiva;*

XIV. *observar as normas técnicas estabelecidas pela autoridade competente e as prescrições legais e normativas;*

XV. *residir na sede da comarca ou no distrito em que exerçam suas funções;*

XVI. *comparecer pontualmente à hora de iniciar seu expediente e não se ausentar injustificadamente antes do término das atividades;*

XVII. *cumprir as instruções da Corregedoria-Geral da Justiça.*

Capítulo III - Proibições

Art. 193. *Aos Notários e Registradores, além de outras previstas em lei, são estabelecidas as seguintes proibições:*

I. *o exercício da advocacia, da intermediação de seus serviços ou o exercício de qualquer cargo, emprego ou função pública, ainda que em comissão, salvo cargo eletivo nos termos da lei;*

II. *no serviço de que é titular, praticar pessoalmente qualquer ato de seu interesse ou*

III. *de seu cônjuge ou de parentes, na linha reta ou na colateral, consangüíneos ou afins até o terceiro grau;*

IV. *a conduta atentatória às instituições notariais e de registro;*

V. *a cobrança indevida ou excessiva de custas, ainda que sob a alegação de urgência ou a qualquer outro título;*

VI. *valer-se do cargo para obter proveito indevido para si ou para outrem.*

Capítulo IV - Penalidades

Art. 194. *São penas disciplinares:*

I. *repreensão;*

II. *multa;*

III. *suspensão por noventa (90) dias, prorrogáveis por mais trinta (30);*

IV. *perda da delegação.*

Art. 195. *Na aplicação da pena, levar-se-ão em conta as disposições do Art. 163, § 4º, deste Código.*

Art. 196. *São cabíveis penas disciplinares de:*

I. *repreensão, aplicada no caso de falta leve;*

II. *multa, em caso de reincidência ou de infração que não configure falta mais grave;*

III. *suspensão, aplicada em caso de reiterado descumprimento dos deveres ou de falta grave;*

IV. *perda da delegação nos casos de:*

a) *crimes contra a administração pública;*

b) *abandono da serventia por mais de trinta (30) dias;*

c) *transgressão dolosa a proibição legal de natureza grave.*

Parágrafo único. *As penas serão impostas pelo órgão competente, independentemente da ordem de gradação, conforme a gravidade do fato.*

Art. 197. *O valor da pena de multa será fixado, considerados os rendimentos da delegação, em dias-multa, observados os critérios previstos no Código Penal.*

§ 1º. *O recolhimento da multa a que se refere o caput deste artigo deverá ser efetuado nos termos do Art. 3º, inciso XXIII, da Lei Estadual 12.216/98.*

§ 2º. *A comprovação do pagamento a que se refere este artigo far-se-á com a juntada ao respectivo procedimento de guia de recolhimento, devidamente autenticada pelo banco oficial, que encaminhará as demais guias ao seu destino.*

Art. 198. *As penalidades de repreensão e de multa terão seus registros cancelados após o decurso de dois (2) anos e a de suspensão após o decurso de três (3) anos, se o servidor não houver nesse período praticado nova infração disciplinar.*

Art. 199. *São competentes para aplicação das penalidades disciplinares o Conselho da Magistratura e o Corregedor-Geral da Justiça e os Juizes perante os quais servirem ou a quem estiverem subordinados os servidores, observado o seguinte:*

I. *O Conselho da Magistratura poderá aplicar quaisquer das penalidades previstas no Art. 194 deste Código;*

II. *Os Juízes e o Corregedor-Geral da Justiça poderão aplicar as penas de repreensão e de multa.*

Art. 200. *As penas de repreensão e de multa poderão ser aplicadas em sindicância, assegurados o contraditório e a ampla defesa.*

Art. 201. *Da imposição de penalidade dar-se-á ciência à Corregedoria-Geral da Justiça.*

Art. 202. *Se a pena imposta pelo Conselho da Magistratura for a de perda da delegação, a decisão será remetida ao Presidente do Tribunal de Justiça, que expedirá o respectivo decreto.*

Art. 203. *Sempre que houver comprovação da prática de crime de ação penal pública, remeter-se-ão peças ao Ministério Público (redação dada pela Lei nº 14.925 de 24/11/2005 – DOE nº 7109 de 25/11/2005).*

Art. 204. *No caso de afastamento do agente delegado para a apuração de faltas imputadas, proceder-se-á na forma do Art. 173 deste Código.*

Art. 205. *Fica assegurado ao agente delegado, quando do afastamento ocorrido pela aplicação do artigo anterior, o direito à percepção mensal de metade da renda líquida da delegação; a outra metade será depositada em conta bancária remunerada à disposição do Juízo.*

Art. 206. *Afastado o agente delegado, aplicar-se-á o disposto no Art. 174 deste Código.*

Art. 207. *A perda da delegação dependerá de:*

I. *decisão definitiva em processo administrativo;*

II. *sentença transitada em julgado.*

Capítulo V - Prescrição

Art. 208. *Prescreverá o direito de punir:*

I. *em três (3) anos, para as infrações sujeitas às penalidades de repreensão, multa e suspensão; (redação dada pela Lei nº 17.201 de 26/06/2012 – DOE nº 8741 de 26/06/2012)*

II. *em cinco (5) anos, para as infrações sujeitas à pena de perda da delegação(redação dada pela Lei nº 17.201 de 26/06/2012 – DOE nº 8741 de 26/06/2012).*

Parágrafo único. *A punibilidade da infração também prevista na lei penal como crime prescreve juntamente com este.*

Art. 209. *O prazo de prescrição começa a correr da data em que o fato tornou-se conhecido pela autoridade competente para aplicar a penalidade(redação dada pela Lei nº 17.201 de 26/06/2012 – DOE nº 8741 de 26/06/2012).*

§ 1º. *Interrompe-se a contagem do prazo de prescrição com: (redação dada pela Lei nº 17.201 de 26/06/2012 – DOE nº 8741 de 26/06/2012).*

I. *a abertura da sindicância;(redação dada pela Lei nº 17.201 de 26/06/2012 – DOE nº 8741 de 26/06/2012);*

II. *a instauração do processo administrativo;(redação dada pela Lei nº 17.201 de 26/06/2012 – DOE nº 8741 de 26/06/2012);*

III. *a decisão de mérito proferida em sindicância ou no processo administrativo; (redação dada pela Lei nº 17.201 de 26/06/2012 – DOE nº 8741 de 26/06/2012);*

IV. *o acórdão proferido no julgamento do recurso interposto em face da decisão a que se refere o inciso III deste parágrafo;(redação dada pela Lei nº 17.201 de 26/06/2012 – DOE nº 8741 de 26/06/2012)*

§ 2º. *A abertura da sindicância meramente preparatória do processo administrativo, desprovida de contraditório e da ampla defesa, não interrompe a prescrição.*

§ 3º. *Interrompida a prescrição, o prazo começa a correr novamente do dia da interrupção.*

Capítulo VI - Processo Administrativo

Art. 210. *O processo administrativo reger-se-á pelos arts. 179 a 186 deste Código.*

Capítulo VII - Recursos

Art. 211. *Aplicam-se aos recursos os arts. 187 a 189 deste Código.*

Título XII - Vestes Talares, Expediente e Horário

Capítulo Único - Vestes Talares, Expediente e Horário

Art. 212. *Nos atos solenes da justiça é obrigatório o uso de vestes talares, conforme modelo aprovado.*

Art. 213. *O expediente dos ofícios de justiça será fixado pelo Órgão Especial.*

LIVRO V - Divisão Judiciária

Título I - Divisão Judiciária

Capítulo I - Disposições Gerais

Art. 214. *O território do Estado constitui circunscrição única, dividindo-se, para efeito da administração da Justiça, em seções judiciárias, comarcas, foros regionais, municípios e distritos.*

§ 1º. *As seções judiciárias serão integradas por grupos de comarcas, conforme anexo II.*

§ 2º. *Cada comarca, constituída de um ou mais municípios e distritos, terá a denominação do município que a ela servir de sede.*

Art. 215. *Em caso de necessidade ou de relevante interesse público, mediante aprovação do Órgão Especial, poderá ser transferida provisoriamente a sede da comarca ou da seção judiciária, bem como ser determinada a sua agregação.*

Capítulo II - Criação e Instalação de Comarcas, Varas E Distritos

Art. 216. *São requisitos para a criação e instalação de comarcas:*

I. *Para criação:*

a) *cidade-sede de município;*

b) *população não inferior a trinta mil (30.000) habitantes, com um mínimo de dez mil (10.000) eleitores;*

c) *existência de renda tributária significativa do desenvolvimento econômico do município ou da microrregião, que não poderá ser inferior ao dobro da exigida para a criação de municípios no Estado;*

d) *movimento forense anual, nos municípios que comporão a comarca, equivalente, no mínimo, à distribuição de quatrocentos (400) feitos, observando-se o que for estabelecido pelo Órgão Especial quanto à natureza dos processos.*

II. *Para instalação:*

a) *existência de edifícios públicos apropriados ao Fórum, à Delegacia de Polícia e à Cadeia Pública, esta dotada da indispensável segurança e em condições de abrigar presos;*

b) *existência de prédios públicos apropriados para residência do Juiz de Direito e do Promotor de Justiça;*

c) *preenchimento de todos os cargos judiciais, por designação, até o provimento efetivo, este no prazo de seis (6) meses.*

§ 1º. *As condições referidas no inciso I deste artigo poderão ser excepcionalmente dispensadas pelo Órgão Especial do Tribunal de Justiça se a distância e a dificuldade de acesso à sede da comarca de origem aconselharem a criação de nova unidade judiciária.*

§ 2º. *A comarca poderá ser extinta por proposta do Órgão Especial do Tribunal de Justiça, quando deixarem de existir quaisquer dos requisitos que justificaram sua criação, ressalvando-se o disposto no parágrafo anterior.*

Art. 217. *Para a criação de vara, observar-se-ão, além dos requisitos enumerados no artigo anterior, no que couber, a ocorrência das seguintes condições:*

a) *se vara cível, um mínimo de quatrocentos (400) feitos contenciosos por ano, não computadas as execuções não-embargadas;*

b) *se criminal, um mínimo de duzentos (200) processos por ano.*

Art. 218. *A instalação de comarca será feita em audiência pública.*

§ 1º. *Presidirá a audiência de instalação o Presidente do Tribunal de Justiça ou o magistrado designado.*

§ 2º. *Do termo lavrado, remeter-se-ão cópias autenticadas aos Presidentes dos Tribunais de Justiça e Regional Eleitoral, ao Governador do Estado, ao Presidente da Assembléia Legislativa, ao Procurador--Geral de Justiça e às Justiças Federal e do Trabalho no Estado (redação dada pela Lei nº 14.925 de 24/11/2005 – DOE nº 7109 de 25/11/2005).*

Art. 219. *Distribuídos, no ano imediatamente anterior, mais de oitocentos (800) feitos cíveis, não computados nesse número as execuções fiscais e execuções não-embargadas, os pedidos de alvarás, as ações consensuais e as precatórias, ou quatrocentos (400) processos criminais, o Juiz da comarca ou da vara dará conta do ocorrido à Corregedoria- Geral da Justiça, para as providências necessárias à criação de nova unidade judicial, observado o disposto neste Capítulo (redação dada pela Lei nº 14.925 de 24/11/2005 – DOE nº 7109 de 25/11/2005).*

Parágrafo único. *No caso de comarca de Juízo único, computar-se-á a soma das ações penais com as cíveis para os fins da comunicação de que trata este artigo.*

Art. 220. *Para a criação de Distrito Judiciário, ressalvado o previsto no § 1º do Art. 216, exige-se a preexistência de Distrito Administrativo, de população não inferior a quatro mil (4.000) habitantes e de colégio eleitoral de, no mínimo, mil e quinhentos (1.500) eleitores.*

Parágrafo único. *Os Distritos Judiciários serão instalados mediante prévia autorização do Presidente do Tribunal de Justiça.*

Título II - Prestação Jurisdicional

Capítulo Único - Prestação Jurisdicional

Art. 221. *A prestação jurisdicional no Estado é exercida por Desembargadores, Juízes de Direito de entrância final, intermediária e inicial e por Juízes Substitutos nos termos do anexo V (redação dada pela Lei nº 14.925 de 24/11/2005 – DOE nº 7109 de 25/11/2005).*

Título III - Classificação das Comarcas, Seções Judiciárias e Distritos Judiciários

Capítulo I - Classificação das Comarcas

Art. 222. *As comarcas, segundo a importância do movimento forense, a densidade demográfica, a situação geográfica e a condição de sede de seção judiciária, são classificadas em:*

I. *de entrância inicial;*

II. *de entrância intermediária; e*

III. de entrância final;

Parágrafo único. *Para os fins constantes deste artigo, as comarcas obedecem ao elenco previsto no anexo I.*

Capítulo II - Seções Judiciárias

Art. 223. *As seções judiciárias constituem agrupamento de comarcas ou foros regionais ou varas, assim organizadas para facilitar o exercício da prestação jurisdicional por Juízes Substitutos e por Juízes de Direito Substitutos, com a definição dos limites de competência atribuídos a cada um.*

§ 1º. *A composição das seções judiciárias é estabelecida conforme o contido no anexo II.*

§ 2º. *Na Comarca da Região Metropolitana de Curitiba e nas Comarcas de entrância final de Londrina, Maringá, Cascavel, Ponta Grossa, Foz do Iguaçu e Guarapuava, a competência do Juiz de Direito Substituto será definida por resolução.*

Capítulo III - Distritos Judiciários

Art. 224. *Distritos são seções territoriais em que se divide a circunscrição judiciária de cada uma das comarcas.*

Parágrafo único. *Os Distritos Judiciários agrupam-se em torno de comarcas-sede ou foro central ou foros regionais, conforme estabelece o anexo III.*

Título IV - Comarcas, Juízos e Serviços Auxiliares

Capítulo I - Composição das Comarcas e Competência dos Juízos

Art. 225. *As comarcas compõem-se de Juízo único ou de duas ou mais varas judiciais, cuja denominação e competência serão fixadas e alteradas por Resolução do Órgão Especial do Tribunal de Justiça.*

Parágrafo único. *Os Juizados Especiais com unidade administrativa própria e cargo de Juiz São Considerados, Para Fins Deste Artigo, Varas Judiciais. (Redação Do Artigo E Parágrafo Único Dada Pela Lei Nº 17.585 De 04/06/2013 – Doe Nº 8970 De 04/06/2013)*

Art. 226. *REVOGADO (redação do artigo dada pela Lei nº 17.585 de 04/06/2013 – DOE nº 8970 de 04/06/2013)*

Art. 227. *As comarcas e varas poderão ser declaradas em regime de exceção, em casos especiais, por ato do Conselho da Magistratura, ouvido o Corregedor-Geral da Justiça quando este não for o proponente da medida.*

Parágrafo único. *Configurada a hipótese de que trata este artigo, o Presidente do Tribunal de Justiça designará Juiz para exercer, cumulativamente com o titular, a jurisdição na comarca ou na vara, fixando-lhe a competência, definindo a forma de distribuição dos processos e estabelecendo o limite temporal da medida em até seis (6) meses prorrogáveis.*

Capítulo II - Serviços Auxiliares

Art. 228. *Os serviços do foro judicial e extrajudicial, nas comarcas, serão executados por serventuários, funcionários da justiça e agentes delegados com as atribuições previstas para cada um dos correspondentes ofícios, observadas as disposições deste Código e na forma dos anexos I, IV e VI, tabelas 1, 2, 3 e 4.*

Art. 229. *É mantida a atual constituição dos ofícios da justiça, com as alterações, supressões e acréscimos previstos neste Código.*

Art. 230. *Nas varas e nos ofícios criados por esta Lei, a constituição das serventias do foro judicial e dos ofícios do foro extrajudicial obedecerá aos critérios estabelecidos para as demais comarcas de igual entrância, ressalvadas as peculiaridades de cada caso.*

Art. 231. *Em cada Juízo único ou vara servirão, no mínimo, dois (2) Oficiais de Justiça.*

Art. 232. *Os Oficiais de Justiça, os Auxiliares de Cartório e Administrativos, e os Serventes da Comarca da Região Metropolitana de Curitiba serão lotados pelo Presidente do Tribunal de Justiça, enquanto os de idênticos cargos nas demais comarcas, pelo Juiz de Direito Diretor de Fórum, de acordo com a necessidade do serviço.*

Parágrafo único. *Aos Oficiais de Justiça serão distribuídos, para cumprimento, mandados cíveis e criminais, indistinta e eqüitativamente.*

Art. 233. *No Foro Central da Comarca da Região Metropolitana de Curitiba, os ofícios distribuidores, contadores e partidores, de 1º a 5º, terão suas atribuições previstas em resolução do Órgão Especial, observadas as seguintes disposições:*

I. o 1º Ofício de Distribuidor, Contador e Partidor terá competência em matéria criminal, do Tribunal do Júri, da Fazenda Pública, de Falência e de Recuperação Judicial, de Família e de Delitos de Trânsito, nas notas que se destinem aos Tabelionatos de Notas de 8º a 12º, e como Contador e Partidor, nos créditos que se destinam aos Tabelionatos de Protestos de Títulos de 1º ao 6º.

II. o 2º Ofício de Distribuidor terá competência em matéria Cível, da Vara da Auditoria da Justiça Militar, nas notas que se destinem aos Tabelionatos de Notas de 1º a 7º, nos Títulos e Documentos e Cível das Pessoas Jurídicas de 1º a 4º.

III. o 3º Ofício de Distribuidor terá competência em matéria da Infância e da Juventude e Adoção de Adolescentes em conflito com a Lei, de Execução de Penas e Medidas Alternativas e Precatórias Criminais, nos créditos que se destinem aos Tabelionatos de Protesto de Títulos de 1º a 6º.

IV. o 4º Ofício de Contador e Partidor terá competência em matérias que não se refiram ao 1º Ofício;

V. o 5º Ofício de Distribuidor terá competência em matéria de Execuções Penais, dos Juizados Especiais Cíveis e dos Juizados Especiais Criminais, de Registros Públicos e Acidentes do Trabalho e Precatórias Cíveis, de Inquéritos Policiais, no registro dos atos lavrados nos Serviços Distritais do Bacacheri, Barreirinha, Boqueirão, Cajuru, Campo Comprido, Portão, Santa Felicidade, Santa Quitéria, Mercês, Novo Mundo, Pinheirinho, São Casemiro Taboão, Tatuquara, Uberaba e Umbará, e nas notas que se destinem aos Tabelionatos de Notas de 13º a 16º.

Parágrafo Único. *As atribuições dos Ofícios não instalados ou extintos poderão, provisoriamente, ser redistribuídas, equitativamente, por resolução do Órgão Especial. (redação do artigo e incisos dada pela Lei nº 18.471 de 14/05/2015 – DOE nº 9452 de 15/05/2015)*

Art. 234. *No Foro Central da Comarca da Região Metropolitana de Londrina, os 1º e 2º Ofícios Distribuidores terão suas atribuições previstas em resolução do Órgão Especial, observadas as seguintes disposições:*

I. *o 1º Ofício de Distribuidor, Contador, Partidor e Depositário Público terá competência em matéria Cível, da Infância e da Juventude, nos créditos que se destinem aos Tabelionatos de Protestos de Títulos de 1º a 3º, e nos títulos que se destinem aos Ofícios de Registro de Títulos e Documentos e Civil das Pessoas Jurídicas de 1º e 2º.*

II. *o 2º Ofício de Distribuidor, Contador, Partidor e Depositário Público terá competência em matéria Criminal, de Execuções Penais, de Família, de Registros Públicos e Corregedoria do Foro Extrajudicial, de Acidentes do Trabalho, dos Juizados Especiais Cíveis e dos Juizados Especiais Criminais, nas notas que se destinem aos Tabelionatos de Notas de 1º a 7º, no registro dos atos lavrados no Serviço Distrital de Tamarana, Warta, Guaravera, Irerê, Lerro Ville, Paiquerê, São Luís e Maravilha.*

Parágrafo Único. *As atribuições dos Ofícios não instalados ou extintos poderão, provisoriamente, ser redistribuídas equitativamente, por resolução do Órgão Especial. (redação do artigo e incisos dada pela Lei nº 18.471 de 14/05/2015 – DOE nº 9452 de 15/05/2015)*

Capítulo III - Distritos Judiciários

Art. 235. *Em cada Distrito Judiciário, excetuado o da sede da Comarca, haverá um oficial distrital com as atribuições definidas neste Código.*

Título V - Comarca da Região Metropolitana de Curitiba

Capítulo Único - Composição, Competência e Distribuição

Art. 236. *A Comarca da Região Metropolitana de Curitiba é composta pelo Município de Curitiba, em que se situarão o Foro Central e ainda, pelos seguintes Foros Regionais:*

I. *Foro Regional de Almirante Tamandaré, compreendendo a sede e os Distritos Judiciários de Tranqueira (Município de Almirante Tamandaré), Campo Magro (Município do mesmo nome);*

II. *Foro Regional de Araucária, compreendendo o Distrito da sede;*

III. *Foro Regional de Campo Largo, compreendendo a sede e os Distritos Judiciários de Três Córregos, Bateias (Município de Campo Largo), Balsa Nova (Município do mesmo nome) e São Luiz do Purunã (Município de Balsa Nova);*

IV. *Foro Regional de Bocaiúva do Sul, compreendendo a sede e os Distritos Judiciários de Adrianópolis e Tunas do Paraná (Municípios do mesmo nome) e Marquês de Abrantes (Município de Tunas do Paraná), reclassificado em comarca de entrância inicial (redação dada pela Lei nº 16.027 de 19/12/2008 – DOE nº 7875 de 19/12/2008);*

V. *Foro Regional de Campina Grande do Sul, compreendendo a sede e os Distritos Judiciários de Paiol de Baixo (Município de Campina Grande do Sul), Quatro Barras (Município do mesmo nome), Jardim Paulista e Borda do Campo (Município de Quatro*

VI. *Barras);*

VII. *Foro Regional de Colombo, compreendendo a sede e os Distritos Judiciários de Guaraituba e Roça Grande (Município de Colombo);*

VIII. *Foro Regional de Fazenda Rio Grande, compreendendo a sede e os Distritos Judiciários de Mandirituba (Município do mesmo nome), Areia Branca dos Assis (Município de Mandirituba), Agudos do Sul (Município do mesmo nome) e Quintandinha (Município do mesmo nome);*

IX. *...Vetado...*

X. *Foro Regional de Pinhais, compreendendo o Distrito da sede;*

XI. *Foro Regional de Piraquara, compreendendo o Distrito da sede;*

XII. *Foro Regional de Rio Branco do Sul, compreendendo a sede e o Distrito Judiciário de Itaperuçu (Município do mesmo nome), reclassificado em comarca de entrância intermediária (redação dada pela Lei nº 16.027 de 19/12/2008 – DOE nº 7875 de 19/12/2008); XII - Foro Regional de São José dos Pinhais, compreendendo a sede e os Distritos Judiciários de Cachoeira de São José, Campo Largo da Roseira, Colônia Murici, Borda do Campo de São Sebastião, São Marcos (Município de São José dos Pinhais), e Tijucas do Sul (Município do mesmo nome).*

Art. 236-A. *Fica criada a Comarca da Região Metropolitana de Londrina, compreendendo o Foro Central de Londrina, sede da Comarca, no mesmo incluído o Distrito Judiciário de Tamarana, e os seguintes Foros Regionais:*

I. *Foro Regional de Cambé, compreendendo o Distrito da sede;*

II. *Foro Regional de Ibiporã, compreendendo o Distrito da sede e os Distritos Judiciários de Frei Timóteo e de Antônio Brandão de Oliveira, ambos do Município de Ibiporã;*

III. *Foro Regional de Rolândia, compreendendo o Distrito da sede e os Distritos Judiciários de São Martinho e de Nossa Senhora Aparecida, ambos do Município de Rolândia, e de Pitangueiras (Município de mesmo nome). Obs.: O Município de Pitangueiras foi transferido para a Comarca de Astorga, Lei 17.825 de 13/12/2013.*

§ 1º A Comarca da Região Metropolitana de Londrina passa a ser composta por Seção Judiciária única, de número 5 (cinco), cuja competência será fixada por Resolução do Órgão Especial do Tribunal de Justiça.

§ 2º A 22ª Seção Judiciária fica composta pelas Comarcas de São Jerônimo da Serra e

Assaí, que passa a ser sede da Seção.

§ 3º A 32ª Seção Judiciária fica composta pelas Comarcas de Primeiro de Maio, Sertanópolis e Bela Vista do Paraíso, que passa a ser Sede da Seção. (redação do artigo e incisos dados pela Lei nº 17.210 de 02/07/2012 – DOE nº 8745 de 02/07/2012)

Art. 236-B. Fica criada a Comarca da Região Metropolitana de Maringá, compreendendo o Foro Central de Maringá, sede da Comarca, e os Distritos Judiciários de Iguatemi e de Floriano (Município de Maringá), Doutor Camargo (Município de mesmo nome), Ivatuba (Município de mesmo nome), Floresta (Município de mesmo nome), Paiçandu (Município de mesmo nome) e Água Boa (Município de Paiçandu), e os seguintes Foros Regionais:

I. Foro Regional de Mandaguaçu, compreendendo a sede e os Distritos Judiciários de Pulinópolis (Município de Mandaguaçu), Ourizona (Município do mesmo nome), São Jorge do Ivaí (Município do mesmo nome) e Copacabana do Norte (Município de São Jorge do Ivaí);

II. Foro Regional de Sarandi, compreendendo o Distrito da sede;

III. Foro Regional de Marialva, compreendendo a sede e os Distritos Judiciários de

IV. Aquidabã (Município de Marialva) e de Itambé (Município de mesmo nome);

V. Foro Regional de Mandaguari.

VI. Foro Regional de Nova Esperança, compreendendo a sede e os Distritos Judiciários de Barão de Lucena (Município de Nova Esperança), Ivaitinga (Município de Nova Esperança), Floraí (Município de mesmo nome), Nova Bilac (Município de Floraí), Presidente Castelo Branco (Município de mesmo nome), Atalaia (Município de mesmo nome) e Uniflor (Município de mesmo nome).

§ 1º A Comarca da Região Metropolitana de Maringá passa a ser composta por Seção Judiciária Única, de número 6 (seis), cuja competência será fixada por Resolução do Órgão Especial do Tribunal de Justiça.

§ 2º A 39ª Seção Judiciária fica composta pelas Comarcas de Paranacity e Colorado, esta sede da Seção.

§ 3º O cargo de Juiz Substituto da então 47ª Seção Judiciária, cuja Sede era a Comarca de *Sarandi, fica transformado em um Cargo de Juiz de Direito Substituto e transferido para a Seção Judiciária Única da Comarca da Região Metropolitana de Maringá. (redação do artigo e incisos dados pela Lei nº 17.210 de 02/07/2012 – DOE nº 8745 de 02/07/2012)*

***Art. 237.** Nos Foros Centrais, a distribuição entre varas de igual competência será feita sob a presidência de um dos Juízes de Direito Substitutos dos respectivos Foros Centrais, designados pelo Corregedor-Geral da Justiça, que baixará ato disciplinando a matéria.*

Nos Foros Regionais, sob a presidência do Juiz Diretor do Fórum. (redação do artigo dada pela Lei nº 17.210 de 02/07/2012 – DOE nº 8745 de 02/07/2012)

***Art. 239.** A Comarca da Região Metropolitana de Curitiba terá sua composição conforme o contido no anexo III, tabela 1.*

LIVRO VI - Disposições Finais

Título I - Disposições Finais

Capítulo Único - Disposições Finais

***Art. 240.** A expedição de certidões não poderá exceder o prazo de vinte e quatro (24) horas, sob pena de responsabilidade do serventuário, do funcionário da justiça ou do agente delegado, ressalvado o caso de comprovado acúmulo de serviço, hipótese em que o Presidente do Tribunal de Justiça, o Corregedor-Geral da Justiça ou Juiz competente, conforme a situação, marcarão prazo de até quarenta e oito horas (48) horas excedentes para efetivo atendimento (redação do artigo dada pela Lei nº 14.925 de 24/11/2005 – DOE nº 7109 de 25/11/2005).*

***Art. 241.** Os atos processuais devem ser praticados de ordinário na sede do Juízo, salvo razões de interesse da Justiça ou de obstáculos argüidos pelas partes e acolhidos pelo Juiz.*

***Art. 242.** A delimitação territorial das delegações será fixada e alterada por lei de iniciativa do Poder Judiciário.*

***Art. 243.** Os Desembargadores que integram a cúpula diretiva do Tribunal de Justiça não participarão do Tribunal Regional Eleitoral.*

***Art. 244.** Aos oficiais maiores e aos escreventes juramentados ainda remanescentes quando da entrada em vigor deste Código e com direitos assegurados pelo Art. 200 da Resolução nº 01/70, aplicam-se as disposições previstas no Livro IV, Título XI, Capítulo II.*

***Art. 245.** O Estatuto dos Funcionários Públicos Civis do Estado do Paraná aplicar-se-á supletivamente, no que couber, aos servidores do Poder Judiciário e à magistratura, exceto nos procedimentos disciplinares.*

***Art. 246.** Nas comarcas de entrância inicial, as escrivanias cível e criminal poderão ser anexadas, a título precário, à medida que qualquer delas venha a vagar, mediante deliberação do Conselho da Magistratura.*

***Art. 247.** Os cargos de oficial maior e escrevente juramentado serão extintos à medida que vagarem, ressalvados a seus ocupantes os direitos assegurados nas leis anteriores.*

***Art. 248.** Os serviços do foro extrajudicial precariamente acumulados aos ofícios do foro judicial serão desacumulados quando da vacância da titularidade destes, por decisão do Conselho da Magistratura.*

***Art. 249.** Ficam mantidos os efeitos do Art. 2º do Decreto Judiciário nº. 320/2000, até a realização de concurso público e a conseqüente outorga de delegação.*

***Art. 250.** Os serviços do foro extrajudicial precariamente acumulados serão desacumulados quando da vacância da titularidade, excetuando-se os desmembrados no disposto do Art. 262 da presente lei.*

***Art. 251.** Fica criada a Comissão Estadual Judiciária de Adoção (CEJA), vinculada à Corregedoria-Geral da Justiça, presidida pelo Corregedor-Geral da Justiça, com atribuições e competência fixadas em resolução do Tribunal de Justiça.*

***Art. 252.** Ficam criados e extintos os cargos de magistrados conforme o contido no anexo IX, tabela 1.*

***Art. 253.** Os cargos do foro judicial ficam criados, extintos e transformados conforme o contido no anexo IX, tabelas 2, 3, 4, 5, 7 e 8.*

***Art. 254.** Fica criado no Foro Central da Comarca da Região Metropolitana de Curitiba o seguinte:*

a) o 2º Tribunal do Júri, a ele se agregando a atual 2ª Vara;

b) a Vara de Adolescentes Infratores;

c) a Vara de Execução de Penas e Medidas Alternativas;

d) a Vara de Inquéritos Policiais; e) 24 Varas Cíveis, de 23ª a 46ª; f) 4 Varas de Família, de 5ª a 8ª;

- *e)* 4 Varas da Fazenda Pública, Falências e Concordatas de 5ª a 8ª;
- *f)* a Vara da Corregedoria dos Presídios;
- *g)* a 12ª e 13ª Varas Criminais.
- *h)* 08 (oito) cargos de Juiz de Direito Substituto; (redação da alínea "j", dada pela Lei nº 17.395 de 10/12/2012 – DOE nº 8859 de 14/12/2012).
- *i)* a 2ª Vara de Inquéritos Policiais. (redação da alínea "k" (erro: na Lei consta
- *j)* dada pela Lei nº 17.473 de 02/01/2013 – DOE nº 8868 de 02/01/2013).

Art. 255. *Fica criado nos Foros Regionais que integram a Comarca da Região Metropolitana de Curitiba, o seguinte:*

- *I.* no Foro Regional de Almirante Tamandaré:
  - *a)* a Vara Cível;
  - *b)* a 1ª Vara Criminal;
  - *c)* a 2ª Vara Criminal;
  - *d)* a Vara da Infância e da Juventude, Família, Registros Públicos, Acidentes do Trabalho e Corregedoria do Foro Extrajudicial. (redação dada pela Lei nº 16.887 de 26/07/2011 – DOE nº 8515 de 26/07/2011)
- *II.* no Foro Regional de Araucária:
  - *a)* a Vara da Infância e da Juventude, Família, Registros Públicos, Acidentes do Trabalho e Corregedoria do Foro Extrajudicial;
  - *b)* a 2ª Vara Cível. (redação da alínea 'b', dada pela Lei nº 17.252, de 31/07/2012 – DOE nº 8766 de 31/07/2012).
- *I.* no Foro Regional de Campo Largo:
  - *a)* a Vara da Infância e da Juventude, Família, Registros Públicos, Acidentes do Trabalho e Corregedoria do Foro Extrajudicial;
  - *b)* a 2ª Vara Cível. (redação da alínea 'b', dada pela Lei nº 17.222, de 09/07/2012 – DOE nº 8750 de 09/07/2012).
- *IV.* no Foro Regional de Colombo
  - *a)* a 2ª Vara Cível; e
  - *b)* a Vara da Infância e da Juventude, Registros Públicos, Acidentes do Trabalho e Corregedoria do Foro Extrajudicial; (redação da alínea "b", dada pela Lei nº 17.256 de 31/07/2012 – DOE nº 8766 de 31/07/2012)
  - *c)* a 2ª Vara Criminal; (redação da alínea "c", dada pela Lei nº 16.743 de 29/12/2010 – DOE nº 8373 de 29/12/2010).
  - *d)* a Vara de Família; (redação da alínea "d", dada pela Lei nº 17.256 de 31/07/2012 – DOE nº 8766 de 31/07/2012).
  - *e)* a Vara da Fazenda Pública. (redação da alínea "e" (erro: na Lei consta "d"), dada pela Lei nº 17.436 de 21/12/2012 – DOE nº 8865 de 26/12/2012).
- *V.* no Foro Regional de Fazenda Rio Grande:
  - *a)* a Vara Cível;
  - *b)* a Vara Criminal; e
  - *c)* a Vara da Infância e da Juventude, Família, Registros Públicos, Acidentes do Trabalho e Corregedoria do Foro Extrajudicial.
- *VI.* no Foro Regional de Pinhais:
  - *a)* a Vara Cível;
  - *b)* a Vara Criminal; e
  - *c)* a Vara da Infância e da Juventude, Família, Registros Públicos, Acidentes do Trabalho e Corregedoria do Foro Extrajudicial;
- *VII.* no Foro Regional de Rio Branco do Sul: reclassificado em comarca de entrância intermediária (redação dada pela Lei nº 16.027 de 19/12/2008 – DOE nº 7875 de 19/12/2008);
  - *a)* a Vara Cível, Registros Públicos, Acidentes do Trabalho e Corregedoria do Foro Extrajudicial; e
  - *b)* a Vara Criminal, da Infância e da Juventude e Família.
- *VIII.* no Foro Regional de São José dos Pinhais:
  - *a)* a 3ª Vara Cível; e
  - *b)* a Vara de Família, Registros Públicos, Acidentes do Trabalho e Corregedoria do Foro Extrajudicial;
  - *c)* a Vara de Fazenda Pública; (redação da alínea "c", dada pela Lei nº 17.056 de 23/01/2012 – DOE nº 8636 de 23/01/2012).
  - *d)* a 3ª Vara Criminal. (redação da alínea "d" (erro: na Lei consta "e"), dada pela Lei nº 17.324 de 08/10/2012 – DOE nº 8814 de 08/10/2012).
- *IX.* no Foro Regional de Piraquara:
  - *a)* a Vara de Execuções Penais. (redação do inciso dada pela Lei nº 17.136 de 02/05/2012 – DOE nº 8704 de 02/05/2012).
  - *b)* a Vara da Infância e da Juventude, Família, Registros Públicos, Acidentes do Trabalho e Corregedoria do Foro Extrajudicial (erro na redação do inciso, na Lei consta XI, a redação da alínea "b" dada pela Lei nº 17.325 de 08/10/2012 – DOE nº 8814 de 08/10/2012).

Art. 255-A. *Fica criado nos Foros Regionais que integram a Comarca da Região Metropolitana de Maringá, o seguinte:*

- *I.* no Foro Regional de Sarandi:
  - *a)* a 2ª Vara Criminal;
  - *b)* a Vara da Infância e da Juventude, Família, Registros Públicos, Acidentes do Trabalho e Corregedoria do Foro Extrajudicial. (redação do artigo e inciso I dada pela Lei nº 17.221 de 09/07/2012 – DOE nº 8750 de 09/07/2012)
- *II.* no Foro Regional de Mandaguari:
  - *a)* Vara Cível, Registros Públicos, Acidentes do Trabalho e Corregedoria do Foro Extrajudicial;
  - *b)* Vara Criminal, da Infância e da Juventude e Família. (redação do inciso II, dada pela Lei nº 17.255 de 31/07/2012 – DOE nº 8766 de 31/07/2012)
- *III.* no Foro Regional de Nova Esperança:
  - *a)* a 3ª Vara Judicial. (redação do inciso III, dada pela Lei nº 18.290 de 04/11/2014 – DOE nº 9327 de 06/11/2014).

Art. 255-B. *Fica criado nos Foros Regionais que integram a Comarca da Região Metropolitana de Londrina o seguinte:*

- *I.* no Foro Regional de Ibiporã:
  - *a)* a) a Vara da Infância e da Juventude, Família, Registros Públicos, Acidentes do Trabalho e Corregedoria do Foro Extrajudicial;

b) b) Unidade Administrativa Própria do Juizado Especial Cível, Criminal e da Fazenda

c) Pública com cargo de Juiz. (redação do artigo e inciso I, dada pela Lei nº 17.467 de 02/01/2013 – DOE nº 8868 de 02/01/2013)

II. no Foro Regional de Rolândia: a 4ª Vara Judicial (redação do inciso II, dada pela Lei nº 18.144 de 04/07/2014 – DOE nº 9240 de 04/07/2014).

Art. 256. Fica criado nas comarcas de entrância final o seguinte:

I. na Comarca de Cascavel:

a) a 4ª e 5ª Varas Cíveis; e

b) a 3ª Vara Criminal;

c) a 2ª Vara de Família e Acidentes do Trabalho; (redação da alínea "c", dada pela Lei nº 16.963 de 05/12/2011 – DOE nº 8603 de 06/12/2011)

d) a 4ª Vara Criminal; (redação da alínea "d",(erro: na Lei consta "c"), dada pela Lei nº 17.186 de 12/06/2012 – DOE nº 8731 de 12/06/2012).

e) a Vara da Fazenda Pública. (redação da alínea "e", dada pela Lei nº 17.436 de 21/12/2012 - DOE nº 8865 de 26/12/2012).

II. na Comarca de Foz do Iguaçu:

a) a 4ª Vara Criminal; e

b) a 2ª Vara de Família e Acidentes do Trabalho;

c) a 1ª Vara de Fazenda Pública; (redação da alínea dada pela Lei nº 17.258 de 31/07/2012 – DOE nº 8766 de 31/07/2012)

d) a 2ª Vara de Fazenda Pública. (redação da alínea dada pela Lei nº 17.258 de 31/07/2012 – DOE nº 8766 de 31/07/2012)

III. na Comarca de Guarapuava:

a) a 3ª Vara Cível; e

b) a Vara da Família, Registros Públicos, Acidentes do Trabalho e Corregedoria do Foro Extrajudicial;

IV. a Comarca da Região Metropolitana de Londrina, Foro Central: (redação do inciso dado pela Lei nº 17.210 de 02/07/2012 – DOE nº 8745 de 02/07/2012)

a) a 11ª e 12ª Varas Cíveis;

b) a 6ª, 7ª e 8ª Varas Criminais;

c) a 3ª Vara de Família;

d) a 2ª Vara da Infância e da Juventude; (redação da alínea "d", dada pela Lei nº 17.436 de 21/12/2012 – DOE nº 8865 de 26/12/2012)

e) a Vara de Execução de Penas e Medidas Alternativas(redação da alínea "e", dada pela Lei nº 17.436 de 21/12/2012 – DOE nº 8865 de 26/12/2012).

V. na Comarca da Região Metropolitana de Maringá, Foro Central: (redação do inciso dado pela Lei nº 17.210 de 02/07/2012 – DOE nº 8745 de 02/07/2012).

a) a 7ª Vara Cível;

b) a 5ª Vara Criminal. (redação da alínea "b" (erro: na Lei consta "c"), dada pela Lei nº 17.324 de 08/10/2012 – DOE nº 8814 de 08/10/2012).

c) a 1ª Vara da Fazenda Pública; (redação da alínea "c", (erro: na Lei consta "b"), dada pela Lei nº 17.436 de 21/12/2012 – DOE nº 8865 de 26/12/2012)

d) a 2ª Vara da Fazenda Pública; (redação da alínea "d", (erro: na Lei consta "c"), dada pela Lei nº 17.436 de 21/12/2012 – DOE nº 8865 de 26/12/2012)

e) a Vara de Execução de Penas e Medidas Alternativas(redação da alínea "e", (erro: na Lei consta "d"), dada pela Lei nº 17.436 de 21/12/2012 – DOE nº 8865 de 26/12/2012).

VI. na Comarca de Ponta Grossa:

a) a 3ª Vara Criminal;

b) a 4ª Vara Criminal. (redação da alínea "b" (erro: na Lei consta "c"), dada pela Lei nº 17.324 de 08/10/2012 – DOE nº 8814 de 08/10/2012).

c) a 1ª Vara da Fazenda Pública; (redação da alínea "c", (erro: na Lei consta "b"), dada pela Lei nº 17.436 de 21/12/2012 – DOE nº 8865 de 26/12/2012)

d) a 2ª Vara da Fazenda Pública; (redação da alínea "d", (erro: na Lei consta "c"), dada pela Lei nº 17.436 de 21/12/2012 – DOE nº 8865 de 26/12/2012)

VII. na Comarca de Umuarama:

a) a 3ª Vara Cível. (redação do inciso VII, dada pela Lei nº 17.254 de 31/07/2012 – DOE nº 8766 de 31/07/2012)

IV. na Comarca de Arapongas:

a) 2ª Vara Criminal. (redação do inciso VIII, (erro: na Lei consta VII), alínea "a", dada pela Lei nº 17.383 de 06/12/2012 – DOE nº 8853 de 06/12/2012)

Art. 257. Fica transformado no Foro Central da Comarca da Região Metropolitana de Curitiba o seguinte:

a) a Vara de Precatórias Cíveis na 22ª Vara Cível;

b) a Vara de Registros Públicos e Acidentes do Trabalho na Vara de Registros Públicos, Acidentes do Trabalho e Precatórias Cíveis; e

c) a 2ª Vara da Infância e da Juventude na Vara da Infância e da Juventude e Adoção.

d) a Vara de Corregedoria dos Presídios na 3ª Vara de Execuções Penais; (redação da alínea "d" dada pela Lei nº 17.136 de 02/05/2012 – DOE nº 8704 de 02/05/2012).

e) 08 (oito) cargos de Juiz de Direito Substituto; (redação da alínea "e" (erro: na Lei consta "d"), dada pela Lei nº 17.395 de 10/12/2012 – DOE nº 8859 de 14/12/2012).

Art. 258. Fica transformado na Comarca de Foz do Iguaçu o seguinte:

a) a Vara de Família, Registros Públicos, Acidentes do Trabalho e Corregedoria do Foro Extrajudicial na 1ª Vara de Família, Registros Públicos e Corregedoria do Foro Extrajudicial;

Art. 259. Fica transformado na Comarca de Guarapuava o seguinte:

b) a Vara da Infância e da Juventude, Família, Registros Públicos, Acidentes do Trabalho e Corregedoria do Foro Extrajudicial na Vara da Infância e da Juventude;

Art. 260. Fica transformado na Comarca de Cornélio Procópio:

a) Ofício de Registro de Títulos e Documentos e Civis das Pessoas Jurídicas e Tabelionato de Protesto de Títulos, acumulando, precariamente, o 1º Tabelionato de Notas em Ofício de Registro de Títulos e Documentos e Civis das Pessoas Jurídicas e Tabelionato de Protesto de Títulos; e

b) 1º Tabelionato de Notas. (redação dada pela Lei nº 16.352/2009, de 22/12/2009 – DOE nº 8124 de 22/12/2009)

Art. 261. Ficam transformadas as Serventias Distritais de Warta, Maravilha, Lerroville, Paiquerê, Guaravera, São Luiz e Irerê e seus respectivos titulares em 8ª, 9ª, 10ª, 11ª, 12ª, 13ª e 14ª Serventias Notariais da Sede da Comarca de Londrina, com a extinção daqueles Distritos Judiciários, devendo seus respectivos titulares manter os livros atinentes aos Ofícios de Registro Civil das Pessoas Naturais dos extintos Distritos Judiciários. (Obs.: redação dada pela Lei nº 14.351 de 10/03/2004 – DOE nº 6687 de 15/03/2004 – sub-judice ADI 3517)

Art. 262. Ficam desanexadas as serventias de Tabelionato de protesto de títulos precariamente acumuladas aos Tabelionatos de Notas das Comarcas de Campo Largo, Araucária, Paranaguá e Sarandi e na Comarca de Guarapuava fica desanexado o 1º Tabelionato de protesto de títulos do Tabelionato de Títulos e Documentos e Civil de Pessoas Jurídicas. Na Comarca de Pato Branco fica desanexado o Tabelionato de Protesto de Títulos do Serviço de Registro de títulos e documentos e civil de pessoas jurídicas e do Serviço de registro civil das pessoas naturais. Na Comarca de Cambé fica desanexado o Tabelionato de protesto de títulos do Tabelionato de Notas.

Art. 263. Fica criado nas comarcas de entrância intermediária o seguinte:

I. na Comarca de Andirá:

a) a Vara Cível, Registros Públicos, Acidentes do Trabalho e Corregedoria do Foro Extrajudicial; e

b) a Vara Criminal, da Infância e da Juventude e Família.

III. na Comarca de Arapongas:

a) a Vara da Infância e da Juventude, Família, Registros Públicos, Acidentes do Trabalho e Corregedoria do Foro Extrajudicial;

b) a 2ª. Vara Cível. (redação da alínea 'b', dada pela Lei nº 17.065/2012, de 23/01/2012 – DOE nº 8636 de 23/01/2012).

III. na Comarca de Bandeirantes:

a) a Vara Cível, Registros Públicos, Acidentes do Trabalho e Corregedoria do Foro Extrajudicial; e

b) a Vara Criminal, da Infância e da Juventude e Família.

c) a 2ª Vara Cível.. (redação da alínea 'c', dada pela Lei nº 17.323/2012, de 08/10/2012 – DOE nº 8814 de 08/10/2012).

IV. na Comarca de Cambé:

a) a Vara da Infância e da Juventude, Família, Registros Públicos, Acidentes do Trabalho e Corregedoria do Foro Extrajudicial;

V. na Comarca de Castro:

a) a Vara da Infância e da Juventude, Família, Registros Públicos, Acidentes do Trabalho e Corregedoria do Foro Extrajudicial.

VI. na Comarca de Cornélio Procópio:

a) a Vara da Infância e da Juventude, Família, Registros Públicos, Acidentes do Trabalho e Corregedoria do Foro Extrajudicial;

b) a 2ª. Vara Cível. (redação do inciso dada pela Lei nº 17.220/2012, de 09/07/2012 – DOE nº 8750 de 09/07/2012).

VII. na Comarca de Francisco Beltrão:

a) a Vara da Infância e da Juventude, Família, Registros Públicos, Acidentes do Trabalho e Corregedoria do Foro Extrajudicial.

VIII. na Comarca de Guaratuba:

a) a Vara Cível, Registros Públicos, Acidentes do Trabalho e Corregedoria do Foro Extrajudicial; e

b) a Vara Criminal, da Infância e da Juventude e Família.

IX. na Comarca de Jacarezinho:

a) a Vara da Infância e da Juventude, Família, Registros Públicos, Acidentes do Trabalho e Corregedoria do Foro Extrajudicial.

X. na Comarca da Loanda:

a) a Vara Cível, Registros Públicos, Acidentes do Trabalho e Corregedoria do Foro Extrajudicial; e

b) a Vara Criminal, da Infância e da Juventude e Família.

XII. na Comarca de Matinhos:

a) a Vara Cível, Registros Públicos, Acidentes do Trabalho e Corregedoria do Foro Extrajudicial; e

b) a Vara Criminal, da Infância e da Juventude e Família.

XII. na Comarca de Rolândia:

a) a Vara da Infância e da Juventude, Família, Registros Públicos, Acidentes do Trabalho e Corregedoria do Foro Extrajudicial.

XIII. na Comarca de São Mateus do Sul:

a) a Vara Cível, Registros Públicos, Acidentes do Trabalho e Corregedoria do Foro Extrajudicial; e

b) Vara Criminal, da Infância e da Juventude e Família.

XIV. na Comarca de Sarandi:

a) a Vara Cível, Registros Públicos, Acidentes do Trabalho e Corregedoria do Foro Extrajudicial; e

b) Vara Criminal, da Infância e da Juventude e Família.

XV. na Comarca de Telêmaco Borba:

a) a Vara da Infância e da Juventude, Família, Registros Públicos, Acidentes do Trabalho e Corregedoria do Foro Extrajudicial.

XVI. na Comarca de Toledo:

a) a 2ª. Vara Criminal.

b) a 3ª. Vara Cível. (redação da alínea 'b', dada pela Lei nº 17.067/2012, de 23/01/2012 – DOE nº 8636 de 23/01/2012).

XVII. na Comarca de Astorga:

a) Vara Cível, Registros Públicos, Acidentes do Trabalho e Corregedoria do Foro Extrajudicial; e *b)* *Vara Criminal, da Infância e da Juventude e Família. (redação do inciso dada pela Lei nº 14.548/2004, de 30/11/2004 – DOE nº 6864 de 01/12/2004)*

XVIII. *na Comarca de Chopinzinho:*

a) *Vara Cível, Registros Públicos, Acidentes do Trabalho e Corregedoria do Foro Extrajudicial; e*

b) *Vara Criminal, da Infância e da Juventude e Família. (redação do inciso dada pela Lei nº 14.548/2004, de 30/11/2004 – DOE nº 6864 de 01/12/2004)*

XIX. *na Comarca de Santo Antonio do Sudoeste:*

a) *Vara Cível, Registros Públicos, Acidentes do Trabalho e Corregedoria do Foro Extrajudicial; e*

b) *Vara Criminal, da Infância e da Juventude e Família. (redação do inciso dada pela Lei nº 14.548/2004, de 30/11/2004 – DOE nº 6864 de 01/12/2004)*

XX. *na Comarca da Lapa:*

a) *Vara Cível, Registros Públicos, Acidentes do Trabalho e Corregedoria do Foro Extrajudicial; e*

b) *Vara Criminal, da Infância e da Juventude e Família. (redação do inciso dada pela Lei nº 14.548/2004, de 30/11/2004 – DOE nº 6864 de 01/12/2004)*

XXI. *na Comarca de Irati:*

a) *Vara Cível, Registros Públicos, Acidentes do Trabalho e Corregedoria do Foro Extrajudicial; e*

b) *Vara Criminal, da Infância e da Juventude e Família. (redação do inciso dada pela Lei nº 15.520/2007, de 04/06/2007 – DOE nº 7486 de 05/06/2007)*

c) *a 2ª Vara Cível. (redação da alínea 'c', dada pela Lei nº 17.253/2012, de 31/07/2012 – DOE nº 8766 de 31/07/2012).*

d) *a 4ª Vara Judicial. (redação da alínea 'd', dada pela Lei nº 18.417/2014, de 29/12/2014 – DOE nº 9361 de 29/12/2014).*

XXII. *na Comarca de Francisco Beltrão:*

a) *a Vara de Execuções Penais e Corregedoria dos Presídios. (redação do inciso dada pela Lei nº 15.544/2007, de 26/06/2007 – Republicada DOE nº 7508 de 06/07/2007)*

XXIII. *na Comarca de Matelândia:*

a) *Vara Cível, Registros Públicos, Acidentes do Trabalho e Corregedoria do Foro Extrajudicial; e*

b) *Vara Criminal, da Infância e da Juventude e Família. (redação do inciso dada pela Lei nº 15.846/2008, de 30/05/2008 – DOE nº 7731 de 30/05/2008)*

XXIV. *na Comarca de Rio Negro:*

a) *Vara Cível, Registros Públicos, Acidentes do Trabalho e Corregedoria do Foro Extrajudicial; e*

b) *Vara Criminal, da Infância e da Juventude e Família. (redação do inciso dada pela Lei nº 15.847/2008, de 30/05/2008 – DOE nº 7731 de 30/05/2008)*

XXV. *na Comarca de Quedas do Iguaçu:*

a) *Vara Cível, Registros Públicos, Acidentes do Trabalho e Corregedoria do Foro Extrajudicial; e*

b) *Vara Criminal, da Infância e da Juventude e Família. (redação do inciso dada pela Lei nº 16.029/2008, de 19/12/2008 – – Republicada DOE nº 7890 de 15/01/2009).*

XXVI. *na Comarca de Apucarana:*

a) *a 2ª. Vara Criminal. (redação do inciso dada pela Lei nº 16.834/2011, de 28/06/2011 - DOE nº 8495 de 28/06/2011).*

XXVII. *na Comarca de União da Vitória:*

a) *a 2ª. Vara Cível.*

b) *a 2ª. Vara Criminal. (redação do inciso dada pela Lei nº 16.833/2011, de 28/06/2011 - DOE nº 8495 de 28/06/2011).*

XXVIII. *na Comarca de Cianorte:*

a) *a 2ª. Vara Cível. (redação do inciso dada pela Lei nº 16.962 /2011, de 05/12/2011 - DOE nº 8603 de 06/12/2011).*

XXIX. *na Comarca de Antonina:*

a) *Vara Cível e de Direito Ambiental, Registros Públicos, Acidentes do Trabalho e Corregedoria do Foro Extrajudicial; e*

b) *Vara Criminal, da Infância e da Juventude e Família. (redação do inciso dada pela Lei nº 17.003/2011, de 14/12/2011 –DOE nº 8609 de 14/12/2011).*

XXX. *na Comarca de Cruzeiro do Oeste:*

a) *a Vara de Execuções Penais e Corregedoria dos Presídios. (redação do inciso dada pela Lei nº 16.964/2011, de 05/12/2011 – DOE nº 8603 de 06/12/2011) XXXI - na Comarca de Marechal Cândido Rondon:*

b) *a Vara da Infância e da Juventude, Família, Registros Públicos, Acidentes do Trabalho e Corregedoria do Foro Extrajudicial. (redação dada pela Lei nº 17.066/2012, de 23/01/2012 – DOE nº 8636 de 23/01/2012).*

XXXII. *na Comarca de Paranaguá:*

a) *a 3ª Vara Cível;*

b) *a Vara da Fazenda Pública. (redação do inciso dada pela Lei nº 17.223/2012, de 09/07/2012 – DOE nº 8750 de 09/07/2012).*

XXXIII. *na Comarca de Jandaia do Sul:*

a) *Vara Cível, Registros Públicos, Acidentes do Trabalho e Corregedoria do Foro Extrajudicial; e*

b) *Vara Criminal, da Infância e da Juventude e Família. (redação do inciso dada pela Lei nº 17.057/2012, de 23/01/2012 –DOE nº 8636 de 23/01/2012).*

XXXIV. *na Comarca de Corbélia:*

b) *Vara Cível, Registros Públicos, Acidentes do Trabalho e Corregedoria do Foro Extrajudicial; e*

b) *Vara Criminal, da Infância e da Juventude e Família. (redação do inciso dada pela Lei nº 17.249/2012, de 31/07/2012 –DOE nº 8766 de 31/07/2012).*

XXXV. *na Comarca de Ibaiti:*

a) *Vara Cível, Registros Públicos, Acidentes do Trabalho e Corregedoria do Foro Extrajudicial; e*

b) *Vara Criminal, da Infância e da Juventude e Família. (redação do inciso dada pela Lei nº 17.249/2012, de 31/07/2012 –DOE nº 8766 de 31/07/2012).*

XXXVI. *na Comarca de Prudentópolis:*

a) *Vara Cível, Registros Públicos, Acidentes do Trabalho e Corregedoria do Foro Extrajudicial; e*

b) *Vara Criminal, da Infância e da Juventude e Família. (redação do inciso dada pela Lei nº 17.249/2012, de 31/07/2012 –DOE nº 8766 de 31/07/2012).*

XXXVII. *na Comarca de Jaguariaíva:*

a) *Vara Cível, Registros Públicos, Acidentes do Trabalho e Corregedoria do Foro Extrajudicial; e*

b) *Vara Criminal, da Infância e da Juventude e Família. (redação do inciso dada pela Lei nº 17.249/2012, de 31/07/2012 –DOE nº 8766 de 31/07/2012).*

XXXVIII. *na Comarca de São Miguel do Iguaçu:*

a) *Vara Cível, Registros Públicos, Acidentes do Trabalho e Corregedoria do Foro Extrajudicial; e*

b) *Vara Criminal, da Infância e da Juventude e Família. (redação do inciso dada pela Lei nº 17.472/2013, de 02/01/2013 –DOE nº 8868 de 02/01/2013).*

IV. *na Comarca de Ivaiporã: a 3ª Vara Judicial (redação do inciso dada pela Lei nº 18.095/2014, de 28/05/2014 –DOE nº 9215 de 28/05/2014).*

XL. *na Comarca de Santo Antônio da Platina: a 3ª Vara Judicial (redação do inciso dada pela Lei nº 18.102/2014, de 30/05/2014 – DOE nº 9218 de 02/06/2014).*

XLI. *na Comarca de Pinhão: a 2ª Vara Judicial. (redação do inciso dada pela Lei nº 18.289, de 04/11/2014 – DOE nº 9327 de 06/11/2014.*

Art. 264. *Ficam elevadas de entrância as seguintes Comarcas: (redação do inciso I e alíneas "a" até "l" dada pela Lei nº 17.249/2012, de 31/07/2012 –DOE nº 8766 de 31/07/2012).*

I. *à entrância final as Comarcas de:*

a) *Guarapuava;*

b) *Umuarama;*

c) *Apucarana;*

d) *Arapongas;*

e) *Campo Mourão;*

f) *Cianorte;*

g) *Francisco Beltrão;*

h) *Paranaguá;*

i) *Paranavaí;*

j) *Pato Branco;*

k) *Toledo;*

l) *União da Vitória.*

II. *à entrância intermediária as Comarcas de:*

a) *Guaratuba;*

b) *Matinhos;*

c) *São Mateus do Sul;*

d) *Sarandi;*

e) *Andirá;*

f) *Chopinzinho;*

g) *Matelândia;*

h) *Quedas do Iguaçu;*

i) *Antonina;*

j) *Jandaia do Sul;*

k) *Corbélia;*

l) *Jaguariaíva;*

m) *Prudentópolis; (redação do inciso II e alíneas de "a" até "m", dada pela Lei nº 17.249/2012, de 31/07/2012 –DOE nº 8766 de 31/07/2012).*

n) *São Miguel do Iguaçu; (redação da alínea "n" dada pela Lei nº 17.472/2013, de 02/01/2013 –DOE nº 8868 de 02/01/2013).*

o) *Pinhão. (redação da alínea "o" dada pela Lei nº 18.289, de 04/11/2014 – DOE nº 9327 de 06/11/2014.*

Art. 265. *A categoria do Juiz não será alterada por efeito de nova classificação dada à comarca, continuando nela a ter exercício.*

§ 1º *Em caso de mudança da sede da comarca, ao Juiz é facultado remover-se para a nova sede ou para comarca de igual entrância ou ainda obter disponibilidade sem prejuízo de seus direitos.*

§ 2º *O Juiz que permanecer na Comarca elevada de entrância poderá, se promovido, nela continuar, desde que o requeira antes de findo o prazo para assumir o exercício na Comarca para o qual tenha sido promovido.*

§ 3º *A disposição acima somente se aplica quando a elevação se der para Comarca de entrância imediatamente superior.*

Art. 266. *Havendo desdobramento ou criação de vara ou comarca, o Juiz Titular da vara ou comarca desdobrada ou da qual saírem as atribuições, terá o direito de optar pela de sua preferência, respeitados, os seus direitos, nos dez dias seguintes à publicação do ato respectivo e, não o fazendo, entender-se-á que preferiu aquela de que é titular (redação dada pela Lei nº 17.532 de 09/04/2013 – DOE nº 8933 de 09/04/2013).*

Art. 267. *Por ato do Presidente do Tribunal de Justiça, mediante proposta do Corregedor-Geral da Justiça, poderá ser instituída como serviço auxiliar uma central de mandados.*

Art. 268. *Nas Comarcas das Regiões Metropolitanas de Curitiba, Londrina e Maringá, poderá o tribunal de Justiça distribuir as varas ou Juízos em Foros Regionais, estabelecendo a respectiva competência. (redação do artigo dada pela Lei nº 17.210 de 02/07/2012 – DOE nº 8745 de 02/07/2012)*

Art. 269. *Os cargos de Oficial de Justiça criados pelo Art. 70 da Lei Estadual 10.219, de 21 de dezembro de 1992, e transformados pela Lei Estadual 11.719, de 12 de maio de 1997, passam a integrar o Foro Judicial das seguintes comarcas:*

I. *na Comarca da Região Metropolitana de Curitiba:*

a) *no Foro Central - quarenta e um (41) cargos;*

b) *no Foro Regional de Pinhais - um (1) cargo;*

c) *no Foro Regional de Rio Branco do Sul - três (3) cargos;*

II. *na Comarca da Região Metropolitana de Maringá - um (1) cargo; (redação do inciso dado pela Lei nº 17.210 de 02/07/2012 – DOE nº 8745 de 02/07/2012)*

III. *na Comarca de Arapongas - um (1) cargo;*

IV. *IV - na Comarca de Goioerê - um (1) cargo;*

V. *na Comarca de Laranjeiras do Sul - um (1) cargo;*

VI. *na Comarca de Paranaguá - um (1) cargo;*

VII. *na Comarca de Toledo - um (1) cargo*

VIII. na Comarca de Campo Mourão - um (1) cargo;

IX. na Comarca de Corbélia - um (1) cargo;

X. na Comarca de Guaratuba - um (1) cargo;

XI. na Comarca de Morretes - dois (2) cargos;

XII. na Comarca de São João do Triunfo - um (1) cargo;

XIII. na Comarca de Mandaguari - um (1) cargo

XIV. na Comarca de Sertanópolis - um (1) cargo;

XV. na Comarca de Grandes Rios - um (1) cargo; e

XVI. na Comarca de Jaguariaíva - um (1) cargo.

***Art. 270.** Ficam extintos, à medida que vagarem, os cargos de Oficial de Justiça criados pelo artigo 70 da Lei Estadual 10219, de 21 de dezembro de 1992, e transformados pela Lei Estadual 11719, de 12 de maio de 1997, nas Comarcas a seguir discriminadas: Goioerê - um (01) cargo; Laranjeiras do Sul - um (01) cargo; Paranaguá - um (01) cargo; Corbélia - um (01) cargo; Morretes - dois (02) cargos; São João do Triunfo - um (01) cargo, e Mandaguari - um (01) cargo (redação dada pela Lei nº 14.925 de 24/11/2005 – DOE nº 7109 de 25/11/2005).*

***Art. 271.** Ficam extintos os cargos de Oficial de Justiça criados pelo Art. 70 da Lei Estadual 10.219, de 21 de dezembro de 1992, e transformados pela Lei Estadual 11.719, de 12 de maio de 1997, nas Comarcas a seguir discriminadas: Rio Branco do Sul - um (1) cargo; Campo Mourão - um (1) cargo; Sertanópolis - um (1) cargo; Grandes Rios – um (1) cargo e Jaguariaíva - um (1) cargo.*

***Art. 272.** Dos dez (10) cargos de Secretário de Turmas Recursais, de entrância final, criados pela Lei Estadual 11.468, de 16 de julho de 1996, oito (8) ficam transformados nos cargos de Secretário de Juizado Especial, assim distribuídos:*

a) dois (2) cargos de Secretário de Juizado Especial Cível e um (1) cargo de Secretário de Juizado Especial Criminal no Foro Central da Comarca da Região Metropolitana de Curitiba;

b) um (1) cargo de Secretário de Juizado Especial Cível na Comarca na Região Metropolitana de Londrina; (redação do artigo dada pela Lei nº 17.210 de 02/07/2012 – DOE nº 8745 de 02/07/2012).

c) um (1) cargo de Secretário de Juizado Especial Cível na Comarca na Região Metropolitana de Maringá; (redação do artigo dada pela Lei nº 17.210 de 02/07/2012 – DOE nº 8745 de 02/07/2012).

d) um (1) cargo de Secretário de Juizado Especial Cível na Comarca de Cascavel;

e) um (1) cargo de Secretário de Juizado Especial Cível na Comarca de Ponta Grossa; e f) um (1) cargo de Secretário de Juizado Especial Cível na Comarca de Foz do Iguaçu.

***Parágrafo único.** Dois (2) dos cargos de Secretário de Turma Recursal, de entrância final, um da Comarca da Região Metropolitana de Londrina e outro da Comarca da Região Metropolitana de Maringá, criados pela Lei 11.468, de 16 de julho de 1996, permanecem inalterados, e seus ocupantes exercerão suas funções na Turma Recursal com sede no Foro Central da Comarca da Região Metropolitana de Curitiba, para os fins dispostos nesta lei. (redação do artigo dada pela Lei nº 17.210 de 02/07/2012 – DOE nº 8745 de 02/07/2012).*

***Art. 273.** Os catorze (14) cargos de Secretário de Turmas Recursais, de entrância intermediária, criados pela lei 11.468, de 16 de julho de 1996, ficam transformados nos cargos de Secretário de Juizado Especial, assim distribuídos:*

a) um (1) cargo de Secretário de Juizado Especial Cível na Comarca de Apucarana;

b) um (1) cargo de Secretário de Juizado Especial Cível na Comarca de Arapongas;

c) um (1) cargo de Secretário de Juizado Especial Cível na Comarca de Campo Mourão;

d) um (1) cargo de Secretário de Juizado Especial Cível no Foro Regional de Colombo;

e) um (1) cargo de Secretário de Juizado Especial Cível na Comarca de Cornélio

f) Procópio;

g) um (1) cargo de Secretário de Juizado Especial Cível na Comarca de Francisco Beltrão;

h) um (1) cargo de Secretário de Juizado Especial Cível na Comarca de Guarapuava;

i) um (1) cargo de Secretário de Juizado Especial Cível na Comarca de Irati;

j) um (1) cargo de Secretário de Juizado Especial Cível na Comarca de Paranavaí;

k) um (1) cargo de Secretário de Juizado Especial Cível na Comarca de Pato Branco;

l) um (1) cargo de Secretário de Juizado Especial Cível no Foro Regional de São José dos Pinhais;

m) um (1) cargo de Secretário de Juizado Especial Cível na Comarca de Telêmaco Borba;

n) um (1) cargo de Secretário de Juizado Especial Cível na Comarca de Toledo; e

o) um (1) cargo de Secretário de Juizado Especial Cível na Comarca de Umuarama.

***Art. 274.** Os servidores dos Juizados Especiais integrarão quadro próprio nos termos do anexo VII.*

***Parágrafo único.** Os servidores que ocuparem os cargos das unidades administrativas e jurisdicionais, bem assim os das Turmas Recursais, não poderão, a qualquer título, obter remoção ou designação para qualquer unidade administrativa ou jurisdicional, exceto para aquelas do próprio Sistema de Juizados Especiais, cuja regulamentação será objeto de resolução.*

***Art. 275.** Na Comarca da Região Metropolitana de Curitiba, ficam criadas oito (8) Unidades Administrativas de Juizado Especial, sendo duas (2) Unidades Criminais e seis (6) Unidades Cíveis, todas com um (1) cargo de Juiz de Direito.*

***Art. 276.** Nos Foros Centrais das Comarcas das Regiões Metropolitanas de Curitiba, Londrina e Maringá, e nas Comarcas de entrância final fica criado um cargo de Contador/Avaliador de Juizado Especial, conforme os anexos VII e IX, tabela 8. (redação do artigo dada pela Lei nº 17.210 de 02/07/2012 – DOE nº 8745 de 02/07/2012).*

Art. 277. No Foro Regional de Almirante Tamandaré, Araucária, Bocaiúva do Sul, Campina Grande do Sul, Campo Largo, Colombo, Fazenda Rio Grande, Pinhais, Piraquara e Rio Branco do Sul; e nas Comarcas de entrância intermediária de Apucarana, Arapongas, Cambé, Campo Mourão, Castro, Cianorte, Francisco Beltrão, Lapa, Paranaguá, Paranavaí, Pato Branco, Sarandi, Telêmaco Borba, Toledo, Umuarama e União da Vitória, fica criada uma (1) Unidade Administrativa de Juizado Especial Cível e Criminal, com um (1) cargo de Juiz de Direito. (redação dada pela Lei nº 14.548/2004, de 30/11/2004 – DOE nº 6864 de 01/12/2004)

Observação: As Leis Estaduais nº 17.346/12; 17.386/12 17.467/13 e 17.471/13, criaram respectivamente 01 (uma) Unidade Administrativa de Juizado Especial com um (01) cargo de Juiz para Marechal Cândido Rondon, Cornélio Procópio, Ibiporã e Jacarezinho.

Art. 278. Na Comarca de entrância final de Guarapuava e no Foro Regional de São José dos Pinhais ficam criadas três (3) Unidades Administrativas de Juizado Especial, duas Cíveis e uma Criminal, todas com um (1) cargo de Juiz de Direito.

Art. 279. Nas Comarcas de entrância final de Cascavel, Foz do Iguaçu, Região Metropolitana de Londrina, Região Metropolitana de Maringá e Ponta Grossa, fica criada mais uma (1) Unidade Administrativa de Juizado Especial Cível, todas com um (1) cargo de Juiz de Direito(redação do artigo dada pela Lei nº 17.210 de 02/07/2012 – DOE nº 8745 de 02/07/2012).

Art. 280. Nas Comarcas de entrância intermediária de Cornélio Procópio, Guaíra, Irati, Ivaiporã, Jacarezinho, Marechal Cândido Rondon e Rolândia, fica criada uma (1) Unidade Administrativa de Juizado Especial Cível e Criminal.

Art. 281. Nas comarcas de entrância final, intermediária e inicial, ficam criados cargos de Auxiliar Administrativo dos Juizados Especiais Cíveis e Criminais, conforme os anexos VII e IX, tabela 8.

Art. 282. Ficam criadas as Seções Judiciárias, com sede nas Comarcas de Goioerê, Palmas, Pitanga e Sarandi.

Art. 283. REVOGADO.

(redação do artigo dada pela Lei nº 17.210 de 02/07/2012 – DOE nº 8745 de 02/07/2012).

Art. 284. Nas Seções Judiciárias com sede nas Comarcas de Arapongas, Campo Mourão e Paranaguá haverá dois (2) Juízes Substitutos, cuja competência será fixada por resolução (redação do artigo dada pela Lei nº 17.210 de 02/07/2012 – DOE nº 8745 de 02/07/2012)

Art. 285. A Comarca de entrância final de Cascavel contará com três (3) seções judiciárias e a Comarca de Guarapuava contará com duas (2) seções judiciárias, com a competência estabelecida no anexo II.

Art. 286. Ficam criados serviços de Registros e Tabelionatos do Foro Extrajudicial, conforme o contido no anexo IV.

Art. 287. Fica criado o Distrito Judiciário de Ferraria, no Foro Regional de Campo Largo, com delimitação territorial a ser estabelecida por lei de iniciativa do Poder Judiciário.

Art. 288. Ficam transferidos os seguintes Distritos Judiciários:

I. Antonio Olinto - da Comarca da Lapa para a Comarca de São Mateus do Sul;

II. Vila Alta (Obs.: Pela Lei nº 14.349/04 o município de Vila Alta passa a denominar-se Alto Paraíso), Ivaté e Herculândia - da Comarca de Umuarama para a Comarca de Icaraíma;

III. Nova Santa Rosa e Alto Santa Fé - da Comarca de Toledo para a Comarca de Marechal Cândido Rondon;

IV. Guairaçá - da Comarca de Paranavaí para a Comarca de Terra Rica;.

V. Rondon – da Comarca de Cidade Gaúcha para a Comarca de Paraíso do Norte; (Obs.: redação dada pela Lei nº 14.351 de 10/03/2004 – DOE nº 6687 de 15/03/2004 – sub-judice ADI 3517)

VI. Nova Esperança do Sudoeste - da Comarca de Francisco Beltrão para a Comarca de Salto do Lontra;

VII. Alvorada do Sul – da Comarca de Bela Vista do Paraíso para a Comarca de Primeiro de Maio; (Obs.: redação dada pela Lei nº 14.351 de 10/03/2004 – DOE nº 6687 de 15/03/2004 – sub-judice ADI 3517)

VIII. Quitandinha – da Comarca de Rio Negro para a Comarca da Fazenda Rio Grande; (Obs.: redação dada pela Lei nº 14.351 de 10/03/2004 – DOE nº 6687 de 15/03/2004 – sub-judice ADI 3517)

IX. Diamante do Oeste – da Comarca de Matelândia para a Comarca de Santa Helena; (Obs. de 2004: redação dada pela Lei nº 14.351 de 10/03/2004 – DOE nº 6687 de 15/03/2004 – sub-judice ADI 3517); (Obs. de 2011: redação dada pela Lei nº 16.706 de 22/12/2010 – DOE nº 8386 de 18/01/2011).

X. Manfrinópolis – da Comarca de Barracão para a Comarca de Francisco Beltrão; (Obs.: redação dada pela Lei nº 17.111 de 17/04/2012 – DOE nº 8694 de 17/04/2012)

XI. Jataizinho, juntamente com seu Distrito Judiciário de Frei Timóteo, da Comarca de Uraí, de entrância inicial, para o Foro Regional de Ibiporã, da Comarca da Região Metropolitana de Londrina, de entrância final; (Obs.: redação dada pela Lei nº 17.248 de 31/07/2012 – DOE nº 8766 de 31/07/2012)

XII. Bela Vista da Caroba, da Comarca de Capanema e Pinhal de São Bento, da Comarca de Santo Antônio do Sudoeste para a Comarca de Ampére; (Obs.: redação dada pela Lei nº 17.434 de 20/12/2012 – DOE nº 8864 de 21/12/2012)

XIII. Pitangueiras, do Foro Regional de Rolândia, Comarca da Região Metropolitana de Londrina, para a Comarca de Astorga; (Obs.: redação dada pela Lei nº 17.825 de 13/12/2013 – DOE nº 9107 de 16/12/2013)

XIV. Honório Serpa - da Comarca de Mangueirinha para a Comarca de Coronel Vivida; (Obs.: redação do inciso dada pela Lei nº 18.385 de 17/12/2014 – DOE nº 9357 de 18/12/2014)

Art. 289. Os Distritos Judiciários de Flor da Serra e Jardinópolis, ambos da Comarca de Medianeira, serão mantidos até a vacância. O que vagar primeiro será extinto, ficando o serviço remanescente transformado no Distrito Judiciário de Serranópolis do Iguaçu.

Art. 290. Ficam extintos os Distritos Judiciários constantes do anexo IX, tabela 6.

Art. 291. Permanecem até a vacância, quando serão extintos, os Distritos Judiciários constantes do anexo IX, tabela 7.

Art. 292. Os limites territoriais dos novos serviços de registro de imóveis serão fixados e alterados por lei de iniciativa do Poder Judiciário.

Art. 293. A competência da execução penal e corregedoria dos presídios será fixada por resolução. (redação do artigo dada pela Lei nº 17.136 de 02/05/2012 – DOE nº 8704 de 02/05/2012)

Art. 294. No Foro Central da Comarca da Região Metropolitana de Curitiba, a Escrivania do 2º Ofício da 1ª Vara da Infância e da Juventude fica transformada em Escrivania de Adolescentes Infratores, e a Escrivania do 2º Ofício da 1ª Vara de Execuções Penais e Corregedoria dos Presídios em Escrivania da Vara da Corregedoria dos Presídios.

Art. 295. Revogado pela Lei Estadual Nº 17.473, de 02 de janeiro de 2013 (DOE 8868).

Art. 296. Os ocupantes do cargo de Psicólogo da Vara de Execuções e de Penas e Medidas Alternativas, criado por esta Lei, terão seus vencimentos fixados ao nível E3.

Art. 297. Os ocupantes do cargo de Auxiliar Administrativo do Foro Judicial, criados por esta Lei, terão seus vencimentos fixados da seguinte forma: entrância final - nível A3; na entrância intermediária - nível A2 e na entrância inicial – nível A1.

Art. 298. Aos atuais Juízes Substitutos da Seção Judiciária de Guarapuava é assegurado o direito de opção pelas Seções Judiciárias criadas nos dez (10) dias seguintes à vigência deste Código.

Art. 299. O agente delegado, ingressado no concurso na forma do disposto pelo § 3º do Art. 236, da Constituição Federal, que esteja respondendo por diferente delegação, poderá ser para esta última removido com a aprovação do Conselho da Magistratura, assim o requerendo, comprovada: (Obs.: redação dada pela Lei nº 14.351 de 10/03/2004 – DOE nº 6687 de 15/03/2004 – sub-judice ADI 3517)

- **a)** a baixa rentabilidade da serventia para a qual recebeu a delegação; (Obs.: redação dada pela Lei nº 14.351 de 10/03/2004 – DOE nº 6687 de 15/03/2004 – sub-judice ADI 3517)
- **b)** que a designação perdure por dois anos ou mais; (Obs.: redação dada pela Lei nº 14.351 de 10/03/2004 – DOE nº 6687 de 15/03/2004 – sub-judice ADI 3517)
- **c)** a vacância da serventia a ser preenchida(Obs.: redação dada pela Lei nº 14.351 de 10/03/2004 – DOE nº 6687 de 15/03/2004 – sub-judice ADI 3517)

Art. 299A. Os titulares das serventias notariais e de registros alcançados por atos de desmembramento ou de desdobramento terão direito de opção, no prazo de vinte dias, contados da publicação da lei ou do ato que deu origem, decaindo desse direito, se não exercido nesse prazo, permanecendo, portanto, no mesmo serviço.

§ 1º Se o ato de desmembramento ou de desdobramento atingir mais de um titular de serviço notarial e de registro, prevalecerá a opção manifestada por aquele que tenha mais tempo de serviço público.

§ 2º Em caso de empate terá preferência o mais idoso.

§ 3º Ressalva ao preterido o direito de optar pela serventia remanescente, no prazo de cinco dias contados da data da publicação do acórdão do Conselho da Magistratura, independentemente de nova intimação.

§ 4º As normas para processamento e tramitação dos pedidos de opção serão definidas em regulamento próprio, aprovado pelo Conselho da Magistratura. (redação do artigo e parágrafos dada pela Lei nº 18.288 de 04/11/2014 – DOE nº 9327 de 06/11/2014)

[...]

Art. 301. As despesas com a criação de cargos e com a execução do presente Código correrão à conta das dotações orçamentárias do Poder Judiciário.

Art. 302. A instalação das varas e o preenchimento dos cargos criados por esta Lei, assim como qualquer alteração que aumente a despesa, ficam condicionados aos limites constantes da Lei Complementar nº 101, de 5 de maio de 2000 (LRF), e ao interesse da justiça, bem como a autorização específica do Órgão Especial, por maioria absoluta de seus membros.

Art. 303. Este Código entrará em vigor na data de sua publicação, revogadas as disposições em contrário.

Anotações

CAPÍTULO 04

Leis dos Fundos do Poder Judiciário do PR

Lei 6.149 de 09/09/1970

Regimento de Custas

Capítulo I - Introdução

Art. 1º. *As custas dos atos judiciais, respeitadas as disposições das leis de processo, serão contadas, cotadas e pagas de conformidade com este Regimento de Custas.*

Art. 2º. *Constituem custas:*

a) *as taxas das tabelas anexas;*

b) *os sêlos e despesas com os serviços postal, telegráfico, de rádio comunicação e telefônico;*

c) *as taxas de expediente;*

d) *a taxa judiciária;*

e) *as contas de publicação de avisos ou editais;*

f) *as despesas de condução e estada, dentro do estritamente necessário, nas diligências, atendidas as condições locais;*

g) *os honorários de advogados arbitrados na sentença e os honorários, salários e percentagens de peritos, agrimensores, ajudantes, depositários ou quaisquer outros colaboradores do juízo quando arbitrados pelo Juiz, fixados a aprazimento das partes ou conforme a lei aplicável;*

h) *as despesas úteis ou necessárias, devidamente comprovadas, feitas com a guarda, conservação ou remoção de bens depositados;*

i) *as despesas de arrombamento e remoção das ações de despejo e reintegração de posse assim como, nas de demolição ou de nunciação de obra nova, as despesas relativas aos atos que o vencido não quizer praticar;*

j) *as certidões, públicas-formais, fotocópias e traslados de quaisquer atos ou documentos provenientes de ofícios ou repartições públicas e autarquias administrativas bem como as traduções e as transcrições, no Registro Público, de documentos a ela sujeitos;*

k) *as certidões afirmativas ou negativas de ônus, protestos de títulos, de ações ou de quaisquer atos judiciais;*

l) *os impostos e taxas fiscais que forem pagos por determinação judicial ou em função do processo;*

m) *as multas impostas na forma das leis vigentes;*

n) *as indenizações devidas a testemunhas, na forma da lei.*

Parágrafo único. *Os atos previstos em lei ou decorrentes dos estilos e prazos do fôro, não incluídos na discriminação feita neste artigo ou qualquer das tabelas anexas, reputar-se-ão remunerados pelo conjunto das demais taxas ou pelos vencimentos percebidos por aquêle que os praticar.*

Art. 3º. *Constituem custas de retardamento:*

a) *as que paga o autor, quando o réu é absolvido de instância;*

b) *as que paga o excipiente que decai da exceção;*

c) *as que paga o recorrente, quando o juízo "a quo" lhe nega seguimento ao recurso, ou quando não se conhece do recurso ou lhe nega provimento.*

Capítulo II - Contagem Das Custas

Art. 4º. *As custas serão contadas, em todos os feitos, com discriminação e clareza, pelo contador público e cotadas da mesma forma, no final de cada instrumento, ato ou processo, pelo serventuário, auxiliar ou funcionário que o tiver lavrado.*

Parágrafo único. *O prazo para a contagem de qualquer feito é de 48 (quarenta e oito) horas.*

Art. 5º. *Nos Tribunais de Justiça e de Alçada, as custas serão contadas por funcionários da Seção competente, e as respectivas contas visadas pelo Secretário. (Redação dada pela Lei 7567 de 08/01/1982)*

Art. 6º. *Os tabeliães consignarão, nos atos praticados nos livros respectivos, para constarem dos traslados e certidões que fornecerem, as custas cobradas.*

Art. 7º. *Os oficiais de Registros Públicos, bem como os de Protestos de Títulos, além da cota lançada nos documentos oriundos do registro, consignarão no final do ato praticado no livro respectivo as custas do ato.*

Art. 8º. *No juízo arbitral, as custas serão contadas pela pessoa que servir de escrivão e na conformidade do estipulado no ato de instituição respectiva.*

Parágrafo único. *Ocorrendo omissão, aplicam-se as tabelas constantes dêste Regimento.*

Capítulo III - Pagamento Das Custas

Art. 9º. *As custas, nos feitos judiciais, serão pagas ao respectivo escrivão, que certificará nos autos e fornecerá recibo, mencionando, sempre o seu valor correspondente em V.R.C. (Valor de Referência de Custas). (Redação dada pela Lei 7567 de 08/01/1982)*

Parágrafo único. *As custas da tabela VIII, nº III, e as do Distribuidor, serão pagas no ato da distribuição.*

§ 1º. *As custas das Tabelas nºs VII e XVI, dos Contadores, item I, do Anexo desta Lei, e as do Distribuidor, serão pagas no ato da distribuição, e, quando se tratar de arrolamento ou inventário, acrescidas do valor mínimo constante do item III da Tabela dos Contadores, o qual será completado ao final, se for o caso. (Redação dada pela Lei 7567 de 08/01/1982)*

§ 2º. *As demais custas devidas ao Contador, e as do Partidor, serão pagas por ocasião da realização dos atos. (Incluído pela Lei 7567 de 08/01/1982)*

§ 3º. *Quando, no ato da distribuição, não for possível estimar-se o valor exato do feito ajuizado ou se este vier a ser alterado no curso do processo, o Distribuidor perceberá a diferença verificada em suas custas na primeira conta elaborada. (Incluído pela Lei 7567 de 08/01/1982)*

Art. 10. *Lançada a conta pelo contador, o escrivão fará conclusos os autos ao juiz, que, depois de verificá-la e fazer as glosas ou adições necessárias, nela aporá seu "visto".*

Parágrafo único. *As contas só serão consideradas exigíveis após o "visto" do juiz respectivo, que ficará também, responsável pela sua exatidão.*

Art. 11. *Recebidos os autos, com o "visto" a que se refere o artigo anterior, o escrivão diligenciará em 48 horas a intimação pessoal da parte, ou do respectivo procurador, responsável pelo pagamento, exarando a competente certidão.*

Art. 12. *Efetuado o pagamento, o escrivão distribuirá às autoridades, serventuários, funcionários ou auxiliares da Justiça, a quota-parte de cada um, mediante rubrica na própria conta, no prazo de 15 dias, sob pena de pagá-las em dôbro.*

Art. 13. *As custas devidas à Ordem dos Advogados e às Associações serão recolhidas mensalmente, incumbindo ao Distribuidor ou titular da Serventia que as houver recebido, fazê-las encaminhar às respectivas entidades. (Redação dada pela Lei 7567 de 08/01/1982)*

§ 1º. *A parcela do item IV, da Tabela VIII, "à Carteira de Pensões dos Serventuários da Justiça", na forma da Lei n°. 7.499/81, será devida à Associação dos Serventuários da Justiça. (Incluído pela Lei 7567 de 08/01/1982)*

§ 2º. *Os valores da Tabela VIII do Anexo desta Lei, itens I e IV, passam a corresponder a 0,003 V.R.C., atualmente Cr$ 15,00 (quinze cruzeiros), e são devidos conforme o disposto nessa Tabela, de acordo com a Lei n°. 6.149, de 09 de setembro de 1970. (Incluído pela Lei 7567 de 08/01/1982)*

Art. 14. *Decorridos 30 dias da intimação a que se refere o Art. 11, se a parte ou o seu procurador não houver efetuado o pagamento das custas, o escrivão certificará a ocorrência e mediante despacho do juiz notificará a parte contrária ou o órgão do Ministério Público, se fôr o caso.*

Parágrafo único. *Tratando-se de feito ou recurso em que o não pagamento das custas, em prazo certo, importará desistência, renúncia ou deserção, esgotado o prazo, o escrivão certificará nos autos fazendo os conclusos ao juiz.*

Art. 15. *Nas renúncias ou desistências de quinhões hereditários, as custas serão cobradas apenas uma vez e sôbre o monte-mor.*

Art. 16. *As custas reguladas por Leis Federais serão pagas conforme provimento da Corregedoria da Justiça. (Redação dada pela Lei 7567 de 08/01/1982)*

Parágrafo único. *As custas devidas nos processos de liquidação de indenização por acidente do trabalho, conseqüentes a acôrdos entre as partes, serão distribuidas entre pessoas integrantes do respectivo juízo, na conformidade do disposto em portaria baixada bienalmente pelo Corregedor.*

Art. 17. *O pagamento das custas ao serventuário ou funcionário competente, importa na presenção de preparo do processo ou recurso na data respectiva.*

Art. 18. *As custas a cargo da Fazendo Pública estadual e municipal serão pagas mediante despacho da autoridade competente, em requerimento, devidamente instruído, firmado pelo escrivão do feito, por si e em nome dos demais interessados, exceto as da distribuição, que serão pagas no ato.*

Art. 19. *O culpado pelo extravio de qualquer feito pagará as custas de reforma dos autos perdidos.*

Art. 20. *A falta de depósito ou pagamento das custas referentes aos atos ou diligências de defesa do réu, em processo criminal, não obstará a que sejam praticados e realizados, oportunamente, aquêles atos ou diligências, ficando a salvo aos interessados a cobrança pela via legal das custas devidas.*

Capítulo IV - Isenções e Reduções

Art. 21. *São isentos de custas:*

- *a)* *os processos criminais de ação pública, ou quaisquer outros de iniciativa do Ministério Público, salvo as excessões da lei processual respectiva;*
- *b)* *os processos de habeas-corpus, quer em primeira, quer em segunda instância;*
- *c)* *os conflitos de jurisdição suscitados por autoridades judiciárias;*
- *d)* *Os processos de reclamação referentes a custas em primeira instância e as reclamações, representações, revisões em processos de menores, consultas, recursos e, em geral, os processos da competência do Corregedor e do Conselho Superior da Magistratura; (Redação dada conforme Republicação em 18/09/1970)*
- *e)* *as habilitações de casamentos de pessoas comprovadamente pobres; (Redação dada conforme Republicação em 18/09/1970)*
- *f)* *feitos em que houver decaido a parte beneficiada pela justiça gratuita nos têrmos das leis processuais;*
- *g)* *os atos e processos referentes a menores abandonados e delinquentes, bem como os relativos a licença para o trabalho de menores;*
- *h)* *nas ações por acidente do trabalho, o acidentado ou os seus beneficiários, quando vencidos;*
- *i)* *os processos de arrecadação de herança jacente e bens vagos de valor inferior a 2 (dois) Valores de Referência de Custas (V.R.C.). (Redação dada pela Lei 7567 de 08/01/1982)*
- *j)* *os processos de arrolamento e inventário, de valor inferior ao maior salário mínimo vigente no Estado;*
- *k)* *os processos de alvarás de levantamento de depósitos em nome de órfãos ou interditos de valor inferior ao maior salário mínimo vigente do Estado;*
- *l)* *os atos das autoridades, serventuários, auxiliares ou funcionários da Justiça que importem em fornecimento ou autenticação de papel ou documento que deva instruir pedido ou processos de benefício da Justiça gratuita, assim como aquêles expressamente declarados gratuítos por lei federal ou estadual uma vez que consignado no respectivo texto o fim a que se destina.*

Art. 22. *Nos executivos de valor inferior a 1 V.R.C. (um Valor de Referência de Custas), serão devidas pela metade as custas respectivas, exceto a do Distribuidor e do Contador Judicial. (Redação dada pela Lei 7567 de 08/01/1982)*

Parágrafo único. *Não podem, porém, ultrapassar do duplo da dívida ajuizada, caso em que, reembolsadas as despesas de diligências efetuadas, serão as custas rateadas, pelo Juiz, em despacho.*

Art. 23. *Nos feitos de valor reduzido, contestados ou não, e nos processos sem valor determinado, inclusive preparatórios, preventivos ou incidentes, poderá o Juiz, em despacho fundamentado, reduzir até a metade as custas respectivas, menos as de diligências, mediante pedido do interessado e uma vez convencido da boa fé do autor ou requerente e do resultado certamente negativo ou de que apenas será alcançado em parte o objetivo do procedimento judicial.*

Parágrafo único. *A redução será obrigatória, quando, antes da contestação, nos feitos que a comportarem, houver desistência voluntária do pedido.*

Art. 24. *Se a parte indicar a data precisa do arquivamento, ou o livro e a fôlha do ato que pedir, ou, tratando-se de documentos em processo, indicar mês e ano, a busca será cobrada pela metade.*

Art. 25. *Nas reduções estatuídas neste capítulo, não se inclui a taxa judiciária, cuja incidência é regulada em lei própria.*

Capítulo V - Penalidades

Art. 26. *O Juiz que visar a conta de custas em que haja parcelas indevidas ou excessivas, torna-se passível da pena disciplinar.*

Art. 27. *Quem não cotar as custas em conformidade a êste Regimento perderá, pela primeira falta cometida, o direito aos emolumentos que, se contados e recebidos, serão restituidos em dôbro.*

Art. 28. *O serventuário, auxiliar ou funcionário da Justiça que contar, cotar ou receber custas indevidas ou excessivas, ou desviar ou apropriar-se de custas pertencentes a outrem, fica sujeito às penas, conforme a gravidade da infração e as circunstâncias do ato praticado, de advertência verbal ou em ofício reservado, censura nos autos ou em portaria, multa pagável em dinheiro que será recolhido aos cofres estaduais em décuplo e suspensão até 30 (trinta) dias, com perda dos proventos do cargo, além das perdas das custas contadas ou restituídas em dôbro das recebidas indevidamente, ou em excesso, desviadas ou retidas.*

§ 1º. *Fica vedado aos serventuários da Justiça a realização de qualquer trabalho que não seja peculiar às suas atribuições e ao ato que estiverem praticando. A cobrança de quaisquer quantias a êsse título importará na aplicação das penas deste artigo.*

§ 2º. *As penas do presente artigo serão aplicadas pelo Juiz ou Corregedor, ou pelo Relator do processo de quaisquer das Câmaras dos Tribunais de Justiça ou de Alçada, ou ainda pelos Presidentes desses Tribunais, em relação aos seus funcionários. (Redação dada pela Lei 7567 de 08/01/1982)*

§ 3º. *Quando a penalidade for imposta pelo Juiz, será o fato comunicado ao Conselho da Magistratura, por intermédio do Presidente do Tribunal, e ao Corregedor. Nos demais casos, a comunicação será feita à Corregedoria da Justiça, que se incumbirá das notificações necessárias ou da publicidade do ato, se for o caso. (Redação dada pela Lei 7567 de 08/01/1982)*

Art. 29. *Tratando-se de serventuário, auxiliar ou funcionário da Justiça sem garantia de estabilidade, o recebimento de custas indevidas ou excessivas, por malícia ou reiteração do êrro, provada esta por certidão de advertência anteriormente imposta e definitivamente julgada, poderá a falta, também, autorizar a demissão do culpado, a qual, no caso em que a expedição do respectivo ato administrativo seja da atribuição do Governador do Estado, ou de autoridade subordinada ao Executivo, dependerá, na esfera judiciária, de resolução e proposta do Conselho Superior da Magistratura, obedecidas as formalidades legais.*

Parágrafo único. *No processo para a aplicação da pena a que se refere o presente artigo, o Corregedor funcionará como instrutor e relator.*

Art. 30. *As penalidades constantes dos Arts. 30, 144, 147, 150 e 688, do Código de Processo Civil, bem como outras da mesma natureza, previstas na legislação vigente, serão aplicadas sem prejuízo das previstas neste Regimento e da abertura da competente ação penal, quando cabível. (Redação dada pela Lei 7567 de 08/01/1982)*

Art. 31. *A pena de restituição ou de multa, imposta por infração dêste Regimento ou de qualquer outra lei, não satisfeita dentro de 48 (quarenta e oito) horas, será convertida em suspensão até 30 (trinta) dias, e assim será considerada para efeito do disposto no Código de Organização e Divisão Judiciárias do Estado. (Redação dada pela Lei 7567 de 08/01/1982)*

Capítulo VI - Reclamações e Recursos

Art. 32. *A reclamação contra infração dêste Regimento imputada a Juiz, será feita por meio de petição, devidamente instruida e dirigida ao Corregedor da Justiça, que a decidirá desde logo ou a relatará perante o Conselho da Magistratura, conforme a gravidade do fato. (Redação dada pela Lei 7567 de 08/01/1982)*

Art. 33. *Quando a infração fôr atribuida a serventuário, auxiliar ou funcionário da Justiça, a reclamação será dirigida ao Juiz ou à autoridade perante a qual servir.*

Parágrafo único. *Tratando-se de falta que possa ocasionar aplicações de multa ou de suspensão, poderá o Juiz encaminhar a reclamação ao Corregedor, a quem será, em qualquer caso, comunicada a ocorrência da reclamação e a respectiva decisão, quando já houver sido proferida.*

Art. 34. *A atribuição conferida ao Juiz, pelo artigo anterior, não exclui competência do Corregedor para receber, originariamente, qualquer reclamação contra serventuário, auxiliar ou funcionário da Justiça de primeira instância.*

Parágrafo único. *Conhecendo a reclamação que lhe fôr dirigida, poderá o Corregedor encaminha-la ao Juiz para a respectiva instrução.*

Art. 35. *Instruida a reclamação, proferirá o Corregedor a sua decisão, se não preferir relatar o processo perante o Conselho Superior da Magistratura, atendida a gravidade do fato.*

Art. 36. *Da decisão ou ato impositivo de pena disciplinar por infração dêste Regimento, cabe recurso, admissível dentro de 5 (cinco) dias para o Conselho Superior da Magistratura ou para o Tribunal Pleno, se a decisão fôr do Conselho Superior da Magistratura.*

§ 1º. *O recurso, que terá sempre efeito suspensivo, seguirá, em primeira instância, no que fôr aplicável, o processo de agravo de instrumento, em matéria civil, salvo quanto ao que se refere a custas e preparo.*

§ 2º. *Se o Juiz reformar o despacho, poderá o reclamante protestar pela subida dos autos a superior instância.*

§ 3º. *Tratando-se de pena imposta pelo Juiz, o Corregedor funcionará, em segunda instância, como relator do recurso.*

Capítulo VII - Disposições Gerais

Art. 37. *A estimação do valor da causa, para efeito de cômputo das custas proporcionais, far-se-á, em regra geral, de conformidade com o disposto na Seção II, do Capítulo VI, do Título V, do Livro I do Código de Processo Civil. (Redação dada pela Lei 7567 de 08/01/1982)*

Parágrafo único. *Na reconvenção, o valor da causa para efeito dêste Regimento, passará a ser o equivalente à metade do valor da ação.*

Art. 38. *Nas execuções de sentenças iliquidas, as custas serão cobradas na base de dois têrços das custas da ação; nos demais casos, na base de um têrço.*

Parágrafo único. *Se houver concurso de credores, o valor será o ativo apurado.*

Art. 39. *Nos processos de desapropriação, a conta de custas será feita na base do prêço real da indenização, fixado na sentença ou no têrmo de acôrdo.*

Art. 40. *Nas ações inestimáveis, e em geral, nas causas de valor não conhecido, tomar-se-á para base do cálculo de custas, o critério de fixação do Juiz, de acôrdo com a natureza da causa.*

Parágrafo único. *Nas ações possessórias, o valor da causa será o equivalente à um quarto do valor venal do imóvel.*

Art. 41. *Aos serventuários, auxiliares ou funcionários da Justiça é facultado exigirem o prévio depósito da metade dos emolumentos dos traslados, registros, certidões, públicas-formas ou quaisquer outros atos ou documentos encomendados por interessados e que não possam ser praticados ou concluídos no momento; e, em tal caso, ficam obrigados a dar recibo da importância antecipada.*

Parágrafo único. *Nos recibos deverão constar além de seu valor em cruzeiros, também o correspondente em V.R.C. (Valor de Referência de Custas). (Incluído pela Lei 7567 de 08/01/1982)*

Art. 42. *Os escrivães do crime, salvo o caso do artigo 32, do Código de Processo Penal, poderão exigir o depósito prévio, mediante recibo, das custas calculadas nas ações intentadas mediante queixa, sem o que nenhum ato ou diligência será realizada.*

Art. 43. *Os Escrivães do Cível, das Varas da Fazenda Pública, de Família e Registros Públicos, poderão exigir da parte autora ou requerente, a título de garantia das primeiras diligências a serem efetuadas e das despesas com material de expediente do Cartório, depósito inicial de quantia não excedente da metade de suas custas calculadas, salvo concordância expressa da parte interessada, quando o depósito, em V.R.C., poderá atingir até o valor total do cálculo, ficando responsáveis pelo preparo das parcelas devidas ao Contador e ao Partidor. (Redação dada pela Lei 7567 de 08/01/1982)*

§ 1º. *Tratando-se de cartas precatória, rogatória ou de ordem, o interessado deverá fazê-la acompanhar de ordem de pagamento ou cheque bancário à ordem do Juiz Diretor do Forum da Comarca deprecada, caso não deposite no Juízo deprecante, importância estimada para as custas. (Incluído pela Lei 7567 de 08/01/1982)*

§ 2º. *Todos os depósitos efetuados serão certificados nos autos, inclusive em V.R.C., bem como os abonos de despesas com diligências e respectivos comprovantes, para serem oportunamente abatidos pelo Contador, o qual deverá considerar, para efeito de cálculo, o valor atualizado do Valor de Referência de Custas. (Incluído pela Lei 7567 de 08/01/1982)*

Art. 44. *Para os atos que se houverem de praticar fora do auditório ou cartório, quem tiver requerido ou promovido a diligência fornecerá condução aos Juízes, representantes do Ministério Público, serventuários, auxiliares ou servidores da Justiça. (Redação dada pela Lei 7567 de 08/01/1982)*

§ 1º. *As despesas de condução e hospedagem às pessoas integrantes do Juízo poderão ser satisfeitas de imediato pela própria parte interessada na realização da diligência. (Redação dada pela Lei 7567 de 08/01/1982)*

§ 2º. *Quando não lhes sejam proporcionadas a condução e hospedagem, nos termos deste artigo, o Juiz poderá determinar o depósito prévio de quantia equivalente ao valor das diárias normalmente pagas para deslocamento assemelhado. (Redação dada pela Lei 7567 de 08/01/1982)*

§ 3º. *Nas cidades, vilas e povoações, ou nos itinerários servidos por linhas regulares de transporte coletivo, nenhum serventuário, auxiliar ou servidor da Justiça, poderá utilizar-se de outro meio de condução, às expensas das partes, salvo se as condições de tempo não o permitirem, a urgência na execução do serviço o requerer, ou a parte interessada autorizar expressamente, à sua custa, o uso de veículos privativos. (Incluído pela Lei 7567 de 08/01/1982)*

Art. 45. *Além de um exemplar dêste Regimento à disposição das partes, os serventuários são obrigados a ter nos seus cartórios ou ofícios, em lugar em que possa ser facilmente consultado, um quadro com a tabela das custas relativas aos atos mais comuns de suas atribuições.*

Parágrafo único. A Corregedoria da Justiça expedirá normas disciplinando o disposto neste artigo. (Incluído pela Lei 7567 de 08/01/1982)

Art. 46. *Aos distribuidores, incumbe proceder, no ato do cálculo de custas, a baixa das distribuições de ações executivas fiscais, uma vez pagas nas respectivas Varas da Fazenda Pública, independentemente de despacho judicial.*

Capítulo VIII - Disposições Finais

Art. 47. *Os dispositivos dos Códigos de Processo Civil ou Penal e as Leis Federais que se referem às matérias tratadas neste Regimento, bem como o Código de Organização e Divisão Judiciárias do Estado e os Regimentos Internos dos Tribunais de Justiça e de Alçada do Estado, aplicam-se subsidiária ou supletivamente. (Redação dada pela Lei 7567 de 08/01/1982)*

Art. 48. *Êste Regimento aplicar-se-á a todos os feitos pendentes que ainda não se achem contados a final.*

Art. 49. *As Tabelas constantes do Anexo desta Lei serão atualizadas semestralmente, na variação nominal das Obrigações Reajustáveis do Tesouro Nacional (O.R.T.N.), no período, sendo o valor comunicado por ato do Corregedor da Justiça. (Redação dada pela Lei 7567 de 08/01/1982)*

Parágrafo único. *O Tribunal de Justiça, através de proposta da Corregedoria e ato do Presidente, poderá, a partir do exercício de 1982, editar normas para a padronização dos impressos e carimbos a serem usados nas Serventias do foro judicial e extrajudicial do Estado. (Incluído pela Lei 7567 de 08/01/1982)*

Art. 51. *As omissões dêste Regimento serão resolvidas ou pela aplicação de tabelas assemelhadas ou por instruções do Corregedor, através consulta.*

Art. 52. *A presente Lei entrará em vigor na data de sua publicação, revogadas as disposições em contrário.*

Anexo

Tabela I - Dos Atos do Tribunal de Justiça Secretarias

I. Recursos interpostos para o Tribunal de Justiça ou para os Tribunais Superiores a) Apelação b) Agravo de Instrumento c) Recursos para os Tribunais Superiores	R$ 230,00 R$ 115,00 R$39,84
II .Reclamações, Correições Parciais e Conflitos de Competência	R$ 39,84
III. Mandado de Segurança	R$ 39,84
IV. Ação rescisória - 4% (quatro por cento)sobre o valor da causa: Mínimo Máximo	R$ 20,72 R$ 95,63
V. Deserção	R$ 39,84

VI. Alvarás, Ofícios, Editais e Traslados: a) uma folha b) por folha que exceder.	R$ 7,96 R$ 2,39
VII. Carta Precatória, Carta de Ordem, Carta Rogatória e Carta de Sentença	R$ 35,86

OBS: A este valor será acrescido o montante necessário para o porte postal devido para a devolução.

NOTAS:

1. Nos demais processos originários e nos casos omissos serão cobradas as mesmas custas fixadas para a Primeira Instância.
2. A arrecadação total será recolhida ao Fundo da Justiça.

Tabela II - Dos Atos do Tribunal de Justiça Secretário

I. Certidões a) pela primeira folha b) por folha que exceder	R$ 7,96 R4 2,39
II. Registros de Diplomas de bacharéis ou cartas de doutores em Direito.	R$ 15,93
III. Autenticação de cópias reprográficas extraídas de processos arquivados ou em andamento na secretaria.	R$ 2,39

NOTA:

A arrecadação total dos atos acima mencionados, será recolhida ao Fundo de Reequipamento do Poder Judiciário - FUNREJUS

Tabela III - Atos da Procuradoria-Geral da Justiça Secretário

I. Certidões a) pela primeira folha b) por folha que exceder	R$ 7,9 6 R$ 2,39
II. Autenticação de cópias reprográficas extraídas de processos arquivados ou em andamento na secretaria	R$ 2,39

NOTA:

A arrecadação total dos atos acima mencionados será recolhida ao Fundo Especial do Ministério Público do Estado do Paraná – FUEMP/PR.

Tabela VI - Juízes de Paz

I. Pela arrecadação provisória de bens de defunto,de ausentes ou vagos	2%

NOTAS:

1. As despesas de conservação e guarda de bens arrecadados serão pagas a parte.
2. Pela diligência de casamento em cartório - 100,00 VRC = R$ 16,70

Pela diligência de casamento fora de cartório - 200,00 VRC = R$ 33,40

OBS. 1: A presente tabela será aplicada até a regulamentação do Art. 98, II da Constituição Federal.

Tabela VII - Ministério Público do Estado do Paraná

I. Ao Ministério Público Estadual,nos feito sem que intervém, inclusive notariais e registrais.	R$4,78

NOTA:

A arrecadação total dos atos acima mencionados, será recolhida ao Fundo Especial do Ministério Público do Estado do Paraná – FUEMP/PR.

Tabela IX - Atos dos Escrivães do Cível, Família e da Fazenda

I – Arrolamentos, Inventários, Sobrepartilhas, Partilha de bens Embargos

Processos de procedimento especial de jurisdição voluntária Processos de conhecimento (incluindo procedimentos especiais de jurisdição contenciosa)

Incidentes procedimentais

Mandados de segurança Medidas cautelares Alvarás

Retificações

Processos de execução em geral, inclusive de sentença Separações, Divórcios e Dissolução da sociedade conjugal Alimentos em geral

Reconvenções

Falências, Concordatas, Recuperação Judicial e Restituição de mercadoria

Extinção de obrigações Recursos, Exceções e Demais ações

VRC	R$	VRC	R$	CPC
Até 21.000,00	3.507,00	*1.500,00*	*250,5*	*Videnota6*
Até 25.200,00	4.208,40	*1.700,00*	*283,9*	"
Até 29.400,00	4.909,80	*1.800,00*	*300,6*	"
Até 33.600,00	5.611,20	*1.900,00*	*317,3*	"
Até 37.800,00	6.312,60	*2.100,00*	*350,7*	"
Até 42.000,00	7.014,00	*2.300,00*	*384,1*	"
Até 46.200,00	7.715,40	*2.500,00*	*417,5*	"
Até 50.400,00	8.416,80	*2.700,00*	*450,9*	"
Até 54.600,00	9.118,20	*2.900,00*	*484,3*	"
Até 58.800,00	9.819,60	*3.000,00*	*501,0*	"
Até 63.000,00	10.521,00	*3.100,00*	*517,7*	"
Até 67.200,00	11.222,40	*3.200,00*	*534,4*	"
Até 71.400,00	11.923,80	*3.400,00*	*567,8*	"
Até 75.600,00	12.625,20	*3.600,00*	*601,2*	"
Até 79.800,00	13.326,60	*3.800,00*	*634,6*	"
Até 84.000,00	14.028,00	*4.000,00*	*668,0*	"
Até 88.200,00	14.729,40	*4.200,00*	*701,4*	"
Até 92.400,00	15.430,80	*4.400,00*	*734,8*	"
Até 96.600,00	16.132,20	*4.600,00*	*768,2*	"
Até 100.800,00	*16.833,60*	*4.800,00*	*801,6*	"
Até 105.200,00	*17.568,40*	*5.000,00*	*835,0*	"
Até 109.600,00	*18.303,20*	*5.200,00*	*868,4*	"
Até 114.000,00	*19.038,00*	*5.400,00*	*901,8*	"
Até 118.400,00	*19.772,80*	*5.600,00*	*935,2*	"
Até 122.800,00	*20.507,60*	*5.800,00*	*968,6*	"

II.	*Buscas, cada 10 anos =*	*66,66 VRC*	*=*	*R$ 11,13*
	Autuação =	*66,66 VRC*	*=*	*R$ 11,13*
	Desarquivamento de processos =	*66,66 VRC*	*=*	*R$ 11,13*

III	*Certidões extraídas de autos, livros ou Documentos, e por ofício, edital e alvará expedido:*			
	Primeira folha =	*66,66 VRC*	*=*	*R$ 11,13*
	Por folha que exceder =	*20,00 VRC*	*=*	*R$ 3,34*

IV	*Conferência de reprodução, cópia, ou via de qualquer papel com o original; conferência e conserto de translado ou pública forma, avisos e publicações de avisos =*	*20,00 VRC*	*=*	*R$ 3,34*

V	*Cartas Precatórias:*			
	a)Recebidas para notificação, intimação ou citação; Pagamento de impostos expedidas em processo de inventário, arrolamento, e partilha de bens, exceto diligência, condução e porte postal devido pela devolução .	*507, 49 VRC*	=	*R$84,75*
	b) Recebidas para atos executivos ou de cumprimento de sentença (citação, intimação, penhora, arresto, avaliação de bens, praceamento, leilão, expedição de carta de arrematação, remição ou adjudicação), exceto diligência, condução e porte postal devido pela devolução.	*676,65 VRC*	=	*R$113,00*
	c) Recebidas para atos de prisão,inquirição, perícia, busca e apreensão de bens ou pessoas, remoção ou restituição de bens, exceto diligência, condução e porte postal devido pela devolução	*676,65 VRC*	=	*R$113,00*
	d) expedida, para o respectivo cumprimento, além do porte postal, quando houver	*306,17 VRC*	=	*R$51,13*

VI	*Carta de Sentença*	*300,00 VRC*	=	*R$ 50,10*
	Rogatória	*300,00 VRC*	=	*R$ 50,10*
	Mandado de Averbação	*300,00 VRC*	=	*R$ 50,10*

VII	Por carta de adjudicação e formal de partilha expedido	1.000,00 VRC	=	R$ 167,00
a) carta de arrematação, remissão e requisitório de pagamento: as mesmas custas previstas no item I.				

VIII	*Separações e Divórcios*	*2.400,00 VRC*	=	*R$ 400,08*
	Conversões e dissoluções de sociedade conjugal	*2.400,00 VRC*	=	*R$ 400,08*
	a) havendo bens, acrescentam-se as custas previstas no item I.			

IX	*Declaração de habilitação de crédito:*
	a) no prazo: 25% das custas taxadas no item I. *b) retardatária ou impugnação de crédito: 50% das custas taxadas no item I.*

X	*Procedimentos administrativos*	*600,00 VRC*	*= R$ 100,20*
	Justificações	*600,00 VRC*	*= R$ 100,20*
	Protestos	*600,00 VRC*	*= R$ 100,20*
	Notificações	*600,00 VRC*	*= R$ 100,20*
	Interpelações	*600,00 VRC*	*= R$ 100,20*

NOTAS:

1. Nos processos de inventários, arrolamentos, sobre partilhas e partilha de bens, as custas serão calculadas sobre o valor integral dos bens objetos dos mesmos.

2. As custas processuais não poderão ser dispensadas, parceladas ou negociadas sem a expressa concordância de seus favorecidos.

3. Nos processos em geral, o cálculo das custas incidirá sobre o valor legal da ação devidamente corrigido, devendo ser observado, para efeito e atribuição ao valor da causa, o contido nos arts. 258, 259 e 260 do CPC.

4. O recolhimento contido no CPC referente às custas devidas pelos atos praticados seguirá os critérios da Lei vigente.

5. As custas decorrentes das ações com o benefício da gratuidade processual tomarão por base a presente tabela, devendo ser obedecido o Art. 1º, IV, da Constituição Estadual.

6. As custas remanescentes deverão ser pagas antes do julgamento da causa e sobre elas incidirão correção monetária e juros na forma de lei, a partir de sua inadimplência, podendo as partes devedoras serem inscritas no banco de dados dos ofícios distribuidores.

7. As custas dos processos de alvarás, serão cobradas na proporção de 50% das previstas no item I.

8. Na renovação de inventários por morte do cônjuge ou herdeiro, as custas serão acrescidas de mais 10%.

9. Os encargos decorrentes da transcrição de gravação de fita magnética dos

Juizados Especiais serão cobrados conforme o item V letra "A".

10. As custas processuais dos Juizados Especiais Cíveis correspondem a 50% (cinquenta) por cento dos valores apontados no item I e a sua arrecadação será recolhida ao Fundo da Justiça.

11. Os atos dos Escrivães do Cível, Família e da Fazenda do item I com valor igual ou superior a R$ 100.000,00, sofrerão a incidência de custas no percentual de 1% (um ponto percentual), limitada a cobrança ao valor de R$ 1.500,00.

Tabela X - Atos dos Escrivães do Crime

	VRC	*R$*
I. Questões prejudiciais: Exceções;		
Conflitos de Jurisdição; Medidas Assecuratórias;I ncidentes de Falsidade; Perícia sem Geral; Reconhecimento de Pessoas e de Coisas; Buscas e Apreensão; Interdição de Direitos e Medidas de Segurança	*100,00*	*16,70*
Fiança	*120,00*	*20,04*
II. Restauração de autos extraviados ou destruídos	*200,00*	*33,40*
III. Processos em espécie:		
a) Que obedeçam ao rito do LivroII, TítuloI, Capítulos I e III, doCódigo de Processo Penal	*200,00*	*33,40*
b) Que obedeçam ao rito do Livro II, TítuloI, CapítuloII do mesmo Código: *1º) Até apronúncia, inclusive* *2º) Da pronúncia até o julgamento*	*100,00* *100,00*	*16,70* *16,70*
c) Que obedeçam ao rito do Livro II, TítuloII, CapítuloV, do referido Código	*160,00*	*26,72*
IV. Recursos :		
a) Embargos de Terceiro em Sequestro *b) Em Sentido Estrito, Apelação e Protesto por novo Júri*	*200,00* *200,00*	*33,40* *33,40*
V. Incidentes de Execução:		
Livramento Condicional, inclusive revogação e reabilitação	*60,00*	*10,02*
VI. Certidões:		
primeira folha *por folha que exceder*	*40,00* *3,00*	*6,68* *0,50*
VII. Buscas: cada10(dez) anos ouf ração	*2,00*	*0,33*
VIII. Autenticações	*2,00*	*0,33*

NOTA

As custas processuais nos Juizados Especiais Criminais correspondem a 50% (cinquenta por cento) dos valores apontados no item III, letra "a" e a sua arrecadação será recolhida ao Fundo da Justiça.

OBS.: Esta tabela está isenta do recolhimento do CPC, conforme Lei nº 10.546/93.

Tabela XI - Atos dos Tabeliães

	VRC	R$	CPC
I. Reconhecimento de Firma:			
a) sem valor declarado	*21,73*	*3,62*	
b) com valor declarado, e por autenticidade	*43,60*	*7,28*	
II. Autenticações de papéis, documentos e fotocópias, por ato	*20,00*	*3,34*	
III. Procuração:			
- Por outorgante ou outorgado que acrescer	*384,62*	*64,23*	
- Em causa própria, metade das custas do item IV desta tabela	*10,00*	*1,67*	
IV. Escrituras: (incluído o traslado) sem valor declarado metade do item 1º da tabela abaixo			

VRC	R$	VRC	R$	CPC
Até 56.000,00	*9.352,00*	*1.260,00*	*210,42*	*Vide nota 4*
Até 66.000,00	*11.022,00*	*1.485,00*	*248,00*	*"*
Até 76.000,00	*12.692,00*	*1.710,00*	*285,57*	*"*
Até 86.000,00	*14.362,00*	*1.935,00*	*323,15*	*"*
Até 96.000,00	*16.032,00*	*2.160,00*	*360,72*	*"*
Até 106.000,00	*17.702,00*	*2.385,00*	*398,30*	*"*
Até 116.000,00	*19.372,00*	*2.610,00*	*435,87*	*"*
Até 126.000,00	*21.042,00*	*2.835,00*	*473,45*	*"*
Até 136.000,00	*22.712,00*	*3.060,00*	*511,02*	*"*
Até 146.000,00	*24.382,00*	*3.285,00*	*548,60*	*"*
Até 156.000,00	*26.052,00*	*3.510,00*	*586,17*	*"*
Até 166.000,00	*27.722,00*	*3.652,00*	*609,88*	*"*
Até 176.000,00	*29.392,00*	*3.872,00*	*646,62*	*"*
Até 186.000,00	*31.062,00*	*4.092,00*	*683,36*	*"*
Até 196.000,00	*32.732,00*	*4.312,00*	*720,10*	*"*
Até 206.000,00	*34.402,00*	*4.532,00*	*756,84*	*"*
Até 216.000,00	*36.072,00*	*4.752,00*	*793,58*	*"*
Até 226.000,00	*37.742,00*	*4.972,00*	*830,32*	*"*

OBS: Esta Tabela não é progressiva.

	VRC	R$	CPC
V. Testamentos:			
a)Público	*2.000,00*	*334,00*	*Vide nota 4*
b)Aprovação de testamento cerrado	*300,00*	*50,10*	*Vide nota 4*
c)Revogação	*1.000,00*	*167,00*	*Vide nota 4*
VI. Constituição de Condomínio e Divisão ou			
Partilha amigável	*1.000,00*	*167,00*	*Vide nota 4*
por unidade, mais	*40,00*	*6,68*	*Vide nota 4*
VII. Certidões:			
a)Procurações	*40,00*	*6,68*	*0,00*
b)deescritura-primeirafolha	*30,00*	*5,01*	*0,00*
porpáginaqueacrescer	*9,00*	*1,50*	*0,00*
VIII. Pública forma:			
a)primeirafolha	*46,00*	*7,68*	*0,00*
b)porpáginaqueacrescer	*30,00*	*5,01*	*0,00*
IX. Buscas			
por dez(10) anos oufração	*6,00*	*1,00*	*0,00*
X.Tratando-se de um só adquirente ou devedor, pessoa física, numa única escritura que versar sobre diversas unidades de um mesmo loteamento ou edifício condominial, as custas serão cobradas pela forma abaixo:			
a)pelas três (3)primeiras unidades, custas integrais;			
b)cada uma das demais unidades, 80% (oitentaporcento) das custas integrais.			

NOTAS:

1. Escritura de contrato de financiamento dentro do Plano Nacional de Habitação, a metade das custas fixadas.
2. Nenhum acréscimo será devido pela transcrição nas escrituras de alvarás, talões de sisa, certidões e outros papéis necessários à perfeição ao ato.
3. No título que haja incidência de imposto de transmissão de bens imóveis e do direito a ele relativo, as custas deverão ser cobradas pela avaliação dada ao imóvel para aquela incidência.
4. O recolhimento do CPC das custas devidas pelos atos praticados é de 4%, 5% e 6%, respectivamente, nas comarcas de entrância inicial, intermediária e final (Lei nº 10.546/93)

OBS: O recolhimento do CPC já está incluído nas custas.

Tabela XII - Atos dos Oficiais do Registro Civil

	VRC	R$	CPC
I.Averbações:			
a) de sentença de nulidade ou anulação de casamento, separação judicial, ou divórcio; ato de restabelecimento de sociedade conjugal, de escritura de adoção ou atos que a dissolvam	*120,00*	*20,04*	*0,00*
b) de alteração de nome e retificação de assento	*120,00*	*20,04*	*0,00*
II. Certidões de Nascimento, Casamento ou óbito:			
a) em breve relatório	*175,00*	*29,22*	*0,00*
b) verbo adverbo-primeira folha *por folha que exceder*	*65,00* *15,00*	*10,85* *2,50*	*0,00* *0,00*
c) havendo necessidade de busca, por 10(dez) anos ou fração	*10,00*	*1,67*	*0,00*
III. Habilitação para casamento	*1.500,00*	*250,50*	*Vide nota 4*
a) Justificação para dispensa de editais de proclamas, suprimento de idade e deconsentimento	*70,00*	*11,69*	*0,00*
b) Casamento fora do Cartório, excluída a despesa com a condução, a cargo do interessado	*2.000,00*	*334,00*	*0,00*
c) Registro de editais recebidos de outro ofício	*50,00*	*8,35*	*0,00*

NOTAS:

1. É vedada a cobrança acumulada das alíneas "a" e "c" deste item III.
2. É vedada a cobrança acumulada do item III com a letra "b" do mesmo item.

	VRC	R$	CPC
IV. Registro de Nascimento ou de óbito com a primeira			
a) independente de despacho Judicial			
b)mediante despacho Judicial			
V. Retificação de assento à margem, mediante justificação, com ou sem prova	*70,00*	*11,69*	*0,00*
VI. Inscrição de casamento religioso	*200,00*	*33,40*	*0,00*
VII. Registro: de emancipação, ausência, interdição, inclusive averbação	*150,00*	*25,05*	*0,00*
VIII. Inscrição de opção e aquisição denacionalidade, adoção e legitimação	*170,00*	*28,39*	

NOTAS:

1. Os atos que por determinação legal forem isentos de custas não sofrerão incidência da alíquota à Carteira de Previdência Complementar e às Associações.
2. No item V não haverá custas quando o erro for do cartorário.
3. Serão gratuitos todos os atos, inclusive as certidões, para a pessoa que se declare pobre, nos termos do Art. 30, parágrafo 1º da Lei nº 6.015/73.
4. O recolhimento do CPC das custas devidas pelos atos praticados é de 4%, 5% e

6% respectivamente, nas comarcas de entrância inicial, intermediária e final (Lei nº 10.546/93).

OBS: O recolhimento do CPC já está incluído nas custas.

Tabela XIII - Atos dos Oficiais do Registro de Imóveis

	VRC	R$	CPC
I. Arquivamento de qualquer documento.	*7,00*	*1,16*	*0,00*
II. Averbação (inclusive a prenotação, a busca e arquivamento):			
a) de mudança de numeração, reconstrução e demolição de prédios, de desmembramento efusão de terreno,de alteração de nome em virtude de casamento, de viuvez, de separação ou divórcio consensual ou judicial litigioso, de retificação de averbação ou de registro e matrícula, desde que tal retificação não importe na alteração do valor contratual.	*60,00*	*10,02*	*Vide nota 6*
b) deliberação parcial de garantia hipotecária	*80,00*	*13,36*	*Vide nota 6*
c) deliberação total de garantia hipotecária -a smesmas custas do item XIII letra A.			
d) demais averbações atribuídas ao Registro de Imóveis, serão cobradas a metade das custas determinadas no item XIII.			*Vide nota 6*
e) de contrato de locação, para fins de preferência (Art.167, II, 16 L.R.P.), 30% sobre as custas determinadas no item XIII.			
III. Buscas: cada 10 (dez) anos.	*3,00*	*0,50*	*0,00*
IV.Certidões:			
a) de registro ou ônus real	*67,00*	*11,18*	*0,00*
b) negativa de propriedade	*40,00*	*6,68*	*0,00*

NOTAS:

1. Nas certidões negativas de propriedade cobrar-se-á mais 1,00 VRC (R$ 0,16) por pessoa que exceder a uma, entendendo-se por pessoa o casal interessado.
2. Se as certidões mencionadas na alínea "a" deste item se referir a mais de um registro, cobrar-se-á mais 2,00 VRC (R$ 0,33) por registro que exceder.

	VRC	R$	CPC
V.Registro de Cédulas de Crédito e financiamento Rural, Industrial, Comercial e Exportação: as mesmas custas do item XIII letra A.			
VI. Registro no livro 2, de hipoteca cedular:			
a) Cédula de Crédito e financiamento Rural, o mesmo valor previsto no item V, para o registro de cadal móvel.			
b)Das demais cédulas mencionadas no item V,o mesmo.			
VII. Averbações de cédulas rurais mencionadas no item V: 10% do item V.			
VIII.Registrodeescriturasdepactoantenupcialnolivro3	*60,00*	*10,02*	*Vide nota 6*
Averbaçãodeescriturasdepactoantenupcialnolivro2	*20,00*	*3,34*	*0,00*
IX. Incorporação e Condomínio:			
a) Registro de incorporação imobiliária: o mesmo preço do item XIII, calculado sobreo valor do terreno, custo global da obra (Lei Federal 4591, de 16/12/64, artigo 32,"h").	*200,00*	*33,40*	*Vide nota 6*
b) Registro de instituição de condomínioc) Registro de convenção de condomínio, qualquer que seja o número de unidade, incluindo o valor das averbações necessárias	*200,00*	*33,40*	*Vide nota 6*
X.Registro de Loteamentos:	*10,00*	*1,67*	*Vide nota 6*
a) Registro de lote amento ou desmembramento urbano ou rural, além das despesas de publicação de edital na imprensa, por lote ou gleba	*40,00*	*6,68*	*0,00*
b) Intimação ou notificação, excluídas as despesas de publicação de edital e condução NOTA- Os emolumentos mínimos a serem cobrados na alínea "a", até 50(cinqüenta) lotes, serão de:	*200,00*	*33,40*	*Vide nota 6*
XI.Recebimento de prestações previstas no Dec. Lei nº, de 10/12/1937 e na Lei 6766,de 20/12/1979:			
a) Pela abertura de conta e recebimento da primeira prestação	*40,00*	*6,68*	*0,00*
b) Pelo recebimentos em abertura de conta, 1% do valordepositado. NOTA- Os valores previstos neste item serão deduzidos da importância depositada pelos prestamistas.			
XII. Matrícula: nos casos de unificação e desmembramento do imóvel, pela certidão.	*30,00*	*5,01*	*Vide nota 6*
XIII. Registro de Títulos (inclusive buscas, matrícula e certidão):			
a) Sem valor declarado-50% do item 1º da tabela abaixo.			
b) Com valor de clarado:			

VRC	R$	VRC	R$	CPC
Até 56.000,00	*9.352,00*	*1.260,00*	*210,42*	*Vide nota 4*
Até 66.000,00	*11.022,00*	*1.485,00*	*248,00*	*"*
Até 76.000,00	*12.692,00*	*1.710,00*	*285,57*	*"*
Até 86.000,00	*14.362,00*	*1.935,00*	*323,15*	*"*
Até 96.000,00	*16.032,00*	*2.160,00*	*360,72*	*"*
Até106.000,00	*17.702,00*	*2.385,00*	*398,30*	*"*
Até116.000,00	*19.372,00*	*2.610,00*	*435,87*	*"*
Até126.000,00	*21.042,00*	*2.835,00*	*473,45*	*"*
Até136.000,00	*22.712,00*	*3.060,00*	*511,02*	*"*
Até146.000,00	*24.382,00*	*3.285,00*	*548,60*	*"*
Até156.000,00	*26.052,00*	*3.510,00*	*586,17*	*"*
Até166.000,00	*27.722,00*	*3.652,00*	*609,88*	*"*
Até176.000,00	*29.392,00*	*3.872,00*	*646,62*	*"*
Até186.000,00	*31.062,00*	*4.092,00*	*683,36*	*"*
Até196.000,00	*32.732,00*	*4.312,00*	*720,10*	*"*

OBS: Esta tabela não é progressiva.

	VRC	R$	CPC
XIV. Prenotação do título no protocolo	*10,00*	*1,67*	*0,00*
XV. As inscrições dos contratos de abertura de crédito com garantia de penhor ou hipotecário, para o financiamento agrícola e pecuário com o Banco do Brasil S/A e o Banco do Estado do Paraná S/A, pagarão a metade das custas previstas neste regimento (itemV). OBS:Ver nota 3			*Vide nota 6*
XVI. Prejudicado pelo sistema de folio real, instituído pela Lei 6015/73.			
XVII. Do título em que haja incidênciado imposto de transmissão de bens imóveis e dos direitos a ele relativos, as custas deverão ser cobradas pela avaliação dada ao imóvel para aquela incidência, excetos e o título é lavrado em cumprimento a promessa de compra e venda registrada no registro de imóveis, no prazo de sessenta dias de sua lavratura.			*Videnota 6*
XVIII.Tratando-se de um só adquirente ou devedor, pessoa física, num único título que versar sobre divers as unidades de um mesmo loteamento ou edifício condominial as custas serão cobradas da seguinteforma:			
a) Pelo registro da primeira unidade: custas integrais.			*Vide nota 6*
b) Pelo registro de cada uma das demais unidades 80% (oitenta porcento) das custas integrais.			
XIX.Serão reduzidas em 50% (cinqüenta por cento) as custas devidas pelos registros correspondente à primeira aquisição mobiliária, comprovada mediante declaração expressa do adquirente, sob as penas da lei, quando houver financiamento pelo sistema financeiro de habitação.			*Vide nota 6*
a) Registro de averbação referente à aquisição de casa própria, em que seja parte Cooperativa Habitacional ou entidade assemelhada (artigo 290, § 1º, Lei 6015/73) - 30% do item XIIIA;			
b) Nos programas de interesse social, executados pelas COHAB sou entidades assemelhadas; atos de aquisição de imóveis e os de averbação de construção, estarão sujeitos às seguintes limitações - imóvel até 60m² de área construída: 40% do item XIII A (Sem valor declarado); -mais de 60m² até 70m²: 50% do item XIII A(Sem valor declarado); - mais de 70m² até 80m²; 60% do item XIII A.			
XX. Versando um título sobre a aquisição de um apartamento e uma garagem em edifício condominial e esta última unidade for considerada unidade autônoma, cada registro advindo do título aquisitivo dessa unidade garagem.	*60,00*	*10,02*	*Vide nota 6*

NOTAS:

1. Nos registros de penhora e de contratos de locação as custas correspondem a 30% (trinta por cento) do valor do item XIII.

2. Nos registros de hipoteca ou usufruto as custas correspondem a 50% (cinqüenta por cento) do valor do item XIII.

3. Para o registro de hipoteca e penhora será considerado o valor da dívida e não o valor do imóvel.

4. Com a extinção do MVR - Maior Valor de Referência pela Lei nº 8.177/91, os registros referidos nos itens V e XIX, letras a e b, obedecerão para o cálculo de custas os valores fixados na Lei nº 8.178/91, Art. 21.

5. Nos atos traslativos da propriedade que não forem prenotados no prazo de trinta dias, a partir da data de sua celebração, as custas serão calculadas com base no valor constante no último lançamento do IPTU ou IPTR, salvo se o valor declarado no instrumento lhe for superior.

6. O recolhimento do CPC das custas devidas pelos atos praticados é de 4%, 5% e 6% respectivamente, nas comarcas de entrância inicial, intermediária e final (Lei nº 10.546/93).

OBS: O recolhimento do CPC já está incluído nas custas.

Tabela XIV - Atos dos Oficiais de Registro de Títulos e Documentos e Civil das Pessoas Jurídicas

I. Registro integral de Contrato, Títulos e Documentos com valor declarado:

VRC	R$	VRC	R$	CPC
Até 20.000,00	*3.340,00*	*300,00*	*50,1*	*Videnota3*
Até 24.000,00	*4.008,00*	*360,00*	*60,12*	"
Até 28.000,00	*4.676,00*	*420,00*	*70,14*	"
Até 32.000,00	*5.344,00*	*480,00*	*80,16*	"
Até 36.000,00	*6.012,00*	*540,00*	*90,18*	"
Até 40.000,00	*6.680,00*	*600,00*	*100,2*	"
Até 44.000,00	*7.348,00*	*660,00*	*110,22*	"
Até 48.000,00	*8.016,00*	*720,00*	*120,24*	"
Até52.000,00	*8.684,00*	*780,00*	*130,26*	"
Até 56.000,00	*9.352,00*	*840,00*	*140,28*	"
Até 60.000,00	*10.020,00*	*900,00*	*150,3*	"
Até 64.000,00	*10.688,00*	*960,00*	*160,32*	"
Até 68.000,00	*11.356,00*	*1.020,00*	*170,34*	"

OBS.: Esta tabela não é progressiva.

	VRC	R$	CPC
II.Registro Integral de Títulos, Documentos ou Papel sem valor declarado.	*300,00*	*50,10*	*Vide nota 3*
III.Registro e entrega de notificações, inclusive a certidão à margem do registro e no documento	*300,00*	*50,10*	*Vide nota 3*
a) Despesas de condução: no perímetro urbano	*80,00*	*13,36*	*Vide nota 3*
b) no perímetro rural ou em local distante do Cartório mais de 10(dez) quilômetros	*150,00*	*25,05*	*Vide nota 3*
IV. Matrícula de Oficina Impressora, Jornal e outros periódicos.	*150,00*	*25,05*	*Vide nota 3*
V. Inscrição de Pessoas Jurídicas de fins científicos, culturais, beneficentes ou religiosos, inclusive todos os atos de registro e arquivamento	*100,00*	*16,70*	*Vide nota 3*
VI. Inscrição de pessoa jurídica de fins econômicos, inclusive todos os atos do processo, registro e arquivamento:			

VRC	R$	VRC	R$	CPC
Até 20.000,00	*3.340,00*	*300,00*	*50,1*	*Vide nota 3*
Até 24.000,00	*4.008,00*	*360,00*	*60,12*	"
Até 28.000,00	*4.676,00*	*420,00*	*70,14*	"
Até 32.000,00	*5.344,00*	*480,00*	*80,16*	"
Até 36.000,00	*6.012,00*	*540,00*	*90,18*	"
Até 40.000,00	*6.680,00*	*600,00*	*100,2*	"
Até 44.000,00	*7.348,00*	*660,00*	*110,22*	"
Até 48.000,00	*8.016,00*	*720,00*	*120,24*	"
Até 52.000,00	*8.684,00*	*780,00*	*130,26*	"
Até 56.000,00	*9.352,00*	*840,00*	*140,28*	"
Ate 60.000,00	*10.020,00*	*900,00*	*150,3*	"
Até 64.000,00	*10.688,00*	*960,00*	*160,32*	"
Até 68.000,00	*11.356,00*	*1.020,00*	*170,34*	"

OBS.: Esta tabela não é progressiva.

	VRC	R$	CPC
VII. Certidões e Buscas:	40,00	6,68	0,00
a) Certidões por página que acrescer	*10,00*	*1,67*	*0,00*
b) buscas por dez (10) anos ou fração	*3,00*	*0,50*	*0,00*
VIII. Xerocópia ou fotocópia de documento lavrado ou arquivado no Cartório	3,00	0,50	0,00
IX.Microfilme do documento referido nestaTabela, qualquer que seja o número de página, mais	3,00	0,50	0,00
X.Autenticação procedida de acordocom a Lei Federal nº 5433, de 08 de março de 1968, regulamenta da pelo Decreto nº 64.393 de 24 de abril de 1969:			
a) de microfilmagem por rolo de 16mm	*25,00*	*4,17*	*0,00*
b) de micro filmagem por rolo de 35mm	*60,00*	*10,02*	*0,00*
c) de cópia extraída de rolo de microfilme, legalizado, por página ou fotograma	*70,00*	*11,69*	*0,00*

NOTAS:

1. Nos registros de aditamentos de contratos, títulos e documentos sem valor declarado, serão cobradas as custas previstas no item II.

2. Se houver valor declarado no aditamento, dele será deduzido o valor original.

3. O recolhimento do CPC das custas devidas pelo atos praticados é de 4%, 5% e 6%, respectivamente, nas comarcas de entrância inicial, intermediária e final (Lei nº 10.546/93).

OBS: O recolhimento do CPC já está incluído nas custas.

Tabela XV - Atos dos Oficiais de Protestos de Títulos

I. Anotação ou protesto				
VRC	R$	VRC	R$	CPC
Até 12.000,00	*2.004,00*	*180,00*	*30,06*	*Vide nota*
Até 16.000,00	*2.672,00*	*240,00*	*40,08*	"
Até 24.000,00	*4.008,00*	*360,00*	*60,12*	"
Até 32.000,00	*5.344,00*	*480,00*	*80,16*	"
Até 40.000,00	*6.680,00*	*530,00*	*88,51*	"
Até48.000,00	*8.016,00*	*580,00*	*96,86*	"
Até 56.000,00	*9.352,00*	*630,00*	*105,21*	"
Até 64.000,00	*10.688,00*	*680,00*	*113,56*	"
Até 72.000,00	*12.024,00*	*730,00*	*121,91*	"
Até 80.000,00	*13.360,00*	*780,00*	*130,26*	"
Até 88.000,00	*14.696,00*	*830,00*	*138,61*	"

OBS.: - Esta tabela não é progressiva.

	VRC	R$	CPC
II. Intimação:	80,00	13,36	Vide nota
III. Cancelamento ou anulação de protesto ou averbação de pagamento: 80% das custas do nº I.			
IV. Certidões:			
a) negativa (por nome)e inteiro teor (por página)	*67,00*	*11,18*	*0,00*
b) relatório breve (por ato)	*5,00*	*0,83*	*0,00*
V. Buscas: por dez anos ou fração	3,00	0,50	0,00
VI. Autenticação de ato pratica do ou de documento em poder da serventia	0,60	0,10	0,00

NOTA:

O recolhimento do CPC das custas devidas pelos atos praticados é de 4%, 5% e 6%, respectivamente, nas comarcas de entrância inicial, intermediária e final (Lei nº 10.546/93).

OBS: O recolhimento do CPC já está incluído nas custas.

Tabela XVI - Atos dos Contadores, Partidores, Distribuidores e Depositários Públicos dos Contadores

	VRC	R$	CPC
I.Conta de qualquer natureza	65,00	10,85	Vide nota
II.Conta de juros, correção monetária e prêmios: além do previsto no item I, cada papel, por ano ou fração	2,00	0,33	0,00
III.Cálculo de liquidação de sentença	200,00	33,40	0,00
-Cálculo de qualquer processo, de imposto à transmissão de propriedade inter-vivos ou causa-mortis de quaisquer outros impostos ou taxas; de liquidação em inventário e arrolamento, sejam quantas forem as sucessões e operações necessárias; formação de ativo e passivo, com base no monte-mor, na arrecadação, adjudicação, remissão ou valor apurado	*50,00*	*8,35*	*0,00*
-Cálculo para cumprimento do item 12.7.2.3.do CNCGJ	*40,00*	*6,68*	*0,00*
IV. Conversão à moeda nacional ou estrangeira de cada papel de crédito, título da dívida pública, ação de companhia ou instituições financeiras; por cálculo	2,00	0,33	0,00
V. Verificação ou conferência de créditoe conta sem falência, concordata, recuperaçãoj udicial, concurso creditório e prestação de contas em geral.	30,00	5,01	0,00
VI.Certidão e Buscas: as mesmas custas atribuídas ao Distribuidor			
VII.Emenda ou reforma de cálculo ou conta: metade do estabelecido nos itens I a V *OBS:Se a emenda ou reforma resultar de omissão ou erro do Contador não serão devidas custas.*			

NOTAS:

1. O recolhimento do CPC das custas devidas pelos atos praticados é de 4%, 5% e 6%, respectivamente, nas comarcas de entrância inicial, intermediária e final (Lei nº 10.546/93).

2. Se o cálculo for elaborado por processamento de dados, as custas serão acrescidas de 10%.

Dos Partidores

	VRC	R$	CPC
I. Esboço de partilha: 10% das custas atribuídas ao Escrivão da Vara em que estiver sendo processado o feito			*Vide nota 2*
II. Rateio, pelo que houver: as mesmas custas do item I			
III. Emenda ou reforma de esboço de partilha ou sobre partilha: meta de das custas atribuídas ao item I *OBS: Se a emenda ou a reforma resultar de omissão ou erro do Partidor, nada perceberá.*			
IV. Busca: cada 10 (dez) anos ou fração, as mesmas custas atribuídas ao Distribuidor.			
V. Certidão: as mesmas custas atribuídas ao Distribuidor.			

NOTAS:

1. As custas serão contadas sobre o valor do monte-mor.
2. O recolhimento do CPC das custas devidas pelos atos praticados é de 4%, 5% e 6%, respectivamente, nas comarcas de entrância inicial, intermediária e final (Lei nº 10.546/93).
3. Se a partilha for elaborada por processamento de dados, as custas serão acrescidas de 10%.

Dos Distribuidores

	VRC	R$	CPC
I. Distribuição e/ou registro para o foro judicial e protocolo judiciário, para encaminhamento de petição ao Tribunal ou Comarca respectiva	*90,00*	*15,03*	
II. Distribuição e/ou registro para o foro extrajudicial:	*70,00*	*11,69*	
a) Títulos e Documentos	*30,00*	*5,01*	
b) Nas Comarcas onde houver somente um Ofício de Títulos e Documentos	*35,00*	*5,49*	
c) Tabelionatos	*30,00*	*5,01*	
d) Nas Comarcas onde houver somente um Ofício de Tabelionato de Notas	*35,00*	*5,84*	
e)Protestos *- atéR$133,99* *- R$133,99 a R$1.339,90* *- R$1.339,90 em diante*	 *70,00* *92,00* *45,00*	 *11,69* *15,36* *7,51*	
f) Registro de Imóveis			
III. Averbação a margem da Distribuição e/ou registro	*16,00*	*2,67*	

NOTAS:

1. As custas acima se referem a certidão por pessoa, não havendo qualquer acréscimo se solicitadas à menção de seu nome por extenso e abreviado, de solteira ou casada, bem como de espólio ou massa falida correspondente à mesma pessoa.
2. Para os atos praticados através de processamento de dados, as custas serão acrescidas de 10% (dez por cento).
3. Nas certidões fornecidas em autos de processos criminais, com antecedentes de réus, a requerimento do Ministério Público ou "ex--officio", poderão ser cotadas as custas do item VI desta Tabela, as quais serão pagas a final, no caso decondenação.
4. Autorizada a cobrança pela Lei 8.329, de 01/07/86, publicada no Diário Oficial nº 2.309 de 02/07/86.
5. O recolhimento do CPC das custas devidas pelos atos praticados é de 4%, 5% e

6%, respectivamente, nas comarcas de entrância inicial, intermediária e final (Lei nº 10.546/93).

Dos Depositários Públicos

		3.CPC
I. De valores, títulos da dívida pública, ações, letras hipotecárias, de bêntures, dinheiro, peças de ouro, prata, jóias e pedras preciosas: sobre o valor nominal, importância final apurada, cotação oficial ou avaliação, até o máximo de 267,00 VRC (R$ 44,58)	*2%*	
II. De imóveis, urbanos ou rurais: sobre a avaliação, importância a final apurada e, na falta destas, pelo valor da causa, até o máximo de 535,00 VRC (R$89,34)	*2%*	
III. Demóveis, veículos automotores, artigos de comércio e quaisquer outros objetos perecíveis: sobre a avaliação, importância afinal apurada e, na falta destas, pelo valor da causa, até o máximo de 535,00 VRC (R$89,34)	*4%*	
IV. Via férrea, linha telefônica e telegráfica, empresa de luz, água e outros serviços públicos, ou dos materiais empregados em seu funcionamento; empresas e estabelecimentos comerciais, industriais e agrícolas; sementeira ou plantação: sobre o produto líquido dos bens administrados, até o máximo de 535,00 VRC (R$ 89,34)	*2%*	
V. Sobre os rendimentos brutos produzidos pelosbens depositados desde que auferidos com trabalho do depositário mediante autorização Judicial até	*10%*	
VI. Pela administração de Imóveis rurais ou urbanos depositados as mesmas do item V		
VII.Nos executivos fiscais, quando houver depósitos: as custas serão calculadas sobre o valor da dívida fiscal		*Vide nota 5*
VIII. Pela guarda de bens:		
a) veículos automotores: além das custas previstas no item III por mês ou fração, sobre a avaliação, importância afinal apurada e, na falta destas, pelo valor da causa	*0,5%*	
b)Demais bens: além das custas previstas no item III e observado o seu limite, por mês ou fração, sobre a avaliação, importância afinal apurada e, na falta destas, pelo valor da causa	*1%*	
IX.Certidão e Busca: as mesmas custas atribuídas ao Distribuidor		

NOTAS:

1. As custas dos itens V e VI, bem como outras despesas necessárias e comprovadas com a guarda, remoção, fiscalização, conservação e administração dos bens depositados, serão pagas depois de aprovadas pelo Juiz.
2. As despesas com eventuais seguros, rateadas proporcionalmente aos bens guardados em depósitos, mais as previstas no item VIII, serão cobradas

mensalmente.

3. Não será expedido mandado de levantamento de penhora, arresto ou sequestro, sem o comprovante, nos autos, de recolhimento das custas fixadas nesta Tabela e das despesas feitas com os bens depositados.
4. Quando, sobre qualquer bem penhorado, recaírem outras penhoras, perceberá o depositário, além das custas referentes à primeira, mais a metade de cada uma das demais, cujo valor será rateado entre diversos feitos, limitado o valor ao dobro do prêmio.
5. O recolhimento do CPC das custas devidas pelos atos praticados é de 4%, 5% e 6%, respectivamente, nas comarcas de entrância inicial, intermediária e final (Lei nº 10.546/93).

OBS: O recolhimento do CPC já está incluído nas custas.

Tabela XVII - Atos dos Avaliadores Judiciais

	VRC	R$	CPC
I. Avaliação de ações de companhia, debêntures, títulos semelhantes e aluguéis ou rendas:			*Vide nota 3*
-po r50 VRC (R$8,35) ou fração	*5,00*	*0,83*	
-em olumento máximo	*500,00*	*83,50*	
II. Avaliação de imóveis e outros bens:			

VRC	R$	VRC	R$	CPC
Até 100.000,00	*16.700,00*	*400,00*	*66,8*	*Videnota3*
Até 150.000,00	*25.050,00*	*470,00*	*78,49*	"
Até 200.000,00	*33.400,00*	*540,00*	*90,18*	"
Até 250.000,00	*41.750,00*	*670,00*	*111,89*	"
Até 300.000,00	*50.100,00*	*800,00*	*133,6*	"
Até 350.000,00	*58.450,00*	*930,00*	*155,31*	"
Até400.000,00	*66.800,00*	*1.060,00*	*177,02*	"
Até 450.000,00	*75.150,00*	*1.190,00*	*198,73*	"
Até 500.000,00	*83.500,00*	*1.320,00*	*220,44*	"
Até 550.000,00	*91.850,00*	*1.450,00*	*242,15*	"
Até 600.000,00	*100.200,00*	*1.580,00*	*263,86*	"
Até 650.000,00	*108.550,00*	*1.710,00*	*285,57*	"

NOTAS:

1. É vedada a cobrança progressiva desta Tabela.
2. Havendo mais de um bem móvel as custas incidirão sobre o valor total dos bens avaliados.
3. O recolhimento do CPC das custas devidas pelos atos praticados é de 4%, 5% e 6%, respectivamente, nas comarcas de entrância inicial, intermediária e final (Lei nº 10.546/93)

OBS: O recolhimento do CPC já está incluído nas custas.

Tabela XVIII - Atos dos Oficiais de Justiça

	VRC	R$
I. Autos de qualquer natureza, inclusive os atos complementares	*150,00*	*25,05*
II. Citações, Intimações ou Notificações, porpessoa - Certidão, sendo no mesmo local,o primeiro ato será cotado integralmente e o ssubsequentes, pela metade	*30,00* *12,00*	*5,01* *2,00*
III. Contra fé por pessoa	*6,00*	*1,00*
IV. Pelos atos que praticarem nas sessões do Júri inclusive certidões para ordenação de processos, de cada dia de sessão	*20,00*	*3,34*
V. Condução:		

Será usada Tabela fixa da pelo Juiz Diretor do Fórumem portaria, ouvidos os demais Magistrados emexercício na Comarca e atendidas as peculiaridades locais (Art.25 da Lei nº 7.567/82).

NOTAS:

1. Além dessas taxas, as despesas de condução somente poderão ser cotadas se devidamente especificadas e se contiverem o "de acordo" do advogado da parte interessada na diligência. Se houver pagamento antecipado, o Oficial de Justiça lançará a cota, com a observação de que as custas já foram pagas e por quem.
2. As certidões referidas no item II, ficam limitadas ao número de duas para cada caso.
3. As custas previstas no item V só podem ser cotadas uma vez e para a diligência que resultar positiva.

OBS: Esta tabela está isenta do recolhimento do CPC, conformeLei n.º 10.546/93.

Tabela XIX - Atos dos Porteiros de Auditório

	VRC	R$
I. Certidão: Os mesmos emolumentos dos Distribuidores.		
II.Pregão: (incluída, nosl eilões, a fixação do edital e respectiva certidão)		
a)efetuado em audiência	*50,00*	*8,35*
b)efetuado fora de audiência	*50,00*	*8,35*
III. Percentagem nas arrematações, adjudicações, ou nas remissões ou resgates, requeridos antes da praça ou depois destas: sobre o valor dos objetos arrematados, adjudicados ou remidos, 2% até o máximo de 800,00 VRC (R$133,6)	*2%*	

OBS: Esta tabela está isenta do recolhimento do CPC, conforme Lei nº 10.546/93.

Tabela XX - Atos dos Peritos e Arbitradores

	VRC	*R$*
I. Arbitramento:		
a) de multa ou de liquidação de objeto sobre o qual tiver de determinar a multa	*20,00*	*3,34*
b) de responsabilidade para especialização de hipoteca legal	*20,00*	*3,34*
II. Corpo de delito:		
a) quando depender de exame médico ou cirúrgico	*40,00*	*6,68*
b) quando não depender desses exames	*20,00*	*3,34*
III. Exames:	*40,00*	*6,68*
a) de sanidade		
b)de sanidade mental, ao arbítrio do Juiz que terá emvista a observação mais ou menos longa de 10,00 VRC (R$1,67) até 80,00 VRC (R$13,36)		
c) cadavérico, físico ou químico, se o exame preceder à execução	*120,00*	*20,04*
d)radioscópico, ao arbítrio do Juiz, de 10,00 VRC (R$1,67) até 80,00 VRC(R$13,36)		
e) radiográfico, ao arbítrio do Juiz, de 5,00 VRC (R$0,83) até 40,00 VRC(R$6,68)		
f) de escrituração mercantil, ao arbítrio do Juiz, de 5,00 VRC (R$0,83) até 40,00 VRC (R$6,68)		
g) de documento, livros ou firmas, para verificação de falsidade ou de qualquer outro fato, ao arbítrio do Juiz, de 5,00 VRC (R$0,83) até 50,00 VRC (R$8,35)		
h) não especificados neste número	*20,00*	*3,34*

OBS: Esta tabela está isenta do recolhimento do CPC, conforme Lei nº 10.546/93.

Lei 12821 - 27 de Dezembro de 1999

Art. 1º. *Ressalvadas as isenções legais, a Taxa Judiciária a que se refere o Decreto Estadual nº 962, de 23 de abril de 1932, será cobrada na seguinte proporção:*

a) *R$ 10,00 (dez reais) nas causas de valor até R$ 5.000,00 (cinco mil reais);*

b) *0,2% (zero vírgula dois por cento) do valor atribuído à ação, nas causas de R$ 5.001,00 (cinco mil e um reais) até o valor de R$ 50.000,00 (cinquenta mil reais);*

c) *nas causas de valor superior a R$ 50.001,00 (cinquenta mil e um reais) até R$ 100.000,00 (cem mil reais), inicialmente, incide o cálculo da alínea "b" e, sobre o montante excedente, aplica-se o percentual de 0,1% (zero vírgula um por cento);*

d) *nas causas de valor superior a R$ 100.001,00 (cem mil e um reais) até R$ 200.000,00 (duzentos mil reais), inicialmente, incide os cálculos das alíneas "b" e "c" e, sobre o montante excedente, aplica-se o percentual de 0,05% (zero vírgula zero cinco por cento);*

e) *nas causas que excederem o valor de R$ 200.000,00 (duzentos mil reais), inicialmente, incide os cálculos das alíneas "b", "c" e "d" e, sobre o montante excedente, aplica-se o percentual de 0,02% (zero vírgula zero dois por cento).*

Art. 2º. *A Taxa Judiciária não excederá a importância de R$ 500,00 (quinhentos reais).*

Art. 3º. *Quando se tratar de causa de valor inestimável, a taxa judiciária equivalerá ao valor mínimo fixado nesta lei.*

Art. 4º. *Será procedido o pagamento ou devolução de eventual diferença, no caso de modificação do valor atribuído à causa.*

Art. 5º. *Fica revogada a Nota 7 da Tabela IX - Atos dos Escrivães do Cível, Família e Fazenda, constante na Lei nº 11.960, de 19 de dezembro de 1997 e, em consequência, revigorado o disposto no Art. 43, da Lei nº 6.149, de 09 de setembro de 1970.*

Art. 6º. *Esta Lei entrará em vigor na data de sua publicação, ficando revogados o Art. 13, da Lei nº 6.149/70, a Lei nº 8.926, de 28 de dezembro de 1988 e as demais disposições em contrário.*

Lei 14595 - 27 de Dezembro de 2004

Art. 1º. *Fica o Presidente do Tribunal de Justiça do Estado do Paraná autorizado a atualizar, por Decreto Judiciário, pelo Índice de Preços ao Consumidor Amplo – IPC-A, o valor da Taxa Judiciária.*

Parágrafo único. *A atualização, a ser decretada pelo Chefe do Poder Judiciário, terá, como termo inicial, a data da vigência da Lei nº 12.821, de 27 de dezembro de 1999.*

Art. 2º. *Esta Lei entrará em vigor na data de sua publicação.*

Lei 15942 - 03 de Setembro de 2008

Art. 1º. *Fica criado o Fundo da Justiça, do Poder Judiciário do Estado do Paraná, com a finalidade de dar cumprimento ao processo de estatização das serventias do foro judicial, em observância ao estabelecido no artigo 31 do Ato das Disposições Constitucionais Transitórias, da Constituição Federal e no artigo 1º, parágrafos 5º e 6º, da Lei Estadual nº 14.277, de 30 de dezembro de 2003, que dispõe sobre o Código de Organização e Divisão Judiciárias do Estado do Paraná.*

Art. 2º. *O Fundo da Justiça – FUNJUS tem por objetivo prover os recursos orçamentários e financeiros necessários à execução das despesas decorrentes do processo de estatização, neste compreendida a recomposição dos servidores do Quadro de Pessoal das unidades estatais do 1º Grau de Jurisdição do Estado do Paraná. (Redação dada pela Lei 17217 de 09/07/2012)*

Art. 3º. *Constituem receitas do Fundo da Justiça:*

I. *o produto da arrecadação das custas dos atos judiciais praticados pelos serviços estatizados, conforme as leis de processo e do Regimento de Custas estabelecido pela Lei nº 6.149/70, de 09 de setembro de 1970, com as suas alterações posteriores;*

II. *as dotações orçamentárias próprias e os recursos consignados em seus orçamentos, por entidades públicas ou por fundos especiais públicos, bem como os créditos adicionais que lhe venham a ser atribuídos.*

III. *as receitas oriundas de transferências orçamentárias autorizadas pelo Poder Judiciário, Poder Executivo, fundos especiais e outros órgãos públicos;*

IV. *o saldo financeiro apurado no balanço anual do próprio Fundo;*

V. *as receitas decorrentes da cobrança de atos inerentes ou praticados pelo Fundo;*

VI. *as receitas oriundas de convênios, acordos, termos de cooperação ou contratos firmados pelo Fundo com entidades de direito público;*

VII. *as receitas oriundas de convênios, acordos, termos de cooperação ou contratos firmados pelo Fundo com instituições financeiras e entidades de direito privado;*

VIII. *as subvenções, doações e contribuições de pessoas jurídicas de direito público ou privado, nacionais ou estrangeiras, na forma da legislação aplicável;*

IX. *o produto da remuneração das aplicações financeiras do Fundo;*

X. *o saldo financeiro apurado no Balanço Geral do Estado do Paraná, em cada exercício, correspondente à diferença entre os recursos definidos pelo limite percentual estabelecido pela Lei de Diretrizes Orçamentárias para o Poder Judiciário e o valor dos recursos financeiros efetivamente liberados pelo Tesouro Estadual, por conta da execução do orçamento do Tribunal de Justiça do Estado do Paraná, no exercício;*

XI. *outras receitas.*

XII. *o produto da arrecadação da Taxa Judiciária. (Incluído pela Lei 16351 de 22/12/2009)*

§ 1º. *As receitas do Fundo da Justiça, exceto as oriundas do Tesouro Geral do Estado, não integram o percentual fixado, para o Poder Judiciário, na Lei de Diretrizes Orçamentárias.*

§ 2º. *O disposto no inciso X deste artigo inclui o saldo financeiro apurado no Balanço Geral do Estado, relativo ao exercício de 2007.*

Art. 4º. *Fica o Presidente do Tribunal de Justiça do Estado do Paraná, após aprovação do Órgão Especial, por maioria absoluta de seus membros, autorizado a destinar para o Fundo da Justiça, por Decreto Judiciário, em razão da conveniência administrativa e do interesse da Justiça, o valor de até 25% (vinte e cinco por cento) dos recursos financeiros oriundos de convênios, acordos, termos de cooperação ou contratos firmados pelo Poder Judiciário com instituições financeiras e entidades de direito privado.*

Art. 5º. *A aplicação das receitas orçamentárias do Fundo da Justiça será feita por meio de dotações consignadas na Lei de Orçamento Anual ou em créditos adicionais, mediante empenho, liquidação* *e pagamento, abrangendo as Despesas Correntes e Despesas de Capital necessárias à consecução do objetivo de estatização das serventias do foro judicial.*

Art. 6º. *O Fundo da Justiça será administrado por um Conselho Diretor, composto pelo Presidente do Tribunal de Justiça, que o presidirá, pelo 1º Vice-Presidente, pelo Corregedor-Geral da Justiça e por mais 05 (cinco) membros, os quais serão nomeados pelo Presidente do Tribunal de Justiça, após aprovação pelo Órgão Especial do Tribunal de Justiça do Estado do Paraná.*

Parágrafo único. *Os integrantes do Conselho Diretor do Fundo da Justiça não perceberão retribuição pecuniária pelo exercício de suas atividades.*

Art. 7º. *Os recursos financeiros do Fundo da Justiça serão depositados em instituição financeira oficial.*

Art. 8º. *Os bens adquiridos com recursos do Fundo da Justiça serão incorporados ao patrimônio do Poder Judiciário e alocados ao Fundo da Justiça.*

Art. 9º. *Aplica-se à administração financeira do Fundo da Justiça, no que couber, o disposto na Lei Federal nº 4.320, de 17 de março de 1964, no Código de Contabilidade, na Lei Complementar nº 101, de 4 de maio de 2000, e na legislação pertinente a contratos e licitações, bem como as normas e instruções baixada pelo Tribunal de Contas do Estado do Paraná.*

Art. 10. *O Fundo da Justiça será dotado de personalidade jurídico-contábil, com escrituração contábil própria, sendo o Presidente do Tribunal de Justiça e Presidente do Conselho Diretor o ordenador das despesas e seu representante legal.*

Art. 11. *O Fundo da Justiça prestará contas da arrecadação e aplicação de seus recursos, nos prazos e na forma de legislação vigente.*

Art. 12. *Esta lei será regulamentada por Decreto Judiciário, dispondo sobre os procedimentos relacionados à arrecadação e fiscalização das receitas e sobre as normas para a execução das despesas do Fundo da Justiça.*

Art. 13. *O Poder Judiciário fará, à conta de dotação orçamentária do Tribunal de Justiça, um aporte ao Fundo da Justiça no valor de R$ 1.000.000,00 (um milhão de reais).*

Art. 14. *Fica o Poder Executivo autorizado a abrir crédito especial para a implementação desta lei.*

Art. 15. *Esta Lei entrará em vigor na data de sua publicação.*

Decreto nº 962/1932
Taxa Judiciária

Art. 1º. *Os feitos ou processos que tiveram ingresso na Justiça Estadual ficam sujeitos a uma taxa judiciária que terá por base:*

- ***a)*** *o valor do pedido, quando certo;*
- ***b)*** *o valor dado pela parte na petição inicial, quando o pedido não tiver valor certo ou que for arbitrado pelo Juiz quando a parte omitir a estimativa ou ao Juiz parecer que esta é manifestamente insuficiente.*

Art. 2º. *Os feitos ou processos a que se refere o artigo 1º são os seguintes:*

- ***a)*** *as causas contenciosas, que sejam ordinárias, sumárias, executivas ou especiais;*
- ***b)*** *os embargos de terceiros;*
- ***c)*** *a apelação de terceiro prejudicado;*
- ***d)*** *a reconvenção;*
- ***e)*** *a oposição;*
- ***f)*** *o litisconsórcio superveniente constante do Art. 23 do Código de Processo Civil e Comercial;*
- ***g)*** *as causas criminais intentadas pela parte ofendida ou por quem a represente;*
- ***h)*** *a falência;*
- ***i)*** *a justificação de dívida passiva ao processo de inventário na arrecadação de bens de defuntos ou ausentes;*
- ***j)*** *as habilitações de herdeiros ou legatários nos inventários de bens arrecadados de defuntos ou ausentes;*
- ***k)*** *a arrecadação de bens de herança jacente ou de ausentes;*
- ***l)*** *o desquito amigavelmente;*
- ***m)*** *a divisão e a demarcação extrajudiciais;*
- ***n)*** *as cartas precatórias vindas de outro Estado;*
- ***o)*** *as cartas rogatórias;*
- ***p)*** *o protesto de preferência;*
- ***q)*** *todos os demais processos ou feitos de jurisdição administrativa ou contenciosa não incluídos nas exceções do artigo seguinte.*

Art. 3º. *Ficam isentos da taxa judiciária:*

- ***a)*** *os processos incidentes, preparatórios e preventivos;*
- ***b)*** *o conflito de jurisdição;*
- ***c)*** *a execução de sentença proferida pela Justiça Estadual, inclusive a liquidação da mesma sentença;*
- ***d)*** *a nomeação e remoção de tutores ou curadores;*
- ***e)*** *a prestação de contas de tutores e curadores;*
- ***f)*** *as justificações por testemunhas para documentos;*
- ***g)*** *os habeas-corpus;*
- ***h)*** *as ações criminais intentadas pelo Ministério Público;*
- ***i)*** *as ações intentadas por quaisquer municípios;*
- ***j)*** *a concordata preventiva;*
- ***k)*** *k) todos os atos isentos de custas;*
- ***l)*** *os inventários (Art. 1º, parágrafo único da Lei nº 2101 de 25 de março de 1922).*

Art. 5º. *Nenhum feito ou requerimento será despachado pelo Juiz sem que venha acompanhado da prova do pagamento de taxa judiciária, exceto nos casos expressos nos parágrafos seguintes:*

§ 1º *Na falência a taxa judiciária será cobrada sobre o produto líquido da massa antes de distribuído qualquer dividendo.*

§ 2º *Far-se-á pagamento da taxa na ocasião de preparo dos autos:*

- ***a)*** *nas ações de prestação de contas e na tomada de contas, sendo a taxa calculada sobre o saldo verificado;*
- ***b)*** *nas liquidações da sociedade, calculada a taxa sobre líquido a dividir entre os sócios;*
- ***c)*** *nas causas de desquito amigável calculada sobre o valor líquido dos bens do casal;*

d) *nas cartas rogatórias ou precatórias de fora do Estado.*

Art. 6º. *O Juiz que transgredir o disposto no Art. anterior incorrerá na multa de 100 a 200 cruzeiros, além das penas estatuídas no Código Penal.*

Parágrafo único. *Essa multa será disciplinarmente imposta ao Juiz pelo seu hierárquico, mediante representação do Ministério Público ou de qualquer funcionário da Fazenda Estadual, comprovada com a certidão competente.*

Art. 7º. *A importância da taxa judiciária será computada nas custas.*

Art. 8º. *Sempre que antes do julgamento de um feito ou processo, verificar o Juiz, pela prova dos autos, a insuficiência da taxa judiciária paga, mandará completar o pagamento devido.*

Art. 9º. *Revogam-se as disposições em contrário.*

Decreto Judiciário nº 744/2009

Da Nomenclatura para fins do presente Decreto Judiciário

Art. 1º. *Consideram-se Unidades Estatizadas:*

I. *as Secretarias do Foro Judicial, assim designadas nos termos da Lei Estadual nº 16.023, de 19 de dezembro de 2008;*

II. *as Escrivanias e Ofícios da Justiça, do Foro Judicial, cujos titulares ou designados, em conjunto com os respectivos funcionários da Justiça, são remunerados pelos cofres públicos, a exemplo das Escrivanias Criminais, Escrivanias da Infância e da Juventude, Escrivania de Execuções Penais e Corregedoria dos Presídios, Escrivania da Infância e da Juventude e Adoção, Escrivania de Adolecentes Infratores, Escrivania da Corregedoria dos Presídios, Escrivania de Execuções Penais, Escrivania de Execução de Penas e Medidas Alternativas, Escrivania do Tribunal do Júri, Escrivania de Delitos de Trânsito, Escrivania de Precatórias Criminais, Escrivania da Auditoria da Justiça Militar e Escrivania de Inquéritos Policiais.*

III. *as Escrivanias e Ofícios da Justiça, do Foro Judicial, cujos titulares nomeados ou designados, são remunerados pelos cofres públicos, acumulando precariamente serviços remunerados por custas dos atos judiciais.*

Art. 2º. *Consideram-se Unidades Não-Estatizadas as Escrivanias e Ofícios da Justiça privatizados e cujos titulares ou designados não percebem remuneração pelos cofres públicos, auferindo renda com a atividade desenvolvida.*

Art. 3º. *Designar-se-á pela sigla FUNJUS o Fundo da Justiça do Poder Judiciário do Estado do Paraná.*

Art. 4º. *O Sistema Uniformizado de Recolhimento de Custas e Despesas Processuais será doravante denominado Sistema Uniformizado.*

Do Sistema Uniformizado de Recolhimento de Custas e Despesas Processuais

Art. 5º. *O recolhimento de custas e despesas processuais, no âmbito do foro judicial, seja para as Unidades Estatizadas ou para as Unidades Não- Estatizadas, passará a ser realizado, obrigatoriamente, por meio de quitação bancária, mediante o pagamento de boleto bancário expedido unicamente pelo Sistema Uniformizadoe em conformidade com os termos estabelecidos neste Decreto.*

Art. 6º. *O recolhimento mencionado no Art. 5º poderá ser efetuado em qualquer banco por meio de boleto a ser gerado pelo sistema informatizado disponível no portal do Tribunal de Justiça.*

Art. 7º. *As receitas e critérios de cálculos das custas utilizados no Sistema Uniformizadosão estabelecidos em conformidade com a legislação vigente e as normas da Corregedoria-Geral da Justiça.*

Art. 8º. *Cada uma das Unidades Estatizadas ou Unidades Não-Estatizadas será identificada no Sistema Uniformizado como Unidade Arrecadadora.*

Art. 9º. *O sistema informatizado entrará em funcionamento para a geração dos boletos bancários de recolhimento de custas ou despesas processuais em 1º de outubro de 2009.*

Do Cadastramento

Art.10. *As Unidades Estatizadas serão automaticamente cadastradas no Sistema Uniformizadodo Tribunal de Justiça através do FUNJUS.*

Art.11. *As custas recolhidas pelas Unidades Estatizadas descritas nos incisos I e II do Art. 1º constituem receitas do Fundo da Justiça, nos termos do Art. 3º da Lei Estadual nº 15.942, de 03 de setembro de 2008, e serão depositadas em conta(s) corrente(s) bancária(s) específica(s) do Fundo da Justiça - FUNJUS, indicada(s) pelo Tribunal de Justiça, sendo vedado aos respectivos titulares manterem contas individuais para este fim.*

Art.12 *As custas recolhidas pelas Unidades Estatizadas descritas na parte final do inciso III do Art. 1º observarão, em caráter estritamente transitório, o critério de recolhimento estabelecido no Art. 14 para as Unidades Não- Estatizadas, e serão destinadas às contas-correntes previamente indicadas e cadastradas pelos respectivos titulares, as quais serão por eles livremente movimentadas, até a data em que ocorrer o preenchimento de cargos relacionados à execução dos serviços cumulados.*

Art.13. *O Tribunal de Justiça do Estado do Paraná, por meio do Centro de Apoio ao Fundo da Justiça, efetuará o monitoramento das custas recolhidas pelas Unidades Estatizadas referidas nos incisos I a III do Art. 1º. À medida que forem sendo preenchidos os cargos para os serviços cumulados ou a vacância da titularidade das respectivas Escrivanias, o Centro de Apoio ao Fundo da Justiça promoverá as medidas necessárias ao recolhimento das referidas receitas decorrentes de custas por atos judiciais praticados, diretamente na conta bancária do Fundo da Justiça - FUNJUS, indicada pelo Tribunal de Justiça.*

Art.14. *As Unidades Não-Estatizadas deverão, impreterivelmente, até dia 17 de agosto de 2009, providenciar a abertura de conta-corrente única e exclusivamente destinada a movimentação das operações inerentes às atividades financeiras da Unidade, habilitada para modalidade de carteira de cobrança bancária sem registro, para recebimento das custas ou despesas processuais recolhidas através do Sistema Uniformizado.*

Art.15. *Somente serão aceitas contas abertas em bancos oficiais (Caixa Econômica Federal ou Banco do Brasil S/A) situados no território do Estado do Paraná.*

Art.16. *As receitas devidas às Unidades Não-Estatizadas serão destinadas às contas-correntes previamente indicadas e cadastradas pelos respectivos Titulares, que serão por eles livremente movimentadas.*

Art.17. *Sempre que houver necessidade de mudança de banco ou conta- corrente para o recebimento das receitas das Unidades Não-Estatizadas no Sistema Uniformizado,o Titular deverá solicitar à Corregedoria-Geral da Justiça a alteração pretendida para as* *validações necessárias, em prazo não inferior a 30 (trinta) dias, observado o contido no Art. 15.*

Da Geração do Boleto Bancário

***Art. 18.** O boleto bancário necessário para a arrecadação das custas e despesas processuais será gerado no sistema informatizado disponibilizado no portal do Tribunal de Justiça e atenderá ao padrão FEBRABAN.*

***Art. 19.** Haverá dois modos de acessibilidade ao sistema informatizado para a elaboração de boletos:*

I. restrita, destinada apenas às Unidades Estatizadas e Unidades Não Estatizadas; e

II. livre, disponibilizada para usuários em geral.

***Art. 20.** Para a emissão de boletos no modo de acessibilidade restrita, a responsabilidade pela elaboração será:*

I. nas Unidades Estatizadas, do servidor habilitado; e

II. nas Unidades Não-Estatizadas, da pessoa que exercer a titularidade da Escrivania ou do Ofício respectivo.

***Art. 21.** O boleto bancário terá validade para pagamento por 30 (trinta) dias, a contar da data de seu processamento. Caso ocorra alteração nas custas ou nas despesas processuais antes de sua quitação, deverá ser emitido novo boleto.*

***Art. 22.** Poderá ser gerado boleto de qualquer valor, facultando-se, no caso de quantia ínfima, sejam as custas ou despesas computadas para cálculo e recolhimento em boleto único antes de ser proferida a sentença, com a incidência de correção monetária e juros na forma de lei, a partir da data em que eram devidas. Em tais circunstâncias será certificado nos autos que as custas ou despesas serão computadas para calculo final, sem que tal medida importe em prejuízo dos atos processuais a serem praticados, nos termos da nota 6 da Tabela IX da Lei Estadual nº. 13.611/2002.*

***Art. 23.** Não serão aceitos boletos bancários preenchidos manualmente, rasurados, adulterados ou ilegíveis.*

***Art. 24.** É vedado cobrar custas e despesas processuais em valor global ou em desconformidade com a legislação aplicável, cumprindo ao usuário discriminar no boleto bancário todas as parcelas que compõem a cobrança.*

***Art. 25.** O disposto no artigo anterior não se aplica aos casos em que o contador elaborar cálculo complexo, cujo demonstrativo das contas deverá ser anexado aos autos a que se referem. Em tais hipóteses, no boleto bancário constará o valor global das custas apuradas, com indicação no campo "observação" de sua localização física nos autos.*

***Art. 26.** Nos casos de benefício de assistência judiciária gratuita, autorização legal ou judicial de não antecipação das custas, será gerado no sistema informatizado, pelas Unidades, Documento de Isenção a ser juntado aos autos.*

Da Arrecadação

***Art. 27.** O boleto bancário gerado para recolhimento das custas e despesas processuais poderá ser quitado em qualquer banco pelos meios e acessibilidades disponíveis na rede bancária.*

***Art. 28.** Para efeito de comprovação da quitação será considerada a autenticação mecânica ou o extrato de pagamento, bem como qualquer outro meio comprobatório adotado pelas instituições bancárias.*

***Art. 29.** Constatada, pelo responsável da Unidade, a quitação do boleto bancário de recolhimento, este deverá gerar o Demonstrativo de Recolhimento de Custas e Despesas Processuais no sistema informatizado, juntando-o aos autos no prazo de até 48 horas, constituindo-se como documento comprobatório da quitação das custas e despesas processuais a que se referem.*

***Art. 30** Na hipótese de ser necessária a comprovação de pagamento das custas e despesas processuais, caberá ao interessado apresentar a autoridade solicitante o documento original de recolhimento quitado.*

***Art. 31.** Os valores remanescentes deverão ser pagos com observância da nota 6, da Tabela IX, da Lei Estadual 13.611/2002.*

***Art. 32.** É vedada a cobrança de custas ou despesas processuais por atos retificatórios ou renovados em razão de erro ou omissão imputável às Unidades Estatizadas e as Unidades Não-Estatizadas.*

***Art. 33.** Não será exigido o pagamento antecipado nos casos de assistência judiciária gratuita ou quando houver autorização legal ou judicial que assim o determine.*

***Art. 34.** Não havendo expediente bancário no dia, ou não se encontrando disponível o sistema informatizado de geração de boletos bancários no portal do Tribunal de Justiça do Estado do Paraná, as custas ou despesas processuais devidas por atos judiciais urgentes ou inadiáveis serão recolhidas no primeiro dia útil subsequente à sua normalização, devendo essa circunstância ser, pela Unidade Arrecadadora, imediatamente comunicada ao magistrado competente, para apreciação e providências devidas.*

***Art. 35.** Nas hipóteses do artigo anterior, não poderá ser negada a realização do ato ou o recebimento da peça processual sob a alegação de não-recolhimento das custas. Em tais casos, o responsável receberá a petição ou recurso e certificará o incidente nos autos, para assegurar a regularidade e a tempestividade do feito, cabendo à parte interessada providenciar o recolhimento.*

***Art. 36.** As custas que incidirem sobre os feitos ajuizados durante o período em que funcionar o plantão judicial deverão ser recolhidas no primeiro dia útil subsequente em que houver expediente bancário, observando-se o Art. 35.*

***Art. 37.** Deverão ser recolhidas, após o trânsito em julgado da sentença, as custas ou despesas dispensadas do recolhimento prévio, por previsão legal ou autorização judicial.*

***Art. 38.** Poderá ser admitido o recolhimento das custas e despesas processuais mediante cheque, desde que seja de valor igual ao do boleto bancário, sendo um cheque para cada boleto.*

***Art. 39.** O pagamento mediante cheque somente será considerado válido após a compensação bancária.*

***Art. 40.** Verificada a ocorrência de devolução de cheque relacionado ao recolhimento de custas e despesas processuais, ou em outros casos em que o boleto não for compensado, a circunstância será imediatamente certificada, abrindo-se conclusão ao magistrado competente para a adoção das providências cabíveis.*

***Art. 41.** Na hipótese do artigo anterior, poderá o magistrado competente determinar a suspensão do procedimento ou a não-realização do ato processual requerido pela parte e intimá-la para regularizar o recolhimento das custas e/ou despesas devidas. Caso não se adote este entendimento, sejam custas ou despesas processuais, poderá determinar o cômputo para cálculo e recolhimento antes de proferir* sentença, com observância do Código de Normas, item 2.7.1.6.

Art. 42. Se a devolução do cheque se referir a custas do distribuidor, o magistrado da respectiva causa poderá determinar o cancelamento da distribuição caso não seja regularizado o recolhimento em 30 (trinta) dias, conforme determina o Art. 257 do Código de Processo Civil.

Art. 43. Para os fins do Art. 19 do Código de Processo Civil, os atos processuais somente serão praticados depois do recolhimento das custas ou despesas processuais devidas, ressalvadas as hipóteses estabelecidas nos arts. 33, 34 e 36.

Art. 44. Nas Unidades Estatizadas, os autos findos não poderão ser arquivados sem que o servidor responsável certifique estarem integralmente pagas as custas ou despesas processuais devidas ou, em caso contrário, sem que se faça a necessária comunicação ao FUNJUS para que promova as medidas pertinentes ao recolhimento dos valores não pagos.

Art. 45. As custas e despesas processuais pagas indevidamente serão restituídas após análise, observados os seguintes procedimentos:

I. Em se tratando de receitas das Unidades Não-Estatizadas, seguirão as rotinas instituídas em referidas Unidades.

II. No caso de Unidades Estatizadas, o pedido será iniciado mediante preenchimento de formulário específico disponibilizado no portal do Tribunal de Justiça, devendo o requerimento, devidamente instruído com os comprovantes, ser protocolado e encaminhado ao Centro de Apoio ao FUNJUS para as providências cabíveis.

Das custas, despesas de condução, atos complementares dos oficiais de justiça e demais despesas processuais

Art. 46. A forma de recolhimento das custas, despesas de condução e atos complementares dos oficiais de justiça, bem como das demais despesas processuais, será objeto de regulamentação específica.

Disposições Finais

Art. 47. É proibido o recolhimento de custas e despesas processuais, nas Unidades Estatizadas e nas Unidades Não-Estatizadas, de modo diverso do estabelecido no presente Decreto.

Art. 48. Os magistrados fiscalizarão, antes de qualquer despacho ou decisão, a correção do valor atribuído à causa, bem como o recolhimento das custas, das despesas processuais e da taxa judiciária.

Art. 49. Em todos os casos de dúvida relacionados à exatidão dos valores referentes ao pagamento de custas e despesas processuais, caberá ao Magistrado da respectiva causa dirimi-las, podendo, de forma motivada e quando se tratar de questões relevantes e de repercussão geral, encaminhá-las à apreciação do Corregedor-Geral da Justiça.

Art. 50. O descumprimento dos termos deste Decreto implicará as sanções disciplinares previstas na Lei Estadual nº 14.277/2003 (CODJ), na Lei Estadual nº 16.024/08 (Estatuto dos Servidores do Poder Judiciário) e no Acórdão 7556-CM (Regulamento das Penalidades Aplicáveis aos Auxiliares da Justiça).

Art. 51. Os dispositivos do presente Decreto são aplicáveis aos atos judiciais pendentes de recolhimento.

Art. 52. As fianças, as multas, as condenações pecuniárias, as apreensões criminais e os demais valores provenientes de processos criminais continuam regidos pela legislação e normas atualmente em vigor.

Art. 53 Os casos omissos, quanto aos termos deste Decreto, serão definidos pela Presidência do Tribunal de Justiça.

Art. 54. Este Decreto entra em vigor na data de sua publicação, revogada a Instrução Normativa nº 02, de 08 de abril de 2009.

Decreto Judiciário nº 1074/2009

Art. 1º. Fica instituído o Regulamento do Fundo da Justiça do Poder Judiciário do Estado do Paraná, criado pela Lei Estadual nº 15.942, de 3 de setembro de 2008.

Das Finalidades

Art. 2º. O Fundo da Justiça tem por finalidade prover os recursos orçamentários e financeiros necessários à execução das despesas decorrentes da estatização das serventias do foro judicial, de forma a assegurar condições para a expansão e o aperfeiçoamento da prestação jurisdicional.

Dos Recursos

Art. 3º. Constituem receitas do Fundo da Justiça:

I. o produto da arrecadação das custas dos atos judiciais praticados pelos serviços estatizados, conforme as leis de processo e o Regimento de Custas estabelecido pela Lei nº 6.149/70, de 9 de setembro de 1970, com suas alterações posteriores;

II. as dotações orçamentárias próprias e os recursos consignados em seus orçamentos, por entidades públicas ou por fundos especiais públicos, bem como créditos adicionais que ao Fundo venham a ser atribuídos;

III. as receitas oriundas de transferências orçamentárias autorizadas pelo Poder Judiciário, Poder Executivo, fundos especiais e outros órgãos públicos;

IV. o saldo financeiro apurado no balanço anual do próprio Fundo;

V. as receitas decorrentes da cobrança de atos inerentes ou praticados pelo Fundo;

VI. as receitas oriundas de convênios, acordos, termos de cooperação ou contratos firmados pelo Fundo com instituições financeiras e entidades de direito público;

VII. as receitas oriundas de convênios, acordos, termos de cooperação ou contratos firmados pelo Fundo com instituições financeiras e entidades de direito privado;

VIII. as subvenções, doações e contribuições de pessoas jurídicas de direito público ou privado, nacionais ou estrangeiras, na forma da legislação aplicável;

IX. o produto da remuneração das aplicações financeiras do Fundo;

X. o saldo financeiro apurado no Balanço Geral do Estado do Paraná, em cada exercício, correspondente à diferença entre os recursos definidos pelo limite percentual estabelecido na Lei de Diretrizes Orçamentárias para o Poder Judiciário e o valor dos recursos financeiros efetivamente liberados pelo Tesouro Estadual, por conta da *execução do orçamento do Tribunal de Justiça do Estado do Paraná, no exercício;*

XI. *outras receitas;*

XII. *o produto da arrecadação da Taxa Judiciária.*

Parágrafo Único. *As receitas do Fundo da Justiça, exceto as oriundas do Tesouro Geral do Estado, não integram o percentual fixado, para o Poder Judiciário, na Lei de Diretrizes Orçamentárias.*

Art. 4º. *Fica o Presidente do Tribunal de Justiça do Estado do Paraná, após aprovação pelo Órgão Especial, por maioria absoluta de seus membros, autorizado a destinar ao Fundo da Justiça, por Decreto Judiciário, em razão de conveniência administrativa e do interesse da Justiça, o valor de até 25% (vinte e cinco por cento) dos recursos financeiros oriundos de convênios, acordos, termos de cooperação ou contratos firmados pelo Poder Judiciário com instituições financeiras e entidades de direito privado.*

DA ADMINISTRAÇÃO

Art. 5º. *A aplicação das receitas orçamentárias do Fundo da Justiça será administrada por um Conselho Diretor, composto pelo Presidente do Tribunal de Justiça, que o presidirá, pelo 1º Vice-Presidente, pelo Corregedor-Geral da Justiça e por mais 5 (cinco) membros nomeados pelo primeiro, após aprovação do Órgão Especial do Tribunal de Justiça do Estado do Paraná.*

Parágrafo único. *Os integrantes do Conselho Diretor do Fundo da Justiça não perceberão retribuição pecuniária pelo exercício de suas atividades.*

Art. 6º. *Os bens adquiridos com recursos do Fundo da Justiça serão incorporados ao patrimônio do Poder Judiciário e alocados ao Fundo da Justiça.*

Art. 7º. *Aplica-se à administração financeira do Fundo da Justiça, no que couber, o disposto na Lei Federal nº 4.320, de 17 de março de 1964, na Lei Complementar nº 101, de 4 de maio de 2000, e na Lei Federal nº 8.666/93, bem como as normas e instruções baixadas pelo Tribunal de Contas do Estado do Paraná.*

Art. 8º. *O Fundo da Justiça será dotado de personalidade jurídico-contábil, com escrituração própria, sendo o Presidente do Conselho Diretor o ordenador das despesas e seu representante legal.*

Art. 9º. *Compete ao Conselho Diretor:*

I. *promover o desenvolvimento do Fundo da Justiça e gestionar para que sejam atingidas suas finalidades e cumpridos seus objetivos;*

II. *fixar as diretrizes administrativas operacionais do Fundo da Justiça;*

III. *baixar normas e instruções disciplinadoras da aplicação dos recursos financeiros disponíveis;*

IV. *deliberar e aprovar a proposta orçamentária do Fundo da Justiça e submetê-la à apreciação do Órgão Especial;*

V. *deliberar e aprovar a execução orçamentária e financeira dos recursos do Fundo da Justiça;*

VI. *examinar e aprovar as contas do Fundo da Justiça;*

VII. *deliberar, anualmente, sobre o relatório das atividades do Fundo da Justiça submetido à apreciação do Órgão Especial;*

VIII. *aprovar o seu Regimento Interno;*

IX. *resolver as dúvidas suscitadas;*

X. *baixar instruções normativas para estabelecer diretrizes relativas à arrecadação e fiscalização das receitas do Fundo da Justiça;*

XI. *exercer outras atribuições indispensáveis à gestão do Fundo da Justiça.*

Art. 10. *O Fundo da Justiça prestará contas da arrecadação e da aplicação de seus recursos nos prazos e na forma da legislação vigente.*

Art. 11. *Compete ao Presidente do Tribunal de Justiça autorizar ajustes no orçamento do Fundo da Justiça.*

Art. 12. *Fica criado junto ao Gabinete do Secretário do Tribunal de Justiça o Centro de Apoio ao Fundo da Justiça, passando o Decreto Judiciário nº 391, de 19 de maio de 1995 (Regulamento da Secretaria), a vigorar com as seguintes alterações:*

Artigo 3º. *O Gabinete do Secretário é constituído de:*

(...)

Centro de Apoio ao Fundo da Justiça:

a) *Supervisão;*

b) *Divisão Jurídica:*

b.1) *Seção de Assessoramento Jurídico;*

b.2) *Seção de Apoio Administrativo.*

c) *Divisão de Controladoria:*

c.1) *Seção de Contabilidade, Finanças e Orçamento;*

c.2) *Seção de Fiscalização e Arrecadação;*

c.3) *Seção de Apoio Administrativo.*

d) *Divisão de Gestão do Processo de Estatização:*

d.1) *Seção de Informações, Comunicação e Monitoramento;*

Artigo 16-A. *Ao Centro de Apoio ao Fundo da Justiça compete:*

a) *através da Supervisão:*

I. *supervisionar, coordenar e promover o desenvolvimento do Fundo da Justiça para que sejam atingidas suas finalidades;*

II. *fixar as diretrizes administrativas operacionais;*

III. *gerenciar a implantação e o desenvolvimento de programas afetos a área;*

IV. *elaborar, anualmente, relatório das atividades do Fundo da Justiça, submetendo-o à apreciação do Conselho Diretor;*

V. *prestar a supervisão técnica especializada nas áreas pertinentes ao Centro;*

VI. *orientar os servidores das serventias do foro judicial em caso de descumprimento das normas e procedimentos adotados quanto à arrecadação de custas apontados pela Divisão de Controladoria/Seção de Fiscalização e Arrecadação e, no caso de reincidência, proceder à notificação do Diretor da Secretaria assinalando prazo para que se adote as providências necessárias ao exato cumprimento da lei;*

VII. *comunicar o Juiz de Direito da respectiva Secretaria do foro judicial e a Corregedoria-Geral da Justiça a respeito do não atendimento da notificação referida no inciso anterior ou no caso de averiguação de qualquer ato executado por servidor das serventias estatizadas que possa dar origem a procedimento administrativo disciplinar;*

VIII. supervisionar a gestão do processo de estatização;

IX. aplicar as disponibilidades financeiras;

X. exercer outras atividades determinadas por seus superiores.

Artigo 16-B. À Divisão Jurídica compete:

b.1) através da Seção de Assessoramento Jurídico:

I. prestar assessoramento ao Conselho Diretor;

II. instruir os processos a serem encaminhados ao Conselho Diretor;

III. dar andamento aos processos encaminhados à Assessoria para consultas e informações;

IV. elaborar minutas de normas inerentes ao Fundo da Justiça (alterações legislativas, decretos judiciários, instruções normativas, portarias);

V. elaborar pareceres técnico-jurídicos e informações sobre matéria específica do Fundo da Justiça;

VI. desenvolver outras tarefas correlatas.

b.2) através da Seção de Apoio Administrativo:

I. elaborar e encaminhar as pautas de reuniões do Conselho Diretor;

II. organizar e Arquivar os documentos e atas referentes às reuniões do Conselho Diretor;

III. dar ciência às partes interessadas dos despachos do Conselho Diretor e pareceres dos seus membros;

IV. solicitar informações em autos de pedido de providências, reclamações, inspeções e correições, nas serventias do foro judicial da Capital e do Interior;

V. desenvolver outras tarefas correlatas.

Artigo 16-C. À Divisão de Controladoria compete:

c.1) através da Seção de Contabilidade, Finanças e Orçamento:

I. contabilizar as receitas de acordo com a legislação vigente e Lei de Orçamento;

II. efetuar a contabilização e o repasse das receitas de terceiros, conforme a legislação vigente, mantendo relatórios atualizados;

III. processar toda a documentação relativa a pagamentos, observando a regularidade dos processos;

IV. prestar as informações relativas a processos de pagamentos;

V. manter organizado o arquivo de processos de pagamentos auditados pela Inspetoria de Controle Externo do Tribunal de Contas, de forma a agilizar as consultas;

VI. controlar e fiscalizar a consulta de processos já auditados pelo Tribunal de Contas;

VII. exercer o controle sobre os processos de despesas parciais, dedutivos de empenhos estimativos ou globais;

VIII. controlar as aplicações financeiras, mantendo relatórios diários;

IX. executar periodicamente as rotinas de auditoria no Sistema Integrado de Acompanhamento Financeiro - SIAF ou outro que venha a ser adotado;

X. elaborar e efetuar os lançamentos manuais no sistema de contabilidade, quando necessário;

XI. elaborar e manter atualizado o relatório de incorporação de bens móveis e imóveis, resultantes e independentes da execução orçamentária;

XII. elaborar e encaminhar a prestação de contas mensal para a Inspetoria de Controle Externo do Tribunal de Contas;

XIII. elaborar, encaminhar e acompanhar o andamento da prestação de contas anual;

XIV. exercer o controle contábil de todos os atos da gestão orçamentária, financeira e patrimonial;

XV. elaborar a proposta orçamentária;

XVI. elaborar o Plano de Aplicação, exercendo o controle sobre a sua execução;

XVII. promover a execução orçamentária;

XVIII. proceder à classificação orçamentária das despesas em conformidade com as normas vigentes;

XIX. efetuar os bloqueios estimativos de recursos, assegurando orçamento para os bens e serviços que estão em processo de aquisição;

XX. elaborar e manter atualizado o cadastro de fornecedores;

XXI. emitir as notas de empenhos, de estorno ou de recolhimento;

XXII. controlar a execução do orçamento, propondo as alterações orçamentárias necessárias;

XXIII. elaborar e manter atualizado os relatórios gerenciais relativos à execução do Plano de Aplicação e do orçamento;

XXIV. elaborar o relatório anual de execução orçamentária e financeira para a prestação de contas;

XXV. elaborar relatório de execução física do orçamento.

XXVI. executar outras tarefas correlatas.

c.2) através da Seção de Fiscalização e Arrecadação:

I. desenvolver e manter rotinas e procedimentos de fiscalização da arrecadação oriunda das serventias do foro judicial;

II. fiscalizar e orientar as unidades arrecadadoras no que diz respeito ao preenchimento correto das guias;

III. elaborar e implantar sistema de controle da arrecadação;

IV. verificar o cumprimento das normas e procedimentos estabelecidos e, em caso de descumprimento, comunicar ao Chefe da Divisão de Controladoria que deverá levar o fato ao conhecimento do Supervisor do Centro de Apoio ao Fundo da Justiça para adoção das medidas previstas no Art. 16-A, VII, a;

V. avaliar a segurança e a eficácia dos sistemas de controle da arrecadação;

VI. encaminhar relatório dos débitos apurados e dos remanescentes à Chefia imediata;

VII. *elaborar e analisar relatórios com a finalidade de produzir dados estatísticos sobre os recolhimentos do Fundo da Justiça por tipo de receita, por unidade arrecadadora e quantidade de guias;*

VIII. *fornecer, quando solicitado, relatórios à Corregedoria-Geral da Justiça para efeitos de correição;*

IX. *prestar informações em expedientes e aos interessados;*

X. *executar outras tarefas atribuídas.*

XI. *receber diariamente as informações sobre os recolhimentos das receitas encaminhadas pelos bancos;*

XII. *organizar e controlar o lançamento das guias no sistema próprio de controle e gerenciamento;*

XIII. *conferir os lançamentos efetuados;*

XIV. *informar os pedidos de restituição de recolhimentos incorretos ou em duplicidade;*

XV. *manter atualizado o sistema de controle de guias restituídas;*

XVI. *elaborar e manter atualizado os relatórios gerenciais sobre o comportamento da arrecadação;*

XVII. *elaborar e manter atualizados os relatórios de controle de arrecadação por tipo de receita, unidade arrecadadora e quantidade de guias, visando dar suporte à Seção de Fiscalização;*

XVIII. *exercer outras atribuições que sejam relacionadas à arrecadação.*

c.3) *através da Seção de Apoio Administrativo:*

I. *expedir ofícios e correspondências aos setores envolvidos;*

II. *realizar pedidos de materiais;*

III. *elaborar e encaminhar o boletim de frequência;*

IV. *manter, ordenadamente arquivadas as cópias dos serviços que forem executados;*

V. *receber, triar e autuar os processos a fim de providenciar a respectiva distribuição, ao setor responsável;*

VI. *prestar atendimento inicial ao público, direcionando ao setor responsável;*

VII. *supervisionar as atividades dos estagiários que atuam no Centro de Apoio ao Fundo da Justiça;*

VIII. *executar outras tarefas correlatas.*

Artigo 16-D. *À Divisão de Gestão do Processo de Estatização compete:*

d.1) *Através da Seção de Informações, Comunicação, Execução e Monitoramento:*

I. *movimentar expedientes e documentos que lhe forem enviados, determinando as medidas a serem adotadas;*

II. *elaborar planilhas e prestar informações aos interessados;*

III. *elaborar e apresentar o relatório anual das atividades desenvolvidas na Divisão;*

IV. *apoiar os trabalhos de comunicação do processo de execução da estatização das serventias do foro judicial;*

V. *manter em cadastro os dados técnicos e estatísticos e demais indicadores relacionados à estatização, bem como atualizá-los;*

VI. *comunicar e providenciar a inserção de alteração de dados das serventias junto ao sistema de arrecadação de custas e receitas destinadas ao Fundo da Justiça;*

VII. *proceder às comunicações devidas aos diversos setores do Tribunal de Justiça, principalmente à Corregedoria-Geral da Justiça;*

VIII. *requisitar informações, certidões, diligências ou quaisquer outros esclarecimentos a setores do Tribunal de Justiça, desde que necessários à instrução de processos ou ao desempenho de funções que lhe forem determinadas, relacionados à execução da estatização;*

IX. *monitorar a execução da estatização;*

X. *oferecer sugestões úteis, à chefia imediata, que visem ao aprimoramento da execução da estatização;*

XI. *acompanhar o processo de instalação das Secretarias do Foro Judicial;*

XII. *contatar a Secretaria para promover as comunicações necessárias à logística de instalação das Secretarias do Foro Judicial, para a fixação de prazos e elaboração de cronograma de ações de execução;*

XIII. *organizar as tarefas envolvidas na execução do processo de estatização;*

XIV. *executar outras tarefas correlatas.*

Art. 13. *Caberá ao Centro de Apoio ao Fundo da Justiça a supervisão, coordenação, gerência, promoção e desenvolvimento do Fundo da Justiça, bem como a sua gestão orçamentária e financeira.*

Dos Procedimentos para Arrecadação

Art. 14. *A arrecadação dos recursos do Fundo da Justiça será feita em conta corrente exclusiva aberta em Instituição Financeira Oficial.*

Parágrafo Único. *Fica o Secretário do Tribunal de Justiça do Estado do Paraná autorizado a proceder à abertura da conta corrente prevista no caput.*

Art. 15. *O recolhimento de custas e despesas processuais, no âmbito do foro judicial, inclusive os valores devidos aos Oficiais de Justiça, obedecerá aos termos de regulamentação específica.*

Art. 16. *Cada uma das Unidades Arrecadadoras terá identificação própria conforme sistema utilizado pelo Tribunal de Justiça.*

Art. 17. *A arrecadação da Taxa Judiciária será feita, integralmente, pelo Centro de Apoio ao Fundo da Justiça, que repassará 2% (dois por cento) para fomento da pesquisa científica e tecnológica, até o 5º (quinto) dia útil do mês subsequente, para as contas bancárias indicadas pelos órgãos beneficiários. (v. Art. 3º, § 1º, alínea "a" da Lei 12.216, de 15 de julho 1998).*

Da Fiscalização

Art. 18. *A fiscalização da arrecadação das receitas do Fundo da Justiça será feita por seu Centro de Apoio.*

Parágrafo Único. *Os Juízes de Direito e seus substitutos exercerão permanente fiscalização quanto ao recolhimento das receitas devidas ao Fundo da Justiça, procedendo à imediata comunicação ao Centro de Apoio ao Fundo da Justiça quando se deparar com quaisquer irregularidades e à Corregedoria-Geral da Justiça em caso de verificação de fatos que possam dar origem a procedimento disciplinar.*

Art. 19. *Para o exercício da atividade fiscalizadora o Centro de Apoio ao Fundo da Justiça poderá:*

I. fiscalizar a arrecadação das serventias do foro judicial;

II. investigar as causas de ausência ou de oscilação da arrecadação;

III. realizar, por iniciativa própria, inspeções in loco nas unidades arrecadadoras;

IV. apurar e atualizar os valores não recolhidos;

V. orientar os servidores quanto à correta cobrança das custas judiciais;

VI. notificar o servidor responsável quando verificada quaisquer omissões ou irregularidades no procedimento arrecadador, inclusive estipulando prazo para regularização.

VII. em caso de não regularização das omissões ou irregularidades apontadas no inciso anterior, ou de ocorrência de qualquer fato que possa dar origem a procedimento administrativo disciplinar, comunicar a Corregedoria-Geral de Justiça e o Juiz da respectiva Secretaria do foro judicial;

VIII. promover mudanças nos procedimentos de controle da arrecadação;

IX. verificar e exigir o cumprimento das normas e procedimentos de arrecadação;

X. coibir o inadimplemento e interceder na cobrança de quaisquer valores não recolhidos.

VI - Da Aplicação

***Art. 20.** Os recursos financeiros provenientes da arrecadação do Fundo da Justiça serão aplicados nas despesas necessárias à estatização das serventias do foro judicial, sua manutenção, melhorias e demais investimentos necessários para promover um adequado e eficiente atendimento ao público, bem como o custeio dos servidores provenientes do quadro de 1º Grau de Jurisdição.*

VII - Das Disposições Finais

***Art. 21.** Caberá ainda ao Centro de Apoio ao Fundo da Justiça:*

I. elaborar a estimativa do impacto orçamentário-financeiro dos aumentos de despesas propostos por conta do Fundo da Justiça, demonstrando a origem dos recursos, em cumprimento à Lei de Responsabilidade Fiscal;

II. fazer a estimativa das receitas das serventias a serem estatizadas;

III. propor ao Conselho Diretor a quantidade de cargos que irão compor a estrutura das serventias a serem estatizadas;

IV. efetuar a estimativa do custo mensal e anual de criação de Varas, informando e instruindo os processos correspondentes.

***Art. 22.** Será lotado no Centro de Apoio ao Fundo da Justiça para o desenvolvimento de suas atividades, Estatístico do Quadro de Pessoal da Secretaria do Tribunal.*

***Art. 23.** O não cumprimento das obrigações referidas no presente Decreto, bem como a não observância dos procedimentos de arrecadação e fiscalização, implicará responsabilidade funcional a ser apurada na forma da lei.*

***Art. 24.** Este Decreto entrará em vigor na data da sua publicação.*

Instrução Normativa nº 8/2014

O Corregedor-Geral da Justiça do Estado do Paraná, no uso de suas atribuições legais, e

Considerando que a tabela de custas de atos dos oficiais de justiça não atende a todas as necessidades de sua aplicação;

Considerando que o artigo 51 da Lei nº 6.149/70 autoriza que, em casos de omissões o Regimento de Custas pode ser resolvido pela aplicação de tabela assemelhada ou de instrução pelo Corregedor;

Considerando a necessidade de se consolidar as disposições trazidas pelas INSTRUÇÕES NORMATIVAS nº 02/2012, 03/2012 e 07/2014, que tratam das despesas de condução e de atos complementares dos oficiais de justiça;

Considerando o disposto nos autos nº 2013.175446-3/000, que dirimiu dúvidas suscitadas pela OAB-PR acerca da aplicação do Art. 9º da INSTRUÇÃO NORMATIVA nº 02/2012:

RESOLVE

***Art. 1º.** As despesas de condução e de atos complementares dos oficiais de justiça serão recolhidas, antecipadamente, por meio de boleto bancário, emitido exclusivamente por sistema próprio do Tribunal de Justiça, conforme tabela constante do Anexo I desta Instrução.*

***Parágrafo único.** Em caso de urgência e impossibilidade de pagamento prévio do boleto bancário, haverá o cumprimento do ato sob compromisso de quitação e comprovação no primeiro dia útil subsequente.*

***Art. 2º.** O boleto bancário para recolhimento será preenchido pela parte interessada, no site do Tribunal ou na respectiva serventia.*

***§1º.** É responsabilidade dos servidores, funcionários e titular da unidade a geração, por solicitação do usuário, do boleto bancário para a cobrança das custas e despesas dos atos praticados pela unidade, bem como o fornecimento das orientações necessárias para seu correto preenchimento.*

***§2º.** Todos os campos obrigatórios deverão ser corretamente preenchidos, sob pena do não reconhecimento automático de quitação, caso em que passará a ser de responsabilidade da parte interessada a comprovação de pagamento junto à serventia.*

***Art. 3º.** O pagamento do boleto bancário gerado para recolhimento poderá ser efetuado em qualquer agência bancária ou meio análogo.*

***Art. 4º.** É de responsabilidade do servidor, funcionário e titular da unidade a juntada aos autos do demonstrativo de recolhimento de custas/despesas processuais, considerado como o único documento apto a comprovar quitação dos respectivos valores.*

***Parágrafo único.** Em casos urgentes, fica autorizado o titular da serventia a certificar o pagamento nos autos mediante apresentação do boleto bancário quitado, sob o compromisso de posterior juntada do demonstrativo emitido pelo sistema.*

Art. 5º. As despesas somente poderão ser cobradas uma vez, sendo vedada a cobrança na lavratura de certidão negativa, a não ser que a diligência se realize no endereço indicado pela própria parte e ali não resida ou seja domiciliado o citando ou intimando.

Art. 6º. O valor das despesas para execução da ordem de despejo e eventual remoção será de três (3) vezes o valor previsto para intimação, notificação ou citação.

Art. 7º. No caso de abandono do imóvel, as despesas para verificação e imissão de posse serão duas (2) vezes o valor previsto para citação, intimação e notificação.

Art. 8º. O valor das despesas, para citação por hora certa, abrangidas todas as diligências previstas nos artigos 227 e 228 do CPC, é fixado em três (3) vezes o valor previsto para citação, intimação ou notificação.

Art. 9º. O valor para o cumprimento integral, inclusive de todos os atos relativos à prisão, busca e apreensão, arresto, sequestro, embargos de obra nova e reintegração de posse, será de cinco (5) vezes o valor previsto para citação, intimação ou notificação.

§1º. O cumprimento de mandados relativos a prisão pelo Oficial de Justiça, seja de natureza criminal ou civil, se dará apenas em caráter excepcional, observadas as regras constantes do Capítulo 6 Seção 14 do Código de Normas.

§2º. No caso de repetição dos atos indicados no caput deste artigo em virtude de indicação de novo endereço, será cobrado o valor previsto para uma (1) citação, intimação ou notificação, inclusive nas hipóteses do Art. 10 (situações em que no mandado conste mais de um bem), e a diligência deverá ser cumprida preferencialmente pelo oficial de justiça inicialmente designado.

Art. 10. Nos mandados de busca e apreensão, arresto, sequestro, embargos de obra nova e de reintegração de posse, será acrescido o valor de vinte por cento (20%) por bem que exceder, até o limite máximo de cinco (5) bens, apurado sempre sobre o valor básico das custas.

Art. 11. O valor das despesas de diligências, realizadas em comarcas contíguas e nos distritos judiciários, que se situem a mais de trinta (30) quilômetros da sede do Fórum, será acrescido de cinquenta por cento (50%) sobre o valor da tabela.

Art. 12. O valor para remoção e restituição de bens será de duas (2) vezes o valor previsto para citação, intimação ou notificação.

Art. 13. O repasse dos valores aos oficiais designados (item 9.1.10 do Código de Normas) será realizado apenas após comprovado o integral cumprimento da diligência, ou justificada causa impeditiva à sua efetivação.

Art. 14. Ficam revogadas as disposições em contrário, em especial as Instruções Normativas nº 02/2012, 03/2012 e 07/2014.

Art. 15. Até a implementação completa do sistema uniformizado de recolhimento de custas será possível a comprovação de pagamento por qualquer meio hábil, desde que devidamente certificado nos autos por funcionário, servidor ou titular da serventia.

Art. 16. Esta norma entra em vigor na data de sua publicação.

Disposições Finais

1. As diligências serão cobradas por ato, abrangendo seu cumprimento, contra-fé e outros atos inerentes.

2. Quando houver mais de um ato de citação, intimação ou notificação a ser realizado no mesmo endereço, será acrescido o valor de cinquenta por cento (50%).

3. Nas penhoras que resultarem negativas, pelo fato de o réu haver mudado de endereço ou não possuir mais o bem, não haverá devolução dos valores da diligência, que será considerada cumprida.

4. Os atos dos oficiais de justiça, não previstos nestas tabelas, deverão ser calculados com base no Regimento de Custas e, não sendo possível, por decisão do juiz de Direito que determinou a realização do ato.

5. Nos casos de reintegração de posse, com desocupação e desfazimento das construções, por exemplo, em área de invasão e casos omissos na presente Instrução, o valor ficará a critério do juiz que presidir o feito, a ser decidido nos autos respectivos.

6. Não incidirão custas para a emissão do boleto bancário de recolhimento, sendo facultado seu preenchimento no sistema acessível pelo site do Tribunal de Justiça ou na respectiva unidade.

ANEXO I

TABELA DE CUSTAS

ATOS	VALOR
Citação, intimação e notificação	*R$ 66,47*
Penhora	*R$ 66,47*
Despejo	*R$ 199,41*
Verificação de imissão na posse	*R$ 132,94*
Prisão, busca e apreensão, arresto, sequestro, reintegração de posse e embargos de obra nova	*R$ 332,35*
Busca e apreensão de filho, separação de corpos, afastamento do lar e arrolamento de bens (família)	*R$ 265,88*
Lacração de imóveis e arrecadação de bens (Fazenda Pública)	*R$ 265,88*

Decreto Judiciário nº 1752/2014

O Presidente do Tribunal de Justiça do Estado do Paraná, no uso de suas atribuições legais e,

CONSIDERANDO, a solicitação formulada pela OAB-PR no protocolado n° 175446-3/2013;

CONSIDERANDO a necessidade de se aperfeiçoar e padronizar a metodologia de recolhimento das custas e despesas de locomoção dos oficiais de justiça de carreira e técnicos judiciários designados para exercício de atividade externa;

CONSIDERANDO, o contido no artigo 46 do Decreto Judiciário 744/2009;

DECRETA

Art. 1º O recolhimento das despesas de condução e atos complementares dos oficiais de justiça passará a ser realizado, obrigatoriamente, por meio de quitação de boleto bancário expedido no Sistema Uniformizado, seguindo a metodologia estabelecida pelo Decreto Judiciário 744/2009, com as peculiaridades elencadas nos artigos a seguir.

Art. 2º *A guia poderá ser gerada no Portal do TJPR pelos usuários em geral, sendo dever das serventias auxiliar no que lhes for solicitado, inclusive com a disponibilização do boleto acaso solicitado pelas partes.*

Art. 3º *Realizado o pagamento do boleto bancário, os valores serão direcionados para conta específica de natureza extra orçamentária, administrada pelo Fundo da Justiça (conta matriz).*

Art. 4º *Identificado o recebimento das custas no sistema uniformizado, e emitido o demonstrativo de recolhimento a ser anexado aos autos, o servidor responsável comunicará o oficial de justiça designado para que cumpra a diligência ordenada pelo Magistrado.*

Parágrafo Único. *Enquanto não desenvolvida rotina informatizada de distribuição dos mandados com a devida integração entre os sistemas PROJUDI e Uniformizado, esta tarefa será realizada manualmente, observada a legislação em vigor.*

Art. 5º *Após o cumprimento do ato pelo oficial de Justiça devidamente certificada nos autos, o servidor responsável deverá acessar o sistema uniformizado para apontar o agente que cumpriu a diligência.*

Parágrafo Único. *Nos casos previstos no Art. 9º da Instrução Normativa n° 08/2014 da Corregedoria--Geral da Justiça, quando totalmente frustrada a diligência, não obstante o depósito pela parte tenha sido integral, o oficial de justiça perceberá o valor equivalente a uma citação, intimação ou notificação.*

Art. 6º *Caberá ao magistrado da serventia na qual tramita o processo autorizar a transferência dos recursos recolhidos na conta matriz, enviando a informação ao Centro de Apoio ao Fundo da Justiça, que comunicará a Caixa Econômica Federal para providenciar a transferência dos recursos para:*

I. *a conta corrente do Fundo da Justiça, se a diligência for cumprida por técnico judiciário;*

II. *a conta particular específica do oficial de justiça de carreira se por este cumprida.*

Art. 7º. *Pedidos de restituição de valores pagos indevidamente a título de custas e despesas de locomoção dos oficiais de justiça deverão ser dirigidos ao Centro de Apoio ao Fundo da Justiça mediante o preenchimento de formulário próprio, disponibilizado no Portal do Tribunal de Justiça.*

Art. 8º *Os oficiais de justiça de carreira deverão adentrar link específico na intranet do TJPR para cadastrar a conta para qual serão transferidos os valores recebidos a título de custas e despesas de locomoção a partir do dia 15 de setembro de 2014.*

Art. 9º *O recebimento das custas e despesas de locomoção dos oficiais de justiça no Sistema Uniformizado entrará em funcionamento no dia 13 de outubro de 2014, sendo vedado o recebimento de forma diversa da ora estabelecida.*

Art. 10. *Caberá a Corregedoria-Geral da Justiça promover o alinhamento do Código de Normas as disposições estabelecidas neste Decreto.*

Art. 11. *Este Decreto entra em vigor na data de sua publicação, revogadas as disposições em contrário.*

Decreto Judiciário nº 1962/2014

O PRESIDENTE DO TRIBUNAL DE JUSTIÇA DO ESTADO DO PARANÁ, no uso das atribuições que lhe são conferidas por lei e tendo em vista o contido no protocolado sob nº 175446/2013, resolve

ALTERAR

o artigo 9º do Decreto Judiciário nº 1752/2014, para que passe a constar com a seguinte redação:

*"**Art. 9º** - O recebimento das custas e despesas de locomoção dos oficiais de justiça no Sistema Uniformizado entrará em funcionamento nas seguintes datas:*

I. *a partir de 22 de setembro de 2014 na 23ª Vara Cível do Foro Central da Comarca da Região Metropolitana de Curitiba;*

II. *a partir de 29 de setembro de 2014 na 3ª Vara Cível do Foro Regional de São José dos Pinhais da Comarca da Região Metropolitana de Curitiba;*

III. *no dia 22 de novembro de 2014 em todas ase unidades judiciárias do Estado do Paraná.*

***Parágrafo único.** A partir da data prevista no inciso III, ou da implementação dessa nova sistemática nas unidades judiciárias, será vedado o recebimento das custas de forma diversa da estabelecida na presente norma."*

Decreto Judiciário nº 738/2014

Dispõe sobre os procedimentos a serem adotados pelas unidades judiciárias quanto ao recolhimento de custas e depósitos judiciais.

O PRESIDENTE DO TRIBUNAL DE JUSTIÇA DO ESTADO DO PARANÁ, no uso das atribuições que lhe são conferidas por lei,

CONSIDERANDO o teor do artigo 3º da Lei Estadual nº 15.942/09 que prevê que o produto da arrecadação das custas dos atos judiciais praticados pelos serviços estatizados constituem receita do Fundo da Justiça;

CONSIDERANDO o teor do Decreto Judiciário nº 744/09 que determina o recolhimento de custas por pagamento de boleto bancário expedido unicamente pelo Sistema Uniformizado de Recolhimento de Custas e Despesas Processuais;

CONSIDERANDO a necessidade de expedição de ato administrativo complementar ao Decreto Judiciário nº 744/09, nos termos das manifestações do Centro de Apoio do Fundo da Justiça e do Corregedor-Geral de Justiça no protocolado nº 119.451/12;

RESOLVE

Art. 1º. *O reconhecimento das custas e despesas processuais para as unidades judiciárias estatizadas e não estatizadas deve ocorrer obrigatoriamente por meio de quitação bancária, mediante pagamento de boleto expedido unicamente no Sistema Uniformizado de Reconhecimento de Custas e Despesas Processuais.*

Art. 2º. *Os servidores das unidades judiciárias têm o dever de orientar os usuários da justiça sobre a correta forma de recolhimento das custas e despesas processuais, além providenciar a confecção dos boletos bancários.*

Art. 3º. *Excepcionalmente, será autorizado o depósito judicial das custas e despesas processuais nas situações em que não seja possível o recolhimento diretamente por boleto bancário gerado pelo Sistema Uniformizado, tais como:*

I. *Custas nos Juizados Especiais em casos de Recurso Inominados;*

II. *expedições de RPV - requisições de pequenos valores- encaminhados ao Tribunal Regional Federal da 4ª Região, para recolhimento de custas em ações previdenciárias em trâmite na Justiça Estadual;*

III. *Valores bloqueados pelo sistema BACEN JUD.*

Art. 4º. *É vedado o levantamento dos valores depositados judicialmente por servidor habilitado ou pessoa que exerça a titularidade da Escrivania ou do Ofício da Justiça do Foro Judicial, mesmo no intuito de repasse posterior a outros destinos.*

Art. 5º. *Para que se proceda à transferência das custas e despesas processuais depositadas judicialmente a quem de direito, o magistrado responsável pela unidade judiciária deverá encaminhar à agência bancária ofício determinando a quitação das custas, anexando os boletos bancários correspondentes, que serão gerados por servidor ou pessoa habilitado.*

Parágrafo único. *Em razão da remuneração das contas judiciais, os boletos referidos no "caput" deste artigo deverão ser preenchidos com o valor inicialmente depositado, com a ressalva, tanto no boleto quanto no ofício, de que o pagamento deve ser efetuado observando-se as correções monetárias devidas, de modo a não deixar valores residuais nas contas bancárias.*

Art. 6º. *A comprovação da transferência das custas e despesas processuais nos autos do processo ocorrerá mediante a juntada do Demonstrativo de Recolhimento de Custas e Despesas Processuais, a ser extraído do Sistema Uniformizado de Recolhimento de Custas e Despesas Processuais.*

Art. 7º. *Os valores depositados judicialmente apenas serão levantados mediante alvará judicial quando não for possível a emissão de boleto bancário.*

Art. 8º. *A inobservância às regras deste Decreto Judiciário importará em infração disciplinar.*

Art. 9º. *Os casos omissos serão decididos pelo Presidente do Tribunal, consultado o Departamento de Apoio ao Fundo da Justiça.*

Art. 10º. *Este Decreto entra em vigor na data de sua publicação.*

Decreto Judiciário nº 2468/2014

O PRESIDENTE DO TRIBUNAL DE JUSTIÇA DO ESTADO DO PARANÁ, no uso das atribuições legais e considerando o disposto na Lei Estadual nº 14.595/2004.

DECRETA

Art. 1º. *O valor da Taxa Judiciária, atualizado pelo Índice de Preços ao Consumidor Amplo - IPCA será cobrado na seguinte proporção:*

a) *R$ 25,36 (vinte e cinco reais e trinta e seis centavos) nas causas com valor até R$ 5.000,00 (cinco mil reais);*

b) *nas causas de valor superior a R$ 5.000,00 (cinco mil reais) até R$ 50.000,00 (cinquenta mil reais), inicialmente incidirá o cálculo da alínea "a", e, sobre o montante excedente, aplicar-se-á o percentual de 0,2% (zero vírgula dois por cento);*

c) *nas causas de valor superior a R$ 50.000,00 (cinquenta mil reais) até R$ 100.000,00 (cem mil reais), inicialmente incidirão os cálculos das alíneas "a" e "b", e, sobre o montante excedente, aplicar-se-á o percentual de 0,1% (zero vírgula um por cento);*

d) *nas causas de valor superior a R$ 100.000,00 (cem mil reais) até R$ 200.000,00 (duzentos mil reais), inicialmente incidirão os cálculos das alíneas "a", "b" e "c", e, sobre o montante excedente, aplicar-se-á o percentual de 0,05% (zero vírgula zero cinco por cento);*

e) *nas causas de valor superior a R$ 200.000,00 (duzentos mil reais), inicialmente incidirão os cálculos das alíneas "a", "b", "c" e "d", e, sobre o montante excedente, aplicar-se-á o percentual de 0,02% (zero vírgula zero dois por cento);*

Art. 2º. *Quando se tratar de causa com valor inestimável a Taxa Judiciária equivalerá ao valor mínimo fixado neste Decreto.*

Art. 3º. *A Taxa Judiciária não excederá a importância de R$ 1.267,91 (mil duzentos e sessenta e sete reais e noventa e um centavos).*

Art. 4º. *Este Decreto entra em vigor na data de sua publicação no Diário da Justiça, com efeitos financeiros a partir de 1° de janeiro de 2015.*

Anotações

CAPÍTULO 05

Regulamento da Secretaria do Tribunal de Justiça do PR

Alterado até o Decreto Judiciário nº 437 de 20/04/2006

Art. 1º. *Este regulamento estabelece a estrutura da Secretaria do Tribunal de Justiça, fixa a competência dos órgãos que a integram e dispõe sobre as atribuições dos titulares dos cargos e funções.*

Do Secretário

Art. 2º. *A Secretaria é constituída de: (*9)*

I. *Gabinete do Secretário;*

II. *Gabinete do Subsecretário;*

III. *Departamento Judiciário;*

IV. *Departamento Administrativo;*

V. *Departamento Econômico e Financeiro;*

VI. *Departamento do Patrimônio;*

VII. *Departamento de Administração e Serviços Gerais; (*20)*

VIII. *Departamento de Engenharia e Arquitetura. (*1) (*15)*

Do Gabinete do Secretário (*6)

Art. 3º. *O Gabinete do Secretário é constituído de:*

I. *Chefia de Gabinete:*

- ***a)*** *Oficial de Gabinete;*
- ***b)*** *Assessor de Gabinete;*
- ***c)*** *Auxiliar de Gabinete;*

II. *Assessoria Jurídico-Administrativa;*

III. *Centro de Assistência Médica e Social: (*16)*

- ***a)*** *Supervisão do Centro de Assistência Médica e Social; (*8)*
- ***b)*** *Seção Médica: (*16)*
  - ***b.1)*** *Serviço de Clínica Médica;*
  - ***b.2)*** *Serviço de Clínica Cirúrgica;*
  - ***b.3)*** *Serviço de Clínica Pediátrica;*
  - ***b.4)*** *Serviço de Clínica Ginecológica;*
  - ***b.5)*** *Serviço de Perícia Médica; (*16)*
- ***c)*** *Seção de Enfermagem: (*16)*
  - ***c.1)*** *Serviço de Vacinação; (*16)*
- ***d)*** *Seção de Psicologia(*16)*
  - ***d.1)*** *Serviço de Psicologia para Adultos; (*16)*
  - ***d.2)*** *Serviço de Psicologia para Adolescentes; (*16)*
  - ***d.3)*** *Serviço de Psicologia Infantil; (*3) (*16)*
- ***e)*** *Seção de Serviço Social:*
  - ***e.1)*** *Serviço de Atendimento Psiquiátrico; (*3)*
- ***f)*** *Seção Odontológica: (*5)*
  - ***f.1)*** *Serviço Clínico; (*5)*
  - ***f.2)*** *Serviço Cirúrgico; (*5)*
  - ***f.3)*** *Serviço Técnico-Administrativo; (*5)*
- ***g)*** *Seção de Atenção à Dependência Química: (*3) (*23)*
  - ***g.1)*** *Serviço de Atendimento aos Funcionários; (*3)*
- ***h)*** *Seção de Apoio Administrativo: (*16) (*20)*
  - ***h.1)*** *Serviço de Atendimento ao Público e Digitação; (*16) (*20)*

IV. *Centro de Educação Infantil: (*17)*

- ***a)*** *Supervisão; (*17)*
- ***b)*** *Assessoria Pedagógica; (*17)*
- ***c)*** *Seção Administrativa: (*17)*
  - ***c.1)*** *Serviço de Atendimento à Secretaria, Digitação, Papelaria e Material Didático; (*17)*
  - ***c.2)*** *Serviço de Atendimento Externo e Transporte Escolar; (*17)*
  - ***c.3)*** *Serviço de Compras e Controle de Estoques e Almoxarifado; (*17)*
  - ***c.4)*** *Serviço de Conservação e Limpeza; (*17)*
  - ***c.5)*** *Serviço de Atendimento Alimentar; (*17)*
  - ***c.6)*** *Serviço de Lavanderia;*
- ***d)*** *Seção de Atendimento ao Berçário: (*17)*
  - ***d.1)*** *Serviço de Atendimento ao Berçário I; (*17)*
  - ***d.2)*** *Serviço de Atendimento ao Berçário II; (*17)*
  - ***d.3)*** *Serviço de Atendimento ao Lactário e Esterilização; (*17)*
  - ***d.4)*** *Serviço de Higiene e Limpeza dos Berçários; (*17)*
- ***e)*** *Seção de Atendimento ao Maternal: (*17)*
  - ***e.1)*** *Serviço de Atendimento ao Maternal I; (*17)*
  - ***e.2)*** *Serviço de Atendimento ao Maternal II; (*17)*
- ***f)*** *Seção de Atendimento à Educação Infantil: (*17)*
  - ***f.1)*** *Serviço de Atendimento ao Jardim I; (*17)*
  - ***f.2)*** *Serviço de Atendimento ao Jardim II; (*17)*
  - ***f.3)*** *Serviço de Atendimento ao Jardim III; (*17)*
- ***g)*** *Seção de Apoio: (*17)*
  - ***g.1)*** *Serviço Social; (*17)*
  - ***g.2)*** *Serviço de Artes; (*17)*
  - ***g.3)*** *Serviço de Recreação; (*17)*

V. *Centro de Apoio ao Fundo de Reequipamento do Poder Judiciário - FUNREJUS: (*12) (*18)*

- ***a)*** *Supervisão; (*12) (*18)*
- ***b)*** *Divisão Jurídica: (*18)*
  - ***b.1)*** *Seção de Assessoramento Jurídico; (*18)*
  - ***b.2)*** *Seção de Orientação Jurídico-Administrativo; (*18)*
- ***c)*** *Divisão de Arrecadação e Fiscalização: (*18)*
  - ***c.1)*** *Seção de Arrecadação: (*18)*
    - ***c.1.1*** *Serviço de Controle da Receita; (*18)*
    - ***c.1.2)*** *Serviço de Digitação e Emissão de Relatórios; (*18)*
  - ***c.2)*** *Seção de Fiscalização: (*18)*
    - ***c.2.1)*** *Serviço de Avaliação de Guias; (*18)*

c.2.2) *Serviço de Orientação; (*18)*

d) *Divisão de Contabilidade e Orçamento: (*18)*

d.1) *Seção de Contabilidade: (*18)*

d.1.1) *Serviço de Contabilidade Financeira; (*18)*

d.1.2) *Serviço de Contabilidade Patrimonial; (*18)*

d.2) *Seção de Orçamento: (*18)*

d.2.1) *Serviço de Controle Orçamentário; (*18)*

d.2.2) *Serviço de Execução Orçamentária; (*18)*

e) *Divisão Administrativa: (*18)*

e.1) *Seção de Sistematização de Dados: (*18)*

e.1.1) *Serviço de Controle de Dados; (*18)*

e.1.2) *Serviço de Atendimento; (*18)*

e.2) *Seção de Distribuição e Expedição: (*18)*

e.2.1) *Serviço de Movimentação de Expedientes; (*18)*

e.2.2) *Serviço de Expedição; (*18)*

Art. 4º. *Ao Secretário compete:*

I. *supervisionar todos os serviços da Secretaria, orientando-os, coordenando-os, fiscalizando-os e respondendo por sua regularidade;*

II. *velar pela disciplina, ordem, guarda, asseio e conservação dos prédios e do patrimônio do Poder Judiciário;*

III. *despachar pessoalmente com o Presidente do Tribunal;*

IV. *secretariar as sessões do Tribunal Pleno e do Órgão Especial;*

V. *fazer cumprir as determinações do Presidente do Tribunal;*

VI. *propor ao Presidente do Tribunal providências para aperfeiçoar os serviços da Secretaria;*

VII. *delegar atribuições ao Subsecretário, Diretores de Departamento e Assessores, de acordo com as necessidades do serviço;*

VIII. *expedir certidões de documentos arquivados ou em trâmite na Secretaria;*

IX. *representar ao Presidente do Tribunal sobre eventuais faltas funcionais dos servidores, sugerindo as medidas cabíveis;*

X. *propor elogios aos servidores que se destacarem pela disciplina e dedicação ao serviço;*

XI. *indicar ao Presidente do Tribunal os funcionários que devam compor as diversas Comissões;*

XII. *visar as cópias de todos os atos oficiais destinados a publicação oficial;*

XIII. *emitir pareceres em expedientes que tramitem pela Secretaria;*

XIV. *visar contas de preparo e cotar na forma regimental custas e emolumentos devidos;*

XV. *emitir Ordens de Serviço;*

XVI. *registrar diplomas de bacharel em Direito;*

XVII. *autenticar fotocópias de quaisquer papéis que tramitem na Secretaria;*

XVIII. *conceder os benefícios estatutários aos funcionários do Tribunal e serventuários da Justiça, pós delegação do Presidente;*

XIX. *justificar faltas dos servidores ao serviço, na forma da Lei;*

XX. *expedir editais para preenchimento de cargos, após determinação do Presidente do Tribunal;*

XXI. *apresentar ao Presidente do Tribunal, até o final do mês de janeiro de cada ano, relatório das atividades da Secretaria durante o ano anterior;*

XXII. *aprovar a escala de férias do pessoal;*

XXIII. *exercer qualquer outro encargo que lhe for atribuído pelo Presidente do Tribunal;*

XXIV. *autorizar:*

a) *despesas até o limite máximo previsto para a "Modalidade Dispensável de Licitação" (Lei nº 8.666/93), bem como as liquidações e os pagamentos, excetuadas as despesas com a magistratura e subvenções sociais;*

b) *diárias e ajuda de custo aos servidores definidos no Art. 140 e seus Incisos, do Código de Organização e Divisão Judiciária do Estado;*

c) *a concessão de verbas de adiantamento a funcionários do Quadro de Pessoal da Secretaria, de conformidade com o Provimento nº 01/88, do Tribunal de Contas;*

d) *a concessão do benefício previsto no Art. 205, da Lei nº 6.174/70, e a decorrente gratificação especial aos servidores referidos no Item b, conforme Art. 3º, da Lei nº 7.770/83, regulamentado pelo Decreto nº 4.297, de 01/12/88 e Inciso VIII do Art. 7º da Constituição Federal;*

e) *a implantação, em folha de pagamento, da remuneração prevista no Art. 178, parágrafo 2º, do Código de Organização e Divisão Judiciária do Estado;*

f) *atribuição das gratificações previstas no Art. 172, Inciso I, II e III, da Lei n.º 6.174/70, e da gratificação do Art. 34 da Lei nº 8.280/86;*

g) *implantação, em folha de pagamento, de cotas referentes a salário família, na forma prevista em Lei;*

h) *conforme o caso e a seu critério, a permanência de servidores em qualquer dependência do Tribunal, fora do horário de expediente;*

XXV. *lotar os servidores nos diversos órgãos da Secretaria, excetuados os dos Gabinetes da Cúpula Diretiva do Poder Judiciário, e dos Gabinetes dos Desembargadores;*

XXVI. *organizar a escala de férias dos servidores do Quadro da Secretaria, a exceção dos lotados nos Gabinetes da Cúpula Diretiva e dos Senhores Desembargadores;*

XXVII. *conceder, transferir ou interromper as férias dos servidores da Secretaria, observando o disposto no item anterior;*

XXVIII. *com prévia autorização do Presidente, firmar e rescindir Contratos de Trabalho, sob o regime da C.L.T., de pessoal necessário ao serviço da Secretaria do Tribunal de Justiça, procedendo as necessárias anotações nas Carteiras de Trabalho, subscrições em guias de recolhimento do INSS e FGTS* e autorização para o levantamento de contas deste;

XXIX. aplicar, quando entender necessário, o previsto nos Arts. 59 e 73 da C.L.T.;

XXX. determinar anotações nas fichas de assentamentos funcionais, referentes a licenças, férias, comunicações e outras dos servidores do Tribunal de Justiça;

XXXI. autorizar anotação de diplomas, certificados de aproveitamento e atestados de frequência de cursos, nas fichas de assentamentos funcionais dos servidores do Tribunal de Justiça;

XXXII. nos expedientes em que sejam interessados os servidores do Tribunal de Justiça:

a) mandar contar tempo de serviço;

b) conceder licença especial ou mandar acrescer o tempo respectivo, em dobro, ao acervo de serviço público, na forma dos Arts. 247 e 248, da Lei nº 6.174/70;

c) conceder licença para tratamento de saúde, por motivo de doença em pessoa da família e a gestante;

d) conceder horário especial de trabalho a funcionário estudante, na forma do Art. 252, da Lei nº 6.174/70.

Art. 5º. Ao Chefe de Gabinete do Secretário compete:

I. supervisionar todo serviço afeto ao Gabinete do Secretário, orientando o cumprimento das ordens superiores;

II. elaborar e, após aprovada, fazer expedir a correspondência pessoal do Secretário, bem como estudar os expedientes que lhe forem encaminhados;

III. fazer ingressar os magistrados no Gabinete do Secretário, sem precedência de anúncio;

IV. recepcionar e anunciar as autoridades, observando o protocolo sobre a espécie;

V. marcar audiências solicitadas, de acordo com a agenda do Secretário;

VI. exercer outras atribuições que lhe forem conferidas pelo Secretário.

Art. 6º. Ao Oficial de Gabinete do Secretário compete:

I. desempenhar com presteza e urbanidade as tarefas que lhe forem atribuídas;

II. colaborar no atendimento de partes que compareçam ao Gabinete;

III. exercer demais atividades no âmbito de sua competência.

Art. 7º. Ao Assessor de Gabinete do Secretário compete:

I. autuar e proceder a triagem dos expedientes dirigidos às Comissões Permanentes;

II. acompanhar as atividades desenvolvidas pelas Comissões Permanentes;

III. compilar dados e relatórios das tarefas desenvolvidas pelas Comissões Permanentes.

Art. 8º. Ao Auxiliar de Gabinete do Secretário compete:

I. auxiliar o Oficial de Gabinete no atendimento de partes e nos demais serviços inerentes ao cargo;

II. digitar e datilografar todo o serviço do Gabinete;

III. manter ordenadamente arquivadas as cópias dos serviços que forem digitados ou datilografados;

IV. arquivar a correspondência recebida e atendida, após determinação neste sentido;

V. proceder datilografia das atas do Tribunal Pleno e do Órgão Especial, dos Termos de Posse e de Certidões;

VI. atender ao público quando solicitado, especificamente com referência ao registro de diplomas e entrega de certidões;

VII. exercer demais atribuições no âmbito de sua competência.

Art. 9º. À Assessoria Jurídico-Administrativa compete:

I. assessorar o Secretário em matéria jurídico-administrativa, coligindo dados, pesquisando legislação, emitindo pareceres, relatórios e informações em processos e expedientes pertinentes a administração do Tribunal de Justiça;

II. executar outros encargos que lhe forem determinados.

Parágrafo único. Ao Coordenador da Assessoria Jurídico-Administrativa incumbe coordenar e supervisionar os serviços afetos ao setor, orientando o cumprimento dos mesmos.

Do Centro de Assistência Médica e Social

Art. 10. Ao Centro de Assistência Médica e Social compete:

a) através da Supervisão: (*8)

III. supervisionar, coordenar e dirigir as atividades do Centro de Assistência Médica e Social zelando pela regularidade, disciplina e ordem do serviço; (*3)

IV. supervisionar o atendimento médico e odontológico, das consultas ou pequenas cirurgias, a magistrados, servidores do Poder Judiciário e familiares dependentes, conforme suas necessidades; (*3)

V. responder pela execução objetiva das atividades do Centro, supervisionando as tarefas e orientando os funcionários sobre os seus deveres, obrigações e direitos; (*3)

VI. gerenciar a implantação e o desenvolvimento de programas afetos a área; (*3)

VII. prestar a supervisão técnica especializada nas áreas pertencentes ao Centro; (*3)

VIII. assinar os laudos médico-periciais e presidir a Junta Médica, quando designado; (*3)

IX. exercer outras atividades determinadas por seus superiores. (*3)

b) através da Seção Médica e seus Serviços:

I. prestar assistência médica aos magistrados, funcionários do Poder Judiciário e respectivos familiares, nos consultórios do Centro de Assistência Médica e Social do Tribunal de Justiça; (*3)

II. realizar pequenas cirurgias dentro das possibilidades do Centro de Assistência Médica e Social; (*3)

III. compor a Junta Médica do Poder Judiciário, conforme designação; (*3)

IV. inspecionar e orientar os serviços

paramédicos a serem executados; (*3)

V. solicitar informações externas de caráter profissional médico, sempre que necessárias, para avaliação pericial; (*3)

VI. elaborar laudos médico-periciais sempre que necessário; (*3)

VII. exercer outras atribuições que lhe forem determinadas.(*3)

c) através da Seção de Enfermagem e seus Serviços: (*16)

I. prestar atendimento aos magistrados e servidores do Poder Judiciário e seus respectivos dependentes; (*16)

II. assistir e auxiliar os trabalhos médicos; (*16)

III. programar, desenvolver e executar campanhas de vacinação; (*16)

IV. administrar medicação com receituário médico, no consultório do Centro de Assistência Médica e Social ou em domicílio, quando necessário; (*16)

V. efetuar curativos e eletrocardiogramas, mediante indicação médica; (*16)

VI. prestar atendimento domiciliar, quando necessário, a critério do médico assistente; (*16)

VII. manter sob sua responsabilidade o estoque de medicamentos do Centro de Assistência Médica e Social; (*16)

VIII. atender o serviço de oxigenoterapia aplicando inalações e similares; (*16)

IX. controlar e esterilizar materiais segundo normas técnicas; (*16)

X. exercer outras atividades que lhe forem atribuídas. (*16)

d) através da Seção de Psicologia e seus Serviços:

I. realizar avaliação psicológica para adultos e adolescentes, psicodiagnóstico, psicoterapia, avaliação psicológica, orientação aos pais, avaliação do estado mental para candidatos que ingressam no Poder Judiciário, perícias em caso de designação, avaliação psicológica de candidatos à Adoção Internacional (CEJA) ;

II. realizar a orientação vocacional de adolescentes;

III. aplicar e avaliar testes psicológicos, orientação psicopedagógica de crianças em tratamento, orientação a familiares e encaminhamentos, atendimento psicoterápico das famílias;

IV. atender às crianças da Creche e Pré-Escola do Centro Social Infantil; (*3)

V. exercer outras atribuições afins que lhe **e)** através da Seção de Serviço Social e seu Serviço:

I. desenvolver programas de caráter curativo, preventivo e promocional, visando o equilíbrio psicossocial do funcionário, tanto em sua vida funcional como familiar, através da elaboração, implantação e execução de projetos sociais;

II. atender os funcionários, prevenindo problemas de saúde, que venham interferir em seu desempenho funcional e relacionamento familiar; (*3)

III. minimizar e prevenir tensões existentes no ambiente de trabalho, contribuindo para a melhoria das relações interpessoais e da qualidade de vida dos funcionários; (*3)

IV. realizar acompanhamento dos funcionários e familiares portadores de distúrbios psiquiátricos; (*3)

V. controlar as licenças para tratamento de saúde; (*3)

VI. atender os funcionários que se encontram em licença para tratamento de saúde, acompanhando-os, bem como à sua família, durante e após o tratamento, através de visitas domiciliares, hospitalares, entrevistas e orientações; (*3)

VII. colocar à disposição de funcionários e familiares informações sobre os diversos recursos existentes na comunidade, assim como os critérios e as possibilidades de acesso a esses recursos; (*3)

VIII. desenvolver atividades de caráter preventivo e científico; (*3)

IX. entrevistar candidatos para a admissão ao Poder Judiciário; (*3)

X. implementar ações voltadas à adequada preparação de funcionários em vias de aposentadoria por invalidez; (*3)

XI. prestar atendimento preventivo e assistencial a funcionários e familiares, em relação à AIDS; (*3)

XII. exercer outras atribuições afins que lhe forem determinadas. (*3)

f) através da Seção Odontológica e seus Serviços: (*5)

I. prestar assistência odontológica aos Magistrados, funcionários e respectivos dependentes, nos consultórios da Seção Odontológica do Tribunal de Justiça, de acordo com as possibilidades técnicas do serviço; (*3)

II. atender, preventiva e profilaticamente, às crianças a partir da primeira dentição, com extensão ao atendimento à creche; (*3)

III. compor a Junta de Inspeção de Saúde Dentária, quando designada; (*3)

IV. realizar compras de acordo com a necessidade da Seção Odontológica; (*5)

V. coordenar os serviços de raio-X, odontopediatria, profilaxia, exodontia, periodontia e endodontia; (*5)

VI. coordenar e controlar as doenças infecto bacteriológicas (esterilização); (*5)

VII. atender a manutenção e conservação dos equipamentos; (*5)

VIII. exercer outras atribuições afins que lhe forem determinadas. (*5)

g) através da Seção de Atenção à Dependência Química e seu Serviço: (*3) (*23)

I. esclarecer sobre a doença alcoolismo e outras dependências químicas; (*3)

II. identificar e diagnosticar os funcionários com problemas de dependência de substâncias químicas; (*3)

III. auxiliar e assistir o funcionário com dependência, na sua tentativa de abstinência; (*3)

IV. prevenir e orientar os funcionários portadores de problemas decorrentes do uso e/ou abuso de substâncias químicas, possibilitando a reintegração dos mesmos ao seu ambiente social, profissional e familiar; (*3)

V. ajudar a melhorar o desempenho e produtividade dos funcionários com dependência química; (*3)

VI. promover uma melhora da qualidade de vida a esses funcionários e familiares, oportunizando revisão de seus projetos de vida; (*3)

VII. exercer outras atribuições afins que lhe forem determinadas.(*3)

Parágrafo único: *Para os fins do dispositivo deste artigo, são considerados dependentes: (*3)*

a) o cônjuge;

b) o (a) companheiro(a) que mantém há mais de 2 (dois) anos união estável com o (a) servidor(a) ou com filhos em comum;

c) filho(a), enteado(a) ou menor que, por determinação judicial, esteja sob sua guarda ou tutela, até 21 anos, ou, até 24 anos, se universitário, e desde que não aufira rendimentos próprios; e, o maior de 21 anos, quando incapacitado física ou mentalmente para o trabalho, sem arrimo dos pais, e que viva às expensas do servidor há mais de 2 (dois) anos consecutivos;

d) os ascendentes que, sem recursos, vivam às expensas do servidor e coabitem por lapso de tempo superior há 2 (dois) anos consecutivos.

h) através da Seção de Apoio Administrativo e seus Serviços: (*16)

I. supervisionar todo o serviço administrativo; (*16)

II. coordenar os serviços de forma a agilizar o atendimento ao usuário; (*16)

III. organizar e manter atualizado o fichário de funcionários e seus dependentes, bem como as fichas microfilmadas; (*16)

IV. supervisionar a confecção de laudos de posse, licenças para tratamento de saúde, juramentação, aposentadoria; (*16)

V. marcar consultas, dar encaminhamento e demais orientações aos usuários; (*16)

VI. elaborar os laudos emitidos pelos médicos, anotando nas fichas dos pacientes; (*16)

VII. prestar pronto atendimento aos usuários do Centro; (*16)

VIII. elaborar ofícios, informações, boletim de frequência e demais funções burocráticas; (*16)

IX. controlar, verificar e providenciar a aquisição ou manutenção de equipamentos; (*16)

X. exercer outras atividades que lhe forem atribuídas. (*16)

Do Centro de Educacão Infantil

Art. 11. *Ao Centro de Educação Infantil compete: (*17)*

a) através da Supervisão: (*17)

I. planejar, implantar, supervisionar e avaliar as atividades pedagógicas adequadas às diversas idades, visando o desenvolvimento global da criança; (*17)

II. elaborar, implantar, aferir os instrumentos de avaliação individual da criança na área supracitada; (*17)

III. prestar atendimento ao Supervisor do Centro de Educação Infantil no exercício de suas funções respondendo consultas e emitindo pareceres; (*17)

IV. contatar outros estabelecimentos congêneres, no sentido de aprimorar e atualizar o planejamento pedagógico; (*17)

V. elaborar e supervisionar o planejamento de atividades a serem desenvolvidas no Centro de Educação Infantil.(*17)

b) através da Assessoria Pedagógica: (*17)

I. planejar, implantar, supervisionar e avaliar as atividades pedagógicas adequadas às diversas idades, visando o desenvolvimento global da criança; (*17)

II. elaborar, implantar e aferir os instrumentos de avaliação individual da criança; (*17)

I. prestar atendimento ao Supervisor do Centro de Educação Infantil, no exercício de suas funções, respondendo a consultas e emitindo pareceres.(*17)

c) através da Seção Administrativa e seus Serviços: (*17)

I. cumprir e fazer cumprir as leis e normas do ensino e determinações da Supervisão; (*17)

II. substituir o Supervisor em suas faltas e impedimentos; (*17)

III. planejar, no início de cada ano, as atividades a serem desenvolvidas pela sua Seção, estabelecendo um cronograma de execução e submetendo-o à apreciação do supervisor; (*17)

IV. executar, avaliar e realimentar o planejamento proposto em sua área; (*17)

V. redigir e preparar os expedientes para despacho do supervisor; (*17)

VI. elaborar, implantar, supervisionar e avaliar as rotinas de limpeza e conservação geral; (*17)

VII. efetivar as matrículas dos alunos, depois de verificada a exatidão dos documentos apresentados; (*17)

VIII. secretariar as reuniões de caráter administrativo; (*17)

IX. controlar e supervisionar o livro ponto dos funcionários; (*17)

X. atender todo trâmite administrativo dos processos encaminhados ao Tribunal de Justiça pelo Centro de Educação Infantil; (*17)

XI. controlar e organizar o serviço de secretaria; (*17)

XII. organizar e manter atualizada a coletânea das leis, regulamentos, instruções e ordens de serviço necessárias ao bom funcionamento escolar; (*17)

XIII. zelar pelo uso adequado dos bens materiais da Secretaria; (*17)

XIV. atender e encaminhar ligações telefônicas; (*17)

XV. atender e encaminhar aos Serviços, as visitas recebidas; (*17)

XVI. providenciar orçamentos, quando solicitado; (*17)

XVII. realizar compras diárias, mensais, semanais de acordo com a necessidade do Centro de Educacão Infantil e autorização da Supervisão; (*17)

XVIII. controlar permanentemente o estoque de gêneros alimentícios, comunicando à Supervisão a necessidade de reposição; (*17)

XIX. organizar as relações de contas e obrigações a pagar, bem como efetuar os pagamentos autorizados pela Supervisão/ Direção do Centro de Educação Infantil, das compras efetuadas; (*17)

XX. orientar e supervisionar as cozinheiras no preparo das refeições; (*17)

XXI. escriturar o inventário de bens móveis, inclusive material didático.(*17)

d) através da Seção de Atendimento ao Berçário e seus Serviços: (*17)

I. organizar e manter em ordem o ambiente, onde se desenvolvem as atividades das crianças; (*17)

II. atender as crianças, respeitando seu desenvolvimento de acordo com o plano de trabalho; (*17)

III. supervisionar o lactário e a nutrição das crianças matriculadas; (*17)

IV. orientar as atitudes e procedimentos das funcionárias pertencentes ao serviço; (*17)

V. responder pelo inventário dos bens móveis do serviço; (*17)

VI. orientar as responsáveis sobre as atividades a serem desenvolvidos nos bimestres e encaminhar relatórios à Supervisão; (*17)

VII. orientar e supervisionar as funcionárias quanto a higiene e limpeza dos berçários.(*17)

e) através da Seção de Atendimento ao Maternal e seus Serviços: (*17)

I. desenvolver as atividades pedagógicas junto às crianças, de acordo com a proposta educacional designada; (*17)

II. orientar as responsáveis sobre os conteúdos a serem desenvolvidos nos bimestres e encaminhar relatórios à Supervisão; (*17)

III. orientar as atitudes e procedimentos das funcionárias, auxiliares de sala e estagiárias; (*17)

IV. responder pelo inventário de bens móveis do serviço.(*17)

f) através da Seção de Atendimento à Educação Infantil e seus Serviços: (*17)

I. desenvolver as atividades pedagógicas junto às crianças de acordo com a proposta educacional desenvolvida; (*17)

II. orientar as responsáveis de turma sobre os conteúdos a serem desenvolvidos nos bimestres e encaminhar relatório à Supervisão; (*17)

III. orientar as atitudes e procedimentos das funcionárias, auxiliares de turma e estagiárias; (*17)

IV. responder pelo inventário de bens móveis do serviço.(*17)

g) através da Seção de Apoio e seus Serviços: (*17)

I. promover programas de atendimento junto aos funcionários do estabelecimento, de acordo com as necessidades apresentadas, em conjunto com o Serviço Social da Divisão Médica do Tribunal de Justiça; (*17)

II. desenvolver programas sociais que visem o bom atendimento das crianças matriculadas no Centro de Educação Infantil; (*17)

III. promover atividades culturais com as crianças, de acordo com o planejamento feito previamente pelo Supervisor; (*17)

IV. promover atividades visando a integração família/ escola; (*17)

V. atender e orientar individualmente as crianças e seus familiares quando apresentarem problemas específicos; (*17)

VI. realizar estudo socio-econômico das famílias requerentes a vagas; (*17)

VII. encaminhar para avaliação médica as crianças que apresentarem, durante o período escolar, alguma anormalidade orgânica; (*17)

VIII. proceder exames periódicos nas crianças; (*17)

IX. afastar da Escola as crianças que apresentarem doenças infecto-contagiosas, devendo retornar a frequência, portando atestado médico com o CID. da doença; (*17)

X. participar de orientação e realização dos trabalhos de estimulação essenciais ao desenvolvimento, em todas as classes, inclusive berçário; (*17)

XI. atender os responsáveis no ato da matrícula para esclarecimento de dados familiares, afetivos e outros que auxiliem na adaptação da criança no novo ambiente; (*17)

XII. colaborar no recrutamento e seleção dos estagiários, bem como no treinamento e supervisão de atividades; (*17)

XIII. orientar as crianças nas atividades físicas que propiciem seu desenvolvimento integral; (*17)

XIV. estimular a prática de esportes como um aspecto saudável para o seu desenvolvimento; (*17)

XV. desenvolver nas crianças o senso crítico e estético; (*17)

XVI. desenvolver nas crianças o gosto pelas artes, música e literatura; (*17)

XVII. incentivar nas crianças o gosto pelas brincadeiras infantis e cantigas de roda; (*17)

XVIII. responder pelo inventário de bens móveis do serviço.(*17)

Do Centro de Apoio ao Fundo de Reequipamento do Poder Judiciário - Funrejus

Art. 12. Ao Centro de Apoio ao Fundo de Reequipamento do Poder Judiciário - FUNREJUS compete: (*12) (*18)

a) através da Supervisão: (*12) (*18)

I. supervisionar, coordenar e promover o desenvolvimento do FUNREJUS para que sejam atingidas suas finalidades; (*12) (*18)

II. fixar as diretrizes administrativas operacionais; (*12) (*18)

III. gerenciar a implantação e o desenvolvimento de programas afetos a área; (*12) (*18)

IV. elaborar, anualmente, relatório das atividades do FUNREJUS, submetendo-o à apreciação do Conselho Diretor; (*12) (*18)

V. prestar a supervisão técnica especializada nas áreas pertinentes ao Centro; (*12) (*18)

VI. exercer outras atividades determinadas por seus superiores.(*12) (*18)

b) através da Assessoria Jurídica: (*12) (*18)

I. instruir os processos a serem encaminhados ao Conselho Diretor; (*12) (*18)

II. elaborar pareceres técnicos-jurídicos e informações sobre matéria específica do FUNREJUS; (*12) (*18)

III. elaborar minutas de normas inerentes ao FUNREJUS; (*12) (*18)

IV. prestar assessoramento ao Conselho Diretor; (*12) (*18)

V. desenvolver outras atividades correlatas. (*12) (*18)

Art. 13. À Divisão Jurídica compete: (*18)

a) através da Seção de Assessoramento Jurídico: (*18)

I. instruir os processos a serem encaminhados ao Conselho Diretor; (*18)

II. dar andamento aos processos encaminhados à Assessoria para consultas e informações; (*18)

III. elaborar minutas de normas inerentes ao FUNREJUS (alterações legislativas, decretos judiciários, instruções normativas, portarias) ; (*18)

IV. elaborar pareceres técnico-jurídicos e informações sobre matéria específica do FUNREJUS; (*18)

V. desenvolver outras tarefas correlatas.(*18)

b) através da Seção de Orientação Jurídico-Administrativo: (*18)

I. prestar assessoramento ao Conselho Diretor; (*18)

II. dar ciência as partes interessadas dos despachos do Conselho Diretor e pareceres dos seus membros; (*18)

III. solicitar informações em autos de pedido de providências, reclamações Inspeção e Correições, nas serventias da Capital e Interior; (*18)

IV. desenvolver outras tarefas correlatas.(*18)

Art. 14. À Divisão de Arrecadação e Fiscalização compete: (*18)

a) através da Seção de Arrecadação e seus Serviços: (*18)

I. receber diariamente as guias de recolhimento, encaminhadas pelo banco; (*18)

II. organizar e controlar o lançamento das guias no sistema próprio de controle e gerenciamento; (*18)

III. conferir os lançamentos efetuados; (*18)

IV. informar os pedidos de restituição de recolhimentos incorretos ou em duplicidade; (*18)

V. manter atualizado o sistema de controle de guias restituídas; (*18)

VI. elaborar e manter atualizado os relatórios gerenciais sobre o comportamento da arrecadação; (*18)

VII. elaborar e manter atualizados os relatórios de controle de receita por fontes, visando dar suporte às Seções de Contabilidade e Orçamento nas suas atribuições; (*18)

VIII. exercer outras atribuições que sejam relacionadas a arrecadação. (*18)

b) através da Seção de Fiscalização e seus Serviços: (*18)

I. analisar relatórios com a finalidade de produzir dados estatísticos sobre os recolhimentos do FUNREJUS por fonte de receita, por unidade arrecadadora e quantidade de guias; (*18)

II. fiscalizar as unidades arrecadadoras no que diz respeito ao preenchimento correto das guias; (*18)

III. elaborar e implantar sistema de controle e avaliação das guias; (*18)

IV. avaliar a segurança e a eficácia dos sistemas de controle da arrecadação; (*18)

V. verificar o cumprimento das normas e procedimentos estabelecidos.(*18)

Art. 15. À Divisão de Contabilidade e Orçamento compete: (*18)

I. através da Seção de Contabilidade e seus Serviços: (*18)

II. contabilizar as receitas de acordo com a Lei de Orçamento; (*18)

III. efetuar mensalmente a contabilização e o repasse das receitas de terceiros, conforme a legislação vigente, mantendo relatórios atualizados; (*18)

IV. processar toda a documentação relativa a pagamentos, observando a regularidade dos processos; (*18)

V. prestar as informações relativas a processos de pagamentos; (*18)

VI. manter organizado o arquivo de processos de pagamentos auditados pela Inspetoria de Controle Externo do Tribunal de Contas, de forma a agilizar as consultas; (*18)

VII. controlar e fiscalizar a consulta de processos já auditados pelo Tribunal de Contas; (*18)

VIII. exercer o controle sobre os processos de despesas parciais, dedutivos de empenhos estimativos ou globais; (*18)

IX. efetuar e controlar as aplicações financeiras, mantendo relatórios atualizados; (*18)

X. executar periodicamente as rotinas de auditoria do sistema de contabilidade; (*18)

XI. elaborar e efetuar os lançamentos manuais no sistema de contabilidade, quando necessário; (*18)

XII. elaborar e manter atualizado o relatório de incorporação de bens móveis e imóveis, resultantes e independentes da execução orçamentária; (*18)

XIII. elaborar e encaminhar a prestação de contas mensal para a Inspetoria de Controle Externo do Tribunal de Contas; (*18)

XIV. elaborar, encaminhar e acompanhar o andamento da prestação de contas anual; (*18)

XV. *exercer o controle contábil de todos os atos da gestão orçamentária, financeira e patrimonial; (*18)*

b) *através da Seção de Orçamento e seus Serviços: (*18)*

I. *auxiliar na elaboração da proposta orçamentária; (*18)*

II. *auxiliar na elaboração do Plano de Aplicação, exercendo o controle sobre a sua execução; (*18)*

III. *promover a execução orçamentária e financeira em conformidade com as metas previstas; (*18)*

IV. *proceder a classificação orçamentária das despesas em conformidade com as normas vigentes; (*18)*

V. *efetuar os bloqueios estimativos de recursos, assegurando orçamento para os bens e serviços que estão em processo de aquisição; (*18)*

VI. *elaborar e manter atualizado o cadastro de fornecedores; (*18)*

VII. *emitir as notas de empenhos, de estorno ou de recolhimento; (*18)*

VIII. *controlar a execução do orçamento, propondo as alterações orçamentárias necessárias; (*18)*

IX. *elaborar e manter atualizado os relatórios gerenciais relativos a execução do Plano de Aplicação e do orçamento; (*18)*

X. *elaborar o relatório anual de execução orçamentária e financeira para a prestação de contas; (*18)*

XI. *elaborar relatório de execução física do orçamento.(*18)*

Art. 16. *À Divisão Administrativa compete: (*18)*

I. *através da Seção de Sistematização de Dados e seus Serviços: (*18)*

II. *fornecer as unidades arrecadadoras as guias de recolhimento; (*18)*

III. *prestar atendimento ao público; (*18)*

IV. *orientar às unidades arrecadadoras responsáveis pelos recolhimentos ao FUNREJUS, sobre o correto preenchimento das guias, observando-se o disposto na regulamentação própria; (*18)*

V. *digitar todos os serviços da Assessoria Jurídica; (*18)*

VI. *manter, ordenadamente arquivadas as cópias dos serviços que forem executados, bem como da legislação selecionada, permitindo fácil consulta quando necessário; (*18)*

b) *através da Seção de Distribuição e Expedição e seus Serviços: (*18)*

I. *receber, triar e cadastrar os expedientes pertinentes ao FUNREJUS; (*18)*

II. *autuar os processos a fim de providenciar a respectiva distribuição, encaminhamento ou alteração da distribuição; (*18)*

III. *extrair e juntar aos autos os respectivos termos de distribuição e conclusão, bem como, as etiquetas próprias; (*18)*

IV. *encaminhar os processos conclusos aos Desembargadores relatores; (*18)*

V. *expedir ofícios e correspondências aos setores envolvidos.(*18)*

Do Gabinete do Subsecretário (*6)

Art. 17. *O Gabinete do Subsecretário é constituído de:*

I. *Oficial de Gabinete;*

II. *Assessor de Gabinete;*

III. *Auxiliar de Gabinete;*

IV. *Centro de Documentação: (*20)*

a) *Supervisão;*

b) *Assessoria Técnica; (*4) (*20)*

c) *Seção de Doutrina: (*4) (*20)*

c.1) *Serviço de Processamento Técnico de Material Bibliográfico; (*4)*

c.2) *Serviço de Controle Bibliográfico; (*4) (*20)*

c.3) *Serviço de Controle e Indexação de Periódicos; (*4) (*20)*

c.4) *Serviço de Manutenção e Controle da Coleção; (*4) (*20)*

d) *Seção de Legislação: (*4) (*20)*

d.1) *Serviço de Referência Legislativa; (*4) (*20)*

d.2) *Serviço de Acompanhamento, Controle e Atualização de Legislação Estadual; (*4) (*20)*

d.3) *Serviço de Acompanhamento, Controle e Atualização de Legislação Federal; (*4) (*20)*

e) *Seção de Disseminação da Informação: (*4) (*20)*

e.1) *Serviço de Referência e Empréstimo; (*4) (*20)*

e.2) *Serviço de Informação Técnica; (*4) (*20)*

e.3) *Serviço de Editoração e Expedição; (*20)*

f) *Seção de Pesquisa Bibliográfica: (*20)*

f.1) *Serviço de Referência Doutrinária e Legislativa; (*20)*

f.2) *Serviço de Pesquisa Jurisprudencial; (*20)*

f.3) *Serviço de Atendimento ao Magistrado e Empréstimo; (*20)*

g) *Seção de Jurisprudência e Processamento de Acórdãos: (*20)*

g.1) *Serviço de Cadastramento de Acórdãos; (*20)*

g.2) *Serviço de Seleção e Análise de Acórdãos; (*20)*

g.3) *Serviço de Controle e Recuperação de Julgados; (*20)*

h) *Seção de Pesquisa Jurisprudencial Avançada: (*20)*

h.1) *Serviço de Atendimento a Pesquisa; (*20)*

h.2) *Serviço de Pesquisa Jurisprudencial Avançada; (*20)*

h.3) *Serviço de Suporte e Apoio Jurisprudencial; (*20)*

i) ***Divisão do Museu da Justiça: (*15) (*34)***

i.1) *Seção de Controle Administrativo e Guarda de Documentos: (*15) (*34)*

i.1.1) *Serviço de Controle de Arquivo; (*15) (* 34)*

i.1.2) *Serviço de Atendimento ao Público. (*15) (* 34)*

V. *Centro de Protocolo Judiciário Estadual e Arquivo Geral: (*2) (*17) (*29) (*30) (*50) (*51)*

a) *Supervisão*

a.1) *Assessor de Gabinete*

b) *Divisão de Assessoramento Técnico e Administrativo:*

b.1) *Seção de Apoio e Pesquisa;*

b.2) *Seção de Recebimento de Expedientes e Atendimento Interno;*

b.2.1) *Serviço de Juntadas e Anexações;*

b.3) *Seção de Recebimento de Fac-Símile e Correio Eletrônico;*

b.3.1) *Serviço de Recebimento e Registro de e-mail;*

b.3.2) *Serviço de Distribuição;*

b.4) *Seção de Expedição de Documentos;*

b.4.1) *Serviço de Distribuição de Expedientes da Secretaria;*

b.4.2) *Serviço de Distribuição de Expedientes da Corregedoria-Geral da Justiça;*

b.4.3) *Serviço de Malote;*

b.5) *Seção de Recebimento e Cadastramento de Expedientes da Corregedoria-Geral da Justiça;*

b.5.1) *Serviço de Recebimento e Triagem de Expedientes;*

b.5.2) *Serviço de Cadastramento de Expedientes;*

b.5.3) *Serviço de Consulta e Informação;*

b.5.4) *Serviço de Distribuição de Expedientes;*

b.6) *Primeira Seção de Reprodução de Documentos e Autenticação;*

b.6.1) *Serviço de Reprografia;*

b.6.2) *Serviço de Autenticação;*

b.6.3) *Serviço de Controle de Custos;*

b.6.4) *Serviço de Controle de Materiais;*

b.7) *Segunda Seção de Reprodução de Documentos e Autenticação;*

b.7.1) *Serviço de Autenticação;*

b.7.2) *Serviço de Controle de Materiais;*

b.8) *Seção de Controle de Guarda de Documentos;*

b.8.1) *Serviço de Classificação;*

b.8.2) *Serviço de Atualização de Dados;*

b.8.3) *Serviço de Manutenção de Arquivamento;*

b.8.4) *Serviço de Atendimento e Consulta;*

b.9) *Seção de Microfilmagem;*

b.9.1) *Serviço de Duplicação e Inspeção de Microfilme;*

b.9.2) *Serviço de Preparação de Documentos;*

b.9.3) *Serviço de Processamento de Microfilmes;*

b.9.4) *Serviço de Organização de Documentos;*

b.9.5) *Serviço de Cadastramento, Conferência e Consulta de Dados;*

b.9.6) *Serviço de Eliminação de Documentos;*

c) *Primeira Divisão de Protocolo:*

c.1) *Seção de Protocolo Judiciário de 2º Grau;*

c.1.1) *Serviço de Recebimento de Expedientes e Registros;*

c.1.2) *Serviço de Cadastramento e Triagem;*

c.2) *Seção de Atendimento ao Público;*

c.2.1) *Serviço de Recebimento e Registro;*

c.2.2) *Serviço de Pesquisa Protocolar;*

c.2.3) *Serviço de Fotocópia;*

c.3) *Seção de Análise de Dados Cadastrais;*

c.3.1) *Serviço de Conferência de Dados;*

c.4) *Seção de Cadastramento de Expedientes Administrativos;*

c.4.1) *Serviço de Apoio e Informação;*

c.4.2) *Serviço de Alteração de Dados;*

c.4.3) *Serviço de Distribuição;*

c.4.4) *Serviço de Controle de Movimentação Protocolar;*

c.4.5) *Serviço de Pesquisa Protocolar Interna;*

d) *Segunda Divisão de Protocolo:*

d.1) *Seção de Apoio Técnico-Administrativo;*

d.2) *Seção de Apoio Técnico-Jurídico;*

d.3) *Seção de Protocolo Geral;*

d.3.1) *Serviço de Recebimento e Distribuição;*

d.3.2) *Serviço de Triagem e Distribuição;*

d.4) *Seção de Cadastro e Controle de Documentos;*

d.4.1) *Serviço de Controle de Movimentação Protocolar;*

d.4.2) *Serviço de Expedição de Documentos;*

d.5) *Seção de Recebimento de Fac-Símile;*

d.5.1) *Serviço de Distribuição e Consulta;*

d.6) *Seção de Arquivo;*

d.6.1) *Serviço de Seleção de Expedientes;*

VI. *Centro de Transporte: (*14) (*17)*

a) *Supervisão;*

b) *Seção de Controle de Pessoal e Materiais: (*17)*

b.1) *Serviço de Controle de Motoristas; (*17)*

b.2) *Serviço de Controle de Materiais; (*17)*

c) *Seção de Controle de Frota:(*17)*

c.1) *Serviço de Documentação; (*17)*

c.2) *Serviço de Combustível; (*17)*

c.3) *Serviço de Lavagem e Lubrificação; (*17)*

VII. *Departamento de Informática:(*17)*

a) *Diretoria; (*17)*

b) *Assessoria; (*17)*

c) *Núcleos Regionais de Informática: (*17)*

c.1) *Núcleo Regional de Ponta Grossa; (*17)*

c.2) *Núcleo Regional de Londrina; (*17)*

c.3) *Núcleo Regional de Maringá; (*17)*

c.4) *Núcleo Regional de Cascavel; (*17)*

c.5) *Núcleo Regional de Foz do Iguaçu; (*17)*

d) *Divisão de Análise:(*17)*

d.1) *Seção de Análise de Sistemas:(*17)*

d.1.1) *Serviço de Levantamento de Dados; (*17)*

d.1.2) *Serviço de Estudos de Novas Ferramentas de Trabalho; (*17)*

d.1.3) *Serviço de Documentação de Sistemas; (*17)*

d.2) *Seção de Desenvolvimento de Projetos:(*17)*

d.2.1) *Serviço de Desenvolvimento de Sistemas; (*17)*

d.2.2) *Serviço de Programação; (*17)*

d.2.3) *Serviço de Manutenção de Sistemas; (*17)*

d.3) *Seção de Automação de Justiça de 1º Grau:(*17)*

d.3.1) *Serviço de Atendimento aos Juizados Especiais; (*17)*

d.3.2) *Serviço de Atendimento às Varas Criminais; (*17)*

d.3.3) *Serviço de Atendimento às Varas Especializadas; (*17)*

d.4) *Seção de Automação da Secretaria: (*17)*

d.4.1) *Serviço de Atendimento à Justiça de 2º Grau; (*17)*

d.4.2) *Serviço de Atendimento aos Gabinetes de Desembargadores, (*17)*

d.4.3) *Serviço de Atendimento a Sistemas Administrativos; (*17)*

d.5) *Seção de Formação em Ferramentas de Informática: (*17)*

d.5.1) *Serviço de Formação e Treinamento; (*17)*

d.5.2) *Serviço de Estudos de Novas Ferramentas; (*17)*

e) *Divisão de Suporte Técnico (*17):*

e.1) *Seção de Gerenciamento de Redes: (*17)*

e.1.1) *Serviço de Planejamento e Controle de Redes; (*17)*

e.1.2) *Serviço de Controle de Software e Hardware; (*17)*

e.2) *Seção de Banco de Dados e Sistemas Operacionais:(*17)*

e.2.1) *Serviço de Controle de Qualidade e Segurança de Sistemas; (*17)*

e.2.2) *Serviço de Administração de Dados e Metodologias Operacionais; (*17)*

f) *Divisão de Controle e Manutenção de Equipamentos:(*17)*

f.1) *Seção de Operação de Equipamentos: (*17)*

f.1.1) *Serviço do 1º Turno; (*17)*

f.1.2) *Serviço do 2º Turno; (*17)*

f.1.3) *Serviço do 3º Turno; (*17)*

f.2) *Seção de Infra-estrutura Técnica:(*17)*

f.2.1) *Serviço de Instalação e Manutenção de Equipamentos; (*17)*

f.2.2) *Serviço de Eletrotécnica; (*17)*

Divisão de Microinformática: (*17)

g.1) *Seção de Software Básico: (*17)*

g.1.1) *Serviço de Instalação e Distribuição; (*17)*

g.1.2) *Serviço de Treinamento e Atendimento; (*17)*

g.2) *Seção de Hardware: (*17)*

g.2.1) *Serviço de Manutenção Técnica; (*17)*

g.2.2) *Serviço de Homologação de Hardware; (*17)*

g.2.3) *Serviço de Planejamento e Estudos de Novas Ferramentas. (*17)*

Art. 18. *Ao Subsecretário compete:*

I. *substituir o Secretário nos seus impedimentos e afastamentos;*

II. *supervisionar as atividades do Departamento de Informática, Centro de Protocolo Judiciário Estadual e Arquivo Geral, Centro de Transporte e Centro de Documentação; (*2) (*21)*

III. *exercer as atribuições que lhe forem delegadas pelo Secretário;*

IV. *exercer outros encargos que lhe forem atribuídos pelo Presidente.*

Art. 19. *Ao Oficial de Gabinete do Subsecretário compete:*

I. *desempenhar com presteza e urbanidade as tarefas que lhe forem atribuídas;*

II. *colaborar no atendimento de partes que compareçam ao Gabinete;*

III. *marcar audiências solicitadas, de acordo com a agenda do Subsecretário;*

IV. *exercer demais atividades no âmbito de sua competência.*

Art. 20. *Ao Assessor de Gabinete do Subsecretário compete: (*47)*

I. *prestar assessoramento ao Subsecretário nos expedientes que tramitam pelo Gabinete; (*47)*

II. *elaborar os despachos nos processos de competência do Subsecretário;*

III. *prestar as informações devidas e dar encaminhamento aos expedientes para os Departamentos competentes;*

IV. *exercer demais atividades no âmbito de sua competência.*

Art. 21. *Ao Auxiliar de Gabinete do Subsecretário compete:*

I. *auxiliar o Oficial de Gabinete no atendimento de partes e nos demais serviços inerentes ao cargo;*

II. *digitar e datilografar todo o serviço do Gabinete;*

III. *manter ordenadamente arquivadas as cópias dos serviços que forem digitados ou datilografados;*

IV. *arquivar a correspondência recebida e atendida, após determinação neste sentido;*

V. *exercer demais atribuições no âmbito de sua competência.*

Do Centro de Documentação

Art. 22., Ao Centro de Documentação compete: (*20)

a) *através da Supervisão: (*20)*

I. *superintender o desempenho dos Serviços, através das Chefias de Seção; (*20)*

II. *elaborar política de seleção, organização e manutenção do acervo bibliográfico; (*20)*

III. *solicitar alterações no sistema automatizado, otimizando o emprego da tecnologia existente em proveito do serviço; (*20)*

IV. *prestar assessoramento técnico na área de pesquisas, suprindo o Tribunal de Justiça em sua necessidade de informação jurídica; (*20)*

V. *zelar pelo cumprimento de normas e instruções internas; (*20)*

VI. *orientar as Chefias de Seção quanto ao estabelecimento e cumprimento de prioridades, serviços e metas; (*20)*

VII. *administrar solicitações, reivindicações e sugestões das Chefias de Seção; (*20)*

VIII. *motivar, participar e implantar projetos, programas e planos de reformulação e aprimoramento de atividades e produtos; (*20)*

IX. *planejar propostas de orçamento, contenção de despesas e destinação de verbas atribuídas ao Centro de Documentação; (*20)*

X. *delegar tarefas que lhe são afetas; (*20)*

XI. *zelar pelo bom andamento e pela imagem do Centro de Documentação através de incentivo e participação na criação de instrumentos para se aferir o nível de satisfação dos usuários; (*20)*

XII. *acompanhar a editoração, edição e conferência dos produtos gerados pelo Centro; (*20)*

XIII. *assessorar a Comissão de Jurisprudência, Documentação e Biblioteca, na tomada de decisões afetas ao Centro; (*20)*

XIV. *elaborar normas de procedimento interno do Centro; (*20)*

b) *Através da Assessoria Técnica: (*20)*

I. *prestar assessoramento técnico às Seções do Centro de Documentação; (*20)*

II. *controlar a utilização e guarda do acervo; (*20)*

III. *analisar e controlar o uso dos terminais telefônicos, aparelhos de fac-símile e utilização da rede INTERNET; (*20)*

IV. *elaborar, organizar e orientar relatórios; (*20)*

V. *controlar as correspondências emitidas e recebidas; (*20)*

VI. *prestar informações rápidas a outros setores mediante solicitação; (*20)*

VII. *analisar a pertinência na elaboração de escalas de férias dos funcionários; (*20)*

VIII. *controlar aquisição e descarte de material bibliográfico; (*20)*

IX. *controlar assinaturas de periódicos e analisar propostas; (*20)*

X. *montar planejamentos para apreciação superior; (*20)*

XI. *repassar ordens superiores aos Chefes de Seção; (*20)*

XII. *atender a solicitações de pesquisas quando solicitadas pela Supervisão; (*20)*

XIII. *orientar os serviços de divulgação e remessa de materiais; (*20)*

XIV. *acompanhar a elaboração e editoração do Informativo Jurídico; (*20)*

XV. *centralizar o recebimento das comunicações de frequência dos funcionários organizando-as em boletim de frequência; (*20)*

XVI. *organizar o armazenamento de documentos administrativos; (*20)*

XVII. *manter contatos com outros órgãos a fim de subsidiar soluções de questões complexas decorrentes de solicitações de pesquisas; (*20)*

XVIII. *elaborar estudos propostos pela administração; (*20)*

XIX. *acompanhar a Supervisão na elaboração de programas, projetos e planejamentos; (*20)*

XX. *manter arquivos de backups das atividades administrativas da Supervisão; (*20)*

XXI. *responder pelo Centro na ausência do titular; (*20)*

c) *Através da Seção de Doutrina e seus Serviços: (*20)*

I. *efetivar a incorporação de material bibliográfico ao acervo mediante compra, doação ou permuta; (*20)*

II. *Implantar o tombamento das obras no sistema automatizado; (*20)*

III. *preparar fisicamente o material bibliográfico; (*20)*

IV. *processar tecnicamente o material bibliográfico através de normas de catalogação e inserir no sistema automatizado; (*20)*

V. *ordenar, organizar e remanejar as estantes; (*20)*

VI. *orientar a busca e devolução de exemplares em sua devida localização de acordo com normas preestabelecidas; (*20)*

VII. *manter o sistema automatizado atualizado e em condições de uso;*

VIII. *realizar estudos e seleção de obras a serem adquiridas, através de solicitações dos diversos setores do Tribunal, catálogos de livreiros, editoras e livrarias jurídicas; (*20)*

IX. *participar na elaboração de política de seleção, aquisição e descarte considerando as necessidades do Tribunal de Justiça; (*20)*

X. *elaborar listas de aquisição de obras bibliográficas encaminhar ao setor competente; (*20)*

XI. *controlar o recebimento dos materiais a serem distribuídos; (*20)*

XII. *controlar a remessa e a devolução de exemplares distribuídos aos diversos setores do Tribunal; (*20)*

XIII. *controlar o recebimento de doações; (*20)*

XIV. *elaborar lista de doações e enviar para bibliotecas, escolas e fóruns; (*20)*

XV. *organizar remessa de doações; (*20)*

XVI. *orientar o descarte de obras desatualizadas sem condições de uso; (*20)*

XVII. *selecionar para aquisição e controlar o acervo da Sala de Sessões; (*20)*

XVIII. *manter reserva técnica de materiais de referência para pronto atendimento; (*20)*

XIX. *organizar e manter atualizado arquivo com vencimento de assinaturas, fornecedor e contatos para renovação de periódicos; (*20)*

XX. *solicitar renovação e aquisição de títulos novos ou faltantes ao setor competente; (*20)*

XXI. *elaborar listas de títulos de periódicos existentes no acervo; (*20)*

XXII. *orientar o descarte e remanejamento da coleção de periódicos; (*20)*

XXIII. *manter organizados e controlados os periódicos atualizáveis armazenando em pastas próprias e identificadas; (*20)*

XXIV. *proceder à análise e indexação de artigos periódicos; (*20)*

XXV. *inserir no sistema automatizado as referências e a titulação dos artigos selecionados; (*20)*

XXVI. *selecionar artigos de interesse para o Informativo Jurídico do Centro de Documentação; (*20)*

XXVII. *proceder ao levantamento do acervo regularmente, a fim de apurar baixas, extravios e necessidade de reforço de materiais em determinado ramo do Direito; (*20)*

XXVIII. *orientar as baixas, remanejamentos, descarte, reparos e consertos necessários do acervo; (*20)*

XXIX. *controlar as coleções de Diários Oficiais e da Justiça para encadernação; (*20)*

XXX. *elaborar listas para encadernação de diários, livros e periódicos; (*20)*

XXXI. *conferir o material encadernado; (*20)*

XXXII. *zelar pela colocação e manutenção de materiais nas estantes de acordo com as normas; (*20)*

d) *Através da Seção de Legislação e seus Serviços: (*20)*

I. *manter atualizados os materiais de referência com as alterações legislativas correntes; (*20)*

II. *prestar pronto atendimento a questões de legislação, quanto à sua vigência, pertinência e legislações correlatas; (*20)*

III. *encaminhar a legislação vigente ao Serviço de Disseminação para alerta das novidades em termos de Legislação Estadual, Federal e Judiciária; (*20)*

IV. *orientar o uso das coleções de Diários Oficiais, Lex, Leis do Brasil e demais materiais que tenham por conteúdo Legislação; (*20)*

V. *atender a Magistratura em solicitações e buscas de pesquisas legislativas; (*20)*

VI. *zelar pela organização e armazenamento da coleção; (*20)*

VII. *acompanhar e proceder a leitura das publicações Diário Oficial e da Justiça do Estado; (*20)*

VIII. *selecionar a legislação de interesse para o Sistema e para publicação no Informativo Jurídico; (*20)*

IX. *analisar, indexar e inserir no banco de dados a legislação pertinente; (*20)*

X. *manter atualização da legislação judiciária e estadual em meio magnético; (*20)*

XI. *acompanhar e proceder a leitura das publicações do Diário Oficial e da Justiça da União; (*20)*

XII. *selecionar material pertinente e de interesse para divulgação; (*20)*

XIII. *acompanhar, indexar e referenciar a legislação judiciária e federal; (*20)*

XIV. *pesquisar sobre os controles da inconstitucionalidade das Leis do Estado do Paraná através de ADINS e ADCS; (*20)*

e) *Através da Seção de Disseminação da Informação e seus Serviços: (*20)*

I. *elaborar, propor e participar de fixação de políticas de empréstimo; (*20)*

II. *atender solicitações de pesquisas internas e externas; (*20)*

III. *encaminhar as pesquisas aos setores requisitantes; (*20)*

IV. *realizar pesquisas rápidas de informação e de referência; (*20)*

V. *manter atualizado e ordenado o acervo de referência; (*20)*

VI. *zelar pelo sistema de empréstimos, efetuando cargas, devoluções e renovações; (*20)*

VII. *manter catálogo atualizado de usuários; (*20)*

VIII. *elaborar lista e realizar cobrança de material em atraso; (*20)*

IX. *solicitar reposição de material extraviado ou perdido; (*20)*

X. *encaminhar pesquisas via fax, correio e local; (*20)*

XI. *efetuar empréstimos para fotocópias locais ou em setor competente; (*20)*

XII. *encaminhar material selecionado de doutrina, legislação e jurisprudência para o usuário real de acordo com o perfil deste; (*20)*

XIII. *fornecer regularmente cópias de legislação e/ou alterações legislativas aos senhores Desembargadores, Magistrados, Diretorias e Seções; (*20)*

XIV. *encaminhar aos usuários, as reais informações de interesse; (*20)*

XV. *selecionar material para elaboração do Informativo Jurídico do Centro de Documentação; (*20)*

XVI. *manter atualizado o acervo da Sala de Sessões; (*20)*

XVII. *analisar o perfil dos usuários reais e suas expectativas e necessidades de informação; (*20)*

XVIII. *elaborar arquivo de matéria de interesse para a Magistratura e Cúpula Diretiva; (*20)*

XIX. *manter atualizadas pastas de recortes, de assuntos polêmicos e/ou atuais em legislação e doutrina a fim de prestar pronto atendimento a possíveis solicitações; (*20)*

XX. *coordenar as atividades serviço de alerta, circulação de periódicos e sumários correntes; (*20)*

XXI. *disponibilizar na INTRANET e INTERNET notícias e Informativo Jurídico do CEDOC; (*20)*

XXII. *recolher material selecionado pelas outras Seções para elaboração do Informativo Jurídico; (*20)*

XXIII. *elaborar e organizar o Informativo Jurídico; (*20)*

XXIV. *digitar e conferir o Informativo Jurídico; (*20)*

XXV. *acompanhar editoração do Informativo Jurídico; (*20)*

XXVI. *acompanhar o processo de publicação do Paraná Judiciário; (*20)*

XXVII. *manter atualizado cadastro da Magistratura para remessa de material, realizando alterações, correções e inserções no sistema quando necessário; (*20)*

XXVIII. *imprimir e conferir as etiquetas para postagem de correspondência e/ou material para a Magistratura; (*20)*

XXIX. *encaminhar material de alerta e revistas aos usuários quando solicitado; (*20)*

XXX. *manter arquivadas, organizadas e controladas as cargas de material encaminhado ou expedido; (*20)*

XXXI. *proceder ao envelopamento, etiquetamento e remessa de periódicos e boletins; (*20)*

f) *Através da Seção de Pesquisa Bibliográfica e seus Serviços: (*20)*

I. *atender às solicitações de pesquisas em doutrina e legislação; (*20)*

II. *realizar pesquisas exaustivas de questões complexas a pedido dos Senhores Desembargadores; (*20)*

III. *participar do processo de seleção de material para aquisição; (*20)*

IV. *realizar pesquisas em meio magnético; (*20)*

V. *realizar, a pedido, pesquisas de jurisprudência para os Senhores Desembargadores no exercício da judicatura; (*20)*

VI. *selecionar e separar ementas para atendimento a solicitações; (*20)*

VII. *solicitar apoio físico e material quando necessário a Seção de Jurisprudência e Processamento de Acórdãos; (*20)*

VIII. *realizar pesquisas em redes internas e externas; (*20)*

IX. *atender às solicitações dos Gabinetes dos Senhores Desembargadores e acompanhar o encaminhamento ao setor competente; (*20)*

X. *zelar pelas normas de empréstimo, efetuando cargas, devoluções e renovações; (*20)*

XI. *elaborar listas de empréstimo em atraso e emitir carta-cobrança; (*20)*

XII. *servir de canal entre os setores técnicos do CEDOC e as expectativas dos Senhores Desembargadores; (*20)*

XIII. *realizar levantamentos e remanejamentos periódicos do acervo da Seção; (*20)*

XIV. *manter organizada e em condições de uso a coleção; (*20)*

g) *Através da Seção de Jurisprudência e Processamento de Acórdãos e seus Serviços: (*20)*

I. *receber, classificar e colecionar os acórdãos enviados pelo Departamento Judiciário, através de suas Divisões e Câmaras; (*20)*

II. *proceder ao arquivamento dos acórdãos, com tarjas de identificação e órgão julgador; (*20)*

III. *manter e controlar a coleção organizada; (*20)*

IV. *relacionar os acórdãos para encadernação; (*20)*

V. *conferir material encadernado; (*20)*

VI. *analisar e indexar as ementas dos acórdãos utilizando-se de linguagem controlada para fácil recuperação; (*20)*

VII. *proceder à editoração, conferência e implantação de ementas; (*20)*

VIII. *controlar e implantar os acórdãos julgados Segredos de Justiça; (*20)*

IX. *implantar no sistema automatizado os acórdãos devidamente titulados; (*20)*

X. *atender à solicitação de acórdãos; (*20)*

XI. *reunir e selecionar ementas para divulgação no Informativo Jurídico do Centro de Documentação; (*20)*

XII. *selecionar acórdãos para publicação em revistas especializadas; (*20)*

XIII. *recuperar a informação de julgados e acórdãos armazenados em arquivo não automatizado; (*20)*

h) *Através da Seção de Pesquisa Jurisprudencial e seus Serviços: (*20)*

I. *prestar atendimento orientando na pesquisa o público externo; (*20)*

II. *prestar atendimento especializado à Magistratura de 1º grau e cúpula diretiva do Tribunal de Justiça; (*20)*

III. *encaminhar pesquisas à Magistratura Estadual via fax, correio ou outro meio magnético; (*20)*

IV. *fornecer ementas ou íntegra de acórdãos quando solicitados pela Magistratura e órgãos públicos; (*20)*

V. *enviar mediante solicitação cópias de acórdãos; (*20)*

VI. *realizar para a Magistratura pesquisas exaustivas via redes interna e externas; (*20)*

VII. *solicitar a outros órgãos e tribunais, quando necessário, respaldo para pesquisas avançadas; (*20)*

VIII. *proceder a pesquisas jurisprudenciais em meio magnético; (*20)*

IX. *prestar apoio à Seção na área da Informática; (*20)*

X. *administrar a disponibilização na rede interna de julgados dos Tribunais Superiores publicados nos Diários Oficiais da União; (*20)*

XI. *acessar a INTERNET para pesquisas; (*20)*

XII. *receber e enviar pesquisas via correio eletrônico; (*20)*

XIII. *prestar atendimento a empréstimos dos julgados, controlar e proceder a cobrança de material.(*20)*

Art. 23. *À Divisão do Museu da Justiça compete: (*15) (*34)*

a) *através da Seção de Controle Administrativo e Guarda de Documentos e seus Serviços: (*15) (*34)*

I. *Proceder a triagem e conservação dos documentos que fazem parte do acervo do Museu; (*15) (*34)*

II. *organizar e registrar toda a documentação já existente bem como as novas doações efetuadas; (*15) (*34)*

III. *pesquisar junto às Comarcas do Estado e outros Museus sobre a existência de materiais e documentos que interessem ao Poder Judiciário; (*15) (*34)*

IV. *apresentar projetos para realizações das exposições, palestras e eventos culturais atinentes a área; (*15) (*34)*

V. *prestar atendimento ao público e pesquisadores que procuram o Museu; (*15) (*34)*

VI. *promover visitas de estudantes em geral e especificamente da área de museologia; (*15) (*34)*

VII. *estabelecer contatos com patrocinadores para realização dos eventos culturais. (*15) (*34)*

Do Centro de Protocolo Judiciário Estadual e Arquivo Geral

Art. 24. *Ao Centro de Protocolo Judiciário Estadual e Arquivo Geral compete:*

a) *através da Supervisão:*

I. *supervisionar a entrada de documentos através de numeração sequencial, visando unificar e agilizar, com segurança, as atividades do Protocolo Judiciário Estadual e Arquivo Geral;*

II. *assessorar na prestação de informações sobre o andamento dos expedientes protocolados e em trâmite no Tribunal de Justiça;*

III. *coordenar as atividades de guarda, microfilmagem e conservação de documentos públicos que, por sua importância, natureza, originalidade ou valor histórico, requeiram cuidados;*

IV. *autorizar a reprodução e as consultas de documentos sob a guarda do Centro de Protocolo Estadual e Arquivo Geral, conforme solicitação e necessidade dos diversos setores deste Tribunal de Justiça e demais interessados;*

V. *supervisionar a extração de certidões referentes a documentos sob sua guarda, mediante solicitação dos interessados;*

VI. *dar suporte técnico às atividades desenvolvidas no referido Centro;*

VII. *autenticar fotocópias extraídas na Seção de Reprodução de Documentos e Autenticação de quaisquer papéis que tramitem na Secretaria deste Tribunal, conforme Portaria nº 802/99;*

VIII. *imprimir termo de justificativa de eventual falha técnica do sistema (Aplicativo PROT);*

IX. *subscrever certidões negativas extraídas pela Divisão de Assessoramento Técnico e Administrativo de matéria contenciosa da Secretaria do Tribunal de Justiça;*

b) *através da Divisão de Assessoramento Técnico e Administrativo e sua Seção de Apoio e Pesquisa:*

I. *assessorar e supervisionar o Centro de Protocolo Judiciário Estadual e Arquivo Geral nas suas atribuições, acompanhar permanentemente a execução dos trabalhos pertinentes às Seções, garantindo a qualidade técnica e o aperfeiçoamento dos profissionais da área;*

II. *extrair e conferir certidão negativa de matéria contenciosa da Secretaria do Tribunal de Justiça, solicitadas através de requerimento e/ou através de despachos contidos em expedientes judiciários, após a realização de pesquisa em sistema próprio;*

c) *através da Seção de Recebimento de Expedientes e Atendimento Interno e seus Serviços:*

I. *receber e controlar os expedientes remetidos ao Centro pelos diversos Departamentos da Secretaria deste Tribunal de Justiça;*

II. *atender o serviço de juntada, anexações, apensamentos e desentranhamentos de expedientes e remeter conforme despacho aos diversos Departamentos que compõem a Secretaria deste Tribunal de Justiça;*

III. *encaminhar os expedientes em trâmite aos setores competentes através de guia de movimentação interna;*

IV. *proceder o controle das guias internas de expedientes recebidos dos diversos Departamentos que compõem a Secretaria deste Tribunal de Justiça, mantendo-as devidamente organizadas;*

V. *emitir informação circunstanciada, quando solicitada, através de despachos contidos em expedientes administrativos ou judiciários, após a realização de pesquisa em Sistema próprio;*

d) *através da Seção de Recebimento de Fac-símile e Correio Eletrônico e seus Serviços:*

I. *receber e controlar os expedientes transmitidos via eletrônica de dados tipo fac-símile ou correio eletrônico (e-mail) endereçados ao Tribunal de Justiça para registro;*

II. *proceder a validação dos protocolos registrados no Sistema (Aplicativo);*

III. *proceder o cadastro dos expedientes recebidos através do Sistema automatizado, seguindo as rotinas preestabelecidas, efetuar a triagem dos mesmos, encaminhando-os para distribuição aos setores competentes, através de guia de movimentação interna exclusiva da Seção;*

IV. emitir informação circunstanciada, quando solicitada, através de despachos contidos em expedientes judiciários, após a realização de pesquisa em sistema próprio;

e) através da Seção de Expedição de Documentos e seus Serviços:

I. receber toda a documentação protocolizada e cadastrada pelo Centro, procedendo à triagem dos expedientes da Secretaria do Tribunal de Justiça;

II. movimentar todos os protocolizados recebidos no setor, em razão do seu cadastramento, ou aqueles que forem objeto de pesquisa e informações, ainda, os expedientes que vierem ao Centro para juntadas, anexações, apensamentos e desentranhamentos, e remeter, conforme despacho aos diversos Departamentos que compõem a Secretaria deste Tribunal de Justiça;

III. proceder à atualização e conferência diária de todos os protocolizados lançados no sistema computacional e nas guias de expedição interna de movimentação e distribuição pela referida Seção;

IV. controlar diariamente a emissão de guias pelo sistema computacional da movimentação e remessa de todo e qualquer protocolizado distribuído pela referida Seção;

V. proceder um rigoroso controle sobre as guias de remessa de expedientes e processos ordenando-as por Setor, data, mês e ano, sequencialmente para posterior arquivamento da 1ª via;

VI. extrair diariamente relatório das guias de remessa impressas no Setor;

VII. prestar informação circunstanciada sobre a movimentação de expedientes e processos na Seção, quando solicitado;

VIII. receber e conferir os malotes dos protocolos descentralizados, verificando o prazo de recebimento previamente estipulado, encaminhando-os ao setor responsável;

f) através da Seção de Recebimento e Cadastramento de Expedientes da Corregedoria-Geral da Justiça e seus Serviços:

I. receber para registro e controle os expedientes destinados à Corregedoria-Geral da Justiça;

II. proceder ao cadastro dos expedientes através do sistema computacional próprio, seguindo as rotinas preestabelecidas, efetuar a triagem dos mesmos, encaminhando-os para distribuição;

III. emitir informação circunstanciada quando solicitado, através de despachos contidos em expedientes administrativos, após a realização de pesquisa em sistema computacional próprio.

g) através da Primeira Seção de Reprodução de Documentos e Autenticação e seus Serviços:

I. proceder a autenticação das fotocópias extraídas na Seção, de quaisquer papéis que tramitem na Secretaria deste Tribunal, conforme Portaria nº 802/99;

II. manter os registros completos dos serviços executados, dos materiais e equipamentos em uso;

III. prestar contas ao Chefe de Divisão, através de relatórios semanais, das fotocópias extraídas, diariamente, em cada equipamento e das autenticações;

IV. controlar as requisições e ofícios de atendimento interno, com lançamento dos dados diariamente no sistema Cópia (Controle de Fotocópias) ;

V. extrair as fotocópias para autenticação de documentos protocolados na Secretaria deste Tribunal de Justiça, procedendo o seu preparo e encaminhamento ao Supervisor do Centro de Protocolo Judiciário Estadual e Arquivo Geral, bem como informar através de relatório semanal os valores cobrados;

VI. extrair as cópias e os recibos de valores pagos por particulares;

VII. prestar contas dos valores recebidos por extração e autenticação de cópias reprográficas de processos contenciosos de competência originária da Secretaria deste Tribunal de Justiça, bem como de expedientes e ou procedimentos administrativos;

VIII. atender e controlar as atividades referentes à reprodução e proteção dos documentos;

a) através da Segunda Seção de Reprodução de Documentos e Autenticação e seus Serviços:

I. atender e controlar as atividades referentes à reprodução e proteção dos documentos;

II. manter o registro completo dos serviços executados, dos materiais e equipamentos em uso;

III. prestar contas ao Chefe da Divisão, através de relatórios semanais, das fotocópias extraídas diariamente em cada equipamento e das autenticações;

IV. controlar as requisições e ofícios de atendimento interno, com lançamento dos dados, diariamente, no Sistema Cópia (Controle de Fotocópias);

V. extrair as fotocópias para autenticação de documentos protocolados na Secretaria deste Tribunal de Justiça, procedendo o seu preparo e encaminhamento ao Supervisor do Centro de Protocolo Judiciário Estadual e Arquivo Geral, bem como informar através de relatório semanal os valores cobrados;

VI. extrair as cópias e os recibos de valores pagos por particulares;

VII. prestar contas ao Chefe da Divisão, dos valores recebidos por extração e autenticação de cópias reprográficas de processos contenciosos de competência originária da Secretaria deste Tribunal de Justiça, bem como de expedientes e ou procedimentos administrativos;

i) através da Seção de Controle de Guarda de Documentos e seus Serviços:

I. organizar e manter o arquivo da documentação sob custódia;

II. encaminhar ao Supervisor para autorizar os requerimentos e petições, solicitando a reprodução de documentos arquivados, bem como apresentar relatório semestral circunstanciado das atividades gerais;

III. *receber documentos e proceder a sua avaliação e posterior destinação;*

IV. *atualizar o registro geral dos documentos, efetuando as devidas anotações;*

V. *controlar a guarda e conservação dos documentos sob custódia e em trânsito, mantendo-os devidamente organizados;*

VI. *encaminhar os documentos, periodicamente, para microfilmagem;*

VII. *proceder o atendimento à consulta dos expedientes custodiados, bem como responder pelos documentos arquivados;*

j) *através da Seção de Microfilmagem e seus Serviços:*

I. *organizar as rotinas pertinentes às tarefas de microfilmagem;*

II. *dirimir dúvidas originárias da execução dos serviços micrográficos;*

III. *planejar e organizar os documentos a serem microfilmados, junto com o responsável do setor solicitante;*

IV. *proceder a montagem dos filmes com base na análise do relatório do filme;*

V. *proceder a remicrofilmagem dos documentos, quando necessário;*

VI. *preparar e numerar os documentos a serem microfilmados, manter em ordem numérica e identificar os lotes documentais para cadastramento em sistema próprio;*

VII. *processar os filmes seguindo as normas técnicas exigidas para o manuseio e utilização da máquina processadora, bem como indexar a caixa do filme original e encaminhá-lo à duplicação;*

VIII. *manter os índices de qualidade para microfilmes, orientar os operadores quanto à exposição correta para as máquinas microfilmadoras e efetuar os testes necessários, nos padrões exigidos pelo CENADEM;*

IX. *revisar e inspecionar os microfilmes duplicados de acordo com o cadastramento e avaliar as características exigidas quanto à qualidade dos microfilmes, bem como realizar os testes necessários para esse controle;*

X. *proteger e preservar o acervo micrográfico através de tarefas de desinfecção, imunização e outros métodos;*

XI. *cadastrar os lotes documentais, devidamente numerados, seguindo a ordem crescente dos filmes, conferindo os dados da indexação;*

XII. *extrair relatório dos filmes cadastrados e encaminhá-los ao Supervisor do Centro de Protocolo Judiciário Estadual e Arquivo Geral;*

XIII. *comparar as guias de remessa de expedientes com o cadastramento, a fim de detectar eventuais falhas de microfilmagem;*

XIV. *prestar atendimento de consulta de dados aos usuários, enquanto os expedientes se encontrarem para o processamento da microfilmagem;*

XV. *conferir os documentos liberados para eliminação;*

XVI. *indexar os dados dos expedientes para descarte, em Sistema próprio;*

XVII. *emitir e afixar o Edital de Eliminação de Documentos para publicação, no átrio do edifício do Tribunal de Justiça, mantendo os lotes documentais devidamente organizados, conforme o especificado no edital;*

XVIII. *fornecer os documentos aos usuários através de requerimento padrão;*

XIX. *assegurar-se do destino dos papéis inservíveis para empresa de reciclagem.*

a) *através da Primeira Divisão de Protocolo e seus Serviços:*

I. *protocolar em ordem cronológica de apresentação, todos os autos de processos e expedientes endereçados ao Tribunal de Justiça, fazendo o registro do ato através de Sistema computacional próprio;*

II. *relacionar, orientar e controlar a remessa de expedientes aos diversos setores do Tribunal, mediante guia de remessa;*

III. *emitir informação circunstanciada, quando solicitada, através de despachos contidos em expedientes administrativos e processos contenciosos, após a realização de pesquisa em Sistema próprio;*

IV. *proceder o controle das guias de remessa, mantendo-as devidamente organizadas, atualizadas e arquivadas;*

V. *exercer outras atividades que lhe forem atribuídas;*

a) *através da Seção de Protocolo Judiciário de 2º Grau e seus Serviços:*

I. *organizar os serviços de atendimento às partes e advogados;*

II. *receber e controlar as petições e autos endereçados ao Tribunal de Justiça para registro;*

III. *proceder ao cadastro das petições e autos através de Sistema automatizado seguindo as rotinas preestabelecidas, efetuar a triagem dos mesmos, encaminhando-os para distribuição;*

IV. *encaminhar os documentos recebidos, registrados e cadastrados aos setores competentes, através de guia de movimentação interna exclusiva da seção;*

V. *proceder rigoroso controle das guias internas de distribuição de documentos, mantendo-as devidamente organizadas por setor, data, mês e ano;*

VI. *emitir informação circunstanciada, quando solicitada, através de despachos contidos em protocolizados judiciários, após a realização de pesquisa em Sistema próprio;*

VII. *proceder ao controle das petições recebidas pelo Sistema de Auto-Atendimento (VEICULAR) , relativas a processos contenciosos de competência exclusiva (originária e recursal) do Tribunal de Justiça do Estado do Paraná;*

VIII. *extrair relatórios das petições recebidas por este Sistema;*

IX. *efetuar a coleta dos envelopes contendo as petições depositadas no equipamento coletor de Auto-Atendimento (VEICULAR);*

X. *efetuar a abertura dos envelopes que contém as petições, conferir o seu conteúdo, verificando se está em conformidade com o disposto na Resolução nº 07/2004, do Órgão Especial que disciplina o seu funcionamento;*

XI. efetuar a impressão no verso da última folha da petição, onde se encontra a assinatura de seu subscritor, dos dados constantes do comprovante de entrega ao usuário deste Sistema, os quais deverão constar no registro do número de protocolo definitivo do Sistema de Controle Protocolar da Secretaria do Tribunal de Justiça, em conformidade com o disposto na Resolução nº 07/2004 – O.E.T.J.;

XII. fornecer informações circunstanciadas, quando solicitadas, acerca do recebimento de documentos pelo Sistema de Auto-Atendimento (VEICULAR);

XIII. imprimir termo de justificativa de eventual falha técnica do Sistema;

m) através da Seção de Atendimento ao Público e seus Serviços:

I. organizar os serviços de atendimento ao público;

II. receber os expedientes e autos de processos endereçados ao Tribunal de Justiça para registro e proceder a remessa dos mesmos para fins de cadastramento, através de guia própria;

III. prestar informações e efetuar consulta sobre os expedientes protocolados e a movimentação dos mesmos nos diversos setores do Tribunal de Justiça;

IV. proceder o controle das guias de remessa, mantendo-as devidamente organizadas, atualizadas e arquivadas;

V. exercer outras atividades que lhe forem atribuídas;

n) através da Seção de Análise de Dados Cadastrais e seus Serviços:

I. analisar a qualidade e o desempenho cadastral, a confiabilidade e precisão dos dados, os quais se baseiam nas decisões operacionais;

II. controlar a qualidade do Sistema visando melhoria no Aplicativo utilizado, mantendo-o atualizado e informando aos cadastradores as eventuais alterações;

III. proceder a padronização e atualização de lista de personagens, localização de movimentação e demais dados, visando a uniformidade dos mesmos;

IV. controlar os registros computacionais através de relatórios diários, conforme padronização pré-estabelecida;

V. proceder as alterações cadastrais sempre que solicitadas e emitir relatórios diários;

VI. imprimir etiquetas de protocolos provisórios anualmente aos Serviços Descentralizados de Protocolo integrado à Secretaria deste Tribunal de Justiça, conforme prevê o Art. 7º da Resolução nº 06/2002, do OE-TJ;

VII. distribuir e recolher anualmente as etiquetas de protocolos provisórios aos Serviços Descentralizados de Protocolo Integrado à Secretaria deste Tribunal de Justiça;

VIII. vincular os protocolos provisórios quando utilizados pelos Serviços Descentralizados de Protocolo Integrado à Secretaria deste Tribunal de Justiça aos números definitivos do Sistema automatizado (Aplicativo PROT);

IX. expedir ofício solicitando informações ao Departamento de Informática sempre que houver razão técnica que impossibilite a utilização do Sistema, a fim de que fique justificada a utilização de protocolos provisórios, comunicando o Departamento Judiciário;

o) através da Seção de Cadastramento de Expedientes Administrativos e seus Serviços:

X. proceder o cadastro dos expedientes através de Sistema automatizado seguindo as rotinas preestabelecidas, efetuar a triagem dos mesmos, encaminhando-os para distribuição;

p) através da Segunda Divisão de Protocolo e seus Serviços:

I. protocolar em ordem cronológica de apresentação, todos os autos de processos e expedientes endereçados ao Tribunal de Justiça, fazendo o registro do ato através de Sistema computacional próprio;

II. relacionar, orientar e controlar a remessa de expedientes aos diversos setores do Tribunal, mediante guia de remessa;

III. emitir informação circunstanciada, quando solicitada, através de despachos contidos em expedientes administrativos e processos contenciosos, após a realização de pesquisa em Sistema próprio;

IV. proceder o controle das guias de remessa, mantendo-as devidamente organizadas, atualizadas e arquivadas;

V. exercer outras atividades que lhe forem atribuídas;

q) através da Seção de Apoio Técnico-Administrativo:

I. apoiar a Segunda Divisão de Protocolo nas suas atribuições, acompanhar permanentemente a execução dos trabalhos pertinentes às Seções, garantindo a qualidade técnica;

II. desempenhar demais funções que lhe sejam atribuídas;

r) através da Seção de Apoio Técnico-Jurídico:

I. receber e atualizar autos de processos contenciosos, procedendo a atualização da movimentação no Sistema computacional próprio, remetendo ao setor competente;

II. auxiliar na triagem de expedientes judiciários;

s) através da Seção de Protocolo Geral e seus Serviços:

I. organizar os serviços de atendimento ao público;

II. receber os expedientes destinados ao Tribunal de Justiça para registro e proceder a remessa dos mesmos para fins de cadastramento;

III. prestar informações e efetuar consultas sobre os expedientes protocolados e a movimentação dos mesmos nos diversos setores do Tribunal de Justiça;

t) através da Seção de Cadastro e Controle de Documentos e seus Serviços:

I. receber e controlar os expedientes recebidos na Seção;

II. proceder o cadastramento dos documentos recebidos através de Sistema

Automatizado, seguindo as rotinas preestabelecidas de personagens e demais dados, visando a uniformidade dos mesmos;

III. *proceder alterações cadastrais sempre que solicitadas e emitir relatórios diários;*

IV. *controlar os registros através de relatórios diários, conforme padronização preestabelecidas;*

V. *proceder toda a movimentação interna dos expedientes cadastrados, encaminhando-os aos setores competentes;*

VI. *proceder a triagem e distribuição dos documentos;*

VII. *encaminhar os expedientes e autos de processos aos setores competentes, através de guia de movimentação interna;*

VIII. *exercer outras atividades no âmbito de sua competência;*

u) *através da Seção de Recebimento de Fac-símile e seus Serviços:*

I. *receber e controlar os expedientes transmitidos via fac-símile endereçados ao Tribunal de Justiça para registro;*

II. *proceder a validação dos protocolos registrados no Sistema (Aplicativo);*

III. *proceder o cadastro dos expedientes recebidos através do Sistema automatizado, seguindo as rotinas preestabelecidas, efetuar a triagem dos mesmos, encaminhando-os para distribuição aos setores competentes, através de guia de movimentação interna exclusiva da Seção;*

IV. *proceder o controle das guias de remessa, mantendo-as devidamente organizadas, atualizadas e arquivadas;*

V. *emitir informação circunstanciada, quando solicitada, através de despachos contidos em expedientes judiciários, após a realização de pesquisa em Sistema próprio.*

v) *através da Seção de Arquivo e seus Serviços:*

I. *organizar e manter o arquivo da documentação sob custódia;*

II. *encaminhar ao Supervisor para autorizar os requerimentos e petições, solicitando a reprodução de documentos arquivados, bem como apresentar relatório semestral circunstanciado das atividades gerais;*

III. *receber documentos e proceder a sua avaliação e posterior destinação;*

IV. *atualizar o registro geral dos documentos, efetuando as devidas anotações;*

V. *controlar a guarda e conservação dos documentos sob custódia e em trânsito, mantendo-os devidamente organizados;*

VI. *encaminhar os documentos, periodicamente, para microfilmagem;*

VII. *proceder o atendimento às consultas dos expedientes custodiados, bem como responder pelos documentos arquivados.*

Do Centro de Transporte

Art. 25. *Ao Centro de Transporte compete:(*17)*

a) *através da Supervisão: (*17)*

I. *atender os pedidos de veículos para transporte de pessoas e realização de serviços, mediante requisição ou determinação superior;*

II. *atender as ocorrências de trânsito; (*17)*

III. *solicitar ao setor competente avaliação médica e psicológica; (*17)*

IV. *solicitar ao setor competente a manutenção dos veículos deste Tribunal de Justiça; (*17)*

V. *coordenar o atendimento dos motoristas para eventos especiais; (*17)*

VI. *elaborar relatório circunstanciado do estado dos veículos, bem como propor aquisição de novos; (*17)*

VII. *propor, informar e atestar processos relativos a transporte, quanto aos seus aspectos materiais, bem como em relação aos recursos humanos disponíveis; (*17)*

VIII. *desenvolver outras atividades correlatas; (*17)*

b) *através da Seção de Controle de Pessoal e Materiais e seus Serviços: (*17)*

I. *coordenar a distribuição de motoristas para serviços do Tribunal de Justiça; (*17)*

II. *orientar os funcionários do Centro de Transportes; (*17)*

III. *informar à chefia imediata as irregularidades cometidas pelos motoristas no exercício da função; (*17)*

IV. *elaborar e fazer cumprir a escala de plantão em eventos; (*17)*

V. *prestar informações nos expedientes relativos a sua competência; (*17)*

VI. *coordenar o adiantamento destinado ao Centro; (*17)*

VII. *verificar periodicamente a validade das habilitações dos profissionais; (*17)*

VIII. *controlar a frequência, bem como, organizar a escala de férias; (*17)*

IX. *controlar e coordenar os estoques e distribuição de materiais próprios do Centro; (*17)*

X. *verificar periodicamente os materiais; (*17)*

c) *através da Seção de Controle de Frotas e seus Serviços: (*17)*

I. *desenvolver tarefas através do sistema informatizado de todos os expedientes do Centro; (*17)*

II. *elaborar e fazer cumprir os relatórios das atividades e encaminhá-los à chefia imediata; (*17)*

III. *coordenar e controlar o consumo de combustível; (*17)*

IV. *regularizar e manter em ordem a documentação dos veículos de propriedade do Tribunal de Justiça; (*17)*

V. *controlar a quilometragem e consumo de combustíveis dos veículos do Tribunal de Justiça; (*17)*

VI. *orientar os usuários no preenchimento das notas fiscais de abastecimento em posto não conveniado; (*17)*

VII. *supervisionar a conservação da frota; (*17)*

VIII. *controlar e prover o estoque de lubrificantes e outros produtos que promovam a conservação dos veículos.(*17)*

Do Departamento de Informática

Art. 26. *Ao Diretor do Departamento de Informática, além de suas atribuições gerais compete: (*17)*

*I. coordenar, controlar e orientar os integrantes do Departamento de Informática em relação às atividades do mesmo; (*17)*

*II. supervisionar e controlar o desempenho das atividades desenvolvidas pelas Divisões, Assessoria de Núcleos Regionais de Informática; (*17)*

*III. dar suporte técnico às atividades desenvolvidas pelo referido Departamento; (*17)*

*a) através do Supervisor:(*17)*

*I. controlar, registar e distribuir os expedientes que derem entrada na Assessoria; (*17)*

*II. pesquisar, selecionar e manter legislação de matérias de interesse do Departamento; (*17)*

*III. coordenar os trabalhos a serem executados pelos assessores e auxiliares que a compõem, orientando-os no cumprimento dos mesmos; (*17)*

*IV. prestar atendimento a todo o serviço afeto à Diretoria do Departamento, cumprindo as determinações do Diretor; (*17)*

*V. exercer outros encargos que lhe forem destinados; (*17)*

*b) através de seus Assessores:(*17)*

*I. emitir pareceres e informações em matérias específicas da competência do Departamento; (*17)*

*II. elaborar e proceder estudos e pesquisas em matéria de interesse do Departamento; (*17)*

*III. atender a consultas em matéria relacionada ao Departamento, orientando sobre o modo de melhor proceder quanto ao solicitado; (*17)*

*IV. exercer outras atividades que lhes forem determinadas; (*17)*

*c) através de seus Auxiliares: (*17)*

*I. proceder o registro, controle e distribuição dos expedientes recebidos pelo Departamento, encaminhando-os aos setores competentes; (*17)*

*II. proceder o controle de expedição de expedientes; (*17)*

*III. proceder a digitação de pareceres, ofícios e informações da Diretoria, Assessoria e Divisões do Departamento; (*17)*

*IV. prestar atendimento a usuários do Departamento de Informática e público em geral, orientando-os com presteza quanto às informações solicitadas; (*17)*

*V. exercer outras atividades, quando determinadas.(*17)*

*VI. Parágrafo Único: A Supervisão da Assessoria será exercida por servidor do Quadro de Pessoal da Secretaria.(*17) (*23)*

Art. 27. *Aos Núcleos Regionais de Informática compete: (*17)*

*I. prestar atendimento aos Magistrados e Servidores das Comarcas correspondentes a seus Núcleos, com relação aos softwares e hardwares; (*17)*

*II. proceder a instalação dos equipamentos e softwares encaminhados pelas Divisões competentes do Departamento de Informática; (*17)*

*III. dar manutenção nos equipamentos que apresentarem algum defeito, remetendo-os quando for o caso ao Departamento de Informática. (*17)*

Parágrafo Único: *As Comarcas abrangidas pela 1ª Regional Administrativa serão atendidas pelas Divisões do Departamento de Informática. (*17)*

Art. 28. *À Divisão de Análise compete: (*17)*

*I. através da Seção de Análise de Sistemas e seus Serviços: (*17)*

*II. atender aos diversos usuários do Poder Judiciário, bem como promover a orientação para a melhor utilização de ferramentas de trabalho; (*17)*

*III. atender as repartições da Secretaria do Tribunal de Justiça, e demais órgãos do Poder Judiciário, aplicando as mais aperfeiçoadas técnicas de processamento eletrônico de dados; (*17)*

*IV. analisar projetos e planos para a informatização dos diversos setores do Poder Judiciário; (*17)*

*V. realizar levantamento de dados necessários para o desenvolvimento de novos projetos no poder Judiciário; (*17)*

*VI. analisar melhorias nos aplicativos implantados, mantendo-os sempre atualizados, propondo aos usuários mudanças e soluções que se fizerem necessárias; (*17)*

*VII. controlar a qualidade dos sistemas aplicativos; (*17)*

*VIII. promover auditorias nos sistemas aplicativos em utilização; (*17)*

*IX. supervisionar e controlar os trabalhos de levantamento de dados de aplicativos, realizados por terceiros; (*17)*

*X. analisar e estudar novas ferramentas de trabalho; (*17)*

*XI. supervisionar e controlar os trabalhos de documentação de Sistemas; (*17)*

*XII. exercer outras atividades que lhe forem atribuídas.(*17)*

*b) através da Seção de Desenvolvimento de Projetos e seus Serviços: (*17)*

*I. atender aos diversos usuários do Poder Judiciário, bem como promover a orientação para a melhor utilização de ferramentas de trabalho; (*17)*

*II. atender as repartições da Secretaria do Tribunal de Justiça e demais órgãos do Poder Judiciário, aplicando as mais aperfeiçoadas técnicas de processamento eletrônico de dados; (*17)*

*III. desenvolver projetos e planos para a informatização dos diversos setores do Poder Judiciário; (*17)*

*IV. participar da implantação dos sistemas aplicativos, visando a melhor utilização das ferramentas de trabalho; (*17)*

*V. desenvolver melhorias nos aplicativos implantados, mantendo-os sempre atualizados, propondo aos usuários mudanças e soluções que se fizerem necessárias; (*17)*

*VI. controlar a qualidade dos sistemas aplicativos; (*17)*

VII. controlar os serviços de manutenção de

sistemas aplicativos do Tribunal de Justiça; (*17)

VIII. participar e controlar os trabalhos de desenvolvimento de novos aplicativos, realizados por terceiros; (*17)

IX. participar e controlar os trabalhos de implementações e alterações nos aplicativos, realizados por terceiros; (*17)

X. exercer outras atividades que lhe forem atribuídas.(*17)

c) através da Seção de Automação da Justiça de 1º Grau e seus Serviços: (*17)

I. atender as repartições da Secretaria do Tribunal de Justiça e demais órgãos do Poder Judiciário, aplicando as mais aperfeiçoadas técnicas de processamento eletrônico de dados; (*17)

II. detectar melhorias e inovações nos Sistemas implantados; (*17)

III. participar do levantamento de dados e testes dos Sistemas desenvolvidos; (*17)

IV. controlar os Sistemas em utilização visando o bom desempenho dos mesmos; (*17)

V. implantar os sistemas aplicativos que atendam à Justiça de 1º Grau, promovendo o treinamento adequado para a melhor utilização de recursos disponíveis e novas ferramentas; (*17)

VI. atender as Varas Criminais, aplicando as mais aperfeiçoadas técnicas de informática; (*17)

VII. atender os Juizados Especiais, aplicando as mais aperfeiçoadas técnicas de informática; (*17)

VIII. atender as Varas Especializadas, aplicando as mais aperfeiçoadas técnicas de informática; (*17)

IX. promover o treinamento e reciclagem dos usuários dos Sistemas da Justiça de 1.º Grau, visando a melhor utilização dos mesmos; (*17)

X. exercer outras atividades que lhe forem atribuídas. (*17)

d) através da Seção de Automação da Secretaria e seus Serviços:(*17)

I. atender as repartições da Secretaria do Tribunal de Justiça e demais órgãos do Poder Judiciário, aplicando as mais aperfeiçoadas técnicas de processamento eletrônico de dados; (*17)

II. detectar melhorias e inovações nos Sistemas implantados; (*17)

III. controlar os Sistemas em utilização visando o bom desempenho dos mesmos; (*17)

IV. implantar os sistemas aplicativos que atendem a Justiça de 2º Grau, promovendo o treinamento adequado para a melhor utilização dos recursos disponíveis e novas ferramentas; (*17)

V. implantar os sistemas aplicativos que atendem a Secretaria do Tribunal de Justiça, promovendo o treinamento adequado para a melhor utilização dos recursos disponíveis e novas ferramentas; (*17)

VI. atender os setores responsáveis pela Justiça de 2º Grau, aplicando as mais aperfeiçoadas técnicas de informática; (*17)

VII. atender a Secretaria do Tribunal de Justiça que utilizam os Sistemas Administrativos, aplicando as mais aperfeiçoadas técnicas de informática; (*17)

VIII. atender os Gabinetes dos Desembargadores, aplicando as mais aperfeiçoadas técnicas de informática; (*17)

IX. promover o treinamento e reciclagem dos usuários dos Sistemas da Justiça de 2º Grau e Administrativos visando a melhor utilização dos mesmos; (*17)

X. exercer outras atividades que lhe forem atribuídas.(*17)

e) através da Seção de Formação em Ferramentas de Informática e seus Serviços: (*17)

I. atender as repartições da Secretaria do Tribunal de Justiça e demais órgãos do Poder Judiciário, aplicando as mais aperfeiçoadas técnicas de treinamento nas ferramentas de informática; (*17)

II. detectar melhorias e inovações nos Sistemas implantados; (*17)

III. controlar os Sistemas em utilização visando o bom desempenho dos mesmos; (*17)

IV. analisar e estudar novas ferramentas de trabalho; (*17)

V. proceder a confecção de manuais e orientações dos sistemas visando a melhor utilização dos recursos; (*17)

VI. promover o treinamento e reciclagem dos usuários dos Sistemas utilizados no Tribunal de Justiça, visando a melhor utilização dos mesmos; (*17)

VII. exercer outras atividades que lhes forem atribuídas.(*17)

Art. 29. *À Divisão de Suporte Técnico compete: (*17)*

a) através da Seção de Gerenciamento de Redes e seus Serviços: (*17)

I. analisar e desenvolver projetos de redes locais e/ou remotas, como forma a disponibilizar sempre a melhor opção aos diversos órgãos do Poder Judiciário; (*17)

II. analisar e viabilizar os melhores softwares de comunicação de dados aos diversos órgãos do Poder Judiciário; (*17)

III. analisar e viabilizar os melhores hardwares de comunicação de dados aos diversos órgãos do Poder Judiciário; (*17)

IV. analisar, disponibilizar e manter operacionais os softwares de gerenciamento da rede local e remota; (*17)

V. analisar, disponibilizar e manter critérios de segurança para o ambiente da Rede Corporativa; (*17)

VI. exercer outras atividades que lhes forem atribuídas; (*17)

b) através da Seção de Banco de Dados e Sistemas Operacionais e seus Serviços: (*17)

I. analisar e viabilizar os melhores sistemas operacionais; (*17)

II. proceder a atualização constante quanto aos sistemas operacionais; (*17)

III. analisar e viabilizar os melhores Bancos de Dados; (*17)

IV. *proceder a manutenção dos Bancos de Dados com a finalidade de garantir sempre a sua integridade; (*17)*

V. *dar suporte técnico aos sistemas operacionais e bancos de dados; (*17)*

VI. *analisar os melhores métodos de segurança a sistemas operacionais; (*17)*

VII. *analisar os melhores métodos de segurança de bancos de dados e sistemas operacionais; (*17)*

VIII. *dar suporte técnico aos sistemas aplicativos; (*17)*

IX. *exercer outras atividades que lhes forem atribuídas. (*17)*

Art. 30. *À Divisão de Controle e Manutenção de Equipamentos compete:(*17)*

a) *através da Seção de Operação de Equipamentos e seus Serviços: (*17)*

I. *supervisionar e controlar a operação dos equipamentos de processamento de dados; (*17)*

II. *executar de acordo com os manuais próprios de operação, os serviços inerentes ao processamento de dados; (*17)*

III. *manter e controlar o sistema de "backup" dos programas e sistemas instalados nos Servidores Corporativo e Departamentais, dentro de padrões de confiabilidade e segurança, alertando sempre que ocorrerem erros ou problemas na sua execução; (*17)*

IV. *manter os arquivos de programas inerentes aos sistemas em utilização nas formas técnicas compatíveis, responsabilizando-se por sua conservação e segurança; (*17)*

V. *zelar pelo material utilizado para a execução dos serviços, bem como dos arquivos de sistemas e programas cadastrados e demais materiais e equipamentos de natureza técnica; (*17)*

VI. *exercer outras atividades que lhes forem atribuídas; (*17)*

b) *através da Seção de Infra-estrutura Técnica e seus Serviços:(*17)*

I. *proceder a instalação de equipamentos utilizados na operação de programas e sistemas; (*17)*

II. *sugerir melhorias nos equipamentos instalados e nas instalações, que visem facilitar as condições de trabalho; (*17)*

III. *manter os equipamentos instalados em perfeitas condições de uso; (*17)*

IV. *proceder levantamentos para a execução de projetos de instalação de cabeamento elétricos e lógicos; (*17)*

V. *controlar e solicitar a aquisição de materiais a serem utilizados em instalações elétricas e lógicas; (*17)*

VI. *exercer outras atividades que lhes forem atribuídas.(*17)*

Art. 31. *À Divisão de Microinformática compete: (*17)*

a) *através da Seção de Software Básico e seus Serviços: (*17)*

I. *atender as repartições da Secretaria do Tribunal de Justiça e demais órgãos do Poder Judiciário, aplicando as mais aperfeiçoadas ferramentas para microinformática; (*17)*

II. *analisar os programas de computador para aquisição, voltados à agilização e melhoria dos serviços prestados aos usuários; (*17)*

III. *analisar e levantar as necessidades de programas de computador atuais e futuros; (*17)*

IV. *implantar os programas de computador, promovendo o treinamento adequado para a melhor utilização da nova ferramenta; (*17)*

V. *instalar programas de computador em ambiente de microinformática, necessários nos diversos setores do Tribunal de Justiça, objetivando reduzir o tempo de processamento das informações; (*17)*

VI. *manter sempre atualizados e controlar a qualidade dos sistemas de microinformática, propondo ao usuário mudanças e soluções necessárias; (*17)*

VII. *manter os arquivos de sistemas de microinformática nas formas técnicas compatíveis, responsabilizando-se pela sua conservação; (*17)*

VIII. *manter arquivo de licenças de uso de software, bem como os respectivos manuais; (*17)*

IX. *manter controle das licenças de programas de computador desenvolvidos por terceiros, bem como sua manutenção e atualização; (*17)*

X. *exercer outras atividades que lhes forem atribuídas; (*17)*

b) *através da Seção de Hardware e seus Serviços: (*17)*

I. *manter os equipamentos de microinformática instalados em perfeitas condições de uso; (*17)*

II. *atender as repartições da Secretaria do Tribunal de Justiça e demais órgãos do Poder Judiciário, aplicando as mais aperfeiçoadas tecnologias em microinformática; (*17)*

III. *analisar e levantar as necessidades de equipamentos de microinformática, nos diversos setores do Tribunal de Justiça; (*17)*

IV. *testar equipamentos e expedir Certificado de Homologação quando estes estiverem de acordo com os padrões de qualidade exigidos; (*17)*

V. *adquirir equipamentos em quantidade e qualidade necessários aos diversos setores deste Tribunal; (*17)*

VI. *dar manutenção técnica adequada ao parque de microcomputadores instalados, inclusive com procedimentos preventivos; (*17)*

VII. *determinar alternativas viáveis, considerando aspectos técnicos, econômicos e financeiros, mercadológicos e de recursos humanos para os equipamentos exigidos e considerar outros itens não quantificáveis ou imponderáveis; (*17)*

VIII. *estudar e planejar novas tecnologias de hardware, visando aplicação futura nos diversos setores do Tribunal; (*17)*

IX. *exercer outras atividades que lhes forem atribuídas.(*17)*

Dos Departamentos

Art. 32. *Ao Diretor de Departamento compete:*

I. dirigir os serviços do Departamento, primando pela sua organização e ordenação;

II. orientar, coordenar e fiscalizar a execução dos serviços, respondendo pela sua regularidade e disciplina;

III. sugerir medidas visando o aperfeiçoamento do serviço;

IV. dirimir duvidas suscitadas no âmbito do Departamento em casos concretos;

V. atender reclamações sobre irregularidades no andamento do serviço;

VI. autorizar a entrega de autos e expedientes a advogados e partes, nos casos permitidos;

VII. providenciar a devida instrução dos expedientes a serem encaminhados ao Secretário e ao Presidente;

VIII. cumprir e fazer cumprir as ordens superiores;

IX. assessorar a cúpula diretiva do Tribunal de Justiça, em matéria afeta ao respectivo Departamento;

X. propor ao Secretário, anualmente, a escala de férias do pessoal lotado no Departamento;

XI. conferir as requisições de material de consumo e permanente dirigidas ao Secretário;

XII. encaminhar ao Secretário, na primeira quinzena do mês de janeiro, relatório das atividades do Departamento no exercício anterior;

XIII. fiscalizar os livros de ponto do Departamento;

XIV. encaminhar mensalmente boletins de frequência do Departamento;

XV. propor ao Secretário elogios aos funcionários que se destacarem no exercício de suas funções;

XVI. propor ao Secretário punição aos funcionários, quando for necessário;

XVII. comunicar ao Centro de Assistência Médica do Tribunal de Justiça o não comparecimento do funcionário por motivo de saúde;

*XVIII. referendar, ao Secretário, solicitações de servidores ocupantes dos cargos dos Grupos Ocupacionais Superior, Intermediário e Básico, para uso de veículos de transportes e serviços do Tribunal de Justiça; (*22)*

*XIX. supervisionar e fiscalizar o uso dos veículos de transportes e serviços do Tribunal de Justiça pelos servidores ocupantes dos cargos especificados no inciso anterior, para tanto habilitados e autorizados; (*21)*

*XX. exercer outras atribuições que lhe forem determinadas pelos superiores. (*21)*

Art. 33. *Ao Chefe de Divisão compete:*

I. dirigir a Divisão a seu cargo, velando pela regularidade, disciplina e ordem do serviço;

II. cumprir e fazer cumprir as ordens superiores;

III. distribuir os encargos da Divisão às Seções competentes;

IV. propor escala de férias dos funcionários da Divisão;

V. responder pela execução objetiva dos serviços, examinando, conferindo os trabalhos e orientando os funcionários;

VI. instruir os funcionários sobre os seus deveres, obrigações e direitos;

VII. requisitar o material de consumo e permanente necessário;

VIII. manter o Diretor do Departamento informado sobre a conduta dos funcionários;

IX. responder pelos bens da Divisão;

X. apresentar, diariamente, ao Diretor do Departamento, o livro ponto com as observações que lhe parecerem oportunas;

XI. exercer outros encargos determinados por seus superiores.

Art. 34. *Ao Chefe de Seção compete:*

I. dirigir e distribuir os encargos da Seção;

II. conferir os trabalhos, orientando os funcionários no sentido do seu aprimoramento;

III. informar ao Chefe da Divisão sobre anormalidades no serviço e na conduta funcional dos seus subordinados;

IV. exercer outros encargos que lhe forem determinados.

Art. 35. *Ao Chefe de Serviço compete:*

I. dirigir e distribuir os encargos do Serviço;

II. conferir os trabalhos, orientando os funcionários no sentido do seu aprimoramento;

III. informar ao Chefe de Seção sobre anormalidades no serviço e na conduta funcional dos seus subordinados;

IV. exercer outros encargos que lhe forem determinados.

Do Departamento Judiciário

Art. 36. *O Departamento Judiciário é constituído de: (*39)*

I. Diretoria:

a) Assessoria;

II. Divisão de Autuação e Registro de Processos Cíveis:

a) Seção de Autuação e Registro:

***a.1.)** Serviço de Recepção e Expedição;*

***a.2.)** Serviço de Autuação;*

***a.3.)** Serviço de Conferência;*

***a.4.)** Serviço de Controle de Capeamento e numeração;*

***a.5.)** Serviço de Verificação de Especialização;*

b) Seção de Autuação e Registro de Processos Urgentes:

***b.1.)** Serviço de Recepção e Expedição;*

***b.2.)** Serviço de Autuação;*

***b.3.)** Serviço de Conferência;*

c) Seção de Autuação e Registro de Processos de Competência das Câmaras em composição integral e Seções Cíveis:

***c.1.)** Serviço de Autuação;*

***c.2.)** Serviço de Conferência;*

d) Seção de Autuação e Registro de Recursos Especiais, Extraordinários e ordinários e complementação:

***d.1.)** Serviço de Conferência;*

d.2.) Serviço de Complementação;
e) Seção de Autuação e Registro de Agravos de Instrumento aos Tribunais Superiores:
e.1.) Serviço de Conferência;
III. Divisão de Autuação e Registro de Processos Criminais e do Órgão Especial:
a) Seção de Autuação e Registro:
a.1.) Serviço de Recepção e Expedição;
a.2.) Serviço de Conferência;
a.3.) Serviço de Controle de Capeamento e Numeração;
a.4.) Serviço de Verificação de Especialização;
b) Seção de Autuação e Registro de Processos Urgentes:
b.1.) Serviço de Recepção e Expedição;
b.2.) Serviço de Conferência;
c) Seção de Autuação e Registro de Processos de Competência das Câmaras em Composição Integral, Seção Criminal e Órgão Especial:
c.1.) Serviço de Conferência;
d) Seção de Autuação e Registro de Recursos aos Tribunais Superiores e Complementação:
d.1.) Serviço de Complementação;
IV. Divisão de Distribuição:
a) Seção de Verificação de Prevenção;
a.1.) Serviço de Verificação de Prevenção de Processos Cíveis;
a.2.) Serviço de Verificação de Prevenção de Processos Criminais e Matérias Urgentes;
b) Seção de Distribuição de Processos Cíveis:
b.1.) Serviço de Recepção e Expedição;
b.2.) Serviço de Distribuição;
b.3.) Serviço de Revisão;
c) Seção de Distribuição de Processos Criminais e de Matérias Urgentes:
c.1.) Serviço de Recepção e Expedição;
c.2.) Serviço de Distribuição;
c.3.) Serviço de Revisão;
d) Seção de Redistribuição:
d.1.) Serviço de Redistribuição por Sucessão, Remoção e Vinculação;
d.2.) Serviço de Redistribuição por Regime de Exceção;
V. Divisão de Registro da Movimentação Processual:
a) Seção de Registro da Movimentação de Matérias Urgentes:
a.1.) Serviço de Movimentação de Agravos de Instrumento;
a.2.) Serviço de Movimentação de Habeas Corpus e Mandados de Segurança;
b) Seção de Registro da Movimentação de Processos Cíveis:
b.1.) Serviço de Triagem;
b.2.) Serviço de Registro de Processos aos Tribunais Superiores;
b.3.) Serviço de Registro de Processos da Primeira e Segunda Divisões de Processo Cível;
b.4.) Serviço de Registro de Processos da Terceira e Quarta Divisões de Processo Cível;
c) Seção de Registro da Movimentação de Processos Criminais e do Órgão Especial:
c.1.) Serviço de Triagem;
c.2.) Serviço de Registro de Processos aos Tribunais Superiores;
c.3.) Serviço de Registro de Processos;
d) Seção de Cadastro de Petições:
d.1.) Serviço de Recepção e Expedição;
d.2.) Serviço de Cadastro de Petições Cíveis;
d.3.) Serviço de Cadastro de Petições Criminais e do Órgão Especial;
VI. Divisão de Processo Crime:
a) Seção da 1ª Câmara Criminal:
a.1.) Serviço de Movimentação Processual;
a.2.) Serviço de Acórdãos e Publicações;
a.3.) Serviço de Elaboração de Expedientes;
b) Seção da 2ª Câmara Criminal:
b.1.) Serviço de Movimentação Processual;
b.2.) Serviço de Acórdãos e Publicações;
b.3.) Serviço de Elaboração de Expedientes;
b.4.) Serviço de Controle de Prazos;
c) Seção da 3ª Câmara Criminal:
c.1.) Serviço de Movimentação Processual;
c.2.) Serviço de Acórdãos e Publicações;
c.3.) Serviço de Elaboração de Expedientes;
d) Seção da 4ª Câmara Criminal:
d.1.) Serviço de Movimentação Processual;
d.2.) Serviço de Acórdãos e Publicações;
d.3.) Serviço de Elaboração de Expedientes;
e) Seção da 5ª Câmara Criminal:
e.1.) Serviço de Movimentação Processual;
e.2.) Serviço de Acórdãos e Publicações;
e.3.) Serviço de Elaboração de Expedientes;
f) Seção de Pautas:
f.1.) Serviço de Organização e Expedição de Pautas de Julgamento;
VII. Primeira Divisão de Processo Cível:
a) Seção da 1ª Câmara Cível:
a.1.) Serviço de Movimentação Processual;
a.2.) Serviço de Acórdãos e Publicações;
a.3.) Serviço de Elaboração de Expedientes;
b) Seção da 2ª Câmara Cível:
b.1.) Serviço de Movimentação Processual;
b.2.) Serviço de Acórdãos e Publicações;
b.3.) Serviço de Elaboração de Expedientes

c) *Seção da 3ª Câmara Cível:*

c.1.) *Serviço de Movimentação Processual;*

c.2.) *Serviço de Acórdãos e Publicações;*

c.3.) *Serviço de Elaboração de Expedientes*

d) *Seção da 4ª Câmara Cível:*

d.1.) *Serviço de Movimentação Processual;*

d.2.) *Serviço de Acórdãos e Publicações;*

d.3.) *Serviço de Elaboração de Expedientes*

e) *Seção da 5ª Câmara Cível:*

e.1.) *Serviço de Movimentação Processual;*

e.2.) *Serviço de Acórdãos e Publicações;*

e.3.) *Serviço de Elaboração de Expedientes*

f) *Seção de Pautas:*

f.1.) *Serviço de Organização e Expedição de Pautas de Julgamento;*

VIII. *Segunda Divisão de Processo Cível:*

a) *Seção da 6ª Câmara Cível:*

a.1.) *Serviço de Movimentação Processual;*

a.2.) *Serviço de Acórdãos e Publicações;*

a.3.) *Serviço de Elaboração de Expedientes;*

b) *Seção da 7ª Câmara Cível:*

b.1.) *Serviço de Movimentação Processual;*

b.2.) *Serviço de Acórdãos e Publicações;*

b.3.) *Serviço de Elaboração de Expedientes;*

c) *Seção da 17ª Câmara Cível:*

c.1.) *Serviço de Movimentação Processual;*

c.2.) *Serviço de Acórdãos e Publicações;*

c.3.) *Serviço de Elaboração de Expedientes;*

d) *Seção da 18ª Câmara Cível:*

d.1.) *Serviço de Movimentação Processual;*

d.2.) *Serviço de Acórdãos e Publicações;*

d.3.) *Serviço de Elaboração de Expedientes;*

e) *Seção de Pautas:*

e.1.) *Serviço de Organização e Expedição de Pautas de Julgamento;*

IX. *Terceira Divisão de Processo Cível:*

a) *Seção da 8ª Câmara Cível:*

a.1.) *Serviço de Movimentação Processual;*

a.2.) *Serviço de Acórdãos e Publicações;*

a.3.) *Serviço de Elaboração de Expedientes;*

b) *Seção da 9ª Câmara Cível:*

b.1.) *Serviço de Movimentação Processual;*

b.2.) *Serviço de Acórdãos e Publicações;*

b.3.) *Serviço de Elaboração de Expedientes;*

c) *Seção da 10ª Câmara Cível:*

c.1.) *Serviço de Movimentação Processual;*

c.2.) *Serviço de Acórdãos e Publicações;*

c.3.) *Serviço de Elaboração de Expedientes;*

d) *Seção da 11ª Câmara Cível:*

d.1.) *Serviço de Movimentação Processual;*

d.2.) *Serviço de Acórdãos e Publicações;*

d.3.) *Serviço de Elaboração de Expedientes;*

e) *Seção da 12ª Câmara Cível:*

e.1.) *Serviço de Movimentação Processual;*

e.2.) *Serviço de Acórdãos e Publicações;*

e.3.) *Serviço de Elaboração de Expedientes;*

f) *Seção de Pautas:*

f.1.) *Serviço de Organização e Expedição de Pautas de Julgamento;*

X. *Quarta Divisão de Processo Cível:*

a) *Seção da 13ª Câmara Cível:*

a.1.) *Serviço de Movimentação Processual;*

a.2.) *Serviço de Acórdãos e Publicações;*

a.3.) *Serviço de Elaboração de Expedientes;*

b) *Seção da 14ª Câmara Cível:*

b.1.) *Serviço de Movimentação Processual;*

b.2.) *Serviço de Acórdãos e Publicações;*

b.3.) *Serviço de Elaboração de Expedientes;*

c) *Seção da 15ª Câmara Cível:*

c.1.) *Serviço de Movimentação Processual;*

c.2.) *Serviço de Acórdãos e Publicações;*

c.3.) *Serviço de Elaboração de Expedientes;*

d) *Seção da 16ª Câmara Cível:*

d.1.) *Serviço de Movimentação Processual;*

d.2.) *Serviço de Acórdãos e Publicações;*

d.3.) *Serviço de Elaboração de Expedientes;*

e) *Seção de Pautas:*

e.1.) *Serviço de Organização e Expedição de Pautas de Julgamento;*

XI. *Divisão do Órgão Especial:*

a) *Seção de Movimentação Processual:*

a.1.) *Serviço de Movimentação Processua;l*

a.2.) *Serviço de Juntada de Petições;*

b) *Seção de Pautas de Julgamento:*

b.1.) *Serviço de Organização e Expedição de Pautas de Julgamento;*

c) *Seção de Registro e Publicação:*

c.1.) *Serviço de Controle de Acórdãos;*

c.2.) *Serviço de Publicação de despachos;*

c.3.) *Serviço de Elaboração de Ofícios;*

d) *Seção da Seção Cível e da Seção Criminal:*

d.1.) *Serviço de Movimentação Processual;*

e) *Seção de Reprodução Interna de Documentos:*

e.1.) *Serviço de Reprodução;*

e.2.) *Serviço de Controle de Atendimento;*

XII. *Divisão de Recursos aos Tribunais Superiores: (*40)*

a) *Seção de Controle de Contra-Razões a Recursos Cíveis:*

a.1.) *Serviço de Publicação e Juntada;*

a.2.) *Serviço de Movimentação;*

a.3.) *Serviço de Expedientes;*

b) *b) Seção de Publicação de Despachos em Recursos Cíveis:*

b.1.) *Serviço de Publicação;*

b.2.) *Serviço de Controle de Prazos;*

c) *Seção de Agravos de Instrumento Cíveis aos Tribunais Superiores:*

c.1.) *Serviço de Controle de Contra-Minutas;*

c.2.) *Serviço de Movimentação;*

d) *Seção de Recursos Criminais aos Tribunais Superiores:*

d.1.) *Serviço de Publicação e Controle de Contra-Razões;*

XIII. *Divisão de Baixa e Expedição:*

a) *Seção de Baixa de Processos da Primeira e da segunda Divisão de Processos Cíveis:*

a.1.) *Serviço de Baixa e Arquivo;*

a.2.) *Serviço de Verificação de Petições Pendentes;*

a.3.) *Serviço de Baixa de Agravos de Instrumento;*

b) *Seção de Baixa de Processos da Terceira e da Quarta Divisão de Processos Cíveis:*

b.1.) *Serviço de Baixa e Arquivo;*

b.2.) *Serviço de Verificação de Petições Pendentes;*

b.3.) *Serviço de Baixa de Agravos de Instrumento;*

c) *Seção de Baixa de Processos Criminais:*

c.1.) *Serviço de Baixa e Arquivo;*

c.2.) *Serviço de Verificação de Petições Pendentes;*

d) *Seção de Expedição:*

d.1.) *Serviço de Expedição Cível;*

d.2.) *Serviço de Expedição Crime e do Órgão Especial;*

XIV. *Divisão de Preparo e Informações:*

a) *Seção de Preparo:*

a.1.) *Serviço de Preparo de Processos Originários;*

a.2.) *Serviço de Preparo de Recursos aos Tribunais Superiores;*

b) *Seção de Informações:*

b.1.) *Serviço de Extração de Certidões;*

b.2.) *Serviço de Extração de Informações;*

b.3.) *Serviço de Extração de Relatórios;*

b.4.) *Serviço de Teleprocesso;*

c) *Seção de Registro de Acórdãos:*

c.1.) *Serviço de Armazenamento Eletrônico de Processos;*

d) *Seção de Mandados e Cartas:*

d.1.) *Serviço de Elaboração;*

d.2.) *Serviço de Cumprimentos de Mandados das Divisões de Processo Cível;*

d.3.) *Serviço de Cumprimentos de Mandados da Divisão de Processo Crime e do Órgão Especial.*

Art. 37. *Ao Diretor do Departamento Judiciário, além das atribuições gerais, compete:*

I. *assessorar o Secretário nas sessões contenciosas do Órgão Especial;*

II. *atender e prestar esclarecimentos às partes e aos Senhores Advogados, quando necessário;*

III. *superintender os serviços executados dentro do Departamento, fiscalizando, juntamente com os Chefes de Divisão, o corpo de servidores nele lotados, a fim de que a consecução dos serviços seja otimizada quanto à produtividade e exação;*

IV. *encaminhar à Assessoria de Planejamento estudo relativo à proposta orçamentária;*

V. *assessorar o Presidente e o Vice-Presidente do Tribunal de Justiça nas decisões de suas respectivas competências;*

VI. *gerir as alterações do sistema computacional de controle da movimentação processual;*

Art. 38. *À Assessoria do Diretor compete:*

a) *através do Supervisor:*

I. *supervisionar os serviços dos assessores e auxiliares da Diretoria;*

II. *supervisionar a recepção e a expedição dos expedientes e correspondências afetos à Diretoria;*

III. *proceder o estudo e a triagem dos expedientes e correspondências a serem encaminhadas à consideração do Diretor e aos setores competentes;*

IV. *despachar diretamente com o Diretor as matérias atinentes à Diretoria;*

V. *auxiliar os Chefes de Divisão no que for solicitado;*

VI. *realizar a conferência dos expedientes encaminhados pelas Divisões para despacho e assinatura do Presidente, Vice-Presidente, bem como para os outros Departamentos;*

VII. *processar e controlar a movimentação das Cartas Rogatórias, assim como informar os Juízes, Advogados e partes sobre seu trâmite, extração e expedição;*

VIII. *proceder a conferência das certidões extraídas pelos diversos setores do Departamento;*

IX. *elaborar ofícios, informações e demais expedientes relacionados à Diretoria;*

X. *conferir os Boletins de Frequência;;*

XI. *processar as Cartas Rogatórias;*

XII. *atender ao público em geral, fornecendo com presteza informações referentes ao Departamento;*

XIII. executar outras tarefas correlatas;

b) através dos Assessores:

I. realizar estudos e pesquisas sobre matérias afetas ao Departamento;

II. selecionar, organizar e manter atualizada a legislação de interesse do Departamento, encaminhando as cópias necessárias às Divisões competentes;

III. atender ao público em geral, fornecendo com presteza informações referentes ao Departamento;

IV. executar outras tarefas correlatas;

c) através dos Auxiliares:

I. realizar o serviço de digitação afeto à Diretoria;

II. elaborar mensalmente o Boletim de Frequência dos funcionários e dos estagiários do Departamento;

III. manter ordenadamente arquivada a correspondência recebida, atendidas as determinações a respeito;

IV. manter arquivo organizado das cópias dos ofícios, informações e demais documentos da Diretoria, de forma a facilitar a consulta, quando necessário;

V. receber e encaminhar os expedientes afetos à Diretoria, conforme determinação, de tudo mantendo registro;

VI. encaminhar as certidões para assinatura do Secretário, mantendo controle de sua entrega aos solicitantes;

VII. atender ao público em geral, fornecendo com presteza informações referentes ao Departamento;

VIII. executar outras tarefas correlatas.

***Parágrafo Único.** As Chefias de Divisão serão exercidas por acadêmicos ou Bacharéis em Direito.*

***Art. 39.** Às Divisões de Autuação e Registro de Processos, através de suas Seções e Serviços, compete:*

I. receber do Protocolo Geral recursos e petições de ações originárias;

II. encaminhar ao Vice-Presidente, antes da autuação, os feitos cuja competência para julgamento não seja do Tribunal de Justiça, providenciando, após despacho, a remessa determinada;

III. classificar os processos conforme a especialização dos órgãos julgadores definida pelo Regime Interno;

IV. proceder a autuação e registro, através de sistema computacional próprio, dos feitos de competência do Tribunal, nele inserindo dados referentes ao nome das partes e seus procuradores, tipo do recurso, número do protocolado, comarca e vara de origem, tipo e número da ação originária, volume (de acordo com provimento da Corregedoria da Justiça, inclusive com termo de abertura e encerramento, se necessário), dados complementares, assistência judiciária e justiça gratuita, quando for o caso, e demais dados que se fizerem necessários;

V. autuar e registrar preferencialmente os processos contendo pedido de medidas urgentes, os processos de réu preso, bem como aqueles em que figure como parte pessoa com mais de sessenta anos;

VI. emitir termos e etiquetas de autuação;

VII. capear, numerar e etiquetar os feitos;

VIII. proceder a revisão final, bem como a remessa dos recursos e ações autuadas aos setores competentes;

IX. receber os processos das demais Divisões do Departamento para alteração e/ou complementação de seus registros, bem como para autuação de novos recursos, inclusive daqueles destinados aos Tribunais Superiores, providenciando seu cadastramento, conferência e posterior devolução.

***Art. 40.** À Divisão de Distribuição, através de suas Seções e Serviços, compete:*

I. receber das Divisões de Autuação os recursos e ações;

II. verificar, através de consulta ao sistema computacional, a existência de prevenção e, se for o caso, encaminhar os feitos à Vice-Presidência acompanhados das informações e do respectivo estudo;

III. proceder a distribuição dos feitos nos dias e horários determinados pelo Regime Interno, observadas as prevenções definidas, impedimentos e suspeições declarada;

IV. extrair semanalmente a resenha de distribuição, encaminhando-a ao Vice-Presidente para homologação e posterior publicação;

V. proceder as redistribuições, conforme determinação contida em despacho;

VI. proceder o encaminhamento dos feitos que independam de distribuição;

VII. proceder a substituição do Revisor, na forma regimental;

VIII. extrair e anexar aos autos os respectivos termos de distribuição e de conclusão, bem como as etiquetas próprias;

IX. proceder a distribuição manual dos feitos, na forma regimental, quando o sistema computacional encontrar-se inoperante;

X. distribuir, preferencialmente, os feitos contendo pedido de medidas urgentes, os processos de réu preso, bem como aqueles em que figure como parte pessoa com mais de sessenta anos;

XI. manter atualizados os registros computacionais referentes a assunção, férias, licenças, remoções e aposentadorias dos Senhores Desembargadores, bem como no que concerne a afastamentos temporários comunicados pela Vice-Presidência;

XII. elaborar os relatórios dos processo destinados a distribuição por sucessão e a regime de exceção.

***Art. 41.** À Divisão de Registro da Movimentação Processual, através de suas Seções e Serviços, compete:*

I. registrar, no sistema computacional, a movimentação dos feitos de natureza cível e criminal que lhe forem encaminhados;

II. receber e registrar, no sistema computacional, expedientes e petições a eles relativos;

III. extrair e conferir relatórios diários dos registros efetuados, providenciando as correções que se fizerem necessárias;

IV. efetuar a triagem, expedir, receber e controlar a remessa de autos e documentos procedentes ou destinados às Divisões do Departamento;

V. zelar pelo registro da movimentação processual.;

Art. 42. À Divisão de Processo Crime, através de suas Seções e Serviços, compete:

I. receber os processos autuados de sua competência e petições a eles relacionadas, registrando sua movimentação por via computacional;

II. fazê-los conclusos aos Senhores Desembargadores Relatores, Revisores e Presidentes dos respectivos órgãos julgadores, conforme determinação legal;

III. proceder a juntada de petições conforme despacho ou disposição legal;

IV. comunicar a concessão de medidas urgentes à autoridade competente, de forma célere, através de Fac-símile ou, na falta deste, através de comunicação telefônica, de tudo certificando nos autos;

V. elaborar e encaminhar para assinatura ofícios, mandados, editais, alvarás, cartas de ordem, precatórias, rogatórias ou de sentença, em cumprimento a despacho ou disposição legal;

VI. cumprir as Cartas de Ordem e Precatórias encaminhadas por outros Tribunais;

VII. organizar as matérias a serem publicadas no Diário da Justiça, observadas as prescrições legais;

VIII. no caso de processos de competência das Câmaras Criminais em Composição Integral, selecionar as cópias a serem extraídas de peças dos autos incluídos em pauta de julgamento, na forma determinada pelo Regimento Interno e anexá-las às pautas internas;

IX. organizar as pautas na forma regimental, encaminhando para publicação pela Imprensa Oficial as pautas externas e aos Gabinetes dos Senhores Desembargadores e demais setores as pautas internas;

X. juntar aos processos a papeleta e acórdão respectivos, bem como eventuais declarações de voto, colhendo as assinaturas dos Desembargadores e Juízes Convocados;

XI. registrar e numerar os acórdãos, através de via computacional, e providenciar a publicação do respectivo resumo no Diário da Justiça, procedendo à sua certificação;

XII. encaminhar os processos, em que haja manifestação do Ministério Público ou nos quais integre como parte, para ciência pessoal de seus representantes;

XIII. encaminhar os autos à Defensoria Pública, quando for o caso;

XIV. proceder a montagem dos livros de acórdãos para encaminhá-los ao Centro de Documentação;

XV. controlar os prazos processuais dos autos em Cartório e daqueles em poder dos Senhores Advogados;

XVI. certificar nos autos o decurso de prazo sem manifestação das partes, com relação aos despachos publicados no Diário da Justiça o intimá-los pessoalmente;

XVII. informar ao Relator ou Presidente do órgão julgador a inexistência de manifestação, dentro do prazo estipulado, em resposta aos ofícios expedidos;

XVIII. proceder a juntada aos autos das petições de recurso aos Tribunais Superiores e encaminhá-los ao setor competente;

XIX. encaminhar à Divisão de Baixa os processos com trânsito em julgado;

XX. extrair certidões explicativas requeridas acerca dos processos de sua competência, submetendo-as à Chefia de Divisão;

XXI. proceder as intimações para as audiências designadas pelos Desembargadores Relatores, auxiliando nos atos necessários à sua realização;

XXII. prestar as informações que forem solicitadas pelos Senhores Desembargadores, Juízes Convocados, Procuradores e partes.

Art. 43. Às Divisões de Processo Cível, através de suas Seções e Serviços, compete:

I. receber os processos autuados de sua competência e petições a eles relacionadas, registrando-sua movimentação por via computacional;

II. fazê-los conclusos aos Senhores Desembargadores Relatores, Revisores e Presidentes das respectivas Câmaras, conforme determinação legal;

III. proceder a juntada de petições conforme despacho ou disposição legal;

IV. comunicar a concessão de medidas urgentes à autoridade competente, de forma célere, através de fac-símile ou, na falta deste, através de comunicação telefônica, de tudo certificando nos autos;

V. elaborar e encaminhar para assinatura ofícios, mandados, editais, alvarás, cartas de ordem, precatórias, rogatórias ou de sentença, em cumprimento a despacho ou disposição legal;

VI. cumpri as Cartas de Ordem e Precatórias encaminhadas por outros Tribunais, conforme orientação da Diretoria;

VII. organizar as matérias a serem publicadas no Diário da Justiça, observadas as prescrições legais;

VIII. no caso de processos de competência das Câmaras Cíveis em Composição Integral, selecionar as cópias as serem extraídas de peças dos autos incluídos em pauta de julgamento, na forma determinada pelo Regimento Interno e anexá-las às pautas internas;

IX. organizar as pautas na forma regimental, encaminhando para publicação pela Imprensa Oficial as pautas externas e aos Gabinetes dos Senhores Desembargadores e demais setores as pautas internas;

X. juntar aos processos a papeleta e acórdão respectivos, bem como eventuais declarações de voto, colhendo as assinaturas dos Desembargadores e Juízes Convocados;

XI. registrar e numerar os acórdãos, através de via computacional, e providenciar a publicação do respectivo resumo no Diário da Justiça, procedendo à sua certificação;

XII. encaminhar os processos, em que haja manifestação do Ministério Público ou nos quais integre como parte, para ciência pessoal de seus representantes;

XIII. encaminhar os autos à Defensoria Pública, quando for o caso;

XIV. *proceder a montagem dos livros de acórdãos para encaminhá-los ao Centro de Documentação;*

XV. *controlar os prazos processuais dos autos em Cartório e daqueles em poder dos Senhores Advogados;*

XVI. *certificar nos autos o decurso de prazo sem manifestação das partes, com relação aos despachos publicados no Diário da Justiça ou intimados pessoalmente;*

XVII. *informar ao Relator ou Presidente da Câmara a inexistência de manifestação, dentro do prazo estipulado, em resposta aos ofícios expedidos;*

XVIII. *proceder a juntada aos autos das petições de recurso aos Tribunais Superiores e encaminhá-los ao setor competente;*

XIX. *encaminhar à Divisão de Baixa os processos com trânsito em julgado;*

XX. *extrair certidões explicativas requeridas acerca dos processos de sua competência, submetendo-as à Chefia de Divisão;*

XXI. *proceder as intimações para as audiências designadas pelos Senhores Relatores, auxiliando nos atos necessários à sua realização;*

XXII. *prestar as informações que forem solicitadas pelos Senhores Desembargadores, Juízes Convocados, Procuradores e partes;*

Art. 44. *À Divisão do Órgão Especial compete:*

a) *através da Seção de Movimentação Processual e de seus Serviços:*

I. *receber os processos autuados de sua competência e petições a eles relacionadas, controlando-os por via computacional;*

II. *fazê-los conclusos aos Senhores Desembargadores Relatores, Revisores, Presidente e Vice-Presidente, conforme determinação legal;*

III. *proceder a juntada de petições conforme despacho ou disposição legal;*

IV. *comunicar a concessão de medidas urgentes à autoridade competente, de forma célere, através de fac-símile ou, na falta deste, através de comunicação telefônica, de tudo certificando nos autos;*

V. *proceder as intimações para as audiências designadas pelos Desembargadores Relatores, auxiliando nos atos necessários à sua realização;*

VI. *controlar os prazos processuais dos autos em Cartório e daqueles em poder dos Senhores Advogados;*

VII. *informar ao Relator, Presidente ou Vice-Presidente a inexistência de manifestação, dentro do prazo estipulado, em resposta aos ofícios expedidos;*

VIII. *extrair certidões explicativas, requeridas acerca dos processos de sua competência, submetendo-as à Chefia de Divisão;*

IX. *prestar informações, acerca de processos, que forem solicitadas pelos Senhores Desembargadores, Procuradores e partes;*

a) *através da Seção de Pautas de Julgamento e de seus Serviços:*

I. *selecionar as cópias a serem extraídas dos autos incluídos em pauta para julgamento, na forma determinada pelo Regimento Interno;*

II. *organizar as pautas na forma regimental, encaminhando para publicação pela Imprensa Oficial as pautas externas e aos Gabinetes dos Senhores Desembargadores e demais setores as pautas internas, acompanhadas das cópias antes referidas;*

III. *extrair certidões explicativas dos processos de sua competência, submetendo-as à aprovação de Chefia de Divisão;*

IV. *prestar informações, acerca de processos, que forem solicitadas pelos Senhores Desembargadores, Procuradores e partes;*

b) *através da Seção de Registro e Publicação e de seus Serviços:*

I. *juntar aos processos a papeleta e acórdão respectivos, bem como eventuais votos vencidos, colhendo as assinaturas dos Desembargadores;*

II. *registrar e numerar os acórdãos, através de via computacional, e providenciar sua publicação no Diário da Justiça, procedendo à sua certificação;*

III. *encaminhar os processos, em que haja manifestação do Ministério Público ou nos quais integre como parte, para ciência pessoal de seus representantes;*

IV. *encaminhar os autos à Defensoria Pública, quando for o caso;*

V. *proceder a montagem dos livros de acórdãos para encaminhá-los ao Centro de Documentação;*

VI. *organizar as matérias a serem publicadas no Diário da Justiça, observadas as prescrições legais;*

VII. *certificar o decurso de prazo, sem manifestação das partes, com relação aos despachos publicados no Diário da Justiça ou intimados pessoalmente;*

VIII. *proceder a juntada aos autos das petições de recurso aos Tribunais Superiores e encaminhá-los ao setor competente;*

IX. *elaborar e encaminhar para assinatura ofícios, mandados, precatórios requisitórios, editais, cartas de ordem, precatórias, rogatórias ou de sentença, em cumprimento a despacho ou disposição legal;*

X. *encaminhar à Divisão de Baixa os processos com trânsito em julgado;*

XI. *extrair certidões explicativas, requeridas acerca dos processos de sua competência, submetendo-as à Chefia de Divisão;*

XII. *prestar as informações que forem solicitadas pelos Senhores Desembargadores, Procuradores e partes;*

d) *através da Seção da Seção Cível e da Seção Criminal e de seus Serviços:*

I. *exercer as mesmas funções da Seção de Movimentação e de seus serviços, no que toca aos processos de competência da Seção Cível e da Seção Criminal.*

e) *através da Seção da Reprodução Interna e de seus Serviços:*

I. *extrair as fotocópias atinentes ao serviço solicitadas pela Seções que integram as Divisões do Departamento;*

II. *proceder a chamada técnica, quando necessário, a fim de que sejam efetuados os serviços de manutenção e reparo dos equipamentos utilizados na extração de fotocópias;*

III. zelar pelo estoque, na Seção, do material necessário ao regular funcionamento dos equipamentos fotocopiadores;

IV. extrair relatório estatístico mensal de tiragem de cópias.

Art. 45. À Divisão de Recursos aos Tribunais Superiores, através de suas Seções e Serviços, compete:

I. receber, processar e encaminhar os recursos interpostos aos Tribunais Superiores e as petições a eles relacionadas;

II. proceder a juntada de petições conforme despacho ou disposição legal;

III. controlar os prazos processuais dos autos em Cartório e daqueles em poder dos Senhores Advogados;

IV. certificar a interposição de recursos e o decurso de prazo;

V. organizar as matérias a serem publicadas no Diário da Justiça, observadas as prescrições legais;

VI. elaborar e encaminhar para assinatura ofícios, mandados, editais, alvarás, cartas de ordem, precatórias, rogatórias ou de sentença, em cumprimento a despacho ou disposição legal, providenciando seu devido encaminhamento;

VII. informar ao Presidente a inexistência de manifestação, dentro do prazo estipulado, em resposta aos ofícios expedidos;

VIII. encaminhar à Divisão de Baixa os processos com trânsito em julgado;

IX. encaminhar os processos, em que haja manifestação do Ministério Público ou nos quais integre como parte, para ciência pessoal de seus representantes;

X. encaminhar os autos à Defensoria Pública, quando for o caso;

XI. receber e encaminhar, ao Gabinete da Presidência, as comunicações oriundas dos Tribunais Superiores acerca de suas decisões;

XII. proceder as providências cabíveis, quando da devolução dos autos pelos Tribunais Superiores;

XIII. extrair certidões explicativas requeridas acerca dos processos em trâmite, submetendo-as à Chefia de Divisão;

XIV. prestar as informações que forem solicitadas pelos Senhores Desembargadores, Juízes Convocados, Procuradores e partes.

Art. 46. À Divisão de Baixa e Expedição compete:

a) através das Seções de Baixa e de seus Serviços:

I. receber e ordenar os processos que lhe forem encaminhados pelas demais Divisões do Departamento;

II. receber os autos remetidos pelo Supremo Tribunal Federal e pelo Superior Tribunal de Justiça, analisando-o e atendendo às determinações do Vice-Presidente;

III. verificar a pendência de petições gerais e de recursos relacionadas aos processos;

IV. certificar o trânsito em julgado dos acórdãos;

V. baixar ao Juízo de origem ou remeter à Seção de Arquivo os processos com trânsito em julgado;

VI. baixar ao Juízo de origem ou remeter à Seção de Arquivo os processos cujos acórdão não tenham ainda transitado em julgado, por pendência de processo vinculado ou por inexistir determinação no sentido de que devam aguardar em Cartório;

VII. baixar os processos em diligência;

VIII. remeter os processos com trânsito em julgado a outros Tribunais ou Departamentos, observando as determinações e os dispositivos legais atinentes;

IX. encaminhar cópias das decisões de julgamentos aos relatores e aos setores que forem determinados;

X. extrair certidões explicativas requeridas acerca dos processos em trâmite, submetendo-as à Chefia de Divisão;

XI. prestar as informações que forem solicitadas pelos Senhores Desembargadores, Juízes Convocados, Procuradores e partes;

b) através da Seção de Expedição e de seus Serviços:

I. receber das Divisões competentes e organizar a correspondência a ser expedida;

II. emitir as etiquetas necessárias ao envio da correspondência;

III. envelopar e etiquetar a correspondência a ser expedida;

IV. proceder o preenchimento de Avisos de Recebimento e demais guias necessárias à sua expedição;

V. providenciar a remessa da correspondência a ser expedida ao setor competente, para posterior postagem;

VI. proceder o registro da expedição no sistema computacional.

Art. 47. À Divisão de Preparo e Informações compete:

a) através da Seção de Preparo e de seus Serviços:

I. elaborar o cálculo das custas de preparo, extrair e fornecer as guias para o respectivo recolhimento, bem como juntá-as aos autos quando de sua entrega, devidamente pagas;

II. elaborar listagens dos feitos sujeitos a preparo e encaminhá-las à publicação, bem como conferi-las no Diário da Justiça, lançando no sistema as datas e prazos para os respectivos preparos;

III. certificar nos autos a eventual inexistência de preparo no prazo legal e fazê-los conclusos ao Vice-Presidente;

IV. controlar e atualizar as tabelas de custas contidas no sistema computacional específico.

b) através da Seção de Informações e de seus Serviços:

I. prestar informações acerca dos processos em trâmite no Tribunal de Justiça, contidas no sistema computacional do Departamento Judiciário, pessoalmente ou por via telefônica, às partes, aos procuradores, aos Desembargadores e ao público em geral;

II. preparar e extrair certidões e informações com base nos registros computacionais do Departamento Judiciário;

III. preparar, extrair e conferir relatórios

mensais e anuais, bem como outros que sejam solicitados, com base nos dados constantes no sistema computacional do Departamento Judiciário;

IV. *esclarecer dúvidas acerca da consulta de processos via Internet.*

c) *através da Seção de Registro de Acórdãos e de seus Serviços:*

I. *proceder à seleção dos documentos de processos a serem digitalizados, conforme determinação superior;*

II. *proceder à digitalização dos documentos selecionados e respectivo armazenamento;*

III. *proceder à remontagem dos processos e devida conferência;*

d) *através da Seção de Mandados e Cartas e de seus Serviços:*

I. *receber os mandados e cartas das demais Divisões do Departamento;*

II. *Providenciar a remessa das Cartas aos órgãos competentes, no sentido de seu cumprimento;*

III. *cumprir, através de Oficial de Justiça, os mandados que lhe forem encaminhados, devendo estes, certificar todas as diligências e ocorrências para o seu fiel cumprimento, e após, devolvê-los aos setor originário;*

IV. *controlar o prazo de cumprimento dos mandados, apresentado à Diretoria relatórios mensais contendo o nome do Oficial de Justiça. número do processo em que foi ou foram expedidos; número de pessoas a serem citadas, intimadas ou notificadas, data da entrega ao Oficial e data da devolução, se for o caso;*

V. *expedir as Cartas e recebê-las, encaminhado-as ao setor competente;*

VI. *informar sobre o cumprimento de mandados e Cartas, quando determinado.*

Do Departamento Administrativo

Art. 48. *O Departamento Administrativo é constituído de: (*9) (*19) (*33) (*46)*

I. *Diretoria:*

a) *Assessoria;*

II. *Divisão de Recursos Humanos: (*9) (*19) (*33)*

a) *Seção de Desenvolvimento de Recursos Humanos:*

a.1) *Serviço de Organização e Métodos;*

a.2) *Serviço de Cargos e Salários;*

a.3) *Serviço de Estatística de Pessoal;*

b) *Seção de Recrutamento e Seleção de Recursos Humanos: (*19)*

b.1) *Serviço de Triagem de Pessoal; (*19)*

b.2) *Serviço de Recrutamento; (*19)*

c) *Seção de Treinamento e Aperfeiçoamento:*

c.1) *Serviço de Desenvolvimento de Cursos;*

c.2) *Serviço de Controle de Resultados;*

d) *Seção de Benefícios: (*19)*

d.1) *Serviço de Cadastro e Análise de Benefícios; (*19)*

e) *Seção de Avaliação Especial: (*33)*

e.1) *Serviço de Recebimento, Autuação e Remessa;* **(*33)**

e.2) *Serviço de Processamento, Instrução e Acompanhamento;* **(*33)**

f) *Seção de Avaliação de Desempenho: (*13) (*19)*

f.1) *Serviço de Coleta e Análise de Dados; (*13) (*19)*

f.2) *Serviço de Apresentação e Controle de Resultados; (*13) (*19)*

III. *Divisão de Estágio: (*46)*

a) *Seção de Estagiários da Capital: (*46)*

a.1) *Serviço de Recrutamento e Seleção;*

a.2) *Serviço de Folha de Pagamento do Bolsista;*

a.3) *Serviço de Treinamento e Desenvolvimento de Projetos;*

b) *Seção de Estagiários do Interior: (*46)*

b.1) *Serviço de Recrutamento;*

b.2) *Serviço de Folha de Pagamento do Bolsista;*

b.3) *Serviço de Administração de Convênios;*

IV. *Divisão de Registro e Triagem: (*46)*

a) *Seção de Triagem e Expedientes:*

a.1) *Serviço de Registro de Expedientes;*

b) *Seção da Capital:*

b.1) *Serviço de Registro de Dados ;*

b.2) *Serviço de Revisão de Controle de Dados; (*19)*

b.3) *Serviço de Férias e Adicionais; (*19)*

c) *Seção do Interior: (*19)*

c.1) *Serviço de Registro de Dados; (*19)*

c.2) *Serviço de Revisão de Controle de Dados; (*19)*

c.3) *Serviço de Férias e Adicionais; (*19)*

V. *Divisão de Documentação e Informações: (*9) (*19)*

a) *Seção de Informações Funcionais: (*19)*

a.1) *Serviço de Autuação e Informação; (*19)*

a.2) *Serviço de Controle de Chefias e Cargos em Comissão; (*19)*

b) *Seção de Atos e Ofícios: (*19)*

b.1) *Serviço de Digitação; (*19)*

b.2) *Serviço de Revisão e Controle de Publicações e Distribuição; (*19)*

c) *Seção de Recebimento e Controle de Matérias para Publicação Oficial: (*13) (*19)*

c.1) *Serviço de Recepção e Cadastro; (*13) (*19)*

c.2) *Serviço de Encaminhamento e Acompanhamento de Publicações. (*13) (*19)*

*Seção Atendimento Avançado: (*19)*

d.1) *Serviço de Atendimento Pessoal e a Distância.(*19) (*46)*

VI. *Divisão de Avaliação Funcional: (*46)*

a) *Seção de Avaliação Especial: (*46)*

a.1) *Serviço de Autuação e Instrução; (*46)*

a.2) *Serviço de Apoio à Comissão de Avaliação; (*46)*

b) *Seção de Avaliação de Desempenho: (*46)*

b.1) *Serviço de Coleta e Análise; (*46)*

b.2) *Serviço de Sistematização de Dados; (*46)*

Art. 49. *À Diretoria do Departamento Administrativo, além das atribuições gerais compete: (*9)*

I. *promover a administração geral do Departamento em estrita consonância com as disposições legais;*

II. *assessorar o Presidente e o Secretário do Tribunal de Justiça em assuntos de competência do Departamento;*

III. *preparar e despachar diretamente com o Presidente e com o Secretário do Tribunal de Justiça;*

IV. *submeter à consideração do Presidente e do Secretário os assuntos que excedam a sua competência;*

V. *programar, organizar, dirigir, orientar, controlar e coordenar as atividades do Departamento;*

VI. *supervisionar a atuação das Divisões e da Assessoria no âmbito do Departamento, para o fiel cumprimento das determinações superiores;*

VII. *prestar informações aos membros deste Poder e aos Juízes de Direito, quando solicitado, em matéria administrativa e de recursos humanos;*

VIII. *emitir parecer conclusivo em assunto de excepcional relevância, observados os princípios Constitucionais e normas aplicáveis;*

IX. *desempenhar outras tarefas correlatas.*

Art. 50. *À Assessoria do Diretor do Departamento Administrativo compete: (*9) (*19)*

a) *através do Supervisor:*

I. *controlar e conferir pareceres e manifestações em procedimentos administrativos;*

II. *coordenar estudos e pesquisas sobre matéria administrativa;*

III. *orientar os integrantes da Assessoria no desempenho de suas atribuições;*

IV. *orientar os senhores juízes, quando solicitado, acerca de procedimentos administrativos;*

V. *orientar, quando solicitado, os senhores servidores sobre direitos e deveres funcionais;*

VI. *controlar a entrada e saída de expedientes da Assessoria;*

VII. *auxiliar o Diretor do Departamento, quando solicitado;*

VIII. *exercer outras tarefas correlatas.*

b) *através de seus Assessores:*

I. *emitir pareceres e manifestações em procedimentos administrativos;*

II. *elaborar e executar estudos e pesquisas sobre matéria administrativa;*

III. *prestar informações, verbais ou escritas, sobre direitos e deveres de servidores;*

IV. *prestar informações, aos senhores juízes, sobre procedimentos administrativos;*

V. *exercer outras tarefas correlatas.*

c) *através de seus Auxiliares:*

I. *digitar ou datilografar pareceres e manifestações administrativas;*

II. *auxiliar no serviço de distribuição e baixa de expedientes;*

III. *exercer outras tarefas correlatas.*

Parágrafo único. *A Assessoria será supervisionada por um Assessor Jurídico do Quadro de Funcionários da Secretaria.*

Art. 51. *À Divisão de Recursos Humanos compete: (*9) (*19) (*33)*

a) *através da Seção de Desenvolvimento de Recursos Humanos e seus Serviços: (*19)*

I. *a pesquisa, aperfeiçoamento e elaboração de projetos e métodos de trabalho que ofereçam maior rapidez e precisão aos serviços prestados pelo Departamento, minimizando e racionalizando o trâmite processual administrativo;*

II. *exercer o controle numérico e legal dos quadros, cargos e funções dos servidores remunerados pelo Poder Judiciário;*

III. *exercer o desenvolvimento permanente de projetos que auxiliem a alteração de quadros de pessoal, criação e transformação de cargos e funções dos servidores remunerados pelo Tribunal de Justiça;*

IV. *elaborar os projetos de classificação de cargos e salários e de planos de carreiras dos servidores remunerados do Poder Judiciário;*

V. *proceder o planejamento, a execução de levantamentos, tabulação e ordenação de informações estatísticas referentes a movimentação e solicitações de pessoal;*

VI. *efetuar o processamento de análise e representação gráfica da estatística elaborada pela Seção;*

VII. *elaborar o relatório estatístico anual referente a Recursos Humanos;*

VIII. *exercer outras atividades no âmbito de sua competência; (*19)*

b) *através da Seção de Recrutamento e Seleção de Recursos Humanos e seus Serviços: (*13) (*19)*

I. *proceder a análise e emissão de parecer ou informação nos processos de lotação e movimentação de pessoal; (*13)*

II. *proceder a análise e emissão de pareceres técnicos sobre a lotação de funcionários colocados a disposição da Secretaria por serem portadores de deficiências físicas e mentais, e ainda, de servidores dependentes de substâncias químicas e afins, que tem sua capacidade laborativa limitada; (*13)*

III. *efetuar a execução do recrutamento de Recursos Humanos interno e externo, para atender às solicitações de pessoal, bem como para o preenchimento das vagas existentes nos diversos quadros; (*13)*

IV. *exercer outras atividades no âmbito de sua competência; (*13) (*19)*

c) *através da Seção de Treinamento e Aperfeiçoamento e seus Serviços: (*19)*

I. *proceder análise de recursos humanos, levantamento das necessidades de treinamento; (*19)*

II. *desenvolver e executar projetos de treinamento, voltados à valorização* *profissional dos servidores e as exigências do serviço; (*19)*

III. *manter contato com as entidades ligadas a áreas de treinamento de pessoal, visando a contratação de seus serviços; (*19)*

IV. *manter o intercâmbio de tecnologia de treinamento com outros Órgãos públicos; (*19)*

V. *promover a integração entre servidor e o seu local de trabalho; (*19)*

VI. *exercer acompanhamento e analisar a avaliação dos resultados obtidos com os cursos ministrados; (*19)*

VII. *exercer outras atividades no âmbito de sua competência; (*19)*

d) *através da Seção de Benefícios e seus Serviços:*

I. *analisar e emitir pareceres em pedidos de benefícios;*

II. *cadastrar e implantar benefícios aos servidores do Poder Judiciário;*

III. *elaborar propostas de alteração de critérios para a concessão de benefícios, observando a legalidade;*

IV. *pesquisar e desenvolver projetos de benefícios suplementares no âmbito do Tribunal de Justiça;*

V. *exercer outras atividades no âmbito de sua competência;*

e) *através da Seção de Avaliação Especial e seus Serviços: (*33)*

I. *atuar os procedimentos de avaliação especial instaurados, juntando os documentos necessários; (*33)*

II. *receber e autuar os recursos interpostos dos resultados da avaliação, encaminhando-os para a Comissão de Avaliação Especial - CAE; (*33)*

III. *fornecer ao servidor em estágio probatório cópias do Decreto que regulamenta a avaliação especial, cientificando-o do início do estágio e procedendo ao acompanhamento de mesmo; (*33)*

IV. *manter atualizado os registros referentes à avaliação, guardando sigilo das informações lançadas revelando à Comissão de Avaliação Especial e ao funcionário quando requisitado; (*33)*

V. *acompanhar sistematicamente o desempenho dos avaliadores na entrega dos formulários de avaliação; (*33)*

VI. *processar os procedimentos zelando pela sua regularidade, observando os prazos fixados; (*33)*

VII. *controlar os prazos recursais, certificando no procedimento a interposição ou não de recursos; (*33)*

VIII. *encaminhar para publicação os atos que mereçam publicidade; (*33)*

IX. *exercer outras atividades no âmbito de sua competência. (*33)*

e) *através da Seção de Avaliação de Desempenho e seus Serviços: (*19)*

I. *informar quais os requisitos exigidos para a progressão funcional por merecimento; (*19)*

II. *proceder a análise de todos os funcionários informando quais possuem condições de obter a progressão por merecimento e ou por antigüidade, observado-se os requisitos preestabelecidos; (*19)*

III. *elaborar, quando solicitado, escala gráfica descontinuada de avaliação de desempenho funcional, visando oferecer subsídios às demais áreas de recursos humanos; (*19)*

IV. *coletar os dados referentes a produtividade revelando quais os funcionários que alcançaram índice suficiente para obterem a progressão por merecimento; (*19)*

V. *formular avaliações de desempenho eficientes a fim de averiguar efetivamente a produtividade funcional; (*19)*

VI. *exercer outras atividades no âmbito de sua competência. (*19)*

Art. 52. *À Divisão de Estágio compete: .(*46)*

a) *através da Seção de Estagiários da Capital e seus Serviços: (*46)*

I. *controlar convênios com entidades públicas e/ou privadas, sem fins lucrativos, que visem à integração de estudantes no mercado de trabalho, acompanhando o cumprimento de suas cláusulas; (*46)*

II. *controlar os termos de compromisso dos bolsistas da Capital e as rescisões efetuadas;*

III. *desenvolver técnicas eficientes de recrutamento e seleção de estudantes para estágio no Poder Judiciário;*

IV. *manter atualizados os dados cadastrais de estagiários desligados e expedir certidões, quando requeridas;*

V. *manter atualizadas planilhas de solicitação de estagiário da Capital e de localização do mesmo;*

VI. *desenvolver e processar avaliações de aproveitamento de estágio;*

VII. *promover palestras de orientação aos estagiários e seus supervisores;*

VIII. *gerenciar, na página eletrônica do Tribunal de Justiça, o cadastro de estudantes candidatos a estágio, bem como selecioná-los e encaminhá-los para entrevistas;*

IX. *comunicar aos supervisores e estagiários quaisquer alterações nas condições do estágio;*

X. *orientar supervisores e estagiários da Capital sobre o correto preenchimento e encaminhamento das fichas de frequência;*

XI. *elaborar e conferir a folha de pagamento dos estagiários da Capital, zelando pela observância do período designado para recebimento da bolsa-auxílio;*

XII. *elaborar relatórios demonstrativos das despesas efetuadas com estagiários da Capital;*

XIII. *exercer outras atividades no âmbito de sua competência;*

b) *através da Seção de Estagiários do Interior e seus Serviços: (*46)*

I. *controlar rigorosamente os termos de compromisso dos estagiários das comarcas do interior do Estado, bem como as rescisões efetuadas; (*46)*

II. *controlar convênios com instituições de ensino públicas e privadas, no interesse* da administração, sem a intervenção de agentes integradores;

III. gerenciar os relatórios de estágios voluntários encaminhados à divisão mensalmente pelas comarcas do interior autorizadas a recebê-los;

IV. manter atualizados os dados cadastrais de estagiários do interior desligados e expedir certidões, quando requeridas;

V. manter atualizadas planilhas de solicitação de estagiário do interior e de localização do mesmo;

VI. comunicar aos supervisores e estagiários das comarcas do interior quaisquer alterações nas condições do estágio;

VII. orientar supervisores e estagiários do interior sobre o correto preenchimento e encaminhamento das fichas de frequência;

VIII. elaborar e conferir a folha de pagamento dos estagiários do interior, zelando pela observância do período designado para recebimento da bolsa-auxílio;

IX. elaborar relatórios demonstrativos das despesas efetuadas com estagiários das comarcas do interior;

X. exercer outras atividades no âmbito de sua competência. (*46)

Art. 53. À Divisão de Registro e Triagem compete: (*9) (*19)

a) através da Seção de Triagem de Expedientes e seus Serviços:

I. organizar os expedientes por ordem de entrada e destinação, encaminhando-os para registro computacional;

II. proceder o registro de toda movimentação interna dos expedientes, encaminhando-os aos setores competentes; (*19)

III. controlar, após o trâmite interno normal, a saída dos expedientes do Departamento, mantendo sob rigorosa organização as guias de movimentação do Protocolo Geral;

IV. exercer outras atividades no âmbito de sua competência;

b) através da Seção da Capital e seus Serviços: (*19)

I. realizar, relativamente aos serviços da Justiça da Capital, remunerados pelos cofres públicos, o cadastramento dos dados constantes dos atos administrativos do Presidente, do Secretário e dos Juízes de Direito, dos despachos e das pertinentes comunicações;

II. emitir relatórios mensais de servidores remunerados da Capital, que fazem jus a adicionais; (*19)

III. expedir ordem de serviço e respectiva listagem de remuneração de férias dos servidores remunerados da Capital, responsabilizando-se por todo o procedimento que as antecede;

IV. organizar e atualizar, sempre que necessário, os elementos constantes das tabelas dos sistemas utilizados na conferência dos registros;

V. emitir quaisquer outros relatórios mensais, relativamente aos dados funcionais dos servidores remunerados da Capital;

VI. organizar ao final do mês de novembro, a escala de férias dos servidores do quadro de pessoal da Secretaria do Tribunal de Justiça;

VII. exercer outras atividades no âmbito de sua competência;

c) através da Seção do Interior e seus Serviços: (*19)

I. realizar, relativamente aos serviços da Justiça do Interior, remunerados pelos cofres públicos, o cadastramento dos dados constantes dos atos administrativos do Presidente, do Secretário e dos Juízes de Direito, dos despachos e das pertinentes comunicações;

II. emitir relatórios mensais de servidores remunerados do Interior, que fazem jus a adicionais; (*19)

III. expedir ordem de serviço e respectiva listagem de remuneração de férias, dos servidores remunerados do Interior, responsabilizando-se por todo o procedimento que as antecede;

IV. organizar e atualizar, sempre que necessário, os elementos constantes das tabelas dos sistemas utilizados na conferência dos registros;

V. emitir quaisquer outros relatórios mensais, relativamente aos dados funcionais dos servidores remunerados do Interior;

VI. exercer outras atividades no âmbito de sua competência.

Art. 54. À Divisão de Documentação e Informações compete: (*9) (*19)

a) através da Seção de Informações Funcionais e seus Serviços: (*19)

I. expedir certidões e carteiras funcionais; (*19)

II. zelar pela exatidão das informações expedidas, bem como pelo bom atendimento e orientação ao servidor; (*19)

III. informar todos os expedientes passíveis de parecer pela Assessoria do Departamento; (*19)

IV. prestar informações de apoio, verbais ou escritas, à Diretoria do Departamento, sempre que solicitadas; (*19)

V. autuar e informar todos os demais expedientes submetidos à apreciação do Presidente e do Secretário; (*19)

VI. manter sob controle todos os dados referentes aos cargos, às funções gratificadas e às comissões designadas por portaria do Presidente e mantê-los atualizados, prestando, sempre que solicitados, as informações pertinentes; (*19)

VII. exercer outra atribuições no âmbito de sua competência; (*19)

b) através da Seção de Atos e Ofícios e seus Serviços: (*19)

I. executar a digitação dos textos dos decretos judiciários, portarias e ordens de serviço, e dos ofícios do Presidente, Secretário e os relativos ao Departamento;

II. proceder à revisão dos textos oficiais expedidos pela Seção, zelando pela observância das normas gramaticais e pela estética;

III. *numerar os atos encaminhando-os para a publicação e distribuindo aos demais setores da Secretaria as cópias que necessitarem;*

IV. *prestar informações precisas em relação à publicação dos atos;*

V. *elaborar títulos de nomeação, promovendo a entrega dos mesmos aos interessados;*

VI. *exercer outras atividades no âmbito de sua competência;*

c) *através da Seção de Recebimento e Controle de Matérias para Publicação Oficial e seus Serviços: (*13) (*19)*

I. *receber e cadastrar as matérias consignando dia e hora; (*13)*

II. *conferir se o material recebido corresponde com a descrição; (*13)*

III. *encaminhar no horário pré-determinado as matérias recebidas ; (*13)*

IV. *verificar se o material encaminhado para a Imprensa Oficial foi efetivamente publicado; (*13)*

d) *através da Seção de Atendimento Avançado e seu serviço: (*19)*

I. *prestar informações verbais aos funcionários pessoalmente ou por telefone, resguardando as informações de exclusivo interesse pessoal; (*19)*

II. *orientar os funcionários com relação ao procedimento de pedidos de competência do departamento; (*19)*

III. *receber os pedidos de certidões e de carteiras funcionais providenciando sua expedição junto a Seção de Informações Funcionais; (*19)*

IV. *informar aos funcionários quais os serviços disponíveis no sistema de atendimento avançado; (*19)*

V. *proceder o registro em livro próprio dos pedidos de certidões e carteiras funcionais; (*19)*

VI. *encaminhar imediatamente os pedidos recebidos informando ao funcionário a data do retorno; (*19)*

VII. *zelar pela exatidão das informações prestadas, bem como pelo bom atendimento e orientação aos funcionários; (*19)*

VIII. *exercer outras atividades no âmbito de sua competência.(*19)*

Art. 55. *À Divisão de Avaliação Funcional compete: (*46)*

a) *através da Seção de Avaliação Especial e seus Serviços: (*46)*

I. *autuar os procedimentos de avaliação especial instaurados, instruindo-os devidamente; (*46)*

II. *receber e autuar os recursos interpostos dos resultados da avaliação encaminhado-os à Comissão de Avaliação Especial – CAE;*

III. *comunicar ao servidor o início do período de avaliação e dar-lhe ciência do decreto sobre a regulamentação da avaliação especial de desempenho;*

IV. *manter atualizados os registros referentes à avaliação, guardando sigilo das informações lançadas;*

V. *acompanhar e prestar apoio aos avaliadores na entrega dos formulários de avaliação;*

VI. *processar as avaliações zelando por sua regularidade e observância dos prazos fixados;*

VII. *exercer outras atividades no âmbito de sua competência;*

a) *através da Seção de Avaliação e Desempenho e seus Serviços: (*46)*

I. *proceder a análise de todos os dados funcionais a cargo do departamento, informando aqueles que possuem condições de obter a progressão por merecimento ou por antiguidade, observados os requisitos legais;*

II. *elaborar escala gráfica descontinuada de avaliação de desempenho funcional, visando oferecer subsídios às demais áreas de recursos humanos;*

III. *coletar os dados referentes à produtividade do servidor, indicando aqueles que não alcançaram índice suficiente para obterem a progressão por merecimento;*

IV. *pesquisar e elaborar instrumentos de avaliação de desempenho eficientes, com justificativa técnica de sua formulação, e submetê-los à aprovação da Presidência do Tribunal;*

V. *exercer outras atividades no âmbito de sua competência; (*46)*

Do Departamento Econômico e Financeiro

Art. 56. *O Departamento Econômico e Financeiro é constituído de: (*19) (*48)*

I. *Diretoria:*

a) *Assessoria;*

II. *Divisão de Assessoramento Técnico-Administrativo: (*3) (*19)*

a) *Seção de Apoio Técnico-Administrativo: (*3) (*19)*

a.1) *Serviço de Recepção e Expedição; (*3) (*19)*

a.2) *Serviço de Controle de Expedientes; (*3) (*19)*

III. *Divisão de Contadoria Geral: : (*3) (*19)*

a) *Seção de Execução Orçamentária e Controle de Dados:*

a.1) *Serviço de Controle Orçamentário;*

a.2) *Serviço de Informação Orçamentária;*

a.3) *Serviço de Controle do PPA;*

b) *Seção de Contabilidade e Controle de Dados:*

b.1) *Serviço de Cadastro de Empenhos e Fornecedores;*

b.2) *Serviço de Controle de Despesas Estimativas;*

b.3) *Serviço de Gerenciamento e Controle de Arquivo;*

b.4) *Serviço de Contabilidade e Prestação de Contas;*

b.5) *Serviço de Cadastro, Gerenciamento e Controle dos Juízes Leigos e conciliadores;*

c) *Seção de Adiantamento e Subvenções Sociais:*

c.1) *Serviço de Controle de Adiantamentos e Subvenções Sociais;*

c.2) *Serviço de Tomada de Contas;*

d) *Seção de Contratos e Registros Patrimoniais:*

d.1) *Serviço de Execução de Contratos e Registros Patrimoniais;*

d.2) *Serviço de Elaboração de Cálculos de Contratos;*

IV. *Divisão Financeira: (*3) (*19)*

a) *Seção de Processamento Financeiro e de Controle de Dados: (*3)*

a.1) *Serviço de Execução da Receita e Despesa; (*3)*

a.2) *Serviço de Execução Financeira; (*3)*

b) *Seção de Controle Financeiro; (*3) (*19)*

b.1) *Serviço de Conferência de Expedientes de Despesa; (*3) (*19)*

V. *Divisão da Folha de Pagamento: : (*3) (*19)*

a) *Seção da Folha de Pessoal da Secretaria:*

a.1) *Serviço do Quadro da Secretaria;*

a.2) *Serviço de Controle de Gratificações e Substituições;*

a.3) *Serviço de Cargo em Comissão com vínculo;*

a.4) *Serviço de Pensão Alimentícia;*

b) *Seção da Folha do Pessoal do Interior:*

b.1) *Serviço do Interior;*

b.2) *Serviço de Pensão Alimentícia*

c) *Seção da Folha da Magistratura:*

c.1) *Serviço da Magistratura da Capital;*

c.2) *Serviço da Magistratura do Interior;*

d) *Seção da Folha de Inativos:*

d.1) *Serviço de Inativos;*

d.2) *Serviço de Pensões;*

e) *Seção de Averbações e Consignações:*

e.1) *Serviço de Controle de Averbações;*

e.2) *Serviço de Fornecimento e Controle de Margem Consignável;*

e.3) *Serviço de Atendimento ao Público;*

f) *Seção de Fechamento da Folha de Pagamento:*

f.1) *Serviço de Recepção, Registro e Distribuição de Expedientes;*

f.2) *Serviço de Controle e Fechamento da Folha;*

f.3) *Serviço de Elaboração de Relatórios da Folha e Atualização Monetária;*

g) *Seção da Folha dos Auxiliares da Justiça da Capital e Região Metropolitana:*

g.1) *Serviço do Quadro de Auxiliares da Justiça da Capital e Região Metropolitana;*

g.2) *Serviço de Controle de Substituições;*

h) *Seção da Folha de Cargos em Comissão:*

h.1) *Serviço de Controle de Cargo em Comissão sem vínculo;*

h.2) *Serviço de Controle de recolhimento de INSS;*

i) *Divisão de Controle Financeiro do Pessoal: (*3) (*19)*

j) *Seção de Triagem, Distribuição e Autuação: (*3) (*19)*

a.1) *Serviço de Registro, Distribuição e Expedição de Expedientes; (*3) (*19)*

a.2) *Serviço de Autuação e Arquivo; (*3) (*19)*

k) *Seção de Expedientes e Informações dos Servidores: (*3) (*19)*

b.1) *Serviço de Informações da Capital; (*3) (*19)*

b.2) *Serviço de Informações do Interior;* (*3) (*19)

b.3) *Serviço de Informações dos Juizados Especiais Cíveis e Criminais; (*3) (*19)*

l) *Seção de Expedientes e Informações da Magistratura: (*3) (*19)*

c.1) *Serviço de Informações da Capital;* (*3) (*19)

c.2) *Serviço de Informações do Interior.* (*3) (*19)

VI. *Divisão de Precatórios Requisitórios:*

a) *Seção de Autuação e Preparo de Processos:*

a.1) *Serviço de Autuação, Registro e Atualização de Precatórios; a.2) Serviço de Controle de Arquivo;*

b) *Seção de Requisições de Pagamento:*

b.1) *Serviço de Emissão de Requisições de Pagamento;*

b.2) *Serviço de Publicações de Despachos;*

c) *Seção de Certidões, Ofícios e Informações:*

c.1) *Serviço de Emissão de Certidões;*

c.2) *Serviço de Ofícios e Informações;*

Art. 57. *Ao Diretor do Departamento Econômico e Financeiro, além das atribuições gerais compete:*

I. *participar da elaboração da proposta orçamentária;*

II. *executar, empregar e contabilizar as dotações orçamentárias do Poder Judiciário do Estado;*

III. *coordenar e dirigir assuntos relativos à contabilidade, analisando os atos e fatos da gestão orçamentária, financeira e patrimonial;*

IV. *executar todas as operações de crédito relacionadas no cronograma de desembolso financeiro, acompanhando os programas elaborados; (*19)*

V. *promover a integração entre as Divisões e Assessoria do Departamento, visando a dinamização dos serviços; (*19)*

VI. *viabilizar novos métodos e técnicas que visem o aprimoramento e otimização dos serviços desenvolvidos pelo Departamento.(*19)*

Art. 58. *À Assessoria do Diretor do Departamento Econômico e Financeiro compete: (*19)*

a) *através de seu Supervisor: (*19)*

I. *controlar a entrada e saída de expedientes na Assessoria, registrando-os em livro próprio e procedendo a devida distribuição; (*19)*

II. *orientar os assessores que a compõem, no desempenho de suas funções,* *supervisionando-os no cumprimento das mesmas; (*19)*

III. *promover reuniões, discussões e estudos sobre matérias de sua competência, visando a unificação de entendimento em matérias polêmicas; (*19)*

IV. *prestar assessoramento ao Diretor, no exercício de suas funções, manifestando-se, quando solicitado, em procedimentos de competência exclusiva do Departamento; (*19)*

b) *através de seus Assessores: (*19)*

I. *emitir pareceres e manifestações em expedientes que versem sobre matéria econômico-financeira e previdenciária de competência do Departamento; (*19)*

II. *emitir pareceres em procedimentos administrativos (solicitações formuladas), cuja matéria a ser apreciada seja de natureza funcional-financeira (inclusive previdenciária); (*19)*

III. *pesquisar, selecionar e manter atualizada a legislação sobre matérias de competência e interesse do Departamento; (*19)*

IV. *atender consultas informais, orientando os consulentes sobre o modo de proceder no exercício de suas reivindicações, além de exercer outras atividades que lhes forem atribuídas; (*19)*

c) *através de seus Auxiliares: (*19)*

I. *digitar os trabalhos realizados pelo Supervisor e demais Assessores; (*19)*

II. *manter, ordenadamente, arquivadas as cópias dos serviços que forem executados, bem como da legislação selecionada, permitindo fácil consulta, quando necessário;*

III. *executar outras tarefas que lhes forem atribuídas. (*19)*

Parágrafo único: *A Assessoria do Departamento Econômico e Financeiro será composta por servidores do Quadro de Pessoal da Secretaria do Tribunal de Justiça, bacharéis em Direito e/ou em áreas correlatas, sendo que a Supervisão será exercida por bacharel em Direito. (*19)*

Art. 59. *À Divisão de Assessoramento Técnico-Administrativo compete: (*3) (*19)*

a) *através da Seção de Apoio Técnico-Administrativo e seus Serviços: (*3) (*19)*

I. *prestar atendimento a todo o serviço afeto ao Gabinete do Diretor do Departamento, cumprindo suas determinações; (*3)*

II. *prestar informações devidas, bem como dar andamento nos expedientes encaminhados à Diretoria do Departamento; (*3)*

III. *controlar a recepção e expedição dos expedientes e correspondências afetas à Diretoria; (*3) (*19)*

IV. *receber e manter a movimentação dos expedientes e correspondências que tramitam pelo Departamento, encaminhando-os aos setores competentes; (*3) (*19)*

V. *encaminhar à Assessoria do Departamento, para ciência, todo e qualquer expediente que trate de matéria funcional-financeira e previdenciária, cuja decisão, exarada pela administração do Tribunal de Justiça, venha a alterar e/ou inovar procedimentos; (*3) (*19)*

VI. *atender ao público, orientando com presteza quanto às informações solicitadas; (*3) (*19)*

VII. *exercer outros encargos que lhe forem atribuídos.(*3) (*19)*

Art. 60. *À Divisão de Contadoria Geral compete: (*19) (*48)*

a) *através da Seção de Execução Orçamentária e Controle de Dados e seus Serviços:*

I. *acompanhar a execução orçamentária e financeira, de conformidade com as metas previstas e de acordo com o percentual estabelecido em Lei;*

II. *auxiliar na elaboração da proposta orçamentária, controlar créditos orçamentários e suplementares;*

III. *ajustar o Sistema de Gestão Financeira – SGF, à classificação econômica e funcional programática, decretos, portarias e alterações no orçamento, conforme Lei Orçamentária, bem como monitorar o cadastro de centros de custos;*

IV. *controlar as dotações das rubricas orçamentárias, bloquear os valores estimados nos expedientes em processamento para aquisição de bens ou serviços, organizar demonstrativos relatando o comportamento das dotações orçamentárias;*

V. *monitorar a execução do Plano Plurianual – PPA, ajustando o centro de custos, lançando dados por região, bem como elaborando os relatórios respectivos;*

VI. *informar e controlar todos os processos que impliquem em aumento de despesas com pessoal, visando à adequação às Leis de Orçamento, bem como o cumprimento dos limites estabelecidos pela Lei Complementar nº 101, de 04/05/2000 (LRF).*

b) *através da Seção de Contabilidade e Controle de Dados e seus Serviços:*

I. *supervisionar as operações contábeis dos atos e fatos da gestão orçamentária financeira e patrimonial, bem como organizar as prestações de contas mensais e anuais, junto ao Tribunal de Contas do Estado;*

II. *controlar e manter atualizado o cadastro de fornecedores, emitir notas de empenho, estornos, notas de recolhimento, bem como providenciar a relação de credores e a contabilização de todas as Notas de Empenhos e de Estornos;*

III. *verificar e informar quanto à regularidade dos processos de pagamento, registrar as despesas com serviços de terceiros, controlar as despesas parciais dedutíveis dos empenhos;*

IV. *supervisionar e controlar os gastos mensais com telefones, provenientes das comarcas da capital e do interior do Estado, conforme o que dispõem os atos baixados pelo Presidente do Tribunal de Justiça;*

V. *orientar os servidores quando da prestação de informações nos processos de ajuda de custo;*

VI. *organizar e gerenciar os processos auditados pelo Tribunal de Contas que se encontram arquivados sob a responsabilidade da Divisão, de forma a permitir rapidez nas consultas controlando e fiscalizando a movimentação dos mesmos;*

VII. orientar a retirada de qualquer expediente que se encontra na Divisão, a qual se dará mediante recibo de entrega, desde que autorizado pela autoridade competente;

VIII. providenciar cópias de processos arquivados na Divisão;

IX. prestar informações com relação as despesas estimativas com serviços de terceiros e material de consumo, observada a sistemática do Plano Plurianual – PPA, de forma a manter atualizado o centro de custos;

X. cadastrar, gerenciar e controlar o pagamento aos Juízes Leigos e Conciliadores pela prestação de serviços aos Juizados Especiais da Capital e Interior;

XI. coordenar e monitorar todos os ajustes do Sistema de Gestão Financeira – SGF, mantendo-o atualizado de acordo com a Legislação Orçamentária, Financeira e Fiscal, bem como adequar às normas do Tribunal de Contas do Estado.

c) através da Seção de Adiantamento de Subvenções Sociais e seus Serviços:

I. coordenar e orientar a concessão de verbas concedidas em regime adiantamento, a Magistrados e servidores do Tribunal de Justiça, e a título de subvenções sociais, de conformidade com a Lei, bem como supervisionar a tramitação dos processos de prestação de contas junto ao Tribunal de Contas do Estado;

II. registrar, controlar, informar e processar os pedidos de adiantamento a Magistrados e servidores e subvenções sociais, de acordo com a classificação orçamentária e conforme o que dispõe a legislação específica;

III. orientar os funcionários sobre procedimentos a serem seguidos na formalização das prestações de contas, conforme o que dispõe os Atos e Instruções Normativas baixadas pelo Tribunal de Contas do Estado;

IV. analisar todas as prestações de contas protocoladas na Secretaria do Tribunal de Justiça, encaminhando os processos respectivos ao Tribunal de Contas para apreciação e aprovação;

V. manter atualizadas as informações relativas à situação de cada servidor ou Magistrado detentores de adiantamentos, e de cada entidade detentora de subvenções sociais.

d) através da Seção de Contratos e Registros Patrimoniais e seus Serviços:

I. coordenar, controlar e informar todos os processos relativos a contratos administrativos, quanto a reajustes, prorrogações e renovações contratuais, de conformidade com a Lei;

II. elaborar e informar cálculos relativos aos reajustes e termos aditivos (inclusões e reduções) objetos de contratos;

III. demonstrar a variação das despesas e auxiliar no planejamento das contas orçamentárias e financeiras;

IV. prestar informações e efetuar os lançamentos dos custos contratuais, observada a sistemática do Plano Plurianual – PPA, de forma a manter atualizado o centro de custos.

Art. 61. À Divisão Financeira compete: (*19)

a) através da Seção de Processamento Financeiro e de Controle de Dados e seus Serviços: (*19)

I. processar toda a movimentação orçamentária e extraorçamentária;

II. realizar os trabalhos relacionados com a receita orçamentária e extraorçamentária e processar toda a documentação relativa a pagamentos.

b) através da Seção de Controle Financeiro e seu Serviço: (*19)

I. controlar as contas extraorçamentária do Tribunal de Justiça, emitir Notas de Recolhimento e Ordens de Pagamento, bem como providenciar a abertura de Cadernetas de Poupança Judiciais de acordo com o Art. 488, inciso II, do Código de Processo Civil; (*19)

II. executar o controle financeiro, orçamentário e extra-orçamentário; (*19)

III. examinar e conferir a documentação que instrui os expedientes de despesa, a serem encaminhados, para auditagem, à Inspetoria do Tribunal de Contas; (*19)

IV. controlar o encaminhamento dos expedientes de despesa à Inspetoria Externa do Tribunal de Contas em exercício junto ao Tribunal de Justiça, bem como o retorno dos mesmos, para o devido arquivamento na Divisão de Contadoria Geral.(*19)

Art. 62. À Divisão da Folha de Pagamento compete: (*19) : (*48)

a) através da Seção da Folha de Pessoal da Secretaria e seus Serviços:

I. supervisionar e controlar a execução dos atos referentes ao processamento da folha de pagamento dos servidores pertencentes aos Quadros de Pessoal da Secretaria;

II. controlar os atos que impliquem em pagamentos através da folha, bem como a distribuição dos expedientes inerentes aos serviços competentes;

III. supervisionar e controlar a implantação de descontos previdenciários e de imposto de renda retido na fonte, de conformidade com o que estabelece a legislação em vigor;

IV. proceder a atualização, o controle e a emissão dos dados financeiros inerentes á remuneração dos servidores pertencentes ao Quadro de Pessoal da Secretaria;

V. efetuar a inclusão, atualização e controle das pensões alimentícias, conforme determinações judiciais;

a) através da Seção da Folha de Pessoal do Interior e seus Serviços:

I. supervisionar e controlar a execução dos atos referentes ao processamento da folha dos servidores que prestam serviços nas Comarcas do Interior do Estado;

II. controlar os atos que impliquem em pagamentos através da folha, bem como a distribuição dos expedientes inerentes aos serviços competentes;

III. proceder a atualização, controle e a emissão dos dados financeiros inerentes à *remuneração dos servidores que prestam serviços nas Comarcas do Interior;*

IV. supervisionar e controlar a implantação de descontos previdenciários e de imposto de renda retido na fonte, de conformidade com o que estabelece a legislação em vigor;

V. efetuar a inclusão, atualização e controle das pensões alimentícias, conforme determinações judiciais;

d) através da Seção da Folha da Magistratura e seus Serviços:

I. supervisionar e controlar a execução dos atos referentes ao processamento da folha de pagamento dos Magistrados ativos e inativos, das Comarcas da Capital e do Interior do Estado;

II. controlar os atos que impliquem em pagamentos através da folha, bem como a distribuição dos expedientes inerentes aos serviços competentes;

III. proceder a atualização, o controle e a emissão dos dados financeiros inerentes à remuneração dos Magistrados ativos e inativos, das Comarcas da Capital e do Interior do Estado;

IV. supervisionar e controlar a implantação dos descontos previdenciário e de imposto de renda retido na fonte, de conformidade com o que estabelece a legislação em vigor;

V. manter atualizados os registros funcionais financeiros da Seção e prestar as informações financeiras solicitadas;

d) através da Seção da Folha de Inativos e seus Serviços:

I. supervisionar e controlar a execução dos atos referentes ao processamento da folha de pagamento dos servidores e serventuários inativos das Comarcas da Capital e do Interior do Estado;

II. controlar os atos que impliquem em pagamentos através da folha, bem como a distribuição dos expedientes inerentes aos serviços competentes;

III. proceder a atualização, controle e a emissão dos dados financeiros inerentes à remuneração dos servidores e serventuários inativos das Comarcas da Capital e do Interior do Estado;

IV. supervisionar e controlar a implantação dos descontos previdenciário e de imposto de renda retido na fonte, de conformidade com o que estabelece a legislação em vigor;

V. manter atualizados os registros funcionais financeiros da Seção e prestar as informações financeiras solicitadas;

VI. controlar e emitir dados financeiros através de sistema computacional, inerentes à remuneração de Magistrados, Servidores e Serventuários falecidos, com vistas ao pagamento de pensões pelo Órgão Previdenciário;

e) através da Seção de Averbações e Consignações e seus Serviços:

I. supervisionar e controlar a execução dos atos referentes à implantação de descontos, em folhas de pagamento, relativos às seguradoras, associações e entidades financeiras, bem como distribuir os expedientes inerentes aos respectivos serviços;

II. supervisionar e controlar a emissão dos dados financeiros referentes a margens consignáveis, de conformidade o que estabelece o Estatuto dos Funcionários Públicos do Estado do Paraná;

III. orientar os funcionários no atendimento ao público, relativamente a matérias afetas à Divisão e aos expedientes que por ela tramitam, para que os mesmos o façam com presteza;

f) através da Seção de Fechamento da Folha de Pagamento e seus Serviços:

I. receber, registrar e distribuir às respectivas Seções, os expedientes encaminhados à Divisão da Folha de Pagamento;

II. comunicar as demais Seções quanto a eventuais mudanças e/ou alterações nos procedimentos relativos ao fechamento da folha, objetivando auxiliar os serviços, na execução de suas atividades;

III. supervisionar e dar cumprimento aos cronogramas mensal e anual da folha de pagamento;

IV. gerar relatórios mensais e anuais relativos à folha de pagamento;

g) através da Seção da Folha dos Auxiliares da Justiça da Capital e Região Metropolitana:

I. supervisionar e controlar a execução dos atos referentes ao processamento da folha dos servidores do Foro Judicial que prestam serviços nas Comarcas do Foro Central da Comarca de entrância final da Região Metropolitana de Curitiba;

II. controlar os atos que impliquem em pagamentos através da folha, bem como a distribuição dos expedientes inerentes aos serviços competentes;

III. proceder a atualização, controle e a emissão dos dados financeiros inerentes à remuneração dos servidores que prestam serviços nas Comarcas do Foro Central da Comarca de entrância final da Região Metropolitana de Curitiba;

IV. supervisionar e controlar a implantação de descontos previdenciários e de imposto de renda retido na fonte, de conformidade com o que estabelece a legislação em vigor;

V. manter atualizados os registros funcionais financeiros da Seção e prestar as informações financeiras solicitadas;

VI. controlar o recebimento dos Boletins de Frequência a serem encaminhados mensalmente, ao Departamento, para que produzam os efeitos financeiros pertinentes à Folha de Pagamento, encaminhando-os posteriormente ao setor competente da Secretaria;

h) através da Seção da Folha de Cargos em Comissão:

I. proceder a atualização, o controle e a emissão dos dados financeiros, inerentes à remuneração dos ocupantes exclusivamente de Cargo em Comissão;

II. controlar os atos que impliquem em pagamentos através da folha, bem como a distribuição dos expedientes inerentes aos serviços competentes;

III. supervisionar e controlar a implantação de descontos previdenciários e de imposto de renda retido na fonte, de conformidade com o que estabelece a legislação em vigor;

IV. manter atualizados os registros funcionais financeiros da Seção e prestar as informações financeiras solicitadas;

V. controlar o recebimento dos Boletins de Frequência a serem encaminhados mensalmente, ao Departamento, para que produzam os efeitos financeiros pertinentes à Folha de Pagamento, encaminhado-os posteriormente ao setor competente da Secretaria;

VI. proceder a elaboração, emissão e transmissão da guia de recolhimento ao Fundo de Garantia por Tempo de Serviço e informações à Previdência Social - GEFIP;

Art. 63. À Divisão de Controle Financeiro do Pessoal compete(*19):

a) através da Seção de Triagem, Distribuição e Autuação e seus Serviços: (*19)

I. recepcionar, registrar e autuar todos os expedientes inerentes à Divisão, distribuindo-os aos setores competentes; (*19)

II. supervisionar e controlar a tramitação dos expedientes; (*19)

III. auxiliar os serviços competentes na execução de suas atividades e no arquivamento de cópias de informações; (*19)

IV. providenciar cópias de processos arquivados para instruir novos pedidos; (*19)

V. numerar, conferir e restaurar autuações; (*19)

VI. promover a regularidade dos cadastros dos magistrados e servidores, nos programas de Integração Social e de Formação do Patrimônio do Servidor Público (PIS/PASEP), bem como assinar os respectivos convênios para troca de informações atinentes aos referidos programas."(*19) (*45)

VII. emitir certidões de dados financeiros dos magistrados e servidores da Capital e do Interior, ativos e inativos, sempre que solicitadas; (*19)

VIII. executar outras atividades no âmbito de sua competência; (*19)

b) através da Seção de Expedientes e Informações dos Servidores e seus Serviços: (*19)

I. exercer, através de pesquisas de registros, a supervisão das informações de dados financeiros dos Servidores da Capital e Interior, ativos e inativos; (*19)

II. controlar e informar expedientes relativos a designações, substituições, diferenças de vencimento, aposentadorias, isenções, pensões, gratificações e assuntos afins; (*19)

III. conferir os dados informados pela Seção, nos procedimentos a ela encaminhados; (*19)

IV. executar outras atividades no âmbito de sua competência; (*19)

c) através da Seção de Expedientes e Informações da Magistratura e seus Serviços: (*19)

I. exercer, através de pesquisas de registros, a supervisão das informações de dados financeiros dos Magistrados da Capital e Interior, ativos e inativos; (*19)

II. controlar e informar expedientes relativos a gratificações, substituições, adicionais, pensões, isenções, aposentadorias e assuntos afins; (*19)

III. informar valores e elaborar folhas de diárias; (*19)

IV. controlar e informar procedimentos inerentes a férias, ajudas de custo e direção de fórum; (*19)

V. conferir os dados informados pela Seção, nos procedimentos a ela encaminhados; (*19)

VI. executar outras atividades no âmbito de sua competência.(*19)

Art. 64. À Divisão de Precatórios Requisitórios compete: (*48):

a) através da Seção de Autuação e Preparo de Processos e seus Serviços:

I. coordenar, autuar, registrar, atualizar e informar os precatórios, relacionando-os para integrarem a proposta orçamentária do Estado, dos Municípios e de outras entidades de Direito Público;

II. manter os processos ordenadamente arquivados;

III. prestar informações e dar atendimento às partes envolvidas nos processos;

b) através da Seção de Requisições de Pagamento e seus Serviços:

I. emitir as requisições de pagamentos, fotocopiar para encadernação e providenciar AR's para encaminhá-las;

II. enviar oficialmente as relações de precatórios e as ordens de pagamentos à Secretaria de Estado da Fazenda, aos Municípios e a outros Órgãos devedores;

III. emitir as relações dos despachos presidenciais exarados nos precatórios, enviando as para publicação no Diário da Justiça, controlando e certificando essa publicação;

IV. fotocopiar os despachos para encaminhar ao Juízo requisitante;

V. controlar os processos aguardando cumprimento de despachos.

c) através da Seção de Certidões, Ofícios e Informações e seus Serviços:

I. emitir e analisar relatórios;

II. extrair certidões;

III. analisar as petições e emitir informações;

IV. expedir ofícios, inclusive para encaminhar as requisições de pagamento

Do Departamento do Patrimônio

Art. 65. O Departamento do Patrimônio é constituído de: (*38) (*43)

I. Diretoria:

a) Assessoria Jurídica; (*4)

b) Auxiliar de Gabinete;

c) Assessoria Administrativa. (*38)

II. Divisão de Administração de Materiais: (*43)

a) Seção de Controle de Materiais:

a.1) Serviço de Expedientes e Informações;
a.2) Serviço de Solicitação de Compras;
a.3) Serviço de Controle e Arquivo;

b) Seção de Distribuição de Materiais:
b.1) Serviço de Processamento de Requisições;
b.2) Serviço de Embalagem e Expedição;
b.3) Serviço de Atendimento Especial;

c) Seção de Suprimentos de Informática e Equipamentos Reprográficos:
c.1) Serviço de Controle dos Equipamentos Reprográficos;
c.2) Serviço de Processamento de Requisições;

d) Seção de Especificação Técnica e Análise de Amostras:
d.1) Serviço de Pesquisa e Cadastramento de Especificações Técnicas de Produtos;
d.2) Serviço de Análise de Amostras e de Controle de Qualidade;

*III. Divisão de Compras: (*1) (*16)*

*a) Seção de Consulta de Preços: (*1) (*16)*
*a.1) Serviço de Solicitação e Recebimento de Orçamentos; (*1) (*16)*
*a.2) Serviço de Informações e Digitação; (*1) (*16)*

*b) Seção de Processamento de Compras: (*1) (*16)*
*b.1) Serviço de Informações e Digitação; (*1) (*16)*
*b.2) Serviço de Emissão de Ordem de Fornecimento; (*1) (*16)*
*b.3) Serviço de Cadastro e Controle de Fornecedores; (*1) (*16)*
*b.4) Serviço de Recebimento de Materiais; (*1) (*16)*

*c) Seção de Emissão de Ordem de Fornecimento ou de Execução de Serviços: (*1) (*16)*
*c.1) Serviço de Informação e Digitação; (*1) (*16)*
*c.2) Serviço de Controle de Expedientes, Capital e Interior ; (*4) (*16))*
*c.3) Serviço de Processamento de Pedidos de Pagamento; (*4) (*16)*

*d) Seção de Controle de Dados e Expedientes: (*4) (*16)*
*d.1) Serviço de Entrega de Correspondência Externa; (*4) (*16)*
*d.2) Serviço de Controle de Expedientes; (*4) (*16)*
*d.3) Serviço de Processamento de Pedidos de Pagamento; (*4) (*16)*
*d.4) Serviço de Elaboração, Emissão e Controle de Relatórios; (*4) (*16)*

*IV. Divisão de Controle Patrimonial: (*43)*

a) Seção de Tombamento:
a.1) Serviço de Especificações Técnicas e Acompanhamento de Licitações;
a.2) Serviço de Vistoria de Bens e IdentifICaÇão Patrimonial;
a.3) Serviço de Tombamento Patrimonial;

b) Seção de Controle de Expedientes:
b.1) Serviço de Informações e Controle de Expedientes da Capital;
b.2) Serviço de Informações e Controle de Expedientes das Comarcas do Interior;

c) Seção de Movimentação Cadastral de Bens:
c.1) Serviço de Movimentação de Bens da Capital e Estoque;
c.2) Serviço de Movimentação Cadastral de Bens das Comarcas do Interior;

d) Seção de Controle Físico de Bens em Estoque;
d.1) Serviço de Controle Físico de Mobiliários;
d.2) Serviço de Controle Físico de Eletro-Eletrônicos e Equipamentos;
d.3) Serviço de Entrega e Recolhimento de Bens;

*V. Divisão de Licitações: (*1) (*16)*

*a) Seção de Processamento de Convites para Obras e Serviços de Engenharia: (*4)*
*a.1) Serviço de Elaboração de Editais; (*4)*
*a.2) Serviço de Processamento de Licitações; (*4)*
*a.3) Serviço de Digitação e Conferência; (*4)*

*b) Seção de Processamento de Convites para Materiais e Equipamentos: (*4)*
*b.1) Serviço de Elaboração de Editais; (*1)*
*b.2) Serviço de Processamento de Licitações; (*1)*
*b.3) Serviço de Digitação e Conferência; (*1)*

*c) Seção de Processamento de Concorrências e Tomadas de Preços para Obras e Serviços de Engenharia: (*4)*
*c.1) Serviço de Digitação e Conferência; (*1)*
*c.2) Serviço de Processamento de Licitações; (*1)*
*c.3) Serviço de Elaboração de Editais; (*1)*

*d) Seção de Processamento de Concorrências e Tomadas de Preços para Materiais e Equipamentos: (*4)*
*d.1) Serviço de Digitação e Conferência; (*4)*
*d.2) Serviço de Processamento de Licitações; (*4)*
*d.3) Serviço de Elaboração de Editais; (*4)*

*e) Seção de Cadastro de Empresas: (*16)*
*e.1) Serviço de Análise de Documentação e Registro; (*16)*
*e.2) Serviço de Atendimento ao Público e Apoio às Comissões de Licitação; (*16)*
*e.3) Serviço de Atualização Cadastral; (*16)*
*e.4) Serviço de Cadastramento. (*16)*

Art. 66. *À Diretoria do Departamento do Patrimônio, além das atribuições gerais compete:*

*I. indicar os integrantes das Comissões de Registro Cadastral de Habilitação de Empresas, de Recebimento e Abertura de Propostas e Habilitação Preliminar e Comissão de Julgamento de Licitações, designadas pela Presidência do Tribunal de Justiça e previstas na Lei 8.666/93, alterada pela Lei 8.883/94; (*4)*

*II. administrar todos os bens imóveis, a que alude o Decreto Estadual nº 13.948/64, e que foram destinados a instalações do Poder Judiciário, inclusive fóruns e residências dos juízes; (*4)*

*III. autorizar a distribuição de bens de consumo e permanentes, representados por materiais de expediente, de limpeza, de conservação, móveis, equipamentos e eletrodomésticos; (*4)*

*IV. examinar minutas de contratos pertinentes ao Departamento, referentes a obras, locações e prestação de serviços; (*16)*

*V. expedir editais de procedimentos licitatórios, após as providências legais prévias cabíveis e autorização de instauração do procedimento pela autoridade competente. (*16)*

Art. 67. *À Assessoria Jurídica do Departamento do Patrimônio compete: (*4)*

a) *através da Supervisão: (*4)*

I. supervisionar, coordenar e dar andamento aos processos encaminhados à Assessoria para consultas, informações, pareceres, etc.;

II. coordenar a elaboração, distribuição e encaminhamento dos expedientes da Assessoria aos setores competentes do Departamento;

*III. orientar os integrantes da Assessoria, promovendo reuniões para análise e discussão de matéria polêmica; (*4)*

IV. prestar informações sobre processos em trâmite na Assessoria do Departamento;

*V. zelar pela presteza e exatidão das informações, pareceres e respostas a consultas, emitidos pelos integrantes da Assessoria do Departamento; (*4)*

b) *através de seus Assessores: (*16)*

I. prestar assistência ao Diretor no exercício de suas funções e opinar nos processos sobre matérias de competência exclusiva do Departamento do Patrimônio;

*II. emitir pareceres e informações nos expedientes pertinentes a empresas fornecedoras do Poder Judiciário, prestadores de serviços e empreiteiras, bem como nos processos de locação de imóveis e equipamentos; (*4)*

*III. emitir pareceres Técnico-Jurídicos nos procedimentos licitacionais, no que diz respeito às modalidades de licitação, dispensa ou inexigibilidade e, ainda, examinar e aprovar as minutas dos editais licitatórios; (*16)*

*IV. elaborar minutas dos contratos, convênios e ajustes, referentes a obras, locações e prestação de serviços; (*4)*

V. providenciar as prorrogações, renovações, alterações e aditamentos contratuais;

c) *através de seus Auxiliares:*

*I. proceder a datilografia ou digitação dos despachos oriundos da Diretoria do Departamento, referentes a aquisição de materiais; (*4)*

*II. proceder a datilografia ou digitação dos despachos oriundos da Presidência, referentes a locação e aquisição de bens, prestação de serviços, homologação do julgamento da Comissão Permanente de Licitações, prorrogações de contrato de locação e de prestação de serviços; (*4)*

*III. proceder a datilografia ou digitação dos termos de Alteração Contratual, doação e aditivos, convênios e permissão de uso; (*4)*

IV. proceder o registro em livro dos contratos e respectivas alterações, com o devido acompanhamento da publicação em Diário da Justiça;

V. elaborar boletim mensal de frequência e relatório anual do Departamento;

*VI. proceder a datilografia ou digitação da correspondência oficial do Departamento; (*4)*

*VII. prestar atendimento ao Diretor e exercer as demais atribuições no âmbito de sua competência.(*4)*

Parágrafo único: *A Assessoria será supervisionada por um Assessor Jurídico do Quadro de Pessoal da Secretaria do Tribunal de Justiça.(*4)*

Art. 68. *À Assessoria Administrativa do Departamento do Patrimônio compete: (*38)*

I. prestar apoio administrativo à Diretoria;

II. supervisionar a recepção e a expedição dos expedientes e correspondências afetos à Diretoria;

III. proceder o estudo e a triagem dos expedientes e correspondências a serem encaminhadas à consideração do Diretor e aos setores competentes do Departamento;

IV. responder pela execução objetiva dos serviços examinando e conferindo os trabalhos delegados;

V. prestar informações imediatas a outros setores da Secretaria do Tribunal e as Comarcas, quando solicitados;

VI. organizar o armazenamento de documentos administrativos da Diretoria;

VII. gerenciar as contas de adiantamentos de verbas concedidos a servidores do Departamento, conforme o que dispõe a legislação específica, encaminhando os processos de prestação de contas junto ao Tribunal de Contas do Estado;

VIII. supervisionar e acompanhar se as matérias para publicação inerentes ao Departamento foram efetivamente publicadas, respondendo por sua regularidade a fim de prestar pronto atendimento ao Diretor;

IX. distribuir e encaminhar processos contendo matérias urgentes, tais como, aquisições, contratações e reparos emergenciais;

X. exercer as demais atribuições atinentes ao Departamento, que forem determinadas pelo Diretor.

Art. 69. *À Divisão de Administração de Materiais compete: (*43)*

a) *através da Seção de Contrôle de Materiais e seus Serviços:*

I. *analisar, organizar e encaminhar os expedientes relativos à aquisição de materiais de consumo;*

II. *organizar o registro e o armazenamento de todo o material de consumo adquirido;*

III. *encaminhar à Divisão de Compras do Departamento todos os documentos relativos ao recebimento de materiais, como notas fiscais e requerimentos de pagamentos dos fornecedores;*

IV. *proceder ao recebimento dos materiais de consumo e providenciar a emissão de laudos e atestados de recebimento, conforme o caso;*

V. *organizar os pedidos para aquisição de materiais, visando a recomposição dos estoques;*

VI. *controlar a guarda, conservação e estocagem dos materiais de consumo;*

VII. *planejar e propor, através de estudo analítico, a inclusão ou a exclusão de itens do estoque, conforme a necessidade dos serviços nos diversos setores do Poder Judiciário;*

VIII. *efetuar o controle físico da entrada dos materiais de consumo, recebidos por ocasião da entrega pelos fornecedores ou pela devolução de setores do Tribunal;*

IX. *encaminhar relatórios físicos e financeiros, referentes às entradas e saídas de materiais, à Diretoria do Departamento, ao Departamento Econômico e Financeiro e Alta Administração;*

X. *realizar inventários físicos com periodicidade mínima de 01 (um) ano;*

XI. *organizar e manter atualizado cadastro de fornecedores;*

XII. *analisar os relatórios disponíveis e propor alterações ou criação de novos relatórios, quando reputado necessário;*

XIII. *prestar informações aos usuários sobre os pedidos de materiais, os prazos de entrega e também sobre os produtos mantidos em estoque;*

XIV. *efetuar acompanhamento quanto ao recebimento, qualidade, quantidade, sugestões e reclamações sobre os produtos adquiridos;*

b) *através da Seção de Distribuição de Materiais e seus Serviços:*

I. *receber as solicitações de fornecimento de materiais de consumo, efetuar a triagem por rotas e/ou setores, obedecido ao cronograma estabelecido;*

II. *processar tais pedidos. via digitação ou outra forma utilizada. emitindo as respectivas pré-requisições e encaminhando-as para separação do material. conferência e embalagem;*

III. *exercer controle sobre entradas e saídas de materiais do estoque, com posições a serem demonstradas através de relatórios mensais a serem elaborados pelo Sistema de Controle de Almoxarifado;*

IV. *planejar o cronograma de entrega dos materiais de consumo;*

V. *planejar e acompanhar o embarque dos materiais;*

VI. *providenciar a distribuição de material de consumo aos setores do Poder Judiciário, conforme as solicitações, inclusive efetuando viagens às comarcas do interior do Estado para tanto, segundo cronograma e rotas estabelecidos, encaminhando relatórios periódicos à Diretoria do Departamento e ao Departamento Econômico e Financeiro;*

VII. *controlar o uso e zelar pela conservação dos veículos sob a responsabilidade da Divisão;*

VIII. *acompanhar o controle dos adiantamentos de valores concedidos a funcionários da Divisão, para despesas com combustíveis, peças e serviços de manutenção dos veículos utilizados no setor;*

IX. *proceder ao atendimento das solicitações formuladas fora do tempo próprio e que forem comprovadamente emergenciais;*

b) *através da Seção de Suprimentos de Informática e Equipamentos Reprográficos, e seus Serviços:*

I. *pesquisar e manter cadastro atualizado das especificações técnicas desses suprimentos e materiais que serão objeto de procedimento de aquisição;*

II. *proceder a análise das amostras dos suprimentos e materiais, objetos de aquisições através compra direta ou licitação;*

III. *emitir relatório sobre a avaliação das amostras e encaminhá-lo às Comissões de Julgamento de Licitações;*

IV. *efetuar controle dos suprimentos enviados a laboratórios para verificação de autenticidade (amostras ou lote de produtos recebidos);*

V. *proceder ao gerenciamento de toda a entrada e saída do estoque dos suprimentos e materiais;*

VI. *efetuar levantamentos e inventários periódicos desses suprimentos e materiais (prazos a serem definidos pela Chefia de Divisão ou pelo Diretor), com emissão de relatórios;*

VII. *efetuar o processamento dos pedidos desses suprimentos e materiais (via eletrônica ou manual - digitação), com emissão das requisições;*

VIII. *proceder à separação e conferência das requisições desses suprimentos e materiais;*

IX. *embalar e encaminhar esses suprimentos e materiais para a Seção de Distribuição de Materiais;*

X. *exercer controle sistemático sobre a devolução de cartuchos de tinta e toner cheios ou vazios;*

XI. *elaborar e manter controle sobre a quantidade, marca e modelo das impressoras e equipamentos reprográficos instalados em cada unidade do Tribunal, inclusive com integração com o setor responsável no Departamento de Informática;*

XII. *proceder à análise do consumo desses suprimentos e materiais em cada unidade e fornecer sugestões;*

XIII. *proceder ao encaminhamento dos pedidos de compras desses suprimentos e materiais* que estiverem em ponto de inteirar o estoque regular;

XIV. analisar, organizar e encaminhar os expedientes relativos a aquisição desses suprimentos e materiais;

XV. organizar o registro e o armazenamento desses suprimentos e materiais adquiridos;

XVI. encaminhar ao Departamento competente todos os documentos relativos ao recebimento desses suprimentos e materiais, como notas fiscais e requerimentos de pagamentos dos fornecedores;

XVII. proceder ao recebimento desses suprimentos e materiais, elaborando e emitindo atestados e laudos de recebimento, conforme o caso;

XVIII. controlar a guarda, conservação e estocagem desses suprimentos e materiais;

XIX. planejar e propor, através de estudo analítico, a inclusão ou a exclusão de itens do estoque, conforme a necessidade dos serviços nos diversos setores do Poder Judiciário;

XX. prestar informações aos usuários sobre os pedidos desses suprimentos e materiais, os prazos de entrega e também sobre os produtos mantidos em estoque;

XXI. efetuar acompanhamento quanto ao recebimento, qualidade, quantidade, sugestões e reclamações sobre esses suprimentos e materiais adquiridos;

XXII. analisar, através de histórico, e propor alterações se for o caso, da quantidade de extração de fotocópias;

XXIII. receber as solicitações para reparo e manutenção em equipamentos de reprografia;

XXIV. solicitar às empresas contratadas a execução de reparos, consertos e manutenções em equipamentos de reprografia. quando solicitados pelos usuários;

XXV. atestar, após conferência e concomitante solicitação de comprovação aos usuários, para posterior pagamento, as notas fiscais referentes aos números de fotocópias mensalmente extraídas;

d) Através da Seção de Especificação Técnica e Análise de Amostras:

I. pesquisar e fornecer as especificações técnicas dos impressos, materiais de especificações produtos de higiene e limpeza materiais de cozinha e materiais elétricos que serão objeto de procedimento de aquisição, contando, quando for o caso, com o auxílio de setores técnicos do Tribunal;

II. proceder à análise das amostras de produtos objeto de aquisições através compra direta ou licitação;

III. emitir relatório sobre a avaliação das amostras e encaminhá-lo às Comissões de Julgamento de Licitações;

IV. consultar os órgãos competentes (como INMETRO/TECPAR) quanto à qualidade de produtos utilizados pelo Tribunal;

V. proceder ao acompanhamento da utilização dos produtos, principalmente de marcas novas, verificando aceitação e avaliando resultados;

VI. elaborar e manter atualizado cadastro de produtos aprovados e reprovados nas análises efetuadas por funcionários e setores do Tribunal e pelos órgãos oficiais de controle de qualidade;

VII. prestar informações a fornecedores sobre as especificações técnicas de produtos a serem licitados; elaborar relatório de acompanhamento de prazo de validade de produtos estocados;

VIII. acompanhar a entrega dos produtos pelos fornecedores, verificando a conformidade com as especificações dos editais e também com a amostra apresentada na fase inicial de aquisição;

IX. solicitar e controlar a substituição de produtos defeituosos ou impróprios.

Art. 70. À Divisão de Compras compete: (*1) (*16)

a) através da Seção de Consulta de Preços e seus Serviços: (*16)

I. manter contato com fornecedores de produtos, materiais e serviços; (*16)

II. proceder a estimativa de custo e juntada de propostas; (*16)

III. elaborar quadros demonstrativos de preços; (*16)

IV. receber orçamentos e verificar se estão de acordo com as exigências do Tribunal de Justiça, quanto a preços, se estão compatíveis com valores de mercado, validade das propostas, assinaturas, datas, carimbo CNPJ, entre outras; (*16)

V. receber e organizar os expedientes alusivos a aquisições de bens e contratações de serviços; (*16)

b) através da Seção de Processamento de Compras e seus Serviços: (*16)

I. organizar e encaminhar os expedientes relativos a aquisição de bens e a contratação de serviços; (*16)

II. propor à autoridade competente a instauração de licitação para a aquisição de materiais, observadas as normas legais atinentes à espécie; (*16)

III. proceder ao registro das aquisições, fiscalizar o prazo de entrega e receber as mercadorias que não requeiram formalidades e acondicionamentos especiais; (*16)

IV. elaborar informações, ofícios, relatórios, boletins de frequência e quadros demonstrativos de preços; (*16)

V. encaminhar as notas de empenho aos fornecedores; (*16)

VI. emitir relatórios periódicos da capital e do interior; (*16)

c) através da Seção de Emissão de Ordem de Fornecimento ou de Execução de Serviços e seus Serviços: (*16)

I. proceder a emissão de ordem de fornecimento e/ou de execução de serviços, alusivas a pedidos dos diversos setores da Secretaria do Tribunal e das Comarcas do Estado; (*16)

II. encaminhar as respectivas notas de empenho aos fornecedores, sejam da Capital ou do interior do Estado; (*16)

III. controlar os respectivos prazos de entrega e/ou execução; (*16)

IV. *receber as solicitações de pagamento, proceder as respectivas anotações, diligenciar para que seja atestada a nota fiscal (após o recebimento da mercadoria) e informar quanto a regularidade do expediente; (*16)*

V. *organizar o registro de todo o material adquirido, bem como providenciar a sua guarda e entrega ao setores do Poder Judiciário, conforme as solicitações efetuadas; (*16)*

VI. *emitir relatórios periódicos da capital e do interior; (*16)*

VII. *elaborar informações e ofícios; (*16)*

a) *através da Seção de Controle de Dados e Expedientes e seus Serviços: (*16)*

I. *organizar o registro de todo o material adquirido, bem como providenciar a sua guarda e entrega aos setores do Poder Judiciário, conforme as requisições feitas e considerada a natureza de tais materiais, encaminhando relatórios periódicos à Diretoria do Departamento; (*16)*

II. *encaminhar ao Departamento Econômico e Financeiro, através da Diretoria, todos os documentos e expedientes que devam figurar na prestação de contas do Tribunal, e os demais à Divisão de Protocolo Geral e Arquivo do Departamento Administrativo; (*16)*

III. *receber as solicitações de pagamento, proceder as respectivas anotações, diligenciar para que seja atestada a Nota Fiscal, após o recebimento da mercadoria e informar sobre a regularidade do processo; (*16)*

IV. *registrar e controlar internamente todos os expedientes em tramitação no Departamento; (*16)*

V. *proceder a entrega de correspondências e Editais às empresas fornecedoras de materiais e prestadoras de serviços; (*16)*

VI. *encaminhar às empresas especializadas, materiais e equipamentos para reparos; (*16)*

VII. *exercer o controle quanto ao prazo de garantia dos móveis, equipamentos e eletrodomésticos, informando aos usuários dos mesmos. (*16)*

Art. 71. *À Divisão de Controle Patrimonial compete: (*43) (*44)*

a) *através da Seção de Tombamento e seus Serviços:*

I. *proceder ao registro das aquisições, fiscalizar o prazo de entrega, receber e conferir os respectivos bens;*

II. *separar plaquetas patrimoniais e proceder suas respectivas afixações, conferindo-as;*

III. *efetuar os tombamentos, examinando as especificações, prazo de garantia, nota fiscal e nota de empenho;*

IV. *efetuar viagens ao interior do Estado para vistoria, recebimento e identificação patrimonial de bens licitados ou doados ao Tribunal de Justiça;*

V. *disponibilizar mensalmente. através de sistema computacional à Alta Administração, ao Departamento Econômico e Financeiro e ao FUNREJUS, a quantificação de bens permanentes novos encaminhadas às diversas unidades judiciárias do Estado;*

VI. *elaborar as especificações de móveis, eletro-eletrônicos e equipamentos de estoque regular a serem adquiridos;*

VII. *efetuar o registro. após autorização da Alta Administração dos bens doados para o Poder Judiciário;*

VIII. *prestar informações sobre os bens, quanto a prazos de garantia;*

IX. *requisitar orçamentos para conserto de bens;*

b) *através da Seção de Controle de Expedientes e seus Serviços:*

I. *analisar, organizar e encaminhar os expedientes relativos a fornecimentos, requisições e distribuição de materiais permanentes;*

II. *emitir listagens dos bens cadastrados, individualmente ou em conjunto, das diversas unidades judiciárias da Capital e/ou das demais comarcas do Estado, com o objetivo de fornecer dados às autoridades competentes, quando solicitada à aquisição de novos bens e para controle de estoque;*

III. *efetuar acompanhamento protocolar dos expedientes afetos à Divisão;*

IV. *digitar, conferir e providenciar a impressão das manifestações administrativas e/ou relatórios de sua competência;*

V. *efetuar o controle de férias, licenças e boletins de frequência do pessoal da Divisão;*

c) *através da Seção de Movimentação Cadastral de Bens e seus Serviços:*

I. *manter registras completos e atualizados de todos os bens imóveis a que alude o Decreto Estadual nº 13.948/64 e que foram destinados a instalações do Poder Judiciário, inclusive fóruns e residências dos juizes;*

II. *efetuar o controle cadastral da movimentação de bens permanentes adquiridos, entregues, recolhidos, doados e/ou recebidos em doação pelo Tribunal de Justiça e/ou FUNREJUS, mantendo, para tanto, cadastro atualizado;*

III. *exercer o controle das lotações no sistema patrimonial;*

IV. *originar expedientes, para doação ou comodato, de bens inservíveis e do padrão anterior existentes no estoque;*

d) *Através da Seção de Controle Físico de Bens em Estoque e seus serviços:*

V. *receber bens permanentes para serem estocados, somente através de documento oficial;*

I. *estocar os bens permanentes, conforme o seu estado de conservação (novo, semi-novo, padrão anterior, a ser consertado, considerados inservíveis, etc.);*

II. *separar os bens para serem entregues, somente através de documento oficial;*

III. *levantar as necessidades e solicitar autorização para conserto de bens;*

IV. *orientar quanto à correta utilização e conservação de bens permanentes, independentemente de sua localização física em estoque;*

V. inventariar anualmente os bens permanentes mantidos em estoque, conforme o disposto no Art. 95 da Lei Federal n° 4.320/1964;

VI. zelar pela manutenção e guarda dos veículos, manutenção das empilhadeiras e demais equipamentos de segurança (extintores, motor da caixa d'água, etc.), à disposição da Divisão;

VII. entregar os bens permanentes aos setores requisitantes, após a devida autorização conferindo-os no embarque;

VIII. proceder ao recolhimento de bens em desuso, quando solicitado e autorizado;

IX. programar rotas para entregas e recolhimentos de bens na região metropolitana de Curitiba e no interior do Estado;

X. prestar atendimento especial à Alta Administração (Presidência, Vice, Corregedoria e Desembargadores);

XI. agendar mudanças de bens entre as Unidades Judiciárias quando for o caso;

XII. proceder ao remanejamento de bens nos setores requisitantes, quando da entrega;

Art. 72. À Divisão de Licitações compete: (*1) (*16)

a) através da Seção de Processamento de Convites para Obras e Serviços de Engenharia e seus Serviços: (*4) (*16)

I. autuar e processar os expedientes que serão objeto de procedimento licitacional, na modalidade de convite, observando os trâmites legais prévios à sua instauração; (*16)

II. diligenciar junto ao setor requisitante para a obtenção da máxima clareza e exatidão das especificações da obra, bem ou serviço a ser licitado; (*16)

III. observar, na elaboração dos atos convocatórios, os prazos legais, termos, destino, validade das propostas, prazo de garantia e de entrega; (*16)

IV. expedir as minutas de editais a serem submetidos à prévia análise da Assessoria Jurídica do Departamento do Patrimônio, efetuando as alterações necessárias, quando for o caso; (*16)

V. relacionar as empresas que serão diretamente convidadas, para encaminhamento de cópia do instrumento convocatório; (*16)

VI. listar os editais, providenciando a coleta das assinaturas correspondentes; (*16)

VII. providenciar a publicação dos avisos de licitações, através dos veículos de comunicação adequados; (*16)

VIII. controlar os prazos legais atinentes à antecedência da publicação dos avisos de licitações, bem como os relativos à interposição de recursos; (*16)

IX. conferir valores e marcas constantes das propostas apresentadas, resumindo, posteriormente, estes dados no quadro demonstrativo; (*16)

X. auxiliar e fornecer informações, quando solicitadas, às Comissões Permanentes de licitação; (*16)

XI. atender ao público em geral, setores do Tribunal de Justiça e licitantes; (*16)

XII. elaborar minutas de contratos de serviços a serem submetidos à apreciação superior; (*16)

XIII. emitir informações no âmbito de sua competência; (*16)

b) através da Seção de Processamento de Convites para Materiais e Equipamentos e seus Serviços: (*4)

I. autuar e processar os expedientes que serão objeto de procedimento licitacional, na modalidade de convite, observando os trâmites legais prévios à sua instauração; (*1)

II. diligenciar junto ao setor requisitante para obtenção da máxima clareza e exatidão das especificações da obra, bem ou serviço a ser licitado; (*4)

III. observar, na elaboração dos atos convocatórios, os prazos legais, termos, destino, validade das propostas, prazo de garantia e de entrega;

IV. expedir as minutas de editais a serem submetidos a prévia análise da Assessoria Jurídica do Departamento do Patrimônio, efetuando as alterações necessárias, quando for o caso; (*4)

V. relacionar as empresas que serão diretamente convidadas, para encaminhamento de cópia do instrumento convocatório; (*4)

VI. listar os editais, providenciando a coleta das assinaturas correspondentes;

VII. providenciar a publicação dos avisos de licitações, através dos veículos de comunicação adequados;

VIII. controlar os prazos legais atinentes à antecedência da publicação dos avisos de licitações, bem como os relativos à interposição de recursos;

IX. conferir valores e marcas constantes das propostas apresentadas, resumindo posteriormente, estes dados no quadro demonstrativo;

X. auxiliar e fornecer informações, quando solicitadas, às Comissões Permanentes de Licitação;

XI. atender ao público em geral, setores do Tribunal de Justiça e licitantes; (*1)

XII. elaborar minutas de contratos de serviços a serem submetidos à apreciação superior; (*1)

XIII. emitir informações no âmbito de sua competência; (*4)

c) através da Seção de Processamento de Concorrências e Tomadas de Preços para Obras e Serviços de Engenharia e seus Serviços: (*4)

I. autuar e processar os expedientes que serão objeto de procedimento licitacional, na modalidade de concorrências e tomadas de preços, observando os trâmites legais prévios à sua instauração; (*1)

II. diligenciar junto ao setor requisitante para obtenção da máxima clareza e exatidão das especificações do bem ou serviço a ser licitado; (*4)

III. observar na elaboração dos atos convocatórios, os prazos legais, termos, destino, validade das propostas, prazo de garantia e de entrega;

IV. *expedir as minutas de editais a serem submetidos à prévia análise da Assessoria Jurídica do Departamento do Patrimônio, efetuando as alterações necessárias, quando for o caso; (*4)*

V. *listar os editais, providenciando a coleta das assinaturas correspondentes; (*1)*

VI. *providenciar a publicação dos avisos de licitações, através dos veículos de comunicação adequados; (*1)*

VII. *controlar os prazos legais atinentes à antecedência da publicação dos avisos de licitações, bem como os relativos à interposição de recursos; (*1)*

VIII. *conferir valores e marcas constantes das propostas apresentadas, resumindo posteriormente, estes dados no quadro demonstrativo; (*1)*

IX. *auxiliar e fornecer informações, quando solicitadas, às Comissões Permanentes de Licitação; (*1)*

X. *atender ao público em geral, setores do Tribunal de Justiça e licitantes; (*4)*

XI. *emitir informações no âmbito de sua competência; (*4)*

d) *através da Seção de Processamento de Concorrências e Tomadas de Preços para Materiais e Equipamentos e seus Serviços: (*4)*

I. *autuar e processar os expedientes que serão objeto de procedimento licitacional, na modalidade de concorrências e tomadas de preços, observando os trâmites legais prévios à sua instauração; (*4)*

II. *diligenciar junto ao setor requisitante para obtenção da máxima clareza e exatidão das especificações da obra, bem ou serviço a ser licitado; (*4)*

III. *observar na elaboração dos atos convocatórios, os prazos legais, termos, destino, validade das propostas, prazo de garantia e de entrega; (*4)*

IV. *expedir as minutas de editais a serem submetidos à prévia análise da Assessoria Jurídica do Departamento do Patrimônio, efetuando as alterações necessárias, quando for o caso; (*4)*

V. *listar os editais, providenciando a coleta das assinaturas correspondentes; (*4)*

VI. *providenciar a publicação dos avisos de licitações, através dos veículos de comunicação adequados; (*4)*

VII. *controlar os prazos legais atinentes à antecedência da publicação dos avisos de licitações, bem como os relativos à interposição de recursos; (*4)*

VIII. *conferir valores e marcas constantes das propostas apresentadas, resumindo posteriormente, estes dados no quadro demonstrativo; (*4)*

IX. *auxiliar e fornecer informações, quando solicitadas, às Comissões Permanentes de Licitação; (*4)*

X. *atender ao público em geral, setores do Tribunal de Justiça e licitantes; (*4)*

XI. *emitir informações no âmbito de sua competência; (*4)*

e) *através da Seção de Cadastro de Empresas e seus Serviços: (*16)*

I. *receber, autuar e processar os pedidos de registro cadastral de fornecedores e, após exame preliminar da documentação, encaminhá-los à Comissão de Registro Cadastral e Habilitação de Firmas; (*16)*

II. *manter arquivo atualizado das empresas habilitadas; (*16)*

III. *prestar o apoio necessário no fornecimento de informações às Comissões Permanentes de Licitações.(*16)*

Do Departamento de Administração e Serviços Gerais

Art. 73. *O Departamento de Administração e Serviços Gerais é constituído de: (*20)*

I. *Diretoria:*

a) *Assessor do Diretor do Departamento de Administração e Serviços Gerais;*

b) *Auxiliar de Gabinete;*

II. *Divisão de Atendimento Interno:*

a) *Seção de Atendimento e Vigilância: (*20)*

a.1) *Serviço de Vigilância Interna;*

a.2) *Serviço de Fiscalização de Pátio;*

a.3) *Serviço de Zeladoria;*

a.4) *Serviço de Controle do Estacionamento Privativo; (*20)*

b) *Seção de Elevadores:*

b.1) *Serviço de Elevador Social; (*20)*

b.2) *Serviço de Elevador Privativo; (*20)*

c) *Seção de Portaria: (*20)*

c.1) *Serviço de Franqueamento Mecanizado; (*20)*

c.2) *Serviço de Controle e Distribuição de Remessas de Selos; (*20)*

c.3) *Serviço de Coleta e Entrega de Correspondência Interna; (*20)*

c.4) *Serviço de Coleta e Entrega de Correspondência Externa; (*20)*

c.5) *Serviço de Triagem; (*20)*

c.6) *Serviço de Atendimento e Orientação ao Público; (*20)*

d) *Seção de Controle e Atendimento: (*20)*

d.1) *Serviço de Atendimento ao 1º Grupo Cível; (*20)*

d.2) *Serviço de Atendimento ao 2º Grupo Cível; (*20)*

d.3) *Serviço de Atendimento ao 3º Grupo Cível; (*20)*

d.4) *Serviço de Atendimento ao Grupo Criminal; (*20)*

d.5) *Serviço de Apoio às Salas de Sessões; (*20)*

d.6) *Serviço de Atendimento a Sessão de Julgamento do Conselho da Magistratura; (*20)*

III. *Divisão Operacional de Atendimento Básico: (*20)*

a) *Seção de Recepção e Atendimento aos Desembargadores: (*20)*

a.1) *Serviço de Apoio ao Gabinete dos Desembargadores; (*20)*

a.2) *Serviço de Controle de Expedientes; (*20)*

a.3) *Serviço de Recepção; (*20)*

b) *Seção de Telefonia: (*20)*

b.1) *Serviço de Controle de PABX;* **(*20)**

b.2) *Serviço de Controle de Assistência Técnica;*

b.3) *Serviço de Atualização de Listagem; (*20)*

b.4) *Serviço de Tarifação; (*20)*

b.5) *Serviço de Manutenção de Aparelhos Telefônicos; (*20)*

b.6) *Serviço de Instalação e Remoção de Ramais; (*20)*

c) *Seção de Higiene e Limpeza: (*20)*

c.1) *Serviço de Plantão; (*20)*

c.2) *Serviço de Controle de Materiais;*

c.3) *Serviço de Jardinagem;*

c.4) *Serviço de Inspeção Interna e Externa; (*20);*

d) *Seção de Apoio Técnico: (*20)*

d.1) *Serviço de Atendimento ao Salão de Festas, Auditório e Eventos; (*20)*

d.2) *Serviço de Atendimento a Capela Ecumênica; (*20)*

d.3) *Serviço de Recepção e Orientação ao Público; (*20)*

IV. *Divisão de Manutenção: (*20)*

a) *Seção Operacional: (*20)*

a.1) *Serviço de Carpintaria;*

a.2) *Serviço de Alvenaria;*

a.3) *Serviço de Pintura;*

a.4) *Serviço de Eletricidade;*

a.5) *Serviço de Hidráulica;*

a.6) *Serviço de Serralheria;*

a.7) *Serviço de Estofaria; (*20)*

a.8) *Serviço de Mecanografia; (*20)*

a.9) *Serviço de Instalação de Terminais; (*20)*

a.10) *Serviço de Vidraçaria; (*20)*

a.11) *Serviço de Funilaria; (*20)*

a.12) *Serviço de Manutenção de Ar-Condicionado; (*20)*

a.13) *Serviço de Recuperação e Restaurações de Móveis; (*20)*

b) *Seção de Cadastramento de Materiais: (*20)*

b.1) *Serviço de Controle de Estoque; (*20)*

b.2) *Serviço de Controle Interno de Materiais; (*20)*

b.3) *Serviço de Digitação e Registro de Dados;* **(*20)**

b.4) *Serviço de Controle e Reparo de Equipamentos; (*20)*

c) *Seção de Controle de Qualidade: (*20)*

c.1) *Serviço de Avaliação Final de Serviços; (*20)*

c.2) *Serviço de Recebimento de Materiais; (*20)*

d) *Seção de Avaliação e Levantamento: (*20)*

d.1) *Serviço de Avaliação;* **(*20)**

d.2) *Serviço de Quantificação;* **(*20)**

e) *Seção de Oficina Automotiva: (*20)*

e.1) *Serviço de Mecânica;* **(*20)**

e.2) *Serviço de Lataria e Pintura; (*20)*

e.3) *Serviço de Almoxarifado. (*20)*

V. *Divisão de Atendimento de Copa (*15) (*34)*

a) *Seção de Supervisão de Copa: (*15) (*34) (*40)*

a.1) *Serviço de Atendimento de Cantina;*

a.2) *Serviço de Atendimento de Cantina;*

a.3) *Serviço de Atendimento de Cantina;*

a.4) *Serviço de Atendimento de Cantina;*

a.5) *Serviço de Atendimento de Cantina;*

a.6) *Serviço de Atendimento de Cantina;*

a.7) *Serviço de Atendimento de Cantina;*

a.8) *Serviço de Atendimento de Cantina;*

a.9) *Serviço de Atendimento de Cantina;*

a.10) *Serviço de Atendimento de Cantina;*

a.11) *Serviço de Atendimento de Cantina;*

b) *Seção de Atendimento de Eventos: (*15) (*34)*

b.1) *Serviço de Organização de Materiais e Utensílios; (*15) (*34)*

b.2) *Serviço de Controle e Conservação dos Materiais e Alimentos (*15) (*34);*

c) *Seção de Almoxarifado: (*15) (*34)*

c.1) *Serviço de Estoque e Distribuição de Materiais; (*15) (*34)*

c.2) *Serviço de Controle de Materiais Recebidos. (*15) (*34)*

Art. 74. *À Diretoria do Departamento de Administração e Serviços Gerais, além das atribuições gerais, compete:*

I. *supervisionar a manutenção dos edifícios do Tribunal de Justiça e demais prédios do Poder Judiciário da Capital, zelando pela conservação e funcionamento dos mesmos;*

II. *atender a observação da Vigilância e Segurança interna e externa do edifício sede do Tribunal de Justiça e dos demais prédios do Poder Judiciário da Capital;*

III. *supervisionar a recuperação de bens móveis e equipamentos utilizados pelos diversos setores do Poder Judiciário;*

IV. *atender a observação das ordens superiores quanto ao acesso de pessoas ao edifício do Tribunal de Justiça, impedindo a presença de estranhos ou servidores da Justiça, fora do horário normal de expediente, sem a competente autorização.*

Art. 75. *À Divisão de Atendimento Interno compete: (*20)*

a) *através da Seção de Atendimento a Vigilância e Fiscalização e seus Serviços: (*20)*

I. *zelar pela segurança das autoridades e funcionários do Palácio da Justiça; (*20)*

II. *exercer a fiscalização dos bens permanentes existentes; (*20)*

III. *exercer a guarda e segurança dos edifícios do Poder Judiciário; (*20)*

IV. *exercer a segurança no pátio do Palácio da Justiça, controlando a parte privativa, de acordo com as normas estabelecidas; (*20)*

V. *efetuar pequenas mudanças no mobiliário pertencentes ao Poder Judiciário, e quando* *não estiver executando tal serviço, auxiliar nos demais serviços do Departamento, conforme for determinado; (*20)*

VI. *exercer outras atividades que lhe forem atribuídas; (*20)*

b) *através da Seção de Elevadores e seus Serviços: (*20)*

I. *controlar o serviço de elevadores no Palácio da Justiça; (*20)*

II. *solicitar visitas técnicas periódicas e emergências; (*20)*

III. *orientar e organizar os ascensoristas para bem atender o público usuário do prédio; (*20)*

IV. *controlar a utilização e manutenção dos elevadores social e privativo; (*20)*

V. *exercer outras atividades que lhe forem atribuídas; (*20)*

c) *através da Seção de Portaria e seus Serviços: (*20)*

I. *receber a correspondência, autos e papéis destinados ao Tribunal de Justiça, selecionando e encaminhando aos diversos setores; (*20)*

II. *coletar e entregar correspondências em todos os setores do Palácio da Justiça; (*20)*

III. *executar os serviços de triagem das correspondências recebidas; (*20)*

IV. *expedir correspondência, autos e papéis a outros órgãos ou pessoas, através de meios próprios ou do serviço de correios; (*20)*

V. *transportar correspondências e malotes acompanhado do funcionário responsável pelo serviço de entrega e coleta externa; (*20)*

VI. *proceder a distribuição dos Diários da Justiça e Oficial, aos setores competentes; (*20)*

VII. *proceder a postagem diária de todas as correspondências oficiais através de máquina de franquia; (*20)*

VIII. *certificar a fatura da despesa com remessa de correspondência através de contrato de prestação de serviços para a entrega de intimações no Interior e na Capital; (*20)*

IX. *atender e encaminhar as partes aos diversos setores do Tribunal de Justiça, quando necessário; (*20)*

X. *exercer outras atividades que lhe forem atribuídas; (*20)*

d) *através da Seção de Controle e Atendimento e seus Serviços: (*20)*

I. *fiscalizar a frequência às salas de sessões; (*20)*

II. *vedar o ingresso de pessoas trajadas inconvenientemente; (*20)*

III. *coordenar os serviços de atendimento das salas de sessões, em consonância com as necessidades de cada órgão julgador do Tribunal de Justiça; (*20)*

IV. *manipular e ajustar microfones e a altura do som durante as Sessões; (*20)*

V. *manter atualizada a biblioteca normalmente utilizada pelos Senhores Desembargadores; (*20)*

VI. *exercer outras atividades que lhe forem atribuídas.(*20)*

Art. 76. *À Divisão Operacional compete: (*20)*

a) *através da Seção de Recepção e Atendimento aos Desembargadores e seus Serviços: (*20)*

I. *recepcionar e orientar os serviços de atendimento ao público; (*20)*

II. *efetuar atendimento especializado aos Desembargadores e seus funcionários; (*20)*

III. *receber a correspondência, autos e papéis, selecionando e encaminhando aos Gabinetes; (*20)*

IV. *exercer outras tarefas correlatas; (*20)*

b) *através da Seção de Telefonia e seus Serviços: (*20)*

I. *coordenar o serviço de comunicação interna e externamente; (*20)*

II. *manter e conservar os equipamentos de comunicação, bem como, suas instalações; (*20)*

III. *solicitar reparos e ampliações, quando necessário; (*20)*

IV. *conferir as faturas telefônicas; (*20)*

V. *informar ao setor competente qualquer irregularidade ou abuso no sistema telefônico; (*20)*

VI. *manter atualizada a lista de telefones e ramais em uso, bem como, comunicar a todos os setores qualquer alteração nela ocorrida; (*20)*

VII. *extrair relatórios e efetuar a tarifagem de ligações, quando solicitado; (*20)*

VIII. *realizar serviços internos de fiação, instalação de tomadas para telefones, ramais, linhas diretas e fax, nos prédios pertencentes ao Tribunal de Justiça; (*20)*

IX. *executar serviços de reparos e troca de peças em aparelhos telefônicos, visando sua manutenção e maior durabilidade; (*20)*

X. *sugerir a troca de aparelhos telefônicos quando necessário ou quando aqueles em uso tenham se tornado obsoletos e não atendam as necessidades do serviço; (*20)*

XI. *orientar os usuários prestando as informações que lhe forem solicitadas sobre os diversos setores do Poder Judiciário, ou encaminhar quando for o caso, a quem esteja em condições de fornecê-las; (*20)*

XII. *exercer outras atividades correlatas; (*20)*

c) *através da Seção de Higiene e Limpeza e seus Serviços: (*20)*

I. *supervisionar o serviço de cantinas públicas do Palácio da Justiça, Tribunal do Júri e Fóruns da Capital, no que diz respeito a higiene; (*20)*

II. *manter o serviço de Higiene e Limpeza em condições de atendimento emergencial ou após os horários normais de expediente, nas instalações do Poder Judiciário da Capital; (*20)*

III. *receber o material de limpeza, relacionando-o, bem como, controlar a entrada e saída dos mesmos, distribuindo-os aos respectivos serviços; (*20)*

IV. *executar o serviço de limpeza nas dependências do Poder Judiciário da Capital; (*20)*

V. exercer o controle na execução dos serviços de barbearia; (*20)

VI. inspecionar e controlar a qualidade dos produtos e serviços de limpeza, que são terceirizados nos prédios do Poder Judiciário da Capital; (*20)

VII. exercer outras atividades correlatas; (*20)

d) através da Seção de Apoio Técnico e seus Serviços: (*20)

I. coordenar o atendimento de eventos, solenidades e outros acontecimentos sociais a serem realizados nas dependências do Palácio da Justiça; (*20)

I. atender as atividades a serem realizadas na Capela Ecumênica do Palácio da Justiça e zelar pela sua manutenção; (*20)

I. atender as atividades a serem realizadas no Salão de Festas e no Auditório do Palácio da Justiça e zelar pela sua manutenção; (*20)

I. orientar e organizar os serviços de atendimento ao público; (*20)

I. exercer outras atividades que lhe forem atribuídas.(*20)

Art. 77. À Divisão de Manutenção compete: (*20)

a) através da Seção Operacional e seus Serviços: (*20)

I. confeccionar e reparar estruturas em madeira, telhados e paredes divisórias bem como confeccionar tablados, assoalhos e congêneres; (*20)

II. executar toda sorte de serviços de alvenaria, tais como construção de paredes e seus revestimentos, aplicação de pisos e azulejos e reparos em geral; (*20)

III. executar serviços de pinturas em geral; (*20)

IV. prestar serviços de reparos em alta e baixa tensão, readequação e redimensionamento de instalações elétricas; (*20)

V. prestar serviços de reparos e instalação de redes de água e esgotos; (*20)

VI. confeccionar grades, portões e reparos em esquadrias em ferro; (*20)

VII. consertar e limpar máquinas elétricas e manuais; (*20)

VIII. consertar e reformar estofados em geral; (*20)

IX. executar serviços elétricos em apoio a instalação de terminais; (*20)

X. cortar e colocar vidros em geral; (*20)

XI. confeccionar e reparar em geral, calhas, rufos e condutores; (*20)

XII. manter basicamente e limpar aparelhos de ar-condicionado; (*20)

XIII. recuperar e restaurar móveis de madeira; (*20)

XIV. confeccionar móveis e peças de madeira em geral; (*20)

XV. pintar painéis, faixas, placas indicativas e letreiros em veículos oficiais; (*20)

XVI. recuperar, confeccionar e reformar estofamentos de automóveis; (*20)

b) através da Seção de Controle de Materiais e seus Serviços: (*20)

I. proceder o controle dos bens permanentes lotados na Divisão e dos materiais em geral empregados na execução dos serviços; (*20)

II. controlar estoques dos bens de consumo; (*20)

III. controlar administrativamente a movimentação do estoque; (*20)

IV. controlar e movimentar equipamentos e limpeza dos mesmos; (*20)

c) através da Seção de Controle de Qualidade e seus Serviços: (*20)

I. avaliar finalmente os serviços executados pelos diversos setores da Seção Operacional; (*20)

II. receber e conferir, contagem e avaliação da qualidade dos materiais adquiridos pelo Poder Judiciário e destinados a esta Divisão; (*20)

III. reduzir a termo as avaliações e informações em geral; (*20)

d) através da Seção de Avaliação e Levantamento e seus Serviços: (*20)

I. avaliar preliminarmente os diversos serviços a serem executados, apontando o número de funcionários necessários para a execução dos mesmos; (*20)

II. levantar a quantidade de material necessária para execução dos serviços; (*20)

III. elaborar planilhas, cronogramas e laudos dos serviços e digitação em geral; (*20)

e) através da Seção de Oficina Automotiva e seus Serviços: (*20)

I. supervisionar os serviços de conservação dos veículos do Tribunal de Justiça; (*20)

II. coordenar a manutenção da mecânica, lataria e pintura dos veículos; (*20)

III. prestar informação nos expedientes relativos a sua competência; (*20)

IV. coordenar os serviços de reparos mecânicos e de lataria e pintura; (*20)

V. efetuar vistoria periódica nos veículos; (*20)

VI. comunicar à Chefia a ocorrência de quaisquer defeitos desgaste mecânico ou avaria na lataria ou pintura, cuja causa possa ser originária do mau uso do veículo; (*20)

VII. providenciar socorro externo aos veículos em serviço; (*20)

VIII. apresentar à Chefia imediata, requisição de peças e equipamentos indispensáveis à manutenção dos veículos em reparo; (*20)

IX. controlar e prover o estoque de peças de reposição, lubrificantes, acessórios e outros produtos que promovam a conservação dos veículos; (*20)

X. propor a compra dos materiais específicos para a manutenção do estoque; (*20)

XI. manter o controle do almoxarifado com relatórios a serem encaminhados à Chefia imediata. (*20).

Art. 78. À Divisão de Atendimento de Copa compete: (*15) (*34)

a) através da Seção de Supervisão de Copa e seus Serviços: (*15) (*34)

I. supervisionar o serviço dos garçons e copeiras nas cantinas afetas à Divisão; (*15) (*34)

II. *coordenar e supervisionar as cantinas quanto ao uso, arrumação e lavagem das louças e utilização diária das mesmas; (*15) (*34)*

III. *zelar pela conservação dos uniformes utilizados pelos garçons e copeiras, providenciando reparos quando necessário; (*15) (*34)*

IV. *supervisionar e verificar o uso dos eletrodomésticos existentes nas cantinas, providenciando a manutenção e substituição dos mesmos quando necessário; (*15) (*34)*

V. *verificar, examinar e vistoriar periodicamente a utilização das louças em uso e providenciar a substituição das mesmas se necessário; (*15) (*34)*

VI. *zelar pela higiene de todas as cantinas e tomar as medidas necessárias para a correta atitude em relação as mesmas; (*15) (*34)*

b) *através da Seção de Atendimento de Eventos e seus Serviços: (*15) (*34)*

I. *providenciar, coordenar e supervisionar o atendimento prestado durante as solenidades, a que forem convocados; (*15) (*34)*

II. *receber, conferir e supervisionar as mercadorias necessárias para atendimento dos eventos; (*15) (*34)*

III. *providenciar, escalar e coordenar os funcionários que prestam serviços nos eventos; (*15) (*34)*

IV. *providenciar e supervisionar a distribuição das mesas, louças e outros materiais a serem utilizados nos eventos. (*15) (*34)*

Do Departamento de Engenharia e Arquitetura

Art. 79. *O Departamento de Engenharia e Arquitetura é constituído de: (*1) (*15)*

I. *Diretoria: (*1) (*8)*

a) *Assessor de Diretor; (*8)*

b) *Assessoria Jurídica; (*1)*

c) *Assessoria de Planejamento Técnico; (*1)*

d) *Auxiliar de Gabinete; (*1)*

II. *Divisão de Arquitetura: (*4) (*15)*

a) *Seção de Projetos: (*1) (*15)*

a.1) *Serviço de Desenhos; (*1) (*15)*

a.2) *Serviço de Plotagem de Desenhos; (*1) (*15)*

b) *Seção de Planejamento de Obras: (*1) (*15)*

b.1) *Serviço de Arquivo de Projetos; (*1) (*15)*

b.2) *Serviço de Catalogação de Materiais e Análise Técnica; (*1) (*15)*

III. *Divisão de Engenharia: (*4) (*15)*

a) *Seção de Obras: (*4) (*15)*

a.1) *Serviço de Fiscalização; (*4) (*15)*

a.2) *Serviço de Orçamentos; (*4) (*15)*

b) *Seção de Gerenciamento de Projetos Complementares: (*4) (*15)*

b.1) *Serviço de Especificações Técnicas; (*4) (*15)*

b.2) *Serviço de Avaliações; (*4) (*15)*

*Divisão Administrativa: (*15)*

c) *Seção Operacional: (*15)*

a.1) *Serviço de Atendimento ao Público; (*15)*

a.2) *Serviço de Autuação e Informação; (*15)*

d) *Seção de Sistematização de Dados: (*15)*

b.1) *Serviço de Digitação e Conferência; (*15)*

b.2) *Serviço de Controle de Expedientes. (*15)*

Art. 80. *À Diretoria do Departamento de Engenharia e Arquitetura, além das atribuições gerais compete: (*1) (*8) (*15)*

I. *gerenciar todos os expedientes relativos a obras e serviços de engenharia, informando, sempre que solicitado, sua tramitação dentro do Departamento; (*4) (*15)*

II. *controlar o desempenho dos serviços das Divisões de Arquitetura, Divisão de Engenharia e Administrativo; (*4) (*15)*

III. *elaborar plano de manutenção preventiva de obras; (*4) (*15)*

IV. *apresentar à Diretoria, para aprovação, proposta de prioridade para obras e serviços de engenharia; (*4) (*15)*

V. *padronizar as informações das Divisões afetas ao Departamento, bem como estabelecer os procedimentos a serem adotados; (*4) (*15)*

VI. *elaborar gráficos e cronogramas para o gerenciamento das obras; (*4) (*15)*

VII. *proceder a avaliação das especificações técnicas para os editais de licitação de obras e serviços de engenharia; (*4) (*15)*

VIII. *indicar técnicos para avaliação e elaboração de laudos de imóveis a serem locados ou adquiridos pelo Poder Judiciário.(*4) (*15)*

Art. 81. *À Assessoria Jurídica do Departamento de Arquitetura e Engenharia compete: (*4) (*15)*

a) *através da Supervisão: (*4) (*15)*

I. *instruir os processos a serem encaminhados à Divisão de Licitações do Departamento do Patrimônio; (*4) (*15)*

II. *supervisionar, coordenar e dar andamento aos processos encaminhados à Assessoria para consultas, informações, pareceres, etc.; (*4) (*15)*

III. *coordenar a elaboração, distribuição e encaminhamento dos expedientes da Assessoria aos setores competentes do Departamento.(*4) (*15)*

a) *através de seus Assessores: (*4) (*15)*

I. *dar andamento aos processos encaminhados à Assessoria para consultas, informações, etc.; (*4) (*15)*

II. *prestar informações sobre processos em trâmite na Assessoria do Departamento; (*4) (*15)*

III. *prestar assistência ao Diretor, no exercício de suas funções e opinar nos processos sobre matérias de competência exclusiva do Departamento de Engenharia e Arquitetura; (*4) (*15)*

IV. *emitir pareceres e informações quanto a liberação de parcelas às empresas prestadoras de serviço de engenharia e empreiteiras.(*4) (*15)*

Art. 82. *À Assessoria de Planejamento Técnico compete: (*4) (*15)*

I. *gerenciar o andamento de processos em suas diversas movimentações dentro do Departamento indicando o responsável pelo andamento do pedido; (*4) (*15)*

II. *informar quando solicitado pelo setor requisitante, o andamento dos processos no Departamento indicando o responsável pelo andamento do pedido; (*4)*

III. *elaborar plano-diretor de manutenção preventiva; (*4)*

IV. *estabelecer critérios a serem adotados na fiscalização de obras e serviços de engenharia; (*4)*

V. *padronizar as informações prestadas em diversos níveis do Departamento; (*4)*

VI. *elaborar gráficos e cronogramas para o gerenciamento das obras; (*4)*

VII. *prestar auxílio aos demais setores do Departamento em matéria de sua competência; (*4)*

VIII. *avaliar os imóveis a serem a serem locados ou adquiridos pelo Poder Judiciário, com a elaboração de laudo técnico.(*4)*

Art. 83. *À Divisão de Arquitetura compete: (*4) (*15)*

a) *através da Seção de Projetos e seus Serviços: (*1) (*15)*

I. *orientar trabalhos técnicos relativos à construção e reforma de fóruns; (*4) (*15)*

II. *elaborar estudos, anteprojetos e projetos alusivos a obras e serviços de engenharia; (*4) (*15)*

III. *especificar materiais a serem utilizados nas obras e serviços de engenharia e a sua forma de aplicação; (*1) (*15)*

IV. *apresentar especificações técnicas dos projetos a serem executados; (*1) (*15)*

V. *fornecer informações técnicas que facilitem a execução e fiscalização de obras e serviços de engenharia; (*1) (*15)*

VI. *elaborar orçamentos e quantitativos básicos de obras e serviços de engenharia a serem executados; (*1) (*15)*

VII. *confeccionar plantas e demais trabalhos gráficos; (*1) (*15)*

VIII. *desenvolver sistema de Plotagem de Desenhos, a fim de prestar apoio aos setores encarregados da elaboração de projetos; (*15)*

b) *através da Seção de Planejamento de Obras e seus Serviços: (*1) (*15)*

I. *manter e atualizar o arquivo de projetos, bem como da documentação relativa a obras concluídas; (*15)*

II. *recuperar os projetos, eventualmente danificados, em papel vegetal; (*15)*

III. *auxiliar as demais seções na elaboração de orçamentos básicos, através da coleta de preços de materiais e serviços; (*15)*

IV. *auxiliar as demais seções nas especificações de materiais através dos catálogos referidos no inciso I; (*15)*

V. *dimensionar equipamentos de refrigeração e telefonia para instalação nos imóveis do Poder Judiciário; (*15)*

VI. *controlar o andamento dos processos de sua competência; (*15)*

VII. *manter arquivo atualizado, com fotos relatórios que permitam acompanhar o andamento das obras em todo o Estado; (*15)*

VIII. *estabelecer com base nos dados de relatórios, prioridade para novas obras e serviços de engenharia. (*15)*

Art. 84. *À Divisão de Engenharia compete: (*4) (*15)*

a) *através da Seção de Obras e seus Serviços: (*4) (*15)*

I. *proceder vistorias técnicas periódicas nos edifícios forenses, apontando suas deficiências; (*15)*

II. *elaborar relatórios apresentando soluções para correção das deficiências apontadas; (*15)*

III. *emitir atestados de capacidade técnica a empresas que executaram obras e serviços de engenharia; (*15)*

IV. *atestar a conclusão de etapas das obras visando a liberação de pagamento à firmas empreiteiras; (*15)*

V. *realizar medições periódicas nas obras; (*15)*

VI. *supervisionar e orientar a execução de obras e serviços de engenharia; (*15)*

VII. *proceder a periódicas composições de preços de obras, serviços e materiais; (*15)*

VIII. *elaborar orçamentos básicos de obras a serem executadas; (*15)*

b) *através da Seção de Gerenciamento de Projetos e seus Serviços: (*15)*

I. *elaborar especificações técnicas de obras e serviços de engenharia; (*15)*

II. *gerenciar elaboração de projetos complementares de obras e acompanhar sua execução, quando realizada por terceiros; (*15)*

III. *emitir pareceres técnicos sobre orçamentos e propostas relativos a obras e serviços de engenharia; (*15)*

IV. *emitir pareceres técnicos a fim de auxiliar a Comissão de Julgamento de Licitação; (*15)*

V. *auxiliar a Assessoria de Planejamento Técnico na elaboração de plano de manutenção preventiva de obras; (*15)*

VI. *proceder avaliação técnica de imóveis de interesse do Poder Judiciário, quanto a locação ou aquisição. (*15)*

Art. 85. *À Divisão Administrativa compete: (*15)*

a) *através da Seção Operacional e seus Serviços: (*4) (*15)*

I. *processar e expedir os expedientes que serão objeto de procedimento licitacional, observando os trâmites legais prévios à sua instauração; (*4) (*15)*

II. *atender ao público em geral, setores do Tribunal de Justiça, bem como as empresas contratadas pelo Tribunal, fornecendo-lhes todas as informações necessárias; (*4) (*15)*

b) *através da Seção de Sistematização de Dados e seus Serviços: (*4) (*15)*

I. *receber e autuar os expedientes relativos a obras e serviços de engenharia; (*4) (*15)*

II. *digitar e conferir todos os expedientes de sua competência; (*4) (*15)*

III. *efetuar controle protocolar dos expedientes afetos à Coordenadoria de Obras; (*4) (*15)*

IV. *manter planilha de acompanhamento de Obras atualizada, visando o apoio aos demais setores do Departamento.(*4) (*15).*

Do Gabinete do Presidente

Art. 86. *O Gabinete do Presidente é constituído de:*

I. *Diretoria de Gabinete:*

- ***a)*** *Assessor Jurídico-Administrativo;*
- ***b)*** *Assessor Econômico e Financeiro;*
- ***c)*** *Assessor Judiciário;*
- ***d)*** *Assessor Patrimonial;*
- ***e)*** *Assessor Parlamentar; (*6)*
- ***f)*** *Assessor Administrativo do Presidente; (*6)*
- ***g)*** *Assessor Especial do Presidente; (*33a)*
- ***h)*** *Assessoria de Imprensa;*
- ***i)*** *Assessoria Militar;*
- ***j)*** *Oficial de Gabinete;*
- ***k)*** *Auxiliar de Gabinete;*
- ***l)*** *Divisão Administrativa: (*15)*
  - ***L.1)*** *Seção de Digitação e Comunicação: (*15)*
    - ***L.1.1)*** *Serviço de Controle de Expedientes; (*15)*
    - ***L.1.2)*** *Serviço de Digitação; (*15)*
    - ***L.1.3)*** *Serviço de Controle de Despesas Emergenciais; (*15)*
  - ***L.2)*** *Seção de Atendimento aos Juízes Auxiliares e Magistrados: (*15)*
    - ***L.2.1)*** *Serviço de Designação de Magistrados; (*15)*
    - ***L.2.2)*** *Serviço de Secretariado dos Juízes Auxiliares; (*15)*
  - ***L.3)*** *Seção de Controle de Expedientes: (*15)*
    - ***L.2.1)*** *Serviço de Recebimento de Expedientes; (*15)*
    - ***L.2.2)*** *Serviço de Controle de Arquivos; .(*15)*

II. *Secretário do Presidente;*

III. *Assessoria de Recursos;*

IV. *Assessoria de Planejamento;*

V. *Cerimonial;*

VI. *Departamento da Magistratura: (*9) (*20) (*46)*

Do Departamento da Magistratura

- ***a)*** *Diretoria: (*8)*
  - ***a.1)*** *Assessoria;*
- ***b)*** *Divisão de Apoio ao Conselho da Magistratura:*
  - ***b.1)*** *Seção de Autuação, Distribuição e Informação:*
    - ***b.1.1)*** *Serviço de Autuação;*
    - ***b.1.2)*** *Serviço de Distribuição;*
    - ***b.1.3)*** *Serviço de Informação;*
  - ***b.2)*** *Seção de Procedimentos e Recursos:*
  - ***b.3)*** *Seção de Registro de Acórdãos:*
    - ***b.3.1)*** *Serviço de Elaboração de Ofício, Certidão e Publicação;*
  - ***b.4)*** *Seção de Concursos para Juiz Substituto:*
    - ***b.4.1)*** *Serviço de Acompanhamento e Desenvolvimento de Métodos;*
    - ***b.4.2)*** *Serviço de Execução e Organização do Concurso;*
- ***c)*** *Divisão Administrativa da Magistratura: (*20) : (*46)*
  - ***c.1)*** *Seção de Triagem, Distribuição e Autuação de Expedientes: (*46)*
  - ***c.2)*** *Seção de Administração Funcional dos Magistrados:*
    - ***c.2.1)*** *Serviço de Atendimento ao Magistrado;*
    - ***c.2.2)*** *Serviço de Informação;*
    - ***c.2.3)*** *Serviço de Controle das Turmas Recursais dos Juizados Especiais;*
  - ***c.3)*** *Seção de Controle de Tempo de Serviço dos Magistrados:*
    - ***c.3.1)*** *Serviço de Levantamento, Revisão e Expedição de Listas de Antiguidade;*
- ***d)*** *Divisão de Apoio às Sessões do Tribunal Pleno, Órgão Especial e Conselho da Magistratura:*
  - ***d.1)*** *Seção de Pautas e Publicações:*
    - ***d.1.1)*** *Serviço de Elaboração de Editais, Pautas e Acórdãos;*
    - ***d.1.2)*** *Serviço de Informação;*
- ***e)*** *Divisão de Elaboração de Atos e Ofícios: (*46)*
  - ***e.1)*** *Seção de Digitação;*
  - ***e.2)*** *Seção de Revisão de Textos;*
  - ***e.3)*** *Seção de Distribuição e Controle de Publicação de Atos. (*46)*

Da Diretoria de Gabinete

Art. 87. *À Diretoria de Gabinete compete:*

I. *assessorar o Presidente em todas as questões pertinentes ao Gabinete;*

II. *dirigir os serviços do Gabinete, primando pela sua organização;*

III. *proceder o estudo e triagem dos expedientes encaminhados à consideração do Presidente;*

IV. *supervisionar e coordenar as tarefas desenvolvidas na Sala dos Desembargadores Aposentados;*

V. *coordenar e controlar as atividades dos motoristas e guardas-mirins, à disposição do Gabinete da Presidência;*

VI. *supervisionar todas atividades do Gabinete da Presidência, através de suas Divisões, Seções e Serviços;*

VII. *exercer as demais atribuições que forem determinadas pelo Presidente.*

Art. 88*. À Diretoria de Gabinete, estão subordinados o Oficial de Gabinete e o Auxiliar de Gabinete, e compreende as Assessorias Jurídico-Administrativa, Judiciária, Econômico-Financeira, Patrimonial, Parlamentar, de Imprensa, Militar e Especiais.*

Art. 89. *Ao Assessor Jurídico-Administrativo compete:*

I. *prestar assessoramento direto ao Presidente do Tribunal, dentro de sua área* específica, além de assumir outras incumbências que lhe forem determinadas.

Art. 90. Ao Assessor Econômico e Financeiro compete:

I. prestar assessoramento direto ao Presidente do Tribunal, dentro de sua área específica, além de assumir outras incumbências que lhe forem determinadas.

Art. 91. Ao Assessor Judiciário compete:

I. prestar assessoramento direto ao Presidente do Tribunal, dentro de sua área específica, além de assumir outras incumbências que lhe forem determinadas.

Art. 92. Ao Assessor Patrimonial compete:

I. prestar assessoramento direto ao Presidente do Tribunal, dentro de sua área específica, além de assumir outras incumbências que lhe forem determinadas.

Art. 93. Ao Assessor Parlamentar compete: (*6)

I. manter o Presidente informado dos desdobramentos com relação a matérias legislativas de interesse do Poder Judiciário.

Art. 94. Ao Assessor Administrativo do Presidente compete: (*6)

I. desempenhar atribuições específicas que forem determinadas pelo Presidente.

Art. 95. Ao Assessor Especial do Presidente compete: (*33a)

I. desempenhar atribuições específicas que forem determinadas pelo Presidente.

Art. 96. À Assessoria de Imprensa compete:

I. coordenar a produção de noticiário do Poder Judiciário, destinados à jornais, televisão, rádio e agência de notícias;

II. controlar a agenda de entrevistas de interesse dos Desembargadores;

III. manter, com órgãos de imprensa, contato permanente, visando veicular notícias de interesse do Poder Judiciário;

IV. agendar entrevistas individuais e coletivas, sempre que solicitadas por jornalistas;

V. manter cadastro de órgãos de imprensa e jornalistas especializados;

VI. produzir a clipagem impressa e eletrônica das notícias veiculadas nos diversos órgãos de comunicação, sobre o Poder Judiciário;

VII. distribuir diariamente à cúpula do Tribunal de Justiça, sempre que solicitado, cópias das notícias veiculadas sobre o Poder Judiciário.

Art. 97. À Assessoria Militar compete:

I. prestar assessoramento, no trato e apreciação de assuntos militares de natureza protocolar;

II. planejar e executar os serviços de segurança pessoal do Presidente;

III. coordenar os serviços de segurança física do Palácio da Justiça;

IV. planejar e executar o serviço de cerimonial militar, quando for o caso.

Art. 98. À Divisão Administrativa compete: (*15)

a) através da Seção de Digitação e Comunicação e seus Serviços: (*15)

I. acompanhar a utilização de máquinas e equipamentos e solicitar a manutenção dos mesmos quando necessário; (*15)

II. proceder a transmissão/recepção via fax e telex do Gabinete da Presidência; (*15)

III. solicitar os materiais necessários para manutenção dos aparelhos de fax; (*15)

IV. revisar e corrigir textos; (*15)

V. manter arquivo de correspondências expedidas; (*15)

VI. controlar a conta adiantamento das despesas emergenciais do Gabinete da Presidência; (*15)

VII. coordenar o fornecimento de alimentação ao Tribunal do Júri, lanche dos Desembargadores e funcionários de plantão; (*15)

VIII. formalizar processo de prestação de contas e encaminhar ao setor competente; (*15)

IX. proceder levantamento de preços e orçamento, para atendimento das despesas executadas via adiantamento; (*15)

a) através da Seção de Atendimento aos Juízes Auxiliares e Magistrados e seus Serviços: (*15)

I. distribuir e controlar expedientes afetos aos Juízes Auxiliares; (*15)

II. organizar agendas, atender e encaminhar pessoas a serem recebidas pelos magistrados; (*15)

III. prestar atendimento na parte administrativa correspondente à designação de magistrados, no caso de vagas decorrentes de afastamentos dos Juízes de Direito titulares, de suas respectivas Varas e dos Juízes Substitutos e de Direito Substitutos de suas Seções Judiciárias; (*15)

IV. emitir parecer no âmbito de sua competência; (*15)

c) através da Seção de Controle de Expedientes e seus Serviços: (*15)

I. receber e controlar os expedientes encaminhados à Presidência; (*15)

II. proceder o encaminhamento das correspondências já triadas pelas Chefias de Serviço; (*15)

III. responsabilizar-se pela distribuição dos expedientes aos setores competentes internos e externos; (*15)

IV. informar a localização dos expedientes quando solicitado; (*15)

V. providenciar remessa dos expedientes diários via correio, com saída pelo Tribunal de Justiça; (*15)

VI. manter organizado o arquivo de expedientes destinados ao Gabinete da Presidência; (*15)

VII. providenciar Registro de Expedientes junto ao Protocolo Geral. (*15)

Art. 99. Ao Secretário do Presidente compete:

I. apresentar e fazer expedir toda a correspondência pessoal da Presidência;

II. coordenar a agenda do Presidente para as audiências e compromissos oficiais;

III. recepcionar as autoridades e partes que pretendam entrevistar-se com o Presidente, observando as normas protocolares.

Art. 100. À Assessoria de Recursos compete:

I. assessorar o Presidente do Tribunal, pesquisando jurisprudência e doutrina necessárias ao estudo de recursos extraordinários, *especiais e de agravos de instrumento para o Supremo Tribunal Federal e o Superior Tribunal de Justiça;*

II. *registrar, no sistema computacional próprio, a movimentação dos recursos, petições e demais expedientes a eles relativos;*

III. *digitar e datilografar despachos e demais expedientes;*

IV. *registrar o andamento dos processos encaminhados às instâncias extraordinárias pela verificação das publicações no Diário da Justiça da União;*

V. *compilar e sistematizar a jurisprudência predominante do Supremo Tribunal Federal e do Superior Tribunal de Justiça.*

Art. 101. *À Assessoria de Planejamento compete:*

I. *administrar as atividades de planejamento do Tribunal de Justiça, mediante orientação metodológica aos Departamentos e diversos setores, na concepção e desenvolvimento das respectivas programações;*

II. *prestar apoio técnico, através de consultoria às unidades, nas tarefas intra e interdepartamentais no que se refere a projetos especiais;*

III. *proceder estudos, visando racionalizar rotinas e procedimentos administrativos do Tribunal de Justiça;*

IV. *controlar, acompanhar e avaliar as sistemáticas do desempenho setorial, na consecução dos objetivos definidos pela Presidência do Tribunal de Justiça;*

V. *coordenar a elaboração do plano plurianual, Lei de Diretrizes Orçamentárias e o orçamento anual do Tribunal de Justiça;*

VI. *realizar estudos de viabilidade orçamentária e financeira;*

VII. *preparar propostas de alterações orçamentárias;*

VIII. *coletar informações e manter um banco de dados atualizado;*

IX. *coordenar a implantação, atualização e manutenção do sistema de Geoprocessamento;*

X. *desenvolver sistemas de organização e métodos compatíveis com a estrutura do Tribunal de Justiça;*

XI. *participar da elaboração de planos de aplicação de recursos diversos;*

XII. *exercer outras atividades que lhe forem atribuídas.*

Art. 102. *Ao Cerimonial compete:*

I. *planejar, coordenar, organizar, dirigir e controlar as atividades relativas a observância e aplicação das normas de cerimonial do Tribunal de Justiça;*

II. *manter cadastro atualizado de autoridades civis, militares e eclesiásticas, para fim de correspondência protocolar;*

III. *organizar as recepções oferecidas pelo Tribunal de Justiça, mantendo os contatos necessários com decoradores, floriculturas, serviços de "buffet" e outros;*

IV. *receber verbas obtidas por regime de adiantamento, efetuar os pagamentos e prestar contas ao Tribunal de Contas do Estado;*

V. *organizar, quando solicitado, as atividades sociais programadas pela Primeira Dama do Poder Judiciário;*

VI. *manter contato com os integrantes dos outros Poderes do Estado, objetivando coordenar as atividades especificas do setor;*

VII. *administrar a Capela Ecumênica do Palácio da Justiça, providenciando o que for necessário ao seu uso, para a realização de eventos religiosos;*

VIII. *elaborar roteiros e programas de viagem ao interior do Estado, de dirigentes da Alta Cúpula do Tribunal de Justiça, em cerimônias e eventos, quando solicitado;*

IX. *manter contatos e tomar as providências necessárias, quando das viagens ao interior do Estado, dos dirigentes da Alta Cúpula do Tribunal de Justiça;*

X. *providenciar mestre de cerimônias, para realização de eventos e solenidades, quando necessário;*

XI. *manter agenda referente a utilização do auditório do Palácio da Justiça;*

XII. *exercer outras atribuições que forem determinadas pelo Presidente.*

Art. 103. *Ao Oficial de Gabinete compete:*

I. *colaborar no atendimento às partes que compareçam ao Gabinete e desempenhar outras tarefas que lhe forem atribuídas.*

Art. 104. *Ao Auxiliar de Gabinete compete:*

I. *auxiliar nos serviços do Gabinete e exercer outras atividades que lhe forem determinadas.*

Art. 105. *À Diretoria do Departamento da Magistratura, além das atribuições gerais compete: (*9): (*46)*

I. *conferir todos os expedientes oriundos das suas divisões, antes de despachá-los com o Presidente; (*46)*

II. *assessorar a Presidência do Tribunal em todos os expedientes afetos à Magistratura;*

III. *promover a administração geral do Departamento;*

IV. *submeter à apreciação do Presidente os expedientes alheios à competência do Departamento;*

V. *programar, organizar, dirigir, orientar, controlar e coordenar as atividades do Departamento, mantendo harmonioso o trabalho, promovendo reuniões periódicas entre Diretor, Chefes de Divisão e demais funcionários;*

VI. *supervisionar a atuação das Divisões e da Assessoria no âmbito do Departamento, para o fiel cumprimento das determinações superiores;*

VII. *prestar informações aos Magistrados em matéria administrativa;*

VIII. *assessorar o Presidente e demais Desembargadores nas Sessões Administrativas do Tribunal Pleno e do Órgão Especial;*

IX. *desempenhar outras tarefas que lhe forem atribuídas. (*46)*

Parágrafo Único. *Ao Juiz de Direito Auxiliar da Presidência, designado pelo Presidente, incumbirá supervisionar, no âmbito do Tribunal, a elaboração de boletins informativos, comunicações de caráter* geral, circulares e quaisquer outras publicações destinadas aos Magistrados. (*46)

Art. 106. À Assessoria do Departamento da Magistratura compete: (*9)

a) através do Supervisor:

I. controlar e conferir pareceres e manifestações em procedimentos administrativos relativos a Magistrados;

II. coordenar estudos e pesquisas sobre matéria administrativa;

III. orientar os integrantes da Assessoria no desempenho de suas atribuições;

IV. orientar os Magistrados, quando solicitado, acerca de procedimentos administrativos e sobre direitos e garantias;

V. controlar a entrada e saída de expedientes da Assessoria;

VI. exercer outras tarefas correlatas;

b) através de seus Assessores:

I. emitir pareceres e manifestações em procedimentos administrativos;

II. elaborar e executar estudos e pesquisas sobre matéria administrativa;

III. prestar informações verbais ou escritas, sobre direitos e deveres dos Magistrados;

IV. prestar informações aos Magistrados sobre procedimentos administrativos;

V. exercer outras tarefas correlatas;

c) através de seus Auxiliares:

VI. digitar ou datilografar pareceres e manifestações administrativas;

VII. auxiliar no serviço de distribuição e baixa de expedientes;

VIII. exercer outras tarefas correlatas.

Parágrafo Único. A Assessoria do Departamento da Magistratura será composta por bacharéis em Direito e supervisionada por Juiz de Direito Auxiliar da Presidência, designado pelo Presidente, que emitirá parecer conclusivo em assunto de excepcional relevância, mediante determinação do Presidente do Tribunal.

Art. 107. À Divisão de Apoio ao Conselho da Magistratura compete, em matéria exclusivamente relativa aos Magistrados: (*9)

a) através da Seção de Autuação, Distribuição e Informação e seus Serviços:

I. autuar, ordenar e processar os expedientes de competência específica do Conselho, concernentes a Magistrados, excetuadas as reclamações dirigidas ao Corregedor da Justiça (Art. 113, h, I);

b) através da Seção de Pautas e Publicações:

I. organizar a matéria a ser publicada no Diário da Justiça;

II. preparar, extrair e encaminhar aos Desembargadores, membros do Conselho da Magistratura, pautas de julgamento das sessões, relações contendo despachos, acórdãos e concessões de pedido de vista, procedendo às correções necessárias;

c) através da Seção de Procedimentos e Recursos:

I. dar andamento aos procedimentos disciplinares contra Magistrados, instaurados pelo Conselho da Magistratura, de competência do Órgão Especial;

II. processar os recursos interpostos das decisões do Conselho da Magistratura em matéria pertinente a Magistrados:

III. encaminhar os processos conclusos aos Desembargadores sorteados, ordenando-os segundo as determinações dos relatores;

IV. registrar os atos e movimentos processuais, prestando as informações que forem solicitadas pelos Desembargadores, partes e procuradores;

d) através da Seção de Registro de Acórdãos e seu Serviço:

I. registrar e numerar os acórdãos, bem como providenciar sua publicação;

II. certificar o trânsito em julgado dos acórdãos ou a interposição de recursos;

e) através da Seção de Concursos para Juiz Substituto e seus Serviços:

I. organizar a pauta das reuniões;

II. pesquisar entidades para realização de provas, quando necessário;

III. expedir certidões, informações e declarações referentes ao concurso;

IV. acompanhar e obter informações referentes a concursos, que se realizem em todo o país para o cargo de Juiz Substituto, bem como indexar os dados obtidos;

V. manter cadastro dos concursos realizados pelo Tribunal; (*9)

VI. manter arquivadas as questões dos concursos realizados neste Tribunal;

VII. manter intercâmbio com as Secretarias dos demais Tribunais, visando ao aperfeiçoamento dos métodos empregados;

VIII. receber, registrar e autuar os pedidos de inscrição ao concurso;

IX. autuar os pedidos de revisão e de recursos interpostos das decisões da comissão de concurso, remetendo-os aos respectivos relatores;

X. exercer outras atividades referentes ao concurso.

Art. 108. À Divisão Administrativa da Magistratura compete: (*9) (*20)

a) através da Seção de Triagem, Distribuição e Autuação de Expedientes: (*20)

I. receber a matéria oriunda do Protocolo e demais setores da Secretaria; (*20)

I. proceder a respectiva triagem, preparar a autuação quando for o caso; (*20)

II. fazer o lançamento de carga no sistema e encaminhar os expedientes; (*20)

III. exercer outras atividades que lhe forem atribuídas; (*20)

b) através da Seção de Administração Funcional dos Magistrados e seus Serviços: (*20)

I. prestar atendimento aos magistrados, sempre que necessário, através de informações, pessoalmente, telefonicamente ou em expedientes ou processos; (*20)

II. manter o controle de todos os atos pertinentes a Turmas Recursais dos Juizados Especiais Cíveis e Criminais, quanto a designação de magistrados, substituições e alterações; (*20)

III. exercer outras atividades que lhe forem atribuídas; (*20) *c)* *através da Seção de Controle de Tempo de Serviço dos Magistrados e seu Serviço: (*20)*

I. *manter atualizado os assentamentos dos magistrados; (*20)*

II. *proceder o levantamento, revisão e expedição de listas de antiguidade dos magistrados; (*20)*

III. *prestar informações em processos diversos de ajuda de custo, diárias, contagem, férias e outros; (*20)*

IV. *exercer outras atividades que lhe forem atribuídas; (*20)*

d) *através da Seção de Elaboração de Atos e Ofícios e seus Serviços: (*20)*

I. *preparar a minuta e elaboração de todos os atos determinados pela Presidência e Vice, tais como Portarias, Decretos, Ofícios e outros; (*20)*

II. *proceder a revisão dos textos, encaminhar os atos para assinatura, datar e numerar, enviando cópia dos mesmos aos vários setores da Secretaria do Tribunal de Justiça, juízos interessados e para publicação, fazendo-se o necessário controle; (*20)*

III. *exercer outras atividades que lhe forem atribuídas; (*20)*

e) *através da Seção de Apoio ao Tribunal Pleno e Órgão Especial e seus Serviços: (*20)*

I. *elaborar as listas nominais dos Senhores Juízes que requererem permuta, promoção, remoção ou opção; (*20)*

I. *prestar informações em processos diversos de movimentação dos magistrados; (*20)*

I. *elaborar e distribuir aos setores competentes e aos Senhores Desembargadores as pautas das Sessões Administrativas do Tribunal Pleno e do Órgão Especial; (*20)*

I. *exercer outras atividades que lhe forem atribuídas. (*20)*

Art. 109. *À Divisão de Apoio às Sessões do Tribunal Pleno, Órgão Especial e Conselho da Magistratura compete: (*46)*

a) *através da Seção de Pautas e Publicações e seus Serviços: (*46)*

I. *organizar a matéria a ser publicada no Diário da Justiça;*

II. *preparar, extrair e encaminhar aos Desembargadores, membros do Conselho da Magistratura, pauta de julgamento das sessões, relações contendo despachos, acórdãos e concessões de pedido de vista, procedendo às correções necessárias;*

III. *elaborar as listas nominais dos Senhores Juízes que requererem permuta, promoção, remoção ou opção;*

IV. *prestar informações em processos diversos de movimentação dos magistrados;*

V. *elaborar e distribuir aos setores competentes e aos Senhores Desembargadores as pautas das Sessões Administrativas do Tribunal Pleno e do Órgão Especial;*

VI. *exercer outras atividades que lhe forem atribuídas.*

Art. 110. *À Divisão de Elaboração de Atos e Ofícios compete: (*46)*

a) *através da Seção de Digitação: (*46)*

I. *preparar a minuta e elaboração de todos os atos determinados pela Presidência e Vice, tais como Portarias, Decretos, Ofícios e outros;*

II. *exercer outras atividades que lhe forem atribuídas;*

b) *através da Seção de Revisão de Textos: (*46)*

I. *proceder a revisão dos textos;*

II. *exercer outras atividades que lhe forem atribuídas;*

c) *através da Seção de Distribuição e Controle de Publicação de Atos: (*46)*

I. *encaminhar os atos para assinatura, datar e numerar, enviando cópia dos mesmos aos vários setores da Secretaria do Tribunal de Justiça, juízos interessados e para publicação, fazendo-se o necessário controle;*

II. *exercer outras atividades que lhe forem atribuídas;" (*46)*

DO GABINETE DO 1º VICE-PRESIDENTE (*41)

Art. 111. *O Gabinete do 1º Vice-Presidente é constituído de:*

I. *Chefia de Gabinete*

a) *Oficial de Gabinete;*

b) *Auxiliar de Gabinete;*

II. *Secretário*

III. *Assessor Jurídico Administrativo;*

IV. *Assessor Especial;*

V. *Assessoria Jurídica.*

Art. 112. *À Chefia de Gabinete do 1º Vice-Presidente compete:*

I. *supervisionar toda atividade do Gabinete da 1º Vice-Presidência, procedendo o estudo e triagem, para posterior distribuição aos setores competentes, dos processos encaminhados à consideração do 1º Vice-Presidente do Tribunal, além de outras atribuições que lhe forem determinadas pelo mesmo.*

Art. 113. *Ao Oficial de Gabinete do 1º Vice-Presidente compete:*

I. *colaborar no atendimento às partes que compareçam ao Gabinete e desempenhar outras tarefas que lhe forem atribuídas.*

Art. 114. *Ao Auxiliar de Gabinete do 1º Vice-Presidente compete:*

I. *auxiliar nos serviços do Gabinete e exercer outras atividades que lhe forem determinadas.*

Art. 115. *Ao Secretário do 1º Vice-Presidente compete:*

I. *apresentar e fazer expedir toda a correspondência pessoal da 1º Vice-Presidência;*

II. *coordenar a agenda do 1º Vice-Presidente para as audiências e compromissos oficiais;*

III. *recepcionar as autoridades e partes que pretendam entrevistar-se com o 1º Vice-Presidente, observando as normas protocolares.*

Art. 116. *Ao Assessor Jurídico Administrativo do 1º Vice -Presidente compete:*

I. *prestar assessoramento direto ao 1º Vice-Presidente, dentro de sua área específica, além de assumir outras incumbências que lhe forem determinadas.*

Art. 117. *Ao Assessor Especial do 1º Vice -Presidente compete:*

I. *desempenhar atribuições específicas que forem determinadas pelo 1º Vice-Presidente.*

Art. 118. *À Assessoria Jurídica do 1º Vice-Presidente compete:*

I. *prestar integral assessoramento ao 1º Vice-Presidente em matéria judiciária, pertinente ao âmbito do seu Gabinete."*

DO GABINETE DO 2º VICE-PRESIDENTE (*36)

Art. 119. *O Gabinete do 2º Vice-Presidente é constituído de: (*36) (*37)*

I. *I - Chefia de Gabinete: (*36)*

a) *Oficial de Gabinete; (*36)*

b) *Auxiliar de Gabinete. (*36)*

II. *Assessor Jurídico Administrativo. (*36)*

III. *Assessoria. (*36)*

IV. *Centro de Apoio à Turma Recursal Única: (*37)*

a) *Supervisão: (*37)*

a.1) *Divisão de Registros e Informações: (*37)*

a.1.1) *Seção de Preparo e Autuação; (*37)*

a.1.2) *Seção de Verificação e Distribuição; (*37)*

a.1.3) *Seção de Cadastro da Movimentação Processual; (*37)*

a.1.4) *Seção de Informações; (*37)*

a.2) *Divisão de Registros e Informações: (*37)*

a.2.1) *Seção de Movimentação de Processos, Elaboração, Registro e Expedição de Documentos Cíveis e Criminais;* **(*37)**

a.2.1.1) *Serviço de Registro de Acórdãos; (*37)*

a.2.1.2) *Serviço de Controle de Processos e Documentos; (*37)*

a.2.2) *Seção de Registro e Controle de Publicações Cíveis e Criminais. (*37)*

Art. 120. *À Chefia do Gabinete do 2º Vice-Presidente compete: (*36)*

I. *supervisionar todas as atividades do Gabinete do 2º Vice-Presidente, procedendo o estudo e triagem, para posterior distribuição aos setores competentes, dos expedientes e processos encaminhados à consideração do 2º Vice-Presidente, além de outras atribuições que lhe forem determinadas pelo mesmo; (*36)*

Art. 121. *Ao Oficial de Gabinete do 2º Vice-Presidente compete: (*36)*

I. *colaborar no atendimento às partes que compareçam ao Gabinete e desempenhar outras tarefas que lhe forem atribuídas. (*36)*

Art. 122 *Ao Auxiliar de Gabinete do 2º Vice-Presidente compete: (*36)*

I. *auxiliar nos serviços do Gabinete e exercer outras atividade que lhe forem determinadas. (*36)*

Art. 123. *Ao Assessor Jurídico Administrativo do 2º Vice-Presidente compete: (*36)*

I. *prestar assessoramento direto ao 2º Vice--Presidente na área que lhe é específica, além de outras atribuições que lhe forem determinadas. (*36)*

Art. 124. *À Assessoria do 2º Vice-Presidente compete: (*36)*

I. *prestar integral assessoramento ao 2º Vice-Presidente em matéria pertinente ao âmbito de seu Gabinete (*36)*

Art. 125 *– Ao Centro de Apoio à Turma Recursal Única compete: (*37)*

a) *através da Supervisão:*

I. *atender e prestar esclarecimentos às partes e aos senhores advogados, quando necessário;*

II. *superintender os serviços executados dentro da Turma Recursal Única, fiscalizando, juntamente com os Chefes de Divisão, o corpo de servidores nele lotados, a fim de que a consecução dos serviços seja otimizada quanto à produtividade e exação;*

III. *assessorar o Presidente da Turma Recursal Única e seus membros, nas decisões de suas respectivas competências;*

IV. *gerir as alterações do sistema computacional de controle da movimentação processual;*

V. *supervisionar a recepção e a expedição dos expedientes e correspondências;*

VI. *proceder ao estudo e a triagem dos expedientes e correspondências a serem encaminhadas aos setores competentes;*

VII. *despachar as matérias atinentes à Secretaria;*

VIII. *auxiliar os chefes de Divisões e Seções no que for solicitado;*

IX. *realizar a conferência dos expedientes encaminhados pelas Divisões para despacho e assinatura do Presidente da Turma Recursal, bem como para os outros setores ou órgão do Poder Judiciário;*

X. *processar e controlar a movimentação dos expedientes, assim como informar os Juízes, Advogados e partes sobre seu trâmite, extração e expedição de certidões e demais documentos;*

XI. *proceder à conferência das certidões extraídas pelos diversos setores da Turma Recursal Única;*

XII. *elaborar ofícios, informações e demais expedientes relacionados à Supervisão;*

XIII. *elaborar mensalmente o Boletim de* frequência *dos funcionários e dos estagiários da Secretaria e conferir os mesmos;*

XIV. *atender ao público em geral, fornecendo com presteza informações referentes à Turma Recursal Única;*

XV. *executar outras tarefas correlatas.*

Parágrafo Único: *A Supervisão do Centro e Apoio à Turma Recursal Única, será exercida por Bacharel em Direito ou Administrador do Quadro de Pessoal da Secretaria do Tribunal de Justiça.*

Art. 126. *À Divisão de Registros e Informações compete: (*37)*

I. *receber os processos das demais Divisões*

da Secretaria para alteração e/ou complementação de seus registros, bem como para autuação de novos recursos, inclusive daqueles destinados aos Tribunais Superiores, providenciando seu cadastramento, conferência e posterior devolução;

II. restaurar capas e emitir termos de autuação e etiquetas;

III. autuar e registrar cartas de ordem, rogatórias, precatórias e de sentença, conferir os respectivos registros e dar-lhe a devida destinação;

IV. distribuir os processos;

V. através da Seção de Preparo e Autuação;

VI. receber do Protocolo recursos e petições de ações originárias;

VII. encaminhar ao Presidente da Turma Recursal, antes da autuação, os feitos cuja competência para julgamento não seja da Turma Recursal Única, providenciando após despacho, a remessa determinada;

VIII. separar os recursos cíveis e criminais, para a respectiva autuação;

IX. conferir a autuação dos processos;

X. receber os processos das demais Divisões da Secretaria para alteração e/ou complementação de seus registros, bem como para autuação de novos recursos, inclusive daqueles destinados aos Tribunais Superiores, providenciando seu cadastramento, conferência e posterior devolução;

XI. restaurar capas e emitir termos de autuação e etiquetas;

XII. autuar e registrar cartas de ordem, rogatórias, precatórias e de sentença, conferir os respectivos registros e dar-lhe a devida destinação;

XIII. proceder à autuação e registro, através de sistema computacional próprio, dos feitos de competência da Turma Recursal, nele inserindo dados referentes ao nome das partes e seus procuradores, tipo de recurso, número do protocolado, comarca e vara de origem, tipo e número da ação originária, volume (de acordo com provimento da Corregedoria da Justiça, inclusive com termo de abertura e encerramento, se necessário), dados complementares, justiça gratuita, quando for o caso, e demais dados que se fizerem necessários;

XIV. emitir termo e etiquetas de autuação;

XV. capear, numerar e etiquetar os feitos;

XVI. proceder à revisão final, bem como a remessa dos recursos e ações autuadas aos setores competentes;

XVII. autuar e registrar preferencialmente os processos contendo pedido de medidas urgentes.

XVIII. através da Seção de Verificação e Distribuição:

XIX. elaborar o cálculo das custas de preparo, extrair e fornecer as guias para o respectivo recolhimento, bem como juntá-las aos autos quando de sua entrega, devidamente pagas;

XX. elaborar listagens de feitos sujeitos a preparo e encaminhá-las à publicação, bem como conferi-las no Diário da Justiça, lançando no sistema as datas e prazos pra os respectivos preparos;

XXI. certificar nos autos a eventual inexistência de preparo no prazo legal e fazê-los conclusos ao Presidente da Turma Recursal;

XXII. controlar e atualizar as tabelas de custas contidas no sistema computacional específico;

XXIII. receber da Seção de Autuação os recursos e ações;

XXIV. verificar através de consulta ao sistema computacional, a existência de prevenção e, se for o caso, encaminhar os feitos ao Presidente da Turma Recursal, acompanhada das informações e do respectivo estudo;

XXV. proceder à distribuição dos feitos, observadas as prevenções definidas, impedimentos e suspeições declaradas;

XXVI. extrair semanalmente a resenha de distribuição, encaminhando-a ao Presidente da Turma Recursal;

XXVII. proceder às redistribuições, conforme determinação contida em despacho;

XXVIII. proceder ao encaminhamento dos feitos que independem de distribuição;

XXIX. distribuir, preferencialmente, os feitos contendo pedido de medidas urgentes;

XXX. manter atualizados os registros computacionais referentes à assunção, férias, licenças, remoções e aposentadorias dos Senhores Juízes, bem como no que concerne a afastamentos temporários comunicados pelo Presidente da Turma Recursal;

XXXI. elaborar os relatórios dos processos destinados à distribuição;

XXXII. extrair e anexar aos autos os respectivos termos de distribuição e de conclusão, bem como as etiquetas próprias;

XXXIII. proceder à entrega dos feitos distribuídos aos gabinetes dos respectivos juízes relatores, devidamente conclusos;

XXXIV. proceder à distribuição manual dos feitos, na forma regimental, quando o sistema computacional encontrar-se inoperante.

XXXV. através da Seção de Cadastro da Movimentação Processual:

XXXVI. registrar no sistema computacional, a movimentação dos feitos de natureza cível e criminal que lhe forem encaminhados;

XXXVII. receber e registrar no sistema computacional, expedientes e petições encaminhados à Turma Recursal Única;

XXXVIII. extrair e conferir relatórios diários dos registros efetuados, providenciando as correções que se fizerem necessárias;

XXXIX. zelar pelo registro da movimentação processual;

XL. realizar o serviço de digitação.

XLI. através da Seção de Informações:

XLII. prestar informações acerca dos processos em trâmite na Turma Recursal, contidas no sistema computacional, pessoalmente ou por via telefônica, às partes, aos procuradores, aos Juízes e ao público em geral;

XLIII. preparar e extrair certidões e informações com base nos registros computacionais da Turma Recursal;

XLIV. preparar, extrair e conferir relatórios mensais e anuais, bem como outros que sejam solicitados, com base nos dados constantes no sistema computacional da Turma Recursal;

XLV. esclarecer dúvidas acerca da consulta de processos via Internet;

XLVI. prestar atendimento orientado na pesquisa o público externo;

XLVII. prestar atendimento especializado à Magistratura de 1º grau bem como aos magistrados e cúpula diretiva do Tribunal de Justiça;

XLVIII. encaminhar pesquisa à Magistratura Estadual via fax, correio ou outro meio magnético;

XLIX. fornecer ementas ou íntegra de acórdãos quando solicitado pela Magistratura, partes, advogados e órgãos públicos;

L. enviar mediante solicitação cópias de acórdãos;

LI. realizar pesquisas via redes internas e externas;

LII. solicitar a outros órgãos e Tribunais, quando necessário, respaldo para pesquisas avançadas;

LIII. proceder a pesquisas jurisprudenciais;

LIV. prestar apoio a Seção na área da Informática;

LV. administrar a disponibilização na rede interna de julgados dos Tribunais Superiores publicados nos Diários Oficiais da União;

LVI. acessar a INTERNET para pesquisas;

LVII. receber e enviar pesquisas via correio eletrônico;

LVIII. prestar atendimento a respeito dos julgados, controlar e proceder à cobrança de acórdão e documentos retirados para pesquisa;

LIX. receber os expedientes destinados à Turma Recursal Única dos Juizados Especiais para registro e proceder à remessa dos mesmos para fins de cadastramento;

LX. prestar informações e efetuar consultas sobre os expedientes protocolados e a movimentação dos mesmos nos diversos setores da Turma Recursal Única;

LXI. imprimir termo de justificativa de eventual falha técnica do sistema;

LXII. atender a serviços de juntada de expedientes;

LXIII. encaminhar os expedientes em trâmite aos setores competentes através de guia de movimentação interna (ou sistema);

LXIV. prestar informações e efetuar consultas sobre os expedientes protocolados e a movimentação dos mesmos nos diversos setores da Turma Recursal Única;

LXV. atender a solicitações de pesquisas internas e externas quando solicitadas pela Supervisão;

LXVI. orientar os serviços de divulgação e remessa de materiais;

LXVII. manter contato com outros órgãos a fim de subsidiar soluções de questões complexas decorrentes de solicitações de pesquisas;

LXVIII. realizar pesquisas rápidas de informações;

LXIX. zelar pelo sistema de empréstimo, efetuando cargas e devoluções;

LXX. disponibilizar na internet notícias;

LXXI. imprimir e conferir as etiquetas para postagem de correspondência e/ou material para Magistratura;

LXXII. manter arquivos, organizados e controlados das cargas de material encaminhado ou expedido;

LXXIII. realizar estudos e pesquisas sobre matérias afetas a Secretaria;

LXXIV. selecionar, organizar e manter atualizada a legislação de interesse da Turma Recursal Única, encaminhando as cópias necessárias às Divisões competentes;

LXXV. atender ao público em geral, fornecendo com presteza informações referentes à Turma Recursal.

Parágrafo Único: *A Chefia da Divisão de Registros e Informações, será exercida por Bacharel em Direito ou Administrador do Quadro de Pessoal da Secretaria do Tribunal de Justiça.*

Art. 127. *À Divisão de Secretaria da Turma Recursal compete: (*37)*

LXXVI. receber os processos autuados de sua competência e petições a eles relacionadas, controlando-os por via computacional;

LXXVII. encaminhar esses processos e petições aos gabinetes dos Senhores Juízes Relatores, Presidente do órgão julgador, conforme determinação legal;

LXXVIII. proceder à juntada de petições conforme despacho ou disposição legal;

LXXIX. comunicar a concessão de medidas urgentes à autoridade competente, de forma célebre, através de fac-símile ou, na falta deste, através de comunicação eletrônica de tudo certificado nos autos;

LXXX. elaborar e encaminhar para a assinatura ofícios, mandados, editais, alvarás, cartas de ordem, precatórias, rogatórias ou de sentença, em cumprimento a despacho ou disposição legal, providenciando seu devido encaminhamento;

LXXXI. cumprir as Cartas de Ordem e Precatórias encaminhadas por outros Tribunais;

LXXXII. proceder à entrega ao Oficial de Justiça dos mandados expedidos nos processos de sua competência e controlar seu cumprimento e devolução;

LXXXIII. organizar as pautas de forma regimental, encaminhado para a publicação pela Imprensa Oficial as pautas externas e aos gabinetes dos Senhores Juízes e demais setores as pautas internas;

LXXXIV. juntar aos processos a papeleta e acórdãos respectivos, bem como eventuais declarações de voto, colhendo as assinaturas dos Juízes;

LXXXV. registrar e numerar os acórdãos, através de via computacional;

LXXXVI. encaminhar os processos, em que haja manifestação do Ministério Público ou nos quais integre como parte, para ciência pessoal de seus representantes;

LXXXVII. intimar a defensoria pública, quando for o caso, nos processos em que lhe são afetos;

LXXXVIII. proceder à montagem dos livros de

acórdãos para encaminhá-los à Divisão de Jurisprudência;

LXXXIX. controlar os prazos processuais dos autos em Cartório e daqueles em poder dos Senhores Advogados;

XC. certificar nos autos o decurso de prazo sem manifestação das partes, com relação aos despachos publicados no Diário da Justiça ou intimados pessoalmente;

XCI. informar ao Relator ou Presidente do órgão julgador a inexistência de manifestação, dentro do prazo estipulado em resposta aos ofícios expedidos;

XCII. proceder à juntada aos autos das petições de recurso aos Tribunais Superiores e encaminhá-los à Seção de Autuação, conforme o caso;

XCIII. encaminhar à Baixa os processos com trânsito em julgado;

XCIV. extrair certidões explicativas requeridas acerca dos processos de sua competência, submetendo-as à Chefia de divisão;

XCV. prestar as informações que forem solicitadas pelos Senhores Juízes, Juízes convocados, Procuradores e partes.

XCVI. através da Seção de Movimentação de Processos, Elaboração, Registro e Expedição de Documentos Cíveis e Criminais e seus serviços:

XCVII. receber a correspondência a ser expedida, organizando-a;

XCVIII. emitir as etiquetas necessárias ao envio da correspondência;

XCIX. envelopar e etiquetar a correspondência a ser expedida;

C. proceder ao preenchimento de Avisos de Recebimento e demais guias necessárias à sua expedição;

CI. providenciar a remessa da correspondência ao setor competente, para posterior postagem;

CII. proceder ao registro da expedição no sistema computacional;

CIII. manter ordenadamente arquivada a correspondência recebida, atendidas as determinações a respeito;

CIV. manter arquivo organizado das cópias dos ofícios, informações e demais documentos do Centro de Apoio à Turma Recursal, de forma a facilitar a consulta, quando necessário;

CV. receber e encaminhas os expedientes afetos à Secretaria, conforme determinação, de tudo mantendo registro;

CVI. encaminhar as certidões para assinatura do Supervisor, mantendo controle de sua entrega aos solicitantes.

CVII. receber, classificar e colecionar os acórdãos enviados pelos juízes;

CVIII. proceder ao arquivamento dos acórdãos, com tarjas de identificação e juiz relator;

CIX. manter e controlar a coleção organizada dos acórdãos e demais documentos;

CX. relacionar os acórdãos para encadernação;

CXI. conferir o material encadernado;

CXII. proceder à editoração, conferência e implantação de emendas;

CXIII. controlar e implantar os acórdãos julgados Segredo de Justiça;

CXIV. implantar no sistema automatizado os acórdãos devidamente titulados;

CXV. selecionar acórdãos para publicação em revistas especializadas;

CXVI. selecionar, organizar e manter atualizada a legislação de interesse da Turma Recursal Única, encaminhando as cópias necessárias às Divisões competentes;

CXVII. organizar as matérias a serem publicadas no Diário da Justiça, observadas as prescrições legais;

CXVIII. organizar as pautas de forma regimental, encaminhando para a publicação pela Imprensa Oficial as pautas externas e aos gabinetes dos Senhores Juízes e demais setores as pautas internas;

CXIX. juntar aos processos a papeleta e acórdão respectivo, bem como eventuais declarações de voto, colhendo as assinaturas dos Juízes;

CXX. registrar e numerar os acórdãos, através de via computacional, e providenciar a publicação do respectivo resumo no Diário da Justiça, procedendo a sua certificação;

CXXI. encaminhar os processos, em que haja manifestação do Ministério Público ou nos quais integre como parte, para ciência pessoal de seus representantes;

CXXII. intimar a defensoria pública, quando for o caso, nos processos em que lhe são afetos;

CXXIII. proceder à montagem dos livros de acórdãos para encaminhá-los à Divisão de Jurisprudência;

CXXIV. controlar os prazos processuais dos autos em Cartório e daqueles em poder dos Senhores Advogados.

CXXV. através da Seção de Registro e Controle de Publicações Cíveis e Criminais:

CXXVI. organizar as matérias a serem publicadas no Diário e Controle de da Justiça, observadas as prescrições legais;

CXXVII. organizar as pautas de forma regimental, encaminhando para a publicação pela Imprensa Oficial as pautas externas e aos gabinetes dos Senhores Juízes e demais setores as pautas internas;

CXXVIII. juntar aos processos a papeleta e acórdão respectivo, bem como eventuais declarações de voto, colhendo as assinaturas dos Juízes;

CXXIX. registrar e numerar os acórdãos, através de via computacional, e providenciar a publicação do respectivo resumo no Diário da Justiça, procedendo a sua certificação;

CXXX. encaminhar os processos, em que haja manifestação do Ministério Público ou nos quais integre como parte, para ciência pessoal de seus representantes;

CXXXI. intimar a defensoria pública, quando for o caso, nos processos em que lhe são afetos;

CXXXII. proceder à montagem dos livros de acórdãos para encaminhá-los à Divisão de Jurisprudência;

CXXXIII. controlar os prazos processuais dos autos em Cartório e daqueles em poder dos Senhores Advogados.

Parágrafo Único: A Chefia da Divisão de Secretaria da Turma Recursal Única, será exercida por Secretário da Turma Recursal.

DO GABINETE DO CORREGEDOR DA JUSTIÇA

Art. 128. *O Gabinete do Corregedor da Justiça é constituído de: (*49)*

I. *Chefia de Gabinete:*

a) *Seção de Distribuição por Sorteio: (*16)*

a.1) *Serviço de Registro de Cartas Precatórias; (*16)*

a.2) *Serviço de Guarda de Armas e Objetos; (*16)*

b) *Oficial de Gabinete;*

c) *Auxiliar de Gabinete;*

II. *Secretário do Corregedor;*

III. *Assessor Jurídico Administrativo;*

IV. *Gabinete dos Juízes Auxiliares da Corregedoria-Geral da Justiça: (*28)*

a) *Assessoria Correicional: (*16) (*28)*

a.1) *Supervisão da Assessoria Correicional Judicial Cível; (*16) (*28)*

a.2) *Supervisão da Assessoria Correicional Judicial Criminal; (*16) (*28)*

a.3) *Supervisão da Assessoria Correicional Judicial da Família, Infância e Juventude e*

*Registros Públicos; (*16) (*28)*

a.4) *Supervisão da Assessoria Correicional Extrajudicial; (*16) (*28)*

a.5) *Supervisão da Assessoria Correicional dos Juizados Especiais e FUNREJUS; (*32)*

a.6) *Assessor Correicional; (*16) (*2*8) **(*32)**

b) *Seção de Atendimento ao Gabinete dos Juízes Auxiliares da Corregedoria-Geral da Justiça: (*16) (*28)*

b.1) *Serviço de Triagem de Expedientes; (*16) (*28)*

b.2) *Serviço de Digitação e Conferência; (*16) (*28)*

V. *Assessor Especial do Corregedor; (*33a)*

VI. *Assessoria Jurídica;*

VII. *Comissão Estadual Judiciária de Adoção; (*16)*

VIII. *Assessoria de Apoio aos Juizados da Infância e da Juventude; (*1) (*16)*

IX. *Departamento da Corregedoria-Geral da Justiça: (*9) (*16) (*28) (*32)*

DO DEPARTAMENTO DA CORREGEDORIA-GERAL DA JUSTIÇA

a) *Diretoria:*

a.1) *Assessoria;*

b) *Divisão Jurídica:*

b.1) *Seção de Assessoramento Jurídico na área previdenciária:*

b.1.1) *Serviço de Distribuição;*

b.1.2) *Serviço de Movimentação e Controle;*

b.2) *Seção de Assessoramento Jurídico nas demais áreas:*

b.2.1) *Serviço de Distribuição;*

b.2.2) *Serviço de Movimentação e Controle;*

b.3) *Seção Processual:*

b.3.1) *Serviço de Informação, Movimentação e Controle de Expedientes;*

b.3.2) *Serviço de Arquivo;*

b.4) *Seção de Correições e Inspeções:*

b.4.1) *Serviço de Informação,*

b.4.2) *Serviço de Triagem e Juntada de Documentos;*

b.4.3) *Serviço de Pesquisa e Preparo de Material para Correições e Inspeções;*

b.5) *Seção de Ofícios:*

b.5.1) *Serviço de Digitação Eletrônica;*

b.5.2) *Serviço de Movimentação Interna;*

b.5.3) *Serviço de Controle e Informação;*

b.6) *Seção de Certidões:*

b.6.1) *Serviço de Recebimento;*

b.6.2) *Serviço de Pesquisa;*

b.7) *Seção de Atendimento Eletrônico:*

b.7.1) *Serviço de Recebimento de Correspondências;*

b.7.2) *Serviço de Cadastramento e Atualização;*

c) *Divisão Administrativa*

c.1) *Seção de Movimentação e Arquivo Provisório de Expedientes do Departamento da Corregedoria-Geral da Justiça:*

c.1.1) *Serviço de triagem, informação e controle de expedientes;*

c.1.2) *Serviço de recebimento, movimentação e juntada de expedientes;*

c.1.3) *Serviço de acompanhamento e controle de expedientes em diligência;*

c.2) *Seção de Movimentação de Expedientes da Divisão Administrativa:*

c.2.1) *Serviço de movimentação, distribuição e arquivo.*

c.3) *Seção de Registro, Controle de Comarcas e Central de Testamentos:*

c.3.1) *Serviço de cadastro e atualização de dados das comarcas e Ofícios de justiça e controle de boletins de frequência de serventuários não remunerados;*

c.3.2) *Serviço de atos e publicações da Corregedoria-Geral da Justiça e de cadastro de informações sobre Testamentos;*

c.4) *Seção de Informações de Serventias Extrajudiciais:*

c.4.1) *Serviço de pesquisa e Informação sobre agentes delegados e Ofícios extrajudiciais;*

c.5) *Seção de Informações de Escrivanias Judiciais:*

c.5.1) *Serviço de pesquisa e informação sobre serventuários e Escrivanias judiciais.*

c.6) *Seção de Expedição do Departamento da Corregedoria-Geral:*

c.6.1) *Serviço de recebimento e triagem de correspondência;*

c.6.2) *Serviço de Registro de correspondência.*

c.7) *Seção de Cadastro e Manutenção de Dados:*

c.7.1) *Serviço de cadastro e anotação;*

c.7.2) *Serviço de manutenção e informações.*

c.8) *Seção de Certidões, Atestados e Ofícios:*

c.8.1) *Serviço de recebimento, encaminhamento e digitação de atestados, certidões e ofícios.*

c.9) *Seção de Controle de Procedimentos de Investigação de Paternidade:*

c.9.1) *Serviço de cadastro de pedidos de exames de DNA, recebimento de laudos e elaboração de ofícios.*

c.10) *Seção de Protocolo Integrado de Primeira Instância:*

c.10.1) *Serviço de recebimento de petições e autenticação;*

c.10.2) *Serviço de cadastramento e triagem de petições;*

c.10.3) *Serviço de encaminhamento de petições aos distribuidores e juízos competentes;*

c.10.4) *Serviço de controle, movimentação protocolar e conferência de dados;*

c.10.5) *Serviço de recebimento e registro de fac-símile;*

c.10.6) *Serviço de guia e Guarda de Documentos;*

c.10.7) *Serviço de atendimento ao posto avançado na OAB/PR;*

d) *Divisão de Apoio ao Conselho da Magistratura:*

d.1) *Seção Processual e Disciplinar de Serventuários:*

d.1.1) *Serviço de Controle e Movimentação Processual;*

d.2) *Seção de Fichário Confidencial da Magistratura:*

d.2.1) *Serviço de Controle de Boletins Mensais da Vara Cível, Crime e Família de Movimento Forense;*

d.2.2) *Serviço de Cadastro e Controle de Movimentação Funcional da Magistratura;*

d.2.3) *Serviço de Controle de Relatórios Reservados;*

d.2.4) *Serviço de Controle de Boletins de Movimentação Forense dos Juizados Especiais;*

d.3) *Seção de Provimento de Serventias:*

d.3.1) *Serviço de Controle, Movimentação e Expedição;*

d.4) *Seção de Pautas e Publicações;*

d.5) *Seção de Registro de Acórdãos:*

d.5.1) *Serviço de Elaboração de Ofícios, Certidões e Publicações;*

d.6) *Seção de Vitaliciamento de Magistrados:*

d.6.1) *Serviço de Autuação e Conferência de Expedientes;*

d.7) *Seção Processual e Disciplinar de Magistrados:*

d.7.1) *Serviço de Controle e Movimentação Processual;*

e) *Divisão de Concursos para Provimento de Cargos de Funcionários e Serventuários da Justiça e para Investidura em Funções Delegadas: (*35)*

e.1) *Seção de Estudos, Normas e Controle de Concursos: (*35)*

e.1.1) *Serviço de Apoio a Concursos; (*35)*

e.1.2) *Serviço de Documentação e Informações de Concursos. (*35)*

e.2) *Seção de Editais, Expedição e Publicações: (*35)*

e.2.1) *Serviço de Editais e Divulgação de Concursos; (*35)*

e.2.2) *Serviço de Manutenção e Controle de Concursos. (*35)*

f) *Divisão de Autuação e Registro da Corregedoria-Geral da Justiça:*

f.1) *Seção de Triagem de Expedientes:*

f.1.1) *Serviço de Verificação de Competência;*

f.1.2) *Serviço de Pesquisa;*

f.2) *Seção de Autuação e Distribuição:*

f.2.1) *Serviço de Autuação de expedientes afetos à Divisão de Apoio ao Conselho da Magistratura;*

f.2.2) *Serviço de Autuação de expedientes afetos à Divisão Administrativa;*

f.2.3) *Serviço de Autuação de expedientes afetos à Divisão Jurídica;*

f.2.4) *Serviço de Autuação de expedientes afetos à Divisão de Concursos;*

f.3) *Seção de Alteração de Autuação:*

f.3.1) *Serviço de Controle de Capeamento e Numeração;*

f.3.2) *Serviço de Verificação de Especialização e Conferência dos Autuados;*

f.3.3) *Serviço de Informações.*

f.4) *Seção de Recepção e Expedição*

f.4.1) *Serviço de recebimento de expedientes;*

f.4.2.) Serviço de emissão de guias e encaminhamento de Expedientes.

Art. 129. *Ao Gabinete do Corregedor compete: (*16)*

a) *através da Chefia de Gabinete:*

I. *supervisionar todas as atividades do Gabinete do Corregedor, procedendo o estudo e triagem, para posterior distribuição aos setores competentes, dos expedientes e processos encaminhados à consideração do Corregedor, além de outras atribuições que lhe forem determinadas pelo mesmo;*

b) *através da Seção de Distribuição por Sorteio e seus Serviços: (*16)*

I. *receber e distribuir com antecedência as ações para verificação de procuração e taxa judiciária; (*16)*

II. *proceder o cancelamento das petições por falta de preparo, com posterior compensação; (*16)*

III. *proceder os sorteios, diariamente, dos mandados de avaliação das Varas Cíveis, Fazenda, Família e Vara de Precatórias Cíveis; (*16)*

IV. *proceder o depósito e guarda de armas e objetos referente aos autos em andamento. (*16)*

Art. 130. *Ao Oficial de Gabinete compete:*

I. *colaborar no atendimento às partes que compareçam ao Gabinete e desempenhar outras tarefas que lhe forem atribuídas.*

Art. 131. *Ao Auxiliar de Gabinete compete:*

II. *auxiliar nos serviços do Gabinete e exercer outras atividade que lhe forem determinadas.*

Art. 132. *Ao Secretário do Corregedor compete:*

I. *apresentar e fazer expedir toda a correspondência pessoal do Corregedor;*

II. *coordenar a agenda do Corregedor para as audiências e compromissos sociais;*

III. *recepcionar as autoridades e partes que pretendam entrevistar-se com o Corregedor, observando as normas protocolares.*

Art. 133. *Ao Assessor Jurídico Administrativo compete:*

I. *prestar assessoramento direto ao Corregedor na área que lhe é específica, além de outras atribuições que lhe forem determinadas.*

Art. 134. *Ao Gabinete dos Juízes Auxiliares da Corregedoria-Geral da Justiça compete: (*28)*

a) *através das Supervisões da Assessoria Correicional: (*28)*

I. *registrar e coordenar a publicação das ordens de serviços, fixando, conforme calendário previamente fixado pelo Corregedor da Justiça, as datas das correições/inspeções, bem como preparar material de apoio às viagens correicionais; (*28)*

II. *coordenar a publicação dos provimentos, ofícios circulares e instruções emitidas pelo Corregedor da Justiça; (*28)*

III. *compilar e sistematizar material de apoio e o desenvolvimento de estudos de aperfeiçoamento das normas e procedimentos de fiscalização das serventias judiciais e extrajudiciais, apresentando sugestões; (*28)*

IV. *coordenar a elaboração, distribuição e encaminhamento de expedientes da Assessoria aos setores competentes do Departamento da Corregedoria-Geral da Justiça; (*28)*

V. *zelar pela presteza das informações de caráter interno aos membros do Departamento da Corregedoria-Geral da Justiça; (*28)*

VI. *coordenar a apresentação de relatório estatístico das visitas correicionais ao Corregedor da Justiça;*

VII. *assessorar diretamente aos Juízes Auxiliares, pesquisando doutrina e jurisprudência necessárias ao estudo dos expedientes afetos ao Gabinete; (*28)*

VIII. *registrar e controlar o cumprimento das recomendações e determinações lançadas nas atas e relatórios das correições e inspeções correicionais; e(*28)*

IX. *distribuir e controlar os expedientes afetos à Assessoria Correicional; (*28)*

b) *através do Assessor Correicional: (*28)*

I. *acompanhar o Corregedor, quando determinado, funcionando como Secretário nas correições, inspeções e visitas realizadas nos serviços forenses, lavrando ata circunstanciada do ocorrido nos trabalhos;*

II. *auxiliar, diretamente aos Juízes de Direito Auxiliares nas inspeções e correições; (*28)*

III. *proceder pesquisas coligindo doutrina e jurisprudência em matéria jurídico-administrativa alusivas aos serviços judiciais e extrajudiciais para instruir os autos e procedimentos dos feitos distribuídos aos Juízes Auxiliares; (*28)*

IV. *atender ao público, inclusive*

V. *via telefônica e pela INTERNET e INTRANET, prestando consulta e orientação sobre procedimentos e reclamações alusivas às atividades desenvolvidas na Corregedoria-Geral da Justiça, e aos serviços judiciais e extrajudiciais; (*28)*

VI. *emitir pareceres em processos de correição e inspeções correicionais e semestrais apresentadas pelos Juízes de Direito, (*28)*

VII. *executar, internamente, outros serviços que o Corregedor da Justiça determinar; (*28)*

c) *através da Seção de Atendimento ao Gabinete dos Juízes Auxiliares da Corregedoria-Geral da Justiça e seus serviços: (*28)*

I. *atender ao público em geral; (*28)*

II. *fazer a triagem dos expedientes que forem encaminhados ao Gabinete dos Juízes Auxiliares, procedendo à necessária distribuição; (*28)*

III. *digitar e conferir os expedientes oriundos do Gabinete dos Juízes Auxiliares; (*28)*

IV. *fazer a escala do Plantão Judiciário, submetendo para análise ao Juiz Auxiliar competente ; (*28)*

V. *elaborar ordens de serviço, referentes à designação de Juízes para atuarem em regime de mutirão de sentenças, (*28)*

VI. *controlar as verbas destinadas à Corregedoria-Geral da Justiça, para combustíveis e manutenção dos veículos; (*28)*

VII. *organizar e digitar as decisões, bem como os pareceres emitidos pelo Corregedor e seus Juízes Auxiliares. (*28)*

Art. 135. *Ao Assessor Especial do Corregedor compete: (*33a)*

I. *desempenhar atribuições específicas que forem determinadas pelo Corregedor.*

Art. 136. *À Assessoria Jurídica compete:*

I. *emitir informações, relatórios e pareceres em processos e expedientes que tramitem pelo Gabinete do Corregedor;*

I. *pesquisar e coligir doutrina e jurisprudência em matéria jurídico-administrativa;*

II. *apresentar sugestões visando o aprimoramento dos serviços cartorários da sistemática judiciária;*

III. *receber e tomar por termo as queixas, reclamações e pedidos de providências contra serventuários;*

IV. *manter registro da movimentação de processos e expedientes que tenham trânsito pela Assessoria Jurídica do Corregedor;*

V. *arquivar e manter o controle dos processos de inspeção e correição já apreciados;*

VI. *exercer outras atribuições determinadas pelo Corregedor.*

Art. 137. *À Assessoria de Apoio aos Juizados da Infância e da Juventude compete: (*1)*

I. *propor sugestões que objetivem o aprimoramento e o desenvolvimento dos trabalhos que lhe são afetos, com o intuito de priorizar a plena aplicação da doutrina de proteção integral à criança e ao adolescente, ao longo de seu desenvolvimento; (*1)*

II. *delinear políticas da área da Infância e Juventude no Estado, submetendo a apreciação e o crivo da Douta Corregedoria-Geral da Justiça; (*1)*

III. *sugerir, promover e realizar encontros, objetivando a troca de experiências e enriquecimento da atuação dos técnicos responsáveis pela efetivação da Justiça voltada para a Infância e a Juventude; (*1)*

IV. *pesquisar, classificar e encaminhar, periodicamente, Doutrina e Jurisprudência em matéria da Infância e da Juventude aos envolvidos nesta Justiça especializada, e demais interessados, quando solicitado; (*1)*

V. *planejar e traçar metodologia de trabalho, acompanhamento e avaliação dos programas a serem desenvolvidos pela equipe interprofissional, destinada a assessorar a Justiça da Infância e da Juventude; (*1)*

VI. *elaborar estudos e pesquisas, relacionadas com as experiências vivificadas pela equipe técnica, no que diz respeito à problemática da criança e do adolescente, bem como examinar os trabalhos e projetos propostos, planejando e coordenando a atuação; (*1)*

VII. *estimular a elaboração de trabalhos científicos por parte dos integrantes desta Justiça especializada; (*1)*

VIII. *emitir pareceres, relatórios e informações em processos e expedientes pertinentes a área da Infância e da Juventude; (*1)*

IX. *exercer outras atividades que lhe forem atribuídas. (*1)*

Art. 138. *À Comissão Estadual Judiciária de Adoção - CEJA compete: (*16)*

I. *supervisionar a política estadual de adoção de conformidade com as regras específicas do Estatuto da Criança e do Adolescente – ECA e normativa internacional pertinente.*

Art. 139. *À Diretoria do Departamento da Corregedoria-Geral da Justiça, além das atribuições gerais compete: (*9) (*16)*

I. *analisar os pareceres emitidos pela Seção de Assessoramento Jurídico, encaminhando-os, conforme a matéria, à apreciação do Corregedor da Justiça, Conselho da Magistratura, Juízes Corregedores e Secretário do Tribunal de Justiça; (*9)*

II. *despachar diretamente com o Corregedor, matérias afetas ao Departamento;*

III. *determinar o encaminhamento, através de ofício, de certidões, cartas precatórias, fichas de situação carcerária, requerimentos e inquéritos policiais e demais documentos solicitados à Corregedoria-Geral da Justiça em âmbito nacional;*

IV. *adotar medidas no sentido de dar andamento aos processos de Pedido de Providências, Representação, Reclamação, Suspensão e Correições nas Varas da Capital e Interior;*

V. *administrar o Departamento estabelecendo as metas de trabalho a serem cumpridas, coordenando seu desenvolvimento e conclusão com celeridade e eficiência;*

VI. *coordenar, diretamente, programas de aperfeiçoamento funcional no que tange à área jurídico-administrativa do Departamento;*

VII. *expedir, por delegação, certidões de natureza administrativa. (*27)*

Art. 140. *À Assessoria do Departamento compete: (*9) (*16)*

a) *através da Supervisão da Assessoria:*

I. *controlar a movimentação interna dos expedientes;*

II. *elaborar estudos visando o aprimoramento dos serviços do Departamento;*

III. *apresentar sugestões visando o aprimoramento funcional dos servidores do Departamento;*

IV. *supervisionar, coordenar e dar andamento aos processos encaminhados à Assessoria para consultas, informações, pareceres, etc.;*

V. *coordenar a elaboração, distribuição e encaminhamento dos expedientes da Assessoria aos setores competentes do Departamento;*

VI. *orientar os membros da Assessoria promovendo reuniões para análise e discussão de matéria polêmica;*

VII. *prestar informações sobre processos em trâmite na Assessoria do Departamento;*

VIII. *zelar pela presteza e exatidão das informações e pareceres emitidos pelos membros da Assessoria;*

b) *através de seus Assessores:*

I. *elaborar pesquisas e emitir pareceres relativos à área jurídica em matéria de competência da Diretoria;*

II. *coletar dados para elaboração de*

relatórios atinentes aos serviços executados pela Diretoria;

III. *receber e proceder a triagem dos expedientes dirigidos à Corregedoria-Geral da Justiça;*

IV. *preparar despachos e submetê-los à apreciação do Diretor, distribuindo os expedientes aos setores competentes, de acordo com os respectivos despachos;*

V. *elaborar dados estatísticos relativos a movimentação de expedientes;*

c) *através de seus Auxiliares:*

I. *agendar as reuniões e audiências do Diretor;*

II. *receber as correspondências;*

III. *automatizar os despachos do Diretor;*

IV. *fazer atendimento ao público;*

V. *realizar as demais atribuições determinadas pelo Diretor;*

d) *através da Seção de Assessoramento Técnico e seus Serviços: (*16)*

I. *receber, registrar e proceder a automatização dos expedientes que tramitam na divisão; (*16)*

II. *manter atualizadas as listas contendo os nomes dos Juízes do Interior e da Capital, bem como das autoridades em geral; (*16)*

e) *através da Seção de Informática e seus Serviços: (*16)*

I. *receber, transcrever, corrigir e transmitir dados; (*16)*

II. *efetuar a tarefa de digitação dos dados; (*16)*

III. *comunicar eventuais falhas nos sistemas implantados; (*16)*

IV. *ter responsabilidade pelo sigilo das informações armazenadas e dos documentos arquivados; (*16)*

V. *extrair relatórios quando solicitados; (*16)*

VI. *zelar pelos equipamentos da Seção. (*16)*

Art. 141. *À Divisão Jurídica compete: (*9) (*49)*

a) *através das Seções de Assessoramento Jurídico e seus Serviços:*

I. *controlar e conferir pareceres e manifestações emitidos;*

II. *coordenar estudos e pesquisas atinentes às matérias afetas as Seções;*

III. *dar andamento aos processos encaminhados para informações ou pareceres;*

IV. *realizar reuniões para análise e discussão de matérias polemicas;*

V. *zelar pela qualidade dos pareceres emitidos, bem como pela exatidão das informações emitidas pelos integrantes das Seções;*

VI. *prestar informações afetas as matérias das Seções;*

VII. *auxiliar o Chefe de Divisão quando solicitado;*

VIII. *emitir pareceres nos expedientes ou processos referentes aos auxiliares da justiça e aos ocupantes de função delegadas;*

IX. *prestar informações em expedientes submetidos à análise;*

X. *analisar os pedidos de provimento de cargos;*

XI. *pesquisar e coligir doutrina e jurisprudência em matéria de sua competência;*

XII. *manter controle dos processos e expedientes submetidos à análise;*

XIII. *digitar pareceres;*

XIV. *auxiliar na distribuição e controle dos expedientes e processos;*

XV. *prestar atendimento ao Supervisor e exercer demais atribuições no âmbito de sua competência."*

b) *através da Seção Processual e seus Serviços:*

I. *conferir os expedientes de competência da Divisão, de acordo com sua natureza, numerando as páginas, consultando o Sistema Protocolar sobre eventual existência de expediente idêntico com registro na planilha eletrônica;*

II. *arquivar processos, com registro na planilha eletrônica, número de arquivamento e caixas;*

III. *movimentar os processos no Sistema próprio da Corregedoria-Geral da Justiça, para controle de prazo;*

IV. *prestar informações sobre o andamento dos processos, bem como sobre outros assuntos relacionados com a seção, atentando, contudo, para três critérios fundamentais:*

> absoluto respeito e sigilo dos expedientes ante sua natureza peculiar, inclusive com a adoção de uma postura cautelosa, mormente nas informações;

> restrição das informações à gama de atribuições da seção, sem qualquer espécie de manifestação acerca do mérito das decisões;

> atendimento aos interessados com presteza, urbanidade e eficiência.

V. *registrar e manter atualizados os expedientes e processos em andamento de sua competência;*

VI. *atender as partes;*

VII. *informar as partes sobre o andamento dos processos;*

VIII. *exercer outras atribuições de sua competência.*

c) *através da Seção de Correições e Inspeções e seus Serviços:*

I. *preparar os expedientes relativos às correições e inspeções realizadas pelo Desembargador Corregedor-Geral da Justiça, bem como as encaminhadas pelo Juízo;*

II. *pesquisar a natureza do documento a ser juntado, separando os relatórios e certidões encaminhadas;*

III. *proceder à juntada dos documentos referente às correições ou inspeções;*

IV. *prestar informações relativas aos processos de sua competência;*

V. *cumprir as determinações constantes das atas de correição ou inspeção;*

VI. *proceder ao levantamento dos expedientes em andamento ou arquivados, para a remessa à equipe correicional;*

VII. *exercer outras atribuições de sua competência.*

d) *através da Seção de Ofícios e seus Serviços:*

I. elaborar ofícios versando sobre: certidões, cumprimento e devolução de precatórias, determinações do Corregedor-Geral da Justiça, Juizes Auxiliares, Diretor do Departamento e Chefe de Divisão, devolução de cartas precatórias, situação processual, requerimentos e inquéritos policiais, sindicâncias, processos administrativos, bem como encaminhar documentos e respostas solicitadas;

II. dar ciência às partes dos despachos e decisões proferidos pelo Desembargador Corregedor-Geral da Justiça, Juízes Auxiliares ou Diretores do Departamento;

III. manter controle dos ofícios comuns e circulares expedidos;

IV. organizar e controlar a movimentação interna;

V. exercer outras atribuições de sua competência.

e) através da Seção de Certidões e seus Serviços:

I. receber expedientes referentes a certidões de nascimento, casamento e óbito;

II. conferir os dados fornecidos pelo requerente;

III. pesquisar endereços dos cartórios;

IV. solicitar complementação de dados quando necessário;

V. oficiar o cartório responsável pedindo a referida certidão;

VI. movimentar os expedientes para a expedição;

VII. arquivar por ordem alfabética os protocolados que estão aguardando resposta;

VIII. manter atualizado o sistema MVMA;

IX. arquivar os protocolos já atendidos nas pastas dos respectivos órgãos;

X. prestar informações sobre o andamento dos protocolados a partir do nome do requerente;

XI. entrar em contato com os serventuários caso haja demora no envio das certidões;

XII. solicitar material de expediente para toda a divisão;

XIII. elaborar o boletim de frequência da divisão;

XIV. elaborar e expedir ofícios referentes a pedidos de material, bem como de situação funcional da divisão;

XV. exercer outras atribuições de sua competência;

f) através da Seção de Atendimento Eletrônico e seus Serviços:

I. receber pedidos de providencias, reclamações, representações, consultas e afins, encaminhados via eletrônica;

II. analisar e, se for o caso, encaminhar ao protocolo para registro;

III. manter atualizado os ofícios circulares na página da internet;

IV. cadastrar e manter atualizado os endereços dos fóruns das comarcas do Estado;

V. cadastrar e manter atualizado os endereços dos cartórios do foro extrajudicial das comarcas do Estado;

VI. transmitir as respostas e despachos proferidos nos expedientes de sua competência;

VII. manter controle rigoroso dos expedientes de responsabilidade da Seção;

VIII. exercer outras atribuições de sua competência."

Art. 142. *À Divisão Administrativa compete: (*9) (*16) (*28) (*49)*

a) através da Seção de Movimentação e Arquivo Provisório de Expedientes do Departamento da Corregedoria-Geral da Justiça e seus Serviços:

I. controlar a movimentação dos expedientes e processos pertinentes à Corregedoria-Geral da Justiça, inclusive aqueles que se encontram em diligência, efetuando as devidas anotações e juntadas de documentos;

II. organizar e manter o arquivo provisório da documentação sob custódia;

III. informar aos interessados sobre a movimentação de processos e demais expedientes em trâmite na Corregedoria, excluídos os de caráter sigiloso;

IV. prestar informações quanto à tramitação de processos na Corregedoria.

b) através da Seção de Movimentação de Expedientes da Divisão Administrativa e seus Serviços:

I. controlar a movimentação dos expedientes e processos pertinentes à Divisão Administrativa;

II. organizar e manter o arquivo da Divisão;

c) através da Seção de Registro, Controle de Comarcas e Central de Testamentos e seus Serviços:

I. controlar e anotar os dados históricos e cadastrais das comarcas e seus Ofícios de Justiça;

II. manter atualizado o cadastro de endereços e vacância dos Ofícios;

III. controlar e anotar as ocorrências nas comarcas, seus Ofícios e instalações;

IV. cadastrar a criação, instalação e acumulação/desacumulação de novas comarcas e Ofícios, bem como reativação/desativação e extinção de serventias distritais;

V. arquivar as comunicações dos testamentos lavrados no Estado do Paraná e fornecer certidões, através de requerimento expresso das partes interessadas ou do juiz, nos termos da lei;

VI. expedir documento de identidade funcional;

VII. controlar boletins de frequência de serventuários não remunerados pelos cofres públicos;

VIII. encaminhar à Imprensa Oficial, para fins de publicação, os atos da Corregedoria-Geral, bem como proceder à distribuição das respectivas cópias aos locais pertinentes.

d) através da Seção de Informações de Serventias Extrajudiciais e seus Serviços:

I. prestar informações em autos judiciais e administrativos, relativas aos agentes delegados e escreventes homologados e substitutos dos titulares dos Serviços Extrajudiciais;

II. prestar informações em autos judiciais e administrativos, concernentes à composição, criação, vacância, provimento e designações nas Serventias extrajudiciais.

e) através da Seção de Informações de Escrivanias Judiciais e seus Serviços:

I. prestar informações em autos judiciais e administrativos, relativas aos serventuários não remunerados pelos cofres públicos, empregados juramentados e substitutos dos titulares dos Ofícios judiciais;

II. prestar informações em autos judiciais e administrativos, concernentes à composição, criação, vacância, provimento e designações nas Escrivanias Judiciais;

III. fornecer Históricos Funcionais e Contagem de Tempo de Serviço aos Serventuários e demais auxiliares cadastrados.

f) através da Seção de Expedição do Departamento da Corregedoria-Geral e seus Serviços:

I. registrar e expedir ofícios e outros expedientes do Departamento da Corregedoria-Geral da Justiça;

II. manter e atualizar endereços dos diversos Órgãos, entidades e autoridades, para fins de correspondência;

III. receber e encaminhar documentos e avisos de recebimentos dos Correios (AR), às respectivas unidades da Corregedoria;

IV. operar e manter os sistemas e serviços fornecidos pelos Correios.

g) através da Seção de Cadastro e Manutenção de Dados e seus Serviços:

I. anotar e manter atualizados os dados funcionais referentes aos serventuários não remunerados pelos cofres públicos, agentes delegados, empregados juramentados, escreventes e substitutos dos titulares de Ofícios;

II. anotar e manter atualizados os cadastros referentes à composição, vacância, substituições e provimentos dos Ofícios judiciais e extrajudiciais;

III. anotar sindicâncias e processos administrativos instaurados contra serventuários e agentes delegados.

h) através da Seção de Certidões, Atestados e Ofícios e seus Serviços:

I. expedir certidões e atestados para fins comerciais e de concorrência pública, sobre os Ofícios de Distribuição e de Protesto de Títulos das diversas comarcas do Estado do Paraná;

II. expedir atestados de idoneidade funcional dos serventuários não remunerados pelos cofres públicos, agentes delegados, empregados juramentados e escreventes;

III. expedir certidões de tempo de serviço, juramentação, homologação ou designação, para fins de pontuação em concursos públicos;

IV. expedir certidões para fins de cadastramento ou atualização de dados dos Ofícios e/ou Serventuários junto à Secretaria da Receita Federal;

V. expedir certidões de tempo de serviço de Serventuários para fins de contagem recíproca junto ao INSS;

VI. elaborar e expedir ofícios relativos ao funcionamento interno da Divisão, ao encaminhamento de certidões e atestados e demais comunicações concernentes aos expedientes em trâmite na Divisão Administrativa.

i) através da Seção de Controle de Procedimentos de Investigação de Paternidade e seus Serviços:

I. receber e cadastrar os pedidos judiciosos de exames de DNA nas Ações de Investigação de Paternidade em trâmite nos Juízos de Direito das Comarcas do Estado do Paraná;

II. agendar datas para colheita de material biológico para exames de vínculo genético;

III. encaminhar listagem dos agendamentos dentro das cotas e condições estabelecidas pela Secretaria de Estado da Segurança Pública do Paraná;

IV. encaminhar laudos do Instituto de Criminalística do Estado do Paraná às comarcas de origem.

j) através da Seção de Protocolo Integrado de Primeira Instância e seus Serviços:

I. receber e encaminhar petições dirigidas aos Juízes de Direito do Foro Central da Comarca da Região Metropolitana de Curitiba

II. lançar no sistema próprio o número de protocolo e dos autos a que se destinam as petições;

III. encaminhar as petições recebidas na Seção com sede no Fórum Cível, bem como as recebidas pelo posto avançado localizado junto a Ordem dos Advogados do Brasil – Seção do Estado do Paraná

Art. 143. À Divisão de Apoio ao Conselho da Magistratura compete: (*9) (*16) (*49)

a) através da Seção Processual e Disciplinar de Serventuários e seus Serviços:

I. encaminhar os processos conclusos aos Desembargadores sorteados, ordenando-os segundo as determinações dos relatores;

II. registrar os atos e movimentos processuais, prestando as informações que forem solicitadas pelos Desembargadores, partes e procuradores;

b) através da Seção de Fichário Confidencial da Magistratura e seus Serviços:

I. manter dados atualizados e personalizados sobre a vida funcional, atividades judicantes e extrajudicantes dos Magistrados de entrância inicial, intermediária e final;

II. fornecer subsídios ao Presidente, Vice-Presidente, Corregedor e pessoas autorizadas, preparando dossiês dos Magistrados quando solicitado;

III. encaminhar ao STF relatório trimestral da atividade judicante dos Magistrados;

IV. anotar as designações dos Magistrados como Juízes formadores;

V. controlar rodízio das Direções do Fórum;

VI. controlar as inspeções semestrais;

VII. manter atualizadas as fichas de assinaturas dos Magistrados;

c) através da Seção de Provimento de Serventias e seus Serviços:

I. elaborar e publicar editais de concurso de ingresso e remoção de serventuários.

d) através da Seção de Pautas e Publicações e seus Serviços:

I. organizar a matéria a ser publicada no Diário da Justiça;

II. preparar, extrair e encaminhar aos Desembargadores, membros do Conselho da Magistratura, pautas de julgamento das sessões, relações contendo despachos, acórdãos, concessões de pedido de vista, procedendo às correções necessárias;

e) através da Seção de Registro de Acórdãos e seus Serviços:

I. registrar e numerar os acórdãos, bem como, providenciar sua publicação;

II. certificar o trânsito em julgado dos acórdãos ou a interposição de recursos;

f) através da Seção de Vitaliciamento de Magistrados e seus Serviços:

I. elaborar e autuar as portarias, firmadas pelo Corregedor da Justiça, designatórias de juízes formadores que atuarão no procedimento de vitaliciamento dos magistrados em estágio probatório;

II. elaborar ofícios aos juízes formadores e aos magistrados em estágio probatório, comunicando a designação levada a efeito pelo Corregedor da Justiça;

III. remeter aos magistrados em estágio probatório, por ordem do Corregedor da Justiça, os relatórios, elaborados pelo Juiz Formador, das avaliações qualitativa e quantitativa de seus trabalhos;

IV. expedir ofícios, por ordem do Corregedor da Justiça, visando obter informações confidenciais acerca da conduta funcional e social do magistrado em estágio probatório;

V. organizar os cursos de orientações básicas, designados pelo Corregedor da Justiça, destinados aos juízes formadores e aos magistrados em estágio probatório;

VI. proceder à movimentação dos autos de procedimento de vitaliciamento, juntando expedientes, controlando prazos e fazendo conclusão ao Corregedor da Justiça;

g) através da Seção Processual e Disciplinar de Magistrados e seus Serviços:

I. receber, autuar e processar as reclamações contra Magistrados;

II. encaminhar os processos conclusos, ordenando-os segundo as determinações exaradas;

III. registrar os atos e movimentos processuais, prestando as informações que forem solicitadas pelos Desembargadores, partes e procuradores.

Art. 144. À Divisão de Concursos para Provimento de Cargos de Funcionários e Serventuários da Justiça e para Investidura em Funções Delegadas compete: (*35)

a) através da Seção de Estudos, Normas e Controle de Concursos e seus Serviços: (*35)

I. elaborar minutas de normas disciplinadoras de concursos, revisar editais de concursos e expedir ofícios e certidões; (*35)

II. manter cadastro de resultados de certames e de candidatos aprovados; (*35)

III. organizar e manter o arquivo de documentos e processos relativos a concursos públicos; (*35)

IV. guardar e manter documentos e processos em trânsito; (*35)

V. prestar informações e dar atendimento às consultas sobre documentos e processos mantidos sob sua guarda. (*35)

b) através da Seção de Editais, Expedição e Publicações e seus Serviços: (*35)

I. controlar, conferir e fazer publicar editais de atos em concursos públicos e efetuar autuação quando cabíveis; (*35)

II. manter rigorosamente atualizado o sistema de informações via internet; (*35)

III. organizar a distribuição de materiais de divulgação dos concursos; (*35)

IV. consultar, receber e organizar informações sobre funções e cargos vagos. (*35)

Art. 145. À Divisão de Autuação e Registro da Corregedoria-Geral da Justiça compete:

I. dirigir, fiscalizar e orientar a execução dos trabalhos que lhe são afetos e de suas respectivas seções;

a) através da Seção de Triagem de Expedientes e seus Serviços:

I. fazer a triagem e a distribuição dos expedientes;

II. verificar a qual Divisão pertencem os processos a serem autuados;

III. pesquisar qual a Matéria, Assunto, Comarca, Vara, Distrito, Cartório, Órgão Julgador, Tipo de parte, Vínculo do expediente que será autuado e Verificação de expedientes duplicados;

b) através da Seção de Autuação e Distribuição e seus Serviços:

I. autuar e distribuir os processos;

II. autuar processos que serão encaminhados à Divisão de Apoio ao Conselho da Magistratura;

III. autuar processos que serão encaminhados à Divisão Administrativa;

IV. autuar processos que serão encaminhados à Divisão Jurídica;

V. autuar processos que serão encaminhados à Divisão de Concursos;

c) através da Seção de Alteração de Autuação e seus Serviços:

I. alterar e atualizar as autuações quando da inserção do nome de advogado, substabelecimento ou redistribuição;

II. proceder a montagem, capeamento e numeração dos autos;

III. verificar e conferir a matéria, o assunto, as partes e os recursos dos processos autuados.

IV. fornecer informações para as partes, juízes, Corregedor e outras Divisões acerca da movimentação e localização dos expedientes que tramitarem na Corregedoria-Geral da Justiça;

V. imprimir extratos dos processos.

d) através da Seção de Recepção e Expedição e seus Serviços:

I. receber e expedir os expedientes;

II. receber expedientes e encaminhá-los à Seção de Triagem;

III. elaborar as guias de envio dos processos."

DO GABINETE DO CORREGEDOR ADJUNTO (*36)

Art. 146. O Gabinete do Corregedor Adjunto é constituído de: (*36) (*49)

I. Chefia de Gabinete: (*36)

a) Oficial de Gabinete; (*36)

b) Auxiliar de Gabinete. (*36)

II. Assessor Jurídico Administrativo. (*36)

Art. 147. À Chefia do Gabinete do Corregedor Adjunto compete: (*36)

I. supervisionar todas as atividades do Gabinete do Corregedor Adjunto, procedendo o estudo e triagem, para posterior distribuição aos setores competentes, dos expedientes e processos encaminhados à consideração do Corregedor Adjunto, além de outras atribuições que lhe forem determinadas pelo mesmo; (*36)

Art. 148. Ao Oficial de Gabinete Corregedor Adjunto compete: (*36)

I. colaborar no atendimento às partes que compareçam ao Gabinete e desempenhar outras tarefas que lhe forem atribuídas. **(*36)**

Art. 149 Ao Auxiliar de Gabinete do Corregedor Adjunto compete: (*36)

I. auxiliar nos serviços do Gabinete e exercer outras atividade que lhe forem determinadas. (*36)

Art. 150. Ao Assessor Jurídico Administrativo do Corregedor Adjunto compete: (*36)

I. prestar assessoramento direto ao Corregedor Adjunto na área que lhe é específica, além de outras atribuições que lhe forem determinadas. **(*36)**

DOS GABINETES DE DESEMBARGADOR

Art.151. O Gabinete de Desembargador, é constituído de:

I. Secretário de Desembargador;

II. Assessor Jurídico de Gabinete de Desembargador;

III. Auxiliar de Gabinete de Desembargador.

IV. Assessor de Desembargador; (*7)

Art. 152. Ao Secretário de Desembargador compete:

I. receber e expedir a correspondência pessoal do Desembargador e do Gabinete;

II. controlar o recebimento e a saída dos processos, petições e outros expedientes;

III. organizar o fichário de jurisprudência, bem como a compilação dos acórdãos em livros próprios;

IV. representar o Desembargador em solenidade, quando designado;

V. exercer outras atividades determinadas pelo Desembargador.

Art. 153. Ao Assessor Jurídico de Gabinete de Desembargador compete:

I. assessorar o Desembargador no que pertine a compilação de dados para a elaboração de relatórios e minutas de acórdãos;

II. controlar o trâmite dos processos no âmbito do Gabinete;

III. fazer pesquisas e coleta de jurisprudência, quando solicitado pelo Desembargador;

IV. dar atendimento aos advogados, partes e demais interessados, sempre que se fizer necessário;

V. exercer outras atividades determinadas pelo Desembargador.

Art. 154. Ao Auxiliar de Gabinete de Desembargador compete:

I. proceder às tarefas de datilografia e digitação nos processos em trâmite no Gabinete;

II. auxiliar o Assessor e Secretário de Desembargador no atendimento de partes e nos demais serviços do Gabinete;

III. exercer outras atividades determinadas pelo Desembargador.

DISPOSIÇÕES FINAIS E GERAIS

Art. 155. O Secretário, o Subsecretário do Tribunal de Justiça, os Diretores de Departamentos o Diretor da Assessoria de Planejamento e o Diretor da Assessoria de Recursos, reunir-se-ão, mensalmente, sob a presidência do primeiro, para avaliação, análise e definição de serviços, com vistas à realização de proposições ao Presidente. (*1)

Art. 156. Além do Diretor do Departamento, os funcionários ocupantes de cargos de chefia assinarão os termos administrativos e processuais pertinentes aos expedientes e processos em trâmite no Tribunal. (*1)

Art. 157. No início de cada ano, o Departamento Administrativo fará publicar lista de Antiguidade dos funcionários remunerados pelo Tribunal de Justiça. (*1)

Art. 158. Enquanto o Presidente não se retirar das dependências do Palácio da Justiça, os servidores do seu gabinete deverão permanecer no mesmo. (*1)

Art. 159. O horário de expediente da Secretaria do Tribunal de Justiça será das 9 (nove) às 11 (onze) horas e das 13 (treze) às 18 (dezoito) horas. (*11)

I. § 1º - A disposição contida no caput deste artigo não alcança os serviços essenciais em virtude de suas características, bem como o Centro de Protocolo Judiciário Estadual e Arquivo Geral, em razão do contido na Resolução nº 06/96;

§ 2º O expediente dos serviços auxiliares ficará automaticamente prorrogado enquanto houver órgão julgador em Sessão.

Art. 160. Não será permitido o acesso de servidores ou de outras pessoas nas dependências do Palácio da Justiça, após o expediente normal, com exceção daquelas autorizadas pelo Presidente ou pelo Secretário. (*1)

Art. 161. Os Secretários, nas sessões de julgamento, usarão beca, e os Agentes de Conservação e Copeiros, uniformes próprios. (*1)

Art. 162. Aos servidores que utilizarem veículos de transportes e serviços do Tribunal de Justiça como instrumento de trabalho para o exercício de suas atribuições e funções, caberão os deveres estabelecidos na Lei Estadual nº 6174/70 e, no que couber, o previsto na Instrução Normativa nº 02/2001 e neste regulamento.

Art. 163. Os casos omissos serão resolvidos pela Presidência do Tribunal de Justiça. (*1)

Art. 164. Ficam revogadas as disposições em contrário. (*1)

REFERÊNCIAS DO REGULAMENTO DA SECRETARIA DO TRIBUNAL DE JUSTIÇA

O Decreto nº 391/95 de 19 de maio de 1.995, deu nova redação ao Regulamento da Secretaria do Tribunal de Justiça.

(*1). *O Decreto Judiciário nº 0797, de 04 de dezembro de 1.995, estabelece alterações no Departamento Judiciário e Departamento do Patrimônio, cria o Departamento de Obras e a Assessoria de Apoio aos Juizados da Infância e da Juventude no Gabinete do Corregedor.*

(*2). *O Decreto Judiciário nº 251, de 29 de maio de 1.996, estabelece alterações no Departamento Administrativo e cria o Centro de Protocolo Judiciário Estadual e Arquivo Geral.*

(*3). *O Decreto Judiciário nº 335, de 08 de agosto de 1.996, estabelece alterações no Centro de Assistência Médica e Social e Departamento Econômico e Financeiro.*

(*4). *O Decreto Judiciário nº 365, de 16 de setembro de 1.996, estabelece alterações no Departamento do Patrimônio e Departamento de Obras.*

(*5). *O Decreto Judiciário nº 614, de 30 de dezembro de 1.996, estabelece alterações no Centro de Assistência Médica e Social, Centro Social Infantil e Departamento da Corregedoria-Geral da Justiça.*

(*6). *A Lei nº 11.719 de 12 de maio de 1.997, estabelece alterações no quadro de servidores do Poder Judiciário vinculados à Secretaria do Tribunal de Justiça.*

(*7). *A Lei nº 11.856 de 03 de outubro de 1.997, cria 32 (trinta e dois) cargos de Assessor de Desembargador.*

(*8). *A Lei nº 11.969 de 19 de dezembro de 1.997, cria cargos de Diretor do Departamento da Magistratura, Departamento de Obras, Assessores dos departamentos citados, Supervisor do Centro de Assistência Médica e Social, e cria outros cargos dos Grupos Ocupacionais Superior e Intermediário.*

(*9). *O Decreto Judiciário nº 297, de 23 de abril de 1.998, cria o Departamento da Magistratura e estabelece alterações no Departamento Administrativo, Gabinete da Presidência, Gabinete do Corregedor e Departamento da Corregedoria-Geral da Justiça.*

(*10). *O Decreto Judiciário nº 328, de 27 de abril de 1.998, cria as Regionais Administrativas, suas composições e competência em anexo.*

(*11). *O Decreto Judiciário nº 68, de 18 de fevereiro de 1.999, estabelece alterações no Art. 122 do Regulamento da Secretaria do Tribunal de Justiça.*

(*12). *O Decreto Judiciário nº 295, de 16 de novembro de 1.999, cria o Fundo de Reequipamento do Poder Judiciário - FUNREJUS, suas composições e competência em anexo.*

(*13). *O Decreto Judiciário nº 321, de 26 de novembro de 1.999, estabelece alterações nos Departamentos Judiciário e Administrativo.*

(*14). *O Decreto Judiciário nº 347, de 28 de dezembro de 1.999, estabelece alterações no Departamento de Serviços Gerais*

(*15). *O Decreto Judiciário nº 141, de 10 de julho de 2.000, estabelece alterações no Departamento Judiciário, Departamento de Obras e Gabinete do Presidente.*

(*16). *O Decreto Judiciário nº 207, de 31 de julho de 2.000, estabelece alterações no Centro de Assistência Médica e Social, Departamento do Patrimônio, Gabinete do Corregedor da Justiça e Departamento da Corregedoria-Geral da Justiça.*

(*17). *O Decreto Judiciário nº 208, de 31 de julho de 2.000, estabelece alterações no Centro Educacional Infantil, Centro de Protocolo Judiciário Estadual e Arquivo Geral, Centro de Transporte e Departamento de Informática.*

(*18). *O Decreto Judiciário nº 209, de 31 de julho de 2.000, estabelece alterações no Centro de Apoio ao Fundo de Reequipamento do Poder Judiciário.*

(*19). *O Decreto Judiciário nº 210, de 31 de julho de 2.000, estabelece alterações no Departamento Administrativo e Departamento Econômico e Financeiro*

(*20). *O Decreto Judiciário nº 222, de 31 de julho de 2.000, estabelece alterações no Centro de Documentação, Departamento de Administração e Serviços Gerais, Centro de Assistência Médica e Social, Departamento da Magistratura e Departamento da Corregedoria-Geral da Justiça.*

(*21). *O Decreto Judiciário nº 164, de 05 de março de 2.001, estabelece alterações nas competências do Subsecretário e Diretor de Departamento.*

(*22). *O Decreto Judiciário nº 341, de 07 de agosto de 2.001, estabelece alterações nas competências do Centro de Protocolo Judiciário Estadual e Arquivo Geral e Diretor de Departamento.*

(*23). *O Decreto Judiciário nº 396, de 19 de setembro de 2.001, estabelece alterações no Centro de Assistência Médica e Social e Supervisão da Assessoria do Departamento de Informática.*

(*24). *O Decreto Judiciário nº 055, de 14 de fevereiro de 2002, da nova estrutura no Departamento Judiciário.*

(*25). *O Decreto Judiciário nº 248, de 25 de julho de 2002, estabelece alterações nas composições das Regionais Administrativas.*

(*26). *O Decreto Judiciário nº 249, de 25 de julho de 2002, cria a Assessoria de Administração e Suporte ao Interior (revogado pelo Decreto Judiciário nº 279, de 14 de maio de 2003).*

(*27). *O Decreto Judiciário nº 449, de 04 de dezembro de 2002, estabelece alteração de competência do Departamento da 'Corregedoria-Geral da Justiça.*

(*28). *O Decreto Judiciário nº 146, de 14 de fevereiro de 2003, estabelece alterações no Gabinete do Corregedor da Justiça e Departamento da Corregedoria--Geral da Justiça.*

(*29). *O Decreto Judiciário nº 233, de 10 de abril de 2003, estabelece alterações no Centro de Protocolo Judiciário Estadual e Arquivo Geral e Departamento da Corregedoria-Geral da Justiça.*

(*30). *O Decreto Judiciário nº 274, de 13 de maio de 2003, estabelece alterações no Centro de Protocolo Judiciário Estadual e Arquivo Geral.*

(*31). *O Decreto Judiciário nº 285, de 16 de maio de 2003, estabelece alterações no Departamento Judiciário.*

(*32). *O Decreto Judiciário nº 520, de 06 de novembro de 2003, estabelece alterações no Gaginete do Corregedor e Departamento da Corregedoria–Geral da Justiça.*

(*33). *O Decreto Judiciário nº 275, de 05 de Agosto de 2004, estabelece alterações no Departamento Administrativo.*

(*33a). *A Lei nº. 14.506, de 01 de outubro de 2004, transforma os cargos em comissão simbologia AE-1 em cargos em comissão simbologia DAS-5.*

(*34). *O Decreto Judiciário nº 44, de 02 de fevereiro de 2005, estabelece alterações no Gabinete do Presidente, Gabinete do Subsecretário e Departamento de*

Administração e Serviços Gerais.

(*35). *O Decreto Judiciário nº 098, de 23 de fevereiro de 2005, estabelece alterações no Departamento da Corregedoria-Geral da Justiça (cria Seção (DNA) e Divisão (Concursos)).*

(*36). *O Decreto Judiciário nº 100, de 23 de fevereiro de 2005, estabelece alterações nos Gabinetes dos 1º e 2º Vice-Presidentes e Gabinete do Corregedor Adjunto.*

(*37). *O Decreto Judiciário nº 152, de 23 de março de 2005, estabelece alterações no Gabinete do 2º Vice-Presidente (cria o Centro de Apoio à Turma Recursal Única).*

(*38). *O Decreto Judiciário nº 191, de 27 de abril de 2005, estabelece alterações no Departamento do Patrimônio (cria a Assessoria Administrativa).*

(*39). *O Decreto Judiciário nº 275, de 30 de junho de 2005, estabelece alterações no Departamento Judiciário (Reorganização Administrativa).*

(*40). *O Decreto Judiciário nº 332, de 12 de agosto de 2005, estabelece alterações nos Departamentos Judiciário e de Administração de Serviços Gerais.*

(*41). *O Decreto Judiciário nº 333, de 12 de agosto de 2005, estabelece alterações no Gabinete do 1º. Vice-Presidente.*

(*42). *O Decreto Judiciário nº 340, de 18 de agosto de 2005, estabelece alterações no Gabinete do Subsecretário, no Centro de Protocolo Judiciário Estadual e Arquivo Geral.*

(*43). *O Decreto Judiciário nº 341, de 18 de agosto de 2005, estabelece alterações no Departamento do Patrimônio (Reorganização Administrativa).*

(*44). *O Decreto Judiciário nº 408, de 21 de setembro de 2005, estabelece alterações no Departamento do Patrimônio (Reorganização Administrativa).*

(*45). *O Decreto Judiciário nº 482, de 03 de novembro de 2005, altera o inciso VI, da alínea "a" do Art. 62 - Departamento Econômico e Financeiro.*

(*46). *O Decreto Judiciário nº 486, de 04 de novembro de 2005, estabelece alterações no Departamento Administrativo e Gabinete do Presidente.*

(*47). *O Decreto Judiciário nº 493, de 08 de novembro de 2005, estabelece alterações no Gabinete do Subsecretário.*

(*48). *O Decreto Judiciário nº 506, de 17 de novembro de 2005, estabelece alterações no Departamento Econômico e Financeiro .*

(*49). *O Decreto Judiciário nº 187, de 15 de fevereiro de 2006, estabelece alterações no Departamento da Corregedoria Geral da Justiça .*

(*50). *O Decreto Judiciário nº 265, de 02 de março de 2006, estabelece alterações no âmbito da composição do Centro de Protocolo Judiciário Estadual e Arquivo Geral do Gabinete do Subsecretário.*

(*51). *O Decreto Judiciário nº 437, de 20 de abril de 2006, estabelece alterações no âmbito da composição do Centro de Protocolo Judiciário Estadual e Arquivo Geral do Gabinete do Subsecretário.*

Anotações

Série

Provas & Concursos

Raciocínio Lógico-Matemático
136 páginas, 16cm x 23cm

O objetivo desta obra é promover a capacitação do aluno, no sentido de auxiliá-lo a entender e a resolver as questões de Raciocínio Lógico-Matemático aplicadas em concursos públicos. Os exercícios selecionados são comentados por meio de uma linguagem acessível, favorecendo a compreensão do conteúdo.

Administração Financeira e Orçamentária
232 páginas, 16cm x 23cm

Esta obra foi idealizada para que você possa resolver questões atuais sobre os tópicos mais cobrados de Administração Financeira e Orçamentária em concursos públicos, com comentários objetivos, contendo as melhores dicas para sua aprovação.

Informática
148 páginas, 16cm x 23cm

Este livro foi concebido como ferramenta prática e objetiva para aqueles que se preparam para concursos públicos. Nele são abordados os principais assuntos cobrados pelas provas, bem como as questões mais relevantes para um estudo conciso.

Língua Portuguesa
160 páginas, 16cm x 23cm

A obra foi concebida para que o concursando conheça mais a dimensão de cobrança dos conteúdos de Língua Portuguesa e Redação Oficial em provas de concursos públicos.

Não basta apenas ter o conhecimento teórico, é extremamente relevante que você perceba quais são os perfis de cobrança que as Bancas possuem.

PARABÉNS!

Está disponível para você o código abaixo. Para utilizá-lo, é preciso estar cadastrado no site **www.alfaconcursos.com.br**.

Com ele, será possível acessar:

- Videoaulas **ON-LINE GRATUITAS***, de caráter demonstrativo.
- **Atualizações**** por meio digital, se forem necessárias, das disciplinas que compõem o material didático para o concurso do TJ-PR, cargo de **Técnico Judiciário.**

Aproveite para continuar seus estudos com o preparatório que mais aprova no Brasil!

123456 | TJPR | DCAGCABF | 123456

CÓDIGO

Entre agora no site:
www.alfaconcursos.com.br/codigo
e utilize o código, é **GRÁTIS!**

* O código de acesso terá validade de 6 (seis) meses para uso, considerando a data da compra.
* Cada videoaula pode ser visualizada 5 (cinco) vezes.
** As atualizações serão a critério exclusivo do AlfaCon, mediante análise pedagógica.

Impresso por:
META SOLUTIONS
www.metaslt.com.br